吉县志

（1986—2015）

上册

吉县地方志编纂委员会　编

方志出版社
Publishing House of Local Records

图书在版编目（CIP）数据

吉县志．1986—2015／吉县地方志编纂委员会编
--北京：方志出版社．2021.12
ISBN 978-7-5144-4442-1

Ⅰ．①吉…　Ⅱ．①吉…　Ⅲ．①吉县－地方志－1986—2015　Ⅳ．①K292.54

中国版本图书馆CIP数据核字（2021）第006881号

吉县志（1986—2015）

编　　者：吉县地方志编纂委员会
责任编辑：王　俊

出 版 者：方志出版社
地址　北京市朝阳区潘家园东里9号（国家方志馆4层）
邮编　100021
网址　http://www.tzph.org
发　　行：方志出版社图书经销中心
电话（010）67110500
经　　销：各地新华书店
印　　刷：山西天每印业有限公司

开　　本：889×1194　　1/16
印　　张：87.5
字　　数：2070千字
版　　次：2021年12月第1版　　2021年12月第1次印刷
印　　数：0001～3000册

ISBN 978-7-5144-4442-1　　**定价：**598.00元

《吉县志》（1986–2015）编纂委员会

《吉县志》(1986–2015)编辑部

主　　编： 强爱武　强培家

副 主 编： 冯吉珍

编纂人员： 许小根　强培家　郝耀宗　燕奇荣　张立忠　刘宏科　王树理
史云岗　强旭忠　刘京健　杨建云　冯永忠　刘仲生

统　　稿： 强爱武　强培家　王树理

工作人员： 白新萍　葛建国　刘晓红　葛　祥

文字校对： 杨舒媚　强淑燕　郑国栋　刘　昕

图片校对： 张保华　白晓易

封底篆刻： 芦思白

摄　　影： 吉县融媒体中心
吉县摄影家协会

壶口之春　吕桂明/摄

壶口之夏

壶口之冬

壶口之秋

管头山风光

高天山秋色 王平 / 摄

大地血脉

大地脊梁

人祖山晚霞

正是满山红叶时

柿子滩全景

克难城全景

县城新貌 刘宏达/摄

吉州新城

吉县体育场

八十年代的吉县城　谭理/摄

保障性住房

新农村建设

县城夜景

文化广场

锦屏山　范吉忠/摄

饮马泉

吉县高速公路出入口

吉县高速枢纽 刘宏达/摄

城镇道路

乡村道路

天然气开采

光伏发电

达明一派生产车间

九州再生能源

吉县苹果乐透果农心　张保华 / 摄

吉县苹果

苹果展销

果园

兰村果园节水工程

屯里县底喷灌工程

谢悉水库除险加固工程

柿子红了 刘宏达 / 摄

秋牧图

圈养羊

烤烟

花椒

牡丹园

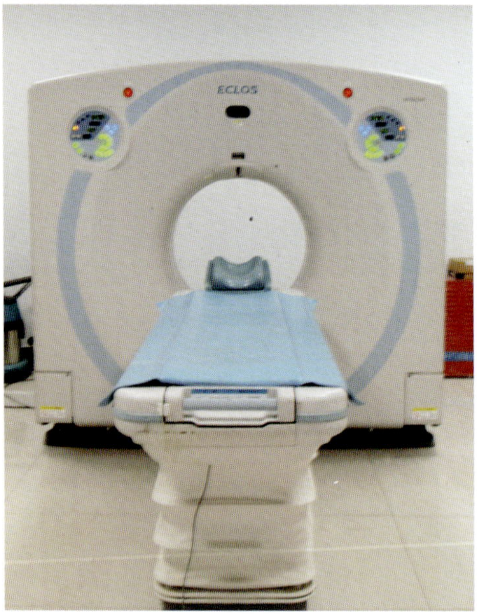

CT

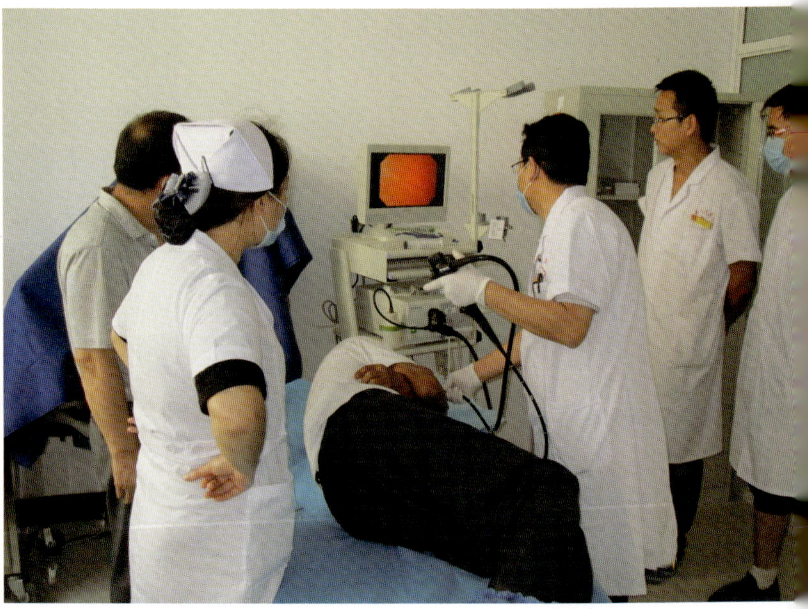

检查治疗

县人民医院

体育运动

教师培训

青少年活动中心

爱心支教

美术室

戏曲进校园

实验课堂

搬卷

旱地行船

手工老虎布艺

九天圣母庙壁画 刘宏达 / 摄

挂甲山摩崖石刻

柿子滩出土文物

传统搓果

手工馍

白丸子

中垛臊子面

传统八大碗

推广健身舞步

广场舞表演

晨练太极

农民趣味运动会

拔河

乒乓球比赛

全县干部职工趣味运动会

1997 年柯受良驾车飞越黄河壶口瀑布

1999 年朱朝辉驾驶摩托车飞越黄河壶口瀑布

舞龙

文化下乡

吉县唢呐

灵动的树脂鱼　苏吉云　李林轩 / 作

根雕　郭志明 / 作

剪纸　程晓瑞 / 作

麦秆画　段金荣 / 作

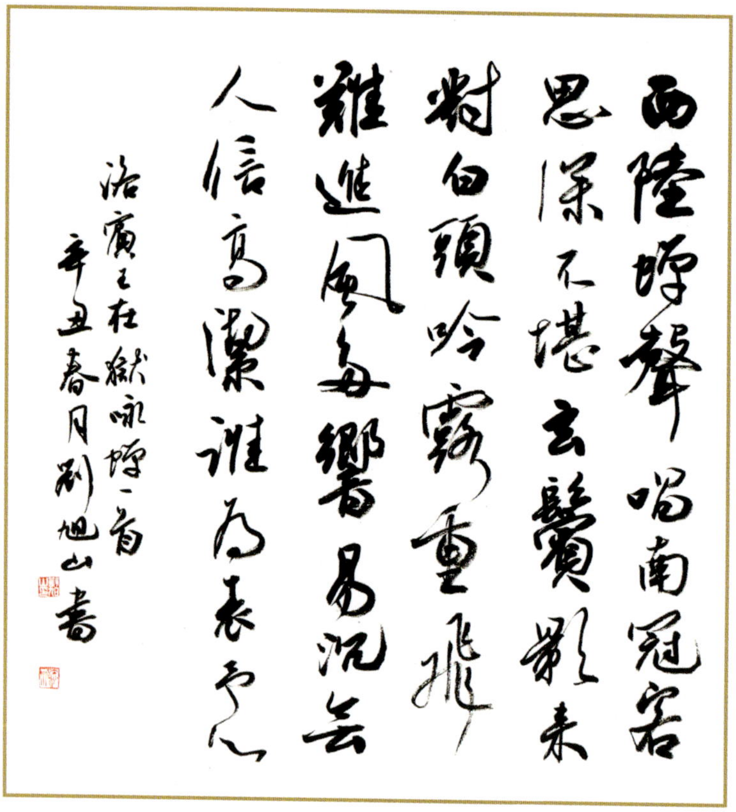

刘旭山

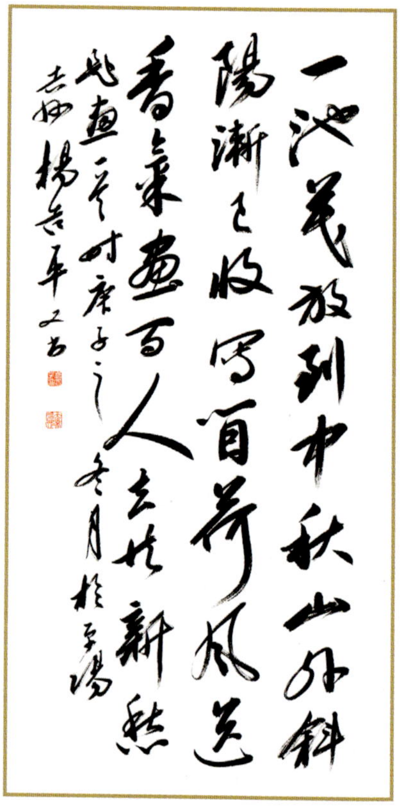

杨吉平

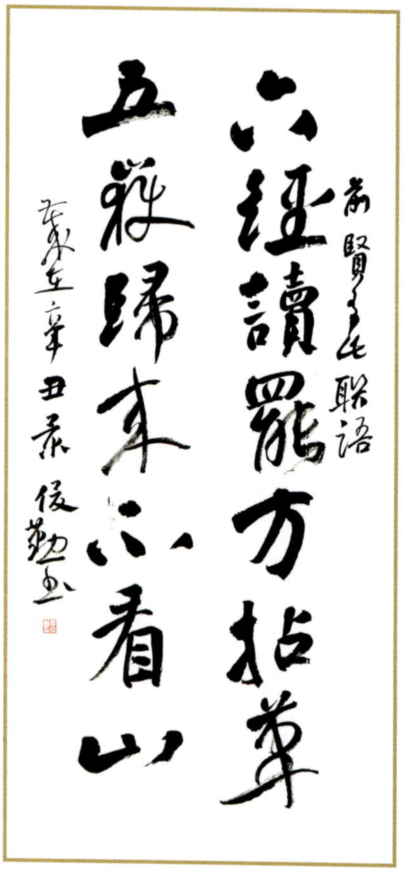

景俊勤

白冰舟

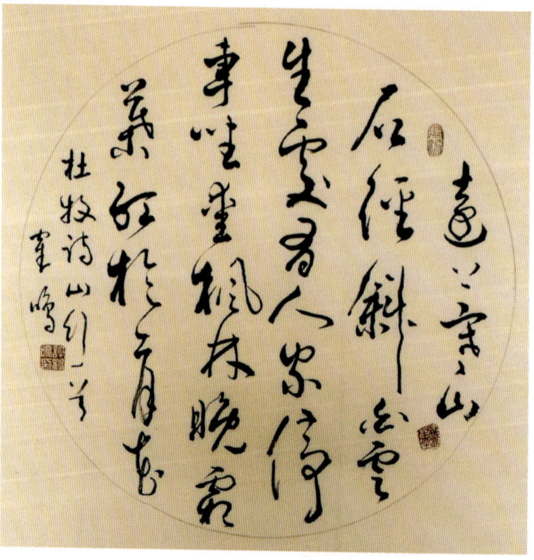

许鹤鸣

谭文选

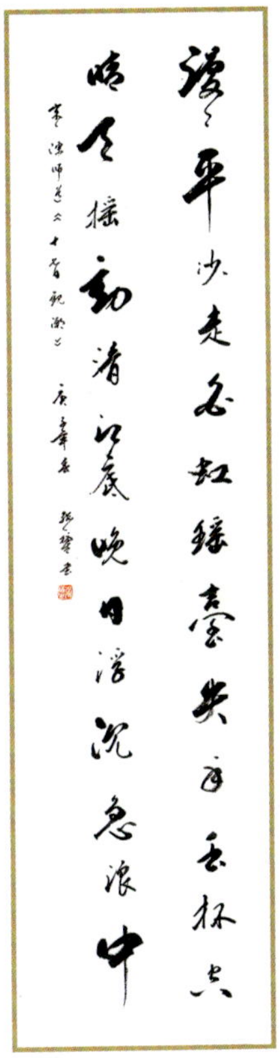

张福生

张海伟

刘宗

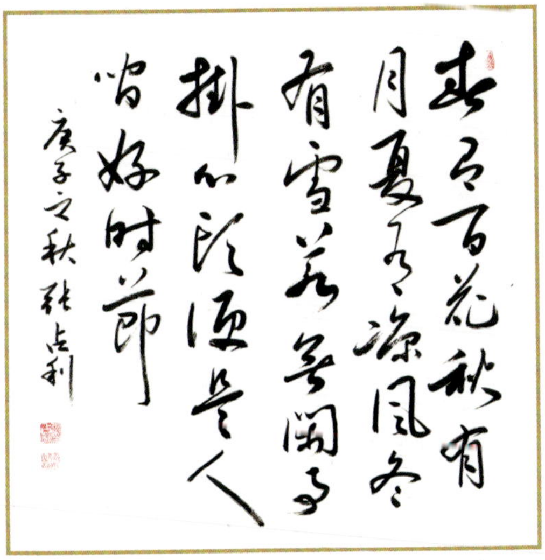

张占利

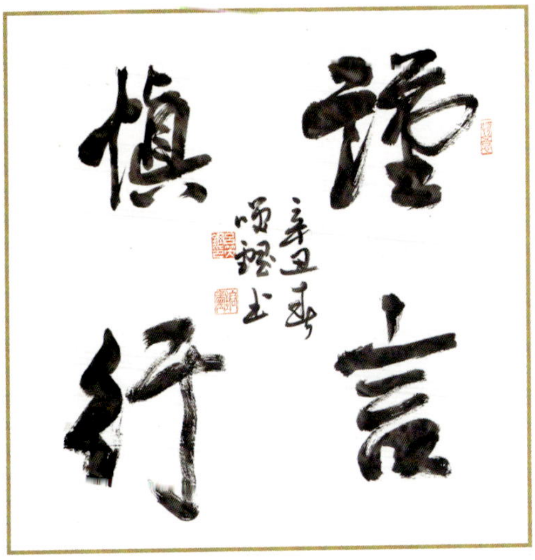

吕笑刚

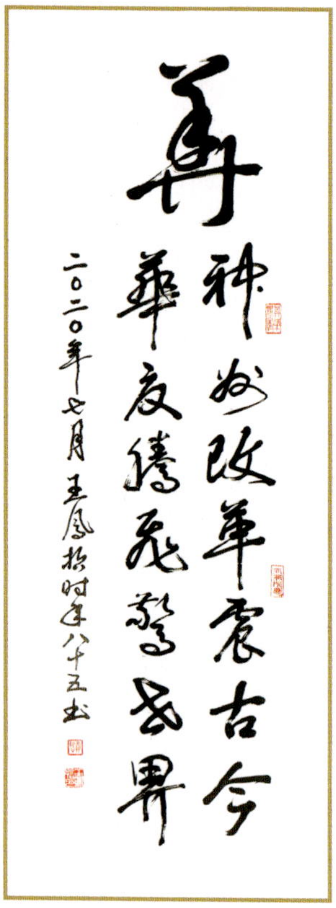

王凤哲

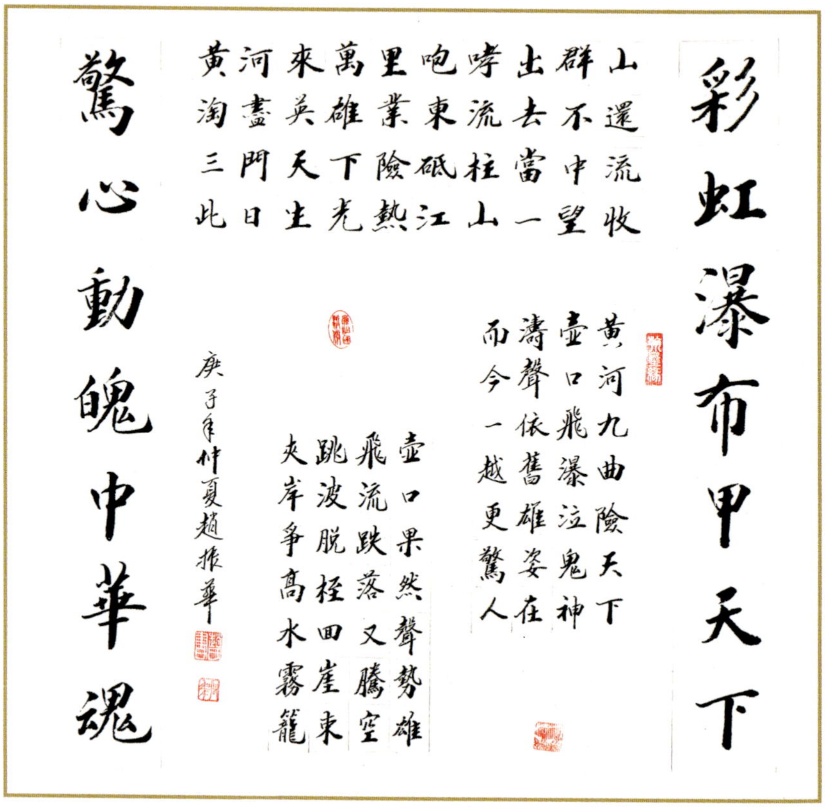

赵振华

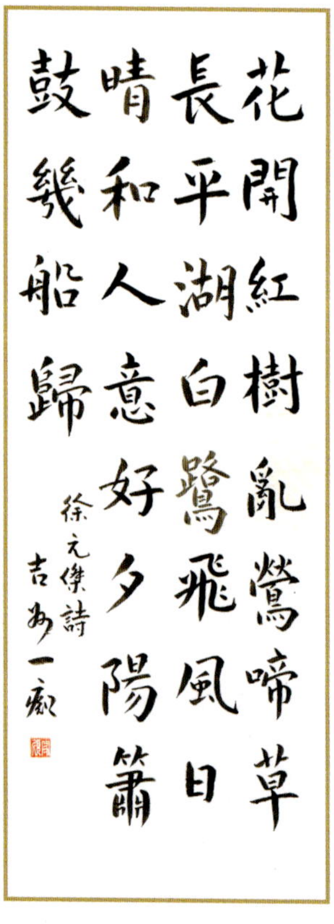

郭家顺

刘党生

闫旺森

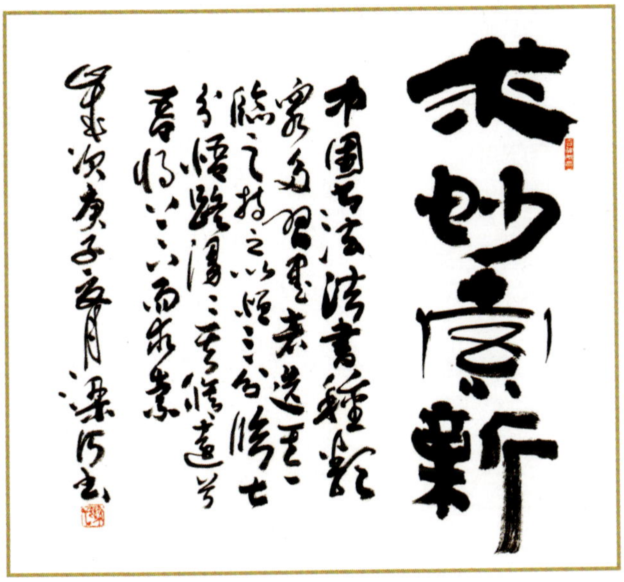

梁河

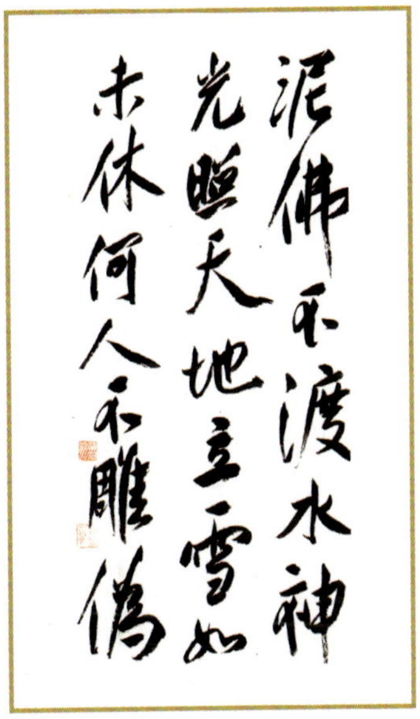

辛旭龙

王晓祥

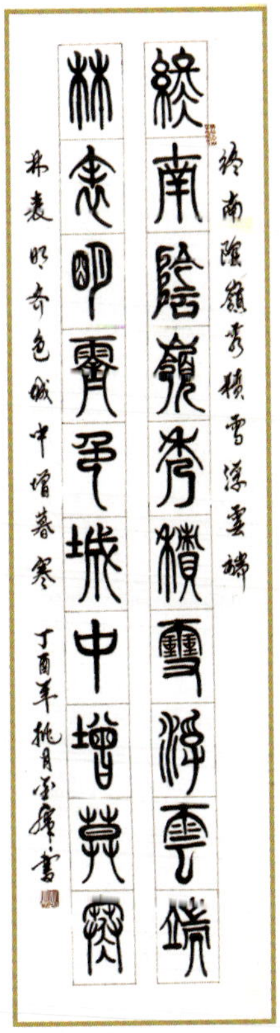

赵金虎

刘根贤

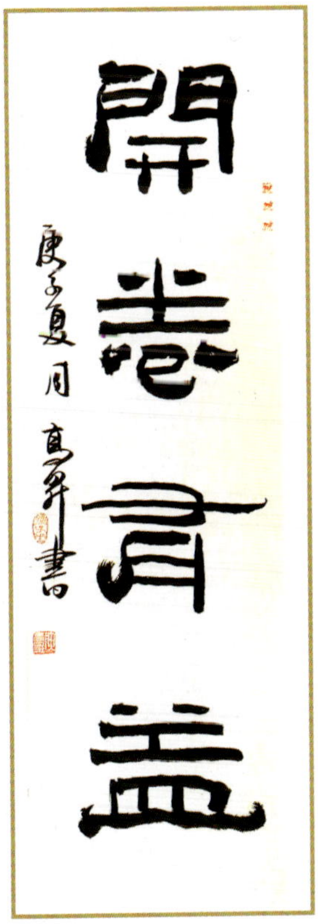

陕高升

《吉县志》(1986—2015)专家评审会合影

一排左起：焦永萍　冯吉平　靳水旺　崔绍民　屈　波　张志仁　郝忠祥　马正英
杨泽明　王小华　郝世文

二排左起：刘京健　翟英迪　高生记　杨　颖　董剑云　李　慧　向建伟　冯翠兰
王智刚　柏翠青　王建刚　杨子晋　张瑞琴　冯吉珍

三排左起：葛　祥　强旭忠　王树理　刘宏科　张立忠　郝耀宗　燕齐荣　岳方涛
史云岗　强爱武　强培家　葛建国　白新萍

凡 例

一、指导思想 以马克思列宁主义、毛泽东思想、邓小平理论、“三个代表”重要思想、科学发展观和习近平新时代中国特色社会主义思想为指导，坚持辩证唯物主义和历史唯物主义的立场、观点和方法，全面系统地记述吉县的历史与现状，力求思想性、科学性、资料性相统一。

二、记述范围 上限为1986年1月1日，下限至2015年12月31日，个别记载内容突破断限，旨在增加事实的完整性和资料的丰富性。记述县域内的大事要事，吉县建置沿革、自然环境，及政治、经济、文化、社会的发展变革。

三、结构 采用横向以类系事，纵向以时记述，层次分编、章、节、目结构，编下设无题序。前设大事记，后列限外辑要、文献辑存、后记。

四、体裁 采用述、记、志、传、图、表、录等体裁，以志为主。

五、文体文字 采用规范的现代语体文，用字按2001年1月1日起实施的《中华人民共和国国家通用语言文字法》，2013年6月5日教育部、国家语言文字工作委员会制定、国务院公布的《通用规范汉字表》执行。

六、标点符号 按中华人民共和国国家质量监督检验检疫总局、中国国家标准化管理委员会2011年12月30日发布、2012年6月1日实施的《标点符号用法》执行。

七、数字用法 按中华人民共和国国家质量监督检验检疫总局、中国国家标准化管理委员会2011年7月29日发布、2011年11月1日实施的《出版物上数字用法》执行。

八、计量单位 以1984年2月国务院发布的《关于在我国统一实行法定计量单位的命令》和1993年12月国家技术监督局颁布的国家标准《量和单位》为准。

九、名称 组织、机构和会议，首次出现使用全称，后用简称。地名括注今地名，相同的村名前冠乡镇名。缩略用语首次出现时括注全称。

十、人物 以本籍人士为主，兼收对本地发展有较大贡献的客籍人物。表录包括健在者。人物传以卒年排序，人物简介以生年排序。

十一、书稿资料来源 本志资料来源于各承编单位、档案资料、书报刊物、社会调查、网络媒介、个人私藏资料、碑碣等。所用数据资料以统计部门和承编部门为主，一般不注明出处。部分缺项和统计口径不一致的地方，采用各单位部门上报数据。

序

县委书记　崔绍民

政府县长　赵松强

在迎接建党百年华诞之际，县委党史研究中心的同志送来新版《吉县志》（1986—2015）定稿，并邀作序。想到在吉县的无数个日夜，跟当地干部群众一起摸爬滚打，让我们更加热爱这块土地和这里的人民。掩卷长思，感慨良多，遂入笔写下一段文字，权且为序。

新版《吉县志》是在1992年版的基础上修订续编的，时间纵跨1986至2015的三十年。这三十年是吉县全面改革开放、全面开发建设的一个重要历史时期，经济快速发展，政治安定团结，社会深刻变革，文化繁荣兴盛，民生极大改善，的确值得大书特书。这三十年，一次次前所未有的突破、一个个激动人心的时刻，定格在了吉县的史册中和人们的记忆里：汽车及摩托车成功飞越黄河壶口，吉县的金牌苹果走出国门，第一条高速公路通到了家门口；实现了村村通公路和农村集中供水、村卫生室全覆盖；城市集中供暖，通上了燃气，通过了义务教育均衡发展国家验收，新城拔地而起，建成了县医院、文化广场，启动实施中医院、公共体育场建设项目……。三十多年后的今天，在党中央、省委、市委的坚强领导下，全县人民戮力同心、顽强拼搏，打赢了脱贫攻坚战，吉县在2018年8月胜利脱贫摘帽，成为山西省首批三个脱贫摘帽县之一，这在吉县历史上具有里程碑意义，吉县人民从此摆脱贫困，与全国人民一道全面建成小康社会，开启了新时代社会主义现代化建设的新征程！

近年来，县委、县政府在发展思路上，着力打造“三色品牌”，就是红色苹果、黄色瀑布、绿色生态；建设“三大基地”，就是建设全国优质苹果生产地，全国知名旅游目的地，全省重要的新能源基地，“三色品牌”已成为吉县靓丽的名片，“三地”战略正取得明显进展。苹果产业经过三十多年接续发展，已真正成为群众致富产业，吉县苹果以其好看、好吃、好存，享誉全国；壶口瀑布景区吸引了越来越多的中外游客，开发建设如火如荼，创建5A指日可待；绿色生态治理成效显著，吉县天蓝水清，森林覆盖率高，被人们称为临汾的后花园。

这是一片沃土，物华天宝、资源丰富，发展前景广阔；这是一片热土，人民勤劳务实，干部干事创业，农工商齐头并进，文教卫全面进步；这是一片乐土，人文荟萃，乡风文明，民安家兴，和谐幸福。所有这些都是党中央、省委、市委正确领导的结果，是各级各部门和社会各界大力支持的结果，是全县人民攻坚克难、不懈奋斗的结果。借古鉴今，继往开来，我们应该铭记历史，书写历史，从历史中汲取经验教训，增进前行的动力。抚今追昔，承前启后，我们更应该不忘初心，牢记使命，在习近平新时代中国特色社会主义思想的指引下，始终坚持以人民为中心，把人民对美好生活的向往作为我们的奋斗目标，充分发挥人民群众的主动性和创造性，奋力建设美丽吉县、幸福家园，全面开创新时代吉县各项事业高质量发展新局面。

此次修志，吉县县委、县政府聘请相关专业人士，集各方之力，历时六载，数易其稿，方有今日之成果。在新版《吉县志》即将面世之际，我们代表中共吉县县委、吉县人民政府向关心支持和参与此次修志的各级领导、社会各界人士、全体编纂人员及史志工作者致以崇高敬意和衷心感谢！

祝愿我们吉县明天更加美好，人民幸福安康！

中共吉县县委书记：崔绍民

吉县人民政府县长：赵松强

2021年6月

目 录

第一编 建置

第二编 自然环境

第三编 人口

第四编 城乡建设

第五编 环境保护

第六编 交通 邮电

第七编 经济综述

第八编 农业

第九编　吉县苹果

第十编　林业

第十一编　水利 水保

第十二编 工业

第十三编 商贸

第十四编 财政 税务

第十五编 金融 保险

第十六编 经济管理

第十七编 中国共产党吉县地方组织

第十八编 地方人民代表大会

第十九编　地方人民政府

第二十编　地方人民政协

第二十一编　群众团体

第二十二编 公安 司法行政

第二十三编 审判 检察

第二十四编 军事

第二十五编 政务

第二十六编　教育科技

第二十七编 卫生

第二十八编 文化 体育

第二十九编　文物 旅游

第三十编　壶口瀑布风景名胜区

第三十一编　民俗风情

第三十二编 方言

第三十三编 艺文

第三十四编 人物

概　述

一

吉县地处吕梁山南麓、黄河中游晋陕峡谷东岸，三面环山，一面滨水，地势东高西低，海拔最高 1820 米（高天山），最低 393 米（鄂河汇入黄河处），国土总面积 1779.68 平方千米（全国第二次土地调查数据）。境内山峦起伏，梁峁交错，沟壑纵横，属黄土高原残垣沟壑区。拥有四座大山，即县东南与乡宁县分界处的高天山，海拔 1820 米；县东与蒲县分界处的石头山，海拔 1740 米；县北由东向西，贯穿全境的人祖山和高祖山，海拔分别为 1742 米和 1569 米。主要河流有三：一为万里黄河流经县境 56.5 公里，沿岸有关津渡口多处，既是沟通秦晋、接连西北诸省的主要通衢，又是沟通南北的要津；二为清水河，发源于高天山麓，自东而西注入黄河，全长 60 余千米，正常日流量为 17280 吨；三为昕水河，发源于县东金岗岭，自南而北至大宁注入黄河，在县境全长 110 余华里，正常日流量为 21600 吨。

吉县属温带大陆性季风气候，四季分明，春季干旱多风，夏季凉爽宜人，秋季降雨集中，冬季寒冷干燥。年平均日照时数 2395.5 小时，大于 10℃的有效积温 3361.5℃，无霜期年平均 196 天，年均气温 10.2℃，年均日较差 11.5℃，一月份最冷，平均 -5.2℃，七月份最热，平均 28.1℃。年平均降水量为 496.2 毫米，降雨主要集中在七、八、九三个月，约占全年降水量的 50%。

二

吉县历史悠久，古代神话盘古之后洪水滔天，水漫为患，生灵濒绝，唯独人祖山突兀耸立，水涨山高，呵护着伏羲女娲兄妹的生命，为留得后世人间香火，二人以“隔沟穿针引线”“滚石磨合拢”为缘成婚，故有“人根之祖，出在吉州”的传说。1981 年柿子滩考古发现的新石器遗址证实，早在一万年以前，吉县就有人类活动。吉县在商祖乙时属耿地，西周时称翟城。春秋时为晋之屈邑，又称北屈。战国时属魏之屈邑。秦汉时为河东郡北屈县。北魏先后置禽昌郡、定阳郡、定阳县。隋开皇十八年（598）改名吉昌县，为汾州治，唐为慈州治，五代唐改为吉乡县，金为吉州治。元至元二年（1265）吉乡县并入吉州，明朝为山西布政司平阳府吉州，辖乡宁 1 县。清雍正二年（1724）升直隶州，辖蒲县、乡宁 2 县。民国元年（1912）废州称吉县。1947 年 10 月吉县解放。1958 年并入乡宁县，降县城为镇。1961 年复置吉县。1986 年全县设 2 镇 9 乡，1 个国营林场。2001 年撤并乡镇后为 3 镇 5 乡。

吉县襟山带水，区位显要，春秋时在此置采桑津，西晋时建姚襄城，北周置总管府，唐朝置慈乌戍辖乌仁关，金朝筑牛心寨，元朝置吉乡军，明、清时均于此设巡检司，民国初期驻有河防团。1938—1945 年，阎锡山率国民党第二战区长官司令部及山西省政府所属数万军政人员退守吉县八年之久。吉县历代驻军不断、战事频繁、兵家必争，遗有清代长城等作战工事。如今，209、309 国道纵贯横穿县境，青兰高速公路东西贯通，呼北高速吉河段建成通车、隰吉段正在建设，吉县已经由偏乡僻壤变为连接南北方、承接东西部的交通枢纽和桥头堡。

吉县物产丰富。境内有陆栖动物 50 余种，木本植物 194 种、49 科，草本植物 180 种、44 科，中草药 141 种。林木覆盖率达 47.2%，造就了优美的生态环境和宜人的天然氧吧，是全国生态建设示范县、全国造林绿化百佳县、全省林业生态县、全省环保模范城。地下有丰富的能源矿藏，原煤储量 100 亿吨以上，已探明面积 238 平方千米，储量 33.45 亿吨；煤层气储量约 1000 亿立方米以上，已探明面积 171 平方千米，储量 295.5 亿立方米。

三

在吉县这片沃土的庇佑下，避难出逃的夷吾和重耳在此地韬光养晦数年，东山再起，终成霸业，便是载入史册的晋惠公和晋文公。

金末同乡同岁又同是进士且同年以身殉职忠义报国的文官重臣冯延登（翰林学士承旨、祭酒）和地方武将杨贞（吉隰便宜经略使），就是吉县古代杰出人物的代表。

抗日战争时期，词作家光未然以壶口瀑布为灵感谱写的《黄河大合唱》，激发了无数革命先驱抗日救国的豪情壮志。吉县共产党员王耿人 1933 年返乡传播革命思想、开展地下活动，早期进步青年张秀成、张铁民、张广钦、只金耀、王成章、曹振芳、秦晏平等纷纷投身革命，在发展游击支队、宣传抗日救国、发动农民向地主借粮、捣毁伪村公所等斗争中做出了重大贡献。王耿人和另一批优秀青年牛德山（强文臣）、张秀升、洛洪章、豆立德等 11 名壮士转战各地，相继血洒疆场。朱德总司令两次亲临吉县做阎锡山的统战工作，并在古贤村和县城向群众作一致对外积极抗日的演讲，吉县人民的抗日热情倍加高涨，先后向新四军、八路军输送 300 多名子弟兵，大力支持与密切配合八路军办事处的工作。

解放战争时期，随着中共吉县县委的恢复和吉县人民政府的成立，形成党政武装三位一体的领导力量。吉县人民为保卫抗战胜利成果解放全中国，积极备粮备草做军鞋，支援陈赓率领的解放军在小府山的攻坚战与和尚岭的阻击战取得胜利。

1947 年 10 月 27 日，王震率领的中国人民解放军西北野战军第二纵队一举攻克吉县县城，翻身得解放的吉县人民又立即投入到支援解放大西北的战斗中，两批共 1100 多人踊跃加入民工担架队开赴前线。李新安、田立义、葛在学、葛天泽等在抢救伤员的战场上光荣牺牲。苏永江、王文学、吕永清等在剿匪战斗中英勇献身；许金奎、刘玉秀、孙黄生等志愿军战士把生命永远留在了朝鲜。

中华人民共和国成立后，吉县人民艰苦奋斗，自强不息，在社会主义建设中取得了历史性成就。大搞农田水利建设，大搞植树造林，治理水土流失，发展农业生产，粮食产量连创新高，林地面积大幅增加，畜牧养殖规模发展。积极调整优化产业结构，发展苹果栽植、烟叶种植，提高生产效益，增加农民收入，在脱贫致富的道路上阔步前进。

四

改革开放后，在历届县委、县政府的领导下，吉县坚持以经济建设为中心，先后实施了“人均一亩园、二亩田、三分烟”“旅游名县、烟果强县、生态大县”“实力吉县、活力吉县、魅力吉县”“四大板块、五篇文章、六大突破”“一二三六”等发展战略，取得了一个又一个胜利。在 1986—

2015年的三十年间，全县社会消费品零售总额增长了35.55倍，农村居民人均收入增长了18.3倍，2015年年末，全县地区生产总值达到190257万元，工业增加值64848万元，固定资产投资349473万元，财政总收入20872万元，城镇居民人均可支配收入17205元。

（一）苹果铺就富民路

苹果是吉县的特色产业和富民产业，也是实现脱贫摘帽的支柱产业。历届县委、县政府认准苹果不放松，一任接着一任干，特别是近年来，顺应苹果市场需求和农民持续增收需要，抓住吕梁山集中连片特困地区山地有机苹果基地建设的政策机遇，按照规模化、标准化、品牌化、产业化“四化”联动的发展思路和有机化的发展方向，加快推进苹果产业提质升级增效。抓投入，整合涉农项目资金，建设苹果示范园区，完善了果园水、电、路及管护房、防雹网等配套设施；抓管理，制定苹果标准化生产技术规程，大力推广减密间伐、疏花疏果、果实套袋、测土配方施肥、生物物理防治病虫害等先进实用技术；抓营销，实行苹果营销品牌、包装、标准、宣传“四统一”，成立吉县果业发展协会和吉县电商协会，线上线下一同发力，国内市场不断扩大，产品成功出口美国、澳大利亚及东南亚国家；抓产业化，规划建设了苹果深加工产业园区，延长了苹果产业链条，兴建了苹果贮藏库40座，实现了苹果季产年销、均衡上市。全县构建起苹果生产有基地、营销有组织、加工有企业的产业化发展格局。目前，全县苹果面积达到了28万亩，年产量突破22万吨，年产值近10亿元。依靠苹果产业，吉县大多数农民群众脱了贫、致了富，用“5个80%”可以说明，即：苹果面积占到了耕地总面积的80%以上，苹果专业村占到了行政村的80%以上，果农占到了农民的80%以上，果农人均果品收入占到了农村居民人均纯收入的80%以上，全县农村群众依靠苹果产业脱贫的达80%以上。吉县苹果获得“中华名果”的美称，吉县成为名副其实的“中国苹果之乡”。

（二）旅游兴县显优势

吉县旅游资源丰富，特色十分鲜明，在全国乃至世界都很有影响力。为尽快把吉县的旅游资源优势转化为产业优势、经济优势，1987年，吉县黄河壶口旅游管理局成立，开启了吉县旅游发展的新纪元。近年来，抓住吉县被确定为国家全域旅游示范县的利好政策，按照“龙头带动、全域发展，文旅融合、拓展业态，深化改革、转型提质”的思路，以壶口景区为龙头，以克难坡景区、人祖山景区、苹果休闲观光农业区为重点，坚持开发建设与宣传促销一起发力、旅游产业与文化产业融合发展，编制《吉县旅游发展总体规划》《壶口景区总体规划》，构建县域旅游循环圈，理顺壶口景区的管理体制机制，进一步挖掘黄河文化、黄土文化、人祖文化、抗战文化、民俗文化、苹果文化，实施沿黄扶贫旅游公路等景区基础设施和服务设施建设，举办“春华秋实”“歌唱黄河”等文化旅游活动，培育了一批乡村旅游精品点，丰富了吉县旅游的内涵，提升了吉县旅游的品位。壶口景区门票收入从1994年首次举办黄河壶口国际漂流月的39万元增加到2018年的8000万元，接待游客从12万人次增加到135万人次。

（三）城市建设展新容

吉县坚持规划先行，修订完善城市建设总规、详规和控规，坚持新城老城同步建设，实施了县城东扩西改战略，建设新城，改造老城，扩大城市框架，提升县城功能品位，2010年9月开工奠基的吉州新城全面建成，县城建成面积由原来的1.5平方千米扩大到4.5平方千米。近年来，在新城区主要是完善功能、提升品质，建设了新城路网二期、府前广场、供水管网、集中供热、污水处理站、公共体育场等工程，新城区初具规模。在老城区主要是片区改造，实施新华东街道路改造、高速公路引线建设、县城绿化亮化、清水河治理、公厕建设、环境卫生整治等市政工程和三个棚户区改造，老城区的综合功能、整体面貌有了一定改善。特别是从2017年开始，利用政策性贷款6.8亿元（总投资9亿元），重点实施高速出口的小府和县城中心的新华两个棚户区改造项目，拆迁面积24万平方米，拆迁户720户，计划三年完成，全面提升县城品位，改善群众居住环境，打造旅游新亮点。以创建国家卫生城镇为契机，大力开展环境卫生大整治活动，县城环境面貌有了明显改善。同时，坚持城乡一体化发展，统筹推进乡村建设，实施了农村人居环境完善提质、农民安居、环境整治、宜居示范“四大工程”，农村生产生活生态条件不断改善，美丽宜居乡村加快建设。

（四）工业强县奏强音

吉县县委、县政府牢固树立“工业强县”的理念，依托煤炭资源，引进社会投资，在原有沙坪煤矿（后重组为盛平煤业）扩产的基础上，新建年产90万吨原煤的明珠煤矿（后重组为华晋明珠煤业），两座煤矿为地方财政增收做出了重大贡献。近年来，在改造提升传统工业的同时，立足吉县丰富的煤层气、光能、风能、生物质能资源，引进中石油、中石化等中央企业勘探煤层气，2018年煤层气开采量突破3亿立方米；利用民营资本新建了垚鑫生物质发电、金智光伏发电等新能源企业；投资30亿元的上海远景风力发电项目全面开工建设。全县79个行政村全部建起了100千伏光伏扶贫电站，这在全省是第一家。截至2018年底，累计发电1431万千瓦时，结算电费1080万元，5000余名建档立卡群众得到了收益和救助。同时，40兆瓦大型地面光伏电站并网发电，提供就业岗位200余个，带动脱贫4740人；9兆瓦多村联建光伏电站建成并网，1328户建档立卡群众受益。黄河古贤水利枢纽项目有了突破性进展，正在进行进场前期准备工作，建成后装机总量达2100兆瓦，平均年发电量70亿千瓦时左右。

（五）民生事业增福祉

全县现有中小学44所，2015年通过了国家督导组义务教育发展均衡县检查验收，近三年又累计投资2亿多元，实施校园危房改造、薄弱学校改造、农村中小学标准化建设、教师周转房建设等项目工程，全县城乡学校硬件设施配备达到规定标准，实现了义务教育、高中教育、职业教育的学费、住宿费、教材费免费全覆盖。全县现有医疗卫生机构121家。其中县级7家，乡级8家，79个村卫生室，27个个体诊所，实现了县乡村医疗卫生机构全覆盖。近两年先后投资1000余万元，完成了乡镇卫生院的改扩建和79个村卫生室的标准化建设；投资2706万元，开工建设新中医院。推进县乡卫生机构一体化改革，成立县医疗集团，整合优化了城乡医疗资源配置。吉县连续十年荣获“省级卫生县城”称号。全面落实社会保障、社会救助政策措施，加快构建“广覆盖、多层次、全方位”的社会保障体系，对残疾人、大病救助对象、高中阶段学生、建档立卡贫困户大学生实现应助尽助，将健康扶贫“双签约”和“136”政策覆盖到全县所有建档立卡贫困人口。近三年累计发放残疾人救助、大病救助、临时救助、孤儿救助及五保户、农村低保等救助金1.2亿元，为他们构建起保障基本生活的安全网。广泛组织开展群众性文化体育活动，建成村德村史馆32个，拍摄微电影84部，经验做法在全国农村精神文明建设会议上进行了交流。成功申报非物质文化遗产50项，组织道德模范人物评选四次，全县涌现出一大批道德模范人物，被评为省级文化建设示范县。

看今天之吉县，放眼1779.68平方千米的壮丽山河，古老的人祖山高挺着豪迈的胸膛，奔腾的黄河水翻卷着汹涌的激流，广袤的黄土山垣上飘荡着苹果的清香，“吉县梦”就在前方，奋斗路就在脚下。

大 事 记

1986年

2月28日 县委、县政府联合作出《关于简化对领导干部接待工作的规定》：上级领导来吉县，一般不迎送，更不到县边界迎送。领导干部到基层，不组织迎送，不贴标语，不挂横幅；减少陪客人员，从简安排食宿，不搞事事主要领导陪同，进餐不备酒。县上领导下乡一律便饭，并按伙食标准交足食宿费，房间不备烟、水果，不安排游览壶口；禁止馈赠礼品，严禁用公款向上级送礼。县上领导不向基层索要礼品。

3月初 为了提高干部文化素质，县委组织部与各单位签订干部培训目标合同，对全县603名中专以下文化程度、年龄在45岁以下的干部进行培训。合同规定，至12月底完不成培训任务的单位，不能评为先进单位，同时追究领导责任；本人不参加培训者，不能评先进，不能作为后备干部提拔；1990年年末未取得中专学历、已在领导岗位者取消领导职务，一般干部调离干部岗位；经进修取得大专学历者奖励100元，取得中专学历者奖励50元。此经验和做法受到上级部门的肯定，先后在临汾地委组织部《组工通讯》、山西省《组工通讯》、山西省《人事》杂志、山西省委《山西组工通讯》上刊载。

4月10日 吉县人民武装部归地方建制，改制后受地方党委和上级军事部门双重领导。

7月 吉县被中共山西省委、山西省人民政府授予“三北防护林建设一期工程先进县”称号。

11月12日 县委总结了落实政策取得的成绩：平反冤假错案18起，恢复公职12人，恢复名誉6人，补发工资19043元，退赔“文化大革命”中查抄的全部财物，受理落实知识分子信访案件136件；1983年以来在知识分子中发展党员451名；进行机构改革，全县共提拔副科级以上干部127人，其中知识分子50人、占到39.3%；将1966年前参加工作并获得助理工程师职称以上科技人员和中教七级、小教五级以上教师的配偶及子女转为城市户口，共计196户、625人，解决夫妻两地分居35人；优先照顾知识分子子女就业257人；对34名学非所用人员调整了工作；解决知识分子住房问题76户。

1987年

2月28日 任俊发任中共吉县县委书记，免去张培华中共吉县县委书记职务。

是月 山西省建设厅召开“评审省风景名胜区”座谈会，专家一致同意推荐壶口风景区上报为国家级风景名胜区，建议壶口瀑布全称为“黄河壶口瀑布风景名胜区”。

3月26日 山西省新闻记者考察团一行22人到壶口考察采访，其中有《人民日报》驻山西记者王艾生、《光明日报》驻山西记者梁衡、山西摄影记者马名骏。《山西日报》对此事作了报道。

4月 县委副书记、政府县长黄有泉，林业局局长郭天才被山西省绿化委员会评为模范个人；交通局、兰家河乡政府被山西省绿化委员会评为先进集体。

5月1日 吉县壶口旅游管理局成立。

是月 清理“三种人”工作结束。根据中央和省委、地委的指示精神，县委采取“以事查人，以人及事”的方法，对全县在“文化大革命”中发生的重大事件和非正常死亡的95人的死因和涉及的责任对象共16人进行全面调查，对“文化大革命”中犯有严重错误的个人进行认真查处。

是月 日本专家神足难波到吉县考察黄土高原水土流失治理情况。

7月27日 黄河壶口瀑布被列入第一批省级风景名胜区。

8月3日 黄河壶口瀑布漂流探险队首次成功漂流壶口瀑布。

是月 吉县人武部因征兵质量高，20年无退兵，被国防部授予“人民武装先进单位”称号。

9月3日 安徽省黄河漂流探险队队员王来安乘坐由40个汽车内胎缠结而成的“长江号”密封船成功漂流黄河壶口瀑布，创造了人类历史上第一次无动力漂流黄河壶口天险的壮举。

9月8日 北京青年黄河漂流队的探险者张晓军，在队友配合下，漂流壶口成功。

9月10日 河南省黄河漂流探险队的队员们，用敞篷船在壶口侧流瀑布顺漂成功。

9月28日 中共吉县第六次代表大会在县城召开。

1988年

1月1日 县委、县政府作出《关于大力发展烤烟的决定》。决定要把烤烟生产作为本县一项支柱产业大力发展，当年种植1万亩，并且逐年扩大面积，至1995年扩大到5万亩，实现农民增收1250万元，财政增收500万元。

3月5日 由山西省建设厅牵头，会同山西省勘察院、山西省规划设计院，重新对黄河壶口瀑布风景名胜区进行决策性设计。

4月28—30日 根据山西省委书记王茂林考察吉县时对农村合作基金社的要求，县委召开全县农村合作基金社工作会议。会议决定，在已建立44个基金社的基础上，8月底新建40个，年底全县普及，全面开展业务。

7月23日 县委作出《关于在全县农村支部书记中开展“一任书记创一业”活动的决定》。要求农村支部书记在任期（2年）内，从本村实际出发，创办一项具有长远经济效益和社会效益的村级企业，促进农村经济发展。

8月23日 黄河壶口瀑布被国务院批准为国家级重点风景区。

是月 居台湾的赵磐文回乡探亲，捐款1.2万元，以其父赵德五名义在吉县设奖学基金会。

10月21日 县委、县政府发出《关于党政机关为政清廉的通知》，通知规定：严禁党和国家机关及其工作人员利用职权和工作之便谋取私利；严禁党政机关、党政干部经商办企业；严禁党政干部为单位和个人倒买倒卖紧俏物资或利用职权批条子、拉关系，从中渔利；各单位、各部门一律不得违反规定滥发奖金、补贴、津贴；不准以任何理由讲排场、摆阔气；严格控制会议，紧缩会议经费；严禁乱收费，乱摊派，乱罚款；党政离退休干部不允许经商办企业；不准在外事活动中利用工作之便谋取利益；严禁以任何理由接受馈赠，索要礼品、样品、试制品。

12月1日 李青任县委副书记、县政府代县长。

是年 吉县实现人均1亩果园的目标。

是年 全年自筹资金新建农村小学校舍380间、10170平方米，维修校舍212间、3059平方米。

是年 投资22万元，对县城原9米宽的新华街加宽到18米，拆房94间，铺设下水管道470米，自东关广场至扶风桥建人行路500米。

是年 在圪针沟口河槽打柱架梁，棚盖预制板，建成农贸市场1152平方米。

是年 梁衡的散文《壶口瀑布》发表于《人民日报》。

1989年

7月 吉县人民政府获山西省政府颁发的“解决农民温饱问题工作成绩显著”奖。

8月5日 《山西日报》以《任职一届 致富一村》为题，报道吉县在农村支部书记中开展“一任书记创一业”的经验和做法。

是月 吉县获临汾地区“社会治安综合治理达标县”称号。

12月 吉县被评为山西省爱国卫生县城。

是月 由山西省城乡规划设计研究院组织编写的《黄河壶口瀑布风景名胜区总体规划》完成。

是年 县政府自筹资金修建农田4.39万亩，被省农田基本建设指挥部评为三等先进县。

1990年

3月6日 县委作出《关于开展向杨拴保同志学习的决定》。杨拴保系中垛乡义尖村党支部副书记，他放弃了拿财政工资的工作，多年来坚持小流域绿化治理，创办家庭林场，带领乡亲致富，改变农村面貌，直到生命的最后一刻。县委号召全体共产党员、人民群众在全县掀起向杨拴保学习的活动。4月7日，中共临汾地委作出《关于在全区开展向优秀共产党员杨拴保学习活动的决定》。

3月26日 县委制定《关于农村支部书记创业活动考核验收标准和奖励办法》，对创业活动考核验收的标准、经济建设发展要求、精神文明建设要求和考核奖励的办法作出详细规定。

6月11—17日 日本专家远藤泰造、竹内信治、嘉藤昭吉到吉县考察林业生产。

7月 全国第四次人口普查结束：截至7月1日零时，全县有21377户、90327人。

9月19日 《山西日报》以《这里山河如画》为题，在头条位置报道吉县人民治理荒山兴林致富的事迹。

12月17日 政府县长李青代表吉县人民政府，与北京林业大学签订《1990—1994年“营造水土保持试验示范林1.5万亩”》合同，该项目属中日技术合作、中国黄土高原治山技术培训项目。

是年 沙坪煤矿出口原煤11万吨，创汇308万美元。

是年 屯里镇农民草编社生产的筐、篓、垫等工艺品，销至法国、德国、西班牙和新加坡等地，创汇1.2万元，被临汾地区评为先进单位。

是年 全县集资305万元，新建和改建小学136座，建房528间，被评为省集资办学先进县。省政府通报表彰，奖励3万元。

是年 中国人民银行发行以黄河壶口瀑布图案为背景的50元人民币。

是年 全国120家电视台台长赴吉县壶口参加全国电视台台长会议，各台陆续播放了黄河壶口壮丽景观。

1991 年

1 月 8—9 日 地委书记徐生岚到吉县检查指导工作，考察了酒厂、桥南村、刘月善家庭农场和生产资料公司，听取县委书记任俊发关于吉县实施“123”目标情况的汇报。

1 月 11 日 山西省吉县壶口瀑布风景名胜区管理局成立，文城乡的中市村、南垣村，东城乡的小船窝自然村划归管理局。

2 月 26 日 县委、县政府发出《关于批转吉县农村经营管理局〔1990〕2 号、3 号、4 号、5 号、6 号文件，进一步完善农村双层经营体制的通知》，具体内容为《完善土地家庭联产承包制的意见》《完善劳动积累工投工制度的意见》《农村干部补贴的意见》《农村合作经济组织民主管理的制度》《加强村级财务管理，进一步完善合作基金会管理意见》。

4 月 10 日 中共中央原副主席汪东兴到吉县考察工作。

5 月 11 日 林业部在吉县召开“三北”地区生态经济型防护林体系建设现场交流会，来自全国 13 个省（市、区）和地、县的有关部门领导近 200 人参加会议。期间，参观了生态经济型防护林体系建设骨干工程——“141”工程，桥南果园和赵村垣、西咀、教场坪、蔡家川等林业点。

6 月 22 日 省委书记王茂林在地委书记徐生岚、行署专员杨增杰陪同下到吉县考察工作。王茂林充分肯定了吉县的草编业，并对“123”战略目标给予高度评价。

8 月 12—13 日 原中共中央主席华国锋到吉县考察工作，观赏了壶口瀑布，并题写“吉州宾馆”“黄河奇观”。

8 月 29—30 日 商业部、国家农资总公司在吉县召开全国农资科技扶贫现场会，全国 20 个省市有关部门的代表 70 人参加会议，县生产资料公司作了典型发言。

12 月 经中国旅游胜地 40 佳评审委员会和旅游部门投票评选，确定山西黄河壶口瀑布风景区为“中国旅游胜地 40 佳”。

是年 城关镇桥南村红星苹果获首届中国农业博览会金质奖。

是年 “中国新闻社”摄制组，在壶口瀑布风景区拍摄专题片，向国外进行宣传。

是年 县四大班子领导每人拿出 1 个月工资，全县干部职工每人捐出月工资的 40%，集资新建东关幼儿园。全县集资 100 万元，新建学校 36 所，维修学校 8 所，添置教学设备，实施“三配套工程”。

是年 开始征收教育费附加，全年共征收 29.75 万元。

1992 年

2 月 1 日 山西省吉县黄河壶口旅游公司挂牌运行，归属吉县旅游局，其性质为事业编制、企业管理。

3 月 20 日 县委作出《关于在全县中小学教师中开展向魏玉柱同志学习的决定》。

4 月 15 日 黄河壶口“中国旅游胜地 40 佳”揭牌仪式及黄河“三门游”“壶口一号”游船竣工典礼仪式在壶口举行。

4 月 17—18 日 中共中央政治局常委乔石到吉县考察工作。

7 月 20 日 县委在农村党支部和党小组中开展“一村一业一品”活动。即根据各村实际，建立粮食专业村、果树专业村、烤烟专业村、养殖专业村、经济作物专业村、企业村。

7 月 23 日 《山西日报》一、二版整版介绍黄河壶口风景区自然景观以及吉县县委、县政府加快壶口风景区开发建设的情况。

是日 吉县教育世行项目贷款启动，总投资 183.39 万美元，其中世行贷款 83.7 万美元，县内配套资金 99.69 万美元，用于中小学校土建工程和师资培训等工作。

8 月 10 日 县委、县政府决定在窑渠乡李家垣建立 3 万亩机关干部生产生活培训基地。

8 月 23 日 县委、县政府作出《关于搞活企业 振兴工业的决定》。

8月28日 县委、县政府作出《关于对开发黄河壶口瀑布风景名胜区实行优惠政策的意见》。意见规定，管理局有权决定内部的机构设置和人员任命，有权统一管理规划区内的土地，景区所有单位要接受条块的双重领导，对在景区投资兴办各类旅游项目的在税收、土地使用上享受优惠；为开发壶口景区引资者，提取一定比例的劳务费；壶口风景区为旅游开发小特区，允许举办游乐场、度假村、旅店等，并享受优惠政策；优化环境，杜绝各种乱收费、乱罚款、乱设卡等现象。

9 月 16 日 全国人大新闻记者团一行 8 人到吉县采访壶口风景区和蔡家川造林工程。

9 月 23 日 首批 50 名副局级以上领导干部进入窑渠乡李家垣“吉县干部培训基地”参加为期 30 天的劳动学习培训。

10 月 28 日 日本国际协力事业团（JICA）参事、日中农业交流协会会长神显胜浩到吉县检查“黄土高原治山技术培训项目”执行情况。

是月 县委、县政府举办“壶口杯”全国有奖征文大赛，在《人民日报》《中国青年报》《山西日报》《临汾日报》等报刊刊登“征文启事”，作家孟伟哉担任评委。

11 月 3 日 以日本援助印尼治山项目专家组组长正木郁夫为团长的印度尼西亚治山技术交流团一行 4 人，在北京林业大学副教授余晓新陪同下，到吉县考察日本政府援助的“中国黄土高原治山技术培训项目”实施情况，进行治山技术交流。

1993 年

2 月 10 日 吉县第十届人民代表大会常务委员会第十九次会议，通过李青辞去县政府县长职务的提请。任命李苏河为县政府副县长、代县长。

4 月 8 日 吉县黄河壶口瀑布风景名胜区太原办事处成立。

4 月 16—17 日 山西省政协副秘书长赵政民一行 8 人对克难坡保护、开发、利用进行全面考察，并召开专题座谈会。

5 月 26 日 中共吉县第八次党代会召开，讨论通过《吉县经济上新台阶的决定》。

是月 山西省、陕西省分别编制的《黄河壶口瀑布风景名胜区总体规划》通过评审。建设部、水利部黄河水利委员会、北京大学、西北大学等高校的专家学者和领导 80 余人在临汾市参加了评审会。

是月 吉县安装教育卫星地面接收站，可接收中国教育电视一、二台节目。

6 月 4 日 全国政协副主席、中国社会科学院院长、历史学家胡绳到吉县考察工作，并赋诗赞扬黄河壶口瀑布的壮美景色。

6月18日 地委书记徐生岚到吉县检查指导工作。期间考察公路建设、四荒拍卖、徐尖村高春枝的果园、壶口酒厂、宝石厂等。

9月22日 在山西省首届农业博览会上，吉县红星苹果、烤烟、金冠苹果分别获农业类金质奖、银质奖和优秀奖；壶口牌杞莲八宝罐头和五龙牌五龙液酒分别获农产品加工类银质奖和优秀奖。

是日 中央电视台和中国黄河电视台在吉县壶口联合拍摄大型综合文艺专题片《黄河神韵》。

10月9日 歌唱家郭兰英参观壶口景区。

10月13—18日 首届黄河壶口瀑布漂流节在吉县壶口景区举办。

10月14日 临汾西山体育运动会在蒲县闭幕，吉县男篮获冠军，女篮获亚军。

1994年

2月20日 由《人民日报》、中央电视台等16家新闻单位的26名记者组成采访团到壶口采访。

3月18日 山西省旅游局、临汾地区行署和吉县县委、县政府在北京国际饭店举办“黄河壶口漂流月”新闻发布会。《人民日报》、新华社、中央人民广播电台等30多家新闻单位90多名记者和在京的20多家旅行社参加。

4月15日 县委书记陈保堂撰写的《走上无烟工业之路》一文在《山西日报》发表。

4月17日 中央电视台《正大综艺》摄制组到壶口景区拍摄外景。

4月28日 由临汾中国国际旅行社和吉县黄河壶口漂流有限公司承办的孟门—石门—禹门“黄河三门游”首漂活动拉开帷幕。漂流线路全长65千米，80名漂游队员乘9艘快艇于中午11时45分启航，下午4时到达禹门，历时4小时。中国国际旅行总社等8家旅行社和新华社、《人民日报》等15家新闻单位参加了活动。

是月 省政协文史资料委员会一行8人到吉县考察后写出《关于尽快采取措施维修国共合作抗战旧址克难坡的建议》，以晋协办发〔1994〕29号文件报省委、省政府及有关部门，呼吁保护、开发、建设克难坡，并专题写进省政协七届三次会议的报告之中。

6月1日 全国政协副主席杨汝岱一行63人到吉县考察工作。

6月6日 国务委员、全国计生委主任彭珮云到吉县考察工作。

6月19日 中央电视台《东方时空》摄制组到壶口景区对瀑布高空走钢丝等活动进行全方位拍摄。

8月2日 国家旅游局局长刘毅在山西省副省长刘泽民陪同下到壶口考察景区建设。

8月18日 县委、县政府作出《关于建设明珠煤焦开发区的决定》。开发区的范围是：东起金岗岭吉县界，西至雁坪村。在土地、税收、优化环境、解决企业负责人实际问题等方面制定了鼓励优惠政策。

9月3日 县委书记陈保堂、政府县长李苏河共同撰写的《拍卖千沟万壑 造福千家万户》一文在《山西日报》发表。

9月19日 “中国临汾首届黄河壶口国际漂流月”开幕式在壶口景区举行。天津勇士张志强表演了密封舱漂壶口、河北吴桥杂技团的杨芸女士表演了壶口瀑布走钢丝。

10 月 1 日 天津漂流勇士张志强在壶口黄河大桥上进行悬索跳表演，人称“中华第一跳”。

是年 电视片《黄河壶口》荣获德育教育、爱国主义教育电视节目二等奖。

1995 年

4 月 6 日 县委作出《关于认真做好培养选拔优秀年轻干部工作的意见》。

5 月 10 日 参加华北五省市“黄河壶口笔会”的 20 多位书法家在壶口岸边联手书写出 50 米的书法长卷。

5 月 28 日 县委、县政府作出《关于领导干部经济责任审计的暂行规定》，对经济责任审计的目的、范围、内容、程序、纪律作了详细规定。

6 月 22 日 全国政协副主席钱伟长到壶口考察。

8 月 12 日 临汾地委宣传部为省级爱国主义教育基地吉县壶口瀑布风景名胜区挂牌。

8 月 19 日 北京电影制片厂在壶口景区拍摄电影《二战秘闻》。

8 月 21 日 珠江电影制片厂在壶口景区拍摄电影《冼星海》。

9 月 13 日 国务委员、国家教委主任李铁映到壶口考察。

9 月 19 日 河南省获嘉县高空飞车艺术团的王凤海、王凤琴，在架设于壶口瀑布两岸长达 1000 多米、距水面 60 米高的钢丝绳上进行摩托车、自行车、独轮车、空中飞人横跨表演。

是月 壶口景区投资 200 万元建设的县城至壶口光缆通信线路投入使用。

10 月 4—6 日 民进中央副主席陈舜礼在省政协副主席秦国栋的陪同下，深入吉县各乡镇，对农村产业结构、林业经济进行考察。

10 月 17 日 山西电影制片厂在吉县开机拍摄电视剧《壶口情》。

10 月 25 日 中央军委副主席张震到壶口景区考察。

11 月 壶口瀑布风景区被建设部命名为“爱国主义教育基地”。

是年 在黄河古渡口蛤蟆滩东绵羊圪塔山崖上发现史前舞蹈崖画。

1996 年

1 月 20 日 国务院减轻农民负担执法检查组到吉县检查工作，对吉县减轻农民负担的经验予以充分肯定。

2 月 5 日 吉县人民武装部收归军队建制。

3 月 15 日 公安部公布吉县为对外开放县。

4 月 全国政协副主席胡绳到壶口考察，书写了“黄河天下险，壶口最惊人；飞瀑撼天地，涛声泣鬼神。”的诗句。

5 月 22 日 黄河出现绿浪奇观。

6 月 9 日 广播电影电视部和法国库斯特基金会联合拍摄组一行 17 人到壶口拍摄《中国探索—黄河》。

是月 在中国革命博物馆举办，由中国风景名胜协会主办的首届“中国风景名胜区展览”中，壶口瀑布风景区荣获金奖。

8 月 25 日 17 时 05 分—40 分 30 秒，河南省高空飞车艺术团演员冯九山，手执长 9 米、重

18 公斤的平衡杆，走过了架设在壶口瀑布上空全长 730.22 米、距河面 154 米的钢缆，用时 35 分 30 秒，打破了美籍加拿大人科克伦在中国长江三峡创造的高空走钢丝 640.75 米的吉尼斯世界纪录。被誉为“华夏第一走”。中央各大新闻媒体、上海电视台《天下第一》摄制组和全国各地 500 多名记者及韩国一家电视台报道了这次活动。

9 月 19 日—10 月 18 日 “中国山西吉县第三届黄河壶口国际漂流月”活动在壶口举办。

9 月 27 日 县政府在壶口举办“海峡两岸摄影家看壶口”活动，港、澳、台及内地 50 余名摄影家云集壶口，拍摄壶口。

10 月 3 日 县委作出《关于选派县乡两级机关年轻干部到贫困村任职的意见》。选派县乡两级行政事业单位中年龄在 40 岁以下、高中以上文化程度、党性强、作风好、有一定工作经验和专业特长、热爱农村工作的后备干部到贫困村任职。是副科级党员干部的任乡镇副书记兼任村党支部第一书记；一般干部是党员的任村党支部书记或副书记，非党员的任村长或副村长，任职锻炼时间为 2 年。

10 月 8 日 国家体委命名吉县为“全国体育先进县”。

10 月 24 日 国家计委和水利部正式列项吉县属黄河流域水土保持示范县国家水保重点防治区。

11 月 1 日 山西省人民政府批复“同意设立壶口镇”，原吉县壶口管理局所管辖的村委及自然村划归新成立的吉县壶口镇管理。壶口管理局只管理壶口风景区所辖的 20 平方千米。

是月 吉县红富士苹果获“'96 北京国际果品及技术设备展览会金奖”。

是年 祖师庙残疾妇女葛莲恩参加农民技术学校学文化、学技术、脱盲致富，被评为“全国识字状元”。

1997 年

1 月 1 日 县委、县政府机关刊物《壶口》创刊。

1 月 4 日 中国壶口书画院在吉县成立。吉县县委书记陈保堂、乡宁县人民政府县长窦正森、中国书协美协会员陈箱咏等 15 人担任名誉院长。

1 月 8 日 第五批全国体育先进县命名表彰大会在北京举行。县委书记陈保堂代表中共吉县县委、吉县人民政府出席并受到姜春云、李铁映等中央领导接见。

1 月 18 日 吉县第十一届人大常委会第二十五次会议决定任命原胜利为县政府代县长。

5 月 15 日 柯受良飞越黄河壶口新闻发布会在太原举行。山西省旅游局局长王锱琛、行署专员杨志明、县委书记陈保堂以及中外记者共百余人参加发布会。会上，陈保堂对漂流月活动及柯受良飞越黄河壶口有关事项做了介绍。

5 月 16 日 山西电视台举办以黄河壶口国际漂流月为专题的《五彩缤纷》节目。

5 月 21 日 建设部发出《关于黄河壶口瀑布风景名胜区总体规划的通知》，批准了名胜区的总体规划。

5 月 26 日 第四届中国山西吉县黄河壶口国际漂流月在壶口开幕。

是日 壶口建镇庆典仪式在壶口风景管理区举行，县委书记陈保堂、政府代县长原胜利为壶口镇党委、政府挂牌。

6 月 1 日 亚洲第一飞人柯受良飞越黄河壶口成功。中央电视台、香港凤凰卫视中文台通过亚洲2号卫星向全世界96个国家和地区进行现场直播，全球近30亿观众收看了这一盛况。

是日 山西集邮公司发行“柯受良飞越黄河壶口瀑布”纪念封1枚。在黄河壶口瀑布岸边飞越现场发行由飞越黄河组委会监制的“飞越黄河、世纪壮举”特种纪念票1997张。

6月8日 国家邮电部发行“黄河壶口瀑布邮资明信片”1枚。

8月1日 山西假日旅游公司联合省城30余家旅行社推出黄河壶口瀑布3日游天天发团专线。

8月15日 中央电视台第七套节目，农村经济周末版《大地之子》栏目，播放反映县委书记陈保堂“抓改革开放 促经济建设”的专题片《黄河的儿子》。

8月16—18日 中国残疾人作家97走近母亲河“交通杯”黄河笔会在壶口瀑布风景区举行，来自北京、湖北、福建、山东等9省市的19名作者在壶口采风创作。

8月19日 香港广播电视有限公司董事长、香港邵氏影业公司总裁邵逸夫，全国政协副主席安子介一行59人参观壶口。

11月20日 山西电影制片厂录制的《吉县奇观》在县电影院上映。

1998年

3月20日 县委、县政府作出《关于进一步加强农村“四荒”治理开发工作的意见》。

3月25日 中国水土保持、小流域综合治理专业委员会第四次会议暨学术讨论会在吉县召开。

5月14日 副省长王昕考察吉县“普九”工作。

是日 省科技成果推广现场会在吉县召开，副省长王昕，省科委主任温泽先、副主任周民，行署专员樊纪亨、副专员高清亮以及全省11个地市的分管副市长、副专员、科委主任等100多人参加会议。与会代表参观了“塑料袋地栽黑木耳”示范点。

6月3日 临汾地区行署在壶口风景名胜区举办中国黄河壶口笔会。

6月9日 联合国粮农组织官员赤堀聪之在吉县考察世行项目工程。

9月9日 中直机关青年志愿者支教扶贫活动启动仪式暨中直机关青年艺术家“情系母亲河”慰问演出活动在吉县二中操场举行。蔡明、冯巩、苏红等分别表演了节目。

9月15—21日 吉县“两基”（基本扫除青壮年文盲、基本普及九年义务教育）工作通过省政府“两基”评估验收团评估验收。

9月16日 地委书记杜玉林在吉县考察县民政局千亩果园和县城建设。

9月19日—10月18日 第五届中国山西吉县黄河壶口国际漂流月活动在壶口景区举行。省、地有关领导20余人出席开幕式。中央电视台，香港凤凰卫视中文台，省、地电视台及国内10余家报社记者莅临现场。吉县青年朱朝辉在开幕式上表演了摩托车特技。

10月13日 副省长范堆相考察蔡家川和南北腰两处“世行”工程。

10月21日 省政协副主席祁寿春陪同农业部原副部长相重杨到吉县考察果业生产工作。

12月31日 县委、县政府作出《关于农村土地延期承包若干问题的意见》。规定农村土地顺延年限为30年，贫困乡村及开发生产用地可以顺延到50年。延包土地的人口统一界定以1993年12月31日在册农业人口为准。延包实行“大稳定、小调整”，不准打乱重分，坚持“增人不增地，减人不减地”的原则。预留机动地面积以村为单位计算，严格控制在实际耕地总面积的

5%以内。坚持农村土地集体所有，使用权可依法按程序转让。

是年 省委、省政府授予壶口瀑布风景管理局“全省先进集体”称号。

1999 年

3 月 18 日 昕水河流域中日合作造林项目日本考察团一行 6 人，考察吉县“中日合作黄土高原蔡家川治山项目”黄土高原残垣沟壑区治理流域及壶口生态林业工程。

3 月 28 日 '99 生态环境游山西活动首游式，香港—重庆—山西同步植树启动仪式暨 '99 万亩黄河防护林带“绿家园”志愿者植树活动在壶口景区举行。省、地、县领导出席仪式并与来自 12 个国家的 202 名志愿者及数百名群众一起义务植树。

是月 香港凤凰卫视中文台到壶口拍摄《壶口旅游风光》电视片。

6 月 20 日 第六届中国山西吉县黄河壶口国际漂流月暨 '99 摩托车黄河大飞越活动在壶口景区举行。吉县青年朱朝辉驾驶摩托车成功飞越黄河壶口。

是日 山西省邮资票品局发行“'99 摩托车吉县黄河壶口大飞越”纪念封 1 枚。

10 月 17 日 地委书记杜玉林考察吉县东城乡“双千”亩优质苹果示范工程。

10 月 20 日 山西省今冬明春农田水利基本建设现场动员大会在吉县召开。省、地（市）、县领导共 260 余人参加会议。

11 月 17 日 全县调结构会议在县委四楼会议室举行。会议确定了“红（苹果）、黄（烟叶）、白（鲁羊）、黑（乌鸡），兴农富民”的农业产业结构调整思路。

是月 吉县二中被命名为“省级示范初中”；窑渠乡尚古塔新农村被命名为“省级德育教育示范基地”；东关小学、窑渠中学被命名为“省级文明学校”；吉县二中、屯里小学被命名为“地级文明学校”；祖师庙小学被命名为“地级德育示范小学”。

12 月 14 日 省委书记田成平在吉县考察壶口旅游开发区、县委办示范果园、壶口酒业有限公司。

2000 年

1 月 6 日 “全省推广吉县农建经验”和“'99 生态环境游山西活动首游式在壶口举行”两则消息，被评为 1999 年临汾地区全区十大新闻。

1 月 15 日 县委、县政府作出《关于农业产业结构调整的意见》。对林果业生产、烤烟生产、畜牧生产、粮食生产、龙头企业和优势产品等作了具体规划。

2 月 1 日 “亚洲第一飞人”柯受良、作家余秋雨，随凤凰卫视中文台“千禧之旅”活动团莅临壶口。

2 月 20 日 县委、县政府聘请全国扶贫和养羊专家、北京农学院教授陈济生和太原农校高级讲师马恩正为吉县“农业科技顾问”。

3 月 8 日 临汾地委宣布免去陈保堂中共吉县县委书记职务（调任地区政协工委副主任）和原胜利主持县委、县政府全面工作的决定。

4 月 7—8 日 副省长杜五安带领省直有关部门负责人考察吉县县城至壶口二级旅游路并现场办公。

4 月 9—10 日 省委副书记、组织部部长李景田考察壶口旅游景区、窑渠乡世行项目及农村党支部建设。

4 月 26—27 日 山西省省长刘振华到吉县考察壶口旅游开发区、文城乡集中供水工程、千亩连片果园、窑渠乡世行项目工程、壶口酒业有限公司。

5 月 2—3 日 全国人大常委会委员长李鹏考察壶口风景区。

6 月 20 日 中国山西吉县第七届黄河壶口国际旅游月在壶口景区开幕。

是日 壶口旅游开发区管理委员会揭牌仪式在壶口风景区举行。

7 月 17—18 日 山西省副省长范堆相深入吉县文城乡、东城乡、中垛乡检查农村饮水解困工程。

8 月 30 日 县委、县政府作出《关于进一步做好减轻农民负担工作的意见》。

9 月 26 日 县委、县政府作出《关于组建农民专业合作协会的实施意见》。

10 月 17 日 吉县荣获全省农田水利基本建设"禹王杯"第一名。

10 月 19 日 首届全国党报摄影部主任会议在壶口召开。来自全国 26 家省级党报摄影部主任出席了会议，并拍摄壶口胜景。

12 月 7—8 日 中共吉县第九届委员会第三次全体会议召开。通过中共吉县县委《关于建设旅游名县、烟果强县、生态大县的决定》。

2001 年

1 月 14 日 县委召开四大班子联席会议，讨论《吉县国民经济和社会发展第十个五年计划纲要（草案）》。

3 月 26 日 山西省计划委员会作出《关于吉县壶口黄河峡谷生态游项目建议书》的批复。

4 月 30 日 县委作出撤乡并镇的决定。原城关镇更名为吉昌镇；柏山寺乡、中垛乡、东城乡建制保持不变；原窑渠乡、明珠乡并入屯里镇，设立新的屯里镇；原曹井乡与兰家河乡合并，设立车城乡；原王家原乡并入文城乡，设立新的文城乡；原文城乡的存心、留村并入壶口镇，设立新的壶口镇。

5 月 3 日 上午 11 时 20 分，有"中国悬崖跳水第一人"之称的黑龙江省牡丹江市邮政局司机狄焕然，在壶口跳水成功，成为壶口瀑布跳水第一人。

5 月 10 日 吉县壶口"黄河峡谷生态游"项目，在山西省计委召开的全省项目评审会上评审立项。

9 月 3 日 吉县职业中学更名为吉县三中。

9 月 8 日 "第八届壶口国际文化旅游月暨泰阳壶口极限超越"大型演唱会新闻发布会在北京人民大会堂举行。

9 月 19 日 中国山西吉县第八届黄河壶口国际文化旅游月开幕式暨"泰阳壶口极限超越"大型演唱会在壶口景区举行。

11 月 吉县苹果获 2001 中国国际农业博览会"名牌产品"称号。

12 月 经地质部批准正式建立壶口瀑布国家级地质公园。

2002 年

1 月 25 日 吉县林业专业队成立，实行企业管理，隶属县林业局监管。

是日 吉州商贸市场建成启用。

2 月 20 日 壶口瀑布风景名胜区被国家旅游局评为 AAAA 级风景旅游区。

2 月 22 日 县委、县政府制定《吉县县级党政机构改革方案》，全县设置党政机构 28 个，其中党委机构 9 个、县政府机构 19 个。

3 月 30—31 日 国务院总理朱镕基到吉县考察，对吉县退耕还林作出指示。

4 月 7—8 日 来自 8 个国家和地区的“绿家园”志愿者到壶口和克难坡义务植树。

4 月 9 日 全国人大常委会副委员长布赫到吉县指导工作并考察壶口景区。

4 月 24—25 日 全国政协副主席任建新到吉县指导工作并考察壶口景区。

4 月 26 日 吉县第一套 CT 设备在县医院投入使用。

5 月 18 日 全国人大农业与农村委员会副主任委员李春亭，到吉县考察朱镕基总理关于退耕还林指示精神贯彻落实情况。

5 月 24—25 日 省委副书记、省纪委书记金银焕到吉县检查退耕还林和旅游开发工作。

6 月 27 日 《人民日报》国民经济版头条，刊登该报记者采写的纪实报道《“还”得山清水秀农民富》，报道吉县抓住退耕还林机遇，建设生态大县的情况。

8 月 17 日 全国政协副主席周铁农到吉县考察退耕还林工作。

8 月 23 日 吉县开展撤并村组工作。总体目标是：全县村民委员会总量要减少 25% ~ 30%，撤并后的村民委员会人口规模在 1000 人左右，村组设置基本适应全县经济和社会可持续发展的要求。

8 月下旬 全县危房改造项目全部竣工投入使用，总建筑面积 16425 平方米，总投资 880 余万元。

9 月 3 日 吉县第十二届人民代表大会第七次会议召开，会议审议通过孙勤学辞去吉县人大常委会主任职务的请求，选举阎旺森为人大常委会主任。

11 月 8 日 国家邮政局发行《黄河壶口瀑布》特种邮票 1 套。

11 月 27 日 县委常委会议研究决定，成立中共吉县壶口旅游开发区工作委员会。

12 月 27—28 日 中共吉县九届五次全委（扩大）会议召开，制定出台《关于深入贯彻十六大精神 进一步推进三大特色经济县建设再上新台阶的意见》。主要内容：一是旅游名县建设目标：到 2005 年，旅游业年接待游客 30 万人次，创社会综合效益 1 亿元，道路交通明显改善，接待能力显著增强，经营机制全面转换。二是烟果建设目标：烤烟生产要求稳面积、上质量、增效益；果树面积要发展到 20 万亩，人均 2 亩，产值 2 亿元，农民收入上亿元。三是生态建设目标：2005 年力争全县 25 度以上的坡耕地全部实现退耕还林还草，全县森林覆盖率达到 45% 以上，水土流失综合治理率达到 60% 以上，以农林业为主的生态经济总收入占到农民收入的 80% 以上。

是年 吉县柿子滩遗址群重大考古发现被列入 2001 年全国十大考古发现之一。

是年 吉县被财政部、水利部评为国家级生态示范县。

2003 年

2 月 11 日 县委、县政府作出《关于做好农村土地使用权流转工作的意见》。主要内容：坚持一般地区家庭承包土地 30 年不变（贫困老区和边远山区延长 50 年不变）的政策，严格执行机动地不得超过耕地面积 5% 的规定；农户承包地退耕还林的，实行“谁退耕，谁造林，谁经营，谁受益”的政策，并享受国家提供的粮食补助、现金补助、种苗和造林费补助；继续实行承包期内“增人不增地、减人不减地”的政策；征用土地应保护农民承包土地的权益；土地流转必须坚持依法、自愿、有偿的原则。

4 月 23 日 县委书记原胜利在防疫部门现场办公，解决非典防治工作中的问题。

4 月 26 日 县包乡领导分赴各乡镇检查指导非典防治工作。

6 月 17 日 广东东兴果业冷藏有限责任公司投资兴建的 5000 吨苹果冷藏库奠基仪式在下阳庄举行。

6 月 黄河壶口出现“六月黄河冰不化”奇观。

9 月 18 日 吉县至壶口二级公路建设举行奠基仪式。

9 月 21 日 县委、县政府在教育、农业、卫生系统命名 10 人为“吉县首届优秀知识分子拔尖人才”。

9 月 26—30 日 世界银行委派国际环境保护摄制组、河海大学经济学院教授陈绍军等，到吉县、隰县对世行项目取得的成效和成功经验进行系统整理和摄制，准备在 2004 年上海召开的国际扶贫大会上作为世界银行实施农业项目的典范向全世界介绍。水利部、省项目办有关领导陪同。

10 月 10 日 山西省黄河水土保持生态建设现场会在吉县召开。

2004 年

3 月 5 日 县委、县政府作出《关于贯彻落实中央一号文件精神，千方百计促进农民增收的实施意见》。主要内容是：开发旅游产业，促进农民靠旅游带动增收；发展苹果产业，促进农民靠果品销售增收；发展烤烟产业，促进农民靠种植烟叶增收；发展畜牧产业，促进农民靠科学养殖增收；发展经济作物，促进农民靠特色种植增收；实施退耕还林，促进农民靠生态经济增收；搞活农副产品流通，促进农民靠市场营销增收；大力发展民营经济，促进农民靠个体经营增收；积极组织劳务输出，促进农民靠外出务工增收；加大扶贫开发力度，促进农民靠扶贫开发增收。

8 月 全县招聘录用公办教师 54 名。

9 月 12 日 吉县职业高中举行揭牌仪式和首届学生开学典礼。

9 月 1 日—12 月 31 日 首届中国“天鼎杯”黄河壶口摄影大赛举行。期间于 11 月 5—7 日举行“黄河情”大型采风活动。

是年 吉县向农业部争取项目资金 300 万元，农户自筹资金 700 万元，在农村实施沼气工程。

2005 年

3 月 28 日 县委制定《中共吉县县委工作规划》。

5 月 9 日 晚 23 时许，吉昌镇桥南村水洞沟发生典型的黄土高边坡自然崩塌严重地质灾害。塌方长 250 米，高 80 米，塌方土方量 150 余万立方米，造成 50 米宽的沟底通道和 209 国道被阻断，5 座院落 11 户村民的房屋窑洞被摧毁，24 名群众被掩埋。灾害发生后，中央、省、市领导对抢险工作作出明确指示，省市有关部门密切配合、大力支持，县委、县政府全力以赴组织搜救。经过 20 多个昼夜的艰苦奋战，整个抢险搜救和安置工作圆满结束。

5 月 18 日 吉县籍和在吉县工作过的工作人员 30 余人组成回乡慰问团，向水洞沟山体滑坡受灾群众献爱心。

7 月 19 日 吉县基督教会在原教会地址上举行教堂奠基仪式，修建 1 座建筑面积 1200 平方米的 3 层教堂。

8 月 3 日 县政府出台《关于严格制止教师从事第二职业的通知》。

是月 克难坡被省政府公布为第四批省级文物保护单位。

9 月 20 日 县疾控中心举行揭牌仪式。

9 月 27 日 吉壶二级公路举行竣工通车剪彩仪式，公路全长 40.825 千米，工程总投资 1.7 亿元。

9 月 28 日 滨河路建设、新华街铺油和龙王湾拓宽改造三大城建重点工程举行竣工典礼。三大工程总投资近 2000 万元。

是日 中国共产党吉县第十届委员会第三次全体会议通过《中共吉县县委关于制定国民经济和社会发展第十一个五年规划的建议》。“十一五”时期吉县经济和社会发展的总体目标：2010 年全县地区生产总值达到 30 亿元；财政总收入达到 3 亿元；全社会固定资产投资累计达到 10 亿元；社会消费品零售总额达到 3 亿元；城镇居民人均可支配收入达到 900 元；农民人均纯收入达到 5000 元，贫困人口大幅度减少。

是年 桥南农民苹果营销专业协会形成以苹果产销、商业贸易、农副产品加工为主的产业格局。拥有固定资产 2000 万元，会员 5000 余人，苹果基地 10 万亩，有占地 900 平方米功能齐全的苹果交易市场与 10 个外地直销“窗口”，年营销苹果 4000 万公斤，产值 5000 万元，实现利税 2000 万元，其中果农收入达 1900 万元。

2006 年

3 月 吉县被省委、省政府确定为晋西北太行山革命老区贫困县之一，作为开发重点县。

6 月 14 日 杨安虎任吉县人民政府代县长；张云辞去吉县人民政府县长职务。

6 月 26 日 乔建军任中共吉县县委书记。

6 月 27—28 日 中共吉县第十一次代表大会召开。参加会议的正式代表 288 名，会议选举产生中共吉县第十一届委员会、中共吉县纪委检查委员会、出席中共临汾市第二次代表大会代表。

是月 全县乡镇党委换届工作圆满结束。

7月17日 县委、县政府召开明珠煤矿建设现场办公会，解决煤矿建设中存在的问题。县委书记乔建军、代县长杨安虎等领导及计经贸、公安、工业、安监、电力、水利、交通、财政、城建、屯里镇王家河村等17家单位参加会议。

7月20日 壶口风景区管理委员会邀请河南省各地市优秀国际、国内旅行社50余名总经理到黄河壶口瀑布名胜区开展采风活动。

9月11日 县委、县政府制定《关于加快社会主义新农村建设的实施方案》。到2010年，全县35%的村实现宽裕型小康，建设29个标准较高的新农村试点村，使全县50%以上的农村面貌得到明显改观，所有村实现"六个一"，即建设一个文化站、一个甲级卫生所、一个标准化学校、一个休闲健身场所、一个便民连锁店和一个科技综合服务中心。

11月16日 山西省农业大学园艺系教授刘合和、侯雷平到吉县各乡镇对果农进行技术培训。

11月15日 国家一级编剧李思义为吉县档案馆捐赠预留作品手稿共5部23卷。

12月8—10日 县果业中心聘请省农业科学院果树研究所副所长、研究员、留美博士、中日友好果园高光效开心树型创始人牛自勉，到吉县进行果树管理技术培训。

12月24日 县政府邀请北京林业大学原校长朱金兆、园林学院城市规划教授曹社昆、水保学院副院长张学培等专家，研究探讨吉县未来城市规划建设发展思路。

是年 "十五"时期，国家在贫困地区实施的以扶贫开发为重点的以工代赈建设项目启动后，县委、县政府全面实施以中低产田改造为主的温饱工程、以打坝造林为主的生态工程、以乡村道路建设为主的基础设施工程、以果园节水为主的节能工程、以种草养畜为主的富民工程。全县治理面积共75.1平方千米，占全县总面积的4.2%，完成投资6037万元，新增道路169千米，新增坝系工程58处，新增林草面积50.97平方千米，新修梯田4.48平方千米，新增节水面积13.29平方千米，全县林草覆盖率提高3个百分点，拦蓄径流133.15万立方米，拦截泥沙52.58万吨。

2007年

1月30日 河津市委书记崔克信、市长刘振华一行18人到吉县考察，并与吉县四大班子领导一同到乡宁县开展三县市联谊活动，共商三县市资源互补、携手发展大计，达成合作修建沿黄旅游公路的意向。

3月9日 全县30项重点工程之一的县城文化广场建设项目土地使用手续被上级国土资源部门正式批准。

4月6日 由北京构易建筑设计有限公司设计的四星级吉州宾馆整体设计方案出台。

5月14日 农业部副部长牛盾到吉县调研社会主义新农村建设。

4—5月 吉县遭受多年不遇的干旱天气。为保障全县4万亩新栽植果树幼苗成活，县、乡、村三级共筹集资金150万元，用于购买抗旱物资；果业部门组织技术力量深入田间地头，指导帮助果农落实浇水、覆盖地膜等补救措施；水利部门全力以赴做好供水保障，确保抗旱用水充足；乡村两级共调集2000余辆运水车投入抗旱；广大果农严格按照每棵幼苗浇足1桶水、覆盖1块地膜的标准，认真落实补救措施，使全县新栽植果树的成活率达到90%以上。

7月4日 水利部副部长胡四一对黄河古贤水利枢纽开发工程项目进行调研。

7月10日 吉州大道工程开工建设。计划工期14个月零20天，工程起点为车城口，终点为龙王湾，全长 7.5 千米，设计总宽度 40 米，包括路面宽度 24 米、两侧绿化带各 8 米。由山西平阳路桥有限公司第五公司承建。

7 月 28—29 日 全省贫困县公安机关“三基”工程建设临汾现场推进会在吉县召开。县委书记乔建军在会上作典型发言。

9 月 9 日 黄河壶口瀑布国家地质公园揭碑开园仪式在壶口举行。

10 月 17—18 日 壶口风景区管理委员会邀请中国国旅、中国铁旅、海洋国旅等百余家国内知名旅行社经理，对壶口景区旅游线路进行考察。

11 月 16 日 县委、县政府在深圳举办山西吉县壶口牌苹果推介会，深圳电视台、网络、报纸等多家主流媒体进行了宣传报道。

是年 共有 87235 名农民参加新型农村合作医疗，涉及全县 79 个行政村，参合率达 97.8%。累计为 1241 名参合农民报销医疗费用 144.38 万元。

是年 城市低保实现应保尽保，农村低保全面启动。

2008 年

1 月 13 日 吉州宾馆主体工程完工。总投资 600 万元，占地面积 6236.08 平方米。主体 12 层，建筑面积 4660 平方米，内设客房部、餐饮部、大中小会议室，地下停车场、游泳池、KTV 包间及中型歌舞厅等设施设备。

1 月 14 日 县果业中心及扶贫局组织 80 余名果农到陕西洛川参观学习。

3 月 20—23 日 山西农科院教授牛自勉到吉县传授推广“苹果高光效树型改造技术”。

3 月 西北农林科技大学、山西果树所专家赴吉县各乡镇进行为期 5 天的果树技术培训，有 2000 多名果农参加培训学习。

是月 全县党政机关、企事业单位及群众团体开始缴纳个人住房公积金。

是月 文化广场绿化工程完成，树种以雪松、银杏、悬铃木、杜仲等为主，乔、灌、草、花品种多样，做到“三季有花，四季有绿”。

5 月 14 日 县政府举行苹果果袋发放仪式。农业部苹果套袋补贴项目共为吉县发放优质双层果袋 7000 万个。

5 月 27 日 由西北农林科技大学风景园林设计所专家设计的锦屏山公园概念性规划设计方案出台。在保存现有建筑佛阁寺和皇天后土庙的基础上，将公园划分为五大功能区：历史文化区、民俗风情区、休闲娱乐区、采撷区和景观生态区。

6 月 21—22 日 市委副书记、市长刘志杰对吉县公路交通、新农村建设、城市建设、旅游业、服务业进行调研。

是月 县城文化广场建设竣工。该工程总设计面积 8 万平方米，其中硬质景观面积 6.32 万平方米，绿化面积 1.68 万平方米，并配套建设喷泉、灯光、花架、休闲等设施。

7 月 清水河治理一期工程全面完成。工程总投资 300 万元，疏浚河道 2.3 千米，建成人字闸坝 7 座。

7 月 壶口被确定为“中国扶贫书画院创作基地”。

10 月 10 日 壶口瀑布风景名胜区首家星级饭店——黄河壶口饭店举行开业庆典仪式。饭店总投资 6000 余万元，占地面积 4000 余平方米、建筑面积 15000 平方米，是一座集住宿、餐饮、娱乐、会议接待功能于一体的四星级旅游度假型饭店。书法家欧阳中石为饭店题写店名。

是月 上海雕塑院一级油画大师万福堂到壶口景区，用4天时间创作了高2米、宽2.5米的《壶口瀑布》油画作品。

11月23日 长安沟400米泄洪洞建成投入使用。该泄洪洞对流域上游洪水进行疏导分流，有效缓解县城防汛压力。

是月 全县30项重点工程之一的蔬菜交易市场建成投入使用。市场占地1730平方米，为120个经营户提供规范经营场所，满足全县4万市民的消费需求。

是月 全县农村初中标准化建设全面完成。总投资352万元，新建桑峨中学和中垛中学学生宿舍1393平方米，灶房、餐厅、锅炉房、厕所等970平方米，并配套围墙，取暖等设施，彻底解决了新农村初中500多名学生的食宿问题。

2009年

1月3日 县图书馆在县城中心广场举行"文化下乡"流动书库活动启动仪式，共有50个行政村享受到图书配送服务。

1月18日 凌晨，黄河壶口瀑布出现特大凌汛，壶口瀑布上下游3千米范围内全部被冰凌覆盖，冰凌最厚处高出河床10米，高出路面3～4米。致使景区交通中断，部分基础设施受损，景区部分商户生活受到影响。

3月9日 吉州商贸市场工程奠基开工。商贸市场工程位于县城中心广场，占地面积7722平方米，总投资1500万元。

3月18日 吉县第十四届人大常委会第十四次会议通过《吉县城区房屋拆迁管理暂行办法》。

是月 吉县图书大楼动工修建，建筑面积3000平方米，投资450万元。

4月13日 上午9时，县人民医院建设工程举行奠基仪式。医院占地面积32亩，总投资6000万元，建筑面积21608平方米，按照二级甲等医院标准设计建设。

是日 新华街扩建暨新华桥新建工程举行开工仪式。新华街扩建工程道路总长1096米，宽度26米，为城市主干路三级标准，总投资1453万元，工期3个月；新华桥位于县一中对面，总投资354万元，桥长55米，宽19米。

4月30日 县卫生局取缔全县所有无证行医、非法开展性病和皮肤病诊疗的诊所。

是月 西北农林科技大学教授王援国到吉县进行果树实用技术培训，参加培训的果农2000余人次。

5月15日 县老年书画家协会成立。

是月 山西省非物质遗产普查队发掘出流传在同乐、王家原一带的古老民间音乐—人祖山祭祖鼓乐。此鼓乐为每年农历七月十九在人祖山祭拜伏羲、女娲所奏乐曲。

是月 县城自来水管网改造工程竣工。

是月 锦屏山公园建设工程启动，总投资642万元。

6月9—10日 "世行"官员耐吉尔·爱斯奎思到东城乡和柏山寺乡考察吉县水保项目实施情况。

是月 东城乡柏东村成为全县首家开通有线电视节目的行政村。

7月3日 屯里镇回宫村荣获“省级生态文明村”称号。

7月25日 县政府举行明珠煤矿有限公司、华晋焦煤有限责任公司兼并重组整合框架协议签字仪式。

8月24—30日 县政府举办中日合作“中国黄土高原造林技术普及培训项目”生态林管护培训班，邀请日本国际协力机构驻中国事务所所长山浦幸倍和日本海外林业咨询协会山下秀租，对全省九大林局及各市县林业部门负责人、技术人员进行造林、整地、病虫害防治、生态林管护等方面技术培训。

9月6日 原北林大校长朱金钊一行到山西吉县森林生态系统国家野外科学观测研究站红旗林场基地调研。

是月 “山区5县庆祝建国60周年书画联展”在吉县举行。

是月 壶口瀑布风景名胜区被国家住房和城乡建设部列入第二批“国家自然遗产”预备名录。

10月26日 宏裕公共交通有限公司投入运营，结束了吉县没有公交车的历史。

11月6日 吉县与太原市小店区、国家级太原经济技术开发区缔结为友好区县。

11月29日 吉县被中国果蔬产业品牌论坛组委会命名为“中国苹果之乡”。

12月8日 上午8时，黄河水利委员会勘查设计院3名工作人员被困于黄河壶口瀑布上游5千米马粪滩处。县委、县政府启动突发事件处置预案，成立现场指挥部，及时向省委、市委汇报现场情况，请求支援。省、市紧急调动公安、武警、消防、驻军部队全力投入营救，直升机救援与冲锋舟两套救援方案同时启动。17时37分，被困人员成功获救。

12月16日 沙坪煤炭有限责任公司与山西煤炭运销集团吉县盛平煤业有限公司举行兼并重组交接仪式。

2010年

1月6日 吉县首次向太原市小店区输出60余名青年劳务人员。

2月23日 县委、县政府出台《吉县人民政府机构改革方案》。

是月 大型苹果冷藏物流交易市场动工修建，工程包括果品批发交易市场，苹果冷藏库及包装生产线和检测设备，总投资2886万元，设计年交易鲜果品3万吨，冷藏苹果1万吨。

4月29日 吉州职业技术学院开工建设。该项目位于吉县新城区，占地127亩，建有教学楼、实验楼、办公楼、图书楼、试训车间、标准化运动场、学生公寓楼、教工公寓楼、专家别墅，总建筑面积4800平方米，设计16轨制48个教学班，可容纳学生2640人。

5月19日 吉县唢呐队参加上海世博会山西活动周的开周仪式表演。

6月3—5日 山西大学社会学院、环境与资源学院等18个学院的院长，到吉县考察抗战时期山西大学（克难坡）校址。

6月13日 黄河壶口瀑布出现一半浑浊一半清的奇特景观。

是日 山西省人民医院对口支援吉县人民医院启动仪式在吉县人民医院举行。

7月1—2日 由词曲作家邹友开、车行、李昕，东方歌舞团歌唱演员王诗沂等组成的“唱响中华临汾创作采风团”到吉县采风。

7月3—7日 由农业部北方果树研究专家组成员、民进山西省委农工委主任马恩正，市政协副主席、民进临汾市主委方熔带队的民进山西省委暨民进临汾市委果树产业发展调研组，到吉县调研苹果产业发展。

7月7日 毛益民、刘奎生等县领导会见到访的华晋焦煤有限责任公司董事长温百根一行。提出在现有90万吨生产能力的基础上，使产能升级到500万吨，建立先进的煤化工工业园区。

7月26日 县政府出台《吉县“十二五”规划编制主体方案》。

8月16日 吉州新城建设一期项目签约仪式在吉州宾馆三楼会议室举行。9月7日上午，举行一期工程奠基仪式。

是日 吉州宾馆试运营。

是日 市委副书记、市长罗清宇在吉县调研风力发电项目和煤层气储量和开发。

是日 教育部副部长陈小娅到吉县检查工作。

9月9日 下午，山西吉县政府、陕西宜川县政府在黄河壶口饭店举行“秦晋之好”座谈会。

9月14日 县政府出台《吉县人民政府关于在县城重点区域禁止燃放烟花爆竹和搭彩子、搞祭奠等活动的通告》，通告要求：每年正月十六至腊月二十二，禁止在县城新华街东至小府路口，西至扶风桥头燃放烟花爆竹、搭彩子、搞祭奠、超规定播放音响举行庆典等活动。

9月24日 中国山西黄河壶口文化旅游节开幕式在吉县文化广场举行。省、市、县有关领导出席开幕式。来自国内的100余家媒体记者进行现场报道。演员祖海、杭天琪、巩汉林、金珠等参加了开幕式文艺演出。

是日 中国（山西）黄河壶口文化旅游节校县共建签约仪式在吉州宾馆举行。县政府分别与山西大学、山西中医学院、山西职业技术学院、山西电力职业技术学院签署了校县合作协议。

是日 中国山西黄河壶口文化旅游节优质农产品暨文化旅游精品展销会开幕，来自全省10个地市的77家企业参加展销会，其中省级以上农业产业化龙头企业8家、市级龙头企业50家，会展产品分30个大类2400余个品种，涵盖了水果、干果、山野、杂粮、肉制品、奶制品等。

9月25日 “秦晋之好”晋陕大峡谷经济发展论坛在壶口景区举行。

是日 全国书画名家书画邀请展暨“壶口神韵”摄影展在吉州宾馆举行。

9月26日 吉县克难坡抗日战争第二战区历史陈列馆正式开馆。该馆面积200余平方米，设2个展厅、6个展区。共展出照片180余幅，文章21篇，统战资料及文稿资料20余份。展示内容突出了“抗日民族统一战线”这一主题。

是日 山西师大历史文化旅游学院暨师大老三届克难坡抗战文化研讨会在黄河壶口饭店举行。

9月27日 武警总队副司令何映华到吉县看望慰问驻吉武警，检查县看守所基础设施建设工程。

9月28日 来自黄河流域九省区的50多位书画家，在黄河壶口岸边创作了60米的书画长卷。

11月13日 山西特色农产品推介活动在北京全国农业展览馆举行。吉县苹果为临汾市推介活动的主推产品之一。

11月17日 县政府举行吉州新城一期工程国有土地使用权挂牌出让仪式。

同年 县政府招聘特岗教师112名，全部补充到农村中小学任教。

2011年

1月13日 在全省宣传工作会议上，吉县被命名为“全省文化建设示范县”。

2月18日 晋陕两省壶口风景区管委会在吉县召开座谈会，就国家AAAA级黄河壶口风景区的旅游开发进行项目对接，对统一门票价格、管理经营和对外宣传等问题交换意见。

2月19—20日 由台湾“中华统一促进党”总裁张安乐，台湾澎湖县议员、两岸交流协会秘书长陈双全带队的台湾澎湖县交流参访先遣团在吉县交流访问。

2月 吉县苹果省城促销活动在太原举办，并在北仓大厦设立吉县苹果专卖店。

3月26日 北京军区副司令员李少军在吉县调研双拥共建、党管武装等工作。

4月4日 台湾亲民党主席宋楚瑜携夫人一行到吉县参观访问。

是月 黄河壶口瀑布获“游客最喜爱的十大瀑布”荣誉。

5月 吉县机动车辆防滑链厂获“山西省质量信誉A级企业”称号。

6月8日 黄河壶口瀑布风景名胜区被省党史办确认为《黄河大合唱》词诞生地，列入革命遗址重要党史（历史）事件和人物活动纪念地。

6月10—12日 中国共产党吉县第十二次代表大会召开。参加会议的代表302名，会议讨论确定了吉县今后五年党的建设和经济社会发展战略任务以及其他有关重大问题，选举产生中共吉县第十二届委员会、中共吉县纪委检查委员会、出席中共临汾市第三次代表大会代表。

6月24日 省政协副主席、九三学社山西省委主委刘滇生到吉县指导推广果树抗旱技术。

6月24—27日 政协吉县第八届委员会第一次会议召开。

6月25—28日 吉县第十五届人民代表大会第一次会议召开。

7月15日 壶口玉米开发公司获“山西省名牌产品”和“山西省质量信誉AA级企业”两项殊荣。

7月28—29日 县城降水量达到79.1毫米，降水量最大的东城乡达到100.4毫米。

8月5日 人祖庙遗址清理工程启动仪式在人祖山举行。

9月14日 县信用联社召开服务苹果销售“三方”座谈会，成立“苹果销售服务领导组”，开设“苹果销售信贷绿色通道”，开发新的信贷业务品种，规定凡符合条件的企业和个人都可以申请贷款。苹果营销贷款只能用于苹果收购储存，不得用于其他项目投资。

9月20日 西泽幼儿园建成投入使用。该园占地1800平方米，建筑面积1200平方米，可容纳300名幼儿。

9月23日 霍州煤电集团大地煤业有限公司桑峨500万吨煤电材一体化项目举行启动仪式。

9月26日 水利部副部长矫勇到吉县考察黄河古贤水利枢纽工程前期规划工作。

9月28日 全国政协原副主席杨汝岱到吉县考察旅游资源。

9月下旬 县社会福利中心主体工程完工。该工程总投资498.7万元，项目占地4667平方米，建筑面积3360平方米，主体建筑为E层楼一栋，配套建设餐厅、灶房、锅炉房及亭廊、娱乐健身器材等，可为各类救助服务对象提供服务。

是日 吉县“壶口牌”苹果入选“山西特色农产品十大名牌”。

是日 中国邮政储蓄银行吉县支行成立。

是月 吉县110千伏输变电工程动工修建，该线路包括110千伏进出线2回、35千伏进出线3回，总投资8500万元。

是月 吉县商贸城举行开业庆典仪式。该工程总投资1188万元，总建筑面积9800平方米，其中商业住宅面积7965平方米，商铺面积1835平方米。

11月25日 人祖文化国际大厦举行奠基仪式。该工程概算总投资1.8亿元，设计24层，总高度100米，是集住宿、餐饮、会议、娱乐休闲功能于一体的五星级大酒店。

12月9—10日 黄河水利委员会主任陈小江一行，考察古贤水利枢纽工程选址规划事项。

12月20日 吉县荣获“山西省环保模范城”称号。

12月23日 吉县与山西师范大学共建“教育创新实验区”合作协议签字仪式在山西师范大学科学会堂举行。

是年 全县共兴建饮水工程6处，解决33个自然村、15034口人和2307头大牲畜的饮水问题。

是年 全县总投资600余万元，成立吉合热力供应有限公司，与中油中泰公司配合，对吉县二中、酒厂两大片区进行燃煤锅炉改造，新建6台全自动化燃气锅炉，集中供气供热面积达15万平方米。

是年 县委、县政府投资146万元，启动实施涉及吉昌镇、车城乡、中垛乡10个行政村、30个自然村的农村有线电视网络覆盖工程。全县8个乡镇和壶口风景区全部开通了有线电视信号，农村有线电视用户达到6600户。

2012年

2月7日 “好运吉县、幸福家园”焰火晚会在文化广场举办。

是日 县政府召开新城二期工程土地征收拆迁动员会议。

是日 县委、县政府与霍州煤电集团对克难坡旅游开发进行洽谈对接，将启动实施克难坡景区修复工程。

2月中旬 县委、县政府在太原举行“吉县苹果促销会”宣传推介吉县苹果，销毁了在省城市场收购的假冒吉县壶口牌苹果。

2月中旬 民进山西省委常委、果树专家马恩正在吉县指导春季苹果生产管理工作。

2月 中共吉县非公有制经济组织工作委员会挂牌成立。

3月2日 山西农科院留美博士牛自勉，到吉县对果农进行春季果树管理培训。

3月13日 吉县城建交通工作领导组正式成立并召开工作会议。

3月22日 县委书记毛益民与天津市副市长张俊芳洽谈两地开展职业教育合作办学事宜。

3月28日 省委副书记、省长王君在吉县调研贫困地区集中扶贫连片开发、民生保障、社会事业发展、重点工程建设等工作。

4月9—10日 县政府邀请中国城市规划设计院风景所教授唐进群、北京大学教授陈耀华等专家对《壶口风景名胜区总体规划大纲》进行论证。

4月13日 县人大常委会表决通过《关于批准县人民政府关于新华街改造工程报告的决议》和《吉县失地农民安置与社会保障暂行办法》的议案。

4月14日 省市文物古建专家，对人祖庙保护修复工作进行研讨。

4月15日 2012年“北京—伦敦”奥运自行车远征队到吉县开展活动。

是日 省政协副主席刘滇生到吉县调研旱地果树集雨节水抗旱技术示范工程实施情况。

4月19日 中国农业大学教授、农业产业专家卢勇到吉县调研有机苹果生产管理工作。

是日 阿根廷华人超市公会常务副主席江亮在吉县参观考察苹果产业和旅游产业。

4月21日 县委书记毛益民，县委常委、宣传部部长李永芳参加在首都山西大厦举行的“情系家乡、展现山西、服务转型”为主题的“2012首都（山西）新闻工作者乡谊会”，并在会上推介了吉县苹果。

4月25日 市委副书记、市长岳普煜在屯里镇窑渠村驻村联户。

4月27日 县政府与霍州煤电集团在临汾金都花园大酒店举行战略合作框架协议签约仪式。

5月5日 国家旅游局党组成员、纪检组长刘金平到吉县调研旅游产业发展情况。

5月9日 由国家体育总局批准命名设立的吉县首家国家级青少年体育俱乐部——众星青少年体育俱乐部揭牌。

5月18—21日 吉县组团参加第八届中国（深圳）国际文化产业博览交易会，向国内外客商推介吉县文化艺术苹果。

6月22日 省人大常委会副主任杜玉林到吉县调研文化旅游产业发展。

6月28日 吉县一中被确定为“山西师大吉县实验中学”，并举行挂牌仪式。

7月6日 吉县盛平煤业有限公司160万吨洗煤项目竣工投产。

7月7日 以全国政协外事委员会副主任、外交学院院长、原驻法大使赵进军，全国政协外事委员会副主任、TCL集团股份有限公司副董事长韩方明为组长的全国政协赴晋考察组一行13人，到吉县考察文化旅游产业。

7月10日 吉县—宜川县互派优秀年轻干部挂职锻炼工作启动。

7月13日 省出入境检验检疫局对吉县苹果出口企业考察认证。

7月14日 县政府举办苹果精细管理新技术推广培训会，邀请国家苹果产业体系运城综合试验站站长、运城市果业局副局长郝淑英授课。

7月23日 全国政协港澳台侨委员会副主任林兆枢率全国政协侨联界委员考察团到吉县考察。

7月24日 副省长郭迎光到吉县考察苹果产业。

7月26日 由富海地产在壶口景区投资建设的准三星级酒店—天河花园酒店奠基开工。

8月4日 由国务院扶贫办外资中心副主任曹洪民带领的调研组，到吉县调研吕梁山片区规划编制工作。

8月23日 上午，中国（山西）第二届黄河壶口文化旅游节在黄河壶口风景区开幕，在壶口景区举办特色农产品展。下午，在文城乡苹果采摘基地举行“果园怡情”果园观光采摘活动启动仪式。晚上，在黄河壶口风景区举办“中国海啸音李雨儿—2012爱在黄河壶口瀑布个人演唱会”。

8月24日 县政府在黄河壶口瀑布景区地质博物馆举行人祖山、柿子滩出土文物展。

是日 “秦晋之好”名家摄影书画邀请展在壶口景区开展。

8月25日 在中国（山西）第二届黄河壶口文化旅游节招商引资经贸洽谈签约仪式上，来自国内外及吉县的26家企业签约金额达86.16亿元。

是日 晚，中国（山西）第二届黄河壶口文化旅游节“璀璨壶口”首届自驾游帐篷节黄河壶口万人帐篷主营地露天篝火晚会在黄河壶口景区举行。来自全国 40 多个城市 312 家旅行社组织的 2000 多名自驾游爱好者参加了活动。

8 月 26 日 中国（山西）第二届黄河壶口文化旅游节旅游推介暨旅行社签约仪式在黄河壶口饭店举行，来自全国各地的 312 家旅行社参加了签约活动。

8 月 27 日 中国（山西）第二届黄河壶口文化旅游节“民族风”歌舞邀请赛在黄河壶口瀑布景区举办，来自全国各地的 300 余名民族歌舞表演者参加活动。

9 月 4 日 全县正式启动城乡老年人优待证发放工作。

9 月 18 日 中共中央统战部原副部长田鹤年到吉县考察文化旅游产业。

9 月下旬 世界画坛巨匠丁绍光、台湾“中华统一促进党”总裁张安乐到吉县考察文化旅游产业。

10 月 5 日 市委书记罗清宇在黄河壶口瀑布景区检查“十一”黄金周安全保障工作。

10 月 14 日 吉县与省农科院果树研究所、省农科院现代农业研究中心签订苹果试验站合作共建协议。

10 月 22 日 北京古街书画院黄河分院在壶口景区举行揭牌仪式。

10 月 28 日 县住建局环卫工人王青凡，在清扫路段时捡到 10 万元巨款，并第一时间报警，在民警的帮助下将巨款交给失主。

10 月 31 日 县人民法院召开集中兑付执行款大会，为临吉高速公路工程施工单位和工人集中兑付执行款 600 余万元。

11 月 1 日 吉县与韩国大田广域市中区结为友好县市。

11 月 5 日 副省长牛仁亮检查临吉高速黄河特大桥建设工程。

11 月 10 日 吉县三晋文化研究会成立暨第一届理事会会议召开。

11 月 12 日 县政府举行吉县苹果直接出口启运仪式。

11 月 25 日 来自香港、澳门、台湾地区的 30 余名书画艺术家到壶口瀑布景区采风。

是日 县公安局森林派出所和森林公安警察大队成立。

11 月 29 日 屯里镇太度村村民芦来柱被评为临汾市第二届“十大道德楷模”。

12 月 27 日 吉县监察学会成立。

12 月 29—30 日 中央电视台对冬日壶口瀑布景观进行现场直播。

2013 年

1 月 11 日 中共临汾市委副书记、市长岳普煜深入下乡住村联系点屯里镇窑渠村慰问老党员、老干部。

1 月 31 日 临汾地委原委员、纪委书记王万年，临汾市委党校原常务副校长窦正森带队的吉县籍在临汾工作人员 60 余人组团回乡，考察家乡经济社会发展情况。

3 月 4 日 副省长王一新及保利文化集团考察吉县文化旅游产业发展情况。

6 月 19 日 郝忠祥任吉县县委书记。

7 月 17 日 市委副书记、市长岳普煜在吉县调研地质灾害、生态农业、苹果产业。

7 月 28—29 日 全县一村一故事“微电影”在车城乡曹井村、屯里镇太度村开拍。

8 月 24—25 日 “中国梦 · 大美临汾百名画家画汾河”艺术创作采风团在黄河壶口景区采

风创作。中国美协党组书记、常务副主席吴长江参加采风活动。

8月25—26日 中国文化公众爱心联合会主席、北京金立方文化传播有限公司总经理乔鲸，北京金立方文化传播有限公司董事长王忠强考察人祖山旅游开发工作.

8月28日 华晋焦煤集团董事长、党委书记刘建高，华晋焦煤集团总经理杨建华带队考察华晋焦煤公司吉县安全培训中心各项工作开展情况。

9月26日 市委党校吉县分校正式成立。

10月24日—25日 永和县委书记加天山，县委副书记、县长范洋平率团到吉县参观考察工业转型、农业发展、旅游发展等工作。

11月13日 市委副书记、市长岳普煜深入下乡住村联系点—屯里镇窑渠村调研农业产业化发展及群众生产生活情况。

12月初 吉县饮食服务有限责任公司、华联壶口大酒店选送的“吉州八八水席”，在“晋人晋菜晋味道”烹饪大赛暨全国第七届（山西省第六届）烹饪技能大赛中荣获山西传统名宴金奖。

12月 壶口瀑布地质公园为第二批公布的国家地质公园。

2014年

4月6日 凌晨2时20分，吉昌镇西关村柏浪沟发生黄土崩塌，崩塌土方量约1500余立方米，2户8间房屋8人被掩埋。县委、县政府立即启动应急预案，成立现场抢险指挥部，组织消防、国土、公安武警、卫生、安监、省213地质队等专业抢险人员300余人，调用各种大型机械设备投入抢险。截至10时，被掩埋8人全部找到，其中1人生还。

9月12日 市委书记罗清宇带领市水利、国土、农业、煤炭等部门负责人到吉县调研指导地质灾害防治、农民增收致富及煤矿安全生产工作。

10月20日 全市造林绿化现场推进会在吉县召开。与会人员参观壶口镇留村万亩生态经济型示范工程、红旗林场管头山管护站、防火监测台和东城乡车家山万亩天保示范工程。

2015年

2月20日 吉昌镇上东村获“第四届全国文明村”称号。

4月16日 县政府决定对全县8个乡镇79个村委林区实行封山禁牧。

6月下旬 2015年高考达二本线以上人员突破百人大关。

6月26日 县国营红旗林场获“全国十佳国有林场”称号。

6月27日 吉县周易协会成立。

6月28日 由东盟国际贸易促进委员会顾问、泰国国会特委会原主席尼勇·翁拉坂亚带队的丝绸之路—东盟泰国商务考察团到吉县参观考察文化旅游和苹果产业。

6月 中垛乡三堠村贺印娣荣获“第五届全国诚实守信道德模范”提名奖。

7月2日 中国果品流通协会在古都西安主办“首届中国果业品牌年度盛会”，吉县苹果荣获“2015中国十大苹果品牌”“2015中国果品区域公用品牌50强”“中国果业百强品牌”3项殊荣。

7月8日 由农业部组织西北农林科技大学、北京农林科学院、华北农业大学等8名专家、教授组成调研组，到吉县调研现代生态农业基地清洁生产技术试验示范项目建设情况。

8月13日 吉县大学生生源地信用助学贷款启动，为1192名大学生成功办理助学贷款。

8月23日 中国邮政《黄河》特种邮票首发仪式在壶口瀑布景区举行。

9月3—5日 由县委党史研究室和县电视台联合制作的纪念抗战胜利70周年专题片在县电视台播放。

9月7日 吉县全民健身启动仪式暨首届干部职工趣味体育运动会在县体育办田径场举行。全县8个乡镇、9大系统、17支代表队、700余名干部职工参加了运动会。

9月8日 台湾爱艺文化推展协会黄河采风团一行12人到壶口风景区开展采风写生活动。

9月19日 省委书记王儒林到吉县检查指导黄河古贤水利枢纽工程前期工作。

9月30日晚 吉县遭受大风侵袭，即将采摘的苹果受不同程度损失。县委、县政府组织民政、果业、保险公司等部门到乡镇查灾救灾。

10月13—14日 吉县举办"媒眼看吉县"媒体采风活动。来自新华社山西分社、光明日报山西站、中央电视台山西站，山西经济日报临汾站等17家国家、省、市级主流媒体的53名记者参加活动。

10月18日 人祖山景区举办为期15天的"首届重阳红叶文化节"，期间举办了"人祖山杯"国际散文诗大赛颁奖仪式，中外散文诗学会主席海梦出席仪式。共有28个省市和香港地区以及澳大利亚的作者参赛，作品共计2390篇。有66名作者分获特等、一、二、三等奖和优秀奖。

11月2日 中央电视台中文国际频道《远方的家》栏目组走进吉县，以纪录片的形式拍摄纪录壶口瀑布、人祖山、清代长城、唢呐、苹果等资源。

11月3日 国家能源局副局长刘琦一行在吉县调研光伏扶贫工作。

是年 县政府投资558万元实施燃煤锅炉治理工程，对23家单位（小区）的23台燃煤锅炉进行改造，总改造吨位46.5吨，增加燃气供热面积5万平方米，减少燃煤5397吨。

是年 县文明办开展第二届吉县十大道德楷模、十大行业标兵、十大最美家庭评选表彰活动，陈丙辰等10人被评为"第二届吉县十大道德楷模"，宗雯等10人被评为"十佳行业标兵"，余秀梅等10户被评为"十大最美家庭"，以他们的事迹为主要内容编纂了《文明吉县》一书。

第一编　建置

地理著作《禹贡》记："冀州既载壶口，治梁及岐"是记载吉县的较早文字。春秋时，晋公子夷吾在麦城村筑城镇守边关，取名屈邑，为吉县最早的县城。北魏延兴四年（474），县城由麦城迁往今西关村。自春秋至今，已有2600余年。经过漫长的历史演绎，吉县境域几经变迁，名称也几经变化，最终以"吉县"命名，取意"吉祥安宁"。

第一章　境域 沿革

第一节　位置境域

县域　吉县地处黄河中游、山西省和临汾市西南部，位于北纬 35° 53′ 10 "~ 36° 21′ 02 "，东经 110° 27′ 30 "~ 111° 07′ 20 "之间。东西长 62 千米，南北宽 48 千米，总面积 1779.68 平方千米。以县城为中心，东北与蒲县接壤，以石头山为界，距县城 61 千米；东与尧都区和乡宁县相连，以金岗岭、姑射山为界，距县城 57 千米；西濒黄河，距县城 30 千米，隔河与陕西省宜川县相眺；南与乡宁县张马乡相连，以下张尖村为界，距县城 23 千米；北与大宁县太古乡毗邻，以处鹤沟为界，距县城 54 千米。县境周长 229 千米。

县城位置　县城位于北纬 36° 05′，东经 110° 40′，街道中心海拔 820.95 米，东西高差 15.1 米。东南有海拔 954 米的油坊山、柿圪塔垣，南有海拔 940 米的挂甲山，北有海拔 985 米的城北垣。清水河自东北向西南穿城而过。以东关村、西关村、祖师庙村、小府村、桥南村、学背后村为区域，形成吉县政治、经济、文化、教育、集贸中心。

2010 年 9 月，在车城乡上阳庄村开始建设县城新城区，占地 693 亩，拉大了县城框架。2015 年 12 月，县城新城区一期工程项目完成，分为 5 大板块 7 个区，共 40 栋楼组成。

城东小府路东沿青兰高速临吉段，距临汾市区 104.2 千米，距省城太原 349.6 千米，距首都北京 827.9 千米；西沿青兰高速吉壶段，距壶口景区 33.6 千米，距延安市区 215.5 千米，距西安市区 327.8 千米；南沿呼北高速（山西境内称西纵）吉河段，距乡宁县城 34.1 千米，距运城市区 160.9 千米；北沿 209、309 国道交汇段，距人祖山景区 25.7 千米，距大宁县城 51.5 千米。

第二节　沿革

1980—2001 年，经山西省考古研究所会同国家文物局在境内东城乡西村考古，发现了柿子滩旧石器文化遗址，证实本县最早距今 2 万 ~ 1 万年间，已有人类活动遗迹，从而确认柿子滩先民是中国西部、黄土高原东部边缘的主人。

夏

禹贡夏书曰："冀州既载壶口，治梁及岐。"

商

商祖乙时属耿地（耿都：一说在今河津县境内，一说在本县南）。

西周

西周称翟城，城址在今文城乡一带。

春秋

春秋时为晋之屈邑，又称北屈，城址在麦城村。

战国

战国属魏之屈邑，魏封屈侯鲋也，城址在麦城村。

秦

秦朝为秦之河东郡北屈县，城址在麦城村。

西汉

西汉仍称河东郡北屈县。在今吉昌镇西关置骐侯国。

新

王莽始建国元年，改北屈称朕北。

东汉

东汉复置北屈县，隶河东郡。

三国

三国属魏，为平阳郡北屈县。

西晋、东晋

西晋、东晋仍属平阳郡，称北屈县。

北魏

北魏神䴥元年（428），改北屈县为禽昌郡。

太平真君二年（441），改为禽昌县，城址仍在今麦城村。

延兴四年（474），河西定阳胡人渡河到此定居，遂废麦城城址，在今西关于家巷建城，置定阳郡治，辖定阳（今吉昌镇一带）、斤城（今文城乡一带）、昌宁（今乡宁县）3县。

东魏

东魏天平元年（534），在定阳郡置南汾州治，领定阳（今吉昌镇一带）、西定阳、仵城（今县底村一带）、中阳、北乡、龙门、北吐京、南吐京、西五城9郡、18县。

西魏

西魏大统十五年（549），改南汾州为汾州。

北齐

北齐武平二年（571），承东魏制，复置南汾州，辖定阳郡、定阳县。

北周

北周建德六年（577），承西魏制，废南汾州，设总管府，复置汾州，辖定阳、仵城、中阳、龙门4郡。

隋

隋开皇元年（581），复置南汾州治，定阳都改名为吉阳郡。开皇三年（583）南汾州改名为汾州，罢郡为县，领定阳（今吉昌镇一带）、仵城（今县底村一带）、斤城（今文城乡一带）3县。开皇十六年（596），汾州改名为耿州，斤城改名为文城县。开皇十八年（598），改耿州复称汾州，改定阳县称吉昌县。大业三年（607）废汾州治置文城郡治，辖吉昌、文城、仵城、昌宁4县。

唐

唐武德元年（618），废文城郡复置南汾州。武德八年（625），南汾州改名为慈州。天宝元年（742）废慈州复置文城郡。至德二年（757）复名为慈州。辖吉昌、文城、昌宁、仵城、吕香5县。

五代十国

五代十国时为河东道慈州治，辖吉昌、仵城、屈邑（今文城乡一带）3县。五代唐天祐四年（907）文城县改名为屈原，改仵城称伍城，隶河东道慈州，辖吉昌、伍城、屈邑3县。同光二年

（924），所属吉昌县改名为吉乡县，屈邑改名为文城县。五代周显德三年（956）降伍城县为镇。

北宋

北宋为河东路慈州下团练，辖吉乡、文城、乡宁 3 县。熙宁五年（1072），废慈州置吉乡军使，划吉乡县归隰州，降文城县为镇。元祐元年（1086），复吉乡军为慈州，领吉乡 1 县。

金

金天德三年（1151），废慈州称耿州，置文城郡军。明昌元年（1190），改耿州称吉州，辖吉乡、乡宁 2 县。

金元光元年（1222），仍置吉州，领司侯司和吉乡、乡宁 2 县。是年吉州为蒙古军占领。

蒙古中统二年（1261），并司侯司入吉乡县。至元二年（1265），省吉乡县治入吉州治，辖乡宁 1 县。

元

元大德九年（1305），改平阳路为晋宁路，吉州隶之。

明

明为山西布政司平阳府吉州，辖乡宁 1 县。

清

清雍正二年（1724），升直隶州，辖蒲县、乡宁 2 县。雍正九年划蒲县归隰州。乾隆三十七年（1772），划乡宁县归平阳府，降吉州为散州。

中华民国

民国初整顿行政区划，裁撤府、州，省下设道，由道辖县，市域各县属河东道观察使署（驻运城）。

民国元年（1912），废州称吉县，驻苍圪塔（今县第一中学）。

民国 3 年，划归河东道，驻苍圪塔。

民国 16 年，国民政府裁道，县直属省，吉县属三等县，驻苍圪塔。

民国 26 年，划归第六行政区，驻小河畔。

民国 30 年，划归第十四行政区，驻小河畔。

民国 34 年，划归第九行政区，驻小河畔。

民国 36 年 10 月，吉县解放，隶属晋绥吕梁十专区，驻小河畔。

民国 37 年 12 月，划归西北区晋南专区，驻小河畔。

1949 年 6 月，撤销隰县、新绛、运城 3 个专区，并以新绛专署为基础成立晋南区行政督察专员公署（又称晋南中心专署），下辖 5 个中心县，新绛中心县领吉县，驻小河畔。

中华人民共和国

1949 年 10 月，属山西晋南专署。

1950 年 1 月，属临汾专区，驻小河畔。

1958 年 11 月，吉县和乡宁县合并，县委、县政府驻乡宁。

1961 年 7 月，复置吉县，县委、县政府驻新华街。

1970 年 5 月，属临汾地区，县委、县政府驻新华街。

2000 年 11 月，属临汾市，县委、县政府驻新华街。

第二章 行政区划

第一节 里路制

本县县以下行政建置清代以前无考。

清代实行里路制，清初设4路22里。康熙元年（1662）并为12里，光绪五年（1879）并为7里、2坊。

东路 领宣化、太享2里，辖106村。

西路 领兰村里（分前里和后里），辖101村。

南路 领南坪、甘泉2里，辖72村。

北路 领房村、同乐（分前里和后里）2里，辖130村。

上坊 （东关）。

下坊 （西关）。

第二节 区乡制

中华民国实行区乡制。民国6年（1917），设3个区，辖48个村。

一区政府 设在东关村，辖东关、柏村、上阳庄、西关、上东村、兰村、三堠、白额、南坪、谢悉、安平、东石泉、杏渠、底帖、南耀、白子原、马家河、三教18村。

二区政府 设在窑渠村，辖窑渠、桃园、太度、桑峨、五龙宫、安乐、圪鲁、窑头、回宫、峪口、屯里、鲁家河、川庄、毛家庄、曹井、窑科、朱家堡、瓦原18村。

三区政府 设在文城村 辖东城、高楼、上社堤、中市、南原、留村、文城、南村、青村、太古、坦达、王家原12村。

民国29年（1930）划为5区，辖16编村。

一区政府 设在东关村，辖东关、西关、三堠、东城4编村。

二区政府 设在曹井村，辖鲁家河、曹井、瓦原3编村。

三区政府 设在东石泉村，辖东石泉、南耀、安平3编村。

四区政府 设在窑渠村，辖窑渠、桃园、五龙宫3编村。

五区政府 设在文城村，辖文城、中市、太古3编村。

民国34年（1945）12月，撤销编村建制设16乡。

东关乡、西关乡、三堠乡、东城乡、鲁家河乡、曹井乡、瓦原乡、东石泉乡、南耀乡、安平乡、窑渠乡、桑峨乡、五龙宫乡、桃园乡、文城乡、太古乡。

民国36年10月（1947年10月），县城解放。吉县设5区，辖40个行政村。

一区人民政府 设在东关村，辖东关、西关、霖雨、社堤、沟南、真村、山头、兰村、小府、柏村10村。

二区人民政府 设在桑峨村，辖五龙宫、圪鲁、屯里、放马岭、窑渠、桃园6村。

三区人民政府 设在东石泉村，辖白额、安平、三堠、南坪、白子原、南耀、大庄、西掌、西头9村。

四区人民政府 设在文城村，辖南村、文城、中市、青村、王家原、坦达、太古、米家庄8村。

五区人民政府 设在曹井村，辖谢悉、鲁家河、曹井、郭家垛、瓦原、段家堡、秋咀7村。

1950年，撤第五区人民政府，设四个区，辖40个行政村。

1952年，复设第五区人民政府，辖7村，址在曹井村。吉县辖38个行政村。

1953年，将蒲县武庄村、岔口村划入吉县第五区。撤销第一区政府，设城关镇政府。改二、三、四、五区为桑峨、柯榼、文城、曹井区人民政府。

1954年，撤销区建制，划38村为28乡（镇）。即：城关镇、祖师庙乡、霖雨乡、兰村乡、社堤乡、山头乡、文城乡、王家原乡、青村乡、中市乡、鲁家河乡、谢悉乡、曹井乡、朱家堡乡、窑渠乡、桃园乡、屯里乡、明珠乡、安乐乡、三堠乡、柯榼乡、东石泉乡、大庄乡、南耀乡、白额乡、坦达乡、兰村乡、瓦原乡。

1956年，划出坦达、太古、米家庄村归大宁县建置。撤销各区人民政府，并28乡（镇）为21乡。即：城关乡、霖雨乡、社堤乡、山头乡、文城乡、王家原乡、中市乡、柏坡底乡、谢悉乡、曹井乡、窑渠乡、桃园乡、屯里乡、明珠乡、安乐乡、东石泉乡、南耀乡、中垛乡、下柏房乡、瓦原乡、柏山寺乡。

第三节 社队制

1958年10月1日，撤销乡建制，吉县设4个人民公社、66个生产管理区（后改称生产大队）、325个生产队。

城关人民公社 包括今吉昌镇、车城乡、东城乡所属村庄及壶口镇小部分村庄。

桑峨人民公社 包括今屯里镇所属村庄。

东石泉人民公社 包括今中垛乡、柏山寺乡所属村庄。

文城人民公社 包括今文城乡、壶口镇所属大部分村庄。

1958年11月，吉县与乡宁县合并称乡吉县。原吉县城关人民公社改称吉镇人民公社。

1961年7月1日，吉县与乡宁县分县恢复吉县建置。设9个人民公社、1个地方国营林场。

吉镇人民公社分为城关、曹井、东城3个公社；东石泉人民公社分为柏山寺、中垛2个公社和国营红旗林场；文城人民公社分为文城、王家原2个公社；桑峨人民公社分为窑渠、屯里2个公社。

1971年，屯里人民公社分为屯里、明珠人民公社；曹井人民公社分为曹井、兰家河人民公社，其他公社建置不变。

1983年，全县设11个公社、1个地方国营林场。

城关人民公社 辖马家河、东关、西关、桥南、祖师庙、小府、霖雨、上东村、兰村、苏家坪、大田窝、山阳、谢悉、辛村、准子河、柏凡头、两满池、兰古庄、学背后19个生产大队，102个生产队。

曹井人民公社 辖郭家垛、兰家圪台、洛义沟、朱家堡、曹井、下落、天申原、乔家湾、窑科、三教10个生产大队，40个生产队。

兰家河人民公社 辖红卫、柏坡底、鲁家河、桑村、兰家河、桃村、东赵村7个生产大队，27

个生产队。

屯里人民公社 辖太度、桑峨、屯里、庄子、五龙宫、圪鲁 6 个生产大队，40 个生产队。

明珠人民公社 辖安乐、武庄、王家河、明珠、城底、新庄 6 个生产大队，25 个生产队。

窑渠人民公社 辖峪口、县底、窑渠、放马岭、窑头、桃园、大回宫 7 个生产大队，50 个生产队。

文城人民公社 辖文城、关里、樊家山、大圪塔、南村、柏树、留村、存心、中市、南原、房村 11 个生产大队，67 个生产队。

王家原人民公社 辖王家原、曹村、上坪、青村、王家嘤 5 个生产大队，34 个生产队。

东城人民公社 辖太和、陈家岭、冯家岭、山头、真村、沟南、社堤、柏东、东城 9 个生产大队，49 个生产队。

柏山寺人民公社 辖圪塔、黑秀、南耀、耀角、官庄、马泉头、白子原、嘤子、白米、大庄、东石泉、西头 12 个生产大队，95 个生产队。

中垛人民公社 辖柳沟、白额、下柏房、三堠、北牛堤、永固、南坪、安平、南光、中垛、南牛堤 11 个生产大队，70 个生产队。

红旗林场 辖马连滩 1 个生产大队，9 个生产队。

第四节 乡（镇）村制

1984 年 10 月，撤销人民公社建制，吉县设 2 镇、9 乡和 1 个地方国营林场，辖 104 个村民委员会，609 个村民小组。

城关镇 驻址东关村，辖 19 个村民委员会，103 个村民小组。

屯里镇 驻址屯里村，辖 6 个村民委员会，40 个村民小组。

兰家河乡 驻址兰家河村，辖 7 个村民委员会，27 个村民小组。

曹井乡 驻址曹井村，辖 10 个村民委员会，40 个村民小组。

窑渠乡 驻址县底村，辖 7 个村民委员会，50 个村民小组。

明珠乡 驻址明珠村，辖 6 个村民委员会，25 个村民小组。

文城乡 驻址文城村，辖 11 个村民委员会，67 个村民小组。

王家原乡 驻址王家原村，辖 5 个村民委员会，34 个村民小组。

东城乡 驻址东城村，辖 9 个村民委员会，49 个村民小组。

柏山寺乡 驻址圪塔村，辖 12 个村民委员会，95 个村民小组。

中垛乡 驻址中垛村，辖 11 个村民委员会，70 个村民小组。

红旗林场 驻马连滩村，辖 1 个村民委员会，9 个村民小组。

1997 年 7 月，增设壶口镇，镇址在七狼窝村。文城乡的南村坡、中市、南原和东城乡的陈家岭、冯家岭村村民委员会划归壶口镇管辖。其他建置不变。

2001 年 11 月，撤乡并镇。

文城乡与王家原乡合并设文城乡，乡址在文城村，辖 9 个村民委员会。屯里镇、窑渠乡、明珠乡合并设屯里镇，镇址在屯里村，辖 12 个村民委员会。曹井乡、兰家河乡合并设车城乡，乡址在车城村，辖 9 个村民委员会。壶口镇增加原文城乡的存心、留村 2 个村民委员会。城关镇更名吉昌镇，原建置不变。

2002 年 12 月，撤村并组，吉县辖 79 个行政村、1 个居民委员会，425 个村民小组、567 个自然村。

吉昌镇 辖14个行政村，即东关、小府、西关、祖师庙、桥南、兰古庄、上东村、山阳、兰村、马家河、谢悉、霖雨、大田窝、学背后。1个居民委员会，即城关居民委员会。

屯里镇 辖12个行政村，即屯里、庄子、太度、桑峨、五龙宫、窑渠、窑头、放马岭、回宫、明珠、安乐、王家河。

壶口镇 辖4个行政村，即中市、陈家岭、留村、存心。

东城乡 辖7个行政村，即东城、社堤、雷家庄、下太和、柏东、真村、沟南。

车城乡 辖9个行政村，即车城、曹井、朱家堡、窑科、兰家河、东赵村、柏坡底、桃村、桑村。

文城乡 辖13个行政村，即文城、古贤、南村、南房村、留村、柏树、存心、中市、大圪塔、南原、王家原、午生、青村。

柏山寺乡 辖12个行政村，即白米、耀角、南耀、圪塔、官庄、西头、东石泉、白子原、大庄、下嵝子、马泉头、黑秀。

中垛乡 辖11个行政村，即中垛、白额、北牛堤、三堠、永固、上安平、柳沟、下柏房、南光、南坪、马连滩。

2004年4月，设东关、西关、桥南、祖师庙、小府、学背后6个社区居民委员会。

1949年前，吉县有自然村425个。中华人民共和国成立后，自然村增至856个。1958年，通过小村并大村，1985年底，自然村减少至567个，荒弃村庄289个。1986—2015年，经过撤乡并镇、撤村并组、移民搬迁，自然村减少至403个（本次修编中，一些已长期不住人的村庄不作统计）。

1986年吉县行政区划表

表1-2-1

乡镇	村民委员会	村民小组
城关镇	马家河	马家河，咀头，窑圪坨，高圪塔
	东　关	寨子壕，圪针沟，雷神沟东沟，西沟，程家圪塔，葛家沟东沟，西沟，书房圪塄
	西　关	结子沟，淇北沟，丁家沟，贯牛窑，西门窑，于家巷，李家沟
	桥　南	水洞沟一、二组，背崖一、二组，结子原一、二组，烟里一、二组
	祖师庙	祖师庙一、二、三、四组，羊儿原，下阳庄
	小　府	小府一、二组，柳卜湾，木尖
	霖　雨	霖雨一、二、三、四组，孙家沟，大郎庙，井圪塔，沙蓬咀，岳家庄
	上东村	上东村一、二组，下东村，阎家庄，石家庄
	兰　村	兰村一、二、三组，史尖，白河，行坪
	苏家坪	苏家坪，于里，史家庄东组，西组，圪针原，浪北
	大田窝	大田窝一、二组，前德村，朔里
	山　阳	山阳一、二组，烟子渠，宏渠，柏村　、二组
	谢　悉	谢悉一、二、三、四组，桐子嵝，尖角
	辛　村	辛村一、二、三组，仪村，郭家岭

续表

乡镇	村民委员会	村民小组
城关镇	准子河	城北一、二组，张三坡，准子河
	柏凡头	柏凡头一、二组
	两满池	两满池一、二组，麦原
	兰古庄	兰古庄一、二、三、四组，北光村，尚家原一、二组
	学背后	学背后，侯家沟，兰家圪塔
屯里镇	太　度	太度一、二组，石窑子，南沟
	桑　峨	桑峨一、二、三、四、五组，西沟渠，芦子原，北沟，南沟， 曹家山，东庄
	屯　里	屯里一、二、三、四、五、六、七组，西沟，嵝峪
	庄　子	庄子，眼窝，店坪，兔儿沟，公家山，南沟，蟠桃园
	五龙宫	五龙宫，西窑洞，山岚沟，南山
	圪　鲁	圪鲁一、二组，后圪鲁，二道梁，陡坡
兰家河乡	红　卫	刘家原，西河沟，上白古，下白古
	柏坡底	柏坡底，半沟，小叶梁，许尖，阳尖
	鲁家河	鲁家河，兔儿原
	桑　村	底原，白子沟，麦城一、二组，桑村
	兰家河	兰家河，川庄，吴尖，上阳庄
	桃　村	桃村，苏村，段家堡
	东赵村	东赵村一、二组，朱原头，行台
曹井乡	郭家垛	郭家垛一、二组
	兰家圪台	榆林子，前蒜峪，兰家圪台，簸箕掌
	洛义沟	洛义沟，刘家山，杨家峪
	朱家堡	朱家堡，茄子沟，大庙沟，三皇峪，寺沟
	曹　井	曹井一、二组，沿川一、二组
	下　落	上毛家庄，下毛家庄，车城，下落
	天申原	天申原，凉镇原，二娃嵝
	乔家湾	乔家湾，高崖，凉水沟，雨院，贾家原，西庄
	窑　科	窑科，瓦原，赵尖，枣庄河，秋咀
	三　教	三教，圪塔，山头，贺尖
窑渠乡	峪　口	碱滩，峪口，红草塔
	县　底	县底一、二组，张家咀，李家原，刘家湾
	窑　渠	窑渠一、二组，石家沟一、二组，瓦窑角
	放马岭	芦草沟，胡子庄，放马岭，安子岭，韩家峪，老母坡，庙湾上、下组，杨家河，扇车嵝

续表

乡镇	村民委员会	村民小组
窑渠乡	窑　头	窑头一、二组，南北崾，桐卜梁，上古塔，雨院沟，前店，坡头沟，和尚岭，关平山
	桃　园	桃园，贾山，于家山，刘家坡，阎家社
	大回宫	大回宫，小回宫，许尖，下原，河岔子，赵尖，阳坡，冯家峪，张家坡，敖子原，李家山，北坡
明珠乡	安　乐	安乐一、二组，岔口，圪台，沟口，阳坡
	武　庄	武庄，湾里，口子
	王家河	王家河，古芦沟，芦家河
	明　珠	明珠，南沟，乱石滩，岩坪
	城　底	城底，四十亩坪，阳庄，对面山
	新　庄	李家湾，毛家庄，新庄，大西沟，吴家庄
文城乡	文　城	文城一、三、三组，姚家畔一、二组，冯家坡
	关　里	关里一、二组，古贤一、二、三、四组，田原坡
	樊家山	樊家山，辿坡，上坪，下坪，小岭子
	大圪塔	大圪塔，小圪塔，岭上坡，柳沟，赵家山
	南　村	南村一、二、三、四、五、六、七、八组，南村坡
	柏　树	柏树一、二组，侯家原
	留　村	留村一、二、三、四、五组，宋家坡
	存　心	存心一、二组，崾上，崾岘，北岭
	中　市	中市一、二、三组、下市，上市，东头
	南　原	上南原，下南原，雨院，史家岭，麦麦掌，邱家窑科，老树岭，杨家窑科，马家岭
	房　村	房村一、二组，北房村，田原，吕家山，雷家湾
王家原乡	王家原	王家原一、二组，同乐一、二组，同乐坡，原头一、二组，原头坡
	曹　村	曹村一、二、三组，仁义，南窑科，碟里
	上　坪	午生，冯家庄，上坪一、二组，背沟
	青　村	青村一、二组，北村，高崖底，向阳庄，社科，吴尖一、二组，张家坡，酸枣梁，土渠梁
	王家崾	兰家坪，王家崾，圪塔，支家山
东城乡	太　和	上太和，下太和，柿子河，梁家河
	陈家岭	陈家岭，邓家窑科，姚家岭，后下岭，曹畔，冯家庄，槐树窑科
	冯家岭	冯家岭，西史尖，小船窝，丁家圪坨，西岭
	山　头	山头，西赵村，刘镇，池原，高楼一、二组，西角头
	真　村	真村一、二组，西村一、二组，前下岭

续表

乡镇	村民委员会	村民小组
东城乡	沟南	沟南一、二组，婆美一、二组，东庄
	社堤	社堤一、二、三组，下社堤一、二组，雷家庄
	柏东	柏东一、二、三组，拐窑，沟东
	东城	东城一、二、三组，东城沟，北庄头
柏山寺乡	圪塔	圪塔一、二组，兰尖一、二组，官地岭，柏城，凡家岭，沟堡，枣卜壕
	黑秀	驮崾一、二组，羊圈岭，黑秀，河头一、二组，半坡
	南耀	南耀一、二、三、四组，小木原，东原头，沟东一、二组，山头，四老岭
	耀角	耀角一、二组，石家庄，上柏木，下柏木，冯家山，沟西岭，杨家圪坨
	官庄	官庄，西掌前、后组，古家崾，月庄，画匠岭，壕里，郭家山
	马泉头	马泉头一、二组，许家岭，曹家庄，丁家圪坨，南凹，刘圪庄岭，南窑科
	白子原	白子原一、二组，朱家岭，宜秋前组、后组，大户岭，曹尖， 三教岭
	崾子	崾子，秋白，荆门一、二组，东梨园，桌子岭，高楼河
	白米	白米一、二组，匣原上、下组，中岭，山头，明雨
	大庄	大庄，圪塔，西岭前、后组，北儿岭
	东石泉	东石泉一、二、三组，西石泉一、二组，圪塔，站家岭，吴庄，崾站，车庄
	西头	西头一、二、三组，苏庄头一、二组，上帖一、二组，圪塔
中垛乡	柳沟	柳沟，底帖上、下组，杏渠东、西组，白河上、下组，坡扶
	白额	白额一、二、三、四、五、六组，张尖，进尖，桑家岭，盘角
	下柏房	下柏房一、二、三组，上柏房一、二组，弋家岭，君堤岭
	三堠	三堠一、二、三组，麻子渠一、二组，凉泉一、二组
	北牛堤	秋白，北牛堤，北乐前、后组，南圪塔
	永固	永固一、二、三组，庙圪塔，王家窑科
	南坪	南坪一、三、三、四组，崾南咀
	安平	下安平，安平一、三、三组，义尖
	南光	南光一、二、三、四、五、六、七、八、九、十组
	中垛	北柯榼一、二、三组，南柯榼一、二组，中垛前、后组
	南牛堤	南牛堤
红旗林场	马连滩	马连滩，乔家岭，独巴，常家岭，石山湾，清川河， 庙儿岭，尚家沟，桐圪塔

2015年吉县行政村、社区、自然村情况表

表1-2-2　　单位：个

乡镇(8)	村民委员会(社区)79(6)	自然村(403) 村名	合计
吉昌镇	山阳村	杜庄 宏聚 柏村 山阳	4
	小府村(社区)	小府 柳卜湾 木尖	3
	祖师庙村(社区)	祖师庙 阳儿原 下阳庄 柏凡头	4
	谢悉村	谢悉 尖角 桐嵝 西原头 仪村 郭家岭 辛村	7
	兰古庄村	兰古庄 北光 尚家垣	3
	霖雨村	霖雨 岳家庄 沙鹏咀 大郎庙 孙家沟 井圪塔	6
	大田窝村	大田窝 前德村 朔里	3
	马家河村	马家河 咀头 窑圪坨 高圪塔	4
	西关村(社区)	于家巷 丁家沟 淇北沟 西门窑 结子沟 贯牛窑 李家沟	7
	兰村	兰村 白河 史尖 新坪 苏家坪 于里 浪北 史家庄	8
	东关村(社区)	寨子壕 圪针沟 宏聚沟 雷神沟 程家圪塔 葛家沟	6
	上东村	上东村 下东村 石家庄 闫家庄 新功 张山坡 准子河 城北	8
	桥南村(社区)	水洞沟 结子原 背崖 两满池 烟里 麦垣 中咀	7
	学背后村(社区)	学背后 侯家沟 兰家圪塔	3
壶口镇	陈家岭村	陈家岭 槐树窑科 曹畔 冯家岭	4
	南原村	南原 麦麦掌 冯家窑科 老树岭 七郎窝 邱家窑科	6
	存心村	大北岭 小北岭 核桃园 嵝上 枣庄 嵝岘	6
	中市村	中市 东头 龙王辿 上市 下市 孙家湾	6
	留村	留村 宋家坡	2
	南村坡村	南村坡	1
车城乡	车城村	车城 下洛 高崖 乔家湾 上毛家庄 下毛家庄 贾家原 凉水沟	8
	赵村	赵村 朱原头 行台 天申原 申尖 二娃嵝 凉镇原	7
	桃村	桃村 苏村咀 苏村 段家堡	4
	桑村	桑村 香炉畔 底原(含白子沟) 寿城	4
	曹井村	曹井 沿川 蒜峪 兰家圪台 榆林子	5
	朱家堡村	朱家堡 郭家垛 三皇峪(含消失的寺沟、洛义沟)	3

续表

乡镇（8）	村民委员会（社区）79（6）	自然村（403）	
		村名	合计
车城乡	窑科村	瓦原 窑科 枣庄河 赵尖 秋咀 三教 圪塔 山头	8
	兰家河村	兰家河 吴尖 上阳庄 川庄	4
	柏坡底村	鲁家河 柏坡底 兔儿原 许尖 半沟 阳尖 小叶梁 刘家原 红卫 上白古 下白古	11
文城乡	南村	南村	1
	午生村	圪塔 上坪 午生 冯家庄	4
	文城村	文城 姚家畔 冯家坡	3
	古贤	古贤 关里	2
	大圪瘩	大圪塔 小圪塔 岭上坡 柳沟	4
	房村	南房 北房	2
	柏树	柏树 侯家村	2
	王家原	王家原 仁义 同乐 原头坡 原头 曹村 碟里	7
	青村	青村 北村 高村 吴尖 向阳 社科 土渠岭 张家坡	8
东城乡	雷家庄	雷家庄	1
	东城	东城 底沟（移民至东城） 北庄头（移民至东城）	1
	柏东	柏东 拐窑 向阳（沟东，移民后命名为向阳村）	3
	社堤	上社堤 下社堤	2
	沟南	沟南 婆美 东庄	3
	太和	上太和 下太和 柿子河 南原 梁家河	5
	山头	山头 高楼 西赵 池原 刘真 西角头	6
	真村	真村 下岭 西岭	3
中垛乡	安平	上安平 下安平 义尖	3
	南光	南光 凉水源 南掌 嵎西 南宜秋 小道	6
	柳沟	柳沟 底贴 杏渠 坡扶 白鹤	5
	马连滩	马连滩 常家岭 清川河 石三湾 北乐 南圪塔 岳家湾	7
	下柏房	上柏房 下柏房 弋家岭 君堤岭	4
	中垛	中垛 南柯榼 北柯榼	3
	南坪	南坪 嵎南咀	2
	三堠	三堠 麻子渠 凉泉 庙儿岭	4

续表

乡镇（8）	村民委员会（社区）79（6）	自然村（403）	
		村名	合计
中垛乡	永固	永固 南牛堤 北牛堤 秋白	4
	白额	白额 张尖 进尖 移民新村	4
柏山寺乡	官庄	官庄 西掌 月庄 画匠岭 壕里 古家崾 郭家山	7
	大庄	大庄 大庄圪塔 北儿岭 西岭	4
	黑秀	黑秀 驮耀 羊圈岭 河头	4
	西头	西头 上帖 苏庄头	3
	耀角	耀角 石家庄 上柏木 下柏木 冯家山 沟西岭 杨家圪垛	7
	圪塔	圪塔 兰尖 沟堡 柏城	4
	南耀	南耀 东原头 沟东 山头 小木原	5
	马泉头	马泉头 许家岭 曹家庄 南洼 丁家圪坨 刘圪庄岭	7
	白米	白米 匣原 明雨 中岭 山头	5
	白子原	白子原 曹尖 三教岭 宜秋 崾子 大户岭 桌子岭 荆门 高楼河 秋白 东梨园	11
	东石泉	东石泉 西石泉 车庄 吴庄 崾站 站家岭 石泉圪塔	7
屯里镇	屯里村	屯里	1
	桑峨村	西沟渠 曹家山 北沟 南沟 桑峨	5
	五龙宫村	五龙宫 城底 山岚沟 四十亩坪 西庙 圪鲁 陡坡	7
	太度村	太度 石窑子 碱滩 峪口	4
	放马岭	放马岭 杨家河 扇车崾 安子岭 胡子庄 芦草沟	6
	窑渠村	窑渠 县底 石家沟 刘家湾	4
	窑头村	窑头 关平山 公社林场 前庄 红花灿 南北崾 大队林场 和尚岭 雨院沟 向阳塔 桐树岭 坡头沟	12
	回宫村	大回宫 小回宫 河岔子 贾山 于家山 桃园 闫家庄 井沟 刘家坡 阳坡 赵尖 许尖 下原	13
	安乐村	安乐 口子 湾里 武庄 阳坡 沟口 岔口 李家山 新庄 毛家庄	10
	明珠村	明珠 新庙 岩坪 乱石滩 朱家洼 南沟	6
	王家河村	王家河 石窑店 古芦沟 范家山 上店 申角岔 半沟 芦家河	8
	庄子村	庄子 蟠桃园 南沟 桥梁 三道梁 眼窝 六孔窑 店坪 土楼沟 公家山 胡家凹 刘家山	12

第三章 乡镇

第一节 吉昌镇

政区概况

原城关镇，2001年11月更名为吉昌镇。2002年12月，撤销柏凡头、两满池村民委员会并入小府村村民委员会，撤销辛村村民委员会并入谢悉村民委员会，撤销苏家坪村民委员会并入兰村村民委员会，撤销准子河村民委员会并入上东村村民委员会，共辖14个村民委员会。2003年10月，原两满池村民委员会从小府村民委员会辖区划出，归桥南村民委员会。2004年4月，设置东关、西关、桥南、祖师庙、小府、学背后6个居民委员会。2015年12月，设置14个村民委员会，6个居民委员会。

地理位置

吉昌镇位于吉县中部，东与车城乡相邻，南与中垛乡接壤，西与东城乡相连，北与文城乡毗邻。地势东北高，西南低。地形为残垣沟壑区。境内最高峰庖山位于吉昌镇北部，海拔1408.59米，最低点位于大田窝村，海拔775.68米。辖区内东西最长20.8千米，南北最宽17.5千米，总面积144.89平方千米。主要河道有清水河，由东北向西南流经祖师庙、小府、桥南、西关、霖雨、大田窝6个村，长约8.2千米。域内已探明地下矿藏有煤、煤层气。

人口

1987年，全镇有农业人口4258户、18186人，其中男性9175人、女性9011人，农村劳动力5994人。2002年，总人口10226户、33105人（包括非农业人口12804人），其中男性17079人，女性16026人，农村劳动力7489人。2015年，总人口发展到16197户、37417人，男性19255人、女性18162人，农村劳动力13209人。人口密度为每平方千米241人。

经济概况

农作物以小麦、玉米为主。1985年，全镇拥有耕地41565亩，其中水浇地2326亩。1987年，粮食作物播种面积41936亩，其中，夏粮23288亩，秋粮18648亩；粮食产量4950吨，其中夏粮2746吨，秋粮2204吨；农村经济总收入627.6万元，农民人均纯收入406.98元，农业总产值329万元。2002年，拥有耕地46620亩，其中水浇地1035亩，粮食作物播种面积40560亩，其中，夏粮17580亩，秋粮18840亩；粮食产量9107吨，其中夏粮3164吨、秋粮5558吨；农村经济总收入5377万元，农民人均纯收入1587元。2015年，粮食作物播种面积20865亩，其中，夏粮2850亩，秋粮10950亩；粮食产量2932吨，其中夏粮646吨，秋粮2286吨；农业总产值2.2亿元。

经济作物主要有苹果、烤烟等。1992年，桥南村红星苹果获首届中国农业博览会金质奖，桥南村成为吉县发展苹果的示范村。勒马垣、城北垣被确定为山西省农业旅游示范点和山西省优势农产品生产基地。1987年全镇拥有苹果1960亩，年产249吨。2002年全镇苹果面积19695亩，产量2671吨。2015年，全镇苹果面积44640亩，产量70523吨。

1987年，开始在马家河村、苏家坪村、辛村、谢悉村、兰古庄村种植烤烟。1988年，全镇烤播种烟面积603亩，产量60吨。2002年，烤烟种植面积5010亩，产量426吨。2015年，全镇烤烟面积95亩，产量27.7吨。

畜牧业以猪、牛、家禽为主。1985年，全镇拥有大牲畜3041头，其中，牛1969头，马81头，驴871头，骡230头；猪存栏3602头，羊存栏3136只。2002年，拥有大牲畜4013头，其中，牛3173头，马28头，驴411头，骡401头；猪存栏4860头，羊存栏2845只。2015年，生猪饲养量1.5万头，年末存栏7000头；牛饲养量2000头，年末存栏数1000头；家禽饲养量21.6万只，上市家禽16.9万只。

1987年，全镇人工造林4537亩。2002年人工造林5477亩。2015年，森林面积17.3万亩，有林地面积14.6万亩，其中防护林8.5万亩、经济林6.1万亩，四旁树木1.55万株，森林覆盖率39.7%。

2015年，全镇有苹果冷藏库12座，网套加工厂2个，纸箱厂1个，防滑链厂5个，面粉加工厂2个。

社会事业

2015年，镇有文化站1个，各类群众文化艺术表演团体14个，农家书屋14个。地方特色民间艺术有东关村的舞龙表演，西关村的“二鬼跌跤”，桥南村的轿车、踩高跷和大田窝村的抬春牛表演等。

2015年，镇有幼儿园6所，小学6所，初中2所。有卫生院1个，村级卫生所14个。农村安全饮用水普及率100%，农村卫生厕所普及率13%，新型农村医疗参保人数1.99万人，参保率98%。

扶贫救助

2008年，实施移民搬迁，谢悉村、桥南村、大田窝村21户、91口人受益。2015年，城镇最低生活保障户数811户、2039人，支出468万元；农村最低生活保障户数1037户，人数1374人，支出129万元；农村“五保”集中供养5人，支出1.27万元；农村“五保”分散供养86人，支出17万元；农村医疗救助481人次，民政部门资助参加合作医疗1244人次，支出6.2万元；农村临时救济128人次，支出7000元。抚恤、补助各类优抚对象97人，抚恤事业费支出43.6万元。

基础设施

1985年，乡村公路开始改造，大致经历三个阶段。第一阶段以土建公路加宽、降坡为主；第二阶段以沙石硬化公路为主；第三阶段乡村公路水泥硬化，县乡公路铺柏油。2003—2010年，全镇建设新农村6个，硬化、绿化街巷120千米，镇、村、组道路全部达到国家乡村公路建设标准。209、309国道从桥南广场分道，209进水洞沟至乡宁、309沿川经东城乡柿子河通往壶口、陕西宜川；前309国道（2005年改道清水河川）经城北垣、至管头山。村民委员会所在地全部建起文化广场、篮球场，配置了健身器材。2010年，行政村全部实现通水、通电、通有线电视，互联网用户达3000户。

文物古迹

有始建于宋天圣元年（1023）、1993年迁址锦屏山的坤柔圣母庙，始建于清康熙三十七年（1698）的扶风桥，位于锦屏山脚下、北魏后的历代摩崖石刻和具有神奇传说的饮马泉。

第二节 屯里镇

政区概况

1984年10月，撤销屯里人民公社，设立屯里镇，辖6个村民委员会，40个村民小组，五星更名为五龙宫村民委员会。2001年11月，屯里镇、明珠乡、窑渠乡合并为屯里镇，辖19个村民委员会，即：王家河、明珠、五龙宫、安乐、庄子、屯里、桑峨、太度、窑渠、放马岭、窑头、大回官、前圪鲁、武庄、上新庄、城底、桃园、峪口、县底。2002年，撤销前圪鲁、城底村民委员会并入五龙宫村民委员会，撤销武庄、上新庄村民委员会并入安乐村民委员会，撤销桃园村民委员会并入回宫村民委员会，撤销峪口村民委员会并入太度村民委员会，撤销县底村民委员会并入窑渠村民委员会。至2015年，辖12个村民委员会。

地理位置

位于县城东北部，东与尧都区河底乡、乡宁县台头镇相邻，南与车城乡、乡宁县管头镇接壤，西与文城曹化坪村相连，北与大宁县三多乡、蒲县蒲城镇毗邻，距县城35千米。地势东高西低，境内最高峰高天山，位于屯里镇明珠村南，海拔1820.5米，最低点位于屯里镇小回宫村前河道，海拔410米。辖区东西距离55.5千米，南北距离16.1千米，总面积317.79平方千米。主要河流有义亭河、安乐河、吴家沟河、土楼沟河、放马岭河、蔡家川河6条，其中最大的河流为义亭河，长约43.5千米，从东向西北流经明珠、五龙宫、庄子、屯里、桑峨、太度、窑渠、窑头村，进入大宁县三多乡。

人口

1987年，全镇人口2442户、10871人（包括前窑渠乡808户、3551人，原屯里镇1028户、4559人，前明珠乡606户、2761人），包括非农业人口241人，其中男5719人、女5132人，农村劳动力3447人。2002年，人口1804户、8074人，包括非农业人口36人，其中男4285人、女3789人，农村劳动力4047人。2015年，人口4252户、12444人，男性6089人、女性6355人，农村劳动力7355人。

经济状况

屯里镇粮食作物以玉米、小麦为主，屯里川也被称为吉县的“玉米川”， 20世纪80年代后期到90年代初期，曾出现“吨粮田”“万元户”等粮食生产典型。1987年，拥有耕地49255亩（明珠7370亩、屯里23490亩、窑渠18095亩），其中水浇地6260亩（明珠1407亩、屯里2102亩、窑渠2751亩）；粮食作物播种面积37234亩（明珠7282亩、屯里13332亩、窑渠16620亩），其中，夏粮17576亩（明珠2763亩、屯里6763亩、窑渠8050亩），秋粮19658亩（明珠4519亩、屯里6569亩、窑渠8570亩）；粮食产量4345吨（明珠876吨、屯里1900吨、窑渠1569吨），其中夏粮1199吨（明珠258吨、屯里295吨、窑渠646吨），秋粮3146吨（明珠618吨、屯里1605吨、窑渠923吨）；农村经济总收入明珠118.5万元、屯里178.5万元、窑渠161.3万元，农民人均纯收入明珠80.83元、屯里124.49元、窑渠107元，农业总产值明珠80万元、屯里152万元、窑渠100万元。2002年，拥有耕地62235亩，其中水浇地1605亩；粮食作物播种面积42960亩，其中，夏粮19200亩，秋粮14610亩；粮食产量8941吨，其中夏粮2995吨、秋粮4639吨；农村经济总收入2632万元，农民人均纯收入1465元。2015年，粮食作物播种面积30420亩，其中，秋粮

22720亩；粮食产量6970吨，其中玉米6217吨。

经济作物主要以油料为主，1987年，油料播种面积1370亩（明珠101亩、屯里293亩、窑渠976亩），油料产量67吨（明珠10吨、屯里19吨、窑渠38吨）。2002年，油料播种面积1170亩，油料产量203吨。

1995年，开始发展苹果、核桃、梨、仁用杏等经济作物，当年拥有苹果面积4470亩（明珠45亩、屯里1725亩、窑渠2700亩），苹果产量155吨（明珠7吨、屯里72吨、窑渠76吨）。2002年，苹果面积7215亩，产量688吨。2015年，全镇有苹果6243亩，产量16369吨，果品年收入达1500万元。

2001年开始，以桑峨村为中心，发展大棚蔬菜。至2015年，桑峨、太度、五龙宫、峪口大棚蔬菜种植面积达6000余亩，菜农年收入达3000余万元。

1987年，拥有大牲畜3429头（明珠886头、屯里1006头、窑渠1537头），其中，牛2951头，马51头，驴130头，骡298头；猪存栏2680头（明珠489头、屯里1306头、窑渠885头），羊存栏13359只（明珠4138只、屯里2230只、窑渠6991只）。2002年，拥有大牲畜5468头，其中，牛4833头，马21头，驴88头，骡526头；猪存栏4643头，羊存栏21481只。2015年，生猪饲养量2840头，年末存栏312头；牛饲养量412头，年末存栏310头；羊饲养量930只，年末存栏810只；家禽饲养量2.9万羽，上市家禽2.15万羽。畜牧业总产值376.4万元，占农业总产值的10.8%。

1987年，全镇人工造林15332亩（明珠700亩、屯里9719亩、窑渠4913亩）。2002年人工造林12803亩。2015年，森林面积46.3万亩，有林地面积37.2万亩，其中防护林16.74万亩、经济林17.86万亩，四旁树木6.35万株，林木覆盖率56.2%。

1990年，以明珠村、王家河村为基地，建起云翔洗煤厂、鑫源洗煤厂、焦化厂，成为吉县工业经济发展新的增长点。2000年，在王家河村建起90万吨华晋明珠煤矿。2009年，在回宫村和安乐村建起中石油煤层气站，先后建气井150口。2011年在明珠村建起霍州煤电500万吨煤电材工业园区。域内已探明地下矿藏有煤、煤层气，煤层气储藏量达295亿立方米，占吉县总量的92%；2015年，桃园、小回宫、大回宫、县底等村煤层气，由中石油煤层气有限责任公司临汾分公司实施开发。

社会发展

2015年，有群众文化艺术表演团体1个，文化站1个，农家书屋12个；有幼儿园1所，小学11所，初中1所；有卫生院1所，村级医疗服务室12个；农村安全饮用水普及率94%，农村卫生厕所普及率15%；12个村民委员会建起活动广场，安装了健身器材；广播电视综合覆盖率100%。

扶贫救助

2008年，实施扶贫移民工程，明珠与窑头25户、121人受益。2009年，实施整村推进项目，放马岭356人受益；2010年，窑头村委902人受益。2015年，农村最低生活保障户数307户，人数612人；农村"五保"集中供养65人；农村"五保"分散供养36人；农村医疗救助22人次，民政部门资助参加合作医疗584人次；农村临时救济225人次；国家抚恤、补助各类优抚对象55人；新型农村医疗参保人数1.11万人，参保率99.9%。

基础设施

209国道、309国道穿越域内桃园、小回宫、大回宫、窑渠、窑头、县底、峪口、太度、五龙宫、明珠、庄子、屯里、桑峨、王家河 14 个村庄。设立邮政网点 2 个，电信服务网点 1 个，固定电话用户 325 户，移动电话用户 1620 户，各村民委员会均建起活动广场，配置了健身器材。

附：原屯里镇、窑渠乡、明珠乡基本情况

屯里镇 位于县城东北。东与蒲县刁口接壤，东南与明珠乡毗连，西与曹井乡为邻，北与窑渠乡相接。东西长 12 千米，南北宽 13.8 千米，总面积 118.31 平方千米。辖 6 个村民委员会，40 个村民小组。2000 年，有农业人口 1268 户、4862 人，非农业人口 23 人。主产玉米、谷子、小麦。驻镇主要企事业单位有：供销合作社、信用合作社、粮食购销站、银行储蓄所、邮电支局、木器制作社、铁业社、农技站、国营吕梁林区屯里林场、化肥厂以及桑峨中学。

窑渠乡 位于县城东北。东连屯里镇，西接兰家河乡，南与曹井乡接壤，北与大宁县川庄村毗连。东西长 22.4 千米，南北宽 14 千米，总面积 181.38 千米。辖 7 个村民委员会，50 个村民小组。2000 年末，有农业人口 877 户、3746 人，非农业人口 55 人。主要企事业单位有：供销合作社、信用合作社、邮电所、粮站、食品购销站、建筑工程队、农机修理站、广播电视转播站、电影放映队。

明珠乡 位于县城东北，东与临汾市后十亩村接壤，西与屯里镇五龙宫村毗连，南与乡宁台头、管头相连，北与蒲县刁口相连。东西长 21.1 千米，南北宽 20.5 千米，总面积 212.05 平方千米。辖 6 个村民委员会，25 个村民小组。2000 年，有农业人口 709 户、2671 人。非农业人口 6 人。生产玉米、谷子。主要企事业单位有：供销合作社、信用合作社、食品购销站、农机修理站、邮电所、广播电视转播站、电影放映队。

第三节 壶口镇

政区概况

壶口镇因黄河壶口瀑布而得名，1997 年 7 月建置，将文城乡南村坡、中市、南原 3 个村民委员会和东城乡陈家岭、冯家岭 2 个村民委员会划归壶口镇。2001 年 3 月撤乡并镇，又将文城乡存心、留村 2 个村民委员会纳入壶口镇，同时撤销冯家岭村民委员会并入陈家岭村村民委员会，共辖 6 个村民委员会。

地理位置

位于吉县县城西部黄河之滨，东南与东城乡相邻，西隔黄河与陕西省延安市宜川县相望，北与文城乡毗邻，距县城约 42 千米。地势东高西低，主要山脉有管头山、高祖山，域内最高处位于壶口镇存心村，海拔 1200 米，最低点位于小船窝，海拔 400 米。总面积 102.94 平方千米。

人口

1998 年，全镇总人口 765 户、2889 人，其中男 1547 人、女 1342 人，农村劳动力 954 人。2002 年，拥有人口 1711 户、7110 人，非农业人口 40 人，其中男 3523 人、女 3587 人，农村劳动力 1852 人。2015 年，总人口 1661 户、4670 人，男 2389 人、女 2281 人，农村劳动力 2840 人。

经济概况

粮食作物以玉米、小麦、小杂粮为主。1998 年，全镇拥有耕地 20955 亩；1998 年，粮食作物播种面积 9855 亩，其中夏粮 6345 亩、秋粮 1650 亩；粮食总产量 1203 吨，其中夏粮 312 吨、秋粮 660 吨；农村经济总收入 405.7 万元，农民人均纯收入 759 元。2002 年，耕地 21285 亩；粮食作物播种面积 14430 亩，其中夏粮 9540 亩、秋粮 2010 亩；粮食总产量 912 吨，其中夏粮 613 吨、秋粮 96 吨；农村经济总收入 482.4 万元，农民人均纯收入 569 元。2015 年，粮食作物播种面积5163亩，其中夏粮946亩、秋粮2684亩；粮食总产量460吨，其中夏粮63吨、秋粮178吨。

经济作物以苹果为主。1998年，全镇共有苹果1590亩，产量65吨。2002年，苹果面积2520亩，产量290吨。2015年，苹果面积5759亩，产量8984吨。

1998年，全镇大牲畜1251头，其中牛871头、马4头、骡96头、驴280头；生猪存栏390头，羊存栏6890只。2002年，大牲畜488头，其中牛200头、马20头、骡145头、驴123头；生猪存栏214头，羊存栏148只。2015年，生猪饲养量3500头，年末存栏2159头；牛饲养量500头，年末存栏243头；羊饲养量2500只，年末存栏1123只；家禽饲养量133万羽，上市家禽7500羽。

1998年，全镇人工造林2166亩，四旁零星植树3万余株。2002年，人工造林13687亩，四旁零星植树5.8万余株。2015年，全镇有林地面积8.65万亩，四旁树木18.51万株，森林面积达14.8万亩，林木覆盖率36.6%。

旅游业

以壶口为龙头的旅游业的蓬勃发展，带动了壶口镇的旅游服务业，旅店、餐饮、毛驴驮队、个体照相、个体摊户、旅游工艺品加工销售等行业逐年兴起，增添了群众的致富渠道。黄河文化唢呐队、说唱小分队、秧歌队等民间团体常年在壶口景区活动，成为一道独特的亮丽风景。

社会发展

2015年，全镇拥有群众文化艺术表演团体1个，文化站1个，农家书屋6个。地方特色民间艺术有剪纸、窗花、刺绣、布艺、民歌、民谣、顺口溜、旱地行船节目表演等，其中旱地行船被列为临汾市非物质文化遗产申报名录。有幼儿园1所，小学2所；卫生院1所，卫生服务室6个；农村安全饮用水普及率96%，农村卫生厕所普及率12%；新型农村医疗参保人数4295人，参保率95.3%；6个村委安装了健身器材；广播电视综合覆盖率98%。

扶贫救助

2008年，实施扶贫移民工程，陈家岭21户、115人受益；2010年，实施整村推进项目，存心村委753人受益。2015年，农村最低生活保障户数397户、487人；农村“五保”分散供养18人；农村医疗救助11人次，民政部门资助参加合作医疗835人次；农村临时救济763人次。

基础设施

309国道、临吉高速、管头山森林防火通道（原309国道管头山段）通壶口镇；镇村公路全部按乡村级公路标准硬化；邮政网点1个，电信服务网点1个；固定电话用户310户，移动电话用户2523户。

第四节 车城乡

政区概况

2001年，撤兰家河乡和曹井乡，合并设置车城乡，乡驻址在车城村。辖曹井、朱家堡（前洛义沟1991年合并至朱家堡村）、郭家垛、天申原、下洛、三教、窑科、兰家圪台、乔家湾、兰家河、鲁家河、东赵村、柏坡底、桃村、红卫村、桑村16个村民委员会。2002年，撤销郭家垛村民委员会并入朱家堡村民委员会，撤销天申原村民委员会并入赵村村民委员会，撤销三教村民委员会并入窑科村民委员会，撤销兰家圪台村民委员会并入曹井村民委员会，撤销鲁家河、红卫村民委员会并入柏坡底村民委员会，撤销合并下落、乔家湾村民委员会设立车城村民委员会，共辖9个村民委员会。

地理位置

位于吉县中东部，东南与乡宁县管头镇相邻，南与吉昌镇、中垛乡接壤，西与文城乡相连，北与屯里镇毗邻。乡人民政府驻车城村，距县城约 7.5 千米。东西最大距离 26.8 千米，南北最大距离 25.4 千米，总面积 205.54 平方千米。地势东高西低，为黄土高原残垣沟壑区，主要山峰有高天山、人祖山，最高峰高天山海拔 1820.5 米，最低点位于兰家河村，海拔 600 米。境内主要河道有白子沟河、西河沟河、曹井河 3 条，其中最大河流为曹井河，从东向西流经曹井、车城 2 个村，长约 12 千米。

人口

1987 年，全乡人口 1651 户、7180 人（包括前兰家河乡 878 户、3739 人，前曹井乡 773 户、3441 人），其中男 3878 人、女 3302 人，非农业人口 103 人，农村劳动力 2294 人。2002 年，人口 2886 户、11729 人，其中男 6190 人、女 5539 人，非农业人口 84 人，农村劳动力 2586 人。2015 年，总人口 3130 户、8488 人，男 4364 人、女 4124 人，农村劳动力 5060 人。

经济概况

粮食作物以玉米、小麦、谷子为主。1987 年，全乡耕地 29491 亩（兰家河 13674 亩、曹井 15817 亩），其中水浇地 602 亩；粮食作物播种面积 29783 亩（兰家河 14634 亩、曹井 15149 亩），其中，夏粮 14105 亩（兰家河 7000 亩、曹井 7105 亩），秋粮 15678 亩（兰家河 7634 亩、曹井 8044 亩）；粮食产量 3496 吨（兰家河 1757 吨、曹井 1739 吨），其中夏粮 1510 吨（兰家河 793 吨、曹井 717 吨），秋粮 1986 吨（兰家河 964 吨、曹井 1022 吨）；农村经济总收入兰家河 132.7 万元、曹井 119.9 万元，农民人均纯收入兰家河 91.7 元、曹井 73.74 元，农业总产值兰家河 112 万元、曹井 97 万元。2002 年，拥有耕地 38115 亩，其中水浇地 225 亩；粮食作物播种面积 27420 亩，其中，夏粮 10275 亩，秋粮 8325 亩；粮食产量 4115 吨，其中夏粮 1314 吨、秋粮 2200 吨；农村经济总收入 1616 万元，农民人均纯收入 1320 元。2015 年，粮食作物播种面积 37078 亩，其中，夏粮 5518 亩、秋粮 24690 亩；粮食产量 6875 吨，其中夏粮 1342 吨、秋粮 5433 吨；农业总产值达到 5600 万元。

经济作物主要有苹果、桃、梨、仁用杏、核桃、烤烟、油菜等。1987 年，全乡苹果面积 2041 亩（兰家河 1982 亩、曹井 59 亩），产量 31.2 吨（兰家河 27.7 吨、曹井 3.5 吨）；2002 年，苹果面积 13545 亩，产量 688 吨；2015 年，苹果面积 27073 亩，产量 4049 吨。

1987 年，桑村、赵村、桃村开始试种烤烟；1988 年，全乡烤烟种植面积 338 亩（兰家河为主），产量 47 吨。2002 年，烤烟种植面积 3405 亩，产量 397 吨。2015 年，全乡烤烟种植面积 43.7 亩，产量 31.7 吨。

畜牧业以猪、牛、羊、家禽为主。1987 年，全乡拥有大牲畜 2550 头（兰家河 1145 头、曹井 1405 头），其中，牛 1747 头，马 60 头，驴 388 头，骡 350 头；猪存栏 1661 头（兰家河 819 头、曹井 842 头），羊存栏 13173 只（兰家河 3430 只、曹井 9743 只）。2002 年，拥有大牲畜 2790 头，其中，牛 1445 头，马 130 头，驴 127 头，骡 583 头；猪存栏 1540 头，羊存栏 10060 只。2015 年，生猪饲养量 2590 头，年末存栏 590 头；牛饲养量 226 头，年末存栏 90 头；羊饲养量 4500 只，年末存栏 500 只；家禽饲养量 13400 羽。年生产肉类 51.6 吨，其中猪肉 23.2 吨，牛肉 16.3 吨，羊肉 12.1 吨；禽蛋 20.1 吨，鲜奶 0.8 吨。

1987 年，全乡人工造林 8071 亩（兰家河 4382 亩、曹井 3689 亩），四旁零星植树 24 万余株。

2002年，人工造林6624亩，四旁零星植树10万余株。2015年，森林面积4万亩，有林地面积10万亩，其中有防护林6万亩、经济林3.7万亩，四旁树木5000株，林木覆盖率52.3%。

社会发展

2015年，有群众文化艺术表演团体1个，文化站1个，农家书屋9个。地方特色民间艺术有车城威风锣鼓、兰家河剪纸、柏坡底编织筐。有幼儿园1所，小学3所（曹井初中1998年8月合并至兰家河初中，2004年8月，学生并至吉县三中）。县职业中学驻该乡（2004年建）。有卫生院1座，村级服务所9个；农村安全饮用水普及率95%，农村卫生厕所普及率20%；9个村民委员会建起活动广场，配置了健身器材；广播电视综合覆盖率92%。

扶贫救助

2008年，实施扶贫移民工程，车城村15户、88人受益；2009年，实施整村推进项目，朱家堡131户、527人受益；2010年，窑科1017人受益。2015年，农村最低生活保障户数263户，人数513人；农村"五保"分散供养38人；农村医疗救助92人，民政部门资助参加合作医疗644人；农村临时救济36人次；新型农村医疗参保人数7977人，参保率93.56%。国家抚恤、补助各类优抚对象16人。

基础设施

县乡级公路总长10千米，乡村公路硬化全部达到国家标准。邮政网点1个，投递点9个。电信企业1家，服务网点1个；固定电话用户234户，移动电话用户1722户。

附：原曹井乡、兰家河乡基本情况

曹井乡　位于县城东南。1984年9月，撤销曹井人民公社，设立曹井乡，辖9个村民委员会。东邻屯里镇和明珠乡，西接城关镇，南邻乡宁县农牧场，北与兰家河相连。东西长20.2千米，南北宽18.6千米，总面积200.05平方千米。乡政府驻地曹井村。2000年，有农业人口787户、3662人，非农业人口22人。主产玉米、谷子、油料、大豆和小麦。设有供销合作社，信用合作社、邮电所、广播电视转播站。

兰家河乡　位于县城东北。1984年9月，撤销兰家河人民公社，设立兰家河乡，辖8个村民委员会。东连窑渠乡，西接城关镇，南与曹井乡为邻，北与文城乡毗连，乡政府驻地兰家河村。东西长11.1千米，南北宽17.5千米，总面积106.43平方千米。2000年，有农业人口1015户、4232人，非农业人口14人。企事业单位有：供销合作社、信用社、乡医院、广播电视转播站。

第五节　文城乡

政区概况

1984年9月，撤销文城人民公社，设立文城乡，辖11个村民委员会。2001年11月，王家原乡与文城乡合并为文城乡，辖文城、古贤、南村、房村、柏树、大圪塔、后樊家山、王家原、曹村、午生、王家崾、青村12个村民委员会。2002年，撤销后樊家山、王家崾村民委员会并入午生村民委员会，撤销曹村村民委员会并入王家原村民委员会，共辖9个村民委员会。

地理位置

位于吉县西北部，东与屯里镇、车城乡相邻，南与吉昌镇、东城乡、壶口镇接壤，西隔黄河与陕西省延安市宜川县高柏乡相望，北与大宁县太古乡毗邻，距县城约30千米。乡人民政府驻文城村。辖区东西最大距离28.9千米，南北最大距离27.3千米，总面积168.73平方千米。地势东高西低。地形为残垣沟壑区。域内最高峰人祖山主峰，海拔 1742.4 米，最低点位于王家原村黄河滩，海拔 427 米。主要河道房村河，从东向西流经文城、古贤等村，长约 16 千米。

人口

1987 年，全乡人口 2891 户、12214 人（包括前文城乡 1808 户、7895 人，前王家原 1083 户、4319 人），其中男 6312 人、女 5902 人，非农业人口 166 人，农村劳动力 3868 人。2002 年，人口 2405 户、9690 人，其中男 5053 人、女 4637 人，非农业人口 108 人，农村劳动力 3462 人。2015 年 12 月，总人口 3640 户、10258 人，其中男 5310 人、女 4948 人，农村劳动力 5008 人。

经济概况

粮食作物以小麦、玉米、小杂粮为主。1987 年，拥有耕地 44917 亩（文城 29036 亩、王家原 15881 亩），其中水浇地 144 亩（文城 126 亩、王家原 18 亩）；粮食作物播种面积 41441 亩（文城 26541 亩、王家原 14900 亩），其中，夏粮 22709 亩（文城 15519 亩、王家原 7190 亩），秋粮 18732 亩（文城 11022 亩、王家原 7710 亩）；粮食产量 2520 吨（文城 1553 吨、王家原 967 吨），其中夏粮 1501 吨（文城 872 吨、王家原 629 吨），秋粮 1019 吨（文城 681 吨、王家原 338 吨）；农村经济总收入文城 135.7 万元、王家原 101.2 万元，农民人均纯收入文城 99.2 元、王家原 60.88 元，农业总产值文城 104 万元、王家原 70 万元。2002 年，拥有耕地 53460 亩，其中水浇地 105 亩；粮食作物播种面积 25125 亩，其中，夏粮 11670 亩，秋粮 6810 亩；粮食产量 1810 吨，其中夏粮 1054 吨、秋粮 664 吨；农村经济总收入 1017 万元，农民人均纯收入 545 元。2015 年，耕地面积 2.95 万亩，人均 3.1 亩；可利用草地面积 4600 亩；年生产粮食 5440 吨，人均 570 公斤；农业总产值 7400 万元，农民人均纯收入 1120 元。

经济作物主要有苹果、梨、核桃、仁用杏等。1987 年，全乡苹果面积 986 亩（文城 896 亩、王家原 90 亩），产量 35.3 吨（文城 26.1 吨、王家原 9.2 吨）；2002 年，苹果面积 6525 亩，产量 473 吨；2015 年，苹果、梨、核桃、仁用杏等水（干）果面积 2.6 万亩，产量 1.85 万吨，其中苹果产量 1.77 万吨。

畜牧业以牛、驴、猪、羊、家禽为主。1987 年，拥有大牲畜 3723 头（文城 2493 头、王家原 1230 头），其中，牛 1944 头，马 34 头，驴 1284 头，骡 461 头；猪存栏 1386 头（文城 893 头、王家原 493 头），羊存栏 4953 只（文城 3338 只、王家原 1615 只）。2002 年，拥有大牲畜 2094 头，其中，牛 1607 头，驴 339 头，骡 148 头；猪存栏 551 头，羊存栏 7559 只。2015 年牛饲养量 1152 头，年末存栏 1025 头；生猪饲养量 1500 头，年末存栏 752 头；羊饲养量 1259 只，年末存栏 845 只；家禽饲养量 312 万羽，上市家禽 1.85 万羽。

1987 年，全乡人工造林 2870 亩（文城 1500 亩、王家原 1370 亩），四旁零星植树 21 万余株。2002 年，人工造林 14349 亩，四旁零星植树 9.2 万余株。2015 年，全乡拥有森林面积 23.4 万亩，林地面积 8.34 万亩，四旁树木 2.23 万株，林木覆盖率 32.7%。

2015 年，全乡拥有商业网点 72 个，从业 86 人；社会消费品零售总额 4652 万元。

社会发展

2015 年，有文化艺术表演团体 2 个，文化站 1 个，农家书屋 10 个。地方特色民间艺术有鼓乐、剪纸、十字绣、窑楦等。有九年一贯制寄宿学校 2 所，乡中心卫生院 1 座，村级服务室 9 个。农村安全饮用水普及率 89%，农村卫生厕所普及率 16%；各村民委员会所在地均建起活动广场，配置了图书室、健身器材；有线电视用户 379 户，广播电视综合覆盖率 94%。

扶贫救助

2008年，实施扶贫移民工程，大圪塔26户、123人受益；2010年，实施整村推进项目，文城村980人受益。2015年，农村最低生活保障户数509户、778人；农村“五保”分散供养45人；农村医疗救助11人次，民政部门资助参加合作医疗726人次；农村临时救济580人次；新型农村医疗参保人数9589人，参保率91.2%；国家抚恤、补助各类优抚对象81人。

基础设施

县道管文线经大圪塔分岔一路至克难坡，一路经文城、王家原、午生与大宁县太古乡处河村相连；沿黄公路经原头坡、古贤、文城、克难坡与壶口镇贯通。2015年，全乡拥有邮政网点1个，投递路线单程总长度30千米，投递点1个，乡村通邮率100%；电信企业1家，服务网点1个；固定电话用户289户，移动电话用户3120户。

附：原文城乡、王家原乡基本情况

文城乡　位于县城西北。东与窑渠乡接壤，西临黄河，南连城关镇和东城乡，北接王家原乡。东西长12.8千米，南北宽18.6千米，总面积218.19平方千米。乡政府驻地距县城30千米。辖11个村民委员会、67个村民小组。2000年，有1517户、6487人，其中非农业人口41人。主产小麦、棉花、油料和玉米。设在该乡的行政、企事业单位有公安派出所、法院分庭、县银行储蓄所、供销合作社、粮站、食品站、邮电所、信用合作社。

王家原乡　位于县城西北。东接人祖山，西临黄河，南连文城乡，北邻大宁县。东西长145千米，南北宽10.3千米，总面积128.92平方千米。乡政府所在地距县城53千米。辖5个村民委员会、34个村民小组。全乡有1140户、4670人。主产小麦、玉米、棉花、油料。设在该乡的企事业单位有广播电视转播站、电影放映队、供销社、粮站、食品收购站、信用合作社。

第六节　东城乡

政区概况

1984年10月，撤销东城人民公社，设立东城乡，乡政府驻址东城村，辖东城、柏东、社堤、沟南、山头、真村、太和、陈家岭、冯家岭9个村民委员会。1997年7月，陈家岭、冯家岭2个村民委员会划归壶口镇，增设雷家庄村民委员会，全乡辖8个村民委员会。2008年3月，乡政府驻址迁至柏东村。

地理位置

位于县城西部，东与吉昌镇相邻，南与柏山寺乡接壤，西与壶口镇相连，北与文城乡毗邻。距县城约15千米。地势东北高，西南低。地形为黄土高原残垣沟壑区。域内最高点位于柏东村，海拔1509.1米，最低点位于柿子河，海拔700米。东西最大距离14.1千米，南北最大距离10.7千米，总面积83.97平方千米。主要河流有清水河、高楼河、高家河3条。

人口

1987年，全乡总人口1703户、7061人，非农业人口119人，其中男3594人、女3467人，农村劳动力2209人。2002年，拥有人口3114户、13923人，非农业人口30人，其中男7102人、女6821人，农村劳动力2643人。2015年，总人口2755户、7861人，男4295人、女3566人，农村劳动力4490人。

经济概况

粮食作物以小麦、玉米、绿豆、小杂粮为主。1998年，全乡有耕地26752亩，其中水浇地

235 亩；1998 年，粮食作物播种面积 26555 亩，其中夏粮 13373 亩、秋粮 13182 亩；粮食总产量 2656 吨，其中夏粮 1337 吨、秋粮 1319 吨；农村经济总收入 214.5 万元，农民人均纯收入 151.56 元。2002 年，耕地 25965 亩；粮食作物播种面积 18270 亩，其中夏粮 8700 亩、秋粮 2235 亩；粮食总产量 2253 吨，其中夏粮 1426 吨、秋粮 447 吨；农村经济总收入 1020 万元，农民人均纯收入 957 元。2015 年，耕地面积 12100 亩，人均 1.7 亩；可利用草地面积 2100 亩；粮食作物播种面积 8450 亩，其中夏粮 4290 亩、秋粮 1429 亩；粮食产量 3488 吨；农业总产值 6600 万元。

经济作物以苹果、烤烟、西瓜等为主，特色农产品有社堤西瓜和雷家庄红薯。主要有东垣以社堤、东城为中心的“双千亩”果园区。1998 年，全乡共有苹果 730 亩，产量 67.3 吨。2002 年，苹果面积 10995 亩，产量 655 吨。2015 年，苹果面积 17850 亩，产量 18693 吨。

1988 年，全乡烤烟种植面积 1167 亩，产量 145 吨；2002 年，烤烟面积 1500 亩，产量 220 吨；2005 年，烤烟面积 165 亩，产量 22 吨。

畜牧业以养猪为主，1998 年，全乡大牲畜 2662 头，其中牛 1838 头、马 49 头、骡 151 头、驴 624 头；生猪存栏 1621 头，羊存栏 1727 只。2002 年，大牲畜 2135 头，其中牛 1055 头、马 175 头、骡 360 头、驴 545 头；生猪存栏 1100 头，羊存栏 2880 只。2015 年，全乡拥有发展百头规模养殖猪场 6 座，其中东旭养殖公司，饲养规模达 1 万头。

域内有以西垣真村、山头为中心的退耕还林生态区。1998 年，全乡人工造林 3850 亩，四旁零星植树 8 万余株。2002 年，人工造林 8890 亩，四旁零星植树 7.6 万余株。2015 年，拥有林地面积 27 万亩，其中防护林 1.83 万亩、经济林 8600 亩，四旁树木 2839 株，林木覆盖率 54.3%。

2015 年，全乡商业网点 17 个，从业 35 人。

社会发展

2015 年，有群众文化艺术表演团体 1 个，文化站 1 个，农家书屋 8 个。有九年一贯制寄宿学校 1 所，幼儿园 2 所。有乡卫生院 1 座，村级卫生服务所 8 个。农村安全饮用水普及率 96%，农村卫生厕所普及率为 17%。广播电视综合覆盖率 94%。

扶贫救助

2008 年，实施扶贫移民工程，社堤、柏东 44 户、215 人受益；2009 年，实施整村推进项目，东城村 199 户、731 人受益；2010 年，真村 847 人受益。2015 年，农村最低生活保障户数 385 户、500 人；农村“五保”分散供养 31 人；农村医疗救助 43 人次，民政部门资助参加合作医疗 546 人次；农村临时救济 231 人次；新型农村医疗参保人数 7105 人，参保率 94.3%；国家抚恤、补助各类优抚对象 40 人。

基础设施

域内有经吉昌镇大田窝、本乡雷家庄至乡政府县级公路 1 条，总长 10 千米；乡村公路 3 条，总长 17.04 千米；村公路总长 58.3 千米。

2003 年，完成东垣自来水工程；2010 年，完成西垣自来水工程。各行政村建起活动广场，安装了健身器材。邮政网点 1 个，电信企业 1 个，服务网点 1 个，固定电话用户 188 户，移动电话用户 1630 户。

第七节　柏山寺乡

政区概况

1984 年 11 月，撤销柏山寺人民公社，设立柏山寺乡，辖官庄、大庄、黑秀、西头、耀角、圪塔、南耀、马泉头、白米、白子原、东石泉、崾子 12 个村民委员会。2002 年，撤销崾子村民委员会，并入白子原村民委员会。2015 年，辖 11 个村民委员会。

地理位置

位于吉县西南部，地势东高西低。地形为残垣沟壑区，有 53 道梁，36 条沟。域内最高峰位于柏山寺乡中学背后山头，海拔 1163 米，最低点位于黑秀村麻子滩，海拔 400.7 米。东与中垛乡相邻，南与乡宁县枣岭乡接壤，西隔黄河与陕西省延安市宜川县集义镇相望，北与东城乡、吉昌镇毗邻，距县城 22 千米。东西最大距离 19.7 千米，南北最大距离 18.7 千米，总面积 186.48 平方千米。主要河流有清水河、鄂河 2 条，河流总长 40 千米。

人口

1987 年，全乡总人口 2257 户、10434 人，非农业人口 84 人，其中男 5392 人、女 5042 人，农村劳动力 3155 人。2002 年，人口 2855 户、12210 人，非农业人口 56 人，其中男 6340 人、女 5870 人，农村劳动力 3970 人。2015 年，总人口 4219 户、12754 人，其中男 6583 人、女 6171 人，农村劳动力 8551 人。

经济概况

粮食作物以小麦、玉米、绿豆、小杂粮为主。1987 年，全乡有耕地 41703 亩，其中水浇地 187 亩；粮食作物播种面积 38497 亩，其中夏粮 20300 亩、秋粮 18197 亩；粮食总产量 4188 吨，其中夏粮 2215 吨、秋粮 1973 吨；农村经济总收入 308.9 万元，农民人均纯收入 215.5 元。2002 年，耕地 64935 亩；粮食作物播种面积 38640 亩，其中夏粮 19140 亩、秋粮 7545 亩；粮食总产量 4143 吨，其中夏粮 2630 吨、秋粮 845 吨；农村经济总收入 2561.4 万元，农民人均纯收入 1161 元。2015 年，全乡耕地面积 4.16 万亩，人均 3.6 亩；可利用草地面积 3000 亩；粮食总产量为 4735 吨；全乡农业总产值 6300 万元。

经济作物以苹果、柿子、花椒等为主。主要有大庄、白子原两个“双千亩”富士苹果示范园区和以南耀为中心的千亩红将军苹果示范园区。1987 年，全乡共有苹果 874 亩，产量 54.7 吨。2002 年，苹果面积 7095 亩，产量 1366 吨。2015 年，苹果种植面积 17790 亩，产量 18436 吨；柿子 120 吨；共栽植花椒 25500 亩，达到盛果期 8800 亩，年产花椒 70 余万斤，产值达 2800 万元。

柿子主要集中在耿崾村，已有百年历史。花椒主要集中在黄河沿岸的南耀、耀角、圪塔、黑秀、马泉头村委。1987 年，柿子产量 271.4 吨；1995 年，柿子产量 268 吨；2002 年，柿子产量 314 吨；2010 年，柿子产量 11 吨；2015 年，柿子产量 20 吨。

畜牧业以猪、牛、羊、家禽为主。1987 年，全乡大牲畜 4785 头，其中牛 3050 头、马 53 头、骡 291 头、驴 1391 头；生猪存栏 1830 头，羊存栏 4532 只。2002 年，大牲畜 3121 头，其中牛 1727 头、马 4 头、骡 348 头、驴 1042 头；生猪存栏 1711 头，羊存栏 7910 只。2015 年，生猪存栏 2329 头；牛存栏 1432 头；家禽饲养量 4.33 万羽、上市家禽 215 万羽。

1987 年，全乡人工造林 4590 亩，四旁零星植树 19 万余株。2002 年，人工造林 13192 亩，四旁零星植树 10.4 万余株。2015 年，森林面积 19.5 万亩，有林地面积 7.8 万亩，覆盖率 18.7%。

2015 年，全乡拥有商业网点 35 个，城乡集市贸易区 1 个。

社会发展

全乡有群众文化艺术表演团体 1 个，文化站 1 个，农家书屋 11 个；幼儿园 2 所，小学 4 所，九年一贯制寄宿学校 1 所；乡卫生院 1 所，村级服务所 12 个；农村安全饮用水普及率 98%，农村卫生厕所普及率 35%，新型农村医疗参保人数 1.18 万人，参保率 90.9%。12 个行政村建起群众活动广场，安装了健身器材；广播电视综合覆盖率 94%；天然气储量丰富，已开挖气井 600 余眼。

扶贫救助

2008 年，实施扶贫移民工程，大庄村 17 户、82 人受益；2009 年，实施整村推进项目，白子原 415 户、1738 人受益，马泉头 237 户、1100 人受益；2010 年，实施整村推进项目，黑秀村 990 人受益；2015 年，全乡农村最低生活保障户数 391 户、897 人；农村"五保"分散供养 42 人；农村医疗救助 11 人次；农村临时救济 763 人次。国家抚恤、补助各类优抚对象 81 人。

基础设施

县乡级公路 2 条，一条由县城经霖雨、匣原至柏山寺；一条经水洞沟、勒马垣、永固至柏山寺。乡村道路全部硬化。2015 年，全乡全部用上自来水。有邮政网点 1 个，电信服务网点 1 个。固定电话用户 40 户，移动电话用户 3923 户。

第八节 中垛乡

政区概况

1984 年 10 月，撤销中垛人民公社，设立中垛乡，辖南光、南坪、安平、中垛、柳沟、永固、北牛堤、三堠、白额、下柏房 10 个村民委员会。2001 年 4 月，原红旗林场的马连滩村民委员会划归中垛乡，下辖村民委员会增至 11 个。2002 年，撤销北牛堤村民委员会并入永固村民委员会，共辖 10 个村民委员会。

地理位置

位于县城南部，东、南与乡宁县昌宁镇相邻，西与柏山寺乡相连，北与吉昌镇毗邻，东北与车城乡接壤。地势东北高，西南低。最高点位于三堠村，海拔 1338 米，最低点位于崾西村，海拔 600 米。乡政府距县城约 18 千米。东西最大距离 21.8 千米，南北最大距离 18.4 千米，总面积 129.42 平方千米。主要河道有清川河、柳沟河、白额河 3 条。域内最大的河流为柳沟河，从东向西流经柳沟、南光 2 个村，汇入乡宁鄂河，长 23.5 千米。

人口

1987 年，全乡总人口 2449 户、10590 人，非农业人口 92 人，其中男 5422 人、女 5168 人，农村劳动力 3376 人。2001 年，拥有人口 3049 户、13862 人，非农业人口 59 人，其中男 7075 人、女 6787 人，农村劳动力 4948 人。2015 年，总人口 4918 户、14609 人，男 7464 人、女 7145 人，农村劳动力 7860 人。

经济概况

粮食作物以小麦、玉米、小杂粮为主。1987 年，全乡有耕地 37172 亩（包括前中垛乡 34572 亩、前红旗林场 2600 亩），其中水浇地 192 亩（中垛 62 亩、林场 130 亩）；粮食作物播种面积 35900 亩（中垛 33687 亩、林场 2213 亩），其中夏粮 18110 亩（中垛 16510 亩、林场 1600 亩）、秋粮 17790 亩（中垛 17177 亩、林场 613 亩）；粮食总产量 3796 吨（中垛 3666 吨、林场 130 吨），其中夏粮 1825 吨（中垛 1742 吨、林场 83 吨）、秋粮 1971 吨（中垛 1924 吨、林场 47 吨）；前中垛农村经济总收入 307.1 万元、林场农村经济总收入 12 万元，前中垛农民人均纯收入 232.6 元、林场农民人均纯收入 84 元。2002 年，耕地 48480 亩，其中水浇地 3600 亩；粮食作物播种面积 26670 亩，其中夏粮 12060 亩、秋粮 8475 亩；粮食总产量 6789 吨，其中夏粮 1793 吨、秋粮 4122 吨；农村经济总收入 3425 万元，农民人均纯收入 1470 元。2015 年，全乡耕地面积 22000 亩，人均 1.6 亩，可利用草地面积 2300 亩；粮食作物播种面积 12542 亩，其中夏粮 3945 亩、秋粮 7035 亩；粮食总产量为 2464 吨，其中夏粮 1109 吨、秋粮 1355 吨；全乡农业总产值 1.06 亿元。

经济作物主要有苹果、柿子、梨、葡萄、红枣、桃等。1987 年，全乡拥有苹果 2080 亩（中垛 1985 亩、林场 95 亩），产量 252.5 吨（中垛 248.5 吨、林场 4 吨）。2002 年，苹果面积 12645 亩，产量 6389 吨。2015 年，苹果面积 28350 亩，产量 35361 吨。

柿子主要集中在南掌、嵕西村，历史悠久。1987 年，柿子产量 61.1 吨；1995 年，柿子产量 91 吨；2002 年，柿子产量 302 吨；2010 年，柿子产量 2 吨；2015 年，柿子产量 12.5 吨。

畜牧业以猪、牛、羊、家禽为主。1987 年，全乡大牲畜 3083 头（中垛 2790 头、林场 293 头），其中牛 2156 头、马 133 头、骡 292 头、驴 502 头；生猪存栏 1863 头（中垛 1663 头、林场 200 头），羊存栏 2775 只（中垛 2525 只、林场 250 只）。2002 年，大牲畜 3451 头，其中牛 3370 头、马 22 头、骡 32 头、驴 27 头；生猪存栏 8820 头，羊存栏 6052 只。吉县第一个现代化养猪场—“吉县大丰生态责任有限公司”，2015 年母猪存栏 820 头，商品猪存栏 10000 头。

1987 年，全乡人工造林 1850 亩（中垛 650 亩、林场 1200 亩），四旁零星植树 17.5 万余株。2002 年，人工造林 4977 亩，四旁零星植树 13.7 万余株。

2015 年，全乡拥有商业网点 26 个。

社会发展

2015 年，有乡级文化站 1 个，村级农家书屋 10 个；群众文化艺术表演团队 1 个，特色民间艺术有南坪道腔、白额锣鼓、中垛干板腔；各村建起文化活动广场，安装了健身器材；幼儿园 1 所，小学 6 所，初中 1 所；卫生院 1 所，村级服务所 11 个；农村安全饮用水普及率 95%，农村卫生厕所普及率 53%；广播电视综合覆盖率 94%。

社会保障

2008 年，实施扶贫移民工程，三堠村 34 户、99 人受益；2009 年，实施整村推进项目，永固村 257 户、937 人受益；2010 年，马连滩 1152 口人受益。2015 年，农村最低生活保障户数 410 户、484 人，农村“五保”分散供养 35 人，农村医疗救助 13 人次，民政部门资助参加合作医疗 984 人次，农村临时救济 865 人次。新型农村医疗参保人数 14 万人，参保率 99.3%。

基础设施

209 国道过境三堠通往乡宁，县乡级公路贯通各村。邮政网点 1 个，投递点 18 个；电信企业 1 家，服务网点 1 个；固定电话用户 115 户，移动电话用户 6282 户。

附：原红旗林场、中垛乡基本情况

地方国营红旗林场 位于县城东南。东接乡宁牧场，西连中垛乡，南界乡宁，北界城关镇。东西长 4.8 千米，南北宽 10.8 千米。总面积 19 平方千米。林场驻地马连滩距县城 13.5 千米。辖 1 个村民委员会，9 个村民小组，两个作业点。即：马连滩村民委员会，石山湾、庙儿岭、岳家湾、尚家沟、清川河、乔家岭、常家岭、独巴 9 个自然村，西咀、马王庙 2 个林业作业点。2000

年，除场部员工外实有农业人口 154 户、737 人。耕地 2600 亩，森林面积 39125 亩，其中人工林 28239 亩。

中垛乡 位于县城南。东接地方国营红旗林场，西连柏山寺乡，南邻乡宁鄂河，北邻城关镇。东西长 17 千米，南北宽 18.4 千米。总面积 101.65 平方千米。乡政府驻地距县城 18 千米。全乡辖 11 个村民委员会，70 个村民小组。2000 年，有 3049 户、13679 人，其中农业人口 13649 人。主产小麦、玉米、大豆、油料。企事业单位有：供销合作社、信用合作社、邮电所、粮站、食品收购站、拖拉机修配站、铁木业生产合作小组、中心卫生院、电影放映队、中心文化站、广播电视转播站。

第四章　村庄

第一节　部分村名考略

淇北沟　为西汉元鼎五年（前 112），骐驹儿“以属国骑击匈奴，捕单于兄”（《史记》卷廿），封为该地 520 户侯的遗名。后演化为“淇”字。

水洞沟　地处“紫阳溪”“小桥流水”之东，原名水东沟，后演化为水洞沟。

结子原　清雍正年间（1723—1735），河津县甘涧村史姓人迁居此地，寓意人丁兴旺而命名。

兰古庄　原名安固庄。清光绪五年编《吉州全志》载：“村有土寨，不遭匪扰。”故名安固庄。后兰姓人居此，易名兰古庄。

阳庄　原名羊庄，因地处羊求河（今清水河）之滨而命名，后演化为阳庄。村东曰上阳庄，村上曰阳儿原。

霖雨村　原名张家庄。清顺治七年（1650），曹雪芹的曾祖父曹振彦任吉州知州时，久旱不雨，曹一面在该村龙王庙祈雨，一面劝村民找水挖泉，开渠灌田，战胜干旱。村民为感其恩，遂改村名为霖雨村。

东城　南北朝周齐相争遗名，北周宇文护为防御北齐斛律光的进攻，在南汾州城（今吉县西关）与姚襄城（今南村坡一带）之间筑城二座，一曰东城，一曰西城，以沟通军事联系。后西城圮毁，仅存东城。

上太和　始建于北魏太和年间（477—499），初名太和。后村南又建一村，称下太和，为区分两村称呼，方出现上、下太和之称。

真村　与西村原为一村名曰镇西村。后分东西两村，在东曰镇村，在西曰西村。镇村渐演化为真村。

留村　该村民原为临汾帽儿刘村迁入，起名留村，寓意久居。

曹村　原名槽头村。传闻为晋文公出奔经此喂马而得名，后演化为曹村。

南耀　原名南窑。山西省政府在吉县设立“编村”时，改名南耀。

南坪　原名塔村。因村有高塔而名。清末村向南移建，改称南坪村。

朱家堡　元代将领朱俊在此建堡练兵而得名。

屯里　原名西峰屯。为北魏正光年间（520—524）驻军遗名，后演化为屯里。

窑渠　原名姚曲，为少数民族酋长遗名，后演化为窑渠。

县底　为伍城县治遗名。

五龙宫　原名景家店。清朝在该村建五龙庙，遂改称五龙宫村。

新功　地处准子河与城北村之间，1973 年建村称新功，寓意毛泽东语录的“不要吃老本，要立新功”。

红卫　原名将军坟，为村边大坟得名。“文化大革命”中改称红卫，取意“红色保卫”。1980 年地名普查时，村民不愿恢复原名，故仍沿用之。

祖师庙 位于县城东郊，因村北高圪塔有一祖师庙而得名。庙已不存，村名一直沿用。原庙内主神头发披散颅后，村民称之为披头祖师。披头祖师两旁所站诸神皆手持乐器，由此推断祖师为音乐祖师师延。师延系殷商乐工，死后晋卫夫人镌石铸金图像，立祠祭祀，其他历代音乐先祖未见如此顶礼膜拜。

谢悉 距县城8千米，北魏(525)，羌族部落将领谢悉带领所部参加云台山起义，战死后，人们以其名命村，以示纪念。另外，谢悉村有著名的宋代坤柔圣母庙，俗称“谢悉庙。”

第二节 部分历史名村

麦城村

位于庖山山麓，距县城10千米。晋献公二十一年(前656)，晋公子夷吾(后称帝，史称晋惠公)被贬北屈，在此筑城。北魏延兴四年(474)，废北屈，置禽昌县。春秋时此地产良马，即历史上有名的“屈产之乘”。

文城村

位于县城北30千米处，为文城乡政府所在地。西周(约前11世纪—前771)为少数民族赤狄墙咎如的翟城。宋《太平寰宇记》卷四八，在文城县下云：“此城晋文公为公子时，避骊姬之难从蒲奔羁因筑此城，人遂呼为文城。”北魏孝文帝元年(471)，在今文城西2千米处古县村设斤城县，隋开皇十六年(696)改称文城县。唐显庆三年(658)县城移至今文城村，后改称屈邑，不久又改称文城县。宋熙宁五年(1072)降县为镇。

同乐村

距县城60千米，王家原村委的一个自然村，原名“重落”，因晋文公重耳为公子时流亡落户于此，故名。明嘉靖年间(1522—1566)，李姓由河津迁此，与支姓同居一村，村名“重落”被改为谐音“同落”。清朝初期，李姓牵头成立一家戏班，李、支二姓共同娱乐，故村名又谐音改成“同乐”。20世纪90年代后期，在该村发现了480年前人祖山祭祖鼓乐，被列入省级非物质文化遗产保护名录。

克难坡村

距县城西北30千米处，西与壶口瀑布相邻，原名南村坡。民国27年(1938)，阎锡山率部来此安扎，建成2000余孔土窑洞，50余座石窑洞，可容纳2万余人的山巅小城。至民国34年(1945)，阎锡山的第二战区司令长官总部、山西省政府、民族革命同志会等首脑机关曾驻扎于此，人称“小太原”。阎锡山为避讳“南村”与“难存”谐音，而改名克难坡。

古贤村

原名古县村，北魏孝文帝时(471—499)在此设斤城县，隋开皇十六年(596)改名文城县，唐显庆三年(658)县治移至文城村，为纪念该村建县，故名古县。抗日战争时期，二战区司令长官阎锡山曾在此召开军政会议，改古县村为古贤村。民国27年(1938)8月，朱德总司令由晋东南回延安，在古贤村同阎锡山举行会晤，出席了在村北大槐树下举行的孙中山总理纪念周会，与二战区长官部干部和学生百余人见面并讲话。人们为了纪念朱德总司令，命名古贤村大槐树为“朱德槐”。

安平村

位于县城南部30千米处。金天眷元年(1138)前后，在村中建寺庙一座，取名安固寺，因寺得名安平村。

安平村古文物有金朝天眷元年所铸大钟一口，高 2.3 米，钟口由八瓣梅花组成，钟顶有二龙戏珠挂耳，钟壁献资人姓名多为复姓、女眷，后存锦屏山上。有唐龙朔二年（662）安平造像碑一通，后存县文物站。有东起村沟畔、西伸 2000 米、南起安固寺、北伸至村外 1000 米的古墓群，出土铜制鱼币等春秋墓葬品。

民国 31 年（1942），阎锡山于 5 月 6 日率随员赴安平村，与日本山西派遣军司令官岩松义雄等会谈，即历史上的“安平会议”。

第三节 文明村

上东村

位于县城北 6 千米处，辖 8 个自然村，509 户、1609 人，总面积 11 平方千米。有耕地 5100 亩，其中果园面积 3300 亩，人均 2 亩果园，2015 年，全村苹果产量 400 万公斤，产值 1600 万元，人均收入 12000 元。

2009 年，被命名为“山西省新农村建设示范村”；2011 年，被评为“全国科普惠农兴村先进单位”；2013 年，被评为山西省“平安创建活动标兵村”；2012—2015 年，连续 4 年被评为“山西省文明村”；2015 年，被评为“国家级文明村”。

太度村

位于 309 国道旁，全村总面积 62 平方千米，耕地面积 2098 亩，辖峪口、碱滩、石窑子、太度 4 个自然村。有 346 户 1202 人，村域经济主要以种植、养殖、劳务输出、乡村旅游、土地流转为主。2015 年，村集体经济收入 11.7 万元，人均收入 5600 元。

2012 年，被国家计生委评为“示范村居”； 2014 年，被省环保厅评为“山西生态村”； 2014 年、2015 年，连续 2 年被评为“山西省文明村”。

第四节 部分产业村

苹果产业村——桥南

1973 年，桥南村在勒马垣调整 20 多亩山坡地，开始试栽国光、红玉、祝光、青香蕉等苹果获得成功。1976 年，引进红星、金帅品种。1979 年，发展到 123 亩。最好年景单株产果 300 ~ 400 公斤，全园总产量达 25 万公斤左右，收入 40 万元。1989 年 12 月，红星苹果被农业部评为优质农产品。1992 年，红星苹果在中国首届农业博览会上获苹果类唯一金奖，授予景泰蓝杯和荣誉证书。由此，吉县苹果打入国内市场，桥南村也成了吉县苹果产业发展的领头雁。

烤烟产业村——苏家坪

吉昌镇（前城关镇）苏家坪村，1999 年全村共 247 户、1002 人，耕地面积 2800 亩。从 1988 年，试种烤烟 50 亩；1993 年，发展到 800 亩；1999 年，全村已有 197 户烤烟种植户，面积达 1500 亩，成为全县少有的烤烟示范村；经济效益也由当初的每亩 200 元，提高到 800 多元，当年全村烤烟收入达到 80 余万元，人均收入 1600 元，集体经济年收入 8 万元，上缴财政税金 30 余万元。

蔬菜产业村——五龙宫

屯里镇五龙宫村位于吉县城西 50 千米处，2000 年开始摸索设施农业—大棚菜种植，2015 年，设施蔬菜面积发展到500余亩，品种主要有黄瓜、西红柿、辣椒、白菜等，年产蔬菜500万公斤，蔬菜种植成为该村的主导产业，并带动了邻村桑峨、明珠、城底、峪口的大棚菜产业的发展。

花椒产业村——黑秀

2000年，黑秀村开始规模化栽植花椒，品种以大红袍、无刺椒、狮子头等为主。2015年，发展到3600余亩，年收入750万元，人均收入6800元。花椒成为该村的主导产业。

第二编　自然环境

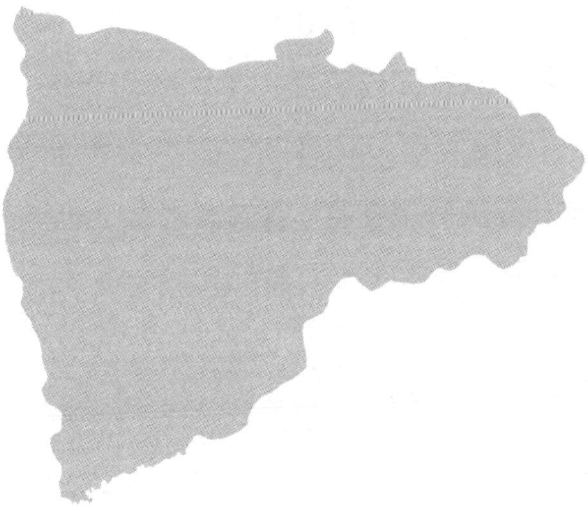

吉县地处山西省西南隅，吕梁山南端，临汾市西陲。境内以黄土高原残垣沟壑为主，沟、壑、梁、峁纵横，间有土石山地，为乔、灌木所覆盖。地势为东南与西北部高，中部低。东部基岩山区以高天山（海拔 1820.5 米）最高，西南部以黄河河床（海拔 393.4 米）最低，最大相对高差 1427.1 米。西北部为桦木山、人祖山、高祖山，呈南北向展布；东北部石头山绵延至东南与高天山、马头山、云台山相连；中部大部分地区被黄土覆盖，海拔 700 ~ 1400 米，沟壑纵横，水文网发育，水土流失严重。吉县属温带大陆性季风气候，四季分明，光照充足，无霜期较长，昼夜温差大。春季干旱而多风；夏季多高温，降雨集中；秋季多连阴雨；冬季寒冷干燥。该气候适宜于多类农作物生长，特别适宜烤烟栽培、苹果种植。矿产资源有煤、煤层气、膨润土、紫砂陶土等，其中煤和煤层气较丰富。境内有国家一级保护动物褐马鸡和金钱豹。

第一章　地质

第一节　地层

根据县内地层出露情况结合收集到的资料，境内奥陶系以上地层情况自老至新有古生界石炭系、二叠系，中生界三叠系及新生界第三系和第四系。

吉县地层划分情况表

表 2-1-1　　　　单位：米

年代地层单位			岩石地层单位		代号	厚度
界	系	统	组	段		
新生界	第四系 Q	全新统	—	—	Q_4	0 ~ 30
		上更新统	马兰组	—	Q_3m	10 ~ 20
		中更新统	离石组	—	Q_2l	20 ~ 100
		下更新统	午城组	—	Q_1w	10 ~ 30
	第三系 N	上新统	—	—	—	缺失
		下新统	保德组	—	N_2b	20 ~ 40
中生界	三叠系 T	上统	延长组	—	T_3y	残留 20 ~ 130
		中统	铜川组	—	T_2t	410 ~ 487
			二马营组	—	T_2er	652 ~ 740
		下统	和尚沟组	—	T_1h	150 ~ 205
			刘家沟组	—	T_1l	306.43
古生界	二叠系 P	上统	石千峰组	—	P_2sh	193.82
			上石盒子组	—	P_2s	471.37
		下统	下石盒子组	—	P_1x	92.59
			山西组	—	P_1s	55.81
	石炭系 C	上统	太原组	—	C_3t	79.79
		下统	本溪组	—	C_2b	28.75
	奥陶系 0	中统	峰峰组	—	O_2f	60 ~ 70

古生界

奥陶系（O） 地表未出露，深埋于地下。

中统峰峰组（O_2f） 该组下部为灰黄色薄层状泥灰岩、角砾状灰岩、中一厚层白云岩，上部为深灰色、灰黑色厚层状灰岩。厚度 60 ~ 70 米。

石炭系（c） 地表未见出露。石炭系是省内重要含煤地层之一，为一套海陆交互相沉积。根据岩性、沉积旋回，及古生物特征划分为下、中、上统，其中下统在本区及华北地区均缺失，仅保留有中、上统，总厚度 80.00 ~ 172.00 米。区域内厚度比较稳定。与下伏地层奥陶系呈平行不整合接触关系。

中统本溪组（C_2b） 该组最底部是赋存于奥陶系顶部灰岩风化侵蚀面上的不连续、不稳定的铁矿层（褐铁矿、赤铁矿、黄铁矿）；下部为灰白色、浅灰色含鲕状铝土岩、含铁铝土岩及铝土质泥岩等；上部为黏土质泥岩、石灰质泥岩、夹煤线及薄层灰岩、砂岩等。该组是铁矿、硫铁矿、铝土矿、耐火黏土赋存层位，有利部位可形成小型矿床。全组厚度 10.00 ~ 30.00 米，平均厚度 28.75 米。

上统太原组（C_3t） 本组为一套海陆交互相含煤沉积建造，是本区主要含煤地层之一。底部为一层灰白色中细粒石英砂岩与下伏本溪组分界，其上为灰色、灰黄色泥岩、砂质泥岩、黏土质泥岩、深灰色含燧石结核、条带灰岩及灰白色砂岩、钙质泥岩或薄层泥灰岩、灰黑色泥岩、碳质泥岩和煤层、煤线等组成。全组总厚度 70.00 ~ 142.00 米，平均厚度 79.79 米。

二叠系（P） 二叠系主要在东部以南的大沟内分布，面积不大，地表仅见上统上石盒子组及石千峰组，下统山西组、下石盒子组未见出露。地层倾向北西，倾角 10° ~ 15°。

下统（P_1）山西组（P_1s） 是本区主要含煤地层之一。本组为一套黄褐、灰白色砂岩，灰黄绿色砂质泥岩、沥青质泥岩、碳质泥岩夹菱铁矿结核及煤层煤线等岩层交互出现的岩性组合，基本上反映出是在湿热气候条件下的湖沼相沉积特征。底部为一层灰白色中细粒长石石英砂岩与下伏本溪组分界。全组总厚 35.00 ~ 98.00 米，平均厚度 55.81 米。

下石盒子组（P_1x） 本组由黄绿色长石砂岩、石英砂岩、黄绿色砂质泥岩、灰色泥岩、紫红色砂质泥岩等岩层相互出现组成。底部为一层灰白色中粒石英砂岩与下伏山西组分界，中部有一层较厚的黄绿色长石石英砂岩将该组分为上、下两段。下段总体呈灰色、上段多为紫红色。近顶部有具鲕状结构的铝土质页岩，因其有多种颜色混杂，貌似桃花，故称“桃花页岩”，全区稳定，是本区上、下石盒子组分界的辅助标志层。该组厚度变化较大，局部含锰铁矿结核，一般不具规模，总厚度在 70.00 ~ 145.00 米之间，平均厚度 92.59 米。

上统（P_2） 上石盒子组（P_2sh） 本组为黄绿色与杏黄色砂岩及黄绿色、紫红色砂质泥岩相间出现，互为夹层的广阔湖盆河流沉积，在中部和底部各夹 1 ~ 3 层锰铁矿及灰色砂质泥岩。上部常夹蓝灰色砂质泥岩，顶部或近顶部暗紫色泥岩中夹黑色、灰白色燧石条带。本组砂岩中常夹含锰砂岩透镜体，砂砾岩中砾石成分为滚圆度良好的各色石英岩和燧石，泥岩中紫红、暗紫红与灰绿、黄绿色不规则团斑混杂为其特征。该组下部砂岩中有时见有锰铁矿结核，一般不具规模。全组厚度 320.00 ~ 511.00 米，平均厚度 471.37 米。与下伏下石盒子组呈整合接触关系。

石千峰组（P_2S） 本组为一套干旱气候下的广阔湖相沉积。区内绝大部分地区除底部砂岩呈黄绿色或部分黄绿色外，其余皆为砖红、紫红色，岩性比较简单，全区稳定，以砖红色泥岩为主。中下部夹 2 ~ 4 层厚度 0.5 ~ 5.0 米不等的紫红色长石砂岩，中上部夹 1 ~ 3 层断续成层的灰—灰白色淡水灰岩。该组紫红色粉砂质泥岩是紫砂陶土的赋存层位。本组厚度 160.00 ~ 290.00 米，平均厚度 193.82 米。

中生界

吉县境内仅有中生界三叠系地层，保存比较完整，侏罗系、白垩系在本区及华北地区均缺失。

三叠系地层主要分布在区内东部的高天山、金刚岭、石头山及西北部的人祖山、管头山、高祖山等一带。此外在各大沟谷的底部也有小面积分布。

三叠系下统（T_1） 刘家沟组（T_1l） 主要分布在境内东部的曹井、屯里、明珠、窑渠一带出露。

和尚沟组（T_1h） 主要分布在县内东部地区的高天山北侧、石头山南侧及县城以南的大沟底部。

三叠系中统（T_2） 二马营组（T_2er） 本组为黄绿色厚层长石砂岩夹暗紫色、紫红色泥岩、砂质泥岩组成。砂岩在下部数量较多，中部相对减少，而泥岩则相反。砂岩多为钙质胶结，含少量黄铁矿，多数厚度变化大，交错层、斜层理发育；泥岩中铁质成分较高，含较多的钙质结核。该组底部灰黄色、灰绿色砂砾岩、含砾长石砂岩、长石砂岩及灰绿色页岩中有时可见铜矿化。本组厚度 652.00 ~ 740.00 米。

铜川组（T_2t） 主要分布在管头山四周及北部白家山附近。本组地层主要由肉红色、灰红色、灰白色、土黄色及黄绿色厚层中—粗粒长石砂岩和暗紫色泥岩、少量的灰绿色砂质泥岩、煤线等组成。下部砂岩为主，上部砂、泥岩互层或砂岩夹泥岩，顶部泥岩中含植物化石。该组为膨润土含矿层位。全组厚度 410.00 ~ 487.00 米。

三叠系上统（T_3） 区内仅有延长组下部部分地层出露于管头山山脊上。

延长组（T_3y） 仅见于管头山山脊，且出露不全。主要岩性为麻斑状构造发育的黄绿色、肉红色、土黄色厚层中粒长石砂岩夹暗紫红色泥岩、紫红色砂质泥岩及灰色钙质粉砂岩等。残留厚度在 20.00 ~ 130.00 米左右，与下伏铜川组整合接触。

新生界

第三系（N） 区内仅在马家河、曹井等地的大沟底部有上第三系上新统零星分布，面积较小，缺失中新统及下第三系。

上新统（N_2） 根据岩性岩相及古生物特征，该统进一步可划分为下部保德组（N_2b）和上部静乐组（N_2J）。区内仅有保德组分布。

保德组（N_2b） 该组为一套河流相、河湖相堆积，与上、下地层皆为不整合接触关系。属晚新生界的最底层位。岩层三分性明显。即底部为砂砾石层；中部棕黄色和浅棕红色黏土、层状钙质结核夹灰绿色黏土及少量粉砂，砂、粗砂透镜体；上部为棕红色黏土、棕黄色钙质结核互层。全组厚度一般在 20 ~ 40 米。

第四系（Q） 区内除东部及西北部基岩山区外各处均有分布，为风积、洪积洪坡积，冲洪积、冲积、湖积等各种成因的堆积物，总厚度大于 100 米。现由老至新叙述如下：

下更新统午城组（Q_1w） 为一套深棕黄色亚黏土夹明显古土壤和钙质结核层。亚黏土为洪积成因黄土状土，致密、坚硬，无节理，有石质黄土之称。古土壤为深棕红色黏土，一般发育 4 ~ 8 层。古土壤底部钙质结核聚集成层，愈近山前地带结核层愈发育，核径愈大。反之则小，成层性不明显。本组岩性、层位均属稳定，一般厚度 10 ~ 30 米。与下伏上新统呈角度不整合接触关系。

中更新统（Q_2）离石组（Q_2L） 该组岩性为一套棕黄色亚黏土夹多层古土壤，富含钙质结核，基本上属洪积相沉积。岩性、岩相变化均不大，质量好的可作为砖瓦黏土使用。厚度一般

20 ~ 100 米。与下伏午城组呈角度不整合接触关系。

上更新统（Q_3）马兰组（Q_3m） 本组岩性为灰黄色亚黏土，质地均一，结构疏松，大孔隙构造，垂直节理发育，含零星分散的钙质小结核，山前地区该组地层底部含有砂、砾石，有的土方能见不连续的层理，显示了暂时流水的搬运作用，厚度一般 10 ~ 20 米，与下伏离石组呈角度不整合接触。

全新统沱阳组（Q_4t） 该组以冲积相为主，构成河床、河漫滩及 I 级阶地。岩性具明显的二元结构，下部为砂卵砾石、砂；上部为灰黄、棕黄色亚黏土。全组厚度一般在 0 ~ 30 米，与下伏地层呈不整合接触关系。

第二节 构造

吉县大地构造处于鄂尔多斯断块东南部边缘之次级构造兴县—石楼南北向褶带及关王庙北东向褶带内。西北部属于兴县—石楼南北向褶带的南西端，分布在人祖山、管头山、高祖山一带及以北地区，面积约占全县面积的 1/4 左右。地层在本区以缓倾斜的单斜为主，总的向北西倾斜；境内的北东部、中部、西南部处于关王庙北东向褶带的北西翼，面积约占全县面积的 3/4。该带地层仍以向北西倾斜的单斜构造为主，地层倾角大于前者，在北部的窑渠—五龙宫一带发育有一系列走向北东且大致平行的小型褶皱。主要由 7 条背斜和向斜组成，轴向以北东为多，到五龙宫附近转向北西，这些小褶皱大者几十千米延出境外，小者仅几千米，构成吉县地质构造的独有特点。

兴县—石楼南北向褶带

境内西北部处于该褶带西南端，西为黄河，东为关王庙北东向褶带。分布地层除新生界外，仅有三叠系二马营组、铜川组及少量延长组。地层基本呈单斜展布，向北西倾斜，倾角 3° ~ 10°。沿走向及倾向均有不同程度的舒缓波状起伏。

关王庙北东向褶带

吉县的北东部、中部、西南部均位于该褶带西南部的北西翼。褶带轴向北东，带内地层总体向北西倾斜，涉及地层主要有二叠系上石盒子组和石千峰组；三叠系刘家沟组、和尚沟组、二马营组及第三系和第四系。褶带内次级褶皱构造在北部比较发育，断裂构造少见。主要褶皱由桃园背斜、李家塬背斜、窑渠背斜、碱滩向斜、曹家山沟背斜、五龙宫背斜和前洛义沟向斜组成。

桃园背斜（Z_1） 分布于县境北部，发育于三叠系砂岩地层中。褶皱平缓开阔，西翼缓，东翼陡，轴向为 180°，长 3.5 千米，宽 0.4 千米。西翼岩层倾向 260° 倾角 25°，东翼倾向 90° 倾角 35°。

李家塬背斜（Z_2） 分布于县境北部，发育于三叠系砂岩地层中。褶皱平缓开阔，北西翼陡，南东翼缓，轴向为 30°，长 10 千米，宽 0.3 千米。北西翼岩层倾向 310° 倾角 50°，南东翼倾向 80° 倾角 30°。

窑渠背斜（Z_3） 分布于县境北部，发育于三叠系砂岩地层中。褶皱平缓开阔，北西翼缓，南东翼陡，轴向为 30°，长 12 千米，宽 0.7 千米。北西翼岩层倾向 300° 倾角 17°，南东翼倾向 130° 倾角 26°。

碱滩向斜（Z_4） 分布于县境北部，发育于三叠系砂岩地层中。褶皱平缓开阔，东翼缓，西翼陡，轴向为 30°，长 7 千米，宽 1.2 千米。北西翼岩层倾向 280° 倾角 7°，南东倾向 135° 倾角 26° 。

曹家山背斜(Z_5) 分布于县境北部屯里以西，发育于三叠系砂岩地层中。褶皱平缓开阔，北西翼缓，南东翼陡，轴向为 40°，长 8 千米，宽 1 千米。北西翼岩层倾向 325° 倾角为 8°，南东翼倾向 155° 倾角 10° 。

五龙宫背斜(Z_6) 分布于县境东部屯里以东，发育于三叠系砂岩地层中。背斜轴向由 315° 转为 345°，长 4 千米，宽 0.03 千米。南西翼岩层倾向 210° 倾角 10°，北东翼倾向 57° 倾角 9° 。

前洛义沟西向斜(Z_7) 分布于县境东南部高天山以西，发育于三叠系砂岩地层中。褶皱平缓开阔，东翼陡，西翼缓，轴向为 345°，长 1.25 千米，宽 1 千米。南西翼岩层倾向 250° 倾角 22°，北东翼倾向 60° 倾角 14° 。

第二章 地貌

第一节 地貌形态

县域内地貌按其形态及成因类型可划分为 4 个区。

剥蚀中起伏中山区 分布在西北部桦木山、人祖山、高祖山和东部石头山、马头山、高天山一带。面积 529.3 平方千米，海拔高度 1500 ~ 1800 米，由三　系、二叠系砂页岩等组成。受南北向构造影响，山地隆起，剥蚀切割强烈，相对高差 800 ~ 1000 米，沟谷纵横，沟坡陡峻，多呈“V”形谷；山脊呈锯齿状，沿构造线延伸，厚层、巨厚层砂岩往往形成悬崖峭壁。东部局部地区由较软的泥页岩组成，河谷宽阔、坡缓，山梁圆滑。

黄土塬区 分布在中部窑渠、吉昌、中垛一带。面积 478.3 平方千米，海拔 700 ~ 1400 米，相对高差 50 ~ 200 米，由第四系、新近系黄土组成，沟谷中有三叠系砂页岩出露，受新构造运动影响，使原来的黄土塬不断上升，遭受强烈的剥蚀侵蚀切割，形成典型的剥蚀堆积黄土残塬地貌景观。

黄土丘陵区 分布在西部王家原、文城、东城，西南部柏山寺一带。面积 430.2 平方千米，海拔 400 ~ 1000 米，相对高差 200 ~ 300 米，由第四系、新近系黄土组成。区内水系密如蛛网，冲沟发育，沟壑纵横，黄土梁峁发育。由于流水作用，滑坡、塌陷、天生桥、落水洞、黄土柱、黄土崖等微地貌形态发育。

山间河谷冲积区 分布在义亭河、清水河和鄂河等河谷区。面积 337.2 平方千米，由第四系冲洪积物组成，沿河床呈条带状分布，河谷宽阔，呈“U”形，阶地呈条带状断续分布，发育有三级阶地。

第二节 山脉

石头山 位于县城东北 61 千米处。是吉县与临汾、蒲县的分界处，最高峰海拔 1740 米。分水岭呈北西西走向。南北长 5.2 千米，东西宽 2.45 千米，总面积 12.74 平方千米。该山林荫郁闭，有豹、獐、麝、獾、山猪、山羊、野兔、褐马鸡等禽兽，有猴头、木耳、蘑菇、树花等林产品，是吉县天然林区之一。

高天山 位于县城东南部，是吉县与乡宁的分界线。主峰海拔 1820.5 米，分水岭呈北东东走向。东西长 5.1 千米，南北宽 2.7 千米，总面积 13.77 平方千米。

人祖山 位于县城北 20 千米处，分水岭呈北东东走向，主峰海拔 1742.4 米。南北长 6.6 千米，东西宽 3.5 千米，总面积 23.1 平方千米。该山为吉县古代森林区之一，有众多野生动物，盛产橡籽、连翘、山桃、山杏、沙棘、萱草、木耳、蘑菇和猴头，遗有北魏以后所建庙宇和摩崖石雕多处。

庖山 位于县城东北 15 千米处，属人祖山的一条支脉。分水岭呈南北走向，主峰海拔 1449.7 米，南北长 6.25 千米，东西宽 2.15 千米，总面积 13.44 平方千米。

高祖山 位于县城西北 25 千米处，是东城、文城两乡的分界线，前 309 国道（2005 年因改道废弃）沿山通过，直达黄河大桥。分水岭呈东西走向，主峰海拔 1509.1 米。东西长 6.2 千米，南北宽 2.8 千米，总面积 17.36 平方千米。

管头山 位于县城之北，距城 15 千米，东接人祖山，西连高祖山，分水岭呈东西走向，主峰海拔 1588 米。东西长 12.5 千米，南北宽 3.9 千米，总面积 48.75 平方千米。

第三章 气候物候

第一节 气候特征

吉县属温带大陆性季风气候，其特点是四季分明，光照充足，无霜期较长，昼夜温差大。春季干旱而多风；夏季气温较高，降雨集中；秋季多连阴雨；冬季寒冷干燥。

月平均气温温差大 每年最冷为1月，东部管头、明珠高寒地区在 -6℃以下，西部黄河沿岸在— 4.2℃ ~ -4.5℃，东西部最冷月温差在2℃以上。最热月为7月。东部管头、明珠、高寒地区在20℃以下，西部文城和柏山寺河头一带可达24.5℃以上，东西部温差在5℃以上。

年平均气温温差大 西部黄河沿岸在10.6℃ ~ 11.4℃之间，东部和北部山区在6℃ ~ 8℃之间。东部和西部地区年均温差在5℃左右。

降水量特点 本区年蒸发量大于降水量。年降雨量依地形走向由东而西递减。历年平均降水量东北部石头山—东南部高天山，年均降水量在650毫米以上，东部一带560 ~ 580毫米，黄河沿岸文城、柏山寺一带，年均降水520 ~ 540毫米，南部中垛一带仅有470毫米，年均降水量最大相差180毫米。

第二节 日照

据1986—2015年统计，年平均日照时数2273.1小时，占年可照时数的58%。月平均日照为189.4小时，5月日照时间最长，2月最短，日照率最低的是11、12两个月，其余月份均在50% ~ 5%之间。在大秋作物的生长季节（4—9月），日照时数在210 ~ 244小时之间，光照充足。特点是：年际变化大，年最大（年）日照时数2533.3小时，年最小（年）日照时数1990.9小时。

1986—2015年吉县各月平均日照时数情况表

表2-3-1 单位：小时

月份 \ 时数 项目	平均时数	最多时数	出现年份	最少时数	出现年份
1	173.7	219.8	1986	77.5	2006
2	158.1	217.6	2004	73.3	2014
3	184.2	245.9	2006	123.4	2010
4	216.3	270.1	2005	162.4	1996
5	234.7	308.1	1994	191	2013
6	216.8	269.8	2005	168.2	2000
7	204.1	260	2015	137.8	2012

续表

月份＼项目 时数	平均时数	最多时数	出现年份	最少时数	出现年份
8	192	273.4	1999	116	2009
9	174.8	239.3	1993	109.5	2001
10	177.2	251.7	1997	93.8	2000
11	167.4	233.6	1998	82.2	2015
12	172	222.1	1987	122.1	2007

第三节　温度

气温　气温年际变化幅度比较大，最大可达 2.6℃，总体呈非连续的增暖趋势。年平均气温最低值出现在 1986 年，为 9.6℃，最高值出现在 2013 年，为 11.6℃。1986—2015 年，气温呈上升趋势，线性变化约为 0.1℃ /10 年。

气温月际变化：夏季气温较为稳定，最热月是 7 月，月平均气温为 23.9℃；冬季最冷月是 1 月，月平均气温为 -4.6℃；春秋两季的气温变化较大，春季升温幅度最大。

极端最高气温为 39.7℃，出现在 2002 年 7 月 15 日和 2005 年 6 月 22 日；极端最低气温为 -21.3℃，出现在 2002 年 12 月 26 日。

1986—2015 年吉县各月平均气温情况表

表 2-3-2　　单位：℃

年份＼月份 数量	1	2	3	4	5	6	7	8	9	10	11	12	平均
1986	-4.2	-3.6	4.1	11.1	18.2	21.4	22.4	21.2	16.5	9.1	1.5	-2.5	9.6
1987	-3	0.6	3.2	12.5	17.6	19.5	23.9	22.3	18.4	11.9	3	-3.1	10.6
1988	-4.2	-2.6	1.4	11.6	17.4	22.3	21.8	20.7	16.7	11	3.4	-2.5	9.8
1989	-5.8	-2.2	3.3	12.5	17.1	20.8	22.5	21.3	17.5	10.8	2.5	-0.4	10.0
1990	-5	-1.4	5.5	10.2	17	20.9	23.6	21.6	17.3	10.9	5.3	-2.8	10.3
1991	-3.1	-0.5	4.3	11.2	15.8	21.1	24.4	22.6	17.4	9.8	2.2	-3.1	10.2
1992	-4.9	-1.5	3.8	13.3	17.3	20.6	23.3	21.1	15.8	8.2	2.3	-2.2	9.8
1993	-7.7	0.6	5.5	13.2	15.6	22	22	20.6	16.7	10	1.9	-4.4	9.7
1994	-3.9	-1.1	3.7	12.9	19.2	21.7	24.3	23.7	16.6	9.2	5.2	-1.7	10.8
1995	-5.3	-0.6	5	11.6	18.6	23.4	24.7	21.8	17.2	10.8	2.9	-4	10.5

续表

数量 月份 年份	1	2	3	4	5	6	7	8	9	10	11	12	平均
1996	−5.2	−3.2	3.1	11.1	17.3	20.2	23.2	22.1	17.2	10.9	3.1	−2.1	9.8
1997	−4.5	−0.4	7	12.8	19.1	23.8	25.3	24.4	16.5	10.2	3.3	−2.9	11.2
1998	−5.7	1.2	5.4	15.9	16.6	22	23.8	22.1	19.2	12.1	5.9	−0.6	11.5
1999	−3.3	0.7	6.2	13.6	18.3	22.8	23.9	23.7	19.3	11	4.2	−3.2	11.4
2000	−6.5	−1.4	6.9	13.1	20.6	22.2	24.3	21.8	17.5	10.3	2.4	−0.6	10.9
2001	−3.3	0.8	6.6	12.1	19.4	23.5	25.1	22.1	16.6	11.8	3.6	−3.8	11.2
2002	−1.1	2.3	7.8	12.2	16.6	23.5	25.2	22.5	17.2	10.8	3.2	−4.3	11.3
2003	−5.3	1.3	5.1	11.8	18.5	22	23.1	21.3	17.8	9.7	2.8	−2.8	10.4
2004	−4.4	0.8	6.3	15	18	21.3	23.3	21.4	16.9	9.6	2.9	−1.7	10.8
2005	−6.4	−2.6	5.1	14.9	19.2	24.2	25.3	22.2	18.6	10.3	4.8	−5.4	10.9
2006	−4.1	−0.1	6.6	14.1	18.4	22.6	25.1	22.8	16.4	13.4	4.7	−1.9	11.5
2007	−3.9	2.8	6	12.1	20.1	22.5	23	23.2	16.4	10.1	4.2	−1.8	11.2
2008	−7	−5	7.3	12.9	18.2	21.2	24.3	22	17	11	3.8	−2.9	10.2
2009	−5.2	2.5	6.7	13.8	17.2	22.3	24.2	21.4	16.8	11.9	0.7	−4.1	10.7
2010	−3.3	0	5.4	9.9	18.2	22.8	24.5	22.3	18.7	11.1	4.6	−2.5	11.0
2011	−9.1	−0.3	3.2	13.5	17.6	23.8	23.6	21.2	15.8	11.2	6.4	−2.4	10.4
2012	−5.1	−2.8	4.7	13.7	18.5	22	24.2	21.8	15.8	11.1	2.1	−4.2	10.2
2013	−3.8	1.1	9	12.6	19.2	23.4	23.7	23.7	17.8	12.2	3.8	−3.5	11.6
2014	−2.3	−1.7	7.5	13	17	21.5	23.8	20.3	17	12	4.4	−4.1	10.7
2015	−2.6	−0.3	6.7	12.7	17.5	21.3	23.8	22.5	17.8	10.5	5.4	−1.5	11.2

积温 吉县光热能源充足，≥ 10℃积温年平均 3609.7℃。境内 3℃、10℃是冬小麦返青越冬、玉米和苹果等作物生长的农业指标温度，3℃的初日在 3 月中旬，终日在 11 月中旬，共计 244 天，活动积温 4084℃左右。10℃的初日在 4 月上旬，终日在 10 月中旬，共计 186 天，活动积温 3500℃左右。

地温 据 1986—2015 年记录，年平均地面温度 13.1℃，地面月平均温度最高为 7 月，最低月为 1 月。地面极端最高温度为 69.6℃，出现在 2012 年 7 月 29 日。地面极端最低温度为 −33.6℃；出现在 2002 年 12 月 26 日。一般在 11 月上旬地面开始有冻土，次年 2 月下旬开始解冻。最大冻土深 79 厘米，出现在 2000 年 2 月。

1986—2015 年吉县各月平均地温表

表 2-3-3 单位：℃、厘米

数值 深度 月份	0	5	10	15	20
1	-4.4	-1.2	-1	-0.9	-0.7
2	0.3	0.1	0	0	0
3	7.5	3	2.9	2.7	2.6
4	16.1	6.1	6	5.8	5.7
5	22.3	8.5	8.3	8.2	8
6	26.7	11.2	10.9	9.9	9.8
7	28	11.1	11	10.8	10.7
8	25.9	10.4	10.4	10.3	10.4
9	20.1	8.1	8.3	8.3	8.4
10	12.3	5.4	5.6	5.7	5.9
11	4.1	2.2	2.5	2.6	2.9
12	-2.6	-0.5	-0.2	0	0.3

第四节 降水 蒸发

降水 1986—2015 年，吉县年平均降水量为 496.6 毫米。年际变化率很大，呈下降趋势，2003 年最大 685.9 毫米，1997 年最小 227.6 毫米。年降水多集中于 7—9 月，约占全年的一半以上，期间有多次暴雨出现，按四季划分：春季占 17.3%，夏季占 54.8%，秋季占 24.7%，冬季占 3.2%，历年平均降水日数 119 天。日最大降水量 111.9 毫米，出现在 2011 年 7 月 29 日。

蒸发 吉县年蒸发量平均为 1672.2 毫米，蒸发率（蒸发量与降水量之比值）为 3.2，属轻半干旱地区。年内蒸发最高季节为 5、6、7 月。

1986—2015 年吉县逐月降水量情况表

表 2-3-4 单位：毫米

数量 月份 年份	1	2	3	4	5	6	7	8	9	10	11	12	合计
1986	0.2	1.5	13.1	9.4	37.2	48.3	119.2	81.7	31.6	55.4	5.8	5.7	409.1
1987	2.8	10	35.1	14.5	27.6	92.6	61.3	116	18.7	50.2	26.8	0	455.6
1988	0.4	4.5	17.8	5.8	63.7	42.6	281	173.6	23.1	14.1	0	4.9	631.5
1989	15.1	11	25.7	36.8	8.7	77.6	92.6	43.2	101.4	21.4	15.7	11.8	461

续表

数量 月份 年份	1	2	3	4	5	6	7	8	9	10	11	12	合计
1990	12.6	22.7	25.3	38.1	35.7	55.9	156.7	106.5	78	20.5	13.8	6.6	572.4
1991	1.4	2	31.7	51.7	58	51.8	89.9	37.4	59.7	57.8	3.9	7.2	452.5
1992	0	0	27	11.4	84.5	47	97	192.7	47	22.6	17.1	0.9	547.2
1993	7.5	2.3	1.5	27.2	42.2	68.6	152	189.2	10.7	75.1	28.6	0	605.2
1994	1.1	5.8	4.8	92.7	1.5	79.8	91.8	44.5	15.9	89.8	21.9	13.4	463
1995	0	0	6.7	12.6	20	55	106.8	150.7	29.8	37.2	3.3	1.3	423.4
1996	2.3	11.7	8.1	36.4	24.9	140.9	84.4	84.4	74.1	60.4	33.9	0	561.5
1997	4.6	12.1	20.2	33.3	10.3	0.7	85.1	20.3	71.9	4.2	14.9	0	277.6
1998	4	0.5	20.4	19.5	107.1	58.9	226.4	57.7	25.7	6.8	0	0	527
1999	0	0	20	51.8	46.9	64.1	61.5	29.6	61.8	53.6	10.3	3.1	402.7
2000	15	5.8	1.9	13.2	9.4	89.7	95.4	92.4	39.7	99	26.6	1.7	489.8
2001	18.4	11	1.1	13.1	16.9	32.5	110.5	67.1	125.1	43.7	8	1.5	448.9
2002	6.7	1.7	12	22.6	62.2	50	55.7	50.7	110.3	46.2	0	17.9	436
2003	5.2	4.5	14.3	42.3	29.1	63.3	74.9	227.2	121.1	80.3	23	0.7	685.9
2004	6.8	13.3	6.1	10.1	26.7	47.5	95.3	27.6	54.5	26.1	11	17.3	342.3
2005	0	4.4	4.9	14.2	46.6	56.6	38	122.1	154.7	46.7	2.2	3	493.4
2006	17	10.6	0.1	21.7	44.1	76.3	74.7	153.4	93.3	3.7	13.1	4	512
2007	0	14.5	36.9	13.8	25.4	56.7	128.6	50.3	82.1	46.8	1.9	6.7	463.7
2008	15.7	8.5	13.7	36.9	21.1	106.1	31.2	193.8	103.1	19.8	5.2	0	555.1
2009	0	16.5	16.3	10.7	115.4	106.3	118.1	110.1	56.7	24.5	32.7	1.5	608.8
2010	0	15.9	9.1	29.5	31.2	26.3	97	77.7	52.2	24.4	0	0	363.3
2011	1.4	15.5	4.9	20.9	60.1	12.9	168.8	104.6	166.7	41.7	56.7	0	654.2
2012	5.4	0.7	31.1	25.3	30.6	31.8	56.8	117.7	79.4	9.5	14.8	6.1	409.2
2013	2.6	3.9	4.2	22.8	66.9	40.9	270.4	87.6	53.9	33.1	10	0	596.3
2014	0	16.2	21.5	62.8	86.5	65.2	65.6	161.9	167.6	16.1	7.4	1.6	672.4
2015	7.2	6.5	9	29.7	44	48.2	34.9	35.8	67.8	54.3	35.9	3.8	377.1

1986—2015 年吉县逐月蒸发量情况表

表 2-3-5　　单位：毫米

数量＼月份 年份	1	2	3	4	5	6	7	8	9	10	11	12	合计
1986	64.2	72.6	126.3	194.8	243.4	227.5	225	213.6	179.8	123	68.3	46.1	1784.6
1987	62.5	84.3	114.3	218.9	244.6	185.1	271.7	220.9	197.7	136.4	64.3	50.5	1851.2
1988	57.8	59.9	75.3	249.9	217.1	281.2	141.2	127.3	113.5	95	112.2	51.8	1582.2
1989	22.3	46.6	115.1	198.3	230.7	214.9	190	167.8	163.9	128.9	52.5	49.7	1580.7
1990	38.5	33.1	104.4	177.2	237.8	237.5	203.8	177.8	138.1	106.4	80.7	53.3	1588.6
1991	49.2	68.7	90.8	171.1	211.9	218.1	258.4	214.1	162.8	121.3	90	41.9	1698.3
1992	46.2	97.3	89	239.9	225	241.7	247.4	147.6	111.3	95.5	87.5	51.2	1679.6
1993	36.3	80.9	134.9	266.2	206.5	304.5	167.4	125.5	151.9	100.7	47.4	43	1665.2
1994	55.5	45.5	116.2	166.7	317.6	197.1	202.6	217.7	177.8	113.3	54.2	29.8	1694
1995	42.1	73.5	153.7	218.7	299.2	330.5	251.5	143.2	128	83.6	93.9	44.7	1862.6
1996	46.6	70.2	120.7	195.4	237.6	172.7	155.2	138.3	132.9	100.6	47	65.8	1483
1997	59.1	80.7	115.1	173.2	260.5	327.5	249.9	254.5	184	158.1	68.3	43.3	1974.2
1998	39.6	88.5	136.2	236.2	174.3	228	172.4	147.9	163	115.4	123.9	66.1	1691.9
1999	66	109	130.5	188.7	224.4	231.3	184	253.9	140.3	102.5	69.7	53.5	1753.8
2000	33.4	62.1	179.9	250.5	340.1	214.6	205.1	148.4	130.8	67.5	53.7	48.2	1734.3
2001	38.5	59.8	179.5	182.9	305.5	280	263.4	182.5	86	77.3	68.1	38.7	1762.2
2002	58.6	84.8	160.7	183.2	165.2	225.7	257	181.5	143	117.4	86	32	1695.1
2003	38.9	68.9	107.1	155.1	222.7	243.9	178.7	129.4	102.2	85.5	48.5	53.5	1434.4
2004	47.1	105.1	146.9	239	254	236.3	202.4	144.5	140.6	111.1	75.7	44	1746.7
2005	36.3	45.2	169.6	270.8	239.7	279.3	222.6	164.3	118.3	81.6	82.6	49.8	1760.1
2006	24.4	69.7	174.1	223.2	219.5	227	186.8	142.5	94.1	98	73.4	40.3	1573
2007	52.7	84.5	115.9	216.1	311.7	223.7	185.6	200.4	144.8	83	80.7	41.1	1740.2
2008	29.1	54.9	155.3	178.8	262.9	211.7	245.6	204.5	115.8	109.1	80.9	66	1714.6
2009	59.2	64.3	143.2	214.3	200.9	257.6	212.5	169.5	112.4	140.6	59.5	41.8	1675.8
2010	61	65.1	129.5	179.6	256.9	288.2	201.9	162.9	136.3	123.1	111.3	70.9	1786.7
2011	36.6	58.7	156.8	264.5	259.3	300.5	226.5	158.8	96.9	96.6	36.6	34.4	1726.2
2012	36.7	51.6	105.5	212.1	241.4	246.5	199.8	165.4	132.8	132.8	73.9	38.4	1641
2013	52.5	75.4	179.7	228	267.3	264.3	159.1	227.9	130.7	130.7	68.5	51.8	1840.7
2014	70.2	36.5	163.2	149.8	134.5	141.1	131.2	105.6	64.9	64.9	67.2	57.3	1184
2015	55.5	73.8	131.3	184.8	126	136.8	148.2	151.1	69.9	69.9	41.2	46.4	1261.9

1986—2015 年吉县逐月平均相对湿度情况表

表 2-3-6　　　　单位：%

数值＼项目 月份	平均值	极端最小值
1	52.5	4
2	52.5	3
3	49.8	0
5	52.8	3
6	58.3	7
7	69.6	8
8	73.2	11
9	72.3	8
10	68	7
11	60.4	1
12	55.1	2
全年	59.3	0

第五节　风向 风速

春冬两季多风，春季风力最大，冬季次之，夏末秋初最小，年平均风速 2.1 米 / 秒，风力 2 级，全年主导风向：东东北；年平均大风日数 5 天；最大瞬时风速 29.8 米 / 秒，风向西西北。春末夏初，在 4 级以上风力发生时，有浮沉和扬沙天气出现。夏季常出现强对流天气，产生雷雨大风。冬春季由于受北方冷空气的影响，常出现风速在 17.0 米 / 秒以上的大风；冬春季多刮西北风；夏季则多刮东南风。

1986—2015 年吉县风向频率情况表

表 2-3-7　　　　单位：秒 / 米

数值＼风向 月份		北	北东北	东北	东东北	东	东东南	东南	南东南	南	南西南	西南	西西南	西	西西北	西北	北西北	静
风频	1	2.3	7.5	14.3	18.5	8.1	2.2	0.9	0.9	0.8	2.6	10	7.8	2.9	2.2	2.3	3.5	13.5
	2	2.5	6.5	13.3	18.7	9.4	3.3	1.6	1.3	1.6	3.5	8.2	7.3	2.3	2.2	2.2	4.2	13.1
	3	2.3	5.3	10.9	17.1	10.7	3.8	1.8	2.1	2.8	4.5	7.5	7.4	2.5	2.5	2.6	4.8	11.4
	4	3.1	6.8	9.2	14.2	11	5.2	2.3	3	3.7	5	6	7.1	3	2.7	3.1	5	11.5
	5	2.4	6.4	8.2	12	10	6	2.5	3.4	4.5	5.1	7	7.7	2.5	2.5	2.5	3.8	12.8
	6	1.6	7.3	7.2	12.6	11.5	6.5	3.3	3.6	4.5	6.3	7.9	7.3	2.8	2.3	1.9	2.2	12.8

续表

数值 \ 风向 / 月份		北	北东北	东北	东东北	东	东东南	东南	南东南	南	南西南	西南	西西南	西	西西北	西北	北西北	静
风频	7	1.1	6	7.9	11	9.7	5.5	3.1	2.9	4.2	5.3	10	7.9	2.4	1.5	1.3	1.6	18.9
	8	1.3	5.6	10.1	12.61	10	5.6	2.7	2.9	3.5	4.9	8	7.9	2.5	1.7	1.2	1.5	18.5
	9	1.8	6.8	10.9	17.5	11.9	5.1	2	1.9	2.5	3.9	9	9.5	2.4	1.4	1.5	2.3	16.5
	10	2	5.6	11.6	21.5	14.1	3.5	1.1	1.1	2	2.9	8.1	7.8	2.7	1.8	2.2	3.3	12.9
	11	2.5	5.8	12.7	19.7	11.2	2.1	0.7	0.9	1.3	2.7	8.3	8.5	2.6	2.1	2.5	4.7	12
	12	2.5	6.3	14.2	15.7	7.8	2	0.6	0.7	1	2.4	8.6	8.3	2.2	2.4	2.6	4.1	14.6
	年平均	2.1	6.3	10.9	1.6	10.5	4.2	1.9	2.1	2.7	4.1	8.2	7.9	2.6	2.1	2.2	3.4	14.0
风速	1	2	1.8	1.6	1.6	1.3	1.1	0.6	1.1	0.8	1.9	2.3	2	1.9	2.5	3.1	3	—
	2	2.1	1.8	1.7	1.7	1.4	1.4	1.2	1.5	1.8	1.9	2.4	2.3	2	2.6	2.7	3.2	—
	3	2.6	2	1.9	1.7	1.6	1.7	1.9	2	2	2.4	2.5	2.4	1.5	2.3	3.1	3.5	—
	4	2.8	1.8	1.7	1.7	1.7	1.8	1.7	2.3	2.7	2.5	2.9	2.6	2.5	3	3.3	3.5	—
	5	2.3	2.2	1.6	1.7	1.6	1.6	1.9	2.1	3	2.3	2.4	2.4	1.9	2.5	2.6	3	—
	6	1.4	1.6	1.6	1.6	1.6	1.6	1.8	2.2	2.4	2.3	2.4	2.3	2.4	2.2	2.5	2.3	—
	7	1.1	1.4	1.6	1.6	1.6	1.6	1.9	2.1	2.2	2.3	2.4	2.3	1.7	1.5	2	1.8	—
	8	1.2	1.4	1.5	1.6	1.3	1.5	4	1.8	2	2.1	2.5	2.2	1.7	1.4	1.6	2.1	—
	9	1.5	1.4	1.5	1.7	1.5	1.6	1.5	1.6	1.9	2.5	2.4	2.3	1.6	1.7	2	2.1	—
	10	1.6	1.3	1.7	1.6	1.5	1.3	1	1.1	1.7	2	2.4	2.3	1.6	2.2	2.6	3.2	—
	11	2	1.9	1.8	1.6	1.4	1	0.7	0.8	1	1.7	2.3	2.2	1.7	2.2	3.2	3.2	—
	12	2	2	2	2	1	1	1	1	1	2	2	2	1	2	3	3	—
	年平均	1.9	1.7	1.7	1.6	1.5	1.4	1.4	1.6	1.9	2.2	2.4	2.3	1.8	2.2	2.7	2.9	—

第六节 物候

吉县劳动人民在长期的生产实践中，习惯用物候判断和指导农事活动，如“清明前后，种瓜点豆”“头伏萝卜二伏芥，三伏种的好白菜”“秋分糜子，寒露谷（熟）”“九九加一九，黄牛遍地走”等。吉县东部与西部、塬面与河川地区物候均有差异。县东部的屯里川与西部的文城、壶口物候相差 8 天。

吉县部分农作物生长期一览表

表 2-3-8

项目 \ 时间 \ 名称		冬小麦	春玉米
播种	始种	9 月中旬	4 月中旬
	普种	10 月上旬	4 月下旬
出苗	始出	9 月下旬	5 月上旬
	普出	10 月上旬	—
分蘖	始分	10 月中旬	—
	普分	10 月下旬	—
返青	始返	2 月下旬	—
	普返	3 月中旬	—
拔节	始拔	4 月中旬	—
	普拔	4 月下旬	6 月中旬
孕穗	始孕	4 月下旬	6 月下旬
	普孕	5 月上旬	6 月中旬
抽穗	始抽	5 月上旬	6 月下旬
	普抽	5 月中旬	7 月中旬
抽雄	始抽	—	7 月中旬
	普抽	—	7 月中旬
开花	始花	5 月中旬	7 月中旬
	普花	5 月下旬	7 月中旬
乳熟	始乳	5 月下旬	—
	普乳	6 月上旬	8 月中旬
成熟	始熟	6 月中旬	—
	普熟	6 月下旬	9 月下旬

吉县部分树木萌芽落叶期一览表

表 2-3-9

项目 \ 日期 \ 名称		加拿大杨	刺槐
萌芽期		3 月 28 日—4 月 4 日	4 月 17—20 日
展叶期	始展	4 月中旬	4 月下旬
	普展	4 月下旬	5 月上旬
开花期	始花	4 月上旬	5 月上旬
	普花	4 月中旬	5 月中旬
果实成熟期		—	5 月 15—25 日
叶枯期	始枯	6 月 20 日	9 月 20 日
	全枯	10 月下旬	10 月下旬
落叶期	始落	8 月下旬	10 月上旬
	全落	10 月下旬	11 月中旬

吉县部分鸟类活动规律一览表

表 2-3-10

项目 / 日期 / 名称	初见或初鸣日期	季节鸣	蛰伏或终鸣日期	备注
大雁	3 月 10—20 日	—	9 月 10—20 日	路过鸟
家燕	4 月 5—10 日	—	9 月 10—20 日	候鸟
布谷鸟	4 月上旬	4 月 15 日—5 月 10 日	8 月中旬	常栖鸟

吉县物候与农事活动一览表

表 2-3-11

内容 / 项目 / 日期	物候	主要农事活动	平均气温
2 月下旬	土壤开始解冻	积肥、送粪	0℃以上
3 月下旬	柳树发芽	耙耱农田	5℃以上
4 月中旬	杨柳吐穗	播种大秋、棉花	10℃以上
4 月下旬	梨杏树开花	锄耧小麦	15℃以上
6 月中旬	玉米拔节	夏收、夏管	21℃以上
6 月下旬	小麦成熟		
6 月下旬	玉米孕穗	锄耧小秋	23℃以上
7 月中旬	玉米抽穗	防治苗期虫害	24℃左右
9 月上旬	玉米、小秋成熟	收秋	20℃左右
9 月中旬	大雁南归	播种小麦	18℃左右
10 月上旬	刺槐、枣树开始落叶	秋耕耙保墒	16℃左右

第四章 自然资源

第一节 土地资源

实用土地资源

到2015年底，全县土地面积177968.48公顷。其中：耕地18151.82公顷，园地6921.8公顷，林地93184.99公顷，草地50593.67公顷，城镇村及工矿用地3050.07公顷，道路交通运输用地1807.7公顷，水域及水利设施用地1463.13公顷，其他土地2975.3公顷。

耕地土地资源

吉县涉及的耕地后备资源地类有其他草地、内陆滩涂、裸地、采矿用地5个二级地类。依据《全国耕地后备资源调查评价技术规定》，通过对吉县耕地后备资源宜耕性评价，确定吉县耕地后备资源面积527.23公顷，全部为可开垦土地，其中可开垦其他草地面积519.64公顷，涉及209个图斑，可开垦裸地面积7.59公顷，涉及12个图斑。坐落于允许建设区范围内的图斑126个，面积183.63公顷。实地地类已变化的图斑24个，面积23.48公顷。

2015年吉县耕地后备资源分类型情况表

表2-4-1 单位：公顷

行政区代码	行政区名称	合计	可开垦土地		
			小计	可开垦其他草地	可开垦裸地
141028	吉县	527.23	527.23	519.64	7.59
141028100	吉昌镇	63.39	63.39	59.50	3.89
141028101	屯里镇	147.51	147.51	147.51	—
141028102	壶口镇	39.73	39.73	39.35	0.38
141028200	车城乡	102.82	102.82	101.17	1.65
141028201	文城乡	53.75	53.75	53.75	—
141028202	东城乡	46.25	46.25	46.25	—
141028203	柏山寺乡	40.28	40.28	38.89	1.39
141028204	中垛乡	33.50	33.50	33.22	0.28

第二节 水资源

水资源分布

吉县属黄河水系流域，总面积约 1780 平方千米，有 2 条主要干流贯穿全县，1 条是发源于金岗岭的义亭河自东向北流入大宁县境内，又折西流入黄河。流域吉县境内总面积为 509 平方千米，河流长度（吉县部分）37.5 千米。另 1 条是发源于高天山的清水河（州川河），自东向西南流入黄河，流域总面积为 624.4 平方千米，河流长度为 61 千米。此外，有直接入黄的干流 9 条和汇入乡宁鄂河系的支流 2 条。黄河在西部边界流过，流经长度 55.7 千米。

地下水含水层主要表现为砂岩裂隙含水层和局部发育洪积层孔隙水含水层，其中以砂岩裂隙含水层为主。各含水层的唯一补给来源是靠天然降水，具有雨季地下水位上升，旱季下降的特点。

矿泉水

境内矿泉水资源主要分布于吉县吉昌镇清水河畔之两侧，具有多点自然出露的特点，其来源主要是三叠系地层。矿泉水水质较好，一般均可达到饮用水水质标准。根据 1994 年 10 月山西省地质矿产局 213 地质调查所《中国吉县人祖山饮用天然矿泉水评价报告》，吉县城区附近 1 号井（为县城供水水源）水质达到了饮用天然矿泉水水质标准，锶含量 0.562 ~ 0.75 毫克 / 升，为含锶重碳酸钙钠镁型饮用天然矿泉水。此外，西寺、饮马、龙王、岩坪等泉水中锶含量均达到饮用天然矿泉水标准。

1994 年、2009 年吉县境内含锶泉水调查情况表

表 2-4-2

位置	水类	检测结果（毫克 / 升）						备注
		H_2sio	sr	zn	li	br	i	
饮马	泉水	19.45	0.59	0.002	0.02	0.20	0.010	1994 年
龙王	泉水	19.00	0.50	0.002	0.01	0.01	0.010	1994 年
西寺	泉水	19.13	0.44	0.002	0.01	0.10	0.010	1994 年
岩坪	泉水	11.64	0.21	0.002	0.08	0.08	0.000	1994 年
西掌沟	泉水	20.02	0.58	＜ 0.002	—	—	—	2009 年

水资源总量

根据水资源二次评价结果，吉县多年平均水资源量（1956—2000 系列）6145 万立方米，地表水 6106 万立方米，地下水 2888 万立方米，重复量 2849 万立方米。可利用量 1258 万立方米，其中地表水 838 万立方米（境内地表水），地下水 420 万立方米。

用水总量

2009 年，吉县总用水量 299 万立方米；其中生活用水 118 万立方米，农业用水 152 万立方米，工业用水 19 万立方米。2013 年，总用水量 389.83 万立方米，包含地表水 261.23 万立方米，地下水 128.6 万立方米；其中生活用水 216.7 万立方米，农业用水 101.93 万立方米，工业用水 34 万立方米，建筑用水 3.4 万立方米，第三产业用水 33.4 万立方米，生态用水 0.4 万立方米。

第三节 矿产资源

非金属矿产

紫砂陶土 吉县的紫砂陶土主要分布于吉县的东部和乡宁及尧都区相接壤地段—王家河及龙王庙村一带。其赋存层位主要是二叠系上统的上石盒子组及石千峰组。

砖瓦黏土及水泥黏土 吉县境内分布十分广泛，约占基岩出露面积的60%之多，但主要分布在吉县的中部及西部。

砂 根据吉县境内的地质特点可分为两种类型。

河流洪积、冲积型 由河流的冲刷、搬运和沉积作用形成。大量产于吉县境内的黄河古道及河床，也是吉县唯一能利用的建筑用砂基地。而境内其他沟谷河流的河床产砂量较少，且含泥量太多不宜用在建筑业上。

残、坡积型 由基岩风化后，在原地堆积或沿山坡搬移堆积而成，特点是多为棱角状，磨圆度差，成分单一，不宜用在建筑业上。

石材、石料 吉县地处黄土高原，地层出露新且稳定而单一。二迭系上统以下地层无出露。而二迭系上统以上地层又是以砂岩、泥岩、页岩等岩石互层为主组成。吉县能用的石材石料局限在三叠系二马营组的厚层黄绿色砂岩之中，二马营地层分布在境内的东西两侧，中部仅是深沟中的上部和顶端及沟头部位有出露。东部成大面积展布。西部则是沿黄河岸边展布，并顺延至向东的各大小不一深谷两侧之中。

膨润土 主要分布于吉县西部三叠系延长组中，资源量尚未查明。

金属、稀有金属

吉县境内有重砂异常铜、铅、辰砂2级异常多处存在，面积100平方千米左右。铜川组砂岩中的铜元素，平均含量达0.0067%，高出沉积岩克拉克值的1.2倍。个别样品含量达0.08%。三叠系含铜砂页岩，产于刘家沟组、和尚沟组及中统二马营组中。矿化岩石为灰黄色及灰绿色砂砾岩，含粒长石砂岩、长石砂岩及灰绿色页岩。地表只有孔雀石、铜蓝及黄铜矿化。它们呈胶结物状态，薄膜状态充填于岩石碎屑间或附着于岩石的各种层理面上，或粉砂质节理面上。这类矿点在吉县的柏山寺后村的刘家沟组、二马营组中均有发现。

煤

吉县位处河东煤田南部，境内全域为含煤地层，约占全临汾市含煤面积的11.5%。已累计查明资源储量96.89亿吨，绝大部分尚未开发利用。

煤层气

吉县全境均有煤层气资源赋存，探明储量为300亿立方米左右。煤层气勘探开发主要目的层为山西组2号煤层和太原组10号煤层，煤类主要以焦煤、贫瘦煤为主，埋深基本都在1000米以上，构造以平缓单斜构造为主体，局部地段有小型褶皱及小型断层。

第四节 植物资源

吉县植物资源比较丰富。境内常见的木本植物有194种，分属于49科；草本植物180种，分属于44科（不包括农作物）。

在374种野生植物中，有各类药材250余种。其中乔、灌植物的根、茎、叶、花、籽药材40余种；草本植物的根、茎、叶、花、籽药材210余种。

孢子植物

县东南、东北山区、自然散生有食用和药用孢子植物。如木耳、蘑菇、猴头等。

木耳又名毛木耳或黑木耳，多以寄生方式自然散生在橡树茎上。

蘑菇多生于林间草地，每届雨季，林间散生较多，年采集0.5万千克以上。

猴头是寄生在林间腐木上的寄生物。

种子植物

散生吉县各地常见的种子植物，主要为裸子植物门和被子植物门两大类。

裸子植物门 松科 乔木类有白皮松、油松（红皮松、短叶松）、华北落叶松。

柏科 乔木类有黄柏、侧柏（柏树）、圆柏、塔柏。

麻黄科 灌木类有麻黄（草麻黄）。

被子植物门 杨柳科 乔木类有山杨、小叶杨、毛白杨、合作杨、钻天杨（箭杆杨）、加拿大杨、新疆杨、北京杨、沙兰杨、二青杨、优胜杨、山毛柳、河柳、旱柳、中国黄桦柳、杞柳、垂柳。

桦木科 乔木类有白桦、红桦、鹅耳枥（石榆）、榛子、虎榛子（糖子梢）。

壳斗科 乔木类有辽东栎（橡树）、槲栎、栓皮栎、蒙古栎（麻栎）、橿栎。

榆科 乔木类有东北榆（白榆）、黄榆、脱皮榆、小叶榆、榆树。

桑科 乔木类有桑树、山桑、构树、蒙桑。

豆科 乔木类有合欢（芙蓉花树、绒线花树）、刺槐（洋槐）、中国槐（家槐）、皂荚树。灌木类有波氏木兰、本氏木兰、莸子梢、兴安胡枝子、胡枝子（筷子梢）、多花胡枝子、达乌里胡枝子、灯芯草状胡枝子、小叶锦鸡儿（明条、柠条）、沙打旺（直立黄芪）、苦参、狼牙刺（狼眼刺）、荼条。草本类有山野豌豆（大巢草）、二色棘豆、黄花草、木樨、草木樨状黄芪、米口袋（甜地丁、痒痒草、地雷）、苦地丁、紫花地丁、山黧豆、歪头菜、甘草、苜蓿、黄花苜蓿（野苜蓿）。

蔷薇科 乔木类有山李子、山桃、山定子（水杜梨）、河南海棠、西府海棠、山楂海棠、山楂（红果）、野山楂、湖北山楂、稠李、杜梨、梨树、苹果树、沙果（花红）、梅子、桃树、蟠桃、李子、奈子、西伯利亚杏树、山杏。灌木类有山毛樱桃、三桠绣线菊、矛毛绣线菊、北京花楸、黄刺梅（马茹刺野蔷薇）、达乌里蔷薇、美蔷薇（山刺梅）、纯叶蔷薇、小叶悬钩子、水栒子、毛叶栒子、扎氏栒子、灰栒子、栒子木、毛叶欧李、扁核木（茹茹刺）、蛇莓（蛇米米）、樱桃、木瓜（文冠果）、月季、玫瑰、樱花。草本类有委陵菜（翻白草）、龙芽草、水杨梅、深齿委陵菜、草莓（草果、杨梅）。

胡颓子科 灌木类有秋胡颓子（尖子刺）、沙棘（醋柳、酸刺）黑刺。

漆树科 乔木类有黄栌、青麸杨、漆树。

槭树科 乔木类有细裂槭（三角木）、五角枫、萝蔓槭、青榨槭。

灰木科 灌木类有白芨梢。

茄科　灌木类有枸杞。草本类有白英、龙葵（野茄子）。

葡萄科　灌木类有葡萄、复叶蛇葡萄、乌头寸蛇葡萄、葎叶蛇葡萄、三裂叶蛇葡萄、牛奶葡萄、龙眼葡萄、掌叶草葡萄。

忍冬科　灌木类有接骨木、孚氏忍冬（葱皮忍冬）、马氏忍冬、盘叶忍冬、郁金忍冬、毛药、陕西荚蒾（土兰条）、蒙古荚蒾、桦叶荚蒾、金花忍冬、小叶忍冬。

木犀科　乔木类有白蜡树。灌木类有连翘（黄瓜梢）、紫丁香、毛叶丁香（紫堇木）。

萝摩科　乔木类有杠柳。草本类有牛皮梢、朴氏白前、细叶白前。

马鞭草科　灌木类有荆条。

鼠李科　乔木类有枣树。灌木类有酸枣刺（圪针）、小叶鼠李（猫爪爪）、锐齿鼠李、对节木。

卫矛科　灌木类有卫矛（山鸡条、千层皮）、桃叶卫矛、拴翅卫矛、南蛇藤（老牛筋）。

冬青科　乔木类有冬青。

茜草科　灌木类有薄皮木。草本类有茜草（血茜草、娃娃拳头）、猪殃殃、大砧草。

虎耳草科　灌木类有山梅花、冰川茶鹿子、毛萼山梅花、太平花、大花溲疏。

防已科　灌木类有蝙蝠葛（山豆根、黄条香）。

毛茛科　灌木类有粗齿铁线莲。草本类有山棉花、白头翁（毛姑朵花、崩崩花）、缠绕铁线莲、唐松草、升麻、楼斗菜。

瑞香科　灌木类有河朔荛花、结香（羊厌厌）。

芸香科　灌木类有花椒、吴茱萸（臭辣子树、曲药子、气辣子）。

四照花科　灌木类有黑椋子、红瑞木。

无患子科　乔木类有栾树。

胡桃科　乔木类有核桃楸、荚核桃树、胡桃、绵核桃树。

苦木科　乔木类有臭椿。

紫葳科　乔木类有楸树。草本类有角蒿。

百合科　灌木类有鞘柄菝葜。草本类有铃兰（铃铛花、香水花、唐铃草）、舞鹤草、石刁柏、天麦冬、构兰、细叶百合、黄精、玉竹、山韭、野韭（臭韭）、知母（毛知母、兔子油草）、萱草、（金针、黄花苗）、山丹（红百合、连珠）。

大戟科　灌木类有雀儿舌头、叶底珠。草本类有铁苋菜、大戟盖地红。

小蘖科　灌木类有毛叶小蘖。草本类有淫羊藿（羊藿叶、铜丝草）。

玄参科　乔木类有泡桐（白桐）。草本类有山萝花、地黄（山旱烟根、酒壶花）、金钟茵陈、马先蒿、一枝蒿、勒马回（水蔓菁）。

楝科　乔木类有香椿、樗树。

椴树科　乔木类有椴树、蒙椴、少脉椴。

五加科　乔木类有刺楸（八木）。灌木类有五加（羊肚梢）。

夹竹桃科　灌木类有夹竹桃。

梧桐科　乔木类有夏果树、奈子树。

石榴科　乔木类有石榴树。

柿树科　乔木类有柿子树。

山柳科　乔木类有山柳。

桑寄生科　灌木类有北桑寄生。

山茱萸科 灌木类有毛梾子、沙梾。

禾本科 乔木类有毛竹(楠竹)。草本类有荩荩草、菅草(单叶菅、霸王菅)、狗尾草、芦苇(芦子草)、中井隐子草、羽茅、香草(茅香)、白羊草(白草)、马唐(抓地龙)、纤纹鹅冠草、知风草、野燕麦、荻。

菊科 草本类有铁杆蒿、野艾蒿、茵陈蒿、牡蒿、紫叶蒿、大籽蒿、岩蒿、陈个泰、紫菀(山白菜、驴耳朵菜)、狗娃花、苦菜、苦苣、毛莲菜、多裂山莴苣、三脉叶紫菀、冬花(款冬花)、太丁草(胆心草、天蛇毒)、风毛菊、漏芦(大脑袋花)、苦荬菜、大蓟(将军草)、小蓟(刺儿菜)、层状苦荬菜、旋复花(鼓子花)、牛蒡子(母猪耳朵)、蒲公英(木堇葛)、小花鬼圪针、香青、苍术、野菊花(山菊花)、小飞蓬、千里光、苍耳、裂叶苦麻、东北牧蒿、艾蒿(水艾)、青蒿(臭蒿)。

败酱科 草本类有败酱。

苋科 草本类有野苋菜(刺苋)、鸡冠花。

蒺藜科 草本类有蒺藜。

唇形科 草本类有裂叶荆芥(四棱杆蒿)、香薷(臭荆芥)、益母草、水棘针、夏至草、糙苏、錾菜、薄荷、黄芩。

藜科 草本类有藜(灰条)、针尖藜、臭藜、杂配藜、沙蓬、地肤子(扫帚草)。

牻牛儿苗科 草本类有牻牛儿苗、老鹳草(狼尾巴草)。

伞形科 草本类有柴胡、防风、花前胡、野胡萝卜、白芷、茴香、独活。

蓼科 草本类有斑叶蓼、扇蓄(猪牙草)、酸模(土大黄)、大黄。

桔梗科 草本类有沙参、杏叶沙参、党参。

石竹科 草本类有石竹(瞿麦)、女娄菜、蝇子草(蝇子架)、王不留行(麦蓝菜)。

堇菜科 草本类有紫花地丁(地丁草)、胡堇菜。

川续断科 草本类有川续断。

薯蓣科 草本类有穿山龙(穿地龙、地龙骨)。

锦葵科 草本类有冬葵、野西瓜苗(打瓜花)、蜀葵(端午花)、木槿。

葫芦科 草本类有赤雹雹。

景天科 草本类有瓦松(酸溜溜、松塔)、土三七。

旋花科 草本类有打碗花(小旋花)、田旋花、日本菟丝子、牵牛花(二丑、喇叭花)。

鸢尾科 草本类有射干(扇子草)、马兰(马莲)。

车前科 草本类有小车前(车轮子)、大车前。

卷柏科 草本类有卷柏、地乃草。

蕨科 草本类有粉背蕨。

木贼科 草本类有节节草(脱节节)。

马兜铃科 草本类有马兜铃(臭葫芦)。

沙草科 草本类有羊胡子草、香附子(莎草)、苔草。

远志科 草本类有远志草。

龙胆科 草本类有当药、小秦艽。

透骨草科 草本类有透骨草(蝇毒草)。

紫草科 草本类有紫草。

天南星科　草本类有半夏(小天南星)。

十字花科　草本类有葶苈子。

凤仙花科　草本类有凤仙花(指甲花)。

第五节　动物资源

吉县野生动物有四个分类,即:

环节动物门　蚯蚓。

软体动物门　蜗牛。

节肢动物门　蚕、赤眼蜂、蝎、蜘蛛、蜻蜓、蜈蚣、蚰蜒。

脊椎动物亚门　鱼纲有鲤鱼、草鱼、泥鳅等。两栖纲有青蛙、蟾蜍等。爬行纲有壁虎、蛇、鳖、蜥蜴、土鳖虫(土元)等。

鸟纲有野鸽、斑鸠、麻雀、山鸡、雉、乌鸦、白脖鸦、红咀鸦、鹞子、喜鹊、麻尾鹊、火燕、麦秸鸡、金翅儿、画眉、燕子、布谷鸟、老鹰(鸢)、雕(秃鹫)、猫头鹰、啄木鸟、水鸭、鱼鹰、鹭鸶、褐马鸡等。

哺乳纲有松鼠、蝙蝠、黄猺、中华鼢鼠(瞎老鼠)、豹、獐子(麝)、狼、狐狸、貉、狍子(野羊)、山猪等。

第五章 水文

第一节 水文地质

吉县处于黄河东断凹水文地质单元西部，该单元东起离石大断裂，西抵黄河，南至禹门口—西交口—关王庙一带。在构造上属鄂尔多斯台拗及山西断隆的一部分。区内出露新生界、中生界及古生界地层，地层总体倾向北西，一般倾角 5° ~ 8° 。构造格局受离石大断裂及其分支南西向断褶带控制。地貌上属中低山基岩区及黄土丘陵区。由基岩构成地貌骨架，大部由黄土覆盖，发育平行树枝状水系，绝大多数主干支流注入黄河，属黄河水系。

水文地质条件

第四系松散岩类含水层 主要为第四系全新统坡积、冲积及洪积物。岩性组成为砂砾石夹粗细砂。各成分变化较大，粒级相差悬殊，无明显分布规律为其特征。一般分布在宽谷中心。构成山间小平原。含孔隙水，其富水程度受大气降水影响明显。主要接受大气降水补给，其次是地表水垂直入渗补给和基岩裂隙水侧向补给。总的向南西方向运移，部分在运移途中补给基岩裂隙孔隙水。

基岩裂隙孔隙含水层 主要分布在基岩山区及宽大沟谷两侧的基岩浅埋区。由三叠系中一粗粒砂岩构成含水岩组，该砂岩近地表节理裂隙发育，容易接受大气降水和地表水补给，富水性较好，是本区理想的含水层。该含水层主要接受大气降水补给，其次接受地表水及松散层孔隙水补给。富水程度受储水构造控制明显。地下水总的运移方向自南东向北西，在运移过程中部分地下水遇沟谷切割即出露地表，向沟谷排泄，形成泉点。

水文地质分区

中部孔隙潜水区 包括清水河、义亭河主干支流各区，即山区冲洪积“平原”地带。含水层为第四系全新统砂砾石层，含水层厚度 3 ~ 20 米不等，水位埋深 6 ~ 20 米。主要接受天然降水补给，富水性受大气降水影响较大，动态随季节变化明显，水质类型为 HCO3OCa 型，矿化度 0.34 ~ 0.49 克 / 升，单井涌水量 0.001 ~ 0.00127 立方米 / 秒。由于农作物喷洒农药，过量使用化肥等，地下水受到不同程度污染，已不能作为生活饮用水的水源。

东部—西北部基岩裂隙孔隙水区 包括东部的明珠、屯里、窑渠等地及西北部人祖山、管头山四周的基岩浅埋区。含水层为三叠系中一粗粒长石砂岩，含水层单层厚度 5 ~ 10 米，总厚度达百米以上，富水性良好。因地形切割，破坏了储水构造，基准侵面之上地下水一般以泉的形式向沟谷排泄，只有基准侵蚀面以下才有丰富的地下水赋存。一般泉水流量在 0.001 ~ 0.004 立方米 / 秒，单井涌水量 0.006 ~ 0.208 立方米 / 秒。水质为 HCO_3—Na · $HC0_3$—Ca · Mg 型，矿化度 0.271 ~ 0.684 克 / 升。

西南部地下水缺乏区 主要指黄土丘陵区的梁、垣、峁分布区。该区黄土厚度大，地形切割强烈，沟谷发育，基岩埋深较大。含水层为第四系松散岩。主要接受大气降水补给，因地形切割，沟壑发育，难以形成储水构造，地下水缺乏。

第二节 地表水

黄河

中国第二长河，自大宁县的平渡关入境，由北而南流过，流经56.5千米，至麻子滩出境。位于吉县西端，边界以主航道为界，以西为陕西省，以东为山西省，壶口瀑布即位于该段河床上。河水进入晋陕峡谷后，在境内龙王辿处，敛水成束，倾泻于落差30多米的河槽中，形如茶壶注水，故得此名。年际最大流量2.25万立方米/秒，最小流量0.013万立方米/秒。多年平均径流量580亿立方米。最大年输沙量39.1亿吨(1933年)，最高含沙量920千克/立方米(1977年)。

清水河

原名羊求河。源于东南部高天山北侧的杨家峪一带，自南东—北西，经朱家堡、曹井在车城附近转向南西后经县城、大田窝、从东城与柏山寺两乡之间流入黄河，长61千米。流域面积624.75平方千米，年径流总量5973.08万立方米，其中清水年径流总量1264.58万立方米，洪水年径流总量4708.5万立方米。正常清水流量0.2立方米/秒，一般0.18立方米/秒。该水系内有10千米以上沟河8条。即：

长安沟河　发源于管头山和庖山之间，长16千米，流域平均宽1.98千米。正常清水流量0.0065立方米/秒。

白子沟河　发源于人祖山东麓，长12千米，流域平均宽2.6千米。正常清水流量0.005立方米/秒。

西河沟河　发源于人祖山东南麓，长11.5千米，流域平均宽2.6千米。正常清水流量为0.004立方米/秒。

曹井河　即清水河上游，长11.5千米(包括在清水河长度之内)，流域平均宽2.6千米，正常清水流量0.01立方米/秒。

马家河　发源于高天山西北麓。长17.25千米，流域平均宽7.1千米，正常清水流量0.003立方米/秒。

栏杆沟河　发源于管头山南麓，长16千米，流域平均宽1.98千米，正常清水流量0.0065立方米/秒。

浪北沟河　发源于高祖山南角下，长14.2千米，流域平均宽1.75千米，正常清水流量0.0045立方米/秒。

高楼河　发源于高祖山南角，长17千米，流域平均宽1.85千米，正常清水流量0.003立方米/秒。

义亭河(昕水河)

源于境内东南部金岗岭，自南东向北西经明珠、屯里及峪口在窑头附近转向北，在小回宫附近进入大宁县。境内流长43.5千米，流域面积509平方千米。年径流总量7941.47万立方米，其中清水径流量1763.21万立方米，洪水径流量6178.26万立方米。正常清水流量0.35立方米/秒。一般为0.25立方米/秒。该水系内有10千米以上沟河5条。即：

安乐沟河　发源于石头山西南麓，流经武庄、安乐、圪鲁村，在五龙宫村口与昕水河汇合，长10千米，流域平均宽2.1千米，正常清水流量0.001立方米/秒。

吴家沟河　发源于石头山西麓，在圪鲁村后与安乐沟河汇合，长18.9千米，流域平均宽1.76

千米，正常清水流量 0.003 立方米 / 秒。

土楼沟河　发源于石头山，全长 10 千米，流域平均宽 2.12 千米，正常清水流量 0.006 立方米 / 秒。

放马岭河　发源于盘龙山与石头山之间，流经放马岭在县底东与昕水河汇合，全长 22 千米，流域平均宽 2.84 千米，正常清水流量 0.004 立方米 / 秒。

蔡家川河　发源于人祖山东麓，在桃园村南与昕水河汇合，长 13 千米，流域平均宽 3.1 千米，正常清水流量 0.0045 立方米 / 秒。

鄂河

发源于乡宁县，下游流经吉县西南部边界，长度约 13 千米，是吉县与乡宁县的界河。流域面积 176.5 平方千米，年径流量 954.92 万立方米，其中清水年径流量 158.58 万立方米，洪水年径流量 796.34 万立方米。境内 10 千米以上的支流有 3 条，即：

清川河　发源于县内马连滩村下，在乡宁县张马乡留太村与鄂河汇合。境内长 15 千米，流域平均宽 1.7 千米，正常清水流量 0.004 立方米 / 秒。

柳沟河　发源于三堠村西，在南掌村下与鄂河汇合。境内长 23 千米，流域平均宽 3.25 千米，正常清水流量 0.0075 立方米 / 秒。

白额沟河　发源于麻子渠村下，在乡宁下宽井与鄂河汇合。境内长 15.95 千米，流域平均宽 1.73 千米，正常清水流量 0.0035 立方米 / 秒。

此外，县西和西北部有 9 条 10 千米以上的河水，直接注入黄河：

杨家岭河　发源于柏山寺西崾陷村下，经马泉头村南流入黄河，长 10.45 千米，流域平均宽 3.12 千米。正常清水流量为 0.0045 立方米 / 秒。

陈家岭河　发源于高祖山南麓，流经陈家岭、柴家岭南，在西史尖西流入黄河，长 16 千米，流域平均宽 1.92 千米，正常清水流量 0.004 立方米 / 秒。

文城河　发源于人祖山西南麓，在冯家坡村西下流入黄河。长 21.64 千米，流域平均宽 1.76 千米。正常清水流量 0.0045 立方米 / 秒。

南村河　发源于大圪塔村下，在马粪滩处流入黄河，长 13.35 千米，流域平均宽 1.76 千米，正常清水流量 0.0035 立方米 / 秒。

柏树河　发源于管头山西麓，在宋家坡北与南村河汇合流入黄河。长 21.45 千米，流域平均宽 2.75 千米，正常清水流量 0.003 立方米 / 秒。

龙王庙河　发源于高祖山北麓，流经中市村南，在龙王庙处流入黄河。长 13.35 千米，流域平均宽 1.76 千米，正常清水流量 0035 立方米 / 秒。

吴尖河　发源于人祖山西北麓，经吴尖、土渠梁村南流入黄河。长 15.85 千米，流域平均宽 1.94 千米。正常清水流量 0.004 立方米 / 秒。

原头河　发源于人祖山北麓，在原头坡村南流入黄河。长 20 千米，流域平均宽 1 千米。正常清水流量 0.0045 立方米 / 秒。

处鹤沟河　发源于人祖山北麓，在曹村村北流入黄河。长 26.2 千米，流域平均宽 1 千米。正常清水流量 0.005 立方米 / 秒。

第三节 地下水

吉县地质受吕梁、燕山和喜马拉雅运动强大应力影响，形成一个特有的水文地质结构。境内西北部有人祖山、管头山、高祖山隆起；东北、东南部有石头山、高天山、云台山屏障，两隆起之间形成凹形，沉积了厚达100～200米的松散堆积物质。清水河由高天山向北转西流入黄河；昕水河由石头山向西转北流向大宁境内。两河均穿插经过堆积物，使地表水、地下水的汇集和分布规律以及补给、径流和排泄复杂化。依据地下水赋存条件、水力特征、埋藏条件，分为基岩裂隙孔隙水和松散岩类孔隙水两大类型。

基岩裂隙孔隙水

吉县二叠纪地层局部出露，含水层主要是三叠纪地层。含水层岩性以长石砂岩为主，泥岩、页岩组成相对隔水层或弱含水层。含水层单层厚5～6米，最厚26米。风化深度30～40米，主要是潜水泉。本区分为三个富水等级。

水量丰富地区　主要在狮子河、县城、苏村沟一带，上部有松散岩类沉积物覆盖，基岩仅在沟谷中出露，补给距离远，径流途径长。因处于向斜储水构造部位，水量丰富，泉水一般为0.004立方米/秒，最大0.01立方米/秒。矿化度0.32克/升左右，水温14℃～15℃。

水量中等地区　境内西部黄河东岸七郎窝以北黄土丘陵地区，基岩裂隙孔隙水的补给，主要来自人祖山、管头山西坡的基岩裂隙孔隙水外，还有来自上覆松散岩类孔隙的补给，一般在冲沟的基岩中流出，泉水流量约在0.0001～0.001立方米/秒之间，最大的王家原1号泉0.0025立方米/秒；清水河流域补给面积大，同时接受上覆松散岩类孔隙水补给，泉水流量多在0.0001～0.001立方米/秒。东部吴家沟、安乐、王家河一带，地层为倾斜的单斜构造，产状相对稳定，来自东部山区地下水，受西部一系列背斜、向斜地层构造阻挡，形成中等富水区。该区冲沟受水流切割，有的地下水已露出地表，泉水涌量在0.0001～0.001立方米/秒之间。

水量贫乏区　除县东部窑渠、屯里一带贫水外，大多分布在水系的中上游，如人祖山、管头山、高祖山。形成贫水的主要原因是补给面积小，径流途径短。

松散岩类孔隙水

此类水的富水程度变化较大，分为黄土丘陵孔隙水和河谷阶地孔隙水两种。

黄土丘陵孔隙水　分布在黄土丘陵广大地区，含水层以砂、砂岩石为主，厚4米左右，井出水量0.00003～0.0008立方米/秒，泉水流量为0.00001立方米/秒，水位埋深在沟谷内，一般为5米左右。矿化度0.38克/升左右。

河谷阶地孔隙水　在较大河谷中，断续埋藏在一二级阶地及漫滩的砂、砂砾石层中，水位埋深4～6米；水井出水量一般在0.001～0.00127立方米/秒，矿化度0.34～0.49克/升之间。

2015年吉县不同地区地下水资源情况表

表 2-5-1

<table>
<tr><th colspan="2" rowspan="3">数值 项目
名称</th><th colspan="4">渗入参数</th><th rowspan="3">天然资源Q天(万吨/年)</th></tr>
<tr><th rowspan="2">面积(平方千米)</th><th colspan="2">降水量(毫米)</th><th rowspan="2">渗入系数</th></tr>
<tr><th>多年均</th><th>年均有效数</th></tr>
<tr><td colspan="2">基岩裂隙孔隙水</td><td>621.00</td><td rowspan="4">597.11</td><td rowspan="4">447.05</td><td>0.10</td><td>2776.18</td></tr>
<tr><td rowspan="3">松散岩类孔隙水</td><td>黄土丘陵孔隙水亚区</td><td>1138.26</td><td>0.02</td><td>1017.71</td></tr>
<tr><td>河谷阶地孔隙水亚区</td><td>18.00</td><td>0.21</td><td>168.98</td></tr>
<tr><td>小 计</td><td>1156.26</td><td></td><td>1186.69</td></tr>
<tr><td colspan="2">合 计</td><td>1777.26</td><td>597.11</td><td>447.05</td><td>—</td><td>3962.87</td></tr>
</table>

第六章 土壤 植被

第一节 土壤

吉县土壤共分褐土和潮土两大土类，8个亚类，21个土属，62个土种。两大土类中以褐土为主，面积占83.3%。其次为潮土，面积占16.7%。各类土壤中，以宜农土壤比重大，适种性广，有利于农、林、牧业的全面发展。

褐土

广泛分布在山、沟、坡、垣上，为境内土壤的主要类型，面积为2654368亩，占吉县总面积的99.57%。分为淋溶褐土、山地褐土、粗骨性褐土、褐土性土、碳酸盐褐土5个亚类。

淋溶褐土 分布在土石山、石质山区，海拔1350～1820米，面积355861亩，占吉县总面积13.3%，占天然林地（525029亩）的67.8%。

根据母质不同分为3个土属。

砂页岩质淋溶褐土 主要是中层砂页岩质淋溶褐土土种；分布在山头庙的东北山坡上，面积为9910亩。按土属薄厚分2个土种，薄层砂岩质淋溶褐土，分布在金岗岭山脉西部，面积约17603亩；厚层砂岩质淋溶褐土，主要分布在人祖山—包山的东坡上，面积为72417亩。

黄土质淋溶褐土 面积有255931亩，分3个土种。薄层黄土质淋溶褐土，分布在王家河南北坡下部，面积有10937亩。中层黄土质淋溶褐土，主要分布在高天山和大梁山脉上，面积101797亩。厚层黄土质淋溶褐土，主要分布在人祖山西坡、石头山和枕头山东南坡地上，面积有143197亩。

山地褐土 主要分布在海拔900～1500米，有的分布在海拔1600米的石质山和石山地上，通常在淋溶褐土之下，或与淋溶褐土交错分布。分砂岩高山地褐土、黄土质山地褐土、耕种黄土质山地褐土、红黄土质山地褐土、耕种红黄土质山地褐土、沟淤山地褐土6个土属，总面积1056942亩，占吉县总面积的39.6%。

砂岩质山地褐土 主要分布在高祖山和管头山山脉，面积13880亩，海拔1200～1500米。本土属是在砂页岩风化的残积物基础上发育而成的，土壤成土过程以风化岩性为主，草灌植被生长较好，适宜封山育林育灌，发展林牧业，提高土地利用率。

黄土质山地褐土 广泛分布在县城以北的山地和垣地之间的山脚梁峁上，面积73555亩，占吉县总面积的32.8%。本土属是黄土母质上发育的土壤，土体深厚，植被覆盖较差，主要生长着白羊草、狗尾草、蒿类等草木植被，黄刺玫、醋柳等灌丛副之。土体发育较微弱，腐殖层薄，一般为2～5厘米。有机质积累少，表土多为0.9%～3%，土壤质地通体为轻壤—中壤，假菌丝体不一定明显，全剖面石灰反应较强，土壤结构多为块状，表层屑呈粒状或少量团粒结构，具有侵蚀现象。按土壤薄厚分3个土种，中层黄土质山地褐土，分布在管头山的东坡和枕头山上，面积61111亩。厚层黄土质山地褐土，分布在管头山顶和武庄、安乐南北山脚下，面积46940亩；均质中壤黄土质山地褐土，所处地理环境较高，气候湿凉，适宜封山育林育灌，建设林牧基地。

耕种黄土质山地褐土　土层较厚，有耕作层出现，土壤矿化过程增强，有机质低于自然土壤，一般为 0.4% ~ 0.9%，心土与黄土质山地褐土特征相似。自然植被已破坏，仅生长茅草、蒿类等杂草。种植作物以玉米、豆类、山药蛋为主。为一年一熟或轮休种植制。

红黄土质山地褐土　零星分布在东北地区侵蚀较为严重的沟坡和梁峁上，成土母质为第四系红黄土，面积 55883 亩，植被覆盖较差，有机质积累不明显，且较薄。分耕种中壤红黄土质山地褐土和耕种浅位少料姜红黄土质山地褐土 2 个土种。耕种浅位少料姜红黄土质土地褐土分布在屯里镇太度北梁上，面积为 636 亩，土体中含有薄层料姜。

耕种中壤红黄土质山地褐土　为典型土种。

沟淤山地褐土　分布于山地褐土区域内沟谷地上，面积 13435 亩。土体较厚较润，地势高差不大，植被稀疏，多为耕种土壤。分 4 个土种。黄土质沟淤山地褐土主要分布在车城乡和屯里镇的沟谷中，面积 3690 亩，为次生黄土堆淤而成，土壤质地较绵软；红黄土质沟淤山地褐土，面积 1840 亩，多在屯里镇的沟谷地上，由红黄土母质经堆淤而成，土口较紧；五花沟淤山地褐土，面积 4611 亩，主要分布在安乐和曹井沟地上；多砾石轻壤质沟淤山地褐土，面积 3294 亩，多在屯里镇和车城乡的沟地上分布。

粗骨性褐土　主要分布在黄河沿岸的沟谷坡地上，覆盖的黄土被侵蚀而显露出风化基岩，土体中出现大小不等的风化碎石砾。自然植被稀疏，主要生长白草、酸枣和荆条等灌草类。土层厚度一般为 10 ~ 30 厘米，面积 60365 亩。只宜培草保土，发展畜牧。

褐土性土　广泛分布在海拔 1200 米以下的黄土丘陵地区，面积 1009727 亩，占吉县总面积的 37.9%，仅次于山地褐土，大部分为自然土壤，水土流失极为严重，沟壑纵横支离破碎，由于侵蚀频繁，植被稀疏，以生长甘草、白草、羊胡草、狗尾草、蒿类等旱生草本为主，零星生长酸枣、刺玫瑰、荆条、臭椿等灌木类。褐十性土分 6 个土属：

黄土质褐土性土　分布于黄土丘陵区、梁峁、沟坡上，面积 436612 亩，占吉县总面积的 16.4%，植被稀疏，以旱生草本植物为主，是在黄土母质上发育的土壤，土体深厚，土性软绵，土体干燥，有严重的侵蚀作用，多呈沟蚀型。在剖面形态上没有明显发育特征，土层过渡不明显，质地轻松，碳酸钙含量较高，多在 12% ~ 14%，呈碱性反应，土壤含养分量低，表层有机质多在 0.6% ~ 0.9%。本土属分为 7 个土种：均质轻壤弱蚀黄土质褐土性土，主要分布在屯里镇秀家山、敖子垣和东城乡冯家岭周围的沟梁上，自然植被较好，地形较缓，质地绵软，土体上下一致、面积 46077 亩；均质轻壤强蚀黄土质褐土性土，主要分布在窑头村北和县城南北的沟坡地，面积 55245 亩，地势较陡，覆盖度差，易流失土壤；均质中壤中蚀黄土质褐土性土，多分布在东石泉村南北和王家原村西的沟壑地上，土壤质地通体为中壤，面积 77226 亩；均质中壤强蚀黄土质褐土性土，分布在柏山寺乡牛王庙岭上，面积 7141 亩；轻壤质弱蚀黄土质褐土性土，主要分布在东城乡前下岭村南北的沟地上，面积 24458 亩，土体上部为轻壤，心、底土多为中壤，构成上松下实土体；轻壤质中蚀黄土质褐土性土，分布在文城乡、午生、青村和房村的东半部，柏山寺乡的白子原、南耀，中垛乡南牛堤，川庄村南北的沟壑地上，面积 125043 亩，土壤侵蚀较为严重，植被较差；中壤质强蚀黄土质褐土性土 主要分布在大田窝以北和柏房垣东面的沟壑地上，面积 101422 亩，表土为中壤质地，心、底为重壤或轻壤，构成上虚下实或上紧下松的土体。

耕种黄土质褐土性土　本土属为黄土质褐土性土范围内的耕种土壤，成土母质为黄土，多分布在坡梁地上，面积 108630 亩。耕作历史悠久，受侵蚀影响严重，表土经常被冲刷，使土壤发育常处于幼年阶段，耕作层较薄，多为 10 ~ 16 厘米，除少部分较平缓的地块外，一般没有犁底层，心、底土发育与黄土质褐土性土基本相似，其土壤肥力普遍低劣，使农业产量不稳定，自然植被以田间杂草为主，多生长苦菜、刺荆、蒿类等。种植小麦、豆类、玉米等作物。分 6 个土种：耕种轻壤质弱蚀黄土质褐土性土，面积 13165 亩，其中 520 亩耕地为熟化土壤，保肥抗旱，作物产量多在千斤左右，为理想的农业土壤；耕种轻壤质中蚀黄土质褐土性土，多为缓坡耕地，面积 13012 亩；耕种通体轻壤弱蚀黄土质褐土性土，多分布在梁、峁的中部，地势较平，土体质地上下一致，为疏松的轻壤，为当地主要农业土壤，面积 22117 亩；耕种中壤质中蚀黄土质褐土性土，表土为中壤质地，心、底土间有轻壤层出现，所处地面坡度较大，面积 9190 亩；耕种均质中壤弱蚀黄土质褐土性土，土体中均为中壤质地，地表较平，面积 40733 亩；耕种均质中壤中蚀黄土质褐土性土，地表坡底较大，多为坡地土壤，面积 10413 亩。

红黄土质褐土性土　主要分布在黄河沿岸和马家河流域的山坡上，面积 304318 亩。成土母质为第四纪红黄土，土壤颜色较深，质地为中壤—重壤，土体紧实多含有料姜，土体层次不太清晰，侵蚀严重，土壤肥力较低。分为 5 个土种：轻壤质中蚀红黄土质褐土性土，主要分布在陈家岭以东和长安沟的荒坡地上，表土质地为轻壤，心、底土为中壤或重壤，面积 38904 亩；轻壤质强蚀红黄土质褐土性土，主要在黄河沿岸的文城乡和东城乡沟坡上，面积 136609 亩，分布植被稀少，土壤侵蚀严重，为典型土种；中壤质中蚀红黄土质褐土性土，主要分布在上阳庄村周围，面积 3904 亩；浅位少料姜中壤质中蚀红黄土质褐土性土，多分布在马家河流域的红黄土荒坡上，土体表层为中壤质地，心、底土为重壤土，土体上部有料姜层出现，面积 71356 亩；均质中壤强蚀红黄土质褐土性土，土壤通体为中壤质地，自然植被稀少，水土流失严重，主要分布在柏山寺乡的红黄土沟壑上，面积 53545 亩。

耕种红黄土褐土性土　本土属是发育在第四纪红黄母质上，经人类耕种的农业土壤，面积 88599 亩，多分布在侵蚀严重的坡耕地中。除耕层疏松外，其下土壤发育与红黄土质褐土性土相同，土体紧实，颜色深，土层发育不明显。表土常受侵蚀，母质特征显露，保水保肥能力较强，耕作困难。有机质含量为 0.4% ~ 0.8%，使农作物产量低而不稳，多种植小麦和豆类。分 7 个土种：耕种均质中壤中蚀红黄土质褐土性土，土体中上下均为中壤质地，面积 10291 亩，多分布在窑曲和文城、红旗林场等坡地上；耕种中壤质弱蚀红黄土质褐土性土，土壤表层或心土层以上为中壤，其下为轻壤或重壤质地，地表坡度较小，面积 10720 亩；耕种中壤质中蚀红黄土质褐土性土，地表坡度大，侵蚀较强，多分布在黄河沿岸的几个乡镇范围内，面积 21947 亩；耕种中壤质强蚀红黄土质褐土性土，为陡坡垦殖的胶泥地，面积 6714 亩；耕种中壤质深位料姜中蚀红黄土质褐土性土，在剖面土体下部有料姜层出现，上部为中壤质地的土壤，面积 19117 亩；耕种重壤质深位料姜弱蚀红黄土质褐土性土，零星分布在梁峁上部地势平缓的耕地上，表土黏重，底土有料姜层，面积 237 亩；耕种重壤质中蚀红黄土质褐土性土，多分布在黄河边沿的耕种坡地上，土体质地较重，多为重壤，间有黏土质地层出现，面积 19573 亩。

沟淤褐土性土　分布于黄土丘陵地区沟谷中，土壤层次较明显，垧情较好，有一定的抗旱能力，土壤养分较高，多为 0.7% ~ 1.0%，为较良好的农业土壤，总面积 11203 亩。分 2 个土种：均质轻壤黄土质沟淤褐土性土，面积 835 亩，成土母质为黄土；中壤五花沟淤褐土性土，面积 2852 亩，成土母质在 2 种以上，多为黄土和红黄土等母质混合而成。

碳酸盐褐土　碳酸盐褐土为吉县主要农业土壤，面积 231838 亩，占吉县总耕地面积的 40.8%。分布于海拔 900 ~ 1000 米的川地、垣地上，地势平缓，土壤侵蚀较褐土性土轻，自然植被均受破坏，只在田间、路旁生长蒿类、苍耳、碱蓬、毛儿草、苦菜等杂草。分黄土质碳酸盐褐土和黄土状碳酸盐褐土两个土属：

黄土质碳酸盐褐土　分布在各个垣面上，俗称垣黄垆土，面积211308亩，土性良好，耕作历史悠久，是吉县主要的粮、油生产基地。土体中黏化层发育较弱，层次不太明显，土质均匀，土性柔和，全剖面呈微碱性反应，易保水保肥，其表土有机质多在0.8%左右。分7个土种：轻壤黄土质碳酸盐褐土，主要分布在各个垣地的中部，面积43854亩，地表较平缓，表土有机质为0.8%左右；中壤黄土质碳酸盐褐土，主要分布在中垛、柏山寺乡垣地中、下部，面积36125亩，表土多为中壤质地，心、底土为轻壤土质，为上紧下虚的构型土壤；轻壤浅位薄层黏化黄土质碳酸盐褐土，在各个垣地下部分布，面积21865亩，一般厚为10 ~ 20厘米，由于表土侵蚀较重使黏化层在土体出现部位较高，耕作种植受到影响；均质轻壤黄土质碳酸盐褐土，分布在各个垣面的上部，面积31243亩，地表坡度较大，土性近似耕种通体轻壤弱蚀黄土质碳酸盐褐土性土种；轻壤浅位中层黏化黄土质碳酸盐褐土，主要分布在文城和吉昌周围的垣地上，面积25924亩，其土壤形成的黏化层明显，且较厚，一般为20 ~ 50厘米，出现部位较高，对耕作种植产生一定的影响；轻壤浅位厚层黏化黄土质碳酸盐褐土，主要分布在较小垣地的中下部，面积46404亩，本土种的黏化强度较大，形成的黏化层厚度多在50厘米以上，在土体中出现部位高，对于耕作种植影响较大；轻壤深位中层夹黏黄土质碳酸盐褐土，主要分布在县城周围垣面上，面积5893亩，本土壤在发育过程中，黏化作用较强，形成的黏化层20 ~ 50厘米，其黏化层在剖面中出现部位较深，对农作物生长影响较小。

黄土状碳酸盐褐土　分布于清水河和昕水河的二级阶地和台地上，面积20530亩，地形平坦较宽阔，黄土状母质，地下水位深。土体较厚，上部微受侵蚀，下部不受地下水影响，是较好的农业土壤，土壤有一定发育，黏化、钙积比较明显。土性软绵，通体质地较匀。分3个土种：轻壤弱蚀黄土状碳酸盐褐土，土体表层为轻壤质地，心土多为中壤，主要分布在昕水河川地上，面积8124亩；均质轻壤弱蚀黄土状碳酸盐褐土，主要分布在清水河流域的沟川地上，土体上下均为轻壤质地，面积3308亩；均质中壤弱蚀黄土状碳酸盐褐土，多在较宽的河川地上分布，面积9098亩。

潮土

分布在河床两侧的河漫滩地上，地下水位较高，一般在4米以下，全剖面沉积层次较明显，土体底部有锈纹锈斑。面积11522亩，占吉县总面积的0.43%。分褐土化潮土，盐化潮土3个亚类。

褐土化潮土　分布于清水河、昕水河一级阶地高起和二级阶地的低洼处、地下水位下降，一般为3 ~ 5米，多为洪积—冲积物上发育的土壤，面积4761亩，是较好的农业土壤。分潮土、耕种潮土2个土属。

潮土　典型的土属，主要分布在河床较宽的一级阶地及河漫滩，面积510亩。土体为淤积物组成，土壤质地上下不匀，土层明显，砾石层，轻壤土质混杂而成，表层多为轻壤。

耕种潮土 耕作熟化潮土，分布于河流两边的河漫滩和一级阶地上，成土母质为深积物，面积5825亩。分2个土种：轻壤底黏耕种浅色潮土，零星分布在一级阶地较高处，面积1459亩，土体表层多为轻壤、心、底土有中壤土质构型出现，成为上虚下实的土体构型，耕性良好，保水保肥性能较好；沙砾耕种浅色潮土，为典型土种，面积4366亩。土壤表层多为细小沙壤，心、底土为紧沙或石沙构型，整个土体含沙量大，有明显的沙土或沙壤层出现，土壤疏松，易耕作，但漏肥漏水较严重。

盐化潮土　分布于屯里镇峪口村边，面积426亩。分中壤夹沙氧化物硫酸盐盐化浅色潮土和均质中壤轻度氯化物硫酸盐盐化浅色潮土2个土种。

第二节 土壤养分

土壤大量元素背景值的表达方式，以各统计单元养分汇总结果的算术平均值和标准差来表示，分别以单体N、P、K表示。表示单位：有机质、全氮用克/千克表示，有效磷速效钾、缓效钾用毫克/千克表示。

土壤有机质、全氮、有效磷、速效钾等以《山西省耕地土壤养分含量分级参数表》为标准各分6个级别。

有机质

吉县耕地土壤有机质含量变化为10 ~ 20克/千克，平均值为11.46克/千克，属四级水平。

全氮

吉县土壤全氮含量变化范围为0.5 ~ 3.68克/千克，平均值为0.77克/千克，属四级水平。

有效磷

吉县有效磷含量变化范围为5 ~ 156.4毫克/千克，平均值为12.46毫克/千克，属四级水平。

速效钾

吉县土壤速效钾含量变化范围为80 ~ 600毫克/千克，平均值153.9毫克/千克，属三级水平。

第三节 植被

海拔在1300米以上的中山地区

植被以针阔叶林复合群落为主，林草较密，境内森林都集中于此区。主要树种有侧柏、白皮松、栎类、山杨、白桦、枫、椴、千金榆等，侧柏和白皮松主要出现于阴坡上。间生灌木有胡枝子、黄刺玫、山楂、连翘、山丁香、山桃等。草类有羊胡草、铁秆蒿、野艾、山棉花、苔草等。覆盖率在80%以上，多乔木为主，灌草次之。

此区垦殖农田只能种植谷子、玉米、马铃薯和豆类等生育期短的作物。

海拔1100 ~ 1400米的低山、丘陵区

自然植被较好，以灌木为主，林草辅之。零星生长山杨、柳、枫、杜梨等乔木，灌木有黄栌柴、椿木、山桃、酸枣醋柳、连翘、胡枝子、刺玫瑰、丁香、荆条，草类有苔草、白茅草、铁秆蒿、野艾、甘草等。

此区自然植被覆盖度为60%左右。荒山荒坡多生长灌木、草类。农耕地自然植被以草类为主，主要为谷子、玉米、小麦、马铃薯、豆类等生育较短的作物。

海拔在1100米以下黄土沟壑区

多为农田，宜种作物种类较多。自然植被覆盖度差，多在50%以下，且残存于沟道、坡洼和农田边缘。主要生长酸枣、荆条、臭椿、文冠果、刺玫瑰等稀疏灌木和甘草、枸杞、白羊草、野艾、茵陈、茅草等草本植物。

此区属于旱生植物类型，分布稀疏不匀。随着地形部位的不同，坡向不一而生长着不同的草灌植物。适种作物较广，有玉米、小麦、谷子、豆类、油料、棉花、麻类等杂粮。旱生经济植物类的杏、苹果、桃、李、梨等。

川谷地区

地势较平坦，地下水较高，为良好的耕作区，土壤肥沃，适种作物广泛。仅在河畔、路、渠边、地堰生长着蒿类、碱蓬、芦苇、马齿苋、狗尾草、苍耳等草本植物。

第七章 自然灾害

第一节 气象灾害

干旱

干旱是吉县的主要灾害性天气之一，气象资料显示，干旱占境内自然灾害的42%，对农作物影响严重。

1985年10月20日—1986年2月14日，无雨雪。

1987年6月29日—8月9日，无一场有效降水，土壤湿度严重偏低，境内约3万亩玉米减产一半以上，绝收1.5万亩。

1987年11月29日—1988年2月14日，连续长达78天无一次有效降水，4月份仅降水5.8毫米。境内5万亩大秋作物不能正常播种、出苗，小麦返青、拔节受阻，烤烟无法移栽，对果树开花、结果极为不利。

1989年5月总降水量8.7毫米，仅占历年平均降水量的21%，气温偏高。旱情引发冬小麦虫害、黄萎病，小麦不抽穗，叶发黄，直至枯死。

1991年7月11日—9月6日，仅7月份上中旬降水23.9毫米，出现严重的玉米"卡脖旱"、植株死亡现象。

1994年8月3日—9月9日，连续高温少雨，境内农作物受灾面积达到总面积的80%以上，大秋作物减产4成。

1995年3月—6月29日，仅降水42.7毫米，无一次有效降水，小麦基部叶片干枯，不能正常灌浆，千粒重大幅度下降。

1996年5月13日—6月11日，境内大部分地区发生较严重的夏初干旱，玉米大部分叶片变黄，植株卷曲，沿黄河乡镇灾情严重。

1997年春、夏、秋连旱，年降水量277.6毫米，较历年偏少49.1%，比中华人民共和国成立以来最旱的1965年偏少87.5毫米，夏季雨量106.1毫米，仅为历年平均值的1/3。年内滴雨未落的持续日数达127天，6—8月盛夏期间日最高气温大于30℃，日数达70天。

1999年4月11日—6月2日，境内40天内降雨33.5毫米，不足常年的3成。7月16日—8月下旬，持续高温，最高气温大于30℃的日数达40天。长期干旱、异常高温，导致大秋作物叶黄秆枯，直到死亡。

2000年4月11日—6月2日，境内严重干旱，3—5月总降水量仅25.6毫米，为常年的一半，且无一次有效降水。小麦从返青开始生长迟缓，严重减产。人畜吃水告急，草坡植被干枯。

2001年4月18日—6月14日，4月份降水偏少，仅有13.1毫米，5月份降水16.9毫米，分别比历年偏少16.1毫米和23.3毫米。植株中、下部叶片干枯，部分弱小茎死亡，造成严重减产。

2005年4月18日—6月5日。4月份降水量为14.2毫米，比历年偏少15.4毫米，4月份平均气温比历年偏高2.8C。冬小麦根部干枯，拔节后营养生长和生殖生长严重受阻，植株生长矮小、穗小、粒少、千粒重低。

2006年3月,降水量仅0.1毫米,比历年同期偏少17.1毫米。干旱致使冬小麦植株生长矮小,大幅度减产。

2008年7月,降水严重偏少,持续高温天气,土壤相对湿度在28% ~ 35%之间,干土层厚度达到8厘米,正处于抽穗期的春玉米遭受“卡脖旱”,全县玉米受灾面积为7000多公顷,占播种面积的80%,其中绝收面积达到800公顷。严重影响小秋作物的正常生长。

2009年3月13日—5月8日,降水量仅为13.3毫米,5月8日干土层厚度达到9厘米,10—50厘米土壤相对湿度介于14% ~ 26%之间。致使植株长势偏弱,高度参差不齐,不利于小穗小花的分化,开花授粉受到影响。

2010年10月28日—2011年1月1日,境内连续66天无降水,空气干燥,森林火险等级高。造成土壤表层缺水,部分地块麦苗有枯干枯死现象。全县苹果受灾面积为19万亩,冬小麦受灾面积为11万亩。

2011年11月30日—2012年1月19日,境内连续51天无有效降水,造成土壤表层水分缺失,对冬小麦越冬及返青不利。

2013年11月25日—2014年2月4日,连续70天无降水,气温偏高,土壤墒情差,达到中度旱情。

2015年7月1日—14日,连续14天无降水,土壤墒情差,部分地区出现中度干旱,开花、授粉期的玉米出现了严重的“卡脖子”旱,正处于果实膨大期的苹果果实生长受到影响,玉米、谷物和豆类等普遍减产10%-20%,个别地区减产达到50%。

暴雨

1986年7月1日,出现暴雨,过程降雨量达到70毫米。

1988年7月4日,出现暴雨,过程降雨量达到86.5毫米,8月7日和8月14日,降雨量分别为58.1毫米、54.5毫米,达到暴雨级别。

1989年7月23日,出现暴雨,降雨量为59.6毫米。

1995年8月29日,出现暴雨,降雨量为62.1毫米。

1996年9月17日,出现暴雨,降雨量为50.1毫米。

1998年7月8日,出现暴雨,过程降雨量达到78.9毫米。

2001年7月27日,出现暴雨,降雨量为59.7毫米。

2003年8月26日,出现暴雨,降雨量为91.2毫米。

2005年8月16日,出现暴雨,过程降雨量达到76.9毫米。9月20日,出现暴雨,过程降雨量达到82.6毫米。

2006年8月28日,出现暴雨,降雨量为66.5毫米。

2008年8月21日、29日,出现暴雨,降雨量分别为71.9毫米、55.9毫米。

2009年6月7日19时—23时,吉昌镇出现暴雨,小时最大降雨量28.2毫米,总降雨量达到81.8毫米。导致吉昌镇小府村一洞窑面滑坡,一人被砸身亡。7月20,出现暴雨,降雨量为52.7毫米。

2011年7月29日,出现大暴雨天气过程,过程降雨量达到119.0毫米,是境内有气象记录以来,仅次于1966年(118.0毫米)和1971年(151.3毫米)的大暴雨灾害天气过程。导致居民多处房屋进水、道路淤泥阻塞交通,对群众生活及交通运输带来严重影响

2013 年 7 月 18 日和 22 日，分别出现暴雨，降雨量为 57.0 毫米和 82.5 毫米。

2014 年 8 月 6 日、9 月 11 日，分别出现暴雨，降雨量为 71.1 毫米和 64.9 毫米。

冰雹

1986 年 6 月 11 日、7 月 24 日，城关地区出现冰雹。

1987 年 8 月 9 日，出现雷暴大风天气，并伴有冰雹。

1990 年 10 月 2 日 19 时 30 分，城关遭受雹击，降雹时间 5 ~ 10 分钟，果树受灾 1.5 万亩，成灾 0.6 万亩，苹果被打落，失去商品价值。

1991 年 6 月 22 日，曹井、窑渠、兰家河、屯里等地遭受暴风雨夹冰雹袭击，冰雹最大直径 35 毫米，平均 10 毫米，造成小麦、秋粮、烤烟受灾，另有苹果、核桃损失 150 吨。

同年 7 月 4 日 16 时 20 分左右，曹井部分村庄降雹，持续时间 30 分钟，冰雹直径 10 毫米，4 个村委、14 个自然村遭雹击，农作物损失惨重。

1994 年 4 月 9 日和 6 月 26 日，短时强降水过程中出现冰雹。

1995 年 6 月 30 日，4 个乡镇 21 个自然村遭雹击，玉米等大秋作物被打成麻丝状的达 5000 亩，烤烟等经济作物受害 540 亩。

1996 年 8 月 30 日，短时强降水伴有冰雹。

1999 年 7 月 18 日，8 个乡镇 30 多个村委 80 余个自然村遭受冰雹袭击，城关镇、中垛乡、东城乡和兰家河村等烤烟种植区烟叶被撕折，损失惨重。

2000 年 7 月 13 日，短时强降水过程中出现冰雹。

2001 年 6 月 24 日和 10 月 8 日，两次降雹。

2005 年 8 月 13 日下午 4 点许，吉昌镇 11 个自然村发生冰雹灾害，降雹持续 10 分钟，最大冰雹直径 10 毫米，苹果受灾面积 1290 亩、烟叶受灾面积 300 亩。

2008 年 10 月 4 日下午 3 点 50 分左右，中垛乡遭受一场罕见的冰雹灾害，冰雹持续时间 8 分钟，最大冰雹有核桃般大小。中垛乡 9 个村民委员会 9265 亩优质苹果变成烂果，受灾人口 9020 人，直接经济损失 2800 万元。

2011 年 7 月 18 日 13 时 47 分—14 时 31 分，出现强对流天气，东城乡、吉昌镇 11 个自然村发生冰雹及雷雨大风天气，冰雹持续 25 分钟，最大直径 2 厘米。农作物受灾面积约 31920 亩，其中果园 26505 亩，玉米等大秋作物 5415 亩。

2014 年 15 时 10 分—16 时 20 分，吉昌镇辛村、谢悉村出现雷雨短时冰雹天气，最大冰雹直径 8 毫米。冰雹对大秋作物以及烤烟等作物造成严重损失。

2015 年 8 月 26 日 12 时 50 分—13 时，吉昌镇、车城乡、中垛乡局部地区出现冰雹天气，冰雹最大直径 8 毫米。造成果树被打伤、外袋脱落，甚至果树枝条折断，受灾区域果木损失普遍达到 30%。

狂风

1986 年，出现 7 次大风天气，分别为 4 月 9 日、4 月 19 日、8 月 5 日、9 月 19 日、9 月 26 日、10 月 27 日、10 月 28 日。

1987 年，出现 7 次大风天气，分别为 3 月 3 日、3 月 17 日、4 月 4 日、5 月 13 日、5 月 15 日、6 月 5 日、9 月 22 日。

1988 年，出现 8 次大风天气，分别为 1 月 22 日、3 月 6 日、4 月 11 日、4 月 16 日、4 月 19 日、5 月 3 日、7 月 21 日、9 月 5 日。

1989年，出现3次大风天气，分别为3月30日、4月15日、9月21日。

1990年，出现9次大风天气，分别为4月2日、4月6日、4月7日、5月5日、6月5日、6月27日、8月11日、9月16日、10月2日。

1991年，出现14次大风天气，分别为2月21日、4月28日、4月30日、6月29日、7月8日、7月9日、7月18日、8月18日、9月4日、9月5日、9月12日、10月14日、10月24日、10月26日。

1992年，出现10次大风天气，分别为4月20日、5月26日、6月5日、6月23日、7月4日、7月9日、7月20日、7月28日、11月8日、12月9日。

1993年6月6日，出现大风天气。

1994年6月25日，出现大风天气。

1995年6月30日，出现大风天气。

1998年出现2次大风天气，分别为6月20日、9月9日。

2000年，出现3次大风天气，分别为3月27日、3月28日、4月9日。

2001年，出现5次大风天气，分别为5月23日、5月29日、6月4日、6月12日、10月2日。

2002年，出现4次大风天气，分别为6月24日、6月28日、6月29日、8月24日。

2004年，出现4次大风天气，分别为6月7日、6月16日、6月21日、8月3日。

2006年4月18日，出现大风天气。

2009年出现2次大风天气，分别为5月16日、6月14日。

2010年出现2次大风天气，分别为4月26日、11月11日。

2011年出现2次大风天气，分别为4月26日、6月6日。

2012年出现2次大风天气，分别为3月23日、12月26日。

2014年6月16日17时，柏山寺乡、东城乡、中垛乡、车城乡、屯里镇出现8级以上大风天气。对苹果等果树造成严重影响，出现大面积落果现象。

连阴雨

1988年3月13—24日，连续阴雨低温达12天。7月4—10日，连续降雨7天，过程总降雨量为143.5毫米。8月4—8日，连续降雨5天，过程总降雨量为64.2毫米。

1992年8月8—14日，连续降雨7天，过程总降雨量为71.5毫米，连续阴雨天气使空气和土壤长期潮湿，日照严重不足，影响作物正常生长。

1993年10月8—13日，连续降雨6天，过程总降雨量为61.2毫米，大秋作物果实发芽霉烂，作物减产。

1994年10月14—18日，连续降雨5天，过程总降雨量为77.7毫米，大秋作物果实发芽霉烂，作物减产。

1995年8月27日—9月1日，连续降雨6天，过程总降雨量为82.8毫米，对作物产量和品质产生严重影响。

1996年5月31日—6月4日，连续降雨5天，过程总降雨量为56毫米。

1998年7月5—10日，连续降雨6天，过程总降雨量为114.1毫米。

2000年8月4—8日，连续降雨5天，过程总降雨量为57.4毫米。

2001年9月16—24日，连续降雨9天，过程总降雨量为91.6毫米。

2003年9月28日—10月2日，连续降雨5天，过程总降雨量为73.5毫米，大秋作物果实发芽霉烂，作物减产。

2004 年 7 月 9 —17 日，连续降雨 9 天，过程总降雨量为 62.2 毫米。

2005 年 9 月 27 日—10 月 3 日，连续降雨 7 天，过程总降雨量为 80.7 毫米。

2007 年 7 月 22—30 日，连续降雨 9 天，过程总降雨量为 110.9 毫米。同年 9 月 26 日—10 月 3 日，连续降雨 8 天，过程总降雨量为 75.9 毫米。

2011 年 8 月 16—21 日，连续降雨 6 天，过程总降雨量为 85.1 毫米。

2013 年 7 月 8—15 日，连续降雨 8 天，过程总降雨量为 87.2 毫米。

2014 年 8 月 5—9 日，连续降雨 5 天，过程总降雨量为 123.6 毫米。同年 9 月 11—17 日，连续降雨 7 天，过程总降雨量为 137.1 毫米。

霜冻

1986—2015 年，境内年均无霜期为 198 天，开始时间一般为 4 月上旬，结束时间一般为 10 月下旬。有霜期日数年均为 167 天。

2001 年 4 月 8—9 日，24 小时降温 12.5℃，出现霜冻。

雪灾

1987 年 3 月 21—30 日，连续降雪 10 天，总降雪量 16.9 毫米，积雪厚度 18 厘米，24—25 日气温下降到 -7.3℃。骨干交通线中断通车 3 ~ 4 天，县乡公路中断通车 10 天左右。积雪压坏烤烟弓棚 10 余个，蔬菜大棚和育苗弓棚不同程度损坏。

1989 年 1 月 4—12 日，连续降雪 9 天，最大积雪深度达 11 厘米，雪后平均气温下降 5℃ ~ 6℃，14 日极端最低气温降至 -17.4℃，造成公路积雪结冰。吉临干线公路停发客运十余日，各乡镇公路月余不能通车，客运、货运无法正常进行。

2006 年 1 月 17—20 日，降雪过程，总降雪量 14.1 毫米，积雪最深达到 15 厘米，交通中断数天。

2008 年 1 月 11—14、16—17、19—22、27—28 日，共有 4 次降雪过程，总降雪量 15.7 毫米，积雪最深达到 18 厘米，交通中断 10 天。

2009 年 11 月 10—12 日，出现强降雪天气，降雪量为 21.7 毫米，积雪最深 11 厘米，道路交通受阻。

2014 年 2 月 4—7 日，出现强降雪天气，降雪量为 10.4 毫米，积雪最深 12 厘米，道路交通受阻。

低温

1988 年 3 月 13 — 24 日，连续阴雨低温达 12 天，烤烟蔬菜育苗苗床温度低，种子不能正常出土，出现烂籽、部分幼苗冻死现象。

1994 年 11 月中旬，出现罕见寒流侵袭，境内 12 万亩冬小麦普受冻害；果树受冻严重，全县近 2 万亩红富士受冻达 30%，部分 5 ~ 6 年的成龄果树被冻死。

2006 年 4 月 11 日，境内普降小雪，气温骤降至 -2℃，苹果花柱受冻，影响到授粉，花柄皮层分离，造成养分无法输送，难以坐果，苹果受灾达到 30% 左右。

第二节 地质灾害

地震

2001 年 4 月 26 日，发生有感地震。

2008 年 5 月 28 日，受四川汶川大地震影响，发生有感地震。

滑坡

2005年5月9日晚11时左右，吉昌镇水洞沟发生特大山体滑坡，塌方长度250米，高度80米，土方量约150万立方米，有11户村民的房屋、窑洞被掩埋，死亡24人，男女各12人。

2007年12月29日，吉昌镇城北坡发生黄土崩塌，土方量约240立方米，无人员伤亡。

2008年3月2日，吉昌镇柏浪沟发生黄土崩塌，土方量约900立方米，无人员伤亡。

2008年6月9日，吉昌镇龙王咀发生黄土崩塌，土方量约50立方米，死亡1人。

2008年8月21日，吉昌镇背崖村发生黄土崩塌，土方量约40立方米，无人员伤亡。

2008年9月17日，吉昌镇学背后村发生黄土崩塌，倒塌窑洞1孔，无人员伤亡。

2008年12月26日，吉昌镇霖雨村发生黄土崩塌，倒塌窑洞1孔，无人员伤亡。

2009年2月27日，吉昌镇背崖村发生黄土崩塌，土方量约500立方米，无人员伤亡。

2009年5月9日，吉昌镇小府村发生黄土崩塌，倒塌窑洞3孔，无人员伤亡。

2009年5月31日，吉昌镇祖师庙村发生黄土崩塌，土方量约220立方米，无人员伤亡。

2009年6月1日，吉昌镇背崖村发生黄土崩塌，倒塌窑洞一孔，无人员伤亡。

2009年6月7日，吉昌镇小府村发生黄土崩塌，倒塌窑洞3孔，无人员伤亡。

2010年8月23日，吉昌镇李家沟发生黄土崩塌，土方量约1800立方米，无人员伤亡。

2010年11月26日，吉昌镇圪针沟发生黄土崩塌，土方量约70立方米，无人员伤亡。

2010年12月21日，吉昌镇侯家沟发生黄土崩塌，土方量约500立方米，无人员伤亡。

2011年1月16日，中垛乡白额村发生黄土崩塌，土方量约6000立方米，无人员伤亡。

2011年7月15日，文城乡文城学校发生黄土崩塌，土方量约2000立方米。无人员伤亡。

2011年7月26日，吉昌镇教场沟发生黄土崩塌，倒塌窑洞1孔，死亡1人。

2011年7月29日，吉昌镇宏聚村发生黄土崩塌，倒塌窑洞2孔，无人员伤亡。

2011年8月10日，吉昌镇侯家沟发生黄土崩塌，土方量约50立方米，无人员伤亡。

2011年8月30日，吉昌镇龙王湾发生黄土崩塌，土方量约50立方米，无人员伤亡。

2011年9月12日，吉昌镇淇北沟发生黄土崩塌，土方量约1200立方米，无人员伤亡。

2011年9月28日，吉昌镇侯家沟发生黄土崩塌，土方量约1000立方米，无人员伤亡。

2011年11月1日，吉昌镇圪针沟发生黄土崩塌，土方量约1800立方米，死亡1人。

2012年1月13日，吉昌镇小府村发生黄土崩塌，土方量约2000立方米，无人员伤亡。

2012年5月27日，柏山寺乡官庄村发生黄土崩塌，土方量约300立方米，死亡1人。

2012年8月10日，吉昌镇柏浪沟发生黄土崩塌，土方量约200立方米，死亡2人。

2012年8月31日，吉昌镇水洞沟发生黄土崩塌，土方量约600立方米，无人员伤亡。

2014年4月6日，吉昌镇柏浪沟发生山体崩塌，土方量约2000立方米，两层楼房共8间房被摧毁，8人被埋，其中1人生还7人死亡。

2015年3月21日，吉昌镇水洞沟发生山体滑坡，摧毁房屋3间，损坏汽车2辆，无人员伤亡。

2015年5月4日，吉昌镇葛家沟发生黄土崩塌，倒塌土窑2孔，无人员伤亡。

2015年5月7日，吉昌镇水洞沟发生山体滑坡，倒塌土窑3孔，无人员伤亡。

2015年8月26日，车城乡毛家庄村发生黄土崩塌，倒塌土窑2孔，无人员伤亡。

塌陷

2009年11月25日，吉昌镇209国道水洞沟段723+700发生塌陷，土方量约1500立方米。

2011年10月7日，209国道北乐段734+50发生塌陷，土方量约1200立方米。

2011 年 10 月 8 日，209 国道水洞沟段 724+150 发生塌陷，土方量约 7875 立方米。

2015 年 5 月 6 日，209 国道水洞沟段发生塌陷，土方量约 1500 立方米。

2015 年 10 月 18 日，县城通往井圪塔路段发生塌陷。

第三节 植物灾害

1986—2015 年，苹果棉蚜、苹果腐烂病、苹果蚜虫、苹果轮纹病、苹果白粉病、早期落叶病等发生面积在 260000 亩次左右。

2002 年 6 月，东城乡社堤村建行果园首次发现苹果棉蚜（省检疫性害虫）危害，面积 60 亩。

2003 年 7 月，兰家河村大棚蔬菜发现美洲斑潜蝇（省检疫性害虫）危害，面积 20 亩。同年 9 月，苹果棉蚜发生面积 20000 余亩。涉及东城、柏山寺、中垛、吉昌、文城等 7 个乡镇。

2004 年 6 月，苹果棉蚜发生危害 26000 余亩，涉及全县苹果种植乡镇。美洲斑潜蝇发生危害扩散到全县蔬菜种植基地。

2005 年，美洲斑潜蝇、苹果棉蚜取消了检疫性害虫。

第三编　人口

柿子滩考古发现，距今一万年以前（新旧石器交替），吉县就有人类繁衍生息。间或有伏羲女娲在域内人祖山兄妹成婚、抟土造人的传说。北魏延兴四年（474）河西定阳胡人渡河到此定居，常住人口逐年增加。清末和民国时期，河南、山东等地客籍民众逃荒避难，大量流入境内，打窑开荒、繁衍而居。中华人民共和国成立后，随着生产发展和社会进步，居民生活水平明显提高，医疗条件不断改善，人口数量持续增长。1949年，全县人口为39308人；2010年，人口普查境内常住人口发展到106407人；2015年，境内常住人口40772户、109351人。

第一章　人口规模与分布

第一节　人口总量

1985 年 12 月 30 日至 2015 年 12 月 30 日，吉县总户数由 18808 户增加到 40772 户，总人口由 82648 口人增加到 109351 口人。

第四次人口普查资料显示，1990 年，吉县总人口为 90327 人，其中常住吉县、户口在吉县的为 88616 人，占总人口的 98.11%。常住吉县一年以上，户口在外县的 490 人，占总人口的 0.54%。入住吉县不满一年，离开户口登记地一年以上的 58 人，占总人口的 0.06%。人在吉县，户口待定的 1163 人，占总人口的 1.29%。

第五次人口普查资料显示，2000 年，吉县总人口为 25963 户，98611 人。

第六次人口普查资料显示，2010 年，吉县总人口为 106407 人。其中居住吉县、户口在吉县的为 91285 人。居住在吉县，户口在外地，离开户口所在地半年以上的 13644 人。居住在吉县，户口待定的 1477 人。原住吉县，后在国外工作学习的 1 人。

1986—2015 年吉县人口总量情况表

表 3-1-1　　单位：人

年份	总人口	年份	总人口	年份	总人口
1986	83402	1996	99202	2006	103944
1987	85045	1997	99654	2007	104585
1988	86665	1998	100076	2008	105266
1989	88415	1999	100778	2009	105895
1990	90327	2000	98611	2010	106407
1991	92984	2001	100129	2011	107141
1992	95157	2002	101005	2012	107827
1993	97151	2003	101803	2013	108381
1994	97943	2004	102614	2014	108947
1995	98688	2005	103291	2015	109351

第二节　人口分布

吉县人口分布的特点是垣面地区和河川地区人口较密，深山和偏远地区人口较稀。2000 年后，人口逐渐向县城聚居。到 2015 年，县城居住人口占到境内人口的一半。

1985年吉县总人口82648人，每平方千米平均46.5人。辖区11个乡镇及红旗林场的具体分布情况是：城关镇总面积181.46平方千米，总人口24739人，每平方千米平均136.33人；屯里镇118.31平方千米，总人口4568人，每平方千米平均38.61人；明珠乡212.05平方千米，总人口2764人，每平方千米平均13.63人；窑渠乡181.38平方千米，总人口3561人，每平方千米平均19.63人；曹井乡200.05平方千米，总人口3476人，每平方千米平均17.38人；兰家河乡106.43平方千米，总人口3711人，每平方千米平均34.87人；文城乡218.19平方千米，总人口7699人，每平方千米平均35.29人；王家原乡128.92平方千米，总人口4223人，每平方千米平均32.76人；东城乡123.46平方千米，总人口6849人，每平方千米平均55.48人；柏山寺乡186.36平方千米，总人口10094人，每平方千米平均54.16人；中垛乡101.65平方千米，总人口10227人，每平方千米平均100.61人；红旗林场19平方千米，总人口737人，每平方千米平均38.79人。

1990年第四次人口普查显示，吉县总人口90327人，每平方千米平均50.82人。辖区11个乡镇的具体分布情况是：城关镇总面积181.46平方千米，总人口28709人，每平方千米平均158.21人；屯里镇118.31平方千米，总人口5031人，每平方千米平均42.52人；明珠乡212.05平方千米，总人口3411人，每平方千米平均16.10人；窑渠乡181.38平方千米，总人口3787人，每平方千米平均20.88人；曹井乡200.05平方千米，总人口3422人，每平方千米平均17.11人；兰家河乡106.43平方千米，总人口3735人，每平方千米平均35.10人；文城乡218.19平方千米，总人口8173人，每平方千米平均37.50人；王家原乡128.92平方千米，总人口4486人，每平方千米平均34.79人；东城乡123.46平方千米，总人口8187人，每平方千米平均58.21人；柏山寺乡186.36平方千米，总人口10731人，每平方千米平均57.60人；中垛乡101.65平方千米，总人口11655人，每平方千米平均86.94人。

2010年第六次人口普查结果，吉县总人口106407人，每平方千米平均约59.80人；辖区8个乡镇的具体情况是：吉昌镇总面积144.89平方千米，总人口43389人，每平方千米平均299.46人；屯里镇总面积317.79平方千米，总人口12535人，每平方千米平均39.44人；壶口镇总面积102.94平方千米，总人口3876人，每平方千米平均37.65人；文城乡总面积168.73平方千米，总人口8711人，每平方千米平均51.63人；东城乡总面积83.97平方千米，总人口6212人，每平方千米平均73.98人；柏山寺乡总面积186.48平方千米，总人口11497人，每平方千米平均61.65人；中垛乡总面积129.42平方千米，总人口12223人，每平方千米平均94.44人；车城乡总面积205.54平方千米，总人口7964人，每平方千米平均38.75人。（乡镇总面积未包括乡镇辖区内人祖山自然保护区、屯里林场、红旗林场面积共计439.93平方千米）

2015年总人口109351人，每平方千米平均约61.4人；8个乡镇的具体情况是：吉昌镇总面积144.89平方千米，总人口37417人，每平方千米平均258.2人；屯里镇总面积317.79平方千米，总人口12444人，每平方千米平均39.2人；壶口镇总面积102.94平方千米，总人口4670人，每平方千米平均45.4人；文城乡总面积168.73平方千米，总人口10258人，每平方千米平均60.8人；东城乡总面积83.97平方千米，总人口7443人，每平方千米平均88.6人；柏山寺乡总面积186.48平方千米，总人口12754人，每平方千米平均68.4人；中垛乡总面积129.42平方千米，总人口14609人，每平方千米平均112.9人；车城乡总面积205.54平方千米，总人口8488人，每平方千米平均41.3人。（乡镇总面积未包括乡镇辖区内人祖山自然保护区、屯里林场、红旗林场面积共计439.93平方千米）

第二章 人口构成

第一节 性别构成

1986年，吉县人口男43307人，女40095人，男女性别比（以女性为100）为108；1990年12月30日，境内人口男46771人，女43556人，男女性别比为107.4。2000年12月30日，境内人口男51044人，女47567人，男女性别比为107.3；2010年12月30日，境内人口男54736人，女51671人，男女性别比为105.9；2015年12月30日，境内人口男56157人，女53194人，男女性别比为105.6。

1986—2015年吉县人口性别情况表

表3-2-1　　单位：人

年份	男	女
1986	43307	40095
1987	44091	40954
1988	45051	41614
1989	45879	42536
1990	46771	43556
1991	48191	44793
1992	49235	45922
1993	50099	47052
1994	50379	47564
1995	50843	47845
1996	51280	47922
1997	51385	48269
1998	51638	48438
1999	52011	48767
2000	51044	47567
2001	51506	48623
2002	51979	49026

续表

年份	男	女
2003	52886	48917
2004	52744	49870
2005	53470	49821
2006	53622	50322
2007	53211	51374
2008	53065	52201
2009	57184	48711
2010	54736	51671
2011	54951	52190
2012	56156	51671
2013	56111	52270
2014	57721	51226
2015	56157	53194

1990 年第四次人口普查时吉县分乡镇人口性别情况表

表 3-2-2 单位：人

乡镇	总人数	男	女	性别比
合计	90327	46771	43556	107.38
城关镇	28709	14655	14054	104.28
屯里镇	5031	2622	2409	108.84
兰家河乡	3735	1979	1756	112.70
曹井乡	3422	1834	1588	115.49
窑渠乡	3787	1990	1797	110.74
明珠乡	3411	1964	1447	135.73
文城乡	8173	4270	3903	109.40
王家原乡	4486	2318	2168	106.92
东城乡	7187	3618	3569	101.37
柏山寺乡	10731	5542	5189	106.80
中垛乡	11655	5979	5676	105.34

2010 年第六次人口普查时吉县分乡镇人口性别情况表

表 3-2-3　　单位：人

乡镇	总人数	男	女	性别比
合计	106407	54736	51671	105.93
吉昌镇	43389	22192	21197	104.69
屯里镇	12535	6415	6120	104.82
壶口镇	3876	2062	1814	113.67
车城乡	7964	4221	3743	112.77
文城乡	8711	4453	4258	104.58
东城乡	6212	3348	2864	116.90
柏山乡	11497	5843	5654	103.34
中垛乡	12223	6202	6021	103.01

第二节　年龄构成

1990 年第四次人口普查结果显示，全县总人口 90327 人，其中 0 ～ 14 岁 28865 人，15 ～ 59 岁 55091 人，60 岁及以上 6371 人。2010 年第六次人口普查结果显示，全县总人口为 106407 人，其中 0 ～ 14 岁 20459 人，15 ～ 59 岁 74571 人，60 岁及以上 11377 人。

1990、2010 年吉县人口年龄构成情况表

表 3-2-4　　单位：人

项目＼年份		1990 年		2010 年	
		男	女	男	女
人口数量（人）	0 ～ 4 岁	6278	6001	2359	2223
	5 ～ 9 岁	4906	4591	3214	2958
	10 ～ 14 岁	3650	3439	4387	4247
	15 ～ 19 岁	5214	5071	4979	5203
	20 ～ 24 岁	5382	5213	5234	5095
	25 ～ 29 岁	4319	3859	4323	3695
	30 ～ 34 岁	3210	3011	3417	3216
	35 ～ 39 岁	2862	2679	5345	4991
	40 ～ 44 岁	2277	2150	5276	4718
	45 ～ 49 岁	2006	1776	4267	3806
	50 ～ 54 岁	1632	1410	3058	2810

续表

项目	年份	1990 年		2010 年	
		男	女	男	女
人口数量（人）	55 ~ 59 岁	1588	1432	2606	2469
	60 ~ 64 岁	1175	1014	1934	1855
	65 ~ 69 岁	1036	849	1554	1428
	70 ~ 74 岁	669	597	1073	1018
	75 ~ 79 岁	413	305	690	758
	80 ~ 84 岁	135	134	326	413
	85 ~ 89 岁	15	21	133	136
	90 ~ –94 岁	2	4	21	31
	95 ~ 99 岁	2	—	5	2

1990、2010 年吉县人口年龄结构情况表

表 3-2-5

项目	年份	1990 年		2010 年	
		男	女	男	女
结构	0 ~ 4 岁	51.13%	48.87%	51.48%	48.52%
	5 ~ 9 岁	51.66%	48.34%	52.07%	47.92%
	10 ~ 14 岁	51.49%	48.51%	50.81%	49.19%
	15 ~ 19 岁	50.70%	49.30%	48.90%	51.10%
	20 ~ 24 岁	50.80%	49.20%	50.67%	49.33%
	25 ~ 29 岁	52.81%	47.12%	53.92%	46.08%
	30 ~ 34 岁	51.60%	48.40%	51.52%	48.48%
	35 ~ 39 岁	51.65%	48.35%	51.71%	48.29%
	40 ~ 44 岁	51.43%	48.57%	52.79%	47.21%
	45 ~ 49 岁	53.04%	46.96%	52.86%	47.14%
	50 ~ 54 岁	53.65%	46.35%	52.11%	47.89%
	55 ~ 59 岁	52.58%	47.42%	51.35%	48.65%
	60 ~ 64 岁	53.68%	46.32%	51.04%	48.96%
	65 ~ 69 岁	54.96%	45.04%	52.11%	47.89%
	70 ~ 74 岁	52.84%	47.16%	51.32%	48.68%
	75 ~ 79 岁	57.52%	42.48%	47.65%	52.35%
	80 ~ 84 岁	50.19%	49.81%	44.11%	55.89%
	85 ~ 89 岁	41.67%	58.33%	49.44%	50.56%
	90 ~ 94 岁	33.33%	66.67%	40.38%	59.62%
	95 ~ 99 岁	100%	—	71.43%	28.57%

第三节 老龄人口

老龄人口状况

吉县随着整体人口的增加和社会不断进步,老龄人口逐年增加,“人活 70 古来稀”成为历史。1982 年人口普查显示,境内有 60 岁以上老人 1579 人,占总人口 1.97%,其中 90 ~ 94 岁的长寿老人 6 名。

1990年人口普查结果,境内70~74岁老人1266人,占总人口1.40%;75~79岁老人718人,占总人口0.79%;80~84岁老人269人,占总人口0.30%;85~89岁老人36人,占总人口0.04%;90~94岁老人6人,占总人口0.01%;95~99岁老人2人。

2010年人口普查结果,境内70~74岁老人2091人,占总人口1.90%;75~79岁老人1448人,占总人口1.36%;80~84岁老人739人,占总人口0.69%;85~89岁老人269人,占总人口0.25%;90~94岁老人52人,占总人口0.05%;95~99岁老人7人。

2015 年底,境内 90 岁以上老人 176 人(百岁以上老人 4 人)。其中吉昌镇 43 人,壶口镇 10 人,屯里镇 18 人,文城乡 19 人,中垛乡 23 人,车城乡 18 人,东城乡 20 人,柏山寺乡 15 人,离休干部 10 人。

老龄工作

组织机构 1990 年,吉县成立老龄委员会,由副县长担任主任,下设办公室,设主任 1 人,副主任 1 人。2002 年 2 月老龄办公室并入民政局,成为民政局内设机构。2015 年底,全县 8 个乡镇、78 个村委全部成立了老年协会。有吉县光荣院、吉县屯里镇敬老院、吉县福利中心 3 所养老服务机构,27 个老年人日间照料中心。

养老扶助 2009 年,为全县 80 周岁及以上农村老年人发放高龄补贴,每人每月 30 元,其中百岁以上老人每人每月 300 元。2011 年调整为每人每月 50 元,2013 年调整为每人每月 100 元。2014 年发放范围扩大到全县城乡 80 周岁及以上老年人。2015 年全县有 1400 余人享受高龄补贴。

2012 年,县财政投资 36 万元,为全县 60 周岁以上老年人免费乘坐公交车,比全国规定的 70 周岁提早 10 年,使更多老年人享受到改革成果。

文体活动 2007 年以后,以离退休老干部为主体,先后组织起“新生活文化室”“九九爱乐房”“夕阳红百人合唱团”“老年书画活动室”“老干部文化活动中心”等文艺活动团体。每年国庆、春节、重阳节、消夏等节日都积极参加节日演出活动,还到农村、临汾、太原巡回展演,为群众文艺活动增添亮丽色彩。

2013 年,成立老年大学,开设音乐、舞蹈、太极拳、书法、绘画、走秀、乒乓球等课程,请专业老师讲课。近 300 余名老干部参加培训活动。

2014 年,老干部活动中心设置棋牌室、图书室、书画创作室、健身房、乒乓球室、文艺排练室等,为老干部活动提供方便。

老年体育活动项目有太极拳、台球、象棋、乒乓球、网球、篮球、门球等,在东关、西关、桥南、祖师庙、二中操场建立了 5 个健身点。

第四节 文化构成

1990年第四次全国人口普查结果，吉县人口中，具有大学(包括大学本科、大学专科)文化程度的331人，占总人口的0.37%；具有中专文化程度的1009人，占总人口的1.12%；具有高中文化程度的6738人，占总人口的7.46%；具有初中文化程度的19723人，占总人口的21.83%；具有小学文化程度的35270人(包括各类学校的毕业生、肄业生和在校生)，占总人口的39.05%。文盲、半文盲(15岁不识字或识字很少的人)11988人，占总人口的13.27%。

2010年第六次全国人口普查结果，境内有6岁及以上受教育人数为99630人(男51220人、女48410人)，未上过学的人数为1770人(男675人，女1095人)。其中：具有研究生学历的13人，占总人口的0.01%；具有大学文化程度的4435人(本科1027人、专科3408人)，占总人口的4.17%；具有高中文化程度的13983人，占总人口的13.14；具有初中文化程度的50459人，占总人口的47.42%；具有小学文化程度的28970人，占总人口的27.22%。

1990年吉县人口文化构成情况表

表3-2-6 单位：人

6岁及以上人口			不识字或识字很少		
合计	男	女	小计	男	女
76077	39496	36581	12855	5029	7826
小 学			初 中		
合计	男	女	合计	男	女
35398	16934	18464	21051	13095	7956
高 中			中 专		
合计	男	女	合计	男	女
5433	3427	2006	1009	718	291
大学专科			大学本科		
合计	男	女	合计	男	女
286	252	34	45	41	4

2010 年吉县人口文化构成情况表

表 3-2-7 单位：人

6 岁及以上人口			未上过学		
合计	男	女	小计	男	女
99630	51220	48410	1770	675	1095
小 学			初 中		
合计	男	女	合计	男	女
28970	12979	15991	50459	27387	23072
高 中			大学专科		
合计	男	女	合计	男	女
13983	7701	6282	3408	1899	1509
大学本科			研究生		
合计	男	女	合计	男	女
1027	572	455	13	7	6

第五节 民族 姓氏

民族

1990 年人口普查显示，吉县共有 4 个民族，其中汉族 90035 人，回族 218 人，满族 5 人，蒙古族 6 人。

2010 年人口普查显示，境内共有汉、回、满、蒙古、壮、藏 6 个民族，其他 5 个少数民族分布状况为：吉昌镇有回族 189 人，满族 11 人，蒙古族 6 人；壶口镇有回族 3 人，壮族 1 人，满族 1 人；屯里镇有回族 2 人；车城乡有回族 1 人；东城乡有藏族 1 人。

姓氏

清光绪五年（1879）编修的《吉州全志》记载，吉县可查到的姓氏 108 个。丁、马、毛、王、邓、文、云、孔、冯、白、史、兰、申、叶、田、冉、左、龙、纪、石、包、华、刘、李、孙、任、吕、米、许、伍、邢、宇、乔、江、阎、陈、杜、宋、窦、肖、沈、何、苏、杨、岳、张、郅、苑、尚、范、河、宗、庞、周、林、金、罗、陆、郭、郝、贺、赵、姚、胡、贾、席、徐、梁、高、段、柴、夏、崔、曹、侯、陶、戚、谢、常、葛、韩、董、程、彭、燕、解、虞、雷、蒋、谭、蔡、支、沃、辛、魏、强、薛、牛、袁、于、郑、朱、秦、武、景、伊、樊、邱。

1985 年吉县千人以上姓氏分布情况表

表 3-2-8 单位：人

姓氏	合计	城关镇	屯里镇	兰家河乡	曹井乡	窑渠乡	明珠乡	文城乡	王家原乡	东城乡	柏山寺乡	中垛乡
张	10024	3447	520	489	330	372	440	1609	252	1118	949	498
刘	8225	2730	375	467	349	328	302	121	362	607	1041	1543
李	5600	1757	457	179	261	289	255	169	960	115	468	690
王	5532	1550	525	181	301	368	398	157	595	491	402	564
冯	4905	1114	22	105	102	37	36	468	615	561	1612	233
陈	4670	1489	140	257	83	101	86	49	3	1524	772	166
杨	3692	815	111	196	79	99	65	58	17	149	1032	1071
葛	3466	1514	13	188	40	36	13	1214	30	340	45	33
郭	3149	534	71	24	80	76	103	1955	80	87	33	106
白	2962	1193	5	157	43	33	14	118	599	120	133	547
梁	2182	430	19	90	35	20	40	283	9	222	124	910
高	1464	454	48	25	116	49	36	29	49	89	79	490
赵	1408	515	181	45	78	149	110	62	8	30	86	144
贺	1371	478	21	39	30	33	5	2	18	46	487	212
牛	1137	403	26	81	19	23	19	1	3	24	212	326
强	1085	194	3	12	30		2	308	17	15	14	490
苏	1063	145	36	43	21	36	38			25	585	134

1985 年底，境内常住人口中有不同姓氏 332 个（其中百家姓中有记载的 258 个，没有的 74 个）。其中 10000 人以上的姓氏为张姓；5000 人以上的姓氏有李、王、刘 3 姓；4000 人以上的有冯、陈 2 姓；3000 人以上的有杨、葛、郭 3 姓；2000 人以上的有曹、梁、白 3 姓；1000 人以上的有赵、苏、贺、强、高、牛 6 姓。

500 人以上的有孙、吕、任、袁、史、薛、于、贾、徐、阎、杜 11 姓。

100 人以上的有周、吴、郑、韩、朱、秦、许、何、谢、窦、范、马、郝、安、常、黄、姚、汪、宋、卫、董、兰、蓝、丘、樊、胡、支、丁、邓左、石、崔、程、邢、段、伊、宁、武、景、蔺、乔、党、谭、申、柴、耿文、辛、关、公、岳、邱、肖、芦 54 姓。

100 人以下的有钱、褚、米、蒋、沈、尤、施、孔、严、华、金、魏、陶、姜、戚、邹、柏、章、云、潘、彭、郎、鲁、韦、苗、花、方、柳、鲍、唐、费、雷、汤、殷、罗、毕、乐、时、傅、皮、齐、康、伍、余、卜、顾、孟、平、和、穆、萧、尹、郡、祁、毛、狄、祝、明、藏、成、戴、谈、庞、寇、阮、席、路、娄、江、童、颜、梅、盛、林、刁、钟、骆、夏、蔡、田、霍、万、管、卢、缪、解、应、宗、房、单、洪、包、吉、龚、裴、陆、荣、翁、荀、甄、封、芮、靳、富、焦、谷、车、侯、郗、秋、仲、仇、栾、戎、符、叶、司、部、蒲、郃、赖、池、阴、胥、姬、冉、郦、遽、桑、桂、边、扈、燕、冀、浦、尚、温、瞿、连、茹、宦、艾、古、戈、廖、步、都、匡、国、蔚、师、巩、聂、晁、冷、訾、阚、曾、毋、、相、荆、、游、商、牟、佘、丌、凡、斗、木、户、月、晋、楚、法、涂、帅、缑阝、台、生、召、仝、只、圣、四、代、玉、加、付、佐、吝、庄、行、曲庆、竹、买、邢、秀、陕、财、亚、远、邸、员、驾、旺、炎、苑、郅、南、呼、泽、迪、拜、尝、畅、律、致、信、奕、饶、洛、钞、原、随、烟、校、栗、祥、渠、尉、菜、雪、黑、蘭、新、靖、赫、蹇、廉、纪、屈、翟 249 姓。

根据 1990 年人口普查显示，吉县共有 331 个姓氏，其中张、王、李、刘、陈、葛、郭 8 个姓氏人数最多。张姓 10024 人，刘姓 8225 人，李姓 5600 人，王姓 5532 人，冯姓 4905 人，陈姓 4607 人，葛姓 3466 人，郭姓 3149 人。

第三章 人口变动

第一节 自然变动

据全国第四次人口普查资料显示，1989 年 7 月 1 日至 1990 年 6 月 30 日，吉县出生人口为 2746 人。出生率为 30.77‰，死亡人口为 553 人，死亡率为 6.20‰。自然增长人口为 2193 人，增长率为 24.57‰。

2000 年，境内常住人口 98611 人。人口出生率 11.32‰，比 1985 年减少了 19.45 个千分点；人口死亡率 4.17‰，比 1985 年降低了 2.03 个千分点；自然增长率 7.0‰，比 1985 年下降了 17.57 个千分点。

2010 年，境内常住人口 106407 人。人口出生率 10.92‰，比 2000 年减少了 0.4 个千分点；人口死亡率 5.08‰，比 2000 年下降了 1.95 个千分点；自然增长率 5.84‰，比 2000 年降低了 1.16 个千分点。

2015 年，境内常住人口 109351 人。人口出生率 7‰，比 2010 年降低了 3.92 个千分点；人口死亡率 3.3‰，比 2010 年下降了 1.78 个千分点；自然增长率 3.68 ‰，比，2010 年下降了 2.16 个千分点。

1989—1990 年 6 月吉县各乡镇人口出生、死亡情况表

表 3-3-1 单位：人

乡镇	出生人口			死亡人口		
	合计	1989 年	1990 年上半年	合计	1989 年	1990 年上半年
城关镇	1296	826	470	196	112	84
屯里镇	224	162	62	67	39	28
兰家河乡	193	124	69	41	25	16
曹井乡	150	89	61	50	28	22
窑渠乡	190	138	52	31	19	12
明珠乡	139	98	41	34	22	12
文城乡	383	269	114	66	35	31
王家原乡	216	140	76	46	30	16
东城乡	347	229	118	65	38	27
柏山寺乡	550	373	177	92	52	40
中垛乡	609	440	169	85	51	34
总计	4297	2888	1409	773	451	322

2009年11月—2010年10月吉县各乡镇人口出生、死亡情况表

表 3-3-2 单位：人

	出生人口			死亡人口		
	合计	男	女	合计	男	女
吉昌镇	48	16	32	200	134	66
屯里镇	8	4	4	66	46	20
壶口镇	4	—	4	27	19	8
车城乡	7	3	4	38	25	13
文城乡	11	4	7	45	28	17
东城乡	6	1	5	36	18	18
柏山寺乡	6	3	3	67	42	25
中垛乡	24	14	10	60	37	23
总计	114	45	69	539	349	190

第二节 人口迁移

1990年第四次全国人口普查显示，吉县人口迁移共计515人。其中：工作调动迁移73人、分配录用迁移46人、务工经商迁移136人、学习培训迁移1人、投亲靠友迁移24人、退休退职迁移8人、家属随迁迁移114人、婚姻迁入46人、其他因素迁移67人。

2010年第六次全国人口普查显示，境内人口迁移共计12446人。其中：工作调动迁移284人、务工经商迁移3600人、学习培训迁移2049人、投亲靠友迁移77人、家属随迁迁移4659人、婚姻嫁娶551人、拆迁搬家迁移392人，寄挂户口9人，其他因素迁移825人。

2000—2015年吉县人口变动统计表

表 3-3-3 单位：人

年份	户数	人口	出生	迁入	迁出
2000	25963	98611	1117	596	956
2001	25212	100129	886	446	1064
2002	26192	101005	1044	1153	818
2003	26416	101803	1173	637	632
2004	27735	102614	1025	612	813
2005	29002	103291	963	558	916
2006	29051	103944	1271	85	1059
2007	30675	104585	1166	5008	1798
2008	31779	105266	1326	418	1465
2009	33047	105895	1265	629	1237

续表

年份	户数	人口	出生	迁入	迁出
2010	35124	106407	1541	1504	1336
2011	37273	107141	1827	1146	1233
2012	38645	107827	1248	1056	1466
2013	39459	108381	1539	1267	2007
2014	40734	108947	1827	956	1605
2015	40772	109351	1491	789	692

2000—2015 年吉县暂住人口变动统计表

表 3-3-4　　单位：人

年份	人数	年份	人数
2000	486	2008	743
2001	492	2009	3630
2002	516	2010	2273
2003	528	2011	1267
2004	549	2012	662
2005	1360	2013	580
2006	683	2014	541
2007	725	2015	535

第四章　人口控制

第一节　计生管理机构

县级机构

20 世纪 50 年代中期，吉县卫生局确定专人负责开展节制生育宣传。60 年代，卫生局设立计划生育办公室。1974 年，县委、县革委设立计划生育领导组，下设办公室，负责境内计划生育宣传、教育、指导。1978 年 11 月，成立吉县计划生育委员会，下设办公室、计财股、宣教股、监察股、城区所。1983 年 4 月，成立计划生育技术指导站，隶属计生委，于城关镇祖师庙村占地 1.6 亩，建起服务楼 1 座，共 23 间；同年成立购具站。2002 年 3 月，计划生育委员会更名为吉县计划生育局。2004 年 9 月，更名为吉县人口和计划生育局，内设办公室、计划统计股、宣传教育股、科学技术股、流动人口办公室、计划生育服务中心。2015 年，与卫生局合并，成立吉县卫生和计划生育局。

乡镇机构

1979 年，招聘乡镇计划生育助理员 11 名，另从卫生部门调入专业人员 24 名，面向待业青年招聘统计员 7 名。1991 年，各乡镇成立计划生育服务所，建房 69 间。配有计划生育专职人员和专业设备，可以做常规的计划生育避孕手术。

第二节　计生政策和宣传教育

政策措施

1982 年，吉县县政府下发《关于计划生育的几项具体规定》。《规定》要求全面实行晚婚晚育，国家干部职工、城镇居民　对夫妇只能生育一个孩子，农村普遍提倡一对夫妇生育一个孩子，对独生子女实行优待政策，年人口计划生育率控制在 10‰以内。

1983 年，吉县政府办公室发文对干部职工应做结扎手术的年龄作了规定。

1985 年 11 月，吉县政府作出《关于计划生育奖励与限制政策若干规定》，对独生子女家庭实行奖励。

1990 年 1 月《山西省计划生育条例》施行，吉县政府作出《关于实施〈山西省计划生育条例〉若干具体问题的规定》，实行“一票否决”。

2002 年 9 月 1 日《中华人民共和国人口与计划生育法》施行。吉县计划生育工作全面进入法制化、规范化和科学化管理阶段。避孕节育、优生优育、生殖健康、妇女保健、关爱女孩、打击“两非”（非医学需要的胎儿性别鉴定，非医学需要的选择性别的人工终止妊娠）、出生缺陷干预等成为计生工作的重点。

宣传教育

1997—2000 年，境内建立起“国策一条街”、“国策碑”、“国策墙”瓷砖版面 120 余处，累计发放新《条例》手册4万余册、播放各类指导讲座18期，印发和发放《婚育新婚》《幸福家庭指导手册》等各类宣传资料2万余册，悬挂横幅标语78幅，推行计生服务“三下乡”活动，组织计划生育家庭拍摄“全家福”照片，保障了基本国策的落实。

2002年后，开展《中华人民共和国人口与计划生育法》宣传活动，深入群众进行计划生育国情教育，提倡“一对夫妇只生一个孩子”。

2005年后，组织开展送计生文艺节目、计生图片、生殖健康专题讲座下乡活动。编排了眉户剧《计划生育大实话》《老两口宣传计划生育》、合唱《夸夸计生女干部》、三句半《说说计划生育好》等群众喜闻乐见的计生宣传节目。吉县电视台《政策零距离》栏目制作免费孕前优生健康检查项目特辑，开通独生子女关怀信息平台；设立早教点4个，举办早教培训班5期；确立养老服务试点2个，推行计划生育养老服务体系。

第三节 技术服务

1986年，组织手术队伍为育龄妇女提供节育技术服务，节育率达86%。1991年，落实计划生育任务，做到城市、农村“一把尺子”量到底。县委、县政府领导及其亲属带头执行计划生育政策，年计划生育率控制在了10‰以内。

1988年，吉县有生育条件的育龄妇女19897人，有17740人采取各种节育措施，节育率达到89.16%。年内出生婴儿1708名，其中一胎的1024名，占出生数的59.95%；二胎的504名，占29.51%；多胎的180名，占10.54%。出生率为19.89‰。年内净增婴儿1324名，净增率为15.42‰。

2005年后，吉县人口出生率稳定在10‰以内，人口自然增长率控制在6‰以下，计划生育率稳定在90%左右，育龄妇女长效节育率保持在90%以上，出生性别比稳定在107以下，总体保持了低生育水平。

2015年，人口出生率控制在7.0‰以内，人口自然增长率为3.68‰。

1990年第四次人口普查吉县有生育的妇女按孩次分的出生人口数 （1989.1.1—1990.6.30）

表3-4-1 单位：人

乡镇	育龄妇女人数	1989年上半年						1989年下半年						1990年上半年					
		合计	一孩	二孩	三孩	四孩	五孩以上	合计	一孩	二孩	三孩	四孩	五孩以上	合计	一孩	二孩	三孩	四孩	五孩以上
城关镇	7985	402	161	123	72	31	15	422	191	120	74	29	8	467	171	153	93	33	17
屯里镇	1359	76	28	27	18	2	1	87	39	27	19	2	—	61	23	15	15	5	3

续表

乡镇	育龄妇女人数	1989年上半年						1989年下半年						1990年上半年					
		合计	一孩	二孩	三孩	四孩	五孩以上	合计	一孩	二孩	三孩	四孩	五孩以上	合计	一孩	二孩	三孩	四孩	五孩以上
兰家河乡	991	75	29	26	11	7	2	47	13	19	11	4	—	69	23	17	20	8	1
曹井乡	855	47	13	13	13	5	3	43	13	14	7	5	4	60	19	17	15	7	2
窑渠乡	937	73	19	18	18	15	3	66	23	18	10	9	6	51	9	24	7	9	2
明珠乡	774	54	18	22	8	5	1	44	12	16	11	2	3	40	9	22	6	2	1
文城乡	2126	149	55	33	42	10	9	119	34	40	27	12	6	112	41	33	17	16	5
王家原乡	1152	66	21	12	20	9	4	74	18	18	22	14	2	74	26	24	18	4	2
东城乡	1933	124	6	44	25	14	5	107	36	28	31	7	5	118	38	29	38	13	—
柏山寺乡	2884	226	86	58	48	29	5	141	38	36	33	26	8	178	49	43	51	29	6
中垛乡	3090	258	74	68	77	29	10	181	54	47	45	32	3	165	61	41	39	21	3
总计	24086	1550	540	444	352	156	58	1331	471	383	290	142	45	1395	469	418	319	147	42

2010 年第六次人口普查吉县有生育的妇女按孩次分的出生人口数（2009.11.1—2010.10.31）

表 3-4-2 单位：人

乡镇	出生人数					
	一孩	二孩	三孩	四孩	五孩以上	合计
吉昌镇	27	20	1	—	—	48
屯里镇	5	3	—	—	—	8
壶口镇	2	2	—	—	—	4
车城乡	6	1	—	—	—	7
文城乡	9	1	1	—	—	11
东城乡	5	1	—	—	—	6
柏山寺乡	4	1	1	—	—	6
中垛	14	5	5	—	—	24
总计	72	34	8	—	—	114

第四节　扶助奖励

1985年11月起，吉县政府对独生子女家庭实施奖励政策，每月发给独生子女保健费5元直至14周岁；晚婚第一胎享受100天产假。

2000年，吉县政府下发文件，凡领证独生子女家庭，夫妻每人每月各50元奖励费。

2005年，凡领证独生子女和双女绝育家庭，子女报考吉县高中、职中加10分。

2006年，子女满10周岁并领取独生证的农村夫妇，一次性给予5000元的退二孩指标奖金。独生子女死亡或伤、残（必须有残联发的残疾人证）过二级以上、丧失劳动能力的家庭，给予一次性不少于5000元的补助。农村只有一个子女或两个女孩或子女死亡现无子女的家庭，夫妻年满60周岁以后，每人每月给予60元的扶助直到亡故。

2008年，农村领证独生子女父母奖励金提高到每人每月50元，发至独生子女父母60周岁。

2011—2012年，累计发放农村计生家庭奖励扶助资金1118.295万元（1617人）、国家干部职工独生子女父母奖励22.38万元（373人），对720户计划生育家庭在移民搬迁、子女中考、林权改革、沼气建设、城市低保、医保方面予以优惠。

2013－2014年，吉县新增农村“4+2”（夫妻2人加双方父母）奖扶对象298人，共发放奖扶资金252余万元。出资3.2万元为887户计生家庭购买意外伤害保险。向70户计划生育困难户发放生育关怀慰问资金9万余元。向各幼儿园、小学的独生子女发放书包630套。

2005—2015年吉县计划生育奖励扶助对象情况表

表3-4-3　　单位：元

年份	独生子女奖励		伤残死亡补助		国家奖扶		特扶	
	人数	金额	户数	金额	人数	金额	人数	金额
2005	132	15480	——	—	46	27600	—	—
2006	253	30360	5	15000	159	95400	—	—
2007	396	58200	2	6000	196	117600	—	—
2008	626	563400	—	—	223	1127200	12	14400
2009	935	454000	1	5000	216	155520	14	16800
2010	1162	697200	—	—	233	167760	14	16800
2011	1277	762350	—	—	239	172080	14	16800
2012	1278	820800	1	5000	236	226560	15	36000
2013	1448	858100	—	—	242	232320	15	36000
2014	1532	912250	1	5000	268	257280	17	44160
2015	1608	953000	—	—	277	265920	17	99600
合计	10647	6125140	10	36000	2335	2845240	118	280560

第五章 婚姻 家庭

第一节 婚姻

结婚年龄 明清时期，吉县人结婚年龄一般以 15 ~ 16 岁居多，也有少数 12 ~ 13 岁成婚的。民国时期，《民法》规定，男未满 18 岁、女未满 16 岁不得结婚，但民间仍以低婚龄为主。1950 年，中华人民共和国第一部《婚姻法》颁布，规定结婚年龄男不得早于 20 周岁，女不得早于 18 周岁；民政部门严格按照婚姻法颁发结婚证书。1980 年 9 月 10 日，第二部《中华人民共和国婚姻法》颁布，规定男不得早于22周岁，女不得早于20周岁。以后婚姻法几经修定，但结婚年龄均未改变。随着社会进步，人们对婚姻的价值观也发生了变化，晚婚、晚育、少生、优育成为新时代人们的广泛追求。

婚姻状况 1990 年人口普查数据显示，吉县 15 岁及 15 岁以上人口共 61426 人，其中男 31937 人，女 29529 人。未婚 14107 人，有配偶 43596 人，丧偶 3545 人，离婚 305 人。

2010 年人口普查数据显示，境内 15 岁及 15 岁以上人口共 50632 人，其中男 28500 人，女 22132 人。全县未婚 11118 人，有配偶 38106 人，丧偶 1145 人，离婚 263 人。

1990 年吉县人口分性别的婚姻状况情况表

表 3-5-1　　单位：人

乡镇	15 岁及 15 岁以上人口			未婚			有配偶			丧偶			离婚		
	合计	男	女	合计	男	女	合计	男	女	合计	男	女	合计	男	女
总计	61462	31937	29525	14107	8392	5715	43596	21704	21892	3545	1572	1882	305	269	36
城关镇	19542	9922	9620	4366	2440	1926	14188	7038	7150	894	372	522	94	72	22
屯里镇	3610	1902	1708	974	605	369	2322	1143	1179	289	131	158	25	23	2
兰家河乡	2551	1336	1215	629	371	258	1736	858	878	166	89	77	20	18	2
曹井乡	2379	1319	1060	615	411	204	1558	779	779	196	119	77	10	10	—
窑渠乡	2501	1338	1163	608	379	229	1695	846	849	183	98	85	15	15	—
明珠乡	2444	1480	964	637	450	187	1636	947	689	158	70	88	13	13	—

续表

乡镇	15岁及15岁以上人口			未婚			有配偶			丧偶			离婚		
	合计	男	女	合计	男	女	合计	男	女	合计	男	女	合计	男	女
文城乡	5513	2870	2643	1184	727	457	3979	1965	2014	327	157	170	23	21	2
王家原乡	3016	1553	1463	610	370	240	2193	1084	1109	185	73	112	28	26	2
东城乡	4785	2402	2383	973	551	422	3544	1739	1805	241	89	152	27	23	4
柏山寺乡	7324	3820	3504	1761	1060	701	5130	2537	2593	409	200	209	24	23	1
中垛乡	7797	3995	3802	1750	1028	722	5615	2768	2847	406	174	232	26	25	1

2010年吉县15岁及15岁以上各职业分性别婚姻状况情况表

表3-5-2　　单位：人

	小计	男	女	未婚			有配偶			丧偶			离婚		
				小计	男	女	小计	男	女	小计	男	女	小计	男	女
各类专业技术人员	2919	1685	1234	408	192	216	2476	1471	1005	22	15	7	13	7	6
国家单位党群组织企事业单位负责人	687	648	39	2	1	1	681	643	38	3	3	—	1	1	—
小事人员和有关人员	831	624	207	188	133	55	636	485	151	5	5	—	2	1	1
商业工作人员	1193	548	645	220	93	127	952	451	510	18	3	15	3	1	2
服务性工作人员	702	483	219	152	91	61	520	365	155	23	20	3	7	7	—
农林牧渔劳动者	40766	21501	19265	9130	5417	3713	30360	15097	15263	1055	781	274	221	206	15
生产工人、运输工人和有关人员	3515	3001	514	1014	856	158	2466	2118	348	19	14	5	16	13	3
不便分类的其他人员	19	10	9	4	3	1	15	7	8	—	—	—	—	—	—

第二节 家庭

1990年，吉县共有家庭户21303户。其中4人户最多，共5428户。单人户783户，10人及以上户48户。一对夫妇户1883户，二代户15058户，三代户2943户，四代户83户。

2010年，吉县有家庭户30362户。其中4人户最多，共8337户。单人户2175户，10人及以上户27户。一代户7588户，二代户18658户，三代户3986户，四代户130户。

1990年吉县家庭户规模数据情况表

表3-5-3　　单位：人

乡镇	合计	一人户	二人户	三人户	四人户	五人户	六人户	七人户	八人户	九人户	十人及以上户
总计	21303	783	2450	3807	5428	4839	2462	999	377	110	48
城关镇	6982	236	792	1430	1952	1475	661	285	104	27	18
屯里镇	1137	81	101	146	303	241	146	73	29	7	10
兰家河乡	909	51	108	146	232	211	112	33	10	6	—
曹井乡	782	52	74	116	179	161	118	51	23	6	2
窑渠乡	856	50	85	115	203	187	111	72	24	4	5
明珠乡	678	23	52	109	181	164	78	45	18	5	3
文城乡	1937	49	220	370	514	452	208	74	39	10	1
王家原乡	1131	42	215	193	252	230	137	51	7	4	—
东城乡	1798	81	272	321	416	446	183	50	21	8	—
柏山寺乡	2475	67	259	421	590	625	343	111	43	10	6
中垛乡	2618	49	272	440	606	647	365	154	59	23	3

1990 年吉县家庭户类别数据情况表

表 3-5-4　　单位：户

乡镇	合计	单身户	一对夫妇户	二代户	三代户	四代户
城关镇	6982	180	616	5144	835	25
屯里镇	1137	71	39	663	272	13
兰家河乡	909	42	83	625	124	—
曹井乡	782	49	46	487	147	5
窑渠乡	856	47	56	539	157	6
明珠乡	678	20	28	445	128	5
文城乡	1937	41	181	1392	260	8
王家原乡	1131	34	175	775	111	3
东城乡	1798	71	226	1309	164	3
柏山寺乡	2475	56	217	1781	346	8
中垛乡	2618	39	216	1898	399	7
总计	21303	650	1883	15058	2943	83

2010 年吉县家庭户类别数据统计表

表 3-5-5　　单位：户、%

区域	家庭户户数	一代户		二代户		三代户		四代户	
		户数	比重	户数	比重	户数	比重	户数	比重
总计	30362	7588	24.99	18658	61.45	3986	13.13	130	0.43
吉昌镇	13720	4089	29.80	8603	62.70	1007	7.34	21	0.15
屯里镇	3232	580	17.95	1782	55.14	826	25.56	44	1.36
壶口镇	965	222	23.01	530	54.92	201	20.83	12	1.24
车城乡	2051	515	25.11	1216	59.29	312	15.21	8	0.39
文城乡	2442	560	22.93	1532	62.74	339	13.88	11	0.45
东城乡	1596	348	21.80	977	61.22	266	16.67	5	0.31
柏山寺乡	3088	601	19.46	1989	64.41	484	15.67	14	0.45
中垛乡	3268	673	20.59	2029	62.09	551	16.86	15	0.46

表 3-5-6

2010年吉县家庭户规模数据统计表

单位：户、%

区域	家庭户户数	一人户		二人户		三人户		四人户		五人户		六人户		七人户		八人户		九人户		十人及以上户	
		户数	比重	户数	比重	户数	比重	户数	比重	户数	比重	户数	比重	户数	比重	户数	比重	户数	比重	户数	比重
总计	30362	2175	7.16	6310	20.78	7566	24.91	8337	27.46	4141	13.64	1238	4.08	422	1.39	108	0.36	38	0.13	27	0.09
吉昌镇	13720	1313	9.57	3241	23.62	4133	30.12	3580	26.09	1144	8.34	233	1.70	51	0.37	12	0.09	8	0.06	5	0.04
屯里镇	3232	195	6.03	488	15.10	609	18.84	922	28.53	603	18.66	277	8.57	103	3.19	27	0.84	5	0.15	3	0.09
壶口镇	965	67	6.94	170	17.62	211	21.87	246	25.49	145	15.03	69	7.15	32	3.32	9	0.93	9	0.93	7	0.73
车城乡	2051	176	8.58	419	20.43	428	20.87	558	27.21	309	15.07	105	5.12	37	1.80	8	0.39	5	0.24	6	0.29
文城乡	2442	123	5.04	490	20.07	554	22.69	670	27.44	452	18.51	100	4.10	32	1.31	18	0.74	1	0.04	2	0.08
东城乡	1596	54	3.38	336	21.05	359	22.49	499	31.27	242	15.16	69	4.32	27	1.69	7	0.44	1	0.06	2	0.13
柏山寺乡	3088	153	4.95	526	17.03	625	20.	909	29.44	611	19.79	183	5.91	63	2.04	14	0.45	4	0.13		
中垛乡	3268	94	2.88	640	19.58	647	19.80	953	29.16	635	19.43	202	6.18	77	2.36	13	0.40	5	0.15	2	0.06

第四编　城乡建设

早在 2600 多年前的春秋时期，晋公子夷吾就在今麦城村建城池，取名屈邑。北魏延兴四年（474），河西定阳胡人渡河到境内定居，废麦城，于今西关村于家巷另建新城，取定阳县属定阳郡。历经千年变迁，县城规模渐次扩大。中华人民共和国成立初期，县城还是一个“南北二里宽，东西一条川，沿街摊铺少，扶风一桥连”的窄小城池，1985 年已发展到“国道环城绕，沟渠炊烟袅，柏油马路吊（长），商铺满街跑”东西达 3.5 千米的新兴县城。2010 年 9 月，吉州新城在十里河桥北开工建设；12 月底，县人民医院在西关破土动工。城区面积由原来的 1.5 平方千米进一步扩展到 2.7 平方千米。与此同时，经过多年的以工代赈、流域治理、扶贫搬迁、整村推进、家电下乡等项目实施落地，境内农村面貌也发生了巨大的变化，一批批高标准的社会主义新农村逐渐形成。从 20 世纪 80 年代起，吉县逐步加大对道路街巷、交通电信、供水供电、体育场馆等公共基础设施建设的投入，加强对环境卫生、河道修缮、工商业污染源的治理，境内环境面貌发生了很大改观，城市功能日趋完善，一个文明崭新、开放包容的新吉县呈现在世人面前。

第一章　城乡规划

第一节　县城规划

总体规划

1958—1985年，城乡建设部曾5次勘测规划吉县城区和农村。1970年，在历史格局基础上，规划城东（东关）为党政机关、团体、学校、商店、文化娱乐场所建设区，城西为工厂、企业建设区，城南为交通运输单位建设区，并各留出一定居民住宅建设区。1982年，规划确定城区可建总面积为160万平方米，其中，工业、仓储、对外交通、公益事业、机关和单位、街道广场、居民住宅、绿化和其他建筑占地分别为22、9.7、4.5、1.6、34.7、2.8、40.5、15.5、18.7万平方米。1985年，工业、对外交通、公益事业、街道广场、居民住宅、绿化和其他建筑占地分别达到12、3、1、7.7、46、12.5、32.8万平方米，各为规划的55.55%、66.67%、115.27%、60.16%、113.58%、80.65%和175.4%。2002年，编制《吉县县城总体规划（2001—2020）》；2003年2月，通过市建设局组织的专家评审；2005年6月1日，临汾市人民政府批复实施。

2011年9月，完成《吉县县城总体规划（2009—2020年）》的修编工作，由临汾市政府批复实施；2012年12月，完成《吉县县城区控制性规划》，通过专家评审；2013年，经临汾市编委批复，县政府组建吉县城乡规划中心，正科级直属事业单位。

详细规划

2015年，完成《吉县县城规划区控制性详细规划》。总目标是：建设一个适合人们居住的宜居城市；一个交通顺畅，方便出行的畅通城市；一个注重节能、环保的节约城市；一个环境优美、空气清新的健康城市；一个公共服务设施齐全的旅游服务城市。县城区域定位是：重点发展生态农业，积极发展林果业，建设生态林业基地和水果基地；依托壶口瀑布、人祖山，大力发展旅游业。规划近期（2015年）县城总人口11.7万人，城镇人口7万人，城镇化水平59.8%。规划远期（2020年），县城总人口13万人，城镇人口8万人，城镇化水平61.5%。

根据城市空间发展的现状，以交通引导和生态分隔形成“带状组团分布，分区平衡发展”模式。城市结构是：一轴、双心、两区。一轴——新华街，新华街是贯穿县城东西向的主干道，承载着交通出行、景观等多重功能，是展示城市特色，凸显城市品位的窗口。双心——主城区商业娱乐中心、新区行政服务中心结合，新华街两侧的商业及文化娱乐用地，打造传统的生活休闲空间；以新城行政办公为中心，通过商业区和高档宾馆建设，带动新区发展，集中体现新型旅游服务型城市的现代化建设。两区——主城区和东部新区，西关组团、霖雨组团、圪针沟组团、小府组团、李家沟组团、水洞沟组团、祖师庙组团、下阳庄组团、新城中心组团、新城居住组团、新城仓储组团。

第二节 乡镇农村规划

小城镇规划

截至 2015 年底，吉昌、屯里、壶口三镇的小城镇建设规划编制已批复实施；中垛乡已完成规划编制等待批复；东城乡、文城乡、柏山寺乡、车城乡正在编制中。

新农村规划

2008 年 10 月，中共十七届三中全会审议通过《中共中央关于推进农村改革若干重大问题的决定》，明确把建设社会主义新农村作为战略任务。之后，吉县紧紧围绕新农村建设“生产发展、生活宽裕、乡风文明、村容整洁、管理民主”的总体要求，加快产业发展和村镇建设步伐，积极推进境内经济文化、基础设施、社会事业均衡发展，同时修编了《吉县社会主义新农村建设总体规划（2009—2010）》。2014 年，完善了《吉县改善农村人居环境规划细要（2014—2020 年）》。

第二章　县城建设

第一节　县城发展

老城区建设

截至 1985 年底，县城新华街街道总长 3521.5 米，其中，祖师庙街（新华东街）1093 米，街道两旁设有汽车站和集体、个体商店 30 多户；与祖师庙街道相连的小府街长 320 米，东关街（新华东街）长 363.1 米，两旁分设国营、集体、个体商店 50 多户；与该街道连接的柳卜湾街长 100 米；文庙街（新华中街）长 457.5 米，其间设有邮电、银行、医院和国营、集体、个体商店 100 多户；城内街 434.55 米，设有个体商店 30 多户；西关街（新华西街）长 393.35 米，设工厂 5 个和集体个体商店 10 余户；桥南街长 360 米，设粮站、汽车站和国营、个体商店 20 余户。

县城东扩西改

新的县城总体规划和控制性规划，以东部上阳庄为新县城扩建地， 西部西门窑为县人民医院新址。2010 年底，新县城和县人民医院破土动工，同时，县城建成区面积由原 1.5 平方千米上调到"十五"末的 2.7 平方千米，规划面积上升到 4.5 平方千米。至此吉县县城往东延伸 4 千米，向西延长 1 千米。

新城区建设

2012 年，新城建设一期工程基本完工，并投入使用。2015 年，新城路网工程完工，总长 7300.37 米，完善配套市政道路 0.5 平方千米，实施给水管网建设、府前广场建设等工程；旧城区实施 6 个棚改、柳荫路拓宽改造、新华东街改造、中心广场改造、城市公厕建设、城市集中供热等市政工程。

第二节　县城建筑

建筑设计

1982 年，吉县建筑设计室成立，承担境内公用、民用建筑设计任务。截至 2015 年，有工作人员 7 人，其中注册建筑师 1 人、工程师 4 人、助理工程师 2 人。其主要职责是：负责全县中小型企业、公用建筑、民用建筑设计及咨询服务，负责工程设计，项目技术质量管理，解决工程在施工中的技术难题，签订工程合同并监督合同履行等。

1986—2015 年，建筑设计室设计的主要工程有新华书店楼、县供销社办公楼、县政府办公楼、地税局办公楼、地税局家属楼、生产资料公司楼、西关贸易市场、西泽小区、县老干局办公楼及舞台、东关小学教学楼、一中小雪教学楼、一中实验楼、县武装部办公楼、东关幼儿园教学楼、县自来水公司 1500 立方米高位水池，柏山寺乡西掌村新农村规划等。

建筑物

中华人民共和国成立初期，机关、团体住所多为旧建筑物改造的房屋，其结构多系方格工字架小房。1956 年，始用人字架结构建设大跨度房屋。20 世纪 60 年代，先后有百货公司、五金交电公司、药材公司和邮电局等单位，采用大跨度间架结构修建商店、货场，街道两旁建筑物不断向宽大方面发展。

1963 年，在扶风桥北头建起县城第一栋 2 层楼房，高度 5.5 米，由县文化馆使用。1972 年，在新华街建成第一栋 3 层楼房，高 9.2 米，由县农业银行使用。1976 年，在新华街建成第一座 4 层楼房，高 12.8 米，由县委机关办公使用。

1979 年，招待所 3 层大楼投入使用。1980 年以后，人民银行、农业银行、邮电局、财政局、电影院、农业局、畜牧局、广播电视局等大楼落成。

从 1956—1985 年，县城建设总投资 637 万元（其中，国家投资 274 万元，占 41.01%，企事业自筹资金 363 万元，占 53.99%），建成 2 ~ 5 层楼房 49 栋，各种房舍 2500 多间，总计建筑面积 9.91 万平方米，街道两旁，连同原有建筑面积共 30.91 万平方米，其中，个体建筑 13.43 万平方米，占总面积的 43.45%。

1999 年，县地方税务局在机关后院建成第一栋 5 层楼房，高 16.2 米，为机关家属楼；同年，县地方税务局在新华街建起县城第一栋 7 层楼房，高 23.8 米，为机关办公楼。2010 年，县政府在新华街原县政府招待所建吉州宾馆，主楼为 12 层，高 36.3 米。2013 年，县城桥南新建扶风佳苑高层建筑，主楼为 25 层，高 57.5 米。至 2015 年底，扶风佳苑为县城最高建筑。

公用建筑

吉县县城主要街道为新华街，依吉山傍清水河而呈东西走向，中间有小府桥、柳卜湾桥、扶风桥、一中桥、西关桥和一座西关钢桥与滨河路（209 国道县城段）相连。公用建筑大部分为行政事业单位，如：计生委、农业局、果树局、中医院、水利局、畜牧局、农机局、广电局、公安局、文化局、人民银行、农业银行、县委、县政府、二轻局、工商局、商业局、县医院、一中、二中、住建局、老干局等均在新华街。城北街有检察院、法院、党校、林业局、环保局等。小府路有教育局、电业局、土地局等。滨河路有财政局、粮食局、三中等。2013 年后，大部分单位陆续搬迁往吉州新城综合办公大楼，老城仅留有县委、县政府、环保局、地方税务局、国税局、老干部局、广播电视服务中心、商业总公司、工业总公司、一中、二中、三中、县医院、中医院、疾控中心、妇幼保健院等。

2015 年吉县县城文化娱乐设施一览表

表 4-2-1　　单位：平方米、人

单位	占地面积	建筑面积	职工人数
图书馆	1500	1438.54	5 人
文化馆	300	1000	5 人
电影院	3758	1100	17
老年人活动中心	500	1000	2
文化广场	80000	铺装 63200，绿化 16800	28
中心广场	2780	—	—

续表

单位	占地面积	建筑面积	职工人数
府前广场	8700	铺装 4100，绿化 3600	
景观 1000	5		
西关广场	4000	瓷砖 150，绿化 200	1
青少年活动中心	8000	4594	5
桥南广场	3520	铺装 3500	—

2015 年吉县县城主要教育科研设施一览表

表 4-2-2　　单位：平方米、人

单位	地址	占地面积	建筑面积	教职工人数	学生数
党校	城北街	13333.4	3000	12	—
教师进修校	吉县二中校内	—	—	24	—
一中	西华西街	64666.9	17800	145	1606
二中	新华东街	30135	17156	139	1264
三中	滨河西路 140 号	12479	9493	125	521
职业中学	兰家河	32200.1	45500	94	719
东关小学	东关村	7817.1	6723	110	1836
西关小学	新华西街于家巷 39 号	5150	4088	69	849
桥南小学	吉昌镇桥南村	1445	1557.79	58	515
祖师庙小学	祖师庙村	3479.79	3584	58	543（小学）+140（幼）
恒安小学	吉州新城	19105.5	8185	19	267
东关幼儿园	新华街 8 号	1841	1745	34	604
西泽幼儿园	吉昌镇西关	1800	1200	13	332
小府幼儿园	小府村 26 号	2200	1216	14	161
恒安幼儿园	吉州新城	4000	2600	17	245

2015 年吉县县城医疗卫生设施情况表

表 4-2-3 单位：平方米、人

单位	占地面积	建筑面积	床位	职工人数
县人民医院	20766.1	21395.4	220	311
县中医医院	599	1030	22	65
吉昌镇卫生院	580	1600	20	54
疾病预防控制中心	660	1400	—	24
妇幼保健计划生育中心	1300	900	20	28

市场建设

20 世纪 80 年代，在东关（中心广场东北角）建起第一座商贸城。2002 年 1 月，在中心广场东南建成第二座商贸城。2010 年 5 月，在中心广场西北边（原皮麻厂旧址基础上）建起第三座商贸城，建有商业和住宅两大区，总投资 1500 万元，占地 772 平方米，总建筑面积 14962 平方米，绿地率 30%，容积率 1.94，建筑密度 37.6%。商业区为一条步行街，宽 10 米，长 120 米，沿街两边为三栋 3 层 40 户 2850 平方米门店楼和 2 层门店楼院落 1 个，33 户经营户的购物超市，形成东起县城中心广场，西经雷神沟与新华街贯通的新的商业购物圈。2015 年，县城建成中心广场云安购物超市、新华街世纪华联购物中心、桥南云安购物广场、东关商品交易市场和祖师庙、小府、中心广场、桥南、西关总经营面积 1000 平方米的平价惠民超市。县城的商贸市场规模大、档次高，服务辐射全县近 11 万居民。

第三节 房地产业

权属管理

房产 1956 年，吉县房地产管理机构设立。1981 年，农业局设土地管理办公室，专司土地管理。1988 年，成立土地管理局。2002 年，机构改革组建国土资源局。2010 年，吉县房产办设立，拥有 260 平方米办公楼 1 座（固定资产 120 万元），工作人员 16 名，其中评估师 2 名、经纪人 1 名、经济师 3 名、登记师 2 名；主要负责房产发证、登记交易、评估等业务。

地产 20 世纪 50 年代，群众打窑、建房及在土改中所分房地产均不办审批手续。机关团体、学校建筑用地、须经民政部门审查办理征用手续。20 世纪 60 年代，审查后还须报上一级土地主管部门批准，再办理征用手续。1985 年，除修公路用地外，境内 1243 个单位及个人建房用地 586.5 亩，其中水浇地 2.8 亩，占 0.48%；旱地 275.62 亩，占 46.99%，非耕地 308.08 亩，占 52.53%。对未经审批或手续不全的 878 户（占 70.64%）给予行政处分，加倍征收土地占用费，责令退出多占土地或补办手续。

1997 年，国家冻结用地审批。解冻后自 2009 年，共供应农村宅基地涉及 16 个行政村、26 个地块、224.118 亩；划拨国有建设用地使用权 40 宗、4989.045 亩；出让国有建设用地使用权 70 宗、1033.5 亩，收取土地出让金 141916269 元。

2010 年底，登记发证 8000 余户，60 余万平方米。“十五”后，房地产交易面积 2.7 万平方米，交易金额 2000 余万元。

民居

解放初期，境内居民住房主要以窑洞为主，分土窑、石窑两种。

1947 年前后，土地改革，县政府将原山西省行政公署遗留的数百间（孔）房分给缺房的贫苦农民，由财政局房管所管理（1980 年移交建设局）。集中于小河畔、圪针沟、寨子壕等地的房产，为机关团体用房。

中华人民共和国成立后，随着经济的发展，社会进步，以土木结构为主的瓦房逐步代替了土窑洞，部分居民住进瓦房。1963—1970 年，投资 13.56 万元，建葛家沟口、水洞沟口和城内街公房 100 余间。1980 年，共有公房（窑）200 余间（孔）。为简化管理，作价处理百余孔分散土窑，其余 99 间（孔）公房中，瓦房 79 间，平房 12 间，石窑 6 孔，土窑 2 孔，占地 3877.41 平方米，建筑面积 1751.98 平方米。根据“统筹兼顾、合理安排、个人申请、单位评审、分批解决、各得其所”原则，先后安置住户 43 家，每平方米月租金为 0.05 ～ 0.07 元。

到 20 世纪 80 年代末，流行楼板铺顶的平房。20 世纪 90 年代，随着国家住房制度改革，各单位先后集资兴建住宅楼，如二轻局、烤烟中心、农业局、水利局、红旗林场、生产资料公司、外贸公司住宅楼相继落成，总计约 2.7 万平方米。

进入 21 世纪，随着钢材、水泥的普遍使用和出于防震需要，人们开始建造砖混结构或者框架结构的现浇房。2000 年后，民居楼多为 2 ～ 3 层。2008 年，境内共有公房住户 186 户，公房 3720 间，面积 89280 平方米；有私房住户 2400 户，78400 间，面积 2352000 平方米。2010 年后，以 6 层住宅楼居多，但仍有村民居住在老式窑洞中，人均住房面积 30 平方米。

小区建设

十里河还迁小区　2007—2010 年，县城建成十里河还迁小区经济适用房和廉租房住宅楼 5 栋，建筑面积 3.5 万平方米。2011—2015 年，吉县开工建设新城，对旧城部分区域实施片区改造，新建一批高层小区。100 户以上的小区和高层住宅主要有：

恒安住宅新区　恒安住宅新区是吉州新城开发工程项目之一，是吉县第一个框架结构高层住宅区。由山西恒实房地产公司承建，于 2010 年 10 月开工，2012 年 10 月竣工。整个项目共有住宅楼 12 栋，每栋楼均为 2 个单元，总住宅套为 1080 套，户型面积介于 80 ～ 150 平方米之间。其中 A 区有 8 栋高层住宅楼（5 号楼和 8 号楼是 14 层，其余 6 栋 16 层），C 区有 4 栋 14 层的高层住宅。

新华园高层住宅区　位于县城新华街 143 号，项目总建筑面积 14854 平方米，不少于 140 户，2011 年 8 月 19 日开工建设，总投资 2734 万元。

扶风佳苑高层住宅区　位于县城桥南，原县肉食水产公司、县糖酒公司、纸箱厂旧址。2012 年开工建设，2014 年竣工。总建筑面积 70367.75 平方米，其中地上建筑面积 60098.59 平方米（住宅建筑面积 49058.05 平方米、商业建筑面积 11040.54 平方米），地下建筑面积 10269.16 平方米（地下库房建筑面积 4469.16 平方米，地下车库建筑面积 580000 平方米）。

新建的高层住宅小区，依托开发企业规范完善了土地、房产相关手续，实行自我管理，健康运营。

保障房建设

“十二五”期间，分批建设 3000 套保障性住房，切实解决城乡居民的住房条件差，生活配套不全的问题。保障房建设项目位于县城东北部下阳庄村，2012 年 9 月，一期工程动工，占地 42 亩，总投资约 1.02 亿元，全部为 6 层砖混结构建筑，共建设保障性住房 498 套，总建筑面积 40325 平方米，其中 1 号、2 号、3 号、4 号、5 号楼为棚户区改造房，共有 204 套；6 号、7 号、8 号楼为限价商品房，共 96 套；9 号、10 号、11 号、12 号楼为廉租房，共 198 套。同步建成的配套设施有：可容纳 300 名幼儿的幼儿园 1 所；约 1 万平方米 2 层砖混结构多功能商用房，解决附近社区及保障房住宅区购物、农贸、医疗等公益问题；铺设 18 米宽 300 米长的城市道路 1 条；修建宽 12 米、长 50 米石拱桥 1 座；临山修建长 150 米、高 28 米石砌体护坡；配有 1100 平方米的游园及 400 平方米的休闲健身场地。

2013 年，开始实施保障性住房二期建设，修建 15 层高楼结构，限价楼房 120 套。保障房由住建部门统一管理。

第四节 吉州新城

概述

吉州新城位于境内车城乡上阳庄村，由山西恒实房地产开发有限责任公司投资承建。2010 年 9 月开工奠基，一期项目投资 5.6 亿元，占地面积 693.9 亩，总建筑面积为 25 万平方米。分为 5 大板块 7 个区，由恒安新区（A 区）、吉州商苑（B、C 区）、吉州商务（D、E 区）、综合服务中心（F 区）、恒安小学（G 区）共 40 栋楼组成。

A 区：（恒安新区）

共 12 栋楼组成，中间是 8 栋高层住宅楼（5 号楼和 8 号楼是 14 层，其余 6 栋 16 层），外围是 4 栋 2 层高的临街商铺。A 区总占地 669 亩，总建筑面积 93859.6 平方米，其中，住宅建筑面积为 84289.6 平方米，商业建筑面积为 9570 平方米。

B 区：（吉州商苑）

共 7 栋商业楼组成，占地约合 14.7 亩，总建筑面积 1480 平方米。由南往北依次为 17 号楼（5 层）、18 号楼（4 层）、19 号楼（4 层）、20 号楼（3 层）、21 号楼（3 层）、22 号楼（4 层）、23 号楼（4 层）。其中，在 17 号和 18 号、19 号楼中间有一个半圆形的下沉式广场，设计独特、前卫。

C 区：（吉州商苑）

由 4 栋 14 层的高层住宅和 3 栋 2 层高的临街商铺组成，占地 20.85 亩，总建筑面积 34796 平方米。其中，住宅建筑面积 286986 平方米，商业建筑面积 3919 平方米。

D 区和 E 区：（吉州商务）

两个区的建筑设计是相对称的，主体建筑 12 层高，外围由 2 层高“L”型临街商业和 3 层高的“U”型商场组成。D 区、E 区占地均为 17.25 亩，建筑面积均为 25770 平方米。D 区为写字楼，E 区为酒店，中间由 1 万平方米的喷泉广场连接。

F 区：吉州综合服务中心

由主体办公大楼（12 层高）和 2 栋辅楼（4 层高）及 1 座会议厅组成，占地约 42.3 亩，建筑面积 38233 平方米。

G 区：恒安小学

由 1 所小学和 1 所幼儿园组成。其中，小学 3 栋楼，可容纳 24 个班；幼儿园 1 栋楼（3 层），可容纳 9 个班。中间有周长为 400 米的塑胶操场。占地约 35.85 亩，建筑面积 10380 平方米。

第三章　乡镇村建设

第一节　乡镇建设

吉昌镇

率先进行配套基础设施建设，其余 7 个乡镇通过道路拓宽、硬化实现了“村村通”，学校、医院、娱乐场地等基础设施逐步完善了配套。

壶口镇

依托旅游资源优势，新建拓宽道路 13.4 千米，建成停车场 3 座、占地 1.8 万平方米，含宾馆 4 座。2002 年，壶口瀑布周围 45 平方千米被评为国家级地质公园。2004 年，建成 1 万平方米的壶口文化广场和 5 座标准化水冲式公共厕所。2007 年，建成 300 多平方米的壶口地质文化博物馆，景点基础设施及环境大为改善。2008 年，省政府授予壶口镇“山西省旅游名镇”称号。

屯里镇

2007 年完成规划编制。新编制屯里镇面积 2.5 平方千米，人口 0.5 万人。2012 年，屯里镇被省政府批准为“百镇”建设示范镇，同年 9 月，先后投资 1300 万元，实施街道路绿化、集中改造水电网等基础设施建设，完成 1000 余米排水渠 35 个、道路改造 1.8 万余米，搭建古亭、休闲步道及长廊，种植景观树 310 余株。

第二节　新农村建设

新农村建设项目

2006 年，柏山寺乡西头村、东城乡柏东村、吉昌镇上东村、屯里镇王家河村、中垛乡三堠村实施新农村建设项目试点。项目以“四化四改”（街道硬化、村庄绿化、环境净化、路灯亮化，改水、改厨、改圈、改厕）、“六通六个一”（通电、通水、通电路、通客车、通水泥油路、通广播电视，每村建一个标准化农村文化活动室，一个标准卫生所，一个标准化学校，一个休闲健身场所，一个便民连锁店和一个农村科技活动中心）、“五个全覆盖”（ 农村道路硬化全覆盖、农村便民连锁商店全覆盖、农村文化体育场所全覆盖、中等职业教育免费全覆盖、农村社会养老全覆盖）为主要内容，高标准、高质量地施工建设。

农村危房改造工程

2009 年开始，吉县全面实施农村危房改造工程，发放改造资金 9000 余万元，对 8811 户住房进行改造。实施乡村清洁工程，落实省级配套资金 127 万元，79 个行政村配备了垃圾清洁车、垃圾桶和果皮箱，聘用农村清洁保洁人员 161 人、清运人员 17 人，人居环境焕然一新。

新农村建设示范村试点

2010 年，吉县在东城乡雷家庄村、车城乡东赵村和屯里镇庄子村先行新农村建设示范村试点，为下一步全县推广积累经验。

新的“五个全覆盖”工程

2011年，境内新农村建设以街巷道硬化为重点，实施新的“五个全覆盖”。8个重点村投入资金816.5万元，完成街巷道硬化57.6千米。同时，重点培育东城垣雷家庄、社堤村、柏东村、东城村、太和村、沟南村6个村新农村建设苹果精品示范连片区，片区内果园全部配置了频振式杀虫灯、水泥立柱铁丝防护网、沼气池、管护房等设施，提升苹果产业向质量型、效益型转变。

农村沼气池建设项目

新农村建设在“四化四改”基础上，继续投资390万元，实施“畜牧—沼气—苹果”农村沼气池建设项目，新增“畜牧—沼气—苹果”生产模式1000户；投资110万元，与山西省农业厅、环保厅合作，启动东城乡社堤村“三沼（沼气、沼液、沼渣）”综合利用和可再生能源示范基地建设项目，示范面积10亩，建设“一池三改”综合利用模式和管护房32个，节水莲菜种植池1个，日光温室1个，被动式太阳房150平方米。

重点推进村和连片区新农村建设

2012年，境内启动吉昌镇小府村、壶口镇南原村、屯里镇明珠村等8个重点推进村和东城垣、中垛垣2个连片区新农村建设。完成街巷道硬化13790平方米，修补新建乡村美化墙14584平方米，新增保洁三轮车100辆，保洁员126名，新增垃圾池317个，垃圾填埋场38处。启动东城垣万亩精品苹果标准化生产管理与有机认证，中垛垣苹果示范区配套旱作节水、“畜牧—沼气—苹果”、防雹网、诱虫杀虫灯、管护房、田间路等。

2013年，实施屯里镇安乐村、车城乡曹井村、文城乡午生村、壶口镇存心村、吉昌镇祖师庙村、中垛乡马连滩村、柏山寺乡白米村、东城乡真村8个重点推进村建设。42个村安装节能路灯840盏。

改善农村人居环境和美丽乡村建设

2014年，新农村建设延伸为改善农村人居环境和美丽乡村建设，县政府成立领导组及办公室，编制《吉县改善农村人居环境规划细要（2014—2020年）》《2014年行动计划》，制定三项制度和“两个考核办法”铺开建设工作。各项目单位按照完善提质、农民安居、环境整治、宜居示范“四大工程”部署要求，扎实推进全县改善农村人居环境工作。

2015年，制定《吉县2015年改善农村人居环境行动计划》，投资32457.26万元，完成“四大工程”项目20项，创建2个省级、1个市级美丽宜居示范村。

2006—2013 年吉县新农村建设一览表

表 4-3-1

<table>
<tr><th>年份</th><th>村名</th><th>建设内容</th></tr>
<tr><td>2006</td><td>西头村、柏东村、上东村、王家河村、三堠村</td><td rowspan="8">1、“四化四改、六通、六个一”工程：改水、改厨、改圈、改厕，硬化、亮化、绿化、净化，通电、通水、通电话、通客车、通水泥路、通广播电视，建设一所标准化小学、一个甲级卫生所、一个文化站、一个科技服务中心、一个休闲健身场所、一个便民店

2、街巷硬化“五个全覆盖”工程：农村街巷硬化全覆盖、农村便民连锁商店全覆盖、农村文化体育场所全覆盖、农村职业教育免费全覆盖、新型农村社会养老保险全覆盖

3、以“畜—沼—果”建设为重点进行农村生态环境治理</td></tr>
<tr><td>2007</td><td>霖雨村、回宫村、中垛村、兰家河村、车城村、南村、大庄村、雷家庄村、陈家岭村</td></tr>
<tr><td>2008</td><td>南坪村、太度村、社堤村、克难坡村、大圪塔村、赵村、大田窝村、西关村</td></tr>
<tr><td>2009</td><td>庄子村、窑头村、兰古庄村、柏房村、白额村、太和村、文城村</td></tr>
<tr><td>2010</td><td>屯里村、桑峨村、桃村、兰村、南光村、石泉村、东城村、中市村</td></tr>
<tr><td>2011</td><td>谢悉村、留村、窑渠村、五龙宫村、沟南村、古贤村、柏坡底村、南耀村</td></tr>
<tr><td>2012</td><td>小府村、南原村、明珠村、安平村、山头村、柏树村、桑村、白子原村</td></tr>
<tr><td>2013</td><td>午生村、曹井村、存心村、安乐村、白米村、祖师庙村、马连滩村、真村</td></tr>
</table>

第四章 市政建设

第一节 街道

1949年前，城内街长450米，连同东西关、桥南街在内，全长1095米。街道宽处不足6米，70%为卵石路面，高低不平，弯曲狭窄，街道两旁商店、匠铺100余家，房屋847间，约6万平方米。城内外木、石牌坊6个，庙宇7座，占地399万平方米。民国27年（1938）3月，日军侵入，房舍全部被焚毁。1954年，对街道截弯取直改造，弯度降至1%。1961年，把城内街和东西关街更名为新华街。原城内街为新华中街，东关街为新华东街，西关街为新华西街。1964年，改卵石路面为石子石灰罩面，1970年改为沥青罩面，路面加宽至8～10米。1978年，建清水河柳卜湾水泥双曲桥，铺背崖街路面，构成南北环河街轮廓。1990年，建祖师庙至西关、扶风桥至水洞沟口柏油路面，总长3521.5米。两旁有营业、办公楼21幢，工厂8家，商店65个，医院2座，小学4座，以及电影院、文化馆、图书馆、文物站，连同居民住房总建筑面积102.79万平方米。

扩街改造

2000年底，对小府路进行扩街改造，使之初步具备街道功能。在西关架设了一座钢桥，实现吉县三中、结子沟和主街道新华西街连通。2010年底，对新华街进行了拓宽。至此，县城有新华街、吉州大道、滨河路、桥南路、小府路5条主干道，有于家巷、淇北巷、侯家沟巷、学背后巷、兰家圪塔巷、程家圪塔巷、葛家沟巷、雷神沟巷、寨子壕巷、交通局巷、教场沟巷等支路，并对所有大街小巷进行硬化。

“十一五”期间，吉县投入6300万元用于基础设施建设，加快城市改造步伐，积极实施旧城改造和街道拓宽改造工程。投资82万元，改造中心广场、新建桥南广场，广场面积达到4700平方米。投资5000余万元，对祖师庙街、龙王湾道路、城坡口道路、水洞沟道路、新华街进行拓宽改造，新建县城滨河路，新增道路面积6万平方米，人均道路面积增加2.61平方米，缓解了县城交通压力。

新华街（二道河至西关村） 1961年修建，1970年加宽至8～10米，延长2000米。“十五”至“十一五”期间拓宽改造，街道长3500米，宽26米，东西走向，是县城主要的商业购物中心，县委、县政府办公机构所在地。2012年，总投资2300万元，实施新华东街改造工程。该工程西起柳荫桥，东至二道河，总长1300米，工程内容包括城市排水工程、道路路面路基改造工程、中心广场改造工程、增设非机动车道和绿化带工程、管线入地工程、街景整治工程。路面铺油面积21556平方米，铺设人行台4995平方米，非机动车道3600平方米，绿化带整修1200平方米，新铺排水管道830米。

吉州大道（二道河以上至车城口） 1997年，沿黄公路209国道改造时曾重新修缮，2007年再次修建，街道长7500米，宽28米，4车道，吉州大道所经过的下阳庄为新县城规划所在地。

滨河路（二道河路沿清水河至西关桥） 2005年修建，街道长3500米、宽18米，主要是大型车辆及载重车行道，有效缓解了县城交通拥挤的压力。

1. 主干道（道路名称、长、面积）

①新华街	长 3.43 千米	面积 68600 平方米
②吉州大道	长 8.65 千米	面积 207600 平方米
③滨河路	长 4.96 千米	面积 89280 平方米
④小府路	长 1.37 千米	面积 32880 平方米
⑤桥南路	长 0.42 千米	面积 5040 平方米
小计	长 18.83 千米	面积 403400 平方米

2. 支路（道路名称、长、面积）

①柳荫路	长 0.2 千米	面积 4800 平方米
②教场沟巷	长 0.29 千米	面积 1740 平方米
③交通局巷	长 0.31 千米	面积 2480 平方米
④圪针沟巷	长 0.58 千米	面积 5800 平方米
⑤寨子壕巷	长 0.26 千米	面积 1560 平方米
⑥柳卜湾巷	长 0.47 千米	面积 2820 平方米
⑦雷神沟巷	长 0.21 千米	面积 1680 平方米
⑧葛家沟巷	长 0.20 千米	面积 1200 平方米
⑨兰家圪塔巷	长 0.11 千米	面积 1320 平方米
⑩学背后巷	长 0.23 千米	面积 1840 平方米
⑪扶风路	长 0.21 千米	面积 3360 平方米
⑫淇北沟巷	长 0.29 千米	面积 1740 平方米
⑬侯家沟巷	长 0.27 千米	面积 1620 平方米
⑭丁家沟巷	长 0.3 千米	面积 1800 平方米
⑮结子沟巷	长 0.47 千米	面积 2800 平方米
⑯西关巷	长 0.47 千米	面积 2820 平方米
⑰老庙巷	长 0.15 千米	面积 1200 平方米
⑱西门巷	长 0.40 千米	面积 3200 平方米
⑲城北路	长 1.32 千米	面积 6400 平方米
⑳其他支路	长 21.25 千米	面积 127500 平方米
小计	长 26.99 千米	面积 177700 平方米

第二节 桥梁

县城背山面水，明嘉靖七年（1528）在县城西门修筑了第一座桥，称“西门桥”。中华人民共和国成立后，对原扶风桥、东门桥、西门桥进行维修加宽，又分别于 1972 年、1975 年、1979 年，建成东关（体育场边）、柳卜湾、圪针沟 3 座大桥，长 105.7 米。到 2015 年底，县城内共有桥梁 16 座。

2015 年吉县县城桥梁情况表

表 4-4-1 单位：米

桥名	桥型	建设时间	长	宽	高	跨度
东门桥	单孔石拱	1528	7	5	3.5	4
西门桥	单孔石拱	1528	7	5	3.5	4
淇北门桥	单孔石拱	1725	7	5	3.5	4
扶风桥	七孔石拱	1698	68.6	4.9	10	18
东关桥	独孔双曲	1972	31.6	7	4.4	18
二道河桥	三孔石拱	1972	56.9	7.5	7.2	36
十里河桥	三孔石拱	1972	46.9	7.2	7.1	10
公路段桥	—	1973	31	8	7.2	12
小府桥	钢筋混凝土	1978	—	6	3.5	20
寨子壕桥	单孔石拱	1979	—	—	7.5	15
锦屏桥	单孔石桥	1985	56.78	18.5	8	5
霖雨桥	单孔	1986	70	1.5	10	40
新华桥	—	2009	55.16	19	10	55
柳卜湾桥	钢筋砼预应力桥	2011	63.88	22	—	—
西关桥	石复式立桥	2011	100	24	9.1	20
西关钢桥	钢框架梁桥	—	28	7.5	10	50
粮站门口桥	单孔石桥	—	18	8.5	8.19	10

第三节 防洪排水

中华人民共和国成立前，吉县县城基本无防洪和排水设施，每当下雨，洪水横穿街面，排入河道，对县城造成很大威胁。1949 年后，修 10 座横街涵洞，长 1500 米。下水道 3 条，长 3000 米，80% 以上洪水通过涵洞流入河道。1970 年，在东关雷神沟口，通过义务劳动等形式，修筑县城第一座过街涵洞，随后又修了 10 座横街涵洞，长 1500 米。1973 年，投资 86 万元，在栏杆沟，谢悉、上帖三地修建各容量百万立方米的水库，用于县城防洪，此为第一批防洪设施。此后，逐年对县城河道进行治理。1977 年，在二中至东关小学路段临河处修筑 1000 余米石坝；2008 年，在二道河至西关桥河道两岸修筑石坝，全长 5000 米。

“十一五”期间，投资150万元，对县城排水系统进行铺设和改造，新铺设排水管道2700米，改造旧管道3000米。2012年，新华东街实施改造，又新铺排水管道830米。

规划城市污水主干管由北向南沿城市主干路布设，城市污水通过主干管汇入污水处理厂。居民综合生活污水量按生活用水量的85%计算，2010年，县城最高污水排放量为5100立方米/日。

第四节　公园

锦屏山（挂甲山）公园

公园占地100亩，分历史文化区、休闲娱乐区、民俗风景区和人文景观区，标志性建筑为皇天后土庙，另有鼓楼，钟楼等。分三期施工建设，2008年4月委托西北农林科技大学风景园林研究所进行锦屏山公园总体规划设计，突出历史文化与自然风情的完美结合。山西省第二建筑设计院完成主入口及上山台阶的施工图设计，由吉县壶口建筑发展有限公司施工。2010年，投资750万元修建登山梯及硬化道路，完成一期工程。2014年，投资49万元修建管理房、公厕、铺装第一平台，完成二期工程；投资85万元，对锦屏山700亩山体进行绿化，以松柏为主，观赏树木及花草间插其中。

锦屏湾公园

位于锦屏山脚至西关桥沿清水河段。2007年开始建设，占地4万平方米，总投资90万元。公园内设有现代化公厕1座，建有30米长预制构造长廊，矗立一块代表当地黄河风情的石头，镌刻“锦屏湾”三字。绿化面积5050平方米，种植有柳树、杉柏、迎春花、绿藤等。

清水河公园

位于清水河小府桥至西关桥段。2008年，沿清水河两岸4.8千米筑起堤岸，砌装石栏杆，修筑排水箱涵，铺设步行道，安装景观灯。以风景树和花草为主全部进行绿化，绿化面积1万平方米。在河道内筑橡皮坝4座。清水河公园已成为县城居民休闲健身、观赏风景的去处。

饮马泉公园

位于扶风桥东，占地面积1900平方米，含六角凉亭1座、18米休闲长廊1处、假山2处、莲花池1处、公厕1座（共2层）、汉白玉小石桥1座、18个射灯，铺装面积600平方米、绿化面积400平方米。由吉县住建局负责日常维护及管理。

饮马泉是吉州八景之一。2009年，进行过整修。后水利局治理河道时，再次修缮。2015年，由临汾市设计部门进行整体设计，清理饮马泉及清水河的淤泥，搭建古亭，修建长廊，种植竹、花及树木，并对饮马泉进行亮化，将红色七孔石桥、龟石、卧龙石、清水河与饮马泉连接在一起，既保护了文化，又留住了乡愁。

第五节　广场

文化广场

位于吉县新华东街祖师庙二道河处。由北京林业大学设计，河南林州建筑公司承建。工程总投资3731.98万元，2007年动工建设，2008年7月一期建成使用。占地8万平方米，其中铺装面积6.32万平方米，绿化面积1.68万平方米。分健身休闲区、旱喷区、林间水路区、林荫大道等功能区。设主次 2 个入口，2 个喷泉，247 盏地灯，336 盏庭院灯，6 盏高杆灯，3 个水冲式公厕，11 间办公用房（9 间瓦房 2 间平房），2 间电力控制室（平房），50 间应急避难板房，由吉县住建局负责日常维护管理。每年消夏文艺晚会、元宵节社火比赛、大型文化活动、大型集会都在此举行。

中心广场

位于县城中心，1998 年建成。广场内绿地面积 1300 余平方米，装有 1 盏高杆灯。广场“中华魂”汉白玉雕塑高 6 米，占地约 50 平方米。塑着一位面容慈祥的母亲，肩扛玉脂瓶，瓶中黄河水缓缓流下，洗涤着一个全身赤裸的小孩。小孩眼望母亲，左足微跷，一幅顽皮活泼的可爱模样。象征着黄河就像母亲一样，滋润着生生不息的炎黄子孙。2012 年，县政府投资 330 万元实施中心广场改造工程。工程占地 2780 平方米，改造内容包括河道清理、篷板改造、护岸加固、亮化、绿化、管线入地、地面铺装、安装大屏幕等。广场四周花池围绕，绿化面积 800 平方米。同时对广场周边道路进行升级改造，达到环境与交通的有机统一。

西关广场

位于新华西街，2009 年建成使用。广场投资 3.8 万元，占地面积 5000 平方米，绿化面积 1000 平方米。有篮球架 1 副，喷泉 1 个，凉亭 2 个，健身器材 5 个，公厕 1 座。属西关村民委员会管理。

府前广场

位于吉州新城。工程总投资 865 万元。占地面积 8717.17 平方米，南北长 137 米，东西宽 65 米，地势北高南低，高差 6.5 米。铺装工程面积 4105 平方米，其中广场铺装面积 3718 平方米，园路铺装面积 387 平方米。绿化工程面积 3615 平方米，包括乔木、灌木、地被植物、草本花卉以及特色树池等。景观小品工程面积 997.17 平方米，包括入口景观石、浮雕墙、特色花池、四角亭子、苹果灯箱、旱喷泉、树池坐凳、廊架、景石组合、木平台及其他园林景观小品等。配套亮化工程、给排水工程等。附属道路 2 条（南一巷、南二巷）。由吉县住建局负责日常维护与管理。

第五章 公用事业

第一节 供水

供水企业

吉县自来水厂，1978年成立，当年打深井2眼，建高位水池2个，安装管道1.32万米，年供水8.5万吨，可满足县城用水需要。“十一五”期间，投资326万元，打200米深井2眼，建设1000平方米厂房；投资300万元，建配水厂1座；完成管网改造7900米，实施水表出户改造1920户，自来水普及率和水源合格率均达100%。

用水量

城市居民综合生活用水量　根据《室外给水设计规范》规定，结合吉县城市经济状况及现状居民用水水平，确定2010年和2020年城市居民最高日综合生活用水定额分别为150升/人.日和150升/人． 日。取定吉县城市用水人口为2010年4万人、2020年6万人，确定城市最高日综合生活用水量分别为2010年6000立方米/日，2020年9000立方米/日。

管网漏失水量　按综合生活用水量的10%考虑，2010年600立方米/日，2020年900立方米/日。

浇洒用水量　近期道路广场面积67.6公顷，公共绿地面积31.3公顷；远期道路广场面积102.5公顷，公共绿地面积47.5公顷。根据《城市给水工程规划规范》规定，浇洒标准道路广场为0.2万立方米/平方千米·日，绿地为0.1万立方米/平方千米·日。按2吨浇洒1次，计算出浇洒用水量分别为：2010年道路广场浇洒用水676立方米/日，绿地用水156.5立方米/日；2020年道路广场浇洒用水1025立方米/日，绿地用水2375立方米/日。（包括管网漏失水量）

消防储备水量　根据《建筑设计防火规范》规定，规划城市人口2010年为4万人，取定2010年1次消防用水量为25升/秒。规划城市人口2020年为6万人，取定2020年1次消防用水量为35升/秒。城市同一时间发生火灾次数为2次，火灾持续时间按2小时计，所需消防储水量分别为：2010年360立方米/日；2020年504立方米/日。

根据以上计算，城市最高日用水量，2010年为7432.5立方米/日，2020年为11162.5立方米/日。

水源地状况

阳儿源水源地　位于县城北部清水河东侧，距309国道150米，有K_3、$K_4$2眼中生界三选系碎屑岩浆裂隙水供水井，呈南北向沿河谷东侧直线排列，井间隔距离62米。K_3、K_4水源井各建有2层集水建筑物，配套齐全，开采层位为三叠系刘家沟组碎屑岩裂隙水，孔深分别为196米、197.91米，滤水管管口径 $\phi 273\times 8$ 毫米螺旋钢管，滤水管孔隙率达25%以上，井口高程840.5 ~ 838米，按开采规模属于小型水源地。

十里河后备水源地　位于清水河河谷东岸、阳儿原水源地K_3供水井以北2500米处，距309国道50米左右，有中生界三叠系碎屑岩裂隙水供水井$K_2$1眼，上部松嫩岩类盖层厚底16米，建设有集水建筑物 1 座并设有围墙，配有 4 寸潜水泵，孔深 260 米，由山西省地矿局 213 队施工成井，滤水管口径 φ273 毫米 ×8 毫米螺旋钢管，孔隙率达 25% 以上，井口高程 870.5 米，单井用水量 1440 立方米 / 日，按开采规模属于小型水源地。

地下水化学类型　据水源地 K4 号孔及自来水末梢水质分析化验资料，碎屑岩裂隙水，地下径流条件较好，水质为 HCO_3-Na · Ca · Mg 型水，矿化度为 0.3 克 / 升，总硬度 177.4 毫克 / 升，ph 值 7.75，F- 离子 0.8 毫克 / 升，水温 15.5℃，锶含量 0.59 ～ 0.75 克 / 升。

据《山西省吉县县城供水工程阳儿原水源地水文地质勘察报告》，阳儿原水源地天然补给量为 1.49 万立方米 / 日，允许开采量为 1.0 万立方米 / 日，开采量占天然补给量的 67%。

水质评价标准

水源地地下水水体功能评价标准采用《生活饮用水卫生标准》（GB/T5750-85）。

水源地地下水水质评价标准采用《地下水质量标准》（GB/T14848-93）。

取自阳儿原 K_4 供水井及配水厂末梢水水样，水化学组分含量 n=1.4、20 项，按 GB/T14848-93《地下水质量标准》评价为良好（Ⅰ类）、优良（Ⅰ类）水。

管网建设

配水管网控制水压最高日最大时最不利点为 28 米水柱，满足 6 层楼供水水压要求，规划配水干管呈环状布设：规划期内改造不能满足要求的配水管，配套齐全各种附属设施，满足用户的水量和水压要求：配水管管材选用球墨铸铁管或 PE 塑料给水管。

在县城北部区域设置局部提升泵房，以满足该区域对水压的需求。

到 2015 年底，管道总长度 175 千米，其中：φ<DN75 毫米为 158 千米，DN75 毫米≤φ<DN300 毫米为 17 千米。

供水能力及范围

县城供水由县自来水公司统一管理。以阳儿原水源和十里河水源作为水源，处理能力为 1.2 万立方米 / 日，处理工艺为加药、混凝、沉淀、过滤、加氯消毒，以二级泵房加压供水。2015 年底，水厂的供水能力达 5000 吨 / 日。供水规模为 4 万人。服务范围为吉县县城城区。

收费标准

1997 年 12 月—2012 年 10 月，公司实行五类水价：消费性水价 1.8 元 / 吨；经营性水价二类 3 元 / 吨；经营性水价三类 3.5 元 / 吨；经营性水价四类 4 元 / 吨；经营性水价五类 5.8 元 / 吨。

自 2012 年 11 月起，公司实行三类水价：居民生活用水 1.8 元 / 吨；非居民生活用水 3.5 元 / 吨；特种用水 5.8 元 / 吨。

第二节　供热

分散供热

2010 年底前，县城供热零星分散，集中供热没有统一的规划，各小区和单位家属楼的冬季供热由单位或业主自行组织进行，其余以户为单位或采用小锅炉分散供热。1976 年，县委、县政府大楼落成，安装起县城第一座供热锅炉，供热面积 3000 余平方米。1999 年，地税局建起 5 层家属楼，安装起县城第一座为居民供热的锅炉。以后逐步建起生态园小区、金叶小区、外贸小区、交通小区等，均为自行供热。2009 年后，建设的十里河小区、商业小区、西关小区、步行街小区等采用煤层气供热。

集中供热

2010年3月，中油中泰煤层气利用吉州分公司在吉县挂牌成立，设主管网10千米，县城开始集中供气。2011年增铺5千米，支管网2千米，建设压缩天然气减压站1座，年销量超100万立方米，发展用户600余户，有气供暖锅炉5台；有部分小区采用天然气壁挂炉取暖，用户300余户。

2014年10月，县投资公司接管三合公司的县城集中供热资产、设施，成立“吉县吉州热力供热有限公司”，有8个集中供热点，21台燃气锅炉（4吨/台），供热总面积21.5万平方米。供暖管网35千米，供热居民1450户。同时，对部分供热管道进行地埋加深和保温处理，地埋管道达2千米。

境内各单位小区有区域性燃气锅炉65台，135蒸吨；燃气壁挂炉1078户，使用清洁能源采暖面积达122.5万平方米。

第三节 供气

石油液化气

2000年前，境内只有县城城北垣一家液化气公司，由私人经营。“十五”期间，县城建成一座大型石油液化气供应站，有零售网点16个，日供气量达3250千克，可满足7500余户生活用气，气化率达90%；共有储气罐4台，供气能力160立方米，合112.5吨。年销气量260吨。

煤层气

2010年，境内引资5000万元实施城市供气工程，同年12月试运营，县城居民首次用上了管道煤层气，拥有中压管道126.03千米。到2015年底，用气客户6100户，工业用户2户，商业用户72户，燃气锅炉130蒸吨，平均年销气量2.15亿立方米。

附：中油中泰吉州公司简介

中油中泰煤层气利用吉州有限责任公司，是由中油中泰燃气有限责任公司在山西省主导经营的煤层气企业，股东为中油中泰燃气投资集团有限公司，持股比例100%。2010年3月15日在临汾市吉县西关村沙朋咀注册成立，注册资金5000万元。2011年10月，公司运营地址迁往吉县车城乡兰家河村。公司主要从事压缩天然气（CNG）、液化天然气（LNG）的生产和销售；城市天然气管网及相关附属设施的建设与安装等。

2010年4月15日，公司委托设计院进行城市燃气设计。7月，开始管网施工。9月26日，进行配气站施工。按吉县政府的规划和要求，于2010年12月5日实现试供气。2011年7月1日，公司与吉县住房保障和城乡建设管理局签订了《山西省吉县城市燃气特许经营权》。2011年，公司在回宫建设煤层气先导试验性集输站，同步建设煤层气加气母站，同年12月建成，为吉县城市燃气供气。2012年10月10日，明珠零散气CNG集气站开始建设，11月18日竣工投产，日产气量4000立方米。至2012年11月，公司投资已达5000万元，为吉县铺建中压管网16千米，其中，庭院管网5千米；实现供气面积5平方千米，挂表用户1420户，通气用户478户，小区11个，锅炉总吨数为45吨。至2015年，日产气量达到12000立方米。

第四节 公共交通

公交

2008年，投资10余万元，委托临汾德勤设计公司完成吉县城市公共客运专项规划。同年9月，吸引社会资本成立吉县宏裕公共交通运输有限公司，购买大型公交客运车16辆，招聘司乘人员26人、管理人员7名。2010年，公交公司正式开始运行，共批准2条公交线路，即1号线：车城口—孙家沟，17千米。2号线：二道河—霖雨村，13.8千米。运行时间早6：30晚19：00，日运行120班次。后根据乘客实际，取消了2路车，至2015年底，只有1路车运行。

出租

1992年，成立第一家出租车公司，隶属于交通运输管理部门，出租车16辆，承担订单客运和县内货运。1998年，个体小三轮上街载客，俗称蹦蹦，最多时小三轮增至260辆。2009年10月，引进社会资本500万元，成立吉县壶口出租汽车公司，有管理人员6名，从业人员55人，购置55辆红色吉利出租车，开始运营。

第五节 照明

1960年，县城开始安装路灯。1985年，县城安装50盏250瓦高压水银路灯。2009年，吉州大道安装8米双臂高压钠灯420杆，三套控制系统。2010年，安装路灯276杆，安装太阳能路灯84套。2012年，安装照明设施的街道3条，小街小巷8条。广场高杆灯3处，供电线路总长18.9千米。同年，与晋城金鹏商贸公司合作，将县城新华街90盏中华灯和77盏新华东街路灯全部更换为LED光源。2013年，实施县城亮化工程，增加吉州宾馆后巷道，龙王湾一、二、三巷，学背后、葛家沟、柳卜湾、小府、槐子沟、赵村坡、结子沟、寨子壕、淇北沟、侯家沟等巷道LED路灯；安装太阳能LED星光灯，亮化锦屏山、挂甲山、气象台、笔架山、小河畔后山5座山体；对柳卜湾桥和广电、地税、农业、二中、公安、文化、公路、检察院、国税、华联酒店、农行等大楼进行亮化。使用LED流星雨灯对新华街人行道树进行亮化，利用新华街路灯横挂LED亮化设施。高速路口、笔架山安装“好运吉县欢迎您”大型LED灯。县城主要街道安装太阳能路灯及LED高压灯共计1083杆，高杆灯3杆，供电路线21千米。

2015年吉县城区路灯安装情况表

表4-5-1　　　　单位：杆

序号	道路名称	灯具规格	安装数量	备注
1	新华街（东）	LED	72	新华西街80杆中华灯
2	滨河路	LED	102	—
3	吉州大道	高压钠灯	420	—
4	小府路	高压钠灯	18	高速引线62杆，高压钠灯

续表

序号	道路名称	灯具规格	安装数量	备注
5	城北路	高压钠灯	5	—
6	水洞沟路	LED	25	—
7	西关 1	太阳能	30	县医院——孙家沟
8	西关 2	太阳能	46	一中——县医院

2015 年县城部分巷道路灯情况表

表 4-5-2　　单位：杆

道路名称	灯具规格	安装数量
龙湾一巷	LED	14
龙湾二巷	LED	13
龙湾三巷	LED	13
教场巷	LED	—
寨子豪	LED	12
圪针沟	太阳能	—
雷神沟	LED	6
葛家沟	LED	11
侯家沟	LED	12
结子沟	LED	11
桥南	高压钠灯	14
丁家沟	LED	6
淇北沟	LED	9
学背后	LED	11
交通巷	LED	6
兰家巷	LED	4

第六节 环境卫生

卫生管理

20世纪80年代初，设立城乡建设环境保护局，开始对县城环境卫生进行监测管理。2002年，县政府组建城市综合管理执法大队，并升格为科级建制；抽调充实复转军人15名，管理人员增至32名；配备城市监察车辆；制定出台《吉县城市卫生管理暂行办法》等相关配套制度，实行门前五包，采取分片分段、定人定岗定责，连带处罚及舆论监督等有效措施，市容市貌得到明显改善。

2015年，县城拥有环卫人员66人，主要清扫新华街、滨河路两条主街道及18条巷道。配备洒水车一辆，小型铲车一辆，240升垃圾桶100个，固定垃圾池52个，果皮箱76个。采取分片管段，责任到人，日产日清，集中送到垃圾场统一填埋。

垃圾处理

20世纪90年代中期，建成两座填埋式垃圾处理场。一是城北垣垃圾场，二是东村垣垃圾场，各占地200余亩，属于辅助垃圾场（2010年停止使用）。2006年10月，在水洞沟动工修建县城垃圾处理场，2009年投入使用，日处理垃圾9吨，年约处理3200吨，县城日产垃圾10吨，生活垃圾处理率达90%。2012年，争取到国家投资1741万元，在城南2千米结子沟处新建县城垃圾处理场，项目占地117.8亩，设计使用年限35年，建设规模为日处理生活垃圾75吨，总库容量60万立方米。建设内容：垃圾收运系统、场内外道路、供输电线路、垃圾坝、场底及边坡防渗、场区基底处理、渗滤液导排系统、排洪导流系统、封场覆盖系统及综合办公楼、配电室等管理区设施。垃圾处理场严格执行国家垃圾处理程序，对城市生活垃圾进行卫生填埋处理，采取检查计量、分层作业，每一单元的垃圾高度控制在2～4米，不定期对作业区域灭蝇杀菌、消毒除臭，按照1：5的坡度实施斜坡作业，每日泥土覆盖20厘米，最大限度控制暴露垃圾，杜绝工业固体废物、危险废物、放射性物质进入填埋场，确保垃圾场运行安全。

污水处理

吉县县城污水处理工程位于县城西吉昌镇霖雨村，总投资3900万元，占地30亩，铺设污水管网19490米。建设内容为：细格栅、旋流沉砂池、平流沉砂池、生物池、中间水池、二沉池、污泥回流泵房、消毒池、净水车间、污泥脱水间、鼓风机房、配电室。在建集水井、提升泵房及锅炉房、办公楼、门房等附属设施。建设规模为日处理污水7000立方米。2009年9月工程动工，2010年8月建成。

工程设计处理工艺为生物膜法A/0+微絮凝过滤，处理后出水水质达国家一级A标准。2010年11月，拉回污泥100吨，面粉5吨，进行细菌培养，对进、出口全部安装在线监测。每月对进、出水进行检测。2011年，投入运营，成立了应急救援指挥部，每年至少组织一次模拟演习，定期组织相关人员进行安全教育和业务培训。2012年12月，通过环境保护验收。

公共卫生间

2009年前，县城共有3座公厕，均为旱厕，分布不均匀，卫生条件差。2009年，投资30万元，在县城文化广场入口处建标准化公厕1座，占地200平方米，配有残疾人设施、感应式冲水器、洗手盆、烘干器、专人保洁、消毒杀菌，全天候免费向居民开放。后分别修建了18个五星级公厕，其中，滨河路3座、桥南广场1座、新华西街2座、中心广场1座、菜市场1座、吉州商贸城1座、小府路 2 座、文化广场 3 座、新城 1 座、锦屏山公园 1 座、府前广场 1 座、保障性住房小区 1 座。厕所水、电、暖设备齐全，水冲式一体化，建筑面积 80 ～ 100 平方米，设有残疾人卫生间，布局科学，设计新颖，专人管护，卫生干净。

清水河治理

清水河是吉县母亲河，上游流域面积 46 平方千米。县城依河而建，水穿城而过。2000 年前，县城污水直接排放，污染严重，清水河成了名副其实的“臭水河”。河道淤积严重，脏乱不堪，防洪能力减弱。2012 年，投资 2918 万元，对清水河河道进行综合治理。治理范围为吉州新城段、文化广场段及西关段，治理河道总长 48 千米，兴建防洪护堤 6800 米，筑浆砌石 7.7 万立方米、疏通河道 48 千米，完成淤泥清运 39 万立方米。工程使清水河河道防洪能力达到 20 年一遇，县城环境更加优美。

第七节　城市绿化

街道绿化

1993 年，对县城主街道新华街从扶风桥至电影院门口共 1000 余米进行绿化美化，街道两旁栽植合欢树，树与树之间建有花池。之后，随着街道拓宽及街道建筑物的拆建改建，街道旁树种也几经更换，有白杨、垂柳、法桐、龙爪槐等。2010 年，绿化主干道 3 条、次干道 3 条，栽植法桐、白皮松、雪松、国槐、垂柳、龙爪槐 4930 株，建绿化池 50 多个，建大型绿地 3 处即府前绿地、恒实绿地、高速引线绿地。

庭院绿化

1962 年，县委在其后院空地修各 30 平方米的花园 2 个，开机关庭院绿化先河。1983 年，组织机关单位在街道两旁和院内栽树、养花、种草，建花池 40 多个，栽植白杨、垂柳、松树 2930 株。1985 年底，县城初步呈现出树木成行、花草芬芳景象。2000 年，城区内行政机关、学校、医院等以点线穿插，建成吉县一中、二中、烤烟局等花园式机关单位。沿中心广场周围见缝插绿，建集休闲、娱乐为一体的文化广场一座，增加公共绿地面积 3700 平方米。2010 年，种植 16000 米的绿化带，栽植行道树 4000 株，为县城再添新绿。年底，县城机关单位全部进行绿化，建成庭院绿化达标单位 4 个。

环城绿化

2003 年，实施绿树环城工程。县城（一圈）南北两山山体上新栽苗木 92 万余棵；沿城清水河、城市南环路、沿城市绿化纵轴横轴（“两带”）以及县城滨河路、新华街栽植苗木 1.3 万棵。

2010 年，投资 2000 万元，对新城十里河至车城口、气象台至霖雨桥两侧第一山脊线可视范围内的所有地类进行绿化，营造乔灌混交、针阔混交生态景观林面积 7000 亩；投资 500 万元，在临吉高速引线周围建设高标准、高投入、高起点绿色通道，采取乔灌混交、针阔混交模式，营造生态景观林面积 130 亩，引线通道绿化 1 千米，构建“百花争春、绿色护夏、红叶迎秋，松柏扮冬”的美丽风景。

绿化覆盖率

1980 年底，县城绿化覆盖率为 30%。1983 年，组织机关单位在街道两旁和院内栽树、养花、种草，建花池 40 多个。1990 年底，县城中心广场修建了草坪，街道种了树，单位也进行了绿化，县城绿化覆盖率为 35%。2003 年开始，连续 5 年，实施环城绿化工程，绿化覆盖率为 40%。

2010—2015 年，继续大力推进环城绿化，县城建设文化休闲广场 2 处，建成锦屏山森林公园和多处小型植物园，公园绿化率达到 85%。县城绿地面积达 149.5 公顷，绿地率为 38.8%，面积 166 公顷，城区绿化覆盖率为 43%，人均公共绿地面积 10.9 平方米，形成“人在绿中，城在景中”的自然景观。

第五编　环境保护

吉县属山区农业县，森林覆盖率高，生态环境好，工业不发达，污染相对较小。

县城沿川而建，空间狭长封闭，人口密集，大气容量较小，容易形成污染。随着城建步伐（扩容改造）的加快，产生大量的建筑垃圾；农业生产的发展，大型养殖场兴起，农药、化肥、农膜的不合理使用，给农村及部分区域造成环境污染。历届县委、县政府十分重视环境治理，通过推行环保目标责任制，取缔关停土小污染企业、开展“环境建设年”“环境提升年”和环境宣传教育活动，严厉打击环境污染违法犯罪“百日会战”专项行动，环境质量得到进一步改善和提高。境内空气质量、地表水水质、区域环境噪声等均达到或优于国家规定的功能区相关标准。先后获“全国生态建设示范县”、省政协三晋环保行15年优秀奖、山西省环境质量改善奖、环境保护工作先进县、环境保护生态奖、环境保护工作特别奖，城市环境综合整治先进县等荣誉称号，被命名为省级环保模范城。

第一章　环境状况

第一节　污染因素

主要污染源

改革开放前，县城机关和居民的取暖供热，主要靠柴火和煤炭。固体废弃物主要源于冬季采暖锅炉、煤渣、建筑施工垃圾以及居民生活垃圾，县城年排放量在5.15万吨以上。20世纪80年代，随着改革开放，一些煤炭企业、制砖厂、搅拌厂、医院、旅馆饭店、生产生活垃圾等成为主要污染源；果园及粮田、菜园等生产过程中，农药、化肥、农膜及微量元素的使用，对土地开始有一定污染。步入21世纪后，境内209、309国道交通压力剧增，加上临吉高速、吉河高速通车后，每天的各种机动车流络绎不绝，噪声及空气污染加剧；县城人口不断增长，供热锅炉逐年增加，供热设施零星分散，冬季空气污染严重。

主要污染物

吉县污染行业主要污染物分别为：建筑—粉尘、固废、噪声；电力—粉尘、烟尘、固废、废水；饮料—废气、BOD5、COD、氨氮；制砖—烟类、二氧化硫（SO_2）、氮氧化物（NO_X）、工业粉尘；水泥—烟尘、粉尘、二氧化硫、氮氧化物、氟化物；农业—化肥、农药、地膜；交通—噪声、扬尘、机动车尾气。

第二节　污染状况

大气污染

大气污染主要来源于工业生产和生活取暖产生的烟尘、粉尘及废气，以及机动车尾气等，属季节性污染，分为重度污染、中度污染和轻度污染三个等级。重度污染，主要集中于县城及周边村庄，因冬季采暖锅炉及居民生活燃煤所致，污染物以二氧化硫和烟尘悬浮颗粒物为主，时间集中在每年的11月15日至次年的3月15日，综合指数偏高，轻度到中度污染。春秋季节由于受季风影响，颗粒物（PM_{10}和$PM_{2.5}$）浓度偏大。夏季温度过高，臭氧相对偏高。农村空气质量优于县城，年清洁时间大约在7个月以上，其余均为轻度污染。

水污染

清水河（州川河）是吉县城区唯一的一条主河道，流程60多千米流入黄河，属于黄河一级支流。地表水：污染物主要来源是工业用水和居民生活污水。20世纪90年代，吉县工业和乡镇企业多的地方污染比较严重。位于小府河滩的乡镇造纸厂，正常生产时每天排放污水达300多吨，清水河“鸭子望河不去游”，严重危害下游的人畜用水安全。

1997年，县城常住人口4万余人，包括单位130个、学校8所、医院3个，集贸市场3个，旅馆饭店97个（其中规模较大的4个）营业性澡堂5个，洗车点5个，屠宰场点1个。县城段水厂供水户数7000户（居民区6000户，机关、单位、企业、学校、营业性用水约1000户），供水人口 4 万人，年供水量 72 万吨；另有部分用户使用自备井（全县约 150 个），年用水量约 108 万吨，两项用水合计 180 万吨，按排污系数 70% 计算，年排放污水在 126 万吨左右。

2009 年，县城段有排放口 22 个，其中排污口 19 个，排水沟 3 条，其余均为沿河居民自设排水设施无组织排放。县城段医疗废水排放量约 5% 以下，生活污水排放量约 90%，工业废水排放量约 5%。其污染程度依次为生活污水、工业废水和医疗废水。由于污水排放量不断增加，地表径流出现逐年减少，造成河段水体自净功能越来越差。

2009 年吉县排放污水情况表

表 5-1-1　　单位：吨

名称	水厂	自备井	合计	排放		备注
日供水	2000	3000	5000	日排放	3500	自备井约 150 个
月供水	60000	90000	150000	月排放	105000	按 70% 计算排污量
年供水	72000	1080000	1800000	年排放	1260000	—

2010 年，污水处理厂建成投入使用。2011—2012 年，水利部门在清水河县城段建设排污箱涵 3731 米。

固体废弃物污染

20 世纪 80 年代，境内居民取暖供热，主要靠柴火和煤炭。冬季采暖锅炉、煤渣、建筑施工垃圾以及居民生活垃圾等固体废弃物，仅县城年排放量在 5.15 万吨以上。随着社会发展，锅炉供暖逐渐兴起。2010 年底以前，县城各小区和单位家属楼冬季供热采用小锅炉分散供热，也是固体废弃物污染的主要来源。2010 年，县委、县政府引进中油中泰煤层气利用吉州有限责任公司，实施集中供热工程。积极推广居民使用石油液化气、天然气做饭，减轻大气污染，改善环境质量。

噪声污染

从声源结构分析，影响区域环境噪声的主要声源为生活噪声和交通噪声。噪声主要来源于大型建筑机械、装潢维修施工、机动车辆发动机汽笛、广告箱、燃放烟花爆竹等，以县城、集镇、厂矿周边噪声污染以及汽车噪音污染为甚。

第二章　环境监测

第一节　空气质量监测

20 世纪 90 年代前，吉县没有空气质量监测仪器。1990 年，环保部门购置简单监测仪器，配备了适合山区、适应环保工作的简单工具，开始监测。1994 年底，建立环境监测站。1995 年，建成 400 平方米环境监测楼。

2004 年，县政府投资 6.5 万元建设环境监测站点位 2 个，分别位于吉县一中和环保局楼顶，与全省监测网联网，大气环境质量手工监测工作开始运行。监测指标为大气总悬浮物、二氧化硫和二氧化氮 3 项。每月完成县城 5 天的空气质量监测任务。县有线电视台开始播报吉县环境空气质量状况。

2005 年，投入 10 万余元，购置环境噪声监测仪、烟尘检查仪、环境监测车等设备，并新增 COD 监测仪、ph 值分析仪、氨氮分析回流装置、制作纯水的机械设备等仪器。监测 TSP（总悬浮颗粒物）和二氧化硫 2 项空气指标，每月监测 5 天时间。监测到县城环境综合质量指数为 1.39。

2007 年，县环境监测站投资 120 万元建成城区空气质量自动监测系统，人工手动监测变为自动监测。设有一中和祖师庙小学 2 个监测点位，实行每日 24 小时全天候监测。共监测 PM_{10}、二氧化硫、二氧化氮 3 项空气指标，每日可向社会公布县城空气质量状况，二级以上天数 317 天。经过综合各项监测数据分析，吉县县城空气质量总体良好，主要污染物总悬浮颗粒物（TSP）为 0.147 毫克 / 立方米，二氧化硫（SO_2）为 0.027 毫克 / 立方米，各项监测指标达到污染物总量控制要求，大气质量优于二级。

2008 年，吉县二级以上天数 317 天，综合污染指数为 1.32，在临汾市污染排序中名列第 3 名。影响吉县空气质量的主要污染物为二氧化硫，由居民冬季采暖所致，重、中度污染主要月份为 12 月和次年 1—2 月。

2009 年，对城区 2 个空气连续自动监测系统进行维护和检修，投入应急专项监测经费和义务经费 6 万元，当年有空气质量监测仪 2 台，尾气仪 1 台，实验用房达到规定标准。城市空气质量日报准确度达到 98% 以上，确保城市空气质量达标率≥ 95%。全年二级以上天数 363 天（全年任务 300 天以上），比上年同期增加 46 天，同比增长 14.5%，占应监测天数的 99.45%。城市空气质量达二级标准，综合污染指数为 0.873，同比下降 0.447%。

2010 年，吉县二级以上天数 365 天，比上年同期增加 2 天，同比长 1.11%，占应监测天数的 100%，城市空气质量达二级标准，综合污染指数为 1.001，同比下降 0.007%。

2011 年，空气质量二级以上天数 318 天，二氧化硫减排了 5.3 吨，化学需氧量减排了 480 吨，氨氮减排 30 吨，氮氧化合物减排了 1.5 吨，工业粉尘减排了 0.4 吨，烟尘减排了 8.6 吨。

2013 年，空气环境质量均达到国家二级以上标准，二级以上天数 363 天，综合污染指数为 1.337。

2014 年，吉县空气环境质量均达到国家二级标准，全年二级以上天数 358 天，综合污染指数 1.487。

2015 年，对仪器进行了更换升级，城区内 2 个空气自动监测点位祖师庙小学点位移至新城办公楼，数据更准确、真实，具有代表性。

2004—2015 年吉县空气质量情况表

表 5-2-1　　单位：天、毫克 / 立方米

项目 数值 年份	平均值			综合质量指数	二级天数	备注
	SO_2	NO_2	PM_{10}			
2004	0.059	—	0.087	0.97	—	人工手动监测 2 项空气指标
2005	0.060	—	0.089	0.99	—	
2006	0.056	—	0.077	0.86	—	
2007	0.043	0.011	0.050	1.32	317	自动监测 3 项空气指标
2008	0.042	0.011	0.047	1.28	317	
2009	0.020	0.010	0.042	0.873	363	
2010	0.043	0.016	0.057	1.49	365	
2011	0.049	0.017	0.052	1.47	341	
2012	0.027	0.015	0.042	0.978	366	
2013	0.041	0.016	0.057	1.337	363	
2014	0.038	0.026	0.060	1.557	358	
2015	0.039	0.021	0.053	1.442	364	

表中显示，按照《空气质量标准》(GB3095—2012)，吉县均达到国家二级以上标准，城区颗粒物年均浓度值均在 0.090 毫克 / 立方米以下，为二级标准；细颗粒物年均浓度值均在 0.042 毫克 / 立方米以下，为二级标准；二氧化硫年均浓度值均在 0.090 毫克 / 立方米以下，为二级标准；二氧化氮年均浓度值均在 0.021 毫克 / 立方米以下，为一级标准；一氧化碳第 95 百分位值为 3.0 毫克 / 立方米以下，臭氧第 90 百分位值为 0.077 毫克 / 立方米以下，均为二级标准。从年度时间来看，二氧化硫浓度值前一年 11 月份至次年 3 月份由于冬季采暖锅炉及居民生活燃煤导致，浓度值较高；颗粒物由于受气候影响，1—3 月份较高，4—9 月份趋于平缓，没有太大幅度变化，10—12 月份较高；臭氧受高温影响，5—9 月份较高。

2013 年吉县全年空气质量情况表

表 5-2-2　　单位：天、毫克 / 立方米

月份	一中			祖师庙小学			平均值			二氧化硫分指数	二氧化氮分指数	PM_{10} 分指数	综合污染指数	二级以上天数	一级以上天数	备注
	二氧化硫	二氧化氮	PM_{10}	二氧化硫	二氧化氮	PM_{10}	二氧化硫	二氧化氮	PM_{10}							
1	0.085	0.015	0.060	0.093	0.019	0.068	0.089	0.017	0.064	1.483	0.213	0.240	1.936	31	—	其中三级天 2 天
2	0.094	0.019	0.064	0.092	0.019	0.066	0.083	0.019	0.065	1.383	0.238	0.250	1.871	28	1	—
3	0.081	0.017	0.059	0.079	0.015	0.064	0.029	0.016	0.062	0.483	0.200	0.520	1.203	31	12	—
4	0.019	0.016	0.069	0.013	0.011	0.091	0.016	0.013	0.080	0.267	0.167	0.600	1.029	30	8	—
5	0.018	0.014	0.068	0.014	0.013	0.062	0.015	0.013	0.065	0.250	0.162	0.550	0.962	31	13	—
6	0.014	0.013	0.059	0.019	0.009	0.057	0.016	0.011	0.058	0.267	0.137	0.440	0.844	30	22	—
7	0.010	0.009	0.069	0.009	0.007	0.075	0.010	0.008	0.072	0.167	0.100	0.420	0.687	31	22	—
8	0.011	0.016	0.067	0.010	0.007	0.069	0.010	0.100	0.098	0.167	0.125	0.480	0.772	31	14	—
9	0.014	0.017	0.079	0.007	0.006	0.075	0.010	0.012	0.077	0.167	0.150	0.470	0.787	30	18	—
10	0.014	0.016	0.090	0.012	0.012	0.098	0.013	0.013	0.094	0.217	0.162	0.540	0.919	31	13	—
11	0.055	0.019	0.038	0.100	0.017	0.064	0.079	0.018	0.052	0.317	0.225	0.520	2.062	30	5	—
12	0.133	0.039	0.050	0.093	0.038	0.067	0.111	0.038	0.057	1.850	0.475	0.570	2.895	29		—
合计	0.044	0.018	0.064	0.036	0.014	0.050	0.041	0.016	0.067	0.667	0.200	0.670	1.537	235	128	—

说明：2013 年全年 PM_{10} 浓度为 0.067 毫克 / 立方米。

2014 年吉县全年空气质量情况表

表 5-2-3 单位：天、毫克 / 立方米

月份	一中			祖师庙小学			平均值			二氧化硫分指数	二氧化氮分指数	PM_{10}分指数	综合污染指数	二级以上天数	一级以上天数	备注
	二氧化硫	二氧化氮	PM_{10}	二氧化硫	二氧化氮	PM_{10}	二氧化硫	二氧化氮	PM_{10}							
1	0.059	0.042	0.056	0.147	0.048	0.034	0.103	0.045	0.056	1.717	0.562	0.560	2.839	30	—	其中三级天数 7 天
2	0.087	0.036	0.067	0.082	0.035	0.050	0.840	0.036	0.059	1.400	0.450	0.590	2.440	27	—	—
3	0.071	0.033	0.067	0.049	0.048	0.063	0.061	0.040	0.064	1.017	0.500	0.640	2.157	28	—	—
4	0.022	0.027	0.081	0.012	0.034	0.064	0.017	0.030	0.073	0.283	0.375	0.730	1.388	29	—	—
5	0.017	0.022	0.078	0.004	0.025	0.065	0.013	0.018	0.068	0.183	0.288	0.710	1.181	31	8	—
6	0.017	0.019	0.069	0.009	0.014	0.048	0.013	0.017	0.058	0.217	0.213	0.580	1.010	30	16	—
7	0.013	0.016	0.050	0.013	0.014	0.040	0.013	0.015	0.045	0.217	0.188	0.450	0.855	31	20	—
8	0.010	0.023	0.054	0.013	0.015	0.029	0.012	0.017	0.047	0.200	0.213	0.470	0.833	31	21	—
9	0.011	0.024	0.059	0.004	0.016	0.038	0.008	0.200	0.048	0.133	0.250	0.480	0.863	30	16	—
10	0.017	0.028	0.071	0.005	0.024	0.061	0.011	0.026	0.066	0.183	0.325	0.660	1.168	31	8	—
11	0.039	0.034	0.082	0.013	0.021	0.063	0.026	0.028	0.073	0.433	0.350	0.730	1.513	30	6	—
12	0.119	0.030	0.089	0.059	0.014	0.058	0.092	0.023	0.061	1.533	0.288	0.610	2.431	30	—	—
合计	0.040	0.028	0.069	0.034	0.026	0.051	0.038	0.026	0.060	0.626	0.331	0.601	1.557	358	—	—

说明：2014 年全年 PM_{10} 浓度为 0.060 毫克 / 立方米，与 2013 年同比下降 10.4%。

第二节　水监测

地表水监测

清水河是境内的一条主河道，流程 60 多千米，由东向西直接流入黄河，属于黄河一级支流，也是省政府考核临汾市水质情况的主要河流之一。经省环保局监测站技术人员勘查，把清水河鲁家河桥点和大田窝点分别定为地表水入境断面和出境断面的监测点位。水体功能为农灌用水，监测项目为总磷、总氮、氨氮及化学需氧量。

经临汾市环境监测站化验，2005—2010 年，大田窝地表水监测断面化学需氧量分别为 87.7、24.3、20.9、28.7、16.3、20.8。县清水河浓度最高值出现在 2005 年，2010 年较 2005 年下降 76.2%；最低值出现在 2009 年，2010 年较 2009 年上升 27.9%。

2010年，大田窝和出境断面的水质优于入境断面，县辖区范围内无黑臭水体，达到国家或省的考核要求。

2014 年，经过临汾市环保局监测站人员现场勘察，将清水河靠近黄河入口处的荆门沟定为出境跨界断面，并由临汾市监测站定时进行取样、监测，经检测，每年跨界断面水质中化学需氧量、氨氮均达到了国家地表水四类标准要求。

2015 年，入境断面鲁家河桥和出境断面大田窝断面水送检化验达标率分别为 91%、92%。柿子河的跨界考核断面水送检水样，化学需氧量和氨氮均达到三类标准，达到国家和省的考核要求。

饮用水监测

吉县饮用水站点共 17 处，其中：一级水源地 2 处，二级水源地 15 处，供水人口 77400 人，年供水量 869000 立方米。其中，城区年供水量 540000 立方米，农村年供水量 329000 立方米。

城区共有水源地 2 处。阳儿原水源地位于县城北部清水河东侧，距 309 国道 150 米，有 K_3、K_4 中生界三叠系碎屑岩裂隙水供水井 2 眼，井口高程 840.5 ~ 838 米，属于小型水源地。供城区内人居饮用，所监测 23 项项目均达到国家三类标准。十里河后备水源地位于阳儿原水源地 K_4 号供水井以北 2500 米，位于清水河河谷东岸，距 309 国道 50 米左右，共有 K_2 中生界三叠系碎屑岩裂隙水供水井 1 眼，井口高程 870.5 米，单井用水量 1440 立方米 / 日，属于小型水源地。据水源地 K_4 号孔及自来水末梢水质分析化验资料，水质为 $CaCo_3$ — Na.Ca.Mg 型水，矿化度为 0.3 克 / 升，总硬度 177.4 毫克 / 升，ph 值 7.75，F —离子 0.8 毫克 / 升，水温 15.5℃，全县含量 0.59 ~ 0.75 克 / 升。据《山西省吉县县城供水工程阳儿原水源地》允许开采量为 1.0 万立方米 / 日时，开采占天然补给量的 67%。

每年对桃村、壶口、下管头、大田窝 4 个村庄地下饮用水进行例行监测 2 次，共监测 24 项指标，各项指标均达到三类以上标准。地下水水质均达到国家标准要求，极差比例为 0。

2009—2015 年，龙王湾、阳儿原集中饮用水源地水质检测 23 项均达到国家级地下水二类标准。

吉县共有集中式饮用水源地 10 个。其中城市集中式饮用水水源地 2 个（一备一用），乡镇政府所在地集中式饮用水源地 8 个。按水源地类型分，有河流型水源地 1 个，地下水型水源地（泉水）9 个。城镇饮用水源总服务人口约为 9 万人。

2010 年起，由临汾市环境监测站对集中式饮用水源地水质代为化验分析，监测频率为每月

1 次，全年共监测 12 次。化验 ph、总硬度、硫酸盐、氯化物、铜、锌、铁等 23 项指标，评价标准执行《地下水质量标准》（GB/T14848—93）。经过化验评价，水源地每月的水质都达到了 III 类以上标准。集中式饮用水水源地水质达标率为 100%。

2015 年吉县饮用水源地基本情况表

表 5-2-4　　　　单位：人、万立方米

级别	乡镇	供水站	供水点	人口	年供水量	备注
一级	吉昌镇	水厂	祖师庙	23000	54	城区：日供水量 0.015，月供水量 0.45003
二级	屯里镇	屯里	—	4100	2.1	农村
	车城乡	兰家河	—	1700	1.1	农村
	车城乡	赵村	苏村沟	2400	1.2	农村
	吉昌镇	谢悉	—	2600	1.3	农村
	吉昌镇	兰村	—	2000	2.8	农村
	吉昌镇	城北垣	—	2500	1.1	农村
	文城乡	文城	—	4200	2.8	农村
	文城乡	留村垣	—	3300	1.5	农村
	文城乡	王家原	午生沟	2300	1.1	农村
	壶口镇	壶口	—	500	1.9	农村
	东城乡	东城	—	4300	2.4	农村
	东城乡	东城西垣	—	2100	0.9	农村
	柏山寺乡	柏山寺	—	11000	4.8	农村
	中垛乡	永固	—	4200	2.5	农村
	中垛乡	中垛	—	7200	6.9	农村
二级小计	—	—	—	54400	32.9	—
总合计	—	—	—	77400	86.9	—

2005—2009 年吉县分年度水质监测化验结果情况表

表 5-2-5　　　　单位：毫克 / 升

年度	地下水（临汾）						（吉县）					地表水（临汾）		备注
	ph	总硬度	硫酸盐	挥发酚	氨氮	氟化物	浑浊度（NTU）	色度	细菌总数（个 / 毫升）	大肠菌群（个 / 升）	肉眼可见物	化学需氧量	氨氮	
	标准	标准	标准	标准	标准	标准	标准	标准	标准	标准	标准	标准	标准	
	一类 6	一类	一类	一类 0.002	一类 0.15	一类 1.0	一类	一类	一类	一类 200	一类	一类 15	一类 0.15	
	二类 6	二类	二类	二类 0.002	二类 0.15	二类 1.0	二类	二类	二类	二类 2000	二类	二类 15	二类 0.5	
	三类 7	三类 小于450mg/L	三类 0.005	三类 1.0	三类 1.0	三类 1.0	三类	三类	三类	三类 10000	三类	三类 20	三类 1.0	
2005	无监测	—	—	—	—	—	—	—	—	—	—	87.7	1.089	
2006	7.64	179.35	30	0.001	0.034	0.309	—	—	—	—	—	24.3	1.549	
2007	7.74	176	40	0.001	0.04	0.6	1	1	<1	<3	无	20.9	1.852	
2008	7.92	177.5	27.35	0.0015	0.034	0.545	1	1	<2	<2	无	28.7	1.856	
2009	7.83	181.8	26.81	0.002	0.074	0.482	1	1	<1	<3	无	16.3	2.852	

第三节 其他监测

区域噪声监测

2008 年，吉县区域环境噪声采用 140 米 ×140 米的正方形网格进行布设，境内共布设 106 个点位，网格总覆盖面积 2.078 平方千米。区域环境噪声每年均在昼夜正常工作时间监测 1 次。

2010 年，区域噪声平均值为 53.3 分贝（A），符合区域环境噪声平均值 <60 分贝（A）指标要求。

2013 年，县城区域环境噪声等消声等效均值 54.2 分贝，均达到国家标准要求。聘请专家规划了噪声显示屏功能区化。

2015 年，按照《声环境质量常规监测暂行技术规定》中“城市区域声环境总体水平等级划分”进行评价，吉县属声环境质量“较好”等级。

危险废物和放射源监测

2010 年，辐射环境管理机构成立，配备了简易的监测仪器，当年对境内 7 家拥有辐射源和射线装置的单位进行全面检查。其中大部分医疗单位都建立了规章制度，有操作运行记录，工作人员全部持证上岗。

2011 年，境内医疗机构医疗废物均实行登记管理、与生活垃圾分类收集，并送交专门机构处置。开展了二噁英排放企业摸底调查、《辐射安全许可证》申报办理。进行了电磁辐射设备申报填写、辐射源及伴生放射性污染源核查与辐射安全事件检查，医疗废物和危险物品规范处理率 100%。

生态和农村环境质量监测

2007—2008 年，开展了全国第一次土壤污染状况调查工作。共清查污染源 357 个，其中工业源 15 个，生活源 70 个，农业源 271 个，集中治理设施 1 个。普查污染源 349 个，其中工业源 14 个，生活源 63 个，集中治理设施 1 个，农业源 271 个。查明了重点区域土壤污染类型、程度和原因。通过分析土壤重金属、农药残留、有机污染物等项目的含量及土壤理论性质，结合土地利用类型和土壤类型，开展基于土壤环境风险的土壤环境质量评价，确定土壤环境安全等级，构建适合县情的土壤污染防治法律法规及标准体系，提升土壤环境监管能力。

2013 年 6 月，吉县环保局出台《吉县生态和农村环境监察工作方案》，确立了生态环境监察工作重点：包括自然保护区环境监测，集中饮用水源保护区环境监察，资源开发类建设项目环境监察，非污染性建设项目环境监察。农村环境监测工作重点：农村连片整治示范项目建设进展情况地环境监察，农村生态文明建设示范创建情况地环境监察，规模化畜禽养殖场地生态环境监察，农村地区工业污染环境监察。

2015 年，开展农村环境质量试点监测工作。主要有县域监测和村庄监测。村庄监测包括环境空气监测、饮用水源地水环境监测、土壤环境监测。县域监测包括地表水质量监测和生态环境质量状况监测。实行一季度向市局一上报制度，全年上报 4 次，各项指标参数均符合国家二级以上标准，合格率达到 96%。同年，开展土壤污染调查和治理试点工作，选取 3 个村庄实施土壤检测，检测结果均达到国家标准。

重点污染源现场监测

2013 年，开展“每月一管”规范企业环保行为，对重点污染源进行现场监测，围绕 1 ~ 2 个主题，集中时间排查整治。同时采取不定时的抽查、暗查和夜查，共检查污染源 28 次，查处环境

2013年吉县环境容量核定结果情况表

表 5-2-6　　　　单位：吨/年

	分类	环境容量	实际排放量	允许排放量
城区	二氧化硫（SO_2）	397	431.82	126.62
	总悬浮微粒（TSP）	1036	1189.14	246.23
	可吸入颗粒物（PM_{10}）	518	713.48	147.74
	二氧化氮（NO_2）	449	—	—
农村	二氧化硫（SO_2）	15262	859.14	840.44
	总悬浮微粒（TSP）	31892	3693.11	3571.68
	可吸入颗粒物（PM_{10}）	15946	2215.87	2143.01
	二氧化氮（NO_2）	30524	—	—
全县（含自然保护区）	二氧化硫（SO_2）	15659	1290.96	967.06
	总悬浮微粒（TSP）	32928	4882.25	3817.91
	可吸入颗粒物（PM_{10}）	16464	2929.35	2290.75
	二氧化氮（NO_2）	30973	—	—
全县（不含自然保护区）	二氧化硫（SO_2）	12545	—	—
	总悬浮微粒（TSP）	20472	—	—
	可吸入颗粒物（PM_{10}）	10236	—	—
	二氧化氮（NO_2）	24745		

违法行为2起。督促企业整改不规范行为，确保污染防治设施正常运行，污染物达标排放。

附：全国第一次污染源普查

2008年开展污染源普查，制定《吉县污染源普查实施方案》，2009年初普查工作正式启动。主要任务是全面查清工业、农业、生活污染源和集中式污染处理设施的数量、行业和地区分布。主要污染物种类及其排放量、排放去处，建立各类污染源档案盒信息数据库。全县清查污染源357个，其中工业源15个，生活源70个，农业源271个，集中治理设施1个。普查污染源349个，其中工业源14个，生活源63个，集中治理设施1个，农业源271个。

工业源普查的14个企业均为小型企业，其中煤炭开采和洗选业2个，农副食品加工业1个，非金属矿物制品业11个。普查结果：耗煤6235吨，用电117.87万千瓦时，综合能源消费折合2937.7吨标准煤。用水4.234万吨，产生废水1.222万吨，排放废水0.934万吨，直接排入水体0.0934万吨。废水污染物总排放量47.66吨，主要污染物化学需氧量（32.76吨）。固体废物产生量5119吨，主要为矸石和尾矿。

普查生活源63个。其中住宿业5个，餐饮业20个，居民服务和其他服务业14个，医院3个，独立燃烧设施18个，建制镇3个，锅炉总台数32台，总额定功率27兆瓦。辖区内城镇常住人口1.9196万人，液化石油气消费量0.0143万吨。生活源用水1.8818万吨，其中城镇居民家庭用水量 81.31599 万吨，污水排放量 877.2606 万吨，化学需氧量排放量 462.41 吨。大气污染物排放量二氧化硫 73.06 吨，烟尘 146.16 吨。

普查农业源 271 个。调查农户典型地块 235 块，规模化畜禽养殖场 2 个，畜禽养殖专业户 30 个，规模化水产养殖场和养殖专业户 4 个。

2009 年吉县污染源普查工作基本情况表

表 5-2-7

<table>
<tr><th colspan="3">项目</th><th>内容</th></tr>
<tr><td colspan="3">普查机构名称</td><td>吉县第一次污染源普查领导组</td></tr>
<tr><td colspan="3">成立时间</td><td>2008 年 1 月</td></tr>
<tr><td rowspan="2">主要组成部门及个数</td><td colspan="2">个数</td><td>15</td></tr>
<tr><td colspan="2">部门</td><td>吉县农业局、统计局、宣传部、公安局、发改局、商务局、财政局、国土资源局、城镇局、统计局、工商局、畜牧局、国税局、地税局、气象局</td></tr>
<tr><td rowspan="5">普查采购的主要设备数</td><td colspan="2">合计</td><td>2 台</td></tr>
<tr><td colspan="2">计算机</td><td>1 台</td></tr>
<tr><td colspan="2">复印 / 打印机</td><td>打印机 1 台</td></tr>
<tr><td colspan="2">车辆</td><td>无</td></tr>
<tr><td colspan="2">其他</td><td>办公用具若干</td></tr>
<tr><td colspan="3">专职工作人员数（人）</td><td>9</td></tr>
<tr><td rowspan="4">经费落实数额（万元）</td><td rowspan="2">工业及生活源</td><td>2007 年</td><td>0.8</td></tr>
<tr><td>2008 年</td><td>4</td></tr>
<tr><td rowspan="2">农业源</td><td>2007 年</td><td>0.3</td></tr>
<tr><td>2008 年</td><td>3</td></tr>
<tr><td colspan="3">领导小组会议召开的次数</td><td>6 次</td></tr>
<tr><td colspan="3">其他</td><td></td></tr>
</table>

各阶段确定的普查对象数量情况表

表 5-2-8 单位：家

类 别	清查阶段	普查阶段
工业源	15	14
生活源	70	63
集中式治理设施	1	1
农业源	271	371
合计	357	349

第三章　环境治理

第一节　大气污染治理

锅炉烟尘治理

2000 年，对县城主街道沿线锅炉、茶浴炉进行强制整治，取缔 26 处、拔掉 30 根烟囱，同时新安装了一批脱硫除尘环保设施。

2007 年，规划四个集中连片供热网，开展燃煤锅炉烟尘达标治理工作，对县城新增 19 台锅炉进行强制烟尘达标验收。

2008 年，将主要污染物减排指标列入各乡镇、各部门年度环境保护与资源节约目标责任中。建成酒厂、政府、国税局、粮食局、县委 5 个小连片的集中供热小区，减少中小型锅炉 12 个。对一中、政府等五个 3 吨以上的大中型锅炉安装了脱硫除尘器。

2010 年，划定城市高污染燃料禁燃区，推广清洁能源，开展餐饮业油烟整治、机动车尾气检测。招商引资引进中油中泰煤层气利用吉州有限责任公司，实施集中供热工程。

2014 年，开展为期 5 个月的大气污染防治专项行动，完成单元小区供气 6 家 409 户、散居民户 5 家 62 户、单位加住宅小区 4 家 94 户、城中村 7 家 166 户、临街商业兼门面 6 家燃煤锅炉的改造。对常年运行的学校大灶 3 所 4 台烟灶进行了改造，增加供热面积 98300 平方米。14 台燃气锅炉可替代燃煤 3.85 万吨，增加供热面积 15 万平方米。对 5 家的油烟净化装置进行维修，对 3 家的油烟净化装置进行保养。13 家 2 个灶眼以下的小饭店改用清洁燃料。

推广联片供热和使用液化气、电能等清洁燃料。四通供热公司供暖单位及用户达 73 户，供热面积达到 3 万平方米。县政府锅炉供县委、县政府、招待所 3 个单位，采暖面积 3.5 万平方米。在城镇居民中普遍使用液化气和电磁炉。取缔了农资小区、康平小区、电业小区、人行小区等 11 台小锅炉。吉县二中、吉县电力支公司、吉县农行安装 3 台脱硫除尘器。工商联小区和星海明珠宾馆使用电暖供热。

2015 年，改造燃煤锅炉 15 台（共 8.3 吨）；建成 5 个锅炉房，安装 18 台燃气锅炉（4 吨）、管网 29.43 千米，实施集中供热总面积 12.33 万平方米。编制印发了《吉县大气污染防治行动计划》。

建筑施工扬尘治理

建筑施工地全部按照相关要求建设防治设施，规范设置围墙或围挡，硬化出入口道路。对工地内裸露的地面及堆放的易产生扬尘污染的物料覆盖防尘网或喷洒抑尘剂。并采取有效措施加强清扫保洁，减缓车辆行驶速度，尽可能控制二次扬尘。拆迁作业采取高压喷淋、洒水等降尘措施，拆迁作业完成后不能立即施工建设的，用防尘网覆盖裸露地面。辖区主干道两侧禁止露天堆放煤炭、石灰、沙土等散装物料。运输货物的车辆必须采取有效防尘抑尘措施，散状物采用厢式货车运输。

黄标车及汽车维修等监管治理

2014 年，划定境内黄标车限行区域，规划安装黄标车禁行标志牌 12 块，对 136 辆黄标车进行报废处理。加强对汽车维修等修理行业的监管，取缔露天喷涂作业，对全县 17 家汽车维修业，全部配备了油水分离系统、封闭烤漆房等污染防治设施，并配备有效的有机废气收集净化系统。建立大气污染防治预警应急机制，发挥自动监测的预警监视作用，按照预警等级，制定并采取相应的应急措施。

生产生活污染治理

1995 年，成立吉县秸秆禁烧工作领导组，通过电视台播放和张贴标语相结合的方式开展秸秆禁烧宣传，发放通告 6000 余份。组建督查队伍，督促各乡镇按照网格化管理要求，巡查、监管露天焚烧工作，有效杜绝秸秆焚烧现象。

治理工程简介

“煤改气”工程　2014 年，实施城区锅炉“煤改气”工程，给煤改气锅炉用户每吨位补贴 12 万元，共淘汰取缔燃煤锅炉 15 台 26.1 蒸吨，改燃气锅炉 20 吨，可减少燃煤 5200 余吨，减少二氧化硫产生 42.32 吨，氮氧化物产生 53.76 吨，烟粉尘产生 195.6 吨。

蓝天工程　2015 年，实施蓝天工程。对机械燃烧式锅炉安装烟尘处理装置，对规定期限内未达到整治要求的，依据国家环保法规进行查处。县环保部门对境内汽车排气污染防治实施统一监督管理。公安、交通、技术部门协同配合，按照各自职责对机动车排气污染的防治实施监督管理。加大城区内废物废水污染治理力度，县城所有医院和个体门诊所产生的污水处理后排放。县城住宅区、企业、门市、饭店、宾馆、招待所产生的废水循环沉淀达标后排放。对逾期治理不达标的，予以关停。吉昌镇所属的城六关按统一规划建立固定的垃圾投放池，确定专人专车定时清运至垃圾掩埋处理场。严格按标准在城区进行空气质量监测。

第二节　水污染治理

污水排放管理

建立水体污染风险源名录，聘请资质单位对水源地环境状况进行评估。在监管上，增加对涉水排污企业日常环境监察的频次，重点企业每月监察不少于 3 次、一般企业每月不少于 2 次。

1990—1991 年，县政府投资 3 万余元，为乡镇造纸厂修建 800 米的废水循环池 2 处，既解决了污染问题，又可回收一部分纸浆，每年可为企业创收 2 万余元。位于明珠乡上游的焦化厂，由于生产工艺落后，年排废水量 12600 余吨，直接排入义亭河内，对吉县的明珠、屯里、窑渠等乡镇及邻县大宁县部分地区的环境造成影响。还有壶口酒厂等企业，都程度不同地存在污染问题。1990—1993 年，壶口酒厂修建废水循环池 1 座，废水循环使用，不再外排。焦化厂建废水循环池 1 个、200 立方米的煤泥沉淀池 3 个，控制废水外排，解决了污染问题。1995 年 3 月，焦化厂回收煤焦油 5 吨，在解决污染问题的同时，为企业创收近 4 万元。乡镇造纸厂恢复使用原废水循环池，解决了清水河的污染问题。

1992 年，重点对县焦化厂和乡镇造纸厂进行环境治理，焦化厂增加了煤泥和废水池各 1 座。造纸厂对原设备陈旧、工艺落后的部件进行修理与更换。通过治理，企业的污染明显减轻。

“十五”期间，投资 150 万元，县城街道改造旧管道 3000 米，铺设排水管道 2700 米。2012 年，新华东街改造铺设排水管道 830 米。

2006 年，开展清理整顿不法排污企业工作。对屯里镇玉米糖厂试生产期间向义亭河排放污水问题，下达关闭停产通知；同时请市环保局监测站对其排放河道污水作出污染指数化验分析，检验合格后方许可复产。依法取缔了鑫胜公司的改良焦炉。每月不定期对违规企业进行 3 次以上巡查，防止死灰复燃。

2009 年，争取国家投资在吉昌镇新建污水处理厂 1 座，铺设污水管网 19490 米。处理工艺为生物膜法 A/0+ 微絮凝过滤，处理后出水水质达国家一级 A 标准。日处理污水 7000 吨，可对城区 95% 的生活污水进行处理，工业废水处理率 85%，减少污水直接排放对城区环境的影响，同时减少对黄河流域水质的污染，再生回用还可缓解水资源紧缺的矛盾。

2013 年，监察污染源 26 家次，环保设施 12 台套。规范 5 家企业的排污口，并加装标志牌。对 8 家使用射线装置单位进行检查。对鑫源洗煤厂等 3 个具备试生产条件项目实施监管。

截至 2014 年，累计投入资金 2000 余万元，在华晋明珠煤业有限公司、壶口玉米开发有限公司和山西省投资集团九州再生能源有限公司等企业安装全自动脱硫装置、布袋除尘设施和污水处理设施。在重点企业全面推行清洁生产，改进生产工艺，减少污染排放。

饮用水源地管理

吉县城镇供水饮用水水源地共有 2 处，分别为县城以北清水河东岸阳儿原水源地和距阳儿原水源地以北 2500 米的十里河水源地。两处水源地水源井均分布于清水河东岸山间河谷阶地上。

2007 年，组织专家和技术单位划分水源地保护区。自 3 月份开始，协调水利、卫生、国土等多家单位开展对吉县饮用水源、县地表水、地下排水管网的全面调查，制定饮用水源安全保护方案、污染突发事件处置预案、地表水综合整治计划。10 月，完成《吉县饮用水水源地保护区划分技术报告》，并通过专家审核。

2008 年，完成全县的水源地区域保护标识设置工作。水源地有专人负责管理，经定期化验检测，饮用水达标率 100%。

2009 年，设立了饮用水源地保护区标志。2012 年 11 月，临汾市人民政府转发省政府《关于同意县级以上城镇集中式饮用水水源保护区划分方案的批复》的通知，强调水源地保护区的范围与水源保护的重要性。

2011 年，开展饮用水源地保护区专项检查，集中整治饮用水源保护区违法排污、主要河流沿岸威胁饮用水安全的污染隐患，彻底清查辖区内饮用水源地保护区的水质情况。

2013 年，吉县自来水公司编制《吉县城区供水突发事件应急预案》。

2014 年，对城区及 8 个乡镇所有饮用水源地保护标识、标志、围栏进行排查。邀请县人大对水源地保护进行执法检查、建立风险源名录。聘请资质单位对水源地环境状况进行评估。对 4 个农村饮用水源地的井房进行修缮和围网改造安装，建设围墙围网 931 米，新建井房 2 座，增设危化禁行标志牌 2 块、水源地标识牌 7 块、宣传牌 13 块。对 4 家与供水无关的建筑物下发了搬迁通知书，县政府拨付 100 余万元对搬迁户进行补偿，每户每月拨付 200 元暂租房费，再以成本价给每户 1 套限价房，同时，约谈有关责任人。稳步推进重点流域水污染防治、加快河道生态修复治理，实施生活污水管网覆盖，杜绝未经收集的生活污水直排河道。取缔沿河排污口，规划祖师庙、小府村、上东村、柏坡底 4 处生活污水管网建设。

2015 年，对城区及 8 个乡镇饮用水源地进行环境安全大检查，确保集中式饮用水源地保护区内无工业企业排污口。检查饮用水源界桩、界碑或保护区警示牌、护栏等设施。对周边存在的白色垃圾、库内存在腐烂植物进行清理。开展农村面源污染治理工作，禁止在保护区周围新建规模化畜禽养殖场和有废水排放的工业企业，确保集中式饮用水源地环境安全。

污水处理厂工程建设项目

吉县污水处理厂位于吉昌镇霖雨村西南沟。2008年11月，省发展和改革委员会批复《修建吉县污水处理厂可行性研究报告》，原山西省环境保护局批复项目环境影响报告表。2009年9月动工建设，2010年8月完工，9月投入试运营。工程总投资3900万元，占地30亩。工程建设包括集水井、粗格栅、提升泵房、细格栅、旋流沉砂池、平流沉砂池、生物池、二沉池、污泥回流泵房、中间水池、净水车间、消毒池、污泥脱水间、鼓风机房、配电室、化验室、在线监测、中控室等。工程设计日处理污水总量7000吨，工艺为A20。铺设管网19.2千米，收集率达82%。同年申请配置喷雾式洒水车1辆，申请环补资金20万元。2011年，污水处理厂投入运行。2012年12月，完成环境保护竣工验收。

第三节 废弃物治理

取缔土炼油、土炼焦行动

1996年，吉县印发《关于坚决取缔土炼焦油、土炼焦的紧急通知》，1998年实施堵、取缔、处罚三管齐下的办法，炸毁炼油锅26个，没收成品油130吨、炼油设施420余件，境内84户、115个炼油楼全部取缔，取缔率全区排队第二。

1999年9月13日，召开取缔土炼油动员大会，县石油市场整顿领导组联合执法队伍开展系列大规模的取缔行动，土炼油一度绝迹。

2000年，在“6·5”关停行动中，取缔土炼油72户140炉、土焦炉74个。行动结束后，针对“土小企业”尤其是土炼油死灰复燃现象，地、县、乡三级联手，组织联合执法队伍，采取爆破、没收、拘传相结合的办法，进行了4次大规模整治。抽调环保、公安、交警等职能部门的精干力量，组建稽查组，在壶口管头山等交通要道堵截原油入境，共查堵非法拉运原油和劣质成品油车辆319次。1997—2000年，共取缔土炼油310座次。其中爆破炼油炉罐212次，没收炼油罐、冷却塔19个，公安拘传土炼油业户77人次，减少了土小企业所造成的环境污染。

垃圾填埋场工程

2010年，总投资1741万元，建成吉县垃圾处理场，设计使用年限35年，总库容量60万立方米，日处理生活垃圾75吨。采用检查计量、定点倾倒、分层作业的方法处置垃圾。每一单元的垃圾高度控制在2～4米之间。按照要求坡度实施斜坡作业，每日坚持用泥土覆盖20厘米，最大限度控制垃圾暴露面积。根据实际情况，不定期对作业区域进行灭蝇杀菌、消毒除臭。杜绝工业固体废物，危险废物，放射性废物等进入填埋场内，确保城市生活垃圾填埋场的运行安全和使用年限。

2015年1—12月，吉县垃圾场无害化处理城区生活垃圾共计2.26万吨，平均日处理62吨，处理率为100%；无害化处理率100%；接收环卫垃圾运输车辆8320车次（其中压缩式垃圾车3155车次、流动垃圾车3015车次、挂通垃圾车2150车次）；喷洒消杀药品5100余瓶，确保了垃圾处理厂安全运营。

节能减排

2000年，对境内机动车辆集中整顿，严格控制交通污染，确保机动车辆尾气达标排放，全年没有发生一起污染事故。

2007年，把节能技术研究列入年度科技计划，确定为重点科技攻关任务。实施的节能示范项目有：农业缓释性肥料的推广应用，新型沼气技术开发，节能民生科技应用等。

2008年，组织实施重点节能工程：吉州宾馆使用新型墙材加气混凝土砌块（这是吉县建筑工程第一次使用新型墙材），新建住宅楼统一安装太阳能。大力推广使用可再生能源，在农村发展生物能—沼气，建沼气池6300个。全面整顿煤炭经营企业，对设备落后、高耗能、浪费资源、不符合产业政策的2家小洗煤厂予以关闭。督促能耗重点企业沙坪煤炭有限公司淘汰落后设备，更新为综采设备。制定和实施固定资产投资项目节能评估和审查办法，出台全县煤行业发展规划。出台黏土砖行业发展规划、准入条件和监管办法，明确改造生产新型墙材的砖厂数量和时间。针对吉县农产品资源优势，大力发展农副产品深加工产业，实施壶口玉米开发有限公司10万吨玉米和12万吨高麦芽糖浆项目、苹果产业开发公司万吨气调库项目、宏丰农副产品购销公司2000吨优质小杂粮加工项目、田源果汁有限公司万吨苹果浓缩汁项目。强制性拆除更换不具备安装脱硫除尘器的采暖锅炉。投资30万元拆除价值157万元的锅炉11台，达到二氧化硫工程减排3.56吨。投资383万元购置6吨以上锅炉2台，供热面积达到6.3万平方米。在重点区域强制性安装脱硫除尘器。投资11.9万元安装3台锅炉脱硫除尘净化器，达到二氧化硫工程减排7.64吨，可供热面积2.2万平方米。依法关闭违规企业。关停未办理环保手续的洗煤厂1个，化学需氧量减排0.2吨。限期治理玉米糖厂、明珠煤矿、鑫源洗煤厂，监督完成环保设施建设，化学需氧量减排7.86吨。当年，吉县单位地区GDP综合能耗下降8%，统合污染指数下降到1.35，地表水的化学需氧量下降5.5%和4.2%，万元地区生产总值二氧化硫与化学需氧量均下降10%，GDP用水量下降了10%。超额完成市里下达的年度计划节能目标。

2012—2014年，累计投入资金2000余万元，在华晋明珠煤业有限公司、壶口玉米开发有限公司和九州废油再生有限公司等企业安装全自动脱硫装置、布袋除尘设施和污水处理设施，在重点企业全面推行清洁生产、改进生产工艺、减少污染排放；加强对污水处理厂和垃圾处理厂运行监管，推进使用清洁能源；拆除集中供热区域内燃煤锅炉20余台，拆小并大，推进集中连片供热。在县城11个区域内新建12座区域集中采暖燃气锅炉房，拆除取缔有危害的小型燃煤锅炉40余台，减少烟尘排放量334.7吨，二氧化硫排放量986.2吨，一氧化碳排放量77718.9吨，氮氧化物（NOX）283.8吨。2014年，强行改换煤改气锅炉14台，新建安装小型污水处理设施2处，规范医疗废物异地处理，给加油站安装油气回收器10家，限时间淘汰“黄标车”和老旧车869辆，对全县19家畜禽养殖场进行仔细排查，确定3家规模化畜禽养殖场列入减排计划，采用“干清粪＋粪便”农业减排项目。共审批项目20个，否决不符合环保污染项目3个，关停淘汰黏土砖厂2座，整合转产企业项目1个。

土壤污染状况调查

2008年，完成全国第一次土壤污染状况调查。

第四节　生态和农村环境治理

农村环境连片整治

2012年，投资2062万元实施农村环境连片整治，其中，中央、省级财政专项资金1444万元，市、县分别配套资金309万元。项目涉及车城乡、东城乡、中垛乡、屯里镇、吉昌镇5个乡镇19个行政村，受益人口30298人。项目建设内容包括：在人口相对集中的3个乡镇政府所在地村（屯里村、车城村、柏东村），修建地埋式污水处理设施即简易人工湿地。在东关村和西关村铺设

2600 余米污水收集管网，并接入城市污水处理体系。在兰家河、庄子等 17 个村各建 1 个沤粪池，集中收集畜禽粪便，合理化处理后再利用。在屯里村、窑渠村 2 个集中供水点，修建隔离防护栏，对农村饮用水源地进行保护。在社堤村修建 100 立方米的沼气池 2 座，50 立方米的沼气池 2 座。在五龙宫村、桑峨村、窑头村、车城村、社堤村、三堠村 6 个中心示范村，各修建 1 座 1 万立方米的无机垃圾填埋场。配置户用 30 升垃圾桶 7800 个，240 升垃圾桶 250 个，密闭式垃圾车 19 辆，挂钩式垃圾车 2 辆，垃圾三轮车 43 辆，930 式垃圾填埋装载机 6 辆。开展和推动秸秆综合利用，8 个乡镇建成应用"一池三改"生态沼气综合利用模式户 5600 余个。

山西华晋明珠煤业有限责任公司原煤场建长 300 米、高 8 米、面积 2400 平方米的挡风抑尘网和喷淋系统；矸石场建挡沙坝、拦水坝、涵洞、排水渠；实施矿井水池防水修复等工程；公司工业广场占地 11.14 公顷，实施绿化面积 2.228 公顷。

2009—2015 年吉县获得环保模范城，环境优美乡镇，生态文明乡镇、村情况表

表 5-3-1

<table>
<tr><th colspan="2">示范名称</th><th>地域名称及荣获称号</th><th>创建时间</th><th>命名文号</th></tr>
<tr><td rowspan="13">生态文明示范区</td><td>示范乡镇</td><td>壶口镇获省级生态文明乡镇</td><td>2013</td><td>晋环发〔2013〕112 号</td></tr>
<tr><td rowspan="12">示范村</td><td>屯里镇回宫村获省级生态文明村</td><td>2009</td><td>晋环发〔2009〕20 号</td></tr>
<tr><td>车城乡车城村获省级生态文明村</td><td>2010</td><td>晋环发〔2010〕140 号</td></tr>
<tr><td>东城乡社堤村获省级生态文明村</td><td>2010</td><td>晋环发〔2010〕140 号</td></tr>
<tr><td>车城乡赵村获省级生态文明村</td><td>2012</td><td>晋环发〔2012〕435 号</td></tr>
<tr><td>吉昌镇谢悉村获省级生态文明村</td><td>2013</td><td>晋环发〔2013〕112 号</td></tr>
<tr><td>吉昌镇上东村获省级生态文明村</td><td>2013</td><td>晋环发〔2013〕112 号</td></tr>
<tr><td>柏山寺乡西头村获省级生态文明村</td><td>2013</td><td>晋环发〔2013〕112 号</td></tr>
<tr><td>东城乡柏东村获省级生态文明村</td><td>2013</td><td>晋环发〔2013〕112 号</td></tr>
<tr><td>车城乡兰家河村获省级生态文明村</td><td>2013</td><td>晋环发〔2013〕112 号</td></tr>
<tr><td>车城乡柏坡底村获省级生态文明村</td><td>2013</td><td>晋环发〔2013〕112 号</td></tr>
<tr><td>屯里镇太度村获省级生态文明村</td><td>2014</td><td>晋环发〔2014〕1535 号</td></tr>
<tr><td>东城乡太和村获省级生态文明村</td><td>2014</td><td>晋环发〔2014〕1535 号</td></tr>
<tr><td colspan="2">环境保护模范城</td><td>吉县人民政府荣获山西省环境保护模范城</td><td>2012</td><td>晋政函〔2012〕13 号</td></tr>
<tr><td colspan="2">市级环境优美乡镇</td><td>吉县屯里镇</td><td>2015</td><td>临环发〔2006〕7 号</td></tr>
</table>

生态环境治理工程

2013—2015年，吉县先后启动水保世界银行二期、国家生态治理、旱作农业、退耕还林、黄河上中游水保示范、天然林保护等项目工程，建设农林牧协调发展的多功能人工绿色生态经济系统，以快速度的治理、大面积的封禁、全方位的保护，全面加快生态环境治理步伐，实现生态环境优良、生活条件改善、农民收入稳步增加，环境质量、生物产量、经济增量三者之间的良性循环。

通过生态工程建设，境内年均二级以上天数360天以上，一级天数137天以上，环境空气质量稳定达到国家二级标准，州川河断面水质保持稳定，饮用水源地水质达标。

2013年，中国吕梁山区有机苹果产业开发启动大会在吉县召开，由环保搭台、生态唱戏的民生环境理念得到进一步推进和发展，基本进入经济结构优、质量效益好、资源消耗少、生态环境美的科学发展之路。在国家重点生态功能区县域生态环境质量考核中，吉县的一大批乡镇和村委名列榜首，屯里镇和壶口镇被评为省级环境优美乡镇，吉昌镇上东村和屯里镇庄子村等14个村被评为省级环境优美村，东城乡柏东村被评为市级创建环境优美十杆旗，中垛乡三堠村和文城乡南村等43个村被评为农村环境连片治理示范村，吉县一中和车城小学等6个学校被评为省市级创建绿色学校。

第四章 环保管理

第一节 管理机构

机构沿革

1983年，组建城乡建设环境保护局，内设环保股。1990年5月，正式成立环境保护局，内设办公室、收费股、宣教股、管理股4个股室。9月成立环境监测站。1999年，设立法制股。2000年11月，成立环境监理大队与环境监理所，实行两块牌子，一套人马。2002年2月，机构改革重新组建城建环保局。2004年3月，增挂环保局牌子。2008年1月，设立环保局。2010年2月，将环保局设置为政府工作部门，内设股室4个。至2015年底，环保局内设办公室和综合股，直属环境监测站和环境监察大队。

管理制度

建设项目环境管理制度　2000年，对政府领导及计委、经委、城建、工商、土地等部门进行环保考核。各级领导严格执行有关规定，没有环保批准的建设项目一律不得开工。在建设项目立项审批中，各部门严格执行环保第一审批权的制度，没有环保部门批准，一律不办审批手续。对批准开工建设项目，坚决执行环境影响评价制度，建设项目全部经过环保部门验收。

2015年，吉县建设项目严格执行“三同时”（建设项目中防治污染的设施，应当与主体工程同时设计、同时施工、同时投产使用）制度，执行率逐年上升，环保投资在建设项目总投资中所占的比例不断提高。对新上项目严把“环保关”，不符合国家产业政策、高耗能、高污染的项目不批，环评不过关的项目不批，环境容量不允许的项目不批，污染防治措施不可行的项目不批。

排污费征收管理制度　吉县严格执行《排污费征收使用管理制度》，按照《排污费征收使用管理条例》规定的征收范围、权限、时限和程序征收排污费。1995年，征收排污费1.5万元。1996年，征收排污费2.2万元。

1997年，排污费征收工作的重点由县营企业转向污染严重的乡镇、个体工业企业。县营企业收费达到100%，乡镇个体工业收费达到68%。当年完成收费1.2万元，

2000年，吉县国民生产总值为20526万元，用于环保资金1200万元。地方财政收入951万元，用于环保资金20万元。当年征收排污费5万元，完成征收上缴任务。

2002年开始，每年对砖厂、洗煤厂、焦化厂等企业进行烟尘、污水排放、固体废弃物测定，制定出收费标准。对县城和壶口景区的30余家饭店、宾馆燃煤产生的烟尘、洗涤排放的污水进行以吨计的平均值测定，按测定结果征缴排污费。

2005年，执行新颁布的《排污费征收使用管理条例》，规范收费程序，按标准收费，发挥以收促治的作用。3开始，全面推行排污许可证制度，实行总量控制，对所有排污单位的允许排放量进行核定。6月后，所有排污单位持证排污，排放量稳定控制在排放标准和总量指标之内，无证一律不准排污。当年征收排污费3万元。

2010年，应缴排污费的单位170家，其中锅炉50家、宾馆饭店97家、个体企业12家、洗

车点6家、洗浴点6家，年征收排污费6万元。

2013年，为9家企业进行排污申报登记，征收排污费6.55万元。

2014年，对18家企业一般排污费进行申报核定。征收一般排污费197318元，收缴罚款2万元。开展排污收费信息化管理，完成企业的基本信息数据库录入工作，建起排污企业数据库。

限期治理制度　限期治理重点是污染严重、群众反映强烈、处于环境敏感区的排污单位。1997—2000年，共下达限期治理项目4个，完成治理项目4个，圆满完成环境达标任务。

环境保护目标责任制　1994年4月，地区行署与吉县签订1999－2002年县市长任期环境保护目标责任书。明确行政首长和法人改善环境质量，控制环境污染的权利、责任和义务。

1997年后，县政府按照《吉县环保局"十一五"远景规划》，将任务分解到乡镇与相关单位和企业，由县长同单位领导、企业法人签订年度目标责任书，年终考核，按完成情况奖惩。

1997－2000年，圆满完成吉县县长环保目标责任书指标任务，并且连续4年名列全区前茅。

第二节　环保执法

制度建设

吉县把完善制度建设作为规范执法办案行为的重要保障。制定《环境保护人员行为规范》《环境执法人员首问责任制》《环保执法人员错案追究制》等一系列规章制度，建立健全依法行政责任制体系，形成便民、高效、快捷的环境保护管理工作格局。在吉县开展"双百"重点企业环保专项检查、环境安全大检查、整治违法排污企业保障群众健康环保专项行运、严厉打击环境违法犯罪"百日会战"专项行动，环境保护大检查等环境执法检查专项活动，有效打击和遏制环境违法行为。

整治违法排污企业保障群众健康环保专项行动

2003年，开展整治排污企业保障群众健康环保专项执法检查工作。2005年，县委政府印发《关于整治违法排污企业保障群众健康环保专项行动实施方案》《关于严禁向河道非法排放污染物的紧急通知》，组织力量清理搬运河道历年累积的生活垃圾和建筑垃圾，恢复河道本来面貌。对河道两岸的主要排污口进行规范。分类指导工业企业全面达标排放。帮助限期治理的鑫源洗煤厂、西关砖厂等企业改进设备，实行清洁生产。开展城市环境综合整治，实施"3213"工程，"3"即逐步消除城市区域黑烟囱，消除扰民噪声源，消除城市区域扬尘污染；"2"即实现锅炉烟气排放和尾气排放达标准；"1"即污染物总量排放进一步削减；"3"即提高全民环保意识，提高城市整体环境质量，提高环境管理和执法水平。对新建、改建、扩建和技术改造等建设项目严把产业关，严格贯彻执行国家产业政策。对生产工艺、技术、设备落后，浪费资源、污染严重而又难以治理的项目，实行上大关小，以新代老，引导企业发展循环经济，控制污染物排放总量。未经环评的项目，工商部门不予发放营业执照，电业部门不予供电。对新上项目严把布局关，在环境敏感区的不批，没有环境容量的不批。开展14项环保专项执法检查，充分利用各项专项执法检查的平台，准确掌握县域内企事业单位环保信息，保障区域内环境质量状况稳定提升。

城乡环境卫生大整治

2011年8月25日，吉县开展城乡环境卫生大整治。根据"畅通、整洁、有序、文明"的目标，坚持"责任＋落实＋长效＋满意"的要求，对新华街实施规范化管理。强化日常管理，对城区主次街道及街巷接口处的占道摊点、占道洗车、店外经营以及店外促销现象进行专项整治。对主要街道、广场周边的非法小广告进行集中清理，遏制乱张贴乱涂写行为的蔓延。对新华街等主要街道实行定人、定时、定路段、包负责、挂牌公示的管理方式，规范非机动车停放秩序。当年，吉县通过“省级环保模范城”评审命名。

环境污染防治专项行动

2014 年，开展了医疗垃圾、放射源、污水企业、畜禽养殖污染等专项执法检查整治行动。修订了吉县环境突发事件应急预案和专项环境突发事件应急预案。实施行政处罚“三步骤”要求，规范环保执法，做到监管到位、执法到位、效果到位。把环境信访作为改进环境执法的推手，及时处理、及时反馈，所有受理信访案件都得到妥善处理。

2015 年，政府办发出《关于开展全面完成污染物排放总量削减任务保障群众健康环保专项行动实施方案的通知》，开展环境污染防治行动。防治行动范围包括吉昌镇、车城乡等 8 个乡镇和明珠煤矿、昌盛煤业有限公司、鑫源洗煤厂、壶口玉米开发有限责任公司、县污水处理厂、九州废油再生有限公司等企业。内容为整治煤烟污染、扬尘污染、水体污染，措施是强化垃圾监管、规范畜禽废渣处理、监督医疗废水排放处置，严格环评管理、控制噪声污染、深化企业污染减排。通过防治，城区及其他重点控制区工业企业、生活污染源排放的二氧化硫、氮氧化物、颗粒物等主要污染物总量得到有效控制，PM2.5 明显下降，城区环境空气质量有效改善。

环境年建设活动

2012 年，开展“环境建设年”活动。成立“环境建设年”活动领导组，负责组织领导协调全县环境质量改善攻坚行动。领导班子成员分片包干，相关单位相互配合，城区和乡镇双管齐下分别治理，境内环境得到有效改善。

“环境提升年”活动 2014 年，开展“环境提升年活动”。划分煤烟污染区、建筑施工区、饮用水源区 3 个环境提升年网格化管理区，制定《环境提升年宣传发动方案》《环境提升年活动方案》《煤烟污染整治方案》《建筑施工扬尘控制方案》《秸秆禁烧综合利用方案》《污染物排放总量减排方案》《关于整治城区噪声的通告》等 8 个环境提升年活动的分类方案和 1 个通告。对全县 17 家工业企业进行检查，不定时突击抽查和暗访个别特性企业，共检查污染治理设施 10 台（套），限期整改 7 家，行政处罚 3 家，移交告知 3 家。检查建筑施工现场和砂场 12 家，下发整改通知书 8 家，排查煤烟锅炉 57 处。

第三节 规划管理

规划编制工作

1999 年，国家计委把吉县列为生态建设重点县，制定生态环境建设规划，建成生态保护示范区。示范区位于黄河一级支流清水河流域，总面积 88.26 平方千米，规划有林业生态建设、水利水保、生态农业以及牧草建设项目。

2000 年，完成“十五”环境保护计划的编制，并纳入吉县社会经济发展“十五”规划中。

生态环保建设规划编制

2004 年，聘请山西师范大学生命科学院专家组，严格按照《生态环保建设规划编制大纲》要求，对照环境保护、经济发展和社会进步三个方面 36 项指标，依据 19 部法律法规，编写完成生态示范县规划编制工作。

2011 年，开展生态功能区规划的编制工作，组织实施生物物种资源调查，编制保护和利用规划。编制《吉县创建省级环保模范城总体规划》，并通过省级专家评审。

2013年，编制《吉县城区供水突发事件应急预案》。

第四节　环保宣传

以“6·5”世界环境日、环保“六进”等活动为契机，每年在县城中心广场开展宣传活动。联合公安局、信访局等有关单位在县城中心广场举行“低碳减排绿色生活”大型主题宣传活动、举办“环保”专场消夏文艺晚会、设立咨询点、展出环保专题展板。在县城主街道发放传单、宣传手册，悬挂宣传标语，开展街头咨询宣传活动，普及环保法律法规和生态知识，号召全社会行动起来，爱护环境、保护环境。

1991年，对30多家的企业60多名正副厂长、正副经理和专兼职环保人员进行环境保护法规考试。在县电视台连续播放和更新环保公益广告，开设环保工作动态、环保法律法规、空气质量测报、环保审批事项公示等10余个栏目。

1992年，在用国防公路和县乡镇公路沿线、县城街道两旁刷写大幅宣传标语1500余条。利用有线广播举办环保法规和环保知识讲座10余次，受教育人数达到全县总人数的82%。

2000年，在209、309国道沿线刷写永久性标语。在县城中心广场悬挂横幅，在乡村设置环保知识专栏。组织中小学生在城区开展清理白色垃圾环保公益活动。以节能、节水、节地、节材和勤俭节约、健康文明、绿色消费为主题，开展环保法规宣传。参加市妇联、市环保局主办的“我为环保做贡献演讲大赛”活动。在县委党校举办环保法知识讲座，开展环境形势教育，培训党政干部及企业骨干。在各学校开展“三节约”（节约一滴水、节约一度电、节约一张纸）主题活动，开展“小手牵大手”环保活动。

2005年5月，编排以“爱护环境、健康环保”为主题的文艺专题节目，在县电影院演出。其中小品《停产整顿》在市环保局组织的汇演中获优秀奖。环保宣传工作荣获市“二等奖”。

2007年，县环保局聘请2名媒体记者作为吉县的环境保护特邀宣传员，在本单位和各乡镇确定12名基层通讯员，建立起环保宣传队伍。制定了吉县环境保护《宣传通讯管理细则》《宣传教育机构规范建设标准》。2008年，在县城中小学举办6期环保专栏，在广播电台播出3个专题节目。

2009年，建立健全环保公众参与机制，明确任务和奖罚。

2012年，向群众发放《全民节能减排实用手册》《环境保护科普知识》《排污费征收管理明白卡》等宣传材料1800余份（套），接受群众环境咨询。县电视台在晚黄金时间播出环保主题宣传标语。在东关小学、西关小学开展“环境警示图片展”和“全民参与节能减排漫画作品展”。各企业开展“环保系着你我他，蓝天碧水靠大家”的活动，散发宣传材料20000余份。

2013年，围绕“同呼吸 共奋斗”的中国主题，宣传低碳、环保知识，倡导绿色生活、普及生态文明理念。

2014年，举办“环保”专场消夏文艺晚会。开展严厉打击环境污染违法犯罪“百日会战”专项行动，实行有奖举报制度。利用乡镇和村两委管理职能，构建乡、村环保宣传网络，在全社会营造严厉打击环境污染违法犯罪的氛围。县环保局与县电视台联合录制专题片《美丽家园你我共建》在吉县电视台滚动播出。由县环保局筹拍的环保题材篇微电影《冬日蓝天》在吉县电视台播出。

2015 年，开展环境保护宣传活动进校园。为学校师生赠送环保书籍，发放传单，使中小学生主动参与到环保社会活动中。举办新《中华人民共和国环境保护法》培训，各乡镇书记、乡镇长、分管环保的副乡镇长，县直各单位负责人，重点企业主要负责人，环保局全体干部职工共 300 余人参加培训。

第六编 交通 邮电

吉县是山西西南的交通枢纽，境内公路构建承东启西、纵南贯北、覆盖全境、通达四邻。山西高速公路“三纵十二横”中的“十横”平长高速（平顺和坪辿－吉县七郎窝 G22 青兰高速 S76）吉县段临吉高速公路、“西纵”（右玉杀虎口－芮城刘堡 G59 呼北高速）吉县段吉河高速公路在境内交汇，与主干线公路 G209、G309 国道，县乡公路大宁—大圪塔线、吉县—壶口线、大田窝—东城线、五龙宫—口子线、管头山—文城线、永固—雷家庄线、三堠—南掌线、曹井—G209 线、桑村—东关线、沿黄旅游扶贫公路等公路网共同构成现代化的公路基础设施网络。

境内公路通车里程 1488.18 千米，其中：国道 159.26 千米，县道 204.2 千米，乡道 344.32 千米，村道 780.4 千米。

公路密度：按面积计，每百平方千米有公路 73.6 千米，低于临汾市公路密度（91.45 千米 / 百平方千米）；按人口计，每万人有公路 136.17 千米。

吉县邮政路线始于民国初年，最初由人担传递。1953 年，省邮政局给吉县邮政配备自行车 1 辆，开始用自行车投递。1971 年，配有 2 辆摩托车，境内大部分村庄当天可以收到县内投递的邮件。1998 年实行邮电分营，标志着近 50 年“邮电合一”体制的结束。分营后，电信业务发展迅速，从固定电话、电报发展到无线通信和数字网络，境内企业有中国移动吉县分公司、中国联通吉县分公司、中国电信吉县分公司。2010 年，境内设邮政营业网点 6 处。

第一章 公路

第一节 国道

国道路线

G 209 线吉县段　从大宁县交界小回宫村入境，窑头村与 309 线合并至桥南村，到马连滩村乡宁县交界出境。途经屯里镇、车城乡、吉昌镇、中垛乡。

G 309 线吉县段　金岗岭与乡宁县交界入境，窑头村与 209 线合并至桥南村（2005 年前至二道河），到七郎窝陕西宜川县交界出境。途经屯里镇、车城乡、吉昌镇、（2005 年前经文成乡）、东城乡、壶口镇。

国道建设

1985 年底，境内有国道 309 线、209 线，一半为山区三级路标准，剩余路段为砂砾石路。

1996 年，境内实施百千米油路大会战，对 309 线高祖山至和家山段 12 千米三级路面进行改造，结束了国道砂砾路面的历史。期间对国道 209 线祖师庙桥、309 线明珠桥等构造物进行了大修，对国道 209 线洞子坡、水洞沟路段完成了改线。

县城至壶口旅游公路（309 国道吉县至壶口段二级公路）是山西省和临汾市“十五”公路建设重点工程，是沟通晋陕，向西沿进的重要干线。原路段经吉昌镇城北垣、烟子渠、八眼窑、管头山、陈家岭至七郎窝，为三级公路，技术等级低、弯道多、通行能力差。2002 年 3 月，国务院总理朱镕基来吉县调研，对县际公路改造作出重要批示，交通部遂以山西为试点启动实施全国县际油路及农村公路大改造。2003 年 9 月，国道 309 线吉壶公路改道开工建设，2005 年 9 月竣工通车。改线后公路全长 40.825 千米，途经祖师庙、霖雨、雷家庄、柿子河、前下岭、蛤蟆滩到黄河东岸，再溯黄河北上，经七郎窝至壶口。道路按照山岭重丘二级标准建设，计算行车速度 40 千米 / 小时。城区段路基宽度 3.8 千米为 12 米，其余均为 8.5 米，路面全幅式铺装。全线大中小桥合计 15 座，其中：大桥 373 米 /3 座、中桥 359.36 米 /7 座、小桥 125.22 米 /5 座。各类涵洞 169 道，边沟加固 7782 米，挡土墙 42625.5 立方米 /3012.71 米，护岸 26542.2 立方米 /895 米，填石路堤 11949 立方米 /357 米。路基土方工程量 135.7329 万立方米，路基石方工程量 140.4066 立方米。路基底层 27.3299 万立方米，基层 36.0765 万平方米，面层 34.2781 万平方米，工程预算投资 1.4202 亿元。沿路建设黄河观景台 1 处、风景石 2 处、石刻 1 处。公路总程缩短了 15 千米，标志齐全、环境优美、时速达 60 千米 / 小时，50 吨以内的车辆全天候通行。

2006 年开始，逐年对道路安全保障设施进行精细化、标准化建设，累计建成护墩 7065 米 /3533 个、护柱 6885 米 /3443 根、防撞墙 5175 米，设置标志杆（牌）615 杆 / 块、震荡线 6500 平方米、坡型护栏 4712 米、隔离墙 5620 米、标线 115 米。

2007 年 10 月， 309 国道临汾刘村至吉县窑渠段公路改建的开工，同时金岗岭、窑渠至县城公路改建开工，2008 年 11 月竣工。县城至车城口路面宽度增加到 24 米，设置了绿化带、路灯。

国道养护

每年对公路水毁段、路面病害进行修复，保障公路通行。对未完成沥青铺装的道路逐步铺装。1996年前，主要养护砂砾路，冬季备磨耗材料，夏秋季降雨时疏通排水沟，铺装磨耗层，防治路面水毁。随后由于路面等级提升，部分路段浆砌了排水沟，全线铺装路沿石，对部分过村镇路段路肩进行硬化，路肩或种花草美化管理。

公路养护各道班设立之初，都租住在村民的窑洞内，吃水要在小河里挑，有的直接接雨水用，遇干旱无雨，就由县公路段送水解决吃水问题。因条件艰苦，员工缺乏娱乐休闲，报纸、广播、电视都无法少有享用。随着发展需要，各道班修建高标准员工用房，环境条件逐年改善。2000年，境内13个道班全部实现水暖电供给，县公路段统一供发放被罩、床单、枕巾等，实行“公寓化”管理。县公路段鼓励职工在道班院内种植蔬菜，实现自给自足，也间接增加职工收入。1994年，回宫女子道班被全国总工会授予“先进职工集体”，1996年、1997年被省公路运输工会授予“模范职工小家”称号。

第二节　县乡村道

县道路线

境内有县道8条，总里程204.2千米。

沿黄扶贫旅游公路　路线编号X525141028。起点大宁界，终点乡宁界，途经南窑科、原头坡、田原坡、姚家畔、文城、大圪塔、南村、克难坡、壶口、国道309线、柿子滩、刘古庄渡口，全线长60.813千米。线路始建于2008年，2009年建成通车。路面有水泥路面、简易铺装路面，公路技术等级四级。

管文线　全称管头山—文城线，路线编号X563141028。起点位于吉昌镇和文城乡交界处的管头山，与县道吉县至壶口线（X591）相接，终点位于文城乡大圪塔村，与沿黄扶贫旅游公路相接，全线长11.355千米。始修于1985年，2003年开展了路面改造。2014年进行道路升级改造，2015年通车。路面为沥青混凝土砼铺装，公路技术等级三级。

大东线　全称大田窝—东城线，路线编号X564141028。起点大田窝，与国道309线衔接，终点柿子河，与国道309线衔接，途经雷家庄、社堤、柏东、东城、太和，全线长14.565千米。始建于1997年，2003年进行了路面改造。2013年实施道路升级改造，2014年通车。路面为沥青混凝土砼铺装，公路技术等级三级。

三嘤线　全称三堠—嘤西线，路线编码X565141028。起点三堠村，与国道209线衔接，终点嘤西，途经南坪、中垛、安平、南光，全线长18.155千米。2014年进行改造，2015年通车。路面为沥青混凝土砼铺装，公路技术等级三级。

北大线　全称北桑峨—大圪塔线，路线编码X576141028。起点位于大宁界的处河桥头，终点沿黄扶贫旅游公路，途经午生村，全线长11.788千米。1980年修建，2007年进行改造。路面为简易铺装，公路技术等级四级。

永柿线　全称永固—柿子河线，路线编码X589141028。起点永固，与国道209线衔接，终点柿子河，与国道309线衔接，途经西头、东石泉、大庄、柏山寺，全线长23.971千米。道路永固至东石泉段于2013年改造，东石泉至柿子河段于2014年改造。路面为沥青混凝土砼铺装，公路技术等级三级。

吉壶线　全称吉县—壶口线，路线编码X591141028。起点吉县县城，终点壶口镇与国道309

线衔接，途经准子河、管头山、高祖山、陈家岭，全长42.848千米。1972年7月建成通车，初称07015公路，后改称临17公路。1978—1979年国家投资257万元，由吉县民工完成线内64.339千米沥青路面铺垫任务，达到三级公路标准后调整为国道309线（吉县至七朗窝段），2006年又调整为县道吉壶线。2010年，该路线有铺装路面、简易铺装路面，公路技术等级三级。

五口线 全称五龙宫—口子线，路线编码X599141028。起点五龙宫与国道309线衔接，终点口子。途经圪鲁、新庄、安乐、武庄、阳坡，全长20.705千米。1981年修建，2007年对路面进行改造。路面为简易铺装，公路技术等级四级。

乡道路线

全县乡道里程为369.304千米，其中三级公路31.879千米，四级公路327.174千米，等外公路10.251千米。沥青混凝土路面101.182千米、水泥混凝土路面133.846千米、简易铺装路面89.832千米、未铺装路面44.444千米。

村道路线

村道里程为800.127千米，其中三级公路0.715千米，四级公路775.246千米，等外公路24.166千米。沥青混凝土路面6.446千米、水泥混凝土路面310.055千米、简易铺装路面64.599千米、未铺装路面419.027千米。

2015年吉县县道、乡村道里程情况表

表6-1-1　　　　单位：千米

乡镇	公路类型	里程数	已铺装路面	水泥混凝土	简易铺装路面（次高级）	未铺装路面（中级、低级、无路面）
壶口镇	小计	69.094	40.238	39.317	16.921	12.856
	乡道	33.898	25.265	9.822	15.443	8.633
	村道	19.196	14.973	13.495	1.478	4.223
	田间路	16	—	16	—	—
文城乡	小计	70.721	46.065	57.803	2.74	10.178
	乡道	24.061	24.061	24.061	0	0
	村道	32.182	22.004	19.264	2.74	10.178
	田间路	14.478	—	14.478	—	—
车城乡	小计	272.124	106.885	104.034	41.007	127.083
	乡道	85.327	53.86	16.476	37.384	31.467
	村道	148.641	53.025	49.402	3.623	95.616
	田间路	38.156	—	38.156	—	—

续表

乡镇	公路类型	里程数	已铺装路面	水泥混凝土	简易铺装路面（次高级）	未铺装路面（中级、低级、无路面）
柏山寺乡	小计	172.429	119.988	103.199	44.776	24.454
	乡道	50.289	45.297	8.454	36.843	4.992
	村道	94.153	74.691	66.758	7.933	19.462
	田间路	27.987	—	27.987	—	—
中垛乡	小计	131.952	95.377	87.448	30.929	13.575
	乡道	40.278	40.278	19.247	21.031	—
	村道	68.674	55.099	45.201	9.898	13.575
	田间路	23	—	23	—	—
吉昌镇	小计	258.057	173.451	105.483	74.968	77.606
	乡道	60.765	59.337	8.359	50.978	1.428
	村道	190.292	114.114	90.124	23.99	76.178
	田间路	7	—	7	—	—
东城乡	小计	86.372	45.036	40.214	15.822	30.336
	乡道	17.047	8.453	1.886	6.567	8.594
	村道	58.325	36.583	27.328	9.255	21.742
	田间路	11	—	11	—	—
屯里镇	小计	219.533	42.25	29.24	27.01	163.283
	乡道	32.655	32.655	10.055	22.6	0
	村道	172.878	9.595	5.185	4.41	163.283
	田间路	14	—	14	—	—
合计	县道	204.2	204.2	8.351	195.849	—
	乡道	344.32	—	—	—	—
	村道	784.341	—	—	—	—
	田间路	151.621	—	—	—	—
	—	1484.482	—	—	—	—

2001—2014 年吉县县、乡、村通车里程情况表

表 6-1-2　　单位：千米

年份	县道	乡道	村道
2001	113	285	—
2002	112.30	285.51	—
2006	146.787	304.334	170.518
2007	177.946	322.167	481.541
2009	177.946	322.167	647.479
2010	204.28	322.167	755.675
2012	204.2	321.72	777.934
2013	204.2	321.72	783.207
2014	204.2	344.32	780.365

县乡村道路建设

1986 年，修建霖雨桥。

1987 年，修建西关桥，新建农村公路 18 千米。

1989 年，新建农村公路 42.75 千米。

1990 年，改建雷家庄坡—柏山寺线 11 千米，升级为砂石路面。

1991 年新建南掌—西岭 2 千米公路。

1994 年，新建吉县王家原—大宁太谷 3.5 千米、曹井—乡宁林区路 35 千米、大田窝—朔里村 2.5 千米、前德村—兰村 6 千米公路。

1995 年，修建跨径 20 米、宽 8 米、高 12 米的祖师庙龙窝桥。

1996 年，新建黄河大桥—壶口 1.4 千米旅游路。

1997 年实施“百千米油路大会战”，根据“县乡公路油路化、乡村公路等级化、全县公路网络化”的目标，改建 92 千米油路，其中县公路 73 千米，乡公路 19 千米。

1998 年，新建粮食局—西关大桥油路 1.6 千米，接 G209 线和吉东线（为 G309 线吉县城西段），连通桥南和西关两个村委。改建小府水泥路 1 千米，结子沟水泥路 1 千米，圪针沟水泥路 400 米。新建农村公路 105.5 千米，架设上古塔小桥 1 座，修补油路 3 千米。当年，境内开展了大规模义务修路，使路面状况得到改善，实现了乡镇通油路，乡村通公路；公路线路里程提高到 359 千米，其中二级公路达到 47 千米，比上年增加 13 千米，增长 38.2%；全社会公路客运量 120 万人次，比上年增长 9.0%；旅客周转量 11557 万人 / 千米，比上年增长 9.4%；货运量 17 万吨，交通运营效率进一步提高。

1999 年，改建县道永固—雷家庄 16 千米，新建农村公路 36 千米。公路线路里程 401 千米。全社会公路客运量 130 万人次，比上年增长 8.3%；旅客周转量 11357 万人 / 千米，与上年大体持平；全县全社会公路货运量 18 万吨。

2000年，公路线路里程530千米，全社会公路客运量19万人次，比上年增长5.6%；公路货运量22万吨。

2002年，实施农村公路改造项目工程，管头山—文城建设里程22千米，中垛—南光建设里程5.5千米。对三条县道2000余平方米的坑槽进行填补，修复旧涵洞和清理塌方。境内公路通车里程530千米，其中二级公路48千米，三级公路180千米，四级公路302千米。

2003年，新建南村坡—壶口公路9.827千米，改建大圪塔—克难坡公路9.85千米、吉壶线—上东村公路1.7千米，简易铺装了路面。境内公路通车里程524千米，其中二级公路61千米，三级公路165千米，四级公路298千米。

2004年，境内公路通车里程524千米，其中二级公路61千米，三级公路165千米，四级公路298千米。全年新增高级、次高级路面64千米。改造管头山—文城公路22千米、中垛—南光以工代赈公路工程6千米、南垣—壶口以工代赈公路工程13千米。

2005年，吉壶二级公路建成通车。境内公路通车里程397.81千米，其中三级公路97.2千米，四级公路300.61千米（交通局管理内）。年内完成柏山寺—永固16千米油路和秋白至南耀16.13千米砂砾路建设工程；完成村村通油路（水泥路）建设60千米和209国道19千米的改造工程；铺开中垛三堠—张尖12.5千米油路、吉昌镇东关村—辛村11.4千米砂砾路建设工程；完成40个自然村"村村通"建设任务。

2006年，境内通车里程762.971千米，其中国道141.332千米，县道146.787千米，乡道304.334千米，村道170.518千米。路面铺装率51.7%，行政村通公路率达到100%。

2008年，境内公路通车里程1265.78千米，其中国道118.18千米，县道177.95千米，乡道322.17千米，村道647.48千米。完成"村村通"公路152.5千米，其中油路77千米，水泥路75.2千米。全年客运量38.2万人，客运周转量2868万人/千米；货运量23.4万吨，货运周转量1778万吨/千米。

2009年，境内公路通车里程1352.79千米，同比增87千米。其中：国道118.18千米，县道203.45千米，乡道322.16千米，村道709千米。全年客运量39万人，客运周转量2932万人/千米；货运量29.8万吨，货运周转量2235万吨/千米。临吉高速公路全面开工。新华街改造主体完工。11月新华桥建成投入使用。亮化吉州大道安装路灯446盏。

2010年，境内公路通车里程1265.77千米。其中：国道118.18千米，县道177.95千米，乡道322.16千米，村道647.48千米。

2011年，建成中垛乡10.5千米出境公路。工程由水泥混凝土路面和沥青混凝土路面组成，设计路基5米，路面宽度4米，构筑面积4.3万平方米。建成柏南线—东原头3千米公路。建成黑秀村—河头村1.8千米公路。建成G309线—庄子村1千米公路。建成蒜峪村—兰家圪台村4千米公路。建成兰古庄村—北光村2千米公路。建成水洞沟村—道班1千米公路。建成火神庙—刘古庄村9.3千米公路，路面为砂石路面，宽6米，由12道涵洞组成。完成41个行政村街巷道硬化，硬化巷道285千米。建成沿黄安保工程，工程由1300块蹲式护栏、100米的墙式护栏组成。建成管头山安保工程，建成片石混凝土蹲式护栏500块、钢筋混凝土护栏1000根，设里程碑、百米桩320块，三角标志牌12块，矩形标志牌10块。境内公路通车里程1397.8千米。其中：国道115.5千米，县道204.3千米，乡道322.2千米，村道755.8千米。

2012年，完成38个行政村街巷道硬化，硬化巷道197千米。完成永固村—东石泉村9千米公路升级改造工程，工程跨越中垛乡、柏山寺乡2个乡镇，设计标准为路基7.5米、路面6.5米的沥青油路。完成沿黄旅游公路安保建设（起点位于大宁界，终点为乡宁界，全长61千米），建钢筋混凝土柱式护栏2400米、片石混凝土墩式护栏4100块、片石混凝土墙式护栏450米、波形钢板护栏300米，设里程碑、百米桩600块，三角形标志牌40套，圆形标志牌20套，矩形标志牌5套。实施上东村—下东村1.2千米、霖雨村—上尖村2.5千米、杏渠村—柳沟村2千米、雷家庄村—柏东村5.3千米、文城村—房村6千米、永固村—东石泉村9.3千米农村公路三级联网。开展以工代赈项目回宫—下垣8千米的砂砾路面改造。境内公路通车里程1385.5千米。其中：国道149.9千米，县道204.4千米，乡道322.2千米，村道709千米。

2013年，实施山西省集中连片特困地区吕梁山片区31.67千米县乡道路改造，全线设计采用三级公路技术标准。分别为：起点柏东村，终点柿子河接309国道，全长7.87千米；起点东石泉，终点柿子河接309国道，全长14.75千米；起点大庄村新农村，终点南光村，全长9.05千米。

2014年，实施管头山—文城线11.65千米（投资2319万元）、三堠—南掌线17.99千米（投资2953万元）、壶口—克南坡旅游公路5.3千米（投资2998万元）、人祖山旅游公路22.6千米（投资12191万元）、存心—留村—壶口线4.0千米（投资120万元）公路建设。

境内公路通车里程1488.18千米。其中：国道159.26千米，县道204.2千米，乡道344.3千米，村道780.4千米。

县乡村道路养护

1985年，交通公路养护下设曹井、南湾、南村、冯家集、霖雨、社堤、石泉、上堤、南坪、安平10个道班，有固定工人21人、代表工68人，养护里程69千米/每年。2001年，有固定工人18人、代表工80人，养护里程113千米。2002年5月，成立11个乡镇交通管理站，负责境内112.3千米的养护路程。2007年，县交通运输局配备专业技术人员及养护机械，组建交通生产养护管理中心，负责县级公路和乡村公路养护的技术指导；乡镇成立8个农村公路养护管理站，并由乡镇1名班子成员负责乡道的养护管理工作；各村委组建起养护队伍，由村委主任或村支部书记担任队长，负责村道的养护管理。2008年，出台《吉县农村公路养护管理暂行办法》。2010年，出台《吉县农村公路养护管理办法》《吉县农村街巷硬化道路养护管理试行办法》，按照“分级负责、分级管理”“县道县养、乡道乡养、村道村养”的原则，实现了“有路必养、养必到位”的目标。每年按照县道8000元/年千米、乡道（已铺装）3500元/年千米、村道（已铺装）1500元/年千米的标准，安排专项预算资金，用于农村公路的日常养护管理。

第三节　高速公路

临吉高速公路吉县段

2009年8月开工建设，2012年8月23日正式通车。临吉高速公路（临汾—吉县）是国家高速公路网第六横青岛至兰州高速公路和山西省“三纵十二横二环”高速公路网第十横（平顺和坪辿至吉县七郎窝段）的重要组成部分，设计速度80千米/小时，路基宽度24.5米，为全封闭双向四车道高速公路。其中吉县段全长34.47千米，从乡宁老院科村与吉县贺尖村交界处进入吉县境内，途经贺尖村、吉昌镇、壶口镇，截止于晋陕交界的苇子湾村，全段共有特大桥2139.053米/2座、通道481.36米/9道、主线收费站1处，匝道收费站2处、隧道管理站1处，服务区1处。

吉河高速公路吉县段

2012年5月开工建设。吉河高速公路（吉县—河津市）是山西省高速公路网规划“三纵十二横十二环”西纵的重要组成部分，起点位于吉县马家河东侧，与拟建的隰县—吉县高速公路终点相接，设吉县枢纽互通建立交，与临汾—吉县高速公路相交，止于运城河津市贺家庄东，与河津—运城高速公路相接。全线纵跨临汾、运城2市，途经吉县、乡宁、稷山、河津4县（市），全长53.278千米，为全封闭双向四车道高速公路，设计速度80千米/小时。其中吉县段全长9.34千米，起点吉县马家河东侧，止于清川河。

第二章　桥梁 涵洞

第一节　桥梁

截至2015年，吉县共有桥梁36座（不包括高速）。其中：中桥18座，小桥18座。

G 209线公路桥梁：

小回宫桥　1972年建，桩号689.25，石桥，板拱结构，桥长18.5米、宽8米、高6.5米。

大回宫桥　1972年建，桩号691.16，石桥，板拱结构，桥长58.5米、宽8.5米、高7.9米。

桃院桥　1971年建，桩号693.9，石桥，板拱结构，桥长18.6米、宽7.8米、高6.8米。

半沟桥　1969年建，桩号706.346，石桥，板拱结构，桥长17.2米、宽10米、高6.1米。

柏坡底桥1　2006年建，桩号707.187，石桥，板拱结构，桥长21米、宽10米、高6.3米。

柏坡底桥2　2006年建，桩号707.413，钢筋混凝土桥，空心板梁结构，桥长49.42米、宽12米、高6.3米。

鲁家河桥　1992年建，桩号710.03，石桥，板拱结构，桥长37.56米、宽10米、高6.5米。

杨庄桥　1969年建，桩号716.105，石桥，板拱结构，桥长48.6米、宽33米、高6.7米。

小府河桥　2004年建，桩号720.306，钢筋混凝土桥，空心板梁结构，桥长43.3米、宽13米、高11.9米。

G 309线公路桥梁：

古芦沟桥　1971年建，桩号1214.24，钢筋混凝土桥，整体现浇板结构，桥长6米、宽8.5米、高3.8米。

雁坪桥　1971年建，桩号1218.68，石桥，板拱结构，桥长19.5米、宽10米、高3.7米。

胜利桥　1970年建，桩号1220.82，石桥，板拱结构，桥长26.4米、宽9米、高5米。

五星桥　1971年建，桩号1226.66，石桥，板拱结构，桥长45.5米、宽10米、高5.9米。

红旗桥　1971年建，桩号1227.305，钢筋混凝土桥，空心板梁结构，桥长30.86米、宽12米、高8.4米。

湾子桥　1971年建，桩号1230.223，石桥，板拱结构，桥长8米、宽7.5米、高4.9米。

龙凤桥　1971年建，桩号1232.413，石桥，板拱结构，桥长18.9米、宽10米、高6.3米。

太度桥　1971年建，桩号1235.549，钢筋混凝土桥，空心板梁结构，桥长22.8米、宽10米、高2.7米。

峪口桥　1971年建，桩号1236.698，石桥，板拱结构，桥长13米、宽7米、高3.4米。

窑渠桥　1971年建，桩号1239.901，石桥，板拱结构，桥长30.8米、宽13米、高5.4米。

李家园桥　1971年建，桩号1240.531，钢筋混凝土桥，整体现浇板结构，桥长11.7米、宽11.7米、高2.8米。

窑头桥1　1971年建，桩号1241.652，石桥，板拱结构，桥长55.6米、宽13米、高7.3米。

窑头桥2　1971年建，桩号1241.944，石桥，板拱结构，桥长32.9米、宽14米、高9.8米。

粮食局桥 2004年建，桩号1266.426，石桥，板拱结构，桥长18.6米、宽11.9米、高4.2米。

霖雨桥 1985年建，桩号1268.896，预应力钢筋混凝土桥，连续箱梁结构，桥长86米、宽12米、高11米。

白河沟桥 2003年建，桩号1269.672，钢筋混凝土桥，空心板梁结构，桥长26.4米、宽8.5米、高7.2米。

东城桥 2004年建，桩号1274.367，石桥，板拱结构，桥长28.4米、宽8.5米、高6.6米。

柿子河桥 2004年建，桩号1277.985，石桥，板拱结构，桥长30.4米、宽8.5米、高6.4米。

高楼河桥 2004年建，桩号1280.383，预应力钢筋混凝土桥，空心板梁结构，桥长62.2米、宽9米、高11.7米。

高杏沟桥 2004年建，桩号1280.765，预应力钢筋混凝土桥，空心板梁结构，桥长63.14米、宽9米、高11.7米。

下前岭桥 2004年建，桩号1283.73，石桥，板拱结构，桥长63.1米、宽8.5米、高11.3米。

前下岭桥 2004年建，桩号1284.758，预应力钢筋混凝土桥，T梁结构，桥长56米、宽8.5米、高9.8米。

孟门大桥 2004年建，桩号1291.978，预应力钢筋混凝土桥，箱形拱结构，桥长155米、宽8.5米、高63.7米。

壶口大桥 2004年建，桩号1293.512，预应力钢筋混凝土桥，箱形拱结构，桥长138米、宽8.5米、高63.8米。

黄河小桥 2004年建，桩号1300.239，预应力钢筋混凝土桥，T梁结构，桥长38.4米、宽8.5米、高24.2米。

七郎窝大桥 1971年建，桩号1300.861，钢桥，T型钢构，桥长250米、宽8.5米、高33.2米。

1974—2009 年吉县农村公路桥梁情况表

表 6-2-1

路线代码	桥梁编码	桥梁名称	中心桩号（千米）	跨越地物名称	设计荷载	桥梁全长	桥梁跨径分类	桥面净宽（米）	主桥主跨（米）	主桥孔数（孔）	桥跨组合	上部结构	建成时间	技术状况
Y009141028	Y009L0030141028	车城桥	14.297	曹井河	2. 公路Ⅱ级	35	小桥	7	16	1	1*16	20. 拱桥	1974	一类
Y009141028	Y009L0040141028	榆林桥	9.396	曹井河	汽 -13，拖 -60	25	小桥	7	8	1	1*8	20. 拱桥	1975	一类
X564141028	X564L0030141028	永高桥	0.042	高家河	汽 -1 履带 -50	39	小桥	7	8	1	1*8	28. 石拱	1975	一类
X589141028	X589L0010141028	柿子河桥	23.834	清水河	汽 -1 履带 -50	52	中桥	7	20	2	2*20	20. 拱桥	1976	一类
Y009141028	Y009L0010141028	下落后桥	11.485	曹井河	汽 -13，拖 -60	44	中桥	6.5	20	1	1*20	20. 拱桥	1976	四类
Y009141028	Y009L0020141028	下落桥	12.434	曹井河	汽 -13，拖 -60	37	中桥	7	20	1	1*20	20. 拱桥	1976	一类
Y009141028	Y009L0050141028	凉水沟桥	10.300	曹井河	汽 -13，拖 -60	20	小桥	5.5	5	1	1*5	20. 拱桥	1977	一类
C085141028	C085L0010141028	南沟桥	0.398	昕水河	汽 -1 履带 -50	22	小桥	4	8	2	2*8	11. 板梁	1977	四类
X525141028	X525L0130141028	原头桥	148.161	原头沟	汽 -1 履带 -50	40	中桥	6.5	22	1	1*22	20. 拱桥	1980	三类
X525141028	X525L0140141028	上科桥	149.684	原头沟	汽 -1 履带 -50	38	中桥	8	20	1	1*20	20. 拱桥	1980	四类
X525141028	X525L0150141028	田原桥	150.951	田原沟	汽 -1 履带 -50	28	中桥	7	20	1	1*20	20. 拱桥	1980	三类
X525141028	X525L0160141028	永安桥	152.158	永安河	汽 -1 履带 -50	33	中桥	8	20	1	1*20	20. 拱桥	1980	三类
Y016141028	Y016L0010141028	枣庄河桥	20.451	枣庄河	汽 -1 履带 -50	30	中桥	4.5	20	1	1*20	20. 拱桥	1983	三类
C122141028	C122L0020141028	西关桥	0.024	清水河	汽 -1 履带 -50	55	中桥	6	20	2	2*20	20. 拱桥	1985	一类
Y012141028	Y012L0010141028	宜秋桥	7.234	宜秋河	汽 -1 履带 -50	30	中桥	6	22	1	1*22	20. 拱桥	1988	三类
Y018141028	Y018L0010141028	柏树桥	6.128	柏树沟	汽 -1 履带 -50	30	中桥	6	20	1	1*20	20. 拱桥	1989	二类
Y005141028	Y005L0020141028	中市 2 桥	15.428	中市沟	汽 -1 履带 -50	30	小桥	4.5	15	3	1*15	20. 拱桥	1991	二类
Y005141028	Y005L0010141028	中市 1 桥	14.988	中市沟	汽 -1 履带 -50	30	小桥	5.5	10	1	1*10	20. 拱桥	1992	一类

续表

路线代码	桥梁编码	桥梁名称	中心桩号（千米）	跨越地物名称	设计荷载	桥梁全长	桥梁跨径分类	桥面净宽（米）	主桥主跨（米）	主桥孔数（孔）	桥跨组合	上部结构	建成时间	技术状况
C066141028	C066L0010141028	庄子桥	9.859	昕水河	汽 –1 履带 –50	59.4	小桥	6	8	2	2*8	21. 拱桥	2004	一类
X525141028	X525L0170141028	南壶 1 桥	174.111	北沟河	2. 公路Ⅱ级	50	中桥	7	35	1	1*35	20. 拱桥	2005	二类
X525141028	X525L0180141028	南壶 2 桥	178.152	小河沟	2. 公路Ⅱ级	28	小桥	6.5	12	1	1*12	20. 拱桥	2005	一类
X525141028	X525L0190141028	中市桥	180.592	中市沟	2. 公路Ⅱ级	35	中桥	7.5	20	1	1*20	20. 板桥	2005	一类
C053141028	C053L0010141028	回宫桥	1.1	回宫沟	无	12	小桥	4.5	6	1	1*6	20. 拱桥	2006	二类
X525141028	X525L0030141028	清水河桥	195.35	清水河	2. 公路Ⅱ级	60	中桥	8	30	1	1*30	20. 拱桥	2009	一类
X525141028	X525L0040141028	刘古坡桥	197.549	小沟渠	2. 公路Ⅱ级	75	中桥	8	30	1	1*30	20. 拱桥	2009	一类
X525141028	X525L0050141028	南凹桥	201.026	南凹沟	2. 公路Ⅱ级	30	小桥	8	10	1	1*10	20. 拱桥	2009	一类
X525141028	X525L0060141028	高窑科桥	201.282	高窑科沟	2. 公路Ⅱ级	30	小桥	8	10	1	1*10	20. 拱桥	2009	一类
X525141028	X525L0070141028	官地岭桥	204.19	官地岭沟	2. 公路Ⅱ级	49	小桥	8	10	1	1*10	20. 拱桥	2009	一类
X525141028	X525L0080141028	红山沟桥	206.814	红山沟	2. 公路Ⅱ级	72	中桥	8	20	1	1*20	20. 拱桥	2009	一类
X525141028	X525L0090141028	驼嵕沟桥	208.42	驼嵕沟	2. 公路Ⅱ级	56	中桥	8	30	1	1*30	20. 拱桥	2009	一类
X525141028	X525L0100141028	龙窝沟桥	208.887	龙窝沟	2. 公路Ⅱ级	30	小桥	8	12	1	1*12 +2*3.5	20. 拱桥	2009	一类
X525141028	X525L0110141028	河头沟桥	210.263	河头沟	2. 公路Ⅱ级	45	小桥	8	10	1	1*10	20. 拱桥	2009	一类
X525141028	X525L0120141028	鄂河桥	211.8	鄂河	2. 公路Ⅱ级	56	中桥	8	30	1	1*30	20. 拱桥	2009	一类
C142141028	C142L0030141028	北村桥	7.974	北村沟	2. 公路Ⅱ级	20	小桥	6	10	1	1*10	20. 拱桥	2009	一类
X525141028	X525L0010141028	同乐桥	144.368	同乐沟	2. 公路Ⅱ级	31	小桥	8	10	1	1*10	20. 拱桥	2009	
X525141028	X525L0020141028	原头坡桥	146.562	原头坡沟	2. 公路Ⅱ级	35	小桥	8	10	1	1*10	20. 拱桥	2009	

第二节 涵洞

吉县境内沟壑纵横，山峦连绵。公路依山而建，涵洞众多。至2015年，有大大小小涵洞236道，跨径最大的4米，最小的1米，最长的61.1米，最短的9.20米，最高的18米，最低的0.2米。其中309国道有145道，209国道91道。主要有板涵、拱涵、管涵和波纹管涵4种类型。

2015年吉县国道涵洞情况表

表6-2-2　　单位：米

序号	路线编号	中心桩号	公路等级	涵洞类型	洞顶 填土厚度	净跨(孔)径	长度
1	G309	k1211+650	二级	石拱涵	4	3.0	17.47
2	G309	k1212+375	二级	石拱涵	5.5	1.5	15.83
3	G309	k1213+010	二级	盖板涵	0.3	1.5	9.50
4	G309	k1214+710	二级	圆管涵	1.5	1.0	12.00
5	G309	k1215+095	二级	石拱涵	0.8	3.0	11.00
6	G309	k1217+110	二级	石拱涵	4	2.0	15.00
7	G309	k1217+400	二级	石拱涵	5	1.5	15.00
8	G309	k1217+690	二级	石拱涵	1.5	1.5	12.30
9	G309	k1217+970	二级	石拱涵	0.6	1.5	11.60
10	G309	k1219+040	二级	石拱涵	2.5	1.5	15.48
11	G309	k1219+800	二级	石拱涵	3	3.0	16.00
12	G309	k1221+900	二级	石拱涵	1.2	1.5	14.50
13	G309	k1222+450	二级	石拱涵	5.5	3.0	17.02
14	G309	k1222+800	二级	石拱涵	6	1.5	17.50
15	G309	k1223+380	二级	石拱涵	0.6	1.5	11.52
16	G309	k1223+460	二级	石拱涵	1.5	1.5	17.19
17	G309	k1223+710	二级	石拱涵	1.5	1.5	12.60
18	G309	k1224+180	二级	石拱涵	6	4.0	18.00
19	G309	k1224+750	二级	石拱涵	1	1.5	12.30
20	G309	k1224+840	二级	石拱涵	1.5	1.5	11.50
21	G309	k1225+170	二级	石拱涵	1.5	1.5	11.30
22	G309	k1226+010	二级	盖板涵	0.3	1.5	11.00
23	G309	k1226+470	二级	盖板涵	4.5	1.5	14.50
24	G309	k1227+540	二级	盖板涵	0.6	1.5	13.50
25	G309	k1227+690	二级	盖板涵	0.6	1.5	11.50
26	G309	k1228+030	二级	盖板涵	0.3	1.5	10.50
27	G309	k1228+430	二级	盖板涵	0.3	1.5	10.00
28	G309	k1228+580	二级	盖板涵	0.3	1.5	18.00
29	G309	k1228+920	二级	石拱涵	1.3	1.5	12.00
30	G309	k1229+120	二级	石拱涵	0.8	1.5	13.85
31	G309	k1229+260	二级	石拱涵	1.5	1.5	13.50
32	G309	k1229+760	二级	石拱涵	0.6	2.5	11.97

续表

序号	路线编号	中心桩号	公路等级	涵洞类型	洞顶 填土厚度	净跨（孔）径	长度
33	G309	k1230+710	二级	石拱涵	0.8	2.0	11.50
34	G309	k1231+020	二级	石拱涵	1	2.0	11.60
35	G309	k1231+350	二级	石拱涵	1.2	2.0	11.00
36	G309	k1231+640	二级	盖板涵	0.3	1.5	11.90
37	G309	k1231+795	二级	盖板涵	0.3	1.5	11.00
38	G309	k1232+060	二级	盖板涵	0.3	1.5	11.00
39	G309	k1232+860	二级	石拱涵	1	1.5	13.40
40	G309	k1233+400	二级	石拱涵	1.2	2.0	11.20
41	G309	k1233+720	二级	盖板涵	0.3	1.5	11.00
42	G309	k1234+150	二级	盖板涵	0.3	1.5	10.00
43	G309	k1234+310	二级	盖板涵	0.3	1.5	13.00
44	G309	k1236+950	二级	石拱涵	0.8	2.5	11.50
45	G309	k1237+480	二级	石拱涵	2	1.5	14.00
46	G309	k1238+350	二级	石拱涵	0.6	1.5	13.20
47	G309	k1238+480	二级	石拱涵	0.8	1.5	13.00
48	G309	k1238+740	二级	石拱涵	0.6	1.5	12.50
49	G309	k1238+920	二级	石拱涵	0.6	1.5	11.80
50	G309	k1239+095	二级	石拱涵	2.5	1.5	16.15
51	G309	k1240+000	二级	石拱涵	1	1.5	14.80
52	G309	k1266+530	二级	石拱涵	3.5	1.5	15.68
53	G309	k1267+030	二级	石拱涵	3	1.5	21.00
54	G309	k1267+210	二级	石拱涵	4.5	1.5	21.39
55	G309	k1267+680	二级	石拱涵	4	1.5	12.00
56	G309	k1268+120	二级	石拱涵	1.5	1.5	9.40
57	G309	k1268+460	二级	圆管涵	0.7	1.5	16.70
58	G309	k1269+140	二级	石拱涵	1	1.5	11.80
59	G309	k1269+855	二级	石拱涵	0.6	1.5	10.60
60	G309	k1269+885	二级	石拱涵	0.6	1.5	16.20
61	G309	k1270+030	二级	石拱涵	1	1.5	10.40
62	G309	k1270+370	二级	石拱涵	1.2	1.5	16.60
63	G309	k1270+600	二级	石拱涵	1.2	1.5	10.40
64	G309	k1270+750	二级	石拱涵	0.9	1.5	10.80
65	G309	k1271+490	二级	石拱涵	5	3.5	25.00
66	G309	k1271+780	二级	石拱涵	4	3.5	20.00
67	G309	k1271+995	二级	盖板涵	1	1.5	11.40
68	G309	k1272+350	二级	石拱涵	1.5	2.0	30.00
69	G309	k1272+650	二级	石拱涵	4	2.0	14.60
70	G309	k1272+940	二级	石拱涵	4.5	2.0	11.30
71	G309	k1273+020	二级	石拱涵	4.5	1.5	15.60
72	G309	k1273+110	二级	石拱涵	0.7	1.5	12.60
73	G309	k1273+240	二级	石拱涵	5	2.0	15.30

续表

序号	路线编号	中心桩号	公路等级	涵洞类型	洞顶 填土厚度	净跨（孔）径	长度
74	G309	k1273+440	二级	石拱涵	1.2	1.5	11.40
75	G309	k1273+670	二级	石拱涵	1	1.5	12.00
76	G309	k1274+350	二级	石拱涵	4	2.0	25.00
77	G309	k1274+520	二级	石拱涵	0.8	1.5	10.20
78	G309	k1274+780	二级	盖板涵	0.6	2.0	11.40
79	G309	k1274+950	二级	石拱涵	0.6	1.5	10.00
80	G309	k1275+580	二级	石拱涵	1.5	2.0	13.40
81	G309	k1275+660	二级	石拱涵	4	2.0	18.30
82	G309	k1275+895	二级	石拱涵	3	2.0	18.00
83	G309	k1276+580	二级	石拱涵	1.2	1.5	11.40
84	G309	k1276+850	二级	石拱涵	5.5	1.5	16.40
85	G309	k1276+950	二级	石拱涵	0.8	1.5	12.00
86	G309	k1277+150	二级	盖板涵	0.6	1.5	11.00
87	G309	k1277+985	二级	石拱涵	1	3.0	12.60
88	G309	k1278+140	二级	圆管涵	2	1.0	10.80
89	G309	k1278+680	二级	石拱涵	2.2	1.5	14.40
90	G309	k1278+980	二级	石拱涵	1.5	1.5	13.10
91	G309	k1279+550	二级	石拱涵	1.5	2.0	12.50
92	G309	k1279+760	二级	石拱涵	1	1.5	11.90
93	G309	k1279+910	二级	石拱涵	2	2.0	13.20
94	G309	k1280+060	二级	石拱涵	1	1.5	14.70
95	G309	k1280+850	二级	石拱涵	8	3.0	17.00
96	G309	k1281+150	二级	石拱涵	6	1.5	22.50
97	G309	k1281+490	二级	石拱涵	0.7	1.5	15.60
98	G309	k1281+860	二级	石拱涵	0.8	1.5	13.60
99	G309	k1282+330	二级	石拱涵	10	1.5	17.70
100	G309	k1282+880	二级	石拱涵	1.2	2.5	10.77
101	G309	k1283+130	二级	石拱涵	8	1.5	13.40
102	G309	k1283+900	二级	石拱涵	0.8	1.5	11.90
103	G309	k1284+000	二级	石拱涵	5	2.0	11.74
104	G309	k1284+550	二级	石拱涵	7	2.0	16.26
105	G309	k1284+980	二级	石拱涵	3.5	2.0	16.50
106	G309	k1285+450	二级	石拱涵	4	1.5	10.00
107	G309	k1285+660	二级	圆管涵	6	3.0	18.24
108	G309	k1286+130	二级	石拱涵	3	1.5	10.45
109	G309	k1286+190	二级	石拱涵	3	2.0	12.30
110	G309	k1286+280	二级	石拱涵	2	1.5	12.30
111	G309	k1287+010	二级	圆管涵	9	1.0	22.50
112	G309	k1287+100	二级	圆管涵	10	1.0	25.70
113	G309	k1287+250	二级	圆管涵	10	1.0	31.00
114	G309	k1287+750	二级	圆管涵	15	1.0	17.50

续表

序号	路线编号	中心桩号	公路等级	涵洞类型	洞顶 填土厚度	净跨（孔）径	长度
115	G309	k1288+130	二级	石拱涵	17	3.0	41.00
116	G309	k1288+310	二级	石拱涵	18	2.0	35.00
117	G309	k1290+160	二级	石拱涵	7	1.5	32.30
118	G309	k1290+260	二级	石拱涵	4	1.5	29.50
119	G309	k1290+430	二级	石拱涵	5	1.5	28.60
120	G309	k1290+920	二级	石拱涵	2.5	1.5	18.60
121	G309	k1291+100	二级	石拱涵	9	3.0	35.00
122	G309	k1291+340	二级	石拱涵	2	2.0	11.50
123	G309	k1291+840	二级	石拱涵	4	2.0	17.20
124	G309	k1292+580	二级	石拱涵	6	1.5	15.00
125	G309	k1292+730	二级	圆管涵	2.6	2.0	26.70
126	G309	k1293+200	二级	石拱涵	7	3.0	18.50
127	G309	k1294+050	二级	石拱涵	3.5	3.0	11.00
128	G309	k1294+600	二级	石拱涵	0.8	3.0	9.80
129	G309	k1294+910	二级	圆管涵	3	1.5	13.00
130	G309	k1295+540	二级	石拱涵	3	3.0	12.80
131	G309	k1295+710	二级	石拱涵	3.5	2.5	11.50
132	G309	k1295+850	二级	石拱涵	2.3	2.5	19.40
133	G309	k1296+270	二级	石拱涵	4.5	3.0	18.60
134	G309	k1296+560	二级	石拱涵	3	2.0	11.30
135	G309	k1296+640	二级	圆管涵	5	1.5	15.80
136	G309	k1296+720	二级	圆管涵	3.5	1.5	12.00
137	G309	k1296+850	二级	圆管涵	4	1.5	12.00
138	G309	k1297+060	二级	石拱涵	4	2.5	12.00
139	G309	k1297+190	二级	石拱涵	3.5	1.5	12.00
140	G309	k1297+625	二级	石拱涵	4	2.5	12.50
141	G309	k1297+900	二级	石拱涵	6	2.5	18.20
142	G309	k1298+300	二级	石拱涵	5	2.5	14.80
143	G309	k1298+730	二级	石拱涵	3.5	2.5	12.50
144	G309	k1299+310	二级	石拱涵	3	2.5	60.00
145	G309	k1300+005	二级	圆管涵	2	1.0	9.80
146	G209	k688+170	二级	石拱涵	1.5	1.5	10.00
147	G209	k688+600	二级	石拱涵	1.5	1.5	9.50
148	G209	k688+810	二级	石拱涵	1	2.0	11.50
149	G209	k689+450	二级	石拱涵	1.2	1.5	13.00
150	G209	k689+850	二级	盖板涵	1	1.0	11.10
151	G209	k690+080	二级	石拱涵	1	1.0	10.50
152	G209	k690+130	二级	石拱涵	1	1.0	9.60
153	G209	k690+740	二级	石拱涵	2	2.0	12.00
154	G209	k691+750	二级	石拱涵	1	1.0	11.00
155	G209	k691+980	二级	石拱涵	6.5	1.5	13.00

续表

序号	路线编号	中心桩号	公路等级	涵洞类型	洞顶 填土厚度	净跨(孔)径	长度
156	G209	k692+745	二级	石拱涵	2	1.0	12.00
157	G209	k693+010	二级	盖板涵	1	3.0	13.00
158	G209	k693+610	二级	石拱涵	1.5	1.5	9.00
159	G209	k693+705	二级	石拱涵	1.2	1.0	12.00
160	G209	k694+300	二级	石拱涵	1.5	2.0	13.00
161	G209	k695+440	二级	石拱涵	1.2	1.5	11.00
162	G209	k696+000	二级	石拱涵	1.2	1.0	18.00
163	G209	k696+140	二级	石拱涵	3	2.0	18.00
164	G209	k696+305	二级	石拱涵	4	2.0	13.60
165	G209	k696+560	二级	石拱涵	1	1.0	10.70
166	G209	k696+610	二级	石拱涵	1	2.0	12.50
167	G209	k696+800	二级	石拱涵	2.5	1.0	11.50
168	G209	k696+980	二级	石拱涵	1.2	1.0	12.00
169	G209	k697+630	二级	石拱涵	3	1.5	11.50
170	G209	k698+060	二级	石拱涵	2	1.0	14.00
171	G209	k698+120	二级	石拱涵	1.8	1.5	11.50
172	G209	k698+550	二级	石拱涵	2.5	2.0	9.50
173	G209	k698+950	二级	石拱涵	4	2.0	9.40
174	G209	k699+170	二级	石拱涵	3.5	1.5	10.50
175	G209	k699+430	二级	石拱涵	1.5	1.5	9.80
176	G209	k699+650	二级	石拱涵	0.9	1.5	10.50
177	G209	k699+980	二级	石拱涵	2.5	1.0	10.60
178	G209	k700+405	二级	石拱涵	2	1.5	9.70
179	G209	k700+520	二级	石拱涵	1.5	1.5	10.40
180	G209	k700+790	二级	石拱涵	2	1.5	9.20
181	G209	k701+000	二级	石拱涵	1.5	1.5	10.20
182	G209	k701+220	二级	石拱涵	2	4.0	11.30
183	G209	k701+380	二级	石拱涵	1.8	1.5	12.00
184	G209	k701+950	二级	石拱涵	4.5	2.0	10.70
185	G209	k702+410	二级	石拱涵	1	1.5	10.50
186	G209	k703+595	二级	石拱涵	4	2.0	12.10
187	G209	k704+880	二级	石拱涵	0.6	1.5	10.20
188	G209	k705+260	二级	石拱涵	0.9	1.5	10.00
189	G209	k705+300	二级	石拱涵	0.5	1.5	13.20
190	G209	k705+550	二级	石拱涵	1.1	1.5	12.00
191	G209	k705+960	二级	盖板涵	0.2	1.5	10.50
192	G209	k706+180	二级	石拱涵	0.8	1.5	13.50
193	G209	k706+560	二级	石拱涵	0.4	1.5	11.10
194	G209	k706+960	二级	石拱涵	0.6	1.5	11.20
195	G209	k707+695	二级	石拱涵	0.8	1.5	11.00
196	G209	k707+920	二级	石拱涵	4	2.0	19.00

续表

序号	路线编号	中心桩号	公路等级	涵洞类型	洞顶 填土厚度	净跨（孔）径	长度
197	G209	k708+530	二级	石拱涵	0.6	1.5	11.50
198	G209	k709+400	二级	石拱涵	0.8	1.5	12.00
199	G209	K709+960	二级	盖板涵	0.6	1.5	21
200	G209	K710+240	二级	盖板涵	0.6	2	16
201	G209	K710+485	二级	盖板涵	0.6	1.5	18
202	G209	K710+780	二级	波纹管涵	7	2	46
203	G209	K711+420	二级	盖板涵	0.6	1.5	23.5
204	G209	K712+230	二级	盖板涵	8	3	37
205	G209	K712+490	二级	盖板涵	4	2	25
206	G209	K712+900	二级	盖板涵	4	2	29
207	G209	K712+980	二级	盖板涵	5.5	2	30
208	G209	K714+440	二级	波纹管涵	15	2	58.4
209	G209	K714+750	二级	波纹管涵	13	2	61.1
210	G209	K715+150	二级	盖板涵	1	2	15
211	G209	K715+300	二级	盖板涵	0.7	2	15
212	G209	K715+560	二级	盖板涵	0.6	2	15
213	G209	K715+830	二级	盖板涵	4	2	26
214	G209	K716+060	二级	盖板涵	4.5	4	61
215	G209	k716+790	二级	石拱涵	5	2.0	29.00
216	G209	k718+200	二级	石拱涵	6	1.5	16.80
217	G209	k719+040	二级	石拱涵	4	1.5	32.50
218	G209	k719+730	二级	圆管涵	1.5	1.5	18.50
219	G209	k721+450	二级	盖板涵	0.8	1.5	26.00
220	G209	k721+600	二级	石拱涵	1.2	1.5	23.00
221	G209	k721+850	二级	石拱涵	2.5	1.5	12.00
222	G209	k722+000	二级	盖板涵	0.4	1.5	11.20
223	G209	k722+317	二级	盖板涵	1.5	4.0	12.00
224	G209	k725+790	二级	石拱涵	1.5	1.5	13.00
225	G209	k728+490	二级	石拱涵	1	1.5	12.50
226	G209	k729+310	二级	石拱涵	0.6	1.5	12.50
227	G209	k730+015	二级	石拱涵	1	1.5	14.50
228	G209	k730+540	二级	盖板涵	0.3	1.5	11.20
229	G209	k730+995	二级	石拱涵	2.5	1.5	18.00
230	G209	k731+450	二级	石拱涵	0.8	1.5	12.00
231	G209	k733+970	二级	石拱涵	1	2.0	14.00
232	G209	k735+190	二级	石拱涵	0.6	2.0	13.60
233	G209	k735+900	二级	石拱涵	1.5	2.0	14.00
234	G209	k736+150	二级	盖板涵	0.3	1.5	10.00
235	G209	k736+350	二级	石拱涵	0.7	1.5	14.50
236	G209	k736+510	二级	盖板涵	0.3	1.5	12.20

第三章　公路运输

第一节　运输工具

1986—1989 年，境内营运客车 5 辆，营运货车 9 辆；1990 年，营运客车 10 辆，营运货车 9 辆；1991 年营运客车 10 辆，营运货车 11 辆；1992—1996 年，营运客车 10 辆，营运货车 13 辆；1997 年营运客车 10 辆，营运货车 17 辆；1998—2000 年，营运客车 12 辆，营运货车分别为 22 辆、24 辆、28 辆；2001 年，营运客车 46 辆，营运货车 34 辆；2002—2004 年，营运客车 40 辆，营运货车分别为 39 辆、49 辆、61 辆；2005—2007 年营运客车 42 辆，营运货车分别为 89 辆、157 辆、225 辆；2008 年，营运客车 40 辆，营运货车 243 辆；2009 年，营运客车 30 辆，营运货车 279 辆；2010 年，营运客车 39 辆，营运货车 351 辆；2011 年，营运客车 44 辆，营运货车 431 辆；2012 年，营运客车 39 辆，营运货车 489 辆；2013—2014 年营运客车 37 辆，营运货车分别为 520 辆、456 辆；2015 年，营运客车 34 辆，营运货车 442 辆。

第二节　货运 客运

汽车运输公司

1955 年，设立吉县汽车站，承担社会运输任务。1974 年改汽车站为吉县汽车运输公司。1996 年 5 月，更名为吉县腾达运输有限公司。2001 年 9 月由临汾交通运业集团组建临汾交通运业集团临汾东顺运业有限公司。临汾交通运业集团解体后，2010 年 2 月 10 日，经省运管局许可吉县东顺运业有限公司承接境内道路旅客运输业务，为二类客运企业。2014 年 10 月，县交通局许可临汾黄河壶口瀑布旅游开发有限公司从事境内定线旅游客运经营，为四类客运企业。

1960 年，购进汽车三辆（10.5 吨位），吉县始有运输汽车。1974 年增至 8 辆（44 吨位）。1986—1993 年，吉县汽车运输公司自有客车 9 辆，承担社会旅客运输。1994 年 6 月，在县城中心广场设立客运车辆发车点。1996 年 7 月—2000 年，在腾达运输有限公司院内发车，由腾达运输有限公司负责站务。2001 年，吉县客货服务中心车站成立。2006 年因修建文化广场被拆迁，在县果树局果库院内发车。2010 年，在城关粮站院发车。2011 年，在兰家河粮站客货停车场发车。1994—2012 年，由交通运管人员负责监督管理。2013 年 6 月，建立吉州客运站（简易站）。

物流企业

2012 年，备案物流企业 5 家，吉县长通物流有限公司、吉县众鑫物流有限公司、吉县同创物流有限公司、吉县基隆物流有限公司、吉县鑫海物流有限公司。

2012 年 4 月，许可吉县鑫海物流有限公司，所属车辆 23 辆，总吨位 363.99 吨；2012 年 5 月，许可吉县联丰混凝土生产销售有限公司，所属车辆 10 辆，总吨位 117 吨；2013 年 3 月，许可吉县众鑫物流有限公司，所属车辆 8 辆，总吨位 105.24 吨；2017 年 1 月，许可吉县源鹏物流有限公司，所属车辆 2 辆，总吨位 31.8 吨。

机动车维修企业

2008年，境内三类维业户18家。2009年，新增三类维修业户23家，共41家。2010年，新增三类维修业户6家，共47家。2011年，新增三类维修业户4家，共51家。2012年，开展机动车维修市场清理整顿工作，对不符合要求的维修业户予以清理，取缔19家(包括停业)，新增二类维修企业2家，共34家。2013年，新增三类维修业户4家，共38家。2014年，新增三类维修业户3家、二类维修业户1家，停业6家，共36家。2015年，新增三类维修业户4家，停业7家，共33家。

第三节 客运路线

1986—1993年，吉县有客运班线5条，分别为吉县—宜川、吉县—太原、吉县—临汾、吉县—王家原、吉县—红山。

1994—2000年，客运班线7条，新增吉县—侯马1条，客车1辆；吉县—乡宁1条，客车1辆。

2001—2004年，客运班线13条，分别为吉县—宜川1条，途经壶口，客车1辆；吉县—太原1条，途经大宁、隰县，客车2辆；吉县—河津1条，途经乡宁，客车1辆；吉县—新绛1条，途经汾城，客车1辆；吉县—侯马1条，途经曲沃，客车2辆；吉县—临汾1条，途经光华、襄汾，客车19辆；吉县—乡宁2条，途经三堠、平垣，客车1辆，途经中垛、上安平，客车1辆；中市—隰县1条，途经大宁，客车1辆；吉县—文城1条，途经南湾、大圪塔、客车1辆；吉县—柏山寺2条，1条途经永固、西头，客车1辆，1条途经大田窝、匣院，客车2辆；吉县—东城1条，途经大田窝、上社堤，客车2辆；吉县—中垛1条，途经三堠，客车2辆。

2005—2007年，客运班线19条，包括新增班线吉县—西安1条，途经壶口、宜川、客车1辆；壶口—太原1条，途经临汾、平遥，客车2辆；吉县—运城1条，途经乡宁、河津，客车1辆；文城—乡宁1条，途经壶口、三堠，客车1辆；王家原—乡宁1条，途经三堠、平垣，客车1辆；曹井—乡宁1条，三堠、平垣，客车1辆。部分农村班线予以调整，吉县—柏山寺变为2条班线，客车2辆，途经大田窝、匣院，减少客车1辆；吉县—中垛、东城班线都为1条，客车各1辆；吉县—新降客运班线停运。

2008—2009年，客运班线为20条：包括新增吉县—西安1条，途经G309、包茂高速，客车1辆，县城—中垛延伸到屡西。

2010—2011年，客运企业整合。2010年，吉县东顺运业有限公司成立，客运班线基本上没有变动，主要是车辆过户和车辆更新，原临汾客运班线车辆更新为18辆高一级中型客车，客运班线为17条。新增吉县—白额客运班线1条，途经三堠，客车1辆。2011年1月，吉县—文城客运班线延伸至古贤。同年，曹井—乡宁客运班线停运，吉县—乡宁客运班线1条停运，吉县—侯马途经曲沃客运班线1条停运。

2012年，客运班线为19条。同年8月，吉县—柏山寺延伸至驮嵝，原吉县—东城客运班线延伸至西村，2012年8月新增吉县—上张尖1条，客车1辆，新增吉县—王家河1条，客车1辆。

2013年，客运班线19条。同年1月，原吉县—临汾客运班线途经光华、襄汾的6辆客车变更途经临吉高速客运班线，同年8月吉县—中垛客运班线延伸至屡西。

2014—2015年，客运班线18条。2014年8月，新增壶口—临汾客运班线1条，客车1辆。原吉县—临汾客运班线途经光华、襄汾的3辆客车变更途经临吉高速客运班线。同年4月原吉县—西村客运班线变更为西村—乡宁客运班线，吉县—上张尖、王家河 2 条客运班线停运。

第四节 城市公交

公交企业

2008 年 9 月，吉县宏裕公共交通有限公司成立，投入资金 320 万元，从事城市公交客运运营业务，有营运车辆 36 部，司乘人员 20 名，公司管理人员 5 名。

公交线路

2009 年，有车城口—孙家沟线路 1 条，公交车 10 台，日载客约 2000 人次，总行里程 2300 千米，平均每车日行程 230 千米。

2010 年，东顺公司的 6 部城乡公交车过户到宏裕公司，公交车共计 16 辆，有车城口—孙家沟、二道河—霖雨线路 2 条，日载客量约 2600 人次，总行驶里程 4000 千米，平均每车日行程 230 千米。

2011–2015 年，有车城口—孙家沟、二道河—霖雨线路 2 条，公交车 16 台，每年平均日载客量约 2750 人次，年均行驶里程约 4000 千米，平均每车日行程 230 千米左右。

第五节 出租企业

2009 年 9 月，吉县壶口出租车公司成立，注册资金 500 万元，占地 978.4 平方米，建筑面积 244.6 平方米；购置 55 辆 4 门 5 座吉利牌三厢轿车，最大排气量 1.5 升、五档手动变速，前轮驱动；同年 10 月启动运营。2013 年，公司下设三科一室，即办公室、后勤服务科、接受群众监督科、财务科，从业人员 70 余人；当年新增大众桑塔纳轿车 10 辆（1.8 排量）。目前公司共有新型出租车 58 辆。

2012 年，公司出租客运量 100 万人次；2013 年，出租客运量 118.6 万人次；2014 年，出租客运量 340.1 万人次；2015 年，出租客运量 220 万人次。

第六节 道路运输从业人员

从业人员

2005 年，吉县拥有道路运输从业人员 267 人，其中客运从业人员 80 人，货运从业人员 138 人，维修从业人员 49 人。2006 年，道路运输从业人员 287 人，其中客运从业人员 84 人，货运从业人员 154 人，维修从业人员 49 人。2007 年，道路运输从业人员 387 人，其中客运从业人员 90 人，货运从业人员 248 人，维修从业人员 49 人。2008 年，道路运输从业人员 463 人，其中客运从业人员 90 人，货运从业人员人 318 人，维修从业人员 55 人。2009 年，道路运输从业人员 634 人，其中客运从业人员 72 人、货运从业人员 428 人、维修从业人员 134 人。2010 年，道路运输从业人员 809 人，其中客运从业人员 88 人、货运从业人员 512 人、维修从业人员 209 人。2011 年，道路运输从业人员 811 人，其中客运从业人员 90 人、货运从业人员 512 人、维修从业人员 209 人。2012 年，道路运输从业人员 811 人，其中客运从业人员 90 人、货运从业人员 512 人、维修从业人员 209 人。2013 年，道路运输从业人员 841 人，其中客运从业人员 90 人、货运从业人员 542 人、维修从业人员 209 人。2014 年，道路运输从业人员 849 人，其中客运从业人员 139 人、货运从业人员 530 人、维修从业人员 180 人。2015 年，道路运输从业人员 803 人，其中客运从业人员 149 人、货运从业人员 489 人、维修从业人员 165 人。

驾培企业

2012 年 12 月，吉县乾健机动车驾驶员培训有限公司成立，教职工 51 人，教练车 40 辆。2013 年，培训学员 222 人；2014 年，培训学员 991 人；2015 年，培训学员 1408 人。2014 年，货运驾驶员继续教育培训 748 人；2015 年，货运驾驶员继续教育培训 202 人。

第四章　交通管理

第一节　管理机构

公路管理段

1965 年 5 月成立吉县公路管理站。1979 年，更名为吉县公路养护段。1986 年，重新更名吉县公路管理段。

建段之初，下属水洞沟和马连滩两个道班。1971 年 10 月，原 07015 国防公路金岗岭—黄河大桥段、1973 年 3 月临大线（大宁—临猗）先后交付养护，依次成立王家河、明珠、屯里、窑渠、回宫、川庄、东关、烟子渠、管头山、张家湾、和家山、大桥、水洞沟、马连滩等养护道班，养护里程 130 千米。后公路经多次改线提高等级，养护线路变更为国道 209 线和 309 线共计 115.524 千米，山区二级沥青路面。

2001 年前，设财务股、生产股、办公室、路政管理所、机械队。2001 年后，设财务资产股、工程技术股、综合办公室、路政管理大队、机械队，下辖王家河、屯里、窑渠、川庄、马连滩、柿子河、大桥 7 个道班，担负国道 209 线、309 线的养建管任务。1996 年，公路段被省委、省政府命名为“省级文明单位”。

交通运输局

1957 年，交通运输局成立。1986 年，设办公室、安全运务股、道路股、县城交通管理队、乡镇交通管理队。1988 年，设港航监督站。1989 年，成立交通战备办公室。1991 年，设计财股和路政管理股。1992 年，设综合档案室。1994 年，成立工会。1998 年，成立妇联会。1999 年，成立工程股、法规股、交通派出所、出租车管理办公室、客货运输服务中心，委托运管所管理。2002 年，更名为吉县交通发展中心，成立交通稽查大队和 11 个乡镇交通管理站。港航监督站更名为地方海事处。2006 年，增设生产股。2007 年，成立质量监督站。2009 年，成立实验室，内设精简为办公室、计财股、战备办、征费所、海事处、道路股、路政所、生产股、养护股、质监站、实验室。2010 年 2 月 23 日，更名为吉县交通运输局。2011 年 8 月，撤销拖拉机征费所，保留吉县交通路政大队、地方海事处、道路运输管理所（于 2012 年 3 月更名为道路运输管理局）3 个事业单位。2013 年 7 月，成立城市客运管理办公室。2015 年，内设办公室、计财股、道路股、质监站、实验室、审批股、城市客运办、战备办、路政大队、地方海事处、生产养护股、信息中心。

道路运输管理局

1978 年 10 月成立。前身最早为吉县联运办。1979 年，更名为吉县交通局运输管理站。1985 年，更名为吉县交通局运输管理所。2002 年，更名为吉县交通运输管理所。2004 年，更名为吉县道路运输管理所。2012 年，升格为吉县道路运输管理局，下设办公室、计划财务办、客运办、货运办、维管办、驾管办、治超办、安全办、稽查队。负责县域内道路旅客运输经营、道路货物运输经营、道路运输站（场）经营、机动车维修经营和机动车驾驶员培训经营的行政许可及物流服务业的备案和源头治超管理工作和县域道路运输安全监管工作。

交通运输执法局

1979 年 1 月设立，初称吉县交通监理站。1987 年，监理体制改革更名为吉县交通管理费稽查所。2009 年，燃油税改革，更名为吉县交通执法局，隶属临汾市交通执法局。

交通路政大队

1992 年成立，前身是吉县交通局路政股。1996 年，更名为吉县交通局路政管理所。2007 年，更名为吉县交通路政大队，为吉县交通运输局下属事业单位。2013 年，县编办批复机构为县财政事业单位。

地方海事处

1988 年 6 月，吉县交通局港航监督站成立。2002 年 9 月，在港航监督站的基础上组建地方海事处。

城市客运交通管理办公室

2013 年 7 月成立。

拖拉机养路费征收站

1981 年成立。2008 年 12 月，根据《中华人民共和国公路法》规定，取消养路费，改为征收燃油税，机构随之撤销。

治理非法超限超载车辆办公室

2007 年 12 月 19 日组建，办公地点设置在吉县交通运输局。2012 年 2 月 22 日，经县编制办批准，正式设立为科级财政事业单位。设治超大队（辖 5 个流动稽查队）、综合业务室、财务票证室、科级信息室。辖区内共有省批准超限检测站 3 个，即位于壶口镇西史尖村 G309 线 K1300+750 处的壶口公路超限检测站（属临汾公路分局管理）、高速路吉县出口高速路口检测站（属省高管局管）、高速路壶口出口高速路口检测站（属省高管局管）。2015 年 6 月，搬迁至新城办公大楼。

交通战备办公室

1989 年成立。

交通质量监督试验检测站

2007 年 6 月成立。2009 年，设立质量检测中心。2013 年，更名为实验室。

第二节 路政管理

职责范围

吉县交通路政大队主要负责境内县道 8 条 204.2 千米、乡道 32 条 321.72 千米、村道 279 条 783.207 千米的路政管理。路政管理辖区的县乡公路好路率基本稳定在 95% 以上，无发生公路三乱现象，车辆超限超载率控制在 0.02% 以下，55 吨以上超限超载车辆基本消除，未发生因超限超载引发的交通堵塞现象，未发现新增危桥，公路大面积非正常损坏明显减少。

交通监理

质量监督试验检测站，配备了钻芯机、混凝土强度检测仪、贝特曼梁等现场实体检测仪器。按事前、事中、事后控制原则，采取相应控制措施。开工前召开建设、监理、施工等单位监督交底会，对监管程序、质量要求以及质量通病防治措施落实进行详细交底，在施工过程中，通过巡查、不定期抽查等方式检查质量通病防治措施落实情况。坚持日常监管和专项督查整治相结合，强化各项目建设中安全生产责任制，做好工前安全技术交底，严格安全操作规程，参与重点部位、关键工序中间交验，所参与建设项目全部按照设计达到标准，验收合格。实施了 2007 年村村通公路工程项目 160 千米，2008 年村村通公路工程项目 125 千米，2009 年村村通公路工程项目 69 千米，2010 年吉壶线公路改造 43 千米，2011 年全县农村公路改造建设 2 条、公路安保工程 2 条、38 个建制村街巷硬化“全覆盖”196.82 千米，2012 年永固至东石泉公路 9.2 千米，2013 — 2014 年县道 4 条、乡道 1 条、人祖山 1 条改造项目工程 82.355 千米的监理。

交通执法

2011 年，交通执法局实施公路、水路运输管理单位、运输企业、在建工程管理单位摸底调查，对辖区收费站进行明细登录，建立健全了生产安全监督对象和收费站明细台账。

2012 年，通过现场检查、跟踪暗访、受理调查投诉举报等方式，对路政、运政、治超站点、地方海事等机构及其人员的执法行为进行适时监督检查。建立完善了管理台账和基础档案。全年共办理案件 12 起、治超监督案件 8 起、路政监督案件 4 起。

2013 年，通过明察和暗访相结合的方式，将非法超限车辆的检测、认定、处罚、处置、报告等作为重点进行日常监督，对行政不作为、乱作为问题重点查处。全年共查处执法监督案件 12 起。

2014 年，采取整章建制立规矩、示范带动树典型、强化培训增能量、严格奖惩鼓士气四项举措，保障了全局执法监督工作的扎实有效开展。全年共组织明察暗访 230 次。

超载治理

2010 年，出动执法人员 16926 人次，检查货运车辆 32890 辆，取缔非法储煤场 16 处，超限超载率控制在 0.01%。

2011 年，出动执法人员 7644 人次，检查货运车辆 99305 辆，印发宣传材料 20000 余张，刷写标语 50 多条，悬挂横幅 10 条，张贴标语 500 多张。

2012 年，出动执法人员 6276 人、车辆 500 余次，巡查源头 300 多次，检查过境车辆 53881 辆，超限超载率控制在 0.01%。

2013 年，出动执法人员 5110 人、车辆 200 余次，巡查源头 100 余次，检查过境车辆 44057 辆，超限超载率控制在 0.01%。

2014 年，出动执法人员 5130 人，巡查源头 120 次，检查过境车辆 13989 辆，超限超载率控制在 0.01%。

2015 年，出动执法人员 6000 人，检查过境车辆 30573 辆，超限超载率控制在 0.01%。

第五章 邮电

第一节 邮政

机构

1998年8月，邮电分营，成立吉县邮政局，下设综合办公室、市场部、金融业务发展中心和综合营销中心、报刊发行投递组，2个全国联网通存通兑储蓄网点和1个邮政综合营业厅。设屯里支局、窑渠邮政所、三堠邮政所、柏山寺邮政所、文城邮政所、壶口邮政所6个乡镇邮政支局所，主要担负境内邮政普遍服务及代理金融业务，为用户提供迅速、安全、方便的邮政服务。

邮路

2015年底，吉县城乡投递道段24条，其中城内5条（包括1条特快专递投递道段），长度88千米，投递点77个；乡村19条，长度922千米，投递点535个。

2015年吉县城乡邮路情况表

表6-5-1 单位：个、千米

邮路编号	邮路起止	投递点	里程	班种
城区普邮1	县局—新城区	150	25	电动自行车
城区普邮2	县局—西门窑	90	19	电动自行车
城区速递1	县局—西门窑	80	12	电动三轮
城区速递2	县局—二道河	90	13	电动三轮
城区速递3	县局—新城区	40	19	电动三轮
乡村1段	县局—兰家河	9	20	摩托车
乡村2段	县局—曹井	6	46	摩托车
乡村3段	县局—文城前	5	48.5	摩托车
乡村4段	县局—文城	6	46	摩托车
乡村5段	县局—东城	4	38.5	摩托车
乡村6段	县局—壶口	6	59.5	摩托车
乡村7段	县局—柏山寺	6	59	摩托车
乡村8段	县局—柏山寺前	5	42	摩托车
乡村9段	县局—中垛	6	45.5	摩托车

续表

邮路编号	邮路起止	投递点	里程	班种
乡村10段	县局—三堠	3	33	摩托车
乡村11段	县局—马家河	2	24.5	摩托车
乡村12段	县局—太和	4	53	摩托车
乡村13段	柏山寺—白米	2	45	摩托车
乡村14段	县局—王家原	3	70	摩托车
乡村15段	屯里—放马岭	3	35.5	摩托车
乡村16段	县局—屯里	4	54	摩托车
乡村17段	屯里—回宫	4	24	摩托车
乡村18段	屯里—窑渠	2	59	摩托车
乡村19段	屯里—明珠	5	31	摩托车
机要段	县局—各单位	—	18	汽车

业务

邮件　邮件业务包括函件和包件。1990年，收寄各类函件10.6万件，收入1.2万元。1993年，开通特快专递业务，收寄各类函件15.6万件。2009年，达到高峰，共收寄各类函件10.43万件。2012年，由于其他快递公司的开通，至年底仅收寄各类函件0.28万件。1990年，手工操作的包裹业务全部改为计算机操作，实现包裹业务计重、计费手续自动化。1991年，收寄包裹0.1万件。1996年，收寄包裹0.1万件。2003年开始，只收寄普通包裹和保价包裹。2007年，收寄包裹0.4万件。2009年，收寄包裹1.4万件。

汇兑　1991年，实现汇兑业务计算机处理，进出口汇票交换量4000张。2003年，开通电子汇兑业务，交换量2866张，以后起伏不定。2010年底，达到5867张。

集邮　1990年，开办集邮业务，发行2200枚，收入1万元。1996年，发行1800枚，收入2万元。2010年，发行量达0.36万枚，集邮品册0.14万册。

报刊发行　1991年，发行各类报刊66.9万份。2003年，恢复报刊零售业务，报刊累计期发数11万份，其中零售100份。2007年，报刊期发数4300份，累计期发数128万份。2010年，报纸杂志期发数7923份，累计期发数151万份，零售2243份。

机要通信　1990年，收发机要244份。自1998年，邮电分营累计收发机要件1935件。

邮政储蓄　1986年，开办邮政储蓄业务。1990年，邮政储蓄余额达159.4万元，收入1.4万元。1997年，应用微机办理储蓄业务，绿卡工程完工，当年余额达807.1万元，收入23.4万元。2003年，余额增加到3400万元。2004年，启动邮储版本统一工作，全国通存通兑。至2015年底，全县邮政储蓄网点2处（新华街、广场所），储蓄余额达1.9亿元。

包件　1998年，邮电分营。至2010年，累计收寄16851件。2011年，各快递公司依次成立后，包件业务量有所下降。2011—2015年，共收寄2724件。

1991—2015 年吉县邮政业务统计表

表 6-5-2

年份	函件（万件）	汇票（万件）	机要（万件）	报纸（万份）			杂志（万份）			包件（万件）
				期发数	累计数	零售	期发数	累计数	零售	
1991	11	0.4	0.244	—	66.9	—	—	5	—	0.1
1992	12.5	0.4	0.19	—	83.6	—	—	4.2	—	0.1
1993	15.6	0.4	1.12	—	92.9	—	—	3.6	—	0.1
1994	34.1	0.4	1.15	—	75.8	—	—	3.4	—	0.1
1995	57.4	0.4	0.19	—	79.3	—	—	4.2	—	0.1
1996	23.7	0.4	0.37	—	77.9	—	—	4.5	—	0.1
1997	22.6	0.4	0.31	—	80.4	—	—	6.1	—	0.1
1998	14.3	0.4	0.239	0.44	93	—	0.26	3.3	—	0.025
1999	12.5	0.4	0.216	0.47	94	—	0.15	2.07	0.79	0.126
2000	17.7	0.37	0.078	0.5	103	—	0.16	3.2	1.1	0.235
2001	18.3	0.35	0.077	0.56	105	—	0.1	1.6	0.59	0.247
2002	9.6	0.3	0.092	0.53	106	—	0.12	2.2	1.06	0.102
2003	6.05	0.28	0.256	0.63	110	0.01	0.11	1.7	0.75	0.118
2004	15	0.24	0.084	0.45	96	—	0.15	2.1	0.98	0.12
2005	14.1	0.25	0.069	0.36	91.7	—	0.13	2.0	0.73	0.11
2006	12.1	0.17	0.077	0.47	107	—	0.08	1.4	0.31	0.122
2007	11.9	0.42	0.013	0.43	128	—	0.08	1.4	0.28	0.11
2008	9.45	0.37	0.051	0.63	146	—	0.11	2.1	0.24	0.105
2009	10.4	0.4	0.047	0.63	144	—	0.16	2.1	0.22	0.12
2010	9.4	0.56	0.108	0.67	149	—	0.11	2.2	0.22	0.12
2011	0.66	0.28	0.121	0.73	151	—	0.12	2.0	0.27	0.046
2012	0.28	0.34	0.134	1.24	212	0.32	0.14	2.6	0.34	0.056
2013	0.17	0.19	0.081	1.1	190	—	0.2	4	1.9	0.088
2014	0.59	0.1	0.093	0.81	198	—	0.12	3.4	—	0.046
2015	0.3	0.19	0.099	0.8	188	—	0.14	2.6	—	0.034

第二节 电信

电话

1998年，吉县邮电业务总量426万元，比上年增长70.4%。新增住宅电话用户450户，新增移动电话用户150户。年末公用电话交换机总容量达到3000门，境内电话普及率2.68部/百人。

1999年，邮电业务总量446万元，比上年增长4.7%。新增住宅电话用户394户，新增移动电话用户429户。年末公用电话交换机总容量达到4096门，电话普及率2.8部/百人。

2000年，邮电业务总量515万元，比上年增长15.5%。新增住宅电话用户1249户，新增移动电话用户127户。年末电话普及率达到每百人4.3部。

2001年，新增住宅电话600户，新增移动电话1695部，分别比上年增加16.2%和223.9%。年末，电话普及率5.1部/百人。

2002年，电信业务总量395万元，比上年增长3.9%。新增交换机容量6832门，新增固定电话用户1045户，达到6079户。其中，城市电话用户4986户，农村电话用户1093户。年末固定及移动电话用户总数达到11579户，电话普及率7.09部/百人，住宅电话普及率24.21户/百人。

2003年，电信业务总量490.2万元，增长24%。新增交换机容量8943门，新增固定电话用户2178户，达到8657户。其中，城市电话用户5978户，农村电话用户2679户。年末固定及移动电话用户总数达到16657户，电话普及率14.59部/百人，住宅电话普及率8.5部/百人。

2004年，电信业务总量585万元，增长19.3%。新增固定电话用户1431户，达到10123户。国际互联网用户431户。已通电话的行政村达54个。年末移动电话用户普及率9.9部/百人。

2005年，电信业务总量643万元，增长8.98%。固定电话总用户14188户（包括小灵通在内），其中，城市电话用户8657户，农村电话用户5531户；互联网宽带用户由2004年的431户增加到563户；年末移动电话用户总数达到11900户，固定电话移动电话普及率分别达到13.74部/百人和11.58部/百人。网通新建柏山寺、柏东、沟南、朱原头等接入网点工程，使13个村庄通上电话；移动通讯新建基站15座，贯穿县境内209、309国道，移动网络覆盖率达95%以上。

2006年，固定电话（包括中国网通与中国铁通）15575部，同比增长1.2%；基于固定电话的宽带用户993户，比上年增长62.8%。移动电话（包括中国移动与中国联通）2.5万部，比上年增长54.6%；固定电话和移动电话普及率分别达到15部/百人和24部/百人。

2007年，固定电话（包括中国网通与中国铁通）14236部；基于固定电话的宽带用户达1053户，比上年增长6%。移动电话（包括中国移动与中国联通）2.65万部，比上年增长6%；固定电话和移动电话普及率每分别达到14部/百人和25部/百人。

2008年，电信业务总量3092万元。新增局用交换机600门，总容量15000门。年末固定电话用户12200户，其中城市用户6200户、农村电话用户6000户；移动电话用户38500户。固定及移动电话用户总数达50700户。电话普及率48部/百人。宽带用户1980户，互联网上网人数25000人。

2009年，邮电业务总量3390万元。其中电信业务总量60万元，联通业务总量947万元，移动业务总量2385万元。年末固定电话用户10814户，比上年减少11.4%，其中：城市用户5315户、农村电话用户5499户；移动电话用户44681户，其中3G用户98户。固定及移动电话用户总数达55495户，电话普及率52.4部/百人。宽带用户3300户，比上年增长66.7%。互联网上网人数 35600 人。

2010 年，邮电业务总量 3919 万元，比上年增长 4.26%。其中：邮政业务总量 237 万元，电信业务总量 90 万元，联通业务总量 1026 万元，移动业务总量 2566 万元。年末固定电话用户 10565 户，比上年减少 2.3%；移动电话用户 57657 户，其中 3G 用户 1400 户。固定及移动电话用户总数达 68222 户，电话普及率 63.7 部 / 百人。宽带用户 4608 户，比上年增长 39.6%。互联网上网人数 4.5 万人。

2011 年，邮电业务总量 4203 万元，其中电信业务总量 139 万元，联通业务总量 1200 万元，移动业务总量 2846 万元。年末固定电话用户 11316 户（包括无线固话用户 2416 户），比上年增长 7.1%；移动电话用户 67383 户、增长 16.9%，其中 3G 用户 5039 户、增长 259.9%。固定及移动电话用户总数 78699 户。电话普及率 73.5 部 / 百人。宽带用户 5421 户，比上年增长 17.6%。

2012 年，邮电业务总量 4330.8 万元。其中电信业务总量 153.8 万元，联通业务总量 1279 万元，移动业务总量 2898 万元。年末固定电话用户 8461 户，比上年减少 25.2%；移动电话用户 71413 户、比上年增长 6%，其中 3G 用户 9385 户、比上年增长 86.2%。固定及移动电话用户总数 79874 户，电话普及率 74.1 部 / 百人。宽带用户 5734 户，比上年增长 5.8%。

2014 年，邮电业务总量 4705 万元。其中电信业务总量 216 万元，减少 4.8%；联通业务总量 1500 万元，增长 3.4%；移动业务总量 2989 万元，减少 2.8%。年末固定电话用户 9800 户，比上年增长 18.6%；移动电话用户 79186 户、比上年增长 2.2%，其中 3G 用户 19823 户、比上年增长 3.2%，4G 用户 2179 户。固定及移动电话用户总数达 88986 户、比上年增长 3.4%，电话普及率 81.7 部 / 百人。宽带用户 8840 户，比上年增长 13%。

2015 年，邮电业务总量 5783.4 万元。年末固定电话用户 6200 户，比上年减少 36.7%；移动电话用户 78400 户、比上年减少 1%，其中 4G 用户 20325 户、比上年增长 832.8%。固定及移动电话用户总数达 84600 户、比上年减少 4.9%，电话普及率 77.4 部 / 百人。宽带用户 11150 户，比上年增长 26.1%。

电报

1954 年，吉县开始电报业务，初有线话传，年出口量 74 份。1983 年，配备电传电报机和专职报务员，开展电报业务类型有气象、水情、政务、公益、新闻、公务、汇款 7 种。20 世纪 90 年代，固定电话逐渐普及，电报业务量开始下降。21 世纪后，移动电话和网络普及，电报业务除少量的气象、水情外，基本处于停滞状态。2005 年 11 月，吉县电报业务停止运行。

第三节 企业简介

移动公司

1999 年 9 月，电信业分组重组后，吉县移动分公司成立。主要经营移动话音、数据、IP 电话和多媒体业务，拥有“全球通”“动感地带”“神州行”“和”等客户品牌。

2003 年 3 月，贯彻执行山西移动有限责任公司服务与业务双领先战略，全面开始业务与服务提升。

2004 年 7 月，实施“金字塔”维护管理体系，采取核心设备、核心技术自建自维；基站附属设施、光缆线路、数据接入设备和局域网工程实行代建代维等办法，使维护界面更加明晰，市场响应速度进一步加快。

2005 年 4 月，确定营业服务“三标准、一专业”（标准的职业形象、标准的礼仪形态、标准的服务用语，专业的服务技能），营业服务过程实现标准化、规范化。11 月完成“村村通工程”建设，实现了行政村移动网络全覆盖，网络优势进一步扩大。

2006 年 3 月，开展“彩铃开好运来”和闲暇时刻短信传情赢大奖活动，新业务收入收入主要依靠短信拉动的局面得到改善。9 月实施《临汾市农村信息化工程实施方案》，推进“村通 IP、农村网络文化站、农村宽带”的业务发展，多种业务移动业务在农村市场的全面启动。

2007 年，推进单向新资费。

2009 年 6 月，新建滨河路、柏山寺 2 个营业厅。

2010 年，推行“选号入网、充值交费业务办理”一站式服务。全年运营收入 2566 万元。

2012 年，实施自助缴费机维护本地化、界面统一化，提升公司形象。12 月，关停吉县柏山寺分支机构。全年运营收入 2898 万元。

2013 年 5 月，4G 网建成运营；7 月启动营改增工作；筹建新城区移动生产大楼。全年运营收入 3077 万元。

2015 年底，有职工 34 人，其中前台营业人员 15 人，后台支撑人员 19 人。自建营业厅 2 个，专营店 3 个（其中县城 2 个，屯里镇 1 个）；基站 120 座，实现了吉县所有行政村、国道、省道网络信号的全覆盖，用户 55 万户。

联通公司

中国联合网络通信有限公司吉县分公司（简称“吉县联通”），前身是吉县邮电局。

1998 年 8 月，邮政和电信分家，成立吉县电信局。2002 年 4 月，改制为企业，更名吉县电信公司。2005 年，更名为山西省通信公司吉县分公司。2007 年，和中国网通（集团）有限公司合并，简称吉县网通。2009 年 1 月，中国联合通信有限公司与中国网络通信集团公司重组合并，新公司名称为中国联合网络通信集团有限公司。单位更名为中国联合网络通信有限公司吉县分公司，简称吉县联通。

吉县联通成立之初，主要经营电话、电报、宽带等业务。2009 年，和联通公司合并，主要经营电话、宽带、移动通信、专线电路等业务。

1989 年 5 月，从上海引进步进制交换机，在县城区域实现了电话自动拨号功能，主要用户为政府、企业单位、事业单位、县政府领导、社会知名人士，拨打长途还需要人工汇接。单位安装电话是工作需要，个人家里安装电话是身份象征。境内有 200 多部电话。

1992 年 10 月，从西安引进模拟程控交换机，不再通过人工接续，实现了电话直拨功能，坐在家里可以拨叫全国各地电话，通信十分便捷。

1997 年 5 月，从深圳中兴公司引进数字程控交换机，实现了来电显示、转移呼叫、长途直拨等几十种新功能，大大提高了通信服务水平。

2002 年，开始大力发展手机业务。

2004 年，开始发展宽带业务。

2008 年，联通公司主要经营 GSM 和 WCDMA 制式移动网络业务、固定通信业务，国内、国际通信设施服务业务，卫星国际专线业务、数据通信业务、网络接入业务和各类电信增值业务。5 月，吉县联通分拆双网，其中 CDMA 网络并入中国电信。从 10 月开始，133 和 153 号段正式并入吉县电信，联通停止 CDMA 业务，保留 GSM 网络与吉县网通组成新的联通集团，CDMA 网络正式移交吉县电信运营。

2010 年 7 月，吉县联通大幅下调国际及台港澳出访漫游资费。

2014 年 3 月，吉县联通宣布启动沃 4G 的正式商用。

2015 年，吉县有联通移动通信基站 90 多个，19 个固定通信综合业务点，联通手机信号覆盖 95% 行政村，固定宽带覆盖 85% 行政村。有联通手机用户 25000 户，宽带用户 9500 户，专线电路用户 220 户。

电信公司

2008 年，吉县电信分公司成立，全名为中国电信股份有限公司临汾分公司吉县分公司、中国电信集团公司山西省临汾市吉县分公司。隶属中国电信股份有限公司临汾分公司管辖，为国有股份有限公司。内部机构分为营业厅、办公室、支局和运维。成立之初办公地址为新华西街学北巷，后迁至新华西街商业小区对面人祖山超市三楼。

主要业务有固定电话、移动通信、卫星通信、互联网接入及应用等综合信息服务。通信线路为光缆，吉县电信中心机房交换机容量为 20G，县城地下管线总长 2.5 公时左右。网络管理归临汾电信分公司管辖，吉县分公司只负责缆线、设备维护。

第七编　经济综述

1980 年，吉县开始实行农村家庭联产承包责任制，“三级所有、队为基础”的计划经济农业生产体制被打破。1984 年，出台工商企业“工商改革十条”，随后实行厂长（经理）责任制，开展承包、租赁、产权有偿转让等，城镇企业职工“铁饭碗”被打破。1988 年，提出“一亩园、二亩田、三分烟”战略，农业结构调整开始。1991 年，出台《吉县加快实现农民脱贫、财政摘帽改革方案》，开始组建烤烟、果树、农机、农资服务中心，同时“山西省吉县黄河壶口瀑布风景名胜区管理局”成立，境内各类产业初具雏形；同年农村推行“三田一地”，土地实行集体、家庭双层经营。1994 年，实行住房制度和社会保障制度改革，为企业进一步改革解决后顾之忧。1996 年，开始引进现代企业制度，结合《公司法》《破产法》等，进行股份制改革，加快国有企业改革步伐。2000 年，提出“建设旅游名县、烟果强县、生态大县”战略。2005 年，提出烟果、旅游、煤焦、生态四大强势经济板块。2009 年，开展新一轮医药卫生体制改革，实行药品“零差价”政策。2010 年，实施“推进四个发展，做好五篇文章”战略。随后，吉县又开展了一系列的调整与优化，至此境内社会主义市场经济体制逐渐形成。

第一章　经济结构

20 世纪 70 年代末，吉县共有农村人民公社 11 个、生产大队 100 个；拥有各类企业 48 个，其中国营企业 20 个、集体企业 28 个；全社会工农业总产值 1994 万元，农、工业比重为 66.1∶33.9。80 年代初，吉县农村率先推行家庭联产承包责任制，农村生产力得到了极大解放，涌现出了一批"粮食状元""养猪状元"等。1985 年，在"绝不放松粮食生产，积极发展多种经营"方针的指导下，吉县开始调整经济与产业结构，境内工商企业实行厂长（经理）责任制，推行承包、租赁、产权有偿转让等重大改革。到了 90 年代，境内的经济结构由单一的国有制经济逐步演变为以公有制为主、多种经济共同发展的体制。21 世纪初期，经济结构已转变为公有制和非公有制相互促进、相互补充、相互依存、共同发展的体制。2015 年，吉县拥有农民专业合作社 390 个、各类企业 104 个，个体工商户 3514 户，全社会工农业生产总值 19.1 亿元。

农村经济体制改革

1979 年，东城公社沟南大队东庄生产队，在所有制不变的前提下，试行农林牧专业分工、按能承包、联产计酬、五年不变的承包经营责任制，当年粮食增产 53.3%，人均收入增加 60%。这一做法得到了国家农委的肯定，1980 年 10 月，《人民日报》头版头条报道了东庄经验，家庭联产承包责任制也随之在境内推广。家庭联产承包责任制，就是讲土地好坏平均搭配，按人头平均承包，农业税和集体提留按亩平均分担，这一体制的实行，彻底打破了过去"三级所有、队为基础"的计划经济经营模式，极大地调动了农民群众的生产积极性，当年吉县粮食总产量实现 25005 吨、平均亩产达到 188 斤，人均收入提高到 559 元。

农村经济发生很大变化的同时，也出现了一些新情况、新问题：一是按人口平均分配耕地，承包过于分散，浪费资源；二是土地按户固定经营与人口变化不相适应；三是由于村集体无公共积累，集体办点啥事都要向农民摊派，发包关系变成了取与给关系，干群矛盾增大；四是经营中的短期行为苗头，形不成农业综合生产能力。1989 年，吉县在兰家河公社天申原大队试行"三田一地"：一类计划田（占总耕地 15%），用以保障公粮和提留；二类机动田（占 30%），用以保障村集体办事或村干补贴；三类口粮田（占 50%），以确保社员家庭人员基本粮食供应；另有边角梢畔林果地（占 5%），作为农户进行其他经营的补充。1991 年，吉县政府下发关于农村工作的五号文件规定：一是完善农村土地承包制，全面推行"三田一地"；二是为达到稳定使用权属的目的，明确三十年不变，今后农村家庭"增人不增地、减人不减地"；明确村级三主干为支书、主任、会计。"三田一地"的实施，增强了农民的土地公有意识，强化了农业的自我积累和自我发展机制，提高了土地利用率，有利于农业科技的推广应用，壮大了集体经济实力。当年，86 个村征收土地发包金 284.1 万元，比完善承包前增加 110 万元；东城乡和生产资料公司被评为农村改革省级红旗单位；东城乡、生产资料公司、庄子、桥南、祖师庙等五个典型事例，被纳入《临汾地区深化农村改革红旗谱》一书。

城市经济体制改革

1984年5月，吉县政府出台吉政发[1984]17号《关于对工商企业放宽政策扩大自主权的试行办法》（工商改革十条）；10月中共十二届三中全会通过《中共中央关于经济体制改革的决定》，提出了社会主义经济是公有制为基础的有计划的商品经济，所有权同经营权是可以分开的，以城市为重点的经济体制改革全面铺开。1985年，山西省制定了《山西省以增强企业活力为中心的经济体制改革实施方案》（简称“三十五条”），围绕增强企业活力，针对企业经营形式、厂长权力、劳动素质、分配制度、留利水平、劳资管理、计划管理、人事制度、财政税收等方面，境内开展了四项重大改革：进一步扩大企业自主权、开展横向经济联合、实行厂长（经理）负责制，以及劳动制度改革；同时两权分离方面，开展承包、租赁、产权有偿转让等。吉县商业局对“三十五条”认识早、行动快，率先制定本局落实方案，下属百货一、二门市部由官办模式变为国家所有集体经营，大胆下放八权，当年纯购进、纯销售和利润分别比上年超额60.3%、12%与12.5%。先后涌现出沙坪煤矿厂长目标责任制、二轻局酒厂集资入股、建筑工程公司内部承包划小核算单位、百货公司自负盈亏的转体、饮食服务公司承包租赁、乡镇企业局农工商联合公司“内联外引，找伴结亲”联合经营（先后与北京北冰洋食品总厂、临汾造纸厂等八家国营企业进行技术保传授、产品保质量、利润搞分红）、供销系统岗位目标“五定”百分计奖（即定销售、定购进、定占用资金、定利润、定费用）等，灵活多样、搞活企业的经验。同时，也出现了问题：企业要求让利，财税部门不让减；企业自主招工，劳动部门没有做出明确规定；厂长六项权利应用不彻底；个别企业管理层守业思想较重，有后怕思想。

1986年9月，国务院颁发《全民所有制工业企业三个条例的通知》（《全民所有制工业企业厂长工作条例》《中国共产党全民所有制工业企业基层组织工作条例》和《全民所有制工业企业职工代表大会条例》简称“三个条例”），“三个条例”的实施，引申了吉县企业内部领导体制改革，明确厂长（经理）的中心地位，保证了厂长的决策权；党支部、企业政务和工会，形成了一种“职责上分、目标上合，工作上分、关系上合，制度上分、思想上合”的共同协调改革发展局面。1987年，共有6个企业、12个商业门店实行租赁经营，15个门店实行承包经营。由于新旧体制转换时期，两种管理机制并存，经济生活中出现一些矛盾和漏洞：承包底数不清、基数不够合理；个别企业不敢把竞争机制引入，不招标，没应标；承包企业干部制度不配套。

1991年，吉县出台《吉县加快实现农民脱贫、财政摘帽改革方案》，提出组建烤烟、果树、农机、农资服务中心。同时对境内二轮承包32个企业（其中化肥厂、商业副食厂、供销站、二轻玉器厂、服装厂、裘皮厂实行任期目标责任制），开展完善合同、承包建档、履行公证。对第一轮29个承包企业进行合同兑现，其中受奖企业12个、共发奖金48494元，处罚企业6个、罚金6721元，不奖不罚5个，因各种原因未兑现的6个。当年，商业局和县联社开展“四开放”（经营、价格、分配、用工）试点。

1993年，吉县开展整顿党政机关和党政领导干部经商办企业，共清理出各类经济实体71个，涉及综合服务、建筑装潢、土地或房地产开发、房屋出租等门类，其中：开发性生产果园32个，其他经济实体39个（登记注册29个）；直接参与经商人员中，副科级以上4人、一般人员11人。人员要求尽快脱钩，实体要求转为无挂靠单位或无主管的企业。

1994年，吉县推行住房制度和社会保障制度改革。对直管房和自管房开展普查，涉及有公房单位62个、公房550间、14300㎡；当年有69个单位、955人领取公积金证，收缴公积金33452元。租金标准每平方米0.7元（全区平衡为每平方米0.6元），直管公房全部执行。同年吉县机关、事业单位养老保险制度建立，成立机关事业养老保险基金管理办公室，具体负责机关事业单位养老保险征缴。1995 年先后有 14 个单位出售公房，累计 241 间、7020 ㎡，收回售房款 181.6 万元。

1996 年，吉县开始推行现代企业制度，在王家河焦厂进行股份制规范试点，同时出台《吉县商贸企业改制有关问题的暂行规定》《国有企业改制有关劳动政策的若干指导意见》《国有资产评估审定程序》等政策办法。改制企业股权设置为国家股、职工股、法人代表股三种，一般每股 1000 元。国家股大都是企业净资产，额比较大职工无法买断；额小的都鼓励职工一次性买断。具体形式：一是购让结合，即职工购一部分，再让利一部分，如糖酒公司；二是定死基数，多购不限，如百货公司；三是欠资抵股，即原欠职工工资和破产企业未发职工安置费均可入账抵股；四是购一配一，即先将一部分企业净资产折股买给职工，再按购一配一将剩余净资产配给职工，但所配部分不享受红利权。截至 1998 年底，境内 16 户国有工商企业全部改制完毕，其中工业企业 5 户、商贸企业 8 户、计委 1 户、农机 2 户；改制形式上，有限责任公司 14 户、独资托管 1 户、破产 1 户；评估后总资产 4688 万元，总负债 2455 万元平均负债率 52.36%；16 户改制企业实有职工 621 人，入股职工 336 人，占实有职工的 54%；入股认购股金 88.165 万元，法人代表认购股金 29.24 万元，合计入股总额 117.4 万元；未买断的国有净资产折股 1801.57 万元（沙坪煤矿 1697 万元），合计股金 1918.975 万元。

第一节　产业结构

从 20 世纪 80 年代中期开始，吉县产业结构随着经济结构的调整而演变，也逐步初具了社会主义市场经济的特质，第一产业比重不断下降，第二、三产业比重不断增长。三次产业结构比例由 1986 年的 54.1：10.7：35.2 演变为 2015 年的 30.9：41.6：27.5，第二产业发展迅速，比 1986 年增长 30.9 个百分点，第一产业和第三产业分别降低 23.2 个百分点和 7.7 个百分点，成为全省产业结构最好的县之一。吉县一产有苹果，二产有煤炭，三产有旅游。

1988 年，县委、县政府提出收紧财政和信贷、控制需求、稳定物价、改善供给等思路，实施优先保障基本民生、基本生活、基本公共服务支出，重点保障增强发展后劲的科技创新、产业发展、基础设施建设等重要领域支出，据实保障各部门基本支出；进一步落实过“紧日子”的要求，压一般性支出、压专项经费、压待分配预算的“三保三压”投资方针，经济得到稳步发展。国内生产总值增长速度比上年提高 13.2%，一、二、三产分别比上年提高 55.1%、48.8%、7.4%。三次产业结构比例为 54.9：13.9：31.2。到 1990 年，第一产业比上年增长 61.1%，第二产业增长 5.7%，第三产业减少 11.1%，三次产业在经济总量中的比例分别为 58.1%、16.8%、25.1%。第一产业比重比 1988 年提高 3.2 个百分点，第二产业提高 2.9 个百分点，第三产业降低 5.1 个百分点。农林牧渔业等第一产业的比重仍然较大，工业、建筑业的比重逐渐提升。

1992 年，吉县认真贯彻落实中共十四大精神和邓小平南方讲话精神，县域经济发展又迈上一个新台阶。国内生产总值完成 7801 万元，比 1991 年增长 9.9%，比 1978 年翻了两番，是 1986 年的 2.3 倍。三次产业结构中，一产占比 51.2%，二产占比 16.4%，三产占比 32.4%。和 1990 年相比，一产降低 6.9 个百分点，二产降低 0.4 个百分点，三产提高 7.3 个百分点。

1999 年，吉县提出“建设旅游强县，打好三个硬仗（旅游开发、扶贫攻坚、财税收入）”的目标，在农业遭受特大自然灾害（连续 181 天无降水）的情况下，社会经济发展依然取得了较好成绩，国内生产总值完成20425万元，比上年增长9.3%，三次产业结构比例为38.5：25.7：35.8。比1995年，一产下降20.2个百分比，二产提高10.3个百分比，三产提高9.9个百分点。

2001年，吉县实施建设“旅游名县、烟果强县、生态大县”战略，境内社会经济发生很大变化，各项指标顺利完成。粮食产量达27165吨，比上年增长37.5%；原煤生产达22.95万吨，比上年增长12.7%；500万元以上工业企业完成增加值1998万元。国内生产总值完成24115万元，比上年增长11%。其中，一产增长0.9%，二产增长5.7%，三产增长25.3%。三次产业结构中，一产占比27.7%，二产占比26.9%，三产占比45.4%。比2000年，一产降低1.9个百分点，二产降低0.4个百分点，三产提高2.3个百分点。

2005年，吉县推进烟果、旅游、煤炭、生态、四大经济板块建设，地区生产总值完成51676万元，比上年增长26.2%。其中，第一产业完成10850万元，下降1%；第二产业完成24314万元（原煤产量达99.98万吨），比上年增长77.6%；第三产业完成16512万元，比上年增长1.9%。三次产业结构比例为21：47：32。比1986年，一产下降33个百分点，二产提高36.3个百分点，三产下降3.2个百分点。比2001年，一产下降7.7个百分点，二产提高20.1个百分点，三产下降13.4个百分点。

2008年，受次贷危机影响，吉县经济发展步伐减缓，地区生产总值完成77861万元，比上年增长仅2.9%。其中，一产减少3.2%、二产减少2.5%、三产增长14.9%，三次产业结构比例为15.2：54.8：30。比2005年，一产下降5.8个百分点，二产增长7.8个百分点，三产下降2个百分点。

2010年，吉县实施“推进四个发展，做好五篇文章”战略，以国家扩大内需为机遇，抓项目、保增长、调结构、促改革、惠民生，地区生产总值完成118819万元，比上年增长16.8%，创“十一五”时期最高，略低于五年平均增长水平1.3个百分点。其中，一产增长36.2%，二产增长17.2%，三产增长7.1%。三次产业结构中，一产占比23.5%，二产占比53.6%，三产占比22.9%。比2005年，一产增长2.5个百分点，二产增长6.6个百分点，三产下降9.1个百分点。

2015年，吉县坚持因势而为、稳中求进的经济社会发展思路，扎实推进“六大突破”，实现了“十二五”各项发展规划目标。地区生产总值完成190257万元，比上年增长3.5%。其中，一产增长30.9%，二产增长41.6%，三产增长27.5%。比2010年，一产提高37.4个百分点，二产降低12个百分点，三产提高4.6个百分点。比1986年，一产下降23.2个百分点，二产提高30.9个百分点，三产下降7.7个百分点。

第二节 农业结构

1985年以前，境内农业一直以种植粮食为主，重复着“收了麦子种棒子，年年都是老样子”的生活。1986年，吉县农林牧渔业生产总值为1904万元，其中种植业产值1261万元，占总产值的66.2%；林业产值231万元，占总产值的12.1%；牧业产值272万元，占总产值的14.3%。全年农作物播种面积27.2万亩，其中，粮食作物播种面积达25.2万亩（包括玉米面积6万亩、小麦面积13.5万亩），占到总播种面积的92.9%。“七五”期间，在“决不放松粮食生产、积极发展多种经营”方针指导下，吉县开始引进烤烟种植、推广苹果生产，确立了全县农业发展的“123”目标（一亩苹果园、二亩基本农田、三分烤烟）。1990年，全县农林牧渔业生产总值3028万元，其中种植业产值2241万元，占总产值的74%；林业产值231万元，占总产值的7.6%；牧业产值393万元，占总产值的13%。比1986年，种植占比增加7.8个百分点，林业占比降低4.5个百分点，牧业占比降低 1.3 个百分点。农作物播种面积 28.7 万亩，其中粮食作物面积 25.1 万亩，占总播种面积的 87.6%，比 1986 年占比下降 5.3 个百分点；烤烟播种面积由 1986 年的 112 亩增到 1990 年的 8945 亩，占到农作物总播种面积的 3.1%，苹果栽植面积从 1986 年的 8900 亩扩大到 1990 年的 36542 亩，产量达 1427 吨。

2000 年入春后，境内出现特大旱灾（持续干热风）。面对罕见旱灾，全县人民采取以秋补灾、以小秋补大秋等措施积极抗旱救灾，使灾害损失减少到最低，保证了农业生产的基本稳定，第一产业发展趋缓。农林牧渔业总产值 1.1 亿元，比上年下降 8.8%。其中种植业产值完成 6715 万元，比上年下降 21.3%，占总产值的 60.1%；林业产值完成 1251 万元，增长 52.5%，占总产值的 11.2%；牧业产值完成 2178 万元，增长 4.6%，占总产值的 19.5%。比 1990 年，种植业下降 13.9 个百分点，林业提高 3.6 个百分点，牧业提高 6.5 个百分点。当年，境内烤烟种植面积 27750 亩，占到总播种面积的 9.1%，比 1990 年提高 6 个百分点；苹果种植面积 74790 亩，比 1990 年翻一番。

2003 年，随着产业结构的进一步调整，吉县加大苹果生产的发展力度。由于连年灾害，烤烟种植效益持续下滑。尤其是国家烟厂库存饱和，烤烟生产从市场化走向计划与市场双重控制，境内烟叶种植规模受控，生产逐渐走向低谷，种植面积从 2007 年的 1.46 万亩陡降到 3645 亩，仅占到农业总播种面积的 1.4%，比 2000 年回落 7.7 个百分点；苹果面积达到 8.9 万亩，比上年增长 11.2%。农林牧渔业总产值完成 1.5 亿元，比上年增长 22.9%，其中种植业完成 1.1 亿元，增长 24%，占比 71.2%；林业完成 574 万元，减少 6.8%，占比 3.9%；牧业完成 2466 万元，增长 4.3%，占比 16.6%。比 2000 年，种植业提高 11.1 个百分点，林业降低 7.3 个百分点，牧业降低 2.9 个百分点。

2007 年，吉县实施"打造实力吉县、活力吉县、魅力吉县"战略，经济社会发展实现了历史性跨越。农林牧渔业生产总值突破 2 亿大关，达 2.72 亿元，增长 44.7%。其中种植业产值 1.9 亿元，增长 40.7%，占比 69.9%；林业产值 2195 万元，增长 2.5 倍，占比 8.1%；牧业产值 4062 万元，增长 23.4%，占比 14.9%。与 2000 年相比，种植业比重提高 9.8 个百分点，林业下降 3.1 个百分点，牧业下降 4.6 个百分点。

2010 年，县委、县政府狠抓苹果产业化、有机化、标准化生产，大规模实施农村道路硬化通户工程，农业基础进一步加强，农业生产再上新台阶，农林牧渔业总产值完成 5.5 亿元，比上年增长 42.9%，其中：种植业完成 4.2 亿元，增长 66%，占比达 75.9%；林业产值完成 6732 万元，减少 9.3%，占比 12.2%；牧业产值完成 4590 万元，增长 12.8%，占比 8.3%。比 2007 年种植业比重提高 6 个百分点，林业提高 4.1 个百分点，牧业降低 6.6 个百分点。当年苹果种植面积 133785 亩，是 1986 年的 15 倍，是 2000 年的 1.8 倍。

2015 年，吉县认真贯彻落实中共十八大会议精神，主动适应经济发展新常态，大力推进"六大发展"（经济发展取得新成效，改革开放迈出新步伐，社会文明程度得到新提高，生态文明建设实现新进步，民生福祉达到新水平，国家治理效能得到新提升），社会经济持续健康发展。农林牧渔业总产值完成 10.68 亿元，比上年增长 7.1%。其中种植业完成 8.8 亿元，增长 7.2%，占比 82.7%；林业完成 5081 万元，增长 8.6%，占比 4.8%；牧业完成 8617 万元，增长 5%，占比 8.1%。比 1986 年，种植业比重提高 16.5 个百分点，林业和牧业分别下降 7.3 个百分点和 6.2 个百分点；比 2000 年，种植业比重提高 22.6 个百分点，林业和牧业分别下降 6.4 个百分点和 11.4 个百分点。农作物播种面积 194085 亩，比 1986 年减少 77812 亩，减少 28.6%。其中，粮食播种面积比 1986 年减少 96536 亩，减少 38.2%；小麦减幅最大，减少 9.8 万亩，减少 73.1%。

第三节 工业结构

由于地下资源长期得不到开发利用，且现有工业技术力量薄弱，吉县工业一直徘徊不前。1986年，境内工业总产值完成786万元，比1985年下降5.4%。按经济类型划分，全民所有制工业占总产值的52.4%，集体所有制工业占总产值的26.4%，村及村以下工业占总产值的21.7%。按轻重工业划分，轻工业占到总产值的58%，重工业占总产值的41.9%，重工业中煤炭开采业产值占到总产值的22.8%。

1990年，吉县工业生产遇到市场疲软、资金紧张、企业开工不足等情况，工业产值略有下滑，工业总产值完成1907万元，比1989年下降2.8%。按经济类型划分，全民所有制工业占总产值58.1%，集体所有制工业占总产值的13%，村办及村以下工业占总产值的28.9%；比1986年全民所有制工业比重提高5.7个百分点，集体所有制工业比重下降13.4个百分点，村及村以下工业比重提高7.8个百分点。按轻重工业划分，轻工业占总产值的53%，重工业占总产值的47.1%。重工业中煤炭开采业占到总产值的25.6%；比1986年，轻工业比重降低5个百分点，重工业比重提高5.2个百分点，重工业中煤炭开采业提高2.8个百分点。

2000年，工业总产值完成3732万元，比上年增长12.6%。按经济类型划分，全民所有制工业占总产值的2.3%，集体所有制工业占总产值的70.7%，村及村以下工业占总产值的27%。比1990年，全民所有制工业占比下降55.8个百分点，集体所有制工业占比提高57.7个百分点，村及村以下工业降低1.9个百分点。按轻重工业划分，轻工业占总产值的9%，重工业占总产值的91%，重工业中煤炭开采业占总产值的20.3%；比1990年轻工业占比降低44个百分点，重工业占比提高43.9个百分点，重工业中煤炭开采业占比降低5.3个百分点。

2005年，工业总产值完成33692万元，比上年增长173.7%。按经济类型划分，国有经济占总产值的0.3%，其他经济占总产值的99.7%。按轻重工业划分，轻工业占总产值的0.3%，重工业占总产值的99.7%，重工业中煤炭开采占总产值的64.7%。

2009年后，全县工业总产值主要以重工业为主。

2015年，受产值过剩、原煤价格下跌影响，工业生产大幅下滑，吉县工业总产值完成84142万元，同比下降18.4%。

1986—2015 年吉县国内生产总值（GDP）现价总量构成情况表

表 7-1-1　　单位：万元、%

时间		国内生产总值	增速	第一产业	比重	第二产业	比重	第三产业	比重
『七五』时期	1986	3412	-9.9	1847	54.1	365	10.7	1200	35.2
	1987	3642	-1.5	1748	48.0	461	12.7	1433	39.3
	1988	4936	13.2	2711	54.9	686	13.9	1539	31.2
	1989	4935	-11.2	2221	45.0	980	19.9	1734	35.1
	1990	6154	14.3	3577	58.1	1036	16.8	1541	25.1
『八五』时期	1991	6595	-6.3	3517	53.3	1086	16.5	1992	30.2
	1992	7801	9.9	3992	51.2	1279	16.4	2530	32.4
	1993	8883	5.1	4841	54.5	1355	15.3	2687	30.2
	1994	11772	5.2	6329	53.8	1883	16.0	3560	30.2
	1995	14750	4.3	8653	58.7	2280	15.4	3817	25.9
『九五』时期	1996	17397	14.5	10039	57.7	2909	16.7	4449	25.6
	1997	19028	10.2	9715	51.1	3790	19.9	5523	29.0
	1998	20303	11.7	10347	51.0	4236	20.8	5720	28.2
	1999	20425	9.3	7872	38.5	5251	25.7	7302	35.8
	2000	22259	12.2	6592	29.6	6072	27.3	9595	43.1
『十五』时期	2001	24115	11.0	6678	27.7	6487	26.9	10950	45.4
	2002	26748	14.1	8263	30.9	6610	24.7	11875	44.4
	2003	30423	9.9	9316	30.6	8072	26.5	13035	42.9
	2004	38118	15.3	11427	30.0	11828	31.0	14863	39.0
	2005	51676	26.2	10850	21.0	24314	47.0	16512	32.0
『十一五』时期	2006	55102	9.8	11190	20.3	23036	41.8	20876	37.9
	2007	65361	11.2	15099	23.1	28624	43.8	21638	33.1
	2008	77861	2.9	11809	15.2	42639	54.8	23413	30.0
	2009	92725	10.1	17412	18.8	48268	52.0	27045	29.2
	2010	118819	16.8	27900	23.5	63700	53.6	27200	22.9
『十二五』时期	2011	162156	15.3	35666	22.0	95905	59.1	30585	18.9
	2012	177311	11.6	44088	24.9	99590	56.1	33630	19.0
	2013	176642	8.6	48974	27.7	91172	51.6	36496	20.7
	2014	187068	5.1	54846	29.3	85418	45.7	46803	25.0
	2015	190257	3.5	58743	30.9	79253	41.6	52261	27.5

1986—2015年吉县农业总产值、农作物播种面积及其构成情况表

表 7-1-2

年份	农林牧渔业总产值（万元）	其中						农作物总播种面积（亩）	其中						油料（亩）	比重（%）	烟叶（亩）	比重（%）	蔬菜（亩）	比重（%）
		农业（万元）	占比（%）	林业（万元）	占比（%）	牧业（万元）	占比（%）		粮食（亩）	比重（%）	其中									
											玉米（亩）	比重（%）	小麦（亩）	比重（%）						
1986	1904	1261	66.2	231	12.1	272	14.3	271897	252500	92.9	60300	23.9	134800	53.4	18800	6.9	112	0.04	—	–
1987	2275	1448	63.6	284	12.5	421	18.5	283620	252256	88.9	64520	25.6	129785	51.4	17807	6.3	1066	0.4	3430	1.2
1988	2210	1399	63.3	176	8.0	313	14.2	296663	261153	88	64275	24.6	124696	47.7	18718	6.3	4313	1.5	2864	1.0
1989	2109	1436	68.1	172	8.2	342	16.2	284224	251926	88.6	61388	24.4	124384	49.4	16059	5.7	5860	2.1	3038	1.1
1990	3028	2241	74.0	231	7.6	393	13.0	287244	251600	87.6	63465	25.2	129443	51.4	16119	5.6	8945	3.1	2826	1.0
1991	6011	3944	65.6	490	8.2	1222	20.3	274984	230989	84	56401	24.4	128406	55.6	15186	5.5	17380	6.3	3316	1.2
1992	6670	4610	69.1	563	8.4	1187	17.8	289710	234360	80.9	48525	20.7	126810	54.1	16230	5.6	26790	9.2	3270	1.1
1993	7476	5675	75.9	591	7.9	1207	16.1	281610	207885	73.8	52770	25.4	123300	59.3	16335	5.8	24960	8.9	3810	1.4
1994	7427	5327	71.7	833	11.2	1263	17.0	336045	242070	72	57390	23.7	121500	50.2	28065	8.4	18300	5.4	3810	1.1
1995	7589	5653	74.5	715	9.4	1501	19.8	309540	222450	71.9	64275	28.9	110190	49.5	25395	8.2	18330	5.9	4065	1.3
1996	8641	5983	69.2	907	10.5	1748	20.2	330495	232050	70.2	60900	26.2	123900	53.4	35400	10.7	18300	5.5	4230	1.3
1997	14477	8600	59.4	740	5.1	2202	15.2	324060	231810	71.5	60420	26.1	122175	52.7	20775	6.4	23805	7.3	4125	1.3
1998	15328	11545	75.3	616	4.0	2119	13.8	300000	250950	83.6	66150	26.4	124050	49.4	20100	6.7	14400	4.8	4650	1.6
1999	12255	8536	69.7	820	6.7	2081	17.0	304740	247860	81.3	67110	27.1	122745	49.5	21255	7.0	20340	6.7	4455	1.5
2000	11171	6715	60.1	1251	11.2	2178	19.5	305400	245700	80.5	59850	24.4	122700	49.9	16650	5.5	27750	9.1	4350	1.4

续表

年份	农林牧渔业总产值（万元）	其中						农作物总播种面积（亩）	其中						油料（亩）	比重（%）	烟叶（亩）	比重（%）	蔬菜（亩）	比重（%）
		农业（万元）	占比（%）	林业（万元）	占比（%）	牧业（万元）	占比（%）		粮食（亩）	比重（%）	其中									
											玉米（亩）	比重（%）	小麦（亩）	比重（%）						
2001	11230	7469	66.5	684	6.1	2126	18.9	295050	238650	80.9	59100	24.8	113850	47.7	17400	5.9	22530	7.6	6750	2.3
2002	12105	8542	70.6	690	5.7	2365	19.5	283650	234075	82.5	64950	27.7	108150	46.2	2100	0.7	14610	5.2	6000	2.1
2003	14875	10590	71.2	574	3.9	2466	16.6	257100	218250	84.9	65100	29.8	92100	42.2	19500	7.6	3645	1.4	6150	2.4
2004	18198	12406	68.2	352	1.9	2556	14.0	248100	218550	88.1	82350	37.7	95045	43.5	14550	5.9	3750	1.5	4350	1.8
2005	17943	12774	71.2	782	4.4	3791	21.1	255750	223350	87.3	91650	41.0	90000	40.3	14400	5.6	2700	1.1	4350	1.7
2006	18788	13531	72.0	879	4.7	3290	17.5	267000	238000	89.1	85500	35.9	110100	46.3	16350	6.1	3150	1.2	4000	1.5
2007	27209	19019	69.9	2195	8.1	4062	14.9	275000	242850	88.3	86550	35.6	109950	45.3	19350	7.0	3000	1.1	3600	1.3
2008	22737	15903	74.3	1038	4.6	3447	15.2	273900	244650	89.3	89250	36.5	110250	45.1	18000	6.6	2850	1.0	3450	1.3
2009	38517	25334	65.8	7424	19.3	4069	10.6	279420	247023	88.4	90120	36.5	110385	44.7	20955	7.5	2805	1.0	4248	1.5
2010	55258	41946	75.9	6732	12.2	4590	8.3	276400	245290	88.7	90900	37.1	107700	43.9	20183	7.3	2625	0.9	3786	1.4
2011	65352	49698	76.0	5776	8.8	7120	10.9	265900	234510	88.2	90850	38.7	97950	41.8	19660	7.4	2901	1.1	4665	1.8
2012	79678	63935	80.2	4933	6.2	7450	9.4	238260	206600	86.7	90705	43.9	71205	34.5	19620	8.2	2890	1.2	5195	2.2
2013	85135	68301	80.2	4907	5.8	8046	9.5	215289	177964	82.6	82198	46.2	57659	32.4	19367	9.0	2891	1.3	5372	2.5
2014	99693	82539	82.8	4678	4.7	8210	8.2	202530	164865	81.4	77565	47	49365	29.9	19485	9.6	2810	1.4	6075	3.0
2015	106867	88412	82.7	5081	4.8	8617	8.1	194085	155964	80.3	83115	53.3	36240	23.2	12430	6.4	2650	1.4	13689	7.1

1986—2015 年吉县粮食、苹果、烤烟生产情况表

表 7-1-3　　　　单位：亩、吨

年份	粮食		苹果		烤烟	
	面积	产量	面积	产量	面积	产量
1986	252500	29734	8900	844	112	30
1987	252256	26030	9393	802	1066	101
1988	261153	32953	35300	1157	4313	475
1989	251926	34025	36285	1292	5860	610
1990	252160	53091	36542	1427	8945	1184
1991	230989	43387	38100	1638.7	17380	2174
1992	234360	45682	41568	1824.7	26790	3464
1993	20885	54491	42197	2560	24960	3913
1994	242070	54925	42900	2789	18300	2401
1995	222450	55024	43035	3818	18330	2155
1996	232050	59024	43980	5042	18300	2214
1997	231810	44826	69360	7155	23805	2397
1998	250950	59690	69390	8889	14400	1738
1999	304740	38296	69510	8628	20340	2546
2000	245700	26184	74790	9428	27750	3786
2001	238650	27165	79410	11353	22530	2911
2002	234075	35860	80235	13639	14610	1459
2003	218250	46143	89235	18848	3645	454
2004	218550	52267	92250	24797	3750	532
2005	223350	34086	116340	48510	2700	293
2006	238000	41620	101310	26576	3150	729
2007	242850	44001	117525	34386	3000	683
2008	244650	30547	122295	37010	2805	438
2009	247023	35255	128340	50945	2805	500
2010	245290	46900	133785	80981	2625	560
2011	234510	48179	138870	88045	2901	562
2012	206600	48689	151830	125904	2890	595
2013	177964	43047	159277	169970	2891	685
2014	164865	42683	163475	189258	2810	687
2015	155964	30171	162404	233428	2650	688.6

1986—2015年吉县工业总产值及其构成（现价）情况表

表7-1-4 单位：万元、%

项目/数值/年份	总产值	轻工业		重工业				建筑业
		产值	比重	产值	比重	其中：煤炭开采业	比重	
1986	786	456	58.0	329	41.9	179	22.8	—
1987	866.9	372	42.9	440	50.8	109	12.6	320
1988	818.5	207	25.3	611	74.6	203.4	24.9	500
1989	1962	532	27.1	994.9	50.7	387.9	19.8	458
1990	1907	1010	53.0	898	47.1	489	25.6	474
1991	2594	1283	49.5	1310	50.5	558	21.5	391
1992	3099	1698	54.8	1400	45.2	690	22.3	456
1993	3137	867	27.6	1376	43.9	1160	37.0	467
1994	4247	403	9.5	1326	31.2	935	22.0	580
1995	4686	1306	27.9	1891	40.4	1560	33.3	557
1996	4417	678	15.3	3343	75.7	2535.9	57.4	330
1997	2102	334	15.9	1857	88.3	1045	49.7	326
1998	2476	66.7	2.7	2409	97.3	1052	42.5	504
1999	3314	1425	43.0	9701	292.7	564	17.0	637
2000	3732	336	9.0	3396	91.0	757	20.3	941
2001	4342	239	5.5	4103	94.5	1882	43.3	1670
2002	6157	147	2.4	6010	97.6	2920	47.4	1470
2003	8260	167.7	2.0	8092.3	98.0	5648	68.4	3247
2004	12312	110	0.9	12202	99.1	12201	99.1	3801
2005	33692	105	0.3	33587	99.7	21809	64.7	1594
2006	29780	105.1	0.4	29674	99.6	19542	65.6	2518
2007	33829	105	0.3	33829	100.0	28623	84.6	5189
2008	58254	105	0.2	58254	100.0	51121	87.8	5476
2009	64555	—	—	64555	100.0	64555	100.0	7550
2010	81574	—	—	81574	100.0	81574	100.0	7556
2011	123667	—	—	123667	100.0	123667	100.0	8609
2012	118272	—	—	118272	100.0	118272	100.0	9479
2013	117853	—	—	117853	100.0	117853	100.0	9794
2014	103103	—	—	103103	100.0	103103	100.0	11863
2015	84142	—	—	84142	100.0	84142	100.0	14405

第二章 发展水平

第一节 农业产值

20世纪80年代中期，由于农村基础设施比较落后，农业生产资料、农贷资金紧张等，制约着农业生产的发展。1986年，吉县农业总产值1904万元，其中，种植业完成1261万元，林业完成231万元，牧业完成272万元。境内农业机械总动力16037千瓦，拥有大中型拖拉机114台、小型拖拉机163台；农用载重汽车45辆；排灌动力机械692.5千瓦特；农用化肥施用量5673吨（每亩21.7公斤）；农村用电量54.3万千瓦时；从事劳役的大牲畜18087头。

随着党的各项农村政策的落实，吉县农村经济发生了显著变化，特别是"七五"时期，县委、县政府的"一亩园、二亩田、三分烟"决策，为后来产业结构发生巨大变化奠定了基础，境内农业由原来的单一种植业向林业、牧业转变，农业主体产业不再是粮食种植为主，烤烟、果树经济迅猛发展，并逐步成为农民增收的主导产业。2000年，吉县农业总产值11171万元，是1986年的5.87倍，其中种植业完成6715万元，是1986年的5.3倍；林业完成1251万元，是1986年的5.4倍；牧业完成2178万元，比1986年翻3番。农业机械总动力达42131千瓦，比1986年增长162.7%；有大中型拖拉机39台、小型拖拉机160台、农用运输车70辆。农用化肥施用量12484吨，比1986年增长120.1%；农用塑料薄膜使用量184吨；农用柴油485吨；农药使用量49吨；农村用电量226万千瓦时，比1986年增长了41.6倍；从事劳役的大牲畜20840头，比1986年增长15.2%。苹果面积达74790亩，是1986年的8.4倍；烤烟面积27750亩，比1986年增长了8倍。

2010年，吉县农业总产值完成55258万元，比2009年增长43.5%，分别是2000年与1986年的4.9倍和29倍。"十一五"期间，境内农业总产值平均增长25.2%，其中种植业完成41946万元，比2009年增长65.6%，分别是2000年与1986年的6.2倍和33.3倍；林业完成6732万元，比2009年减少9.3%，分别是2000年与1986年的5.3倍和29.1倍；牧业完成4590万元，比2009年增12.8%，分别是2000年与1986年的2.1倍和16.9倍。农业机械总动力7.28万千瓦特，是1986年的4.5倍；大中型拖拉机178台，比1986年增长56.1%；农用运输车辆3004辆，是1986年的75.6倍；农用化肥施用量18283吨，是1986年的32倍；农用塑料薄膜使用量294.2吨；农用柴油使用量896.7吨；农药使用量230.5吨；农村用电量847万千瓦时，是1986年的156倍；从事劳役的大牲畜9539头，比1986年减少47.3%；苹果种植面积133785亩，比2000年增长78.9%，是1986年的15倍。

第十二个五年规划，吉县农业生产以年平均增长14.1%的速度继续保持良好增长的势头，为本县历史上增长最快的几年。2015年，境内农业生产总值完成106867万元，是2010年的1.9倍、2000年的9.5倍、1986年的56.1倍。其中种植业完成88412万元，是2010年的2.1倍、2000年的13.2倍、1986年的70.1倍；林业完成5081万元，比2010年减少24.5%，是2000年的4.1倍、1986年的22倍；牧业完成8617万元，分别是2010年、2000年、1986年的1.9倍、4倍和31.7倍。农业机械总动力11.32万千瓦特，比2010年增长55.5%，是1986年的7.1倍；大中型拖拉机 91 辆；农用运输车 2672 辆；农用化肥施用量 20621 吨，是 1986 年的 3.6 倍；农用塑料薄膜 499 吨，比 2000 年增长 171.2%，比 2010 年增长 69.6%；农用柴油使用量 1135 吨，比 2000 年增长 134%，比 2010 年增长 26.6%；农药使用量 273 吨，是 2000 年的 5.6 倍，比 2010 年增长 18.4%；农村用电量 297 万千瓦，是 1986 年的 5.5 倍，比 2000 年增长 31.4%，比 2010 年减少 64.9%；从事劳役大牲畜 5011 头；苹果种植面积 162404 亩，比 2010 年增长 21.4%，比 2000 年增长 117.1%，是 1986 年的 18.2 倍。

第二节　工业产值

"地下没挖的，地上没拉的"是 20 世纪 80 年代吉县工业的写照。沙坪煤矿，也是税收在乡宁，产值在吉县。1986 年，吉县 28 个工业企业完成总产值 786 万元，比 1985 年下降 5.4%。其中，国有工业企业 13 个（包括当年境内国有亏损企业吉县化肥厂、吉县糖业副食加工厂、吉县酒厂），完成产值 412.7 万元，占总产值的 52.4%，比 1985 年下降 20.7%；集体国营企业 13 个，完成产值 207.4 万元，占总产值的 26.4%，比 1985 年增长 33.3%；村及村以下工业企业完成 165.5 万元，占总产值的 21.1%，比 1985 年增长 7%。

"七五"期间，伴随着技术力量薄弱、原材料价格上涨、企业电力供应不足等困难，1987 年起，吉县在工交企业中率先实行招聘、租赁、抵押等多种形式的承包经营责任制，明确国家、企业和个人之间的责权利关系，在企业内部推行厂长负责制，调动生产者和经营者的积极性，有力促进了企业的全面发展。1990 年，吉县工业企业完成总产值 1907 万元，比 1989 年减少 2.8%，是 1986 年的 2.4 倍。其中，国有工业企业完成 795 万元，占总产值的 41.7%，是 1986 年的 1.9 倍；集体工业企业完成 331 万元，占总产值的 17.3%，是 1986 年的 1.6 倍；村及村以下工业企业完成 781 万元，占总产值的 41%，是 1986 年的 4.7 倍。"七五"期间年平均增长 18.1%。

"八五"期间，由于 1990 年沙坪煤矿技改完成、生产能力提升的推动，吉县工业生产保持了良好的发展势头，年平均增长 19.7%。1995 年，工业总产值达 4686 万元，比 1990 年增长 148.4%，比 1994 年增长 10.3%，是 1986 年的 6 倍。其中，国有工业企业完成 2035 万元，比 1990 年增长 156%，比 1994 年增长 8.4%，是 1986 年的 4.9 倍；集体工业企业完成 1236 万元，比 1990 年增长 273.4%，比 1994 年增长 33.7%，是 1986 年的 6 倍；村及村以下工业企业完成 1415 万元，比 1990 年增长 81.8%，是 1986 年的 8.5 倍。

"九五"期间，受 1997 年亚洲金融危机影响，外贸出口受挫，国内市场疲软，工业生产一度发展趋缓。吉县工业生产总值从 1996 年的 4417 万元下降至 1997 年的 2102 万元，跌幅达 52.4%；到 2000 年，工业总产值完成 3732 万元，比 1996 年减少 20.4%。其中，国有工业企业完成 1093 万元，比 1999 年增长 70.7%，是 1986 年的 2.7 倍；集体工业企业完成 2639.7 万元，比 1999 年增长 0.5%，是 1986 年的 12.7 倍。

"十五"期间，从 1999 年沙坪煤矿以租赁合同方式转包，到 2004 年沙坪煤矿产能提升 90 万吨，再到 2005 年成立乡宁县沙坪（吉县）煤炭有限责任公司（沙坪煤矿改制成功），是吉县工业发展最快的时期。2005 年，吉县工业总产值完成 33692 万元，比上年增长 173.6%，是 2000 年的 9 倍、1990 年的 17.7 倍、1986 年的 42.8 倍。工业年平均增长速度 55.3%，创历史最高。与此同时，2005 年底，民营企业吉县明珠煤矿有限公司注册投产。2009 年，作为吉县历史上第一口现代化矿井的吉县明珠煤矿有限公司，被山西华普焦煤有限责任公司整合重组为山西华晋明珠煤业有限责任公司。沙坪煤矿被山西煤炭运销集团兼并，重组为吉县盛平煤业有限公司。随着先进设备应用和管理技术的注入，吉县煤炭工业生产步入高潮。2010年，吉县工业总产值完成81574万元，比2009年增长26.3%，比2005年增长142.1%，是2000年的21.9倍，是1986年的103.8倍。其中，国有企业完成14662.5万元，是2000年的13.4倍，是1990年18.4倍；其他工业企业完成66911万元，比2005年增长99.2%。

“十一五”期间，吉县工业年平均增长19.3%。

“十二五”期间，受前期煤炭价格大幅上涨的推动，2011年，吉县工业产值达到顶峰，当年，工业总产值完成123667万元，比2010年增长51.6%，是2000年的33.1倍，是1986年的157.3倍，比1986年翻了7番还要多。2012年后，煤炭价格开始下滑，工业生产放缓。到2015年，吉县工业生产总值完成84142万元，比2014年减少18.4%，比2010年增长3.1%，年平均发展速度为0.6%。

第三节 社会商品零售额

1986年，随着商业体制改革的深入，吉县商品流通进一步活跃，商业、餐饮业、服务业网点不断增加，市场比较繁荣，除部分名牌产品紧俏外，多数商品货源充裕，供求正常。当年社会商品零售额完成1862万元，比1985年增长21.8%。其中，消费品零售额完成1506万元，比1985年增长25.6%；农业生产资料零售额完成357万元，比1985年增长42.2%。境内城乡集贸市场发展到12个，共有各类零售网点744个，从业人员1560人。其中，商业网点559个，饮食业网点115个，服务业网点70个。国内纯购进总额975万元，比1985年增长24.7%；国内纯销售总额1688万元，比1985年增长17.1%。

“七五”期间，吉县在发挥国营商业和供销商业主渠道作用的基础上，大力发展集体商业和个体商业，逐步形成多种经济成分、多种流通渠道、多种经营方式并存的社会商贸结构。1990年，境内有商业服务网点642个。其中国营60个、集体156个、个体426个。当年商品零售额完成3225万元，比1985年增长110.8%，超“七五”计划40.2%，年均增长16.1%。按销售地区分，县级商业企业销售总额1914万元，比1985年增长193.5%，年均增长24%；县以下商业企业销售总额598万元，比1985年增长9.4%，年均增长1.8%。按经济类型分，全民所有制商业企业完成1136万元，比1985年增长70.1%，年均增长11.2%；集体所有制商业企业完成1348万元，比1985年增长121.3%，年均增长17.2%；个体工商户完成588万元，比1985年增长240.7%，年均增长27.8%。

“八五”时期，围绕建立社会主义市场经济体制总目标，吉县积极深化改革，工商企业中重点抓住国有企业转型建制与扭亏为盈，推行承包经营责任制和厂长负责制，把市场机制引入企业，为企业的生存发展创造了宽松环境。1995年，境内个体工商户、私营企业发展到2059个，从业人员近3000人，当年社会消费品零售总额完成4897万元，比1990年增长51.8%，是1985年的3.2倍，年均增长8.7%。按销售地区分，县级商业企业零售额完成3770.7万元，比1990年增长97%，是1985年的5.8倍；县以下商业企业零售额完成1126万元，比1990年增长88.3%，比1985年增长106%。按经济类型分，国有经济完成2615万元，比1990年增长130.1%，是1985年的3.9倍；集体完成617万元，比1990年减少54.2%，比1985年增长1.3%；个体工商户完成1227万元，比1990年增长108.7%，是1985年的7.1倍。按行业分，批发零售业完成3827万元，餐饮业完成483万元。

2000年，吉县社会消费品零售总额完成8766万元，比1990年增长171.8%，比1995年增长79%，是1986年的4.7倍。按销售地区分，县级商业企业零售额完成7528万元，比1990年增长293.3%，比1995年增长99.6%，是1985年的11.5倍。县以下商业企业零售额完成1238万元，比1990年增长107%，比1995年增长9.9%，是1985年的2.3倍。按行业分，批发零售业完成5318万元，比1995增长39%。按经济类型分，国有商业企业完成1994万元，比1990年增长75.5%，比1995年减少23.7%，比1985年增长198.5%；集体商业企业完成841万元，比1990年减少37.6%，比1995年增长36.3%，比1985年增长38.1%；个体工商户完成4124万元，是1990年的7倍、1995年的3.3倍、1985年的23.9倍。股份制商业企业完成851万元。

2009年，为应对次贷危机造成的市场疲软，吉县深入贯彻科学发展观，积极推行“家电下乡”政策，实施“万村千乡市场”工程，深化农村家电市场环境，打击假冒伪劣产品，促进了农村流通服务体系的完善，境内商贸领域再显活力。到2010年，吉县各类工商注册用户1858户，其中个体工商户1669个，私营企业173户；“家电下乡”共销售产品7024台（部），“汽车、摩托车下乡”共销售1150辆（汽车518辆）。2010年社会消费品零售总额完成33165万元，比2005年增长105.6%，年均增长15.5%，是1990年的10.3倍。按销售地区分，城镇零售额完成2792万元，比2005年增长158.9%，年均增长21%，是1990年的14.6倍；乡村零售额完成5244万元，比2005年降低1.9%，年均下降0.4%，是1990年的8.8倍。按行业分，批零业完成27096万元，比2005年增长123.8%，年均增长20.2%；住宿餐饮业完成6069万元，比2005年增长50.7%，年均增长8.6%。

“十二五”期间，吉县统筹“五位一体”建设，深入推进“六大发展”，在苹果产业提质升级和彰显旅游优势上下功夫，成功举办中国（吉县）吕梁山特困地区山地有机苹果产业开发启动大会，吉县苹果通过农产品地理标志认证，获“中国果品著名品牌”奖项。大力推行“农家乐”、苹果采摘体验，培育文化旅游新品牌，促进了市场繁荣。2015年，吉县社会消费品零售总额完成68058万元，比2010年增长105.2%，年均增长15.5%，是2000年的7.8倍、1990年的21.1倍，比1986年翻5翻还多。按销售地区分，城镇零售额完成47049万元，比2010年增长68.5%，年均增长11%，是2000年的6.2倍；乡村零售额完成21009万元，是2010年的4倍，年均增长76.2%，是2000年的17倍，1990年的35.1倍；按行业分，批发零售业完成54047万元，比2010年增长99.5%，年均增长14.8%，是2000年的10.1倍。住宿餐饮业完成14011万元，比2010年增长130.9%，年均增长18.2%。

第四节　经济效益

吉县是一个农业大县，改革开放初期，在社会生产力得到极大解放的同时，农业基础薄弱、生产条件落后、科技含量不足等因素制约着经济效益的提升，社会发展缓慢。1986年，境内地区生产总值3412万元，人均生产总值411元，其中第一产业完成1847万元，第二产业完成365万元，第三产业完成1200万元，三次产业比为54.1：10.7：35.2；财政收入82万元，比上年增长34.4%，占地区生产总值的2.4%；农民人均纯收入223元，比上年减少19.5%；职工年平均工资874元，比上年提高8.4%；城乡居民储蓄存款余额848.5万元，其中城镇居民存款495.7万元，农村居民存款352.9万元。

“七五”期间，随着紧收财政和信贷、控制需求、稳定物价等政策的实施，境内经济有了较大发展。1990年，吉县地区生产总值完成6154万元，比1985年增长72.6%，年均增长11.5%，人均生产总值689元。其中，第一产业完成3577万元，比1985年增长62.3%，年均增长10.2%，对当年生产总值的贡献率达111.2%；第二产业完成1036万元，比1985年增长147.8%，年均增长19.9%，对当年生产总值的贡献率为4.6%；第三产业完成1541万元，比1985年增长63.2%，年均增长10.3%。财政收入完成209.6万元，比1985年增长244.7%，年均增长28.1%，占地区生产总值的比重为3.4%，比1986年提高1个百分点；农民人均纯收入441元，比1985年增长59.2%，年均增长9.7%；职工年平均工资1774元，比1985年增长120%，年均增长17.1%；银行各项存款余额2521万元，比1985年增长191.2%，其中，城乡居民存款2378万元，比1985年增长260.3%，年平均增长29.2%。各项贷款余额完成4225万元，比1985年增长171.7%。

"八五"期间，吉县改革开放步伐明显加快。农业上，积极完善家庭联产承包责任制，大力推进多种形式的农业社会化服务体系建设，推广各种实用技术；工业上，大胆引进竞争机制，进一步完善集体承包责任制，坚定开展企业内部配套制度改革；经贸上，奋力推进商业供销企业转换经营机制改革，加快建立境内市场体系，不断拓宽服务领域。1993年，吉县地区生产总值达8883万元，比1990年增长44.3%，是1986年的2.6倍，三次产业占比为54.5∶15.3∶30.2，第一、二产业比1986年分别提高0.4和4.6个百分点，第三产业降低5个百分点。三次产业的贡献率分别为一产78.5%、二产7%、三产14.5%。财政收入突破500万元，达512万元，比1990年增长144.3%，为"八五"时期财政增长最高年，财政收入占地区生产总值的比重为5.8%，分别比1990年和1986年提高2.4和3.4个百分点；农民人均纯收入完成585元，比1990年增长32.7%，是1986年的2.6倍；职工平均工资2082元，比1990年增长17.4%，比1986年增长138.2%。到1995年，吉县地区生产总值突破亿元，达1.4亿元，人均生产总值1315元，财政收入近500万元，农民人均纯收入突破800万元，达802.7元，创历史最好水平。

"九五"期间，吉县大力推动以壶口为龙头的旅游产业，成功举办亚洲飞人柯受良驾车"飞越黄河"、农民娃朱朝辉驾摩托车飞越壶口等活动，把壶口推向了世界，境内呈现出改革深化、开放扩大、经济发展、社会进步的良好局面。1998年，吉县地区生产总值突破两亿大关，完成20303万元，同比增长6.7%，比1995年增长37.6%，是1986年的6倍。其中，第一产业完成10347万元，增长6.5%，对生产总值的贡献率为49.6%；第二产业完成4236万元，增长11.8%，贡献率为35%；第三产业完成5720万元，增长3.6%，贡献率为15.4%。三次产业比重为51∶20.9∶28.1，一产、三产比1986年分别降低3.1和7.1个百分点，二产提高10.2个百分点。财政收入完成951万元，比1995年增长98.5%，是1990年的4.5倍、1986年的11.6倍，财政收入占地区生产总产值的比重为4.7%，比1990年提高1.3个百分点，比1986年提高2.3个百分点；农民人均纯收入突破千元，达1069元，增长15.2%，比1995年增长123.2%，是1986年的4.8倍；城镇居民可支配收入2464.5元；城镇职工平均工资3779元，比1995年增长17.2%，是1986年的4.3倍；银行各项存款11926万元，其中城乡居民储蓄存款达9640万元，是1990年的4.1倍、1986年的11.4倍。

2005年，吉县地区生产总值完成51676万元，同比增长26.2%，全省排位108位，比2000年增长132.2%，是1986年的15.1倍，人均生产总值5019元。其中，第一产业完成10850万元，减少1%，比1990年增长203.3%，对生产总值的贡献率为-4.3%；第二产业完成24314万元，增长77.6%，是1990年的23.5倍，对生产总值的贡献率为92.1%；第三产业完成16512万元，增长1.9%，是1990年的10.7倍，对生产总值的贡献率为12.2%。财政收入达2487万元，增长 41.2%，全省排 116 位，五年平均增长 19.3%，比 2000 年增长 141.2%，是 1990 年的 11.9 倍、1986 年的 30.3 倍；农民人均纯收入完成 1546 元，增长 3.3%，剔除物价因素实际增长 0.1%，比 2000 年增长 39.4%，五年平均增长 6.9%；城镇居民可支配收入 6005.3 元，增长 5.7%，剔除物价因素实际增长 2.4%；在岗职工平均工资超过万元，达 11090 元，增长 14.8%，比 2000 年增长 99.9%，五年平均增长 14.9%，是 1990 年的 6.3 倍、1986 年的 12.7 倍；银行存款余额达 43701 万元，比 2000 年增长 186.8%，五年平均增长 23.4%，其中，城乡居民存款余额 33601 万元，比上年增长 20.2%，比 2000 年增长 173.2%，五年平均增长 22.3%，是 1990 年的 14.1 倍、1986 年的 39.6 倍；银行各项贷款余额 20510 万元，比上年减少 7.1%，比 2000 年增长 88.5%，五年平均增长 13.5%。

“十一五”期间，随着境内第一口现代化矿井—明珠煤矿投产运营，吉县经济社会发展步伐进一步加快。2010 年，全县地区生产总值又创新高，达 118819 万元，比上年增长 16.8%，比 2005 年增长 129.9%，五年平均增长 18.1%，是 1986 年的 34.8 倍；人均生产总值突破万元，达 11590 元。其中，第一产业完成 27873 万元，增长 27%，比 2005 年增长 157.1%，年均增长 20.8%，对生产总值的贡献率达 40.1%；第二产业完成 63733 万元，增长 17.2%，比 2005 年增长 162.1%，年均增长 21.3%，对生产总值的贡献率达 59.3%；第三产业完成 27213 万元，增长 9.8%，比 2005 年增长 64.8%，平均增长 10.5%，对生产总值的贡献率为 0.6%。三次产业比为 23.5：53.6：22.9，一、三产比 1993 年分别降低 31 和 7.3 个百分点，二产提高 38.3 个百分点。财政收入突破亿元大关，达 10176 万元，比上年增长 62.1%，比 2005 年增长 309.2%，年平均增长 32.6%，财政收入占地区生产总值的比重为 8.6%，比 1998 年提高 3.7 个百分点，比 1990 年提高 2.8 个百分点，比 1986 年提高 6.2 个百分点；农民人均纯收入达 2106 元，增长 10.1%，剔除物价因素实际增长 7.1%，比 2005 年增长 36.2%，年均增长 6.4%；城镇居民可支配收入达 10078 元，年均增长 12%，剔除物价因素实际增长 9%，比 2005 年增长 67.8%，年平均增长 10.9%；在岗职工平均工资 25554 元，同比增长 7%，比 2005 年增长 130.4%，年均增长 18.2%。银行各项存款余额 175794 万元，同比增长 37%，比 2005 年增长 757.1%，年均增长 53.7%，其中城乡居民储蓄存款 90628 万元，同比增长 14.6%，比 2005 增长 169.7%，年均增长 22%；各项贷款 42907 万元，同比增长 18.7%，比 2005 年减少 1.8%，年均减少 0.4%。

“十二五”期间，境内苹果产业进一步扩大，工业产能大幅提升，旅游产业日益兴隆。2015 年，吉县地区生产总值完成 190257 万元，比上年增长 3.5%，比 2010 年增长 60.1%，年均增长 9.9%，是 1990 年的 30.9 倍，比 1986 年翻了近 6 番，人均生产总值 17433 元。其中，第一产业完成 58743 万元，同比增长 4%，比 2010 年增长 110.5%，年均增长 16.1%，是 1990 年的 16.4 倍、1986 年的 31.8 倍，对生产总值的贡献率为 122.2%；第二产业完成 79253 万元，比上年下降 0.4%，比 2010 年增长 24.3%，年平均增长 4.5%，是 1990 年的 76.5 倍、1986 年的 217.1 倍，对生产总值的贡献率为 -193.3%；第三产业完成 52261 万元，同比增长 11.6%，比 2010 年增长 92%，平均增长 13.9%，对生产总值的贡献率为 171.2%。财政收入完成 20872 万元，比 2010 年增长 105.1%，平均增长 15.5%，占生产总值的比重 11%，是 1990 年的 99.6 倍，比 1986 年翻了 8 番；农民人均纯收入 4312 元，同比增长 8.4%，剔除物价因素实际增长 7.4%，是 1990 年的 9.8 倍、1986 年的 19.3 倍；城镇居民可支配收入 17205 元，同比增长 8.6%，剔除物价因素实际增长 7.6%，是 2000 年的 5.3 倍、1989 年的 7 倍。银行各项存款余额 279547 万元，比 2010 年增长 59%，年均增长 9.7%，其中，城乡居民储蓄存款余额 186776 万元，比 2010 年增长 106.1%，年均增长 15.6%。

第三章 人民生活

第一节 收入

农村居民收入

20世纪80年代中后期，随着城乡建设的迅速发展，人民生活得到持续改善。1986年，境内在普遍遭受自然灾害的情况下，农村经济总收入完成2512万元，比1985年减少16.8%；农村居民纯收入达1686万元，比1985年减少19%；农民人均纯收入223.4元，比中华人民共和国成立以来最高收入年1985年降低64元，下降19.5%。1995年，全县农村经济总收入完成1.27亿元，比上年增长24%；烤烟总产量达2155吨，农民增收560万元，创税218万元；农民人均纯收入802.7元，比1990年增长82%，是1986年的3.6倍。2000年，全县农村经济总收入完成16761万元，比上年增长13%；农民人均现金收入1027元，比上年增长14.5%；农民人均纯收入突破千元大关，达1109元，比上年增长20.8%，扣除物价因素实际增长23.3%。2002年，根据“631”指数法（贫困人口占60%权重、农民人均纯收入占30%权重、人均GDP和人均财政收入占10%权重）测定，吉县被确定为国家级贫困县。到2005年，吉县农村居民人均总收入达到2204元，比上年减少0.6%。其中，人均劳动报酬收入521元，增长12.5%；人均家庭经营收入1552元，减少7.3%。农民人均纯收入1546元，增长3.3%，扣除物价因素实际增长0.1%。2010年，吉县农民家庭总收入人均3317元，比上年增长11.1% 。其中，人均劳动报酬收入698元，增长9.6%；人均家庭经营收入2231元，增长12.1%；农民人均纯收入超过2000元，达2106元，增长10.1%，扣除物价因素实际增长7.1%。“十二五”期间，是吉县农村社会发展较快的五年。2012年，农民人均纯收入达3138元，比上年增长29.4%；2014年，随着城镇化进程的加快与城乡差别的逐步缩小，原有的农民人均纯收入指标已不能满足农民最终消费的需要，对农村居民的收入水平，改用农村居民人均可支配收入计算。当年农村居民可支配收入完成3978元，比上年增长11%；2015年，吉县农村居民人均可支配收入实现4312元，比上年增长8.4%，扣除物价因素实际增长7.4%。其中，工资性收入人均1557元，增长3.9%；经营净收入人均2012元，增长6.2%。

城镇居民收入

1988年，吉县职工及非农居民收入1034万元，比上年增长26.6%；人均收入1171.8元，增长23.8%。1990年，吉县职工人均货币工资1474元，比1985年增长82.9%，年均增长12.8%。1998年9月，吉县城市社会经济调查队成立，当年调查结果显示，吉县城镇居民人均可支配收入2464.5元。2000年，城镇居民人均可支配收入达3196.9元，比上年增长13.1%。其中，高收入户人均可支配收入为4806元，增长23.7%；中等收入户人均可支配收入3045.2元，增长15.7%；低收入户人均可支配收入2295.7元，增长7.1%。2010年，城镇居民人均可支配收入达10078元，比上年增长12%，剔除物价因素，实际增长9%，比2000年降低4.1个百分点。其中，高收入户人均可支配收入17426.9元，增长12.8%，比2000年降低10.9个百分点；中等收入户人均可支配收入9096.5元，增长7.4%，比2000年降低8.3个百分点；低收入户人均可支配收入6126.7元，增长18.3%，比2000年提高11.2个百分点。到“十二五”末的2015年，吉县城镇居民人均可支配收入17205元，比上年增长8.6%，剔除物价因素，实际增7.6%，分别比2000年和2010年降低5.5个百分点和4.4个百分点。其中，工资性收入8872元，增长13.4%；经营净收入4874元，减少13.3%；财产性收入501元，增长8.4%；转移净收入2958元，增长53.2%。

第二节　消费

1978年后，随着改革开放的不断深入，原有计划经济管理模式开始打破，为了搞活经济，促进流通，吉县贯彻执行"调整、改革、整顿、提高"的价格改革政策，先后提高烟、酒、煤油、钢材等商品价格，商品零售物价指数从1984年的2.8%上涨到1985年的8.8%。1987年，境内消费基金总额2398万元，比上年增长4%。其中，居民消费基金2114万元，增长9.6%；社会消费基金384万元，增长2.1%。在居民消费基金中，农村居民消费基金1495万元，增长0.4%；非农居民消费基金519万元，增长18%。当年居民平均消费水平239元，比上年增长2.9%。其中，农民平均消费水平196.8元，比上年降低0.6%；非农居民平均消费水平627.9万元，增长11%。农民与非农消费水平的比例，从1986年的1∶2.9提高到1987年的1∶3.2。

1988年，吉县放开肉、菜、蛋、糖等日用消费品的价格，随之带来了1989年的抢购风，从火柴到煤油、从电池到电视等，造成中华人民共和国成立以来的首次通货膨胀。1990年，吉县总消费5041万元，比上年增长27.1%。其中，居民总消费完成4038万元，增长31.2%；社会总消费1727.6万元，增长37.8%。在居民消费中，农民总消费3305.7万元，增长40.9%；非农居民总消费732.4万元，下降0.1%。1990年，吉县居民人均消费水平439元，比上年增长25.1%。其中，农村居民人均消费水平40.5元，增长33.7%；非农居民人均消费水平733元，下降4.4%。

1992年，吉县放开生产资料价格、交通运输价格以及粮食统购价格，因为有前期的预期经验，没有引起太大的通货膨胀压力。1993年，跟随着全国价格改革的步伐，吉县放开除盐和药以外所有商品价格，最终形成用市场价格机制配置资源的社会主义市场经济制度。1995年，吉县总消费12277万元，比上年增长8.3%，是1990年的2.4倍、1987年的5.1倍。其中，居民消费9080万元，增长23.4%；社会消费3197万元，增长28.5%。居民消费中，农村居民消费7308万元，增长22.9%；非农居民消费1722万元，增长25.3%。境内居民人均消费水平923元，比上年增长6.2%，比1990年下降18.9个百分点，比1987年提高6.8个百分点。其中，农村居民人均消费水平840元，增长6.1%，比1990年下降27.6个百分点；非农居民消费水平1568元，增长4.2%，比1990年提高8.6个百分点。统计抽样调查资料显示，2000年，吉县农村居民人均支出1171元，比上年增长8.1%。其中，农村居民人均生活消费支出727元，比上年增长4%；城镇居民人均消费支出2218元，比上年减少7.2%。

2007年，由于农产品价格的偏低，加上境内猪瘟流行，造成以生猪、粮食等农产品价格的上涨，当年年末生猪存栏16066头，比2006年减少84.7%，居民消费价格上涨3.5%，其中食品价格上涨5.3%。到2008年，吉县居民消费价格上涨到5.1%，其中食品价格上涨到9.3%。导致2008年农村居民人均纯收入名誉增长6.8%，扣除物价因素，实际增长1.7%；城镇居民人均可支配收入增长11.9%，实际增长6.5%。2008年，吉县农村居民人均支出2791元，比上年增长4.1%，比2000年降低4个百分点。其中，生活消费人均支出1773元，增长2.5%，比2000年降低1.5个百分点；城镇居民人均消费支出6049.9元，增长6.8%，比2000年降低0.4个百分点。随着社会经济的发展与居民收入水平的增长，人民生活水平也日益提高。2010年，吉县农村居民人均支出3149元，比上年增长10.1%，比2000年提高2个百分点。其中，生活消费支出1913元，比上年增长 4%，增幅与 2000 年持平；城镇居民人均消费支出 7337.7 元，比上年增长 24.4%，比 2000 年提高 17.2 个百分点。到 2015 年，吉县农村居民人均消费支出 3012 元，比上年增长 9%，其中，食品支出 868 元，比上年增长 16.2%；居住 714 元，减少 5.4%；交通通信支出 352 元，增长 13.2%；教育文化娱乐服务支出 405 元，增长 31.5%。城镇居民人均消费支出 8894 元，增长 0.6%。其中，食品支出 2090 元，增长 35.6%；衣着支出 1019 元，减少 18.2%；居住支出 1605 元，减少 6.4%；交通通信支出 1263 元，增长 29.7%；文化娱乐服务支出 1612 元，减少 11.6%。

第八编　农业

吉县是个农业县，长期以种植业为主。靠天吃饭，十年九旱；耕种粗放，广种薄收。改革开放初，境内东城乡东庄生产队实行“专业分工、按能承包、联产计酬”责任制的做法，被新华社内部刊物登载，受到党中央的高度重视。1980 年 10 月 2 日《山西日报》、13 日《人民日报》均在头版头条加评论介绍吉县“宜统则统，宜分则分，统分结合”的东庄经验。东庄经验极大地鼓舞了吉县干部群众，调动了农民生产积极性。各公社和生产队积极落实推广这一做法，有力推动了县域农村经济。20 世纪 90 年代后，农村改革不断深入，产业结构进一步调整优化，各项惠农政策全面落实，新品种新技术广泛应用，农村综合发展能力不断增强，农业生产效益稳步提高，农民生产、生活条件逐步改善。2015 年，吉县农业生产总值达到 106867 万元，农村居民人均可支配收入 4312 元。

第一章 农业发展

第一节 管理机构

吉县农业林业委员会

2002年，机构改革将农工部、多种经营办公室、扶贫局、农村经济经营管理局并入农业局。2010年4月，吉县农业委员会成立，承担原农机局、畜牧兽医局、林业服务中心承担的行政职能。2015年3月，更名为吉县农业林业委员会（挂中共吉县县委农村工作领导组办公室牌子），设主任1名、副主任3名，有总农艺师1名，工勤人员1名，干部职工68名（高级职称农艺师1名、农艺师6名、助理农艺师7名），其中财政人员48名（行政人员18名，事业人员30名），非财政供养人员15名，自收自支人员5名。内设机构有办公室、科技教育股、农村工作与农业产业化股、农业法规与综合管理股、种植业股、市场信息与农产品质量安全股、农村经济体制与经营管理股（农村经济经营管理办公室）、扶贫开发股（挂县扶贫局牌子）8个内设机构。

2014年，吉县改善农村人居环境工作领导小组办公室成立。

下属机构

县农业广播电视学校、县农业综合执法大队、农业环保农村能源管理站、农业技术推广站、土壤肥料工作站、种子管理站（2007县种子公司职能与县农业行政管理部门剥离，其他职能整体转化到种子管理站，不在从事种子生产经营活动）、植保植检站、畜禽屠宰业监督管理办公室[2014年11月由县发展和改革局（粮食商务局）移交县农业林业委员会]、农村合同管理站、农村财务管理站、农作物良种场11个站。除良种场属自收自支外，其余10个站均属全额事业单位。

第二节 产业结构调整

20世纪80年代初，吉县农村以种植小麦、玉米、杂粮等粮食作物为主，自产自销。1985年，农作物播种面积278333亩，其中：粮食作物236027亩，经济作物31696亩（包括棉花1047亩、油料30504亩）；农民人均口粮为395千克，人均年纯收入277元。1988年，随着农村经济体制改革不断深入，吉县加大农业产业结构调整力度，提出了“123”农业发展规划，即人均建成并管好1亩果园、建成2亩稳产高产基本农田、种好管好3分烤烟。经过十多年的稳步落实调整，到21世纪初，烤烟和苹果在境内并驾齐驱，逐步发展成为吉县农业的主导产业。

烤烟

1986年，从陕西省宜川县引进烤烟，经过两年的试种成功。1987年，又经中国农业科学院青州烟草研究所专家实地考察论证，确认吉县为种植烤烟适宜区。1988年1月，县委、县政府出台吉发（1988）1号《关于大力发展烤烟生产的决定》，决定把烤烟生产作为加快农民脱贫、财政脱补的一项支柱产业，大力推广。2003年后，由于连年灾害，烤烟种植效益持续下滑，特别是国家烟厂库存饱和，烤烟生产从市场化走向计划与市场双重控制，境内烟叶种植规模受控，生产逐渐走向低谷，种植面积下滑到3000亩左右。1986—2015年，境内累计种植烤烟264716亩，收购烟叶29074830.5千克，烟农收入157472848元，税收27866717元，返还5320515元。

苹果

1986年冬，吉县开始大面积发展苹果产业。1987年春，采取政府集中采购发放苗木、县乡干部包点督促的办法进行规划栽植，选定19个垣面开阔的村委，集中创建了“九大样板十个点”示范引路。1992年，继续实行政府出资补助调苗发放，每年以3～5万亩的面积扩张规模。2015年，苹果产业面积发展到16.24万亩，占到耕地总面积的60%；吉县80%的农民转化为果农，80%的农村转化为苹果产业专业村。苹果总产量23.3万吨，总产值近8亿元，占到农业总收入的80%；农业总产值106867万元，是1986年的56.1倍；农村居民人均可支配收入4312元，是1986年的19.3倍。

第三节 产业化经营

产业经营模式

2000年，吉县县委、县政府作出《关于建设旅游名县、烟果强县、生态大县的决定》，境内苹果、烤烟开始向规模化、区域化、专业化经营模式发展。到2015年，建成100～500亩的烟叶基地1个、50～100亩基地1个；先后成立吉县恒宇专业合作社、吉县顺民烤烟生产专业合作社；有4个烟叶收购站、16个种烟村委、111户烟农；签订种烟面积2094亩，户均18.8亩，其中：种植20～50亩农户26户，50亩以上4户，最高达160亩；烤烟形成“区域化、重点村、专业户”的经营格局。共有大中型农产品加工企业4个，年加工量5331吨；有苹果冷藏库21座，年储存苹果15万吨；有果业专业合作社36个，农民经纪人1000余人，形成“企业＋中介组织＋农户”的生产模式，实现了企业和农民利益共享、风险共担。

农民专业合作经济组织

2004年，吉县开始发展农民专业合作经济组织。2009年，拥有农村专业化合作社81个，涉及种植、养殖、加工、销售等各个领域。2011年，实施农村专业合作社“一村一品”工程，按照村村全覆盖，一村一品产业模式注册，农民专业合作社扩展到121个、社员3.5万余人。2015年，拥有农民专业合作社351个，其中联合社6个。按照《国家农民专业合作社示范社评定及监测暂行办法》的要求，共培育、申报、审批四级示范合作社51个，其中：国家级4个、省级个17个、市级10个、县级20个。

2004—2015 年吉县农民专业示范合作社情况表

表 8-1-1　　单位：人、万元

合作社名称	地址	注册时间	注册人数	注册资金	主营产品	级别
吉县中垛乡优汇苹果专业合作社	吉昌镇大田窝村	2006.02	105	200	苹果	国家级
吉县吉昌镇绿之源苹果专业合作社	吉昌镇霖雨村	2009.03	123	200	苹果	国家级
吉县柏山寺乡中兴苹果专业合作社	柏山寺乡柏山寺村	2009.10	156	300	苹果	国家级
吉县吉昌镇阳丰苹果专业合作社	吉昌镇山阳村	2010.07	105	114.1	苹果	国家级
吉县惠农苹果专业合作社	中垛乡三堠村	2006.03	50	200	苹果	省级
吉县车城乡惠丰玉米专业合作社	车城乡蒜峪村	2008.03	53	80	玉米	省级
吉县车城乡兴隆核桃种植合作社	车城乡车城村	2008.03	187	201	核桃	省级
吉县中垛乡欣祥苹果专业合作社	中垛乡中垛村	2008.04	55	100	苹果	省级
吉县益民苹果专业合作社	中垛乡三堠村	2008.05	60	300	苹果葡萄	省级
吉县小林果业合作社	吉昌镇上东村	2009.01	73	100	苹果	省级
吉县顺发苹果专业合作社	东城乡沟南村	2009.03	50	60	苹果	省级
吉县芬芳养殖专业合作社	屯里镇太度村	2009.04	51	164.5	蜂蜜	省级
吉县秋日田园苹果专业合作社	大山苹果交易市场	2009.05	65	100	苹果	省级
吉县东城乡建福苹果专业合作社	东城乡社堤村	2010.02	53	60	苹果	省级
吉县朝辉果业专业合作社	吉昌镇滨河西路	2010.03	105	50	苹果	省级
吉县留平苹果专业合作社	吉昌镇兰古庄村	2010.07	51	50	苹果	省级
吉县壶口平安农产品专业合作社	壶口镇留村	2010.12	52	60	苹果葡萄	省级

续表

合作社名称	地址	注册时间	注册人数	注册资金	主营产品	级别
吉县柏山寺常发苹果合作社	柏山寺乡白子原村	2010.12	51	100	苹果	省级
吉县屯里镇聚源蔬菜专业合作社	屯里镇太度村	2010.12	55	60	蔬菜	省级
吉县张成蔬菜种植专业合作社	屯里镇桑峨村	2011.01	51	100	蔬菜	省级
吉县兰家河瑞祥苹果专业合作社	车城乡兰家河村	2006.03	31	30	苹果	市级
吉县东城振成苹果专业合作社	东城乡东城村	2006.12	34	30	苹果	市级
吉县东川农副产品种植购销合作社	屯里镇庄子村	2007.01	61	300	谷子小米	市级
吉县健民果业专业合作社	屯里镇窑头村	2007.11	58	160	苹果	市级
吉县文城乡午生苹果专业合作社	文城乡午生村	2008.12	52	30	苹果	市级
吉县虎娃苹果专业合作社	吉昌镇谢悉村	2010.12	30	50	苹果	市级
吉县车城乡丰产种植专业合作社	车城乡曹井村	2011.01	50	50	玉米	市级
吉县绿苹果专业合作社	车城乡赵村	2012.08	50	50	苹果	市级
吉县白子原贵勤养殖专业合作社	柏山寺乡东梨原村	2012.09	52	60	羊	市级
吉县腾达果业专业合作社	吉昌镇兰村	2012.09	50	100	苹果	市级
吉县利民苹果专业合作社	东城乡雷家庄村	2006.01	26	20	苹果	县级
吉县顺民苹果专业合作社	中垛乡杏渠村	2008.03	30	100	苹果	县级
吉县成发核桃专业合作社	车城乡柏坡底村	2008.03	31	20	核桃	县级
吉县古贤村慧鑫苹果专业合作社	文城乡古贤村	2008.11	52	50	苹果种植	县级

续表

合作社名称	地址	注册时间	注册人数	注册资金	主营产品	级别
吉县绍良养殖专业合作社	吉昌镇西关村	2009.11	54	100	苹果种植	县级
吉县柏山寺惠丰苹果专业合作社	柏山寺乡马泉头村	2010.03	32	50	苹果	县级
吉县智勇苹果专业合作社	中垛乡安坪村	2010.05	50	50	苹果种植	县级
吉县东城乡成峰苹果专业合作社	东城乡山头村	2010.12	50	50	苹果种植	县级
吉县山林苹果专业合作社	车城乡桃村	2010.12	20	30	苹果	县级
吉县中垛鸿安农副产品专业合作社	吉县中垛乡	2012.01	52	100	杂粮	县级
吉县永兴果业专业合作社	文城乡南村	2012.01	22	20	苹果	县级
吉县吉昌镇辛村养殖专业合作社	吉昌镇辛村	2012.03	20	20	肉羊	县级
吉县华科有机苹果专业合作社	吉昌镇上东村	2012.03	23	23	苹果	县级
吉县雷家庄源鑫红薯专业合作社	东城乡雷家庄村	2012.05	53	150	红薯	县级
吉县富民牧业养殖专业合作社	中垛乡南柯榼村	2012.06	30	35	肉羊	县级
吉县国丰核桃专业合作社	中垛乡白额村	2012.09	52	50	核桃种植	县级
吉县腾达果业专业合作社	吉昌镇浪北村	2012.09	20	100	苹果	县级
吉县永平核桃开发专业合作社	东城乡赵村	2012.12	51	100	核桃种植	县级
吉县圣田苹果专业合作社	车城乡赵村	2013.04	50	100	苹果	县级
吉县壶口悦农农副产品专业合作社	壶口镇存心村	2013.08	35	110	苹果种植	县级

第四节 特色产业

1986—2015年，吉县综合利用各种资源，因地制宜，优化配置，积极调整农业产业结构，境内农业生产由单一的粮食作物，转变为以烤烟、苹果、蔬菜、小杂粮等经济作物为主的特色产业。

设施农业（蔬菜大棚）

2014—2015年，由农业部门申请省、市设施蔬菜贷款，同时县政府采取以奖代补项目等办法。帮助鼓励部分农户，在屯里镇屯里村、桑峨村、太度村和吉昌镇东关村，建成节能日光温室、春秋季蔬菜大棚600亩。指导菜农因地制宜，引进美国福莱斯特、以色列盈达、美国4号和佳美西红柿新品种，同时引进美国西芹和津优35黄瓜等国内外新品种；推广使用黑膜覆盖、膜下滴灌、基质栽培、无土栽培、水肥一体化等新技术，既提高了蔬菜种植效益，又增加了农民收入，还解决了城镇居民的"菜篮子"问题。

小杂粮

吉县光照充足、土壤肥沃，昼夜温差大，无"三废"污染。种植大豆、绿豆、谷子、薯类等小杂粮有着得天独厚的自然生态条件。产品以质优、味美而著称，市场走俏。种植面积一直保持在5万亩左右，总产500多万千克，农民人均小杂粮收入近500元。

种植方面的主要措施：

引进推广优质品种。主要有晋谷34、长农35号谷子；晋大豆36号、37号；晋红小豆1号；晋绿豆1号、东北小明绿豆；脱毒马铃薯紫花白、克新8号、10号；晋甘薯4号、5号。

推广无公害栽培和平衡施肥技术。实施推广测土配方施肥技术，采土化验、结合肥效试验，组织专家作出肥料配方，给农民发放小杂粮施肥建议卡。提倡增施农家肥，增施适量生物菌肥及微肥。指导农民叶面喷肥，增强作物抗旱能力，促进籽粒饱满。尽量使用物理方法和生物方法防治病虫害，化学防治病虫害使用高效低残留农药。

推广地膜覆盖和间作套种技术。大力推广甘薯和马铃薯地膜覆盖技术，以达到早熟、优质、高产的目的。屯里镇80%的马铃薯实施地膜覆盖和玉米套种，取得良好经济效益。甘薯实施地膜覆盖，亩产达到3000千克以上。

由于境内果园面积占到农作物总面积的90%以上，所以小杂粮85%以上靠间作来完成。

特色产品

小米　主要产区位于屯里镇桑峨、太度、五龙宫、庄子等村，产区海拔1400～1740米，昼夜温差大，森林覆盖率高，原生态山泉水丰盈，谷物生长周期长，所产小米色泽金黄，米质郁香，是山西西南部少有的特色杂粮。加之用石碾碾压加工，最大程度保留了浓醇的米香味道，造就了吉县小米上乘的品质。

花椒　种植区域以柏山寺乡为主，生产的花椒色泽鲜艳、粒大肉丰、味道浓郁、酥麻可口。2015年，花椒种植面积发展到2万余亩，亩产干椒45千克左右，亩收入达3600元。

第二章　种植业

第一节　耕作

耕作制度

按照境内气候资源条件，吉县农耕作制度分为一年一熟、一年两熟和两年三熟。一年一熟主要分布在气候冷凉、积温相对较低的屯里镇和车城乡，以种植玉米为主。一年两熟主要分布在吉昌镇、东城乡、柏山寺乡、中垛乡和文城乡，即小麦收获后复播绿豆、谷、黍和油葵等。两年三熟主要分布在吉昌镇、东城乡、柏山寺乡、中垛乡和文城乡，即小麦收获后复播绿豆、谷、黍和油葵，第二年再种玉米。1986—2015年，随着农业结构的调整，吉县种植业结构发生较大变化，以发展烟、果等经济作物为主，烟、果面积逐年增加，粮食作物面积逐年减少。

整地

整地主要包括前茬处理、耕地、耙地、镇压等，目的是改善土壤耕层构造和表面状态，以求保墒聚养，提高土壤肥力，为下一步播种、作物生长及后续田间管理创造条件。

前茬处理　指在播前清除田间杂草和前茬作物的秸秆、根茬。20世纪80年代和90年代，主要采用人力或畜力来除茬，秸秆用来喂牲畜或作柴草。随着农业机械化的推广，深耕机械为秸秆还田创造了条件，90%以上的农作物秸秆被直接还田，既节省了人力，又提高了土壤肥力。牛、驴、骡、马等大牲畜的运用逐年减少。

耕地　耙地　镇压　耕地是整地的中心环节，包括秋耕和春耕。80年代提倡精耕细作，即秋收后采用畜力深耕耙耱，蓄水保墒，实现秋雨春用，春播前再细耕耙耱播种。90年代以后采用机械化深耕整地，深松和耙耱一次性完成，不但节省了大量的人力和畜力，而且整地质量好、速度快。随后又推广少耕免耕等保护性耕作技术，改变了传统的耕作方式，减少土壤搅动量和水分流失。小麦、玉米多采用免耕技术，除播种外不再进行任何耕作，在播种时采用免耕播种机一次性完成，实现了农业节本增效。联合播种收割机的应用，使耕地、耙地、镇压等作业实现一次性完成。

中耕除草

在作物生长的过程中，根据需要进行多次中耕除草。群众总结出“宁除草芽，勿除草爷”的经验，即除草时抓住有利时机除早、除小、除彻底，不留下小草，把杂草消灭在萌芽时期。人工用锄或机械中耕防除杂草，针对性强，干净彻底，技术简单，能提高土壤通透性，给作物提供良好生长条件。人工除草不受地形地势限制，除草效果好，但方法比较落后，且效率低。机械除草效率高，但灵活性不高，受地形地势影响大。

随着化学除草技术的推广，除草效率大幅提高，成本更低。化学除草分为苗前化学除草和苗后化学除草。苗前除草剂的安全性较高，较少产生药害，且操作简单，农民多采用苗前化学除草。苗后化学除草使用不当，容易出现药害，应用较少。除草剂主要有甲草胺、乙草胺和莠去津等。

适量施肥

以前农户家家都有养殖，肥料来源主要依靠积攒的农家肥。20 世纪 80 年代，一般亩施农家肥在 2000 ～ 2500 千克之间。随着化肥的应用，农家肥使用量开始逐年下降，有的农民甚至不用农家肥，种地全靠无机化肥。天长日久，土壤出现板结，肥力逐渐下降。有机肥主要来源为商品有机肥。施肥方式有基肥、种肥和追肥；施肥方法一般采用沟施和穴施。

合理密植

传统农作物种植沿袭宽行稀植的种植方式。科技进步与栽培技术推广，对水分条件好、土壤肥力高的地块采取合理密植，达到增产效果。比如玉米应选株型紧凑、抗倒伏、矮秆、中小穗及生育期短的品种进行密植，一般种植密度 4000 ～ 5000 株，株距 20 ～ 25 厘米，横距 60 ～ 70 厘米，如先玉 335、郑单 958；小麦则采用机播，横距 20 厘米，亩播量 10 ～ 15 千克，亩留基本苗 20 万株左右。

种子包衣

为减少地下害虫危害，在播种时选用包衣种子种植，或根据田间病虫害发生情况，有针对性地选择种衣剂。常用的种衣剂有克百威、吡虫啉、高效氯氰菊酯、毒死蜱、辛硫磷、福美双、戊唑醇、多菌灵等。

适时播种

影响播期的主要因素是温度、土壤墒情和品种特性。适时播种才能保证丰产丰收，晚播耽误农时，过早又易感染病虫害。如：玉米，一般在 5 ～ 10 厘米土层的地温稳定在 8℃ ～ 10℃时开始播种，境内春季适播期一般在 4 月中下旬—5 月上旬；秋季适播期为 9 月中下旬。

种植方式

玉米主要采用等行距和宽窄行种植两种方式。等行距种植即行距相等，特点是植株在田间分布均匀，便于机械化作业；宽窄行种植即行距一宽一窄，适宜于高密度、高肥水条件下栽培和地膜覆盖栽培。20 世纪 80 年代，小麦采用耧播；1984 年引进地膜覆盖技术。

复播轮作、间作套种是提高土地利用率和作物产量的种植方式，也是变作物一年一熟为一年两熟或两年三熟的轮作倒茬种植方法，可以有效预防老茬减产。

20 世纪 80、90 年代，间作套种主要是玉米间作豆类。种植业结构调整后，间作主要是粮果间作，即果园间作中药材、蔬菜、瓜类等其他低秆农作物；套种是指马铃薯套种玉米，主要分布在屯里镇。

第二节 农作物品种和栽培技术

农作物种类

粮食作物主要有小麦、玉米、谷子、糜子、大豆、绿豆、杂豆、马铃薯、红薯等，经济作物有烤烟、苹果、西瓜和蔬菜等。

1992 年前，以种植小麦、玉米等粮食作物为主。种植结构调整后，苹果种植面积逐步扩大，粮食作物面积逐年减少。2015 年，苹果面积发展到 16.24 万亩，粮食作物播种面积 15.6 万亩，其中小麦播种面积只有零星分布的 500 亩左右。

小麦栽培技术

耧播技术 行距 18 厘米左右，亩播量 8 ～ 10 千克，亩留基本苗 20 万株左右。

地膜覆盖技术 20 世纪 90 年代，吉县推广小麦地膜覆盖栽培技术。播前半个月左右用覆膜

机起垄覆膜，垄距 50 ~ 60 厘米，垄底 25 ~ 30 厘米，垄高 10 厘米，垄顶呈弧形，垄上盖膜。两垄之间 30 厘米种植沟播种两行小麦，小麦行距 20 厘米，每亩用膜 2.5 ~ 3.5 千克，亩播量 7 ~ 9 千克。

1992 年，在中垛乡实施 1992 年，在中垛乡实施小麦生产 17472 工程[1]，当年最高亩产量达 450 千克。1997 年，吉县推广小麦地膜覆盖面积 4198 亩；1998 年，地膜覆盖面积扩大到 3.8 万亩；1999 年，地膜覆盖面积达到 4 万亩。

玉米栽培技术机播技术

玉米机播技术　20 世纪 80 年代初，吉县玉米播种主要采用畜力耕作与人工点播结合种植。1988 年，在明珠乡（明珠村、王家河村），柏山寺乡（西头村、官庄村），东城乡（社堤村、柏东村），城关镇（谢悉村），曹井乡（曹井村），屯里镇（庄子村），窑渠乡（县底村）推广耧播条种玉米 1149 亩，平均亩产 499.2 千克，亩增 63 千克。

90 年代后期，推广玉米机播技术，采用等行距点播种植（行 50 ~ 70 厘米、株 25 ~ 30 厘米、每穴点 2 ~ 3 粒、亩用种 2 ~ 3 千克），较人工播种省工省时。

玉米地膜覆盖技术　玉米地膜覆盖播种技术，分为膜上播种和膜侧播种，采用人工或机械覆膜播种一次性完成。1984 年，在屯里镇明珠、五龙宫一带实施推广玉米地膜覆盖技术，取得显著效果，亩产增加到 1000 千克以上。后又引进黑膜覆盖防除杂草技术。

曹井乡洛义沟村无霜期短（120 天），不能种植玉米，采用地膜覆盖后，出苗早，发苗快，提早成熟，产量高。

第三节　农作物保护

病虫害预测预报

本着“预防为主，综合防治”的植保原则，采取物理防治为主，化学防治为辅的防治方法，境内实施病虫无害化生态控制示范区建设。2000 年，在吉昌镇勒马原、上东村和文城南村建立苹果病虫无害化生态控制示范区 1.5 万余亩；在屯里镇太度村建立蔬菜病虫无害化生态控制示范区 250 亩。到 2015 年，苹果病虫无害化生态控制示范区达 8 万余亩，蔬菜病虫无害化生态控制技术示范区达 1200 余亩。设立病虫测报点 15 个，由乡村农技人员具体测报，及时发布各种病虫测报信息。

植物检疫

2012 年，在大山苹果大型交易市场、209 国道勒马原、高速路吉县出口处设立 3 个苹果蠹蛾监测点，由专人负责检测。每年进行苹果调运检疫 2000 余批次，开展苹果产地检疫 1 万亩、玉米产地检疫 2000 亩。

病虫害防治新技术试验示范

2005—2008 年，吉县实施中草药草丹隆防治苹果腐烂病项目，3 年累计推广 3 万余亩。2013—2014 年，在东城乡东城垣和车城乡赵村垣设立 2 个寡雄霉素防治苹果腐烂病试验示范田 20 亩；2015 年，扩大为 40 亩。

植保田间观测场和应急药械库建设项目

2013 年 10 月，吉县实施植保田间观测场及应急药械库建设项目，2014 年 4 月投入使用。项

[1] 小麦播种面积17000亩，亩产400斤，总产720万斤。

目建筑面积301.75平方米，其中应急药械库面积223.29平方米，设备及工具房面积78.46平方米；田间砖围墙79.6米，铁丝围网298米，道路硬化452平方米，大门1座，养虫网室50平方米；购置仪器设备115台（辆），其中：自走式喷雾机1台、机动喷雾器100台、林果喷雾机1台、孢子捕捉仪2台、虫情测报仪2台、小型气象观测仪1台、笔记本电脑2台、数码照相机1台、台式电脑2台、打印扫描一体机1台、移动数据采集设备（GPS）1台、药械运输车1辆。

第四节 种子优化

1991—2015年，吉县经过多年大量试验、示范，筛选出适合境内种植的优质高产农作物品种。

玉米

1991年，引进玉米农大60、晋单27、中单2号。1993年，引进玉米晋单29号。1994年，引进玉米农大65号。1997年，引进玉米丹玉13号、中单8号、中单12号、晋单33-37号。1998年，引进玉米农大3138、农大108、晋单36。1999年后，先后引进玉米先玉335、晋单77、晋单79、诚信16、太玉339、长单506、华农138、华农887、大丰26、大丰30、中北18、龙生1号、龙生16号、中地88、强盛49、潞玉13等优良品种。

小麦

1994年，引进小麦临旱40231、轮抗7号。1995年，引进晋麦33、晋麦36、晋麦43、晋麦16号等，成为境内骨干品种；同时引进晋麦47、晋麦48、晋麦50、晋麦51、乡麦3号等品种。1996年，引进晋麦54、晋麦63。1997年，引进小麦临旱116、临旱918、临旱536等。

豆类

大豆：1993年，引进晋豆14。1999年后，引进晋豆36、埂84。

红小豆：1993年，引进赤小豆宝红6号。1994年，引进红小豆TY-4、天津红、临红1号。

绿豆：1999年后，引进东北小明绿、晋绿1号、晋绿2号、晋绿3号。

油料

花生：1991年，引进晋花1号。1993年，引进鲁花9号、晋花4号、晋花7号等。

油葵：1999年，引进美迪卡G101、新疆康地5号、F51和高油6号、矮大头等。

油菜：1993年，引进秦油1号晚熟油菜。

其他

马铃薯：1993年引进紫花白脱毒马铃薯。

高粱：1993年引进晋杂4号、5号。

谷子：1997年引进晋谷21。

第五节 测土配方施肥

2008年，吉县开始推广测土配方施肥技术。整修203平方米县级土壤化验室1个，补充土壤化验仪器设备43台（件）。制作项目区耕地土壤养分图1套，编制《吉县耕地地力评价》一书。围绕"测土、配方、配肥、供肥、施肥指导"5个重点环节，累计推出测土配方施肥面积191万亩次，亩节本增效30元，收到增产、节支、提质、增效的效果。

采样测试

先后共采集、化验土壤样品 6847 个（其中微量元素 1340 个），达 49122 项次；采集、化验植株样 85 个，化验 510 项次。

田间试验

积极开展田间试验，共完成 3414 亩田间肥效试验 93 个、配方校正试验 81 个、果树“2+X”肥效试验 2 个、马铃薯“2+X”肥效试验 2 个、蔬菜氮肥总量控制试验 10 个。通过试验示范，基本摸清项目区土壤养分的基本参数，确定了作物最佳施肥期和施肥方法及基肥、追肥比例分配，为设计配方和指导施肥提供了科学依据。

示范推广

境内建设小麦、玉米万亩示范区 9 个，千亩示范区 10 个，村级示范区 202 个，展示测土配方施肥技术效果。

配方设计

划分施肥类型区，确定 N、P_2O_5、K_2O 的用量和追施基肥比例。建立施肥模型，制定不同作物不同区域的肥料配方。共推荐施肥配方 6 个，其中小麦施肥配方 3 个，含量分别为 30%（18–8–4），适合低肥力地块；40%（16–10–14），适合中肥力地块；45%（13–17–15），适合高肥力地块。玉米配方 3 个，含量分别为 30%（16–10–4），适合低肥力地块；40%（26–7–7），适合中肥力地块；45%（15–15–15），适合高肥力地块。发放配方施肥建议卡 26 万份，指导农民按方购肥、施肥，施用配方肥面积 96 万亩次，总量 24960 吨。

数据库建设

2009 年 9 月，境内安装了测土配方施肥软件专家系统，通过导入土壤化验数据，就可以计算出推荐施肥配方，快捷实用。

收集整理了野外调查、田间试验和分析化验数据，录入完善 2008—2015 年间所有采样地块基本情况调查表、土壤植株测试结果汇总表、田间试验结果汇总表、田间示范结果汇总表、测土配方施肥建议卡、农户施肥情况调查表等数据，建立了测土配方施肥属性数据库。

经济效益

境内小麦测土配方施肥比习惯施肥亩均增产 25.6 千克，总增产 1228.8 万千克，总增收 2457.6 万元。玉米亩均增产 35.8 千克，总增产 1682.6 万千克，总增收 3365.2 万元。谷子亩均增产 11 千克，总增产 50.6 万千克，总增收 151.8 万元。豆类亩均增产 23 千克，总增产 115 万千克，总增收 460 万元。马铃薯亩均增产 45 千克，总增产 45 万千克，总增收 45 万元。苹果亩均增产 60 千克，总增产 1260 万千克，总增收 3150 万元。蔬菜亩均增产 50 千克，总增产 75 万千克，总增收 112.5 万元。亩均节肥（折纯）0.45 千克，亩均减少投资 2.2 元，121 万亩总节肥 544.5 吨，总减少投资 266.2 万元。121 万亩总节本增效 10008.3 万元，亩均节本增效 82.7 元，年人均增收 250 元。

2001—2015 年吉县农作物产量情况表

表 8-2-1 单位：吨

年份	总产量	小麦	玉米	谷子	豆类
2001	24976	6664	15514	1069	1729
2002	33757	12674	17995	1092	1996
2004	50270	17265	29679	1075	2251
2006	39869	8727	26914	759	3469
2007	42230	7501	29272	848	4609
2008	29094	11705	15020	652	1672
2009	33559	10265	20174	932	2288
2010	45100.4	11345	30840.6	368	2546.8
2011	45131	10619	31311	515	2686
2012	46218	10248	34109	455	1406
2013	46868.9	12939	31936.7	546.1	1447.1
2014	40629	10037	28044	456	2092
2015	28220.3	8176.6	18286.6	1757.1	

2004—2015 年吉县农作物播种面积情况表

表 8-2-2 单位：千公顷

年份	总播种面积	粮食作物面积	小麦	玉米	谷子	豆类	棉花	薯类	蔬菜	油料	瓜类
2004	30.72	14.57	6.2	5.49	0.34	1.84	0.05	0.64	0.29	0.97	0.33
2005	31.16	14.89	6	6.11	0.4	1.6	0.02	0.61	0.29	0.96	0.28
2006	33.56	15.84	7.34	5.7	0.32	1.85	0.03	0.58	0.24	1.09	0.28
2007	34.14	16.19	7.33	5.77	0.32	2.14	0.02	0.57	0.26	1.29	0.25
2008	34.88	16.31	7.35	5.95	0.37	1.9	0.9	0.45	0.23	1.2	0.22
2009	32.71	16.47	7.36	6.01	0.4	0.21	0.01	0.36	0.28	1.4	0.21
2010	34.17	16.35	7.18	6.06	0.19	2.02	0.01	0.56	0.25	1.35	0.2
2011	32.76	15.63	6.53	6.06	0.2	1.96		0.56	0.31	1.31	0.2
2012	29.36	13.77	4.75	6.05	0.19	1.92	0.56	0.56	0.35	1.31	0.2
2013	25.26	11.86	3.84	5.48	0.22	1.61		0.4	0.36	1.29	0.2
2014	23.59	10.99	3.29	5.17	0.22	1.55		0.47	0.4	1.3	0.2
2015	22.18	10.4	2.42	5.54	0.82	1.02		0.46		0.83	0.69

第三章　农村经济管理

第一节　财务管理

会计执证上岗

1991—1993年,吉县农村经济管理局举办农村财会人员培训班18期,参加培训3400余人次。颁发会计证124人,临时会计证24人。吉县农村执证受聘上岗会计106人。颁发审计证40人,其中专职审计员38人,兼职2人。

1996年,对境内农村经济合作社社长、会计、各乡镇经管员140人进行“农村审计”培训。同时配合临汾地区经管站对农村合作基金会会计122人进行培训考试,颁发证书122册,实现农村基金会会计全部持证上岗。

规范财务管理

1999年3月,吉县印发《关于加强农村财务管理规范“村账乡管”的实施意见》,开始制定“村账乡管”管理制度和标准,规范农村集体财务管理。12月,成立清理整顿农村合作基金会领导组,着手清理整顿境内农村合作基金会。

2002年4月26日,吉县成立农村财务公开领导组,制定《全面推进财务公开规范化管理实施方案》,在农村推行财务公开。

2004年,贯彻中央1号文件精神,建立农村财务管理新机制,强化农村集体资产管理和乡镇经管站监督职能。一方面,在各乡镇经管站设专户储存农业税附加、财政转移支付等村级收入,加强对村级资金的审核管理;一方面,继续规范村级集体经济组织,推行农村会计委托代理制度,减少村级会计人数,压缩村级管理费开支,并在乡镇尝试推行会计核算电算化。

2008年,各乡镇建立会计中心,开展村级财务整理移交。

2009年,吉县在东城乡对境内乡镇会计中心110名报账员进行会计委托和电算化培训,进一步规范了农村会计委托代理人和电算化财务处理程序。到2011年,农村会计委托代理规范化率达90%以上,代理中心规范化率达100%。

农村“三资”监督管理

2012年,吉县出台《吉县农村集体资产、资金、资源管理办法》和《吉县农村合作经济组织票据统一管理使用办法》。

2013年,8个乡镇农村“三资”管理实现“有机构、有场所、有人员、有制度”目标,开展“三资”清理、调查、登记、建账工作。

2014年,吉县制定《干部任期离任审计方案》,用3个月时间,在农村“两委”换届前,完成77个行政村的干部任期和离任审计工作。

当年,建成车城乡农村集体“三资”管理示范点。从人员设置、设施配制、办公布置、规章制度、办事流程、网上公开等方面进行全方位规范,在资产资源台账、土地资源承包、拍卖流程等方面树立了样板。

2015年，理顺乡镇会计委托代理中心的隶属关系，确定乡镇会计委托代理中心会计人员职权和职责，规范农村财务管理“五方理财”程序：(1)村报账员填制“财务支出审批单”，并签字盖章；(2)提交民主理财组组长签字盖章；(3)提交村民委员会负责人签字盖章；(4)提交党支部负责人签字盖章；(5)村报账员将“财务支出审批单”上报乡镇农村会计委托代理中心，经中心负责人审核同意并在“财务支出审批单”指定位置签字(盖章)后，由委托中心会计人员审核记账，同时在原始凭证上加盖“已审核”专章。对村集体工程项目支出和其他大额支出(一般指1万元以上)，乡镇会计委托中心负责人必须报经乡镇政府有关领导签注意见后方可支出。

同年，启用农村财务网络化运行平台，实行“电脑、手工两套账”财务管理模式。

第二节 土地管理

土地承包

1991—1992年，吉县完善土地家庭联产承包制，签订、签证各业承包合同21480份，占应签订、签证合同99%。合同兑现率达到99%，累计收回承包金1479万元。

1994年，开展延长土地承包期工作，印发宣传资料4500份，规范印制“永业田”合同7万份，“机动田”合同3万份，“四荒”合同1万份。

1998年12月，吉县出台《关于农村土地延期承包若干问题的意见》，重申政策期限，顺延年限为30年。贫困乡、村及开发性生产用地顺延到50年，延包土地统一年限确定以1993年12月31日在册农业人口为准。预留机动地严格控制在实际耕地总面积5%以内。

2003年，吉县贯彻实施《中华人民共和国农村土地承包法》，印发了《关于吉县农村承包合同规范管理标准》《关于成立农村经济合同仲裁机构的通知》等配套文件。到2007年，全面完成农村土地承包工作，延包耕地24.73万亩，延包农户18843户，农业人口83260人；集体预留机动地8933.4亩，占耕地总面积的3.7%；共签订土地延包合同和发放经营权证18843份，占包发户数100%。

土地流转

2011—2012年，吉县健全了县、乡两级农村土地承包档案和村级土地承包台账。成立吉县农村土地承包矛盾仲裁委员会，设立乡村土地承包调解庭和调解小组。县仲裁庭聘任5名仲裁员持证上岗，每个乡镇设立1个调解庭，配备2名调解员。

2013年，在屯里镇、车城乡开展规范化建设示范点，建立了吉县土地流转综合服务大厅，出台《吉县土地流转工作意见》和《土地流转工作流程》。当年境内土地流转面积达到4654亩，签订土地流转合同180份。同时受理并调解仲裁土地纠纷案件13起。

2014年，吉县健全完善县、乡、村三级土地流转服务体系，成立县土地流转服务中心，建立土地流转综合服务大厅。乡镇成立土地流转服务站，其中3个乡镇建立土地流转服务厅，村级设立土地流转信息员，开展农村土地承包合同清查规范工作。出台《吉县规范农村集体果园和机动地承包管理的意见》，统一印制《农村集体果园承包合同》和《农村机动地承包合同》样本，解决农村土地承包管理中的突出问题。

土地确权

2014年，吉县开展农村土地确权登记试点工作。县政府成立确权工作领导组，各乡镇和村委成立工作领导小组。确定东城乡柏东村、社堤村、雷家庄村为土地确权试点村。确权面积9010

亩，调查登记面积1204亩，确权到户561户。

2015年，吉县完成35个行政村、183个村民小组18.88万亩耕地的确权任务。填写发包方调查表183份，填写承包方调查表8848份，填写承包地块调查表21116份。

第三节　减轻农民负担

发放农民负担监督卡

1996年，吉县发放农民负担监督卡2.04册，明白书2.1万册。2005年，建立完善农民负担监督管理长效机制，农民负担卡入户率达100%。

落实“八项禁止”

1998年，吉县出台文件，规定农村工作“八项禁止”：禁止平摊农业特产税、屠宰税，要据实征收；禁止一切要农民出钱出工的达标升级活动；禁止一切没有法律、法规依据的行政事业性收费；禁止面向农民的集资；禁止各种摊派行为；禁止强制以资代劳；禁止在村里招待下乡干部；禁止用非法手段向农民收款收物。各部门组织人员深入各乡镇督查，促进“八项禁止”的落实。

实施税费改革

2003年8月，吉县实施税费改革，取消乡统筹费和农村教育集资等专门面向农民收取的行政事业性收费和政府性基金、集资；取消屠宰税；取消农业特产税；逐步取消过去统一规定的劳动积累工和义务工；调整农业税政策；改革村提留征收使用办法。

规范“一事一议”

一事一议，即农村税费改革取消乡统筹和改革村提留后，原由乡统筹和村提留中开支的“农田水利基本建设、道路修建、植树造林、农业综合开发有关的土地治理项目和村民认为需要兴办的集体生产生活等其他公益事业项目所需资金，不再固定向农民收取，采取一事一议的筹集办法”。

2010年，吉县出台《关于进一步做好减轻农民负担工作意见》，加大农民负担专项治理力度。有28个村开展“一事一议”项目工程，财政奖补资金全部到位。

2014年，吉县出台《吉县农村一事一议筹资筹劳管理办法》，强化筹资筹劳方案的审核，严格以资代劳标准，对“一事一议”财政奖补项目的验收提出硬性要求。同年，农村“一事一议”项目36个，奖补资金856万元。

2015年，吉县农村“一事一议”项目16个，奖补资金240万元。

涉农乱收费问题专项治理

2011—2012年，对涉农部门向村级组织违规摊派、违规收费进行重点检查和查处，对各项惠农政策，如粮食直补、农机具补助等项目进行专项审计。

2013年，对涉及农民建房、农村义务教育、计划生育、农机服务、报刊征订等事项进行重点检查。对39个村委的农村财务进行专项审计。

2014年，重点对农民专业合作社乱集资、干部下乡招待费乱支出、报刊征订乱收费、农村中小学乱摊派问题开展专项治理。

2015年，开展农民专业合作社乱集资、非法宣传专项整治工作，共清查合作社324个，规范合作社财务47个，规范发放合作社成员证2070个。

第四节 管理机构

县级管理机构

1990 年，农村经济管理局成立，设局长 1 人、副局长 2 人。内设办公室、合同管理站、合作经济管理站。1993 年 5 月，成立减轻农民负担工作领导组，成立减负办公室，设在经管局。2002 年，机构改革经管局并入县农业局，为吉县农村经济经营管理办公室。办公室设主任 1 人、副主任 2 人。下设合同站、财务站、办公室。

乡镇经管站

1990 年，吉县 11 个乡镇均设经管站，配备专业管理干部 53 人，其中农经师 8 人、助理农经师 7 人、农经员 9 人，大中专文化程度占 80% 以上。

1993 年，县、乡、村分别成立农民负担监督管理领导组、农村经济承包合同领导组、纠纷调处、仲裁庭、民主理财组织和财务管理等机构。分布在农村基层的经管人员有 1354 人，其中高中文化程度占到 70%。

2008 年，各乡镇建立会计中心。

第四章　养殖业

第一节　管理机构

县级机构

1985 年 4 月，吉县农牧局更名为吉县畜牧局。2002 年 7 月，更名为吉县畜牧发展中心。2010 年 4 月，更名为吉县畜牧服务中心。

下属单位

畜牧兽医综合执法大队　1991 年 9 月为兽医卫生监督检验所。2008 年，更名为吉县畜牧兽医综合执法大队，副科级建制，以畜牧服务中心的名义实施畜牧兽医综合执法，行使行政处罚权。

动物卫生监督所　1991 年为检疫所。2008 年，更名为吉县动物卫生监督所，股级全民事业单位，实施动物检疫和动物卫生监督，发放动物防疫卫生许可证，负责疫情测报。

动物疫病预防控制中心　新中国成立初到 1985 年为兽医院。1985 年，更名为吉县家畜防治站。2008 年，更名为吉县动物疫病预防控制中心，股级全民事业单位，负责境内动物疾病的治疗和疫病控制，组织实施每年的春、秋两季常规免疫，应对重大动物疫情和突发事件。

畜禽繁育改良工作站　新中国成立初至 1976 年为马厂。1976 年，更名为吉县家畜配种站。1981 年，更名为吉县家畜改良工作站。2011 年，更名为吉县畜禽繁育改良工作站。负责畜禽繁育改良，培育优良畜禽品种，执行《种畜禽管理条例》。

草业管理站　1978 年，畜牧站更名为牧草机械管理站。2011 年，更名为草业管理站，负责推广畜禽管理新技术，开展人工种草和天然牧坡改良，开发饲料、饲草资源，管理饲料、饲料添加剂研制、生产和技术指导。

壶口动物防疫监督检查站　1991 年，为山西省边境检疫检查站。2006 年，更名为壶口动物防疫监督检查站，负责壶口过境畜禽及其产品的检疫和违法监督。

乡镇畜牧兽医中心站、动物卫生监督站　原有城关兽医站、兰家河兽医站、曹井兽医站、窑曲兽医站、屯里兽医站、明珠兽医站、王家原兽医站、文城兽医站、东城兽医站、红山兽医站、中垛兽医站共计 11 个。2008 年，11 个乡镇畜牧兽医站被整合为 8 个乡镇畜牧兽医中心站：吉昌镇畜牧兽医中心站、车城乡畜牧兽医中心站、屯里镇畜牧兽医中心站、文城乡畜牧兽医中心站、壶口镇畜牧兽医中心站、东城乡畜牧兽医中心站、柏山寺乡畜牧兽医中心站、中垛乡畜牧兽医中心站，分别加挂 8 个“动物卫生监督分所”牌子，“一套人马”两块牌子，负责本乡镇动物疫病防控和执法监督。

第二节　牧草资源

天然牧草

天然牧坡　吉县有天然牧坡 213993 亩，坡度均在 30 度以下，牧草覆盖率达 40% 左右，每亩产草量为 331 千克。天然牧坡一次可产草 7083 万余千克，全年按 3 次利用，可产草 20249.5 万千克。

天然草坡类型　灌木草丛类白羊草组。其中二等草地 148365 亩，三等草地 52540.5 亩，四等草地 6074 亩；二级草地 1529.5 亩，三级草地 64946 亩，四级草地 84614.5 亩，五级草地 50544 亩，六级草地 3355.5 亩。

天然牧草种类　禾本科牧草占 70% 以上，豆科牧草占 30% 左右，间有少量的菊科坡草。

人工牧草

1980 年，吉县开展种草养畜，畜牧局派畜牧师王兴春在桑村搞试点，获“大面积人工种植牧草”科研成果奖，并在境内推广，人工种草面积达到 6 万亩以上。随着烤烟、苹果产业的发展，人工种草面积不断下降。2012 年，吉县出台实施猪、沼、果战略，畜牧中心推广果、草间作技术，人工种草面积保持在 0.1 万亩左右。

人工草种

1980 年，吉县引进人工草种紫花苜蓿、草木栖、沙打旺，大面积种植获得成功，特别是紫花苜蓿成为主产人工草种。1981 年，引进鸭茅、苇状羊茅、多年生黑麦草、短柄鹅冠草、短芒老芒麦、多叶老芒麦、小冠花在桑村多组合种植试验，未推广。主产人工草种仍为紫花苜蓿。

第三节　饲料资源

能量类饲料

能量饲料主要为玉米，玉米的主产区是屯里川、曹井川，以及白子沟、西河沟流域。

蛋白质类饲料

蛋白质类饲料以豆类为主。吉县豆类生产面积小，产量低，主要供人食用，不作为饲料使用。蛋白质饲料主要来源于饲料经销商经营的成品饲料。

配合饲料

20 世纪 80 年代初期，随着配合饲料新技术的推广，吉县用扶贫项目资金购买了 4 台大同生产的配合饲料机，建起牧草站、粮食局加工厂、谭福娃、兰家河水保专业队 4 个饲料厂，后因技术问题，只保留了畜牧局牧草站饲料厂。2010 年，由于外来成品饲料的涌入，牧草站饲料厂停产。

饲草加工

牛、羊养殖企业，以饲草的青贮、黄贮为主，秸秆氨化偶尔用之。颗粒饲料在兔场、羊场自制，饲料经营企业也有经营。

饲料、添加剂生产与经营

由于全价料和配合料加工企业停产，饲料和饲料添加剂经营企业（门市）以及兽药经营企业（门市）相继问世。饲料添加剂的种类有微量元素添加剂、矿物质添加剂和药物添加剂等。

第四节　畜禽品种资源

畜禽品种

牛的品种　主要是运用人工授精技术，通过外来品种与本地品种晋南黄牛杂交而来。有 3 个品种，其中西门塔尔牛占 40%、夏洛莱牛占 35%、晋南黄牛占 25%。

羊的品种　主要有6个，其中绒山羊占45%、波尔山羊占5%、黑山羊占10%、小尾寒羊占25%、杜泊羊占5%、道赛特羊占5%、其他品种占5%。

猪的品种　主要有3个，杜洛克猪占20%、长白猪占35%、大白占40%、其他品种占4.9%、晋汾白猪占0.1%。

鸡的品种　海兰（褐）占90%、京红占5%、其他占5%。

畜禽品种改良

1996年，县畜牧中心副主任刘照山利用自己所掌握的“家畜直肠把握性人工授精技术”“颗粒冻精技术”“细管冻精技术”，对牛、羊、猪、鸡实施人工授精。开展电话预约，上门服务，畜禽良种率大幅提高。

牛的品种由原来的本地耕牛改良成为“西门塔尔”“夏洛莱”“利木赞”3个肉用品种和1个“黑白花奶牛”品种。

羊的品种由原来的本地绵羊和山羊2个老品种，改良成“小尾寒羊”“杜泊”“无角道赛特”3个肉用品种和1个绒用品种“绒山羊”。

猪的品种由原来各个性状低下的本地母猪，改良成“长白”“大白”“杜洛克”“晋汾白猪”等大型高产良种。

鸡的品种由原来的土鸡改良成“海兰褐”“京红”“京白”等高产蛋鸡。

第五节　畜牧生产

规模化生产

20世纪80年代中期，国家在巩固、完善家庭联产承包责任制的基础上，开始改革农产品统购派购制度，调整农业结构，发展农村商品经济。市场经济意识逐步深入吉县农村，政府的调控力度逐渐减小，农民开始根据市场供求开展养殖，由“要我养”向“我要养”转变。但因为不能很好地把握市场脉搏，畜产品产量出现骤增骤减，高低无序的现象。

1989年底，吉县羊存栏70150只，出栏商品羊1.1万只，产绒毛6万余斤。畜牧业总产值达290万元。靠养羊年收入3000元以上的户有300余户，饲养100只以上的年收入在5000元以上的有40 ~ 50户，畜牧业生产初具规模。

90年代初，鸡蛋和猪肉的市场价格放开，派购制度取消，畜产品商品化程度提高，存栏下降，出栏增长。1991年末，大牲畜存栏25221头，比上年下降2.57%。其中牛存栏17272头，比上年下降4.54%，全年出栏牛3138头，比上年增71.19%；生猪存栏12890头，比上年下降6%，全年出栏肉猪11447头，比上年增长6.7%；羊群存栏69208只，比上年下降2.92%，全年出栏菜羊27933只，比上年增长46.09%；家禽存栏146310只，与上年基本持平，全年肉类总产1647.7吨，比上年增长23.1%；禽蛋产量480.9吨，比上年增长16.67%，绒毛产量比上年下降11.97%。这一阶段畜牧业逐步向专业化、规模化、商品化方向发展，畜牧生产由传统的副业生产向商品生产转变。

产业化生产

1993年，畜牧业进入产业化经营的阶段。1995年，吉县畜牧业以规模养殖为重点，抓品种改良，推广畜牧实用综合配套技术。养猪以适度规模经营、小规模大群体、集中连片三种形式发展规模养殖，兴起一批百户千头的养猪村，建起谢悉村1个千头猪场，屯里李金平猪场、兰家河抗旱服务队猪场、柏山寺杨青林等18个百头养猪场；4个千只养鸡场，15个百只以上养鸡场；15个30头以上的养牛场。规模养殖拓展到11个乡镇，20多个重点村340户。

1996年，吉县作出《关于“九五”期间加快发展畜牧业的决定》。以畜牧产业化为方向，坚持小群体大规模、小股份大合作、小农户大市场的原则，走食草型、集约型畜牧业新格局，发展黑凤乌鸡、小尾寒羊，抓黄牛改良，大力进行人工牧草，鼓励发展特种养殖。截至1999年底，境内大牲畜存栏28515头（其中牛20823头），猪24956头，羊123515只，家禽189907只；肉类年总产量2527吨，禽蛋产量840吨。畜牧业总产值3024万元，占农业总产值24%。

现代化生产

2004年，吉县加快现代化畜产品基地建设，大力发展设施畜牧业小区。政府投入防疫经费、扶持畜牧业专项资金、扶贫贴息贷款、新农村整体推进扶贫资金等相继注入，畜牧小区迅速发展。2007年末，境内拥有各类畜牧养殖小区9个，其中养鸡小区2个，养猪小区3个，养牛小区1个，养羊小区3个；规模养殖大户83户，其中养猪大户49户，养牛大户11户，养羊大户10户，养鸡大户13户；发展土鸡特色养殖基地5个，饲养量达到10万只。牧业总产值达到0.43亿元，畜牧业人均收入达350元。

养殖龙头企业

吉县天丰生态养殖有限责任公司　位于中垛乡南柯榼村，法人代表强战东，2015取得种畜禽经营许可证。公司总投资3200万元，占地面积56亩；饲养管理采取育肥舍二层楼房，自动上料，自动饮水，育肥猪全进全出，保育舍全保育栏，恒温控制，仔猪全进全出。拥有存栏能繁母猪820头，纯种猪5000头，年出栏商品猪1万头。品种有长白、大白、杜洛克。年产有机肥3万吨。是境内第一个万头猪场和种猪场。

吉县智琴养殖有限公司　位于吉昌镇尚尖垣坡底，建成于2012年，法人孙都亲。公司占地面积40亩，总投资650万元，采取全栋自动上料、消毒、清粪，恒温育雏，蛋鸡舍小气候半自动化调控；共有存栏蛋鸡5万只，年产鲜蛋650吨，是吉县第一个5万只蛋鸡场。

第六节　疫病防控

防疫

畜禽常见疫病有猪瘟、猪丹毒、猪肺疫、链球菌等，牛主要疫病有胃肠炎、瘤胃胀气、肠痉挛等，鸡主要疫病有鸡新城疫、霍乱、白痢、鸡痘、球虫、绦虫、蛔虫等。

1986年，吉县建立县、乡（镇）、村三级防疫网络。坚持“预防为主”的方针，每年春、秋两季实施动物常规免疫注射，做到免疫畜禽一户一簿、一畜一证，证随畜走，没有免疫证、耳标的畜禽不准屠宰、不准上市。

检疫

开展对动物、动物产品检疫。坚持牲畜定点屠宰，集中检疫的原则。未经检疫或检疫不合格的肉类一律不准上市。对肉食经营户、冷库、饲养场、养殖户进行宰前检疫、宰后检验。对病害肉进行无害化处理。

第七节 执法监督

监管机制

2008年，吉县成立畜产品质量安全领导组，制定“五项制度”和“七项承诺书”，与境内饲料生产企业、饲料经营企业、兽药经营企业、畜禽规模养殖场（小区）、机关学校餐饮业、生产经营加工储存动物产品场所、屠宰场（点）签订畜产品安全承诺书。各有关单位和企业保证不生产、不消售、不经营、不使用假劣兽药及危禁兽药和饲料、饲料添加剂，以及畜禽、畜禽产品；通过建立畜禽养殖企业养殖档案，全面记录生产、饲料使用、用药、免疫、耳标佩戴等情况，全面监督养殖过程；建立饲料、饲料添加剂、兽药生产经营企业购销台账，严格控制生产经营假、劣兽药和危禁兽药，兽药经营企业执行GSP认证，实行兽药经营动态监管机制；加示免疫标识，无标识的畜禽不准进入流通渠道。保障畜禽产品质量和人民群众生命的安全。

专项治理

畜牧投入品打假专项治理　坚持标本兼治、打防结合和属地管理的原则，加强源头治理，严格畜牧投入品市场准入，严格畜牧兽医行政许可，落实畜牧投入品监管责任制，推动畜牧投入品信用体系建设。

兽药专项治理　严厉查处生产经营假劣兽药、无证、无批准文号，有效成分不足、夸大疗效等违法行为，打击生产经营和使用国家禁用兽药的行为。

饲料和饲料添加剂专项治理　严厉查处生产经营假劣饲料和饲料添加剂、无证生产经营等违法行为。严厉打击在饲料和饲料饮水中添加二聚氰胺、瘦肉精、苏丹红、莱克多巴胺等违禁添加物的行为。重点监测饲料中违禁药物和非法添加物、反刍动物饲料中动物源性成分。

种畜禽专项治理　严厉查处无证生产经营种畜禽的违法行为，严格系谱档案登记管理，保障种畜禽质量安全。

网格化监管

创新食品安全区域监管网格化工作模式，建立局、站、基层站和养殖、生产、经营、加工、销售等相关企业的四级畜产品安全监管网格体系。建立全方位全过程的畜产品质量安全监管机制，健全和完善养殖规模化、加工标准化、流通销售诚信化的畜产品质量安全体系。

第五章 烤烟生产

第一节 试种 论证

试种

1985年，吉县决定由扶贫办主任白锁柱带领有关人员到陕西省宜川县考察烤烟生产。考察认为，吉县可以试种烤烟，试种成功后再进行大面积推广。

1986年，开始在沿黄的东城乡（东城村、太和村），文城乡（文城村、古贤村）共试种烤烟112.7亩，烟叶产量16528千克，烟农收入11058.95元，实现税收4100元。典型户东城村王喜成种烟2.5亩，亩均收入306.27元，远远高于其他经济收入。

1987年，增加城关镇、兰家河乡、王家原乡、中垛乡和县良种场等6个乡镇18个村委种植烤烟。沿黄乡镇遭受特大干旱，大秋作物基本绝收，但烟叶取得较好收成。422户烟农种植烟叶906.4亩，总产89962.25千克，烟农收入128538.59元，亩均效益141.81元，实现税收5.4万元。对典型户抽样调查，亩均收入486元。与其他作物相比，种1亩烤烟比种1亩小麦或玉米收入高1倍半左右，比种1亩大麻高1倍左右。

科学论证

1987年，吉县邀请中国农业科学院山东青州烟草研究所专家到中垛乡、文城乡实地考察、化验分析，经过评议，确认境内适宜种植烤烟。主要依据是：

自然条件优越适宜　吉县属温带大陆性季风气候，春夏秋冬四季分明，气候温和，雨量适中，阳光充足。全年降水量579.1毫米，光照时数2563.8小时，年均气温10℃，种烟区无霜期200天以上。地表土壤为第四纪上更新统风积黄土，主要成分为亚砂土，有机质含量1%左右，ph值呈微碱反应，适宜发展烤烟生产。

生产的烟叶内外品质好　经化验烟叶化学成分为：还原糖26.17%，总糖30.75%，尼古丁1.96%，总氮1.21%，蛋白质5.44%。其颜色、薄厚、油分、香气、杂气、燃烧性、灰分等内外质量适中。专家评定得分382分，名列全省第二。

土地面积、劳力资源丰富　1987年，吉县实有耕地面积50.5万亩，人均6亩多，可以调整出足够耕地用于发展烤烟生产。境内地下资源缺乏，群众发展二、三产业受到一定影响，常年剩余劳力和季节性剩余劳力占劳力总数的一半左右，发展烤烟生产完全可以利用这部分劳力，在投工上可得到保证。

两年试种奠定基础　两年烤烟的实践，积累了一定的经验，培养了一批技术骨干和种烟致富的典型户，为进一步发展烤烟奠定了基础。

第二节 大面积种植

扶持政策

1988年1月1日，吉县作出《关于大力发展烤烟生产的决定》，把烤烟生产作为加快农民脱贫、财政脱补的一项支柱产业，大力发展。制定了扶持农民发展烤烟生产的8项优惠政策：一是每种1亩烤烟减免其秋粮合同定购任务10千克；二是每种1亩烤烟，县上扶持贴息贷款40元，年底归还贷款，利息由县财政统一支付；三是种植烤烟所需的化肥、油饼、地膜、农药等物资，优先供应；四是烟农修建烤烟房所需木材，由本人申请，村民委员会和乡镇签注意见后，县林业局优先批准，在计划内采伐供应；五是烟农每建1座烤房，县上无偿资助20元；六是烟税征收后，县财政给乡镇返还税收总额的20%，作为乡镇发展烤烟生产资金或奖励资金；七是县上配备技术指导人员，其工资费用由县上支付；八是县上每年定期或不定期举办烤烟生产培训班，费用由县上解决。

1996年，吉县又出台了烤烟生产五项优惠政策：一是1996年税收返还比1995年增加10%，税收30%返还乡镇，其中面积15%，产量15%，没有下达计划的乡镇100%返还；二是物资春借秋还；三是重点村配备一名技术员；四是烟农向保险公司投保，凭合同每亩补贴2元；五是连续三年评为全县烤烟前五名的村委，宅基地审批予以优惠。

2003年，吉县制定烤烟生产2项优惠政策：从扶贫资金中划出一块资金，用于优质烟叶奖励，烟农每交售一担中上等烟，价外奖励30元；每种1亩烟由信用社解决小额贷款100元，用于购买种烟物资，扶持烟农搞好生产。

工作措施

成立烤烟生产领导组和管理机构 领导组组长由政府县长担任，副组长由分管农业的副县长担任。吸收财委、农业、科委、财政、税收、工商、农行、气象、县社、水利、交通、林业、电业及开发办等部门领导为成员。同时成立烤烟生产管理部门，负责烤烟生产中的具体工作。各乡镇和村委也成立了烤烟生产领导组，书记任组长，全面负责本乡镇和村委烤烟的生产、管理、收购工作。层层签订烤烟种植合同，建立健全考核制度。

建立县直机关定点包村制度 党政部门一个单位包一个重点村，一包三年不变，干部可以轮换，每年确定一名领导骨干，年初带任务下去，年终回来交账，搞得好的表彰奖励，完不成任务的经济处罚。同时吸收退居二线的陈立栋、冯世杰、刘泽民、强傲森等老干部，每人蹲一个重点烤烟基地乡，指导帮助乡镇搞好烤烟生产。

各行各业协同作战 做好产前、产中、产后服务。财政金融部门保证发展烤烟生产所需资金；物资供销部门保证发展烤烟生产所需物资；农林科技部门搞好木材供货、土质化验，帮助农民搞好配方施肥和病虫害防治工作；电力水利等部门保证发展烤烟供水供电；其他各有关部门，都围绕发展烤烟生产扎扎实实搞好服务，推动烤烟生产不断向前发展。

树立先进典型 开展乡与乡、村与村、组与组、户与户烤烟生产竞赛活动，以质量分高低，以效益论英雄。每年召开烤烟生产总结表彰会，拿出10万元，奖励烤烟生产先进乡镇、模范村、组、户及先进工作者和先进服务单位。给成绩突出的有功人员记功、个人农转非、聘为烤烟生产技术员。

三级书记抓烤烟 千名干部下基层 到1992年，吉县种植烤烟的乡镇发展到11个、村91个、

烟农 6579 户，种植烤烟 24300 亩，总产 4.4 万担，农民收入 380 余万元，实现税收 145 万元。

第三节 新技术推广

聘请培训技术员

坚持走科技兴烟之路，采取四种办法开展技术培训与推广：从河南、陕西等地聘请技术员，担任技术顾问；不定期从山东青州、河南郑州等地聘请知名专家教授考察、讲学、指导；联合洪洞农校定向培养专业技术人员；在发展好的重点乡镇、村委，选拔年轻好学、能吃苦、热爱烤烟生产的人员，由县烤烟管理部门统一培训，使之成为熟练掌握烤烟生产管理技术的专业人员。形成老、中、青三结合，高、中、初三配套，晋、豫、秦优势互补的专业技术队伍。

同时实施“十百千工程”，要求每个技术员重点培训 10 名农民技术员，每个农民技术员再辐射 10 名烟农，使种烟户户户都有“明白人”。

推广烤烟生产新技术

烤烟生产主要有育苗移栽、大田管理、采收烘烤、分级收购等环节。1986 年，引进烤烟生产新技术、总结烤烟生产经验，组织编印《烤烟生产技术要点》，发放到县、乡、村各级领导、烤烟生产技术员和烟农手中，组织学习，开展培训，指导生产。推广种植适合吉县气候环境、土壤条件的 NC89、秦烟 96 等优良品种。开展“四统一”（统一管理、统一消毒、统一催芽、统一发放）和“营养袋集约化育苗、包衣种子、工厂化大棚育苗、漂浮育苗、湿润育苗”及“六个百分之百”（种子消毒、苗床切块、地膜覆盖、膜下移栽、平顶抹杈、成熟采收达 100%），抓“四增一减一合理”（增钾：每亩施用30斤；增油：亩施动、植物油5～7斤；增叶：留叶16～24片，适当多留1～2片烟叶；增密度：川地每亩不少于 1100 株，垣地每亩不少于 1200 株；减磷：每亩施用不超过 25 斤；合理分层施肥）、“抓早”（早育苗、早起垅、早移栽、早平顶、早烘烤、早分级、早交售）等种植技术。运用三段式烘烤工艺、远红外涂料烘烤、密集式智能烘烤等新技术，确保烟叶质量的稳步提高。

区域化生产

1996 年，吉县针对烤烟生产市场竞争激烈、优胜劣汰的严峻形势，决定烤烟种植面积向“区域化、重点村、专业户”发展，烤烟种植由原来的 10 个乡镇缩小到 6 个乡镇，即城关、兰家河、曹井、东城、柏山寺、中垛。到 2000 年，有种植千亩以上的优质烤烟垣面 7 个，千亩以上村 4 个，800 亩以上村 5 个，500 亩以上村 10 个，10 亩以上种烟户 562 户。

第四节 产业化经营

改革经营体制

21 世纪初，烟企库存趋于饱和，烤烟生产开始从市场经济逐步转变成计划经济和市场经济的双重控制，全国烟草总局要求稳定规模、防止过热、狠抓基本、主攻质量、强化管理、提升水平，严格落实合同制，控制烟叶种植规模。2003 年，吉县打破“大锅饭”“铁饭碗”的管理机制，实行全员聘任，竞争上岗，工资和面积、效益挂钩。

2005 年，结合烤烟生产布局，合并原有 7 个烟站为 4 个。实行技术员工资与效益挂钩，使技术员与烟农利益相连，结为利益共同体，健全了产、供、销一条龙服务体系。

发展现代烟草农业

2007 年，吉县编制《吉县烤烟生产基础设施建设规划报告》，争取烟叶生产基础设施建设资金 193 万元，投资 76 万元为东赵村、天申院、郭家岭、兰古庄、白子院、白额等村委修建新式密集型烤房 48 座。投资 117 万元在吉昌镇辛村修建提灌站工程 1 处、水池 3 座、小塘坝 2 处，铺设管网 1 万米，解决了辛村、郭家岭、麦城等村委 100 余户烟农 1550 亩烟田用水问题。

2008 年，争取烟叶基础设施配套工程资金 271 万元，修建 16 座密集式烤房，涉及烟农 16 户、烟田 320 亩；修建东关村圪针沟、谢悉沟小塘坝工程 2 处；修建车城乡瓦原村、段家堡村提灌站工程 2 处；完成东赵村村委二娃崾村、瓦原村、段家堡村蓄水池工程 3 座，总容积 2000 立方米；完成瓦原村、东赵村管网工程 2 处，总长 3 万米。

2009 年，争取资金 104 万元，建设 3 个以上烤房群 56 座，境内密集式烤房增加到 150 座。大力推进机械化作业，80% 以上烟田实行机械化深耕，推广烟雾器、弥雾器等机械喷药灭虫。

2012 年，筹资 7200 元，为 2727 亩烟田全部购买了保险，解决烟农后顾之忧。所有烟田实现了机械化深耕、覆膜、起垅、中耕培土。涌现出车城乡朱源头村烟农裴良辉种烟 50 亩、吉昌镇兰村烟农李玉栋种烟 150 亩、马家河村烟农刘较森种烟 60 亩、刘铁柱种烟 80 亩以及中垛乡张彦明种烟 80 亩等一批种烟大户、专业户。

烤烟生产专业合作社

2013 年，吉县建成 100 ~ 500 亩烟叶基地 2 个，50 ~ 100 亩基地 3 个。成立了吉县烟叶恒宇专业合作社，24 户烟农入社。采取集中育苗、机械化深耕、起垅、覆膜，集中大田管理、病虫害防治、密集式烘烤的生产模式，节约了人工成本，提高了经济效。当年，4 个种烟乡镇、4 个烟叶收购站、16 个种烟村、150 户烟农签订了烤烟种植合同，种植面积 2432 亩，户均 16 亩，其中 15 亩以上 85 户，10 ~ 15 亩 50 户，最高达 110 亩。

2014 年，建成 100 ~ 500 亩烟叶基地 1 个，50 ~ 100 亩基地 1 个。成立了“吉县顺民烤烟生产专业合作社”。4 个种烟乡镇、4 个烟叶收购站、16 个种烟村委、111 户烟农，签订了烤烟种植合同，种植面积 2094 亩，户均 18.8 亩。20 ~ 50 亩 26 户，50 亩以上 4 户，最高达 160 亩。当年投资 160 万元，在中垛乡三堠村、马连滩村和吉昌镇兰村修建湿润智能型育苗大棚 10 座。投资 160 万元，购进烟叶农用机械，其中拖拉机 9 台、旋耕机 3 台、犁 2 台；购进专用机械播种机 1 台、自动剪叶机 1 台、深松机 5 台、单行起垅施肥机 4 台、自组式高秆作物喷雾机 1 台、中耕培土机 3 台、自动式移栽机 4 台、手提式烟雾机 2 台、卷盘式喷灌机 2 台、覆膜机 4 台、烟杆拔除机 2 台、回潮机 20 台。

第五节　烟叶收购

收购标准

烟叶质量标准主要依据叶片不同的部位、颜色、长度、厚度、残份度等外观形态划分。1995 年前，吉县烟叶的收购等级执行的是 15 级。1996 年，国家制定 7 项主要指标，即成熟度、油分、叶片结构、色度、长度、残损度。1996 年至今，执行国标 40 级。

1988 年，中国农科院山东青州烟叶研究所化验分析，吉县烟叶品质优良，等级结构合理，属于浓香型优质烟叶。外观质量：颜色多为橘黄，烟叶身份适中，叶片组织疏松，光泽鲜亮，成熟良好，中等烟长均在 50 厘米以上。内在质量：香气浓郁，油份充足，吃味清新，杂气微有，刺激性轻，燃烧性强，灰分为灰青。烟叶内在质量、化学成分、质量等级均排名全省前茅，荣获山西省首届农业博览银质奖。

2015年，烤烟生产经过品种改良、技术革新、配方施肥、烟叶基础设施建设、培训指导、优质服务等一系列措施，烟叶质量、等级、纯度、效益明显提高，烟叶运销河北中烟工业公司、安徽中烟工业公司，进入名牌烟的配方，成为知名烟厂的优质填充料。

收购规程

前期准备　成立领导组、召开动员大会颁布政府通告、公布价格与等级样品、调配物资、筹措资金、确定岗位责任制度及落实服务措施等。

动员大会　每年9月上旬，召开有县烤烟生产领导组成员，各种烟乡镇乡镇长、分管领导，县农行、烟草、交警、征费、信用社等有关部门负责人和烤烟部门全体人员参加的烤烟收购动员大会，传达贯彻全国、全省收购调拨会议精神，宣布当年烟叶收购价格和县政府关于严厉打击私贩倒卖烟叶不法行为的通告及其实施方案，宣布各烟站人员和开磅收烟时间等。

出台政策　出台烟叶收购工作方案、收购制度、财务制度、成包制度、质检制度、奖罚制度等，每年修订1次。

等级检验　烟叶等级的检验确定，是收购烟叶收购工作中最关键的一环。一要确定严格执行国标的指导思想，公开、公正、公平收购烟叶，不抬级抬价，不压级压价；二要实行初检、复验两步走，初检驻村技术员把关，合格后，驻村技术员填写初检合格单，上站交售，复验由收购站验级员把关，逐把验级；三要严格按照国标验级，一个标准验到底。

计量结算　烟农交售计量结算的程序是：持初检合格证上站交售——验级员确定等级——微机员操作微机计量开票——复核员审核票据并在种植合同上详细登记、注明物资赊销金额——会计、出纳或代为信用社付款。

烟叶打包　收购的最后一项工序，是把烟叶按等级分别成包。烟包标准为：高0.4米、宽0.6米、长0.8米，净重51.5千克。

烟叶仓储　烟叶仓储分散烟仓储和成品包仓储。散烟仓储收购时将同等级的烟叶堆垛，利于成包。成包前再经技术员把关过手，进行等级纯化。成品仓储一般不超过5层，垛下用枕木支垫，起防潮和通风作用，防止烟叶霉变。

消防措施　各收购站消防安全措施大致有二：一为防火蓄水池，二为灭火器预置。

1986—2015年吉县烟叶收购数量情况表

表8-5-1　　单位：斤、元

指标 项目 年份	收购量	收购总价值
1986	14141	11058
1987	179924	128538
1988	623201	592131
1989	900730	802912
1990	1939235	2670273

续表

指标 项目 / 年份	收购量	收购总价值
1991	4075540	4029357
1992	4410008	4264133
1993	3652815	4896634
1994	2584699	4080005
1995	2338647	5659020
1996	3999739	14573573
1997	5187633	9756236
1998	3129478	9304491
1999	4414932	9967450
2000	5408594	10287352
2001	3295342	5034448
2002	1003094	1776986
2003	483233	1348045
2004	516800	1887950
2005	913960	3236055
2006	1067916	4057107
2007	1060000	5510008
2008	1060000	6314558
2009	1000000	6010691
2010	1000000	6000520
2011	940000	5109127
2012	900000	6214882
2013	810000	8681206
2014	670000	8037250
2015	570000	7230852

调拨规程

1992 年，山西省烟草专卖局依据《中华人民共和国烟草专卖法》，出台严格而明确的烟叶调拨程序规定。吉县结合本县实际，完善了一套具有地方特点的调拨程序：

签订合同 供需双方通过协商，明确权利和义务，达成一致后签订书面调拨合同，向省烟草公司申请纳入调拨计划。2004 年后，由市烟草公司与烟厂签订调拨合同，县级只管执行调拨计划任务，购销合同也由书面形式改为网上签订。调拨合同条款包括：烟叶品种、生产年度、等级、规格、数量，交售时间、地点、运输和验收方式，贷款结算、违约责任以及双方同意的其他事项。

烟厂考察指导 每年在烟叶生产、收购期间，吉县都邀请各烟厂负责人、业务员和工艺技术人员来进行实地指导考察，以满足不同烟厂对烟叶质量的要求。先后到吉县考察指导的有曲沃卷烟厂、太原卷烟厂、安徽中烟公司、河北中烟公司等。

手续办理 烟叶调拨运输之前，必须申请办理调拨单、准运证、植物检疫证和完税证等必备手续，加上合同原件一并随货同行。省内调拨，向省级专卖行政部门授权的机构申办。省际间调拨，由省烟草专卖局审核签发准运证、调拨单。植物检疫证由县农业委员会审核办理，完税证由县地税局审查办理，调拨单由县烤烟服务中心出具，只限省内调拨。

质量数量 吉县在烟叶质量和数量的管理上，逐步形成县、站两级，收购、成包两类台账制度。收购期间，烤烟服务中心收购质检小组对各烟叶收购站进行定期检查和不定期抽查，确保等级纯度和数量的一致性。收购结束后，各收购站对收购的等级、数量和成包等级、数量进行自查。再由县烤烟服务中心对成包数量、等级进行一次全面系统的查验，平衡各站等级。对等级、数量达不到标准的，无条件返工。装运出站时，调拨员还要对烟包质量、数量进行抽查，不达标准的烟叶不予调拨，确保烟叶等级纯、数量实。

发运 吉县烟叶的调拨发运，主要是用公路运输，且多以送货为主。首先要根据用户要求，约定哪些烟叶等级发给哪家烟厂；其次是组织运输车辆，起先购置过 3 辆载重卡车专门承担调拨运输任务，后因烟叶调拨季节性、集中性非常强，便取消配车，改为社会车辆运输；再次是装车前，要周密地安排车辆的装货等级、数量，途中指派专人押运，安排卸货后，要让厂家保管在调拨单上签字，作为结算依据。

烟厂验收 烟叶到复烤厂，烟厂工艺技术人员要再次进行等级质量复检。复检合格，采取全部过磅或部分过磅的办法核实重量，磅后净重加 1% 的路耗作为结算数据。

货款结算 双方对验级结果达成一致后，先由吉县出具增值税和运输发票，厂家核对无误，结算付款。

烟厂回访 调拨结束后，吉县还要不定期对客户进行回访，了解烟叶的使用情况，听取客户对改进烟叶质量的建议或意见，以便更好地满足烟厂对烟叶的质量要求，为下年度种植打好基础。

经济效益

截至 2015 年，吉县累计种植烤烟 264716 亩，收购烟叶 29074830.5 千克，烟农收入 157472848 元，税收 27866717 元，返还 5320515 元。

1986—2015 年吉县烤烟生产主要指标情况表

表 8-5-2

年份	种烟乡镇(个)	行政村(个)	户数(户)	面积(亩)	收购量(斤)	亩均效益(元)	斤均(元)	烟农收入(元)	税收(元)	返还(元)
1986	2	4	57	112	14141	99	0.78	11058	4202	—
1987	6	17	422	906	179924	142	0.71	128538	48844	—
1988	8	43	1458	5041	623201	117	0.95	592131	225010	45002
1989	9	50	1504	5847	900730	137	0.89	802912	305106	61020
1990	10	60	2549	7335	1939235	364	1.23	2670273	910261	182052
1991	10	83	4534	20100	4075540	200	0.99	4029357	1531156	342186
1992	10	89	4425	24300	4410008	176	0.97	4264133	1456158	288502
1993	10	89	4015	19974	3652815	245	1.34	4896634	1517956	259092
1994	7	69	3927	13900	2584699	294	1.58	4080005	1264091	238773
1995	7	69	2428	13000	2338647	435	2.42	5659020	1281053	234129
1996	6	62	3226	14731	3999739	989	3.64	14573573	2493726	497684
1997	8	78	4137	21400	5187633	435	1.88	9756236	1547292	349593
1998	6	50	2424	13500	3129478	689	2.97	9304491	1515842	303168
1999	6	50	3318	18773	4414932	531	2.26	9967450	1992301	398460
2000	7	62	3791	24819	5408594	414	1.90	10287352	2047620	409524
2001	7	60	2477	16800	3295342	300	1.53	5034448	989247	197849
2002	5	55	933	6568	1003094	270	1.77	1776986	355397	68360
2003	5	33	367	2928	483233	460	2.79	1348045	269609	53921
2004	4	34	414	3131	516800	603	3.65	1887950	377590	75518
2005	4	30	420	3554	913960	911	3.54	3236055	647211	129442
2006	4	29	534	3747	1067916	1083	3.79	4057107	811421	162284
2007	4	25	377	2858	1060000	1928	5.20	5510008	571990	100100
2008	4	28	305	3600	1060000	1754	5.96	6314558	453140	414372
2009	4	27	290	3600	1000000	1670	6.01	6010691	905829	167481
2010	4	31	200	2632	1000000	2280	6.00	6000520	720770	144154
2011	4	34	172	2590	940000	1973	5.44	5109127	567907	197849
2012	4	21	160	2727	900000	2279	6.90	6214882	1081451	—
2013	4	16	150	2432	810000	3570	10.71	8681206	1232885	—
2014	4	16	111	2094	670000	3838	11.99	8037250	432670	—
2015	4	11	79	1717	570000	4211	12.69	7230852	308982	—
合计	177	1325	49204	264716	58149661	—	—	157472848	27866717	5320515

第六节 管理机构

县级机构

1987 年，吉县成立烤烟生产管理办公室，设办公室主任 1 人、工作人员 2 人。1988 年 2 月，烤烟生产管理局正式成立，设局长 1 人、副局长 2 人。1989 年 3 月，设立办公室、财务股。1992 年，成立工会组织。1995 年，吉县烟叶购销有限公司成立，经理由烤烟局局长兼任。2002 年 10 月，机构改革烤烟生产管理局更名为吉县烤烟服务中心，设主任 1 人、副主任 2 人、纪检组长 1 人。2012 年 10 月，增设专职党支部书记 1 人。

基层站点

随着烟叶大面积种植，各乡镇烟叶收购站相继成立，负责烟叶的收购、储藏、调拨，业务由烤烟生产部门统一管理。1987—1988 年，成立东城、中垛、城关、文城、中市、王家原 6 个烟叶收购站点，每站点派驻 3 人。1991—1992 年，成立兰家河、柏山寺、窑渠、曹井、屯里烟叶收购站点。吉县烟叶收购站点增加到 11 个。1994 年后，因产业结构调整，有 7 个乡镇种植烟叶，即城关镇、东城乡、兰家河乡、曹井乡、窑渠乡、柏山寺乡、中垛乡，王家原、中市、文城、屯里烟叶收购站点随之撤销。1996 年，窑渠乡不再种植烤烟，烟叶收购站点随之撤销。2000 年，城关镇烟叶面积增加，在城关镇霖雨村成立城关烟叶收购站霖雨烟叶收购点。2015 年，烟叶种植面积进一步减少，境内只保留了吉昌镇霖雨烟叶收购站、车城乡兰家河烟叶收购站、柏山寺乡烟叶收购站。

第六章　农业机械

第一节　农具 农机

田间场面机具

农村家庭联产承包责任制的落实，极大地调动了吉县农民的生产积极性，同时对农业机械的需求逐年增加。1986 年后，人民公社时期国家配置的大中型拖拉机逐渐被淘汰，田间场面机具主要有小四轮拖拉机、少量的上海 50 型拖拉机、背负式小麦联合收割机、机动脱粒机、推土机等。个体农业机械占 90% 以上，承担境内所有的机耕、机播、机收、脱粒碾打、推土造田等田间作业任务。1994 年，吉县小四轮拖拉机增加到 244 台，拥有背负式小麦联合收割机 4 台，推土机发展到 120 台；全年农机总动力迅速提高到 23187 千瓦，各类农机驾驶操作人员扩大到 807 人，从事农机工作业务的人数超过 1500 人。1995 年后，农业产业结构开始大幅调整，由粮食生产变为粮食、林果生产并举，植树挖坑机、机动喷雾器、果园微耕机、小型手扶拖拉机等林果机械被大量引进。2015 年底，全年农机总动力达到 113200 千瓦，拥有大中型拖拉机 459 台，小型拖拉机 5015 台，联合收割机 24 台，机引犁、旋耕机等配套农具 8500 余台。耕、种、除草、喷药机械化水平达到 90%。

电动机

1986 年，电动机在吉县已得到广泛应用，主要存在于碾米、磨面、磨豆腐、饲草料加工、脱粒清选、抽水灌溉和大棚卷帘等费时费力作业上。

脱粒机

2000 年后，联合收割机的推广与粮食面积的逐年减少，脱粒机使用也逐步递减，主要是屯里川、曹井川使用较多。

柴油机

1986 年，由于山区电力的普及和电动机的广泛应用，柴油机出现下降趋势，主要用于农村玉米脱粒、无电区抽水等。

拖拉机

1986—1996 年，小四轮拖拉机占到 80%，主要作业项目有：耕地、耙耱、镇压、收割、运输等。1990 年，全国掀起农田基本建设高潮，加之国家平价柴油支持，推土机迅速增加，当年境内新增机修梯田 4 万亩，屯里南山是机修梯田工程先进典型。1994 年，全省在吉县召开推土造田现场会，推广吉县先进经验。2004 年，适合果园耕作的手扶拖拉机、微耕机急剧增长。截至 2015 年，仅手扶拖拉机就超过 5000 台。

微型耕作机

2015 年底，微型耕作机保有量 1000 余台，它具有功率小（3 ~ 5 马力）、体积小、重量轻、转弯半径小、易操作等特点，主要用于果园、大棚、山区小块地的中耕除草、喷药、播种等作业。

犁

犁是种植业耕耙机械，有新式步犁、悬挂犁、双向犁等。新式步犁是一种由畜力牵引的双向犁，也是一种半机械化机具，随着拖拉机的大量增加逐渐淘汰。悬挂犁是20世纪80年代牵引犁的换代产品，具有结构紧凑、开降方便、转弯半径小等特点。该犁有两种：一种是重型五铧悬挂犁配套60～80马力链轨拖拉机，一种是轻型三铧悬挂犁配套50～55马力拖拉机。双向犁是2000年后出现的更先进的耕作机。它除了具备悬挂犁的所有优点外，还具有转向功能，耕翻后的土垡方向一致，解决了历代机械犁耕地后出现的大犁墒和大圪塄问题。

旋耕机

也称旋耕犁，1986年普遍使用，具有良好的碎土功能，旋耕后不留垡，不用耙耱就能把地表平整，土粒细碎，适应各种土质作业。

深松机

2010年，深松机开始普遍使用。它是一种与大马力拖拉机配套使用的耕作机械，主要用于行间或全方位的深层土壤耕作的机械化翻整。使用深松作业有利于改善土壤耕层结构，打破犁底层，提高土壤蓄水保墒能力，促进粮食增长。

播种、施肥机

20世纪80年代，播种机械使用传统的单功能播种机。20世纪90年代，新型复式旋耕、施肥播种机出现，与50马力以上拖拉机配套，一次进地能完成旋耕、施肥、播种、镇压四道工序的机械作业。2000年，单功能播种机逐渐淘汰。施肥机具用人畜力牵引开沟，用于农作物中耕追肥。2004年，小型拖拉机取代了畜力。

收获机械

1986年，割晒机是小麦机收的唯一机械，由小型拖拉机牵引收割，再运输、脱粒碾打完成收获。1990年，先后购进4台背负式小麦联合收割机。2009年，机具补贴购进20台自走式小麦、玉米联合收割机。

植保机械

1986年，植保机械在农户普遍使用，主要是机动和人力喷雾器。机动喷雾器由汽油机驱动、人力背负作业，或由拖拉机、三轮车带泵驱动，用于大面积果园及林地作业。

灌溉机械

灌溉机械设施由于投资过大，村集体时，城关、兰家河有2套设备，联产承包责任制后逐渐废弃。随着电力普及，普遍使用农用水泵进行小规模灌溉。

塑料大棚机械

2007年，屯里镇、兰家河乡、中垛乡开始引进使用微耕机、卷帘机、二氧化碳发生器等机械。

林果机械

2000年引进植树挖坑机。之后，电动剪、电动锯广泛用于果树修剪。手扶拖拉机、微耕机、三轮车用于中耕除草、喷药、田间运输等各个环节。

畜牧机械

畜牧机械有饲料加工和饲草加工机械。饲料加工机械主要是万能饲料粉碎机，饲草加工机械主要是切草机和揉草机。2010年在屯里庄子村推广使用颗粒饲料加工机。2015年底，畜牧机械保有量57台。

运输机具

1990年后，伴随着农机动力机械在城乡运输市场的大变革，农用三轮车、四轮运输车逐渐大批量进入吉县，最高峰时境内有3500余辆。1998年，农机、交警两家开始共同管理农用车辆。2010年，农机部门退出管理，但已在农机挂牌的农用运输车辆，农机部门要管理至报废。

加工机具

农副产品加工机械主要有碾米机、面粉机、榨油机、弹花机、轧花机、苹果清选机等。1995年后，小麦面粉机更新换代，气流输送，机械化程度更高。2000年，农副产品加工走向产业化，先后建起两座大型面粉加工厂；农村的磨坊大部分闲置或有少量加工。2011年，国家为方便边远农村群众的农产品加工，实施农村磨（油）坊升级改造项目，农机部门先后在吉昌镇、文城乡、中垛乡、柏山寺等乡镇升级改造11座磨（油）坊。2015年底，吉县拥有农产品加工机械489台。

第二节　技术推广

精少量播种

1986年，吉县开始引进精少量播种机。1995年，开始普遍使用。2000年后，由于粮食面积减少，精少量播种主要在屯里、曹井玉米种植区应用。2015年底，精少量播种机保有量141台。

地膜播种

20世纪80年代初，开始地膜覆盖播种，主要用于蔬菜、西瓜、烤烟。1990年，大面积用于粮食作物，出现了地膜覆盖机。粮食面积减少后，果园亦有使用地膜覆盖。2015年底，地膜覆盖机保有量20台。

机械化保护性耕作

1998年，城关镇宏聚村实施保护性耕作项目，节本增效达12%。机械化保护性耕作技术是以保持水土为核心，通过免耕、少耕、作物秸秆地表覆盖等技术手段，减少土壤耕作次数，降低土壤风蚀、水蚀，提高土壤蓄水保墒能力，节约成本，增加农作物产量，增加效益。后因粮食面积减少，此技术没有大面积推广开来。

机械深松

2010年，开始实施机械化深松作业。机械深松是只松土、不翻土，打破犁底层，增强雨水的渗透速度和数量，减少径流，减少水分蒸发损失。截至2015年底，8个乡镇30个行政村累计深松作业面积5万亩，深松机保有量34台。

牧草生产机械化

牧草生产机械化在吉县规模较小。2010年，屯里镇庄子村实施牧草全程机械化项目，引进切草机、揉草机、颗粒饲料加工机。随后在吉昌镇、中垛乡、东城乡有小部分使用。

第三节　农机经营

农机公司

1964年，从生产资料公司划出部分人员和一半场地，成立吉县农业机械公司。1988年，实行承包经营。1998年，改为股份制企业“吉县通达农机有限责任公司”。2003年，工人放假自谋职业。

2004年，国家开始实施农机购置补贴，民营企业崛起，相继成立了吉县新忠农机公司、吉县川太农机公司、吉县中天农机公司、吉县小段农机公司和吉县小白龙经销点。

个体网点

1986年，吉县个体农机户蓬勃发展。2000年，西关杨曙升、柏山寺乡冯换章等6个农机专业合作社相继成立。2015年底，有农机维修点16个，农机经销企业4个，农机经销点10个，农机供油点14个。农机具能够就近得到维修、供油。

农机购置补贴

2004年，吉县开始落实购置农机具资金补贴政策，补贴对象为：购置农机具的农民个人、农场职工、农机专业户和直接从事农业生产的农机作业服务组织。截至2015年底，累计补贴2100万元，补贴农机具9800台（件），扶持农民8000户。

2004—2015年吉县农机购置补贴情况表

表8-6-1 单位：万元 台（件）

年份	补贴资金额	补贴机具数	受益农户数	其中							备注
				动力机械	耕整地机械	种植施肥机械	收获机械	收获后处理机械	畜牧机械	其他机械	
2004	7	105	105	105	—	—	—	—	—	—	—
2005	11	190	190	190	—	—	—	—	—	—	—
2006	16	203	203	203	—	—	—	—	—	—	—
2007	19	242	242	242	—	—	—	—	—	—	2007年前只补贴主机
2008	41	380	300	293	32	10	7	—	—	38	—
2009	90	499	371	320	113	6		—	—	60	—
2010	275	1560	980	794	458	12	10	—	—	286	—
2011	253	1254	806	765	289	11	1	—	2	186	—
2012	267	1430	878	823	354	12	2	—	3	236	—
2013	350	2372	1582	670	1356	46	—	10	3	287	—
2014	277	1728	1074	656	994	—	2	—	—	76	—
2015	313	1994	1269	649	1230	36	11	10	1	57	—

第四节　农机项目

保护性耕作示范项目

1998—1999 年，国家财政专项资金支农项目（保护性耕作示范项目）在城关镇宏聚村连续实施两年，投资 6 万元设立 30 亩试验田和普通耕作相对比，推广面积 500 亩，辐射面积 5000 亩，取得了良好的社会效益和经济效益，达到了预期试验示范目的。因境内农业结构调整，粮食面积减少，此项目技术未能得以推广。

农机示范基地项目

1999—2004 年，投资 85 万元在城关镇烟子渠实施农机示范基地项目。推土造田 400 亩，建成一座机械化程度较高的农机示范果园。有红富士、嘎拉苹果 1.4 万株，砀山梨、晋蜜梨 2000 株，桃、杏、枣、美国黑李子等 1000 株。配套建设职工住房及机具库 10 间、场院 3 座、窑洞 7 孔。配备农用车、拖拉机等农机具 20 台（件），风力、太阳能发电设备各 1 套，并将自来水引进果园。县农机局因此被评为全省创办经济实体先进单位。2002 年 9 月，全省在吉县召开机械化生态农业示范基地建设现场会。2006 年，因果园前期投资太大，开始承包经营。

农村磨（油）坊升级改造项目

2011—2015 年，实施农村磨（油）坊升级改造项目。先后升级改造文城乡文城村郭东亮油坊 1 座，文城乡南村郭文忠、东城乡沟南村冯军亮、柏山寺乡驮嵝村任俊青、吉昌镇兰村张双庆、屯里镇五龙宫村吕允斌、屯里镇窑渠村秦运海、文城乡大圪塔村王宏亮、中垛乡白额村赵双家、柏山寺乡西头村黄全德、吉昌镇霖雨村刘琪 10 座磨坊。2014 年 10 月，全市农产品加工现场会在吉县召开，学习推广吉县先进经验。

农业机械化深松补贴项目

2010 年，吉县开始实施农业机械化深松补贴项目。截至 2015 年底，在 8 个乡镇 30 个行政村累计实施面积 5 万亩，每亩补贴 25 元。

现代农机推广工程项目

2012—2013 年，在吉昌镇兰村垣、勒马垣实施现代农机推广工程（苹果采摘机械化）项目。引进推广苹果升降采摘机 1 台，微耕机、挖坑机、电动剪、喷雾机等 20 台（件），扶持果农 20 户。

新型职业农民培训项目

2010 年，开始实施新型职业农民（农机操作手）培训项目。截至 2015 年底，培训新型职业农民（农机操作手）800 人。

第五节　农机管理

管理机构

1966 年，吉县农机办公室成立，开展农业机械管理。1972 年，吉县农业机械管理局成立，行使行政管理职责。1978 年，更名为农机服务中心。1987 年，恢复农业机械管理局。1999 年，变更职能，更名为农业机械发展中心。2002 年，变为纯事业单位。2011 年，更名为吉县农业机械服务中心，正科级建制。截至 2015 年底，农机中心有干部职工 8 人。

技术培训

1986—2009 年，农机管理部门累计培训农机驾驶及操作人员 4000 人。2010 年，农机驾驶员由培训学校培训，农机中心组织新型职业农民（农机操作手）培训。

安全监理

1986 年，个体农机户兴起，拖拉机保有量剧增，农机监理负责上户、挂牌、违章查处、年度检审验等。1998 年，增加了农用运输车的管理业务，监理业务量加大，监理站工作人员最多时达到 10 人，境内多年未发生特大农机事故。

第七章 扶贫开发

第一节 定点扶贫

管理机构

1985 年，设立吉县扶贫开发办公室。1990 年 3 月，将区划办、小区域办合并到县扶贫办，其职能为研究境内扶贫开发、小区域经济开发及区域规划等。1992 年，合并干部下乡办到县扶贫办，增加管理干部下乡职能。2002 年 3 月，机构改革扶贫办合并到吉县农业局，设立扶贫局（属于二级局）。

“八七”扶贫

1988 年，吉县提出 “123” 经济发展规划，发展主导产业，脱贫致富。1994 年，山西省按照国家实施“87”（用 7 年时间解决 8000 万人口的贫困问题）扶贫攻坚的目标要求，开展政策扶贫、科技扶贫、资金扶贫，争取中央和省市财政扶贫资金、扶贫贷款，重点扶持种植、养殖和烟果等产业发展，加强基层设施建设，改善生产生活条件。

国家扶贫开发重点县划定

2001 年，根据山西省新阶段扶贫开发对象确定标准：贫困户以 1997—1999 三年平均水平计，人均收入低于 820 元（包括 820 元）的农户；贫困村为 2000 年人均纯收入低于 1000 元（包括 1000 元）的行政村。经逐级申报，2002 年，吉县被确定为国家扶贫开发工作重点县。沿黄的文城乡、王家原乡、柏山寺乡、壶口镇被确定为扶贫开发重点乡镇。

集中连片特殊困难地区划定

2012 年，根据《中国农村扶贫开发纲要（2011—2020 年）》精神，按照“集中连片、突出重点、全国统筹、区划完整”的原则，以 2007—2009 年 3 年的人均县域国内生产总值、人均县域财政一般预算收入、县域农民人均纯收入等与贫困程度高度相关的指标为基本依据，考虑对革命老区、民族地区、边疆地区加大扶持力度的要求，吉县被纳入吕梁山集中连片特殊困难地区。

第二节 重点项目

扶贫移民搬迁

1998 年，吉县开始实施扶贫移民搬迁项目，按照“政府引导、群众自愿、自筹自建、适当补助”的模式，组织贫困边远山区及山庄窝铺的群众实施移民搬迁，并以产业发展配套扶持。至 2015 年底，累计投资 6089 万元，实施 4005 户、16762 口人移民搬迁，在改善贫困群众生产生活条件、发展产业增收致富方面起到了促进作用。

1998—2015 年吉县扶贫搬迁项目统计表

表 8-7-1

年份	实施项目村数（个）	户数（户）	人口（人）	建新村数（个）	投入扶贫资金（万元）
1998	4	110	430	1	43
2001	68	589	3200	6	480
2006	24	460	2000	5	600
2007	6	169	900	5	270
2008	12	216	1000	7	320
2009	6	201	1000	6	340
2010	48	119	500	3	210
2011	3	129	500	—	210
2012	9	340	1320	—	607.2
2013	6	269	1022	—	470.12
2014	13	686	2390	—	920
2015	—	—	2500	—	1250
合计	—	3288	16762	—	—

整村推进

2004 年，吉县开始实施扶贫开发整村推进，主要以发展养殖业、种植业等产业开发和平田整地、节水灌溉等基础建设为主。2015 年，组织实施了 38 个村整村推进项目，累计投资 1900 万元，新发展果园 6972 亩、花椒 2100 亩、核桃 4312 亩、蔬菜种植 3210 亩；发展养牛 236 头、养猪 500 头、养羊 2700 只；实施果园节水灌溉 600 亩，铺设引水管道 24.2 千米，修建 500 立方米蓄水池 6 个，打深水井 1 个；安装太阳能杀虫灯 34 盏，改造老果园 621 亩，平田整地 1241 亩，村巷道路建设 9.2 千米；推广应用通丰营养液 2.8 万亩；新发展互助资金 17.5 万元，科技培训 5000 人次。

连片开发

2010 年，吉县组织实施连片开发试点，打造有机苹果生产连片示范基地，辐射带动周边果园的有机转换，推进苹果产业有机化转型。到 2015 年，累计投资 4500 万元，新栽苹果 1 万亩，果园减密间伐 875 亩，有机苹果连片示范基地建设 5020 亩，有机苹果科研基地建设 920 亩，老果园改造 4150 亩，果园节水灌溉 2000 亩，果园田间路硬化 18 千米，试点搭建防雹网 973.4 亩，安装太阳能杀虫灯 660 盏，猪沼果配套 1830 户，果园除草机配置 450 台，建设苹果生产管理操作间 325 个，扶持龙头企业、市场体系建设 15 个，专业合作组织 9 个，科技培训 13670 人次。

光伏扶贫

2014 年，吉县被确定为全国首批 30 个光伏扶贫试点县，变“输血型”被动扶贫为“造血型”主动发展，光伏发电所得收益用于扶持建档立卡贫困人口、贫困村公共基础设施建设、集体公益事业和产业扶贫开发项目建设。规划 79 个村级小型光伏发电项目建设全覆盖，每个村建设 100 ~ 200 千瓦光伏发电站 1 个。2015—2017 年，在 61 个贫困村实施光伏发电项目；2018—2019 年，在 18 个非贫困村实施光伏发电项目。2015 年，吉县共实施村级 100 千瓦光伏发电项目 21 个，总投资 1695.1 万元。分别为吉昌镇兰村、霖雨村、马家河村、上东村、大田窝村，壶口镇留村、中市村，屯里镇窑渠村、庄子村、窑头村，车城乡车城村、桑村、柏坡底村、东城乡社堤村、雷家庄村，柏山寺乡官庄村、西头村，中垛乡马连滩村，文城乡文城村、大圪塔村、房村。

包扶单位定点扶贫

2004 年，北京纺织工业设计院投资 80 万元，修建壶口镇陈家岭小学。

2006 年，北京纺织工业设计院投资 80 万元，修建车城乡车城村小学。

2014 年，东方电气集团投资 200 万元，为东城垣农业观光园区安装了节水灌溉设施。省档案局争取资金 20 万元，为东城乡真村硬化田间路 1.5 千米。省金融办为兰村争取资金为 106 万元，其中投资 11 万元搭建防暴网 22 亩，投资 95 万元维修党员活动室 300 平方米、硬化学校操场 1000 平方米、配置电脑等设施。山西师范大学争取上级资金 20 万元，对车城乡桃村村级道路腰线进行加固。省国土资源公司投资 2 万元，改善黑秀村基础设施。省安监局争取扶贫项目资金 20 万元，在中垛乡中垛村安装太阳能路灯 20 盏。

第三节 扶贫资金

互助资金

贫困村互助资金是以财政扶贫资金为主导，以村民自愿按一定比例缴纳的互助金为依托，在确保互助资金安全周转的前提下，优先扶持贫困户，帮助贫困农户解决生产发展资金短缺的问题。互助资金在所在村内封闭运行，不跨村经营，不吸储，不分红，不从事以营利为目的的金融和经营活动。

2007 年，吉县开展贫困村互助资金试点工作。截至 2015 年，有 25 个村试点运行互助资金项目，互助资金总额达到 518.1 万元，加入互助资金组织的农户 957 户，累计发放借款 1334.82 万元，累计归还借款 1071.6 万元，累计借款 2796 人次，受益人口 5596 人。

贷款贴息

2011—2015 年，累计发放农户小额贷款贴息和能人大户贷款贴息 520 万元，扶持龙头企业及特色农产品支撑项目贷款贴息 420.8 万元。

科教扶贫

2009 年，吉县实施教育扶贫。目前累计资助贫困家庭大学生 238 人、高中生 393 人；“雨露计划”资助职业技术类学生 1917 人；开展劳动力转移培训 5 万人次，科技培训 3 万人次，新型农民培训 2200 人次。

2012—2015年吉县科教扶贫项目实施情况表

表 8-7-2

类别	人数	补助标准（元/人）	补助金额（万元）
（2012）高中生	37	800	2.96
（2013 高中生）	190	800	15.2
（2013）大学生	50	5000	25.5
（2014）雨露计划中（高）职	405	1500	60.75
（2014）大学生	70	5000	35
（2015）大学生	73	5000	36.5
（2015）雨露计划中（高）职	57	2000	11.4
（2014—2015 学年）雨露计划中(高)职	157	1500	23.55
合计	1039	—	210.86

中央专项彩票公益金建设项目

项目共涉及5个乡镇10个行政村，覆盖4878户15162人，其中贫困户2322户7678人。项目彩票公益金投资1000万元。建设包括：实施果园田间路硬化44千米；建设兰村、山头村灌溉蓄水池及提水工程配套2处。

信贷扶贫

2014年，吉县被列为全省金融支持特色产业发展富民扶贫工程试点县。以县农村信用合作社为合作金融机构，开设风险补偿金专户。截至2015年，注入风险补偿金500万元，协议撬动4000万元以上信贷资金用于产业扶贫。累计发放富民贷（贫困农户小额贷款）2101户5056万元，发放强农贷（龙头企业贷款）5145万元。

2013—2015年吉县农村信用社扶贫到户贷款贴息情况表

表 8-7-3　　单位：元

社名	2013.7.1—2014.6.30			2014.7.1—2015.6.30			小计		
	户数	贷款金额	贴息金额	户数	贷款金额	贴息金额	户数	贷款金额	贴息金额
柏山寺分社	146	3930000	282079.03	70	2322000	48861.11	216	6252000	330940.14
城关信用社	64	2080000	147035.14	68	2380000	52464.31	132	4460000	199499.45
东城分社	156	4300000	296503.61	90	3325000	93251.53	246	7625000	389755.14
广场分社	9	360000	20380.56	13	470000	10458.47	22	830000	30839.03
壶口分社	99	2970000	195732.22	90	3380500	78296.15	189	6350500	274028.37
明珠分社	0	0	0	27	691000	18013.75	27	691000	18013.75

续表

社名	2013.7.1—2014.6.30			2014.7.1—2015.6.30			小计		
	户数	贷款金额	贴息金额	户数	贷款金额	贴息金额	户数	贷款金额	贴息金额
屯里信用社	40	1130000	77713.06	19	645000	15187.36	59	1775000	92900.42
文城信用社	213	6290000	465618.06	87	3051500	91554.32	300	9341500	557172.38
窑渠分社	44	1210000	74331.39	26	830000	20026.39	70	2040000	94357.78
营业部	43	1720000	118632.92	46	1919000	44950.69	89	3639000	163583.61
中垛分社	109	3425000	255753.75	81	2519700	58608.69	190	5944700	314362.44
祖师庙分社	149	4260285	269184.33	77	2743000	61278.28	226	7003285	330462.61
合计	1072	31675285	2202964.07	694	24276700	592951.05	1766	55951985	2795915.12

第四节　培训指导

扶贫项目实施培训

2012 年 3 月 25 日，特邀临汾市扶贫局项目科长梁恩对 8 个乡镇分管扶贫工作的副职和 16 个项目村的支部书记、村主任、会计进行项目实施系统培训，内容包括整村推进扶贫项目规划、项目选择、补助标准及项目管理过程、注意事项。

2013 年 6 月 5—6 日，举办吉县吕梁山集中连片特困地区百万亩山地有机苹果产业发展项目培训班，邀请北京有机果农张金旺、北京六合集团朱安妮教授授课，临汾市各贫困县扶贫局负责人和业务骨干、有关县果树站（中心）专业技术人员，各县苹果产业项目涉及相关乡镇负责人和项目村书记或村委主任、苹果种植大户、技术革新能手共 250 人参加了培训。期间与会人员观摩了上东村果树有机化管理和山阳村苹果专业合作社。

扶贫工作指导

2012 年 3 月 13—25 日，特邀山西财经大学刘玉清博士一行 4 人，编制《吉县连片特困地区区域发展与扶贫攻坚十年规划》。

2012 年 10 月 13 日，国务院扶贫开发小组副组长、国务院扶贫办主任范小建，国务院扶贫开发小组党组成员、规划财政司司长蒋晓华，行政人事司司长吴敏，国际合作和社会扶贫司处长王春燕到吉县指导调研扶贫开发工作，期间考察了吉昌镇上东村苹果产业、大山苹果交易市场、县职业中学劳动力转移培训班。

2013 年 1 月 8—9 日，国务院扶贫办副主任郑文凯、外资中心副主任曹洪明、行政人事司处长王大洋一行 3 人考察吉县扶贫开发工作，走访慰问贫困村贫困户。

2013 年 4 月 7—8 日，东方电气集团董事会秘书长兼办公厅主任张林超，美国德州农工大学教授、规划发展部规划处副处长甘犁，工作处副处长朱玉辉到大山果库、吉县职业技术学院、上东村果园、文城乡考察，调研指导吉县结对帮扶工作。

2013 年 6 月 7 日，国务院扶贫办发展研究中心主任刘俊文、处长吴杰、处长程鲁川，对吉县吕梁山集中连片特困地区百万亩山地有机苹果产业发展项目进行调研。

2013 年 10 月 10—11 日，中国（吉县）吕梁山特困地区山地有机苹果产业开发启动大会在吉县召开。大会主题为“打造有机苹果基地推动产业连片扶贫”。期间举办了特色农产展、现场观摩、龙头企业评选、“百企千村”项目推介签约、组建有机联盟、高峰论坛等一系列活动。对组建贫困地区有机联盟、两市九县联手打造山地有机苹果品牌、拓展国际国内有机产品高端市场、提高区域产业知名度和影响力宣传倡导有机农业、有机生活理念进行了商讨。

2014 年 10 月 25 日，金融富民扶贫工程贫困农户贷款发放仪式在吉县举行，省市邮储银行、信用联社、省扶贫办、市扶贫局、县委领导出席发放仪式。

2015 年 4 月 14 日，全省扶贫开发现场推进会暨党风廉政建设工作会议在吉县召开，参会的省市领导、全省各市和 58 个贫困县扶贫办主任、中央驻晋定点扶贫单位挂职干部 170 多人观摩了东城乡东城村一村一品、车城乡车城村互助资金、小额信贷金融扶贫，山西达明一派及百企千村、企业产业扶贫、屯里镇窑渠村光伏发电扶贫项目。

2015 年 8 月 6 日，省扶贫办主任王立伟指导调研吉县扶贫开发工作。

2015 年 8 月 10 日，国务院扶贫办主任刘永富、能源部、国家电网领导在省政府副省长郭迎光、省扶贫办主任王立伟、临汾市委书记罗清宇、市长岳普煜及县委书记郝忠祥、政府县长刘浩的陪同下，调研吉县的扶贫开发工作，了解澳坤农业科技公司项目建设情况、光伏扶贫项目运行情况。

第九编　吉县苹果

境内是中国苹果最佳种植区之一，为“中国苹果之乡”，被农业部命名为“全国农业标准化示范县”“全国无公害苹果生产示范县”“名优特苹果生产基地和山西省优质农产品苹果生产基地”；被国家标准化管理委员会命名为“国家农业标准化示范区”；被国家质检总局考核命名为“国家级出口食品农产品质量安全示范区”。

吉县苹果果型端正、色泽红润、皮薄质脆、香甜爽口、绿色安全，富含维生素 C、维生素 B 及钙、钾、铁等营养成分，具有补心益气、生津止渴、健脾和胃、利咽润肺等功效。到 2015 年，吉县苹果种植面积稳定在 28 万亩左右，占总耕地面积的 84.4%。吉昌镇、中垛、柏山寺、东城、文城、车城为果业生产六大乡镇，占境内苹果面积的 90% 以上；屯里镇、壶口镇约占 10%。苹果品种主要为红富士，约占 70%；红星约占 10%，秦冠、金冠各占 5%，其他早熟品种占 10%。其中，中晚熟品种约占 90% ~ 95%，早熟品种约占 5% ~ 10%。年产量达到 18 万吨，产值 8 亿 ~ 10 亿元，果农人均果品收入超万元，占农民人均总收入的 82.3%。

苹果产业的兴起，带动包装、贮藏、劳务、信息、运输、餐饮、住宿、农业投入品营销等相关行业的发展，形成境内“八万农民谋一果，七十二行兴一业”的繁荣局面。

第一章　苹果种植

第一节　发展阶段

引进试栽阶段

1959 年，吉县开始引种试栽苹果，在原县办国营红旗林场建果园 100 亩，栽植红星、金帅、大国光、小国光、倭锦、鸡冠、红玉、青香蕉等果树 3000 余株。1966 年，红山公社（现柏山寺乡）在大庄村创建社办林场，栽植苹果 100 亩。1970 年，中垛公社三堠大队在北乐村发展苹果 150 亩，在麻子渠村建集体果园 100 亩。1973 年，城关公社桥南大队在勒马垣建集体果园 123 亩。1974 年，城关公社东方红大队（现小府村委）在两满池村中角岭发展苹果 500 亩。1976 年，东城公社在社堤村创建社办果园 150 亩。以上果园均采用 4×5 米株行距，以栽植红星、国光、金帅、红玉等品种为主，采用“疏散分层型树型”和清耕制管理。到 20 世纪 80 年代初，境内苹果种植面积达到 2000 余亩。

示范推进阶段

20 世纪 70 年代后期到 80 年代初，最早栽植苹果的马连滩果园、三堠果园，特别是桥南果园、两满池果园收益突出，1 亩果园相当于 5 ~ 10 亩小麦或玉米的收入。1986 年冬，规划整地。1987 年春，吉县政府集中采购发放苗木，县乡干部包点督促推行苹果规模化栽植，当年苹果种植面积 2 万亩。1988 年，吉县确定“123”发展目标（到 1992 年实现人均栽植 1 亩果园、建成 2 亩旱涝保收基本农田、种好 3 分烤烟），突出抓“213”工程（每个乡镇建设 200 亩以上集体果园 1 座、每个村委建设 100 亩以上集体果园 1 座、每个学校建设 3 亩以上果园 1 座）建设，选定 19 个垣面开阔的村委集中创建“九大样板十个点”示范引路。苹果面积很快发展到 4 万亩（主栽品种为老红星），其中吉昌镇谢悉村、中垛乡南坪村一次连片成园，最早受益。1989 年，桥南村红星苹果首次参评获部优产品奖。1990 年 7 月，吉县聘请农业部和省地有关部门的教授、专家，对吉县建设苹果基地县进行可行性论证，将吉县列入全国红星苹果基地县。

扩张规模阶段

1991 年，桥南村红星苹果在全国首届农业博览会上获苹果类唯一金奖，对境内发展苹果起到示范推动作用。吉县继续补助资金调苗，鼓励农民发展果园，果园面积快速扩张。同时，出台政策，鼓励有实力的机关、企业到农村承包土地，创建果园，兴办实体。1995 年，苹果面积发展到 10 万亩，并先后从陕西周至县引进秦冠苹果树苗，万荣县及临汾果树场、曲沃果树场引进大批红富士苹果树苗及少量嘎拉、乔纳金、红将军等树苗。1996 年，吉县举办科技兴县论文征集活动，县果业技术员朱峰撰写的论文《发挥吉县优势，发展高档苹果》获一等奖；苹果从 10 万亩增长到 20 万亩。通过逐年高枝换优，不断淘汰老品种，更换成大面积的富士品种（包括长富 2 号、秋富 6 号和短枝富士、新红星及皇家嘎拉苹果）。2009 年 11 月，中国果蔬产业品牌论坛组委员会命名山西吉县为“中国苹果之乡”。2011 年起，每年新发展苹果 1 万 ~ 2 万亩，苹果面积基本稳定在 28 万亩左右。2013 年，山西省农业厅卫星遥勘中心实地认证，吉县苹果发展达到了

4 个 80%。即 80% 的耕地栽植的是苹果、80% 的乡镇发展的是苹果、80% 的农民从事的是苹果产业、农民 80% 的收入靠的是苹果，吉县被确定为“苹果产业种植基地县”。

转型提质阶段

20 世纪 80 年代后期，顺应市场对苹果品质需求，吉县引进苹果套袋栽培技术。2000 年，开始提倡自然生草、种草、种油菜、黑膜覆盖、杀虫灯、反光膜使用、诱虫板应用、摘叶转果等苹果生产新技术。引进推广烟富 3 号、烟富 8 号、烟富 10 号及蓬仙红等片红优系富士品种。2011 年，吉县果树科技研究所成立，编印《吉县精品苹果生产管理年历》《吉县苹果标准化生产技术管理手册》《苹果转型发展八改十配套操作规程》。

2012 年，吉县作出《关于加快苹果产业转型发展的决定》，编印《出口苹果生产技术规程》《吉县有机苹果操作技术规程》。启动勒马垣现代果业科技示范基地建设，安装太阳频振式杀虫灯 65 盏，配套粘虫板、诱虫带、反光膜，实施腐殖质覆盖、间伐减密 30 亩，集雨穴井示范园 30 亩，生物覆盖 1200 亩。设计开发“节庆祝福果”“心愿祈福果”等 10 大类文化艺术苹果。

2013 年，实行“五个一”栽植技术规程，采取按成活株数奖补的办法新发展苹果 1.598 万亩，其中屯里镇 1000 亩、壶口镇 3255 亩、吉昌镇 395.4 亩、中垛乡 2697 亩、柏山寺乡 2878 亩、东城乡 1239.9 亩、文城乡 3027.5 亩、车城乡 1480 亩。创建有机果园开发基地 5000 亩。引进的两家企业分别在东城乡社堤垣、吉昌镇城北垣、祖师庙垣，以“公司 + 合作社 + 基地 + 农户”模式进行有机苹果开发。

2014 年，出台《吉县有机苹果综合管理技术规程》，引进、示范张玉清的高光效省力化丰产树形栽培管理技术，创建 80 座技术革新示范园，面积 1000 余亩。在中垛乡三堠村、永固村、南坪村，吉昌镇桥南村、上东村完成减密间伐任务 3000 亩。

2015 年，争取省科技厅果园起垄覆膜集成技术示范基地项目资金 30 万元，在东城乡社堤垣打造 200 亩高标准核心示范园，作为苹果管理技术规范实习基地。打造兰村垣优质苹果示范基地，投资 45 万元修建田间水泥路 3 千米；投资 5 万元实施果园放蜂 500 余箱，提高果园花期授粉率；投资 9 万元为 2000 亩果园发放黑膜 1500 卷。

第二节 苹果品种

小国光

10 月下旬—11 月上旬果实成熟。单果重 120 克左右，最大可达 200 克。扁圆形，青黄色，在光照好的条件下，向阳面可着红晕。果肉稍粗糙，汁特多、味甜，含糖 11% 左右，味酸，含酸 1.00% 左右。香气少，品质中等或偏上，极耐贮运。

红星

个大，最大的可达到 300 ~ 400 克。果实呈圆锥形，萼洼深中广，五棱突起明显，果肩起伏不平，果型指数为 1 左右。果实初上色时出现明显的断续红条纹，随后出现红色霞，充分着色后全果浓红，并有明显的紫红粗条纹，果面光滑，蜡质厚，果粉较多，富有光泽，鲜艳夺目，果点浅褐色或灰白色。果肉淡黄色，松脆，果汁多，味甜。

金帅

9 月上旬果实成熟，具有丰产稳产特性。果实平均重 180 克，长圆形。低海拔地区栽培的果实扁圆形。果皮底色黄绿，成熟后金黄色。肉质细，味偏甜，有芳香，宜鲜食，易生果锈，贮藏后会发绵。

红玉

9月上旬果实成熟。果实扁圆形，顶部稍狭，中大，平均单果重145克。底色黄绿，阳面浓红色，充分着色者可全面浓红。初采时酸味较大，贮藏月余后酸味减少，甜酸适口，风味浓郁，品质上等。果实可贮至翌年2～3月，贮藏期间易发生虎皮病及斑点病。

鸡冠

是很老的一个品种，成熟的果品色泽红润，果面有小斑点，口感酸甜，个头中等，果型扁圆。

青香蕉

果实硬、脆、绵面、略有酸味、有果香，口感上乘。果皮青色，过熟发红。果个中等。晚熟、树势强、干性强。

祝光

果实硬，椭球形，果个中等，味甜，有"白糖苹果"之称。中早熟、枝条多且短粗、树冠小、成花多、叶厚色深、坐果普遍偏低（易落果）。

伏花皮

成熟期长，从7月中旬延续至8月中旬陆续成熟。果实多扁圆锥形，也有近圆形或扁圆形者。底色黄绿或绿黄。微香，风味甜酸或微酸，品质中等。不耐贮，成熟后如不及时采收则易落果，在树上果肉即变沙绵或发生裂果。

倭锦

皮硬，被称为硬皮苹果。有点甜味但口味寡淡。扁球形，中等偏大，耐储。

秦冠

果实成熟期10月下旬，果型大，果形端正，短圆锥形，上大下小，单果重约200～250克。果实底色黄绿，阳面有暗红晕及断续红条纹。果面光洁、着色艳红，蜡质较多，果点大而明显，果皮较厚韧。果肉乳白色，味甜，松脆，汁液较多，有香气且糖分高、硬度好。

红富士

10月下旬—11月上旬为采收期。果实体积很大，遍体通红，形状很圆，平均大小如棒球，重量中等。果肉紧密，有9%～11%是单糖，比其他很多苹果变种都要甜美清脆，受到全世界消费者的广泛喜爱。

新红星

果面浓红，色泽艳丽，果形高桩，五棱突出，外观美，香甜可口。

首红

为新红星芽变，9月中下旬成熟。果实圆锥形，果顶五棱明显，单果重180克左右。底色黄绿，全面浓红并有隐显条纹，果面有光泽，果点小，蜡质多。果肉乳白色，肉质细脆，汁多，风味酸甜，有香气，含可溶性固形物13%左右，品质上等。

红乔纳金

果形端正，近圆形或圆锥形。果实个大，平均单果重236.2克，最大者近380克，大小整齐。底色绿黄至淡黄，全面着色，颜色鲜红或浓红，有宽短断续红条纹，全红果多，着色比乔纳金好，树冠内膛和下部的果着色也较好。风味酸甜适度，味浓，有香气，品质上等，适于生食或加工。

北斗

果实为圆形或扁圆形，大型果，单果重300克以上。果面淡黄色，着全浓红色。套袋果实果面光滑，色泽鲜艳。果肉淡黄色，较红富士稍松，香味浓。

红将军

成熟期 9 月中旬。果实近圆形，果形端正，果形指数 0.86。果个大，平均单果重 254 克，最大单果重 416 克。着色早（8 月下旬即可着色），9 月中旬自然着色全红果可达 80% 以上，果面光洁，色泽艳丽。果肉黄白色，肉质细，松爽可口，汁多，甜酸适度，可溶性固形物含量 13.5%。

嘎啦

果型短圆锥形，端正美观，果顶有五棱，果梗细长。果实中等大，单果重 100 ~ 200 克。果面金黄色，阳面具浅红晕，有红色断续宽条纹，果皮薄，有光泽。果肉浅黄色，肉质致密、细脆、汁多，味甜微酸，十分适口。品质上乘，较耐贮藏。

松本锦

果实圆至扁圆形。属大果型，单果重 300 ~ 450 克。果面浓红，着色良好，洁净美观。果肉乳白色，肉质细脆，汁多，酸甜可口，风味极佳，含可溶性固形物 12% ~ 13%。常温下可贮藏 28 天左右。

美八

成熟期 8 月初。果实近圆形，大型果，平均果重 240 克， 最大达 350 克。果面光洁无锈，底色乳黄，着鲜红色霞。果肉黄白，肉质细脆，多汁，风味酸甜适口，香味浓，可溶性固形物 14%，品质上等。

烟富 3 号

10 月下旬成熟。果实圆形或长圆形，果形端正，果形指数 0.86 ~ 0.89。大型果，平均单果重 245 ~ 314 克。易着色，树冠上下、内外着色均好，属片红一系，全红果比例 78% ~ 80%，着色指数 95.6%，色泽浓红艳丽，光泽美观。果肉淡，肉质爽脆，汁液多、风味香甜，硬度 8.7 ~ 9.7 千克 / 平方厘米，可溶性固形物含量 14.8% ~ 15.4%。

烟富 8 号

是晚熟优良红富士苹果“烟富 3”的芽变品种，高桩大形果，果肉黄色，甜度高，其经济性状比“烟富 3”或普通红富士苹果更优良。

烟富 10 号

10 月中上旬果实成熟。果实长圆形，高桩端正。果个大，单果可重 400 克以上。果实着色全面浓红，色相为片红、艳丽。果肉淡黄色，肉质致密、细脆，汁液丰富。

红肉苹果

果肉细密硬脆、汁多，具有浓郁的香味，口感极佳，耐储运。

瑞阳

优质红色晚熟苹果新品种。果肉黄白色，细脆、多汁，风味甜，具香味。

瑞雪

为黄色、晚熟品种。果形端正，果面光洁，风味浓郁，具独特香气，品质佳，耐贮藏。

粉红女士苹果

10 月下旬果实成熟。果形端正、高桩。果实底色绿黄，着全面粉红色或鲜红色，色泽艳丽。果面洁净，无果锈，果点中大、中密。

信浓红

7 月底 8 月初果实成熟。果实圆锥形，高桩，果形正，无偏果，果形指数 0.9。果个大， 平均单果重 208 克，最大单果重 280 克。果面光滑，底色黄绿，果面红色至浓红色，果柄长。果肉白色，肉质脆，致密，稍硬，汁液多，有香味，风味甜酸，可溶性固形物含量 13% ~ 14%，总酸含量 0.3% ~ 0.4%，品质极上。

第三节 四季管理

春季管理

萌芽期（3 月下旬—4 月上、中旬）

补充营养：即在树主干光滑部位涂“奇蕊”氨基酸营养液补充营养。

多道环割：4 月 5 日左右，对 1 ~ 2 年生枝条的光秃部位进行多道环割，促小枝萌出。6 月上旬再在该枝基部环割，促进成花。

刻芽：3 月 15 日—4 月 15 日进行，刻芽可以定向定位培养骨干枝，建立良好的树体结构，促进高质量的中、短枝形成，平衡果树的树势，使果树稳产。

定植：一般标准园为 3×5、4×5 株行距。

桥接：果树枝干发生腐烂病或机械危害，伤口处出现问题时，通过桥接恢复树势。

开花期（4 月中旬至 4 月下旬）

喷肥：喷施硼酸液、尿素、氨基酸等肥料，提高坐果率。

疏花：合理疏花，减少树体营养损耗，增加有效花的比例，提高坐果率，避免出现大小年的现象。

人工授粉：有点授和喷雾两种方法。人工授粉能够确保坐果率（特别是春季低温阴雨天），稳定产量。

盛果期喷果形素：盛花期喷高桩素，可拉长果形，提高商品率。

落花后（5 月上中旬）

疏果：疏除过多幼果，控制挂果量，减少养分损耗，提高苹果品质。

浇水：此期正是果树需水临界期，多浇水利于细胞分裂和春梢早期生长。

抑顶促萌：对 25 厘米长的枝进行抑顶促萌，以减少营养消耗、平衡树势、培养优壮枝、调节叶果比。

夏季管理

5 月下旬—6 月中旬，拉枝、开角、环剥、环割、扭梢、摘心和苹果套袋。

5 月 20 日—6 月 20 日，对新红星、金冠、三倍体等环剥敏感的品种搞多道环割。红富士从谢花 35 ~ 40 天开始套袋。

6 月下旬至 7 月中旬，早熟品种成熟期、中熟品种膨大期，叶面喷肥。早熟品种及时采收。

秋季管理

7 月下旬—9 月中旬，中熟品种采收期、晚熟品种膨大期，秋季拉枝、喷肥、喷激素、摘心。

9 月下旬至 10 月，晚熟品种成熟期，去袋喷微肥采收，施秋基肥。

冬季管理

11 月—次年 3 月中旬，落叶期、休眠期，有条件的果园及时冬灌、主干基部培土、缚草。

幼树：根据栽植密度确定合理树形，修剪、拉枝培养结果枝组。

成龄大树：整形修剪，疏除干枝、病虫枝、绞靠枝、徒长枝、过密枝，使树体主干、树条分布均匀，促稳产。

防冻保护：伤口涂汽油铅油合剂、四季胶、20 倍果康宝等保护剂。树干培土、缚草，幼树埋土防寒等。

吉县有机苹果生产周年管理一览表

表 9-1-1

物候期	月	旬	主要管理内容
休眠期	1 ~ 3 月		①制定年度计划②规范树形③伤口保护④清园⑤准备物资用具（重点是乔化富士树密闭园改形工作）
萌芽期	3 月	中下旬	①病虫防治②合理追肥③清除修剪的枝梢
花期	4 月	上旬	①拉枝刻芽②病虫害防治③疏蕾
花期	4 月	中旬 下旬	花期管理（园上风口堆草生烟的方法进行防冻） ①病虫防治②抹芽除萌
幼果期	5 月	上中旬	①疏果定果②病虫防治
		下旬	①地面防治②果实套袋③夏季修剪
幼果期	6 月	上旬	①适时切剥②果实套袋
		中下旬	①病虫防治②灌水③覆草保墒
果实膨大期	7 月	上旬下旬	①追肥②病虫害防治③覆草
果实膨大期	8 月	上旬下旬	①拉枝、疏枝②幼树换种③病虫防治
果实着色期	9 月	上旬下旬	①秋季修剪②果实除袋③摘叶转果④果园种草
果实成熟期	10 月	上中旬	①分期采收②贮藏③秋施基肥④刮腐烂病
落叶期	11 月		①继续施基肥②清园③主干涂白
	12 月		整形修剪

第四节 精细管理

减密间伐

20 世纪 90 年代初，吉县栽植的苹果品种以乔化红富士为主，因为密度大，果园通风透光不良，病虫害多，着色差，商品率不高。通过实施减密间伐，减少无效消耗，提高光合效能，延长树体寿命，增强苹果品质，解决果园郁闭的问题。

树下部管理

生草、覆草　由于长期施入氮、磷、钾肥，忽略中微量元素的补充，容易造成土壤板结、保水保肥能力降低，导致病虫害增多、苹果品质下降。采用生草、覆草的方法进行树下管理，可以有效增加土壤有机质含量，改善土壤团粒结构。

早施基肥　结合深翻扩穴，斤果施入腐熟农家肥 1 千克。

追肥　3 月萌芽前，追肥以氮肥为主，磷钾辅之；6 月套袋后，以钾为主，氮磷辅之。

树上部管理

优化树体结构　密度 3×4 米、4×4 米、3×5 米株行距果园采用自由纺锤形结构。密度 5×6 米、5×5 米株行距果园采用三、二、五主开心形结构。

优势枝条　按照果树品种生长结果特性和果实着生部位，选留培养优势结果枝，逐步回缩去除衰势枝，达到丰产目的。

人工授粉

果树开花时，将采集或购买的金冠、秦冠、红星等果树花粉，用手工点授、敲杆撒授等方法使其授粉，以提高坐果率。

果实套袋

果实套袋是生产无公害苹果和高档果品的重要环节。早中熟品种（如嘎拉、红星、凉香等）套双层内黑纸袋；晚熟品种套双层打蜡袋。海拔在 1000 米以上可套双层内黑袋，海拔在 1000 米以下可套双层内红袋。

套袋前准备　保持树势中庸，通风透光良好，要科学疏花、合理留果。

纸袋选择　一般选择双层纸袋，内袋涂蜡薄而均匀，透气性好，外袋全木浆纸、耐雨水冲刷的纸袋为好。

套前喷药肥　谢花后 10 天喷一次药，套袋前喷一次药，以杀菌剂、杀虫剂和杀螨剂为主，套袋要加入易被幼果吸收的优质钙制剂。如流体钙、翠康钙宝、加力钙等。

适时套袋、摘袋和采收　套袋时间为谢花后 35 ~ 40 天开始；扯袋时间为采前 7 ~ 10 天，树冠内膛的一次去袋，树冠外围的或遇气温度过高时，先将纸袋从底部撕开成伞状，经过 4 ~ 5 个晴天后再全部摘除。摘除内外袋均应在晴天上午 9 ~ 12 时、下午 2 ~ 4 时进行，避开晌午高温时段进行，以免发生日灼。

摘叶转果与铺反光膜

摘叶转果　果实采收前 21 ~ 24 天左右，适时适量摘除影响着色的叶片，并把果实阴面转到阳面。以增加全树各部位见光度，使果实全面着色，提高果实的商品价值。

铺设反光膜　果实采收前 20 ~ 30 天，在树盘或行间平铺带状银色反光膜，使光能反射到果实下部，促使果实全面着色，达到提升果实品质的效果。

简易水肥一体化施肥技术

就是将肥料溶解液追入果树根系的施肥方法。它的好处是不挖坑、不伤根、不碰果和不损伤土壤结构，具有速效、高效、精准的优点。

第五节　病虫害防治

2000 年后，苹果套袋技术广泛应用，苹果病虫害防治也由原来“三虫两害”为主，转为“三虫三病”即：苹果棉蚜、红蜘蛛、顶梢卷叶蛾，早期落叶病、红点黑点、腐烂病。

2005 年前吉县无公害苹果病虫害防治规程一览表

表 9-1-2

时间	物候期	主要工作
12 月至 3 月中旬	休眠期	防治越冬害虫、各种病菌、日灼、冻害
3 月下旬至 4 月上旬	萌芽期	防治腐烂病、干腐病、白粉病、炭疽病、轮纹病、红蜘蛛、蚧壳虫、卷叶虫、潜叶蛾、毛虫
4 月中旬至 4 月下旬	开花期	防治金龟子、白粉病
5 月上中旬	落花后	防治锈病、轮纹病、炭疽病、腐烂病、白粉病、霉心病、金龟子、红蜘蛛、潜叶蛾、卷叶虫、金纹细蛾
5 月下旬至 6 月上中旬	幼果期	防治红蜘蛛、蚜虫、潜叶蛾、早期落叶病
6 月下旬至 7 月中旬	早熟品种成熟期 中熟品种膨大期	防治桃小食心虫、红蜘蛛、顶梢卷叶虫、苹小食心虫、灰象甲、舟形毛虫、早期落叶病、腐烂病
7 月下旬至 9 月中旬	中熟品种采收期 晚熟品种膨大期	防治二代桃小食心虫、舟形毛虫、卷叶虫、炭疽病、轮纹病、苦痘病、褐腐病
9 月下旬至 10 月	晚熟品种成熟期	越冬虫卵
11 月	落叶期	腐烂病

2005 年后，吉县苹果进入绿色食品生产阶段，病虫害防治规程随之发生改变。

2005 年后吉县绿色苹果病虫害防治规程一览表

表 9-1-3

时间	物候期	主要工作
12 月至 3 月中旬	休眠期	防治越冬害虫、各种病菌、日灼、冻害
3 月下旬至 4 月上旬	萌芽期	防治腐烂病、干腐病、白粉病、炭疽病、轮纹病、红蜘蛛、介壳虫、卷叶虫、潜叶蛾、毛虫
4 月中旬至 4 月下旬	开花期	防治金龟子、白粉病
5 月上中旬	落花后	防治锈病轮纹病、炭疽病、腐烂病、白粉病、霉心病、金龟子、红蜘蛛、潜叶蛾、卷叶虫、金纹细蛾
5 月下旬至 6 月上中旬	幼果期	防治红蜘蛛、蚜虫、潜叶蛾、早期落叶病
6 月下旬至 7 月中旬	早熟品种成熟期 中熟品种膨大期	防治桃小食心虫、红蜘蛛、顶梢卷叶虫、苹小食心虫、灰象甲、舟形毛虫、早期落叶病、腐烂病
7 月下旬至 9 月中旬	中熟品种采收期 晚熟品种膨大期	防治二代桃小食心虫、舟形毛虫、卷叶虫、炭疽病、轮纹病、苦痘病、褐腐病
9 月下旬至 10 月	晚熟品种成熟期	清除越冬虫卵
11 月	落叶期	防治腐烂病

第二章　示范园区

第一节　示范园

2008年，吉县实施苹果优势产品基地建设，确定50个标准化生产示范园实行责任制管理（签订目标责任书），并提出10项管理要求。完不成目标任务的示范园，将被淘汰出局，也不再享受相关优惠政策。

十项管理要求

立牌命名　挂牌命名，标明果园面积、品种、树龄、负责人、技术指导人、执行标准等。

标准入户　执行《吉县苹果无公害生产操作规程》《绿色食品苹果生产技术规程》等生产技术标准。

建立档案　建立生产记录档案，主要包括生产使用农药时间、品种、用量、化肥品种用量。

配送农资　示范园果农只准购买使用指定的分销点配送的农药化肥，不准私自在市场上购买农资。

改造树形　树形全部进行高光效树形改造，控制亩枝量在7万条左右，达到生产优质果树要求。

果实套袋　亩套优质双层纸袋5000 ~ 10000个。

配方施肥　按配方施肥，增施有机肥，每亩施农家肥1500千克。

技术培训　乡镇技术人员与50个示范园结对，定人、定园、定任务，保障各示范园负责人掌握标准化生产技术。

参观学习　组织各示范园负责人，分季节到陕西洛川、山东烟台及南方沿海大中果品市场参观学习，提高管理水平。

果品评比　果品收获季节，组织示范园观摩，对果品质量、果园管理、生产效益等进行评比排队，奖励先进，增强带动作用。

示范果园

马连滩果园　位于中垛乡马连滩村，1962年8月由国营红旗林场创建（第二任场长候腾仁率领），果园105亩，品种有小国光、金帅、红玉，以及授粉品种祝光、伏花皮、红星、元帅、鸡冠、青香蕉等。初果期每斤苹果售价0.1 ~ 0.2元。70—80年代进入盛果期后，单株产量达到300斤左右，苹果每斤售价0.3 ~ 0.5元，开了吉县苹果发展的先河。

桥南果园　位于桥南勒马垣。1973年创建（时任村党支部书记杨红森）。果园面积20多亩（600株）。品种有国光、红玉、祝光、青香蕉等。1976–1979年发展红星、金帅4000余株，果园面积达到123亩。最好年景单株达300 ~ 400千克，总产量25万千克左右，收入近40万元。1989年该园红星苹果在北京参评获部优产品奖。1992年，红星苹果又获中国首届农业博览会苹果类唯一金奖。

两满池果园　位于吉昌镇两满池村中角岭，建于1974年，面积500亩，品种以红星、国光、金帅、富士为主，分别由薛孔印等40多户管理，效益最好时户均收入5万 ~ 10万元不等。山西黄河电视台曾作了专题采访，为垣面大规模发展果园树立了典范。

谢悉果园 位于吉昌镇谢悉村，建于 1976 年（由时任城关公社党委书记薛天忠、谢悉村党支部书记白铁森协调部署），面积 1000 亩，实行统一规划、统一栽植、一次成园、分户管理。品种为金帅、红星、秦冠、富士。初果期每斤 0.5 ~ 0.8 元，盛果期平均单株产量达到 150 ~ 250 千克，成为 20 世纪 80 年代吉县苹果发展最辉煌的一页。

生产资料公司果园 位于中垛乡中垛村。1990 年组建（生产资料公司经理杜寅森率领），公司以承包费 89 万、承包期 20 年的形式，承包中垛村 300 亩果园。当时树龄 3 年，品种为红富士、金冠、红星、祝光等。接管经营 4 年后，通过高接换头改造富士和红星 52 亩。先后聘请全友、陈册、马恩正等专家进行技术指导，提高管理水平；各乡镇先后组织农民 20 多次 500 余人到果园参观考察，成为苹果产业发展的样板。

精品果园选介

吉昌镇祖师庙村费银定果园 各项管理措施到位，园貌整齐，树势强健，比一般旱地果园早 2 年进入盛果期。

柏山寺乡杨印江果园 果园各项措施运用得当，幼树早结果早丰产。

东城垣“猪沼果”果园 推行“猪沼果”苹果生产模式，果业良性循环发展。

柏山寺乡冯建平果园 重投入，精管理，商品率达 90% 以上，连年收入超 10 万元。

2009 年 9 月，吉县四大班子领导及各乡镇主管领导、果业技术员、部分果农对精品示范果园进行观摩，进一步推进标准化示范建设。

第二节 产业基地

2010 年，吉县作出“苹果转型发展”的决定。同时制定“八改十配套”果业转型操作规程，编印《吉县精品苹果生产管理年历》《吉县苹果标准化生产技术管理手册》，确立建立精品苹果生产基地、有机苹果生产示范基地、功能保健苹果生产基地、会展苹果生产基地等。

精品苹果生产基地

2010 年，对部级 3000 亩和省级 2.3 万亩标准化生产示范园进行规范化建设。2014 年，引进山东果树管理高新技术，培育优势树型，打造东城乡东城村刘章顺、太和村冯三续、吉昌镇上东村曹小林、中垛乡南坪村梁庭亮等一次性隔株间伐示范园。2015 年，涌现出一批典型示范园，其中：屯里镇柳宝奎果园，管理精细、重投资、品质好，红富士苹果 75 毫米以上卖到最高价 7.6 元 / 千克；东城乡景建林果园创下亩产达万斤、亩收入达 3 万元的最高效益；车城乡行台村葛四小舍得投资，管理精细，所产苹果全部在 80 毫米以上，被太原果商以每斤 4.5 元收购。

有机苹果生产基地

2011—2015 年，印发《吉县有机苹果生产技术规程》，采取项目倾斜扶持、包园技术指导、订单高价收购等措施，创建有机果园开发基地 5000 亩。引进两家企业分别在东城乡社堤垣、吉昌镇城北垣、祖师庙垣按照“公司 + 合作社 + 基地 + 农户”的模式，进行有机苹果基地开发。其中：阳丰苹果专业合作社通过有机苹果转换认证 22081.95 亩，朝晖苹果专业合作联合社通过有机转换认证 2164.5 亩。

功能保健苹果生产基地

2012—2015 年，制定功能保健苹果生产技术要点，在总结生产富硒、富锌、SOD 功能保健苹果的成功经验基础上，优选果园果农，严格生产规程，开发富钙苹果项目 1000 亩，实行订单生产。

会展苹果生产基地

2012—2015 年，先后设计开发旅游纪念果、情侣心语果、剪纸艺术果、艺术人物果、节庆祝福果、生肖卡通果、会展文化果、心愿祈福果、格言警句果等 10 大类文化艺术苹果，专供会展宣传展销。宣传部、电视台、县志办、文广新局、档案局、文联等多部门相互协作，创办《今日农事》栏目、编撰《吉县苹果发展历程》、拍摄吉县苹果宣传展示片、编辑吉县苹果文化画册等，深度发掘吉县苹果文化内涵，提升吉县果品知名度、美誉度和市场竞争力。

第三节　示范园区规划

2014 年，制定《吉县苹果产业五年发展规划》，决定创建“一个样板园，十个精品园，百个示范园”，在新技术应用、有机化发展、减密间伐、品种改良等方面为苹果产业发展树立起标杆，辐射带动境内十大垣面，覆盖 41 个村、14.6 万亩果园，形成十大苹果产业园区。

勒马垣区　覆盖吉昌镇桥南村、中垛乡永固村共 2 个村，果园面积 0.8 万亩。

城北垣区　覆盖东关村、西关村、学背后村、上东村、山阳村 5 个村，果园面积 1.2 万亩。

兰村垣区　覆盖兰村、大田窝村、霖雨村 3 个村，果园面积 1 万亩。

赵村垣区　覆盖祖师庙村、东赵村、桃村 3 个村，果园面积 0.8 万亩。

中垛垣区　覆盖三堠—下柏房—白额线、三堠—南坪—中垛—安平—南光线 2 条线 7 个村，果园面积 2.8 万亩。

永固—大庄—匣院垣区　覆盖永固村、西头村、东石泉村、大庄村、白米村、兰古庄 6 个村，果园面积 3 万亩。

中市—留村垣区　覆盖中市村、留村、存心村 3 个村，果园面积 0.8 万亩。

文城—大圪塔—克难坡垣区　覆盖文城村、大圪塔村、南村、克难坡村 4 个村，果园面积 1 万亩。

东城垣区　覆盖东城乡东城村、柏东村、雷家庄村、社堤村、太和村、沟南村 6 个村，果园面积 2 万亩。

谢悉—桑村垣区　覆盖谢悉村、桑村 2 个村，果园面积 1.2 万亩。

第四节　科技推广

技术指导服务机构

1990 年，吉县果业服务中心成立。1998 年，更名为吉县果业局。2002 年，机构改革更名为吉县果业开发服务中心，内设办公室、果品站、技术站、物资站。设主任 1 人，副主任 2 人，研究所长 1 人，总农艺师 1 人；专业技术人员 9 人，其中高级农艺师 2 人、中级农艺师 3 人、助理农艺师 4 人。2000 年，建立县果树研究所、乡镇果业站、村果业协会三级服务体系。2011 年，成立吉县果树科学技术研究所。

技术服务队伍

20 世纪 90 年代前，吉县果树技术专业技术员有王晋义、张振武、郑金城等。乡村果树管理技术员有史运和、史殿军、赵林虎、高稳锁、阵子、冯正忠、梁稳珍、秦中魁、冯贵生、费银定。2000 年，乡镇果业站人员有：吉昌镇张建国、中垛乡杨红山、柏山寺乡杨印江、东城乡葛成稳、兰家河乡陈东亮、曹井乡史运和、屯里镇薛海永、壶口镇郭文龙、文城乡白宝荣。2011 年，创建“一个专家库，八个技术组，八十个技术指导队”，健全技术指导体系，对境内果园实行分片管理，全力打造“绿色、天然、有机”品牌。

编印果树管理规程

2002 年，组织窦兴华、朱峰、郭东舟等技术人员编印《吉县果树管理培训素材》2000 册，作为果农培训教程，全年培训 1 万人次。同时筛选 1000 座管理好的果园，作为新技术的辐射源，提升整体果园规范化管理水平。

2003 年，技术员冯立山、窦兴华、郭东舟、丁春刚等，起草编写山西省吉县地方标准规范《绿色食品苹果生产技术规程》，对苹果生产园地的选择、栽培技术、土肥水管理、整形修剪、花果管理和病虫害防治，以及果品的包装、标志、贮存、运输等提出规范要求。

2011 年，组织技术专家，编写吉县苹果转型发展培训素材《八改十配套操作规程》《无公害苹果标准果园创建技术手册》《吉县精品苹果标准化生产管理年历》各 5000 册，作为普及学习资料。组织县乡技术人员依托《苹果转型发展培训教材》结合果树生产物候期，开展了 40 场次、1 万人次的技术培训。

2012 年，起草《关于全县推行苹果种植自然灾害保险的实施方案》，每亩果园交纳保险金 20 元、政府补助 60 元。吉昌镇、东城乡、中垛乡 3 个乡镇 24 个村 16373 亩果园参加自然灾害保险。4 月上旬，又争取财政资金 100 万元采购花粉，对遭受严重冻灾的 98537 亩苹果树进行人工授粉，使灾害损失降到最低。

2014 年，编写《吉县有机苹果综合管理技术规程》，开设《今日农事》栏目，开展苹果提质升级技术宣讲。

2015 年 11 月，吉县果树科技研究所所长窦兴华主编出版《吉县精品苹果生产技术》一书，成为苹果生产标杆性培训教材。

学习考察

20 世纪 90 年代开始，吉县选派专业技术人员到大专院校或科研院所研修，同时组织技术人员、果农代表到外地参观考察，学习取经。

1992 年，选派技术员张卫东、苏来宝、窦兴华、郭东舟等到山西省果业总站参加全省高级果树技术培训；窦兴华、史运和等到山西省果树研究所参加技术培训。

1997 年 3 月，选派果树管理技术骨干到山西省名特优临汾地区果桑站参加果树培训班；有关果树技术人员参加临汾地区在襄汾县举办的果树管理技术综合培训。

2004 年，冯立山到广西桂林参加全国无公害农产品技术培训；窦兴华随市苹果重点县代表前往陕西参观、学习；组织果农代表到陕西杨凌、洛川、运城参观学习。

2006 年，吉昌镇、柏山寺、屯里镇、东城乡近千名果农到陕西洛川参观学习，为果树大改形打下扎实基础。

2013 年，组织技术骨干、乡镇果业站站长赴陕西洛川，山西曲沃、隰县参观考察，引进了苹果先进管理技术和高端示范试验基地建设经验。

2014 年 9 月，组织 100 名骨干到山东李志良、张玉清果园参观学习。

专家培训

从 20 世纪 90 年代开始，县果业中心和农资经销商邀请专家、教授到吉县开展苹果树管理科技培训和技术指导。

1997 年 1 月，聘请山西省园艺所所长、研究员童德忠对各乡镇技术骨干进行为期 7 天的技术培训，参训果农 2000 人次。

1997 年 5 月，邀请天津市农科院研究员程瑞平到吉县对苹果套袋栽培技术进行培训；果业中心从山东、运城购回 3 盘苹果录像带在吉县电视台连续播放。

2004 年，聘请山西省植保专家马恩正、果农报社主编杨良杰、运城市高级农艺师薛基忠、白姚琪等人到吉县培训果农 15 场次，参训果农 2500 人次。

2006 年，聘请山西省农业科学院果树研究所副所长、研究员、留美博士、中日友好果园高光效、开心树形创始人牛自勉到吉县进行高光效开心树形改造技术培训。培训以课堂理论讲解与果园现场实践相结合的形式，覆盖十大苹果生产园区，为期 3 天 6 场次，参训果农 2000 余人次。

2007 年 12 月，聘请北京中日友好果园园长、小冠开心形创始人、北京农学院果树研究所客座教授张文和，在 8 个乡镇巡回培训 4 天 8 场，参训人员 2000 余人次。

2010 年，聘请山西大学副校长刘滇生进行旱作果园“集雨穴井”培训。当年 12 月，聘请张文和对果树大改形“势、形、量”作详细讲解，现场示范，培训 4 天 6 场次，参训 2000 余人次。

2011 年 2 月 24 日，聘请北京中日友好果园高级农艺师张文和教授、西北农林科技大学植保系宗兆锋、花蕾教授分别对小冠开心形修剪及腐烂病、棉蚜、锈病等病虫害的防治，进行为期 8 天的巡回培训，参训果农 3000 余人次。4 月，聘请陕西省果业协会常务理事、果树栽培管理专家张宏生进行标准化生产培训。6 月 12 日，聘请山东烟台苹果贮藏专家张义华进行保鲜剂应用培训。8 月 9 日，聘请省果业总站站长闫和健、省出入境检验检疫局处长丁三演对苹果基地园主和贮藏营销企业 300 余人，进行苹果出口基地创建培训。

2012 年，开通“果讯通”小区网，对果农提供低费便利服务，适时发布标准化生产不同物候期的关键技术、特殊天气预报及防灾补救措施、果市行情、劳务供需等项信息服务。4 月 8—9 日，邀请牛自勉教授进行苹果冻灾补救技术培训。4 月 14—15 日，邀请牛自勉教授进行人工授粉技术专题培训，并到受灾果园现场示范指导。11 月 20—26 日，邀请曲沃果树专家王秀军、杨武强，在 8 个乡镇举行 7 场倒伞形树形结构培养技术专题培训，参训果农 3000 余人。

2013 年 3 月，邀请曲沃县果树专家王秀军对果树倒伞形修剪进行集中培训；邀请山西苹果产业体系首席专家牛自勉教授针对减密间伐、高光效树形改造技术在中垛、吉昌、东城 3 个乡镇进行专题培训。4 月，邀请山东果树专家李志良、曲沃果树专家王秀军、杨武强就高光效树形以及精品果生产技术进行理论与实践相结合的培训，培训 10 场次，参训 2000 余人次。

2015 年，先后聘请山西果树研究所李夏鸣研究员、山西农大杜俊杰教授、西北农林科技大学赵正阳教授、范崇辉教授、青岛农业大学张振芳教授、郑州果树专家过国南教授、山东蓬莱农民果树专家张玉清等到吉县开展各类培训 100 余场次，培训果农 1.5 万人次。

第五节 配套设施

田间路

2011 年，实施良种繁育及标准化生产示范建设项目，在屯里镇太度村修建田间路 7 千米。

截至 2015 年底，扶贫局、农发办、发改委等单位修建田间路 330 千米。

水利工程

2002 年，实施农田水利建设项目，在东城乡东城村发展节水灌溉工程 800 亩。截至 2015 年，共修建 1000 立方米蓄水池 10 座、500 立方米蓄水池 5 座、300 立方米蓄水池 2 座、200 立方米蓄水池 1 座、100 立方米及以下蓄水池共计 159 座，铺设引水进园管道 90 余万米，覆盖果园面积 6.3 万亩。改善了果园供水，对实现果业可持续发展提供了保障。

杀虫灯

2009 年，实施优势苹果示范园节水灌溉工程项目，在吉昌镇城北垣安装太阳能杀虫灯 100 盏。截至 2015 年底，共计安装杀虫灯 2100 盏，覆盖果园面积 3.5 万亩。

防雹网

2012 年，投资 92 万元，在中垛乡中垛村、东城乡社堤村，吉昌镇上东村搭建防雹网 260 亩。2015 年，实施防雹网搭建奖补政策，每亩补贴 500 元或每亩贴息贷款 4000 元，补贴一年利息。截至 2015 年底，共搭建防雹网 3000 亩。

果园管护房

2014 年，投资 50 万元，在吉昌镇兰村、东城乡太和村修建果园管护房 50 座。截至 2015 年底，共修建果园管护房 200 座。

猪沼果配套

2010 年，推行“猪沼果”生态模式，在优势农产品示范基地项目区建“猪沼果”配套工程 100 套。整合农业项目在其他垣区建沼气池 860 个，总量达到 9800 个，为增加果园有机肥投入奠定了基础。

水果经济林建设

2014 年，实施水果经济林建设项目，在中垛乡安装频振式太阳能杀虫灯 580 盏，建设 30 立方米集雨池 40 眼，修建 1000 立方米蓄水池 2 个，完成引水进园工程 2000 亩。

2015 年，投资 470.6 万元，实施 1.2 万余亩退耕还林水果经济林建设，覆盖 4 个乡镇 25 个村委。其中吉昌镇 5 个村、车城乡 7 个村、屯里镇 5 个村、东城乡 8 个村。建设内容包括：采购苗木 45.115 万株，新发展苹果面积 1.2 万亩，预整栽植坑 7000 亩，购买防护套 21 万只，采购发放保墒黑膜 7000 卷、生物有机肥 260 吨、割草机 56 台、手扶拖拉机 48 台，采购安装果园风机 5 台，修筑田间水泥路 7.5 千米，开展技术培训 4 场次。

第六节　品牌创建

十七项认证

1998 年，吉县向中华人民共和国工商行政管理局申报注册“壶口图形商标”。2004 年，8 个乡镇 1 万公顷苹果通过中国绿色食品发展中心“绿色食品”认证、山西省农业厅“无公害农产品产地”认证；8000 吨苹果通过农业部农产品质量安全中心“无公害农产品”认证。

2009 年 11 月，中国果蔬产业品牌论坛组委会授予吉县“中国苹果之乡”、获“中华名果”称号。同年，山西出入境检验检疫局验收，中垛乡南坪村、吉昌镇上东村等 8 个垣面获得出口苹果注册果园证书；超正果业有限责任公司等 5 个苹果营销企业获得出境水果包装厂注册认证和电子口岸等出口资质手续；中国质量认证中心考核评审，吉县苹果获得“良好农业规范认证”；

国家质检总局出入境检验认证中心考核评审，吉县被命名为“全国出口苹果生产基地核心示范区”；注册“jxSOD”苹果商标，受理公示“吉县苹果”地理标志证明商标。11 月 12 日，超正果业有限公司 63 万吨苹果首次直接出口泰国，创汇 5.3359 万美元。

2013 年，山西澳坤农业科技有限公司有机苹果生产基地（吉昌镇山阳村、兰村、祖师庙村）10213.95 亩、14121 吨有机苹果，获北京五洲恒通有限公司认证；吉县壶口有机农业有限公司生产基地（东城乡柏东村、上堤村）2163 亩、2163 吨有机苹果，获南京国环有机产品认证中心认证；“吉县苹果”地理证明商标通过国家工商行政管理总局认证。

2008—2014 年，历经 6 年申请，吉县“壶口”牌（文字）苹果在国家工商行政管理总局成功注册。

二十二项奖项

1989 年 12 月，吉县（红星）苹果被农业部评为优质农产品（证书和景泰蓝奖瓶）。

1992 年 10 月，吉县（红星）苹果被评为首届中国农业博览会金质奖（证书）。

1993 年 9 月，吉县（红星）苹果获山西省首届农业博览会金质奖，金冠获优秀奖（证书）。

1996 年 11 月，吉县（红富士、红星、金帅）苹果均获北京国际果品及技术设备展览会“专家评优金奖”和“优质产品荣誉奖”（证书及金牌）。

1998 年 10 月，（壶口牌苹果）获山西省第二届名优水果展评交易会金奖（证书）；吉县（红星）苹果获山西省第二届名优水果展评交易会金奖（证书）。

1999 年 10 月，吉县（红星）苹果被中国国际农业博览会评为“山西名牌产品”（证书及奖牌）。

2000 年，吉县（红富士）苹果获山西省第三届优质水果展销会金奖（证书）。

2008 年 1 月，吉县（红富士）苹果获“山西名牌农产品”称号（证书及奖牌）。

2009 年 2 月，吉县苹果获第六届中国国际农产品交易会“畅销产品奖”；同年 10 月，吉县苹果获中国（山西）特色农产品交易博览会“最佳畅销产品奖”；吉县苹果获中国（山西）特色农产品交易博览会金奖。

2010 年 10 月，吉县“富硒苹果”在首届黄河金三角区域农业新技术新产品展示展销会暨首届苹果文化节上获“优质水果奖”。12 月，“壶口”牌功能保健苹果获山西特色农产品北京展销周金奖；吉县苹果获第一届山西省特色农产品交易博览会金奖。中国文化品牌研究中心授予吉县苹果为中华晋商崛起 20 年“最具影响力品牌”。

2011 年 10 月，吉县苹果获第九届中国国际（成都）农业博览会金奖，被评为山西特色农产品“十大名牌”；获第二届山西省特色农产品交易博览会金奖。11 月，被中国果蔬产业品牌论坛组委会授予“中国果品著名品牌”。

2012 年，在第二届山西特色农产品北京展销周上，吉县苹果再得金奖，获山西特色农产品“十大名牌”证书；精品礼盒，获中国农产品包装设计大赛华北区金奖、全国优秀奖。

第三章　苹果营销 储藏

第一节　营销服务

开辟绿色通道

吉县常年都为苹果销售开辟绿色通道。各乡镇设有果农之家，提供免费住宿，方便果商；各苹果储藏企业设有接待室、休息室、住宿、做饭等配套设施。交警、路政、物价、工商、农业检疫部门等相关部门随时提供服务。

苹果营销纠纷调解中心

2014 年 9 月，成立吉县苹果营销纠纷调解中心，制定《矛盾纠纷调解工作制度》《共同调解制度》《矛盾纠纷登记制度》《人民调解委员会工作制度》。调解中心办公室设在县果业中心，调解员由 8 个乡镇果业技术员和乡镇司法员组成，依法对苹果营销纠纷开展调解。

规范营销队伍

2014 年 9 月，吉县果商推荐的基础上，通过社会调查筛选，登记备案 120 名诚信经纪人。并对备案经纪人培训，颁发营业执照，以规范营销队伍。

第二节　销售市场

苹果销售三个阶段

第一阶段：1986—1996 年，因为知名度不高，吉县苹果主要销往临汾、太原、长治、晋城等省内农产品批发市场。第二阶段：1996—2006 年，借助陕西、运城等地苹果包装箱销往广州、运城、广西玉林等市场；1997 年 12 月，吉县苹果首次出口东南亚。第三阶段：2006—2015 年，凭借自身独特的品质赢得了市场，先后推出壶口牌、秋日田园牌、超正牌、龙虎牌、心连心牌品牌苹果，销往北京、上海、广州、深圳、广西玉林、福建、湖南等国内市场；部分还通过深圳罗湖口岸配送到香港、澳门等地。2012 年，吉县苹果实现了首次直接出口。

苹果直销窗口

至 2015 年，吉县有苹果直销窗口有 30 个，其中优秀窗口 10 个：北京浩恒丰商贸有限责任公司、吉县永盛果业有限公司天津直销点、吉县凤多聚鑫果业有限公司柳州直销店、吉县大山农副产品有限责任公司广州直销点、吉县恒丰苹果物流有限公司南昌直销点、吉县林源果业有限责任公司佛山直销点、吉县环宇公司壶口苹果广州直销点、吉县苹果上海直销点、吉县苹果人祖山农副产品有限公司重庆直销点、吉县苹果太原直销店。国内市场覆盖广东、广西、海口、湖南等 18 个省（市、区）。

苹果出口

出口基地建设　2015 年，吉县中垛乡南坪村、吉昌镇上东村等 8 个村创建苹果出口基地，共 33878 亩果园获得出境水果注册果园证书。

出口企业认定 2015年，吉县果业有限责任公司等5家企业，获得出境水果包装厂注册证书和电子口岸等出口资质手续。

直接出口 2012年11月12日，超正果业有限公司秦冠苹果直接出口泰国63吨，创汇5.3359万美元。

第三节 宣传推介

组团参加展销活动

1998年10月，吉县果业中心组团到太原参加山西省第二届名优苹果交易会。

1999年10月，参加中国国际农业博览会。

2000年，参加山西第三届优质水果展销会。

2009年2月，参加第六届中国国际农产品交易会；10月参加中国（北亚）特色农产品交易博览会。

2010年12月，参加北亚特色农产品北京展销周；10月参加首届黄河金三角区域农业新技术产品展示展销会。

2011年9月，通过网络宣传，经过积极争取，吉县苹果成为中国国际农业博览会指定特供水果，受到中部六省领导和国内外客商的好评；10月21—26日，参加第八届中国—东盟博览会，开展宣传推介、品尝活动，与菲律宾、新加坡客商达成出口合作意向，菲律宾客商派代表于10月27日到吉县进行实地考察；10月30日—11月1日，参加第七届中国国际（成都）农业博览会；通过宣传推介，当年吉县苹果价格均达到4元，最高达4.5元，75%以上果品销售价格达到3元，比2010年均价提高0.2元，创历史新高。

2012年，参加在太原举办的中泰两国经贸交流活动、第九届中国（深圳）文博会、第二届山西特色农产品北京展销周、全国名优果品（杭州）交易博览会、首届中国特色商品（三门峡）博览会、山西特色农产品昆明宣传推介活动、全省重点工程观摩尧王台临汾成果展。

2013年5月17—20日，参加中国（深圳）国际文化产业博览交易会；9月3—6日组团赴南宁参加第十届中国—东盟博览会；9月2—7日赴新疆参加欧亚博览会；10月15—20日参加第三届中国（山西）特色农产品交易博览会；11月15—20日组团参加临汾市招才引智、招商引资吉县苹果广州宣传推介会；11月29日—12月2日，参加晋善晋美美丽山西广州旅游推介会。

2014年10月，参加在北京举办的“临汾市2014金秋游（北京）联合推介会”；12月，参加中国东盟（凭祥）首届水果交易会。

2015年4月，参加临汾市名优特产品展销会；5月，在上海参加第十六届中国国际食品和饮料展览会。

举办展销推介活动

2011年1月16日，在北京山西大厦，借助在京晋商企业家新春联谊会平台，举办吉县苹果推介品尝活动；并在北京东城区前门大街年市中心，开展吉县苹果推介品尝和展销活动，吉县苹果开始走进北京人民的视野。2月24日，利用太原吉县同乡联谊会平台，在太原火车站北侧广场举办吉县苹果推介品尝活动与苹果直销点揭牌仪式，创建了太原直销窗口。5月13—16日，参加中国（深圳）国际文化产业博览交易会，举办为期4天的推介展销活动，为拓展南方高端市场奠定了基础。在山西省文化产业项目合作签约仪式上，与香港佳记集团签订1.2亿元的苹果订单。9 月 7 日，香港邵方逸华一行 85 人到吉县城北垣精品果园考察、采摘。

2012 年，举办北京新发地水果经销商专场推介会，承办了第二届黄河壶口文化旅游节“果园怡情”苹果采摘活动和“吉县苹果”主题展等 12 场主题宣传推介活动。制定《吉县苹果质量标准》和吉县苹果专卖店诚信经营“五保”承诺，鼓励、指导、扶持境内外果商在大中城市建立直销窗口。

2014 年 10 月，在吉县广场举办“吉县精品苹果品评推介会”。

第四节　苹果储藏

土窑洞、土窖贮藏

1980 年，吉县桥南林场率先尝试应用土窑洞（简易土窖）贮藏苹果。各林场果园、农户纷纷效仿。一般窑窖高 1.5 米，宽 3 米，深 30 ～ 50 米。窖内地面外高里低，落差 1 米左右。正前上方有天窗，最后方有烟囱，有利于循环通风。窖口和窖掌地面挖建 3 ～ 5 立方米水池，以确保窖内湿度。窖果最晚可存至次年 4 月，但后期保鲜、硬度等得不到有效保障。

储藏库建设

2000 年，吉县果业开发服务中心在吉昌镇下阳庄村建成境内第一座苹果冷藏库，库容量 4000 吨。

2012 年，吉县出台政策，对每座容量为 1000 吨以上的新建库冷藏库，补贴 10 万元，加快了境内苹果冷藏库的建设步伐。

截至 2015 年底，吉县共有三大果库群、40 座苹果冷藏库，库容量 15 万吨，分布于吉昌镇十里河、中垛乡三垛村、吉昌镇大田窝村。其中：库容量万吨以上的冷藏库有 4 座，占 10%；0.5 万吨以上的冷藏库 8 座，占 20%；0.5 万吨以下的 冷藏库 28 座，占比 70 %。吉县果业有限责任公司、吉县恒丰苹果物流有限公司、吉县大山农副产品有限公司、吉县超正果业有限责任公司、山西（吉县）奥坤科技有限公司，均是境内苹果储藏的龙头企业。

吉县苹果冷藏库有氟制冷和氨制冷两种形式。其中：氟制冷冷藏库 36 座、库容量 14.05 万吨；氨制冷冷藏库 4 座、库容量 1.95 万吨。氨制冷运行成本低、省电节能、制冷效果优于氟制冷，氟制冷运行成本高，但是易于操作。这两种制冷形式的库存苹果都可保存到次年 7 月。

第五节　果品深加工

吉县果品加工企业主要有罐头厂、山西壶口酒业有限公司、山西顶吉食品开发有限公司、山西达明一派有限公司。

吉县罐头厂

是吉县最早的果品加工企业，加工的苹果、梨、桃、山楂果罐头，是当年走亲访友和待客的主要礼品。

山西壶口酒业有限公司

1997 年前，为吉县壶口酿造总厂。1999 年，更名为山西壶口酒业有限公司。

企业主要生产白酒，1995 年开始研发试产果酒，以境内优质苹果为原料，采用全汁低温发酵工艺酿制，产品果香芬芳，酸甜适口，营养丰厚，口感醇美。1997 年 12 月，所产“壶口”牌干白苹果酒被山西省经济贸易委员会和山西省质量管理协会授予"山西省优质产品"。1998年投产干红、干白、金苹果3个品种苹果红酒。

2000年初开始，生产苹果醋饮料。4月，省委书记田成平、省长刘振华先后莅临山西壶口酒业有限公司考察指导，对公司发展给予高度评价。

2003年，开始生产苹果干、苹果丁、苹果圈及膨化苹果干等食品。2004年12月，"壶口"牌苹果酒被中华名牌协会评为"中国诚信名牌产品"。2005年3月，"壶口"牌果酒、膨化食品系列被中国市场品牌战略论坛组委会评为"中国市场绿色健康食品放心消费著名品牌"。

2001年，吉县"壶口"牌苹果醋饮料被冠以"湘贵苹果醋饮料"，由长沙湘贵实业有限公司总经销，2013年底停产。

山西顶吉食品开发有限公司

公司位于车城乡兰家河工业园区，占地50亩。2010年12月15日注册，注册资金1500万元。按照山西省委、省政府"百企千村"产业扶贫政策要求，阳煤集团于2014年5月27日增资扩股2974.64万元（股份占比60%）合作，计划总投资2.05亿元，实施10万吨果醋扩建项目，设计总产能为年产10万吨果醋、1万吨果酒、1320吨果胶。项目分两期建设，其中一期工程设计原醋饮料年产量2万吨，二期工程设计果醋饮料年产量8万吨。

2015年，公司具备2万吨饮料的发酵能力，推出的易拉罐果醋饮品，经过"3. 15"新品暨招商会成功上市，全年完成销售收入1243.72万元、利润224.62万元。

山西达明一派有限公司

公司位于吉县新城工业园区，2011年1月成立，注册资金1000万元。公司投资6200万元，占地面积50亩，建筑面积1.44万平方米，有员工50名。分为办公楼、生产楼、生产车间、包装车间、仓储、变电房、锅炉房等。

公司为特色农产品民营科技企业，以胡萝卜、南瓜、苹果、梨、山楂为原料，加工发酵果蔬浆、果蔬原浆、果蔬汁饮料等产品。实行标准化生产、精品化包装、品牌化销售，打绿色品牌战略，走高端市场。2012年6月，引进全国最先进的植物益生菌果蔬原浆生产设备，每小时可生产果蔬原浆5吨、年生产2万余吨。有灌装生产线3条，分别为易拉罐灌装生产线每小时可产出1万罐；自立袋灌装生产线每小时可产出1500袋；玻璃瓶牛产线小时可产出6000瓶。

2011年起，公司连续6年被吉县授予优秀民营企业。2014年被山西省中小企业局授予全省中小企业管理标杆企业。

附1：县委、县政府有关苹果发展的文件目录

吉政发〔1985〕10号《吉县人民政府关于建立万亩苹果园基地的请示报告》

吉政发〔1986〕1号《吉县人民政府关于建立两万亩果园基地的请示报告》

吉发〔1986〕28号《中共吉县县委 吉县人民政府关于逐村逐户落实千树百果三头牛的通知》

吉政办发〔1987〕14号《吉县人民政府办公室关于对果树"九大样板十个重点"进行全面检查的通知》

吉政发〔1988〕第1号《吉县人民政府关于大力开发果树生产的请示》

吉政发〔1988〕第29号《吉县人民政府关于大力发展果树生产的决定》

吉发〔1989〕21号《中共吉县县委 吉县人民政府关于建设果木基地县的可行性报告》

吉政发〔1989〕74号《吉县人民政府关于建设以红星苹果为主的果树基地县的可行

性报告》

吉政发〔1989〕74号《吉县人民政府关于建设以红星苹果为主的果树基地县的请示》

吉政发〔1990〕42号《吉县人民政府关于三年建成红星苹果生产基地县的可行性报告》

吉政发〔1991〕75号《吉县人民政府关于"八五"期间建设名特优苹果基地的报告》

吉发〔1992〕27号《中共吉县县委 吉县人民政府关于今后五年发展林果业生产的决定》

吉政发〔1993〕26号《吉县人民政府关于开发建设优质果品生产基地县的可行性报告》

吉政发〔1993〕27号《吉县人民政府关于果树生产系列开发的报告》

吉政办发〔1998〕35号《吉县人民政府办公室关于"吉县果品开发服务中心"更名为"吉县果业局"的通知》

吉政发〔1999〕14号《吉县人民政府关于苹果示范园建设的意见》

吉政发〔1999〕56号《吉县人民政府关于申请命名"中国苹果之乡"特产称号的请示》

吉政办发〔1999〕60号《吉县人民政府办公室关于搞好苹果营销工作的通知》

吉政办发〔1999〕103号《吉县人民政府办公室关于组建成立"吉县果业有限责任公司"的通知》

吉政办发〔2000〕34号《吉县人民政府办公室关于搞好2000年苹果套袋工作的通知》

吉发〔2000〕41号《中共吉县县委关于建设旅游名县、烟果强县、生态大县的决定》

吉政发〔2000〕57号《吉县人民政府关于建设无病毒水果苗木繁育基地的报告》

吉政发〔2001〕13号《吉县人民政府关于建设烟果强县做好2001年起步工作的实施意见》

吉政办发〔2001〕18号《吉县人民政府办公室关于组建成立"吉县试验示范果树场"并启用其印章的通知》

吉政发〔2002〕36号《吉县人民政府关于发展无公害果业的意见》

吉政办发〔2006〕83号《吉县人民政府办公室关于印发《吉县2006—2007年"百村千园万人"果树技术培训工程实施方案》的通知》

吉政发〔2008〕58号《吉县人民政府关于大力开展苹果标准化有机化生产的实施方案》

吉政办发〔2009〕65号《吉县人民政府办公室关于规范苹果技术培训工作的通知》

吉编发〔2011〕8号《关于设立吉县果树科技研究所的通知》

吉发〔2012〕27号《中共吉县县委 吉县人民政府关于加快苹果产业转型发展的决定》

吉发〔2014〕3号《中共吉县县委 吉县人民政府关于苹果产业提质升级(2014年—2018年)的实施意见》

附2:《吉县苹果产业五年规划》(2014年)

(一)指导思想 以《吉县苹果产业发展五年规划》为导向,坚持以"苹果富民"为核心,以"提质升级"为路径,以市场需求为导向,以标准化生产为基础,以有机化开发为突破,紧紧依靠科技支撑,全力突破肥水瓶颈,全面推广减密间伐,进一步强化品牌意识,扶持龙头企业,建立销售网络,提高市场竞争力,有效增加农民收入,大力推进全县苹果产业实现新突破,再上新台阶。

(二)发展目标 到2018年,全县十大垣面果园实现灌溉设施全覆盖,有机肥自给自足,十五年以上的8万亩郁闭老果园实行减密间伐,在全县十大垣面建成技术革新示范园100个,全县果园面积保持30万亩,盛果期果园亩均收入上万元,果业总产值达到15亿元,农民人均果品收入达1.5万元。

（三）重点片区 以村委为单元，以全县十大垣面为片区，覆盖41个村委、14.6万亩果园，规划打造基础设施完善、高新技术配套的精品示范园区，以此带动全县果业标准化、有机化发展。

1. 勒马垣区：覆盖吉昌镇桥南村、中垛乡永固村共2个村委，共计果园0.8万亩。

2. 城北垣区：覆盖东关村、西关村、学背后村、上东村、山阳村5个村委，共计果园1.2万亩。

3. 兰村垣区：覆盖兰村、大田窝村、霖雨村3个村委，共计果园1万亩。

4. 赵村垣区：覆盖祖师庙村、东赵村、桃村3个村委，共计果园0.8万亩。

5. 中垛垣区：覆盖（三堠—下柏房—白额线）、（三堠—南坪—中垛—安平—南光线）两条线7个村，共计果园2.8万亩。

6. 永固—大庄—匣院垣区：覆盖永固村、西头村、东石泉村、大庄村、白米村、兰古庄村等6个村委，共计果园3万亩。

7. 中市—留村垣区：覆盖中市村、留村、存心村3个村委，共计果园0.8万亩。

8. 文城—圪塔—克难坡垣区：覆盖文城村、大圪塔村、南村、克难坡村4个村委，共计果园1万亩。

9. 东城垣区：覆盖东城乡东城、柏东、雷家庄、社堤、太和、沟南6个村委，共计果园2万亩。

10. 谢悉—桑村垣区：覆盖谢悉村、桑村2个村委，共计果园1.2万亩。

（四）工作措施

1. 因地制宜，分步实施果园灌溉总工程

总体规划：在西部沿黄乡镇建设提黄灌溉工程6处，涉及东城、柏山寺、文城、壶口、中垛、吉昌6个乡镇，覆盖果园面积14.3万亩；在中部区域新建小型提引水工程14处，新增和改善果园节水灌溉面积8.6万亩；在东部区域建设机井配套与闸坝蓄水工程2处，发展果园节水灌溉面积0.3万亩；在水源严重不足区域建设旱井19500眼、水池（即坡池）176座，补充灌溉面积4.8万亩；工程总投资12亿元。

五年规划：

2014年，完成吉昌镇勒马垣、东城垣两大垣面1.1万亩果园水利设施全覆盖。勒马垣以上帖水库为水源，安装管灌设施0.4万亩；东城乡社堤—太和—沟南安装管灌0.7万亩。

2015年，完成吉昌镇兰村垣、谢悉—桑村垣等两大垣面1.1万亩果园的水利设施。兰村垣安装管灌水利设施0.7万亩；谢悉—桑村垣通过拦蓄白子沟河水解决水源，安装管灌水利设施0.4万亩。

2016年，完成吉昌镇城北垣、车城乡赵村垣等两大垣面1.288万亩果园的水利设施。吉昌镇城北垣开发淤地坝蓄水水源和现有水利设施并网，进行全垣浇灌1.048万亩；赵村垣通过拦蓄曹井川河水解决水源问题，安装管灌水利设施0.24万亩。

2017年，完成永固—大庄—匣院垣、中垛垣两大垣面共4.1万亩果园的水利设施建设。通过柏山寺提黄工程解决水源问题，安装管灌水利设施4.1万亩。

2018年，文城—圪塔—克难坡垣、壶口镇中市—留村垣两大垣面3.308万亩果园的水利设施建设。文城—圪塔—克难坡垣通过文城提黄工程解决水源问题，安装管灌水利设施0.4万亩；中市—留村垣通过壶口提黄工程解决水源问题，安装管灌水利设施0.608万亩。

在水利设施配套建设的同时，对十大垣面无水浇条件的果园，因地制宜，建设集雨穴井、集雨窖井、黑膜覆盖、喷打抗旱保水剂等实施适合当地果业生产的旱作栽培技术。

2. 规模养殖，全面推进果园沃土主工程

以推广果园培肥地力新技术为手段，以开发有机肥源为核心，大力发展“畜－沼－果”循环经济模式，力争三年时间使全县畜禽饲养量达到150万头（只），其中：猪30万头，羊30万只，鸡90万只，可提供有机肥70余万吨，逐步满足全县果园有机肥供应。

一是依托重点片区，在全县十大果园连片区建设40个年出栏2000～10000头猪的标准化养猪场，形成连片果园—规模养殖场—小型沼气池的循环发展模式，增加沼渣沼液的供应；

二是根据地理环境，在全县建设80个年存栏500～3000只羊的标准化养羊场或养殖园区，进行舍饲圈养，辐射带动全县规模养羊场（户）的发展，充分利用果园、坡耕地、退耕还林地发展人工种草12万亩，同时利用玉米秸秆、农作物下脚料为原料在屯里川、曹井川、中垛垣建设3个年产10万吨饲草加工厂；

三是突出城郊重心，发展30个年存栏1万～3万只以上的大中型标准化养鸡场；

四是扶持有机肥厂，支持山西澳坤量子农业科技股份有限公司在我县建设年生产能力50万吨的有机肥厂区，规划占地面积120亩，争取到2014年底建成投产。

五年规划：

2014年：发展畜禽规模养殖场23个（猪场8个，羊场10个，鸡场5个）。具体发展任务是：中垛乡建猪场1个，羊场1个；东城乡建猪场1个，羊场1个，鸡场1个；吉昌镇建猪场1个，羊场1个，鸡场2个；柏山寺乡建猪场1个，羊场1个；壶口镇建猪场1个，羊场1个；车城乡建猪场1个，羊场1个，鸡场1个；文城乡建猪场1个，羊场2个；屯里镇建猪场1个，羊场2个，鸡场1个。通过规模养殖场的辐射，带动中小型养殖场（户）的发展，使全县畜禽饲养量达到60万头（只）。全县发展人工种草30000亩，在屯里川建年产10万吨的饲草加工厂1个。

2015年：发展畜禽规模养殖场29个（猪场8个，羊场16个，鸡场5个）。具体发展任务是：中垛乡建猪场1个，羊场2个，鸡场1个；东城乡建猪场1个，羊场2个，鸡场1个；吉昌镇建猪场1个，羊场2个，鸡场1个；柏山寺乡建猪场1个，羊场2个；壶口镇建猪场1个，羊场2个；车城乡建猪场1个，羊场2个，鸡场1个；文城乡建猪场1个，羊场2个，鸡场1个；屯里镇建猪场1个，羊场2个。通过规模养殖场的辐射，带动中小型养殖场（户）的发展，使全县畜禽饲养量达到80万头（只）。全县人工种草面积达到50000亩，在曹井川建年产10万吨的饲草加工厂1个。

2016年：发展畜禽规模养殖场32个（猪场8个，羊场16个，鸡场8个）。具体发展任务是：中垛乡建猪场1个，羊场2个，鸡场1个；东城乡建猪场1个，羊场2个，鸡场1个；吉昌镇建猪场1个，羊场2个，鸡场2个；柏山寺乡建猪场1个，羊场2个，鸡场1个；壶口镇建猪场1个，羊场2个，鸡场1个；车城乡建猪场1个，羊场2个，鸡场1个；文城乡建猪场1个，羊场2个；屯里镇建猪场1个，羊场2个，鸡场1个。通过规模养殖场的辐射，带动中小型养殖场（户）的发展，使全县畜禽饲养量达到100万头（只）。全县人工种草面积达到8万亩，在中垛垣建年产10万吨的饲草加工厂1个。

2017年：发展畜禽规模养殖场36个（猪场8个，羊场20个，鸡场8个）。具体发展任务是：中垛乡建猪场1个，羊场3个，鸡场1个；东城乡建猪场1个，羊场2个，鸡场1个；吉昌镇建猪场1个，羊场3个，鸡场1个；柏山寺乡建猪场1个，羊场3个，鸡场1个；壶口镇建猪场1个，羊场2个，鸡场1个；车城乡建猪场1个，羊场2个，鸡场1个；文城乡建猪场1个，羊场3个，鸡场1个；屯里镇建猪场1个，羊场3个，鸡场1个。通过规模养殖场的辐射，带动中小型养殖场（户）的发展，使全县畜禽饲养量达到125万头（只）。全县人工种草面积达到10万亩。

2018年：发展畜禽规模养殖场30个（猪场8个，羊场18个，鸡场4个）。具体发展任务是：中垛乡建猪场1个，羊场2个，鸡场1个；东城乡建猪场1个，羊场3个，鸡场1个；吉昌镇建猪场1个，羊场2个；柏山寺乡建猪场1个，羊场2个；壶口镇建猪场1个，羊场3个；车城乡建猪场1个，羊场2个，鸡场1个；文城乡建猪场1个，羊场2个，鸡场1个；屯里镇建猪场1个，羊场2个。通过规模养殖场的辐射，带动中小型养殖场（户）的发展，使全县畜禽饲养量达

到150万头（只）。全县人工种草面积达到12万亩。

3. 科技引领，全面铺开技术革新工程

结合吉县果业生产现状，推行减密间伐、树形改造、生草覆盖、腐殖质覆盖、穴贮肥水、蜜蜂授粉、有机果品生产等新技术，改善果园通风透光条件，提高果品品质，延长果树寿命。

五年规划：

2014年，创建技术革新示范园80座，总面积达到1000亩，辐射带动果园3万亩，示范园亩产超过2500千克，一级果品率达到80%以上。指导各乡镇完成十五年以上郁闭老果园减密间伐1万亩。并依托苹果专业合作社在城北垣、东城垣实施有机苹果转换果园1000亩。

2015年，新创建技术革新示范园30个，总面积达到1200亩，辐射带动周边果园4万亩，示范园亩产超过2500千克，一级果品率达到80%以上。指导各乡镇完成十五年以上郁闭老果园减密间伐1万亩。并依托苹果专业合作社在中市—留村垣、赵村垣实施有机苹果转换果园1000亩。

2016年，新创建技术革新示范园30个，总面积达到1500亩，辐射带动周边果园6万亩，示范园亩产超过3000千克，一级果品率达到85%以上。指导各乡镇完成十五年以上郁闭老果园减密间伐2万亩。勒马垣、中垛垣实施有机苹果转换果园2000亩；并争取通过有机认证果园1000亩。

2017年，新创建技术革新示范园30个，总面积达到1800亩，辐射带动周边果园8万亩，示范园亩产超过3000千克，一级果品率达到90%以上。指导各乡镇完成十五年以上郁闭老果园减密间伐2万亩。在谢悉—桑村垣、永固—大庄—匣院垣实施有机苹果转换果园2000亩；争取通过有机认证果园1000亩。

2018年，新创建技术革新示范园30个，总面积达到2000亩，辐射带动周边果园10万亩以上，示范园亩产超过3250千克，一级果品率达到90%以上，使全县果园管理水平整体上台阶。指导各乡镇完成十五年以上郁闭老果园减密间伐2万亩；在兰村垣、文城—圪塔—克难坡垣实施有机苹果转换果园2000亩，争取通过有机认证果园1000亩。

4. 大力宣传，广泛建立市场营销大网络

（1）灵活多样，加大宣传力度

一是创新载体，联合宣传、广电、县志办、果业、文广新局、档案局、文联等多部门协作，实施"五个一"工程，即：编撰一本吉县苹果志，拍摄一部苹果宣传展示片，编辑一本苹果文化画册，编播一部历届书记县长访谈录，创建一座苹果博物馆。并通过报纸、网络、电视等多种形式宣传推介吉县苹果。

二是创新方式，制作吉县苹果小、精、巧包装，通过在壶口景区销售和在各类宣传推介会上派送等形式宣传吉县苹果。

三是创新形式，在各大中城市酒店门口、大厅、公交车、出租车顶灯、路灯灯箱上喷绘吉县苹果宣传广告。

四是创新渠道，在国家高速公路主干道，制作投放巨幅广告版面，吸引旅客目光，努力把吉

县苹果宣传到全国各地。

（2）规范管理，完善营销网络

一是培养经纪人队伍，必须登记备案、持证上岗，接受广大果农、果商监督，接到不良举报，一经查实，取消中介资格。

二是建立直销窗口，扶持果品销售大户在全国各大中城市建立直销窗口，根据销量对销售大户、直销窗口进行奖励。

三是建立营销网站，充分利用网络平台优势，进行果品生产、交易及相关行业的信息服务，指导果品生产，促进果品营销。

（3）广搭平台，深度推介促销

组织果品龙头企业、合作社积极参加农博会、文博会、博览会等各类会展平台，广泛宣传推介；积极与外商洽谈签约，拓展国际市场，提高吉县果品在国际市场的竞争力和占有率，进而提高出口率；采取“政府搭台、果商唱戏”的办法，力争每年在国内二线以上城市举办一次吉县苹果专场宣传推介会。

（4）创新模式，龙头带动增收

引导和扶持苹果专业合作组织与龙头企业对接，积极发展“公司（龙头企业）+专业合作组织+农户”的产业化模式，组织果农统一进行标准化、有机化生产，统一价格，抱团销售，增加果业效益。

5. 强化技术，完善服务体系建立专家库。

与中国农科院果树研究所、中国农大、山西农大、山西果树研究所等高层科研院所对接，分栽培、肥水、病虫害等三大类，聘请全国一流的果树知名专家，组成吉县果业生产技术指导组，对吉县苹果生产进行指导。

设立培训基地。以吉州学院为依托，对果农、农村技术员、果业乡土人才、科技示范户、家庭农场主进行培训。吉州学院中专部设立果树学专业，果业中心配套建立实习基地。面向全县的25周岁以上的待业青年，每年招收20名，学制三年，采取阶梯式教学，以实践为主，学制满后发给毕业证，并将优秀学员及时补充到县果业科技人才队伍中。

完善服务体系。一是完善乡镇果业站。全县8个乡镇统一成立乡镇果业服务站，每站配备2～3名果业技术员；二是配备乡村果业技术员。为全县71个苹果专业村，统一配备村级果业技术员；三是建立果业服务专业队。各乡镇逐步建立至少20人的专业服务队，对苹果生产进行专业服务；四是组建法律服务队。从法院、公安、经管、果业、工商等部门专门抽调人员，组成果业纠纷法律服务队，定期下乡，一线解决果品生产、销售、果园承包、土地流转等引发的各种矛盾纠纷。

第十编　林业

吉县林业资源丰富，珍稀动植物颇多。境内有吕梁林区人祖山自然保护区、屯里林场、县直国营红旗林场，分布着大面积天然次生林。历史上，吉县曾是一个拥有茂密森林的地区，由于人口的增加和历代战乱、乱砍滥伐，森林面积越来越少，连清初“茂林数十里”的管头山、高祖山、金岗岭、柏坡底都成了荒山秃岭，到解放初期，境内仅有残存天然林 15.49 万亩，森林覆盖率不及 10%。中华人民共和国成立后，在历届政府和境内居民的不懈努力下，林业生产不断发展，林木面积逐年增加，生态环境日益改善。1978 年，国家将吉县列入“三北”防护林体系建设示范县，经过 20 年的造、封、护、抚育，1998 年，吉县林业用地面积发展到 182 万亩、林地 64 万亩，森林蓄积量 130 万立方米。2009 年，林业用地提高到 195 万亩、林地 96 万亩，森林蓄积量增加到 160 万立方米。截至 2015 年底，拥有林业用地 217.8 万亩，其中：林地面积 110.3 万亩、疏林地 4.3 万亩、灌木林地 16.7 万亩、未成林地 24.4 万亩、宜林地 60.4 万亩、无立木林地 1.6 万亩；森林蓄积量 220 万立方米，林木覆盖率达 47.2%。

第一章 林业资源

第一节 林木分布

林木资源

至2015年底，境内共有野生植物374种。其中：木本植物194种，分属49科；草本植物180种，分属44科。乔木树种主要有油松、侧柏、栎类、山杨、白桦、白皮松、椴树等，灌木树种主要有胡枝子、黄刺玫、连翘、丁香、卫矛、狼牙刺、酸枣、黄栌、荆条、绣线菊等。草本有铁杆蒿、野艾、莎草等。

天然林

主要分布在县城东部高天山、石头山和人祖山、高祖山一带石质山区。树种有栎类、白桦、山杨、椴树、侧柏、黄栌、连翘、胡枝子、黄刺玫、丁香等。

人工林

以刺槐、油松、侧柏为主。刺槐多分布在昕水河梁峁沟壑区和中部的残垣沟壑区，油松主要分布在昕水河的土石山和梁峁沟壑区，侧柏分布以沿黄破碎残垣沟壑区为主。

第二节 林业产业

林业产业工程

经济林建设“213”工程　1988年，吉县确定经济林建设“213”工程，要求乡、村、校分别建立林果基地200亩、100亩和3亩以上。

林业“141”工程　1989年，吉县被确定为昕水河流域生态经济林型防护林体系建设示范县，实施林业“141”工程，即1条绿色走廊、4个10万亩防护林带、1个万亩垣面经济林综合治理示范区。结构上由单一发展水果经济林向干果经济林并重转变，在沿黄乡镇建设以红枣、仁用杏为主的干果经济林，扩大以仁用杏为主的干果种植面积。2009年，干果经济林面积达77505亩，其中红枣8000亩、核桃3.2万亩、柿子2000亩、红果2505亩、花椒5000亩、杏2.8万亩。当年争取到国家投资389.2万元，在柏山寺乡、壶口镇、文城乡3个沿黄乡镇发展干果经济林3.5万亩，初步形成东部核桃、中西部水果、沿黄花椒的经济林发展格局。

核桃产业

1996年，吉县在屯里镇、兰家河乡大力发展优种核桃，对老品种高接换优，嫁接“辽核一号”等12个品种20余万株。2013年，全面实施核桃低产低效林改造示范项目、山西省黄土丘陵区优质核桃丰产栽培技术示范项目及核桃高枝换优项目，辐射面积2.5万亩。2015年，共有核桃5万亩，其中老核桃园2万亩、新核桃园3万亩，主要分布在中部与南部的车城乡、吉昌镇、中垛乡。

花椒产业

2000年开始，柏山寺乡黑秀村开始规模化种植花椒，次年达到800亩。2015年，发展到

3600亩，年收入750万元，人均收入6800元。2015年，花椒栽植面积达到1.6万亩，分布以柏山寺乡为主。

其他林业产业

1997年，吉县在黄河岸边嫁接河北赞皇大枣6000余株。2000年，新建果园发展到3186座、13.6万亩，其中仁用杏为主的干果经济林4万亩。

第三节 重点森林资源管护区域

概况

吉县重点森林资源管护区域包括省级自然保护区2处，人祖山自然保护区、管头山自然保护区；省级森林公园1处，蔡家川森林公园；国有林场2处，屯里林场、国有红旗林场。管护区域森林覆盖率高，野生动植物丰富，国家公益林面积大，保护等级高，一级保护林地全部位于该区域，是境内重要森林资源区域。

人祖山自然保护区

北起吉县与大宁县交界，东居209国道以西与屯里镇、车城乡相连，南以原309国道为界与吉昌镇和吉县国营红旗林场为邻，隔文城乡与黄河相望。跨域4个乡（镇）10个行政村，有全长48千米的旅游干线公路1条，且集中连片无村庄。

辖区为土石山区，峰峦林总，沟壑纵横，人祖山主峰为最高峰（海拔779～1742.4米）。面积24.61万亩，含有林地22.05万亩，其他林地2.56万亩。分为3个区：核心区11.99万亩，占48.7%；缓冲区4.76万亩，占19.4%；实验区7.86万亩，占31.9%。主要为针阔混交天然次生林，树种有辽东栎、侧柏、油松、山杨、刺槐、白桦和白皮松等。森林蓄积量47.94万立方米，森林覆盖率为89.6%。

区内动植物资源丰富，有植物94科230属400余种，陆生野生动物4类19目53科132种。包括国家重点保护野生动物16种，其中：国家一级重点保护野生动物有褐马鸡、原麝2种；国家二级重点保护野生动物14种；山西省重点保护野生动物4种。

人祖山保护区生态环境得天独厚，自然景观与人文景观交相呼应，是旅游避暑的好去处。主要景点有人祖山、人祖庙、伏羲岩、苇子沟墚、宝光寺、风云洞、高庙、穿线梁和滚磨沟、管头山三绝、抗战时期的战壕碉堡等遗迹。

管头山自然保护区

地处黄河中游，晋西吕梁山南端，北连吕梁山，东邻吉县城，南邻黄河，西靠壶口，东西长25千米，南北宽16千米，总面积10140.1平方千米，森林综合覆盖率54.4%。是集生态保护、科研监测、宣传教育和可持续发展多功能于一体的综合性自然保护区。主要保护对象为白皮松及其植物群落，其中I级保护林地24939亩，二级保护林地国家公益林（省级永久性公益林）24042.45亩。

辖区山峦起伏，林幽壑深，山势陡峭，地貌特殊，岩石裸露，生态环境脆弱，生态地位突出。主要有高祖山、高祖庙、管头山、董家山、白家山、刘家山、和家山、观日峰八大高峰，最高峰高祖山海拔1520米，最低峰白家山海拔810米，相对高差达710米 。

区内野生资源丰富，动植物种类较多，类型复杂。有种子植物680余种，各种混交的乔灌木树种40科、200余种，其中有国家一、二级保植物中国沙棘、文冠果、甘草、扁核木、翅果油树、紫椴、漆树、山茱萸等，也是白皮松集中连片自然分布的最北线；野生动物100余种，其中有国家一、二级保护动金钱豹、金雕、褐马鸡、麝等。

蔡家川森林公园

位于吉县屯里镇，前身是吉县蔡家川林场。公园毗邻209和309国道，向东110千米与同蒲铁路相连，向西70千米即达陕西宜川境内，与黄河壶口瀑布相望，与人祖山、管头山毗邻。2004年，经省政府批复确立为省级森林公园，面积6万亩。

园内山岭重叠，峰峦起伏，沟壑纵横，梁峁交错。地貌为石质山区和梁峁沟壑区，山脉呈东西走向，山体由砂岩和砂质页岩组成；山东侧地势平缓，土层较厚，西侧山势陡峭岩石裸露；地形以陡峻的高中山和较平缓的丘陵为主，最高海拔1742米，基岩属古生代二叠纪和中生代三迭纪灰绿色砂岩和紫色泥质页岩，上层为新生代黄土覆盖。

公园土质肥沃，气候温和，雨水充沛，林木茂密，动植物物种繁多。有国家一、二级保护动物金钱豹、金雕、褐马鸡等；国家一、二级保护植物中国沙棘、文冠果、甘草、扁核木、翅果油树、紫椴、漆树、山茱萸等。有国家公益林（省级永久性公益林）Ⅱ级保护林地25305亩。其中：油松12420亩，占49%；辽东栎3195亩，占13%；刺槐9680亩，占38%。

屯里林场

位于吉县东北部，总面积32.2万亩，有林地28.64万亩，疏林地0.2万亩，未成林地0.58万亩，灌木林地2.16万亩，宜林地0.62万亩。林场在五龙宫村建有示范苗圃71亩，安乐村建有保障性苗圃64亩。森林覆盖率88%，活立木总蓄积量达到672841.9455立方米。

林场管理部门为科级建制，属公益一类事业单位，主管单位山西省吕梁山国有林管理局，主要承担林场生态建设和生物保护职能；员工涉及9个林班、1378个小班。

国营红旗林场

林场辖山头庙、管头山、西咀、马连滩4个营林区，总营林面积20.95万亩。有林地18.75万亩，活立木蓄积量62.8万立方米，森林覆盖率89.5%。其中：山头庙和管头山两个营林区位于海拔1300米以上的土石山区，是以天然林和人工油松纯林为主的水源涵养林；西咀和马连滩两个营林区位于海拔1300米以下的黄土丘陵残垣沟壑区，是以人工油松、刺槐及天然次生林为主的水土保持林。

20世纪70年代到80年代后期，吉县掀起营林育林热，林场技术人员相继开展了油松山地育苗、椴树育苗、人工油松中幼林经营密度探查、椴树造林立地条件探查等试验，总结出一套比较完整的、适合当地森林经营培育的实用技术，有力地支撑了森林培育经营。先后有来自新西兰、意大利、德国、日本等国家的教授、专家、学者、林业科技工作者到林场考察交流，其中人工中龄油松林经营模式，一度被日本专家作为典型在中日合作造林项目中予以宣讲推广。1987年，椴树育苗成果获山西省科技进步三等奖。

20世纪80年代到90年代末期，刺槐坑木市场、油松椽材市场见好，刺槐成熟林更新采伐，油松中龄林抚育采伐生产的大量中小木材，给林场创造了不菲的经济效益，保证了职工的工资，维持了林场的正常运营，支持了林场周边地区煤炭行业和民营企业的发展。

1999年，吉县天然林保护工程全面启动，定性不明确的林种全部归入防护林，林场进入森林资源全面保护阶段。

2004—2014年，林场先后组建拥有一级营林资质的林业生产专业队、二级资质的红林绿化有限责任公司，创建百亩优质苹果生产基地和百亩种苗培育基地，鼓励扶持职工依托资源和技术优势开展林产品、生态旅游服务业经营，发展森林康养，提高营林育林成效，创造了较高效益，弥补了资金缺口。其间，林场还实施了场部建设，管护站点修建与维修，新建职工住宅，更换办公设施，提高职工待遇，获得了“2014 年度全国十佳林场”称号。

2014 年，租用屯里川水源充足、土地肥沃的河床地 80 亩，利用马连滩、山头庙、西咀、管头山 4 个营林区闲散土地， 苗木基地建立 100 亩，培育油松、刺槐、白皮松、国槐、翅果油等优质苗木；苗木在满足林场造林前提下，部分远销周边县（市），年苗木收入 18 万元。在马连滩营林区建设高标准果园 105 亩（红富士苹果 4000 余株）。组建一、二级资质的造林专业队和绿化有限公司，先后在吉县、曲沃、河津、太原等 20 多个地方承揽造林绿化工程 30 余处，累计创收 1523 万元。

2010—2015 年，林场森林面积净增 1.16 万亩，活立木蓄积量净增 11.5 万立方米，森林覆盖率净增 5.50%。新增的有林地减少水土流失 6 万吨，吸收二氧化硫 9.86 万吨，释放氧气 7.35 万吨，年均增加降水量 16.20 毫米，综合效益净增 1.15 亿元，收到生态效益、经济效益和社会效益共赢的良好效果。

红旗林场始建于 1959 年，乡镇建制。2001 年 4 月，取消乡镇建制，成为纯事业单位，所辖马连滩村委也在撤乡并镇中划归中垛乡管辖。2006 年 5 月 23 日，与新设立的山西省管头山自然保护区一套机构两块牌子，原编制不变，县直正科级事业单位，是境内唯一一个地方国营林场。场部从建场起就在马连滩，2000 年回迁到原县城柳卜湾办事处，2003 年租迁至农业局，2005 年迁址圪针沟（以 60 万购置大型农机推土站地盘），占地 4000 平方米；内设：办公室、财务股、营林绿化与产业股 3 个股室，下设：管头山、山头庙、西咀、马连滩 4 个天保管护站，12 个管护点。

第四节 珍稀树木

种类分布

境内有古树名木 155 株，涉及 15 科、16 属、16 树种。分布在 8 个乡镇、71 个行政村、135 个自然村。其中：一级保护古树 53 株，二级保护古树 20 株，三级保护古树 80 株，名木 2 株（窑渠巨财苗木 30 年白桑、车城乡大山公司 50 年水杉）。千年以上的古树：闫家社古柏树 1200 年，烟里、桑峨 2 株古槐树 1200 年，青村 3 株古柏树 1050 年、六株古槐树 1050 年，午生、小府 3 株古槐树 1000 年。珍稀树木有吉县唯一的水杉、白桑、柽柳，山西省最大的君迁子、三角枫等。

特色古树选介

窑渠村白皮松　位于屯里镇窑渠村海拔 1046 米的北山，树龄 600 年，国家一级保护古树。树高 18 米，胸围 215 厘米，冠幅平均 15 米，树干笔直，树冠葱绿。

青村古柏　位于文城乡青村，树龄 1050 年。高 10 余米，胸围 314 厘米，冠幅 3 米，枝繁叶茂、冠盖葱郁、树干苍劲、形状奇特，周身被一层厚厚的青苔覆盖。

青村古国槐　位于文城乡青村，树龄 1050 年，国家一级古树。高 15 米，胸围 204 厘米，冠幅 14 米。

桑峨村国槐　位于屯里镇桑峨村，树龄 1200 年。树高 20 米，胸围 754 厘米，冠幅平均 17 米，茂盛绿郁。树干呈扇形，有 10 条棱状，东有空洞 1.01 米，宽 0.5 米。

回宫村闫家社古柏树　位于屯里镇回宫村闫家社，树龄 1200 年。高 13.8 米，胸围 440 厘米，树干由两股组成，冠幅平均 11 米。树枝侧干表皮上长有点状花纹，长势旺盛。

太度村国槐　位于屯里镇太度村，树龄 600 年，国家一级古树。树高 15 米，胸围 377 厘米，平均冠幅 16 米。

吉县一级古树情况表

表 10-1-1　　单位：年

名称	树龄	生长地址	名称	树龄	生长地址
国槐	650	放马岭	旱柳	600	上帖
三角枫	900	武庄	国槐	500	圪塔
白榆	850	武庄	国槐	730	马家岭
白榆	560	武庄	国槐	550	下市
白榆	510	李家湾	国槐	1000	小府
白榆	510	李家湾	国槐	800	宏聚
白榆	510	李家湾	国槐	1200	烟里
国槐	700	五龙宫	国槐	510	天神院
侧柏	1200	闫家社	君迁子	650	赵村
国槐	500	闫家社	三角枫	650	赵村
国槐	600	桃园	国槐	800	房村
白皮松	600	窑渠	侧柏	1050	青村
国槐	550	太度	侧柏	1050	青村
国槐	1200	桑峨	侧柏	1050	青村
国槐	550	桑峨	国槐	1050	青村
国槐	800	白子原	国槐	1050	青村
国槐	850	大户岭	国槐	1050	青村
桑树	550	三教岭	国槐	1050	青村
朴树	500	上帖	国槐	1050	青村
侧柏	1010	北村	国槐	1050	青村
国槐	500	原头	国槐	1000	午生
国槐	800	曹村	国槐	900	官里
国槐	810	同乐	国槐	600	古贤
国槐	1000	午生	国槐	900	桑峨
国槐	500	午生	国槐	900	桑峨
小叶杨	560	窑头	小叶杨	510	社堤
旱柳	900	窑头	—	—	—

第五节 资源保护

综合保护

1986—2015 年，吉县通过建设生态效益和社会效益比较明显的自然保护小区、森林公园等森林资源和生物多样性保护体系，创造优越的生态环境和自然景观，保护和恢复山林植被，改善野生动物栖息环境，有效保护珍稀野生动植物。

古树名木保护

吉县投入专项资金，依据《古树名木管理办法》，对境内古树名木开展普查、登记、建档，组织专家评审认定，通过法律、技术等手段开展古树名木保护。

文城乡青村侧柏 1 株，树周围地面砌砖体、内外抹水泥砂浆、回填土方夯实加固根部，钢绳斜拉、病防、立碑保护。

屯里镇武庄白榆 1 株，树周围地面砌砖体、内外抹水泥砂浆、回填土方夯实加固根部，铁艺围栏，地面透气、支撑、病防、立碑保护。

文城乡官里村国槐 1 株，树周地面砌砖围体、内外抹水泥砂浆、回填土方夯实加固根部，铁艺围栏、病防、立碑保护。

文城乡青村国槐 1 株，树周地面砌砖围体、内外抹水泥砂浆、回填土方夯实加固根部，铁艺围栏，地面透气、病防、立碑保护。

文城曹村国槐 1 株，树周地面砌砖围体、内外抹水泥砂浆、回填土方夯实加固根部，铁艺围栏，地面透气、病防、立碑保护。

文城乡南村国槐 1 株，树周地面砌砖围体、回填土方夯实加固根部，铁艺围栏，地面透气、病防、立碑保护。

文城乡吴尖村国槐 1 株，树周地面砌砖围体、回填土方夯实加固根部，铁艺围栏，地面透气、病防、立碑保护。

文城乡青村国槐 1 株，树周地面浇注混凝土围体、回填土方夯实加固根部，铁艺围栏，地面透气、病防、立碑保护。

屯里镇桃园村国槐 1 株，树周地面砌砖围体、内外抹水泥砂浆、回填土方夯实加固根部，铁艺围栏，地面透气、病防、立碑保护。

车城乡天神院村国槐 1 株，树周地面砌砖围体、内外抹水泥砂浆、回填土方加固根部，铁艺围栏，地面透气、病防、立碑保护。

吉昌镇山阳村国槐 1 株，树周地面砌砖围体、内外抹水泥砂浆、回填土方加固根部，铁艺围栏，地面透气、病防、立碑保护。

文城乡官里村国槐 1 株，树周地面砌砖围体、回填土方加固根部，铁艺围栏，地面透气、病防、立碑保护。

文城乡青村国槐 1 株，树周地面砌砖围体、内外抹水泥砂浆、回填土方加固根部，铁艺围栏，地面透气、病防、立碑保护。

文城乡青村国槐 1 株，树周地面砌砖围体、内外抹水泥砂浆、回填土方加固根部，铁艺围栏，树干枯洞挖补填充、三道铁箍加固，地面透气、病防、立碑保护。

屯里镇武庄村三角枫 1 株，树周地面浇注混凝土围体、回填土方加固根部，地面透气、支撑、病防、立碑保护。

第二章 植树造林

第一节 育苗

订单育苗

1986—2000年，吉县通过签订育苗合同，统一提供种子，将技术落实到人头，把树种落实到地块，实行订单育苗。

2000年，境内退耕还林工程启动，争取专项资金百万余元改善国营苗圃、中心苗圃、种子园的基础设施，扩大育苗基地面积，建起高标准优质核桃采穗圃。形成以国有苗圃为龙头、乡镇集体苗圃和个体育苗户为基础的苗木生产供应体系，以种子园为主体的林木种子采集、加工、贮备体系，以种苗站、森防站为主体的种苗管理和质量监督体系。实行“三定”（定向培育、定向供应、定单育苗）和“三签”（林业局与苗圃签订合同，苗圃与村委签订合同，村与农户签订合同）订单育苗。同时制定优惠政策，鼓励、支持个体和股份制苗圃发展，走基地＋农户的路子。当年育苗面积5200亩，年出圃各类优质苗木1000余万株，树种包括油松、侧柏、刺槐以及少量的绿化苗木，保证了境内造林需求，实现了自育自给。

1986—2015年吉县育苗情况表

表10-2-1　　单位：亩

年份	总育苗面积	其中：本年度育苗面积	年份	总育苗面积	其中：本年度育苗面积
1986	1320	318	2001	3416	1658
1987	1120	520	2002	3500	2501
1988	515	252	2003	3065	2788
1989	958	583	2004	1301	1182
1990	2283	2064	2005	2500	2300
1991	1869	939	2006	5000	2500
1992	3100	1700	2007	1620	1000
1993	3400	1100	2008	1460	461
1994	2900	943	2009	2000	1000
1995	3354	1119	2010	4100	2000
1996	3400	1340	2011	4800	2600
1997	3400	1052	2012	5700	3000
1998	3519	1446	2013	5205	2205
1999	3447	1467	2014	5700	2550
2000	3400	1350	2015	5805	1200

工厂化大棚育苗

1986—2015年，各乡镇均有育苗，以油松、刺槐、侧柏、山桃、山杏、杨树、柳树等生态树种为主，兼育苹果、核桃等经济树种。

2011年，在屯里镇桑额村建3个节能日光育苗温室，年培育油松、白皮松、侧柏苗木100万株。

2015年，吉县总育苗面积5805亩，其中当年育苗面积1200亩。

育苗基地选介

吉县国营苗圃　位于车城乡上阳庄村，1953年创建，是集林木种苗生产、经营和苗木技术服务为一体的国有事业单位，拥有车城、刘家弯两处育苗基地。总经营面积120亩（其中租赁土地50亩），可育苗面积100亩，年生产各类（针叶、阔叶）苗木50余万株。刺槐育苗主要使用吉县种子园生产的改良种子，先后从北京、河南、山东等地引回四倍体刺槐、匈牙利刺槐、金丝柳、金丝槐、扁桃、核桃等，适合本地生长的优良品种8个，良种使用率达40%以上。2004年，被国家林业局授予“全国质量信得过种苗基地”；2005年，被市林业局授予“先进单位”。

吉县国家刺槐良种基地　位于车城乡白子沟，1975年始建，是集生产、科研、繁育于一体的林木良种繁育基地。1984年，被列入部省联营。2009年，被确定为国家级良种基地。

基地总面积6100.5亩，生产用房300平方米，种子设备库100平方米，晾晒场700平方米，林道5000米，蓄水池200立方米。有刺槐实生种子园229.5亩，无性系种子园550.5亩，1.5代种子园349.5亩，子代测定林100.5亩，试验林585亩，采穗圃49.5亩，种质资源收集区60亩，繁育圃180亩。年可生产优良刺槐种子1500余斤，生产穗条1万余条，出圃苗木20万株。

基地收集刺槐优树材料118个、刺槐种源42个，筛选出生长快、抗性强的刺槐无性系37个，形成刺槐品种选育的育种群体。其中7个系号，分别于2003年和2006年通过山西省林木品种审定委员会良种审定。

1991年，基地荣获林业部“先进单位”称号；2002年，获省林业厅“全省林木种苗工作先进单位”称号；2004年，被国家林业局授予“全国特色林木种苗生产基地”称号；2010年，被省林业厅授予“先进良种基地”称号。

吉县良种繁育圃　位于屯里镇太度村，建于2001年，隶属于县林业局。占地面积150.7亩，其中培育良种刺槐苗120亩。建有塑料大棚5个共2500平方米、150米深井1眼、作业道机械围栏1000米。配套输水管道1500米、农用三轮车1辆、拖拉机及耕具1套。

吉县峪口苗圃　位于屯里镇太度村委峪口村，建于2001年，隶属于林业中心苗圃。总面积105亩，可育苗面积90亩，年可生产苗木20余万株。

第二节　树种

本地树种

吉县本地树种主要有侧柏、油松、刺槐，还有少量的落叶松、杨树、柳树及天然分布的栎类、桦类树种。后又增加了连翘、丁香、山桃、山杏等花灌木。

引进树种

1995年，从河南、北京等地引回三倍体毛白杨、四倍体刺槐、江南槐、桧柏、南洋杉、元宝枫、黑核桃等20多个新品种。1997年，从洪洞苗圃引进沙毛杨、中林46号等杨树优良品种插条4000条，从河北引进赞皇大枣接穗1万余条。1993年从河北的麋鹿、怀来和本省的阳高、临汾、河津、万荣、运城等地引回仁用杏龙王帽、柏玉扁、一窝蜂、优一和仁肉两用杏、华县大杏,白水杏、九道眉、原平黄杏、阳高京杏等 14 个优良品种、10 万多接穗。2000 年,引进抗寒抗旱三倍体毛白杨、2001 杨树、四倍体刺槐穗条优良树种 10 余个。2000 年后,绿化工程的增多,引进香花槐、雪松、云杉、白皮松、樟河柳、龙游槐、蝴蝶槐、红叶杨、重瓣木槿等绿化树种。

名特优新树种

刺槐是吉县乃至山西省的水土保持主要造林树种。1975 年,由省林业科学研究所原法宪、吉县林业局王晋义等考察选址,吉县林业局组织实施,在吉县车城乡(当时的兰家河乡)白子沟建立刺槐良种基地,培育优良刺槐种子。2000 年,选育出 6 个优良刺槐无性系 L1、L3、L5、L11、L17、L18 和 3 个生长快、出材率高的优良刺槐系 H1、H3、H8。2005 年 8 月,吉县刺槐 1—5 良种选育荣获山西省林业科技进步奖。后筛选出生长快、抗性强的刺槐无性系 37 个,其中 7 个系号分别于 2003 年和 2006 年通过山西省林木品种审定委员会审定。

栽培用材树种有毛白杨、旱柳、国槐、榆树等。

野生繁殖树种有臭椿、木瓜等。

第三节 荒山造林

发展历程

1978—1988 年,吉县以红旗林场为基础创办县、乡、村、校四级林场,以庄子村林联社为示范,推广股份制林业,生态经济型林业体系建设的发展理念初步形成。

1989—1999 年,吉县以市场为导向,调整营林结构,打破过去单一发展生态林业和单一发展干果经济林的模式,实行生态林与经济林同步发展、干果经济林与水果经济林并重,经营由粗放型向集约型转变,以苹果为主的水果经济林得到快速发展,生态经济型林业发展步入快车道。

2000—2010 年,吉县全力打造"生态经济、旅游开发、烟果生产、煤焦工业"四大强势经济板块,把建设生态经济型林业提升到战略高度。创造了山顶梁峁防护林、山坡耕地经济林、山底沟渠丰产林、荒山荒坡混交林、村庄道路风景林等多种绿化模式。

2011—2015 年,吉县以"生态兴县、生态立县"为突破口,围绕"增资源、增景观、增收入"目标,创建林业生态县、全国绿化模范县,确定"山上治本、身边增绿、促民增收"的林业思路,实行山、垣、沟、坡综合治理,逐步形成东部油松防护林、南部刺槐防护林、中部水果经济林、西部干果经济林的防护林体系,生态经济型林业发展步入巅峰期。

组织形式

1985—2000 年,吉县的林业生产只有国营红旗林场一家是独立核算、独立生产经营,其他 9 乡 3 镇都是由县林业局统一资金调配、统一技术指导、统一规划设计、统一验收,由乡(镇)林业站具体实施。

三北防护林工程实施之初,吉县采取义务工和积累工形式造林。2000 后,随着市场经济的发展,造林形式逐步由大兵团、义务性转变为专业队伍全额投资作业。造林专业队通过招投标获得造林工程项目。造林投资由单一国家补助转变为国家、省、市、县以及全社会共同投资造林,形成生态效益、景观效益和社会效益相统一的新型造林模式。

区域规划

20 世纪 70 年代,吉县完成农业自然资源调查和农业区划工作,制定了以林为主的土地利用

“五三二”规划，即林业、农业、牧业用地分别占50%、30%和20%。规划将境内划分为5个区域类型，即西部破碎残垣沟壑区、中南部残垣沟壑区、北部石质山区、东北部土梁峁沟壑区、东南部土石山区。根据各区域的自然和气候特征，确立东部水源涵养林、中部水果经济林、南部水土保持林、西部干果经济林规划蓝图，坚持一张蓝图绘到底，大力实施国家、省、市重点林业工程，实行沟、坡、垣综合治理，取得显著的生态经济和社会效益。

天然林保护工程

天然林保护一期工程　2000年，吉县8个乡镇及红旗林场被纳入国家天保工程实施范围，覆盖境内24.1%面积和2/3人口，管护面积157.59万亩。建立森林防火监控指挥中心，组建227人的护林队伍，设立天保站16个、管护点32个、重点防护区域视频监控点4个。投资500余万元，给每个管护站建办公室、宿舍、灶房，安装太阳能，配备电视、手机、对讲机、摩托车、GPS定位仪等装备。出台吉县天然林保护一期工程中央和地方森林生态效益补偿基金管理办法实施细则，明确管护责任。鼓励村集体与林业庄园大户承包管护、自主管护。

天保工程的实施，调节了气候，为主导产业苹果的无公害生产提供了大环境。车城乡、屯里镇天保工程区内，林下放养家禽成，发展林下经济。加强林业管护执法，杜绝火灾火患、乱砍滥伐、私挖滥采、乱征滥占、乱捕滥猎等行为，维护了国有森林资源安全。

2004年，全省天保工程建设现场会在吉县召开。2005年，全省天保工程建设中期表彰会，吉县被山西省劳动竞赛委员会授予“集体一等功”。

天然林保护二期工程　天然林保护二期工程2011年启动，至2020年完工。

森林管护区总面积157.59万亩。集体和个人所有公益林管护面积137.17万亩，分别为有林地39.58万亩、灌木林地12.72万亩、疏林地3.52万亩、未成林造林地22.44万亩，其他林地58.91万亩；其中国家级公益林45.62万亩，地方公益林91.55万亩。国有林管护面积20.42万亩，分别为有林地18.75万亩，灌木林地1.43万亩，未成林造林地0.24万亩；其中国家级公益林1.87万亩，地方公益林18.55万亩。

结合集体林权改革，按照人均管护面积不超过0.5万亩，合理划分管护区，签订森林管护合同。将森林资源所有权和管护经营权分离，在所有权不变的情况下，把管护责任委托到户。对确权户，实行承包到户的管护模式。集体林中未分林到户而由农民个人承包的公益林，由承包者管护。对有争议而未分林到户的公益林，实行家庭托管模式。

经过持续针对性的资源保护调整，境内森林结构趋于合理，覆盖率大幅度提高，针阔混交林比例加大，野生动物数量增多，再次重构了生态系统骨架，拉动了生态旅游，森林的生态、社会、经济三大效益充分显现，促进了县域经济发展。

2013年，全省天保工程、公益林管护暨国有林区林场工作现场会在吉县召开。

“三北”防护林工程

1978年，吉县被列为三北防护林工程建设重点县。建设工程分五期，建成防风固土、防止水土流失4条防护林带。从红旗林场的十三湾开始，途经山头庙、西咀、矿柱林场、教场坪、蔡家川为百里15万亩防护林带。从金岗岭开始，途经阳庄林场、土楼沟林场、芦子垣林场、李家垣林场、回宫林场为百里17万亩防护林带。从吉昌镇的山阳林场开始，途经八面窑、管头山、高祖山、壶口林场为百里10万亩林带。从王家原的曹村开始，途经文城乡的青村、房村、文城、南村，壶口镇的留村、中市、南垣冯家岭，东城的山头、真村，柏山寺的圪塔、南耀、黑秀、驮嘤为百里13万亩黄河林带。

"三北"防护林一期工程(1978—1985年)。开始对林业生产进行探索性改革，按项目投资和工程管理要求，区划、规划、设计、施工一条龙，沿山系、按流域集中连片造林，在各个乡镇铺开万亩以上重点造林工程。林种结构上以防护林为主，用材林和经济林为辅。树种主要有油松、白皮松、刺槐等。

"三北"防护林二期工程(1986—1995年)。规划实施林业"141"工程，即一条绿色走廊，四个10万亩防护林带，一个万亩垣面经济林综合治理示范区。对"V"形窄沟，采取"沟沿树镶嵌，沟底树朝天，沟坡树栽满，一株也不短"的办法建成生物沟。对"U"形宽沟，采取"陡坡树栽满，沟底填成田，支沟丰产林，坡角果树园"的办法，搞综合治理。对大流域采取"川地基本田、两坡林相连，公路树成线，阳坡果木园"的办法，建成绿色走廊。发动千家万户，在房前屋后和自家承包的自留地、责任田、自留山、责任山大力营造经济林和速生丰产林、形成大大小小的经济网络和经济群体，逐步走上了农业综合开发治理轨道。结构上由生态林向生态经济型防护林转变，建成一批高产、优质、高效林果基地。经济林比较典型的有东城乡、吉昌镇的苹果，柏山寺乡的花椒。生态林比较典型的有明珠阳庄工程、屯里芦子塬工程。1991年5月，林业部"三北"防护林建设局在吉县召开"三北"地区生态经济型林业建设现场会。1992年春季，临汾地区春季造林、"四荒"拍卖现场会在吉县召开。

"三北"防护林三期工程(1996—2000年)。以发展防护林为主，铺设万亩以上工程5处，千亩至5000亩工程10处，封闭5条干线，做到点线工程相结合，点面工程相映衬，在境内构筑起林业生态建设骨架网络。

"三北"防护林建设四期工程(2001—2010年)。围绕建设"生态大县"目标，铺设万亩工程5处、5000亩工程2处、2000亩工程3处、千亩工程5处。2008年第四季度，实施中央扩大内需投资林业项目，做到点上美化成景，面上绿化成荫。

2011—2015年，"三北"防护林体系建设进入第二阶段的五期工程建设期，按照《国务院办公厅关于进一步推进三北防护林体系建设的意见》，加大亩投资，亩投资从300元提高至500元。规范工程管理，造林质量有了大幅提高。国家下达吉县总任务13.35万亩，其中人工造林8.45万亩，封山育林4.9万亩。创建万亩工程2处，分别是壶口镇留村和柏山寺乡黑秀村。做到按流域整体推进，跨乡镇逐村委垣、坡、梁、峁、沟综合治理。

退耕还林工程

2000年，吉县被列为黄河上中游地区退耕还林(草)试点示范县，吉县把退耕还林作为一项系统工程，做到退耕还林与调整农林牧业结构，加强农田基本建设，发展农村能源实现生态移民以及封山禁牧、舍饲圈养等配套措施的结合，实现生态环境改善、农村经济发展和农民增收的"三赢"。

2001年6月22日，省退耕还林领导组授予吉县人民政府"2000年度退耕还林还草试点工作成绩显著县"称号；同年9月，国家中西部退耕还林现场会160余人参观了吉县西史尖、和尚岭退耕还林工程。2002年3月30日、31日，国务院总理朱镕基考察吉县退耕还林工程，总结出"林权是核心，给粮是关键，种苗要先行，干部是保证"的经验；同年5月10日，国家林业局召开电视电话会议，以国务院红头文件批示"林权是核心，给粮是关键，种苗要先行，干部是保证"的退耕还林20字方针。2008年，吉县启动巩固退耕还林成果工程。

2015年底，吉县共完成人工造林76634亩。其中，干果经济林58457亩，薪炭林18177亩。退耕还林主要树种有刺槐、山杏、核桃、油松、侧柏、花椒。干果经济林主要树种有核桃、文冠果、苹果、花椒，薪炭林主要树种有刺槐、紫穗槐。创建了和尚岭退耕还林径流林业工程，冯家集“贷赈式”工程，西史尖“产权明晰式”工程，中岭“户退队还式”工程，辛庄“此退彼还”工程，窑渠乡韩家峪流域“大户承包式”工程。

至2015年底，境内共完成退耕还林45.1万亩，其中退耕10.1万亩，还林30.7万亩，封山育林4.3万亩。

合资造林工程

蔡家川工程　20世纪90年代初，启动中日合作蔡家川治山项目，由日本国际事业协力团提供资金援助，北京林业大学专家、教授设计、指导，吉县组织实施。工程实施面积1.8万亩，采用不同树种、不同整地方法和不同配置等66个不同组合形式，将传统抗旱措施和现代造林技术相结合，被誉为黄土高原生态建设的“一面旗帜，一个典范，一本教科书”。

中日合作第二期黄河防护林建设工程　2003年启动，总投资1400万元。项目区位于吉县屯里镇回宫村昕水河支流义亭河中段。规划总面积2.97万亩，治理面积1.79万亩，涉及大回宫、小回宫、许尖、赵尖等7个自然村。截至2008年，治理面积18万亩，成活率97.1%，保存率96.6%，成活率、保存率、苗木生长量均创该地区同等条件历史最高，生态效益逐步显现。2006年10月，山西省工程造林中日国际学术研讨会在吉县召开。2008年6月10日，中日合作第二期黄河中游防护林建设项目工程竣工大会在吉县召开；工程通过日方专家验收，被评为优质工程。2008年10月中旬，中日合作中国黄土高原造林技术现场会在吉县召开。

第四节　城乡绿化

总体规划

2006年，根据《城市绿地系统规划》，吉县采取项目资金加配套资金同时投入的模式实施通道绿化、交通沿线荒山绿化、出省口绿化、村镇绿化、厂矿绿化等六大造林绿化工程。

通道绿化

截至2015年底，对209、309国道两条主干道绿化，绿化率为27%；对县城至文城乡、克难坡至壶口景区等次干道绿化，绿化率为23%。

交通沿线荒山绿化

截至2015年，境内通过实施大宁界至吉县车城口、县城至壶口景区、临吉高速、吉河高速两侧荒山绿化，共完成绿化面积2.36万亩，绿化保存率达到80%以上。

环城绿化

2010年以前，完成车城口至霖雨桥的环县城荒山绿化工程。2011年，投资1000万元，在县城主要区域实施绿化全覆盖，环城绿化一期面积3000亩。2012年，投资2162万元，采取乔灌混交、针阔混交的生态景观林立体绿化模式，实施环城绿化二期、临吉高速引线及乡村道路绿化工程，完成荒山造林面积5208亩、速引线通道绿化1.3千米、乡村道路绿化总长度72.5千米，构建；大面积、多层次、广覆盖的绿化景观，提升境内人民的幸福指数。

出省口绿化

出省口绿化工程规划范围：吉县黄河大桥东部第一山脊线，纵深延伸1100米范围的所有地类。投资268.6万元，建设乔灌草混交生态林753亩，公路林带1100米50亩。所有荒山采用自然混交模式全部造林。出省口通道纵深1100米范围内路段、近公路30米范围内的荒山，植景观生态片林30处。出省口1100米范围内500米陡坡或悬崖，采用爬山虎、山荞麦垂直绿化。

厂矿绿化

截至2015年，通过持续开展“以黑补绿”活动，创建了盛平煤业、华晋明珠煤矿、太度糖业、九洲再生能源有限公司等10个园林绿化企业，煤炭企业年绿化率达31%以上。

村镇绿化

2008年，境内完成东城乡柏东村、屯里镇太度村2个村庄绿化工程。2009年，完成吉昌镇兰古庄村、屯里镇窑渠村和庄子村、中垛乡柏房村、柏山寺官庄村绿化工程。2010年，投资16万元，完成屯里、桑峨、东城、兰村、太和、文城、西关等8个新农村绿化工程。2011年，完成8个乡镇、8个村45千米的乡村道路绿化工程，栽植各类苗木3万余株。2012年，实施乡镇道路绿化69.5千米。完成东城乡沟南村、中垛乡白额村新农村绿化工程，栽植苗木39389株。2013年，完成文城乡古贤村、东城乡山头村、车城乡柏坡底村、壶口镇留村新农村绿化工程。2015年，完成东城乡真村、壶口镇陈家岭村、柏山寺乡大庄村新农村绿化工程。8个乡镇政府所在地绿化覆盖率达到32%，79个行政村移民新村全面绿化，绿化覆盖率达到31%。

第五节 义务植树

义务植树山地规划

1986年，吉县在距县城10千米的八眼窑规划义务植树山地500亩。11个乡镇规划义务植树山地，规划面积3984亩。1988年，境内义务植树基地有锦屏山、气象台、上阳庄南山、八眼窑和壶口七郎窝等造林点。1991年，将各乡镇一定面积的荒山荒坡和荒沟，规划为全民义务植树基地。

保障措施

1988年，义务植树采取包任务保成活措施，规定无论机关还是农户，必须完成义务植树任务并保证成活，当年成活率不及90%的，次年必须补栽补植。对县直单位上年度的义务植树总结评比、奖优罚劣。县乡村三级建立义务植树基地档案，将每年的造林地点、树种、面积等情况登记造册，年年按册检查。采取育苗和植树相结合的办法，育苗一分地抵顶植五株树任务，育苗所需种子由林业部门低价提供。当年义务植树13.6万株，成活率均在60%以上。

1991年，吉县作出《关于一九九一年植树造林地安排意见》，对义务植树提出具体要求。发动和组织在龄公民每人每年投义务工1～3个开展义务植树，并建立义务植树档案。

1992年10月，吉县县直机关千余名干部在宏聚沟参加义务植树，完成高标准、高质量条带、鱼鳞坑整地300余亩。

1993年，吉县调整植树方法，变全民义务植树为专业队植树。县物价办、财政局、绿化委员会联合下发《关于征收义务植树绿化费的通知》，规定境内党政机关、事业单位和县属以上企业干部职工每人每年春、秋两季共交绿化费30元，用收缴的义务植树绿化费解决专业队植树费用。同时遵照国务院要求，取消了在农村收缴绿化费。全民义务植树向规范化、基地化、科学化和制度化方向发展。

1994年后，不再缴纳义务植树绿化费。由林业部门统一规划、统一供苗、划片分段、分任务到单位，采取挖大坑、填活土、浇足水、保成活等措施义务植树。每年对义务植树建立档案，记录植树地段、数量、上马劳力及出资顶工等情况，居民义务植树尽责率达到95%以上。

1998 年，吉县出台《关于九八年春季县直单位义务植树的通知》，规定义务植树采取县直各单位统一收缴义务植树款，由县林业局组织专业队栽植的办法进行。收款标准按照每人 10 元执行。

至 2010 年，境内累计参加义务植树人数达 6.5 万人，以资代劳人数 0.6 万人，以资代劳金额达 18 万元；其他方式尽责人数 0.04 万人；建义务植树基地 2 个，实有面积 0.6 万亩；办绿化点 11 个，实有面积 1.2 万亩。

2010 年后，每年开展一次大规模义务植树活动，时任领导都带头参加，全社会参与。建立义务植树登记卡，义务植树活动向规范化发展。

纪念林栽植

1987 年，境内倡导入伍、入队、入团、入党、入学、退伍、结婚、生孩子、过生日等栽植红领巾林、青年林、民兵林、友谊林等各种富有教育意义的纪念林，作为进行爱国主义、集体主义、共产主义教育的重要课堂。1991 年，吉县提出，每个适龄公民每人每年义务植树 3 ~ 5 株基础上，继续进行“三八林”“宝宝树”“同心树”“幸福树”“长寿树”“青年林”等富有象征与纪念意义的造林活动。

2004—2015 年吉县造林情况表

表 10-2-2　　单位：亩

年份	总面积	权属			林种		
		国营	个体	集体	经济林	防护林	薪炭林
2004	69000	6000	5000	58000	265	68735	—
2005	25995	—	—	25995	—	25995	—
2006	54495	—	19995	34500	18000	36495	—
2007	49995	4995	—	45000	—	19995	—
2008	58995	4995	—	90555	1005	57990	—
2009	90555	—	—	90555	5700	82005	2850
2010	61605	4995	—	56610	14310	45495	1800
2011	77415	4005	22005	51405	21300	54315	1800
2012	62100	1995	16500	43605	9495	51615	990
2013	58500	—	6135	52365	10005	48495	—
2014	49005	—	—	49005	18600	29400	1005
2015	37065	—	13860	23205	18555	16005	2505

1986-2015年吉县“四旁”[1]零星植树情况表

表 10-2-3 单位：万株

年份	“四旁”植树	年份	“四旁”植树	义务
1986	103	2001	91.5	—
1987	153	2002	90	—
1988	37	2003	88.4	—
1989	55	2004	76	27
1990	38.1	2005	80	26
1991	48.4	2006	90	26
1992	98	2007	2	39
1993	85	2008	10	25
1994	93	2009	35	35
1995	90.9	2010	42.9	24
1996	117	2011	46.9	24
1997	117	2012	36	26
1998	86.8	2013	40	26
1999	90.3	2014	35	26
2000	90	2015	36	—

[1] “四旁”指：村旁、宅旁、路旁、水旁。

第三章　森林管护

第一节　机构队伍

防火指挥部

1985 年 4 月，吉县成立护林防火指挥部。1986 年，完善生物防火林带建设，配备防火设施，初步建立防火预警体系。1988 年，实行四级护林，各乡镇成立护林防火领导组，村民小组设 1 名护林员，护林员建立护林档案，将所有树木逐株登记入档，一年检查 1 次，奖罚兑现。同年 4 月，下发《关于调整充实护林防火机构及伐木材予收"造林保证金"的通知》，规定各村民委员会设立 3 人防火小组，组长由村长兼任，吸收热爱林业的干部或护林员为成员，属乡（镇）林业站领导。护林防火小组组长每年补助 30 ~ 50 元，其他人员每年补助 10 ~ 20 元，年终视管护情况，补助适当浮动 30% ~ 50%。

林木管护站

2000 年，各乡镇组建 3 ~ 5 人的林木管护站，村委成立护林小组，自然村确定 1 名护林员，共 167 人组成县、乡、村三级护林网络。建立考核制度，奖优罚劣，报酬和聘用与工作成绩挂钩。

防火办公室

2010 年，吉县护林防火指挥部下设防火办公室，防火办设在林业中心。有防火专业队 3 支（其中林业中心防火扑救专业队 10 人，红旗林场、人祖山保护区两支防火扑救专业队 25 人）共 35 人。设立 16 个天保站、32 个管护点，组建了 227 人的护林队伍。设有管头山、挂甲山、孟家山、富家山 4 个视频监控点、1 个森林防火监控指挥中心。建立了微波远程瞭望塔和地面人员巡逻"三位一体"立体监测系统。2013 年，按照政府购买公共服务的运行模式，组建 50 余人的森林防火专业队，实行军事化管理。2015 年底，林业中心配备了 GPS 巡护平台，为护林员配备 GPS 巡护手机，对护林员巡护进行检测。

防火特险期采取"千名干部下基层、护林防火保安全"的模式开展护林防火全民巡查，形成高密度、网格化、社会化的巡查网络。电视台开办护林防火公益宣传广告，县森防指挥部防火宣传车深入 8 个乡镇、79 个行政村，采用发放各类宣传品、现场宣讲的方式宣传森林防火知识。

封山禁牧领导组

2000 年，吉县成立封山禁牧领导组。2014 年，成立林地保护管理和封山禁牧工作领导组。2015 年 6 月 1 日，防火队整体转为封山禁牧队。

第二节　管护措施

封山禁牧

1999 年，吉县在生态项目区禁牧，限养土山羊。2000 年，出台禁牧政策，规划禁牧范围。2001 年，出台《关于进一步做好农业项目区禁牧工作的实施意见》，根据境内牧草分布情况，在封山育林区、幼林地、农业项目区以内严禁放牧。2003 年，出台《关于进一步做好生态农业项目区禁牧工作的通知》，按照牧草分布和农业项目工程建设情况，划定应保护的森林资源。规定农业项目区内、新造林地、幼林地和封山育林地，无论是国有、集体所有，还是部门、个人所有，一律实施封山禁牧。同年，出台《关于封山禁牧的补充规定》，进一步加大封山禁牧力度，巩固天然林保护和退耕还林还草成果。

2014 年，针对境内土山羊反弹严重的情况，吉县印发《关于进一步加强封山禁牧工作的通知》。要求自 2015 年 6 月 1 日起，以乡镇人民政府为主体，封山禁牧队全力配合，在林业生态建设区域实施封山禁牧，推进封山禁牧防控体系建设。

病虫害防治

病虫害普查 1999 年 5—6 月中旬，开展病虫害普查工作，同时对昆虫系进行普查。对调查对象进行分目、分科、分种类，做出 9 个目、40 个科、71 个种类的成虫标本，较完整地掌握了危险性害虫的种类与天敌以及预防对策。调查发现，境内有 11 种林木病虫害危害林木，主要有大灰象、金龟子、蛴类、象甲桃仁蜂、杨大翅蛾等；重点有中华鼢鼠、强大小蠹、刺槐种子小蜂、天牛等。

危害油松的虫害主要有油松毛虫、红脂大小蠹。危害刺槐、山杏、山桃、山楂、油松苗的主要是中华鼢鼠。危害桧柏、梨树的主要病害是桧柏锈病。

杨树蛀干害虫防治 按省林业厅要求，吉县于 1996 年底完成杨树蛀干虫害根除工作。县林业部门采取分片分段采伐更新杨树，彻底断绝虫源的办法根治杨树蛀干害虫。利用 2 年的时间对虫害较重的东城、金岗岭、小回宫、中垛等 4 条线 152 千米路段 30.4 万株杨树进行普查，发现危害有虫株数 7.6 万株，采取熏蒸法、人工捕捉和药物喷洒等方法防治处理，杨树有虫株率由 25%下降到 5%，完成了根除工作。

强大小蠹病虫害防治 1999 年，强大小蠹虫害在全省蔓延迅速、危害油松林地。境内油松林强大小蠹虫害发生面积 7000 亩。林业部门筹集资金 2.5 万元、投工 4992 个，采取塞毒丸、树体密闭薰杀、建立防治隔离带 3 种方法，对山头庙、西咀、管头山一带的油松林进行防治。经过一年多的努力，防治率达 100%，根除了强大小蠹危害。

红脂大小蠹防治项目 项目位于车城乡西咀 5 个小班作业点，总投资 10 万元，防治总面积 1 万亩，防治树种为油松，防治时间为每年 4—9 月。1999 年实施，2015 年完成，防治率达 95%。

鼠兔害防治项目 项目总投资 5 万元，防治时间为每年 4—6 月。防治总面积 1 万亩，其中车城乡曹井、瓦原村和兰家河共 3000 亩，桃村 3000 亩；吉昌镇赵村垣 2000 亩；屯里镇东垣 2000 亩。1985 年实施，2015 年完成，防治率达 92%。

中华鼢鼠防治 1996—2000 年，北京林业大学“化学灭鼠剂筛选及天敌调查及应用”的课题在吉县完成，为开展中华鼢鼠提供科学依据。境内鼢鼠防治涉及 4 个乡镇、1 个林场、5 个垣面，有阳庄、圪鲁、教场坪、西咀、西庄、城北垣、谢悉垣、中垛垣、赵村垣、勒马垣等 10 余处工程，13 万亩鼠害发生面积。通过采用投放化学灭鼠剂和人工地剪钉杀等方法防治，鼠害密度由 17.3 只 / 公顷下降到 2.2 只 / 公顷，防治率达 92%，挽回经济损失 1950 余万元。县森防站参与完成的《山西省吉县蔡家川林区中华鼢鼠的生态调控研究》《药物防治中华鼢鼠的研究》等论文在国家“八五”科技攻关项目刊物上刊登。1998 年 9 月，县森防站被山西省科技进步评审委员会授予二等奖。吉县《积极推广化学灭鼠，努力加强森防工作》典型经验发言材料在全省森防经济交流会

上交流。同年，县森防站被省林业厅授予“森林病虫害防治先进单位”。

森防测报

吉县共有森防测报点 12 个，其中乡镇 8 个、红旗林场 3 个、东城乡 1 个桧柏锈病测报点。预测预报人员费用由中央财政支付。建有森防实验室、微机室、档案室、标本室和设备库房。标本室内陈列有各类标本 72 盒，其中生活史标本 24 套，鳞翅目和其他昆虫标本 48 盒。制作强大小蠹卵、幼虫、蛹、成虫全套生活史标本，饲养观察该虫生活习性，进行室内观测。

每年 2—11 月，森防测报点对境内的森林病虫害进行预测预报，每月 10 日前将测报情况报回县森防站，森防站将数据汇总上报市森防站和国家森防总站。

县森防站建立健全了森防目标管理责任制，制作了森林病虫害发生趋势图、分布图、测报网点图、鼠害踏查线路图、标准地分布图。通过测报工作日志记录五年内森林病虫害发生情况。

2007 年，吉县被列为国家级中心测报点、标准站。2008 年，依托天然林资源管护站，建设中心测报点、测报网点 8 个，监测覆盖 90%的林地。

森林保险

2014 年，吉县被纳入临汾市森林保险试点县，将境内国家重点公益林中的有林地、未成林造林地，省级重点公益林中的有林地、未成林地，全部纳入森林保险范围。每亩保费 18 元，按国家财政 50%、省财政 30%、市财政 10%、县财政 10%的出资比例缴纳。至 2015 年底，吉县森林投入保险面积共计 81.48 万亩，其中集体 61.06 万亩，红旗林场 20.42 万亩。当年，境内全面启动森林保险赔偿业务，全年共发生理赔案件 2 起，理赔金额 36 万元。

第四章 科技兴林

第一节 科技推广

院校科研合作

1986年后，吉县先后与国家林业局、北京林业大学、省科委、省林业厅、省农业厅等科研单位，联合承担“林业科技项目”“黄土高原中日合作治山技术”“黄土高原苹果生产技术试验和推广”“核桃高接换优推广”“林木良种繁育”“三北地区鼠害综合防治技术研究”“苹果标准化生产技术”等科研项目，普及应用“生根粉”“根宝”“旱地龙”等抗旱增效产品。

实用林业技术推广

1986年，吉县建起北京林业大学吉县科研试验场，开展林业科学研究，推广径流林业、覆盖林业、集雨节灌、大苗带母土栽植、截杆栽植、容器袋苗、APT生根粉等实用抗旱造林技术，年造林成活率均保持在90%以上。与山西林科院、陕西花椒研究所合作，开展“林地鼠害综合防治技术研究”“黄土高原苹果生产技术的试验和推广”“核桃高接换优”“花椒优质高产栽培技术”推广，促进了境内林业产业发展及农民增收。

第二节 科研基地

山西吉县森林生态系统国家野外科学观测研究站

基地建设 位于蔡家川流域，1991年建站，为国家林业局森林生态系统定位站。2004年，北京林业大学在基地新建实验楼和餐厅等基础设施。2005年，被列为国家生态与环境野外系统观测研究站，是52个国家级生态环境野外观测站中15个森林站之一，教育部所属高校4个国家级生态站之一。基地能同时容纳20余人在站开展研究工作，每年接纳到站工作师生百余人次。2015年，投资35万元对教学研究基地进行维修，硬化基地大院、修整围墙、屋顶和卫生间等基础设施，新修车棚、配套篮球架、乒乓球台等体育设施。

项目实施 1991年，实施中日技术合作“中国黄土高原治山技术培训”项目，由北京林业大学规划设计，县林业局负责实施，在蔡家川流域首次采用径流林业技术营造2025万亩水土保持林，修建量水堰7座。

1999—2000年，实施中日技术合作“中国黄土高原治山技术”后续项目，维修量水堰，修建坡面径流小区，配置观测仪器，形成从坡面到沟道、从小流域到大流域的监测体系。

蔡家川相继实施“九五”“十五”“十一五”等科技攻关课题以及国家科研项目973项，在研项目包括科技部科技支撑项目、科技部重大专项项目、国家自然科学基金项目等。基地开展对外合作与交流中，先后有日本、美国、奥地利、德国等多个国家的专家学者前来交流访问，国内兄弟院校及科研院所的专家、师生到站参观学习。

2015年，蔡家川流域建成坡面径流小区10个、小流域量水堰8座、小气候观测塔1座、土壤水分监测点 20 处，形成降水、径流、泥沙、土壤水分、林木生长、植被演替等综合监测和研究体系。区域水土保持林成为黄土高原植被恢复的示范林，蔡家川流域被誉为植被恢复与水土保持的教科书，被山西省批准为省级森林公园，成为人祖山旅游胜地的重要组成。

北京林业大学吉县教学科研基地

1986 年兴建。位于吉县红旗林场马连滩林区的石山弯，占地 15.9 亩，建筑面积 1380 平方米，有砖窑 20 孔，平房 22 间，院内草坪绿地 3660 平方米。基地集教学、科研于一体，每年都有北京林业大学专家、教授、学生以及国外专家到基地开展重点科研课题研究。

2010 年 10 月 16 日，红旗林场与北京林业大学签订 45 万元科研基地建设施工协议，经过 3 个月的紧张施工，维修部分砖窑、平房，新建门房、墙栏，配备实验室、会议室、娱乐室、宿舍和食堂所需设备，绿化美化大院，使基地成为黄土高原林业教学科研的极佳场所。

2011 年，红旗林场与北京林业大学签订石山弯教学科研基地代管协议，承建投资 25 万元的北京林业大学教学基地基建工程。并自筹资金 30 余万元，对基地进行绿化、美化、香化。基地可一次性接纳 40 人以上教学科研人员食宿。

2013 年，投资 70 余万元在马连滩天保区石山弯完善生态教学科研基地的基础建设、提水设施等，与北京林业大学合作建设培训服务基地。

第五章 林政管理

第一节 管理机构

县级管理

1973 年，成立吉县林业局，负责境内林业生产的组织协调、规划指导、管护实施等。2002 年 2 月，机构改革，转为事业单位，更名吉县林业开发中心，干部劳动基地（窑渠李家垣）划归林业开发中心管理。2010 年 3 月，再更名为吉县林业服务中心，为正科级建制，直属事业单位。2015 年底，下设办公室、林业站、森防站、推广站、林政站、林权管理中心、森林派出所、公益林办、种苗站、退耕办 9 个站室，下属基层站所 7 个，即中心苗圃、国营苗圃、峪口苗圃、回宫林场、壶口林场、木材检查站、专业队。

乡镇管理

1988 年，吉县乡镇林业站始建。1989 年 8 月，11 个乡镇全部设立林业工作站。1993 年底，11 个乡镇林业站建设工程全部竣工。林业站隶属乡镇和县主管部门双重管理，纳入事业单位序列。1995 年，乡镇林业站标准化建设全部通过达标验收，吉县也成为临汾地区第一批乡镇林业站标准化建设合格县。1997 年 10 月，壶口镇林业工作站成立。至 2015 年底，境内 8 个林业工作站全部纳入乡镇政府综合便民服务中心，由乡镇政府直接领导，县林业服务中心业务指导。

第二节 林业行政执法

行政执法种类

依据《中华人民共和国森林法》《中华人民共和国森林法实施条例》《中华人民共和国野生动物保护法》《森林防火条例》《植物检疫条例》《占用征用林地核审审批管理办法》《中华人民共和国种子法》《中华人民共和国自然保护区条例》等林业法律法规，受县人民政府委托，吉县林业部门执法权限共计 9 类 168 项，其中行政许可类 17 项、行政处罚类 101 项、行政强制类 10 项、行政征收类 1 项、行政裁决类 1 项、行政给付类 8 项、行政奖励类 17 项、行政检查类 12 项、行政确认类 1 项。

执法宣传

1986 年，林业部门明确了以领导干部为主导、以执法系统为主线、以农民群众为主体的普法思路，对领导干部开展法律知识讲座、印发学习手册、组织考试竞赛普及林业法律法规知识，运用街头咨询、散发传单、文艺表演等形式对广大群众开展林业执法宣传教育，组织开展了“爱我吉县、塑我河山”的主题活动。1990—2015 年，每年举办林业执法、森林防火培训班 10 余次，培训执法人员 200 人次。刷写宣传标语，电视台开辟宣传专栏宣传林业法律法规。

行政执法

1985 年 5 月，依照《中华人民共和国森林法》规定，林业部门联合吉县公安局、吕梁林区公安局、屯里林场派出所，取缔了文城、屯里等乡镇13家柏树根炼柏油窝点，没收炼柏油业主10台柴油机和其他作案工具，收缴非法所得3.65万元。

1998—2001年，木材检查站查处手续不全过境木材运输车辆530台次，收缴木材30立方米，返回资源补偿费3万余元。

2000年后，根据林业用苗只有取得植物检疫证书、苗木检验证书和山西省林木种苗标签方可调运和使用的规定，每年从3月份开始，对各苗圃和个体育苗进行产地检疫，并办理产地检疫证，产地检疫率达100%。"九五"期间，检疫苗木运输车辆600部，检疫木材0.4万立方米，检疫外调苗木0.9万株。同时，新增对中药材和其他干果类的检疫，共检疫核桃421吨、核桃仁80吨、中药材120吨、青枣362吨，有效防止疫区或带疫病的物品传播流通。

自2012年11月吉县公安局森林派出所成立后，共查处各类涉林违法案件94起。其中林业行政案件90起、涉林刑事案件3起、涉林治安案件1起。案件类型涉及盗伐林木、滥伐林木、非法狩猎、非法收购野生动物、违法占用林地、擅自毁林开垦、采挖大树、擅自野外用火等。

第三节　林权改革

1985年，吉县深化林业体制改革，探索乡村校办林场、自留山、责任山、户包治理小流域，"两工"造林、"四荒"拍卖、股份合作制林业等非公有制林业形式，走以大户为先导、庄园为基础的生态林业发展新路。

集体林权制度改革

20世纪80年代初，吉县发过一次林权证。2000年4月，开始重新调查核发林权证、树权证。对1980—1981年县政府核发的林权证，入籍二线清楚、标志明显、与毗邻单位有认界协议的列入审核换证范围；对缺少以上任何一项的林权证、树权证一律重新核发。2004年11月，全市组织发放全国统一式样的林权证，2015年8月底完成。

2010年5月，吉县启动集体林权制度改革，总任务116万亩，涉及8个乡镇79个村民委员会567个自然村、22852农户103931口人。采用集体林权制度改革与退耕还林相结合、与自留山责任山相结合、与四荒拍卖相结合、与小流域治理四荒拍卖相结合、与群众意愿相结合，实施林权确权。2011年底，实际完成确权面积149.25万亩，产权明晰率94%。其中林改前确权面积67.3万亩，本次林改确权面积80.46万亩，家庭承包率81%。签订承包合同22852份，面积147.76万亩。截至2012年5月底，打印林权证10500本，涉及宗地数20112个，所有村委的林权证打印完成。林权争议发生44件，涉及面积22.6万亩。调处31件，面积17.4万亩，调处率77%。未纳入林改面积1.49万亩。

林权经营形式

拍卖　从1992年开始，吉县全面推行荒山、荒坡、荒沟、荒滩使用权的拍卖。"四荒"拍卖与承包相比，它有着时间的长期性、成交付款的一次性、权力转移的彻底性等特点，保障了责、权、利的紧密结合。如屯里镇庄子村委将7100多亩森林全部拍卖给个人经营管理，价格不等，每年按5元／亩，或0.5元／亩付款。

承包管护　天保工程未启动前，吉县对乡、村林场管理上推行承包管护模式。如中垛乡白额村办林场将林权承包给本村一位村民管理，期限为20年，一次性给村民委员会交承包金5万元。1995年，中垛乡将乡办林场林权承包给曹新立个人管理，承包期限为30年，每年交承包费1000

元。在承包期限内，可以申请采伐，这种管护模式提高了林分质量，经济效益明显，管护者积极性很大。

合作造林　重点绿化工程，县、乡、村联合签订效益分配合同，责任共担，利益共享，确定专职护林员管护，收益按县、乡、村 4 : 2 : 4 的比例分成。屯里镇东垣万亩造林工程、芦子垣万亩造林工程、圪鲁万亩造林工程、阳庄万亩造林工程，都是这种合作造林形式。如 2000 年，张建林、陕吉升、赵银锁 3 人以股份制形式筹集资金（张建林为此庄园法人代表，个人入股开发建设），在吉县窑渠乡的韩家峪流域承包荒山 10 万亩，建设生态庄园，建设时间为 30 年（2000—2030 年）。

集体经营　按照“造一片林，留几个人，建一个场，护万亩林”的发展思路，固定专人护林。蔡家川林场、东城乡社办林场就是这种模式。

1992 年，吉县采取“股份式”的办法，发动机关事业单位“吃财政”的干部职工，每人拿出一个季度的奖金 60 元，共筹集 17 万元，于窑渠乡李家垣建成干部培训劳动基地，对干部职工进行建设有中国特色的社会主义理论、主导产业知识、科学技术知识实地培训。

基地由县委、县政府直接领导，组织、人事部门具体负责，抽调林业、水利、果树等部门技术人员组成管理队伍。在资金和投工管理上，县直行政事业单位干部职工每人每年从奖金中扣除 480 元，作为基地周转金。对完成工程定额任务者，所扣除奖金年终全部发还本人。对完不成定额任务者扣除部分或全部奖金。每年有 100 多万元用于基地建设。

基地土地总面积 2 万亩，设计造林面积 1.5 万亩，其中经济林占 35%。主要树种为苹果、仁用杏、红果、核桃、刺槐。采取高标准水平阶加大坑的整地方式栽植壮苗，做到治一片，成一片，保存一片。至 1997 年，分批组织干部 2000 余人，完成整地 6500 亩，栽植仁用杏、刺槐等 4000 亩。至 2000 年，完成治理面积 0.76 万亩。群众称基地为“单位劳动的场地，机关创收的阵地，干部培训的基地，改革分流的天地”。吉县的做法被中央组织部和省委组织部肯定，其做法经验先后在《中国干部教育》《山西日报》《临汾日报》等杂志上转载。

第十一编 水利 水保

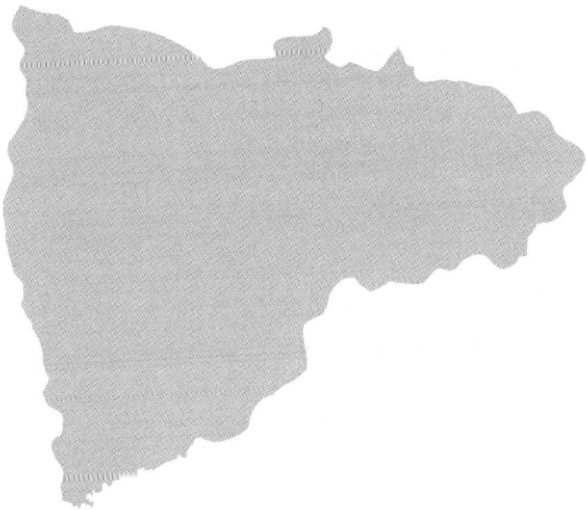

吉县地处晋西黄土高原，属典型的黄土残垣沟壑区。境内梁峁交错，沟壑纵横，山峦起伏，地形破碎，沟壑密度在 5 ~ 8 千米 / 平方千米之间。地层比较复杂，表层为第四纪风积黄土覆盖，厚度由几米到百余米不等，主要由亚砂土组成，水土流失十分严重。历届县委、县政府对水利水保工作常抓不懈，积极引资金、上项目，通过实施小流域集中连片治理、世界银行贷款项目、饮水解困、防汛抗旱、节水灌溉、河道治理等项工程，综合治理山、水、林、田、沟、川、垣，取得了显著的成绩，不仅成就了农业基础，稳住了农业命脉，也开辟了旅游观光、休闲娱乐的最佳去处。吉县因此被水利部、财政部授予“全国水土保持生态建设示范县”。

第一章　水土保持

第一节　水土流失

历史概况

北魏以前，境内植被覆盖较好，水土流失小。北魏延兴四年（474），河西胡人到吉县定居，人口渐增，毁林拓荒日甚，水土流失加大；后经历代战乱，乱砍滥伐，森林面积越来越少，植被破坏更加严重，生态环境的破坏，水土流失日益加剧。中华人民共和国成立初，吉县仅有次生疏林15万亩，近郊缓坡已成荒山秃岭。据载清水河每发山洪，“浊浪滔天，声塞州川”，有年洪流能淹越扶风桥顶，扑向街面。20世纪50年代调查，境内水土流失面积为142.9万亩，占总面积的53.6%，年侵蚀量2100万吨，年均侵蚀模数高达11823吨/平方千米。

四个类型区水土流失情况

残垣沟壑区　包括吉昌、车城、中垛、柏山寺、东城、文城6个乡镇的谢悉、兰村、上东村、祖师庙、学背后、小府、马家河、霖雨、大田窝、兰古庄、东关、西关、桥南、桑村、兰家河、赵村、桃村、永固、三堠、南坪、南光、中垛、白额、柏房、柳沟、安平、东石泉、大庄、西头、东城、社堤、太和、沟南、柏东、午生、王家原36个行政村，面积426.15平方千米，占吉县总面积的23.98%。沟壑面积占到该区面积的45.55%。沟壑密度为4～6千米/平方千米，水土流失面积40.99万亩，占本区面积的64.12%，占吉县流失面积的28.68%。

丘陵沟壑区　包括屯里、壶口、车城、中垛、文城、东城、柏山寺7个乡镇的屯里、太度、庄子、五龙宫、桑峨、曹井、朱家堡、窑科、马连滩、房村、文城、南村、大圪塔、柏树、留村、存心、中市、南原、青村、山头、真村、陈家岭、白米、马泉头、白子原、官庄、南耀、圪塔、黑秀、耀角、放马岭、窑渠、窑头、回宫、柏坡底35个行政村，面积868.46平方千米，占吉县面积48.86%。沟壑面积占到该区面积的50%～70%，沟壑密度5～10千米/平方千米。水土流失面积94.91万亩，占本区面积的72.86%，占吉县流失面积的66.42%。

砂页岩土石山区　包括屯里镇的安乐、王家河、明珠3个行政村及屯里镇、曹井乡的土石山区部分，面积275.79平方千米，占全县总面积15.52%。水土流失面积5.86万亩，占本区面积的14.17%，占吉县流失面积的4.1%。

砂页岩石质山区　包括吉昌、壶口、屯里、车城、东城、文城6个乡镇的石质山区部分，面积206.86平方千米，占吉县总面积的11.64%。水土流失面积1.14万亩，占吉县流失面积的0.8%。

三大流域水土流失情况

昕水河流域　流域面积508.98平方千米，沟壑密度5～10千米/平方千米。水土流失面积31.84万亩，占流域面积的41.7%。年总侵蚀量216万吨，侵蚀模数5129吨/平方千米。流域内垣面受水侵蚀已成平墚，墚的交叉处形成圆峁，中下部变为陡坡或沟壑。下部表土已侵蚀无余，岩石出露，直达沟底。上、中部的侵蚀仍在继续发展。

清水河流域　流域面积6245平方千米，沟壑密度46千米/平方千米。水土流失面积50.34

万亩，占流域面积的53.72%。年总侵蚀量554万吨，每平方千米侵蚀模数8067吨。流域上游为土石山区，植被较好。水土流失重点发生于坡耕地和荒山荒坡的线状、斑状面蚀。中游水土流失主要表现在沟头延伸、沟底下切、沟壑塌崩、垣面缩小。下游人口密集，植被差，水土流失严重，垣面正向墚峁型过渡。

鄂河流域 北半部属吉县境，面积约176.5平方千米。水土流失面积12.48万亩，占该区面积的47.13%。沟壑密度为810千米/平方千米，侵蚀模数1.18万吨，水土流失的重点是沟状面蚀、沟岸扩张、沟底下切。完整的垣面已被侵蚀成树枝状。

直接流入黄河的有：文城乡的全部和东城、柏山寺乡的部分共28个行政村，总面积467.03平方千米。有水土流失面积48.24万亩，占该区面积68.87%。沟壑密度8 ~ 10千米/平方千米，侵蚀模数1.04万吨。水土流失的重点是面蚀、沟蚀和风蚀。垣面已被侵蚀为蜈蚣状，变为残垣沟壑。

水土流失的主要形式

水土流失的主要形式是面蚀、沟蚀、重力侵蚀和沟头崩塌，其中面蚀危害较大、较广。其原因：一是墚峁起伏，沟壑似篦，缺少植被，失去蓄水保土功能；二是沟头延伸，沟底下切，沟壁崩塌，垣面缩小；三是陡坡垦种，径流量加大，冲刷力增强；四是植被少，表皮黄土覆盖面，受风雨冲蚀力强。

水土流失的主要因素

土壤 规划区地带性土壤为褐土，有山地褐土、褐土性土、草甸土等。多数地面覆盖有深厚的第四纪黄土层，黄土层土体层次不明显，结构疏松，有大孔隙，柱状节理发育，有机质含量低，抗蚀性差，遇高强度暴雨，地表极易造成面蚀和沟蚀。黄土层中夹有厚层红棕色埋藏土，土壤层发育较好，质地黏重，持水量小，透水性低，遇水易饱和，易于产生较大径流及冲刷。土质物理特性是造成水土流失严重的重要原因之一。

地形 规划区地形地貌复杂，沟道纵横，地面坡度较大，相对高差大。在黄土丘陵沟壑区，从梁峁顶部到沟坡，坡度、坡长越来越大，汇流越来越多，冲刷能力越来越强。黄土残垣壑区，垣面起伏不平，垣边残破，沟深坡陡，沟垣相对高差100 ~ 200米，沟壑面积占总面积的比重较大，水土流失较为严重。

降雨 降雨方式及时空集中分布规律是影响水土流失程度的重要原因。规划区内年度降水分布不均，年内降雨主要集中在5—9月，占全年降雨量的79.2%，且多呈长时、高强度、超渗性暴雨，洪水径流占年径流的60%以上，汛期泥沙占全年的90%以上，雨洪冲刷导致水土流失极为严重。

植被 植被覆盖率的高低是影响土壤侵蚀强弱的重要因素之一。良好的植被能够覆盖地面，拦截雨滴，调节地面径流，减缓流速，过滤淤泥，从而增加土壤渗透性，涵养水源，改善生态环境，防止水土流失。

人为因素 水土流失的发生、发展和加剧，很大程度上取决于人类活动对自然的影响。开荒造田、滥伐滥牧等人类活动对植被的破坏，致使水土流失面积扩大，土壤侵蚀程度加剧，生态环境日趋恶化。城建、水利、修路、矿藏开发等大规模开发建设项目，大量采石挖土、破坏原地面、产生大量废弃物，加剧了泥沙产量，造成严重的水土流失。

第二节　水土治理

小流域集中连片治理

1978 年，中共十一届三中全会以后，吉县水土保持工作坚持以小流域综合治理为中心，生物措施与工程治理相结合，实施垣、坡、沟连片综合治理。截至 1985 年底，共实施水保造林 24.37 万亩，种草 3.5 万亩，封山育林 921 万亩，修梯田 1.8 万亩，坝沟地 1.11 万亩，淤滩地 0.36 万亩，治理农田 13.64 万亩，初步控制水土流失面积 88.1 万亩，占总流失面积 142.9 万亩的 61.65%。1986 年后，随着农村土地使用制度深化改革，全面推行荒山、荒坡、荒地、荒滩（“四荒”）使用权拍卖，因地制宜、统一规划集中连片实施水土保持规模治理。

1997 年开始，吉县贯彻“预防为主、全面规划，综合治理、因地制宜，加强管理、注重效益”的水土保持方针，小流域综合治理向大流域连片治理推进，实行山、水、田、林、路统一规划，沟、坡、峁、梁、川综合治理。先后实施了世界银行贷款一、二期黄河上中游水土保持国家级和省级水土流失重点防治项目，对水土流失严重地区大规模、高密度投资治理。截至 2015 年底，实施水土保持生态建设治理面积 725.87 平方千米，包括水平梯田 10506.9 平方千米、坝地 1351.3 平方千米、滩地 471 平方千米、旱坪垣地 1790 平方千米、乔木林 37409.1 平方千米、经济林 6207.8 平方千米、灌木林 4569.7 平方千米、人工种草 513 方千米、骨干坝 57 座、中型淤地坝 20 座、小型淤地坝 328 座；土地开发项目滩涂开发 216 平方千米、旧宅改造 82 平方千米、除险加固工程 3 处、河道堤防工程 3.2 千米。累计治理度达到 52%，林草覆盖率达到 36.5%，人均基本农田达到 0.12 平方千米，农田水利基本建设与生态环境均得到加强和改善。

小流域治理的基本模式

1986—2015 年，吉县坚持以小流域为单元，形成切合境内实际的小流域综合治理模式，即：山头“戴帽子”，营造乔、灌林；垣面“撒网子”，建设方田林网；垣边沟圈“扎带子”，保垣固沟；缓坡“挖窝子”，建设干鲜水果基地；宜草地上“铺毯子”，发展牧草；陡坡“搭台子”，建设牧坡林；支毛沟底“插旗子”，栽植丰产林；主沟、支沟“打格子”，修坝淤地。通过实施治沟骨干工程、建淤地坝、拦沙蓄水、解决人畜饮水和灌溉用水问题；修梯田、打建坝、治滩地，建设基本农田；发展以经济林为主的植被，涵养水源；打旱井、建人字闸集流微灌工程，并运用果园节水和人畜饮水工程，提高土地灌溉面积，确保饮水安全，促进农村经济的发展。

沟坝地治理重点工程

柳沟沟坝地治理工程　2008 年，投资 162 万元，平整土地 16 公顷，建排洪渠 1345 米，修筑生产道路 1345 米。2009 年，投资 109 万元。平整土地 11 公顷，建排洪渠 895 米，修筑生产道路 895 米，栽植道路林 2240 米。

白河沟沟坝地治理工程　2010 年，投资 191 万元，平整坝滩地 23.53 公顷，修筑田间道路 1614 米、生产路 462 米，建排洪渠 1608 米。2011 年，投资 216.25 万元，整理沟川田块 41 块，平整坝滩地 23.53 公顷，修筑田间道路 1614 米、生产路 462 米，建排洪渠 1608 米。

北牛堤沟沟坝地治理工程　2013 年，投资 182 万元，规划土地整治面积 18 公顷（其中新增耕地 12.8 公顷，新增耕地率 70.96%），修建生产坝 21 座、排洪渠 2.50 千米、生产路 2.71 千米、过路桥 2 座。

安平沟坝滩联治工程　2012 年，投资 215 万元，建设中型坝 1 座，垫滩造地 4.92 公顷，治

滩整地9.11公顷,修建田间路1.948千米、生产路0.235千米、排洪渠1.7984千米。

马家沟坝地治理工程 2015年,投资173万元,整治土地13.99公顷,修建排洪渠2150米、田间道路1986米、生产路346米。

柏坡底沟沟坝地治理项目 2015年,投资182.00万元,平整沟坝地12.85公顷(其中新增耕地8.33公顷,新增耕地率55.53%),修建生产坝23座、排洪渠2225米、跌水3座、生产路2190米、过路涵1座。

截至2015年底,境内建成淤地坝405座,其中骨干坝57座、中型淤地坝20座、小型淤地坝328座。通过坝系建设,小流域内泥沙基本得到控制,洪水得以调蓄和利用,沟道基本实现了川台化。

第三节 世界银行贷款项目

一期项目

项目计划 一期项目区位于境内东北部,面积509平方千米,水土流失面积354.8平方千米,占总面积的69.7%,治理度28.5%,植被覆盖率43.1%。项目区涉及原屯里、窑渠、明珠3个乡(镇)的20个行政村、3045个农户、1.18万农业人口。1997—2001年实施,总投资1708.46万元,其中,世界银行贷款1008.26万元,占总投资的59.01%;国内配套资金700.2万元,占总投资的40.99%。实施水土保持治理面积3115.26公顷,其中:新增基本农田1113.56公顷,营造乔木林200公顷、灌木林1500公顷、经济林208.6公顷、果园93.1公顷,项目区治理面积累计达到13227.06公顷,治理度达到37.28%,植被覆盖率达到51.71%。

实施情况 一期项目于1997年开始实施,共完成水土保持治理面积3264.3公顷,占项目总计划的104.8%,其中,完成梯田1746.3公顷,占总任务的158.2%;乔木林1179.4公顷,占总任务的589.7%;灌木林20公顷,占总任务的1.3%;经济林208.6公顷,占总任务的100%;果园100公顷,占总任务的107.4%;种草10公顷。共计完成投资2031.44万元,占项目总投资的118.9%。其中,完成世界银行贷款998.89万元,占世界银行贷款总额的99.1%,完成国内配套资金1032.55万元,占国内配套资金总额的147.5%。

二期项目

项目计划 二期项目区位于吉县中西部,总面积818平方千米。其中水土流失面积713平方千米,占项目区总面积的87.16%,治理度为30.5%。项目区包括原城关、兰家河、曹井、中垛、东城、柏山寺、壶口7个乡(镇)的77个行政村、1.86万农户、5.58万农业人口。计划1999—2003年,5年内实施水土保持治理面积8428公顷,内容包括:新增梯田2800公顷,坝地28公顷,营造乔木林1000公顷,灌木林3100公顷,果园1000公顷,封山育林500公顷,建中心苗圃10公顷。使项目区治理面积累计达到301.5平方千米,治理程度达到42.3%,植被覆盖率达到47.1%。同时,完成总投资5377.77万元,其中世界银行贷款3340.95万元,占总投资的62.13%,国内配套资金2036.82万元,占总投资的37.87%。

实施情况 1999—2003年实施,实施水土保持治理面积10989.98公顷,其中:新增梯田3185.6公顷、坝地60公顷,营造乔木林3775公顷、灌木林454公顷、果园1015.38公顷,封山育林2500公顷,建中心苗圃10公顷。治理后的项目区措施面积累计达到326.9平方千米,治理程度达到45.8%。完成总投资5414.31万元,其中世界银行贷款3356.3万元,占总投资的62%,

国内配套资金 2058.01 万元，占总投资的 38%。

二期项目实施前后产业结构变化　治理前，农、林、牧、副、果比例为：51.46：18.45：15.48：5：9.61。治理后，农、林、牧、副、果比例为：13.8：68.1：5.9：2.1：10.1。

二期项目实施期前后效益对比　治理前人均粮食产量 411 千克，治理后人均粮食产量达到 1268 千克，提高了 3 倍多；治理前人均纯收入 463 元，治理后人均纯收入达到 1189 元，提高了 2.5 倍多。

二期项目实施期前后效益对比　治理前植被覆盖率为 40.4%，治理后植被覆盖率达到 48.3%，提高了 7.9 个百分点；治理前治理度为 30.45%，治理后治理度达到 39.21%，提高了 8.76 个百分点；治理前儿童失学率为 25%，治理后儿童失学率下降到 3%，下降了 22 个百分点。

第四节　监督监测

水土保持监测站网

吉县水土保持监测站有车城乡检测站、东城乡高楼沟检测站、中垛乡柳沟检测站。

1986—2015 年吉县水土保持监测站点分布统计表

表 11-1-1

项目	站点名称	隶属关系	所处流域	站点数量
规划	高楼沟监测站	县水利局	马沟河流域	2
	柳沟监测站	县水利局	柳沟流域	10
	车城监测站	县水利局	鄂河流域	3

水土保持监测管理系统

水土保持监测网络建设和运行实行分层管理、分级负责，对各骨干坝及防治范围的项目动态进行监测管理，并针对站址处典型骨干坝的沟道、坡面径流泥沙观测，气象观测，动植物生态观测及社会经济调查等。

水土保持动态监测内容

项目动态监测内容主要为：规划区工程监测、水土流失监测和防治效果监测。按《水土保持监测技术规程》（SL227-2002），监测淤地坝生态工程对调蓄洪水、减轻沟道扩张和下切的作用，及改善当地生态环境和农业生产条件，发展经济，提高水资源利用率，促进退耕还林草的作用等。

1986—2015 年吉县淤地坝生态动态监测分析、评价指标体系一览表

表 11-1-2

序号	类别	指标
1	安全指标	病险坝率，拦洪库容，持续拦泥能力，坝系结构，相对稳定系数
2	社会指标	群众参与管理程度，群众满意率，群众投劳，群众投资率
3	效益指标	坝利用率，防洪保收率，水资源利用率，经济内部收益率

第二章 饮水解困

第一节 饮水工程

提水、引水

1956—1989年，吉县累计建设单村提水、引水工程269处，解决了3.6万农村人口的饮水困难。这一阶段农村供水工程建设尚处于初始发展阶段，对水源、水质及工程缺乏有效监测和管理，随着地下水位下降、水源减少及管理不善，大部分工程废弃。

集中供水

1990—1999年，吉县先后兴建了中垛集中供水工程及壶口集中供水工程，实行水管站专业化管理的运行新机制，初步改善境内部分农村的饮水条件。但仍存在对水质检测不到位的问题，给工程持续运行造成困难。

2000—2008年，吉县因地制宜，科学布设。对地域条件较好，水源有保证，人口密集的区域实施集中供水工程；对分布零散，不宜建设集中供水工程的村庄，则规划为单村提、引、蓄水工程；对水质、水量不符合国家规定农村居民生活饮用水标准的不建饮水工程。同时加大对水源保护、水源检测等方面的力度，确保群众用上放心水。至2008年底，境内建成农村饮水工程114处，其中：提水工程58处，共解决292个自然村、84480口人用水问题；引水工程32处，共解决39个自然村、7605口人用水问题；蓄水工程24处，共解决24个自然村、1195口人用水。饮水安全的自然村为315个、81013口人；饮水不安全的自然村为105个、18173口人。

农村饮水安全“全覆盖”

2009—2010年，吉县实施农村饮水安全“全覆盖”工程，共建成饮水工程82处，解决126个自然村、16029口人、2882头大牲畜的饮水问题，基本实现境内农村饮水安全“全覆盖”。2011年，建成中垛、文城、永固、东城、柏山寺、兰村等新水源工程，增加供水量2030立方米/日。2012年，实施改造柏山寺集中供水工程、辛村村提水工程、窑科村提水工程、石家庄村提水工程、太度村引水工程、桃园村引水工程、庄子村提水工程等一批工程老化、水源条件差、管网输水能力弱的供水工程，解决了1万口人的安全饮水问题。2013年，新建与改造农村安全饮水工程12处，解决5000口人的安全饮水问题。2014年，建设农村饮水安全工程7处，其中提水5处、引水2处。解决4个乡镇9个自然村、2778口人、31头大畜的饮水问题。到2015年底，境内共建成农村饮水工程161处，其中集中供水工程17处，单联村提引水工程84处，分散式供水工程60处。农村自来水入户率95.5%。

第二节 乡镇水站

屯里水站

2000年成立，有职工6人，管理农村饮水工程4处，供水区域6个村委，15个自然村，6700

余人。

兰村水站

2002年成立，有职工5人，管理农村饮水工程2处，供水区域3个村委，17个自然村，5300余人。

壶口水站

1994年成立，有职工6人，管理壶口镇及壶口景区供水，供水区域涉及常住人口200余人，流动人口千余人不等。

东城水站

1998年成立，有职工7人，管理农村饮水工程2处，供水区域8个村委，21个自然村，用水户1200余户，人口7600余人。

中垛水站

1997年成立，在册员工17人，供水区域8个村委，23个自然村，12000余人。

永固水站

成立于2000年，共有职工7人，供水区域3个乡镇，5个村委，17个自然村，5300余口人。

柏山寺水站

2000年成立，在册职工15人，供水区域3个乡镇，13个村委，68个自然村，13000余人。

文城水站

1999年成立，共有职工12人，管理农村饮水工程3处，供水区域2个乡镇，10个村委，32个自然村，10100人。

第三节 饮水管理

水站管理

2003年，吉县出台《关于进一步加强农村饮水工程管理的意见》，从产权划分、水管单位改革、水费计收、折旧费提取与管理使用等方面均做了明确具体的规定；推行水管站专业化管理，建设更新基地，发展多种经营，按时提取折旧大修费，确保工程良性循环，永续利用。

2009—2015年，又先后建立和完善了《水管站安全生产制度》《水管站（供水站）考核办法》《农村饮水工程运行管理办法》《基层单位财务管理制度》等规章，加强对农村饮水工程的管理。

水价补贴

2013年11月，吉县发布《关于对农村群众生活用水价格进行补贴的通知》（吉政办发〔2013〕69号），对生活用水水价大于2元/立方米的农村供水工程受益农业人口，每使用1立方米生活用水，县财政补贴1元。由各水管单位（乡镇水管站或村民委员会）在收取水费时，直接从水费中核减。所减收的水费凭登记表向水利局申报领取。

第四节 地下水

水资源总量

吉县境内地质构造较为复杂，在集水条件和岩性特征上，区域性发育的含水层主要为砂岩裂隙含水层和局部发育洪积层孔隙含水层，其中以砂岩裂隙含水层为主。各含水层的唯一补给来源靠天然降水，雨季地下水位上升，旱季下降。

根据水资源二次评价成果，吉县多年平均水资源量（1956 — 2000 系列）6145 万立方米，地表水 6106 万立方米，地下水 2888 万立方米，重复量 2849 万立方米。可利用量 1258 万立方米，其中地表水 838 万立方米（境内地表水），地下水 420 万立方米。

用水总量

2013 年，吉县总用水量 389.83 万立方米，其中：地表水 261.23 万立方米，地下水 128.6 万立方米；生活用水 216.7 万立方米，农业用水 101.93 万立方米，工业用水 34 万立方米，建筑用水 3.4 万立方米，第三产业用水 33.4 万立方米，生态用水 0.4 万立方米。截至 2015 年底，各类水利工程实际总供水能力 299 万立方米。

水资源质量

人祖山饮用天然矿泉水，经 1992—1994 年考察化验，1994 年 11 月 3 日，山西省地质矿产局以晋地水〔1994〕22 号作出鉴定：“山西省吉县（市）乡（镇）人祖山饮用天然矿泉水经山西省饮用天然矿泉水技术评审组鉴定含锶 0.58 ～ 0.72 毫克 / 吨，属含锶重碳酸 – 钙钠镁型饮用天然矿泉水”。

明珠岩平 213 地质队新凿井井水含锶达标，但缺碘，其水泡茶茶色从早到晚不变、熬米汤一般 20 分钟即好，主要特点是无水锈垢，可用在内燃机、水箱、缸体及取暖、锅炉、暖气片内除锈。

2015 年吉县水资源总量及可利用量情况表[1]

表 11-2-1 单位：万立方米

水平年		来水保证率（%）	当地水资源量				水资源可利用量		
			地表水	地下水	重复计算量	水资源总量	地表	地下水	水资源可利用总量
分区	平水年	50%	—	—	—	—	—	—	—
	偏枯年	75%	—	—	—	—	—	—	—
	枯水年	90%	—	—	—	—	—	—	—
全县	多年平均	—	6106	2888	2849	6145	838	420	1258
	平水年	50%	—	—	—	5110	—	—	—
	偏枯年	75%	—	—	—	3690	—	—	—
	枯水年	90%	—	—	—	2830	—	—	—

[1] 其他水资源来水可利用量主要包括雨水利用，海水淡化等

第三章　水资源管理

第一节　河流分布

吉县属黄河水系流域，总面积 1780 平方千米。境内有清水河、义亭河两条主要干流，其中清水河贯穿全县。

清水河（州川河）

发源于高天山，自东向西南从曹井川流出，经车城口、县城、狮子河流入黄河，正常年径流量，清水为 631 万立方米，洪水为 3048 万立方米，流域总面积为 624.4 平方千米，河流长度 61 千米。

义亭河

发源于金岗岭，自东向北从原明珠乡的古芦沟，经屯里、窑渠、桃园，由小回宫流入大宁县境内，又折西流入黄河。正常年径流量，清水为 946 万立方米，洪水为 4836 万立方米，流域吉县境内总面积为 509 平方千米，河流长度（吉县部分）37.5 千米。

其他干流

境内有直接入黄的干流 9 条和汇入乡宁鄂河系的支流 2 条。正常年径流量，清水为 401 万立方米，洪水为 3002 万立方米。黄河在西部边界流过，流经长度 55.7 千米。

第二节　节水灌溉

水库

上贴水库　建于 1976 年，位于柏山寺乡西头村委上帖村，为均质土坝，高 23.5 米、长 146 米、顶宽 6 米，总库容 109.7 万立方米，死库容为 57.7 万立方米，防洪库容为 52 万立方米，覆盖 3 个村民委员会 7 个村民小组，下游有耕地 8000 亩，居民 180 人。输水隧洞为水泥砂浆砌石结构，长 68.9 米、高 1.2 米、宽 1.2 米，最大泄洪量 3.2 立方米 / 秒。溢洪道位于坝左岸 148 米处，为开敞式，其基础为黏土，采用宽顶堰溢流，无控制设备，最大泄量 73 立方米 / 秒。库区地层为新生界第四纪（Q）地层出露，岩性为卵石、薄泥质页岩、板岩和亚黏土、亚砂土等。植被为稀疏灌木林，水土流失严重。

谢悉水库　建于 1977 年，位于吉昌镇谢悉村，为均质土坝，高 30.3 米、长 160 米、顶宽 6 米，总库容 430 万立方米，死库容为 56 万立方米，调节库容为 203 万立方米，防洪库容为 171 万立方米，覆盖 3 个村民委员会 9 个村民小组，下游有耕地 5000 亩，县城 1 座，居民 3 万人。输水隧洞为水泥砂浆砌石结构，长 70.25 米、高 1.6 米，最大泄洪量 5 立方米 / 秒。溢洪道位于坝左岸 170 米处，为开敞式，其基础为黏土，采用宽顶堰溢流，无控制设备，最大泄量 78 立方米 / 秒。水库处于典型的黄土地区，库区地层为新生界第四纪（Q）地层出露，岩性为卵石、薄泥质页岩、板岩和亚黏土、亚砂土等。植被为稀疏灌木林，水土流失严重。

人字闸、旱井

1996—2003 年，在清水河、义亭河流域共修建人字闸 30 座，总蓄水量 6 万立方米，是应急抗旱的有利水源。在勒马垣、中垛垣、东城垣、兰村垣等垣面路旁修建旱井 7003 眼，总蓄水量 21 万立方米，为果园打药施肥灌溉提供水源。后随着国道及县乡村道路扩建，部分旱井被填埋。

节水灌溉工程　2006—2012 年，在屯里镇五龙宫、安乐、庄子、屯里、桑峨、太度、窑渠、回宫等村建设砼或浆砌石引水渠道 8.6 千米，灌溉农田面积 0.3 万余亩。2000—2015 年，利用农村饮水工程水源，先后在东城、柏山寺、中垛、车城、吉昌、文城、壶口 7 个乡镇发展果园节水灌溉面积 10.45 万亩，年提水量 879 万立方米。

提黄灌溉工程　2009 年，总投资 4.52 亿元，新建提黄灌溉工程 6 处，受益乡镇 6 个、村庄 37 个、人口 4.11 万人，发展苹果园灌溉面积 10.45 万亩。2011 年 4 月，第一处黄河水利用工程—东城提黄灌溉工程破土动工，设计灌溉面积涉及东城、吉昌 2 个乡镇、9 个行政村、2.4 万亩耕地。2015 年底，工程土建部分完成，安装 200 千伏安变压器 2 台，整修施工路 12.8 千米，新修道路 0.8 千米，完成了水源工程、一级站沉沙池和管理房建设，铺设压力输水管道 3 千米。完成投资 2578 万元。

第三节　河道治理

清水河道城区段治理

进入 21 世纪，开始对清水河城区段进行综合治理。2010 年，吉县将清水河治理确定为全县重点工程之一。工程实施范围为城区二道河桥至西关桥，长 3.618 千米，防洪标准按 20 年一遇设防，流域控制面积 436 平方千米，堤防工程等别为Ⅳ等级。主要建设内容为：河道清淤，设 9 座蓄水橡胶坝。两岸修筑排污箱涵及砌石堤防，箱涵临水侧采用宾石笼防冲护基，涵顶设 3 米人行道及绿化带设施。工程总概算投资 9507.26 万元，实施 3 年。2010 年，启动实施一期工程建设，工程范围柳卜湾桥上下游河段，总长 913 米，建设内容为 4 号、5 号橡胶坝及两岸箱涵、堤防、河道清淤等，预算总投资 1752 万元。2011 年 3 月，启动实施二期工程，规划治理长度 1540 米，建设内容为 5 号坝下游至 9 号坝尾右岸箱涵，预算总投资 840 万元。2012 年 5 月，启动二期续建工程，实施范围为房产楼至西关新华桥段，长 841 米，建设内容为 6、7 号橡胶坝（饮马泉、新华桥 2 个坝）及该段左岸护堤、排污箱涵及路面、栏杆、河道疏浚等，总投资 1334.9892 万元，2015 年 6 月全部完工。

清水河城区段管理

清水河道综合治理，提高了城市防洪能力，保障县城群众生命财产安全，美化了县城环境，提升了城市品位。为了加强河道环境管理，吉县实行河长负责制，确定河道环卫人员 5 名，定期清理人行道垃圾，打捞水面漂浮物。确定河道环卫巡查人员 3 名，不间断进行河道环境巡查，全面加强监管。河道碧波荡漾、两岸绿树掩映，为居民提供了良好的生活、休闲场所。

第四节　防汛抗旱

防汛

防汛工作机制　1986—2015 年，吉县防汛工作实行行政首长负责制，统一指挥，分级分部门负责。确保汛期昼夜值班制，信息和政令畅通。建立县级监测预警平台及无线预警广播，准确掌握雨情汛情动态，完善县、乡、村防御指挥系统，保证发生山洪灾害时最大限度减少人员伤亡及财产损失。结合实际，制定相应抗洪抢险预案，保证发生特大暴雨或洪水后，能够及时有效地组织防汛抢险工作。

重大防汛工程　投资350万元，实施上帖水库除险加固工程，完成坝顶及上下游坝坡整治、溢洪道改造、输水涵洞维修等。投资2945万元，实施清水河河道治理工程，新建堤防12.4千米，疏浚河道6.2千米。投资4900万元，实施清水河防洪工程、义亭河防洪工程、小府河山洪灾害防治工程，修筑堤防21.1千米。投资838万元，实施马家河防洪治理工程解决小府、桥南两个村委5000余口人的防洪安全问题。投资280万元，架设防汛专网，建设自动雨量站、墒情站等，完善非工程防洪设施，加强防汛应急调度系统建设。

抗旱

根据境内降雨分配不均、旱涝差异明显的实际，在旱季开动一切水利设施，浇灌农作物，抗旱保丰收，最大程度减少灾害损失。

建设抗旱应急工程　投资187万元，维修改造城镇抗旱应急工程1处，农村抗旱应急工程10处，维修管道18.1千米，配套管道33.2千米；投资386万元，新建抗旱应急备用水源工程1处，打井3眼。

更换工程抗旱房设施　投资401万元，购买抗旱机动设备158台套，新建物资储备库1座。投资254万元，建设县级旱情信息采集站2个，乡镇蒸发站9处，改建1处。建设地下水监测站9处、土壤墒情监测固定站9处、改建1处，新建移动站1处、试验站1处、水质监测站4处。

建设抗旱应急水源工程　2015年，投资275万元，建设吉昌镇圪针沟抗旱应急提水工程1处，灌溉面积400亩。

第五节　管理机构

机构

1973年，吉县水利局成立，为境内水行政主管部门，正科级建制，行政编制8名。1978年，更名为吉县水利水保局。2004年，更名为吉县水利局，设局长1人，主任科员2人，副局长2人，纪检组长1人，副主任科员1人，工程师17人，助理工程师48人，助理会计师1人，工勤人员1人。至2015年，在册人员163人，其中财政拨款人员30人，自收自支人员133人。

内设办公室、水利管理股、农村水利股、供水排水股、水土保持股。下属水资源管理办公室、水土保持监督站、河道管理站、农村饮水管理总站、防汛抗旱指挥部。统管中垛、文城、东城、壶口水管站，屯里、柏山寺、永固、兰村、谢悉水库水管站，抗旱服务队、水利机械施工队、中心苗圃。

主要职责

抗旱防汛、水利建设、水资源管理和水利执法等。

第十二编　工业

吉县是个山区农业小县，工业基础薄弱。中华人民共和国成立初期，境内工业以小作坊、小手工业为主。经过多年的休养生息和一至五个“五年计划”的顺利实施，20 世纪 80 年代初期，吉县小型工业企业渐具雏形，门类逐步增多。1986 年，吉县工业总产值为 785 万元，占国民经济比重为 10.7%，其中：轻工业 456 万元、占工业总产值比重 58.1%，重工业 329 万元、占 41.9%。到“十五”时期，沙坪煤矿完成升级改造，明珠煤矿建成投产，壶口酒业集团实施技术改造，老旧企业改制成功等，国有企业稳步向规模化、联营化迈进；同时个体企业、乡镇企业异军突起，向产业化、集约化、外向型道路发展。2005 年，吉县工业总产值达到 33692 万元，占国民经济比重为 47%，其中轻工业 105 万元、占比 0.3%，重工业 33587 万元、占 99.7%。随后屯里 3 个 500 吨煤电及煤炭深加工工业园相继组建，集自动化、智能化、信息化高产能矿井建成；中石油、中石化、中油中泰、大唐集团、华能集团等，以开发利用煤层气、风能和太阳能为主的低碳能源项目落地；苹果、小杂粮等农产品储藏、深加工企业投产运营，境内新型工业快速崛起。2015 年，吉县工业生产总值达 84142 万元，占国民经济比重为 46.1%，重工业几乎占到了 100%。

第一章 煤炭

第一节 煤炭资源

吉县煤炭蕴藏丰富，属于河东煤田乡宁矿区，因为埋藏较深（600 ~ 1500 米），没有遭遇过私挖滥采的破坏，煤层较厚且煤质优良，具有很高的开采价值。煤炭地质勘查结果表明，境内有桑峨普查区、车城普查区、柏山寺普查区、白额普查区、明珠 2 号普查区、三多普查区 6 个煤炭资源普查区。其中：桑峨普查区、白额普查区面积 238 平方千米，主要可采煤层为 2#、3#、9#，煤炭资源量 13.6 亿吨；其余普查区面积约 833 平方千米，主要为 2#、3#、9# 煤层，煤炭资源约 45 亿吨。按照国家发改委山西晋中煤炭基地乡宁矿区总体规划（第三版），吉县还有 700 余平方千米属于国家资源后备区，尚未开发。

第二节 煤炭生产

20 世纪 60-80 年代，吉县只有一个飞地煤矿（乡宁境内）——沙坪煤矿。90 年代，煤炭工业开始成为吉县工业的支柱产业。通过经营方式改革与采煤方式改造，煤炭产量逐年提升。1985—2000 年，吉县原煤总产量由 10.34 万吨提升到 16.77 万吨，增长 62.2%。进入 21 世纪后，随着沙坪煤矿改制成功，境内第一口现代化矿井吉县明珠煤矿（民营企业）投产，煤炭企业实现了综采综掘，全机械化作业，吉县煤炭工业发展进入了快车道。2005 年，原煤总产量 99.98 万吨，

1999—2015 年吉县原煤产量产值情况表

表 12-1-1 单位：万吨、万元

年份	产量	产值	年份	产量	产值
1999	14.36	3314.4	2008	75.6	58254.3
2000	16.77	3732.7	2009	106.9	64555.2
2001	22.95	1997.8	2010	126.3	81573.7
2002	23.74	3016.9	2011	174.38	128667.13
2003	17.94	4268.7	2012	189.32	128667.13
2004	23.74	12312	2013	189.32	113741
2005	99.98	33691.6	2014	183.99	80522
2006	103.98	29780	2015	210.35	65867
2007	91.35	33829	—	—	—

比2004年增长2.8倍。2009年，吉县明珠煤矿有限公司，被山西华普焦煤有限责任公司整合重组为山西华晋明珠煤业有限责任公司；沙坪煤矿被山西煤炭运销集团兼并，重组为吉县盛平煤业有限公司。迎来先进设备和管理技术的又一次注入，吉县煤炭工业生产步入高潮。2010年，原煤产量126.3万吨，比同期增长67.1%，是2000年的7.5倍，1985年的12.2倍。

2012年后，煤炭价格开始下滑，工业生产开始放缓。2015年，境内原煤产量234.7万吨，比同期增长27.6%；主营业务收入4.43亿元，实现利税5476万元，利润总额-1161.6万元。

期间，启动霍州煤电桑峨煤矿500万吨焦煤、电、材一体化建设项目，构建桑峨工业园；投资128亿元，实施山西焦煤盛平煤业300万吨接替井和300万吨洗煤厂建设；强化配套服务，启动500万吨配煤中心建设工程。

2011—2015年盛平、明珠两矿产量产值情况表

表12-1-2　　单位：万吨、万元

数值 项目 年度	生产原煤	原煤销售	工业总产值	销售产值	工业增加值	比去年同期
2011	174.38	177.1	128667.13	134278.29	109996.76	—
2012	189.32	129.216	113471	72647	922108	减少16%
2013	201.26	145.96	111554	64181	61837	减少35.48%
2014	183.99	131.45	80522	51328	43171	减少30.18%
2015	210.05	127.02	65867	34539	37649	减少12.799%

第三节　煤炭加工

发展概况

20世纪80年代，因为只有一个煤矿，吉县煤炭加工转化底子薄，技术力量弱，管理能力不足，先后兴建的炼焦企业（焦化一厂、焦化二厂、焦化三厂），因经营不善，存续时间较短，均于2000年左右停产。洗煤企业有鑫源、昌盛、鑫胜3座洗煤厂。2005年，山西省节能降耗力度加大，关闭整合煤炭洗选企业，鑫源、鑫胜相继关闭。当时昌盛洗煤厂处于成熟期，成为吉县唯一存留的洗煤企业，仍在继续生产，为国内的大型焦化企业提供原料。2002年洗精煤206800吨，2003年洗精煤311305吨。

企业选介

吉县焦化总公司（吉县第一焦化厂）位于原明珠乡，1987年8月兴建，1988年5月26日投产。8月，该厂首次生产的一级铸造焦通过临汾地区煤管局质量鉴定，所产7200吨机焦远销至日本和台湾地区。1989年，产值达62.1万元；1990年，产值达73.4万元；1998年，产值达575.2万元，产品销售利润281.8万元，产品销售税金及附加22.4万元；1999年，产值达2627.1万元，产品销售利润412.8万元，产品销售税金及附加15万元。

明珠焦化厂（吉县第二焦化厂） 位于原明珠乡明珠村，1988年3月兴建，投产时为土窝坑，工序繁重、成本高、产量低、质量不稳，改造成平乡炉后，质量有所提高，年产量达1万吨左右，

2000 年停产。

壶口焦化厂（吉县第三焦化厂） 位于壶口镇，1988 年 5 月兴建，年底投产。1989 年，产值 23.2 万元；1990 年，产值 0.4 万元；1998 年，产值 198.4 万元，产品销售利润 8 万元；1999 年，产值 47 万元，产品销售税金及附加 7 万元。

吉县昌盛煤业有限公司 位于屯里镇王家河村北 0.8 千米处，2003 年成立，原名吉县鑫胜煤焦化工有限公司。2011 年 5 月，更名为吉县昌盛煤业有限公司，主要产品为洗精煤。公司占地面积 55 亩，注册资金 3510 万元，员工 65 人。2003 年，新建 60 万吨 / 年洗煤工程。2005 年，经过技术改造，年入选能力提高到 120 万吨。

第四节 煤炭运销

山西省煤炭运销集团临汾吉县有限公司

前身为吉县煤炭运销公司，1984 年 12 月成立，省属国有企业，隶属于山西省煤炭运销总公司。2009 年 7 月，公司改制，由山西煤炭运销集团有限公司出资设立山西煤炭运销集团临汾吉县有限公司，注册资本 2000 万元，主营业务为煤炭运销。公司内设办公室、党群工作部、财务部、人力资源部、统计部、安监室、企管部、市场营销部、铁路营销部、公路营销部、物流部、合同和票据管理部 12 个职能部门，有职工 113 人。

公司 2014 年被山西煤炭运销集团临汾公司评为“先进集体”，被吉县评为“2013 年度纳税先进企业”“政风行风评议先进单位”；2015 年被山西煤炭运销集团临汾公司评为“先进基层党组织”，被吉县评为“2014 年度纳税先进企业”。

主要工作

2013—2015 年，煤炭市场持续低迷，煤炭企业经营困难。吉县煤炭运销在持续疲软的煤炭市场和严峻的政策形势冲击下， 推进稳步转型积极，各项指标达到预期目标。2014 年，实现贸易总量 202 万吨，完成考核指标 160 万吨的 126%，同比增加 38 万吨，增幅 23%；承运配送结算量完成 153 万吨，完成考核指标 120 万吨的 128%，同比增加 25 万吨，增幅 20%；营业收入完成 5.5 亿元，完成考核指标 5.3 亿元的 104%，同比增加 900 万元，增幅 2%；利润总额完成 331 万元，完成考核指标 300 万元的 110%，同比减少 818 万元，降幅 71%；三项费用（销售、管理和财务）开支在可控范围内；储配煤加工完成 5.3 万吨。2015 年，贸易总量完成 84.8 万吨，完成考核指标吨的 99.8%；营业收入完成 1.9 亿元，完成考核指标的 95%。

第五节 企业选介

吉县沙坪煤矿

1958 年，乡宁县与吉县合县后，乡宁县沙坪煤矿划归吉县屯里公社经营。分县后，1971 年，转为吉县地方国营沙坪煤矿。矿区面积 77.73 亩，井田面积为 7.46 平方千米，煤层高度 2.6 ~ 3.3 米，为 2# 主焦煤，地层工业储量 6931 万吨，可采储量 4158 万吨。20 世纪 70 年代末，人力开采运输，资源回收率低，后改为小型机械开采。80 年代初，有固定资产 303 万元，流动资金 17.08 万元，有工人 360 名，建有职工宿舍楼、食堂、子弟学校、诊疗所、商店、银行储蓄等，总建筑面积 6900 平方米。

1986年，生产规模不断扩大，干部职工达到430余人。当时因安全生产措施不到位，事故频发，企业针对自身存在的安全问题，编写《煤矿企业标准》《煤矿管理标准》《煤矿各岗位现行操作标准》《煤矿生产岗位技术操作规程》，建立配套制度，严格安全管理。1988年，购置安装生产安全设施137台套，产煤2万吨左右。20世纪90年代，投资9000万元实施煤矿综采技术改造工程。1990—1999年，实现安全生产无死亡事故，原煤产量逐年增加，年产量7～12万吨，年产值达910万元，税利达280余万元，成为吉县财政增收的支柱企业，连年被评为省市先进单位。

1999年，吉县将煤矿以租赁合同方式转包给乡宁县台头镇杨小雪，更名为乡宁（吉县）沙坪煤矿有限责任公司。2003年，实现综采综掘，全机械化作业。2005年，根据政策改制为股份制公司，其中杨小雪占股80%，吉县政府占股20%。

山西煤炭运销集团吉县盛平煤业有限公司

该公司前身为乡宁（吉县）沙坪煤矿有限责任公司，位于乡宁县台头镇沙坪村。2009年，以山西煤炭运销集团有限公司为整合主体，对原乡宁县沙坪（吉县）煤炭有限责任公司进行资源整合，更名为山西煤炭运销集团吉县盛平煤业有限公司，12月16日实质性接管。山西煤炭运销集团临汾矿业投资有限公司占股80%，吉县投资有限公司占股20%；注册资本7500万元，资产总额5.6亿元，成立了董事会、监事会和矿委会，健全了企业法人治理结构，内设13个科室，下设3个生产队组和8个辅助生产队组。2015年，有干部职工932人。

吉县盛平煤业是实现综采综掘的单独保留生产矿井，井田面积17.7079平方千米，批准开采1#～10#煤层（已开采2#煤层），保有储量5112.94万吨，可采储量3067.76万吨，核定生产能力由20世纪70年代的3万吨/年，提升到80年代末的21万吨/年，后提升到90万吨/年，2015年提升到120万吨/年。

2012年，盛平煤业被山西煤销集团确定为数字化矿井建设试点单位，完善了监测监控、人员定位、压风自救、供水施救和通信联络五大系统，实施井下紧急避险系统设计和避险硐室改造，走机械化、自动化、信息化、数字化、智能化之路，逐步实现“数字矿山、集约管理”的目标。2015年底，完善了亲情化的安全教育、军事化的现场管理、制度化的工作流程、人性化的安全活动、民主化的矿区风气、规范化的岗位操作、程序化的监督制约，形成盛平矿区的主导安全文化模式，《山西日报》《山西经济日报》《山西煤销报》对此进行了专题报道。

山西华晋明珠煤业有限责任公司

位于吉县屯里镇王家河村，原名吉县明珠煤业有限公司。2006年4月，由乡宁高远集团投资建设。2009年，在山西省资源整合中，由华晋焦煤控股51%，自然人持股49%，更名为华晋明珠煤业有限公司。注册资本金5000万元，总资产5.4亿元。公司下设5个职能部室和1个矿井。2015年，有1个综采队、1个综掘队、1个准备队、1个开拓队及机电、运输、通风等辅助队，有职工690人。

矿区井田面积10.5平方千米，煤炭保有储量4486万吨，可采储量2762万吨，原煤产量90万吨/年，10号煤层可增加储量1750万吨，核定生产能力由原先的60万吨提升为90万吨，采掘机械化率100%。矿层煤质优良，低硫、低灰、高发热量，是较好动力、配焦、高炉喷吹用煤。矿区自然赋存条件好，低瓦斯、无水害、无小窑侵蚀，属于国家规定的“两区一种”保护性开发资源，是境内建设的第一座现代化矿井。

霍州煤电集团大地煤业有限公司

2010 年 3 月 18 日成立，是由霍州煤电集团有限责任公司控股（70%），中煤地质工程总公司参股（30%）出资组建的股份公司。2010 年 4 月 16 日，在山西省工商行政管理局完成公司注册登记。2011 年，启动大地煤业有限公司桑峨矿井项目，设计建设 500 万吨矿井及配套洗煤、发电、废物利用一体综合项目，完成了桑峨煤田 103 平方千米的煤炭资源详查、各项证件办理以及征收土地等前期工作。

第二章 电力

第一节 发电

企业(厂矿)备用电源柴(汽)油发电机 1990年，吉县煤矿、明珠煤矿等7家企业(厂矿)为保证本企业安全生产，先后安装备用电源发电机组10台，总容量2489千瓦。至2015年仍保留备用。

1990—2009年吉县企业(厂矿)备用电源发电机组情况表

表12-2-1

序号	用户名称	发电机数(台)	总容量(千瓦)	发电机型号	类型	投运时间	停运时间
1	吉县邮电局	1	24	—	柴油	1990年9月	1995年8月
		1	90	—	柴油	1995年8月	2002年5月
		1	110	—	柴油	2002年5月	—
2	吉县煤矿	1	300	—	柴油	1990年10月	2009年3月
		1	1000	CF-1000GF	柴油	2009年3月	—
3	吉县移动公司	1	120	—	柴油	1996年7月	—
4	石油公司	1	15	STC-15	柴油	2002年6月	—
5	兰家河加油站	1	15	STC-15	柴油	2003年5月	—
6	霖雨加油站	1	15	STC-10	柴油	2005年3月	—
7	吉县明珠煤矿	1	800	TZH2-800	柴油	2007年9月	—
合计	10	2489	—				

太阳能发电

2013年后，吉县利用光照时间长、日照充足的优势，陆续投入扶贫开发资金2亿元，引进太阳能光伏发电技术，境内新能源结构形成。截至2015年，吉县垚鑫生物发电有限公司2×6兆瓦生物质发电项目、吉县晋发新能源科技有限公司10兆瓦光伏扶贫试点项目、吉县屯里镇30兆瓦大型农光互补光伏扶贫电站项目实施建设。

2014–2015 年吉县光伏发电情况表

表 12–2–2　　单位：千瓦

序号	光伏电站名称	光伏电站地址	接入容量
1	吉县壶口镇留村村民委员会光伏电站	山西省临汾市吉县壶口镇留村	100
2	吉县屯里镇窑渠村民委员会光伏电站	山西省临汾市吉县窑渠村	100
3	吉县柏山寺乡西头村民委员会光伏电站	山西省临汾市柏山寺乡西头村上贴村	100
4	吉县车城乡柏坡底村民委员会光伏电站	山西省临汾市吉县车城乡柏坡底村阳尖村	100
5	吉县文城乡房村村民委员会光伏电站	山西省临汾市吉县文城乡房村	100
6	吉县东城乡雷家庄村民委员会光伏电站	山西省临汾市吉县雷家庄村	100
7	吉县吉昌镇兰村村民委员会光伏电站	山西省临汾市吉县兰村新坪村	100
8	吉县文城乡大圪塔村民委员会光伏电站	山西省临汾市吉县文城乡大圪塔村	100
9	吉县车城乡桑村村民委员会光伏电站	山西省临汾市吉县车城乡桑村香炉畔村	100
10	吉县吉昌镇霖雨村民委员会光伏电站	山西省临汾市吉县吉昌镇霖雨村	100
11	吉县中垛乡马连滩村民委员会光伏电站	山西省临汾市吉县中垛乡马连滩村北乐村	100
12	吉县屯里镇庄子村民委员会光伏电站	山西省临汾市吉县屯里镇庄子村	100
13	吉县车城乡车城村村民委员会光伏电站	山西省临汾市吉县车城乡车城村	100
14	吉县屯里镇窑头村民委员会光伏电站	山西省临汾市吉县屯里镇窑头村	100
15	吉县吉昌镇马家河村民委员会光伏电站	山西省临汾市吉县吉昌镇马家河村窑圪头村	100
16	吉县柏山寺乡官庄村民委员会光伏电站	山西省临汾市吉县柏山寺乡官庄村西掌村	100
17	吉县壶口镇中市村民委员会光伏电站	山西省临汾市吉县壶口镇中市村	100
18	吉县吉昌镇上东村村民委员会光伏电站	山西省临汾市吉县吉昌镇上东村	100
19	吉县吉昌镇大田窝村民委员会光伏电站	山西省临汾市吉县吉昌镇大田窝村前德村	100
20	吉县东城乡社堤村民委员会光伏电站	山西省临汾市吉县东城乡社堤村	100
21	吉县文城乡文城村民委员会光伏电站	山西省临汾市吉县文城乡文城村	100
合计			2100

企业项目选介

吉县垚鑫生物发电有限公司2×6兆瓦生物质发电项目　吉县垚鑫生物发电有限公司，位于屯里镇太度村，属民营企业，法人代表苏跃旗，2015年4月20日成立，注册资金2000万元。主要开展生物质发电，生物质加工和收储等相关业务。

该项目占地面积37.809亩，总投资11122万元，装机规模2×6兆瓦，属于新能源项目。采用空冷节水技术和高效除尘、脱硫、脱硝技术，直接燃烧生物质（灰色秸秆）发电。所用原料是吉县及周边地区丰富的苹果树枝、林木枝丫废弃物等生物质资源，实现农林废弃物循环利用。

预计项目建成投产后，大约可提供120余个就业岗位；年利用生物质资源量约12～14万吨，折合标煤约6万吨：年减排二氧化碳6万多吨，减排二氧化硫200多吨，减排氮氧化物170多吨；年可提供绿色电力8600万～9300万千瓦时、总产值约6400万～7000万元，利税2000余万元，直接增加当地居民收入2000余万元。同时，项目规划给附近居民及单位提供热源。

吉县晋发新能源科技有限公司10兆瓦光伏扶贫试点项目　吉县晋发新能源科技有限公司10兆瓦光伏扶贫试点项目，位于车城乡赵村，占地约300亩，投资8000万元，是2015年国家能源局、国务院扶贫办下达的首批光伏扶贫试点项目。项目投入运行后，预计每年可上缴吉县财政100万元扶贫资金，用于解决贫困人口脱贫。

吉县屯里镇30兆瓦大型农光互补光伏扶贫电站项目　吉县屯里镇30兆瓦大型地面光伏电站，分别位于屯里镇桑峨村、太度村和窑渠村，是2015年国家第一批光伏扶贫试点项目。

电站由吉县金智农业光伏有限公司10兆瓦和山西天惠聚源能源有限公司两个20兆瓦光伏电站构成。项目建成后，日平均上网电量11.5万千瓦时，每年上缴吉县财政300万元。光伏电站流转土地1200亩，土地流转费每亩700元，农户每年土地流转收入84万元；光伏设施下的油用牡丹产业，每年至少可解决1200人就业，贫困户的土地流转和田间作业两项收入计148万元。

与该光伏电站配套实施，还有吉县汾河牡丹田园综合体开发建设项目，包括油用牡丹种植及加工、牡丹观赏园、农家乐、采摘园、垂钓园、昕水河滩途游、古村落开发等，提升当地群众的物质和文化生活。

第二节　输变电

吉县电力输、配电设施经过几十年的建设与改造，电网结构趋于完善。截至2015年，拥有220千伏变电站1座，110千伏变电站1座，35千伏变电站7座（用户自备变电站3座）；220千伏线路2条/125.636千米，110千伏线路2条/48.22千米，35千伏线路11条/177.68千米（用户3条35千伏线路）；10千伏配电线路27条/709.76千米（用户自备线路6条/59.4千米），配电变压器680台（用户自备变压器281台）。形成以220千伏输变电为骨架，110千伏、35千伏输变电为枢纽，10千伏配电线路遍及境内的供电网络。

输电线路

刘壶220千伏线　220千伏刘壶线始于临汾市220千伏刘村变电站，终端吉县壶口220千伏变电站，2008年3月20日投产运行，线路全长51.08千米，采用2×LGJ-300/5、500/65、240/40导线架设，杆塔135基，均为铁塔。

壶新220千伏线　220千伏壶新线起始吉县壶口220千伏变电站，终端新绛县220千伏新绛变电站，2008年3月28日投产运行，线路全长74.556千米，导线型号2×LGJ-240/40，杆塔

181 基。

壶台 110 千伏线　110 千伏壶台线起始吉县壶口 220 千伏变电站，终端乡宁县 110 千伏台头变电站，2008 年 3 月 23 日投产运行，线路全长 16.14 千米，导线型号 LGJ–240/30，杆塔 59 基。

吉祥 110 千伏线　110 千伏吉祥线起始吉县壶口 220 千伏变电站，终端吉县 110 千伏吉祥变电站，2012 年 12 月 16 日投产运行，采用同塔双回路，线路全长 32.08 千米，导线型号 LGJ–300/40，杆塔 82 基。

昌小 35 千伏线路　35 千伏昌小线起始乡宁县 110 千伏昌宁变电站，终端 35 千伏小府变电站，1975 年 3 月投产运行，线路全长 22 千米，导线型号 LGJ–70，杆塔 125 基。

窑宁 35 千伏线路　35 千伏窑宁线起始 35 千伏窑渠变电站，终端 35 千伏大宁城关变电站，1979 年 12 月投产运行，线路全长 27 千米，导线型号 LGJ–95，杆塔 74 基。

壶窑 35 千伏线路　35 千伏壶窑线起始 220 千伏壶口变电站，终端 35 千伏窑渠变电站，1990 年 5 月投产运行，2008 年 1 月改“Π”接到壶口变电站。线路全长 16.5 千米，导线型号 LGJ–95，杆塔 43 基。

壶台 35 千伏线路　35 千伏壶台线起始 220 千伏壶口变电站，终端 110 千伏台头变电站，1990 年 5 月投产运行，2008 年 1 月改“Π”接到壶口站。线路全长 15.29 千米，导线型号 LGJ–95，杆塔 42 基。中间 26 号杆“T”接古城煤矿 35 千伏王家河变电站。

吉窑 35 千伏线路　35 千伏吉窑线起始车城乡川庄村 110 千伏吉祥变电站，终端 35 千伏窑渠变电站，2002 年 12 月投产运行，2013 年 3 月改Π接到 110 千伏吉祥站。线路全长 16.13 千米，导线型号 LGJ–95，杆塔 50 基。

吉小 35 千伏线路　35 千伏吉小线起始车城乡川庄村 110 千伏吉祥变电站，终端 35 千伏小府变电站，2002 年 12 月投产运行，2013 年 3 月改Π接到 110 千伏吉祥站。线路全长 11.99 千米，导线型号 LGJ–95，杆塔 35 基。

如意 35 千伏线路　35 千伏如意线起始车城乡川庄村 110 千伏吉祥变电站，终端壶口 35 千伏如意变电站，2014 年 6 月投产运行。线路全长 24.66 千米，导线型号 LGJ–185，杆塔 67 基。

吉三 35 千伏线路　35 千伏吉三线起始车城乡川庄村 110 千伏吉祥变电站，终端 35 千伏三堠变电站，2014 年 10 月 投产运行。线路全长 16 千米，导线型号 LGJ–185，杆塔 51 基。

台珠 35 千伏线路　35 千伏台珠线起始 110 千伏台头变电站，终端 35 千伏明珠变电站台珠，2006 年 5 月投产运行。线路全长 8.26 千米，导线型号 LGJ–120，铁塔 28 基。

明珠 35 千伏线路　35 千伏明珠线起始 220 千伏壶口变电站，终端 35 千伏明珠变电站，2008 年 10 月投产运行。线路全长 7.6 千米，导线型号 LGJ–120，铁塔 24 基。

吉雷 35 千伏线路　35 千伏吉雷线起始车城乡川庄村 110 千伏吉祥变电站，终端 35 千伏雷家庄变电站，2010 年 6 月投产运行。线路全长 12.25 千米，导线型号 LGJ–120，铁塔 54 基。

变电站

壶口 220 千伏变电站　位于屯里镇明珠村西南 1.2 千米处，毗邻 309 国道，占地 17.85 亩。2007 年始建，2008 年 3 月投产运行。进线分别为刘壶线、壶新线，出线 7 回，主变压器 2×12 万千伏安。

吉祥 110 千伏变电站　位于车城乡兰家河村西南 0.7 千米，占地 10.5 亩。2011 年 3 月始建，2012 年 12 月投产运行。主变压器压器 2 台，1 号主变压器压器容量 2.2 万千伏安，2 号主变压器容量 2 万千伏安，进线 2 回，出线 6 回。

小府35千伏变电站 位于吉昌镇小府村，占地面积2亩，1974年5月一期工程建成投产运行，设计为简易变电站，主变压器容量1000千伏安。1991年6月二期工程投产运行，新增2号主变压器1台，容量1000千伏安。1993年1月，1号主变压器增容为1800千伏安。1995年1月，2号主变压器增容为4000千伏安。2002年12月，吉小线投入运行后小府变电站实现了双电源供电。2004年10月，1号主变压器增容为4000千伏安。2009年7月，1号主变压器增容为10000千伏安。2010年7月，2号主变压器增容为8000千伏安。35千伏进线2回，10千伏出线6回。

35千伏窑渠变电站 位于屯里镇窑渠村，占地面积6亩，1979年6月投入运行。一期工程主变压器容量1800千伏安。1989年12月，新增2号主变压器1台，容量1000千伏安。2004年10月,1号主变压器增容为4000千伏安,2号主变压器增容为3150千伏安。35千伏进线3回，10千伏出线4回。

35千伏三堠变电站 位于中垛乡三堠村，占地面积2亩，1976年12月投产运行。主变压器容量750千伏安。1996年11月，新增主变压器1台，容量为1000千伏安。2010年6月，1号主变压器增容为4000千伏安。2012年5月,2号主变压器增容为5000千伏安。35千伏进线2回，10千伏出线6回。

35千伏如意站变电站 位于壶口镇七郎窝，占地面积2.47亩，2014年投产运行。1号主变压器容量10000千伏安,2号主变压器容量10000千伏安。35千伏进线2回,10千伏出线3回。

35千伏王家河矿用变电站 位于屯里镇王家河村，占地面积1.2亩，2005年8月投产运行。主变压器容量4200千伏安。2007年6月，新增2号主变压器1台，容量8000千伏安。35千伏进线1回，10千伏出线2回。该变电站为古城煤矿、大宁煤矿供电。

35千伏明珠矿变电站 位于屯里镇明珠村，2006年5月投产运行。主变压器2台，容量均为6300千伏安。35千伏进线2回，为明珠煤矿专用变电站。

35千伏雷家庄变电站 位于东城乡雷家庄村，2010年6月投产运行。主变压器2台，容量均为6300千伏安，35千伏进线1回，10千伏出线2回。为高速公路专用变电站。

第三节 用电

用电总量

1985年，吉县全社会用电量350.45万千瓦时。1995年，总用电量达到925.54万千瓦时，比1985年增长了62.1%。2005年，总用电量4669.12万千瓦时，比1995年增长了80.2%。2015年，境内拥有用电户35836户，全社会电量9848.10万千瓦时，比2005年增长了52.6%，其中：工业用电3661.64万千瓦时，农业用电497.32万千瓦时，非居民用电678.01万千瓦时，商业用电1903.48万千瓦时，城乡居民生活用电3107.65万瓦时。

工业用电

1985年，随着境内工业生产的发展，吉县工业用电量开始大幅增长，工业用电量168.76万千瓦时，比1980年增长2.36倍。

进入90年代，煤炭产业的兴起，加快了工业用电量的增长。1990年，吉县工业用户发展到158户，工业用电量276.65万千瓦时，比1985年增长63.9%。

1995年，吉县工业用电量为489.02万千瓦时，比1990年增长76.7%。

1986—2015年全社会用电量情况表

表12-2-3　　单位：万千瓦时

年份	用电总量	年份	用电总量
1986	401.43	2001	1456.89
1987	434.78	2002	1701.76
1988	483.22	2003	2006.81
1989	510.75	2004	3022.50
1990	580.76	2005	4669.12
1991	624.34	2006	5272.47
1992	687.45	2007	5271.62
1993	750.21	2008	5405.94
1994	794.54	2009	6413.08
1995	925.54	2010	6828.25
1996	1045.64	2011	7506.57
1997	1432.38	2012	7653.41
1998	1276.03	2013	8352.64
1999	1212.10	2014	9258.33
2000	1281.22	2015	9848.10

2000年，吉县工业用电量为628.66万千瓦时，比1995年增长28.56%。

2005年，吉县境内山西华晋明珠煤业有限责任公司、吉县壶口玉米开发公司、15家砖厂、6家防滑链厂等工业用户相继投运，当年工业用电量增加到3184.35万千瓦时。比2000年增长4.07倍。

2010年，随着产业结构的调整，环境治理力度的加大，工业用电量逐年下降，当年吉县工业用电量为2267.76万千瓦时，比2005年减少28.78%。

2015年，吉县工业用电量为3661.64万千瓦时，占境内全社会电量的37.18%。

农业用电

20世纪80年代后，以家庭联产承包为主要形式的农村改革全面推进，农民生活明显改善，加上电网输送设施的日益完善，农村用电范围逐年扩大，有条件的农民纷纷开始用电，境内用电量逐年增长。1985年，吉县用电村发展到268个，当年农村用电39.54万千瓦时，占全社会用电量的11.28%，比1980年增长2.91倍。

1990年，吉县农林牧渔水利业用电量37.81万千瓦时，占全社会用电量的6.51%。

1995年，吉县农林牧渔水利业用电量75.22万千瓦时，占全社会用电量的9.05%，比1990年增长98.94%。

2000 年，吉县农林牧渔水利业用电量 82.46 万千瓦时，占全社会用电量的 6.44%。

2005 年，根据国家对行业用电分类要求，将农林牧渔水利业中的水利业用电并入第八类，改为“农林牧渔业”。当年吉县农林牧渔业用电量 253.88 万千瓦时，占全社会用电量的 5.44%，比 2000 年增长 2.08 倍。

2010 年，吉县农林牧渔业用电量为 269.66 万千瓦时，占全社会用电量的 3.95%。

2015 年，吉县农业用电量 497.32 万千瓦时，占全社会用电量的 5.05%。

城乡居民生活用电

1985 年，市政生活用电 138.56 万千瓦时，占全社会用电量的 39.54%，比 1980 年增长 75.33%。

1990 年，城乡居民生活用电量 141.01 万千瓦时，占全社会用电量的 24.28%，比 1985 年增长 1.77%。

1995 年，城乡居民生活用电量为 155.56 万千瓦时，占全社会用电量的 18.72%，比 1990 年增长 10.32%。

2005 年，农网改造后，农村电网健康水平、供电质量、供电可靠性明显提高，城乡居民生活用电量急剧增长。当年城乡居民生活用电量 628.06 万千瓦时，占全社会用电量的 13.45%，比 2000 年增长 99%。

2006—2010 年，国家实施“家电下乡”政策，家用电器进一步得到普及。2010 年，城乡居民生活用电量为 1623.22 万千瓦时，占全社会用电量的 23.77%，比 2005 年增长 1.58 倍。

2015 年，城乡居民生活用电 3107.65 万千瓦时，占全社会用电量的 31.56%。

第四节 供电管理

机构

1985 年，境内用电由吉县电业局下设的用电所具体负责管理。为强化用电管理，电业局内又增设了计量班、“三电”专责人。

1988 年，吉县电业局成立了农电股。农村用电由农电股下属的各乡镇供电所具体负责管理，县城用电由用电所管理。

用电管理

社队电工管电 1985 年，吉县用电管理采取的是生产大队、电力部门二级管理模式，各自然村由一名电工负责本村用电管理。管理实行自建自管，电业部门实行行业管理，日常用电管理维护、收电费由本村电工负责。

乡（镇）电管站管电 1988 年，适应农电管理新形势，成立农电股，同时按乡镇所在地设乡镇电管站 10 个，每站设站长 1 名，收费人员 2 名，站长由 1 名副乡（镇）长担任。电管站是乡镇群众性的管电组织，行政属地方行政领导，业务受吉县电业局领导，人员工资由电业局统一支付，办公用品由电业局统一配置。

乡（镇）供电所管电 1998 年，根据国务院〔1998〕134 号文件精神，将乡（镇）电管站改制为乡（镇）供电所，为县级电力企业的派出机构，其人、财、物纳入县级供电企业统一管理，农电管理模式由政府和电业部门双重管理改为乡（镇）供电所管理。

电力调度

1985年，为加强电网的安全运行，合理分配负荷，吉县电业局成立调度班，负责用户侧、变电站值班员与局内检修部门之间的信息沟通，及用电负荷的科学合理调度。2012年，随着社会用电负荷的急剧增长，为了保障电网安全可靠运行，依据临汾供电公司要求，撤销调度班，成立电力调度控制中心，负责境内的电网调度运行和管理。

第三章 机械 珠宝石

第一节 机械加工

20世纪90年代前，境内机械修造企业有吉县农机修造厂和吉县通用机械厂。进入90年代后，企业改制，吉县通用机械厂分为机械厂、建筑安装公司、铸造厂几个小厂，各专一行。私人开办的机械修造企业开始兴起。

农机修造

1968年，吉县农机修造厂建立，属农机系统国营工厂。1988年前，设有全工车间、锻炼车间、铸造车间、修理车间，承担山西省农机局安排下达的390曲轴、主变速杆、C45罩盖、离合器兑减制造及汽车、拖拉机等农业机械修理任务。有职工100余人。先后八年被评为省、市、县“先进单位”。离合器兑减远销上海、苏州，应用于南方村镇河道里的小船上。1988年企业改制，承包给个体经营。1998年，总产值达8.6万元，产品销售利润1万元，销售税金及附加0.3万元；1999年，总产值达10万元，产品销售利润1.5万元，销售税金及附加0.4万元。

1995年前，机械厂、建筑安装公司、铸造厂主要生产山地犁、手摇油泵、方向机、农用205和206轴承、合虎钳、水咀等产品。2000年初，机械厂研制烤烟生产铺地膜机。

1998年，机械厂总产值达64万元，产品销售税金及附加1.3万元；1999年，总产值达69万元，产品销售税金及附加0.5万元；2004年，总产值达50.4万元，产品销售利润2.5万元，产品销售税金及附加9.3万元；2005年，总产值达4.8万元，产品销售利润0.15万元，产品销售税金及附加0.42万元；2006年，总产值达3.5万元，产品销售利润0.4万元，产品销售税金及附加0.2万元。

1998年，建筑安装公司总产值达93万元，产品销售税金及附加1.9万元；1999年，总产值达10.2万元，产品销售税金及附加8.4万元；2004年，总产值达84.3万元，产品销售利润5万元，产品销售税金及附加17.3万元；2005年，总产值达18万元，产品销售利润1万元，产品销售税金及附加0.7万元；2006年，总产值达8.2万元，产品销售利润1万元，产品销售税金及附加0.2万元。

1998年，铸造厂总产值达6.5万元，产品销售税金及附加1.3万元；1999年，总产值达70.8万元，产品销售税金及附加7.4万元；2004年，总产值达58.9万元，产品销售利润5.2万元，产品销售税金及附加10.3万元；2005年，总产值达4万元，产品销售利润0.7万元。

防滑链生产

1978年，机械厂生产少量防滑链产品。2000年左右，机械厂、建安公司、铸造厂添置冲床、拉伸、切割、手工制环、对焊装配拧环、渗碳抛光、涂染等设备，均开始生产防滑链产品。后分别在上海、浙江、杭州、保定购进自动握环机，逐步进行技术改造，提高生产效率和产品质量。

2000年初，吉县机动车辆防滑链厂租用农机厂铸造车间，试产防滑链。当时国家没有机动车辆防滑链生产标准，工商质检部门对试产外销产品不认可。经多年摸索，制定出校值、下料握环、套环、冲压、对焊、校伸、抛光镀锌等工艺流程，生产出微型车、小轿车双勾自锁系列，中型载重车辆、三角环自锁系列，载重车辆双勾自锁系列防滑链，产品销往陕西、甘肃、四川、宁西、黑龙江和省内。

2011 年 2 月 18 日，山西省质量技术监督局授予吉县机动车辆防滑链厂“山西省质量信誉 A 级企业”称号。工程师刘仲生根据防滑链工艺流程，经拉测试验，制定出防滑链企业标准，得到技术标准局认可。

2003 年华隆建材中心成立，在县城南的挂甲山下建有厂房，配有冲床、拉伸、切割、对焊、拧弯、抛光、镀锌等设备。2004 年，生产大、中、小型车辆防滑链产品，其中摩托车防滑链产品经上海英格尔认证有限公司 3 位专家现场评定，达到国家 ISO9001：2000 质量管理体系标准要求，于 2006 年 7 月 1 日获 CAS 认证证书，核准机动车防滑链条生产及服务。2007 年，摩托车防滑链获实用新型专利证书，专利权人加有平。

第二节　珠宝石加工

吉县宝石厂

20 世纪 80 年代初，宝石厂位于西关村淇北沟口，由二轻砖瓦厂改制而成，以三氧化二铝为原料，经脱硫（采用氢氧生热 1000°　C）后，再经 2050°　C 高温处理成激光结晶宝石，再加工出珠宝石工艺品。钻石宝石为紫红石，加工戒指、耳坠、项链等装饰用品。钻石硬度强，用作手表、仪表、轴承、工业用切割刀具。只要有 220 伏家用电，利用金刚砂石自制电动平面磨盘，在家即可磨制加工宝石，有不少个体户承揽磨制加工任务。1989 年，吉县宝石厂经企业改制后与五金厂合并为宝石工艺厂，生产宝石原料和磨削加工工艺品，有固定资金 42 万元，设宝石、角型、钻粉、镶嵌、水晶、全宝石戒指 6 个车间，设备 49 台（件），职工 110 人（其中技术人员 18 名）。1988 年，生产各种宝石戒指、耳坠、项链等 24 万粒（枚、件、克拉），完成产值 116 万元，销售收入 76 万元，利润 12 万元，税金 2.25 万元。从建厂到 1988 年，5 年上缴税金 13 万元。1998 年，总产值达 1.8 万元，产品销售税金及附加 0.2 万元。1999 年，总产值达 19.5 万元，产品销售税金及附加 1 万元。

吉县祖师庙宝石工艺厂

祖师庙宝石艺厂，属村办企业，位于祖师庙大队院内，1984 年筹建，设宝石、角型、钻粉、镶嵌、水晶、全宝石戒指 6 个车间，有固定资金 32 万元，设备 46 台（件），职工 130 人（其中技术人员 15 名）。从建厂到 1988 年，完成全宝石大孔径打孔、全宝石戒指、金刚石钻粉、金刚石镀镍 4 项攻关项目，上缴税金 5 万元，集体提留 8.5 万元，上缴村民委员会利润 3.67 万元，安排贫困户、烈军属子女 120 人就业。1988 年，生产宝石戒指、耳坠、项链等 20 万粒（枚、件），完成产值 106 万元，销售收入 72 万元，利润 10.5 万元，税金 2.25 万元，被省科委、省外贸进出口公司定为定点合作单位。生产的全宝石工艺品，色泽明丽，规格较多，属上乘装饰品，填补了国内空白，远销京、津、沪等地并转销国外，当年被评为吉县工业系统优质产品。

吉县珠宝总公司

吉县珠宝总公司，位于县土产公司院南侧，1990 年初始建，法人代表柏玉石（时任土产公司经理）。公司建筑面积 500 平方米，设宝石、角型、钻粉、镶嵌、水晶、全宝石戒指 6 个车间，有切割、切钻、 磨光、抛光、镶嵌、黏结等设施、设备 52 台（件），固定资金 53 万元，职工 135 人，其中技术人员 16 名。总公司下设有数家领坯成型磨光分厂。加工原料选用张家口阳原河道的玉髓化硅岩，矿物成分为微晶硅质集合体，结构细密坚硬，颜色有红、绿、灰等。毛坯石经切割、磨削成型，精细研磨、抛光，制成圆弧玉石载体，黏结、镶嵌在铜制的镀金托盘上，成为宝玉石纽扣。产品多次在省博览会上展出，曾一度作为市县外出办事、招商的馈赠礼物。1992 年，生产各种宝石戒指、耳坠、项链等 25 万粒（枚、件），完成产值 120 万元，销售收入 82 万元，利润 14 万元，税金 4.35 万元。至 1985 年，共上缴税金 14 万元，集体提留 14 万元。1995 年 1 月 8 日，宝玉石纽扣获国家实用新型专利证书。1998 年 3 月，工程师刘仲生绘图编写的中国山西吉县珠宝总公司企业标准 QB001-98，宝玉石纽扣 1998-05-08，由吉县技术监督局批准发布实施。1999 年，吉县珠宝总公司研制生产出宝玉石手足推拿按摩健身垫。2001 年国庆节期间，在北京人民大会堂河南厅的论证会上，宝玉石手足推拿按摩健身垫得到专家一致认可。2003 年，刘仲生工程师绘图编写 Q142630J21300-2003 手足推拿按摩健身垫标准，同年 12 月 26 日，获专利证书。

第四章　建材 化工

第一节　建材

建材产品

黄河沙　20世纪80年代，由于开放搞活，百业待兴，境内用沙量快速增长，有人开始用船在壶口瀑布下游小船窝古码头处抽沙买卖。捞沙船上安装的抽沙泵，将含沙黄河水抽上岸，水自流入黄河，河沙则沉积于岸边，或以方买，或论车买，成为黄河两岸建筑用沙的主要来源。2013年，境内黄河段就有抽沙作业16家。随着基础设施建设步伐加快和群众居住条件的日益改善，建筑业迅猛发展，用沙量不断增长，每年销售黄河沙几十万立方米。

石材　境内天然石材众多，主要分布于沿河道地区，昕水河流域、清水河流域大田窝以东，石材呈紫红色，地质构造为三叠系刘家沟砂岩；大田窝以西，八眼窑至管头山，石材为灰白色砂石。1990年前，人们圈石窑、扎地基、砌墙在河道自采自用石材。2000年前后，靠清水河有数家采石厂与破碎石子石料厂，年销售达几千立方米。因紫红色砂岩强度较差，2009年后，吉县开始使用乡宁石灰岩碳酸钙黑石子，年需求量数万立方以上。清水河的石料厂随之关闭。

砖瓦　20世纪80年代初，吉县有大小砖瓦窑25处，年产值108万元。90年代后，开始生产机制砖，较大的轮窑砖厂有西关砖厂、堃兴砖厂、玉春砖厂等，年产量9000万块左右。

预制件　1987年，吉县成立建筑建材公司预制构件厂（乡镇企业），生产各种预制构件和水泥电杆，年消耗钢筋、石子、水泥100余吨。

混凝土　吉县混凝土专业生产始于2012年，并随着建筑业的兴旺逐步发展。到2015年底，有吉县联丰混凝土生产销售有限公司、吉县坚业混凝土搅拌有限公司等4家生产企业，年产混凝土约12万立方米。

装饰材料　1993年，吉县人开始对房屋建筑内外进行涂料粉刷等简单装修。2000年，吉县投资4.5万元，办起了兴宏涂料厂（乡镇局主办）。2003年，木质装饰兴起，县城内涌现出十几家木质装饰材料门市，由于装修标准不断提高，大理石加工应运而生。2015年，吉县拥有各种装饰材料门市部20余家，从业人员约110人。

企业选介

广通砖厂　原名堃兴砖厂，位于车城乡川庄村，占地面积千余亩，2008年10月建成，投资960万元。沟中约2万平方米，设有制砖机、轮窑、烧砖场等设施，日可产砖3万块。沟口为生活区，建有土窑砖砌面15孔，砖窑10孔，简易洗澡间12间。沟掌建有水坝，坝边凿有水井，常年积水，养鱼。

2015年，引资1600万元，将露天开采制砖改为厂房生产，建成自动化生产线。隧道窑长160米，从挖土、筛选、输送、搅拌、砖坯成型、输送坯入库房、湿坯入隧窑、烘干到烧制成品仅用时40分钟。每次出砖6000块，日可产砖12万块，年可生产红砖3600万块。且一年四季均可生产，原来一年生产1000万块砖需40余人，升级后仅需10余人。烧砖燃料由煤改为煤矸石，选用国内先进的脱硫设备，环保达标，砖块成品耐压强度达标。

玉春砖厂 位于吉昌镇白河村沟口，始建于2010年10月，投资1200万元，占地面积42亩，建筑面积150平方米，生产工人25人。建厂初期，日产砖不足5万块。2014年，投资1000万元，选用先进的自动化制砖设备、厂房生产、煤矸除硫，日可生产砖13万块。

吉县联丰混凝土生产销售有限公司 位于车城乡车城村，注册资金2000万元，2012年创办，民营股份制企业，为临汾市西山地区最大的商品混凝土专业企业。全套生产设备均采用国内工程机械生产骨干企业——三一重工产品，有全自动LD120型间隙式生产线2条，使用模块化结构和人性化智能控制管理系统、监控系统和数据管理双屏显示系统，能满足各种性能混凝土生产的需求。设有混凝土产品实验室，配备了全市行业最先进的试验设备，配齐了专业技术人员。有运输罐车10台，40米泵车1台，46米泵车1台，柴油拖泵车2台及多台其他机械，能满足多个工地同时施工，年可生产商品混凝土20万立方米，年均销售额9000余万元。

吉县坚业混凝土搅拌有限公司 位于吉昌镇霖雨村委岳家庄村。投资1亿元，注册资本1000万元。有185搅拌设备、泵车、灌车等大型设备，有员工21名。年生产混凝土4万立方米，产值2000万元。

吉县壶口建筑工程检测有限公司 位于吉县车城乡车城村，属民营股份企业。2013年5月在吉县工商局注册，12月山西省建设厅“晋建检字第100210001号”文件批准为工民建二级资质。2015年4月通过计量认证。公司建有1600平方米的办公和试验场所，配备专业技术人员10人。有微电脑液压式万能材料试验机，压力试验机，水泥、砂、石、外加剂、不同型号钢材专项检测等设备60余台（套），所有检测系统全部纳入国家计量检定系统或开展试验室比对。

公司可开展的建筑材料和建筑工程检测项目有：钢筋原材及焊接、机械连接件力学性能检验；墙体材料、砂、石原材试验；水泥物理试验；建筑砂浆、混凝土配合比及力学性能试验；简易土工试验；混凝土外加剂、防水材料、粉煤灰、矿粉检测。

第二节 化工

吉县化肥厂

位于吉县屯里镇太度村，总投资414万元，1979年9月建成投产。占地面积106亩，生产区占地面积60亩。原设计生产能力为年产合成氨3000吨。投产后经过垫平补齐、更新改造，实际年生产能力达到4000吨以上。1988年，有固定人员350名，其中管理干部16人。年产合成氨3600吨，碳酸氢氨14918吨，焦炭8350吨，实现工业总产值223.7万元，销售收入247万元，实现利润10.1万元，全员劳动生产率6891元。1990年间停产，2010年作价转让给王春刚，改建成玉米淀粉厂。

山西省投资集团九洲再生能源有限公司

位于吉昌镇霖雨村白河沟内。前身为吉县九洲废油再生有限公司，2007年1月成立。2014年12月8日，由山西省投资集团下属的山西省山投新能源产业集团有限公司增资扩股，改制为国有控股企业，更名为山西省投资集团九洲再生能源有限公司。注册资金3490万元。

公司设立股东会、董事会、监事会，下设综合部、财务部、安全环保部、生产部、技术部、营销部6个职能管理部门。

公司主营业务为废矿物油（废物类别HW08）的收集、贮存、加工、利用，采用减压蒸馏+溶剂萃取工艺，主要产品有150SN、250SN、350SN润滑油基础油、轻质燃料油和重质燃料油等，建设规模为废油再生5亿吨/年。公司属于危险废物治理经营行业，有山西省环保厅颁发的综合类“危险废物经营许可证”及开展经营活动的全部资质，环保设施齐全，工艺技术成熟，生产设备先进，产品性能、质量均达到中石化协议标准，优于同行业且质量稳定。2014年底，实现销售收入3442万元，上缴利税372万元，实现利润654万元；2015年底，实现营业收入8893万元，上缴利税1300万元，实现利润1050万元。

煤层气

2013年，中石油、中石化、中油中泰三大公司投资25.5亿元，开发屯里、车城、柏山寺煤层气，建设输气管网、煤层气压缩站、煤层气液化站和中央处理厂，煤层气年生产能力达到5亿立方米；投资5000万元，完成华晋明珠煤层气开发利用项目。

中石化临汾煤层气分公司第一采气管理区（简称第一采气管理区） 隶属于中石化临汾煤层气分公司，是临汾煤层气分公司的一个工区管理分支机构，成立于2013年。第一采气管理区中心站位于吉县中垛乡南掌村，工区区域跨乡宁、吉县两县，有班组5个，外加技术信息室、经营管理室、综合管理室和生产运行中心，合计员工86人，特种作业人员有压力容器作业人员4人、电工作业人员3人。主要设备有抽油机203台，500千瓦燃气发电机7台，常压锅炉2台，行驶车辆12辆，特种车辆3辆，1250千瓦变电箱1台，800千伏安变电箱1台，压缩机10台。共有排采平台57个，煤层气井230口，日产气量15.97万立方米。

中石化临汾煤层气分公司第二采气管理区（简称第二采气管理区） 隶属于中石化临汾煤层气分公司，是临汾煤层气分公司的另一个工区管理分支机构，成立于2013年。基地设在吉县柏山寺乡南耀村，下设技术信息室、经营管理室、综合管理室和生产运行中心，有职工94人，负责吉县境内的煤层气井、集气站、集气干线的生产管理工作。有管理平台128个，煤层气井691口，集气站2座（1#、2#集气站），集气干线170千米。日产气量25万立方米。

中石油煤层气有限责任公司临汾分公司第一采气作业区（简称第一采气作业区） 2015年4月成立，主要从事煤层气井排采管理，设3个管理室、2个排采班、1个集输班、2个排采队，有员工57人。安全管理人员包括经理1名、副经理2名、专职安全员3名、兼职安全员21名。

2014年，采集和自动化监控系统建设集气站投入运营，取得砂岩气钻探突破。境内有排采井180口（73个井场），集气站2座，干线2条、总长12.6千米，支线56条、总长35.7千米，日产气7万立方米左右。

山西晋西南天然气有限责任公司吉县分输站（简称吉县分输站） 位于吉县车城乡车城村，隶属于山西晋西南天然气有限责任公司。2012年4月成立，2013年12月22日投产。主要业务是接收大宁分输站来气，输送至乡宁分输站。管辖线路全长共计60千米，管径为DN508，设计压力4兆帕，途经1县、4乡、8个行政村，沿线设大回宫和三堠2座阀室，年输气量4.6亿标准立方米。该站集清管、过滤分离、计量、分输于一体，采用SCADA系统进行数据采集和监控。

中油中泰煤层气利用吉州有限责任公司 是由中油中泰燃气投资集团有限公司在山西省主导经营的煤层气企业，主要从事天然气（煤层气）的加工、利用与销售。

2013年，与山西燃气产业投资集团签订煤层气上下载协议，实现与临—临线管道输气项目的对接，先后建成桃村门站，回宫增压站一、二期工程项目。截至2015年12月，铺设城市中压燃气管网17千米，县城22个小区和部分临街门店实现了新能源供热、供气，有居民用户2650户、锅炉用户65户（共计200蒸吨）、商业用户43户。

第五章 食品加工

第一节 粮油加工

面粉加工

20 世纪 80 年代初，吉县有集体经营的磨面机 201 台、碾米机 39 台。1982 年，开始由个人承包经营。1985 年，有个体面粉、小米加工户 220 家，设钢片磨和辊子磨 252 台、碾米机 55 台，年加工面粉 1.38 万吨、小米 650 吨，加工收入约 86.7 万元。

20 世纪 90 年代，先后有 4 家规模较大的面粉加工厂成立，引进了大型先进的面粉加工设备。经过市场竞争，县城及各乡镇的小型面粉厂和小作坊逐步被淘汰。到 2015 年底，大型面粉加工厂有吉县壶口面业有限责任公司和吉县人祖山农产品开发有限责任公司，日产面粉 2 .5 万余千克，产品除供应吉县外，还销往临汾、陕西等地。为数不多的小型面粉加工户主要加工豆面，荞面、黍面、米面、高粱面等杂粮。

油脂加工

1985 年，吉县有榨油机 80 余台，年加工油脂 149.7 吨，加工收入 29.94 万元。1990 年，拥有有榨油机 20 余台，年加工油脂 45.7 吨，加工收入 8.72 万元。1995 年，榨油机仅剩 8 台。随着成品食用油的不断输入，吉县油脂加工逐步衰退，2000 年，各乡镇的油料加工已被淘汰。到 2015 年底，仅剩县城周围 6 家油脂加工小型作坊，主要是来料加工葵花籽油。

面粉加工企业选介

吉县壶口面业有限责任公司（简称壶口面业） 位于吉昌镇岳家庄村，2006 年 10 月 21 日成立，有职工 16 人。公司占地面积 2121 平方米，建筑面积 1656.89 平方米。主要经营面粉加工、销售，豆浆、小杂粮、食用油等批发及零售。

公司引进先进小麦、小杂粮加工设备，日均加工小麦 20 多吨，具有年加工面粉 1300 万千克的生产能力。2015 年，累计加工面粉 1000 万千克，豆浆、杂粮 300 万千克，实现利润 160 万元。开发出麦心粉、雪花粉、营养豆浆粉等 20 余个新产品，注册了“晋缘”牌商标。特色精包装农产品远销北京、上海等 10 余个城市，形成稳定的销售网络。

2007 年 6 月，壶口面业被临汾市委、市政府评为优秀农业产业化龙头企业。2010 年 2 月，生产的“晋缘”牌特一粉、特二粉，被山西省粮食行业协会评为“放心面”。2010 年 7 月，被山西省科技厅命名为民营科技企业。2011—2015 年，承担省商务厅“双三十”现代化物流配送体系建设，建成覆盖吉县全境及周边大中城市销售网点的信息、检测及物流配送体系，被省农发行评为 AA 级信用等级企业。

吉县人祖山农产品开发有限责任公司 位于吉昌镇霖雨村，2004 年 9 月成立，注册资金 1000 万元，有职工 80 人。公司占地面积 7000 平方米，建筑面积 2000 平方米。主要经营面粉加工和小杂粮、山野珍品、干鲜果（含苹果、枣等）收购、加工、销售。

有 6 台国内较先进的墨粉生产线，10 台电动石磨，真空包装机，馒头、食品加工设备，日可产特一粉、特二粉5 000千克，检选真空包装绿豆、黄豆、豇豆等小杂粮2 0万千克，加工馒头、面条用面7 5 0千克，还可加工红烧方肉、丸子、麻花等产品。

截至2015年，面粉销售占吉县市场80%以上份额，建成8个放心粮油中心店、100多个销售网点，并把市场辐射到周边省市。

公司先后被中国粮食行业协会评为全国放心粮油进农村先进单位、被省粮食行业协会评为放心粮油进农村先进单位、省级放心粮油示范加工企业、省级“放心面”生产单位和“放心店”销售单位；被省、市工商局评为重合同守信用单位；被省、市质量技术监督局评为质量等级AA单位；被省扶贫开发办公室评为省级扶贫龙头企业；连续多年被县委、县政府评为农产品加工大户、服务县域经济先进企业等称号。

第二节 粉豆糖类加工

吉县粉制厂

位于小府清水河西岸罐头厂旁，1985年成立。主要加工粉丝、粉条、粉皮、淀粉等，每年加工转化量为15万千克以上，为当地种植的山药蛋提供了销路，每年可为农民增加收入3.6万余元。1988年，生产各种粉制产品7.23万千克，利用副料养猪57头，销售收入9.4万余元。生产的绿豆粉丝富含淀粉、糖类、蛋白质，色泽白、韧性强、久煮不化，销往北京、西安、延安、太原等地，1988年被评为县优质产品。

吉县壶口玉米开发有限责任公司

位于吉县屯里镇太度村，是将原化肥厂转产改造为以玉米深加工为主的民营科技有限责任公司，2004年成立。公司占地面积104亩，有职工150人，主要为食品、味精、啤酒、制药、化工、饲料、造纸、印染等行业提供优质的玉米淀粉、高麦芽糖浆、玉米胚芽、玉米蛋白粉、玉米纤维等产品。

2012年，公司有固定资产净值7306万元，资产总额9996万元，负债合计1862万元，资产负债率20%，实现销售收入4048万元，净利润364万元。公司生产的“昕水河”牌玉米淀粉被评为“山西省名牌产品”，畅销江苏、四川、湖南、贵阳、重庆等省市。

2006年，公司被评为“农业产业化先进龙头企业”；2010年，通过ISO：9001：20000国际质量管理体系认证；2011年，获山西省农产品加工“513”工程市级重点龙头企业、省级扶贫龙头企业、山西省最具社会责任中小企业及山西省质量信誉AA级企业称号。企业获“两区开发工作先进企业”奖。2013年，投资38万元为太度村铺设一条水泥路；捐助1万元为太度小学配置教学设备；每年中秋节、春节给太度、峪口、石窑子村民发放福利。

第三节 果品加工

发展概况

20世纪80年代初，吉县商业局所属副食加工厂以苹果、梨为原料，试制水果罐头，年产1万余瓶。吉县供销合作社联合社，投资15万元在西关大郎庙村口，建起1座年产5万瓶水果罐头的副食加工厂。

1983年，省乡镇企业局投资20万元（低息贷款），在县农工商联合开发公司内组建年产肉食罐头 80 万瓶的生产车间；1984 年，省计委投资 80 万元，在北京北洋食品厂助理工程师鲁司英指导下，将肉食罐头车间扩建为年产肉食罐头 400 吨、果类罐头 200 吨、果脯 200 吨、果汁饮料 400 吨的罐头厂。主要设备有：250 千伏安变压器、配电盘和全自动补偿用电设备；2 吨平推往复快装锅炉、高压杀菌锅、夹层锅、自动真空封罐机、排气箱、24 立方米组装冰库和 1200 支冰棍制作机、汽水机以及日供水 880 吨深井、比高为 12.5 米的饮水塔。1985 年有职工 147 名，生产各类肉食罐头 8 万瓶、水果罐头 15 万瓶、各类果脯 1.4 万千克。经省、地防疫部门和专业单位鉴定，符合国家卫生质量标准，果品行销湖北、云南、宁夏、陕西及太原。1987—1988 年，吉县农工商联合公司食品罐头厂以新鲜、成熟良好的杏为主要原料，经去皮、均质、糖酱化装罐杀菌制作而成的杏酱罐头，色泽红润透金黄，质地细腻，酸甜适口，富含维生素 C、维生素 E，有一定食疗价值，分别获地区和系统优质产品称号。

2010—2011 年，吉县成立顶吉食品开发有限公司和达明一派食品有限公司，依靠吉县盛产苹果的优势和独特资源，年生产苹果加工产品 10 万吨以上。

果品加工企业

山西达明一派食品有限公司　位于吉县新城工业园区，2011 年 1 月成立，注册资金 1000 万元，主要从事果酱、果蔬饮料生产。公司占地面积 33400 平方米，建有业务办公楼 5200 平方米，产品检测及研发中心 1200 平方米，生产车间 3400 平方米，产品包装车间、仓储及辅助用房 3880 平方米，有员工 56 名。

公司先后与丹尼斯克（中国）投资有限公司“杜邦营养与健康”研发中心合作，开展植物益生菌发酵果蔬浆生产菌种的筛选、生产工艺研究；与山西省农业科学院合作，开发农产品的深加工关键技术；与台湾旺旺集团、黑龙江完达山乳业、南京雨润集团合作，推进果蔬浆应用产品工艺研发。

2011 年，企业投资 300 万元在北京朝阳区 CBD 核心区设立了全国营运中心；启动了高铁运销系统，与多家商场、超市签订供货合同；与美国杜邦集团、南京雨润、西安乐泽、旺旺集团、完达山乳业、安阳市京膳堂饮料有限公司、宁波咔玛食品有限公司、广东达明益派生物科技有限公司、北京海阔永鑫商贸有限公司、青岛强晟源工贸有限公司签订了长期供销合同。

2012 年，公司引进全国最先进的植物益生菌果蔬原浆生产设备，有灌装生产线 3 条，易拉罐灌装生产线可产出 1000 罐 / 小时，自立袋灌装生产线可产出 1500 袋 / 小时，玻璃瓶生产线可产出 6000 瓶 / 小时。年生产果蔬原浆 2 万余吨。

2011 年，公司获临汾市科学技术协会“农村科普示范基地”称号；2014 年，获吉县妇女联合会“三八红旗集体”称号、被山西省中小企业局评为“全省中小企业管理标杆企业”；2015 年，获共青团临汾市委“临汾市青年安全生产示范岗”、山西科技新闻出版传媒集团“十佳科技传播基地”、临汾市总工会“工人先锋号”称号；2011—2015 年，连年被吉县评为优秀民营企业。

顶吉食品开发有限公司　位于吉县新城工业园区，2010 年 12 月成立，原有股东为 2 名自然人。公司占地面积 33339.01 平方米，建筑面积 11190 平方米，其中包括办公楼、产品检测及研发部、产品发酵、灌装、蒸馏、包装车间，仓储用房以及可储存 3500 吨保鲜库（冷库）等。

按照山西省 “百企千村”产业扶贫政策要求，2014 年 5 月 27 日，阳煤集团注资 2974.64 万元、占比 60% 控股合作。8 月，成立顶吉公司第一届股东会及董事会，公司注册资金为 3750 万元，成为以收购、销售、研发为主的农产品深加工国有控股企业。

公司成立之初，主要从事苹果的收购及销售。采用自吸式生物发酵这一国际果品最新加工工艺技术进行水果深加工，生产苹果醋、苹果酒，提升苹果价值。阳煤集团增资扩股后，总投资2.05亿元实施10万吨果醋扩建项目，设计总能为年产10万吨果醋、1万吨果酒、1320吨果胶。其中一期工程设计年产原醋饮料2万吨，二期工程设计年产果醋饮料8万吨。项目建成后，年销售收入可达70500万元，年利税总额可达10180.35万元，可新增500个就业岗位，进而带动区域经济的整体快速发展。

截至2015年，公司具备2万吨饮料的原料供应能力（原醋发酵能力及玻璃瓶等灌装），有“顶吉”“顶吉果酿”发酵型苹果醋饮料以及“壶口玉液”苹果蒸馏酒等产品，经过“3.15”新品暨招商会成功上市。

第四节　酿造

酿酒

吉县国营壶口酒厂，前身为吉县地方国营酒厂（1976年5月组建），1985年有职工35名，固定资金16.74万元，流动资金4.41万元。厂房占地面积8000平方米，建筑面积1618平方米。置有酿酒甑锅1套、粉碎机2台、刮板机1台、扬糟机2台、电动机6台、酒泵1台、电冰箱1台、500倍显微镜1台。年用原料37.5万千克，产白酒110吨、红果酒100吨，注册商标有“吉州白”“山岚”“人祖山”3种。销往辽宁、内蒙古、陕西等地。1988年该厂升为临汾地区三级企业。

20世纪90年代后，吉县国营壶口酒厂改制为山西壶口酒业有限责任公司，对原企业实行技术改造，提高科技含量，实行集团化管理。投资2000余万元，开发生产“壶口牌”干红和干白苹果酒。改制后的产品有五龙液汾香酒、瀑虹特曲、高粱酒、樱桃白酒、山楂酒、红果酒，年产值5000余万元、实现利税1000万余元。汾香酒、五龙液、红果酒曾一度成为热销产品供不应求，大量用于婚丧宴会。

随着市场经济改革，山西壶口酒业有限责任公司的产销业务量逐渐下降，1995年停产，此后吉县再无酿酒企业。

酱醋制作

1954年，吉县建立副食品加工厂，年产醋15吨、酱油5吨、酱5吨。20世纪80年代，县财政又投资5万元扶持桥南大队创建醋厂，派人到榆次市南六堡曲醋厂学习技术，采取“浸泡、蒸化、糖化、酒酵、醋酵、过淋、沉淀”等工艺流程，生产出具有山西地方特色的“古桥牌”老陈熏醋，行销西安、广州等地，曾获省乡镇企业优质产品称号。该厂投产4年，用料（高粱、玉米）5.36万千克，产醋267吨，产值7.5万元。1985年有工人28名，分为制曲、蒸料、醋化、熏培、沉淋5个车间，年产熏醋100余吨，产值2万余元。1988年，产品获山西省优良产品称号。1991年停产。

1993年，兰家河乡创建醋厂，乡党委副书记冯立久主持生产，生产的“老西”牌老陈醋销往山西各市县及河北、河南、陕西等地。1996年，醋厂划归县民政局管理。1998年停产。

第六章 造纸 印刷包装

第一节 造纸

造纸厂

20世纪70年代末，城关公社投资27万元在祖师庙村南建起造纸厂，先后购置打浆机、蒸锅、蒸球、造纸机、烘缸、铜网等工具，以当地麦秸为主要原料开始生产，年产包装纸230令（每令500张）、麻纸500刀，产值6.5万元。1983年，划归农工商公司经营，产值7万余元。1984年，转产包装纸箱，产值7.5万元。1985年，开始生产卫生纸，年产300余吨，产值62万元。“十五”期间，吉县逐步对原有的旧企业实行企业改制，造纸厂被淘汰。

纸箱厂

1987年，建设吉县纸箱厂，厂址在桥南原食品公司院内，占地面积约2亩，建筑面积1500平方米，有切割、装订、裱糊等设备，作为吉县副食加工厂一个车间开始运行。随着吉县苹果生产的发展，苹果包装箱的产量也在不断加大，年产值可达200万元。1990年，食品公司从副食加工厂购买回纸箱厂的全套纸箱生产设备，将纸箱厂组建为食品公司下属企业。1992年，纸箱厂作为独立核算企业从食品公司分立。1997年，纸箱厂改制为永盛包装有限责任公司。2003年，依托省发改委投资公司资金，改建为吉县苹果产业开发有限公司，主营苹果包装产业。2010年，因城市建设拆除了位于吉州新城的原厂。2012年，在车城乡工业园区新占地10亩，完成了迁建。2014年，新厂正式投入运营，年产值可达1000万元。

第二节 印刷包装

发展概况

1985年底，吉县印刷厂有职工27人，设排字、印刷、装订3个车间，置4开铅印机4台、铸字机、对开切纸机各1台，年完成印件1200令纸，产值7万余元。同年，县城两家个体户，集资8万元，购4开铅印机2台，组建印刷厂，承印广告、文件、账簿等印刷业务，两户年印件1000令纸，产值5万元。

2000年，吉县城乡涌现出数十家电脑打印门市部。2013年，随着吉县苹果产业的壮大，果箱、果袋等包装产品需求量不断增大，吉县苹果产业开发公司、山西富开园包装制品有限公司等印刷包装企业应运而生。

吉县苹果产业开发公司

位于车城乡工业园区。2013年成立，引进国内最先进的专用设备，选用定型的蜡纸、三维集团聚乙烯醇胶，生产单、双层育果袋，全自动流水线作业，单台日产20万个，数年生产出数亿个果袋，供给石家庄、上东村、永固等村百坐果园，远销到河南的三门峡、灵宝，陕西的宜川、富县，均得到用户的好评。公司邀请刘仲生工程师编写出适用于本公司单、双层育果袋的生产标准。

2013 年，总产值达 17 万元，产品销售利润 4.9 万元、销售税金及附加 1.1 万元。2014 年，总产值达 17.1 万元，产品销售利润 4.2 万元、销售税金及附加 1.3 万元。2015 年，总产值达 18.4 万元，产品销售利润 5.1 万元、销售税金及附加 1.7 万元。

山西富开园包装制品有限公司

2011 年 12 月成立，位于车城乡工业园区鲁家河村南，法人代表葛德忠。公司占地面积 50 亩，注册资金 2000 万元，公司员工 55 人，是专业从事农副土特产品纸质包装材料开发生产的民营民资企业。公司引进国内最先进的湖北京山轻工机械股份有限公司生产的全自动纸板生产线及五色水墨印刷机等先进生产设备，以卷筒纸为原料，经过压楞、裱糊、横切、制版、印刷、模切、装订等流程，形成最终产品。2012 年，经市发改委批准备案，总投资 4000 万元，实施年产 40 万色令高档包装印刷制品、2000 万色令包装箱生产线项目建设。公司的生产装备、生产工艺和生产能力均在临汾市包装制品行业领先。2014 年投产运营两个月后，由于资金等原因停产。

第七章 其他工业

第一节 木器制作

木器制作企业

20世纪80年代初，吉县机械厂“一厂分五厂”，成立吉县木器社。1987年，吉县木器社与吉县铁业社合并为吉县钢木家具厂，后因产品销路不好、资金困难、经营管理不善，1990年停产，1991年12月关闭。1986—1989年，木器制作产品主要是沙发和木制家具。4年产值分别为7.2万元、7.8万元、10.1万元、6.7万元。

2012年，吉县红木轩仿古家具厂成立。2015年3月，投资1000万元在吉昌镇西关村委丁家沟建厂，占地面积16亩，建筑面积3000平方米，厂房1500平方米，展厅500平方米。设备设施有烘烤房、解板机、自动雕刻机、成型机及黏结组合、刮磨、精细打磨、涂蜡等机械。以东南亚红木为原料，聘请江苏工艺匠人生产柜子、沙发、太师椅、官帽椅、五斗柜、条案、圆桌、方桌、茶台、床、屏方等中国古典传统红木家具。

到2015年底，还有吉县安利木材加工有限公司、佳盛木材加工厂、全宏木材加工有限公司等木材加工企业。

个体木工

随着农村经济体制改革，个体木作工人应运而生，到1985年，吉县从事木器制作的人员增至170余人，年均制作桌、凳、柜、几等木器家具1.73万件，加工收入40余万元。西关村民文天德擅长制作木质牌匾，做工细致，古朴优雅，所制牌匾多悬挂于旅游景点，在境内、乡宁、大宁、蒲县、隰县一带较有名气。2000年，随着工厂化生产和品牌家具的兴起及家庭装潢业的普及，木器制作基本停产，木器制作工匠大部分改作室内外装潢和棺材制作。

第二节 五金工具

中华人民共和国成立之初，吉县有铁匠铺13家，从业者37人，年产锄、镰、镢、斧等0.37万件，产值1.98万元。1957年，组建农具修造厂，年产小农具0.5万件。年均生产小五金、农具1.56万件。1966年，农具修造厂增置空气锤、车床等机械设备，年产小五金、农具增至1.96万件。1985年，小五金工具生产从农具修造厂分出，组成铁业生产合作社和五金生产合作社，两社共有职33名，年产五金工具1.3万件，产值5.79万元。五金生产合作社位于新华西街，职工10人，主要从事电焊、铸造、铁皮加工等。2009年新华街拓宽，五金生产合作社厂房被拆除，职工大都另择场所从事日用杂品门店经营或者改做其他行业。

第八章　工业管理

第一节　经济和信息管理

机构设置

1985 年，吉县经济委员会成立，下设工业局、交通局、二轻局和标准计量局。2003 年 2 月，县计划委员会和县经济委员会合并成立县发展计划与经济贸易局。2010 年 4 月，组建吉县经济和信息化局，将发展改革与经济局承担的经济管理职责、县中小企业局和县城镇集体工业联合社承担的行政职能进行整合，调整为事业单位，划入县经济和信息化局，为吉县人民政府组成部门，正科级单位，5 个行政和 1 个工勤编制。2014 年底，有干部职工 10 人，内设办公室、经济运行股、投资规划股和综合股。负责全县工业经济、信息化、节能降耗的综合协调管理和电力、独立洗煤、通信 3 个行业的安全管理工作。

主要工作

2011 年，吉县经济和信息化局强化规模以上重点企业经济运行监控、改造提升传统产业，保障明珠工业园区煤基地安全生产运营，推进桑峨工业园区煤基地建设、培育壮大新兴产业。截至 2014 年底，吉县规模以上工业企业 3 家，分别为山西煤销集团盛平煤业有限公司、华晋明珠煤业有限公司、吉县昌盛煤业有限公司。2013 年，规模以上工业增加值完成 81378 万元，增速 12.5%；新兴产业投资 68000 万元，增速为 33%；万元 GDP 能耗降幅 3.16%。2014 年，规模以上工业增加值完成 59851 万元，增速为 5%；新兴产业投资 87000 万元，增速为 29%；万元 GDP 能耗降幅为 3.75%。煤层气开发利用有序推进。中石油临汾分公司和中石化华东分公司，截至 2014 年，完成投资近 30 亿元，实施钻井 985 口，总体产能达 6 亿立方米。中石油临汾分公司启动 10 亿方产能建设，实现商品气量 1.3 亿立方米。中石化华东分公司已建成集气站 2 座，中心处理站一座。中油中泰煤层气利用吉州有限责任公司 2011 年 12 月建成，并为吉县城市燃气供气。截至 2014 年，累计投资 8000 万元，铺设 PE200 城市燃气主管网 13 千米，累计接驳天然气共有生活用户 5200 户（其中城中村用户 660 户），锅炉 130 户，机关事业单位学校 38 户，商业用户 45 户，工业用户 2 户。2014 年，吉县天然气用量达 1000 万立方米。推进信息化工作开展。实现宽带接入光纤改造 9100 余户；实现县城、乡镇政府所在地和部分村庄的 4G 网络覆盖，实现行政村通宽带、自然村通电话的“两通工程”目标。“十二五”期间，市定吉县万元 GDP 综合能耗降幅 14%，完成 16.3%。2015 年，完成转型投资 18.1 亿元。

第二节　工业生产管理

吉县工业总公司

1953 年，成立吉县工业科，1958 年，成立吉县工业局，负责吉县的工业生产管理。2002 年，吉县工业局改为吉县工业总公司。内设办公室、生产技术股、财务室、安全股、安全培训中心，下辖矿柱林场、煤炭管理办公室、煤炭纠察分队、沙坪煤矿、焦化场、染料厂、印刷厂。

第三节 安全生产管理

吉县安全生产监督管理局

2004年11月成立，正科级建制。2015年9月，吉县机构调整，将原安全生产监督管理局的职责、原煤炭工业局（2010年10月成立）的职责整合，设立吉县安全生产监督管理局，挂吉县煤炭工业局牌子。共31人，内设办公室、人事教育股、安全股、生产技术股、地测股、“一通三防”股。下辖吉县煤矿安全纠察分队、吉县煤矿安全监控中心。

监督管理

吉县辖区内有两座生产矿井，分别为山西华晋明珠煤业有限责任公司和山西煤销集团吉县盛平煤业有限公司，年生产原煤180万吨。2010年，实行煤矿“红线”管理制度、加强安全生产监管、落实煤矿企业主体责任、推行人人都是通风员的安全文化。实现了重大责任事故为零，安全生产事故为零，事故死亡人数为零的安全生产目标。全县煤矿、非煤矿山、危险化学品、烟花爆竹、民爆物品、冶金工贸以及旅游、消防、学校、水利、电力、农业、通信、农机、城市燃气、食品药品、地质灾害、建筑施工、特种设备、森林防火、道路施工、煤层气开采输送、人员密集场所等行业领域的工矿商贸企业均未发生生产安全死亡事故，全县安全生产形势平稳向好。

第四节 集体工业管理

吉县城镇集体工业联合社

前身为吉县手工业管理局，1956年5月成立，挂手工业管理局和手工业合作社联合社（简称联社）两块牌子，人员纳入县人事和财政编制，经费由县财政负担。1965年2月，改称吉县第二轻工业局（简称县二轻局），仍是与联社合署办公。1988年8月，县二轻局与联社内设办公室、财务股、产品开发股、审计股，下辖建筑安装公司、铸造厂、机械修造厂、供销经理部、珠宝工艺厂、毛制品工艺厂、炊具厂、钢木家具厂、畜产品开发公司、化工厂、裘皮厂11个企业。1989年12月，手工业合作社联合社改称城镇集体工业联合社。1994年1月，内设股室调整为办公室、财务审计股、生产技术股。2002年10月机构改革时，县二轻局改称城镇集体工业联合社，性质由行政变为全额事业单位，编制数为7人。2015年12月底，内设办公室、财审股、生产技术股，下辖吉县建安防滑链厂、吉县铸造厂、吉县机械修造厂、吉县珠宝工艺厂4个企业。

主要工作

2013—2015年，为下辖企业增添4套半自动化生产线；开发引进了新的渗碳技术和电镀技术。联社与各企业、企业与车间、车间与班组、班组与个人层层签订安全生产责任书，联社班子成员包企业，企业班子包车间、班组，自查、互查、督查相结合，及时采取措施消除安全隐患。共维修加固危房260平方米，更新老化电线300余米，维修变压器一台，规范生产操作流程3项，使企业生产正常进行，确保全年安全无事故。

第五节 中小企业管理

吉县中小企业服务中心（中小企业局）

机构前身是手工业管理局。1975 年，更名为社队工业管理局。1979 年，更名为社队企业管理局。1982 年，更名为人民公社企业管理局。1984 年，更名为社队企业公司。同年末，改称乡镇企业管理局。2002 年 2 月，更名为乡镇企业服务中心。2003 年 4 月 28 日，加挂民营经济发展局牌子，一套人马两块牌子。2004 年 8 月，更名为中小企业局。2010 年 2 月，更名为中小企业服务中心。2015 年底，内设办公室、发展规划股、产业指导股、中小企业服务体系建设股，有干部职工 13 人。

发展概况

2000 年，吉县助推中小企业、民营经济发展，逐步形成农业方面的苹果开发利用提质—储藏—深加工、工业方面的煤炭—煤层气开发利用、旅游方面的观光—休闲—娱乐、民生方面的建筑—运输—餐饮 4 大产业发展格局。2013 年，共有中小企业 394 家，其中民营企业 306 家、乡镇企业 88 家。其中固定资产达亿元的企业 2 家，达千万元的企业 23 家，达百万元以上的企业 26 家。有个体工商户 2312 户。现价总产值完成 128160 万元，同比增长 13.8%，比 1998 年增长 333.8%；营业收入完成 109820 万元，同比增长 12.9%，比 1998 年增长 341.7%；工业总产值 63850 万元，同比增长 8.3%，职工人数 17345 人，比 1998 年增长 6363 人。2014 年，共有中小企业 402 家，其中民营企业 389 家，乡镇企业 13 家。其中固定资产达亿元的企业 2 家，达千万元的企业 28 家，达百万元以上的企业 37 家。有个体工商户 3308 户。现价总产值完成 138450 万元，同比增长 8.0%；营业收入完成 114530 万元，同比增长 4.3%；工业总产值 68540 万元，同比增长 7.4%。截至 2013 年累计组织 30 余个涉农企业参加各类招商洽谈会。与浦发银行太原分行、工商银行乡宁支行、临汾农发行、邮政银行等多家金融部门建立了银政企对接平台。同年，为吉县 6 家企业协调融资 2940 万元。2014 年，为企业协调融资 6650 万元。截至 2015 年，共为吉县 20 余家企业协调融资 1.5 亿元。

1986—2015 年吉县工业经济产值销售、税、利情况表

表 12-8-1 单位：万元、人

年份	工业生产总值	工业生产总值	工业增加值	销售收入	实现利税	利润总额	备考
	（现价）	（90 价）不变价可比价	生产法	—	—	—	增值同比 % 职工人数
1986	786	—	—	—	—	—	1548
1987	866.9	813	—	578	13.7	15.9	1156
1988	818.5	712.7	—	741.8	81.9	61.2	1390
1989	1091.8	958.5	—	893.8	128.2	101.7	1427
1990	1907	1125	—		76.8	46.9	1331
1991	1004.3	1336.7	—	891.4	128.4	120	1315
1992	1108	1512	—	1119	186	139	1277
1993	1280	1713.9	—	1289.4	231.2	138.9	1222
1994	1729	1917.7	—	2373.4	440.8	59.8	
1995		3271	—		226.5	951	
1996	4156.8	3450.2	—	3455	729.4	269	2142
1997	2191.7	2000.3	—	1837.7	185.7	46	578
1998	2475.7	1710.9	1076.6	2251.4	405.9	199.1	职工 656
1999	3314.4	2093.5	1441	2496.2	470.8	220.9	34%、375
2000	3732.7	2306.7	—	3357.7	538.3	241.5	434
2001	4342	2882.1	—	4300	2176.2	609.2	同比 433
2002	6157	3364.5	3016.9	5074.7	1377.6	946.3	42% 397
2003	8260	3708	4268.7	7055.6	2394.1	1707.1	同比 134.2% 322 人
2004	12312	18931	7574	12096	10211	8699	同比 110.9% 701 人
2005	33691.6	—	21207.6	32681	29029	24437	206.7%441 人

续表

年份	工业生产总值	工业生产总值	工业增加值	销售收入	实现利税	利润总额	备考
	（现价）	（90价）不变价可比价	生产法	—	—	—	增值同比%职工人数
2006	29780	12931	—	27791	21595.3	11711.8	442
2007	33829	—	21110	32977.4	26204	21265	同比 124.6% 478 人
2008	58254.3	—	36350	59827.1	45070.7	36267.3	同比 50.6% 1007 人
2009	64555.2	—	40282	62034	44850.7	33240	较 2008 年增长 8.2%，995 人
2010	81573.7	—	55992	44449.5	44850.7	33240	较上年增 17%，1046 人
2011	123667.6	—	90754	1236.7	87253	62410	同比 26.8% 1259 人
2012	118271.5	92902		76569.3	42751.2	25912	1685
2013	117853.1	—	81377.6	74451.3	23139.5	12085.8	同比 12.4% 1669 人
2014	103102.9	—	59851	64329.3	11960.2	4128.1	同比 5% 1701 人
2015	84142	—	47734	44330.2	5476	1161.6	同比 -3% 1319 人

1986—2015年吉县部分工业企业信息统计表

表 12-8-2

序号	企业名称	注册号	注册资本（万元）	企业类型	经营地址（住所）	成立日期
1	吉县壶口建筑工程检测有限公司	141028000005228	100	有限责任公司（自然人投资或控股）	吉县车城乡车城村	2011-11-29
2	吉县鑫香食醋酿造有限责任公司	141028000005196	200	有限责任公司（自然人独资）	吉县东城乡上提村	2011-12-12
3	吉县华隆建材有限公司	141028000000666	500	有限责任公司（自然人投资或控股）	吉县吉昌镇西关结子沟村	2004-05-23
4	吉县嘉昶农业科技发展有限公司	14102800001250	500	有限责任公司（自然人投资或控股）	吉县东城高家河村	2010-05-27
5	吉县隆鑫纸箱包装有限公司	141028000007246	100	有限责任公司（自然人投资或控股）	吉县西关向阳村	2013-03-20
6	山西富开园包装制品有限公司	141028000007990	200	有限责任公司（自然人独资）	吉县车城鲁家河村村南	2013-09-03
7	山西省投资集团九洲再生能源有限公司	141028000004934	10000	有限责任公司（国有控股）	吉县吉昌镇霖雨村	2007-01-17
8	吉县通达农机有限公司	141028000003829	19.1	有限责任公司（国有控股）	吉县新华东街68号	1999-07-12

第十三编　商贸

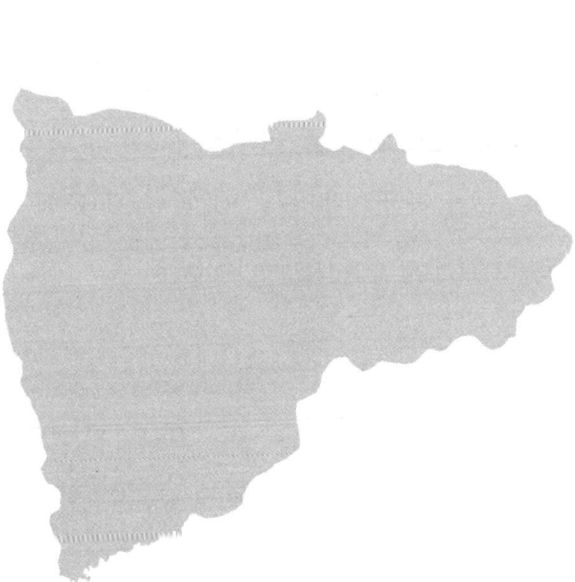

明清时期，因壶口隔断水路航运，龙王辿成为商贸云集之处。据碑刻记载，龙王辿商号最多时达 61 家。清乾隆五十六年（1791），重修背崖魁星阁碑记载，捐资商号有 16 家。民国元年，吉县有商号 70 多家，县城有 30 多家。中华人民共和国成立之初，私营商业和个体商户达到 207 户，从业者 365 人。1956 年，私营商业经过社会主义改造，绝大部分过渡为国营商业和集体商业。1978 年后，随着经济体制改革，私营个体商业再度萌发。1985 年，有私营个体商业户 333 户，商业网点 63 个，从业者 483 人，其中城关 216 户，农村 117 户。1986 年，商贸系统开始体制改革，经历 30 年的风雨洗礼，吉县商贸获得了长足发展，流通规模日益扩大，服务方式更加便捷，现代化程度不断提高，市场发育更加成熟。“七五”期间，（1986—1990 年），社会消费品零售额年均增长 16.1%；“八五”期间（1991—1995），年均增长 8.7%；“九五”期间（1996—2000），年均增长 12.4%；“十五”期间（2001—2005），年均增长 13%；“十一五”期间（2006—2010），年均增长 15.5%；“十二五”期间（2011—2015），年均增长 15.5%。

第一章　经营体制

第一节　国营商业

发展概况

1985 年，吉县商业系统继续实行“12.20 大降价”政策（1984 年 12 月 20 日），开展“三带”（带账、带票、带样）下乡流动批发活动，到基层供销社联系业务，就地开票，送货上门；设立批零门市部，对个体商户开展批发业务。百货、交电等公司设立多个批发网点，方便零售业就近进货。各批发单位对销小存大商品实行代存代销、分期付款或销后付款，鼓励基层进货。

1986 年，吉县商业步入调节时期，国营商业贯彻执行“发展经济，保证供给”的总方针，逐步推行多种经济成分、多种流通渠道、多种经营方式，少环节的计划经济与市场调节相结合的“三多一少”流通体制。计划分配商品逐渐减少，进货渠道不断增多，除个别比较紧俏的名牌商品由二级站计划搭配分配外，其他商品均可到省内外商业部门和工厂自由选点进货。

1987 年，计划调拨的商品有圆钉、铁丝、碱面、食糖、石油。县商业系统面向境内农村开展赊销棉布、副食等业务，赊销额高达 600 余万元。1988 年后，逐步放开小型零售企业，企业有了自主权，搞活了经营，出现购销两旺的大好形势。取消棉票和布票，除名牌自行车、缝纫机、电视机、名烟名酒等个别名牌商品外，其余商品敞开供应。

1989 年，商业系统贯彻执行治理经济环境、整顿经济秩序方针，开展优质服务，呈现出销售增长，利润增加，费用水平提高的态势，各项经济指标完成较好，以一季度为例：购进完成了 70.3 万元，同比增长 16.2%，商品销售完成 239.2 万元，同比增长 33.3%，库备商品 253.7 万元，上升了 20.7%。受物价上涨因素影响，人们大量购买毛线，整箱购买肥皂等日用品，一定程度上促进了销售额的上升。

1990 年底，除部分石油计划分配外，其余均敞开供应。商品批发部门相继扩建和建立了样品室，便于看样选购。实行库存、账目、分类比例“三公开”，进货数量、开票次数、包装大小、批量多少“四不限”，把批发起点降到最低限度，尽量方便基层零售单位进货。适时举办各种商品展销会、供货会、业务洽谈会，与相邻县供销社建立供货关系，扩大批发额。

1991 年，开展“质量品种效益年”活动，改善经营管理，完善承包责任制，借鉴重庆“四放开”（放开经营，放开价格，放开用工，放开分配）经验，提高服务质量，在竞争中求生存、求发展。由于市场销售不畅以及诸多不利因素，年底，商业企业实际完成商品销售总额 813.9 万元，占年计划 107.73%，比上年同期减少 6.99%；商品流通费实际执行费用率为 10.95%，比上年同期减少 0.23 个百分点；利润亏损额 8.96 万元，比上年同期 14.82 万元，减亏绝对额 5.86 万元，下降幅度 39.59%；资金周转实际执行天数为 253 天，比上年同期减慢 31 天。商业系统销售额下降，费用持平，亏损减少，周转缓慢。有两个企业发生亏损，即商业工业企业实际完成 10 万元，比上年同期下降幅度为 44.45%；饮食服务企业实际完成 15.84 万元，比上年同期下降幅度为 22.66%。这一时期，消费投向转移到家用电器和居住建筑装饰方面。加之开展商品代销业务，彩电价格降低，电视销售比上年增加 53.5%。自行车的发展趋势向彩车、坤车转移，全年销售彩车 390 辆，交电产品销售呈现良好的增长势头。虽然市场销售趋势有所平稳，但市场未从根本上摆脱销售疲软的困扰，出现流通秩序混乱、商品流通不畅的问题。

1994 年，市场再度疲软，商品流通费用进一步加大，商业系统销售大幅度下滑、整体亏损。以三季度为例，商品销售总额仅完成 37009 元，比上年同期下降 20.31%；实现利润 -1948 元，比上年同期下降 59.88%。至此，商业系统连年亏损，深陷经营低谷，改革改制已成大势。

1997 年，吉县商贸流通企业全面实行股份制改革，按照中华人民共和国《公司法》要求步入股份制企业运行轨道。各企业对旧址进行全面改造，进一步盘活企业资产，妥善安置企业职工，维护股东合法权益，确保资产保值增值。

2000 年 8 月，各企业按照吉政办发〔2000〕54 号文件，对县商业局呈报的《关于对我县商业改制企业进行规范完善的意见》批复要求，规范企业行为，完善企业机制，确保产权清晰、权责明确，并圆满完成了换届选举任务。之后，各个商贸流通企业按照《公司法》，步入规范稳健运营轨道，正常缴纳社会保险，企业资产一定程度上保值增值。截至 2015 年，吉县百货有限责任公司、吉县饮食服务有限责任公司、吉县黄河糖酒有限责任公司、吉县肉食水产公司、吉县交电有限责任公司、吉县苹果产业开发有限公司 6 个企业健康运营。吉县副食加工有限责任公司破产关闭，依法注销。

体制改革

管理机构改革 吉县商业局设立于 1957 年，原名供销合作商业，主要职能是按计划购销调存日用品和农业生产资料。1987 年 6 月，烟草、蔬菜业务从糖酒公司分离，商业局下属国营百货公司、糖酒副食公司、食品公司、交电公司、饮食服务公司、石油公司、药材公司、副食加工厂，有干部职工 800 余人。商业系统固定资产总值 150 万元，经营品种 6000 余种，购进总货 733.67 万元，上缴利税 80 余万元，日用消费品销售达 1198.69 万元。

1997 年，商业局实施体制改革，成立吉县商业总公司，实行一套人马两套机构，属行政事业单位，管理职能不变。下属百货公司、糖酒副食公司、食品公司、交电公司、饮食服务公司、纸箱厂、副食加工厂。2002 年，吉县机构改革，确定商业总公司主要职能为：沿袭原商业局职能，承担酒类流通监管和生猪定点屠宰管理职能，加强商贸流通企业监督管理，做好企业党建、企业改制、企业管理、职工维权以及工会等工作，确保国有资产保值增值，确保商贸流通企业健康发展。

转换经营机制 1990 年初，境内商业企业开始转换经营机制模式，实行承包经营责任制。各下属企业与企业法人代表签订了为期 3 年的承包合同。承包合同下达经济指标任务，在确保上缴财政的前提下，亏损自负，超额利润按比例奖励领导班子和职工。对企业管理、安全生产、计划生育等工作进行综合考核奖罚。6 月，与企业法人代表签订为期 3 年的第二轮承包经营责任合同，明确企业经营管理、国有资产保值增值、各项指标奖罚细则，对承包经营责任制进行完善和补充，进一步细化、量化各项指标，加强综合考核。两轮承包经营责任制的实施，对国有资产的保值增值，提高企业经济效益起到了积极的作用。

1991 年后，由于计划经济向市场经济过渡，国家银根紧缩，加之计划经济时期给企业造成的沉重包袱，国有集体商业资金匮乏，积重难返。个体私营经济的冲击，造成国有集体商业销售疲软、市场萎缩。面对新的形势，商业企业积极顺应市场变化，转换企业经营机制，进行经营体制改革。采取抽回商品、抽回资金、门店商场租赁的“两抽一租”形式，划小核算单位，风险抵押承包门店。常年送货下乡，流动批发，扩大销售渠道，努力提高经济效益。送货下乡金额占到总销售额的1/4左右。

股份制改革 1997年，临汾地区制定了国营企业改革30条，境内成立了吉县商贸企业改制领导组，出台《吉县人民政府关于国有商贸企业股份制改造过程中有关问题的规定》，7月起，商业企业开始改制工作。

一是清产核资。1997年8月，抽调财委、财政、商业、审计、国资等有关单位人员对商业系统各个企业进行清产核资。各改制企业的净资产为：糖酒公司271943元，交电公司93946元，饮食服务公司792029元，百货公司21537元，纸箱厂3198元，副加工食厂－196134元。除饮食服务公司外，各企业在净资产中扣减退休人员费用、职工安置费用和企业改制费用，剩余净资产上交国有资产管理专户。二是制定章程，发行股权。各改制企业制定企业改制章程，确定股金，动员入股。明确改制目的：转化企业经营机制，使企业成为自主运营，自负盈亏，自我发展的商品经营者；开辟新的融资渠道，扩大企业规模。调动激发企业员工积极性，为企业和员工增加收益；各改制企业在规定的时间内完成入股、安置职工等改制工作。三是完成改制，新轨运行。10月，吉县商业系统百货有限责任公司、恒源五交化有限责任公司、黄河糖酒有限责任公司、饮食服务有限责任公司、永盛包装有限责任公司、副食加工有限责任公司6个企业完成改制。改制后的企业探索前行，依托资产运营一个时期后，由于市场经济的冲击，大部分企业效益下滑，工资难以发放，股金分红难以兑现，陷入经营低谷。2006年后，各企业开始依托资产灵活运营，全面铺开旧址改造，盘活企业存量资产，激发了企业活力。

企业改制

吉县饮食服务有限责任公司 1956年组建吉县饮食服务公司，占地面积6211平方米，建筑面积2740平方米，是计划经济时期境内唯一的国有饮食服务企业。1985年，拥有服务招待所、照相馆、清真食堂、理发馆、桥头人民食堂和桥南饭店等经营场所，承担着吉县服务行业大部分业务。1997年8月，企业改制为吉县饮食服务有限责任公司；同年11月，吉县政府成立领导组，公开处置了桥头饭店、大食堂、理发馆3处房地产。之后企业一直不景气。2006年，企业招商引资，完成旧址改造，与华联公司联营，组建华联壶口大酒店。酒店占地面积1500平方米，建筑面积3000平方米，集餐饮、住宿为一体，成为旅游接待场所。2013年，推出的吉州水席在全省餐饮大赛中获得金奖。2017年8月，饮食服务公司华联壶口大酒店获中国饭店协会、中国食品餐饮旅游博览会组委会“中国传承创新餐饮企业”称号；同年12月，获临汾市商务局、临汾市餐饮服务管理中心、临汾市烹饪餐饮饭店行业协会、临汾市名厨协会“临汾餐饮名店”称号。厨师刘俊鹏荣获临汾市商务局、临汾市餐饮服务管理中心、临汾市名厨协会“临汾名厨”称号。

吉县永盛包装有限责任公司（纸箱厂） 1987年4月，吉县纸箱厂为吉县副食加工厂一个车间。1990年，纸箱厂成为食品公司下属企业。1992年，纸箱厂作为独立核算企业从食品公司分立。1997年，改制为永盛包装有限责任公司。2003年，改建为吉县苹果产业开发有限公司。

吉县百货有限责任公司 1965年设立，1985年拥有1个批发部，3个零售门市部，主营百货、文化、针织、纺织等，年营业额400万元。1987—1988年，因全国棉布滞销，按上级安排，按照农业人口30元/人开展赊销，总赊销额达110万元。改革为承包经营之后，因企业资不抵债，于1996年6月18日依法宣告破产。1997年，改制时重组为吉县百货有限责任公司。2008年，在新华街改造中，总投资1200万元，进行旧址改造。至2010年，建成商贸城1座，集商业、住宅于一体，占地面积1300平方米，建筑面积9000平方米，其中商贸城商业面积1800平方米，年经营额1500万元。妥善安置了企业职工，盘活了企业存量资产，实现资产保值增值。

吉县恒源五交化有限责任公司　为国有商业企业，1985年，共有职工54人，下设1个批发部，3个零售门市部，主营五金、交电、家电、化工批发零售业务。1997年，改制为吉县恒源五交化有限责任公司。2003年，经县政府批准，公司处置闲置仓库等资产，一次性妥善安置企业职工。2009年，在县城新华街改造中，修建二层门面房27间，870平方米，提升了企业资产利用率，取得良好经济效益。

吉县肉食水产公司（食品公司）　始建于1953年，属小型商办工业企业，经营肉食、水产、畜蛋等食品供应业务。1985年，拥有酿造、粉豆、屠宰、肉食加工4大车间，2个零售门市部，8个乡镇食品站，共110余名干部职工，开展白酒酿造、豆制品加工、肉食加工以及生猪屠宰业务。1997年，更名为吉县肉食水产公司。2007年，吉县投资98万元，在西关村新建吉县生猪屠宰厂（为境内唯一的生猪定点屠宰企业），年屠宰生猪1万头。2011年，实施旧址改造，一次性妥善安置职工85人，化解企业历年债务60余万元，企业资产增值200余万元。

吉县黄河糖酒有限责任公司　始建于1957年，历经烟酒、烟草、蔬菜公司分合离变。1985年，公司拥有桥南办公楼，新华街一部、二部、三部以及桥头门市、蔬菜门市、零售亭等。主营糖酒、副食品、茶叶等，年营业额130余万元。1997年，改制为黄河糖酒有限责任公司。2011年，企业实施旧址改造，新建购物中心3000平方米，企业资产增值600余万元，为企业扩大经营注入了活力。

吉县副食加工有限责任公司　前身为吉县副食加工厂，1956年始建。1985年，加工水果罐头、糕点、冰糖、酱油、醋等副食品。1988年停产。1989年，依靠技改项目，新上玻璃纤维生产线，因市场、技术等因素影响，一年之后停产。1991年，其经营场地改建为西街农贸市场，时间不长，市场自行关闭。1997年，企业改制为吉县副食加工有限责任公司。2001年，处置闲置房地产，彻底解决企业遗留问题。2012年8月公司依法注销。

酒类流通和生猪定点屠宰监管

2002年，吉县商业总公司承担酒类流通和生猪定点屠宰监管两项职能，抽调专职人员，组成稽查队伍，开展日常监管工作。2006年，组建酒类流通和生猪定点屠宰管理领导组及办公室，开展定期和不定期专项执法检查。2011年，根据人事变动，及时调整充实两个办公室，县政府下发《吉县人民政府关于进一步加强酒类流通和生猪定点屠宰监管、严厉打击违法经营行为的通告》，集中开展专项整治。

酒类市场监管　实行酒类商品溯源制度和酒类流通《随附单》制度，酒类商品自出厂到销售终端全过程实行“单随货走、单货相符”，《随附单》使用率95%以上。前后办理酒类备案登记190户，备案登记率95%以上。办理“酒类流通批发许可证”12户，查处《随附单》使用违规案件16起，警告处理13户。开展打假除劣活动，共出动宣传车30余次，发放宣传材料1万余份，出动检查人员700余人次，检查各类门店、饭店370余个，查获、公开销毁各类假酒100余箱。2011—2013年，酒类流通管理工作分别获山西省商务厅、临汾市商务局先进单位，刘宏科、郭军安获省、市先进个人。2014年，根据国家食品安全要求，酒类流通监管职能划转食药监部门。

生猪定点屠宰管理　执行生猪进厂验收制度和台账管理制度、不合格肉品召回制度，实现病害猪无害化处理率100%，出厂肉品检验合格率100%。生猪屠宰企业实现肉品质量安全追溯，境内所有市场、超市、集体食堂、宾馆、饭店等单位肉品100%来自定点屠宰企业，县城进点屠宰率实现100%，乡镇进点屠宰率实现95%以上。定点屠宰厂连续2年被市商务局评为先进企业，袁文斌被评为省生猪屠宰管理工作先进个人。2015年，生猪屠宰管理职能划转农业部门。

第二节　集体商业

发展概况

1949 年，组建吉县供销合作社联合社，下设生产资料、日用消费两个经理部和文城、屯里、西掌、西关 4 个供销合作社。

1985 年，吉县供销系统推行“两棉一赊”（每人可以赊销 200 元的棉布和棉花）、商品大削价（日用百货、农资化肥等砍半价）活动，形成政策性亏损 400 余万元。

1986 年，供销合作联合社有城关、文城、屯里、柏山寺、东城、三堠、曹井、窑渠、明珠、王家原 10 个基层供销社，有农业生产资料、农副土特产品、副食果品、贸易货栈、副食加工厂、饮料加工厂、汽车修理厂、石油液化气采供站 8 个公司和单位。共有职工 471 人。

1991 年，企业推广重庆市经营、价格、用工、分配“四放开”经验，推行经营承包责任制，全系统有 293 名职工参与承包经营或柜组承包。承包的形式主要有“上缴利税基数包干”“递增包干，利润分成”“两保一挂（保上缴利税、保企业发展后劲，工资总额和经济效益挂钩）”“改、转、租、卖”等。形成了多种经济成分、多条流通渠道、多种经营方式和减少流转环节的“三多一少”开放式经营运行机制。承包后人均收入比承包前增长 30%。1992 年，全系统实现商品销售额 2018 万元，比 1985 年增长 5 倍还多。

1992—2000 年，企业不断转换经营机制和方式，采取“一起上、不相让、占阵地、争市场”的经营策略，实行经销、供销、租赁等多种形式，经营主体更为多元化，商品流通渠道不断多样化，产品价格逐步市场化。但终因受体制与经营理念限制，果品公司、贸易货栈、饮料加工厂、石油液化气采供站、汽修厂业务逐年萎缩，亏损严重，职工工资发不出，银行贷款本息不能按时偿还，不得不关闭和停业。副食加工厂因无业务，地盘由职工个人修建住宅，原有房屋向社会公开出售，已不复存在。

基层供销社依据按经济区域建社的要求，分 3 次进行合并。1984 年，川庄供销社并入城关供销社；1989 年，明珠供销社并入屯里供销社、王家原供销社并入文城供销社；1999 年曹井供销社、窑渠供销社并入屯里供销社，三堠供销社、东城供销社并入柏山寺供销社。2015 年底，全系统保留城关、文城、屯里、柏山寺 4 个基层社和农业生产资料公司、农副土特产品公司、盐业公司、果品公司、棉麻公司 5 个直属单位、1 个液化气采购供应站和 97 家便民店，仓储面积 2930 平方米。有职工 209 人，固定资产 519 万元，流动资产 1747 万元。

2013—2015 年，吉县供销社参与社会主义新农村建设，兴办和牵头领办农民专业合作社。全系统共兴办和牵头领办种植、养殖、加工等各类专业合作社 26 家。其中，获全国农民专业合作社示范社称号 1 个、重点龙头企业 1 个，获全省农民专业合作社示范社 1 个、列入县规模以上企业 2 个，被评为市级以上龙头企业 2 个、县级龙头企业 5 个。有入社社员 4821 户，直接带动农户 17861 户。柏山寺中兴苹果专业合作社在当地苹果生产上形成产、加、销系列化服务，带动 600 户农民脱贫致富，年可助农增收 1000 万元；吉县城关供销社牵头领办的吉县林源果业有限责任公司，年可储存苹果 2000 吨，为农民增收 800 万元，成为境内苹果储存较大企业，多次受到国家、省、市、县表彰奖励。

2013 年 2 月、2014 年 3 月，吉县供销合作社联合社被山西省供销社分别授予“农村合作经济组织建设先进单位”“社情民意监督先进单位”称号。2013 年 2 月、3 月，柏山寺中兴苹果专业合作社分别被山西省供销社、全国供销合作总社授予“农民专业合作社示范社”称号。2013年12月，柏山寺中兴苹果专业合作社被全国供销合作总社授予“重点龙头企业”称号；2015年1月，被山西省供销社授予“全省供销社系统2014年度社情民意监督先进单位”称号；3月，被临汾市供销社授予“2014年度监事会工作先进单位”称号、“2014年度农村合作经济组织建设先进单位”称号。

企业改制

城关供销社位于县城中心位置，20世纪90年代，营业用房成为危房，营业设施破旧。2010年，欠缴职工养老金130万元、社员股金125万元、银行贷款25万元、亏损50万元。

2011年，依托“新网工程”项目，实施旧址改造工程，新建四层面积为4235平方米的“华联超市”。其中仓储1200平方米，商务中心和超市营销面积2580平方米、物流结算中心220平方米，其他建设面积235平方米。2013年10月，超市建成投入使用，年销售收入8230万元，增加就业岗位85人，日用品品种2200种，配送半径扩大至45千米，日配送日用品30吨，辐射人口10万人，年创收145万元。

商品经营

农业生产资料供应　1986年，化肥批发业务由农业生产资料公司独立承担，零售业务由基层供销社负责。1992年，化肥供应从基层供销社分离出来，实行专供。生产资料公司在屯里、文城等基层供销社设立10个化肥供应站，20个村级网点，8个庄稼医院。期间配合工商、质检、公安等部门进行市场整顿，共出动车辆100辆，没收违法经营假冒伪劣化肥30吨。1986—2000年，吉县共调进化肥67785吨，营销额1.05亿。2000年，化肥市场全面放开，生产资料公司的化肥经营业务逐渐萎缩，失去主渠道作用。农业“三站”、果树中心、个体经营大户及部分乡镇均有人员经营化肥，形成个体经营和专业经营并有的新格局，年销售量在2500吨位左右。

1990年，公司在中垛乡中垛村承包果园277亩，建立自己的试验示范基地，选调45名职工赴太原农校果树专业脱产学习果树管理技术。

1991年，农业生产资料公司开展产前、产中、产后一条龙系列化服务的做法，得到国家、省、市、县相关单位和领导的充分肯定。5月22日，全国农资系统化服务现场会在吉县召开。

1992年，公司在文城乡大圪塔村承包核桃园300亩，在周边地区乃至吉县起到了示范带动作用。

1996—1999年，从太原聘请马恩正等5名专家，指导全县烟叶生产、粮食生产和果园管理，帮助农民测土配方施肥3万余亩。

2013—2015年，公司同山西省农资集团开展农资配送服务，与国内多家知名农资企业联合，为吉县农业生产提供优质农资商品，共组织供应各种化肥1300吨、农药210吨、农用地膜190吨。

2015年，“新网工程”稳步推进，连锁经营业态不断壮大。全系统共有4个基层供销社，新建和改造基层供销社3个，建成农资连锁配送中心2个，拥有直销店50个。实现所有乡（镇）、村农资连锁配送终端销售点全覆盖，同时在周边2个县发展10多个经销网点。

1986—2002 年吉县农业生产资料公司经营情况表

表 13-1-1　　单位：吨、万元

年份	销售量			销售额	利润
	化肥	农药	农膜		
1986	1300	10	34	130	0.08
1987	1405	15	30	181	0.7
1988	1580	14	35	244	0.1
1989	2200	25	38	317	–8.2
1990	3100	27	40	487	0.03
1991	4700	30	37	625	0.03
1992	5200	31	40	778	0.2
1993	6100	31	42	973	0.1
1994	5000	29	38	649	0.4
1995	8900	32	50	1426	0.4
1996	9000	34	48	1430	0.43
1997	8000	30	45	1338	0.5
1998	6200	30	40	1100	0.08
1999	5100	28	40	833	–30
2000	4000	25	30	518	–20
2001	3000	20	30	443	–2.8
2002	4600	28	40	835	–5.7

1989—2015年吉县供销社系统部分年份购销情况表

表13-1-2 单位：万元

年份	购进额	销售额
1989	1401.4	1635.4
1990	1463.2	1678.9
1991	1673.3	2008.4
1992	1688.3	2005
1994	867.7	1121.2
1995	1717	1904.9
1996	1895.3	2047.9
1997	1609.4	1995.4
2010	581	676
2011	1540	1890
2012	3530	4000
2013	13320	14030
2014	14860	15610
2015	18880	19510

农副土特产品收购　1986—1990年，农副土特产品公司有日杂、蔬菜、肉食、粮油、电器、服装经销门店，有面粉加工厂、油布生产厂，有七郎窝、中垛收购经销站等15个基层点，从业人员121人，年收购、销售额3040万元，实现利税43万元。公司经营门类五花八门，主营业务仍为农副产品收购。收购种类主要有绿豆、赤小豆、葵花籽、蓖麻籽、核桃、玉米、黄豆、黑豆、蜂蜜等。

1988年，公司购买大客车4辆，开展吉县至临汾、太原客运业务，同时成立汽修部。

1992年，水洞沟冷文静、祖师庙王玉英、西关刘敖森、东关梁元发等在交通要道把口收购，年购销额2000万元。2015年末，个体农副产品收购门店58家，翻山越岭进村入户用于收购的三轮车、摩托车有120辆，公司收购业务受到冲击，逐年萎缩，亏损严重，职工工资难以发放，银行贷款本息不能如期偿还。公司留守职工3人，处理历史遗留问题和善后相关事宜。

棉花购销　吉县棉花生产地主要集中在文城、壶口、王家原一带。1995年前，吉县没有专门棉花营销机构，供销联社下属的农副土特产品公司在城关、文城两地设有棉花收购站。1996年，省棉麻公司拨款5万元成立吉县棉麻公司，承担棉花收购任务。至1999年，共收购棉花280吨，全部上调临汾地区棉麻公司。1999年，棉花市场开放之后，棉花收购业务停止。2002年后，再没有人种植棉花。

1986—1992 年吉县农副土特产品公司购销、利税、从业人员情况表

表 13-1-3　　单位：万元、人

年度	购进额	销售额	利税	从业人数
1986 年	79.8	98.7	3.5	45
1987 年	145.4	172.3	4.8	80
1988 年	268.6	317.4	8.1	102
1989 年	426.9	492.8	11.6	121
1990 年	470.6	541.7	15	121
1991 年	348.3	397.2	1.1	118
1992 年	245.2	286.1	–7.1	107

第三节　个体私营商业

发展概况

解放初期，吉县是个百废待兴的小城镇，人口稀少、商业活动有限，集市仅限于老城小区域内，沿街为市，随地交易，有市无场。

1986 年，随着社会主义市场经济的确立和农村经济的繁荣，县城人口数量急剧上升，商业活动日趋活跃。私营商业成为国民经济发展的一个补充，但在境内经济中占量很少，除县城有少量的个体工商户外，乡镇还没有个体经营户。工商部门放宽准入条件，采取先开业后办证照的方法，支持私营经济发展。20 世纪 80 年代，在东关（县城中心广场东北角）建起吉县第一座商贸城—吉州市场，个体私营经济迅速增长。1999 年 4 月，为鼓励个体私营经济发展，制定出台《大力支持个体私营经济发展优惠政策 20 条》，召开全县个私经济表彰会议，表彰 30 多名模范个体工商户。当年，境内共有个体工商户 687 户，私营企业 17 户。2002 年 1 月，在县城中心广场东南建起第二座商贸城（俗称新市场）。2010 年，共有个体工商户 1893 户，私营企业 186 户。2012 年 5 月，在中心广场西北边建起第三座商贸城（俗称步行街市场），分商业和住宅两大区，总面积 14926 平方米，建筑面积 7722 平方米。商业区包括步行街和商贸城，步行街宽 10 米、长 120 米，沿街两边为 3 栋三层商铺楼，建筑面积 2850 平方米，可容纳 40 个商户；商贸城为院式二层楼，可容纳 33 个商户。形成东起县城中心广场，西经雷神沟与新华街贯通的新的商业购物圈。至此，县城已建成五大购物超市：中心广场云安购物超市、新华街世纪华联购物中心、桥南云安购物广场、东关商品交易市场和祖师庙、小府、中心广场、桥南、西关总经营面积 1000 平方米的平价惠民超市。2015 年底，吉县共有个体工商户 3514 户，经营项目有百货、服装鞋帽、针纺织品、烟酒副食、五金交电、文体用品、日用杂品、取暖器材、机动车辆配件、粮油、蔬菜、干鲜果品、肉食水产等。

私营商业管理

1983 年，吉县首届个体劳动者协会成立。私营经济管理以鼓励支持个体私营经济发展为主，受理登记、注册、监督、管理个体私营经济行为，收取个体工商户管理费。1987 年，吉县工商

局增设个体经营管理股，加强对个体私营经济的管理。2003 年 10 月 26 日，吉县个体劳动者协会换届，选举产生第二届个体劳动者协会及理事会，选举理事 39 人，境内共有个体工商户会员 1004 户。2004 年，吉县工商局将个体工商登记权下放到各工商所，实行取缔无照经营台账管理制度，加强对无照经营的查处力度和个体工商户管理费的收缴力度。截至 2008 年 8 月 30 日，共收取个体工商费 300 余万元。2008 年 9 月 1 日，国家停止征收个体工商费，个体私营经济管理实行分层分类登记管理，由重收费转变为重监督，县工商部门开展以“六查六看”为内容的市场巡查，查处取缔无照经营户 23 户，罚款 13200 元。2012 年，工商局建立网上登记管理系统，运用互联网加强对个体私营经济的管理。2013 年 10 月 28 日，吉县个体劳动者协会换届，选举产生第三届个体劳动者协会，选举理事 45 人，全县共有个体从业者 2678 户。吉县个体劳动者协会发挥职能作用，为个体劳动者排忧解难，提供服务，引导个体工商户遵法守纪、诚信经营，开展“光彩事业”活动回报社会。

2014 年 12 月 31 日，对个体经营登记场所实行“一址多照”和“一照多址”管理，简化办事流程，开展商事登记制度改革，加强企业信用监管，实行随机抽取被检查对象、随机选派执法检查人员并及时公开抽查情况和查处结果的“双随机、一公开”办法对个体工商户进行监管。

第二章　对外贸易

第一节　发展概况

1969 年 12 月，吉县对外贸易局成立，同时成立了对外贸易公司，实行两个机构两块牌子，一套人马合署办公的运行体制。出口商品的收购业务由县供销社转移到县外贸公司。为解决收购网点不足的问题，县外贸公司与基层供销社签订合同，出口商品由基层供销社代为收购，交外贸公司上调临汾地区外贸公司。收购的药材类有柴胡、枸杞、柏籽、槐米、杏仁、甘草、蝎子等 164 类。农产品类有绿豆、红豆、花生、葵花籽、蓖麻、核桃、青枣、玉米等。杂货类有山鸡、野鸡、山兔、蜂蜜、牛皮、羊皮、羊绒等。20 世纪 80 年代，按照上级下达计划，统一收购，统一调拨。1987 年，收购总值达到 87 万元，出口品种由 6 种增加到 8 种，主要有野鸡、山兔、蜂蜜、牛皮、羊绒、羊皮、核桃等。20 世纪 90 年代初，外贸经营逐渐放开，个体户收购业务占据了吉县收购业务的 80% 以上，外贸公司的业务逐年萎缩，连年亏损，支不敷出，债台高筑。1995 年，公司依法破产。1996 年，在原厂址新组建吉县畜产品贸易公司，在册职工 23 人。公司占地 4206 平方米，其中建筑面积 963 平方米，账面资产 577809 元，负债 39756 元，净资产 538053 元，年销售额 90 万元左右。1997 年 9 月 1 日，经县政府批准，改制为股份制公司，更名吉县粮油土畜产品贸易有限责任公司。2002 年，因市场竞争激烈，企业倒闭。

2008 年后，吉县有 6 家企业备案登记，取得对外贸易经营资质。

2008 年 12 月，吉县宏丰农副产品购销有限公司备案登记，成为吉县第一家取得对外贸易经营资质的企业，经营范围为小杂粮、干鲜果、山野珍品、粮油、农副产品及自营出口。

2009 年 4 月，吉县超正果业有限责任公司（超正果业）备案登记，取得对外贸易经营资质，经营范围为苹果进出口业务。

2011 年 3 月，吉县果业有限责任公司备案登记，取得对外贸易经营资质，业务范围为苹果进出口业务。

2011 年 5 月，山西吉州九明经贸有限公司备案登记，取得对外贸易经营资质，业务范围为皮手套制造、加工、销售，自营或代理进出口业务。

2013 年 5 月，吉县古贤农产品专业合作社备案登记，取得对外贸易经营资质，业务范围为苹果进出口业务。同年，吉县（苹果）成为省级外贸转型升级专业型示范基地。

第二节　苹果出口

1997 年，“壶口牌”金奖苹果销往菲律宾。

2012 年 8 月，吉县超正果业有限责任公司取得中华人民共和国山西出入境检验检疫局出境水果包装厂注册登记证、出境水果果园注册登记证。9 月，在广西东盟博览会上，同泰国成功进出口公司签订 1000 吨吉县苹果出口订单。11 月，首次出口苹果 3888 件，3 个海运集装箱，合 63 吨，创汇 6.5 万美元，实现吉县苹果有史以来自主直接出口零的突破。2013 年，向泰国出口优质秦冠苹果 540 余吨，创汇 30.4 万美元。2014 年，向泰国出口优质秦冠苹果 400 余吨，创汇 32.4 万美元。9 月，超正果业被山西省政府认定为外贸转型升级企业型示范基地。2015 年，向泰国出口优质苹果 400 余吨，创汇 35.28 万美元。

截至 2015 年，吉县苹果出口还处于较低的水平，一是出口产品和出口市场单一，秦冠和红富士 2 个品种，抵抗市场风险能力较弱，产品处于初级加工阶段，附加值较低；二是出口成本较高，吉县地处偏远山区，交通基础设施较为落后，物流成本、用工成本等企业经营成本较高，影响了企业在海外市场上的竞争能力；三是出口企业较少，仅有吉县超正果业有限公司和山西澳坤农业科技有限责任公司 2 家企业有出口业绩，企业经营规模偏小，出口总量偏小。

第三章　商贸网点

第一节　集市贸易

集日

集日俗称逢集。中华人民共和国成立后，吉县为活跃市场，利用传统庙会和集市日，经常组织物资交流会，逐步形成境内集市贸易网络。1986年末，吉县有定型集市12处：窑渠、东城，农历每月（下同）逢一、六、十一、十六、廿一、廿六日集；王家原逢一、十一、廿一日集；三堠逢二、十二、廿二日集；屯里、七朗窝逢二、七、十二、十七、廿二、廿七日集；城关逢三、八、十三、十八、廿三、廿八日集；文城、中垛、山头逢四、九、十四、十九、廿四、廿九日集；曹井、柏山寺逢五、十五、廿五日集。城关集市规模最大，中垛、柏山寺、王家原次之，其余几个较小。上市物品有棉花、针织、成衣、小百货、粮食、肉类、瓜果、蔬菜、生产用具、牲畜等。城关逢集日时，桥南扶风桥下河滩的骡马交易市场、猪仔交易市场，桥南广场的粮食、农具、编货交易市场，水洞沟口的米面市场，扶风桥两头直到侯家沟口的农副土特产品市场十分热闹。

20世纪90年代，村民出行代步和运输工具都发生较大变化，人们进城办事、赶集的机会越来越多，购物和交易的重点慢慢转向县城。乡村集日渐渐淡化，部分集日自然消失。1990年，境内有县城、中垛、柏山寺、三堠、文城、王家原、屯里、窑渠、壶口9个村有农历集日。除王家原、三堠为十天一个集日外，其余6个村全部为五天一集。县城逢三、八为集日；中垛逢四、九为集日；柏山寺逢五、十为集日；三堠逢二为集日；文城逢四、九为集日；王家原逢一为集日；屯里逢二、七为集日；窑渠逢一、六为集日；壶口逢二、七为集日。上市商品主要为服装、布匹、鞋帽、日用百货、粮食蔬菜、土特产品等日常生活必需品和畜牧。赶集的人大部分为附近村的居民，也有邻近县的人。集市作为货物交流的集散地，方便了群众出售农副土特产品和购买生产、生活必需品，也是民间群众互通信息、互通有无、相互交流的一个重要场所。县城作为县政府所在地集市规模最大，上市商品最全。随着商品供应渠道多样化，物资供应较为充分，人们的生活需要和消费观念也发生了改变。加之农业机械化的推广普及，城关桥南扶风桥下河滩的骡马交易市场、猪仔交易市场、桥南广场的粮食交易市场、农具交易市场逐渐消失，农副土特产品市场、成衣市场规模逐渐扩大。2000年后，集日的规模都比原来的小了不少。

随着壶口瀑布风景区知名度的提高，游客人数逐年增多，壶口的集日逐渐淡化，已无人赶集。小商小贩、街头摊点应运而生，在工商部门的管理下，不分集日，有序经营。摊贩主要有两类：一类是从事商品流通，分布在游人众多的壶口瀑布旁、黄河滩上和观瀑桥两旁，销售的主要商品有香烟、饮料、山上采摘的各种野果、旅游纪念品和农民自制的手工艺品，如绣有壶口字样的鞋垫、布老虎等；一类是从事服务行业，分布在商业街两旁，以修理为主，如修自行车、修鞋、修表等；同时，也有主要为游人服务的照相等个体户。

交流会

物资交流会是由吉县政府牵头，县工商、税务、质量、物价、公安、文化、财政等部门具体组织管理的大型商贸交流活动。会前由会务组印制宣传广告，通过派送、邮寄等方式，请周边各县、市工商部门代为张贴宣传。物资交流会没有固定时间和固定场所，大多在农历四、五月或八、九月，在县城沿街或利用假期在二中学校操场举办。期间有群众喜闻乐见的电影、戏剧、歌舞、杂耍等文艺演出助兴。会务组根据经营种类统一规划摊位，并保障水、电等供应，经营者支付合理的费用。客商有周边县、市的，也有晋中、运城，甚至河南、安徽、内蒙古、河北的，本地客商也积极参与。上市商品有服装、布匹、鞋帽、百货、土特色、特色小吃等。物资交流会的举办促进了物品的流通，满足了群众的需求，同时也带来了新思维、新潮流。随着交通的改善，信息的畅通，人们的经营理念也发生了改变。物资交流会由政府牵头变为企业自发组织，后逐渐被商品展销会取代。2003 年举办了最后一次物资交流会。

逢会

壶口庙会兴起于清代中叶，每年农历七月十五日为庙会日。由于壶口瀑布特殊的地理环境和经济活动，当地群众及往来船工客商都尊信禹王、龙王和牛马王三神，庙会除物资交流外，还有一项重要的内容就是到禹王庙、龙王庙、牛马王庙祭祀，这一活动直至 20 世纪 40 年代随着商贸活动的衰落而终止。

20 世纪 70 至 80 年代，各乡镇在农闲季节，利用所在地的逢集日多次举办逢会（类似物资交流会）。其中，柏山寺、王家原、三垛、七郎窝、屯里等几处的规模最大。会期邀请剧团演出助兴。沿街两旁搭棚设摊，服装鞋帽、日用杂品、农业器具等商品琳琅满目。街头巷尾，饭铺酒摊，生意红火。四面八方村民借此机会访亲会友，添置夏收、秋收农具和生活用品。近处各村的年轻人晚饭后赶看夜戏，散戏后连夜返回本村。参会商家除吉县外，还有临汾市、侯马市、襄汾县、大宁县、蒲县、永和县、运城市及陕西省、内蒙古自治区等地客商。90 年代后，随着交通网络的日益完善和交通工具便民化发展，村镇与县城的距离建设性缩短，购物和交易的重点慢慢转向县城，乡村集日与交流会渐渐淡化，赶集赶会的人数越来越少。

菜市、瓜市、早市

1990 年后，县城居民平常在蔬菜调料门市部、流动卖菜车摊点消费，县城逢集日在桥南、侯家沟口地摊农贸市场购买瓜果、蔬菜。2000 年后，县城新兴短时间的地摊交易市场，交易商品以瓜果蔬菜为主。夏、秋两季，每天早上五点至七点半左右，不少农民用面包车、三轮车满载自产的瓜果、蔬菜在县城桥南广场、中心广场周围的人行道上摆摊批发、零售，自然形成县城瓜果、蔬菜批发、零售集散早市。8 月前后，每天进城赶早市的瓜果蔬菜车有百余辆。集散早市的兴起，带动了早餐早点、烟酒副食、车辆加油、修理等行业的发展。

第二节 商贸市场

吉州市场

1992 年，吉县工商局和东关村共同出资 120 万元，在服务公司旁建成吉州市场，建筑面积 3000 平方米，经营用房 66 间，临时摊位 80 个。由工商局负责对经营户的监管，东关村委负责环境卫生、供水、供电等后勤保障服务。解决了商户沿街为市，没有固定经营场所的问题。经营品种有布匹、服装、鞋帽等商品，年交易额上亿元。2015 年，该市场还在正常经营，但规模逐渐减小，二楼只有少量经营户。

东关农贸市场

1992年，吉县果品公司利用自有场地，投资改建东关农贸市场，于当年投入使用。场所面积1200平方米，主要设施为钢管结构简易棚，水泥营业台面，有固定经营摊位60个，自由摊位50个，水、电设施齐全。市场仅维持两年便关闭闲置。

西街副食厂市场

1992年，吉县商业局副食厂投资，将副食厂院改建为农贸市场，院落面积900平方米，设摊位100个，全部为钢管架构石棉瓦棚顶。由于地理位置等原因，该市场仅维持一年半便关闭闲置。

夜市

1993年，夜市在县城悄然兴起，当时只有一两家卖凉菜的和一两家卖烤肉串的。1996年，开始有炒菜、面食、臭豆腐、鸡排、烤面筋等各类特色小吃。2005年，在广场美食城门前实行划定摊位、规定时间，作为夜市的集中点，夜市经营的品种逐年增加。盛夏夜晚，广场灯火辉煌，男女老少纷至沓来，纳凉、跳舞、踢毽子、儿童游乐，十分热闹。广场周边饭摊、烧烤摊、夜市冷饮摊、水果摊生意十分红火。

美食城（小吃市场）

1994年，县城中心广场修建小吃市场，由经营户自建经营场所，工商局配套公共设施。采用钢管塑料棚结构修建经营摊位38个。经营品种有烟酒副食，各种炒菜、小吃、面食，日销售额达1.5万元，给县城居民和过往游客带来了方便，也给经营户带来了效益。乡宁县、大宁县也常有消费者前来光顾。1998年，政府为改善市容市貌和环境卫生，投资改建小吃市场，更名为美食城，可容纳经营户40户。店铺全部为砖混结构，由经营户出资购买，产权归个人。2007年，美食城关闭，拆除了原经营设施，改为蔬菜市场和夜市。

新市场

1994年，吉县将县二中旧操场简单平整后设置为农贸市场，由工商局负责管理。市场场地全部为土面，可容纳摊位300余个。2002年，由县城建局牵头，吸收社会资金，将农贸市场改建成两层框架式半封闭综合市场。建有固定门店126间，临时摊位110个。一层有固定门店、临时摊位，经营蔬菜、肉食、农副土特产。二层全部是固定门店，经营服装、鞋帽、布匹、日用百货、裁缝。城建部门负责市场的日常管理和公共设施的日常维护。固定门店全部出售给经营户，临时摊位按月交纳摊位费。该市场缓解了城市管理压力，丰富了群众购物。

第三节 商场 商店 连锁店 超市

发展概况

改革开放前，境内商业业态单一，经营方式传统。零售企业主要为单一百货店、副食店和粮店等。经过30多年的改革发展，吉县商业建立了以连锁经营为基本特征的大超市、购物中心、便利店、专卖店、特许加盟店以及网上购物、电视购物、直销、无店铺销售等多种零售业态，产销结合、科工贸结合、国际国内市场相对接、品牌经营等先进营销方式在商业领域已经普遍实现，呈现出百花齐放、百业竞争的态势。由分布于城乡的600多个商业网点组成的商品流通网络，以及餐饮、住宿、各类生活服务业网点、商店，特别是县城相继建成的三座商贸城、6大购物超市、平价惠民超市及宏达家电城、龙星家电行、小龙鞋城、鸿星尔克服装城、人祖山土特产品商店、纬尔飞品牌服装店、恒源祥品牌服装店、361度品牌服装店、老百姓大药房、世忠农资批发店、全友家私、双虎家私、水产调料批发店、美容美发店、化妆品店、日用杂品店、手机专卖店、电脑打印店、眼镜店、烟酒专卖店、金银首饰店、电动车专卖店等百余家商场、商店、品牌连锁店。既为境内消费品货畅其流提供了强有力的物质基础，也为消费者提供了便捷的购物与消费环境。

20世纪80年代初，县政府开发建设壶口，当地农民在此建筑店铺，从事商业活动，为过往车辆和游客提供饮食、烟酒副食服务。随着壶口瀑布风景区开发力度的加大和游人车辆的增多，景区规划开辟了一条商业街，各类商店应有尽有，截至2000年底，共有商店41家。

超市

2003年，曹彦明在县知青楼一层开设经营的超市为吉县最早的超市。次年在桥南广场开设超市分部。2004年，两个超市相继停业关闭。到2015年，境内拥有云安批发部、家佳福、华联、良品、平价、惠民、建国、军军、亚娃等9个大型超市，各种小型超市遍布城乡。

吉县云安超市　成立于1989年3月，注册资金205万元，有职工96人。在县城有直营店4个、汾酒专卖店1个、配送中心1个，配送车辆11辆，在境内乡村共建加盟店50个，与36家企业签有常年供货合同。经营商品有烟酒、副食、日用品等3000余个品种。

吉县云安超市在吉县商贸流通行业中发挥着引领作用，2004年，被临汾市经济贸易委员会授予商贸流通行业“敬业标兵”，被山西省质量技术监督局授予“山西省质量信誉A级企业”。2005年，被临汾市政府授予年度“商贸工作先进企业”。2008年，被省文明办、省整规办、省烟草局、省商业联合会、省消费者协会、省质量与名牌协会、省价格协会授予“山西省商业诚信优秀企业”。2010年，被省零售协会、省商务发展中心评为“诚信经营示范店”。2011年，被吉县授予2010年度“服务县域经济先进企业奖”，被山西省商务厅授予“商务部市场运行监测重点样本企业”。2012年，被山西省酒类监督管理办公室授予“酒类批发行业50强”。2012—2014年，连年被吉县授予“服务县域经济优秀民营企业”。

吉县云安超市积极参与社会公益事业，2003年“非典”流行，市场食盐涨价，云安批发部将一批平价盐投放市场，平抑市场物价。2004年，文城乡王家原村因大旱粮食歉收，云安批发部捐助面粉100袋为群众解困。2005年，参与“春蕾”行动，资助王家原失学儿童1名。2009年，为残疾人捐助残疾车5辆。2011—2015年，连年开展送货下乡服务基层活动。2003年，被县委授予防治“非典”捐助光荣荣誉。2009年，被临汾市委宣传部、市总工会、市残联、临汾日报社联合授予“全市十佳助残企业”。

吉县家佳福超市　位于县城中心广场，2006年12月成立，注册资金50万元，企业法人曹跃忠，有员工24人。有直营连锁超市3个，应急物资储备库1个，物流配送中心1个。企业以批发零售为主，代理品牌包括青岛啤酒、可口可乐、康师傅、伊利、农夫山泉、汾阳王酒等。2009年后，公司先后承担商务部万村千乡市场工程、新农村现代流通网络建设工程两个项目，在境内69个行政村建立50个便民连锁店，5个新农网便利店，实行统一标识、统一配货、统一管理、统一经营模式，方便了农民群众购物，平抑了市场物价。

吉县华联超市　成立于2013年，经营的项目有日用百货、生鲜食品、预包装食品等。（详见第一章第二节，企业改制）

吉县良品超市　位于吉县电影院内，2015年4月建成，总投资350万元，占地面积1500平方米。有固定资产400万元，员工40余人。超市集购物、休闲、娱乐、餐饮于一体，内设副食、粮油、烟酒茶、化妆品、日杂、日常用品6个专区，经营上千种商品，年销售800万元。

平价惠民超市　2014年，县城内共建起平价惠民超市5家：吉县扶风巷平价惠民超市、吉县绿家园惠民超市、吉县绿万家惠民超市、吉县青枝平价惠民超市、吉县平价惠民商店新城店。

2001—2015 年吉县社会消费品零售总额情况表

表 13-3-1 单位：万元

年度	总额	按地区分		按行业分			按经济类型分				
		县以上	县以下	批零贸易业	餐饮业	其他	国有经济	集体经济	股份制经济	个体经济	其他
2001	9550	7844	1706	5840	1663	2047	2105	597	878	4924	1008
2002	10696	8672	2024	6433	1817	2446	1714	937	623	6288	1134
2003	11803	9124	2679	9071	1991	741	1864	645	507	7540	1247
2004	14076	9290	4786	10513	2563	1000	2658	710	2186	7338	1441
2005	16131	10784	5374	12105	2892	1134	—	—	—	—	—
2006	18748	12550	6198	14243	3292	1213	—	—	—	—	—
2007	22582	14910	7672	17042	4228	1312	—	—	—	—	—
2008	27154	17863	9291	20798	5284	1072	—	—	—	—	—
2009	33017	21545	11472	25183	6671	1163	—	—	—	—	—
2010	33165	27921	5244	27096	6069	—	—	—	—	—	—
2011	40996.2	31344.1	9652.1	33755.7	7240.5	—	—	—	—	—	—
2012	47454	36633.4	10820.6	38379.9	9074.1	—	—	—	—	—	—
2013	53774.5	40687.4	13087.1	42000.7	11773.8	—	—	—	—	—	—
2014	60843.9	46206.6	14637	47374.4	13469.5	—	—	—	—	—	—
2015	68058	47049	21009	54047	14011	—	—	—	—	—	—

2001—2009 年吉县商品销售收入情况表

表 13-3-2 单位：万元

年度	金额
2001	8122
2002	8212
2003	4827
2004	5233
2005	10816
2006	566
2007	906
2008	1744
2009	10432

第四节 市场管理

1986 年，集市无固定经营场所，沿街为市的模式一直延续到 1991 年。1994 年，成立了粮管所，对粮食收购、储存、销售及陈化粮的处理实行全过程监管，确保粮食市场安全。在桥南设立粮食市场并配备公平交易称，按工业品不超交易额 1%、其他不超 2% 的标准收取市场交易服务费。1999 年，工商体制改革，省以下实行垂直管理，工商职能由管理集贸市场转向监管社会主义大市场，维护市场经济的健康发展。工商部门开展农资、成品油节日市场等系列执法活动，查处了一批违法案件，打击扰乱市场经济秩序的违法行为。2003 年，开展抗击“非典”专项执法活动，对“非典”物资进行严格检查，严查囤积居奇，哄抬物价等坑害消费者的不法行为，确保面粉、食用油等价格维持正常水平，对不符合经营条件的人员，密集场所实行临时停业等措施，确保抗击“非典”工作圆满完成。

2005 年，对境内农资经营实行“两证两票一卡一书”即进销货台账、进销货发票、农资消费明白卡和农资商品质量承诺书管理，确保农资市场规范有序。

2009 年，开展食品放心示范店评选活动，打造农村放心食品示范店，提升农村食品安全消费观念。

2012—2015 年，在农资、食品、经纪人等行业，开展“诚信经营示范企业”和“诚信经营经纪人”评选活动，共命名诚信示范企业 18 个。

2015 年，开展网络服务交易监管工作，对境内经营性网店进行监管。通过线上线下实地查看比对，确保线上线下一致，维护网络交易秩序。

第四章　专营专卖

第一节　石油经营

经营概况

中国石油化工股份有限公司山西临汾石油分公司吉县支公司前身为吉县五交化公司，隶属于吉县商业局管理。1978 年，与五交化公司分家，成立吉县石油公司。原办公地址坐落于县城桥南路 40 号，归吉县石油公司所有，有油库 1 座，油罐车 3 辆，职工 43 人。其职责是按计划供应吉县区域工农业生产用油和人民群众生产、生活用油。主要经营汽油、柴油、灯用煤油、化工油脂，年供应成品油 600 余吨。

1985 年 5 月，按照国家政策，石油实行专营专卖，不得个体经营。7 月，公司上划归中国石油化工股份有限公司山西省石油总公司统管，隶属于山西临汾石油分公司直接管理。人员编制 41 人。设经理 1 人、副经理 1 人、财务股 2 人，业务股 2 人，办公室 2 人，加油站岗位 33 人。1996 年，石油经营放开。2006 年 12 月，改制为中国石油化工股份有限公司临汾公司吉县石油支公司，全部职工买断工龄，成为临时工、合同工。

吉县石油支公司，2004 年，销售成品油 2970 吨。2005 年，销售成品油 3300 吨。2006 年，销售成品油 3722 吨。2007 年，销售成品油 4238 吨。2008 年，销售成品油 4977 吨。2009 年，销售成品油 5760 吨。2010 年，销售成品油 6530 吨。按照上级公司要求，开始经营烟草、酒类、食品等非油品，品种有日用百货、小食品、饮料、烟、酒。2011 年，销售成品油 7289 吨。2012 年，销售成品油 7940 吨。2013 年，销售成品油 9747 吨，其中汽油 4497 吨，柴油 5250 吨；非油品收入 125.57 万元。2014 年，销售成品油 9694 吨，其中汽油 4603 吨，柴油 5091 吨，非油品收入 148.98 万元。2015 年，轻油销售量 10963 吨，非油品销售额 185.87 万元。

经营单位

城关加油站　1988 年，按照国家政策撤库设站。吉县石油支公司将原老油库改造新建城关加油站。资源配送为临汾石油分公司直接调配，统一管理，统一核算。有员工 11 人，设站长 1 人，会计 1 人，加油员 9 人。设油罐 4 个。库容量为 150 立方米。其中，2 个柴油罐 100 立方米，2 个汽油罐 50 立方米。有加油机 4 台，2 台加汽油机、2 台加柴油机。分别为 70# 汽油、90# 汽油、0# 柴油、-10# 柴油。当年销量为 930 余吨。

城东加油站　1993 年，县石油支公司自筹资金 20 万元，在城关镇祖师庙村 309 国道旁建站，当年投入使用。有员工 9 人，设站长 1 人，加油员 8 人。设油罐 4 个。库容量为 150 立方米，其中，2 个柴油罐 100 立方米，2 个汽油罐 50 立方米。有加油机 4 台，2 台加汽油机、2 台加柴油机。分别为 90# 汽油、93# 汽油、0# 柴油、-10# 柴油。当年销量 420 余吨。

屯里加油站　1996 年，县石油支公司投资 15 万元在吉县屯里镇屯里村（309 国道）建站，占地面积 669 平方米。有员工 4 人，其中站长 1 人，加油员 3 人。设油罐 2 个，库容量为 50 立方米。有汽油加油机、柴油加油机各 1 台。分别为 90# 汽油、0# 柴油。营业用房 100 平方米。当年销量为150余吨。

壶口加油站　2000年，县石油支公司投资43.5万元收购县委办位于壶口景区的加油站，按照山西石油加油站的标准进行改造。有员工5人，其中站长1人，加油员4人。更换油罐4个，2个汽油罐、2个柴油罐，库容量为100立方米。更换电脑加油机4台，2台加汽油机、2台加柴油机。分别为90#汽油、93#汽油、0#柴油、-10#柴油。新增营业室面积200平方米。当年销量为240余吨。

城西加油站　2006年，投资195万元，在吉昌镇霖雨村（309国道旁）占地2287平方米新建城西加油站。有员工6人，站长1人，加油员5人。设油罐5个，总库容量230立方米。其中汽油罐3个，130立方米；柴油罐2个，100立方米。有4台加油机（6枪），4个加汽油枪、2个加柴油枪。分别为90#汽油、93#汽油、0#柴油、-10#柴油。当年销量为1023吨。

兰家河加油站　2010年，因309国道拓宽改造，县石油支公司投资180万元，拆除原吉县城东加油站，移址车城乡兰家河村，当年投入运营。有员工6人，站长1人，加油员5人。该站占地面积2667平方米。营业室面积220平方米。设油罐4个，总库容量为150立方米。其中柴油2个，库容量为100立方米；汽油2个，库容量为50立方米。加油机4台，汽油加油机2台、柴油加油机2台。分别为93#汽油、97#汽油、0#柴油、-10#柴油。当年销量为2150吨。

第二节　烟草经营

经营机构

山西省吉县烟草专卖局和山西省烟草公司吉县公司，前身为1983年8月成立的吉县烟草专卖局。当年9月成立山西省烟草公司吉县公司，与吉县烟草专卖局一套人马两块牌子，属政企合一的机构，直属临汾地区烟草专卖局垂直领导。1990年1月，《中华人民共和国烟草专卖法》实施，烟草行业“人财物、产供销、内外贸、农工商”一体化经营体制开始形成。2004年12月，取消县级法人资格后变更为山西省吉县烟草专卖局和山西省烟草公司临汾市公司吉县卷烟营销部，隶属于临汾市烟草专卖局（公司）和县人民政府的双重领导。下设综合股、专卖股、客服股。2015年底，有干部员工15人，其中局长1人、副协理员1人、综合股2人、专卖股7人、客服股4人。主要职责是按市公司委托进行卷烟、雪茄烟经营业务和全面推进烟草专卖法律、法规及相关政策，确保烟草专卖法律、法规及相关政策在本辖区的全面贯彻落实。

经营品种和销量

截至2015年底，吉县市场上的品牌香烟有玉溪系列、云烟系列、中华系列、红河系列、白沙系列、贵烟系列、芙蓉王系列、红旗渠系列、黄鹤楼系列、黄金叶系列等品牌。

销售监管

吉县卷烟的销售实行烟草专卖许可证制度，按照《吉县烟草专卖零售许可证布局规定》，对烟草专卖许可证的发放实行总量控制、合理布局、禁限控制，总量控制在吉县人口的5‰以内。各销售网点均到县烟草专卖局（公司）申请办理烟草专卖“许可证”，县烟草局按各网点订货单专人送货上门，全部在网上结算。截至2015年底，境内共办理烟草专卖许可证415件，占总人口的3.99%0，其中城市客户177户，乡村客户238户。严格禁止对中小学校及未成年人销售卷烟。

吉县烟草专卖局加强对卷烟专卖的管理，1986—2015年，依法查处多起卷烟走私和非法销售假冒卷烟的违法案件。1990—1992年，专卖市场检查罚没款分别为1170元、11800元、2935元，

1986—2015年吉县烟草销售额情况表

表 13-4-1　　单位：万元

年份	销售额	销售量	利润	税金
1986年	141.6	1508	2.08	1.27
1987年	185.95	1771	1.7	1.44
1988年	208.53	1667	2.53	1.61
1989年	284.44	2416	2.99	2.13
1990年	500.61	5288	3.61	3.64
1991年	675.69	4323	4.81	3.7
1992年	477.5	1936	4.85	3.27
1993年	749.32	5247	4.82	4.57
1994年	653.37	2792	7.77	11
1995年	770.46	9230	10.52	9.52
1996年	923.9	9170	28.1	20.9
1997年	1148.21	10580	40.2	47.94
1998年	1683.38	14980	64.66	47.76
1999年	2264.29	15482	49.6	41.43
2000年	2184.7	15460	17.08	33.87
2001年	1593.58	15515	4.33	26.42
2002年	2035.4	16001	60.16	42.38
2003年	2220.3	16665.5	84.54	68.16
2004年	2236.81	17418.45	160.26	127.82
2005年	2770.66	15524.2	—	186
2006年	2462.51	13742.2	—	173.77
2007年	3136.27	15360.56	—	286.69
2008年	3900.1	16235.68	—	316.75
2009年	4420.04	17099.96	—	298.78
2010年	5642.27	18146.1	—	373.71
2011年	6315.32	18047.26	—	460.17
2012年	7688.07	18396.28	—	520.81
2013年	7624.08	17540.3	—	534.1
2014年	9174.38	19478.88	—	626.87
2015年	9877.66	20188.9	—	511.71

全部上缴地方财政。1994 年，联合县检察院破获一起制假贩假“红公主烟”一案，查获假红公主成品烟 27500 条，卷烟机械设备一套及烟合皮、烟丝、盘纸、条包纸、烟箱等，制假额达 9 万余元，全部没收销毁，并处罚款 6800 元。1995—1999 年，上缴地方财政专卖市场检查罚没款 58.85 万元。2001 年，上缴财政罚没款 3.28 万元。2003 年，查扣卷烟 66.84 件。2005—2009 年，查扣卷烟 407.86 件，查扣烟叶 1590 千克，案值 43.16 万元。2011—2014 年，查扣案件 74 起，查扣卷烟 215.63 件，涉案金额 48.45 万元。2015 年，吉县总证经营户为 435 户，占总人口的 4.03‰。其中城市客户 181 户，乡村客户 254 户，共查处行政处罚案件 14 起，查获各类违法卷烟 25.99 件，涉案价值 5.94 万元。

第三节 盐业经营

经营机构

中华人民共和国成立后，吉县没有专门盐业营销机构，食盐供应由临汾地区盐业公司统一调拨，由供销联社下属的县副食果品公司代购代销，基层供销社和各商业门店都从副食果品公司进货，食盐成为吉县供销合作社五大类专营商品之一。1997 年 7 月 1 日，吉县盐业公司成立，隶属县供销社管理，副食果品公司不再承担盐业经营业务。同时成立吉县盐务管理局，两个机构合署办公，承担境内 8 个乡镇 10 万人口的食盐供应任务，配备专用配送车 1 部，配送人员 5 人。2013 年，食盐盐业公司在 79 个行政村设立了 160 个食盐专供点。2015 年，吉县共有零售门店 180 余个。

碘盐监管

吉县属全市碘缺乏较为严重地区之一，1985 年，国家实行加碘盐供应。1990 年 3 月 2 日国务院发布《食盐管理条例》，1996 年 5 月 27 日发布第 197 号令《食盐专营办法》，吉县建立以食盐专营制度为核心的管理体制。1997 年，实行“食盐零售许可证”销售制度。1999 年，省供销社下拨资金 8 万元，盐业公司自筹资金 3 万元，新建 200 平方米高标准的战备食盐储备库。1997—2015 年，盐业公司和盐务管理局重点对境内盐业产品购销市场进行监督管理，大力开展盐政宣传，提倡鼓励居民食用加碘盐。配合县公安、工商、质量技术监督等职能部门不定期开展盐业市场稽查，加大市场监管力度，净化盐业市场，严厉打击非法贩运私盐。开展盐业市场稽查 100 次，累计查处私盐、无碘盐 11 吨，价值 6000 元。2000 年 5 月，吉县消除碘缺乏病工作通过国家验收。

盐业购销

1996 年，吉县购进盐总量为 8345 吨，其中购进食用盐 7650 吨、购进工业盐 695 吨。销售盐总量为 8054 吨，其中销售食用盐 7431 吨、销售工业盐 623 吨。

1996—2015年吉县食盐购销情况统计表

表13-4-2　　单位：吨

年份	购进食用盐	销售食用盐	购进工业盐	销售工业盐
1996	435	431	20	20
1997	424	400	18	16
1998	451	430	25	21
1999	400	398	30	29
2000	405	380	45	40
2001	398	380	38	35
2002	465	426	20	15
2003	409	400	15	15
2004	380	380	30	25
2005	407	400	18	16
2006	370	360	35	30
2007	375	360	30	25
2008	380	360	25	25
2009	360	351	25	25
2010	400	395	65	65
2011	338	330	48	45
2012	320	320	50	41
2013	310	310	45	40
2014	323	320	38	35
2015	300	300	75	60

第四节　钢材 民爆物资

吉县物资流通服务中心前身为吉县物资站，20世纪70年代前，专营钢材、木材、水泥、民用爆炸物资，按计划调拨。1981年，钢材市场放开。1985年后，计划分配的范围逐步缩小，市场调节总量不断扩大。1989年，改制为吉县物资公司，经营钢材、木材、水泥、民用爆炸物资。1990年，成立吉县物资管理局，与县物资公司合署办公，行政隶属县计委。1996年，钢材、木材、水泥全部推向市场。1997年，吉县物资管理局改称为吉县物资总公司，转向市场服务。2005年，民用爆炸物资交由县计委经营。随着生产技术的不断进步，民用爆炸物资停止使用。2011年，吉县物资总公司改称吉县物资流通服务中心，属事业单位。2014 年，门店、场地全部承包给私人经营。

第五节 烟花爆竹

经营机构

1983 年，国家有关部门联合下发了《关于加强烟花爆竹安全管理的紧急通知》，吉县土特产品公司办理了烟花爆竹批发经营许可证，成为吉县唯一的烟花爆竹经营企业。建立一套凭证购买、凭证运输、凭证销售的管理制度，统一购进、专片储存、统一批零、专柜销售。各乡镇供销社和日杂门市均在县供销联社土特产品公司进货。烟花爆竹库房设在吉县车城乡兰家河村，2015 年，因修建公路被拆除。吉县土特产品公司因烟花爆竹批发许可证件到期未审，停止了烟花爆竹的经营。各销售点从临汾烟花爆竹批发公司直接进货。

市场监管

1983 年开始，吉县供销合作社、土特产品公司每年配合安监、公安、工商、质量技术监督、各乡镇等部门开展联合监督检查，严厉打击各类非法违法从事烟花爆竹运输、销售和燃放活动。2013 年，县供销社在烟花爆竹经营中引入竞争机制，广泛吸收社会力量和闲散资金参与社有企业的经营管理。对经营不善的烟花爆竹专营公司进行承包经营，并通过对社有资产的优化组合，重组新的烟花爆竹专营公司，每年收取资产占用费 3 万元，巩固了供销社烟花爆竹统一归口经营管理权、完善了烟花爆竹连锁经营、配送服务机制，形成县供销社、工商、安监、公安等部门密切配合，基层供销社主动参与的齐抓共管的格局，使混乱的烟花爆竹市场逐步趋于规范，市场占有率逐年回升。2002—2015 年，境内共销毁不合格鞭炮 2.3 万鞭，烟花礼炮 483 件。

烟花爆竹购销

1986—2015 年，吉县烟花爆竹销售额 340 万元，实现利税 68 万元。其中 2009—2015 年，购进总额 166.8 万元，销售总额 210 万元。

2009—2015 年吉县土特产品公司烟花爆竹购销情况表

表 13-4-3　　单位：万元

年份	购进	销售
2009	14.2	17.1
2010	16.5	20.0
2011	20.4	26.1
2012	25.8	38.4
2103	32.2	41.2
2014	30.5	31.7
2015	27.2	35.5

第五章　粮油购销

第一节　购销机构

县级机构

吉县粮食局的前身是吉县分粮库，始建于1950年1月。1953年1月更名为吉县粮食局。1958年10月，乡宁县、吉县合并，撤销吉县粮食局。1961年5月，乡宁县、吉县分县，吉县粮食局恢复，内设办公室、计供股、会计股、农管股、储运股，拥有干部职工98人。1967年7月，吉县粮食局更名为吉县粮食办公室。1968年10月，吉县粮食革命委员会取代了粮食办公室。1975年10月，又恢复为吉县粮食局。1998年11月，粮食企业改革，人员实行分流转岗不下岗，县局由过去的5股1室精简为1室3股，即办公室、计供股、储运股、会计股。2002年，机构改革，吉县粮食局被纳入行政管理序列，内设办公室、综合股。2010年，不再保留吉县粮食局，设立吉县粮食服务中心，为科级全额事业单位，隶属大口为发展和改革局，内设机构不变。2012年12月，粮食服务中心内设办公室、财务股、储运股、产业指导股。人员由25人精简到20人。至此吉县粮食企业总人数154人，收储企业定编76人，占职工总数的49%，分流转岗到附业78人，占职工总数的51%。

基层站点

1961年5月，吉县粮食局基层单位有城关、屯里、中垛、文城4个粮食管理站。1966年，成立柏山寺粮站。1968年，成立王家原粮站。1969年，相继成立了东城、曹井、县底3个粮站。1998年11月，吉县粮食局落实粮食企业改革政策，实行主附分离，撤站变点。由11个粮站变为9个粮站，原壶口粮站合并到城关粮站，将原壶口粮站变为城关粮站一个点。原王家原粮站合并到文城粮站，将原王家原粮站变为文城粮站的一个点。成立9个附业经营中心，实行人、财、物三分开，开始运营。

第二节　粮食收购储备

储备条件

吉县粮食仓库大都是20世纪50、60年代修建改建而成，由于当时条件所限，修建质量不高。1991年投资60万元，在兰家河直属库、县底粮站新建房式仓8座，仓容量330万千克。1996年6月，县粮食局自筹资金3.5万元，翻修了柏山寺粮站4座库房共16间。

1998年5月，用筹、集、节、控的办法筹措资金20万元，投义务工700余个，对急需维修的10座房式仓、5座窑洞仓进行维修；同时对两个粮站的2500平方米晒场进行了硬化，6月底完成施工任务。

2002年8月，争取到建仓款32万元，在县底粮站修建仓容为150万千克的仓库。

2007年，吉县共有仓库118座，总仓容15625吨（城关粮站3450吨，屯里粮站2510吨，县底粮站1935吨，曹井粮站865吨，直属库2250吨，中垛粮站1095吨，柏山寺粮站1075吨，东城粮站705吨，文城粮站940吨，王家原粮站300吨，壶口粮站500吨）。其中，房式仓56座，仓容9270吨；窑洞仓62座，仓容5855吨。

后来，随着境内农业产业结构调整加快，苹果面积不断扩大，农作物播种面积逐年减少，粮食产量大幅下降。大部分仓库闲置，而且都不同程度存在破旧老化，有的房式仓檩、椽腐烂塌陷，有的窑洞仓顶部老化渗水，不符合安全储粮条件，有效仓容仅有450万千克。

储备数量

为了调节境内粮食行政管理供求总量、稳定粮食市场、应对重大自然灾害事件的发生，根据中央、省、市粮食收储供应安全保障工程即“粮安工程”的部署，2008年，吉县开始县级粮食储备，当年落实县级粮食储备200万千克，其中，屯里粮站承储玉米125万千克，柏山寺粮站承储小麦75万千克。2010年2月，县政府同意增加地方储备粮50万千克；11月，代储的市级储备粮50万千克玉米集并转运站。2011年2月，县政府同意增加地方储备粮50万千克，地方储备粮达250万千克，其中，玉米175万千克、小麦75万千克。2012年，县政府同意增加地方储备粮50万千克，地方储备粮达300万千克，其中，玉米225万千克，小麦75万千克。2013年4月，县政府同意增加地方储备粮50万千克，地方储备粮达350万千克。2014年6月，新增储备粮50万千克，县级储备粮达400万千克，其中，小麦75万千克，玉米325万千克。

第三节 粮食体制改革

体制改革历程

1986—2015年，吉县粮食购销体制经历了计划经济向市场经济转变的历程。主要分3个阶段：

第一阶段（1986—1992年），根据国家政策，吉县粮食购销在供应上实行定量供应和议价供应、在价格上实行评价和议价、在经营上实行国有粮食部门的主渠道经营和多渠道经营的3个双轨制。

第二阶段（1992—1998年），放开粮食销价，告别粮食供应上的票本制。1995年，县粮食局以原议价公司为基础成立吉县粮油批发市场，平抑粮油市场，稳定粮油价格，控制私人到农村收粮的势头，促进了秋粮收购的进度。

第三阶段，（1998后），吉县粮食购销完全放开，粮食经营企业按照购得进、销得出、不亏本的原则，随行就市，自主经营，实现了粮食购销完全市场化运行。2000年11月，将粮油加工厂合并到城关粮站，隶属城关粮站下设的一个独立核算班组，单位人员不作任何变动。2002年3月，城关粮站更名为吉昌粮站，批发市场归综合股。2007年，根据国务院《关于进一步深化粮食流通体制改革的意见》和山西省人民政府《关于进一步深化粮食流通体制改革的实施意见》精神，于12月对购销企业职工进行分流，全员解除劳动关系，职工身份全部转换，因业务开展的需要留用33人。共发放经济补偿金2338912万元，档案全部移交县劳动局。

运营情况

1987年，投资18万元，在粮食局后院空闲地修建两层20间的服务楼，1988年竣工投入使用。1991年，承包小府村委木尖村一座百亩果园，有苹果、梨、山楂、桃等树共计3000余株，通过公证部门签订20年合同，承包金为15万元；1990年，县粮食局被山西省劳动竞赛委员会记集体三等功一次，颁发了立功证书，授予锦旗一面。

1987年12月，吉县粮食局连续3年被商业部粮食购销司授予填报粮食产购销情况卡片先进单位。

1992年，在承包果园的空地中和桃树的行距间补栽了新红星、秦冠、北斗等苹果树1000余株。

1996年，屯里、东城、文城、县底、柏山寺、王家原等粮站均承包了果园，全系统共承包果园900亩。1998年4月，发动全体职工集资30万元，购回一部日产30吨的等级面粉机，投入生产运营。

2001年11月，城关粮站面粉加工厂投资8万元对面粉加工设备进行了更新；文城粮站采用职工集资的办法，投资15万元新上一套面粉加工设备。城关粮站生产的"益康"牌面粉，文城粮站生产的"鑫雪"牌面粉，靠高质量、优服务打销路，占领了40%的本地市场。同年12月，吉县粮食系统千亩果园产量高达45万千克，实现利润25万余元。

2002年4月，在柏山寺粮站采取职工入股集资的办法，投资15万元购置等级面粉加工设备一套，在本站内开办面粉加工厂，以当地优质山区小麦为原料，生产出"柏山"牌面粉。8月，吉昌粮站集资60万元，利用原粮油加工厂的厂房和设施修建和改造能储存80万千克的苹果冷库。9月，投资26万元在吉昌粮站原办公室基础上加盖了一层办公用房，改善了职工办公条件。10月，承包园苹果产量达到40余万千克，实现利润1.8万元。

2003年，为改变果园集体经营效益低下的局面，将果园分别承包给企业富余人员。8月，投资60万元，将吉昌粮站苹果气调库扩建为储存量100万千克的苹果气调库。10月，因修建吉壶二级公路对临街机关办公楼拆迁，投资25万余元对后院粮食大厦进行扩建、改造，二楼为粮食局办公用房，一楼仍为招待所。

2005年11月，省粮食行业协会授予人祖山农产品开发有限公司粮油销售门店"粮油销售放心店"称号，授予吉县人祖山农产品开发有限公司"人祖山"牌特制一等小麦粉、特制二等小麦粉"放心面"称号。临汾市农业新技术新产品展销会组委会授予"人祖山"牌小麦粉"临汾市首届农业新技术新产品展销会名牌产品"奖。

2006年4月，人祖山农产品开发有限公司在"放心粮油"进农村工作中成绩突出，中国粮食行业协会特授予"全国放心粮油进农村先进单位"称号。同年，扶持柏山寺粮站在县城投资30万元，开办人祖山小杂粮公司。加工精选的人祖山系列精品小杂粮，打入了太原、西安、临汾、运城等大中超市。

2009年3月，省粮食局授予县粮食局"二〇〇八年度放心粮油工程先进单位"及"二〇〇八年度粮食工作先进单位"称号。截至2009年4月，县城共有13家粮油经营户取得了"粮食收购许可证"。

2010年5月，为积极响应全国禁白令，县粮食中心牵头，与龙头企业人祖山农产品开发有限公司联合举办了"面粉禁白仪式"，坚决从产品的生产源头、进货源头杜绝增白剂面粉进入吉县市场。同年10月，以人祖山农产品有限公司为依托在全县建立了1个县级粮油配送中心，8个放心粮油连锁中心，106个服务网点。

2015年10月16日，"世界粮食日"宣传活动周期间，吉县粮食局以"兴粮惠农"进万家为主题，以宣传国家政策、爱粮节粮为主要内容，开展了广泛的宣传活动。

第六章 服务业

第一节 餐饮业

发展概况

1985年，县城有东风、服务、吉州、知青、粮食、海味、迎宾、桥头等能够承揽酒席的餐馆、食堂15家。他们引进外地不同风味烹饪技术与本地传统菜肴做法结合，不断翻新花色，提高质量，吸引顾客入餐，每逢集日更是堂无虚座。同年底，境内城乡酒店、饭店发展到169家，其中大部分是小型饭店，占用一两间房，三分之二的面积为餐厅，三分之一的面积是厨房，一般设4人座的桌子两三张，用餐后结账。从业者345人，多是进城农民和待业人员，年收入113.7万元。

1988年，吉县个体餐饮业迅速发展，境外小吃和新品种不断面市。1990年，吉县中小型饭店的数量增长很快，出现不少特色饭和特色饭店。本地特色饭有杂面旗子（面条）、羊肉荞面圪饦、过油肉、胡萝卜炖羊肉、红烧肉、刀削面、凉皮面、烙饼、饸烙面、炖排骨、烧鸡、烧野菜等。外来饭食有兰州拉面、四川担担面、杭州小笼包、新疆大盘鸡等。

1995年，县城及大一点的乡镇所在地有了早点饭摊和夜市饭摊。或是推个小车，或是架个烤炉，摆几张小桌便开张营业。有各色烧烤和各色小吃，花色多样。城内有25家比较大的宾馆、酒店和135家个体餐馆。壶口瀑布风景区有22个宾馆、酒店，其中县直机关办的饭店4个，个体18个，从业人员93名，可满足6000人餐饮。机关办的饭店主要承办酒席、接待旅游团体，个体饭店主要经营小吃和普通炒菜。人们操办婚丧大事也由家庭设宴逐步变为到大酒店设宴招待亲朋。2000年后，吉县县城可承包几十桌喜事、婚庆宴席的大酒店有吉州宾馆、华联壶口大酒店、瑞盛大酒店、丰泽园大酒店、黄河大酒店、丰盛大酒店、锦屏山酒楼、食府苑酒店、现代大酒店、鑫兴饭店等。2010年，随着社会经济的发展和旅游业的快速兴起，吉县饭店、酒店发展到300余家。

2015年，吉县有696家食品生产、经营单位。其中餐饮服务单位310家（大型及包席饭店55家、小型饭店169家、学校食堂51家，旅游景区35家），食品流通企业350家（超市29家，门市部及小卖部321家），生产企业6家，生产类小作坊30家。

企业选介

粮食大厦 又称壶口粮食职教中心，位于壶口风景区，1987年开业，是一座旅游度假型酒店。酒店建筑面积3400平方米，集“吃、住、游、娱”为一体，设娱乐中心、会议室等，有高、中、低档客房40套，配有空调、电视、电话，可接待90人住宿，160人用餐。

黄河壶口饭店 位于黄河壶口瀑布景区，2009年开业，是一座旅游度假型饭店。饭店占地面积4000平方米，129间客房，建筑为欧式风格，内有中餐厅、西餐厅、多功能厅、包房等独具风格的餐厅，共有餐位500多个。娱乐及综合服务项目有KTV包房、演艺厅、洗浴中心、棋牌室、酒吧、乒乓球、桌球、商务中心、超市、旅行社等，是旅游、度假、会议、培训、休闲

的理想住地。

壶口天河花园酒店 位于壶口瀑布景区，2014年开业。酒店是按星级标准兴建，集餐饮、住宿、休闲于一体，有各种类型的房间共132套，一层设大型宴会厅、豪华包厢，可同时容纳200余人就餐。大堂设室内音乐休闲吧、四层设室外观景台休闲茶座。有大型停车场2个，100个停车位。

人祖山忘忧山庄 位于人祖山景区，2015年开业，是具有休闲、游乐和餐饮、住宿多种功能的综合性宾馆。有窑洞式标间、套间22间，可同时容纳200人入住。有供游客就餐的餐饮长廊、多功能四合院、药膳坊、特色小吃摊位等，可同时供400人就餐。

第二节 住宿业

发展概况

中共十一届三中全会后，私营旅店逐年增加。起初旅店只供旅客住宿，不提供饭食。后来设施逐步提高，土炕变成床铺，较高档的旅店配有饮水机、电视机、电风扇。收费较低，10 ~ 30元不等。入住客人多为进城办事、治病的农村人、过往商客。旅店有的是租赁他人的房屋，有的是自家闲置房屋。店主既是业主又是服务员。大型旅店如县政府招待所、黄河大酒店等，住宿条件更好、服务档次更高。

1987年，县城旅游接待单位主要有新华街的吉州宾馆、城北路的旅游大酒店、新华街的黄河大酒店、中心广场的壶口大酒店、吉州广场的飞黄宾馆、祖师庙街的吉州大厦、小府路的电力宾馆、桥南的粮局招待所。当年，壶口瀑布风景管理局投资100万元，在景区建起招待所，占地面积5000平方米，建筑面积2000平方米，有客房23间，床位66个。1992年后，农行、粮食局、烟草局等单位在壶口建起宾馆、招待所，个体旅店也随之兴起。2000年，壶口有机关和个体宾馆、招待所、旅馆14家，客房100余间，床位300余个，从业人员100余人，年接待客人300余人。加上县城的52家宾馆、酒店和个体旅馆，可满足3000人的住宿。

2015年，随着社会经济的发展、苹果主导产业和旅游业的快速发展，人民生活水平的不断提高，吉县的住宿业进入快速发展的阶段。境内共有宾馆、大酒店114家，其中公司34家、个体80家。在网上预订的宾馆、酒店就有数十家。其中不少具有休闲、娱乐和餐饮、住宿多种功能。

企业选介

吉州宾馆 位于县城新华街中段39号，为吉县规模最大、设施齐全、服务一流的星级宾馆。其前身为县委、县政府招待所，始建于1979年，为砖混结构三层楼，全部为普通客房，承担吉县党政机关接待任务。1988年，对部分客房改造，设带卫生间的套房5间，成为境内高标准的接待场所。1990年8月，对30间普通客房进行改造，提高设施标准。1991年5月，在主楼后侧扩建了600平方米二层小楼，新增20间客房，其中，总统套房1套，豪华套房2套，标准间13间，初步具备接待贵宾的能力。1991年9月，接待了原党和国家领导人华国锋，他为宾馆题写了“吉州宾馆”四个大字，之后，招待所正式更名为吉州宾馆。1993年，县委、县政府把武装部前楼（二层）全面改造，划拨给宾馆投入使用。至此，吉州宾馆具备了准三星级接待标准和水平，拥有1号楼、2号楼、3号楼三幢住宿楼，附设大小餐厅6间，其中，容纳350人就餐的大餐厅1个，小餐厅5个。宾馆在完善设施、提高标准和能力的同时，充分挖掘地方饮食特色，先后推出玻璃翠、八宝南瓜、吉州丸子、黄河鲤鱼、黄河甲鱼等特色菜肴和猪肉谷垒、长寿面、玉面发糕、杏茶饭等地方小吃，成为独特的接待亮点。

2010年，吉县对吉州宾馆进行全面更新改造，总投资800万元，拆除原建筑，按国家四星级标准新建一座12层接待大厦。宾馆占地面积1.5万平方米，建筑面积2.6万平方米，是集餐饮、住宿、桑拿、KTV演艺、会务为一体的综合性涉外商务酒店。共有客房98间（套），设标准间、豪华标准间、单人间、豪华套间、商务套间、行政套间六种不同房型。室内装潢高档，备有暖气、中央空调、国内直拨电话，闭路彩色电视机、淋浴，24小时热水供应和免费上网。KTV包间、洗浴等休闲娱乐空间占6000余平方米。设有地上地下停车场。餐饮有粤、陕、川、晋经典菜品，有18个包间和可同时容纳200余人用餐的大型宴会厅，可满足商务宴请和承办婚嫁生日喜庆宴请的不同需求。还拥有智能型大、中、小会议室6个，提供一站式服务。

据不完全统计，截至2004年，吉州宾馆（招待所）先后接待党和国家领导人胡耀邦、华国锋、朱镕基、乔石、宋平、杨汝岱、汪东兴、李铁映、张震、彭珮云、钱伟长、胡绳等，成为省市接待行业的标兵，先后获全国山区政府接待工作先进单位，连续五年蝉联省市接待先进单位，总经理陕高升获中国企业家协会优秀企业家称号。

壶口酒店集团　位于黄河壶口风景区，下辖壶口瀑布大酒店、观景楼大酒店、望河楼大酒店、壶口客栈、大禹山庄，均按四星级酒店标准设计建造，是壶口景区涉外接待单位，可同时容纳上千人就餐，是壶口景区环境最好、团队餐接待量最大的酒店。住宿房间有豪华套房、亲子间、大床房、商务房和黄土高原特色窑洞式客房500余间。

壶口瀑布大酒店2010年开业，是壶口景区唯一挂牌星级酒店，是景区管委会指定的旅游接待服务单位，主楼高9层，客房总数130间（套），有黄土高原特色窑洞式客房。

观景楼大酒店房间内可以聆听黄河涛声，观看黄河“十里龙槽，孟门夜景”，领略“黄河之水天上来，奔流到海不复回”的雄伟气势，餐饮有壶口风味系列菜肴。

望河楼大酒店2014年开业，是一所集停车、餐饮、住宿、旅游度假于一体的综合型高档酒店，酒店面积4500平方米，94间客房，提供无线网络、电话、传真等服务，有可同时容纳200人就餐的宴会厅及豪华独立包间。

壶口客栈大院可以看到壶口瀑布，聆听瀑布涛声。

大禹山庄位于陕西壶口景区，古朴典雅，风格独具，入住可体验古朴民族风情，感受黄河母亲情怀。

丰泽园大酒店　位于吉县桥南广场309国道旁，2009年开业，是集餐饮、住宿、商务等为一体的按星级标准设计装修的酒店。酒店建筑面积5500多平方米，是县政府定点接待单位。拥有客房68间，260个餐位，有可容纳100余人会议室，有60余个停车位的停车场，属现代化智能型酒店。

窑洞宾馆　地处吉县城北垣半坡，依山而建，距县城中心广场1.5千米。2003年开业，设有25孔窑洞标准房，部分窑洞设有床，部分则是传统的火炕，全天24小时供热水。餐厅可容纳100人就餐，推出各种地方名吃和黄土高坡独特的农家风味菜肴，可让客人充分感受到山里人的生活饮食和农家习俗。

壶口宾馆　2000年开业，是集职工培训、旅游服务、会议接待、商贸洽谈于一体的综合性宾馆。宾馆建筑总面积为5800平方米，有高、中、低档客房68套，可容纳148人住宿。室内有中央空调、卫星转播闭路电视、国内程控电话、自动烟感喷淋系统等设施。有中、小型会议室4个。有风格各异、清新雅致的大小餐厅5个，可同时接待300人就餐，可承办各类高中档宴会、酒会。

金海湾商务酒店　位于县城新华东街主街道西侧，2010年开业。酒店有硬件设施配备齐全的客房34间，配有空调、彩色电视、电脑，24小时提供热水。

派酒店吉县新城店　位于新城十里河大山苹果交易市场楼，2015年开业，有39间客房，是全新主题式酒店，停车、无线Wi-Fi、智能电视等设备齐全。

朱朝辉民俗客栈　位于吉县壶口瀑布风景区，背靠大山，面临黄河，由享有“吉县飞人”“飞黄英雄”称号的朱朝辉创建，集吃、住、娱、游于一体。2014年开业，主体楼四层，50间客房，房间内中央空调、电视、卫生间等一应俱全。餐饮以野味菜肴、本地菜肴为主。

第三节　其他服务业

理发美容业

20世纪70年代，县城仅有吉县服务公司开设的两个专业理发店，没有烫发、染发的美容美发店。80年代，城内有小八理发店、梦生理发店、立森理发店、三虎理发店、梁福立理发店等5家。90年代初期，开始有了理发兼烫发、染发专业店13家。20世纪90年代中期，出现了刘丁理发店、阿蒿理发店、东关理发店等美容美发店，亦称发廊，服务对象以女性为主，有的兼营理发。女性修剪头发都去美容美发店。城乡出嫁的新娘都去美容美发店梳妆打扮、修眉美发。到2015年，境内共有个体理发、美容美发店、化妆品店41家，从业人员123人。

摄影业

1978年，吉县只有1个照相馆。20世纪80年代，境内出现了陈清业照相、西关曹六六照相、豫华照相等个体照相馆。90年代，又相继增加了天意照相、金缘照相等。2002年，使用数码相机照相，用电脑洗相，当天照相当天取相片，开始出现兼营婚车装饰等业务如“台北新娘”一类的婚纱影楼。2007年后，除了几家婚纱摄影专业门店外，再没有专业的照相馆，一般的照相都去电脑打印、复印门市完成。壶口景区主要是流动个体照相摊点，为来壶口瀑布旅游观光的游客提供服务。2000年，壶口从事照相的摊位11个，从业人员15人。

2015年末，县城有台北新娘、伊莎贝尔、蒙娜丽莎、罗薇经典等婚纱摄影专业门店5家，从业人员48人。

镶牙

1980年，吉县只有服务公司下设的镶牙馆从事镶牙业务。1991年8月，县城相继出现建科镶牙、老姜镶牙等3家个人投资的镶牙部，主要拔牙、镶牙。1997年，吉县人民医院医生冯吉玲进修回来，医院始开牙科门诊服务。1999年，运城牙科个体门市开业。2000年10月，吉县中医院开设牙科门诊。服务项目有拔牙、镶牙、烤齿、洗牙、植牙。2015年末，县城有县医院、中医院2个牙科门诊，晓东齿科、运城牙科等5家个体专业牙科门市部，从业人员30余人。

洗浴业

1985年，县城仍是服务公司独家经营的大澡堂。1989年，开始有了私人开设的澡堂，主要有糖酒楼下刘得贵澡堂和扶风桥旁约武勋澡堂。1994年，吴秀林在电业局周边开设澡堂。1997年后，县城相继开设了赵德元澡堂、梁立夫澡堂、三虎澡堂、军军澡堂、振忠澡堂、交通巷口澡堂、广播局后院澡堂、红山澡堂等8家个体浴池。期间，各大酒店利用完善的供暖设施，纷纷带上了洗浴服务。2003年，随着太阳能热水器的普及和中高层楼房住户的快速增加，县城个体澡堂浴池的数量开始快速减少，2015年底仅剩4家。

洗染业

1995年后，县城有3家干洗店。到2015年底，发展到12家。

维修行业

家电维修　1982年5月，吉县人刘长恩自费到石家庄学习家电维修技术，回来后，在县中心广场开起吉县第一家家电维修门市部。维修项目有收音机、电视机、音响、录音机、电冰箱、吹风机、电磁炉、洗衣机、空调等家用电器。当时县内彩电修理人才少，修理部的生意十分红火。1994年10月，刘长恩获“山西省青年家电维修专家奖”并受到省委书记胡富国的接见；1995年2月，被县委、县政府评为“先进工作者”，同年5月，被省团委授予“先进青年工作者”称号。1998年后，家电的修理均被销售门店的售后服务代替。

自行车修理　1986年，自行车还属于高档商品，名牌自行车为计划供应商品，县城的自行车数量不多，城内仅有老虎修理和彦林修理2个自行车修理地摊。1995年，自行车在吉县快速普及，县城先后有了呆娃修理、黑小修理、哑巴修理、治川修理、满荣修理等，自行车修理个体增至7个。2000—2013年，随着摩托车和电动车的相继普及，修理自行车的地摊也在减少。截至2015年底，县城修理自行车的地摊仅剩黑小一家，其余全部被自行车、电动车专营店取代。

摩托车修理　20世纪90年代，吉县有了摩托专营门市，兼营修理。1992年，刘春生在县中心广场开设嘉陵、宗申、本田新大洲等品牌摩托车销售、修理部。1993—1997年，县城内力帆、铃木、宗申、金城、豪爵等品牌摩托车销售、修理部相继开设。1998—2000年，摩托车普及，数量急剧增加，先后在生产资料楼下、桥南广场、二中门口、东关学校门口、桥南广场、桥南加油站门口、祖师庙开设二轮或三轮摩托车销售、修理部，经营品牌有新大洲、新动力、五羊本田、钱江、建设雅马哈、嘉陵、大阳、大运等品牌。截至2015年底，境内有摩托车销售、修理门市部18家，从业人员53人。

机电修理　1978年，东城乡柏东村陈德亮投资3000元，在县城开设机电修理铺。1984年挂起“机电修理部”招牌。开业之初以修理电动机为主，后来增加水泵、变压器等修理项目，至2012年，共修各种机电2900余台。1987年，中垛乡崾西村人秦建平在县城开设机电修理部，主修电动机、变压器、水泵、鼓风机、电扇等，年营业额10万元。2015年，共有机电修理门店5家。

汽车修理　1986年，境内仅有吉县大修厂1家国有汽车修理企业。1995年，吉县有2家私营汽车修理部。2007年后，随着私家车、工程车数量的快速增长，吉县私营汽车修理部也在不断增加。至2015年底，吉县共有汽车修理厂（部）11家。

眼镜修理　1986—1995年，县城只有百货公司第一门市部任吉平开设的眼镜销售、修理部。2000年开始，有了南方人开设的眼镜专营店。到2015年，县城有雪亮眼镜行、黄河眼镜行、亨得利眼镜行等南方人开设的眼镜销售、修理专业门店。

废品收购

1990年，县城有两家比较大的废品收购站。2015年末，发展到5家。另有三轮车个体户收购者14户，大多为边远乡村进城农民。收购品种有：旧自行车、废旧钢管、钢筋、各种纸箱纸板、洗衣机、电视机、编织袋、书报废纸、矿泉水瓶、酒瓶等。废品收购站门面不大，一半间房子，但存货场较大。

第四节 新兴服务业

物流快递业

2009年,吉县有顺风、申通、汇通3家快递门店开始营业。2011年,增加到7家。到2015年底,全县物流配送及快递业务单位17家,从业人员80余人,全年完成配送、快递业务量150余万件,收入200余万元。入驻吉县快递企业共11家,分别为邮政、顺丰、申通、汇通、天天、圆通、中通、韵达、国通、京东、宅急送,县城及5千米范围当日派送,5千米以外、40千米以内次日派送。

2015年底,吉县登记在册的物流公司共有6家,其经营方式多数是以货运代办,货物联托运、信息配载、整车配送、零担快运为主。到2015年底,吉县依托7个邮政便民代办点,15个供销联合社配送中心及网点,初步形成农村现代流通网络框架,达到8个乡镇、79个行政村全覆盖。

吉县同创物流有限公司　成立于2007年,占地面积2000平方米,仓储量10吨。主要代理全国货运、县域快递、信息咨询。外运货物有苹果、酒、配件等,内运货物有化肥、建材、商用物品等,年吞吐量万余吨,营业额达120万元。

吉县长通物流有限公司　总投资800万元,占地5200平方米,仓储面积1000平方米,仓储量2000余吨,年吞吐量万余吨。主要商品是苹果,目的地为广州、广西、大同。2015年,纯收入80万元。

吉县瑞昌鑫物流有限公司　主要业务是临汾回吉县的整车零担,主要商品是建材。

吉县千城物流有限公司　固定线路是侯马到吉县的整车零担,商品是建材、衣服等。

吉县俊娥诚仲博货运服务部　固定线路是临汾到吉县的整车零担,主要商品是建材家电。

吉县锋荣商贸有限公司　固定线路是临汾到吉县的整车零担。

婚庆服务业

2005年,吉县始有专业的婚庆公司,数量在逐年增加。截至2015年底,吉县在工商行政管理部门登记的婚庆服务企业有4家,实际开展业务的只有1家,即:吉县诚信益民礼仪有限公司,从业人员只有1人。社会上有数十家零散人员兼职从事婚庆服务,不在工商注册。有单独做乐队的、有单独做婚庆布置的、有单独做主持典礼仪式的、有单独做礼炮用车的、有专做流动酒席的、也有综合完成全程服务的。一般情况下,一个乐队加上婚庆布置、典礼仪式、迎亲车队、礼炮用车等,一天需五六千元费用。

家政服务业

2000年,逢春节有零散人员承揽入户擦玻璃、打扫卫生家政服务。2015年底,吉县在工商行政管理部门登记的家政服务企业有8家,实际开展业务的只有1家,即:吉县百兴便利有限公司,有不是固定从业人员15人,当客户需要时,公司便根据业务量召集人员开展服务工作。

随着高层住户的不断增多,社会上一些零散人员通过发广告、口口相传、熟人介绍,自发组织开展家政服务。

旅游服务业

旅行社　吉县壶口旅行社于1996年8月5日成立,为吉县旅游局的一个下辖单位。全社有导游人员10名,具有国家导游员资格,在壶口景区担任讲解员工作。另有国内数家旅行社在吉县开设旅行社旅游服务门店,组织国内外旅游。

毛驴驮队　1992年,中市村农民张国栋把自家养的一头毛驴牵到壶口瀑布风景区,披红挂花供游人骑驴观壶口，享受黄土高原的风土民情和黄河峡谷的壮美风光。2000 年，壶口周围村庄的农民自发组织起一个毛驴驮队，有毛驴 40 头。

第十四编　财政 税务

1986 年，境内由于产业发展滞后，经济欠发达，收入增长缓慢，财力非常薄弱，年均收入不足百万元。至 2000 年，才突破千万元大关，达到 1031 万元。2000 年后，搭国内经济高速发展的快车，煤炭行业兴起并迎来盈利高峰，财政增长步伐加快，2010 年，突破亿元，达到 1.0176 亿元。2011 年后，苹果产业快速发展，吉县财政收入也随之步入了快车道，五年翻了一番多，截至 2015 年，达到 2.08 亿元。

吉县税源少，1990 年，境内税收仅 185 万元。随着改革开放步伐加快，经济有了较快发展，税源不断扩大。到 2015 年底，吉县国家税务局收费 6901 万元，吉县地方税务局收费 10009 万元。增值税、营业税占到总税收的 70% 以上。

第一章 财政

第一节 体制机构

体制

1985—1993年，执行“划分税种、核实收支、分级包干”的财政管理体制。根据县收入基数和支出基数，计算确定上解、留成比例和额外补贴。吉县为定额补贴县，9年共补贴8187万元。

1994年，省政府发出《关于实行分税制财政管理体制的通知》。县财政主要承担吉县政府机关运转及吉县经济、事业发展所需支出。由于县税收较少，上级加大县财政的转移支付力度。1994年的转移支付为2157万元，到2006年转移支付增至18984万元。

2007年，实行“省直管县”改革，吉县纳入“省直管县”试点范围。在税收返还、专项资金、转移支付、定额结算、资金调度等财政职能方面全部实行“省直管县”的管理办法。

2008年，开展“乡财县管”改革，县财政部门在预算编制、账户统设、集中收付、票据统管等方面，对乡镇财政进行监督和管理，帮助乡镇财政提高管理水平。

2012年，实行非税收入改革，规范收支两条线，堵塞非税收入漏洞。

乡镇财政

1986年，吉县成立乡镇财政所，人员编制和管理都属于乡镇。之后机构改革过程中，乡镇财政所并入乡镇便民中心，只设会计岗和出纳岗。2015年，统一由财政局管理，同时乡镇便民中心加挂乡镇财政所牌子。

机构

1986年，吉县财政局内设办公室、预算股、行财股、农税股、农财股、综合股、企业股、监察股。

2002年机构改革，明确吉县财政局为正科级建制，负责吉县财政收支、国有资本金基础的工作，下设4个职能股室：办公室、综合股、预算股、国库股，核定局机关行政编制为12名。随后增设了国库支付核算局、预算外资金管理中心、政府采购中心、农业综合开发办公室、国际资金管理办公室、国有资产管理中心6个事业单位。

2007年机构改革时，政府采购中心调整为县政府直属事业单位。

2009年9月，经县政府批准，成立中小企业担保公司。

2010年，吉县财政局内设机构调整为7个：办公室、综合股（挂企业股牌子）、预算股、国库股、经济建设股、农业乡财股、社会保障股，核定局机关行政编制为11名。吉县预算外资金管理中心更名为吉县预算外资金管理局，吉县国际资金管理办公室更名为吉县国际资金管理局。

2011年县直事业单位清理规范和分类改革，吉县预算外资金管理局更名为吉县非税收入征收局，吉县国库支付核算局更名为吉县财政国库支付局。清理规范后，财政局事业单位共保留9个：国际资金管理局为正科级建制，事业编制5名；吉县农业综合开发办公室为正科级建制，事业编制8名；吉县非税收入征收局为副科级建制，事业编制6名；吉县财政国库支付局为副科级建制，事业编制14名；吉县投资有限公司为股级建制，事业编制5名；财政稽查大队为股级建制，事业编制5名；计算信息中心为股级建制，事业编制4名；国有资产管理中心未定级别，事业编制5名；财政投资评审中心为股级建制，事业编制5名。

第二节 财政收入

1986年，吉县财政总收入82万元。1988年，财政总收入首次突破百万元大关，达到107万元。1996年，财政总收入首次突破五百万元大关，达到641万元。随着经济的发展，财政收入逐年增长。2000年，财政总收入突破千万元大关，达到1031万元。

2010年，吉县财政总收入首次突破亿元大关，完成10176万元，其中公共财政预算收入（一般预算收入，下同）完成6680万元；2012年财政总收入突破2亿元，完成24563万元，其中公共财政预算收入突破亿元大关，完成10528万元；2013年，财政总收入完成24606万元，其中公共财政预算收入完成11880万元。2015年，由于受国内煤炭市场持续疲软影响，财政收入有所下降，财政总收入完成20872万元，为预期目标25541万元的81.72%，同比下降19.9%；公共财政预算收入完成10495万元，为预期目标12766万元的82.21%，同比下降12.69%。

1986—2015年吉县财政收入情况表

表14-1-1　　　　单位：万元

年度	财政总收入	一般预算收入	其中：农业税	年度	财政总收入	一般预算收入	其中：农业税
1986	82	82	33	2001	1095	805	52
1987	86	86	25	2002	1142	611	107
1988	107	107	25	2003	1292	734	—
1989	182	182	35	2004	1762	1015	—
1990	210	210	40	2005	2487	1434	—
1991	306	306	43	2006	2655	1684	—
1992	319	319	46	2007	3259	2241	—
1993	448	448	67	2008	3690	2498	—
1994	463	399	83	2009	6276	2971	—
1995	571	479	74	2010	10176	6680	—
1996	745	641	104	2011	15605	7944	—
1997	753	639	91	2012	24563	10528	—
1998	771	630	102	2013	24606	11880	—
1999	951	788	102	2014	26059	12021	—
2000	1031	855	92	2015	20872	10495	—

第三节 财政支出

财政收入的稳步增长的同时，吉县财政支出规模也在不断扩大，保障能力明显增强。改革开放初期，支出需求较小，财政支出规模也不大，每年财政收支基本平衡。20世纪90年代后，各项事业快速发展，财政支出需求也随之增加，财政保障能力曾一度出现困难。

2000年起，财政形势开始逐步好转，基本能保障人员工资、机关运转和重点支出的需求。2004年，吉县公共财政预算支出首次突破亿元大关，达到13664万元。2011年，公共财政预算支出执行59532万元，比上年增长15.93%，增支8181万元。2013年，公共财政预算支出执行95588万元。随着财政收入的逐年增加，公职人员的收入也逐年按政策提高标准。1月，财政供养人员年收入水平平均达到38000元，与临汾市直单位公职人员收入基本持平。2015年，公共财政预算支出累计执行113792万元，为调整预算118539万元的96%，同比增长23.35%，增支21542万元。个人部分共支出3.9亿元，比上年2.6亿元增加1.3亿元。安排资金5300万元，提高全县公教人员的津补贴标准；安排资金4000万元，实施机关事业单位基本工资改革和离退休费调资；安排资金3000万元，兑现公教人员基本养老保险和职业年金的个人部分，实现个人待遇全落实。

在财政支出中，除“保工资、保运转、保民生”外，对境内各项事业的发展、重点项目的落实都给予大力支持。

改善民生事业

2002—2007年，吉县社会保障支出累计执行8832万元。其中2007年支出4811万元，为2002年526万元的9倍，平均年增长率44.61%。确保了吉县1350名退休职工老有所养，538名失业人员及8318名低保人员按时领到基本生活保障金。2010年，落实城市低保、农村低保、农村新型合作医疗、城镇职工医疗和五保户等有关政策，累计拨付资金3114万元。2011年，共为8614名城乡低保对象发放低保金1661万元，为困难群众发放医疗救助金398万元，为企业离退休人员发放养老金1662万元，为9900余名符合条件的农村60周岁以上老人发放基础养老金677万元。对城乡低保户、优抚对象、农村五保户以及农村寄宿生发放临时价格补贴185万元，发放春节等一次性生活补贴93万元。2013年，落实城乡低保和农村五保户等民生提标政策，累计拨付相关资金5523万元。2007年，农村新型合作医疗开始试点，当年覆盖农民83235人，参保率为农民总数的97.8%，县级财政拨付新型农村合作医疗资金26万元。2013年，农村新型合作医疗参保人数84728人，参合率98.95%，人均年补贴标准达240元，农民住院补偿比例最高85%，全年累计拨付补偿资金2765万元。2015年投入资金1.58亿元，加快完善城乡社保体系，支持职业培训和公益岗位开发，为城乡群众购买自然灾害公共责任保险。

推动教育均衡发展

2002年后，吉县落实财政对教育的支出增幅高于同期财政经常性收入增幅的政策措施，对教育事业支出优先保障、重点支持。2002—2007年，境内教育事业支出累计执行17229万元。2007年，支出达5192万元，为1986年189万元的27.5倍，为2002年1569万元的3.3倍。2008—2015年，全县教育支出106513万元。2013年，共拨付教育方面的资金17314万元，用于提高农村中小学公用经费保障水平、校舍安全、五类学生家庭困难补助、职高和普通高中学校国家助学金、义务教育薄弱学校改造、义务教育住宿生免生活费补助、“蛋奶工程”及高中、职中

1986—1995年吉县财政支出情况表

表14-1-2 单位：万元

金额 年度 支出项目	1986	1987	1988	1989	1990	1991	1992	1993	1994	1995
基本建设支出	—	—	—	—	—	—	—	—	57	28
企业挖潜改造资金	17	—	—	—	—	10	16	30	17	3
简易建筑费	2	4	2	5	24	2	—	3	1	20
科技三项费用	7	5	2	3	1	1	11	—	—	—
支援农村生产支出	83	84	93	79	98	119	140	71	159	183
农业综合开发支出	—	—	—	—	4	8	2	15	75	149
农林水等部门事业费	37	57	59	70	75	93	129	125	165	161
工业交通等部门事业费	2	2	7	6	8	5	16	17	33	28
流通部门事业费	—	—	—	—	—	—	11	11	20	21
文体广播事业费	46	39	53	52	57	67	92	94	114	128
教育事业费	189	205	240	284	312	305	420	486	626	638
科学事业费	2	—	1	4	1	1	—	1	2	2
卫生经费	77	89	102	126	137	160	182	182	266	291
税务等部门事业费	39	46	65	63	72	52	86	83	112	150
抚恤和社会福利救济费	25	39	40	50	56	66	70	73	98	87
行政管理费	199	211	207	269	320	333	450	506	622	689
公检法司支出	35	33	37	50	62	90	91	85	135	151
城市维护费	1	14	13	11	13	24	12	34	122	38
政策性补助支出	20	10	94	75	48	73	24	83	31	88
支援不发达地区支出	28	58	122	74	56	18	20	50	55	75
土地开发建设支出	—	—	—	—	—	—	—	—	—	4
专项支出	—	—	—	—	2	3	2	1	4	4
其他支出	41	30	39	32	27	30	52	175	74	226
合计	850	926	1176	1253	1373	1460	1826	2125	2788	3164

1996—2005 年吉县财政支出情况表

表 14-1-3　　单位：万元

金额 年度 支出项目	1996	1997	1998	1999	2000	2001	2002	2003	2004	2005
基本建设支出	12	—	—	—	—	—	6	94	—	—
企业挖潜改造资金	30	14	11	—	—	—	—	—	—	—
简易建筑费	62	23	28	—	—	—	—	—	—	—
科技三项费用	5	9	11	46	34	11	2	6	3	21
流动资金	—	10	—	—	—	—	—	—	—	—
支援农村生产支出	155	198	256	295	413	292	289	—	—	—
农业综合开发支出	96	148	99	109	84	163	203	562	461	528
林业支出	—	—	—	—	—	—	—	731	2903	1728
水利和气象支出	—	—	—	—	—	—	—	209	165	192
农林水等部门的事业费	187	183	267	244	376	1060	1393	—	—	—
工业交通等部门的事业费	29	37	64	63	51	64	65	60	160	146
流通部门事业费	26	26	25	16	19	22	17	32	37	32
文体广播事业费	140	141	156	144	191	244	260	250	292	377
教育事业费	730	797	916	878	1138	1544	1569	1951	2416	2569
科学事业费	1	1	1	1	1	1	1	1	1	1
卫生经费	275	297	298	352	433	545	549	623	676	642
其他部门的事业费	—	—	—	—	—	—	—	291	318	359
税务等部门的事业费	215	212	195	195	160	204	233	—	—	—
抚恤和社会福利救济费	105	86	120	115	154	236	299	435	353	487
行政事业单位离退休经费	—	—	—	353	452	616	769	1268	1465	1688
社会保障补助支出	—	—	4	33	52	163	227	346	444	425
行政管理费	806	813	756	728	858	1063	1190	1261	1608	2086
公检法司支出	170	169	165	230	296	372	422	526	725	968
城市维护费	73	52	70	79	47	134	69	100	270	333
政策性补助支出	81	62	62	45	40	34	49	94	129	51
支援不发达地区支出	157	364	473	381	695	133	859	523	768	861
土地开发建设支出	3	13	—	—	—	—	—	—	—	—
专项支出	9	—	7	11	29	14	12	14	120	236
其他支出	108	178	131	158	135	180	245	304	350	661
合计	3475	3833	4115	4476	5658	7095	8728	9681	13664	14391

2006—2015年吉县财政支出情况表

表 14-1-4 单位：万元

金额 年度 支出项目	2006	2007	2008	2009	2010	2011	2012	2013	2014	2015
一般公共服务支出	3462	4637	4447	5736	5970	8679	8455	9603	6624	8564
国防支出	5	—	—	—	—	—	—	—	—	10
公共安全支出	1176	1452	1332	2032	2952	3453	4508	5967	4885	4422
教育支出	3634	5192	5563	7223	9512	10604	17650	17314	17355	21292
科学技术支出	44	44	38	97	365	88	125	314	123	196
文化体育与传媒支出	331	259	270	463	761	601	1153	1384	1423	1435
社会保障和就业支出	3292	4811	5026	6498	6759	8880	7602	10221	13119	16867
医疗卫生与计划生育支出	785	1514	2205	4362	3785	5143	5794	7932	8834	11183
节能环保支出	1658	1692	1497	3722	2289	2215	4586	3150	3496	4039
城乡社区支出	557	858	1620	1731	1754	791	1495	2304	1840	4029
农林水支出	2895	3715	4461	5324	8011	12671	11334	18088	18287	23885
交通运输支出	143	281	448	1121	1685	1664	1696	6068	5712	5252
资源勘探信息等支出	—	—	120	310	306	323	380	2024	784	463
商业服务业等支出	—	—			1288	670	1274	1312	672	417
工业商业金融等事务	337	428	—	—	—	—	—	—	—	—
金融支出	—	—	77	636	452	83	91	11		11
援助其他地区支出	—	—	—	25	21	—	—	10	11	11
国土海洋气象等支出	—	—	—	—	2831	1304	2973	3122	3556	5406
住房保障支出	—	—	—	—	1110	1121	619	4360	4504	5293
粮油物资储备事务	—	—	313	383	121	149	204	202	279	435
预备费	—	—	—	—	—	—	—	—	—	—
国债还本付息支出	—	—	—	—	13	703	668	454	71	—
专项支出	—	—	12980	24497	31691	—	—	—	—	—
其他支出	747	72	466	1444	1366	390	660	1748	675	582
合计	19066	24955	27883	41107	51351	59532	71267	95588	92250	113792

免住宿费、学费及义务教育阶段免教辅书费的“免费”工程。2015年，投入资金2.13亿元，支持境内教育均衡协调发展，为中小学校、幼儿园配备专职保安和厨师，兑现特困地区乡村教师生活补贴、解决长代教师待遇问题。

推进城市建设速度

2007年，实施的以文化广场、吉州大道和吉州宾馆等一批城建重点工程，累计投入资金11610万元。2009—2015年，共拨付城市建设资金26344万元，实施新医院、清水河治理和吉州新城等一批重点工程，推进吉县城市建设步伐，进一步拉大城市框架，提升城市品位。

持续加大“三农”支出

1978—2007年，累计安排拨付“三农”资金4亿余元。2007年，用于农业方面的支出为3715万元，是1986年120万元的30.96倍。2008—2015年，农林水支出102061万元。2010年，严格执行村级管理费、粮食直补和农业综合直补的有关政策，及时足额拨付涉农补贴资金4723万元。2013年，共拨付各类支农资金9720.77万元，当年吉县被列入国家级农业综合开发县，农业综合生产能力进一步提高。2015年，全县“三农”投资达2.39亿元，比上年同期增长30.6%，增资5600万元。投入的持续加大，促进了农业增效、农村发展、农民增收。

有序推进重点工程

1986年后，围绕县委、县政府确定的工作目标，吉县财政多方挖掘组织收入，支持项目建设。2008年，为重点工程建设项目拨付资金4757万元。2009年，为52项重点工程项目拨付资金9059万元。2010年，为66项重点工程项目拨付资金15936万元。2011年，拨付资金9087万元，保障重点工程顺利实施；筹措资金947.5万元，用于农业综合开发和新农村建设。2012年，为90项重点工程项目拨付资金17740万元。2013年，为66项重点工程项目拨付资金21539.9万元。2014年，全力支持 “双十”工程，10项重点工程拨付资金2423万元，为10件民生实事拨付资金5613万元。2015年，为“双十”工程拨付资金1.7亿元，全力保障“双十”工程有序推进。

第四节　财政管理

预算管理

1989年，财政预算编制贯彻治理整顿和深化改革的方针，坚持“双增双节”（增产节约、增收节支）运动，积极扶持生产，严格控制支出。

1990年，预算编制坚持紧缩和量入为出，收支平衡的原则。狠抓促产增收，强化管理监督。8月，将教育费附加纳入预算管理，作为教育专项基金，按照 “先收后支、列收列支、收支平衡”的原则进行管理和使用。

1991年，预算编制继续贯彻治理整顿，深化改革和紧缩财政的方针。加强组织收入，强化税收管理，坚持依法治税，整顿税收秩序，堵塞各种漏洞，严格控制财政支出。

1992年1月1日，执行国务院颁发的《国家预算管理条例》。国家预算管理实行统一领导、分级管理、权责结合原则。国家预算应当做到收支平衡。预算收入的编制应当坚持积极可靠，稳定增长的原则。预算支出的编制，坚持量入为出、确保重点、统筹兼顾、留有后备的原则。

1993年，财政支出预算编制贯彻紧缩方针，提出八个控制措施，即控制人员增加、控制购买小汽车、控制旅游和出国、控制会议及汽车燃料费、控制公费医疗费、控制购置费及维修费、控制事业单位的财政支出，有收入的一律实行以收抵支。

1994年，实行分税制财政管理体制。按照中央与地方政府事权划分，合理确定各级财政的支出范围；根据事权与财权相结合的原则，将税种统一划分为中央税、地方税和中央地方共享税，并建立中央税收和地方税收体系，分设中央与地方两套税务机构分别征管。预算编制，坚持财政工作方针，推行财税体制改革，保证财税新体制的顺利实施；积极筹措资金，确保个人部分及重点支出的需要。

1995年，响应省委、省政府提出的打好“四大战役”，完成“五个一工程”的号召，预算收入的编制坚持与国内生产总值的增长率相适应，预算支出的编制，贯彻厉行勤俭节约的方针。

1996年，预算编制以中共十四届五中、六中全会精神为指引，抓住扩大开放、扶贫攻坚、调整结构三件大事，严格控制和压缩公用经费支出，积极筹集、合理调度资金，推进经济体制和经济增长方式的转变。

1998年底，全国财政工作会议正式提出要建立公共财政制度框架的改革目标。此后，部门预算管理改革在全国逐步推开，并由此引发了国库集中收付改革、政府采购改革、预算审查监督改革、政府收支分类改革等各项改革的不断深化。

1999年，预算编制以中共十五大精神为指引，进一步深化税收征管体制改革，取消不合理和不合法的收费、基金，减轻企业负担；推进规范收费管理的改革；加强行政性收费、罚没收入“收支两条线”管理。

2009年，县财政按照省、市预算改革要求，在40家预算单位开始试点工作。2011年，部门预算扩大到92个单位，达到吉县行政事业单位的80%。2012年，吉县120个预算单位全部纳入部门预算编制范围，实现了“一个部门一本预算”的管理目标，使预算执行更加“公平、公正、透明”，资金运行更加安全，业务流程更加规范，财政资金调度更加宽松。

2013—2015年，吉县《预决算报告》经县人代会审议通过，在吉县政府网站予以公开，全县各预算单位的“三公”经费也全部予以公开，预决算等信息主动接受社会各界监督。

社会集团购买力控制管理

2002年，吉县成立政府采购中心，实行“采、管”分离，“监管部门、采购单位、采购中心、核算中心”四制约以及“监督部门、主管部门、采购单位、社会公众、供应商户”五监督的采购机制。2002—2007年，县政府采购中心共完成采购金额3763万元，比项目预算节约资金56万元。2008—2015年，共完成采购金额9.19亿元，比项目预算节约资金7352万元。

2008年后，财政监管力度进一步加强，政府采购审批程序更加严格，采购规模和范围不断拓宽。2010年，进一步完善了内控机制，规范了资金流程，严格了财政管理。先后为64个预算单位采购交通工具、办公设施和工程等212宗，采购金额3126万元，节约财政资金30余万元。2013年，为69个预算单位采购交通工具、办公设施和工程等586宗，采购金额22154万元，节约财政资金1800余万元。2014年，政府采购累计发生860笔，金额2.44亿元。2015年，政府采购累计执行373宗，金额1.37亿元。

2012年，开始在境内预算单位推行使用公务卡结算。2013年，吉县89个单位办理公务卡580余张，交易金额1万余元。2014年1月1日起，强制各预算单位对于县级及县级以上的地区发生的公务支出使用公务卡结算，当年公务卡共使用15400笔，金额达1698万元。2015年，各预算单位严格执行公务卡结算报账制度，国库支付局设置预算单位现金提取限额并逐年下调提取比例，减少现金使用量。至2015年底，公务卡的使用量达到82%。

非税收入征缴管理

20 世纪 90 年代，非税收入资金在财政设立专户，在保持所有权和使用权不变的情况下，所有行政事业单位的收费资金均需缴入财政专户管理，使用时由单位申请，再从财政专户拨回，纳入财政管理。

1988—2002 年，预算外资金实行“收支两条线管理”。根据《国务院关于加强预算外资金管理的决定》，县政府出台《关于对吉县预算外资金实行“收支两条线”管理的意见》，撤销所有单位的收入过渡户，单位只开放一个支出户，票据由财政部门统一管理，收取的所有资金必须及时足额缴入财政专户，支出户只能接纳由财政专户拨回的资金。“收支两条线”管理办法，改变了一些部门和单位多列开户，收费资金不缴入财政专户，逃避财政部门监督管理的现象。

2002—2007 年，推进预算外资金“票据分离”制度改革，执行单位按规定收取行政事业性收费，政府性资金（基金）、附加收入等预算外资金，采取单位开票、银行收款、财政统管的办法。

2008 年后，财政部门对非税收入项目进行了全民调查，建立非税收入项目库，对境内非税收入项目按部门进行统一编码，以网络系统为依托，以票据管理、账户管理为源头，实行“单位开票、银行收款、财政统管”的微机化管理模式，实现“收入一步进笼子”的管理目标，确保非税收入应收尽收，堵塞了非税收入漏洞。

吉县实施《吉县政府非税收入收缴管理改革方案》，加强非税收入管理，规范收入分配秩序。一是建立非税收入项目库。按照非税收入收缴管理改革内容和范围，全面清理核实各执收单位非税收入项目，建立起完整的政府非税收入项目库，实现收费行为的公开透明，逐步实现财政、银行与各执收单位间的联网和信息共享。二是改革完善政府非税收入资金收付制度。按照国库集中收付制度改革的要求，统一管理政府非税收入资金的收付。资金收缴以直接缴库为主、财政集中汇缴为辅，由分别缴入国库或财政专户的方式逐步过渡到全部直接上缴国库的方式。资金拨付实行国库集中支付。三是健全票据管理体系。非税收入收缴使用财政部门或省财政厅统一监（印）制的非税收入票据，清理归并票据种类，除保留少量专用票据外，统一使用《非税收入一般缴款书》。四是建立非税收入收缴管理信息系统。根据财政部“金财工程”建设及省财政厅建立非税收入收缴管理信息系统的要求，建立财政数据交换中心，由财政及代理银行、执收单位组成网络执收系统，实现“单位开票、银行代收、财政统管”的政府非税收入收缴管理模式。

2013 年 4 月，建立非税收入征收管理平台并运行，实现非税收入开票、收款、管理的彻底分离。

项目资金管理

政府性项目实行资金核拨制。项目法人单位根据工程进度、合同等提出工程用款申请报政府批准，财政部门根据政府批准意见对其征地拆迁、管理费用、项目前期、工程进度等项目资金进行审核拨付。凡应评审未评审、应招标未招标、应采购未采购的工程、货物和服务，财政部门不予核拨资金。

财政性资金严格执行国库集中支付制度。严禁工程费用直接拨入项目法人单位基建账户，项目工作经费实行授权支付（或拨入项目法人单位基建账户）的额度控制在 20% 以内。

政府性项目在竣工验收前，财政部门核拨的工程款项不超出工程招标、采购中标价的 80%，核拨的货物和服务款项不超出货物和服务招标、采购中标价的 90%。因工程变更造成工程价款调整额度超出原招标、采购中标价 10% 以上的，项目法人单位应报政府批准，并将设计变更或其他方式的变更批准资料以及变更后的预算评审、招标、采购的相关资料报财政部门备案，财政部门根据政府的审批意见调整预算安排；工程变更后工程价款调整额度在原招标、采购中标价

10%以内的，项目法人单位可在决算审计（结算评审）时报审，财政部门根据决算审计（结算评审）报告做资金安排。

财政部门严格预算管理，根据批准的项目法人单位用款申请安排预算并审核下达。财政部门按专项资金的时限要求下达项目法人单位，项目法人单位需严格依照资金性质、用途等规定安排使用，并接受相关部门监督。政府性项目申请财政配套资金，应报政府审批，财政部门在安排配套资金时应对其他资金的到位、使用情况，项目预算评审、招标、采购的合规性等进行严格审核，凡不符合相关规定要求的，财政部门不安排配套资金。

政府性项目竣工验收合格后，项目法人单位应及时将达到决（结）算条件要求的相关资料归集整档，报请政府批准，进行决算审计和结算评审。决算审计和结算评审报告是财政部门安排资金的依据，也是项目法人单位结算、移交、固定资产登记入账的依据。

结余结转资金管理

地方本级财政预算安排形成的结转项目，结转年度超过1年的，对上级专项转移支付安排形成的结转项目，未作具体规定且连续结转2年及以上的，一律收回本级财政总预算统筹安排。2014年，收回总预算超2年的项目资金293万元。2015年，共盘活财政存量资金5294万元。按照《财政部关于推进地方盘活财政存量资金有关事项的通知》（财预〔2015〕15号）文件要求，这些资金全部重新安排使用。

会计事务管理

实行会计持证上岗制度，行政事业企业单位的会计必须具备会计资格，没有资格证者一律不允许担任会计。

每年都组织吉县400余名行政、企事业单位会计人员和200余名农村财务人员进行会计继续教育培训，通过电算化培训、会计函授、集中学习等形式，提高会计人员的业务素质和能力水平。

每年开展会计法执行情况和会计信息质量检查，提高被查单位遵守财经纪律、财经法规的自觉性，确保国家资产的安全完整。对批准的代理记账机构进行普查登记和备案工作，在规定时间内完成吉县代理记账机构换证及年度备案工作，加强对代理记账机构的监督管理，促进了代理记账行业的健康发展。

依照属地管理规则，发放管理会计证；指导县内会计专业技术资格报名、考试工作，会同有关部门负责会计高级职称推荐工作。组织和指导会计准则及国家统一会计制度的贯彻执行，并对会计基础工作进行指导。

截至2015年底，境内取得会计从业资格人员为620人，会计人员继续教育登记学分记录约1万人次。

政府债务管理

世界银行贷款情况：1992年，贫困省教育项目贷款606.36万元；1994年，农村卫生人力开发项目贷款55万元；1997年，黄土高原流域治理项目贷款1035.22万元；1999年，疾病预防项目贷款40.63万元；2000年，黄土高原水土保持二期项目贷款4718.14万元；2011年，奥地利医院贷款为山西省临汾市吉县等8家医院引进医疗设备项目，吉县为350万欧元。

第五节 财政监督

财政支出绩效评价

构建财政支出绩效评价指标体系，开展各类专项资金监督检查，加大资金跟踪问效力度。先后对煤炭基金使用情况、支农资金整合情况、“万村千乡市场工程”和“农村街巷硬化工程”等项目进行验收和绩效考评。

财政投资评审

2009年，吉县财政投资评审中心成立，为县财政局管理的事业单位。财政投资评审中心主要职责：一是以完善评审管理体制、工作机制，规范评审业务作为重点，积极履行评审职能，加强对政府投资项目的财务监管，推动财政投资评审工作健康发展。二是对基建项目的概、预、决算实施财政审查监督管理，提高财政资金的使用效益。三是负责草拟项目评审报告、资料归档整理。

2011年，评审工程项目21个，送审金额8535万元，审减金额329万元，审减率3.85%。2012年，完成评审工程项目60个，送审金额11837万元，核减总额568万元，审减率4.8%。2013年，评审工程项目87个，送审金额28604万元，审减金额2040万元，审减率7.1%。2014年，评审工程项目83个，送审金额1.24亿元，核减总额1180万元，审减率9.52%。2015年，评审项目43个，送审金额2576万元，核减总额221万元，审减率86 %。

经费标准制定

2014年，制定出台《吉县县直机关会议费管理办法》（吉财字〔2014〕59号）、《吉县县直机关培训费管理办法》（吉财字〔2014〕60号）、《吉县行政事业单位差旅费管理办法》（吉财字〔2014〕61号）、《吉县县直机关国内公务接待费管理暂行办法》（吉财字〔2014〕95号）、《关于印发因公临时出国经费管理办法的通知》（吉财字〔2014〕85号）等13项管理办法，对会议费、差旅费、公务车辆的购买标准和管理使用等作出具体规定。

2014年，吉县“三公”经费累计支出1513万元，同比下降39.94%，减少1006万元。其中公务接待费支出550万元，同比下降52.75%，减少614万元；公务用车购置及运行维护费支出963万元，同比下降28.56%，减少385万元。2015年，“三公”经费支出1048万元，为预算的50.58%，比上年同期下降35.82%。其中公务接待费285万元，比上年同期下降50.86%；公务用车费758万元，比上年同期下降28.19%。

国有资产管理

1995年前，县财政局国资股担负国资产管理职能。1995年12月，成立吉县国有资产管理局，正科级建制，编制5人；2002年，机构改革将吉县国有资产管理局，更名为国有资产管理中心，隶属县财政局。主要职责是：监督管理全县行政、事业单位占有使用国有资产信息统计上报、处置、调配、评估等项工作。监督管理吉县国有控股企业、国有独资企业的清产核资、资产运营情况绩效评价、检测国有资产保值增值、年度效益评价、监督检查、年终决算统计工作。2005年，根据市政府办公厅《关于临汾市国有企业清产核资工作实施意见的通知》（临政办发〔2005〕2号）文件要求，对煤炭运销公司、种子公司、自来水公司、饮食服务有限责任公司、吉县腾达运输有限责任公司5家国有企业开展清产核资工作。5户企业资产总计1558万元，负债833.78万元，所有者权益为724.47万元，负债占资产总额的53.5%，所有者权益占资产总额的46.49%。

2006年，制定印发《吉县行政事业单位资产清查工作实施方案》，对行政事业单位进行资产清查，基准日为2006年12月31日，涉及117个单位。具体方法为：各行政事业单位进行自查，上报核查认定数据。清查结果为境内行政事业单位资产总量2.94亿元。

2010年，吉县企业改制，对粮食系统进行清查核资、审计和资产核实。澄清了粮食系统9个基层粮站全部资产底子。一般财产23170（台、件、个），价值141.08万元；土地面积106178平方米，价值198.83万元；房屋建筑物2695平方米，价值量733.88万元；粮食库存量为清查时点账面数2940.22千克，实际1817.62千克，账实差率为61%，并对清理出的坏账严格进行审查、核查、核销。

吉县共有国有企业24个。吉县印刷厂，1997年改制为文汇印刷有限公司。2005年，由于市场等原因停产关闭。2010—2012年期间，因经营不善破产关闭16个，交电公司、纸箱厂、种子公司、百货公司、副食厂5个国有企业办理了注销手续。2014年，粮食服务中心下属9个粮站合并成立了粮油总公司。吉县壶口酒厂，1997年改制为股份制企业，更名为山西壶口酒业有限公司。2004年，更名为反正饮料公司，从事饮料生产，后因资金、市场等原因无法运营。2015年，境内有8个国有或国有控股企业正常运营，反正饮料公司、县粮油土畜产品贸易有限公司不再进行国有企业年报工作。

1996年，开展行政事业单位国有资产产权登记证进行年度检验。2002年，开展行政事业企业单位进行产权登记。2010年，境内行政事业、企业单位的国有资产产权登记证年检率均达100%。

吉县国有产权转让工作以评估立项确认、规范操作、公开处置为重点，强化对中介机构的监管，对信息发布效能的监管、对转让行为全程监管。2009年，出台《吉县行政事业单位国有资产出租出借处置管理暂行办法》（吉政办发〔2009〕49号），规范行政事业单位国有资产管理。

第二章　税务

第一节　管理机构

吉县税务局

1982年，税务工作由财政局划出，设立吉县税务局。1989年1月，吉县税务局归属于临汾地方税务局垂直管理。内设办公室、经管股、税法股、人教股、计会股、监察股、稽查队。下设直属税务所、城关税务所、屯里税务所、中垛税务所、柏山寺税务所、壶口税务所、文城税务所。1994年10月，吉县税务局分设为吉县国家税务局和吉县地方税务局。

吉县国家税务局

1994年10月，内设办公室、人事教育股、计划会计股、监察室、税政股、征收管理股。派出6个税务所：城关税务所、屯里税务所、中垛税务所、文城税务所、柏山寺税务所、壶口税务所。1996年，撤销税政股、征收管理股、计划会计股，设置管理服务股、政策法制股、计会信息股，成立稽查分局。1999年，稽查分局更名为稽查局。2001年，内设机构5个：办公室、人事股、计划会计股，监察室、征收税政股。直属机构1个：稽查局。派出机构2个：征收分局、稽查所。基层税务所3个：屯里中心所、壶口中心所、中垛中心所。事业单位2个：信息中心、票证所。2002年，撤销征收分局和基层税务所。2006年8月，根据山西省国税局《关于进一步完善征收管理运行机制的意见》进一步规范机构设置，内设股室6个：办公室、政工股、计划征收股、综合业务股、税源管理一股、税源管理二股。直属机构1个：稽查局。事业单位1个：信息中心。2010年10月，根据有关规定对国税局主要职责机构设置和人员编制再次进行细化、明确、规范。至2015年底，国家税务局内设机构8个：办公室、政策法规股、收入核算股、纳税服务股（办税服务厅）、征收管理股、政工股、税源管理一股、税源管理二股，政工股设专职监察岗位。直属机构1个：稽查局。事业单位1个：信息中心。

吉县地方税务局

1994年10月，内设办公室、人事教育股、计划会计股、征收管理股、税收管理股等。2000年10月，成立纪检组监察室。2001年11月，吉县地方税务局征收分局成立，内设机构为综合股、计会股、税政管理一股、税政管理二股。同年11月，设立农税股。2006年，更名为农税局。2006年5月，吉县地方税务局征收分局更名为吉县地方税务局直属一分局。2008年7月，农税局更名为县地税局直属二分局，内设3个股室：综合股、征收股、管理股。2010年，成立信息化管理股。2011年，成立票证所。至2015年底，地税局内设机构包括：办公室、人事教育股、计划会计股、征收管理股、税政管理股、信息化管理股、纪检监察室7个股室。下设稽查局、直属一分局、直属二分局和票证所。3个派出单位：城区所、屯里所、壶口所。

第二节 税种税率

1982年，执行以“起征点”计征农业税（人均粮食170千克、现金35元）。1983年，国家进行第四次税制改革，实行利改税。1984年，改为实物和现金相互折收征缴农业税。1994年10月，国务院发布关于征收国营企业所得税、国营企业调节税、产品税、增值税、营业税、盐税、资源税等税种的法规。此后国务院陆续发布关于征收管理集体企业所得税、私营企业所得税、城乡个体工商户所得税、个人收入调节税、房产税、城镇土地使用税、耕地占用税、车船使用税、印花税、城市维护建设税、固定资产投资方向调节税等税种的行政法规，并决定开征特别消费税。

1994年，国家进行第五次税制改革，实行分税制，建立中央和地方两套税务机构，即国家税务局和地方税务局。

国家税务局征收的范围 增值税、消费税、企业所得税、居民储蓄存款利息所得个人所得税和车辆购置费，税种由3种增加到18种。

增值税 增值税是对生产、销售商品或劳务过程中实现的增值额征收的一种税，是国税征收税款的主要来源。增值税的纳税人为在中国境内销售、进口货物，提供加工、修配修理劳务的各类企业、单位和个人。增值税的税率分为两档，一档税率为17%，一档税率为13%。适用于13%税率的税目主要有：农业产品、粮食复制品、食用植物油、自来水、暖气、煤气、图书、报纸、化肥、农药、煤炭等产品。除13%税率以外的加工、修理、修配劳务等适用于17%的税率。2014年1月1日起，部分行业实行营业税改增值税，包括交通运输、邮政业、基础电信服务业，税率为11%。现代服务业（有形动产租赁服务除外）、增值电信服务税率6%。2007年吉县征收增值税451万元，2015年征收4206万元。

消费税 消费税是对规定的消费品或者消费行为征收的一种税。纳税人为在中国境内生产，委托加工和进口《消费税暂行条例》规定的消费品的各类企业、单位和个人。消费税共设14个税目，分别采用比例税率和定额税率征收。化妆品税率3%，贵重首饰和珠宝玉石税率10%，鞭炮、焰火税率15%，汽车轮胎税率3%，高尔夫球及球具税率10%，高档手表税率20%，游艇税率10%，木制一次性筷子和实用木地板税率5%。

企业所得税 企业所得税是对各类内资企业和组织生产、经营所得和其他所得征收的一种税，1994年1月1日起实行。纳税人为中国境内实行独立经济核算的各类内资企业或组织。具体包括国有、集体、私营、股份制、联营企业和其他组织。税率为33%。小企业实行优惠，全年应征税额3万元以下的税率3%； 3万～10万元的税率27%。从2008年1月1日起企业所得税基本税率为25%。非居民企业适用税率20%。2007年，征收税款160万元。2015年底征收2531万元。

居民储蓄存款利息所得个人所得税 居民储蓄存款利息所得个人所得税，纳税人为从储蓄机构取得人民币、外币储蓄存款利息所得的个人，税率为20%。1999年11月1日开征，2008年9月起，对储蓄存款利息所得暂免个人所得税。

车辆购置税 车辆购置税是对购置车辆的单位和个人征收的一种税，从2001年1月1日起实行。车辆购置税的征收范围包括各类汽车、摩托车、电车、挂车、农用运输车，税率为10%。2015年1月1日起，对购置1.6升及以下排量乘用车实施减半征收车辆购置税的优惠政策。2008年征收1万元，2015年征收161万元。

地方税务局征收的范围 营业税、城市维护建设税、资源税、个人所得税(不包括国税征收的部分)、2002年1月1日前注册企业的企业所得税、城镇土地使用税、土地增值税、耕地占用税、固定资产投资方向调节税、车船使用牌照税、房产税、城市房地产税、印花税(不包括证券交易印花税)、契税、屠宰税、筵席税、农业税和农业特产税，及其地方税收滞纳金、罚款等。同时代征以下规费和基金：工会经费、采矿排水资源费、煤炭可持续发展基金(2014年12月1日后停征)、教育费附加、地方教育费附加、文化事业建设费、水资源补偿费、残疾人保障金、价格调控基金(2015年4月1日停征)、河道工程管理费等10项。

营业税 营业税是对在中国境内提供应税劳务、转让无形资产或销售不动产的单位和个人，就其所取得的营业额征收的一种税，是地税征收中的一个主要税种。主要包括交通运输业、建筑业、金融保险业、邮电通信业、文化体育业、娱乐业、服务业、转让无形资产、销售不动产等。其税率除娱乐业为5% ~ 20%以外，其余均为3% ~ 5%。1995年，吉县征收营业税58.73万元，到2015年征收总额达5346万元。

企业所得税 企业所得税是指对中华人民共和国境内的企业(居民企业及非居民企业)和其他取得收入的组织以其生产经营所得为课税对象所征收的一种所得税。企业所得税一般税率为25%。高新技术企业减按15%的税率征收企业所得税。1995年吉县征收企业所得税1.58万元，2015年征收企业所得税1037万元。

个人所得税 个人所得税是以个人(自然人)取得的各项应税所得为对象征收的一种税，包括工资、薪金所得，个体工商户的生产、经营所得，劳务报酬所得，稿酬所得，特许权使用费所得，利息、股息、红利所得，财产租赁所得，财产转让所得，偶然所得。税率有比例税率20%、七级超额累进税率3% ~ 45%、五级超额累进税率5% ~ 30%三种。2015年共征收680万元。

城建税 城建税是为了加强城市的维护建设、扩大和稳定城市维护建设资金来源，对有经营收入的单位和个人征收的一个税种。其税率为纳税人在县城、建制镇的(营业税+增值税+消费税)×5%；纳税人不在县城、建制镇的(营业税+增值税+消费税)×1%。1995年，吉县征收6.23万元，2015年征收406万元。

房产税 房产税是以房屋为征税对象，按房屋的计税余值或租金为计税依据，向产权所有人征收的一种财产税。从价计征的税率为房产原值×(1-原值减除比例)×1.2%；从租计征的，房产租金×12%；个人出租自有住房的，房屋租金×4%。1995年，吉县征收7.07万元，2015年共征收85万元。

城镇土地使用税 城镇土地使用税是对单位、个人在城镇范围内使用土地征收的一个税种，以实际占用土地面积为计税标准。采用定额税率，一等土地每平方米5元；二等土地每平方米3元；三等土地每平方米1元。1995年，吉县征收5万元。2015年，征收118万元。

契税 契税是以所有权发生转移变动的不动产为征税对象，向产权承受人征收的一种财产税。范围包括土地使用权出售、赠予和交换，房屋买卖、房屋赠予、房屋交换等。其税率为3% ~ 5%幅度比例税率。

印花税 印花税是对经济活动和经济交往中设立、领受具有法律效力的凭证的行为所征收的一种税。其税率在0.005% ~ 0.1%之间。生产经营用账册、房产权证、工商营业执照、商标注册证、专利证、土地使用证等权利证明，按照每件5元贴花。1995年，吉县征收0.42万元。2015年，征收108万元。

资源税 资源税是对在全国领域及管辖海域开采应税矿产品和生产盐的单位和个人，就应

税产品销售额或销售数量为计税依据而征收的一种税。山西省资源税具体适用税目税率的规定：能源矿 1% ~ 8%；金属矿 3% ~ 9%；非金属矿 2% ~ 20%。黏土、砂石、大理石以立方米计税，未列举名称的其他矿产品适用税率 2.5%。2015 年，吉县征收资源税 1548 万元。

农业税　农业税是对从事农业生产、有农业收入的单位和个人征收的一种税。全国平均税率为常年产量的 15.5%，各省、自治区、直辖市的平均税率由国务院根据全国平均税率，结合各地区不同经济情况，分别加以规定。2006 年 1 月 1 日起，取消农业税。

农业特产税　农业特产税是对从事农业特产生产经营并取得收入的单位和个人征收的一项税收。如吉县的苹果、烤烟等产业。截至 2004 年，吉县仅对烟叶征收特产税，苹果特产税停征。

土地增值税　土地增值税是对转让国有土地使用权及其地上建筑物和附着物的行为征税。土地增值税采用四级超率累进税率，分别为 30%、40%、 50%、 60%。2015 年征收 238 万元。

耕地占用税　耕地占用税是对占用耕地建房或者从事其他非农业建设的单位和个人征收的一种税。税率实行定额税率山西省定额税率标准：人均耕地不超过 1 亩的地区（以县级行政区域为单位，下同），每平方米为 30 元；人均耕地超过 1 亩但不超过 1.5 亩的地区，每平方米为 25 元；人均耕地超过 1.5 亩但不超过 2 亩的地区，每平方米为 20 元；人均耕地超过 2 亩但不超过 2.5 亩的地区，每平方米为 18 元；人均耕地超过 2.5 亩但不超过 3 亩的地区，每平方米为 15 元；人均耕地超过 3 亩的地区，每平方米为 12 元。占用林地、牧草地、农田水利用地、养殖水面、渔业水域滩涂等其他农用地建房成从事非农业建设的，视同占用耕地，吉县耕地占用税率适用税额为 15 元 / 平方米。2015 年，征收耕地占用税 88 万元。

屠宰税　屠宰税是向屠宰牲畜的单位和个人征收的一种税。屠宰税征收的范围主要包括猪、牛、羊、驴、骡、马等牲畜，按头计征。1995 年，吉县征收 1.02 万元。2003 年，山西省推行农村税费改革，取消了屠宰税。

规费和基金　地方税务局征收工会经费、采矿排水资源费、煤炭可持续发展基金、教育费附加、文化事业建设费、水资源补偿费、残疾人保障会等。

采矿排水资源费　境内所有单位、个人从事煤炭及其他矿产资源开采应缴纳的采矿排水资源费。其税率为每吨原煤或原矿按 3 元计征。2011 年 1 月 1 日开征，2015 年，征收 224 万元。

河道工程维护管理费　河道修建、维护及管理产生的费用。税率为工商企业和个体户按当年流转税总数额的 1% 缴纳。有生产经营性收入的事业单位按当年营业税和所得税总额的 2% 缴纳。2015 年，征收 112 万元。

文化事业建设费　根据国务院《关于进一步完善文化经济政策的若干规定》规定，从 1997 年 1 月起，在全国范围内开征文化事业建设费。该费按缴费人应缴纳娱乐业、广告业营业税的营业额和规定的费率计算应缴费额，费率为 3%。根据财综〔2013〕8 号文件第八条之规定“营改增”后的文化事业建设费由国家税务局征收。

残疾人就业保障金　为保障残疾人权益，由未按规定安排残疾人就业的机关、团体、企业、事业单位和民办非企业单位缴纳的资金。费额计算办法为残疾人就业保障金年缴纳额 =（上年用人单位在职职工人数 ×1.5%- 上年用人单位实际安排的残疾人就业人数）× 所在县（市、区）上年度平均工资。2015 年，征收 130 万元。

工会经费　指工会依法取得并开展正常活动所需的费用。费率为每月全部职工工资总额的 2%。另有工会会员缴纳的会费。2015 年征收 146 万元。

教育费附加　对缴纳增值税、营业税的单位和个人征收的一种附加费。教育费附加的征收率为（营业税 + 消费税 + 增值税）×3%，全部用于支持教育事业发展。1995 年，征收 1.88 万元。2015 年，征收 303 万元。

价格调节基金 政府为了平抑市场价格，用于吞吐商品、平衡供求或者支持经营者的专项基金。其费率为按实际缴纳的增值税、消费税和营业税三税之和的 1.5% 计征。卷烟、酿酒生产企业按实际缴纳的增值税、消费税和营业税的 1% 计征。2015 年 4 月 1 日停征。

第三节 征收管理

1986 年 4 月，国务院发布《中华人民共和国税收管理暂行条例》，实行征管、检查两分离和征、管、查三分离税收征管模式。1997 年确定“以申报纳税和优化服务为基础，以计算机网络为依托，集中征收，重点稽查”征管新模式。税务系统按照依法、效能、统一的原则，进一步规范征管机构的设置，科学界定征管职能，健全完善岗位体系，合理配置人力资源，积极妥善地推进税收征管信息化建设，构建“统一登记、集中征收、属地管理、重点稽查”的税收征管新格局。建立了登记征收以前台服务窗口为主，税源管理以后台基础管理为主，税务稽查以案件查处为主的相互联系、相互制约的专业化管理体系。

2005 年，吉县国税局本着集中资源、方便纳税的原则，设置了办税服务厅，内设申报、发票管理、综合服务三类服务窗口。2006 年 1 月 1 日，税收综合征管信息软件（CTAIS）全面上线运行，完成了“机外无管户，机外无税款”。2011 年 11 月，地税局新修建的标准化办税服务大厅投入使用，内设发票管理、综合服务两类服务窗口。2013 年 10 月，金税三期征管软件上线，提高了现代化征管能力。2014 年，通过理顺职责，明确流程，优化配置，规范税收执法，有效提高了税收征管质量。

吉县国税局、吉县地税局管户数量呈逐年上升趋势，2005 年以前管户较少。2005 年后管户逐年增加。随着经济的不断发展，税收逐年增加。

2005—2015 年吉县国税局管户税收情况表

表 14-2-1 单位：户

时间 \ 管户数 \ 类别	一般纳税户	小规模纳税户	个体工商户	合计
2005 年	17	33	86	136
2006 年	18	38	102	158
2007 年	19	42	176	237
2008 年	19	36	176	231
2009 年	20	40	243	303
2010 年	24	68	266	358
2011 年	35	85	419	539
2012 年	40	145	441	626
2013 年	59	243	433	735
2014 年	68	297	444	809
2015 年	76	364	486	926

2005—2015 年吉县地税局管户税收情况表

表 14-2-2 单位：户

时间 \ 管户数 \ 类别	企业纳税户	个体工商户	合计
2005 年	98	65	163
2006 年	101	69	170
2007 年	103	71	174
2008 年	125	74	199
2009 年	148	84	232
2010 年	168	90	258
2011 年	198	105	303
2012 年	249	118	367
2013 年	235	62	297
2014 年	324	87	411
2015 年	388	101	489

1990—1993 年吉县税务局税收情况表

表 14-2-3　　单位：万元

税种＼金额＼时间	1990 年	1991 年	1992 年	1993 年
产品税	29	145	150	152
增值税	3	3	5	6
营业税	80	78	68	8
集体企业所得税	1	—	—	60
城乡个体工商户所得税	2	2	2	1
投资方向调节税	1	2		11
城市维护建设税	6	4	8	6
车船征用税	1	1	1	1
房产税	4	4	5	6
城镇土地使用税	4	4	4	4
牲畜屠宰税	2	4	2	1
印花税	1	2		1
建筑税	2	—	—	—
合计	136	249	245	257

1994—2015 年吉县国税局税收情况表

表 14-2-4　　单位：万元

时间＼金额＼税种	增值税	消费税	企业所得税	营业税	个人所得税	车辆购置税	合计
1994 年	83	6	—	—	5	—	94
1995 年	132	1	—	—	14	—	147
1996 年	150	1	11	—	—	—	162
1997 年	168	3	12	—	—	—	183
1998 年	196	3	21	—	—	—	220
1999 年	219	6	17	11	—		253
2000 年	238	8	6	14	26	—	292
2001 年	295	8	13	11	48	—	375
2002 年	374	2	9	6	56	—	447
2003 年	302	2	13	1	64	—	382
2004 年	441	—	43	—	72	—	556
2005 年	641	1	99	—	83	—	824
2006 年	480	2	87	—	106	—	675
2007 年	451	—	161	—	120	—	732
2008 年	749	—	155	—	85	1	990
2009 年	2696	1	394	—	35	16	3142
2010 年	1862	1	178	—	16	57	2114
2011 年	4173	1	1744	—	4	34	5956
2012 年	8111	8	4888	—	1	47	13055
2013 年	8101	1	1658	—	1	33	9794
2014 年	6259	1	1858	—	—	126	8244
2015 年	4207	1	2531	—	—	162	6901

1994 — 1999 年吉县地税局税收情况表

表 14-2-5　　单位：万元

税种＼金额＼时间	1994 年	1995 年	1996 年	1997 年	1998 年	1999 年
营业税	51.98	58.73	51.88	53.58	64.65	70.34
企业所得税	22.2	1.58	2.79	3.21	2.25	1.90
个人所得税	0.49	7.68	36.99	40.61	47.82	49.04
固定资产投资方向调节税	8.61	5.22	7.11	10.39	9.37	2.51
城市维护建设税	4.47	6.23	6.68	11.91	9.38	11.26
房产税	7.52	7.07	8.14	9.78	10.89	17.96
印花税	0.30	0.42	0.40	0.50	1.01	1.66
城镇土地使用税	4.90	5.00	6.01	6.28	6.53	8.19
车船税	4.33	5.13	4.27	3.82	3.07	4.35
屠宰税	—	1.02	1.89	4.39	—	3.44
税款滞纳	0.14	3.22	1.29	0.62	2.82	—
合计	104.97	101.30	127.45	145.09	157.79	170.65

2000 — 2005 年吉县地税局税收情况表

表 14-2-6　　单位：万元

税种＼金额＼时间	2000 年	2001 年	2002 年	2003 年	2004 年	2005 年
营业税	56.30	129.73	152.40	238.96	294.24	418.17
企业所得税	1.68	5.17	35.39	7.38	17.07	18.52
个人所得税	78.30	23.47	18.08	54.64	50.13	32.21
固定资产投资方向调节税	6.16	2.00	—	—	—	—
城市维护建设税	6.01	10.19	10.17	27.15	156.09	35.06
房产税	12.09	12.67	12.73	15.67	23.60	110.36
印花税	0.75	0.69	1.09	2.03	5.51	0.96
城镇土地使用税	6.00	6.07	7.08	8.71	9.00	2.60
土地位税	—	—	—	—	—	—
车船税	5.63	2.12	2.50	2.01	2.00	1.59
屠宰税	4.25	2.00	2.49	0.20	—	—
农业四税	—	—	253.12	163.58	114.48	110.99
合计	177.17	194.11	495.04	520.33	672.12	730.47

2006－2011 年吉县地税局税收情况表

表 14-2-7　　单位：万元

税种 \ 金额 \ 时间	2006 年	2007 年	2008	2009 年	2010 年	2011 年
营业税	423.90	599.25	588.25	991.24	2672.28	2828.13
企业所得税	52.68	100.04	31.30	102.71	483.34	1184.28
个人所得税	46.12	86.74	78.90	91.83	203.79	577.72
资源税	—	—	—	103.05	—	114.47
固定资产投资方向调节税	—	—	18.57	—	—	—
城市维护建设税	118.38	92.24	—	131.71	465.14	252.41
房产税	90.39	63.57	326.46	33.54	220.44	33.30
印花税	2.15	3.35	22.79	8.02	23.38	49.39
城镇土地使用税	5.61	5.11	4.68	32.54	18.09	22.71
—	—	—	29.61	—	—	—
车船税	4.00	1.01	13.73	75.52	26.80	44.80
耕地占用税	2.00	15.00	0.68	120.02	—	10.00
契税	5.00	5.54	15.00	10.06	6.73	2.70
其他税收	—	8.18	—	—	—	15.72
合计	750.62	980.03	1129.98	1700.03	4120.00	5135.62

2012－2015 年吉县地税局税收情况表

表 14-2-8　　单位：万元

税种 \ 金额 \ 时间	2012 年	2013 年	2014 年	2015 年
营业税	4082.08	3499.89	6136.00	5346.00
企业所得税	760.83	1214.43	2357.00	1037.00
个人所得税	981.82	2578.73	2873.00	680.00
资源税	49.88	—	1151.00	1548.00
城市维护建设税	463.94	369.61	507.00	406.00
房产税	33.95	55.26	146.00	85.00
印花税	64.25	90.33	59.00	108.00
城镇土地 使用税	58.50	54.92	69.00	118.00
	134.60	276.37	110.00	238.00
车船税	53.89	120.19	69.00	65.00
烟叶税		10.00	50.00	87.00
耕地占用税	154.69	10.97	345.00	88.00
契税	10.18	70.62	177.00	203.00
合计	6848.62	8351.32	14049.00	10009.00

1994—2015年吉县地税局非税收入情况表

表 14-2-9 单位：万元

金额/时间 税种	1994	1995	1996	1997	1998	1999	2000	2001
教育费附加收入	1.69	1.88	3.06	5.83	5.24	3.16	2.78	3.48
文化事业建设费收入	—	—	—	—	—	—	0.10	0.05
水资源补偿费收入	—	—	—	—	—	—	2.17	—
价格调控基金	1.23	1.22	5.01	5.00	2.23	2.01	—	0.77
河道工程管理费收入	—	—	—	—	—	—	—	1.50
合计	2.92	3.10	8.07	10.83	7.47	5.17	5.05	5.80

2002—2008年吉县地税局非税收入情况表

表 14-2-10 单位：万元

金额/时间 税种	2002	2003	2004	2005	2006	2007	2008
教育费附加收入	6.19	11.84	17.65	24.11	27.60	27.09	32.34
文化事业建设费收入	0.10	0.10	0.10	0.10	0.10	0.20	0.20
税务部门罚款收入	—	—	—	—	—	0.12	1.21
林业建设	—	—	—	—	—	—	0.42
水资源补偿费收入	—	—	—	—	—	—	8.56
残疾人就业保障基金收入	—	0.59	0.63	—	0.42	6.84	1.72
价格调控基金	1.63	4.14	6.48	9.20	10.82	9.46	12.29
河道工程管理费收入	2.00	1.01	0.51	—	1.29	7.53	1.00
工会经费	—	—	—	—	—	41.42	61.09
煤炭可持续发展基金	—	—	—	—	—	13.40	184.08
社会保障基金收入	0.50	—	—	—	—	—	—
合计	10.42	17.68	25.47	3.41	40.23	106.06	302.90

2009—2015 年吉县地税局非税收入情况表

表 14-2-11　　单位：万元

税种 \ 金额 \ 时间	2009	2010	2011	2012	2013	2014	2015
教育费附加收入	123.35	166.51	188.53	432.08	214.20	578.00	303.00
文化事业建设费收入	0.21	0.24	0.26	0.20	0.21	—	—
税务部门罚款收入	—	2.91	2.12	0.25	0.72		1.00
林业建设	1.40	—	—	—	—	—	—
水资源补偿费收入	20.00	20.00	23.12	17.65	—	—	—
残疾人就业保障基金收入	23.48	20.00	56.00	90.00	—	50.00	130.00
价格调控基金	40.87	60.23	83.38	175.07	—		38.00
河道工程管理费收入	1.00	26.00	35.00	45.00	—	275.00	112.00
工会经费	77.27	7.00	80.00	150.00	—	100.00	146.00
民兵预备役经筹费	2.10	2.68	13.98	37.77	—	—	—
地方教育费附加	—	—	81.89	343.96	152.91	249.00	202.00
采矿排污水资源费	—	—	168.71	273.99	—	192.00	224.00
煤炭可持续发展基金	1200.29	285.46	1892.60	2137.81	—	477.00	102.00
合计	1489.97	657.03	2625.67	3703.80	368.04	1921.00	1258.00

2003—2015 年吉县国家税务局稽查局主要查处税收情况表

表 14-2-12　　单位：元

稽查年度	补税收	罚收	滞纳金	合计	立案户数
2003 年	11160	12830	97	24087	90 户
2004 年	1300	2250	385	3935	16 户
2005 年	21189.01	37915.01	443	59547.02	23 户
2006 年	25632	39448	466	65546	25 户
2007 年	35863	32137	532	68532	28 户
2008 年	25634.5	13617.27	7164.56	46416.33	—
2009 年	71037.91	770.6	6369.07	78177.58	—
2010 年	34611.58	8510.3	6137.65	49259.53	—
2011 年	456683.8	—	4921.2	461605	—
2012 年	531375.4	—	3250.14	534625.54	
2013 年	9062.2	—	3239.46	12301.66	—
2014 年	3895097.35	—	1280904.12	5176001.47	—
2015 年	162322.2	—	16257.74	178579.94	—
合计	5280968.95	147478.18	1330166.94	6758614.07	—

第四节 稽查

稽查局通过媒体公告、质疑约谈、政策宣传，拟定清欠计划，争取纳税人积极配合；通过限期缴纳、强制执行等措施，加大执法力度；通过对煤矿、房地产开发、建筑安装、金融保险、餐饮娱乐等行业开展专项和不定期整治活动，圆满完成历年稽查工作各项任务。2003—2015 年，吉县国税稽查局查处税收共计 6758614.07 元，其中补税 5280968.95 元、罚款 147478.18 元、滞纳金 1330166.94 元。2006—2015 年，吉县地税稽查局查处税收共计 2694770.02 元，其中补税 1567039.2 元、罚款 410134.67 元、滞纳金 717596.15 元。

2006—2015 年吉县地方税务局稽查局立案查处情况情况表

表 14-2-13 单位：元

稽查年度	税款	滞纳金	罚款	合计	立案户数
2006	287507.22	25844.37	—	313351.59	6 户
2007	85480.01	15080	21448.39	122008.4	7 户
2008	56515.08	3963.89	61682	122160.97	25 户
2009	159693	9290	4265	173248	5 户
2010	131157	2483	31706	165346	3 户
2011	318388.97	3840	20319	342547.97	6 户
2012	—	—	7000	7000	2 户
2013	—	—	2400	2400	1 户
2014	39918.47	13706.37	6499.45	60124.29	3 户
2015	488379.45	643388.52	254814.83	1386582.8	8 户
合计	1567039.2	717596.15	410134.67	2694770.02	66 户

第十五编　金融 保险

中共十一届三中全会以后，经过一系列金融体制改革，吉县银行业、保险业各项制度得到恢复和健全，随着金融服务领域不断扩展，金融业务也逐渐扩大，金融环境大大改善，形成了以人民银行、银监办为领导，国有商业银行为主体，多种金融机构并存，具有中国特色的县域金融体系。2015 年底，境内拥有中国人民银行吉县支行、临汾银监分局吉县办事处、中国农业发展银行吉县支行、中国农业银行吉县支行、中国邮政储蓄银行吉县支行、吉县农村信用合作联社、吉县新田村镇银行、吉县财产保险公司、吉县人寿保险公司 9 家金融机构，各项存款总额 450347 万元，各项贷款余额 155640 万元，人寿保险保费收入 1673 万元，财产保险保费收入 980 万元。

第一章 金融

第一节 机构

监管机构

中国人民银行吉县支行（简称吉县人行） 1950年成立，前身是吉县贸易公司，解放初期行使金融管理职能。1949年3月撤销贸易公司，由中国人民银行乡宁县支行代办吉县金融汇兑业务。1950年3月，组建中国人民银行吉县支行开展境内金融业务。1951年，设立屯里营业所。1953年，增设文城、中垛营业所，同时在各乡镇设立信用合作社，职工由开始的7名增至24名。1958年，吉县并入乡宁县，吉县人行也随之并入乡宁县人行，改称乡宁支行吉镇办事处，原3个营业所改称公社银行，信用合作社改称公社分理处。1959年3月，重新恢复原营业所、信用社名称，直属乡宁县支行领导。1961年6月，乡宁县、吉县分设后，恢复中国人民银行吉县支行建制。1964年，吉县人行分设了人行、农行。人行内设会计、出纳、信贷、计划、秘书等股。下属屯里、文城、中垛3个营业所。1965年，吉县农行撤销，并入吉县人行。1966年，吉县人行建制被废除，由吉县银行革命委员会行使职能，下设农村、城镇两个组和一个办公室，行使人行、农行职能。1979年，撤销吉县银行革命委员会，恢复人行、农行支行建制。1984年，吉县人行分设工商银行，实行合署办公。

1986年，吉县人行与工商银行分开办公，专门行使中央银行职能。1991年9月，吉县人行搬迁广场新办公楼，内设会计国库、货币发行、计划调统、综合监管、安全保卫5个股和办公室、金融监察室，职工总数35人。1998年，金融系统党组织实行垂直领导，吉县人行成立党组。2001年4月，人行发行库撤并乡宁县人行，支行发行股、保卫股改为发行、保卫专业，各保留工作人员1名，其他人员充实到其他岗位。2004年2月，临汾银监分局吉县监管办事处（吉县银监处）成立，县人行划转过银监办4人，人行金融监管业务划归银监处；同年11月，吉县人行ISO 9000质量标准管理工作通过北京世标认证中心认证。2012年3月，吉县人行在新城开始筹备建设新办公楼。2015年，吉县人行有工作人员19名，内设综合办公室、综合业务部、金融管理部、纪检监察审计室4个部室。

1990年以后，吉县人行先后被评为中支级、总行级“青年文明号”。1999—2000年，被中国人民银行总行评为总行级“双文明单位”。至2000年，全行连续15年安全无事故，被团中央评为“青年文明号”。2009年，被中国人民银行天津分行评为“先进单位”。2010年，被中华全国总工会评为“模范职工之家”

中国银行业监督管理委员会临汾监管分局吉县办事处（简称吉县银监处） 2004年2月，临汾银监分局派驻吉县监管组成立。从吉县人行划转工作人员4人，办公用品随人转移，暂借人行4间房作为办公地址；5月，改称中国银行业监督管理委员会临汾监管分局吉县监管办事处（简称吉县银监处），为分局内设机构正科级建制，人事、财务、党组织关系全部由临汾银监分局管理。其主要职责：负责吉县辖区内有关银行业金融机构的监管，重点是对农村信用合作联社和邮政储蓄机构的非现场监管和现场检查；收集有关金融风险的信息并向分局报告；承办分局交办的其他工作任务。遵循权责统一、适度集中的原则，不直接实施行政处罚，但对监管中发现的辖区内银行业金融机构违法违规行为，有权提出行政处罚建议。

2015年末，临汾银监分局吉县办事处共有工作人员4人（借调到分局2人），无内设机构。

银行

中国农业银行股份有限公司吉县支行（简称吉县农行） 1964年，中国人民银行吉县支行分设吉县人行和吉县农行。1965年，吉县农行并入吉县人行。1979年10月25日，恢复人行、农行支行建制，再设立农业银行。内设人事、会计、拨款、信贷、信合农村社队财务辅导股和办公室，下设城关营业所，隶属于中国农业银行临汾地区中心支行。办公地址设在新华街中街。基本职能是：统一管理支农资金，集中办理农村信贷，领导农村信用合作社，发展农村金融事业，更好地支援农业，发展农村商品经济；根据国家统一规定的货币政策和金融法规，组织贯彻执行农村金融工作的方针政策、信贷计划、规章制度和办法。1988年，内设机构调整为商贷股、农贷股、会计股、审计股、存款股、计划股、信合股、人事股、保卫股、工会、监察室及综合办、行政办，下设城关、中垛、屯里、文城4个营业所和支行、东贸、桥南、城北4个储蓄所。1995年1月，内设机构改编为办公室、审计监察保卫部、信贷股、会计计划股，下设城关、中垛、屯里、文城、壶口5个营业所和东贸、桥南、城北3个储蓄所；同年8月，农行搬迁至新华东街99号新办公大楼。1996年5月，内设综合办公室、计划财务部、审监保卫部、资金组织部、工商信贷部；同年12月，农行和信用社正式脱钩，内设信贷业务部、计划财务部、资金组织部、稽查监督保卫部、综合办公室。1997年，内设代理部、业务部、计会部和办公室。1999—2001年，先后撤并文城营业所、壶口营业所、屯里营业所和桥南储蓄所，新设农贸储蓄所，内设综合办公室、财务计划部、监察保卫部和业务部。2001年末，全行在册正式职工36人，储蓄合同工17人，短期合同工5人，营业场所建筑面积13726平方米，家属宿舍1264平方米，固定资产1910万元，资产总额14310万元。2006年12月，国务院出台"面向'三农'，整体改制，商业运作，择机上市"农业银行整体股改上市十六字指导方针，吉县农行缩减网点成为单点支行，班子成员为一正一副。2008年6月，实行股份制改革上市运营，吉县农行也随之更名为中国农业银行股份有限公司吉县支行，内设机构调整为经营管理部、客户部、营业室。

2015年末，拥有员工40人，营业网点员工16人。个人加权贵宾客户1455户；对公客户236户；信用卡客户2458户；个人电子银行客户20448户；企业电子银行客户263户。电子渠道分流率83.97%。产品覆盖度提升位居全省前列。委托资产清收58.34万元。整体处置完成908.4万元。实现利润518万元。中间业务农银人寿、理财、基金、贵金属等产品销售，年末收入达121万元，其中：贵金属业务收入全市第一名。

1997年，审计稽核，房地产抵押、廉政建设、后勤服务等工作得到总行和省、市农行的充分肯定，并在吉县召开了现场会。1998—2001年，先后被评为省级卫生先进单位和精神文明建设先进单位，综合治理先进单位，三防一保及安全保卫先进单位。信贷管理被市分行确定为一级支行，内部控制被省、市行评为一类行、会计管理被评为达标单位，档案管理达国家二级水平，被省分行评为1998—1999年、2000—2001年双先支行。2006—2015年，先后被总行授予"第六届精神文明建设工作先进单位""思想政治工作先进单位"；被省分行授予"先进基层党组织""十年无案件单位""先进职工之家"等称号。在全省内控综合评价中，被评为全市分行一类行。

中国工商银行吉县支行（简称吉县工行） 1984年，中国人民银行吉县支行分设中国工商银行吉县支行，实行合署办公的管理方式，资金分列、两套账目。1986年1月，吉县工行与吉县人行分开办公，独立经营。主要业务是办理城镇储蓄、吸收工商企业和居民个人存款、统一管理工商企业的流动资金、对开户单位实行现金管理和工资基金管理、办理国营工商企业、集体企业和个体企业的流动资金贷款、办理技改贷款、办理转账和现金结算等。1994年，各项存款余额1623万元，1995年各项存款余额1812万元。1999年底，内设机构有综合业务、储蓄、会计、出纳、人秘、保卫、监察稽校7个股，有职工140人。2000年5月，吉县工行撤销并入乡宁工行。

中国人民建设银行吉县支行（简称吉县建行）　1986年8月，中国人民建设银行吉县支行成立，办公地点在吉县新华街西街。主要任务是担负吉县基本建设投资拨款监督职能。1982年，根据国家计委、建委、财政部、建设总行规定，将基本建设领域的拨款改为贷款。1987年开办现金业务。1988年，始办储蓄业务和票汇结算业务，实现从财政出纳向银行信用的质的转变。1994年，开始商业化改革，大力发展储蓄、信贷、结算等主营业务，并开拓发展项目评估、咨询、工程预算的审查、代收代付等中间业务。1996年3月26日，为适应商业银行的发展、不再沿用带有政府机关特征的行名，将中国人民建设银行更名为中国建设银行、并启用新徽。1995年，各项存款余额296万元，储蓄存款248万元，贷款170万元。1999年8月，吉县建行撤销并入乡宁建行。

中国邮政储蓄银行股份有限公司吉县支行（简称吉县邮储银行）　1986年12月，吉县邮政局开设邮政储蓄柜，同时办理储蓄业务和邮政业务。2000年，县邮政局设储汇股，有邮政储蓄业务基层网点2个，邮政储蓄余额达2163万元，年增加额达340万元，占吉县城乡储蓄余额的14.1%。2011年6月，中国邮政储蓄银行股份有限公司吉县支行成立，为国家控股的股份制银行。内设营业部、'二农'金融事业部、综合管理部，下辖1个营业部、2个代理网点，有员工17人。开办业务涵盖储蓄汇兑、代收代付、投资理财、涉农融资等。吉县邮储银行不断加大信贷资金的投放力度，开发了农户保证贷款、农户联保贷款等产品，农户贷款产品额度由原来的5万元提升到30万元，还款期限由原来的1年延长至2年。针对种养殖行业开办了家庭农场（专业大户）贷款，最高单户可发放500万元。2014年，共发放贷款4099.67万元，吸收各项存款18774万元。2015年，共发放贷款8241万元，吸收各项存款20728万元。先后被县委县政府授予2011年度服务县域经济先进单位，2012年度服务县域经济贡献先进单位，2014年度服务县域经济先进单位。

中国农业发展银行吉县支行（简称吉县农发行）　2011年4月21日成立，由中国农业发展银行驻吉县客户服务组、中国农业发展银行驻大宁客户服务组、中国农业发展银行驻乡宁客户服务组合并而成，隶属中国农业发展银行临汾市分行，办公场所位于吉县滨河路中段，是境内唯一一家政策性银行。吉县农发行下设综合会计部和客户服务部。2015年起，内设机构调整为办公室、会计结算部和信贷业务部。业务范围包括办理粮棉油收购、调销和储备贷款，农副产品种植、养殖和加工的中小企业和龙头企业的贷款，农村基础设施建设的贷款，以及经银监部门批准的其他业务。后上级行政策调整，业务范围除了支持粮棉油收储外，主要是支持城中村改造、涉农棚户区改造、农民集中住房建设、农村危房改造、水利建设、农村路网改造、涉农基础设施建设、农业综合开发、改善农村人居环境、农村土地流转和规模经营、农村流通体系建设、易地扶贫搬迁、光伏扶贫建设等方面的贷款。

其他银行业金融机构

吉县农村信用合作联社（简称吉县信用联社）　1951年成立，时称吉县农村信用合作社，共设立文城、谢悉、曹井、窑渠 4 个基层信用社。1957 年底，按照乡乡设立信用社的要求，吉县共有信用社 22 个，行政领导由当地政府配备，人民银行为业务领导，职工工资由人民银行核定。1958 年，信用社更名为公社银行分理处，机构由 1957 年底的 22 个减少到 14 个。1960—1972 年，信用社机构按人民公社设立，由原来的 14 个减少到 11 个，其业务先后归属农业银行和人民银行管理。1984 年，增设西关和西市街 2 个储蓄所。1985 年底，拥有城关、文城、王家原、兰家河、曹井、窑渠、屯里、明珠、中垛、东城、柏山寺 11 个信用社，三堠、中市 2 个信用分社，2 个储蓄所和 42 个信用服务站，共有员工 109 人。

1986 年，吉县农村信用合作联社成立，负责境内农村信用社的业务和人事管理，对内仍为农业银行一个股室，受农业银行领导，农行行长兼任联社主任，信合股股长兼任联社副主任。当年，增设联社营业部和桥南储蓄所，拥有信用社 12 个、分社 2 个、储蓄所 3 个、信用服务站 39 个。

1994 年 11 月 22 日，吉县农村信用合作社联合社挂牌成立。12 月与农业银行正式脱钩，恢复了信用社“三性”性质，独立行使对境内信用社的指导、协调、服务与管理的职能。由临汾地区农村金融体制改革领导小组办公室负责信用社的行政管理、业务领导，县人行监管信用社的农村金融业务。

1998 年 8 月 18 日，吉县信用联社召开第一届社员代表大会，选举产生了联社理事会、监事会。

1999 年，将原有的 12 个核算单位中的王家原、兰家河、曹井、柏山寺 4 个信用社降格为信用分社；撤并文城信用社中市分社；撤销中垛信用社三堠分社。

2000 年 4 月 25 日，将原独立核算的中垛、东城、窑渠、明珠 4 个信用社降格为信用分社。4 月 30 日，吉县信用联社召开第一届社员代表大会第二次会议，完善了理事会、监事会建制，联社实行理事长与主任分任。当年共有城关、文城、屯里 3 个信用社和联社营业部 4 个核算单位，8 个信用分社、3 个储蓄所，从业正式职工 68 人，临时工 18 人。

2003 年 5 月 1 日，兰家河信用分社搬迁到祖师庙，更名为祖师庙分社。2004 年 6 月 8 日，文城信用社王家原分社迁址到壶口镇七郎窝村，更名为吉县文城农村信用合作社壶口分社。7 月 13 日，城关信用社曹井分社撤并，所有债权债务及所有业务全部归并城关信用社祖师庙分社。

2006 年 11 月 26 日，吉县信用联社召开第四届社员代表大会第一次会议。产生新一届理事会、监事会。2008 年 1 月，广场信用分社开业。2 月 2 日，吉县农村信用合作联社创立大会暨第一届社员代表大会第一次会议召开。选举产生吉县农村信用合作联社第一届理事会和第一届监事会。

2009 年 1 月 23 日，临汾银监分局同意吉县农村信用合作联社开业，核准《吉县农村信用合作联社章程》，批准吉县农村信用合作联社为股份合作制的社区性地方金融机构。3 月 5 日，吉县农村信用合作联社举行一级法人揭牌仪式，正式挂牌开业，实现县联社统一法人管理。开展吸收公众存款，发放短期、中期和长期贷款，办理国内结算、票据承兑与贴现等业务。4 月 7 日，三堠信合便民服务点揭牌运营。11 月 11 日，吉县联社召开第一届社员代表大会第四次会议，增补社员代表 2 名、理事 1 名，理事会选举产生了理事长。12 月 15 日，吉县联社设立人力资源管理部、信息合规管理部。

2010 年 8 月 3 日，西市街储蓄所搬迁至葛家沟口对面，西关储蓄所搬迁至吉县一中对面新华桥头。2011 年 10 月 13 日，启动筹建农商行工作。

2012 年 12 月 20 日，吉县农村信用合作联社由新华街 159 号饮马泉对面搬迁至新华街 60 号吉州宾馆对面，城关信用社由吉县新华街 79 号葛家沟口搬迁到吉县新华街 159 号联社旧址。

2013 年 3 月 31 日，桥南储蓄所从丰泽园楼下搬迁至新华街 159 号饮马泉对面与农村信用合作联社城关信用社合并办理业务。7 月，城关信用社从饮马泉对面搬迁至侯家沟口原县人民医院。

2014 年 3 月 23 日，召开第二届社员代表大会第三次会议。11 月 25 日，吉县联社召开社员代表大会第一次会议，选举产生理事会、监事会。在理事会上，选举产生理事会理事长。

2015 年底，吉县农村信用合作联社内设部室 9 个，下辖营业网点 15 个（联社营业部 1 个、信用社 3 个、信用分社 8 个、储蓄所 3 个）。其中城内设有 7 个，均位于县城主要繁华路段，乡下设有 8 个，遍布各乡镇，是吉县网点最多的金融机构。共有在编员工 176 人，在岗 170 人，其中班子成员 5 人、中层管理人员 37 人、营业经理 15 人、客户经理 36 人、综合柜员 42 人、部门干事 35 人。

2010 年 11 月 22 日，在中国银监会主办、中国银行业协会承办的农村信用社 60 周年发展历程暨金融服务产品博览会上，全省仅吉县信用联社一家以“利商宝”苹果交易仓单质押贷款，获“最佳农户金融产品创新奖”。同年，被山西省公安消防总队评为“消防安全‘四个能力’建设达标星级单位”。

2012 年 1 月，吉县联社开通壶口分社 ATM。同年 2 月，被山西省农村信用社联合社评为“不良贷款‘双降’工作先进单位”。在全省农村信用社年度市、县两级机构综合考评中，合规经营、风险管理、经营效益、发展转型、社会责任各项指标均位于全省前列，评定等级均为优秀。在临汾市 16 个行社的综合考评中，每月排队均在中上游层次。在西山六县中，吉县联社一直持有“贷款质量优、不良占比小”的发展优势。

2013 年 5 月 12 日，创新用于支持建档立卡贫困户脱贫致富的信贷产品——“扶果贷”，以扶果贷贷款产品为载体，为全县 289 户建档立卡贫困户，发放信贷资金。

2014 年 1 月 1 日，吉县联社开通第一个网上银行客户。4 月 15 日，吉县联社配合县财政局和县农委会开始惠农资金“一卡通”的发放工作，着手对一户多卡（折）和一人多卡（折）的客户进行规范。

2004 年 7 月 3 日，全市农村信用社支持果业发展吉县现场会召开。2006 年 11 月，召开案件专项治理法律普及和警示教育大会。被山西省信用联社临汾办事处授予 2008 年度“风险防控先进单位”。

第二节　人民币管理

人民币流通

1955 年 4 月底，吉县停止旧版人民币流通。1962 年 4 月，第三套人民币在吉县开始发行流通，有壹角、贰角、伍角、壹元、贰元、伍元、十元 7 种面额。1987 年 4 月，国家发行第四套人民币，与第三套人民币在吉县同时流通，面额有壹元、贰元、伍元、拾元、伍拾元、壹佰元 6 种，辅币有壹角、贰角、伍角 3 种。1999 年 10 月，国家发行第五套人民币，有壹佰元、贰拾圆 2 种（贰拾圆于 9 月 16 日发行）。

人民币发行

发行库是人民银行为国家保管待发行的货币的金库。1951 年 1 月，吉县设立发行基金保管库，1952 年 2 月，改为发行支库，库主任由中国人民银行吉县支行（简称吉县人行）行长兼任。

1984 年，发行业务由中国工商银行吉县支行（简称吉县工行）代理，改为发行基金保管库，库主任由吉县工行行长兼任。1986 年 7 月工商银行从人民银行分离单设后，发行库主任改由人行行长兼任。2001 年 4 月，人民银行体制改革推行逐步建立安全、快捷、高效的运钞机制，适当撤并业务量小的发行库，由临近的业务量大、安全设施好的人民银行分支机构代理货币发行业务，经中国人民银行太原中心支行批准，吉县人行发行库撤并乡宁县人行，人民币发行业务由乡宁人行承担；邮政储蓄、农村信用社的现金供应由吉县农行承担。吉县人行发行股、保卫股各留 1 名工作人员，改为发行、保卫专业，其余人员充实到其他岗位。1988 年 4 月 6 日，中国人民银行太原中心支行《关于印发发行库规范化管理办法的通知》，要求全省各地、县发行库实行以"三账八簿"为中心内容的规范化管理。1989 年 5 月，吉县发行库管理工作通过中国人民银行太原中心支行验收组验收。

人民币反假

20 世纪 90 年，吉县人行每年利用"反假币宣传月"，组织各商业银行在城镇街头、乡村集市设立咨询台、反假宣传站，散发传单、宣传画，开展人民币反假知识宣传活动。

2007 年 11 月，吉县信用联社营业部被山西省反假货币工作联席会议评为"反假货币工作先进单位"。2008 年 12 月，中国人民银行临汾市中心支行授予吉县人行 2008 年人民币管理、反假货币工作"先进单位"称号。同时，授予吉县农村信用社 2008 年人民币管理、反假货币工作"先进单位"称号。

2014 年 10 月 10 日，吉县信用联社，深入村委和学校对新版第五套人民币 100 元纸币进行防伪知识宣传讲解。

残币回笼

1994 年，境内金融机构开始在营业场所挂牌收兑残损人民币。吉县人行年年超额完成中国人民银行临汾中心支行分配的残损币回笼任务。2008 年，针对吉县市场小额票币不足的问题，吉县人行调回 1000 余万元的小额票币投放市场。

投放回笼

从 1950 年起，吉县人行担负现金管理职能，负责境内现金收支、投放回笼，数据计算、掌握国民经济发展规律、调节市场货币供求。1950—2010 年，60 年内回笼 12 个年度，回笼总额 13695.8 万元，投放 48 个年度，投放总额 84015.3 万元。2011 年开始，不再统计现金收入支出，收回至中支一级。

1986—2010年吉县现金收入支出投放回笼情况表

表15-1-1　　单位：万元

年份	现金收入	现金支出	回笼	投放
1986	1789.4	2204.5	—	+415.1
1987	2489.7	2922.6	—	+432.9
1988	4277.8	4991.1	—	+713.3
1989	4356.6	5163.2	—	+806.6
1990	5426.2	6183.9	—	+757.7
1991	6454.2	7287.9	—	+833.7
1992	9204.7	11156.2	—	+1951.5
1993	12197.6	14821.4	—	+2623.8
1994	14816	17713.6	—	+2897.6
1995	18940.3	22358.5	—	+3418.2
1996	25159	28469	—	+3310
1997	30581	35118	—	+4537
1998	34905	39682	—	+4777
1999	38513	41597	—	+3084
2000	41021	43281	—	+2260
2001	65354	70132	—	4778
2002	76139	81904	—	5765
2003	88865	92688	—	3823
2004	119725	119190	535	—
2005	161236	153316	7920	—
2006	164273	159303	4970	—
2007	217317	217432	—	115
2008	15382	19586	—	7383
2009	28722	30827	—	11538
2010	52234	53101	—	15918

第三节 银行存款

中国人民银行吉县支行成立后，引导境内金融机构组织存款，吸收社会闲散资金，作为支持经济发展的基础货币。2015 年底，吉县各项存款达 450347 万元，比 1978 年增加 450165 万元。

1986—2015 年中国人民银行吉县支行储蓄存款情况表

表 15-1-2　　　　单位：万元

年份	城镇储蓄	农村储蓄
1986	496.6	23.9
1987	658.5	108.5
1988	922.2	25
1989	1221	101
1990	1643.9	201.6
1991	2163.9	201.5
1992	2607.1	191.1
1993	3116.7	305.7
1994	3913.2	299.6
1995	4283.5	342.5
1996	4878	528
1997	5578	1868
1998	10489	1437
1999	10714	1532
2000	12668	2572
2001	23901	2095
2002	22200	816
2003	27702	940
2004	35539	823
2005	42468	1233
2006	50179	1263
2007	60972	3981
2008	19932	56952
2009	59265	79070
2010	55328	120466
2011	99984	105445
2012	120345	128420
2013	128575	151689
2014	134596	175422
2015	92770.8	186775.7

1985—2015 年中国农业银行吉县支行主要年份存款统计表

表 15-1-3　　　　单位：万元

年份	存款余额	年份	存款余额
1985	412	2005	18740
1990	1177	2010	49874
1995	2828	2015	67721
2000	11337	—	—

1986—2015 年吉县农村信用社存款余额情况表

表 15-1-4　　　　单位：万元

年份	存款合计	农村集体	乡镇企业	社员储蓄	其他存款
1986	429.89	—	—	352.88	77.01
1987	493.29	—	—	424.28	69.01
1988	609.95	—	—	493.21	116.74
1989	730.52	—	—	643.45	87.07
1990	831.81	—	—	729.39	102.42
1991	961.86	—	—	854.43	107.43
1992	1105.26	—	—	993.65	111.61
1993	1296.20	—	—	1174.60	121.6
1994	1555.69	—	—	1428.66	127.03
1995	1889.31	—	—	1804.05	85.26
1996	2174.14	—	—	2063.01	111.13
1997	2112.64	—	—	2020.04	92.6
1998	2363.29	—	—	2244.20	119.09
1999	2398.55	—	—	2259.19	139.36
2000	3034.20	—	—	2709.88	324.32
2001	3845	280	5.7	—	—
2002	5058	256	—	—	—
2003	6670	322	3.8	6245	—
2004	9053	575	4.95	7875	—
2005	10629	943	3.45	9086	—
2006	13224	1283	3	11005	—
2007	20735	3981	40	16660	—
2008	33245	8199	309	24713	—
2009	66273	28591	499	37133	—
2010	82754	—	36999	45536	—
2011	99933	—	41386	58547	—
2012	122206	—	48266	73940	—
2013	146605	—	55077	91527	—
2014	159071	—	47429	111642	—
2015	160294	—	47429	111642	—

1986—2015 年吉县邮政储蓄发展情况表

表 15-1-5　　单位：万元

年份	年末余额	年增额	年份	年末余额	年增额
1986	1	—	2001	2232	219
1987	4	3	2002	2698	466
1988	46	42	2003	3459	761
1989	65	19	2004	3654	195
1990	159	94	2005	5854	2200
1991	215	56	2006	7258	1404
1992	362	147	2007	8717	1459
1993	353	-9	2008	10452	1735
1994	456	103	2009	13034	2582
1995	505	49	2010	13794	7610
1996	770	265	2011	15409	1615
1997	788	18	2012	24595	9186
1998	1005	217	2013	34132	9537
1999	1784	779	2014	37536	3404
2000	2163	379	2015	39456	1920

第四节　银行贷款

吉县各金融机构投放信贷资金，支持苹果、烤烟、旅游等相关产业的发展，推动县域经济持续、快速、健康发展。2015 年底，各项贷款余额达 155640 万元，比 1978 年增加 155108 万元。

人民银行再贷款情况

1989—2014 年，吉县人行对辖内商业银行和金融机构资金清算和短期资金融通，发放短期再贷款，解决商业银行和其他金融机构临时资金不足的问题，保证辖内结算畅通。

支持县域经济情况

吉县农行支持县域经济情况　与农发行和信用社一分一脱时期，累计投放各项农资贷款 5 亿元。农行转轨及商业银行经营时期，以追求自身效益和社会效益最大化为目标，积极调整信贷结构与投向，走集约化、规模化、优良化发展之路，重点支持旅游、生产资料、烤烟生产、果树、养殖、城市房地产业等，为吉县农业产业结构调整和旅游业发展提供可靠的资金保障。先后被山西省政府评为扶贫先进单位，被市委、市政府评为“八七”扶贫攻坚先进单位，连续 4 年被县委、县政府评为红旗单位。

1986—2015 年吉县贷款发放情况统计表

表 15-1-6　　　　单位：万元

年份	工业放款	商业放款	农业放款	其他
1986	369.7	1187.4	679.3	175.7
1987	424.8	1378.2	805.8	276.5
1988	436.2	1736.6	622	485.6
1989	548.8	2102.2	655.9	237.3
1990	574.2	2566.6	729.6	354.6
1991	627.9	2844	789.4	301.7
1992	729	3302.4	619	461.7
1993	810.8	3941.7	642.7	901.8
1994	949.2	4011.6	238.3	803.4
1995	652.8	4458.1	534	875.42
1996	503	4660	810	637
1997	364	6139	939	660
1998	931	7138	1284	680
1999	800	7558	2446	1485
2000	201	6058	2967	539
2001	189	6187	3688	515
2002	177	7118	5072.64	450.41
2003	154	7128	6243	772
2004	147	8814	7592	631
2005	132	9113	8409	292
2006	10	347	9969	1722
2007	135	114	13189	2324
2008	0	0	20256	1030
2009	0	0	24883	722
2010	0	企业放款	42907	0
2011	0	506	53759	0
2012	0	3504	64932	0
2013	0	19289	70460	0
2014	0	23844	82178	0
2015	0	34278	76368	0

1985—2015 年中国农业银行吉县支行主要年份贷款统计表

表 15-1-7　　单位：万元

年份	贷款余额	年份	贷款余额
1985	1470	2005	3871
1990	2464	2010	8746
1995	3776	2015	11692
2000	3592	—	—

2010 年后，吉县农行发展信用卡透支业务，信用卡贷款授信 5100 万元，新增授信 1500 万元。2015 年，客户使用信用卡消费 1.7 亿元，发卡量和消费额一直位居全市系统第一名。2010—2015 年，以惠农卡形式，给产业链农户发放“三农”小额贷款 1.05 亿元。其中，2015 年累计发放惠农贷款 479 笔、3064 万元。与新城恒实房地产公司合作 7000 万元按揭项目、与滨河佳苑房地产公司合作 2560 万元按揭项目，储备个贷项目上亿元，为城乡居民尤其是农民进城安家购房提供支持。至 2015 年，累计发放个人住房贷款 87 笔、1542 万元，余额 2000 万元，当年个贷余额翻番。累计发放住房公积金贷款 1.5 亿元，其中 2015 年，发放住房公积金贷款 235 笔、5546 万元，贷款余额达到 9218 万元，支持新城、新华园、扶风家园、滨河家园 4 个楼盘和其他二手房屋的交易，成为全市农行第一家和最大一家为农民购房提供贷款的县域支行，被市分行作为安居贷的典型。

吉县邮储银行支持县域经济情况　致力于“三农、小微”金融服务，支持苹果产业、农户、个商和企业发展。尝试开展扶贫金融服务和农户到户贷款业务。新开发了农户保证贷款、农户联保贷款等业务，农户贷款产品额度由原来的 5 万元提升到 30 万元，还款期限由原来的 1 年延长至 2 年。针对种养殖行业开办了家庭农场（专业大户）贷款。针对苹果特色产业开办了仓单质押贷款，累计投放仓单质押贷款 3700 万元。截至 2015 年底，共发放贷款 8241 万元，其中小额农户贷款 4198 万元、个人消费贷款 713 万元、个人商务贷款 460 万元、小企业贷款 2870 万元。吸收各项存款 20728 万元。先后被县委、县政府授予 2011 年度、2012 年度、2014 年度服务县域经济先进单位，2015 年度市级青年先进文明称号。

吉县农发行支持县域经济情况　2011—2015 年，累计发放粮油收储贷款 4328.8 万元，确保国家粮食安全，解决农民“卖粮难”的问题。支持农业综合开发项目，为吉县粮油加工企业和当地龙头企业吉县宏丰农副产品购销有限公司发放贷款 260 万元；吉县壶口玉米开发有限责任公司 1358 万元；山西辰康生物科技有限公司 1150 万元；吉县人祖山农产品开发有限责任公司 300 万元；吉县壶口面业有限责任公司 500 万元。

2015 年，拟支持乡宁县县城供水引黄工程项目贷款 6000 万元，贷款资料通过省分行审核。

吉县信用联社支持县域经济情况　20 世纪 80 年代，随着农村经济体制改革的不断深入，县信用社组织资金，支持土地承包责任制政策落实，支持个体农业经济发展，扶持农民脱贫致富，发展农村经济。90 年代，县信用社将农户、商户、小微企业等客户作为服务的重点，将吸收的有限存款，全部用于发放支农贷款，为“一村一品”“一县一业”及涉农龙头企业和农村青年、大学生村官、妇女创业提供金融服务，缓解“三农”和小微企业的金融需求。支农贷款从 1986 年的

1989年—2015年中国人民银行吉县支行再贷款余额情况表

表15-1-8　　　　单位：万元

年份	合计金额	其中	
		商业银行	信用社
1989	362	362	0
1990	362	362	0
1991	240	240	0
1992	425	425	0
1993	340	340	0
1994	360	360	0
1995	380	380	0
1996	300	300	0
1997	380	0	380
1998	350	0	350
1999	900	0	900
2000	3280	0	3280
2001	1900	0	1900
2002	0	0	0
2003	0	0	0
2004	1900	1900	0
2005	1990	1900	0
2006	2900	0	2900
2007	1900	0	1900
2008	400	0	400
2009	0	0	0
2010	0	0	0
2011	0	0	0
2012	6000	0	6000
2013	8000	0	8000
2014	10000	0	10000
2015	10000	0	10000

296.5 万元，增长到 2015 年的 96959 万元。

2008 年，推出“利商宝”苹果交易仓单质押贷款业务，8 年累计为 953 户果商提供 9 亿余元的信贷支持，满足广大果商短期融资需求，间接增加了果农收入，为信用社增加了利息收入，增强了信用社与果农、果商以及苹果冷藏企业的信任度。

1997 年 3 月，临汾地区农村金融体制改革领导小组办公室授予吉县联社“资金营运稳健、支农成绩突出”牌匾一块。10 月 23 日，全区西山六县联社旺季工作汇报暨经验交流会在吉县信用联社召开。2009 年，全市农村信用社支农惠民行动计划流动现场会开幕式及服务果业发展吉县现场会在东城乡柏东村召开。吉县信用联社多次被县委、县政府评为“服务吉县经济先进单位”。2011 年，分别被省联社、临汾办事处评为“2010 年度支农工作先进单位”。

第五节 结算

同城结算

1987 年 3 月，吉县推广五联转账支票，以适应各种经济成分，多渠道商品流通与银行电脑处理账务的需要。同年 6 月，开始执行《临汾地区同城票据自带处理手续》，解决开户单位急用款时的同城票据交换结算问题。收款单位是集体和个体的不办自带。1989 年 6 月，取消同城票据自带。2007 年 9 月 12 日，停止同城票据清算业务（除国库业务），资金清算全部通过大小额支付系统办理。2008 年 7 月，同城票据清算全部停办。

异地结算

1984 年，吉县人行和各家银行均设联行的体制。1988 年，开办商业汇票承兑、贴现等新业务。1989 年，实行新的结算制度，废止国内信用证等 5 种结算方式。改为银行汇票、商业汇票、银行本票、支票、汇兑、委托收款 6 种结算方式。同年 8 月 1 日，废止托收承付结算方式，停办结算贷款，使用商业汇票可以在专业银行办理票据贴现。1994 年 1 月，人民银行电子联行正式开通，金融机构的资金结算通过人民银行电子联行办理。1996 年 1 月 1 日实行《中华人民共和国票据法》后，异地结算方式主要以汇票、本票、支票为主，同时推行银行卡结算方式。1997 年，联行清算系统跨入现代化阶段，异地结算从传统的手工操作到电子化。人民银行电子联行全国联网，跨行跨区结算，实现汇划款项与资金清算同步，加速社会资金周转速度。随着经济、金融的不断发展，支付结算依托支付系统，商业银行使用的票据仅有转账支票，现金支票，结算业务申请等票据。

2005 年 6 月 27 日，大额支付系统推广运用，逐笔实时处理支付业务，全额清算资金，实现异地跨行支付、清算从手工联行到电子联行再到现代化支付系统的跨越式发展。2006 年 5 月 29 日，小额支付系统上线运行，成为跨行清算的有利平台。小额支付系统处理同城、每日系统日切时间为 16 时，借记支付业务实行 7×24 小时连续运行。小额支付系统的金额上限为 2 万元。同年 8 月 1 日，停止办理电子联行业务。

账户设置

1981—1990 年，吉县人行账户设置有较大改革。一是对个体工商户办理开户，设存款账户和贷款账户；二是允许单位选择银行，银行选择客户，双向选择灵活开户；三是专业银行为清理拖欠贷款，为企业开立“清欠专用存款户”和“清欠专用贷款户”。2000 年，账户设置改革为四大类：即基本存款账户（基本结算账户）、一般存款账户、专用存款账户、临时存款账户（不能提现只能转账）。2003 年 9 月 1 日，施行中国人民银行制定的《人民币账户管理办法》，银行结算账户按存款人分为单位银行结算账户和个人银行结算账户。单位银行结算账户按用途分为基本存款账户、一般存款账户、专用存款账户、临时存款账户。基本存款账户、临时存款账户和预算单位开立专用存款账户实行核准制。其他账户为备案类账户。2005 年 6 月 1 日，境内推广使用“账户管理系统”，实现人民银行对银行结算账户的非现场监管。

2007 年 6 月，实行联网核查公民身份证件，为办理结算账户和其他相关业务提供了权威、便捷的技术手段。2008 年 6 月吉县会计核算业务上收（集中至人行临汾中支），会计核算格局发生变化：县级非法人金融机构（如县农业银行、邮政储蓄）撤销在当地人行开设的所有账户，在其上级分行开设内部账户办理清算业务，现金存取、财政性存款的缴存由其管辖分行统一办理；县级法人金融机构（农村信用合作社），在人民银行临汾中支开设法人准备金存款、财政性存款、再贷款等账户，用于办理资金清算、现金、法定准备金及财政性存款缴存、再贷款等业务。境内跨网点转账业务，统一由各金融机构自行提交支付系统办理；取消吉县同城票据交换，税款、拨款等业务，通过国库内部往来或支付系统办理。

票据清算

1984 年，吉县人行同城票据交换所成立，实行“集中交换、差额清算”办法。同城票据交换的资金清算，均在人民银行开户集中办理，专业行的基层行通过辖内往来转账，向其管辖行清算。票据交换开始时一天一场，为加速资金周转，变成一天两场。工商银行、农业银行、建设银行、农村信用联社均参加交换。

银行卡

20 世纪 90 年代，银行卡是农业银行、农村信用社向社会发行的具有消费信用、转账结算、存取现金等功能的支付工具，成为一种新型的结算方式。2011 年，吉县人行制定《关于推广银行卡助农取款服务的实施方案》，辅导服务点人员办理转账、小额提取现金、查询等业务 20 余次。2012 年末，吉县农行发放银联卡 16890 张，其中贷记卡 990 张、借记卡 1.5 万张；农村信用社发放信合通、生肖卡 29373 张。邮政储蓄发放绿卡（储蓄卡）、绿卡通（借记卡）共 2605 张。

农村支付服务

吉县农行农村支付服务 1998—2015 年，先后出台《中国农业银行吉县支行优质服务十项承诺》《中国农业银行吉县支行规范化标准》，为客户提供一流的服务。随着服务质量的改进、办公条件和营业设施的改善，农行的电子化建设飞速发展，工作效率明显提高。2015 年，实现信贷、对公业务、电子汇兑、会计报表、储蓄业务、金穗卡等业务的电子化、现代化，实现了电子汇兑全国 24 小时到账抵用和储蓄存款通存通兑。以惠农服务点为依托，完成 8 个乡镇 26 个行政村“金穗惠农通”全覆盖。安装转账电话 121 部，覆盖城区和 26 个行政村。2015 年，代缴电费和手机费业务超过 1 万笔，金额近 200 万元，转账汇款业务 17934 笔、金额 9053 万元，累计代理涉农资金 4592 万元。陆续给惠农服务点配备保险柜、点钞机等必要的金融机具，使惠农服务点逐步具备了转账、汇款、小额现金存取等便利金融服务功能。推广电子银行金融服务，发展手机银行、网上银行、电话银行、商户收单、短信通、代收费等业务。城乡居民足不出户就可办理查询、转账、代缴电费、手机费、理财等服务，实现人人身边有银行。电子分流率达到 85%，柜台所办业务占全部业务量的 15%，为广大客户提供安全、快捷的电子金融服务通道。在新华书店金融便利店配置取款、存取款一体机、服务终端等，配齐客户经理、大堂经理，现场指导城乡居民办理业务。推行网点标准化建设、合规网点创建，临柜智能系统上线运行，开设了超级柜台，缩短了业务办理时间，提高了办公效率。

吉县邮储银行农村支付服务　2014年初，制定“村村通”实施方案，在79个行政村设立“助农取款服务点”79个，覆盖率达到100%。将查询、转账、取现等基础金融业务下沉到农村，为广大农村客户提供方便快捷的金融服务。

吉县信用联社农村支付服务　2015年1月1日，县信用合作联社开通第一个网上银行客户。通过与乡政府、村民委员会、小超市、农资门市合作，按照有标识、有机具、有登记、有培训、有宣传“五有”标准，共设立农村金融综合服务站33个，开展“银行卡助农取款服务”。其中，壶口镇6个、东城乡8个、文城乡9个、车城乡9个、柏山寺1个。开通第一个手机银行和微信银行业务。安装ATM6台（其中在行式5台，离行式1台），发展特约商户153户，安装POS机167台，设立助农取款服务点36个，农村金融综合服务站33个，是吉县结算网点最多的金融机构。

第六节　经理国库和发行债券

经理国库

1950—1984年，根据《中央金库条例及实施细则》规定，人民银行代理（财政）金库，吉县人行设支库，专人负责代理。1985年，人民银行履行中央银行职责，改代理金库为经理国库。1986年，吉县人行会计、国库合署办公，设会计国库股，组织管理回库业务。国库业务实行垂直领导，各级国库是中央国库分支机构，也是地方国库。当年，国库会计核算系统上线运行，全国联网，实现电子化操作。2003年，吉县人行开设国库单一账户，实行国库会计集中支付，开展惠民资金直补工作。制定《吉县国库直接支付政府性补贴资金实施方案》《吉县国库直接发放“农村低保补贴资金”业务操作流程》，与民政等部门签订补贴资金直接发放业务协议书，将75.6万元的农村低保补贴资金直接拨付给2384名农民手中，此项创新工作得到中国人民银行总行的肯定。2010—2012年，利用国库资金批量支付绿色通道，增加粮食补助、退耕还林补贴、农村养老金、农村客运燃油补贴等10余种直补项目的支付，累计支付金额近亿元，受益群众2万多户。2010年，开启税款横联系统，建立财、税、库、银之间先进、高效、实用、可靠的电子信息通道，纳税人足不出户就可以完成税款缴纳。2012年12月，国库业务由国库会计核算系统（TBS）升级为国库会计数据集中系统（TGBS）。在“一级政府、一级财政、一级国库”前提下，该系统（TBGS）将传统模式下预算收入业务“批量处理、多环节报解、逐级上划”的做法，改变为采集财政收入、支出业务的原始信息后，由数据处理中心进行逐笔实时处理，实现了各项税款直达入库、资金划拨实时到账、收支报表自动汇总等功能，减轻了国库工作强度，提高了国库会计核算和服务水平。

发行债券

人民胜利折实公债　1950年1—3月发行，此公债以实物计算标准，券额有壹分、拾分、壹佰分、伍佰分4种，由中央政府委托中国人民银行代理财政部发行和收回。推销的重点是县城和富有的退职文武官员。同时动员境内工人职员、公教人员和自由职业者认购，不向农民推销。第一期人民胜利折实公债全国（除东北地区）总发行额为1亿份，分配到山西省推销任务为100万份，分配吉县推销任务不详，6月30日停止销售。

国家经济建设公债　1954—1958年发行。发行对象是职工、公教人员、农民、私营工商业者、城市居民。面额为1元、2元、5元、10元、50元、100元，于1968年全部还本付息。

国库券　1981年开始发行，到1995年，吉县认购国库券共计554.6万元，其中集体116.7万元、个人437.9万元，到期后全部兑付。

国家重点建设债券　1987 年，国家原计划在全国向机关团体、企事业单位、个人发行认购 55 亿元，实际发行 49.06 亿元，由人民银行代理财政部发行。上级分配吉县发行任务 7 万元，完成 7 万元。

国家建设债券　1988 年发行，由中国人民银行下达代理发行指标，专业银行和其他的金融机构代理发售，全国发行量达 679.6 亿元。当年 4 月，经国务院批准发行城乡居民、基金组织、金融机构认购的国家建设债券 80 亿元，完成 30.82%。吉县分配发行任务五年期 16 万元，完成 16 万元。

财政债券　1988 年，发行 2 年期债券、5 年期财政债券。分配吉县任务为 8 万元，其中 2 年期的 7 万元、5 年期的 1 万元。

保值公债　1989 年发行，发行对象是城乡居民、职工、个体工商户、各种基金会，保险公司及有条件的某些公司。分配吉县任务 38 万元。

基本建设债券　1988 年发行，由建设银行代理发行。发行对象是工商银行、农业银行、中国银行、建设银行。分配吉县发行任务 35 万元。

1981—1995 年，吉县共发行认购各种债券 6 种，认购总金额 1178.2 万元。

1985—1995 年吉县国库券认购情况一览表

表 15-1-9　　　　单位：元

年份	合计	单位	个人
1985	183085	20070	163015
1986	145605	20730	124875
1987	150800	10800	140000
1988	220000	13600	206400
1989	200560	0	200560
1990	200000	0	200000
1991	266000	0	266000
1992	250000	0	250000
1993	500000	0	500000
1994	1100000	0	1100000
1995	1024000	0	1024000

第七节 现金管理

1952年，吉县现金管理实行现金收支两条线，销货款全额送存银行，送款单位注明资金来源，提取现金实行支票（或存折），注明支付用途，开户银行按单位业务量发生情况核定合理的库存限额。20世纪50年代，行政单位一般不超过20～30元，60年代，执行10元为起点的转账结算，单位与单位之间超过现金支付起点，应实行转账结算。70年代后，对开户单位现金管理实行检查监督，一般每年不少于两次普查，或不定期的检查。1978年后，建立柜台监督制度，开户银行计划部门对单位提取现金实行逐笔审批，分额度大小，分级审查，并对单位工资基金实行监督管理。

20世纪80年代后，为适应形势发展的要求，提高现金结算起点，允许个体工商企业少量现金结算。1986年，吉县人行发挥发行库调节手段，控制不合理投放，对境内专业银行下达业务库现金库存限额。1988年9月8日，国务院颁布《现金管理暂行条例》。9月23日，人民银行总行下发《现金管理暂行条例实施细则》，确定转账结算起点为1000元，首次将现金管理工作纳入法制化轨道。对专业银行的现金投放，实行月考核、定期通报。

20世纪90年代后，各金融机构严格执行国务院和人总行下发的现金管理条例和实施细则，对开户企业实行严格现金管理，对违犯现金管理的单位或个人实行通报批评和经济处罚。1990年，按照《工资基金管理手册》《支取现金手册管理办法》控制现金投放。1997年10月，境内各金融机构建立大额付现备案审查制度和向人民银行报告备案制度。1998年，吉县人行将现金投量指标分解到各专业银行，严格库存现金，控制现金体外循环，投差比上年下降8.7%。

2000年，开立专用账户的单位需要支取现金时，需提出申请报开户银行审批。县人行每季度对专业银行现金管理情况进行检查。2002年7月30日起，实施《山西省大额现金管理实施办法》。2003年开始，建立现金投放、回笼情况分析预测报告制度。2007年3月，对金融机构人民币收付业务情况进行专项检查，对部分银行控制制度不健全，超库存限额保留现金、大额现金支取审批不严的问题，按相关规定进行处理。2008年4月上旬，开展金融机构现金全面检查。

第八节 金融监管

机构管理

吉县金融监管始于1986年，即县级人民银行恢复行使中央银行监管职能之后。1988年，中国人民银行临汾分行（以下简称临汾人民银行）将审批支行级以下机构的权力下放到吉县人行。1990年，吉县人行设立金融监管股，履行金融监管职能，实行计划指标管理。工商银行、建设银行等专业银行限制在县城设立机构。农业银行和农村信用社限制在乡镇设立机构。撤销有名无实、利用职务之便公款私存为主要储源，管理混乱、群众意见大的储蓄代办所，重新审批储蓄代办所。1997年，吉县人行专设农村合作金融管理股，配备了专职监管干部，依据《金融机构管理规定》，建立筹建制度。首次对辖内农村金融机构实施监管，严格审核机构的市场准入、变更和退出事宜。看设新机构是否有批准的规划，对新机构的地理位置、业务发展预测进行可行性分析，符合条件后颁发“金融机构筹建许可证”。筹建完成后，经人行验收合格，再正式审批机构，凭“经营金融业务许可证”办理营业执照等手续。2004年1月，吉县银监办从吉县人行分出，成立临汾银监分局吉县监管办事处，专职履行银行业监督管理职能。办事处对银行业金融机构机构的设立，变更、终止及其业务范围进行初审，报临汾银监分局审批。至2012年年末，吉县金融机构无变化。

1952—2000年吉县金融机构设立撤销情况一览表

表15-1-10

管辖行	机构名称	负责人	批准设立时间	撤销时间	备注
吉县工商银行	吉县工商银行	常新玉	1985.6.1	2000.5.30	—
	城关储蓄所	—	1986.10.1	2000.5.30	—
	东关储蓄所	—	1985.9.1	2000.5.30	—
	新华储蓄所	梁爱珍	1992.12.18	1998.12.14	—
吉县农业银行	祖师庙储蓄所	葛芝兰	1993.06	1999.03	—
	文城营业所	—	1980	1998.11	—
	屯里营业所	秦东彦	1980	2000.09	—
	中垛营业所	王永生	1980	2000.09	—
	壶口营业所	杨建忠	1993.12	2000.09	—
吉县建设银行	吉县建设银行	冯　进	1985.5.1	1999.8.25	—
	广场储蓄所	—	1998.4.1	1999.8.25	—
	房地产信贷部	陈原平	1992.07	1999.8.25	—
吉县信用联社	吉县信用联社	田天星	1994.11.22	—	—
	城关社	贺月德	1952.10.1	—	—
	东城社	王灵智	1953.10.1	—	2000.3降格为分社
	柏山寺社	刘治忠	1953.10.1	—	2000.3降格为分社
	中垛社	张发荣	1952.10.1	—	2000.3降格为分社
	兰家河社	杜明安	1971.10.1	—	2000.3降格为分社
	曹井社	伊庭保	1953.10.1	—	2000.3降格为分社
	东关储蓄所	贾国芳	1986.7.1	—	—
	西关储蓄所	王淑珍	1986.7.1	—	—
	西市街储蓄所	刘吉梅	1986.7.1	—	—
	屯里社	肖平海	1952.10.1	—	—
	窑渠社	张旭学	1952.10.1	—	2000.3降格为分社
	明珠社	肖长福	1971.10.1	—	2000.3降格为分社
	文城社	葛贵安	1952.10.1	—	—
	王家原社	白恩朝	1953.10.1	—	2000.3降格为分社

任职资格审查与年度考核

1987年起，吉县人行依据《金融机构高级管理人员任职资格管理办法》规定，对辖内独立核算的金融机构既高级管理人员进行任职资格审查。1994年11月，临汾人民银行下发《临汾地区县级以下金融机构主要负责人的资格审查办法》。1995年实行任职前审查，任职期间考核和离任稽核。银行业金融机构的人事权在各自上级主管部门。高管人员的人选由主管部门确定，人民银行与银监部门进行任职资格审查。离任稽核由其主管部门实施。

2004年1月，高级管理人员任职资格审查业务划归吉县银监办。资格审查与考核的高级管理人员有：商业银行正、副行长，信用联社理事长、主任、副主任、监事长，信用社主任。人民银行、银监办事处负责对高管人员任职期间的考核。2010年，银监办实施高级管理人员全程动态管理和银行业金融机构管理人员违规积分管理。

1986年以来，吉县人行先后对吉县工行3位行长、3位副行长，吉县农行3位行长、3位副行长，吉县建行1位行长、2位副行长，中国人民保险公司吉县支公司2位经理，进行任职资格审查，对农村信用社原法人代表和县联社主任、副主任、理事长等进行资格审查，并建起任职人员资料档案。

金融风险监管

吉县人行金融风险监管手段以非现场监管为主，现场检查为辅。1984年前，由临汾人民银行、人民银行太原中心支行安排年度稽核项目、制定稽核方案，吉县人行开展金融稽核，实施现场监管。吉县人行根据非现场监管发现的问题自立项目开展稽核。1987年起，吉县人行对境内金融机构每年开展一次年度全面检查（简称年检）。1992年后，根据人民银行总行“稽核监督八五规划”，每年对辖区20%的金融机构开展常规性稽核。1996年，农村信用社与农业银行脱钩，人民银行担负起农村信用社金融监管职责。1996年后，吉县人行、银监办对商业银行和农村信用社资产风险进行跟踪监管，层层签订目标责任书，落实监管责任人，按月监测、快速上报商业银行不良贷款占用形态和突发事件，按月考核高风险机构资产流动性，按季考核资产负债比例执行情况，防范化解金融风险、资金风险。1997年，吉县人行成立农金股，配备4名专职干部，对信用社的业务进行监管；整顿规范农村信用社机构，制定化解金融风险措施，实行监管预警预报制度；对信用社进行清产核资，澄清了资产、负债、财务收支、风险程度；对高风险信用社实行跟踪监管，按月、按季控制不良贷款和资产负债比例的下降额度；农金干部分片包干，帮助农村信用社建立健全“三会”制度，调整资金投向，恢复农村信用社合作制本来面目，树立为农服务，为社员群众服务的大目标。1999年以后，吉县人行、银监办制定了《防范化解风险制度》《高风险金融机构监管工作制度》《不良贷款专题报告制度》《不良贷款监测通报制度》。2001年，吉县人行建立三大监管系统：金融机构自律系统，成立自律委员会，制订自律公约，并在实践中不断修改完善；建立社会监督制约系统，聘请人大、纪检、法院、检察院、审计、财政等部门及银行退休人员共17人为社会监督员，通过例会等形式实施监督；完善人民银行监督系统，金管、稽核、会计、统计等部门信息资源共享，形成监管合力。2004年1月，年检业务划归吉县银监办。银监办采取自查、非现场检查、现场检查和抽查四种方式对金融机构进行年检，纠正金融业务不规范、金融机构管理不正规、金融安全措施不得力等方面问题40余起；对银行业金融主要负责人约见会谈、监管谈话、诫勉谈话26次，发警示书、预警书18份，提出监管要求和整改建议37条；对违规人员进行通报批评，违规机构实施经济处罚。

2005年，吉县监管办对信用社启动“1104工程”（银行业金融机构监管信息系统）。非现场监管工作走上程序化、规范化轨道。2011 年，建立吉县金融风险预警指标体系，根据非现场检测，对被监管对象经营管理中出现的一般问题发提示书，对风险苗头问题发预警预报警示书。实施以“监管手册”为形式的一社一策、一行一策监管措施。对高风险金融机构重点关注，特别监管，组织开展现场检查和专项稽核，下发高风险机构通知，会同有关部门对高风险机构进行风险处置，视情况提出限制业务经营范围、取消法人资格、撤并机构以及债权债务处理意见和建议。至 2015 年，吉县银行业金融机构没有发生过大的金融风险。

2015 年末，农村信用社的风险基本化解，资金运用趋于正常，增收节支成果显著，农金业务朝着稳定、健康的方向发展。

第二章 保险

第一节 机构

中国人民保险公司吉县支公司

1985 年，中国人民保险公司吉县支公司成立，为县局级单位，内设运输工具险科、财务科、人险科；有业务人员 3 人，当年未开办业务。1986 年，承办保险业务。1995 年 12 月，中国人民保险公司改为中国人民保险（集团）公司，下设中保财产保险有限公司和中保人寿保险有限公司及中保再保险有限公司。1997 年 5 月，根据国务院规定和省公司批复的体制改革方案，公司分业经营，进行产寿机构分设。7 月 23 日，吉县人民保险支公司更名为中保财产保险有限公司吉县支公司。科室调整为办公室、计财科、运险科、财险科。1999 年 8 月，公司重新恢复中国人民保险公司吉县支公司名称，从业人员 13 人，其中正式职工 5 人。2003 年 7 月，公司改制为中国人民财产保险股份有限公司吉县支公司（PICC，简称人保财险吉县支公司）。公司业务机构部门有经理室、财务室、综合部、出单分中心、理赔分部组成，主要经营业务为：机动车保险、建筑工程类保险、企业财产保险、家庭财产保险、短期人身意外险、责任保险、农业保险。

中国人民保险公司吉县支公司成立初期，先是租借城关农机站的房屋办公，1986 年，购置吉县二轻局的下属企业吉县皮麻业加工厂 14 间瓦房（城北路 59 号），并搬迁至此办公。1987 年，开始修建办公楼 2 栋。

中国人寿保险股份有限公司吉县支公司

1997 年 6 月，中保人寿保险有限公司吉县支公司设立，办公地址位于吉县新华街 76 号，属科级单位，直属分公司领导。法人代表是总公司一级法人，吉县支公司是授权经营。1999 年 3 月，更名为中国人寿保险公司吉县支公司。2001 年，有管理人员 1 名，代理人员 12 名，业务由市分公司直管。2003 年 6 月，更名为中国人寿保险股份有限公司吉县支公司。2015 年，公司设个险部、团险部、银行部、客户服务中心和综合部 5 个部门，有员工 12 名。个险营销代理在册人员 255 名，团险销售人员 5 名，银行保险部客户经理 1 名。

保险业务　2000—2015 年，中保人寿保险有限公司吉县支公司为境内 3.65 万余名客户提供了长期保单服务。2013 年，为 868 位老年人办理了老年人综合意外伤害保险，每人保费 30 元。2013 年后，与吉县县委、县政府合作，承保吉县城乡居民人身意外伤害保险业务，每年为境内 10 万余名群众提供短期意外保单服务。2014 年，中国人寿推出全自助电子服务应用系统—国寿 E 宝账，开启保单电子化服务时代，服务项目涵盖保单管理服务、查询服务、交费服务、保全服务、理赔服务，可以随时随地查看中国人寿保险各类保险产品详情，轻轻松松就能买到中国人寿保险产品。2015 年，经营范围涵盖寿险、人身意外险、健康险、年金等人身保险的全部领域。客户通过遍布全国的 3000 家客户服务单位以及开通 365 天 24 小时全国服务专线 95519 “一站式”客户服务电话，可享受咨询、查询、投诉、挂失登记、报案登记等一系列服务。

保费收入与案件受理　1997 年，保费收入为 38 万元。2001 年，保费收入 137 万元，各类给付支出 67.5 万元。2005 年后，年均保费收入在 3000 万元以上。2013 年，受理各类理赔案件 257 件，赔偿金额 64.21 万元。2014 年，受理各类理赔案件 246 件，赔偿金额 92.92 万元。至 2015 年，人寿财险保险公司互动业务中，车险业务 270 万元、苹果保险和林业保险 249 万元，承保面积 33876 亩；受理各类理赔案件 377 件，赔偿金额 250.70 万元。

中国太平洋保险（集团）股份有限公司吉县服务部

2011 年，中国太平洋保险在吉县设立服务部，内设个险部、团险部、客户服务中心和综合部 4 个部门。个险营销代理人在册人员 54 人，团险销售人员 2 人，客户经理 1 人。

经营范围涵盖寿险、人身意外险、健康险、年金等人身保险的全部领域。2012 年，保费收入 262.8 万元；2013 年，保费收入 803 万元；2014 年，保费收入 820 万元，理赔 18.6 万元；2015 年，保费收入 798 万元，理赔 27 万元。

新华人寿保险股份有限公司吉县服务部

2012 年，新华人寿保险股份有限公司在吉县设立服务部。2012 年，保费收入 143.7 万元；2013 年，保费收入 70 万元；2014 年，保费收入 180 万元；2015 年，保费收入 230 万元。

第二节　承保 理赔

企财、家财、运输工具、人身保险

1986 年，中国人民保险公司吉县支公司开始承保企财险、家财险、运输工具险以及各类人身意外伤害保险共计 7 个险种，保费收入为 15.97 万元，其中企财险 1.48 万元、家财险 0.11 万元、运输工具险 9.72 万元、人身意外伤害险 4.66 万元。当年保险赔款 10.34 万元。2001 年，全公司保费收入 98.50 万元，年理赔额为 48.10 万元。2013 年收取保费 745 万元，2014 年收取保费 850 万元，2015 年 980 万元。

机动车、建筑工程、企业财产、家庭财产、人身意外、责任保险、农业保险

2003 年，中国人民财产保险股份有限公司吉县支公司开始承保机动车保险、建筑工程类保险、企业财产保险、家庭财产保险、短期人身意外险、责任保险、农业保险。2012 年，保费收入 618.17 万元，赔款支出 314.34 万元。2013 年，保费收入 780.69 万元，赔款支出 557.36 万元。2014 年，保费收入 844.51 万元，赔款支出 502.14 万元。2015 年，保费收入 766.52 万元，赔款支出 424.91 万元。

自然灾害保险

2012 年，开办“自然灾害公众责任”保险业务，保险费的缴付为政府出资，百姓受益模式。当年收取保费 33.96 万元，保险期间发生保险事故 2 起，赔款 22.99 万元。2013 年收取保费 32.01 万元，期间发生保险事故 1 起，赔款 17.83 万元。2014 年，收取保费 32.12 万元。4 月 6 日，发生的吉县柏浪沟特大山体滑坡事故，赔款 66.02 万元。2015 年，收取保费 32.36 万元，期间发生保险事故 2 起，赔款 19.5 万元。

苹果种植保险

2013 年，人保财险吉县支公司开办特色农业“苹果种植”保险业务，为苹果种植户提供风险保障，保险费的缴纳方式以政府补贴为主，参保户自筹为辅。当年承保 9457.5 亩，收取保费 75.66 万元，期间发生“冻灾”灾害，赔款 83.3 万元。2014 年，承保面积 15215.9 亩，收取保费 121.72 万元，期间发生“雹灾”“风灾”两起自然灾害事故，赔款 81.3 万元。2015 年，承保面积

12406.5 亩，收取保费 99.18 万元，期间发生“雹灾”、“风灾”两起自然灾害事故，赔款 150.1 万元。

2002—2015 年吉县各保险机构保费收入及赔款支出情况统计表

表 15-2-1 单位：万元

年份	保费收入		支付赔款		数量
	人寿保险	财产保险	人寿保险	财产保险	
2002	431.4	111.8	87	82.5	10800 人，312 车，企业财产 8 家
2003	—	—	—	—	—
2004	480	134.5	100	67.4	企业财产 8 家，207 部车，家庭财产 192 家
2005	—	—	—	—	—
2006	—	—	—	—	—
2007	—	—	—	—	—
2008	960.00	274.70	84.50	20.20	—
2009	992.00	331.00	51.10	137.40	—
2010	1058.76	401.00	52.08	214.93	—
2011	1072.20	483.00	176.80	235.00	—
2012	1068.40	618.20	62.00	314.30	—
2013	1334.00	780.70	111.10	557.40	—
2014	1496.00	844.50	92.90	459.00	—
2015	1673.00	980.00	160.00	424.91	—

第十六编　经济管理

1978 年前，吉县实行计划经济管理模式。改革开放后，境内农村实行家庭联产承包责任制；城市出台 “工商改革十条”、实行厂长（经理）责任制、推行现代企业制度等，到 1993 年，形成了计划经济与市场经济并存的局面。与城乡改革相适应，1978 年 12 月，吉县物价局成立；随后“市管会”（市场管理委员会）更名为吉县工商局，负责打击投机倒把，管理境内商标、广告、企业、个体、市场、合同等；1982 年，“吉县计量所”更名吉县计量管理局；1983 年，吉县审计局成立；1988 年，吉县土地局成立。1994 年，中国共产党第十四次全国代表大会明确了建立社会主义市场经济的目标，吉县社会主义市场经济管理体系逐步形成并趋于完善。

第一章　计划

第一节　基建投资

以工代赈

1996—2002 年，县计划委员会投入 7000 余万元实施生态环境建设项目。共兴修坝系工程 120 余处，造林种草 2 万余亩，平田整地 1.5 万余亩，兴修人畜饮水工程 20 余处，兴建节水面积 8000 余亩。

2002 年，吉县被列为国家级贫困县，生态环境建设项目改称为以工代赈项目工程，旨在以扶贫开发为目标，加强农村基础设施建设和生态环境建设，着力改善农民生产生活条件。截至 2015 年底，吉县共实施以工代赈项目 104 个，完成投资 1.6 亿元；新增坝系工程 212 处，新增林草面积 11036 公顷，新建基本农田 2.03 万亩，新增苹果园节水面积 6.35 万亩，新修硬化偏远村道路 280 千米，治理水土流失面积 321 平方千米；实施易地移民搬迁工程 4 处，新建住房 944 套。境内林草覆盖率共提高了 6 个百分点，年拦蓄径流 142 万立方米、拦截泥沙 88 万吨。共有 51 个行政村、104 个自然村、6.5 万人受益。

重点工程

2006 年，为促进社会经济发展，吉县实施重点工程建设，当年确定重点项目 32 个，总投资 40630 万元，包括投资 500 万元，实施县城垃圾处理厂建设项目；投资 100 万元，实施克难坡文物景点修复工程。2007 年，总投资 4.6 亿元，其中投资 8000 万元，实施吉州宾馆建设项目；投资 1500 万元，实施县城文化广场建设项目；投资 180 万元，实施青少年活动中心建设项目；投资 1.9 亿元，实施明珠 220 千伏变电站建设工程；投资 5024 万元，实施吉州大道建设项目。

2009 年，投资 1.1 亿元，实施吉县人民医院建设项目；投资 1500 万元，实施商贸市场建设项目；投资 1741 万元，实施县城生活垃圾处理项目；投资 1500 万元，实施新华街拓宽改造工程；投资 354 万元，实施新华桥建设项目。2010 年，投资 5.6 亿元，实施新城开发一期工程；投资 5000 万元，实施职业中学及吉州职业技术学院建设工程；投资 3000 万元，实施清水河治理工程；投资 2886 万元，实施大型苹果冷藏物流交易市场建设工程。

2012 年，投资 3268.3 万元，实施公检法业务用房建设项目；投资 9800 万元，由吉河热力有限公司实施县城集中供热工程；投资 2734 万元，实施吉县城管供销社棚户区改造项目；投资 6.7 亿元，实施人祖山文化旅游开发项目。2013 年，投资 1 亿元，实施一期保障性住房建设项目；投资 2062 万元，实施农村环境连片整治建设项目。

2015 年，投资 2998 万元，实施壶口至克难坡旅游公路改造工程；投资 7150 万元，由山西澳坤农业科技有限公司实施果蔬气调保鲜库建设项目；投资 9989 万元实施国道 209 线鲁家河至十里河段改线工程；投资 11149 万元实施薄弱学校改造项目；投资 8244 万元实施保障性住房建设项目。

家电下乡工程

2009年5月，吉县实施家电下乡工程（由商务部和财政部牵头实施的一项惠民政策），县商务局备案确定吉县西关太阳能经销部、新华西街俊贤家电城、屯里镇电器行、宏达家电城、龙星电器行等14家，为家电下乡代理商，对境内农村家庭当年购买的部分家电实施补贴，指定下乡家电主要有冰箱、彩电、洗衣机、空调、电磁炉、计算机、手机等9类商品。2010年，销售家电下乡产品5759台，补贴资金141万元。截至2013年1月，家电下乡工作结束，累计销售家电下乡产品28410台，销售金额6504万元，补贴金额797.3万元，销售补贴率为100%。

第二节 计划编制执行

“七五”计划

主要内容 到“七五”末，工农业总产值达到5447万元，比1985年增长52.4%，年均增速8.8%，比1980年的2669万元翻一番。其中，农业总产值达到4475万元，比1985年增长57.2%，年均递增9.5%，比1980年的1864万元增长1.4倍；工业总产值达到972万元，比1985年增长33.9%，年均递增6%，比1980年增长20.7%；财政收入达到120万元，比1985年增长93.5%，年均递增14.1%，比1980年的69.7万元增长72.1%；社会商品零售总额达到2300万元，比1985年增长50.3%，年均递增8.5%，比1980年增长1倍；吉县职工年平均工资达到1000元，比1985年增长24.1%，年均递增4.4%，比1980年增长58.7%；农民人均纯收入达到650元，比1985年增长1.3倍，年均递增18.6%，比1980年增长9倍。

执行情况 “七五”期间，吉县认真贯彻执行党的各项方针政策，致力于生产进步、经济振兴和社会发展，各项建设事业和改革开放取得了重大成就，经济和社会都发生了深刻变化。1990年，国内生产总值完成6154万元，比上年增长14.3%，比1985年增长72.6%，年均增长11.5%；工农业生产总值完成4935万元，比上年增长21.2%，比1985年增长35.3%，年均增长6.2%；粮食总产量达53091吨，比上年增长56%，比1985年增长31.7%，年均增长4.9%；苹果产量1427吨，红星苹果获农业部优质产品奖，增长10.4%，年均增长11.4%；社会消费品零售总额完成3225万元，比1985年增长110.8%，年均增长16.1%；国营商业纯购进1490万元，比1985年增长91%；纯销售额完成2394.8万元，比1985年增长66.2%；农业生产资料零售额713万元，比1985年增长184%；财政收入完成209.6%，比上年增长15.2%，比1985年增长244.7%，年均增长28.1%；农民人均纯收入完成441元，比1989年增长42.4%，比1985年增长59.2%，年均增长9.7%；职工年平均工资1774元，比上年增长22.7%，比1985年增长120%；城乡居民储蓄存款余额完成3045.7万元，比1985年增长137%。新建卫星地面接收站和差转台16个，境内电视覆盖率达66.4%；通电自然村187个，比1985年提高36.5%；电话总线路长达2120千米；公路通车里程达906千米，比1985年增长3.1%。

“八五”计划

主要内容 “八五”期间，吉县持续贯彻落实党的路线方针，解放思想，深化改革，大力加强农业产业发展，努力提高工商企业经济效益，加快兴吉富民的步伐。这一时期的经济与社会发展目标是：到1995年，吉县农业总产值达到3845万元，年均增长5%；工业总产值达到3360万元，年均增长12%；财政总收入达到800万元，年均增长30.7%；社会消费品零售总额达到5683万元，年均增长12%；乡镇企业总产值达到3938万元，年均增长12%；粮食总产量达到6万吨，比1990年增长13%；水果总产量达到2.5万吨，比1990年增长5倍；烤烟总产量达到

“七五”期间吉县主要经济指标完成情况表

表 16-1-1

项目	单位	1986年	1987年	1988年	1989年	1990年	1990年比		“七五”期间年均增长±%
							1985年±%	1989年±%	
一、国内生产总值	万元	3412	3642	4936	4935	6154	72.6	14.3	11.5
1. 第一产业	万元	1847	1748	2711	2221	3577	62.3	39.7	10.2
2. 第二产业	万元	365	461	686	980	1036	147.8	−0.9	19.9
3. 第三产业	万元	1200	1433	1539	1734	1541	63.2	−17.9	10.3
人均国内生产总值	元	411	432	575	564	689	58.4	12	—
二、工农业总产值（现价）	万元	2690	3320	3822	4071	4935	35.3	21.2	6.2
1. 农业总产值	万元	1904	2275	2210	2109	3028	0.8	52.1	0.2
①农业产值	万元	1546	1448	1399	1436	2241	20.7	56.1	3.8
②林业产值	万元	258	284	176	172	231	- 52.3	34.3	−13.8
③牧业产值	万元	369	421	313	342	393	- 0.5	14.9	−0.1
2. 工业总产值	万元	786	1045	1612	1962	1907	196.6	−2.8	24.3
三、主要农产品产量									
1. 粮食总产量	吨	29734	26030	32953	34025	53091	31.7	56	4.9
2. 油料总产量	吨	739	1087	1237	1028	1512	−7.3	47.1	−1.5
3. 烤烟总产量	吨	30	101	475	610	1184	-	94.1	—
4. 年末生猪存栏数	头	—	13834	10015	13106	13714	-	4.6	—
5. 水果产量	吨	—	1577	2050	2213	2397	41	8.3	7.1
6. 苹果品产量	吨	844	802	1157	1292	1427	69.1	10.4	11.4
四、社会消费品零售总额	万元	—	2122	2696	3349	3225	110.8	−3.7	16.1
五、财政收入	万元	82	85.8	107	182	209.6	244.7	15.2	28.1
六、财政支出	万元	850	926	1176.6	1253.5	1373.3	108.8	9.6	15.9
七、农民人均纯收入	元	223.4	201.2	289.3	309.7	441	59.2	42.4	9.7
八、职工人数	人	—	6487	7025	6501	6384	54.4	- 1.8	9.1
九、职工工资总额	万元	—	670	832.8	940.2	1000.9	182.8	6.5	23.1
十、职工人均工资	元	—	1032	1185	1446	1568	-	8.4	—
十一、银行贷款余额	万元	2412	—	—	—	—	—	—	—
十二、银行存款余额	万元	1187	—	—	—	—	—	—	—
其中：城乡居民储蓄余额	万元	848.6	—	—	—	—	—	—	—

“八五”期间吉县主要经济指标完成情况表

表 16-1-2

项目	单位	1991年	1992年	1993年	1994年	1995年	1995年比		“八五”期间年均增长±%
							1990年±%	1994年±%	
一、国内生产总值	万元	6595	7801	8883	11772	14750	139.7	4.3	19.1
1. 第一产业	万元	3517	3992	4841	6329	8653	141.2	7.3	19.3
2. 第二产业	万元	1086	1279	1355	1883	2280	120.1	3.2	17.1
3. 第三产业	万元	1992	2530	2687	3560	3817	147.7	4.2	19.9
人均国内生产总值	元	722	1187	1234	1275	1315	90.9	3.1	13.8
二、工农业总产值（现价）	万元	8605	9769	10613	11674	12326	149.8	5.6	20.1
1. 农业总产值	万元	6011	6670	7476	7427	7589	150.6	2.2	20.2
①农业产值	万元	3944	4610	5675	5327	5653	152.3	6.1	20.3
②林业产值	万元	490	563	591	833	715	209.5	- 14.2	25.4
③牧业产值	万元	1222	1187	1207	1263	1501	281.9	18.8	30.7
2. 工业总产值	万元	2594	3099	3137	4247	4686	148.4	10.3	19.7
三、主要农产品产量									
1. 粮食总产量	吨	43387	45682	54491	54925	55024	3.6	0.2	0.7
2. 油料总产量	吨	982	1297	1397	2045	1807	19.5	–11.6	3.6
3. 烤烟总产量	吨	2170	3464	3913	2401	2155	82	–10.3	12.7
4. 年末生猪存栏数	头	12890	13283	15104	16467	23093	68.4	40.2	11.0
5. 水果产量	吨	2624	2840	3594	3798	4884	103.8	28.6	15.3
6. 苹果产量	吨	1638.7	1824.7	2560	2789	3818	167.6	36.9	21.8
四、社会消费品零售总额	万元	3227	3601	4089	4072	4897	51.8	20.3	8.7
五、财政收入	万元	306.3	319	512	399	479	128.5	20.1	18.0
六、财政支出	万元	1460.2	1826	2125	2788	3164	130.4	13.5	18.2
七、农民人均纯收入	元	445	492	585	653	802.7	82	22.9	12.7
八、职工人数	人	6622	6866	7247	7411	7556	18.4	2	3.4
九、职工工资总额	万元	1041.9	1337	1508	2168.3	2451	144.9	13	19.6
十、职工人均工资	元	1573	1947	2082	2925	3244	106.9	10.9	15.7
十一、银行贷款余额	万元	4563	5112	6297	6647.2	7570.8	79.2	13.9	12.4
十二、银行存款余额	万元	3278.2	3686.4	4512.6	5061.4	6417	154.5	26.8	20.5
其中：城乡居民储蓄余额	万元	2163.9	2607	3116.7	3913.2	5110	67.8	30.6	10.9

7500 吨，比 1990 年增长 6.3 倍；煤炭总产量达到 21 万吨，比 1990 年增 139%；农民人均纯收入达到 800 元。

执行情况　“八五”期间，吉县致力于产业开发建设，林（果）、烟、牧、工、旅成为支柱产业，国民经济持续增长，并与 1994 年突破亿元大关。1995 年，国内生产总值完成 14750 万元，比 1994 年增长 4.3%，比 1990 年增长 139.7%，年均增长 19.1%；农业生产总值完成 7589 万元，比 1990 年增长 150.6%，年均增长 20.2%；工业生产总值完成 4686 万元，比 1990 年增长 148.4%，年均增长 19.7%；社会消费品零售总额完成 4897 万元，比 1990 年增长 51.8%，年均增长 8.7%；财政收入完成 479 万元，比 1990 年增长 128.5%，平均增长 18%；农民人均纯收入完成 802.7 万元，比 1990 年增长 128.5%，年均增长 12.7%；职工平均工资完成 3244 元，比 1990 年增长 106.9%，年均增长 75.7%；粮食产量完成 55024 吨，比 1990 年增长 3.6%，平均增长 0.7%；苹果产量完成 4884 吨，比 1990 年增长 167.6%，年均增长 21.8%；烤烟总产量完成 2155 吨，比 1990 年增长 82%，年均增长 12.7%；原烟产量完成 19.5 万吨，比 1990 年增长 29.4%；个体工商户、私营企业发展到 2059 个，从业人员达 2894 人；城镇职工实行周五工作制；县城及 3 个乡镇、6 个村委安装了有线电视网，电视人口覆盖率达 90%。

“九五”计划

主要内容　“九五”期间，吉县将紧紧围绕经济建设这个中心，坚持“两手抓，两手都要硬”的方针，不断推进经济体制和增长方式两个根本转变。坚持稳增粮食、大上林果、发展加工、管好烤烟、推进旅游的发展方向，力争到 2000 年实现财政脱补、农民脱贫、人均国内生产总值翻两番。这一时期的经济与社会发展目标是：国内生产总值达到 1.8 亿元；财政总收入完成 800 万元；粮食总产量达到 56680 吨；乡镇企业营业收入达到 12670 万元；农民人均纯收入达到 1040 元；县及以下工业经济效益综合指数 93%；社会商品零售总额达到 6000 万元；商品零售物价涨幅控制在 13%以内，力争 10%；人口自然增长率控制在 12‰以下；乡以上工业企业销售收入 3735 万元，开发高新技术品 1 个。

执行情况　“九五”时期，吉县经济社会得到较快发展，各项工作迈上新台阶，为跨世纪发展奠定了坚实的基础。2000 年国内生产总值完成 22259 万元，比 1995 年增长 50.9%，年均增长 8.6%；工农业生产总值完成 14903 万元，比 1995 年增长 20.9%，年均增长 3.9%；社会消费品零售总额完成 8766 万元，比 1995 年增长 79%，年均增长 12.4%；财政收入首次突破千万元大关，达到 1031 万元，比 1995 年增长 115.2%，年均增长 16.6%；农民人均纯收入突破千元大关，达到 1109 元，比 1995 年增长 38.2%，年均增长 6.7%；城镇居民人均可支配收入达到 3197 元，年均增长 15%；城镇职工年平均工资达到 5549 元，比 1995 年增长 71.1%，年均增长 11.3%；城乡居民储蓄存款余额达到 12300 万元，比 1999 年增长 17.2%；粮食总产量完成 26184 吨，比 1995 年减少 52.4%，年均减少 13.8%；苹果产量达 9428 吨，比 1995 年增长 146.9%，年均增长 19.8%；烤烟产量达 3786 吨，比 1995 年增长 75.7%，年均增长 11.9%；公路通车里程 530 千米；县城开通了移动通信，完成了中心广场、桥南广场改造扩建，扶风桥、柳卜湾桥拓宽装修，环城路开通等工程。

“十五”计划

主要内容　以发展为主题，结构调整为主线，改革开放和科技进步为动力，提高人民生活水平为根本出发点，全面建设旅游名县、烟果强县、生态大县。这一时期的经济与社会发展目标是：国内生产总值达到 4.2 亿元，年均增长 12%；财政总收入达到 2070 万元，年均增长 15%；农

“九五”期间吉县主要经济指标完成情况表

表 16-1-3

项目	单位	1996年	1997年	1998年	1999年	2000年	2000年比		“九五”期间年均增长±%
							1995年±%	1999年±%	
一、国内生产总值	万元	17397	19028	20303	20425	22259	50.9	12.2	8.6
1. 第一产业	万元	10039	9715	10347	7872	6592	–23.8	- 1.2	–5.3
2. 第二产业	万元	2909	3790	4236	5251	6072	166.3	15.0	21.6
3. 第三产业	万元	4449	5523	5720	7302	9595	151.4	24.3	20.2
人均国内生产总值	元	1495	1639	1821	1986	2243	70.6	12.0	11.3
二、工农业总产值（现价）	万元	13058	16579	17804	15569	14903	20.9	- 4.3	3.9
1. 农业总产值	万元	8641	14477	15328	12255	11171	47.2	- 8.8	8.0
①农业产值	万元	5983	8600	11545	8536	6715	18.8	- 21.3	3.5
②林业产值	万元	907	740	616	820	1251	75.0	140.6	11.8
③牧业产值	万元	1748	2202	2119	2081	2178	45.1	4.7	7.7
2. 工业总产值	万元	4417	2102	2476	3314	3732	–20.4	12.6	–4.4
三、主要农产品产量	—	—	—	—	—	—	—	—	—
1. 粮食总产量	吨	59390	44826	59690	38296	26184	–52.4	–31.6	–13.8
2. 油料总产量	吨	2303	1214	1805	1299	1732	–4.2	33.3	–0.8
3. 烤烟总产量	吨	2214	2397	1738	2546	3786	75.7	48.7	11.9
4. 年末生猪存栏数	头	24031	21766	22717	23956	26668	15.5	11.3	2.9
5. 水果产量	吨	6135	8478	10514	10310	11038	126.0	7.1	17.7
6. 苹果产量	吨	5042	7155	8889	8628	9428	146.9	9.3	19.8
四、社会消费品零售总额	万元	5897	7226	7190	8073	8766	79.0	88.6	12.4
五、财政收入	万元	745	762	951	771	1031	115.2	8.4	16.6
六、财政支出	万元	3475	3833	4115	4456	5658	78.8	27.0	12.3
七、农民人均纯收入	元	919	928	1069	918	1109	38.2	20.8	6.7
八、职工人数	人	7692	7239	6685	6744	6652	–11.9	8.6	–2.5
九、职工工资总额	万元	2838	2638.5	2516	3149	3466	41.4	33.7	7.2
十、职工人均工资	元	3690	3645	3779	4669	5549	71.1	107.9	11.3
十一、银行贷款余额	万元	8995	11558	13320	13020	10878	43.7	–16.5	7.5
十二、银行存款余额	万元	9643	10139	11926	12446	15240	137.5	22.4	18.9
其中：城乡居民储蓄余额	万元	8172	8532	9640	10492	12300	140.7	17.2	19.2

“十五”期间吉县主要经济指标完成情况表

表 16-1-4

项目	单位	2001年	2002年	2003年	2004年	2005年	2005年比		“十五”期间年均增长 ± %
							2000年 ± %	2004年 ± %	
一、国内生产总值	万元	24115	26748	30423	38118	51676	132.2	26.2	18.3
1. 第一产业	万元	6678	8263	9316	11427	10850	64.6	–1.0	10.5
2. 第二产业	万元	6487	6610	8072	11828	24314	300.4	77.6	32.0
3. 第三产业	万元	10950	11875	13035	14863	16512	72.1	1.9	11.5
人均国内生产总值	元	2486	2813	3067	3515	5019	123.8	23.6	17.5
二、工农业总产值（现价）	万元	15512	18262	23135	30510	51635	246.5	69.2	28.2
1. 农业总产值	万元	11230	12105	14875	18198	17943	60.6	–5.9	9.9
①农业产值	万元	7469	8542	10590	12406	12774	90.2	3	13.7
②林业产值	万元	684	690	574	352	782	–37.5	122.2	–9.0
③牧业产值	万元	2126	2365	2466	2556	3791	74.1	48.3	11.7
2. 工业总产值	万元	4342	6157	8260	12312	33692	802.8	173.7	55.3
三、主要农产品产量									
1. 粮食总产量	吨	27165	35864	46143	52267	34086	30.2	–34.8	5.4
2. 油料总产量	吨	1163	1201	2059	1789	1750	1.0	–2.2	0.2
3. 烤烟总产量	吨	2911	1459	454	532	293	–92.3	44.9	–40.1
4. 年末生猪存栏数	头	25348	23409	25616	27159	31511	18.2	16	3.4
5、水果产量	吨	12875	15368	20516	26412	25792	133.7	–2.3	18.5
6. 苹果品产量	吨	11353	13639	18848	24797	24510	160.0	–1.2	21.1
四、社会消费品零售总额	万元	9550	10696	11803	14333	16131	84.0	14.6	13.0
五、财政收入	万元	1004	1142	1292	1762	2487	141.2	41.2	19.3
六、财政支出	万元	7095	8728	9681	13664	14391	154.3	2.6	20.5
七、农民人均纯收入	元	1169	1252	1398	1496	1546	39.4	3.3	6.9
八、职工人数	人	6058	5299	5825	6013	5826	–12.4	–3.1	–2.6
九、职工工资总额	万元	4325.8	4552	5092.8	58340	6597	90.3	13.0	13.7
十、职工人均工资	元	7649	8045	8820	9986	11090	99.9	14.8	14.9
十一、银行贷款余额	万元	11708	14286	16486	22075	43701	295.9	98	32.1
十二、银行存款余额	万元	17996	23016	28643	36362	20510	34.6	- 43.6	6.1
其中：城乡居民储蓄余额	万元	14704	17860	22385	27948	33601	173.2	20.2	22.3

民人均纯收入达到1900元，年均增长11%；城镇居民人均可支配收入达到5400元，年均增长11%；人口自然增长率控制在7‰以内；全县农村基本达小康。

执行情况 “十五”期间，吉县紧紧围绕着经济建设这个中心，瞄准兴吉富民总目标，狠抓产业结构调整，努力加快基础设施建设，团结奋斗，克服困难，改革开放取得较好成果，经济建设和社会各项事业取得令人瞩目的成就。2005年，地区生产总值完成51676万元，比2000年增长132.2%，年均增长18.3%；工农业总产值完成51635万元，比2000年增长246.5%，年均增长28.2%；规模以上工业增加值完成20754万元，是2000年的12.8倍，比2004年增长169.2%，年均增长66.5%；社会消费品零售总额完成16131万元，比2000年增长84%，年均增长13%；财政收入跨入两千万元大关，完成2487万元，比2000年增长141.2%，年均增长19.3%；农民人均纯收入完成1546元，比2000年增长39.4%，年均增长6.9%；城镇居民可支配收入完成6005.3元，比2000年增长87.8%，年均增长13.4%；在岗职工平均工资11090元，比2000年增长99.9%，年均增长14.9%；城乡居民储蓄金额33601万元，比2000年终增长173.2%，年均增长22.3%；居民消费价格总水平3.2%；粮食总产量34086吨，比2000年增长32.2%，年均增长5.4%；苹果产量24510吨，比2000年增长160%，年增长2.1%；烤烟产量293吨，比2000年减少92.3%，年均减少40.1%；乡镇和民营企业发展到811家，包括农业297家、工业125家、商业236家、建筑业55家、服务业98家；公路通车里程397.81千米；固定电话用户14188个（包括小灵通），互联网宽带用户563户，移动电话用户11900户；壶口景区被确认为国家级地质公园，被评为4A级风景名胜区；壶口至克难坡循环路全线通车。

“十一五”规划

主要内容 以邓小平理论和“三个代表”重要思想为指导，以科学发展观为统揽，以建设和谐社会为总目标，以“唱响发展主题、加快发展速度”为主旋律，以财政增收、农民增收、搞活县域经济、建设社会主义新农村、实现人与自然和谐相处和可持续发展为重点，进一步做强做大做好烟果、旅游、煤焦、生态四大强势经济板块，努力建设绿色、诚信、平安、和谐吉县，全力推进物质文明、政治文明、精神文明和执政能力建设“四大工程”，力争把吉县建成全省山川秀美、文明富裕、平安和谐的山区生态经济强县。经济总量实现跳跃式、大跨度提高；产业结构全面协调（由20.5：47.5：32向27：57：16转变）；社会事业明显进步，人民生活显著改善；人与自然和谐发展。这一时期的经济与社会发展目标是：吉县国内生产总值达到30亿元，比2005年的5亿元增长5倍，年均递增43.1%；财政收入达到3亿元，比2005年的2487万元增长12.1倍，年均递增64.5%，财政收入占国内生产总值的比重达到10%；工业增加值达到15亿元，比20年的2亿元增长6.5倍，递增50. 9%；全社会固定资产投资五年累计达到10亿元，比“十五”累计5亿元翻一番；农业总产值达到8亿元，比2005年的2亿元增长3倍，年均递增32%；城镇居民人均可支配收入达到9000元，比2005年的6000元增长50%，年均递增8.4%；农民人均纯收入达到5000元，比2005年的1546元增长227%，年均递增26. 5%；社会消费品零售总额达到3亿元，比2000年的1.61亿元增长86.3%，年均递增13.3%；人口自然增长率控制在8‰以内；出生人口男女性别比控制在100：110以内，城镇登记失业率控制在4%以内。

执行情况 “十一五”期间，吉县紧扣“四个发展”，全力推进“五篇文章”，全面完成了“十一五”规划的目标任务，吉县经济社会等呈现出健康快速发展的良好局面。2010年，地区生产总值完成118819万元，比2005年增长129.9%，年均增长18.1%；工业总产值完成81573万元，比2005年增长142.1%，年均增长19.3%；规模以上工业增加值完成5.6亿元，比2005年增长1.7

“十一五”期间吉县主要经济指标完成情况表

表 16-1-5

项目	单位	2006年	2007年	2008年	2009年	2010年	2010年比 2005年 ± %	2010年比 2009年 ± %	“十一五”期间年均增长 ± %
一、国内生产总值	万元	55102	65361	77861	92725	118819	129.9	16.8	18.1
1. 第一产业	万元	11190	15099	11809	17412	27900	157.1	27.0	20.8
2. 第二产业	万元	23036	28624	42639	48268	63733	162.1	17.2	21.3
3. 第三产业	万元	20876	21638	23413	27045	27213	64.8	9.8	10.5
人均国内生产总值	元	5319	6267	7397	8756	11590	130.9	32.4	18.2
二、工农业总产值（现价）	万元	48568	61038	80991	103072	136831	165.0	32.8	21.5
1. 农业总产值	万元	18788	27209	22737	38517	55258	208.0	43.5	25.2
①农业产值	万元	13531	19019	16903	25334	41946	228.4	65.6	26.8
②林业产值	万元	879	2195	1038	7424	6732	760.9	- 9.3	53.8
③牧业产值	万元	3290	4062	3447	4069	4590	21.1	12.8	3.9
2. 工业总产值	万元	29780	33829	58254	64555	81573	142.1	26.4	19.3
三、主要农产品产量									
1. 粮食总产量	吨	41620	44001	30547	35255.8	46900	37.6	33.0	6.6
2. 油料总产量	吨	1772	2176	1364	1798	1966	12.3	9.3	2.4
3. 烤烟总产量	吨	729	683	438	500	500	70.6	—	11.3
4. 年末生猪存栏数	头	29673	16066	29407	31758	31158	–1.1	–1.9	–0.2
5. 水果产量	吨	27536	35393	37925	51650	81915	217.6	58.6	26.0
6. 苹果品产量	吨	26576	34386	37010	50945	80981	230.4	59	27.0
四、社会消费品零售总额	万元	18748	22582	27154	33017	33165	105.6	17.1	15.5
五、财政收入	万元	2655	3259	3690	6276	10176	309.2	62.1	32.6
六、财政支出	万元	19066	24955	27883	41107	51351	258.9	24.9	29.0
七、农民人均纯收入	元	1598	1689	1805	1913.2	2106	36.2	10.1	6.4
八、职工人数	人	5794	5844	5982	6494	7122	22.2	9.8	4.1
九、职工工资总额	万元	76590	95167	12092	15429	17859	170.7	15.7	22.0
十、职工人均工资	元	13202	16285	20093	23887	25554	130.4	7	18.2
十一、银行贷款余额	万元	14561	18254	23934	31981	42907	–1.8	18.7	–0.4
十二、银行存款余额	万元	51462	64953	76884	128335	175794	757.1	37.0	53.7
其中：城乡居民储蓄余额	万元	38396	45784	56952	79070	90628	169.7	14.6	22.0

倍；固定资产投资完成10亿元，比2005年增长4.9倍；社会消费品零售总额完成33165万元，比2005年增长105.6%，年均增长15.5%；财政收入完成10176万元，比2005年增长309.2%，年均增长32.6%；粮食产量4.69万吨，比2005年增长37.6%，年均增长6.6%；苹果产量80981吨，比2005年增长230.4%，年均增长27%；农民人均可支配收入达到2106元，比2005年增长36.2%，年均增长6.4%；城镇居民人均可支配收入达到10078元，比2005年增长70%；在岗职工平均工资达到25554元，比2005年增长130.4%，年均增长18.2%；城乡居民储蓄存款达90628万元，比2005年增长169.7%，年均增长22%；居民消费价格总水平2.8%；新建了吉县明珠煤矿；完成了吉州大道、文化广场、吉州宾馆、锦屏山公园、新华街改造、垃圾处理厂、西关河道护岸、新华桥工程。

“十二五”规划

主要内容　以邓小平理论和“三个代表”重要思想为指导，深入贯彻科学发展观，全面贯彻吉县十二次党代会精神，以加快转变发展方式为主线，以转型跨越、快速争先发展为主旋律，以苹果转型、旅游开发、工业崛起、城市建设、民生改善为抓手，以民主法制建设为保障，推动全县社会经济更好更快发展，确保“十二五”期间经济总量翻一番，努力再造一个新吉县。经济社会发展预期目标是：地区生产总值达到24亿元，年均增长15%（力争年均增长20%，达到30亿元）；财政收入达到4亿元，年均增长32%（力争年均增长38%，达到5亿元）；一般预算收入达到2亿元，年均增长25%（力争年均增长32%，达到2.7亿元）；规模以上工业增加值达到12亿元，年均增长16%；固定资产投资达到100亿元，年均增长20%；社会消费品零售总额达到7.2亿元，年均增长17%；城镇居民人均可支配收入达到2亿元，年均增长15%；农民人均纯收入达到4200元，年均增长15%；居民消费价格总水平上涨幅度年均控制在3%以内；人口年平均增长率控制在6.5%以内。

执行情况　“十二五”期间，吉县认真贯彻落实中共十八大和十八届三中、四中、五中全会精神，深入学习习近平总书记系列讲话精神，紧紧围绕“六大发展”，在“六大突破”上不断取得新成效，在成就民富县强“吉县梦”的道路上迈出了坚实的步伐。2015年，地区生产总值完成190257万元，比2010年增长60.1%，年均增长9.9%；农业生产总值完成106867万元，比2010年增长93.4%，年均增长14.1%；工业生产总值完成84142万元，比2010年增长3.1%，年均增长0.6%；社会消费品零售总额完成68058万元，比2010年增长105.2%，年均增长15.5%；财政收入完成20872万元，比2010年增长105.1%，年均增长15.5%；在岗职工平均工资达47776元，比2010年增长87%，年均增长13.3%；农民人均纯收入完成4312元，比2010年增长121.6%，年均增长17.2%；城镇居民可支配收入达到17268元，比2010年增长70%；城乡居民储蓄存款达186776万元，比2010年增长106.1%，年均增长15.6%；粮食总产量30170吨，比2010年减少35.7%，年均减少8.4%；苹果产量233428吨，比2010年增长188.3%，年均增长23.6%；居民消费价格总水平0.9%。

"十二五"期间吉县主要经济指标完成情况表

表 16-1-6

项目	单位	2011年	2012年	2013年	2014年	2015年	2015年比		"十二五"期间年均增长 ± %
							2010年 ± %	2014年 ± %	
一、国内生产总值	万元	162156	177317	176642	187068	190257	60.1	3.5	9.9
1. 第一产业	万元	35666	44088	48974	54846	58743	110.5	4	16.1
2. 第二产业	万元	95905	99594	91172	85418	79253	24.3	–0.4	4.5
3. 第三产业	万元	30585	33630	36496	46803	52261	92	11.6	13.9
人均国内生产总值	元	15179	16496	16340	17171	17433	50.4	1.5	8.5
二、工农业总产值（现价）	万元	189020	197950	202988	202796	191009	39.6	- 5.8	6.9
1. 农业总产值	万元	65352	79678	85135	99693	106867	93.4	7.2	14.1
①农业产值	万元	49698	63935	68301	82539	88412	110.8	7.1	16.1
②林业产值	万元	5776	4933	4907	4678	5081	- 24.5	8.6	–5.5
③牧业产值	万元	7120	7450	8064	8210	8617	87.7	5	13.4
2. 工业总产值	万元	123668	118272	117853	103103	84142	3.1	- 18.4	0.6
三、主要农产品产量									
1. 粮食总产量	吨	48180	48689	43047	42683	30170	- 35.7	–29.3	–8.4
2. 油料总产量	吨	1976	2120	2285	2368	1110.9	- 43.5	–53.1	–10.8
3. 烤烟总产量	吨	562	595	687	711	662	32.4	–6.8	5.8
4. 年末生猪存栏数	头	15950	15577	21258	25510	28233	- 9.4	10.6	–2.0
5. 水果产量	吨	89048	126934	171084	190338	234686	186.5	23.3	23.4
6. 苹果品产量	吨	88045	125904	169970	189258	233428	188.3	23.3	23.6
四、社会消费品零售总额	万元	40996	47454	53775	60844	68058	105.2	7.5	15.5
五、财政收入	万元	15605	24563	24606	26059	20872	105.1	–19.9	15.5
六、财政支出	万元	59532	71267	95588	92250	113792	121.6	23.4	17.2
七、农民人均纯收入	元	2428	3138	3562	3978	4312	104.7	8.4	15.4
八、职工人数	人	7130	7479	7874	7625	7760	9	1.8	1.7
九、职工工资总额	万元	22911	27798	30893	32253	37466	109.8	16.2	16.0
十、职工人均工资	元	32138	37423	39410	42467	47776	87	12.5	13.3
十一、银行贷款余额	万元	54265	68436	89749	106022	110647	157.9	4.4	20.9
十二、银行存款余额	万元	205329	248765	280264	310018	279547	59	- 9.8	9.7
其中：城乡居民储蓄余额	万元	105445	128421	151689	175422	186776	106.1	12.2	15.6

第三节 机构

机构

吉县发展和改革局，前身是吉县计划委员会，2002 年 2 月，县级党政机构改革时，原计划委员会、经济委员会、财贸委员会撤并组建为吉县发展计划与经济贸易局；2004 年 11 月，改组为吉县发展改革与经济局（挂商务局牌子）；2010 年 2 月，从中划出经济和信息化局，增加原粮食局职责，从此正式更名为吉县发展和改革局（挂吉县商务粮食局牌子）。属正科级建制。

主要职责

发展改革 配合县政府对吉县经济社会发展进行宏观协调、研究拟定，组织实施县域经济和社会发展战略规划，指导和推进经济体制改革，负责项目申报、审批、监管，对项目的实施、开工、推进情况进行稽查、验收工作。

商务工作 对境内商贸流通企业进行监管，整顿市场秩序，打击不法经营行为，保证居民生活的肉、蛋、奶等日用品市场供应、应急物资储备、商务粮食综合执法、酒类流通监督管理、进出口贸易以及成品油企业规划流通监管等。

其他 承担物价、重点办、综改办、稽查办、“四气”管理等多项业务工作。

第二章　物价管理

第一节　价格调控基金

吉县从1990年1月1日起，开始征收价格调控基金。价格调控基金由税务部门负责具体征集，征收范围为境内从事生产、经营、服务等活动，有销售营业收入的单位及个人。征集比例按产品税、增值税、营业税三种税额的2%征集，每次征收额不足0.5元的，按0.5元计征。征缴办法要求，缴纳价格调控基金的单位和个人不得借此调整承包基数，不得变相涨价。

2012年10月，按照临汾市价格调控基金征收使用管理办法，出台《吉县价调基金管理使用实施方案》，规范吉县价格调控基金的管理使用。同年启动县级价格调控基金使用，将县级价调基金121万元拨付县粮食中心用于粮食储备，储存小麦50万完成斤。10月，吉县中垛天丰生态养殖公司的万头“杜长大”肉猪生产基地项目，得到70万元省价格调控基金的扶持，成为吉县有史以来争取省级价格调控基金投资最大的一项养殖业扶持项目。2013年，屯里镇200亩大棚蔬菜种植基地建设，得到65万元省级价格调控基金的扶持，减轻了城区蔬菜供应不足的压力，平抑了市场菜价。

2013—2015年，吉县财政给城区新设6个大中型平价惠民商店40万元价格调控基金的扶持，起到稳市场、平物价、惠民生的作用。

2015年4月，省政府为企业减负停止征收价格调控基金。

第二节　价格管理

价格改革

1986年9月—2015年10月，境内实施并完成了一系列价格改革任务，积极理顺价格，建立以市场形成价格为主的价格机制，在保持价格总水平相对稳定的前提下，进一步扩大市场调节范围，建立和健全价格微观调控机制。

2005年2月，根据县教育局《关于申请调整全县幼儿园教育收费报告》，报临汾市物价局批准，调整境内幼儿园收费标准为每生每月一类为45元、二类为40元、三类为35元；2008年9月1日调整为每生每月一类70元、二类65元、三类60元；2013年10月调整为每生每月一类130元、二类120元、三类70元。

2007年10月，根据吉县黄河壶口风景管理委员会《关于调整黄河壶口瀑布旅游门票的请示报告》，报请山西省物价局批准，确定吉县黄河壶口旅游门票价格中准价为75元/人次，2015年7月调整为100元/人次。2014年观光车票调整为20元/人次，2015年停车费收费标准为大巴30元/车，中巴20元/车，小车10元/车。

2011年7月，根据吉县出租车公司《关于城市出租车运价核定的申请》，经成本审核，召开听证会，报临汾市物价局批准，确定吉县出租车价格起租价为3千米4元。

2012 年 11 月 1 日，根据县自来水公司《关于调整吉县自来水价格的请示报告》，在成本核标的基础上，配合临汾市物价局，将吉县自来水供应价格调整为居民生活用水 1.8 元 / 吨，非居民生活用水 3.5 元 / 吨，特种用水 5.8 元 / 吨。

2013 年 3 月，根据吉县公交公司《关于调整城市公交车票价的请示报告》，报临汾市物价局批准，确定吉县城市公交车的票价为 1 元 / 人次。

2015 年 12 月 28 日，县政府出台《关于征收污水处理费的公告》，从 2016 年 1 月 1 日起征收污水处理费，境内居民污水处理费收费标准为 0.85 元 / 吨，非居民污水处理费收费标准为 1.2 元 / 吨，由自来水公司在水费中代征。

明码标价

吉县从 1990 年开始明码标价。2011 年前，针对医疗、教育和收费项目开展价格公示。2012 年 4 月至“十一”黄金周，对旅游景点的明码标价进行了规范。2013 年 9 月，按照商品房实行明码标价“一套一标”的规定，对房地产企业进行整顿。2014 年，对县城 318 个个体经营门店、超市进行整顿，增贴标价签 2 万余个。

收费许可

1999 年，吉县开始核发使用“收费许可证”。2000 年，县物价局收费科室成立，主抓收费许可。2001—2011 年，吉县下发收费许可证 136 个，其中行政事业性收费单位 97 个、经营性收费单位 39 个，同时开展收费许可证年审工作。1997 年 4 月，根据国务院批准取消 48 项建设项目收费的文件精神，县物价局取消了涉及吉县的 7 项建设项目收费。1998 年，制止“乱收费，乱罚款，乱摊派”现象，对涉及收费的 14 个部门的收费项目、标准、收费依据进行了审核。2002 年，在境内推行涉农收费公示制度，规范涉农收费行为，要求所有收费单位对其收费项目、标准、依据、监督电话进行公示，同年开始向境内农户免费发放。2015 年 2 月 1 日，全省下发通知，停止核发使用收费许可证，对吉县 96 个收费单位的停收事项进行落实。

价格监测

1996 年，吉县价格监测正式开展。1997 年，境内确定了 18 个价格监测点，并落实专人，加强对粮、油、肉、蛋、菜、奶制品等群众生活密切相关的商品进行监测，监测结果上报市物价局，报表种类分为日报 45 种商品和月报 14 种商品。2006—2012 年，针对粮食、药品、石油、液化气等重要商品和服务价格重点进行日常监测，由专人负责，密切关注价格动态，每月 15 日和 25 日向临汾市物价局报送监测信息。2012 年 10 月起，县物价局在县城祖师庙、小府、中心广场、桥南等区域设立 10 个蔬菜及副食品价格监测网点，及时获取市场价格动态信息，并将价格监测信息在吉县手机报、县电视台和县城中心广场 LED 电子屏上发布。使居民了解市场价格，稳定消费心理。

2001—2015 年吉县消费价格指数情况表

表 16-2-1

年份	居民消费价格总水平	消费价格指数	食品
2001	100.8	100.5	102
2002	100.5	100	99.4
2003	106.5	107.3	112.1
2004	100.3	100.3	102.7
2005	103.2	100.9	94.9
2006	102.3	101.3	99.5
2007	103.5	103.5	105.3
2008	105.1	105.6	109.3
2009	101.6	101.3	103.7
2010	102.8	102.9	108.3
2011	104.2	104.6	109.1
2012	102.6	102.7	101.7
2013	102.4	101.9	100.7
2014	101.6	101.1	98.3
2015	100.9	100.5	98.2

说明：以上年价格为 100。

第三节　价格监督

1998 年 5 月 1 日以前，吉县物价检查执法依据为《中华人民共和国价格监督检查条例》，执法范围主要是规范市场管理和省、市下达的专项检查。1986—1998 年，共查处各类价格违法案件 364 起。

1998 年，《中华人民共和国价格法》开始执行，8 月，国家发展计划委员会颁布《价格违法行为行政处罚规定》。吉县价格执法范围开始以整治流通领域清费、治乱、减负为重点，结合开展各类专项检查、市场检查、价格举报检查等，严厉打击各类价格违法行为。2003—2010 年，县物价局相继对医疗、教育和涉农收费进行公示，规范收费行为；同时强化涉及居民“米袋子”“菜篮子”等日常消费品的监督检查；按照省、市物价局安排，对教育、卫生、电力、文化等行业进行监督检查。

2006 年，全面落实义务教育“一费制”，规范改制学校收费，加强对中小学教材价格的监督。

2007—2008 年，开展涉农价格和收费管理专项检查，重点查处化肥、农业用水、农用柴油、建筑材料等乱涨价、乱加价行为，出动检查 30 余人次，查处乱涨价、乱收费行为 6 起，经济处罚 5000 元。

2009 年，相继开展电力价格、节日市场价格、成品油价格、化肥和农业生产资料价格、物业收费、食品市场教育收费、药品和医疗服务收费、交警收费、计生收费等 13 类 20 余次专项检查工作。2003—2010 年，共查处价格违法案件 167 起。

2011—2015 年，吉县加强价格监督检查，整顿规范市场价格秩序。先后对教育、医疗、涉农、涉企、建材等价格和收费进行专项检查 86 次，出动检查人员 200 余人次，检查行政事业收费单位 36 个、卫生医疗机构 30 个、药店 28 个、建材生产企业 8 个、超市 4 个，查处违规收费行为 10 余项，违规金额 60 余万元。其间，多次开展“春节”“五一”“中秋”“十一”等重大节日市场价格检查，严肃查处违反规定乱涨价、乱收费及不按规定进行明码标价的行为；开通了“12358”价格举报电话。开展电信资费检查，对移动公司、联通公司、电信公司套餐资费执行情况、营销情况、其他收费情况进行全面检查，规范收费行为；推进价格诚信活动，开展“价格服务进万家”活动，在住宅小区聘请价格义务监督员，协助价格监督工作；查处乱涨价、乱收费等价格违法行为，共检查县城各宾馆、酒店、饭店 128 家，发放《关于加强价格自律行为的告诫函》150 份，维护群众的合法权益。先后受理价格咨询、投诉案件 32 件，共查处价格违法案件 358 起。

第四节 机构

吉县物价局

1978 年 12 月，吉县物价局成立，下设办公室、价格股、财务室。1984 年 1 月，增设物价检查所。1992 年，设价格认证中心、成本队。2000 年，设收费股。2002 年 6 月机构改革中，物价局并入吉县发展计划与经济贸易局，改称吉县物价管理办公室。2005 年，经县政府同意，恢复吉县物价局，内设办公室、收费股、财务室、检查所、价格认证中心、成本队，有工作人员 12 人。

吉县价格事务所

1992 年 1 月，设立吉县价格事务所，主要为行政执法单位提供价格评估依据。2001 年，更名为吉县价格认证中心，主要从事价格鉴定、价格认证、价格评估等方面工作，为企事业单位、行政执法机关服务。1993—2001 年，共受理各类价格评估案件 397 起。2002—2015 年，共受理各类价格认证案件 323 起。

第三章　工商行政管理

第一节　企业登记

1986年，经济体制改革还处于初级阶段，吉县经济发展也相对较慢，企业主要集中在计划经济时代的商业、供销、轻工业等系统，民营经济刚刚起步。1988年，国家提倡大力发展集体和私有企业，登记管理上，允许扶上马走一程，即先上车后补票，使得一些人钻了政策的空子，在没有场所、没有资金的情况下，随意刻枚公章，挂个牌子就成立了公司、中心之类，给社会、企业及个人造成了损失，对此，县工商局开展企业管理专项整顿，当年查封皮包公司12个，没收非法公章20多枚，理顺并完善企业登记注册程序。到1999年，境内共有国有集体企业348户。从2000年开始，积极配合国有集体企业主管部门开展企业改革，开展企业登记管理，逐步建立现代企业管理制度，关、停、并、转一批国有集体企业。2003年底，吉县剩余企业192户。2004年，为方便群众办事，减少企业负担，企业登记管理工作全部进驻县行政审批大厅，实行"一站式"办公，"一条龙"服务，并开通大学生就业，残疾人办事绿色通道，实行减免费用等规定。2010年，企业登记实行"一审一核"（即授权本部门一般工作人员对行政申请受理审查，窗口或科室负责人审核把关签发的审批制度）"审核合一"（即企业登记全程均由登记机关具有执法资格的同一登记人员负责完成受理、审查、核准等各环节业务）制度，吉县注册企业发展到609户，注册资金1.65亿元。2012年，企业登记管理实行网上申报、网上年检，使企业不用出门就能完成企业登记申报和年度检验工作。2014年，吉县开展商事登记制度改革，建立权力清单，简政放权、取消注册资本限制，企业注册资本由实缴变为认缴，实行企业信用监管，企业年检改为企业年报，强化事中事后监管，实行"一处违法，多处受限"。2015年10月1日，实行"三证合一（将企业依次申请的工商营业执照、组织机构代码证和税务登记证三证合为一证，提高市场准入效率），"一照一码"（由一个部门核发加载统一社会信用代码的营业执照），全面推行企业信用承诺制和"双告知"制度，当年新增企业32户，企业登记明显增多。至2015年底，共有企业1040户，农民专业合作社390户。

第二节　市场管理

1986年，市场管理工作主要是对集市贸易的管理，吉县拥有城关、中垛、三堠、柏山寺、窑渠、屯里、文城、王家原、壶口9个集市，全年累计有576个逢集日，上市群众达700万人次。集市大部分以沿街为市，无固定经营场所，此种模式一直延续到1991年。同时在桥南设立粮食市场，配备公平交易称，按工业品不超交易额1%，其他不超2%的标准收取市场交易服务费，对沿街摆摊进行摊位安排秩序管理。1992年，全国兴起市场建设热潮，根据上级要求，县工商局和东关村委共同投资120余万元，建成建筑面积3000余平方米综合市场（吉州市场）投入使用；同年又建成东贸市场和西街农贸市场，解决有市无场问题，扭转市场沿街设摊的混乱局面，县城市容环境得到很大改善。由于客观原因东贸市场和西街农贸市场仅维持了 2 年，便相继倒闭。1994 年，为加强对粮食市场管理，成立粮管所，对粮食收购、储存、销售及陈化粮的处理实行全过程监管。1999 年，县工商局实行“管办脱钩”，将所办市场整体移交给东关村委和城建局。

1999 年，工商体制改革，省以下实行垂直管理，职能由管理集贸市场转向监管社会主义大市场，维护市场经济的健康发展。工商部门开展农资、成品油、节日市场等系列执法活动，查处了一批违法案件，打击扰乱市场经济秩序的违法行为。2003 年，开展抗击“非典”专项执法活动，对“非典”物资进行严格检查，严查囤积居奇、哄抬物价等坑害消费者的不法行为，确保面粉、食用油等日常用品价格维持正常水平，对不符合经营条件的人员和密集场所实行临时停业等措施。

2005 年，吉县对农资经营主体实行“两账两票一卡一书”制，即：进销货台账，进销货发票，农资消费明白卡和农资商品质量承诺书。2009 年，为打造全社会的诚信意识，开展放心示范店评选活动。2012 年，在农资、食品、经纪人等行业，开展“诚信经营示范企业”和“诚信经营经纪人”评选活动。至 2015 年底，境内命名诚信示范企业 18 个。2015 年，随着网络经济的不断发展，县工商局开展网络服务交易监管工作，通过对线上线下的实地查看比对，对经营性网店进行监管。

第三节 合同管理

20 世纪 80 年代，经济模式为计划经济和市场经济双轨制，吉县合同管理以合同检查、鉴证、仲裁为主。至 1990 年，共签订合同 962 份，金额 267.3 万元；检查合同 750 份，金额 195.6 万元；鉴证经济合同 21 份，金额是 14.7 万元；累计命名“重合同，守信用企业”10 个，其中省级单位 2 个、地级 3 个、县级 5 个；合同仲裁工作主要以调解为主。1994 年，《中华人民共和国仲裁法》出台，县工商局设立的原合同仲裁委员会也根据规定予以撤销，职能划归人民法院。进入 90 年代后，境内市场经济越来越活跃，经济合同数量日趋增长，合同质量出现参差不齐，不规范鉴订合同时有发生。1990 年，对建筑施工、银行借款、产品购销等行业，推行使用合同示范文本。1995 年，《企业动产抵押款登记管理办法》出台， 1996 年办理动产抵押登记 1 件，为企业抵押担保借款 5000 元。到 2015 年，共为企业办理动产抵押登记 46 件，登记金额 1.5 亿元。1997 年 8 月，县工商局联合纪检委、城建局、工商局、审计局、税务局等部门组成联合检查组，开展“清理整顿建筑施工市场，严厉打击违规违法行为”执法检查，查处非法转包，偷工减料工程案件 2 起，罚款 15.26 万元。1998 年，工商实行垂直管理，合同管理工作主要是推行合同示范文本，开展合同帮扶，推行“公司 + 基地 + 农户 + 合同”的经营模式，实行订单农业。

1991—2000 年，吉县签订检查经济合同 5346 份，金额为 9876 万元；鉴证经济合同 986 份，金额为 5379 万元。

2001 年，根据《中华人民共和国拍卖法》规定，合同管理工作增加拍卖活动监管职能，对借款收缴、企业破产、商品房拍卖、公车改革等拍卖活动进行现场监督，先后进行现场监督 8 次。2004 年，在使用格式合同较多的供水、供电、供气、金融、保险等垄断部门开展格式合同备案。至 2015 年，共命名“重合同、守信用”单位 85 个，审查备案格式合同 235 份，查处合同违法案件 9 件。

第四节　商标广告管理

商标管理

1986年，吉县生产企业不多，人们对商标重视不够，境内只有酒厂的“壶口”“五龙液”、食品公司的“菊花香”、造纸厂的“莲花”、副食厂的“壶口”5个注册商标，使用商标的商品分别为酒、罐头、纸张。这一阶段商标注册实行核转制，即由商标使用单位提出注册商标申请，由县工商局审核后，报国家商标局核准。到1993年，共有使用商标8个，其中注册商标5个。1993年后，商标注册开始改为代理制，县工商局只负责对注册商标的验证和商标违法查处工作，国家要求药品、烟草等少数商品实行强制商标注册，其他商品由企业视情况自主决定是否注册。2004年，县工商局在全县“开展打击商标侵权，保护知识产权”专项执法活动，严查商标违法行为，查处商标违法案件102件。2005年，县工商局出台《农副产品发展战略实施意见》，鼓励农产品使用和注册商标，截至2015年，境内共有商标127件，其中注册商标98件，农产品商标77件，其他商标21件，“秋日田园”“晋缘”牌商标，被评为“山西省著名商标”。

广告管理

1982年《广告管理暂行条例》规定，只准许企业或事业单位经营广告业务，私人不得经营广告业务。这一时期吉县广告量较少，境内无广告经营单位和广告发布媒介，只在县城扶风桥头设有广告宣传栏。1987年，《广告管理条例》施行，取消了私人不得经营广告业务的规定，允许符合条件的个体工商户经营广告业务，对兼营广告的事业单位实行广告许可制。1995年2月1日，《广告法》实施，实行广告内容发布审查制度，对言过其实、欺骗消费者的广告严格把关，除工商机关对广告内容审查外，药品、医疗、医疗器械、农药、兽药、化妆品等重要商品实行主管部门审查制度，未经审查的一律不得对外发布。这一时期只有县电视台兼营广告发布业务，插播少量飘字广告。1998年，工商系统实行垂直管理，广告管理工作也逐渐繁重和慎重。2002年，吉县第一家专业广告公司“吉县新华装潢广告公司”注册成立，广告行业从单一的制作门店招牌向大型户外广告、多媒体广告制作发布转变，门类齐全的广告从业队伍开始形成。到2015年，境内拥有各类广告经营单位21家，广告从业人员100余人，年广告经营收入达500余万元。

第五节　个体私营经济管理

1986年，个体私营经济作为国民经济发展的一个补充，在吉县经济中占量很少，除县城有少量的个体工商户外，其他乡镇只有极个别个体经营户。这时期个体私营经济管理主要是鼓励支持个体私营经济发展，受理登记、注册、监督、管理个体私营经济行为，收取个体工商户管理费。工商部门放宽准入条件，甚至采取先开业后办证照的方法，支持个体私营经济发展，促使个体私营经济出现增长迅速的态势，同时也带来一些混乱，出现一些违法现象。为加强个体私营经济管理，1987年，工商部门设立个体经营管理股，负责境内个体私营经济管理。

1999年4月，县工商局在县委四楼召开吉县个私经济表彰会议，县四大班子领导悉数参加，会上表彰了30多名模范个体工商户。同时出台了“大力支持个体私营经济发展”优惠政策20条；当年共有个体工商户687户，私营企业17户。2004年，将个体工商登记权下放到各工商所，实行取缔无照经营台账管理制度，进一步加强个体工商户管理费的收缴力度，截至2008年8月30

日，共收取个体工商费 300 余万元。9 月 1 日，为促进市场主体公平竞争，减少个体工商户和私营企业的负担，国家决定停止征收个体工商费，个体私营经济管理开始由重收费向重监督转变，实行分层分类登记管理，实行以“六查六看”为内容的市场巡查监管机制，当年查处取缔无照经营户 23 户，罚款 13200 元。2010 年，共有个体工商户 1893 户、私营企业 186 户。2012 年，工商局建立完善网上登记管理。2014 年 12 月 31 日，放宽了个体经营场所登记，实行“一址多照”和“一照多址”，进一步简化办事流程，加强企业信用监管，实行“双随机、一公开”（即在监管过程中随机抽取检查对象，随机选派执法检查人员，抽查情况及查处结果及时向社会公开）。至 2015 年，境内拥有个体工商户 3514 户。

第六节 经济监督检查

1986 年，县工商部门依据国务院 1983 年 2 月发布的《城乡集市贸易管理办法》开展经济监督检查，主要查办公平交易、假冒伪劣、商品欺诈、走私贩私等违法案件。1987 年，《城乡个体工商户管理暂行条例》《投机倒把行政处罚暂行条例》相继颁布实施，当年查处 1 起制造假农药案，该案案值较大，涉及面广，主要当事人被判处刑事处罚。1993 年，境内过境贩运石油违法活动猖獗，经省人民政府批准，县工商局在壶口设立公路物资检查站，对进出省际公路的物资进行检查，查扣非法贩运石油、卷烟、粮食等国家管理物资，价值 1000 余万元，收缴罚没款 100 余万元。2001 年，工商部门开始对流通环节的质量承担监督管理职责，至此打击假冒伪劣工作由工商和质监混合执法改为两部门分段监管。1987—2008 年，共查办各类违法案件 160 余起，罚没款 200 余万元。

2008 年，因经济结构和经营模式的变化，工商行政管理职责有了新变化，经济监督检查由打击投机倒把转为规范公平交易，监督流通环节商品质量安全，维护消费者合法权益。县工商局先后开展“反垄断，百日查百案”“双打”“规范市场秩序，打击商业贿赂”等多项执法活动，在供水、供气、供暖、有线电视、商业贷款等部门，查处了一批利用垄断地位，限制竞争的违法案件；在医疗和商业活动中，查处了一批涉嫌商业贿赂不正当竞争案件，净化市场环境，维护消费者的合法权益。截至 2015 年底，共查处经济违法案件 80 余起，没收假冒伪劣商品价值 65 万元。

第七节 权益保护

吉县消费者协会

1994 年，《中华人民共和国消费者权益保护法》施行。明确了消费者的权利，确立和加强了保护消费者权益的法律基础，弥补了原有法律法规的不足和缺陷。1995 年 5 月，吉县消费者协会成立，负责开展境内消费维权，并选举产生吉县首届消费者协会理事 85 人，常务理事 15 人，推选葛德顺为会长，陈锁锁、王国栋、李国胜为副会长，秘书长由李国胜兼任。当年受理消费者咨询 26 人次，调解消费纠纷 2 起，挽回经济损失 1600 元。2003 年，选举产生吉县第二届消费者协会理事 56 人、常务理事 23 人，推选王杰平为会长，王保生、赵亚民、文阳生、赵天雷为副会长，秘书长由赵天雷兼任。同时开展“红盾护农”、“三打三保”等多项专项执法检查活动。2009 年，县工商局设立消费维权工作机构，设立 12315 投诉维权值班电话，加强消费维权工作力度。2010 年，在各乡镇与行政村设立消费维权分会和消费维权工作站。截至 2015 年，共受理消费投诉 896 起，查处侵害消费者权益案件 65 起，调解处理 761 起，移送相关职能部门 135 起，挽回经济损失 260 余万元。

个体劳动者协会

1983 年，吉县个体劳动者协会成立，选举产生首届个体劳动者协会机构及负责人，王致富任协会主席，负责协会日常工作。协会接受工商行政管理局业务指导。这一时期，吉县个体从业者相对较少，主要为一些手工业者及小作坊。

2003 年 10 月 26 日，吉县个体劳动者协会换届，选举产生第二届个体劳动者协会机构及理事会，选举理事 39 人，王宝生当选协会会长，当时吉县共有个体工商户会员 1004 户。10 月 28 日，吉县个体劳动者协会换届工作会议召开，选举产生第三届个体劳动者协会，选举理事 45 人，葛武军当选会长，当年共有个体从业者 2678 户。协会为个体劳动者排忧解难，提供便民服务，引导个体工商户遵纪守法、诚信经营，积极开展“光彩事业”活动，以实际行动回报社会，服务群众。

吉县民营企业协会

2003 年 3 月 18 日，吉县民营企业协会成立，选举产生吉县首届民营企业协会理事会，会长郑旭东，副会长陈岔玉、张卫平、杨朝辉，秘书长葛军安，当年共有私营企业会员 18 户。10 月 29 日，县民营企业协会进行换届，选举产生第二届民营企业协会理事会，会长王锋，副会长葛玉明、葛军安、张卫平、张峰、刘建军，秘书长葛军安（兼），理事 24 人，当年拥有民营企业会员 258 户。吉县民营企业协会积极发挥桥梁纽带作用，宣传国家政策法律，开展文明经营、光彩之星”创建活动等优质服务活动。引导企业在发展自身的同时，承担社会责任、回报社会，营造文明向上的社会正能量。

第八节 机构沿革

县工商行政管理局

前身为市场管理委员会。1986 年，内设财务室、行政股、市管股、合同股，对外挂经济合同仲裁委员会牌子，下辖城关、文城、屯里、柏山寺、三堠 5 个工商所。具体职责为“六管一打一制止”（管商标、管广告、管企业、管个体、管市场、管合同，打击投机倒把和制止市场秩序中的不正之风）。1987 年，设立壶口工商所。1992 年，撤销城关工商所，设立东关工商所和西关工商所。1994 年，《合同法》施行，《经济合同法》废止，经济合同仲裁委员会随之撤销，其合同仲裁职责划转人民法院。1996 年，设立商标广告管理股。1998 年 7 月 16 日，国务院决定省以下工商局实行垂直管理。1999 年 6 月 27 日，吉县工商局开始人员财产移交工作，内设机构增加了人事教育股、法制股、监察室等职能股室，股室总数为 10 个，同时撤销文城所，业务划归壶口所负责；撤销柏山寺所，业务划归三堠所负责；撤销东关工商所，组建女子集贸工商所，负责全县集贸市场管理工作；西关工商所负责境内工商企业和个体工商户的监管。2002 年，机构改革，全局机构设置为办公室、人教股、监察室、市场股、经检股（经检大队）、企业股。下设吉昌、屯里、壶口 3 个工商所，负责企业、个体工商户的监管和查处市场秩序中的违法活动，维护消费者的合法权益。2009 年，设立消费者权益保护股，负责消费维权工作，承担流通环节食品安全监管工作。2010 年，设立商标广告管理股，负责商标广告管理工作。2014 年，根据国务院省以下工商管理体制调整决定，县工商局划归县人民政府管理，调整后的工作机构仍延续原管理体制。

第四章 国土资源管理

第一节 地籍管理

土地变更调查

1989 年，第一次土地详查，全县土地总面积 177951.87 公顷。

2009 年，第二次全国土地调查，吉县土地总面积 177968.48 公顷，其中耕地 18164.39 公顷、园地 6982.03 公顷、林地 93256.77 公顷、草地 50888.66 公顷、城镇村及工矿用地 2916.98 公顷、交通运输用地 1501.79 公顷、水域及水利设施用地 1477.65 公顷、其他土地 2780.21 公顷。

2015 年，土地变更调查，吉县土地总面积 177968.48 公顷，其中耕地 18151.82 公顷、园地 6921.8 公顷、林地 93184.99 公顷、草地 50593.67 公顷、城镇村及工矿用地 3050.07 公顷、交通运输用地 1807.7 公顷、水域及水利设施用地 1463.13 公顷、其他土地 2795.3 公顷。

2012—2013 年，全国开展农村土地确权，吉县共确定集体土地所有权 473 宗、面积 126593.24 公顷，农村集体建设用地使用权 400 公顷、820 宗，宅基地使用权 3000 公顷、32000 宗。

土地登记

1988 年，吉县共登记发证 27403 份，其中县城老城区范围内 7055 份、农村 20348 份（农村宅基地 19601 份、国有建设用地 217 份、集体建设用地 530 份），分别是：壶口镇农村宅基地 715 份、国有建设用地 9 份、集体建设用地 28 份；文城乡农村宅基地 1687 份、国有建设用地 8 份、集体建设用地 31 份；东城乡农村宅基地 1342 份、国有建设用地 11 份、集体建设用地 17 份；柏山寺乡农村宅基地 2186 份、国有建设用地 10 份、集体建设用地 41 份；屯里镇农村宅基地 4109 份、国有建设用地 73 份、集体建设用地 139 份；中垛乡农村宅基地 3215 份、国有建设用地 7 份、集体建设用地 66 份；车城乡农村宅基地 2193 份、国有建设用地 38 份、集体建设用地 114 份；吉昌镇农村宅基地 4154 份、国有建设用地 61 份、集体建设用地 94 份。

基准地价

2007 年 7 月，县政府以吉政发〔2007〕33 号文件公布境内地价。Ⅰ级地段：农机局—电业局—教育局—国土局—电业局家属院—二中—老干部活动中心—州川河西岸—县医院—邮政局—县政府—保险公司—林业局—公安局—物资公司—农业银行—农机局，商业用地 442 元 / 平方米，住宅用地 168 元 / 平方米，工业用地 136 元 / 平方米；Ⅱ级地段：二道河桥—果业局—农业局—祖师庙村—外贸公司—电业局—州川河—柳卜湾—水洞沟—吉昌粮站—粮食局加工厂—新华西街—建安公司—铸造厂—机械修造厂—西关村——中—侯家沟—葛家沟—雷神沟—东关村—吉昌工程队—畜牧防疫站—计生委—州川河桥除一级外的土地，商业用地 207 元 / 平方米，住宅用地 125 元 / 平方米，工业用地 112 元 / 平方米；Ⅲ级地段：除一、二级地外定级范围内的其他土地，商业用地 162 元 / 平方米，住宅用地 96 元 / 平方米，工业用地 93 元 / 平方米。

2010 年 10 月，县政府以吉政发〔2010〕72 号文件公布调整境内地价。Ⅰ级地段：一中门口—二道河桥，商业用地 575 元 / 平方米，住宅用地 280 元 / 平方米，工业用地 190 元 / 平方米；Ⅱ

级地段：二道河桥—川庄村口，商业用地 438 元 / 平方米，住宅用地 190 元 / 平方米，工业用地 135 元 / 平方米；Ⅲ级地段：除一、二级地段外城区范围内的其他土地，商业用地 308 元 / 平方米，住宅用地 139 元 / 平方米，工业用地 106 元 / 平方米。

土地复垦

2010 年，随着新农村建设步伐加快，吉县实施城乡建设用地增减挂钩拆旧区复垦项目，对吉昌镇柏凡头村和中垛乡下柏房村实施旧村复垦工程。其中，吉昌镇柏凡头占补平衡项目建设规模 39.12 公顷，新增耕地 29.75 公顷，总投资 299.11 万元；中垛乡下柏房村旧村复垦项目规模 44.41 公顷，新增耕地 32.79 公顷，总投资 365.61 万元。

2013 年，对吉昌镇的兰古庄村、北光村、兰村、谢悉村，中垛乡柳沟村委的杏渠村，文城乡的南村，东城乡的雷家庄村实施旧村复垦工程。项目规模 39.45 公顷，新增耕地 33.34 公顷，总投资 737.41 万元。

第二节　建设用地管理

用地报批

1990 年以前，境内建设用地指标实行计划管理，占用耕地实行指令性计划。1997 年，县内占用耕地被冻结。1998 年，县内各类建设用地征收征用及农用地转用，全部上报省级人民政府审批。2009 年，解冻。截至 2015 年底，共报经省政府或国土资源部批准农转征用地项目 437.56 公顷。其中 5 个单独选址建设项目用地 328.0 公顷；18 个城市分批次建设用地 109.55 公顷（其中农村宅基地一个批次 14.94 公顷）。

用地供应

2009—2015 年，吉县共供应农村宅基地涉及 16 个行政村，26 个地块、14.94 公顷；划拨国有建设用地使用权 40 宗、332.60 公顷；出让国有建设用地使用权 70 宗、68.9 公顷，收取土地出让金 14191.63 万元。

收储拍卖

2009 年，土地收储中心成立，编制 5 人，内设办公室、征地股和财务股，隶属于县国土资源局。主要职责是：按照征地程序，科学合理征收省、市政府批复的建设用地和县委、县政府每年确定的重要项目用地。至 2015 年，共征收土地 2978.58 亩，拨付征地补偿款 140064361 元。

第三节　土地监察

1988 年，吉县土地管理局成立后，积极开展土地法律法规宣传，深入实地加强检查，规范土地利用秩序。1998 年 1 月，境内开始实行土地用途管理制度：凡农用地转为建设用地以及征（占）用地，手续报省人民政府审批，禁止任何单位或个人向农民买地、租地；国家单位、乡镇企业、专业户和居民建房用地，均履行审批手续，所占土地按国家规定，付补偿价或使用费。

2001 年，县土地局与县检察院建立协调办案联席会议制度，联合惩治土地违法行为。2010 年，开始利用土地遥感监测数据成果，开展年度卫片执法监督检查工作。

2012 年，组建国土资源执法监察大队，同年成立 4 个国土资源管理中心所，形成三级（县、乡、村）土地监察网络，县国土资源局每月巡查 1 次，国土中心所每月巡查 1 次，村级土地信息员随时反映情况。2010—2015 年，共立案查处违法占地 38 宗，面积 310.2 亩，收缴罚款 297.91 万元，没收违法建筑 3.34 万平方米，申请人民法院强制拆除违法建筑 2.89 万平方米，建议纪检监察机关处分 12 人。

第四节 地质灾害防治

隐患点

根据山西省第五地质工程勘察院与县国土资源局提交的《山西省吉县地质灾害隐患点核查工作报告》资料（2013 年 11 月），境内地质灾害共有 312 处，其中潜在崩塌（不稳定性斜坡）280 处、崩塌 26 处、滑坡 4 处、地面塌陷 1 处、泥石流 1 处。

2013 年吉县地质灾害隐患点分布情况表

表 16-4-1 单位：处

数值 灾害类型 乡镇	潜在崩塌（不稳定性斜坡）	崩塌	地面塌陷及伴生裂缝	滑坡	泥石流	合计
吉昌镇	106	15	—	2	—	123
屯里镇	35	—	1	—	1	37
壶口镇	4	—	—	—	—	4
车城乡	28	—	—	—	—	28
东城乡	19	—	—	—	—	19
柏山寺乡	25	—	—	—	—	25
文城乡	21	1	—	—	—	22
中垛乡	28	—	—	—	—	28
壶口风景区	3	3	—	—	—	6
公路段	10	5	—	2	—	17
交通局	1	2	—	—	—	3
合计	280	26	1	4	1	312

地质灾害基础性调查

2006 年 6 月，山西省第三地质工程勘察院与县国土资源局提交《山西省吉县地质灾害调查与区划报告》，基本查明境内地质灾害的类型、规模、形成条件、分布特征和危害程度，为吉县地质灾害防治工作奠定了基础。2009 年，山西省第五地质工程勘察院与县国土资源局提交《地质灾害防治信息数据库》，使县境内防灾治灾有了明确的量化目标。2011 年，编制完成并以县政府文件发布了《吉县地质灾害防治规划（2011 — 2015）》。2013 年 11 月，山西省第五地质工程勘察院与县国土资源局提交《山西省吉县地质灾害隐患点核查工作报告》，查清了境内隐患点底数、类型及安全隐患现状，建立了地质灾害隐患管理台账和信息库，为吉县地质灾害防治提供了基本依据。

灾害防治

近年来，共投资4482万元对下列地质灾害点进行治理。

桥南崩塌地质灾害，山西省政府出资300万元治理。

水洞沟滑坡地质灾害，临汾市公路分局出资2000万元治理。

枣园、圪针沟、淇北沟、侯家沟、小府、烟子渠、祖师庙、官庄等崩塌地质灾害，县政府出资98万元治理。

龙王湾和上阳庄崩塌地质灾害，县公路段出资15万元治理。

中垛乡白峨村崩塌地质灾害，县交通局出资20万元治理。

吉昌镇小府村不稳定斜坡地质灾害，中央财政出资779万元治理。

吉昌镇柏浪沟崩塌地质灾害，山西省财政出资1270万元治理。

第五节 机构沿革

管理机构

1988年，吉县土地管理局成立，办公地址位于县城小府路6号。设有办公室、监察股、地籍用地股、开发站等，共有工作人员15名。2002年机构改革，县土地管理局与县矿产资源办公室合并组建县国土资源局，同时加挂吉县人民政府测绘管理办公室牌子，内设机构有办公室、监察宣传股、矿管地环股、地籍用地股、规划耕保股5个职能股室；下设事业单位5个，国土资源执法监察大队、土地收购储备中心、国土资源交易事务所、吉县不动产登记中心、地价评估所；下辖城区国土资源管理中心所、中垛国土资源管理中心所、壶口国土资源管理中心所、屯里国土资源管理中心4个派出机构。共有干部职工72人。

管理职能

承接了原农业局下属的土地办管理职能，管理土地资源、地籍、土地调查、统计、登记、规划、开发整理、土地定级、基准定价、建设用地审批、土地纠纷和发证等工作。

第五章 国资管理

第一节 清产核资

国有企业清产核资

2005年，根据《关于临汾市国有企业清产核资工作实施意见的通知》要求，对煤炭运销公司、种子公司、自来水公司、饮食服务有限责任公司、吉县腾达运输有限责任公司5家企业开展清产核资。涉及企业资产总计1558万元，负债为833.78万元，所有者权益为724.47万元，负债占资产总额的53.5%，所有者权益占资产总额的46.5%。清查出损失待处理资产75.36万元，占资产总额的4.8%。其中固定资产损失5.68万元，占损失总额的7.5%；流动资产损失69.6万元，占损失总额的92.4%；长期投资损失550元，占损失总额的0.1%。清查出逾期借款本息319.59万元，其中本金178.04万元。清查出无法付出的应付款项91.36万元，其中三年以上无法付出的为91.36万元。清查出年底决算中已披露的不良资产及亏账为115.3万元，其中不良资产为75.5万元(包括三年以上应收款项为72.65万元，长期积压存货2.88万元)，潜亏挂账39.8万元。清查出已抵押资产为157.74万元(为逾期抵押资产)。清查出欠发职工工资额为16.8万元，欠缴职工养老保险20.97万元，欠缴职工失业保险1.86万元。五家企业当年共有职工人数144人，在岗70人。

吉县原有24个国有企业。县印刷厂1997年改制为文汇印刷有限公司，2005年由于市场等原因，停产关闭。吉县壶口酒厂1997年改制为股份制企业，更名为山西壶口酒业有限公司。2004年，又更名为反正饮料公司，从事饮料生产，后因资金、市场等原因，退出市场。2010—2012年，交电公司、纸箱厂、种子公司、百货公司、副食厂5家国有企业相继破产注销。2015年底，共有8个国有或国有控股企业。

事业单位资产清查

2007年，印发《吉县行政事业单位资产清查工作实施方案》，对境内行政事业单位进行资产清查，确定基准日为2006年12月31日，共涉及117单位。清查结果吉县行政事业单位资产总量为2.94亿元。

粮食系统清查核资

2010年，对境内粮食系统开展清查核资、审计。澄清吉县粮食系统9个基层粮站，土地面积106178平方米，价值198.83万元；房屋建筑物2695平方米，价值量733.88万元；一般财产23170(台、件、个)，价值141.08万元；粮食库存量为清查时点账面数2940.22千克，实际1817.62千克，账实差率为61%。同时对清理出的坏账进行了核销。2014年，9个粮站合并成立粮油总公司。

资产评估

2002年，开始对吉县行政事业企业单位进行产权登记。2009年，出台了《吉县行政事业单位国有资产出租出借处置管理暂行办法》(吉政办发)49号，规范行政事业单位国有资产管理行为。境内国有产权转让工作以评估立项确认、规范操作、公开处置为重点，强化对中介机构的监管，对信息发布效能的监管、对转让行为全程监管。

第二节　机构

机构沿革

1995 年以前，县财政局国资股担负境内国有资产管理职能。1995 年 12 月，吉县国有资产管理局成立，正科级建制，编制 5 人。2002 年机构改革，撤销原吉县国有资产管理局，职能重新划归县财政局，更名为国有资产管理中心。

主要职责

1995 年，县国有资产管理局成立后，专司国家投入行政、事业、企业单位的国有资产的产权管理，行使国有资产所有者的收益权、分配权、处置权，通过清产核资、统计报表、年检、产权登记、资产评估等形式开展产权管理工作。

1996 年开始，对吉县行政事业单位的“国有资产产权登记证”进行年度检验。

2002 年，负责管理吉县行政、事业单位占有、使用国有资产的信息统计上报、处置、调配、评估等；监管国有控股企业、国有独资企业的清产核资、资产运营、效绩评价、检测国有资产保值增值、年度效益评价、监督检查、年终决算统计等工作。

第六章 质量技术监督

第一节 计量管理

计量单位

1984年，《中华人民共和国法定计量单位》颁布后，境内统一使用公制计量单位，到2015年常用计量单位有毫克、克、斤、千克、毫升、公升、吨等，长度单位有毫米、厘米、分米、米、千米等，面积单位有平方米、平方千米等，体积单位有立方米等。

计量器具

20世纪80年代初，境内严禁制造、修理和使用旧计量器具与不合格计量器具。1980年，开始改药用市制秤的斤、两、钱为千克、克计量单位。1981年，取得计量器具（木杆秤）制造修理许可证，生产市制木杆秤（吉县产品）。1983年，增设计量器具经销修理门市部。1985年，《中华人民共和国计量法》颁布，对社会公用计量器具和其事业单位使用的计量器具，以及用于贸易结算、安全防护、医疗卫生、环境监测方面的计量器具实施强制检定，使之逐渐过渡法定计量单位。90年代，境内常用的长度计量器有木尺（家用）、米尺（木或铁制）、2～50米的卷尺（布或钢制），衡器有杆秤、台秤、案秤、天平、地磅等，医用计量器有体温表、血压表等，计容器有玻璃刻度量杯、量筒、量瓶等，光度计量器有气压水表、电表、温湿度表等。随着社会发展，新型现代计量器具不断出现，步入新世纪后，一些现代新型计量器具，像计价器、电子秤、测定仪、分光光度计、温度自控仪、色谱仪、粉尘测试仪、称重传感器等，在各行各业中广泛应用。

检测检查

1986年前后，吉县计量测试、质量检测设备有计量砝码800千克、电表标准计量器1台、水表标准计量器1台、量块（长度）标准计量器1台、汽车里程表标准计量器1台、血压器标准器1台。1998年，新添燃油加油机标准器1台、压力表标准器1台。

1987年，检定案称170台，台秤100台，5～30吨地秤6台，地上衡5台，医用血压计20台。1998年，开展秤、压力表、加油机、血压计（表）、水表等6类测试（国家规定的计量测试分55类111种）。1990年，开展木杆秤整治，商店实现无非法计量器具，市制秤在吉县开始停用；同年，帮助企业计量定级1个，检定秤350台，血压计30台。1991年，检定检修计量器具台秤260台，案秤96台，地中衡8台，血压计32台，加油机23台。1995年，牵头组织工商、消协以及各企事业单位260人，召开《中华人民共和国计量法》发布十周年纪念活动，现场销毁非法定和不合格计量器具1420台件。1996年，贯彻国务院在全国范围内"淘汰杆秤"的通知精神，组织了大型宣传检查活动，取缔杆秤300支、更换台秤250台，市制秤在吉县彻底停用。2000年，检定计量器具569台件，检查定量包装门市部15家，查处举报计量案件一起。2001年，吉县壶口酒业有限公司通过定量包装企业合格认定；县石油公司5个加油站连续3年加油机检定均为合格计量器，无发生过投诉，通过加油站计量认定。2003年，开展"诚信"服务活动，帮助5家企业建立计量体系。检定计量器具632台（件）。完善定量包装商品计量管理制度。2005年，"安全"

期间对集贸市场150台计量器具免费检定；查处计量违法案件5起。2007年，为吉县人祖山面粉厂、壶口面业公司换发食品生产许可证；检定计量器具536台(件)。2008年,检定台秤360台,加油机45台，血压计33台，检查农贸市场2家，查处加油站计量违法案件1起。2012年，开展超市计量专项整治，检定计量器具156台，鉴定检定血压计25台，压力表153台，加油机46台。2014年，检查加油站11个，检查加油机46台，查处计量违法行为1起；检定台案秤380台，血压计29台,压力表268块,水表140块。2015年9月,检定加油机46台,案秤190台,台称153台,血压计31台，水表150块。

特种设备管理

1998年以前特种设备安全，由劳动部门负责管理。随着政府机构改革的深化，国家决定将锅炉、压力容器、压力管道等承压和电梯、起重机等机电类特种设备的安全监管职能整体划归质量技术监管部门，因为吉县特种设备较少，直至2003年该职能正式划归质量技术监督局。同年，《特种设备监察条例》颁布实施，县质检部门检查气瓶罐装站2个、企业使用特种设备12台，配合临汾市特检所检验锅炉12台。2004年，绘制了吉县特种设备分布网络图，配设了8名安全协管员，县内2个液化气罐装站取得气罐证。

2011年，配合市特检所检验电梯56台、锅炉7台、压力容器6台、专项机械3台。2012—2015年,配合市特检所检验电梯430台人次、锅炉35台次、压力容器24台次、专项机械10台次。

标准化管理

1992年,按标准化法要求,对境内餐饮服务行业实行标准化管理,餐饮标准备案达250余家。2001年，开展现行产品执法标准有效性确认，吉县果树局果业公司苹果样标准案，修订企业标准1项，标准登记2个，吉县苹果标准化示范区被认定为国家级农业标准化示范区。

2003年，对10家企业使用标准情况和2003年、2004年实施市场准入制度1类食品执行标准进行摸底登记。审查登记3家面粉厂的标准。登记标准6个。

2004年，登记执行标准10个，修订2个，废止1个，标准备案3个。

2005年，审查了吉县所有企业标准，6家企业重新修订了企业标准，登记备案标准5个。

2006—2015年底。审查标准备案106个。修订标准11个。登记备案标准18个。

代码管理

1993年8月，吉县开始试行企业代码制度，由县标准计量局办公室兼管。1998年以前，代码证书分机关、事业、企业和社团法人及分支机构共8种证书，1998年统一更换成组织机构代码证书，证书分为正本、副本和电子副本(IC)卡3款，3款具有同等效力。2000年，全面推行企业代码制度，设立代码办公室，颁发代码证书86套。

2003年，发放IC卡代码118套，发放新代码证书103套，更换证书67套，为企业年检代码证书130套。2009年3月,《组织机构代码管理办法》施行，要求税务、工商、人事、民政、计划、统计、金融、保险、劳动保障、财政、经贸、公安、海关等部门在各自业务管理活动中使用机构代码。2006—2014年,办理新代码证书6080套,换发代码证书5300套,年检企业代码证书6080套。2014年，由于商事制度改革的需要，国家实行“三证合一”，机构代码证停止发放。

第二节 质量检验监督

质量检验

吉县质量检验，受条件所限，一直是采样送上级检验机构检验。每年利用“3. 15”消费者权益日、“5. 20”世界计量日等重要节点，开展产品质量宣传咨询活动，强化民众的产品质量意识。1987年，检验食品类采样罐头3次、食用油2次、酒1次、抽样面粉6次；检验建材类水泥1次、烧结砖2组；检验化工类化肥2组。1991年，监督检验企业5个，受检产品6种，完成4个批次商品质量监督，检查商品169批次。

1993年，《中华人民共和国产品质量法》实施，县质量技术监督部门加大在流通领域打击制造和销售假冒伪劣产（商）品力度，检查食品类门店35户，发现不合格产品、问题产品不合格率达25%；检查鞋类门店3个，商品生产企业无厂址、商品无检验合格证占销售量的18%；检查化妆品门店5个，涉及10个品种，商品无生产许可证占销售量的20%；检查电器门店3个，插座不合格占销售量的15%，电线无厂址和产品检验无合格证占销售量的25%，开关不合格占销售量的24%。受理质量投诉案件1起。2003年，开展质量兴县活动，由县政府和有关单位签订质量工作目标责任制。2004年，实施名牌战略，吉县苹果申请著名商标。2007年，推进质量兴县活动，给3家面粉发生产许可证。2009—2014年，抽样检验白酒、面粉、汽柴油等产品156组，并在县电视台公告检验结果。

监督检查

1990年，县质量技术监督管理重点放在流通领域，当年检查汽车配件门市12个，查出三无产品达30%；食品类门店45个，没收并集中销毁全部变质饮料、糕点等食品。1993年，展示并销毁67种不符合标准的产品，处理质量、计量案件8起，罚款2万余元。

1998年，对县水利施工队计量作弊进行立案查处，罚款1.5万元；对县邮政、电信局话费坑害消费权益案进行立案处罚，罚款13万元；对县壶口酒业有限公司勾兑白酒，违反标准化法和产品质量规定，处罚款3.8万元。

2000年，开展打击生产土炼油专项行动，查获生产工具16套，查扣土炼油20吨，捣毁土炼油窝点6个。整顿专业市场，检查超市3个、门店50个，查处违法案件32起。2002年，销毁假冒伪劣产品和超期变质产品货值达60余万元；同年强制取缔土炼油42家78炉，刑事拘留9人，罚款5万元。2004年，出动打假执法车辆80余人次，查获不合格农资5万元，行政拘留1人，同时查处各类违法案件15起。2006年，取缔土炼油窝点3个，没收土炼设备8套、油桶8个，立案查处8起。2010年，开展食品、农资、建材、成品油、特种设备专项打假战役，检查企业门店93户，查询案件50件。

截至2015年，抽查汽油35组、车配件门市3家、其他门店150家。查处违法案件43起，其中假化肥案件1起、计量案件1起；查获不合格配件310件、假汾酒25箱、过期油漆50桶，处罚3万余元。

第三节 机构

管理机构

1980年，吉县计量管理所(局级)成立。1982年，更名为吉县计量管理局。1984年2月，吉县标准计量局成立。1995年12月15日,吉县标准计量局更名为吉县技术监督局。1996年4月，成立山西省吉县标准计量监督检测中心,实行两块牌子、一套人马的管理方式。1998年7月16日，更名为山西省吉县质量技术监督局，实行省局垂直管理，隶属临汾市质量技术监督局直接管理。内设办公室、监督股、业务股、监督检验测试所等机构。

主要职能

承担吉县行使区域内的质量技术监督工作的综合管理和行政执法。

第七章 审计

第一节 财政预算执行情况审计

1987年，先尝试乡镇财政审计，查出挤占、挪用计划生育款等方面问题，违规金额3万元。1989—1995年，先后对14个乡镇财政进行了审计，期间（1994年）增加对乡镇财政的决算审计，审计总金额548万元，查出违纪违规金额14万元。1996年，开始将财政审计重点转向预算执行情况监督，并首次对县财政进行审计，审计单位21个，审计总金额3825万元，查出违纪违规金额1291万元，增加财政收入89万元。1997—1999年，逐步加大对一、二级预算单位的审计力度，共审计单位99个，审计总金额1.88亿元，查出违纪违规金额6251万元，增加财政收入495万元。

2000年，财政预算执行审计开始对重点部门、重点领域、重点资金进行监督，沿资金流向强化支出审计，在对一级单位审计的同时，加大对二、三级单位的审计力度。当年审计单位38个，审计总金额1.39亿元，查出违纪违规金额3684万元。

2001—2015年，共审计和审计调查单位693个，审计总金额88.66亿元，查出违纪违规金额及管理不规范金额9.38亿元，增加财政收入5988.51万元，移送案件线索15案14人。其中，2002年审计单位30个，审计总金额2.16亿元，查出违纪违规金额2565万元，增加财政收入30万元，移送3案5人；2007年审计单位57个，审计总金额6.2亿元，查出违纪违规金额5189万元，增加财政收入1480万元，移送7案7人。

第二节 经济责任审计

经济责任审计的雏形是企业承包经营责任审计。1989—1992年，共完成承包企业兑现项目55个，审计总金额9561万元，查出违纪违规金额29万元，增加财政收入1万元。1993—1997年，经济责任审计开展较为缓慢，期间对经管局等9个单位领导干部进行离任经济责任审计，共查出违纪违规金额30.4万元。1995年，出台《吉县关于领导干部经济责任审计的暂行规定》。

1998—2009年，对171名领导干部任期内的经济责任履行情况进行审计，查出违规违纪金额4844.2万元，移送案件线索4案3人，建议有关部门处理事项2件。

2010年，对地方机构改革过程中8个乡镇和24个县直单位32名离岗、轮岗的科级及以下领导干部进行离任经济责任审计。共查出违规金额5332.4万元，主要有滞留专项资金等13个方面的问题。2011—2015年，审计领导干部87名，查出违规违纪问题金额4379.1万元。

第三节 其他审计

固定资产投资审计

1993年前，对8个自筹资金建设项目进行审计，审计总金额185万元。1994年，对劳动保险所等15个单位固定资产投资进行审计，审计总金额1722万元，共查出违纪违规金额200万元。

1995—2015年，开展交通、电业、教育、住建、卫生、旅游等行业领域相关的167个建设项目审计，查出各类问题金额382元，审计核减金额6272万元。

专项审计及审计调查

1987—2001年，先后5次对扶贫、救灾资金进行审计，3次对教育、普教经费进行审计，开展了养路费、地税代征代扣手续费提退情况等审计，共审计单位14个，查出挤占、挪用、乱收费等违规违纪问题金额368万元。

2003年，对县非典办等5个单位防治非典专项资金投入使用情况进行审计。

2005—2009年，根据上级审计机关的统一安排，审计科技资金2次、卫生专项资金3次、教育专项资金2次，审计单位7个，查出未按项目用途使用资金、服务功能未能完全发挥、教育负债压力太大等方面问题，涉及金额889万元。

2010—2015年，开展农业、国土、水利、环保、扶贫、教育、卫生及保障性住房建设、社保基金、城乡基础设施建设等专项审计和审计调查，审计单位38个，查出各类违规违纪问题金额2339万元，管理不规范金额5629万元。

第四节 管理机构

机构沿革

1983年11月，吉县审计局成立，内设办公室、行政事业审计股、工交基建审计股、农业外资审计股、财贸金融审计股、审计综合管理股。2010年，机构改革后内设办公室、法制股、财金股、行政事业股、投资股，2011年增加局属股级事业单位经济责任审计中心，2013年在经济责任审计中心加挂政府投资审计中心牌子，有干部职工24人。

第八章 统计

第一节 统计调查

大型普查

农业普查 2006 年 8 月，颁布的《全国农业普查条例》规定，农业普查每 10 年进行一次，在逢 6 的年份实施。1997 年 1 月 1 日、2006 年 12 月 31 日分别进行了两次农业普查。

人口普查 国家分别在 1953 年 6 月 30 日、1964 年 6 月 30 日、1982 年 7 月 1 日，进行了三次全国人口普查。1990年，开展了第四次全国人口普查。2010年5月，颁布的《全国人口普查条例》规定，每 10 年开展一次人口普查，即年号末尾为 0 的年份进行。

1990 年 10 月 30 日，第四次全国人口普查，吉县人口 90327 人，性别比 107.38。2000 年 11 月 1 日，第五次全国人口普查，吉县人口 97096 人，性别比 105.96。2010 年 11 月 1 日，第六次全国人口普查，吉县人口 106407 人，男女性别比 105.39。

经济普查 2004 年 9 月 5 日，颁布的《全国经济普查条例》规定，全国经济普查每 5 年进行一次，在逢 3、8 的年份实施。同年 12 月 31 日，第一次全国经济普查，吉县共有二、三产业法人单位 318 个，产业活动单位 771 个，个体工商户 2124 户。2008 年 12 月 31 日，第二次全国经济普查，吉县共有二、三产业法人单位 336 个，产业活动单位 493 个，有执照的个体工商户 1699 户。2013 年 12 月 31 日，第三次全国经济普查，吉县共有二、三产业法人单位 651 个，产业活动单位 1076 个，个体工商户 1711 户。

基本单位普查 1996 年 12 月 31 日，我国首次组织开展对除农户和个体户以外的所有从事社会经济活动的法人单位与产业活动单位的基本单位调查，吉县共有法人单位 440 个，产业活动单位 948 个，从业人员 9553 人，营业收入 7965 万元。2001 年 12 月 31 日，第二次基本单位普查，吉县共有法人单位 351 个，产业活动单位 825 个，从业人员 8166 人，营业收入 14178 万元。

抽样调查

1989 年，吉县农村社会经济调查队成立，抽样调查方法开始注入吉县。当时抽样调查工作主要集中在农产量调查和农村住户调查上。境内共有农产量调查点 12 个，在进行踏田估产后，每个点再抽 10 块地进行实割实测，用实割实测得到的结果，推算吉县的平均亩产和总产量；同时另有 10 个农村住户点，每个点的农村居民按收入水平的高低，再抽取 10 户作为点样本的记账户，用他们的收支水平，推算吉县农民家庭的平均收支情况。

1994 年 2 月，全国统计工作会议决定，“从今年开始，政府统计系统将改变过去全面调查为主的方法，采取用抽样调查和全面调查相结合的方法”。随后经国务院批准，以周期性普查为基础、以经常性的抽样调查为主体、同时辅之以重点调查等多种方法运用的统计调查体系建立。从 1995 年的千分之一人口抽样调查开始，抽样调查工作在吉县得到广泛的推广与应用。常规性抽样调查项目主要有以下 4 种：一是月度抽样调查项目，像规下工业调查、居民消费价格调查、农村住户调查、城镇住户调查等；二是季度抽样调查项目，像农业调查等；三是每年都要进行的

1986—2015 年吉县农村居民人均收入抽样调查情况表

表 16-8-1　　　　单位：元、户、人

年份	调查户数	常住人口	人均总收入	工资性收入	家庭经营净收入	财产性净收入	转移性收入	人均纯收入
1986	—	—	—	—	—	—	—	223
1987	—	—	—	—	—	—	—	201
1988	—	—	—	—	—	—	—	289
1989	—	—	—	—	—	—	—	310
1990	110	470	724	20	555	-25	-7	543
1991	110	473	735	23	569	-20	10	445
1992	100	489	863	27	582	-37	-17	555
1993	100	492	920	41	594	11	6	585
1994	100	495	1062	86	658	18	25	653
1995	60	268	1694	90	757	20	42	850
1996	80	344	1425	27	912	-15	17	918
1997	80	344	1657	52	1120	4	27	1111
1998	80	342	1425	106	1017	1	23	1069
1999	80	341	1350	314	703	14	18	918
2000	80	338	1543	295	482	0	-51	1081
2001	80	365	1556	210	882	-18	-28	1169
2002	80	366	1732	390	913	-4	-35	1252
2003	80	436	2014	357	1047	41	-4	1398
2004	80	—	—	463	1039	-4	8	1496
2005	80	349	2203	521	972	41	21	1546
2006	80	349	2341	549	1000	29	38	1598
2007	80	—	—	567	1036	55	121	1689
2008	80	364	2804	560	1075	48	136	1805
2009	80	364	2985	637	1104	32	226	1913
2010	80	364	3316	698	1110	141	170	2105
2011	80	304	4043	903	1250	73	83	2428
2012	80	307	5073	1118	1798	27	314	3138
2013	70	224	5428	1540	1703	21	298	3562
2014	70	224	5855	1499	1895	112	472	3978
2015	70	222	6808	1557	2012	114	629	4312

说明：1986 年吉县农村社会经济调查队成立，分户数据从 1990 年始有

抽样调查项目，如千分之一人口抽样调查、逢5年份进行的百分之一人口抽样调查、环境调查、社会满意度调查等；四是每次普查后的质量抽查，都是用抽样的方法来检验普查数据的质量。

第二节 统计报表

1986年，吉县统计年报表75种、半年报表1种、季报表20种、月报表12种。其中，农业年报表21种、季报表11种；工业年报表15种、季报表3种；商业旅游年报表15种、月报表4种；劳资年报表12种、月报表4种；能源物资年报表12种、半年报表1种、季报表6种、月报表4种。

1993年，新的统计报表制度建立，正式取消国民收入统计报表制度，同时建立国内生产总值支出法年报。2006年，有各种统计报表139种，其中年报表78种、半年报表33种、季报表12种、月报表12种、其他4种。2010年，有统计报表162种，其中年报表88种、季报表55种、月报表19种。2012年，实行规模以上工业、资质以上建筑业、限额以上批零贸易业和住宿餐饮业统计“一套表”制度，开始统计联网直报。

农业报表

1986年，主要统计报表内容有：农业基层组织情况、农业生产情况（统计农村从业人员结构、农村劳动力、耕地面积、农作物面积与产量等）、农村经济总收入、自然灾害情况、农业现代化情况、果林生产情况、畜牧业情况（牧畜猪羊及家禽年末数）、渔业生产情况、农业商品产值、农村固定资产、农村社会总产值、农村经济收益分配情况等。1997年，农业统计年报中取消了农业商品产值，新增非农产畜牧生产情况和规模户畜牧生产情况。1999年底，尝试农村经济收益分配统计。2000年，恢复农村经济收益分配报表，同时农业报表实行微机联网。

2006年，农业统计报表有21种，季报表11种。年报统计内容有农业生产条件、主要产品生产情况、蔬菜及特种作物生产情况、全年抽样实测品种粮食产量、水果生产情况、畜牧业生产情况、非农产畜牧生产情况、耕地面积情况、农村经济收益分配、农民生活用品、乡（镇）基本情况、县社会经济基本情况、农林牧渔业总产值、非农业总产值；季统计报表内容有春播种面积、全年播种面积、秋播种面积、夏收农作物预计总量、夏收农作物实际产量、全年农作物预计产量、畜牧生产情况、非农产畜业生产情况、非农产农作物播种面积、农林牧渔总产值表、统计网络表。到2010年，县级农业统计报表有21种，定期报表（季报、月报）11种，年报、季报统计报表内容基本没有变化，月报农产品价格。2014年，实行县级农村统计年报联网直报。2015年，实行乡镇统计“一套表”联网直报，即乡镇统一使用国家统计局乡镇统计联网直报数据处理平台直报乡镇农村统计数据。

工业报表

1986年，工业报表在综合年报统计中体现，填报范围为乡及乡以上各类独立核算工业企业和从事工业活动的单位。主要有工业生产、经营、流通、经济效益、固定资产原值、利税总额和职工数分组、大中型企业分组5个档次、工业总产值等。1992年，年报中新增了对乡及乡以上工业企业进行增加值统计，并建立以6项指标为基础的工业经济效益评价考核系统。1993年，新统计制度实施，工业报表中新增工业中间投入指标。

1998年，调整工业统计范围，由隶属关系划分改为按企业划分；由乡及乡以上工业企业口径改为国有和年产品销售收入在500万元以上的非国有企业（也称规模以上工业企业）；同时新增主要原材料、能源消费与库存统计内容。1999年，月报实施对国有及年产品销售收入500万元以上工业企业统计，并通过计算机汇总上报。2001年，规模以下工业企业的统计报表由企调队抽样调查。

2005年，填报工业总产值、新型工业化主要产品产量和规模以上工业企业主要指标等统计，对部分国有企业开展景气调查。同时，民营经济统计报表制度建立，主要统计民营企业数、个体经营户数、民营经济注册资本金、民营经济从业人员、民营经济投资、民营经济税收，以及民营经济中工业、建筑业、房地产业、批发零售业和餐饮业等行业的主要经济指标。

2010年，国家统计局调整规模以上工业统计口径，改为年主营业收入2000万元以上的工业法人企业填报。2012年，规模以上工业统计实行"一套表"制度。

建筑业报表

1986年，建筑业报表主要为年报表式，内容有建筑业总产值、职工人数、工资、施工机械设备、技术装备、财务和工程成本、主要经济效益、建筑业净产值及其构成等。1994年，将建筑业报表中的集体固定资产投资分为城镇集体和农村集体，新增房地产开发指标。1998年，建筑业统计范围改为资质等级四级及以上独立核算建筑施工企业，增加建筑企业主要建筑材料消耗情况表。2002年，年报统计范围改为县区内具备新资质的建筑企业，取消建筑企业主要建筑材料消耗情况表，新增劳务分包建筑企业生产经营情况统计。2003年，新增建筑业房屋完成情况表。2004年，季报报表内容有建筑企业生产情况、财务状况、房屋建筑完成情况、劳务分包建筑企业生产经营状况等。2006年，年报统计增加信息化情况重要指示表。2008年，增加建筑业能源消耗及库存表。2009年，半年报表增加建筑业能源消耗及库存表。2010年，建筑业综合年报主要有法人单位基本情况、产业单位基本情况、信息化情况、主要指标、建筑业能源消耗及库存等。到2015年，建筑业报表主要包括企业生产情况表、财务状况表、房屋建筑完成情况表、劳务分包建筑业企业生产经营情况表等。

固定资产投资

1994年，最早的固定资产投资报表，是将建筑业报表中的集体固定资产投资分为城镇集体和农村集体，同时包含新增的房地产开发指标。1995年，房地产开发统计从固定资产投资统计中分离出来，单独建立房地产开发的相关统计指标。1997年，固定资产投资范围扩大，统计起点由5万元提高到50万元。1999年，建立全社会固定资产投资统计制度，将个体、私营的固定资产投资纳入统计范围，同时采用抽样调查方法，对5万～50万元零散投资进行统计，完善全社会固定资产投资统计体系。

批零贸易报表

1986年，贸易统计内容主要有社会商品零售额、国合商业购销量、社会消费品零售量、社会农副产品收购量和商业、饮食业机构人员统计等。1990年，新集体商业、私营商业经济、工业部门零售也纳入贸易业统计。1993年，社会性商品零售总额统计口径发生变化，改为社会消费品零售总额，统计过程中剔除农业生产资料零售。1997年起，贸易业统计有了较大改革，对小型贸易业、餐饮业数据通过抽样调查取得，按月报送贸易业统计资料。1999年，亿元商品交易市场纳入贸易业统计。2003年，贸易年报主要有限额以上批发零售贸易业商品购进销售库存总额、餐饮业销售情况、餐饮企业财务状况。2005年，新增星级住宿和限额以上餐饮业经营情况、限额以上批发和零售业财务状况、星级住宿业和限额以上餐饮业财务状况、亿元以上商品交易市场成交情况；限额以上连锁零售业、星级以外住宿业情况、限额以下餐饮样本单位基本情况。2006年，增加批发和零售业、住宿和餐饮业连锁经营情况。2009年，增加法人单位基本情况、产业活动基本情况、信息化情况主要指标、限额以上批发和零售业、住宿和餐饮业能源消费和库存、消费品市场占有率情况。2010年，将限额以上批发和零售业抽样调查表、限额以下住宿和餐饮业样本单位调查表、批发和零售业商品消费情况、住宿和餐饮业经营情况和社会消费品零售总额等由月报改为季报。2012年，限额以上批零贸易、住宿和餐饮业统计实行“一套表”制度，主要内容包括企业景气调查、规模以下企业抽样调查、服务业抽样调查，涉及企业的生产、销售以及能源消耗等主要指标。

劳动工资报表

1986年，劳动统计是对全民所有制单位和城镇集体单位进行统计，主要内容有职工人数、职工劳动报酬情况、劳动生产率情况、职工保险福利情况和新增劳动者人数等。1990年，开始建立劳动工资统计台账。1991年，劳资统计报表新增私营企业人员和个体劳动人数等内容。1994年，劳动工资统计口径由职工变为从业人员。1996年，吉县国有和集体企业改制，出现多种经济形式并存和职工失业、下岗现象，劳动统计再次调整统计口径和统计指标，增加在岗职工人数和工资、离岗职工和生活费情况等指标。2003年，按国民经济20个部门分类统计劳动工资报表。2007年，开始对城镇私营单位人员工资情况进行抽样调查统计。2012年，统计实行企业“一套表”制度，规模以上工业企业、资质以上建筑业、限额以上批零贸易业和住宿餐饮业劳动工资随“一套表”上报，其余单位或企业继续采用纸介质形式报送季报与年报。

第三节 统计执法

执法机构

1983年，《中华人民共和国统计法》颁布实施，吉县开启依法统计的进程。1994年，统计法制所（股级）成立。1999年，撤销原统计法制所，成立吉县统计执法大队，副科级建制，编制4人。

执法行动

1999年11—12月，执法队组织开展了为期一个月的统计违法查处活动，共检查报表单位150家。其中：违法10家（瞒报案件1件，迟报案件9件），无原始记录18家，无统计台账24家，无证上岗19家。

2000年，开始全面推行统计登记管理，根据晋政办发〔1994〕83号《关于加强统计登记管理有关问题的通知》，出台吉政办发〔2000〕10号《关于认真做好统计登记工作的通知》，成立了以分管副县长为组长的统计登记领导组。年内发放统计登记证书1045家，期间2个个体工商户拒不登记，被申请到吉县人民法院强制执行，共处罚金1400元。

2001年，执法检查发现统计违法案件12起，立案3起，罚款8300元。

2003年，对吉县各乡镇的执法检查中，针对个别乡镇统计工作站基层报表“四无”（无章、无填报时间、无填报人、无负责人）现象，作出责令改正，全县通报批评的决定。

2006年，针对第二次全国经济普查中，对宣传组织工作不力、未能及时完成县农普办下达的农普宣传任务的单位，给予全县通报批评的处分。

2009年，在贯彻落实《统计违法违纪行为处分规定》过程中，对存在瞒报统计资料的统计违法行为的单位立案处罚。

2010年2月、2015年7月，在常规检查中对抗拒统计检查、拒报统计资料的违法行为单位立案处罚。

第四节 机构

管理机构

1954年2月，设立吉县统计科。1961年，更名为统计局。“文化大革命”期间，改称统计委员会。1975年，恢复统计局称谓，境内各单位和工商企业相继配备了专（兼）职统计员，各公社统计工作则由办公室或会计兼管。1983年，全县各公社通过考试选拔配备11名专职统计员。1984年，县统计局编制从县总编制中单划出来，实行国家统计局和地方双重管理。1989年，吉县农村社会经济调查队（农调队）成立，股级建制，由10个产量调查点、6个住户点（60个记账户）组成。1998年，吉县城市社会经济调查队（城调队）成立，由20户记账户和市场随机采价机制组成。1999年，吉县统计执法大队（执法队）成立，副科级建制，编制4人，同时撤销统计法制所，原吉县农村社会经济调查队、吉县城市社会经济调查队升级为副科级单位。2003年，统计普查中心、企业调查队成立，股级建制。2011年，农调队、城调队合并为城乡社会经济调查队，与执法队一起降为股级单位。2015年底，县统计局拥有行政、事业编制28个，其中，行政编制8人（含工勤编制1人）、事业编制20人（含中央事业编4人），局内设机构有办公室、经济股、社会股、国民经济综合核算股；另受市统计局委托，协助管理市局设在吉县的临汾市统计局吉县调查监测中心（4人）。

第九章 招商引资

第一节 招商接洽

项目接洽

2014年,《吉县2014年招商引资重点推介项目》出台,编印了宣传推介册;通过网络查询、接待客商、外出推介,主动寻求投资商。组织机关企业先后参加北京、上海、厦门等地招商活动,到河南、太原、临汾等地进行项目推介、接洽。先后接洽北京凯业商贸公司、北京风光能源科技有限公司、上海文创联盟、南京中石化华东分公司、南京谷物奶开发公司、四川东方电气集团、江苏远景集团、浙江盾安集团、河南万众集团、河南濮阳华凌化工有限公司、山东青岛瑞峰集团、山东潍坊云涛有机肥有限公司、石家庄英利集团、深圳永晟能源有限公司、安徽黄山旅游开发集团、安徽合肥汉升科技投资集团,以及温州、西安、福州、大连、太原等地房地产开发商,共计32家投资企业和投资商。

项目签约

2014年,共完成签约引资项目5个,签约投资额83亿元,超额完成市政府下达的70亿元任务。

与山西省投资集团有限公司签订《废油循环再利用项目投资协议》,投资额为15亿元;与河南濮阳华凌石油机械化工有限公司签订《煤层气制高碱超细玻璃纤维棉投资合作协议》,投资额为5亿元;与北京凯业商贸公司签订《吉县文化广场提质增容项目投资协议》投资额为12.34亿元;与北京凯业商贸公司签订《吉县中心广场改造扩建项目建设投资协议》,投资额5.66亿元;与中石化华东分公司签订《吉县煤层气二期勘探开发投资协议》,投资额45亿元。其中,由山西省投资集团能源有限公司投资的废油循环利用项目于当年8月前落地开工。

第二节 机构

机构设置

2013年4月,吉县招商局成立,同年9月正式组建,正科级事业单位,核定财政拨款事业编制5名,科级领导职数1正1副,设综合股、项目股2个职能股室。此前其业务归属于吉县发改局。

主要职责

贯彻执行国家、省市有关对外开放、招商引资的法律、法规和政策,负责招商引资的对外宣传和信息发布工作。负责组织全县招商引资的调研工作,编制全县投资环境报告、投资指南等有关招商引资方面的文件、资料和出版物。归口管理、组织和承办境内外举办的各类招商引资洽谈会,接待国内外投资客商业务考察活动,组织项目对接、考察、宣传推介等各类投资促进活动。指导全县招商引资工作,编制全县招商引资计划,对企业招商引资任务进行分解、督查、统计、考核和通报。搭建吉县同境内外投资商、投资机构接洽交流合作的平台,为吉县各类企业与国内外投资商合作投资、洽谈、落地做好服务工作。建立与境内外客商联系的渠道，反映境内外客商的意见和要求；参与协调处理全县外地投资企业所反映的各类问题和投诉，帮助解决在日常经营活动中遇到的各类问题。

第十七编　中国共产党吉县地方组织

1986—2015年，中国共产党吉县委员会始终认真贯彻落实党的路线、方针、政策，坚持四项基本原则，力促改革开放，思大局、谋发展，立足本地实际，先后实施了一系列有利于吉县繁荣发展的策略规划，带领吉县人民抓苹果、种烤烟、促旅游、兴煤炭，一任接着一任干，年年都有新发展。县域经济取得了很大成就，率先步入脱贫致富奔小康的先进行列，取得了精神文明建设和物质文明建设的双胜利。

第一章 中国共产党吉县委员会

1986年以来，随着全党工作重点的转移，吉县县委工作重点也开始转向以经济建设为中心的社会主义现代化建设上来。在中共十四大、十五大、十六大、十七大、十八大会议精神的指导下，县委坚决贯彻执行党的各项路线方针，积极开展社会主义初级阶段理论教育，围绕经济建设这一中心，不断加强社会主义文明建设，努力推进民主与法制建设，强化党风廉政建设；深入开展党的基本路线教育、爱国主义教育、党史国情教育和共产主义信仰教育，教育共产党人不忘初心、牢记使命，按照党的宗旨，领导吉县人民，确立主导产业（红色苹果、绿色生态、黄色旅游），全力脱贫攻坚，推动县域经济繁荣，社会进步，重塑了一个文明、富强的新吉县。

第一节 县委常务委员会

中国共产党吉县委员会代表大会每3年举行1次，其中第五届代表大会至第六届代表大会相隔9年。1987—2015年，共召开七次代表大会，选举产生新一届县委书记、县委常务委员会委员、县委委员、候补委员、纪律检查委员会委员，听取审议并通过各届中国共产党吉县委员会工作报告。

1986 — 2015年中共吉县县委领导成员名录

表17-1-1

届次	职务	姓名	任职时间
五届 1978.12 — 1987.09	书记	张培华 任俊发	1985.06 — 1987.02 1987.02 — 1987.09
	副书记	陈　森 张顺旺 黄有泉	1986.01 — 1987.09 1986.01 — 1987.09 1986.01 — 1987.09
	常委	郭龙臣 郝志祯 刘景文 孙勤学	1986.01 — 1987.09 1986.01 — 1987.09 1986.04 — 1987.09 1986.04 — 1987.09
六届 1987.09 — 1990.04	书记	任俊发	1987.09 — 1990.04
	副书记	黄有泉 陈　森 张顺旺 李　青 李苏河	1987.09 — 1988.12 1987.09 — 1990.03 1987.09 — 1990.04 1988.12 — 1990.04 1990.03 — 1990.04

续表

届次	职务	姓名	任职时间
六届 1987.09 — 1990.04	常委	刘景文 孙勤学 郝志祯 陈续臻（女） 原胜利 李　彧	1987.09 — 1990.03 1987.09 — 1990.04 1987.09 — 1990.04 1989.02 — 1990.04 1989.08 — 1990.04 1990.03 — 1990.04
七届 1990.04 — 1993.05	书记	任俊发 陈保堂	1990.04 — 1992.03 1992.03 — 1993.05
	副书记	李　青 张顺旺 李苏河	1990.04 — 1992.12 1990.04 — 1993.05 1990.04 — 1993.05
	常委	郝志祯 原胜利 陈续臻（女） 李　彧	1990.04 — 1993.05 1990.04 — 1993.05 1990.04 — 1993.05 1990.04 — 1993.05
八届 1993.05 — 1998.05	书记	陈保堂	1993.05 — 1998.05
	副书记	李苏河 张顺旺 张北管 原胜利 梁洪运	1993.05 — 1997.01 1993.05 — 1998.05 1993.05 — 1996.07 1993.05 — 1998.05 1998.02 — 1998.05
	常委	王晓春 郝志祯 陈续臻（女） 杨泽明 李　柏 王福成 杜旭杰 张银生	1993.05 — 1998.05 1993.05 — 1996.04 1993.05 — 1998.02 1993.05 — 1997.01 1993.05 — 1994.03 1995.05 — 1998.05 1996.04 — 1998.05 1997.04 — 1998.05
九届 1998.05 — 2003.10	书记	陈保堂 原胜利 原学义	1998.05 — 2000.04 2000.04 — 2003.09 2003.09 — 2003.10
	副书记	原胜利 梁洪运 梁崇太 原学义 闫旺森 廉　鹏 李相民	1998.05 — 2000.04 1998.05 — 2001.08 1998.05 — 2001.08 2000.04 — 2003.09 2001.11 — 2002.09 2001.11 — 2003.10 2002.09 — 2003.10

续表

届次	职务	姓名	任职时间
九届 1998.05 — 2003.10	常委	李竹贤（女）	1998.05 — 2001.04
		闫旺森	1998.05 — 2002.09
		杜旭杰	1998.05 — 2000.10
		张银生	1998.05 — 2001.11
		张锦中（女）	1998.05 — 2003.10
		孔繁新	1998.05 — 2003.10
		卫　谊	2000.10 — 2002.09
		廉　鹏	2001.11 — 2003.10
		郭　鹏	2001.11 — 2003.10
		葛吉安	2001.11 — 2003.10
		吴忠民	2002.01 — 2003.10
		贾凤山	2002.09 — 2003.10
		孙延震	2002.01 — 2003.10
十届 2003.10 — 2006.06	书记	原学义	2003.10 — 2006.06
	副书记	张　云	2003.10 — 2006.06
		廉　鹏	2003.10 — 2006.06
		李相民	2003.10 — 2006.06
		郭　鹏	2003.10 — 2006.06
		任天顺	2003.12 — 2006.06
	常委	孔繁新	2003.10 — 2006.06
		葛吉安	2003.10 — 2006.06
		孙延震	2003.10 — 2006.06
		贾凤山	2003.10 — 2006.06
		郭仓森	2003.10 — 2006.06
		李灵芝（女）	2003.10 — 2006.06
十一届 2006.06 — 2011.06	书记	乔建军	2006.06 — 2008.03
		张金凤（女）	2008.04 — 2010.12
		毛益民	2010.08 — 2011.06
	副书记	杨安虎	2006.06 — 2008.04
		廉　鹏	2006.06 — 2007.04
		郭　鹏	2006.06 — 2007.04
		任天顺	2006.06 — 2009.10
		刘奎生	2008.04 — 2011.05
		姚焕章	2007.04 — 2011.06
		李灵芝（女）	2010.06 — 2011.06
		张金凤（女）	2008.03 — 2008.04（主持工作）

续表

届次	职务	姓名	任职时间
十一届 2006.06 — 2011.06	常委	孔繁新 葛吉安 孙延震 贾凤山 李灵芝（女） 薛鹏寿 董跃明 李　强 牛庆国 李建国 吴吉红 高文胜 张瑞萍（女）	2006.06 — 2007.04 2006.06 — 2006.08 2006.06 — 2007.04 2006.06 — 2009.04 2006.06 — 2011.06 2007.04 — 2010.02 2007.04 — 2010.06 2007.04 — 2008.07 2008.07 — 2010.07 2010.06 — 2011.06 2010.07 — 2011.06 2008.04 — 2008.12（挂职） 2010.06 — 2011.06
十二届 2011.06 —	书记	毛益民 郝忠祥	2011.06 — 2013.04 2013.05 — 2015.12
	副书记	刘　浩 姚焕章 李灵芝（女） 崔绍民	2011.06 — 2015.08 2011.06 — 2015.08 2011.06 — 2015.12 2015.08 — 2015.12
	常委	李建设 李晓民 赵新喜 吴吉红 熊伟星 李永芳 马广礼 石　猛 王家亮	2011.06 — 2013.01 2011.06 — 2015.12 2011.06 — 2015.12 2011.06 — 2015.12 2011.06 — 2015.12 2011.06 — 2015.12 2013.01 — 2014.03 2014.04 — 2015.08 2015.08 — 2015.12

第二节 工作机构

1976 年后，中国共产党吉县委员会（简称中共吉县县委）常设工作机构有：县委办、组织部、宣传部、财贸部、文教部、农工部、工交部 7 个单位，后建立和恢复纪律检查委员会（1984 年升格为县级单位）、统战部、老干部局、政法委、县委党校、党史办、史志办、打击办、调研室、县直机关党委及升格为局级的机要室、对台办、信访办等单位。

本时期内，建立了 3 个临时机构：1986 年 10 月，设立整党办公室、落实政策办公室；1988 年，设立核查办公室。

1990 年 4 月，中共吉县县委设工作机构有办公室、组织部、宣传部、统战部、农工部、政法委、党校、政策研究室、信访办、督查室、通讯组、对台办、精神文明办、综治办、机要保密局、老干部局、县直机关党委。

1991 年，县委调整工作机构，撤销县直机关党委，成立保密局、督查室。

2002 年，县委设置纪律检查委员会机关和 7 个工作部门，另设一个部门管理机构。纪律检查委员会（监察委员会与其合署办公），工作机构：办公室、组织部、宣传部、统战部、政法委（与社会综合治理委员会办公室合署办公）、机构编制委员会办公室、直属机关工作委员会。部门管理机构：老干部局，由县委组织部管理。

2004 年，统战部与民族宗教事务局合署办公。设置防范和处理邪教问题领导小组办公室（610 办），挂靠县委办公室。

2005 年，设立中共吉县县委（吉县人民政府）信访局，为县委办公室管理机构。同年，设立吉县县委台湾工作办公室（吉县人民政府台湾事务办公室）。

2007 年 3 月，机关事务管理局成立，同年成立新闻中心。

2008 年，吉县监察委员会更名为吉县监察局，与县纪律检查委员会机关合署办公。

2015 年，县委工作机构有：纪律检查委员会、办公室、组织部、宣传部、统战部（民族宗教事务局）、政法委、党校、县直工委、老干部局、党史办、信访办、精神文明建设指导委员会办公室、新闻中心、防范和处理邪教问题办公室、机构编制委员会办公室、督查室、机要室、对台办、综合治理办公室、机要保密室。

第三节 基层组织

1986 — 2015 年吉县基层党组织情况表

表 17-1-2 单位：个、名

年份	基层党组织				党员
	党委（乡镇党委）	党总支	党支部	合计	
1986	11（11）	13	244	268	3380
1987	11（11）	14	244	269	3456
1988	11（11）	14	253	278	3529
1989	11（11）	13	244	268	3601
1990	12（11）	15	259	286	3708
1991	12（11）	17	260	289	3794
1992	11（11）	17	258	286	3896
1993	11（11）	17	258	286	3992
1994	11（11）	17	267	295	4142
1995	11（11）	17	268	296	4248
1996	11（11）	17	269	297	4410
1997	12（11）	17	268	297	4613
1998	12（11）	17	265	294	4776
1999	12（11）	15	272	299	4902
2000	12（11）	15	275	302	5019
2001	13（8）	13	276	302	5218
2002	11（8）	15	233	259	5377
2003	11（8）	18	233	262	5526
2004	11（8）	18	232	261	5597
2005	11（8）	18	233	262	5623
2006	12（8）	18	232	262	5646
2007	12（8）	18	233	263	5715
2008	12（8）	18	233	263	5820
2009	12（8）	18	233	263	5881
2010	9（8）	12	236	257	5924
2011	13（8）	18	236	267	6043
2012	13（8）	18	254	285	6152
2013	13（8）	18	258	289	6239
2014	13（8）	18	261	292	6333
2015	13（8）	18	251	282	6370

第二章　会议与决策

第一节　代表大会

第六次代表大会

中国共产党吉县委员会第六次代表大会于 1987 年 9 月 27—30 日在县城召开，参加大会的代表 279 人，代表吉县 3396 名党员。这次选出的代表，是各条战线上做出了贡献、党性较强、作风正派、能够联系群众的党员。其中，年龄最大的 67 岁，最小的 22 岁；45 岁以下的中青年代表 174 名，占代表总数的 62.1%；妇女代表 52 名，占代表总数的 18.6%；具有中专和高中文化程度的代表 62 名，占 22.1%；各级领导干部 166 名，占 59.3%；各类专业技术人员 57 名，占 20.4%；各条战线的先进人物 53 名，占 18.9%；其他代表 4 名（武装部、少数民族、离休干部），占 1.4%。具有广泛的代表性。

大会有三项议程：一是审议中共吉县第五届委员会的工作报告；二是审议中共吉县纪律检查委员会工作报告；三是选举产生中共吉县第六届委员会和中共吉县纪律检查委员会。县委副书记黄有泉致开幕词。县委书记任俊发受中共吉县第五届委员会的委托，作《坚持四项基本原则　深入进行各项改革　为建设文明富裕的新吉县而奋斗》的工作报告。大会号召“全县共产党员一致行动起来，巩固和发展全党抓党风的好形势，认真开展创三无、争三先，为振兴吉县经济做贡献”活动，以抓党风，促改革的优异成绩迎接中共十三大胜利召开。

大会最后采取无记名投票的方式，选举产生吉县第六届县委委员 23 名，候补委员 4 名。会后举行的中共吉县第六届委员会第一次全体会议，选出县委常务委员会委员、副书记和书记及纪检书记。

第七次代表大会

中国共产党吉县委员会第七次代表大会于 1990 年 3 月 22—24 日在县城召开，参加大会的代表 255 人，代表吉县 3601 名党员。

这次大会的代表来自各条战线。其中，各级领导干部 141 名，占 55.2%；各类专业技术人员 37 名，占 14.5%；先进模范人物 26 名，占 10.2%；农民 30 名，占 11.8%；工人 15 名，占 5.9%；军警 6 名，占 2.4%。文化结构上，大专以上文化程度 23 名，占 9.2%；中专、高中文化程度 52 名，占 20.4%。入党时间上，抗日战争时期的 1 名，占 0.4%；解放战争时期的 1 名，占 0.4%；新中国成立后到 1966 年前的 48 名，占 18.8%；1966 年到 1976 年的 124 名，占 48.6%；1976 年以后的 81 名，占 31.8%。性别与年龄上，妇女代表 48 名，占 18.8%，45 岁以下的代表 143 名，占 56%。少数民族和离退休干部分别选出了代表。

大会有三项议程：一是审议中国共产党吉县第六届委员会的工作报告；二是审议中国共产党吉县纪律检查委员会的工作报告；三是选举产生中国共产党吉县第七届委员会和中国共产党吉县纪律检查委员会。

县委副书记李青致开幕词。县委书记任俊发受中共吉县第六届委员会委托，作《发挥政治优

势 搞好治理整顿 为兴吉富民而努力奋斗》的工作报告。经过审议，代表们通过报告，同时审议通过李彧所作的《强化党的纪律 坚决惩治腐败 确保治理整顿和深化改革的顺利进行》的中共吉县纪律检查委员会工作报告。

大会选举采用差额选举的办法，以无记名投票的方式，选举产生中共吉县第七届委员会委员 23 名、候补委员 3 名，中共吉县纪律检查委员会委员 11 名。

大会后举行的中共吉县第七届委员会第一次全体会议，选出县委常务委员会委员、书记、副书记。中共吉县纪律检查委员会全体会议选出纪律检查委员会常委、书记、副书记。

这次新当选的 8 名县委常委平均年龄 45.5 岁，大专以上文化程度的 6 名，中专文化程度的 1 名，初中文化程度的 1 名。

第八次代表大会

中国共产党吉县委员会第八次代表大会于 1993 年 5 月 25—27 日在县城召开。本次代表大会代表 266 名，代表吉县 3900 名党员。其中，各级领导干部 160 名，占 60.2%；各类专业技术人员 53 名，占 19.9%；先进模范人物 48 名，占 18%；军警、少数民族和离休干部 5 名，占 1.9%；农民 146 名，占 54.9%；工人 14 名，占 5.3%；妇女 61 名，占 22.9%。文化程度上，大专文化程度的 39 名，占 14.7%；中专文化程度的 30 名，占 11.3%；高中文化程度的 39 名，占 14.7%；初中文化程度的 129 名，占 48.4%。年龄结构上，平均年龄为 42.6 岁，最大的 65 岁，最小的 25 岁，45 岁以下的代表 146 名。

大会有四项议程：一是听取和审议中共吉县第七届委员会工作报告；二是听取和审议中共吉县纪律检查委员会工作报告：三是讨论和审议大会作出的《关于真抓实干 奋力拼搏 促进经济迈上新台阶的决定》；四是选举中共吉县第八届委员会和中共吉县纪律检查委员会。

大会由县委副书记李苏河致开幕词，县委书记陈保堂受中共吉县第七届委员会的委托，作《抓住机遇，转变观念 奋力拼搏 真抓实干 加快兴吉富民奔小康的步伐》的工作报告。王晓春作《围绕经济建设 全面履行职能 为吉县经济发展清障护航》的纪律检查委员会工作报告。

大会采用差额选举办法和无记名投票方式进行选举，选举产生中共吉县第八届委员会委员 25 名，候补委员 3 名，中共吉县纪律检查委员会委员 13 名。大会后举行中共吉县第八届委员会第一次全体会议，选出县委常务委员会委员、书记和副书记。纪律检查委员会第一次全体会议，选出纪律检查委员会常务委员、书记、副书记。

新当选 10 名县委常委平均年龄 43.8 岁，大专文化程度的 8 名，中专文化程度的 1 名，初中文化程度的 1 名。

第九次代表大会

中国共产党吉县委员会第九次代表大会于 1998 年 5 月 15—17 日在县城召开。参加大会的正式代表 288 名，代表吉县 4163 名党员。其中，各级领导干部 173 名，占 60%；各类专业技术人员 57 名，占 19.8%；先进模范人物 52 名，占 18.1%；军警和离退休干部 6 名，占 2.1%；少数民族代表 1 名，占 0.3%；农民 150 名，占 52.1%；工人 16 名，占 5.6%；妇女 61 名，占 21.2%。文化程度上，大专以上文化程度的 65 名，占 22.6%；中专文化程度的 23 名，占 7.9%；高中文化程度的 69 名，占 24.1%；初中文化程度的 126 名，占 43.7%；小学文化程度的 5 名，占 1.7%。年龄结构上，平均年龄为 43.06 岁，最大的 70 岁，最小的 24 岁，45 岁以下代表 184 名，占 63.9%。

大会有四项议程：一是听取和审议中国共产党吉县第八届委员会工作报告；二是听取和审

议中国共产党吉县纪律检查委员会工作报告；三是讨论通过《建设旅游强县 加速经济发展》的决议；四是选举产生中国共产党吉县第九届委员会和中国共产党吉县纪律检查委员会。

大会由县委副书记原胜利致开幕词，县委书记陈保堂代表中共吉县第八届委员会，作题为《高举邓小平理论伟大旗帜 把建设旅游强县加速经济发展的宏伟大业推向二十一世纪》的工作报告，李竹贤受中共吉县纪律检查委员会的委托，作题为《坚决惩治腐败 全面履行职能 为维护改革发展和稳定大局服务》的纪律检查委员会工作报告。

大会采用差额选举和无记名投票方式进行选举，选举产生中国共产党吉县第九届委员会委员 27 名、候补委员 3 名和中国共产党吉县纪律检查委员会委员 13 名。

大会后举行中共吉县第九届委员会第一次全体会议，选出常务委员 10 名，其中书记 1 名、副书记 3 名。中共吉县纪律检查委员会第一次全体会议，选出纪律检查委员会常务委员 7 名，其中书记 1 名、副书记 3 名。新当选的 10 名县委常委平均年龄 44 岁，全部为大专以上文化程度。

第十次代表大会

中国共产党吉县委员会第十次代表大会于 2003 年 10 月 26—28 日在县城召开。参加大会的正式代表 288 名，代表吉县 5437 名党员。其中，各级领导干部 173 名，占 60%；各类专业技术人员 57 名，占 20%；先进模范人物 52 名，占 18%；军警和老干部 6 名，占 2%；少数民族 1 名，占 0.4%；农民 142 名，占 49.3%；工人 15 名，占 5.2%；妇女 66 名，占 22.9%。文化程度上，大专以上文化程度的 114 名，占 39.6%；中专高中文化程度的 100 名，占 34.7%；初中文化程度的 73 名，占 25.3%；小学文化程度的 1 名，占 0.4%。年龄结构上，年龄最大的 69 岁，最小的 20 岁，平均年龄 42.8 岁；45 岁以下的代表 184 名，占 62.1%。代表中，中共十一届三中全会以后加入中国共产党的 244 名，占 84.7%。

大会有四项议程：一是听取和审议中国共产党吉县第九届委员会工作报告；二是听取和审议中国共产党吉县纪律检查委员会工作报告；三是选举产生中国共产党吉县第十届委员会；四是选举产生中国共产党吉县纪律检查委员会。

大会由县委副书记张云主持开幕式，县委书记原学义受中共吉县第九届委员会的委托，作题为《发挥优势 加快发展 全面开创吉县经济建设和社会进步新局面》的工作报告。郭鹏作题为《与时俱进 强化监督 努力开创党风廉政建设和反腐败斗争新局面》的纪律检查委员会工作报告。

大会采用差额选举的办法和无记名投票的方式，选举产生中共吉县第十届委员会委员 27 名，候补委员 3 名和中共吉县纪律检查委员会委员 13 名。大会后举行的中共吉县第十届委员会第一次全体会议，选出常务委员 11 名，其中书记 1 名、副书记 4 名。中共吉县纪律检查委员第一次全体会议，选出纪律检查委员会常务委员 7 名，其中书记 1 名、副书记 3 名。

当选的 11 名县委常委平均年龄 45.04 岁，大学文化程度 3 名，大专文化程度 8 名。

第十一次代表大会

中国共产党吉县委员会第十一次代表大会于 2006 年 6 月 27—28 日在县城召开。参加大会的正式代表 288 名，代表吉县 5623 名党员。其中，各级领导干部 181 名，占 63%；各类专业技术人员 42 名，占 15%；先进模范人物 59 名，占 20%；军警和老干部 6 名，占 2%；少数民族代表 1 名，占 0.4%；农民 145 名，占 50.3%；工人 15 名，占 5.2%；妇女 56 名，占 20%。文化程度上，大专以上文化程度的 134 名，占 46.5%；高中中专文化程度的 91 名，占 31.5%；初中文化程度的 63 名，占 22%。年龄结构上，年龄最大的 69 岁，最小的 25 岁。平均年龄 43.8 岁；45 岁以下的代表 166 名，占 57.6%。中共的十一届三中全会以后加入中国共产党的 252 名，占 87.5%。

大会有五项议程：一是听取和审议中国共产党吉县第十届委员会工作报告，二是听取和审议中国共产党吉县纪律检查委员会工作报告；三是选举产生中国共产党吉县第十一届委员会；四是选举产生中国共产党吉县纪律检查委员会；五是选举出席中国共产党临汾市第二次代表大会代表。

在代表大会上，县委书记乔建军代表中共吉县第十届委员会向大会作题为《全党动员 万众一心 科学发展 加快崛起 努力实现吉县经济社会新跨越》的工作报告；郭鹏作题为《创新工作机制 强化监督职能 深入开展党风廉政建设和反腐败斗争》的纪律检查委员会工作报告。

大会采取差额选举办法和无记名投票的方式，选举产生中共吉县第十一届委员会委员 32 名，候补委员 6 名，中共吉县纪律检查委员会委员 13 名，吉县出席临汾市第二次党代会代表 13 名。大会后举行的中共吉县第十一届委员会第一次全体会议，选出县委常委 10 名，其中书记 1 名、副书记 4 名。中共吉县纪律检查委员会第一次全体会议，选出纪律检查委员会常委 7 名，其中书记 1 名、副书记 2 名。

这次新当选的 10 名县委常委，平均年龄 44.9 岁，文化程度均为大专以上。

第十二次代表大会

中国共产党吉县委员会第十二次代表大会于 2011 年 6 月 10—12 日在县城召开。参加大会的正式代表 302 名，代表吉县 5941 名党员。其中，各级领导干部代表 196 名，占 64.9%；各类专业技术人员代表 55 名，占 18.2%，先进模范人物代表 45 名，占 14.9%；武警和老干部 6 名，占 2%；少数民族代表 1 名，占 0.33%；农民 151 名，占 50%；工人 12 名，占 4%；妇女 62 名，占 20.5%。文化程度上，大专以上文化程度的 148 名，占 49%；高中、中专文化程度的 86 名，占 28.5%；初中及初中以下文化程度的 68 名，占 22.5%。年龄结构上，年龄最大的 73 岁，最小的 21 岁，平均年龄 44 岁；50 岁以下的代表 231 名，占 76.5%。中共十一届三中全会以后加入中国共产党的 292 名，占 96.7%。

大会有五项议程：一是听取和审议中国共产党吉县第十一届委员会工作报告；二是听取和审议中国共产党吉县纪律检查委员会工作报告；三是选举产生中国共产党吉县第十二届委员会；四是选举产生中国共产党吉县纪律检查委员会；五是选举出席中国共产党临汾市第三次代表大会代表。

大会上，县委书记毛益民代表中共吉县第十一届委员会向大会作题为《开创“四个发展”新局面，谱写“五篇文章”新华章，为实现再造一个新吉县宏伟目标而不懈奋斗》的工作报告；熊伟星作题为《围绕中心工作，狠抓任务落实，为推进四个发展引深五篇文章提供坚强保证》的纪律检查委员会工作报告。

大会以无记名投票的方式，等额选举产生中共吉县第十二届委员会委员 32 名，中共吉县纪律检查委员会委员 13 名、吉县出席临汾市第三次党代会代表 15 名。差额选举产生候补委员 6 名。大会后举行的中共吉县第十二届委员会第一次全体会议，选出县委常委 10 名，其中书记 1 名、副书记 3 名。中共吉县纪律检查委员会第一次全体会议，选出纪律检查委员会常委 7 名，其中书记 1 名、副书记 2 名。

第二节　重大决策

党代会决策

中国共产党吉县第六次代表大会提出 1987—1990 年工作的指导思想是：坚持四项基本原则，引深各项改革，加强党的建设，端正党风和社会风气，进一步动员全县人民团结一致，振奋精神，开拓进取，扎实工作，推进两个文明建设，为建设文明富裕的新吉县努力奋斗。确定今后三年的奋斗目标是：一个实现、五个突破、一个下降、三个建设。一个实现是指，工农业总产值实现 4500 万元，其中工业总产值 1000 万元、农业总产值 3500 万元。五个突破是指，粮食总产突破 5000 万千克，其中小麦 2000 万千克，人均产粮 600 千克；乡镇企业利润突破 200 万元；农民人均收入突破 350 元；财政收入 200 万元，力争突破 250 万元；林牧业、加工业和第三产业收入突破历史最高年。一个下降是指，人口自然增长率下降到 8‰以下。三个建设是指，农村建设、工业建设和城市建设。农村建设，重点搞好水、电、路和广播电视建设。水利方面，修复 9 处机电灌站、20 处自流渠道，新修和配套 24 处机电井，改善水浇地 6460 亩，新增水浇地 2480 亩，维修 43 处人畜用水工程，新建 31 处吃水工程，解决 90 个村庄、13343 人、4054 头大牲畜用水问题；电业方面，加速窑渠至台头电力联网建设，并增加电力设施，扩大农村用电，达到 80% 的行政村通电；公路建设方面，重点完成文城至王家原的 25 华里路面改造工程，并搞好现有乡村公路路面维修，力争达到村村能通机动车；广播电视方面，实现村村拉专线，户户喇叭响。新建卫星电视地面接收站，扩大覆盖面，新建吉县电视台。同时，农村还要逐步改善农民住宿条件。工业建设，重点实现四建一扩一改造。新建 1 个机制炼焦厂，年产值 270 万元，利税 80 万元；新建 1 个饲料加工厂，年产值 60 万元，利税 17 万元；新建 1 个饮料酒厂，年产值 120 万元，利税 30 万元；新建 1 个蜜枣加工厂，年产量 100 吨，产值 60 万元，利税 15 万元；扩建化肥厂（增加炼焦及其他加工项目）、酒厂（增设饮料加工项目）；煤矿改造全面结束。城市建设，重点搞好一校（科技培训校）、二园（县城两个幼儿园）、三旅游（坤柔圣母殿的搬迁、黄河壶口风景名胜区的开发、南村坡国民党第二战区司令部旧址的维护开放）、一河（完成护城河坝工程）、二楼（干部职工宿舍楼、县医院住院楼）、二场（农贸市场、露天剧场）、一条街（扩宽街道、疏通下水渠道、更新路旁树木）等建设。

中国共产党吉县第七次代表大会提出 1990—1993 年工作的指导思想是：加强党的领导，发挥政治优势，坚定不移地贯彻执行治理整顿、深化改革的方针，加强农业基础地位，推进科技进步，坚持党的群众路线，努力改进工作作风，密切党同群众的血肉联系，加强和改善思想政治工作，动员和组织广大党员、干部，齐心协力、团结奋斗、战胜困难，实现“兴吉富民”的奋斗目标。奋斗目标是“五增、一降、四突破”。即工业总产值实现 1500 万元，年递增 8%；农业总产值实现 3227 万元，年递增 15%；农村人均收入 450 元，年递增 14%，力争达到 500 元；财政收入保证 300 万元，年递增 25%，力争 350 万元；地方税收保证 200 万元，年递增 25%，力争 250 万元。乡镇企业总产值突破 2500 万元，年递增 8.8%，利润实现 177 万元；粮食产量突破 5000 万千克，年递增 13.7%；烤烟面积突破 2 万亩，总产 300 万千克，产值达到 900 万元；干鲜水果产量突破 750 万千克，总产值实现 450 万元。人口自然增长率降低到 11‰以下。畜牧和林业生产都要有一个较大的发展。人民群众的生产、生活条件和医疗卫生条件要有明显的改善：吉县 106 个村，力争村村办起卫生所，通水、通电、通公路；广播、电视覆盖率达到 70% 以上；校校实现“一无两有三配套”。城镇建设一抓旧城改造，二抓拓宽主要街道，三抓绿化、香化和硬化，四抓街心花园和开辟西街市场。与此同时，建成东关幼儿园、西关循环路、东关露天剧场和人民银行、县供销社、医院、电业、干部宿舍五座大楼。大会通过《中共吉县县委关于改进工作作风，加强同群众联系的决定》。

中国共产党吉县第八次代表大会提出1993—1998年工作的总方针是：坚定不移地贯彻落实中共十四大精神，以邓小平建设有中国特色的社会主义理论为指导，紧紧围绕经济建设这个中心，围绕社会主义市场经济体制的建立，依照“十头十侧重”工作思路，突出林、烟、果、旅、工五大主导产业，抓住机遇、转变观念、奋力拼搏、真抓实干，加快兴吉富民奔小康的步伐，使各项工作跃上一个新台阶。奋斗目标是：第一步，1993年到1994年底，经济建设指标实现“五个六”：财政收入612万元，农民人均收入超过600元，粮食总产量6000万千克，人均产粮600千克，工业和乡镇企业总产值超过6000万元。力争达到“三个一”：财政内外收入1000万元，农民人均纯收入1000元，工业总产值1亿元。第二步，从1995年到1997年底，国民生产总值年递增10%，达到1.2亿元；工农业总产值年递增9%，达到1.54亿元；财政收入年递增20.3%，达到800万元；农民人均纯收入年递增10.3%，达到800元，为2000年达小康奠定扎实基础。大会作出《关于真抓实干，奋力拼搏，促进经济迈上新台阶的决定》。

中国共产党吉县第九次代表大会提出1998—2003年工作的指导思想是：高举邓小平理论伟大旗帜，坚定不移地贯彻落实中共十五大精神，围绕经济建设这个中心，以建设旅游强县为目标，以实现财政脱补和农民脱贫为重点，着力强化农业、搞活企业、发展旅游业、培育新产业，进一步加强党的建设和精神文明建设，抓好社会治安综合治理，推动全县经济持续、快速、健康发展，把一个充满生机和活力的吉县胜利带入21世纪。奋斗目标是：到2002年，吉县国内生产总值达到3.8亿元，年均递增12%；乡镇企业营业收入达到9500万元，年均递增25%；财政总收入达到1360万元，年均递增12%，力争消灭财政赤字；粮食产量稳定在5500万千克左右，力争达到6000万千克；农民人均纯收入达到1600元，年递增11%，实现脱贫目标；吉县旅游业迈向“511”目标，即接待游客人数突破50万人次，门票收入突破1000万元大关，社会综合经济效益突破1亿元；社会消费品零售总额达到1.56亿元，年均递增17%，商品零售价格指数控制在国家要求的范围以内。大会作出《关于建设旅游强县加速经济发展的决定》。

中国共产党吉县第十次代表大会提出2003—2006年工作的指导思想是：高举邓小平理论伟大旗帜，以“三个代表”重要思想为指导，全面贯彻中共十六大和十六届三中全会精神，以经济建设为中心，以“发挥优势，加快发展”为主旋律，以“建设三大特色经济县”为蓝图，以“调结构、上项目、办大事”为重点，以农民增收和财政增收为目的，提升传统产业，发展特色产业，强化优势产业，培育新兴产业，坚持深化改革，扩大开放，坚持物质文明、政治文明、精神文明和党的建设一齐抓，全面开创吉县经济建设和社会发展的新局面，努力向小康社会迈进。奋斗目标是：国内生产总值年均递增15%，2008年达到5.5亿元，力争7亿元；财政总收入年均递增28%，2008年完成4000万元，实现翻两番，力争8000万元，实现财政脱补；农民人均纯收入年均递增10%，2008年达到2000元，1.5万人达小康，1.8万人基本实现脱贫目标；城镇居民可支配收入年均递增12%，2008年达到8000元。

中国共产党吉县第十一次代表大会提出2006—2011年工作的指导思想是：以邓小平理论和“三个代表”重要思想为指导，以科学发展观为统揽，以建设和谐社会、加快吉县崛起为总目标，以财政增收、农民增收、搞活县域经济、建设社会主义新农村、实现人与自然和谐相处和可持续发展为重点，紧紧围绕烟果、旅游、煤焦、生态四大强势经济板块，抓引深、求突破，抓重点、求实效，强力推进物质文明、政治文明、精神文明和执政能力建设“四大工程”，把吉县建成山川秀美、文明富裕、平安和谐的山区生态经济强县。

中国共产党吉县第十二次代表大会提出2011—2016年工作的指导思想是：以邓小平理论和“三个代表”重要思想为指导，深入贯彻落实科学发展观，全面贯彻中共十七届五中全会、省委九届十一次全会和市委二届八次全会精神，以加快转变发展方式为主线，以转型跨越、快速争先发展为主旋律，以苹果转型、旅游开发、工业崛起、城市建设、民生改善为抓手，以党的建设为保障，推动经济社会更好更快发展，确保“十二五”期间经济总量翻一番，努力再造一个新吉县。

全委会决策

1995年4月14日，中共吉县县委八届二次全委会议通过《关于大力加强基层党组织建设的意见》。

1998年12月31日，中共吉县县委九届二次全委（扩大）会议通过《关于贯彻落实全区抓好三件大事决定、推动吉县经济快速发展的实施意见》。

2000年12月8日，中共吉县第九届委员会第三次全体会议审议并通过《关于建设旅游名县、烟果强县、生态大县的决定》。

2001年12月19日，中共吉县第九届委员会第四次全体会议审议并通过《关于贯彻“三个代表”重要思想，实施“三大创新”工程，加强和改进全县党的建设的决定》。

2002年12月29日，中共吉县第九届委员会第五次全体会议审议并通过《关于深入贯彻十六大精神，进一步推进三大特色经济县建设再上新台阶的意见》。

2005年12月13日，中国共产党吉县第十届委员会第三次全体会议通过《中共吉县县委关于制定国民经济和社会发展第十一个五年规划的建议》。

2011年1月15日，中共吉县县委第十一届第五次全体会议审议表决通过《中共吉县县委关于制定国民经济和社会发展第十二个五年规划的建议》。

2014年1月21日，中共吉县县委十二届四次全体（扩大）会议讨论通过《关于苹果产业提质升级（2014—2018）的实施意见》《关于加快旅游产业发展（2014—2018）的实施意见》《关于工业快速崛起（2014—2018）的实施意见》《关于加快城市建设（2014—2018）的实施意见》《关于普及高中教育（2014—2016）的实施意见》。

2015年1月15日，中共吉县县委十二届五次全体会议讨论通过《中共吉县县委关于加强推进法治吉县建设的实施意见》。

第三章 纪检监察工作

第一节 廉政教育和党风监督

2011年，县纪委组织吉县党员干部深入学习“右玉精神”，听取《关于山西襄汾溃坝事故背后的腐败问题的通报》，观看《小官大贪》等警示教育片。同时，积极推进党务公开，采取“主要领导定点联系，牵头部门上门指导，相关部门结对联建，工作小组蹲点服务”的工作方法，使基层党组织基本实现了“五个一”（一个方案保障、一个典型带动、一把手亲自抓、一套标准衡量和一起统筹推进）的工作目标。为所有副科级以上领导干部建立廉政档案420份。

2012年，县纪委利用“全县干部大讲堂”对副科级以上领导干部播放警示教育片10余场次，在全县党员干部中开展学习弘扬“右玉精神”、学习李天福、“学廉政准则，做廉洁表率”、创先争优和“维护党的纪律、保持党的纯洁性”宣传教育月等活动，扎实开展廉政文化“八进”活动，举办“清风正气润吉州”大型廉政文艺晚会。严格落实各项监督制度，纪委负责人同下级党政主要负责人谈话8人，领导干部任前廉政谈话61人，诫勉谈话11人，领导干部述职述廉240人，函询人员118人，查处违反领导干部廉洁自律规定案件1案1人，解决了领导干部廉洁从政、廉洁从业方面的突出问题。

2013年，县纪委组织副科级以上649名党员领导干部进行党纪法规知识考试；吉县各单位开展编写廉政格言警句比赛活动，让党员干部思考廉政、崇尚廉政；利用干部大讲堂等全县性干部大会，有选择地播放警示教育片24次，以案说纪，做到警钟长鸣；有重点、分层次地将岗位廉政政策、法规、要求及风险通过手机报发送给相关人员，全年提醒52次；在全县推选出东关小学副校长强平香、白额村党支部书记赵双家、屯里镇计生站长李春莲3名勤廉榜样，进行集中宣传报道；向上级单位报送廉政作品4件、廉政漫画6幅。

2014年，县纪委投资40余万元在新城建成高标准的“吉县廉政教育中心”，依托该中心开展廉政培训30余批，共600余人次；有重点、分层次地将岗位廉政政策、法规、要求及风险通过手机报发送给相关人员，全年提醒51次；利用干部大会和各系统会议，有选择地播放警示教育片23次，以案释纪、以案说法；按照市纪委要求，扎实开展“廉政文化月”活动，促进广大党员干部廉洁奉公、勤政为民；举办“同奏廉政曲，共圆吉县梦”大型消夏廉政文艺晚会；组织拍摄以大操大办为主题的微电影《幸福其实很简单》，在县电视台公开放映，引起强烈反响。

2015年，县纪委依托县廉政教育中心，分类分批对各乡镇、县直各单位1000余名党员干部进行轮训。有重点、分层次地将岗位廉政政策、法规、要求及风险通过手机报发送给相关人员，全年提醒96次。利用干部大会和各系统会议，有选择地播放警示教育片40余场次。会同宣传部门制定下发《加强廉政文化建设的实施方案》，举办“欢乐吉州、倡廉为民”等大型消夏廉政晚会3场，组织拍摄廉政题材微电影5部。编发《准则》《条例》学习读本4000余册，选派专人深入各单位进行专题辅导，组织闭卷和在线考试。

第二节 纠风整纪

纠正医药购销中不正之风

2004 年，县纪委与药监、卫生部门配合，对吉县 3 个医疗机构，8 个乡镇卫生院，80 个村级卫生所和 33 个药品经营企业进行“拉网式”大检查，查处假劣药品 26 种，价值 2000 余元；查处非法药贩 1 户，没收药品 108 种，价值 1.2 万元；责令整改 12 户。2005 年，查处假劣药品 32 种，价值 2600 余元；查处非法药贩 1 户，没收药品 88 种，价值 1.2 万元；责令整改 13 户。2006 年，查处假劣药品 67 种，价值 4854 元；查处非法药贩 1 户，没收药品 88 种，价值 1.2 万元；责令整改 13 户。2007 年，查获假劣药品、医疗器械货值 2734 元，全部没收，罚没款 17587 元。2012 年，对卫生系统药品集中招标采购实施监督检查，全年招标采购金额 542 万元，占医院购销总额的 80%，向患者让利 70.77 万元，节约资金 112 万元。

治理公路“三乱”

2005 年，县纪委下发《关于治理公路“三乱”责任人的通知》，和各涉路部门行政一把手签订《治理公路“三乱”目标责任书》，查处公路“三乱”问题 3 件，分别给予本人检查、通报批评处理。2006 年，对违规双向拦车、无上岗证、无执法证上路执法、无正式执法人员带队、票据填写不规范、私带现金、着装不整及超范围越权执法、不使用明白卡、不携带备案派遣单等不规范行为进行停岗整顿，重点对乱设卡、乱收费、乱罚款以及收黑钱、放黑车、殴打司乘人员等暴力执法行为进行严肃查处。全年共查处公路“三乱”问题 5 件，分别对本人给予检查、通报批评处理。2007 年，查处公路“三乱”问题 3 件，分别给予 6 人检查、通报批评处理。2010 年，县纪委书记李建国亲自带队在 309、209 国道明察暗访，查看路上乱设卡、乱收费情况。共突击检查 20 次，对存在问题的单位进行通报批评，对单位领导进行诫勉谈话，有效遏制了“公路”三乱问题。2011 年，共巡查 38 次，查处公路“三乱”案件 5 起，诫勉谈话 2 人，查封非法站点 1 处，1 人给予辞退处分。2012 年，共巡查 30 余次，查处交通局治超办两名工作人员收黑钱的行为，给予处分。

行风评议

2004 年，县委、县政府调整充实了“民主评议行风，优化发展环境”工作领导组，领导组下设办公室。吉县 39 个参评部门都相应成立领导组，落实办事人员，制定实施方案。当年印发征求意见卡 2 万份，召开各类座谈会 1000 余人次，走访服务对象 60 余人次，设立举报电话 45 部、意见箱 80 个。10 月 10 日，召集各界 600 余人现场填写政风行风问卷。2005 年 7 月，召集 10 个重点参评部门召开政风行风听证对话会，行政“一把手”亲自解答群众的质询。2006 年 9 月 18—25 日，按照“履行职责、服务意识、村务公开、班子团结、廉洁自律”的要求，对 79 个农村支部和 79 个村委进行评议。2007 年 8 月，对县直 13 个重点部门基层站所和农村“两委”进行评议。2008 年，在县电视台开设“推进政风行风建设，构建文明和谐吉县”专题栏目，38 个参评部门“一把手”在电视台进行公开承诺，公布举报电话，接受群众监督。4 月，在县城中心广场开展政风行风评议宣传活动，各职能部门“一把手”与群众进行面对面交流，广泛倾听民意，拉近政府和群众之间的距离，扩大人民群众的知情权、参与权、表达权和监督权。11 月组织各界人士 400 余人进行现场问卷测评。2009 年 7 月 16 日召开 180 余人参加的听证对话会，6 个重点参评部门的领导面对面回答行评员提出的问题，县电视台在晚上黄金时间连续 3 天播放听证会实况。根据听证会的意见，开辟了苹果“绿色通道”维护了广大果农、果商、运输户和劳务人员的利益。2010年,在县电视台开设"端正政风行风、优化发展环境,推进四个发展、做好五篇文章"专栏,44个参评部门和8个乡镇政府"一把手"在电视台公开承诺,主动接受群众监督。2013年,开展"走基层、听民意、正行风"活动,组织煤炭运销公司和烟草局上线参加市广播电台"930政风行风热线"节目;开展整治"庸懒散乱奢"创优发展环境活动,促进干部作风改善,全年整改问题13件,查处案件24件。

治理中小学乱收费

2007年,县纪委对各学校"一费制"收费执行情况,"两免一补""财政转移支付"落实情况、高中阶段收费情况和幼儿园收费执行情况开展专项检查,为学生退还补习费和多收课本作业本费5万余元。2012年,由县纠风办牵头,组织教科、物价等部门对乱办班、补课收费进行明察暗访,查处乱收费案件2起,给予党政纪处分2人。2014年,在教育系统开展以收费、办公经费支出和贫困生补助发放为内容的专项检查,共检查学校16所。

整治"四风"

2010年,县纪委查处党员领导干部大操大办2起,在县城重点禁止区域内燃放烟花爆竹搭彩子搞祭奠活动5起,服务行业乱收费1起,给予党政纪处分2人,通报批评、诫勉谈话处理7人。2014年,开展"纪律松弛、吃拿卡要"专项整治,对各单位纪律作风、办事效率等进行专项检查,查处违反工作纪律案件3件,给予党政纪处分4人;查处违反组织人事纪律案件1件,给予党纪处分1人。2015年,对公款吃喝、公车私用、大操大办等问题开展监督检查90余次。会同财政部门设立了现金红包上缴专户,收到党员干部主动上交礼金、红包16.8万余元。确定信息员31名,发现问题随时拍摄上传,打造"指尖反腐"新模式。查处违反"八项规定"精神案件17起,给予党纪处分12人、诫勉谈话5人。

第三节 案件查处

1988年,受党纪处分共6人,其中党内警告处分5人、党内严重警告1人。

1989年,党纪处分1人,给予严重警告。

1990年,党纪处分25人,其中党内警告处分10人、党内严重警告12人、留党察看1人、开除党籍2人。

1991年,党纪处分15人,其中党内严重警告11人、3人留党察看、1人开除党籍。

1992年,党纪处分7人,其中严重警告4人、2人留党察看、1人开除党籍。

1993年,党纪处分6人,其中警告1人、严重警告3人、2人留党察看。

1994年,党纪处分2人,其中警告1人、严重警告1人。

1995年,党纪处分16人,其中党内警告4人、严重警告5人、留党察看2人、开除党籍4人。政纪处分72人,其中记过65人、降级3人、撤职3人、开除1人。

1996年,党纪处分11人,其中党内警告3人、严重警告5人、留党察看2人、开除党籍1人。政纪处分1人,给予撤职。

1997年,党纪处分10人,其中党内警告4人、严重警告4人、开除党籍2人。政纪处分2人,记过1人、开除1人。

1998年,党纪处分5人,其中党内警告4人、严重警告4人、开除党籍2人。政纪处分1人,给予记过。

1999年，政纪处分57人，均为行政记过。

2000年，党纪处分37人，其中党内警告21人、严重警告10人、留党察看3人、开除党籍3人。政纪处分5人，其中行政警告1人、行政记过1人、行政降级1人、行政撤职2人。

2001年，党纪处分26人，其中党内警告15人、严重警告5人、留党察看3人、开除党籍3人。政纪处分5人，其中行政警告1人、行政记过1人、行政降级1人、行政撤职2人。

2002年，党纪处分29人，其中党内警告24人、严重警告2人、留党察看3人。政纪处分4人，其中行政警告1人、行政记过1人、 行政撤职2人。

2003年，党纪处分82人，其中党内警告40人、严重警告34人、留党察看3人、开除党籍5人。政纪处分2人，其中行政记过1人、行政降级1人。

2004年，党纪处分17人，其中党内警告7人、党内严重警告6人、留党察看3人、开除党籍1人。政纪处分1人，给予行政记过。

2005年，党纪处分4人，其中严重警告3人、开除党籍1人。

2006年，党纪处分2人，党内警告1人、严重警告1人。

2007年，党纪处分9人，其中党内警告2人、党内严重警告6人、留党察看1人。

2008年，党纪处分7人，其中党内警告4人、党内严重警告3人。政纪处分3人，其中行政警告2人、行政记过1人。

2009年，立案20件，结案20件，处分20人。党纪处分16人，其中警告5人、严重警告5人、撤销党内职务3人、留党察看3人。政纪处分5人，其中警告1人、记过1人、记大过1人、撤职2人。

2010年，结案21件，处分21人。党纪处分20人，其中，警告13人、严重警告5人、开除党籍2人。政纪处分3人，其中记大过1人、撤职2人。

2011年，结案21件，处分21人。党纪处分18人，其中，警告3人、严重警告10人、撤销党内职务3人、留党察看1人、开除党籍1人。政纪处分3人，均为警告处分。

2012年，结案32件，处分32人。党纪处分25人，其中警告12人、严重警告8人、撤销党内职务3人、留党察看1人、开除党籍1人。政纪处分8人，记过4人、记大过3人、开除1人。

2013年，结案53件，处分52人。组织处理1人。党纪处分36人，其中，警告14人、严重警告13人、撤销党内职务2人、留党察看3人、开除党籍4人。政纪处分18人，警告9人、记过5人、记大过2人、撤职2人。

2014年，结案60件，处分60人。党纪处分45人，其中警告22人、严重警告10人、撤销党内职务5人、留党察看5人、开除党籍3人。政纪处分20人，其中警告12人、记过3人、记大过1人、降级1人、撤职1人、开除2人。

2015年，结案91件，处分91人。党纪处分71人，其中警告29人、严重警告21人、撤销党内职务5人、留党察看8人、开除党籍8人。政纪处分23人，其中警告12人、记过6人、记大过2人、撤职3人。

第四章 组织工作

第一节 机构职能

主要职能

县委组织部是县委主管组织和干部工作的职能部门，其主要职责是认真贯彻落实党的组织工作和干部工作的路线、方针、政策，提出落实方案并组织实施；提出列入县委及本部管理的干部及领导班子建设、调整、配备的意见和建议；负责吉县党员干部队伍的宏观管理和选拔培养干部工作；协调、规划和指导党的组织建设、党员教育和管理工作；拟定吉县组织、干部人事工作的主要政策和制度，指导干部人事制度改革；负责离退休干部的宏观管理，落实离退休干部政策。

内设机构

2008 年，组织部内设办公室、组织科、干部科、干部教育科、人才办、信息中心、党员电化教育中心、农村党员远程教育办公室等科室。2009 年，增设大学生村干部管理办公室；2011 年，增设干部综合科、研究室、党员管理科；2013 年，增设党代表联络办公室。

第二节 干部管理

1993 年，对吉县干部进行为期一百天的思想作风整顿，促进思想作风转变。试行《领导干部谈话制度》，包括工作谈话、任免谈话、提醒和诫勉谈话。下发《关于选派优秀干部到基层挂职锻炼的通知》。选派百余名年轻干部到乡村和企业任职。

1994 年，召开领导干部述职大会，聘请市委组织部和县有关部门人员作评委，对述职者的工作进行评议，述职录像通过电视台向社会播放，接受群众评议和监督。共有 97 名科级干部参加了述职，并将述职制度化，每年年终主要领导都要述职。4 月，作出《关于党政机关选拔企业干部的若干规定》，采取“企业要、县上送”的双向选择办法，从党政机关和社会各界选拔一批事业心强、素质好的干部到企业任职或创办企业。

2000 年，组织全县干部认真学习“三个代表”重要思想。

2003 年，在全县干部中开展《干部管理条例》知识竞赛。

2004 年 10 月，为加强干部监督管理工作，县委建立干部监督工作联席会议制度，成员单位为县委组织部、县纪委（监委）、县综治办、县检察院、县审计局、县人口和计划生育局、县信访局。后对这项制度进一步完善，成员单位新增县公安局、县法院、县人社局、县防范办、县考核办等单位，实行定期信息通报，增强干部监督工作合力。2006 年 2 月，县委组织部设立举报中心，负责受理关于县管领导班子和领导干部以及干部选拔任用工作中存在问题的举报。

2007 年，发出《关于在全县干部队伍中开展思想纪律作风集中整顿活动的通知》，利用 3 个月时间进行集中整顿，吉县党员干部思想纪律作风得到普遍提高。完成县乡人大、政府和县政协，县乡团委、县乡残联领导班子换届工作。《公务员法》实施后，成立吉县实施公务员法工作领导小组，组织人事部门实行集中办公，按照“谁主管、谁负责”的原则，开展全县公务员登记工作。

2008年，吉县县委根据各级领导班子职数空缺较大、年龄老化严重的实际，在充分调研的基础上，下发《关于公开选拔副科级后备干部人选的工作方案》，公开选拔31名副科级后备干部。

2009年，以学习实践科学发展观为契机，在领导班子思想作风建设中开展“四改进四提高”活动，推荐一批股级干部，认真开展年度考核，从严管理干部队伍，提高干部管理的科学性。

《公务员法》实施后，公务员招录采取公开考试、严格考察、平等竞争、择优录取的办法进行。至2015年，县组织人事部门先后为吉县党群机关、政府机关、乡镇公务员（参照公务员）招录工作人员36批次194人次；为经济、农业、宣传、教育、卫生等部门公开招聘了多批次事业编制工作人员。

2010年，县委针对多年科级岗位空缺较多且未调整干部的实际，采用多种选任办法，配齐配强全县各级领导班子。选派3名有发展潜力的副科级后备干部到太原市小店区挂职锻炼3个月的，组织6名副科级后备干部到信访部门工作锻炼。

2011年，完成县乡党委、人大、政府和县政协换届工作，市委和县委提名、推荐的候选人均全票当选。根据换届后领导班子建设需要，对县公安局及部分县直单位科级空缺职位进行调整和配备。通过严格的笔试、面试、考察、体检等程序，面向社会公开招聘具有大学专科以上学历的事业单位工作人员2批82名。根据市委组织部统一组织安排，从优秀大学生村干部中公开遴选乡镇副职1人。县委组织部抽调专门人员，利用1年时间，对吉县干部人事档案进行审核整理，规范了档案管理，审核整理工作在临汾市排名第一位，获市委组织部通报表彰。

2012年，县委下发《关于开展“五心教育”加强领导班子思想政治建设的实施意见》，在全县党员干部中开展以“有良心、有公心、有责任心、有敬畏心、有感恩心”为主要内容的“五心教育”，加强领导班子和领导干部思想政治建设。对法院、检察院班子和内设机构负责人进行调配，对部分乡镇党政正职、县直工作部门负责人进行调整，完成工商联换届的人事安排工作。根据市委组织部统一组织安排，从全县优秀大学生村干部中公开遴选县直单位乡科级副职领导干部2人。县委、县政府先后下发《中共吉县县委工作规则》《吉县人民政府工作规则》，完善充实县级领导班子议事规则和决策程序，推进了决策的规范化、科学化和民主化。对吉县公务员基本信息进行认真采集和严格审核，建立吉县公务员信息库和管理信息系统，加强公务员队伍的宏观管理。

2013年，对乡镇及部分县直单位领导班子空缺职位进行调整配备，完成县残联换届、县乡团委、妇联换届的人事安排及选举等工作任务。采取“两推两考两测评”的办法，在全县范围内公开选拔37名全日制大学专科以上学历，综合素质高、发展潜力大的优秀年轻副科级后备干部。选派其中21名中共党员干部挂任农村党支部“第一书记”，其余16名干部挂任城镇社区网格组组长。县委组织部抽调专人对吉县干部人事档案进行专项清理审核认定，共清理认定648卷。下发《加强全县股级干部管理的通知》《关于严格控制机关事业单位借调工作人员的通知》《吉县机关事业单位工作人员带薪年休假暂行办法》等通知文件，加强干部日常监督管理。

2014年9月，经县委研究，进一步明确股级干部管理权限。科级干部为县委管理；党群机关事业单位、法院、检察院、公安局的股级干部，由县委组织部管理；政府工作部门、直属事业单位和部门所属事业单位（含县直机关单位派驻乡镇机构）的股级干部，由县人力资源和社会保障局管理；乡（镇）股级干部由县委组织部主管，县人力资源和社会保障局协管。根据省市统一安排，从优秀大学生村干部中公开选拔 6 名副科级领导干部。依据下发的《关于加强股级干部管理的通知》，任免股级干部 35 名。结合群众路线教育实践活动，对借用人员、领导干部在企业兼职（任职）、机关单位在职人员长期脱岗和编外用人等行为进行集中整治，进一步严肃组织人事纪律。与县人武部协作组织，分 3 批次对科级干部进行军训和国防教育。

2015 年，采取“分层分类全面覆盖，突出重点逐一甄别，四个环节扎实推进”的工作方法开展“三个一批”工作。对政府机构改革单位领导班子进行调整和重新任命，对县纪委内设机构负责人和乡镇纪委班子充实加强，对政府工作部门派驻纪检监察干部基本实现全覆盖。县委下发《关于从严从实管理干部的实施意见》，建立健全《关于进一步完善干部监督工作联席会议制度的实施意见》《关于规范机关事业单位工作人员管理的有关通知》《关于规范领导干部兼任社会团体职务有关事项的通知》和《关于机关事业单位工作人员被采取强制措施和受处分处罚后工资待遇处理工作的通知》等配套意见通知，全方位加强干部监督管理。

第三节 党员教育管理

党员教育

1986 年，组织部与各单位签订干部培训目标合同；对全县 603 名中专以下文化程度，年龄在 45 岁以下的干部进行进修培训。合同规定，对完不成培训任务的单位，不能评为先进单位，同时追究领导责任。本人不参加培训者，不能评先进，不能作为后备干部提拔。1990 年末未取得中专学历，正在领导岗位的取消领导职务。经进修取得大专文凭者奖励 100 元，中专学历者奖励 50 元。此经验和做法受到上级部门的肯定，先后在地委组织部《组工通讯》、省《人事》杂志和山西省委《山西组工通讯》上刊载。

1987 年，以邓小平中国特色社会主义理论为统领，开展党员教育活动。

1994 年 5 月，组织全县党员干部开展学习社会主义市场经济理论活动，提高党员干部适应市场经济的能力。

1995—1998 年，集中开展学习党的基本理论、党规和党章活动，并组织统一考试和知识竞赛。

1999 年，组织部分支部书记、乡镇党委书记赴北京参加抵制邪教专题培训学习。

2000—2002 年，在各党组织中开展“三个代表”重要思想学习教育活动。达到干部受教育，群众得实惠的目的。

2005 年 2 月，在党员干部中开展“先进性教育”活动。党员人人参加学习，写对照材料。抽调专业人员组成讲师团，聘请市级讲师团成员授课，各单位普遍举办 1 ~ 2 次培训。

2009 年，开展科学发展观教育活动，按照“党员干部受教育、科学发展上水平、人民群众得实惠”的总要求和大教育、大培训、大提高的原则，举办培训 12 期，培训党员干部 2000 人次。

2010 年，以推进“四个发展”、做好“五篇文章”为主题，以“树十强创百先争千优”为载体，在全县开展“争两先创五好当先锋”活动，将活动内容细化、量化，分解为 5 大类 64 小项，激发了全县各级党组织和党员干部干事创业的动力。组织部牵头宏观指导，协调服务和督促检查，各单位采用集中培训、远程教育、巡回宣讲、外出考察、上级调训、自主选学等形式开展提升党员素质，促进党员干部思想转型学习活动，到单位、到基层宣讲百余次，共培训各级各类党员干部 5000 余人次。11 月 23 日，邀请市委讲师团教授贾成奎对党员干部进行中共十七届五中全会精神专题辅导。

2011年，继续深入开展“争两先创五好当先锋”活动。组织县级党员领导干部深入基层开展点评工作，党委、党支部书记对所辖支部的班子进行点评，党支部书记对支部党员进行点评；采取精选党员调学，县处级干部、乡村书记调训，优秀党员干部外出挂职跟班培训等多种形式与渠道，重点对党员干部和专业技术人员进行培训。举办干部大讲堂，办好新任挂职干部、新录用干部、优秀中青年干部、农村基层干部、县直部门及乡镇科级干部、大学生村官等主体培训班，聘请专家学者“讲”学。县委、县政府主要领导，各单位一把手针对性地选择1～2个课题，亲自备课、讲课并形成制度，推行领导干部“带”学。通过课堂讲、实地看、网络学等方式方法，扩大培训覆盖面，延伸教育范围，全力构建“高新全”的培训新机制。组织部与山西经济干部学院、山西财经大学、县委党校等培训机构联合举办内容为设计能力与素质提升、新农村建设、经济转型与社会管理等10期专题培训班，培训干部1.1万余人次。

2012年，开展党的纯洁性教育活动。成立6个考核评议小组，对党员进行民主评议，全面了解广大党员干部的工作状况、思想动态等。理顺了党组织隶属关系、党员组织关系，确保每名党员都参加活动受教育。在市委实施方案中提出的十个环节的基础上，增加进行一次调查研究和开展一次志愿活动两个环节。活动中，共有2200余名党员干部和入党积极分子参与到志愿服务活动中，为群众解决各类困难310余件。下发《关于做好保持党的纯洁性学习教育活动学习提高阶段工作的通知》《关于做好保持党的纯洁性学习教育活动问题查摆阶段工作的通知》等指导性文件，对每个阶段的工作进行详细的安排，确保活动扎实有效开展。通过手机报平台，编发简报，大力宣传推广学习教育活动中好的做法和经验。在《壶口晨报》中开设保持党的纯洁性学习教育活动专栏，共编发简报20期。采取县委组织部专项督查和各党委（党总支）交叉检查的方式，对各单位学习教育活动的开展情况进行督查指导，促进全县学习教育活动的深入开展。

2013年3月6—9日，举办农村“领头雁”培训班，对乡镇党委副书记、组宣委员、农村“两委”主干、大学生村官、下派的农村第一书记和社区网格工作组组长等共计229人进行培训。针对农村干部培训需求确定培训专题，精选相关单位的业务骨干进行授课，保证全县集中培训和各乡镇集中培训的师资力量。从市委组织部、市委党校聘请专家进行授课，县委书记、各乡镇党委书记全部登台授课。各乡镇开展农村“领头雁”延伸培训，累计培训人数712人。

2014年3月14—17日，举办吉县农村（社区）“领头雁”培训班，对农村“两委”主干、大学生村官及乡镇党委副书记、组宣委员共计165人集中培训。在干部中挑选农村基层党建、精神文明建设、社会管理、信访、农廉、民政、扶贫、经管、果业等方面业务能手及理论骨干共计16人，成立“领头雁”培训讲师团。从临汾市司法和临汾学院邀请专家学者进行授课。培训形式以集中授课为主，穿插分组讨论、观看电教片、经验交流等形式。晚上以乡镇为单位，分4个讨论组交流学习心得和工作经验。组织观看《家风系列访谈》《果园革命》（微电影）和《廉政警示教育片》等电教片。各乡镇党委组织开展“领头雁”延伸培训，累计培训780余人，达到“两委”班子成员和骨干党员的全覆盖。

2015年，举办2次农村（社区）“领头雁”培训班，累计培训4天，培训375人次，内容涉及基层党建、主导产业、经管以及习总书记系列讲话、中国传统文化等方面。举办4次干部大讲堂，对基层党组织书记、农村第一书记共490余人次进行培训。

党员管理

1990年8月2—16日，由组织部牵头对县直机关企事业单位党组织中的党员进行民主评议，共100个支部1120名党员参评，评选出优秀党员87名、合格党员941名、基本合格党员23名、不合格党员7名、另有违纪党员17名。

1990年后，根据中央和省市精神，在发展党员问题上提出注重吸收有文化、高学历的知识分子入党，坚持在德、能、勤、绩、廉五好标准的基础上，重点强化有文化、有知识的标准，以此促进党员队伍向“一专多能”转变。把教育、卫生系统作为发展党员的重点，使党员队伍更趋知识化、专业化。

1993年3月19日，进行为期百日的思想作风整顿，试行《领导干部谈话》制度，通过工作谈话、任免谈话、提醒和诫勉谈话对党员干部进行管理和监督。

2002年，县委组织部提出农村发展党员公示制度，把发展党员、党员队伍建设置于人民群众监督之下，把有能力、能办事、办成事的优秀分子吸收到党的队伍中来。

2004年，针对中小型企业、农村妇女党员比例偏少的实际，提出在党的力量薄弱环节发展党员，加强队伍建设，克服分指标、分比例的传统工作方式，成熟一个发展一个，不受任何条件限制，把企业、农村、特别是贫困村和女党员少的村作为重点，全方位多层次加强党员队伍建设。

2005年，在党员队伍建设上推行“二推三考一公示”制度，形成推荐、培训、考察、公示规范的工作机制。

2006年，开展“三三”工作机制，即：岗位承诺、服务承诺、自律承诺，党员包联活动、党员先锋岗活动、树“标”立“旗”活动。3月，县委制定下发《关于贯彻执行〈关于党员干部报告个人事项的规定〉的实施意见》。

2008年，出台《关于进一步转变工作作风狠抓工作落实的决定》《关于切实加强党员干部队伍作风建设的实施意见》等文件。

2010年，在发展党员工作中严格落实发展党员工作公示制、票决制、预审制、责任追究制等制度。全年发展新党员100名，其中机关和企事业单位发展30名、农村发展70名。在严把党员“入口”关的同时，更加注重对党员的教育培训。年初对79名农村支部书记进行中央一号文件、争两先创五好活动、四议两公开工作法、农村工作法律法规的学习培训。各系统党委、总支和各乡镇党委累计组织党员开展各类知识技能培训8300人次。积极探索建立党员管理新方法，推广车城乡车城村党员绩效管理模式。推行流动党员外出登记、专人联系、定期汇报、家访帮困等制度，做到管理有办法、联系有专人，促进流动党员作用的发挥。重点推进“四议两公开”工作法，出台实施方案，对决策内容、程序进行明确的规定。每个乡镇确定一个试点村，明确把制定2010年“两定”目标作为运用“四议两公开”工作法决策的主要内容。3月中旬，在东城乡太和村召开吉县推行“四议两公开”观摩会，促进了“四议两公开”工作落实。4月上旬，成立4个指导检查组，检查指导8个乡镇运用“四议两公开”推进“两定”工作情况，推进民主管理。

2011年，对130名入党重点培养对象进行为期5天的培训，分两批发展125名新党员，其中县直机关企事业单位49名、农村76名，各项指标都达到市委组织部的要求。开展党员承诺评议制度，结合创先争优活动的开展，共有3800余名党员进行了承诺，占60岁以下党员的90%以上，承诺事项5000余件，较好地发挥党员的先锋模范作用。对流动党员进行重新摸底，开展“在当地争先锋，为家乡做贡献”活动，保障流动党员流动而不流失。抓党费的收缴、管理和使用工作，年初全面的摸底，年中督查，做到党费收缴、使用管理规范。

2012年，在发展党员工作中推行“两推、两考、两公示”制度，共推荐出群众和组织认可的入党积极分子860余名，重点培养对象145名，发展党员125名，使发展党员工作更加透明，提高发展党员的质量。引深和完善党员承诺评议制度，对党员进行分类承诺、分类评议，单位“一把手”在电视上公开承诺，普通党员在党员大会上公开承诺，并以版面形式向全社会进行公示。

2013年，在县级领导干部、乡镇干部、农村干部、大学生村官、下派的党支部第一书记和社区网格工作组组长中，开展“访民生、知民情、解民事”活动，全县各级领导干部758名，累计走访农户（居民）49960户，召开座谈会3373次。办结意见建议3930条，帮助解决实际困难2051个，提出合理化建议2122条，实现县级领导干部走访农村的全覆盖和乡村两级干部走访农户的全覆盖。

2015年，开展“三严三实”专题教育，29名县级领导干部参加。在各级党组织和党员干部中开展以“深入学习贯彻习近平总书记系列重要讲话精神，净化政治生态、实现弊革风清、重塑山西形象、促进富民强省”为主题学习讨论落实活动。开展“不作为乱作为等损害群众利益问题”的专项整治工作。在各级党组织和党员干部中开展以“整治诬告歪风、强化担当作为”为主题、以常引根违纪违法案件为反面典型的集中学习讨论。在党员中开展“学党章、讲规矩”活动，引导广大党员自觉学习党章、遵守党章、贯彻党章、维护党章。

第四节 组织建设

1986年，县委决定在农村支部书记中开展“一任支书创一业”活动，要求支部书记在抓好党建的同时，从当地实际出发，突出抓好一项主导产业，推动当地经济发展。随后这一活动纳入到地委开展的“千标百旗”活动中。

1988年，为全面贯彻落实中共十三大精神，进一步加强党的基层党组织建设，制定下发《农村党支部任期目标制》《农村党日活动制度》《民主评议支部班子制度》《农村党员包户扶贫制度》《农村支部班子党员实绩档案管理制度》《党员教育制度》和《发展新党员的有关规定》。

1990年，县委制定《关于农村支部书记考核验收标准和奖励办法》，对创业活动考核验收的内容、标准、奖励作了详细规定。

1996年，县委作出《关于加强农村党支部队伍建设的规定》。1997年，作出《基层党组织建设规划（1997—1999）》，规定创先争优达标的具体目标要求。

2006年，按照“优秀、红旗、功勋”三个级别，对农村党支部书记每三年晋升一个档次，对于晋升档次的推荐表彰对象，严格考核、从重奖励。积极推荐、鼓励优秀党支部书记参加乡镇公务员和事业单位工作人员选聘考试。东城乡柏东村支部书记王建荣通过考试，被录用为乡镇公务员。

2009年，依托“三会一课”制度实施素质提升工程，出台《吉县农村干部管理办法》《关于建立党内评比表彰制度的意见》等，大力实施农村实用人才“入党积极分子”后备干部“三位一体”综合培养工程，建立健全民主公开、分层分类教育、培养、动态管理、规范使用等四项机制，加强农村干部队伍建设。

2010年，全面落实“定职责目标、工作有合理待遇、干好有发展前途、退后有一定保障”的农村干部“一定三有”经验。年初，79个农村党支部书记全部确定要办的实事和要解决的热难点问题，签订支部书记任期目标责任书。实现村“两委”主干岗位报酬统一发放，平均每人每年4200元。拍摄制作1部反映农村支部书记在壮大集体经济、带领群众致富、建设社会主义新农村进程中发挥模范带头作用的专题片，报市委组织部电教中心专题评比。推行卸任农村干部生活补贴制度，对2009年新增的19名年满60周岁，连续担任“两委”主干在10年以上的正常卸任者，按任职年限发放生活补助，于七一前夕对 170 名卸任干部发放了价值 5 万元的慰问品。

2011 年上半年，坚持把加强党的领导贯穿始终，把充分发扬民主贯彻始终，把依法办事和严肃纪律贯彻始终，圆满完成县乡换届工作，市委和县委提名、推荐的 164 名候选人均全票当选。

2012 年，加强非公企业、居民委员会党组织建设，成立非公工委。对有 3 名以上正式党员、具备单独组建条件的 6 家非公企业单独建立党支部。对正式党员不足 3 名的 31 家非公企业，进行企企联建，组建 4 个联合党支部；对 97 家没有党员的非公企业，按照行业相近、地域相邻、就地管理的原则，纳入到非公企业党支部和农村党支部管理，做到党的组织和党的工作两个全覆盖。成立城镇社区工委，建立 6 个社区党支部，健全班子，充实人员。

在全县建立“联述、联评、联考”制度，召开“面对面”述评会议，强化各级党组织书记抓基层党建第一责任人职责。对 172 个县直机关、企事业党组织进行换届选举，新建立 5 个党支部，撤销 1 个党支部，理顺基层党组织的隶属关系。

2013 年初，在充分调研分析和上年度工作考核排队的基础上，分行业领域按 5% 的比例倒切出 16 个落后基层党组织。出台《关于实施落后基层党组织帮扶升级工程的实施方案》，明确落后党组织帮扶升级的目标任务、具体措施、方法步骤等内容，为落后党组织转化升级指明了方向；建立县委领导包联落后基层党组织工作责任制，每个后进党组织安排 1 名县级领导和 1 名部机关干部包联；建立落后基层党组织帮扶升级工作台账，对落后党组织实行动态管理。年终，通过听取汇报、开展测评、查阅资料、实地查看的方式，对落后党组织升级工程进行集中验收，16 个落后基层党组织全部实现转化升级。

年初推行“定查评”工作法，明确“三个环节、十一个要点”，及具体要求和操作方法。乡村两级党组织和 55 个推行“定查评”工作法的试点党组织共确定党建工作服务推进业务工作的大事、急事 405 件，为群众办的喜事、好事 337 件，解决热点、难点问题 239 件，全部向社会进行公示。

2014 年 1—9 月，开展“为民务实清廉”为主题，反对“四风”为重点，贯穿“照镜子，正衣冠，洗洗澡，治治病”这一总要求的第二批“群众路线教育实践活动”。

根据当年境内农民人均纯收入，调整农村“两委”主干的岗位报酬。新认定符合发放生活补助条件的卸任村“两委”主干 43 名和卸任村民委员会计 24 名。建立村级活动场所运行和维护保障机制，对新建和改扩建的活动场所，县财政补贴 40%，组织部门再根据实际情况给予适当补助。

吉县各级党组织确定“定查评”年初目标任务 1503 件。建立县委书记履行基层党建第一责任“7+3”项目清单。设立党组（党委）29 个。按照小区分布的状况及网格设置情况，划分社区工作协调指导组 6 个，群众工作组 71 个，明确工作职责，发挥在职党员先锋作用。

针对“服务群众年”的要求，开展“一百千万”服务项目共确定服务项目 516 件，其中县委确定 6 件、乡镇 61 件、农村 249 件、县直单位 182 件、社区 16 件、办结率为 99.4%。根据省市要求，开展党代表工作室建设行动，按照县党代会代表团分团情况设立党代表工作室 15 个（其中乡镇 8 个、县直 7 个）。9 月，按“五统一”的要求，全部建设完成并开始工作。12 月 26 日，圆满完成村“两委”换届工作，省委规定的“十种人”无一人当选，无一起到市委上访事件，做到风清气正。在全员开展“双日集结”和“在职党员进社区”活动，提高党组织建设工作水平和党员服务群众的能力。

2015 年，制定《关于对全县软弱涣散基层党组织进行集中整顿和精准帮扶的实施方案》，建起多方包联的工作机制，即县领导按“谁包联谁负责，谁分管谁负责”原则，分包乡镇及分管领域软弱涣散党组织的整顿和帮扶，每月进点至少 1 次，协调、指导、解决该支部存在的突出问题。

组织部领导成员按照联乡包片抓党建责任制，分别包联 3 ~ 4 个支部，帮助解决具体问题。按照支部隶属关系，党（工）委重点进行整顿。下乡包村的县直部门对支部进行“一对一”帮扶，19 个软弱涣散党支部整顿全部完成。完善“五会管村、五方理财、五心育人”的“三五”治村模式，强化对农村“事、钱、人”的管理。制定《吉县村级权力运行清单三十条》，规范农村工作办事程序。所有行政村建立村务监督委员会，制定工作规程。实施乡镇党代会年会制，充分发挥党代表作用。选派 62 名农村第一书记到村任职，其中央企 1 名、省派 14 名、市派 17 名、县派 30 名，做到建档立卡贫困村和软弱涣散村全覆盖。在县乡村三个层面开展 2 次书记“面对面”述职并组织测评排队，排队结果作为年度目标责任考核的重要依据。全年召开县级层面党建工作例会 12 次，总结推广先进典型 10 多个。

第五节 大学生村干部工作

2006 年后，吉县共选聘大学生村官 103 名。通过考录公务员和事业单位工作人员、推荐考研深造、到企业就业等方式流动 94 名，至 2015 年，在岗大学生村官 9 名，其中男 5 名、女 4 名；本科文化程度 8 名，硕士研究生 1 名；党员 8 名；担任村党支部副书记 3 名，村民委员会副主任 1 名，村委委员 3 名，主任助理 2 名。县委始终把大学生村官作为改善农村基层干部队伍结构的有生力量、新农村建设的骨干力量、党政干部队伍的后备力量、新形势下推进农村改革发展的生力军，通过分层次培养、全方位管理、多部门扶持、多渠道促进等方式，不断提升服务能力、促进成长成才、帮助创业富民、形成合理流动，建立健全一套结合吉县实际、具有吉县特色的管理和流动机制，促进大学生村干部下得去、待得住、干得好、流得动。

第六节 远程教育建设

2006 年，启动远程教育工作，当年建成远程教育终端接收站点 75 个，其中自建宽带模式站点 4 个，依托中小学建设卫星模式站点 71 个。

2007—2009 年，不断加大对远程教育设备的改造力度，使远程教育终端接收站点的设备不断得到升级。截至 2009 年底，全县远程教育终端自建站点达到 90 个，在全市率先完成乡镇农村远程教育站点的全覆盖。

2015 年，吉县 90 个终端接收站点中，县委组织部接收站点 1 个、县老干部局接收站点 1 个、县电视台接收站点 1 个、乡镇接收站点 8 个、行政村接收站点 79 个。光纤模式站点 66 个，宽带模式站点 4 个，小卫星模式 20 个。

第五章 宣传工作

第一节 机构

机构设置

1990年4月—2008年，宣传部内设办公室、精神文明建设指导委员会办公室（精神文明建设“五讲四美三热爱”办公室和精神文明建设协调委员会办公室）、理论科、党教科、宣传科、县委通讯组（2007年8月变更为县新闻中心）6个科室。宣传部归口领导和协调县广电中心、县文体局、县新闻中心、县文联和新华书店等单位工作。

主要职能

县委宣传部是县委在意识形态工作方面的综合职能部门，其主要职能是：贯彻执行党的宣传工作的方针和决议，在意识形态领域里开展党务活动。负责指导吉县理论研究、学习宣传与新闻工作，引导社会舆论；负责规划、部署全局性的思想与政治工作，采取有效形式和办法对党员和干部进行党的基本理论、基本知识和路线、方针、政策的教育，提高党员、干部的思想政治素质；组织社会力量加强对中国特色社会主义理论的研究教育和宣传；指导吉县精神文明工作，组织群众性精神文明创建活动；贯彻执行党的文化工作方针政策，指导协调系统各部门之间的关系；完成县委和上级主管部门交办的其他工作。

第二节 理论学习和调研

学习内容

1992年，吉县开展声势较大的马克思主义哲学、辩证唯物主义和历史唯物主义、科学社会主义、中国共产党党史、政治经济学五个学科的正规化理论学习。

1993—1996年，学习邓小平南方谈话、《邓小平文选》《邓小平同志建设有中国特色社会主义理论学习纲要》，学习贯彻中共十四大及十四届五中、六中全会精神。

1997—2001年，学习中共十五大精神、邓小平理论、“三个代表”重要思想。

2002—2007年，学习十六大及十六届四中、五中、六中全会精神。

2008—2012年，学习中共十七大及十七届三中、四中全会精神及科学发展观。

2013—2015年，集中学习中共十八大及中共十八届三中、四中、五中全会精神及习近平系列重要讲话精神。

组织形式

以县、乡两级党委中心组理论学习为龙头工程，每年集体学习不少于10次，个人记学习笔记不少于8000字，撰写理论文章、调研报告至少1篇，形成理论学习制度化、经常化；以副科级以上干部理论学习为重点工程，每年都要举办几期培训班轮训科级干部，每次学习培训后进行理论学习考试；以一般党员干部理论学习为基础工程，由各单位系统组织学习，建设学习型党组织。

学习形式

每年都要请国家、省、市专家学者举办报告会、培训会、专业辅导；组织理论骨干深入各乡镇、县直各大口进行理论辅导，专题讲座；每年组织一次县、乡理论骨干参加省、市党校、讲师团培训，提高理论骨干的业务水平；每年结合学习内容举办专题培训班，进行理论学习考试；撰写学习心得体会、调研文章等都是坚持数年的好形式。

理论成果

2011 年，县委书记毛益民撰写的《贫困山区文化产业发展的路径选择》获山西省理论调研一等奖；2014 年，县委常委、宣传部部长李永芳，常务副部长王彦章撰写的《基层宣传思想文化工作的核心在于群众性》获山西省理论调查成果一等奖，并入编省委宣传部《宣传思想文化工作的实践与思考》一书。

第三节 社会宣传

宣传网络建设

1986 年，抓宣传网络建设，做到县有部、乡有站、村有组、村民小组有宣传员，吉县有报告员 150 人，宣传员 1032 人，党课教员 221 人，通讯员 214 人，理论辅导员 120 人。1999 年，整顿县电视台、广播电台、壶口报社的管理机制，统一宣传口径，为外宣工作定准了基调。2011 年，起办《手机报》，开境内手机报先河。2012 年，成立网络中心，舆论引导上有了突破；同时建立新闻奖励制度，新闻发稿量有了新的跃升。2014 年，开通吉县电视台图文频道，《手机报》增设栏目，开发《今日吉县》系列新媒体宣传平台（手机报、微信、微博、视频网）。2015 年，正常运行的宣传平台达到 8 个（电视上 2 个，手机上 2 个，网络上 2 个，户外 2 个），形成全方位多渠道的主体宣传网络。

宣传内容

1986 年，开展四项教育：形势政策教育，一号文件的宣传教育，法制宣传教育和中共十二届三中全会《决议》的学习宣传。

1987 年，围绕“坚持四项基本原则，反对资产阶级自由化”、“双增双节”运动两件大事开展八方面的宣传教育：坚持四项基本原则教育、民主与法制宣传教育、在职干部理论教育、选举工作的宣传教育、配合中心工作进行宣传教育、“双增双节”运动的宣传教育、职业道德教育、中共十三大精神的宣传教育。

1988 年，宣传工作打破过去就宣传抓宣传、宣传经济“两张皮”的工作方法，把宣传工作转变到为经济建设服务的轨道上来，做到“四个紧紧结合”：紧紧结合发展商品经济中存在的僵化意识，宣传一切有利于生产力发展的新观念；紧紧结合发展商品经济中存在的小农经济思想，宣传有利于生产发展的商品经济意识；紧紧结合发展商品经济中的群众想干不会干的问题，宣传发展商品经济的典型；紧紧结合发展商品经济中群众关心的“热点”和“难点”，针对性地宣传有关政策，为群众排忧解难。

1989 年，认真贯彻中共十三届四中全会精神，坚决反对资产阶级自由化，积极宣传贯彻党的精神，旗帜鲜明地反对动乱，把统一思想、稳定局势、振奋民心放在宣传工作首位，对于稳定经济、稳定人心、稳定社会发挥积极作用。

1991年，提出全面落实和实现“135计划”：即建立一个强有力的领导班子，开展思想教育，法制教育和科技教育，建立和完善合作基金社制度，土地管理制度，两工管理制度，果园承包制度，村民议事会制度，在境内兴起为社会主义建设事业争做贡献的热潮。

1992年，开展“解放思想，扩大开放”讨论学习，提出小康建设目标，在广大干部群众中开展奔小康形势教育辅导，用“科学技术是第一生产力”指导县域经济的发展，加大壶口风景区开发建设的宣传。

1993年，开展县第八次党代会精神的宣传，吉县首届黄河壶口瀑布漂流节的宣传，纪念毛泽东诞辰100周年的宣传。

1994年，主抓中国临汾首届黄河壶口漂流月活动的宣传，《黄河壶口》电视片的宣传，“让壶口走向世界”文艺调演，宣传壶口，宣传吉县改革新成果。

1995年，开展第二届黄河壶口漂流月活动的宣传。

1996年，开展“中国山西吉县第三届黄河壶口国际漂流月活动”的宣传，吉县红富士苹果获“'96北京国际果品及技术设备展览会金奖”的宣传。

1997年，突出第四届中国山西吉县黄河壶口国际漂流月、亚洲第一飞人柯受良飞越壶口的宣传，创造卫生文明县城的宣传，吉县解放50周年的宣传。

1998年，坚持围绕中心、服务大局、团结鼓劲、凝聚力量、正面引导的原则，突出对经济建设、党的政策、先进典型、爱国主义的宣传。开展第五届黄河壶口国际漂流月活动、“吉县苹果甲天下”“万众一心、艰苦负重、奋力拼搏、勇往直前”的壶口精神的宣传，把全县人民的思想统一到了“建旅游强县，促经济发展”目标上来。

1999年，结合新中国成立50周年、澳门回归，对吉县干部群众进行“爱党、爱国、爱吉县”的爱国主义教育；围绕县委的中心工作和“12345”“四个三”的战略目标，对烤烟、苹果、旅游等支柱产业进行宣传；围绕黄河娃朱朝辉飞越黄河壶口对第六届黄河壶口旅游月进行宣传活动。

2000年，结合“三讲”教育，掀起壶口旅游月和朱朝辉“飞黄”一周年纪念活动、产业结构调整、三大特色经济县（旅游名县、烟果强县、生态大县）的宣传高潮。

2001年，开展中国山西第八届黄河壶口国际文化旅游月的宣传和“三个代表”重要思想教育活动的宣传。

2002年，集中开展中共十六大精神的学习宣传。

2003年，“非典”时期，采用印发传单，办板报，开辟电视专栏，印发通告、宣传画册等形式，开展预防、防治非典型肺炎知识宣传。

2005年，围绕全力做强做大做好烟果、旅游、煤焦、生态四大强势经济版块，努力建设绿色诚信、平安和谐吉县，强力推进物质文明，政治文明，精神文明和执政能力建设“四大工程”，把吉县建成山川秀美、文明富裕、平安和谐的山区生态经济强县开展宣传。

2006年，开展加快社会主义新农村建设的宣传。

2007年，进行中共十七大精神的学习宣传。

2008年，开展创建省级卫生城、园林城、环保模范城的宣传，加快构建和谐吉县的宣传，中共十七届三中全会精神的宣传。

2009年，围绕县委、县政府工作大局，开展黄河壶口、人祖文化、吉县苹果的宣传，提升吉县知名度和影响力。

2010年，制作《展黄河风采，扬壶口精神》形象宣传片，开设《喜迎壶口文化旅游节展吉县魅力风采》电视栏目，开展壶口文化旅游节的宣传。

2011年，制作《壶口瀑布》《大美壶口好运吉县》等吉县形象宣传专题片在北京、太原等地播放，展示吉县文明、开放发展的新形象。

2012年，制作《壶口岸畔苹果红》《和谐家园好运吉县》等吉县形象专题片，开展了文化交流互访。规范了城市公益广告，更新了公路牌匾标语，开展文化机关建设。

2013年，围绕县委和政府重大决策，重要活动和重点工作，深入开展走基层，转作风、改文风活动。充分利用现代化传媒工具，借助会展、研讨会、论坛、峰会、文化交流等平台展示当地文化底蕴和丰富资源，宣传发展环境。

2014年，在中央电视台、《光明日报》、新华网整体推进人祖山、壶口苹果宣传报道，提升吉县的对外形象。

2015年，在政府网站发布时政新闻460条篇，给《今日壶口》提供文字、图片新闻120条篇（幅），为政协出版的《沧桑巨变》撰写文字稿1.8万余字、图片100多张。在市级以上报刊发表新闻稿及新闻图片672件，其中中央级交流媒体发表新闻稿32篇，位居全市第一；省级交流媒体发稿79篇，连续4年保持了在中央级交流媒体发稿总量第一、省级以上优势新闻作品数量第一、获得奖金金额第一的好成绩。

第四节　新闻宣传

机构设置

吉县新闻网络中心前身为县委通讯组，成立于1990年5月，主要职能是负责新闻宣传工作，为上级各种媒体提供新闻稿件，配合协调上级新闻单位在吉县的采访活动，做好接待工作；负责对吉县新闻工作的指导，新闻宣传人员的业务培训，同时负责重大活动、重要会议、重要来宾的图片拍摄、保存等项工作。

2007年7月，吉县新闻中心成立，除承担县委通讯组的职能外，还负责新闻宣传工作的策划、组织和管理工作；负责网络新闻宣传和网络新闻管理；承办吉县政府网站。2011年，更名为吉县新闻网络中心，编制由5人增加到8人。

新闻报道

新闻中心围绕境内重大活动，及时采编稿件，宣传吉县经济和社会发展，宣传吉县苹果、烤烟等特色产业，宣传壶口、人祖山等旅游景点，宣传吉县风土人情，不断提高吉县知名度。1986—2015年，吉县新闻媒体和基层通讯员在中央、省、市报刊发表稿件达2.36万余件，在中央、省、市电视台播出稿件1200余条。1993—2015年，先后在《人民日报》《光明日报》《农民日报》上发表通讯、消息共136篇，其中吕桂明在《人民日报海外版》《新华每日电讯》等国家级报刊发表图片报道150篇。

新闻接待

1986—2015年，接待30多个国家1.98万余名记者采访观光。参与台湾澎湖县文化交流团、全国人大常委会副委员长路甬祥、全国政协原副主席杨汝岱、香港邵逸夫夫人邵方逸华、台湾亲民党主席宋楚瑜及夫人等到吉县的接待工作。

第五节 文明创建

精神文明创建

1986年，设“五讲四美三热爱”（讲文明、讲礼貌、讲卫生、讲秩序、讲道德；心灵美、语言美、行为美、环境美；热爱中国共产党、热爱人民、热爱社会主义祖国）办公室，开展文明创建活动，开始卫生文明县城创建工作。

1987年，开展“倡导文明新风、革除封建陋习”活动。

1988年开展“建设精神文明、树立社会新风”活动，在屯里镇庄子村、太度村召开农村精神文明建设现场会。

1989年，开始抓“双文明一体化”建设，培养了义尖、三堠、庄子、西头、曹井等各类典型，吉县开展学习“诚实苦干、勤劳致富，在改变家乡面貌和小流域治理中做出贡献的模范共产党员杨栓保先进事迹”的活动。

1991年，提出“粮、林、烟、果、水、电、路”和“教、科、文、卫、校、室、台”的14字配套工程，引深“双文明一体化”建设。

1992年，在检察院召开县直精神文明建设现场会。

1996年，在工行召开精神文明建设现场会。

1998年，深入开展“讲文明、树新风”和创建文明县城、文明行业、文明村镇、文明单位活动。

1999年，在曹井村召开十星级文明户创建活动现场会，开展十星级文明户创建活动。

2000年，开展东起明珠金刚岭、西至壶口景区、全长100千米的旅游文明长廊建设工程和“倡导文明新风、共建美好家园活动”，组织文明单位赴江苏张家港参观学习，加强文明县城、文明街、文明单位的管理工作。

2004年，以“突出重点、全面推进”为指针，开展爱心助学活动、立项引资、未成年人思想道德建设3项工作。

2009年，大力推进未成年人思想道德建设，开展群众性文明和谐创建工作，注重思想创新、方法创新、特色创新，加快社会主义核心价值体系建设。

2010年，以“爱、树、建”活动为龙头，全面推进精神文明创建。

2011年，围绕“学习型党组织建设”和“爱、树、建”两项重点活动，全面推动广大干部群众的自身文明和精神文明创建工作。

2012年，重点开展“文明吉县”创建活动、深化“爱心集结”志愿服务活动、传承“我们的节日”主体活动、群众性精神文明创建活动、全民道德和实践活动、诚信体系建设、未成年人思想道德建设、对外联谊活动、“精神吉县”建设活动。评选出十大“道德楷模”，编纂出版《道德楷模》一书。

2013年，开展榜样吉县“十大百佳千好”道德评选活动，编纂出版《榜样吉县》一书；开设“道德大讲堂”；引深“爱心集结”志愿服务活动，坚持强化未成年人思想道德建设，全面提升社会主义核心价值培育工程。

2014年，组织实施文明吉州工程（“十个一”）。即建一个馆、建一个会、讲一堂课、编一台戏、戴一朵花、编一本书、张一张榜、拍一部电影、组织一场志愿服务、开展一场体育活动。寻找“最美吉县人”，编纂《大美吉县》。

2015年，通过微电影拍摄农民自己的故事，建设村德村史馆留住乡愁，创造文化视频库，乡土文化插上互联网等多个途径让社会主义核心价值观渐润人心。组织“第二届十大道德楷模、十大行业标兵、十大最美家庭”评选活动，编纂《文明吉县》。

评选出陈诚忠等34名道德模范，文冉焕等百佳文明公民，寇小媛等千余户文明家庭。张立忠等4人获评临汾市道德楷模提名奖，葛丽娟被评为山西省优秀志愿者，王青凡等4人荣登“中国好人榜”，芦来柱、贺印娣荣获第四届、第五届全国道德模范诚实守信提名奖，上东村被评为全国文明村。

文明单位

2010—2011年吉县省市级文明单位

省级文明单位：供电支公司、检察院。

省级文明村：吉昌镇上东村。

市级文明单位：人行、国税局、地税局、财政局、信用联社、新华书店、公路段、质监局、广电中心、工商局、消防大队、林业中心、公路执法局、东关小学、统计局。

市级文明乡镇：吉昌镇、屯里镇、东城乡、车城乡。

市级文化村：吉昌镇：东关村、上东村；屯里镇：回宫村、庄子村；东城乡：雷家庄村、社堤村。

2012—2013年度市文明创建先进集体

文明县城：吉县。

文明乡镇：吉昌镇、屯里镇、车城乡、东城乡、壶口镇。

文明村：吉昌镇东关村；东城乡雷家庄村、社堤村；屯里镇王家河村、回宫村、庄子村、太度村。

文明单位：人民政府办公室、地方税务局、国家税务局、农村信用合作联社、新华书店、质量技术监督局、公安消防大队、气象局、工商行政管理局、交通运输执法局吉县分局、东关示范小学、统计局、广播电视服务中心、林业服务中心、县委宣传部、县委办公室、纪委监察局、人民法院。

2012—2013年度省文明创建先进集体

文明村：吉昌镇上东村。

文明单位：国网山西省电力公司吉县供电公司、人民检察院。

道德模范

2012年临汾市第二届十大道德楷模：芦来柱（诚实守信类）。

2012年临汾市“百名文明公民”：胡祖金、苏智丽、郭娟娟、李莹、白夏红。

2012年吉县首届十大道德模范。

诚实守信类：王青凡、王建忠。

孝老爱亲类：王学英、张玉凤。

敬业奉献类：霍盈洲、胡祖金、张王龙、刘江华。

助人为乐类：葛丽娟、（白夏红、郭娟娟、李莹、苏智丽）。

第六节 村德村史馆建设

2015年，吉县各行政村创建“村德村史馆”，由宣传部创意策划，文联承办。

“村德村史馆”内容主要包括村庄简介、历史渊源、本村大事记、村庄趣谈、史海拾遗、历年村支书和村主任任职情况、历史名人、乡贤好人、老兵风采、时代精英、海外游子、榜样人物、善行义举、最美家庭、大学生名录、村规民约、最美家训、古村、古庙、古树、古建筑遗迹、精神文明建设成果、产业发展历程、民俗文化、饮食文化、村庄愿景、发展规划、寄语村庄等。各村依照当地实际，内容不尽一致。

每个行政村确定2～5名退休老干部、老教师组成基础资料收集组，经深入调查研究，整理出本村的资料，然后村干部、承办单位和专业人员共同研究确定具体内容，设计装修，力求有特点、有新意。

村德村史馆是教化村民的场所，在清明、端午、重阳等节日里，组织村民观摩学习，记住乡愁，提高村民素质；是对青少年进行教育的课堂，各村开学第一课就是让孩子走进村德村史馆听村史，“六一”儿童节里让孩子们参观学习。

至2015年底，建成村德村史馆32座。

第六章　统一战线工作

第一节　机构

1953年前，统战工作由宣传部分管。1954年，县委成立统战部，“文化大革命”开始后撤销，1981年复设。1990年，各乡镇党委明确一名副书记分管统战工作，县商业局、教育局、供销社、医院、一中、二中党支部中设专职统战委员，县直其余支部明确宣传委员监管统战工作。2004年11月，设立民族宗教局，与统战部合署办公，宗教局长由统战部副部长兼任。统战部部长一般由县委常委或政协副主席兼任。

第二节　民族宗教工作

民族工作

吉县少数民族以回族为主，还有蒙古族、满族、土家族等，人数较少。回族主要聚居于吉昌镇辛村，少数居住于寨子壕村。1986年有62户、358人，2015年底有328人。县委、县政府十分重视民族团结和少数民族的发展进步，认真落实党的各项民族政策，整合各项扶持优惠政策，把辛村确定为新农村建设重点推进村、少数民族特色保护村、市民族宗教局下乡驻村帮扶村、县残疾人重点帮扶村。

1986年，县水利局给辛村投资1台12马力的柴油机，解决人畜用水困难。县扶贫办给辛村回民拨1万元，发展畜牧业；城建局给辛村拨款2000元修缮清真寺。

1987年，省民族宗教局给吉县少数民族补助款2万元，用于扶持回民发展生产。

1989年，在发展“一村一业”中扶持辛村发展烤烟生产。1992年，烤烟面积稳定到500亩，亩均收入700元，年总收入35万元。2000年，烤烟面积发展到600亩，亩均收入800元，总收入48万元。

2005年，利用省民宗局投资和群众自筹资金12万元，为辛村新建基本农田200亩。利用中小学危房改造资金6万元，为辛村新建4间教室，完善附属设施。

2012年，省民委下达扶持资金26万元，县乡配套20万元，扶持辛村硬化巷道8000平方米，铺设输水管道860米，修建排水管道1500米，修建300立方米蓄水池1个。争取扶持资金160万元和村民自筹资金，完成回、汉两族群众危房改造、新农村配套设施建设、村巷道硬化绿化建设等工程。实施进村土地开发整理，新增耕地200亩。引进少数民族扶持资金35万元，用于寨子壕惠民养殖基地建设。

2014年，省民族宗教委员会投资少数民族发展资金30万元，扶持辛村回民改造低产田。投资45万元扶持辛村基础设施建设，硬化、亮化、绿化村主干道，修建排水设施。

宗教管理

吉县共有伊斯兰教、基督教、佛教三大宗教团体。信仰伊斯兰教的回民聚居于寨子壕和辛村。

基督教在县城有教堂1座，境内有活动场所13处。佛教活动场所在壶口黄龙寺。

1965年，县基督教会堂被桥南小学占用。1985年，县委统战部根据中发〔1982〕19号文件和国办〔1980〕188号文件关于落实“文化大革命”期间挤占宗教房产的有关政策精神，向县委、县政府递交了《关于拨款修建基督教堂的请示》。此后县政协主席张怀珍主持召开教会、教育局、桥南小学和城关镇、桥南大队等有关单位负责人会议，协商解决了教堂院基问题，为重建基督教堂创造条件。

1994年，吉县2个基督教堂点被评为市级“五好堂点”，15名基督教徒被评为市级“五好教徒”。

2005年筹建基督教堂，2006年完工投入使用。

2006年，对屯里镇窑渠村和吉昌镇小府村两起宗教非法集聚人员进行依法解散驱逐。对境内基督教重新摸底登记，完成了宗教活动场所换证工作。

2010年，筹资42万元，在辛村修建占地4.5亩、主体建筑230余平方米的清真寺1座，解决了穆斯林群众的活动问题。

2013年，根据临民宗发〔2013〕35号文件精神，在壶口黄龙寺设立佛教活动场所。开展政策、法律、科技三进堂点活动，参训教徒及信教群众1200余人。

第三节 民主人士工作

培养安排使用

吉县无民主党派组织，有部分民主党派成员。2014年，民进会员有杨建新、杨朝晖、单保峰3人，民建会员有李花柱1人，九三学社社员杨启亮1人。

县委统战部把选拔培养非中共干部作为统战工作的重要内容，选派非中共干部到党校、干部教育学院深造，对培养成熟者积极向县委推荐。每次换届之际，为省市人大、政协推选代表委员，安排非中共人士担任县人大常委会副主任、县政府副县长、县政协副主席。2005年，有民主党派成员2人，有非中共副科级以是干部21人，其中在政府职能部门任职5人、其他部门和团体任职10人、乡政府任职6人。非中共人士中有副高级职称的知识分子13人，其中教育系统12人、卫生系统1人。非中共人士中，有市人大代表3人、市政协委员3人、县人大副主任1人、县政府副县长1人、县政协副主席2人、县人大代表53人，县政协委员83人。2007年，有民主党派成员3人，有非中共副科级以是干部22人，其中在政府职能部门任职5人、其他部门和团体任职10人、乡政府任职7人。非中共人士中有副高级职称的知识分子13人，其中教育系统12人、卫生系统1人。非中共人士中，有市人大代表6人、市政协委员3人、县人大副主任1人、县政府副县长1人、县政协副主席2人、县人大代表49人，县政协委员62人。2015年底，共有副科级以上非中共干部35人，其中副处级4人、正科级10人、副科级21人。有130余名副高级以上非中共知识分子分别在教育、科技、卫生、城建、发改、果树、水利等领域发挥作用。

落实有关政策

1987年4月，为原错划右派的吕奇等11人发放一次性生活补助。认定城关镇背崖村于耀卿投诚人员身份，由民政局每月定补生活费。1989年和1992年2次为原阎锡山高干、民革成员、县政协常委谭克宽增加生活费。

调动工作积极性

1988 年，向省委统战部、省民族宗教局推荐袁梅芝（回族）为少数民族优秀干部。1990 年举办“各界人士为四化服务图片展”，观看者达 5000 余人次。1992 年，看望 50 名政协委员和 40 名非中共知名人士。召开县委书记、政府县长参加的各界人士迎春茶话会。1996 年—1998 年，整理省民进会员、太原农大教授马恩正到吉县实施科技扶贫发展苹果生产的事迹，撰写的《吉县来了个马恩正》和分管书记抓统战工作的征文《张书记的爱》，分别获中央统战部、光明日报社《同心谱》征文二等奖和三等奖，山西省特等奖。整理的非中共人士为吉县体育事业做贡献的事迹，撰写的《从不服输的白占奎》，获省委统战部《同心谱》征文一等奖。2006 年，总结辛村小学回民教师苏世英的经验，撰写的《情系黄土育桃李——记优秀教师苏世英》在《临汾日报》发表。2013 年，在党外代表人士中开展“中国梦 我的梦”主题征文活动，纪念“五一口号”发布 65 周年系列主题活动。2014 年完善非中共代表人士数据库。

第七章 政法工作

第一节 机构

政法委员会是县委领导政法工作的职能部门，1984 年 2 月独立设置，科级建制，定编 11 人，其中领导职数 3 人。1991 年，吉县社会治安综合治理委员会成立，下设办公室，与政法委合署办公，并设主任 1 名、副主任 1 名。1993 年开始，政法委书记由县委常委担任。2002 年 6 月，根据《关于县委政法委（综治办）职能配置、内设机构和人员编制方案的通知》，政法委内设办公室、执法检查科、督查科。核定行政编制 6 人，其中书记 1 人、副书记 2 人、综治办主任 1 人，股级领导职数 3 名。另行核定工勤人员 1 名。

第二节 队伍建设

2002 年 9 月，组织政法单位和干警深入开展“三讲”教育活动，广大干警的宗旨意识，法治意识和职业道德意识进一步提高。

2003 年，开展“学创”活动，在全体干警中掀起争创人民满意的政法干警的竞赛热潮。

2006 年，根据市委精神，结合吉县实际，开展政法机关纪律作风教育整顿，修正完善《关于加强政法干警队伍的实施意见》，制定出台一系列关于加强政法队伍建设的工作方案和措施，使政法队伍逐步走上制度化，规范化和科学化管理的轨道。

2007 年，组织政法系统干警进行社会主义法治理想信念教育。6 月在政法机关集中开展了以整顿思想作风、工作作风、生活作风为主要内容的纪律作风教育整顿。

2008 年 5 月，在政法系统开展以学习贯彻中共十七大精神和胡锦涛同志重要讲话为主要内容的大学习大讨论活动。

2009 年 3 月，在政法机关开展学习实践科学发展观活动。

2010 年 4 月，在政法系统开展“争当公正廉洁执法模范、争办精品案件”主题活动。

2011 年 5 月，对政法系统领导班子成员进行调整充实，选配一批政治坚定、作风优良、业务精通、执法公正的同志走上领导岗位。

第三节 严打斗争和综合治理

1986—1990 年，以抓现行、抓流窜、破积案、突死角为主攻方向，重点打击严惩刑事犯罪，召开 2 次规模较大的处决大会。开展以综合治理为中心的家庭教育宣传月活动。

1991—1995 年，吉县社会治安综合治理委员会成立。初步建立县、乡、村三级综合治理领导体系。积极组建群防群治网络，城关成立 4 个警区，整顿治保会 2658 个，整顿调委会 265 个，撤换治调人员 38 名，组建治安联防队 188 个、护厂护校队 28 个。开展打击盗窃、扒窃刑事犯罪行动。抓两教（劳教人员和解除劳教人员）人员的帮教工作，针对153名两教人员的个人情况，确立帮教回访制度，落实四级帮助措施，建立了社会、单位、家庭一条龙帮教网络。法律服务向农村、厂矿延伸，壶口等8个乡镇成立法律服务所，棉织厂等15个企业建立法律顾问室，开展以查处抢劫、查禁赌博为重点的整治活动。

1996年，政法委开展治保、民调以及乡规民约大检查，调整了部分治保会、调委会人员，印发乡规民约范本参照执行。查处“反贪肃贿”经济案8件，挽回经济损失156万元。组织各种法制讲座389次，培训乡村党员干部2953人。

1997年初，开展打击流窜扫“六害”（指卖淫嫖娼、制作贩卖传播淫秽物品、拐卖妇女儿童、私种吸食贩运毒品、聚众赌博、利用封建迷信骗财害人）等专项行动。5月下旬，开展打击严重刑事犯罪斗争，召开2次公判大会。破获刑事案件231起，打掉犯罪团伙35个，抓获犯罪分子324人。

1998—2005年，在“破积案、打现行、挖团伙、追逃犯、整特行、搞防范”专项活动中，取缔违法犯罪窝点15个，查处违法人员458名。召开2次公判大会，判决12名犯罪分子。开展执法队伍整顿，揭摆各类问题45种、涉及385人次，查处违法违纪案件6起，涉案集体3个、个人5个，调离执法部门3人，完善规章制度76项。

2006—2009年，在打击盗伐林木行动中，采取封山断路等措施，查处29起大案。完善农村治安防范机制，提高农民法治观念，农村社会治安发生明显好转。

2009—2011年，开展90余天的反盗禁赌斗争，破获刑事案58件，捣毁犯罪团伙13个，查禁赌博102场。同时开展集中大会战，破案58起，打掉犯罪团伙5个，抓获违法犯罪分子48人，挽回经济损失9万元。

2012年，重点工作是全面加强社会治安和平安县创建。3月中旬部署严打斗争，成立严打领导组，30名干警组成专项队伍，依法判处10名犯罪分子。

2013年初，开展“打团扫恶”专项斗争。8月，开展以禁毒为重点的“三打三禁”（打黑恶、打盗抢、打诈骗、禁黄、禁赌、禁毒）斗争。在铲毒大行动中，铲除罂粟3651株，刑事拘留28人，打击吸毒贩毒18人，“三打三禁”打掉犯罪团伙18个，抓获成员36名，破获刑事案79起，处理犯罪分子124人。9月23日决定在城区创建治安小区，年底初步建成20个，形成小区、治保会、调委会、警区巡逻队四位一体的防范机制。11月，成立县流动人口管理领导组、乡镇流动人口管理站。12月，整顿政法队伍，揭共性纠纷385件，诉讼代理32件，问题9个、个性问题36个，全部处理。

2014年3—8月，集中整顿政法队伍，查处违法违纪案13件，评查案1520件。9月，按照省委要求，开展一系列禁毒专项行动，组织千人万户铲毒、百日禁毒行动，共破获涉毒案32件，查处犯罪嫌疑人175名，打掉制毒、贩毒、吸毒团伙5个共51人，铲除罂粟26块共3214株，收缴生鸦片354克、收缴土制海洛因186.4克。

2015年，开展禁毒行动，全年破获毒品案15件。5月中旬和10月初，2次评查、复查案件，对15个重点案件，要求限期整改，并对信访涉法案进行督办。8月至9月，在清监结案工作中，责令羁押机关制定措施，处理5名超期羁押犯。

第八章 信访工作

第一节 机构

1982 年，设立吉县县委来信来访接待办公室。1988 年，更名为中共吉县县委、吉县人民政府信访局，正科级建制，设局长、副局长各 1 名，工作人员 3 名。1993 年县级机构改革划归县政府，名称为吉县信访局，仍属县委、县政府双重领导。1998 年，更名为中共吉县县委、吉县人民政府信访局。从 1993 年始，县委、县政府各确定一名副县级领导分管信访工作，各乡镇、各单位、各村委均确定一名班子成员主管信访工作，形成县、乡、村三级分级负责、齐抓共管的工作格局。

第二节 主要工作

吉县县委、县政府高度重视信访工作，将信访工作纳入主要议事日程，成立县委信访工作领导组，推行县信访工作联席会议制度，定期研判信访形势，研究处置信访疑难问题。信访局组织协调各乡镇、各部门认真贯彻落实县委、县政府和上级信访部门的部署要求，积极履行工作职责，致力化解矛盾问题，切实维护群众合法权益和社会大局稳定。

1993 年 5 月，制定出台县级领导接待月制度，定于每月 18 日作为接待日，结案率达到 100%，临汾市委、市人民政府授予吉县信访工作先进单位。

1994—1999 年，因土地承包、村民生活困难、供不起子女上大学学费等问题，共受理群众来信来访 105 案 249 人次。结案率为 97.6%。

2000 年，开展化解信访矛盾突出问题专项工作。出台信访工作目标管理制度，把信访工作列入重点工作目标考核范围，严格实施“一票否决”制度。

2001—2010 年，因毕业生分配问题、企业改制引发职工和企业间矛盾问题增多，形成了集体上访，最终都得到妥善解决。2007 年和 2008 年，县委、县政府被临汾市委、市政府授予“信访基层基础工作先进集体”；2009 年和 2010 年，被临汾市委、市政府授予“信访工作先进集体”。

2011 年，随着改革的不断深入，土地承包、企业改制、劳动社保和城乡建设等领域的矛盾纠纷越来越多。为依法及时就地解决群众的合理诉求，着力把信访问题消除在萌芽状态，吉县建立县级领导接待群众来访制度，确定每周二为县级领导接待日，全年县级领导共接待上访群众 23 批次 100 余人次，现场解决信访问题 10 件次、批转 13 件次，信访局共受理办理群众来信来访 85 件次。全年共排查化解矛盾隐患 120 余件。实行领导包案制度和案件解决承诺制，重点信访问题由县、乡两级及县直主管部门负责人包案，限制办结上报结果。信访局被县委、县政府授予“2011 年度工作特别奖”，被社会治安综合治理委员会授予“2011 年度综治工作先进单位”。

2012 年，信访局全年共接待群众来信来访 133 批次 558 人次，其中涉法涉诉信访事项 7 批次，群众信访事项按期办结率 100%，化解率 98.2%，本年度无群众到市赴省进京非正常上访。吉县被临汾市委、市政府授予“2012 年度信访工作‘四无’先进县”，信访局被县委、县政府授予“2012

年度服务重点工作先进集体”。

2013 年，县委、县政府开展“固本强基，争创四无”信访主题活动，推进信访工作规范化、制度化、法制化建设，维护畅通、有序的信访工作秩序。信访局全年共接待群众来信来访 298 批次 1164 人次，其中涉法涉诉信访事项 29 批次 109 人次，群众信访事项按期办结率 100%，化解率 98.4%，本年度无群众到市赴省进京上访和非正常上访。吉县被临汾市委、市政府授予“2013 年度信访工作‘四无’先进县”。

2014 年，吉县信访工作以“树新风、争四无”信访主题活动为载体，开展《信访条例》宣传月活动，教育引导群众理性、有序反映问题诉求。信访局全年信访局共接待群众来访 274 批 236 案 1286 人次，按期办结率 100%，化解率 95 %。

2015 年，吉县开展“以群众举报乡村干部腐败为切入点集中解决群众信访诉求问题”专项治理行动，有效化解各类信访突出问题。全年县级领导共接待群众来访 49 批次，信访局共接待办理群众来信来访 246 批次 220 件次 1405 人次，群众初信初访事项一次性办结率达 100%，化解率 98.5%。专项治理行动中，严格落实“一个重点问题、一名包案领导、一个工作专班、一套化解方案”的“四个一”工作要求，省交办的 2 件和吉县自排的 14 件重点问题按期办结率和化解率均达 100%。全年无群众进京非正常上访、无赴省集体上访、无到市重复集体上访。

第九章 党校

第一节 组织机构

中共吉县县委党校(简称县委党校)成立于1956年。校址在县城小河畔,2013年9月迁至吉县职业中学校内(车城乡兰家河村)。

县委党校内设机构为:办公室、教务处、总务处,实行校务委员会(以下简称校委会)领导体制。校委会全面领导学校工作,委员由同级党委任命。校委会工作由校长或主持日常工作的副校长主持。1993年以前由校长主持日常工作,校长按正科级配备。1993年4月—2015年底,由常务副校长主持日常工作,常务副校长按副处级配备。1993年4月—2000年1月,强志杰任党校常务副校长,2000年1月—2015年底,刘焕良任党校常务副校长。

2013年9月6日,中共临汾市委党校吉县分校成立。

第二节 理论培训

县委党校担负着对吉县党员干部的理论培训任务,1986—2015年底,共举办各类培训班100余场次,参加培训党员干部达3万余人次。

党员干部理论培训

主要是对党员和机关干部进行党的路线、方针、政策培训;对中央、省、市、县召开的重要会议内容进行解读;开展政治时事、形势教育。通过培训提高党员、干部的理论水平和思想认识,与党中央保持高度一致。每年培训1~2期。

入党积极分子培训

县党校与县委组织部联合,对入党积极分子进行党的基本知识、党规党纪教育,让入党积极分子从思想上真正入党,为做一名合格共产党员打好基础。每年培训1次。

乡镇和农村基层干部培训

主要是对党的路线、方针、政策,特别是农村经济政策、遵纪守法、精神文明建设和小康建设等内容的培训,培养建成小康社会的带头人和骨干力量。2013—2015年底,共举办干部大讲堂45期。

第三节 学历教育

脱产学历教育

1985年9月—1987年8月,招收一个干部中专班,学员有48人,全部脱产住校学习,学制2年,开设语文、数学、历史、哲学、政治经济学和科学社会主义等课程,这是县委党校教育史上唯一的一次脱产学历教育。

大专函授教育

从 1988 年 9 月—2002 年 9 月，山西省委党校大专函授班吉县站先后开设政治理论和经济管理两个专业，共有 676 人取得山西省委党校毕业证书。其中：1991 年毕业 57 人、1992 年毕业 54 人、1996 年毕业 144 人、1997 年毕业 120 人、1999 年毕业 21 人、2000 年毕业 56 人、2001 年毕业 87 人、2002 年毕业 85 人、2003 年毕业 33 人、2005 年毕业 19 人。

第四节　科研队伍工作

队伍建设

县委党校本着“以人为本、和谐共处、全面提高”的理念，实施人才强校战略投资，强化师资队伍建设和学风建设，适时充实师资力量，为做好干部培训、轮训工作提供基本保障。曾先后派理论教师赴省、市党校参加培训学习，同时邀请客座教授与本校教师交流学习，讨论借鉴，共同提高。截至 2015 年，共有 3 名教师获得高级讲师职称。

科研成果

县委党校高级讲师强爱武、肖丽等撰写的《党校教师要努力提高政治素质》《理论宣传要坚持实事求是》《如何看村官的富与穷》《加强农村精神文明建设》《引导农民树立文明意识》《代表人民群众的根本利益是领导干部讲政治的根本体现》《新形势下行政管理干部应具备的素质》《对“人的全面发展”理论的思考》《浅析新形势下基层党组织的先进性问题》《抗日根据地民主政权建设的状况和经验》《论加强农村党的基层组织建设的重要性》《对增加农民收入问题的思考》《求真务实 推进县级党校理论工作》《李瑞环教你如何用哲学指导工作》《浅论推进马克思主义大众化》《记住是为了更好的明天》等一批学术论文相继见报，为当地的经济和社会发展提供了具有参考价值的理论文献，丰富了党校的科研教学成果。

第十章 老干部工作

第一节 机构

1987 年，中共吉县县委老干部局成立，科级建制，内设机构有离休股、退休股和办公室。2006 年，机构改革只设办公室，下辖老干部活动中心和老年大学。1998 年，设老干部局党总支。至 2015 年底，党总支下设党支部 14 个，其中机关党支部 1 个、离退休干部党支部 13 个，有党员 598 人。

主要职能：负责离退休干部的监督、检查、指导和协调；督促离退休干部的政治待遇和生活待遇的落实；检查指导离退休干部的党组织建设，组织指导离退休干部在经济社会发展中发挥作用；负责组织和协调离退休干部的文体活动及医疗保健工作。

第二节 离退休干部管理

管理范围

中共吉县县委老干部局管理范围是属组织人事部门管理、财政供养的离退休干部，包括事业单位的教师、医护人员、科技人员。2015 年，共有离休干部 30 人，退休干部 1400 余人。

离退休干部生活待遇

坚持“六必访”，即老干部生病住院必访、重要寿辰必访、新春佳节必访、矛盾纠纷必访、生活困难必访、丧葬大事必访。坚持在老干部工作中推行“五到家”工程，即老干部有病有难必到家、生日祝福送到家、生活服务常到家、形式政策讲到家、思想工作做到家。

春节期间对境内千余老干部开展慰问，送去节日礼物，并积极配合县四大班子领导开展好慰问活动。重阳节组织各单位对老干部进行慰问。

离退休干部政治待遇

县委老干部局设离退休干部党总支，下辖 13 个离退休干部党支部，县委老干部局定期对各党支部书记和支委进行最新的理论培训。定期组织老党员学习党的知识、理论和时事政治。

县委、县政府高度重视老干部工作，调整充实老干部工作领导小组，随时协调解决老干部工作中遇到的问题。县委、县政府的每项重大政策出台都征求老干部代表的意见，有时书面征求意见，有时召开座谈会征求意见。县委、县政府召开重大会议或是重大活动，都会邀请 5 ~ 10 名老干部代表参加，把老干部代表和人大代表、政协委员放在同等重要位置。

县委老干部局给全县担任过实职的科级以上退休干部和离休干部（180 人）每人订阅一份《山西日报》《临汾日报》和《山西老年》。老干部活动中心专门设置了阅览室，购置 3000 册图书，订阅了《人民日报》《山西日报》《南方周末》《临汾日报》《求是》《读者》《老友报》《中国老年报》等 10 多种报纸杂志，工作日全天开放，供老干部借阅。给 13 个离退休干部党支部分别订阅 15 份《人民日报》《山西日报》《临汾日报》《山西老年》《纪检监察》《支部建设》《中国老年》《纪检监察报》《半月谈》等十余种报纸杂志。给外地居住的离休干部和县级以上退休干部订阅了《山西日报》《临汾日报》《中国老年》《山西老年》两报两刊，实行统一订阅，分头寄送的“邮政亲情业务”活动，让他们感受温暖，感受党恩。

第三节　老干部活动

活动场所

为有效解决老干部活动场所不足、不达标问题，2015 年把原县政府两幢大楼共 1820 平方米按要求改造交付县老干部局用于老干部活动中心和老年大学教育活动场所。

活动中心面积 1080 平方米，设有棋牌室、乒乓球室、舞蹈室、健身房等。老干部局本着“充分利用现有条件，丰富灵活开展活动”的原则，以活动中心为依托，组织离退休干部开展文化娱乐活动和体育健身活动。

活动组织

老年大学面积 740 平方米，开设有书法班、音乐班、舞蹈班、电脑班，聘请具有专业特长并热衷为老干部服务的人员担任教师，让老干部老有所学、老有所乐。组织爱好演出的老干部精心编排节目，到 8 个乡镇巡回演出 10 多场，受到群众的热烈欢迎；组织爱好书画的老干部们观摩吉县经济建设项目，进行书画创作，举办吉县新貌书画展；聘请市太极拳协会老师对老干部们进行太极拳培训，组织太极拳表演；组织开展老干部象棋大赛，近百名老干部参与其中；组织俏夕阳革命歌曲大家唱社团，每晚在街心广场、文化广场练唱，吸引数以百计的老年人放声歌唱。

各党支部积极开展各项活动，发改支部开展“珠算传承”教练珠算活动；教育支部开展进校园“讲革命传统”活动；卫生、乡镇支部开展“四送”下乡活动；经信支部组织有写作特长的几位老干部抢救史料，为村德村史馆撰写资料达 5 万余字；教科支部和书画支部联合组织能说会写的威望高的 4 名老干部，巡回各村开展家风民风村风专题演讲。

第四节　老干部发挥余热

县老促会、关工委、老年书画协会等老年社团组织，坚持量力而行、自觉自愿的原则，组织引导离退休干部参与社会实践，发挥优势，奉献余热。

县老促会的老干部们编撰出版了记录抗战时期吉县的珍贵史料《抗战在吉县》图书。每年开展进村入户送春联活动，得到县领导和农民朋友的纷纷点赞。

县关工委组织老干部给青少年进行革命传统教育，思想政治教育。组织各学校开展“中华魂”读书教育活动，撰写多位优秀人物的典型事迹材料，选编《祖国在我心中》等多个征文集。与县妇联合编《家风与家教》。关工委和多位老同志受到国家、省、市关工委的表彰奖励。

老年书画协会每年围绕中心工作举办不同主题的书画展，隆冬腊月老同志们冒着严寒，巡回乡镇为村民义务写春联，深受群众称赞。协会已成为老干部发挥正能量的重要平台。

老干部文化活动室，每年开展下乡义演，举办消夏晚会，多次到景区演出助威。

第十八编　地方人民代表大会

1986—2015年，吉县共召开八届人民代表大会，研究决定吉县重大事项，选举产生县人大常委会主任、副主任、常务委员；选举产生县人民政府县长、副县长；选举产生人民法院院长、人民检察院检察长；选举出席山西省、临汾市人民代表大会代表。

第八至十五届人民代表大会共召开37次全体会议，212次人大常务委员会会议。

历届人大常务委员会组织全体人大代表，深入实际，调查研究，反映广大人民群众的意愿，认真履行宪法和法律赋予的神圣职责，依法行使选举权、任免权、监督权、审查权，为吉县的社会经济发展，作出重要决定。

第一章 人民代表大会代表

第一节 县人民代表大会代表

人民代表大会代表第八至十届任期为 3 年，十一、十二届任期 5 年，十三、十四届任期 4 年，十五届任期 5 年。

第八届人民代表大会代表

1984 年 8 月 24 日，吉县第七届人大常委会第十四次会议作出《关于县、社两级换届选举时间的决定》。自 8 月 25 日开始按照法定程序，历时 85 天，完成选举任务。选举产生县八届人民代表大会代表 150 名。其中：工人代表 16 人，农民代表 82 人，干部代表 38 人，解放军代表 1 人，教育、宗教界代表 13 人；中共党员 87 人，非党代表 63 人；妇女代表 31 人，少数民族代表 2 人。

第九届人民代表大会代表

1987 年 2 月 9 日，吉县第八届人大常委会第十三次会议作出《关于县、乡（镇）两级人民代表大会换届选举时间的决定》。根据有关法律规定，县人大代表的名额由八届的 150 名减少为 117 名，减少了 22%。代表选举中注意尊重选民的意志，不硬性规定代表的构成比例。根据新的《中华人民共和国全国人民代表大会和地方各级人民代表大会选举法》和《中华人民共和国地方人民代表大会和地方各级人民政府组织法》规定，实行差额选举。共有选民 48768 人，参加选举的选民 48628 人，参选率 96.02%。选举产生县人大代表 117 名。

第十届人民代表大会代表

1990 年 1 月，吉县县、乡人民代表大会换届选举工作启动，3 月 30 日为选举日。选举共划分选区 95 个，其中农村 76 个、城镇 19 个。建投票站 228 个、流动票箱 195 个。选出县人大代表 148 名，其中男代表 115 名，占 77.7%；女代表 33 名，占 22.3%。党员代表 102 名，占 68.9%；非党代表 46 名，占 31.1%。从代表结构看，工人、农民 85 名，占 57.4%，科技、教育 37 人，占 25%；党政干部 22 名，占 14.9%；其他（少数民族、宗教、台属、军人）4 人，占 2.7%。具有大专文化程度的 16 人，中专、中学文化程度的 117 人，小学以下文化程度的 15 人。

第十一届人民代表大会代表

1993 年 3 月 24 日，吉县第十届人大常委会第二十次会议讨论通过，成立县乡（镇）选举委员会，制定县、乡（镇）换届选举工作实施方案。3 月 29 日，召开吉县换届选举工作会议，全面部署县、乡两级换届选举工作。按照《山西省选举实施细则》第十条第三款“县、不设区的市、市辖区人民代表大会代表的名额，以 130 名为基数，每五千人增加代表一名”的规定，吉县总人口为 95157 人，确定选举产生县人大代表 149 名。

第十二届人民代表大会代表

1998 年 4 月，吉县十二届人民代表大会换届选举工作启动。根据《山西省人民代表大会关于县级人民代表大会代表名额的决定》，确定吉县第十二届人民代表大会代表的名额为 140 名。依据《中华人民共和国全国人民代表大会和地方各级人民代表大会选举法》《山西省各级人民代表大会选举实施细则》的有关规定，将140名代表名额分配到境内选区，通过选举产生。各选区共提名推荐出代表候选人270名，并由各选区的选民小组根据候选人名额应多于应选代表名额三分之一至一倍的规定，反复酝酿讨论、协商，根据多数选民的意见，确定正式代表候选人238名。经过选区54096名选民的选举，共选出县十二届人民代表大会代表140名。其中，男代表112名，占80%，女代表28名，占20%；党员代表98名，占70%，非党代表42名，占30%。从代表结构看，工人、农民85名，占60.8%，科技、教育34人，占25%，党政干部17名，占12.1%，其他（少数民族、宗教、台属、军人）4人，占2.9%。具有大专文化程度的18人，中专、中学文化程度的109人，小学以下文化程度的13人。

第十三届人民代表大会代表

2003年，县级人大换届选举工作10月初—11月底结束。按照省九届人大常委会第三十二次会议精神要求，结合吉县实际，经选举委员会决定，选举吉县第十三届人民代表大会代表138名。依照《选举法》和《山西省选举实施细则》中“选区的大小，按照每一选区选1—3名代表划分，但不得超过3名”的规定，境内共划分选区83个，其中乡镇66个、县直17个。11月9日为“选举日”，直接选出吉县第十三届人大代表138名。其中：中共党员85名，占61.6%；群众代表53名，占38.4%；妇女代表36名，占26.1%。35岁以下的23名，占16.7%；36岁～55岁的110名，占79.7%；56岁以上的5名，占3.6%。大学本科及以上的20名，占14.5%；大专及高职43名，占31.2%；中专、职高及高中的31名，占22.4%；初中及以下44名，占31.9%。新一届代表中，保留了一定数量的上届代表，增加了一线工农代表的比例。

第十四届人民代表大会代表

2007年3月，县、乡两级人大换届选举工作正式启动。经过宣传发动、选民登记、提名协商代表候选人、选举代表4个阶段，选出吉县第十四届人民代表大会代表140人。

第十五届人民代表大会代表

2011年5月4日，吉县十四届人大常委会三十七次会议决定，人大换届选举工作于2011年5月4日启动，2011年6月30日前结束。选出吉县第十五届人民代表大会代表140名。

第二节 省市人民代表大会代表

第七届至第十二届山西省人民代表大会代表

第七届（1987年11月县第九届人大二次会议选出）

葛庭栋 黄有泉 吕云珍（女）

第八届（1992年11月县第十届人大四次会议选出）

孙勤学 杨鸿森 吕云珍（女）

第九届（1997年11月17日县第十一届人民代表大会第六次会议选出）

孙勤学 费银定

第十届（2002年11月临汾市第一届人民代表大会第四次会议选出）

闫旺森

第十一届（2007年临汾市第二届人民代表大会第四次会议选出）

孔繁新

第十二届（2012年临汾市第三届人民代表大会第四次会议选出）

葛峰

第一届至第三届临汾市人民代表大会代表

第一届（2001 年 1 月 1 日县人大第十三届四次会议选出）

孙勤学　左梅珍（女）　刘俊珍（女）

张晓丽（女）　张敖彦　原学义　原胜利

梁荣森　梁洪运　崔福瑞　翟维勤　杨鸿森

第二届（2006 年 4 月县人大第十四届四次会议选出）

梁崇太　原学义　刘奎生　闫旺森　杨小雪

高建平　张顺旺　李伟（女）　黄万忠　贾焕梅（女）　冯改凡（女）

第三届（2011 年 6 月县人大第十五届一次会议选出）

毛益民　刘浩　孔繁新　刘创珍　葛建章

李金玉（女）　冯志平　白变慧（女）

牛凤珍（女）　张顺旺

第二章 历届人民代表大会

第一节 县人民代表大会

1986—2015年，吉县共召开八届人民代表大会，其中第八届至第十届任期为3年，第十一、十二届任期5年，第十三、十四届任期4年，第十五届任期5年。第八届至第十五届县人民代表大会共召开37次会议。

第八届人民代表大会（1984年12月—1987年6月）

第一次会议 吉县第八届人民代表大会第一次会议于1984年12月20—23日在县城召开，出席会议的代表150名。会议特别邀请吉县首届政协全体委员、知名人士及县直副科级以上干部列席。会议听取和审议《政府工作报告》《吉县1983年财政决算情况和1984年财政预算的报告》《吉县人民代表大会常务委员会工作报告》《吉县人民法院工作报告》《吉县人民检察院工作报告》，并通过以上报告的相关决议。会议选举产生吉县第八届人大常委会主任、副主任、委员，吉县人民政府县长、副县长，吉县人民法院院长，吉县人民检察院检察长。

第二次会议 吉县第八届人民代表大会第二次会议于1986年4月26—29日在县城召开，出席会议的代表150名。会议听取和审议《政府工作报告》《吉县国民经济和社会发展第七个五年计划（草案）报告》《吉县1985年财政决算情况和1986年财政预算的报告》《吉县人民代表大会常务委员会工作报告》《吉县人民法院工作报告》《吉县人民检察院工作报告》，并通过以上报告的相关决议。补选产生吉县人民政府县长、吉县人民法院院长。

第九届人民代表大会（1987年6月—1990年5月）

第一次会议 吉县第九届人民代表大会第一次会议于1987年6月2—5日在县城召开，出席会议的代表117名，特邀代表12名，55名县政协委员列席。会议听取和审议《政府工作报告》《吉县1986年国民经济和社会发展计划执行情况及1987年国民经济发展计划的报告》《吉县1986年财政决算情况和1987年财政预算的报告》《吉县人民代表大会常务委员会工作报告》《吉县人民法院工作报告》《吉县人民检察院工作报告》，并通过以上报告的决议。会议选举产生吉县第九届人大常委会主任、副主任、委员，吉县人民政府县长、副县长，吉县人民法院院长，吉县人民检察院检察长。

第二次会议 吉县第九届人民代表大会第二次会议于1987年11月19日在县城召开，会议选举产生出席山西省第七届人民代表大会代表。

第三次会议 吉县第九届人民代表大会第三次会议于1988年4月25—26日在县城召开，出席会议的代表115名。会议听取和审议《政府工作报告》《吉县1987年国民经济和社会发展计划执行情况及1988年国民经济发展计划的报告》《吉县1987年财政决算情况和1988年财政预算的报告》《吉县人民代表大会常务委员会工作报告》《吉县人民法院工作报告》《吉县人民检察院工作报告》，并通过以上报告的决议。

第四次会议 吉县第九届人民代表大会第四次会议于1989年3月12—15日在县城召开，

出席会议的代表114名。会议听取和审议《政府工作报告》《吉县1988年财政决算情况和1989年财政预算的报告》《吉县人民代表大会常务委员会工作报告》《吉县人民法院工作报告》《吉县人民检察院工作报告》，并通过以上报告决议。补选产生吉县人民政府县长、副县长。

第十届人民代表大会（1990年5月—1993年6月）

第一次会议　吉县第十届人民代表大会第一次会议于1990年5月5—8日在县城召开，出席会议的代表147名，特邀代表15名，58名政协委员列席。会议听取和审议《政府工作报告》，听取和审查批准了《吉县1989年国民经济和社会发展计划执行情况及1990年国民经济和社会发展计划的报告》《吉县1989年财政决算和1990年财政预算情况的报告》《吉县人民代表大会常务委员会工作报告》《吉县人民法院工作报告》《吉县人民检察院工作报告》，并通过以上报告的决议。选举产生吉县第十届人大常委会主任、副主任、委员，吉县人民政府县长、副县长，吉县人民法院院长，吉县人民检察院检察长。

第二次会议　吉县第十届人民代表大会第二次会议，于1991年4月22—24日在县城召开，出席会议的代表148名，特邀列席人员12名，72名政协委员列席。会议听取和审议《吉县人民政府工作报告》《吉县1990年国民经济和社会发展计划执行情况及1991年国民经济发展计划的报告》《吉县1990年财政决算情况和1991年财政预算的报告》《吉县人民代表大会常务委员会工作报告》《吉县人民法院工作报告》《吉县人民检察院工作报告》，并通过以上报告的决议。

第三次会议　吉县第十届人民代表大会第三次会议，于1992年4月24—27日在县城召开，出席会议的代表146名，特邀列席人员10名，86名政协委员列席。会议听取和审议《吉县人民政府工作报告》《吉县1991年国民经济和社会发展计划执行情况及的报告》《吉县1991年财政决算情况和的报告》，批准《1992年国民经济发展计划》《1992年财政预算》《吉县人民代表大会常务委员会工作报告》《吉县人民法院工作报告》《吉县人民检察院工作报告》。并通过以上报告的决议。代表们集中学习了《中华人民共和国全国人民代表大会和地方各级人民代表大会代表法》。

第四次会议　吉县第十届人民代表大会第四次会议于1992年11月10日在县城召开。会议选举产生出席山西省第八届人民代表大会代表。

第十一届人民代表大会（1993年6月—1998年5月）

第一次会议　吉县第十一届人民代表大会第一次会议于1993年6月2—6日在县城召开，出席会议的代表149名，特邀代表16名，57名政协委员列席。会议听取和审议《政府工作报告》《吉县人民代表大会常务委员会工作报告》《吉县人民法院工作报告》《吉县人民检察院工作报告》，听取和审查《吉县1992年国民经济和社会发展计划执行情况及1993年国民经济和社会发展计划的报告》《吉县1992年财政决算和1993年财政预算情况的报告》，批准《1993年国民经济和社会发展计划》《1993年财政预算》，并通过以上报告的决议。会议选举产生吉县第十一届人大常委会主任、副主任、委员，吉县人民政府县长、副县长，吉县人民法院院长，吉县人民检察院检察长。

第二次会议　吉县第十一届人民代表大会第二次会议于1994年4月18—20日在县城召开，出席会议的代表148名，特邀代表16名，68名政协委员列席。会议听取和审议《政府工作报告》《吉县人民代表大会常务委员会工作报告》《吉县人民法院工作报告》《吉县人民检察院工作报告》；听取和审查《吉县1993年国民经济和社会发展计划执行情况及1994年国民经济和社会发展计划的报告》《吉县1993年财政决算和1994年财政预算情况的报告》，批准《1994年国民经济和社会发展计划》《1994 年财政预算》，并通过以上报告的决议，作出《关于在县人大代表中开展“创优争先”竞赛活动的决定》。

第三次会议　吉县第十一届人民代表大会第三次会议于 1995 年 3 月 24—25 日在县城召开，出席代表 140 人，特邀、列席人员共 88 人。会议听取和审议《政府工作报告》《吉县人民代表大会常务委员会工作报告》《吉县人民法院工作报告》《吉县人民检察院工作报告》；听取和审查《关于吉县 1994 年国民经济和社会发展计划执行情况与 1995 年国民经济和社会发展计划草案的报告》《关于吉县 1994 年财政预算执行情况和 1995 年财政预算草案的报告》；批准《1995 年国民经济和社会发展计划》《1995 年财政预算》，通过六个报告的决议。补选 1 名县人大常委会委员，对在“创优争先”活动中涌现出来的先进代表和先进代表小组进行表彰。县委书记陈保堂在会上作《同心同德、同力攻坚，谱写加速吉县经济发展的新篇章》的讲话。

第四次会议　吉县第十一届人民代表大会第四次会议于 1996 年 5 月 8—10 日在县城召开，出席会议的代表 145 名，特邀代表 17 名，82 名政协委员列席。会议听取和审议《吉县关于国民经济和社会发展“九五计划”和 2010 年远景目标纲要的报告》《吉县人民代表大会常务委员会工作报告》；审查和批准《吉县关于国民经济和社会发展“九五计划”和 2010 年远景目标纲要》《吉县 1995 年国民经济和社会发展计划执行情况及 1996 年国民经济和社会发展计划的报告》《吉县 1995 年财政决算和 1996 年财政预算情况的报告》；听取和审议《吉县人民法院工作报告》《吉县人民检察院工作报告》，并通过以上报告的决议。听取和审议吉县人民政府副县长的述职报告并进行民主测评；增选 1 名人大会常委会副主任。

第五次会议　吉县第十一届人民代表大会第五次会议于 1997 年 2 月 21—24 日在县城召开，出席会议的代表 144 名，特邀代表 16 名，82 名政协委员列席。会议听取和审议《吉县人民政府工作报告》《吉县人民代表大会常务委员会工作报告》；审查和批准《吉县 1996 年国民经济和社会发展计划执行情况及 1997 年国民经济和社会发展计划的报告》《吉县 1996 年财政决算和 1997 年财政预算情况的报告》；听取和审议《吉县人民法院工作报告》《吉县人民检察院工作报告》，并通过以上报告的决议；听取和审议吉县人民政府副县长的述职报告并进行了民主测评；补选产生吉县人民政府县长。

第六次会议　吉县第十一届人民代表大会第六次会议于 1997 年 11 月 16—17 日在吉县县城召开，选举产生出席山西省第九届人民代表大会代表。

第十二届人民代表大会（1998 年 5 月 18 日—2003 年 11 月）

第一次会议　吉县第十二届人民代表大会第一次会议于 1998 年 5 月 18—21 日在县城召开，出席会议的代表 140 名，特邀代表 29 名，62 名政协委员列席。会议听取和审议《吉县人民政府工作报告》《吉县人民代表大会常务委员会工作报告》《吉县人民法院工作报告》《吉县人民检察院工作报告》；听取和审查批准《吉县 1997 年国民经济和社会发展计划执行情况及 1998 年国民经济和社会发展计划的报告》《吉县 1997 年财政决算和 1998 年财政预算情况的报告》，并通过以上报告的决议。会议选举产生吉县第十二届人大常委会主任、副主任、委员，吉县人民政府县长、副县长，吉县人民法院院长，吉县人民检察院检察长。大会在县城的党政机关、政法系统、群众团体、文教卫生、新闻文化界、商业贸易、厂矿企业等部分单位设立旁听席，旁听人员名额 118 人。

第二次会议　吉县第十二届人民代表大会第二次会议于 1999 年 4 月 28—30 日在县城召开，参会代表 142 名，特邀代表 33 名，98 名政协委员列席。会议听取和审议《吉县人民政府工作报告》《吉县1998年国民经济和社会发展计划执行情况及1999年国民经济和社会发展计划的报告》《吉县 1998 年财政决算和 1999 年财政预算情况的报告》《吉县人民代表大会常务委员会工作报告》《吉县人民法院工作报告》《吉县人民检察院工作报告》，审查批准《吉县 1998 年财政决算和 1999 年财政预算草案》。并通过以上报告的决议。补选产生吉县人民检察院检察长。

第三次会议　吉县第十二届人民代表大会第三次会议于 2000 年 4 月 12—14 日在县城召开，出席代表 133 名，特邀代表 34 名， 101 名政协委员列席。会议听取和审议《吉县人民政府工作报告》《吉县 1999 年国民经济和社会发展计划执行情况及 2000 年国民经济和社会发展计划的报告》《吉县 1999 年财政决算和 2000 年财政预算情况的报告》《吉县人民代表大会常务委员会工作报告》《吉县人民法院工作报告》《吉县人民检察院工作报告》,并通过以上报告的相关决议。

第四次会议　吉县第十二届人民代表大会第四次会议于 2001 年 1 月 1 日在县城召开，出席代表137名,特邀代表38名,列席人员95名。会议选举产生出席临汾市第一届人民代表大会代表。

第五次会议　吉县第十二届人民代表大会第五次会议于 2001 年 2 月 4—7 日在县城召开，出席代表135名,特邀代表34名,86名政协委员列席。会议听取和审议《吉县人民政府工作报告》《吉县2000年国民经济和社会发展计划执行情况及2001年国民经济和社会发展计划的报告》《吉县 2000 年财政决算和 2001 年财政预算情况的报告》《吉县人民代表大会常务委员会工作报告》《吉县人民法院工作报告》《吉县人民检察院工作报告》，并通过以上报告的决议。以等额选举的办法，补选产生吉县人民政府县长，并对副县长进行述职测评。

第六次会议　吉县第十二届人民代表大会第六次会议于 2002 年 1 月 18—20 日在县城召开，出席代表 130 名，特邀代表 30 名。会议听取和审议《吉县人民政府工作报告》《吉县人民代表大会常务委员会工作报告》《吉县人民法院工作报告》《吉县人民检察院工作报告》，审查批准《吉县 2001 年国民经济和社会发展计划执行情况及 2002 年国民经济和社会发展计划的报告》《吉县 2001 年财政决算和 2002 年财政预算情况的报告》，并作出以上报告的决议。对副县长进行述职测评。

第七次会议　吉县第十二届人民代表大会第七次会议于 2002 年 9 月 3 日在县城召开，参会代表 132 名。会议补选产生吉县第十二届人民代表大会常务委员会主任。

第十三届人民代表大会（2003 年 11 月—2007 年 5 月）

第一次会议　吉县第十三届人民代表大会第一次会议于2003年11月26—29日在县城召开，出席代表 138 名、特邀代表 18 名、列席人员 64 名。临汾市人大常委会副主任张作明到会指导。会议听取和审议《吉县人民政府工作报告》《吉县 2002 年国民经济和社会发展计划执行情况及 2003 年国民经济和社会发展计划的报告》《吉县 2002 年财政决算和 2003 年财政预算情况的报告》《吉县人民代表大会常务委员会工作报告》《吉县人民法院工作报告》《吉县人民检察院工作报告》，并通过以上报告的决议。会议选举产生吉县第十三届人大常委会主任、副主任、委员，吉县人民政府县长、副县长，吉县人民法院院长，吉县人民检察院检察长。

第二次会议　吉县第十三届人民代表大会第二次会议于 2004 年 5 月 25—27 日在县城召开，出席代表138名、特邀代表27名、列席人员104名。会议听取和审议《吉县人民政府工作报告》《吉县人民代表大会常务委员会工作报告》《吉县 2003 年国民经济和社会发展计划执行情况及 2004 年国民经济和社会发展计划的报告》《吉县 2003 年财政决算和 2004 年财政预算情况的报告》《吉县人民法院工作报告》《吉县人民检察院工作报告》，审查、批准《吉县 2003 年国民经济和社会发展计划执行情况及 2004 年国民经济和社会发展计划的报告》《吉县 2003 年财政决算和 2004

年财政预算情况的报告》，并通过以上报告的决议。补选产生2名人大常委会委员。对副县长进行述职测评。

第三次会议 吉县第十三届人民代表大会第三次会议于2005年4月27—28日在县城召开，出席代表127名。会议听取和审议《吉县人民政府工作报告》《吉县人民代表大会常务委员会工作报告》《吉县人民法院工作报告》《吉县人民检察院工作报告》，审查批准《吉县2004年国民经济和社会发展计划执行情况及2005年国民经济和社会发展计划的报告》《吉县2004年财政决算和2005年财政预算情况的报告》，并通过以上报告的决议。增选1名人大常委会副主任、1名人大常委会委员。宣读吉县人大常委会关于对葛建章等同志进行表扬的通报，表彰2004年度先进乡镇人大主席团和先进代表活动小组。

第四次会议 吉县第十三届人民代表大会第四次会议于2006年4月6—8日在县城召开，参会代表138名，特邀代表29名，列席人员110人。会议听取和审议《吉县人民政府工作报告》《吉县人民代表大会常务委员会工作报告》《吉县人民法院工作报告》《吉县人民检察院工作报告》，审查批准《吉县2005年国民经济和社会发展计划执行情况及2006年国民经济和社会发展计划的报告》《吉县2005年财政决算和2006年财政预算情况的报告》，并通过以上报告的决议。选举产生吉县出席临汾市第二届人民代表大会代表13名。

第十四届人民代表大会(2007年5月—2011年6月)

第一次会议 吉县第十四届人民代表大会第一次会议于2007年5月23—26日在县城召开，参会代表140名，特邀代表33名，列席人员112人。会议听取和审议《吉县人民政府工作报告》《吉县人民代表大会常务委员会工作报告》《吉县人民法院工作报告》《吉县人民检察院工作报告》，审查批准《吉县2006年国民经济和社会发展计划执行情况及2007年国民经济和社会发展计划的报告》《吉县2006年财政决算和2007年财政预算情况的报告》，并通过以上报告的决议。选举产生吉县第十四届人大常委会主任、副主任、委员，吉县人民政府县长、副县长，吉县人民法院院长，吉县人民检察院检察长。

第二次会议 吉县第十四届人民代表大会第二次会议于2008年5月10—12日在县城召开，出席代表140名、特邀代表29名、列席人员122名。会议听取和审议《吉县人民政府工作报告》《吉县人民代表大会常务委员会工作报告》《吉县人民法院工作报告》《吉县人民检察院工作报告》，审议《吉县2007年国民经济和社会发展计划执行情况及2008年国民经济和社会发展计划的报告》《吉县2007年财政决算和2008年财政预算情况的报告》，并通过以上报告的决议。补选产生吉县人民政府县长。

第三次会议 吉县第十四届人民代表大会第三次会议于2009年6月15—16日在县城召开，参会代表140名，特邀代表31名，列席人员115人。会议听取和审议《吉县人民政府工作报告》《吉县人民代表大会常务委员会工作报告》《吉县人民法院工作报告》《吉县人民检察院工作报告》，审查批准《吉县2008年国民经济和社会发展计划执行情况及2009年国民经济和社会发展计划的报告》《吉县2008年财政决算和2009年财政预算情况的报告》，并通过以上报告的决议。

第四次会议 吉县第十四届人民代表大会第四次会议于2010年6月18—20日在县城召开，参会代表140名，特邀代表31名，列席人员99人。会议听取和审议《吉县人民政府工作报告》《吉县人民代表大会常务委员会工作报告》《吉县人民法院工作报告》《吉县人民检察院工作报告》，审查批准《吉县2009年国民经济和社会发展计划执行情况及2010年国民经济和社会发展计划的报告》《吉县2009年财政决算和2010年财政预算情况的报告》，并通过以上报告的决议。增选 1 名人大常委会副主任、1 名副县长。

第十五届人民代表大会（2011 年 6 月—2016 年 8 月）

第一次会议　吉县第十五届人民代表大会第一次会议于 2011 年 6 月 25—28 日在县城召开，140 名代表出席会议，38 名特邀人员和 101 名列席人员列席会议。会议听取和审议《吉县人民政府工作报告》《吉县人民代表大会常务委员会工作报告》《吉县人民法院工作报告》《吉县人民检察院工作报告》，审议通过《吉县国民经济和社会发展第十二个五年规划纲要》，审查批准《吉县 2010 年国民经济和社会发展计划执行情况及 2011 年国民经济和社会发展计划的报告》《吉县 2010 年财政决算和 2011 年财政预算情况的报告》，并通过以上报告的决议。选举产生吉县第十五届人大常委会主任、副主任、委员，吉县人民政府县长、副县长，吉县人民法院院长，吉县人民检察院检察长，吉县出席临汾市第三届人民代表大会代表。

第二次会议　吉县第十五届人民代表大会第二次会议于 2012 年 4 月 16—18 日在县城召开，参会代表 140 名，特邀列席 38 名，列席人员 114 名。会议听取和审议《吉县人民政府工作报告》《吉县人民代表大会常务委员会工作报告》《吉县人民法院工作报告》《吉县人民检察院工作报告》，审查批准《吉县 2011 年国民经济和社会发展计划执行情况及 2012 年国民经济和社会发展计划的报告》《吉县 2011 年财政决算和 2012 年财政预算情况的报告》，并通过以上报告的决议。

第三次会议　吉县第十五届人民代表大会第三次会议于 2013 年 4 月 24—26 日在县城召开，出席代表 140 名，特邀代表 21 人，列席人员 95 人。会议听取和审议《吉县人民政府工作报告》《吉县人民代表大会常务委员会工作报告》《吉县人民法院工作报告》《吉县人民检察院工作报告》，审查批准《吉县 2012 年国民经济和社会发展计划执行情况及 2013 年国民经济和社会发展计划的报告》《吉县 2012 年财政决算和 2013 年财政预算情况的报告》，并通过以上报告的决议。

第四次会议　吉县第十五届人民代表大会第四次会议于 2014 年 4 月 26—28 日在县城召开，出席代表 140 名，特邀列席 22 人，列席人员 123 人。会议听取和审议《吉县人民政府工作报告》《吉县人民代表大会常务委员会工作报告》《吉县人民法院工作报告》《吉县人民检察院工作报告》，审查批准《吉县 2013 年国民经济和社会发展计划执行情况及 2014 年国民经济和社会发展计划的报告》《吉县 2013 年财政决算和 2014 年财政预算情况的报告》，并通过以上报告的决议。

第五次会议　吉县第十五届人民代表大会第五次会议于 2015 年 6 月 2—4 日在县城召开，参会代表 130 名，特邀列席 22 人，列席人员 121 人。会议听取和审议《吉县人民政府工作报告》《吉县人民代表大会常务委员会工作报告》《吉县人民法院工作报告》《吉县人民检察院工作报告》，审查批准《吉县 2014 年国民经济和社会发展计划执行情况及 2015 年国民经济和社会发展计划的报告》《吉县 2014 年财政决算和 2015 年财政预算情况的报告》，并通过以上报告的决议。

第二节　乡（镇）人民代表大会

1984 年，吉县由 11 个公社改为 9 个乡和 2 个镇人民政府。至 2000 年 5 月，分别召开了第八至第十三届乡（镇）人民代表大会。1996 年，壶口建镇，召开第一届人民代表大会。2001 年 3 月，吉县由 12 个乡镇撤并为 8 个乡镇，其中：窑渠乡、明珠乡、屯里镇合并为屯里镇，原曹井乡、兰家河乡合并为车城乡，原文城乡、王家原乡合并为文城乡，城关镇更名为吉昌镇，中垛乡、柏山寺乡、壶口镇、东城乡维持原建制。8 月，8 个乡镇分别召开人民代表大会，其中，屯里、吉昌、车城、文城为第一届人民代表大会第一次会议，壶口镇为第二届人民代表大会第一次会议，其余 3 个乡镇为第十四届人民代表大会第一次会议。至2015年，共召开了三届乡(镇)人民代表大会15次会议。1990年10月,各乡(镇)设立人大主席团,主席团常务主席由代表推选；1990年12月起，设专职人大主席，由代表大会选举产生。历届历次乡(镇)人民代表大会听取和审议乡镇人民政府工作报告、人大主席团工作报告，依法选举乡(镇)人民政府组成人员，决定事关本行政区域经济建设、农业生产、社会稳定和人民群众生产生活等方面重大事项，在社会主义建设和改革的各个不同时期发挥乡镇人大的职能作用。

第三章　县人大常务委员会

第一节　常务委员会组成人员

第八届人大常务委员会组成人员（1984.12—1987.06）

主　任：葛庭栋

副主任：葛青芳（女）　张元泰　刘泽民

委　员：丁殿温　张元文　史光南　王东琪　陈邦子　葛友梅
　　　　强傲森　王振平　陈立栋　张本献　吴祥庭

第九届人大常务委员会组成人员（1987.06—1990.04）

主　任：葛庭栋

副主任：冯世杰　吴祥庭

委　员：陈　刚　刘继选（女）　薛孔秀　丁殿温　葛友梅（女）
　　　　吴学全　陈帮子　李忠胜　赵炳文　张春莲（女）

第十届人大常务委员会组成人员（1990.04—1993.06）

主　任：葛庭栋

副主任：冯世杰　陈立栋　陈　刚　柏玉石

委　员：薛天中　刘继选（女）　张孙成　丁殿温　吴学全
　　　　冯吉忠　赵炳文　葛友梅（女）

第十一届人大常务委员会组成人员（1993.06—1998.05）

主　任：孙勤学

副主任：马敬荣　薛天忠　杨成喜　柏玉石　周文忠

委　员：郝　亮　赵炳文　葛友梅（女）　冯吉忠　吴学全
　　　　张福生　李立牛

十一届四次全会增选周文忠为人大常委会副主任。

第十二届人大常务委员会组成人员（1998.05—2003.11）

主　任：孙勤学（1998.05—2002.09）
　　　　闫旺森（2002.09—2003.11）

副主任：周文忠　冯慎终　葛宽亮　郭仓森

委　员：王怀堂　杨德森　吴学全　张德明　洛善玉　费银定
　　　　常守忠　曹方圆　葛殿德　张爱国

第十三届人大常务委员会组成人员（2003.11—2007.05）

主　任：闫旺森

副主任：葛宽亮　白锁柱　苏吉云　陈榜立
　　　　陈景彦（2005.04—2007.05）

委　员：冯永忠　杨德森　吴学全　陈景彦（2003.11—2005.04）　张占中（2003.11—2004.01）
张吉寿（2003.11—2004.01）　赵安龙　钟声　常守忠　杜大浩（2004.05—2007.05）
李永芳（2004.05—2007.05）

因工作变动终止代表资格的有：张吉寿　张占中

新补选：李永芳　杜大浩　杨小雪

第十四届人大常务委员会组成人员（2007.05—2011.06）

主　任：孔繁新

副主任：葛宽亮　苏吉云　陈榜立　陈景彦　冯吉平

委　员：王吉祥　王建荣　王彩梅（女）　冯永忠（2007.05—2008.02）　刘念中
杜大浩　杨小雪　杨德森　李桂萍（女）　张卫平　赵洪文　钟　声
贺银香（女）　常守忠（2007.05—2007.07）　徐丽萍（女）　窦兴华

第十五届人大常务委员会组成人员（2011.06—2015.12）

主　任：孔繁新（2011.06—2015.06）

副主任：郭仓森　陈晓爱　苏吉云　陈榜立　冯吉平

委　员：王引群　冯安荣　刘宏达　杜大浩（2011.06—2013.04）　李万林（2011.06—2013.04）
李记周　李　伟（女）　李　峰　杨喜梅（女）　陕高升　赵晓红（女）
贺德寿　耿世文　党文玲（女）　窦兴华

第二节　常务委员会会议

工作机构

1986年，吉县人大常委会内设机构有办公室、经济科、法制科、文卫科、信访科。1988年3月，县人大常委会的内设科改称工作委员会，设办公室、财经工作委员会、法制工作委员会、教育科学文化卫生工作委员会、农村工作委员会。2004年3月，增设人事代表和城乡建设环境保护2个工作委员会，常设机构成为“一室六委”，均为正科级建制。

历届常务会议

第八届人大常务委员会会议　1984年—1987年5月，任期3年，共召开9次人大常委会。学习中央一号文件、全国人大常委会委员长在各省（区、市）人大常委会负责人座谈会上的讲话要点《中华人民共和国民法通则》《中共中央关于全党必须坚决维护社会主义法制的通知》和全国人大常委会《关于加强法制教育维护安定团结的决定》的决议等。审议通过《关于进一步加强审计工作的决议》《关于进一步加强土地管理工作的决议》，吉县商业局、供销合作社工作情况及今后意见的报告，作出加强法制建设的决议，研究乡镇人代会的工作，通过人事任免事项。

第九届人大常务委员会会议　1987年6月—1990年4月，任期3年，共召开21次人大常委会会议。学习江泽民在庆祝中华人民共和国成立40周年大会上的讲话、《中华人民共和国村民委员会组织法》。审议通过《关于进一步宣传贯彻实施村民委员会组织法　做好村民委员会组织建设工作的决议》《关于任免国家工作人员及任免程序的规定》《关于贯彻执行省人大常委会〈关于贯彻执行全国人大常委会（关于加强民主法制维护安定团结保障改革和建设顺利进行的决定）的决议〉的决议》《关于认真学习和贯彻党的十三届四中全会精神的决议》。作出设立壶口镇人民政府的决定。研究召开县、乡人代会的有关事项，通过人事任免。

第十届人大常务委员会会议　1990年7月—1993年5月，任期3年，共召开22次人大常委会会议。学习《中华人民共和国诉讼法》及党中央的有关政策。审议通过吉县人民政府《关于贯彻执行〈山西省土地管理实施办法〉若干具体问题的规定》《关于大力发展体育事业争创全国体育先进县的决议》《关于吉县“八五”基本农田建设规划的决议》《关于进一步做好发展烤烟生产的决议》《吉县人民代表大会常务委员会关于深入开展法制宣传教育的决议》《关于实施〈山西省各级人民代表大会常务委员会监督工作条例〉（试行）强化监督职能若干具体问题的暂行办法》。研究人代会的有关事项，通过人事任免。

第十一届人大常务委员会会议　1993年7月—1998年5月，任期5年，共召开21次人大常委会会议。学习省委、省政府《贯彻〈中共中央关于建立社会主义市场经济体制若干问题的决定〉的实施意见》《地方组织法》《山西省市、县、区人民代表大会组织通则》《山西省各级人民代表大会常务委员会监督工作条例》。审议通过《关于全县工业生产情况的报告》《关于反贪污贿赂和法纪检查情况的报告》《关于贯彻落实农业法的情况汇报》《贯彻实施县人大通过城建法规 政策的工作情况报告》《关于加快畜牧业的发展的决议》《关于一九九五年二轻工业生产情况的汇报》《九五年文化工作的汇报》等。作出《关于实施〈山西省各级人民代表大会常务委员会评监督工作条例〉强化监督职能的若干具体问题的暂行办法》《吉县人大常委会议事制度》《吉县人大常委会关于对县政府组成人员和县法院、检察院负责人实行“年初建账、年中查账、年底交账”制度的决定》《吉县人大常委会关于深入开展法制宣传教育的决议》《吉县人大常委会关于加强农业专项资金管理的决定》。研究人代会的有关事项，通过人事任免。

第十二届人大常务委员会会议　1998年5月—2003年11月，任期5年，共召开38次常委会议。听取和审议《关于整顿和规范市场经济秩序工作情况的汇报》《吉县人民法院工作报告》。作出《县人大常委会关于调整城市居民最低生活保障支出预算的决定》《吉县人大常委会关于废止吉县县乡公路养护管理办法的决定》《关于撤并乡镇中各乡镇人民代表大会代表名额的决定》等。“一府两院”50名组成人员向县人大常委会进行年度述职交账，进行民主测评。对人代会有关事项进行研究，通过人事任免。

第十三届人大常务委员会会议　2003年11月—2007年5月，任期4年，共召开24次人大常委会会议。学习《中华人民共和国宪法修正案》《中华人民共和国行政许可法》。听取和审议《关于“四五”普法工作情况报告》《关于吉县农村税费改革工作情况的报告》《关于吉县旅游工作情况报告》《吉县2001—2020年城市总体规划》《关于2004年财政预算及其他收支情况的审计报告》《吉县人口与计划生育工作报告》《吉县农业和农村工作报告》《吉县城市综合管理暂行规定》以及历年来国民经济和社会发展计划执行情况的报告和财政预算执行情况的报告。

第十四届人大常务委员会会议　2007年5月—2011年6月，任期4年，召开41次人大常委会会议。学习《中华人民共和国各级人民代表大会常务委员会监督法》《中华人民共和国全国人民代表大会和地方各级人民代表大会代表法》。听取和审议《关于人口与计划生育工作情况的报告》《关于新农村建设工作的报告》《吉县环境保护工作情况的报告》《吉县人民法院关于民事审判工作情况的报告》《吉县扶贫工作情况报告》《吉县食品药品安全工作情况的报告》《吉县安全生产工作报告》等。审议并批准县政府提请审议的《吉县城区房屋拆迁管理暂行办法》《县政府关于县城区规划区土地管理实施意见（试行）》《吉县农村宅基地管理（暂行）办法》《吉县土地收购储备（试行）办法》。作出《吉县人大常委会关于落实县人大常委会审议意见的若干规定》《吉县人大常委会关于代表建议、批评和意见的提出及办理办法》。修订《吉县人大常委会关于实施“三账”监督的决定》等。纳入“三账”监督范围的61个单位在会议上交账，并将交账情况进行通报。表彰优秀人大代表和代表建议办理工作先进单位。研究人代会有关事项，通过人事任免。

第十五届人大常务委员会会议　2011年6月—2015年12月，任期5年，共召开36次人大常委会会议。听取和审议《吉县人民政府关于2013年政府投资及国省投资 政府配套500万以上重点工程项目情况的报告》《吉县人民政府物价工作报告》《交通安全工作的情况报告》《关于加强全县教育工作的意见（草案）》《关于实施城区LED节能亮化工程的情况报告》《水利工作审议意见整改情况的报告》《文化工作视察意见整改情况的报告》《卫生局工作评议意见整改情况的报告》，果业中心关于《中共吉县县委、吉县人民政府关于加快全县苹果产业转型发展的决定》落实情况的报告、国土资源局关于对国土资源行政执法情况的工作报告，及环保局环保工作情况报告、旅游工作情况报告、扶贫开发工作情况报告、质检局行政执法情况报告、劳动保障工作情况报告、工业经济工作情况报告等。审议批准国民经济和社会发展计划和财政预算执行情况的报告。审议并批准《新华东街改造工程的报告》《吉县失地农民安置与社会保障暂行办法》。作出人大常委会对《全县重点建设项目进行监督的暂行办法》《关于加强全县教育工作的意见》《关于财政预算监督的办法》《规范性文件备案审查办法》《关于许可司法机关对个别县人大代表采取强制措施的议案》。对环保、教育、物价、水利、文化、卫生、旅游等多个部门的工作进行民意测评。研究人代会的有关事项，通过人事任免。

第四章　主要工作

第一节　法律监督

执法检查

历届县人大常委会遵照全国人大常委会《关于加强对法律实施情况检查监督的若干规定》，有针对性地对一些法律、法规、决议的实施情况进行检查监督，不断总结完善，使之成为一项重要的法律监督方式。

1988 年，对吉县物价、工商、计量等部门进行执法检查。对物价检查中查出的生产资料假农药案和烟草公司倒卖烟草案，依法对相关企业进行罚款处理，对稳定市场经济秩序起到推动作用。

1990 年，对县工商局清理制止“三乱”情况进行执法检查。

1990—1993 年县十届人大期间，常委会与政法部门建立联席会议制度，每年听取和审议政法部门的工作报告，监督检查政法部门独立办案、依法办案的情况。协同县政法委员会在境内开展执法检查，每年进行一次案件评查。让政法部门对《中华人民共和国行政诉讼法》《关于社会治安综合治理条例》《山西省禁止赌博条例》《关于严惩拐卖绑架妇女儿童犯罪分子的决定》《中华人民共和国民事诉讼法》等法律执行情况进行自查并写出专题报告，常委会进行审议。

1993—1997 年县十一届人大期间，县人大常委会先后对《中华人民共和国农业法》《中华人民共和国森林法》《中华人民共和国环境保护法》《中华人民共和国食品卫生法》《中华人民共和国产品质量法》《中华人民共和国消费者权益保护法》《中华人民共和国土地管理法》《中华人民共和国劳动法》《中华人民共和国国家赔偿法》《中华人民共和国教育法》《中华人民共和国教师法》《中华人民共和国婚姻法》《中华人民共和国全国人民代表大会和地方各级人民代表大会代表法》《山西省农民承担费用劳务监督管理条例》《预算外资金管理条例》《公路养路费征收管理规定》《文化市场管理暂行条例》《农业专项资金管理条例》《国有资产管理办法》等 10 余部法律法规的贯彻落实情况进行执法检查。通过执法人员法律考试、检查市场，对执法单位执法情况作出评价，提出整改意见，推动政府部门的执法工作。

1993 年 10 月，对《中华人民共和国义务教育法》贯彻执行情况进行执法检查。

1995 年 7 月—1997 年，开展“以保护耕地、增加农民收入、减轻农民负担、整顿农村财务管理、健全‘三站’、打击坑农害农”为重点的农业法执法检查。先后组织省、县、乡人大代表 370 余人次深入到 12 个乡镇、30 多个村委、100 多个村民小组、300 多户村民家中和有关部门调查，向政府提出 22 条执法检查意见和建议，其中 18 条意见和建议得到解决或基本解决，推动农业生产。

1994 年，常委会部分成员参加县委组织的反腐败斗争督查组。在听取县人民检察院《关于反贪污贿赂斗争、法纪检察工作情况的报告》基础上，结合检查中发现的问题，提出《提高干警素质、加强打击力度、坚持依法办案、保护举报人员的建议》。

1995 年，重点对《中华人民共和国农业法》《中华人民共和国土地管理法》《中华人民共和国国家赔偿法》《中华人民共和国教师法》《预算外资金管理条例》《中华人民共和国全国人民代表大会和地方各级人民代表大会代表法》等法律法规执行情况进行执法检查。

1996年，开展对《中华人民共和国环境保护法》《中华人民共和国产品质量法》《中华人民共和国消费者权益保护法》《中华人民共和国食品卫生法》《山西省文化市场管理暂行条例》《山西省农民承担费用劳务监督管理条例》《治安管理条例》《国有资产管理办法》《中华人民共和国教育法》《中华人民共和国婚姻法》《农业专项资金管理条例》和《严惩严重危害社会治安犯罪分子的决定》等法律法规的执行情况进行执法检查。组织部分人大代表和专业人员，深入10个行业、23个门店，对50余种商品进行抽样检查，发现4户无证经营、18户非法经营假冒伪劣商品等问题。提出意见后，县政府及时开展"百日市场"大整顿活动，严厉打击经销假冒伪劣商品的不法行为，依法公开销毁价值2.6万余元的假药。对参与地区"4·20"特大假药销售案的2名违法人员，没收非法所得，并给予经济处罚。

1998年，对《中华人民共和国农业法》《中华人民共和国义务教育法》《中华人民共和国职业教育法》《中华人民共和国法官法》《中华人民共和国人民警察法》《中华人民共和国药品管理法》《国家扶贫资金管理办法》《山西省预算外资金管理条例》和《中华人民共和国城镇集体所有制企业条例》9部法律法规的执行情况进行检查。通过执法检查，引起县政府对国企改制中的问题的重视，解决如沙坪煤矿管理机制之类的重要问题；对扶贫资金的监督管理和使用有了明显改进；多留机动田的热点问题在落实中共十五届三中全会决定中得到纠正；一些乡村因炼柏油而破坏水土保持的难点问题被彻底解决；公安队伍和法官队伍建设也引起重视。

1999年，对《中华人民共和国种子管理条例》《中华人民共和国科学技术进步法》及《中华人民共和国科学技术进步奖励条例》《中华人民共和国检察官法》《山西省建筑市场管理条例》《中华人民共和国妇女权益保障法》和《中华人民共和国村民委员会组织法》7部法律法规进行执法检查，指出政府职能部门在执法过程中存在的问题，提出建设性的意见和建议，并跟踪督促整改。通过对《中华人民共和国科学技术进步法》的执法检查，督促政府有关部门兑现了聘任科技人员的职称工资，40万元的科技"三项"费用年底全部到位，对副高以上科技人员进行体检，促进吉县科普工作和科技成果的转化。

2000年，通过对《中华人民共和国村民委员会组织法》《中华人民共和国会计法》进行执法检查，督促县政府解决了第五届村委换届工作的遗留问题，在法定时限内组织补选了村民委员会主任。对58名设有会计业务的单位"一把手"和80名财会人员分别进行严格的法律考试，同时审核了部分会计账簿、凭证和报表。2000年3月中旬，督促县法院重新审理一起债务纠纷案，纠正县法院一审时对事实认定不准、判决不当的问题。11月16日，县人大常委会教科文卫工委，利用一周时间，采取听、查、看、访、考等方式，先后对中垛乡、东城乡《计划生育条例》的执行情况进行检查。12月18—25日，县人大常委会教科文卫工委，对《中华人民共和国药品管理法》和《中华人民共和国药品管理法实施办法》在吉县的执行情况进行检查。对《中华人民共和国森林法》《中华人民共和国动物防疫法》的执行情况进行执法检查。

2001—2002年，县人大常委会先后对《中华人民共和国义务教育法》《预算外资金管理条例》《中华人民共和国食品卫生法》《中华人民共和国工会法》《中华人民共和国农业技术推广法》《中华人民共和国文物保护法》6部法律法规的执行情况进行执法检查。对《预算外资金管理条例》的检查中，通过法律考试、听取汇报、组织委员们深入城建、教育、土地、财税等部门实地查看账簿、票据和原始凭证等方式，督促职能部门改进管理办法，整顿银行账户，使违法违纪现象得以有效遏制。2000 年 5 月，对刘 ×× 诉冯 ×× 债务纠纷一案实施个案监督，使历时三年的诉讼最终得以公正判决，维护了司法公正。2002 年，在审议教育工作时，对教育行政执法人员进行法律测试，对城区 4 所中小学设立“校中校”（又称民办公助学校）明显违背有关法律和政策的问题，提出依法清理和规范的意见。

2003 年，县人大常委会先后对《中华人民共和国气象法》《中华人民共和国检察官法》《中华人民共和国科学技术进步法》《中华人民共和国村民委员会组织法》《防震减灾条例》《中华人民共和国人口与计划生育法》的执行情况进行检查。配合省、市人大常委会对《中华人民共和国环境保护法》《中华人民共和国未成年人保护法》《中华人民共和国安全生产法》的贯彻执行情况进行执法检查。通过对《中华人民共和国检察官法》的执法检查，促使县检察院在检察官队伍建设、提高办案水平和质量上下功夫，刑事案件批捕率、起诉准确率和有罪判决率均达到 100%，未发生一起错案。通过对《中华人民共和国人口与计划生育法》的执法检查，督促政府职能部门加大新法规的宣传力度，依法解决了一批历史遗留问题。通过对《村民委员会组织法》的执法检查，督促解决一些地方家族、宗派势力干扰选举的问题，纠正一些基层干部在贯彻“四民主”中的违法行为，促进第六届村民委员会换届选举和撤村并组工作依法、有序进行。配合省人大的“三晋环保行”和市人大的“平阳环保行”执法检查活动，推动清洁生产的实施，增强群众的环保意识和法制观念。

2004 年，县人大常委会针对吉县经济与人口、资源、环境发展中的热点、难点问题，先后对《中华人民共和国人口与计划生育法》《中华人民共和国环境保护法》《中华人民共和国安全生产法》《中华人民共和国土地管理法》《中华人民共和国法官法》《中华人民共和国工会法》《中华人民共和国妇女权益保障法》《中华人民共和国未成年人保护法》等法律及省配套法规进行执法检查。常委会就土地资源浪费严重、安全生产形势严峻、计划生育奖励政策落实不够、法官队伍素质不高等法律法规实施中的突出问题，向执法机关提出整改建议，要求限期汇报整改情况，增强执法检查效果。通过开展《中华人民共和国工会法》执法检查，加大工会组织组建和工会会费收缴力度，维护广大职工的合法权益。

2005—2006 年，县人大常委会组织开展《中华人民共和国建筑法》《中华人民共和国城市规划法》《中华人民共和国行政许可法》《中华人民共和国商标法》《中华人民共和国广告法》《中华人民共和国道路交通安全法》《中华人民共和国食品卫生法》7 部法律法规的执法检查，配合市人大常委会开展《中华人民共和国科学技术进步法》和“食品药品”专项执法检查活动。通过对《中华人民共和国道路交通安全法》的检查，督促公安交警部门加大法律宣传力度，规范执法行为，增强服务意识，采取一系列有效措施强化交通管理，使县城的交通状况得到明显改善。在食品药品安全专项检查中，常委会牵头组织，吸收卫生防疫、质量技术监督和食品药品监督部门联合行动，深入到生产车间、经营摊点、学生食堂、医院药房等实地检查，抽样送检，并及时将检验结果公布于众。

2007 年，县人大常委会组织开展《中华人民共和国义务教育法》执法检查，指出教育工作中存在的对《义务教育法》和“两免一补”政策学习宣传深度不够、农村教育发展滞后、师资力量薄弱等问题，提出要加大财政投入、统筹城乡教育发展、优化资源配置、强化教育管理、加强教师队伍建设等针对性建议。教育部门制定农村寄宿制学校建设规划，公开选拔县直中学校长，招聘教师 272 名，撤并小学 80 所，下发《关于进一步加强教学管理的意见》，加强教师队伍建设，改善农村教学条件，提高整体教学水平，促进吉县教育事业的发展。

2008 年 7 月，县人大常委会开展《中华人民共和国劳动合同法》执法检查，指出劳动部门在工作中存在的劳动合同签订率不高、社会保险扩展面不宽、参保率低、少数单位职工工资达不到国家最低标准、职业技能培训力度不大等问题，并提出针对性建议。县政府及相关部门半年内先后举办 10 期农村劳动技能培训班，全县有 2000 余人从中受益；分两次对 107 名下岗失业人员进行再就业培训；开展劳动合同专项检查，规范劳动合同 891 份，督促有关单位全部建立健全劳动用工备案制度，实现动态监管。

2009 年和 2010 年，县人大常委会两次对《中华人民共和国食品安全法》进行执法检查，督促食品安全监管部门加大执法监管力度。药品食品监督局和工商局开展 9 次集中整治检查，对全县 26 个农药门市、80 多个蔬菜大棚、50 余家生产小作坊和 380 余家大中小餐馆进行全面检查，下发监管检查意见书 1000 余份，营造良好的食品安全环境。

2012 年，县人大常委会针对过境车辆大幅度增加，违规驾驶、违规载人、超速飙车，县城车辆乱停乱放现象普遍存在，交通安全设施落后、交通事故频发，群众出行缺乏安全感的状况。5 月份，对交警大队、交通运输局、公路段等单位贯彻落实有关道路交通法律法规情况进行执法检查。督促有关部门加大法律法规宣传力度，加大安全隐患排查和治理力度，加大交通安全设施建设投入，严肃查处交通违法行为，改善了道路交通环境，交通秩序明显好转。

2013 年 5 月，县人大常委会对国土资源部门贯彻落实《中华人民共和国土地管理法》《中华人民共和国矿产资源法》《基本农田保护条例》和《地质灾害防治条例》的情况进行执法检查。针对检查中发现的部分村干部对基本农田保护概念不清、意识不强，集体土地管理不到位，违法占地案件增多、查处力度不大，非煤矿山管理不到位，存在私挖滥采和无证经营现象，土地权属底数不清，发证率低等问题，常委会从加强基本农田保护、加大违法占地查处力度、规范矿产资源管理等方面提出了针对性整改意见。县政府及国土资源部门认真制定整改方案，完善管理办法，强化土地用途管制，加大执法力度，及时制止 8 起违法占地行为，拆除 3 处违法建筑，收缴罚金 21 万元。同时，加大土地开发整理力度，新增耕地 2204 亩，基本实现建设用地占补平衡，缓解用地矛盾，为吉县项目实施提供保障。

2014 年，县人大常委会对吉县质量技术监督工作的行政执法情况进行检查。6 月 12 日听取和审议《关于全县质量技术监督工作行政执法情况的报告》及县人大常委会执法调研组所作的《关于对质量技术监督工作执法情况的检查报告》，作出《关于全县质量技术监督工作执法情况的审议意见》。县政府及质量技术监督部门针对审议意见中的“依法行政、履行职能方面仍有较大差距”的问题，组织落实整改。质检部门加大特种设备的巡检力度和案件的查处力度，严厉打击制假造劣的不法行为，规范质量技术检测服务行为；加强农资和涉及群众生活用品的质量检定工作；加大“四法四条例”的宣传教育力度，群众的产品质量意识和依法维护市场经济秩序的自觉性得到提高；组织对执法人员的业务素质培训，不断规范执法行为，提高执法水平。并于 10 月 30 日向人大常委会 30 次会议报告整改结果。

2015 年 6 月下旬—7 月上旬，县人大常委会配合市人大常委会开展环保执法检查。具体检查全县燃气锅炉脱硫改气工作情况，煤矿、洗煤厂、砖场、混凝土搅拌厂等环保设施建设情况，垃圾处理工程建设和水源地保护等工作情况。并撰写检查报告及时上报市人大常委会。

询问和质询

1990 年，十届人大常委会在监督工作中启动询问监督措施。7 月份，县人大常委会作出进一步宣传贯彻实施行政诉讼法的决议后，很长时间政府及职能部门没有及时作出相应的反应。

常委会及时发出“询问监督”文函，文到三日，政府立即向人大常委会写出决议贯彻落实情况报告，增强人大监督的效力。

1998年，吉县第十二届人民代表大会第一次会议，县人大代表首次提出一件质询案，同时，还对中垛乡一起四荒拍卖纠纷案的判决提出质疑，要求重审。会后，县人大常委会多次督促相关职能部门，使这两个案件都有了较满意的结果。及时纠正县法院越权让一名工作人员以审判员身份办案的问题。

2014年9月26日上午，县十五届人大常委会二十九次会议对综合服务中心建设项目、锦屏山公园建设项目、清水河河道治理项目和县城二级客运站项目的进展情况和群众反映强烈的问题进行专题询问。针对“被询问项目中存在统筹协调不及时，规划设计不完善，管理责任不明确，配套资金缺口较大，群众满意度不高”等问题，结合9月25日第一次全体会议对“全县10项重点项目和10项民生实事”的视察情况，作出《关于对全县“双十”工程及部分项目工程的视察询问意见》。要求“相关部门认真梳理近年来实施的项目工程，对已完工的项目，按要求做好移交工作，落实好工程的后续管理；对未完工的项目，确定建设时限，明确责任划分，完善工作机制，确保资金到位，使工程尽快建成投入使用；对因各种因素制约确不能实施的项目，应尽快研究调整建设方案；在今后项目的确定上，要坚持符合政策、符合规划、符合民意的原则，选址要科学，资金有保障，实现应有的经济效益和社会效益”。县政府及被询问项目涉及的相关部门，认真解决存在的问题，积极进行整改。2015年3月26日，向县第十五届人大常委会第三十三次会议汇报整改情况。

工作评议

吉县第十届人大常委会开始，逐步开展对“一府两院”及其部门工作和人大常委会任命人员开展评议活动。

1990—1993年，县人大常委会先后组织省、县、乡三级人大代表对法院、检察院、公安局、工商局、税务局和驻乡镇的“七站八所”进行评议，纠正行业不正之风。

1991年11月—12月，组织省、县、乡（镇）三级人大代表32人，对县法院、检察院执行法律、法规和政策情况，工作作风，办事效率和廉政建设情况进行评议。对“两院”存在的职能作用发挥不够的问题，有法不依、执法不严的问题，违法乱纪、办案吃请的问题等等，有理有据地提出尖锐批评，要求“两院”严肃对待，认真整改。1992年3月2日，十届人大常委会第十次会议专门听取和审议“两院”评议整改情况的汇报，跟踪监督，一抓到底。同时，组织对“两院”、县公安局、工商局、税务局和驻乡镇的“七站八所”在执行法律、法规、工作作风、廉政建设和办事效率等方面的情况进行评议，共提出意见150余条，工作建议60余项。被评议的单位对代表的评议意见进行专题研究，制定整改措施，认真落实。

1993年，根据省人大和地区人大工委的统一部署，对县人民政府计划生育工作进行评议。人大常委会组织39名省县人大代表分赴三个乡镇广泛调查，召开代表和群众广泛参与的评议大会，取得较为满意的效果，受到地区人大工委的好评。

1994年，县人大常委会组织145名人大代表，利用4个月时间，对公安机关开展评议，提出82条意见和建议，涉及24个具体案件和问题。公安机关通过为期三个多月的整改，共纠正错案3起，重新立案8起，处分违纪公安干警7人，公开查处违纪行为2起，缓解2件即将上访案件。

1995年，抽调173名省、县、乡人大代表组成14个调查小组，深入到11个乡镇的15个村委和农口的5个部局，就县人民政府贯彻实施《土地管理法》情况进行评议，提出有关农业基础地位、土地管理、农民负担、土地延期承包和农村经营管理方面的改进意见22条，县人大常委会以正式文件转交县政府整改，大部分问题得到解决。召开评议公安整改工作反馈大会，主要问题全部解决。5月3日吉县第十一届人大常委会第十三次会议和7月27日第十五次会议，分别对计划生育工作和农业执法工作进行评议，指出存在的问题，提出针对性的整改意见。

1996年5—8月，县人大常委会开展对环境保护工作评议。提出了7个方面共15条批评意见和建议。县政府相关部门进行认真整改。及时补办20多个改建和扩建单位的审批手续，取缔土焦炉143个。答复群众信访20余件，解决环境纠纷5起，查处环保违法案件6起。9—12月，县人大常委会依法对县法院工作进行评议。参评的30多名人大代表分4个小组深入到各乡镇、各法庭查阅案卷、走访当事人、请教办案行家、召开座谈会等进行充分调查研究。指出8个方面共18条问题，提出13条合理化建议。对法院17名副庭级以上法官进行民主测评，对“不称职”达到33%以上的人员给予“黄牌”警告。

2006年，县人大常委会把监督事与监督人结合起来，首次开展述职评议工作，对葛吉安、薛鹏寿2名副县长和葛建章、武吉生2名局长进行述职评议。这次评议成立两个调查组，对涉及全县财税、经贸、国企改革、劳动就业、社会保障、民政和教育等事关国计民生的重要事项进行全面调查，形成有理有据的述职评议调查报告，提出具体的整改要求。被评议对象认真查找工作中存在的问题与不足，扎实整改，效果明显。

2010年，县人大常委会与市人大常委会上下联动，对县农委和地税局工作进行为期半年的评议。9月9日，县第十四届人大常委会第三十二次会议听取县农委和地税局近三年来的工作情况报告，指出县农委工作机制没有理顺、行政管理出现空档，地税局重点税源不足、执法力度不大等问题，针对存在的问题，形成了评议意见。农委和地税局通过整改，收到良好的效果，推动了部门工作的开展。

2012年，县人大常委会根据市人大“两级联动工作评议方案”的要求，从6月份开始，对县林业中心和卫生局近三年来的工作情况进行历时半年的工作评议。9月26日，县第十五届人大常委会第十一次会议听取和审议县政府卫生工作报告和林业工作报告，县人大常委会关于县卫生局工作评议的调查报告、关于县林业中心工作评议的调查报告。形成并表决通过《吉县人大常委会关于对县卫生局工作评议的意见》和《吉县人大常委会关于对县林业中心工作评议的意见》。林业中心和卫生局根据评议意见，制定整改方案，扎实进行整改。卫生部门通过加强医德医风建设，招聘专业技术人员，对现有医技人员进行培训，加强卫生专业队伍建设。林业部门制定干果经济林发展规划，合理搭配树种，科学实施乡村通道绿化，构建森林防火体系，引进优质种苗，扩大苗木基地规模效益，逐步实现生态型林业向生态经济型林业转变。

2013年，县人大常委会采用市、县联动方式对吉县环保工作进行评议。从6月份开始，县人大常委会组成调研组深入到社区、乡村、企业和壶口景区，重点对城乡环境连片治理、河道治理、污水治理、城区空气质量等情况进行调查。9月24日，县第十五届人大常委会第十九次会议听取县人民政府关于近三年环境保护的工作报告，《吉县人大常委会关于对县环保工作评议的调查报告》，形成《吉县人大常委会关于对县环保局工作的评议意见》，要求县人民政府健全和完善环保执法监管工作机制，明确相关部门职责，认真解决街道、巷道、河道脏乱差的问题；解决城区冬季空气污染严重问题，争取三年内80%的单位和居民区实现集中供暖、供气；抓好农村环境连片治理工作，强化源头治理，防治土壤污染。整改期间，环保部门加大环境卫生监管力度、加大对排污企业、重点污染源的检查，加强城区环境噪音污染的治理，健全农村环境连片治理管理办法，查处一批环境违法行为，环境治理水平得到技术提升。

三账监督

2000 年 10 月 11 日，第十二届人大常委会十五次会议通过《关于实施“三账”监督的办法》。“三账”监督的对象是由县人民代表大会及其常务委员会选举、任命的县政府组成人员，县人民法院正副院长和人民检察院正副检察长。监督的基本内容是：执行宪法、法律和法规的情况；执行县委、县人大和县政府的决议、决定，履行政府制定的奋斗目标和任期岗位目标责任制的情况；办理人大代表所提建议、意见和批评及群众来信来访案件的情况；勤政、廉政、思想、纪律、作风建设情况；对人大执法检查、评议、审议意见的整改措施及效果。监督的具体方法是：年初建账。即，被监督对象在第一季度制定出今年的具体工作目标，以及实现责任目标的具体措施。年中查账。即，县人大常委会及相关工委组织人大代表和有关人员，采取审议、评议、视察、调查、执法检查和听取汇报等形式，对责任人的建账目标任务完成情况进行评查。采取全面查与重点查结合、会议查与书面查结合、查工作与查执法结合、查政绩与查廉政建设相结合的方式进行。年底交账。即：政府县长、法院院长、检察院检察长每年在人代会上报告工作，进行交账；政府副县长在人代会上述职或民主测评，进行交账；根据主任会议确定的范围及对象，部分交账者要在人大常委会议上直接交账；所有向常委会交账者都要接受人大常委会全体委员的年度测评，投票表决出优秀、称职和不称职三个档次。对特别优秀者，建议县委进行表彰和奖励，或由县人大依法授予荣誉称号；对一年不称职票达 1/2 者，由主任会议给予口头诫勉；对连续两年不称职票达到半数以上者，要专门调查核实问题，并根据调查情况，由主任会议决定是否提出免职或撤职议案。建立档案。即：人大各工委都要对所联系的单位的被监督对象建立“三账”监督档案，作为考核任用的依据。

吉县第十二届人大常委会于 2003 年 3 月 11 日的三十四次会议上作出《吉县人大常委会关于实施“三账”监督的决定》。《决定》将人民代表大会选举产生和人大常委会任命的县政府组成人员，县人民法院正副院长和县人民检察院正副检察长，以及垂直双管部门、政府任命的正科级直属事业单位及其他有执法职能单位的负责人，列为“三账”监督对象。采取年初建账、年中查账和年底交账的办法，对被监督对象全年工作的主要任务、目标和依法行政情况进行监督。并规定交账结果的处理办法：报送县委、通报“一府两院”主要领导及有关部门，作为评比、考核、推荐和使用干部的依据之一，必要情况下通过新闻媒体向社会公布；对年度政绩突出、严格依法行政的被监督对象，建议县委、县政府进行表彰奖励；对拒不接受“三账”监督或完成建账目标任务有明显差距的，县人大常委会将依法进行询问或质询；对年底测评不满意票达 1/3 者，由主任或分管副主任给予谈话，不满意票达 2/3 者由主任会议给予口头诫勉；问题严重者，要专门核实问题并根据情况由主任会议决定是否提出免职或撤职议案，以及作出建议政府或垂直双管单位的上级主管部门给予免职、撤职或调离的决定；对县人民代表大会选举产生的国家机关工作人员造成重大经济损失和社会恶劣影响的，要依法向人民代表大会提出罢免案。

2009 年 3 月 18 日，吉县第十四届人大常委会第十四次会议对《吉县人大常委会关于实施“三账”监督的决定》进行修订。

2013 年，县人大常委会强化“三账”监督工作，对完成“三账”工作任务名列前茅的财政局、政府办、林业中心等 8 个单位通报表扬，对民主测评排名后三名的单位通报批评，并责成连续两年测评排名后三名的 2 个单位向主任会议专题汇报了整改情况。

2014 年 2 月 18 日，县人大常委会主任会议对“三账”监督工作办法进行完善修订，制定《吉县人大常委会关于对“三账”监督单位的考核办法》。该办法对“三账”监督实施百分制，年初建账占 10 分，年底交账占 90 分，并对如何得分和扣分作出科学合理的规定。

第二节 视察调研

视察

县八届人大常委会，围绕党的工作中心和全县重大问题开展视察。根据中共中央关于经济体制改革的决定和中共中央（1985）1 号文件关于农村实行第二步改革的政策精神，对供销系统和中垛乡调整农村经济结构情况进行视察。

县九届人大常委会，1987 年，对王家原乡林业生产进行视察时发现乱伐、乱采问题严重，其主要原因是林权界限不清造成的。建议由政府部门解决吕梁林区国有林和王家原乡群众集体所有林的林权界线问题，使问题得到解决。在对九年制义务教育视察中，发现中、小学普遍存在着教育经费异常紧张的状况，不少学校冬季取暖设备及煤炭费都很不足，不能按时生火取暖的学校很多。个别地方存在殴打教师和学生的事件。通过视察，在澄清问题的基础上，责成有关职能部门妥善解决了存在的问题。1988 年，采取定期与不定期、经常性与突击性、综合与专题视察相结合的方法，深入到乡镇、政府工作部门、企业、学校开展视察。东城乡沟南村县人民代表张建顺提出要求解决该村果园承包纠纷问题的提案，主任葛庭栋亲自带队，深入到沟南第二村民小组，走访干部群众，召集村民座谈，直接和承包人见面，查清了问题的症结，使问题圆满解决。1989 年，县人大常委会对连续三年遭受风、旱、虫等自然灾害袭击、给群众生产生活带来很大困难的文城、王家原 2 个乡进行视察，组织省、县人大代表深入灾区了解灾区人民的生产、生活情况，开展慰问，建议政府尽快采取措施，解决灾区人民生产所需的农药、化肥、种子和生活用粮，安定民心。专题给省人大常委会和地区联络组写专题报告。省人大代表葛庭栋，在省人大七届三次会议上提交提案，要求各级政府，支援灾区，解决灾区人民的生产、生活问题。

县十届人大常委会，1990 年，对清理制止“三乱”情况开展视察，并通报工商局清理制止“三乱”情况的经验，促进清理制止“三乱”工作的顺利开展。组织省、县人大代表对县政府清理整顿公司工作进行视察，按照代表在视察中提出的建议，县政府对公司撤销后的善后工作进行妥善解决。针对群众反映强烈的农村财务管理混乱、个别干部以权谋私、挪用公款问题及农村土地联产承包责任制中的违法问题等，组织代表进行视察。

县十一届人大常委会，1993 年，对各乡镇苹果生产进行视察，针对不少果农因缺文化少技术，致使部分果园品种劣杂、产量低、病虫多、效益差的状况，提出果树生产要育人和育苗，继而改良品种加强管理搞好推销提高效益的建议。县政府高度重视，随后大搞技术培训，筹建脱毒苗圃，为苹果生产提供优质苗木。1996 年针对夏征进展较快，但征购资金不能及时到位，出现“打白条”的问题，常委会组织部分人大代表视察夏粮征购工作，提出批评意见，并以“监督卡”形式送交县政府办理。县政府多方筹集资金，很快向农民补付白条粮款。

县十二届人大常委会，1998 年，针对扶贫攻坚、减轻农民负担和农村土地承包工作，组织委员们分别 4 次深入到 10 余个乡镇、20 余个村组、40 多户村民家庭视察，撰写出 8 份视察报告。1999 年，县人大常委会以改革开放、产业结构调整、培植新的经济增长点为主题，先后 4 次组织委员和部分人大代表对事关全县发展大局的烤烟生产、工业生产、林业生产、农建工程进行视察。2000 年，县人大常委会采取省、县、乡三级代表联合，乡镇和县直联动的方式，对生态环境综合治理工程、文化市场管理、世界银行贷款二期工程项目、教育工作、监狱管理、乡镇企业、取缔土炼油工作进行专题视察。2001 年，县人大常委会对苹果气调库、土壤配肥站、农机开发基地、退耕还林（草）项目、生态建设项目、水利世界银行二期工程和黄河中上游治理项目、文物保护、乡镇卫生院建设及城建管理工作等进行视察。

县十三届人大常委会，2003 年 7 月，对公安工作进行视察，针对执法人员素质参差不齐、不能文明执法和机动车辆管理中存在的重收费轻管理、重处罚轻服务等问题，提出针对性建议。2004 年上半年，针对圪针沟、龙王湾、小府村口及扶风桥等地存在的安全隐患对防汛工作进行视察，要求县政府加大防汛抗洪资金投入，采取紧急措施处理险情，加强地质灾害防治，建立责任追究制度，切实改善境内防汛工作状况，确保人民群众生命财产安全。针对家长和社会各界反映强烈的“青少年痴迷网吧”热点问题，常委会进行明察暗访，督促政府和主管部门依法整治，强化监管。与学校、社会协调配合，开展“爱我身心、远离网吧”等一系列宣传教育活动，使这一问题得到有效解决。9 月，通过对教育工作的视察，针对东关小学操场面积过小的问题提出修筑河坝、扩大面积的建议，引起县政府重视，决定协调资金予以落实，扩大东关学生的活动场地。

县十四届人大常委会，2007 年 7 月，组织代表对城建工作进行视察，促使县政府完成县城控制性详细规划，垃圾处理场建设步伐进一步加快，出台《城区垃圾管理办法》，沿街新建、改建 3 个公厕。9 月 18 日，县人大常委会对果业生产进行视察，县政府根据视察建议，成立苹果标准化生产领导机构，出台苹果标准化生产技术标准，制定培训计划，发布《关于规范果品营销市场的通告》，开辟绿色通道，在深圳、广州等地设立直销窗口。10 月 23 日，对新型农村合作医疗工作视察，政府相关部门加大宣传力度，制定新的补偿方案，提高补偿比例，进行第二次补偿，扩大地方病、慢性病补偿范围，简化报销程序，健全监督机制。2009 年，组织省、市、县、乡四级人大代表，先后视察广播电视和东城乡苹果标准化生产基地、沟南村土地开发整理，柏山寺乡小城镇建设、双万亩花椒基地，污水处理厂，新华街、新华桥建设工程，县人民医院建设工程，商贸市场等 10 个建设项目，代表们提出多项建设性意见和建议，促进各个项目的顺利实施。

县十五届人大期间，2011 年 11 月组织代表，对 68 个重点工程中的 14 项重点工程进行集中视察，指出部分项目存在政策落实不到位、前期准备不充分、开工率低、进度缓慢、群众不满意等问题，要求县政府及相关部门查找原因，加大解决问题的力度，及时开工建设，加快工程进度。政府及相关部门及时召开项目推进专题大会，规范项目管理，加快工程进度。常委会还对境内司法站所建设、寄宿制学校管理、林业工作进行视察，提出存在的问题，形成视察意见，督促问题整改，促进工作开展。2012 年 10 月下旬，对文化工作进行视察，提出制定文化建设规划、增加文化事业投资、充实基层文化队伍、打造文化精品、加强文物保护等意见。政府及文化部门扎实整改，制定规划，强化文化市场管理，积极申报壶口唢呐、人祖鼓乐、吉县民歌为国家非物质文化遗产，推动吉县文化事业的健康发展。2013 年 5 月，组织人大代表深入到赵村垣、大庄村苹果科研基地、东城乡苹果有机化生产基地、山阳村苹果专业合作社等地对苹果生产进行专题视察，提出具体意见和要求。县政府及果业部门制定苹果标准化、有机化生产实施方案，通过新技术推广，促进苹果产业提质升级，通过抓评审，抓示范，强化苹果专业合作社管理。10 月，县人大常委会视察县一中、东城九年一贯制学校、西关小学等城乡 6 所学校的教学管理、养成教育、基础设施建设等情况，对 2011 年出台的《县人大常委会关于加强教育工作的意见》的落实情况进行跟踪监督。2014 年 6 月 12 日，对扶贫开发工作进行视察，针对部分扶贫项目布局不够合理、移民搬迁项目中少数应迁人口未搬迁、整村推进项目实施中存在的资金平均使用现象不符合扶贫工作的主攻方向和特定对象要求、扶贫项目和资金使用比较分散，透明度不高，整合力度不够，县级配套资金落实有差距等问题，提出“合理调整项目布局，将扶贫项目和资金的重点向主导产业及特困地区倾斜、关注低收入群体，认真做好精准扶贫工作、认真落实财政配套资金，增强项目资金使用的透明度”的视察意见。县政府及扶贫部门，认真研究，制定整改计划，逐项整改，并于10月30日向县人大常委会三十次会议进行整改汇报。

调研

1987年7月，县人大常委会对1984年换届选举以来的村民委员会建设情况、村民委员会组织条例执行情况，及村民委员会体制建设情况进行调查研究。组织城关镇党委、政府主要领导和所属19个村民委员会主要干部及桥南、西关、祖师庙3个村民委员会的全体干部、村民小组组长，部分县、乡镇人大代表、村民代表共52人，召开了4个座谈会，广泛征求基层干部和群众的意见，提出修改和补充以上条例的意见，总结出大乡镇存在的工作指导困难、不具体，管理粗放、服务不到位，通讯不便，召开会议难，不利于生产发展等问题。建议划小乡镇，由乡镇直接管到村民委员会、村民委员会直接管到户，村民小组不再设立。

1990年，针对农村双层经营和土地承包责任制中存在的问题，组织部分代表深入农村进行专题调查。县政府认真听取委员们的意见，本着保持稳定，趋向合理，适当调整，巩固完善的原则，制定“三田一地”土地承包方案，在东城乡社堤村搞了试点。同时针对清理制止“三乱”情况，农业计划执行情况，畜牧业发展问题等，抽调力量深入农村进行调查，协助部分村民委员会化解农村发展中的矛盾和问题。

1992年，组织部分代表深入县酒厂调查《中华人民共和国企业法》落实情况，认真分析工业生产形势和存在问题，要求政府在企业转换经营机制、改善经营管理上下功夫。

1993年针对烟叶收购中存在压级压价、收人情烟、打白条等问题，常委会组织部分委员和工作人员深入种烟区调查，提出狠抓收购，以购促产的意见。县政府及时改进收购办法。

1998年，县人大常委会就国有企业改革、集体所有制企业管理及下岗职工生活问题，在审议前进行调查。

2011年，县人大常委会围绕全县教育发展状况，组织常委会组成人员开展“一人一校”专题调研活动，根据调研中发现的教师队伍结构不优、学校布局不合理、校园存在安全隐患等问题，出台《吉县人大常委会关于加强全县教育工作的意见》，督促政府及教育部门强化问题整改，并把意见的落实列为2012年的重点监督工作范围。

2012年，县人大常委会历时3个多月，组织人员深入到各个乡村、果园、农户，对境内苹果产业发展现状、存在的问题和发展前景进行全方位的调查研究，形成《吉县人大常委会关于苹果产业发展现状的调研报告》，围绕吉县苹果面对激烈的市场竞争，如何克服发展中遇到的困难，提高管理水平、提升果品质量、占领高端市场、增加农民收入提出意见和建议，县委、县政府及时研究出台《关于加强苹果产业转型发展的决定》，对吉县果业发展提出具体的实施意见，成为指导苹果产业转型发展的纲领性文件。

2013年，县人大常委会创新工作方法，每一次审议、视察、评议前，都抽调部分常委会组成人员和人大代表组成调研组，按照不同的侧重点，深入乡村、企业、机关、学校、厂矿等基层单位进行调查研究，形成了有关公安、果业、教育、环保等8方面专题调研报告，为常委会提供第一手资料，增强监督工作的针对性和实效性。上半年，对境内投资发展环境的现状进行深入细致的调查研究，7月25日，县十五届人大常委会第十八次会议对调研组撰写的《关于吉县投资发展环境情况的调研报告》进行审议，提出合理的意见和建议，形成专题调研报告，以常委会文件的形式上报县委，为县委决策提供参考。10月，对政府及教育部门落实教育工作意见情况进行调研，撰写关于基本普及吉县高中阶段教育的调研报告，上报县委。

2014年3月中旬，县人大常委会组织部分人大代表，分别对全县旅游工作和劳动保障工作进行审议前调研。针对旅游开发的速度不够快、底蕴深厚的旅游文化内涵没有得到很好挖掘、旅游发展的投资环境不优等问题，提出“理顺机制，明确职责，明晰权利，建立办事高效、运转协调、行为规范”的旅游管理体制和建立考核奖惩机制。建立旅游文化开发专业队伍，确定近期旅游文化开发项目，全力提供技术、资金保障，让资源丰富的旅游文化发挥作用，推动文化旅游。围绕旅游六要素，加强基础设施建设，完善各类服务体系，强化旅游行业管理，规范市场秩序，对刁难宰客、诱骗消费等不良行为严肃查处。创优投资环境，强化服务理念，增强投资企业的信心和积极性，促使旅游开发快速进行，尽快形成旅游良性大循环”等意见和建议。通过对县劳动保障工作的调研，针对劳动保障部门对法规政策有效宣传不够，群众知晓率低；多项就业优惠政策未启动；城乡居民社保水平较为低下；企业用工合同签订率低，多数企业存在选择性参保现象；窗口单位便民意识不强，服务态度较差，办事推诿拖拉等问题。提出“相关部门要采取有效方式，把有关劳动保障方面的法律法规和政策宣传到位，提高各类人群知晓率；尽快落实小额贷款、创业资金、税费减免等就业扶持政策，拓宽就业渠道，增加就业岗位，促进大中专毕业生、复转军人、失地农民等特殊群体就业；逐步提高城乡居民基础养老金标准；加大劳动监察执法力度，规范劳动用工；窗口单位要强化便民服务意识，改善服务态度。把握政策界限，落实便民措施，公开办事流程，明确办事时限，切实提高办事效率和文明服务水平”等建议和意见。

2015年3月，县人大常委会组织部分委员、县人大代表及相关工委负责人，组成两个调研组对畜牧工作开展情况进行审议前调查研究。5月，组织部分委员、县人大代表及相关工委负责人，分别组成两个调研组，对工业经济、通信服务工作进行了审议前调研。

第三节　重要决定

1986年，县第八届人大常委会第九次会议审议通过吉县人民检察院的议案，作出关于吉县人民检察院设置刑事检察科、法纪检察科、经济检察科的决定。审议通过吉县人民政府关于文体局分设的议案，作出关于吉县人民政府文体局分设文化局和体育运动委员会的决定。10月19日，常委会作出《关于进一步加强审计工作的决议》。

1987年，县九届人大常委会第七次会议作出《关于进一步发展全县乡镇企业的决议》。

1989年2月28日，吉县人民政府向县人大常委会提交关于设立壶口镇的议案，县人大常委会审议通过，作出设立壶口镇人民政府的决议。7月，县人大常委会作出《关于认真学习、深入贯彻党的十三届四中全会精神的决议》，给全体人大代表印发公开信，要求全体代表和“一府两院”认真贯彻落实决议，号召吉县人民，认清形势，明辨是非。同时，还作出关于加强民主法制，维护安定团结，保障改革和建设顺利进行的决议，维护全县安定团结的局面。

1990年，县十届人大常委会第一次会议作出《关于稳定、完善农村土地承包责任制的决议》。

1991年5月23日，县十届人大常委会第六次会议作出《关于深入开展法制宣传教育的决议》。

1992年，县人大常委会连续听取和审议县人民政府关于加速发展经济上新台阶重大举措的报告，作出《关于建设优质烤烟基地县和开展优质烟晋级达标竞赛活动的决定》《关于认真贯彻实施吉县“八五”基本农田建设规划的决议》《关于实施山西省计划生育条例若干具体问题的规定》。

1993 年，县十一届人大常委会第一次会议讨论制定《吉县人大常委会关于任免国家机关工作人员的试行办法》。办法对任免国家机关工作人员的对象、程序和注意事项等，都作出具体明确的规定。

1994 年，县十一届人大二次会议作出《关于在县人大代表中开展“创优争先”竞赛活动的决定》。6 月 9 日，吉县第十一届人大常委会第七次会议作出《关于加快发展吉县乡镇企业的决议》。10 月 24 日，吉县第十一届人大常委会第九次会议审议作出《吉县人大常委会关于加快壶口景区开发建设的决议》和《吉县人大常委会关于加快畜牧业发展的决议》。

1995 年，县十一届人大三次会议审议通过《对政府组成人员和“两院”负责人实行“三账”制度的决定》。5 月，县人大十一届常委会第十三次会议通过《实行法律合格证制度的办法》。12 月，县十一届人大常委第十八次会议通过《关于政府副县长在吉县第十一届人民代表大会第四次会议上作述职报告的决定》，决定任期一年以上的副县长，在人民代表大会会议上作述职报告。

1996 年，审议通过《吉县国民经济‘九五’计划和 2010 年远景目标规划》《关于认真搞好第三个五年法制宣传教育的决议》和《关于村民委员会第四届换届工作的决定》。审议批准《吉县人民政府科教兴县实施方案》。

1997 年 5 月 9 日，县十一届人大常委会第二十七次会议听取和审议县人民政府关于扶贫工作的报告，作出《吉县人大常委会关于加强扶贫资金管理的决议》。8 月 6 日，县十一届人大常委会第二十八次会议听取和审议全县果树生产工作情况的汇报，审议通过县政府〔1997〕57 号文件，关于设立果业开发基金的议案，并作出《关于设立吉县果业开发基金的决议》。10 月 7 日，县十一届人大常委会第二十九次会议，听取和审议关于文化市场管理情况的报告，作出《吉县人大常委会关于加强文化市场管理的决定》。

1998—2003 年，县十二届人大常委会根据全县改革发展稳定中的重大问题，作出《关于调整科技三项费用预算的决定》《关于进一步引深拓展执法责任制的决定》《关于废止〈吉县县乡公路养护管理办法〉的决定》《关于开展第四个五年法制宣传教育的决定》《关于调整城市居民最低生活保障支出预算的决定》《关于撤并乡镇后各乡镇人民代表大会代表名额的决定》《吉县人大常委会关于依法加强国防后备力量建设的决议》《吉县人大常委会关于“三账”监督办法》。

2004 年 12 月 23 日，县十三届人大常委会第十次会议审议县人民政府《关于 2001—2020 年城市总体规划的报告》，审查总体规划文本，作出决议。

2006 年 2 月 28 日，县十三届人大常委会第十九次会议审议县人民政府《关于吉县农田水利基本建设“十一五”规划的报告》，作出决议。8 月 28 日，县十三届人大常委会二十三次会议审议通过《吉县城市综合管理暂行规定》，作出《吉县人大常委会关于吉县城市综合管理暂行规定的决议》。

2009 年 9 月 4 日，县十四届人大常委会十九次会议决定批准县政府提请审议的《县政府关于县城规划区土地管理实施意见（试行）》的议案，作出批准决议。11 月 13 日，县十四届人大常委会二十一次会议决定批准县政府提请审议的《吉县农村宅基地管理（暂行）办法》和《吉县土地收购储备（试行）办法》的议案，作出批准决议。

2011 年，县人大常委会出台《吉县人大常委会关于加强全县教育工作的意见》。12 月 21 日，县十五届人大常委会四次会议通过《吉县人大常委会关于对重点建设项目进行监督的暂行办法》。

2012 年 4 月 13 日，县十五届人大常委会七次会议审议通过《吉县失地农民安置与社会保障暂行办法》的议案，提交县十五届人大二次会议予以审议通过。

2013 年 4 月 19 日，县十五届人大常委会十六次会议审议通过《吉县人大常委会规范性文件备案审查办法》（草案）及办法说明。

2014 年 7 月 31 日，县十五届人大常委会二十八次会议审议通过《吉县人大常委会重点项目工程监督办法》。

第四节　人事任免

依照宪法和法律规定：县人民政府、县人民法院、县人民检察院提请县人大常委会审议和人事任免案，由提请机关正职领导人（县长、院长、检察长）签署的书面报告提出，同时附送《干部任免呈报表》，拟任命人员考察材料和拟免职人员的免职理由书面材料。上述报告、材料一般应在人大常委会会议召开十日前送达县人大常委会。提请任命新设机构人员和职务的须同时附有依法批准设立该机构的文件。“一府两院”提请人大常委会审议的人事任免案，由主任会议决定提交人大常委会会议审议。

人大常委会审议人事任免案时，提请机关的正职领导人到会做人事任免案的说明，并派人听取审议意见，回答询问。正职领导人如果因特殊情况不能到会，应当说明原因并委托熟悉拟任免人员情况的副职领导人到会代为说明。

县人大常委会任免国家机关工作人员，在认真审议听取各方面意见的基础上，任命采取无记名投票方式。人大常委会组成人员可以投赞成票，可以投反对票，也可以弃权。决定任命、免职撤职案表决时，必须获得人大常委会组成人员过半数赞成，始得通过。选举结果和表决结果由会议主持人当场宣布。人大常委会任命和决定任命的人员由人大常委会颁发任命书，任命书由人大常委会主任签署。人大常委会机关各委主任、副主任任免议案由主任会议研究，主任签署，提交常委会议表决。

1988 年 12 月 13 日，县九届人大十次会议通过《关于任免国家工作人员及任免程序的规定》。在任免干部中，把党管干部的原则同国家选举任免制度有机地结合起来。对所任命的干部，严格按照法定程序办事，任免前不得对外公布，不得正式到职和离职；任命时由常委会召开大会形式颁发任命书，会上县委、人大、政府领导讲话，被任命干部要谈打算、表决心，自觉接受监督；任命后要加强政绩考核，根据考核情况决定如何使用。依法行使好干部任免权。

1993 年 7 月 23—25 日，县十一届人大常委会一次会议审议通过《吉县人大常委会关于任免国家工作人员试行办法》。规定凡被任命人员都必须先行法律测试和供职发言，在法律测试及格和供职发言的基础上再进行审议表决。人大未表决通过并颁发任命书之前，不得向外公布、不得宣传、更不得离职到职。

1995 年，县十一届人大三次会议以后，人大常委会在干部任免工作中，改变以往重任轻管的现象，对人大任命和选举的 128 名工作人员，实行任前考核、任时述职、任后监督。人大常委会根据三次人代会审议通过的《对政府组成人员和“两院”负责人实行“三账”制度的决定》，有计划分层次地组织审议、评议、述职。先后有 10 名局长和 1 名副县长向人大常委会和主任会议汇报工作，“两院”和49个局委的人大任命干部于年终向人大常委会书面交账，统一接受县委与人大的年终考核。

1998年7月21日，在县十二届人大常委会二次会议上，对县委推荐、政府提名的50名“一府两院”组成人员进行任命，对2名未参加法律考试的拟任命人员推迟任命表决。

十二届人大期间，县人大常委会制定《国家机关人员人事任免办法》，进一步规范任免工作，严格依法任免，坚持任前审议和任后监督结合，参与干部任前的推荐、评议、酝酿等工作，对党委和“一府两院”提名任免的干部进行认真审议，作出任免决定，并通过“三账”监督的形式加强任后监督。

十三、十四、十五届人大常委会不断加强对任命干部的任后监督，对“三账”监督不断补充修订。2014年2月18日，县人大常委会主任会议对“三账”监督工作办法进行完善修订，制定《吉县人大常委会关于对“三账”监督单位的考核办法》。该办法对“三账”监督实施百分制，年初建账占10分，年底交账占90分，并对如何得分和扣分进行科学合理的规定。

第十九编 地方人民政府

1986年,吉县人民政府工作机构45个,经过2002年、2008年、2010年、2014年4次机构改革，2015年，成为24个。其中政府事业单位15个，垂直管理单位9个。

政府常务会议是县人民政府集体议事决策会议，每年召开若干次，研究决定吉县重大事项,出台重要事项决策。

历届县政府在县委的领导下，立足本县实际，充分发挥社会管理、经济管理职能，带领吉县人民坚持改革开放、大胆探索创新，形成了境内红色苹果、黄色旅游、绿色生态发展的新格局。

第一章 县政府

第一节 县政府领导成员

吉县人民政府领导成员，由各界人民代表大会选举产生，分别由县长、副县长组成。县人民代表大会闭会期间，个别领导成员调整，由县人大常委会决定代理县长或副县长的任免。

1986 年—2015 年吉县人民政府领导人名录

表 19-1-1

届　次	职　务	姓　名	任职时间
第八届人民政府 1986.01—1987.06	县　长	黄有泉	1986.01 — 1987.06
	副县长	崔海云 段克己 李　青 原法宪 李苏河	1986.01 — 1987.06 1986.01 — 1987.06 1986.01 — 1987.06 1986.01 — 1986.07 1986.05 — 1987.06
第九届人民政府 1987.06—1990.04	县　长	黄有泉 李　青	1987.06 — 1988.12 1988.12 — 1990.04
	副县长	李　青 段克已 李苏河 张北管 任三林 张明智 孙勤学	1987.06 — 1988.12 1987.06 — 1990.03 1987.06 — 1990.03 1987.06 — 1990.04 1987.06 — 1990.04 1987.06 — 1990.04 1987.06 — 1990.04
第十届人民政府 1990.04—1993.06	县　长	李　青 李苏河	1990.04 — 1992.12 1992.12 — 1993.06
	副县长	李苏河 张北管 任三林 张明智 孙勤学 李福贵 陈全龙 梁崇太 陈续臻（女） 闫旺森	1990.04 — 1992.12 1990.04 — 1993.04 1990.04 — 1993.04 1990.04 — 1993.06 1990.04 — 1993.04 1991.04 — 1992.02（挂职） 1992.03 — 1993.06（挂职） 1992.09 — 1993.06 1993.04 — 1993.06 1993.04 — 1993.06

续表

届　次	职　务	姓　名	任职时间
第十一届人民政府 1993.06—1998.05	县　长	李苏河 原胜利	1993.06 — 1997.01 1997.02 — 1998.05
	副县长	闫旺森 张明智 陈续臻（女） 梁崇太 樊炜泽 陈全龙 赵百选 李富贵	1993.06 — 1998.05 1993.06 — 1998.05 1993.06 — 1997.12 1993.06 — 1997.01 1997.12 — 1998.05 1993.06 — 1995.10（挂职） 1995.11 — 1998.05（挂职） 1993.06 — 1993.12（挂职）
第十二届人民政府 1998.05—2003.11	县　长	原胜利 原学义	1998.05 — 2000.04 2000.04 — 2003.09
	副县长	王福成 孙振忠 葛吉安 赵百选 陈晓爱（女） 姜建忠 史全喜	1998.05 — 2000.08 1998.05 — 2003.11 1998.05 — 2003.11 1998.05 — 1998.12（挂职） 1998.05 — 2003.11 1998.05 — 2001.01 2001.08 — 2003.11
第十三届人民政府 2003.11—2007.05	县　长	张　云 杨安虎	2003.11 — 2006.06 2006.06 — 2007.06
	副县长	葛吉安 薛鹏寿 孙振忠 史全喜 吴忠民 陈晓爱（女） 郭仓森 李青萍	2003.11 — 2006.08 2003.11 — 2007.05 2003.11 — 2007.05 2003.11 — 2007.04 2003.11 — 2007.05 2003.11 — 2007.05 2006.06 — 2007.05 2007.04 — 2007.05
第十四届人民政府 2007.05—2011.06	县　长	杨安虎 刘奎生	2007.05 — 2008.04 2008.05 — 2011.05
	副县长	薛鹏寿 郭仓森 吴忠民 李青萍（女） 白占奎	2007.05 — 2010.02 2007.05 — 2011.06 2007.05 — 2011.06 2007.05 — 2010.06 2007.05 — 2011.06
第十五届人民政府 2011.06—2015.12	县长	刘　浩 崔绍民	2011.06 — 2015.08 2015.08—2015.12
	副县长	李晓民 樊宜群 白占奎 周晓文 郝　巍	2011.06 — 2015.12 2011.06 — 2015.12 2011.06 — 2015.12 2011.06 — 2015.12 2011.06 — 2015.12

第二节 机构设置

1986年，吉县政府工作机构45个：政府办公室，计划委员会，经济委员会，财贸委员会，农业委员会，计划生育委员会，体育运动委员会，民政局，劳动局，知青办公室，人事局，统计局，档案局，科委，体改委，公安局，司法局，城建局，工业局，交通局，二轻局，电业局，邮电局，农业局，农机局，畜牧局 林业局，水利局，乡镇局，多种经营办公室，财政局，税务局，审计局，粮食局，商业局，供销社，工商局，标准计量局，物价局，烟草专卖局，外贸局，文化局，广播局，卫生局，教育局。

1988年，成立监察局，土地局，烤烟局。

1989年，成立气象局。

1991年，成立旅游局。

2002年2月，县政府机构：政府办公室，发展计划与经济贸易局，科技教育局，公安局，监察委员会（与纪检委合署办公，列入政府序列），民政局，人事局，财政局，司法局，国土资源局，城建环保局，劳动和社会保障局，水利局，农业局，文化体育局，卫生局，计划生育局，审计局，统计局，粮食局，县公安局交通警察大队为县公安局的内设机构，保留原规格。

2008年，县政府机构：政府办公室，发展计划与经济贸易局，财政局，人口和计划生育局，人事局，民政局，公安局，教育科技局，司法局，卫生局，文化体育局，统计局，农业局，审计局，城建局，环保局，安全生产监督管理局，劳动和社会保障局，国土资源局，水利局，监察局（与县纪律检查委员会合署办公，列入政府机构序列，不计政府机构个数），粮食局 。

政府事业单位：旅游服务中心，广播电视服务中心，交通发展中心，果业开发服务中心，林业开发中心，畜牧发展中心，农业机械发展中心，烤烟管理中心，乡镇企业服务中心，政务大厅管理中心，地震局，档案馆，史志办，城镇集体工业联合社，供销社，工业总公司，商业总公司。

垂直管理部门：吉县供电支公司（电业局），国家税务局，地方税务局，临汾市食品药品管理局吉县分局，气象局，邮政局，工商行政管理局，质量技术监督局（计量局），中国人民银行吉县支行，中国农业银行吉县支行，吉县农村信用合作社联合社，公路管理段。

2010年县政府机构：政府办公室（加挂人民防空办公室牌子），监察局（与纪检委合署办公，列入政府机构序列，不计政府机构个数），发展和改革局（挂商务粮食局牌子），财政局，公安局，人力资源和社会保障局，农业委员会（挂中共吉县县委农村工作领导组办公室牌子），交通运输局，住房保障及城乡建设管理局，民政局，人口与计划生育局，卫生局（挂吉县食品药品监督管理局牌子），教育科技局，水利局，环境保护局，审计局，司法局，安全生产监督管理局，文化广电新闻出版局，煤炭工业局，经济和信息化局，国土资源局，统计局，民族宗教事务局（与统战部合署办公，列入政府序列，不计政府机构个数）。

政府事业单位：旅游服务中心，广播电视服务中心，交通发展中心，果业开发服务中心，林业开发中心，畜牧发展中心，农业机械发展中心，烤烟管理中心，中小企业局，政务大厅管理中心，地震局，供销社，档案馆，史志办，城镇集体工业联合社，工业总公司，商业总公司。

部分垂直管理部门：电业局，国家税务局，地方税务局，气象局，邮政局，工商行政管理局，质量技术监督局，中国人民银行吉县支行，中国农业银行吉县支行，吉县农村信用合作社联合社，公路管理段。

2015年，县政府机构：政府办公室，发展和改革局，经济和信息化局，教育科技局，公安局，民政局，司法局，财政局，国土资源局，人力资源和社会保障局，环境保护局，住房保障及城乡建设管理局，交通运输局，水利局，农业委员会，文化局，卫生和计划生育局，审计局，统计局，工商和质量监督管理局，食品药品监督管理局，安全生产监督管理局，监察局（与纪检委合署办公，列入政府机构序列，不计政府机构个数），民族宗教事务局（与统战部合署办公，列入政府序列，不计政府机构个数）。

政府事业单位：旅游服务中心，广播电视服务中心，果业开发服务中心，林业开发中心，畜牧发展中心，农业机械发展中心，烤烟管理中心，中小企业局，城镇集体工业联合社，地震局，供销社，档案局，政务大厅管理中心，工业总公司，商业总公司。

垂直管理部门：电业局，国家税务局，地方税务局，气象局，邮政局，中国人民银行吉县支行，中国农业银行吉县支行，吉县农村信用合作社联合社，公路管理段。

第二章　施政辑要

第一节　施政方式

县长办公会议

县长办公会议由县长或常务副县长召集并主持，副县长、县长助理和政府办公室主任参加，研究处理县政府日常工作中的有关问题。县长办公会议视情况随时召开。

县政府常务会议

县政府常务会议由县长、副县长、县长助理和县政府党组成员组成，同时根据需要安排有关部门负责人列席，由县长召集或县长委托常务副县长召集和主持，一般两周召开一次（特殊情况可临时召开）。会议主要任务有：一是传达上级的重要精神和决定，研究提出贯彻落实意见；二是研究通过呈报上级政府审定的重要报告和请示；三是研究通过提请县人大及其常务委员会审议的政府工作报告、规范性文件等议案；四是研究通过由县政府制定的规范性文件及重大行政措施；五是研究全县国民经济和社会发展的长期规划和年度计划，以及年度财政收支预算安排情况、执行情况的调整意见；六是研究通过由县政府管理的人事任免事项；七是研究县政府各部门、各乡镇人民政府请示县政府的重要事项；八是研究县政府其他事项。

县长办公会议和县政府常务会议研究的事项和内容都是关系到经济运行、产业发展、脱贫攻坚、城乡建设、生态治理、教育、卫生和社会民生方面重大问题。1996年，研究普及九年义务教育工作，制定《关于1997年基本普及九年义务教育的实施意见》，组织推动境内“普及九年义务教育”。1998年，吉县普及九年义务教育工作顺利通过省政府验收。2001年，研究吉县苹果产业情况，制定《关于2002年果业生产的实施意见》，扩大种植面积，加强科技培训，增加生产投入，苹果生产实现增收。2012年，制定《关于吉县2013—2015年，经济转型综改实施方案》，对苹果生产、旅游产业、工业城市建设、生态环境建设、文化教育、民生事业和体制改革等方面提出具体要求，推动吉县经济发展方式逐步转变。

第二节　经济领域施政成果

工业经济

吉县工业基础比较薄弱，经多年努力，煤炭和天然气得到开发利用。

1986—1987年，吉县29个工商企业中28个实行承包或租赁经营，化肥厂恢复生产，新建年产机焦2万吨的焦化厂。

1989年，完成窑渠至台头35千伏变电线路架设任务，29个村通电。

1992年底，吉县乡镇企业共1421个，年产值3399万元，利润313万元。颁发搞活企业、振兴工业30条决定。投资96.2万元，架设10千伏农电线路116千米，新增通电村组89个。

1993年，县第一焦化厂实行承包经营，当年，实现产值120万元。

1998年，壶口酒厂干白千吨技改项目建成投产。

2002年，城市电网和农村电网大规模升级改造，县城至窑渠、吉县至乡宁35千伏线路改造及县城至文城10千伏线路改造完成，文城变电站建成投入使用。

2003年，明珠煤矿开工建设，沙坪煤矿完成综采改造与改制。壶口玉米淀粉厂一期工程基本完工，金岗岭洗煤厂、鑫盛洗煤厂扩大再生产规模。

2005年，沙坪煤矿进行企业改造，年产原煤100万吨。明珠煤矿完成主井、副井、风井、井筒建设，地面配套设施、办公楼和职工宿舍楼等主体工程基本完成。玉米深加工项目完成一期工程。

2006年，完成柏山寺、东城、文城3个乡26个配电台区农网改造。投资430万元，完成城市电网改造。投资1.9亿元，新建明珠220千伏变电站。吉县固定电话、移动电话用户分别为14517户、11900户，普及率达到25部/百人。

2010年，明珠220千伏变电站建成投入使用。

2011年，华晋明珠煤矿年产能90万吨改造项目通过省级验收。桑峨500万吨煤电材一体化项目启动实施。中石油煤层开发一期项目完成，钻探开发井130口，铺设输气管11千米，建成集气站1座。

2013年，顶吉食品投产上市，达明一派食品试产成功。

2015年，盛平煤业、华晋明珠煤矿扩容技改基本完成。中石油、中石化两公司共钻井853口，建成集气站4座。5万吨废油再生利用，2×6兆瓦生物质发电、40兆瓦大型地面光伏电站和100千瓦村级分布式光伏电站顺利推进。

农业经济

1985年，吉县农业主要还是以传统的粮食作物为主，后来经过历届政府的不懈努力，农业产业结构得到了调整，最终稳定在苹果、烤烟和林业方面。

1986年，完善土地承包责任制推广使用计划田、人口田、开发田和林果地的“三田一地”土地使用办法，稳定农村家庭联产承包责任制。

苹果产业方面，建成9大样板10个点苹果生产基地；烤烟生产开始迈步；林业生产遵循基础生产和市场需求相结合，长远利益和近期利益相结合，专业队和群众运动相结合的原则，调动群众积极性，林业生产有较大发展。

1987—1989年，吉县苹果面积84319亩，人均达1亩。红星苹果在全省水果鉴评会上夺魁，获农林渔业部优质产品奖。烤烟面积5137亩。

1990—1992年，红星苹果在首届全国农业博览会上获得苹果类金奖。烤烟种植面积2.43万亩，这一时期，农村经济发展和农民收入主要依靠烤烟生产，有“黄金烟叶铺就富民路”之说，被省政府授予“烤烟生产先进县”称号。各村委拍卖“四荒地”6.7万亩，为集体收回拍卖金610万元。其经验受到省地表彰，地委行署在吉县召开现场会议。

1994—1997年，苹果种植面积不断增加，推广新技术，加强管理，产量质量不断提升，1996年苹果产量1789万千克，农民人均果品收入201.9元，红富士、红星、金冠苹果在北京国际果品及技术设备展览会上夺得3枚金牌。烤烟面积1.5万亩，烟农户均收入1500元。1997年，吉县被评为全省“林业红旗县”。苹果荣获全国农业博览会金奖和总分第一，首次出口菲律宾。烤烟被省政府确定为烤烟生产基地县。

1998—2002年，苹果面积发展到15万亩，建成13个“双千亩”示范园区和一个苹果苗繁育基地，吉县苹果气调库 9 个，储存能力达 1 万吨。境内森林覆盖率达 48%，生态环境综合治理率达到 63%，被国家环保局命名为国家生态环境保护示范县，荣获全国造林绿化百佳县。

2003—2006 年，苹果面积发展到 18 万亩，总产 7.5 万吨，果业收入 2 亿元。烤烟种植 3600 亩，烟农收入 546 万元。

2007—2010 年，国家级苹果标准化示范基地项目和省优势农业产品基地项目通过省级验收。全县苹果总产 16 万吨，产值 4 亿元，吉县苹果荣获"中国果品著名品牌""山西特色农产品十大品牌"，第七届中国国际（成都）农业博览会金奖，吉县被评为全省标准化果园建设先进县。

2011—2015 年，吉县新栽苹果 5 万亩，实施减密间伐 2 万亩，完成有机认证 2.5 万亩，苹果种植面积达 28 万亩，年产量 18 万吨，产值 8 亿元。认真落实扶贫政策，帮扶贫困群众增加收入，改善生活生产条件，贫困人口从 2011 年 2300 元标准下的 4.8 万人下降到 2015 年 2800 元标准下的 1.44 万人。

第三节　文化教育城建领域施政成果

文化旅游

1994 年，开始举办黄河壶口漂流月活动。

1996 年，第三届黄河壶口国际漂流月期间，河南高空艺术团冯九山高空走钢丝，创世界吉尼斯纪录。当年在北京举办的"首届全国风景名胜区展览会"上，"黄河壶口瀑布风景名胜区展览"荣获金奖。

1997 年，第四届黄河壶口瀑布漂流月期间，香港电影明星柯受良驾车飞越壶口，中央电视台和香港中文电视台进行长达 4 小时现场直播，收视面积覆盖 98 个国家和地区，收视观众达 30 亿人。当年壶口景区开凿了观瀑洞，架设 2 道二道河桥。

1998 年，第五届黄河壶口瀑布漂流月期间，举办全国性壶口笔会，新建壶口娱乐城，景区入口石牌坊，柯受良飞越黄河标志物。

1999 年，第六届黄河壶口瀑布漂流月期间，吉县农村青年朱朝辉驾摩托飞越黄河。

2001 年，第八届黄河壶口瀑布漂流月期间，举办"泰阳壶口极限超越"大型演唱会，北京电视台播放 90 分钟。中央电视台"东方时空"栏目拍摄有关壶口旅游的"百姓故事"，编制壶口旅游宣传网页。

2002 年，吉县被评为全省文化工作先进县。

2003 年，县城开通临汾电视台一、三套节目，79 个行政村全部开通中央一套和山西电视台节目，实现村村通。

2006 年，初步完成《吉县旅游产业发展总体规划》和《壶口风景区详细规划》编修工作。

2007 年，壶口地质公园于 9 月 9 日揭牌开园。中央电视台在壶口景区拍摄"五一"7 天乐节目，文化广场完成基础设施建设。

2008 年，把握北京奥运会的机遇，通过全国旅游交易会、推介会，报纸、杂志、电视台宣传造势，吸引游客来壶口旅游观光，当年共接待游客 13.77 万人次，门票收入 400 余万元。

2012 年，编制完成《人祖山旅游开发总体规划》和一期工程详细规划，修通壶口—克难坡—人祖山景区旅游公路。

2013 年，修订完善《壶口景区发展规划》，推进壶口瀑布国家 AAAAA 级景区创建工作，完成人祖山文化国际大厦，窑洞宾馆主体工程及景区循环路基建工程。拍摄两期人文历史纪录片《人祖山之恋》。全省风景名胜区工作会议在壶口召开。

2014 年，启动壶口古窑洞群修复、展示中心建设等项目。完成人祖山景区遗址发掘、修复，祭祀广场布局、旅游循环公路建设、人祖文化国际大厦修建等工程。

2015 年，壶口景区、克难坡景区基础设施不断完善，停车场、景区道路、票务中心相继投入使用。7 月，人祖山景区正式对外开放，当年全县接待游客 364.45 万人次。

教育卫生

1988 年，新建校舍 350 间，新做课桌 850 套。儿童入学率 99.3%、巩固率 99.2%、毕业率 95%、普及率 96.8%，首批跨入全省普及初等教育合格县。

1991 年，集资 100 万元，建校舍 169 间。4 个乡镇实现“一无两有三配套”（无危房，有教室、有课桌凳，配套体育器材、图书室、展览室）；5 个乡镇实现无窑洞学校。集资 31.2 万元建起农村卫生所 97 个，实现乡有卫生院，村有卫生所。

1996 年，开展集资办学，投资 354 万元，新建小学 17 所，扩建乡镇中学 2 所，维修乡镇中学 3 所，维修校舍面积 31450 平方米，配备中小学仪器 178 套。扫除青壮年文盲工作通过省政府验收达到国家扫除文盲标准。吉县被省地评为计划生育工作先进县。

1998 年，普及九年义务教育通过省政府验收。县城配备扫水车、保洁车。举办吉县第五届体育运动会。

1999 年，部分农村中小学推行教师双向聘任制。农村合作医疗制度在部分乡镇启动。

2001 年，新建一中学生食堂，三中学生宿舍。扩建三中和东关小学。吉县 12 座学校装备电脑等教学设备 630 余台。县一中实行高、初中分离，初中学生归属三中，一中专招高中，由四轨扩为八轨。全县撤并四、五年级教学点和单人校 69 个。“两基”（基本扫除青壮年文盲，基本普及九年义务教育）通过省政府复查验收。

2003 年，投资 588.6 万元，对 11 所城乡中学的 9786 平方米危房改造。一中标准化学校建设和兰村、柏房村寄宿制学校建设按期竣工。县医院传染病科和隔离病房完成主体工程建设。抗击非典取得全面胜利。

2004 年，投资 760 万元，改造中小学危房面积 1.6 万平方米。

2005 年，投资 300 万元，完成学校危房改造 1.34 万平方米。全面落实“两免一补”政策，对贫困学生实行有效救助。招考、选聘 47 人充实教师队伍。投资 66 万元，对基层卫生院进行改造和扩建。开展计划生育百日大会战，8 个乡镇计划生育服务所全部通过市政府达标验收，79 个村全部建立计划生育服务室。

2006 年，装备网络教室 8 个，多媒体教室 8 个，卫星地面接收站 83 个，完成远程教育工程。扩建职业高中、新建体育活动中心、灯光球场。

2009 年，完成一中、三中、文城中学和祖师庙小学校舍安全改造工程。通过公开考试，招录教师 102 名，为代理教师提高工资待遇。在义务教育阶段教师中实施绩效工资制。新型合作医疗参合农民 87944 人，参合率 97.4%。城镇居民医疗保险全面启动，参保居民 15768 人。

2011 年，提高义务教育阶段寄宿学生的生活标准。实施“鸡蛋营养工程”，即给每个学生每天提供 1 个鸡蛋。免除普通高中学生和职业中学学生学费。西泽幼儿园建成投入使用。新农合参合率 99%。

2013 年，完成学校餐厅、宿舍、操场、多媒体教室及教师周转房、幼儿园等一批基础设施建设。

43 所中小学全部通过市级标准化学校验收。新医院建成并投入使用。中垛、文城卫生院改造和 13 个村委卫生室标准化建设完成。新农合参合率 99%。

2014 年，免除高中学生的教材费和住宿费。实现吉县行政村有线电视全覆盖。创建省级计划生育优质服务县。建设 23 个标准化村卫生室。

2015 年，义务教育均衡发展，通过国家验收。

交通城建

1988 年，整修县、乡、村公路 387 千米，好路率达 100%，获全临汾地区第一名，被省总工会记集体三等功 1 次。顺利完成县城街道改造一期工程任务。

1990—1992 年，先后投资 99.2 万元，扩宽改造县、乡公路 44 千米，干线公路 20 千米，新增通车路程 40 千米。新建综合贸易市场 3 个。

1993—1997 年，309、209 国道拓宽改造，累计完成 116 千米，新增乡村公路 139 千米，实现乡村全部通公路。新建桥梁 3 座。完成县城及东关广场改扩建工程，在广场中心落成“中华魂”汉白玉雕像。完成县城供水、街道路灯等改造工程，硬化部分巷道，改造和新建 30 余座办公楼和老干部活动中心。灯光球场、游泳池、锦屏山皇天后土庙、钟鼓楼、金岗岭“山门”等建成。

1998—2002 年，新修油路 16.6 千米，新增乡村公路 176.9 千米，整修乡村公路 510 千米，田间道路 110 千米，果园路 45 千米，拓宽改造屯里至金岗岭 10 千米国道，壶口二级旅游路和壶口至克难坡循环路开工建设。投资 750 万元对祖师庙、水洞沟、城坡口街道进行拓宽改造；投资 800 余万元兴建了地税大楼、农资大楼、劳动大楼和吉州商贸城。

2003—2006 年，拓宽改造公路 20.5 千米，改造铺设县、乡公路 53 千米，新建乡村油（水泥）路 170 千米，改造乡村砂砾路 40 千米。投资 1.4 亿元开通壶口二级旅游路，完成壶口至克难坡循环路建设。投资 5000 余万元，完成新华街、滨河路建设工程。新建林业中心、烤烟中心、农业局、水利局、老干局、外贸局、农资公司、药材公司等一批住宅楼。投资 1.43 亿元实施城市供水工程、城市绿化工程和城市垃圾处理场建设工程。

2007—2010 年，组织实施 150 千米村村通油路建设工程，率先在全市山区县实现全部行政村通油路目标。完成沿黄扶贫旅游路 70% 的建设工程。编制《吉县城市发展总体规划》和《详细规划》。完成吉州大道、文化广场、吉州宾馆、新华街拓宽改造、县城垃圾处理场、污水处理厂、锦屏山公园、西关河道护岸、新华桥等工程。新城开发一期工程、清水河治理工程等项目启动实施。

2011—2015 年，临吉高速公路建成通车，吉河高速公路正式开建，东城—狮子河、狮子河—东石泉、管头山—文城等县、乡公路建成投入使用。新城区建设初具规模，恒安小区和小学、幼儿园、政务大楼、综合服务中心等工程基本完成。达明一派、顶吉食品、中油中泰等企业先后落户。老城区实施了新华东街道路改造，高速公路引线建设、县城绿化亮化、清水河治理、公厕建设、环境卫生整治和三个片区棚户区改造等工程完成。

第四节 法制建设

1993 年，县政府正式设立法制机构—法制科，归属政府办。

法制科对政府、政府办以及政府组成部门出台的规范性文件进行合法性审核，实行备案制度；对政府及政府组成部门的执法人员进行监督；实行发放行政执法（监督）证件或年检；对行政执法进行规范和监督。由于法律的设定，县政府的法治建设逐步进入规范化轨道，依法行政成为政府的一项重要工作，县政府决策部署向依法办事转变。

2002 年，县政府的立法权限和范围得到明确界定，立法空间相对缩小。《中华人民共和国行政处罚法》《中华人民共和国行政许可法》等规范政府行为的法律的实施，相应法律、法规和规范文件的出台，设定许可和处罚的事项日趋规范并明显减少。

2004 年，随着《中华人民共和国行政许可法》的颁布实施，特别是国务院《全面推进依法行政纲要》颁布、实施，依法行政、建设法治政府的各项工作不断推向深入，民主法制建设也继续向前迈进。这期间，县政府将法制科改为法制办，正科级建制，与政府办合署办公，法制办主任由政府办主任兼职。为适应新形势，法制办的职能作了适当的调整。一是强化行政执法监督，重点解决多头执法，重复执法，执法部门相互推诿；执法利益化，执法人员素质低下，滥用职权，行政执法监督力度不够等问题。出台系列规章制度，为行政执法监督提供制度保障。二是规范性文件制定和审核职能相对弱化。制定出台规范性文件是县政府及职能部门进行行政管理的一个基本手段。三是法制机构在政府工作中的综合协调职能逐步显现。依法行政是涉及政府方方面面的基础性全面性工作，贯穿各项工作的各个环节。基于此，政府法制办一方面加强对依法行政中的新问题、新情况进行调查研究，一方面针对具体工作适时提出对策和建议，提出切实可行的政策措施，及时总结县政府在依法行政工作中形成的经验。

2009 年 2 月，法制办为 27 个行政执法主体单位办理、换发行政执法证件 252 个。

2010 年，县政府重新调整工作思路，将依法行政工作重点放在合法行政、合理服务上。

2011 年，县政府聘请法律顾问，推进依法行政，在具体行政管理过程中，将依法行政作为对政府工作的基本要求，主要表现在：1. 规范性文件、重大工作方案须经法制办审核；2. 各类经济合同、重大项目决策需要法律顾问签署意见；3. 加强法律宣传，强化干部、职工法制培训，积极引导广大群众学法用法守法。根据工作需要对法制办职责进行调整，在加强依法行政、规范行政立法、提供法律服务的主要内容中，强化法律宣传和法律服务等内容：一是深入实施法律宣传活动，通过组织开展法律“六进”和法制宣传月活动，广泛深入宣传法律、法规知识，大力营造学法、懂法、守法、用法的良好社会氛围，使得广大干部群众的法律意识进一步提升，依法依规办理的程度进一步提高。二是广泛开展法律服务，随着市场经济的深化和政府职能的转变，县政府作为民事主体，参与经济活动的范围不断扩大，处理涉法事务也日渐增多，法制办在为县政府发挥参谋、助手、顾问的作用的同时，工作范围不断扩大，其中包括：为政府的重大决策、行政行为、合同行为等诉讼、法律事务提供法律意见，代理政府的诉讼、仲裁、执行和其他非诉讼法律事务，参与政府对外交往和重大经济项目的洽谈工作，对政府决策，重大经济合同进行合法性审查，对政府做出的行政许可、处罚等具体行政行为出具法律意见，对政府发布的规范性文件进行审核等。这一时期县政府加大法律宣传和法制引导，规范自身行政行为。

2015 年 5 月，对 2014 年以前以政府和政府办名义制定的规范性文件进行清理。经查，继续执行规范性文件 29 个；需修改执行规范性文件 6 个；废止执行规范性文件 16 个。8 月，县政府对境内行政执法主体单位进行梳理，对新认定的 36 个行政执法主体、单位进行公布。12 月，政府加大对重大行政执法决策管理，制定出台《吉县重大行政决策程序规定》，按照法定程序开展行政决策。

第三章 乡镇政府

第一节 沿革

1986 年，吉县共设立 11 个乡（镇）政府。即城关镇人民政府、屯里镇人民政府、东城乡人民政府、文城乡人民政府、王家原乡人民政府、兰家河乡人民政府、曹井乡人民政府、中垛乡人民政府、柏山寺乡人民政府、窑渠乡人民政府、明珠乡人民政府。1997 年，设立壶口镇人民政府。

2001 年 4 月，根据撤乡并镇要求，吉县行政区域进行调整，原屯里镇、窑渠乡、明珠乡合并为屯里镇。原文城乡、王家原乡合并为文城乡。原曹井乡、兰家河乡合并命名为车城乡。城关镇更名为吉昌镇。至此，境内共设立 8 个乡（镇）政府，即吉昌镇人民政府、屯里镇人民政府、壶口镇人民政府、东城乡人民政府、文城乡人民政府、车城乡人民政府、中垛乡人民政府、柏山寺乡人民政府。

第二节 机构设置

乡（镇）人民政府，设乡（镇）长、副乡（镇）长。内设办公室，配专职会计、统计、民政水利、经营管理、农业机械、计划生育、税务、司法、财政等部门和工作人员。乡（镇）长和副乡（镇）长由人民代表大会选举产生。1986 年至 2003 年乡镇人民代表大会任期 3 年。2004 年，根据人民代表大会组织法规定，乡镇人民代表大会任期改为 5 年，乡（镇）人民政府乡（镇）长、副乡（镇）长任期也随之改变。

第三节 村民委员会

村民委员会是在乡（镇）政府领导下，由村民自我管理、自我教育、自我服务的基层群众性自治组织，由主任、副主任和委员组成。村民委员会设治安、妇联、民调、民兵等专职委员。村民委员会下设村民小组，设组长、会计。1986 年，吉县共设 108 个村民委员会；2001 年，撤乡并镇时进行调整，撤并为 79 个村民委员会。至 2015 年底没有变化。

第二十编　地方人民政协

1984 年 2 月，吉县首届政协筹备领导组成立。12 月，政协吉县一届一次会议在县城召开，选举产生主席、副主席、常务委员，组成政协吉县第一届委员会。

1984—2015 年，先后召开 8 届换届会议，选举产生各届委员会，共召开 30 次全体委员会议、86 次常务委员会议。

政协吉县委员会在中共吉县县委领导下，遵循“长期共存、互相监督、肝胆相照、荣辱与共”方针，积极履行“政治协商、民主监督、参政议政”职能，组织委员深入基层，调查研究，反映社情民意，开展视察评议。围绕中心工作，建言献策，为县委、县政府决策提供科学依据。搜集、编写文史资料，传承、弘扬当地优秀传统文化。

第一章 机构

第一节 常务委员会

政协吉县委员会常务委员会由主席、副主席、秘书长和常务委员组成，均由全体会议选举产生。

第一届政协常务委员会

1984年12月18—23日，政协吉县一届一次全体会议选举产生常务委员会，委员会由15人组成，其中主席1名，副主席3名，常务委员11名。

主 席：张怀珍（中共界）；副主席：冯世杰（中共界）、范生荣（特邀界，非党人士，兼审计局副局长）、卫思合（工商业者，兼吉县百货公司副经理）；常务委员：白培良（中共界，县政协专职常委）、冯 铣（教育界，非党人士，县教师进修校教师）、刘继选（女，妇联，县人大常委会委员）、刘稳茂（农业界，中垛乡林业顾问，农民）、李玉保（医卫界，县人民医院党支部书记）、张培剑（特邀界，非党人士，县林业局林业站站长）、张振武（科技界，非党人士，县蚕果站副站长）、贺其中（知名人士，县一中教师）、赵 平（中共界，县政协委员会办公室主任）、赵本文（台属，非党人士，县人民医院医务办主任）、谭克宽（民革成员，农民）。

一届二次全体会议增选常务委员：曹世华（中共界，县委统战部部长）、张承先（知名人士，浪北村农民）。

第二届政协常务委员会

1987年6月1—5日，政协吉县二届一次全体会议选举产生常务委员会，委员会由13人组成，其中主席1名，副主席4名，常务委员8名。

主 席：刘泽民（中共界）；副主席：强傲森（中共界）、范生荣（特邀界，兼审计局副局长）、张元泰（医卫界，非党人士，兼县中医院院长）、赵本文（台属，非党人士，县医院医务办公室主任）；常务委员：白培良（中共界，政协专职常委）、冯 铣（教育界，非党人士，县教师进修校教师）、张承先（知名人士，农民）、张振武（科技界，非党人士，县蚕果站副站长）、赵 平（中共界，政协吉县委员会办公室主任）、柏玉石（经济界，非党人士，县土产公司经理）、曹世华（中共界，县委统战部部长）、谭克宽（民革成员，农民）。

第三届政协常务委员会

1990年5月3—7日，政协吉县三届一次全体会议选举产生常务委员会，委员会由13人组成，其中主席1名，副主席4名，常务委员8名。

主 席：任俊发（中共界，中共吉县县委书记）；副主席：吴祥庭（中共界）、赵本文（台属，非党人士，县人民医院医务办公室主任）、吕云珍（女，科技界，非党人士，县农机推广站站长）、冯慎终（教育界，非党人士，县二中教师）；常务委员：韦志强（教育界，非党人士，县一中教师）、白培良（中共界，政协专职常委）、朱健仁（科技界，非党人士，县区划办公室副主任）、李玉保（医卫界，县人民医院党支部书记）、张福茂（工商业者，非党人士，县饮食服务公司副经理）、张振武（科技界，非党人士，县蚕果站副站长）、曹世华（中共界，县委统战部部长）、谭克宽（民革成员，农民）。

第四届政协常务委员会

1993年6月1—4日，政协吉县四届一次全体会议选举产生常务委员会，委员会由13人组成，其中主席1名，副主席4名，常务委员8名。

主 席：陈 刚（中共界）；副主席：朱掌印（中共界，县委统战部部长）、赵本文（台属，非党人士，县人民医院副院长）、吕云珍（女，科技界，非党人士，县农机推广站站长）、冯慎终（教育界，非党人士，县教育局教研室主任）；常务委员：王全有（经济企业界，非党人士，县果品公司经理）、刘效平（工商联，非党人士，学背后建筑公司经理）、张振武（科技界，非党人士，县蚕果站副站长）、侯登峰（经济企业界，县酒厂经理）、阎金铸（文化艺术界，非党人士，县文物站站长）、袁文杰（中共界，政协吉县委员会办公室主任）、袁梅枝（女，民族宗教界，医生）、常新玉（经济企业界，县工商银行行长）。

第五届政协常务委员会

1998年5月17—20日，政协吉县五届一次全体会议选举产生常务委员会，委员会由15人组成，其中主席1名，副主席4名，常务委员10名。

主 席：陈 刚（中共界）；副主席：朱掌印（中共界，县委统战部部长）、白锁柱（中共界，县烤烟局局长）、葛平安（中共界，县计委主任）、白占奎（体育界，非党人士，县体委主任）；常务委员：王全有（经济企业界，非党人士，县果品公司经理）、兰培红（文化艺术界，非党人士，县二中教师）、刘吉贤（中共界，县委宣传部副部长）、刘效平（个体企业界，学背后建筑公司经理）、肖有威（民族宗教界，非党人士，基督教会负责人）、李莲花（女，医卫界，县妇幼站站长）、杜寅森（工商联，县工商联合会会长）、陈少敏（中共界，政协吉县委员会办公室主任）、高春枝（农业界，农民）、曹雪森（科技界，县水利局工程师）。

五届二次全会补选陈少敏为政协吉县委员会秘书长。

第六届常务委员会

2003年11月25—28日，政协吉县六届一次全体会议选举产生常务委员会，委员会由16人组成，其中主席1名，副主席3名，秘书长1名，常务委员11名。

主 席：张锦中（女，中共界）；副主席：牛建中（中共界，县财政局局长）、梁荣森（中共界，县发改委主任）、白占奎（体育界，非党人士，县体委主任）；秘书长：陈少敏（中共界，政协吉县委员会办公室主任）；常务委员：王彩梅（女，科技界，非党人士，县林业局工程师）、文阳生（工商联，县工商联合会会长）、冯立成（科技界，非党人士，县水利局抗旱服务队队长）、刘宏达（工商联，非党人士，宏达家电城经理）、杨启亮（医卫界，九三学社社员，县人民医院副院长）、陈永柱（教育界，非党人士，县东关小学副校长）、张海伟（中共界，县委组织部组织科科长）、陕高升（中共界，县旅游服务中心主任）、赵建平（台属，县法院干部）、高建平（经济企业界，非党人士，明珠煤矿总经理）。

六届二次全会增选强培家为常务委员（中共界，政协吉县委员会办公室主任），六届三次全会增选苏玉森为六届委员会副主席（无党派，县房改办主任）。

第七届常务委员会

2007年5月22—25日，政协吉县七届一次全体会议选举产生常务委员会，委员会由20人组成，其中主席1名，副主席4名，秘书长1名，常务委员14名。

主　席：张锦中（女，中共界）；副主席：牛建中（中共界，县财政局局长）、梁荣森（中共界，县发改委主任）、陈晓爱（女，无党派，政协副主席）、苏玉森（无党派，房改办主任）；秘书长：强培家（中共界，政协吉县委员会办公室主任）；常务委员：冯立成（科技界，非党人士，县水利局抗旱服务队队长）、吕笑钢（民族宗教界，县二中教导主任）、刘晋明（文体界，非党人士，农民）、杨兵玲（农业界，非党人士，县农广校副校长）、杨启亮（九三学社社员，县人民医院副院长）、李智（社会福利界，非党人士，县民政局干事）、李建学（经济企业界，非党人士，县信用联社理事长）、李振林（农业界，非党人士，果树技术员）、郑卫民（新闻界，非党人士，县电视台记者）、郑桂梅（女，中共界，县委统战部副部长）、赵建平（台属，非党人士，县法院助理审判员）、高建平（经济企业界，非党人士，明珠煤矿总经理）、曹跃民（工商联，非党人士，县工商联合会副会长）、蒋云虎（中共界，县委组织部副部长）。

第八届常务委员会

2011 年 6 月 24—27 日，政协吉县八届一次全体会议选举产生常务委员会，委员会由 19 人组成，其中主席 1 名，副主席 4 名，秘书长 1 名，常务委员 13 名。

主　席：吴忠民（中共界）；副主席：梁荣森（中共界）、秦志富（中共界）、杨建新（民盟会员）、杨启亮（九三学社社员，县人民医院副院长）；秘书长：秦吉文（中共界，政协吉县委员会办公室主任）；常务委员：常向方（中共届，县委组织部副部长）、刘建荣（中共届，县委统战部副部长）、强朝晖（县文体局局长）、岳楚燕（县卫生局副局长）、刘旭山（县文联主席）、吕笑钢（民族宗教界，县二中教导主任）、杨兵玲（农业界，非党人士，县农广校副校长）、李　智（社会福利界，非党人士，县民政局干事）、李振林（农业界，非党人士，果树技术员）、赵建平（台属，非党人士，县法院助理审判员）、张静婷（县电视台台长）、杨杰龙（县水利局副局长）、苏天亮（县法院）。

第二节　内设机构

1984 年，吉县政协设置专门委员会（工作组），作为政协委员会的办事机构，首届设“三委六组”，即学习委员会、提案委员会、文史资料委员会、工交财贸工作组，农业生产工作组、科学技术工作组、文教体育工作组、医药卫生工作组、民族宗教工作组。二届、三届设“三委七组”，在首届的基础上，增加政法工作组。四届、五届设“四委七组”即学习宣传委员会、文史资料委员会、提案信访委员会、经济工作委员会、科教文体工作组、工交财贸工作组、医疗卫生工作组、政法工作组、民族宗教工作组、农业生产工作组、信息工作组。以上机构主任均由委员兼任。六届、七届、八届设“一室六委”，即政协办公室、提案委员会、民族宗教和港澳台侨胞联络委员会、农村和经济技术委员会、社会法制委员会、教文卫体委员会、学宣文史委员会。按正科级单位设置，任命正、副主任。1999 年，设秘书长，第八届政协增设信息中心。

第三节　派出机构

1986 年，第一届政协期间在各乡镇成立政协联络组，设有组长、副组长及成员。即城关镇、屯里镇、中垛乡、柏山寺乡、东城乡、文城乡、王家原乡、明珠乡、窑曲乡、曹井乡、兰家河乡 11 个乡镇政协联络组。组长一般由乡镇副书记兼任，成员由各阶层人士组成。组长列席县政协全委会，参加相关的常委会，不定期向县政协反映乡镇政协工作，配合县政协在本乡镇的视察、调研等工作。

1988年5月9日，二届政协召开主席办公会，决定在县城组建“政协联络活动小组”。首先组建了教育、卫生、农业、财贸4个系统的“政协联络活动小组”。随后其他系统也相应成立。组长一般由单位专职党支部书记担任。2001年合并乡镇，2002年机构改革合并单位，基层的“政协联络活动小组”自动解散。

2005年7月，经中共吉县县委批准，县政协六届四次常委会决定，境内8个乡镇全部设立“政协联络组”，正科级建制，为县政协派驻机构，接受县政协和乡镇党委的双重领导。其主要职责是，组织乡镇政协委员的学习；负责组织本乡镇政协委员列席乡镇人民代表大会；组织乡镇政协委员调查研究，反映社情民意；认真做好民族宗教工作；认真做好党外知识分子工作；完成县政协和当地党委交办的工作任务。

第二章 政协委员

第一节 委员产生

委员推荐办法的确定

每届政协委员会第一次会议召开之前，由县政协党组、县委组织部、统战部等部门组成县政协委员推荐领导组。根据《中国人民政治协商会议章程》和上级党委有关规定，参照上级政协会议确定委员的情况，县政协委员推荐领导组提出每届政协委员的人数、界别、比例以及产生办法等，报县委研究同意后组织实施。

委员推荐的原则

推荐的政协委员要符合广泛性、大团结、大联合、稳定性和连续性的原则：一是坚持统筹兼顾，全面安排的方针。推荐的政协委员要照顾到代表面，方方面面统筹兼顾，全面平衡。各乡镇、县直各大口和中央、省、市（地）驻吉县的单位都有一定数量的政协委员名额。二是坚持人选的政治性、代表性与群众性相统一。既要考虑人选的先进性，又要考虑广泛性，还要看其综合素质和参政议政能力。三是坚持民主协商。在推荐政协委员过程中，在发扬民主，多层次、多渠道反复进行协商，严格按照政协章程规定程序办事。四是年龄要求。新推荐的中共党员委员一般不超过55岁，留任的老委员一般不超过60岁；其他界别的委员，新推荐的一般不超过55岁，留任的不超过65。五是与县人大代表不交叉当选。

新委员的产生

新委员产生过程大致分为三个阶段：一是提名推荐。按照各界别委员人数，将名额分配到各乡镇、县直各大口和中央、省、市（地）驻吉县的单位，由各单位按照分配的名额和要求，协商提名。推荐的人选，要大于分配名额的1到2倍。二是协商确定建议名单。县政协委员推荐领导组对各单位提出的推荐人选，进行筛选，综合平衡，反复同各推荐单位协商，形成建议名单，报县委审定。三是县政协常务委员会会议通过。将委员建议名单提交县政协常务委员会进行协商表决，常务委员会全体委员过半数同意，方可成为新一届政协委员。

老委员的留任

老委员留任的原则是：将各人民团体的负责人、老统战对象、各界别的拔尖人才、届中多次被评为优秀的政协委员留任。基本做到留的合理，去的合情，进的合格。

另外，根据政协章程规定，每届政协委员会视实际情况和需要，可增补政协委员。届中委员的增补，由本届政协常委会协商确定。

第二节 委员组成

人民政协是中国人民在中国共产党领导下的统一战线组织，由中国共产党、各民主党派、无党派、人民团体、民族宗教等方面的代表人士组成。根据政协委员的广泛性、代表性、“智囊团”

"人才库"等特点，选择那些长期与共产党合作、患难与共的党外朋友、各民主党派代表、对社会主义建设有突出贡献的人员以及有专业知识与技术的人员参加政协。根据规定中共委员的人数不超过委员总数的40%。

第一届委员会委员

政协吉县第一届委员会委员由50人组成，代表19个界别。分别为中国共产党5人、民革2人、民盟1人、无党派民主人士1人、工会1人、共青团1人、妇联1人、科协1人、农民3人、文化艺术3人、科技9人、教育8人、体育1人、医药卫生2人、新闻1人、少数民族1人、宗教1人、台属1人、特邀人士7人。从年龄结构上看，最小的23岁，最大的80岁，平均52岁。大、中专文化程度和有技术职称的科技人员20人，知识分子占到委员总数的40%。

第二届委员会委员

政协吉县第二届委员会委员由53人组成，代表18个界别。分别为中国共产党5人、民革2人、民盟1人、无党派民主人士2人、工会1人、共青团1人、妇联1人、农民5人、文化艺术2人、科学技术7人、教育9人、体育1人、新闻1人、医药卫生5人、民族宗教2人、台属1人、经济界4人、特邀3人。

第三届委员会委员

政协吉县第三届委员会委员由48人组成，代表22个界别。分别为中国共产党7人、民革1人、民盟1人、工会1人、共青团1人、妇联1人、农民6人、文化艺术1人、教育7人、体育1人、新闻1人、医药卫生2人、民族宗教3人、台属1人、个体协会1人、工商业1人、工业2人、财贸2人、社会福利1人、科协1人、农牧业3人、特邀3人。本届委员中民主党派和非党人士30人。女委员10人。

第四届委员会委员

政协吉县第四届委员会委员由60人组成，代表22个界别。分别为中国共产党5人、民盟1人、工会1人、共青团1人、妇联1人、科协1人、工商联3人、台属1人、教育7人、科学技术3人、社会科学2人、文化艺术2人、体育1人、新闻1人、医药卫生2人、民族宗教3人、社会福利1人、经济企业6人、农业5人、个体企业2人、旅游1人、农民10人。本届委员中民主党派和无党派人士35人，占委员总数58%。妇女委员8人，占12%。具有高中以上学历的50人，占81%。有各种专业职称的21人，占34%。

第五届委员会委员

政协吉县第五届委员会的委员由65人组成，其中保留上届32人，新增33人。代表21个界别。分别为：中国共产党7人、工商联3人、工会1人、团委1人、妇联1人、科协1人、台属1人、教育5人、科技5人、社会科学2人、文艺2人、体育1人、新闻1人、医疗卫生2人、民族宗教4人、社会福利1人、经济企业8人、个体经济5人、旅游1人、农业3人、农民10人。65人委员中，中共党员25人，占委员总数的38.5%。委员年龄最大的75岁，年龄最小的27岁，平均年龄47.7岁。大专以上文化程度的16人（上届11人），中专17人，高中16人，初中14人，小学2人。有技术职称的43人。女委员12人，占委员18.5%，和上届比，科技界、经济企业界、个体经济界3个界别的委员得到加强。

第六届委员会委员

政协吉县第六届委员会委员由91人组成。其中，五届政协委员继续留任的18人，新增委员73人，占委员总数的80.2%。六届政协委员代表20个界别，其中：中国共产党14人、工商联4

人、总工会 2 人、共青团 2 人、妇联 2 人、科协 1 人、无党派 3 人、科技界 10 人、社科界 3 人、教育界 3 人、文艺界 1 人、体育界 2 人、新闻界 3 人、医卫界 4 人、农业界 12 人、经济企业界 15 人、民族界 2 人、宗教界 2 人、社会福利界 3 人、特邀 3 人。其中，中共委员 44 人，占总数的 48.35%；民主党派和非党人士委员 47 人，占总数的 51.65%。妇女委员 19 人，占总数的 20.9%。少数民族委员 4 人，占总数的 4.4%。在年龄结构上：50 岁以上的 11 人，占委员总数的 12.1%；40 岁到 49 岁的 45 人，占委员总数的 49.5%；31 ~ 39 岁的 28 人，占委员总数的 30.77%；30 岁以下的 7 人，占委员总数的 7.69%。平均年龄 41.48 岁。在文化层次上：大专以上文化程度的有 59 人，占委员总数的 64.8%；中专和高中文化程度的有 20 人，占委员总数的 22%；初中文化程度的有 11 人，占委员总数的 12.1%；小学文化程度的有 1 人，占委员总数的 1.1%。有各类技术职称的 44 人，占委员总数的 48.4%。其中，高级技术职称的 3 人，中级技术职称的 28 人，初级技术职称的 13 人。

第七届委员会委员

政协吉县第七届委员会委员由 102 人组成。其中，在六届政协委员中继续留任 46 人，占七届委员总数的 45.1%，新任委员 56 人，占委员总数的 54.9%。代表 18 个界别，其中：中国共产党 9 人、总工会 3 人、共青团 3 人、妇联 3 人、工商联 5 人、科协 1 人、社科界 4 人、医卫界 6 人、社会福利界 3 人、新闻界 3 人、文体界 6 人、教育界 7 人、民族宗教界 4 人、农业界 12 人、科技界 8 人、无党派 5 人、经济企业界 13 人、特邀人士 7 人。委员中，中共党员 40 人，占委员总数的 39.2%；民主党派和非党派人士 62 人，占委员总数的 60.8%；妇女委员 29 人，占总数的 28.4%；少数民族委员 2 人，占总数的 1.96%。在年龄结构上，50 岁以上的 8 人，占委员总数的 7.8%；40 ~ 49 岁的 55 人，占委员总数的 54%；30 ~ 39 岁的 37 人，占委员总数的 36.2%；30 岁以下的 2 人，占委员数的 2%。平均年龄 41.5 岁。文化结构上，大专以上文化程度的有 69 人，占委员总数的 67.6%；中专和高中文化程度的有 27 人，占委员总数的 26.5%；初中文化程度的 6 人，占委员总数的 5.9%。有各类技术职称的 60 人，占委员总数的 58.8%。

第八届委员会委员

政协吉县第八届委员会委员由 102 人组成，其中，在七届政协委员中继续留任的 27 人，新任委员 75 人。代表 16 个界别，其中：中国共产党 10 人、总工会 3 人、共青团 3 人、妇联 3 人、工商联 9 人、社科界 6 人、医卫界 7 人、社会福利界 3 人、新闻界 2 人、文体界 6 人、教育界 8 人、民族宗教界 4 人、农业界 5 人、科技界 10 人、无党派 7 人、经济企业界 16 人。委员中中共党员 40 人，占委员总数的 39.2%；民主党派和非党派人士 62 人，占委员总数的 60.8%。妇女委员 33 人，占总数的 32.4%；少数民族委员 4 人，占总数的 3.92%。年龄结构上，55 岁以上的 6 人，占委员总数的 5.9%；46 ~ 54 岁的 40 人，占委员总数的 39.2%；36 ~ 45 岁的 45 人，占委员总数的 44.1%；35 岁以下的 10 人，占委员数的 9.8%。委员平均年龄 42 岁。文化结构上，大专文化程度的有 42 人，占委员总数的 42%。有各类技术职称的 46 人，占委员总数的 45.1%。

第三章 县政协会议

第一节 全体会议

第一届委员会全体会议

1984 年 12 月—1987 年 6 月，共召开全体会议 2 次。

政协吉县第一届委员会第一次全体会议 1984 年 12 月 18—23 日在县城召开。50 名委员出席会议。会议期间，县委书记周诚作《同心同德，团结奋斗，群策群力，开拓前进》的讲话，听取提案委员会《关于提案审查报告》，通过政协吉县第一届委员会第一次会议政治决议。按照《政协章程》选举政协吉县第一届委员会主席、副主席、常务委员。与会委员列席吉县第八届人民代表大会第一次会议。

政协吉县第一届委员会第二次全体会议 1986 年 4 月 26—29 日在县城召开。46 名委员出席会议。会议期间，县委书记张培华讲话。冯世杰副主席作常务委员会工作报告，范生荣副主席作一年来提案处理情况报告和一届二次会议提案审查情况报告。全体委员以举手表决方式，增选张承先、曹世华为政协第一届委员会常务委员。与会全体委员列席吉县第八届人民代表大会第二次会议。县委副书记张顺旺在大会闭幕时讲话。

第二届委员会全体会议

1987 年 6 月—1990 年 5 月，共召开全体会议 3 次。

政协吉县第二届委员会第一次全体会议 1987 年 6 月 1—5 日在县城召开。49 名委员出席会议。会议期间，县委书记任俊发作《认清形势，明确任务，同心同德，团结奋斗》的讲话，副主席范生荣作《政协吉县第一届常务委员会一年来的工作报告》，副主席赵本文作《政协吉县第一届委员会第二次会议以来的提案工作情况的报告》。全体委员列席吉县第九届人民代表大会第一次会议。按照《政协章程》选举产生政协吉县第二届委员会主席、副主席、常务委员。

政协吉县第二届委员会第二次全体会议 1988 年 4 月 24—27 日在县城召开。53 名委员出席会议。会议期间，副主席强傲森作《高举社会主义和爱国主义旗帜，为振兴吉县经济献策出力》的工作报告，副主席张元泰作《政协吉县第二届委员会提案委员会一年来提案处理情况的报告》和《关于二次会议提案审查情况的报告》。传达学习全国政协七届一次会议精神。列席吉县第九届人民代表大会第三次会议。政协主席刘泽民在闭幕式上作题为《认清形势，加倍努力，为振兴吉县经济而奋斗》的讲话。

政协吉县第二届委员会第三次全体会议 1989 年 3 月 10—15 日在县城召开。53 名委员出席会议。会议期间，县委书记任俊发到会讲话，副主席强敖森作政协吉县第二届常务委员会《工作报告》，副主席范生荣作政协吉县第二届委员会提案委员会《关于一年来提案处理情况的报告》和政协二届委员会三次会议提案审查报告。学习《政协全国委员会关于政治协商、民主监督的暂行规定》。

第三届委员会全体会议

1990年5月—1992年4月，共召开全体会议3次。

政协吉县第三届委员会第一次全体会议　1990年5月3—7日在县城召开，52名委员出席会议。会议期间，县委书记任俊发致开幕词，县委副书记张顺旺讲话。副主席赵本文作《同心协力稳定大局、献计献策兴吉富民》的工作报告，副主席吕云珍作政协吉县二届委员会提案委员会《关于二届一次会议以来提案工作情况》的报告。全体委员列席吉县第十届人民代表大会第一次会议。会议按照《政协章程》选举产生政协吉县第三届委员会主席、副主席、常务委员。吴祥庭副主席致大会闭幕词。

政协吉县第三届委员会第二次全体会议　1991年4月21—24日在县城召开，52名委员出席会议。会议期间，县委书记、政协主席任俊发致开幕词，副主席吴祥庭作《为实现八五计划献计出力，为振兴吉县经济建功立业》的工作报告，副主席吕云珍作《关于政协吉县三届一次会议以来提案办理情况》的报告。全体委员列席吉县第十届人民代表大会第二次会议。副主席吴祥庭致大会闭幕词。

政协吉县第三届委员会第三次全体会议　1992年4月23—27日在县城召开，48名委员出席会议。会议期间，传达学习《中共中央关于传达学习邓小平同志重要谈话的通知》（中共中央〔1992〕2号文件）。县委副书记张顺旺作重要讲话。副主席赵本文作《解放思想履行职能，抓住机遇献智出力》的工作报告。副主席吕云珍作政协吉县第三届委员会提案委员会《关于三届二次会议以来提案工作情况的报告》和政协吉县第三届委员会第三次会议提案征集和审查情况的通报。全体委员列席吉县人民代表大会第十届三次会议。吴祥庭副主席致大会闭幕词。

第四届委员会全体会议

1993年6月—1997年2月，共召开全体会议5次。

政协吉县第四届委员会第一次全体会议　1993年6月1—4日在县城召开，60名委员出席会议。会议期间，县委副书记张顺旺讲话，副主席赵本文作《解放思想履行政协职能，献智出力振兴吉县经济》的工作报告。副主席吕云珍作《政协吉县第三届委员会提案委员会工作报告》。全体委员列席吉县第十一届人民代表大会第一次会议。会议按照《政协章程》选举产生政协吉县第四届委员会主席、副主席、常务委员。副主席、统战部部长朱掌印致闭幕词。

政协吉县第四届委员会第二次全体会议　1994年4月17—20日在县城召开，60名委员出席会议。会议期间，县委副书记张顺旺讲话，主席陈刚作《围绕经济建设履行职能，发挥政协优势献计出力》的工作报告。副主席吕云珍作政协吉县第四届委员会提案委员会《工作报告》和提案征集和审查的情况报告。全体委员列席吉县第十一届人民代表大会第二次会议。副主席赵本文致闭幕词。

政协吉县第四届委员会第三次全体会议　1995年3月22—25日在县城召开，60名委员出席会议。会议期间，县委副书记张顺旺作《认真履行政协职能，积极促进经济发展》的讲话。主席陈刚作《发挥人才优势，履行政协职能，为实现全县“113788”目标而奋斗》的工作报告。副主席吕云珍作《政协吉县第四届委员会提案委员会工作报告》和政协吉县第四届委员会提案委员会《关于提案征集和审查的情况》。全体委员列席吉县第十一届人民代表大会第三次会议。副主席、统战部部长朱掌印致闭幕词。

政协吉县第四届委员会第四次全体会议　1996年5月7—10日在县城举行，60名委员出席会议。会议期间，县委书记陈保堂作《建言献策，共谋大业，为实现兴吉富民宏伟目标做出新贡献》的讲话。主席陈刚作《建功立业献良策，同心协力绘蓝图，为实现兴吉富民进军“九五”战略目标而努力奋斗》的工作报告。副主席吕云珍作《政协吉县第四届委员会提案委员会工作报告》和政协吉县第四届委员会提案委员会《关于提案征集和审查的情况》。全体委员列席吉县第十一届人民代表大会第四次会议，部分委员作大会发言。副主席、统战部部长朱掌印致大会闭幕词。

政协吉县第四届委员会第五次全体会议　1997 年 2 月 19—22 日在县城召开，59 名委员出席会议。会议期间，县委书记陈保堂作《献计献策，共谋大业，努力夺取吉县经济和社会发展的新胜利》的讲话。主席陈刚作《讲质量上水平，全力推进“两化”建设，求实效献良策，认真履行工作职能》的工作报告。副主席吕云珍作政协吉县第四届委员会提案委员会《工作报告》和《关于提案征集和审查的情况报告》。全体委员参加县、乡、村三级干部会议，列席吉县第十一届人民代表大会第五次会议。政协副主席、统战部部长朱掌印致大会闭幕词。

第五届委员会全体会议

1998 年 5 月—2003 年 11 月，共召开全体会议 5 次。

政协吉县第五届委员会第一次全体会议　1998 年 5 月 17—20 日在县城召开，65 名委员出席会议。大会开幕时，少先队员祝词，临汾地区政协工作委员会副主任侯建华作《高举邓小平理论伟大旗帜，努力开创人民政协工作新局面》的讲话，县委书记陈保堂作《围绕大局谋大略，紧扣大事出大力，为建设旅游强县加速经济发展而共同奋斗》的讲话。主席陈刚作《高举邓小平理论旗帜，认真履行自身职能，努力做好跨世纪的政协工作》的报告。副主席朱掌印作第四届委员会提案委员会《工作报告》。全体委员列席吉县第十二届人民代表大会第一次会议。会议按照《政协章程》选举产生政协吉县第五届委员会常务委员会主席、副主席、常务委员。副主席白占奎致闭幕词。

政协吉县第五届委员会第二次全体会议　1999 年 4 月 27—29 日在县城召开，69 名委员出席会议。会议期间，县委书记陈保堂作《围绕中心，服务大局，发挥优势，建言献策，为实现兴吉富民跨世纪宏伟目标做出更大贡献》的讲话。政协副主席、统战部部长朱掌印作《立足吉县实际，发挥自身优势，再谱政协工作新篇章》的工作报告。副主席白占奎作政协吉县第五届委员会提案委员会《关于第一次会议以来提案工作的情况报告》和《关于提案征集和审查的情况报告》。全体委员列席吉县第十二届人民代表大会第二次会议。依照《政协章程》选举陈少敏为政协秘书长。主席陈刚在闭幕会上作《认清当前形势，依靠科技进步，为吉县摆脱贫困献计出力》的讲话。

政协吉县第五届委员会第三次全体会议　2000 年 4 月 11—13 日在县城召开，69 名委员出席会议。会议期间，县委常委闫旺森作《同商大计，共谋良策，为吉县经济和社会发展再做新贡献》的讲话。副主席葛平安作《围绕中心，服务大局，把吉县政协工作提高到一个新水平》的工作报告。副主席白占奎作政协吉县第五届委员会提案委员会《关于五届二次会议以来提案工作的情况报告》和《第三次会议期间提案征集和审查的情况》报告。全体委员列席吉县第十二届人民代表大会第三次会议。主席陈刚在闭幕会上作《深化调研，建言立论，为振兴吉县经济献高策出实力》的讲话。

政协吉县第五届委员会第四次全体会议　2001 年 2 月 4—6 日在县城召开，69 名委员出席会议。会议期间，副主席葛平安作《跨入新世纪，创造新辉煌，谱写吉县政协工作新篇章》的工作报告。副主席白占奎作五届三次会议以来《提案工作情况报告》。县委书记原胜利作《围绕中心，服务大局，为建设三大特色经济县做出新的贡献》的讲话。全体委员列席吉县第十二届人民代表大会第五次会议。审议通过大会的各项决议，表彰优秀提案者和先进承办单位。

政协吉县第五届委员会第五次全体会议　2002 年 1 月 17—19 日在县城召开，69 名委员出席会议。会议期间，县委书记原胜利作重要讲话。副主席葛平安作《努力实践“三个代表”重要思想，不断提高政协工作整体水平》的工作报告。副主席白占奎向大会作《关于五届四次会议以来提案工作情况的报告》、通报五届五次会议期间提案征集和审查的情况。全体委员列席吉县第十二届人民代表大会第六次会议。主席陈刚在闭幕会上作《加强理论学习，紧跟时代步伐，不断提高参政水平和议政能力》的讲话。大会表彰优秀提案者和先进承办单位。

第六届委员会全体会议

2003 年 11 月—2007 年 4 月，共召开全体会议 4 次。

政协吉县第六届委员会第一次全体会议　2003 年 11 月 25—28 日在县城召开，91 名委员出席会议。大会开幕时，少先队员献词。会议期间，主席陈刚代表五届委员会常务委员会作《与时俱进，开拓创新，不断开创全县政协工作新局面》的工作报告。副主席白占奎代表政协吉县第五届委员会常务委员会作《提案工作报告》。全体委员列席吉县第十三届人民代表大会第一次会议。大会按照《政协章程》，选举产生政协吉县第六届委员会主席、副主席、常务委员。大会闭幕时，政府代县长张云讲话，新当选的政协主席张锦中作《围绕中心，服务大局，把握主线，发挥职能，全面开创吉县政协工作的新局面》的讲话。

政协吉县第六届委员会第二次全体会议　2004 年 5 月 24—26 日在县城召开，108 名委员出席会议。会议期间，主席张锦中作《求真务实，开拓创新，把吉县政协工作提高到新的水平》的工作报告。副主席白占奎作《政协吉县第六届委员会常务委员会提案工作报告》，通报政协吉县第六届委员会第二次会议提案审查的情况报告。副主席梁荣森宣读《关于政协委员履行职能的考评办法》。大会进行议政发言。全体委员列席吉县第十三届人民代表大会二次会议。按照《政协章程》补选强培家为政协吉县第六届委员会常务委员。大会表彰优秀提案者和提案承办先进单位和个人。

政协吉县第六届委员会第三次全体会议　2005 年 4 月 27—28 日在县城举行，110 名委员出席会议。会议期间，主席张锦中作《政协吉县第六届委员会常务委员会工作报告》。副主席白占奎作《关于六届二次会议以来提案工作情况的报告》和政协吉县第六届委员会第三次会议提案审查情况的通报。全体委员列席吉县第十三届人民代表大会第三次会议。按照《政协章程》补选苏玉森为政协吉县第六届委员会副主席。大会通报表彰优秀提案者，提案办理先进单位，提案和反映社情民意工作先进个人。大会闭幕时，政府县长张云作讲话。

政协吉县第六届委员会第四次全体会议　2006 年 4 月 6—7 日在县城召开，108 名委员出席会议。会议期间，主席张锦中作《政协吉县第六届委员会常务委员会工作报告》，副主席白占奎作《关于六届三次会议以来提案工作情况的报告》和政协吉县第六届委员会第四次会议提案审查的情况报告。全体委员列席吉县第十三届人民代表大会第四次会议。大会通报表彰提案办理先进单位和个人，优秀提案者和反映社情民意先进个人。大会闭幕时，政府县长张云作讲话。

第七届委员会全体会议

2007 年 5 月 22 日—2010 年 6 月，共召开全体会议 4 次。

政协吉县第七届委员会第一次全体会议　2007 年 5 月 22—25 日在县城召开，102 名委员出席会议。会议期间，主席张锦中作《政协吉县第六届委员会常务委员会工作报告》。副主席梁荣森作《政协吉县第六届委员常务委员会提案工作报告》和通报了七届一次会议期间提案征集和审查的情况报告。全体委员列席吉县第十四届人民代表大会第一次会议。按照《政协章程》选举政协吉县七届委员会主席、副主席、常务委员。通过政协吉县七届一次会议的各项决议。大会闭幕时，县委书记乔建军作讲话。

政协吉县第七届委员会第二次全体会议　2008 年 5 月 9—11 日在县城举行，104 名委员出席会议。会议期间，副主席梁荣森作《政协吉县第七届委员会常务委员会工作报告》。副主席陈晓爱作《关于七届一次会议以来提案工作情况的报告》。全体委员列席吉县第十四届人民代表大会第二次会议。用以会代训的方式对全体委员进行培训。宣读在政协委员中开展"三个一"（提出一个好建议、办成一件实在事、反映一条好信息）活动考评办法。通过大会的各项决议。

政协吉县第七届委员会第三次全体会议　2009 年 6 月 13—15 日在县城召开，104 名委员出席会议。会议期间，主席张锦中作《政协吉县第七届委员会常务委员会工作报告》。副主席陈晓爱作《关于七届二次会议以来提案工作情况的报告》。与会委员列席吉县第十四届人民代表大会第三次会议。

政协吉县第七届委员会第四次全体会议　2010 年 6 月 17—19 日在县城召开，104 名委员出席会议。会议期间，主席张锦中作《政协吉县第七届委员会常务委员会工作报告》。副主席陈晓爱作《关于七届三次会议以来提案工作情况的报告》。与会委员列席吉县第十四届人民代表大会第四次会议。

第八届委员会全体会议

2011 年 6 月—2015 年底，共召开 5 次全体会议。

政协吉县第八届委员会第一次会议　2011 年 6 月 24—27 日在县城召开，102 名委员出席会议。会议期间，县委书记毛益民到会讲话。副主席梁荣森代表政协吉县第七届委员会常务委员会作工作报告。副主席杨启亮代表政协吉县第七届常委会作提案工作报告。与会委员列席吉县人民代表大会第十五届第一次会议。按照《政协章程》选举政协吉县八届委员会主席、副主席、常务委员、秘书长。新当选的政协主席吴忠民作表态发言。

政协吉县第八届委员会第二次会议　2012 年 4 月 15—17 日在县城召开，102 名委员出席会议。会议期间，县委书记毛益民、县长刘浩到会讲话。主席吴忠民作《政协吉县第八届委员会常务委员会作工作报告》。副主席杨建新作《政协吉县第八届常务委员会提案工作报告》。与会委员列席吉县人民代表大会第十五届第二次会议。

政协吉县第八届委员会第三次会议　2013 年 4 月 23—25 日在县城召开，110 名委员出席会议。会议期间，县委书记毛益民、县长刘浩到会讲话。主席吴忠民作《政协吉县第八届委员会常务委员会工作报告》。副主席杨建新作《政协吉县第八届委员会常务委员会提案工作报告》。与会委员列席吉县人民代表大会第十五届第三次会议。

政协吉县第八届委员会第四次会议　2014 年 4 月 25—27 日在县城召开，102 名委员出席会议。会议期间，县委书记郝忠祥、县长刘浩到会讲话。主席吴忠民作《政协吉县第八届委员会常务委员会工作报告》。副主席杨建新作《政协吉县第八届委员会常务委员会提案工作报告》。与会委员列席吉县人民代表大会第十五届第四次会议。

政协吉县第八届委员会第五次会议　2015 年 6 月 1—3 日在县城召开，102 名委员出席会议。会议期间，县委书记郝忠祥、县长刘浩到会讲话。主席吴忠民作《政协吉县第八届委员会常务委员会工作报告》。副主席杨建新作《政协吉县第八届委员会常务委员会提案工作报告》。与会委员列席吉县人民代表大会第十五届第五次会议。

第二节　常务委员会会议

第一届常务委员会会议

1984年12月24日—1987年5月，共召开常委会议10次。成立工作机构，研究人员分工；围绕形势确定工作重点；学习省委领导、省政协领导有关讲话及有关会议精神；确定1987年第4季度召开各界人士服务“四化”经验交流会。

第二届常务委员会会议

1987年7月—1990年4月，共召开常委会议15次。传达学习全国地方政协工作组（委）工作会议精神和中国共产党吉县第六次代表大会精神；研究如何围绕生产力标准讨论和县委提出的治理经济环境，整顿经济秩序，全面深化改革的重大决策，参政议政，做出贡献。

第三届常务委员会会议

1990年5月—1993年5月，共召开常委会议11次，学习江泽民总书记1991年“七一”讲话，传达学习省、区政协会议和地区统战工作会议精神。围绕抵御“和平演变”，坚持四项基本原则、反对资产阶级自由化等议题开展协商讨论。研究如何进一步加强政协自身建设、充分发挥政协“人才库”“智囊团”优势、发挥政协参政议政作用，在中国共产党领导下努力为建设有中国特色社会主义、实现四化、统一祖国、振兴中华做出贡献。

第四届常务委员会会议

1993年9月—1998年5月，共召开常委会议7次。传达学习1993年中央6号文件，学习江泽民《大力发扬艰苦奋斗的精神》和李瑞环《学习理论，总结经验，研究工作》的文章。传达省政协和地区统战会议精神。研究政协委员如何参与到反腐败斗争中等问题。

第五届常务委员会会议

1998年7月—2003年11月，共召开常委会议11次。制定县政协《关于贯彻执行〈政协全国委员会关于政治协商、民主监督、参政议政的规定〉的实施细则》；学习《中共中央关于在全党深入学习邓小平理论的通知》；学习江泽民总书记庆祝中国人民政治协商会议成立50周年的讲话；传达李瑞环、田成平关于社情民意工作的指示精神；决定对果树、烤烟、农田建设进行视察。

第六届常务委员会会议

2003年12月—2007年5月，共召开常委会议9次。学习中共十六届三中全会精神；学习《中国人民政治协商会议章程》《政协全国委员会关于政治协商、民主监督、参政议政的规定》《中国人民政治协商会议全国委员会提案工作条例》；学习中共临汾市委关于贯彻《中共中央关于进一步加强中国共产党领导的多党合作和政治协商制度的意见的实施细则》等。

第七届常务委员会会议

2007年6月—2009年6月，共召开常委会议13次。学习《中共中央关于推进农村改革发展若干问题的决定》、温家宝总理2008年《政府工作报告》《中国人民政治协商会议章程》《中共中央关于加强人民政协工作的意见》《临汾市委关于加强人民政协工作的意见》等。召开2007年元旦茶话会议暨议政会。协商制定《政协委员考评办法》。协商通过委员增补和调整事项。研究政协调研视察、提案督办、社情民意征集上报、主席分工、委员“三个一”活动、全委会召开等事项。

第八届常务委员会会议

2011年6月—2015年底,共召开常委会议10次。学习胡锦涛总书记2011年“七一”讲话精神、中共十八大精神。通报2012年吉县项目建议情况和经济运行情况。制定《中国人民政治协商会议吉县委员会委员管理办法》。安排部署政协机关开办《吉县政协》信息刊物事宜。讨论通过《关于发展吉县旅游产业发展的建议》。协商通过全委会议及调研视察、议政发言等项工作安排。

第四章 主要工作

第一节 提案工作

县政协提案委员会对每年提案进行严格把关，审查立案。要求提案围绕县委、县政府的中心工作、爱国统一战线内部关系的重大问题和人民群众普遍关心的问题，一事一案，案情清楚予以立案。对于内容涉及党和国家机密的，进入民事、刑事、行政诉讼程序以及仲裁程序的，为本人或亲属解决个人问题的，均不予立案。政协全体会议以后，召开提案交办会，由县委办和政府办将提案交由有关单位在规定期限内办理，将办理结果反馈到县政协和提案人。

在政协第一届至第八届委员会期间，共收到提案 1817 件。除少数几件作为建议处理外，其余全部立案，提交有关部门办理。

第一届委员会共收到提案 97 件。其中属于党政方面的 15 件，工交方面的 12 件，农林牧水利方面的 22 件，财贸方面的 5 件，文教卫生方面的 37 件，城镇建设方面的 2 件，宗教方面 2 件，其他 2 件。

第二届委员会共收到提案 113 件。其中党政方面 52 件，工交财贸方面 30 件，文化、卫生、科教方面 17 件，农机、水利、林业、畜牧方面 10 件，其他方面 4 件，参加提案 135 人(次)。

第三届委员会共收到提案 108 件，立案 97 件，作为意见参考 11 件。立案处理提案中，经济建设 12 件，科技、教育、文化、卫生、体育方面 22 件，党群、政法、劳动人事方面 36 件，农林水利、工商财贸方面 13 件，工交、城建方面 14 件。参与提案的委员 197 人(次)，团体提案 1 件，提案办复率为 99%，采纳率为 60%。

第四届委员会共收到提案 170 件，立案 164 件，作为意见参考 6 件。立案处理提案中，经济建设 68 件，科技、教育、文化、卫生、体育方面 36 件，党群、政法方面 30 件，工商财贸方面 17 件，农林水利方面 6 件，市政建设方面 7 件。参与提案的委员 232 人(次)，团体提案 2 件，提案办复率为 99%，采纳率为 80%。共有 106 件提案付诸实施，产生实效。

第五届委员会共收到提案 214 件，立案 207 件，作为意见参考 7 件。立案处理提案中，经济建设 105 件，科技、教育、文化、卫生、体育方面 38 件，党群、政法、人事劳动方面 31 件，市政建设方面 33 件。提案办复率为 100%，采纳率为 80%。共有 110 件提案付诸实施，产生实效。

第六届委员会共收到提案 323 件，立案 311 件，作为意见参考 12 件。立案处理提案中，经济建设 131 件，科技、教育、文化、卫生、体育方面 67 件，党群、政法、人事劳动方面 27 件，市政建设方面 86 件。提案办复率为 100%，采纳率为 80%。提案者对提案办理的满意和基本满意率达 97%。

第七届委员会共收到提案 358 件，立案 356 件，作为意见参考 2 件。立案处理提案中，经济建设 133 件，科技、教育、文化、卫生、体育方面 90 件，党群、政法、人事劳动方面 39 件，市政建设方面 94 件。提案办复率为 100%，采纳率为 80%。共有 230 件提案付诸实施。提案者对提案办理的满意和基本满意率达 95% 以上。

第八届委员会共收到提案401件，立案392件，立案率98%，全部得到答复办理。采纳215件，占立案总数54.8%。

从五届一次会议后对优秀提案人和对于办理提案有显著成绩的单位和个人进行表彰，其间共表彰12次，表彰优秀提案96件，先进承办单位18个（次），先进办案个人20名（次）。

第二节 社情民意

1994年11月，全国政协八届第20次主席会议正式提出“把反映社情民意作为政协的一项基础性工作”。此后，政协吉县第四届委员会把反映社情民意工作作为一项重要的经常性工作，动员全体政协委员广泛、及时地反映社会的真实情况和群众的意见呼声。并由县政协办公室负责整理上报上级政协。

政协吉县第四届、五届委员会，委员反映的社情民意信息涉及政治、经济、文化、教育、卫生和广大群众关心的社会生活的方方面面，被省、市政协采用，一些重要的社情民意信息还被省、市领导批示，得到有效落实，发挥委员参政议政的主体作用。

政协吉县第六届委员会，建立主席、副主席带头，委员中的骨干力量、全体委员和全体政协工作者参与的反映社情民意工作队伍。提出“在数量上搞突破，在质量上出精品”的口号。分界别对委员开展经常性专题培训。制定《反映社情民意考核奖励办法》，将反映社情民意工作作为考核政协委员履行职能的一项重要内容，并在每年的全委会上进行专项表彰。共编发《社情民意》96期，上报社情民意280条，其中60多篇被市级以上采用，其中《国家应对黄河壶口瀑布风景名胜区开发建设统一规划》《人口过少的贫困县应予以撤并》两篇社情民意被省政协采用并报送全国政协，《应妥善解决乡镇派出所警力不足的问题》《要严格管理科学合理利用每一寸土地》分别被省、市领导批示责成相关部门办理落实。2006年度，吉县政协被省政协办公厅评为“全省政协宣传工作先进单位”、被市政协评为全市政协“信息工作先进单位”。

政协吉县第七届委员会通过反映社情民意信息，汇集大量各界各层的意见和诉求，及时向各级党委、政府部门反映经济社会发展中广大民众普遍关注的热点、难点和焦点问题，提出富有建设性、操作性的建议。共编发上报《社情民意》307期，被省、市政协采用116条，其中《果树防雹网新技术值得广泛推广》《建议对中小学校教室灯光进行校正》《建议把山区苹果园间伐作为农业补贴项目》《整村移民工作中应切实保护好林木资源》4篇社情民意被全国政协采用，《关于禁用农药福美砷的建议》《政府审计工作应把农村财务纳入审计范围》等15篇被省政协采用，《关于建立健全城乡教师交流机制的建议》等25篇被市领导批示。县政协连年被省、市评为政协信息工作先进单位。

政协吉县第八届委员会成立信息中心，出台《吉县政协社情民意信息考核奖励办法》，对委员进行多次培训，使此项工作得以顺利开展。共收到委员报送信息400余条，汇总上报省、市政协200余条，被省、市政协信息刊物采用55条，被省、市各级领导批示10条，还有5条信息被转送至全国政协。《关于开发吉县人祖山旅游景点的建议》《建议把克难坡抗日统一战线遗址列入全国干部培训教育教学基地》《城镇化不宜贪大求快应因地制宜量力而行稳步发展》《关于加快推进危土窑洞居民搬迁的建议》《关于切实加强农村食品市场安全的建议》《吉县“三五”治村模式值得推广》《关于加强农民专业合作社建设的建议》《村委一级应设立小学》《关于对重点经济作物购买保险的建议》《建议国家出台优惠政策帮扶“失独家庭”》《关于遏制附征税费流失现象的建议》《关于解决基层医疗机构药品供应不能满足群众需求问题的几点建议》《建议实行“特岗教师异地流转任教”制度》等信息稿件被省市政协采用。编印《吉县政协》刊物 13 期，及时把群众的呼声和建议传递给县委、县政府。在省、市政协的考核中，连年完成任务，县政协信息工作取得了丰硕成果。

第三节　调研视察

四届政协抓住县委、县政府关注，人民群众关心的问题，组织委员中的专业人才深入基层调查研究，提出切中要害的对策和可操作易见效的建议。带领视察小组深入到明珠、东城、柏山寺等 6 个乡镇就县委“113788”奋斗目标的落实情况进行视察，写视察报告，提请县委、县政府决策参考。1997 年撰写的《古县三年来财政收支情况调查》一文送交地区政协工委和省政协，作为上级指导县级财政工作的参考依据。《关于吉县文物保护、开发克难坡的考察报告》得到了省政协的重视和县委、县政府的采纳，克难坡建成旅游村向游人开放。《关于果树管理的调查报告》得到有关部门的重视，县果树局组织人员包乡、包村、包果园，做好产前、产中、产后销售系列化服务。《关于扶贫资金使用情况的调查报告》受到省政协领导的好评。1997 年 8 月，选择市政建设方面几个重点提案，组织委员进行跟踪视察，撰写的《关于组织政协委员对吉县市政建设进行提案跟踪视察的情况报告》，为吉县创建文明县城创造良好的舆论氛围，加快了城市正规化管理的步伐。《关于吉县养牛、养猪发展情况的调查》等报告，为促进县域经济社会发展起到积极作用。建议县委与“吉县籍在外人士和外籍人士在吉县工作过的领导”开展联谊活动，被县委采纳，收到良好效果。

五届政协于 1999 年 7 月，对吉县云翔洗煤厂进行全面的调查，撰写的《关于对吉县云翔洗煤厂的调查报告》在全区民营企业调查会上交流。10 月，邀请果树专家马恩正和部分政协委员，深入到城关、中垛、东城、柏山寺、文城、王家原等乡镇对果树生产进行视察，针对苹果在产、贮、销方面存在的问题，给县委、县政府提交《关于吉县果业发展的几点建议》。11 月，组织部分委员深入到城关、兰家河、曹井、中垛、柏山寺、东城 6 个乡镇对烤烟生产进行视察，撰写的《关于对全县烤烟生产的视察报告》，供县委、县政府在调整产业结构中作决策参考。2000 年 6 月，县政协赴城关、柏山寺、窑渠、曹井 4 个乡镇分别对烤烟生产、水利建设、民族宗教、文化教育、调整产业结构问题进行调查，撰写 5 篇调研报告报县委、县政府决策参考，其中《呼吁宗教法规快出台》的建议，被中央统战部采纳。2001 年 4 月，组织委员对全县农业产业结构调整进行专题调研，撰写的《关于吉县农业产业结构调整工作情况的调查报告》报县委、县政府，在市政协召开的专题调研会上交流。

六届政协各专门委员会带领所联系的委员，组织 20 多次调研活动，参与的常委、委员达 100 多人次，围绕苹果产销、生态建设、旅游开发、农民增收、教育卫生管理、文化强市建设、民营经济发展、煤焦生产、农村建设等方面开展调研，形成调研报告 23 份，经常委会议协商通过，形成建议报上级政协和县委、县政府，为党政部门决策提供参考。配合市政协开展农民增收方面的调研。在五个统筹、农村劳动力转移方面为党委、政府提供翔实的第一手材料。与文化部门联合开展调查研究，撰写的《关于吉县文化事业发展状况及文化强市的建议》，在市政协召开的专题研讨会上交流。制作的反映吉县文化事业发展成绩与做法的专题片在研讨会上播放。撰写的《农村义务教育投入存在的问题及建议》《关于农村医疗情况的调查与思考》两篇调研报告，报送市政协和县委、县政府决策参考，其中不少建议在市政协出的建议案中被采纳。撰写的《统一筹划、科学布局、合理开发，树立临汾旅游新形象》的议政发言材料在市政协一届五次全会上交流发言。撰写的《贫困山区新农村建设规划中应注意的几个问题》送县委、县政府决策参考，在市政协召开的专题常委会交流发言，其中不少建议在市政协出台的建议中被采纳，为全市新农村建设的合理规划起到促进作用。

七届政协组织政协委员深入到企业、学校、农村，选择新农村建设、社会保障体系、苹果产销、煤焦开发等重大课题，开展专题调研活动23次，撰写调研报告46篇。其中《帮助大学生村官健康成长》等3篇调研文章在《山西政协报》登载；《贫困山区新农村建设应注意的几个问题》等9篇调研报告在市政协召开的常委会上交流发言；《试论尧文化的核心与现代价值》等2篇文史论文，参加市政协举办的"弘扬尧文化与构建和谐临汾"专题研讨会，均获优秀奖。

八届政协连续两年参加市政协"百名委员"下基层活动。2014年4—6月，组织5名驻吉县市政协委员和部分县政协委员，分3次在中垛乡三堠村、南坪村、吉昌镇上东村、东城乡雷家庄村、社堤村的8座果园和3座果库进行实地调研，召集乡村干部、果农、果商等进行多次座谈协商，撰写出《关于吉县苹果产业发展情况的调研报告》。2015年4—6月，组织委员到壶口景区、人祖山景区、柿子滩古人类遗址实地考察，撰写出《关于吉县旅游产业发展情况的调研报告》，两份报告分别在市政协专题议政会上交流，积极争取上级对吉县苹果和旅游产业的支持。

第四节 文史资料

文史资料委员会

1985年初，县政协成立文史资料委员会，负责开展文史资料的征集、整理、研究工作。2月，县政协从各单位抽调6名人员（在职干部2人，离休干部4人）组成编写班子，开始编写《吉县民族宗教志》。5月15日，《政协动态》刊行。这份县政协的内部刊物，内容除时事政策、经验交流、意见建议外，还特辟一个文史资料专栏。

主要成果

《吉县文史资料》，1992年12月第一辑编印，内容为吉县金代名人冯延登专辑，由县政协副主席冯慎终主编，共收集文稿11篇5.2万字。

《吉县文史资料》，1994年8月第二辑编印，书名为《壶口·克难坡》，全书共收集文稿42篇10万字。

《黄河壶口漫谈》，1998年12月出版，全书共分10章21万字，全面介绍了壶口瀑布的形成变迁，壶口的自然景观、历史文化、开发建设历程、旅游业发展等，精选了历代文人墨客咏壶口的诗文。

《吉县明清时期商贸史料》，2004年编写，共4万余字，分8个部分，48幅照片，反映了明清时期吉县商业的全貌。

《往事追忆录》，2005年组织编写，内容为纪念抗日战争胜利六十周年专辑，收录32篇文章，15万字。

《吉县文萃》，2006年组织编写，共收录散文110篇，古代诗歌107首，现代诗词107首，计40万字。

《吉县风俗》，2007年组织编写，共计26万字。全书分"风俗""民谣""表演""谚语""故事"

5 个部分。

《吉县史话》，2012 年组织编写，共计 12 万字。该书共由 33 个章节组成，内容囊括了从传说时代到 21 世纪初，社会发展的各个历史时期，吉县大地所发生的重大历史事件和人物。

《沧桑巨变》，2014 年编印，反映中华人民共和国成立后吉县政治、经济、文化等各项社会事业的发展历程和重大成就，共 10 万余字。分为苹果铺就富民路，提质升级大跨越；旅游兴县新引擎，彰显优势放异彩；工业强县迎暖春，快速崛起奏强音；城市建设绘锦绣，夯实基础展新容；阳光灿烂照民生，稳步改善日日新；法治新风拂面来，规范管理谱华章 6 个篇章。

第二十一编　群众团体

中华人民共和国成立前，吉县已有共青团组织。新中国建立后，县工会、妇联、科协、工商联、文联、残联等群众团体相继成立，成为中国共产党领导下建设社会主义的骨干力量，为吉县的经济发展、社会进步做出了重大贡献。

第一章 吉县总工会

第一节 组织机构

总工会

1956年，吉县总工会成立，其前身为吉县工会。1986年，吉县有会员3086人；1987年，有会员3286人，其中女会员933人；1988年，县工会成立女职工委员会；2008年10月，吉县困难职工帮扶中心挂牌成立；2015年，县总工会内设办公室、组织部、宣教部、财务部、法工部、民管部、劳保部、女工部、经济技术部、经费审查委员会、困难职工帮扶中心、职工活动中心，共有会员8983人。

基层工会

1986年，吉县建立基层工会74个，1987年，整顿基层工会组织，建设职工之家，关停并转10个基层工会，建立职工之家64个。在乡镇企业中开展组建工会试点工作，农工商联营公司组建境内第一个乡镇企业工会。在煤矿、酒厂、一中、生产资料公司分别组建4个技术协作组织。1990年，建立16个女职工委员会，其中企业10个，行政事业单位6个。2008年10月，吉县8个乡镇先后成立困难职工帮扶工作站。2015年，有乡镇工会联合会8个，基层工会组织119个，其中行政事业工会60个；国有及控股企业工会16个，覆盖企业16家；集体企业工会4个，覆盖企业4家；非公企业工会39个，覆盖企业335家。

第二节 代表大会

第三届工会代表大会

1988年6月6—7日召开，进行了换届。

第四届工会代表大会

1994年7月13日召开，出席会议的正式代表100人。会议听取并审议通过吉县总工会第三

1986—2015年吉县总工会主席名表

表21-3-1

姓名	任职时间
白鸿武	1986 — 1988
刘成田	1988 — 1998
王国栋	1998 — 2004
葛宽亮	2004 — 2008
洛向民	2008 — 2015

届委员会工作报告和财务工作报告，通过相应的决议。选举产生吉县总工会第四届委员会和经费审查委员会，制定出新时期工会工作的方针和任务。选举产生委员 15 名、常委 7 名、经费审查委员 3 名。

第三节 维权工作

1988 年，县工会联合妇幼站，对吉县 410 名女工进行妇女病普查和治疗，对患病的 268 名女工进行了涂片和化验，治疗率达 66%。8 月，协调沙坪煤矿补发职工的粮差补贴。

1989 年，宣传贯彻《女职工劳动保护规定》，联合妇幼站为全县 780 名女职工体检，治疗 295 人。

1995 年，县政府成立县劳动争议调解委员会，县工会为成员单位之一。全年接待上访 50 例，协商解决 38 例。按照《中华人民共和国劳动法》的规定，妥善解决县直一单位因担保贷款职工 3 个月领不到工资的问题。11 月，成立由县人大常委会、公安局、劳动局、工商局、工会组成的《劳动法》调查组，检查 22 个企业，发现问题 40 余件，接待上访 20 人次，协商解决 20 余件，做到件件有回声，维护职工的合法权益。

1996 年，县工会在吉县较大的 2 户企业中建立劳动争议调解委员会。

2001 年开始，为贯彻落实《劳动法》，在企业推行平等协商和集体合同制度，企业基层工会代表职工与企业签订职工的工资、工时、劳保、休息休假等合同。

2015 年，县工会签订工资集体合同 38 份，覆盖企业 197 家，涉及职工 3989 人。

第四节 “五一”劳动竞赛

省劳动模范

至 2015 年，吉县共有 15 人获“山西省劳动模范”称号。其中 1986 年 2 人、1989 年 1 人、1992 年 3 人、1995 年 2 人、1998 年 1 人、2001 年 1 人、2004 年 1 人、2007 年 1 人、2010 年 1 人、2014 年 2 人。

地（市）级劳动模范

吉县共有 41 人获“临汾市（地区）五一劳动奖章”称号。其中 1995 年 13 人、1998 年 13 人、2004 年 3 人、2007 年 4 人、2010 年 5 人、2014 年 3 人。

省市五一劳动奖章和先进个人

2012 年、2015 年，获得山西省五一劳动奖章称号各 1 人，获得临汾市五一劳动奖章称号 7 人，其中 2006 年 1 人、2008 年 1 人、2012 年 2 人、2013 年 3 人。获得临汾市五一表彰大会先进个人称号 9 人，其中 2009 年 1 人、2011 年 4 人、2012 年 4 人。

第五节 主要工作

送温暖工程

1996 年开始实施送温暖工程，关心和帮助特困职工。开展婚丧嫁娶必访、生病必访、遇到困难必访“三必访”活动。春节期间慰问困难职工 200 户。

1997 年，各级工会建立困难职工档案，各级工会副主席以上每人与 1 户特困职工结对子，帮助贫困户摆脱贫困，共结对子 50 户。

2009—2015 年，每年 12 月开展“送温暖”活动，共救助困难职工 5858 人，发放生活救助资金 200 余万元。其中 2009 年救助困难职工 469 人，发放生活救助资金 213640 元；2010 年救助困难职工 561 人，发放生活救助资金 182860 元；2011 年救助困难职工 1424 人，发放生活救助资金 194850 元；2012 年救助困难职工 717 人，发放生活救助资金 287688 元；2013 年救助困难职工 682 人，发放生活救助资金 384734 元；2014 年救助困难职工 759 人，发放生活救助资金 351490 元；2015 年救助困难职工 1246 人，发放生活救助资金 387430 元。

2012 年 1 月，县总工会联合团县委、县妇联开展“爱心集结、暖冬行动”，为 100 多名环卫工人送去了棉衣。3 月，开展“爱心集结、春风行动”，为 16 名特困职工和单亲家庭每户发放 500 元慰问金，总计 8000 元。

大病互助活动

从 2007 年开始，每年 10 月开展大病互助活动，至 2015 年底共开展 9 期，有 29764 人（次）参加，上缴互助金 107.164 万元，救助患病职工 374 人，救助金额 1314752 元。其中 2007 年 2654 人参加，上缴互助金 95544 元，救助患病职工 6 人，救助金额 52800 元；2008 年 3325 人参加，上缴互助金 11.97 万元，救助患病职工 25 人，救助金额 10.65 万元；2009 年 2923 人参加，上缴互助金 10.56 万元，救助患病职工 47 人，救助金额 19.87 万元；2010 年 2830 人参加，上缴互助金 10.18 万元，救助患病职工 41 人，救助金额 14.21 万元；2011 年 2893 人参加，上缴互助金 10.40 万元，救助患病职工 38 人，救助金额 17.01 万元；2012 年 3565 人参加，上缴互助金 12.83 万元，救助患病职工 52 人，救助金额 18.08 万元；2013 年 3848 人参加，上缴互助金 13.85 万元，救助患病职工 53 人，救助金额 17.08 万元；2014 年，3910 人参加，上缴互助金 14.08 万元，救助患病职工 64 人，救助金额 15.20 万元；2015 年 3816 人参加，上缴互助金 13.74 万元，救助患病职工 48 人，救助金额 14.11 万元。

“金秋助学”活动

2009 年起，每年 8 月开展“金秋助学”活动，共为 87 名困难职工子女提供助学金 17.4 万元，帮他们圆大学梦。其中 2009 年，为 11 名困难职工子女提供助学金 2.2 万元；2010 年，为 11 名困难职工子女提供助学金 2.2 万元；2011 年，为 10 名困难职工子女提供助学金 2 万元；2012 年，为 4 名困难职工子女提供助学金 8000 元；2013 年，为 16 名困难职工子女提供助学金 3.2 万元；2014 年，为 19 名困难职工子女提供助学金 3.8 万元；2015 年，为 16 名困难职工子女提供助学金 3.2 万元。

“夏送清凉”活动

2012 年起，每年 7 月开展“夏送清凉”活动。至 2015 年，先后为在高温环境下工作的顶吉食品公司、同顺源公司、达明一派公司职工，环卫工人，交警大队一线交警及县保障房项目施工工人送去 1134 份价值 4.7 万余元的防暑降温物品。

第二章 共青团吉县县委

第一节 组织机构

机构沿革

中华人民共和国成立前，吉县已有团组织。1949 年 10 月，组建中国新民主主义青年团吉县县委。1957 年 5 月，更名中国共产主义青年团吉县县委（简称共青团吉县县委）。1958 年 10 月，吉县与乡宁县合并，共青团吉县县委并入共青团乡宁县委。1961 年，吉县与乡宁县分治，复设共青团吉县委员会。1966 年，"文化大革命"开始后，共青团吉县县委撤销。1971 年 10 月，恢复共青团吉县县委。

基层组织

2015 年，共青团吉县县委下辖党群、政府、农业、宣传、发改、经信、教育、卫生、政法 9 个系统团总支，8 个乡镇团委，10 个学校团委，9 个企业团委，206 个团支部。拥有共青团员 1862 名。

共青团负责领导中国少年先锋队工作（简称少先队）。至 2015 年底，拥有少先队员 4786 名，辅导员 32 名。

第二节 代表大会

共青团吉县第八次代表大会

1986 年 9 月 12 日召开。县委副书记陈森代表县委讲话，张占忠在会上作《锐意进取，求实创新，为振兴吉县建功业育新人》的工作报告，选举产生团县委第八届委员会领导班子，张占中当选为团县委书记。

共青团吉县第九次代表大会

1995 年 5 月 4 日召开，出席会议正式代表 105 名，特邀代表 40 名。大会主要任务是：以团中央十三届三中全会和团省委十届三次全体会议精神为指针，回顾总结上次团代会以来吉县共青团工作，部署新的历史阶段团的工作任务，要求广大青年以崭新的精神风貌，忘我的拼搏精神，冲天的革命干劲，积极投身于经济建设大潮中，为吉县的建设和发展做出贡献。大会选举产生共青团吉县第九届委员会领导班子，李百灵当选为团县委书记。

共青团吉县第十次代表大会

2007 年 9 月召开，出席会议的正式代表 105 名，特邀代表 26 名。大会回顾总结九次团代会以来的工作，确定今后 3 年的工作任务，号召广大青年以新农村建设为契机，以构建和谐社会为目标，以加强共青团凝聚力建设为核心，团结一致，凝心聚力，为促进吉县经济社会又好又快发展建功立业。大会选举产生共青团吉县第十届委员会及领导班子，窦昀泽当选为团县委书记。

共青团吉县第十一次代表大会

2010 年 12 月召开，出席会议的正式代表 112 名，特邀代表 26 名。大会选举产生共青团吉县第十一届委员会及领导班子，窦昀泽当选为团县委书记。

共青团吉县第十二次代表大会

2013年10月27—28日在吉州宾馆召开，出席会议的正式代表186名，特邀代表28名。大会听取和审议薛文娟代表共青团吉县第十一届委员会所作的《激扬青春成就梦想，引领广大团员青年在实现"幸福吉县、和谐家园"的宏伟进程中谱写壮丽的青春篇章》工作报告，选举产生共青团第十二届委员会及领导班子，薛文娟当选为团县委书记。县委书记毛益民到会讲话。

1986—2015年吉县历任团县委书记名表

表21-1-1

<table>
<tr><th>姓名</th><th>任职时间</th></tr>
<tr><td>苏吉云</td><td>1984.02 — 1986.08</td></tr>
<tr><td>张占忠</td><td>1986.08 — 1990.12</td></tr>
<tr><td>刘文学</td><td>1991.09 — 1995.01</td></tr>
<tr><td>李百灵</td><td>1995.01 — 1998.07</td></tr>
<tr><td>张东红</td><td>1998.07 — 2004.05</td></tr>
<tr><td>李永升</td><td>2004.05 — 2007.09</td></tr>
<tr><td>窦昀泽</td><td>2007.09 — 2011.08</td></tr>
<tr><td rowspan="2">薛文娟</td><td>2011.08 — 2013.04（主持工作）</td></tr>
<tr><td>2013.04 — 2015.12</td></tr>
</table>

第三节 主要工作

主题教育活动

20世纪80年代，团县委围绕经济建设，在青少年中开展"用邓小平理论构筑青年一代精神支柱"主题教育活动。请老红军、老八路讲传统、讲历史。

1989年，在青少年中开展"反对资产阶级自由化"教育活动。

20世纪90年代初，开展以"推广科技、传播文明、服务青年"为宗旨的创建"农村青年图书站"活动，建成"农村青年图书站"28个，乡级科技服务站19个，村级科技服务站132个，举办各种培训班70余场次，培训8000余人次。

1999年，在中小学中开展以爱国教育为主题"党在我心中"演讲比赛和"澳门的昨天、今天和明天"演讲比赛。

2001—2002年，开展以"歌颂社会主义、歌颂党、歌颂祖国"为主题的征文比赛和"实践三个代表，争当时代先锋"征文大赛。

2003年，以"保护母亲河"为主题，开展环境保护宣传活动。

2004年，开展评选"十大杰出青年教师、企业家、医护标兵"活动。

2005年，开展“为了明天—青春自护远离网瘾”签名活动。

2008年，开展“八荣八耻”演讲比赛。

2010年，开展“学习科学发展观”理论研讨活动。

2012年，开展“鲜花永远跟党走”纪念建国90周年征文活动。

2014年，举办“心系群众跟党走青春圆就吉县梦”主题演讲比赛。

2015年，组织“弘扬极限精神，激扬青春风采”主题演讲比赛。开展“实践雷锋精神，争当先进楷模”活动。

青年志愿者活动

20世纪80年代，组织青年志愿者，开展科技、文化、卫生三下乡活动，举办文艺晚会、交谊舞大赛、爱岗敬业演讲等系列活动。

1987年，发起“争当志愿者”和“学雷锋活动”倡议，来自吉县各行各业优秀青年1600余人争当志愿者，参与活动56场次，参与人数为4500余人。

1998年，成立“下岗青工再就业服务指导站”，帮助再就业青工1200余名。

青年文明号

1989年，开始在各窗口服务单位，开展“创建青年文明”号活动。

2002年，继续在窗口单位组织创建“青年文明号”活动，先后有吉县交警大队、地税二分局、县移动公司、临吉高速主线收费站、临吉高速小府收费站、临吉高速壶口收费站、临汾市住房公积金管理中心吉县管理部、吉县果业服务中心、吉县政务大厅等17家单位被授予市级“青年文明号”荣誉称号。

2006年，组织青年志愿者参加美化家园绿化荒山活动，义务造林200余亩。

希望工程

2010年，争取国家电网工程，投资80余万元，在屯里镇回宫村新建小学一座。

圆梦行动工程

2012—2015年，争取团省委“圆梦行动”资金31万元，资助农村贫困大学新生62名，每人5000元。联系爱心企业明珠煤矿，为19名孤儿资助善款105660元；为大病、残疾青少年捐助4万元；为留守儿童资助4万元。

2012年，资助贫困大学生19人，共计善款95000元。

2013年，民营企业家资助品学兼优农村特困大学生5人，共10000元，为16名孤儿发放爱心善款25220元。

第三章　吉县妇女联合会

第一节　组织机构

1949 年，组建吉县各界妇女联合会筹备委员会。1955 年 3 月，更名吉县民主妇女联合会筹备委员会。1957 年，更名为吉县妇女联合会。1958 年，吉县与乡宁县合并，吉县妇联合并到乡宁妇联。1961 年吉县与乡宁县分设，复设吉县妇联机构。2015 年，县妇联下辖党群、政府、宣传、政法、发改、经信、农口、教育、卫生、老干、工商 11 个妇委会和 8 个乡镇妇委会。

1995 年，成立婚姻介绍所、计生服务所。

2013 年 8 月，完成县、乡两级妇联换届工作。选举产生县、乡妇联领导班子和出席市妇代会代表。2014 年，配齐各村妇代会班子。

1986—2015 年吉县妇联主席名表

表 21-2-1

姓 名	任职时间
刘继选	1984.02 — 1988.03
郑兰菊	1988.03 — 1994.02
李隰爱	1994.02 — 2006.12
李桂萍	2006.12 — 2010.11 （2007.09 — 2010.11 兼任县计生局局长）
赵晓宏	2010.11 — 2015.12

第二节　开展活动

1988 年，组织开展“争当女致富能手”活动，引导妇女做“四自”（自信、自重、自立、自强）、“四有”（有理想、有道德、有文化、有纪律）的新女性。开展“百名女致富能手向党组织递交入党申请书活动”，104 名女致富能手向党组织递交了申请书，33 名被列为重点培养对象，8 名被吸收为中共预备党员。

1990 年，组织开展“四热爱、五教育”宣传教育活动，“双学双比”和“达标夺旗”竞赛活动。“三八”节，举办计划生育条例知识赛。利用周末晚上举办“人口普查知识赛”。在农村妇女中开展争当“四大能手”竞赛。

1991 年“三八”节，举办“全家乐勤、巧、美”知识赛。8—10 月，开展“尊老敬贤”活动。在农村开展“千亩百户烤烟竞赛”活动。

1992 年，在城市妇女中开展做“四有”“四自”新女性，为“八五”计划建功（简称“巾帼建功”）活动。

1993 年，开展向“巾帼建功”十大明星陈彦珍学习活动。面向市场经济开展“双学双比”活动。

1995 年，在城市妇女中，开展“创优质服务，创一流成绩，创最佳效益”的“三创”活动。4 月，开展“第四次世界妇女代表大会有奖知识竞赛”。

1995—2006 年，县妇联举办庆祝“三八”和“六一”慰问活动；评选表彰一批“三八”红旗集体、“巾帼文明岗”“三八”红旗手标兵、“三八”红旗手、优秀妇女工作者、“好家庭、好媳妇、好婆婆、好妯娌、好妻子”等先进集体和优秀个人；开展“双学双比”巾帼建功系列活动，创建“巾帼文明岗”32 个、巾帼建功标兵 430 人；宣传《中华人民共和国妇女权益保障法》《中华人民共和国未成年人保护法》《中华人民共和国婚姻法》等法律、法规。

2007—2010 年，县妇联以提高妇女整体素质为基础，以维护妇女儿童合法权益为手段，先后开展“家庭和美、邻里和睦、社会和谐”争创和谐家庭，“十百千巾帼帮扶”和“送岗位、送技能”为内容的“春风送岗位”等一系列活动；选树表彰一批“三八”红旗集体、“巾帼文明岗”、“三八”红旗手标兵、“三八”红旗手、优秀妇女工作者、“双学双比”女能手等先进集体和优秀个人。

2011 年，开展妇女小额贴息担保贷款工作，共为全县 24 名妇女发放创业贴息担保贷款 127 万元。农村“两委”换届时，全面推进农村妇女进村“两委”工作，与组织、民政部门制定换届选举实施意见，通过宣传发动、组织培训女能人积极参选，确保换届时每个村至少都有 1 名女委员。

2012 年，开展“妇女先行讲文明、妇女合力促致富、妇女带头创平安、妇女携手谋幸福、妇女创先争优秀”五大活动。实施妇女小额贴息担保贷款工作，共为 95 名妇女发放小额贷款 448 万元，吉县小额贷款工作中“领导支持、妇联积极、部门配合、群众受益”的经验被全市观摩学习，并在全省妇联工作大会上交流发言。

2013 年，与人社局、总工会联合开展“春风送岗位”活动，新增城镇就业岗位 472 个，签订合同 472 份，其中女性 213 份，涉及加工、餐饮、美容、家政等多个行业的 100 余个工作岗位。联合团委、教科局组织“‘携手你我，共行青春’吉县首届单身青年‘鹊桥会’”。积极推广第二套佳木斯快乐舞步健身操。组织开展“好婆婆、好媳妇、好儿子、好女婿、好妈妈”评选活动，15 人受到市妇联表彰。联合文明办在全县范围内评选表彰 1000 户“文明和谐好家庭”，并编撰成书。对部分突出典型在县电视台进行宣传。建军节评选表彰了兵妈妈、好军嫂。

2014 年，开展寻找“最美家庭”活动，选出 10 类 58 户最美家庭参加上级妇联的评选活动。8 个乡镇 79 个村开展“我家庭最美，沃家庭最省，好家风好家训”故事会。

2015 年，开展寻找“最美家庭”活动。配合活动开展德孝进家庭、好家风好故事巡讲，举办达明一派杯“大美吉州 最美家庭” 晒幸福消夏文艺晚会。推出 26 户最美家庭。其中 15 户家庭参加吉县十大“最美家庭”评选活动，将其事迹拍摄成专题片在吉县电视台播放。将十大“最美家庭”、吉县第二届十大道德楷模、吉县十大行业标兵的事迹编印为《文明吉县》一书。县委、县政府在全县经济工作会上对“最美家庭”进行表彰奖励。第 27 个“爱国清洁卫生月”期间，组织政法系统妇女干部到屯里镇桑峨村敬老院、县光荣院为老人服务。7 月 1 日，在陈家岭村正式启动“法制·道德·家风”巡村大讲堂活动。联合县文联在西关社区开展德孝进家庭活动，共悬挂家规家训 50 余幅，发放宣传倡议书 530 余份。7 月 30 日，联合县体育办举办社区“平阳花”健身操比赛专场，各健身站点和社区共有 500 余名健身爱好者组成 19 支健身队伍参加比赛。重阳节，联合人祖山公司举办“拜人祖，庆金婚”活动，为 13 对金婚老人颁发“最美金婚夫妇”证书。

第三节　技能培训

1988 年，吉县乡以上妇联共举办培训班 13 期，参加妇女 267 人；举办广播讲座 9 期，受教育妇女 5000 人。5 月，举办为期 7 天 80 人参加的妇女养兔培训班。

1990 年，开展养猪、烤烟、食用菌、地膜覆盖技术培训。

1991 年，创办农村妇女“星期日学校”，授 160 课时，参加妇女 150 人。

1993 年，举办各种技术培训班 40 余期，2000 余名妇女参加培训。

1995 年，开展“双学双比”活动，举办培训班 30 余期，培训 1 万余人次。

1997 年，创建“中国创业培训基地”。

2001 年，举办果树管理知识讲座 18 期，参训妇女 1 万余人次。

2002 年，举办妇女保健知识讲座，邀请省内外妇科专家讲授妇科知识，检查疾病，免费为妇女进行两癌普查。

2005 年，举办母婴保健知识专题讲座 4 期，参训人员 500 余人次。

2006 年，举办老年人健身操培训班，培训 300 余人次。

2008 年，举办有机苹果生产管理技能培训，参训 1000 余人次。

2010 年，举办家庭厨艺培训 6 期，参训人员 390 人。

2012 年，举办巾帼“领头雁”培训班，女干部、女大学生、女致富能手 50 余人参加培训。

2013 年，实施“创业就业培训工程”，举办培训 14 场次，培训妇女 3600 余人。11 月 13 日，在吉州宾馆举办“山西省巾帼创业就业技能培训项目临汾市吉县有机苹果生产管理技术培训启动仪式”。聘请中国农科院博士后赵前飞和临汾市职业技术学院李麦生教授授课，参训人员 210 余名。

2014 年，开办“吉县女性文化大讲堂”，举办“中国梦”、干部素质提升、核心价值培育、城乡创业就业、知法守法用法、卫生健康生活、家庭幸福生活智慧、苹果提质富民、旅游开发强县、女性魅力展示等 10 方面内容 100 场讲座，参训妇女 1 万余名。

2015 年，举办农村巾帼“领头雁”培训班，农村“两委”女干部、大学生村官以及致富“女能手”100 余人参加培训。实施妇女创业就业行动，举办苹果生产技术、刺绣、编织等实用技术培训班。开办女性文化大讲堂，举办家庭教育巡回讲座 16 场，受益家长 5600 余名，实现中小学家庭教育讲座全覆盖。举办理论提升、保健养生、个人修养、致富技术等讲座 6 场，受益妇女 1500 余名。

第四节　项目实施

开办幼儿园

1988 年，县妇联开办两所幼儿园，即：县妇联幼儿园、文城村幼儿园。

“香港回归扶贫基金”项目

2007 年实施，累计使用资金 120 万元，5 个乡镇、1100 余名妇女受益。

“春蕾女童”项目

2007 年实施，为壶口镇和文城乡 50 名“春蕾女童”争取到每人每年 400 元项目资金，共 3 年。

农村贫困母亲“两癌”救助项目

2011年，首次为1名农村贫困母亲申请“两癌”救助金1万元。2012—2015年，共为13名农村贫困母亲申请“两癌”救助金13万元。

儿童营养改善项目

2013年，在县城中心广场举办儿童营养改善项目临汾市启动仪式，现场发放营养包210包，印发宣传挂历1000份，制作营养包宣传片在电视台政策零距离栏目滚动播出。2014年，发放儿童营养包16.68万包，项目覆盖全县1116名婴幼儿。2015年，贫困地区儿童营养改善项目覆盖吉县婴幼儿1116名。

母亲健康快车项目

2013年，实施“母亲健康快车”项目，每半年定期到农村免费普查义诊，为贫困妇女送健康服务、送健康理念、送健康知识，开展咨询、义诊8次，健康普查35人（次），宣传200余人（次）。2015年，组织医护人员深入3个乡镇，义诊或接受咨询300余人（次），健康普查178人（次），发放宣传资料1500余份。

“春蕾班”项目

2013年，上报“春蕾班”项目，玫琳凯公司出资6万元，资助吉县柏山寺联校50名“春蕾女童班”3年，每人每学年400元。2014年，在柏山寺九年制学校举办春蕾班资金发放仪式，为柏山寺贫困生母亲张蚕子发放救助金2000元。

“巾帼农业科技示范基地”项目

2013年，申报全国巾帼农业科技示范基地项目，实施山西省“巾帼农业科技示范基地”项目。打造城北垣巾帼有机苹果示范基地（山阳阳丰苹果专业合作社）。

“母婴健康保健关爱”项目

2013年，联合县妇幼保健院为境内妇女进行两癌免费筛查，宫颈癌筛查3012人（年初定3000人），乳腺癌筛查1376人（年初定1000人）。2015年，为两名农村贫困“两癌”患者发放救助金2万元。为“两癌”术后妇女化疗期间提供免费血液检测。为女道德模范和村（社区）妇代会主任约100名妇女提供免费防癌筛查。

“儿童幸福家园”项目

2015年，利用省妇联5万元专项资金，创建吉县屯里镇庄子村“儿童幸福家园”。

“紫气东来，幸福起航”公益项目

2015年，筛查子宫肌瘤患者178人，其中9人符合项目条件，手术治愈3例。为全县2岁以下儿童和怀孕8个月的孕妇申请上报免费发放奶粉1003份。为屯里镇庄子村、东城乡社提村等6个乡镇的6个村配备音响设备。

第四章　吉县科学技术协会

第一节　组织机构

吉县科学技术协会成立于1983年1月。主要负责吉县科学技术的论证、研究和技术成果的鉴定推广工作。下辖8个乡镇科技协会，农业、水利、林业、气象、畜牧、医学、教育等系统设有专业学会。截至2015年，共有科技人员2338人，其中高级职称技术人员134人，中级职称技术人员854人，初级职称技术人员1347人。

第二节　科普宣传

科普下乡

2007年，利用逢集和全国科普日在县城广场及乡镇村委开展送苹果技术活动7次，其中县城广场3次，到三堠村、中垛村、兰家河村、上东村各1次。给群众宣传普及苹果生产管理技术。单位自制“苹果树技术剪贴本”积累信息资料200余篇，为果农查找技术资料提供方便。2009年，在县落实科学发展观领导小组组织的“转变作风下基层，服务群众面对面”开幕式活动中，举办“落实科学发展”“苹果生产管理技术”“警惕癌症早期信号”等内容的科普展，向群众发放2000余份科普资料。在“5.12”防灾减灾活动中，举办农村、城市、学校防灾减灾科普展，发放科普资料3000余份。2010年，发放《身边科学365问》科普读物2000余册。2015年，科协自编刊物《科普知识100问》，开展科技咨询570场次，参与群众达30万人次。与住建局及8个乡镇联合建成科普宣传栏81个，与县图书馆联合制定科普图书阅览制度。挂图内容做到一月一更换，实现了科技与农民零距离。发放科普资料2万多份。

开设“科普大篷车”栏目

2008年，在吉县电视台开通“科普大篷车”栏目，播放时间为周日晚9：30和周一晚9：30，2015年改为每日9：40和17：35。至2015年共播放500余期。

科技宣传周、宣传月、科普日活动

2008年，成立全民科学领导小组，在全国科普日期间组织6个成员单位在县城中心广场开展科普宣传活动，向群众发放宣传资料3000余份。2010年起，在县城人员密集区建立科普宣传栏，至2015年底共建有10处100块版面。2011—2015年，每年在科技宣传周、科普宣传月、全国科普日等节点开展科普宣传、科普讲座、科技下乡等活动36次，20余万人次参与。制作科普版面3500块，展出科技图片45幅，印发宣传资料7万余份。

第三节　科普培训

1997年，引进“塑料袋地栽黑木耳”项目。1998年和1999年，分别组织县直和乡镇相关人员赴福建、河南等地考察学习香菇、花菇生产，发展吉县食用菌生产。

2007 年，组织 11 名山西农业大学学生，以全县 200 多个农村网络文化站为阵地，对广大农民进行网络操作技术培训。受培训农民 3000 多人，基本掌握电脑初步知识，能够上网获取信息，进行网络信息交流。

2008 年，邀请山西农业大学 2 名教授在吉县 5 个乡镇举办苹果技术培训，培训群众 500 人。

2009 年，县科协与曲沃县科普惠农绿色通道服务中心，共同邀请西北农业大学果树专家王元国到中垛村对 300 余户果农进行果树专业技术培训。10 月 19 日，县科协牵头，协同县关工委、县教科局等单位邀请市科协副主席卫永泽到吉县一中、二中、职中作科技发明创造报告，3000 余名学生受到科技教育。

2010 年，组织全县 1000 余名农民参加全国农民科学网络知识大赛。

2012 年，省农科院果树专家在辛村、山阳村进行两场苹果技术培训，参训果农 200 余人。

第四节 科技创新

2006 年，组织参加第 21 届青少年科技创新大赛，获临汾市科学技术协会颁发的优秀组织奖。

2011 年，吉县被山西省科协授予“山西省科普示范县”称号。

2014 年，退休职工张新立发明节约型燃气，被推荐为山西省新农村科技带头人。

2015 年，组织青少年参加第三十届临汾市青少年科技创新大赛，提交科普绘画作品 130 余件，荣获优秀组织奖。

1986—2015 年吉县科学技术协会主席名表

表 21-4-1

姓名	任职时间
刘 宏	1986
郭金定	1986 — 1990
史增辉	1990.04 — 1995.03
周 文	1995.03 — 1998.07
王北平	1998.07 — 2015.09
梁宝川	2015.09 — 2015.12

第五章　吉县工商业联合会

第一节　组织机构

概况

吉县工商业联合会（商会）成立于1952年10月，“文化大革命”期间中断活动。1987年开始筹备，恢复工作。2012年3月—2013年5月，县工商联党组书记由县政协副主席、县委统战部部长兼任。2013年5月开始，由县委统战部副部长兼任。

同业公会

1999年11月11日，成立吉县工商业联合会农副产品购销同业公会，会长张卫平，有会员25人。1999年12月17日，成立吉县工商业联合会饮食同业公会，会长朱朝阳，有会员63人。2000年5月3日，成立吉县工商业联合会副食品同业公会，会长牛云安，有会员52人；同年5月25日，成立吉县工商业联合会摄影同业公会，会长曹晓峰，有会员16人；同年5月28日，成立吉县工商业联合会工业品同业公会，会长刘宏达，有会员56人。2001年5月18日，成立吉县工商业联合会装潢广告同业公会，会长冯永森，有会员26人。2002年7月18日，成立吉县工商业联合会建筑建材同业公会，会长加有平，有会员23人。

乡镇商会

1997年12月22日，成立屯里镇商会，有会员15人，会长刘宏忠。1997年12月23日，成立壶口镇商会，有会员13人，会长张保善。

2014年，根据《全国工商联会员发展和组织建设规划（2013—2017）》、省工商联《组织建设和商会发展规划（2014—2017）》及市工商联《关于进一步加强基层商会组织建设工作的意见》，县委统战部和县工商联联合制定《关于加强基层商会组织建设工作的实施方案》，在全县8个乡镇重新组建8个乡镇商会。根据行业特点与需求，重新组建农副产品、饮食、副食品、工业品、建筑建材、装潢装饰6个行业商会。

第二节　代表大会

1990年9月，在县委三楼会议室召开吉县工商业联合会第六届会员代表大会，出席大会的会员代表138人，选举产生会长柏玉石及副会长、秘书长。工商联（商会）办公地点设在吉县土产公司办公楼二楼。

1993年8月15日，在县委三楼会议室召开吉县第七届工商业联合会会员代表大会，选举产生会长柏玉石及副会长、秘书长。1996年10月28日，县工商联成立法律服务所，律师为巨海鹏。

1997年4月17日，在县生产资料公司会议室召开吉县第八届工商业联合会会员代表大会，会员代表75人。选举产生会长杜寅森及副会长、秘书长，办公地点设在县生产资料公司。2000年，增补文阳生为副会长。

2002 年 11 月 3 日，在黄河大酒店召开吉县第九届工商业联合会会员代表大会，会员代表 89 人。选举产生会长文阳生及副会长、秘书长，办公地点设在县委西楼。本届工商业联合会有常委 38 人、执委 61 人。2008 年 2 月，组织任命张建章为县工商联主席。2011 年 6 月，组织任命刘瑞香为县工商联主席。

2012 年 3 月，在吉州宾馆召开吉县工商业联合会第十届会员代表大会，共有会员代表 121 人参加会议。选举产生执委 39 名、主席（会长）高建平及副主席（副会长）13 名、副会长 6 名、秘书长 1 名。

2014 年 12 月，增选副会长 1 名，执委 2 名。

第三节 光彩公益事业

县工商联积极投身社会福利事业和光彩事业。1990—1998 年，组织开展各类培训 2000 人（次），开展消夏、节庆演出 60 场（次），给贫困学生、贫困家庭等捐助 80 余万元。撰写调查报告 18 篇，提出合理化意见建议 800 余条。立项引资 2000 余万元。

2001 年开始，连续 5 年组织会员开展“春蕾活动”，为文城乡和王家原乡 35 名困难学生每生每年捐款 200 元。

2003 年，组织工商联常委以上人员捐款 9900 元，到管头山慰问抗击“非典”一线医护人员。

2008 年汶川“5．12”大地震后，组织会员开展募捐赈灾活动。

2010 年 6 月 21 日，组织会员开展“心系灾区、奉献爱心”活动，为文城乡、王家原乡捐面粉 1300 余袋。

2013 年春节前夕，组织非公企业代表捐款捐物，为南坪村送去面粉 180 袋、食用油、对联和慰问款等；同年“六一”前，工商联副主席单保峰出资 1 万余元，为贫困乡文城乡王家原学校捐赠书包 200 多个；工商联副主席牛云安、刘建军在“七一”前夕慰问吉县道德模范；工商联副主席陈成星和张卫平分别资助两名贫困大学生；工商联副主席刘一平为老年体协捐助 3000 元。

2014 年，县工商联响应县委、县政府号召，组织非公经济人士出资 18 万元，在县城主街道的 80 根路灯杆上安装公益广告灯箱 80 对，美化、亮化县城。灯箱正面是“梦想在前，路在脚下，中国梦，我的梦”和“以道德立身，以诚信立业，做文明公民”的公益广告，背面是企业文化内容。柏浪沟自然灾害事件发生后，县工商联副主席陈成星救助 1 名孤儿 8000 余元，帮其完成学业。县工商联副主席张卫平，连续 3 年资助困难大学生学费；县工商联会员文国琴，给环卫工人捐资 2 万余元，购置环卫工作服，并且在中高考期间，组织车辆免费接送考生，并给考生免费提供饮用水、文具等。

2015 年春节期间，县工商联组织非公经济人士出资 30 余万元，在县城中心广场，举办以“尚善、坚韧、务实、图强”为主题的大型灯展。在元宵节举办猜灯谜中大奖活动和果树有奖知识竞赛活动。在全国第二个扶贫日来临之际，县工商联组织 15 名非公企业代表，为贫困大学生捐资 6.4 万元。

1986—2015 年吉县工商业联合会主席（商务会长）名表

表 21-5-1

姓名	任职时间
柏玉石	1986 — 1997
杜寅森	1997 — 2002
文阳生	2002 — 2008
张建章	2008 — 2011
刘瑞香	2011 — 2012
高建平	2012 — 2015

第六章 吉县文学艺术界联合会

第一节 组织机构

1985年,吉县文联筹备组成立。1986年,吉县文联成立。2007年10月,成立书法美术家协会。2013年3月、2014年4月,先后成立作家协会、摄影家协会和音乐舞蹈家协会。

第二节 主要活动

书画展览

2009年，与乡宁、大宁、隰县、蒲县文联共同举办“庆祝新中国成立60周年西山五县书画联展”。

2010年9月25日，承办全国书画名家邀请展暨“壶口神韵”摄影展，邀请逄高亮、李才旺、刘恒、陈元龙等全国书画家参加。

2011年2月14日，承办焦作市青年书法家刘隼、贾立英夫妇书法篆刻展。

2012年2月6日，承办宏达杯“幸福吉县和谐吉州”摄影展；“秦晋之好”书画名家邀请展。

2013年2月，举办“幸福吉县、和谐家园”黄河情名家书画展。举办山西吉县“黄土情恋”五人书画展，展出书画作品100余件。

2015年4月，承办首届“生态杯”干部职工书画展，展出吉县老中青少四代书画爱好者作品120件。10月，与老年书画家协会共同承办“翰墨联谊颂金秋”老年书画展。

比赛交流

2008年10月，邀请河南焦作书画家采风团一行9人进行为期3天的书画采风交流活动。

2010年4月，协同团县委、县教科局等单位主办“爱家乡争做文明吉县人”主题征文大赛。

2010年5月，协同团县委、县地税局、县文明办与临吉高速建管处共同举办“庆五四”联欢会。9月28日，承办黄河流域九省区老年书画家壶口笔会。

2011年，选送剪纸作品参加临汾市委宣传部、市文化广电新闻出版局主办的唐尧文化系列剪纸艺术展，获得优秀创意奖。

2013年8月，与“中国梦·大美临汾—百名画家画汾河”艺术创作采风团在壶口瀑布景区采风创作。

举办活动

2013年11月，承办全县规范汉字书写培训班。

2014年8月，与县教科局联合，到屯里镇太度村开展文化下乡演出。

2015年6月，承办吉县第一家村德村史馆—太度村德村史馆，并陆续在境内行政村建设村德村史馆。9月，承办“生态杯”廉政文化书画展暨汉字现场书写大赛活动、吉县全民健身启动仪式暨首届干部职工趣味体育运动会。11月，联合吉县妇联在西关社区开展德孝进家活动，共悬挂家规家训 50 余幅，发放宣传倡议书 530 余份。

1986—2015 年吉县文学艺术界联合会主席名表

表 21-6-1

姓名	任职时间
荆观圣	1986 — 1995
许鹤鸣	1995 — 2005
刘旭山	2008 — 2015

第七章 吉县残疾人联合会

第一节 组织机构

吉县残疾人联合会于1990年12月成立，内设办公室、康复股、维权股、教育就业股、组宣股。8个乡镇、79个行政村、6个社区成立残疾人组织，形成县、乡、村三级工作网络。

第二节 代表大会

1990年12月，吉县第一届残疾人代表大会召开，参加会议的代表60名，大会选举产生吉县残疾人联合会第一届理事会理事长、副理事长。理事长：柴广宇。

1995年4月，吉县第二届残疾人代表大会召开，参加会议的代表60名，大会选举产生吉县残疾人联合会第二届理事会理事长、副理事长。理事长：柴广宇。

2000年7月，吉县第三届残疾人代表大会召开，参加会议的代表60名，大会选举产生吉县残疾人联合会第三届理事会理事长、副理事长。理事长：王建立。

2003年7月，吉县第四届残疾人代表大会召开，参加会议的代表60名，大会选举产生吉县残疾人联合会第四届理事会理事长、副理事长。理事长：王建立。

2007年11月26日，吉县第五届残疾人代表大会召开，参加会议的代表60名，大会选举产生吉县残疾人联合会第五届理事会理事长、副理事长。理事长：王建立。

2013年4月12日，吉县第六届残疾人代表大会召开，参加会议的代表60名，大会选举产生吉县残疾人联合会第六届理事会理事长、副理事长。理事长：张登飞。

第三节 主要工作

康复服务

至2015年，吉县残疾人联合会累计实施免费白内障复明手术780余例，为缺肢患者免费装配假肢150余例，转介聋儿接受语训31名，培训聋儿家长31名，实施肢体矫形手术42例，脑瘫儿童康复训练55名，发放轮椅800余辆、助听器200余台、其他辅具950余件。2013年被全国残疾人康复办公室评为“白内障无障碍”示范县。

就业帮扶

2005年，完成职业技能培训70余人，农村实用技术培训500余人（次），集中和分散安置就业170余人。

扶贫解困

从2009年开始，共为460余户重度残疾人办理托养手续，累计发放资金27.9万余元。为58户残疾人实施“基层党组织扶贫助残”工程，累计发放资金14.6万余元。为250户农村贫困残疾人实施危房改造。2015 年，为 171 名一级重度残疾人发放生活补贴和护理补贴。

维权工作

2010—2015 年，接待残疾人来信来访 400 余人次。办理二代残疾人证 3500 余本，提供法律援助 5 人（次）。为 350 余户肢体残疾人发放机动三轮车燃油补贴。为 9 名残疾人办理残疾人考取驾驶证转介手续。为 30 户残疾人实施无障碍设施改造工程。县残联被山西省人民政府残疾人工作委员会评为“2012 年度全省残疾人工作先进单位”。

项目建设

2013—2015 年，残疾人康复中心和残疾人托养中心主体建成。开展中国残联—英国隆纳济世助残扶贫开发培训项目和残疾人青壮年扫盲项目。

第八章 吉县红十字会

第一节 机构

吉县红十字会成立于 1991 年，属卫生局内设科室。2005 年 8 月从县卫生局分离，开始独立工作。会长初由政府副县长兼任，2008 年底设专职会长。2013—2014 年，县红十字会进一步完善管理体制，实现基层组织全覆盖，开展“红十字示范村（社区）”建设，援建 1 个村红十字服务站。

第二节 主要工作

博爱宣传

利用重大节日开展形式多样的博爱宣传活动，“红十字博爱宣传月”期间组织县城医疗卫生单位开展宣传一条街活动和“博爱一日捐”等一系列活动。

应急救援

完善报灾救灾制度，组建应急救援队伍。联合安监等部门对公务员、企业安全员和学校师生等人员进行应急救护知识培训，完成万人培训项目。

募捐救助

2012 年，在各乡镇开展“博爱在吉县”“博爱一日捐”大型募捐活动。在各大酒店放置募捐箱 5 个。节日期间为 55 户低保户送去价值 5.3 万元的慰问金。将市红十字会下发的 200 份慰问物资发放到贫困户手中。为意外灾害困难户发放救助金 2.9 万元。为 21 名患“五种大病”（白血病、血友病、再生障碍性贫血、肾衰竭、恶性肿瘤）的少儿发放救助金 4.2 万元。

2014 年，开展 “博爱万人捐”活动，共收到 115 个单位 174566.6 元善款，累计发放各类救助金 17.4 万元，受益群众 137 人次。其中助困 32 人、救助大病重病患者 84 人、白血病 5 人、尿毒症 9 人、助学 7 人。

2015 年，收到社会各界捐款 13.8 万元，救助 72 人。通过省红十字会救助先天性心脏病儿童 5 名、白血病患者 1 名。

志愿服务

按统一注册登记、统一服务理念、统一服务标识、统一服务标准、统一行为规范的“五统一”要求管理志愿者队伍。开展“弘扬雷锋精神志愿服务”活动。举行红十字志愿者宣誓签名活动。

红十字青少年活动

“防灾减灾日”期间，在各中小学开展防灾自救知识讲座及逃生，救护演练。

造血干细胞捐献　做好登记报名和复核工作，确保捐献志愿者资料信息完整有效，降低流失率。

2005—2015年吉县红十字会会长名表

表 21-8-1

姓名	任职时间
陈晓爱（女、兼）	2005 — 2007
白占奎（兼）	2006 — 2007
梁安辉	2008 — 2012
孙殿明	2012 — 2015

第二十二编　公安 司法行政

吉县公安局作为国家机器，依法维护境内社会治安（行政权）、侦查破获刑事案件（司法权），保卫人民群众的生命财产安全。1986—2015 年，随着社会与科技的进步，公安队伍逐渐充实，人员素质不断提升；办公条件日益改善，技术装备及时更新；办案速度明显加快，办案质量大幅提高，为吉县社会稳定、经济发展、人民安居乐业保驾护航。

司法行政部门大力开展普法宣传，积极提供法律援助，充分运用人民调解，努力推进安置帮教，全力实施社会矫正。2014 年吉县被全国普及法律常识办公室评为“全国六五普法中期先进县”，2015 年吉县司法局被全国普及法律常识办公室评为“全国法治县创建活动先进单位”。

第一章　公安

第一节　机构与队伍

机构

1986年，吉县公安局内设机构有：办公室、刑警队、治安股、政保股、预审股、消防股、看守所、交警队。派出机构有：城关派出所、屯里派出所、曹井派出所、三堠派出所、柏山寺派出所、文城派出所。1990年增设政工科。1994年增设法制科、内保科。1997年刑警队改称刑警大队，增设警务督察大队、巡警大队。2002年增设经侦大队，政保科改为国保大队和出入境管理科。2007年增设政工监督室、后勤保障室、110指挥中心、网络督察大队。法制科更名为法制室。2010年增设壶口派出所。2014年增设食品药品犯罪侦查大队、禁毒大队。2015年底，公安局内设4个综合管理机构：办公室、政工监督室、法制大队、警务保障室；10个执法勤务机构：110指挥中心、国内安全保卫大队、刑事侦查大队、经济犯罪侦查大队、交通管理大队、治安管理大队、出入境管理大队、网络警察大队、食品药品犯罪侦察大队、禁毒大队；下设7个派出所：城关派出所、屯里派出所、曹井派出所、三堠派出所、柏山寺派出所、文城派出所、壶口派出所；另有1个看守所。

队伍建设

1986年，在公安局全体党员中开展做人民好警察活动，促进党风警风的根本好转。1989年，在全体民警中开展坚持四项基本原则、反对资产阶级自由化教育活动，对民警进行爱国主义、社会主义、廉洁从政、艰苦奋斗及反腐蚀教育。1990年，执行《人民警察警容风纪管理办法》，狠刹刑讯逼供歪风。1995年，开展学习宣传贯彻《中华人民共和国人民警察法》活动，并组织知识竞赛。1999年，开展警务公开活动。2001年，开展“三项教育”（全心全意为人民服务的宗旨教育，实事求是的思想路线教育，严格、公正、文明执法的法制教育）。2003年，开展“贯彻十六大，全面建小康，公安怎么办”大讨论活动，深入分析公安机关和民警在思想观念、管理体制、工作机制、警务保障等方面存在的与全面建设小康社会不相适应的突出问题，认真查找在执法行为、执法观念、服务意识、工作作风等方面存在的问题，进一步端正执法思想，转变执法观念。2004年，贯彻落实公安部《关于向任长霞同志学习的决定》，集中开展学习任长霞先进事迹活动，进一步增强“立警为公，执法为民”的思想意识，树立公安队伍的良好形象。2005年，开展集中处理群众信访问题（“大接访”）活动。吉县公安局从维护群众切身利益、促进行风政风建设入手，推行开门“大接访”，并实行领导分工负责制，明确责任，落实措施，推动“大接访”活动的深入开展，先后接待信访案件8起，办结8起，办结率为100%，当事人满意度100%，受到省公安厅的表彰。2006—2007年，开展社会主义法治理念教育活动和“三考”（基本法律知识考试、执法办案卷宗考评、信访工作考查）活动，组织举办法治理念学习培训班和法治理念知识考试。2012年，开展政法干警核心价值观主题教育实践活动。2013年，围绕省委政法委提出的社会治安“六项整治”（对城乡接合部、“城中村”、工矿区、出租房屋、“九小场所”、校园及其周边整治活动），全面加强社会治安防控工作。2014—2015年，开展党的群众路线教育实践活动，结合打击“黄赌毒”、盗窃、邪教专项行动，设立了“一村一警”。

第二节 治安管理

机构队伍

1986年公安局设治安科，主要职责是负责吉县的治安管理与6个派出所的协调工作。2008年设立治安大队、户政大队，2012年在壶口景区成立壶口派出所，2014年设立食药侦查大队。治安机构由80年代初的6所1科发展到2015年的7所3大队，即7个公安派出所和治安大队、户政大队、食药侦查大队，拥有民警78名。

治安网络建设

2008年，安装社会信息采集平台，对境内150家特种行业中的104家旅店实现信息全覆盖，对流动人员和住宿人员实现动态化管理。

2011年，实施“平安城市安防系统”工程，安装视频监管探头13个。

2012年，在县城4个出入口设置“高清智能治安卡口”视频监控系统，安装视频监控探头12个。

2013年，在县城各中小学校周边设置“平安校园”视频监控系统，安装视频监控探头14个。

2014年上半年，在重要场所、重点位置、治安复杂场所设置“六网覆盖”（街面防控网、社区防控网、单位内部防控网、视频监控网、区域警务协作网、虚拟社会防控网覆盖工程）视频监控系统，安装视频监控探头9个。

至2014年底，共安装视频监控探头48个，其中治安卡口12个，基本覆盖各重要场所、重点区域、治安复杂场所。

2015年，安装公共视频监控36个，治安卡口12个，其中重要场所、重点位置、治安卡口接入公安网，交通要道接入交警专网。

特种行业管理

1986年，吉县共有特种行业124家，主要由治安科与派出所以专人定岗、定位、定责的管理方法对其进行管理，保持了社会治安状况的稳定。2008年以后，实行信息化动态管控，对49家重点要害部门全部安装电子监控，104家旅店安装信息平台，对社会治安的稳定起到重要作用。

扫除“黄、赌、毒”

1986—1993年，共打掉赌博团伙5个，抓获违法人员22名。

2000—2013年，共打掉“黄、赌”团伙11个，抓获涉黄、涉赌违法人员50人，收缴麻将机、赌博机、游戏机160台，按法律规定全部销毁。

2014年，吉县公安局设禁毒大队，同年办理毒品案件9起，抓获犯罪嫌疑人9人，收缴海洛因168.5947克、鸦片膏1598.59克。抓获吸毒人员74人，其中行政拘留57人，强制戒毒17人。

2015年，打掉吸毒、贩毒窝点10个，办理毒品案件10起，收缴海洛因160克、冰毒0.38克、咖啡因20克。抓获犯罪嫌疑人10人，全部依法起诉。抓获吸毒人员45人，其中行政拘留29人，强制戒毒16人。

易爆物品管理

1986年，吉县只有物资公司经营易爆物品，涉爆从业人员7人，均通过相关部门考察认证。在日常管理中，采取突击检查和定时巡查相结合的办法，火工品的供用审批实行三级审批制度，年平均审批供用火工品8.5吨左右，至2000年易爆火工品未发生任何事故。2000年后，吉县又增加1家易爆品管理单位，公安局治安部门对2家易爆物品管理部门实行IC卡信息管理制度，实现了火工品的动态管理。坚持“打防结合，以防为主”的方针，每年在境内开展涉爆物品的宣传，收缴土制火炮枪支、战争遗留炮弹等。2007年，集中统一行动，一次收缴土制雷管2000枚、炸药100余千克。至2015年底，吉县未发生涉爆事（案）件。

社会治安专项行动

1986年，治安工作本着“防治并重、以防为主”和“综合治理”的方针，实行干警与社会治保人员划片包干责任制，在广泛进行法制教育的同时，各机关、团体、企业、学校、居民区普遍建立联防小组，社会治安秩序明显好转。1996年以后，结合“打团扫恶”专项斗争，创造性地开展打击治理，先后对“黄、赌、毒、盗、抢、枪”特别是“盗挖古墓”“土炼油”等社会治安突出问题进行集中治理，保持了社会治安的稳定。2002年，开展治爆缉枪专项行动，整治小石料厂17个，收缴炸药25.5千克、雷管510枚、导火索350米，收缴枪支子弹和手榴弹。2004年，开展校园周边环境治理，取缔电子游戏厅2家，拆除临时建筑3处，取缔校园周围20米以内摊点6个。同年，按照“警务下沉，工作重心下移，努力推进公安基层基础工作迈上新台阶”的要求，把派出所建设置于基础性、先导性位置，开展派出所警务改革，在派出所建立“四队一室”即社区警务队、巡逻防控队、侦管队、交管队和内勤综合室的新型警务模式，着力构建“打、防、控、管、服务”一体化的工作平台。同时，大力精简机关，充实一线，整合警力资源，先后将28名民警充实到一线，派出所民警由18名增加到46名，占全局民警总数的41%，警力大幅度下沉，实战力量得到加强。2005年，落实公安部“八条措施”（注：针对校园及周边安全采取的八条措施），选派78名民警在境内161所学校（高中1所，职高1所，初中6所，小学122所，幼儿园31所）担任法制副校长，聘请161所学校、幼儿园校长、园长担任落实公安部“八条措施”监督员。同时，组织专人对校园周边治安秩序进行排查，整改隐患14处。2007年，先后开展“天网净土”一号、二号、三号集中统一行动，治安局势持续稳定。2009年，开展民爆物品安全管理专项整治，采取大力宣传和入村入户排查的方法，收缴导火索200余米、雷管50枚、土制炸药70余千克，消除了社会隐患。2014年，开展为期2年的严厉打击“黄赌毒、盗窃、邪教”专项行动，破获涉毒刑事案件6起。办理涉毒行政违法案件51起，处理违法嫌疑人59人，其中强制隔离戒毒9人、行政拘留50人，进行尿液检测100余人次，出具尿液检测报告74份，对社区戒毒人员逐月检测超20余人200余次。办理涉赌行政违法案件7起，收缴麻将机1台，处理违法嫌疑人79人，其中刑事拘留5人、行政拘留44人，其余30人按相关规定给予处罚。办理涉黄行政违法案件1起，处理违法嫌疑人2人，分别给予行政拘留处罚。办理“全能神”案件2起，收缴“全能神”宣传物品20余份，抓获违法嫌疑人2名，行政拘留1名、教育转化1名。办理盗窃案件38起，破获30起，抓获犯罪嫌疑人5人，其中刑事拘留4人、行政拘留1人。2015年，打掉吸毒、贩毒窝点10个，办理涉毒案件10起。捕获犯罪嫌疑人10人，全部依法起诉。捕获吸毒人员45人，行政拘留19人、强制戒毒16人。

110服务

2001年，正式启动“110”报警服务。公安巡警队与“110”报警台联动，对社会的承诺是“有警必接、有难必帮、有求必应”。巡警队从晚10点至次日8点，在县城发案率高的街头巷尾进行巡逻。当年，“110”接警台接各类报警298起，破获现行盗窃案6起，抓获犯罪嫌疑人9名，抓获各类逃犯5名，查获被盗摩托车3辆，查处治安案件45起，救助各类求助人员65名。

2002年，制定《值班巡逻制度》《接处警制度》《赃物赃款登记移交制度》，全年接警301起，盘查可疑人员400余名，检查可疑车辆100余辆，现场查处治安案件30余起，救助各类求助人员41人。

2003年，建立“110、119、122三台合一”的集中、统一、权威、高效接处警系统。实现了“一个中心、一级接警”，统一指挥、信息共享、快速反应的“110”接报警指挥处置机制。“110”接警台全年接警261起，查处治安案件29起，抓获违法嫌疑人33人，救助各类求助人员73人。

2004年，“110”接警323起，查处治安案件19起，抓现行5次，抓获犯罪嫌疑人34名，抓获逃犯5名，救助各类求助人员30人。

2005年，成立巡警大队，“110”接警326起，查处治安案件22起，抓获各类违法人员30名，协助侦破刑事案件8起，救助各类求助人员16人。

2006年3月，投资70余万元改造“110”指挥大厅，办公面积80余平方米，报警服务台设置3台电脑，“110”综合指挥调度系统全面升级，快速接处警、高效指挥调度、应急处置等方面能力大幅度提升。形成接警受理、综合指挥、辅助调度、通信调度、视频监控、预案管理等子系统组成的综合应急指挥系统。全年接警368起，现场调解治安案件120起，救助各类求助人员85人。

2007年，“110”报警服务平台接警405起，现场查处治安案件43起，现场调解治安案件229起。

2008年，“110”报警服务平台接警464起，现场处理治安案件100余起，救助求助人员70余人次。

2009年，“110”报警服务平台接警498起，现场调解治安案件207起，救助求助人员62人。

2010年，“110”报警服务平台接警584起，现场处理治安类案件150起，交通类案件201起，火警9起，求助16起，其他17起。

2012年，“110”报警服务台接各类报警1266起，其中无效及骚扰报警7起，有效报警1259起；刑事警情290起，治安警情478起。现场调解治安案件176起，交通警情405起，火警17起，救助各类求助人员59人，举报7起，投诉1起，其他2起。当年，投资73万元，完成平安城市安防系统的改造升级，在县城的治安复杂场所、重点单位、重要部位安装高清视频监控15处，视频探头全部接入“110”指挥中心，可以全天候开展视频巡逻，逐步实现人防向技防的转变，有效提高了社会治安防控能力。

2013年，投资180余万元，在壶口大桥、金岗岭、与大宁县交界处、与乡宁县交界处安装高清智能治安卡口管理系统，并接入“110”指挥中心，用于实时开展视频巡查。5月，根据山西省社会管理综合治理委员会《关于加强基层社会服务管理体系建设的指导意见》，投资49万元，在县城7所中小学建立高清视频监控系统，并运用学校周边视频探头，开展网上视频巡逻，强化学校周边治安、交通情况的视频监控巡查。“110”报警服务台全年接各类报警1020起，其中有效报警1010起。刑事警情214起、治安警情464起，现场调解治安案件368起，交通警情234起，火警25起，救助各类求助人员48人，举报17起，其他8起。

2014年，“110”报警服务台共接各类有效报警1161起，其中刑事警情205起，治安警情502起，现场调解治安案件392起，交通警情320起，火警26起，救助各类求助人员29人，举报1起，其他76起。4月6日凌晨2时20分，在吉昌镇西关村柏浪沟发生山体崩塌，110指挥中心接到事故报警后，迅速报告值班局领导，值班局领导立即带领值班民警奔赴现场，封锁并疏散周边人群，保障了救援工作的有序开展。

2015 年，“110” 报警服务台共接各类有效报警 1572 起，其中刑事警情 217 起，治安警情 688 起，现场调解治安案件 520 起，交通警情 473 起，火警 46 起，救助各类求助人员 45 人，举报 14 起，其他 73 起。

第三节　刑侦经侦

刑事犯罪侦查

1986 年 12 月，贯彻中共中央《关于严厉打击刑事犯罪活动的决定》和全国人大常委会《关于严惩严重危害社会治安的犯罪分子的决定》，境内开展严厉打击严重刑事犯罪活动的斗争（简称“严打”）。按照依法“从重从快”的方针，广泛发动群众，采取多种措施，连续进行了 3 个战役，先后破获刑事案件 235 起，摧毁犯罪团伙 12 个，抓获和依法处理刑事犯罪分子 265 人，有力打击了刑事犯罪活动，维护了社会治安的稳定。

1996 年，立案 44 起，破案 36 起。1997 年，立案 30 起，破案 24 起。1998 年，立案 30 起，破案 27 起。

“打黑除恶”

2001 年 4 月开始，组织开展为期两年的严打整治斗争，制定《“打黑除恶”专项斗争工作方案》，深入宣传，广泛发动，张贴“打黑除恶”通告 2000 份，散发宣传材料 9000 份，悬挂标语横幅 135 条，层层签订目标责任状，严格按照黑恶势力犯罪界定标准和特征，在全县范围内对黑恶势力进行反复摸排，先后打掉横行乡里、称霸一方的恶势力犯罪团伙 3 个，破获刑事案件 75 起，抓获犯罪嫌疑人 106 人，查处各类违法人员 168 人。

侦破命案

2004 年，根据公安部“命案侦破”工作要求，牢固树立“命案必破”理念，严格领导责任，加大刑侦投入，注重科学管理，进一步完善侦破命案的工作机制，灵活运用各种侦查谋略，至 2007 年底，9 起命案全部破获。

网上追逃

2007 年，追逃专项斗争开始后，制定《吉县公安局追逃工作岗位责任制》，规定“谁办案，谁追逃”的追逃岗位责任、“谁办案，谁采集”的在逃人员信息采集责任制、“谁办案，谁上网”的在逃人员上网责任制、“谁办案，谁通报”的在逃人员信息交换责任制、“谁上网，谁撤网”的信息维护责任制与大要案逃犯挂牌督捕制、追逃工作竞争激励机制及追逃工作责任追究制。至 2007 年，共抓获网上逃犯 88 名，有力地推动了刑侦工作的深入开展。

2009 年，立案 72 起，破案 57 起。2010 年，立案 142 起，破案 123 起。2011 年，立案 90 起，破案 66 起。2012 年，立案 125 起，破案 66 起。2013 年，立案 169 起，破案 159 起。2014 年，立案 99 起，破案 54 起。2015 年，立案 183 起，破案 65 起。

经济犯罪侦查

2002 年，设经侦大队，由于人力短缺经侦与刑警合署办公。

2009 年，经侦大队单设，当年立案 4 起，分别为敲诈勒索、非法经营、职务侵占、合同诈骗，全部破案，抓获犯罪嫌疑人 4 名。

2010 年，立案 2 起，破案 1 起，抓获犯罪嫌疑人 1 名。

2011 年，立案 3 起，破案 2 起，分别是非法吸收公众存款、贷款诈骗，抓获犯罪嫌疑人 3 名。

2012 年，立案 3 起，都是合同诈骗案，全部破案，抓获犯罪嫌疑人 3 名。

2013 年，立案 5 起，分别是职务侵占、非法经营和 3 起普通诈骗案，全部破案，抓获犯罪嫌疑人 5 名。

2014 年，立案 15 起，破案 10 起，分别是普通诈骗案 6 起、职务侵占 1 起、合同诈骗 1 起、贷款诈骗 2 起，抓获犯罪嫌疑人 7 名。

2015 年，立案 9 起，破案 5 起，分别是普通诈骗案 3 起、信用卡诈骗 1 起、销售假冒伪劣产品 1 起，抓获犯罪嫌疑人 5 名。

第四节　监所管理

看守所是羁押依法被逮捕、刑事拘留人犯的机关。判处有期徒刑 1 年以下或余刑在 1 年以下，不便送劳改场所执行的罪犯，也由看守所监管。1986 年，吉县看守所正式使用，地址在县公安局内。2004 年，在兰家河村选址新建看守所，2011 年投入使用。

监所对在押人犯的管理教育实行民警包监室责任制，在押人员的一切活动，包括睡觉铺位、打食顺序、值日安排、学习等均由管教民警组织实施。每天早晨组织各监室成员背监规、生活卫生等制度。每周组织犯人及违法犯罪嫌疑人集体学习一次，学习内容有监规、案例、法律条文等。犯人每日三餐有面食、大米等。监室设有电视，每天上午、下午各有 2 小时的放风时间。

第五节　户籍管理

概况

1999 年，吉县统一换发居民户口本。2000 年，配合各职能部门开展全国第五次人口普查。2005 年，境内户口实行微机化管理，全省人口信息联网。2010 年 5 月 15 日—9 月 30 日，开展全国第六次人口普查户口整顿工作。2011—2013 年，开展全省户口登记管理清理整顿工作。2014 年，准迁证开始打印。2015 年 1—5 月底，居民户口底簿全部重新打印。2015 年 6 月，将户口下放到派出所，取消农业户口与非农业户口的区别，统一为家庭户口。2014—2016 年，开展全国深入推进户口登记管理清理整顿工作，对年满 18 周岁无相片人员进行了全面清理。

1986—2015 年吉县户籍人口情况表

表 22-1-1　　单位：人、户

年份	户数	人口	出生上户	迁入	迁出
1986	19203	83745	1534	643	515
1987	19540	84836	1662	586	523
1988	19883	86346	1653	508	486
1989	21132	88023	1643	616	693
1990	21468	89540	1604	643	554

续表

年份	户数	人口	出生上户	迁入	迁出
1991	21794	91453	1612	756	484
1992	22076	92846	1546	574	562
1993	22725	94465	1506	775	546
1994	23140	95813	1534	586	462
1995	23465	97196	1612	494	591
1996	23798	98386	1584	675	672
1997	24040	99087	1603	587	565
1998	24358	99446	1532	651	413
1999	24684	99752	568	554	563
2000	24968	100025	696	596	956
2001	25212	100234	886	446	1064
2002	26192	100476	1044	1153	818
2003	26416	101768	1173	637	632
2004	27735	102865	1025	612	813
2005	29002	103305	963	558	916
2006	29051	102774	134	85	1059
2007	30675	105609	61	5008	1798
2008	31779	107445	49	418	1465
2009	33047	108365	98	629	1237
2010	35124	109995	1541	1504	1336
2011	37273	110928	1827	1146	1233
2012	38645	108976	1248	1056	1466
2013	39459	106788	1539	1267	2007
2014	40734	107677	1827	956	1605
2015	40772	108083	1491	789	692

暂住人口管理

2013 年，流动人口实行微机化管理，实行居住证制度。

2000—2015 年吉县暂住人口情况表

表 22-1-2 单位：人

年份	人数	年份	人数
2000	486	2008	743
2001	492	2009	3630
2002	516	2010	2273
2003	528	2011	1267
2004	549	2012	662
2005	1360	2013	580
2006	683	2014	541
2007	725	2015	535

身份证管理

1988 年，办理吉县第二代居民身份证，采取上门照相采集照片，分批制作发放的办法，16 周岁以上共有 68980 人，实际制证 58633 人，完成应发证的 85%。2006 年，集中换发二代居民身份证。2013 年，办理指纹身份证。截至 2015 年底，共办理二代居民身份证 113782 人，其中申领 95667 人，换领 11046 人，补领 7069 人。

出入境管理

2008 年，吉县公安局出入境管理大队挂牌成立。出入境管理大队的主要职责是，指导全局各基层单位贯彻落实有关出入境管理的法律、法规、规章，负责受理、审核、审批境内居民因私出国、出境管理事务；管理外国人、港澳台人员及华侨出入境事务；打击非法移民活动，查处违反出入境管理法律、法规和妨害国家边境管理秩序的违法犯罪案件；协助查处涉外治安、刑事案件；维护出入境秩序，依法控制法定不准出入境人员的出入境活动；收集处理出入境活动中影响社会稳定和出入境正常秩序的情报信息；处理吉县和外籍人员的有关国籍事务。

1996—1999 年，吉县每年出境人员不到 5 人，2002 年为 17 人，2004 年以后出境人员增多，国外人员也开始来吉县。

2004 年 7 月，办理一起非法居留、非法谋职、私自聘雇外国人案件。2006 年 8 月，办理一起接待外国人不办理住宿登记案件。

2004—2015 年吉县出入境人员情况表

表 22-1-3 单位：人

年份	出境				不准出境	入境
	护照	通行证	大陆证	总计		
2004	—	—	—	86	—	27
2005	—	—	—	59	—	—

续表

年份	出境				不准出境	入境
	护照	通行证	大陆证	总计		
2006	—	—	—	232	—	—
2007	—	—	—	58	—	687
2008	—	—	—	62	—	932
2009	—	—	—	147	—	667
2010	53	73	2	128	21	2800
2011	102	61	3	166	50	3490
2012	117	208	5	330	16	4590
2013	229	257	16	502	54	2367
2014	305	340	23	668	33	1853
2015	523	558	24	1105	84	1705

第六节 消防管理

1973 年 9 月，成立吉县公安局消防股。1983 年，将吉县公安局消防股纳入武警序列，更名为吉县公安局消防科。1993 年，更名为吉县公安消防大队，隶属于临汾市公安消防支队，人员与巡警共用。2014 年 11 月，吉县二级消防站竣工并投入使用，吉县公安消防大队拥有了自己的队员，执行执勤战备任务。2015 年，大队共有现役官兵 3 人，专职队员 23 人，文职雇员 11 人。装备有 4 辆消防车（1 辆水罐消防车、2 辆泡沫水罐消防车、1 辆抢险救援车），1 辆业务车，并配备相应的灭火救援器材。

消防宣传

2014—2015 年，吉县公安消防大队共开展各种培训 100 余次，发放宣传资料 1 万余份，节假日等发送宣传短信 1 万余条。

监督检查

至 2015 年，共检查单位 1609 家，发现火灾隐患 2066 处，督促整改火灾隐患 1966 处，临时查封 17 家，责令“三停”（停产停业、停止施工、停止使用）47 家。

抢险救灾

至 2015 年，共接警出动 75 次（火警 29 起、抢险救援及社会救助 46 起），出动车辆 139 辆，出动警力 885 人，抢救被困人员 27 人，疏散被困人员 310 人。

柏浪沟山体滑坡抢险救援　2014 年 4 月 6 日 4 时 5 分，吉县消防大队接到报警称，位于吉县吉昌镇柏浪沟发生山体滑坡事故，有民房被埋压。吉县消防大队立即启动山体滑坡应急处置预案，迅速出动 2 车 20 人赶赴现场。

4 时 12 分到达现场，经现场询问及勘察，被山体埋压的共有东西 2 户，东户有 5 人，西户有 3 人，被困人员伤亡情况不明。县政府应急指挥部迅速向参战队员下达“救人第一、快速营救”的救援方案，同时请求临汾市消防支队实施跨区域救援。参战消防官兵分成 2 个救援小组，采取“边侦察边挖掘，边询问边作业”的方法，一组人员从东至西对积土进行清理，一组人员从西至东进行清理。同时，为防止在搜救过程中再次发生山体滑坡，指挥组确定安全监察人员，进行不间断监测。随后临汾市公安消防指挥中心调集特勤中队、襄汾中队、乡宁中队、曲沃中队、尧都中队等陆续赶赴现场进行跨区域救援。所有官兵均采用手刨、铁锹铲方式，5 时 20 分，从东侧房屋废墟中救出 1 名中年男性；5 时 40 分，从东侧房屋废墟中找到 1 名中年女性；6 时 5 分，从东侧房屋废墟中找到 1 名小孩；6 时 31 分，从东侧房屋废墟中找到 1 名小孩。发现时，4 人均无生命特征。

7 时 5 分，救援官兵从西侧房屋床与墙面的夹角处发现 1 名小孩，小孩被挤在夹角的狭小空间，意识清醒，情绪不稳定。为了加快挖掘速度，消防官兵轮流作战，干脆扔掉了铁锹、锄头，直接用手刨，很多战士的手起了泡，磨出了血。7 时 10 分，孩子救出来了，在场群众一片欢呼。

7 时 45 分，救援官兵从东侧房屋废墟中找到 1 名老年女性，已无生命特征。

8 时 55 分，在西侧废墟下面发现 2 人被压在楼板下面，医疗救护人员立即对其进行生命迹象探测，发现已无生命特征。救援官兵通过与推土机和挖掘机的配合，最终于 9 时 23 分救出最后 2 名遇难者的遗体。

奥坤果库灭火救援　2014 年 4 月 10 日下午 1 点 42 分，吉县奥坤果库发生火灾。吉县公安消防大队快速到达火灾现场。临汾市支队指挥中心接到报告后，支队政委张美峰、司令部参谋长王垂平，带领支队全勤指挥部迅速赶往事故现场增援。

吉县公安消防大队到达现场后，果库上空已被浓烟包围。吉县县政府迅速启动应急预案，成立现场救援指挥部。一组进行安全防护，迅速警戒，疏散现场周围群众；二组询问知情人有无被困人员及果库结构等，得知果库共 2 层，建筑结构为钢结构，着火部位为 11 号库，燃烧物质为聚氨酯库板。果库内无被困人员。根据各组反馈的信息，现场救援指挥部立即部署。随后，大宁、乡宁、襄汾消防大队到达现场，迅速投入火灾扑救中。

经过近 4 个小时的扑救，大火终于被扑灭。

小龙鞋城灭火救援　2014 年 4 月 20 日 16 时 4 分，吉县消防大队接到报警，位于吉县新华街小龙鞋城发生火灾，火势正在蔓延。消防大队立即启动灭火救援方案，出动消防车 3 辆，25 名指战员火速赶往现场。

16 时 13 分，消防队到达现场时，浓烟滚滚，火灾已经处于全面发展阶段。消防队员兵分两路，一路对知情人进行询问，一路快速出水。经询问知情人，一楼为吉县特步专卖店、二楼为小龙商贸鞋城，一楼内部设置楼梯通往二楼，三楼为房东住户，有 5 人在三楼，三楼有设置的外部楼梯，起火部位不明。

经现场观察，一楼火势正在猛烈燃烧阶段，三楼窗户上有 1 名被困人员趴在窗户墙外。消防大队教导员立即下达“救人第一”的命令，安全员迅速向被困人员喊话，防止被困人员慌忙跳下。消防员携带空气呼吸器爬到三楼，将三楼被困的 5 名群众迅速疏散到楼下安全区域。

在疏散群众的同时，攻坚组出两支水枪对一楼进行内攻。一支水枪对一楼火势进行控制，一支水枪防止火势向二楼蔓延。一楼火势得到有效控制。

在对一楼火势进行控制的同时，火势已蔓延到二楼，16 时 19 分，二楼窗户开始冒烟。16 时

26分，二楼北边的玻璃炸裂，瞬间整体处于猛烈燃烧阶段。16时30分，使用消防车载水炮控制二楼火势向三楼蔓延。供水员利用就近的市政消火栓进行不间断供水，同时出两支攻坚组，使用消防二节拉梯，爬上二楼，各出一支水枪，全面对火势进行强行压制。

在二楼火势得到有效控制的同时，侦查员通过外部观察，发现火势向三楼蔓延，攻坚组携带挂钩梯从二楼窗户爬到三楼窗户口，出一支水枪，将三楼火势熄灭。

随后，两支攻坚组从二楼窗户进入二楼楼层，出两支水枪，全力对二楼进行彻底扑救，经过官兵顽强奋战，大火被基本控制，火场转入全面内攻灭火阶段。根据现场情况，火场指挥部做出最后战斗部署，攻坚组出2支水枪控制余火，并伺机进入燃烧区内攻灭火。

16时51分，大火基本扑灭。为防止复燃，消防官兵对火场进行了检查、清理，经过两个多小时的排查，在确定残余火星无复燃后，吉县消防大队整理归队。

第七节　交通管理

1987年7月，吉县公安局交通警察大队成立，为正科级单位，在业务上受临汾地区公安局交警支队领导，人事实行条块结合、以块为主的领导体制。2015年，全县共有机动车8891辆，其中汽车7329辆，摩托车1518辆，农用运输车27辆，挂车17辆。有机动车驾驶人员9757名。

交警监控设施

2012年，在国道309线设立测速设备4套、监控设备4套，209线设立测速设备2套、监控设备2套。2013年，在城区增加红绿灯设备5套、高清监控设备5套、驾驶人诱导屏8块。2014年，增加红绿灯设备1套、高清监控设备2套、驾驶人诱导屏2块、测速设备2套。

执法宣传与专项整治

2011年11月2日，吉县交警开展冬季交通安全宣传；11月26日，开展“今冬明春”道路交通安全宣传教育活动；12月，开展“12．2”全国交通安全日主题宣传活动和交通安全走乡镇进校园活动。

2012年2月7日，开展“三访三评”（三访：访问民情，到群众中访贫问苦、掌握实情；访察民意，到群众中体察情绪、把握诉求；访排民忧，到群众中排查纠纷、化解矛盾。三评：评议工作，主动接受群众对公安工作和公安队伍建设情况的评议；评查问题，着力整改自身工作中存在的不足和薄弱环节，针对群众反映强烈的突出治安问题，进一步深化打黑除恶、打拐等专项行动；评选先进，激励士气、树立形象，深入开展争创人民满意活动）暨警营开放日活动。3月，开展“学雷锋活动日”活动。6月，开展端午节交通安全宣传。8月，开展“牵手平安行”宣传活动。12月，开展“12·2全国交通安全日”宣传活动、法制安全宣传活动和冬季道路交通安全宣传活动。

2013年1月，开展“冬季平安行动”交通安全宣传活动、2013年春运启动仪式、“1·29”春运交通安全宣传。1月10日，在新华主街道举行公安窗口便民服务在线宣传活动。4月30日，开展 “五一”宣传活动。开展“六一”儿童节交通安全宣传活动。开展2013年“平安吉县”宣传活动、冬季道路交通安全宣传活动和全国交通安全日宣传活动。

2014年6月，吉县公安局交警大队开展农村交通安全宣传教育活动。8月28日，全面推进客运安全宣传工作。9月10日，开展禁酒驾宣传活动。9月24日，开展车检新政宣传。9月26日，在县城中心广场开展国庆安全宣传活动。12月2日，开展“12．2”全国交通安全日宣传活动。12月4日，开展“12·4法制宣传”活动。

2015年，春运期间全面开展2015春运宣传。3月20日，开展全国中小学生安全教育日宣传活动。6月17日，开展夏季道路交通安全宣传活动。7月1日晚，深入客运站开展宣教活动。11月13日，收到“人民交警执法为人民”赠旗一面。

交通执法

执法过程中，对无证驾驶、酒驾、飙车、超载等违法行为严厉处罚。对易发事故地段、人员密集地段、学校放学时段设立警示牌，加大民警巡逻值班力度，避免事故发生；发生事故后，在分清事故责任的基础上，进行判决或调解，保护受害人合法权益。

1987—2015年吉县纠正车辆违章驾驶情况表

表22-1-4 单位：次

年度	纠正违章次数	年度	纠正违章次数	年度	纠正违章次数
1987	3085	1997	6683	2007	14860
1988	3561	1998	6690	2008	24219
1989	4210	1999	7264	2009	27843
1990	1985	2000	7829	2010	29864
1991	4259	2001	8956	2011	31652
1992	5062	2002	7930	2012	36798
1993	5784	2003	8125	2013	39852
1994	5360	2004	9790	2014	37965
1995	5429	2005	11320	2015	36572
1996	6521	2006	13205	—	—

2006—2015年吉县交通事故情况表

表22-1-5 单位：起、人、元

年份	事故起数	死亡人数	受伤人数	直接经济损失
2006	4	5	13	5000
2007	3	6	4	83000
2008	4	5	2	3000
2009	14	12	10	44404
2010	12	11	8	7601
2011	11	12	8	96450
2012	11	6	4	43200
2013	16	9	8	114500
2014	10	15	11	32000
2015	10	11	5	7400

第二章　司法行政

第一节　机构

1980年12月，吉县司法局成立，正科级建制。2010—2015年，内设机构有：办公室、法制宣传股、基层基础股（社区矫正工作股）、律师管理股；另有公证处（股）、法律援助管理股（法律援助中心）2个直属事业单位；基层司法所为派出机构。2015年，乡镇司法所有：吉昌司法所、屯里司法所、壶口司法所、中垛司法所、柏山寺司法所、东城司法所、文城司法所、车城司法所。主要负责境内依法治理、普法宣传、人民调解、法律援助、法律服务、安置帮教、社区矫正等工作。

第二节　法制宣传教育

1985年11月22日，全国人大常委会通过《关于在公民中基本普及法律常识的决定》，吉县成立普法领导组及办事机构，制定普法实施方案，开展宪法等法律常识教育。1986—2015年，先后分6个"五年规划"进行普法工作。

1986—1990年为"一五"普法时期。司法局组织编写了《中华人民共和国宪法》《中华人民共和国刑法》《中华人民共和国刑事诉讼法》《中华人民共和国婚姻法》《中华人民共和国继承法》《中华人民共和国经济合同法》《中华人民共和国兵役法》《中华人民共和国森林法》《中华人民共和国治安处罚条例》的辅导讲稿，以县、乡两级党校及农村党员活动室为阵地，举办县科级以上干部和企业副厂长以上干部普法轮训班、乡镇干部轮训班、农村"两委"干部和党员骨干培训班，受训人数分别占县、乡、村三级领导干部的93.4%、92.5%和90.8%。农村普法，采取大村分片、小村分组、党员包教、学生送法上门等形式。五年中，组织各种法制讲座126次，出动宣传车22次，发放宣传资料6万余份，办宣传栏78期，办黑板报263期，发放法律常识读本1万余册。机关、企事业干部有1000多人参加普法考试，及格率达96.6%。通过多种形式的普法宣传教育，提高干部群众的法制观念，促进社会治安的好转。

1991—1995年为"二五"普法时期，吉县开展以宪法为核心，水利、环保、林业为重点的普法教育。1991—1994年，县司法局协同水利、环保、林业、土地、计生、工商、税务等部门，深入农村、机关开展部门法宣传，就《中华人民共和国水利法》《中华人民共和国环保法》《中华人民共和国森林法》等对县直机关、乡镇干部进行法律知识培训。1994年7月，按照新的干部管理规定，36名正科级干部首次举行任职前法律知识考试，全部及格。"二五"普法期间，发放各种法律知识读本2000余册，办宣传栏120期，办黑板报380期，播放法制教育录像19场，法律条文上墙630条，订阅法制报刊381份。1995年，2000人参加"二五"普法考试，及格率97%。

1996—2000年为"三五"普法时期。1996年，深入农村宣传《中华人民共和国刑法》《中华人民共和国治安管理处罚条例》，利用广播电视进行报道，组织2次"打团扫恶"专项斗争。1997年，进行大型法律宣传3次，集中培训三级领导干部，并把法律知识作为考核干部的重要内容。1998 年，组织科级干部学习 5 次，培训科级以上领导 1 次。1999 年 7 月，副县级以上领导观看了《依法治国报告》录像。2000 年，“三五”普法验收，共 2500 人参加普法考试，均分 90.2，及格率 100%。

2001—2005 年为“四五”普法时期。2001 年，在中小学开展《中华人民共和国未成年人保护法》《中华人民共和国治安管理处罚条例》教育，受教育学生 1000 人。每年“12．4”法制宣传日，司法局全体人员在县城中心广场设置宣传版面，散发资料，设立咨询台，开展丰富多彩的宣传活动。2003 年，印发《法律法规汇编》《法律知识问答》《社会治安综合治理手册》等共 3000 册。2004 年 6 月，组织科级以上干部参加《中华人民共和国宪法》和《中华人民共和国行政许可法》知识考试，及格率 100%。

2006—2010 年为“五五”普法时期。2006 年 11 月，县委把“法治吉县”列为文明城市创建三大工程之一，把依法治县纳入和谐社会指标考核体系。2007 年，对“五五”普法依法治县骨干进行集中培训，全面推行“四议两公开”（四议：党支部会提议、“两委”会商议、党员大会审议、村民代表会议或村民会议决议；两公开：决议公开、实施结果公开），聘任大学生村官为法律宣传员，积极开展“一学三讲”（学法律、讲权利、讲义务、讲责任）为主题的农民法制教育，深入各乡镇为农民讲解《中华人民共和国合同法》《中华人民共和国继承法》《中华人民共和国人民调解法》《中华人民共和国民法通则》等法律。2010 年，组织各级公务员、农村“两委”干部共 2993 人参加普法考试，及格率 100%。

2011—2015 年“六五”普法时期。相继开展以“弘扬法治精神，促进社会和谐”“加强法治宣传教育，服务经济社会发展”等为主题内容的“送法进田间地头”活动。在创建平安吉县的活动中，多次深入到壶口景区开展普法宣传活动，向游客、景区工作人员和当地群众广泛宣传《中华人民共和国森林法》《中华人民共和国森林防火法》《中华人民共和国治安管理处罚法》《中华人民共和国文物保护法》《中华人民共和国环境保护法》等法律法规。2012 年，开展“信合杯”依法行政知识竞赛。2013 年，协助拍摄电影《韩妈妈与她的儿女们》。2014 年，开展法治大讲堂。3 月，吉县被全国普及法律常识办公室评为“全国六五普法中期先进县”。2015 年，举办人民调解员培训班及“弘扬法治精神、建设法治吉县”主题演讲比赛等活动。3 月，吉县司法局被全国普及法律常识办公室评为“全国法治县创建活动先进单位”。

第三节 人民调解

1986—2015 年，吉县共建立矛盾纠纷调解委员会 89 个，其中乡镇调委会 8 个，村调委会 79 个，消费纠纷调解组织 1 个，老干部调委会 1 个。形成了多层次、多形式人民调解组织网络体系。调解人员总数 323 人，村调委会人数 283 人，乡镇调委会人数 40 人。其中，专职调解人员 305 人。

2015 年 12 月 15 日，在新华街中心广场北 100 米处成立吉县法律服务中心。中心内部设置吉县矛盾纠纷调解中心、吉县法律援助便民大厅 2 个办公大厅，分设法律咨询、法律援助、人民调解、申请受理、法援远程视频平台 5 个服务窗口，由司法局工作人员、律师、社工、法律援助工作者、人民调解员实行全日制轮流坐班，零距离为群众提供便捷高效、全方位的法律服务，有效缓解法律服务供需矛盾。

1986—2015 年，调解处理各类纠纷 10157 件，成功率 97%；防止矛盾激化 112 件、1384 人。

第四节 法律服务

律师事务

1981年，成立吉县法律顾问处。1985年，更名为吉县律师事务所。2000年，再次更名为山西诚明律师事务所。事务所律师先后为16个政府机关、企事业单位担任常年法律顾问；为893件民事案件与632件经济合同案件的当事人担任诉讼代理人，挽回经济损失1000余万元；为42件刑案被告人担任辩护人；代写法律文书3012件。1987年后，增加经济合同的仲裁及无争议法律事务的非诉讼代理。1986—2015年，共受理参与仲裁和受理非诉讼代理864件，挽回经济损失610万元，为63家乡镇政府、村（居）委员会、联合体担任常年法律顾问。

公证事务

1981年，经山西省司法厅批准成立吉县司法局公证处。2007年3月，依据《中华人民共和国公证法》和《公证机构执业管理办法》及晋司公〔2006〕180号文件精神，吉县司法局公证处更名为山西省吉县公证处。公证处不以营利为目的，是依法独立行使公证职能、承担民事责任的证明机构，业务范围包括：经济合同、民事协议、继承、赠予、收养关系、亲属关系、身份证明、保全证据、提存等内容。

法律援助

2000年，吉县法律援助中心成立，为全额财政预算股级事业单位。2005年8月，境内8个乡镇相继挂牌成立法律援助工作站。2006年10月，工会、妇联、残联法律援助工作站成立。2011年4月，吉县交警大队法律援助工作站成立。2012年8月，法律援助中心为高速路拖欠农民工劳务费一案提供法律援助，追回1700余万元劳务费，维护了农民工的合法权益。2000—2015年，法律援助中心共办理各类援助案件173件，受援人达309人，避免和挽回经济损失1870万元。共为1032人提供咨询、代书、民事调解、代理法律援助，受援人满意率达98%以上。

第五节 安置帮教 社区矫正

安置帮教

县司法行政系统坚持对刑释解教人员实行安置帮教。1996年，成立以县委副书记、政法委书记为组长，县委常委、常务副县长和县委政法委副书记、公安局长、司法局长为副组长，县委办、政府办、劳动局、财政局、民政局、工商局、税务局、总工会、妇联和团县委等单位负责人为成员的吉县刑释解教人员安置帮教工作领导小组，领导组下设办公室。县司法局安置帮教工作股由基层基础股负责。县直各单位和各乡镇分别成立安置帮教领导小组，设置安置帮教工作站8个，专职安置帮教工作人员9人、联络员70余人。1986—2015年，吉县刑释解教人员安置率达97%，重新犯罪率控制在1%以下，最大限度地预防和减少重新犯罪。

社区矫正

2011年3月，成立吉县社区矫正工作领导组，司法行政机关负责指导、组织实施社区矫正执法工作。按照“严格程序、规范执法、打牢基础、管控到位”的原则，全面规范管理工作。社区矫正的主要内容是：对矫正对象管理、教育、参加公益劳动、帮困扶助等，在社区矫正工作中推广“严管、普管、宽管”分类管理办法，提高矫正对象的悔罪意识和自新意识。

2010—2015 年，吉县累计接受矫正对象 190 名，已解教 135 名，在矫 55 名。在矫人员中缓刑 54 人，暂予监外执行 1 人。犯罪类型：财产类 14 人，职务类 9 人，人身侵害类 6 人，社会危害类 26 人。

吉县志

（1986—2015）

下册

吉县地方志编纂委员会　编

方志出版社
Publishing House of Local Records

第二十三编　审判 检察

1986—2015 年，吉县人民法院和吉县人民检察院几经改革，职能不断完善，办案效率与质量都有较大提高。截至 2015 年，县法院审结各类案件 5852 起，其中刑事案件 718 起，民事案件 4839 起，经济案件 150 起，行政案件 145 起，执行案件 1422 起；县检察院受理审查各类批捕案件 775 起，提起公诉案件 866 起，直接受理贪污受贿经济案件 106 起。

2000 年后，县人民检察院连续 6 次被山西省精神文明建设指导委员会评为“文明单位”，被山西省委依法治省领导组评为“（2008—2009）依法治理示范单位”，1997 年、2002 年两次荣立集体三等功。

第一章　审判

第一节　机构

内设机构

1985年底，吉县人民法院内设办公室、来信来访接待办公室和刑事、民事、经济3个审判庭。1990年，成立执行庭，专司判决执行；同年成立行政审判庭（行政审判从民事审判中分离出来），通过审理行政案件，依法支持行政机关行使职权，保护行政相对人的合法权利，推进民主政治建设。1992年，成立司法警察大队，专司提押、值庭、强制执行、机关保卫等工作；同年成立告诉申诉庭，专司一审案件和申诉案件的受理工作。1999年，成立政工科，专司干部人事管理和教育培训工作；同年成立纪检组，专司廉政建设和纪律检查、党风廉政建设等工作。2003年，按照立、审、执分立的原则，吉县人民法院的内设机构调整为办公室、政治处、纪检组、执行局、司法警察大队、立案庭和刑事审判庭、民事审判第一庭、民事审判第二庭、行政审判庭、审判监督庭5个审判法庭。2010年，经批准增设吉县人民法院后勤服务中心。

基层法庭

1985年底，吉县设城关、中垛、屯里、文城4个基层法庭。2003年，设中垛、壶口2个基层法庭。

截至2015年底，吉县人民法院下辖11个内设机构和两个基层法庭，在册人员39人，其中法官17名。

1986—2015年吉县人民法院历任院长名表

表23-1-1

姓名	任职时间
孙朝生	1985.02 — 1986.05
白启章	1986.05 — 1993.04
郭龙臣	1993.06 — 1997.09
张　峰	1998.05 — 2002.09
贺宏生	2002.09 — 2007.04
郑艳燕	2007.05 — 2015.12
白　剑	2015.12 —

基层人民法庭

中垛人民法庭　位于吉县中垛乡，成立于1983年，管辖中垛乡、柏山寺乡、车城乡3个乡30个行政村4.3万余人。负责审理辖区内一审民事和轻微刑事自诉案件。截至2015年，法庭共有干警4人，其中审判员2人、书记员1人、法警1人。年均受理案件60余件，其中离婚纠纷、民间借贷纠纷案件所占比例较大。中垛法庭自成立以来，案件调撤率始终保持在80%以上，曾被授予“地级一流法庭”，2007年，调撤率达90%以上，2009年调撤率达到100%。2010—2012年连续三年被临汾市中级人民法院授予“和谐司法先进集体”荣誉称号，2012年被临汾市委、市政府授予“十佳单位”荣誉称号。

壶口人民法庭　位于黄河壶口瀑布风景区，成立于2000年，管辖壶口镇、屯里镇、东城乡、文城乡4个乡镇、35个行政村、269个自然村3万余人，负责审理辖区内一审民事和轻微刑事自诉案件。2015年，法庭共有干警4人，其中兼职庭长1人、审判员1人、法官助理1人、书记员1人。年均受理案件70余件，主要集中在婚姻家庭、民间借贷、人身损害赔偿纠纷等。

第二节　立案与监督

1985—1990年，重点复查刑事申诉案件，受理申诉42件，审结18件，做到改判有据，维持有理。接待群众来访500余人次，来信来函20余件。

1990—1992年，共处理群众来信84件，接待群众来访2400人次。1992年，成立告诉申诉庭，专司一审案件和申诉案件的受理工作，重点放在做好当事人的思想疏导、教育、法律咨询工作上，同时做好重点案件的审查，减少诉累和缠访，出现了群众来信来访逐年下降的趋势。

1993—1997年，告诉申诉庭共处理群众涉诉来信217件次；接待群众来访433人次。对7起发回重审案件，依法另行组成合议庭予以公开审理。对1起案件经审判委员会讨论决定，给予部分改判，做到了有错必究。

1998年，告诉申诉庭共受理各类申诉36件，除5件外均服判息诉。同时设立信访接待室，明确规定每周一由院长或副院长、每周四由一名庭长轮流接待群众，共接待群众来信来访100余人次，加大了对当事人思想疏导和法律宣传的力度。

1999年，进一步健全了处理人民群众来信来访工作制度，成立了“立案室”和“群众来信来访接待室”，当年接待群众来访193人次，处理群众来信15件次，说服息诉21人次，受理申诉并提起再审案件6件，审结4件。

2000年，建立健全处理人民群众来信来访工作制度，设立公示牌和法律救助站。当年接待群众来访210人次，接受法律咨询130人次，说服息诉21人次，受理申诉并提起再审案件3件，审结2件。

2001年，接待群众来访350人次，接待法律咨询230人次，说服息诉29人次，受理申诉并提起再审案件3件，全部审结。

2003年，吉县法院撤销告诉申诉庭，成立立案庭，审查受理民事纠纷、刑事自诉案件，对行政案件、刑事公诉案件进行立案登记；受理申诉、申请再审案件予以审查立案，同时办理群众来信来访事宜。当年审查立案285件，接待群众来访685人次，解答群众法律咨询750件次。开展司法大检查，对1998年后所审结的案件进行了“回头看”，对查出的四大类问题，逐案进行整改。

2004 年，立案庭审查立案 234 件，全年接待来访人员 500 人次。制定《案件审判流程管理办法》，各类案件由立案庭统一立案，排期开庭，定期审结，同时对审理案件全程监督。在立案庭成立速裁小组，对争议较小的案件，由立案庭主持庭前调解，先后调解临汾东兴汽贸公司卡车挂断通信公司、广播局通信线路赔偿纠纷和赡养纠纷等 13 起尚未形成诉讼的案件。

2005 年，受理刑事、民事、行政、执行案件 289 件。接待来访人员 400 余人次，均分门别类给予妥善处理，为来访群众提供诉讼指南，告知诉讼风险，方便群众诉讼，同时对经济困难打不起官司的当事人，减、免、缓交诉讼费 4 万余元。

2007 年，审查立案 226 件。立案庭实行统一立案、统一分案、统一邮寄送达、统一排期开庭和统一开庭公告的“五统一”制度，开庭前 10 日将案件移送业务庭，杜绝私自会见当事人和选人选案情况的发生。接待来信来访 128 人（件）次，其中院长接待 80 余人次。7—10 月，开展核查纠正监外执行罪犯脱管、漏管专项行动，特别是在中共十七大召开前夕，对可能引发上访的案件进行了逐一排查。

2008 年，审查立案 263 件。立案庭设立咨询台，放置《诉讼指南》手册和常用法律知识宣传单，案件审查立案后，所有诉讼文书以特快专递方式免费送达。对老年人、未成年人、残疾人、下岗职工和农民工及其他确有困难的当事人缓、减、免交诉讼费 1.6 万元。

2009 年，审查立案 309 件。建设信访接待“窗口”，在立案庭放置常用法律知识宣传单和《诉讼指南》，领导班子成员轮流值班接待来访群众，全体法官带案下访、送法下乡；与县委、县政府信访部门建立互动互通的信访联络联动机制，妥善处理涉法信访苗头性事件 3 起，将矛盾化解在萌芽状态。

2011 年，审查立案 377 件。在立案庭放置常用法律知识宣传材料、《诉讼指南》等，组织实施立案信访接待、诉讼风险提示、诉讼活动引导、案件信息查询、办案人员联系、诉讼材料接转、诉讼疑问解答等服务活动，为当事人提供“一站式”服务。对 32 件民事案件缓、减、免交诉讼费 15 万元。处理群众来信来访 10 余件（次），诉前调解 94 件涉及损害赔偿、民间借贷等案件，促使当事人及时兑现应付款项 100 余万元。

2012 年，审查立案 487 件。坚持院领导接访制度、案件信访风险评估机制、信访案件司法救助等，保持了越级“零”上访记录。

2013 年，审查立案 572 件。对 30 起涉民生案件缓、减、免诉讼费 13.9 万余元。开通并试运行法院网站和官方微博平台，公开法院工作动态、审判流程、审判信息等内容，让社会公众全面了解法院工作。

2014 年，审查立案 564 件。安装便民自助查询系统，一台连接互联网，可检索查询法院公开的审判执行信息和人民群众需要了解的相关法律知识、典型案例等；一台连接四级法院网，当事人可凭身份证登录查询案件的承办法官、审理进度等相关案件审理信息。实行诉讼服务状况意见反馈制度，有利于诉讼当事人实时监督。依法为确有困难的当事人减免、缓交诉讼费 20.4 万余元。

2015 年，审查立案 717 件。依法为确有困难的当事人减免、缓交讼费 125 万余元。进一步完善诉调对接服务中心建设，设立调解工作室，对事实清楚、争议不大的案件及时调解。

第三节 刑事审判

1985年，吉县法院在执行中央“从重从快，一网打尽”方针中，坚持“以事实为依据，以法律为准绳”的办案原则。受理公诉8案9人，其中强奸1案1人、盗窃5案6人，破坏集体生产1案1人，过失杀人1案1人；判处有期徒刑7年1人、有期徒刑5年1人、有期徒刑2年1人、有期徒刑1年2人，拘役5个月1人、4个月1人；自诉案2案3人，其中拒不执行判决1案1人，打架斗殴1案2人。

1987年，坚持对严重刑事犯罪分子依法从重从快打击的方针，审结刑事案件6案8人，其中抢劫1案1人，侮辱1案2人，故意伤害2案2人，诬告陷害1案2人，奸淫幼女1案1人，判处有期徒刑5年以上1人，5年以下7人。召开3次宣判大会。同时开展的反扒防盗、打击抢劫、流氓滋扰等刑事犯罪活动专项斗争和打击偷税、抗税、假冒商标、制造销售伪劣商品等经济违法犯罪活动的专项斗争。

1988年，审结刑事案件7案9人，其中判处15年以上有期徒刑2人，10年以上有期徒刑1人，5～10年以上有期徒刑1人，5年以下有期徒刑3人，拘役1人，免予刑事处罚1人。召开公判大会2次。结合审判活动，通过法制宣传专栏、街头法律咨询站等，教育广大群众树立依法治国的新观念，同时配合有关部门搞好回访、帮教工作，减少和预防重新犯罪。

1989年，受理刑事案件8案9人，全部审结，其中判处5～10年2人，5年以下5人、缓刑2人。召开4次公判大会，旁听群众达5万余人次。同公安、检察院密切配合，先后开展了以打击杀人、抢劫、盗窃、扒窃、流氓滋扰犯罪活动为重点的专项斗争以及打击流窜、破坏电力、通信设备、拐卖妇女儿童犯罪活动和扫除“六害”等专项斗争。

1990年，受理刑事案件13案17人，审结12件16人。其中判处10年以上1人，5～10年5人，5年以下10人。把打击重点始终指向杀人、抢劫、强奸、重大盗窃等严重刑事犯罪。根据上级及县委统一部署，召开大型宣判会3次，旁听群众达4万余人次。先后开展除“六害”、反盗窃、打击“车匪路霸”等专项斗争。

1991年，受理刑事案件7案10人，全部审结。其中判处有期徒刑5年以下7人，缓刑1人，免予刑事处罚1人，无罪释放1人。在审理的7起刑事案件中，因主要事实不清、证据不足或若干证据之间相互矛盾，向人民检察院退卷三案二次补充侦查。开展3次公开审判，每次旁听群众近千人，召开宣判大会1次，配合执行死刑罪犯3名，旁听群众达万人以上。

1993年，受理刑事公诉案件9案13人，结案率为100%，其中盗窃3案6人，奸淫幼女1案1人，强奸未遂1案2人，伤害2案2人，交通肇事1案1人，贪污1案1人，判处有期徒刑10年以上1人，5～10年2人，5年以下4人，缓刑4人，免予刑事处罚1人，无罪1人。审判中贯彻惩办与宽大相结合的政策，对符合缓刑条件的依法判处缓刑，特别是对于青少年失足者，贯彻教育、感化、挽救方针，开展以预防青少年犯罪为重点的综合治理工作。

1995年，坚持“打防并举，标本兼治，重在治本”的方针，共受理刑事案件12案14人，其中盗窃4案6人，交通肇事3案3人，抢劫1案1人，强奸未遂1案1人，受贿1案1人，伤害1案1人，流氓1案1人，判处有期徒刑5年以上3人，5年以下4人，缓刑7人。召开2次宣判大会，参加群众万人以上。

1996年，受理刑事案件11案19人，其中盗窃案5案7人，抢劫3案6人，流氓1案2人，

强奸未遂1案1人，非法侵入他人住宅1案3人，判处有期徒刑10年以上4人，5年以上10年以下1人，5年以下6人，缓刑6人，免予刑事处罚2人。有力地打击抢劫、强奸、流氓团伙及盗窃等犯罪。召开2次宣判大会，参加群众万人以上。

1998年，审结刑事案件15案26人，其中判处10年以上有期徒刑1人，5年以上10年以下3人，5年以下16人，拘役2人，中止1人，免予刑事处罚3人。

1999年，受理刑事案件17案19人，结案率为100%，判处有期徒刑4年1人，3年1人，2年1人，一年3人，判处缓刑、拘役13人。

2000年，受理刑事公诉案件24案，自诉案件2案，审结23案。公开审理一批盗窃古墓葬、盗窃、贩毒、持有使用假币等刑事案件，并配合临汾市中院于6月对因犯故意杀人罪的冯某某执行死刑。

2001年，受理刑事案件43案，审结37案，其中抢劫、诈骗、盗窃、抢夺等侵权财产犯罪案件16案，盗掘古墓葬、寻衅滋事、拒不执行法院判决、裁定等妨害社会管理秩序犯罪案件13案，贪污、挪用公款、职务侵占等经济犯罪案件8案，判处有期徒刑以上刑罚21人。利用“逢集日”在县城广场召开2次公开宣判大会，增强“严打”整治的震慑，同时对主动投案自首、有悔改表现的9名犯罪分子及3起未成年人犯罪案件，实行宽严相济的刑事政策。

2003年，受理刑事案件35案39人，全部审结。其中判处有期徒刑以上刑罚27人，对19案23名罪犯进行集中公开宣判。

2004年，受理刑事案件26案，其中公诉案件23案，自诉案件3案，全部审结。涉案的34名被告人中有25名犯罪分子被判处1～7年有期徒刑。先后8次进行公开审理、宣判，旁听群众达千余人次。

2005年，受理刑事案件38案42人，全部审结。其中盗窃罪9案、故意伤害罪7案、交通肇事罪6案、寻衅滋事罪5案，其他刑事案件11案，判处5年以下有期徒刑38人，拘役2人，免予刑事处罚2人，并处罚金16人。对社会关注度较高的案件，邀请人大代表、政协委员旁听，并在县电视台进行报道。在6起刑事附带民事诉讼中，调解5起。

2007年，受理刑事案件24案，其中公诉案件20案，自诉案件4案，全部审结。一方面坚持“严打”方针不动摇，对“两抢一盗”等多发性犯罪坚持从重从快原则，判处有期徒刑以上刑罚的20案27人，另一方面实施“宽严相济”的刑事政策，对情节较轻、确实不再危害社会的犯罪，以教育为主，适用缓刑8案8人。在审理一起交通肇事案件中，被告人积极赔偿受害人损失16万元，最终被判处有期徒刑2年，缓刑3年，受害人的权益得以实现。

2008年，受理刑事案件43案，其中公诉案件38案，自诉案件5案，审结42案。依法严惩故意伤害、强奸、盗窃和涉枪、涉爆、毒品等涉及人民群众人身和财产安全的多发性犯罪，共审结30案43人，判处3年以上有期徒刑10人，赔偿受害人各类损失并处罚金40余万元，积极贯彻“宽严相济”的刑事政策，依法对18人适用缓刑。

2009年，受理刑事案件27案，其中公诉案件24案，自诉案件3案，审结26案。依法严惩强奸、抢劫、盗窃等涉及人民群众身体和财产安全的多发性犯罪，其中判处6个月～13年有期徒刑的11案12人，对交通肇事等过失犯罪以及一些因民间纠纷、生活琐事所引发的轻微刑事案件，以宽缓为主，依法适用缓刑11案11人。

2010年，受理刑事案件34案，其中公诉案件28案，自诉案件6案，全部审结。坚持把维护和谐稳定作为刑事审判工作的中心任务，贯彻“宽严相济”的刑事政策，判处6个月～11年有

期徒刑 13 案 18 人，依法适用缓刑 15 案 17 人。

2011 年，受理刑事案件 41 案，审结 39 案，一方面严把案件审查关、证据关和适用法律关，依法严惩危害人民群众生命财产安全犯罪，集中打击交通肇事、涉毒及职务犯罪，共审结故意伤害和“两抢一盗”案件 11 案、交通肇事案件 10 案、涉毒案件 6 案、贪污等职务犯罪 3 案，促进全县社会治安的稳定；另一方面积极推进故意伤害等 15 类案件的量刑规范化，规范法官自由裁量权，促进量刑公正和均衡。对轻微刑事案件依法适用缓刑，判处缓刑案件 19 人、免予刑事处罚 2 人。

2012 年，受理刑事案件 32 案，审结 29 案。有效发挥刑事打击、教育、震慑作用，加大对危害公共安全、危害社会稳定的强奸、抢劫等暴力犯罪打击力度，依法判处 3 年以上有期徒刑 12 案 15 人。扎实推进量刑规范化工作，适用量刑规范化审理案件 21 案 29 人，加大司法领域人权保障力度，依法适用缓刑 9 案 11 人。

2013 年，受理刑事案件 38 案，全部审结。当年刑事案件突出表现为团伙作案和未成年人犯罪，38 起案件涉案被告人达 76 人，其中未成年人 10 人。在未成年人案件审理中，坚持“寓教于审、惩教结合、教育为主、惩罚为辅”原则，有针对性地做好庭审教育工作。同时根据新修订的《刑事诉讼法》完善各项庭审制度，解决庭审中一些突出问题。

2014 年，受理刑事案件 53 案，全部审结。全面推行量刑规范化，继续坚持宽严相济的刑事政策，严厉打击故意伤害、抢劫、盗窃、贩卖毒品等侵害人民群众人身财产安全的各类犯罪，对交通肇事积极赔偿受害人损失的过失犯罪、邻里纠纷引起的轻伤害犯罪和情节较轻的未成年人犯罪，依法从轻或减轻处罚。判处 3 年以上有期徒刑 11 案 11 人，其中 5 年以上 7 人，对 18 起三年以下有期徒刑中的 21 人依法适用缓刑、实施社区矫正。

2015 年，受理刑事案件 49 案，审结 45 案，共判处犯罪分子 47 人。坚持宽严相济的刑事政策，严厉打击对社会治安造成较大影响的多发性侵财犯罪、暴力犯罪和毒品犯罪，对贪污、受贿等职务犯罪继续保持高压态势，对交通肇事、邻里纠纷引起的轻伤害犯罪等，依法从轻或减轻处罚。

第四节 民事审判

1985 年，受理民事案件 113 件，审结 83 件，其中调解结案 75 件。为提高民事审判工作效率，吉县法院改坐堂办案为深入发案地巡回就地办案；同时对审判人员进行必要调整并增设城关人民法庭。

1988 年，受理民事案件 119 件，审结 101 件。以贯彻《中华人民共和国民法通则》为中心，针对民事纠纷案件中的新情况、新问题，不断加强和改进民事审判工作，深入基层、调查研究、就地办案，处理民事案件的效率和质量明显提高。

1989 年，审结民事案件 101 件。积极探索改进审判方式，一是大力推行当事人举证责任制度；二是公开审判制度，增强审判工作的透明度；三是坚持巡回办案，在审结的民事案件中，有 80% 案件为巡回审理。

1990 年，受理民事案件 130 件，审结 122 件。其中婚姻家庭案件占 58.8%。在审理涉婚案件中，既注重保障婚姻自由，又审慎对待草率离婚，对感情确已破裂的依法准予离婚，对子女的抚养和财产分割，本着有利于“保护妇女儿童合法权益和制裁违法行为”的原则，合情、合理、合法解决。审理与农业生产密切相关的土地、林木、宅基地等民事纠纷 12 件，有效制止非法占有和滥用土

地的行为。

1991 年，受理民事案件 125 件，审结 118 件，其中基层法庭审结的民事案件占到 70% 以上。在办案过程中，坚持运用民事审判职能为经济建设服务，审理大批与广大群众切身利益相关的婚姻、宅基地、房屋、赔偿、赡养、继承等主要民事纠纷案件。对农村发生的果园承包、耕地边界、水路等季节性、时间性较强的纠纷案件，坚持优先受理、巡回审判、就地办案，确保农业生产经营的顺利进行和农村的社会安定。

1993 年，受理民事案件 126 件，其中婚姻家庭类纠纷占 42%，债务类纠纷占 23%，宅基地和其他各类纠纷占 35%。把民事审判工作立足点放在"全面提高民事审判工作的执法水平，认真解决好严重影响社会稳定的大案要案，及时化解当事人的对立情绪，防止矛盾激化，促进社会安定团结"上。针对婚姻家庭纠纷持续上升的趋势，着重调解，积极疏导，严肃批评制裁在婚姻家庭关系中的违法行为和不道德现象，依法维护妇女、儿童和老年人合法权益。

1995 年，受理民事案件 105 件，其中离婚纠纷 46 件、宅基地纠纷 12 件、债务纠纷 13 件、赔偿纠纷 15 件、赡养纠纷 6 件、其他纠纷 13 件。注重发挥基层法庭前沿阵地的作用，全年法庭审结民事案件占到全院民事案件的 80%，真正做到送法进村入户、办案在田间炕头。文城法庭采取巡回办案与送法上门相结合的方式，深入到辖区 9 村 25 户农民家中，宣传法律知识，并接受法律咨询 360 人次，化解 20 起民事纠纷。

1996 年，受理民事案件 175 件，其中离婚纠纷 95 件、宅基地纠纷 7 件、债务纠纷 13 件、赔偿纠纷 17 件、赡养纠纷 3 件、其他纠纷 40 件，审结 169 件。民事案件审判中，以维护农村稳定为首要任务，深入农村巡回办案。中垛法庭受理案件 33 件，全部审结，且无一上诉。5 月 11 日，城关法庭审判人员就地开庭审理一起赡养案件，当庭予以调解并达成赡养协议。

1998—2002 年，共受理民事案件 1416 件，审结 1314 件。其中，审结婚姻家庭纠纷案件 513 件，以调解方式结案 234 件；审结侵犯人身和财产权案件 79 件；审结农村土地、山林、果园等承包合同纠纷案件 29 件；审结涉及企业债务、合同、借贷、改制、租赁、承包经营等纠纷案件 31 件；审结借款、金融资产纠纷等案件 662 件。针对婚姻家庭案件、债务案件、赔偿案件数量不断上升趋势的特点，在审理这些案件时，及时立案、及时审理，引导当事人正确处理婚姻家庭关系、财产关系，制裁违法行为。同时通过携卷下乡、就地开庭、就地宣判、巡回办案等方式，开展法制宣传教育，积极参与综合治理。

2004 年，受理民事案件 142 件，审结 139 件。其中婚姻家庭纠纷 56 件，金融、民间借贷 56 件，涉案标的 150 余万元。协助信用社、基金社贷款回收专项服务工作，有效化解金融风险。充分发挥司法的调解、保护职能，贯彻"能调则调、当判则判、调判结合、案结事了"的原则，将调解作为审理民事案件的主要手段，全年调解率为 41%。

2005 年，受理民事案件 182 件，审结 179 件。其中婚姻家庭纠纷 66 件，民间借贷 56 件，诉讼标的 200 余万元。全年调解处理的民事纠纷占受案总数的 65%。

2007 年，受理民事案件 133 件，审结 127 件。其中婚姻家庭、损害赔偿案件 82 件。以调解方式结案 68 件。

2008 年，受理民事案件（含督促程序 10 件）168 件，审结 148 件。坚持"调解优先、调判结合"，以调解、撤诉方式结案 90 件。

2009 年，受理民事案件 192 件，审结 188 件。其中经济合同类纠纷案件 67 件，通过对涉农案件的审理，有效纠正了一些合同不规范、履行不到位等违约行为，维护了农村土地、林地的合

法流转关系；通过对金融经济纠纷案件的审理，特别是依法适用督促程序为农村信用社追回欠款 50 余万元。

2010 年，受理民事案件 177 件，审结 169 件。其中，调撤率为 78.8%。

2011 年，受理民事案件 283 件，审结 281 件。其中以调解和撤诉结案 219 件。在全市基层法院审判绩效考核的 19 项指标中，有 15 项指标优于全市基层法院平均水平。

2012 年，受理民事案件 270 件，审结 248 件。通过简化程序、繁简分流、巡回审理、司法救助、案件回访等多种方式，多元化解各类民事纠纷，全年以调解和撤诉结案 196 件。通过诉前调解中心调处各类民事纠纷 108 件。

2013 年，受理各类民事案件 406 件，审结 401 件。坚持司法公正与提升效率、化解矛盾与维护稳定相结合，在确保办案质量的前提下，“能调则调、当判则判、调判结合、案结事了”。注重发挥农村基层组织、人民陪审员的作用，以多元化纠纷解决方法化解各类民事纠纷，以调解和撤诉结案 310 件。

2014 年，受理民事案件 411 件（包含诉前调解 48 件），审结 402 件。其中以调解和撤诉结案 269 件。

2015 年，受理民事案件 500 件，审结 472 件。其中，调解和撤诉结案 327 件。

第五节 经济审判

1985 年，成立经济审判庭。受理经济合同纠纷案件 6 案，审结 5 案。

1987 年，受理经济纠纷案 14 件，审结 7 件。

1989 年，受理经济纠纷案 13 件，全部审结。其中在依法收贷专项服务中，受理银行起诉的借款合同纠纷案件 11 件，诉讼标的金额达 120 余万元。

1990—1992 年，共审结各类经济纠纷案件 34 件，诉讼标的 37 万余元。其中，审判购销合同纠纷案件 2 件，涉及纠纷资金 58076 元；审判借款合同纠纷案件 14 件，直接为金融部门收回逾期呆滞贷款 83816 元；审结农村承包合同纠纷案件 4 件，审结企业承包、租赁经营合同纠纷案件 2 件。

1993—1997 年，共受理各类经济纠纷案件 68 件，诉讼标的金额达百万元以上。共为吉县金融、物资等部门依法收回各种逾期贷款近千万元。

1998 年，受理经济纠纷案 13 件，审结 11 件。为金融系统和财政部门依法收回滞呆资金 65.5 万元。

1999 年，受理经济纠纷案 7 件，审结 6 件，诉讼标的金额 6.2 万元。注重审理好土地延包、“四荒”开发、果园转让等涉农案件，做到及时立案、依法审结、不误农时。充分发挥法律服务职能，为工商银行吉县支行、城关基金社、祖师庙基金社等金融单位收回滞呆资金本息合计 188 万元，为县征稽所、移动公司收回欠费 2 万余元。

2001 年，受理经济案件 15 件，审结 13 件。抽调 9 人常年驻点投身于清理整顿农村基金会工作，充分运用法律武器，使基金会的呆滞资金由 1000 多万元下降到 300 多万元。

2003 年，按照机构改革和建立“大民事”审判格局要求，撤销经济审判庭。

第六节　行政审判

1988 年，行政审判机构未建立，行政案件由 1 名审判员专管，受理行政案件 5 件，审结 4 件。

1989 年，成立行政审判庭。采取多种形式广泛宣传《中华人民共和国行政诉讼法》，增强公民及行政机关的行政法律意识。

1991 年，开展行政诉讼法宣传和行政审判人员培训，配合清房工作开展有关清房行政案件的审理。

1995 年，受理非诉行政执行案件 3 件，全部执结。在吉县文物局申请执行村民超占文物地基案中，审判庭人员多次现场给当事人做工作，于 8 月 23 日依法采取强制措施对非法超占土地上的建筑物给予强制拆除。

1996 年，受理行政诉讼 3 件，非诉行政执行 4 件，全部审（执）结。10 月，协助吉县征费所联合下发通知，增强群众依法交费的法制观念，到年底收回交通费 10 万余元。

1998—2002 年，共受理行政案件 35 件，全部审结。其中维持行政机关具体行政行为的占 81%，其余为判决变更或撤销。主动受理非诉行政案件，支持行政机关依法行政。

2003 年，受理行政案件 9 件，全部审结。

2004 年，受理行政案件 9 件，全部审结。其中维持行政机关具体行政行为的 6 件。撤销行政机关具体行政行为的 3 件。审查办理非诉行政案件 4 件。

2005 年，受理行政案件 11 件，全部审结（包括临汾市中级人民法院指定吉县人民法院管辖的赵某诉侯马市人民政府房屋拆迁纠纷等 4 案）。其中维持行政机关具体行政行为 6 件，撤销行政机关处罚决定 1 件，撤诉 4 件。审查办理非诉行政案件 4 件。

2007—2010 年，共受理行政案件 62 件，全部审结。在非诉行政案件执行中，依法履行司法审查职能，转变行政审判工作方式，变事后监督为事前指导，先后 20 余次参加有关职能部门举办的行政执法工作会议，共同探讨行政执法过程中存在的疑难问题，同时注重做好行政相对人思想工作。

2011—2015 年，共受理行政案件和非诉行政执行案件 9 件，全部审（执）结。积极探索行政审判新路子，在严格审查、依法审理行政案件的同时，将协调、和解机制贯穿于行政审判的庭前、庭中和庭后全过程。

第七节　案件执行

1990 年，吉县人民法院成立执行庭，专司执行工作。1990—1992 年，受理执行案件 122 件，为国家、集体追回欠款 60 余万元。1992 年 1—6 月开展执行大会战，使未执行的积案，基本都得到执行。

1995 年，受理执行案件 49 件，全部执结。在执行东城乡一起赔偿案件中，执行人员邀请当地乡政府领导一起到被执行人家中，给被执行人宣传法律知识，并讲明拒不执行人民法院生效的法律文书将采取的强制措施，使当事人深受教育，主动执行法院裁定。

1996 年，受理执行案件 45 件，执结 39 件。执行工作中注重摸索新的方法，对被查封的车辆、房屋允许被执行人使用，但不允许其转让、出卖、损坏。在执行有影响的案件时，主动邀请当地

干部参加，通过以案讲法，扭转了执行工作的被动局面。

1998 年，受理执行案件 65 件，执结 44 件。5 月，县人大将一起买卖纠纷执行案作为质询案移送法院后，法院成立了专案组，经过 4 个月的努力，此案得以圆满解决。9 月，部署开展集中清理未结执行案件统一行动，对个别老大难案件对当事人进行电视曝光，对拒不执行法律文书的 6 名当事人采取拘留等强制措施，共清理未结执行案件标的 16 万元。

1999 年，受理执行案件 63 件，旧存 39 件，执结 60 件，部分执行 23 件，执行标的 25 万元。妥善执结多起旧存未执结的“钉子案”和“骨头案”。

2000 年，共采取强制执行措施 22 人次，执结标的 35.2 万元。参与清理整顿农村基金会工作，对拒不执行法院支付令、裁定的 32 名被执行人实施司法拘留，对 7 名被执行人追究刑事责任，累计收回呆滞资金近千万元。

2001 年，受理执行案件 83 件，旧存 19 件，执结和部分执行 85 件，申请执行标的 100 余万元，已执结标的 75 万元。共拘留被执行人 40 人次，扣押财产 35 件，对 5 起经依法拘传、拘留仍拒不履行义务的被执行人，通过电视台进行多次公开曝光，并依法强制执行其财产。

2003—2006 年，共受理执行案件 218 件，执结 183 件，执结标的 180 余万元，同时依法适用督促程序，为全县金融部门盘活资金 600 余万元。

2007 年，受理执行案件 57 件，执结案件 47 件。依法打击和处理“拒执”行为，司法拘留 3 人，查封和扣押财产价值 10 余万元，为农村信用社清收不良贷款 100 余万元。抽调专人对祖师庙、城关两个基金社沉淀贷款进行了专项清收，清收回资金 10 余万元。

2008 年，受理执行案件 36 件，全部执结。执行过程中，进一步加大执行力度，创新工作方法，倡导以和解方式解决执行难案，省高院将吉县法院执行工作经验印发全省法院学习。

2009 年，受理执行案件 66 件，执结 63 件。以“和谐执行”破解“执行难”，70% 以上的案件通过和解方式得以解决，取得了最佳的执行效果，县法院因此被市中院评为执行工作先进单位。

2010 年，受理执行案件 41 件，执结 39 件。开展了两次执行大会战，采取“定案件、定人员、定任务”的方法，执结一批“钉子案”“骨头案”和“老大难案”。

2011 年，受理执行案件 53 件，执结 51 件，其中 85% 的案件以和解方式结案。

2012 年，受理执行案件 46 件，执结 40 件。加大执行力度，对有能力而拒不履行法定义务的被执行人，采取坚决执行手段；对已查明的被执行人可供执行财产，采取强制措施；对经济紧张、资金短缺的被执行人，采取分期分批履行的方式。

2013 年，受理执行案件 127 件，执结 121 件。在执行涉及 120 余户、执行标的 260 余万元的果农苹果销售欠款案件中，采取多种执行方法和措施，在有关部门的协调配合下得到妥善解决，收到了良好的社会效果。

2014 年，受理执行案件 100 件，执结 100 件（包括终结程序 17 件），执结标的 480 余万元。裁判自动履行和执行和解率达到 90% 以上。

2015 年，受理执行案件 168 件，执结 165 件。裁判自动履行和执行和解率达到 90% 以上。开展打击拒不执行判决、裁定犯罪行为专项行动，重拳出击治“老赖”，合理化解“执行难”，确保生效裁判文书确定的义务得以实际履行。

第二章　检察

第一节　机构

1986 年 5 月，吉县人民检察院正式设立“三科一室”，即：经济科、法纪科、刑科、办公室。同年 11 月，院址迁到吉县城新华东街小河巷 6 号。1988 年，刑科分为刑事侦查检察科和刑事审判检察科，同年设立举报中心。1991 年，经济科改称贪污贿赂检察科，增设驻税务检察室。1993 年增设驻县农业银行检察室。1995 年 5 月，增设民事行政检察科、政工科、法警队，撤销驻农行检察室。1998 年 1 月撤销驻税务检察室。1999 年 11 月 20 日，根据上级精神，县编委批准成立反贪污贿赂局，同时撤销贪污贿赂检察科。2007 年 8 月根据上级精神，县编办批准成立反渎职侵权局，同时撤销渎职侵权检察科，内设科室增至 10 个，即办公室、政工科、反贪污贿赂局、反渎职侵权局、侦查监督科、公诉科、监所检察科、民事行政检察科（与控告申诉检察与举报中心、刑事赔偿办公室 1 个机构 3 块牌子）、法警队，共有 30 人。

至 2015 年底，检察院机构未变。

1986—2015 年吉县人民检察院检察长名录

表 23-2-1

姓 名	籍 贯	任职时间
吕 正	襄汾县	1986.01 — 1990.04
李竹贤	吉县	1990.05 — 1998.05
史红波	洪洞县	1998.11 — 2002.10
马兴元	洪洞县	2002.10 — 2007.04
赵忠庆	襄垣县	2007.04 — 2011.06
王志刚	静乐县	2011.06 — 2015.12

第二节　公诉检察

1986 年，在绝不放松打击刑事犯罪的同时，把打击经济犯罪作为主要任务来抓，认真落实。共受理公安机关提请逮捕各类刑事犯罪 5 案 7 人，审查批准逮捕各类刑事犯罪 5 案 7 人，批准逮捕人犯的准确率达 100%。受理公安机关移送起诉的 9 案 10 人，其中由分院受理的 1 案 1 人。审结 9 案 10 人，起诉法院的 8 案 9 人，免诉的 1 案 1 人。法院开庭审理的 7 案 8 人，全部作了有罪判决。

1987—1989 年，贯彻依法从重、从快的方针，认真执行党中央和上级检察机关关于制止动

乱的指示，忠实履行国家法律监督机关的职责。共逮捕人犯 32 案 47 人，其中受理公安报捕人犯 33 案 50 人，批准逮捕 30 案 45 人；受理自侦案件报捕 3 案 4 人，决定逮捕 2 案 2 人。受理公安移送起诉 26 案 39 人，起诉 24 案 36 人；法院全部作了有罪判决，准确率达 100%，受理自侦案件 4 案 4 人，免于起诉 3 案 3 人。

1990—1992 年，重点打击杀人、爆炸、抢劫、强奸、重大盗窃等严重刑事犯罪活动，参与打击拐卖妇女儿童、反盗窃等专项斗争，三年受理公安机关提请逮捕案犯 73 人，经审查依法批准逮捕 60 人，不批准逮捕 7 人，共受理公安机关和自侦部门移送起诉案犯 52 人，免诉案犯 14 人，经审查提起公诉 47 人，报送分院起诉的 6 人，免于起诉 13 人，不起诉 3 人，追诉 2 人。

1993—1997 年，按照省委“破大案、打团伙、抓逃犯、收黑枪”的要求，配合公安、法院投入全省统一的围歼“车匪路霸”“反盗禁赌”“打黄扫非”“南征北战”“打团扫恶”和“三打三禁”等一系列集中打击和整顿斗争。共受理公安机关和本院自侦部门提请逮捕犯罪 109 件 173 人，经审查，批准逮捕 79 件 132 人；共受理公安机关和本院自侦部门移送起诉 119 件 173 人，经审查，移送分院审查起诉 8 件 14 人，直接提起公诉 73 件 117 人。共打掉犯罪团伙 19 个，批捕团伙犯罪分子 74 人。其中批捕杀人、抢劫、盗窃、流氓等重特大犯罪分子 21 人。经审查，依法将 14 名罪大恶极犯罪分子移送分院起诉，将 7 名犯罪分子直接提起公诉。经地、县两级法院审理，依法判处死刑立即执行 6 人，判处死刑缓期执行 1 人，判处无期徒刑 2 人，判处 20 年以下、10 年以上有期徒刑 12 人。

1998—2002 年，按照县委和上级检察院的统一部署，与公安、法院等部门通力协作，重点打击杀人、抢劫、强奸、放火、爆炸等严重危害社会治安的犯罪活动，开展了“三打三禁”“两打一整治”“打黑扫恶”“治爆缉枪”“打击双抢”“打击盗掘古墓葬”等一系列专项斗争，集中整治治安混乱地区和突出的治安问题。受理提请批准逮捕案件 235 件 360 人，经审查，依法批准逮捕各类刑事犯罪案件 190 件 264 人；受理移送审查起诉案件 140 件 286 人，经审查，依法报送市检察院审查起诉重特大刑事犯罪案件 11 件 16 人，依法向县法院提起公诉案件 129 件 183 人。

2003 年，共受理公安机关提请批准逮捕案件 23 件 31 人、本院自侦部门提请决定逮捕案件 1 件 1 人，经审查，依法批准逮捕 21 件 29 人，决定逮捕 1 件 1 人；共受理公安机关和本院自侦部门移送审查起诉案件 33 件 40 人、市检察院交办案件 1 件 1 人，经审查，依法提起公诉 27 件 29 人。

2004 年，共受理公安机关和本院自侦部门提请批准逮捕和移送决定逮捕案件 22 件 30 人，经审查，批准（决定）逮捕 22 件 30 人；共受理公安机关和本院自侦部门移送审查起诉案件 35 件 45 人，审查办理 20 件 25 人（含上年度受理数），向法院提起公诉 18 件 21 人（含上年度受理数），决定不予起诉 2 件 4 人。

2005 年，共受理公安机关提请批准逮捕和本院自侦部门移送决定逮捕案件 18 件 24 人，依法批准（决定）逮捕 18 件 23 人，不予逮捕 1 人；共受理移送提请审查起诉案件 30 件 33 人，审查案件 37 件 46 人（含 2004 年度受理数），依法提起公诉 35 件 44 人，报送市院审查起诉 2 件 2 人；复查刑事申诉案件 3 件。

2006 年，共受理公安机关提请批准逮捕和本院自侦部门移送决定逮捕案件 94 件 123 人，经审查，依法批准（决定）逮捕 91 件 119 人；共受理公安机关和本院自侦部门移送提请审查起诉案件 142 件 180 人，经审查，依法向县人民法院提起公诉 113 件 143 人，报送市院审查起诉 5 件 5 人。

2007—2010 年，深入开展“打黑除恶”专项斗争，对影响社会稳定的严重暴力犯罪以及“两抢一盗”等多发性犯罪，始终保持高压态势。共批准逮捕各类刑事犯罪案件 133 件 218 人，提起公诉 170 件 274 人，报送市院审查 9 件 30 人。

2011—2015 年，依法严惩黑恶犯罪、毒品犯罪、“两抢一盗”等严重影响群众安全感的刑事犯罪，共受理公安机关提请批准逮捕案件 199 件 283 人，经审查依法批准逮捕 130 件 193 人；共受理移送审查起诉案件 285 件 371 人，经审查提起公诉 203 件 269 人；提前介入重大刑事案件侦查活动 15 件；介入引导侦查取证 67 件。

第三节　反贪污贿赂检察

1980 年 5 月，经济检察科成立。1991 年 2 月，更名为贪污贿赂检察科。1999 年 7 月，更名为反贪污贿赂局。该科（局）重点调查研究厂矿企业中的违法犯罪情况，摸索经济领域中法制工作的特点和规律，弄清工作的任务和应当采取的措施，打击经济犯罪活动。

1986 年，在县委“打击经济犯罪活动”领导组的领导下，以主管部门为主，采取自查自清、联查等方法，一个系统一个系统地开展清查工作；对于纪检、工商、税务、审计等部门受理的案件，积极协助，参与办理，对构成犯罪的，立即立案侦查，从严打击。广泛深入宣传贯彻“两院两厅”通告，促使经济违法犯罪人员投案自首，退回赃款 1 万余元。

1987—1989 年，共受理经济案件 12 件，其中，贪污案 7 件，占受理数的 58.3%；非法挪用公款案 3 件；其他经济问题的 2 件。立案侦查 5 案，决定逮捕 2 案 2 人，移送起诉 1 案 1 人。作免予起诉的 2 案 2 人，撤销案件 1 案 1 人。作其他处理 6 件。为国家和集体挽回经济损失 9.4 万余元。

1990—1992 年，把惩治贪污贿赂犯罪作为检察机关的首要任务，共受理贪污贿赂等经济案 26 件，立案侦查 12 件，全部予以审结。共追缴赃款赃物折合人民币 40 余万元。

1993—1997 年，检察院与纪检、监察、审计等部门密切配合，共立案侦查贪污贿赂等经济犯罪案件 42 件 45 人。其中，贪污案 8 件，贿赂案 2 件，挪用公款案 12 件，涉税案 10 件。万元以上的大案 21 件；立案侦查渎职、侵犯公民民主权利和人身权利等职务犯罪案件 18 件 33 人。其中，徇私舞弊案 3 件，非法拘禁案 5 件，非法侵入他人住宅案 1 件；非法搜查案 1 件，玩忽职守案 7 件，投机倒把案 1 件。渎职造成万元以上损失案 9 件。为国家和集体挽回直接经济损失近百万元。

1998—2002 年，深挖职务犯罪案件线索，加大办案力度，共初查群众举报犯罪线索 150 件，立案侦查国家工作人员贪污、贿赂、挪用公款和国家机关工作人员渎职、侵权等职务犯罪案件 32 件 42 人。其中，贪污 13 件 13 人，贪污、挪用公款 1 件 1 人，挪用公款 4 件 4 人，受贿 1 件 1 人，非法拘禁 5 件 9 人，非法搜查 1 件 1 人，徇私枉法 2 件 3 人，玩忽职守 3 件 6 人，破坏选举 1 件 2 人，失职致使在押人员脱逃 1 件 2 人。挽回经济损失 60 余万元。

2003 年，落实中央关于推进党风廉政建设、加强反腐败斗争部署，共初查案件线索 10 件，立案侦查 3 件。

2004 年，初查职务犯罪线索 19 件，立案侦查 3 件 3 人，挽回直接经济损失 30 余万元。

2005 年，初查职务犯罪线索 20 件，依法立案侦查 3 件 3 人。

2006 年， 立案侦查国家工作人员贪污、贿赂、挪用公款等职务犯罪案件 8 件 8 人。通过办案依法惩处了犯罪分子，挽回经济损失 140 余万元。

2007—2010年，坚持检察长带头办案、亲自办案，以民生、工程领域为重点，充分依靠群众，深挖、细挖职务犯罪线索，坚决查办职务犯罪。共立案侦查贪污、受贿、挪用公款案件6件6人。

2011—2015年，突出查办影响经济社会发展、涉农惠农以及发生在群众身边、损害群众利益的职务犯罪案件，共立案侦查贪污贿赂案件16件19人。

第四节 渎职侵权检察

1980年，法纪检察科成立。2007年10月，更名为反渎职侵权局。

1986年，查处各类法纪案件3案3人，经调查核实，立案侦查的1案1人，依法逮捕犯罪分子1人。其余2案2人作了其他处理。

1987—1989年，受理各类法纪线索9件，立案侦查4件。决定逮捕4案5人，其中诬告陷害1案2人；非法搜查案1案1人；重大责任事故案1案1人；非法拘禁案1案1人。向法院起诉2案3人；免予起诉1案1人。

1990—1992年，受理各类法纪案件18件，重点查处了非法拘禁、非法搜查案件。

1993—1997年，立案侦查涉嫌职务犯罪的党政领导机关工作人员5人，行政执法人员1人，司法人员9人，经济管理部门工作人员22人。查办涉嫌职务犯罪的副科级以上领导干部13人。

1998—2002年，重点立案查办"三机关一部门"（党政机关、司法机关、行政执法机关、经济管理部门）和重点行业的职务犯罪案件28件38人。其中，党政机关1件2人，行政执法机关14件23人，粮食系统4件4人，国有企业和经济部门9件9人。

2003年，初查案件线索10件，立案侦查3件。

2004年，初查职务犯罪线索19件，立案侦查3件3人。

2005年，初查职务犯罪线索20件，依法立案侦查3件3人。其中贪污1件1人，挪用公款1件1人，滥用职权1件1人。

2006年，查处职务犯罪线索65件，立案侦查国家机关工作人员贪污、贿赂、挪用公款等职务犯罪案件8件8人，立案侦查国家机关工作人员渎职、侵权等职务犯罪案件5件5人。

2007—2010年，以民生、工程领域为重点，充分依靠群众，深挖、细挖职务犯罪线索。立案侦查滥用职权、玩忽职守案件5件5人。

2011年，以涉及民生民利和建设工程领域案件为重点，立案侦查渎职犯罪案件1件1人。

2012年，初查各类职务犯罪案件3件4人，侦查终结3件4人，全部移送审查起诉，其中2件3人作出有罪判决。

2013—2015年，回应人民群众反映强烈的"不作为、乱作为"问题，突出查办影响经济社会发展、涉农惠农以及发生在群众身边、损害群众利益的职务犯罪案件。立案侦查渎职侵权案件5件6人，全部移送审查起诉，均作出有罪判决。

第五节 监所检察

1985年12月，监所检察科成立。2015年4月，变更为刑事执行检察局。重点检查看守所在押人员的守法改造情况，同时对监管干警和看守所活动是否合法给予法律监督和检察。

1986年，围绕实现监所检察工作的"四化"要求，坚持驻所办公，执行省院统一制作的十二

种法律文书，加强科学管理，提高改造质量。认真纠正违法，确保法律正确实施。

1987—1989年，按照监所检察工作“四化”要求，落实“十二种”法律文书。配合主管部门做好监管教育工作，促使依法管理、文明管理、严格管理、防止脱逃、暴狱、哄监、闹事等问题的发生，维护了正常的监管改造秩序。并对在押人员进行法制宣传教育，促进他们坦白交代，接受国家机关的审判。

1990—1992年，贯彻执行监所检察工作《细则》，加强对看守所监管秩序的法律监督。抓监所检察规范化建设，使监所检察步入制度化规范化的轨道；坚持驻所检察，制定监所检察工作制度，严格按照制度开展工作，发现问题及时解决。共提出口头、书面建议40多次，看守所都及时予以纠正。消除了隐患，堵塞了漏洞，防止重大事故的发生，确保看守所的安全。

1993—1997年，监所检察干警坚持驻所检察1480天，对看守所进行安全检查571次，提出安全防范书面检察建议18件次，防止意外事故发生13起，避免了4起在押人员企图自杀的重大事故。依法纠正超期羁押犯罪嫌疑人47人，纠正违反规定留所服刑、劳教6人，纠正不及时投劳8人，纠正违法提前解教1人。1997年，配合看守所对监外执行的13名罪犯进行了回访考察和集中培训，针对存在的问题，撰写了《浅谈当前异地监外执行中存在的问题及对策》一文，被省、地检察院采用转发。

1998—2002年，检察室人员坚持每年驻县看守所检察300天以上，对看守所进行安全防范专项检察775次，发现事故隐患32个，提出检察建议66件，防止各类事故6起；依法纠正应收监未收监3人、未及时投牢投监16人、违反规定混关混押13人、违法留所服刑4人、违法保外就医1人、超期羁押60人；对监外执行罪犯进行专项检察12次，监督立案侦查监外执行罪犯和在押人员再犯罪案件9件11人，立案侦查看守人员职务犯罪案件3件；结合工作实践撰写的《吉县监外执行罪犯的管理现状及应采取的对策》和《浅析失职致使在押人员脱逃罪的构成和认定》等调研文章，被上级院采用转发。监所检察工作持续保持全市山区县院第一名，被省院评为“一级检察室”。

2003年，对应投监未投监的8人、应投劳未投劳的4人、应收监未收监的1人，依法提出纠正意见，监督有关部门及时予以纠正。纠正超期羁押犯罪嫌疑人和被告人11件14人。

2005年，向有关职能部门发出《纠正违法通知书》76份，提出口头纠正34次，纠正应投监（投劳）而未投监（投劳）6件8人，纠正超期羁押4件7人，监督公安机关立案侦查缓刑犯又犯罪2件2人，立案侦查在押人员破坏监管秩序犯罪1件1人。

2006年，对看守所进行安全防范检察自查219次、联查224次，发现并排除安全隐患61次，向看守所提出安全防范《检察建议》60份，向有关办案单位和看守所提出《纠正违法通知书》63份，依法纠正应投监未投监15人、应投劳未投劳8人、应收监未收监2人、混关混押6人、超期羁押34人；依法对监外执行罪犯的执行情况进行监督检查12次，收押回脱管多年的保外就医罪犯1人；监督公安机关立案侦查在押人员和监外执行人员又犯罪案件16件16人，审查起诉5件5人；立案查处监管人员职务犯罪2件3人。

2007年，依法纠正应投监未投监2人、判决后未交付执行2人。对监外执行罪犯进行了两次全面的回访考察。对监管场所进行安全防范监督检查35次，进行专项检查8次。针对检查存在的问题，向监管单位提出口头纠正意见10次、口头建议20次，发《纠正违法通知书》3份、《检察建议》4份。

2008年，对监管场所进行安全防范监督检查109次，针对检查存在的问题，向监管单位提

出口头纠正意见 16 次、口头建议 18 次，发《纠正违法通知书》3 份、《检察建议》8 份。

2009 年，依法纠正判决后不及时交付执行 7 人。对监外执行罪犯进行了 6 次全面的回访考察；对监管场所进行安全防范监督检查 82 次，针对检查存在的问题，向监管单位提出口头纠正意见 18 次、口头建议 26 次，发《检察建议》6 份。

2010 年，对监管场所进行安全防范监督检查 357 次，针对检查发现的问题，向监管单位提出口头纠正意见和建议 151 次，发《检察建议》28 份、《纠正违法通知书》12 份。依法纠正判决后不及时交付执行 7人。

2011 年，对监管场所进行安全防范监督检查 37 次，与公安、武警联合进行安全防范检查 35 次，发现和排查安全隐患 9 起。对在押人员上法制课 46 次。向监管单位提出口头建议 18 次，送发《纠正违法通知书》5 份、《检察建议》4 份。

2012 年，与县看守所、武警中队召开联席会议 2 次，与看守所联合检查 20 余次，自行检查 30 余次，提出安全防范检察建议 9 次，及时发现并排除各种漏洞和隐患 9 起。

2013 年，深入看守所进行安全防范检查 55 次，提出《检察建议》10 份，向看守所和司法所发《纠正违法通知书》36 份，对在押人员和监外执行罪犯上法制课 16 次。

2014 年，开展监外执行工作专项检查活动，对 69 名监外执行罪犯进行回访考察并签订责任状，及时与基层司法所、村委、单位和监外执行罪犯及其亲属做好信息沟通，防止了脱管漏管现象。开展安全自查 40 次、联查 32 次、上法制课 25 次、发现事故隐患 28 起，全部及时予以排除。发《纠正违法通知书》24 份，提口头建议 18 次、办理羁押性必要审查案件 3 件 3 人。

2015 年，深入看守所进行安全防范检查 67 次，发《纠正违法通知书》32 份，提出口头建议 28 次，给在押人员上法制课 26 次。

第六节 控告申诉检察

1986 年，控告、举报、申诉工作由办公室、法纪科负责。1988 年 1 月，成立举报中心。1991 年 9 月，成立控告申诉检察科，专门负责管理人民群众的控告、举报、刑事申诉和刑事赔偿等工作。

1986 年，深入乡镇 3 次，接待群众 32 人次，收到信件 18 件。

1987 年，深入乡镇 10 余次，接待群众 60 多次；在 5 个重点乡镇设立检察检举箱，收到信件 14 封，其中控告申诉信件 3 封。

1988 年，在境内 11 个乡镇进行法制宣传，开展法律咨询，山西电视台进行录像和播放。受教育人数达 2 万余人，接待群众 18 人次。

1989 年，深入各乡镇 20 余次，接待群众 80 多人次，并在 5 个乡镇分别设立检举箱。

1990 年，接待群众来信来访和上级检察机关交办的申诉件 53 人（次、件）。

1991 年，接待群众来信来访 80 次。

1995 年，接受群众举报线索 60 余件。

1998 年，检察长接待群众 32 人次。

1999 年，接到群众来信 41 件，接待群众来访 23 件。出动宣传车 15 辆（次），设立宣传站 8 个，发放材料 12000 余份，宣传覆盖面达 6 万余人。

2000 年，接待群众来信来访 156 件（次）。向群众印发法制宣传材料 2 万余份，接受群众咨

询 360 人（次），赠送法律书籍 60 余本。

2001 年，深入各乡镇宣传 30 日（次），发放材料 2 万余份。共受理群众来信来访 153 件。

2003 年，接待群众来信来访 115 件（次），其中，检察长接待来访群众 85 人（次），批阅来信 28 件。

2005 年，受理群众来信来访 375 件（次）。

2006 年，接待群众来信来访 41 件（次），举报初查案件 8 件。

2008 年，接待群众来访 58 人次，检察长亲自接待群众来信来访 26 人次，查处信访案件 14 件。

2009 年，接待群众来信来访 38 人次。

2010 年，接待群众来信来访 164 人次。

2011 年，受理群众来信来访 32 人次。出动宣传车 8 辆次，共印发宣传材料 5000 余份，受教育群众达 3 万余人。

2013 年，受理各类来信来访 42 件次，初核案件 11 件，向相关部门分流 31 件，检察长接待 48 人次。

2014 年，受理各类来信来访 17 件（次），举报线索 10 件（次）。其中：经济线索 9 件，反渎线索 1 件，口头答复 4 件，初核 8 件，初核后移送反贪部门立案 1 件。检察长接待 51 人次，批阅来信 14 件，检察长参与查处案件 9 件，办理刑事被害人救助案件 3 件，奖励举报人 4 件。

2015 年，办理群众信访 21 件（次），检察长接待来访 48 人次，批阅群众来信 21 件。开展检察环节司法救助，对 1 名生活困难的刑事被害人提供了经济救助。深入乡镇、企业、学校进行法制宣传 6 次，发放宣传材料 3 万余份，接受法律咨询 100 余人次。

第七节　民事行政检察

1995 年 5 月，民事行政检察科成立，对县人民法院民事审判和行政诉讼活动进行监督。

1999 年，受理民事、行政申诉案件 8 件。

2001 年，受理不服已生效的人民法院判决和裁定申诉案件 9 件。

2007 年，依法立案审查民事申诉案件 7 件。对认为确有错误的民事生效判决、裁定，依法提请市院抗诉 4 件，对法院正确的判决和裁定，及时做息诉服判工作，息诉 1 件，发《检察建议》2 件。

2008 年，依法立案审查民事申诉案件 12 件。

2009 年，依法立案审查民事申诉案件 28 件。

2010 年，依法立案审查民事申诉案件 53 件。

2011 年，受理民事申诉案件 27 件。

2012 年，做出支持起诉 43 件，检察建议 12 件，终止审查 8 件。

2013 年，受理民事行政申诉案件 69 件，支持起诉 6 件，督促有关部门履行职责 8 件，督促起诉 13 件，发检察建议 40 件，作息诉服判工作 2 件。

2014 年，受理民事行政案件 34 件，其中行政机关不当履行职责案件 22 件、执行监督案件 3 件、作息诉处理 3 件、发《检察建议》5 份、《纠正违法通知书》1 份。

2015 年，受理民事行政案件 11 件，其中行政机关不当履行职责监督案件 2 件、执行监督案件 9 件。

第八节 监督工作

2004年9月，吉县人民检察院根据最高检、省检、市检的安排部署，开始试行落实人民监督员制度。重点对查办职务犯罪案件中犯罪嫌疑人不服逮捕决定的、拟撤销案件的、拟不起诉的“三类案件”实施监督。同时对当立案而不立案或不应当立案而立案的，超期羁押的，违法搜查、扣押、冻结的，应当给予刑事赔偿而不依法予以确认或者不执行刑事赔偿决定的，检察人员在办案中有徇私舞弊、贪赃枉法、刑讯逼供、暴力取证等违法违纪的“五种情形”提出监督意见建议。同年10月，正式启动吉县检察院人民监督员工作，选出5名人民监督员，任期为3年。

2007年10月，5名人民监督员对1件自侦案件进行了监督，对1件决定不予起诉的贪污案件递交人民监督员审查监督。

2008年4月，组织人民监督员对“违法扣押、冻结”行为进行专项检查。采取听取汇报、查阅台账、回访发案单位和当事人亲属等方式，组织人民监督员对2007年以来所办理的案件，进行严格检查。6月，按照市院的统一部署，开展为期一个月的“人民监督员制度宣传月活动”。8月，组织人民监督员到大宁县检察院对该院公诉部门提交拟作不起诉的1件案件进行交叉监督。10月，组织人民监督员对在押人员管理情况进行专项检查。

2009年，按照市院交叉监督的要求，组织人民监督员对乡宁县检察院、永和县检察院和吉县检察院分别决定不予起诉的4件自侦案件进行监督检察

第二十四编　军事

吉县地处晋西吕梁之南端，西据黄河之险，东有高天山为屏，披山带河，地势险要，历来为兵家必争之地，是战时屯集兵员、储备物资、疏散隐蔽之重要战略基地。

中华人民共和国成立后，军队正规化建设和武器装备不断取得新进展，国防后备力量建设得到加强，无论是人民武装部，还是驻军、武警、消防，都把军民共建“双拥”模范城作为和平年代的重要使命。

第一章 机构

第一节 人民武装部

山西省吉县人民武装部

1985 年，中央决定军队进行精减整编，县级人武部改归地方建制。1986 年 5 月，中国人民解放军山西省吉县人民武装部改称山西省吉县人民武装部，仍为军地双重领导，但以地方为主，所有干部均退出现役，人武部职能不变，为副县级单位。机关内设办公室、军事科、政工科 3 个科室。

中国人民解放军山西省吉县人民武装部

1996 年 4 月，县人武部恢复军队建制，改称中国人民解放军山西省吉县人民武装部，隶属于临汾军分区，仍接受军地双重领导，为正团级单位，配备部长、政委、副部长各 1 人，内设军事科、政工科、后勤科。凡收归的干部，均重新办理入伍手续，授予相应的军衔，人武部进入军队正规化建设的新时期。

2002 年，撤乡并镇后，乡（镇）人民武装部根据合并后的行政区划，在境内 8 个乡镇建基层武装部，分别是：吉昌镇武装部、壶口镇武装部、屯里镇武装部、车城乡武装部、文城乡武装部、中垛乡武装部、柏山寺乡武装部、东城乡武装部。

第二节 国防动员委员会

1997 年 3 月，吉县国防动员委员会（以下简称国动委）正式成立。

第一主任由县委书记兼任，主任由县长兼任，其成员有县委宣传部部长、县人武部政委、人武部部长、人武部副部长、县委办主任、政府办主任、人事局局长、组织部副部长、宣传部副部长、财政局局长、交通局局长、卫生局局长、经贸局局长、民政局局长、教育局局长、城建局局长、公安局局长。

吉县国防动员委员会的工作职责是：落实中央军委新时期军事战略方针，根据社会主义市场经济发展的要求，认真贯彻“军民结合，平战结合”“寓兵于民”的方针，组织拟定吉县国防动员工作的地方性法规、行政规章和实施措施；组织编制吉县国防动员规划、计划；检查监督国防动员法规和动员计划的实施和执行，协调军事、经济、社会等方面的重大国防动员工作，组织领导全县的人民武装动员、国民经济动员、人民防空、交通战备工作，保障高技术条件下现代局部战争的高效、快速动员。

国防动员委员会下设 8 个办公室，分别为综合办公室、交通战备办公室、经济动员办公室、科技动员办公室、人民防空办公室、人民武装办公室、信息动员办公室、政治动员办公室。

国动委成立后，认真履行职责，每年年初都制定详细的年度工作计划，年终督促下属各办公室总结工作经验，查找不足和漏洞，把经济建设和国防动员有机结合起来。着重协调各职能部门

之间的关系，保证平时到战时的转换能够顺利过渡。每年年底，下属和办公室都有相应的工作总结材料、各种数据报表存档。

第三节 其他机构

武警临汾市支队吉县中队

1984 年，中国人民武装警察部队山西总队临汾市支队吉县中队组建，长期驻在吉县县城东北新华街，与县公安局看守所相邻，占地面积 1300 平方米。主要任务是担负看守所看守勤务，处置突发性事件，维护吉县社会治安和保卫人民生命财产安全。

吉县公安消防大队

1983 年 1 月 1 日，根据公安部党组通知精神，将消防纳入武警序列，更名为吉县公安局消防科。1993 年 1 月 1 日，更名为吉县公安消防大队。

驻军

中国人民解放军某部队某连驻扎吉县。

第二章　国防教育与人民防空

第一节　国防教育

领导机构

国防教育领导机构，主任由县委宣传部部长担任，副主任由县武装部政委担任，成员单位有宣传部、文化局、人武部、广电中心、共青团、妇联、工会等，负责全县的国防教育。根据机构调整、人事变动，及时补充调整机构成员。形成“主要领导带头抓、专门机构具体抓、职能部门配合抓”的运行机制和教育网络。

教育内容

根据《中华人民共和国国防教育法》的规定，吉县国防教育坚持以马列主义的国防观、战争观、爱国主义和国际主义以及人民战争思想为中心内容，紧密结合人民群众的思想实际，灌输建设国防与保卫国防的思想信念。根据不同类型的群体，注重不同的侧面，并注意把各级领导干部、中小学生和广大民兵预备役人员作为教育的重点。

对各级领导干部侧重进行战争观教育、战争与和平建设的关系教育、国防法制教育，做到居安思危，常备不懈，懂得用人民战争思想教育和武装人民群众，对推动国防后备力量建设不断深入。

对中小学生侧重从爱国主义教育入手，进行祖国山河壮丽、历史悠久教育和光荣历史传统教育，使他们把对祖国的深爱作为基石，以激发对侵略者刻骨仇恨，懂得“国家兴亡、匹夫有责”。通过历史传统教育，懂得今日的幸福是千百万烈士的鲜血换来的，作为一个中国人，都要热爱、保护自己的祖国，一旦有外敌入侵，就要义无反顾地投入到反抗侵略的洪流中去。

对广大民兵和预备役人员，侧重进行《中华人民共和国兵役法》等国防法规教育，使其懂得民兵在国防建设中的地位和作用，克服和平麻痹思想。在当时集中力量进行大规模现代化建设的形势下，不断强化国防观念意识，积极参加上级组织的各项活动，不断提高军政素质，掌握科学技能，平时能勤劳致富，一旦有事招之即来，来之能战。

方式方法

吉县国防教育，根据不同的教育对象，使用不同的形式和方法。

对各级领导干部，一是在县委党校开设国防教育课，每期干部培训和轮训，每周至少安排一次国防教育内容，每次不少于两个小时，请县人武部领导授课。二是建立议军制度，每半年武委会和国动委联合组织召开一次大型“议军”会议，邀请县级领导和武委会、国动委下属有关职能部门的负责人参加，使他们面对面接受国防教育。三是每年八一建军节前后，组织领导干部参加“军事日”活动，组织他们参观部队营区，接受现实教育，体验军事生活，学习军事知识，进行实弹射击投掷。

对广大民兵预备役人员，一是发挥军事报刊抓好日常全民思想政治教育的作用。二是在民兵军事训练期间，占用整个军训时间的六分之一和八分之一安排集中教育，并有严格的考试制

度，确保落实。

对广大青少年，特别是中小学生，一是在教学中贯穿国防教育内容；二是组织英模报告会，清明节到烈士陵园扫墓；三是组织中小学生阅读军事文学作品和国防科普读物，开展军事体育活动，并随机组织他们为军烈属中的困难户上门服务，走访慰问，排忧解难，把行为教育坚持经常；四是对每年新入学的高中一年级学生进行为期10天的军训，最少年份530人，最多年份1700人。

此外，利用广播、电视、电影等新闻媒体，利用重大军事纪念日时机，组织国防知识竞赛、演讲、歌咏比赛等，进行宣传，收到了明显的社会效果。

第二节 人民防空

领导机构

1997年，吉县设立人民防空工作办公室，主任由县政府办公室副主任担任，成员有县武装部副部长、军事科长、城建环保局副局长、卫生局副局长等，隶属吉县国防动员委员会领导。

组织指挥

县人民防空办公室在国防动员委员会的领导下工作，主要职责任务：全面贯彻中华人民共和国"国防法"，按照党中央、国务院、中央军委《关于加强人民防空工作的决定》，组织实施全县人民防空袭行动计划、方案，负责制定吉县战时人民防空的有关政策和规定。部署和协调动作，指挥人防专业队伍的行动，指导各系统制定防护、救护计划措施，组织县内重点地区和重点目标的防护及消除空袭后果行动，组织指挥人员物资疏散隐蔽。管理和建设全县防空设施，指导检查监督防空准备与实施。

县人民武装部积极协助人民防空办公室做好工作。一是拟制城市人民防空预案、人口疏散计划和城市人民在遭受空袭时的医疗救护、物资与水电供应及其他各项保障方案，掌握县城的地理位置、地形状况和人口、交通运输、医疗卫生各种物资储备等方面情况；二是制定和组织实施人民防空建设规划，搞好县城防卫建设；三是了解人防专业队伍建设情况，指导专业队伍的训练，对公民进行防空教育和训练；四是对县人防工程建设部门拟制的人防施工计划，提出具体意见和要求，按照县城人防规划的部署，协助做好人防施工工作；五是协助有关单位搞好通信、警报设施的建设与管理。

第三章 兵役

第一节 兵员征集

1978 年以后，实行志愿兵与义务兵相结合的兵役制度。义务兵服役期满，可申请并经上级批准后，继续留在部队当志愿兵。志愿兵服役期限规定为 12 年以上，年龄不超过 35 岁。

1993 年，对征集新兵的有关政策规定进行调整：一是适当放宽征集年龄，对具有高中（其中包括各类学校复读生、代培生、自费生等）以上文化程度的青年，征集年龄放宽到 21 岁；二是适当扩大征集范围，除继续征集普通高中、职业高中毕业生和企业单位高中毕业生的青年职工外，也可以征集中专、技校毕业的学生和企业具有高中以上文化程度的青年干部。

1998 年 12 月，对 1984 年 5 月颁布的《中华人民共和国兵役法》进行了修改，修改后的《中华人民共和国兵役法》规定：士兵征集现役的年龄改为 18 ~ 22 周岁，不分军种、兵种，服役期为 2 年；义务兵服现役期满，根据部队需要和本人志愿，经批准可转为志愿兵，至少再服役 3 年；一般不超过 30 年，年龄不超过 55 岁；根据军队需要，志愿兵可以直接从非军事部门具有专业技能的公民中招收，军队院校可以从青年学生中招收学员。

第二节 预备役登记

士兵预备役

兵役法第 23 条规定："士兵预备役的年龄，为 18 岁至 35 岁。"第 24 条规定："士兵预备役分为第一类和第二类。第一类士兵预备役包括下列人员：（一）经过登记服士兵预备役的 35 岁以下的退出现役的士兵；（二）经过登记服士兵预备役的 35 岁以下的地方与军事专业对口的技术人员；（三）其他编入预备役部队和预编到现役部队的 28 岁以下的预备役士兵。第二类士兵预备役包括下列人员：（一）除服一类士兵预备役的人员外，编入民兵组织的人员；（二）其他经过登记服士兵预备役的 35 岁以下的男性公民。本条第一类士兵预备役第（三）项所列人员，29 岁转入第二类士兵预备役，预备役士兵年满 35 岁，退出预备役。"吉县人民武装部遵照上述规定，把预备役登记作为加强后备力量建设的大事去抓，由军事科负责日常工作，按照年度进行登记。具体做法是：成立县人民武装部和乡镇武装部兵役登记领导组，进行组织协调。在退伍军人自觉登记的基础上，用"三结合"的办法进行登记。"三结合"：一是民兵整组摸底和澄清退伍军人服预备役的底数相结合；二是走访军属和落实拥军优属相结合；三是宣传《兵役法》和退伍军人服预备役的意义教育相结合。干部分片包干，携带卡片、花名册深入基层逐个进行登记核对，确保登记齐全准确，无漏登、错登。

军官预备役

预备役军官的登记，由县人民武装部办理。退出现役被确定转服军官预备役的人员，向地方安置部门报到时办理预备役军官登记；其他人员在被确定服军官预备役的同时办理预备役军官

登记。被确定服军官预备役的在国家机关、社会团体、企业事业单位工作的人员，到工作单位所在地的县人民武装部办理预备役军官登记；被确定服军官预备役的其他人员，到户籍所在地的县人民武装部办理预备役军官登记。预备役军官按照职务性质分为军事军官、政治军官、后勤军官和专业技术军官。军官预备役按照平时管理和战时动员的需要，分为两类：在预备役部队任职的和预编到现役部队的预备役军官为第一类军官预备役；其他预备役军官为第二类军官预备役。预备役军官所在的工作单位，应当支持预备役军官参加军事训练、执行军事勤务和履行其他兵役义务，协助做好预备役军官管理工作。预备役军官应当遵守宪法和法律、法规以及军队的有关规章、制度，参加军事训练和军事勤务活动，接受政治教育，增强组织指挥能力和专业技能，随时准备应召服现役。对预备役军官应当进行考核。考核工作由预备役军官所在部队或者兵役机关会同地方有关部门，根据国家有关规定，按照职责分工，共同组织实施。考核结果作为任免预备役军官职务的主要依据。

第三节 兵役登记

兵役登记

征兵期间，县人民政府成立专门领导组，组长由分管副县长担任，其成员有公安、卫生、教育、宣传、民政、司法、交通、共青团、妇联、工会、人武部等有关部门领导。

《中华人民共和国兵役法》第13条规定：国家实行兵役登记制度。每年12月31日以前年满18周岁的男性公民，都应当在当年6月30日以前，按照县、自治县、市、市辖区兵役机关的安排，进行兵役登记。

兵役登记的三个阶段

宣传准备阶段。广泛开展国防教育，宣传有关法律法规，建立兵役登记机构，培训兵役登记业务骨干，印制证件和资料，发布登记公告。

登记实施阶段。各乡镇、街道设立兵役登记站，登记对象为满18周岁的男性公民、高中文化程度，企事业单位职工可放宽至21周岁，大专以上文化程度者可放宽至22岁，正在全日制学校就读的学生及国家公务员暂缓登记。

统计审查汇总阶段。兵役登记站审查适龄青年政治、文化、身体、年龄诸方面情况后，按1：4选送优秀青年，发放兵役登记证，作为预征对象。

第四章　民兵

第一节　组织建设

1986年，吉县民兵组织建设开展整顿。

1991年，以省、地《民兵基层建设纲要》为依据，贯彻新的《民兵工作条例》，提高民兵兵员质量。

1992年，以中共十三届八中全会精神和军委总部《关于加强后备力量建设的指示》为指导，把民兵组织建设重点放在基层上 。

1995、1996年，着眼适应建立社会主义市场经济体制和新时期军事战略的双重要求，民兵组织建设的重点为调整组织结构，增强基层活力，提高兵员质量。

1997、1998年，根据吉县民兵工作实际情况，以提高民兵基层建设为主要目标，围绕应急分队、专业分队、干部建设3个重点，采取整体稳定，局部调整的方法，对民兵连队进行整顿。

1999年，以上级《关于深化民兵工作调整改革的实施方案》为依据，制定吉县《关于深化民兵工作调整改革的实施方案》，对境内民兵连队进行整顿。以有利于领导、有利于提高质量、有利于开展活动、有利于执行任务的原则，在经济较发达、交通方便、人口比较集中的村中加强基干民兵组织建设。

2002年，撤乡并镇后，根据合并后的行政区划，围绕军事斗争准备需求，以专武干部和民兵干部队伍建设为重点，以整体稳定、局部调整为原则，以联片型、沿线型、依托型的方法编组，调整境内民兵组织布局。

2004年，民兵整组中，以中发〔2002〕9号、总参〔2003〕231号、晋发〔2003〕20号文件精神为依据，根据“突出基干民兵重点、控制应急分队规模、压缩步兵分队数量、放宽专业技术兵年龄、扩大专业技术分队比例”的要求，加强了基干民兵中步兵分队、应急分队和对口专业分队三类队伍的规范化建设，优化组织结构，调整组织布局，形成以公路沿线、乡镇（村）和重要目标附近为配置重点的民兵组织建设新格局。按照“三个有利于”的原则，在坚持以行政村为主建立民兵组织的基础上，实行“四个重点转移”。即：由自然村向行政村转移；由一般行政村向乡镇政府所在地转移；由偏远山村向交通沿线转移；由一般乡镇向林区所在乡镇转移。调整改革后，吉县有民兵连队79个，均为农村连。

2006、2007年，以《全军后备力量建设“十一五”规划》及总参、北京军区、省军区、军分区文件为依据，以反“台独”军事斗争准备为龙头，以应急作战动员准备为牵引，按照“调整组织规模、优化布局结构、整合队伍资源、提高整体质量”的思路，县基干民兵组建了公路运输分队、医疗救护分队、卫生防疫分队、车辆装备维修分队、森林防火分队。县民兵应急分队在交通中心、烟草稽查队、网通公司、供电支公司组建一支应急连（小）。公路运输分队、车辆装备维修分队在县城所在地吉昌镇组建。医疗救护分队由县人民医院负责组建。卫生防疫分队由县疾控中心负责组建。森林防火分队分别在靠近林场的屯里镇和中垛乡组建。

2012、2013年，人武部根据吉县实际编建了应急分队。按照“长期建设、重点使用”的要求，组建交通运输、抢险救灾、医疗救护、治安联防队伍。将原勤务保障队伍和人防队伍合并，精简基干民兵人数，提高队伍建设质量。按照“统筹建设、后续使用”的要求加强储备队伍建设，建设步兵分队，采取成建制或单位兵员登记储备等方式储备基干民兵。

2014年，严格落实省军区《民兵营连部规范化建设标准》要求，扎实开展基层营连部规范化建设达标活动。境内基本形成以应急队伍、支援队伍和储备队伍为重点的民兵组织格局。

2015年，吉县建有民兵应急连，各乡镇编组应急排，在保安公司建有应急分队，在县交通局编组交通运输分队，在县人民医院编组医疗救护分队，在吉昌镇、屯里镇，车城乡、文城乡编组储备队伍。

第二节 军事训练

1986年后，吉县充分发挥专武干部的作用，采取大分散、小集中的形式，分头到12个乡（镇），利用农闲时间组织军事训练，既不影响生产，又便于组织，提高了军事训练的质量。

1987年，突出专业技术分队与应急分队训练，经上级考核验收，实弹射击成绩优秀。

1988年开始，民兵专业分队每年组织为期15天的军事训练，队员军政素质不断提高，逐步成为一支拉得出、用得上、起作用的过硬队伍。应急分队每年组织一次军事训练，内容包括战场救护、止血包扎、公文处理、机上战术标图作业、通信设备维护和使用等；每年进行一次带战术背景的支前演练。多次在接受上级军事机关组织的检查验收中受到好评。

1990年，吉县民兵组织重点抓基层营连的建设，按照党团员优先、复退军人优先、接受过军事训练的优先的原则，组建了30人的民兵应急分队。将5个农村连队的基干任务分配到生产效益好、人员稳定、青年较多的中、小型企业中。将成建制的民兵连队组建在公路沿线的大村、大镇和街道办事处，使其便于保持民兵连队的建制，便于开展活动。

1998年，贯彻落实《山西省民兵预备役工作条例》，围绕适应新时期军事战略方针的要求，结合战争潜力调查，组建4个高技术专业分队，完善高技术人才和装备的储备，提高民兵兵员的高技术含量。

2002年5月，县人武部对民兵应急分队进行为期15天的集中训练，完成战术基础、单兵利用地形地物、擒敌拳、战地自救互救、实弹射击等8个课目的训练任务，动用冲锋枪10支，步机弹650发。临汾市政府、军分区领导在巡回观摩验收时，给予高度评价和肯定。

2005年，确定新的民兵编制后，县武装部对境内专职武装干部和民兵专业技术分队进行集训。

2006年5月，县人武部组织民兵应急分队参加临汾军分区和省军区尖子比武，取得全区第一的好成绩，受到分区领导的赞扬。

2010年8月，县人武部组织民兵应急分队进行抗洪抢险演练，受到分区领导的好评。

2011年8月，县人武部集中组织4名专武干部（徐奎、张琨、陈宝国、张吉民）按照军事理论、识图用图、冲锋枪射击、5千米武装越野的竞赛内容进行封闭式强化训练，选出1名专武干部徐奎参加分区考核，考出了过硬作风和较好成绩，得到考核组一致好评。

2013年4月，组织40名专武干部与民兵骨干进行了为期1周的封闭训练，通过考核，成绩优秀率达85%以上。

第三节 主要活动

1986年，县人武部组织广大民兵投身到“三大特色”经济县建设中，至1996年，植树造林13.7万余亩，其中由蔡家川民兵工程营承建、北京林学院投资试验的生态经济林工程，用时4年（1991—1994），造林13400亩，成为吉县民兵参与生态大县建设的样板工程，时任山西省军区副司令员李增山为此赋诗一首：“荒山一夜披鳞甲，万壑千峰望眼惊；欣想十年雨露后，茫茫林海听涛声”。

1990年，县人武部开展的“一队帮三户”（“一队”指民兵扶贫帮困服务队，“三户”指军属户、特困户、五保户）活动，经过一年多努力，吉县1540个军属户、94个特困户脱贫，五保户也得到了较好的扶持。“一队帮三户”的经验材料，被军分区确定为民兵参加两个文明建设经验交流会的典型材料。

1993年后，吉县民兵响应政府号召，投身到“乡乡通公路”的工程建设中。1993—1996年，成建制共组织民兵21917人次，独立完成王家原至大宁县太谷乡、曹村至黄河滩的2处共65千米的乡村公路建设任务。成建制参加309国道的修筑工程，投工1.5万多个，协助完成境内的130余千米公路建设工程，受到工程指挥部的表彰。

1994年，县人武部组织150名民兵配合公安部门，完成“中国—临汾壶口国际漂流月”期间的安全保卫工作。

1995年，县人武部组织530名基干民兵组成12个专业突击队，在荒山秃岭植树造林1.3万亩，完成科技示范园360亩。

1996年，吉县民兵完成重点水利工程15处，植树造林1.1万亩，修整道路65千米，架线通电10千米。

1996—2002年，吉县民兵参加“村村通油路”和“饮水解困”工程建设。

2003—2005年9月，县人武部组织2个民兵营参加县城至壶口旅游路建设工程。

2010年4月，人武部组织民兵200余人，在吉县县城至壶口公路段沿线开展植树造林绿化环境活动，共植树2000余株。4月10日，组织民兵97人，在文城、东城、柏山寺三个乡，参与山坡防护林工程建设，为预防荒山荒坡沙漠化贡献力量。4月25—26日，组织民兵126人，参加临吉高速公路吉县段的道路清整任务，清整道路3100米。9月下旬，组织民兵220人参加吉壶二级旅游路和壶口公路等重点工程建设。

2014年4月6日凌晨，吉县吉昌镇柏浪沟发生山体崩滑，吉县人武部在接到县委救援命令后立即集合应急队员20人，携带锹镐等工具赶赴现场，参加现场勤务和保障任务，配合专业救援队伍，救出1名受困群众。

2015年4月，在“秀美壶口、生态吉州”大型植树活动中，县人武部先后组织260余名民兵预备役人员，历时5天，在壶口景区植树2000余株，建起壶口景区的第一块“国防林”。景区活动期间，组织20名应急队员协助景区工作人员维护秩序，清理卫生。

第五章 武警

第一节 机构职责

机构

中国人民武装警察部队山西省总队临汾市支队吉县中队，原为中国人民解放军山西省公安总队临汾专区公安大队吉县公安队，1956 年整编为晋南专区民警大队吉县队；1966 年，整编为中国人民解放军山西省吉县队；1976 年，整编为山西省公安厅武装民警临汾地区公安处武装民警科人民武装警察吉县中队；1983 年，临汾地区公安处武警民警科和临汾军分区独立营合编组建为临汾地区武警支队，该中队改编为中国人民武装警察部队山西省总队临汾地区支队吉县中队。2000 年，临汾地区改为临汾市，吉县中队改称为中国人民武装警察部队山西省总队临汾市支队吉县中队。

职责

武警吉县中队是国家武装警察部队在吉县的地方军事机关，隶属于临汾市支队，受武警临汾支队和吉县县委和政府的双层领导，主要担负吉县看守所的外围武装警戒，协助公安机关维护社会稳定、打击犯罪分子的违法犯罪活动，协助看守所预防和处置自然灾害和突发事件。

第二节 主要工作

政治工作

武警吉县中队自建立以来，认真落实党中央关于加强武警部队建设的一系列重要思想，围绕总队、支队两级党委确定的总体思路和工作目标，抓住“永远做党和人民的忠诚卫士”这一主题，坚持开展理论学习和政治教育。充分利用“双四一”（四个知道一个跟上，即上级对下级要随时知道在哪里、干什么、想什么、需要什么，思想与管理一定要跟上；四个报告一个依靠，即下级要向上级主动报告自己在哪里、干什么、想什么、需要什么，遇到困难和问题依靠组织解决）和黑板报、演讲会等有效载体，创造性开展活动。购置各类图书 300 余册，给战士创造有利的学习条件。开展读书育才活动，鼓励士兵多读书、读好书，坚持写心得笔记。坚持经常性的思想工作，不断提高官兵的思想觉悟和政治素质。

执勤工作

中队按照正规化执勤验收标准，坚持“处突”抓重点、执勤抓安全、训练抓质量、管理抓正规的指导思想，进一步完善执勤设施，保证驻地的安全与稳定。投资 2 万元安装三级网，可随时监督与检查执勤情况。开展勤务专项治理和执勤等级评定，和红旗哨兵评选活动。2001、2002 年，支队二号哨 2 次被评为“红旗哨兵”

军事训练

在军事训练上，中队按照新大纲总要求和总部、支队下发的《安全工作规定》，严密组织，科

学训练，取得了良好的效果。2002—2005 年，在支队组织的年终应急分队军事大比武中取得总分 2 次第一、1 次第二的好成绩。

后勤保障

中队认真学习和贯彻总队、支队后勤工作会议精神，主动争取地方党委与政府的支持，将地方拨款用于发展生产。2002 年，累计产蔬菜 1000 余千克，养猪 6 头，农副业生产收入 7000 余元。在“六个一”工程建设中，中队规范各个库室，加大对营区的绿化改造，达到支队对中队建设的标准与要求，财务管理严谨有序，保证了其他各项工作的圆满完成。

安全稳定工作

中队认真落实中央军委《安全工作条例》，始终把安全稳定工作作为促进部队全面建设的重要内容，反复抓、经常改。通过学习教育，进一步强化官兵的大局意识和危机感，严格部队管理，确保管理时间上不间断、人员上无死角、范围上无盲区。利用典型案例开展警示教育，做到了人人讲安全，时时讲安全，处处讲稳定。开展安全检查，进一步规范“四个”秩序，使部队管理正规化有了新的提高，形成“人人按条令规范言行”的良好局面。加大对重点人员、重点环节、重点部位特别是对枪、弹的管理力度。坚持安全形势分析，每月 1 次不间断，认真查找问题，制定措施，及时整改，创下连续 8 年安全无事故，连续 8 年被总队树立为“基层建设标兵中队”的佳绩。

附 1：上级领导视察选录

1986 年 7 月 2 日，中国人民解放军工程兵司令员陈士榘到壶口瀑布参观。

1987 年 9 月 16 日，北京军区军械仓库检查组到吉县检查民兵武器装备仓库

1988 年 6 月 4 日，总政文化部领导到县人武部了解朱德、康克清等老一辈革命家战争年代在吉县活动情况。12 月 20 日，山西省军区政委罗敬辉少将到县检查工作。省军区副司令员张恒才、临汾军分区政委周开喜陪同。

1997 年 10 月 19 日，军分区司令员王玉柱、科长张孝庆到县人武部考查部党委班子情况。

2003 年 5 月 20 日，军分区司令邓健康一行 4 人到吉县人武部检查指导工作。10 月 29 日，省军区政委郤万增到人武部检查指导工作。

2005 年 3 月 27 日，军分区司令员邓健康带分区机关部分干部到“八一希望小学”慰问和捐赠。

2006 年 6 月 7 日，北京军区政委符廷贵到县人武部检查工作。6 月 11 日，省军区参谋长姬亚夫带工作组到县人武部检查指导工作。

2013 年 3 月 15 日，军分区司令员刘玉温带机关工作组到县人武部检查办公大楼建设情况。

2015 年 4 月，省军区司令员冷杰松到县人武部检查指导、调研。5 月，省军区参谋长吴国志到县人武部检查新办公楼建设情况。

附 2：取得的成绩和荣誉

1987 年 8 月，被国防动员部评为“征兵工作先进单位”。

1997 年 12 月，被省军区评为“正规化建设先进单位”。

2000 年 9 月，被省政府、省军区评为“征兵工作先进单位”。

2003 年 12 月，被省军区评为“正规化建设与管理先进单位”。

2006 年 12 月，被省政府、省军区评为“先进人民武装部”。

2009 年 12 月，被省政府、省军区评为“先进人民武装部”。

2011 年 1 月，被省军区后勤部评为“部团建设两小活动先进单位”。

2012 年 12 月，被山西省国防教育委员会评为“山西省全民国防教育先进单位”。

第二十五编 政务

改革开放后，吉县管理政务工作内涵逐渐充实，外延不断拓展，发展经济、造福一方成为首要政务。1986—2015 年，经过三十年的变迁，境内支柱产业逐渐成形，经济建设不断攀升，社会风貌日新月异，人民生活明显改善。许多新思想、新科技、新方法不断融入政务管理全过程，提高了管理水平，提升了管理效率，兼顾了社会公平。最低生活保障、建档立卡、粮食直补、退耕还林、养老保险、医疗保险、工伤保险、生育保险、大病救助、双拥优抚、社区建设、社会组织、区划地名、退伍安置、福利彩票、慈善事业等涉及社会发展和民生的政务服务，随着时代进步和社会需求不断充实与完善。

第一章　人力资源和社会保障

第一节　管理机构

人事局

1992 年前，县人事局属县政府职能部门，主要担负吉县机关事业单位工作人员的管理服务工作。内设有办公室、综合计划股、工资福利股、编制办公室、劳动监察股等股室。1996 年增加养老保险职能，增设机关事业单位养老保险所，继续承担机关事业单位编制管理工作。

劳动和社会保障局

原为吉县劳动局。2002 年 10 月，更名为吉县劳动和社会保障局。根据职责分工，设 3 个内设机构，分别为办公室、社会保险股、劳动监察室。局直属事业单位 12 个，分别为企业养老保险管理服务中心、机关事业养老保险管理服务中心、农村养老保险管理服务中心、医疗（生育）保险管理服务中心、失业保险管理服务中心、工伤保险管理服务中心、就业服务中心、劳动保障监察大队、培训中心、社会保障卡管理服务中心、职业介绍中心、劳动服务公司。在乡镇派驻有乡镇劳动保障所。

吉县人力资源和社会保障局（简称人社局）

2010 年 4 月，由原人事局、劳动和社会保障局合并组成吉县人力资源和社会保障局（由于客观原因，未实质合并，于 2015 年 9 月实质合并），正科级建制，为县人民政府工作部门。设 6 个内设机构。分别为办公室、社会保险股、事业单位人事管理股（专业技术人员管理办公室）、工资福利股、劳动监察室、公务员室；局直属事业单位 14 个，分别为：人才交流服务中心、人事争议仲裁委员会办公室、企业养老保险管理服务中心、机关事业养老保险管理服务中心、农村养老保险管理服务中心、医疗（生育）保险管理服务中心、失业保险管理服务中心、工伤保险管理服务中心、就业服务中心、劳动保障监察大队、培训中心、社会保障卡管理服务中心、职业介绍中心、劳动服务公司。在 8 个乡镇派驻有乡镇劳动保障所。

第二节　职称管理

1978 年，国家开展职称评定，职称评定工作就在不断改革中前行。1986 年，根据国务院发布的《关于实行专业技术职务聘任制度的规定》，吉县开展职称评定工作，由县委组织部职称改革办公室承担此项工作。

2002 年 4 月，组织部将职称改革办公室的相关职能与业务移交到人事局，更名为专业技术人员管理办公室，核定财政拨款事业编制 3 名。

2010 年 4 月，将县人事局、县劳动和社会保障局的职责整合，划入县人力资源和社会保障局。内设事业单位人事管理股，即专业技术人员管理办公室。职责：负责组织实施吉县专业技术人员管理和继续教育工作；负责高层次专业技术人才培养、选拔、推荐和管理工作；负责吉县回

国定居专家、学者的工作安置和管理服务工作；负责吉县回国留学人员科技、创业活动的规划项目资助、经费管理和跟踪服务工作；承办吉县深化职称制度改革事宜，推行专业技术职（执）业资格制度，负责吉县初级评审委员会的管理，负责吉县专业技术资格评审和考试工作。负责吉县事业单位人事制度改革和人事管理工作；拟定吉县事业单位人事制度改革方案并组织实施；拟定事业单位岗位设置管理办法，按照管理权限承办事业单位岗位聘用和专业技术岗位设置方案的审核备案事宜；拟定吉县事业单位人员和机关工勤人员管理办法；负责指导和承办吉县事业单位公开招聘人员工作；拟定吉县引进国（境）外人才和智力政策规划；负责来吉县工作的外国专家的管理；负责对外国专家聘用单位的资格审查；牵头组织对外国专家的表彰奖励工作；指导有关部门和单位的外国专家工作；归口管理、指导和协调机关、企事业单位人员出国（境）培训工作；负责吉县重点聘请外国专家项目和引智成果推广项目的组织实施、成果评估推广；负责引智专项经费的使用管理；承担县人力资源和社会保障方面的国际交流与合作工作。

2011—2014 年，县人社局分别对中、初级专业技术人员集中进行知识更新培训。其中：2011 年培训 400 人次；2012 年培训 416 人次；2013 年培训 380 人次；2014 年培训 630 人次。

截至 2015 年，吉县有专业技术人员 2356 人，其中高级 131 人、中级 865 人、初级 1360 人。

第三节 干部管理

干部考核

1993 年前，人事管理工作重点是对全体干部进行培训教育、考试考核，县委、县政府每年都要对吉县事业干部进行年中考核、年底考核，评定出称职、优秀和不称职 3 个等次，对严重违法违规干部进行处理。

1993 年《国家公务员暂行条例》颁布后，相继颁布相关配套法规，对国家干部特别是国家公务员纳入法制化、制度化管理轨道。

1994 年，对吉县公务员和参照国家公务员过渡的全体干部的考核范围、内容、程序和考核目录的使用作出明确规定，首次明确重点考核内容为德、能、勤、绩、廉 5 个方面，其中首要考核内容和重点为干部在工作中的实际成绩。在补充规定中对考核等次改变为基本称职、称职、优秀和不称职 4 个等次。

1995 年，县委组织部、县劳动局、县人事局联合下发《关于实施〈国家公务员考核暂行规定〉的意见》。按照省、市要求，各级、各单位、各部门都严格按照上级精神建立考核制度，开展考核工作。

1996 年，县委组织部会同县劳动局、人事局，分期举办了全县党政群机关全体工作人员、参照国家公务员过渡管理及其他工作人员的培训工作。县委制定出严格的考核办法，形成考核制度，县委组织部和县劳动局、人事局每年都组织考核组，对各行业各系统的干部分别进行年中考核和年度考核。干部教育培训同样纳入干部管理系统之中，县委组织部专门设立干部教育科，县劳动局、人事局设人才办，专门从事吉县干部的教育培训工作。每年都针对各系统各单位干部进行党的理论政策、党员若干规定、干部廉政勤政等方面的培训。

1998 年，县委组织部、县人事局联合举办《国家公务员相关法规》培训 4 期，参训人数达 1000 余人。

2000 年后，将干部教育培训作为干部管理的重要内容，县委组织部、县人事局每年都要定

期组织各级干部进行轮训，市委党校每年均要对副县级以上干部和乡（镇）书记、乡（镇）长进行调训。

2006年后，干部考核工作从原来各系统组织考核，转变为县上制定考核方案，对各乡（镇）及县直各部局全体干部进行集中统一考核。考核内容有学习、廉政、政绩、勤政四个方面，考核等次分为基本称职、称职、优秀和不称职四个等次。考核中所有副科级以上干部全部写出述学、述廉、述职报告，填写干部年度考核表，副科级以下干部写出书面工作总结，作为考核依据，同时，根据单位人员的测评定出等次，收归个人档案。

干部调配

干部调配坚持“任人唯贤、德才兼备”的用人原则。中华人民共和国成立后，科级以下干部调动由县长批准；调出县外的则须经任命机关批准，各单位各系统派往各地干部由县民政科办理。1980年恢复增设人事局后，调动了一批干部。由人事局经手办理干部调动的有300多人。1982、1983年，县调进调出干部各76人，其中解决夫妇两地分居的47人，县内调动85人。1987—1988年，缩减党政机关人员编制，充实政法、银行等11个单位的干部力量。2013—2015年干部调进调出62人。

公务员管理

公务员过渡是根据原《国家公务员暂行条例》和《国家公务员制度实施方案》（国发〔1993〕78号）精神，对原国家行政机关工作人员向国家公务员转变的一次过渡，是特定历史条件下的公务员进入方式。

2006年1月1日起施行《中华人民共和国公务员法》后，对依法履行公职、纳入国家行政编制、由国家财政负担工资福利的工作人员，包括党的机关、法院、检察院等符合上述条件的机关工作人员统一向公务员过渡。

2007年8月，吉县第一批公务员过渡，共计137人。

2012—2015年，行政单位通过山西省公务员考试录用41人。

2015年起，为注重基层导向，关心基层公务员发展，国家颁布了县以下机关公务员职务与职级并行规定。

第四节　工资福利

管理机构

吉县机关事业单位工作人员工资福利管理工作，起初由县人事局工资股承担，其主要职能是：贯彻落实机关事业单位工作人员的工资收入分配、福利和离退休政策法规；负责审批吉县机关事业单位工作人员工资调整晋升工作；承办吉县新进人员和工作人员的工资变动手续；审批吉县机关事业单位人员退休（职）手续和待遇；审批吉县机关事业单位人员遗属补助手续和待遇；拟定和组织实施地方性津贴、补贴等工作。

2010年4月，新组建的县人力资源和社会保障局，内设工资福利股，承担吉县机关事业单位工作人员工资管理全部工作。

工资调整晋升管理

中华人民共和国成立后，国家机关事业单位工作人员工资制度不断处于改革调整中，先后经历了1956年、1985年、1993年和2006年4次工资制度改革。

1993 年，根据《关于机关和事业单位工作人员工资制度改革问题的通知》（国发〔1993〕79 号文件）精神，从 10 月 1 日起对机关和事业单位工作人员实行工资制度改革。县政府成立以县长李苏河为组长、有关单位领导参加的工资制度改革领导组。吉县在职人员 4483 人，月增资总额 23 万余元，人均月增资 50 元以上（机关工作人员 1374 人，其中干部 735 人、机关工人 615 人、普通工人 24 人，月增资额 7 万余元；事业单位工作人员 3109 人，其中全额预算事业单位 2731 人、差额事业单位 220 人、自收自支 158 人，月增资总额 16 万余元）。机关事业单位离退休人员 368 人，其中离休人员 150 人、退休人员 218 人，月增资 2.87 万元、人均月增资 78 元。

1993 年 10 月—2006 年 6 月，根据人发〔1997〕89 号文件、晋政办发〔2000〕12 号、晋政办发〔2001〕103 号和晋政办发〔2003〕60 号文件精神，先后 4 次调整机关事业单位工作人员工资标准。

2006 年，根据《关于印发山西省公务员工资制度改革等四个实施意见的通知》（晋政发〔2006〕47 号文件）精神，从 7 月 1 日起，对机关、事业单位工作人员实行工资制度改革。共涉及 3327 人，其中在职 2283 人，月增资 515958 元，人均月增资 226 元；离退休 1044 人，月增资 203580 元，人均月增资 195 元，于 2007 年全部发放到位。

根据 2006 年工资制度改革要求，于 2007 年 7 月 1 日执行《吉县规范公务员津贴补贴实施方案》。从 2009 年 10 月开始，事业单位先后按照《公共卫生与基层医疗卫生事业单位实施绩效工资办法》《义务教育学校绩效工资实施方案》《县属事业单位实施绩效工资的实施方案》开始执行绩效工资。由于公务员津贴补贴、事业单位绩效工资执行较低，经县政府请示市财政局、市人社局，提高公务员津贴补贴标准和事业单位绩效工资标准。2016 年 7 月 1 日执行的标准为：正科 1975 元，副科 1845 元，科员 1735 元，办事员 1685 元；副高级 2200 元，讲师 2025 元，助理 1735 元，技术员 1685 元；工勤人员中的技师 1950 元，高级工 1705 元，中级工 1680 元，初级工和普通工 1640 元。

一次性抚恤金和遗属生活困难补助的发放

1993 年工资制度改革后，对机关事业工作人员死亡后抚恤金和遗属生活困难补助进行调整。

事业单位工作人员　根据人事部和财政部联合下发的《关于工资制度改革后事业单位工作人员死亡一次性抚恤金计发问题的通知》（人薪发〔1994〕48 号），死亡后一次性抚恤金发放标准为：革命烈士本人生前 40 个月工资；因公死亡的为本人生前 20 个月工资；病故的为本人生前 10 个月工资。从 2004 年 10 月 1 日起，按照人社部、民政部和财政部联合下发的《关于事业单位工作人员和离退休人员死亡后一次性抚恤金发放办法的通知》（人社部〔2008〕42 号）文件执行的标准，具体为：事业单位工作人员和离退休人员死亡后，因公牺牲的为本人生前 40 个月基本工资和基本离退休费；病故为本人生前 20 个月基本工资或基本离退休费。

机关单位工作人员　根据民政部、人事部和财政部联合下发的《关于工资制度改革后国家机关工作人员死亡一次性抚恤金计发问题的通知》（民优函〔1994〕212 号文件）执行。从 2011 年 8 月 1 日起，按照民政部、人社部和财政部联合下发的《关于国家机关工作人员及离退休人员死亡一次性抚恤金发放问题的通知》（民发〔2011〕193 号文件）执行，具体标准为：烈士和因公牺牲的为上一年度全国城镇居民人均可支配收入的 20 倍加本人生前 40 个月基本工资或离退休费；病故的为上一年度全国城镇居民人均可支配收入的 2 倍加本人生前 40 个月基本工资或离退休费。

遗属生活困难补助　机关事业工作人员死亡后，其遗属生活有困难的，可由死者生前所在

单位，按照山西省人事厅和山西省财政厅联合下发的《关于印发〈山西省国家机关事业单位工作人员死亡后遗属生活困难补助的规定〉的通知》（晋人工字〔2002〕10号）标准给予补助。因城市居民最低生活保障标准的不断调整，根据省市文件精神，结合吉县实际情况，从2014年1月1日起，按照《吉县人力资源和社会保障局关于调整遗属生活困难补助标准的通知》（吉人社发〔2013〕52号）文件，调整全县机关事业单位工作人员遗属生活困难补助标准，具体标准为：离休干部中无工作的配偶每人每月750元，无依无靠的孤独配偶，再增加100元；在职、退休人员的遗属每人每月268元。

第五节 人才交流

吉县人才交流服务中心

2001年1月1日成立，副科级单位，核定领导职数1人、财政拨款事业管理编制3人。

工作职能

提供人才法规和政策咨询，承担流动人员档案管理职能，主要包括档案接转、调档、整理、借阅以及补充材料等。开展人事代理服务，主要包括人事档案相关的职称评定、转正定级、工资套改、身份认定、代办社会保险、毕业生接收、代理单位人才引进、党团组织关系管理和证明材料出具等。组织举办人才交流会，搭建人才供需平台，组织单位招聘和人才求职。2015年，取消办理代理档案收费。根据《关于进一步加强流动人员人事档案管理服务工作的通知》（人社部发〔2014〕90号文件）中关于存档期间不再调整档案工资的规定，2015年起，不再为流动人员调整档案工资。为应届高校毕业生提供就业见习洽谈场所，并发放就业见习补贴。

2015年底，档案存放总数2511份，其中中专学历50人，专科学历1386人，本科学历1052人，研究生学历23人。

第六节 养老保险

企业养老保险

1987年11月，吉县社会劳动保险事业所成立（根据吉编字〔1987〕6号）。2003年4月，更名为吉县企业养老保险管理服务中心（吉编发〔2003〕3号）。

核定事业编制为8人，实有工作人员5人，具体承担吉县企业养老保险基金的筹集、管理、支付工作。参保范围：国有企业、集体企业、城镇私营企业、外商投资企业和其他城镇企业及其职工、实行企业化管理的事业单位及其职工。2015年底，基金结余4987万元，月发放养老金350余万元，月人均养老金2564元。

1986年10月，根据国发〔1986〕77号文件规定，吉县开始征收合同制工人养老金。1991年6月，国务院公布《关于企业职工养老保险制度改革的决定》（国发〔1991〕33号文件），明确规定实行养老保险社会统筹，实行省级统筹。提出基本养老保险费用由国家、企业和个人三方承担。1995年1月施行的《中华人民共和国劳动法》72条规定，“用人单位和劳动者必须依法参加社会保险，缴纳社会保险费。”1997年7月，国务院公布《关于建立统一的企业职工基本养老保险制度的决定》（国发〔1997〕26号文件），进一步明确了基本养老保险制度统一模式的具体办法。

2010年10月，《中华人民共和国社会保险法》的颁布，根据山西省劳动和社会保障厅转发《关

于完善城镇职工基本养老保险政策有关问题的通知》晋劳社养〔2002〕361号文件规定：企业缴费以职工工资总额为基数，企业缴费比例为20%，职工个人缴费比例为8%，月缴费工资超过全省职工平均工资300%以上的部分不计入，低于60%的按60%计算。城镇个体工商户等自谋职业者以及灵活就业人员（含国有企业下岗职工等企业解除或终止劳动关系人员）按20%比例缴费，缴费基数为全省上一年度职工月平均工资的60%、100%两个档次。

职工正常缴费至法定退休年龄，累计缴费年限达15年以上，可享受养老保险待遇。养老金计发办法，一是与社会平均工资挂钩，二是与职工的缴费年限、缴费工资、缴费多少挂钩，充分体现多缴费享受高待遇，少缴费享受低待遇的原则。

2010—2015年吉县企业养老保险金历年征缴、发放情况表

表25-1-1　　单位：人、万元

年 度	参保人数	基金征缴	发放人数	发放金额
2010	2095	1419	846	1374
2011	2162	1610	1046	1701
2012	2194	1800	1080	1767
2013	3187	3030	1202	2675
2014	3203	2790	1205	3202
2015	3261	2745	1293	3625

机关事业养老保险

自1987年开始，机关事业单位养老保险工作由县劳动局承办。1994年，按照《关于国家机关、事业单位养老保险工作由人事部门负责管理及有关问题的通知》的要求，建立机关、事业单位养老保险制度，成立吉县机关事业养老保险基金管理办公室，具体负责机关事业单位养老保险的征缴工作。1996年7月，县政府印发《机关事业单位工作人员养老保险实行县级统筹的实施方案》，个人缴纳工资总额的3%，存入个人账户。个人持有养老保险手册。2003年，依据临政办发〔2003〕10号文件相关要求，县人事局机关事业养老保险工作职能划转到县劳动和社会保障局。其主要职责：承办吉县机关事业单位工作人员养老保险费的征缴和对离退休人员养老金的发放，并依法对养老保险基金的征缴进行稽核和监督。2005年，由县政府制定和下发《吉县事业养老保险暂行办法》，规定个人缴纳标准从其工资总额的3%提高到4%。2008年，依据临劳社〔2008〕5号文件规定，个人缴费比例调整为6%。2014年10月，依据晋政发〔2015〕42号文件规定，养老保险单位部分为20%、个人部分为8%，职业年金单位缴纳为8%、个人缴纳为4%。截至2015年末，吉县在职职工4187人，退休1427人，基金累计结余9152.15万元。

农村养老保险

1992年，民政部出台《县级农村社会养老保险基本方案》，确定了“从我国农村的实际出发，以保障老年人基本生活为目的；坚持资金个人缴纳为主，集体补助为辅，国家予以政策扶持”的指导思想。1994—1995年，政府先后下发《关于保持社会养老保险管理体制稳定的通知》《关于进一步做好农村社会养老工作的意见》，以规范和指导农村社会养老保险工作。从1997年开始，吉县农村社会养老保险工作由民政部门管理。2002年，根据吉编发〔2002〕12号文件要求，成

立农村养老保险管理服务中心，核定编制 9 人，实有工作人员 7 人。负责吉县农村养老保险的参保登记、保险费收缴、基金申请与划拨、基金管理、个人账户建立与管理、待遇核定与支付、保险关系注销、保险关系转移接续、待遇领取资格核对、制发卡证、内控管理、档案管理、个人权益记录管理、数据应用分析以及咨询、查询和举报受理，编制、上报本级城乡居民养老保险基金预决算、财务和统计报表，并对乡镇劳动保障所的业务经办工作进行指导和监督考核，组织开展人员培训等工作。

2003 年，国务院出台《中共中央关于完善社会主义市场经济体制若干问题的决定》，强调农村养老保险以家庭为主的思路，成为相当长一段时期内农村养老保险事业的指导方针。这一时期，农村养老保险的指导思想为：以“个人缴纳为主，集体补助为辅，国家予以政策扶持”，造成农民缴纳的积极性不高。

2010 年 10 月，吉县被确定为新型农村社会养老保险试点县。按照“保基本、广覆盖、有弹性、可持续”的基本原则，缴费方式为：个人缴费、集体补助、政府补贴的多种形式相结合，同时辅以其他社会保障措施相配套，吉县的农村养老保险工作进入快速发展阶段。2010—2013 年，吉县农民参保率均超过 98%，60 周岁以上农民领取基础养老金社会化发放率 100%。2011 年 7 月，吉县城镇居民养老保险启动，养老保险实现了全覆盖（农民、城镇居民、企事业单位职工）。

2014 年，吉县城乡居民养老保险参保 51935 人（完成目标任务的 102%），征缴基金 525 万元（完成目标任务的 103%），为 11514 名 60 周岁以上城乡居民发放养老金 912 万元。

2015 年，吉县城乡居民养老保险参保 54049 人（完成目标任务的 104%），征缴基金 471 万元，完成目标任务的 102%，为 12461 名 60 周岁以上城乡居民发放基础养老金 1356 万元。

第七节　失业保险

管理机构

1987 年 11 月，吉县待业职工管理所成立。2004 年 7 月，根据吉编发〔2004〕5 号文件，更名为吉县失业保险管理服务中心。核定编制 8 人，实有工作人员 6 人，主要职责：对吉县的失业保险基金依法筹集、管理、发放，对因失业而暂时中断劳动、失去劳动报酬的劳动者给予帮助，使职工在失业期间获得必要的经济帮助，保证其基本生活，并通过转业训练、职业介绍等方式，为下岗失业人员重新实现就业创造条件。

失业保险缴费费率变化情况

2015 年 3 月 1 日，失业保险费率用人单位缴费比例由 2% 降至 1.5%，个人缴费比例由 1% 降至 0.5%。

失业保险待遇标准

建立失业保险救济金与物价上涨挂钩联动机制，最大限度地保障失业人员的基本生活。2010 年，失业人员的失业保险金为 580 元 / 月，2013 年提高到 930 元 / 月。

从 2014 年开始，为在采暖期领取失业金的失业职工发放采暖补贴（从当年 11 月 15 日起至次年 3 月 15 日止，计 4 个月时间），月补贴标准为每人 480 元。

落实失业保险稳岗政策

2010 年，按照上级文件精神，深入困难企业调查摸底，认定“困难企业”15 个，争取资金 138 万元，为 460 名困难企业职工落实“五缓四降三补”政策。

2014 年，为 7 家困难企业拨付岗位补贴 29.57 万元（《山西省人民政府办公厅关于帮扶困难企业稳定就业岗位的通知》（晋政办发〔2014〕43 号）。

2015 年，为 16 家企业拨付稳岗补贴 110.077 万元（《关于转发失业保险支持企业稳定岗位有关问题的通知》临人社发〔2015〕26 号、《关于转发关于扩大失业保险稳岗补贴政策范围的通知的通知》临人社发〔2015〕50 号）。

第八节 工伤保险

管理机构

2005 年，成立吉县工伤保险管理服务中心，编制 4 人，实有工作人员 4 人。负责对吉县企事业单位干部职工工伤保险的筹集、管理和发放。为在工作中遭受事故伤害和患职业性疾病的劳动者及亲属提供医疗救治、生活保障、经济补偿、医疗和职业康复等物质帮助。

各项制度

1996 年 8 月，劳动和社会保障部发布《企业职工工伤保险试行办法》，对工伤保险的实施范围、工伤认定、待遇项目和支付标准、工伤保险基金和缴费制度、政策监督及组织实施等作出了基本规定，强调要把工伤保险与工伤预防、工伤康复、工伤补偿相结合，实行社会统筹，变“企业保险”为社会保险，在全社会范围内分散工伤事故风险，突破了工伤保险仅适用于国有企业和集体企业的局限，把工伤保险覆盖面扩大到各类企业及全体职工；规范了工伤待遇项目和标准；实行工伤保险与安全生产相结合，实行差别率和企业浮动费率；制定了工伤和职业病致残程度鉴定标准。

2003 年 4 月 27 日，《工伤保险条例》颁布。《条例》共分 8 章 64 条，包括总则、工伤保险基金、工伤认定、劳动能力鉴定、工伤保险待遇、监督管理、法律责任和附则。

2004 年 6 月，劳动保障部发出《关于农民工参加工伤保险有关问题的通知》（劳社部发〔2004〕18 号），为推进农民工的参保工作提供了政策依据。

2010 年 12 月，出台了新的《工伤保险条例》，进行部分改动。主要变化为：扩大了工伤保险

2004—2015 年吉县工伤保险征缴、发放情况表

表 25-1-2　　单位：人、万元

年 度	参保人数	基金征缴	发放人数	金 额
2004	420	40	3	2.4
2006	510	45	4	3.7
2008	1100	49	7	16
2010	2213	120	14	42
2012	5731	246	15	20
2013	6305	397	6	163
2014	6611	423	14	179
2015	6692	316	9	141

适用范围，调整扩大了工伤认定范围，简化了工伤认定程序，大幅度提高了工伤保险待遇，增加了基金支出项目，加大了强制力度。

第九节 城镇职工医疗保险基金管理

机构管理

2001年4月，成立吉县城镇职工医疗保险基金管理中心。编制9人，实有工作人员8人。主要职责：负责城镇职工居民基本医疗保险费和补充医疗保险金的征收与管理，做好城镇职工、居民医疗保险参保人员的医疗费用审核、结报工作。对境内医保定点医疗机构和定点零售药店实施监督和管理。

吉县的职工医疗保险从2003年12月开始，城镇居民医疗保险从2009年7月开始。通过不断提高城镇基本医疗保险报销比例及最高支付限额，提高部分医用材料限价和支付标准，满足了职工、城镇居民的最基本、最普遍、最急需的医疗保障需求。职工医保统筹基金支付比例最高报销到90％和85%，最高支付限额分别为47万元和46万元。

慢性病

吉县城镇职工和城镇居民的慢性病于2012年启动，根据有关规定，先后将18种慢性病门诊医疗费用列入基本统筹金支付范围。至2015年，先后组织4批慢性病鉴定，申请慢性病的有720人，通过市医保中心审核340人，其中2012年123人、2013年97人、2014年38人、2015年28人，有效地保证了参保人员的康复治疗，减轻了医疗负担。

生育保险

吉县的生育保险从2004年7月开始实施，参保企业仅为条管企业。随着制度不断完善和扩面征缴工作的逐步深入，参保人数、征缴基金、发放金额逐年提高。2013年，参加生育保险职工5310人，征缴基金76万元，发放生育医疗费和生育津贴20万元。2014年，参加生育保险职工5364人，征缴基金98.4万元，发放生育医疗费和生育津贴25.4万元。2015年，参加生育保险职工5383人，征缴基金120.3万元，发放生育医疗费和生育津贴29.2万元。

参加城镇居民基本医疗保险的育龄妇女，凡符合国家和山西省生育政策而发生的生育医疗费用，顺产的统筹基金支付500元，剖腹产等难产的统筹基金支付1000元。

制度变迁

1998年底，《国务院关于建立城镇职工基本医疗保险制度的决定》出台，建立起基本医疗保险制度。经过不断改革，逐步完善多层次医疗保障体系，创建需求保障机制和费用制约（分担）机制，至2003年底，基本实现了保障权益、维护稳定、促进改革和发展的目标。

2004—2013年，先后出台《国务院关于开展城镇居民基本医疗保险试点的指导意见》（国发〔2007〕20号）、《国务院关于将大学生纳入城镇居民基本医疗保险试点范围的指导意见》（国办发〔2008〕119号）、《山西省人民政府关于开展城镇居民基本医疗保险试点的实施意见》（晋政发〔2007〕37号）、《山西省人民政府办公厅关于将大学生纳入城镇居民基本医疗保险试点范围的通知》（晋政办发〔2008〕99号）、《临汾市城镇居民基本医疗保险暂行办法》（临政办发〔2009〕90号）、《关于调整城镇基本医疗保险待遇水平有关问题的通知》（临人社发〔2011〕121号）等文件，将参保范围扩大至城镇居民、在校学生，并提高报销范围和比例。拓展了医疗保障制度的覆盖范围，夯实医疗保险管理基础，健全医疗保障支持体系，完善了医疗保障制度，确保医疗

保险制度稳健运行，实现医疗保险可持续发展。

2004—2015 部分年份吉县城镇职工医疗保险征缴、发放情况表

表 25-1-3　　单位：人、万元

年 份	参保人数	基金征缴	发放人数	发放金额
2004	210	2.4	10	1.5
2006	380	4.3	51	7.3
2009	6065	446	625	255
2011	7336	854	1046	889
2012	8591	920	1382	1235
2013	8961	987	1625	1451
2014	9069	2307	698	1295
2015	9090	2318	841	1217

第十节　劳动保障监察执法

机构职责

2007 年，成立吉县劳动保障监察大队，同年，又更名为劳动保障监察执法队。有编制 8 人，实有工作人员 6 人。主要职责：宣传劳动保障法律、法规和规章，督促用人单位贯彻执行；检查用人单位遵守劳动保障法律、法规和规章的情况；受理对违反劳动保障法律、法规或者规章的行为的举报、投诉；依法纠正和查处违反劳动保障法律、法规或者规章的行为。

监察执法情况

县劳动保障监察大队认真贯彻实施《中华人民共和国劳动合同法》《中华人民共和国就业促进法》和《中华人民共和国劳动争议调解仲裁法》，规范劳动用工备案管理行为，宣传督促非公有制企业依法与劳动者签订劳动合同，依法维护劳动者合法权益；建立长效稽查、检查机制，加强日常监控、群众监督，集中力量对各类用人单位进行劳动执法大检查，重点查处用工不规范、拖欠劳动者工资、收取押金、非法用工等和不依法缴纳社会保险等行为。畅通农民群众诉求渠道、健全处理群体性事件工作机制，将维权平台延伸到乡镇、社区，维护弱势群体合法权益。充分发挥乡镇劳动保障事务所职能，对辖区内所有用工企业遵守劳动保障法律法规情况进行全面排查，在砖厂等劳动密集型企业设置维权公示牌，公布举报投诉电话，接受并及时处置群众的维权投诉，最大限度地维护劳动者的合法权益，为全县经济社会发展提供稳定的环境。

2010 年，检查用人单位及个体工商户 256 户，涉及劳动者 3875 人。对 15 家存在劳动用工不规范的用人单位下达限期整改指令书，为民工讨回被拖欠、克扣工资 35.9 万元。接待群众来访 125 人次，仲裁劳动争议案件 2 起，信访结案率达 100%。

2011 年，接待群众来访 132 人，处理案件 9 起，为农民工讨薪 80 万余元。深入 53 家企业进行劳动用工检查，完善劳动合同 260 份，劳动合同签订率达到 95% 以上，劳动保障监察投诉结

案率达到 100%，信访案件有效处置率达到 100%。

2012 年，接待群众来访 83 人，处理案件 9 起，为农民工讨薪 76 万余元。深入 148 家企业进行劳动用工检查，完善劳动合同 840 份，劳动合同签订率达到 95% 以上，劳动保障监察投诉结案率达到 100%，信访案件有效处置率达到 100%。

2013 年，检查各类用人单位及个体工商户 445 家，涉及劳动者 5508 人，覆盖面积达 100%。办理各种违法案件 18 件，其中接受群众投诉举报案件 12 件，立案 8 件，在规定时间内予以协调处理 8 件。依法进行行政处罚的案件 8 件，处罚金额 9.3 万元。为 141 名劳动者追回被克扣、拖欠的工资共 69.3 万余元，结案率 100%，督促用人单位签订劳动合同 220 余份。全年立案受理仲裁案件 5 件、调解案件 2 件、裁决案件 3 件。

2014 年，接受群众投诉举报欠薪案件 7 件，对投诉举报情况进行立案受理 5 件，在规定时间内予以协调处理的 4 件，依法进行行政处罚的案件 2 件，处罚金额 3.5 万元，为 230 名劳动者追回被拖欠、克扣的工资共 180 万元。劳动争议仲裁申请 4 件，其中裁决 2 件，通过调解 2 件，受理案件涉及劳动者 32 人。

2015 年，根据《关于建立健全治理欠薪工作机制的实施意见》（临政办发〔2014〕47 号文件）和《关于印发〈查处重大劳动保障违法案件市级联席会议制度〉的通知》精神，建立查处重大劳动保障违法案件县级联席会议制度，于 2015 年 12 月召开公安局等 9 部门联席会议，定期召开部门会议，及时查处劳动保障违法案件和违法用工行为。

根据《关于印发〈农民工欠薪应急周转金使用管理办法〉的通知》（晋人社厅发〔2015〕10 号文件）要求建立应急周转金制度，协调县政府、财政局按要求预存应急周转金 200 万元。

督促建筑企业预存工资保证金 52.5 万元。接受劳动争议仲裁案件申请 6 件，符合条件受理 5 件，协调处理 3 件，撤销申请 2 件。

第十一节　劳动培训

2001 年 10 月，吉县劳动局根据《中华人民共和国劳动法》《中华人民共和国职业教育法》的有关规定和省劳动和社会保障厅印发的职业培训机构评估标准，成立职业技能培训中心。

2003 年 10 月，经吉县事业单位登记管理局批准，将职业技能培训中心登记为吉县劳动和社会保障局培训中心，核定为自收自支事业单位，编制 5 人。主要业务：组织培训农村剩余劳动力、城镇待业人员、下岗失业人员，扩大就业，促进再就业，缓解就业压力。

2011 年 8 月，县机构组织清理调整，吉县劳动和社会保障局培训中心为保留事业单位，股级建制，核定自收自支事业编制 5 人，其中管理人员编制 3 人、专业技术人员编制 2 人。主要职责为：宣传、贯彻、执行有关职业培训的法规和政策，负责全县劳动力就业前培训，负责各类培训证书的核发工作。

中心自成立至 2015 年，共举办创业培训班 40 期，累计培训 1200 人，自谋职业和实现自主创业近千人；职业技能培训 5000 余人，培训工种为旅游服务、餐饮服务员、果树管理、动物疫病防治、装载机操作、挖掘机操作、锅炉操作、计算机操作、森林消防、沼气工程技术、家政服务、中餐烹饪等，并为技能鉴定合格的学员颁发国家职业资格证书。有 4000 余人凭借学到的技能就地就近或到异地实现了就业。组织城乡剩余劳动力、大中专毕业生、贫困劳动力进行创业和职业技能培训，缓解就业压力，促进县域经济发展，维护社会稳定。

第二章 编制管理

第一节 机构

吉县编委原设在县人事局，1992年，更名为吉县机构编制委员会，下设办公室，机构仍设在人事局。2002年，县级党政机构改革时，设立吉县机构编制委员会办公室，是县机构编制委员会的常设办事机构，既是县委的工作机构，又是县政府的工作机构，列入县委序列，为正科级建制，具体负责行政管理体制和机构改革以及机构编制的日常管理工作。内设综合科和监督科，下设事业单位1个：吉县事业单位登记管理局，副科级建制，参公管理。登记局内设登记管理股、电子政务股。县编办行政编制6人，登记局事业编制5人，共有人员11人。

第二节 机构编制管理

机关编制管理

2002年开始，全面建立机构编制管理制度，县委、县政府出台《关于加强机构编制管理工作的意见》（吉发〔2002〕18号），县编委印发《关于加强机构编制管理有关问题实施办法的通知》（吉编发〔2002〕7号），县委组织部、编办、人事局、财政局、劳动和社会保障局联合印发《关于规范全县机关事业单位规范进人工作程序的通知》（吉编办发〔2003〕4号），县委办、政府办印发《关于行政事业单位编制使用管理办法的通知》（吉办发〔2012〕38号），实行《机构编制管理证》和《编制使用通知单制度》。

吉县各级机关事业单位凡需补充人员（包括军转安置、接收大中专毕业生、调人、录用、招工），都需填报编制使用申报表，经编办审核、编委领导批准后，开出《编制使用通知单》，方可办理有关手续，形成机构编制与财政预算相互协调配套的约束机制。

实施《机构编制证管理制度》，机构编制管理证作为办理统发工资、编制预算、人员增减、工资套改及办理各项保险时的凭证。实行人员编制实名制管理，建立电子信息和纸质台账，将机构编制管理证所列人员信息全部输入专用计算机，做好与上级编制部门联网的一切准备工作。

配合完成县级领导干部机构编制离任审计工作。由编办牵头，纪委、监委、组织、审计、人事、财政、劳动等部门配合对吉县机构编制工作进行全面检查。对发现的问题，按照《条例》《规定》和中纪委《解释》的规定进行了处理。

2013年，进一步完善控编审核制度，及时掌握人员流动趋势和进人总体走向，做到既控制编制，又控制新进人员结构比例和人员素质。坚持增一减一、总量平衡原则，从严审批新机构。严格落实机构编制事项由编制部门统一办理、一家行文、机构编制“一支笔”审批等制度，机构编制法制化建设取得新进展。

经过严格细致的工作程序，核发了各单位机构编制管理证。把全县实有财政供养人员按占编状况分在编、在职、离岗三类反映在编制证中；按工资渠道分财政全额拨款、财政补助、经费

自理三种类型反映在编制证中。建立电子信息库，将机构编制管理证所列近 4000 人 4 万多条信息全部准确录入全省机构编制实名制管理系统。

2014 年，结合推进机构编制实名制工作和机构编制网络管理平台建设，对全县的机构编制实行动态管理，及时更新变动的人员信息。按照中共十八大提出的“严格控制机构编制，严格按规定职数配备领导干部，减少机构数量和领导职数，严格控制财政供养人员总量，推进机构编制管理科学化、规范化、法制化”精神，制定并印发了《吉县控编减编实施意见》。

机构编制核查

2012 年，县编委制定《吉县机构编制核查工作的实施方案》，县编办对党政群机关、事业单位机构编制及实有人员情况、领导职数配备情况、编外用人情况等进行逐一核查，做到机构编制信息、实有人员信息与机构编制管理证已有的指标口径一致。严格落实控编审核制度后的新增人员必须具备控编审核手续方能上证入编的规定。依托机构编制管理证系统，对各部门上报的自查报告进行复核审查。

对调出、死亡、退休、离岗人员办理减员下编手续，相应变更机构编制管理证。对部分任命的领导干部未理顺工作、工资关系，仍占用原单位编制的情况，及时督促其理顺关系。根据上级消化机关超编人员的要求，将县委老干部局、县财政局、县人社局、县住建局、县交通局、县审计局、县人大办、县政协办的超编待分流人员分别调整到下属空编事业单位。通过核查，摸清摸准了县、乡党政群机关、事业单位机构编制和实有人员的底数，为下一步构建全县机构编制政务工作信息系统奠定了基础。

2014 年，根据中央编委的统一安排，组织实施吉县机关事业单位人员和机构编制核查工作。会同组织、人事、财政等部门对填报单位信息进行联合会审、公示、实地核查、修正，形成精准翔实的机构编制信息。将机构编制信息上传到国家机构编制专网，实现了机构编制、组织人事、财政信息共享。

事业单位法人年检

年初，下发年检通知，明确年检时间、年检范围、报送材料等内容，并在网上发布年检网上操作流程，使各事业单位能够熟练掌握网上年检的操作方法，确保年检工作如期完成。

2011 年，吉县已登记的事业法人单位共 143 家，其中应年检单位 143 家，年检合格 112 家，年检合格率为 78%。变更登记 19 家。

2012 年，吉县已登记的事业法人单位共 143 家，其中应年检单位 118 家，年检合格 117 家，年检合格率为 99%。变更登记 11 家。

2013 年后，事业单位年检重点把好“四关”：一是登记范围关。在登记范围外，非本级登记管辖的不受理、不登记、不发证。二是材料关。要求材料数量齐全、内容真实、数据准确。三是审核关。着重对机构名称、经费来源、资产状况、宗旨业务范围、住所证明、法定代表人身份、举办单位意见等进行审核，确保登记、年检工作的严肃性。四是发证关。对审核符合条件的单位即时印发证书，有关资料由登记机构存入档案。事业单位年检结束后，统一在吉县编办网上予以公示，将事业单位名称、法人代表等内容公开，接受广大群众的监督。

第三节 机构改革

县级机构改革

2002年，按照政府职能向经济调节、宏观指导、社会管理、公共服务的方向转变，建立行为规范、运转协调、公正透明、廉洁高效的行政管理体制的要求，完成了县级党政机构改革，规范设置吉县党政行政机构，核定行政编制，首次制订各部门的三定方案，为以后深化行政体制改革打下坚实基础。

2004年，完成了部分政府职能部门职能调整划转工作。

2010年，按照精简统一效能的原则和决策权、执行权、监督权相互制约又相互协调的要求，完成新一轮政府职能转变改革工作，吉县共设有县委行政机构8个、政府行政机构25个（含2个合署办公机构），形成权责一致、分工合理、决策科学、执行顺畅、监督有力的行政管理体制。

乡镇机构改革

2002年，按照适应社会主义市场经济和农村工作的要求，有利于加强乡级党委的领导和党委、政府的综合协调功能，精兵简政、理顺关系，建立设置合理、运转协调、职责明确、行为规范的行政管理体制，建设政治坚定、作风过硬、务实创新、精干高效的高素质乡镇干部队伍的指导思想和基本原则，实施了乡镇机构改革，规范设置乡镇行政机构和事业机构，首次核定了乡镇行政、事业编制和领导职数。境内8个乡镇，每个乡镇设3个行政机构，设6个事业单位。共核定行政编制175名，事业编制183名。

2010年，制定《吉县乡镇机构改革方案》，经市委、市政府批复后，以县委办公室、县政府办公室文件印发《吉县各乡镇行政“三定”规定、事业单位“六定”规定》。规范设置乡镇机构和工作岗位，精简领导职数，文城乡设7个领导职数，其余7个乡镇各设9个领导职数。重新设置乡镇事业单位，各乡镇设2个直属事业单位，即农村综合便民服务中心和计划生育服务站；按区域综合设置县职能部门直属的农业技术推广中心站、畜牧兽医中心站、果业服务中心站、水利水保中心站、农机服务中心站。直属站实行双重领导，调整了人权、事权、财权管理体制，强化了服务功能。

事业单位分类改革

2011年，实施事业单位分类改革。按照省、市编办关于事业单位清理规范工作的要求，开展事业单位清理规范工作。以编委文件印发《关于事业单位清理规范有关事项的通知》，明确了事业单位清理规范的范围、内容以及需要提交的材料。

对需要保留的单位，对其主要职责、建制、编制及人员结构进行了明确，对不符合保留的单位予以取消，及时下发34个事业单位清理规范性文件。清理规范后全县共保留县直事业单位184个，撤销事业单位7个，转制事业单位1个。对副科级以上事业单位的名称、隶属关系、机构规格、人员编制和领导职数等内容按照市编办的批复文件和《山西省机构编制管理规定》进行了明确；对市批复文件中明确不予认可的副科级以上事业单位，不再明确其副科级以上规格和领导职数。对保留的副科级以下事业单位，按照上级有关规定结合事业单位职责任务，规范明确了事业单位名称，纠正了一些事业单位名称混乱、乱挂牌子现象；科学界定了各事业单位的职责任务，对部分事业单位职责进行了调整，在规范的同时予以明确，避免了同一系统不同事业单位之间、不同系统同类事业单位之间的职能交叉。

2012 年，根据市编办《关于分类推进事业单位改革的实施意见》，制定了吉县《关于推进事业单位分类工作的通知》。经县编委会议研究，形成事业单位分类意见，其中：承担行政职能的单位划定为 9 个，公益一类的单位划定为 197 个，公益二类的单位划定为 33 个，从事生产经营类的单位划定为 5 个。

食药监体制改革

2013 年，实施食药监体制改革。对原食药监局、卫生、质监、工商、农委、水利、发改等单位承担的食品药品监督管理职能和相关部门职能分工、从业人员、设备配置等情况进行全面调查，分别与县食药监等有关部门交换意见，对各部门提出的问题做了甄别分析，拟定了《吉县食药监体制改革实施意见》和吉县食药监局“三定”规定两个主要文件，组建吉县综合检验检测中心，完成职能划转、编制设置、人员调整等项工作。

2015 年，全面完成县政府机构改革工作，完善食品药品监管体制，修订改革涉及部门“三定”规定，完成县政府各部门及乡（镇）职责和权力界定规范工作。

行政审批制度改革

2014 年 5 月，县行政审批改革领导小组办公室职责调整到编办。7 月，印发吉编办发《关于对行政审批事项进行核实清理工作的通知》（〔2014〕10 号文件），结合本县实际，确定了全县行政审批权力清单，并督促各部门优化审批流程，提高审批效率，为人民群众提供更方便、更快捷的服务。

2015 年，共承接市政府下放县级行政审批事项 17 项，取消行政事业性收费 19 项，将工商登记前置审批调整为后置审批的事项 15 项。依法依规精简涉煤行政审批事项，配合相关部门对行政审批事项前置中介服务项目进行清理规范。根据临政发〔2015〕11 号文件精神，共清理涉企部门行政权力事项 165 项，其中承接 17 项，取消 26 项，承接属地管理的 122 项。

第四节 中文域名注册 权利清单编制

中文域名注册

2012 年，按照省、市编办的工作部署，县编办开展政务和公益中文域名申请注册工作。吉县申请政务和公益域名 216 个、注册成功 216 个。

2013 年，结合事业单位年检开展机关事业单位中文域名注册工作，推进吉县的中文域名注册。

权力清单和责任清单编制

2015 年，按照县政府推进“六权治本”工作会议的部署要求，协同人社、财政、发改、监察、政府办、法制办、政务大厅等相关部门审核编制出 33 个政府工作部门（单位）的权力清单，形成权力清单 9 类，梳理出权力 1956 项，分别是行政许可 147 项、行政处罚 1420 项、行政强制 59 项、行政征收 13 项、行政给付 27 项、行政确认 46 项、行政奖励 36 项、行政裁决 12 项、其他类 196 项。印发权力清单制度工作手册、责任清单工作手册，指导制定行政职权权力运行图和廉政风险防控图即“两清单、两张图”的编制工作。准确直观列明政府部门责任事项和追责情形，落实了行政主体责任，确保“法无授权不可为”“法定职责必须为”。

第三章 民政

第一节 机构

1947年11月吉县人民政府成立，1949年10月，吉县人民政府下设民政科。1956年7月，改称吉县民政局。1958年，吉县与乡宁县合并。1961年吉县和乡宁县分设，吉县人民委员会下设吉县民政局。1967年吉县革命委员会成立，撤销原县委的各部和原人委的各局，成立了人事民政委员会；1973年3月，恢复县民政局。

吉县民政局属正科级单位，2015年，下设办公室、优抚安置股、救灾救济股、基层政权和区划地名股、民间组织管理和社会事务股5个股室及婚姻登记中心、社会福利中心、低保中心、光荣院、老龄办5个下属单位。

第二节 优抚安置

中华人民共和国建立后，按照国家和省、市有关政策，每年都给老红军、烈属和复退军人发放一定的生活补助和慰问金。抚恤金包括优抚对象定期定量抚恤、伤残军人抚恤、60周岁以上退役士兵生活补助、在职伤残抚恤金；安置费用包括退役士兵选择自谋职业一次性经济补助、退役士兵自主就业一次性经济补助；离退休金为军人离退休干部退休金；慰问金包括每年春节和八一建军节、“9·30”烈士纪念日慰问退伍老兵及烈属的慰问金；优待金即为现役义务兵家属、立功士兵家属发放优待金。

1996—2015年吉县优抚资金使用情况表

表25-3-1　　单位：万元

年 度	抚恤费	安置费用	离退休金	慰问金优待金
1996	22.2	—	40	—
1997	23.3	—	47	—
1998	20.7	—	—	—
1999	29.81	78.7	—	—
2000	29.04	—	80.7	—
2001	23.63	—	—	—

续表

年　度	抚恤费	安置费用	离退休金	慰问金优待金
2002	74.22	—	—	—
2003	23.63	—	—	—
2004	28	—	—	—
2005	119.9	27.9	2.3	7.5
2006	150.3	52.5	3.8	—
2007	156.8	23.8	3.2	8
2008	119.7	—	—	—
2009	192	47.3	2	6
2010	174.9	21.7	2.1	9.2
2011	—	—	—	—
2012	262.8	56.2	3.2	—
2013	—	—	—	—
2014	—	—	—	4.7
2015	354.4	67.4	—	32.9

第三节　最低生活保障

最低生活保障是指国家对家庭人均收入低于当地政府公布的最低生活标准的人口给予一定现金资助，以保证该家庭成员基本生活所需的社会保障制度。最低生活保障线即贫困线。对达到贫困线的人口给予相应补助以保证其基本生活。低保分为农村低保和城市低保，具体标准不一，根据上级要求，吉县执行标准如下：

1998—2015年吉县城市居民最低生活保障调整情况表

表25-3-2

年度	户数（户）	人数（人）	发放金额（万元）	月增标准（元）	月享受标准（元）	执行起始时间
1998	—	31	2.4	—	70	—
1999	—	39	4.5	20	90	—
2000	—	40	4.1	—	90	—
2001	343	1197	32.52	—	90	2001年10月1日
2002	—	1437	100	—	90	2001年10月1日
2003	863	2258	129.6	15	105	2003年9月1日
2004	795	2113	160.8	10	115	2004年7月1日
2005	—	1575	135	—	115	2004年7月1日
2006	549	1336	124.1	20	135	2006年7月1日
2007	1121	2638	262.4	10	145	2007年11月1日
2008	1139	2694	478.6	15	160	2008年1月1日
2008	1139	2694	478.6	15	175	2008年7月1日
2008	1139	2694	478.6	10	185	2008年9月1日
2008	1139	2694	478.6	10	195	2008年12月1日
2009	1155	2719	451.4	—	195	2008年12月1日
2010	932	2247	588.4	10	205	2010年7月1日
2011	1009	2440	742.3	25	230	2011年1月1日
2011	1009	2440	742.3	15	245	2011年5月1日
2012	1009	2440	1062	30	275	2011年1月1日
2012	1009	2440	1062	30	305	2011年6月1日
2013	1250	3014	954.3	30	335	2013年1月1日
2014	1264	3061	1148.2	32	367	2014年1月1日
2015	1085	2582	1202.7	30	397	2015年1月1日

2009—2015 年吉县农村居民最低生活保障调整情况表

表 25-3-3 单位：户、元、人

年度	户数	人数	发文时间	提标标准	月享受标准	执行起始时间	发放金额	备注
2009	2702	5763	—		一类：70 元 二类：60 元 三类：50 元	—	5243280	一次性生活补贴每人：100 元；冬季取暖补助每户：300 元
2010	3493	5951	—		一类：70 元 二类：60 元 三类：50 元	—	7335270	2010 年 11 月至 2011 年 3 月价格临时补贴每人每月：20 元； 冬季取暖补助每户：300 元；两节补助每人补贴：200 元；一次性生活补贴每人 50 元
2011	4077	6174	2011 年 1 月	22	一类：92 元 二类：82 元 三类：72 元	2011 年 1 月	8598266	春节补助每人 100 元；7 月 -10 月各每人补助 20 元；临时补贴每人 60 元；冬季取暖补助每户 350 元
2012	4286	6114	2012 年 1 月	22	一类：114 元 二类：104 元 三类：94 元	2012 年 1 月	8669820	1 月临时补助每人：20 元；两节补助每人：200 元
2013	4408	6284	2013 年 1 月	6	一类：120 元 二类：110 元 三类：100 元	2013 年 1 月	10791570	春节每人补助：200 元
			2013 年 1 月	24	一类：144 元 二类：134 元 三类：124 元	2013 年 1 月		
2014	2216	4598	2014 年 1 月	22	一类：166 元 二类：156 元 三类：146 元	2014 年 1 月	10060868	—
			2014 年 1 月	8	一类：174 元 二类：164 元 三类：154 元	2014 年 1 月		
2015	2762	5947	2015 年 1 月	20	一类：194 元 二类：184 元 三类：174 元	2015 年 1 月	10325964	—

第四节 救济 救灾 救助

救济救灾

1987 年，吉县遭受旱、涝、虫、风雹等自然灾害，尤以旱灾为重。27.5 万亩粮食全部受灾，比上年减产三成以上，重点救济了“三缺户”（缺劳力、缺工分、缺口粮）4150 户 20750 人，帮助其度过生活生产难关。

1988 年，发放救灾款 52200 元、救灾粮 10 万千克。

1990 年，发放救灾款 20700 元、救灾粮 24 万千克。

1991 年，吉县被省、地列为重点扶持县，省厅下拨给救灾扶贫款 75 万元，作为创办民政经济实体资金，发展民政经济改变救灾扶贫条件。

1992 年，受灾面积 16.9 万亩，成灾人口 21842 人，其中“三缺户”1449 户、6369 口人，共发放救灾款 6 万元，救灾粮 11.75 万千克。

1993 年，农作物受灾面积 15.8 万亩，成灾 11.8 万亩，其中粮食作物 10.1 万亩，成灾人口 5737 户 25817 口人，其中“三缺户”1890 户 8311 人，共发放救灾款 8.5 万元，保障了灾民的正常生活和生产需求。

1994 年，遭受百年不遇的大旱，境内受灾面积 16 万亩，受灾人口 53410 人，其中“三缺户”1050 户 4550 人。全县共发放救灾款 5 万元，捐衣被 2.3 万件。

1995 年，受灾面积 22.4 万亩，成灾 17.5 万亩，受灾人口 6.28 万人，成灾 4.8 万人，灾民 2 万人，经济损失达 2523 万元。当年共投放救灾款和社会救济 15 万元，粮食 15 万千克，捐送衣被 2300 件。

1996 年，因前期干旱，后期受冰雹、红蜘蛛等自然灾害的侵袭，境内受灾面积达 78027 亩，成灾面积 62150 亩，直接经济损失 2000 多万元。灾情涉及 10 个乡镇，67 个村民委员会，203 个自然村，9872 户 41231 人。当年全县共有“三缺户”4127 户 1.5 万余人。共发放救灾款 20 万元，救灾粮 40 万千克，衣被 1500 余件，社会救济 6 万余元。

1997 年，比有气象记录以来最干旱的 1965 年同期降雨量偏少 99.8 毫米，而且气温持续偏高，干土层达 10 ～ 15 毫米，吉县小麦受灾面积 11.2 万亩，占播种面积 91%，比好年份减产 15.8%，沿黄河的几个乡镇减产达 25% 左右；秋粮作物比上年减产 47.5%，沿黄乡镇几乎绝收；经济作物苹果减产达 60%，全县有“三缺户”4935 户 22135 口人，全年发放救灾款 32 万元、救灾粮 15 万千克。

1998 年，夏粮减产十分严重，造成吉县“三缺户” 3125 户 14062 人。全年分 7 次下拨救灾款 25 万元和 55 万千克粮食，临时性社会救济 2.6 万元，接收捐赠款 8.3 万元，发行了 20 万元赈灾彩票。

1999 年，境内遭受历史上罕见的旱灾，造成粮食大幅度减产，特别是大秋作物 15.3 万亩，全部受灾，成灾面积达 15.1 万亩，绝收 4.1 万亩，减产幅度达 68%，直接经济损失 6000 余万元。重灾村 50 个，“三缺户”3120 户 14160 人，共发放救灾款 33 万元，衣被 1000 余件。接收捐款 38.4 万元，面粉 700 千克，衣服 50 余件。

2001 年，连续遭受三年大旱，当年又遭 70 年不遇的大旱、冷冻和冰雹等自然灾害袭击，11.38 万亩小麦，13.56 万亩秋粮、12.2 万亩经济作物全部受灾，吉县“两缺一无户”（缺吃、缺用、无生活来源）2014 户 21460 人，下拨救灾款 3 万元，救灾粮 85 万余千克，救灾衣被 2000 件。接

收捐款 18 万余元、衣服 1900 件、煤 30 吨、面粉 50 袋、化肥 220 袋。

2002 年，15.3 万亩秋粮，3.2 万亩经济作物受灾，部分乡、村小麦歉收，“两缺一无户” 3216 户，14163 人，先后下拨给各乡镇救灾款 25 万元，救灾粮 18.5 万余千克，救灾衣被 2000 件，捐款 8 万余元。

2003 年 8 月，吉县连降大雨，降水量近 700 毫米，遭受历史上少有的雹灾和涝灾，受灾 545 户 2062 人，房屋倒塌 806 间(孔)，另有 537 户 1736 人房屋损坏 1444 间(孔)，452 户 1450 人的 1700 间(孔)住房被确定有隐患，因房屋倒塌死亡 6 人，转移安置人员达 1082 户 3789 人，造成经济损失 4700 余万元。全年下拨救灾款 23 万元，救灾粮 25 万千克。

2004 年 3 月，未有一场有效降雨，吉县比往年同期减少降雨 51.6 毫米，进入 4 月份持续高温，干土层达 25 毫米，沿黄的文城、东城、壶口、柏山寺等乡镇干土层达 40 毫米，小麦大部分青干，沿黄四乡镇小麦全部受灾，减产 3 ~ 5 成的 3.4 万亩，减产 5 ~ 8 成的 2.3 万亩，8 成以上的 0.4 万亩，减产小麦 306 万千克。因干旱大秋作物出苗率仅为 40% 左右，直接经济损失 2700 万元。收到捐款 6 万元，先后下拨救灾款 24 万元，救灾面粉 15 万千克，救灾衣被 3000 件，发放救助证、卡 3492 户 10483 人。

2010 年，发生低温冷冻、冰雹和洪涝，因灾造成居民住房损坏 5 间，农作物受灾面积 18.6 万亩，绝收面积 1.55 万亩，损毁耕地 480 亩，受灾人口累计达 5.82 万人，直接经济损失 15203.5 万元。先后下拨救灾款 65 万元，救灾面粉 40 万千克，救灾衣被 2000 余件。青海玉树地震和甘肃舟曲泥石流发生后，共为灾区捐款 25.3 万元。

2011 年，境内发生冰雹、干旱、山体滑坡等自然灾害，造成农作物受灾面积 14.5 万亩，受灾人口累计 4.82 万人，直接经济损失达到 15203.5 万元。先后下拨救灾款 51 万元、捐赠款 27 万元，采购救灾面粉 84.9 万元，在“7．18”冰雹灾害发生后，接收捐款 12.74 万元。

2013 年，发生低温冷冻、干旱等自然灾害，造成受灾人口 6.34 万人，受灾面积 14.8 万亩，成灾面积 11.1 万亩，绝收 5400 亩，直接经济损失达 9860 万元。全年下拨救灾款 83.78 万元，采购救灾面粉计 69 万元。

2014 年，发生低温冷冻和冻雨等自然灾害，受灾人口 1.6 万人，受灾面积 2.6 万余亩，直接经济损失达 8000 万元，下拨救灾款 138.8 万元，采购救灾面粉计 70.4 万元，采购救灾物资 85.4 万元，

2015 年，发生低温冷冻、旱灾和冰雹等自然灾害，受灾人口 7.26 万人，受灾面积 17.9 万亩，直接经济损失达5518万元。采购救灾物资98.85万元，救灾面粉70.4万元，下拨救灾款104.8万元、救灾面粉 20 万千克。为吉县 107883 人缴纳自然灾害公众责任险 32.36 万元。

农村大病医疗救助

2005 年，救助资金 15 万元。

2006 年，救助资金 31 万元，住院救助 31 人、救助 3.6 万元。

2007 年，救助资金 88.4 万元，总救助 33.3 万元。其中住院救助 551 人、救助 23.5 万元，资助参合 9864 人、资助 9.8 万元。

2008 年，救助资金 182.8 万元，总救助 55.1 万元。其中住院救助 550 人、救助 42.4 万元，资助参合 6350 人、资助 12.7 万元。

2009 年，救助资金 269.7 万元，总救助 137.6 万元。其中住院救助 847 人、救助 118.5 万元，资助参合 6938 人、资助 19.1 万元。

2010 年，救助资金 294.1 万元，总救助 184.8 万元。其中住院救助 916 人、救助 165 万元，资助参合 6567 人、资助 19.7 万元。

2011 年，救助资金 313.3 万元，总救助 298.7 万元。其中住院救助 857 人、救助 264.8 万元，资助参合 6789 人、资助 33.9 万元。

2012 年，救助资金 231.6 万元，总救助 231.1 万元。其中救助 404 人、救助 190.8 万元，资助参合 6724 人、资助 40.3 万元。

2013 年，救助资金 314.1 万元，总救助 262.0 万元。其中住院救助 840 人、救助 213.3 万元，资助参合 6953 人、资助 48.7 万元。

城市大病救助

2006 年，救助资金 40 万元。

2007 年，救助资金 70 万元。住院救助 18 人、救助 6.7 万元。

2008 年，救助资金 173.3 万元。住院救助 32 人、救助 12.95 万元。

2009 年，救助资金 287.4 万元，救助 45.5 万元。其中住院救助 47 人、救助 26.4 万元，资助参保 2095 人、资助 19.1 万元。

2010 年，救助资金 414.9 万元，救助 51.9 万元。其中住院救助 82 人、救助 38.6 万元，资助参保 2247 人、资助 13.3 万元。

2011 年，救助资金 514 万元。住院救助 194 人、救助 99.4 万元。

2012 年，救助资金 543.6 万元，救助 411.8 万元。其中住院救助 201 人、救助 171.8 万元，资助参保 1862 人、资助 11.4 万元，门诊救助 229.6 万元。

2013 年，救助资金 386.8 万元，救助 216.4 万元。其中住院救助 263 人、救助 199.6 万元，资助参保 2499 人、资助 16.8 万元。

2014 年后，农村医疗救助和城市医疗救助合并，统称城乡医疗救助。当年救助资金 758.9 万元，救助 546.6 万元。其中住院救助 1089 人、救助 465 万元，门诊救助 26 人、救助 9.8 万元，参保参合资助 7910 人、资助 71.8 万元。

2015 年，救助资金 740.6 万元，救助 737.5 万元。其中住院救助 1255 人、救助 634.9 万元，门诊救助 40 人、救助 10.4 万元，参保参合资助 8201 人、资助 92.2 万元。

第五节 社会福利

中国福利彩票发行与销售

2000 年，吉县有福利基金 10 万元，发行券为 0；2006 年，福利彩票基金为 260 万元；2009 年为 230 万元；2010 年慈善捐助 6 万元；2011 年，彩票收入 230 万元，公益金 17.25 万元，社会捐助 45.71 万元；2012 年，社会捐助为 14.5 万元；2014 年，社会福利费 107.2 万元，彩票支出为 0。

五保供养　农村五保供养，是指依照《农村五保供养工作条例》规定，在吃、穿、住、医、葬方面给予贫困孤寡村民的生活照顾和物质帮助。即保吃、保穿、保住、保医、保葬，简称"五保"。1986—2015 年，吉县五保标准不断提高。

1986–2015 年吉县农村五保供养标准及人数变动情况表

表 25-3-4 单位：人、元

年份	人数			标准		金额			备注
	集中	分散	合计	集中	分散	集中	分散	合计	
1986	—	—	103	—	—	—	—	7000	—
1987	—	—	114	—	—	—	—	6878	—
1988	—	—	91	—	—	—	—	8160	—
1989	—	—	90	—	—	—	—	11000	—
1990	—	—	125	—	—	—	—	12000	—
1991	—	—	123	—	—	—	—	11000	—
1992	—	—	120	—	—	—	—	10000	—
1993	—	—	121	—	—	—	—	11000	—
1994	—	—	119	—	—	—	—	12000	—
1995	—	—	137	—	—	—	—	9000	—
1996	—	—	135	—	—	—	—	11000	—
1997	—	—	135	—	—	—	—	11000	—
1998	—	—	135	—	—	—	—	11000	—
1999	—	—	231	—	—	—	—	139000	—
2000	—	—	231	—	—	—	—	139000	—
2001	—	—	231	—	—	—	—	139000	—
2002	—	—	231	—	—	—	—	90000	—
2003	—	—	231	—	—	—	—	106300	—
2004	—	—	333	—	—	—	—	105500	—
2005	—	—	231	—	1000	—	—	230000	—
2006	—	—	448	—	1000	—	—	448000	—
2007	—	—	448	—	1000	—	—	495000	—
2008	8	398	406	1500	1200	12000	477600	487200	—
2009	16	391	407	1500	1200	24000	469200	553400	包括一次性补贴
2010	13	394	407	1500	1200	19500	472800	634800	包括两节临时补贴
2011	8	401	409	3600	2000	28800	802000	1143800	包括两节临时补贴
2012	70	339	409	3600	2000	252000	678000	1024000	包括两节临时补贴
2013	70	339	409	3600	2000	252000	678000	1011800	包括春节补贴
2014	70	339	409	3800	2130	266000	722070	988000	包括提标补助
2015	36	389	425	7200	5410	259200	2104490	2376900	包括提标补助

敬老院

吉县有敬老院 2 所，即吉县中心敬老院和吉县屯里镇敬老院。吉县中心敬老院和吉县光荣院为 1 个机构，2 块牌子。

吉县中心敬老院位于吉昌镇祖师庙村，占地 2.5 亩，建于 2002 年，主建筑两层 28 间，建筑面积 739 平方米，其他建筑（厨房、餐厅、锅炉房、洗澡间）4 间。2015 年有工作人员 4 人，优抚对象 4 名。

吉县屯里镇敬老院位于吉县屯里镇，为集体办敬老院，所占房屋为解放前地主院宅。原有床位 15 张，供养五保户 8 人，2009 年，省政府下拨专项资金对敬老院进行重建，占地 3.5 亩，建筑面积 1342.66 平方米，有床位 80 张，2011 年投入使用。

2010 年，筹建完成吉县社会福利中心，占地 7.9 亩，总面积 2897 平方米，可供养五保户 100 人。

第六节 地界管理

吉县与乡宁县、尧都区、蒲县、大宁县接壤，隔河与陕西宜川县相望。界限均无争议。

吉县与乡宁交界

1988 年 11 月，吉县、乡宁县勘界工作领导小组办公室在乡宁县召开联合勘界协商会议，议定事项如下：界线全长 97 千米，为控制边界线走向，经双方协商确定埋设青石界桩 2 个，乡宁县负责 26303101 号界桩的制作埋设，吉县负责 26303102 号界桩的制作埋设。

尧都、吉县、乡宁交界

埋设青石界桩 1 个。

尧都区、吉县、乡宁地界界桩表

表 25-3-5

界桩标号	高程	备注
	米	
26303101	1292.3	
26303102	1554.1	
26013031s	1625.0	三交点

吉县与蒲县交界 设有 2 个界桩

吉县、蒲县、大宁 3 县交界线

埋设 1 个界桩（所在地为吉县屯里镇吴家沟村、蒲县山口乡蒲县林场、大宁县南堡乡马家窑村委交界）。

吉县、蒲县、大宁地界界桩表

表 25-3-6

界桩标号	高程
	米
2630233s	1716.0

尧都、吉县、蒲县交界线

埋设1个界桩（所在地为临汾市河底乡里沟村、吉县明珠乡武庄村、蒲县刁口乡阳沟村交界）。

尧都区、吉县、蒲县地界界桩表

表 25-3-7

界桩标号	高程
	米
26013032s	1766.17

吉县与大宁交界

界碑4个。

吉县、大宁地界界桩表

表 25-3-8

界桩标号	高程
	米
26303301	705.1
26303302	1331.6
26303303	847.3
26303304	1154.8

第七节 县城街路巷命名

2011年6月，为规范吉县城区街、路、巷地名管理，适应城市建设和旅游事业的发展，方便人民群众生活，根据《地名管理条例》和上级有关文件精神，按照历史沿革和群众习惯称谓，结合城镇建设发展的实际，对吉县城区如下街、路、巷设置了地名标志（吉民发〔2011〕17号）：

街道

新华街—扶风桥以东至广场桥，长1400米。

新华东街（简称新东街）—广场桥以东至龙王湾，长3800米。

新华西街（简称新西街）—扶风桥以西至西门窑，长2400米。

滨河路—小府路口以西至水洞沟口，长1800米。

滨河东路—小府村口以东至二道河桥，长2100米。

滨河西路—城关粮站以西至西关桥，长2000米。

路

城北路—广场至增音站，长600米。

小府路—小府村至新华东街，长1200米。

桥南路—扶风桥至水洞沟道班，长2300米。

巷

于家巷(于家巷)

丁家巷(丁家沟)

学北巷(学背后)

葛家巷(葛家沟)

小河巷(小河畔)

交通巷(交通局巷)

槐子巷(槐子沟)

龙湾一巷(去桃卜湾巷)

龙湾二巷(石油家属巷)

龙湾三巷(烤烟局家属巷)

陈家巷(陈家沟)

淇北巷(淇北沟)

侯家巷(侯家沟)

兰家巷(兰家圪塔)

雷神巷(雷神沟)

寨子巷(寨子壕)

校场巷(校场沟)

柳树巷(柳卜湾)

第八节 基层民主自治建设

村务公开和换届选举

1990 年，在屯里镇庄子村进行村委选举试点。1991 年，《中华人民共和国村民委员会组织法》试行；1998 年 11 月正式颁布实施。期间，吉县根据上级安排，共进行 4 届村民委员会选举。1999—2000 年初，吉县举行第五届村民委员会换届选举，村民委员会每届任期 3 年。2002 年 12 月，境内进行第六届村民委员会换届选举，各村建立村民会议和村民代表会议制度，并讨论制定《村规民约》《村委会工作制度》《财务管理制度》等一系列村务公开和民主评议制度。

撤并乡镇与撤并村组

2001 年，吉县撤并乡镇情况：

1986—2000 年，境内共有 9 乡 3 镇(城关镇、兰家河乡、曹井乡、窑渠乡、屯里镇、明珠乡、文城乡、王家原乡、壶口镇、东城乡、中垛乡、柏山寺乡)，共 109 个村民委员会、564 个自然村。2000 年，总人口 100778 人(其中：农业人口 88290 人、非农业人口 12488 人)。2001 年，撤并为 3 镇 5 乡，具体行政区划调整为：窑渠乡、屯里镇、明珠乡合并组建新的屯里镇，全乡总人口 11679 人，总面积 511074 平方千米(包括辖区内人祖山、红旗林场、屯里林场面积)，镇人民政府驻屯里村；曹井乡、兰家河乡合并组建车城乡，全乡总人口 8073 人，总面积 306.48 平方千米，乡人民政府驻车城村(自然村)；王家原乡、文城乡合并组建新的文城乡(除存心、留村 2 个村委)，全乡总人口 10123 人，总面积 263.76 平方千米，乡人民政府驻文城村；将文城乡的存心、留村两个村民委员会划归壶口镇，全镇人口 4480 人，总面积 113.75 平方千米，镇人民政府驻七

郎窝；将国营红旗林场代管的马连滩村委划归中垛乡管辖；城关镇更名为吉昌镇，柏山寺乡、东城乡不变。

2002 年各乡镇撤并村组情况：

车城乡　乔家湾村委与下洛村委合并，组建车城村委，村委驻车城村，总人口 730 人。鲁家河村委、红卫村委与柏坡底村委合并，组建新的柏坡底村委，总人口 844 人。窑科村委与三教村委合并，组建新的窑科村委，总人口 1013 人。兰家圪台村委与曹井村委合并，组建新的曹井村委，总人口 876 人。朱家堡村委与郭家垛村委合并，组建新的朱家堡村委，总人口 526 人。东赵村村委与天申原村委合并，组建新的东赵村村委，总人口 1392 人。

壶口镇　陈家岭村委、冯家岭村委与南原村委的马家岭自然村合并组建成新的陈家岭村委，总人口 769 人。

屯里镇　回宫村委与桃园村委合并，组建新的回宫村委，总人口 1111 人。窑渠村委与县底村委合并，组建新的窑渠村委，总人口 989 人。峪口村委与太度村委合并，组建新的太度村委，总人口 1235 人。五龙宫村委与圪鲁村委、城底村委合并，组建新的五龙宫村委，总人口 1030 人。安乐村委与辛庄村委、武庄村委合并，组建新的安乐村委，总人口 1044 人。

文城乡　曹村、王家原村委合并，组建新的王家原村委。总人口 2384 人。午生村委与王家崾村委合并，组建新的午生村委，总人口 1175 人。樊家山村委与大圪塔村委合并组建新的大圪塔村委，总人口 1023 人。古贤村委与关里村委合并，组建新的古贤村委，总人口 1121 人。

吉昌镇　柏凡头村委与祖师庙村委合并组建新的祖师庙村委，总人口 2288 人。两满池村委与桥南村委合并组建新的桥南村委，总人口 2291 人。准子河村委与上东村村委合并组建新的上东村村委，总人口 1306 人。苏家坪村委与兰村村委合并组建新的兰村村委，总人口 2288 人。谢悉村委与辛村村委合并组建新的谢悉村委，总人口 1672 人。

柏山寺乡　东石泉村委与站家岭村委合并组建新的东石泉村委，总人口 1528 人。崾子村委与白子原村委合并组建新的白子原村委，总人口 1629 人。南洼村委与马泉头村委合并组建新的马泉头村委，总人口 980 人。沟东村委与南耀村委合并组建新的南耀村委，总人口 1303 人。

中垛乡　北乐村委与马莲滩村委合并组建新的马莲滩村委，总人口 1126 人。北牛堤村委与永固村委合并并组建新的永固村委，总人口 904 人。原马莲滩村委庙岭村民小组划归三堠村委，总人口 1600 人。

东城乡不变。

第九节　婚姻登记管理

20 世纪 90 年代前，婚姻登记业务主要由乡镇街道一级办理。具体程序有查户口、住址和村委证明，填写结婚证书和粘贴照片。

20 世纪 90 年代末期，民政部门开始实行集中办理婚姻登记，实行结婚、离婚分开办理，开设婚姻辅导室，建立婚姻颁证大厅。

2003 年，简化登记手续，取消单位或村（居）委员会出具婚姻证明的做法，改由当事人书面承诺，只需身份证和户口本就可办理登记手续。

1987—2015 年吉县婚姻登记情况表

表 25-3-9　　　　单位：对

年份	结婚	离婚	年份	结婚	离婚
1987	233	0	2002	401	2
1988	431	0	2003	222	8
1989	983	0	2004	198	16
1990	748	0	2005	394	9
1991	812	3	2006	416	17
1992	968	2	2007	636	24
1993	538	0	2008	729	22
1994	694	6	2009	1436	25
1995	903	8	2010	1955	32
1996	435	3	2011	1620	40
1997	492	1	2012	2018	57
1998	412	7	2013	1597	72
1999	500	6	2014	1708	83
2000	421	5	2015	1527	90
2001	425	5			

第十节　吉县社会组织

登记管理

社会组织包括社会团体、民办非企业单位、基金会。1990 年起，县级社会团体由县一级民政部门登记管理；1998 年 10 月起，县级民办非企业单位由县一级民政部门登记管理；2014 年，省民政厅将县级非公募基金会成立登记权限下放到县一级民政局。至此，在吉县民政局登记的社会组织有社会团体、民办非企业和非公募基金会。

登记管理中，行业协会商会类、科技类、公益慈善类、城乡社区服务类等四类社会组织简化登记条件，直接登记，在注册、变更和注销登记中不再要求业务主管单位审批。

为适应社会发展，促进社会组织承接政府购买服务，民政局逐步加强对社会组织的管理力度。一是年检工作，在遵守法律法规和国家政策、内部管理制度落实、按照章程开展活动、财务状况、资金来源和使用、党建工作等情况进行年度检查，并将年检情况在政府网站等媒体上公示，接受社会监督。二是开展社会组织评估工作，通过评估达标，促进社会组织完善和发展。

2015 年底，吉县共有社会组织 23 家，其中：社会团体 16 家、民办非企业单位 7 家。有公益慈善类社会组织 1 家，备案的社区社会组织 93 家，主要是老年人协会。社会组织涉及农业、文化、体育、科技、发改、民政等多个领域涉及业务主管单位 12 家。

第二十六编　教育科技

1986—2015年，吉县把教育摆在优先发展的战略地位，实施“科教兴县”“人才强县”战略，整合教育资源，加大教育投入，改善办学条件，提升教师素质，应用信息技术，实施课程改革，提高办学水平。境内教育事业发生历史性变化，实现质的飞跃。1998年，实现基本扫除青壮年文盲、基本普及九年义务教育目标。2003年，实现基本满足学前三年教育目标。2015年，实现义务教育发展基本均衡县目标，幼儿入园率达87.1%，小学、初中入学率分别达到100%和98.5%，小学巩固率达到100%，初中3年保留率达到98%；高中在校学生2467人（其中普通高中1452人，职业高中1015人）全部实行免费（免学费、课本费、住宿费）上学，成人参加各类技术培训1.43万人次（其中种植业1.4万人次，养殖业0.02万人次，其他0.01万人次）。1991—2015年，吉县3～5周岁入园幼儿34027人，初中毕业67542人，高中毕业7142人，高考被大专院校录取4697人。

吉县先后引进科技项目30多项，申报发明专利20多项，确立科技示范工程10多项，建立科技示范村24个、科技示范户1134个，培育乡土人才1000余名。气象、地震等测报工作有序开展。

第一章　幼儿教育

第一节　发展概况

教育形式规模

20 世纪 80 年代末至 90 年代初，吉县幼儿教育主要有三种形式：独立办园、小学附设幼儿班、幼儿跟班就读。跟班就读是农村幼儿教育的主要形式。1995 年，吉县农村掀起村、组兴办幼儿园的热潮，境内幼儿园增至 37 所。1998 年，国家鼓励社会力量办学，民办幼儿园发展到 15 所，占到吉县幼儿园总数的 42%。2011 年，国家划拨专项资金，实施农村闲置校舍改造幼儿园工程和农村小学增设附属幼儿园项目工程，新建幼儿园 6 所：西泽幼儿园、车城幼儿园、恒安幼儿园、文城中心幼儿园、屯里中心幼儿园、王家原村幼儿园，改扩建幼儿园 18 所：西关小学附属幼儿园、桥南小学附属幼儿园、祖师庙小学附属幼儿园、中垛乡中心幼儿园、小府幼儿园、山头幼村儿园、柏山寺幼儿园、兰村幼儿园、上东村幼儿园、霖雨村幼儿园、谢悉村幼儿园、中市村幼儿园、明珠村幼儿园、王家河村幼儿园、县底村幼儿园、三堠村幼儿园、白额村幼儿园、东城村幼儿园。2013 年，依照《中华人民共和国民办教育促进法》对民办幼儿园进行清理整顿。到 2015 年，吉县共有幼儿园 48 所，其中公办独立园 4 所，学校附设幼儿园 38 所，民办幼儿园 6 所。幼儿班 116 个，其中民办 25 个。共有学前在园幼儿 3051 人。有幼儿教职工 240 人，其中大专以上学历 128 人。

普及学前三年教育

2008 年，县政府制定《吉县普及学前三年教育工作实施方案》，规定县、乡、村三级普及 3 年学前教育的具体要求和标准，基本实现两个“六有”：即每个幼儿园都具有独立、固定、安全的园址；有足够的户外活动场所；有 3 件以上的大型活动器械；有保教人员办公用房；有儿童厕所；有较为良好的幼儿教育环境。每班都有活动室，有与幼儿相适应的桌椅，有录音机、电子琴等音乐器材，有流动洗手设备，有一人一巾一杯等卫生用品，有儿童作品角以及人均 5 本以上的图书和 5 件以上的玩教具。3 至 5 周岁幼儿入园率达 92%。2009 年 10 月，经山西省教育厅评估验收组评估验收，吉县达到基本满足学前 3 年教育工作标准。2013 年，西泽幼儿园通过市教育局一类幼儿园验收，桥南幼儿园、祖师庙幼儿园通过乡镇中心幼儿园验收。到 2015 年，境内有 13 所幼儿园通过市中心幼儿园验收。

第二节　幼教队伍

幼儿教师补充

1986—1994 年，吉县公办幼儿教师的来源主要有二：一是教育行政部门分配的幼师毕业生，二是任用年龄大的小学教师。1995 年，吉县幼儿园扩增，一些村办幼儿园采取个人申请、村委同意、乡教委批准的办法，从返乡初高中毕业生中招聘幼儿教师。1999 年后，幼师毕业生不再

分配，一些经济条件较好的幼儿园采取自收自支的办法从幼师毕业生中招聘教师。

2008 年，吉县教育科技局（下称教科局）从农村小学调回 8 名音乐侧重班和幼师毕业的教师到东关幼儿园任教，充实东关示范幼儿园师资力量。

2011 年，为解决幼儿教师短缺问题，面向社会招聘公办幼儿教师 20 名。2012 年招聘幼儿教师 38 名。

到 2015 年，吉县有幼儿教师 240 人，其中大专以上学历 128 人。

幼儿教师培训

1986—2015 年，吉县教育部门采取四种形式培训幼儿教师。选送幼儿教师骨干参加省、市举办的幼教培训班和各项技能比赛活动，提升教学水平；委托县职业中学招收在职幼儿教师，举办幼师专业培训班；以东关示范幼儿园为培训基地，每年暑假举行幼儿教师业务培训班，学习广播操、折纸、舞蹈、唱歌等教学技能；开展幼儿园结对帮扶活动，实施互补互学，促进均衡、共同发展。采取交叉听课评课、保教能手比赛、主题研讨会、课堂教学观摩等各种教学研究活动，改进教学方法。到 2015 年，共有 7 名幼儿教师被评为省级教学能手，有 24 名被评为市级保教能手。

第三节 教学活动

教学

1986—2015 年，吉县公、民办幼儿园，遵循《幼儿园工作规程》《幼儿园教育指导纲要》《3—6 岁儿童学习与发展指南》开展教育教学工作。每年秋季招收 3 ~ 5 周岁幼儿入园学习。规模较大的幼儿园按年龄分为小、中、大班。规模较小的幼儿园只有一个混合班。所有幼儿园均实行全日制，设有健康、语言、社会、科学、艺术五门课程，并合理安排一日活动。

各幼儿园结合幼儿特点，组织幼儿开展讲故事、手工、绘画、唱歌、跳舞等丰富多彩的活动。每年六一儿童节，组织幼儿排练内容丰富、形式多样、儿童喜闻乐见的文艺节目，幼儿全员参与，演出时邀请家长观看，与孩子互动。县四大班子领导分头到城区、农村幼儿园开展慰问活动，给孩子们赠送玩具、文体活动用品，与孩子们共度节日。

教学管理

1986—2015 年，吉县各类幼儿园隶属教育部门管理，教科局由一名副局长分管幼儿教育工作，并设立幼教股，配备专职工作人员。各联校、中心小学有一名副校长分管幼教工作。各级幼儿园设园长 1 人，副园长 1 ~ 2 人。每个幼儿班配备幼儿教师 2 人。自 2008 年起，实行园长任期目标管理制，县教科局与各幼儿园签订年度工作目标和任期目标责任书，园长同教师签订岗位目标责任书。各幼儿园均建立健全了安全制度、家校联系制度、工作考核制度、表彰奖励制度等，规范教学工作，调动幼教工作者的工作积极性。同时开展家长开放日活动，发放家长意见调查卡，加强与家长沟通和联系，提升幼儿园管理水平。

贫困幼儿救助

自 2012 年起，国家划拨专项资金，资助学前教育困难家庭幼儿。到 2015 年，共资助贫困幼儿 1022 名，发放资助金 102.33 万元。

第四节　部分幼儿园简介

东关示范幼儿园

位于县城中心新华街8号，始建于1984年，为东关小学附属幼儿园。1990年，吉县干部集资改建成2层教学楼。1993年，通过省示范园验收。1996年，扩建成3层教学楼。园内占地面积1841平方米，建筑面积1785平方米。2005年，东关幼儿园与东关小学分离，独立办园。2014年，东关示范幼儿园被评为"山西省实施学前教育三年行动计划先进单位"。2015年底，设大、中、小12个班，幼儿591人。有大型组合玩具3件，有摄像机、照相机、钢琴、办公电脑。每班配备电钢琴、电视机、录音机、DVD、消毒柜、图书柜、玩具柜等保教设施。配有园长1人，副园长2人，教师32人，后勤人员2人。教师中本科学历10人，专科学历14人，中级职称11人；有省级学科带头人3人，省市骨干教师、保教能手9人，县级模范16人。

东关示范幼儿园在师资队伍建设、教育教学管理、突出办园特色等方面在吉县幼儿教育中起到示范引领作用。教师制作的教玩具多次在省市大赛中获奖，有20余篇论文刊登在国家级刊物上。2007年，被临汾市教育局授予"实施《幼儿教育指导纲要》先进集体"；2008年，被临汾市妇联评为"三八红旗集体"；2011年，被临汾市教育局和市妇联授予"巾帼文明岗"；2015年，被山西省教育厅和省妇联授予"巾帼文明岗""山西省优秀家长学校"；2006—2015年，连续多年被县委、县政府授予"教育教学先进单位"荣誉称号。

西泽幼儿园

位于县城西西泽小区，2011年9月创办，为教科局直属幼儿园。占地面积1800平方米，建筑面积1200平方米，设大、中、小9个教学班，可容纳300余名幼儿。园内户外活动场地宽敞，配有大型玩具和塑胶地面。每班活动室都带有盥洗室、榻榻米休息室，有电脑、钢琴、液晶电视、DVD、录音机、投影仪和各种小型动手动脑玩具，能满足幼儿的学习和游戏需要。

幼儿园有在编教师12人，全部是2011、2012年经过公开招考录聘的，另聘7名学前教育专科毕业生，专业合格率达100％。2015年底，在园幼儿240余人。

幼儿园坚持每年举办丰富多彩的教育教学活动、特色教育展示活动及家园互动活动。礼仪教育"课堂化、游戏化、生活化"，引导幼儿学礼、知礼、懂礼、用礼。2012年，通过"临汾市一级一类幼儿园"验收。多名教师获得县级学科带头人、保教能手、师德标兵、模范班主任、模范教师等荣誉称号。

小府幼儿园

位于滨河路与小府路交界处，前身是小府小学，是一所全日制公办幼儿园。2012年，投资60余万元，按照幼儿园的标准对校舍进行改建，购置了户外活动器械，配备符合幼儿标准的课桌椅、电钢琴、电视机、DVD、录音机、玩具柜、图书柜、杯子架、消毒柜、磁性黑板等，为教师配备办公桌椅、电脑等办公设施。2013年，投资90余万元新建590平方米的教学楼1座，扩大教学规模。园内占地面积2200平方米，建筑面积621平方米。2015年底，在职教职工18人，专业合格率达到100%。共有6个教学班，在园幼儿195人。

恒安幼儿园

2015年9月成立，是一所标准化、全日制公办幼儿园。总占地面积约4000平方米，建筑面积约2600平方米，设小、中、大9个教学班，可容纳幼儿300余人，开设6个班级，其中大班2个、

中班 2 个、小班 2 个。2015 年底，在园幼儿 230 余人。

幼儿园室外活动场地全部铺设仿真草坪，安装组合滑梯、儿童攀登架、幼儿体能训练组合等大型活动娱乐设施，购置跷跷板、篮球、足球、呼啦圈、三轮车等各类儿童玩具；教室配有幼儿益智类画报书刊 600 余册，安装多媒体一体机、DVD、电钢琴等教学设备；办公室安装电脑、打印机等办公设备。园内有幼儿教师 12 人，专业合格率达到 100%。

中垛中心幼儿园

位于中垛乡中垛村，是吉县教科局所属公办幼儿园。占地面积 3335 平方米，建筑面积 367.5 平方米，活动场地面积 2567.5 平方米。活动场地铺设 300 余平方米的人造草坪，配备两个大型户外玩具及附属玩具。园内安装广播系统、一键报警系统，大、中、小班教室均配有电子钢琴、多功能教学一体机、电视、保温桶及适合幼儿年龄的桌椅、开放式玩具柜等。

2015 年底，在园幼儿 46 人。其中小班 20 人、中班 4 人、大班 22 人。有幼儿教师 5 人，其中公益岗教师 3 人，合同制教师 1 人，临时代教 1 人。

康乐幼儿园

位于吉县新华街酒厂巷，建于 2005 年，总投资 46 万元，是县教科局备案的一所民办幼儿园。占地面积 1080 平方米，建筑面积 580 平方米，有教室、教职工办公室、幼儿午休室、厨房、库房共 12 间；配有大型滑梯、安全地垫、电视机、玩具柜、图书柜、消毒柜、电子琴、打印机、监控设备、音响设备、桌面玩具等。

幼儿园有 7 个教学班，在园幼儿共 280 人，其中小班 90 人、中班 80 人、大班 110 人。有教职工 16 人，其中厨师 1 人、园长 1 人、保教员 14 人。

屯里幼儿园

建于 2001 年，是屯里镇屯里小学的附设幼儿园，占地面积 1000 平方米，建筑面积 240 平方米。园内设施齐全，环境优美，有大、中、小三个教学班，专任教师 3 人，在园幼儿 57 人。

小太阳幼稚园

位于吉昌镇祖师庙社区葛家圪塄，2009 年创建。2014 年，取得办学许可证，为县教科局备案的民办幼儿园。园内占地面积 314 平方米，建筑面积 152 平方米，有教职工 5 人，设有小班 1 个、托班 2 个，在园幼儿 58 人。

1991—2015 年吉县幼儿教育发展情况表

表 26-1-1　　单位：个、人

科 / 年度	幼儿园		幼儿班		幼儿		教职工				教职工学历				教职工职称			
	计	其中民办	计	其中民办	计	其中民办	计	公办	民办	其他	计	大专	中专	初高中	计	初级	中级	未评
1991	19	—	53	—	2595	—	78	—	—	—	76	—	12	63	—	—	—	—
1992	6	—	83	—	2335	—	90	—	—	—	87	—	24	53	—	—	—	—
1993	16	—	90	—	2752	—	96	—	—	—	94	10	46	38	—	—	—	—
1994	29	—	76	—	3162	—	115	—	—	—	109	—	47	62	—	—	—	—
1995	37	—	141	—	3804	—	118	—	—	—	115	—	55	63	—	—	—	—
1996	33	13	103	—	3178	—	136	—	—	—	126	1	52	73	—	—	—	—
1997	42	17	107	—	3428	—	130	—	—	—	122		59	71	—	—	—	—
1998	50	3	104	—	3058	—	142	—	—	—	131	2	56	73	—	—	—	—
1999	39	—	89	—	2919	—	129	—	—	—	118	3	56	59	—	—	—	—
2000	46	—	94	—	2635	—	131	—	—	—	118	9	61	48	—	—	—	—
2001	34	—	72	—	1973	—	93	—	—	13	72	18	53	1	72	51	12	9
2002	29	7	63	4	2118	160	84	—	—	14	81	29	39	13	81	52	17	12
2003	29	2	50	2	1534	34	81	79	2	—	71	13	53	5	71	41	18	12
2004	32	8	82	17	2122	534	101	71	30	—	83	20	58	5	83	41	13	29
2005	42	15	102	42	2439	1062	208	78	98	32	177	79	96	2	177	39	24	114
2006	37	15	88	38	2190	901	184	70	90	24	164	64	93	7	164	45	21	98
2007	32	12	79	33	1830	757	161	64	73	24	145	53	87	5	145	40	29	76
2008	27	12	70	33	1949	760	143	65	78	—	135	53	78	4	135	40	29	66
2009	27	13	70	35	1859	972	142	65	77	—	132	57	71	4	132	38	21	73
2010	47	20	111	67	3103	1762	193	78	115	—	170	57	103	10	170	38	21	111
2011	46	13	102	44	2774	1236	180	104	76	—	180	59	45	76	180	40	23	117
2012	47	10	106	31	2778	758	205	143	62	—	191	68	59	64	205	46	24	135
2013	47	6	104	22	2755	568	208	164	44	—	198	94	71	33	208	58	24	126
2014	47	6	110	22	2972	652	219	169	50	—	219	114	58	47	—	—	—	—
2015	48	6	116	25	3093	667	240	190	50	—	238	128	66	44	208	58	24	126

第二章 义务教育

第一节 义务教育普及

"普九"攻坚

1986年,《中华人民共和国义务教育法》颁布。1990年,提出在20世纪末基本普及九年义务教育。1991—1998年,吉县先后制定下发《关于加强和改进教育工作的意见》《关于实施九年义务教育规划的意见》《九年义务教育实施方案》《关于"普九"达标的实施意见》《党政一把手教育工程考核办法》等文件。1998年,吉县召开"普九"攻坚誓师大会,县与乡、乡与村签订《"普九"攻坚目标责任书》,实行"三线承包"。即:党政领导一条线,县领导包乡镇,乡镇干部包村委,村委干部包学校,负责硬件建设;教育系统一条线,局领导包片,股室包乡镇,联校干部包学校,负责软件建设;扶贫单位一条线,102个党政机关、企事业单位定点扶贫包学校,帮助解决"三配套"问题。同时实行"三挂钩",把"普九"攻坚同单位工作挂钩,同评模选干挂钩,同干部升迁挂钩。

1995年,吉县决定从机关干部月工资中征收1%的教育费,每年征收20万元,用于解决县直学校突出问题。1995—1997年,吉县城乡教育费附加征收率达到100%和96%。教育总支出中财政拨款占比60%以上,财政对教育的拨款占财政总支出的比例在20%以上。

1990—1998年,吉县多渠道筹资2800余万元,新建、扩建校舍254所,维修校舍1432间,购置课桌凳5120套,新增文体器材71420件,新增图书141076册。校校实现了"一无两有三配套"。

1998年,义务教育阶段适龄儿童入学率分别为小学100%、初中95.5%。辍学率小学0.4%、初中1.9%。残疾儿童入学率78.8%。15周岁人口中初等教育完成率98.5%、17周岁人口中初级中等教育完成率90.3%。15周岁人口中文盲率为零。中小学教师学历合格率分别达到80.9%、94.8%。中小学生毕业合格率分别达到了小学98.2%,初中95.2%。中小学生体育合格率为99.9%。同年7月,临汾地区在吉县召开"普九"攻坚现场会。同年9月,吉县普及九年义务教育工作通过山西省"两基"评估验收组评估验收。

"普九"巩固提高

"普九"达标验收以后,吉县继续抓"普九"成果巩固提高。1999—2001年,采取多元化筹措资金的办法,实施"四化学校"(校园环境园林化、学校管理规范化、教育技术现代化、校舍建设标准化)建设工程,有16所学校通过临汾行署教育委员会(下称临汾行署教委)达标验收。1999年国庆节前夕,按"四化学校"标准新建的中垛中学投入使用,500余名师生迁入新校舍。学校占地面积35亩,投资150余万元,建4层教学楼1幢,建筑面积4800平方米。大门、围墙、厕所、灶房、操场、花坛、升旗设施等附属工程全部配套,是90年代末境内农村最漂亮的乡镇中学。

2001年11月,吉县通过山西省政府"两基"复查验收组"两基"复查验收。

第二节　改善办学条件

集资办学

1986年，吉县义务教育实行“三级办学、两级管理”（中小学校实行县办县管、乡办乡管、村办村管）。为了解决“一无两有三配套”（校校无危房、班班有教室，人人有课桌凳，图书、仪器、文体器材三配套）问题，境内掀起集资办学热潮。1990年，吉县党政机关、社会团体、企事业单位和干部、群众集资305万元，修建了东关幼儿园，新建和改建中小学校舍165所，建筑面积12276平方米。1991年，多渠道集资100万余元，新建学校36所（瓦房），共3380平方米，维修学校8所，共390平方米，添置课桌凳1000套，购置教学仪器119套，图书10万册，师生自制文体器材2万件、捐献图书3万册，境内195所学校实现了“三配套”。1992—2006年，吉县采取“两条腿走路”（政府按比例划拨国家项目资金，办学单位按比例筹措配套资金）的办法改善办学条件；同时省市扶贫单位捐资建校，团县委牵线搭桥建设“希望小学”；多渠道投入5715.81万元，新建、改进、扩建、维修校舍92625平方米。

项目工程

世界银行贷款项目工程　1992年，吉县教育世界银行贷款项目工程启动。总投资183.39万美元，其中世界银行贷款83.7万美元，合人民币446.121万元。县内配套资金99.69万美元，合人民币531.3477万元，实施“消除中小学危房和兴建校舍、购置教学仪器、培训教学及管理人员”等项目。

1993年9月1日，吉县第一所世界银行贷款项目工程学校——屯里镇屯里小学落成剪彩，全校200余名师生迁入新校舍。学校占地面积10亩，建筑面积1580平方米，新建3层教学楼1栋，为吉县农村第一所楼房学校。

1992—1995年底，吉县利用世界银行项目资金，新建楼房学校10所，即兰家河中学、东城中学、东关小学、屯里小学、县底小学、明珠小学、中市小学、中垛小学、霖雨小学、存心小学。新建现浇平房学校4所，即壶口小学、五龙宫小学、两满池小学、午生小学。新建瓦房学校7所，即南垣小学、南掌小学、太和小学、婆美小学、西赵村小学、沟东小学、拐窑小学。总投资1200余万元，总建筑面积11461平方米。

贫困地区义务教育项目工程　1996年，国家启动贫困地区义务教育项目工程。到1997年，吉县利用义务教育项目工程资金240万元，多渠道集资400万元，新建扩建楼房学校10所，即谢悉小学、留村小学、大圪塔小学、桑峨小学、文城中学、吉县二中图书实验楼、吉县三中教学楼、祖师庙小学教学楼、柏山寺中学教学楼，扩建吉县二中教学楼，总建筑面积12112平方米。新建扩建农村现浇平房和瓦房学校9所，即桃源小学、官庄小学、石三湾小学、王家原中学、池源小学、南垣小学、西头小学、文城小学、安坪小学。

临汾地区在吉县扶贫单位临汾地区煤炭局捐资新建文城关里小学、临汾地区组织部捐资新建王家原小学、临汾地区交通局捐资修建青村小学。团县委争取资金，新建上东村富和希望小学，临汾地委纪检书记王万年和中垛乡杏渠村委共同筹资新建杏渠小学。

中小学危房改造项目工程　2002年，国家实施中小学危房改造项目工程，到2004年，吉县多渠道筹措资金1948.81万元，新建吉县二中学生公寓楼、吉县三中4层教学楼、桑峨中学图书实验楼和下柏房小学、南光小学、南村小学、南坪小学、白额小学、小府小学、苏家坪小学、柏树

小学、柏东小学、安乐小学、西头小学、太度小学、三垁小学、太和小学、牛堤小学、白子原小学、社堤小学、房村小学。扩建吉县一中、吉县二中、吉县三中、东关小学、西关小学、祖师庙小学、桑峨中学、霖雨小学、山阳小学。总建筑面积25211平方米。

2004年，国家纺织研究院捐资80万元，建成壶口镇陈家岭小学。

2005年，县政府划拨80万元专项资金，改造偏远地区单人小学（只有1名教师的小学）危房，消灭窑洞教室。当年境内12所单人小学师生全部搬出窑洞学校，住进新校舍，吉县结束了窑洞学校的历史。

2006年，吉县继续实施中小学危房改造项目工程，多渠道筹措资金950余万元，新建王家河小学、兰古庄小学、东赵村小学、山头小学、高楼小学、马连滩小学、一中学生食堂和餐厅、职业中学公寓楼和学生食堂、餐厅，扩建中垛小学、柏山寺中学，改善窑头小学、谢悉小学、山阳小学、白额小学学生寄宿条件。

同年，台胞赵磐文投资修建吉县一中九思教学楼。国家纺织研究院投资修建车城小学教学楼，“希望工程”投资修建五龙宫小学教学楼。总建筑面积1万余平方米。

农村寄宿制学校建设项目工程 2007年，国家实行义务教育经费保障新机制，将农村义务教育全面纳入公共财政保障范围，实现了“人民教育人民办”到“义务教育政府办”的转变。每年中小学校维修改造所需资金，由中央负担50%、地方负担50%。地方负担省、市、县比例为：4∶3∶3。同时，国家每年实施中小学重点项目建设工程。当年投资530万元，实施东城九年制寄宿学校、王家原九年制寄宿学校、柏山寺九年制寄宿学校建设工程、车城小学学生宿舍楼建设工程、职业中学教学楼扩建工程、桥南小学校舍扩建工程。建筑面积6940平方米。

2008年，投资826万元，实施桑峨中学、中垛中学学生公寓楼和师生食堂、餐厅建设工程，柏山寺乡南耀寄宿制小学建设工程，西关小学教学楼建设工程，窑头小学、曹井小学、中市小学、陈家岭小学、南光小学学生宿舍、师生食堂、餐厅改扩建工程。建筑面积7607平方米。

中小学校舍安全、加固工程 2009年，国家实施中小学校舍安全工程。吉县投资1149万元，实施文城九年一贯制寄宿学校建设工程、吉县三中校舍改造工程、祖师庙小学扩建工程，总建筑面积8800平方米。2010年，国家实施中小学校舍加固工程，投资2535万元，实施东关小学图书试验楼建设工程、吉县二中教学楼、办公楼建设工程，建筑面积17745平方米。2011年，投资91万元，更换境内中小学课桌凳8000套。

农村薄弱学校改造项目工程 2012年，实施农村义务教育薄弱学校改造项目工程，投资3511万元新建曹井小学、太度小学、窑头小学、县底小学、安乐小学、西头小学、屯里小学、文城九年制学校、柏山寺九年制学校学生餐厅，建筑面积3345平方米。新建吉县二中、东城九年制学校、王家原九年制学校、祖师庙小学学生餐厅，建筑面积5420平方米。完成硬化吉县二中、吉县三中17931平方米操场和排水工程。为中小学配备“班班通”教学一体机、图书、实验仪器、音美器材、卫生器械和图书柜、仪器柜、文体器材柜。更新课桌凳3584套。当年共有40所中小学达到义务教育阶段标准化学校要求，通过检查验收。

2013年，投资922万元，新建吉县二中宿舍楼和中垛中学、东城九年制学校、文城九年制学校学生宿舍和塑胶操场。投资703万元，为中垛中学、桑峨中学、文城九年制学校、屯里小学新建教师周转房113套。投资510万元为吉县一中、三中修建塑胶操场。投资851万元，安装城区8所学校录音室，更新初中学校计算机教室的电脑设备，购置初中教师电子备课笔记本电脑，完成第一批教育信息化建设任务。

2014 年，投资 160 万元建设文城学校地质灾害护坡处理工程。投资 433 万元配置恒安小学教学仪器设备，完成附属工程建设。投资 103 万元配置中小学课桌凳及住宿学生床位 3377 套。投资 652 万元，更新小学阶段 34 所学校计算机教室电脑设备，购置小学阶段教师电子备课笔记本电脑，完成第二批教育信息化建设任务，实现教育技术“三通两平台”建设任务。

2015 年，新建中垛乡柏房小学、南坪小学，屯里镇太度小学 24 套教师周转房。

县域义务教育均衡发展

2011—2015 年，吉县累计投入 1.69 亿元，大力推进县域义务教育均衡发展。实施“全面改薄、课程改革、教育信息化、师资队伍、校园文化”五大工程建设，完成 18 所学校教学楼、宿舍楼新建、改扩建项目，建筑面积 1.28 万平方米；23 所学校进行了维修改造；17 所农村学校新建教师周转房 281 套；22 所寄宿制学校修建学生食堂和浴室，并购置食堂、浴室设备 1022 件；新建录播教室 17 个，采购多媒体教室设备 346 套；配备教师笔记本电脑 2650 台，42 所中小学接入了光纤网络；新增图书 21 万余册、教学仪器及文体器材 82 万余件；购置及安装教室 LED 照明灯及黑板灯 3735 套；购置学生课桌凳 2305 套、学生用床 1072 张；购置学生饮用水设备 98 套；多层次推动校园特色文化建设，校校都有文化长廊、励志标语、校训校歌校徽等。

2015 年，吉县通过国家义务教育发展基本均衡县验收。

1991—2015年吉县小学校舍建设情况表

表26-2-1 单位：平方米

年度	校数	占地面积	建筑面积	当年新增建筑面积	教学及辅助用房	行政办公用房	生活用房
1991	310	255601	58869	4986	56106	—	80
1992	309	255234	55869	4986	53106	—	80
1993	304	293346	54817	2327	52214	—	—
1994	303	293346	55538	721	25535	17350	1450
1995	293	193346	46714	2379	27914	17350	450
1996	291	253231	47281	1833	33322	11804	2155
1997	286	279651	47909	4157	33205	12927	1777
1998	277	303019	52868	2033	33396	15134	4338
1999	273	306463	51390	1198	32685	15197	3508
2000	255	303240	51509	450	32703	15066	3740
2001	236	298556	56100	1260	35887	12118	3176
2002	208	298556	56532	2178	35271	12398	3356
2003	181	300955	57473	1744	36356	12114	3477
2004	167	313054	58354	3150	36710	12304	3860
2005	141	309790	57834	4062	36173	11968	4016
2006	131	302852	56121	1855	33692	11382	5813
2007	84	240276	50486	2640	29244	9592	6473
2008	56	217810	47524	4862	26475	8722	7395
2009	42	193944	45441	8159	26011	7969	10678
2010	41	191944	46472	3100	26316	8065	11008
2011	36	171812	44074	382	23399	8931	10764
2012	34	164195	44153	1590	22593	8453	12153
2013	34	163195	45813	1200	23370	8006	12726
2014	34	163195	46513	700	23370	8006	13426
2015	34	182795	56493	9980	31670	8006	15106

1991—2015 年吉县初中校舍建设情况统计表

表 26-2-2　　　　单位：平方米

年份	校数	占地面积	建筑面积	当年新增建筑面积	教学及辅助用房	行政办公用房	生活用房	其他用房
1991	11	124396	16441	—	8417	—	3978	4046
1992	11	124265	16441	—	8417	—	3978	4046
1993	11	124395	16095	1000	8417	—	3978	3700
1994	11	124395	16165	70	8417	3770	3978	—
1995	11	124395	17165	1000	9417	3770	3978	—
1996	11	118165	23236	2785	1482	5569	7185	—
1997	11	141735	22029	1200	9961	5610	6458	—
1998	9	128022	23100	3083	9353	7157	6590	—
1999	8	129002	23100	0	9353	7157	6590	—
2000	10	142327	23354	162	9857	7207	6290	—
2001	10	111007	25110	3136	11828	4907	5329	3046
2002	10	111007	29043	3511	14338	5487	6048	3170
2003	9	119687	30279	1566	15160	5650	6368	3101
2004	9	113027	29120	1566	14662	5290	6067	3101
2005	8	112727	30616	376	14662	5566	7367	3101
2006	8	110397	28060	0	1482	5326	6204	1708
2007	8	111451	29452	2152	12223	5064	8155	912
2008	8	111451	36456	6100	17441	5064	13390	561
2009	8	117536	43063	749	15416	8360	16974	2313
2010	8	117536	45097	2034	17256	8424	16974	2443
2011	8	120847	45097	—	17256	8424	16497	—
2012	8	79142	32345	—	12271	6658	11241	—
2013	8	79147	34679	4355	13107	6900	12518	—
2014	8	79147	35869	1190	13107	6900	13780	—
2015	8	79147	37369	1500	13107	6900	15208	—

第三节 布局调整

小学布局结构调整

1986年，吉县有小学313所，教学班581个，其中复式班402个，占总数的71%。1991—1998年，境内撤并农村复式小学46所，农村小学减少到264所，其中，单人校106所，占40.15%。教学班624个，其中复式班376个，占62.26%。

进入21世纪，农民进城打工、经商的越来越多，农村偏远地区学生多数随父母外迁就读。加之计划生育政策的落实，出生人口下降，农村学校生源逐年减少。吉县结合实施中小学危房改造项目工程、寄宿制学校建设项目工程和撤乡并镇、移民并村、新农村建设，对境内中小学进行布局调整。

1999—2015年，共撤并小学243所，学校由1998年的277所，减少为34所。其中：1999年撤并19所，2000年撤并21所，2001年撤并31所，2002年撤并21所，2003年撤并23所，2004年撤并18所，2005年撤并19所，2006年撤并19所，2007年撤并50所，2008年撤并7所，2009年撤并7所，2011年撤并6所，2012年撤并1所。

2014年，吉昌镇霖雨小学，柏山寺乡大庄小学、西岭小学，车城乡东赵村小学，壶口镇陈家岭小学变更为教学点。

初中布局结构调整

1998年，明珠中学合并到桑峨中学，曹井中学合并到兰家河中学，境内初中由11所减少为9所。2001年9月，吉县一中停止招收初中学生；职业中学更名为吉县三中，扩大招生规模，由四轨扩为八轨。2002年8月，吉县一中初中部整体转移到吉县三中。窑渠中学合并到桑峨中学。2004年9月，吉县职业高中成立，校址设在兰家河中学，兰家河中学合并到吉县三中。2007年，东城中学、王家原中学、柏山寺中学改扩建为九年制寄宿学校。2009年9月，文城中学改扩建为九年制寄宿学校。到2015年，共有初中4所：吉县二中、吉县三中、桑峨中学、中垛中学；九年制学校4所：文城九年制学校、王家原九年制学校、东城九年制学校、柏山寺九年制学校。

民办公助学校

2001年，为解决城区学校班容量过大和校舍不足问题，城区相继成立新华、育英、锦屏3所民办公助小学，教师由教育局选派，校长由办学单位聘任，办学经费靠收学费支付。3所小学收费标准分别是500元、400元、300元。班容量实行小班化，每班不超40人。新华小学为二轨五年制小学，育英小学、锦屏小学均属单轨五年制小学。一年后，育英小学增加为二轨。2006年9月，3所小学停办。

2002年8月，兴吉中学成立，为四轨三年制初中，属民办公助学校。学生每学期收费500元，班容量控制在50人以内。2006年9月兴吉中学停办。

1986—2015年吉县小学教育发展情况表

表 26-2-3　　单位：个

年份	学校数	新生入学数	班级数	在校学生数	专任教师数	升入初中数
1986	313	—	581	13301	962	—
1987	312	—	572	12479	1004	—
1988	310	—	573	12409	1003	—
1989	310	—	583	12024	892	—
1990	310	—	576	12072	871	—
1991	310	1999	591	11704	730	1962
1992	309	1797	582	11376	743	1804
1993	304	2296	601	11858	741	2015
1994	303	2300	602	11794	749	23 76
1995	295	1845	605	11267	740	2321
1996	291	2761	612	12362	729	1828
1997	286	2634	623	12988	811	1889
1998	277	2598	624	13281	773	2285
1999	273	2299	619	13045	819	2520
2000	255	2209	610	12533	736	2721
2001	236	2232	595	12006	750	2793
2002	208	2132	544	11515	764	2624
2003	181	2996	558	12930	767	2586
2004	167	2284	545	12707	767	2222
2005	141	2155	515	12418	800	2192
2006	131	2017	481	12040	785	2207
2007	84	1803	396	11874	745	1963
2008	56	1728	368	11751	747	1807
2009	42	1476	327	11422	784	1804
2010	41	1610	324	10780	811	2243
2011	36	1432	375	7547	689	1432
2012	34	1400	328	7127	691	1401
2013	34	1026	269	6142	735	1029
2014	34	848	273	5916	692	958
2015	34	849	273	5846	710	852

1986—2015年吉县中学教育发展情况表

表26-2-4 单位：个

年份	学校数	新生入学数	班级数	在校学生数	专任教师数	毕业生数
1986	13	—	79	4604	—	—
1987	14	—	84	4449	—	—
1988	13	—	93	4524	—	—
1989	13	—	92	4100	—	—
1990	13	—	86	3953	245	—
1991	11	1025	65	2971	243	994
1992	11	1193	63	2968	247	820
1993	11	1216	66	2956	221	830
1994	11	1298	67	3271	243	740
1995	11	1414	70	3557	253	1064
1996	11	1556	76	4151	273	962
1997	11	1662	79	4586	275	1227
1998	9	2185	81	5316	273	1386
1999	9	2124	87	5920	280	1556
2000	9	2156	88	6385	286	1605
2001	9	2613	116	7427	358	2215
2002	10	2577	123	7770	377	2421
2003	10	2601	130	7803	409	2541
2004	10	2222	126	7284	419	2601
2005	10	2115	128	6881	411	2451
2006	8	2127	122	6315	400	2500
2007	8	1889	117	5972	388	2097
2008	8	1725	112	5663	501	1968
2009	8	1674	104	5238	513	2069
2010	8	1839	104	5213	533	1853
2011	8	1441	105	4083	441	1375
2012	8	1401	86	4014	446	1123
2013	8	1429	78	3474	457	1287
2014	8	964	75	3145	433	1200
2015	8	864	73	3187	416	1167

1999—2015年吉县小学布局调整情况表

表26-2-5

时间	所在乡镇	撤并学校	备注
1999	吉昌镇	岳家庄 下德村 尖角	—
	窑渠乡	赵尖 杨家河 窑渠 贾山	—
	曹井乡	乔家湾 凉水沟 车城 毛家庄 枣庄河 秋咀	—
	柏山寺乡	车庄 大户岭	—
	文城乡	下坪 雷家岭 田院 咀家坡	—
2000	吉昌镇	孙家沟	—
	明珠乡	沟里 湾里	—
	兰家河乡	吴尖 香炉畔 羊尖 刘家垣 苏村 苏村咀	—
	中垛乡	君堤岭 弋家岭 上柏房 秋白	—
	壶口镇	曹畔 房家庄	划拨回留村、存心
	文城乡	—	存心、留村划拨给壶口
	东城乡	北庄头 梁家河 下岭	—
	柏山寺乡	中岭 曹尖 官地岭	—
2001	吉昌镇	烟里 中咀 闫家庄 苏家坪 史尖 新坪 史家庄 于里 浪北 前德村	桥南小学增办锦屏小学、西关小学增办育英小学
	屯里镇	尚古塔 南北嘤 下原 小回宫	明珠、屯里、窑渠三乡合并为屯里镇
	车城乡	底院 凉真院	兰家河、曹井二乡合并为车城乡
	中垛乡	岳家湾 盘角 桑家岭 南圪塔 柳沟 坡夫 嘤南咀	红旗林场并入中垛乡
	柏山寺乡	冯家山	—
	文城乡	侯家 南湾 南村坡 仁义 碟里 上科 北村	王家原乡并入文城乡
2002	吉昌镇	马家河 白河	东关小学增办新华小学
	屯里镇	林场	—
	车城乡	苏村 上白古 桑村 行台 朱源头 下洛 天申院	—
	中垛乡	清川河	—
	柏山寺乡	苏庄头 嘤子 秋白 刘古庄岭 沟西岭 丁家圪坨 闫圪坨 上帖	—
	文城乡	古贤 吴尖	—
2003	吉昌镇	窑圪坨 咀头 新功 麦垣	—
	屯里镇	岔口	—
	中垛乡	进尖 宜秋 常家岭	—
	柏山寺乡	卓子岭 小木原 壕里 郭家山 曹家庄	—
	东城乡	拐窑 下太和 柿子河 东庄 池源 婆美 刘真 沟东	—
	壶口镇	冯家岭 槐树窑科	—
2004	吉昌镇	柏凡头 两满池 井圪塔 北光村 尚家垣	—

续表

时间	所在乡镇	撤并学校	备注
2004	屯里镇	城底	—
	车城乡	赵尖	—
	中垛乡	南牛堤 麻子渠 凉泉	—
	柏山寺乡	下柏木 山教岭 山头 东原头 北宜秋	—
	壶口镇	史家岭	—
	文城乡	北房村 王家原小学并入王家原中学	—
2005	吉昌镇	育英 锦屏 桐嘤 仪村 杜庄 宏渠 城北 石家庄	—
	屯里镇	圪鲁	—
	车城乡	蒜峪 红卫 瓦原	—
	中垛乡	张尖 马连滩	—
	吉昌镇	新华	—
	柏山寺乡	南洼 柏城 沟堡 柏山寺小学并入柏山寺中学	—
2006	吉昌镇	准子河 朔里	—
	车城乡	段家堡 鲁家河 高崖 窑科	—
	中垛乡	林场 北乐 十三湾 庙岭 白河 底帖 牛堤 张尖	—
	柏山寺乡	明雨 古家嘤 许家岭	—
	文城乡	午生 王家嘤	—
2007	吉昌镇	辛村 郭家岭 大田窝	—
	东城乡	雷家庄 上社堤 下社堤 柏东 东城 下太和 沟南 山头 赵村 高楼 西角头 真村 西村	并入东城九年一贯制学校
	车城乡	桃村 麦城 郭家垛 朱家堡	—
	中垛乡	杏渠 小道 嘤西 梁水源 南掌	—
	柏山寺乡	吴庄 嘤站 白子原 马泉头 荆门 白米 匣远 东梨源 驮嘤 河头 嘤角 石家庄 关庄 月庄 西掌 西石泉 站岭 柏木	分别并入南耀、东石泉和柏山寺九年一贯制学校
	壶口镇	南原 留村 存心	—
	文城乡	柏树 原头 曹村 同乐	—
2008	屯里镇	放马岭 桃园 林场	—
	柏山寺乡	沟东 黑秀 圪塔	—
	壶口镇	壶口	—
2009	文城乡	文城 关里 大圪塔 南村 房村 青村	并入文城九年制学校
	柏山寺乡	北儿岭	
2011	吉昌镇	山阳 上东村 兰古庄	并入祖师庙寄宿制学校
	中垛乡	永固	
	车城乡	兰家河	并入车城小学
	柏山寺乡	石泉	并入西头小学
2012	吉昌镇	小府	并入祖师庙寄宿制学校

2010年吉县寄宿制中小学校基本情况表

表26-2-6　　单位：人

学校名称	班级数（个）	学生总数	寄宿学生总数	教师数	合并学校
二中	30	1749	691	146	—
三中	30	1498	880	141	—
中垛中学	14	612	612	45	—
桑峨中学	7	261	203	36	—
柏山寺九年制学校	18	803	443	44	白子原 马泉头 荆门 白米 匣远 东梨源 耀角 石家庄 关庄 月庄 西掌 明雨 柏山寺
文城九年一贯制学校	16	552	455	55	文城 关里 大圪塔 南村 房村 青村
王家原九年一贯制学校	10	409	239	35	王家原 原头 曹村 午生 同乐
东城九年一贯制学校	18	281	465	56	雷家庄 上社堤 下社堤 柏东 下太和 东城 沟南 山头 赵村 高楼 西角头 真村 西村
南耀小学	6	345	90	15	黑秀 河头 驮嵝 圪塔
中市小学	6	127	66	13	留村 存心
陈家岭小学	6	77	32	9	南原 槐树窑科 冯家岭
车城小学	6	331	219	20	下乐 车城口 鲁家河 柏坡底 半沟 麦城 桑村 红卫
曹井小学	6	205	122	12	蒜峪 郭家垛 朱家堡 乔家湾
谢悉小学	6	111	20	15	郭家岭 辛村 仪村
山阳小学	2	26	10	7	宏渠 柏村
窑头小学	6	106	55	12	桐树岭 放马岭 尚古塔 南北嵝
回宫小学	6	111	52	15	小回宫 桃园 蔡家川
安乐小学	6	105	48	13	武庄 安乐 新庄 岔口
五龙宫小学	6	102	48	15	圪鲁 城底
三侯小学	6	271	109	18	牛堤 马连滩 南圪塔 北乐 麻子渠 凉泉 庙岭
南光小学	6	155	89	14	南掌 嵝西 宜秋 小道 凉水原
白额小学	6	134	40	12	张尖 进尖 潘角 桑家岭
合计	223	8871	4988	748	—

说明：2011年改扩建祖师庙寄宿制学校，合并山阳、上东村、兰古庄小学

第四节 教学设施设备

教学仪器、文体器材、图书资料配备

1986—2015 年，吉县中小学随着办学条件的逐步改善，教学仪器、文体器材、图书资料“三配套”标准不断提高。

1991 年，多渠道筹措资金，购置教学仪器 119 套、图书 1 万册，师生自制文体器材 2 万余件，捐献图书 3 万余册，有 195 所学校基本实现了“三配套”。

1996 年，县财政划拨 10 万元为吉县一中、吉县二中、东关小学配备教学仪器，为吉县一中、吉县二中购置音体美器材。

1997 年，吉县教育局利用世界银行贷款为全县中小学配备教学仪器、音体美器材 178 套。其中：初中 11 套（二类 4 套，三类 7 套）；小学 167 套（一类 1 套、二类 12 套、三类 78 套、简易类 76 套），价值 60 万元。图书 230 套，10 万余册，价值 54 万元。当年，有 291 所小学，147 所单人小学配备了满足教学需求的教学仪器和文体器材、图书资料等；其余 144 所学校，一类配套 1 所、二类配套 12 所、三类配套 131 所，配备率达 100%。境内 13 所中学，一类配套 1 所、二类配套 4 所、三类配套 8 所，配备率达 100%。小学生均图书 11 册，中学生均 15 册，实用性、可读性图书小学占 60%，中学占 62%。

2000 年，吉县各类学校根据山西省实验教学普及标准，共建实验室 27 个、仪器室 269 个、准备室 15 个，配套设施基本达到普及标准。2001 年，吉县通过山西省“普及实验教学”验收。

2009 年，吉县投资 49 万元，为 3 所初中和 15 所小学配备教学仪器；投资 65 万元，在 3 所初中和 15 所小学实施了班班通。吉县二中、吉县三中、东关小学、西关小学、桥南小学、祖师庙小学自筹资金 35 万元，装备了实验室。其他乡镇学校筹措资金添置仪器柜、实验桌椅等实验教学设施。

2010 年，投资 56 万元，通过公开招标采购，为吉县二中、吉县三中和东关小学等 15 所小学装备文体器材和附属设施。投资 10 万元，为 10 所农村小学装备科学实验桌椅和仪器柜。

2012 年，境内中小学配备“班班通”、图书、试验器材、音美器材、卫生器械和图书柜、仪器柜、文体器材柜。

2014 年，投资 220 万元，配置恒安小学教学仪器设备。

信息技术教育配备

吉县中小学信息技术教育经历了三个阶段。

第一阶段：1991—1996 年，电化教学初步发展。1992 年，多渠道筹资 1 万元在电教中心建起第一个卫星地面接收站，配备 2 台录放像机、2 台电视机。电教队配合教研室下乡播放教学录像，做课评课。1996 年，部分学校配备了 4 机 1 幕（电视机、录音机、放像机、幻灯机、银幕），东关小学班班配备幻灯机、录音机，教学中应用投影胶片和录音带。1996 年底，共有电教用电视机 46 台、录音机 98 台、放像机 6 台、幻灯机 84 台、银幕 84 面。

第二阶段：1997—2004 年，由电化教学逐步转向信息技术发展阶段，校园逐步建起计算机网络教室、多媒体教室、语音室。1997 年，吉县二中、东关小学分别自筹资金配备了计算机网络教室，3 个教室共投资 50 万余元，装配计算机 133 台。1998—2001 年，祖师庙小学、屯里小学、桑峨中学、明珠小学、县底小学、中垛小学、吉县三中、中垛中学、文城中学、兰家河中学、桥南

小学、西关小学、王家原中学、东城中学、柏山寺中学分别自筹资金配备了计算机网络教室，共投资 200 余万元，装配计算机 416 台。吉县二中、吉县三中配备了语音教室，吉县二中同时建起校园语音广播网，利用课余时间播放英语语音。2002 年底，吉县面向社会公开招聘计算机专职教师 17 名，信息技术成为各中学必修课。

2000—2004 年，下柏房小学、兰家河小学、白额小学、太度小学、南坪小学先后投资 60 余万元，分别配备了计算机网络教室。吉县二中、吉县三中、中垛中学投资 10 万余元配备了多媒体教室，中垛中学率先安装了卫星接收站。

2004 年底，吉县部分小学相继开设信息技术培训课，推动了教育方式的变革和素质教育的实施。

第三阶段：2005—2015 年，进入现代远程教育阶段。2005 年，吉县筹资 240 万元，发展农村中小学现代远程教育，新装备 8 个计算机网络教室，8 个多媒体教室，83 个卫星接收站，先后装备计算机 339 台、液晶投影仪 8 台、打印机 83 台、DVD83 台、电视机 166 台。境内所有中学及部分小学实现现代网络化教学，所有学校实现了网络下载资源，利用多媒体进行教学，60% 的教师能够利用网络资源和自制课件进行教学。同年 11 月，中学校长及 16 名专职信息技术教师参加了省、市组织的信息技术专项培训，75 所模式二项目校校长及 75 名信息技术骨干教师参加了市、县组织的信息技术专项培训。12 月，顺利通过山西省农村中小学远程教育专家组的工程验收。

2007 年，吉县筹资 11.64 万元，国家财政配套资金 23.28 万元，补配计算机 35 台，DVD60 台，电视机 60 台，远程教育进入后期应用培训阶段。吉县所有教师注册了《山西基础教育网》。2008 年，东城九年一贯制学校、桥南小学共 26 个班级实现班班多媒体，西关小学购置 10 台计算机建起电子备课室，教科局机关各股室配备计算机 19 套，实现了网络化办公。截至 2008 年 9 月，吉县共有计算机网络教室 27 个，计算机 1168 台，多媒体教室 13 个，中控台 13 个，液晶投影仪 13 个，实物投影仪 5 个，数据交换机 13 台，音响设备 13 套。

2009 年，吉县新增 90 台畅言智能语音教具系统。2012 年，吉县投资 170.4 万元，配备计算机及配套桌椅 410 套，一线教师配备计算机 635 台。投资 122 万元，高中、初中、九年制学校接入 50 兆 /100 兆光纤网络专线。投资 246 万元，城区学校安装了录播系统 8 套。投资 153 万元，全县师生开通网络学习空间 13198 个。2013 年，投资 851 万元，安装城区 8 所学校的录播室，更新初中学校的计算机教室电脑设备，购置初中教师电子备课笔记本电脑。2014 年，投资 632 万元，更新小学阶段 34 所学校的计算机教室电脑设备，购置小学教师电子备课笔记本电脑，实现了教育技术“三通两平台”建设任务。

1993年—2015年吉县中小学信息教育设施设备情况表

表26-2-7

项目 年份	多功能室（个）	微机室		语音室	卫星接收室（个）	其他（台）
		个数（个）	电脑台数（台）			
1993	—	—	—	—	—	幻灯机5
1994	—	—	—	—	—	—
1996	—	—	—	—	—	幻灯机30录音机20
1997	—	3	133	—	—	—
1998	—	1	27	—	—	—
1999	—	3	89	—	—	—
2000	—	2	31	—	—	—
2001	—	6	206	60座1个	—	—
2002	—	4	100	60座2个	—	—
2003	1	4	134	—	—	—
2004	3	3	48	—	1	—
2005	8	8	339	—	83	电视机166
2006		—	—	—	—	—
2007	3	1	32	—	—	电视机60
2008	—	16	16	—	—	—
2009	—	—	—	—	—	畅言智能语音教具90
2013	—	10	410	—	—	教师用计算机631
2014	8	34	832	—	—	教师用计算机773
2015	9	—	—	—	—	—

1991—2015年吉县小学教学设备情况表

表 26-2-8　　单位：平方米、册、台、万元

年度	图书阅读室建设			实验室建设					多功能室（语音）	微机室		运动场	固定资产总值	
	面积	图书	电子图书	面积	理	化	生	科学	面积	面积	电脑台数	面积	总计	仪器设备
1991	40	32905	—	—	—	—	—	—	—	—	—	—	—	—
1992	40	37484	—	—	—	—	—	—	—	—	—	—	—	—
1993	40	39394	—	—	—	—	—	—	—	—	—	—	—	—
1994	172	47511	—	—	—	—	—	—	—	—	—	—	—	—
1995	172	49011	—	—	—	—	—	—	—	—	—	—	—	—
1996	342	133170	—	—	—	—	—	—	—	—	—	—	—	—
1997	1517	114026	—	30	—	—	—	—	—	—	—	—	—	—
1998	1584	142574	—	769	—	—	—	—	—	—	—	—	—	—
1999	1926	160997	—	873	—	—	—	—	—	—	—	—	—	—
2000	1926	164097	—	873	—	—	—	—	—	—	—	—	—	—
2001	2541	156276	1281	851	—	—	—	—	—	428	310	123884	2230	177
2002	2540	170083	647	939	—	—	—	—	—	590	648	104371	2090.45	239.08
2003	2416	159125	790	1353	—	—	—	—	—	551	163	97329	2264.13	193.49
2004	2760	166140	796	930	—	—	—	—	—	551	199	113651	2788.04	175.9
2005	2759	196542	789	1084	—	—	—	—	48	609	262	120796	2211.16	148.89
2006	2714	156518	2047	967	—	—	—	—	18	877	309	107389	2365.18	144.41
2007	2112	135108	1361	953	—	—	—	—	48	893	307	75289	2610.15	134.18
2008	1823	122178	1282	818	—	—	—	—	96	954	302	62493	2413.14	114.4
2009	1304	116078	70	589	—	—	—	—	763	1626	321	59992	2328.65	163.69
2010	1342	85673	70	708	—	—	—	—	708	1745	261	58032	2329.35	169.85
2011	945	58333		1078	—	—	—	30	—	—	—	50024	1541	225
2012	1266	84839		1379	—	—	—	37	—	—	—	49928	1851	197
2013	1266	102519		1409	—	—	—	37	—	—	—	49728	2183	234
2014	1359	125519		1745	—	—	—	41	—	882	707	51073	—	—
2015	1682	125519		1745	—	—	—	41	—	882	707	51073	—	—

第五节 课程（教材）、学制

课程（教材）

1993 年秋开始，吉县实施九年义务教育全日制小学、初级中学课程计划。课程设置包括学科课、活动课两部分。学科课小学阶段开设思想品德、语文、数学、社会、自然、体育、音乐、美术、劳动 9 科。初中阶段开设思想政治、语文、数学、外语、历史、地理、化学、生物、体育、音乐、美术、劳动技术 13 科；活动课包括：晨会、班团队活动、体育锻炼、科技文体活动。

学科课小学每周低年级 25 课时、高年级 28 课时，初中每周 30 课时；活动课小学每周每个年级 4 节（班团队活动 1 节，体育锻炼和科技活动 3 节，晨会每天 10 分钟），初中活动课每周每个年级 4 节。小学和初中每周均按 5 天半安排课程，每节课小学 40 分钟，初中 45 分钟；课间活动中小学均为 10 分钟。小学、初中每天安排 20 分钟广播操（包括眼保健操），家庭作业小学一年级不留、二三年级 30 分钟、四五年级不超 1 小时，初中不超 1.5 小时。

1994 年秋，国务院颁布新工时制，根据山西省教育委员会（下称山西省教委）《调整全日制小学、初级中学课程（教学）计划的意见》，按照每周 5 天工作日的要求调整课程。小学与初中各年级学科教学每周最高课时数为 26 和 29 课时，周活动总量分别在 30 和 33 课时。

1998 年，山西省教委印发关于实施《山西省义务教育部分学科教学内容和教学要求调整意见》的通知，以不改变课程结构、课时、教材体系为前提，按照有利于实施素质教育，促进学生全面发展的原则，提出采取降低要求、缩小考试范围、删减、选学等方式，对义务教育小学语文、数学和初中语文、数学、英语、物理、化学等学科的教学内容和教学要求进行调整。

2001 年秋季起，吉县从城区小学开始，逐步增加英语课程。从三年级起，语文减少一课时用于英语教学，英语教学活动时间由地方课时解决。

2004 年 8 月，吉县印发《基础教育课程改革实施方案》，境内小学、初中所有起始年级全部进入新课程。按教育部颁发的新的《义务教育课程设置实验方案》，安排教育教学活动，试用新课程标准和新教材。

新教材整体设置九年一贯制的义务教育课程。小学阶段以综合课程为主。低年级开设品德与生活、语文、数学、体育、音乐、美术等课程；中高年级开设品德与社会、语文、数学、科学、外语、体育、音乐、美术综合实践活动等课程。

初中阶段设置分科与综合相结合的课程，主要包括思想政治、语文、数学、外语、物理、化学、生物、历史、地理、体育与健康、音乐、美术以及综合实践活动等课程。学校积极创造条件开设选修课程。在义务教育阶段的语文、艺术、美术课中加强写字教学。1986—2015 年，吉县中小学各科全部使用人民教育出版社出版的教育部审编的教科书。

学制

1986—2002 年，小学学制为五年，初中三年。从 2003 年起，小学学制由五年制过渡到六年制，初中学制仍为三年。

第六节 部分学校简介

吉县二中

吉县二中位于吉县县城中心，始建于1977年，是一所省级示范初中，学校占地面积30135平方米，建筑面积17156平方米。2015年底，有教学楼2幢，图书实验楼1幢、办公楼1幢、学生公寓楼1幢、餐厅楼1幢；有塑胶操场1个、理化生实验室5个、录播教室1个，有体育器材室、音乐室、舞蹈室、美术室、图书室、心理咨询室等专用室。

2015年，学校为10轨30个教学班，有教职工146人、在校学生1375人。

吉县三中

吉县三中地处吉县县城西郊结子沟口，前身是吉县霖雨八年制学校，1991年正式挂牌“吉县职业中学”，2001年更名为吉县第三中学。学校占地面积12479平方米，建筑面积9493平方米。有教学楼、教师办公楼、学生公寓楼、学生餐厅，有多媒体计算机教室、音乐美术活动室、录播教室、图书阅览室及完备的理化生实验室。教室内配备了现代化教学设施——多媒体设备，教师办公室均已联网。

2015年，学校有教学班20个、学生733人，有教职工129人，其中专任教师118人。

桑峨中学

桑峨中学地处屯里镇桑峨村，始建于1958年。1998年，明珠中学并入桑峨中学。2002年，窑渠中学并入桑峨中学。学校占地面积207900平方米，建筑面积5264平方米。学校建有教学楼、实验楼、宿舍楼、餐厅、教师周转房。有多媒体教室、微机室，理化生器材室、实验室，音乐、美术器材活动室，图书阅览室等各种专用室和塑胶操场。

2015年，学校有教学班7个，学生304人全部为寄宿生，教职工45人，其中专任教师37人。

中垛中学

中垛中学始建于1969年，其前身为南榼柯中学。1999年迁址中垛乡中垛村，更名为中垛中学。学校占地面积16092.2平方米，建筑面积7852平方米，运动场面积4480平方米。学校建有4层教学楼1幢，有师生公寓楼、食堂餐厅、教师周转房，设有理化生器材室、实验室，图书室、多媒体教室、微机室等专用室。

2015年，学校有教学班6个，学生177人，教职工41人，其中专任教师40人。

文城九年一贯制寄宿学校

文城九年一贯制寄宿学校前身为文城中学，始建于1966年，初称南村坡中学。1970年迁址文城，改称文城中学。2009年，与文城联合学校合并，更名为文城九年一贯制寄宿学校。学校占地面积11161.9平方米，建筑面积6478平方米，运动场地3600平方米。学校建有教学楼、图书实验楼、学生宿舍楼、食堂餐厅、教师周转房，有理化生器材室、实验室，科学器材室、实验室，音美器材室、活动室、舞蹈室，图书阅览室、计算机室、录播教室、卫生保健室等各种专用室。信息技术网络班班通，校园无线网全覆盖。

2015年，学校有教学班9个，学生224人，其中初中88人、小学136人，教职工39人、其中专任教师36人。附设幼儿园，在园幼儿72人。

东城九年一贯制寄宿学校

东城九年一贯制寄宿学校前身为东城中学，始建于1969年。2007年，原东城联合学校13

所小学并入东城中学，更名为东城九年一贯制寄宿学校。学校占地面积 11159 平方米，建筑面积 4711 平方米。有标准化 3 层教学楼 1 幢、2 层学生宿舍楼 1 幢、2 层教师办公楼 1 幢、教师周转房 16 间、学生食堂餐厅 1 个。学校配有电脑室、多媒体室、图书室、仪器室、实验室、音乐室、舞蹈室、书画室、录播室等专用室，有塑胶操场。

2015 年，学校有教学班 9 个，在校学生 159 人，其中，中学 69 人，小学 90 人；教职工 47 人，专任教师 33 人。

柏山寺九年一贯制寄宿学校

柏山寺九年一贯制寄宿学校前身为柏山寺中学，始建于 1969 年。2007 年，柏山寺联校 13 所小学并入柏山寺中学，更名为柏山寺九年一贯制寄宿学校。

2015 年，学校有教学班 9 个，学生 168 人，教职工 37 人。

王家原九年一贯制寄宿学校

王家原九年一贯制寄宿学校前身为王家原中学。2007 年，王家原地区 5 所小学并入王家原中学，更名为王家原九年一贯制寄宿学校。学校占地面积 13900 平方米，建筑面积 4472 平方米。

2015 年，学校有教学班 9 个，学生 151 人，教职工 37 人。

东关示范小学

东关示范小学前身为吉县东关小学，始建于 1948 年。1982 年被定为示范小学，1990 年 10 月通过“省级示范小学”验收。学校占地面积 7990 平方米，建筑面积 4850 平方米，为六轨六年制小学。2015 年，有教学班 36 个，教职工 109 人，学生 1800 人。

西关中心小学

西关中心小学始建于 1948 年。学校占地面积 5150 平方米，建筑面积 3685 平方米，为三轨六年制小学。2015 年，学校有教学班 18 个，学生 840 人，教职工 64 人，其中专任教师 52 人。学校附设幼儿园，有幼儿班 4 个，在园幼儿 248 人。

桥南中心小学

桥南中心小学始建于 1965 年，占地面积 4445 平方米，建筑面积 2007 平方米，为双轨六年制小学。2015 年，学校有教学班 12 个，学生 498 人，教职工 61 人，专任教师 47 人。学校附设幼儿园，幼儿班 3 个，在园幼儿 80 人。

祖师庙中心小学

祖师庙中心小学始建于 1953 年。学校占地面积 10072 平方米，建筑面积平方米，为双轨六年制寄宿小学。2015 年，学校有教学班 12 个，学生 550 人，其中寄宿生 72 人，教职工 60 人，其中专任教师 51 人。学校附设幼儿园，有幼儿班 3 个，在园幼儿 96 人。

屯里中心小学

屯里中心小学始建于 1953 年，1993 年迁入新校址，为六年制单轨小学。校园占地面积 6334 平方米，建筑面积 4950 平方米。2015 年，有教学班 6 个，学生 95 人，教师 12 人。

三堠中心小学

三堠中心小学是一所六年制单轨寄宿学校，始建于 2005 年，占地面积 6667 平方米，建筑面积 2655 平方米，运动场地 1654 平方米。2015 年，有教学班 6 个、学生 112 人，有教职工 20 人、其中专任教师 15 人。

第三章　普通高中教育

第一节　学制 规模

学制

1986—2015 年，吉县普通高中教育由吉县一中一所学校承担。实行国家规定的三年教育学制。

规模

1986—1999 年，吉县高中主要招收吉县中考被重点中学及中等专业学校录取以后的学生，高中生源处于低谷阶段，实行四轨制教学。2000 年以后，中师、中专及大专毕业生国家不包分配，多数学生选择升入高中就读。这一时期，农村进城就读的学生增多，高中生源数量增加。2001 年秋，吉县一中初中部并入吉县三中，高中实行八轨制教学。2013 年开始由八轨扩为十轨，高一年级招收 10 个教学班。

师资

1991 年，吉县共有高中教师 35 人，其中本科学历 4 人，专科学历 25 人，专科以下学历 6 人。2000 年后，大学本科学历的教师逐步进入教学骨干行列，担任起主课程的教学。到 2008 年，高中教师基本达到年轻化、本科化。2011 年，面向社会通过考试招聘高中教师 11 人。2015 年，普通高中共有教师 144 人，其中研究生 1 人，本科 134 人，本科以下 9 人。

1991—2015 年吉县高中学生情况表

表 26-3-1　　单位：个、人

年度	当年招生毕业情况		班级数				学生数			
	招生数	毕业数	总数	一年级	二年级	三年级	合计	一年级	二年级	三年级
1991	165	96	8	3	3	2	425	165	131	129
1992	220	129	10	4	3	3	483	220	127	136
1993	100	136	8	2	3	3	410	100	155	155
1994	73	155	7	2	2	3	333	73	68	192
1995	123	192	6	2	1	3	308	124	57	127
1996	113	127	6	2	2	2	301	113	89	99
1997	213	99	8	4	2	2	397	213	87	97
1998	280	97	10	4	4	2	484	280	135	69
1999	230	131	10	4	4	2	583	230	216	137
2000	314	137	13	5	4	4	750	314	206	230
2001	309	230	17	8	5	4	827	309	267	251
2002	383	251	20	8	6	6	1047	383	302	362
2003	533	362	26	8	8	10	1218	533	370	315
2004	457	421	24	8	8	8	1352	457	394	501
2005	390	501	26	8	8	10	1292	390	442	460
2006	530	404	26	8	8	10	1476	530	400	546
2007	448	546	28	9	8	11	1363	448	502	413
2008	385	401	27	8	8	11	1430	385	480	565
2009	400	413	27	8	8	11	1400	400	485	515
2010	420	395	27	8	8	11	1431	396	489	546
2011	425	357	24	8	8	8	1155	425	373	357
2012	438	392	24	8	8	8	1194	438	364	392
2013	400	378	24	8	8	8	1193	400	438	355
2014	500	359	26	10	8	8	1347	500	420	427
2015	563	402	30	12	10	8	1459	563	494	402

1991—2015 年吉县高中教师情况表

表 26-3-2　　单位：人

科目 年度	专任教师数	教师学历状况				教师职称状况			
		本科	专科	中师	其他	高级	中级	初级	未评
1991	35	4	25	1	5	—	7	18	10
1992	41	3	31	2	5	—	10	30	1
1993	45	6	35	1	3	—	11	32	2
1994	35	4	29	1	1	—	9	23	3
1995	33	8	23	1	1	—	11	18	4
1996	32	11	20	1	—	—	9	15	8
1997	24	13	11	—	—	—	11	13	
1998	40	15	25	—	—	—	11	25	4
1999	46	20	26	—	—	2	12	25	7
2000	50	24	26	—	—	5	11	33	1
2001	57	26	30	1	—	4	13	29	11
2002	75	37	37	1	—	3	16	48	8
2003	90	37	53	—	—	5	21	45	19
2004	92	48	44	—	—	6	33	52	1
2005	92	52	40	—	—	6	33	50	3
2006	90	62	28	—	—	7	35	45	3
2007	94	74	20	—	—	6	39	43	6
2008	97	91	6	—	—	9	41	42	5
2009	96	93	3	—	—	9	37	50	0
2010	89	89	1	—	—	10	35	40	4
2011	235	214	8	3	10	16	60	159	0
2012	259	238	8	3	10	19	58	182	0
2013	259	238	8	3	10	26	52	181	0
2014	142	133	8	1	—	27	49	66	0
2015	144	134	7	2	1	29	49	66	0

第二节 课程 教学

课程

1991—2000 年，按照国家教育委员会（下称国家教委）规定的课程计划，高一年级每周开设政治 2 节、语文 4 节、数学 4 节、英语 3 节、物理 2 节、化学 2 节、生物 1 节、地理 2 节、历史 2 节、体育 1 节、音乐 1 节，2000 年以后增设信息课 2 节。高二、高三实行文、理分科教学。

1997 年，执行国家教委《普通高中新课程方案》，增设活动课版块。实行周课时活动总量 33 节，每周物理 2 节，体育 2 节，音乐和美术隔周 1 节，劳动技术课分散安排，每周 1 节。任选课根据吉县实际情况每周开设 5 科：周一开设语文、数学，选课人数语文 44 人、数学 37 人；周四开设化学、家电维修，选课人数化学 70 人、家电维修 129 人；周五开设英语，选课人数 80 人。

学生根据自己的兴趣和特长，自愿报名选择任选课和活动课。任选课和活动课均打破班级界限，重新编班进行教学活动。

2008 年，教育部出台《普通高中课程方案》（实验）和《普通高中各学科课程标准》（实验），配套了相适应的教材。

2008—2015 年吉县普通高中课程方案情况表

表 26-3-3

<table>
<tr><th>学习领域</th><th>科目</th><th>必修学分
（共计 116 学分）</th><th>选修学习 1</th><th>选修学习 2</th></tr>
<tr><td rowspan="2">语言与文学</td><td>语文</td><td>10</td><td rowspan="17">根据社会对人才多样化的需求，适应学生不同潜能和发展的需要，在共同必修的基础上，各科课程标准分类别、分层次设置若干选修模块，供学生选择</td><td rowspan="17">学校根据当地社会、经济、科技、文化发展的需要和学生的兴趣，开设若干选修模块，供学生选择</td></tr>
<tr><td>外语</td><td>10</td></tr>
<tr><td>数学</td><td>数学</td><td>10</td></tr>
<tr><td rowspan="3">人文与社会</td><td>思想政治</td><td>8</td></tr>
<tr><td>历史</td><td>6</td></tr>
<tr><td>地理</td><td>6</td></tr>
<tr><td rowspan="3">科学</td><td>物理</td><td>6</td></tr>
<tr><td>化学</td><td>6</td></tr>
<tr><td>生物</td><td>6</td></tr>
<tr><td>技术</td><td>技术（含信息技术和通用技术）</td><td>8</td></tr>
<tr><td>艺术</td><td>艺术或音乐、美术</td><td>6</td></tr>
<tr><td>体育与健康</td><td>体育与健康</td><td>11</td></tr>
<tr><td rowspan="3">综合实践活动</td><td>研究性学习活动</td><td>15</td></tr>
<tr><td>社区服务</td><td>2</td></tr>
<tr><td>社会实践</td><td>6</td></tr>
</table>

2008年秋，高一开始实行高中新课程教学，高三仍按原课程计划教学。新课程教学中，学生上课打破了原来的班级制，实行“走班制”。平时上课，学生根据所选择课程组成1个班，但是在管理上，学生还是有固定的班级。高一新课程由学习领域、科目、模块三个层次构成。共设置语言与文学、数学、人文与社会、科学、技术、艺术、体育与健康和综合实践活动8个学习领域。每一个学习领域都由课程价值相近的若干科目组成，共包括12至13个科目：语文、数学、英语、思想政治、历史、地理、生物、物理、化学、艺术或音乐、美术、体育与健康、技术（含信息技术和通用技术）、研究性学习，其中技术与艺术是新增设的科目，艺术与音乐、美术并行设置，供学校选择。每一个科目都有若干模块组成，每一模块都有明确的教育目标，并对教师的教学行为和学生学习方式提出要求和建议。

学制仍为3年，每学年52周，其中教学时间40周，社会实践1周。每周按5天安排教学，周学时为35学时，每单元学时为45分钟。课程设置由必修和选修两部分构成。学生只要修习课程的学分达到规定的144个就可以毕业。学分设置情况为学生学习一个模块并通过考核，可获得2学分。研究性学习活动是必修课程，3年共计15学分。学生每年还必须参加一周的社会实践，可获得2学分。3年中必须参加不少于10个工作日的社区服务，获得2学分。新课程从高一年级开始逐步增加选修课程，并允许学生跨年级选修。

教学研究

从90年代起，在专家的指导下，吉县一中引进美国现代教育家布鲁姆的“目标教学”体系，对教师的教学行为和学生的学习方式提出要求，建立不同学科的教学研究制度，鼓励教师开展教学研究，教师间相互探讨教育方法和教学技艺，在报纸、杂志发表教育教学实践论文。如《校园文化可提高教师思想素质》《如何记忆政治基础知识》《语文目标教学课堂操作技艺探究》在《山西教育报》发表，《“草木篇”赏析》在《语文世界》发表，《化学课这样体现学生的主体地位》在《教育研究与实践》发表等。促进教育教学研究与改革，提升教育教学质量。

高考成绩

1986—2015年，吉县一中随着管理水平、师资水平的提升和教育教学改革的深入，高考成绩逐年提高。1995年，参加高考226人，达大专录取分数线24人，达线率10.61%，在临汾地区10个山区县排名第四，录取64人，录取率28.31%，在山区县排名第四。1996年，参加高考165人，达线14人，达线率8.42%，居山区县第二位，录取57人，录取率34.55%，居山区县第一位。1999年，考生张保全以646分的高分被中国人民大学录取。2003年，参加高考396人，达线17人，达线率5.08%，居山区县第三位，获临汾市人民政府“高考成绩进步学校”奖，临汾市教育局“高考成绩优秀”奖。2007年，参加高考683人，达线44人，达线率6.44%，获临汾市教育局“2007年高中教学质量优秀单位”奖，应届毕业生核定人数400人参加高考，达线25人，达线率6.25%，在山区县排名第一。

1995年后，吉县高中教育的艺术、体育教学在高考中占优势地位，高考达线率和录取率较高。2005年高考达线23人，其中艺术类达线14人。2008年，达线43人，其中艺术类达线14人，体育达线6人，录取体艺类26人。2009年，录取体艺类考生21人。

2011年，高考达二本录取线以上98人，其中一本院校录取3人，二本院校录取82人，提前艺术本科录取13人。2012年，高考二本以上院校录取85人，其中一本院校录取3人，二本院校录取72人，提前艺术本科录取10人。2013年，高考二本以上院校录取132人，其中一本院校录取6人，二本院校录取106人，提前艺术本科录取20人。2014年，高考二本以上院校录取

118人，其中一本院校录取4人，二本院校录取97人，提前艺术本科录取17人。

2015年，高考达二本B类院校分数线以上101人，其中文史、理工44人，艺术文理科51人，体育文理科6人。

1991—2015年吉县普通高考情况统计表

表26-3-5 单位：人

年度	报名人数	录取人数	年度	报名人数	录取人数
1991	250	40	2003	396	196
1992	225	45	2004	531	280
1993	226	43	2005	660	267
1994	186	13	2006	539	204
1995	226	64	2007	683	314
1996	165	57	2008	704	304
1997	136	43	2009	832	318
1998	132	38	2010	665	382
1999	123	29	2011	704	349
2000	154	61	2012	553	271
2001	242	81	2013	623	401
2002	284	119	2014	508	386
—	—	—	2015	559	392
合计				10306	4697

说明：1990年以前，吉县共为各类大专院校输送328名学生。从2000年起，大、中专毕业生不统一分配工作，故大专录取数量放开，三本及专科生录取数量较大

第三节　社会助学

本科学生奖励

2000—2010 年，吉县每年给被重点本科院校录取学生奖励 3000 元，给普通本科院校录取学生奖励 1000 元。

2011 年起，被重点本科院校录取学生奖提升至 4000 元，被普通本科院校录取学生奖提高到 2000 元。当年拨款 22.2 万元，奖励学生 106 名，其中：清华大学录取学生王碧钗奖励 6000 元。2012 年，拨款 23.2 万元，奖励学生 83 名；2013 年，拨款 35.2 万元，奖励学生 145 名；2014 年终止。

高中贫困学生资助

2011 年起，国家划拨专项资金资助普通高中贫困学生，当年拨款 35.7 万元。2012 年，拨款 35.7 万元；2013 年，拨款 35.7 万元；2014 年，拨款 35.55 万元；2015 年，拨款 53.2 万元。

贫困大学生救助

2011—2013 年，吉县成立救助贫困大学生委员会，对当年考上二本 B 类以上院校的吉县籍贫困大学生给以救助。2011 年，救助 182 名学生，发放救助金 33.2 万元；2012 年，救助 284 名学生，发放救助金 37.6 万元；2013 年，救助 265 名学生，发放救助金 16.2 万元。

社会救助

2006 年，吉县精神文明指导委员会办公室（下称文明办）为吉县一中高考录取贫困大学生公小风申请西部开发助学金，包括 4 年学费及每年 5000 元的生活费。2006 年，吉县沙坪煤矿董事长杨小雪为吉县一中 10 名被大专院校录取的学生，每人资助 1 年学费。2007 年，北京“六合兴”济困助学中心和临汾市人民政府在吉县一中开展捐资助学活动，资助家庭贫困、品学兼优的学生 300 名，每届资助 100 名学生，每人每年资助 2000 元，三届共计 180 万元；中央福利彩票教育助学金资助吉县一中贫困学生 44 名，每生 1000 元，共 4.4 万元；县文明办为吉县一中高考录取贫困大学生张玉帅申请西部开发助学金，每年 5000 元。2008 年，中央福利彩票教育助学金资助吉县一中贫困学生 49 名，每生 1000 元，共 4.9 万元；2009 年，资助 112 名，每生 1000 元，共 11.2 万元。2009 年，中央福利彩票教育助学金资助吉县一中贫困学生；县文明办组织市级文明单位为吉县一中 31 名学生发放高考助学金，共计 4.5 万元。2012 年，临汾经济开发区企业联合会 12 名企业家捐资 5.4 万元，资助吉县一中贫困大学生 18 名。

第四节　办学经费

收取学杂费

1986—2010 年，国家保障教师工资，经费开支主要靠收取学杂费。1991 年起，县财政每月拨给 1000 元水电费，加上学杂费年收入 17 万余元。生均教育事业费由 1991 年的 258.72 元逐年上升到 1999 年的生均 864.05 元。

2000 年后，随着国家规定的高中生学费标准的提高以及可招收收费生制度的出台，吉县一中年收取学杂费从 47.8316 万元上升到 2009 年的 194.375 万元，生均教育事业费从 2000 年的 1494.85 元上升到 2009 年的 4063.97 元，逐步达到高中教育经费标准化。

免费全覆盖

2011年9月新学年开学，县财政划拨专项资金，免除吉县一中高一学生学费。2012年9月新学年开学，吉县财政划拨专项资金，免除吉县一中高一到高三全部学生学费。2013年起，吉县财政划拨专项资金，免除吉县一中学生3年的学费、住宿费、教材费，实现了高中教育免费全覆盖。

第五节 吉县一中简介

吉县一中位于吉县西关苍圪塔，始建于1956年9月。1965年9月增设高中班1个，发展为完全中学，占地面积47775平方米。

1985年前，学校全部是瓦房。1985年，国家拨款57万元，修建3层教学楼1幢，建筑面积2880平方米。1992年，省教委扶贫工作队在吉县开展扶贫工作，投入扶贫资金40万元，为吉县一中修建图书实验楼1幢，建筑面积1700平方米。1996年，吉县县委、县政府筹资完成图书实验楼的中、后期建设工程。2000年，县政府筹资120余万元，修建1840平方米的图书实验楼，融图书实验、多媒体教室及教师办公室为一体，进一步改善教学环境和条件。当年，学校筹资10万元新建厕所和操场围墙，将原实验楼改造成学生宿舍楼。2002年，将初中并入吉县三中，一中成为十轨制高中；有专任教师90余人，在校生1040余人。通过对教师调整整顿，大批本科毕业生进入学校，招生生源也相应提高。2003年，临汾市教育局将吉县一中定为"实施三百工程标准化建设示范学校"；学校固定资产350余万元，生均教育事业费2300余元。2004年，投资46.5万元修建、扩建教学楼，筹资5万元，用于奖励高考学生及相关教师，并增加图书1.2万余册；新建多功能会议室、高标准语音教室、教工乒乓球室和多媒体会议室。2005年，加拿大籍爱国人士赵磐文（祖籍吉县）捐资16.5万元为高中修建"九思教学楼"1幢，建筑面积1300平方米。2008年，吉县沙坪煤矿董事长杨小雪投资300万元修建小雪教学楼1幢5层，2100平方米；学校固定资产达1364万元，生均教育事业费3246元；同时学校拆除原所有的旧建筑物，总投资80余万元，建立以"学思苑"为核心的绿化美化工程，建起自行车棚、文化长廊等项工程。2008年，投资60余万元，安装24个多媒体教室和1个教师电子备课室。2009年，投资400万元，拆除原学生宿舍楼，修建4076平方米的学生宿舍楼1幢。2010年，国家实行校舍危房改造工程，拆除原学校主教学楼，在原址投资674万元，修建4036平方米新教学楼。2012年，修建教师周转房1幢，建筑面积845平方米；投资21万元，安装视频监控全省联网巡查系统。2013年，投资280万元，新建吉县一中体育场8700平方米，投资300万元，购置普通高中理化生、音体美及多媒体教学仪器设备。

第四章　职业教育

第一节　职业高中教育

职业高中班

1991 年，城关初中更名为吉县职业中学，增设职业高中班 1 个，招收 25 名学生。开设林业、烤烟两个专业，学制 2 年，配备教师 5 名。1993 年，招收服装裁剪班和果树管理班各 1 个，服装裁剪班学生 66 名，聘请专业教师 3 人，学制 2 年；果树管理班学生 45 名，聘请专业教师 3 名，学制 2 年。1994 年，招收医士班 1 个，学生 60 名，聘请吉县人民医院 5 名医生担任兼职教师，学制 2 年。1995—1996 年，学校先后招收 2 个幼师班和 1 个会计电算短期培训班。两个幼师班共有学生 115 名，实行全日制教学，所招学员均是初、高中毕业未经过幼师专业培训的幼儿教师。会计电算班有学生 56 名，均是县直各单位在职会计，学期 15 天。1997—2000 年，由于教师与生源等方面原因，学校未再招收专业技术班。2001 年，职业中学更名为吉县三中，吉县一中初中部合并到吉县三中。

职业高级中学

校园建设　2004 年秋，原兰家河初级中学改建为吉县职业高级中学。2005 年，扩建教学楼。2006 年，修建学生公寓楼 1 幢 3000 平方米。2007 年，校园面积扩至 127 亩。新建师生食堂、餐厅，修建 1 幢 2000 平方米的教学大楼。2004—2009 年，学校建筑面积扩大到 8400 平方米。2010 年新建校舍 2.8 万平方米，硬化学校道路 1200 平方米，新建排水沟 400 米，学校固定资产总值达 5677 万元。当年投资 7000 万元在职业高中基础上筹建吉州职业技术学院，扩建校舍。2011 年，吉县职业中学搬入新校区，其建筑面积 6.2 万平方米，主要建筑包括教学楼 1 幢，办公楼 1 幢，实验实训楼 1 幢，图书楼 1 幢，科技楼 1 幢，学生宿舍楼 2 幢，师生生活服务楼 1 幢，教工宿舍楼 1 幢和师生餐厅灶房、多功能会议厅、实训车间。学校藏书 4.5 万余册，阅览室有 150 个座位。计算机 200 台，多媒体教室 24 个，理化生仪器和实验室一类配备，音体美器材齐全，设有园林园艺、旅游、机电一体化、电子电工、焊接、钳工实验设备和实训室。

学科设置　2004 年，开设高中阶段的文化基础课和计算机专业课，学制 3 年。2005 年，增设学习计算机和旅游专业。2006 年，设计算机、旅游、体育、美术 4 个专业。

教学规模　2004 年，有专任教师 7 人，当年招生 2 个班，学生 86 人。2005 年，招生 2 个班、学生 110 人，专任教师 14 人，在校生 196 人。2006 年，招生 4 个班、学生 221 人，专任教师 21 人，在校生 417 人。2007 年，招生 6 个班、学生 317 人，在校生达到 625 人，毕业生 86 人，送对口学院深造 55 人，普通高考、对口高考达二本录取分数线 1 人，专科线 23 人，学生就业 58 人。2008 年，招生 8 个班、学生 409 人，其中招收高中毕业生 53 人。毕业学生 110 人，高考达二本录取分数线 6 人，对口高考达本科录取线 42 人。2009 年，招生 8 个班、学生 385 人。毕业学生 254 人，对口考试升学 84 人，普通高考升学 12 人，在北京就业 127 人。2010 年，共有 16 个教学班，在校生 810 人，专任教师 56 人。2011 年，学校教职工 139 人，其中专任教师 114 人，在

校生1118人。当年，对口升学考试录取到二本以上院校14人，专科院校134人。2012年，有教职工161人，其中专任教师124人，在校学生1015人。当年，对口升学考试录取到二本以上院校24人，专科院校192人。2013年，学校教职工112人，其中专任教师87人；在校学生796人。当年，高考报名289人，参加普通高考达二本线以上1人，参加对口升学考试达本科线16人。2014年，学校教职工112人，其中专任教师87人；在校学生846人。当年高考报名295人，参加普通高考达二本线以上1人，参加对口升学考试达本科线37人。2015年，学校教职工139人，其中专任教师114人；在校学生1118人。当年，高考报名196人，参加普通高考达二本线以上1人，参加对口升学考试达本科线69人。

合作办学　2007年，与北京、天津、河北廊坊、青岛等7所大专院校签订联合办学协议。2008年，招收的53名高中毕业生送西安科技大学，代培1年后由该校推荐就业。2012年，与山西师范大学、山西中医学院、山西职业技术学院、山西经济管理干部学院、山西电力职业技术学院、山西体育职业学院等6所院校签订“联合办学”协议，被6所院校确定为实训基地。与华晋焦煤、霍州煤电等大型企业签订长期培训合同。与吉县吉州宾馆、丰泽园大酒店、丰盛大酒店、至尊肥牛、吉县人力资源社会保障局、北京惠通基业信息咨询有限公司、襄汾宏源集团、临汾华丰集团、宏泰皮革加工厂、北京新发地农产品批发中心、华晋明珠焦煤公司、临汾滨河湾休闲会所等厂矿企业建立联合办学关系，实行订单培养，确保毕业生学有所成，学以致用。

普惠措施　2011年9月新学年开学，县政府划拨专项资金，免除职业中学学生学费；划拨专项资金给贫困学生发放助学金。2012年，县政府划拨专项资金23万元，从当年9月新学年开始，实施职业中学寄宿学生每人每天“一颗鸡蛋”营养工程。

第二节　中小学职业教育

开设劳动技术课

1986—1999年，吉县中小学全部开设劳动技术课，对学生进行劳动知识与技能教育。同时，校校办果园，建立劳动实践基地。一方面在课堂向学生传授种植、养殖与果树管理等知识，一方面利用课余和节假日，组织学生参加果园劳动。有条件的学校还组织学生参加春节植树造林和小夏收、小秋收等勤工俭学劳动，既为学校创收，补充经费不足，又教育学生热爱劳动，学习劳动技能。山阳七年制学校、兰家河中学、五龙宫小学等一批校办果园规模大、效益好，学生实行免费上学，学生在劳动中又掌握了一定的果树栽培与管理技能。

“三加一”职业教学班

1990年，兰家河乡被确立为山西省实施“燎原计划”示范乡，兰家河中学被纳入“燎原计划”试点校。学校按文化、专业6比4设置教学课程。在初中三年级学生学完文化课后，加学一年专业技术课。专业课根据当地经济发展需要，设农学、加工、养殖、果林、蔬菜种植等课程。同时学校创办果园，作为学生实习基地，学生既学习理论知识，又现场实践，培养直接服务当地农业生产的技术人才。到1999年，该校“三加一”班毕业学生300余名。

初中教学渗透职业教育

1992年，吉县开展农村教育综合改革，窑渠中学确立了“面向全体、全面发展、分类施教、培养特长；渗透职教、多渠道成才、办特色学校、培养特长学生”的办学目标，实施素质教育。从初中一年级开始，利用活动课开展音、体、美特长培养和实用技术分类教育。学校建立了音乐、

舞蹈、足球、羽毛球、书法、绘画、刺绣、家电维修、文学社等特长培养小组，学生根据自己的特长和爱好自由选择，自愿报名参加学习。同时，围绕当地农、林、果、牧等主导产业，开设果树、蔬菜、种植、养殖等农业技术课。在初三第二学期毕业考试以后，集中两个月时间，对不升学的学生进行农村政策法规教育和专业技术培训。在每年的 3 月和 8 月，对往届毕业生分类进行继续教育，为当地农村培养经济建设实用人才。1991—1994 年，毕业回乡 327 名学生，大部分成为科技示范户和专业户，有的成为技术员和村干部，成为全乡经济发展的骨干力量。1997 年 11 月 22 日，《中国教育报》在头版以《窑渠中学毕业生能文能武》为题，报道了窑渠中学围绕当地经济发展，培养学生多渠道成才的教改经验。同年 11 月 25 日，吉县召开“吉县深化农村教育改革窑渠现场会”，在乡镇中学推广窑渠中学的教改经验。

第三节　专业学校

山西省广播电视学校吉县分校

1981 年，中央农业广播电视学校吉县分校成立，1991 年，更名为山西省广播电视学校吉县分校（简称吉县农广校）。学校隶属于吉县农业局，是一所面向农业、面向农村、面向农民、面向现代化的成人中等专业学校。校长由吉县人民政府县长或分管农业的副县长兼任，吉县农业局配备两名副校长主管学校工作，校址设在吉县农业局。招生对象主要是回乡初高中毕业生和村干部。2000 年，该校和中央广播电视大学、中国农业大学联合办学，开设农科园艺、农学和经营管理三大专业。

该校有专职教师 4 人，兼职教师 50 人，校舍面积 200 平方米，培训基地 2000 平方米，配有录像、电视、图书、仪器等教学设备。通过广播、电视、录像、录音等现代媒体，开展适合农村特点的远距离授课、业余自学、面授辅导相结合的教育，学制 3 年，结业考试由县教育部门负责监考，上级主管院校阅卷。

1991—2015 年，中等教育专业毕业学员 796 人（农学 408 人，果树 38 人，农村财务会计 51 人、计算机 299 人），大专专业教育毕业学员 158 人（专业证书 150 人、中央电大 8 人），实用技术培训 5 万人次。从 2004 年开始，学校承担农村剩余劳动力转移培训工作（阳光工程），至 2008 年，共培训农村劳动力 3100 人，劳动力转移培训 1650 人。毕业学员有不少人成为技术人员，有的成为农村干部。

吉县忠华电脑技术学校

吉县忠华电脑技术学校创建于 2000 年，是经吉县科教局批准的 1 所民办专业技术学校。校址位于县城小府桥北侧。校长强福忠，吉县中垛乡三堠村人，吉县农业银行职工。学校有电脑 120 台，设立学生公寓、食堂。聘任教职工 5 人。

2000—2003 年，该校以开办短训班为主，每年开设教学班 2 ～ 3 个，招收学生 50 ～ 100 人，每期学习不超过 1 个月。学习内容有计算机基础知识和重点课目，或学员自选学习专业，随到随学，学会为止，颁发培训证书。

2004 年，该校成为北京电子商务学院的 1 个分校，开办学制 1—3 年的长期培训班，学生毕业可获得中专和大专文凭。教学采取起点低、易学通、循序渐进、重点突出的方法，侧重于实用技术学习。学制设定灵活多样，有不超 1 个月的短训班、3 个月的技术班、半年期的专业班、1 年期的普通班和重点班，1 年半加强班、2 年期中专班。中专班学习课程有平面设计、电脑组装、网

页制作、会计电算等，各班毕业后均颁发省教委签章的毕业证书。学校同时还开设商务、英语、法律等课程。该校于 2005 年成立忠华电脑校办公司，设立销售部、文印部、设计部、技术部，各部门所需人员都是本学校毕业的优秀学生。2004—2015 年，共培训学生 2166 人，就业率达 90%以上。

吉县爱华服装裁剪学校

吉县爱华服装裁剪学校创办于 1987 年，属民办职业学校，校址是租赁县城西街原吉县多种经营办办公场所。校长刘爱华，女，吉县中垛乡杏渠村人。学校有 2 个教室，1 个办公室，1 个灶房，校外有 2 个学生宿舍。设备有缝纫机 20 部、凳子 50 个、书柜 2 个、裁衣案 2 块，缝纫机即是课桌、也是实践器材。设 2 个教学班，1 个长期班，学期 1 年；1 个短期班，学期 3 个月。2 个班学员均为 60 名左右，多为农村初、高中毕业生。1987—2002 年，共毕业学员 800 余名，其中有 150 名从事了缝纫工作，有 30 名在本地或外地开办缝纫店铺。1995 年，该校被临汾地区教育委员会评为“社会力量办学模范学校”。1999 年，学校迁址桥南广场南端，2004 年停办。

第五章　成人教育

第一节　扫盲教育

高标准扫盲

1984年，吉县成立成人教育办公室，负责成人教育工作。

1987年，吉县扫盲工作经山西省人民政府验收，达到“基本无盲县”标准，获“基本无盲县”证书。

1990年，全国人口普查后，国务院颁布《扫除文盲工作条例》，吉县开展继续扫除剩余文盲工作。调整充实县、乡两级专职成人教育干部，整理翻印4000册扫盲识字课本，印发宣传资料1.2万份。各乡（镇）、村委建立健全了扫盲档案资料。

1993年，中央下发“两个农教”文件，要求开展高标准扫除青壮年文盲。即中华人民共和国成立后农村出生人口非文盲人数达95%以上；城镇、企事业达98%以上。县政府下发文件要求将扫盲工作纳入乡、村一把手工作责任制，把扫盲任务分解到乡、村、人。规定乡（镇）、村主要领导是扫盲工作第一责任人，凡完不成任务的乡镇和村委不能评为先进单位，主要领导不能评为先进工作者和模范干部。对文盲实行“五不准”，即：不准承包技术性专业生产和机动田，不准批给宅基地，不准评为模范户和文明户，不准参军和招工，不准提拔和担任干部。对脱盲对象实行“三优先”，即：优先供给生产资料，优先减免义务工，优先享受扶贫资金。对不履行扫盲义务，拒绝参加扫盲学习的文盲，采取行政手段强制其参加学习，并施以必要的处罚，由村民委员会每年征收其100 ~ 200元扫盲保证金，乡（镇）政府督查，待其脱盲后再退还本人。不少村采取孩子包父母、弟妹包哥嫂、学生包邻居等包教包学的办法开展扫盲工作。曹井乡三皇峪村扫盲教师徐勤生，采取“宣传教育法、见物识字法、分类指导法、巡回辅导法”指导文盲学文化，扫除文盲、半文盲30名，被授予模范扫盲教师荣誉称号。1994年底，境内有1833名文盲学员毕业。

扫盲验收

1995年，为迎接扫盲验收，吉县县、乡、村三级领导会议，签订目标责任书，对扫盲工作实行“双线承包”责任制：一是政府抓好行政一条线，包乡（镇）包村；二是部门抓好学校一条线，包学校、包学员。做到分解任务，明确责任，定期考核、奖惩兑现。提出的口号是：“堵新盲、扫文盲、清科盲、奔小康。”县、乡、村三级利用各种会议、标语、板报、广播、电视、文艺节目等形式，开展扫盲宣传。中垛乡扫盲工作做到“组织领导、宣传发动、计划任务、双线承包、乡规民约、检查督促、建档立卡、考核验收”八到位。桥南村把5名文盲学员吸收为村办果园职工，组织他们参加集体扫盲学习和果树管理技术培训。当年有281名文盲学员毕业。城关镇祖师庙村残疾妇女葛连恩积极参加扫盲学习，识了字，脱了盲，致了富，被评为全国“识字女状元”，参加山西省召开的“巾帼扫盲奖”模范表彰会。

1996年11月9—13日，吉县扫除青壮年文盲工作通过山西省扫盲评估验收工作组的评估验收。

第二节 农民技术教育

农民文化技术学校

1991 年，吉县提出“学文化推动学技术，学技术带动学文化，让农民由脱贫治愚转移到学科学、学技术、学法律、学管理上来，为奔小康打基础”目标。1995 年，吉县 13 个乡（镇）全部办起成人教育中心，87 个村委办起农民文化技术学校，校址大部分设在乡政府和村民委员会议室，有的设在乡（镇）、村所在地学校。校长由乡（镇）长和村委主任担任，教师以聘请为主。教学达到“六有标准”（有领导班子、有教师队伍、有固定校舍、有设施设备、有试验基地、有经费来源）。中垛乡成人文化技术学校多方集资维修教室 5 间，购置课桌凳 50 套、图书 1500 册，购置了电视机、录放机等电教设施和办公设备，配备了图书室、仪器室、实验实习基地，使成人文化技术学校成了乡技术培训、智力开发、经济发展的综合服务中心，2001 年，被山西省教育厅命名为“达教育部规程成人文化教育学校”。

2006 年，吉县 8 个乡镇成人文化技术学校配备 32 名专职教师、122 名兼职教师，设施设备全部达省要求标准。79 个行政村农民文化技术学校全部达县要求标准。全县形成以乡（镇）、村、农民文化技术学校为龙头、各职能部门相互配合、个体企业积极参与的农业科学技术培训网络。

2011—2015 年，吉县有社区教育中心 1 所，专职教师 3 人，兼职教师 5 人，每年组织培训 0.9 万人次。有街道社区成人教育学校 8 所，专职教师 8 人，兼职教师 24 人，每年组织培训 1.4 万人次。有成人文化技术中心 1 所，教师 7 人，乡镇成人文化技术学校 8 所，教师 30 人，每年开展实用技术培训 1.6 万人次，其中种植业 1.3 万人次，养殖业 0.2 万人次，其他 0.1 万人次。

农民科学技术培训

农民文化技术学校根据农事季节和经营产业，定期聘请专家或技术人员，采取先集中在课堂讲理论、后到实地讲操作的办法开展培训。有的农技校根据当地产业开发的需要，带领少数人员外出学习取经，回来传授做示范。1992 年，屯里镇、村两级农技校与临汾地区工艺美术总厂合办“屯里镇草编分厂”，选派 25 名青年妇女到闻喜县学习玉米皮编织技术，编织的提兜打入国际市场，当年收入 10 万余元。1993 年，接受出口马来西亚 6 万件编织订单任务。同时，为农民传授推广玉米优种、大棚菜、养鸡等实用技术 28 项，引进新品种、新项目 16 个，涌现出一批“田秀才”“土专家”，促进了当地经济效益的增长。城关镇建立农业技术推广组织 19 个，拥有农民技术员 729 人，培养和发展科技骨干和示范户 416 户。谢悉村 90% 的果农都掌握了果树栽培和管理技术，不少人成为果业技术员，果树面积发展到 1400 亩，人均 1.4 亩。1996 年，县委、县政府组织实施“双十、百、千、万”工程，即与 10 所以上的大专院校或科研院所联姻挂钩，聘请 10 名以上的专家学者到吉县讲课；组织 100 名科技人员进行技术承包，筛选 100 项科技成果进行大面积推广；培养 1000 户科技示范户，培训 1000 名农民技术员；使 1 万名农民掌握 1 ~ 2 项实用技术，使 1 万户农民人均收入达 1300 元。吉县围绕果树、烤烟、药材、养鸡、食用菌等产业开展培训，每年培训均达 1.9 万人次以上。

2002 年，吉县普遍实施苹果套袋、渗水地膜应用、烤烟栽培、大棚菜种植、生物酶技术、养殖、中药材种植等技术项目产业，县果树、烤烟、农业等部门，组织技术人员下乡进村开展培训，全县培训达 2 万人次以上。

2003 年，先后聘请太原市农业学校高级讲师、农业部科技扶贫特邀顾问马恩正，河北农业

大学教授马宝奎，中国果树研究室高级农艺师王金友等专家 15 人，对农民进行课堂培训和实际指导，参加培训 3600 人次，推广新技术 16 项。

2004 年，以吉县职业中学和乡（镇）成人文化技术学校为培训基地，开展家政、旅游、餐饮、运输、营销等专业技术培训，全年共培训 2080 人，加快了农村劳动力转移就业，促进了农民收入的稳步增长。屯里镇政府试验推广山樱椒栽培、反季节白菜栽培、优种鸡养殖等 26 项新技术。全镇有科技示范户 176 户，有科技示范基地 26 个。

2005 年，吉县聘请山西省农业大学果树教授刘和作总指导，对谢悉、上东村等 10 个果树专业村 400 户果农进行系统技术指导培训，培养带动果业发展的新型农民。

2006 年 12 月，吉县制定“百村、千园、万人果树技术培训工程”实施方案，要求各乡镇每年以果树标准化生产技术推广为主要培训内容，完成对 100 个果业生产重点村、组 1000 余坐果园、1 万余名果农的技术培训任务。

吉县组织吉昌镇、柏山寺乡、屯里镇等乡（镇）1000 名果农到陕西洛川、宜川等地参观学习。聘请山西省农科院果树研究所副所长、研究员、中日友好果园高光效开心树型创始人牛自勉，知名果树专家马恩正等到吉县吉昌镇、中垛乡、文城乡等乡（镇）进行果树技术培训 43 场，授训 5600 余人次。组织本单位技术人员下乡实地培训指导 39 场，培训 1500 人次，发放技术资料 8000 份。当年，西石泉村冯延平和上东村曹小林示范园苹果赴北京参加第六届中国国际农产品交易会，受到国内外消费者好评，还与乌克兰及国内多家企业达成果品贸易协议。

到 2015 年底，通过实施“双十、百、千、万”科技工程，境内 80% 以上劳动力受到培训。评选出科技带头人 7060 人、科技示范户 1200 户、科技示范村 60 个，4000 人获得农业部门颁发的绿色证书。

第三节　成人学历教育

1991 年，吉县干部职工通过文化补课，全部达到初、高中以上文化程度。由于县师资不能承担中等以上文化教育，不少中青年干部职工参加由国家举办的“各类成人高、中等院校招生考试”和高等教育自学考试。有的是经单位领导同意，带工资脱产离职到学校学习 2 年，毕业后又回原单位。有的是不离开工作岗位在职函授，学制 3 年。

成人自学考试

高等教育自学考试是国家对广大自学者进行以学历认定为主的考试，分本科段和专科段两个层次。由主考院校编写教材，国家教育委员会自学考试委员会统一命题、统一考试，山西省自学考试委员会组织阅卷、登分、发证。每年分上半年和下半年 2 次考试。考试办法是分课考试，学分累计，所学专业课程全部及格可毕业。吉县高等教育自学考试是 1984 年开始的，由县教育局成人教育办公室负责组织实施。1984—1988 年考试在县城进行，考场设在吉县一中和二中，临汾地区派巡视和监考人员。从 1989 年起，考试全部集中到临汾市内，县城不再设考场，县教育局成人教育办公室只负责组织报名和教材、证书分发。到 1990 年，累计报名 200 余人次，有 8 人毕业。

1991 年，32 人次参加报名考试，报考专业有会计学、党政干部基础理论、汉语言文学等 9 个，其中有大学语文、财务管理、英语等 65 个科目，单科合格 13 人。1992—1997 年，每年报名考试均在 50 人次以下，报考专业增加了教育学、护理学等 5 个，科目增加了人生哲学、教育学原理

等10个，单科合格92人次，3人毕业。1998—2002年，参加报考人数略有增加。分别是：1998年70人次，1999年96人次，2000年71人次，2001年52人次，2002年64人次。5年中共有156人次单科合格，19人毕业。报考专业增加农学、法律、土地管理等10个，报考课目增加土地经济学、法律文书写作等26个。2003—2008年，报考人数大幅度增加，分别为：2003年140人次，2004年282人次，2005年418人次，2006年323人次，2007年359人次，2008年170人次。6年中共取得学科合格683人次，69人毕业，报考专业增加农业经济管理、采矿技术等8个，报考课目增加矿山地质、农业概况等26个。

至2015年，吉县参加高等教育自学考试累计2386人次，报考科次5341次，毕业132人。报考人员中，干部职工占55%，教师占27%，医护占15%，其他占3%，年龄均在40周岁以下。

成人招生考试

1987年，吉县开始成人招生考试工作。此项招生考试是国家面向已走上工作岗位的未取得高、中等学历的中青年干部职工升学考试，每年1次，由国家教育委员会统一命题、统一考试、统一录取，由省教委成人教育处组织阅卷，学习形式分脱产、函授、业余3种。每年3月开始报名，5月考试，由吉县教育局成人教育办公室负责报名和组织考试工作。1993年，临汾地区教育委员会将各县市成人招生考试考点全部取消，试场全部集中到临汾市内，参考人员全部到临汾考试，县成人教育办公室只负责报名工作。1991—2015年，吉县共参加各类成人高、中等院校招生报名考试2966人，被录取1403人，占报考人数47%。参加各类成人中等专业学校招生报名考试124人，被录取43人，占报考人数31.5%。

1991—2015年吉县高等自学考试情况表

表26-5-1 单位：人次

年度	报名数	报考科次	毕业数	年度	报名数	报考科次	毕业数
1991	32	64	—	2003	140	360	3
1992	46	52	—	2004	282	725	5
1993	45	43	—	2005	418	1215	8
1994	45	45	—	2006	323	958	13
1995	48	48	—	2007	259	687	12
1996	58	52	—	2008	110	320	30
1997	56	48	—	2009	110	280	30
1998	70	170	1	2010	33	85	5
1999	90	318	1	2011	23	44	2
2000	71	186	8	2012	7	15	6
2001	52	182	8	2013	3	8	1
2002	70	212	2	2014	17	15	1
—	—	—	—	2015	11	19	1
合计					2386	5341	132

第六章　教师队伍

第一节　教师队伍补充

教师招聘

1986—2001 年，吉县中小学教师队伍的补充主要来源于每年分配的大、中专师范类毕业生。2002 年，大中专招生制度改革以后，毕业生就业实行“少数毕业生由国家安排就业，大多数毕业生在国家就业方针、政策指导下自主择业”的办法，中小学教师队伍补充，开始采取从大中专毕业生中招聘的办法解决：具有大学本科以上学历者，自愿报名，通过考核录用；具有中专和专科学历者，自愿报名，通过考试择优录用。2002—2009 年，共招聘中小学教师 304 名。2011 年，通过考试公开招聘高中教师 11 名、幼儿教师 20 名。2012 年，公开招聘高中教师 24 名、幼儿教师 38 名。2013 年，公开选拔出一批农村优秀教师补充到城区教师队伍中。

特岗教师

2009 年起，吉县实施农村义务教育学校教师特设岗位计划，按照规定，特岗计划实施期内，国家扶贫开发工作重点县不得再以其他方式补充义务教育学校教师。2009—2013 年，吉县招聘特岗教师 418 名，全部补充到农村中小学校。

顶岗支教教师

2011—2015 年，吉县与山西师范大学实行校县共建，引进顶岗支教学生 545 名。

第二节　教师聘任

教师双向聘任制

20 世纪 90 年代末，吉县尝试改革农村教师管理体制，实行教师双向聘任制。由办学单位（村民委员会或村民小组）根据教师的政治表现、业务水平、工作实绩，按照编制择优选聘教师；教师根据办学单位对学校的重视程度、办学条件、工作待遇，进行选择、应聘。聘任后双方签订《聘任合同》《学年度教育工作目标责任书》，乡教委监督执行，联校指导实施。学年末由乡教育工作考评小组对双方目标责任的落实情况进行考核评估，根据考评成绩对办学单位、学校、教师进行奖惩，同时作为教师续聘的依据。1997 年 8 月，首先在中垛乡试点。1999 年 7 月，吉县在中垛乡召开教师双向聘任现场会，并下发《关于在全县推行教师双向聘任制的实施意见》。同年 8 月，城关镇、东城乡、兰家河乡、窑渠乡、屯里镇、柏山寺乡、文城乡在小学实行教师双向聘任制。8 个乡镇共有小学专任教师 454 人，聘任 442 人，落聘 12 人，受聘率 97.4%。落聘教师中公办 3 人，民办和长期代课教师 9 人。

内部管理体制改革

2000 年 7—8 月，吉县根据临汾地区行署教委的统一安排，在中小学校（不含教师进修校、职业中学、幼儿园）进行内部管理体制改革。改革的总体目标是：优化教育资源配置、优化教育

资金利用和提高教师整体素质，提高教育教学质量。改革的主要内容是：实行校长聘任制和任期目标责任制；实行教职员工聘任制；实行教职工考核奖惩制；实行中小学在编教职工工资总额包干制；实行中小学在编教职工校内结构工资制。聘任的方法步骤是：宣传发动、制定方案；定编、定岗、定内设机构；选聘中小学校领导班子；教师考试、考核；教职工聘任分流。

8 月，对中小学教师进行“教学大纲、教材教法、政治理论、教育理论、教育法规”为主要内容的考试。各学校从德、能、勤、绩四个方面对教职工学年度工作进行考核，在核编定员和考试、考核的基础上，按照聘任程序和有关规定对教师进行聘任。吉县中小学教职工 1550 人，受聘 1364 人。受聘教师中公办 1019 人、1986 年底在册民办代教 75 人、新毕业师范类大中专学生 141 人、1987 年以后代教 129 人。未受聘公办教师 24 人，转岗 18 人，辞退 1987 年以后代理教师 144 人。吉县中小学教师全部由派遣制转换为聘任制。

第三节 师德师风建设

树立先进典型

1992 年，吉县作出《关于在全县中小学教师中广泛开展向魏玉柱学习的决定》。魏玉柱 1969 年参加教育工作，长期在山区农村小学任教。1991 年 9 月被评为全国优秀教师，1992 年 4 月被评为山西省劳动模范。

1999 年 5 月，吉县中小学校在教师中开展学习邓忠森先进事迹活动。邓忠森 1974 年参加教育工作，在 20 多年的教学生涯中，呕心沥血，默默耕耘，无私奉献，为山区农村教育做出了突出贡献，先后 13 次被县、乡评为先进教育工作者。在担任西头小学校长期间，于 1996 年被县委、县政府授予“十佳中小学校长”，西头小学多次被评为教育教学工作先进集体。因积劳成疾，邓忠森于 1999 年 4 月 16 日去世，年仅 47 岁。《壶口报》《临汾日报》《山西日报》《中小学教学与研究》《教育督导与评估》《中国教工》等报刊宣传报道了邓忠森的先进事迹。《临汾日报》刊发评论员文章《学习邓忠森，实现强国梦》。1999 年 5 月，县教育局作出《关于在全县中小学教师中开展向邓忠森同志学习的决定》，举行三热爱（爱事业、爱学校、爱学生）师德教育演讲会。

2002 年 2—5 月，吉县中小学校开展以师德师风教育为核心的“形象工程”建设活动，组织教师学习《公民道德纲要》《中华人民共和国教师法》《中华人民共和国未成年人保护法》《中小学教师职业道德规范》等法规、文件，开展学习“山乡教育的愚公”——刘思和的先进事迹。

2004—2015 年，吉县每年都表彰奖励“师德标兵”，为中小学教师树立学习榜样。

师德师风考核

2004 年 5 月，吉县制定《吉县中小学师德师风道德建设考核办法》，每学年末，从“依法执教、爱岗敬业、热爱学生、严谨治学、团结协作、尊重家长、廉洁从教、为人师表、学法守法、开拓创新”10 个方面对教师进行师德考核，考核结果作为教师职称聘任、晋升、晋级、奖惩的重要依据。

2008 年 8 月，吉县中小学校组织教师学习教育部重新修订颁布的《中小学教师职业道德规范》，完善教师师德档案，公开师德举报电话、设立师德举报箱，形成学校、教师、家长、学生“四位一体”的师德建设监督网络。

2009 年 5 月，吉县在吉县二中五楼会议室召开师德师风建设动员会，要求各学校突出解决师德师风建设方面存在的“三种主义”即拜金主义、享乐主义、自由主义，“三种行为”即“轻视小节、工作不敬业、法律意识淡薄”问题。通过整顿，塑造教师队伍的良好形象。

2010年，吉县在教师队伍中开展让“社会满意、家长放心、学生满意”主题教育活动。纠正乱收费、乱办班、滥定复习资料等问题，培养教师读书学习的习惯、日事日毕的习惯、思考问题的习惯、勤于反思的习惯、尊重别人的习惯、关注时事的习惯、注重过程的习惯。建立健全师德师风档案考核制度，实行教师自评、学生参评、教师互评、组织测评的办法进行考核。考核结果分优秀、称职、基本称职、不称职4个等级。在晋升职称、评模评优中，坚持实行师德师风一票否决制。

2013年，吉县制定《吉县教育系统师德师风集中教育活动实施方案》，建立师德师风建设领导组，召开教师师德师风培训会，开展“振兴吉县教育，我该怎么办”大讨论活动，举办教育系统庆祝建党92周年演讲赛。

第四节　教师培训

学历教育

1991年，吉县小学专任教师812人，符合学历要求的555人，学历合格率68.4%；初中专任教师260人，符合学历要求的54人，学历合格率20.8%；高中专任教师48人，符合学历要求的8人，学历合格率16.7%。为加强教师队伍建设，同年4月，制定《吉县师训工作十年规划》，要求充分发挥教师进修校和教研室的作用，采取多种途径和形式组织中小学教师参加学历教育和技能培训，提升教师队伍素质。

1992—1997年，县进修校举办二年制教师脱产进修班4个，招收小学教师中初中、初师毕业和部分高中毕业的公办、民办教师210人参加培训学习，取得中师毕业合格证书。

1991—1997年，县进修校举办中师专业教育班，招收高中毕业的小学教师212人参加培训学习，取得中师毕业合格证书。

1991—2015年，县进修校组织中小学教师参加专科、本科教育培训学习和自学考试，有625人取得专科学历证书，221人取得本科学历证书。各学校还鼓励教师报考省、市教育学院离职进修，参加电大高师函授和自学考试，取得大专学历，提升教师队伍的学历层次。

技能培训

1991—1999年，县进修校组织中小学教师参加“普通话、三笔字、简笔画、教具制作与使用、组织德育活动”五项基本功培训，1999年5月，通过临汾地区教委考核验收组复查验收，总合格率为87.7%，名列全区第二。

1997年暑假，组织小学音、体、美教师进行集中培训。1997年、2000年暑假，组织初中物理、化学与小学自然、实验教师和仪器管理员进行集中培训。

2000—2008年，县进修校按照国家和省、市教委关于“教育教学必须实行普通话持证上岗制度。凡普通话不达标者，不能认定教师资格，不能聘任，不能晋升职称。非教学人员也应达到国家规定普通话水平等级要求”的规定，对1954年1月1日以后出生的普通话未达规定的中小学、幼儿教师进行普通话培训和测试。参加普通话培训学习的2130人，经过测试，1006人达到规定等级，取得合格证书。

2001—2010年，县进修校采取集中和分散相结合的方法，对45岁以下的中小学和幼儿教师进行信息技术培训。有683人参加信息技术初级培训考核，取得合格证书；有634人参加信息技术高级培训考核测试，取得合格证书。

2010年，县进修校组织100名中学数学教师和100名中学语文、小学语文数学教师参加“国培计划”北京大学远程网络培训。2012年，组织497名教师参加北京大学的课堂教学应用远程教育网络培训。2013年，聘请信息化专家、东北大学理想信息学院院长钟绍春对全县1000余名教师进行信息化培训。2015年，邀请北京师范大学教授肖川、东北师范大学教授朱玉民对全县600余名教师进行课堂教学与信息技术的融合专题讲座。在西关小学召开课堂改革与信息技术融合推进会。建立网上备课平台，全县1300余名一线教师在“国家基础教育网”上晒课，每人上传教学设计1篇，录制课30分钟，制作1节微课，评选5节优质课上传至“吉县教育网”，供教师观摩学习。

继续教育

1998年下半年开始，县进修校对中小学教师进行继续教育全员培训，并组织考试。到2015年，中小学教师每年有1000人参加继续教育学习。

岗前培训

1999年开始，县教育局对每年新招聘的公办和特岗教师进行岗前培训。到2015年，参加岗前培训教师共514人。

课改培训

2002年开始，吉县组织中小学教师参加新课程改革培训。一是选送骨干教师和组织中联校长参加省、市级培训，二是利用暑假组织教育行政人员和中小学课改年级学科教师集中培训，三是中小学校开展校本培训。2012年，组织中小学校长赴孝义市参观学习，组织200名教师到师大参加学科培训。2013年，聘请灵石二中原校长梁素清对1000余名教师进行课改培训，组织900余名教师到新绛中学、衡水中学、灵石二中、汾西二校、曲沃实验小学实地考察课堂教学改革。2014、2015年，吉县中小学教师参加课改培训2800人次。

城乡教师交流

2014年，吉县出台《进一步加强中小学校长教师交流工作实施意见》，推行义务教育学校校长、教师定期交流制度，实行城区与农村学校对口帮扶，县域内教师、校长定期轮岗交流制度。教师交流期间，人事关系不变，考核纳入所交流学校的各项考核之中，学校建立交流教师档案。交流期满，完成全部教育教学任务，经考核合格，按计划返回原单位工作，还可享受同等条件下优先参加教师职称评聘，优先参加骨干教师、教学能手、学科带头人、特级教师评选和各种评优。2014年，交流校长6人、交流比例为13%，交流教师48人、交流比例为14%。2015年，交流校长7人、交流比例为14.5%，交流教师40人、交流比例为14.9%。

第五节 教师待遇

第一次工资改革

1993年10月，根据人事部、国家教育委员会制定下发的《中小学贯彻〈事业单位工作人员工资制度改革方案〉的实施意见》进行工资制度改革。改革后，中小学教师工资实行职务（技术）等级工资制，实行国家统一的职务序列和职务工资标准。工资由职务（技术）等级工资和津贴两部分构成。职务（技术）等级工资占工资总额的70%，为工资中固定的部分，主要体现工作能力、责任、贡献、劳动的繁重复杂程度；津贴占工资总额的30%，主要体现各类人员的岗位工作特点、劳动的数量和质量。中小学教师职务等级工资套改后，教师享受职务（技术）等级工资标准提高

10% 的改革。在 30% 的津贴之外，国家规定的中小学教龄津贴、特级教师津贴、班主任津贴、特殊教育津贴仍按照国家规定的标准和办法按月发放。并建立了奖励制度。

1994 年起，中小学教师实行年度工作考核，对考核合格的人员年终发给相当于本人一个月工资（当年 12 月份职务工资与津贴之和）的奖金。连续两年考核合格的工作人员晋升一个工资档次。考核优秀的人员，可提前越级晋升，比例掌握在 3% 以内。在职务（技术）等级晋升时，相应增加职务（技术）等级工资。

第二次工资改革

2006 年 7 月，根据《山西省事业单位工作人员收入分配制度改革实施意见》进行收入分配制度改革。改革的内容主要是建立岗位绩效工资制度。中小学教师岗位绩效工资由岗位工资、薪级工资、绩效工资和津贴补贴四部分组成，其中岗位工资和薪级工资为基本工资。岗位工资主要体现工作人员所聘岗位的职责和要求。中小学教师专业技术岗位设置 13 个等级，不同等级的岗位对应不同的工资标准。薪级工资主要体现工作人员的工作表现和资历。中小学专业技术工作人员设置 65 个薪级，根据工作表现、资历和所聘岗位等因素确定薪级，执行相应的薪级工资标准。绩效工资主要体现工作人员的实绩和贡献。津贴补贴分为艰苦边远地区津贴和特殊岗位津贴补贴。按照《山西省艰苦边远地区津贴制度实施意见》的规定，全县中小学教师按所任职务（技术）等级享受一类区艰苦边远地区津贴。工资套改后，完善了工资正常调整机制。

2006 年 7 月 1 日起，中小学教师年度考核结果为合格及以上等次的人员，每年增加一级薪级工资；岗位变动后，按照新聘岗位执行相应的工资标准。

2009 年 7 月 1 日起，中小学教职工增加临时性生活补助，补助标准为：初级职称每月 600 元，中级职称 700 元，中高级职称 800 元。2010 年 7 月 1 日起，补助增加到：初级职称 700 元，中级职称为 1000 元，中高级职称为 1100 元。

教师福利待遇

中小学教师除工资外，还享受和公务员一样的福利待遇，1991 年 5 月 1 日粮油提价后，公办教师每人每月补偿工资 6 元，民办教师补偿 4 元。

1992 年 1 月起，工龄津贴由每工作 1 年 0.5 元调整为 1 元。1993 年 9 月 1 日，中小学教师教龄满 5 年不满 10 年的，由 3 元提高到 6 元；满 10 年不满 15 年的，由 5 元提高到 8 元；满 15 年、不满 20 年的，由 7 元提高到 10 元；满 20 年以上由 10 元提高到 13 元。

1993 年工资制度改革后，中小学教师因公死亡一次性抚恤金调整为按本人生前最后一个月职务（技术等级）工资与各项津贴之和计算，发放 20 个月的工资。

1995 年 9 月 1 日起，中小学教师丧葬费标准调整为 1000 元。

1996 年起，中小学教师取暖费用由 28 元调整为 80 元，2007 年调整为 700 元，2010 年为 1400 元。

2000 年，中小学教师调整和统一增加补贴。教授为 215 元、副教授为 190 元，讲师以下为 170 元。

1996 年，中小学教师实行社会养老保险。

2004 年，中小学教师实行医疗保险，重大疾病患者医疗费按规定到主管部门报销。

2008 年，提高班主任补贴，中学每人每月由 7 元提高到 50 元，小学每人每月由 6 元提高到 30 元。

教师职称评聘

1987 年起，中小学教师开始评定职称。中学教师专业技术职务设：高级教师、一级教师、

二级教师、三级教师；小学教师专业技术职务设：高级教师、一级教师、二级教师、三级教师。中学高级教师为高级职称，中学一级教师和小学高级教师为中级职称。1988 年 10 月，吉县首批教师职称评定工作结束，吉县一中教师郭文森、冯铣、薛明轩和教师进修校教师曹振忠、李元勋被评为中教高级教师，东关小学教师葛友梅被评为小学特级教师。评出中教一级和小教高级教师 210 名，初级教师 424 人。到 2015 年，吉县中小学教师中高级职称 69 人，中级职称 383 人，其中中教一级 159 人、小教高级 224 人；初级职称 831 人，其中中教初级 361 人、小教初级 470 人。

离退休教师待遇

1993 年，实行新工资制度后，离休教师按照离休前本人工资（职务工资与津贴之和）的全额发给。退休教师退休费按退休前本人职务（技术等级）工资与津贴之和的一定比例发给。其中退休时工作年限满 35 年的，退休费按 95% 的比例计发；工作年限满 30 年不满 35 年的，按 90% 的比例计发；工作年限满 20 年不满 30 年的，按 85% 的比例计发；工作年限满 15 年不满 20 年的，按 80% 计发；工作年限满 10 年不满 15 年的按 70% 计发。

从 1995 年 10 月起，国家为 1995 年 9 月 30 前离退教师增加离退休费。离休教师每人每月增加 25 元，退休教师每人每月增加 20 元。1997 年 6 月 30 日前已办理退养手续的，从 1997 年 7 月 1 日起，每人每月增加 20 元；1993 年 9 月 30 日前办理退养手续的，从 1997 年 10 月 1 日起每人每月增加 15 元退养费。

2000 年 3 月，山西省人民政府调整离退休人员统一补贴标准。离休教师中，教授及相当教授职务的每人每月补贴 215 元，副教授及相当职务的每月补贴 190 元，讲师及相当职务的每月补贴 170 元；退休人员、教授、副教授及相当职务人员每月补贴 170 元。

2006 年 6 月 30 日前，已办理退休手续和已经达到规定离退休年龄的人员，从 2006 年 7 月 1 日起增加离退休费，其中教授及相当职务的增加 700 元，副教授及相当职务的增加 400 元，讲师及相当职务的增加 275 元，助教（含相当职务）及以下职务的增加 180 元。

民办教师待遇

1986 年，吉县中小学有民办教师 436 人。1988 年，民办教师参加职称评定，工资未兑现。民办教师的最高工资为每月 150 元。

1991 年，国务院办公厅下发《关于解决民办教师问题的通知》，规定解决民办教师问题应全面贯彻实施“关、转、招、辞、退”的方针，一部分符合条件的民办教师，通过报考师范院校举办的民师班，经过二年的培训学习，纳入国家分配计划，每年按师范类大中专毕业生直接分配到中小学校，成为公办教师。一部分符合条件的民办教师，根据国家有关政策通过考试，直接转为公办教师。1991—2004 年，吉县中小学有 225 名 1986 年底前参加工作的经省备案的民办教师，通过考试转为公办教师。2009 年，吉县对 1986 年以后参加工作未转正的民办和长期代课教师进行整顿。共有中小学 146 名民办和长期代课教师参加考试，有 3 人考试成绩达到及格分数转为公办教师，有 97 名被定为合同教师，月工资增加到 400 元，剩余 46 名经核定继续保留岗位，享受原工资待遇。

表彰奖励模范教师

1985 年，国家决定每年 9 月 10 日为教师节。当年 9 月 10 日，中共吉县县委在电影院召开县直机关副股级以上干部和城关地区五校师生代表 3000 人大会，庆祝第一个教师节。会上表彰奖励 40 名优秀教师。会后由县委书记张培华带领与会人员到水东沟老教师贺其中家隆重举行挂匾仪式，匾文“名贤师表”。

其后30年间，吉县每年教师节都召开庆祝及表彰大会，表彰奖励模范教师、先进教育工作者、师德标兵、优秀班主任，营造“尊师重教”“尊重人才”的社会风尚。

1991—2015 年吉县小学教师情况表

表 26-6-1　　　　单位：人

年份	教职工数						其中			学历				职称			
	合计	女	专任老师	行政人员	教辅人员	工勤人员	公办	民办	代教	本科	专科	中专	中专以下	中高	中级	初级	未评
1991	801	286	730	63	—	8	—	—	74	—	3	438	289	—	40	560	130
1992	810	288	743	57	—	10	—	—	47	—	16	488	239	—	36	581	126
1993	800	270	741	50	—	9	—	—	44	—	21	527	193	—	36	590	115
1994	816	296	749	57	—	10	—	—	44	—	23	635	91	—	57	665	27
1995	818	335	740	62	—	16	—	—	127	—	28	627	85	—	66	597	77
1996	816	350	729	73	—	14	—	—	—	—	34	620	75	—	94	561	74
1997	879	361	811	46	—	22	—	—	—	—	42	700	69	—	105	654	52
1998	864	419	773	71	—	20	—	—	108	—	50	687	36	—	106	548	119
1999	913	460	819	69	—	25	—	—	74	—	53	727	39	—	140	539	140
2000	835	412	736	78	—	21	—	—	43	—	76	645	15	—	176	427	133
2001	797	422	750	20	8	19	—	—	36	5	150	595	—	—	178	453	119
2002	801	433	764	14	9	14	—	—	41	10	160	594	—	—	176	441	147
2003	810	432	767	20	8	15	—	—	201	3	190	574	—	—	186	435	146
2004	811	442	767	19	8	17	—	—	—	3	210	554	—	—	204	432	129
2005	847	489	800	23	14	10	—	—	8	11	250	531	—	—	206	434	160
2006	827	477	785	18	14	10	—	—	40	48	231	506	—	—	263	403	114
2007	793	469	745	19	26	3	—	—	8	65	248	432	—	—	279	434	30
2008	806	471	747	20	27	12	—	—	8	67	251	429	—	—	294	399	54
2009	844	515	784	19	20	21	—	—	7	98	308	378	—	—	292	395	97
2010	883	576	811	19	20	33	—	—	7	101	452	258	—	—	287	373	141
2011	765	454	689	18	39	19	712	—	53	191	335	239	—	—	263	422	80
2012	773	460	691	18	43	21	720	—	53	196	337	240	—	—	265	421	87
2013	813	491	735	18	41	19	760	—	53	216	357	240	—	—	269	453	91
2014	790	562	692	18	40	19	769	—	21	293	334	137	5	—	262	414	93
2015	786	515	710	18	40	18	786	—		314	334	134	4	10	224	466	86

1991—2015 年吉县初中教师情况表

表 26-6-2　　　　　　　　　　　　　　　　　　　　　　　　单位：人

年份	教职工数						其中			学历				职称			
	合计	女	专任老师	行政人员	教辅人员	工勤人员	公办	民办	代教	本科	专科	中专	中专以下	中高	中级	初级	未评
1991	358	79	243	54		61	—	—	22	4	61	39	—	—	31	140	72
1992	351	78	247	41		63	—	—	28	3	83	34	—	—	35	167	45
1993	335	67	221	48		66	—	—	34	8	100	19	—	—	34	193	28
1994	362	86	243	49		70	—	—	33	7	106	23	—	—	47	173	23
1995	378	92	253	50		75	—	—		7	143	21	—	—	40	186	27
1996	394	110	273	49		72	—	—		8	149	21	—	—	44	184	45
1997	406	139	275	22		109	—	—		9	213	—	—	—	53	191	31
1998	441	141	273	50		78	—	—	14	16	212	—	—	—	43	208	22
1999	408	142	280	49	—	79	—	—	12	9	229	6	1	—	64	185	30
2000	420	128	286	51	—	83	—	—	—	8	240	—	1	—	71	250	35
2001	509	212	358	42	27	82	—	—	14	18	309	—	2	—	82	221	53
2002	523	256	377	39	36	71	—	—	21	19	328	—	3	—	75	236	63
2003	555	253	409	34	38	74	—	—	56	37	338	—	11	—	88	266	64
2004	547	264	419	30	38	60	—	—	—	44	349	—	11	—	100	258	50
2005	545	256	411	33	36	65	—	—	—	57	327	—	13	—	104	248	46
2006	526	227	400	38	26	62	—	—	9	89	293	—	16	—	107	259	18
2007	515	222	388	29	35	63	—	—	—	168	203	—	23	—	104	250	11
2008	629	306	501	29	34	65	—	—	—	114	262	—	28	—	145	211	10
2009	638	311	513	36	34	55	—	—	—	168	234	—	30	—	101	250	28
2010	654	332	533	35	33	53	—	—	—	213	214	—	30	—	116	2	59
2011	509	311	411	30	36	32	—	—	86	324	161	11	13	—	—	—	—
2012	459	298	383	24	32	20	—	—	86	318	127	5	9	42	119	246	52
2013	481	295	396	24	32	29			86	315	157		9	34	106	274	67
2014	411	252	363	16	26	6	—	—	77	308	97	—	6	47	123	197	44
2015	430	263	382	16	26	6	—	—	77	321	163	—	6	47	64	123	42

第七章 教学研究

第一节 教研机构

县级教研室

1954年5月，吉县成立从事教学研究的业务机构—教学研究室（下称教研室），研究中小学教学理论、教学方法，指导教学工作。1986—2015年，随着教育的改革与发展，县教科局加强教研室领导班子的配备，设立中学研组和小学教研组，调配学科教研员，建立健全教研工作制度，组织开展以“目标教学、JIP（国际教科文组织在亚太地区的教改实验项目）教学实验、复式教学、新课程改革”等为主要内容的教学方法研究与联片教研、校本教研、网络教研、专题教研等形式多样的教学研究活动。1994年，县教研室创办《教研园地》，指导基层教研活动开展，交流推广教研教改成果。2014年，县教研室优化学科教研机构、补充教研人员、新增图书教学设备，加强教研人员业务培训，通过山西省县级标准化教研室建设评估验收。

学校教研机构

1994年4月，吉县下发《关于成立乡镇联校、东关学校教研室的通知》，对乡镇教研室人员编制、基本职责、研究人员选拔提出要求。乡镇联校和东关小学建立了教研室。2007年5月，县教科局在中垛乡召开联校教研室组织建设及学校教研工作现场会，印发《关于加强农村乡镇联校教研工作的指导意见》。到2015年，共建立中学、联校、中心小学教研室19个、学科教研组114个。

第二节 “目标教学”实验

布卢姆“目标教学”改革实验

1991年上半年，吉县实施布卢姆“目标教学”改革实验。当年4月，县教研室采取专业对口、专人负责的方式确定试点，制订方案，组织吉县一中、东关示范小学、城关联校等学校领导及骨干教师到翼城县参加目标教学研讨会，观摩目标教学实验课。对目标教学的思想体系、教学模式、课堂结构有了初步认识。同年秋，县教研室在吉县一中、东关小学、西关小学组织目标教学研讨会及实验教学观摩，引导教师在实验改革的基础上学习、掌握目标教学的目标体系、课堂教学基本环节、目标标度结构，熟练的设计课堂教学计划（编写目标教学教案），指导教师在实验教学的基础上提高撰写教学论文的理论水平。

说课评课活动

随着改革试验的深入发展，教研室以东关小学为基地开展“说课、评课”活动，进行实验“教学评价”，深化“目标教学”的改革研究工作。组织实验教师到临汾等地观摩取经，校内观摩研讨，并在境内全面推广。1993年，县教研室收集东关示范小学几名青年骨干教师的目标教学改革实验教案及说课材料（教学论文），出刊《教研通讯》即《东关小学青年教师说课专辑》，下发各校

交流推广。

1993 年后，吉县教师基本掌握了目标教学思想体系和课堂教学模式，并运用于课堂教学活动，提高了教师的课堂教学操作水平和课堂教学效益。多数教师能针对教学改革撰写教学论文，并在各级教育报刊和杂志发表。

第三节 JIP 教学实验

试点推广

1995 年夏，吉县启动国际教科文组织在亚太地区的教改实验项目“JIP 教学实验”。县教研室和 4 所实验学校先后派出 60 余人次参加省课题组组织的培训会、研讨会、观摩会。县教研室确定教研员王锁山、赵德鸿深入桥南小学、窑渠中学指导实验。1997 年春，在桥南小学召开中小学“JIP 教学实验”研讨会，4 名教师作的示范课充分体现“JIP 实验”的“主体参与、分层优化、及时反馈、激励评价”16 字原则，学生学习情绪高涨，效果明显。会后“JIP 实验”在境内开始普遍推广。同年窑渠中学校长史云岗教改实验事迹和桥南小学的实验成果分别刊登在《山西教育》《小学教育教与学》。东关小学、城关联校的教改经验也见诸报端。1998 年，县教研室、窑渠中学被评为山西省“JIP 第二轮实验先进单位”，窑渠中学校长夏遵民获特殊贡献奖。

专家培训

1998 年 11 月 22 日，山西省“JIP 实验”课题组组长白鸿胜到吉县指导实验工作，在窑渠中学、桥南小学亲自办理论讲座、作示范课，吉县 150 余名校长、教师参加了活动。当年底，各乡镇的实验学校增至 2 个，县教研室 8 名教研员均有自己的实验点，“JIP 实验”全面展开。

第四节 复式教学研究

复式教学发展

复式教学是中国山区农村初等教育教学的主要教学形式，是中国农村初等教育史上的一项特色教育工程。山区农村小学因各年级人数少，无条件分年级进行单班单年级的教学活动，而将几个年级的不同年龄段的学生集中到一个教室内，由一名教师在特定的 40 分钟内分别给不同年级的学生进行不同学科的教学活动，叫作复式教学。

中华人民共和国成立后，多是 4 个年级的四级复式教学。随着国民经济的发展，人口增多，逐步改变为三级、二级复式。到 20 世纪 70 年代普及农村初等教育时，各乡镇实施五年制教育，办起五年制小学，有的学校将五个年级的学生集中到一个教室进行五级复式教学。随着现代农村教育体制改革、学校布局结构的调整，到 2010 年秋，吉县农村最后一所复式学校——柏山寺乡大庄复式小学并入本乡西头小学，延续了多年的山区农村复式教学在吉县自然消失。

复式教学课题研究

20 世纪 80 年代初，吉县根据山区农村教学的特殊情况，较集中的对农村复式教学的规律、特点、教学原则、课堂教学结构和方法进行了较系统的研究。

1989 年秋，吉县教研室承担了联合国教科文组织指定我国进行的“复式教学课堂教学结构和方法评估改革”的实验研究课题。在西头小学和窑渠小学杨长顺、李臣义两位教师所带的复式

班，开展为期 2 年的二级复式课题教学研究和实验，总结归纳出二级复式课堂教学结构的模式系列："1 ~ 8 动式"。即：一动一静讲练式、二动二静分层式、三动三静递进式、全动主导点拨式、全静主体个别式、二动一动重点式、三动二动参差式、一动一静双主式。

1991 年 10 月 27 日，山西省教委在沁水县召开山西省复式教学研究会，吉县教研室主任徐拴盛宣读了论文《建立合理的复式教学课堂教学结构》，实验教师杨长顺做了实验示范课。会上，吉县被评为山西省复式教学先进集体，《建立合理的复式教学课堂教学结构》一文获省优秀论文奖，教师杨长顺被评为山西省复式教学能手。

1992 年，《山西教育》12 期发表了县教研室主任徐拴盛撰写的《二级复式课堂教学结构谈》一文。

1996 年 12 月，吉县在柏山寺乡西头小学召开复式教改实验交流现场会，对深入开展复式教学研究起到了推动作用。

第五节　达标创优

教师达标创优

1997 年 11 月，吉县根据《临汾地区中小学教师达标创优活动的实施办法》，在中小学教师中开展以提高课堂教学质量为中心的达标创优活动，"力争在三年内实现全县中小学教师基本达标，140 名教师创优"。1998 年 12 月，吉县一中举办高中立标示范课观摩活动。1999 年 10 月，组织开展农村中小学教师课堂教学三级大赛、城区优秀教师送教下乡、优质课展示活动，1400 名教师参加，对 65 名优秀教师进行了表彰。

2000 年，经过临汾地区达标创优组验收，吉县 1407 名教师课堂教学达标，其中 140 名教师课堂教学创优。当年 11 月，临汾地区组织开展中小学课堂教学大赛，吉县参赛的 10 位教师全部获奖。东关小学教师强平香、吉县二中教师杨变华被地区教研室推荐到大宁县做示范课。刘俊珍、强彩阳等 47 名教师被评为省、地骨干教师、学科带头人、教学能手。县教研室冯慎终的《应重视县级教研室在实施素质教育中的先导作用》《教师、教研、质量》、史云岗的《打好达标创优战役，加速教师素质提高》、王锁山的《课堂教学话表扬》、赵德鸿的《以改革求发展 向教研要质量》等 10 多篇论文先后在《山西教育报》《中小学教师教与学》等刊发。县教研室、东关小学教研室获山西省"九五科研先进集体"奖，史云岗、赵德鸿获山西省"九五教科研优秀工作者"奖。

市级"名师、名校长、名校"建设工程

2011—2015 年，吉县大力推进新课程改革，实施"名师、名校、名校长"建设工程。吉县二中、吉县三中、东关小学、西关小学、桑峨小学课改成效显著，被评为临汾市首批课改先行校。吉县一中刘晓剑，吉县二中张三梅、常惠梅，吉县三中郭润贤、刘亚萍，中垛小学刘焕琴荣获"市级名师"称号；西关学校校长张月霞荣获"市级名校长"称号；吉县二中荣获"市级名校"称号。

第六节　课改试验

基础教育课程改革

2001 年 6 月，国务院作出《关于基础教育改革与发展的决定》，其后，教育部颁发《基础教育课程改革纲要》，开始进行新中国成立以来第八次基础教育改革。

2004年，吉县组织学习、培训，开展课改试验活动。同年3月22日—4月23日，派出242名中小学教师赴临汾参加新课程改革培训。8月，印发《吉县基础教育课程改革试验方案》，从秋季新学年开始，中小学起始年级全部进入新课程改革实施阶段。按照“先培训后上岗，不培训不上岗”的原则，于暑假举办2期课改培训班，培训教师800余人。

2005年4月，吉县二中召开基础教育课程改革展示、交流、研讨会，特邀临汾市教研室副主任柴林喜作新课程改革专题讲座，印发《吉县基础教育课程改革经验交流材料》，400余名教师参加。同年8月，组织开展基础教育课程改革第二轮培训，期间在祖师庙小学召开基础教育课程改革现场会。2006年8月，组织开展基础教育课程改革第三轮培训，所有中小学教师全员参与。至2007年，共有1800名教师全部经过培训，掌握了相关学科新课程的内容和教学方法。郑福琴、吕茂林等56名教师获省、市学科带头人、骨干教师和教学能手。2010年，县教研室获“全市教研工作综合考评先进单位”奖，史云岗获山西省“基础教育课程改革先进个人”奖。

课改展示交流

2011年，吉县聘请临汾一中优秀教师到吉县一中开展同课异构教研交流活动，在吉县二中、东关小学召开吉县示范中小学教育教学展示现场会。2012年，举办课改优秀教师展示活动暨全县中小学教育教学工作汇报会、中小学班主任素质展示活动。2013年，在吉县三中、西关小学召开中小学课堂教学改革观摩交流会，教研员示范课展示活动，开展学科教学大赛，评选青年教师学科带头人36名。2014年，中小学教师每人配备一台笔记本电脑，并开通个人空间，实现网上备课。2015年，吉县教科局成立课改督查工作组，对中小学课改工作进行两次督查，随机推门听课336节，议课60余课，撰写督查报告40余份，解决了课改中合作、展示、教材整合等问题。

第八章 行政管理

第一节 教育行政机构

机构沿革

1986 年，吉县教育局领导班子由 5 人组成，分别是局长 1 人，副局长 3 人，党支部书记 1 人。2002 年 3 月，党政机关机构改革，县教育局与县科学技术委员会合并为吉县科技教育局，领导班子由 6 人组成。分别是局长 1 人，副局长 3 人，党支部书记 1 人，纪检组长 1 人。2004 年 8 月，政府机构改革时吉县科技教育局更名为吉县教育科技局。2010 年 11 月，教育科技局设党总支委员会。领导班子仍由 6 人组成，分别是局长 1 人，党总支书记 1 人，副局长 3 人，纪检组长 1 人。

内设机构

1986 年，县教育局设办公室、人事股、计财股、普教股、政教股、老干股、体卫幼股、教研室、督导室、成人办、生产办、电教队、工会。1995 年 8 月，教育工会、教育督导室升格为副科级单位。1999 年 8 月，成人办改为职业成人教育股。2003 年，电教队分为电教队和仪器站 2 个股室。2011 年 8 月，教科局设立党总支办公室，配备专职工作人员。2013 年，教科局设立安全股、网络中心，配备专职工作人员。2015 年，教科局设办公室、人事股、计财股、普教股、政教股、老干股、体卫幼股、职成教股、电教股、仪器站、安全股、网络中心、教研室、督导室、监察室、工会、招生办、党建办、生产办。

第二节 中联校

中联校领导设置

1986 年，乡（镇）联校设校长 1 人，副校长 1 ～ 2 人，党支部书记 1 人，会计 1 人。乡（镇）中学设校长 1 人，副校长 1 ～ 2 人。县直中小学设校长 1 人，副校长 2 ～ 3 人，党支部书记 1 人。

1996 年，各乡（镇）联校增设农技校教师 1 人。2000 年，农技校教师调整为联校教研室主任。2002 年联校增设督学。

中联校长任命

1991—1999 年，中小学校长实行任命制。中小学领导干部的管理权限是：县一中正副校长及支部书记，县二中、县三中、教师进修校、职业中学校长及支部书记由县委任命。各乡镇联合学校正副校长，初级中学正副校长，县一中正副教导主任、正副政教主任、正副总务主任，县二中、县三中、教师进修校副校长、教导主任、总务主任、政教主任，东关示范小学正副校长，东关示范幼儿园正副园长由教育局任命。各乡（镇）联合学区党支部书记、农村中心学校长由乡镇管理。

中小学领导干部的考察任免程序是：县委管理的干部，由县委组织部提出建议人选，并会同县人事局、县教育局统一考察，征得县政府主管领导意见后，提交县委、县政府决定任免。县

教育局管理的干部，由县教育局提出建议人选，征得县政府主管领导和乡镇党委同意后，由县教育局任免，报组织人事部门备案。乡镇管理的中心校长由联合校长提出建议人选，征得县政府主管领导和教育局意见后，由乡镇党委任免，报县教育局备案。联合学区党支部书记由县教育局和乡镇党委协商，并征得县政府主管领导同意后，由乡镇党委任免，报组织人事部门备案。

中联校长聘任

2000 年，吉县进行中小学内部管理体制改革，开始推行校长聘任制和任期目标责任制。中小学校长选聘的程序是：公开选聘条件、民主推荐、考核考试、组织考察、确定人选、按照干部管理权限报有关部门审批，教育局聘任。校长任期一届 3 年，实行目标责任制，每年进行 1 次考核，考核连续 3 年优秀者，可再连任一届，任职期满后进行轮岗交流，考核不称职者予以解聘。民主测评满意票数不达 2/3 者，进行调整。7 月，县教育局对全县 68 名副股级以上中小学校长进行全面考核和民主测评，公开推荐后备干部。组织局机关股级以上领导推荐全县 11 所中学、13 所联校、4 所城区小学校长候选人。候选人确定后，经县长办公会议通过、县委审批，县教育局予以聘任。8 月，县教育局召开中联校长聘任大会，为 69 名受聘校长颁发了聘书。中小学校级领导由委派制转换为聘任制。

2007 年 8 月，深化中小学人事制度改革，吉县决定取消校长行政级别。采取“公平竞争、择优选聘”的办法选拔任用中小学校长，校长聘期为 3 ～ 5 年，任期内实行目标管理，严格考核，考核结果作为校长奖惩、解聘和续聘的重要依据。经过个人报名、资格审查、笔试面试、考察考核、确定人选、电视公示等程序。选聘吉县一中、吉县二中、吉县三中校长，同时聘任了城区和乡镇中学正副校长。

2012 年 8 月，吉县采取推荐与考察相结合，对中联校领导班子和局机关股室负责人进行调整，共任免 98 人。本科学历达 75%，比调整前提高了 23%；平均年龄 42 岁，比调整前降低 5 岁；教育系统干部队伍呈现出年轻化、知识化、专业化的特点。

第三节　学籍管理

学籍管理文件

1986—2015 年，吉县先后制定下发《吉县接受义务教育学生就学管理试行办法》《关于加强中小学生学籍管理的实施细则》等文件，逐步建立和规范义务教育阶段学生就学和学籍管理办法。

学籍档案

1991—1999 年，新学年小学、初中新生入学后，学校建立学生学籍，在开学后 15 天内报县教育局备案。2000—2001 年，新生入学建立学生学籍卡、贴照卡档案。

2002 年开始，新学年入学新生建立电子档案。境内小学生全部按统编学号顺序填写全市统一的编班花名册，交县教科局主管部门输入微机备案。

初中各学校依据升级考试名册编班，县主管部门统一编学籍号，并组织摄像，建立电子档案。学校组织填写学籍卡，交市教育局备案并公布学籍名册。学籍号一经确定，义务教育阶段学生留级、休学、复学，在本市范围内转学均不再变。

均衡编班

2013 年起，为推进义务教育均衡发展，吉县小学、初中严格按照“免试、就近、划片、分配”

的原则，执行划片招生和适龄儿童少年就近入学政策，实行“均衡编班”，不设重点班或实验班。全面按照小学每班不超45人、初中每班不超50人的标准控制中小学校班容量。采取电脑随机编班的办法，均衡配置班主任和任课教师。

第四节　考试管理

招生考试委员会

1986年，吉县成立县招生考试委员会（下称招考委），委员会下设办公室，为常设办事机构，办公室设在县教育局，由一名副局长担任主任。招考委对吉县高考、中考、成人招生考试、自学考试及对口升学考试等工作进行领导和管理，各类招生考试工作均由招考委办公室管理操作运行。

招生考试委员会组成人员根据工作需要及时调整。主任由分管教育的副县长担任，副主任由县教育局局长担任。委员有县委办副主任、政府办副主任、纪检委副书记、宣传部副部长、财政局局长、人事局局长、公安局局长、环保局局长、卫生局局长、教育局副局长、吉县一中校长、招生办主任。

2008年后，增加工商局局长、城建局局长、计经局局长、经信局局长、电力公司经理、网通公司经理、移动公司经理为委员。

考试领导组

组长由政府副县长担任，副组长由县教育局局长、省（地）巡视员担任。成员有县纪委监委派驻纪检监察组、教育局副局长、招生办主任、中学校长。领导组下设考点主考、副主考，具体担负领导组制定的各项职责。主考由教育局长、中学校长、巡视员担任。副主考由教育局副局长、中学副校长、县招办主任担任。

考点各职能组织

各考点设执法纪检组、医疗组、环境保障组、保卫组、考务组、监控组、保密组、后勤组。

普通高考、中考

1994—1999年，实行高中毕业会考基础上的高考科目设置改革，高考科目由语文、数学、物理、化学、英语、政治6科，改为实行“3+2”。“3”为语文、数学、外语；“2”为物理、化学或历史、政治。理工农医类和文史类总分为750分，其中语文、数学、外语各150分，理工农医类考生加物理、化学各150分，文史类考生加历史、政治各150分。2000年，高中实行新课程改革，高考增加了英语听力考试，但不计入总分。考试科目改为“3+X”，“3”为语文、数学、外语各150分；“X”为理科综合（物理、化学、生物）或文科综合（政治、历史、地理），分值260分，总分710分。2001—2005年，文理综合科目未变，分值增到300分，总分调整为750分。

普通中考考试的形式、办法、考试安排与高考相同，执行省、市统一时间、科目，统一组织领导管理。

第五节 教育督导

机构设置

1989年，吉县成立教育督导室，属教育局下设股室，担负教育督导监督、检查、评估、指导的职能。1995年，吉县将教育督导室升格为副科级单位，更名为吉县人民政府教育督导室，督导室主任由教育局局长兼任，配备副主任1人（享受副科级待遇）主持日常工作，配备专职督学5人。

2000年3月—2004年8月，县政府返聘退休教师郝建忠、吴印生担任兼职督学。

2001年8月，中小学内部管理体制改革，为各乡镇联校配备专职督学1～2人。

2012年，设立教育督导责任区，聘请35名教育督学，建立《驻校责任督学制度》，出台《吉县责任督学"七个一"工作要求》，坚持开展学校安全、课程开设、师德师风、办学条件、经费使用、教育质量等方面的专项督导活动和常态化督导工作，规范学校的各项办学行为，确保教育均衡健康发展。

党政"一把手教育工程"考核

1997年4月，吉县制定下发《关于党政"一把手教育工程"考核办法》，开始实施党政"一把手教育工程"，并每年进行一次考核，考核成绩作为评选教育工作先进单位与个人的依据。考核内容为A级指标5个：领导机制、经费投入、改善办学条件、师资队伍建设、依法治教。B级指标共21个。随着教育事业的发展变化，考核内容也不断补充和调整。

1998年，吉县党政"一把手教育工程"考核成绩在临汾地区名列第三，县委书记陈保堂受到临汾地委、行署的表彰。2011年，临汾市委、市政府授予吉县"党政一把手教育工程综合考评先进县"。

教育教学工作督导评估

1991年，吉县教育局制定下发《吉县中小学教育教学工作考核评估方案》，每学年末，组织考核评估组对中学、联校教育教学工作全面考核评估。考核评估为两大内容，一是学校管理，二是教学质量。考评结果作为评选教育教学先进单位的依据。

第六节 教育经费

多渠道筹措教育经费

教育经费包括教育经费收入和教育事业费支出。教育经费收入包括国家财政性教育经费（预算内教育经费、各级政府征收用于教育的税费、校办产业勤工俭学收入），社会捐赠办学经费、事业收入（学杂费）三大部分。教育事业费支出包括个人部分（教师工资、福利、社会保障、学生助学金）支出、公用部分（公用支出、修缮费）支出以及基建支出。

1986—2003年，吉县农村义务教育实行"三级办学，两级管理，以县为主、首长负责"的管理体制，县财政每年对于教育的拨款，主要用于教师、职工工资。中小学公用经费主要靠办学单位投入、征收教育费附加、勤工俭学、收取学杂费等多渠道筹措解决。

义务教育经费全额纳入财政预算

2004年，吉县制定下发《关于进一步加强农村教育工作的决定》，县财政将农村义务教育经

费全额纳入预算，保工资、保运转、保安全。当年，境内停止征收农村教育费附加。为弥补教育经费不足，省财政下拨吉县转移支付资金 95 万元，其中初中 48 万元，小学 47 万元；下拨保学金 8.7 万元，减免课本费 14.5 万元。有 5000 名贫困学生受到救助。

2005 年，国家对农村义务教育阶段家庭经济困难学生实行“两免一补”政策。2006 年，吉县农村义务教育阶段中小学全部免收杂费。

2007 年，全面实施农村义务教育经费保障新机制。全部免除农村义务教育阶段在公办学校就读的中小学生（含县城所在地学生）学杂费；对贫困家庭学生免费提供教科书并补助寄宿生生活费；同时提高义务教育阶段中小学公用经费标准；建立农村义务教育阶段中小学校舍维修改造长效机制；确保教师的平均工资水平不低于当地公务员的平均工资水平，并按时足额发放。

2008 年，城乡义务教育阶段中小学生全部免除教科书费。

2010 年，国家对农村义务教育阶段学校生均公用经费基础定额提高 100 元，即年生均达到小学 400 元、初中 600 元，将农村义务教育阶段家庭经济困难寄宿生生活费基本补助标准每人每天提高 1 元，年生均达小学 750 元、初中 1000 元。为解决农村中小学教学点运转困难等问题，对不足 100 人的农村中小学教学点按 100 人核定公用经费补助资金。

2014 年，县财政划拨专项资金，全部免除普通高中、职业高中学生学费、教材费、住宿费。

吉县 1991—2015 年吉县教育经费收支情况表

表 26-8-1 单位：万元

年份	教育经费收入							教育事业费支出								
	总计	国家财政性教育经费				社会捐赠办学经费	事业收入（学杂费）	合计	个人部分				公用部分			基建支出
		小计	预算教育经费	各级政府征用于教育的税费	校办产业勤工俭学				小计	教师工资福利	社会保障	学生助学金	小计	公用支出	修缮费	
1991	4518	4158	3046	1112	—	360	—	3046	2736	2511	206	19	310	237	73	—
1992	5672	5292	4182	1110	—	380	—	4192	3712	3414	279	19	480	378	102	—
1993	6259.9	5646.2	5159	190.2	297	531	82.7	4829	4498.2	4085.3	390.3	22.6	330.8	310.4	20.4	—
1994	—	—	—	—	—	—	—	—	—	—	—	—	—	—	—	—
1995	7157	6739	6380	259	100	120	298	7157	6140	5550	560	30	897	897	—	120
1996	11133	7867	7300	447	120	2769	497	11133	6960	6150	790	20	1404	1404	—	2769
1997	12403	9050	7970	930	150	3000	353	12403	7230	6250	960	20	2173	1893	280	3000
1998	18400	10468	9160	1158	150	7500	432	18372	6840	5800	1010	30	4552	3012	1540	6980
1999	15215	11395	10160	1085	150	3000	820	15243	9293	7890	1373	30	2950	2386	564	3000
2000	15579	14167	13020	997	150	500	912	15579	12056	10486	1540	30	3523	2516	1007	—
2001	21145	18995	17890	955	150	960	1190	21145	16600	14120	2450	30	4545	2111	2434	—
2002	21964	19605	18479	976	150	939	1420	21964	17189	14699	2460	30	4775	3225	1550	—
2003	25865	21727	21459	118	150	1000	3138	25865	16622	14889	1578	155	9243	5593	3650	—

续表

年份	教育经费收入							教育事业费支出								
	总计	国家财政性教育经费				社会捐赠办学经费	事业收入（学杂费）	合计	个人部分				公用部分			基建支出
		小计	预算教育经费	各级政府征用于教育的税费	校办产业勤工俭学				小计	教师工资福利	社会保障	学生助学金	小计	公用支出	修缮费	
2004	31344	26561	26234	177	150	1000	3783	31344	21499	19295	2067	137	9845	5168	4677	—
2005	35895	28378	27988	240	150	4060	3457	35895	21836	21494	—	342	5859	4969	890	8200
2006	40666	37396	36520	876	—	900	2370	40666	28030	27559	—	471	11436	5760	5676	1200
2007	54133	51980	51570	410	—	133	2020	54073	34010	33331	—	679	20063	7883	12180	—
2008	58263	55632	55312	320	—	—	2631	58263	39738	38263	—	1475	18525	11442	1213	5870
2009	74859	71810	70580	1230	—	—	3049	75274	44969	42647	—	2322	30305	12135	2790	15380
2010	99319	96557	95317	1240	—	—	2762	99319	58854	56759	—	2095	40465	13903	26562	—
2011	118016	114676	109943	4733	—	—	3340	118118	58695	55589	—	3106	44353	44533	—	15000
2012	95291	94903	94903	—	—	—	388	95291	75421	64596	—	10825	19890	23317	3447	—
2013	161749	161159	161159	—	—	—	590	161749	104364	95493	—	8871	31295	23584	7711	26090
2014	181190	179615	179615	—	—	—	1575	181190	119822	107511	—	12311	5888	46053	7835	7480
2015	212927	210364	210364	—	—	—	2563	212927	141186	126272	—	14914	71741	63504	8237	—

第九章 科技

第一节 科学技术

机构沿革

1971 年，吉县革命委员会科技办公室成立。1974 年，更名为科技局。1978 年 11 月，更名为科学技术委员会。内设办公室、综合业务股、科技情况股。2002 年 3 月，与教育局合并。

1995 年，吉县 11 个乡镇配齐科技副乡镇长，设置乡镇科学技术委员会和农业科学推广站。为 106 个村委各配备 1 名补贴制农民技术员，设立 24 个科技示范村、318 个科技示范小组、1134 个科技示范户。

科技队伍

1988 年，吉县科技人员总数达到 1251 人，其中本科学历 16 人，专科学历 156 人，中专学历 599 人，自学成才 480 人。有技术职称者 1185 人，其中高级职称 12 人，中级职称 878 人，初级职称 795 人。

2002 年，吉县 42 个事业单位中，拥有农业、教育、卫生等各类专业技术职称的人员 2002 人，其中正高 1 人，副高 30 人，中级 673 人，初级 1298 人。

2003 年，吉县 42 个事业单位中，拥有农业、教育、卫生等各类专业技术职称的人员 1649 人，其中正高 1 人，副高 27 人，中级 603 人，初级 1018 人。

2004 年，全年晋升高级技术职称 1 人，副高级技术职称 14 人，中级技术职称 27 人，初级技术职称 116 人，新聘技术员 53 人。

2011 年，共引进环保、计算机、能源、农业等技术人员 20 名，培育带动县域各类乡土人才 1000 余人，全民科技文化素质得到较大提高。

2014 年，开展科技示范乡（镇）、科技示范村、科技示范户、科技带头人“四级联创”活动。培育乡土人才 100 名，科技示范户 108 户，科技带头人 100 人。

2015 年，贯彻落实“自主创新重点跨越、支撑发展、引领未来”的科技工作方针，推进企业自主创新和科技成果转化，实现科技与经济的有机结合，加强科技人才平台和专家库建设，吸收省内人才智力为吉县科技发展服务。与山西农大、省果业工作总站、市农委、市农业经营管理站的 6 名科技专家进行对接，与受援单位签订科技服务三方协议书。全年共举办培训 30 场次，培养乡土人才 800 多名。

科技宣传

20 世纪 80 年代，针对农时季节和农业生产中的突出问题，创办《吉县科技》杂志，收集整理技术信息资料，发至各村民委员会，并与全国 150 个县、市进行交流。

90 年代，围绕林（果）、烟、牧、工、旅五大主导产业，出刊《致富科技信息》小报，搜集、摘编科技致富信息，购置《世界最新科技博览》等录像带，到乡、镇、村民小组和县直各单位巡回宣传。建立了科技电教室，实现与国家科委信息中心联网，提高了信息的实用性和可靠性。

2011 年，启动实施“农村科技信息村村通工程”。设立种植业、养殖业、QQ 信息、创业经验、技能培训等栏目，快速及时地为群众发送科技信息。并围绕宣传科技法律法规，组织大型科技下乡活动，发放宣传资料 2.3 万余份。

2014 年，组织开展“3.18 全国科技人才活动日”和“4.26 知识产权日”宣传周活动，邀请省知识产权局专家举办专利申报专题讲座。

2015 年，开展“建设知识产权强国，支撑创新驱动发展”知识产权宣传活动，“创新创业、科技惠民”宣传活动，科普宣传进社区、进校园，科技服务进乡村、进企业等专题宣传活动，受训人员达 1000 余人。

科技培训

1986—2010 年，以示范果园为基地，开展果树实用技术培训。按照果树管理规律，采取定期给果农散发实用技术资料、聘请专业技术人员现场示范操作、农民夜校讲课等方法对果农进行培训，提高果园的管理水平。先后与职业中学、生产资料公司配合，聘请民进山西省委有关专家举办果树管理培训班，聘请省科技战略研究所专家举办电脑知识讲座。

2012 年，建立科技人员进村入户责任制，组织具有高级职称的科技人员包乡镇、具有中级职称的科技人员包村、一般技术人员包户。采取种植技术辅导培训，定时定点巡回培训，农作物管理关键环节集中培训、印发科技资料等形式，开展农业科技培训，履行“科技特派员”职能。

2013 年，完成各行政村“农村科技信息村村通”工程，为村级科技信息员、8 个乡镇科技副乡长配备了手机，县科技办不定期为科技信息员提供科技信息服务，通过乡村两级科技信息员，把科技知识传送到千家万户，为主导产业发展提供服务。

科技推广

推广研发新品种新技术　1982—1988 年，引进推广西瓜优良品种 18 个，境内西瓜栽培全部实现优种化。1985 年，经行署科委技术鉴定，吉县西瓜优种化被评为全区 12 项科研成果之一。

1995 年，引进推广毛用山羊—安哥拉山羊繁育技术。组织专业人员 3 次赴陕西延安南泥湾实地考察，参加延安地区科委举办的安哥拉山羊繁育培训班。贷款 3 万元，购回纯种安哥拉山羊 7 只，在吉县首次使用人工授精技术 1000 例，对本地山羊进行优种改良。

1987 年 7 月，临汾地区科委组织专家对罗凤鸣、王东琪、陈占学、杨贵元等技术人员共同研究的“椴树种子育苗法”进行技术鉴定，认定“该项目研究成果在省内外具领先地位，达到了国内同类水平，建议上报评奖”。

1983—1987 年，科委技术员刘宏研究试验“旱作玉米集优种植法”，5 年示范面积 1200 余亩，增产效果显著。1987 年 8 月，临汾地区科委组织专家进行技术鉴定，认为：“该种植法对我国目前采用有机旱作耕作措施有重大突破、创新、改进和提高，把增产和培肥地力、保持水土、增强农业后劲结合起来，为干旱山区玉米种植、高产稳产创出了一条新路子，属于国内首创，可以在干旱丘陵山区普遍推广”。

实施科技富民强农项目　2014 年，成立吉县科技富民强县专项行动计划工作领导组，根据山西省“百千万”科技富民强农计划项目的有关要求，申报承担吉县“千亩有机苹果栽培技术项目”，举办各种科技培训 80 多场次，受训 5 万人次。

建立科技推广示范基地　2015 年，加大对企业技术创新支持力度，健全完善技术创新体系。筹建山西顶吉食品开发有限公司、吉县大山农副产品有限公司技术研发中心。建成科技成果推广示范基地 1 个（富民苹果专业合作社），农业产业化科技示范基地 1 个（壶口有机农业有限公

司），省星火示范基地1个（恒丰苹果物流有限公司）。

科技创新

2009年，吉县申请专利6件。其中中垛乡三堠村退休教师曹本仁研制的骨折固定装置、吉昌镇西关村村民加有平研制的摩托车防滑链获专利证书。

2012年，吉县新立有限公司开发的生物质采暖气化炉获得国家专利。该公司可独立承担生物质采暖气化炉的各项生产与科研开发工作。

2013年，组织承担省级科研项目"万亩苹果产业化科技示范基地建设、红富士苹果冰温贮藏保鲜新技术研究"，市级科研项目"黄土旱垣区干果良种引进及综合开发技术推广"。

2014年，培育和认定高新技术企业、高新技术产品和成果。通过对企业指导服务与扶持，经省级认定的民营科技企业4家。

2015年，加强与各高校研究机构密集地区及发达国家的科技协作，充分利用国内外科技资源，使企业不断获得先进科技成果的支撑，提升引进消化吸收再创新能力。参加各种科技博览会、交易会、洽谈会，与各大专院校、科研院（所）达成意向合同10项。申报国际科技合作项目1项，即中日合作第二期黄河防护林建设项目。

科技成果转化

2010—2015年，吉县先后出台《支持科技型企业发展的若干政策》《吉县科学技术奖励办法》《关于优先支持科技创新型企业的方案》等文件。2014年，完善技术创新体系建设，搭建科技孵化平台。山西顶吉食品有限公司实验室、大山有机苹果产业发展技术研发中心筹建完成，开始运营。

山西顶吉食品有限公司实验室始建于2012年，技术力量雄厚，仪器设备先进，为浓缩苹果汁、果酒、果醋的新工艺、新技术的推广奠定了基础。大山有机苹果产业发展技术研发中心，针对吉县果树树龄较大、品种落后等问题进行研究，建立200亩实验基地，用于苗木研发，实现了当年栽树、第二年挂果、第四年盛果、幼树早挂果。

同年向上级科技部门争取项目和资金，组织承担市级以上科技项目7项（国家级1项，省级2项，市级4项），国家级项目是"苹果标准化高效栽培技术示范推广"，省级科技项目是"年产5万吨有机苹果种植基地建设""苹果综合加工关键技术研究及应用"。

2015年，帮助企业申报低碳创新项目，山西澳坤生物农业股份有限公司申报的"年产20万吨有机生物菌肥、2000吨杏鲍菇及50000吨苹果冷藏气调保鲜库"低碳项目申报获得成功。对28家单位进行科普统计调查，帮助山西顶吉食品开发有限责任公司申报了山西省重点研发计划项目"苹果高值化利用技术研究与应用"。

第二节　气象监测

机构沿革

县气象局前身为气象站，1956年始建，建站时有3名工作人员，由省气象局领导。1960年3月，县气象站更名为乡宁县吉县镇气候服务站。1961年3月，更名为吉县气候服务站。1966年1月，更名为县气象服务站。1981年10月26日，实行气象部门和地方双重管理的领导体制。1989年1月1日，更名为山西省吉县气象局。2006年12月31日升级为国家一般气象站。2007年1月1日，升级为国家气象观测一级站。2009年1月1日，台站名称规范为：国家基本气象站。区站

号 53859。

2015 年，气象局有在编人员 10 人，聘用人员 3 人，退休人员 3 人。其中，有工程师 5 人、助理工程师 5 人。研究生 1 人、本科学历 8 人、专科 1 人。

台站建设

1956 年，气象站站址设在城关公社桥南村水洞沟山头上，无电无水，只有一条崎岖小路通往县城，吃水要到 1.5 千米的山沟里去挑，条件艰苦。

1957 年 1 月 16 日，正式开始观测，位置为：北纬 36°　05′，东经 110°　41′，观测场海拔高度 953.1 米。

1990 年，为改善职工的工作生活环境，提高气象服务经济社会效益，经山西省气象局批准将站址迁往吉昌镇西关村“号子垣”，位置为：北纬 36°　06′，东经 110°　40′，观测场海拔高度 851.3 米。

1990—1991 年，先后投资 18 万元，征地 5 亩，修建办公用房 269 平方米。2006 年，投资 15.3 万元，征地 1.6 亩，修理了道路、护坡。2007 年，投资 86 万元，征地 2.5 亩，修建办公房 602 平方米，安装独立变压器，锅炉暖气，修建化粪池、厕所。2008 年，投资 5 万元，进行灾后重建，使台站面貌焕然一新。

气象业务

气象观测　1980 年 1 月 1 日—2006 年 12 月 31 日，每天 8、11、14、17、20 时 5 次观测。2007 年 1 月 1 日以后，每天 2、5、8、11、14、17、20、23 时 8 次观测。观测项目有云、能见度、天气现象、气压、温度、湿度、风向、风速、降水、雪深、雪压、日照、蒸发、地温（包括曲管）、冻土等。

天气报编发　1961 年 1 月 1 日，每日 8 时、14 时拍发 2 次天气报。1994 年 7 月 1 日，停发给 OBSAV 临汾的固定（预约）航危报。全年编发气象旬（月）报，发往临汾、太原。每年 6 月 1 日—9 月 30 日 06 时 ~ 06 时编发一次雨情报，发往太原。10 月 1 日—次年 5 月 30 日 08 时 ~ 08 时编发一次雨情报，发往临汾。每年 6 月 1 日—9 月 30 日编发重要天气报发往太原，临汾全年编发。1996 年起，仅保留地面气象观测月、年报表各 1 份，同时上传报表文件。2007 年 1 月 1 日起，改为向省台发旬报。2008 年根据中国气象局文件气〔2008〕186 号，关于修订重要天气报有关事宜的通知，出现强沙尘、积雪、雨凇、雷暴、雾等重要天气时拍发重要天气报。

自动气象观测　1985 年 6 月，县气象站配备 PC-1501 袖珍计算机，取代人工编报。

1999 年 7 月 3 日，安装 VSART 卫星单收站。2004 年 10 月 24 日，县气象局安装 DYYZ Ⅱ型自动气象站，并于 2005 年 1 月 1 日正式投入业务运行。自动气象站观测项目有气压、气温、湿度、风向风速、降水、地温。2006 年，分别在车城、壶口、柏山寺、屯里 4 个乡镇安装单要素雨量站。2007 年，在窑渠安装两要素（温度、雨量）区域自动站。自建站起，因观测任务及要求的变动，上报过的月报表先后有气表（-1）1 份，月简表 1 份；年报表有气表（-21）1 份，异常天气年报表 1 份 。

气象信息网络　1957 年 1 月 16 日，开始报文发送，通过电话语音传到邮局，再由邮局将报文语音传至临汾气象台。1992 年，县气象局配备甚高频电话，通过高频电话实现与临汾市气象台的直接通话。2005 年安装 2 兆专用光缆。2007 年 1 月 1 日起，每天 8 次天气报直接传输到省信息中心。

气象预报　短期天气预报　20 世纪 70 年代，县气象站进行基层业务基本建设，规范每个台

站整理的基本资料、基本图表、基本档案和基本方法。1980—2015 年，根据预报需要，共抄录整理 55 项资料，绘制简易天气图等 9 种基本图表。建立基本档案，收集建站后所有气象资料以及各种灾害性个例天气资料。建立业务技术档案，收集气候分析材料、预报服务调查与灾害性天气调查材料、预报方法使用效果检验资料、预报质量月报表、预报技术材料、中央省地各类预报业务会议材料等。

中期天气预报 20 世纪 80 年代初，通过传真接收中央气象台、省气象台的旬、月天气预报，再结合本地气象资料、短期天气形势、天气过程的周期变化等，制作一旬天气过程趋势预报。

长期天气预报 20 世纪 60 年代开始，县气象站制作长期天气预报，主要运用数理统计方法和常规气象资料图表及天气谚语、韵律关系等方法，分别作出具有本地特点的补充订正预报。80 年代后，依据本地产业结构调整，结合烤烟、苹果种植各个生育期对气候条件的要求，制作了一整套苹果、烤烟气象预报服务流程。

长期预报主要有：年度预报、春播预报、汛期预报、秋季预报、冬季预报。

农业气象 1983 年，吉县气象局作为农气二级站，开始农业气象观测。作物生育期观测包括冬小麦和春玉米。土壤湿度测定为作物地段测定。物候观测包括木本植物（加拿大杨、刺槐）、草本植物（蒲公英、车前草）和动物（家燕、大杜鹃）。水文气象观测有霜、雪、雷声、闪电、虹、严寒开始，土壤表面，河流冻结和解冻。资料报表有农气表— 1、农气表— 2-1、农气表— 3，上报省气象局 1 份，自留 1 份。农业气象预报有农作物播种期、收获期、发育期预报、霜冻预报。农业气象情报有雨情报、墒情报和农业气象旬、月报。

气象服务

公众气象服务 1997 年 6 月，开通“121”天气预报自动咨询电话。2004 年 1 月，根据市气象局的要求，全市“121”答询电话实行集约经营，主服务器由市气象局建设维护。2007 年 1 月，开始使用灾情直报系统。2008 年 1 月，利用区域站建设平台建成气象预警预报发布平台，通过短信方式发布。2008 年 11 月，开播电视天气预报，每天 17 时通过电话传输至县电视台发布 24、48 小时天气预报。

决策气象服务 每年开展春季、秋季、汛期等重要时期的决策性服务，重点做好灾害性、关键性、转折性天气的监测预报工作。每月、年编写并发布气候影响评价。

2005 年 5 月 9 日，水洞沟发生特大山体滑坡地质灾害，在 20 多天的抢险工作中，县气象局每天及时向抢险工作指挥部报送天气预报，为抢险指挥部合理安排抢险物资和抢险机械的调度提供依据。

2006 年 8 月 28 日，吉县出现大范围强降水天气，当日降水量达到 66.5 毫米，28 日 12 时至 14 时的降水量达到 33.5 毫米，形成大暴雨。县气象局提前作出预报，各级领导群众严防布控，没有造成财产损失和人员伤亡。

2008 年春节前，出现大范围强降雪天气，城区道路积雪严重，车辆行人受阻，县气象局积极与市气象台进行天气会商，严密监视天气变化，做出准确的短时天气预报和短期天气预报，及时为各级领导和有关部门提供最新的气象信息材料 600 份人次。县政府有关部门根据提供的短期气象预报，组织各机关单位进行 3 次大范围的清理城市道路积雪活动，共出动人力 8000 余人次，机动车辆 100 余台次，保证了城市道路的畅通运行。

专业与专项气象服务 20 世纪 80 年代中期，为了帮助农民尽快脱贫致富，依据吉县经济发展特色，开展多项专业气象服务，主要包括蔬菜大棚种植气象服务，为吉县市场淡季有鲜菜供给

开了先河；冬季大棚养猪气象服务，解决了冬季养猪增长慢，多病灾的难题；与烤烟局联合开展烤烟种植气象服务研究，增加了农民收入。

苹果作为农民的主导产业，是农民的主要经济收入来源。但在生产过程中不少果农在卸袋环节，忽视气候的影响，凭经验盲目选择卸袋时机，加之不按操作规程进行，造成很大的经济损失。县气象局结合吉县的气候特点制作了为果农提供产前、产中、产后的一条龙气象服务。

1995 年，县气象局开展彩虹门和庆典气球施放服务。针对壶口旅游开发，开展了 1994—1997 年漂流节，1997 年柯受良驾驶汽车飞越壶口，1998 年朱朝辉骑摩托车飞越壶口的专项服务。

1996 年，开始人工增雨火箭作业。1999 年，吉县投资 2 万元，购置“三七”高炮 1 架，于 2010 年经市人降办同意并在其监督下报废。2014 年 11 月，投资建设 1 套 BDCW40-2 卧式地面人工影响天气烟炉装置。

气象科普宣传　1986—2015 年，吉县每年在 3.23 世界气象日，通过电视、广播、发放宣传材料等形式开展气象科普知识和气象法的普及宣传活动。从 2005 年起，每年开展“防雷避险常识”进校园系列宣传活动，将带有防雷基本知识的宣传册和宣传画报发放到中、小学生手中。

第三节　地震监测

机构人员

县地震局成立于 2005 年 7 月，内设综合办公室、抗震预防设防股。2015 年底，有工作人员 4 人，其中局长 1 人，副局长 2 人，干事 1 人。

防震减灾专家库

2006 年，县防震减灾指挥部在气象、环保、林业、水利、地质、卫生防疫等领域推荐 24 名专家学者，建立县地震异常落实及灾情会商专家库，制定《吉县防震减灾专家库管理办法》，建立健全了防震减灾科学决策机制。

观测网点建设

2006 年，8 个乡镇分别配备乡镇防震减灾助理员，由各乡镇分管副乡镇长兼任。至 2015 年，境内有 40 个地震宏观观测点，8 名乡镇防震减灾助理员，“三网一员”（地震宏观观测报网、地震减灾速报网、地震减灾宣传网，地震减灾助理员）队伍 48 人。2009 年 4 月 30 日，县地震局统一制作发放、悬挂“地震宏观观测点”牌匾 40 块，“吉县防震减灾科普示范村”牌匾 8 块，“吉县防震减灾示范学校”牌匾 2 块，“吉县地震应急避难场所”牌匾 1 块，“农村民居地震安全工程示范村”牌匾 2 块。2013 年 8 月，对 40 个地震宏观观测点逐一进行查缺补漏和整顿调整，有序开展地震前兆异常观测，确保县、乡、村三级准确及时上报信息。2014 年 4 月和 8 月，组织县、乡、村 48 名地震宏观观测员和乡镇防震减灾助理员参加省、市开展的地震应急灾情速报演练。制作《吉县地震宏观观测点记录手册》，为 40 个地震宏观观测点制作了统一的牌匾。

应急防御

地震应急防御　2010 年 8 月 13 日，县政府下拨首批地震应急物资储备经费 33 万元，其中，18 万元储备帐篷，由民政局负责落实；9 万元储备食品、饮用水和日用品，由发改局负责落实；6 万元储备医药品，由卫生局负责落实。2011 年，完成《吉县地震应急预案》的修订工作，并根据人员变动情况，调整县防震减灾指挥部成员。确定室内地震应急指挥所为县政府一楼视频会议室，野外地震应急指挥场所为祖师庙文化广场。确定室外应急场所为祖师庙文化广场、西关文

化广场、桥南广场、中心广场。出台《吉县“三网一员”管理办法》，规范“三网一员”运行机制。2012年，制定《吉县地震应急救援志愿者队伍组建方案》，组建成35名成员的志愿者队伍。制定《落实地震应急避难场所建设实施计划》，确定部门责任，明确设施配置分工，进行建设进度安排，对基础设施进行建设和完善。制定《吉县谣言应对处置预案》，正确引导舆论，维护社会和谐稳定。制定年度《震情跟踪工作方案》，坚持每天“零报告”、每周一“趋势会商”、全天24小时值班，确保上下信息联络畅通。2013年，县防震减灾指挥部办公室下发《关于进一步做好地震应急准备工作的通知》，完成8个乡镇和31个成员单位地震应急预案的修订。7月25日，“吉县干部大讲堂”邀请省政府应急管理办公室专家对吉县干部进行应急管理专题培训。2014年，制定《吉县抗震救灾指挥部应急指挥流程》《吉县地震应急预案》，9个工作组牵头部门分别完成本组的地震应急联动方案。对全县应急物资储备、应急队伍建设、应急避难场所以及应急机械设备、装备等情况进行核实和督促检查。

防震救援队伍 2006年4月，吉县建立部门防震减灾专业抢险、抢修、抢救队伍，涉及城建、公安、人武、电力、水利、交通、通信、卫生、教育、广电以及生命线工程和次生灾害源单位。制定地震应急物资储备、应急联动方案，涉及民政、发改、卫生等部门。

地震应急演练 从2005年开始，不定期组织中小学和县直机关开展应急避险演练。2014年，县城中小学校和屯里镇政府开展地震应急演练。2015年，指导职业中学进行地震应急疏散演练，

抗震设防普查

2008年5月30日，县防震减灾指挥部下发《吉县农村房屋抗震性能普查工作方案》，启动农村民居抗震性能普查工作。当年对农村，包括乡镇政府所在地的医院、学校、商店等公共建筑进行普查，完成农村民居基础资料的调查、收集、数据库建设工作。6月12—14日，县地震局工作人员对云安批发部、佳家福超市、大众购物等较大超市，东关小学、县二中、县三中等中小学校，黄河大酒店、丰泽园大酒店、星海明珠大酒店等人员聚集公共场所的地震安全隐患进行排查，对存在地震安全隐患的单位下发整改通知书。

2012年，对立项建设工程进行抗震设防执法督促检查，对其中的6项建设工程指出了存在问题，提出整改措施，明确整改期限，出示处罚依据，促进工程抗震设防管理的开展。

抗震设防审批

2011年，对2008年以后的建设工程进行清查，办理抗震设防要求审批手续8项。2013年，县纪委监察局牵头，发改、住建、地震等多部门联合开展督促检查，依法审批建设工程抗震设防手续10项。2014年10月，县政府成立重点项目督查落实联合办公室，对重点工程建设项目逐一进行依法查询，审批抗震设防要求手续5项。2015年审批建设工程抗震设防要求手续8项。

宣传教育

抗震知识宣传 2005—2012年，县地震局以防震减灾知识进学校、进社区、进机关、进农村、进企业、进家庭的“六进”活动为切入点，以“5·12”和“7·28”宣传周为重点，积极开展防震减灾科普宣传教育，在各乡镇、社区、机关、学校、沿街门店、中心广场等，发放宣传手册2万余份（册）、悬挂条幅40幅，展示板面30块，举办电视专栏28期，印发专刊4期。在中小学和县直机关开展举办防震知识讲座。2006年3月，创办《防震 减灾 法规》宣传简报。简报以“关注地震灾害，提高防震意识，建设安全家园，构建和谐吉县”为宗旨，不定期编发，当年共编发4期400份。7月25日，召开纪念唐山地震30周年暨乡镇防震减灾助理员工作会议。利用“5·12”和“7·28”防震减灾宣传周开展防震减灾知识宣传。2013年，制定《吉县防震减灾宣传教育工作方案》，向

各村委发放《农村抗震民居宣传挂图》200套，在《山西壶口》上刊登宣传抗震知识专版，印制3000册。2014年，向农村发放“防震提示”版面200余块，在祖师庙文化广场增设宣传专栏，在手机报《今日吉县》“公益宣传”栏连续14天刊登28条防震减灾宣传内容，县电视台在宣传周期间连续播放防震减灾宣传光盘。2015年，为职业中学学生发放宣传资料，宣讲防震减灾知识，并参加全市地震系统抗震设防知识竞赛。

创建防震减灾科普示范校　2013年4月，在县城内各中小学校开展防震减灾科普示范学校创建工作，县教科局、地震局、科协联合对创建工作进行检查指导。东关小学、祖师庙小学、西关小学、县二中、县三中，被认定为市级“防震减灾科普示范学校”。2014年，继续推动创建工作扎实开展，东关示范小学、祖师庙小学被认定为省级防震减灾科普示范学校。

第二十七编　卫生

1986年初，吉县有国营和集体经营的医疗卫生机构18个，村办保健站92个，城乡个体诊所9个。有医务人员440名，其中主治医师3名，医师11名，医士122名，护士18名，其他人员286名。内有大专院校毕业者14名，中专毕业者44名，初级卫校毕业者382名。

2015年底，境内共有医疗卫生机构121家。其中县级7家：县人民医院、中医院、疾病预防控制中心、妇幼保健院、地病办、新型农村合作医疗管理中心、卫生监督所；乡级8家：屯里、中垛、文城、壶口4个中心卫生院和吉昌镇、东城乡、柏山寺乡、车城乡卫生院；79个村卫生室，27个个体诊所。编制床位420张：县医院200张，中医院40张，妇幼保健院20张，8个乡镇卫生院160张。县乡医疗卫生机构人员编制529名，实有正式在册人员450名（含定向免费医学生3人不占编制），空编82个，其中，乡村医生84名。年龄结构：50岁以上146名、40～49岁160名、39岁以下144名；学历结构：本科90名、专科246名、中专及以下112名。专业技术人员393名，职称结构：正高级2名、副高级15名、中级149名、初级227名；专业结构：医疗179名、医技47名、护理167名。

吉县各级各类医疗机构的医疗设施不断完善，人员素质不断提高，服务能力不断加强，初步实现了农村初级卫生保健的阶段性目标，广大人民群众的健康水平显著提高。

第一章　卫生防疫

第一节　公共卫生

爱国卫生

1953年，吉县爱国卫生委员会成立，先后开展了“除四害（麻雀、老鼠、蚊子、苍蝇）”、农村两管五改（两管：管好食用水井、水泉，管好粪便、垃圾；五改：改造厕所、畜圈、鸡窝、炉灶、水井）等整治生活环境活动。20世纪80年代初，吉县重点开展以绿化、美化、香化、净化为主要内容的爱国卫生运动，分别于1983年、1985年被山西省和临汾地区评为“卫生县城”。1997年，开展县城环境整治，加强城市管理，吉县获得“省级卫生县城”称号；同年，临汾地区灭鼠工作现场会在吉县召开。2013年，结合第二十五个爱国卫生月活动，开展环境卫生整治活动，出动车辆568台次，人力1.45万人次，清理清运垃圾1.8万余立方米；7月，通过省级卫生县城验收；10月，通过全省灭鼠、灭蟑、灭蚊验收。2014年，开展创建省级卫生县城、卫生村镇、卫生单位活动，通过省级卫生县城验收。2015年，建立健全县、乡、村三级健康教育网络，给居民发放健康知识口袋书。开展卫生县城创建和城乡爱卫生清洁活动，发放宣传材料41549份，出动宣传车辆75台次，播放录音200余小时，悬挂宣传标语151条。2011—2015年，结合沼气扶贫工程，推行双瓮漏斗式厕所和沼气厕所。

随着旅游业逐步发展壮大，吉县不断加大投资，改善县城基础设施，强化县城管理，规范市民行为，开展城乡环境卫生整治，城乡环境卫生水平逐年提升。1997—2015年，吉县多次被评为“省级卫生县城”。

公共卫生

健康教育　运用召开动员会、设立宣传站、出动宣传车辆、利用电视媒体、手机报等形式宣传卫生健康知识。把健康教育同城乡爱国卫生清洁运动、公共卫生服务均等化相结合、健康促进行动相结合，开展健康教育进农村、进社区、进学校等系列活动。截至2014年底，共印发居民健康知识手册1万余份，县、乡、村医疗卫生机构均建立健康教育宣传栏。累计建立居民健康档案104649份，其中，城镇13185份、建档率81.48%，农村91464份、建档率98.85%。

市容环境　相关部门与各门店签订门前“五包责任书”，建水冲式公厕6座，规范自行车、摩托车、机动车停放点，街道路灯进行LED光源改造等，县城环境面貌有了很大改观。

食品安全　建立统一格式的进货台账和索票制度，严把食品经营许可准入关，规范与处罚并举，食品原辅材料进货检查制度普及率、监督覆盖率均达到100%。

公共场所管理　贯彻执行1987年4月1日国务院发表实施的《公共场所卫生管理条例》，实行卫生许可证制度，对境内公共场所建档管理。建立完善公共场所卫生管理制度，定期和不定期对公共场所工作记录、卫生管理人员的健康合格情况等进行现场检查，并对场所内用品、用具及室内微小气候进行监测。

第二节 卫生监督

监督管理

2000—2003年，对境内27家执有医疗机构执业许可证的医疗机构进行年度校验。对聘用非卫生技术人员、擅自扩大诊疗科目等违法行为进行查处，依法下达卫生监督意见书，并针对性地提出整改意见。

2004年，吉县卫生局设立卫生监督所。每年下发《吉县年度卫生监督工作绩效考核细则》《村卫生室卫生监督工作绩效考核细则》，以指导各乡镇卫生监督工作；利用"四员"培训的机会多次对卫生监督员检查员（食品安全宣传员）、卫生监督信息员（包括食品安全信息员）进行培训；开展卫生监督员《行政强制法》等法律法规及业务知识的培训考试，加强卫生监督协管队伍建设；开展卫生监督服务对象摸底，及时掌握境内食品、公共场所、生活饮用水、学校卫生等卫生监督服务对象的变动情况。

应急机制

2007—2011年，吉县逐步建立健全卫生应急体系，完善卫生应急预案。积极储备各类防护用品、消杀药械、诊断试剂及耗材、季节性疫苗、检测设备等应急物资。组建突发公共卫生事件应急处置和其他突发事件医疗救治和卫生学处理各类应急专业队伍。建立卫生应急技术骨干库，开展卫技人员、传染病管理人员卫生应急知识培训。2012—2015年，针对埃博拉、手足口病、人禽流感等冬春季传染病，吉县修订《吉县突发公共卫生事件应急预案》和《吉县突发公共卫生事件医疗卫生救援应急预案》，组织专人检查医疗卫生单位应急预案备案情况，扩大预案覆盖面，建立多部门协调联运机制。多次组织"液化气泄漏"等突发公共卫生事件医疗救治培训应急演练，提高医务人员的早期识别能力和应急反应处置能力。

专项整治

2005年起，吉县开展卫生监督日常检查与执法检查。对境内医疗秩序进行专项整治，严厉打击擅自从事医疗美容诊疗活动，查处医疗计生服务机构科室出租、承包、无证行医等扰乱医疗秩序行为；开展饮用水专项整治，对学校自建设施集中式供水进行排查摸底，规范自来水厂设备消毒水质监测等；开展传染病防治专项整治，重点监督医疗机构医疗废物的规范处置、门诊传染病人登记报告制度执行情况、县疾控中心传染病防控等工作；开展放射诊疗专项整治，严厉查处过度放射诊疗等10类违法违规行为，规范境内放射诊疗许可，放射诊疗设备的管理、使用及安全防护。

2013年，对公立医院、个体诊所、村卫生室等医疗机构进行拉网式检查，地毯式排查。共出动执法人员295人次，车辆55车次，下达意见书110余份，行政处罚10户次，罚款2.8万余元，取缔4家无证行医。

2014年，吉县开展村卫生室专项执法检查，抽查8个乡镇50所卫生室，立案查处19所，责令改正26所。通过检查和日常巡查，进一步巩固了基本药物制度和基层医改成果，境内的非法行医得到有效遏制。

2015年，吉县开展农村集体聚餐信息报送，乡镇卫生院向卫生监督所报送卫生监督信息15条。乡镇卫生监督检查员协助县卫生监督所完成公共场所卫生监督22户次，受委托完成整改验收40户次；开展社会办医专项整治和医疗机构医院感染管理专项督导，对境内医疗机构行医证

照、人员资质、抗菌药物使用、医疗废物处理等进行全方位检查，出动执法人员 186 人次，共检查涉医单位 75 家，发现问题下达卫生监督意见书；1 月 26 日，召开 10 余家配送企业药品购销合同签约会，县医院、中医院、妇幼保健院及 8 家卫生院分别与配送企业签订购销合同及廉洁购销协议；开展疫苗预防接种重点监督专项检查、非法医疗美容专项整治交叉检查、医疗机构和学校卫生依法执业监督检查；开展生活饮用水指标监测；共出动卫生监督员 66 人次、车辆 22 车次，对公共场所进行重点监督检查，下达监督意见书 120 余份。

第三节 防疫

计划免疫

2005 年，吉县免疫规划科由原防疫科分出。1986—2012 年，免疫规划科（防疫科）每年坚持 6 次冷链运转，保证免疫接种顺利实施。为消灭脊髓灰质炎，1992—2000 年，吉县多次开展“扫荡式”强化免疫活动，累计接种儿童 17840 人次，报告接种率 85%。1988 年—1995 年相继实现儿童五苗（卡介苗、乙肝疫苗、脊髓灰质疫苗、百白破疫苗、麻疹疫苗）接种率达到 85% 的目标。2005 年后，免疫接种由“五苗”接种扩大到“七苗”接种，接种率保持在 90% 以上；利用“两麻”强化和查漏补种，实现了消灭脊髓灰质炎和消除麻疹的目标。2011—2012 年，派人参加山西省卫生厅推行实施的疾病预防控制“千人培训工程”。2012 年，吉县采取定点、入户、流动、常规免疫与查漏补种相结合等多种形式，最大限度消除免疫空白。当年境内基础免疫报告接种率为：卡介苗 99%，脊髓灰质炎疫苗 100%，百白破疫苗 98%，麻疹疫苗 99.5%，乙肝疫苗 100%，乙肝疫苗首针及时接种率 99%，“四苗”“七苗”接种率均达 98.5%。1986—2012 年，吉县未发现脊髓灰质类病例。

2013 年，吉县实行公共卫生服务均等化。共建立纸质、电子居民健康档案 104358 份，其中：城镇 13185 份、建档率 81.48%，农村 91464 份、建档率 98.85%。共设置宣传栏 95 个，更新 572 期；印制宣传资料 232 种，发放 11.7 万份；播放健康教育音像资料 102 场次；组织健康教育咨询活动 75 场次；举办健康教育讲座 572 场次；《吉县手机报》开设“卫生与健康”专栏；宣传《中国公民健康素养 66 条》12 场次。当年新生儿 1171 名，均进行了建证建卡、乙肝疫苗首针接种，卡介疫苗、脊灰疫苗、百白破疫苗、麻疹疫苗、流脑疫苗、乙脑疫苗、甲肝疫苗接种率均达 100%。当年报告各类传染病 349 例，报告发病率 349/10 万，无甲类传染病和突发公共卫生事件报告；乙类传染病 212 例、报告发病率 212/10 万；丙类传染病 137 例、报告发病率 137/10 万。实现吉县儿童系统管理 2040 人，系统管理率达 90%；孕产妇 943 人，系统管理 745 人，管理率达 79%，未发生孕产妇死亡。累计登记 65 岁以上老年人 7639 人，老年人健康管理 7639 人；登记重性精神病病人 220 人，管理 220 人。配齐乡村两级卫生协管员定期对食品、医疗卫生信息和校园传染病防控进行随访。

2014 年，吉县人均基本公共卫生服务经费标准 35 元，到位资金 264.66 万元。累计建立居民健康档案 104649 份，其中：城镇 13185 份、建档率 81.48%，农村 91464 份、建档率 98.85%。卡介、脊灰、百白破、麻疹、流脑、乙肝疫苗接种率 100%，乙脑疫苗接种率 99.91%。报告各类传染病 361 例，报告发病率 361/10 万，其中：乙类传染病 187 例，丙类传染病 174 例。儿童系统管理 541 人，系统管理率达 90.32%。孕产妇系统管理 524 人，系统管理率 87.4%。65 岁以上老年人健康体检 7986 人。重性精神病规范管理 269 人。

2015 年，吉县开展以居民健康档案、健康教育等 12 项基本公共卫生服务。以老年人、慢性病患者、孕产妇、0 ~ 3 岁儿童为重点，规范居民健康档案。累计建立居民健康档案 101704 份，电子档案 78341 份。共免费发放《健康手册》2 万余册，举办健康教育讲座 474 期，制作健康教育宣传栏 570 个，印发宣传资料 4 万余份。印制健康教育口袋书 30600 套。

传染病防控

传染病防控科的前身为防疫科，1986—2004 年，该科担负吉县的传染病防治和计划免疫任务，在此期间，处理了多次传染病发生和计划免疫的三个 85% 达标，及脊髓灰质疫苗的多次强化，并消除了脊髓灰质炎在吉县的发生。2005 年，防疫科分为传染病防控科和免疫规划科，传染病防控科担负起境内传染病防控、结核病防治、突发性公共卫生事件、食品风险监测和职业病监测等职责。至 2015 年，该科圆满完成抗击非典、防控禽流感等大疫情的防控，完成结核病诊断治疗、随访和三位一体模式的落实，开展了多次食物中毒的流行病学调查和食品风险监测。

2005—2011 年，计划免疫、结核病防治、艾滋病防控工作连年被省、市疾控中心评为先进单位。

2012 年，吉县 1048 名新生儿童，乙肝疫苗接种率达 100%，及时接种率 98.68%，卡介苗接种率 100%，脊灰疫苗接种率 100%，百白破疫苗接种率 100%，麻疹疫苗接种率 100%，流脑疫苗接种率 100%，乙脑疫苗接种率 100%，白破疫苗接种率 100%。现场抽查 20 张卡片，建证建卡率 100%，接种率 95%。确诊为肺结核病患者 54 人，其中涂阳患者 14 人，涂阴患者 40 人，对病人家属筛查率 100%，非结防机构网络直报 32 例，转诊和追踪到位 32 例，追踪到位率 100%。抗病毒治疗任务数 9 人，完成 9 人，圆满完成了全年任务。

2013 年，传染病网络直报：本级 CDC 传染病网络直报率达到 100%，各乡镇卫生院传染病网络直报覆盖率、直报率均达 90% 以上。计划免疫：乙肝疫苗接种率 100%，卡介面接种率 100%，百白破疫苗接种率 100%，脊灰疫苗接种率 100%，白破疫苗接种率 99.91%，含麻风疫苗接种率 100%，麻腮风疫苗接种率 100%，A 群流脑疫苗接种率 100%，A+C 群流脑疫苗接种率 100%，乙脑疫苗接种率 100%，甲肝疫苗接种率 99.92%。以县为单位，麻风补充免疫目标人群接种率达到了 99.67 以上；接种率报表数据上报工作均按各项规定严格执行操作，乡镇卫生院传染病网络直报覆盖率和接种率均在 90% 以上。

2014 年，对 5 个乡镇 20 个行政村 300 户食用盐进行实验室检测，合格率 100%。

2015 年，为适龄儿童接种乙肝疫苗 4232 人份、卡介苗 1360 人份、脊灰疫苗 4551 人份、百白破疫苗 5656 人次、白破疫苗 1209 人份、麻疹疫苗 1423 人份、甲肝疫苗 1428 人份、A+C 群流脑疫苗 1107 人份、A 群流脑疫苗 2877 人份、乙脑疫苗 2748 人份、麻腮风疫苗 1496 人。

抗击“非典”

2003 年，在 SARA（非典型肺炎）预防中，吉县成立防控“非典”技术指导组，组成工作督察、专业技术指导、综合协调 4 个小分队开展工作。县财政下拨“非典”防控专项经费，用于购置药械、防护用品、车辆等。建立县、乡级发热门诊和县、乡、村三级疫情报告网，实行 24 小时值班制。县医院在管头山开设隔离病区。在县城各大公路出入口设立 4 道检测防线和 1 个客运留验站，由交警、防疫、交通部门配合，对入境人员进行登记、测温和车辆排查、消毒，共排查 4967 车次，登记管理入境人员 27186 人，留验发病 18 人，留调个案 10 起。为医院、学校、商场、个人住宅等场所 19.37 万平方米进行室内消毒，传递 1057 次各种电话信息。吉县成为无“非典”疫情县。

艾滋病防治

2007年，吉县疾病预防控制中心设立艾滋病防治科，组建艾滋病干预队，开辟艾滋病检测实验室，配备专业人员8人。2009年，开展疾病预防控制中心人员培训工作。2010年，启动对重点高危人群的行为干预，实施国家“四免一关怀”“五扩大、六加强”综合防治政策措施，加强艾滋病检测实验室建设和考核。至2012年，累计报告资源咨询检测1327人，干预重点高危人群147人，干预外来务工人员2265人，发放安全套2500个，实验室检测1355人，监测性病15人、艾滋病患者2人（其中死亡1人），管理1人。2013年，为境内符合治疗标准、愿意主动配合参加抗病毒药物治疗的5名艾滋病患者提供药物治疗，治疗率达100%。同时，严格按照有关规定，通过艾滋病专报网上报网内数据，做到资料完整齐全。2014年，完成自愿咨询检测221人，检出性病病人1例（淋病）。对看守所250名监管人员进行HIV抗体检测，全部为阴性。2015年，开展艾滋病传染病防治知识宣传和咨询服务，对7例艾滋病病人进行治疗管理。

甲型H1N1流感

2009年4月，由墨西哥发生的甲型HIN1型流感（简称甲流）在全球蔓延。吉县迅速制定《吉县应对甲型H1N1型流感流行准备计划与应急预案》，多次召集乡（镇）卫生院院长和防疫医生进行业务培训，6月12日，举行应对甲型HIN1型流感的联合防控实战演练。预防期间，每天黄金时段县电视台滚动播放相关知识。

结核病防治

1996年，结核病防治由县疾病预防控制中心防痨科承担，期间全程管理肺结核病患者9人，督导管理83人，现患访视率85%。2003年，防痨科改称结防科。2010年，启动实施世界银行贷款结核病控制项目，发现不少活动性肺结核病人，实现该项目要求的高发现率。实行归口管理，开展结核病普查、线索调查、从业人员和学生体检。至2012年共管理肺结核病患者2520人，治愈率85%，督导率95%。2013年，开展“3.24”世界结核病防治宣传日宣传活动，共发放宣传画500余张，宣传单2000余份。境内新涂阳肺结核患者的治愈率达到100%，结核病专报网内，新涂阳结核病患者治愈率达到100%。2014年，对农村寄宿制学生2979人进行结核病筛查，对确诊2例结核病人按程序进行治疗。共接诊可疑结核病人367人，确诊为肺结核病患者64人，其中涂阳患者23人，涂阴患者41人，对病人家属复查率100%。2015年，开展结核病等传染病防治知识宣传和咨询服务，对24例非住院结核病人进行治疗管理。

慢性病防治

2010年，把高血压、高血脂、高血糖、精神疾病等慢性病防治纳入疾控范围。2011年5月，县疾病预防控制中心配合临汾市精神病防治办公室深入8个乡（镇）开展重症精神病排查，排查出重症精神病人72人、先天性智力障碍8人。6月，与临汾市疾病预防控制中心一道分赴4个乡（镇）8个行政村委，对18岁以上常住人口进行高血压、糖尿病基线调查，共调查735人，为了解高血压、糖尿病在吉县发病情况提供依据。6月，营养检测调查组深入6个行政村，用5周时间开展抽样调查。2013年，实行35岁以上人群首诊测血压，累计登记高血压患者6216人；糖尿病患者登记1119人，管理糖尿病患者1119人。2014年，高血压规范管理6828人、糖尿病规范管理1113人。

地方病防治

吉县地方病主要有大骨节病、克山病、碘缺乏病、布鲁氏菌病、地方性氟中毒病5种。碘缺乏病、大骨节病、克山病主要集中在屯里镇和车城乡靠近大山的几个小村庄，氟中毒病、布鲁

氏菌病普遍分布。1986 年，以碘缺乏病为主的 5 种地方病已基本控制在国家规定的标准之内。1986 年后，在境内设地方病固定咨询点 50 余处，通过“5·15”碘缺乏病宣传日活动、发表电视讲话、动用宣传车辆、发放宣传材料等形式，开展地方病防治宣传，受众达 6 万余人次。1995 年，吉县实现地方病防治达标。2008 年，开展地方病健康教育，中小学开设地方病防治课程。2010 年，吉县地方病防治通过全国重点地方病终期考核。

大骨节病防治　提倡并推行以换粮、补硒、谷物防潮防霉为主的防治策略。对病区重点人群采取强化补碘、服用亚硒酸钠片、吃杂粮、改善居住环境等防治措施。1996 年，发现患者 272 人，患病率 7.8%。是年，重点人群服硒率 95.5%，患病人治疗率 95.2%，防治知识普及率 98%。2008 年、2011 年分别对病区学校 200 名 8 ～ 12 岁学生进行拍片普查，未发现新发病人。

克山病防治　推行以补硒、改善膳食为主的综合防治策略。对潜伏期病人慢型病人投服亚硒酸钠片和中药治疗，对重点人群进行预防服药。1996 年，易发人群药物预防率 96%，潜、慢型病人治疗率 91%。2009 年、2011 年，分别对县人民医院、县中医院和 6 个乡（镇）医院的 670 人 3 年病例进行搜索，未发现新发病人。

碘缺乏病防治　全面推行食用碘盐，杜绝非碘盐流入吉县市场，境内居民食用碘盐率 100%。1996 年，开展特需人群强化补碘日活动，补碘 15919 人。至 2012 年，多次对居民和门店食用碘盐合格率进行调查，累计抽样 1800 份。对病区 40 名儿意进行 B 超和尿样检测，未发现新发病人。2013 年，市疾控中心按照《碘盐监测方案》要求，在屯里、壶口、中垛、文城、吉昌 5 个片区开展随机抽样监测，每个乡镇随机抽取 4 个行政村，每个行政村随机抽检 15 户居民食用盐，共计 300 份。通过定量检测，其中：合格碘盐 297 份，碘盐合格率 99.67%；不合格碘盐 3 份。

布鲁氏菌病　1996 年，吉县成立布鲁氏菌病防治领导组和监察大队，对重要疫点采取牲畜检疫、免疫、隔离、宰杀病畜、切断传染源等措施，遏制该病爆发流行。当年检疫牲畜 13060 头（只），免疫 1.25 万头（只），预防接种执业人群 50 人。2010 年发现布鲁氏菌病 4 例，2011 年发现 4 例，2012 年发现 9 例，都进行个案调查，实现有病早治。截至 2015 年，吉县未发现布鲁氏菌病。

地方性氟中毒病防治　1996 年，吉县氟斑牙患者 1412 人，患病率 13.32%；氟骨症患者 205 人，患病率 19.3%。1996 年后，在病区推行改水工程，在病区打旱井 20 眼，受益人口 392 人。2007 年、2012 年督导饮水工程建设，2012 年共抽检改水工程水样 33 份，境内饮用水氟含量控制在国家标准之内。截至 2015 年，再无新发病人。

第四节　妇幼保健

吉县妇幼保健院

妇幼保健院是一所集医疗、保健、服务于一体，兼容妇科、儿科的医疗机构。设有妇科、妇保科、儿科、儿保科、医技科、药房、行管后勤等科室，有四维彩色立体超声仪、液基细胞检测设备、血球分析仪（五分类）、骨密度仪等先进的医疗设备。

妇女保健

2009—2012 年，先后实施“降消”项目（国家为了提高孕产妇住院分娩率、降低孕产妇死亡率、消除新生儿破伤风而投入经费实施的一个卫生项目）、中医药健脚型降低神经管畸形项目、农村孕产妇保险项目、育龄妇女补服叶酸降低神经管畸形项目、农村孕产妇住院分娩补助、“两癌”（乳腺癌、宫颈癌）普查项目等。农村孕产妇住院分娩补助 5036 人，孕产妇系统管理 3406 人。

开展孕前检查、产前筛查、药物流产、上环取环、宫颈癌筛查等业务，完成9040名农村妇女宫颈癌、3700名农村妇女乳腺癌检查和4842名农村妇女叶酸增补任务。年平均门诊量1万余人。2013年，继续实施“增补叶酸预防神经管缺陷”重大公共卫生服务项目，按照“311”（3天、1周、1月各随访1次）管理模式，为待孕农村妇女增补叶酸678名，实施农村产妇住院分娩项目补助516名，发放补助资金15.48万元；开展农村适龄妇女乳腺癌检查1142名、宫颈癌检查3008名。2014年，开展关爱少数民族（回族）、关心女人大代表、女政协委员免费健康体检活动，共有94名回族群众、69名女人大代表、政协委员参加了免费健康体检。开展优生五项检查、臭氧治疗生殖道感染等新项目，添补了吉县妇女儿童保健诊疗项目的空白。

2015年，建立《孕产妇保健手册》，实施孕产妇系统管理1019人。为孕产妇发放叶酸3786盒，受益妇女631人。农村妇女乳腺癌检查1012人，宫颈癌检查3024人。发放农村孕产妇住院分娩补助资金18.3万元，受益妇女610人。

儿童保健

2009年，开始测量0～6岁儿童身高体重等基本数据。儿童预防接种建证建卡，卡介、脊灰、百白破、麻疹、甲肝、流脑、乙肝疫苗接种率100%；乙脑疫苗接种率99.91%。儿童营养包发放2916人，儿童系统管理3394人。2013年，开展贫困地区儿童营养干预项目，覆盖婴幼儿1231人；1936名集居儿童进行健康体检，检出先天性心脏病1例、体弱儿10例、轻度贫血4例，均给予治疗、并指导转诊。2014年6月24—27日，特邀省儿童医院心脏外科和小儿心脏彩超专家对384名0～14岁儿童进行免费先天性心脏病筛查，查出疑似病例儿童14名，其中2名窦性心律不齐做定期检查，12名疑似先心病儿童确诊后，免费在省儿童医院接受手术。2015年，开展新生儿访视，实施儿童保健系统管理3105人；实施儿童营养干预项目，发放营养包11517盒，项目覆盖婴幼儿1210人；300名6～24月龄儿童每年免费分组监测；推进儿童系统管理，境内活产数834人，7岁以下儿童管理5221人；完成托幼机构2237名在园儿童及492名新入园儿童健康体检。

第二章 医疗

第一节 医疗机构

吉县人民医院

始建于 1952 年，地址侯家沟口。2009 年 4 月，新县医院开工建设，占地面积 28 亩，建筑面积 2.4 万元平方米，其中：住院楼 1.2 万平方米，门诊楼 8000 平方米，其他功能区 4000 平方米。2013 年 9 月 22 日，县人民医院搬迁至吉县新华西街新址。

吉县人民医院是吉县唯一一所集医疗服务、教学科研、预防保健、急救、康复于一体的全民事业性综合二级甲等医院，是境内医疗行业龙头，也是吉县医疗技术指导的中心，是司法鉴定、交通事故、职工医疗保险、城镇居民医疗保险、新型农村合作医疗保险、人寿保险、突发事件急救、爱婴医院、传染病治疗定点医院。是临汾市职业技术学院医学部的实习生培训基地；是临汾市医联体试点县（五县）医院之一（临汾市人民医院、临汾市中心医院、山西省人民医院、山大一院、山西心血管病医院医联体签约）；是全国第一批 500 家县级医院综合能力提升医院之一。2011 年，通过二级甲等医院评审；2012 年、2015 年通过二级甲等医院复审。2013 年，确定建立本院第一本临床用药处方集，同时建立了全市县级医院第一套标准化药房、药库。2015 年，通过爱婴医院复审。

2015 年底，设有床位 220 张、编制床位 200 张、开放床位 180 张。设有 30 余个临床、行政科室，其中主要科室有：内科、外科、妇科、儿科、感染科、急诊科、五官科、中医科、康复科、放射科、超声科、检验科、病理科、药剂科、行政办、医务科、护理部、总务科、设备科、信息科、防保科等。拥有心血管科、骨科两个市级重点专科；神经内科、妇产科两个县级重点专科。全院共有干部、职工 302 人，其中正式人员 189 人，编外人员 113 人。职称结构：主任医师 3 人，副主任医师 11 人，主治医师 24 人，医师 39 人；副主任护师 2 人，主管护师 18 人，护师 32 人，护士 69 人；医技人员 38 人。全院卫技人员占全院职工总数的 81%。全年门诊 68776 人次，出院 4717 人次，手术 270 台次，人均住院费用 3256 元，病床使用率≥ 88%，人均住院天数 7.49 天，危重病人抢救成功率≥ 89%，出入院诊断符合率≥ 96%，治愈好转率≥ 92%，传染病漏报率 0，甲级病案率 87%，医院感染发生率≤ 3%，处方合格率≥ 87%，门诊人均处方费用 121 元，药品收入占业务收入 57%。

吉县中医医院

吉县中医医院成立于 1985 年，当时因受基础条件的限制，与城关医院共用办公楼开展医疗服务。1991 年迁址到祖师庙征用的 10 余间瓦房内。后争取到项目集资金，于 1995 年，建成二层中医楼投入使用，新址位于吉县新华东街，占地面积 1099 平方米，建筑面积 2060 平方米（其中租用民房 1000 平方米），是吉县唯一一座集中医教学、预防、医疗于一体的全民事业性医院。2006 年，中医院通过二乙等级评审。2015 年，医院临床科室有内科、妇科、儿科、针灸科、脑病科、糖尿病科、肾病科、小儿推拿科、皮肤科、口腔科、理疗科。设 B 超心电室、检验科、放射科、中药房、

西药房、煎药室等医技科室。编制床位 80 张，实际开放床位数 22 张，年门诊人数 3 万余人，住院人数 500 余人，平均住院天数 8.7 天。医院在岗人数 66 人，卫生技术人员 53 人，占职工总数 80%；高级职称技术人员 3 人，中级职称技术人员 24 人，初级职称技术人员 28 人；其中，主任医师 1 人，副主任医师 2 人，主治医师 10 人。

乡镇卫生院

吉昌镇卫生院　原吉县城关卫生院，建于 1966 年。1999 年医院自筹资金将 8 间瓦房改建为二层办公楼，楼房使用面积为 320 平方米。2006 年，加盖第三层、扩建街边用房共 180 平方米。卫生院设有内科、外科、妇科、儿科、药房、妇幼保健科、注射室、防保科、B 超心电室、化验室、收费室、办公室、财务室。2004 年，开设合医办、住院部，编制床位 25 张。2010 年成立公共卫生科，开始建立居民健康档案。后开设卫生监督科、中医针灸科。吉昌镇卫生院负责辖区 3 万余人的预防保健、健康教育等基本公共卫生服务和医疗服务，医疗转诊、门诊统筹等。

屯里中心卫生院　位于屯里镇中心位置屯里村，始建于 1952 年，服务半径 27 千米。承担辖区基本医疗、公共卫生、预防、健康教育、合作医疗、计划生育、地方病管理、卫生监督等服务及全镇 12 个村卫生室卫生人员的培训工作。

2015 年，全院共有业务用房 1656 平方米，其中预防保健 150 平方米，合作医疗 46 平方米，门诊 674.6 平方米，住院部 597.36 平方米，医技用房 92.4 平方米，行政用房 50 平方米，其他用房 46 平方米。共有职工 35 人，其中执业医师 3 人，主管护师 1 人，执业助理医师 2 人，执业护师 4 人，中医师 1 人，中工 1 人，主管药剂师 3 人，主治医师 5 人，护师 1 人，药剂师 2 人，工勤人员 12 人。床位 20 张，设有急诊科、防保科、内科、外科、儿科、妇科、影像、检验、中医、心电图、B 超、药房、针灸按摩室、推拿室、新农合办公室、公共卫生室。

中垛中心卫生院　位于中垛乡中垛村，占地面积 2300 平方米，20 世纪 80 年代，有病床 20 张，设有内科、外科、妇科、儿科、药房等科室。20 世纪 90 年代后逐渐增设防疫科、合医办、儿保科、妇保科等科室。2006 年建门诊楼，建筑面积 337.4 平方米。2012 年新建住院楼，建筑面积 289.2 平方米。共有医护人员 13 人，其中主治医师 1 人，执业医师 2 人，执业助理医师 1 人，护士 2 人。

文城中心卫生院　建于 1959 年，院址在文城村土窑洞内，仅有 3 名员工，院名文城卫生所。20 世纪 70 年代，在现址修建土木结构房屋 10 余间，建筑面积 252 平方米，占地面积 2131 平方米，更名为文城卫生院。70 年代末、80 年代初，修建砖窑洞 9 间，增加建筑面积 204 平方米，更名为文城中心卫生院，占地面积 2131 平方米。设有内科、外科、妇科、注射室、抢救室、放射科等科室。90 年代后中期，乡政府投资 20 余万元更新住院病房 200 平方米。2007 年，投资 2.5 万余元，修建门诊科室 9 间，增设门诊面积 226 平方米。2013 年，投资 66.3 万元，新增住院、办公楼面积 368 平方米。2015 年末，卫生院将土窑洞及门诊病房进行设施翻新，更换办公用具，改善院容院貌，新设公共卫生、防保、远程医疗等科室。

柏山寺乡卫生院　位于柏山寺乡乡政府所在地。始建于 1957 年，选址于柏山寺乡（时称红山公社）官庄村。当时仅几孔窑洞、5 名员工，负责辖区医疗和防疫，院名红山卫生院。1978 年在现址（郭家山村附近）修建土木结构房屋 10 余间，窑洞 6 孔，建筑面积约 300 平方米，占地面积 1600 平方米，更名为红山公社卫生院。20 世纪 90 年代初，卫生院开设有内科、外科、中医科、妇科、注射室、抢救室、放射科、住院部、防疫保健科等科室。2009 年，拆除原土木结构房，政府投资在原址修建现浇房 14 间，建筑面积 300 余平方米。2010 年，新建 4 间 100 平方米办公用房。2015 年，政府改扩建项目投资 200 余万元新建门诊大楼 660 平方米，投资 25 万元新建职工周转

房 140 余平方米。新建中医药服务区、健康教育室、公共卫生科、防保科、远程医疗系统等科室。开展对口支援、医联体等服务。

2015 年底，柏山寺乡卫生院编制 13 人，有干部职工 18 人。其中编制内 6 人，临时聘用人员 12 人。大学本科学历 4 人，专科学历 6 人，中专及以下 8 人。其中执业医师 4 人，执业助理医师 2 人，执业护士 2 人。高级职称 1 人，中级职称 2 人，初级职称 3 人。

东城乡卫生院　成立于 1956 年，位于东城乡柏东新村。负责辖区 7000 余口人的医疗、卫生、计划生育、中医药管理、防疫、妇幼保健、地方病等业务。设有内科、外科、中医科、妇幼科、合医办、卫生监督、药房、收费室、防保科、财务室、公卫科、发热门诊、肠道门诊。医院编制 10 人，有职工 15 人，其中编制内 10 人，中级职称 1 人，初级职称 6 人。

车城乡卫生院　前身分别为建于 20 世纪 50 年代的曹井乡卫生院和建于 70 年代的兰家河乡卫生院。曹井乡与兰家河乡合并后，于 2005 年新建车城乡卫生院，占地面积 1200 平方米，建筑面积 1166 平方米。业务用房 933 平方米，周转房 233 平方米。2015 年，原住院部经鉴定为危房。2016 年 2 月投资 110 万元建设新住院部，其中中央资金 65 万元，地方配套资金 45 万元，建筑面积 700 平方米，2016 年 8 月竣工投入使用。卫生院设有内科、外科、妇科、防保科、公卫科、全科、儿保科等 7 个科室。

壶口卫生院　成立于 1994 年，坐落于壶口镇，距壶口风景名胜区 4 千米，占地面积 1050 平方米，建筑面积 806 平方米。医院编制 10 人，实有职工 14 人，其中编制内 6 人，自收自支人员 8 人。专业技术人员 11 人，其中中级职称 2 人、初级职称 9 人，其他 3 人。医院设内科、外科、急诊室、妇科、中医科、康复理疗科、肛肠科、药房、收费室、信息统计室、心电 B 超室、检验科、预防保健科、公共卫生科。承担辖区 5000 余口人的基本医疗和公共卫生服务和壶口风景名胜区游客的医疗保障任务。

村卫生所（室）

吉昌镇村卫生室共 14 个，有村医 14 名，其中助理医师以上 2 名。建筑面积均不少于 60 平方米，公共卫生室、药房、诊断室、治疗室“四室”分开，药品不少于 50 种，基本设备能满足业务要求。14 个村卫生室分别为：霖雨村卫生室、西关村卫生室、马家河村卫生室、学背后村卫生室、祖师庙村卫生室、上东村卫生室、东关村卫生室、兰村卫生室、兰古庄村卫生室、谢悉村卫生室、大田窝村卫生室、山阳村卫生室、小府村卫生室、桥南村卫生室。

屯里中心卫生院下设 12 个村卫生室，有村医 17 名，助理医师 2 名。其中：屯里村卫生室、太度村卫生室、五龙宫村卫生室各有乡村医生 2 人；安乐村卫生室，有乡村医生 3 人；回宫村卫生室、窑头村卫生室、窑渠村卫生室、放马岭村卫生室、桑峨村卫生室、庄子村卫生室、王家河村卫生室、明珠村卫生室各有乡村医生 1 人。窑渠村卫生室、明珠村卫生室、安乐村卫生室各有 80 平方米的医疗建筑面积。其他几个卫生室均有 60 平方米的医疗建筑面积。

中垛中心卫生院下设 10 个村卫生室，每个村卫生室有乡村医生 1 人。南光村卫生室占地面积共 63 平方米，有病床 3 张；马连滩村卫生室占地面积共 55 平方米，有病床 4 张；柳沟村卫生室占地面积共 100 平方米，有病床 4 张；三堠村卫生室占地面积共 80 平方米，有病床 3 张；柏房村卫生室占地面积共 60 平方米，有病床 3 张；中垛村卫生室占地面积共 65 平方米，有病床 3 张；白额村卫生室占地面积共 120 平方米，有病床 3 张；安平村卫生室占地面积共 60 平方米，有病床 3 张；永固村卫生室占地面积共 120 平方米，有病床 4 张；南坪村卫生室占地面积共 60 平方米，有病床 3 张。

文城乡卫生院 1986—2000 年下辖有 11 个村卫生室，医生大多为“赤脚医生”，采用集体挂牌，个人承包，承担本村的防疫、妇幼保健任务的方式。由于“赤脚医生”未受正规专业教育，未纳入依法管理范围。2000 年后，文城乡改制为 9 个行政村，全乡设村卫生室 9 个，均由集体开办。

柏山寺乡卫生院下辖 11 个村卫生室，分别是白子原村卫生室、官庄村卫生室、马泉头村卫生室、耀角村卫生室、西头村卫生室、石泉村卫生室、大庄村卫生室、白米村卫生室、南耀村卫生室、圪塔村卫生室、黑秀村卫生室。共有村医 11 名，其中执业医师 1 名、执业助理医师 1 名、乡村医生 9 名。

东城乡卫生院下设 8 个卫生室，分别是雷家庄村卫生村室、社堤村卫生室、柏东村卫生室、东城村卫生室、太和村卫生室、沟南村卫生室、山头村卫生室、真村卫生室。有村医 7 名，其中执业医师 3 名、村医 4 名。

壶口卫生院下辖 6 个卫生室，分别是中市村卫生室、存心村卫生室、留村卫生室、南垣村卫生室、陈家岭村卫生室、克难坡村卫生室。有村医 6 名，执业医师 1 名、执业助理医师 1 名、乡村医生 4 名。

车城乡卫生院下辖 9 个村卫生室，11 名乡村医生。1986—2005 年，村卫生所经营方式大致为集体挂牌个人承包，承担本村的防疫、妇幼保健任务，属集体性质。由于医生未接受正规专业教育，因此未纳入依法管理。1990 年，为健全三级卫生网络，将所有卫生所纳入卫生院正规化管理，2006 年成为新农合重要组成部分，2009 年起各卫生室承担国家基本公共卫生服务项目，2012 年，由中央投资将 9 个卫生室全部改扩建为标准化卫生室。

第二节　医疗技术

1986 年初，吉县医院可安全进行腹腔、胸腔、颅脑部位和胆半摘以及胆总管移植等手术。有 3 个乡镇医院可做腹部手术，有 5 个乡镇医院可做血、尿、便常规化验检查。10 个乡镇医院可做 X 光透视和拍片检查，并能采用中西医结合疗法，治疗内外科和儿妇科常见病和多发病。

随着改革开放的深入，医疗体制日趋完善，科学技术日新月异，吉县十分重视医疗人才的培养吸纳、医疗设备设施的更新换代和医疗新技术的引进推广，至 2015 年，吉县医疗技术已达到较高水平。

吉县人民医院医疗技术

内科　分为 3 个专业科：心血管内科、神经内科、普内科。心血管内科开展动态心电图、动态血压监测，电除颤、电复律、微量泵输液泵治疗，床旁急查心肌酶三项、B 型钠尿肽、D- 二聚体等项目。新型溶栓药物在急性心肌梗死中的应用，达到省内先进水平。普内科开展胃镜、碳 14 呼吸实验、血气分析、肺功能测定、雾化吸入、无创呼吸机、有创呼吸机辅助呼吸、血糖监测、胸腔积液引流置管术、腹腔积液引流置管术、红光照射治疗、辅助排痰等项目，胰岛素泵的使用，使糖尿病的治疗进入精准化治疗时代。神经内科开展阿加曲班联合丁苯酞治疗急性脑梗塞、药物联合三氧治疗急性脑梗塞、负离子空气波治疗肢体偏瘫、预防下肢静脉血栓。危重病人如大面积脑梗和脑出血抢救达到一定水平。

普通外科　积极探索脊柱骨折应用 GSS、AF 固定治疗、人工股骨头置换术、人工髋关节置换术、PFNA 内固定术、膝关节韧带断裂带线铆钉修复术、腹腔镜胆囊切除术等各项治疗新技术 20 余项。其中腔镜下前列腺肥大治疗术，实现了全院微创手术零的突破。骨科为市级重点专科。

妇产科 开展新式剖腹产、子宫肌瘤剔除术、卵巢囊肿剥除术、宫外孕等妇产科手术，实施新法接生、无痛分娩、导乐分娩、无痛人流、盆底康复等技术。为县级重点专科。

儿科 开展新生儿测黄疸、小儿推拿、新生儿听力筛查、雾化吸入治疗方法、输液泵技术治疗、穴位贴敷治疗。熟练掌握暖箱技术、经皮胆红素测试和蓝光箱技术。急诊心脏溶栓成功率100%。3 ~ 24 小时转入山西省心血管医院进行 PCI，得到山西 STEMI 规范化救治项目专家组的肯定，苏国安主任受邀参加了第 27 届长城国际心脏病学会议。

康复医学科 专科专病特色优势明显，采用传统穴位注射、中药内服外治、针灸推拿、拔罐、刮痧、牵引、艾灸康复治疗等手段治疗痛症和瘫症疗效显著。开展了康复运动疗法、中药离子导入、中频脉冲电治疗、TDP 照射等疗法。

眼科 和上级医院合作引进技术，成功完成 200 例白内障手术。

口腔科 开展外伤手术、囊肿摘除术。超声雾化吸入治疗声带水肿、声音嘶哑、急性咽喉炎。

检验科 临检室开展的项目有血常规、血沉、尿液干化学及尿沉渣分析，大便常规及潜血、精液常规、脑脊液和胸腹水常规、尿妊娠试验，各种穿刺液常规、凝血常规及 D 二聚体试验，CRP、超敏 CRP 测定，肺炎支原体 IgM 测定、血型测定。生化室开展的项目有肝功能十三项、肾功能五项、血糖（空腹、餐后一小时、餐后两小时）、血脂六项、血、尿淀粉酶、电解质、风湿三项、心肌酶三项、N- 末端脑钠肽测定、血同型半胱氨酸、糖化血红蛋白测定、胱抑素 C 测定、降钙素原测定、血 B- 人绒毛膜促性腺激素、肿瘤标志物、甲功五项、免疫球蛋白三项、性激素六项、贫血三项、甲胎蛋白、癌胚抗原、胰岛素、C 肽、总前列腺特异性抗体、游离前列腺抗体测定。微生物室开展的项目有血培养、尿培养、痰培养、咽拭子培养、伤口分泌物培养、脓液培养、结核菌培养。免疫室开展的项目有乙肝五项、艾滋病筛查、梅毒、丙肝测定、乙肝 DNA 定量测定、丙肝 RNA 定量测定。病理检验中心开展的检测项目有组织活检：包括手术切除标本、器官的病理检查，脱落细胞学检查：包括宫颈、胸水、腹水、痰液、尿液的脱落细胞学检查，骨密度检查，乳腺红外线检查，脑电图及脑电地形图检查。

超声科 超声科开展项目有彩超：心脏彩超、腹部彩超、泌尿系彩超、妇科彩超、产科彩超、浅表彩超、甲状腺彩超 、乳腺彩超、颈部血管彩超、四肢血管彩超。膀胱残余尿量测定，十二通道心电图，腹部、产科、妇科 B 超，胎儿的心率检测，腹部、肝肾囊肿的穿刺定位。

放射科 放射科开展项目有普通透视：胸、腹、四肢，消化道造影，子宫输卵管造影。普通胸腹部拍片、脊柱拍片、骨盆拍片、各四肢拍片及部分部位特殊位置拍片。

影像科 开展项目有全身 CT 平扫：头颅、鼻窦、上颌骨、颈椎、胸部、腰椎、腹部、骨盆、髋关节、膝关节、踝关节、足。全身 MRI 平扫：头颅、颈椎、胸椎、腰椎、髋关节、膝关节。CT- 核磁室临床符合率均在 90% 以上。

皮肤科 运用二氧化碳激光治疗机，开展各种皮肤血管瘤、痣、瘢痕、黑斑的治疗。

护理部 建立完善了院科两级护理质量管理体系，制定了《护理管理手册》《疾病护理常规》《护理技术操作规范》等一系列护理质量标准及制度。推行责任制护理模式，实行护士的分层管理，开展专科特色的健康教育工作。护理工作基本达到制度化、标准化、规范化、科学化。

院感科 严格按照《医院感染管理办法》《消毒技术规范》《医疗废物管理条例》等法律法规和卫计委新颁布的行业标准，在感染暴发防控、医疗废物管理、消毒技术上达到了规范化、流程化管理的目标。

急诊科 开展项目有重症呼吸衰竭病人辅助呼吸机器官插管，心肺复苏术，床旁心肌酶谱

快速检测，各种中毒的急救和治疗，急性心梗、脑梗溶栓技术、各种休克的急救、血液灌流技术。

体检科　开展职业性健康体检，并建立了健康体检电子档案。和辉瑞公司、北大医院建立了远程会诊系统，患者在当地就能得到北京各大医院专家的诊治。

医务科　在医疗安全教育、依法规范行医、严格执行人员准入及技术准入、病案质控、医疗纠纷防范及处理上总结摸索出一套成功的经验。

吉县中医院医疗技术

实现了中医诊疗与现代科学的有机结合。可治疗各种常见病及多发病，中医特色科室治疗各种疑难杂症。

心脑血管科　开展项目有高血压、冠心病、糖尿病、中风等心脑血管疾病的诊治。对高血压的分类诊治有较深入的研究。尤其对难治性高血压及顽固性高血压有一定的治疗经验。对冠心病、糖尿病、中风等心脑血管疾病的一级预防、二级预防、以及治疗比较专业。

内科　运用中医诊疗手段，擅长治疗慢性支气管炎、肺气肿等呼吸系统疾病，慢性胃炎、消化性溃疡、结肠炎等消化系统疾病，慢性肾炎、前列腺炎等肾系疾病。可运用针灸、穴位贴敷等中医适宜技术对脑梗塞、糖尿病、冠心病等慢性病进行全面治疗。

小儿推拿科　可通过中医推拿，对小儿体质虚弱、易疲劳、易感冒、厌食、挑食、食积、口臭、记忆力较差、上课注意力不集中、学习困难、口吃、语言发育迟缓、反应迟钝、易受惊吓，夜眠不安、睡中惊惕等常见亚健康症状进行调治。尤其擅长对儿科常见病，如腹泻、呕吐、感冒、发热、咳嗽、头痛、遗尿、脱肛等的预防治疗。

儿科　为本院的特色科室，采用中西医结合疗法，擅治小儿感冒、发烧、肺炎喘咳嗽等肺系疾病，小儿泄泻、便秘、厌食等脾系疾病，小儿汗证、多动症、急慢惊风等心肝疾病多种病症。运用中医小儿推拿这一特色治疗方法，在治疗小儿感冒、发烧、咳嗽、腹泻等方面有良好的治疗效果，而且可以起到未病先防，提高机体免疫力的作用。

皮肤科　运用中西医结合治疗的手段，治疗脓疱疮、痤疮、淋病、尖锐湿疣、带状疱疹、湿疹、皮炎、体癣等。可运用激光设备对皮肤美容护理，治疗如黄褐斑、老年斑、各种色素痣、去文身等皮肤病。

针灸科　擅治脑中风病、头痛、偏头痛、眩晕、高血压病等神经系统疾病，各型颈椎病、腰椎间盘突出症，膝关节病等疼痛性疾病，月经病、乳腺病、产后病、带下病、更年期综合征等妇科疾病，肺癌、胃癌、咽喉癌等肿瘤病。肾炎、肾病综合征等肾系疾病。对糖尿病的治疗以及各种痤疮、青春痘的治疗有明显优势。

检验科　开展的项目有肝功能、肾功能、血糖、血脂四项化验，血常规、尿常规、电解质、糖化、抗0类风湿因子、乙肝五项等检验。

超声科　运用彩超高频探头，开展心脏、腹部、胸腔积液检查及定位。对腹部肿瘤的早期诊断、泌尿系结石以及腹部良恶性肿瘤的诊断、鉴别有丰富的临床经验。可对子宫肌瘤、卵巢囊肿、内膜病变等妇科常见病、多发病及疑难病作出准确诊断。对宫外孕、葡萄胎、早期胚胎发育不良，中期胎儿脑积水、无脑儿、脊柱裂等先天畸形等作出准确诊断。

疼痛科　为本院特色科室和重点建设科室。拥有针灸、小针刀、电针治疗仪、压缩式雾化机、直流电治疗仪、电子生物治疗仪、TDP 频谱治疗仪、完全失神经治疗仪、气动波治疗机、全身和局部中药熏蒸治疗床等先进治疗设备。擅长用中医经典疗法如针灸、穴位注射、特色正骨手法、小针刀、新九针、火针等，采用中西医结合，治疗常见骨伤、骨病、骨刺、三叉神经痛、面神经炎、

各型颈椎病、肩周炎、骨关节炎、滑膜炎、腰椎间盘突出、椎管狭窄、股骨头坏死、风湿、类风湿，强直性脊柱炎、痛风等顽固性疼痛类疾病。对脑血管意外后遗症、高血压、糖尿病、代谢综合征、消化系统、慢性消耗性疾病等病种的康复治疗积累了一定的临床经验。

口腔科　可治疗口腔炎、牙龈炎、牙髓炎、根尖炎等各种口腔常见病。开展青少年牙齿矫正、前牙瓷贴面，以及老年患者全口牙缺失修复项目。引进了全口吸附性义齿最新技术。

乡镇卫生院医疗技术

开展内科、外科、妇科、儿科常见病的诊治和 B 超、心电图、化验业务。可诊治普通常见病。

第三节　医疗设备

1986 年初，吉县有救护车 3 辆、200 毫安 X 光机 2 台、50 毫安 X 光机 2 台、10 毫安 X 光机 4 台，高压消毒器 12 只、手术床 5 张、无影灯 5 只、电冰箱 4 个、空气麻醉机 11 架、心电图机 6 台、高倍显微镜 14 架、超声心动机 1 架、裂隙灯显微镜 1 架、病床 307 张和各种医疗器械 287 台（件）。2009—2014 年，吉县投资 1400 余万元为境内医疗机构配备了基本医疗设备。

吉县人民医院医疗设备

建有微生物实验室、病理实验室、教学模型实验室、胃镜室、消毒供应室、层流手术室、洁净产房、中心供氧室、ICU、CCU、远程会诊室、康复医学科、精神卫生科、结核病防治科等。有 CT、DR、核磁、数字胃肠、全自动生化分析仪、彩超、激光治疗仪等。2013—2015 年，新增医疗设备 289 台件，包括制氧机、消供设施、康复设备、除颤仪、呼吸机等，价值 6671712 元。建立了导诊台，配备了轮椅、推车。收费室安装了银行应用的喇叭、POS 机。在单独的 HIS 系统基础上增加 20 余个系统软件，覆盖医院各个领域。主要软件系统有：实验室检验信息系统（LIS 系统）、临床信息系统（CIS 系统）、影像传输管理系统（PACS）、漏费管理系统、远程医学会诊系统，其他系统软件有：医院管理决策系统、后勤物资管理系统、医用耗材管理系统、血库管理系统、病案系统、处方点评系统、合理用药系统、抗菌药物监测系统、体检系统、院内感染上报系统、医务科质控系统、护理部质控系统、急诊医生站管理系统、急诊护理站管理系统、门诊医生站管理系统等 15 个系统。实现了电子病历、电子处方，开展了医疗质量、护理质量实时在线监控、终末病历 ICD-10 编码检索。医疗运行数据当月上传省卫计委接受监督和评估。新型农村合作医疗、城镇居民医疗保险、职工医疗保险三大直补系统成功安装，所有患者可以在出院时结算。

吉县中医医院医疗设备

医疗诊疗设备有全数字彩色多普勒超声诊断系统、B 超、心电、X 射线系统、光子治疗仪、YAG 激光治疗仪、光子分析仪、调 Q 开关治疗仪、全自动化学发光测定仪、免疫定量分析仪、全自动血液分析仪、血气分析仪、半自动生化分析仪、血球计数仪等医疗设备和诊疗器械。

疾病预防控制中心医疗设备

主要设备 79 台件，工作用车 2 辆。大中型医疗设备有：B 超诊断仪、300mAX 光机、心电图机、全自动血球分析仪、半自动生化分析仪、血凝仪、尿液分析仪、电解质分析仪、血流变分析仪、血糖分析仪、心电监护仪、麻醉机、一氧化碳测定仪 GXH-3051、二氧化碳测定仪 TY-9800A、臭氧检测 HL-210、原子荧光分光光度计 AFS-230E、紫外可见法分光光度计 UV-1801、薄层色谱扫描仪 KH-3100、酶标仪 RT2100C、电脑工作站、B 超 ZQ-6602、积分声级计 HS5618A 等。

妇幼保健计划生育服务中心医疗设备

2015 年吉县卫生系统在职人员情况一览表

表 27-2-1　　单位：人

单位	编制人数	实有人数	职务			专业技术职称				学历			专业			年龄		
			正科	副科	科员	正高级	副高级	中级	初级	大学本科	大学专科	中专及以下	医疗	医技	护理	50 岁以上	40 ~ 49 岁	39 岁以下
卫计局	16	18	5	4	9	—	—	2	5	7	11	—	5	—	2	3	10	5
计生协会	2	2	—	1	—	—	—	1	—	—	—	—	—	—	—	1	1	—
流动办	4	4	—	—	—	—	—	—	—	2	2	—	—	—	3	—	4	—
县医院	230	189	3	1	—	2	12	70	91	49	102	38	67	27	81	73	40	76
中医院	60	37		2	—	—	1	17	19	6	24	7	13	4	20	10	14	13
妇幼院	30	26		1	—	—	1	14	10	2	21	3	11		14	4	16	6
疾控中心	16	22	1	2	—	—	—	8	8	1	18	3	8	2	6	8	6	8
合医中心	22	20	—	—	—	—	—	2	17	4	16	—	16		3	3	9	8
监督所	24	20	—	—	—	—	—	7	9	1	7	12	7	—	9	5	12	3
地病所	10	12	—	—	—	—	—	4	8		5	7	6	1	5	7	4	1
吉昌镇卫生院	20	27	—	—	—	—	—	8	18	5	17	5	10	5	11	7	14	6
屯里中心卫生院	21	21	—	—	—	—	—	6	12	1	10	10	7	6	5	10	10	1
中垛中心卫生院	15	8	—	—	—	—	—	2	6	—	5	3	4	1	3	2	3	3
文城中心卫生院	14	15	—	—	—	—	—	5	8	3	3	9	9	—	4	7	5	3
壶口中心卫生院	10	6	—	—	—	—	—	2	4	4	—	2	6	—	—	1	1	4
柏山寺乡卫生院	13	6	—	—	—	—	1	2	3	1	3	2	5	1	—	1	3	2
东城乡卫生院	11	10	—	—	—	—	—	—	10	2	1	7	5	—	5	1	7	2
车城乡卫生院	11	7	—	—	—	—	—	2	4	2	1	4	5	—	1	3	1	3
合计	529	450	9	11	9	2	15	152	232	90	246	112	184	47	172	146	160	144

配备有四维彩色立体超声仪、数码电子阴道镜、阴道微生态检测设备、生化分析仪、尿常规分析仪、血球分析仪（五分类）、骨密度检测仪、儿童视力筛查仪、三氧治疗仪、彩色多普勒可视人流等设备。

乡镇卫生院医疗设备

吉昌镇卫生院有B超机、心电图机、生化分析仪及全套化验设备。

屯里中心卫生院有全自动生化仪、半自动生化仪、尿分析仪、血常规分析仪、心电图机、B超及中医理疗设备。

中垛中心卫生院有心电图机、血常规分析仪、生化分析仪及全套化验设备。

文城中心卫生院20世纪80年代仅有1台30毫安X光机，2013年增设了500毫安X光机，心电图机、生化分析仪、口腔综合治疗机。

柏山寺乡卫生院20世纪90年代初仅有一台30毫安X光机，2010年增设了300毫安X光机、心电图机、生化分析仪、口腔综合治疗机等主要设备。

车城乡卫生院有B超、心电图机等。

壶口卫生院有300毫安X光机、全自动血气分析仪、全自动尿液分析仪、全自动洗胃机、心电图机、B超机、台式口腔治疗仪等仪器设备，有救护车1辆。

村卫生室（所）医疗设备

村卫生室均设病床4 ~ 6张、观察室、治疗室、预防保健室及诊断室。配有体温计、听诊器、血压计、牵引器、体重秤、简易呼吸器、出诊箱、氧气包、清创缝合包、电针仪、担架、冷藏包、处置台及开口器等，达到标准化建设标准。

第四节　基层中医药

中医发展概况

2012年，吉县开展农村中医药工作先进单位创建与“名医堂”评选，评选出县级名中医10名。县中医院设立了“治未病”中心，糖尿病料和脑病科被确定为市级重点专科。同年中医药服务项目纳入新农合补偿范围。乡镇卫生院积极开展中医体质辨识服务，有40%的村卫生室和60%的乡镇卫生院能提供中医药服务，柏山寺乡卫生院成为中医药特色乡镇卫生院。吉县将中医药事业费预算单列，并逐年递增，2012—2014年，到位经费337万元，约占卫生系统总投入的8%。县卫生局基本公共卫生服务经费累计用于中医药预防保健经费34万元，约占卫生系统总投入的6%。

2014年，吉县申请创建山西省农村中医药工作先进单位。出台《吉县创建全省农村中医药工作先进单位实施方案》《吉县卫生事业“十二五”发展规划意见》等措施，成立由分管县长任组长，发改、卫生、财政、人社、药监、广电等单位负责人为成员的创建工作领导组。8个乡镇卫生院均设置中医科、中药房和相对独立的中医药综合服务区，中医非药物治疗设备配置均达到6类10种以上，其中3所卫生院中药饮片配备达到了300种以上。60%的村卫生室配备中医非药物治疗设备，35所卫生室配备中药饮片。县中医院设置专门的基层指导科，与各乡镇卫生院及部分村卫生室建立分工协作关系，各村级卫生室均能用中西两法防病治病。柏山寺乡卫生院、屯里镇卫生院、东城乡卫生院成功创建了全省中医药特色乡镇卫生院。县、乡、村三级医疗机构中医药服务覆盖率达到了75%，中医病床数占到开放病床总数的24%，中医类别执业医师占到

医师总数的 21%，中医药门诊服务量占到门诊服务总量的 32%。2015 年，创建了省级基层中医药工作先进单位。

中医技术推广

2010—2014 年，吉县以县中医院为中医药适宜技术推广基地，分层分类推广农村群众比较信赖和乐于接受的常见病多发病中医药适宜技术。针对 0 ~ 6 岁儿童、孕产妇、老年人、高血压、Ⅱ型糖尿病患者的健康状况，制定了各类重点人群的中医药保健方案，指导各级医疗机构科学有效地开展中医药公共卫生保健服务。成立 1 个基地和 8 个推广站，师资队伍总人数达 15 人，推广中医药适宜技术 10 余项。2015 年，完成村卫生室中医诊疗设备配置工作，为 79 个村卫生室配置拔火罐 79 套、刮痧板 79 块、梅花针 79 支、针灸挂图 79 套、艾灸盒 79 个、艾条 395 盒、神灯 79 台、针灸针 79 筒、针灸人模型 79 个、煎药壶 79 个、酒精灯 79 只、颈椎牵引椅 79 个、一次性针灸针 18960 只，共计 13 种设备、价值 7.9 万元，改善了农村中医卫生服务条件。

县人民医院建立中医药服务康复门诊，设置中医科、中药房、中药煎药室。开展中医药诊疗技术服务 8 种，门诊日均中医处方和中医非药物治疗人次比例逐渐提高，全院西医科室申请中医会诊次数达到 2 ~ 3 次 / 月。县中医院探索实施中医药对急危重症的救治服务，中医非药物治疗人次占到医院门诊总人次的 13.1%，门诊处方中，中医药处方占到 36%。

中医人才建设

2013—2015 年，吉县为县中医院招录 11 名医技人员。县中医院中医药专业技术人员占到医疗服务技术人员总数的 60%；乡镇卫生院中医类别医师占到医师总数的 21%；基本保证每个村卫生室至少有 1 名中医为主或能中会西的乡村医生，基本组建起一支较强的开展中医药服务的人才队伍。

采取“送出去、请进来”的方式，有针对性地选送技术骨干前往知名医院进修深造，聘请知名专家到吉县“传、帮、带”，开展对中医药服务人员的技能培训，乡、村两级人员的中医药知识培训达到 80%。一大批中青年骨干通过培训进修，在临床工作中形成了专科特长。

第三章 卫生机构

第一节 行政机构

吉县卫生和计划生育局

1951年，成立吉县人民政府卫生科。1961年，成立吉县卫生局，职能为卫生管理、爱国卫生和公费医疗。1987年，爱国卫生职能从卫生局划出，卫生局内设：办公室、人事股、业务股、财务股、药械股、公费医疗办6个机构，负责境内卫生管理和公费医疗等。2002年6月，公费医疗职能从卫生局划出，爱国卫生职能划入，卫生局内设机构3个，即办公室、人事股、医政股，职能也随之调整为卫生管理和爱国卫生。2010年4月，食品药品监督管理职能划入，卫生局内设机构9个，即办公室、应急办、人事股、医政股、疾病预防控制和妇幼社区卫生股、农村卫生股、计划统计股、食品安全监督股、药品药械安全监督股，职能中增加了食品药品监督管理。2012年6月，食品药品监督管理职能从卫生局划出，内设机构5个，即办公室（卫生应急办公室）、人事股、医政股、食品安全协调和卫生监督股、疾病预防农村卫生和妇幼卫生股，职能又重归卫生管理和爱国卫生。

2015年9月，吉县卫生局、吉县人口和计划生育局合并，设立吉县卫生和计划生育局，内设机构5个，即办公室、基层卫生和妇幼保健股（健康教育股）、公共卫生股（爱卫办、应急办）、医政股、政策法规与综合监督股（行政审批股），负责全县卫生、计划生育管理和爱国卫生工作。

吉县卫生局卫生监督所

2005年11月，组建吉县卫生局卫生监督所。基本任务是保障市场经济和各种社会活动中的正常卫生秩序，保护人民的健康权益。其主要职责是卫生行政许可、食品卫生监督、公共卫生监督、医疗卫生监督，组织查处违法行为，查办重大医疗违法案件。2009年6月1日，《中华人民共和国食品安全法》颁布实施。2010年10月，吉县卫生局卫生监督所将食品卫生监管职能交接给县食品药品管理局，县食品药品管理局重新划定职能，重新核准编制，并加挂各乡镇卫生监督站牌子。2010年，县卫生监督所有固定资产60余万元。2011年，县卫生监督所争取到卫生监督建设项目资金200万元， 2012年将资金（卫生监督建设项目）纳入吉县综合办公大楼建设，2015年，主体装修已到扫尾阶段。内设科室为办公室、财务室、医疗卫生科、公共卫生科、学校卫生科、生活饮用水监督科、传染病防治科、放射监督科、职业病防治科。

第二节 事业机构

吉县疾病预防控制中心

吉县疾病预防控制中心，原名为吉县卫生防疫站，成立于1976年7月。2005年6月，更名为吉县疾病预防控制中心，位于吉县新华东街112号，有一栋4层1319平方米的办公大楼，总投资140万元。设有6科1室，乡镇有防保人员8名。

吉县疾病预防控制中心，承担着境内传染病防控及报告；艾滋病与结核病的发现、初筛、检验、诊断和治疗；儿童计划免疫、水质检验；公共场所、食品行业、厂矿企业、学校学生等人员健康体检，以及突发公共卫生事件的应急处置；疾病预防控制及有关公共卫生信息的报告、管理和预测，为疾病预防与控制决策提供科学依据；向社会提供相关预防保健信息、健康咨询和预防医学诊疗等专业技术服务。

吉县妇幼保健计划生育服务中心

1976 年，吉县妇幼保健院成立。2015 年，与吉县人口与计划生育服务中心合并成吉县妇幼保健计划生育服务中心，位于新华东街 311 号。中心占地面积 1515.40 平方米，建筑面积 1740.40 平方米。设有妇科、妇保科、儿科、儿保科、彩超、检验、康复科、药房、注射室、妇科专家门诊、宫颈癌筛查、计划生育四术服务、孕前优生体检、可视人流、药具及公共卫生职能科室和后勤保障，共 25 个部门。2015 年开设妇科儿科门诊保健诊疗服务。有专业技术人员 35 人，其中，副高职称 1 人、中级职称 23 人、初级职称 11 人，占总人数的 90%。

吉县妇幼保健计划生育服务中心，是境内唯一承担妇女儿童临床保健与计生服务的县级公立医院。承担着育龄妇女增补叶酸预防神经管缺陷、农村孕产妇住院分娩补助、农村妇女“两癌”检查、贫困地区儿童营养改善、孕前优生健康检查、新生儿疾病筛查、预防艾滋梅毒乙肝母婴传播、育龄妇女妇女病普查 8 项重大公共卫生项目和孕产妇系统管理、0 ～ 6 岁儿童系统管理两项基本公共卫生服务项目。同时，承担吉县妇幼计生工作的指导、培训、健康教育、基层信息的收集、上报、基层妇幼计生的考核等工作。

中心先后被评为县级“三八红旗集体”“实施公共卫生先进集体”、国家级“西部地区妇幼卫生能力提升项目先进受援单位”等多项称号。吉县被命名为“省级妇幼健康示范县”。

第三节　体制改革

卫生体制改革

2009 年，吉县医药卫生体制改革启动。当年吉县共有医疗卫生机构 121 个，其中，县级医疗卫生机构 7 个、乡镇卫生院 8 个、村卫生室 79 个、个体诊所 27 个。按照“保基本、强基层、建机制”的原则，吉县着力加快基本医疗保障制度建设、推进落实国家基本药物制度、健全基层医疗卫生服务体系、促进基本公共卫生服务均等化和推进公立医院改革五项重点。2012 年，吉县被确定为山西省县级公立医院改革试点县，同年 5 月，召开医改工作暨公立医院改革试点会议，成立吉县深化公立医院改革领导组和吉县公立医院管理委员会，制定下发《吉县人民政府办公室关于深化公立医院改革实施方案》《吉县县级公立医院药品“零差率”销售实施方案》《吉县县级公立医院综合改革财政补偿办法》等文件。按照坚持公益性、调动积极性、保障可持续的改革精神，开始在县医院、县中医院、县妇幼保健院 3 家公立医院推进管理体制、补偿机制、人事分配、药品供应、价格机制综合改革。

2015 年度，吉县获市“深化医药卫生体制改革先进县”称号。

基本公共卫生均等化服务

2009—2015 年，吉县实施以健康教育、居民健康档案、免疫计划、传染病防治、儿童保健、孕产妇保健、慢性病管理、重性精神病管理等 12 项公共卫生服务。累计建立居民健康档案 101704 份，免费发放健康知识口袋书 3.06 万套。实施传染病防控、增补叶酸预防神经管缺陷、

两癌普查等公共卫生服务项目，缩小城乡居民基本公共卫生服务差距。

基本药物制度

2012年12月1日起，吉县县乡村两级医疗机构全部实施基本药物制度，实行“统一配送、统一价格、零差率销售”。境内基层医疗机构与16家中标基本药物配送企业签订基本药购销合同。供需双方严格按照规范的采购程序，接受监管，阳光运行，保障基层医疗机构的药品供给。

补偿机制

2012年，吉县物价、卫生、发改、财政等部门共同研究调整境内县级公立医院医疗服务价格。医药分开取消药品加成政策后，减少的合理收入部分，通过调整医疗技术服务价格和由县财政按药品销售额西药15%、中药30%进行补偿，实行补偿经费定额补助。县级医院的药品加成收入以上一年度药品总收入为基数和国家规定的药品加成率测算，县财政按一季一次拨款周期予以补偿。县级医院的基本建设、大型设备购置、重点学科发展、人才培养等项目，属于按全省发展建设规划统一安排的，由中央和省、市政府予以专项补助，县级适当配套，并对中医院予以倾斜扶持。县级医院承担政府指派的公共卫生任务和自然灾害、突发公共卫生事件紧急医疗救治任务，县财政按服务成本给予经费保障。

人事管理体制

2009—2015年，吉县按照《山西省县级公立医疗卫生机构编制标准》，县乡两级医疗机构完成岗位设置、核编定员，实行聘任制、绩效考核制和收支两条线、财政补差管理模式。人员工资由财政全额承担，破除了“以药养医”的机制。完善了以岗位绩效工资制度为核心、多方参与、公开透明的绩效考核机制。明确规定医务人员工资总额的70%作为岗位工资，按照考勤结果发放，30%作为绩效工资按工作实绩和效益考核发放。将考核结果与政府补偿经费划拨和医务人员业绩认定结合起来，充分调动人员工作积极性，提高医疗卫生机构的服务质量和效率。

医疗联合体和对口支援制度

2012年，吉县实施医疗机构联合体运营模式，开展双向转诊、检验结果互认等业务。一方面，派人到省人民医院、省中西医结合医院、市人民医院、市中心医院（铁路医院）等医疗机构学习深造；另一方面，接纳上级医院对口支援的医疗技术力量，以优化医疗卫生资源，提升基层医院服务能力。同时县医院与文城中心卫生院、柏山寺乡卫生院、壶口中心卫生院，中医院与中垛中心卫生院、车城乡卫生院建立了医疗联合体，不间断派医疗人员下乡支援。2013年省中西医结合医院委派一名专家到县医院任副院长。

吉县中医院设置基层指导科，与各乡镇卫生院及部分村卫生室建立分工协作关系。建立分级诊疗制度，实施分级诊疗，结合近3年住院费用测算确定各病种的费用限额标准。境内实施临床路径39个病种，涉及12个专业。

第四章　食品药品监督

第一节　机构

临汾市药品监督管理局吉县分局

2002年5月，吉县将卫生部门管理的药政、药检职能归并，组建临汾市药品监督管理局吉县分局（属市药品监督管理局派出机构），初步形成集中统一的药品监督管理体制。药监分局编制7人，内设办公室、药品稽查股、市场监督股3个职能股室。2005年1月，临汾市食品药品监督管理局吉县分局正式成立，内设办公室、食品安全监督股、药品综合监管股3个职能股室，继续承担原药品监督管理分局的职责，增加对食品、保健品、化妆品安全管理的综合监督、组织协调和依法组织开展对重大事故查处的职能。

2009年12月，食品药品监督管理机构省以下垂直管理改由地方人民政府分级管理，业务上接受上级主管部门和同级卫生部门的组织指导和监督，临汾市食品药品监督管理局吉县分局人、财、物整体移交到县政府。

2011年2月，吉县食品药品监督管理局成为县政府职能部门，监督境内食品、药品、保健品、化妆品、医疗器械等。

2013年12月，将县原食品药品监管部门的全部职责、卫生部门的食品安全综合协调职责、工商行政管理部门、质量技术监督部门的食品安全监管职责进行整合，归吉县食品药品监督管理局（简称食药监局），同时加挂“吉县食品安全委员会办公室”牌子。核定行政编制11人，工勤人员编制1人，内设综合办公室、食品综合监管股和药械保化综合监管股3个机构。下设食品药品稽查队，加挂吉县食品药品投诉举报中心牌子，负责受理境内食品、药品违法行为投诉举报和对违法行为的查处，财政拨款事业编制，编制为15人，副科级职数1人。派驻机构4个，分别为吉昌食品药品监督管理站（管辖吉昌镇、车城乡、东城乡）、屯里食品药品监督管理站（管辖屯里镇）、壶口食品药品监督管理站（管辖壶口镇、文城乡）和中垛食品药品监督管理站（管辖中垛乡、柏山寺乡），承担管辖区域内食品药品安全日常监管职责，使用预留全额事业编制，核定吉昌站8人，屯里站3人，壶口站5人，中垛站4人。

2014年，吉县食药监局先后获市级、县级“文明单位”称号；2015年，获市级“食品药品安全专项整治先进单位”称号。

基本药物办公室

2012年，吉县卫生局成立基本药物办公室，启动国家基本药物制度，对8个乡（镇）卫生院和79个村卫生所实行集中采购和统一配送。当年8个乡镇卫生院均与省指定的药品供货商签订协议，基层医疗机构均配送使用基本药物，实现零差率销售；基本药物购进169.5万元，销售120.55万元。2013年1月，8个乡（镇）卫生院和79个村卫生所均实施网上采购基本药物制度，对基本药物目录外药品进行清理；基本药物共购进163.54万元，销售140.5万元。2014年，基本药物共购进158.5万元，销售149.5万元。2015年，基本药物共购进168.4万元，销售159.5万元。

第二节 药品经营

经营机构

吉县医药药材有限责任公司前身为吉县药材公司，设立于1956年2月，位于桥南街21号。1979年10月，归属于临汾市医药药材公司主管。2006年9月，企业改制，更名为吉县医药药材有限责任公司，是集药品批发、零售于一体的有限责任公司，内设财务股、质检股、业务股、办公室。改制后公司对境内药品零售经营网点进行调整，在屯里镇、东关学校、吉县一中、桥南街、新华街等地设立零售药品大药房，城乡标识有零售大药房的直属零售药店网点共7处，基本形成药品零售统一标识供应体系。2015年底，有在册职工22人，其中中级职称9人、初级职称11人。

药品营销

2006—2015年，随着医疗体制的改革和医药市场的进一步开放，医药企业经营维艰。吉县医药药材有限责任公司，从药品经营的质量价格及窗口服务着手，合理布置营销网点，全力占领农村市场，全面创新经营方式，提高自身的竞争力和生存力。经营的药品有中成药、中药材、中药饮片、化学药制剂、抗生素、生化药品等。2015年，实现销售收入330万元，确保了吉县群众用药的安全。

1986—2015年县药材公司药品销售情况表

表27-3-1　　单位：万元

年份	销售额	年份	销售额
1986	151	2001	272
1987	168	2002	270
1988	176	2003	287
1989	182	2004	280
1990	200	2005	285
1991	211	2006	284
1992	231	2007	288
1993	240	2008	290
1994	243	2009	301
1995	250	2010	308
1996	250	2011	311
1997	254	2012	315
1998	260	2013	320
1999	265	2014	321
2000	270	2015	330

第三节　药品监督管理

药品监管

2011—2015 年，吉县对食品、药品、保健食品、化妆品和医疗器械（简称“四品一械”）进行安全监管。按照《规范化药房建设标准》，在 50 家村级卫生所创建规范化药房。规范医疗机构麻醉药品、精神药品的审核、审批管理，源头上杜绝麻醉药品外流。对境内疫苗购进、储存、使用进行检查。对药品经营企业、使用单位含麻黄碱复方制剂、蛋白同化制剂等特殊药品的购进、储存、使用和销售等情况进行监督检查。开展体外诊断试剂专项检查，严格落实专人管理、专册登记、专柜存放的规定。

开展销售假劣药品专项整治，加强与网通、邮政、物流的信息联系。建立举报投诉制度，严厉打击利用互联网销售假劣药品行为。

开展中药饮片经营专项检查。吉县共有中药饮片经营、使用企业 20 家，其中县级以上企业 13 家（经营企业 5 家）、县以下 7 家。检查内容为：医疗机构、药品经营企业是否购进、销售和使用（经营）增重、染色、被污染的中药材和提取过的假劣中药饮片。是否擅自加工药材冒充中药饮片销售。是否从非法渠道购买中药饮片。批发企业是否存在出租出借证照、挂靠过票的违法行为。

新《药品经营质量管理规范》实施后，对新认证企业增加检查频次，看企业是否配备冷藏柜、阴凉柜等硬件及药品监管电子软件。18 家药品零售企业均通过市局认证组的检查。

器械监管

2011—2015 年，开展医疗器械“五整治”专项检查，发现个别经营企业存在未及时收存供货方合法的资质证明文件、产品注册证、质量检验报告书及购销记录不完整等问题。对药械从业人员进行《中华人民共和国药品管理法》《药品经营质量管理规范》等相关法律法规培训。

第四节　食品监督管理

日常监管

吉县食药监局每年至少对境内 696 家食品生产、经营单位进行 2 个频次的全面检查。其中：餐饮服务单位 310 家（大型及包席饭店 55 家、小型饭店 169 家、学校食堂 51 家、旅游景区 35 家），食品流通企业 350 家（超市 29 家，门市部及小卖部 321 家），生产企业 6 家，生产类小作坊 30 家。

专项监管

每年春、秋季学校开学后，食药监局联合县教科局对学校食堂进行专项督查、专项整治。“端午”“五一”“十一”“中秋”“元旦”“春节”等重要节假日期间开展食品安全检查。检查从业人员健康状况、食品原料采购索证验货、食品安全管理制度的执行情况。

开展餐饮服务量化分级评定和创建“明厨亮灶”活动。对大中型酒店、幼儿园、学校、旅游景区等餐饮服务单位量化分级管理评定 305 家，其中 A 级 6 家，B 级 265 家，C 级 34 家。2005 年，麦肯基、天河大酒店、土菜佬、一碗粥、青青草原涮锅 5 家饭店、酒店开始申报“明厨亮灶”。

2005 年，吉县达明一派、壶口面业、鑫香食醋、顶吉果汁、顶吉果酒、人祖山面粉等企业，建立追溯体系。2015 年，抽检农产品 240 个批次，抽检结果全部上传全国食品安全抽检信息网。

第五节 保健品化妆品监督管理

2011 后，吉县食品药品监督管理局药械保化监管股，对境内 67 家保健食品经营店、美容店、化妆品经营店、理发店开展“三无”（无生产日期、无质量合格证或生产许可证、无生产厂名称）专项检查。同时开展打击保健食品“四非”（非法生产、非法经营、非法添加、非法宣传）专项检查。2013 年，检查经营户 67 家，没收过期、“三无”产品约 20 个品种。2014 年，检查经营户 67 家，没收过期、“三无”产品约 10 个品种。2015 年，检查经营户 67 家，没收过期、“三无”产品约 8 个品种。

第二十八编　文化 体育

吉县境内居民十分注重文化生活。旧时，文化种类和项目相对贫乏，逛庙会、看戏、听书、闹红火成为人们最主要的文化生活。随着改革开放的深入，社会、科技不断进步，传统文化活动得以发扬，新生文化活动逐渐普及。电影、电视、文艺演出成为公众喜闻乐见的文化生活，美术、书法、音乐、舞蹈等艺术也成为不少人的追求。《壶口报》和《壶口》杂志的创办为文学爱好者提供了平台，一大批文学新人创作出具有乡土气息的小说、散文、诗歌、报告文学、影视剧本等作品，其中不乏精品佳作。境内先后举办多次书法美术作品展览，一些作品还参加全国性的书画展并获奖，书画队伍也得到空前发展。进入 21 世纪后，文化活动场所进一步拓宽，新建了文化广场、中心广场、西关广场、桥南广场、府前广场、锦屏山公园，启动实施了公共体育场建设项目。期间互联网的普及，拓展了公众视野，也丰富了群众文化生活。

第一章 群众文化

第一节 机构设置

机构沿革

2002年以前，群众文化由吉县文化局主管，县文化馆具体承办。

2002年2月，机构改革，县文化局和县体育委员会合并组建成县文化体育局（下称文体局）。下设基层站所5个：文化馆、图书馆、电影公司、文物管理所、壶口蒲剧团。

2009年，吉县文体局、广播电视服务中心机构合并为吉县文体广电新闻出版局；同时组建吉县文化市场行政执法大队，隶属吉县文体广电新闻出版局；吉县电影公司实行企业化管理。

2010年，明确吉县文体广电新闻出版局属行政单位，正科级建制，内设综合办公室、文化及新闻出版办公室、体育办公室、广播电视及文物办公室。

2015年，恢复吉县文化局，挂县版权局牌子，正科级建制。主要职责有文化艺术、广播电视、新闻出版、体育工作和文物工作5个方面，内设综合办公室、行政审批和政策法规股、文化产业和文物管理股（文产文物股）、社会文化和体育事业股（社文体育股）、新闻出版和广播传媒股（版权广电股）。

所属机构

2011年，吉县文体广电新闻出版局所属事业单位有吉县广播电视服务中心、吉县文化体育市场行政综合执法大队、图书馆、文物管理所、文化馆、体育服务中心。

第二节 活动场所

县文化馆

吉县文化馆属公益性群众文化事业机构，1950年建馆，承担开展社会宣传教育和全民审美教育、传播科学文化知识、组织群众文化活动和文艺创作、保护传承非物质文化遗产、展示乡土文化等职责。

1986年，县文化馆与图书馆、文物站位于新华街，办公用房为20间旧瓦房和6孔石窑洞。1989年，新建总面积1500平方米的文化楼一座，县文化局与文化馆迁入办公。

2002年，县文化馆馆舍建筑面积1000平方米。2007年，建成面积200平方米的非物质文化遗产展厅1个，是临汾市第一个县级非物质文化遗产主题展厅。内设精品文化、民俗文化、历史文化、农耕文化、节庆文化、品牌文化、山水文化七大板块，以实物和图片等方式展示吉县丰富的非物质文化资源。建成面积180平方米排练大厅1个。2012年，建成面积35平方米的音像欣赏室1个。2013年，建成面积20平方米的录音棚1个。

乡镇文化站

1986年初，吉县共有城关、中垛、红山3个乡镇文化站。

1989年，建立屯里、川庄、文城、王家原4个乡镇文化站。其中红山、屯里是文化中心站，有阵地、有设施、有活动条件，经常开展各种文化活动。城关和屯里设有影剧场、电视室、图书阅览室、游艺室、科普室等。王家原、屯里、柏山寺、中垛先后修建了露天舞台。同年底，11个乡镇全部设立文化站，有专职辅导员11人。

2008年，吉县投资320万元，并与各乡镇签订《委托施工协议书》，开工建设8个乡镇综合文化站。2012年，又分两批为各乡镇文化站配备（近10万元）文艺活动器材。其中，中垛乡综合文化站投资50余万元，2012年6月建成使用，站舍建筑面积400余平方米，设多功能厅、辅导培训室、图书阅览室、电子阅览室、乒乓球室、棋牌室；室外活动广场1000平方米，有宣传橱窗、板报栏，文化走廊总长25米；配备电脑、投影仪、音箱、功放、共享工程设备等展演设备，订阅报刊12种，收藏图书3500余册。

2009年车城乡、东城乡、文城乡、柏山寺乡修建综合文化站，并投入使用。

2010年3月，吉昌镇投资43.14万元修建综合文化站，其中上级配套专项建设资金40万元，镇政府自筹资金3.14万元，当年6月建成投入使用。主体为2层砖混结构，总面积607平方米。内设图书室、老干部活动室、办公室、文艺排练厅、多功能厅等，免费向群众开放。文化站常年举办送文化下乡活动，丰富群众的精神文化生活。

2011年，壶口镇投资30万元新建文化站综合办公楼，2012年6月建成使用。建筑面积400平方米，内设综合培训室、文艺活动室、图书阅览室、农耕展览室、棋牌室、接待室6个功能室。

2011年，屯里镇投资40万元，建成镇级文化活动中心，建筑面积300平方米，设图书室、阅览室、文化资源共享室、棋牌室、综合厅等，免费向群众开放。

2015年，吉县给8个乡镇文化站配套电脑40台，电影下乡948场。县文体局充分发挥县乡村三级文化优秀人才的作用，以乡镇文化站、文化活动室、农家书屋为载体，建立8个乡镇文化站微信公众平台。设立吉县文化视频库，并开设乡镇文化站板块及各站所、馆所板块，上传文化动态信息，实现所有设备全利用。

村文化室

1989年，吉县大部分村委办起文化室或“农民之家”，形成县、乡、村文化网络。随后村文化室逐步开辟了电视室、游艺室和阅览室等。

广场

吉县主要有中心广场、文化广场、西关广场、桥南广场，以及府前广场等。文化广场位于新华东街，每年消夏文艺晚会、元宵节社火比赛、大型文化活动、大型集会都在此举行；中心广场位于县城中心，是群众集结健身的场所之一；西关广场位于新华西街新医院前；桥南广场位于桥南209国道与309国道分岔旁；府前广场位于吉州新城。

公园

有锦屏山公园、饮马泉公园。

文化活动室

老干部文化活动中心 地址在吉县老干部局院内，2007年组建，初称吉县新生活文化活动室。2013年，更名为吉县老干部文化活动中心。下设戏剧组、舞蹈组、乐队和后勤组。队员由起初的10余人发展到40余人。这支队伍平时在活动室里自娱自乐，经常进入社区、农村进行文艺表演，自编自演的《好运吉县展辉煌》《吉县苹果甲天下》等节目深受群众欢迎。

九九爱乐坊 2009年，由离休干部霍盈州、退休干部张建中发起组建，活动地点在文化广

场，参加人数40余人，老干部孙福龙、梁建华、崔梅梅等为骨干。自编节目《一泡子婆姨谝姑阀》、表演唱《表表吉县好河山》深受群众欢迎。

第三节　文化活动

概况

每年元宵节期间，组织开展街头闹秧歌、灯会、戏曲表演、书画展览等春节群众文娱活动。

1986年2月，吉县举办第八期壶口书画展，展出书法作品50幅、摄影作品28幅、美术作品83幅、剪纸作品52套。组织25名文艺骨干赴浮山、曲沃、临汾、新绛等地观摩学习。

1989年，举办"三八"中青年迪斯科比赛，"五一"县直职工文艺晚会，"五四"青年舞比赛，"八一"与驻地部队联合会演，国庆"唱党、唱国、唱军歌比赛"，书画剪纸展览，袁德榜漫画展，"穆涛山、芦保同、卫福庆"书画联展，中国书画教学录像放映，暑假美术培训班等活动。

1990年，组织各类文化活动15次。举办"中国书画函授大学录像教学培训班"，一中学生书画展。参加全区创作歌曲大赛，吉县1人获二等奖、2人获三等奖、3人获创作奖。参加全区五琴大赛，吉县1人获青年组小提琴演奏一等奖。邮电局演出的"家庭节目"获省邮电系统文艺演出三等奖。40余首歌曲发表在省级刊物，5人的书法作品分别参加省地级展览，部分作品在海外展销。部分中学生的书画和演出分别获得省、地教育系统的奖励。举办了"七一"文化晚会，"国庆文艺晚会"，双文明成果验收文艺演出和成果展览，人口普查"书画赛""宣传站""知识竞赛"，党代会、财贸会文艺演出。小戏《李寡妇招亲》参加地区"人口杯"汇演、全区宣传工作会议汇报演出。邮电局选送的家庭剧赴省参赛。协助乡宁台头矿编排节目参加地区"乌金杯"比赛。

1992年，纪念"5·23"毛主席《在延安文艺谈会上的讲话》发表50周年，举办"新人新作演奏演唱会""卡拉OK演唱会"和"青少年书法赛""吉县文化馆藏书画展活动"。举办了"七一"庆祝中国共产党建党71周年文艺晚会、国庆节大唱革命歌曲比赛、"三八""五一""五四""六一"等节日的群众文化活动。

1995年，元旦、春节期间举办县直机关优秀节目调演颁奖晚会和吉县黄河壶口漂流月万盆花展。举办庆祝中华人民共和国诞生46周年、纪念世界反法西斯战争胜利和中国人民抗日战争胜利50周年"黄河壶口演唱会"，漂流月戏曲演出、县直机关集体舞大赛、庆"三八"喜迎世妇会召开舞会，"五四"联欢舞会，庆"六一"幼儿歌舞表演，重阳节趣味竞赛等活动。

1996年，举办大型文化活动9次，参加活动千余人次。举办春节文艺晚会，漂流月开幕式和闭幕式文艺演出、花卉展览，"三八"游艺晚会，"五四"青年硬笔书法展，"六一"少儿文艺表演，庆祝建党75周年演讲会，"教师节"文艺晚会，"重阳节"老年书法展。男声独唱参加地区土地管理系统文艺演出。歌舞《咱当兵的人》参加全区武警文艺会演。舞蹈《征收路上》参加全区地税系统文艺大赛。《争当太旧人》获全省运管系统演讲会一等奖。参加全区税务系统书法展览，部分作品被选送省参展。

1997年，举办黄河壶口漂流月开幕式文艺表演。编排的部分文艺节目上了山西电视台《五彩缤飞》栏目。

1999年，举办春节传统戏曲演出，"八一建军节"军民联欢晚会，庆祝建国五十周年文艺晚会及县直机关庆国庆歌咏比赛，重阳节"让世界充满爱"文艺晚会，全省农田水利建设现场会文艺晚会，"98"吉县十大新闻评选文艺晚会，TCL王牌杯歌手大赛等演出活动。组织30余人的

文艺宣传队，到文城乡、王家原乡演出，开展取缔“法轮功”邪教组织宣传活动。

2002年，选送10件作品参加市民政部门组织的“蒲公英”书画大赛。选送歌手参加市“黄土风情”农民歌手大赛，获得组织奖。

2003年，把优秀的传统春节社火节目从基层、乡镇推选到春节文化活动的大赛场上，提升春节文化活动的档次。柏山寺《黄河风情唢呐》首次表演。举办元宵节新春灯展，展出与观众声光互动的遥控卡通灯。6月至8月底，举办以“扶风桥”命名的10余场“文化扶风”系列消夏晚会。

2004年，吉县春节文化活动首次准入社会广告公司参与运作，首次印制彩板节目单、使用节日礼炮、大规模引进域外团队，将优秀传统文化与现代时尚文化相互结合，促使吉县文化换代升级。

2005年4月，吉县举办“赴市民间艺术获奖精品展销”。组织“庆七一”文艺演出。在纪念抗战胜利60周年之际，举办大型歌舞晚会，广泛吸纳艺术类大中专学生参与，推出文艺新人。举办国庆“书画大赛颁奖盛典晚会”，首次邀请兄弟县市优秀节目参加。展出市级大赛中获得“金奖”“银奖”的根雕剪纸作品。

2006年，吉县拍摄制作的电视专题片《灿烂文化看吉州》在县电视台播放，并参加全市“五个一”工程评审。抓住中央电视台《黄河戏话》栏目到吉县拍摄的机会，组织黄河风情类节目参加摄制，宣传吉县黄河文化。

2007年，吉县组织城乡社火文化活动，请到“小梅花”剧团表演。组织了“五一”“五四”文艺晚会。组织了县党代会专题文艺演出，以及“庆国庆”三十项重点工程慰问演出，首次用上冷焰火、追光灯。县“两会”召开之际，举办“和谐吉州”文艺晚会。下半年，举办了历时半个月的“尧神驾校杯”魅力吉州人电视才艺大奖赛。举办吉县首届“先进文化杯”书画摄影展，展出书画作品300余幅、根雕作品3000余件、布艺作品100余件、剪纸作品2000余幅。为10余名文化骨干颁奖，红旗林场和人祖山农产品公司等提供赞助。

2008年，春节元宵活动，邀请四川自贡市“天河彩灯”到吉县布局，第一次大规模用彩灯装饰县城。“两会”期间，举办“光荣与梦想”大型广场文艺晚会，运用次第对开的活动场景，将本土元素（如方言等）与电视元素巧妙结合，使节目档次再次提高。5月30日，为中组部首届全国县委书记培训班举办了一场别开生面的“壶口解读”文化活动，活动以壶口四季的精彩剧照为线索，以民俗、民歌为载体，采用音频、视频等多种手段，全面、多维、立体宣传黄河壶口，创造了全新的文化模式。

2009年，举办“吉州风华”庆祝国庆60周年大型文艺晚会，首次引进“LED”大型彩幕，歌颂吉县60年的巨变。

2010年，吉县实施了虎年春节群众文化系列活动。开展文化下乡活动。开展县歌的创作，筹备《吉县民俗》《吉县窑楦》《吉县神韵》等出书。

2011年，组织春节文化社火活动和刘隼书画展，举办2011“给力吉县”新年酒会、党代会专题晚会、“两会”专题晚会、“树清风、倡廉政”颁奖晚会等大型文艺演出。组织历时近3个月的“吉县2011广场消夏文化活动”，创造了吉县消夏文艺活动历时最长、参与单位最多、节目质量最高的“三最”记录。

2012年，举办“龙腾盛世、幸福吉县”春节团拜和元宵社火文艺活动。举办传统社火表演、彩灯展示、彩车巡游、烟火晚会。举办以“好运吉州、幸福家园”为主题的“宏达杯”摄影展。举办以“盛放吉州”为主题的“两会”专题文艺晚会。举办宣传系统“清明诗歌朗诵会”。举办了“中

国(山西)第二届文化旅游节”活动开幕式演出。10月13日,组织“果香醉高原”专题文化会演,庆祝全省水果产业现场推进会在吉县召开。开展送戏、送图书、送电影等“送文化”下基层活动。

2014年,组织境内“文化志愿者”和城乡文化骨干,赴临汾观看“全国‘群星奖’获奖节目巡演”,举办“点赞与吐槽—全国‘群星奖’获奖节目观后感大讨论”,激励“文化志愿军”的创作热情。

2015年,制播吉县2015“让梦想飞”首届网络春晚。举办元宵社火文艺活动。举办首届吉县“美丽吉州”摄影展。开展“文化进社区”活动6次,组织群众喜闻乐见的“小区大舞台”活动。开展了“宣传吉县精神,激昂青春风采”“弘扬法治精神建设法治吉县”“童心向党”“集聚满满正能量、圆就莘莘学子梦”等系列大型文艺演出。

“文化视频库”设立各类板块,免费上传吉县文化视频300余部,视频资料时间跨度20年,网络点击量4118万次。同年5月,新华社记者于振海、晏国政到吉县采访,将“吉县文化视频库”、微电影和村德村史馆确定为吉县驾起核心价值观的“三套车”,撰写了《山西吉县驾起核心价值观“三套车”》新闻稿件,发表于新华每日电讯、新华网等媒体。“小区大舞台”被市文化局确认为“市级文化活动品牌”。社区文艺队、民间文化能人纷纷借助此活动上台唱主角,激发基层群众参与文化活动的热情,使“小区大舞台”成为丰富活跃群众文化生活的重要载体。在纪念抗日战争胜利70周年活动中,县文化部门根据朱德总司令到吉县的历史事实,打造出《朱德槐》《红歌联唱》《毛主席语录》等一系列红色节目,传承红色文化,教育人民群众。

文化下乡

2002年,吉县摆脱官办文化的模式,将群众文化推向市场,在文化活动中引入商业机制。举办了导演竞选、吉县首届文艺晚会策划方案擂台赛、业余文艺培训班资质评定实力大赛。10月,到解放军某部黄河地下工程维护连慰问演出。邀请市“心连心”艺术团到屯里镇演出。策划组织了县邮政局“壶口邮票首发庆祝式”文艺活动。抓住山西电视台《走进大戏台》栏目在壶口录制的机会,推介本地打擂选手,1名选手夺得“擂主”、2名获“优秀”奖。

2005年,结合党员先进性教育,开展文化下乡活动。

2006年,民间企业家张森子开办的“健康社区文化演歌台”开辟了新的社区文化场所。入冬后,组织创作人员编写剧本、精心排练,把县委、县政府的新思维编排成群众喜闻乐见的文艺节目,派出30多人的队伍赴文城、车城、柏山寺演出,此次活动被列为“贯彻省九次党代会行动最快的宣传演出”。

2009年5月开始,开展送书、送戏、送电影的“文化三下乡”活动,直接进村到庄。

2013年,文化下乡小分队先后到吉昌镇上东村、屯里镇窑渠村、中垛乡白额村、柏山寺乡西头村等8个乡镇13个村开展文化下乡活动。8月,在县农机小区、朝阳小区、农资小区举办以“快乐其实很简单”为主题的“文化进社区”消夏文艺晚会。多次组织工作人员深入到柏山寺乡西头村、吉昌镇霖雨村等地指导村民编排节目,开展文艺辅导工作。

2014年,先后在8个乡镇的8个村举办“农民演演农民——农家演唱会”“果园欢歌——劳动技能大赛”“我来喋大话——村级文化广场黄昏纳凉幽默聚会”等趣味文化活动。全年送文化进乡镇8次,进社区6次,收集群众自编自导自演节目100余个,其中乡镇农民自排节目20余个,社区群众自拍节目80余个。

2015年,文化下乡演出14场。在壶口镇开展“乡村文化记忆”试点工作。将收集制作的音频、视频、文字、图片资料存入“吉县非遗数字库”,将近300页的第一手资料汇编成书。

第四节 传统民间表演节目

舞龙灯

舞龙灯在吉县流传久远，是元宵节保留的传统节目，一直深受群众喜爱。龙灯头是龙灯最精致的部分，制作工艺复杂，用多彩加金线、红绸结花装饰，胡须顺畅、摇摆会动、威武可观。龙身由十多节连接而成，每节用竹圈做骨架，包上白纱，装上蜡灯。舞龙灯前须到饮马泉或清水河边让龙饮水，烧黄纸、敬香、洒酒、祈求龙神保佑人们幸福安康、五谷丰收。舞龙灯时点燃蜡灯，一人手持火球引领，十多人配合。夜间穿行在街市上，时而曲线而行、时而盘旋而动、时而滚动身躯、时而昂首眺望。高潮时，随着轰隆的锣鼓声，龙口时而喷出烟花，时而喷出水珠。结束时口喷红绸亮出“风调雨顺”“五谷丰登”“春满吉州”等祝福条幅。

后龙灯又演变成为彩龙，多以黄、红、绿、蓝四色为主调，绘制或喷制而成。主要传承在吉昌镇东关村。

舞狮子

舞狮子是吉县民众喜闻乐见的表演节目。新春佳节、元宵节及重大活动，常会有舞狮子表演。

舞狮由艺人制作，用棕毛、鹿皮染色做皮毛，用竹条做骨架，以红布、红绢绸装饰。此项工艺制作能手要数东关村李振荣。后均是购买现成的工艺品。

舞狮时，二人腿穿毛皮套裤，在狮腹内配合进行，前者直立负责摇头、后者弯腰负责摆尾。另有一人打扮成武生形象、以绣球为诱引逗舞狮，与狮相斗、打闹、嬉戏。随着快乐的鼓乐声，狮子一会儿搔痒，一会儿抖毛，一会儿爬梯腾空，花样繁多。表演达到顶峰时，紧锣密鼓，鞭炮轰鸣，九节鞭、绳鞭打场，狮子口吐条幅，引人注目。

踩高跷

踩高跷在吉县也称“踩拐子”，是民间流传下来的较为普及的文娱活动项目。高跷的高低视人物的需要和年龄大小而定，高的 3 ～ 5 尺，低的尺余。

踩高跷表演分古装和现代装两类。古装以戏剧人物进行组合，如“西游记”“游龟山”“西厢记”“八仙过海”等。为活跃气氛，一般配有 1 ～ 2 名丑角入场配合。现代装分为工、农、兵形象，手持镰刀、斧头、枪支等道具，具有时代特点。

表演时，表演者踏着锣鼓点，单行行走、左右交错，走八字、剪子冠、转圆场。高难度动作有“过断桥”“鹞子翻身扑花蝶”“高空板凳过天桥”“地上踩扁担”“单个表演劈叉子”等，惊险又刺激，喝彩声、掌声不断，场面欢腾热闹。

扭秧歌

扭秧歌在吉县流传已久，是元宵节闹红火或庆祝重大节日时的街头节目。中华人民共和国成立之初，表演形式多为男扮女装或女扮男装的二人转、二人小调对唱，后演变为男女老少共同组队的群体表演。队伍人数二三十人至百余人不等，学生秧歌队组队更是庞大。表演者身穿艳丽服装，手持红、绿彩绸、小花、彩扇，头上彩花装饰代替了过去的媒婆帽、老汉帽，金饰大圈耳环代替了过去的红辣椒和大红炮。

扭秧歌表演行走已不是单纯的十字步了，“单回望”“双回望”“十字转身”“大转身”配上伴奏和民族小锣鼓、唱现代歌曲或有自编的特定内容的唱词。老年人表演掺进了“老年迪斯科和老年健身操”，形式活泼新颖。

吹唢呐

吹唢呐，吉县也叫“吹鼓手”“鼓手”。已有490余年的历史，据传，明朝时嘉靖年间，吏部尚书、文渊阁大学士石宝（一说石峭、一说石瑶）因遭诬陷被流放吉县王家原一带，贬谪为民间乐人。西关名吹手石小娃（大号石玉山）、石美呆（大号石玉峰）、石三全，即为石家第八代传人。在他们的传带下，吉县的唢呐名噪一时，传承不衰。

唢呐班原为4人组合，即两吹一鼓一钗。后变为6人以上组合，加入了二胡、笛子等乐器。婚丧事宜，唢呐班礼乐助兴成为民间传统习俗。由几十、上百人组成的唢呐队表演成为重大庆典活动的重要内容。

从20世纪80年代起，乡村青少年在当地唢呐能手的带动下，勤学苦练，几乎每个村都有会吹唢呐的人。20世纪90年代初人才辈出，唢呐这一民间艺术发展迅速，境内的柏山寺乡最为突出。

跑竹马

跑竹马是吉县民间传统节目。竹马用竹条编扎骨架，外用纸布结合胶粘而成。跑竹马表演者多为青年男扮女装，或俊俏女子，也有由10余名妙龄少女组成的“马队”，古装剧人物打扮，女角穿带缨鞋，男角穿平底靴或圆口布鞋。表演时手扬戏剧马鞭，碎步行走，后跟小生“脚户”追撵，配以奔放式民间锣鼓声，加上唢呐伴奏，烟花爆竹烘托，气氛犹如万马奔腾，场面壮观。“套花子”“交叉跑竹马”“跑桌子”“跑板凳”“过河”“上下坡”“走泥滩”“马受惊吓”等表演形神兼备、生动有趣。

骑竹马表演后融入了现代元素，如骑兵、草原骑士、虎彪小伙、美貌姑娘打扮等，给人轻快新颖的感觉。

推轿车

推轿车表演主要传承在吉县桥南。轿车车身像车，车顶似轿。车前饰大花，车两边饰彩条或拉花，反光镜布于车前、后、左、右。表演时，轿车内是打扮俏俊的姑娘，浓脂粉面，华丽装扮，步履轻盈，举止优雅。姑娘身前有一双穿有绣鞋的两只仿真盘坐假腿，真人的腿由车布遮掩在下面。前边男丑角拉车，后边男丑角推车。旁边有耳挂辣椒男小生，或手提彩灯，或手执鸡毛扇，或手握绸花巾，或手拿长杆烟袋。坐车人高雅俏气，推车、拉车、陪车人（媒婆）诙谐幽默，一雅一俗，相互配合，体现民间艺术的特有风趣。人物之间的无言打逗与交流，引起观众的阵阵笑声。车到“陡坡”或遇“故障”时，前边用劲拉，后边使劲推，车中人受惊吓，惟妙惟肖。唢呐伴奏是雅俗共赏的晋南风味民间小曲，优美轻快。小锣鼓点热烈喜庆。

二鬼跌跤

二鬼跌跤，由单人表演。双手扮脚、双手双脚着地，背背假人相对而抱，以鬼的形象出现，貌相怪异。表演动作生动形象、滑稽有趣、惹人喜欢。二鬼跌跤是元宵社火表演中的传统节目之一。

吉县威风锣鼓

所用乐器由大扁背鼓、大铙、大锣三大件组成。后融入吉县庙鼓特点，将吉县特大车鼓一面、特大庙鼓两个（大鼓架加轮）加入。行进表演时一人高站于车上指挥。

吉县威风锣鼓动作大方，姿态大度，站立端庄，步伐稳健。既保留了晋南风味、又具吉县韵味，风格独特、气势蓬勃，已成为吉县春节社火、节日游行的大型演出项目，是开业剪彩、竣工庆典不可缺少的内容。

吉县花鼓

吉县人习惯将胸鼓和腰鼓统称“花鼓”。花鼓形状为高腰小面鼓，因系挂的位置不同，而分为胸鼓和腰鼓。腰鼓挂于左腰间，动作以整齐化为主。胸鼓表演肢体动作幅度大而夸张，犹如跳舞。服装很有特点，头包英雄头巾饰明镜，脚穿红缨鞋，身着紧口衣裤。

吉县花鼓在原有动作基础上，从陕西安塞引进新花样，不断更新与提高，形成了自己的风格。东关示范小学的胸鼓队，一中的腰鼓队，每队人数在 100 ~ 200 左右，花样逐年更新，表演形式新颖。

第五节 黄河壶口风情唢呐表演

吉县“黄河壶口风情”原生态唢呐艺术流传于境内沿黄一带，民间婚丧嫁娶等各类庆典多奏此类乐章，历史悠久且基础深厚。其表演风格、表现手法，极具黄土高原民族风情和黄河中游人文色彩，堪称中国民间文艺之瑰宝。

1998 年，唢呐《活鬼出黄河》荣获全区金奖。

2000 年，唢呐《壶口汉子》参加中央电视台“激情广场”和山西省第六届“广场艺术节”“山西农博会”等演出。组织壶口唢呐参加临汾春晚 2 次，山西电视台农民春晚 1 次，荣获优秀奖。

2002 年春，吉县原生态黄河壶口风情百人唢呐队（以下简称壶口唢呐队）成立，由来自吉县 108 个村的青壮年农民组成。

2003 年，壶口唢呐队确定“走出山门、打进北京、迈向世界”的三步跨栏战略，分别到全市 17 个县区进行巡回展演，所到之处受到各地群众的热烈欢迎。

2004 年，壶口唢呐队参加临汾市大型元宵社火大赛，获得金奖、组织奖。

2005 年，壶口唢呐队应邀参加“全国电视进华门”活动，16 个省级卫视相继播出黄河唢呐表演的盛况。

2006 年，全国各地各类庆典活动的邀请函纷至沓来，几经改版的壶口唢呐以更加成熟的表现技巧、更加完备的运作模式、更加夺目的风情魅力，受到各界的青睐。

2007 年，在中韩文化交流活动中，壶口唢呐队的表演在中央电视台一套三套《五一七天乐》栏目，中央电视台十套及欧洲台、北美台《见证——亲历黄河》栏目播放。在壶口岸畔参加中国“和谐采水”大型纪念活动文艺演出。

2008 奥运会期间，壶口唢呐队参与了省、市、县的奥运庆典系列活动。

2009 年 7 月 8 日，壶口唢呐队赴太原参加山西省第六届广场文化艺术节。组委会特许“壶口唢呐”巨幅门旗竖立在舞台左侧直至演出结束。中央电视台导演及主持人刘璐主动约见主创人员，正式邀请吉县唢呐参加央视的《激情广场》节目。同年 7 月 10 日，壶口唢呐队赴中央电视台参加激情广场演出。太原电视台进行了现场直播，山西卫视进行了新闻报道，中央电视台进行了实况报道。演出结束后，副省长张平及省文化厅主要领导接见了吉县文体局工作人员，决定出资打造吉县唢呐到广州参加国家群星奖的评选，以及 2010 年上海世博会大型演出。

同年 11 月 8 日，壶口唢呐队的《黄河风情》节目，在全国特色农产品交易国际博览会颁奖仪式上演出。

2010 年 5 月，壶口唢呐队参加上海世博会表演。邀请知名专家精心设计了在上海世博会的巡游日程，对唢呐队伍进行更高层次的打造，突出了本土文化气息，使之更富有吉县的文化色彩，

充分展现黄土高原汉子的本色，受到国内外媒体的推崇和各界人士的关注。从世博会回来后，壶口唢呐队收到全国各地索要吉县唢呐音像资料的大量信件，实现了“把唢呐打造成继壶口和苹果之后吉县递给世界的第三张名片”的梦想。

同年9月24日，吉县唢呐表演作为吉县一大文化特色品牌，成为中国（山西）黄河壶口文化旅游节开幕式文艺表演的重头戏，成为旅游节上的一大亮点。

同年11月，县委书记毛益民带队到北京参加中国农产品博览会，展示吉县唢呐和吉县苹果两大吉县特色品牌。

2011年，吉县组织唢呐队参加西安世园会、北京农博会演出。以商业运作模式承办“清华大学三晋文化行”风雨展演等活动。把唢呐表演的图文资料、视频光盘在深圳文博会、上海创意博览会等高端会展现场进行宣传推介。启动了品牌注册、域名保护等。

同年2月，由台湾中华统一促进党总裁张安乐率领的台湾澎湖县文化交流参访团（先遣团）一行14人参观吉县壶口瀑布、克难坡旅游风景区。吉县唢呐手们为海外同胞演奏了一场《盛世唢呐》。张安乐面对光着膀子、热情澎湃的唢呐手们的表演，感动得热泪盈眶，随即叫来秘书给每位唢呐手发了一张崭新的人民币。

同年4月，台湾亲民党主席宋楚瑜携夫人一行游览黄河壶口瀑布，观看了吉县非物质文化遗产——民间唢呐表演，为黄河壶口瀑布题写了“瀑连秦晋结通好，布局两岸联同心”。

2013年10月，壶口唢呐队临场受命，以“山西省唢呐艺术团”的名义，奔赴巴蜀开江，为全国新农村文化艺术展演活动表演了开篇节目——《黄河壶口唢呐风情》。

同年12月，壶口唢呐队应邀参加“美丽中国”第四届华人春晚的现场录制。

2014年5月，受台湾邀请，壶口唢呐艺术团赴台湾参加文化交流活动，表演了《壶口吼世界》《盛世乐音》《厦坡淌核桃》等经典曲目，受到台湾民众的一致好评。同年参加了第二十届（三门峡）国际黄河文化旅游节的演出。赴吉林参加世界华人春节联欢晚会，参加第四届全国新农村文化艺术展演首场文艺巡演，以及中国临汾国际名校赛艇挑战赛文艺演出。

第六节　文化市场管理

文化市场

1996年，吉县共有4个歌舞厅、8个录像厅、4个书报经营点、3个印刷经营单位、14家台球厅、7家打字复印店办理经营许可证，按期收取规定的管理费用。对从业人员进行守法经营培训。充实文化稽查队伍。

1997年，吉县对县城各类文化经营者完善相关手续。文化市场稽查人员全部参加省地培训，持证上岗。

2002年，对文化市场进行摸底，归类分层建档。举办法制培训班、输送文化经营者赴地区参训30人次。设立举报电话，接收社会各界的举报，打击地下非法经营活动。设计印制《立案呈批表》《案件调查报告》《文化市场稽查现场检查记录》《扣押或查封财务清单》，对文化市场进行明查、暗查、排查、突查。

2003年，文化市场管理分片到人，层层签订责任书。

2004年，开展“文化市场管理年”活动，对证照不全的书店、打印门市、网吧办理证件。

2005年，文化局办理收费许可证，对无证经营户进行重处，上缴收费大厅罚款7880元。

2012年，每名执法队员管控1个网吧，实现每台网吧终端机都在直接监管之下。

2013年，对办证记者开展年审、建档。落实“盯人战术”，责任到人，执法人员每人“盯”1个经营对象。

2014年，选派8名执法骨干人员参加省市行政执法培训。对执法人员进行资格重审，申办执法证件5个，执法管理证件1个。完成广播电视播出机构、体育中心的年检换证，建立《吉县新闻记者证年检备案制度》《采编人员集中培训制度》。

2015年，对境内网吧逐户上门开展专项检查，核查单位名称、法人代表、地址、终端台数等是否符合实际，完成8家网吧年检换证。

监管稽查

1989年8月，吉县对境内文化市场清理整顿。清理违禁书目300册，停业整顿两家无照经营单位，收缴录音带30盘，限令各家录像放映单位停业整顿。限制单位录像机不准外借。

1990年，开展文化市场扫黄和整顿，对境内图书馆、图书室和图书摊点等进行检查，封存违禁书籍，净化图书市场。

1994年，成立由县委分管书记任组长，公安、宣传、文化、工商、广播等部门参加的社会文化市场管理领导组。文化局设立社会文化管理股，组建文化管理稽查队，制定各项规章制度。全面实行文化经营许可证制度，对吉县所有文化营业单位换发许可证。春节、漂流月和元旦期间重点对录像和书摊进行3次检查。对违规经营的录像馆给予查封整顿和经济处罚。

1995年，对县城各类文化经营场所、摊点检查2次。配合公安部门对两起放映淫秽录像的从业人员进行收审、罚款处理。

1997年，全年开展4次稽查行动，收缴非法书刊和淫秽录像带，协助公安部门对不法经营者进行惩处。

2002年，吉县捣毁4处隐藏在城郊居民院落中的游戏厅窝点。开展“零点行动”四次，对疏于管理的5名网吧管理人员严厉批评并处罚。开展2次“拉网行动”，对所有书店、打字、复印门市进行检查，查出盗版书55册，内容不健康书21册，自行印刷的考试题若干份。通过“闪电行动”，查处非法经营户6个。10月中旬，开展“金风行动”，对音响市场进行大规模整治，查封录像放映点1个，没收了盗版及各类问题光盘。

2003年，没收盗版问题光盘500余张、盗版教辅读物1000余册，取缔黑网吧3家。8月14日，查获广东肇庆日用化妆品广告宣传无证营业性演出一案，没收伪造的手续，将演出人员驱逐出境。8月27日，对所有图书门店和音像门市进行检查清理，纠正处罚违规行为。9月25日，查处临汾某学生书店潜入吉县一中、二中校园非法销售教辅图书1案。成立网吧协会，制定《吉县文体局网吧监管办法》《吉县网吧协会章程》，由协会和文体局共同管理网吧。

2004年，取缔外地到吉县的黑书摊1个。举办“网吧整治月”活动，印发《条例选编》1000余份，制作录音磁带，进行街头法规宣传。开展“未成年人拒绝网吧”主题演讲、“未成年人告别网吧”签名等活动。在人大代表、政协委员、教师、家长、老干部中选聘5名网吧义务监督员。全市首家实施“零点断网”。关停问题网吧5个。

2005年，制定《普法宣传对象及执法责任一览表》。建立文化市场电脑网络管理平台，开启行政执法全国联网。

2007年，查封柏山寺乡黑网吧1户，纠正屯里、三堠等村文化服务户涉足互联网上网服务营业的问题。

2008 年，全年共罚款 3 万元。各网吧逐机安装《阳光骑士》软件，与全省统一的文化安全监控联网。

2009 年，开展代号为“点射黑狼”的活动，遏制黑网吧蔓延。全年收缴罚款 1.3 万元，扣押电脑主机 2 台，对网吧经营户提出警告 4 人次，实现社会“零举报”。

2010 年，重新安装《阳光骑士》监督软件，实现吉县每台网吧终端都在省市稽查部门的严密监控之下。给所有网吧安装“身份证上网识别器”，遏制未成年人上网的顽疾。全年现场巡查 21 次，罚款 1.2 万元，对违规网吧停业整顿，取缔黑网吧 8 家。

2011 年，开展“打黄扫非”行动，封堵查缴政治性非法出版物，对盗版教材进行专项治理。开展打击“假新闻、假报刊、假记者、假记者站”活动。实施机关电脑软件正版化工作，建立长效管理机制，开展正版专项检查。治理非法“网络共享”网站及其设备产品，全面排查经销电子产品的商店，查封没收影音盒、影音棒、DM 盒等解密器件。

2014 年，建立《吉县新闻记者证年检备案制度》《采编人员集中培训制度》。

2015 年，对境内网吧逐户上门开展专项检查，核查单位名称、法人代表、地址、终端台数等是否符合实际。

第二章 文学创作

第一节 小说

20 世纪 80 年代，吉县小说创作有所突破。许小根创作的《等……》《两次局务会记录》《三号老太婆》《卖皮筒子的人》《柴火》等十多篇短篇小说,分别在《火花》《平阳文艺》《晋阳文艺》《五月》《临汾日报》《经济日报》上发表。杨世元、郭全智、王管生、郑国栋等人所写的《吵吵嫂和静静哥》《大嫂和二嫂》《一颗红果苗》等 6 篇小小说，刊登在《临汾日报》。

进入 21 世纪后，小说创作人员逐渐增多。女作家梅钰，2014 年被临汾市作家协会文学院聘为临汾市首届签约作家，作品《玫瑰滋味》《指尖开花》获临汾市第六届精神文明建设“五个一”文艺作品创作优秀奖；小说《打赌》《缘分天空》《蝉蜕》《红色曼陀罗》《遇见》《缘老虎》《绑架》《最后的赢家》等在《黄河》《火花》《海燕》《黄河文学》《都市》《平阳文艺》《娘子关》等文学刊物上发表。杨建云，2004 年上大学期间创作的长篇演义小说《太子废庶人》，15 万字，由中国社会出版社出版。短篇小说《村庄啊村庄》《阳光灿烂的日子》《刚好遇见你》分别在豆瓣网、今日头条发表。杨殿梁，著有长篇小说《国有银行》《走活全局的棋子》《小蔓妮的芭比娃娃》《盛宴》，中篇小说《蝴蝶传说》《欲殇》《岁寒》等，屡有短篇小说在《小说月报》《北京文学》《山西文学》等刊物上发表，系多部电视剧的主创人员；长篇小说《国有银行》在全国新华书店及电商平台上架发行后，即被《光明日报》《齐鲁晚报》《楚天都市报》《天津日报》等 30 余家媒体发布书讯予以推介，引起评论家何振邦的关注，并撰写评论在《中华读书报》《山西日报》等多家媒体发表，获运城市“五个一”工程奖；中篇小说《蝴蝶传说》发表后，被《北京文学・中篇小说月报》转载，入选百花文艺出版社 2013 年度精品小说集，获 2013—2015 年度赵树理文学奖，第三届中国金融文学奖。冯桂兰，2014 年创作出 28 万字的长篇历史小说《壶口缘》。陈巧慧，2015 创作出 30 万字的长篇小说《同在一个屋檐下》，短篇小说《咱们的儿子是飞机》《谁的眼角触了谁的眉》《蝶儿飞飞》发表在《壶口》杂志。袁鹰翔的长篇小说《黄土儿女》、王培军的中篇小说《红红的苹果憨憨的人》《山坡上的酸溜溜》连载于《壶口》杂志。陈健翔、王智刚、文天德等的《一个留守的孩子》《临汾三题》《老许选婿》等短篇小说发表在《临汾日报》《壶口》杂志上。

第二节 散文

明清时期，黄光炜的《壶口赋》，贾村遇的《龙王辿》，白汝骥的《游麦城记》《丐孝子传》，葛林洲的《兰古庄寨记》等至今仍广为流传。

20 世纪 80 年代后，吉县的散文创作形成高潮，创作队伍逐渐扩大，抒情散文、记事散文、游记散文、改编散文屡见全国各地报刊。高树德，80 年代后期开始散文创作，作品发表于《青年文学》《山西文学》《中华散文》等刊物，多次入选全国散文年鉴，刘焕良、王成章、赖宝成、赵广荣、冯慎终等均有印刷成书的散文集。李福琴在《临汾日报》《临汾日报・教育周刊》《临汾

日报·农村版》发表散文《难忘母亲那双手》《美丽的搀扶》《舌尖上的眷恋》等。张丽珍在《临汾日报》发表散文《碾子》等。陈巧慧在《临汾日报》《青少年日记》发表散文《父爱如山》《你是我丢失的小羊》等。王桂芳在《临汾日报》《中国石化报》发表散文《初中往事》《父亲的收藏》等。葛丽娟在新华每日电讯副刊《草地》和《新华视界》、人民网、《气象知识》《中国气象报》《山西日报》《临汾日报》《中华诗词著作家辞典》等报刊发表散文《风起时想你》《姐姐，不要走》《小园闲拾》《大美壶口》《我的青春谁做主》《童年的桑树》《秋的味道》等。白如冰在《三晋都市报》《临汾日报》《散文集》《晋南作家》等报刊发表散文《吉县赋》《乡村逸事》《情系酸枣树》《秋魂》等。郭馨在《临汾日报》《学习报》《关心下一代》等报刊发表散文《季节的体温》《离右手最近的爱》《白云，只为蓝天舞蹈》等。花子在《临汾日报》《中国石化报》等报刊发表散文《打焰火》《释放》等。梅钰在《山西文学》《山西工人报》《山西农民报》《晋南作家》等发表散文《邂逅唐人居》《对话徐继畬》《古镇碎忆》《一壶母亲河的姿态》等。杨建云在《教育报》《德育报》《青少年日记》《临汾日报》发表散文《母亲是个戏迷》《小人书情结》《一直朝前走》《心总是温暖》等。艾维平在《人民代表报》《山西日报》《山西广播电视报》《沧桑》发表散文《共产党人断想》《咬定青山不放松》《为了这块贫瘠的土地》等。张淑琴、谷田、吕树谦、袁晓田、温海升、石生福、王彦章、陈志荣、刘宏科、杨变花、张开翼、苏亚琴等人的散文作品也散见于各报刊。

第三节　诗歌

诗歌创作古已有之，尤以明清时期最为繁荣，涌现出许多优秀的诗人和脍炙人口的作品。作品以歌颂壶口瀑布和县内各景观为主。张周祐、丁汝谦、张应春、南鹏、陈于王、甘国基、蒋旸、余正西、吴聘九、白汝骥、白汝驺、刘龙光等是这一时期的重要诗人，诗作大都收录在旧县志中。金代刑部尚书冯延登和金代诗人王予可成就最高。冯延登用横溪翁笔名作诗，流传下来的20首诗，收入金代文学家元好问所著的《中州集》中。金代诗人王予可的诗亦被收入《中州集》。二人在《金史》中都有传记。明代正德戊辰科进士户部主事陈维藩所著《水南集》诗稿，藏于北京图书馆。枣庄河村民王丙南所著《光绪三年悲歌》一册，真实记述域内实情和人民的苦难，在当时有一定的影响。

20世纪80年代后，诗歌创作进入一个新阶段，画家陈箫咏亦是诗人，画余写诗百余首。张福生，从20世纪70年代开始诗词创作，在《临汾日报》《教育报》发表诗词多首。王正辉，创作的楹联在临汾尧陵、临汾大云寺、皇城相府、苏三监狱、吉县人祖山等十几处景点均有悬挂。杜旭杰，在《山西日报》《临汾日报》等发表歌词多首，有部分歌词被作曲家谱曲。冯建功，主要创作现代诗。以上作者均有诗集印制成书或出版。陕高升，在《山西日报》《农民日报》《临汾日报》发表诗作多首，创作的《山村春早》《长征颂》《壶口瀑布》《孟门赏月》《黄河放歌》等被收入《中华诗词典范宝典》《盛世中华·百家旅游诗词联精选》《中华当代诗词名家精品典藏》《当代百家旅游诗词精选》等。强朝晖，以创作朗诵诗见长，经常在大型晚会上朗诵自作诗，《诗月临汾》发表在《平阳文艺》上。徐亚民的《鹧鸪天·锦屏山》等，张贵荣的《风山怀祖》等，杨远荣的《牧羊曲》等，陈淑琴的《春天印记》等，汪水生的《乡情杂咏》等，袁德榜的《观园中射干花》等，卫红梅的《那一年……》等，杨芙蓉的《丫头》等，王树理的《永遇乐·元宵》等，文阳生的《游人祖山有感》等，吕树谦的《忆父亲》等，燕生刚的《人祖山阻击战》等均在《壶口》等杂志发表。

第四节 剧本

中华人民共和国建立后，吉县的剧本创作日益繁荣，以小戏为主，比较感人的有西关村俱乐部编写的小戏《翻身不忘本》，桑峨村俱乐部编写的小戏《增产不忘节约》，高铭山编写的小戏《送粪忙》，李思义、杨泽民编写的现代剧《金银花》等。

进入20世纪80年代后，剧本创作呈现出多样化，戏曲、电影、电视剧、专题片、纪录片、风光片百花齐放。同时有以吉县人吉县事创作的剧本，有在吉县工作生活的人创作的剧本，也有在外工作的吉县人创作的剧本。李思义创作的10集电视连续剧《山鞋》，央视一套于1989年元旦播出。创作的6集电视连续剧《财苑情》，由山西省话剧院拍摄，央视一套播出。创作的电视剧《土缘》，由山西省电视台拍摄播出，受到中共中央组织部的表彰。1999年创作的大型历史话剧《元帝师八思巴》，创作的14集电视连续剧《黄河情》，央视一套晚8点黄金时间播出，多家省市电视台转播，被评为"飞天奖"。还创作了20集电视连续剧《生命河》和20集电视连续剧《风雨世纪桥》。创作的4集专题片《风桥之路》，由黄河电视台拍摄播放。创作的大型专题片《真情铸成新生命》，由临汾电视台拍摄播出，受到中纪委的表彰。杨泽明1987年创作的风光片《克难坡》在山西电视台播放。5集电视连续剧《铁市长》1991年在中央电视台播出，主人翁西安市市长张铁民系吉县人，抗日战争时期曾任中共吉县县委书记。电视剧真实再现了张铁民治理西安的动人事迹和人格魅力。1994年拍摄的《黄河壶口》在中央电视台播出，获德育教育、爱国主义教育电视节目二等奖。1995年拍摄的《壮哉壶口》在中央电视台播放。1996年拍摄的《神州风采·壶口》在中央电视台播出，主持人赵忠祥解说。1997年山西电影制片厂拍摄的《吉县奇观》在全省各电影院上映。1999年香港凤凰卫视中文台拍摄的《壶口旅游风光》在电视台播放。曹铁2000年创作的12集电视系列纪录片《兵车西进》在中央电视台播出，2001年参与创作中央电视台大型文献纪录片《世纪—中国的现代化》，2002年担任中央电视台百集系列专题片《西部城市采购》总编导。电影《保卫人祖山》由山西省作协和吉县县委、县政府联合拍摄，山西作家影视艺术制作有限公司出品，以抗日战争史上著名的吉县人祖山阻击战为依据，讲述了中国军人和吉县老百姓为了保卫中华民族宝贵的文化遗产，抗击日军侵略的历史片段，在央视六套电影频道播出。

第五节 微电影

微电影拍摄

2012年，吉县以微电影为载体，采用"一村一故事"的形式，以艺术化、形象化的语言宣传吉县的好人好事。微电影采取"村委议定选题、企业拍摄制作、宣传部门审定、政府公开采购、电视台网站播出"的模式运行。

2013年7月28—29日，吉县微电影在车城乡曹井村、屯里镇太度村开拍。在"一村一故事"摄制完成后，微电影又扩展到其他领域。

微电影成果

2014年8月22日，县委书记郝忠祥在银川参加全国农村精神文明建设工作经验交流会，作了题为《运用微电影，传播正能量，引导新风尚》唯一一家县级典型发言。吉县运用微电影进行文明育化的做法被中央电视台、《光明日报》等主流媒体报道。

微电影的制作过程中，涌现出如梅钰、艾沁、洛占敏、张立忠、窦晨丹、韩萍、袁鹰翔、强朝晖、海言等微电影剧本创作者，也涌现出一批好的演员，拍摄出一批优秀微电影。县委宣传部和县人武部联合拍摄的《军营梦想》获中央军委、国防部、“改革强军”微电影类三等奖。吉县文联创作员范吉忠从2013年开始从事微电影拍摄，以本土摄影家吕桂明为原型拍摄的励志故事《追梦》获全国总工会“中国梦、劳动美、幸福路”微电影评选二等奖。在首届全国职工微电影大赛中，获“纪实类最佳创意奖”银奖。《山魂》等三部微电影在山西省总工会微电影大赛中获三等奖。微电影《回家》播出后，引起群众强烈共鸣，网上点击量超过200万次。2015年影片《用麦秆画绘制黄土风情》在第二届全国职工微电影大赛中获铜奖，《好想叫声爸》在第二届全国职工微电影大赛中获优秀影片奖。

截至2015年底，共制作播出微电影80多部，参加拍摄的企业有吉县壶口潮文化公司、吉县七星文化传播公司、吉县蒲剧团。吉县电视台开设《微电影》栏目，县政府网站、壶口潮网站设立微电影专栏。部分微电影选入中国经济网、大学生村官网、优酷网等网站平台。

第三章 戏剧 曲艺

第一节 戏剧

戏种

蒲剧 蒲剧又称蒲州梆子，也称“乱弹”，因起源于晋南蒲州(今永济)一带而得名。

蒲剧进入吉县境内，最晚在清朝早期。据史料和清乾隆时期的献戏碑碑文记载，活跃于明清时期的壶口搬运组织“六股头”，每年都要请戏班子献戏。清代，壶口龙王辿码头每年农历七月十五庙会，期间有蒲剧名角登台助兴。蒲剧传统剧目丰富，表演粗犷豪放，乐器铿锵有力，善于用特技和富有激情的大动作表演刻画人物。唱腔高亢激越，跳功幅度大，音域宽广，富有激情，和吉县人的性情民风有诸多相似之处，深受县人喜爱。

眉户 眉户剧起源于陕西，清末民初流传到吉县。因其曲调婉转优美，善于抒情，且朗朗上口，好学好唱，因此受到广大群众的喜欢，一般群众都会哼唱几句，在吉县比较流行。基层单位和农村排演文艺节目，大多有眉户戏，眉户戏在吉县流行的唱腔主要有五更、西京、莲香、表花、采花、四平、戏秋千等。

小戏 小戏是民间自娱自乐的一种戏剧形式，由清末吉县民间流行的小型锣鼓杂戏发展而来。初时多为民歌、蒲剧、眉户等混合杂曲，俗称“打地摊”，后受职业剧团的影响，逐渐发展成为地方小戏。群众称这种农闲演出、农忙散班的文艺团体为家戏。民国中期，家戏进入鼎盛期，西关、同乐、青村、南坪、柯榼等村家戏，配有全套戏装行头和乐器，能够演出传统戏剧十数本，经常在庙会演出，深受群众喜欢。抗日战争时期，开始以话剧、歌剧形式编排抗日救亡剧目，推动了吉县抗日救亡运动的开展。

表演团体

吉县蒲剧团 1955年，由县工商联委员会谭金海牵头，组成半职业蒲剧团，有演职人员44人，演出传统剧目十数出。不久，吉县人民委员会派人接管，经过整顿，于次年经晋南专署审核备案，称吉县人民蒲剧团。随之聘请老艺人米永平、石占奎(艺名盖天红)、柴福成(艺名廉村娃)、王月德(艺名牛席娃)、阎六根、李合儿等担任辅导老师，演出水平不断提高，演出场次不断增多。收入除工资外，还购置了全套戏箱设备。1959年，乡吉合县后，两县剧团合并为乡宁蒲剧团。1961年7月，乡宁县、吉县分治，吉县重新招聘演员，由72名演职人员组成吉县蒲剧团。于1962年再次添置戏装，更新设备，巡回演出。1965年，参加晋南“四清”工作团，赴闻喜县进行“四清”运动，人员减少到55人。1967年，县核心小组根据中央对文艺界六条指示，解散县蒲剧团。1973年，又重新招聘演员50余人，再次组成吉县蒲剧团。1982年初，将吉县文化艺术学校合并。1985年，演职人员发展到65人。2011年，根据晋文发〔2011〕21号文件精神，批准吉县蒲剧团转制为企业化经营，不再作为事业单位管理，原事业单位建制和编制核销。2012年，转企改制完成。2012年初，解决了剧团正式在册职工的养老保险问题，办理了37名老艺人退休手续。吉县蒲剧团常年巡回于陕西、河南、山西的农村演出，得到广大群众的赞扬。到2015年底，

吉县蒲剧团有演职人员 42 名，年演出 400 余场。

演出场所

旧时县城乐楼有城隍庙、关帝庙、玉皇庙、马王庙、财神庙、娘娘庙、祖师庙、泰山庙 8 处，农村有曹井、大庙沟、五龙宫、屯里、文城、中市、王家原、午生、东城、柏山寺等数十处。民国 27 年（1938），日军侵入，大部分乐楼被毁，县城仅留关帝庙、玉皇庙、泰山庙 3 处。民国 30 年（1941），第二战区长官司令部将泰山庙、关帝庙两处拆掉，移建到小河畔，称“洪炉台”（1960 年拆除）。1957 年，在城内街建一个能容 5000 人的露天剧场。1971 年，在小河畔建成容纳 1200 人的剧院。1983 年，在新华中街建影剧院。进入 20 世纪 80 年代后，农村也开始修建演出场所，柏山寺、屯里率先建成露天剧场，随后，中垛、东城、车城、文城、壶口均建成露天剧场。每逢重大节日、纪念日、重大活动，县蒲剧团和各演出单位都会登台献艺。县城文化广场、中心广场、西关广场也会搭建临时露天舞台。

演出剧目

传统戏剧目　主要有《明公案》《薛刚反唐》《战铜台》《长坂坡》《法门寺》《日月图》《三上轿》《骂殿》《柜中缘》《杀狗》《教子》《洛阳坡》《梵王宫》《美人图》《游龟山》《舍饭》《击掌》《出棠邑》《表花》《明月珠》《双锁山》《斩子》《白水滩》《朝房》《三岔口》《打渔杀家》《通天玺》《打金枝》等。在演出蒲剧传统戏的同时，县蒲剧团还陆续发掘、整理、移植了《穆桂英挂帅》《梁山伯与祝英台》《楚公泪》《假婿成龙》。20 世纪 80 年代，在临汾地区会演中，县艺校的《赤桑镇》《骂殿》《反西凉》3 个折子戏分别获正旦一等奖、花脸一等奖、武生一等奖，主要演员有刘翠平、胡翠英、杨艾芳、景风、司创晋、杜德龙等人。《赤桑镇》由兰培红等人大胆创新，采用现代化音乐手法进行创作，收到很好的效果，被评声乐一等奖，唢呐演奏员李建设被评为最佳演奏员。

现代戏剧目　20 世纪 80 年代，现代剧《蝶恋花》参加临汾地区文艺会演，获得演出优秀奖。音乐和演员赵四艾获一等奖。自编现代剧《金银花》再次参加临汾地区文艺会演，获得剧本、音乐、演出、舞台美术甲等奖。以后又演出现代蒲剧《特殊保姆》《婆媳情》，现代眉户戏《传家宝》等。强慧菊在山西电视台《走进大戏台》第 34 集中获二等奖。胡翠英获临汾蒲剧喜剧大赛二等奖、银行喜剧调演一等奖、《走进大戏台》演唱一等奖。

第二节　曲艺

关里道腔

关里道腔起源于文城乡关里村，为县级非物质文化遗产。是以一人扮演多角色表演故事的一种说唱形式，全曲上下 4 句、32 小节，有别于晋南地区其他地方的道腔唱法。由于易学好唱，一般人都能掌握，许多文艺晚会都会以此曲调编写节目。

快板书

由 1 人、2 人或多人表演，乐器只用快板或不用任何乐器，节奏变化完全由说唱者自行处理，没有固定的要求，深受群众喜欢。20 世纪 80 年代以前说唱时多用普通话，以后大量使用吉县方言，多用俚语土话，通俗、生动、幽默。举办文艺晚会、庙会等都有快板书表演。活跃在壶口风景区毛驴队的农民善于用快板的形式吸引游客，逐渐形成了富有壶口特色的“壶口快板”，现编现演，不拘一格，风趣逗人。学背后村人刘成立是说唱快板书的能手。他完全用方言土语，能触景生情，见啥编啥，富有感染力；他活跃于各文艺演出场所，并在网上开辟了《老刘说吉县》栏目。

梁建华创作的方言表演唱《一泡子婆姨谝姑阀》等，成为各类联欢会的保留节目。

小品

20世纪90年代后期，小品以一种崭新的曲艺表演形式进入吉县。它以诙谐风趣的语言讴歌改革开放，鞭挞社会丑恶，反映吉县风貌，介绍民俗风情受到欢迎，成为文艺演出的必备节目。许鹤鸣、梁建华等人的小品创作，强慧菊、葛曙光等人的小品表演，使小品这个曲艺表演形式在吉县扎根开花。许鹤鸣创作《餐馆风波》《招聘逸事》等小品30多部，其中《卖驴》在山西电视台播出。陈创明创作有小品《家访》《二孩梦》，深受老百姓欢迎。

附：吉县方言表演唱

一泡子婆姨谝姑阀

新时期的婆姨真潇洒，年过花甲不识乏。
头脑上没有白头发，耳朵不聋眼不花。
口里镶的是烤瓷牙，走起路来利煞煞。
常凑到一块pia闲话，pia个啥？谝儿谝女谝姑阀。
这几年咱村变化大，新农村迈开新步伐。
油路铺到家门口，四通八达网络化。
汽车来往打喇叭，三轮摩托响声杂。
盖房子整体有规划，新款式一家赛一家。
大街小巷全硬化，松柏常青路边插。
电线如网头上架，水管埋到脚底下。
教学楼高气派大，商店饭馆挺豪华。
合作医疗牌子高高挂，免费看病人人夸。
老百姓种地机械化，不纳皇粮还补差。
学生娃免费学文化，鳏寡老人有钱花。
三农政策民受益，哟哟哟！现如今社会美咂啦。
我那个小子本事大，经营果园发了家。
果香色美个头大，百棵树就卖了四万八。
今年盖起小洋楼，里外装潢挺豪华。
澡堂厕所太阳能，吃喝拉撒不出家。
墙上的瓷砖明嚓嚓，窗上的玻璃亮喳喳。
床上的垫子棉囊囊，脚下的地板净唰唰。
写字台边支书架，茶几周围摆沙发。
家具电器全稀岔，毛叨叨！伢就摆下一匝匝。
老年人，活憨啦，还不胜伢外念书娃。
买下手机不会打，电脑进家不敢挖。
复读机呜里哇啦懈不下，圪里圪唠的插销不会插。
说出来不怕人笑，嘿嘿嘿！社会变化太快啦。
我家的媳妇名气大，育猪养鸡是行家。
心灵手巧脑子滑，勤俭节约会治家。
鸡蛋一天收一笼，三天两头搞批发。

逢集常把猪娃卖，膘猪一年卖几茬。
率先建起沼气池，肥料变成无害化。
点灯不用扳电闸，做饭不用把火生。
节约能源少污染，里外干净又利煞。
荤素搭配膳食美，伙食调剂没麻搭。
巧手能做家常饭，传统美食味道佳。
猪肉馉垒挂夹夹，羊肉饸饹呛辣夹。
荞面贴葫芦炒酸菜，杂面棋子熬南瓜。
饽馍里头垫葱花，好面棋子调黄瓜。
搓果油托下锅炸，窝窝还把枣儿搽。
逢集街上吃稀岔，买回家来敬嗲妈，哎呀呀！
这样的媳妇实可夸。
我那个老汉脾气瞎，人都叫他实干家。
栽卜卜，打沟坝，黑明整夜不知乏。
核桃坪，柿子岔，桃卜圪塔杏树凹。
凸凸脑脑花椒卜，沟沟滩滩葡萄架。
丰收的果实满卜挂，一回就摘几骡车。
品种多，价钱大，一季顶收几料夏。
有了钱，爱装花，西瓜皮要把缨子撒。
明明咱是庄稼汉，硬和市民比搭挂。
全家人引到服装店，一年衣服换几茬。
棉是棉，夹是夹，头脑刹罩到脚底下。
不是老汉手脚大，包里有钱就不愁花，嘻嘻嘻！
只因这几年发了家。
我的女儿福气大，寻下一个好婆家。
女婿人叫十八能，什么机器都会挖。
办起机车合作社，联营企业耍大蛇。
春天刚买播种机，夏天又置旋耕耙。
秋天开回推土机，冬天又把汽车驾。
家有崭新十轮卡，还要煤王带拖挂。
东到辽沈拉大豆，西到新疆运棉花。
北到草原装牛马，南到沿海贩鱼虾。
近处倒炭又拉沙，西瓜芝麻一起抓。
过去开的蹦蹦车，如今全部机械化。
引上全家去旅游，天南海北跑遍啦。
上天要把飞机坐，下海便把轮船搭。
收入多了钱包鼓，哟哟哟！咱想干啥就能干啥。
新世纪的婆姨真潇洒，精神愉快心开花。
幸福生活赛天堂，衣食住行顶呱呱。

走东家，串西家，那搭好了谝那搭。

致富门前谝新事，兴吉路上传佳话。

谝到这里告一段，嗷咐咐！明个有空咱可谝！

第四章　广播 电视、电影

第一节　机构队伍

机构

1978年12月16日，吉县革命委员会广播事业局成立，与广播站合并办公，一套人马，两块牌子，地址在雷神沟。1979年12月，更名为吉县广播事业局。1980年11月，县局以承包方式办起了广播电视服务部。1984年1月5日，县广播站原雷神沟房办公旧址归吉县人民政府使用，政府给县广播站拨款5.5万元。省、地、县总投资30万元，在城关祖师庙村建成面积996平方米的3层办公楼，10月27日投入使用。4月，吉县广播事业局更名为吉县广播电视局。1985年5月30日，省广播电视厅批准从6月20日吉县人民广播站呼号改为吉县人民广播电台，设正副台长，在"三组一部"的基础上增加了办公室、电视差转台和调频广播台。6月21日，以吉县人民广播电台呼号第一次向全县人民播送节目。当年12月,各乡镇广播站更名为广播电视站。1990年9月，吉县电视台成立。2002年2月，吉县广播电视局更名为吉县广播电视服务中心，属全额事业单位。

2004年，中心设立"一室三股"，即办公室、事业股、财务股、法规股。广播电台下设编辑部、新闻部、文艺部、播出部、栏目部。电视台下设总编室、新闻部、栏目部、广告部、播出部。网络公司下设收费厅、线路组、安装组、机房。2013年，吉县广播电视服务中心为正科级建制事业单位，下设三台四股，即：电视台、广播电台、北山无线发射台和办公室、财务股、宣教股、法规股、事业股。2015年，吉县广播电视服务中心由中心机关、吉县电视台、吉县有线电视网络部3个部分组成，下设17个部室和8个乡镇维护站。

队伍

2004年，全中心共有干部职工37人，其中，中心班子成员4人（主任1人、副主任2人、纪检组长1人）；股级干部6人（办公室主任1人、法规股长1人、事业股长1人、总编室主任1人、新闻部主任1人、收费厅主任1人）；一般人员27人（股室干事5人、电视台采编播人员8人、机房人员4人、收费厅3人、线路工5人、其他2人）。

2005年，吉县广电中心在队伍建设上改革用人机制，按照"面向社会、公示条件、择优招聘"的原则，聘用摄像、编辑人员3名，线路维护人员2名。同时，从县二中调入播音员1名。中心采取以师带徒的办法培养技术人员，先后选送5人到临汾市广电局举办的采编人员培训班和网络技术培训班学习。

2006年，全体人员持胸卡上岗，制定了首问责任制、限时办结制、岗位责任制等制度。

2007年，试行"三项"改革：1. 试行人事制度改革，由财政每月拨2400元工资费用，在采编人员中选择3名骨干，由单位与本人签订协议，工资标准根据业务能力和工作成绩确定，工资固定给本人，并按调资标准由财政补齐，如有违章违纪，单位有权解雇，并另行聘请人员享受这份工资；2. 试行工资分配制度改革，1月出台《非财政人员实行岗位浮动工资制的管理办法》，

把工资标准按三类划分,基础工资由单位掌握,浮动工资由部门掌握;3.试行奖励发放制度改革,结合局、台、网一体的体制,中心出台《“双考”目标责任制实施办法》,规定了各部门人员的出勤天数和目标任务,设半年奖、全年奖、综合奖、绩效奖。

2009年,中心筹资10万元,启动机关自收自支人员养老保险缴纳工作,职工养老保障问题得到妥善解决。同时,完善外勤人员工伤保险制度,落实了安全防护措施。

2012年,完善绩效考核机制,建立按岗定人、定责、定酬的绩效管理考核机制,形成人员能进能出、岗位能上能下、工资能高能低的科学管理体系。

2015年,有干部职工89人,其中班子成员6人。(主任1人、支部书记1人、副主任2人、纪检组长1人、总工程师1人)。财政供养人员23名,财政和劳动公益岗位4人,自收自支人员和临时人员62名。其中大专以上学历45人。

第二节 广播

设施

1986年,组织县、乡站专业人员进行整网,广播喇叭发展到1.7万只。当年,在管头山建成50瓦调频广播发射塔1座,4月正式开播,对吉县11个乡镇传送广播节目。至年底,广播线路总长达1082杆千米,有扩大器19部,功率3000瓦,辅助设备43台(部)。1992年,全省开展普及广播电视活动,县、乡、村、户共同筹集资金,境内广播电视事业有了很大发展,11个乡镇广播站全部建立,扩音输出总机量达5.5千瓦。1994年,城北垣300瓦98兆赫调频发射台建成,10月正式开播使用。1995年,共安装20瓦调频音箱80个,10瓦调频音箱50个,家用1瓦调频音箱400余个,吉县98%的用户能听到调频广播。至2003年,吉县广播电台有2套节目,覆盖3.5万人。2004年,有MMDS发射台1个,覆盖3.3万人。2005年,国家下达给吉县90个自然村“村村通”广播电视工程任务,涉及“两镇四乡”,到12月中旬,第一期40个自然村“村村通”任务基本完成。2006年5月底,第二期50个自然村“村村通”任务全部完成,共建“小片网”47个,无线发射塔3个。2008年,投入119.45万元(其中国家投入运行设备折合80.45万元,中央、地方配套39万元)在县城北垣建成50米自立发射铁塔,配备100瓦广播发射机等发射接收设施,于7月1日正式发射信号,向县城及吉昌、中垛、柏山寺、东城、车城、屯里、文城乡部分,200多个自然村发射中央人民广播电台《中国之声》节目。同时建成集办公、发射机房、发电机房、宿舍、厨房、会议室于一体的170余平方米办公房,并对办公区环境进行绿化、美化,对铁塔进行了亮化。2009年,完成发射台区道路硬化和饮水工程。2010年,立项完成94.2兆赫兹的“山西新闻综合广播”落地。2012年,争取中央和省财政立项,实施卫星覆盖工程,使4个乡镇80余个偏远小村的1965户群众收听到20套广播节目。2013—2015年,实施有线电视数字化改造,广播节目通过光纤传输,用户可收听到包括中央人民广播电台、山西人民广播电台在内的10套节目,覆盖用户2.3万余户。

节目

1986年,吉县电视台新闻类节目有《吉县新闻》和《专题报道》,宣传党的方针、政策及县委、县政府的重大决策,内容以会议报道、弘扬正气、抨击社会丑恶现象为主,稿件来源以自采和通讯员供稿为主,节目以录播形式分早、中、晚3次播出。开办社交类节目《致富之友》,向农村群众传递致富信息,提供各类实用农技和科技知识,稿件以县科协、科委提供和取材各类农业科技

报纸、杂志为主，播出时间为早、晚2次。开办文艺类节目《文艺节目》，以播放各类文艺节目为主，播出时间为早、中、晚3次；开办服务类节目《空中大观园》《天气预报》，本着方便群众的宗旨，每天早、晚播放2次。另外还有《壶口风光》《半边天》《农事谈》等节目，自办节目日制作总量达到3小时，日播出总量达到6小时。至1993年，陆续开办了以会议报道为主，结合通讯评论、采访等形式的新闻类节目《吉县报道》、对党员进行思想教育的社教类节目《党的生活》、为广大群众提供信息的服务类节目《信息之窗》和丰富人民群众文化生活的文艺类节目《点歌台》。2015年，中心将FM-97.8兆赫（吉县人民广播电台）筹建列入计划，经多方筹资，于次年完成室内装修、设备调试，同年开播。播出自办节目有《吉县新闻》《天气预报》《开心60分》和《全民悦读》，同时播出吉县电视台《走近》《今日农事》《出彩吉县人》《政策零距离》《委员讲故事》等转换成音频的视频节目，播音时间为6时～22时。

第三节　电视 电影

电视设施（线路设备）

1986年，吉县建有差转台8座，有差转机10台，开转8台，备用2台，功率79瓦，开播功率为45瓦。吉县电视观众可收看中央、山西和陕西电视台节目。城关祖师庙村200余户农民在集体经济扶持下，有90%的户买了电视机，获“电视村”称号。1989年10月，第一条有线电视小型系统在吉县沙坪煤矿正式建成，转播6套节目。1993年6月，县城有线电视网络（多路微波MMDS）建设开始，至年底接入3000余户，传送10套卫视节目，县城有线电视覆盖率达到80%。1994年，为曹井村建成闭路小系统。2001年，建成750兆赫兹光电混合网，前端系统地面数字接收机由模拟变为数字系统，传输节目45套，包括中央台、山西台和各省台，用户增加到9000余户。2003年，县城光缆全长10千米，14个光接点，县城HPC网络覆盖3600户2.8万人。2004年，实施县城扩网安装工程，县城有线电视用户新增600多户；机房建起新闻回传系统，解决县台给市台传送新闻靠专人送或班车捎的问题；完成壶口镇机房线路改迁，曹井机房模拟接收变数字接收和大田窝村的多路电视信号发射。2005年，实施“三网工程”。全年新增用户600多户，安装收入达10万余元。12月中旬第一期40个自然村广电“村村通”基本实现，10余个村电视节目由4个频道增加到8个频道。2006年，共建“小片网”47个，无线发射塔3个，2300余农户收看到4～12套电视节目。当年，建成有线电视用户加扰系统，加入系统用户6500户。2007年，以吉昌、东城、屯里为试点，农民群众可收看到8套电视节目。城网光缆线架设到周边的霖雨、下阳庄两村，300余户入网安装。2008年，在县城原北山发射台址上建成占地2亩，投资119.45万元的50瓦发射铁塔、300瓦电视发射机、100瓦广播发射机等接收发射设备，7月1日正式发射，向县城及吉昌、中垛、柏山寺、东城、车城、屯里、文城乡等200多个自然村传输CCTV-1套电视节目，中央人民广播电台《中国之声》节目，结束了境内无开路电视、无调频广播的历史。2009年，投资130余万元，启动广播电视城乡联网、直播卫星入户、无线发射覆盖3项惠民工程。其中40万元用于新建前端传输机房，5月上旬有线电视信号覆盖由5千米扩大到100千米。境内8个乡镇2000户群众收看到40套有线电视节目，壶口风景区各酒店宾馆饭店全部开通有线电视信号。2010年，实施省政府“五个全覆盖”——直播卫星入户工程，使吉县81个偏远自然村、2300户群众可收看到44套高清卫星电视和收听到4套广播节目；投资166万元，实现东城、柏山寺、中垛乡和屯里镇4个乡镇广播电视全覆盖目标，新增用户2600户，吉县

有线电视用户总数达到 1.16 万户。2012 年，完成县城有线电视网络数字化改造，改造城网用户 9800 余户。2014 年农村有线电视网络数字化改造全部完成，覆盖境内 8 个乡镇，改造农网用户 1.29 万余户。至此，吉县有线电视网络数字化改造共完成 2.27 万户，改造完成率达 80%。2015 年，安装和开通“户户通”卫星电视接收设备 387 套。同年，投资 145.5 万元扩改建北山广播电视发射台。年内城乡有线电视网络数字化改造全部完成，2.30 余万户电视用户可收听收看到含吉县电视台综合频道在内的 122 套数字电视节目和 10 套广播节目。

电视节目

1978—1988 年，电视差转台主要转播山西电视台节目。1991 年，县城群众可收看到中央一、二台、山西台、云南台 4 套电视节目。1993 年 8 月，新筹建的吉县有线广播电视台网内传送 10 套卫星电视节目和 1 套自办节目，自办栏目有《吉县新闻》《专题报道》《广告文体》《点歌台》等，每天分 3 次播放。1994 年，通过闭路小系统，曹井、屯里、桑峨等村 1000 余户群众可收看 8 套卫视节目。2002 年，开办农技服务栏目《科技苑》，共制作播出新闻 160 组，1200 余条，各类专题 60 组，重点工作督查 70 组，上送稿件 8 组。2005 年，开辟《四大板块在前行》《来自工程建设第一线的报道》《先进性教育在吉县》《永葆先进执政为民》等电视专栏；开办《平安吉县行》栏目和《公正与平安》《为了安全播出》系列电视片；水洞沟“5·9”黄土边坡坍塌严重地质自然灾害发生后，临时开办《来自抢险第一线的追踪报道》专栏，不间断报道灾害程度、救灾动态、进展情况，共播出新闻 140 条，其中报送中央台 2 条、山西台 5 条、临汾台 31 条，并制作纪实专题节目《生死大营救》。2006 年，开辟《坚持科学发展观构建和谐新吉县》《建设新农村保持先进性》《整顿纪律作风优化发展环境》《整顿市容市貌建设文明县城》等电视专栏，开办《一周要闻回放》《国内要闻播报》《文明风采》栏目，丰富了自办节目内容。2008 年，开办《走近 30 项重点工程》专栏；开辟《闹元宵庆盛世》栏目，集中报道春节文化活动；推出《学习贯彻全县三级干部大会精神》及《乡镇书记、部局长访谈》专栏；拍摄的《黄河壶口瀑布绵延百米呈现美丽景观》在山西《新闻联播》、中央《新闻联播》《全球资讯榜》播出；当年，在中央、省、市媒体播发新闻 160 条。2009 年，开辟《深入开展学习实践科学发展观活动》《整治环境卫生建设宜居文明吉县》专栏；制作专题片《崛起的西关村》《吉县苹果甲天下》《壮观壶口魅力吉县》；采写新闻《12·8 黄河生死大营救》第一时间在中央新闻频道、新闻联播、山西新闻、临汾新闻中播出。2010 年，开办《党旗飘飘》《庆祝建党 90 周年专题报道》《五篇文章在前行》《66 项重点工程看发展》《聚焦 66 项重点工程》等 15 个专栏，全面展示经济社会发展新成果；摄制《展黄河风采扬壶口精神》专题片和《吉县形象宣传片》。2012 年，开办《走近》《吉县好人》《政策零距离》《希望的田野》《黄河影院》《壶口剧场》《少儿星空》《文化讲座》等常设栏目和《聚焦项目工程》《身边的榜样》《黄河壶口文化艺术节》《科学发展成就辉煌》等系列专栏；采制的“壶口凌汛”“洪峰过境吉县”“环卫工人拾金不昧”等新闻先后在中央台播放；承办以“好运吉县”为主题的吉县首届“春节联欢晚会”，正月初一至初七期间播出。2013 年，开办《榜样吉县》栏目，承办“吉县春节联欢晚会暨十大道德楷模颁奖晚会”。2014—2015 年，探索栏目节目的市场化运作模式，购买了《记者再报告》《观点致胜》《有话直说》等社会类栏目；借助社会力量拍摄《让低保》《山魂》《让爱留下来》等近百部微电影，并在晚间档黄金时段播出；相继开播自办节目《今日农事》《书香》《委员讲故事》等常设栏目。

电视广告经营

1994 年，吉县有线广播电视台开始尝试广告经营，当年广告经营收入 3000 余元。1995—

1998年，广告采用单位经营的模式，经营收入主要用于事业建设、设备采购、人员补助等。1999年，实行广告经营承包制，每年承包费2万余元，经营收入与承包费基本持平，略有盈余。2000年开始，广告经营完全分离，通过竞标实行个人承包制，承包费增长到每年10万元。2004年，通过竞标，重新转包，承包费逐渐递增，至2015年承包费增至每年18万元。期间，细化了广告经营范围、制定了广告承包管理办法、明确了所需设备由经营者自行购置，添置设备有3套非编系统、3套数码摄像机、1套字幕机。2015年11月，再次竞标，广告承包费由每年18万元增长为38.1万元，承包期限为3年。

电影

20世纪80年代，新华东街新建的专业电影院投入使用。电影管理站改称电影公司，有干部职工22名，下设放映管理组、影片发行组、宣传组、修理组、财务组。有农村、厂矿放映队18个，有放映人员47人。1986年初，吉县有35毫米和16毫米座机各1套，10毫米放映机7台，8.75毫米放映机16台，1000瓦发电机2台；年放映电影3173场，观众116.22万人次；同年开展的农业科普放映月活动，柏山寺乡电影队获国家六部联合表彰。到1997年，平均每年能放映国内外故事片450场。2000年后，随着多种娱乐活动形式的增加，电影业逐步消退、疲软，企业经营陷入困境。2007年，吉县启动农村公益电影放映活动，每年购买12部电影节目，在境内8个乡镇79个行政村巡回放映948场。2011年，实行转企改制，电影公司由事业单位转变为经营性企业公司。2012年，开展“送文化下基层”活动，在农村放映公益电影450场次。2013—2014年，电影下乡948场次。2015年，享受国家“先补后建”数字电影全覆盖政府补贴资金，建成吉县唯一一座数字电影院。

第四节　网络建设

1986年，吉县组织县、乡站人员对境内各站广播专线进行维修。1988年入夏后，特大洪水冲毁县城至明珠等5个乡镇的96杆千米广播线路，省厅拨款突击完成整修。1989年，境内185杆千米，254线千米线路全部进行了维修。

1993年6月5日，吉县有线电视网动工建设，一期工程1994年年底完工，二期工程1995年年底完工，到1996年山西省广电厅验收时，吉县有线电视安装户突破4000户。2001年，有线电视网由300兆赫兹改造成750兆赫兹的光电缆混合网。2004年，吉县广电网络体制得到彻底理顺，广电中心与网络公司达成《关于解决广电网络体制问题有关事项的协议》，广电中心正式接管网络资产并开展业务，中心、台、网法人合一，实行独立经营、企业管理、自负盈亏，扭转多年发展受阻的局面。2005年，实施县城扩网安装、农村旧网恢复、广电“村村通”建设等工程。2006年，实施新建农网、复建农网、扩建城网“三大”工程。2007年，实施“村村通”电视、域网扩建、分散性入网安装工程。2009年，实施广播电视城乡联网工程。2012年，实施并完成城网有线电视数字化改造。2013—2014年，着力推进农网有线电视数字化改造。至2015年，境内有线电视数字化改造全面完成，并开始谋划“三网融合”（电信网、互联网、有线电视网三大网络通过技术改造，能够提供包括语音、数据、图像等综合多媒体的通信业务，并实现业务、应用的互联互通）。

第五章 书法 美术 摄影

第一节 书法

发展概况

吉县的书法艺术源远流长，历代文人在金石雕刻和书册中，遗留墨迹甚多。现流传于世的有清乾隆时增广生员陈时泰的柳体书法，结构端正，笔势流畅，所书《增修龙王辿龙王庙石墙碑记》拓片，存县志编纂办公室。咸丰时秀才窦生芝，其书法融欧柳自成一体，字迹潇洒，刚劲有力，驰名县内外。所书土地祠碑文拓片存县档案馆。陈起贤，善书欧柳体，字体严正，一笔不苟，所书同治九年（1870）《重修龙王辿马王庙碑记》拓片，存县志编纂办公室。生员张鹏翼，工欧体，宣统元年（1909）所书《知州黄寿征德政碑》拓片，存县志编纂办公室。葛稳芝善书欧体。拔贡白汉枌，受榆次书法家常赞春指导，工柳体，流传于世的有“宫廷奏议”抄本一册。其小楷作品被收入《山西书法通鉴》，有“清雅不俗，步武安适”的评价。民国时期虞培文，工颜体，所书《酒色财气歌》流传于世。民国至新中国初期的陈振华，书法从颜鲁公、苏子瞻，从容尔雅，文气浓郁，大有古风；其子陈宗国，为吉州名医，书法亦有儒者风；其孙陈赞育在英伦行医，所作书法灵动多姿。葛绳祖为白汉枌弟子，书法工欧楷，用笔精到，端严可观，所书仿样被刻板印刷。贺其中工魏碑，笔锋流畅有力，机关、商店门匾留其笔迹。太原市书法协会理事陈嘉澍，习何绍基与颜体，得宁超武、王葵经等人指导，书法技艺耐人鉴赏。多次参加省、市和黄河游览区书法联展。所书《观壶口》书法，雕刻成碑，留存郑州“黄河碑林”。陈笳咏是全国知名画家，亦是全国知名书法家，他的书法深受传统文化熏陶，又不拘泥于传统，追求开放张扬、劲健洒脱之风，独成一家。葛纪熙书法用力尤勤，工于诸体，研习何子贞，作书浑厚中有飘逸飞动之姿。谭克宽、谭克智兄弟亦雅好诗文书法，功力深湛。虞承祖书从何绍基入手而又出于己意，用笔擒纵自如，结字沉着端庄。王凤哲规摹赵松雪，风流俊雅、秀气可人。张福生长于行草，所作皆风流蕴藉，才情风致，跃然纸上。许鹤鸣善行草而多以魏碑笔法出之，于恣纵中多出几许生涩，极具金石韵味。赵振华工欧楷，且长于硬笔书法，可谓软硬兼施。刘旭山楷行隶草皆工，尤其擅长行书，行书法二王、颜真卿，纳古出新，潇洒工稳而又灵动多姿。硬笔书法以楷书为最，结构规矩而不呆滞，用笔沉静而又轻灵。刘隼以章草见长，亦工行书。

随着全国书法热，吉县书法爱好者不断增多，境内书画活动也逐渐增多。书法家、书法评论家杨吉平的书法作品多次在全国书赛中获奖，在《中国书法》《书法》《书法报》《书法导报》发表书法作品和评论文章200多篇，于2000年获中国文艺评论最高奖——中国文艺评论奖一等奖。王凤哲书法作品获2006年“庆祝东坡书画院成立五周年书画赛”金奖，2006年“夕阳红·中国诗联名家书画精品宝典”大赛金奖，2007年“岁月如歌·当代老年书画艺术大赛”金奖，3年内获书法奖37项。赵振华获2004年山西省硬笔书法大赛二等奖，2011年纪念“中国共产党诞生90周年”书法作品金奖，纪念毛泽东逝世35周年毛笔书法作品金奖等10多项奖，并被授予“红色功勋艺术家”和“艺术百强书画家”荣誉称号。张福生参加国家“抗日战争胜利60周年书画展”

获一等奖；参加全国书画摄影大赛获金奖；参加第十一届当代书画家作品邀请展获金奖；共获8个奖项。许鹤鸣，参加山西省文化厅举办的全省书法作品展获金奖；参加了全国各地举办的如天涯杯、韵意杯、镍都杯、东昌杯、巾帼杯、“盛世中华”等书法赛事，并屡有获奖；1997年参加中国文联举办的香港回归书画摄影大赛，其书法作品被日本、新加坡友人收藏，并有作品被编入《日中美术通鉴》。刘万安，曾获第一届全国中老年创新书画大赛“最佳创作奖”，第五届“欧阳询奖”全国书画大赛金奖，纪念毛泽东诞辰115周年“毛泽东诗词”全国书画大赛金奖等。赵金虎，其作品在全国书画大赛中荣获金奖5次，其书法作品被编入《中华墨宝传世大典》《中华当代书画名家墨迹选》等书，并授予中国当代资深书画家等称号。谭文选，2014年获纪念毛泽东《沁园春·长沙》创作90周年书法展金奖，并授予“红色书法家”称号；在第一届中韩议员公务员书法展中获提名奖。闫旺森，书法作品“高山流水”“志存高远”“精气神”等在《临汾日报》发表，并以《厚积薄发，大器晚成——闫旺森书法情缘》为题对其书法创作进行了报道。王晓祥师从陈筋咏，书画兼学，2013年，书法作品入选山西省第二届群众书法作品展，获优秀奖。刘根贤亦是书画兼修，书法作品被评为临汾市书画百强，硬笔书法在“山西省纪念地方人大设立常委会30周年书画展”中获优秀奖。陕高升，致力于吉县书画事业的发展，主持创办了“中国壶口书画院”，其书法中堂“鹫”在《书法报》发表，另有多幅书法作品在《临汾日报》等报刊发表。梁河，参加“纪念红军长征胜利80周年墨韵丹青全国书法大展”获一等奖；庆祝香港回归20周年全国书画作品展获金奖；全国首届“一带一路国礼杯”书画大展一等奖。共获奖60余次。常向方所书条幅参加山西省青年书法展，获三等奖。刘旭山，毛笔书法和硬笔书法多次参加全国、省、市书画展，并多次获奖，多次在《书法报》《硬笔书法报》《青年书法报》发表，同时还致力于书法教育事业，1994年在吉县创办“星期天”书法培训班，编写多套硬笔书法培训教材，培训书法学生5000多人，其中书法大学生逾百人。

吉县书法爱好者还有：张海伟、张占利、郝耀宗、刘党生、郭家顺、强培家、冯安荣、兰凤鸣、吕笑刚、张建清、刘宗、张海涛、冯建功、陈靠山、葛喜荣、梁安徽、姬红星、李建中、张峰、刘立强、梁贵成等。另有赵江涛、郭晓峰、景俊勤、刘莉萍、杨宏飞、辛旭龙等吉县籍书法专业毕业的学生，活跃于全国各地，或创办书法学校，或从事书法创作，或从事书法研究。

吉县还有篆刻创作者有孙华锦、杨峰、郭晓峰、李长波等人。

部分书画团体简介

吉县老年书画家协会　成立于2001年，会长强志仁，副会长王凤哲、赵振华，秘书长虞承祖。2013年换届，主席刘党生，秘书长刘根贤，顾问闫旺森，艺术指导王凤哲、白冰舟、赵振华、刘旭山。有会员70余名，其中：中国老年书画家协会会员5名，山西省老年书画家协会会员10名，临汾市老年书画家协会会员60余名；山西省书法家协会会员2名，山西省美术家协会会员1名。

协会成立近20年间，深入学校、乡村、社区举办书画培训辅导。每年春节前都组织会员在县城集市和乡村为群众义务写春联。2013年、2014年，分别举办“吉州黄花分外香”第一届、第二届重阳节老年书画展。2015年，与永和县老年书画家协会联合举办“翰墨联谊唱金秋”第三届重阳节老年书画展。2015年，吉县老年书画家协会被省委组织部、省人社厅授予先进单位称号。

中国壶口画院　成立于1997年，院址设在吉县。院长穆涛山。2013年，书画院领导班子调整，黄河画派创始人刘淑琴担任院长，雷显平、刘旭山任副院长，陕高升任秘书长。新调整的书画院内设办公室、艺术委员会、宣传部、展览部、山水画院、书法院。至2015年底，院内有书画艺术家和院外特聘书画家80余人。

2013年以后，书画院每年都组织本院书法家为城乡群众书写春联，开展各种书画活动。2014年10月17—19日，与人祖山风景区联合邀请20多名全国知名画家和本院书画家到人祖山风景区开展采风活动，期间举办了创作笔会、书画交流等活动，为人祖山景区创作赠送书画作品。

第二节 美术

1986年，吉县“文联”成立，文艺活动开始复苏，美术工作者也随之活跃起来。白冰舟所作梅花“冰清玉洁”,2005年,参加中美旧金山中国画大赛获金奖,本人被授予“国际艺术家”称号；同年参加北京笔墨缘文化艺术交流中心举办的抗战胜利60周年书画展获一等奖，本人被授予“国家爱国艺术家”称号。先后在临汾、晋中、太原、北京举办了个人画展,其间销售作品近百件。许鹤鸣，绘画主攻山水，也作花鸟，所作《远江啼舟图》参加山西省美展获优秀奖。袁德榜，主要从事漫画创作。漫画作品《争先恐后》获1987年《山西日报》漫画比赛二等奖；《防人之心》获1988年《山西日报》新闻漫画三等奖；《为了方便群众》入选《柳州日报》“五茭杯百期漫画大赛”。谭文选，2014年国画“黄河明珠壶口瀑布”在中央数字电视书画频道展播，并编入《第四届迎新春书画电视展播作品集》。陈玄，陕西美术馆馆长，受父陈茄咏熏陶，书画兼学，书法重视笔力与法度，国画喜作写意花卉。作品多次参加国家、省、市大展，并多次获奖。有《陈玄书画集》一书出版。王晓祥，山西省美协会员、山西省书协会员、国家一级美术师，1977年国画作品入选全国农民画展，2013年国画作品入选台湾海峡两岸及书画艺术交流联展，2015年参加中央电视台书画频道书画作品展。刘根贤，山西老年书画家协会会员，2000年，作品《墨竹》获临汾地区文联、地区交警支队书画展二等奖；2008年获临汾市公安系统第五届书画摄影展一等奖；2012年参加《中国书画报》举办的第一届“中国书画人才海选”活动，获优秀奖，作品入编国画卷作品集。强淑玲，中国版画家协会会员、山西省美协会员，1978年《春》参加全国第六届版画展；1988年《雏》参加日本国际版画展；1999年《源》参加全国美展、省美展，获省美展一等奖。刘然，职业漫画家,创作的《狗尾续貂》《寓言哈哈哈》《动物痴情》《典故新编》等在《中国漫画》《幽默大师》《讽刺与幽默》《笑话大王》《中国长画》等报刊连载，所作《画说山西》11本，首开漫画传承地域人文诠释旅游文化先河，可谓 大创举。吕一力，山西省美协会员，版画、国画、工艺等作品多次参加大展，屡获省级、国家级奖项。作品载入国家档案，被机关团体、个人广泛收藏。有《吕一力花鸟画集》出版。

进入21世纪后，吉县美术工作进入一个新阶段，一些老绘画工作者焕发了青春，如武玉祖、王文会等。新人层出不穷，如刘小琴、葛巧玲、曹寅龙、孙红霞、葛建设、赵斌、赵金红、朱军凤、牛青芳等。

根雕

20世纪90年代初期，根雕艺术开始在吉县兴起。吉县多深山老林，悬崖峭壁间裸露着许多千奇百怪的树根，每当山洪暴发就会有一些树根掉落，爱好者便会进山采集。郭志明是境内最早从事根雕艺术者之一，经常利用星期天进山采集树根，再用业余时间雕刻制作，他创作的《中国龙》《始祖伏羲女娲》《雄狮怒吼》等神似形似，栩栩如生，2000年在临汾鼓楼举办“郭志明根艺展”，后曾多次代表吉县参加省、市工艺品展览和农博会展览。进入21世纪后，根艺爱好者增多，至2015底，吉县有10多位从事根雕艺术的业余爱好者，吴金成的《笔架》《笔筒》，苏吉云的《瑞

兽招财》《孔雀开屏》，强旭中的《大鸡大利》《大鹏展翅》，张分强的《金蟾招财》《鱼戏荷塘》等根艺作品，材质上开始追求高档，深受观众的好评。

刺绣

旧时为闺阁妇女工艺之一，传统题材有《鸳鸯戏水》《莲生贵子》《五子登科》《五福临门》《松鹤延年》《虎啸松峰》《猫儿戏蝶》《百花争艳》等，图案内容丰富、制作走线精湛，用于妇女和儿童的鞋脸、裹肚（又称护肚巾）、枕头顶、钱袋、烟包、荷包、褡裢、桌裙、椅搭，代代相传，耐人鉴赏。新中国成立后，刺绣工艺不断提高。20 世纪 80 年代，由手工刺绣发展为缝纫缀绣，男女均可操持。

随着壶口瀑布风景区的开发和旅游业发展，刺绣作品作为旅游产品在壶口景区地摊销售。绣花鞋垫是吉县旅游产品中具有特色的产品，绣有“牡丹”“荷花”等花卉和“天长地久”“心想事成”“百年好合”“永结同心”等字样。进入 21 世纪后，“十字绣”风靡城乡。“十字绣”用绣线和十字格布为材料，利用经纬交织搭十字的方法，对照专用的坐标图案进行刺绣，是任何人都可以绣出同样效果的一种刺绣方法。“十字绣”种类繁多，境内流行的主要为家庭装饰所用挂件，图案如《清明上河图》《八骏图》《牡丹》《花开富贵》《孔雀开屏》《毛泽东诗词》等。

雕塑

雕塑以北魏、隋、唐、金代较多，质地以石、木、泥为主兼有少量金、银、铜、铁、玉、骨。内容以神、佛、鬼魅、人物、禽兽、花卉、草木、翎毛、虫鱼较多。西关清朝建筑“清标彤管”石牌坊、城内四铭碑亭、王家原馏狮寺门厅石刻以及龙王辿清建功德碑楼，从基到顶，龙、凤、花、鸟雕工极细。泥塑艺术首推城隍、西关崇胤圣母、北门龙王楼轿坐像、泰山庙的马王乘骑像和人祖山透窟窿寺遗存较为完整的观音菩萨像、风云洞多手佛等，塑工极细，造型各异，栩栩如生。

20 世纪 90 年代，壶口瀑布为龙头的旅游业兴起，促进境内雕塑业复苏，以各旅游景点的庙宇塑像为主。1995 年挂甲山皇天后土庙建成，正殿中塑有伏羲女娲神像，两旁塑有打鱼者、狩猎者、制陶者、哺育者、青蛙、乌龟泥塑。人祖山风景区开发，对各庙宇修复或重塑塑像。仅人祖庙就修复伏羲女娲像和武将、侍童等塑像 10 多尊。地藏殿重塑地藏菩萨及附属塑像，戏台庙、高庙等也重塑神像 10 多尊。县城中心广场大理石雕塑“中华魂”，由黄河女神哺育婴儿雕塑和底座两部分组成，像高 2 米，座高 1.64 米，宽 2.8 米。壶口瀑布景区有“柯受良飞越壶口”雕塑，并有大理石雕塑的石门楼。

粘贴

粘贴艺术在吉县起源较早，始于贴春联、贴窗花。20 世纪 80 年代初期，吹塑艺术兴起，即用各种颜色的吹塑纸，按设计图案剪贴成立体图画装饰版面、镜框、花瓶，用以布置居室，或做喜庆礼赠。粘贴艺术所用的材质最多，无所不能，树皮、鸡毛、布料、塑料、麦秆、五谷、毛线、蛋壳、牙签等等。有些老年人用橘子皮柚子皮做成金鱼和各种小动物，活灵活现，可爱动人。农民段金荣，历经 24 年的刻苦钻研和艰辛探索，使已经失传的“黄河风情麦秆画”民族瑰宝重回故里，焕发青春。他的麦秆画作充分利用黄河岸边优质麦秆的自然光泽和材质，表现黄河壶口岸边的自然风光、人物百态、花卉动物等，创造的《壶口唢呐》《丰收》《民居》《驮水》等深受群众喜爱。80 多岁的县城居民杨保萍，把粘贴画作为兴趣爱好，不论什么材质，随手拈来就能粘贴出一幅画，她拿柚子皮创作的“金鱼戏水”、瓜子皮创作的“荷塘月色”、塑料片创作的“牵牛花”等，形象生动，惹人喜爱。

石艺

挂甲山摩崖石刻是境内发现最早的石作艺术，始凿于北魏太和元年（477），清代即被列为吉州八景之一——“佛阁晴岚”，1986年山西省人民政府公布为第二批省级重点文物保护单位。在民间，石作艺术广泛运用于人们生活的各个方面，如建筑物、碑刻、墓葬等等。安平村石狮作为古代石作艺术的典型，存于县文管所。20世纪90年代县城扶风桥两边旧石作被毁，换成现代大理石石作。2009年县城扩街，一中桥、柳卜弯桥的护栏及清水河两岸的护栏全部使用现代石作，简约大方，朴实美观。

旅游业兴起后，境内黄河石受到青睐。黄河石色彩斑斓，五颜六色，每发一次洪水，奇石爱好者都会去捡拾从上游冲下来的形态各异的石头。20世纪90年代初，县二轻局首先开发壶口石，通过打磨、油漆、绘画，制作成各式各样的摆件，受到外地游客的喜爱。其后，许多个人也参与到壶口石创作上来。如王晓祥，已采集创作石艺作品千数件。吉县从事石艺创作的有20多人。

剪纸

旧时群众多在春节、喜庆时，用色纸剪裁人物、花草、禽兽、虫蝶、器物、戏剧人物、喜庆、丰收等图案，装饰窗棂、炕围和礼盒，也有做刺绣底样或用以装饰窑楦。新中国建立后，作为工艺美术受到文化工作者的重视。1984年，吉县以剪纸形式所制的窑楦，应选参加全国民间工艺美术学会在临汾举办的“晋南民间工艺美术展览”。农民黑印仓、高焕枝（女）的纸剪作品获省展三等奖。

20世纪80年代后，民间传统剪纸艺术得以发扬光大，剪纸队伍逐渐扩大，8个乡镇以及县城居民中都出现了剪纸能手。剪纸手法更加娴熟，不用样子，全凭想象，随手剪来，内容更加丰富。东城乡柏东村的毛黑女以剪纸为乐，香烟盒、塑料纸等都是她常用的剪纸材料。她的剪纸，纸随剪转，一气呵成，一幅剪纸作品，剪刀所走往往是一个闭合曲线。她选材广泛，花卉人物、鸟兽鱼虫无所不剪，且从不打底稿，随纸型设计图案。作品简洁明快，古朴典雅。雷家庄村的张锁枝、东城村的陈庭风、中垛村的孙都亲、安坪村的刘彩叶、吴尖村的薛较贤等都是吉县的剪纸能手。

面塑

面塑俗称“花馍”，吉县流传久远且广泛的一种食品，它根据不同节庆、以不同形制捏蒸。旧时，主要是祭祀天地、神灵等使用。中华人民共和国成立后，人民生活得以改善，花馍作为一种民间艺术广为传播。春节、清明、庆寿、满月、生日、婚嫁、祭祀或其他喜庆的日子，都会蒸一些花馍作为礼品馈赠或享用。春节捏花馍，塑“枣糕”“枣山”“枣花”，吉县人称之为“馄饨”，走亲戚时给老辈人送，是必需品。清明节捏“子福娃娃”，祝寿捏寿桃，孩子过生日捏“牛箍栏”，婚嫁扎花馍，喜庆捏各种花卉、动物造型。中垛乡南光村杨焕子老人喜欢面塑，每逢节庆都要捏蒸花馍，特别是清明节捏蒸的“子福娃娃”和各种动物、花卉活灵活现，惟妙惟肖。

第三节 摄影

1986年以后，境内频繁举办摄影作品展、摄影采风等活动，摄影爱好者逐渐增多。贾建中、张保华、陈立德、陈健翔等人的摄影作品经常参展并被各报刊选用。2012年，吉县摄影家协会成立，会长刘宏达，副会长王平、吕桂明、任兴社、梁建祥、范吉中，秘书长陈琪忠，有会员36人，其中有国家级会员2人、省级会员5人、市级会员11人。每年协会都配合壶口文化旅游节、人祖山文化旅游节、消夏晚会开展摄影活动。2015年，在第二届人祖山文化旅游节期间举办“人

祖山杯”摄影展。

协会会员共获得奖项 60 多个，其中金奖和一等奖 11 个，在新华社和国内各大媒体发表摄影作品 1000 余幅。张保华的作品《吉县苹果乐透果农心》被评为 2008 年全国农民报好照片奖。2013 年，中国摄影家协会会员刘宏达，摄影作品《金瀑卧虹》在“光大银行杯”《美丽山西》全国摄影艺术大展中获奖，作品被收藏，新华社发表通稿 4 组，在山西省摄影家协会网站举办了个人影展。中国摄影家协会会员、壶口瀑布景区农民摄影家吕桂明，拍摄作品数万幅，在新华社、《人民日报》《光明日报》《中国国家地理》《山西日报》等 400 余家媒体发表以壶口瀑布为题材的摄影作品上千幅，50 多次在全国摄影大赛上获奖，2015 年被山西摄影家协会评为“山西省摄影十杰”。中国民俗摄影协会会员陈琪忠，其作品《苹果熟了》获中国民俗摄影协会 2015 年度摄影赛二等奖。王平，上百幅作品见诸网站及报刊，组照《吉县兴拍微电影》在《农民日报》刊用，《蝶恋花》在首届梨花节全国摄影展获二等奖，壶口首届旅游节全国摄影展获二等奖，《冰瀑壶口》获全国气象摄影展二等奖，在省文化厅举办的“大美山西”摄影赛中获三等奖 1 幅、优秀奖 2 幅。

第六章 音乐 舞蹈

第一节 音乐

声乐

20世纪80年代后，县城每年举办一次群众歌咏比赛，并经常举办文艺晚会，演唱活动逐步普及，演员队伍逐渐扩大，整体水平不断提高，陆续出现了窦敬梅、张毅中、闫瑞英、强朝晖、葛龙梅、谭爱英、杨吉生等歌手。他们多次代表吉县参加省、地区会演，分别获得优秀奖。杨吉生、谭爱爱参加全省民歌大赛，演唱的吉县民歌《子本熬活》获二等奖。

1986年，张毅忠、窦敬梅、谭爱英、强朝晖等人多次在地区、县歌手大赛中获得一二三等奖；同年9月，张毅忠、窦敬梅、强朝晖获山西省“园丁杯”歌唱大赛二等奖。1997年7月，谭爱英、窦敬梅、强朝晖参与山西电视台“五彩缤纷”栏目“飞越黄河”专场歌唱表演。艺术院校声乐专业毕业生李娜、张春燕、王霄、张鑫、肖龙、闫海晶、张靖、李文玲、张泽、李卓琳、党晓贤、李晓荣、郭瑾，锅炉工歌手刘新忠、农民工歌手吕志强等活跃在吉县文艺舞台上。李晓荣参与创作的音乐作品有歌曲《美丽吉州我的家》《吉县好风光》《壶口红苹果》《黄土地 红苹果》等，演唱过200余首原创歌曲，并在中国原创音乐基地发表。2013年，歌手冯颖娟在家乡吉县举办研究生毕业个人演唱会，歌手牛丽媛研究生毕业后被二炮文工团录取。2014年12月，吕志强的歌曲《村庄》在省农民工大赛中获三等奖。

吉县籍在外的音乐界人士也取得了卓越的成绩。山西省音协会员、临汾市音乐家协会副主席、群艺馆副馆长葛晓辉，在器乐、声乐方面均有建树，曾获山西省民间歌手大赛十佳奖，山西省第十四、十五、十六届群星奖银奖，多首歌曲作品刊登于《黄河之声》，创作和演唱的歌曲《月儿圆圆》《落叶归根》等被广泛传唱。音乐人朱潮勇多年在广州发展，创作和演唱的《亲爱的爸妈》《梦中的格桑花》《感恩妈妈》等亲情歌曲深受欢迎，曾在央视《天天把歌唱》栏目、央视中国乐坛春节联欢晚会、全国少儿春晚、旅游卫视等演唱，并受邀担任央视《星光大道》嘉宾评委。

俏夕阳合唱团

俏夕阳合唱团成立于2012年，分为歌唱组和器乐组。成员以中老年人为主，团长赵彦平，艺术指导刘党生，指挥孙巧珍、王俊莲，策划燕奇荣，总监冯颖。聘请王殿山、庞玉荣、张毅中、李晓荣、兰培红、张春燕等专业人士辅导。成员有80余人。

主要活动为每周一、三、五晚集体大合唱，周二、四以器乐演奏为主加演唱，周六、日晚为青少年文艺爱好者搭建展示自我的平台，如卡拉OK、广场舞等。自编歌曲有《健康才是无价宝》《八项规定就是好》《老年大学之歌》《人祖山是伟大的山》等。2013年8月，在县城中心广场举办大型“激情广场·放歌老年乐”歌曲表演。同年，参加县里举办的群众体育健身表演，演唱的歌曲《歌唱祖国》《中国风》分别获得二、三等奖。2014年，在县城中心广场举办“迎国庆、迎重阳”群众演唱会。同年，被县委授予“先进集体”。2015年7月，在县城中心广场举办“纪念抗战胜利70周年”大合唱。

器乐

分弦乐、吹奏与打击乐三种。弦乐多用于戏剧、曲艺和歌舞伴奏，间有古今乐曲的独奏或合奏。吹奏乐器有唢呐、笛、笙等。打击乐器有扬琴、大鼓、小鼓、大钹、小钹、大锣、小锣、手锣等。唢呐吹奏，是当地群众婚丧大事惯用的一种助兴或哀悼音乐。唢呐班一般由 2 人吹唢呐，1 人敲鼓，1 人拍钹。所奏曲调，多来自民歌和戏剧曲牌。县文化馆整理出具有地方韵味的唢呐曲牌 60 余首。打击乐，多用于社火、迎神和节日娱乐，曲牌多达数十种。

肖吉忠、张德明二胡独奏和葛文、李建设、兰培鸿等的笛子独奏，都获得过地区优秀演奏奖。20 世纪 80 年代，强振忠创作的扬琴独奏曲《壶口叠翠》，在全省器乐创作大赛中获三等奖。2010 年，黄河唢呐传承艺术培训班代表吉县参加山西省调演，获得唢呐组一等奖。

进入 21 世纪后，自愿学习乐器的青少年逐渐增多，各类乐器培训机构应运而生，培养出一批音乐人才。比如 2009 年，王淑敏创办奚乐二胡培训班，2010 年，张婷婷创办“婷婷小提琴培训班”，张林峰创办“吉县黄河唢呐传承艺术培训班”。

吉县二中小乐队

成立于 1982 年 3 月，辅导老师兰培红，起步有七八个学生，至 1997 年发展到八九十个学生。乐器有唢呐、笛子、二胡、扬琴、小提琴、大提琴、打击乐等。器乐合奏三次在临汾地区参加中小学文艺会演获一等奖。葛晓辉笛子独奏《秦川抒怀》、李晓辉唢呐独奏《一枝花》在全省中小学文艺演出获金奖，兰培红获特殊辅导奖。葛巧焕在全省中小学提琴大赛中荣获小提琴演奏金奖，兰培红获最佳辅导奖。兰智勤在全省中学生电视录像文艺会演中，笛子独奏《英雄小八路》获初级一等奖。

第二节　舞蹈

20 世纪 80 年代后，县文化馆开始开办舞蹈培训班，培训舞蹈人才，教授交谊舞、自由舞、现代舞、拉丁舞、街舞和传统的秧歌舞、扇子舞、红绸舞以及各少数民族舞蹈。每逢“国庆节”“重阳节”“中秋节”“春节”“建党节”“建军节”等重大节庆，县文化馆和各文艺活动中心都会自编自导自演一些舞蹈节目。1986 年，县文化馆举办暑假舞蹈培训班，邀请省艺干校舞蹈班学员殷宏伟、史原平授课，完成“旱龙船”舞蹈集成。1988 年，县城出现第一家舞厅，跳交谊舞及各种现代舞蹈。进入 90 年代后，广场舞开始流行，各种健身操风靡一时。舞蹈和体育完美融合，成为人们娱乐健身的主要形式。这一时期县内涌现出一批热爱舞蹈事业的年轻人，成为各种文艺演出的舞蹈编排骨干，有的还办起了舞蹈培训班。2010 年，袁建霞创作的舞蹈《扇花飞舞》获华北五省市舞蹈大赛一等奖。“吉县金梦想起飞教育”创作的舞蹈获全国德艺双馨比赛二等奖。“吉县魅力旗袍艺术团”的《桃花红杏花白》在香港获金奖。

第七章 报刊 通讯

第一节 报刊

报纸

《吉县政务》 1993年12月创刊，为吉县人民政府机关报，8开4版，每旬1期，每期发行800份，共出360期，1994年底停刊。

《壶口报》 1996年创办，中共吉县县委机关报，8开4版，半月1期，共出150期，每期1000份，由邮政局发行，免费发至各乡镇、村委和县直各机关。1996—1998年3月主编强朝晖，1998年3月—2002年主编陈立德。2002年停刊。先后有于彦祥、张占利、陈少敏、苗旭宏、陈志荣、王吉荣、胡文波、张保平、曹治中等担任编辑。

《今日壶口》 2012年5月21日创刊，中共吉县县委机关报，由县委宣传部主办。8开4版，每半月1期，每期1000份，由邮政局发行。主编先后由李永芳、葛晓燕、郑晓峰担任。

杂志

《壶口文艺》 1986年由吉县文化馆创办，16开本，一季度1期，主要刊登县内文艺爱好者的各类艺术作品，发行4期后停办。

《吉县县志资料通讯》 1982年创刊，吉县县志办主办，内部不定期刊物。16开本，每期印刷300份，主要刊登吉县历史资料。发放至县直各单位和各乡镇，同时和兄弟县市县志办公室交流。1996年停刊，共发行20期。

《吉县党史资料通讯》 1982年创刊，内部不定期刊物，由中共吉县县委党史研究室主办，16开本，主要刊登吉县党史资料，每期300份，发至县直各单位和各乡镇，并和兄弟县市党史研究室交流。1993年停刊，共发行14期。

《昨天》 1994年创刊，由中共吉县县委党史研究室主办，16开本，不定期内部刊物，主要刊登吉县党史资料，每期300份，发至县直各单位和各乡镇，并和兄弟县市党史研究室交流，1997年停刊，共发行18期。

《壶口》 2012年创刊，文学杂志，由吉县文联主办，2013年与吉县三晋文化研究会联合主办，16开本，每期发行500份，每季度1期，开设《名家新作》《小说看台》《尘世走笔》《诗路花语》《温暖乡情》《芳草园》等栏目。

第二节 通讯

1975年，吉县县委设置通讯组，编制3人，1980年增到5人。除采编外，负责组织指导吉县通讯报道。

1986年后，吉县在各级报纸、杂志、电视台大力报道境内改革开放的新动态、新经验、新成效、新人物。总结树立了养猪状元刘月善、植树模范杨拴保、先进党支部书记吴学全等一大批轰动全

区甚至全省的先进人物。“发展林业”的长篇报道，“壶口旅游”的连续报道，“苹果生产”的系列报道等引起社会的广泛关注。

1986—2015年吉县通讯报道被各级报刊采用情况表

表28-7-1 单位：篇

年份	数量	国家级	省级	市级
1986	548	86	119	343
1987	480	79	98	303
1988	675	75	105	495
1989	693	96	118	479
1990	678	82	129	467
1991	721	98	105	518
1992	659	69	89	501
1993	725	76	109	540
1994	864	82	118	664
1995	932	67	119	746
1996	689	79	124	486
1997	1158	132	208	818
1998	958	118	165	675
1999	623	73	158	392
2000	753	89	98	566
2001	552	84	82	386
2002	556	87	123	346
2003	765	85	109	571
2004	698	79	99	520
2005	798	86	119	593
2006	699	76	86	537
2007	758	84	89	585
2008	831	98	95	638
2009	765	85	83	597
2010	653	73	86	494
2011	836	83	94	659
2012	982	119	98	765
2013	854	96	97	661
2014	958	124	102	732
2015	853	95	96	662

第八章 非物质文化遗产保护项目

第一节 吉县唢呐

历史传承

吉县唢呐是以当地民俗活动为载体的一种民间吹打乐，2009年，被山西省人民政府认定为省级非物质文化遗产扩展项目。

据史料记载，明嘉靖年间（1522—1566），朝廷重臣石宝，因朝内礼制问题触怒皇帝，遭贬到吉县，从事民间婚丧嫁娶、迎神祭祀的鼓乐职业。

石宝原籍河北藁城（一说山西洪洞），成化末年考中进士，由两京祭酒、礼部侍郎等职逐步升迁，最后以吏部尚书兼文渊阁大学士进入内阁。世宗肃皇帝登基后，石宝因宗庙“大礼”问题，与皇帝发生分歧。石宝不但不支持皇帝给自己生身父母乱加封号的行为，反而“据理力争，持论坚确，遂失帝意”。奸臣借机诬告他为奸党，石宝被发配到远离京城、地广人稀的山区吉州王家原一带，被“贬为乐人，十世不得科考”。石宝仍以礼仪传家，谨遵乐户规矩。全家人善待邻里，贫而不贱，卑而不亢，儿孙们研习鼓乐，都练出了一身绝活，无论数九寒天，还是盛夏酷暑，石家乐人都能一口气吹奏几个小时，纹丝不动。石宝对吉县民间流传的曲牌整理点化，把浓郁的宫廷风味音乐融入唢呐曲中。经过多年努力，吉县吹打乐自成体系，代代相传。虽曲目名称与周边区县基本相同，但旋律更加舒心悦耳，优美动听，直接影响了后来的唢呐曲牌与蒲剧音乐。吉县周边的县市，也以吉县唢呐为最正宗，竞相学习。整个晋南地区的民间音乐，受石氏家传唢呐艺术的影响十分广泛。对晋南各县的民间音乐起到充实提高的作用。吉县吹打乐享誉远近，成为吉县民间家庭大事中不可或缺的事项。民间流传着许多赞美石家乐人的顺口溜，“西关（因石宝家居于西关故简称之）响家到，女子才上轿”“西关乐人到，新郎满脸笑”“没有西关鼓手，姑娘死活不走”。现在也有“西关鼓手，吹遍吉州”之说。

主要乐器

具体演奏中，吉县唢呐主要乐器除唢呐外，还有小鼓、小钹，俗称“三件子”。其他伴奏乐器有二胡、板胡等，根据需要临时搭配。

唢呐全长30多厘米，主要部位称为杆子，杆长29厘米，内膛由细到粗，最大内径3厘米。杆前面开7孔，后面开1孔，每孔之间模仿竹子刻成竹节状。用本地山中所产的木瓜木、对节木、黑老蛀木、黄栌木等细致木材制成。发音的哨子用芦苇根制成，憋气为一铜钱大的铜片，卡于键子与杆子之间。吉县唢呐与外地唢呐最明显的不同是它的键子和碗子。碗子、键子均为铜制。铜碗呈圆马蹄形，由两节焊接而成，连接部分加铜箍固定，最小直径小于木杆下端，以便固定套在木杆下部，最大直径14厘米。键子内用极薄如纸的紫铜卷成，外套两个铜制的糖葫芦式的套子，貌似一个武士的头盔，长5厘米，下边紧卡于木杆上端，上边可安插哨子。唢呐全身8个音孔，构成一个八度再多一个大二度，而每相邻的五孔之间都构成一个纯五度，成为独具特色的“五度相生律”。由于它外形的特点，音色也显得格外古朴淳厚，浓重无华，听来别有风味。吹奏时，用

两手的食指、中指、无名指按压，后面1孔用左手拇指按压。一般乐队最少配置唢呐一件，也可两件，多者可配三至百多件不等。

小鼓一般直径30厘米，鼓高20厘米，演奏时用绳子系挂于脖颈，两手持鼓槌按节奏敲击伴奏。

小钹为铜制，直径20厘米，自5厘米后呈扣碗形，中间有一孔，将绸布穿系于孔中按节奏拍打进行伴奏。

吹奏技巧

吉县唢呐的吹奏技巧主要有：口鼻无休止循环换气；一口吹多个唢呐；用鼻孔吹奏；模拟动物、鸟类鸣叫；模拟男低音演唱等。

吹奏曲目

吉县唢呐的曲牌、曲目众多，内容广泛。整套曲牌既蕴藏着壶口瀑布岸边世代农民憨厚朴实的天性，又彰显出皇宫大殿富丽堂皇的王者风范，不仅饱含着“贫而不贱卑而不亢”的沉郁，而且张扬着热烈奔放的个性。吹奏曲目主要有《朝廷出南门》《孔子哭颜回》《下坡趟核桃》《大摆队》《朝天子》《祭灵》《梳妆台》《哭皇天》《凤凰单扇翅》《亲家母吵架》等，唢呐曲中的唢呐音色高亢，情绪激越，能声传十里开外，哀则凄切缠绵，喜则喧闹红火。能较好地表达喜怒哀乐等感情，在各种民俗活动中，不仅具有礼仪功能，也具有娱人功能。

代表性传承基地：吉县文化馆。

第二节 人祖山祭祖鼓乐

历史传承

吉县人祖山祭祖鼓乐是文城乡一带民间鼓乐，以其历史悠久、内涵丰富、黄土风情浓厚而享誉一方。2011年，被山西省人民政府认定为“省级非物质文化遗产”。

明朝嘉靖时，该鼓乐从皇宫传出流落到黄河岸畔文城乡同乐村，距今已有480年的历史。

自从有了人祖庙，同乐村鼓乐就成为每年农历七月十九人祖山祭祖日的祭祀乐。当时上人祖山祭祖祈福的组织主要有四社，东社为蔡家川、西社为文城、南社为东城、北社为王家原青村。七月十八日，各社抬着供奉女娲的花轿上人祖山集合。当晚，东西南北社在歇马店唱大戏，各社都敲锣打鼓、身着戏装、粉妆上场、施展绝活、相互比拼。唱到天亮，大家就抬着花轿上人祖庙。一路上人头攒动，情绪高昂，进退有致，各社按节奏敲锣打鼓，鼓声锣声应和着歌声：“抬爷爷，上风山，人祖庙上祭祖先；沟沟岔，抬爷爷，爷爷是个金娃娃”。上到人祖庙后，稍事歇息，便开始敬“爷爷”（祭祖）活动。摆放各种上供品，焚香烧表祈福，各社表演“滚磨”“穿针”锣鼓等古老的祭祖节目。祭祖结束后，各社在山上吃饭，神人共乐，共享供品，同饮美酒。

下午开始返回，下山时用节奏明快的锣鼓表演表达心中的喜悦。曲目主题为《庆丰收》：“大大大丰收，人祖爷爷多保佑，吭吭气吭吭，米面黄黄真好吃。”各社下山后在王家原同乐村集中，将花轿放在打麦场的“女娲槐”下，杀猪敬神祭祖。此时，十里八乡的村民都赶来，人山人海，鞭炮声声，烟雾缭绕，鼓乐阵阵，场面十分壮观。

基本内容

吉县“人祖山祭祖鼓乐，”主要以庙会和节日庆典表演为主，每次表演人数不限。

乐器以鼓、钹、锣为主要。鼓为主要演奏乐器，直径为0.5米左右，厚度不到10厘米。锣比

一般锣大出很多，边缘厚度比一般锣要厚，也称大苏锣。击打时发出的声音清脆悦耳。钹直径30厘米，边缘与中心地带较一般钹厚出很多。

“人祖山祭祖鼓乐”鼓谱众多、内容广泛，自明朝嘉靖年间李时盛从乐以来，流传下的鼓谱有几十首，如《上高山》《风搅雪》《庆丰收》等。

代表性传承人：李更廷。

第三节 壶口旱地行船

传承历史

壶口旱地行船，2012年被临汾市人民政府认定为“市级非物质文化遗产”。古时，黄河航道是中国北方一条主要的水上运输通道，黄河自内蒙古到山西、陕西、河南的水上货物运输，壶口是必经之地。商人们用大船载货物从黄河上游顺流而下，沿途贩卖各地的土特产品。

清人刘龙光诗曰：“黄流滚滚入壶中，九折波澜此地雄；禹治功成留缺陷，往来舟楫一时穷”。说的是壶口瀑布将黄河水运割为两段，成为天然障碍，往来船只无法从河中通过，稍一不慎，便收船不住，跌入深槽。因此，船行到壶口瀑布上游的龙王辿时，不得不提前泊岸，船夫们将所载货物全部卸下，雇用人力与牲畜把货物运到下游。而船体则由人力拖上岸，纤夫（小船几十人，大船几百人）应着艄公的号子声与河水的吼声，推的推、拉的拉，将货船拉到壶口瀑布下游水流缓慢处——一个叫作“忒口”的地方。把船修理一下，然后下水，重新装上货物续航，这就是“旱地行船”。

相关内容

船：长7丈，宽2丈6，高4尺6。

绳：大绳长130米，小绳长2.3米。

喊号子1人，背船30人，拉船290人。

传承谱系

第6代传承人：张东明。

第7代传承人：张万英。

第8代传承人：张来善。

代表性传承人：张来善，壶口镇中市村人。

第四节 柏山寺“七月十五古庙会”

历史传承

柏山寺“七月十五古庙会”，2012年被临汾市人民政府认定为“市级非物质文化遗产”。柏山寺“七月十五古庙会”从唐代兴起，定型于明清，延续至今。主要进行文化、贸易和娱乐活动。庙会前大小商人会赶来安营扎寨。庙会上商品的数量、品种比通常集市多出几倍、几十倍，能召回常年在外务工的乡亲、招来周围几个乡的群众前来看戏、交易。

庙会文艺

请当地有名的剧团前来助兴，早晚两场，唱三天戏。

庙会市场

土产品市场：是七月十五庙会贸易的主体市场。土产品种类繁多，有农具犁、地磨、木锨、杈、扁担、镰刀等。日用品市场：商品有盆、锅、碗、碟、瓮等。畜禽市场：商品有马、驴、羊、鸡等。瓜果市场，有时令水果，如苹果、梨、西瓜、葡萄等。

庙会饮食

庙会期间除了平时街面的饭馆之外，街上临时搭建布棚、席棚设立露天营业饭摊，卖大众饭食刀削面、臊子面、胡辣汤、羊汤、饼子、油条、烩菜等。

代表性传承人：曹安中。

第五节　屯里镇太度村秧歌

历史传承

屯里镇太度村秧歌，2012 年被临汾市人民政府认定为“市级非物质文化遗产”。清朝末年，村民从河南辉县移居于此，便有了扭秧歌的习俗，约有一百多年的历史。经不断丰富和发展，成为深受当地人民喜爱、具有民间特色的一种文化表现形式。

表现形式

一种是地秧歌，一种是高跷。

具体内容

有祈雨、祭祖秧歌，办喜事及过年、正月十五闹元宵等节庆时的喜庆秧歌。表演时男女老少扮演各种人物角色，手持长度 3 米的红绸两根，或直径约 1 米的手伞，或色彩艳丽的绸扇等，有简单情节。开始和结束为大场，中间可演小场。

伴奏乐器

唢呐、二胡、鼓、竹板、笛子。

主要特征

集乐、舞、技三者于一体，乐中有舞，舞中有乐，表演形式多样，生动活泼。既有表演性，也有自娱性。反映风土人情、生活习俗。

传承谱系

第一代：李豫才。

第二代：李根茂。

第三代：李存新。

第四代：李振兴。

第五代：李麦成。

代表性传承人：李麦成。

第六节　搬卷

历史传承

搬卷，2016 年 12 月被认定为“市级非物质文化遗产”。搬卷是旧时文人逸士宣传伦理、道德和消遣的一种说唱艺术，表演时由一人唱、众人伴和，采用唢呐、二胡、钹、笛子、梆子、马锣、板凳、农具等伴奏。曲调选用留村艺人独创的曲调，与晋南地区的道腔唱法有区别，全曲分上下 16 小

节，158 句。表演形式粗犷豪放，唱腔粗犷而优美，伴奏紧凑而配套。内容丰富，易学易唱，场地不限，具有古老而鲜明的民间特色，群众喜闻乐见。

吉县壶口镇留村是搬卷的产生地，距壶口约 3 千米。该村为独姓村葛氏村，宋元兵革之时，葛氏从榆次迁徙居于此，家谱记载已达 20 世孙之久。

千百年来，壶口航运渡口——龙王辿码头吸引着大河上下的内蒙古、陕西、山西、河南的商人、艺人纷纷前来观光和经商，与留村人交流的多，所以留村人见识广、头脑开放、聪明、文化底蕴深厚，子孙诗礼世传、人才辈出。相传葛汝麟为彭州知州、葛道醇为广东临城县知县，葛临川为县志主修、葛仲廉为神医、葛茂成为武士等。搬卷就是生活在农村、码头留村人的创作，是农闲时民众娱乐的一种乐曲。

据石碑记载，早在清光绪三年（1877）就有搬卷表演，表演艺人有葛清藻。因社会动荡，后几近失传，幸被文艺爱好者、继承人葛复英发现重新拯救保存，延续至今。

传承谱系

第一代：葛清藻

第二代：葛殿熊

第三代：葛思敬

第四代：葛复英

主要传承人：葛五龙、葛复英。

吉县县级非物质文化遗产名录

表 28-8-1

项目名称	传承人姓名	项目名称	传承人姓名
吉县民歌	吉县文化馆	吉县壶口镇“孟门石岛”传说	张玉勤、葛明新
吉县中垛乡“臊子面”	白章娃	吉县壶口镇“镇河石牛”的传说	张顺云、张国保
吉县城关“跑竹马	张小安、谭文德	吉县“人祖山兄妹成婚”传说	暂无
吉县桥南“跑旱车”	杨张发	吉县“落锅面”	刘玉芝、冯丽霞
吉县西关“二鬼跌跤”	朱爱新	吉县大田窝“抬春牛”	刘晋中
吉县“人祖山”传说	暂无	吉县屯里“煎饼”	暂无
吉县文城乡“关里道情”	张万朝	吉县“猪肉钴镙”	梁银凤
吉县“袁中华祖传古药方”	袁春枝	吉县“手工馍”	张栓义、曹风琴
吉县段金荣“麦秆画“	段金荣	吉县“剪纸”	薛较贤
吉县壶口镇“明清一条街”	张稳生、张安定	吉县传统“花馍”	杨换子
吉县吉昌镇“谢悉庙”传说	吕虎娃	吉县传统手工艺“剪纸”	葛改文
吉县壶口镇“六股头”	张万央、张来善	屯里“老汤肉”	赵长印
吉县壶口镇“龙王辿码头”	张国龙	吉县“根雕”	郭志明
吉县壶口镇“孟门夜月”传说	强伟山	吉县壶口镇“石窝宝镜”的传说	张来善
吉县壶口镇“狐仙引路过冰桥”传说	葛复英	吉县“饮马泉”的传说	刘创生
吉县壶口镇“牛马王庙”传说	张文彪、张勤学	吉县“白丸子”	梁发成
吉县“挂甲山”传说	刘创生	吉州“小炒”	谭文选

第九章 著述

第一节 史志类

县志

20世纪80年代初，因新编《吉县志》的需要，对吉县旧志进行了查阅。吉县旧志有康熙十二年（1673）木刻本《吉州志》、乾隆元年（1736）《吉州全志》、清光绪《吉县全志》（民国版）、清末《吉州乡土志》。经过比较，由吴癸之主编的《吉县全志》内容较为详实，全书共6万余字8卷。1982年在标点、校正后进行了重印。2014年，省档案局又对该志进行了影印。

《吉县志》，主编石全正，1992年由中国科学技术出版社出版，65万字。全书共分建置、自然环境、人口、经济综述、农业、林业、工业、乡镇企业、交通邮电、城乡建设、商业、财政金融、党派团体、政权政协、民政人事、司法军事、文化新闻、文物胜迹、教育、卫生体育、科学技术、民情风俗、方言、人物等25编以及概述和大事记。

部门志

《吉县民族宗教志》，由中共吉县县委统战部民族宗教编写领导组编辑，于1985年印制，3万字，分为吉县回族历史概述、吉县基督教、吉县天主教3章。

《吉县教育志》，主编燕生刚，1995年印制，20万字。全书分儒学义学私塾书院、幼儿教育、小学教育、中学教育、职业教育、省属学校、成人教育、德育、教学研究、体育卫生、考试制度、经费、教师、行政管理、教育工会、人物16章。

《吉县方言志》，主编蔡权，1990年由山西高校联合出版社出版，10万字。分导言、语言分析、同音字表、吉县话和北京话的比较、分类词表、语法特点、语法倒句、标言举例8章。

《吉县体育简志》，由吉县体育运动委员会编辑，于1995年印制，3万字。

《壶口志》，主编许小根，2004年由山西人民出版社出版，40万字，全书分总述、位置与环境、形成与变迁、风景名胜、漂流与飞越、交通与商贸、军事、文化、旅游开发、文献辑要、诗文选录、民间传说、人物传录、大事记等14卷。

《吉县政协志》，主编许小根，2010年印制，60万字。全书分组织机构、政协委员、全委会议、常委会议、主席会议、政协机关、协商监督、建言献策、委员风采、人物、文献辑存及概述和大事记。

《吉县教育志》（续编1991-2010），主编郝耀宗，2012年印制，45万字。全书分幼儿教育、义务教育、高中教育、职业教育、成人教育、德育教育、体育卫生艺术、教学研究、招生考试、教师队伍、行政管理、党组织建设、教育工会、教育督导、教育宣传、教育经费、人物、文件选编、师生文萃、大事记20章。

《吉县方言研究》，主编张浩、杨萌，2012年由北岳文艺出版社出版，40万字。分吉县方言概述、语音系统、声韵调配合规律、吉县方言语音与古言的比较、吉县方言语音与普通话语音的比较、文白异读、词缀、重叠式、吉县方言的副词、吉县方言的代词、吉县方言中的“来”和“去”、吉县方言的助词“哩”、吉县方言的疑问句、同音字汇、分类词表、古语词、语料记音17章。

年鉴

《吉县年鉴(1989年)》,主编石全正,19万字。

《吉县年鉴(1996年)》,吉县县志办编写印制,18万字。

《吉县年鉴(2011—2012年)》,主编强培家,65万字,分特载、重要文献、大事记、吉县概况、领导机关、党务政务、群众团体、经济管理、农业、工业、交通邮电、建设环保、财政税务、金融保险、商贸、科学技术、军事政法、文教旅游、卫生医药、社会生活、乡镇21类目。

《吉县年鉴(2013—2014年)》,主编强培家,50万字,内容21类目。

党史

《吉县大事记(1840—1985年)》,由吉县县志办编辑印制,7万字。附有自周成王以后至1840年鸦片战争的有关吉县的历史年表。

《山西省吉县农业合作化史大事记(1948—1986年)》,主编:张建顺,1989年印制,6万字。

《中国共产党山西省吉县组织史资料(1937—1990)》,主编:霍盈州,1992年由山西人民出版社出版,37万字。全书分抗日战争时期、解放战争时期、基本完成社会主义改造和开始全面建设社会主义时期、"文化大革命"时期、社会主义现代化建设新时期5章,另有山西省吉县政权系统组织史资料3章、山西省吉县地方军事系统组织史资料3章、山西省吉县统一战线系统组织史资料2章、山西省吉县群团系统组织史资料3章。

《中国共产党山西省吉县组织史资料(1990.4—2008.12)》,主编:牛庆国,执行主编张占利,2008年印制,30万字。全书分中国共产党吉县地方组织、吉县政权组织、吉县地方军事系统组织、吉县政协组织、吉县群众团体组织5章。

《中共吉县大事记述(1927—2011年)》,主编:强培家,2012年印制,50万字。分为新民主主义革命时期,社会主义和建设时期,改革开放和社会主义建设时期3部分。

第二节 书画类

书画作品集

《刘旭山硬笔书法作品集》,作者刘旭山,1999年由北科出版社出版。

《赵振华钢笔书法艺术》,作者赵振华,2002年由(香港)世界华人艺术出版社出版,全书分古代和现代两部分,收录作者书写的黄河壶口诗词44首。

《葛纪熙书法集》,作者葛纪熙,2002年由兰州大学出版社出版。收录葛纪熙先生60幅书法作品。

《吉县书画作品集》,主编许鹤鸣,2007年印制。收录24位书法家的49幅作品和11位画家的31幅作品。

《吉县书画作品集》,由吉县文学艺术界联合会主编,2010年印制,收录74位书法家和18位画家的作品。

《壶口杯全国书画名家作品邀请展作品集》,主编陕高升,2011年由中国国际新闻出版社出版。收录78位书法家和28位画家的作品,并有16幅藏品。

《刘隼、贾立英书法篆刻集》,作者刘隼、贾立英,2011年印制,收录20幅书法作品和20幅篆刻作品。

《陈玄书画作品集》,作者陈玄,2012年印制,收录绘画作品69幅、书法作品22幅。

《吕一力花鸟画集》，作者吕一力，2012年由北岳文艺出版社出版，分画案随笔、天籁之音、墨华随缘三部分，收录画作42幅。

《刘旭山硬笔书法作品集》，作者刘旭山，2013年印制，收录硬笔书法作品40幅。

《吉县书画作品集》，主编李永芳，2013年印制。收录96位书法家和24位画家的作品。

《醉笔戏墨——梁河书法作品集》，作者梁河，2013年印制，收录书法作品86幅。

《陈箹咏画集》，作者陈箹咏，2013年由人民美术出版社出版，收录书画作品174幅。

《陈箹咏书法集》，作者陈箹咏，2013年由人民美术出版社出版，收录书法作品132幅。

《中国(山西)第二届黄河壶口文化旅游节"秦晋之好"书画邀请展作品集》，中国(山西)第二届黄河壶口文化旅游节组委会编。收录61位书法家和38位画家的作品。

《中国(山西)黄河壶口文化旅游节全国书画名家邀请展作品集》，主编吉县文学艺术届联合会。收录85位书法家和46位画家的作品。

《人祖山杯书法邀请展作品集》，吉县文学艺术届联合会、吉县人祖山旅游开发有限公司编。收录178件毛笔书法作品，52件硬笔书法作品。

《王晓祥黄土风情画作集》，作者王晓祥，2015年印制，收录黄土高原风土人情的画作42幅。

《壶口：王悦摄影作品选集》，作者王悦。收录摄影家王悦拍摄的壶口瀑布作品15幅，制成明信片结集成册。

《吉县老促会文化扶贫送书画进农家》，主编闫旺森，收录61幅书法作品和7幅绘画作品。

《书法养生之道》，作者郭家顺，2008年印制，5万余字，并附有39幅书法作品。

《硬笔书法教材》，作者刘旭山，2013年印制，5万字。

《硬笔书法学习常识》，作者刘旭山，2014年印制，5万字。全书分硬笔及硬笔书法、学习硬笔书法的准备工作、硬笔书法的章法、硬笔书法的创作等4章。

《钢笔行书字帖》，作者刘旭山，2015年印制，5万字。

摄影集

《果乡风韵》(摄影集)，中共吉县县委、吉县人民政府印制，主编李永芳，执行主编王彦章、李爱琴，用摄影图片反映了吉县苹果的生产现状和发展前景。

《吉县是个好地方》(摄影集)，中共吉县县委、吉县人民政府印制，主编李永芳，执行主编陈健翔，分风光、产业、文化3部分。

《乡土纪实——张培华摄影作品选》，作者张培华，2010年印制，收录了作者任吉县县委书记时所拍摄的作品。

《幸福吉县和谐家园》(摄影集)，中共吉县县委、吉县人民政府印制。主编李永芳，执行主编王彦章、陈健翔。

第三节 传记类

自传

《轰轰烈烈的年代》，作者谭克煜，是谭克煜的自传，2009年印制。全书分我的世家、我的童年、读书时代、抗日战争时期、解放战争时期、新中国成立初期、参加炮兵建设、在国防部第六研究院工作、退休岁月、我的家庭10章，35万字。

《漫谈岁月情》，作者王成章，2006年印制，28万字。全书分八秩纪实、往事漫忆、专题述说

3篇，收录作者22篇文章，记述了作者一生的坎坷经历和对党的坚定信念。

《回忆与思考》，作者白玲，2006年印制，38万字，全书分为儿童时代、参加革命、在北方局、延安情深、解放征程、新中国成立初期、历史冤案、困难时期、“文革”浩劫、胜利油田、重返北京、夕阳更红12部分。

《路漫漫——从壶口走来》，作者谭克智，2011年印制，30万字，作者用256个片段，真实记录了1925 ~ 2011年80多年的成长和生活历程。

《信仰・信念》，作者段士勇，2015年印制，11万字。全书分我的童幼年，跟着共产党推翻旧世界，重调地方工作，调艰苦的吕梁山区吉县工作，调任吉县政府秘书，壮年33岁“内部限制使用”等10篇。

《听党召唤、为民奉献——我的80年（片段回顾）》，作者郭振兴，2014年印制，9万字，全书分听党召唤为民奉献、为民建言依法用权、离而不休奉献不止、抒情言志表达心声、组织鼓励同事给力、不忘旧苦珍惜新甜、同志厚爱战友情深、走遍神州圆梦中华8部分。

他传

《冯延登》，主编冯慎终，1992年印制，10万字，全书分生平事迹、传记碑铭、诗词诗评、学术思想、友人诗赞、有关记载索引、年谱及管制表、几个问题的考证8个部分。

《张铁民往事》，作者黎影，2003年由三秦出版社出版，28万字，全书分张铁民年谱和张铁民身后事二部分，并附录有报告文学《市长张铁民》和《我写“铁市长”》两部分。

《“飞黄书记”陈保堂的非常人生》，作者关明慧，2009年由中国文联出版社出版，17万字，收录了37篇文章，记录了陈保堂在吉县担任县委书记的片段。

《这个领导没有白当——张广钦回忆・纪念文集》，2014年由四川金音人才文化传播有限公司印制，23万字，分回忆篇、纪念文集篇、论著篇3部分。

《巍巍青松》，主编樊晨晨、陈益升，2015年由东方文化出版社出版。本书为樊耕农烈士的传记，全书分战斗在党的隐蔽战线、纪念文选、纪念诗词选、纪念文件、为烈士树碑5部分。

第四节 文学艺术类

民间文学

《吉县民间文学》（三套集成），主编许鹤鸣，1990年印制，包括歌谣、谚语、故事传说三部分。

《吉县民歌》，主编杨吉生，2014年印制，收录有代表性的、经典的吉县民歌100首。

诗歌散文

《心事流亡》，作者高树德，2001年由陕西旅游出版社出版，14万字，收录作者散文22篇。

《唤春集》，作者冯慎终，2002年由世界华人艺术出版社出版，10万字，收录作者散文、诗歌、杂议30篇。

《画余七步行—陈箢咏诗文集》，编者陈玄，2002年由陕西人民美术出版社出版，收录陈箢咏先生诗词84首，论文30篇，友人评介14篇。

《吉县文萃》，主编许鹤鸣，2007年印制，42万字。分根系风山、风物形胜、壶口雄风、黄土风情、风流俊彦、风雅流韵6部分，收录县人的古今散文110篇，古今诗词214首。

《漫谈寰宇风》，作者王成章，2007年出版，22万字，分九秩纪实、人生感悟、杂议选编3编，收录作者散文、杂感、诗歌45篇。

《芥子吟》（诗集），作者张福生，2007年由作家出版社出版，15万字，分浮生杂咏篇、师友亲情篇、云游抒怀篇3部分，收录作者诗、词曲196首。

《古今名人咏壶口》，主编贾志毅，2009年由山西教育出版社出版，18万字。收录古今诗词366首，古今散文40篇。

《黄河壶口诗文集锦》，主编张瑞萍，2010年印制，9万字，收录古今诗词126首，散文33篇。

《远行的山庄》，（散文集）作者高树德，2010年由大众文艺出版社出版，21万字。分陌上花开、高原旧知、鸟语禽声、蜗庐履迹、麦田守望、彳亍之行、书评7部分，收录散文作品78篇。

《咏人祖山诗文集》，主编冯彦山，2011年由中国国际新闻出版社出版，18万字。分诗歌抒怀、散文寄情、歌谣怡性3部分，收录诗歌108首，散文32篇，歌谣7首。

《山溪集》，作者赵广荣，2012年印制，28万字。全书分六辑，收录作者创作的散文、诗歌、杂感、报告文学38篇（首）。

《冯三生诗文集》，作者冯三生，2013年印制，4万字。分缅怀先显恩德镌碑启迪后人，著清风于四乡、吐念声于桑梓，祖宗源千年德荫泽万代，杂文篇虽小内涵蕴深藏，巧对楹联成趣言简意赅述德，一撇百年情韵二行草根留香6篇。收录碑文、杂文、诗歌等67篇（首）。

《杜旭杰歌词集》，作者杜旭杰，2013年由上海文化出版社出版，分黄土黄、月儿圆圆、抹不去的记忆、心中的玫瑰、我爱我的祖国、爱的力量、曾经的温柔、花儿为谁开、期待9部分，收录作者歌词398首。

《土窑洞的歌》，作者冯建功，2014年印制，分新诗、古风、散文诗、词4部分，收录诗词200余首。

《霜叶集》，作者王正辉，2015年印制，15万字，分诗、词歌谣、楹联3部分，收录作者诗词楹联462首（幅）。

杂感

《微风细雨》，作者刘焕良，2015年印制，15万字，分顿悟苦乐和繁星点点两部分，收录散文160篇。

《心语》，作者赖宝成，2015年印制，25万字。分岁月感言、生活感悟、大地诗歌、心扉细雨、心向往之、心目往事6章，收录散文、诗歌、杂谈154篇。

第五节 自然科学类

《津门医粹》（上下册），作者赵思俭，评审王一章，1989年由天津科技出版社出版。

《压电薄膜的制备，机构和应用》，作者许小红、武海顺，2002年科学出版社出版发行，18万字。全书分压电材料与压电学基础、压电薄膜的制备方法、薄膜择优取向的研究、薄膜的表面机构和组成分析、压电薄膜的反应7章。

《吉县苹果生产技术》，主编窦兴华，2009年印制，10万字。全书分果园建立、土肥水管理、病虫害防治、整形修剪4章。

《吉县精品苹果生产技术》，主编窦兴华，2015年由中国农业科学技术出版社出版，15万字。全书分果园建立、土肥水管理、病虫害防治、整形修剪、花果管理、有机苹果生产、苹果自然灾害与防御对策7章。

《十改八配套操作规程》，主编刘文学、杨万成，5万字。

《无公害苹果标准果园创建技术手册》，主编刘文学、杨万成，共分一、二两册，10万字。

《吉县有机苹果综合管理技术规程》，主编丁春刚、窦兴华、刘乃榕、朱峰、葛成稳，8万字。全书分有机苹果生产操作质量控制系统、有机苹果采收与运输、有机苹果采后加工、有机苹果贮藏规程、产品标识和追溯计划5章。

第六节 社会科学类

《壶口便览》，主编石全正，1991年由科学普及出版社出版，2.4万字。

《壶口克难坡》，主编陈刚，1994年印制，9万字。全书分为壶口名胜、壶口趣闻、河治名人、古今艺文选、名人与吉县、克难坡6部分。

《阎锡山的经济谋略与诀窍》，作者刘存善、刘大明、刘晓光，1994年由山西经济出版社出版，15万字。

《吉县籍在外工作暨在吉县工作过的领导人名录》，主编许小根，1996年印制，5万字。

《黄河壶口漫谈》，编著霍盈州，1998年由世界华人艺术出版社出版，21万字。全书有黄河奇观——壶口瀑布、壶口瀑布的形成与变迁、壶口的历史文化、抗日统一战线在壶口、现代壶口走向世界、壶口特色与景点介绍、古今壶口传奇、开发壶口功垂千秋，名人光临壶口增色、文人墨客咏壶口10章。

《尧庙》，编著高树德，1999年由山西经济出版社出版，5万字。

《壶口风韵》，作者石生、兰涛、兰峰，2000年由山西人民出版社出版，10万字，收录文章31篇。

《话说壶口瀑布·克难坡》，作者苗旭宏，2001年由华夏文化出版社出版，19万字。

《黄河壶口瀑布》，主编霍盈州，2003年由山西人民出版社出版，4万字。

《吉县柿子滩文化遗址》，作者阎金铸，2005年由平阳历史文化丛书编辑部印制，3.3万字。

《往事追忆录》，主编许鹤鸣，2005年印制，12万字。共收录回忆录、纪念文章30篇，并附有书画作品10数幅。

《中华百年三字经》，作者曹生云，2006年印刷，1.2万字。

《吉县地名考略》，作者郭文森，2006年由人民日报出版社出版，10万字。对吉县近500个村名、地名、山名、水名进行了考证。

《吉县旧话》，作者刘存善，2007年印制，8万字，分18篇对旧时吉县的风土人情、山川河流等进行了追述。

《吉县革命老区》，主编孙勤学，2007年印制，20万字。分革命火种播吉州人民觉醒见曙光、抗日烽火遍地燃艰苦卓绝斗顽敌、游击战争显威力军民合力夺胜利、老区换新颜前景更美好4编。

《中华之根祖》，编著高树德，2008年由作家出版社出版，分帝尧的先秦史记述、尧文化的历史评说、尧都平阳的文化遗产、科学考古成果、中国文明的直根、国脉所系的根祖文化6章。

《寻觅女娲的光辉》，作者阎金铸，2008年由平阳文化研究丛书编辑部印制，10万字。

《吉县民俗》，主编许小根，2008年印制，26万字。全书分风俗、歌谣、表演、谚语、故事5部分。

《壶口之旅》，主编霍盈州，2010年由中国国际新闻出版社出版，10万字。分黄河壶口瀑布、抗战第二战区长官司令部、人祖山与柿子滩、吉县城内挂甲山4篇。

《人祖文化源与流》，主编陕高升，2010年由陕西人民出版社出版，32.2万字。分纵论篇、传

说篇、咏赞篇、附录4部分。

《临汾景观文化吉州古八景》，编著阎雅梅，2010年由平阳历史文化丛书编辑部印制，6万字。该书对吉州古八景进行了详细描述。

《壶口岸边的记忆》，主编霍盈州，2011年由中国国际新闻出版社出版，15万字。分党史研究篇、报告纪实篇、历史探讨篇、激情歌声篇4篇。

《克难坡逸事》，作者燕生刚、燕奇荣，2011年由中国国际新闻出版社出版，22万字。由萍踪忆旧、克难坡形成抗日统一战线基地、抗日战争时期的模范战区、抗战文化、抗战教育在吉县、外国人眼中的克难坡、鲜为人知的故事、附录8章。

《吉县史话》，主编许小根，2012年印制，13万字，全书33节对吉县的历史进行了叙述。

《往事漫记》，作者燕奇荣，2012年由团结出版社出版，37万字。分联合抗日、第二战区战斗序列及经典战役、第二战区重要将领抗日殉国记、晋西事变、经济谋略及企事业、往事钩沉中的哲学及日记诗词选、历史人物访谈录8篇。

《畅游吉县》，主编陕高升，2012年由中国国际新闻出版社出版，10万字。该书从旅游的角度对吉县境内的景点进行了介绍。

《中华人祖山——人祖文化解码》，由人祖山文化旅游开发有限公司编，主编徐同，2014年由中国社会出版社出版。内容分资料篇和研究篇2部分。

《克难坡沧桑岁月》，主编许小根，2015年印制，26万字。全书分深山明珠、战区首府、运筹经营、统战形成、红色火种、腥风血雨、热血救亡、众志成城、情洒笔墨、趣闻轶事、旅游胜地11章。

《沧桑巨变》，主编李思义，2015年印制，18万字。全书分苹果铺就富民路提质升级大跨越、旅游兴县新引擎彰显优势放异彩、工业强县迎暖春快速崛起奏强音、城市建设绘锦绣夯实基础展新容、阳光灿烂照民生稳步改善日日新、法治新风拂面来规范管理谱华章6篇。

《黄土情歌》，（通讯报道集），作者杨世元，2015年印制，22万字。是作者从事新闻工作30多年来的通讯报道集。

《吉县革命老区重点村》，主编吉县老区建设促进会，3万字。主要介绍了战争年代中共领导人居住过和发生过重大事件及活动的村庄。

第七节 宣传类

《道德吉县》，主编李永芳，执行主编王彦章，2012年印制，14万字，收录了25位道德模范的先进事迹。

《榜样吉县》，主编李永芳，执行主编王彦章，2013年印制，14万字。收录了113位各行各业的榜样人物。

《大美吉县》，主编李永芳，执行主编王彦章，2014年印制，13万字，全书分自强模范和道德楷模、最美吉县人、最美志愿者、大美壶口、壮美人祖山、最美特色产业——吉县苹果、最美文化名片——壶口唢呐7部分。

《文明吉县》，主编李永芳，执行主编王彦章，2015年印制，15万字。分第二届十大道德楷模、十佳行业标兵、十大最美家庭、媒体报道4部分。

第十章　史志 图书 档案

第一节　史志

1982年8月，成立了吉县地方志编纂委员会，并成立吉县县志办公室，同时成立吉县党史资料征集办公室、吉县县委党史研究室。党史研究室归县委序列，县志办公室归政府序列。1985年4月，党史研究室和县志办公室合并为史志办公室，归县委序列。1990年4月，史志办公室又析为党史研究室和县志办公室两个单位。2002年机构改革时又合并称为史志办公室。

党史工作

党史资料编研　1982年，吉县党史资料征集办公室成立后，又成立了中共吉县组织史资料征编领导组，下设办公室，主任由霍盈州担任，开始着手编写《中共吉县组织史资料（1937—1990）》。历时10年，数易其稿，多方征求意见，四处抢救资料，期间于1984年邀请全国各地的吉县籍老干部和在吉县工作过的老干部回到吉县，召开党史座谈会。1992年《中共吉县组织史资料》正式出版发行。1994年，许小根担任党史研究室主任。1996年编写了《吉县籍在外工作人员暨吉县工作过的外籍领导人名录》，随后又编写了《牺盟会在吉县》等。2008年，张占利担任党史研究室主持工作的副主任。其间续编了《中共吉县组织史资料（1990.4—2008.12）》。2010年，强培家担任党史研究室主任，其间编写了《中共吉县大事记述（1927—2011）》。党史研究室成立30多年来，在《山西日报》《临汾日报》《中国方域》《中国旅游》《沧桑》等报纸杂志发表了地方党史资料，如《日军侵略吉县史实》《井圪塔寨子》《朱德两次到吉县》《红军东征在吉县纪实》《王耿人烈士传》等。编辑《吉县党史资料》14辑，1994年改版为《昨天》，编辑10期。

党史专题调研　2008年9月，启动吉县抗日战争时期人口伤亡和财产损失课题调研，全县共取得证人证言132份，拍摄各类照片100余张。在查阅档案文献资料和走访事件亲历者获取第一手资料后，对各乡镇和有关单位的资料进行分析、考证、研究、甄别、复核、整理、归类。2009年1月，形成抗战调研系列成果上报材料2卷。

2010年，开展革命遗址普查工作，共确定革命遗址10处，其他遗址4处，年终将《山西省吉县革命遗址普查工作成果》上报。

2012年，完成《吉县籍党史人物》资料的整理上报。

2014年，整理上报《山西改革开放实录》反映吉县苹果和旅游发展的署名文章2篇，共3万余字。上报《山西红色旅游指南》材料共3万余字，图片20余幅。

党史宣传教育　2013年、2014年，为县图书馆、下乡包扶村图书室、武警中队图书室、部分学校图书室、离退休老干部共赠送党史书籍1000余册。

2015年，在纪念抗日战争胜利70周年之际，制作《浴血奋战，壮士热血洒疆土——人祖山阻击战纪实》《不畏强敌，誓死卫国保家园——井圪塔惨案纪实》《牢记历史，不忘国耻与家仇——抗战期间吉县人口伤亡与财产损失纪实》3部专题片，在县电视台播放。

县志工作

方志、年鉴编纂 1982年吉县县志办成立，石全正任主任，聘请了离退休老干部李德宽、吕奇、刘学海、曹鸿业、曹承先、贺其中等担任编辑，并从各单位抽调郝耀宗、荆观圣、赵振华等6人充实力量，开始外调，收集资料工作。同时创办《吉县县志通讯》，与兄弟县市交流，向各单位、各界人士及在外地工作的吉县籍人士邮发，并寄发征集资料函。1984年，邀请在外地工作的吉县籍人士回到吉县参加资料征集会。为了使县志工作顺利进行，少走弯路，聘请了省、市和高校的专家学者到吉县进行培训。组织人员到11个公社，走访了大量的老党员、老干部、老知识分子、英雄模范和各行各业的先进人物，征集到大量的第一手资料。还派专人到北京图书馆、北京大学图书馆、北京师范大学图书馆、山西省图书馆、山西档案馆、陕西省图书馆、陕西省档案馆等查阅、复印了大量资料。收集到清康熙《吉州志》、清乾隆《吉州志》、清光绪《吉县全志》、清末《吉州乡土志》4部吉县志。到北京、上海、西安、成都、福州等地走访老干部，查阅相关资料。对吉县档案馆的资料进行全面和细致的查阅。对县委组织部、公安局、法院等单位的有关档案进行了查阅。经过两年多的努力，收集到大量珍贵的历史资料，为吉县志的编纂夯实了基础。在此基础上，派出工作人员到省城参加修志业务培训，返回后共同拟定了吉县志的编写大纲，并将大纲送有关领导和专家审阅通过。依据编写大纲下发任务，开始初稿编写。1986年5月，在全临汾地区第一家完成县志初稿，由地区召集各县市及省志办部分人员进行了评审。随后又数易其稿，于1991年完成《吉县志》复审稿，再次评审，得到专家们的好评，认为达到出书水平。1992年《吉县志》历时10年终于出版发行，全书25编、104章、65万字，获山西省地方志图书优秀成果奖。在编纂《吉县志》的同时，对四部清代旧志进行了点校整理和印制。

1998年，许小根兼任县志办主任，开始和省史志研究院共同完成“壶口文化定位”的课题，于1999年完成，成果发表于当年的《沧桑》杂志。同时启动《桥南村志》和《谢悉村志》，2000年完成初稿。2001年开始编写《壶口志》，其间得到省史志研究院和壶口风景区管委会的支持，及各单位和各界有关人士的相助，《壶口志》于2004年11月出版。12月份，省史志研究院在临汾举行《壶口志》发行会，对县志办进行了表彰。2005年，省劳动竞赛委员会在省城召开表彰大会，县志办立集体“三等功”。随后临汾市委、市政府又召开了表彰大会，县委书记原学义、县长张云、县志办工作人员刘腊梅、冯吉珍、葛建国、白新萍、冯玉琴、石晓平、许小根荣获临汾市人民政府颁发的先进工作者证书。县志办被县委、县政府评为先进单位。

2008年张占利主持工作，着力于县情资料的挖掘和整理，重点对日军侵华在吉县的历史进行了调研。

2010年强培家任主任，开始年鉴的编纂工作，先后印制2011—2012年、2013—2014年2本年鉴。于2015年启动续修《吉县志》工作。这一阶段工作条件得到极大的改善，单位有了环境较好的资料室，配置了多台电脑和打印机等。

旧志整理 吉县存有旧志4种。吉县县志编纂办公室于1982年整理光绪《吉县全志》，油印、32开、平装，1册。分别于1983年、1984年、1985年标点清末《吉州乡土志》、康熙《吉州志》、乾隆《吉州全志》3种，16开、油印、平装，均1册。

地情资料整理 2011年，整理编纂《吉县历代名人录》，收录了吉县历代34位名人的资料。

2012年，编纂完成《吉县乡镇简志》上报稿。

2014年，完成《山西省志·地方志》吉县资料的整理上报工作。

第二节　图书

图书馆

1978 年 4 月，省文化厅拨款 1 万元建立图书馆，与文化馆在一起办公。1991 年县文化馆迁入新楼，原址全部交给图书馆使用，图书馆一直沿用始建于 50 年代、60 年代的旧瓦房和两孔小石窑。2009 年 3 月拆除旧址，在原址修建 3 层楼房，使用面积 1500 平方米，2011 年年底投入使用。

设施　21 世纪后，经过馆舍维修，设施更换，填置新书，图书馆硬件设备、环境面貌大大改观，图书存量初具规模，管理水平大幅提升。馆内设有采编室、借阅室、阅览室、电子阅览室、少儿阅览室、老干部阅览室、地方文献库等。拥有固定书架 39 个，目录柜 3 个，书柜 6 个，期刊架 6 个，报刊架 6 个，阅览大桌 7 个，阅览椅 50 把；少儿阅览桌 6 个，阅览凳 10 个，电脑 31 台，盲文图书 30 本。

馆藏　新中国成立初，县文化馆设图书室，藏书 5000 余册，专供城镇、机关、团体、学校、个人借阅。至 2011 年，总藏书量 5.5 万册，收藏文献资料 3 万余册，报刊、期刊 5000 余册，DVD 光盘 500 余张。内容包括政治、文学、工具书为主并兼藏吉县有价值的县志文献，包括“二十四史”“二十六史”各种名著，字典辞海文学书籍。

服务　服务内容有书刊外借流通，馆内阅览、电子阅览、参考咨询，提供跟踪服务，代查、代复制。共发放借书证（电子证卡和纸质版证卡）2216 张。

活动　每年的“世界读书日”“服务宣传周”“全国科普日”开展形式多样的宣传活动。2012 年 4 月 8 日，在吉州学院开展“全民阅读图书进校园”活动。2013 年 5 月 10 日，开展“书香中国——阅读引领未来”读者座谈会，同年建立 2 个“图书流通站”，至年底建成 79 家“农家书屋”，均配备图书专用柜 2 个、图书 2000 余册、光盘 100 张。2014 年，建立 3 个“图书流通站”。2015 年，建立 4 个“图书流通站”。同年 2 月 26 日，举办“同筑中国梦、共度书香年”楹联文化巡展。

新华书店

吉县新华书店位于新华街 113 号，是隶属于山西新华书店集团有限公司的全民所有制企业。2015 年实行县市一体化改革，吉县新华书店更名为山西新华书店集团临汾有限公司吉县分公司。有职工 15 人，其中在职 10 人，退休 5 人。主要经营范围：图书、报纸、期刊、电子出版物，玩具、文体用品、电子产品、家用电器、日用百货、文体器材、办公用品、零售预包装食品（含酒类）、房屋租赁、会议服务等。经营图书种类有：哲学、社会科学、文化教育、文学艺术、自然科学技术、少年儿童读物、大中专教材、中小学课本及教材、教辅读物、音像制品、电子出版物、报纸期刊。2011 年有职工 8 人，销售图书品种 3000 余种，中小学课本 38 余万册，销售额 390 万元；2012 年销书 41 万册，销售额 420 万元；2013 年销书 48 万册，销售额 490 万元；2014 年销书 51 万册，销售额 530 万元。2015 年，省市店投资扩大图书超市面积，年销书 52 万册，销售额增加至 580 万元。管理方式：1996 年实行了财务会计电算化；2003 年新华书店实行图书超市，配备电脑、防盗系统；2006 年实行了财务审批制度；2009 年实行网上银行；2011 年图书超市实行了全省新华连锁统一管理系统；2015 年实行了县市一体化。

个体书店

至 2014 年，吉县注册个体书店 4 家，分别是希望书屋、阳光书店、黄河书店、理想书屋。以

销售为主，经销一些大众化图书、经典名著、中小学工具书、少儿画册、报刊、期刊、电子出版物等。

农家书屋

2012年底，吉县为三镇五乡79个行政村农家书屋各配送图书1500册、光盘100张，共计11.85万册，光盘7900张；同时建立配套制度、登记簿，加送“农家书屋”牌匾一个。其中2008年完成配送9家，2009年完成配送5家，2010年完成配送19家，2011年配送20家，2012年配送任务26家。2013年11月、12月分两批为79个行政村每村拨付1000元的农村文化建设专项资金。

第三节 档案馆

吉县档案馆前身为吉县档案资料馆，成立于1961年10月，1962年更名为吉县档案馆。1980年设立县档案局，与县档案馆合署办公。1984年3月撤销档案局，1985年8月恢复档案局。2002年2月机构改革撤销档案局。2006年12月再次恢复档案局，属科级事业单位，仍与档案馆合署办公。

接收著录

接收 1987年，接收进馆档案100余卷，资料300余卷。1989年，接收县财政局会计档案588卷，县统计局统计档案140卷，工业普查档案32卷。1990年，接收县委、县政府的文书档案21卷，资料100册。1991年，接收进馆文书档案88卷，资料35册。1992年，接收进馆各类档案75卷。接收组织部、教育局人事（死亡）档案149卷，正副卷220本。1995年，接收进馆档案139卷。1996年，接收进馆档案72卷。2000年，接收进馆档案4278卷。2005年，接收进馆档案978件，征集名人字画、书稿55卷（册），照片45张。2006年，接收进馆档案294卷，征集到名人字画27幅，书稿15册，照片50张，及国家一级编剧李思义文学作品共5大类14部23卷。2007年，接收进馆档案328卷，征集名人字画12幅，书稿15册。2009年，接收进馆档案127卷，干部统计年报93卷。2010年，接收干部档案90卷，婚姻档案、优抚档案622卷，其他档案122卷。2011年，接收档案122卷。2013年，接收文书档案324卷，婚姻档案5421件，收集和接收书籍资料38本。2014年，接收文书档案215卷6679件，专业档案262卷，临吉高速公路档案1223卷。2015年，接收文书档案379卷7859件，收集和接收包括《中垛强氏家谱》在内的书籍资料12册。截至2015年，县档案馆馆藏档案资料65个全宗，5大类，共计40986卷（册）。其中，革命历史档案82卷，新中国成立后档案40984卷（册）。

著录 2000年，编制劳动局进馆档案检索工具《吉县劳动局就业、临时工、合同工人员花名检索薄》两册，353页、3530条。2002年，编制接收进馆档案全引目录1000条，输入电脑目录2900条。2005年，录入电脑查阅目录1万余条。2007年，录入电脑查阅目录1万余条。2010年，录入电脑查阅目录1.5万余条。2013年，录入电脑查阅目录2万余条。2014年，录入电脑查阅目录1.5万余条。2015年，录入电脑查阅目录8000余条。

编研利用

编研 1986年，编研《吉县县委、县政府、县人大、县政协机构沿革及主要领导人名录》《自然条件自然资源分布简介》，共计5.98万余字。1987年，编研《吉县大事记》共计2万余字。1988年，编研《吉县档案馆简介》《档案机构沿革》，共计5000余字。1990年，编研《档案利用的社会效益与经济效益实例汇集》，共计7200余字。1997年，编研《吉县档案工作发展纪实》《吉县五大

班子机构沿革及领导人名录》《吉县历届党代会简介》《吉县历届人代会简介》《吉县档案利用实例选编200例》,共计5万余字。1998年,编研《吉县档案工作大事记》和“企业档案调查报告”,共计1.2万余字。2004年,编研《档案利用事例五十例》《吉县历届人民代表大会简辑》,共计2万余字。2010年,指导编写《机构沿革》《大事记》《利用实例汇编》等资料2万余字。2013年,对馆藏的民国初铅印本《吉州全志》重新影印,保护了这份历史文化遗产。2015年,配合人大、政协、组织部、党史办完成了编史修志工作。

利用 不断探索,不断创新,充分发挥档案的作用。从来人查阅的单一模式发展成为来人查阅与电话、来信来函等多种查档方式并存的多种查档并用,累计接待查、借阅群众9007人次,调阅档案20160卷。

1986—2015年档案查阅人数和调阅档案卷数情况表

表28-11-1 单位:人、卷

年度	查阅人数	调阅卷数	年度	查阅人数	调阅卷数
1986	350	632	2001	276	890
1987	203	576	2002	321	517
1988	310	678	2003	412	768
1989	276	870	2004	328	517
1990	243	596	2005	500	700
1991	201	499	2006	172	315
1992	313	586	2007	200	512
1993	213	554	2008	213	428
1994	209	513	2009	270	413
1995	193	407	2010	500	1000
1996	238	503	2011	450	600
1997	262	469	2012	446	1236
1998	258	501	2013	438	1278
1999	271	478	2014	328	1321
2000	301	577	2015	312	1226

整理 达标

整理 1986年,对县直123个局、公司、站级单位历年来档案进行清理和规范化整理,立卷15918卷。1987年,对各乡镇的会计档案进行收集整理,立卷1000余卷。1988年,对县直1987年度文书和专业档案进行规范化整理,立卷704卷。1989年,对县公证处和审计局档案进行规范化整理,立卷133卷。1990年,对县土地局、电业局、农行、法院档案进行规范化整理,立卷

5318卷。1991年，对县直机关1990年的文书档案进行了规范化整理，立卷3589卷。1992年，对县委、政协、人大、劳动局等15个单位的档案进行年度规范化整理，立卷3000余卷。同年收集整理1991年县委、县政府“重要文件汇编4本”。1997年，对部分单位的档案进行年度立卷，立卷500余卷。1998年，指导县委办、建行、人行、国税局以及电信局、邮政局、防疫站等25个单位的档案整理工作，立卷1500余卷。1999年，指导完成15个单位的年度立卷工作，立卷1000余卷。同时对馆内资料库进行了整理，重新分类编目12类，抄写目录3538条，共25622册。2002年，指导气象局、发展计划贸易局和吉昌镇等16个单位的年度立卷工作，立卷800卷。同年，完成体改委、体委、县委机要室和明珠乡、窑渠乡、兰家河乡、王家原乡等撤并单位的档案移交整理，立卷1000余卷。2003年，指导县委办、统计局、公安局、车城乡等单位的年度立卷，共立卷248卷。2005年，指导县委宣传部、计经贸局、电业局等单位的年度立卷，立卷1500余卷。2008年，指导发改局、质量技术监督局、国资中心、运管所等单位的年度立卷，立卷1300余卷。2009年，指导组织部、地税局、环保局、财政局、信用联社等单位的年度立卷，立卷5000余卷（件）。2010年，指导住房公积金管理中心、民政局、县联社、县质监局等单位的年度立卷，立卷2800余卷（件）。2011年，指导民政局、县联社、人大、财政局等几十个部门的档案，立卷2000余卷（件）。2012年，指导县人大、财政局、统计局、公路段、信访局等十多个部门的档案年度立卷，立卷4000余卷（件）。2013年，指导县委组织部、县红旗林场、财政局、公路段、供电支公司等十多个部门的档案年度立卷，立卷5000余卷（件）。2014年，指导县委、县委办、县政府、县政府办、县果业中心等十多个部门的年度立卷，立卷13800余卷。2015年，指导扶贫局、广电中心、采购中心、农发行、人事局、财政局、人民法院等单位的整理，立卷23391卷14665件。参与农村土地确权档案的整理工作，立卷14449卷28件。

达标　1996年，交通征稽所、旅游局、纪检委、地税局4个单位的档案管理晋升省三级；土地局、检察院档案管理晋升省二级；人行档案管理晋升省一级；自来水公司档案管理晋升国家二级；卫生防疫站档案管理晋升科技示范档案室。1997年，人大办、民政局、交警队档案管理晋升省三级，纪检委、烤烟局、交通征稽所档案管理晋升省二级，检察院档案管理晋升省一级，粮食局档案管理晋升国家二级。1998年，财委、财政局、柏山寺派出所、屯里镇派出所档案管理晋升省三级，民政局、地税局档案管理晋升省二级，交警队、审计局晋升省一级，农业银行管理晋升国家二级。1999年，教育局、县二中、城关派出所、三堠派出所档案管理晋升省三级，看守所、公安局档案管理晋升省二级，公安局、国税局档案管理晋升省一级，烟草公司档案管理晋升国家二级。2000年，政协办公室、文城派出所、曹井派出所、东关小学、祖师庙小学、屯里小学、县底小学、中垛中学、明珠中学档案管理晋升省三级，地税局档案管理晋升省一级。2001年，统战部、质量技术监督局档案管理晋升省三级。2002年，居委会、城建局、工会档案管理晋升省三级，质量技术监督局档案管理晋升省二级。2004年，财政局、城关派出所档案管理晋升省级。2005年，核算中心档案管理晋升省三级，纪检委档案管理晋升省一级。2006年，药监局档案管理晋升省三级。至2015年底，境内共有档案室106个，已达标的档案室76个。其中达省一级标准的8个，达省二级的70个，达省三级的46个，企业定级的5个，国家二级的5个，科技示范达标的2个，8个乡镇全部达省三级，95个村委建立了档案室。

第十一章　体育

第一节　机构

机构沿革

中华人民共和国成立后，体育工作由县文教科兼管。1957 年，设体育运动委员会（简称体委），与文教局合署办公。1959 年 7 月，体委配备专职干部 2 人。1961 年，与文化局合署办公，设专职干部 1 人。1966—1970 年，受“文化大革命”干扰瘫痪。1971 年 2 月恢复体育运动委员会，配有专职干部 2 人。1986 年，体委设正、副主任各 1 人，干部 3 人，篮球、乒乓球、田径教练各 1 人。学校配有专职体育教师 13 人，兼职教师 11 人。2002 年，体委与文化局合并为文化体育局。原体委更名为吉县体育服务中心，属于事业单位。2004 年，更名为吉县体育运动办公室，下设办公室、竞训科、群体科、财务科，属正科级行政单位，设主任 1 人，副主任 2 人。

职责

贯彻执行国家、省、市、县有关体育工作的方针、政策；落实《全民健身计划纲要》，指导并开展群众性体育活动，实施国家体育锻炼竞技体育发展工作，研究和平衡吉县体育竞赛、竞技运动项目设施与重点布局；培育发展体育产业，规范管理体育市场，协同有关部门规划协调体育设施建设布局；组织指导体育宣传科学研究和教育工作，培训体育干部和专业人才，加强体育队伍的思想政治工作；负责管理境内体育社团的资格审查，依法管理社会活动。主要工作是：组织开展群众体育活动，激发全民健身热潮；组织开展体育竞赛，提高体育竞技水平；培养优秀体育人才，为体育事业发展提供强有力的人才支撑；强化体育彩票管理，加大宣传力度，发挥体彩的公益性质；定期对体育场地进行维护。

第二节　学校体育

课程开设

1991 年开始，吉县中小学年级每周开设两节体育课，每天安排一节课间操（20 分钟），一节活动课（40 分钟），保障学生每天有 1 小时的锻炼时间。课间操组织学生做广播操和眼保健操，活动时间组织学生开展体育锻炼。锻炼项目有：乒乓球、羽毛球、篮球、铅球、中长跑、短跑、跳高、跳远、单双杠、武术、跳绳、踢毽子、滚铁环等。学生根据自己的爱好，自由开展活动。1998 年，教育部颁布第一套儿童广播操，2002 年，颁布第二套全国中小学系列广播操，县教科局组织老师集中学习培训，在中小学积极推广，广泛开展广播操比赛活动。

2004 年，吉县义务教育阶段中小学校开始实施新课程改革，学校体育课改为“体育与健康”，小学低年级（1 ~ 2）每周 4 课时，小学中高年级（3 ~ 6）每周 3 课时，初中年级（7 ~ 9）每周 2 课时，每天安排一节课间操（20 分钟）、一节活动课（40 分）。体育与健康课程，融合了体育、生理、心理、卫生保健、环境、社会、安全、营养等诸多学科领域的有关知识，真正关注学生的健康意识、

锻炼习惯和卫生习惯的养成，使学生健康成长。

为使教师适应课改需要，掌握课程标准，提高教学水平，县教科局和各学校组织体育教师参加省、市组织的新课程改革培训，并利用暑假对中小学优秀教师进行集中培训。

2008 年，教育部颁布第三套中小学广播体操《七彩阳光》，教科局在境内中小学推广。

体育比赛

20 世纪 80 年代初，县一中代表队，在全区 10 个山区县田径比赛中，获男子总分第三名、女子总分第二名的成绩；并有 60 人获全区赛前六名，有 8 人参加省级比赛，其中有 2 人打破省纪录。在中、小学生开展“体育锻炼达标率”活动，到 1985 年，城关地区中、小学“达标率”达到 56%，农村中、小学达到 40% ~ 50%。境内中、小学开展的体育锻炼项目有：篮球、短跑、中长跑、铅球、羽毛球、排球、乒乓球、跳高、跳远、武术、广播操、木马、单双杠等，参加人数达 5000 余人，占学生总数的 30% 左右。达到体育锻炼标准的有 1154 人，其中青年组 53 人、少年甲组 425 人、少年乙组 625 人、儿童组 51 人。先后给地区体校输送学员 10 人（田径、篮球各 5 人）；给高等院校输送体育人才 4 人（山大体育系 3 人、师专体育系 1 人）。

1990 年，在全区首届中小学体育运动会上，一中、二中体育代表队代表吉县参加比赛，获总分 280 分，名列全区第四名，山区 10 县第一名，获金牌 15 块、银牌 18 块、铜牌 12 块。

吉县每年举行两次体育运动会，一是“六一”期间举行田径为主的运动会，二是“元旦”举行以越野赛跑为主的运动会。1992 年 7 月，吉县中小学体育代表队参加临汾地区中小学运动会，取得较好成绩，16 人获得名次，分别为第一名 5 人、第二名 3 人、第三名 3 人、第四名 1 人、第五名 4 人；初中组获得全区团体第 8 名；高中组获得第 12 名。1993 年 6 月，县教育局、县体委分别在吉县一中和体委举办城区中小学田径、举重运动会，共有 208 名师生参加比赛，26 人获奖。

1996 年在全区中学生运动会上，吉县代表队获总分第五名，山区县团队总分第二名，一中教师张建平被评为优秀体育教师。2000 年 4 月，县教育局、教育工会在县体委灯光球场举行“吉县城区教职工拔河、篮球比赛”，有 9 支代表队参加，东关小学女队、教师进修校队分别获拔河比赛第一名，吉县一中、二中获篮球比赛一、二名。2004 年 4 月，教科局、体育办在二中体育场，举行中学生田径运动会，吉县 10 所中学的 151 名运动员参加比赛，比赛项目分别为男女跳高、跳远、铅球、1500 米、800 米、400 米、200 米、4×100 米接力等 8 个项目，产生团体奖 6 名，优秀奖 4 名、一等奖 28 名、获奖运动员 112 名。

教学条件

1996 年 9 月，吉县中小学配齐专职或兼职体育教师。2004 年，根据新课程改革的需要，吉县六年制以上学校配齐了专职体育教师。东关小学体育教师由 2 人增加到 5 人，都是专业学校毕业。

1986 年初，吉县有学校体育场 12 处、1.8 万平方米，设跳远、跳高池及篮球、排球、羽毛球和乒乓球、单双杠、木马等器材。1993—2010 年，县教育局实施“世界银行贷款项目工程”“贫困地区义务教育工程”“中小学危房改造工程”“农村寄宿制学校建设工程”“农村薄弱学校改建工程”等，在新建农村中小学校时，都规划修建新操场，满足学校体育教学和学生开展体育活动的需要。1995 年，经过多次协调，解决县二中操场问题，建成 400 米长的田径场。2001 年，投资 10 万元，征地 10 亩，解决县三中的操场问题。

1990—2010 年，吉县中小学采取购置、自制、社会捐赠的办法解决体育器材短缺的问题。1998 年，吉县开展“普九”攻坚，发动师生自制体育器材，窑渠中学校长夏遵民，带领师生土法

上马，就地取材，自制体育器材20余种、300多件，受到省、地、县领导的赞扬。县教育局大力推广窑渠中学的经验，当年吉县师生自制体育器材7万余件。1999年2月，吉县土法上马，就地取材，大力开展群众性自制体育器材活动，促进“普九”达标的经验在全省教育工作会议上作了书面交流。

体育考试

自1996年开始，中等学校招生进行体育考试。1996—2008年，男生考跳绳、握力、1000米跑3项，女生考跳远、握力、800米跑3项。2009—2010年，男生考立定跳远、1000米跑、实心球3项，女生考仰卧起坐、800米跑、实心球3项。考试总成绩为30分。1996年、1997年，在普通高中、职中招生时，体育考试成绩记入总分，中专（幼、特）招生时作为参考。1998—2004年，普通高中、职高、中专招生，体育考试成绩全部计入总分。2006—2008年，体育考试成绩实行准入制。2009年、2010年体育考试成绩计入总分。中考进行体育考试加强了学校体育工作，促进了学生素质的提高。

2003年，吉县中小学校实施《学生体质健康标准试行方案》。2008年，中小学开始实行学生体质健康标准测试数据报送。每年12月31日前，以学校为单位，按照《国家学生体质健康标准》对学生进行测试，测试数据以互联网向上报告。内容包括学生身高、体重、立定跳远、仰卧起坐等。

第三节 群众体育

农民体育

1991年5月，县城组织吉县首届农民运动会。12个代表队经过10天的比赛，城关镇、柏山寺乡、中垛乡代表队获一、二、三名。

1994年，举办乡镇篮球赛。

1995年，倡导各乡镇利用农闲时间开展篮球、爬山、骑自行车等活动。

2009年，各乡镇举办迎国庆农民风采大展示暨农民健身秧歌展播。10月，举办迎国庆机关干部歌咏比赛暨农民健身秧歌大赛。

2013年起，在全县农村推广广场健身操和健身秧歌。

2014—2015年，县体育办组织各乡镇分别举办农民趣味体育运动会，选取群众喜闻乐见、参与性强的趣味项目（包括拔河、步调一致、同心协力、夫唱妇随、众望所归等），每个行政村选派代表队参加。

职工体育

1986年国庆期间，举办吉县首届“壶口杯”篮球赛，先后有县委政府机关、政法、财贸、工交、文教、驻军六大系统参加比赛。通过5天激烈争夺，县一中以优异成绩捧走“壶口杯”，县驻军夺得亚军，获“精神文明奖”。

1990年4月，举行迎亚运庆“五一”首届职工运动会，历时10天，有10支篮球队和14支乒乓球代表队参加比赛。县农行篮球代表队和县二中乒乓球代表队，分别获得篮球和乒乓球比赛冠军。5月，吉县组织由8个代表队、70余名运动员参加的“和睦杯”家庭篮球赛。8月，再次组织吉县第七套广播体操比赛，县税务局、百货公司等单位获得比赛第一、二名。

1991年，县体育运动委员会在坚持抓好正常体育活动和节日比赛的同时，协助基层单位开展各种夺“杯”比赛活动。4月，协助县人民银行举办邀请各单位的象棋、射击、篮球等项目的“银

鹰杯”运动会，人行获团体第一。5月1日，协助县工会举办基层工会代表队参加的第七套广播体操（B套）比赛。县二中、百货公司、生产资料公司工会代表队获优胜奖。6月，协助农委举办“兴农杯”篮球赛，经过5天比赛，烤烟局代表队获比赛第一。8—9月，结合全省开展的第三个“群众体育活动月”活动，举办了县直机关九大系统参加的广播操表演赛和经委系统的“三上杯”篮球运动会。

1992年，县体委利用各大节日组织开展体育活动竞赛，在财政困难情况下，多方筹集资金16万元，按照县委、县政府提出的“人民体育人民办，公共设施大家建”的要求，组织发动县直机关干部、职工义务修建体育场。先后完成土石方3万余立方米，建成田径场，完成灯光篮球场的搬迁，保证全区西山运动会在吉县顺利召开。

1993年，将原电影院改建成拥有300多个座位的室内篮球场和健身房。

1994年，“五一”节，组织举办各大系统职工进行拔河决赛；参与活动的有上千人，上至县委书记、政府县长，下至职工和家属，年龄最大的60多岁，最小的只有10余岁；配合临汾地区开展的“黄河壶口国际漂流月”活动举办了“九九”重阳门球赛和第六个“群体月”活动第二届乡镇篮球赛。

1995年5月，举办十大系统副局级以上领导干部近百人参加的中国象棋比赛。

1996年，举办广播操录像赛，部分单位举办象棋、五子棋、扑克等文体活动。

1998年，县委办、电业局、交通局、粮食局等单位陆续开展小型体育活动，开始实行工间操制度。5月协助县煤矿、电业局、粮食局举办体育竞赛活动。10月份举办十大系统第五届运动会。

2000年“五一”期间，举办城区教职工运动会。

2007年6月，协助政法系统举办运动会。

2008年4月，举办“庆五一、迎奥运”职工运动会，11月对公安系统进行达标测试。

2009年，举办机关干部元旦长跑赛。

2012年7月，与法院联合举办庆“七一”趣味运动会，11月举办大学生村官暨组工干部喜迎中共十八大运动会。

2013年，举办吉县首届干部职工羽毛球赛。组织队伍参加元宵节街头表演。举办第二套“佳木斯快乐舞步健身操”培训班，参加培训的来自县直各大口单位和8个乡镇的体育骨干160余人，培训3天。

2015年4月，举办干部职工“庆五一迎五四”羽毛球大赛。

2015年9月7—8日，举办吉县全民健身启动仪式暨全县干部职工趣味体育运动会，全县9大系统和8个乡镇组成的17支队伍参加运动会。

老年体育

进入80年代，吉县离退休干部、职工逐年增多，高时达500人以上。为丰富老年人体育活动内容，老年体协聘请文化馆杨吉生和爱好文艺的中学生贾小霞担任教练，先后举办5期老年人“迪斯科”训练班，培养活动骨干近500人，从此每天晨5—7时开展活动。1986年，调整充实老年体协，采取请进来和派出去的方式，在县城开展太极拳、太极剑、迪斯科、导引功、晨练环城跑等适合老年人活动的体育锻炼项目。

1989年，聘请吉县籍在河南安阳市工作返乡探亲的李志义为教练，举办“导引养生功”、中老年“太极剑”和“健身操”培训。老干部们在孙美英、董秀芳、马青山、陈志星等体协骨干带领下，自己出钱置办小型体育活动器材，修理活动工具，以义务劳动，建成门球场，开展门球活动。

1989 年建成城关健身中心辅导站，1990 年建成桥南、西关健身辅导站，1993 年建成祖师庙健身辅导站。老年人体育活动的主要项目有：太极拳、太极剑、迪斯科、健身舞（操）、导引养生功、香功、东北大秧歌、中国象棋、扑克等 20 余个项目。

1994 年吉县建起基层老年人体协 17 个，会员 600 余名，受到临汾地区老年体协通报表扬，并向全区推广了吉县老年体协活动经验。“九九”重阳节举办了老年门球赛。

1995 年元旦举办老年门球赛，“九九”重阳节举办首届老年体育趣味运动会。

1997 年举办“壶口杯”老年门球赛。

1998 年组织开展武术、气功、交谊舞、健身操、门球、象棋、桥牌等健身活动。

1999 年邀请临汾地区健身辅导站教练举办健身操培训班，参加人员 100 余人。

2000 年，举办老年人运动会，比赛项目有太极拳、中国象棋、门球等。2001 年，成立杨氏太极拳协会、中国象棋协会两个单项协会。举办了 3 期骨干培训班，即中老年健身秧歌舞、太极拳培训及巩固培训。

2002 年，邀请市老体协指导员到吉县举办 2 期骨干培训班，常年开展门球、养生功、健身操、剑术等健身活动。

2003 年，“重阳节”举办老年人体育运动会，项目有门球、中国象棋、老年人趣味运动会，200 余人参赛。县四大班子领导和老年人举行了拔河比赛。期间，进行了太极拳、太极剑健身操、健身秧歌表演。

2004 年，市老年体协派赵怀令、李月英 2 人担任教练，在吉县举办第二套老年健身秧歌培训班。9 月，吉县中老年健身秧歌队参加市老年人运动会比赛，一举夺魁。

2005 年，举办门球、养生功培训班。

2006 年，举办健身球、柔力球、健身秧歌、门球等骨干培训班 6 期，累计培训骨干 200 余人，并派 6 人参加省、市老年体协举办的门球、柔力球、第三套健康秧歌骨干培训班，5 人参加省、市农村老年体育带头人表彰大会。

2007 年，举办门球邀请赛，老年体协主席胡槐令参加山西省第二届老年人运动会暨山西省长治市农村老年人体育现场会。

2008 年，调整县乡两级老年体协班子。

2009 年，举办“九九重阳节”健身秧歌展演。

2010 年，举办中老年健身培训班，常年开展门球、养生功等健身活动。

2011 年，开展“全民健身与春节大拜年”活动，组织开展全县中国象棋、乒乓球个人争霸赛和春节篮球联赛。组织 80 人进行柔力球街头表演。举办 80 人腰鼓培训。

2012 年，采取请进来教、走出去学、集中办培训方式，培训各类青年体育骨干 110 余人。7 月份，举办 24 式简化太极拳和健身气功第八套培训班，邀请市体育局群体科刘江安等同志亲临指导，培训国家三级社会体育指导员 80 余人。9 月份，各社区指导站培训第七套柔力球和第十套健身球骨干 30 人，随后又组织 12 人的小分队到农村为农民朋友培训骨干 30 人。

2013 年 9 月，市老年体协举办 2013 年第二套健身腰鼓，第五套秧歌规定套路交流活动，吉县派出 16 人代表队参赛，获牡丹奖。

2014 年，协会组建 20 余人的中老年秧歌队，深入 8 个乡镇，表演 60 余场，培养农村文体骨干 200 余人。6 月份，组织 16 人的秧歌队，赴临汾参加市老年体协成立 30 周年纪念会，在大会上表演“第二套手杖操”。8 月份，由省农牧厅、省体育局、省农民联合会举办的全省农民秧歌赛

中，吉县秧歌队获两项大奖，其中第五套秧歌获第二名，自选节目“小苹果”获第一名。10月份，西山7县门球传统赛在蒲县举行，吉县门球队获得优秀奖。在市老年体协表彰大会上，孔庆福等3人荣获优秀老年体育志愿者荣誉称号；县中心健身指导站等5个站点及协会被评为临汾市老年体协工作先进单位；王玉珍等9人被评为临汾市老年体育工作先进个人；燕生刚等9人获临汾市老年体协工作贡献奖。

2015年，老年体协组织14支队伍参加由县体育办和县妇联联合举办的2015年广场舞群众体育健身舞（操）表演大赛，参赛人数达600余人。有2个队获得金奖、4个队获得银奖、8个队获得铜奖。6月、7月，老年体协先后组织老年男子乒乓球队、中老年秧歌队参加临汾市举办的运动会，老年乒乓球队获得男子团体赛金奖，秧歌队获得腰鼓比赛金奖，太极拳获得优秀奖。中老年门球队在西山门球传统赛中获得第三名。

体育协会

吉县第一届老年人体育协会

主　席：杨建龙

副主席：孙美英　赵洪章

秘书长：张青森

吉县第二届老年人体育协会

名誉主席：史　坚　兰炳高　王广龙　许增友

主　　席：孙美英

副 主 席：马青山　陈志星　张志芳　董秀芳

副秘书长：李春梅　燕生刚　刘育谦

吉县第三届老年人体育协会

主　席：胡槐令

副主席：孔庆福　张秀珍　陈润香　张孔珍　赵彦平　白三毛

秘书长：李春梅

全民健身

1986年国庆期间，举办为期五天的吉县首届“壶口杯”篮球赛。

1989年，根据省体委制定的“在全省开展群众体育活动月”的要求，于1月举行吉县首届体育活动月开幕式，县委、县政府主要领导参加了仪式，县直机关代表队表演篮球、老年体协队表演“导引养生功”、中学生表演韵律操。“活动月”期间开展中国象棋、围棋、拔河、篮球和副局级以上干部篮球比赛，吉县被临汾地区评为“群体活动月先进县”。

1990年，成立“迎亚运活动领导组”，境内掀起“迎接亚运会”捐献活动，上交捐款46105.48元。5月，组织由8个家庭、70余名运动员参加的“和睦杯”首届家庭篮球赛。8月，举行吉县第七套广播体操比赛。9月14日，“亚运之光”火种传递到吉县，县委、县政府主要领导用火种点燃象征56个民族大团结的火炬，由200名运动员绕县城进行接力传递。年底，经过评选验收，中垛乡被山西省评为体育先进乡。

1992年，吉县以吉政发〔1992〕17号文件向全县发出通知，决定“大力发展吉县体育事业，推动城乡体育社会化，力争1994年跨入全国体育先进县的行列”，在加强场馆建设的同时，组织

开展篮球、中国象棋、拔河、迪斯科等各种体育竞赛活动。

从1994年开始，吉县配合临汾地区“黄河壶口国际漂流月”活动，举办篮球、中国象棋、桥牌、乒乓球、羽毛球等比赛。

1995年，国务院颁布《全民健身计划纲要》，吉县申报全国体育先进县。全年举办中国象棋、羽毛球、门球、迪斯科等小型活动和比赛20余次。举办少儿广播操的文艺节目表演赛；联合妇联举办家庭体育趣味赛；配合居委会举办体育趣味赛。

1996年，吉县被命名为“全国体育先进县”。举办全省体育先进县乒乓球赛、第四届“壶口杯”篮球赛，协助残联举办残疾人运动会，组织开展《体育法》《全民健身计划纲要》知识竞赛。全年共举办各类体育项目培训班9次，培训体育骨干300余人。

1997年春节举办乒乓球、象棋赛。

1998年4月举办全县象棋选拔赛。

1999年，吉县被山西省评为“99全民健身年先进单位”。春节期间举办“宏达杯”象棋赛，“六一”举办少儿健身操比赛，8月举办首届青少年消夏“三对三”斗牛篮球赛，10月举办“新华杯”乒乓球赛。

2000年，吉县通过“全国体育先进县”验收，元宵节举办斗羊赛，联合宁夏回族自治区石嘴市嘴山区协会举办信鸽竞翔放飞活动。

2001年是《全民健身计划纲要》第二期工程开局之年，6月8日在县田径场举行二期工程启动仪式，一万余人参加。春节举办象棋赛。推广普及第八套广播体操、健身舞。利用逢集、节假日向全社会发放全民健身宣传资料。

2002年，节假日举办乒乓球、象棋、篮球比赛等。发展体育骨干和辅导员作用，推动体育社会化、宣传引导群众正确健身。

2003年举行庆“两节”中国象棋赛。6月与农行联合举办庆“七一”“农行杯”乒乓球赛。举办第二届“黄河杯”篮球赛。7月在县城广场举行全民健身周启动仪式，在全县推广健身操、交际舞。9月份举办重阳节活动。

2004年春节举办中国象棋赛。4月份举办中小学生田径运动会。举办“新华杯”乒乓球赛、“宏达杯”中国象棋赛。进行全国第五次体育场地普查。

2005年春节期间举办象棋赛。3月份举办推广普及第八套广播操与健身操培训班并举办比赛。4月份举办庆“五一”迎“五四”“宏达杯”运动会。6月份举办第四届“黄河杯”篮球赛。

2006年，春节期间举办乒乓球赛、象棋赛。4月举办首届嘉年华运动会，5月举办第三届中学生篮球赛。7月份举办全民健身日启动仪式，举办乒乓球比赛。10月份举办“电力杯”篮球赛。

2007年春节期间举办象棋、乒乓球赛。5月份举办“喜迎奥运，放飞梦想”文体表演。7月举办“宏达杯”乒乓球赛。8月举办第五届“黄河杯”篮球赛。

2008年开展以“全民健身与奥运同行”为主题的全民健身活动。元旦举办中国象棋、乒乓球赛。春节开展“体育健身大拜年”活动。5月举办“五四”青少年篮球赛。6月举办全民健身周启动仪式，表演了大型团体体操、柔力球、现代舞。7月邀请全市5名火炬手来吉县进行火炬展示，活动内容分为6个：“奥运的起源及发展”“奥运火炬”“火炬手的风采”“迎奥运文艺晚会”“发展的吉县盼奥运”“为赛在北京、游在山西展示新形象”。与乡宁联合举办篮球赛，吉县体育教师陈德明光荣成为奥运火炬手。

2009年举办春节文化活动象棋、乒乓球争霸赛。5月举办篮球赛。举办新农村三级社会体

育指导员培训班暨全民健身周活动启动仪式。

2010 年春节举办柔力球街头表演，举办乒乓球、象棋、篮球争霸赛。5 月举办全民健身趣味赛。6 月举办“迎壶口国际文化艺术节健身秧歌大家跳”活动。7 月举办乒乓球、跆拳道培训班。11 月举办乒乓球运动会。

2011 年 1 月，举办春节象棋、乒乓球、篮球、围棋四个项目的争霸赛。4 月份举办“十二五”首届青少年成人乒乓球赛。12 月份，举办“共赢杯”篮球赛。

2012 年举办“盛平杯”迎新年乒乓球比赛，春节、元宵节文体活动。3 月份在全县推广第九套广播体操。与法院联合举办庆“七一”趣味运动会。9 月举办“重阳节”太极拳表演活动。10 月与教科局联合举办“十二五”第二届青少年乒乓球赛。

2013 年举办西山七县元旦乒乓球邀请赛。举办全民健身启动仪式暨春节象棋赛。邀请刚果钢管舞在壶口岸畔进行申奥表演。同年，面向全县举办佳木斯快乐舞步健身操、太极拳、太极扇义务培训班，举行群众广场体育健身表演赛。

2014 年元旦、春节期间举办象棋、乒乓球个人争霸赛。在城区推广普及 24 式简化太极拳。开展第四次全国国民体质监测。实施阳光体育，六一儿童节在祖师庙小学发放毽子和跳绳。参加由县文明办牵头的“跟我学”文艺启蒙志愿服务活动，开展体育健身志愿服务，辅导山村学生进行科学体育锻炼。配合宣传部寻找、搜集、整理童年的游戏，并拍摄成微电影。进行第六次全国体育场地普查。

2015 年春节期间，组织编排健身节目《律动的春天》，参加元宵社火表演。3 月 9 日，举办 2015 年春节乒乓球、象棋个人赛。4 月 10 日，在文城乡举办吉县农民趣味体育运动会启动仪式并开展运动。7 月 30 日，与妇联联合举办吉县 2015 年广场群众体育健身表演大赛。8 月 8 日，组织太极拳爱好者在中心广场进行太极拳展演，并义务培训。9 月 7—8 日，举办吉县全民健身启动仪式暨全县干部职工趣味体育运动会，全县 9 大系统和 8 个乡镇组成的 17 支队伍参与此次运动会，调动干部职工参与健身的积极性。10 月 15 日，成立吉县老年人乒乓球协会并举行首届老年乒乓球赛。

同年，成立钓鱼运动协会和老年乒乓球协会。吉县有老年体育协会、太极拳协会、乒乓球协会、羽毛球协会、篮球协会、健身秧歌协会、门球协会、钓鱼协会、老年乒乓球协会和健身腰鼓协会共 10 个体育单项协会和 1 个青少年体育俱乐部，6 个城区健身站点，8 个乡镇体育健身站点。选派优秀社会指导员参加省、市一、二级体育指导员培训，为吉县全民健身工作的开展提供优秀指导人才。各级体育指导员总数近 400 人，在城区、乡镇、村发挥作用。

体育社团

乒乓球协会　成立于 2006 年 7 月，注册会员 67 人。

为庆祝吉县乒协成立，举办吉县政协“劳动保障杯”乒乓球比赛，吉县八个乡镇、八大系统，武警支队，驻军部队（黄河维护连）盛平煤业、中石油等企业参赛。

吉县乒协成立后，首先组建以乒乓球训练为主体的运动俱乐部——众星俱乐部，由张建红负责运营。俱乐部聘请临汾市历届乒乓球比赛冠军胡志远为乒乓球教练，负责训练会员，并招收少儿训练班。后聘请左培升、李爱香为辅助教练，并开辟了吉县东关小学训练馆，招收少儿 20 余名，为吉县乒乓球培养后续人才。2011 年，众星俱乐部被评为国家级运动俱乐部，山西省体育局上门授牌。2013 年，张大海、窦维鹏代表吉县比赛，获临汾市少年甲组双打亚军。

乒协将所有会员按水平高低分为甲乙丙丁 4 组，每月进行 1 次个人升级赛。参照国内外乒

超联赛的模式，以企业命名组队，每月1次积分赛，年终总决赛。参与此项活动共有6支球队：新华装潢队、宏达家电队、云安批发队、人祖山农产品队、壶口瀑布酒店队。2008年人祖山队获年终总冠军。各队的活动经费及服装由各自企业赞助。每年春节文化活动，乒乓球个人单打是必不可少的比赛项目，历年来获得冠军的人有张峰、刘旭山、陈龙生、郑为民、郑为东、张建红等。六一儿童节和教育系统及各学校联合组织少儿比赛，七一、十一等节日组织境内群众大赛。比赛中可限制性引进外援，并邀请市体校多次进行表演赛，提高了比赛的质量，开阔了群众的视野，收到良好的社会效益。吉县乒协积极参加全市或兄弟县市组织的各种赛事，经常邀请各地乒协来吉县交流比赛。吉县乒协会团体比赛最好的成绩是，2014年在乡宁县举办的五市六县邀请赛第二名、第三名。

太极拳协会　成立于2010年8月10日，县民政局登记注册。共有会员80余人，5个太极拳辅导站，即吉县二中操场辅导站，吉县文化广场辅导站，吉县中心广场辅导站，吉县老干局辅导站，吉县西关广场辅导站。太极拳协会成立后，经常在全县的重大活动、消夏文艺晚会上进行太极拳表演。2012年，陈新亮、王吉生、常义忠等太极拳爱好者把陈式太极拳引进吉县，免费教授，队伍迅速扩大到50余人，并于2014年成立了吉县民间陈式太极拳协会。

羽毛球协会　成立于2011年，共有会员100多人。协会成立后，经常和周边县市开展羽毛球交流赛、友谊赛，砌磋球艺、互相学习，先后组织球员去乡宁、蒲县、翼城、晋城等地交流学习。2011年6月和2015年7月，参加了临汾市第三届、第四届运动会羽毛球比赛。2011年10月，任瑞萍参加“东风日产庆国庆羽毛球赛”获得第一名。2013年6月，参加“中煤保险杯”临汾羽毛球公开赛。2015年1月，乡吉两县举办“煤层产建杯”庆元旦羽毛球赛，周边6县市参加，吉县队获男子双打第二名和男子单打第三名。

吉县钓鱼运动协会　成立于2015年9月12日。共有会员276人。同年，举办“吉县钓鱼运动协会首届钓鱼大赛”，参与人数200人，参赛60人。

第四节　竞技体育

组织比赛

1992年，10月，成功承办了临汾地区西山运动会，共设篮球、桥牌、中国象棋、门球等4个比赛项目。

1996年，举办地区老年人健身操比赛。

1998年3月，举办吉县千人广播操比赛。

1999年，举办城区中小学运动会。

2009年，举办“庆五一迎五四”“信合杯”乒乓球赛、“烤烟杯”青少年篮球赛。

2012年，举办“庆五一迎五四”第九套广播体操比赛。

2013年，举办县级领导干部暨吉县干部职工羽毛球比赛。

2013年，举办“生态杯”干部职工乒乓球比赛。

2015年，与乡宁文体局共同举办“乡吉两县煤层气产建杯”庆元旦羽毛球友谊赛。

参加比赛

1984年，地区粮食系统篮球赛（临汾），县局获第八名。

1988年，地区组织系统能篮球赛（曲沃），县组织部获第二名。

1990年，地区邮电系统运动会（浮山），县邮电局获团体第三名，党红获乒乓球单打冠军。9月，在乡宁参加临汾地区西山六县运动会，女子篮球获第二名。

1991年8月，张立强在山西省八运会上取得柔道71千克级金牌；西山三县工行运动会（吉县），县工行获团体冠军，王俊生获乒乓球单打第二名。

1995年，老年门球队第一次参加市第三届全运会取得第四名的成绩。

1998年7月，参加临汾地区体校田径赛；9月份地区农民运动会，取得团体第五名的成绩。

2000年，参加临汾地区老年人运动会门球赛。

2001年9月，参加临汾市西山七县运动会，取得团体总分第二名的成绩。

2003年，参加临汾市第一届全运会，获金牌8枚、团体总分第八名的成绩。

2004年，参加首届老年人运动会中老年健身秧歌比赛，取得第一名的成绩。

2007年，参加临汾市第二届全运会，获得6枚金牌。

2009年7月，参加临汾市“建依杯”“千村百镇”农民篮球赛。

2010年，参加临汾市田径苗子调赛，参加临汾市“古县杯”篮球比赛，取得第四名的成绩。

2011年，临汾市第三届运动会上，参加青少年组田径、跆拳道、举重、篮球，成人组中国象棋、乒乓球、羽毛球，老年组门球、太极拳9个大项16个小项目比赛。获得7枚金牌、排全市金牌榜第九名。取得团体总分山区县第二名的成绩。

2012年，中国山西传统杨氏太极拳第四届国际邀请赛上，吉县参赛运动员获得两枚金牌、一枚银牌、一枚铜牌；在临汾市第四届跆拳道锦标赛上，吉县小运动员取得女子B组金牌的好成绩。11月，老年门球队在临汾市首届农村门球大赛中获银奖。

2013年，参加临汾市“龙胄杯”门球赛获小组赛第四名；支持老体协参加全市健身腰鼓、健身秧歌比赛获得金奖；组队参加西山七县篮球锦标赛；组队参加乡宁及蒲县门球邀请赛；组队参加临汾市乒乓球、羽毛球赛；跆拳道队员参加临汾市第五届跆拳道锦标赛获团体第一名。

2014年，组织人员参加临汾市乒乓球、门球邀请赛、蒲县门球传统赛；组队参加临汾市西山七县篮球锦标赛；参加山西省农民健身秧歌大赛并获金奖；在山西省老体协成立30周年活动中进行手杖操集体表演、展示了版面；组队参加山西省第二届杨氏太极拳邀请赛，获得女子G组杨氏太极剑银牌的好成绩。

2015年，参加临汾市第四届体育运动会15个项目的比赛，获得青少年组团体第七名，取得个人12枚金牌的好成绩。参加西山七县篮球赛、临汾市武术锦标赛、临汾市“洪洞通背拳杯”武术锦标赛、星辰杯乒乓球赛、西山七县门球传统赛等。

1988—2015 年参加省、地运动会个人成绩情况表

表 28-11-1

项目	姓名	成绩	运动会名称	时间	地点
800 米	平巧玲	2'17"2	山西省首届青运会	1988.8	太原
3 千克铅球	曹东辉	11.06 米	临汾地区二运会	1990.8	临汾
1 千克铁饼	王建香	23.59 米	临汾地区二运会	1990.8	临汾
柔道 71 千克级	张立强	金牌	山西省八运会	1991.8	忻州
摔跤 68 千克级	苏建勤	第七名	山西省八运会	1991.8	忻州

1991 年参加临汾地区业余体校举重运动会成绩（团体）情况表

表 28-11-2

吉县队	40 千克级		45 千克级		50 千克级		55 千克级		60 千克级		合计	名次
	男	女	男	女	男	女	男	女	男	女		
	7	7	2	5	7	7	4	7	5	7	58	1

1991 年参加临汾地区县（市）业余体校举重比赛成绩（个人）情况表

表 28-11-3

级别	姓名	成绩			综合分	名次
		形态机能	素质	专项		
40 千克级	任兰芳	13.5	10	7.6	31.1	第一名
50 千克级	强岳平	15.49	12.5	8.4	36.39	第一名
45 千克级	董卫平	12.24	5.7	4.4	22.34	第五名
55 千克级	曹翠香	12.49	6.8	6	25.29	第三名
60 千克级	刘风云	12.75	4.7	5.6	23.05	第二名
40 千克级	葛万军	9.49	13.1	8.8	31.39	第一名
45 千克级	闫建良	6.99	13.8	8.8	29.59	第二名
50 千克级	伊晓玲	15.99	14.9	10	40.39	第一名
55 千克级	卫玉科	10.99	14.8	11.23	36.99	第一名
60 千克级	任智勇	14.25	15.3	11.2	40.75	第一名

1985--1993 年参加临汾地区和西山运动会成绩一览表

表 28-11-4

年度	运动会名称	成 绩
1985	地区中小学生体校田径运动会	男子团体总分第一名
	第一届中小学生运动会	男子团体总分第三名
		女子团体总分第四名
1987	临汾地区少体校乒乓选拔赛	团体亚军。甲组梁新凤获单打第四名； 王建香获单打第三名，张彩丽第四名
1988	临汾地区少体乒乓球赛	团体第三名 王建香获个人单打第五名
1989	西山六县运动会（隰县）	男篮第三名 中国象棋第三名
	临汾地区少体校乒乓球赛	团体总分第四名，获铜牌奖
1990	西山六县运动会（乡宁）	女子篮球第二名 乒乓球第一名 刘吉贤获个人单打冠军 白荣章获第三名 中国象棋第三名
	临汾地区第二届全民运动会	青少年组：团体总分第四名 山区县第一名 田径总分第五名 摔跤总分第四名 举重总分第二名
1991	临汾地区县（市）级体校举重比赛	团体总分第一名
	西山七县运动会（大宁）	男子篮球第二名 中国象棋第二名 桥牌第三名
	山西省第八届运动会	张立强获 71 千克级柔道金牌 苏建勤获 68 千克级摔跤第七名
1992	临汾地区第二届中小学生运动会	二中举重获团体总分第一名
	临汾地区西山七县运动会（吉县）	男子篮球第一名 女子篮球第一名 老年门球第二名 中国象棋第一名 桥牌第三名 老年门球友谊赛第一名
1993	临汾地区西山七县运动会（蒲县）	男子篮球第一名 女子篮球第二名 桥牌第一名 中国象棋第三名

第五节 体育设施

体育场地

1986年，吉县一中建成250米田径场。1991年，协助中垛乡建成灯光篮球场。1992年，筹集资金16万元，机关干部义务劳动，动用土石方3万余立方米，建成400米田径场、门球场，和占地1100平方米、具有看台和座位、能容纳5000余人观看的灯光篮球场。1993年，完成拥有300个座位、650平方米的室内综合训练体育房的改建工程。1994年，完成占地1300平方米的游泳池基础工程。至此，吉县共有篮球场50余个，其中灯光篮球场8个，综合训练室1个，田径场2个，门球场5个。

2002年，建成集办公、训练、健身于一体的现代化体育中心。

2006年，灯光球场铺设塑胶。

2011年，投资10万元修建了草皮门球场。

2012年，为综合训练房铺设塑胶。

2013年，县城中学全部使用塑胶操场。

2015年，新建约200平方米的小型室内乒乓球活动场地。2015年年末，占地面积30066平方米的县级体育场建设项目启动，该项目包括400米标准的塑胶八条跑道和场内8000平方米草皮足球场及单侧看台，是全市唯一一家由省发改委上报国家发改委的项目，可行性研究报告已经省发改委组织专家评审通过，纳入国家发改委“十二五”县级体育场项目储存库，“十二五”期间将分批实施。

体育器材

1984年，县体委备有球类器材30余件，田径器材20余件，测量器材10余件，武术器材10余件，其他80余件。1995年国务院颁布《全民健身计划纲要》后，吉县体育设施逐渐完善，各乡镇陆续建成一场一室。2000年，从国家体委争取到全民健身路径一套，室内室外共23件，安装到壶口风景区。2001年，吉县开始安装健身路径，到2013年达到79个行政村健身路径全覆盖，一些人口较多的村庄还安装了篮球架。随后开始为乡镇政府所在地、较大自然村安装健身路径、乒乓球台等健身器材，为部分小区配备了乒乓球台。

2013年，文化广场安装21件套的健身路径、配备了篮球架。对农村文体广场设施进行了全面排查，部分较大的自然村配备了健身路径6套、乒乓球台4副、篮球架5副。

2014年，壶口、中垛、车城3个乡镇政府所在地配备健身路径、篮球架、乒乓球台、象棋桌等健身器材；部分自然村配备健身路径和篮球架、乒乓球台等。

2015年末，境内79个行政村全部安装健身路径并建立了电子文档。

第六节 体育队伍

社会体育指导员

2009 年，举办新农村三级社会体育指导员培训班。2010 年、2015 年分别开展三级社会体育指导员培训班。吉县共有一级社会体育指导员 3 名、二级 10 名、三级 247 名。

裁判员

1994 年年底，吉县共有裁判员 73 名，其中篮球裁判 28 名，包括二级 8 名、三级 20 名；田径裁判 10 名，为国家三级；乒乓球裁判 10 名，包括二级 2 名、三级 8 名；举重裁判 1 名，为国家二级；门球裁判员 4 名，其中二级 1 名、三级 3 名。

第二十九编 文物 旅游

吉县历史悠久，文物古迹较多。从史前传说到历史研究，都成为后人搜集、探索的内容，如人祖山兄妹（伏羲女娲）成婚、大禹治水劈孟门、商祖乙迁耿、重耳（晋文公）逃亡吉县、李渊（唐高祖）进军壶口、闯王（李自成）渡河过吉州等等。现存重要文物遗存有柿子滩遗址、麦城村“北屈”古城遗址、锦屏山摩崖造像、安平村金代大钟、坤柔圣母庙、清代长城、扶风桥等。同时还有古贤“朱德槐”等革命文物。境内已核定的重点保护文物单位 51 处，其中国保 2 处、省保 6 处、市保 2 处、县保 41 处。吉县共有馆藏文物 2600 多件，分为 12 大类，其中一级品 4 件，二级品 6 件，三级品 30 件，待定级品 319 件（套），其余为一般文物。

吉县山河壮丽，自然景观和人文景观星罗棋布，旅游资源丰富。改革开放后，这些资源经过整合和规划，得到保护和开发。壶口瀑布风景区作为吉县旅游业的龙头，带动了吉县旅游业的发展，使吉县成为全国知名的旅游胜地。人祖山景区、克难坡景区、锦屏山景区等，以及苹果果花节、乡村游，给吉县旅游增添了活力。

第一章 文物

第一节 古文化遗址

柿子滩遗址

柿子滩旧石器文化遗址，是国务院公布的第五批全国重点文物保护单位。遗址地处中国西部典型的黄土高原东部边缘、黄河支流清水河下游的吉县东城乡西村，距壶口瀑布10千米。该遗址于1980年发现，1981年初步发掘，发现石制品和蚌器共1808件，分属上下两个文化层。上文化层中有用直接打击法打制并仔细加工的石片石器1020件，间接法压制的典型细石器755件，体形硕大的砾石石器18件，蚌器2件。下文化层有12件粗壮石器，包括石核、石片、尖状器、砍斫器、刮削器、石锤，有用于研磨的一块槽形砾石。另外，发现大量的田鼠、鼢鼠、猪、牛、鹿、羚羊、犀、鸵鸟、虎等动物的颌骨、角、牙齿、蛋壳碎片等化石。2000—2001年，由山西省考古研究所、山西大学历史系和吉县文管所组成的考古队，进行大规模考古发掘。在清水河下游两岸15千米范围内发现25处旧石器和动物化石地点，包括高楼河沟口附近的中心遗址区。2001年，中国科学院、北京大学、吉林大学以及河北、陕西、湖南、安徽、江苏等地的30余位旧石器考古专家和学者现场考察指导。考古队选择其中20个地点进行定量阶梯式探沟发掘，在第14地点发现一处比较完整的篝火遗址。在高楼河附近的第9地点、第12A地点和12B地点发现距今2万到1万年间3个层面的古人类活动遗址，清理出4个用火遗迹、修整石头的工作区和3000余件石制品、动物化石以及制作精美的蚌制穿孔装饰品。据测定，许多装饰品的绝对年代，至少有2万年的历史。遗址附近发现的两方岩画为中国最早的岩画，其中“天地人祖图”“鱼族鹿族联姻图”“男女生殖器图”，是原始图腾崇拜的反映。也有研究者认为“天地人祖图”就是“女娲图”或“女神图”，鱼鹿图是中国龙的形象的最早萌芽，被称作“萌龙”。

新的发现表明，柿子滩遗址群是中国目前距今2万到1万年间现存面积最大，堆积最厚，内涵最丰富的一处原地埋藏遗址。其石制品组合特征呈现了中国旧石器文化的西部风格，代表了旧石器时代晚期之末，广泛分布于黄土高原和黄河中游一种独特的区域文化。

柿子滩考古发掘，也是山西省“十五”期间探源考古中“农业起源”的重大主动性研究课题之一，这一重大发现，被评为2001年全国十大考古发现之一。

义尖—安平遗址

遗址位于中垛乡上安平村义尖自然村和安平自然村之间，分布面积6平方千米。分为东部义尖村遗址区和西部安平村墓葬区。墓葬区地面盗洞旁有人骨、陶片等遗迹。遗址区地表有东周时期的泥质灰陶和泥质绳纹灰陶残片及石器，暴露遗迹有陶窑、房址、灰坑等，为龙山文化陶寺类型和西周时期文化。1996年公布为山西省第三批重点文物保护单位。

沟堡遗址

沟堡遗址，位于柏山寺乡西圪塔村村北约1.5千米、面阳的山坡上，面积近300平方米。东北距县城约30千米，西约200余米是黄河，北约50米是山间峡谷。峡谷底发现属西阴文化的钵、

尖底瓶、夹砂罐等器物残片。距坡顶 10 余米处，有东西向断续分布的暴露烧土遗迹。遗址内房址 1 座，为半地穴式，叠压于第二层下。前半部随坡体塌落，似为圆形，北壁较直，东壁内斜成袋状。残存部分长 45 米、宽 1.6 米，残壁高 0.4 ～ 0.6 米。地面堆积有大量红烧土块，房内北侧贴东壁地面上放置一人面形筒状器物，顶部盖一石板，下部呈喇叭状，无底；南侧靠边东壁置一大致呈长方形的石条，长 0.7 米、宽 0.18 米、厚 0.08 米，房内遍布陶片，经复原有钵、瓮、罐等 10 余件完整器。在东壁下人面形器物和长方形石条间堆积着烟道状的烧结物，压在周边的陶器上。烧结物下是一层黑灰烬，厚约 0.05 米，杂有木炭、少量兽骨。房内地面平整，是一层火烧面，厚 0.05 ～ 0.06 米。墙壁上有一层厚 0.05 ～ 0.07 厘米的烧结面。

另一遗址处仅存一面残墙和部分地面，墙长约 4 米，高约 0.5 米，残存地面宽近 2 米。房内倒塌堆积下压黑灰土，厚约 0.05 米，含钵、尖底瓶等器物碎片。

遗址内有陶器、少量石器。陶质有泥质、夹砂两种。泥质陶较多，占 55%。陶色以红、褐色为主，亦有少量黄陶，偶见灰陶。泥质陶器类一般为盛器，有钵、尖底瓶、瓮、罐等。夹砂陶占 45%，为褐色或红褐色，夹粗砂粒，以炊器居多，器类有金形罐、折沿罐等。纹饰主要是细绳纹，多饰于尖底瓶、罐上。相当一部分器物素面或素面磨光，亦有少量附加堆纹，还有的夹砂罐上有泥凸类的装饰。彩陶是红底上绘黑彩，有弧形三角纹、圆点纹、横线纹、垂线纹等。有的仅钵口沿上有一周黑彩，一般素面磨光，也有泥质陶器上施黄褐色陶衣。器物制法主要是泥条盘筑，一些器物如罐、尖底瓶残片上有明显泥条盘筑痕迹。从一些器物平底的接碴处可看出，器底和器身是分别制成后粘贴在一起的。器物口沿一般有慢轮修整的痕迹。

三教岭村北遗址

遗址位于柏山寺乡白子原村三教岭自然村北约 800 米处，近河台地、南高北低梯田台地，东临冲沟，北临州川河（清水河）。遗址南北长 500 米，东西宽 150 米，总面积 7.5 万平方米。有灰坑 3 个，房址 1 处。其时代可能为西阴文化早期。出土大量陶片、少量石器和骨器。按质地分为夹砂和泥质两类，夹砂陶占 35%，泥质陶占 65%。夹砂陶陶色有黄褐色、棕褐色、灰褐色和红褐色，大多陶器外表陶色不匀。纹饰有线纹、素面、凹弦纹。器形有罐、缸等。

根据器形特征将罐分为 4 种类型：

A 型 饰线纹，敛口，或软折沿或反折沿，圆唇，深腹，平底，最大径在上腹部。

B 型 纹饰有素面和素面磨光，敛口，折沿或圆唇或方唇，筒腹和折腹，平底，个体有大有小。

C 型 饰线纹，敛口，沿面弧曲，叠唇，腹内曲。

D 型 饰凹弦纹，敛口，仰折沿，圆唇。

将缸分为 3 种类型：

A 型 饰线纹，铁轨式口沿，深腹，大平底，个体较大。

B 型 饰凹弦纹和线纹，敛口，折沿，沿面弧曲，圆唇和尖圆唇，深腹，平底，个体较大。

C 型 饰线纹，宽沿外斜，沿面弧曲，叠唇，深腹，平底，个体较大。

南原遗址

遗址位于东城乡太和村南原自然村州川河南岸、梁家河自然村西约 300 米处，东北距县城约 12 千米。遗址西部、南距州川河岸约 200 米处，第 3 层下叠压 3 个灰坑。有圆形、不规则形。一灰坑西半壁塌落后又经人为破坏，残存部分大致呈圆形，锅底状。口径 2.4 米、深 2.14 米。坑内堆积为成层的浅灰土间有薄层的黑灰土，灰土质细密。发现有钵、盆、罐等陶器残片、动物骨骼等。另二灰坑均为不规则形，坑口短径 1.5 米、深 2.1 米。坑内堆积为成层的浅灰土间黑灰土，

中杂有碎小的黄土块，土质细密。出土有钵、盆、罐等陶器残片，动物骨骼等。

陶器 按质地，可分泥质和夹砂陶两类，以泥质陶为多，夹砂陶略占1/3强。泥质陶又分红陶、灰陶和黄陶，其中红陶占绝大多数，灰陶仅占5.3%。泥质陶器类有钵、瓶、壶、罐等。夹砂陶器类一般是罐，另有极少的钵、杯等。陶色不纯，多红褐、灰褐混杂，亦有少量灰陶。纹饰有弦纹、线纹、剔刺纹、素面或素面磨光。素面陶占绝大多数，大多数经磨光。彩陶见于泥质红陶钵，在钵口沿处施一周黄褐色的彩带，有的彩带边有颜料漫淌的痕迹。弦纹、线纹多用于夹砂罐上。有的泥质钵的底部有一周凹弦纹或剔刺纹。陶器成型后晾干时下铺植物碎屑，器底留有印痕。

钵 敞口，尖唇或圆唇，有平底、圈底两种。有的钵底有一周剔刺纹或弦纹，有的口沿外施一周红或黄褐色的彩带，彩带宽窄不等，大多数宽在2～3厘米之间，少数宽在1厘米左右，口沿外多有慢轮修整的痕迹，有的是器里或器表磨光，有的表里磨光。

宽折沿盆 红陶或灰陶。多表里磨光，有的器表素面。折沿下斜或下折，方唇或方圆唇，斜弧腹，平底。

窄折沿盆 窄沿，鼓腹，尖唇。

壶 仅有器物残片。红陶或灰陶。器表素面磨光。溜肩，肩部有对称桥形耳，小平底。器内有明显的泥条盘筑痕、刮抹痕。

罐 夹砂陶器，器表呈红褐、灰褐或黄褐色，以红褐色居多。侈口，唇上有凹槽或折棱，束颈。肩部饰数周弦纹，下腹部素面，或饰细绳纹。

东庄峁遗址

位于东城乡高楼河村。遗址内存房址1座，窑洞式建筑，挖在生土上，平面呈“凸”字形。洞壁呈弧形收缩，最高处约2.65米，上有清晰的条状工具痕，齿距约0.04米。地面呈前窄后宽的圆角梯形，长4.4米、宽3.5米，面积15.4平方米。方向为北偏东26°，白灰地面，房屋中部地面因烧烤呈青色，其上有一火膛，圆角方形，口大底小，斜壁上有白灰面，长1.18米、宽1.15米、深0.1米。火膛内呈黑灰色，在使用后填平，又经火烧，形成一层厚约0.01米的青灰色烧结硬面，略凸出地面。门道大致呈梯形，和房屋地面在同一平面上，最宽处1.94米、最窄处1.16米、进深1.7米。依北壁偏东处有泥砌灶台，两侧灶壁宽约0.26米，中间红烧土硬块为火膛部分，已塌毁。灶台前窄后宽，前宽0.8米、后宽0.9米，高约0.13米。房内白灰地面多残损，厚0.03米。白灰面下有一层厚约0.01米的草拌泥，其下一层是厚约0.2米，红、黄褐土间杂的垫土，垫土下为生土，房内白灰地面上广泛分布一层黑色灰烬，厚约0.03米，其上为淤土。中部淤土上有烧土硬块，应为房屋废弃后曾被二次使用。

房内填土中出土少量陶片。分夹砂、泥质两类，其中以泥质陶为主，约占69%，夹砂陶占31%。泥质陶多是灰陶，仅有极少量的褐陶；夹砂陶中除灰陶外，红、红褐、灰褐陶占有一定比例。纹饰以绳纹、篮纹居多，篮纹有斜篮纹、竖篮纹之分，竖篮纹间有横丝相连。夹砂陶口沿外侧贴附堆纹的做法较普遍。夹砂类器物有釜灶、罐、缸等，泥质类器物有壶、盆、罐、杯等。陶器的制作主要用泥条盘筑法，有的器物内壁有明显的泥条盘筑的痕迹，同时辅之以贴塑、捏制法。器耳等是贴塑的，小件器物直接捏制。有的器物口沿上有慢轮修整痕迹。泥质陶陶色纯正，均为灰陶；夹砂陶同一件器物上呈色较杂，有的是红褐色，有的是灰褐色。多为平底器。另有少量的石器、骨器。

挂甲山遗址

县重点文物保护单位，遗址位于吉昌镇桥南村挂甲山顶结子沟东北的台地上，整个塬面比

较平坦，东西长约900米，南北宽约500米，分布面积约45万平方米。

遗址内仰韶晚期遗迹较少，仅有1个灰坑和1处残陶窑。出土遗物主要是陶器，按质地分为泥质陶和夹砂陶两大类，其中泥质陶占65%，夹砂陶占35%。夹砂陶中灰陶为大宗，另有灰褐和红褐陶，少量夹心陶。器形主要是罐，饰绳纹，腹身附加泥条数周。敛口，折沿上翘，有的口沿按压成花边状，鼓腹或腹微鼓，平底。泥质陶中灰陶占41.6%，灰褐和红褐陶占13.6%，夹心陶仅占8.1%。主要饰篮纹，占49.1%，篮纹有横篮纹、斜篮纹和竖篮纹之分；素面和素面磨光次之，占17.9%。器形有喇叭口尖底瓶、盆、罐等。陶器制法有泥条盘筑法和泥片贴筑法。

出土商代晚期遗物主要有陶器，少量骨器、石器。陶器分泥质和夹砂两种，泥质陶占70%，夹砂陶占30%。夹砂陶多夹粗砂，个别夹岩粒，多见较规整绳纹，器形主要是鬲，偶见夹砂瓮足。陶鬲通体饰中绳纹至足尖，较浅，较密，抹压。花边口，侈沿明显，长颈向外伸张，颈下接3个袋足，足跟锥尖，分档较高。其制法是先模制出3个袋足，然后将之组合成下身，再在其上方制颈部和口沿。泥质陶器形有罐、三足瓮、甗等。罐多饰绳纹，小口，广肩圆折，多见罐底，其制法是肩与腹套接而成，内壁肩腹转折处捏抹痕迹明显可见，腹底交接处较圆缓，大部分底面略微内凹，断碴处可见泥片剥离裂缝，采用泥片贴筑法腹底一体制作。三足瓮无完整器，仅见口沿和金足，均为敛口，平沿，沿面较宽。金足有空足和实足之分。

西坪遗址

位于东城乡真村西村自然村西约1000米的㟃西坪台地和两畔台地上。地势北高南低，南北长约850米，东西宽约600米，分布面积约51万平方米。遗址区被冲沟分成两大块。地面采集有新石器时代龙山文化的夹砂灰陶绳纹鬲档残片、鬲口沿残片、夹砂灰陶绳纹罐口沿以及东周时期的泥质灰陶细绳纹盆口沿残片、泥质灰陶弦纹陶片等。2003年，山西省考古研究所对此遗址进行考古调查。该遗址的发现为研究沿河流域古人类生存生活方式提供了实物资料。

穆家咀遗址

位于东城乡真村、西村自然村西南的穆家咀台地上。地势呈缓坡状，北高南低，南北长约900米，东西宽约400米，分布面积约36万平方米。地表暴露陶片丰富，未发现文化层。2003年，山西省考古研究所对遗址进行考古调查，采集有新石器时代仰韶文化晚期的泥质红陶素面盆口沿、泥质红陶黑彩陶片、夹砂红陶绳纹陶片和庙底沟二期文化的夹砂灰陶绳纹罐底以及龙山文化的夹砂灰陶绳纹鬲口沿、罐口沿等。该遗址的发现为研究州川河沿岸古人类的生产活动和生存方式提供了实物资料。

圪塔遗址

位于东城乡前下岭村东北约1000米处的林场圪塔上，东西长约400米，南北宽约500米，分布面积约20万平方米。未发现文化层遗迹，遗址内涵丰富，普查时采集有新石器时代仰韶文化晚期的泥质红陶线纹陶片、东周时期的泥质灰陶绳纹陶片、泥质灰陶豆柄残片、鼎足等。该遗址为研究黄河沿岸先民生产生活活动提供实物资料。

第二节 古城遗址

狄城遗址

狄城古城遗址位于文城乡王家原村同乐自然村西北100米的西坪及后坪上，为东周遗址。面积约100万平方米，文化层厚1.5米。分西部城址和东部墓群两部分。狄城城址位于西坪上，

分布面积约40万平方米，延续至汉代。城址平面呈椭圆形，长径约450米，短径约400米，采集有东周时期的泥质灰陶豆柄、绳纹灰陶残片和汉代的泥质灰陶罐、壶、板瓦残片。后坪位于西坪东侧，是东周、汉代的墓葬区，分布面积约60万平方米，墓地内盗洞和探孔遍布，盗洞旁有泥质灰陶豆、罐、陶鼎足、豆柄等残片。狄城遗址是一处规模宏大、内涵丰富的古遗址。1996年公布为山西省第三批重点文物保护单位。

麦城遗址

麦城遗址位于车城乡桑村与麦城之间的田地内，为市级重点文物保护单位。1992年版《吉县志》记载，北屈城建于此地，古城创建于春秋时期，废止于南北朝时。四周墙体依地势而建，其形状和规模不详，现仅存其东墙北部及东南部城墙角。城址东西1500米，南北2000米，分布面积约300万平方米。城址内遍地可见板瓦残片及泥质灰陶器物残片。残存城墙墙体夯筑，基宽5米，残高5～15米，夯层0.1～0.2米，是一处较重要的早期城址遗迹。

文城遗址

文城遗址位于县城北30千米处的文城乡文城村和古县村，公元601年，晋公子重耳出奔避难于此。北魏孝文帝（471—499）时，在文城西南的古县村设斤城县，隋开皇十六年（596）改名文城县，属文城郡。唐显庆三年（658）县治移文城村，属兹州。天祐三年（906）改为屈邑。五代又名文城县。宋熙宁五年（1072）降县为镇。虽废近千年，但城垣废墟仍依稀可见。

县底遗址

县底古城遗址位于屯里镇县底村，北魏世祖时在此设京郡县治，隋开皇元年（581）罢郡置县，仍称仵城县。隋大业三年（607）隶属文城郡。唐至德二年（757），隶属河东道慈州。五代唐天祐四年（907）年改称伍城县。五代周显德三年（956）废县置镇，入吉乡县。

朱家堡遗址

朱家堡遗址位于车城乡朱家堡村。地势北高南低，据《吉县志》记载创建于元代末年，平面呈半圆形，依地势而建，南部城墙为直线，东、西、北三面为曲线，分布面积约2万平方米。后仅存西城门及东、西、北三面城墙的残段，南墙已塌毁。堡墙基宽4米，残高3～7米，墙体夯筑，夯层0.1～0.15米。砖券门洞，宽2.6米，高2.3米，进深5米。朱家堡遗址曾作为元末战乱时期军事堡寨使用，是当时一处屯兵防御的要塞。1984年3月，吉县人民政府公布为县级重点文物保护单位。

南耀堡遗址

南耀堡遗址位于柏山寺乡南耀村北3000米的塬顶。清代晚期地方乡绅为躲避战乱而建。地势呈东北西南走向，平面形状近似长方形，东墙残长175米，残高1～3米；西墙残长167米，残高1～1.5米；南墙残长40米，残高0.5米左右。分布面积约7000平方米。堡墙基宽1～1.5米。墙体为黏土混合砂石粒夯筑而成，夯层较难辨认。西墙外有壕沟，宽约3米，深约2米。该堡址是研究清代吉县人民抗击侵扰的实物资料。

第三节　古墓葬

大墓塬墓地

山西省重点文物保护单位，位于吉昌镇西关村北约1500米的大墓塬上。面积约50万平方米，是一处大型周代墓地。

墓地内有大量探孔和盗洞，盗洞旁有人骨、残陶片等遗物，采集有东周时期的泥质灰陶罐残片和石圭片。二普时采集有泥质灰陶和夹砂灰陶片，纹饰为绳纹，器形有鬲、盆和豆等。出土过铜鼎、簋及玉璜、璧等。暴露有少量唐代土洞墓，出土有陶罐、盆及开元通宝铜钱等。1996年，被核定为山西省第三批重点文物保护单位。

山阳墓群

位于吉昌镇山阳村北部高岭上，是一处两周时期的大型墓葬群，分布面积约5万平方米。高岭上遍布盗洞和探孔，盗洞旁有人骨、夯土块和陶壶残片等。二普时出土有铜凿、盘等，采集有陶豆、鼎等残片。

婆美张氏家族墓地

县重点文物保护单位，位于东城乡沟南村婆美自然村。东西宽约80米，南北长约50米，形状近似椭圆形，分布面积约4000平方米，地势较平坦，早年平田整地时地表封土夷为平地。墓地有大小7座坟墓，曾被盗掘。后仅存东侧碑刻一通，碑刻砂岩质地，通高1.95米、碑身高1.70米、宽0.83米，字迹漫漶、酥碱较严重。碑阴无字。碑阳，方首，中间雕一佛二弟子，左右雕牡丹纹。碑阳额题"¨ 清河张公 ¨ 志"，首题漫漶较难辨认，尾题"至宁元年 ¨ ¨ ¨ ¨ ¨ ¨ 泽远"，内容大致记载张公在灾荒之年散家资救民以及其高尚的品格和风气。该墓地是研究吉县金代人文、地理、民风民俗的实物资料。

石窑洞墓地

位于东城乡真村西村自然村。地势北高南低。东西长约150米，南北宽约150米，分布面积约2.25万平方米，为东周墓葬。墓葬区位于州川河北岸坡地上，地表已退耕还林，发现有盗洞多处。地面采集有东周时期夹砂灰陶绳纹鬲口沿、罐口沿，泥质灰陶素面罐底残片和陶片，夹砂灰陶素面带鋬陶片、泥质灰陶弦纹罐口沿等。2003年，山西省考古研究所对该墓地进行考古调查，该墓地的发现为研究沿州川河流域古人类生存生活和丧葬文化提供了实物资料。

南河湾墓群

县重点文物保护单位，位于屯里镇五龙宫村，分布面积1.8万平方米，地表有盗洞和探孔洞多处，盗洞旁有人骨等遗物，是一处规模较大的汉代墓群。

杨贞墓

位于壶口镇南村坡下麻库掌。杨贞（约1175—1233），字正甫，金代吉州人。官至河东南路招抚使，隰吉便宜经略使。曾在黄河岸边驻寨抗元，被元军攻陷后投河而死。后人缅其志节，在墓地建祠祭祀。1981—1985年第二次全国文物普查时，地表存有圆形封土1座，底径约2米，残高3米。存石人2尊，石羊1尊。2007—2011年第三次全国文物普查时，仅发现石碑2通，字迹不清。

冯延登衣冠冢

位于吉昌镇下阳庄村，墓前曾有金代大文学家元好问所撰碑文石碑1通，后人冯湜所撰碑文石碑1通，以石人、石兽权尊，搬迁人祖山时（2014年）仅剩石碑2通。冯延登（1176—1234），字子俊，金代吉州青村人，官至礼部侍郎、吏部侍郎、权刑部尚书。是金代以身殉国、坚贞不屈的爱国者。同时也是一位爱国主义诗人。

兰第锡墓

位于吉昌镇北光村。墓前有石门、石人、石兽、石桌等，后均被毁。兰第锡（1736—1799），字宠章，号素亭。清代吉州兰村里人，官至河东道总督，曾参加"千叟宴"，以清廉著称，是的治

水专家。吉州人尊称为“兰大人”。

支家山石墓群

位于文城乡午生村，年代不详。分布面积约6000平方米，地势西北高，东南低，是一处罕见的陡峭山坡墓葬群和典型的石板棺葬墓群。墓地内盗洞、探孔遍布，盗洞旁有人骨、石棺板等遗物。石板棺葬的发现为研究当地的埋葬习俗提供了实物资料。

沟南村汉墓

位于东城乡沟南村。墓葬为砖券，东西向，距地表5.5米，布局为一墓道、一厅、一过道、一后室、一装饰厅，“穹隆”封顶，“人”字形青砖铺地。2014年7月23日，在集中供水工程挖蓄水池时发现。

前厅：长宽高均为2.85米，出土器物22（组）件。其中陶罐（残）8件，陶灶（残）1件，铭文铜镜（残）1件，陶盘2件，陶耳环（残）4件，陶井1件，陶碗（残）1件及部分残碎陶片。

过道：高2.2米，宽1.48米，长1.65米，出土器物2件套。其中绿釉陶井（残）1件，绿釉小陶罐1个，五铢钱8枚及部分散碎人骨架。

后室：高3.24米，长2.85米，宽2.7米，出土器物3件套。其中素面铜镜1枚，五铢钱5枚，陶盘（残）1个。

墓道：已遭早期旧蓄水池破坏，只在墓道封口处发现陶耳环（残）1个。

墓葬断定为东汉时期，为研究吉县及黄河一带东汉时期的社会、文化、生活提供了考古资料。

第四节 古建筑

坤柔圣母庙（又名谢悉庙）

始建于大宋天圣元年（1023），元延祐七年（1320）重修，明隆庆四年（1570）和清雍正四年（1726）曾有两次大规模的修葺。因其结构诡奇、制作精巧、风格独特，在山区小县属仅有之物，被公布为省级重点文物保护单位。此庙原处县城东北0.75千米许的谢悉村，故俗称“谢悉庙”。其位处沟壑边沿，雨水冲刷沟壑塌陷，庙宇濒临倒塌。为使这一建筑瑰宝得到有效保护，20世纪80年代，县委、县政府上报省市文物部门批准并拨专款，将此庙迁至挂甲山巅，为省级重点文物保护单位。

坤柔圣母庙大殿面宽五间，进深四间，单檐歇山顶，筒板瓦覆盖屋顶，绿琉璃剪边。屋面明间开间较大，安设硕大的板门。次间设直楞窗，柱子、普拍枋、栏额用材较大。斗拱五铺作，分别用在柱头、补间和转角之处。明间、次间补间斗拱出斜拱是这座大殿的一大特点。

殿内采用减柱移柱的手法，仅用4柱支撑。建造者采用加大殿内金柱粗度、大额枋、抹角梁上架井口枋的手法，逐级叠加以支撑屋顶的构件。用有寓意的9根垂柱、平板枋、斗拱简练地构架出藻井，风格简洁大方。

殿内设神台，台上塑像8尊，是人祖山伏羲女娲神话传说的具象和先民渔猎、制陶、哺育等生活场景的再现，令人有置身远古时代的感觉。伏羲、女娲分别手执“矩”和“规”端坐中央，其他先民形象生动逼真。主像中间安置的神龟蟾蜍含义独特，非寓长寿金钱，仅指生育繁衍。神台背墙有“伏羲女娲蛇尾相交”悬塑一组，图中二神手执排箫和磬锤，象征鸾凤和鸣，吉庆有余。日月中的金乌和蟾蜍象征天长地久，子孙兴旺。

清代长城

清长城遗址吉县段位于县境内黄河东岸，占地约50万平方米。据同治七年（1868）《修长城碑记》及光绪十八年（1892）《山西通志》记载，清同治五年（1866），为阻挡西捻军张宗禹率军跨河东进，清政府派淮军提督张树屏任河防总指挥，建造了一段长城。它北起壶口东岸大宁县的平渡关，南至乡宁县麻子滩，全长80千米，与黄河平行。这段长城的形制是前墙后壕，现存遗迹由龙王庙至南原沟口一段较为完整，长约2千米，宽2～5米。龙王辿设有中心指挥所，城墙上存清代炮台1座，铁炮1门；北部有“河清门”与“四铭碑亭”（另作一处）遗迹；在北部的克难坡及南部的龙王庙设有分指挥所。遗址墙体采用两侧片石垒筑，中间填以土和碎石。因自然和人为因素，损坏严重，大部分墙体已不存，现存残段墙体高约1米，宽1.5米。20世纪80年代初调查时，在马粪滩、七郎窝、小船窝发现有碑刻记载。1999年调查时，只找到小船窝长墙碑记。根据国务院2006年10月1日公布的《长城保护条例》第9条：“对认为属于长城的段落，应当报国务院文物主管部门认定，并自认定之日起一年内依法核定公布为省级文物保护单位”之规定，自动成为省级文物保护单位。

河清门及四铭碑

龙王辿码头集镇街道上部山脚下，现存有一亭和一关。关称“河清门”，是往来客商驮队进入河东内地的必经之处。进入河清门，有“之”字形甬道通往山巅。河清门前有一座别致的石构碑亭，四角十字脊，亭中立有碑柱，即“河清门碑碣”，是清同治八年（1869），山西福字中营管带、记名总镇直男巴突鲁姚某立。四周铭文，题额为“众志成城”，碑文内容记述清同治五年（1866）清军与西捻军大战于此的情况，是研究西捻军东征历史的重要史料。另有壶口四铭碑，清同治十二年（1873）立。主要记载山西军门、淮军提督张树屏，率淮军驻壶口4年修建长城的事迹。碑楹脑书“功德兼全”，上联“碧嶂南驱开凿何殊秦栈置”；下联“黄河西俯奠列直绍禹功高”。

扶风桥

扶风桥位于县城清水河上，连接县城南北，全长69米，宽约8.8米，占地607平方米。据民国《吉县全志》记载，始建于清康熙三十七年（1698），雍正二年（1724）修葺，十一年（1733）改修，道光、光绪年间均有修复。为7孔联拱券洞式跨河石桥，券洞大小不一，石材砌筑于河底石槽上，每个桥墩均设有分水墩。桥中间券洞上方朝西有石龙头，朝东有石龙尾，桥西侧栏杆均有石雕、石狮、狮猴等各种动物。2003年桥面重新装修，东西两侧有人行道。该建筑为研究清代时期修建艺术以及交通运输有一定的价值。1984年，被公布为县级文物保护单位。

中市戏台

中市戏台位于壶口镇中市村，坐西朝东，占地55.44平方米，脊檩题记“¨ ¨ 乾隆三十捌年七月初七日卯时竖柱上梁吉祥如意”，腰檩题记“维大清国山西平阳府吉州房村里四甲中市村首事人等阖村同建”。戏台单檐硬山顶，面阔三间，进深四椽，五架梁前檐廊，通檐用三柱，后檐两次间金檩下设上下场入口。两山墙内山花均有墨彩壁画约40平方米。该建筑风格是研究沿黄流域清代建筑的实物资料。

龙王庙遗址

龙王庙位于壶口瀑布东岸龙王庙沟口，与清代长城基座相连。是船工驮队祈求龙王保佑平安的场所。大部建筑已毁。口碑相传：龙王庙形制独特，庙主体面阔三间，内供龙王、牵马战神及守卫4名。庙前有舞台，是祭神的场所，集会时亦可供乡民娱乐。现存有石窑1眼及部分碑刻。据考，明嘉靖年间，蒲剧艺术的最早民间团体“义和班”曾在龙王庙演出，现存碑刻有“正蒲吉

日由蒲州义和班献演”的记载。

牛马王庙

牛马王庙位于壶口镇南原村西南 1000 米黄河旅游景区北部。坐北朝南，占地面积 892 平方米。据庙内碑文记载，清道光六年（1826）重修。现存山门、东厢房、正殿，山门为硬山顶券洞式。正殿坐落于 1.5 米高的台基上，石券枕头窑 1 座，上覆硬山式屋顶，前设插廊，殿前有月台；东西配殿为单孔石砌窑洞，上覆硬山式屋顶；东厢房为 5 孔窑洞，前设插廊。寺庙西侧紧依壶口至克难坡的公路，无建筑。庙内残存碑刻可辨认为清道光六年（1826）重修碑记序、同治九年（1870）重修马王庙碑序、光绪六年（1880）重修乐楼碑记序。该建筑是研究清代黄河壶口文化的重要实物资料之一。1984 年，被公布为县级文物保护单位。

铁佛寺

铁佛寺位于屯里镇五龙宫村西北 800 米的大东沟河南岸台地。东西 20.5 米，南北 25.65 米，占地 526 平方米。始建年代不详，据碑刻及墙体记载：清代、民国 25 年（1936）年重修，坐北朝南，一进院落布局。中轴线上有大雄宝殿、南殿，东西两侧各有 5 间厢房，门楼位于寺庙的东南角。大殿面宽三间，进深五椽，单檐灰瓦硬山顶，六檩前廊式构架。前檐柱头及平身科饰有如意要头，额枋雀替及殿内梁架均施彩绘。殿内四壁壁画漫漶不清，前墙门楣上题有“大雄殿”三字，大殿前廊内有石碑 1 通。南殿门宽三间，进深四椽，单檐灰瓦硬山顶，五檩无廊式构架。殿内梁架及四壁彩绘和壁画漫漶不清或被覆盖。东西厢房均面阔五间。门楼位于东南角，面宽一间，进深三椽，单檐灰瓦悬山顶，梁架及木构件上通饰彩绘，门前筑有八字墙，分别有砖雕“法”“轮”二字，砖券拱形门上，额题“铁佛寺”三字已毁。五龙宫铁佛寺为布局较为完整的佛教寺庙，殿内原有金代铁佛 1 尊被盗。1984 年 3 月，被公布为县级重点文物保护单位。

孔山寺

孔山寺位于文城乡午生村支家山东约 4 千米的孔山上，东西 26.7 米，南北 6.7 米，占地面积 180 平方米。创建年代不详。据庙内摩崖“金大定十三年（1173）”题记及石碑记载，金大定、元大德、明、清历代均有修葺。该寺坐北朝南，依山崖而建，一字排列有三佛殿、观音殿和玄风洞。三佛殿为自然崖龛前加前插廊清式建筑，其余均为石崖单孔窑洞。洞内原有彩泥塑 23 尊，已塌毁，残砖、碎瓦遍布其内。三佛殿北侧山洞内原彩塑亦毁，洞内南北两壁壁画漫漶不清。观音殿、玄天洞已塌毁。孔山寺南侧崖旁修筑有台阶，寺内存明代碑 1 通，清代碑 3 通，经幢底座。1984 年 3 月，被公布为县级重点文物保护单位。

留村关帝庙

留村关帝庙位于壶口镇留村南部沟壑边，东西 15.44 米，南北 23.87 米，占地面积 368.6 平方米。创建年代不详，据大殿梁脊板题记载：清咸丰二年（1852）重建。庙宇坐北朝南，一进院落布局，中轴线上有戏台、大殿，东南角是门楼，东侧门外有石狮 2 个。大殿筑于 1.4 米高的台基上，面阔三间，进深五椽，六檩前廊式构架，单檐灰瓦硬山顶，屋脊保存较好，前檐柱头及平身科饰木雕缠枝花草斗拱及雀替，前檐木构件和殿内梁架施以彩绘，已漫漶不清；东、西、北三面墙体饰有关公征战的壁画，共 30 平方米。大殿廊内设木屏风，明间屏风上题有“协天大帝”四个大字，内存清代咸丰六年（1856）残石碑 1 通，记载重修关帝庙的经过；台基正南有垂带式台阶。戏台位于庙的南侧，台基高 1.5 米，坐南朝北，面宽三间，进深五椽，后廊式五架梁构架，单檐灰瓦悬山顶，前檐柱头及平身科饰异形斗拱，台后木屏上刻有“碧落、横云”字样，台内梁架和木构架上施以彩绘，已漫漶不清。门楼位于庙的东南角；东墙正中开有一侧门，门前有石狮 2

个。留村关帝庙保存比较完整，殿内墙壁遗存多处抗战时期的题记及标语。1984年，被公布为县级文物保护单位。

九天圣母庙

三皇峪九天圣母庙位于车城乡朱家堡村东1200米处的清水河南岸。东西29.45米，南北41.5米，占地1222平方米。始建年代不详，据碑刻和脊梁板记载，清道光十四年（1834）、民国20年（1931）重修。一进院落布局，坐北朝南，现存大殿、东西耳殿和戏台。大殿面宽三间，进深五椽，六檩前廊式构架的硬山顶建筑。前檐柱头及平身科饰有异形斗拱。殿内四壁存在壁画约60平方米，内容有清代的祝寿图、天庭上殿图、三羊开泰图、文武圣人像及民国时北京城、天津城街面壁画。东西两侧各有耳殿1间，前檐插廊与大殿前插廊相连，大殿廊内立有沙石质石碑3通，记载了大清道光年间及民国年间重修圣母庙的经过。戏台位于圣母庙南侧，砖石砌台阶高1.5米，坐南朝北，面宽三间，进深四椽，单檐灰瓦硬山顶，五架后廊式构架，前檐柱头及平身科饰异形斗拱，殿内梁架及山墙上彩绘已漫漶不清，戏台内砖屏两侧门楣上分别题有“白月”“青山”等字样，中部有“文化大革命”期间“毛主席的七三O指示”内容。戏台前原有石望柱及挡板，现仅存望柱。戏台两侧八字墙上分别题有“入息”“出作”字样。该庙布局保存比较完整，殿内壁画精美丰富。1984年，被公布为县级文物保护单位。

第五节 碑碣石刻

挂甲山摩崖造像

位于锦屏山北侧山脚下，佛阁寺旁。北魏延兴四年（474）建定阳城后，在锦屏山巅建寺，山脚摩崖屡增石刻造像。现存摩崖石雕佛像五区七组：五组为线条浮雕，二组是凹雕。每区二三龛，龛为火焰式。龛内多为一佛二菩萨，佛座为覆莲瓣束腰须弥状，菩萨胁侍两侧。据可辨石刻文字记载，以北魏太和元年（477）镌刻最早，该佛像高90厘米，宽70厘米，旁有张自然赞观音四言诗一首，56字。其余为隋开皇二年（582）、宋熙宁二年（1069）、金皇统五年（1145）、明正统九年（1444）历代雕刻，前后绵延900余年。其刻工之精细，造型之优美，令人赞叹不已。其中有卧佛一龛，右手托腮，左膝微曲，两目微闭。造型生动，神态自如，雕造手法为剔地突起与线雕相结合，与其他石窟中圆雕相比，别具一格，为精品之作，是国家级重点文物保护单位。

培风洞摩崖造像

位于吉昌镇岳家庄村西南，清水河南岸。造像龛依山势开凿，摩崖造像坐北朝南，民国时期加拱券窑洞，窑洞高2.5米，宽2.6米，深3.8米。后壁崖体凹型，底部置方基，方基立面浮雕6尊，方基之上高浮雕造像16尊，洞内分两层雕有佛、弟子、菩萨等共23尊佛像，大部分头部残缺。方基立面中部有“开元……月癸酉有佛弟子赵元¨石为三大师……大金贞元二年（1153）岁次甲戌……己未记”题记。方基上造像西为道教的“三清”雕像，东为佛教的“三世佛”雕像。此类佛道二教合一共祀的现象在山区较为少见，是研究早期当地人民信奉变迁的实物资料。

青村禁止碑

位于文城乡青村，占地面积1平方米，原在供销社南10米处，被盗后又追回。该碑青石质，圆首，高1米，宽0.6米，厚0.1米。道光二十四年（1844）立，碑文共16行、221字，额题“禁止碑记”。碑文记载禁止盗窃粮食瓜果，违者重处的乡规民约。

四铭碑

位于壶口东岸清长城脚下，占地面积1平方米。碑身高1.7米，宽0.7米，厚0.7米。碑文楷书，记载淮军将领张树屏修复长城和黄河栈道的经过。石雕楼顶及石柱倾于四周，仅存方柱形石碑及雕龙形碑首，因碑身四周刻字记载，故名四铭碑。

南坪石狮

南坪石狮位于中垛乡南坪村，砂石质，高0.8米，宽0.4米，身长0.7米，占地面积约1平方米，采用透雕和圆雕手法雕刻。石狮坐北朝南，目视前方，颈系铃铛，前脚着地，后腿卧地，尾巴卷于臀部，头项毛卷作螺形，具有较高的石刻艺术价值。

寺儿沟摩崖造像

位于吉昌镇苏家坪村，立面面积约10平方米。现仅存3龛，坐东朝西，龛内雕菩萨像各1尊。1号龛造像严重风化，仅存局部残体；2号龛圆拱形，高1.93米，宽0.7米，深0.2米；3号龛为尖拱龛，高1.7米，宽0.8米，深0.25米，造像均已风化，皆头挽高髻，身披帛璎珞，面部丰满，跣足立于莲台上。1号2号龛造像被盗，仅余3号龛造像。是一处具有典型唐代风格的摩崖造像。

宝峰寺地震碑

位于文城乡上坪村水池边，撰刻于明嘉靖三十四年（1555），原文为："大明国□□□□布政使，平阳府吉州同乐里午生村宝峰寺，于嘉靖三十四年十二月十二日戊时，地震倒塌……"此碑为研究地震史提供了实物资料。

安平千佛碑

原位于中垛乡安平村，后藏于吉县文物管理所。雕刻于唐龙朔三年（663），碑高230厘米，宽36厘米，厚10厘米。正面刻像728个，两侧刻像272个。

南寺造像碑

吉昌镇西关村结子沟口半崖处出土多块造像碑，最早为北齐武平二年（571）和四年（573）的功德碑。一块高154厘米，宽45厘米，厚30厘米，上段有菩萨像一组，下方为人名，多脱落不清。另一块高220厘米，宽57厘米，厚28厘米，正面上方有主像2组，辅像10组，侧面佛像各12组，下方有刻文数十字。除"武平四平"字迹可辨外，其余脱落不清，后存吉县文物管理所。

经幢

镌刻年代无考，为青石质，存于吉县文物管理所。经幢高118厘米，厚45厘米，柱身裂纹较多。全身刻有《陀罗庄经》全文，脱落较严重，字迹模糊不清，可辨认300多字。此经幢为研究佛教传入吉县提供了资料。

西寺大石佛

城关镇西门窑村下，旧时建有崇宁寺（俗称西寺），已毁。现存宋崇宁二年（1103）重建庙宇石碑和大石佛1尊。佛身为独石雕镌，身高2米、宽1米、厚0.5米；座高0.8米、宽2米、厚1.3米，为四段石块组成。

冯延登墓碑

吉昌镇下阳庄村外，有金代天兴年间（1233—1235）文学家元好问和清道光十九年（1839）保德州学正冯某，为县人金朝刑部尚书冯延登撰文镌刻的墓碑各1通。2015年，冯延登墓迁至人祖山。

安平村大钟

中垛乡安平村有金朝天眷元年（1138）所铸大钟1口，高2.3米。钟口由八瓣梅花组成。钟顶铸有二龙双珠挂耳，钟壁献资人姓名多为复姓、女眷。

圪鲁崖刻五方佛像

位于屯里镇圪鲁村，为一组摩崖线刻佛像，为北魏所镌。

桑峨造像碑

屯里镇桑峨村出土唐贞观元年(627)造像碑1块。碑高168厘米、宽52厘米、厚19厘米。碑分两段，上段高124厘米，雕镌佛像一组，下段44厘米，刻镌文字。碑现存县文物站。

五龙宫村大铁佛

屯里镇五龙宫村南山麓铁佛寺内，存铁佛1尊，高2.5米，铸造精湛，衣冠线条清晰。佛座铸有“耿州吉乡县仵城乡景店村……大定十五年乙未三月十一日下平”字样。

第六节 馆藏文物

石器类

古文化遗址出土文物，多为旧石器时代的刮削器、石英岩石核、雕刻器、燧石石片、尖状器等共2017件。

石刻类

有唐代3、4面造像碑，隋代4面造像碑，北齐石菩萨主像，北齐4面千佛碑，北魏4面造像碑，民国阎锡山阴楷书“洪炉歌”石刻等共19件。有宋代石棺1件。

瓷器类

有宋白彩釉元宝形开光珍珠地花卉纹诗文瓷枕，元黑釉敛口折壁高圆足瓷碗，元酱釉直口圈足芒口瓷钵，汉绿釉壶等，共33件。

陶器类

有汉代灰陶卧虎，战国灰砂陶绳纹三足分档陶鬲，汉绿釉泥质红陶盘，汉代双附耳三蹄足彩绘陶盖鼎等，共166件。

铜器类

有战国青铜流环柄三足匜，战国青铜双环耳平底盘，战国青铜蟠翚纹三环钮双环平圜底三足蹄足盖鼎，汉代青铜宽缘圆钮连弧纹镜等，共28件。

铁器类

有金代大铁钟、铁佛，共2件。

银器类

古人口含银钱，共2件。

玉器类

有战国褐色玉圭，战国玉璜，战国三孔玉件等，共5件。

钱币类

主要以宋代铜钱为多，有少量五铢钱和五代时期的铜钱，共351枚。

砖雕类

以金代砖雕为主，有金戏曲人物砖雕，金武士主像砖雕，金孝悌故事砖雕，金各类动物砖雕，金各类花卉砖雕，共68件。

化石类

有第四纪象牙化石1件。

第七节 革命纪念地

朱德槐(古贤朱德演讲处)

位于文城乡古贤村，为明代古槐，树龄500多年。高约15米，树围3.55米，直径2米有余。民国27年(1938)8月，八路军总司令朱德由抗日前线到延安开会，途经吉县，到古贤村拜访第二战区司令长官阎锡山，做阎锡山的统战工作。第二天，在纪念孙中山大会上，朱德在大槐树下会见阎锡山的部分高级军政人员及随营学生，发表了抗日救国的重要讲话。人们为纪念朱总司令这次活动，将这株明代古槐起名为“朱德槐”。后被定为爱国主义教育基地，石刻“朱德槐”三字矗立在古槐旁。1984年，被公布为县级重点文物保护单位。

井圪塔惨案遗址

位于吉昌镇井圪塔村的山沟内。民国28年(1939)1月1—3日，躲藏在寨子里的32位手无寸铁的井圪塔村老弱妇孺，用石块、土块和来犯的日本侵略军展开殊死搏斗，打死日本兵2人。终因寡不敌众，30人壮烈牺牲，两个小孩被压在大人身下幸免遇难。为纪念先烈，吉县于1994年在此立纪念碑。2000年5月30日，吉县籍在外工作的老干部又集资在此立纪念碑。后被吉县定为爱国主义教育基地。

十八集团军驻二战区长官司令部办事处旧址(八路军办事处旧址)

位于县城葛家沟陈亮德院内，1938年8月设立，王世英任办事处处长。办事处旧址坐西朝东，为四合院式建筑，占地面积939平方米。大门西侧有一单檐悬山顶房屋，为八路军办事处驻地，瓦房3间，人字坡屋顶，木板门，左右间口各有窗户1扇。院南房为当时处理文件和办公处所。东侧南部窑洞为原八路军办事处厨房，其余皆为村民陈亮德所居住。该旧址是研究抗日战争时期国共合作，共同抗日的实物资料。1984年，被公布为县级文物保护单位。

刘少奇旧居

位于吉昌镇兰村。民国26年(1937)12月底，太原、临汾相继沦陷后，刘少奇、杨尚昆、张友清等北方局和山西省委领导来到吉县，在兰村的一个院落里居住了半个月左右。期间刘少奇接见了吉县工委的负责人，讲解了当前的形势和毛泽东游击战争的“十六字”方针，要求工委迅速组建抗日游击队。两个月后，根据刘少奇指示，“吉县抗日游击支队”成立。

吉县抗日游击支队驻地

位于车城乡曹井村东部的砚凹台。吉县抗日游击支队是根据刘少奇的指示，在县临时工委、县牺盟会和抗日县政府的积极努力下，组建的一支由中国共产党绝对领导的抗日游击武装。虽属阎锡山第二战区的地方军事序列，但从支队领导到大队领导均由共产党员担任。游击支队主要在云台山一带活动，后被编入新军213旅，为58团1营3连。

旗杆院朱德路居地

位于吉昌镇霖雨村，是清代的旗杆院。坐北朝南，占地面积267.4平方米，民国26年(1937)朱德赴二战区司令部商议国共抗日事宜时在此居住。原建筑为四合院式建筑，依山势而建，在断崖上修建窑洞3孔，石块砌面，前设插廊，窑洞外顶部用砖瓦构筑屋檐，窑洞内顶用纵横椽加固。中间窑洞设板门和窗户，与东窑洞之间的外墙面砌神龛1个。东厢房单坡硬山顶，面阔两间，进深两椽。此处建筑是研究国共合作时期的实物资料。1984年，被公布为县级文物保护单位。

高楼村朱德路居地

位于东城乡山头村高楼自然村。占地面积约828平方米。民国26年(1937)12月，八路军总司令朱德在第二战区做统战工作时,住在村民冯建明院内。该院坐东面西,西南角有门楼1座,院落内有窑洞8孔,朱德住在从右数第5孔窑洞内。朱德居住过的窑洞保存较好,其余窑洞有部分坍塌毁坏迹象。该处遗址是研究抗日战争时期国共合作共同抗日的实物资料。1984年，被公布为县级文物保护单位。

第八节 管理与保护

发掘

吉县的文物发掘工作始于20世纪50年代，由于机构人员不健全，仅进行过几次文物普查。1979年,县里有了专职文物干部。1981年,有了专门机构。1983年秋,对境内文物进行了大普查,共发掘文物遗址105处。

柿子滩古人类遗址发掘　1980年，在东城乡西村发现柿子滩遗址，并进行发掘。1986年，山西省人民政府公布柿子滩遗址为省级文物保护单位，建立了保护标志。临汾地区文物局和临汾地区城乡建设局、山西省文物局和山西省建设委员会分别于1997年和1998年划定、公布了柿子滩遗址的保护范围及建设控制地带。保护范围：西自大户岭以西3000米，东到大田窝，北抵西角头，南至南源。建设控制地带：西至黄河边，东到大田窝以东3000米，北至社堤，南到草尖。2000年，柿子滩遗址调查和发掘项目开始启动。2001年，国务院公布柿子滩遗址为第五批全国重点文物保护单位。2002年，柿子滩遗址的发现获得“2001年度全国十大考古新发现奖”。2004年，柿子滩遗址的发掘获得“2001—2002年度国家文物局田野考古三等奖”。2004年，配合309国道基本建设进行抢救性发掘。2009—2010年，配合“青兰高速公路”基本建设进行“大田窝—霍家咀”6000米范围内的抢救性发掘。

经过多年发掘，认定柿子滩遗址群是中国，乃至世界范围内已发现的旧石器时代晚期距今2万—1万年左右，文化层堆积最厚，分布范围最大，埋藏最丰富的一处原地埋藏遗址群。

壶口瀑布及周围文物古迹发掘　1984年初，开始对壶口瀑布及周围文物古迹进行发掘。由县文化局牵头，组建壶口风景区考察组，对壶口周边的景观、文物、气象、水文、道路等进行全方位的考察，搜集整理相关资料。同年6月，壶口风景名胜区筹建领导组正式成立，具体负责景区筹建，并对景区各人文景点进行修复和保护。2010年后，随着人祖山旅游区的开发建设，发掘出多处古文化遗址，细石器文化遗存十分丰富。发现有柏山寺乡半坡遗址、位于人祖山主峰南北的水獭坪遗址和造化坪遗址等同时期遗址30多处。在人祖山周围，发现的新石器遗址达20多处。比较典型的有柏山寺沟堡遗址,出土的人面简形器被列为山西省考古重大发现。这些发现,充分证明以吉县人祖山为中心的区域，是细石器至新石器时代人类文化的重要发育区之一。

至2015年底,共发掘古文化遗址300处,古墓藏23处,古建筑48处,石窟及石刻岩画15处,现代重要文物35处。

修复

20世纪80年代后，吉县对重点文物保护单位逐年进行清理和修复。

坤柔圣母庙迁建修复　坤柔圣母庙(即谢悉庙)原址在吉昌镇谢悉村，因年久失修，破败不堪，1986年初开始迁建，1995年落成于挂甲山公园。所迁建的坤柔圣母庙，又称皇天后土庙，整体格局一如旧制，斗拱辐辏，飞檐高啄，雕梁画栋显其富丽庄严肃穆，不失凝重。庙中碑塑伏羲

女娲及渔猎、制陶、游戏之各先民形象，或威仪赫赫，或柔美慈祥，或孔武刚健，或稚气纯清，皆生动逼真。所设画形，如男女日月及位置安排，悉与易理契合，与山脚北魏摩崖造像、金代铁钟浑然一体，意趣天成。

2002年7月，在庙后建150立方米蓄水池1座，安装消防系统1套。在大殿院内四角安装4座消火栓。修建泵房及管理员用房3间，防火隔离墙240多米。2007年8月，对大殿进行了翻瓦，补配残损缺失物件，更换糟朽木构物件，灰裹涂红大殿墙体。解决了大殿落瓦、渗漏、木构件糟朽等问题。2008年9月，对防火防护墙进行了加固。

挂甲山摩崖石刻修复　挂甲山摩崖石刻因常年缺乏保护，加之“文化大革命”时期的人为破坏，出现崖体坍塌，佛像磨损等问题。20世纪80年代，修复佛阁寺，对摩崖石刻进行清理，在周围修建了明清风格的石刻防护廊龛，补填破损崖体，清理砌建顶部排水通道。2002年，铺设清水河至佛阁寺后院的提水网管，建成75立方米的二级提水池。

克难坡旧址修复　20世纪90年代初期，对抗日战争时期第二战区司令长官部和民国山西省政府驻地克难坡进行修复。修复了望河亭的石栏杆，游人可凭栏远眺眼前的滚滚洪流和壶口瀑布冲起的云烟；修复了阎公馆窑洞，重现当年阎锡山在此戒备森严的情景；修复开通了部分地道、实干堂等石窑群；硬化了克难坡各景点之间的道路。2015年，省里拨付经费330万元，由壶口管委会实施，县文物管理所监管，300万元用于文物本体修缮保护，30万元用于“国民革命军第二战区抗战史”布展。

人祖庙的修复　人祖庙由于年久失修，遭受战火，保存状况很差，墙体裂缝严重，屋顶坍塌漏雨。建筑内明代塑像多数残缺不全。2011年，为配合人祖山旅游开发，由人祖山文化旅游开发有限公司出资，临汾市文物局、吉县文物管理所和人祖山文物部组成工作队，邀请考古专家田建文出任顾问，于当年8月13日—10月9日对人祖庙进行了科学的清理工作。清理出遗物共291件（套）：古书1本、戥子1套、铜钱6枚、铜圆4枚、瓷碗1个、陶盏1个、铜烟嘴1个、残失镰片2块、扣子1枚、铁佛头1尊、石碑4通、碑残件1块、碑座4个、石柱础9个，石物件9个、特大号方砖4块、筒瓦2片、根瓦2片、放置人骨木箱板15块、琉璃残构件19个、瓦当残件26个、陶制残构件89个、铁制残构件17个、铁钉7枚、残瓷片84件等，另外还有人骨和大量的牛羊猪等骨。

对于清理出的人祖庙的七个部分：娲皇宫、建筑基址1、建筑基址2、卧云台、伏羲殿、地藏殿、抗战工事进行修复，恢复原貌。

保护

旧时，吉县寺院、庵、观等都有僧、尼、道士主持，墓葬、祠堂有其后裔维护，其余古迹遗址、古建筑、古墓葬及金石碑刻等，因长期无专人保护，遭严重破坏。20世纪50年代，县文教科、文化馆兼管境内文物，进行多次文物普查与收藏保护。“文化大革命”期间，文物视为“四旧”，锦屏山著名石刻及出土青铜器等屡遭破坏。1981年，吉县组建文物工作站。1983年，更名文物管理所，同年秋开展境内文物普查，发现文物105处。1984年3月对其中保护价值较高的48处，划定保护范围，竖立标志牌，并予以公布。20世纪90年代，吉县打造旅游强县，将挂甲山（锦屏山）列入重点开发区，修建了钟鼓楼，将中垛乡原安国寺金代大铁钟移至钟楼，将文阳生捐献新鼓安放于鼓楼。

吉县文物保护单位一览表

表 29-1-1

名称	级别	类别	时代	地点
挂甲山摩崖造像	国保	石窟寺及石刻	隋、唐、宋辽金	吉昌镇桥南村北部
柿子滩遗址	国保	古遗址	旧石器时代	东城乡真村西村自然村南
清长城遗址吉县段	省保	古遗址	清	壶口镇中市村西黄河东岸
狄城遗址	省保	古遗址	东周、汉	文城乡王家原村同乐自然村
义尖—安平遗址	省保	古遗址	新石器时代、西周	中垛乡上安平村义尖自然村和安平自然村之间
坤柔圣母庙	省保	古建筑	元	吉昌镇桥南村东挂甲山上
大墓塬墓地	省保	古墓葬	西周	吉昌镇西关村
克难坡	省保	近现代重要史迹及代表性建筑	中华民国	壶口镇南村坡村克难坡城
人祖山碉堡群	市保	近现代重要史迹及代表性建筑	民国	文城乡大圪塔村上曹花坪自然村人祖山各山峰上
麦城村城址	市保	古遗址	东周、汉	车城乡桑村与麦城之间的田地内
壶口龙王庙遗址	县保	古建筑	清	壶口镇南原村西南 1500 米
三皇峪九天圣母庙	县保	古建筑	清	车城乡朱家堡村东 1200 米处
五龙宫铁佛寺	县保	古建筑	清	屯里镇五龙宫村
南原牛马王庙	县保	古建筑	清	壶口镇南原村西南 1000 米
留村关帝庙	县保	古建筑	清	壶口镇留村南部沟边上
扶风桥	县保	古建筑	清	吉昌镇桥南村北部
孔山寺	县保	古建筑	宋辽金	文城乡午生村支家山东的孔山上
上曹花坪人祖庙	县保	古建筑	明	文城乡大圪塔村上曹花坪自然村人祖山伏羲岩上
五龙宫戏台	县保	古建筑	清	屯里镇五龙宫村南
人祖山高庙	县保	古建筑	清	文城乡大圪塔村上曹花坪自然村
尖尖庙	县保	古建筑	明、清	文城乡凡家山村西南
石云洞	县保	古建筑	明、清	文城乡下造化坪村西南洞沟
禅斧头古寨	县保	古建筑	年代不详	文城乡禅斧头村
宝光寺	县保	古建筑	明、清	文城乡青村吴涧沟

续表

名称	级别	类别	时代	地点
三佛(圣)洞	县保	古建筑	清	文城乡山斧头
南河湾墓群	县保	古墓葬	汉	屯里镇五龙宫村铁佛寺西北
婆美张氏家族墓地	县保	古墓葬	宋辽金	东城乡沟南村婆美自然村
南村坡墓葬	县保	古墓葬	待定	壶口镇南村坡村
支家山石墓	县保	古墓葬	清	文城乡王家原支家山石墓梁
朱家堡堡址	县保	古遗址	元	车城乡朱家堡村内
太度遗址	县保	古遗址	新石器时代、东周	屯里镇太度村西北的山岭上
城底城址	县保	古遗址	汉	屯里镇五龙宫村城底东侧
挂甲山遗址	县保	古遗址	新石器时代、东周	吉昌镇桥南村南侧挂甲山顶
林场圪塔遗址	县保	古遗址	新石器时代、东周	东城乡真村前下岭自然村东北
龙王辿古炮台	县保	古遗址	清	吉县下市村
古贤朱德演讲处	县保	近现代重要史迹及代表性建筑	中华民国	文城乡古贤村西古槐旁
小河畔第二战区司令部旧址	县保	近现代重要史迹及代表性建筑	中华民国	吉昌镇东关村小河畔
井圪塔惨案遗址	县保	近现代重要史迹及代表性建筑	中华民国	吉昌镇林雨村井圪塔自然村北
十八集团军办事处旧址	县保	近现代重要史迹及代表性建筑	中华民国	吉昌镇西关村葛家沟自然村中部
石窑店石窟	县保	石窟寺及石刻	待定	屯里镇王家河村
后圪鲁摩崖造像	县保	石窟寺及石刻	待定	屯里镇五龙宫村
青村禁止碑	县保	石窟寺及石刻	清	文城乡青村供销社院内
寺儿沟摩崖造像	县保	石窟寺及石刻	唐	吉昌镇兰村苏家坪自然村
太度摩崖石刻	县保	石窟寺及石刻	待定	屯里镇太度村
四铭碑	县保	石窟寺及石刻	清	壶口镇中市村的河清门北侧
抗日阵亡将士纪念碑	县保	石窟寺及石刻	近代	文城乡人祖山歇马梁殿
文公庙重修碑记	县保	石窟寺及石刻	明	文城乡王家原村同乐自然村
穆家咀遗址	后并入柿子滩遗址	古遗址	新石器	东城乡西村

续表

名 称	级 别	类 别	时 代	地 点
安乐关帝庙	未核定	古建筑	清	屯里镇安乐村南侧的高地上
饮马泉	未核定	古建筑	待定	吉昌镇东关村清水河北岸
霖雨村朱德路居	未核定	近现代重要史迹及代表性建筑	中华民国	吉昌镇霖雨村中部
青村冯氏宅院	未核定	近现代重要史迹及代表性建筑	中华民国	文城乡青村
吉县安平会议旧址	未核定	近现代重要史迹及代表性建筑	中华民国	中垛乡上安平村
七郎窝大桥	未核定	近现代重要史迹及代表性建筑	中华人民共和国	壶口镇南原村七郎窝自然村
高楼朱德路居	未核定	近现代重要史迹及代表性建筑	中华民国	东城乡山头村高楼自然村村西
培风洞摩崖造像	未核定	石窟寺及石刻	唐、宋辽金	吉昌镇林雨村岳家庄自然村西南
李家圪台摩崖造像	未核定	石窟寺及石刻	待定	屯里镇放马岭村下杨家和自然村
绵羊圪塔岩画	未核定	石窟寺及石刻	旧石器时代	柏山寺乡马泉头村
史尖村敕命碑	未核定	石窟寺及石刻	明	吉昌镇兰村史尖自然村西南部
沟堡遗址	未核定	古遗址	新石器	柏山寺乡沟堡村
宝峰寺地震碑	未核定	石刻	明代	文城乡上坪村
安平铁钟	未核定	其他	金	中垛乡安平村

注：此表中仅选登了部分未核定的文物保护单位

第二章　旅游

第一节　旅游资源

依据中华人民共和国国家标准《旅游资源分类、调查与评价（GB/T18972-2003）》中的旅游资源调查分类体系，吉县旅游资源涵盖了国家旅游资源分类标准中的全部8个主类，31个亚类中的25类，155个基本类型中的102类，分别占亚类和基本类型的80.65%和65.81%，旅游资源较为丰富。

自然景观

吉县山水自然资源极为丰富，拥有晋陕大峡谷景观、壶口瀑布、人祖山天然林、高天山原始次生林、管头山枫叶、锦屏山、蔡家川森林公园、清水河等自然资源。高天山为境内最高峰，海拔约1820米。黄河壶口瀑布以其雄壮知名于世，是黄河景观之精华，象征着不屈不挠、团结奋进的中华民族精神，被誉为民族魂。

壶口瀑布景区（详见第三十编壶口瀑布）

人祖山景区

人祖山景区位于壶口之东，距河岸约20千米处，地处北纬36° 17′ ~ 36° 18′，东经110° 03′ ~ 110° 45′之间。东界车城乡白子沟，西至文城后坡，南起吉昌镇庖山脚下，北连王家原的支家山，海拔1742.4米，总面积13.5万亩。其特点是天然森林风光和人文景点交相辉映。

人祖山上是一望无际的天然森林，春日百花盛开，清香扑鼻；夏季林荫蔽日，清凉透心；秋季果实累累，冬日银装素裹。产猴头、蘑菇、树花、木耳。山中有金钱豹、野猪、褐马鸡、麝、獐等珍禽异兽。

管头山高祖山景区

距壶口瀑布10千米，范围从管头山起，经高祖山到黄河滩，是一条连绵不断展现黄土高原风光的自然风景线。

管头山三绝　望日出、观云雾、赏红叶为管头山三绝：望日出不亚于泰山，观云雾好像在黄山，赏红叶胜于香山。清晨，站在山顶看日出，红日冉冉升起，像浮出海面，像跃出山巅，又像透出云层，潇洒、飘逸、雄壮。红日升起不久，山涧顿时雾起，雾浓时汹涌磅礴，像万马奔腾，左冲右突；雾淡时缥缈柔曼，有的像一抹白云，洒脱地挂在谷间，有的像一条玉链，缠绵地卷着山腰。云雾散尽，便是另一个世界，夏季绿林一望无际，秋季枫树似团团燃烧的火焰红红一片。山上建有“望日亭”“红叶亭”，供游人观景、歇息。

高祖山风光　高祖山，即古代有名的壶口山，相传唐高祖李渊曾在此驻军，李渊得天下后，当地人民便在山上建起高祖庙，并逐渐把壶口山改称高祖山。高祖山风光秀丽，景色宜人，春天百花盛开，夏天林荫蔽日，秋季漫山红叶，冬日雪原莽莽。山根下是波浪翻滚的黄河水，不远处是汹涌澎湃的壶口瀑布，登山远眺，黄河风姿、黄土风情尽收眼底。

锦屏山景区

位于县城南约500米处，山上林木丛郁，晨夕烟气氤氲，春夏花开馥香，秋季山果点点，冬日松柏挺拔，宛若锦屏，故名锦屏山。又因唐尉迟敬德从征路过此地，曾挂甲于此山，又名挂甲山。旧时山上有文公祠、魁星阁等十几处建筑，后因战争等原因，建筑被破坏，林木遭毁灭。20世纪80年代后，县政府把锦屏山作为重点旅游景点开发建设，植树造林，绿化山峦。在山巅建成“皇天后土庙”、钟鼓楼，对山北侧山脚下北魏至清历代摩崖石刻造像进行保护性挖掘，拓宽改造了上山道路，筑建了登山步梯，打造休闲公园供游人观赏、休息。

高天山景区

高天山东依汾水，西临黄河，北毗大宁，南接乡宁，北纬36° 06′ 04"，东经110° 56′ 42"，主峰海拔1820.5米。山系流域面积19平方千米，是清水河、鄂河等河流的发源地。

该山自然风光独特壮美，峰峦起伏，林海波涌，古树森森，云雾飘移，登顶远眺有“一览众山小”的感觉，“如华岳，似泰岱，亦可南比武当”。下至山脚，上至峰顶，各种野花姹紫嫣红，竞相怒放。一年四季景色变幻神奇，春看山花，夏观松涛，秋赏红叶，冬品雪松，尽现大自然的神奇魅力。

高天山生物种群丰富多样，有白檀、青锻、柒木、白桦、白皮松、牡丹、月季、玫瑰、人参、冬虫夏草、灵芝、猴头和羊肚子菌等植物，有金钱豹、獐子、褐马鸡、金翅雕等珍奇动物。

高天山历史遗存丰富。主峰建有云霞宫、东西偏殿和观象台，西宫河至主峰建有一、二、三天门。沿主峰东下行300米，建有东宫庙，祀玄天上帝庙。主峰西山脚下建有西宫庙、喜神庙、财神庙和二郎庙。主峰西北山脊低凹处建有龙王庙1座，小高天山亦有玄武大帝庙1座。寺沟遗址建有庙宇（待考），大庙沟建有九天圣母庙1座，三皇峪后山玉皇顶有庙1座，朱家堡的古城堡，卡子沟的玄阳庙和玄阳洞，郭家垛的古院落，以及姑射洞、玉天洞等历史遗存散落于高天山的四柱三脊之中。

高天山的历史典故和民间传说多不胜举，如祖乙迁都、重耳夷吾屈翟韬光养晦；李渊受玄武大帝相助，兴大唐千秋伟业；唐太宗得玄武大帝相助，开疆拓土，兴贞观之治，终成千古明君；李自成借吉州天地灵气，鉴玄武仙道学说，进军北京，建大顺新国等。

人文景观

吉县有距今2万～1万年的柿子滩旧石器时期遗址，有“人根之祖，出于吉州”的人祖山，有佛阁寺、明清码头遗址等资源。还有朱德槐，抗日战争时期山西省政府、第二战区长官司令部旧址——克难坡等人文旅游资源。

人祖山景区

主要景点有伏羲岩、人祖庙、风洞、卧云台、天盆、舍身崖、多手佛寺、孔山寺、苇子梁等。

人祖庙与伏羲岩 人祖山建有大小庙宇16座。人祖庙建在人祖山主峰伏羲岩上，占地约3300平方米，内有后宫、献厅、僧房、乐楼、钟鼓楼。具体创建年代无考，在塑像座下有今人掘出的一只木箱，箱盖书“大明正德十六年庙为大火所焚，装皇骨于箱，埋神座之下”的记载。

山巅西南有一平台，称“卧云台”，上树碑碣数块，文字脱落不清。台畔地平处有一锅状石窝，俗称“天盆”，传闻为人祖洗漱用具。崖畔陡壁有清同治十三年（1874）所镌“伏羲岩”三个大字。岩下崖凹处置有尺余高的十八罗汉。崖畔有一出入门洞，上嵌“南天门”匾额，其下石阶小径可通诸峰。卧云台畔是百余米高的陡壁，俗称“舍身崖”，崖壁半腰建一悬空小庙，上下无路可攀。

苇子梁石寨 “苇子梁”距主峰4千米，上建石寨可容百余人。此寨三面为陡峭石壁，一面

有阶可攀。寨壁有“天福二年正月十六，一州人户在此避难”石刻。寨内有旱井、石碾。这就是吉州有名的南山沟寨。清光绪《吉州志》记曰：“州北六十里深山中，四面俱石崖，垒级以登，一人扼守，万夫莫上，刀剑炮石皆不能坏”。

宝光寺与风云洞　主峰西千米处有宝光寺，俗称高庙，建于明万历三十二年（1604），明末陕西宜川赵子和在此隐居。主峰西5千米处有“兀”形石咀，高约200米，三石临渊，一石梁头建有162级台阶直达庙门。主峰西约8千米处，有一大石洞名曰“风云洞”。传闻此洞深不可测，洞风习常如雷，村民为防蛇虫狼豹出没其间，用石封垒洞口。洞外有清康熙五年（1666）所建多手佛寺。

孔山寺与穿线梁庙　主峰北10千米处，有孔山寺，俗称透窟窿寺，沿石岸自然形状而建，内有3个小殿，泥塑三大士、观音等像。

人祖山上还有因远古神话传说而命名的穿线梁和滚磨沟。相传在上古时，洪水滔天，淹没丘陵高阜，有兄妹二人避洪水登山，为传宗接代，通过隔沟穿针引线，隔沟滚磨盘石，结为伉俪，繁衍了一地人口。后人为怀念他们，于山巅建庙，每届农历七月十八，朝山集会纪念。

克难坡景区

克难城总貌　克难城位于吉县壶口镇南村坡村，以石建筑为主，距壶口瀑布8千米。民国28年（1939），阎锡山派晋军工兵师，用时一年多，在黄河东岸垣头的南村坡筑城，作为第二战区司令长官部和山西省政府驻地。1940年5月，阎锡山率第二战区司令部、山西省政府和民族革命同志会负责人及僚属，由陕西宜川县秋林镇经官庄、桑柏东渡黄河，安营南村坡。阎锡山认为“南村”与“难存”谐音，很不吉利，便改名“克难坡”，在此居住达5年之久。克难坡东面毗连南村，西面濒临黄河，南面为深沟，背面是土塬，东西长约1000米，南北宽约500米，分布面积约50万平方米，是一个葫芦状的土石结合山梁，地形险要。第二战区司令部、山西省政府在此设立后，逐步将占地面积扩大到约20平方千米。

克难坡有五道梁、六条沟，分别被阎锡山命名为西新沟、一新沟、二新沟、三新沟、四新沟、五新沟。他取“新”字为各沟的名称，是和他民国27年（1938）在古贤会议上所讲的“新能存在，旧必灭亡”的理论相联系的。6条“新沟”，构筑成内、外两道防卫圈。一新沟、二新沟为内城；西新沟与三、四、五新沟为外城。全城共设6道关卡，均取名问事处。在西边沟崖上和各梁峁的制高点上，都筑有碉堡，设置岗哨，可谓处处设防，戒备森严。旧址内有实干堂、进步堂、批评室、检讨室、克难室、竞赛室、忠烈祠、杨经略祠、克难小学、克难中学等，石砌、土筑窑洞200余孔。克难城东、北、西三面高岭上有土筑城墙，分内城和外城，内城筑在西新沟到二新沟之间，外城筑于克难城周围的山顶。内城东侧现存挖筑城门洞一座，门洞宽4米，高3.5米，长约70米。整个山体满凿土窑洞用于屯兵，大部分已塌毁。

阎锡山（第二战区司令长官）、赵戴文（山西省政府主席）、杨爱源（副司令长官）驻一新沟。驻在一新沟的机构有同志会执行部、参谋处、机要处、军务处、军需处、副官处、粮秣处、服装处、文件稽查处、会计科、省银行、参事室、检讨室、内勤处。驻在二新沟的有民政厅、财政厅、建设厅、教育厅、随部食堂、合作社、保安委员会、交际处、工程处、器材处、编练处、克难小学。三至五新沟驻有田粮处、精建会、洪训会、宪兵处、山西大学、进山中学、女子医学、特团办公室、随部医院、随部马号、运输总社、进步总社。西新沟驻有军法处、军械处、交通处、卫生处、阵中日报社、发电厂等。弹丸之地的山巅小城，约有两万多人居住、办公，成为抗日战争时期山西省国民政府辖区的政治、军事、经济、文化中心。2004年10月11日，山西省人民政府将克难坡公布为第四

批省级重点文物保护单位。

实干堂和洪炉台　实干堂建在一新沟口，是第二战区长官部的集体办公室。“洪炉台”是大型集会和每天举行朝会或举办晚会的地方。洪炉台前一方石板上，刻有每天朝会时必唱的《洪炉歌》：“高山大河，化日熏风，俯仰天地，何始何终？谋国不豫，人物皆空，克难洪炉，人才是崇。万能干部，陶冶其中，人格气节，革命先锋。精神整体，合作分工，组织领导，决议是从。自动彻底，职务唯忠，抗战胜利，复兴成功”。左下角题“阎锡山”。

忠烈祠和杨经略祠　忠烈祠在实干堂后正北方向，也叫“昭义祠”，是纪念抗日阵亡将士的地方。祠前石柱上刻有楹联两副：“百战鼙鼓思壮士，三河泽袍仰英灵”“千秋庙貌光华胄，九曲涛声壮国魂”。

杨经略祠在实干堂东侧，是阎锡山为纪念金代抗击元兵而在此扑河殉节的隰吉经略使杨贞而建。祠前石门两边镌有对联“时穷节乃见，身陨道不孤”。祠侧刻有“志同铁石，气壮山河”字样。

阎公馆　阎公馆是阎锡山的住宅，有坐西向东1排石碹土窑洞。阎所住的1孔窑洞较深，窑洞后部挖有1条暗洞直通黄河滩，为应急逃过黄河之备用通道。靠北相邻1孔窑，与阎住的窑洞有小洞门可通，用于阎召开重要会议、接见外宾及下属人员。其南边也有小洞相通的1孔窑洞，为阎的二太太徐兰森所住。最南边的1孔窑洞为阎的五堂妹阎慧卿与其丈夫梁綖武的住所。窑南有平房1排，为阎公馆伙房和儿子的书房。院东为阎公馆围墙，北边建有普通庭院式大门。阎公馆之北有1小院，也是1排坐西向东的石窑洞，为内勤保卫队长、副官、侍从医官所住，最北1孔窑洞由山西省主席赵戴文居住，其旁1孔为赵的秘书所住。北院无围墙，可直接通往洪炉台及各处室。阎公馆西南方，分为一整体式互套的石砌窑洞群，设克难室、进步室、批评室、检讨室、真理室，其北向有东1排12孔石窑，为竞赛室。

望河亭　建在克难坡西部边缘石崖畔上，条石砌成。站在亭前，可见黄河的滚滚波涛和壶口瀑布冲起的烟雾。望河亭东西两面均嵌有石刻匾额，西匾为“望河亭”，东匾为“北天一柱”，面西的两个石柱上刻有阎锡山题写的对联：“裘带偶登临，看黄流澎湃，直下龙门，走石扬波，淘不尽千古英雄人物；风云莽辽阔，正胡马纵横，欲窥壶口，抽刀断水，誓收复万里破碎山河”。

产业观光园

苹果产业为吉县的第一支柱产业，种植面积近28万亩。吉县苹果曾获首届中国农博会苹果类唯一金奖，吉县获评“中国苹果之乡”殊荣，苹果产业观光特色明显。

吉州古八景

锦屏迭翠　锦屏山又称挂甲山。唐初秦王征战，路经吉昌，将甲胄挂于该山树枝，故名。因该山林木葱郁，晨夕烟气氤氲，春夏花开馥香，宛若列锦影屏，故雅号又称“锦屏山”。抗日战争后魁星阁、晋文公祠等建筑遭劫无存，林木亦遭彻底伐毁，锦屏迭翠之景黯然。中华人民共和国成立后，经造林绿化，锦屏迭翠略近原貌。

佛阁晴岚　昔日佛阁位于锦屏山麓，凝翠亭翼然临于突石，皆背山面水，绿荫青翠，河水晨曦，反光亭阁，尤其雨霁之后，远眺彩岚氤氲，阁前亭后，俨然佛光普照，诚为神笔美景。山麓石崖，从魏至明太和元年石刻多处，尤贵者乃摩崖造像石刻。其中一佛屈其一膝闭目坐禅，造像独特，刀法平突结合，线条流畅，是珍品中的珍品。庙宇在解放前被毁，1995年为配合壶口景点，迁五龙宫铁佛重建佛寺，占地超出昔日十数倍，甚为宽敞恬静，诚老人怡养憩息晨练之好去处。

寿山夕照　结子沟上左高崖，昔名寿山。昔有观音小庙凌空盘踞，庙虽不崇崴，但小巧玲珑，周栏护围，雕梁画栋，每年农历二月十九日祭祀，人多往参礼登游。每当晚霞辉映，林木寺庙一

抹红光反照，鸟雀归林啁啾其间，鸟瞰山下牛羊晚归，农夫荷锄笑谈，真是一幅田园乐美景画。今已夷为平地。

古洞瑶桃　李家沟左右山冈昔日李姓皆辟为梯田。左岗梯田地堰有九，远望婉若群龙长卧，故名之曰九龙堰。九龙堰下半崖有一窑院，塑有佛祖彩像，庙院广栽桃树，因其幽静恬适，俨然仙境，故赞为瑶桃古洞。每当春天来临，桃花盛开，众多游人憩息其间，赏心悦目，美不胜收，称为州城一景。窑院旧址今尚可辨。

小桥流水　城隍庙背后紫阳溪下游，建有一座小桥，一是用来引溪水灌溉溪右菜田，二是连通娘娘庙与左边的戏台。桥上溪水潺潺，每当庙会唱戏，女人们站在桥上看戏，热了便俯身洗浣，非常惬意。很多不孕妇女也乘便在娘娘庙祈求子嗣。因游人众多，热闹非凡，被列为吉州一景。

石孔飞泉　位于县城中心扶风桥上游约 50 米处，巨石上有两眼泉水喷涌而出，冬暖夏凉，清澈纯净，甘甜可口。有记载“昔日孔庙街下石基有甘洌醴泉叫蒙泉，以饮水勿忘夫子教诲而得名，念启蒙之意。又传唐尉迟敬德饮马于此，故又名饮马泉。每当溽暑，掬而饮之，冷沁心脾，顿觉燥热尽消，凉爽异常。泉东南石阶下另有一泉，自石孔而泻，淙淙有声，俨然飞瀑，故美之名为石孔飞泉”。

壶口秋风　黄河由 300 米宽流至壶口紧缩为 50 米，冲入石槽（壶口），下跌龙潭，声如巨雷，里许可闻，并有彩虹映空，尤其秋高气爽之际，金风飘忽，峡谷回荡，吼声显得愈加洪亮，岸旁观瀑，浑身瑟栗，别有情趣。

孟门夜月　孟门山位于壶口下方 3 千米处黄河水中。山由大小两块巨石组成，大者长 586 米、宽 125 米，小者长 120 米、宽 25 米，近看似山，远跳如舟，俯瞰若门。每到农历十五前后夜晚，站在山上，向北可见山中明月分为两排，飞舞而下，山随波影动，月照浪花翻；站南可见水中月亮合而为一，高悬河底，荡漾远去，犹如仙景。孟门夜月景观因此得名。

吉县旅游资源类型分类一览表

表 29-2-1

主类	亚类	代码	基本类型	典型单体
A 地文景观	AA 综合自然旅游地	AAA	山丘型旅游地	人祖山、管头山、高天山等
		AAB	谷地型旅游地	人祖山石猪河、柿子滩等
		AAD	滩地型旅游地	黄河岸滩等
		AAE	奇异自然现象	人祖山风洞等
		AAF	自然标志地	黄河壶口瀑布、人祖山等
		AAG	垂直自然地带	人祖山、高天山等
	AB 沉积与构造	ABA	断层景观	人祖山、柿子滩等
		ABB	褶曲景观	晋陕大峡谷吉县段、高天山等
		ABC	节理景观	柿子滩等
		ABD	地层剖面	晋陕大峡谷吉县段、柿子滩等
		ABF	矿点矿脉与矿石积聚地	屯里镇王家河煤矿等
		ABG	生物化石点	柿子滩旧石器时期遗址等
	AC 地质地貌过程形迹	ACA	凸峰	人祖山、高天山等
		ACC	峰丛	人祖山系等
		ACE	奇特与象形山石	人祖山龙珠石、猪头石等
		ACF	岩壁与岩缝	人祖山石猪河、风洞等
		ACG	峡谷段落	黄河晋陕峡谷吉县段、柿子滩峡谷等
		ACH	沟壑地	人祖山石猪河等
		ACJ	雅丹	人祖山风洞、柿子滩等
		ACL	岩石洞与岩穴	人祖山修仙洞等
		ACN	岸滩	黄河岸滩等
B 水域风光	BA 河段	BAA	观光游憩河段	黄河吉县段、清水河等
		BAB	暗河河段	吉昌镇等
	BC 瀑布	BCA	悬瀑	壶口瀑布等
		BCB	跌水	柿子滩等
	BD 泉	BDA	冷泉	饮马泉等
C 生物景观	CA 树木	CAA	林地	人祖山、管头山、高天山等
		CAB	丛树	人祖山、蔡家川等
		CAC	独树	苞山等
	CC 花卉地	CCB	林间花卉	人祖山、蔡家川、高天山等
	CD 野生动物栖息地	CDA	水生动物栖息地	黄河吉县段，清水河等
	CD 野生动物栖息地	CDB	陆地动物栖息地	人祖山、管头山、高天山等
		CDC	鸟类栖息地	人祖山、管头山、高天山、柿子滩等
		CDD	蝶类栖息地	人祖山、高天山等

续表

主类	亚类	代码	基本类型	典型单体
D天象与气候景观	DA 光现象	DAA	日月星辰观察地	人祖山、高天山峰顶等
		DAB	光环现象观察地	黄河壶口瀑布彩虹观测点等
	DB 天气与气候现象	DBA	云雾多发区	人祖山、高天山等
		DBB	避暑气候地	人祖山、管头山、高天山等
		DBE	物候景观	人祖山、管头山、蔡家川、高天山等
E遗址遗迹	EA 史前人类活动场所	EAA	人类活动遗址	柿子滩等
		EAB	文化层	人祖山、柿子滩等
		EAC	文物散落地	人祖山、柿子滩等
		EAD	原始聚落遗址	人祖山、柿子滩等
	EB 社会经济文化活动遗址遗迹	EBA	历史事件发生地	克难坡、朱德槐等
		EBB	军事遗址与古战场	克难坡
		EBC	废弃寺庙	人祖山高庙、龙王庙、孔山寺等
		EBD	废弃生产地	吉县苹果酒厂旧址等
		EBE	交通遗迹	黄河旱地行船、黄河古码头等
		EBF	废城与聚落遗迹	车城乡桑村等
		EBG	长城遗迹	壶口清代长城等
F建筑与设施	FA 综合人文旅游地	FAA	教学科研实验场所	蔡家川北京林业大学实验基地等
		FAB	康体游乐休闲度假地	管头山避暑山庄等
		FAC	宗教与祭祀活动场所	皇天后土庙、人祖庙等
		FAE	文化活动场所	吉县影剧院等
		FAF	建设工程与生产地	蔡家川林场、华晋明珠煤业等
		FAG	社会与商贸活动场所	吉县县城等
		FAH	动物与植物展示地	蔡家川林场等
		FAI	军事观光地	克难坡等
		FAK	景物观赏点	壶口望河亭、管头山观日亭等
	FB 单体活动场馆	FBA	聚会接待厅堂（室）	星海明珠大酒店等
		FBB	祭拜场馆	人祖山人祖庙等
		FBC	展示演示场馆	吉县宏丰农副产品展销点等
		FBD	体育健身场馆	吉县中学运动场等
		FBE	歌舞游乐场馆	吉县影院等
	FC 景观建筑	FCB	塔形建筑物	柏山寺平安塔等
		FCC	楼阁	黄河壶口宾馆等
		FCD	石窟	柿子滩、佛阁寺等

续表

主类	亚类	代码	基本类型	典型单体
F建筑与设施	附属型建筑	FCE	长城段落	清代长城等
		FCF	城（堡）	朱家堡等
		FCG	摩崖字画	锦屏山、人祖山风洞、柿子滩等
		FCH	碑碣（林）	人祖山烈士碑文等
		FCI	广场	吉县广场等
		FCJ	人工洞穴	东城乡地下窑洞等
		FCK	建筑小品	壶口瀑布入口牌坊、朱家堡戏台等
	FD 居住地与社区	FDA	传统与乡土建筑	吉昌镇小河畔朱德居住院落等
		FDC	特色社区	克难坡等
		FDD	名人故居与历史纪念建筑	吉昌镇小河畔朱德居住院落、克难坡等
		FDG	特色店铺	吉县旅游商品门市部等
	FE 归葬地	FEB	墓（群）	吉昌镇金代古墓等
	FF 交通建筑	FFA	桥	壶口镇黄河大桥等
		FFB	车站	吉县汽车站等
		FFC	港口渡口与码头	黄河码头等
	FG 水工建筑	FGA	水库观光游憩区段	谢悉水库等
		FGB	水井	朱朝辉民俗村等
		FGD	堤坝段落	清水河防洪坝、古贤大坝（修建中）等
		FGF	提水设施	黄河、清水河等提水设施
G旅游商品	GA 地方旅游商品	GAA	菜品饮食	面食等
		GAB	农林畜产品及制品	吉县苹果及绿豆等五谷杂粮
		GAC	水产品及制品	黄河大鲤鱼等
		GAD	中草药材及制品	大枣等中草药物 141 种
		GAG	其他物品	吉县苹果醋等
H人文活动	HA 地方旅游商品	HAA	人物	邓德明等烈士及阎锡山等历史人物
		HAB	事件	朱德统战阎锡山、1997 年柯受良及 1999 年朱朝辉飞黄等
	HB 人事记录	HBA	文艺团体	威风锣鼓队、唢呐队等
		HBB	文学艺术作品	《孟门夜月》等
	HC	HCA	地方风俗与民间礼仪	吉县婚庆习俗等

吉县旅游资源类型占全国资源类型的比例情况表

表 29-2-2

比例分类	主类	亚类	基本类型
吉县资源类型	8	25	102
全国资源类型	8	31	155
比例（%）	100	80.65	65.81

吉县主要旅游资源质量评价表

表 29-2-3

评价因子 评价项目	观赏游憩价值（30分）	历史文化科学价值（25分）	珍稀奇特程度（15分）	规模（10分）	完整性（5分）	知名度和影响力（10分）	适游期（5分）	总分（100分）	资源等级
壶口瀑布	28	23	13	8	5	9	4	90	五级
人祖山	24	19	10	8	4	6	4	75	四级
柿子滩	22	19	10	8	4	6	4	73	三级
克难坡	22	18	11	7	4	6	5	73	三级
蔡家川	21	17	11	8	5	6	5	73	三级
管头山	21	15	10	7	4	4	4	65	三级
高天山	19	15	9	8	4	5	3	63	三级
吉县唢呐	19	14	9	6	4	7	3	62	三级
黄河旱地行船	18	15	12	3	3	5	3	59	二级
挂甲山摩崖石刻	14	16	10	5	4	5	5	59	二级
朱家堡	13	15	8	5	3	4	5	53	二级
金岗岭	14	11	7	8	4	3	3	50	二级
吉县苹果林	14	10	5	7	4	7	3	50	二级
皇天后土庙	12	14	6	4	3	5	3	47	二级
雷家庄	11	10	5	3	3	4	3	39	一级
明清码头	9	11	8	2	3	4	2	39	一级
壶口望河亭	9	10	5	2	3	4	2	35	一级
朱朝辉民俗村	9	10	5	2	3	4	3	36	一级
朱德槐	9	11	6	2	3	4	3	38	一级
饮马泉	9	11	5	2	3	4	3	37	一级
朱德居住院落	9	11	6	2	3	5	3	39	一级
清水河	10	8	5	3	4	4	2	36	一级

说明：五级旅游资源为“特品级旅游资源”；四级、三级旅游资源为“优良级旅游资源”；二级、一级旅游资源为“普通级旅游资源”。

第二节 旅游开发

旅游决策

1992 年，吉县制定《关于对开发黄河壶口瀑布风景名胜区中国旅游胜地四十佳实行优惠政策的意见》，对国内外客商到吉县兴办旅游项目实行八条优惠政策。1998 年中共吉县第九次代表大会作出《关于建设旅游强县，加速发展以壶口瀑布为龙头的吉县旅游产业的决定》，提出以旅游业开发为龙头，以旅游带动相关产业为突破口，全面促进经济建设持续、快速、健康发展。2000 年，中共吉县第九届三次会议作出《关于建设旅游名县、烟果强县、生态大县的决定》，把旅游业作为吉县的一大主导产业和县域经济发展新的增长点。2005 年，中共吉县第十届三次全体（扩大）会议审议通过的《中共吉县县委关于制定国民经济和社会发展第十一个五年规划的建议》，提出“全力做强做大做好烟果、旅游、煤焦、生态四大强势经济板块”“扎实推进旅游开发，让世界走向壶口”。2010 年，中共吉县第十一届三次全体（扩大）会议提出：坚定不移地推进科学发展、快速发展、安全发展、和谐发展，全力以赴做好苹果转型、旅游开发、工业崛起、城市建设、民生改善五篇文章；在旅游开发上抓住景点建设这个根本，以打造旅游精品线路为核心，推进旅游发展。2013 年，中共吉县第十二届四次会议提出：推进转型跨越发展，实现苹果转型升级、旅游彰显优势、工业快速崛起、城建夯实基础、民生稳步改善、依法规范管理六个新突破，推动吉县经济社会各项事业开创新局面，再上新台阶。

旅游规划

1984 年 10 月，邀请临汾地区设计院勘测、规划设计，完成《黄河壶口瀑布风景名胜区总体规划计划任务书》上报地、省建设局审批。1986 年 9 月、11 月，山西省省长王森浩、副省长白清才先后对壶口风景区规划作专题考察。1987 年 2 月，山西省政府召开审批省风景名胜区座谈会，与会专家一致同意将壶口瀑布等 6 个风景名胜区确定为省级风景名胜区，并推荐壶口风景区和晋祠天龙山上报为国家级风景名胜区；建议壶口瀑布全称统一为“黄河壶口瀑布风景名胜区”；同年 7 月 27 日，壶口瀑布正式被列为第一批省级风景名胜区。1988 年 3 月，山西省建设厅牵头，会同山西省勘察院、山西省规划设计院重新对黄河壶口瀑布风景名胜区进行决策性规划设计，并召开总体规划专题座谈会；4 月 2 日，时任山西省旅游局副局长侯存玺带领工程技术人员赴壶口进行全面考察，对景区规划、建设、发展、管理等方面提出了指导性意见；8 月 1 日，国务院发出批转建设部关于审批国家重点风景名胜区报告的通知，黄河壶口瀑布风景名胜区被列为国家重点风景名胜区；11 月 12 日《黄河壶口瀑布风景名胜区总体规划纲要》初稿讨论会召开。1989 年 12 月，山西省城乡规划设计院组织编写的《黄河壶口风景名胜区总体规划》完成。1992 年 4 月 15 日，省、市、县在壶口瀑布风景区召开关于进一步开发建设壶口瀑布风景名胜区座谈会。1993 年 5 月，山西省、陕西省在临汾市联合召开黄河壶口瀑布风景名胜区总体规划评审会，建设部、水利部黄河水利委员会、北京大学、西北大学等高校专家学者和领导 80 余人应邀参加会议，北京大学教授谢凝高任评审专家组组长，审议通过两省分别编制的《黄河壶口瀑布风景名胜区总体规划》。1997 年 5 月 21 日，建设部发出通知，正式批准《关于黄河壶口瀑布风景名胜区总体规划》。2001 年 3 月 26 日，山西省发展计划委员会批复《关于吉县黄河峡谷生态游项目建议书》；5 月 10 日，吉县壶口黄河峡谷生态游项目经过山西省发展计划委员会项目评审会专家全方位论证，顺利通过评审立项；9 月 1 日，中国社会科学院旅游中心专家组一行七人对壶

口风景区开发建设现状和规划发展进行实地考察，对壶口风景区的开发和建设提出许多宝贵意见；12月，经国家地质遗迹评审委员会评审通过，国家地质遗迹领导组研究批准，壶口瀑布地质公园成为第二批公布的国家地质公园。2004年，成立吉县旅游产业发展领导组和吉县旅游发展规划编制领导组，启动《黄河壶口瀑布风景名胜区总体规划》修编及《黄河壶口瀑布风景名胜区详细规划》制定，划定壶口风景区核心景区保护区。2005年9月，《吉县旅游产业发展总体规划》编制完成，同时聘请专家修编《黄河壶口瀑布风景区总体规划》，编制完成《壶口景区详细规划》。2010年9月，《山西省吉县旅游发展总体规划》在太原通过专家评审。2012年3月，《吉县人祖山旅游区总体规划》在太原通过专家评审。2015年，《黄河壶口瀑布风景名胜区（山西）总体规划（2015—2030）》通过省建设厅专家评审，进入修改阶段。

景点保护开发

景点保护　一级保护对象为壶口瀑布、石窝宝镜和部分龙槽等相关景点。二级保护对象为明代码头及相关人文景点，包括明清买卖街、旱地船道、牛马王庙；清代长城及相关人文景点，包括清代长城、河清门、四铭碑亭、昭忠祠、古炮台；克难坡各主要人文景点包括望河亭、万能洞、忠烈祠、杨经略祠及真理室、批评室等二战区司令部办公用房和居住窑洞。三级保护对象为黄河河道景观及克难坡旅游村，包括十里龙槽、镇流巨呃、圪针滩以及克难坡的大小屯兵洞。四级保护对象为晋陕峡谷地域风景名胜区范围内所有景物景点。

原有景点恢复与修复　1987年，吉县修复被洪水冲毁的位于清代长城旁的牛马王庙主殿。1991年，修复清代长城河清门及附近70余米城墙，恢复城墙上的雉堞、炮台及下河石阶梯。

2005年，投资80万元，修复克难坡国民革命军第二战区长官司令部中的忠烈祠、望河亭、实干堂、杨经略祠等，开通部分地下通道，硬化克难坡各景点之间的路面。2010年，对克难坡纪念馆重新进行布展，并举行开馆仪式。

景点开发建设

壶口景区开发建设　1984年初，吉县组建壶口风景区考察组，对壶口周边的景观、文物、气象、水文、道路等进行全方位的考察，搜集整理相关资料，开始筹建壶口瀑布风景区。6月，成立吉县壶口瀑布名胜区筹建领导组、顾问组，下设筹建领导组办公室，负责筹建。先后于1987年4月、1995年建成通往瀑布的二道河、三道河神龙脊观瀑桥两座。1990年5月，国家、省、地组织有关部门领导和专家对壶口至禹门段开通“三门游”进行实地考察。8月，开挖了二道河、三道河船道，使游客能在正常水位下安全摆渡观瀑。1991年4月15日，“壶口一号”游船下水剪彩。4月16日，黄河“三门游”正式通船。1997年5月，投资60万元，历时9个月，由人工顺天然石层凿建成深13.8米、直径3.6米、68个旋转台阶、60平方米平台、可容纳30人同时观瀑的壶口观瀑洞。在壶口瀑布景区入口处建起跨度为16.9米、高15米，总重量200余吨，主结构为三门四柱式的石牌楼。建成柯受良“飞黄”标志物。2013年，壶口景区20辆电瓶车投入运营；投资450万元完成电子门票售、检平台安装；投资2258万元启动实施科普展览馆建设。

人祖山景区开发建设　2011年3月，人祖山文化旅游开发有限公司与吉县人民政府正式签订《人祖山生态旅游区开发框架协议》。总投资10亿元的吉县人祖山文化旅游开发项目开始实施。景区面积203平方千米，以人祖庙为核心的主景区面积45平方千米。建设有入口综合服务区、停车场、祭祀广场、窑洞宾馆、羲皇宫、游客服务中心、演艺场、人祖庙、高庙、史前博物馆及人祖文化国际大厦。景区总体规划（一心、两带、五区）：一心，人祖峰核心区；两带，人祖寻根探秘带、山林休闲度假带；五区，人祖朝圣探秘区、人祖主题休闲区、人祖遗址展示区、蔡家川生

态旅游区、人祖文化标志区。建设期9年，分三期开发建设：一期工程及前期工作费用4000万元（包括影视制作），到2015年完成；二期工程投资2.6亿元，到2018年完成；三期工程9000万元，到2020年完成。2014年，人祖山景区东入口服务区、忘忧谷、人祖庙、戏台庙、高庙全面开工建设；忘忧山庄（窑洞宾馆）122孔窑洞全面完成，开始装修；西入口服务区中华人祖碑奠基；祭坛主体建设完成；旅游循环路进入油面铺装。2015年，人祖山景区一期工程顺利完成，7月27日开门迎客。10月25日，玻璃悬空彩虹桥建成对外开放。

生态景区开发建设　1998—2000年，先后在管头山、高祖山等游人可观赏山色林景的制高点上，建起"红叶亭""高祖亭""观日亭"，修复了部分存留于山顶的抗日时期晋军防守的碉堡等景点。建成金岗岭山门、窑头沟口旅游标志物。2005年，城北垣苹果观光园区和宏丰农副产品公司被省旅游局批准列为省级农业旅游示范园，果园生态观光游成为吉县旅游业的一大亮点。

乡村旅游开发建设

2014年，吉昌镇上东村申请到省财政"美丽乡村"项目资金100万元，实施农家乐及苹果采摘体验区建设。其中10万元完成路边绿化2500米，15万元完成太阳能灯亮化1800米。与文化部门共同争取到资金20万元，打造苹果采摘园特色旅游文化。

宣传推介

新闻宣传　1987年3月26日，山西省新闻记者考察团一行22人到壶口瀑布考察采访，《山西日报》作宣传报道。采访团成员、《光明日报》记者梁衡创作的散文《壶口瀑布》在1988年《人民日报》发表。6月，《中国旅游报》记者撰文详细报道了吉县黄河壶口瀑布风景名胜区全部景点，并附照片及分布图。1991年12月，中国新闻社摄制组在壶口瀑布风景区录制专题片，对国外进行宣传。1994年，山西省旅游局、临汾地区行署和吉县县委、县政府在北京国际饭店举行"黄河壶口漂流月"新闻发布会，《人民日报》、新华社、中央人民广播电台等30多家新闻单位90多名记者和在京20余家旅行社参加发布会；5月30日，山西省旅游局、山西文物局、山西电视台联合组织的"三晋文物古迹旅游接力行"摄制组一行7人，实地采景拍摄壶口瀑布风景区内的旅游景点和文物古迹；6月19日，中央电视台《东方时空》摄制组到壶口景区全方位拍摄瀑布高空走钢丝等活动。1995年7月10日，中央电视台、山西电视台到壶口为"纪念抗日战争胜利五十周年文艺晚会"拍摄富有黄土高原风情的锣鼓队表演。1999年4月，山西电视台到壶口拍摄《人说山西好风光》电视片；5月，香港凤凰卫视中文台到壶口拍摄《壶口旅游风光》电视片。2009年9月27日，吉县在黄河壶口瀑布景区举行庆祝新中国60华诞文艺演出，当晚山西电视台在山西《新闻联播》、临汾电视台在《临汾新闻》以较大篇幅对活动进行了报道；28日，新华网、人民网等新闻网站分别以《山西十万吉州人唱颂黄河与祖国同庆》《山西吉县儿女黄河壶口万人高歌迎国庆》等为题，用图文形式对活动进行了报道。2010年9月24日，中国（山西）黄河壶口文化旅游节开幕式举行大型文艺演出，中央电视台、山西卫视、黄河电视台、临汾电视台、《临汾日报》、人民网、新华网等第一时间把开幕式盛况传递给广大观众。2011年1月27日，人民网播出《吉县黄河壶口瀑布新春贺岁宣传片》；5月上旬，央视科教中心《抗战歌曲纪录片》摄制组到壶口、克难坡景区取景，拍摄纪录片《游击队之歌》。2013、2014年，参与山西广播电台《美丽临汾》系列宣传节目在壶口景区的录制活动；协助中央电视台科教频道《塞外行》拍摄壶口纪录片；"十一"黄金周期间，中央电视台、人民网、山西新闻网、山西广播电台对壶口瀑布进行多次直播报道。2015年，投资100余万元，参与了中央电视台、广东电视台、山西电视台拍摄壶口系列电视节目；中央电视台《地理中国》栏目、"媒眼看吉县"、凤凰网、"自驾中国游"先后到

壶口采风、报道；“五一”“十一”黄金周期间，中央电视台、人民网、山西电视台、黄河新闻网、临汾电视台等多家知名媒体对壶口瀑布进行直播报道。

参加活动 2013 年，组织参加中国旅游交易博览会、第十八届中国北方旅游交易会、“晋善晋美、美丽山西休闲游”（广东）推介会；组织景区、旅行社、星级饭店参加“休闲惠民、美丽中国”为主题的第三届 5.19“中国旅游日”宣传活动。2014 年，参加临汾金秋游（北京）推介会、中国国际（上海）旅游交易会、山西临汾名胜景区珠三角旅游推介暨文化旅游项目招商会、深圳市旅游协会线路推介会。2015 年，参加首届中国西安丝绸之路国际博览会、中国武汉第九届中部投资贸易博览会、昆明国际旅游交易会、山西临汾金秋游（北京）推介会。

文化活动 1992 年，吉县举办全国“壶口瀑布有奖征文”活动，在《人民日报》《光明日报》《中国青年报》《山西日报》《临汾日报》等报纸刊发征文启事，全国文联党组书记、作家孟伟哉任评委主任，多名知名作家任评委。活动共收到来自全国各地的征文 400 篇，经过评委会审评，评出二、三等奖 46 篇，1993 年 9 月，在壶口瀑布风景区举行隆重颁奖仪式。1995 年 5 月 9 日，首届华北书法评奖暨黄河壶口笔会在临汾隆重举行；5 月 10 日，来自北京、天津、河北、内蒙古、山西的省（自治区）书协主席及书法家赵望进、康民、陶然、袁其微、唐云来、田树苌、赵承楷、樊习一等 20 余人参加笔会，在黄河岸边共同书写了一幅 50 米的书法长卷。1997 年 9 月，临汾地区残联主办的《康友报》，在壶口举办“97 走近母亲河‘交通杯’残疾人黄河笔会”，北京、福建、山东、山西等 9 省市 15 位残疾人作者参加笔会；山西省诗人马作楫，老新闻工作者马明、秦洪彦等应邀出席担任评委。1998 年 6 月 3 日上午，临汾地区行署在壶口举办中国黄河壶口笔会，来自山西、湖北、内蒙古、江苏、四川、广东、福建、上海、天津的书法家 40 余人云集壶口，在三条 50 米的白纱长卷上，书写“中华脊梁、民族精神”“天下奇景”“中华魂”“黄龙腾飞”“涛韵惊天”等赞美壶口壮观的佳句。1998 年 9 月，中直机关、省地有关领导，青年支教扶贫志愿者及国内演员冯巩、李志强、蔡明、戴宾、李红霞、白桦、苏红、邓小林等 14 名演员及随行共 60 人到吉县举行“情系母亲河”慰问演出。2005 年，在壶口举办首届中国黄河壶口合唱节“天下华人共唱一首歌”壶口演唱会。

2010 年 9 月，举办以“人文壶口魅力吉县”为主题的首届中国（山西）黄河壶口文化旅游节。活动内容有“魅力吉州”开幕式大型文艺演出活动、“璀璨壶口”文化精品暨特色农产品展销会、“浓浓乡情”地方戏曲精品大展演、全国书画名家邀请展暨“壶口神韵”摄影展、抗日民族统一战线克难坡纪念馆开馆仪式、山西师大老三届克难坡抗战文化研讨会、“共赢明天”山西吉县经济合作洽谈会、“秦晋之好”晋陕两省民间文艺大联欢、黄河流域九省区老年书画家壶口笔会等 9 项活动。省人大常委会副主任安焕晓、省政协副主席韩儒英、刘滇生，山西省委原书记、省人大常委会原主任李立功，山西省原省长王森浩，山西省人大常委会原副主任李蓼源、王民，山西省政协原副主席靳承序、赵凤翔、边鸣涛、阎爱英，国家旅游局综合司司长唐洪广，省委副秘书长王进喜，省委宣传部常务副部长杨波，省旅游局局长籍振芳等省直有关部门负责人，市委书记谢海及市四套班子领导和市直有关部门负责人，国内 100 余家媒体的记者出席开幕式。旅游节期间，共签约项目 21 个，总投资达 167 亿元。

2012 年 8 月，举办以“揽黄河神韵、壮壶口雄风”为主题的中国（山西）第二届黄河壶口文化旅游节。活动是由山西省委宣传部主办，中共临汾市委、临汾市人民政府协办，中共吉县县委、吉县人民政府承办的全省八大主题文化活动之一。主要内容有“壶口风”开幕盛典，“爱在黄河”李雨儿演唱会，黄河壶口特色农产品展销会，人祖山、柿子滩出土文物展，“秦晋之好”名家书

画摄影邀请展，“璀璨壶口”首届自驾游帐篷大会，“田园怡情”苹果园采摘活动，招商引资经贸洽谈签约仪式，“黄河壶口之旅”推介签约会，“民族风”全国民族歌舞邀请赛10项内容。全国80多家新闻媒体参加旅游节活动。

两届文化旅游节向世界亮出吉县壶口瀑布、吉县苹果、壶口唢呐、人祖文化4张名片，向全国乃至全世界推广“黄河壶口”，传播“晋善晋美”。

2013年，组织开展百名书画家壶口写生采风文化活动。

影视拍摄　20世纪70年代，西安电影制片厂在壶口拍摄了《黄河万里行》，中央电影制片厂拍摄了《大河奔流》。80年代以后，到壶口拍电影取景的更多了，如北京电影制片厂的故事片《中国出了个毛泽东》《二战秘闻》，西安电影制片厂的故事片《黄河大侠》《秦颂》，上海电影制片厂的故事片《红河谷》《张学良将军》，珠江电影制片厂的故事片《冼星海》，还有电影《苏乞儿》等。2013年，人祖山风景区开发有限公司投资拍摄了电影《保卫人祖山》、纪录片《人祖山》、微电影《女娲花》。2014年，协助陕西电影公司拍摄电影《老腔》。拍摄吉县民俗风情、乡村旅游等主题微电影10部。

中央电视台摄制组以及各地的电视摄制组经常到壶口拍摄外景。1995年10月，山西电影制片厂拍摄反映壶口风土人情的电视剧《壶口情》；1996年9月，广播电影电视部和德国度斯特基金会拍摄组拍摄《中国探黄河》；山西电视台录制科教片《壶口叠翠》、风光片《壶口瀑布》、专题片《克难坡》；中央电视台一套《神州风采》栏目摄制组摄制《黄河壶口》，由主持人赵忠祥解说，在中央电视台一套数次播放；中央电视台《东方时空》摄制组摄制《壶口奇观》；中央电视台、山西电视台联合在壶口现场录制大型文艺晚会“黄河神韵”，由歌唱家郭兰英领衔主唱，在中央电视台一套、二套、三套、四套和香港凤凰卫视台、山西电视台多次播放；山西电视台为柯受良飞黄录制的专题晚会《五彩缤纷》，在山西电视台播放。

艺术创作　20世纪80年代后，随着吉县旅游业的快速发展，游客骤增，文学艺术创作也逐渐繁荣。先后出版的图书有《黄河壶口》《壶口便览》《壶口·克难坡》《黄河壶口》画册、《黄河壶口漫谈》《壶口》摄影集、《壶口风韵》《黄河壶口诗文集锦》《壶口志》《壶口档案集》《吉县地方特色食谱》《克难坡佚事》《畅游吉县》《吉县是个好地方》画册、《人祖文化解码》《人祖山抗战图说》画册、《人祖传奇连环画》等。

撰写文章有《龙王辿码头“六股头”组织始末》《壶口繁埠龙王辿》《山西黄河壶口瀑布风景区的历史考证》《壶口晋商兴衰的见证》《壶口文化》《一代名山今依然》《黄河大合唱的创作经过》《阎锡山与克难坡》《漫话壶口文化》，撰写的专题研究文章有《做好壶口宣传工作，带动吉县经济发展》《走上无烟工业之路》《宣传壶口瀑布振奋民族精神》《益在当代，惠及子孙——吉县人文自然遗产保护开发的思考》《开发壶口文化，建设旅游强县势在必行》《让世界了解壶口，让吉县与壶口齐名》《壶口还能倾泻多久》《壶口瀑布若不治理，下个世纪将成平滩》《开辟新景观，挖掘新内涵，全面提高黄河壶口的文化品位》。

创作的诗歌有胡绳的《游壶口瀑布》、林默涵的《观壶口瀑布》、段云的《壶口飞瀑赞》、孙文盛的《视飞越壶口瀑布》、胡晓琴的《观黄河大桥有感》、冯彦山的《壶口吟》、冯慎终的《壶口之咏》等，散文有梁衡的《壶口瀑布》、张铭清的《黄河魂》、艾斐的《壶口瀑布记》、李思义的《壶口赋》等。

绘画作品有中央美术学院教授张凭创作的国画《黄河壶口》《摇篮》、济南大学副教授任敬宪创作的《黄河组画》、北京画家刘恪山与刘革创作的《黄河壶口瀑布》、吉县张黎明创作的国画

《舟行秦晋峡谷间》《黄河观瀑图》等。创作的书法作品有 1989 年北京青年书法家许建一在壶口用凿子、锤子雕刻的《圣人叹歌》《精卫填海》等 11 块石碑。1995 年，华北地区 20 多名书法家在壶口留下的 50 米长卷。1998 年，全国各地 40 余名书法家云集壶口挥毫泼墨，留下的 150 米的纱长卷等。

摄像作品有吉县霍盈洲拍摄的《壶口瀑布》《黄河之水天上来》等，贾建忠拍摄的《黄河壶口》《人祖风光》等，苗旭宏、张保华拍摄的《柯受良驾车飞越壶口》《朱朝辉骑摩托车飞越壶口》等。壶口岸畔的农民摄影师吕桂明的摄影作品经常在《人民日报》《山西日报》《临汾日报》等各大报刊发表。全国摄影家石小华、徐肖冰、顾棣、马名骏、吕厚民、陈勃、陈铿、齐观山等，以及活跃在壶口瀑布的青年摄影家王悦、王修筑、朱保林、党根声、赵炳耀、刘安心等拍摄的关于黄河壶口瀑布景区的摄影作品，屡见于山西及至全国的艺术摄影展和国内外众多的报刊、画册，摄影家王悦在北京举办了壶口瀑布摄影展，结集出版，流传于世。

50 元人民币票面上的壶口瀑布图案，邮政部门发行的柯受良飞黄首日封、朱朝辉飞黄首日封、北京黄河漂流队越壶口纪念封、壶口瀑布明信片，中央电视台把壶口瀑布壮观景象用在《新闻联播》片头。壶口管理局印制的《壶口》挂历、台历和《黄河壶口画册》以及壶口瀑布墙画等。

历史上壶口一带商贸发达，民间小曲小调长期传唱，形成了独特的艺术风格。群众文化活动的主要有：威风锣鼓、壶口唢呐、人祖鼓乐、旱地行船、腰鼓、狮子舞、龙灯、船、竹马、剪纸、刺绣、根雕、麦秆画等。吉县进修学校教师张毅中创作的歌曲《黄河对我说》，陈茂森作词、王贵生谱曲的《请到壶口来》和《再到壶来》，许鹤鸣创作的戏曲《黄河岸边枣花香》，吉县县歌《和着黄河吼》，歌颂了壶口瀑布，对外宣传了壶口。

第三节　旅游服务

管理机构

1984 年 6 月，吉县成立壶口瀑布风景名胜区筹建领导组和顾问组。1987 年 4 月 10 日，临汾地区编办下发文件，同意吉县成立黄河壶口游览管理局；同年 5 月，成立山西省吉县黄河壶口旅游管理局，6 月，更名为吉县旅游局。1991 年 2 月，成立吉县黄河壶口瀑布风景名胜区管理局。1996 年 12 月，设立壶口镇。1998 年，成立吉县黄河壶口旅游开发管理委员会。2000 年成立吉县黄河壶口风景名胜开发国家等级旅游区（点）NATIONAL TOURIST ATTRACTION 区，并升格为副县级单位。2002 年，吉县旅游局更名为吉县旅游服务中心。2006 年 12 月，吉县壶口管委会更名为临汾市黄河壶口风景名胜管理委员会，由副处级建制升格为正处级。2011 年成立人祖山开发领导组。

旅行社

吉县旅行社　1996 年成立，为吉县旅游局下辖单位，有导游 10 名，在壶口景区担任讲解员。

三河旅行社有限公司　2004 年成立，有导游 13 名，其中国家高级导游 1 名。

山西北旅旅行社有限责任公司　2002 年成立，经营范围包括入境旅游、国内旅游、商务、会务、考察等全方位的服务。成立之初有导游 3 名，2008 年增加到 10 名，2015 年增加到 15 名。其中国家级导游大赛获奖导游 1 名，山西省优秀导游 5 名，临汾市优秀导游 8 名。先后接待来自北京、山西、山东等地旅游团 3 万余人、周边线路游 20 余万人。公司曾荣获“山西省优秀旅行社”“山西省诚信旅行社”“临汾市优秀旅行社”等称号，被云丘山、人祖山、壶口瀑布等景区授予“最佳

贡献旅行社”“优秀合作旅行社”“战略合作旅行社”等荣誉。

餐饮

2000年，壶口瀑布风景区内有饮食店22个，其中县直机关办的饭店4个、个体18个，从业人员93名。机关办的饭店主要承办酒席、接待旅游团体，个体饭店主要经营小吃和普通炒菜。加上县城的25家宾馆、酒店，120家个体餐店，可满足6000人餐饮。2015年，壶口瀑布风景区内有饮食店38个，从业人员200余名，加上县城的36家宾馆、酒店，210多家个体餐店，可满足2.5万人餐饮。

住宿

1987年，投资100万元，建起招待所，占地5000平方米，建筑面积2000平方米，有客房23间，床位66个。1992年，农行、粮食局、烟草局等县直单位在景区建起宾馆或招待所，个体旅店也随之兴起。2000年，壶口瀑布风景区有机关和个体办的宾馆、招待所、旅馆14家，客房100余间，床位300余个，从业人员100余人。加上县城的宾馆、酒店、个体旅店，可满足3000人的住宿。2015年，壶口瀑布风景区有宾馆、招待所、旅馆16家，客房650余间，床位1400余个，从业人员100余人。加上县城的宾馆、酒店、个体旅店，可满足4700人的住宿。

购物

旅客到吉县可购买的旅游产品主要有：

吉县苹果　吉县是“中国苹果之乡”，2003年被农业部确定为全国第二批无公害农产品生产基地。所产苹果果型端正、果面光洁、颜色鲜艳、口感香脆甜爽，曾获首届中国农博会金奖等多种奖项。远销澳大利亚、美国、加拿大、德国、俄罗斯、秦国、老挝等国家。

土特产品　壶口牌杂粮主要有绿豆、红豆、大豆、芸豆、菜豆、小米、高粱米、燕麦、荞麦、玉米碜、豆面、荞麦面等30余个品种。另外，还可以购买到花生、酸枣及屯里的小米、木耳，柏山寺的小杂粮、花椒、柿子，车城的核桃、土鸡蛋等。

壶口工艺品　主要有手工缝制的鞋垫、布老虎、布娃娃、布香包等，黄河石制作的工艺品、纪念品，还有根雕等工艺品。

其他服务

最具特色的是骑毛驴赏壶口服务项目。1992年，中市村农民张国栋把自家养的一头毛驴披红挂花，牵到壶口瀑布风景区，供游人骑驴游览壶口、在壶口瀑布岸畔拍照，享受黄土高原的风土民情和黄河峡谷的壮美风光，领略壶口瀑布的汹涌澎湃的宏伟气势。到2015年，壶口景区有毛驴40余头。

第四节　旅游效益

经济效益

1991年，游客人数2.8万人次，门票收入1.04万元，创社会综合经济效益280万元。1995年，游客人数超过10万人次，门票收入超过50万元，创社会综合经济效益近2000万元。2002年，游客人数超过25万人次，门票收入超过500万元，创社会综合经济效益超过5000万元。2005年，游客人数近45万人次，门票收入超过1000万元，创社会综合经济效益超过1亿元。2012年，游客人数超过200万人次，门票收入超3000万元，创社会综合经济效益超过16亿元 。2015年，游客人数超过300万人次，门票收入4900多万元，创社会综合效益近30亿元。

1991—2015 年吉县旅游经济效益情况表

表 29-2-4

年度	接待人数(万人)	门票收入(万元)	综合收入(万元)
1991	2.8	1.04	280
1992	3.1	1.4	341
1993	6.2	3.6	744
1994	9.9	42.8	1380
1995	11.8	54.9	1888
1996	13.8	76	2640
1997	15.6	160	3350
1998	10	64	2000
1999	14.8	116	2220
2000	10	116	2000
2001	11.6	163	2300
2002	19.3	347.4	3800
2003	26.2	559.2	5200
2004	34.8	793.5	7000
2005	44.48	1274.88	12000
2006	50.09	1619.3	16000
2007	54.03	1813.27	18000
2008	54.43	1836	39500
2009	54.63	1686.9	43000
2010	70.1	1775.4	56000
2011	149.85(其中壶口景区 86.05)	2102.97	119900
2012	203.8(其中壶口景区 109.5)	3016.49	163000
2013	248.64(其中壶口景区 116.91)	2909.17	198900
2014	299.3(其中壶口景区 125.39)	3173.73	244600
2015	364.45(其中壶口景区 140.14)	4940.26	298900

社会效益

以黄河壶口瀑布风景名胜区为龙头的旅游景点开发与建设带动吉县经济社会快速发展。30多年间，胡耀邦、江泽民、李鹏、朱镕基、华国锋、乔石、宋平、李铁映、彭珮云、胡绳、杨汝岱、钱伟长、布赫、任建新等一批批党和国家领导人，先后到壶口参观考察指导，挥毫泼墨。

过去吉县山是秃的、土是黄的、人是“土的”，如今境内路宽了、楼高了、山绿了、水清了、灯亮了，手机电脑普及了，星级宾馆建起了，单元楼住上了，煤层气用上了，人们的生活方式改变了，衣着、仪表、气质有了很大变化。市容市貌焕然一新，人民群众举止文明，彰显了“勤劳、善良、诚实、质朴”的“壶口人”形象。

附：《山西省吉县旅游发展总体规划(2011——2030)》(以下简称规划)主要内容

发展思路

打造一个龙头：即以壶口瀑布景区为核心，黄河人祖文化为内涵，推进境内自然、人文资源的深度整合，力争将吉县旅游打造为黄河文化旅游的龙头。

联动两大产业：即以旅游业为主线，充分实现旅游与农业及工业体系的联动，打造以苹果旅游为主导的农业旅游产品体系，以观光、科普教育为主的工业旅游产品体系。

实现三大突破：即旅游发展空间上，突破壶口旅游“一枝独秀”的空间格局，打造新亮点，形成新热点，构建全县旅游“百花齐放”的空间格局。旅游产品层级上，突破以壶口瀑布观光为主的旅游产品体系，以市场为导向大力开发文化体验及生态休闲、度假型旅游产品，构建完善、合理的旅游产品层级体系。旅游开发水平上，在政府主导下突破小、散、乱的旅游开发现状，以规划为蓝图，加大招商引资力度，大力提升既有及规划旅游项目开发水平，实规资源的经济、社会效益最大化。

构建四大组团：即以壶口瀑布景区为龙头，人祖山生态文化旅游区、克难坡旅游区、黄河高原平湖国际旅游区(古贤大坝及库区)等为主要载体的黄河文化项目组团。以管头山、高天山、蔡家川森林公园等为主要载体的绿色生态项目组团。以苹果文化主题园、柏山寺风车群等为载体的主题科普、观光体验项目组团。以酒店、旅行社、旅游交通设施等为载体的吉县县城接待服务组团。

打造五大精品：即以资源为基础、市场为导向推动旅游产品的精品化发展，在既有项目基础上重点打造壶口瀑布国际旅游区、人祖山生态文化旅游区、克难坡旅游区、苹果文化主题园、黄河高原平湖国际旅游区五大精品项目。

完善六大要素：即全面提升食、住、行、游、购、娱等旅游六大要素发展水平，重点打造极富地域特色的住宿、餐饮及旅游商品，通过夯实旅游产业基础、优化产业结构，做大产业规模，提升吉县旅游产业素质。

发展战略

品牌战略：即打造独具魅力的“吉县壶口”“吉祥苹果”“人祖圣地”品牌形象，继而塑造起强势的“吉县”品牌。

文化战略：即规避“就资源卖资源”的传统发展模式，实行文化战略，以“黄河人祖文化”为内涵全面提升吉县旅游文化内涵及项目立意，打造具有国际影响力的人文型旅游目的地。

低碳战略：即打造“低碳”、绿色的旅游经济体系、打造真正的“无烟工业”。

区域联动战略：即加强区域旅游合作，实行“小区域联合”“大区域联动”的发展战略，重

构地区旅游发展格局，撬动晋南板块旅游发展。

产业集群发展战略：即注重协调食、住、行、游、购、娱等旅游产业要素的综合发展，充分实现旅游产业内部及旅游产业与地方农、林、手工业等产业的合作与交流，构建合理的产品体系，使地区旅游产业体系处于动态均衡的状态。

战略目标

总体目标：到规划期末，将旅游业打造成为吉县的战略性支柱产业，将吉县打造为国家级“旅游富民”示范区、国家级低碳旅游示范区、中国旅游强县。

分阶段目标：近期（2011—2015 年）。到十二五末，打造 1 个 AAAAA（吉县黄河壶口瀑布国际旅游区），1 个 AAAA（人祖山生态文化旅游区）级旅游景区，游客接待量在 2010 年近 15.6 万人次基础上实现飞跃式发展，到 2012 年底，年综合接待量突破 100 万人次，实现旅游综合收入 2.5 亿元，到 2015 年底，接待量突破 250 万人次，旅游综合收入突破 10 亿元，旅游总收入占县域 GDP 比重达超过 15%，旅游业成为吉县国民经济的战略性支柱产业。吉县旅游吸引力体系将得以根本性优化，树立吉县国内较知名人文旅游目的地的品牌形象。

中期（2016—2020 年）。到 2020 年，年游客综合接待量将突破 450 万人次，旅游总收入占县域 GDP 比重达超过 20%，基本实现吉县旅游项目的精品化、旅游服务的现代化，以及旅游环境、旅游管理、旅游宣传的现代化。

远期（2021—2030 年）。到规划期末，吉县旅游经济、社会和环境效益将十分显著，带动吉县经济社会各方面品质极大提升；树立吉县国际较知名人文旅游目的地的品牌形象。

空间布局

吉县旅游发展空间布局可概括为：一个中心，两条旅游经济带，三大旅游功能区。

一个中心：即吉县县城旅游服务中心。依托既有及规划提升的旅游交通、住宿、购物、娱乐等设施打造为吉县旅游交通集散中心及旅游接待中心，打造吉县旅游形象及城市内涵的第一展示窗口。

两条旅游经济带：即黄河文化旅游经济带及苹果文化旅游经济带。

黄河文化旅游经济带：吉县西部沿黄河旅游公路至人祖山沿线黄河人祖文化旅游资源的富集地带，包括黄河流域史前文明的重要载体柿子滩旧石器时期遗址，见证着华夏文明开端、根祖文化、婚育圣地的人祖山，近代三晋人民依托母亲河的力量抵御外辱的克难坡，象征中华民族精神的黄河壶口瀑布，黄河流域最大的水利枢纽工程古贤大坝。苹果文化旅游经济带：由吉昌镇上东村经东城乡雷家庄至中垛乡重点打造一条开放式的苹果文化旅游经济带，一方面苹果文化旅游取材于吉县苹果，另一方面将通过旅游开发提升“吉县苹果”品牌内涵及形象，打造“吉县苹果，平安吉祥”之旅。

三大旅游功能区：即黄河文化体验区、主题观光体验区、生态休闲度假区。

黄河文化体验区：以壶口镇、文城乡、东城乡等为核心的吉县西部及北部地区是吉县旅游发展的重点片区，将以可进入性条件优化为契机，依托黄河文化旅游经济带内的壶口瀑布、柿子滩、人祖山等资源，一方面重点规划、提升黄河壶口瀑布国际旅游区等既有旅游项目，另一方面开发人祖山生态文化旅游区、柿子滩遗址公园等主题文化旅游项目，打造以黄河文化为内涵，黄河人祖文化为亮点，以沿黄河旅游公路为发展轴的特色文化休闲体验区，为游客提供集约化的黄河文化旅游体验。

黄河文化体验区重点项目一览表

表 29-2-5

项目名称	项目选址	分期	开发要点
黄河壶口瀑布国际旅游区	壶口镇	近中期	吉县旅游发展的龙头景区编制旅游发展总体规划，以黄河文化为内涵，集约式展示黄河民俗文化
人祖山生态文化旅游区	人祖山保护区	近中期	重点旅游开发项目，以人祖文化为主题，与山西省吕梁山国有林管理局合作开发
柿子滩遗址公园	东城乡柿子滩	近期	重点文物保护单位，将在相关文物保护法律框架内依托遗址进行旅游保护性开发
克难坡旅游区	壶口镇克难坡	近中期	省级文物保护单位，将在相关文物保护法律框架内，在文物保护规划基础上展现克难坡在抗日民族统一战线建立时期的历史地位与作用，同时开发黄河民俗文化体验类旅游项目
黄河高原平湖国际旅游区	文城乡古贤大坝	远期	2025 年左右项目完工后在《水库大坝安全管理条例》等法律法规框架内进行旅游开发

主题观光体验区：以吉昌镇上东村、东城乡雷家庄、柏山寺乡、中垛乡等为依托的片区是吉县旅游发展的支撑性板块，将整合片区内的苹果、风车群等资源，以低碳、创意及现代休闲等理念为指导，打造以苹果文化旅游为亮点，集观光、休闲、科普教育等功能于一体的主题观光体验区，苹果农业、清洁能源工业也将在此功能区实现联动发展。

主题观光体验区重点项目一览表

表 29-2-6

项目名称	项目选址	分期	开发要点
黄河果海	东城乡、吉昌镇等	近期	农业观光旅游项目
苹果文化主题园	东城乡雷家庄	近中期	以黄河果海为背景开发的创意旅游、主题文化旅游项目
苹果庄园	吉昌镇上东村	中期	以黄河果海为背景开发旅游地产项目
柏山寺风车群	柏山寺乡	近中期	观光、科普旅游项目
中垛苹果标准化种植产业观光园	中垛乡中垛村	近中期	依托中垛苹果无公害标准化生产示范村项目开发农业观光、体验旅游项目

生态休闲度假区：以管头山、高天山、蔡家川森林公园等自然生态资源为依托的片区是吉县的“生态花园”，也是吉县旅游可持续发展的重要保障，将以国际化生态理念为指导，管头山枫叶为亮点，打造融森林生态休闲、会议、度假、科普等功能于一体的特色生态休闲度假功能区。

生态休闲度假区重点项目一览表

表 29-2-7

项目名称	项目选址	分期	开发要点
管头山旅游区	管头山自然保护区	近中期	区位条件相对优越，为功能区近中期重点开发项目，重点开发枫叶观光、自然写生基地、度假酒店、旅游地产及植物园等项目
蔡家川森林公园	蔡家川省级森林公园	近中期	在中日林业合作基础上针对周边地区客源市场开发休闲、体验类旅游产品
高天山旅游区	高天山自然保护区	中远期	规划中远期市场成熟后，以原生态景观为卖点，与山西省吕梁山国有林管理局合作开发

三个旅游循环圈：即全县旅游大循环圈、人祖山旅游小循环圈、壶口小循环圈。

全县旅游大循环圈：吉县县城（游客集散中心）—车城乡（乡村旅游）—柏坡底村（乡村旅游）—桃园村（乡村旅游）—人祖山景区—管头山（旅游景点）—大疙落村（乡村旅游）—克难坡（旅游景点、乡村旅游）—壶口景区—吉县县城（游客集散中心）

人祖山旅游小循环圈：吉县县城（游客集散中心）—车城乡（乡村旅游）—柏坡底村（乡村旅游）—桃园村（乡村旅游）—人祖山景区—管头山（旅游景点）—新功村（乡村旅游）—上东村（乡村旅游）—县城（游客集散中心）

壶口小循环圈：壶口景区—克难坡（旅游景点）—克难坡村（乡村旅游）—留村（乡村旅游）—存心村（乡村旅游）—中市村（乡村旅游）—黄河山谷猴山（旅游景点）—壶口景区。

辐射三条旅游路线：吉县县城—车城乡—屯里镇—临汾……；吉县县城—中垛乡—戎子酒庄—乡宁……；吉县县城—东城乡—壶口—宜川……。

乡村旅游：吉县文化旅游循环圈沿线及旅游辐射线沿线七个乡镇将结合自身特点，挖掘当地旅游文化，逐步进行开发建设。

第三十编　壶口瀑布风景名胜区

黄河是世界上最长的黄色河流，壶口瀑布是世界上最大的黄色瀑布，被誉为镶嵌在万里黄河上的一颗璀璨的明珠，视为中华民族不畏艰险、勇往直前伟大民族精神的象征。

壶口瀑布景区总面积为100平方千米。滔滔黄河，到此由300米宽乍缩为50余米，飞流直下，跌入深槽，惊涛拍岸、云雾横生，形成巨大瀑布，经煦阳斜射，出现七色彩虹，形成“雷首雨穴”“千丈龙槽”“水里冒烟”“彩桥通天”四大奇观。瀑布景色四季各异，严冬至孟春，河水涸瘦，秒流量150～300立方米，冰封河面，冰雪相映；晚春汛期，冰河解冻，秒流量增至8000～10000立方米，狮吼虎啸，咆哮如雷，如千军布阵，万马奔腾；夏季，秒流量减到1000～2000立方米，落差加大，水柱冲天，身临其境，眼前浪花飞舞，脚下龙潭生烟；金秋雨季，千溪万壑之水汇聚，河水秒流量增加到3000立方米以上，主、副瀑布连成一片，洪波怒号，气贯长虹，呈现“天开一堑势雄豪”的魅力景象。以瀑布景观为核心，景区还有禹帽夕照、孟门夜月、石窝宝镜、千丈龙槽、管头红叶、睡女峰和清代长城、明清码头、四铭碑亭、旱地船道、牛马王庙、观瀑洞等10余处自然景观和人文景点，共同构成风景奇特壮美、文化底蕴深厚的旅游胜地。

山西吉县黄河壶口瀑布风景名胜区于1988年被国务院公布为国家级重点风景名胜区；1991年，经旅游者投票评选和中国旅游胜地四十佳评审委员会审议，被评为“中国旅游胜地四十佳”之一；1994年，被国家旅游局选定为中国旅游年推向国际旅游市场的35张王牌之一；1995年，被建设部指定为首批爱国主义教育基地之一，同年又被评为山西省十佳旅游景点；2002年，被国家旅游局评为“4A级风景旅游区”，同年被确定为国家地质公园；2009年，被住房和城乡建设部列为“国家自然遗产预备名录”。

第一章　位置与变迁

第一节　位置

壶口瀑布的地理位置

黄河自山西省偏关县老牛湾沿晋陕大峡谷进入山西境内，飞流南下，一泻千里。从老牛湾至潼关，河长762.5千米。其中禹门口（龙门）以上630千米，称大北干流；禹门口以下132.5千米，称小北干流。大北干流河槽宽度在300 ~ 500米，一出禹门口，展宽为4千米。

壶口瀑布，位于晋陕大峡谷中段，黄河大北干流南段，山西吉县与陕西宜川县之间。东距吉县城45千米，距临汾市尧都区169千米；西距宜川县城49千米，距延安170千米；北距山西省省会太原387千米；南距陕西省省会西安449千米。其东岸即为山西省吉县壶口镇龙王辿。地理坐标为北纬36° 8′ 10″，东经110° 26′ 40″，海拔448.1米。

风景区范围

黄河壶口瀑布风景名胜区（以下称风景区）规划范围为：东到管头山、高祖山（山西境内），西到新市河、甘草河（陕西境内），南到仕望河口南岸（陕西境内）、小川窝（小船窝，山西境内），北到石堡寨（陕西境内）、南村坡（山西境内），面积为178平方千米。

风景区河东部分位于山西吉县境内，主要为山西吕梁山脉，东与吉县文城乡、吉昌镇、屯里镇接壤，南和吉县东城乡相连，北到大宁县界，景区内有7个行政村，43个自然村，由壶口镇管辖。其中绝大多数景点分布在西南部，呈带状沿黄河南北展开。

风景区四至（吉县境内）

风景区　北以管南线为界，向东接至309国道，东侧、南侧以国道309为界，包括红旗林场部分区域，含管头山、高祖山。西侧以黄河河道中心线为界（晋陕两省交界）。风景区内包括壶口镇管辖的南村坡村、留村、中市村、存心村、南垣村的全部地区，壶口镇管辖的陈家岭村的部分地区，文城乡管辖的柏树村的全部地区，以及文城乡管辖的大圪塔村的部分地区。面积为116平方千米。

核心景区　面积为34.32平方千米，占风景区总面积的30%，包括东、西两部分。其中，西侧部分北以南坡村以北的壶口镇界为界，南至小船窝村，西侧以黄河河道中心线为界（晋陕两省交界，即风景名胜区规范范围西界），东至黄河峡谷范围，面积为14.50平方千米；东侧部分由风景区范围内的红旗林场构成，东界以309国道为界，西界为红旗林场边界，面积为19.82平方千米。

壶口瀑布的历史定位

中国古代和近现代各种历史和地理典籍记载壶口瀑布，绝大多数将其定位于山西吉县。

壶口之名，最早见于《尚书·禹贡》。《禹贡》记载："冀州。既载壶口，治梁及岐。"又说："壶口、雷首，至于太岳。"《禹贡》是中国地理著作的鼻祖，在这部著作中，将天下分为九州，壶口记于冀州之下。学术界研究一致认为，冀州的范围包括今山西、河北和辽宁一部分，吉县地域在当时

的冀州之内。注释《禹贡》的权威性著作、1960 年商务印书馆出版的《禹贡集释》(尹世积著)指出:"这里所称的壶口,在今吉县西南七十里,即班固《汉书》所谓'河东北屈县',河水到此,奔放而下,潆洄旋转,有似壶形,故名壶口,山属阴山系吕梁山脉。"北屈县即春秋时之屈邑,今之吉县。元马端临撰《文献通考》云:"慈州(即今吉县),晋之屈邑,献公子夷吾所居,壶口之山在焉。"

北魏郦道元的《水经注》是中国古代专门记述和研究水系的权威性地理专著。《水经注 · 河水》中第一次详细生动地记述了壶口瀑布:"河水南经北屈县故城西。……孟门,即龙门之上口也,实为河之巨阨,兼孟门津之名矣。此石经始禹凿,河中漱广,夹岸崇深,倾崖返捍,巨石临危,若坠复倚。古之人有言:'水非石凿,而能入石,'信哉!其中水流交冲,素气云浮,往来遥观者,常若雾露沾人,窥深悸魄。其水尚崩浪万寻,悬流千丈,浑洪赑怒,鼓若山腾,浚波颓叠,迄于下口。方知慎子'下龙门,流浮竹',非驷马之追也。"中国历史上第一次详细记述壶口瀑布,即把它系于北屈县即吉县,这是当时人们的一般观念。

《禹贡》所称壶口,主要是指壶口山,而此山被命名为"壶口",又是反映了黄河水流至此"势如投壶"的特点。壶口瀑布和壶口山的概念是紧密相连、融为一体的。中国古代最权威的官方文献"二十五史"对壶口山屡有记述,如:《汉书 · 地理志》记述:"北屈。《禹贡》壶口山在东南(东南为西南之误)。"《后汉书 · 郡国》记述:"北屈,有壶口山,有采桑津。"《晋书 · 地理志》云:"北屈,壶口山在东南(东南为西南之误)。"隋唐以来,北屈县名屡有变更,曾置昌宁、文城等州、县,最后改为吉州、吉县。《隋书 · 地理志》云:"昌宁,后魏置,并定阳郡,开皇初废郡,有壶口山、峨山。"《新唐书 · 地理志》云:"文城,天祐中更曰屈邑。有孟门山、石鼓山。"《金史 · 地理志》云:"吉州吉乡有壶口山、孟门山、黄河、蒲水。"《明史 · 地理志》云:"吉州,西有孟门山,大河所经,西南有壶口山。"《清史稿 · 地理志》云:"吉州,河水自大宁入,经龙王辿,《禹贡》壶口在焉。"由二十五史的记述,也可以反映壶口的历史定位,而且是自古以来,一以贯之。

地理总志是中国古代站在全国视角所修的重要文献。唐代《元和郡县图志》记述吉昌县(今吉县)时说:"壶口山,在县西南五十里。"宋代《元丰九域志》记述:"吉乡,(慈)州西南一百六十里,六乡、文城一镇,有壶口山、孟门山。"宋代《太平寰宇记》在记述吉乡时附记:"壶口山在县西南五十里。"《大元一统志》也记述:"壶口山,在(吉)州西南七十里。"《大明一统志》《大清一统志》记述均同。《大清一统志》记壶口山时,更明确记述了壶口瀑布:"壶口山,在吉州西南……河势北来,至此全倾于西崖,奔放而下,约五六百尺,悬注潆旋,有若壶然。"这些众口一词记述, 不胜枚举。

瀑布周围地名考略

龙王辿 壶口瀑布所在地。位于瀑布北约 200 米处东崖底。"辿"字系"川"、"缓"二字合音字,意思是河流至此既平又慢,船舶容易靠岸。因此地建有一座龙王庙,故名龙王辿。明清至民国 500 多年间,此地为重要的转运码头,每年下漂船只多达四五千只,在此靠岸卸货,绕过瀑布继续下漂。昔日此地依山崖建有 3 条主要街道,数百窑院,各色商号应有尽有。现已废,但旧貌依稀可见。

七郎窝 联接 309 国道的黄河公路大桥所在地。系一平缓渡口。最早名为级浪湾,取名于龙门三级浪之意,以后又有文人写成汲浪湾。又因其为滩头要塞,兵家必争之地,历代有重兵驻守,唐时取名为乌仁关。后因此地建起七郎庙,故名七郎窝。

小船窝 位于壶口瀑布下游 5 千米处。昔为吉县到陕西的主要渡口,今废。小船窝古名采桑

津，因周围桑林茂盛而得名。从春秋时期起，历代都把此地作为军事要地。因此处黄河水面呈弯状半圆形，如同一水窝，水面平静，可停泊船只，后人遂称为小船窝。

蛤蟆滩　壶口瀑布下游8千米处，每逢雨季发洪水之前，河内蛤蟆纷纷上岸聚集此处避洪水，故名蛤蟆滩。

马粪滩　位于壶口瀑布上游3千米处，昔日为一渡口。此处多生长酸枣树，树周马蜂窝较多，人们因之称该滩为马蜂滩。蜂、粪二字在吉县方言中同音，后演化为马粪滩。

文城村　文城乡政府所在地。壶口瀑布所在地龙王辿属文城乡管辖。春秋时，晋公子重耳为避骊姬之难，几经周折，流亡到此，在此筑城居住。后重耳即位，即晋文公，成为春秋霸主。后人遂呼该城为文城，意为文公之城。

古贤村　位于文城西2千米。北魏孝文帝时在此设斤城县，隋开皇十六年（596）改名为文城县。唐显庆三年（668），县治迁文城村。为纪念该村建县，故名古县。抗日战争时期，第二战区司令长官阎锡山曾在此居住，以“县”“贤”谐音，改称为古贤。

关里村　位于古贤北1千米处，昔日此处曾设关隘防守黄河对岸来敌，故名关里。

南村坡　位于壶口瀑布上游3千米处，东晋时姚襄曾在此筑城，后人称为姚襄城。因处于南村西2千米的山坡上，故名南村坡。抗日战争时期，第二战区司令长官阎锡山为避“南村”谐音“难存”之嫌，在此筑城后改名为克难坡。

曹村　位于壶口瀑布上游的黄河岸边，传说当年晋公子重耳逃亡时曾在此歇脚喂马，故被称为槽头村，简称槽村，后演化为曹村。

柏城　原在黄河上墚头，古为军事城堡，适于防守，历代均在此设军事指挥所。昔日因此地柏树繁盛，故名柏城。后村民因耕地较远，耕种不便，将村迁于现址。

第二节　形成

文献记载

壶口瀑布的形成，古代文献有所记载。如中国最早的地理著作《禹贡》，记载壶口瀑布与孟门山相连，是大禹治水过程中为疏导水流而凿出来的。郦道元的《水经注》虽然沿续了“此石始经禹凿”的传统说法，但同时也记载了“河中漱广，夹岸崇深，倾崖返捍，巨石临危，若坠复倚”的深切河槽和危岩地质情况，特别强调了河水的冲刷切蚀力量：“古人有言：水非石凿，而能入石，信哉！”郦道元在此初步揭示了壶口瀑布形成与变迁的条件和原因。以后历朝历代文献，对壶口瀑布的形成进行了类似的考证或记载。

考察研究结论

黄河流域壶口瀑布及周围地区的科学研究活动，始于20世纪初，近80年来一直没有间断。一批批科技工作者对壶口一带进行了地质、地理、考古、水文、交通、旅游等方面的调查、研究、论证，揭示壶口瀑布的形成与变迁的原因。

据多方研究，壶口瀑布形成最初古位在今河津市龙门。在黄河河谷第二次抬升时，位于龙门下游的三门古湖溃决，古湖水面在龙门骤降200米，形成瀑布。后逐年向上发生二次侵蚀，5000年前瀑布到达孟门附近。又经过多年的二次侵蚀，形成孟门以上的“十里龙槽”和今日的壶口瀑布。

第三节 变迁

瀑布现状

壶口瀑布，南距孟门4600米。瀑布上游100米以上的河床为250 ~ 300米宽的平坦基岩，在龙王辿处80米长的河段中，骤然收缩为20 ~ 30米宽，然后落入40米的深槽，河水至此形成一个宽50米、高30米的黄色瀑布。壶口瀑布不同于通常凌空而降的瀑布，它是水流急骤收缩，从平地跌入窄深的石槽所形成的，因此越是枯水期，槽中水越浅，瀑布落差越大、越壮观。

瀑布下游，直到孟门，有4600米石质深槽，即民间所称“十里龙槽”。主石槽深约50米，平均宽度为40米，下游宽而上游窄，在孟门外断面宽度为70米，由此向上游逐段缩窄，自下而上每1000米缩窄11米，至瀑布线处，枯水期仅宽17米。

主石槽两侧的石阶，由孟门到瀑布，也是处于一种变化状态。据测量，瀑布下游3800米处，一级石阶宽达143米，二级石阶高达19米；瀑布下游1800米处，一级石阶宽仅21米；在瀑布下游1000米处，一、二级石阶相继消失在两岸的绝壁上。

瀑布位置变迁

根据地质部、山西地矿局、国土资源厅、地质研究所、建设厅等单位专家的考证与研究，壶口瀑布最初形成时的位置，在今河津市龙门处。所谓“鲤鱼跃龙门”的典故即因此而得名。随后，瀑布位置向后推移，至今，已移动了70千米之遥。

据现存历史古图《夏商州国邑图》《周州国邑图》《秦郡县图》标示，孟门、壶口均为瀑布下游东岸的两座山，瀑布在孟门山附近，壶口山还在孟门山之南。如果这些古图传达的信息准确的话，说明因壶口山而得名的瀑布在夏商周时期已由龙门上移至孟门山之南。这与《尚书·禹贡》“既载壶口”的记载相比，又已向北移动了一段距离。

魏正光二年(521)郦道元写成《水经注》。他把壶口瀑布与孟门山联在一起，作了详尽描述。这就透露了当时的瀑布位置就在孟门山下。

唐元和八年(813)李吉甫所撰《元和郡县图志》，记录了现在所说的龙槽：“河中有山，凿中如槽，束流悬注七十余尺。”“石槽长一千步，阔三十步。”这显然和郦道元《水经注》所记明显不同，说明壶口瀑布又已向上推移。《元和郡县图志》成书上距《水经注》成书286年。在这286年中，壶口瀑布向上推移了1000步。唐制1步为5尺，1尺折合29.5厘米，则1000步就为1475米。如果按年平均，每年向上推移竟达5.1米。当时石槽宽30步，折合44.25米，石槽中的河水“束流悬注七十余尺”，如作75尺计算，则瀑布落差为22.3米。

《元史·木华黎传》《元史·石天应传》和历代吉县志曾记载，金兴定二年(1217)，蒙古大将木华黎派石天应在壶口瀑布一带凿窝树桩，建黄河铁索桥。经研究人员实地挖掘寻找，元代黄河铁索桥遗址已经找到，位置在今壶口瀑布下游1055米处，正对吉县龙王庙。研究者按情理推断，这一铁索桥选距既应避开瀑布，又应选在离瀑布不远的河床较窄处，如判定为瀑下350米左右，以此计算，那么当时的瀑布在今日瀑布下游660米处。明代曾担任过副都御史的惠世扬曾游壶口，在《壶口七律》中有“双腾虬线直冲斗”之句，描写了当时黄河左岸在洪水期形成的副瀑与主瀑距离很近，“双腾虬线”跌入龙槽时形成的奇观。研究者依据《明史》记载推测，惠世扬游壶口时应稍晚于明神宗二年(1571)，这副瀑入河口处即民国4年(1915)稍加修筑而成的“旱地行船”入河处。据此，明初壶口瀑布距今日壶口瀑布为400米。由此推算，明清两代，壶口瀑布

又上移了 350 米左右，而民国 4 年（1915）至 2015 年，则上移最大距离不超过 50 米。

壶口瀑布的位置在不断上移，这是毫无疑义的。连壶口附近的居民也都在说："龙槽"每天往后能磨一针。据《水经注》"孟门，龙门之上口也"推算，认为年平均上移 3.5 米；有的专著认为每年上移 5 厘米。有专家依据夏商以来历史记载和实测所得资料，认为夏商至西周 1250 年间年平均上移 1.6 米，东周至两汉 1232 年年平均上移 1.3 米，隋唐至金元 888 年年平均上移 0.9 米，明清两代 572 年间年平均上移 0.7 米。总起来看，自公元前 2106 年到清末 4000 多年来，平均每年上移速度约 1 米有余。这一研究也可备一说。

周边地貌变化

龙槽的变化 上古时期，壶口瀑布前并无龙槽。当瀑布退至孟门山后，才开始有了龙槽的雏形。数千年来，由于地质以及水流等方面的作用，2015 年龙槽已达 4600 米之长。

孟门山的变化 在史料记载中，孟门山与东岸山体曾连在一起，数千年的河水侧向侵蚀，将它切割分离成位于河道中心的长岛，以后又肢解成南北两个小岛。

黄河河谷变化 壶口一带黄河河谷的谷底及两岸谷坡，有明显的河水侵蚀遗迹，包括：谷坡上巨大的侵蚀三角面，支沟入河的裂点，多级阶地及其上的冲蚀洞穴；谷底有各种流水冲刷凹槽，流水挟砂砾淘蚀成星罗棋布的各式凹坑，以及小型侵蚀鼓丘、瀑布跌水洞。这些都是在河谷缓慢但从未停止的变化中形成的现象。

河流多级阶地地质变化 壶口一带黄河普遍发育有三级阶地，它们距河水面相对高差分别为 150 米、50 米、10 ~ 15 米，均具有下部砾石层和上部泥沙层的二元结构。150 米高的Ⅲ级阶地有的砂砾层已固结成砂岩、砾岩，其上为中更新世的灰红色亚黏土堆积；50 米高的Ⅱ级阶地砂砾层之上为马兰黄土，属上更新纪；Ⅰ级阶地高 10 ~ 5 米，由全新世的砂土组成。这些遗迹真实地记录了第三纪后期与第四纪的地层，是科学家们进一步研究当时黄河流域壶口瀑布一带的气候、地理环境的客观依据。

形成与变迁的原因

瀑布形成与变迁的主要原因为二次侵蚀。壶口一带河床的基岩多是三迭纪形成的二马营组岩层，其岩性上部为细砂岩及泥质砂岩夹砂质页岩，底部为厚层砂岩，互相交错发育，软硬交替，使流水的侵蚀作用得以加剧。岩石的构造形迹中又有两组共轭式垂直节理（裂隙）发育，即一组节理顺河水流向发育，另一组节理为跨河发育，而且还有一些断层，地层又相当水平，所以易被构造作用切割得支离破碎。这一带的地形特点也很明显，瀑布线以上有 80 米的河段宽仅 20 ~ 30 米，再向上游河道宽也只有 250 ~ 300 米，从河道的横断面形态看是典型的束狭河段。黄河河道自府谷到禹门口总落差达 483 米，其中府谷到壶口一段纵降比最大。这种溯源深向侵蚀，就是形成瀑布下游深槽并逐年上移的原因。此外，束狭河道下端与扩张河段间的跌水上溯冲刷力量，也是使深槽下切和向上延伸的一个因素。

在壶口瀑布上游，黄河河道狭窄而纵降比大，流速相当高。又因两岸是黄土高原严重的水土流失地区，每立方米水体含沙量达 100 ~ 300 千克，洪水期中还挟带砖石。因此黄河在这段河道中的冲击力很大，溯源侵蚀速度相当快。这就是近 4000 年来"龙槽"平均每年上移 1 米多的原因。

第二章 景区景点

第一节 瀑布景观

四季景观

瀑布之春 春季的4月下旬，即农历三月，正是壶口一带山桃野杏开花的季节。公路旁、山坡上、沟道里，每一条沟，每一道梁，一簇簇、一片片，到处是怒放的山桃野杏花，观之赏心悦目，闻之清心扑鼻。此时，黄河两岸冬天结成的冰瀑、冰岸开始消融，水势因之增大，人们把这时的黄河水叫“三月桃花汛”。桃汛期，河水秒流量最大可达到8000 ~ 10000立方米。黄河水经过冬日的休眠，一变往日的沉静，奔流腾涌，主瀑、副瀑连成一片，呈拐杖形态，挂出宽约千米左右的瀑面，似万马奔腾，是观赏壶口瀑布的黄金时段。

瀑布之夏 进入夏季，壶口瀑布秒流量降至1000 ~ 2500立方米之间，流量变小，落差加大，宽约20米的瀑布形成30多米高的长练，飞流直下，水柱冲天，波浪翻滚，惊涛怒吼。身临其境，眼前浪花飞舞，脚下龙潭生烟。若是遇到大雨，水量便逐渐增大。无须多久，洪水滚滚而来。刹那间，河滩就会被大水淹没。远观壶口，一片汪洋之中，烟雾升腾，随风摇曳，宛如仙境。随洪水冲下来的巨石相互撞击，发出轰轰隆隆的声音，如一曲雄壮的鼓乐。鼓乐伴奏着烟雾仙境的变化，真好似一幅壶口“海市蜃楼”图。

在这个季节游壶口，还能看到一个奇观：一发洪水，壶口附近的老乡，男男女女，成群结队，拿着长把子的捕鱼工具——捞兜，来到河边，在洪水里捕鱼。男人捞到鱼就往身后的干岸上甩，老婆孩子就赶紧往筐子里装。大的有1米多长，小的也有二三斤重。捕捉一阵，水加大了，老乡们便一阵呼喊，急流勇退，撤离上岸，清点自家的胜利果实。游人巧逢此时，能买到一两条鱼，品尝一下真正的黄河鲤鱼的味道，也算不虚此行。

瀑布之秋 金秋季节，千溪万壑之水汇聚，流量骤增，黄河水秒流量达到3000立方米以上，主瀑、副瀑依然携手倾泻，而且瀑柱宽、粗、大，雾烟浩荡。这个时期的壶口瀑布，洪波怒吼，气贯长空，形成“天开一堑势雄豪”的壮美景象。烟波浩渺的主瀑只能远看，无法接近，而东岸的副瀑却洋洋洒洒，飘飘逸逸，极富诗情画意。这个季节到壶口旅游，无论是沿途的公路两旁，还是壶口的两岸群山，都可欣赏到枫树和黄栌树林形成的红叶。历代“壶口秋风”之美称，即指此情景。

瀑布之冬 数九严冬，“大河上下，顿失滔滔”。河面大部冰封，冰雪相映，安详如眠。未封之处，黄河水清了一些，也小了许多，秒流量只有150 ~ 300立方米。细流涓涓，给人以俊美之感。这时的瀑布，失去了往日狂奔怒号的野马性格，变成了一座冰清玉洁的水晶宫。在瀑布东侧的崖岸上，挂满了长短不齐、粗细各异的冰凌，形成了奇特的冰瀑，晶莹剔透，玲珑奇巧，在阳光的照耀下，五光十色，色彩斑斓，别有韵致。岸边，因水雾飞溅而结冰成形，天然堆出座座冰雕，像狮、像虎、像牛……千姿百态，栩栩如生，犹如一座冰雕的动物世界。这个季节游壶口，还能欣赏到“千里冰封”的北国风光，座座山峦银装素裹，“山舞银蛇，原驰蜡象”，使人真切地体会到“江山

如此多娇”的境界。

四大奇观

水里冒烟 “水里冒烟”是壶口瀑布的独特景观。滚滚黄河水奔流到壶口，急遽收束，倒悬倾注深潭，在深潭里上下翻卷，水雾轰然而起，在空中飘散，迷罩两岸，似云似烟，给壶口瀑布披上了一件薄如蝉翼的衣裳。游人在烟云朦胧中看壶口瀑布，如进入一个梦幻世界，神秘多彩，遐想万千。清人刘龙光在《咏壶口》中写到：“渴马奔泉近，山雷震谷声，入中不见出，忽有云烟生。”就是这一奇妙景观的真实写照。

谷涧生雷 壶口瀑布冲击岩石发出的轰鸣，方圆十里均能听到。而且，不论烈日当空，还是寒风凛凛，昼夜不停，如雷贯耳，被称为“谷涧生雷”，又称为“雷首雨穴”。谷涧的雷，有飞瀑坠下时的轰鸣声，有浪花翻卷时的咔嚓咔嚓声，使人觉得似乎时而像愤怒时的阵阵怒吼，时而像兴奋时的声声呼唤。凡是来壶口参观的人，都会发出这样的赞叹：“到壶口，只要听到这涛声雷鸣就已足够了。”很多游客到壶口，会静静坐在瀑布岸边，看着惊涛拍岸的急流，沐浴着绵绵烟雨，倾听着雷霆万钧之鸣，沉浸在“风在吼，马在叫，黄河在咆哮”的著名歌词和旋律之中，领悟着历史和人生的真谛。

彩虹通天 到壶口，看彩虹，成为游人的一种向往。瀑布飞流直下，注入龙槽后，溅起水珠四射，云雾腾生，经阳光照射，便会看到一道赤、橙、黄、绿、青、蓝、紫颜色界线分明、轮廓清晰、绚丽夺目的七色彩虹，悬在瀑布之上。“水底有龙掀巨浪，岸旁无雨挂长虹”，明人张应春在《咏壶口》中的这两句诗，描写的就是这种“彩虹通天”美景。而在民间，则在美景之中，又添上了美丽的传说：相传这彩虹是龙的化身。古代有一对青年男女隔河相恋而不能相会，龙王被感动，便化作一道彩虹，架起一座彩桥。这样，恋人每天都可以在彩桥上会面了。

群龙戏浪 观赏壶口瀑布，最为壮观的景象莫过于“群龙戏浪”了。滔滔黄河水，由 300 多米骤然收束为 20 ~ 30 米，被挤压得形成一条条狂龙，跃入壶口，释放出无穷的神力，激起了百丈水柱，然后，沿着十里龙槽向南奔流，白浪沿途相随，犹如群龙昂头翘尾，翻江倒海，腾云覆雨，经过孟门，顿时天地开阔，然后摇头摆尾直奔龙门而去。

四大奇遇

鱼跃飞瀑 每年三月，桃花汛期，无数的黄河鲤鱼就会溯流而上，云集到壶口瀑布前，冲波逆浪，奋力跃起，有的竟跳离水面，试图跳过瀑布。它们虽然在 20 多米高的瀑流前一次又一次翻落下来，但依然不知疲倦地一次又一次跃了起来。

蛟争深渊 多少年来，由于黄河水的侵蚀作用，在壶口这一段河床上侵蚀出许多大大小小的“暗洞”。有的居于河心，有的近于岸边。汹涌的黄河水到此便分流旋转而下，形成由远到近、由大到小的一层一层的水圈，河水逐渐旋到中间，注入地下。

骤然间，急旋的水圈，旋着旋着，便形成一个直径一二米、深不见底的水洞，发出哗哗啦啦的呼啸，如群蛟争斗，人们把这一奇特的景观称为“蛟争深渊”。

十月流凌 壶口民谣：“小雪流凌，大雪合桥。”说的是黄河到了“小雪”节令，便不断地向下游漂浮冰块，到了“大雪”后，冰块就挤在一起形成了冰桥。农历十月看流凌，是壶口一绝。成千上万的冰块自上游漂来，大者如屋，小者如筐，飘飘摇摇，银光闪闪，来到瀑布时骤然汇集，时而垒叠成山，如千军布阵，时而结队飞跃，似万马奔腾，使瀑布时凸时凹，时宽时窄，时隐时现，变化无穷。

龙潭潜鲤 在枯水季节，特别是遇到天旱时，黄河流量减少，副瀑、侧流消失，人们就有可

能走到瀑布后面，看到瀑布后面的秘密。1981年5月，黄河水量极小，壶口镇中市村村民张宝生和张富善路经壶口，看到瀑布下有石洞，便沿石阶爬进去，发现瀑布后有一暗洞，洞高2米左右，深5米多，洞内有一水潭，清澈见底，潭中许多鲤鱼，活蹦乱跳。两人脱下长裤，绑住裤脚当口袋，捕捉了50多条鲤鱼，沿原路返回岸上。当地乡民历来传说，瀑布下面有神秘的龙潭，龙潭中有未能跳过龙门的鲤鱼栖息，等待来年再跳。二人偶然奇遇，大概就是这龙潭了吧？

第二节 国家地质公园

2001年12月，根据黄河流域吉县壶口一带地层、地貌及地质构建特征，国家正式批准建立壶口瀑布国家地质公园。公园位于晋陕交界处黄河峡谷的中下段，地理坐标为北纬36° 00′ ~ 36° 18′，东经110° 27′ ~ 110° 42′，南北长16千米，东西宽3 ~ 5千米，总面积45.2平方千米。公园范围有丰富的地质遗迹景观，从不同的层面、不同角度反映了壶口瀑布一带的黄土地貌特征和黄河峡岩中Ⅰ、Ⅱ、Ⅲ级阶地及堆积物发育的地质史，是研究黄河流域地质特性的珍贵标本资源和进行科普考察旅游的理想目的地。

景区划分

地质公园顺黄河呈南北方向展开。根据公园中各地域地质遗迹、地貌景观以及人文景观分布特点，划分成4个景区。从南到北依次是小船窝黄河峡谷景区、壶口瀑布景区、中市村黄土丘陵河谷景区、克难坡景区。

小船窝黄河峡谷景区　南起小船窝村南，北到壶口瀑布景区南缘七郎窝黄河公路铁桥，南北长4.5千米，东西宽3千米，面积13平方千米。河中有河流旁切出来的孟门岛、葫芦滩岛，西岸有高耸的侵蚀三角面，50米高的悬谷裂点和侵蚀崖壁，岩石造型壁崖上有“天鹅逗鲤鱼”“老鹰戏石龟”，山上有“美女侧卧”及“神牛爬坡”。岸壁上有大大小小的水蚀洞穴及图案复杂的壁画般浮雕造型，颇具特色。此外，黄河岸壁上有20 ~ 50米高密集贯通的节理裂隙及Ⅰ、Ⅱ、Ⅲ级河流侵蚀阶地，也可供考察研究。人文景观有小船窝古渡、孟门夜月及巨型大禹立像。

壶口瀑布景区　南起小船窝景区北缘黄河公路铁桥，北至“旱地行船”入口处，南北长4千米，宽0.8千米，面积3.5平方千米，是地质公园的核心景区。这一景区除了各种瀑布景观外，还有“十里龙槽”“石窝宝镜”“观瀑石廊”等各种自然景观。河床基岩面上有棋盘格式节理，各种水蚀凹槽地质遗迹。在东西两岸还分布着Ⅰ、Ⅱ级阶地可供考察研究。人文景观有清代长城、龙王辿的明代码头、河清门、四铭碑亭、牛马王庙、龙门石桥。

中市村黄土丘陵河谷景区　由壶口瀑布景区往北，沿黄河直达马粪滩，长8千米，宽3千米，面积22平方千米。该区河谷成箱状，谷地平宽，谷肩高耸，Ⅲ级阶地明显。侵蚀三角面与裂点发育。河漫滩从南向北有石质、砾质、砂质、泥质四种特点。东岸黄土丘陵区，地貌自东向西为黄土塬—黄土梁黄土峁，逐次变化，并有土柱、落水洞、黄土桥、黄土坝、黄土崖、黄土冲沟，各种黄土地貌类型齐全。该区黄土总厚约200米，可进行黄土成因古地磁的研究。中市村有保存完好的各种黄土窑洞、黄土院落、旱井。

克难坡景区　该区位于地质公园北端，南北长2千米，东西宽3.5千米，面积7平方千米。地质遗迹景观有黄土塬、黄土梁、河流侵蚀阶地、双瀑交汇“二龙戏珠”及水蚀、风蚀石穴。阎锡山政权在抗日战争时期建立的碉堡、土城、各式建筑及兵洞遍布地表，还有交织如网长达数十千米的地下工事。

地质遗迹景观

根据原地矿部第21号令中对地质遗迹景观的定义，景区内地质遗迹分属基础地质、地质地貌、水文地质、地质灾害四大类。

基础地质类景观 包括瀑布北左岸两组节理点，孟门岛棋盘格式节理点，七郎窝桥南棋盘各式节理点，小船窝陡崖上贯通节理点，南原坡下层内断裂点，七郎窝桥南隔挡式褶皱点，通壶口镇公路边砾岩砂岩保护点，七郎窝公路北侧山顶 Q_2 砾岩相变点，通南塬公路拐弯处 Q_3 砂砾层相变点，通宜川公路拐弯处 Q_3 砂砾层相变点，小船窝对岸 Q_4 坡积压盖Ⅰ级阶地点，通壶口镇路边 Q_2 红色土水平层理点，瀑布左岸、二马营组砂页岩接触关系保护点，克难坡望河亭下二马营组斜层理点，河清门北二马营组波痕保护点。

地质地貌类景观 包括公园黄河两岸侵蚀三角面区，公园黄河两岸支沟汇入黄河处悬谷裂点，十里龙槽峡谷保护区，孟门岛河蚀离堆，小船窝下游河蚀离堆，瀑布后缘宽谷转峡谷区，黄河两岸Ⅰ、Ⅱ、Ⅲ级阶地，黄河两岸阶地基岩冲蚀洞穴，望河亭下基岩侧扣锅状水锅穴，瀑布区石窝宝镜水蚀锅穴，瀑布区水蚀凹槽，小船窝下游水蚀崖壁，小船窝村后拟鸟兽艺术造型，孟门山西南山脊美女山剪影，壶口镇东“守河神龟”巨石造型，瀑布东岸“禹帽夕照”石峰，黄河石质、砾质、砂质、泥质河滩区，南塬黄土塬及深切深沟，中市黄土塬及深切深沟，中市南黄土落水洞、土柱、天生桥，南塬北黄土落水洞、土柱、天生桥，克难坡村南“二龙戏水”深切河曲。

水文地质类景观 包括壶口主瀑布，壶口左岸副瀑布，壶口右岸副瀑布，克难坡孔隙下降泉，克难坡南沟多级瀑布。

地质灾害类景观 包括壶口瀑布左前方观瀑廊危岩保护点，七郎窝大桥西南“神牛爬坡”危石。

公园价值与景观保护

公园的综合价值 壶口瀑布是中国重要旅游景点。巨大的黄色瀑布，排山倒海、汹涌澎湃的气势是国内其他景点所没有的。历来人们把黄河看作中华民族的精神所在，具有广博、深沉的文化内涵。这是壶口地质公园的旅游价值和文化价值。同时，还具有极重要的工程地质科研价值。

壶口瀑布两岸发育的三级阶地，为这一区段黄河的形成、发展与演化，提供了充实的地质依据。这一区段黄河是从下更新世起所形成的，上新世的黄河是从其上游石楼、隰县、大宁绕道至吉县而来的。

壶口瀑布两侧第四系发育较好，尤以中更新统离石黄土厚度巨大，可达200余米，是离石陈家鄢层型剖面厚度的两倍。它底部的冲积成因依据确切，附近（柿子滩）还有古人类活动遗迹（旧石器和动物化石），据当地老乡反映，20世纪50年代瀑布区第四系中曾出土过大型脊椎动物化石。因此，它是研究第四系的理想地区。

壶口瀑布及其周围，河流的侵蚀作用遗迹丰富，大至侵蚀三角面、河心岛、基座阶地、悬谷裂点；小至侵蚀洞穴（砂岩中）、冲刷槽、掏蚀圆坑，乃至溶蚀淋积现象，都十分丰富。是提高国民文化素质的科普教育基地。

通过壶口瀑布国家地质公园的建设，公园内的地质遗迹、文化遗产将采取更科学、更严密、更有效的开发和保护措施，为广大游客、科技工作者提供观赏和科学研究的场所，并将大大促进旅游业的发展，以及生态环境的进一步改善。

地质遗迹景观的保护 根据国土资源部地质遗迹保护管理规定及地质遗迹划分标准，公园内分为三级保护对象。

一级保护对象（国家级）为壶口瀑布、上段龙槽、观瀑石廊、石窝宝镜、流水冲刷槽，它们分布在瀑布上游旱地行船出入口之间，面积3.5平方千米。

二级保护对象为十里龙槽、孟门二岛、小船窝河口黄河两岸河边石崖以及小船窝南、葫芦齐滩两个离堆。因陡崖直立平面积不易计算，按两侧各10米计算，面积2平方千米。中市村景区，黄土塬、梁、峁及崖、墙、柱等，面积3平方千米。

三级保护对象为黄河两岸三级阶地中段所夹，包括河道在内所有崖、坡，不论石质、土质均属保护对象，面积约45平方千米。

第三节　其他景点

观瀑洞与观瀑桥

观瀑洞　位于龙槽东岸，距瀑布40多米，系由人工顺天然石层凿成。它由观瀑竖井与观瀑平台两部分组成。竖井顶盖以钢筋水泥封顶，直径3.4米，深13.8米，竖井中央树立一根直径60厘米的钢管，围绕这根钢管，焊接着68级呈螺旋状的铁制台阶。游人可由此台阶，下到竖井底部，再走数步便到观瀑平台。平台顶部仍是悬空的石岸，高约2米，宽约4米，长约16米，总面积60余平方米，如同一座长廊，可容纳30余位游客同时在这里仰观瀑布。

站到观瀑平台，往右上方看去，只见瀑布好似一条狂奔呼啸的黄色巨龙自天而降，直落入脚下的深渊。可从近处看到龙槽中冲起的激浪与水泡，会更深切地感受到黄河一泻千里的气势和惊天动地的怒吼。

观瀑桥　位于壶口东岸二道河上。过去游人观壶口瀑布，水小时可以淌河过去，水大时只能隔河相望了。为了方便游人，在壶口二道河上架设了两条200余米长的观瀑桥，名为"二龙戏珠神龙脊"。从高处俯视，如两条游龙，弯弯曲曲，在黄河滩上嬉戏；从远处侧看，像两条急欲腾飞的神龙，上下起伏，昂首摆尾。游人走在龙脊上，又如腾云驾雾，步入仙境。

十里龙槽

在壶口瀑布下游近3千米的地段中，由南向北走在黄河滩，只闻黄河惊涛声，却不见黄河雄姿影。这是因为黄河在这里奔流在一条宽30～50米，近5千米长的"十里龙槽"中。龙槽中平均水深40多米，水面之上的河岸又有石壁遮挡。只有站在龙槽边上，才能看到黄河在龙槽中奔涌腾跃。每年冬季的"小雪"节令，黄河源源不断流下大量冰块；到大雪节令，河中的冰块就叉满了龙槽，然后被堵住的河水浇灌冰冻，成为天然的冰桥。因为龙槽只有几十米宽，所以此处冰桥相当结实，可渡人畜。过桥时，尽管脚下时有崩裂之声，但你只要顺着别人走过的印痕通过，并无危险。历史上，有许多军事家曾利用冰桥渡兵，取得战机。十里龙槽不但是观瀑、观河的好去处，而且它本身就是一处堪称世界之最的地质奇观，还有一定的军事历史文化内涵。

石窝宝镜

在壶口至孟门龙槽两边的石岸上，经常可以看到许多经水冲刷显示在石板面上的树叶、虫鸟等各种淡红色图案。在布满各种图案的石板上，夹杂着大小深浅不同的圆窝，小如碗口，大若缸瓮，浅的尺余，深者数尺，坑壁光滑无比，各个窝中储满清水，水面光洁平整，犹如镜面，山川景色相映其间，游客游玩之际，既可洗面，又可整容，俗称"石窝宝镜"。"石窝宝镜"非人工所凿，而是经过洪水长期冲刷而成。明人张周祜曾有诗赞曰："因甚孟门开宝镜，嫦娥向晚理残妆。"

梳妆潭

壶口瀑布两岸，平时是石岸沙滩，洪水期则是泥沙黄浆到处横流。但在东岸龙王庙附近，却有一个清澈见底、爽人耳目的清水潭，显得格外清亮、诱人，给这里平添了几分秀色，成为壶口风景区内的一处独特景观。相传这是王母娘娘当年梳妆打扮的“梳妆潭”，在此洗尘可使肌肤平滑柔软。有不少游客在观赏壶口瀑布之后，来此洗掉尘埃，顿感清爽舒适。

禹帽孤峰

在东岸龙王庙后的小沟后边，可以看到一座孤立的山峰，就像天上飘下一顶帽子扣在那里，这座孤峰就叫“禹帽峰”，又叫“石帽山”。民间传说它是禹王的斗笠变成的。在夕阳余晖的照射下，远远望去，它似乎在风中悠悠而动。光线渐暗的时候你再去看它，它好像摇摇晃晃要往下飘的样子，更使人感到它真像是禹王斗笠所化。

旱地行船遗迹

清人刘龙光诗曰：“黄流滚滚入壶中，九折波澜此地雄。禹治功成留缺陷，往来舟楫一时穷。”说的是壶口瀑布将黄河水运割为两段，成为天然障碍，往来船只不仅无法从河中通过，而且因此处水大流急，稍一不慎，便收船不住，跌入深槽。因此，船夫们不得不在瀑布上游龙王辿提前泊岸，将所装货物全部卸下，由牲畜驮运下行，而船体则由人力拖上石岸，由纤夫拉到瀑布下游水流缓慢处，再入水装货顺流下行，被称为“旱地行船”。为便于“旱地行船”，当时人们在黄河石岸上将洪水多年冲出的浅沟略加凿修，便成为行船的通道。现存“旱地行船”遗迹最为明显的，便是北起龙王辿、南到元代铁索桥东岸遗址的一条沟道。

元代黄河铁索桥遗址

元初，蒙古大将木华黎，率军攻克金朝隰吉便宜经略使杨贞在黄河畔所建牛心寨，占领吉州后，为沟通秦晋交通，“凿窝树桩，往返缠以铁索，上架桥板，以渡大军”，称“黄河飞桥”或“黄河飞渡”。桥虽早废，但遗址尚存，在壶口瀑布下游 1055 米处，两岸各有主桩索洞 3 个，其后两岸共有拉桩洞 15 个，以主桩洞侧算，当时桥宽 3 米，跨度为 16 米。

阎锡山兵桥

抗日战争时期，阎锡山率部退居吉县，为便利西渡黄河入陕，于民国 28 年（1939）在元代铁索桥旧址下游不远处，打窝树桩，用 4 根钢丝缆绳架起长 240 余米、宽 2 米的悬空铁索桥，称“洋桥”或“兵桥”。1947 年 6 月 22 日，中国人民解放军太岳军区 22 旅 2 分区独立团，为配合延安保卫战，派遣小部队，直插敌后，全歼河岸守敌，为断敌通道，炸毁铁索桥。

孟门夜月

（详见第二十九编文物旅游第二章第一节吉州八景孟门夜月）

桑津古渡

黄河自孟门往下便进入一个大弯，大弯如弓，背向东岸，弯中水流平缓，岸边岩石裸露，因船楫多在此云集停靠，故名小船窝（名冠“小”字，是为与下游“船窝”区别）。此地在战国时期因桑园茂密而称采桑津，后毁于战火。河边石碣上尚存拴船石孔数百。另外，还存有小船窝水下破礁除险碑，民国 17 年（1928）由龙王辿税稽局查震垒立，记载了当年除礁排险、兴建航运的具体情况，对了解渡口当年繁荣景象，有极为重要的参考价值。与小船窝相对，河西亦有古渡可见，而且规模很大，名为圪针滩，现尚存百十孔窑洞。当年两岸粟客，在四乡收买粮食，雇脚运集于此，建窑存粮，尔后装船运至禹门口贩卖。岸边挽船的石孔以及石崖上为船夫开凿的山路，至今依然如故。

镇河神牛

从孟门山向黄河西岸的山上眺望，在一座高山接近顶端的第二台阶处，好似有一条大牛在向山上爬，脚腿蹬山，惟妙惟肖，从肚子下面可看到背后的蓝天。传说，大禹凿龙门后，就在这山上放了一头神牛来镇洪水。虽是传说，但黄河水从来没有涨过孟门山，却是事实。

守河神龟

在孟门山黄河东岸有一个小山包，酷似一只巨大的乌龟，面对黄河岿然不动，这就是传说中的守河神龟。相传神龟专管疏通河道，只要有堵塞，神龟马上就会疏导，保证洪水不再泛滥。后人专门在路旁建了“望龟亭”，供游人欣赏神龟。站在“望龟亭”里观神龟，神龟栩栩如生，活灵活现。

黄河公路大桥

1973年，中国人民解放军某部在七郎窝建成长247.6米、宽10米、高30.3米的黄河大桥，促进秦晋两省的经济、文化交流，给群众的往来带来极大方便。当年那种“秦晋两地不姻缘，隔河往来实在难”的情景，已成为历史。站在岸边望桥，雄伟壮观；站在桥上观河，动魄惊心，也是一处胜景。

另外还有龙王庙遗址、牛马王庙、龙王辿明清码头遗址、清代长城、河清门及四铭碑等。

第三章　漂流与飞越

第一节　漂流活动

千只鹅鸭漂壶口瀑布

1993 年 9 月 13 日下午 4 时 30 分，千只鹅鸭漂壶口活动正式开始。人们将上千只鹅、鸭，以及巨龙、猪、羊、白山羊模型，从壶口上游投入黄河。成群结队的鹅鸭在惊涛骇浪中经过殊死的拼搏，有 80% 以上的鹅鸭泅过瀑布激流，冲出千米龙槽，被 2.5 千米之外迎候的橡皮舟打捞上来，有上万人参加了活动。

漂流月

首届壶口漂流月　1994 年 9 月 19 日，首届黄河壶口国际漂流月在壶口瀑布景区开幕。国家旅游局局长刘毅为漂流月题写了会标并题词。山西省副省长刘泽民在开幕式上讲话。吴达才等省领导及部分外国朋友参加了开幕式，数万名游客参加了活动。

首届漂流月的重头戏是壶口上空走钢丝、乘密封舱漂壶口、黄河大桥悬索跳等表演。期间还成功组织了黄河三门（孟门、石门、龙门）漂游活动。本届活动共接待中外游客 12 万人，门票收入 39 万元。

第二届壶口漂流月　1995 年 9 月 19 日，第二届黄河壶口瀑布国际漂流月开幕。沿河两岸群众和来自国内外的游客近万人参加开幕仪式。国家旅游局发来贺电。

开幕式由吉县政府县长李苏河主持，县委书记陈保堂致开幕词。山西省旅游局局长王锚深和临汾地区行署、陕西宜川县主要领导参加开幕式并表示祝贺。日本和新加坡旅游观光团特地赶来参加开幕式。

下午，曾经漂流过长江与黄河壶口的勇士张志强表演悬索跳“蜻蜓点水”。此届活动接待中外游客 16 万人，门票收入 48.7 万元。

第三届壶口漂流月　1996 年 9 月 19 日 10 时 30 分，中国山西吉县第三届黄河壶口国际漂流月开幕。参加开幕式的有山西省副省长薛军等省地县领导，省长孙文盛发来贺信。新华社、山西省电视台等新闻单位参加活动。

本届漂流月的主要项目是黄河“三门”漂游和龙槽探险活动。同时还举行了粗犷豪放和富有黄土风情的《壶口潮》威风锣鼓表演、《壶口情》花鼓表演、《壶口颂》唢呐表演、《壶口风》武术表演、《壶口魂》腰鼓表演等文艺节目。河南高空飞车艺术团表演独轮车高空横跨壶口、高空飞人、摩托车悬空跨越壶口。滑翔运动员表演高空雄鹰滑翔、天女散花。本届活动接待中外游客近 20 万人，门票收入 59.7 万元。

第四届黄河壶口国际漂流月　1997 年 5 月 26 日—6 月 25 日，举办第四届黄河壶口国际漂流月。中国台湾特技演员柯受良驾汽车飞越黄河。壶口瀑布旁架起 1200 平方米表演台，表演台的南边，铺设一面 1200 余平方米的五星红旗，连接着河的两岸。有 1600 人组成的威风锣鼓队，360 人组成的大合唱团。有吉县和来自全国各地的文艺表演、杂技表演、直升机蹦极跳、摩托车

高空表演等。中央电视台、香港凤凰卫视台现场直播。此届活动接待中外游客 30 万人，门票收入达百万元。

旅游月

第五届黄河壶口国际旅游月　从 1998 年开始，每年一届的壶口漂流月活动扩大提升为国际旅游月活动。

1998 年 9 月 19 日，第五届黄河壶口国际旅游月在壶口开幕。有黄河娃吉县人朱朝辉驾摩托车特技表演，河北省体委机动伞队的运动员高空飞翔表演，吉县的威风锣鼓、腰鼓、唢呐、旱船、竹马等民间文艺表演。内蒙古乌兰牧骑前来助兴。此次旅游月吸引了全国各地的数万名游客。

第六届黄河壶口国际旅游月　1999 年 6 月 20 日，第六届壶口国际旅游月开幕式暨 99 摩托车黄河壶口大飞越在壶口景区举行。省委书记田成平委托省委办公厅电话祝贺，地委书记杜玉林致电，预祝飞黄成功。地委副书记程满仓，地委委员、地委秘书长秦瑞亮，政协临汾工委副主任张家俊等领导出席开幕式。

中午 11 时 58 分，朱朝辉驾驶本田 250 摩托车驶过 136 米长的助跑道，飞越壶口瀑布，准确地落向对岸。

此次大飞越活动由吉县县委、县政府组织，吉县民营企业家刘效平出资筹办，北京电视台现场直播。

第七届黄河壶口国际旅游月　2000 年 6 月 20 日—7 月 19 日举办“中国山西吉县第七届黄河壶口国际旅游月暨朱朝辉 99 黄河大飞越一周年纪念”活动。

本届黄河壶口旅游月活动推出 100 多人的大型威风锣鼓表演，壶口百人腰鼓和百支唢呐演奏，群狮闹壶口和黄河双龙舞。众多游客参与了漂龙槽、登孟门、观瀑布和骑毛驴、穿峡谷、访古城活动。

第八届黄河壶口国际文化旅游月　2001 年 9 月 19 日，第八届黄河壶口国际文化旅游月开幕式暨“泰阳壶口极限超越”大型演唱会在壶口风景区举行。活动由吉县县委、县政府和中国慈善总会、中国传统文化促进会、泰阳证券责任有限公司、北京电视台、临汾泓艺广告公司等单位联合举办。“千年歌星”孔太挑战人类、挑战自我、挑战声乐极限，经过中央音乐学院声乐系教授吴天球以音阶引进的方式，用钢琴对孔太进行全面测试，孔太以音域跨度达 4 个 8 度零 4 度创造了世界吉尼斯世界纪录。上海大世界吉尼斯总部代表李钢为他颁发了证书，中国慈善总会聘其为“慈善大使”，吉县人民政府县长原学义为孔太颁发了“吉县荣誉市民”证书。

中央电视台、香港东亚卫视、北京电视台、山西电视台实况录播，《京华时报》《北京青年报》《山西日报》《临汾日报》等新闻单位都进行了全面详尽的报道。

文化旅游节

首届中国（山西）黄河壶口文化旅游节　2010 年 9 月，举办以“人文壶口魅力吉县”为主题的首届中国（山西）黄河壶口文化旅游节。活动内容主要有“魅力吉州”开幕式大型文艺演出活动、“璀璨壶口”文化精品暨特色农产品展销会、“浓浓乡情”地方戏曲精品大展演、全国书画名家邀请展暨“壶口神韵”摄影展、抗日民族统一战线克难坡纪念馆开馆仪式、山西师大老三届克难坡抗战文化研讨会、“共赢明天”山西吉县经济合作洽谈会、“秦晋之好”晋陕两省民间文艺大联欢、黄河流域九省区老年书画家壶口笔会等九项活动。省人大常委会副主任安焕晓、省政协副主席韩儒英、刘滇生，山西省委原书记、省人大常委会原主任李立功，山西省原省长王森浩，山西省人大常委会原副主任李蓼源、王民，山西省政协原副主席靳承序、赵凤翔、边鸣涛、阎爱英，

国家旅游局综合司司长唐洪广，省委副秘书长王进喜，省委宣传部常务副部长杨波，省旅游局局长籍振芳，人民日报山西分社社长安洋，省工商局局长王虎胜，省党史办主任张铁锁，山西焦煤集团主要领导，省城镇集体工业联合社主任李荣刚，省旅游局副局长王炳武，省农业厅副厅长王高勇，市委书记谢海及市四套班子领导和市直有关部门负责人、国内的100余家媒体的记者出席开幕式。旅游节期间，共签约项目21个，总投资达167亿元。

中国（山西）第二届黄河壶口文化旅游节　2012年8月，成功举办以“揽黄河神韵、壮壶口雄风”为主题的中国（山西）第二届黄河壶口文化旅游节。活动是由山西省委宣传部主办，中共临汾市委、临汾市人民政府协办，中共吉县县委、吉县人民政府承办的全省八大主题文化活动之一。活动主要有“壶口风”开幕盛典，“爱在黄河”李雨儿演唱会，黄河壶口特色农产品展销会，人祖山、柿子滩出土文物展，“秦晋之好”名家书画摄影邀请展，“璀璨壶口”首届自驾游帐篷大会，“田园怡情”苹果园采摘活动，招商引资经贸洽谈签约仪式，“黄河壶口之旅”推介签约会，“民族风”全国民族歌舞邀请赛十项内容。在全国80多家新闻媒体的支持下，宣传力度大为增强，壶口、吉县的知名度和影响力得到了进一步的提升，实现了文化、旅游、经贸的大融合、大繁荣、大发展。

探险漂流

安徽省黄河漂流队漂流壶口　1987年9月4日，安徽省黄河漂流队来到吉县，经过多日的准备，由该队队员王来安乘坐由40个汽车轮胎缠绕而成的一条密封舱，顺瀑布浪头漂下，首次漂流壶口瀑布成功。

北京青年黄河漂流队漂流壶口　1987年9月8日，北京青年黄河漂流队的探险者张晓军，在队友的配合下，在壶口瀑布漂流成功。此前，他从黄河源头先后到青铜峡、刘家峡、龙羊峡等多个惊险处一路漂流，最后到黄河入海口漂流成功，成为第一个从黄河源头一直漂流到黄河入海口的勇士。

河南省黄河漂流队漂流壶口　1987年9月10日，河南省黄河漂流探险队用敞篷船，在壶口侧流瀑布顺漂成功。

天津勇士漂流壶口　1994年9月19日，即首届壶口漂流月开幕之日，天津漂流勇士张志强，乘坐由上海橡胶四厂设计制造的密封舱漂流壶口。为了加大密封舱的浮力，在密封舱外捆绑了许多汽车轮胎。为了漂流安全，在密封舱内配备了氧气袋等设备。张志强曾于1982年漂流过长江，是第一个既漂流过长江、又漂流黄河的“双漂”勇士。

黄河三门漂游首漂　1994年9月28日，吉县黄河“孟门—石门—龙门”三门漂游活动拉开帷幕。黄河自壶口以下，由孟门，经石门，至龙门，全长共65千米，河道狭窄多弯，水流湍急多浪，两岸崇山峻岭，峰峦叠嶂。吉县县委、县政府和临汾地区旅游局数年前就拟开发这一旅游线路，并已建造了游船，但因河道清淤工作未竣，未能实现。其后，又购12艘机动橡皮快艇，并确定在1994年壶口首届漂流月活动期间举办“中国临汾黄河壶口国际漂流月”活动。

这次首漂式由临汾中国国际旅行社和吉县黄河壶口漂流有限公司具体承办，中国国际旅行总社等8家旅行社和新华社、人民日报社等15家新闻单位派人参加。地委书记徐生岚、行署副专员樊玉龙，吉县县委书记陈保堂、县长李苏河在孟门岸边为参加漂流的9艘快艇、80名游客送行。漂流队于中午11时45分启航，下午4时到达河津龙门，历时4小时。

第二节 飞越

柯受良驾汽车飞越壶口

1997年6月1日，从凌晨3时起，在吉县通往壶口的道路上，车辆以两路密集的队形，向壶口涌去。壶口景区以及两边山头上至少有五六万人观看“飞黄”表演。10点30分，“飞黄”助兴表演开始，歌唱演员殷秀梅、林依伦、解晓东、那英、毛宁、米文林、牛宝林、吕继宏、包荣等相继登台献艺。两架直升机在壶口上空拍摄。13时15分左右，中央电视台主持人宣布：柯受良准备提前起飞。13时19分7秒，柯受良身穿运动服，头带安全盔，坐进了跑车。刹那间，车从跑道的起点迅速冲下，在离起飞点几十米的地方，突然急刹车。跑车又退回出发点，再次冲上跑道，在黄河上空划了50米长的一道银色弧线，一头冲进黄河西岸接车台上。十几名工作人员帮助柯受良从车里走出来，飞越黄河圆满成功。黄河两岸人声鼎沸，掌声、呐喊声、鞭炮声汇成一片，人们用各种方式来表达对柯受良飞越成功的祝贺。山西省省长孙文盛当面向柯受良表示祝贺，并即兴吟诗一首：黄河九曲险天下，壶口飞瀑惊鬼神；涛声依旧雄姿在，而今一越更惊人。柯受良飞黄成功后，在壶口宾馆举行了庆功会。

附1：柯受良飞越黄河情况记录

现场人数：约6万多人。

现场车辆：7200多辆。

飞越车辆：日本三菱，车重1942千克，燃料为航空汽油。

飞越跑道：起点长264.5米、宽5米，落点长60米、宽10米。用100多吨钢材、150多立方米松木搭建。施工单位，总参工程兵科研二所。

飞越空间：长50米，高10.5米。

飞越时间：1997年6月1日13时19分7秒开始，用时1.58秒。飞越时车速145千米/小时。

飞越费用：1100万港元，全部由香港凤凰卫视中文台赞助。

保险金额：中国人民银行保险，720万美元。

门票收入：80余万元。

参加最高领导人：山西省省长孙文盛。

直接组织者：吉县县委书记陈保堂，政府县长原胜利。

助兴演出大舞台：晋陕两岸各1200平方米。

歌唱演员：殷秀梅、林依伦、解晓东、那英、毛宁等。

新闻媒体：100家，现场记者、新闻工作者1500多人，直接参与写稿、摄影、制作、编辑工作人员3000人。电视转播单位中央电视台、香港凤凰卫视台，收视范围96个国家、30多亿观众。

名家名稿：人民日报社记者刘工践《飞越黄河》(《人民日报》1997.6.2)

朱朝辉驾摩托车飞越壶口

1999年6月20日，由中共吉县县委、吉县人民政府组织，吉县民营企业家刘效平出资100万元筹办的朱朝辉驾驶摩托车飞越壶口活动在壶口举行。当日上午，吉县和宜川县分别在壶口两岸举办文艺演出活动。

11时58分，吉县土生土长的山里娃朱朝辉，驾驶国产摩托车成功飞越壶口，飞越距离43米。随后与等待在对岸的新娘举行了婚礼。

附 2：朱朝辉简介

朱朝辉是吉县西关村的一名普通青年，身高 1.65 米，体重 60 千克。他从小就喜欢机动车，12 岁时便学会了开车，稍长独自驾驶机动车远出 100 千米外运煤。

1995 年，他白天在壶口看了嘉陵摩托车特技队特技演出，当晚便从朋友处借了一辆“飞雁 100”摩托车，模仿特技队飞越。由于缺乏技术，心理素质欠佳，他只飞越了 5 米，就摔下摩托车，腰腿受伤，卧床十余天。父母、亲朋的一再阻拦劝说也没有动摇他飞越的决心。

1997 年，柯受良飞黄之后，朱朝辉提出要用摩托车飞越壶口瀑布。12 月 1 日，朱朝辉驾驶摩托车飞越壶口的想法，得到中共吉县县委书记陈保堂的支持。

他自筹 3 万余元，数次上北京、去天津拜师学艺，购置了一辆铃木越野摩托赛车，将原在国家摩托车队的秦克宁教练请到吉县，先在山沟里辟出一条训练跑道，反复训练。后在县二中操场搭起一个翘板坚持训练，在短短的几个月里掌握了十余种摩托车特技表演技能，可以驾着摩托车熟练地从翘板上一跃而起，在空中表演花样，飞出 30 米开外。最终圆了驾驶摩托车飞越黄河的梦想。

第三节　其他惊险表演活动

杨云壶口走钢丝

1994 年 9 月 19 日，首届壶口漂流月上，来自“中国杂技之乡”河北吴桥杂技艺术团的演员杨云，在一高一低两根横跨黄河的钢丝绳之间，先从东岸走到西岸，然后再返回，往返于滔滔黄浪之上，在钢丝上表演金鸡独立、凌空劈叉、悬空坐凳等多种高难度动作。钢丝下悬空数十米、横跨黄河 400 多米。杨云因此成了“华夏第一走”的人物，被誉为“黄河飞燕”。

张志强黄河大桥悬索跳

1994 年 10 月 1 日，天津漂流勇士张志强，在壶口公路大桥上进行悬索跳表演。表演使用的悬索从美国进口，是一种特制的有很强弹性和韧性的专用带子。表演时，张志强把悬索的一端牢牢地固定在大桥的支架上，另一端系在自己的脚踝处，从桥上跃然而下，直达离黄河水面三四米的地方，然后借助悬索巨大的反弹力，又从水面弹回。如此上下翻飞，近看如空中飞人，远看又像是在黄河水面上自由飞翔的一只水鸟。

1995 年 9 月 19 日，首届漂流月活动中，张志强又在壶口大桥上进行悬索表演，主题是“蜻蜓点水”。他从 31 米高的大桥顶纵身跳下，好似倒立于滚滚波涛之上。刹那间，他的头部贴住水面，猛又反弹上来。人们把这一惊险表演誉之为“亲吻母亲河”。

王凤海、王凤琴壶口上空骑车

1995 年 9 月 19 日，第二届黄河壶口漂流月中，来自河南省获嘉县高空飞车艺术团的王凤海、王凤琴，在架设于壶口瀑布两岸长达 1000 多米、距水面 60 米高的钢丝绳上，先后以摩托车、自行车、独轮车进行横跨壶口瀑布空中飞人表演。

冯九山壶口上空走钢缆

1996 年 8 月 25 日下午 5 点 5 分至 17 时 40 分 30 秒，河南省高空飞车艺术团演员冯九山，手持平衡铁管，从架设在壶口瀑布上空的钢缆上走过，打破了当时高空走钢缆的长度纪录，创造了吉尼斯世界新纪录。

美籍加拿大人科克伦，在 1995 年手持平衡杆走过中国长江三峡上空，轰动世界。科克伦走

过的钢缆长度为640米，冯九山走过的钢缆为732.2米。科克伦所持的是做工考究、结构复杂的特制平衡杆，冯九山手持的平衡杆仅是一段普通铁管。冯九山从壶口瀑布山西吉县一侧出发，历时35分30秒，到达陕西宜川一侧的山头上，钢缆最高处距地面154米，最低处距地面142米。由于钢缆跨度长，所以走上去就形成了较大的弧度。同时，黄河河槽的风力，加大了钢缆的摆动幅度，增加了高空走钢缆的难度。冯九山走到咆哮着的壶口瀑布上空时，单足站立，俯身平衡，做了个漂亮的“燕子探海”动作。黄河两岸的观众报以热烈的掌声。

该次活动在7月23日才向上海吉尼斯总部提出申请，原定由上海电视台《天下第一》栏目通过卫星向全球作现场直播，但因时间及设备等困难，改为现场录像，吉尼斯上海总部有关人员当日在现场观看表演，吉县公证处进行公证。

三青年缆绳越壶口

听说柯受良将驾汽车飞越黄河，深圳蛇口青年登山爱好者王大力认为，自己完全可以用登山绳索技术和专用登山器材跨越黄河，为庆祝香港回归增添光彩。

王大力和他的登山伙伴华南师范大学学生罗洁源、黄丽芬于1997年5月29日凌晨到达壶口。经过实地测量，他们将跨越黄河的地点选在柯受良准备飞车的跑道和表演大舞台之间。

凌晨6时，专用抛绳器将绳索抛过对岸，再牵引登山绳在黄河两岸架设了一条跨越黄河的“桥梁”。登山主缆11毫米粗，跨度达60余米，两端用岩钉固定在悬崖峭壁下的岩层上。6时30分，王大力第一个从壶口瀑布的山西一侧向陕西一侧开始跨越黄河。整个人的重量就系在11毫米粗的登山绳上，距离奔腾黄河水面几十米高，瀑布溅起的水花把他的衣服全都打湿了。当他快到对岸时，上升的绳索角度越来越陡，两岸的悬崖石壁没有一处可以援手。当王大力运用攀岩技术艰难地翻上峭壁时，人们一齐向他鼓掌，表示祝贺。随后，罗洁源、黄丽芬也分别从陕西、山西两侧依次横跨黄河。

第四章　管理保护与开发

第一节　管理机构

临汾市黄河壶口瀑布风景名胜区管委会

1984年初，吉县文化局牵头，组建壶口风景区考察组，对壶口周边的景观、文物、气象、水文、道路等进行全方位考察，搜集整理相关资料；同年6月，壶口风景名胜区筹建领导组成立，下设办公室，具体负责筹建工作，对壶口各人文景点进行修复和保护。1987年，吉县黄河壶口旅游管理局成立。1991年2月1日，吉县黄河壶口瀑布风景名胜区管理局成立，办公地址设在七郎窝，同时把文城乡的中市和南垣两个村委及东城乡冯家岭村委的小船窝自然村划归壶口管理局管理。1995年1月1日，又将东城乡的冯家岭、陈家岭两个行政村和文城乡的南村坡自然村划归壶口瀑布风景名胜管理局辖区。2000年，吉县黄河壶口风景名胜开发区成立，升格为副县级单位。人祖山、高祖山自然风景区也划入开发区管理。

2003年9月23日，吉县壶口旅游开发区管理委员会核定副处级领导职数1名。同年12月16日，“三定”方案批复同意吉县壶口旅游开发区管理委员会内设4个职能机构：办公室、风景名胜区管理局、建设规划局、事务管理局；核定开发区管委会全额事业编制25名（在吉县全额事业编制总额内调剂），机关人员执行国家公务员制度，人员经费由吉县财政负担，所需人员从吉县财政供应人员中调整解决；核定开发区管委会主任1名（副处级），副主任2名（正科级），内设职能机构副科级职数4名。

2005年6月29日，省编办主任办公会议研究，同意将吉县壶口瀑布旅游开发区管委会更名为临汾市黄河壶口瀑布风景名胜区管委会，为正处级建制，核定处级领导职数1正2副。

吉县旅游服务中心

1984年，组建壶口旅游开发办公室；1987年，成立吉县黄河壶口旅游管理局，同年更名为吉县旅游局；1996年，管理局、旅游局、壶口镇实行三块牌子，一套人马，合署办公，统一在管理局党委的领导下开展工作。1998年3月，成立山西省吉县黄河壶口旅游开发区管理委员会，副县级建制，与旅游局、管理局一套人马，壶口镇单独分设。2002年，旅游局更名为旅游服务中心，2004年独立办公，属正科级全额事业单位。下设旅行社、漂流公司、旅游公司、办公室、航管股、市场营销股、财经股等单位。

壶口镇

1996年12月，壶口镇设立。管辖区域为原划归壶口瀑布风景名胜管理的文城乡的中市、南垣、南村坡（原自然村）和东城乡的冯家岭、陈家岭村。2001年4月撤乡并镇，原文城乡的留村、存心两个村划归壶口镇管辖。壶口镇总面积达到113.75平方千米，人口4480人，镇人民政府驻地设在七郎窝。下辖中市、南垣、留村、存心、南村坡、陈家岭、冯家岭7个村民委员会。

第二节　景区规划保护

景区规划

政府决策　壶口瀑布的开发，采取政府主导型的模式。中共吉县第九次代表大会做出《关于建设旅游强县加速经济发展的决定》。中共吉县第九届三次会议出台《关于建设三大特色经济县决定》。吉县国民经济和社会发展"十二五"规划中明确指出："十二五"是吉县转型发展、跨越发展的开篇布局时期，要按照"黄河旅游龙头，世界旅游名片"的旅游发展定位，打造以壶口和人祖山为中心的世界旅游目的地，推动黄河壶口世界自然遗产和世界地质公园的申报工作，力争形成以人祖山、黄河壶口为核心的沿黄风情旅游区。

总体规划　《黄河壶口瀑布风景名胜区总体规划(1990—2000)》由山西省城乡规划设计研究院于1989年12月编制完成并获得批复。

《风景名胜区规划规范》(GB 50298—1999)于2000年1月1日起实施，为强制性国家标准，按照新的《风景名胜区规划规范》要求，对风景区的风景资源分类、风景资源等级评价指标层次、资源分级标准等都有具体的规定和评价标准。

基础设施建设

通水　1992年，吉县水利局牵头，报请山西省水利厅批准，投资36万元打凿日出水50吨的深水井一眼，修建300立方米的蓄水池一个，安装风景区供水工程管道1800米，解决了风景区供水问题，壶口镇服务区、克难坡服务区实现自来水供应。2015年，投资70万元完成景区公共卫生间配套的采水井及上水工程和污水处理工程建设。

通电　1991年，筹资15万元，开通龙王庙至七郎窝5千米输电线路，解决了景区照明用电问题。1995年，县电业局牵头，投资509.8万元，在壶口镇修建一座35千伏的变电站，开通了吉县至壶口输电线路，为壶口镇安装180千伏安变压器3台，克难坡安装20千伏安变压器1台，基本解决了壶口和克难坡景区生产生活用电问题。2001年实现24小时供电。2008年9月，完成十里龙槽4000米游览步行道和售票处至停车场4000米公路两侧路灯安装。

通路　1991年9月，壶口景区管理局筹资维修壶口镇大桥至壶口瀑布观景点4.5千米砂石路，后拓宽改造为9米宽的水泥路。1996年11月，投资30万元，建成占地面积4000平方米，同时可容纳800辆车的停车场。2005年9月，投资1.428亿元的吉壶二级公路竣工通车；11月，投资2600万元的壶口至克难坡景区循环公路全线贯通。2012年7月，临吉高速公路竣工通车，为中外游客到壶口旅游观光提供了更加便利的交通条件。2013年，人祖山至管头山26千米旅游路路基铺垫碾压工程完工；人祖山景区22.6千米旅游循环公路完成路基建设工程，2014年10月完成路面铺油工程。总投资2294万元的壶口景区检票口至马粪滩8.1千米道路拓宽改造工程全面铺开，2015年完工。

通信　1995年9月，风景区投资200万元，吉县邮电局规划、勘测、设计施工，架通县城至壶口45千米光缆通信线路，开通壶口景区的电话。1996年，在省地邮电部门的帮助下，投资92万元，给壶口景区架设光缆线路，安装模拟程控交换机，开通了GSM移动电话。1997年6月，将模拟程控交换更新为数字程控交换，壶口景区的通讯实现了交换程控化、传输数字化。

景区绿化　从1994年开始，壶口景区开始大面积植树造林，先后实施壶口林场、克难坡和南垣村国债工程林带、壶口镇西史尖村和老树岭退耕还林工程等，改善壶口一带生态环境。同时，

风景区管理局组织开展一系列绿化壶口景区活动。1990 年 3 月，在壶口景区举办了 99 生态环境游山西活动首游式及北京绿家园志愿者植树活动。2000 年 3 月，举办“世纪之林——绿化母亲河”义务植树活动。风景区全境种植以沙棘为主的灌木，包括榛子、山楂、杜梨、山桃、山杏、酸枣、丁香和山丹丹等，使之恢复黄土丘陵原始植被面貌。在中市村黄土地貌景观区种植了抗旱性能强的草莓、野蔷薇。风景区内车行路及人行道两侧采用低矮小乔木、灌木相结合的方式绿化，局部地段种植草坪，配以山花，予以美化。中心生活服务区开辟整块绿地，置自然石块及人工石雕，并建亭廊等休息场所。为保护环境、净化空气、减少风沙，结合绿化工作，景区采取了一系列保护措施。2010 年，壶口生活垃圾、污水处理厂正式投入运营。

风景名胜保护

保护对象　一级保护对象：壶口瀑布及其相关自然景点。包括壶口瀑布、石窝宝镜和部分龙槽。

二级保护对象：明代码头及其相关景点，包括明清买卖街、旱地船道、牛马王庙。清代长城及其相关景点，包括清代长城、河清门、四铭碑亭、昭忠祠、古炮台。克难坡各主要人文景点，包括望河亭、万能洞、忠烈祠、杨经略祠及真理室、批评室等“二战区司令部”办公用房和居住窑洞。

三级保护对象：黄河河道景观及克难坡旅游村，包括十里龙槽、镇流巨阨、圪针滩以及克难坡的大小屯兵洞。

四级保护对象：晋陕峡谷地域，风景名胜区范围内所有景点。

保护范围　一级保护范围包括一、二级保护对象在内的地域，面积约 0.54 平方千米。其中壶口瀑布景区 0.4 平方千米，克难坡旅游村 0.14 平方千米。

二级保护范围包括孟门桑津景区、壶口瀑布景区和克难坡旅游村的三级保护对象在内的地域，面积约 5.57 平方千米。其中壶口瀑布景区 2.97 平方千米，克难坡旅游村 1.48 平方千米，孟门桑津景区 1.12 平方千米。

三级保护范围包括整个风景区范围，面积约 20 平方千米。

保护措施　一级保护范围内，自然景观必须保持其自然生成状态，不得人工修饰。人文景点只能维修加固或恢复原样，不得随意改造。整个一级保护范围内，不允许搞新的建设项目。

二级保护范围内，要求服务设施与景观整体空间环境的协调一致。对于服务区的建设，应考虑在保护区内的制约，在建设中创造优美和谐的环境。

三级保护范围内，进行视觉保护。在峡谷地形条件下，一切建设均受制约，风景区内所必需的电力电讯线路亦在制约之列。

第三节　旅游线路

壶口旅游线路

壶口瀑布“一日游”“二日游”　从临汾到壶口一日游，观赏壶口瀑布风景区内各景点，到管头山赏红叶、高祖山探幽，吉县城购物。二日游除上述景点外，游览人祖山和克难坡。

黄河“三门”游　乘坐动力橡皮舟在黄河峡谷中漂流，经吉县孟门、乡宁石门、河津禹门，全长 70 千米，有 50 多道河湾和 11 处险滩，可观赏睡女娇、大禹峰、峰风崖、梯子崖、猴子山、熊山、错开河等 30 多处自然景观和古炮台、李自成点将台、古庙宇等 20 多处文物古迹。

“两黄三山一村”游　“两黄”即黄河壶口自然风光游和黄土高原民俗风情游；“三山”即人

祖山寻根、管头山观日、锦屏山抒怀；“一村”即克难坡度假村访旧。

周边旅游线路

线路一 壶口—大宁—蒲县—隰县—交口—汾阳—交城—清徐—太原。

景点：东岳庙、小西天、杏花村、玄中寺、晋祠、崇善寺、双塔寺、纯阳宫等。

线路二 壶口—临汾—洪洞—介休—平遥—祁县—太谷—太原。

景点：尧庙、白云寺、广胜寺、大槐树、苏三监狱、霍山、绵山、平遥古城、王家大院、乔家大院、太原各景点等。

线路三 壶口—宜川—富县（茶坊）—洛川—黄陵—铜川—咸阳—西安。

景点：黄帝陵、阿房宫遗址、乾陵、大雁塔、秦始皇兵马俑、华清池骊山等。

线路四 壶口—襄汾—曲沃—侯马—万荣—运城—解州—芮城—永济—风陵渡—西安。

景点：民俗博物馆、晋国遗址、丁村遗址、飞云楼、永乐宫、普救寺、万国寺、鹳雀楼、关公故里、夏县温泉、华山等。

线路五 壶口—宜川—富县（茶坊）—延安。

景点：宝塔山、三家坪、凤凰山枣园、杨家岭、清凉山、南泥湾等。

游览组合线

半日游 县城—管头山—高祖山—壶口瀑布—县城。旅游交通工具：客车。

县城—管头山—克难坡—县城。旅游交通工具：客车。

七郎窝—壶口瀑布—七郎窝。旅游交通工具：客车、毛驴。

七郎窝—黄河三门游—禹门口。旅游交通工具：旅游船。

克难坡—壶口瀑布—克难坡。旅游交通工具：客车、步行、毛驴。

克难坡—壶口瀑布—峡谷河道—克难坡。旅游交通工具：客车、步行、毛驴。

目的地壶口瀑布，壶口镇下车顺龙槽步行到壶口，观后乘车返回。

一日游 县城—管头山—高祖山—壶口瀑布—克难坡—县城。旅游交通工具：客车、毛驴。

县城—壶口瀑布—十里龙槽—清代长城—县城。旅游交通工具：客车、步行。

县城——管头山—人祖山。旅游交通工具：客车、徒步。

七郎窝—十里龙槽—壶口瀑布—明代码头—旱地行船—龙王庙—牛马王庙—清代长城—七郎窝。旅游交通工具：步行。

七郎窝—清代长城—壶口瀑布—明代码头—峡谷河道—克难坡—七郎窝。旅游交通工具：客车、步行、毛驴

克难坡—峡谷河道—明代码头—壶口瀑布—十里龙槽—旱地行船—龙王庙—清代长城—七郎窝—克难坡。旅游交通工具：客车、步行、毛驴。

黄河三门游，坐汽艇或气垫船上行或下行，游壶口瀑布后，坐汽车上行或下行游龙门、石门，返河津或壶口。

从小船窝景区入园，坐汽车观看东岸崖壁天然石雕，到壶口镇展览馆看 1 小时展览，坐车到壶口看瀑布、龙槽、石窝、观瀑廊后，坐车到中市村看黄土塬，再到克难坡参观。

二日游 县城—克难坡—壶口瀑布—十里龙槽—清代长城—孟门—桑津—县城。旅游交通工具：客车、步行

小船窝景区和壶口瀑布景区，夜住壶口镇或中市村。第二日游中市村、克难坡后到壶口镇参观地质博物馆。

游小船窝、壶口瀑布，第二日上午游中市村、克难坡，坐车或船沿黄河三门游到河津。

特色旅游项目

探险游 黄河峡谷宽仅几十米到百余米，峡谷、窄谷、嶂谷、幽谷交替出现，景物瞬息万变。同时，滔滔黄河涌进峡谷，形成无数的长滩、浅滩、急滩，其中较有名的圪针滩、柿子滩、蛤蟆滩、菠萝滩、师家滩等，水势险峻，景色壮观。游人可以用羊皮筏子、竹筏、小木筏、橡皮筏、橡皮船、独木舟等，在激流险滩中漂流，领略峡谷风光。也可以选择密封舱漂流壶口瀑布。游客通过自己驾驭漂流物顺水漂流，缩短人与水的距离，在激流勇进中满足现代大多数游客喜欢探险猎奇的心理，在惊心动魄中获得心灵的震撼和刺激。

揭秘游 大禹治水为何从壶口开始？瀑布后面是否有一石洞？为什么会有“人根之祖，出自吉州”的说法？“鲤鱼跳龙门”的龙门到底在哪里？这些自然现象和传说故事如蒙着一块面纱雾里看花，带有一种神奇的色彩，给人一种朦胧的感觉。游客可以用自己所掌握的知识，撩开这神秘的面纱，作出一个正确的答案。

考古游 景区有柿子滩文化遗址，有远古人类的岩画；有古化石，有古战争遗址，有古城堡，有古墓葬，这些都需要去考证；这里给喜欢考古的游客提供了一个学习研究的课堂和施展才华的场所。

科普游 黄土高原是如何形成的？黄河是如何形成的？壶口瀑布是如何形成的？黄河中有什么鱼类？黄土高原有什么动物、植物？黄河水为什么是黄的？黄河水什么时候能变清？十里龙槽作为一处地质奇观是怎样形成的？什么是杂色砂岩、页岩、砾岩？什么是峡谷、窄谷、嶂谷幽谷？为什么会形成如此壮美的晋陕峡谷？等等。游客在这里既可观赏大好河山，又可掌握许多科普知识。

怀古游 黄河之所以被称为母亲河，是因为它孕育了上下五千年的中华文明。从远古的大禹治水到清代的清捻之战，从平民百姓到皇帝，从真实的历史记载到美妙的历史传说，从将军到商贾，游客在不同的地方都能找到古人的足迹，从中回味历史的遗韵，感受古代的风云。

采风游 黄河文化源远流长，黄河峡谷流传着许多名闻天下的故事，也有许多鲜为人知的掌故。听听当地老百姓讲的“秦晋之好”“鲤鱼跳龙门”，看一看气势恢宏的威风锣鼓和柔情明快的壶口花鼓，感受一下“旱地行船”的辛劳，欣赏一下农民歌手唱的拉船调和一首首动听的黄河歌谣，让游客感受黄河风采，其乐无穷。

风情游 黄土高原，民风淳朴，群众性格豪放，人情厚道。一片绿荫中点缀着一个村庄，一派清新的田园风光。这里有原始的民居，来到农家小院，热情好客的村民会拿出香甜可口的苹果以及各种各样的野果招待客人，来的凑巧，可以品尝到真正的黄河鲤鱼。在黄河滩，游客还可骑着毛驴在山间小道上漫游，欣赏峡谷风光。离开喧嚣的都市，来到这有益于身心健康的环境里，无疑是一个理想的旅游胜境。

抒怀游 在管头山观日出可与泰山相媲美，看云雾可与黄山齐名，赏红叶胜似香山。壶口瀑布风景区为游客提供了一个赏心悦目、陶冶情操、抒发情怀的高品位的旅游点。在这里可以实现人与自然最温柔的接触。

野趣游 在壶口瀑布风景区有人祖山、高祖山、管头山 3 座山，可以满足游人爬山的需求。山上有各种鸟类和兽类，有各种稀有植物和野果。游人可以自带背囊，结伴入山，在熊熊的篝火前起舞，在寂静的山野里宿营，是何等令人心动和神往的事。同时，可以学到如何识别水源、如何辨别方向、如何野餐等生存技能。

田园游　田园观光体验景区重要地点包括中市村、存心村等居民点，感受田园生活，体验民俗风情，自由采摘苹果、蔬菜，品尝无公害农家特色餐。

寻踪游　主要游览人群有学生团体、中老年游客、海外游客、对近现代历史文化感兴趣的游客，在克难坡体验地下隧道，感受时空穿越，通过各种景点，了解抗日战争时期的山西。

附1：观瀑名人录

1986—2015年国家领导人观瀑名表

姓名	时任职务	参观时间	主要活动
胡耀邦	中共中央总书记	1986.06	6月17日到吉县视察工作，18日视察壶口。随同人员：中共中央办公厅副主任杨德忠，中华人民共和国煤炭部部长于洪恩，山西省委书记李立功
刘复之	中共中央政法委书记	1987.06	考察
华国锋	中共中央委员	1991.9.12	参观，题写“黄河奇观”
汪东兴	中共中央原副主席	1991	参观
乔　石	中共中央政治局常委、全国人大常委会委员长	1992.4.18	参观
胡　绳	全国政协副主席	1993.06	考察
杨汝岱	全国政协副主席	1994.6.2	考察
彭珮云	国务委员、国家计划生育委员会主任	1994.06	考察
宋　平	中共中央政治局常委	1994.9.21	考察
钱伟长	全国政协副主席	1995.6.20	考察，山西省政协副主席靳承序陪同
李铁映	国务委员、国家教委主任	1995.9.13	考察
张　震	中央军委副主席	1995.10.25	视察
江泽民	中共中央总书记、国家主席、中央军委主席	1999.6.18	考察黄河流域，题写了“黄河壶口瀑布”6个大字
李　鹏	中共中央政治局常委、全国人大常委会委员长	2000.5.2	下榻观瀑舫，次日离开
陈锦华	全国政协副主席	2001.10.2	考察
朱镕基	国务院总理	2002.03	3月31日下午，考察了吉县天然林保护和退耕还林试点工程，次日到壶口瀑布视察，题写了“壶口瀑布”4个大字
布　赫	全国人大常委会副委员长	2002.4.9	考察
任建新	全国政协副主席	2002.4.25	考察
杨汝岱	全国政协原副主席	2011.9.28	考察

1986—2015年省部级领导观瀑名表

姓名	时任职务	光临时间	主要活动
于　平	最高人民检察院检察长	1986.6.27	观光
陈士榘	中国人民解放军工程兵司令员	1986.7.2	观光
王森浩	山西省省长	1986.09	考察
白清才	山西省副省长	1986.11.1	考察
罗　斌	中国人民解放军海军副政委	1987.05	考察
李来柱	中共中央委员、北京军区司令员	2000.9.29	考察
王茂林	山西省委副书记	1988.04	考察
李雪峰	中共中央顾问委员会委员	1988.07	考察
史大祯	国家电力部部长	1992.8.4	考察
孙　纲	国家旅游局副局长	1992.8.21	带领考察团考察
张维庆	山西省副省长	1994.06	陪同彭珮云考察工作
王　民	山西省人大副主任	1994.06	
刘　毅	国家旅游局局长	1994.8.2	视察壶口景区建设
杨鲜驹	国家邮电部副部长	1995.4.27	考察
柴延松	国家林业部原部长	1995.6.20	考察
薛　军	山西省副省长	1996.9.19	参加中国山西吉县第三届黄河壶口国际漂流月开幕式
刘砚青	山西省人大常委会原副主任	1996.9.19	参加中国山西吉县第三届黄河壶口国际漂流月开幕式
孙文盛	山西省省长	1997.6.1	出席柯受良飞越壶口活动
王　昕	山西省副省长	1997.6.1	出席柯受良飞越壶口活动
杜五安	山西省副省长	1997.6.1	出席柯受良飞越壶口活动
田成平	山西省委书记	1999.12.14	考察
李景田	山西省委副书记	2000.4.9	考察
刘振华	山西省省长	2000.4.26	考察
于幼军	山西省委副书记、代省长	2005.9.23-24	考察
王忍之	十届全国政协常委、中国社会科学院顾问、中宣部原部长	2007.5.3	考察

续表

姓名	时任职务	光临时间	主要活动
李育平	国家航海办常务副主任	2007.6.18	出席纪念“中国航海日”山西黄河壶口“和谐采水”仪式
李仁臣	全国政协委员、文史和学习委员会主任	2007.9.19—20	带领全国政协委员摄影家“人说山西好风光”赴晋采风团采风
杨邦杰	全国人大常委、华侨委员会副主任	2010.3.29—30	带领全国政协考察团考察
胡　珍	全国政协委员、中国文联原副主席	2010.3.29—30	带领全国政协考察团考察
王雅安	山西省人大常委会副主任	2010.5.13—14	调研
王云龙	全国人大常委会委员、农业和农村工作委员会主任	2012.4.6	考察
刘金平	国家旅游局党组成员、纪检组长	2012.5.5	调研
牟新生	全国人大常委会委员、财政经济委员会副主任	2012.5.20	考察
杜玉林	省人大常委会副主任	2012.6.22	调研
赵进军	全国政协外事委员会副主任、外交学院院长、驻法原大使	2012.7.7	率全国政协赴晋考察组考察
韩方明	全国政协外事委员会副主任、TCL 集团股份有限公司副董事长	2012.7.7	率全国政协赴晋考察组考察
林兆枢	全国政协港澳台委员会副主任	2012.7.23	率全国政协侨联界考察团考察
任天佑	国防大学政治部副主任	2012	率团考察
田鹤年	中共中央统战部原副部长	2012.9.18	调研
王一新	山西省副省长	2013.3.4	考察
王儒林	山西省委书记	2015.9.19	检查指导黄河古贤水利枢纽工程

1988—1999 年知名人士观瀑统计表

姓名	个人简介	光临时间	主要活动
李　讷	毛泽东女儿	1988	观光
张玉凤	毛泽东原秘书	1999.	观光

1987—2015 年国际友人、港澳台人士及驻外国大使观瀑统计表

姓名	时任职务	光临时间	主要活动
邵逸夫	香港广播电视有限公司董事长	1987.8.20	观光，并看望了壶口景区学校师生
安致远	中国驻联合国大使	1987.10	观光
田志东	中国驻法国大使	1987.10	观光
赖　斯	联合国教科文组织官员、世界自然遗产委员会主任委员	2005.8.15	考察壶口申报世界自然遗产准备工作
宋楚瑜	台湾亲民党主席	2011.4.4	携夫人到壶口观光，为壶口瀑布题词：“瀑连秦晋结通好，布局两岸联同心”
陈双全	台湾澎湖地区两岸交流协会会长	2011.7.4—5	与吉县签订《山西吉县－台湾澎湖县交流合作协议》
江　亮	阿根廷华人超市公会常务副主席	2012.4.19	考察
D·金斗	印度马哈拉斯特拉无缝钢管有限公司董事长	2012.9.19	考察
张安乐	台湾“中华统一促进党”总裁	2012.09	联谊
尼勇·翁拉坂亚	东盟国际贸易促进委员会顾问、泰国国会特委会原主席	2015.6.28	率丝绸之路东盟泰国商务考察团考察

1989—2015 年专家、学者、教授观瀑统计表

姓名	时任职务	光临时间	主要活动
孙尚清	国务院经济研究中心常务副主任	1989.8.30	考察
卫占元	山西省城乡规划设计院副总工程师	1989	主持编写《黄河壶口瀑布风景区总体规划》
余德淑	山西省城乡规划设计院副总工程师	1989	编写《黄河壶口瀑布风景区总体规划》
谢凝高	北京大学教授	1993.05	参加黄河壶口瀑布风景名胜区总体规划评审会，任评审专家组组长
李传华	中共中央党史研究室副主任	1993.06	观光
梁志祥	山西省史志研究院院长	1997	组织开展壶口文化研究考察活动，主持编写《山西黄河壶口瀑布风景区的历史考证》

续表

姓名	时任职务	光临时间	主要活动
苗长青	山西省史志研究院研究员	1997	执笔编写《山西黄河壶口瀑布风景区的历史考证》
侯文正	山西省史志院副院长	1999	多次到壶口考察，并组织编纂《壶口志》
任志远	全国市长培训中心主任、高级规划师	2000.4.20	考察、规划
张学斌	全国市长培训中心城市发展研究所副所长、高级规划师	2000.4.20	考察、规划
张国强	中国风景园林设计研究中心总设计师、黄河峡谷水路游项目专家组成员	2000.4.20	考察、规划
尹泽生	中科院地理所研究员、旅游地理专业委员会副主任、黄河峡谷水路游项目专家组成员	2000.4.20	考察、规划
李保田	中科院地理所研究室主任、研究员、黄河峡谷水路游项目专家组成员	2000.4.20	考察、规划
景　可	中科院地理所研究员、黄河研究专家、黄河峡谷水路游项目专家组成员	2000.4.20	考察、规划
林越英	中科院地理所副研究员、黄河研究专家、黄河峡谷水路游项目专家组成员	2000.4.20	考察、规划
董忠义	山西省国土资源厅地环处处长、高级工程师、壶口地质遗迹评审委员会副主任	2001	地质遗迹评审
李全生	山西省榆次区域调查队工程师	2001	地质遗迹评审
徐朝雷	山西省榆次区域调查队高级工程师	2001	地质遗迹评审
徐　华	山西理工大学教授、高级工程师	2001	地质遗迹评审
石金鸣	考古专家、山西省考古研究所所长、柿子滩旧石器考古项目主持人	2001	—
唐进群	中国城市规划设计院风景所教授	2012.4.9	对《壶口风景名胜区总体规划大纲》进行认证
陈耀华	北京大学教授	2012.4.9	对《壶口风景名胜区总体规划大纲》进行认证
李中元	山西省社科院党组书记、院长、研究员	2013.3.23	率团考察

1987—2015 年知名记者观瀑统计表

姓名	时任职务	光临时间	主要活动
王艾生	《人民日报》记者	1987	观光
梁 衡	《光明日报》记者	1987	考察，创作散文《壶口瀑布》在《人民日报》发表
穆 青	新华社原社长	1990.09	考察
张铭清	《人民日报》记者	1993	参加壶口杯征文活动，创作了散文《黄河魂》
张虎生	《人民日报》副总编	1996.11	考察
刘工践	《人民日报》记者	1997.06	参加柯受良飞越活动，采写的《飞越黄河》发表于1997 年 6 月 2 日《人民日报》

1992—2015 年知名学者观瀑统计表

姓名	时任职务	光临时间	主要活动
韩石山	作家	1992.08	参观
孟伟哉	作家、全国文联党组书记	1993.09	参加壶口有奖征文大赛颁奖仪式和漂流活动
艾 斐	文艺评论家、社科学者	1993	参加壶口杯征文活动，并创作散文《壶口观瀑记》
余秋雨	学者、作家	1999.02	观光

1986—2015 年知名摄影家观瀑统计表

姓名	职业	主要活动	姓名	职业	主要活动
石少华	摄影家	创作	陈 勃	摄影家	创作
徐肖冰	摄影家	创作	陈 铿	摄影家	创作
顾 棣	摄影家	创作	齐观山	摄影家	创作
吕厚民	摄影家	创作	马名骏	摄影家	创作

1986—2015年知名书画家观瀑统计表

姓名	时任职务	光临时间	主要活动
罗工柳	油画家、中央美术学院教授	1986.4.24—27	写生作画
苏 光	山西美协主席	1986.4.24—27	陪同罗工柳写生作画
许建一	北京青年书法家	1989.7.6	1989年从黄河源头出发，开展“万里刻碑行”。到壶口刻镌“精卫填海”“圣人叹歌”等11块石碑，树立于壶口东岸
赵望进	山西省书法家	1995.05	参加华北五省市黄河笔会
田树苌	山西省书法家	1995.05	参加华北五省市黄河笔会
赵承楷	山西省书法家	1995.05	参加华北五省市黄河笔会
樊习一	山西省书法家	1995.05	参加华北五省市黄河笔会
康 庄	内蒙古自治区书法家	1995.05	参加华北五省市黄河笔会
陶 然	河北省书法家	1995.05	参加华北五省市黄河笔会
袁其徽	北京市书法家	1995.05	参加华北五省市黄河笔会
唐云来	天津市书法家	1995.05	参加华北五省市黄河笔会
姚奠中	学者、教授、书法家、山西省政协原副主席	1997.06	参加黄河壶口笔会，书写“河山壮丽”4个大字
白庚延	天津美术学院教授	—	在壶口采风，创作了一批美术作品，发表于报刊
任敬宪	山东济南画家	—	在壶口采风，创作了《黄河组画》
刘恪山	北京画家	—	创作的宽1.2米、高0.9米的油画《黄河壶口瀑布》悬挂在首都机场的贵宾候机室
邢晋英	河北石家庄画家	—	采风
严效州	陕西西安画家	—	采风
黄格胜	广西美术学院院长	—	采风
李尚汉	北京画家	—	采风
力 群	山西画家	—	采风
张 凭	中央美术学院教授	—	在壶口采风，创作了《黄河壶口》《摇篮》等作品，被收为中央美术学院图画教材
丁绍光	美籍华人艺术家	2012.09	考察
袁 加	国画家、《黄河》特种邮票设计者	2015.8.23	参加中国邮政《黄河》特种邮票首发仪式

1986—2015年知名导演、作曲家、歌唱家、影视戏曲演员观瀑统计表

姓名	时任职务	光临时间	主要活动
任跟心	蒲剧演员，全国戏剧梅花奖得主	1989	观光
郭兰英	歌唱家	1992.9.13	参加中央电视台和山西电视台联合拍摄的大型晚会《黄河神韵》
刘德华	香港演员、歌星	1997.06	参加柯受良飞越黄河文艺演出
张学友	香港演员、歌星	1997.06	参加柯受良飞越黄河文艺演出
谭咏麟	香港演员、歌星	1997.06	参加柯受良飞越黄河文艺演出
梅艳芳	香港演员、歌星	1997.06	参加柯受良飞越黄河文艺演出
李连杰	影视演员	1997.06	参加柯受良飞越黄河文艺演出
殷秀梅	歌唱家	1997.06	参加柯受良飞越黄河文艺演出
林依伦	歌唱演员	1997.06	参加柯受良飞越黄河文艺演出
解晓东	歌唱演员	1997.06	参加柯受良飞越黄河文艺演出
那 英	歌唱演员	1997.06	参加柯受良飞越黄河文艺演出
毛 宁	歌唱演员	1997.06	参加柯受良飞越黄河文艺演出
吕继宏	歌唱演员	1997.06	参加柯受良飞越黄河文艺演出
米文林	歌唱演员	1997.06	参加柯受良飞越黄河文艺演出
牛宝林	歌唱演员	1997.06	参加柯受良飞越黄河文艺演出
包 荣	歌唱演员	1997.06	参加柯受良飞越黄河文艺演出
张晓海	中央电视台导演	1997.06	柯受良飞越黄河文艺演出导演
冯 巩	相声演员	1998.9.9	参加中直机关青年志愿扶贫支教慰问团“情系母亲河”文艺演出
蔡 明	小品演员	1998.9.9	参加中直机关青年志愿扶贫支教慰问团“情系母亲河”文艺演出

续表

姓名	时任职务	光临时间	主要活动
苏 红	歌唱演员	1998.9.9	参加中直机关青年志愿扶贫支教慰问团“情系母亲河”文艺演出
景岗山	歌唱演员	1999.06	参加朱朝辉飞越黄河文艺演出
泽娜卓玛	歌唱演员	1999.06	参加朱朝辉飞越黄河文艺演出
崔彩彩	晋剧演员	1999.06	参加朱朝辉飞越黄河文艺演出
孔 太	歌唱家、中国慈善总会特聘“慈善大使”	2001.9.19	以一曲《龙魂》挑战声乐极限，音域跨度达 4 个 8 度零 4 度的高度，创造了吉尼斯世界纪录
邹友开	词曲作家	2010.7.1—2	“唱响中华临汾创作采风团”采风
车 行	词曲作家	2010.7.1—2	“唱响中华临汾创作采风团”采风
李 昕	词曲作家	2010.7.1—2	“唱响中华临汾创作采风团”采风
王诗沂	东方歌舞团歌唱演员	2010.7.1—2	“唱响中华临汾创作采风团”采风
祖 海	歌唱演员	2010.9.24	参加中国山西黄河壶口文化旅游节开幕式文艺演出
杭天棋	歌唱演员	2010.9.24	参加中国山西黄河壶口文化旅游节开幕式文艺演出
巩汉林	小品演员	2010.9.24	参加中国山西黄河壶口文化旅游节开幕式文艺演出
金 珠	小品演员	2010.9.24	参加中国山西黄河壶口文化旅游节开幕式文艺演出
李雨儿	中国海啸音歌唱演员	2012.8.23	中国（山西）第二届黄河壶口文化旅游节“2012 爱在黄河壶口瀑布”个人演唱会

附 2:《黄河壶口瀑布风景名胜区(山西)总体规划》(2015—2030)主要内容:

规划将风景区划分为 5 个景区，分别是：观瀑景区(包括壶口瀑布景区、孟门桑津景区)、山林景区、克难城景区、黄土地貌景区、田园观光体验区。

景区分布与主要游赏功能一览表

景区名称	范围描述	性质
观瀑景区	壶口瀑布：北起霸沟口，南到黄河大桥的峡谷地域	风景名胜区的重点景区，展示黄河壶口瀑布自然奇观和景观风貌
	孟门桑津－小船窝景区：北起黄河大桥，南至小船窝的峡谷	以孟门月夜自然景观和大禹治水历史传说为特色，展示黄河及峡谷的自然风貌，同时也作为风景名胜区的接待区域
山林景区	大圪塔村和红旗林场北部：红旗林场中部和南部	以展示管头山秋季特色山林景观为主，展示高祖山自然风景林风光
克难城历史文化景区	包括南村坡村和地下隧道管辖区的范围	以人文景观为主，展示克难城的历史文化
黄土地貌景区	中市村以北、以西，黄土地貌资源集中分布区	以黄土地貌景观资源为主，进行地质地貌资源展示、科普活动
田园观光体验区	包括中市村和存心村	以展示壶口镇山野农家田园风光为主，结合苹果园等开展特色农产品采摘、售卖活动

观瀑景区

观瀑景区为壶口瀑布、黄河河道及河道东侧沿岸约 10 ～ 15 千米的区域(第一层山脊线)，面积为 113 平方千米。包括壶口瀑布、地质博物馆、十里龙槽、观瀑廊、孟门山等主要景点。

恢复明清买卖街景点、桑津古渡古码头景点，进行历史建筑物、遗存设施等的测绘、存档等工作，在恢复历史遗迹资源真实面貌的前提下，进行有效利用，以丰富游赏体验和解说教育。

在地质博物馆以东、该景区边缘(第一层山脊线两侧)增加观赏瀑布的景点，提供较高视点以俯瞰黄河。观景点的建设以“中华母亲河”为主题，提供少量展示、解说教育、休息设施。设施风格应与当地环境相符，应为简朴、宁静、野趣的乡土风格，设施规模不宜过大。可提供机动车、步行交通等多种交通方式以达到该景点。如需要建设索道，应认真选址，避开黄河沿线视觉可见范围，并按照重大建设项目相关程序进行认真论证。利用旅游服务基地和博物馆服务点提供旅游服务。

克难城景区

克难城景区位于风景区西北端，包括克难城及其周边区域，面积约 3 平方千米，拥有克难室、进步室、阎公馆等景点等众多历史建筑。

进行该景区主要历史建筑及构筑物的测绘、历史考证工作，逐步恢复克难城全貌，并根据历史状况提供解说教育服务和游赏体验。利用克难城服务点和南村村服务点提供旅游服务。

黄土地貌景区

黄土地貌景区位于黄河沿岸东侧、中市村界内，面积为1.3平方千米。分布有比较典型的黄土地貌（包括黄土峁、梁、塬、黄土冲沟、崖柱、坝、落水洞等），还有记事碑、中市村等景点。

强化该景区的科普教育功能，增加关于黄土地貌的解说教育牌示，加强该景区步行道路的建设。

在中市村挖掘黄土地貌特色和乡村文化特色，在充分考证历史信息和中市村历史价值的基础上，适当恢复中市村的历史风貌，展示古镇文化。利用地质博物馆服务点、中市村服务点提供旅游服务。

山林景区

山林景区为原红旗林场区域，面积为1982平方千米。主要资源为高祖山自然风景林。利用高祖山服务点、林场服务点、管头山服务点提供旅游服务。

田园观光体验景区

田园观光体验是连接西侧观瀑景区、克难城景区、黄土地貌景区和东侧山林景区的区域，主要以现有居民点为中心，包括其耕地、林地的广大区域。总面积为40.34平方千米。在林地内设置少量游线和休息设施，提供游客享受山林野趣的机会。如邻近观瀑景区和黄土地貌景区的林地，适当引入步行游线，提供林地内的游赏体验。充分利用居民点的现状、苹果园、其他农业生产用地，在进行林地保育的同时，开展田园观光体验项目。

第三十一编　民俗风情

一方水土养一方人。吉县地处黄河壶口瀑布岸边，民情民性、风俗习惯都与黄河有着密切关联，具有鲜明的区域特色。境内源远流长的历史积淀，朴实厚重的文化底蕴，孕育出淳朴善良、勤劳节俭、温良恭谦、豪爽大方的地域风情。

传统文化发扬光大的同时，难免夹杂着一些陋习，诸如讲究迷信、铺张浪费、礼道繁杂等。中华人民共和成立后，吉县倡导境内居民发扬优良传统，破除陈规陋习，摒弃糟粕、移风易俗，歪风邪气得以遏制。改革开放以后，吉县更是提倡与时俱进、务实创新、尊法守礼、勤俭节约，传统美德得到发扬，助人为乐、勤劳致富、艰苦奋斗、无私奉献等新风尚日渐增强，尊师重教、拥军爱民、团结和谐、敢于创新的新局面日益形成，“尚善、坚韧、务实、图强”的吉县精神日益显现。

第一章　民情民性

第一节　民情

传承

吉县地广人稀，土地宽裕。境内居民崇尚俭朴、不奢铺张，加之县人忠厚老实、乐于助人，历史上吸引了不少河南、山东等黄河中下游一带屡受洪涝灾害的逃荒者前来栖居。本地农户与客籍农户，互谅、互帮、互让，和睦相处，取长补短，共谋生计。不同的是，当地人性格保守，安于现状，再苦再难也要安守故土；而客籍户在逃荒过程中，见多识广，总是选择条件更好的地方居住，去留不定。但大部分能入乡随俗，安于在此过稳定的生活。

中华人民共和国建立前，吉县的经济形式属于自给自足式的小农经济。穿的是用自种棉花织的粗布衣服，少有身着细布服装者。妇女在家纺纱，用的是木制手摇纺车，织布使用的是脚蹬高架织布机，效率低下，仅能满足自己一家人的穿用。有的家有少量多余的布匹，可到市场上出售，换回生活需要的咸盐之类物品。

除壶口龙王辿商埠码头生活较奢华外，绝大部分家户，少有饮宴酬宾之事。即便婚丧设宴，大部分没有脂酒佳肴，平日更是粗粮淡饭，以饱为乐。

吉县大部分人世代住着土窑洞，成本不高，不需要架梁砌砖，也不需花钱雇人，邻里乡亲，大家帮一下很快就会錾出院落，打成窑洞。

习俗

旧时因受交通条件的限制基本处于封闭状态，接受外界信息少，生产条件差，素有日出而作，日入而息，耕田而食之说。生产工具大体上是千年一贯，代代相传，少有改进。耕地使用耩，耙地使用耱，耕不深，耱不实。下种时，平地也少有耧播，大部分为穴播。坡地则更不用说，一人赶牛耕地，一人拿粪施肥，后跟一妇女点籽入穴，脚一踩，再耱一耱，就算完事。一般是吃啥种啥，用啥种啥，按需下种。耕种时，宽行稀植，广种薄收，春种夏耘，秋收冬藏。由于产量低下，一般农户很少积蓄。

中华人民共和国成立后，过去的粗放耕作方式逐步得以改变。平地开始使用机制翻犁耕地，坡地使用了耙，精播、条播，窄行密植。坡地也有单腿耧播种的，即便少数条播也较前为密。尤其部分群众开始使用化肥，促进了产量的增加。20 世纪 70 年代后，塬面平地机耕较为普遍，化肥农药也成为农田中必不可少的投资。20 世纪 80 年代后，农村平田整地，生产环境不断改善。农民普遍重视农业科技，条插、坑种，集优种植，地膜覆盖，防治病虫害，选用优种等实用技术普遍推广使用。到 20 世纪 90 年代，苹果生产和壶口旅游成为吉县经济发展的支柱产业，也促进了吉县人观念的变化。人们千百年来形成的重农轻商的观念逐步改变，头脑越来越活，走出去，打工经商，发家致富的人愈来愈多。生产条件的不断改善，促进了生活水平的逐步提高，居民的精神面貌发生了明显变化。吉县民风民情在淳朴的基础上，增加了尚善坚韧、开拓创新、奋发有为等新元素。

第二节 民性

特性

吉县是古代华夏文明的发祥地之一，境内山水沟岔，蕴藏着三晋古国的淳厚风土人情和华夏古老的民俗民风。当地人在中华民族传统美德影响下，习性淳朴，崇尚勤俭，祖国爱家。旧志云：“州境万山层巍，土非沃壤，民俗淳朴俭啬，简陋过于他处。”“虽无巨富，科甲犹盛。”就在这穷乡僻壤，孕育出不少文人学士和报效国家的仁人志士。自唐至清，考中进士 13 人，仅明清两代考中举人 26 人，贡生 396 人。还出现过“父子翰林”，名声昭著，传为美谈。民国时期，大学毕业者有 8 人。中华人民共和国成立后，在党的科教兴国战略方针指导下，莘莘学子，更是层出不穷。

表现

吉县历代达官要职人物，均能以洁身自好，奉公守法，正直不阿，清正廉洁著称，备受人民称颂。如唐代谏议大夫崔元亮，清慎自持，文宗时，以直谏闻名，朝廷推为宿望。金代刑部尚书冯延登，被蒙军俘虏后，面对强敌，陈辞激昂，临危之时，跃入井中，以身殉国，事迹载入史册。隰吉便宜经略使杨贞，在抵御元军时，据守壶口近旁的牛心寨，危难当头，命全家人自尽，自己也扑入黄河，以身殉职。明代刑部主事陈维藩，以拆狱明允著称，为同僚所器重。清代河东河道总督兰第锡，把主要精力投入到治水工程中去，受到越级提拔嘉奖。乾隆皇帝制诗章以纪其绩。嘉庆元年，被召入皇帝举办的千叟宴，传为美谈。民国初，担任绛县知县的陈观光，到任后，清除了衙门里的许多积弊，时刻关心人民的生活，卸职时，群众攀辕不舍，送伞赠匾。中华人民共和国成立后，吉县籍在外地担任要职的干部也为数不少，都是廉洁清正的公仆。全国人大代表、西安市原市长张铁民，关心人民，爱护人民的事迹，传遍全国，获中央领导的赞许和社会上的一致好评，被誉为“铁市长”。以上历史人物的事例，充分地体现了吉县自古以来形成的优良传统，代表着吉县人民长久以来形成的民性，这种民性的形成，与祖辈们生活规律、传统家教及民俗环境有着密切的联系。

第二章　生活习俗

第一节　服饰

服装

民国时期，人们衣着以素为美，不尚华丽。因生产条件和物资流通所限，衣料以自纺自织的窄幅粗布为主，款式简单，多为用手工缝制的中式衣服。夏季男人惯穿白布对襟白布衫，内套白布无袖背心，下身着黑、蓝色单裤一条，内无衬裤或短裤。春秋上身多穿蓝表白里夹袄，下身蓝色或白色单裤。冬季多穿黑色对襟或大襟棉衣，下穿黑色或蓝色棉裤。中年老年男人均腰束黑、蓝色宽布腰带。成年男女均扎腿带。青年男女及部分老人平时喜带“裹肚”，老年男子夏季多穿白布背心或坎肩，冬季在棉袄外穿黑色棉坎肩。每件衣衫一穿多年。吉县虽傍黄河，但水源较少，有的村庄人畜吃水困难，洗涤衣服有时被视为奢侈。因此，白色新衣日久便成为浅黄色。

中华人民共和国成立后，生产力的不断提高和社会经济的发展，人们的衣着观念也在不断改变。尤其是中青年人，男款服装向中山装、军便服、青年服、学生服方面发展。起初由妇女在家手工缝制，随着缝纫机的传入应用，服装更趋于美化精炼，面料多为机制细布，开始是各色平布，以蓝色居多，后逐渐发展为斜纹布、咔叽、灯芯绒、的确良等。妇女则以灯芯绒、平绒服装为美。色泽一律为黑色，后也有少量褐色灯芯线。灯芯绒裤子平绒袄，是中华人民共和国建立初期妇女结婚时的必备之物。这一阶段，农村的手工纺线、织布活动基本停止操作，农村中仍有手工缝制的对襟中式服装。

“文化大革命”时期，青年男女着军便装居多，连儿童也以军装为美，老年人以黑蓝色为主。20 世纪 80 年代，改革开放不断深入，着装也在悄悄变化。中老年人多穿中山装外衣，男青年常穿夹克服、西服、中式的对襟袄、休闲服等。裤子多为筒裤、喇叭裤、牛仔裤、老板裤，或上下一色、同一面料的套服。女装则趋于多样化，色调更加鲜艳、多彩，面料也开始高档化。后来港式服装、广式服装、京津服装慢慢进入境内：一般女式服装多为大翻领上衣，下着健美裤、老板裤、筒裤、短裙、连衣裙等，且四季颜色分明；春秋之色淡，内穿衬衣、秋衣、绒衣、毛衣。冬季色较浓，外套皮衣和呢面大衣；大衣则以齐臂半长居多，齐脚面大衣较少；县城妇女着装以式样新、色调鲜为美，农村以色调浓、质地高为主。进入 21 世纪后，人民的服装变化更为明显：一是和大城市接轨，追求名牌和高档；二是城乡一致化，在着装上已分不清谁是城里人，谁是乡下人。春秋季，男士上衣依然是夹克和西装为主，裤子中老年人以筒裤和运动裤为主，青年人以筒裤和牛仔裤为主，但却追求品牌和式样。女士上衣式样繁多，色调繁多，五彩缤纷。裤子老年人以筒裤为主，中年人以紧身裤、牛仔裤为主。初春与深秋中老年女士大多穿各色毛呢大衣，以显示庄重高雅。夏季，男士一般是 T 恤衫和筒裤或短裤。女士以裙子为主。冬季，男女均以保暖内衣和绒衣为主，样式丰富多彩。

鞋袜

民国时期，男人穿鞋以手工布鞋为主，式样有双脸（俗称牛鼻子鞋）、单脸（一条梁鞋）、方口、

圆口实纳帮布鞋。春秋和冬季，男人多穿单布袜或夹布袜。也有穿线袜的，但袜底多为手纳布护袜。夏季多是打赤脚穿布鞋。妇女多穿红、绿色绣花布鞋，中老年妇女多穿蓝、黑单色布鞋。

20 世纪 50、60 年代，男女依然以手工布鞋为主，但面料已发展为斜纹或灯芯绒。样式以老年人穿圆口鞋，年轻人穿方口鞋为主。袜子多为线袜子。进入 70 年代后，时兴起一种鞋口夹有松紧带的轻便鞋叫“松紧鞋”，俗称“驴脸鞋”。男士大都穿此鞋，女士也有相当一部分穿此鞋。除手纳布底外，又风行起塑料底。县城大部分人开始在商店买鞋穿，有驴脸鞋、绿色解放鞋、白色球鞋。开始穿尼龙袜子，不再由手工缝制。

改革开放后，城乡男女开始穿皮鞋，春秋季穿夹皮鞋；夏季男士穿单皮鞋或皮凉鞋并穿袜子，女士大多穿皮凉鞋打赤脚；冬季男士穿棉皮鞋，女士大多穿高筒皮靴。青少年学生一年四季均穿运动鞋。在以皮鞋为主流的情况下，亦有一部分男士又开始喜爱布鞋，于是“老北京”牌布鞋和民间手工布鞋开始畅销，样式主要是“松紧鞋”和圆口的“老汉鞋”。

冠戴

民国时期和中华人民共和国成立初期，县城男士上班多戴有檐帽、鸭舌帽，居民多戴瓜皮帽，女士多包花头巾。农村男士多在头上围一条白毛巾，女士亦多包花头巾。后发展为戴猴头帽。冬季，县城男士喜欢围长围脖，以示庄重文雅。夏季，无论城乡、无论男女，多戴草帽，都是用麦秸秆自编而成。草帽一圈檐，且檐大，厚重，结实，是遮阳的好物件。“文化大革命”期间，中青年大多戴草绿色军帽。

进入21世纪后，人们的冠戴有了很大的变化，帽子的品种日益繁多，冬季有各种各样的皮帽，春季有各种单帽，夏季有各种凉帽。其中有礼帽、檐帽、无檐帽、老汉帽、妇女帽以及五彩缤纷的童帽。虽然帽子的品种越来越多，戴帽子的人却越来越少。大多数人一年四季已不戴帽子，只有老年人、幼儿和部分妇女在天冷时戴帽子。夏季，妇女和老年人多戴遮阳帽，帽子虽越来越少有人戴，其他冠戴却越来越丰富多彩。春秋季，妇女为美观多有披肩；夏季，男女青年有戴太阳镜者，妇女出门有遮阳伞；冬季戴手套，有些戴口罩以防雾霾和凉气。也有男士冬季怕耳冻而戴耳套。女士多围围脖，围脖多为丝织品。

首饰

民国时期，闺女出嫁时头戴凤冠、插银簪、红花，项戴银绳，平时妇女戴手镯、耳坠，老年妇女戴大环耳坠。20 世纪 40 年代后期，这些首饰基本消失。有时妇女戴有手镯，以银质居多，玉质、金质较少，也有铜质的。“文化大革命”时期，时兴起戴毛泽东主席像章，男女老幼人人佩戴。进入 80 年代后，首饰之风又兴起，开始以银质为主，有银手镯、银耳坏、银戒指。进入 90 年代后，首饰以金质为主，城镇妇女多有“三金”（金戒指、金耳环、金项链）。随后，农村妇女也逐渐佩戴“三金”。进入 21 世纪后，首饰更加多样化和高档化。女士结婚时要戴“钻戒”，一部分妇女戴起了金手镯、耳环、项链，不单追求质的，更追求美观。男士也开始佩戴首饰，老年人享儿女的福，戴起金戒指和金项链，年轻男士结婚时也佩戴戒指，中年男士则是为保佑平安和身体健康而佩戴玉或金观音。节日亦有节日饰品，如端午节，在脚腕和手腕上戴五色线，脖子上戴香囊等。2010 年后，还流行起佩戴手串，材质为玉石、名贵木材、坚硬果核等。

发型

旧时，妇女多扎发髻，姑娘垂单长辫，男子多剃光头，小孩留“马鬃”（刘海）。从 20 世纪 40 年代起，妇女多留长双辫，后逐渐演变为剪发头、飞机头等。男子逐渐由光头演变为分头、背头，学生多留前有桃型的娃娃头。20 世纪 50 年代后，年轻未婚女子一个长辫分成两股，扎上红蝴蝶

结，头加红花绸、花发夹，流行的歌谣是："婆姨女子张展啦，头上花布扎满啦"。"文化大革命"期间，男子除老年人剃光头外，大多推平头，女的除扎发髻外，大多是剪发头。20 世纪 80 年代后，男女发型均趋多样化，男子有背头、分头、小平头、板寸头、港式头等，亦有少数青年蓄长发。女子很少梳辫子，流行烫发，发式有"波浪""流云""菊花""瀑布""爆炸"等。螺丝发、披肩发、马尾辫及离子烫发亦开始流行。姑娘多留剪发头、披肩发，后发展为单双辫及各种发型，并兴起烫发。青年男子多留苏州式满头发、壮年人多留大背头发型，青年女学生多留脑后一束刷发型。城乡的老太婆，多在脑后以发卡束之。进入 21 世纪后，街上遍布美容美发店，中青年妇女一般都到发廊、发店做头发。发型发式充分个性化，染发、烫发成为一种时尚。少数年轻人剪一些怪异的发型，青年人剃光头者逐渐增多。中青年妇女十有八九都染发，普遍为淡黄色，也有其他颜色的，如红、白、绿等色，但很少。男士染发主要是因为怕白发影响美观，而焗油染黑。也有少数青年男士染各色头发。女士烫发以中老年居多。老年妇女仍留齐脖短发。小女孩多是剪个"娃娃头"或扎个小辫。

附：吉县土布

吉县土布，是用吉县生产的上好棉花，经过农妇们加工织成的布，特点是耐穿、保暖、做成床单铺着舒适。土布制作工艺十分复杂，先后要经过拧花、弹花、搓捻、纺线、缠线和拐线、浆线、结线、络线、印线、装机、织布、印染等 11 道工序。

拧花　将晒干的籽棉，用长条普遍抽打一遍，使其蓬松，然后放入拧花机中除籽。

弹花　用弹花弓（20 世纪 60 年代有了电动弹花机），将棉花弹至蓬松均匀。

搓捻　将弹好的棉花（叫熟棉），用"箭箭"（高粱秆顶部棍）搓成约 30 厘米长，3 厘米粗的花捻。

纺线　用木制纺线车将花捻纺成细线。

缠线和拐线　将一部分纺好的"线疙瘩"放在"倒车"上，缠成穗子，织布时作纬线用。将一部分线用双丁字的"拐子"拐成批线，织布时作经线用。

浆线　将经线放入白面稀淀粉水中浸揉后晾干，使其发硬光滑。

络线　将浆好的干线用"络车"绕在竹管上，成"纺锤"状线轱辘待印线。

结线　将细铁棍 20 余根，塾上麻线，钉在院中地上呈"一"字形，将缠好的穗子套在铁棍上，然后取每根线头集于一人手中，来回拉动，视布匹幅宽窄，而决定走动次数多少。

印线　将结好的线，通过织布的竹舌，先用棕刷刷通经线，让每根线顺利通过舌的每个缝隙，将线全部卷在织布的"札札"（大线轱辘）上。

装机织布　将结好的线和印好的线装上织布机上，就可开始织布了。织布是个技术活，左右手交叉搬舌穿梭，双脚交替蹬踏板，动作协调、用力匀称，才能织出好布。

印染　以土布缝衣，注重印染工艺。女孩衣服常是提花染色，图案甚多，色调以红、粉红、翠绿、枣红为主色。冬天男性、老年高龄女性以蓝、黑二色为主色，夏天以白色为主色。青年男性多穿"柳条布"。床单布多织宽窄不等的长条纹和大方块。包袱皮多织成"豆腐块"图案。

第二节　饮食

餐制

20 世纪 80 年代前，县城三餐制，早饭 7 点半左右、午饭 12 点左右、晚饭 18 点左右。农村

两餐制，早9点左右早饭，午饭15点左右。80年代后，农村逐步变为三餐制。

食物

主食 吉县粮食品种主要有玉米、小麦、谷子、豆类、黍子、荞麦等。早晚餐以蒸馍、玉米面窝头为主，辅之薯类，喝豆子米汤。午饭以汤面条为主，也有做面片、拉面或杂面条（麦豆混合面）、抿圪斗（杂面）、荞面贴葫芦、拨鱼子（杂面）等各种面食的。东部屯里、曹井一带，主产玉米、谷子和薯类，由山东等地迁来的客籍居民较多，早、晚餐多以煎饼、窝头为主食，配喝豆子米汤或玉米面糊糊。午饭一般是杂面擦圪斗、抿圪斗或米汤加面片的和子饭。20世纪60～70年代，因生产力落后，境内普遍口粮不足，平日里主食以玉米面为主，兼有豆面、荞面等杂粮以及薯类。除过年过节，很少吃到白面。80年代，农村经济体制改革，实行以家庭联产承包为主的农业生产责任制，粮食丰产丰收，主食变为以细粮为主，白面再不是稀罕之物。进入21世纪，随着收入的增长，人们的生活水平不断提高，豆奶食品进入城乡家庭，牛奶、豆浆、蒸鸡蛋为每天家常食品。主食在制作上考究起来，花样不断翻新，有蒸馍、方卷子、花卷、枣花馍、窝窝、菜卷、馉垒、豆馍、包子、蒸饺、糖三角、油饦、油条、麻花、饼子、烙饼、韭菜合子、软米油糕、蒸软米、蒸大米、汤面、炒面、卤面（焖面）、臊子面、干调面、炸酱面、抿圪斗、饸饹等。

菜肴 吉县的蔬菜品种主要有白菜、白萝卜、胡萝卜、水萝卜、土豆、西葫芦、黄瓜、南瓜、冬瓜、菜瓜、西红柿、豆角、辣椒、韭菜、芹菜、菠菜、茄子、茴子白、芫荽、绿豆芽、黄豆芽、蒜苔等，后来又引进苦瓜、油菜、油麦、茼蒿、生菜、秋葵等。干菜有针金（黄花菜）、蘑菇、木耳等。腌制的有咸菜、酸菜、韭花、生生菜、辣椒酱等。县人有吃野菜的习惯，主要有苜蓿、苦苣（败酱草）、灰条、沙蓬、马齿苋、白蒿苗、花花菜、扫帚苗、野芹菜、椿芽、榆钱、洋槐花等。

20世纪60～70年代，主要以季节菜为主，县人除夏末秋初食自产蔬菜外，大部分时间是以腌制的酸菜、咸菜、韭花等为佐餐，有时加些应时凉拌小菜和炒菜。一般农村家户，除过节与待客外，不搞一餐数菜。80年代中后期，有从临汾贩运来的少量反季节蔬菜，经济条件较好的人家偶尔食用。90年代后，本地发展蔬菜大棚，从临汾贩运蔬菜的人也多起来，一年四季都能吃上新鲜蔬菜，吃饭炒一两道菜已成普遍。进入21世纪，菜篮子不断丰富，肉、蛋、鱼、虾、菌和各色蔬菜成为寻常百姓餐桌上的家常菜肴。逢年过节菜肴更加丰盛。制作上也十分考究，煎、炒、烹、炸、蒸、煮、氽、烙、腌等手法多样。人们开始注重健康饮食，不再大鱼大肉，讲究有机绿色、营养搭配、低盐低脂、清淡可口。

饮品

酒 县人请客吃饭必喝酒。男人喜喝白酒。女人一般喝红果酒、葡萄酒，喝白酒者也不乏其人。每年入冬还有自酿软米酒（俗称黄酒）的习惯。县东川山东籍居民男女老少几乎都喜欢喝酒，请客吃饭时客人不喝醉就不算喝好。

中华人民共和国成立初期，吉县县城有酒坊，乡村几乎每个村都有酿酒设备。到了冬季，农村普遍开始酿酒。来换酒喝的人进入酒坊，先把第一杯酒倒在地上敬了神后，就可随意喝。喝好后，再称粮食、鸡蛋、药材，或用麻绳头、铜铁等废物换酒。

20世纪70年代前，吉县主要是食品公司烧酒，以饮散白酒为主。1976年吉县地方国营酒厂成立，生产的“山岚”白酒、红果酒、壶口高粱酒和五龙液酒、汾香酒等大量瓶装酒上市，占据着吉县市场。这一时期啤酒初露面市。80年代，市场上各种品牌瓶装酒逐渐增多，有本省生产的“汾酒”“竹叶青”“北方烧”“三春液”“晋南春”“玉屏酒”“菊花酒”“玉堂春”“高粱白”“梨花春”等品牌；陕西的“西凤酒”、湖北的“稻香村”“北京二锅头”、山东“孔府酒”、贵州“茅台”、

四川“五粮液”“四川老窖”曾盛行一时。这一时期喝啤酒者增多，主要是本省产的“迎泽”啤酒；另有介于啤酒和汽水之间的“小香槟”等。90年代，壶口酒业有限公司生产出干红、干白苹果酒。外省的“青岛啤酒”“崂山啤酒”“燕京啤酒”“雪花啤酒”等品牌啤酒大量拥入。进入21世纪后，人们饮酒的档次越来越高，主要品种有“杏花村”“汾阳王”“金牧童”等玻璃瓶高度汾酒和十年、十五年、二十年老白汾陈酿、青花瓷汾酒等。啤酒增加了纯啤、扎啤、罐装啤、进口啤等品种。2015年，吉县山西顶吉食品有限公司生产的“壶口玉液”上市。

饮料　20世纪80年代，桃汁、山楂汁、橘子水、汽水等果味饮料，橘子粉、奶粉等固体饮料面市。90年代有橙汁、金梨汁、沙棘汁、娃哈哈等果汁饮料和“可口可乐”“雪碧”“健力宝”等碳酸饮料。吉县有了奶牛养殖场，少数人家订购鲜牛奶。进入21世纪后，牛奶制品大量上市，鲜牛奶、纯牛奶、酸奶、奶制品饮料进入千家万户。各种果汁饮料，碳酸饮料，瓶装饮用水，固体饮品豆奶粉、燕麦片、奶粉、油茶等各种营养保健饮品，品种繁多，成为人们的日常饮品。2013年，吉县山西顶吉食品有限公司生产的苹果醋、苹果汁饮料，2015年，山西达明一派食品有限责任公司生产的“益百畅”系列果蔬汁丰富了吉县饮品。

茶　吉县不产商品茶。旧时，靠山的居民，自己上山采“石茶”，有时用白黄芹叶蒸七遍、用嫩枣芽儿蒸几次自制茶常年饮用。茶文化不很发达，大多数人喜欢喝茶，但不会品茶。县东区居民最喜欢喝大叶茶，特别是“老山东”早晨上地干活前先要空腹喝壶茶。一天到晚一壶茶，很是普遍。20世纪60年代后，自己加工茶的人很少，市面上多是称些沫子茶和普通的茉莉花散茶，普通人喝的是两毛钱一方块的板茶（一两）。条件好的喝些有标号的茶，一般有300号、400号、550号、600号、800号、1000号等，一袋一两，标号最高的为1000号茶，价格也最高。70年代，大多数人家备有花茶招待来客或平日饮用。80年代，县城有了茶庄，以经营花茶为主，盒装“银毫”茶较为高档。进入21世纪后，茶叶的花色品种增多，平日饮茶的人越来越多，茶品有各种花茶、绿茶（龙井、碧螺春、毛尖）、黑茶（普洱、安化黑茶）、红茶（滇红茶、金骏眉）、乌龙茶、铁观音等。品茶的人也越来越多，茶桌、茶盘、专用茶具进入普通百姓家。

烟　中华人民共和国初期，以吸旱烟的农民大军为主体。烟具是铜烟锅、长木杆、玉石咀或玻璃咀制成的长杆烟袋，杆最长可达一米以上。年轻人用“斯大林烟斗”，时髦又好携带。为数较少的经商者从外地购回“潮烟”，烟具为“一口香”小铜烟袋。年长的，有钱的，有文化修养的极少数人抽“水烟”。后市面逐渐流行20支装的盒烟，如哈德门、大前门、恒大等。20世纪60年代流行金钟、黄金叶、墨菊、海河等烟。20世纪七十年代大众化的有勤俭、新春（甜头烟）、芒果、四川、可可香等烟。20世纪80年后被公主、甲秀、三七、蝴蝶泉、云烟、红河、红塔山、阿诗玛等烟取代。进入21世纪，烟的品牌多样，吉县招待客人和红白事用烟的档次也随之提高，主要有芙蓉王、软中华等。这一时期，戒烟的人增多，并逐渐流行起吸细支烟之风。

宴席

吉县人有婚丧、小孩过满月或生日、老人交木过寿、暖房打顶等事设宴席待亲朋之习俗。丧席一般是5大碗，俗称“五魁”。喜庆宴席一般是4盘8碗、6盘6碗。过油肉、肘子、蒸软米、小炒、酥肉、白丸子、樱桃肉、针金海带粉条汤、酸辣肉丸汤为传统宴席必有菜。

20世纪80年代变为8盘8碗，俗称“八八席”，盘子八个为头肉（或牛肉、肉拼）、油炸花生米、莲菜（或粉皮粉条）、鱼、鸡块、蒜薹肉（或芹菜肉等）。八大碗为肘子、软米（或江米）、小炒、酥肉（或鱿鱼汤等）、蹄花豆腐、樱桃肉、丸子。随着鱼类进入吉县市场，人们食鱼渐为常事，宴席开始上整鸡整鱼。90年代后，增加了火腿、虾、鳖等。进入21世纪，宴席菜品花样不断变化，

引进不少外地特色菜品，档次进一步提高。

2000年前，办红白喜事大都是请厨师制作，在家中设宴。后大多到饭店包桌。2010年后，喜事又兴起提前2天在家捏饺子、熬羊汤、做臊子面款待亲朋，正日子到饭店包桌的习俗。

地方特色小吃

猪肉馏垒　主要原料为猪肉、粉条、山药蛋、胡萝卜、面粉、食用油等。制作方法：将猪肉切片，山药蛋、胡萝卜擦丝，粉条泡好，加入盐、调料、食用油、适量水一起拌匀，上笼蒸45分钟。

玉米面黄　玉米面发酵，加适量碱水揉成软面，摊在笼箅上，抹成六七厘米厚的片状，蒸熟后切成方块食用。

臊子面　红白萝卜、烧豆腐切丁，黄花菜切小段，海带切丝。油炝蒜片、辣椒面。将切好的材料翻炒，加盐、花椒等调料，再加水熬成臊子汤。加肉的叫肉臊子，没肉的叫菜臊子。碱水和面，醒两小时以上，手工擀面，长刀切面，保证面条长而匀，吃到口里有筋力。煮熟过凉水，挑碗里浇上臊子汤即成。

年糕　软黍米面蒸熟，擀成0.5厘米厚的面片，垫红枣卷搓成条状，抹油、切片、油炸。

煎饼　是县东区居住的山东人的常年食品。特点是不易坏、好携带。玉米、小米加水磨成糊状，发酵后，放在特制的大鏊上摊成薄片煎熟，折成多层。热吃软而酥，冷吃脆酥香。

贴葫芦　荞面和面，搓成细条压扁，放在用高粱秆馍盘中，刀切滚压而成，形状像纺车上线的小轱辘。可汤菜煮、酸菜炒、羊肉炒、猪肉炒等。羊肉荞面贴葫芦较为出名。

第三节　住宅

住房

境内居民以土窑洞居住者最多，也有少数在平坦地方用砖石或土坯砌成拱式窑洞居住的。瓦房多分布在城关和较大集镇的街旁，农村较为少见。瓦房除公署、学校、商店和个别富户为砖木结构外，其余为歇山工字架土木结构。跨度不足3米，入深不过4米。中华人民共和国成立后，群众多在土窑基础上加砌石块、砖面或修建大跨度砖木结构瓦房。

进入20世纪80年代，随着生产发展和城乡人民生活水平的提高，人们的居住条件也在以较快的速度发展，建筑风格也多样化。不少居民选择交通方便的河川、垣面修建平拱砖窑、石窑，其特点是跨度大，入深长，门窗宽，便于采光，又能流通空气，而且在窑与窑之间有横通小门，成了一进几开，兼容客厅、卧室、厨房及书房相互并连的居室。有不少村民，修建起砖混平房，外加瓷砖贴面房屋，内有客厅与套间。少数居民，修建起两层水泥结构的小楼，客厅、卧室、卫生间齐全。

进入21世纪，人们居住条件有了较大改善。县地方税务局在县城建起了第一座单元式住宅楼，随后有物资小区、农机小区、农资小区、县医院小区、水利小区、煤运小区、老干部小区、交通小区、粮食小区、金叶小区、西泽小区、林业小区、十里河小区等多栋单元式住宅楼拔地而起。经过多年的移民搬迁、危房改造、保障房建设，境内居民逐步告别了掘土为居的土窑洞，住进安全舒适的砖窑、石窑、平房、楼房。不少人在临汾、太原等大城市买住房，不少农民在县城买房。2015年，吉县第一座高层住宅楼扶风佳苑建成，之后新华苑、恒安小区楼、华润小区等高层住宅楼相继建成。

庭院

传统的院落多为封闭式，建有围墙，东南方开大门。有些农户还建有影壁（俗称照壁），影壁上有的镶有“八仙庆寿”等图案的瓷砖，有的用水泥雕出一个斗大的“福”“寿”字等。大门楼上，有用瓷砖嵌镶的“安且居”“青山居”等字样的门匾。每户均有一厕所，建在窑旁或窑对面的角落里。院落以方正为美，面南（或偏东南、西南）为正房，建房以 3 ～ 5 间居多，碹窑也是 3 ～ 5 孔。房窑数喜单忌双，若因地势所限，只能碹 2-4 孔窑时，还得在中间碹一孔象征性的小窑（或祭天地神用），以破禁忌。有的院内东西还建一坡瓦房或入深不大的混凝土侧房。旧时讲究院里不栽开花树，门前不栽“鬼拍手”（即大叶杨之类的树木）。随着人们的观念更新，多从经济效益出发，在庭院栽植果树、种植蔬菜或观赏花草树木。

附：窑楦

吉县人有用窑楦装饰窑洞的习俗，有“有钱没有钱，过年裱窑楦，好看不好看，窑顶能遮掩”的说法。窑楦是悬挂于窑后顶部呈现半圆形的美术图案。用芦秆或高粱秆做骨架，用麻纸、白报纸裱糊。图案以剪纸剪贴为主，绘画为辅。边角、中心图案多以黑色为主，显得庄重古朴，彩色装饰加金银纸反光，显得华丽。高龄老人居住的窑洞，窑楦中心图案一般为“五福捧寿”，两边配以“花瓶插花”，比较简洁。青年男女居住的窑洞，图案多为“大圆喜字”，配“喜上眉（梅）梢”“双鸳鸯”，或配“凤凰戏牡丹”点明主题。下边横条配上二方连续图案中的“富贵不断头”，垂些桃子、花穗等。

第四节　器具

家具

传统家具有条几、柜、橱柜、板架、箱子、木凳、木椅、炕桌等。20 世纪 70 年代，大部分家庭增添了闪檐半开箱、平柜、高低柜、三斗桌椅等，三开大衣柜和缝纫机已开始普遍走进平民之家。80 年代，单柜写字台、简易沙发、茶几、组合家具，以及大包沙发、折叠椅、圆桌、梳妆台等，普遍为家庭使用。家具从老式的手工实木家具，到三合板、五合板、宝丽板、纸胶板和木架结构的家具，再到无榫平板家具，家具更加轻巧和易于打理。进入 21 世纪后，人们开始追求高档家具，有些家庭开始使用红木家具或其他硬木家具。沙发成为一个家庭不可缺少的最重要的家具之一，已不是陈设品或待客物件，而成为必需品。农家户户都有沙发，或华贵大气的真皮沙发，或朴实大方的布艺沙发，或古香古色的木质沙发，均根据主人爱好而配置。单元住宅楼房的家具，连同室内装修一并制作或购买，追求风格统一，实用、美观、个性。

家电

20 世纪 80 年代，家用电器有收音机、收录机、黑白电视机等。90 年代，家用电器的种类大大增加，彩色电视机、洗衣机、落地式电风扇、家庭影院、VCD、DVD、组合音箱、电冰箱等进入千家万户。进入 21 世纪，厨房电器、照明电器、通信电器、视屏电器、日用电器应有尽有。液晶平板大屏幕电视、平板电脑、笔记本电脑、各种手机已不再是奢侈品，而成为必需品。电热水器、太阳能热水器、全自动洗衣机、滚筒洗衣机、多功能电冰箱等城乡家庭已普及。

炊餐具

传统的灶炉为柴炭火炉，炊餐用具有铁锅和配套的铁笼铁圈，有铁箅子、铁鏊子、铁勺、铜勺、铁匙、笊篱、擦子、抿圪斗板、饸饹床、汆壶、筷子、粗瓷碗、粗瓷盘子、碟子、盔子、搪瓷盆、碗具、铜火锅、砂锅、案板、擀面杖、菜刀、蒜钵等。

20 世纪 80 年代后期，液化气开始使用，不锈钢灶具及液化气灶，也由城镇逐步向农村延伸。不过农村虽用上了液化气灶，但每年冬季果树修剪产生的大量果枝，仍然是农村做饭的主要燃料。进入 21 世纪，煤气炊具、电器炊具，电饭锅、电饭煲、电磁炉、微波炉、电饼铛、打汁器、豆浆机、电烤箱、抽油烟机等在城乡普遍使用。2012 年天然气开采后，一些住户集中的住宅小区开始使用天然气。

日杂用品

旧时挑水用木桶或铁皮桶，盛水用水瓮（陶瓷瓮），舀水用马勺，盛米、面用瓦瓮（陶制）。还有柳条制品簸箕、笸箩、篮子等。

洗脸用陶盆、铁盆、铜盆，后用搪瓷、塑料脸盆。洗衣、洗浴用大铁盆、大铝盆、大塑料盆。进入 21 世纪，县城住宅小区和一些散住户家里配备了卫生间，洗浴、洗盥，解手均在室内。洗浴热水主要靠太阳能、电热器、天然气等。智能马桶也在逐步普及。农村洁具主要还是脸盆、牙刷、牙杯等，解手在院中厕所。随着农村居住条件的改善，不少农户也装修了卫生间，使用高档洁具。

洗锅、洗碗传统用高粱穗刷子、抹布。后有了白草根刷子、塑料刷子、清洁球、清洁布、不沾油抹布、洗洁精等产品。

传统的打扫工具一般为自制。扫炕、扫床铺用黍穗笤帚，扫地用高粱穗笤帚，扫院用种植的落蕾扫帚、野生扫帚苗做的扫帚和购买的竹子扫帚，盛垃圾用垃圾桶，倒垃圾用铁簸箕。后有了塑料等材料制成的各种打扫工具。有了水泥地板和瓷砖地板后，开始用拖布。20 世纪 80 年代有了吸尘器。21 世纪扫地机器人等产品进入家户。

饮水用品，烧开水用汆壶、大铝壶。保暖一开始用竹皮暖水瓶，后用铁皮、塑料皮、不锈钢皮暖水瓶。喝水用大碗、搪瓷茶缸、陶瓷水杯、玻璃水杯等。泡茶用陶瓷茶壶、茶碗，后逐渐普及为玻璃茶杯。进入 20 世纪 80 年代搪瓷茶缸渐被淘汰，人们使用的茶具以细瓷茶壶、茶杯、玻璃茶杯为主，始用紫砂茶具。进入 21 世纪，玻璃茶具、紫砂茶具、细瓷珐琅茶具，木制、竹制茶托台盘、各式盖碗和配套的茶杯、茶碗，真空玻璃杯、不锈钢保温杯等广泛使用。

传统的酒具有锡酒壶、瓷酒壶、酒盅。20 世纪 80 年代后，使用陶瓷酒具、玻璃酒具、高脚玻璃杯，喝啤酒多用玻璃茶杯。

床上用品

境内居民居住窑洞，习惯睡土炕，铺芦苇席、羊毛毡。20 世纪 70 年代，有了当地产的油漆绘画油布，后期兴起棉毯子、针织毯子、棉布被褥。木床也渐进农户。

80 年代，青年人多睡床少睡炕，床由木床发展为钢架木板床，兴起床单套被罩，羊毛毡渐被淘汰。90 年代逐渐兴起大包床，床上用品是床垫、席梦思床垫、各种床罩毛毯、绒毯、各种床单、夏凉被、羽绒被等。被褥除人均一套常用的外，大部分家庭都有几套待客的干净被褥在柜中备用。进入 21 世纪，城镇居民的卧具，已普遍有了冬夏几套使用的被褥，如夏季用毛巾被、夏凉被，春秋用毛毯、蚕丝被，冬季用棉被等，床上用品已普遍讲究起来了。年轻人结婚时更是讲究档次，床上用品春夏秋冬成套购买。

陈设

字画成为家庭陈设的主流，许多家庭的客厅和卧室都挂有名人或吉县书画家的书画作品。有些挂有时兴的“十字绣”作品，给房间增添了几分雅气。书柜既作为实用品又作为陈设品进入许多家庭，也给家庭增添了文雅的气息。还有其他陈设品，诸如佛像、根雕、插花、瓷器、陶艺、名酒、古玩等等。

照明

传统家庭照明用油灯，夜间出行照明用纸糊灯笼、马灯。60年代，逐步普及手电筒照明。70年代后，城镇用电灯，农村部分村庄通电，使用电灯。唱戏时舞台使用气灯。90年代，吉县城乡全部用上了电灯，为白炽灯泡和荧光灯管。进入21世纪，普遍换用节能灯照明，后期兴起LED灯。家用台灯、床头灯、落地灯、吸顶灯、壁灯、吊灯、浴室防水灯、学生用护眼灯等成为日常使用的灯具。除了基本照明功能外，各式灯具也成为美化城乡的装饰用品。县城、乡（镇）街道装上各式路灯、彩灯、霓虹灯。公共场所、医院、超市等重要场所装有应急灯，家庭备有充电灯。机关单位、商店门前有射灯，楼道有声控灯，公园、广场有华灯，节日庆典悬挂彩灯。2012年，县城周围的笔架山、气象台、锦屏山上装上了装饰性太阳能灯。

取暖

传统的取暖方式为火炉做饭和热炕取暖合二为一。城镇机关单位用铁炉烧焦炭取暖。20世纪70年代，县委大楼投入使用，用上了暖气。平房和砖窑洞居民靠火炕与炉灶相连的火墙取暖。80年代，兴起使用“土暖气”取暖，同时兼用做饭。进入21世纪，县城住宅小区以小区为单位用煤炭锅炉供暖，散住户大部分自己烧锅炉取暖，少部分用火炉取暖。农村则大部分还是用火炉取暖，少部分自己烧锅炉取暖。天气太冷或还没供暖或供暖结束时，也有用各式电取暖器取暖的。2006年，县城连片集中供热（俗称“大暖”）开始运行，部分机关和居民住宅小区楼用上大暖，新建住宅大多为地暖。2011年，天然气公司开始给县城供气，到2015年底，机关、住宅小区和县城部分居民开始用天然气锅炉取暖。

第五节　出行

旧时，人们出行主要靠步行、骑骡马、牲畜平车等。20世纪60年代后，自行车作为代步工具，经久不衰。在计划经济时代自行车一直是紧俏物资，要想买一辆须在头一年排上号，或经有关领导批条方可。70年代，境内修通了209和309国道。进入80年代后，几乎村村都通简易公路，乡乡通了沙石公路，拖拉机已是村村都有，大汽车村村可到了。摩托车进入吉县，在农村突军异起，成为不可缺少的出行工具，走亲访友，进城办事都骑摩托车。90年代后，乡乡通了油路，农村运输用的农用三轮车，几乎取代了拖拉机，大部分村镇开始发班车。出现了私家小轿车。

21世纪后，轻便、环保、经济的电动自行车广受欢迎，成为又一主要的代步工具；同时县城内有了出租车和城市公交车，县城每天发往各地的公共汽车有多个班次，人们外出乘坐公共汽车，直通太原、临汾、侯马、运城、西安、延安等地。2010年后，私家小轿车急剧增多，县城一大部分家庭有了私家小车，农村有部分家庭有了私家汽车。自驾私家小汽车出行成为人们的又一选择。截至2015年底，吉县共有机动车8104辆。随着“村村通”工程实施和临吉高速公路的开通（2013年），人们的出行更加方便和快捷，一个小时即可到达临汾机场和临汾高铁站。

第六节　休闲 娱乐

休闲

改革开放后，吉县的经济和全国一样得以飞速发展，人们的物质基础和生活水平有了很大提高，物质文明为人们提供了闲情逸致，休闲生活成为人们生活中的一个重要组成部分。

传统的休闲生活，如收藏、写字、画画、下棋、弹琴、栽花、养鸟、养鱼等在新时期得到发扬光大。收藏队伍和品种都在扩大，主要收藏品有书画、瓷器、青铜器、古钱币、邮品等。书画创作队伍逐年增多。栽花已成为全民休闲生活的一种，每逢节日或有大型活动，鲜花是不可缺少的内容。机关单位的办公室都养有盆花，无论县城还是农村，户户都养有几盆花草，这已成为一种习惯。

1990年后，随着就业方式的多样化与社会物资供应的不断丰富，群众自由支配的时间更多，特别是自1995年实行职工双休日制度以后，民众的生活方式发生了深刻变化。思想解放的潮流，将人们的目光从家庭电视里的相声小品中引开，走向了街头，面向了社会，例如唱卡拉OK、跳交际舞、打台球、打太极、玩麻将等休闲活动日渐增多。每年节庆日都会有棋牌、球类等比赛，较大的算是西山运动会。2001年以后，伴随着我国加入世贸组织，社会商品更加丰富多样，居民收入连年增长，消费水平日益提高，休闲时间也日益宽裕，加上手机、互联网等现代通信技术的普及，人们的休闲选择更加多样、需求层次不断提高。从最初的街头电子游戏，到随时上网的QQ、微博、微信；从轻歌曼舞的歌舞厅，到广场舞、消夏晚会；从“金钟”千分，到檩条双扣；从自由爬山，到徒步群、钓鱼群、驴友群、自行车骑行群等等。

新兴的休闲生活，如农业采摘、饲养宠物等方兴未艾，成为时尚。吉昌、文城、东城、中垛等乡镇都开辟了苹果采摘园，到了收获季节，县城居民和外地游客便会进园自己采摘，以尝到最新鲜的水果为乐。还有其他水果园、瓜园、菜园供采摘。宠物饲养有狗、猫、兔、松鼠、鸽子、鸟、鱼、鳖等，以狗为最。

进入21世纪后，旅游成为人们追求的一种休闲生活，每遇节假日，人们或参加旅游团去远方，或自驾车到周边景点去观光。在欣赏自然美景的同时，愉悦了身心，陶冶了情操。

转换的休闲生活，如种菜、挖野菜等正在流行。过去种菜是一种劳作，挖野菜是一种无奈，现在却转换成一种休闲生活。有些有庭院的人家或者离山野近的人家都会开一小块地种蔬菜，不仅能吃到新鲜的蔬菜，更重要的是通过观察蔬菜的生长得到精神上的愉悦。农历三月初开始挖茵陈，随后有小蒜、苦苣、花花菜、蒲公英、槐花等。通过挖野菜既收获了绿色食品，又观赏了大自然的风光。

特色的休闲生活，如到森林中去吸氧，品茶等悄然兴起。到森林这个大氧吧里去吸氧已成为吉县人的一种新时尚。春天去闻泥土芳香，秋天去采山中野果。夏天天气酷热，每逢周末，就会有人举家出动，带着野外桌、椅、吊床等用具，或去管头山，或去人祖山的森林里避暑消遣，闲聊野炊，过回归自然的美妙生活。茶叶一改过去只为解渴解乏的功能，而是开始品茶，讲究茶道。许多家庭配置了茶桌、茶盘、茶具，购买高档茶叶，闲暇时或来了亲朋好友都品一番茶，赋予茶叶丰富的文化内涵。

截至2015年底，吉县79个村委都建起了休闲广场，农民在农闲时会去本村的广场跳跳舞、唱唱歌、玩玩牌、健健身、聊聊天，享受着空闲时的惬意生活。

娱乐

运动保健型　有桌球、乒乓球、羽毛球、篮球、游泳、散步、健身、桑拿、洗浴、足道、按摩、美容美发等。体委（后为体育办）、老干部活动中心、二中等单位建有运动娱乐场地。20世纪90年代，县体委建有露天游泳池，后因城市建设被拆除。县城清水河的几处游泳点也因水流量减少而废弃。2014年有人在车城乡境内利用小型水库建起一座露天游泳池，吸引了广大居民。桌球场散布在县城的各个角落，娱乐者以青年人为主。截至2015年底，吉县共有桑拿洗浴8家，足

道按摩 9 家，美容美发 80 家。

娱乐刺激型　有 KTV、舞厅、广场舞、学唱歌、玩游戏等。县城建有文化广场、中心广场、西关广场供人们学唱歌、跳广场舞、打太极拳。各乡镇、各村委也都有自己的广场。手机、电脑玩游戏成为年轻人的一项主要娱乐项目。截至 2015 年底，吉县共有 KTV4 家，舞厅 2 家。游乐项目主要是天气暖和时在文化广场临时搭建的儿童娱乐设施，有跳跳床、碰碰车、旋转秋千、海盗船、滑梯、小卡车、摩天轮、快乐转盘等。

文化休闲型　有中国象棋、围棋、麻将、扑克、网吧、读书、钓鱼等。老干部活动中心设有中国象棋室、麻将室、扑克室，并在西关、东关设有分点，供人们休闲娱乐。吉县图书馆、吉县新华书屋、个体书屋、机关图书室等都为人们提供了读书娱乐的场地。钓鱼是改革开放后新兴的娱乐项目，民间已组织起钓鱼协会，为爱好者提供了场地、渔具、交流场所。截至 2015 年底，吉县共有网吧 9 家，鱼池 8 个。

观赏体验型　有电影、歌舞表演、社火表演等。到 2015 年底，县城内已设有专门的影剧院，放电影、歌舞演出均在文化广场进行。歌舞表演除上级歌舞团、外地歌舞团表演外，主要以吉县本土个人和团体表演，每年暑期都要举办一个多月的消夏文艺晚会。演出队伍有机关单位、学校和老干部局组织的老年文艺演出队。社火表演一般是在元宵节，遇到重大活动或重要纪念日也会表演。

第三章 礼仪习俗

第一节 称谓

亲族称谓

当地人主要亲属有诸父（父亲、伯父、叔父）、诸舅、姑姨、姐、妹、婚媾和姻娅等。其排列习惯是：父母、岳父母、舅父母、姑父母、姨父母、哥哥、姐姐、弟弟、妹妹。其中父母称为家庭一层天，岳父为泰山、舅父为诸亲之首。所以亲属中又有“舅舅亲、姑姑亲、姨姨亲，姑、姨死了断了亲”之说。

县人对亲属的称谓，与晋南各地大体相同，唯对父亲、伯父、祖父、外祖父母以及姐姐、姐夫等的称谓有差异。（详见方言）

父母亲习惯称哆、妈，原籍鲁、豫人多叫爹、娘。后皆多呼爸爸、妈妈。

祖父母，习惯叫爷爷、婆婆；客籍人呼爷爷、奶奶。

曾祖父母叫老爷、老婆；客籍人呼老爷爷、老奶奶。

父亲的兄、弟、姐、妹及其配偶，称伯伯、大大，叔叔、婶婶（也有叫大哆、大妈的），姑姑、姑夫。

伯伯、叔父的子女及其配偶，口头称哥、嫂、弟、弟媳妇、姐姐、姐夫、妹妹、妹夫，书面上则冠以“叔伯”二字。

姑姑的子女及其配偶，其称呼与叔伯兄弟姐妹同，书面称呼时冠以“表”字，如表哥、表嫂，表姐、表妹等。

父亲的姑姑、舅舅、姨姨及其配偶称老姑、老姑夫，老舅、老妗子，老姨、老姨夫，也有不分男女统称“姥姥”的，对其子女称呼与父亲的兄弟姊妹同，惟冠以“表”字。

母亲的父母，称外爷、外婆。母亲的兄弟姊妹及其配偶，称舅舅、妗子，姨姨、姨夫。舅舅的子女称呼与自己家哥嫂弟妹同，但均冠以“表”字，如表哥、表嫂等。

同胞兄弟姐妹及其配偶称谓，与各地同。唯独对同母异父所生的兄弟姊妹，称“隔山”兄弟或姐妹，对姐妹所生儿女及其配偶，称外甥、外甥媳妇，外甥女、外甥女婿。姐妹的孙子、孙女，称外孙、外孙女。

夫妻，女方被称家里人或姑房里，也有叫婆姨的。男方被称掌柜的或某某（儿女名）爸。对妻子的父母，根据年龄大小叫伯伯、叔叔、大大、婶婶，也有随妻子叫爹妈的；对外人讲时则称丈人、丈母。妻子的祖父、祖母，一般随妻子称呼；对外人讲时则叫妻爷、妻婆。妻子的兄弟，一般是哥、弟称呼，对外人则称室哥、小舅子；对妻子的姐妹称大姨子、小姨子。

对儿子、儿媳，一般直呼其名。有的对儿媳呼××（儿子名）家里。

儿媳的父母称亲家、亲家母。对亲家的父母，视其年龄称伯伯、叔叔、大大、婶婶。若旧有亲属关系者，仍沿旧称，即为“前亲后不改”。

社交称谓

一般人际交往称谓，邻舍街坊，服从班辈。父辈者，称伯伯、叔叔、姑夫、姨夫。母辈者称大大、

婶婶、姑姑、姨姨。祖父辈，称爷爷、老姑夫、老姨夫。祖母辈者称婆婆、老姑、老姨。师生、师徒之间，称老师、师傅、学生、徒弟；对其配偶称师娘或婶婶、姨姨。对年过花甲的革命前辈，称某（姓）老。同事之间称老某（姓）或不带姓氏呼名。出外，对长者称大伯、大婶。与自己年龄相仿者称大哥、大嫂。

社会上成年人见面互称“同志”，之后称谓发生变化，见了面不再互称“同志”，而称“先生”“师傅”“老板”。配偶之间向外人介绍也已不再称“爱人”了，改称“妻子”“媳妇”“我男的”，或“老公”“老婆”。

第二节 礼仪

日常礼仪

自古以来，吉县人就很讲礼仪，来客问好，早上见面总问：“你才起（方 ken）哩？”吃饭前后见人先问“你吃啦？”，傍晚总问“你才从地里回来？”。只要客人一来总是先称呼再问：“你刚（方 ling）来？”实在不知道就称“您老人儿”。长辈见了小辈总说“这亲女子”“这亲小子”“这小伙子”，大点年龄的中年人称“这姑发哩。”再大年龄就叫“xx 妈”或“xx 嗲（dia）”或把儿女名字加在前边叫，不直接叫名字，很礼貌。待人接物，心平气和，路遇熟人，问候生活、起居、交谈热情。到别人家作客，脱鞋上炕。行路面前有人站立，宜绕其背过。客来请入上坐，以茶烟招待。客走送至门外，招呼慢走或再来。子女参军、升学或从外地还乡者，亲朋邻里多宴请或赠送礼品，主人设宴款待。亲友、邻舍遭受天灾人祸，上门探望，解囊相助。

待客礼仪

吉县人对请客特别重视，几乎前一天就开始精心准备了。先打扫整理院落再打扫房间。洗换衣服、铺盖被褥。遇到农忙时节也得把屋内家具擦洗干净，衣服更换一新，头发都梳理好，才亲自前去请客。做的馍菜一律提前准备就绪。主人家说话和气热情，说话语言温和，很讲究分寸。王家原人很厚道，第一碗吃完，将饭盆端放客人面前，勺子拨在客人一边让随便吃。县北区常将肉食鸡蛋夹放于客人碗中，怕吃不好。将油饼夹于客人碗中，特别热情。走时远送于大门外，或目送远去。

家族礼仪

吉县的家族很讲亲情。和长辈同行，尾随其后，有问必答。特别是同姓近族者，逢过大年上门拜长辈，红白事全家出动帮忙干活，不怕脏不怕累，争先恐后抢着干。本族长辈随时随地可训教晚辈，有些家庭纠纷不请村干部只请有权威的族人长辈理事。若某家儿子考上大学主动送钱给物、给粮食。

年节礼仪

过春节要拜年，旧时有名望者着礼服戴礼帽，一般人穿新衣戴新帽，对年长辈高者行跪拜礼。同辈人见面捧手作揖恭贺“发财”。妇女拜年、祝寿，着衣裙、冠带，行跪拜礼。

中华人民共和国建立后，人际交往形成一种新旧礼节结合或全新的礼节，鞠躬、握手。20世纪 60 年代，人际交往注入新的内容，如教师入教室，学生起立、教师答礼、相互问好，学生路遇教师，行少先队礼。“文化大革命”中，中华民族优良传统遭到摧残，更甚者动辄出口伤人、脚拳相加。经过拨乱反正、开展“五讲四美三热爱”与精神文明建设活动，文明礼貌又在境内兴起，除恢复原有的优良传统外，注入不少新的内容。如和睦家庭、模范婆媳、收养孤儿、赡养孤寡老

人以及为丧偶父母求配偶者，日渐增多。但在人际交往方面，有向奢侈方面发展倾向，特别是进入80年代以后，走亲访友，一般都以食品、瓶酒、罐头、卷烟以及陈列品馈赠，更甚者以钱财为礼。丧葬虽改变原迷信繁杂程序，以赠花圈、挽幛、挽联为主，但开始向大操大办、铺张浪费方面发展，在互相攀比中不断升级，形成禁而难敛的"人人有看法，人人没办法，谁都很反对，谁都去参加"的现象。

第三节 禁忌

生活禁忌

不能隔门泼水。

不能用筷子打猫。

晚上不劈柴、不扫院、不晾衣服。

农历二月二日出前不担水，免得惊动"龙王"。

出门探亲讲究"七不出，八不回"。

借用药锅忌还，还时须在锅内放点食盐或豆米。

下午不看病人。

正月初一不开柜，日出前忌往地下倒水。正月初一凌晨起床出门要放"隔门炮"，初一至初五前不扫地，初一吃饺子破了不能说"破"说"挣了"。

六月、腊月不搬家。

修门不能门对门，大门不设在院中间。进屋正面不能放镜子。

门扇、窗门用板用单不用双。

打窑不打四孔和六孔，要单数，免得"四六不通"。

院内不栽杨树，免得"鬼拍手"。

做窗不能做六格，免得"六亲不认"。

婚俗禁忌

腊月不订婚。

姑娘出嫁，须到外姓人家上轿。

结婚典礼时忌穿白戴孝人参与，忌孕妇进入洞房。

姑母不送亲，姨姨不迎亲。

寡妇、光棍、怀孕妇女不能进入到洞房，不能触摸新娘新郎的衣服、被褥等。

女儿和女婿在娘家不得同居一屋。

女子出嫁时，不能骑阉驴、阉马和骡子。

迎亲时碰见石磨（白虎）和碾子（青龙）要戴上墨镜或提前有布遮住。碰见娘家烟囱要蒙住眼睛。

服丧期间，新婚夫妇在"百天"内不穿孝服。

丧俗禁忌

对老者故去不说"死了"，要改口说"老了""不在了""谢世"。年轻者说"殁了"。

戴孝的人进别家院要摘孝帽。

坟前不栽柳树或杨树。

人死后未落炕，哭时泪水不得滴于死人身上。

烧幡时，只许哭三声，同时不得抬头看。

人死三年后才能合葬。

孕妇不许进灵窑。

老人老了第二天才能入殓，县北区当日就入殓，县东区可三天入殓。

穿孝服不参加喜事庆典活动。

清明前，不双日上坟。

第四章 人生习俗

第一节 养育习俗

孕育

人们称妇女怀孕为“有喜”，婴儿出生为“添喜”。怀孕后不再干重活，同时还有许多讲究，如：不吃兔肉，不食辛辣等，避免生豁嘴和怪胎。虽无科学依据，但人们宁愿信其有，而不去贸然犯忌。

分娩

旧时，农村缺医少药，加之经济条件所限，孕妇往往在家中分娩，请当地有经验的接生婆接生。接生时把炕席翻起，倒上一堆柴灰用来吸血和杀菌，既没药品器械，又没卫生纸，母子生命没有保证。如今无论城里人还是乡下人，分娩前几天就住进医院，既方便又安全。

坐月子

妇女生小孩后，一个月内足不出户，在家调养身体，哺育婴儿，俗称“坐月子”。坐月子当天，在产房门上别谷草，生男孩别两根，生女孩别一根，再挂一小块红布，还有人挂上面箩子，以示“忌门”。非本家庭成员，一个月内不得入内。当天到井边烧香叩头“拜井神”，把黄纸用石头压在水源边，意为家中添了人口，要增加水源。产妇要喝小米粥、红糖水、猪蹄汤等催奶，保证奶水充盈。

七天

孩子出生第七天称为“过七天”。逢“七天”时，左邻右舍或亲朋好友登门道喜，送鸡蛋、挂面、红糖、蜂蜜等礼物。中午设宴答谢亲朋。

满月

“过满月”是吉县较为隆重的庆祝活动。古时受男尊女卑观念影响，男孩满月提前一天办，女孩满月推迟一天办。第一个小孩的满月以爷爷的名义操办。

满月当日，太阳升起前，孩子父母起床梳洗更衣，男戴礼帽穿长袍，女头戴花彩圈式帽、腰系彩裙。女性先敬拜灶君，怕坐月子期间，衣食起居有不恭之举，引起灶君不满。男到院中叩拜天地爷，烧香烧表，放鞭炮，期盼孩子健康茁壮成长。由外祖父母为孩子剃头。孩子第一次出门，抱到爷爷奶奶屋中，叫“出窝”。早饭后贴对联、设礼房。送喜幛的多为好友世交。喜幛为大红布或红绢绸六尺，上写贺词。男孩写“弄璋之喜”“千里骏驹”“孙枝万秀”等；女孩写“掌上明珠”“弄瓦之喜”“亲见新雏”等，悬挂于庭院墙上。外祖母送孩子“百命锁”“手镯”“链项圈”、银牌等礼物。中午设宴席招待亲朋。

次日宴席（后坐）结束，孩子父亲送母子回娘家居住，住到“百天”前一日接回。走时孩子身上要别上7根针，带上馍干粮，遇到过河还要拾小石头装于孩子衣被之中，讲究繁多。

百天

孩子出生第一百天，来客要送白面蒸的“牛圪圈”，上系五色线搓成的彩绳。外祖母开启“百命锁”，保佑孩子平安不生病。给孩子拍“百天照”以示纪念。

起名

吉县人给孩子起名，讲究不能和长辈的名字相连。

孩子出生后，习惯给孩子起个“小名”，以求好管。有表示亲昵的，如“丑丑”“狗娃”等；有表示符咒的，如“神保”“灵柱”等；有故意叫不好的，如“茅勺”“臭罐”等；有避邪的，如“老虎”“龙龙”等。孩子大一点特别是开始上学时，就要给孩子起学名，也称“大号”“大名”“官名”。有家谱的按家谱所规定的字起名。无家谱的则是五花八门，有一辈人用一个字起名的，有按时代的，有按出生地的，有吉祥的，有期盼的等等。如今起学名更加讲究，也较有文化气息。有的还要请人起名，按孩子出生的“四柱”即生年、生月、生日、生时，由天干和地支相配，金、木、水、火、土缺啥补啥，先天不足部分，名字格数要补平衡。不管生男女起名总是图个吉利，求得一生平安幸福，事业有成。

周岁

给孩子过第一个生日，即“过周岁”。来宾主要是孩子父母双方的主要亲戚，来时带“牛圪圈”。流传一种说法是“姑姑鞋、姨姨袜，舅舅、妗子裤圪叉，裤内还装二升麦（方言 mia）。”而且还得给孩子挂胸钱锁，数额视亲疏百元至上千元不等。有的还给孩子买儿童食品和高档玩具等。孩子父母设宴席招待宾客，给孩子照周岁照，以作留念。这一天，要往盘中放上钢笔、算盘、食品、玩具、线团等多种物品让小孩抓，抓到什么，则预示着孩子将来的兴趣和志向，父母就可侧重培养孩子。虽无科学道理，民间仍用这种娱乐的形式来预测孩子的未来。

祓身

祓身，又叫“赎身”。孩子自小身体虚弱，或前几个孩子都没管住（夭亡），父母就要求“神灵”保佑孩子健康平安成长，许愿小孩十二岁时给“神灵”杀鸡宰羊献猪。男孩还要在头上留一撮头发，十二岁时再剃掉。

到十二虚岁这一天，举行祓身仪式。太阳刚从东方升起时，需备木香、黄表、白酒、献馍、鞭炮，根据当初许愿给神敬献猪、羊或鸡。猪要花肠搭背，羊要上扎红花，鸡要腿上扎红线。舅父给孩子挂甲锁（也叫祓身锁）。姑父、姨父或父母为孩子披红绢绸，父母孩子一并叩拜“神灵”，口语还愿。仪式结束后酒席款待亲朋。

第二节　婚嫁习俗

选亲

旧时，孩子年龄在 13 ~ 15 岁左右，父母就开始多方打听，给男孩选亲。20 世纪 80 年代后，男孩子选亲的年龄在 20 岁左右。吉县人联姻最讲究的一条，首先是看对方祖上有无与胡人联姻，如有则不考虑结亲。其次看对方相貌怎样，大脑思维是否清楚，属相是否相配，父母人品是否端正，是否门当户对，家庭是否富裕等等。经“打探”“试问”，对方有了意向后，确定媒人到女方提亲。女方也同样打听男方情况。双方都有意愿结亲后，约定时日、地点，邀请舅舅、姑姑、姨姨、姐姐、哥哥、嫂嫂等主要亲戚参加“见面”仪式。

男女双方均同意结亲后，根据当地行情，由媒人征求双方意见，确定彩礼数额。订婚时付一部分彩礼钱，剩余部分结婚前付清。如是自由恋爱，有了牢固的婚姻基础，双方征得父母同意后，择媒人提亲。

纳彩订婚

旧时，纳彩订婚较为简单，媒人领着男娃到女方家，送 8 个馍、几个莲花卷、几斤肉，付部分彩礼，吃顿饭就完成了订婚仪式。20 世纪 80 年代后，纳彩订婚仪式逐步复杂隆重，男方要择吉日、在饭店摆宴席款待男女双方亲朋，多则五六十桌、少则二三十桌。宴后女方主要亲戚应邀到男方家中，媒人从中作合，彩礼清点交给女方。在城北部分乡村仍沿袭古纳彩订婚的习俗，蒸“鸭蛋馍”“莲花卷”，要说吉庆、祝福的话，如：“扎花馍馍蜜和油，结发夫妻吃到头”“五颗核桃两颗枣，明年小子满炕搅”“五男二女八孙子，还有十四个木根子”等。送彩礼时，写好订婚帖，衣料、布匹、绸缎、酒、肉、馍、粮食、棉花、铺盖、金银首饰等均贴上喜字，送入女方家。手镯、项链必戴，表示已拴定。男方要在女方家住三天，用男家的肉、菜为原料设三次筵席，共吃七顿饭。第一顿吃饺子“封口”，走时吃抉圪塔，不吃面条，意在办婚事要果断，以防事情扯得太长不可收摊。男方回到家中再给亲友发“请帖”，设宴招待。

择日送钱

男方计划承办儿子婚事，先找阴阳先生择吉日，再和媒人到女方家商定结婚日期和送钱（彩礼）日期。送钱之日，男方携同媒人，将内容为《择定于 X 年 X 月 X 日迎亲大吉》的结婚日期帖、剩余部分彩礼钱及猪肉、白面、两瓶白酒、一双红筷子、一只同生日鸡、贴喜字的棉花数斤送到女方家，女方设酒席招待亲家、媒人。并言定迎亲主事人的辈分、坐上席人的辈分，陪席人辈分等诸多细节事宜。喝酒须喝男方送的两瓶酒，喝完后瓶装少量食盐带回。

迎亲

择定日子后，男方通知亲友，订乐队、录像，订婚车 8 ~ 10 辆，问迎姑 2 人，给饭店预报酒席张数，买家具、家电，新人照结婚照等等。若在家做席就更加忙碌，杀猪、宰羊、做豆腐、烧鸡、炸鱼、蒸馍馍都要提前准备。端盘的、洗碗的、展抹桌子的、邻居家中歇客的等等，都应事前设宴招待。女方相应轻松一些，通知亲友、订饭店、准备嫁妆、问送姑 2 人等事宜，若是自家做席仍是以上规矩。

结婚之日，庭院大小门都贴婚联。乐队先演奏热闹一阵子，告示大家婚事正式开始。新郎由舅舅领着到三岔路口叩头烧香。

迎亲队伍组成由事主、舅舅、姑夫、姨夫、姐夫或本家小辈 9 人、11 人或 13 人组成，从中择出座上席 1 人、陪上席 3 人、伴郎 2 人。事主一个包内装猪肉一条、红萝卜 2 个、葱两根以及粉、面、盐、花椒、针、线、麸七包，新娘出阁时要一一兑换，表示婚后新娘做饭色味鲜美、会做衣服、善料理家务。包内还装礼帖及课书，内书喜神方位、忌 ××× 三个属相及打头方向等内容。另一包内备烟 1 条、酒 2 瓶、茶叶 2 盒，给女方做席的厨师们，意在示谢，让做菜速度快些、不要延误，迎亲队伍能及早返回。

迎亲车辆贴喜字、挂气球、插小红旗。新郎、新娘乘坐的婚车要着重装扮，有彩带、花朵、红喜字、彩子布和一些吉祥物。迎亲车辆的顺序为，第一辆乐队、放炮车，第二辆录像师、事主、舅舅、媒人乘坐，第三辆迎姑乘坐，第四辆新人乘坐，其余车辆尾随其后。迎亲返程第五辆送姑乘坐，其余人随车入座，最后一辆为拉陪嫁妆车。

女方设酒席招待迎亲队伍及亲朋好友，座位安排很有讲究。设上席一桌，男女双方舅舅上座、姑父姨父陪坐。如有空缺位，外甥、女婿、侄婿、内侄婿等小辈填补。安排介绍人上座就席，选配合适人作陪。一些长辈和名望较高者安排到包间或雅座，其余人员各自就座。宴席间鼓乐伴奏，双方事主相随逐桌敬酒。大碗上后女方事主或家族长辈、新娘哥哥领新郎、新娘向客人敬酒。

新娘出嫁讲究不能从娘家动身，迎亲路上不能看见娘家的烟囱。酒席结束后，新娘要在离娘家较近的亲朋家吃饺子、煮鸡蛋。动身时乐队伴奏，燃放鞭炮，新娘由舅舅抱上车，有犯忌的属相者回避。出村或路遇婚者要搭彩子助威。

迎亲队伍到了新郎大门口，搭拦门彩子。进门开箱，要给掌管新娘箱子钥匙的新娘弟弟或侄儿开箱钱。

结婚典礼

进入庭院奏乐鸣炮，在迎姑、送姑陪同下结婚典礼开始。典礼议程有十多项，第一项宣布结婚典礼开始，鸣炮奏乐，其后逗笑取乐、谈计生打算、谈恋爱过程，证婚人、主婚人、介绍人、来宾讲话等。最后一项入洞房，有新郎、新娘谁先入洞房以后谁就厉害的说法，因而新郎的同学朋友拦住新娘不让先入洞房，一般情况下大都是新郎先入洞房。一些小孩、妇女争着撕去洞房窗户上彩条。

婚宴结束后，宾客散去，晚上姐夫、妹夫、同学、朋友闹洞房，说一些诙谐、可笑、逗趣的话题，等到子时许，才逐渐离去。

双方舅父用麦秸为新娘新郎分别装枕头，公婆将枣、花生、核桃装入其中，晚上新人共食。枣寓意早生贵子，核桃表示圆圆满满，花生希望男孩女孩花着生。红灯（或红烛）彻夜通明，不可吹灭。子时许新郎新娘吃换碗饺子，表示爱意。

以上婚礼程序吉昌、东城、中垛、柏山寺、车城较为普遍。屯里、文城、壶口还各有其特色，个别村仍然沿袭古婚俗。

旧时裹脚时代，女儿只可在家纺织，不可出阁、出庭社交。上集赶会男女偶尔相遇，只可远视不可交谈，否则视为不规。婚前男女双方不见面，新郎新娘不知对方是何模样。新娘结婚上轿时有“哭嫁”习惯，日落迎亲队伍才能上路，新娘迎进家已是深更半夜。

新娘下轿时，阴阳先生念道：“青龙白虎下瑶台，朱雀玄武两边排，五谷铜钱打恶鬼，喜迎新人下轿来。”撒五谷及铜钱除邪。

拜天地时，司仪念道：“一拜天地盖载之恩，二拜高堂……”新郎新娘一一跪拜。

入洞房时，阴阳先生边向院四方撒五谷边念道：“一撒东方甲乙木，撩起竹帘洞房入；二撒南方丙丁火，新娘美貌如花朵；三撒西方庚辛金，人间才子配佳人；四撒北方壬癸水，一双鸳鸯万年美，五撒戊己土中央，生下小子白又胖。”众争拣五谷，拣到者为吉。在一片喜气盈盈的气氛中新娘新郎携手入洞房。席罢，闹洞房。闹房不分辈分大小，所以闹洞房的人五花八门，内容也是五花八门，目的是让新人撕开怕羞的脸面。

闹完洞房，新房窗外仍有一些年轻人在听房，这是男方人缘好坏的一种标志。若无人听房，新郎父母还要请人听房，听房人将新婚夫妇洞房里的一些举止言行，作为次日逗乐的笑料。

次日早举办后座酒席，开席前举行“拜亲”（认亲）仪式。男方家人亲戚论资排辈就座，正面为神祇，先拜神后拜人，先拜高堂，后拜要亲。行拜时受拜者将认亲钱放入礼盘，多少视亲远而定。

县东区山东籍居民的婚仪，与其他区大不相同。

讲“三媒六证”，即三个媒人。双方父母同意，男女双方愿意，写婚约领结婚证为六证。迎亲到女方家后，新娘新郎由女方族人长辈引领拜祖坟，坟上要压大红纸钱。新娘下轿或下车后，更衣先拜天地、高堂，再举行结婚典礼。入洞房时，婆家妈揭盖头，进屋由新郎抱新娘放于炕下的“软米糕”上，然后上炕踩四角，坐于前炕“香斗”前，二人同吃长寿面（其他区吃扎花馍）。闹洞房后，子时不吃“换碗饺子”而是喝“拌汤”。喝时夫妻同搅同说：“东搅西搅，儿女不少；南搅

北搅，来年生个胖小”。婚后回门不对“十天”，而是“七对八两家发”和“八对九两头有”。

回门

结婚第二天，新娘携新郎回娘家称回门或对十天。新人拿足面馄饨、馍、酒或糕点等礼品，到女方亲戚家认门，女方亲戚逐户设酒席招待女婿，并给见面钱。对十天后，父亲（兄弟）送媳妇回婆家。有“三对四、必定富”的说法。

第三节 生辰

普通生日

民间过生日通常是自家人聚餐，以示庆祝。生日有子女为父母过的，有父母为子女过的，有夫妻之间相互庆祝的，也有朋友和同事之间互相庆祝的。

贺寿

到了60岁子女就开始为其过寿，每年必过，不得间断。讲究10年一大寿，如到70、80岁就要隆重一些，通知亲朋好友前来贺寿。过寿时要为父母蒸寿桃，每份寿桃为9个，如父母健在，寿桃为2大7小，如只有一个老人，寿桃为1大8小。也有用蛋糕代替寿桃的。寿幛金字红底，男寿多“南极仙翁”，女性挂“八仙庆寿图”，双寿挂“三星高照图”。父寿横批写“家父”“家严”，母寿写“家母”“慈母”字样。双寿写“严慈”“椿萱”等。男寿送“大德必寿”“福寿康宁”“寿考维祺”。女寿送“金萱永茂”“寿添萱禄”“福如东海”等。双寿送“双星并耀”“兰桂俱芳”“椿萱不老”“双寿共道”等。

过寿当天的早饭叫暖寿。亲朋好友一律吃面条，寿者吃一根面条做的一碗寿面，意为长寿。来者每人给寿者加一根短面，意为加寿。

拜寿时，寿者正堂就位，面向宾客。双寿者，男左女右。由执事人主持有序进行。先上寿香，晚辈依次燃香插于香斗，以示增寿。长子作祝寿词，而后按儿与媳、女与婿、侄儿侄媳、外甥、外孙、嫡孙、堂孙、族孙顺序依次叩拜，最后鸣炮奏乐。同辈分两旁打坐，起立作揖，万福互拜。

交木

寿木做成，要举行庆贺仪式，一般在老人当年过寿之日举行。主要亲戚和至交友朋，带糕点、酒、罐头、寿桃临门祝贺。女婿带红布和喜线。交木时一拜天地神灵，烧三炷香、三刀表，奠酒。二拜棺木，磕头。三拜匠师，敬酒。寿木中放模尺、刨花预示儿女日后“有吃有花”。用红纸包住寿桃放在寿木之中。置放好的寿木，一般情况下不可再移动。仪式结束后宴席招待亲朋。

第四节 丧葬习俗

落炕

当人的生命快结束时，要为其擦洗身躯、剪指甲、放口含钱、穿寿衣。男的剃头、刮脸，女的梳妆、正眉。由家族的儿媳为亡人拨干粮。干粮数量1岁1个，用红线串起来戴在亡者的手腕上，男左女右。烧落炕纸后，把亡者放在七星床上（棺木最底层的床板有七个圆孔谓之七星床），无七星床板者可放在木板上抬放于合适的地方，待入殓。置放方向为：子寅辰午申戌时头部朝东，丑卯己未酉亥时头部朝南。

入殓

去世当日入殓，请娘家人到场监护，被、褥、寿枕、脚跌蹬、口含钱、银饰、衣服齐全，娘家人表态才可进行。尸体入棺后周围垫满柏叶、香纸、冥票，晚辈将金银纸宝撒满尸身，并半盖棺盖。烧入殓纸，入殓完成。

择吉日、选墓址、报丧、烧幡

定出殡日子、选墓址都要请风水先生。出殡日要避开每年的36个忌日及与死者年龄、属相相克的日子。一般去世第三日出殡，如逢忌日或其他特殊情况再后延。墓址讲究风水，由风水先生选定、破土后方可打造墓穴。

给亲戚报丧不捎口信，要逐家登门进行。同学朋友电话通知。

子时前，晚辈轮流化钱纸，意在给残留恶鬼买路钱。子时许烧幡，即烧掉逝者去阴间的通行证书。县南区在院内面朝大门进行，县城及县北区在大门外进行。烧幡前抽去盖脸纸，在临终住的地方设盆、梳、镜、皂、巾。参与烧幡者跪伏齐哭三声，不可抬头。烧幡时还要烧掉逝者生前的衣物、纸糊马（男性）、纸糊轿（女性）及纸衫、布衫各一件。意为让逝者洗梳后，带上衣物钱财去阴间报到。烧幡后每人吃一碗献面。

灵堂

灵堂布置以蓝、黑、白、灰为主色调，挂八仙图。祭桌、牌位两边放金山银山、童男童女，后摆金银库。帐两边站一对纸制白鹤，两侧挂纸幡、香幡、版幡、花幡，帐中挂宫灯、白绣球，场面庄严肃穆。

祭奠

祭奠由礼宾先生主持，旧时历时三天三夜之久，现多为一天时间。

礼宾先生由四人组成，是孝子的代言人，为亡者撰写诵读祭文，主持祭奠的全过程。奠祭顺序为儿子开首祭，内侄、侄儿、女婿、内外甥、外孙、重孙等按顺序进行。奠祭程序为上香、读祭文、上酒菜、上馍食、献茶、焚祝文。其间鼓乐伴奏，分段进行。祭奠乐队以唢呐吹奏为主，曲调以民间广为流行的“孔子哭颜回”“刘备祭灵”“哭长城”“秦雪梅吊孝”等为主。县北区在午后停祭，迎金纳礼，鼓乐迎送。对高龄谢世老人，至亲中的文雅之人要行“九叩十八拜”礼。

出殡

起棺前，以七根铁钉钉棺，阴阳先生挥刀舞尺，口念“咒语”，大声斥令，砸灰碗，洒五谷，抓引魂鸡上棺盖，孝子放声大哀。抬棺出门，长孙持魂幡先行，抱灵位者紧跟，孝子执绋扯纤哭行至坟茔。阴阳先生坐棺定向，而后堆坟茔，行谢土神礼，灵牌引回入位。灵牌贴上黄纸镇符，阴阳安镇。

路祭

路祭是当出殡队伍走到十字路口、村口时，要以左邻右舍的口气举行路祭仪式，祭文由礼宾先生代写并诵读。

合葬

夫妻都去世后，要合葬一墓穴。夫妻死亡时间不是一年的，等到三年后才能合葬。

烧七 周年

从谢世开始，每逢一个七天，都要祭奠，要烧五个七。“五七”较为隆重，要请鼓乐队。每逢周年都要祭奠，烧完三周年，才算丧事办完。三周年时有的还举行立碑仪式，立碑和烧三周年仪式同时进行。

县东区葬埋老人的葬仪较简单，有四点不同于其他地区。老人故后去庙里烧香纸送米汤三天九次。娘家人来了当日可入殓，要么第三天才入殓。开祭多是女婿先开祭，无女儿者或女儿小未出嫁者长子开祭。不管有多少祭，只念一篇祭文。其余谁祭谁敬香烧纸即可。起灵时由长子甩汤罐，不用阴阳先生。埋后“复三”不“复二”，第三天孝子“圆坟”（整修、打扫坟墓）。也供“七”，但贡食品有变化，不雷同。头七馍、二七糕、三七油饼、四七饺子、五七大馍、尽七烧纸扎。

参与埋葬老人的亲友回来后，不翻刀、尺，而在大门口打堆柴火，从火堆跳过避邪。

第五节 喜庆习俗

封顶上大梁

建房时，当房顶施最后一块砖时为封顶，上最后一个大梁时为上大梁。亲朋好友送红包、礼金以示资助。门框上贴“上梁大喜，封顶大吉”“梁绕金龙”“物华天宝”“人杰地灵”等喜联。房主事先准备朱砂、五谷、缝衣针七根、历书一本、五色红线三尺、红砖一块，用写有“上梁大吉”，建房年、月、日、时，匠师姓名及主人姓名的方红布包裹好，钳入预留的最后一块砖的位置。也有在木板上书写相关内容，将木板顺大梁方向嵌钉于顶梁脊下面的。午时，工头喊三声：“有人吗”，众人应“人多哩”，以图吉利。这时鸣放鞭炮，洒酒敬土地爷，敬五神，烧五炷香、五刀表纸，表示所有神全敬了，求住房平安无邪。上梁仪式完成后，宴请工匠和亲朋。

暖房

入住新房要择吉日。讲究六腊月及每月的初一、初九、十五、二十五不搬家。搬家当天全家人熬一锅米饭共食，表明已入住新家。到第三天为暖房的日子。已婚夫妇，主要炊具如锅、碗等由娘家父母购买。中老年夫妇，窗帘、水壶、桌椅等实用家具由朋友添置。有的送粮食、有的送礼金、红包，邻居送柴火。有文才的人求高雅，题送中堂、书画，上书“乔迁志喜”“金屋生辉”等内容。屋主将礼金礼物登记上簿以作备查。酒席前，嘉宾要在主屋坐坐，特别是炕上、床上、被褥上坐一下，这样才叫暖房。

店铺开张

店铺开张，首先请人起个有寓意、吉利吉祥的店名，再请人查个开张的好日子。开张这天，亲朋好友前来志贺，送镜子、花篮、财神坐像等，上写“开张大吉”“生意兴隆”“财源广进”等吉祥语。有的同行店家送条幅祝贺。

第六节 特殊习俗

招女婿

也叫“招赘”，俗称“倒插门”。男方为女家顶门立户，传宗接代，有赡养埋葬女方二老的义务和继承遗产的权利。招女婿分两类情况：一类是男方改姓女方的姓，所生子女的姓都随女方。另一类是男方不改姓，所生子女一个随父姓一个随母姓。这种婚姻一般都立有契约。

改嫁

封建时代“男尊女卑”观念强烈，妇女受“三从”和“四德”约束。女子未出嫁从父、已嫁从夫、夫死从子，讲妇德、妇言、妇容、妇功。妇女许配其君后，终身不许改嫁他人。清末，妇女停止裹脚后才允许改嫁。改嫁是不得已的痛苦选择，有因夫早逝、无子所依的，有因夫浪荡、不务正业、

生活无法维持的等等。改嫁时不动鼓乐，简单从事。一般要写文约，其中要写清殁后是否与前夫同穴而葬，即民间俗称的“养老归宗”。

过继

过继，指自己没有儿子，收养同宗之子为后嗣。也指入养父之家为其后嗣。是传统宗族观念中的一种收养行为，大多数是为了延续男性继承人。

过继时要写契约，有说合人、证明人。契约内容的关键要写清是否改姓。如不改姓，生下男孩要有一个姓父姓。也有不改姓，将双亲奉养老后返回原籍的。

认干亲

认干亲的古老习俗，至今日仍在延续。迷信认为，体弱多病的孩子、数胎夭折后的新生儿或老年得到的儿子“难管难养”。为使孩子健康成长，父母便在人丁兴旺之家，或知心朋友中给孩子认“干爸”“干妈”。认干亲后两家就成了亲戚，有事相互走动。

第五章 节日习俗

第一节 传统节日

春节

农历正月初一为春节，俗称“过年”，是民间最隆重的传统节日。

从腊月二十三开始，就充满了浓郁的“年味儿”，家家户户开始大扫除，置办新衣，准备年货，在喜庆气氛中忙碌着，人称“忙年”。旧时穷人多出走躲债，过年如过关，所以又称春节为“年关”。

春节这天，讲究五更起床，换新衣，燃放鞭炮。全家早早吃罢饺子，小孩给长辈拜年，长辈给小辈发“压岁钱”。有初一“上坟”、初二女婿拜岳父母的习俗。

破五

正月初五俗称“破五”。早晨起来放鞭炮，将除夕夜至初五积存的污水、炮屑、垃圾清理出去，俗称送“穷媳妇”。这一天禁忌出门访亲问友，要吃“破五”饺子。破五有“送年”的意思，过了“破五”，年算过完了，一切恢复到平常的状态。旧时，这一天街上的店铺又开张了。

元宵节

正月十五元宵节是一个较隆重的传统节日，白天街头有舞龙、舞狮、踩高跷、跑竹马、威风锣鼓、唢呐等传统社火表演。晚上有灯展、焰火和戏曲节目。忙碌了一年的人们，特别是农村人都要涌进城里看热闹。晚上家家户户吃元宵，象征幸福团圆美满。

正月二十填仓

正月二十祭“仓神”俗称“填仓”。这一天，县北区家家户户制作面灯，晚间分放于粮仓、粮囤、天窗、门墩上。县南区习俗为吃素饺，填饺子于粮仓、门神位前。二者均有添加的意思，期盼来年五谷丰登，家家户户粮食堆满仓。表达了广大人民盼望幸福生活的心情。

二月二“龙抬头”

民间相传，每年农历二月初二“龙抬头”，天上主管云的“龙神”就会出头露面，开始行令，调拨祥云，给民间降雨了。此时干旱少雨的气候将结束，进入春雨季节。这天，理发店顾客盈门，男性不管年龄大小，身份高低，均得理发，意为“有了出头之日”。

四月初八拜山神

四月初八是县东区牧羊倌祭拜山神的日子。认为一年四季每天都在打扰山神，怕有得罪，四月初八这天，养羊户要宰杀毛色好、肥大的、左右角对称的标准公羊——“圈神羊”，到“山神庙”祭拜山神，求神护佑。祭拜时口念“山神山神多保佑，保我羊群四季平安不生灾”“羊生羊三年一圈，羔下羔九载三千”，直接表露了牧羊人的心情。

寒食与清明

寒食清明时节，有蒸“子福馍”、扫墓、上坟祭祖、修整坟墓的习俗。还有趁清明节给故人另择墓地翻坟安葬，或“立碑”的习俗。不少机关团体组织开展集体扫墓活动，悼念英烈，开展爱国主义和革命传统教育。

清明节还有男女老少郊游“丢病”的习俗。有“青上身，活一百”的说法，一些年长者将青麦苗夹在身上，祈盼健康长寿。

端午节

五月初五端午节，家家户户包粽子，门额上插艾叶。男女老少手腕、脚腕、脖颈戴五色线合成的“百命绳”，胸前戴艾叶、藿香、木香、丁香、白芷、雄黄等十余味中药制成的香包、艾牌。有“百命绳”镇邪、“雄黄”解毒、香包防“五毒虫”上身之说。节后下第一场雨时将香包挂在枣树上，“百命绳”抛雨水中漂走，企盼全家老少四季平安，身体健康不生灾。

六月初六晒衣祈雨

民间相传，农历六月初六是龙王爷给女儿晒衣服的日子。这天，家家户户晾晒被褥和衣服，保年内衣物不生虫子，人体健康不生病。上市和自产的新鲜蔬菜必须上桌，供人们尝鲜。

这天也是祈雨的日子。若逢久旱无雨，土地干裂，禾苗黄萎，果树欠水，农民们就自发举行祈雨活动。

祈雨时，四个或八个彪汉小伙不穿上衣，赤身光膀，赤脚走路，头戴鲜柳条编的圈帽，打着祈神求雨的横标，抬着“龙王”泥塑、木雕像或“龙王神牌位”，乡民列队紧跟后面，从村口向事先选好的水泉边进发。伴着锣鼓声，边走边喊：“龙王开恩，如不下雨，定要罚你”等口号。到了水泉边，鸣炮鼓乐，读《祭龙王祈雨文》，表述旱情，祈求龙神下雨、不延误农事。祭文之后，敬香焚表，洒酒，向龙神头上、嘴里、耳朵里、身上泼洒泉水，边洒边喊路上的口号。最后，让小孩蒙眼摸水碗和灰碗，若摸到水碗表明龙王要施雨，祭奠仪式就此结束。若摸到灰碗预示天不下雨，就抬着龙神像故意西倒东倾颠簸，意在整神。再摸是水碗时，祈雨活动在一片欢乐的气氛中结束。

七夕节

农历七月初七称七夕节，也称乞巧节。相传这天织女与牛郎在鹊桥相会，凡间妇女在这天晚上向织女乞求智慧和巧艺，求赐美满姻缘。21 世纪后，被商家、媒体炒作为“中国情人节”，年轻人随之跟风。

七月十五

农历七月十五中元节，又称“鬼节”“瓜果节”。此时正值瓜果成熟时期，人们用瓜果上坟祭奠故人。这天开始，柏山寺乡举办传统庙会，会期五天，有商品展销和戏曲表演活动。

中秋节

八月十五中秋节也叫团圆节，各家各户打月饼，晚上家人集聚吃月饼、品果实、赏圆月，尽享团圆之乐。

重阳节

农历九月初九重阳节，有遍插茱萸、登高望远、饮宴求寿的习俗。自从 1989 年国家把重阳节定为敬老节以后，全县各级各部门以各种形式慰问五保户、高龄老人、老干部、老领导、老红军，开展尊老敬老活动。

十月一“送寒衣”

农历十月初一，要给故人上坟送棉衣。民国以前，富豪人家均用上好的绸缎，根据故人的身份、官位、年龄、性别，缝制各式各色“棉衣”上坟焚烧，后演变成纸质衣服。而贫民一直用纸衣。一年中唯此节才允许女亲上坟送衣。

冬至

冬至是传统的尊师日，旧时县民多于冬至日设宴款待学校老师，后被教师节代替。冬至吃饺

子不冻耳朵这一习俗仍然流传。

腊八

农历腊月初八“腊八节”，有喝“腊八粥”的习俗，庆祝一年的丰收，预祝来年五谷丰登。

腊月二十三“送灶君”

腊月二十三，俗称“过小年”。相传是灶君爷上天给玉皇大帝言事的日子，要将每家每户人的言行举止汇报给玉皇。民间流传“二十三、鸡血汤，好面拌汤煮饦饦”“腊月二十三，灶君爷上天，只说好不说歹”的谣谚。灶边贴有“上天言好事，下凡降吉祥”对联的灶君爷神像。这天要用鸡、“糖瓜”献灶王爷，意为糊住灶君的口，以免上天讲人们的坏话。

除夕

农历腊月最后一日为除夕日，俗称“月尽”，是辞旧迎新、家人团圆的日子，有熬夜守岁的习俗。这一天要贴春联、包饺子、吃年夜饭。夜半零时钟声响起，千家万户放鞭炮，迎接新年的到来。20 世纪 80 年代中后期，观看中央电视台春节文艺晚会成为除夕夜守岁的主要内容。

第二节 法定节日

元旦

民间俗称阳历年，有吃饺子的习俗。县委、县人大、县政府、县政协四大班子组织举办新春茶话会，邀请各界人士参加座谈，共商振兴吉县大计。同时举行一些体育赛事或文艺演出，庆祝新的一年到来。

三八妇女节

3 月 8 日，全县妇女放假半天。县妇联牵头举办座谈会或妇女大会，表彰三八红旗手、五好家庭、妇女致富能手和各条战线上涌现出的妇女先进工作者。

植树节

3 月 12 日植树节，吉县干部职工参加全民义务植树活动。

国际劳动节

5 月 1 日，吉县召开大会，表彰各条战线上的劳动模范和先进工作者。县工会和县体委组织职工文艺演出和体育比赛。1999 年后，“五一”有了小长假，大多数人外出旅游或访友。

青年节

5 月 4 日，共青团县委组织召开座谈会、报告会、表彰会，表彰优秀共青团员和先进青年。举办文艺晚会，开展知识竞赛等活动。

国际护士节

5 月 12 日，卫生系统召开座谈会、表彰会，表彰奖励优秀护理人员。

国际儿童节

6 月 1 日，县城各小学、幼儿园和乡镇联校举办文艺演出活动，举行少先队员入队仪式发展新队员。县四大班子领导深入到城乡各小学、幼儿园慰问少年儿童。

中国共产党建党纪念日

7 月 1 日，县委召开庆祝会，表彰模范党员和先进党组织。全县各级党组织开展形式多样的庆祝活动。

中国人民解放军建军节

8 月 1 日，县委、县政府及有关部门对驻军、武警、复转军人、烈军属进行慰问，举办军民联欢晚会。县人武部组织开展打靶活动。

教师节

9 月 10 日，教师放假半天。县乡均召开大会、举办联欢等活动，表彰奖励模范教师。

国庆节

10 月 1 日，各机关、学校、企业厂矿升国旗、挂彩旗、出彩灯，举办文艺演出和体育竞赛。运用图片展览、书画展览、摄影展览、歌咏比赛等多种形式，开展庆祝活动。

第三节　外来节日

母亲节

节日时间为 5 月的第二个星期日。这一节日逐步被吉县人接受并热捧。这一天，子女给母亲送鲜花和节日的礼物，举家会餐庆祝。在外子女给母亲快递节日礼物，用微信、电话问候祝福。

父亲节

节日时间为每年 6 月的第三个星期日。这一天子女给父亲送礼物、问候祝福，举行家庭聚餐等。

愚人节

节日时间为 4 月 1 日。在吉县这一节日被年轻人接受，人们以各种方式互相欺骗和捉弄，在玩笑和幽默中轻松度过。

第六章 陋俗 恶习

第一节 陋俗

讲迷信

求神拜佛 求神拜佛的习俗古已有之，流传至今，目的是请求保佑。结婚多年没有生育，请求神保佑给送一个孩子；家庭成员久病不愈，请求神保佑让其早日康复；遇到难事无法解决，请求神保佑渡过难关；孩子参加高考，请求神保佑让孩子考上大学；久旱不雨，请求神保佑快降甘霖，让人间五谷丰登等等。中华人民共和国成立后，提倡科学，反对迷信，这一陋习有所减弱。20世纪90年代后，迷信活动又死灰复燃。一些人生了病、家里出了凶事要求神除病消灾，甚至求财、求官都要求神点拨指路。

看风水 民间信风水、讲风水，请风水先生看风水的现象比较普遍。建阳宅、办丧葬之事都离不开风水先生指导。不少人算卦、相面、择日、给人起名、给店铺起名等也找风水先生。

重男轻女

旧时，受“传宗接代”“延续香火”“顶门立户”“养儿防老”“不孝有三、无后为大”等封建思想影响，重男轻女现象比较严重。一些家庭为生男孩导致生育多胎，造成生活贫困、家庭不和等社会现象。随着经济条件的逐步好转、社会保障制度的日趋完善，“生男生女都一样”的生育观念早已深入人心，重男轻女的思想逐步转变。

娃娃亲

旧时，双方父母在儿女幼年时就包办给他们订了终身，等双方长大成人后再成婚圆房。还有孩子尚在腹中，便被大人“指腹为婚”。

换亲

旧时，一些贫苦家庭无力为儿子娶媳妇，为解决子女婚姻问题，经媒人说合，双方的女儿互许对方儿子为婚，一切彩礼全免。现换亲现象已不复存在。

童养媳

旧时，贫苦人家养活不起女儿，经说合议定，将幼女送到富有人家生活，待长到十四五岁时圆房完婚，这一婚姻形式在中华人民共和国成立后被废除。

冥婚

俗称“阴亲”，未婚的青年男女死亡后都要找一配偶合葬，否则称为“孤坟”。迷信认为孤坟会使家中不安宁。这种婚姻模仿活人结婚仪式，但一切从简，开销由男方负担。

铺张浪费

20世纪80年代后，由于生活水平不断提高，物质逐渐丰厚，铺张浪费现象也在逐步蔓延。特别是办婚丧事，筵席的价格、烟酒的档次、随礼礼金越来越高、攀比之风越来越烈，浪费惊人。2012年后，随着反腐力度的逐步加大，吉县下力气狠刹此风，给相关人员相应处分，收到了一定的效果。

第二节　恶习

赌博

赌博恶习由来已久、根深蒂固。古时，每个村庄都立有禁赌碑。中华人民共和国成立后，国家明令禁止，公安机关重拳打击，有关部门教育引导，这一恶习得到遏制。20 世纪 80 年代后，以麻将、扑克、骰子为赌具，以家庭为赌博场所的聚众赌博现象有所抬头。之后出现网上“打黑彩”等现象。赌博危害社会、危害家庭，参赌人员债台高筑、倾家荡产的有之，被迫外出躲债、长年不敢回家的有之，家庭破裂、妻离子散的有之，打架斗殴、偷盗抢劫犯法入狱的有之。通过全社会共同努力，打击犯罪、教育引导、文明育化、弘扬社会主义核心价值观、树立社会主义新风尚，赌博之风得到有效遏制。

吸毒

20 世纪 80 年代后期，境内有人开始偷偷吸食毒品，已绝迹的吸毒现象死灰复燃。尽管国家打击的力度不减，但吸毒贩毒的现象未能有效杜绝。进入 21 世纪，运输、贩卖毒品谋利的地下产业链逐渐形成，极个别人还在偏僻的山庄窝铺偷偷种植罂粟，谋取暴利。一些家庭因此背上了沉重的经济负担，也有少数年轻人因吸毒走上犯罪道路，甚至身亡。公安机关采取果断措施，重拳出击，通过打击毒品种植、运输、交易等不法行为，对吸食毒品者实行强制戒毒措施，这一社会现象得到有效控制。

第七章 宗教

第一节 佛教

据清代《吉州志》记载和对金石碑刻考证，在北魏孝文帝延兴四年（474），佛教就在吉县流行。挂甲山摩崖造像，文管所保存的北齐造像碑等均为佛教信徒遗物。旧志曾载有牛和尚、源海和尚、悟怪禅师、维惠禅师等僧人。中华人民共和国建立后，各寺院已无僧人，佛教徒也不再活动。2013 年 12 月 26 日，根据《关于同意筹备设立吉县壶口黄龙寺为活动场所的批复》（临民宗发〔2013〕35 号文件），在壶口瀑布风景区设立壶口黄龙寺佛教活动场所。2014 年初，在市佛教协会聘请释静昆（俗姓孙）和尚到寺内住持。黄龙寺每年开展腊八节施粥、年前走访慰问等活动。

第二节 伊斯兰教

传入与发展

吉县伊斯兰教随着回民群众的迁入定居而传入。清朝中叶，回民马元星、马元泰兄弟从河南卢氏县，李双喜从陕西同州府，赵德元从河南卫辉府陆续迁住吉县（时名吉州）。三姓共约 50 口人。居住在县城附近的西关、小河畔、水洞沟、丁家沟、祖师庙等地。随着迁入回民的不断增加，有一部分马姓回民迁住长安沟垦荒农耕。民国以后，大部分回民陆续聚居辛村务农。中华人民共和国成立后，寨子壕回民也不断增加。辛村和寨子壕成为回民的聚居地。1986 年初，境内共有回民 81 户、325 口人。其中辛村回民 58 户、265 口人，寨子壕回民 18 户、77 人，市民 5 户、10 人。到 2015 年底，吉县回民总人口 328 人，其中辛村回民共 70 户 260 人。

清真寺

光绪元年（1875），在吉州衙门任“红笔师爷”的回民伍怀玉，出面募集银两，在丁家沟建成第一座清真寺，立石碑一座。后又在长安沟瓦房院修建一所简易清真寺。1926 年，由吉县、河津、晋城回民捐款、捐物、捐地，将丁家沟、长安沟两座清真寺搬迁，到辛村建清真寺（占地 2.8 亩）。1936 年，在寨子壕修建临时清真礼拜所一座，中华人民共和国成立后停用。“文化大革命”期间，辛村清真寺被学校占用。1980 年，县政府拨款 1700 元，群众投工献料，盖起一所新学校，将清真寺归还穆斯林。1986 年，再拨款 2000 元对清真寺进行了维修。2010 年又投资 40 万元修建了新的清真寺（占地 4.5 亩）。

阿訇

吉县阿訇均系外请。1973 年前，辛村清真寺有一位长住阿訇，以后没有长住阿訇，只有流动阿訇。1980 年后，吉县再无阿訇。1987 年 8 月，丁洪智来吉县任阿訇。后袁安庆来吉县任阿訇。

节日

吉县回民谨遵教规，过伊斯兰节和纪念日。主要有：登宵夜、拜拉特夜、入斋、开德尔夜、

开斋节、古尔邦节、阿舒拉日、圣纪节。

五功

吉县回民虔诚地做着五种功课，简称五功：念、礼、斋、课、朝。

念：念清真言，表示内心信仰。

礼：礼拜。有晨拜、晌拜、晡拜、昏拜、宵拜。

课：帮助穷人解除困难，改善环境，结束贫困生活。每一个有钱回民每年必须主动拿出自己财富的 2.5% 救济贫苦人。

斋：斋戒。阿历（伊斯兰历）9 月，回民每天从曙光出现到太阳西落到清真寺斋戒，体验饥饿，以坚怜贫之心。

朝：朝觐。

第三节 基督教

传入与发展

基督教于 19 世纪末传入吉县。清光绪十年（1884）大宁县梁万镒牧师（隶属英国内地会）到吉县传讲基督教，发展刘宝鼎、葛月盛、袁尚志为信徒。1893 年，英国密牧师常驻吉县教堂主持教务。1901 年后，内地会派驻吉县的先后有英国的安道明牧师、朱牧师、挪威纽益新牧师主持教务。1954 年 9 月 23 日，吉县成立“三自”爱国小组，选举肖福奎为组长。1957 年，由王玉梅执事负责教会事务。1966—1978 年，因“文化大革命”教会组织停止活动，信徒在自己家中读经祷告。1996 年 3 月 6—7 日，县基督教第三届代表会议在县委四楼会议室召开。成立了吉县基督教三自爱国运动委员会和吉县基督教协会。讨论通过《三自章程》和《协会章程》。选举产生“两会”班子。2001 年 3 月 2—3 日，在县教堂召开了吉县基督教第四次代表大会，选举产生“三自”主任和协会会长。

信徒

1986 年初，吉县基督教徒 126 人，其中男 29 人、女 97 人。 至 2015 年底，境内受洗礼信徒 2843 人，其中吉昌镇桥南教会 823 人、柏山寺点 510 人、中垛点 452 人、兰村点 151 人、文城乡古贤点 149 人、东城乡太和点 230 人、王家原点 119 人、壶口镇东头点 142 人、屯里镇太度点 44 人、屯里镇大回宫点 34 人、屯里镇桑峨点 31 人。吉县有慕道友 3760 人，有长老 3 人、传道员 21 人、执事 142 人。

教堂聚会点

1893 年后，内地会上海总会出资在县城背崖村购买房屋和土地，建成教堂，取名“福音堂”。1900 年，义和团起义，县城教堂被捣毁。清政府签订《辛丑条约》后，州衙赔偿教会 460 千文，用以修复教堂。1938 年，背崖基督教堂被日军烧毁。1939 年，吉县信徒集资在原址重建教堂，为南、北两院，计瓦房 17 间，其中礼拜殿 6 间，生活、办公用房 11 间，另有两院 7 孔窑洞也位于背崖。“文化大革命”期间，吉县基督教停止活动，桥南小学于 1969 年借用教堂上课，后将教会所有瓦房全部拆除，修建了 8 大间砖瓦结构教室。1985 年 4 月，桥南小学将基督教原址上的 8 间瓦房归还给基督教。1986 年，吉县有基督教堂 1 座，有桑峨、太度 2 个聚会点。2005 年 7 月，基督教会投资 120 万元，在县城原福音堂的旧址上奠基动工，建起了四层楼的新教堂。2006 年 10 月 24 日举行献堂典礼。2002—2015 年，吉县 8 个乡镇 11 个聚会点先后自筹资金，均建起砖

混结构教堂。基督教堂分布为：吉昌镇桥南教会、吉昌镇兰村基督教活动点、柏山寺基督教活动点、中垛基督教活动点、文城乡古贤基督教活动点、东城乡太和基督教活动点、王家原基督教活动点、壶口镇东头基督教活动点、屯里镇太度基督教活动点、屯里镇大回宫基督教活动点、屯里镇桑峨基督教活动点。

公益活动

基督教会在聚会的同时，引导教育信教群众当好教徒、当好公民，开展公益活动。吉县信徒累计投工 3000 余个义务修路。2003 年，县基督教被临汾市民族宗教局评为临汾市“为建设小康社会做贡献先进集体”。

第八章 家谱 家训

第一节 家谱

《祖师庙・郝氏族谱》

郝氏根祖在吉县，据旧县志介绍，明朝洪武年间吉州人郝玘到安徽萧县任县令，在萧县繁衍生息。2011年萧县郝氏族人续修族谱，主修人郝盛武到吉县寻根问祖，并和吉县郝氏族人协商，把吉县郝氏一支编入族谱。《郝氏族谱》从十八代开始，至于二十二代，由耀宗、建中、耀周、耀忠、本文等族人搜集资料，于2013年8月编辑成册。吉县郝氏分别居住在祖师庙、尖尖、桐腰、东赵村、凉珍原、霖雨等村。

《东城・崔氏族谱》

根据东城村关帝庙石碑记载："小民崔帝受由宜川迁到东城村落户，经多年操劳，家业逐渐兴旺。但中年无子，求神保佑，后得一子，起名崔神保。诚感尊神之灵，善男信女纷纷布施，崔帝受乃尽其所有，献资修庙，金装神像，唱戏还愿，诚报神灵。时大明嘉靖二十七年孟春立。"从而得知，崔氏先祖崔帝受明代后期从陕西宜川县上候村迁至吉县东城村落户，到1996年续修族谱时已有477年。居住分4个院系：地窑院为长辈，碾道院、后店院为晚辈，前房院后继无人。此谱由第四代族人崔文焕执笔整理，从1990年开始收集资料，1996年完成。由于旧谱遗失，继修第一世从崔巍林开始，共传八世。据族谱记载，崔氏得姓始祖为西周时齐国王族崔季、李子的封邑，地处山东章丘市，是崔姓发源地。

《吉州兰村里・兰氏宗谱》

《兰氏宗谱》始于明嘉靖年间，旧谱于清康熙年间毁失，现存《兰氏宗谱》系乾隆四十一年（1776）第八世先祖兰时隆记述。嘉庆二年（1797）第九世先祖兰第锡整理、重修、编撰成册。光绪十七年（1891）第十二世先祖兰世芬重刊石印。2005年，兰氏第十六世宗孙兰春虎以旧谱为基础，从第十四世先祖兰最懋这一支派，续辑第十四世至第十八世。又定"起元嘉圣学，风雅烈茗彰"十字，为第二十三世孙到三十三世孙辈分派字排名。宗谱共传十八世。清朝旧谱毁失后，兰第锡旁搜广采，依据先祖手中文卷和口述。从己辈往上追溯十年，以兰乡德为宗祖。兰氏第一世宗祖兰多德，皇明职封怀远将军，官至明当朝武三品。兰多德之子兰金契，明嘉靖年间人，曾任河北汤州吏目，故在吉州赵村东原。兰氏第九世先祖兰第锡，是清代著名的治水官员，也是著名的清官，19岁中举人，45岁时，清乾隆皇帝特旨晋升第锡为河东、河南、山东河道总督、兵部侍郎兼督查院右副都御史，总督江南河道、提督军务等，官至清当朝正二品。兰第锡毕生勤于政务，百姓拥戴，乾隆皇帝为之特制诗章"永定分司久，素知谨且勤。河东擢开府，川奠冀成勋。初任原仪念，所为果出群，益当志敏黾，副望俾予欣。"以记其绩。逝后一年，嘉庆皇帝为其亲题"勤慎廉洁、川奠成勋"。

《中垛・杨氏家谱》

中垛杨氏先祖为北宋名将杨业，即著名的杨家将。此谱所记载的第一世先祖杨建基，山西太

原人，元至明间始迁吉地。居川东太度镇，生二子，长大用、次大伸。五世先祖杨昭，明永乐年间举人，任至南京右都督府经历司。杨氏何时从太度迁至中垛不得而知。后由四十世族人杨生山于20世纪90年代续谱。全谱共传四十一世。中垛杨氏到吉县距今已有600多年历史。

《吉州室化里·刘氏宗谱》

此家谱由山西省政协文史资料委员会副主任刘存善于1987年开始整理，2004年完成打印成册。

明朝末年因战乱、洪灾、蝗灾，室化里刘氏从河南洛阳迁至吉州室化里四甲定居，以后分居到西关、学背后、北光、两满池、宏聚、曹井、城北、太和等地，共传有十五世。第一世刘四勿，禀生，封文林郎，英山知县，赠承德郎兵部主事。第二世刘五龙，清顺治年间拔贡，任山阳、英山二县，俱有惠政。为官期间清廉自励，卸任回家时走到襄陵因无盘缠而定居襄陵。二世刘五孚为清康熙二十年辛酉科举人。康熙二十二年为甲戌科进士，未仕。

《北柯榼·范氏家族家谱》

范氏在明朝末年由河津迁至吉县，先在南光、柳沟栖身，后定居北柯榼，已有400多年历史。此谱共传七世，载有97户318口人。由范氏第四代族人范安新编辑整理，2014年装订成册。此谱有两大特色，一是“女眷入谱”，即将传统上排除在外的女性亲属收入族谱，这不仅体现了“男女平等”的新思想，也为族群发展、演变提供线索、脉络，使族谱更加完整、准确。二是“经济凸现”，即将范氏族人承包土地、经营园林、房产、机械、交通工具等详加列举，令人耳目一新。

《祖师庙·陈氏家谱》

此谱系1921年重修家谱，系陈氏第十七世孙观光、观韶搜集撰写，共传承十七世。因旧谱遗失，此谱以陈礼为第一世祖。从谱中所记人物和清光绪《吉县全志》所记人物得知，陈氏在吉县居住至迟在明代中期。第四世先祖陈维藩生于明成化二十年（1485）正月十一日。初授刑部主事，后任贵州思南府婺川县县令，所著《水南诗集》行于世，清光绪《吉县全志》收录其诗作数首。

《兰古庄·葛氏族谱》

根据族谱记载，兰古庄、留村、行台葛氏系一脉，清嘉庆时就有留村《葛氏谱系》和《兰古庄家谱》。此族谱系2010年之续谱，由十一世孙庭栋首倡，携十三世孙雨和共同整理编辑。此谱始祖为成衣，成衣生三子，景亮、隆中（移居留村）、隆鼎（移民行台）。族中入《吉县志》者有隆中、隆鼎、道醇、最醇、文炳、临洲等人。谱中收录了临洲四首诗的诗稿手迹，尤为珍贵。

《祖师庙·葛氏家谱》（葛公、葛植林、葛红印本支专辑）

此家谱成书于2013年，主编葛培校，副主编葛培忠，编辑葛忠信、葛忠新、葛春锁、葛瑞虎。一至十一世失考，三支共收录至十七世。祖师庙葛氏明朝后期由稷山县杨赵河迁至吉县，已有400余年历史。谱中收录了吉县著名的清代父子翰林葛正华、葛天柱的生平简介，以教育后人勤奋学习，立志成长。并收录了葛正华之妻邱太恭人，清太学生祭酒官葛中柱，现代名人有天津市档案局原副局长葛金杰，平凉市书协主席葛纪熙等。

《上东村·郅氏族谱》

据清光绪《吉县全志》记载，明永乐年间郅氏已在吉县居住。民间流传说，清同治六年（1867）捻军犯境，在县境内烧杀抢掠，各村烧抢一空，人口所剩无几，仅剩郅、燕、郭三姓，故此，说这三姓是吉县地道本地人。此谱系郅氏后人郅桓荣收集整理。立清泰为一世先祖，共传八世。记载了二世先祖，吉县名人，人称郅树（bo）的郅河勇。1991年，郅氏召开家庭代表会，规定了“永兴家声，笃守忠贞，勋猷继业，光裕增荣，正心修德，利用厚生，允恭克让，协和昭明，世禄有礼，

显祖耀宗,学古乃获,大道积躬,金玉满堂,桂兰盈庭,奉先恩孝,福寿同登”64字为郅氏统一字辈。

《白额后渠·李氏(第一支)家谱》

白额村后渠李氏通过走访调查，已不能确认其一世之祖，只好从所知之祖开篇。此谱由所载第四世族人李森子编辑整理，共传七世，200余口人。《后渠李氏(第一支)家谱》其特点是：一是完整系统,自本支高祖始,下迄数代、直系、旁系、辈分、血缘关系一目了然。二是不拘古谱格式,自创体例，文图并茂。三是新意迭出，不仅男女皆入谱，女婿也收入，使亲缘范围更广、更全。

《燕氏家谱》

此谱系燕生刚退休后于2009年整理编辑并装订成册的。收录仪礼燕氏十三世，上仪礼燕氏十世，太古燕氏十二世，河沿燕氏十三世。清光绪《吉县全志》记载，燕氏在明正统年间已落户吉县,实际上迁居吉县的时间还要更早。清乾隆《吉州全志》记载：燕乐天,乾隆时人,居河沿村。父早逝，善事母。其母病笃，亲调汤药，衣不解体者数月，后入泮，至州上学，偶染重疾，归至人祖山，卒于深山中，旁无奴仆。忽一虎卧其侧，日夜不去，行人见之，送信至家。往视之，面如生，殓尸而归，虎乃去。人以为孝所感云。

《中市·张氏族谱》

此谱由第八代族人张志芳、张贵荣共同执笔整理，张志刚打印校对。原有中市张氏家谱因战乱、天灾几经失散又数次续修。清末民初有一部张氏家谱较为翔实，在“文化大革命”期间遗失，先祖详情无法考证。此谱从本支本门父辈记述。第一代先祖从张先光开始，四个儿子分四门记，共传十一代,共有458人,张氏家谱本着男女平等的原则,记述张氏家庭有血脉关系的男孩女童，记述每个人的简历、辈分亲属关系，使每个家庭都有“家史”，每个人都有“档案”。

《下古原·孙氏族谱》

从清光绪《吉县全志》中获悉，明朝天顺年间，吉州有贡士孙镛，成化年间有胥吏孙玉，说明孙氏一族在元末明初就已迁至吉县，已有600余年的历史。吉县孙氏源头一说来自河南卫辉市，一说明初来自洪洞大槐树。孙氏先祖迁至吉县后先是在下古原村居住，后分迁居于西头、城关、史尖等村。据墓碑等考证，孙氏居西头约在300年前左右，居城关约在1883年，居史尖约在1920年。此谱由孙氏第五世族人孙吉星主编，经过数年调整、考证，几经修改、整理，多方征求意见，于2013年定稿成册，共传七世。因为先祖迁居吉县久远，十多世名号已无可考证，故只有上溯于栋荣、锡荣、虎子、海源、孙某、继邦为一世先祖。

《中垛·强氏家谱》

中垛强氏从河南卢氏迁入，根据史资记载，中垛强氏可追溯到一世祖乃北宋强至，二世祖强渊。今挂在掛甲山的安坪村安寺大铁钟，系金天眷元年(1138)铸，上有强氏人的捐资，说明强氏迁至中垛至少有1000多年。最早的祖坟在义尖村。吉县文城乡、车城乡、陕西省宜川县、韩城市都有中垛强氏的分支。因家庙焚毁，家谱失传，民国以前的先祖已无从考证，此家谱只能靠老人们的口口相传记起。为了使家谱更加翔实，中垛强氏组成了家谱委员会，会长：强志仁，副会长：强志俊、强傲森、强志荣、强志杰、强朝晖、强培家，强培家兼办公室主任，历时数年，于2014年编辑完成装订成册。此谱共收录8个支系,传14代。义尖支系8代,中垛前村支系14代,中垛后村支系14代，下畔支系14代，安坪支系6代，车城支系5代，南圪塔支系4代。

《上东村·曹氏族谱》

上东村曹氏在明朝初期奉圣旨从太原迁居吉州，至今600余年，传辈将过20余世系。曹氏先祖初居吉州，传世三代，分为四支，造化坪为一，文城为一，西角头为一，上东村为一，上东村

这支为东分始祖，此谱所记乃上东村一支。据闻昔日有谱，但因朝代更替，时变境移，族人迁移，家谱遗失无迹。近年，十六世孙记录、广录，十七世德立、管文等人提议立谱。立谱依上东村东窑科东分始祖先茔之碑记为据而排世系。此碑清乾隆九年桂月中秋立。清道光岁次乙巳年仲秋菊月建砖楼。此谱所记第四世至十七世，共传十四世。从第四世至十二世前人之名均录于其谱，从十三世起则对每一在世之人都有比较详细的表述。

《屯里·陈氏族谱》

屯里陈氏源自山东省沂水县。陈氏奉舜帝为祖。战国时期齐国著名思想家陈仲子为其始祖。乾隆四十三年（1778）陈氏第五次续修族谱时拟命名定字自十三世起为"希世承忠，修德继宗，永守善道，文学斯兴"，每字一世，依次命名。民国10年（1921），陈氏第八次修族谱时，族间公议自二十九世起又续十六字为"光前裕后，安富尊荣，其祥长发，千载扬名"每世一字，依次命名。吉县屯里陈氏自十七世陈来修于1910年迁至屯里居住，已传至二十二世。吉县屯里村陈氏一支家谱由退休干部陈继亮收集整理。完成后进入山东陈氏总族谱。

《西掌·张氏家谱》

西掌村张氏最早来自于翼城，据说张氏先祖原在翼城县任知县，卸任后到三堠村定居。清乾隆年间由三堠村迁居西掌村，已有200多年的历史。西掌张氏原有家谱，"文化大革命"中被焚烧。此家谱系西掌张氏后人张效增、张效方提议并亲笔续写，在族人的大力支持下完成的。由于旧家谱不存，此家谱只能从先祖长门张明道、次门张明德记起，记至第十四代。

第二节 家训

中垛强氏祖训

敦孝弟，尚勤俭，厚宗盟，乐为善

端阃职，时祭时，戒饮博，择交与

祖训解读——摘自仁山堂家训

◆敦孝弟

先哲有曰：天下无不是的父母，世间最难得者兄弟，斯言为万世为人后者之药石也。父兮生我，母兮鞠我，父母者身之所出也，可以不孝乎？为子孙者必思父母之恩如罔极，达则以禄为养，穷则必晨夕存省，疾则必药汤扶持，斯无愧于子职矣。苟于父母之存而不能以孝养焉，则风水之恨宁有穷乎？生乎吾前者为兄，生乎吾后者为弟，兄弟者，一体之分也，相爱之情，犹如手足，同居则一文尺帛不入私囊，分析则室庐田产互相逊让，不以瑙铢争较，不以谗间相尤，斯不得罪于祖父，苟手足相残而不能无故，则田荆之悲宁无遗憾乎？

◆尚勤俭

周急不继富，君子用财之义；推恩以郎匮，古人睦族之仁。九族之中岂无有贫乏不给者哉，苟视如路人，忧不吊，喜不庆，藐焉休戚不相关，岂祖宗水木源本之思乎？故吾宗设有生不能以自存，殁不能以自殓者，大集吾宗之人，相其家业之厚薄，劝其出助之多寡，于老疾无养者给之以粟帛，贫殁无资者，助之以棺椁，不专备于一人，斯众擎而易举，自吾祖宗视之，虽五服之尽亦一脉所由也，昔贤九世同居，非此义乎？

◆厚宗盟

勤以广业，俭以养德。汤，大圣人也，贵为天子，富有四海而克勤可俭，不迩声色货利，况庶

人乎？是故惟勤可以开财之源，惟俭可以节财之流，务使耕者备农具，播谷种，栽培灌溉弗失其时；读者置书籍、求师友，给以膏火之费而贵其成功；纺织者自中馈之余，执麻枲、治丝茧，尽机杼之劳供寒暑之服。食取其充腹不羡乎膏粱之美，衣耴其蔽体不慕乎罗绚之华，获其什仅用其五，登其新方出其旧，与其侈宁过乎约，如是而犹饥寒困穷者，吾未之信也。

◆乐为善

易曰：作善之家，必有余庆，作不善之家，必有余殃。汉昭烈训其子曰：勿以善小而不为，勿以恶小而为之。吾尝诵之，未尝不掩卷而三叹也。夫善不积不足以格天，恶不积不足以灭身。吾家自余杭分系以来，始祖几圣公登庆历间进士，以德为遗泽，以积善为镃基，其子若孙或同登以槐天下，或宰相而冠百僚，皆一善之荫也。至七世祖仁山公提举湖广儒学，列秩五品，以善事施行，朝廷特表其门曰善义。迨至十三世逸湖公始迁北湖之滨，虽不如先世之盛，而螽斯瓜瓞，百有余趾，自是而后，安可量也？为吾氏之子弟，必当三复吾言，一念之盟非善也，则从而过之，一言之出非善也，则从而禁之，一事之为非善也，则从而改之，使皆有所勤惩。

◆端阃职

古云闺阃之中，情欲易牵之地，周南之代，必首关雎。是以先王之制礼娶妇，先访其母德之淑慝，娶三日而庙见必示以苹蘩之妇道，贵慎其始也。每见臣家宦族，不能防之于微，养成娇悍之性，傲其翁姑，凌其夫主，牝鸡司晨，惟家之索，无足怪也。故生有子必择其门阀之相若，斯通两姓之婚姻，始入吾也必谕之以尊卑之序。训之以孝顺之仪，庙见之后命引以正道，足不越内阈，声不扬外庭。不以巧言而惑其离间之私，不以能为而踪其专权之渐，不以妇财之富而姑息之，不以妇势之贵而假借之，夫夫妇妇而家道始正。经曰：宜其家人而后可以教国人，则娶妇之不可不慎也明矣。

◆时祭时

祭祀之礼，先王所以追远报本也，春雨露既濡，君子履之必有怵惕之心，秋霜露既降，君子履之必有凄怆之心。所以教天下之为子孙者，顺时思之不忘其本也。故为吾氏者，或以公赀而置祭田，或轮分而供祭祀。每于春秋戊祭，至期长幼咸聚，长以为祀主贤以司执事，牲止羊一豕一，馐止脯醢，果止时核，祀止三献，祀毕而燕，以昭穆左右为序，毋许喧哗，毋许僭越。未燕之前，禀长公议，有能孝弟贤能为祖宗之光者，皆表而扬之，使善则有所劝；反是而有不然为祖宗辱者，皆正而禁之，使不善者有所惩，甚有败荡礼义，大乖宗约者，家法处治。若父母亡日，则各祀于私家，以时飨之，不拘约例。

◆戒饮博

孟轲氏曰：博弈好饮酒，不顾父母之养，不孝之一也。近见阀阅子孙，饮则至于沉酣，博则倾产荡家，迷而不悟，皆由父兄不能约束之也。为吾氏后者，其饮也凡遇宾客交欢但以醉为节，切莫强过其量。其博也，偶逢亲朋集聚以一二局为循，毋许荒沉无度。此二者有一于此，必先倾自己私囊，续败先人之贻产，甚至鼾惫其形，妻垢其面，立致困穷，廉耻尽丧，追悔无及。吾甚不愿子弟罹此患也。倏宜戒，毋自累。

◆择交与

至天子至于庶人，未有不有友者，友为五伦之一而有损益之殊，每见富贵之家，当其钱谷丰盈之日、官职显赫之时，酒食嬉游，迎欢献媚无所不至，诺可以共患难、通有无、托妻子、同生死也，一旦时异势殊，情翻意复，或过门而不入，或反臂以相戕，何也？交之不慎也。故必于泛爱之中而存择交之道，君子也，则尊而敬；小人也，则推而远之。不以谄我而遽合，不以正我而遽疏，

则端人正士必乐与吾交而益我者多矣！易曰：比之匪人，不亦伤乎。当以此为警。

孙氏家训

家 训

重孝明理，忠厚诚信，求知进取。

家 风

厚德行善，礼仪当先。舍利重义，以和为贵。

尊师重教，博学多才。精忠报国，力行孝道。

诚信处世，本分守法。农耕传家，科技兴业。

热爱劳动，勤俭致富。尊老爱幼，和睦乡邻。

传承家风，世代恪守。

上东村曹氏祖训

莫犯法、莫欺心

莫犯法：就是要求咱们曹家人不要违反国家的法律法规，作为村民不要违反村规民约，作为学生不要违反校规校纪，作为党员干部不要违反党纪国法，作为商人不要违反行业规范。

莫欺心：就是要求咱们曹氏后人不要欺骗自己的良心，不要违心地说假话，不要昧着良心欺骗他人，不要欺负他人。“人之初、性本善”，每一个人都要有一颗善良的心、真诚的心，诚实的心，咱们不但要自己始终保持与人为善，还要教育子女与人为善。

曹氏家规

敬祖宗，孝父母，友兄弟，肃闺门，教弟子，笃宗族，睦乡邻，爱国家，讲公益，崇实业，尚勤俭，避妄诞。

敬祖宗：就是要对祖宗、对祖辈由衷地发自心底的尊敬，尊重，敬仰，敬佩。敬重祖宗、祖辈的为人处世，敬老爱幼之德，勤劳致富，科学耕作之能，仰慕和敬重他们从太原迁造化坪，又迁上东村后落地生根，从无到有，传承光大，繁衍子孙，发家致富，创业干事的精神和功绩。

孝父母：就是要对父母、老人和长辈孝顺、孝敬，这是我们中华民族的传统美德，也是咱们作为儿女，作为晚辈的义务和责任。孝敬父母、老人和长辈，就是要在说话上柔和软气，不顶嘴，不发火；要在吃饭穿衣上最先想到老人，给老人端第一碗饭，递第一双筷，搬第一个凳子；要在逢年过节，工作之余多陪伴老人，说说话，洗洗脚，洗洗衣服；要在做事上，遵从老人意见，多沟通解释，争取老人理解支持。不要后悔“子欲养而亲不待”。

友兄弟：兄弟姐妹，手足之情，血肉相连。弟兄姊妹，要团结友好，相让相敬，遇事多商量，意见相统一。“家和万事兴”，一个家庭兄弟姐妹和睦团结，什么事情都能干好，家庭也能兴旺发达。

肃闺门：就是要对出嫁和未出嫁的姑姑、侄女和女儿严格要求，要求她们在婆家孝敬公婆、团结妯娌，在单位尽职尽责、积极工作，在社会遵纪守法、与人为善。不能为非作歹，不能丢曹家的人。

教弟子：就是教育，培养好兄弟和子女，懂礼貌，尊敬人，有文化，有技术，有本事，会做人，会做事，有品德有才能，有事业，有成绩，有丰功，有口碑，成为一个对家庭，对社会，对国家有用的人。

笃宗族：就是要对宗族，祖先，长辈忠诚，忠实，不能忘本。只有对宗族先辈忠诚，才能对

同事，同学，朋友忠诚，才能对党对人民忠诚。忠实的人，诚信的人，才能做成大事，才会受人尊敬，否则即使有文化知识，有技术才能，也不会被重用，也不会成功。

睦乡邻：就是咱们曹家人不论走到哪里，不论从事什么工作，不论担任什么职务，都要与周围的人，与老乡邻居和睦相处。“远亲不如近邻”，邻居是居住最近的人，也是在有急事时最早能帮上忙的人，能在一块居住，就是有缘分的人。和睦相处，就是要互相帮助，互相理解，互相尊重，互相忍让。在关键时候能借一勺盐，能端一碗饭，能扶一把老人，能照看一下孩子；在闲的时候能一起聊聊天，解解闷，喝杯酒，抽支烟，能和和气气，笑脸相对，大家见面开开心心，喜团乐笑。

爱国家：爱党爱国，爱乡爱村，爱老爱小，都是有一颗爱心。有国才有家，有乡才有村。爱国爱家，最小的事情就是爱护咱们的家园，维护咱们村的声誉，这是共同的利益，共同的荣誉，要从一言一行，一点一滴做起，共同行动，共同维护。

讲公益：公共利益，就是每个人都能享受的共同利益，没有公共利益，就没有个人利益。公益事业，就是大家共同合作，共同承担完成，共同受益的事业。不是个别人做大家享受，也不是大家做个别人享受，而是大家都献一点爱心，大家都做一点事情，大家都出一份力量而形成的事业。只有讲公共利益，才能发展公共事业，才能最大地享受和得到个人利益。

崇实业：就是要尊重，推崇实实在在的业务和事业，不是空里吃人，不坑蒙拐骗。只有干实业的人，才能有发展，才能做大做强，才能干成事业。只要有实实在在的业务和事业，加上勤奋和努力，加上聪明和巧干，都一定能成功。

尚勤俭：勤俭节约，是我们中华民族的传统美德，是咱们曹家人的治家方略。老先辈说：“待客不得不大方，过家不得不仔细”“吃饭穿衣论家当”。勤劳，才能收获富有；懒惰，只会坐吃山空；节约，才能年年有余；浪费，只会缺衣少食。传承发扬祖辈勤俭节约的族风，光景才能更加殷实，家族才能更加兴旺。

避妄诞：就是回避，避开不合实际，不合道理，不合法律的，荒谬的错误思想和言论行动；不做妄想荒诞的事情。避妄诞就是要咱们在想问题，说闲话，做事情时多想一想，多考虑一下，不要想天上掉馅饼的事，不要想伤人害人的事，不要想损人利己的事，不要想不合实际，不合情理，不合法规的事；不要说谎话，不要说错话，不要传假话，不要传谣言，不要做坏事，不要做违法的事。要想切合实际，切合情理，切合法律的事，要说有利于团结，有利于和睦，有利于发展的话，要做有利于全家，有利于全村，有利于全国的事。不要痴心妄想，不要伤人害人，不要违法违纪。

北柯楂范氏家训

以德为本，和善始终。勤劳俭朴，发扬家风。
家庭和睦，万事盛兴。安分守己，正道畅通。
孝老爱亲，恐后先争。不尽孝道，天理难容。
爱护儿童，育才笃定。兄弟姊妹，相让根同。
妯娌团结，姊妹相逢。吃亏是福，忍让同情。
和气消冰，春风解冻。量大胸宽，一切顺风。
人际交往，厚道忠诚。搞好事业，勇谋信诚。
自强自信，自创前程。奋发图强，心想事成。
毒赌酒色，警钟长鸣。防微杜渐，免祸康宁。
为工欲专，科技精通。为农勤恳，细作精耕。

保家卫国，强悍英雄。自幼读书，发奋永恒。
为人师教，表率先行。务商生意，诚信兴隆。
医疾之医，崇德尚风。学尤进取，精益求精。
若为仕宦，廉洁奉公。贪占贿赂，败身损名。
忠言逆耳，频频倾听。戒骄戒躁，谦虚互敬。
立身处世，谨言慎行。居安思危，三思后行。
创家立业，壮志云凌。踵事争华，为家争荣。
前赴后继，光耀祖宗。家训虽简，行行提醒。
扪胸思量，虚心施行。教诲子孙，代代传承。

白额李氏家训

敬祖先　祖先乃人之根本，本固则枝繁叶茂。祖先有远近之分：近代祖先，近代人敬之；远代则不知敬，岂知无远代之祖，近代祖从何而来！因近代为我之祖先，远代更为近代祖先的祖先。我不敬远祖，而近代祖先的心不安，因此，必报本中又报本，追远中更追远，才可说敬。敬祖必按时祭扫，修其坟茔为先祖所栖。若不修必被别人侵毁，我族人切不可轻视而露祖骨。

孝父母　人子为父母所生养，教育其恩如天地，粉身难报。孝父母为天经地义，切不可失养失敬有违天伦。凡我族人，奉行孝道，铭记于心。

和兄弟　至亲莫如兄弟，兄弟乃同胞共乳之人。同室而长，如手如足。人每每重朋友，恋妻室，而于兄弟间反至参商，而不知手足难得。凡我族人，切不可因争产争财而伤其手足。

教子孙　子孙不必都聪明俊秀才让读书，虽愚也不可不读，聪明的固然渴望成才，愚者读书不至于属于下流，如尽到义务完成一定的学业也不能继读，亦应令其学艺耕耘经商，尤戒侈淫，使子孙不好的行为而为父母，为祖者才不愧教子有方。

睦宗族　宗族，吾身之亲，千支同本，万脉同源，始出一祖，不睦宗族，不敬宗祖，则近如禽兽。凡我族人，切不可相残相欺，以伤元气。

和亲邻　凡新旧亲戚，无论贫富，皆当往为有礼，相亲相爱不可遗忘。至于邻里同居共处，和气一团多少益处，损多少烦恼，切不可彼此生角而成后患。

守国法　居家之道，为善最乐，保身之策，安分为先。国家法律尊严，无非禁民为非，导民为善，合乎天理人情，道德常规之至。人能准情度理，自不作奸犯科。苟视法典为儿戏，将一堕法网之中，轻则辱身败名，重则破家殒命，上以贻忧于父母，下以遗累于妻子，所以君子怀德，德必出于君子。凡我族人，应遵纪守法做安分之民。

勤力作　人生衣食岂从大降？全凭人力营作中来，男女勤劳，各当尽力。虽一岁所入，公私输用而外，剩余无几，而日积月累，自至身家丰裕，子孙世守，利赖无穷。有游惰则贫乏继之。凡执艺行业俱以勤力为本，才无饥寒。

务农业　国以家为本，民以食为天，无农不稳。农为衣食之必资，上可以供父母，下可以养子孙，所以为生存之本。如不勤耕力作，必致荒芜田畴。凡我族人，切不可偷安懒惰，以致终身饥寒。

去奢侈　淫侈之费甚至天灾。一家度支甚繁，当用固不能辞，不当用务须俭约，才有盈余。徒尚奢华，不知节缩，须知一岁之终，所入有限，所出无穷，务须谨慎。

出异端　左道惑众邦有常法，邪说诬民，律所不容。近有游手无赖之徒，往往假借凶祥祸福

之事，以售幻诞无稽之谈。始则诱取资财以图肥己，渐至男女杂处，树党结盟。阳窃向善之名，阴怀不轨之计。一旦发觉惩逮株连，遗患不浅，能不惧哉！凡我族人应出其异端，以正家风。

禁赌博　家风之坠，邪淫者，十恶之有；赌博者，倾家之源。赌博害人深，家产既尽，借贷无门，非劫夺以为生，即偷窃以乞活。固好赌实盗贼即好赌这归宿。即令不为盗贼，饥寒交迫，滋事生非常违国法。族中有产者，务重惩其窝家，则歪风自正。

禁吸毒　毒品之流毒中国也，深矣！大则有害生命，倾家荡产，小则丧失作有害生存，如不禁戒，不但前人被其害，而后人亦遭其毒。凡我族人，切不可贩毒吸毒，以害人害己。

正人伦　人伦，九族之源，人生所当，存于方寸之中，而尊卑长幼各得其序，纲常伦纪各得其次。凡我族人，要必言正名顺、不可乱伦。

慎婚配　婚配，为人伦之始，结婚合配当审其人品性格，究其清浊白。苟婚配不择淑女，非持为终身之害，而倾家声之不小，凡我族男丁女口未出五世而婚配者，应视为乱伦者，应受全族人共诛之，受国法而处之。

重敬贤　敬贤，乃我族人之众望也。贤者为人之师，其学有所传，礼有所学，不重贤是人之愚昧，不得为人也。凡我族人，务必尊长敬贤，以示文明之族风。

屯里陈氏族规家训

爱国爱家，勤奋学习，努力工作　国家强盛，家族才能繁荣，“一国虽是万家聚，自古有国才有家，奉劝族人要爱家，保家卫国人人夸”（孙中山）。作为中华人民共和国一个公民，首先应当爱国，爱国从勤奋学习开始，打好基础，终身受益。爱国体现在辛勤工作上，“三百六十行，行行出状元”，无论从事何种职业，爱岗敬业，全力干好，做行家里手，为国家繁荣富强做出应有的贡献。

端正品行，严守公德，遵纪守法　堂堂正正做人，为人敦厚老实。效我祖先，学吃人亏。不恃强好胜，不以富欺贫，不以尊欺卑，不以少凌长，不以众暴寡，严守社会公德，维护社会秩序。自尊自爱洁自身，遵纪守法是根本，品行端正莫乱为，忠厚传家家自兴。

孝父母，携老幼，睦邻里　“子女本是父母生，父母养育才成人，人生在世要孝顺，敬老爱幼佑子孙，人若在世不忠孝，枉披人皮错变人”（孙文家训）。兄弟姐妹同手足，妯娌好似姐妹亲，邻里好比鱼和水，鱼水互依情谊深，若是互攻道长短，就是持刀残自身。勿以不贤害大礼，勿以富贵欺孤贫。谦恭和顺睦四邻，样样顺利事事新。

夫爱妻敬，教子有方　夫妻和睦，男女平等，互相帮助，力求上进。夫和而文，妻柔而正。夫和妻柔，兴家之本。上敬祖先父母，下育子女成人。

对子女严格要求，不娇生惯养，不迁就错误。教育子女，为人正直，努力学习，勤奋苦读求上进，学好知识展才能。一寸光阴一寸金，寸金难买寸光阴。”效古人凿壁偷光，头悬梁，锥刺骨求学精神，做学识渊博，有志气，有能力一代新人。

倡创业兴家，持勤俭之风，戒奢禁淫，禁赌禁毒　古往今来勤为本，艰苦奋斗创业兴，贫富不忘先祖志，拼搏进取是根本。因淫损命，因奢为丐，古今皆有，切不可为。“十赌九诈”，赢者不义，输者败家，赌毒为祸，必须力戒。远离黄赌毒，健康为全家。

戒骄戒躁，谨慎交友　“谦受益，满招损”。“谦虚使人进步，骄傲使人落后”，培养浩然正气，必须戒骄戒躁，性情要温厚，胸怀要宽广，“交有德之朋，绝无义之友”，不与好人结怨，不与坏人交友。

以上条文，我陈氏宗族众多子孙应格诚遵守，不可荒怠。

谨遵先辈教诲，团结全族人们。力求忠孝两全，我族繁荣昌盛。

城北村刘氏祖训

俭勤度 忍善安

上东村郅氏家训

存心重纲常，处事要忠厚，居择邻，交择友，严教子，俭以家，宽以待人。谦为人，为官不欺诈，与民遵守法。绝五毒之染。远不义之财，限过量之酒。业顺当谨守，业难须稳妥。常思以往之非，每念未来之咎，谨记此言，安乐永久。

祖师庙郝氏家规家训

家规

长幼有序、和谐相处

族内以辈分为序，父子、叔、爷孙、兄弟、婆媳、妯娌、姐妹。小辈对长辈要尊敬，长辈对小辈要关爱，公众场合，长辈要自尊，小辈要遵循礼道，依序行事。

思孝传家，诗书起家，勤俭持家，谨慎保家，和顺齐家，以此作为家庭根本。

男人要有阳刚之气，说到做到，正确处理族内各家关系，当好顶梁柱。

女人要柔和坚强，上孝父母长辈，中和妯娌姐妹，下慈儿女子孙，管理家务。

子女应以尽孝为根本，婆媳以和为贵，继承家业，传承家风，立志超越前辈。

勤奋上进、洁身自强

人人都应接受良好的国民教育，力争达到最高学历。

坚持终身学习，学政治、学文化、学理论，树立正确的人生观、道德观、价值观，学习业务、学习技术，要有一技之长，做好本职工作。

勤劳俭朴，通过自已努力创造财富，建设富裕家庭，不取不义之财。

不吸毒、不赌博、不嫖娼，不做违背法律和社会公德的事情。

家户之间、兄弟之间要互相关爱、互相帮助，富裕者要扶助困难者，能力强的要帮助能力弱的，一家有难，大家帮助。

无益之事不做，无益之人不交，无益之书不读，无益之话不说，认认真真做事，清清白白做人。

尚德向善、睦邻友好

与人相处，诚信为本，遇事不强，人要宽容。

取人之长，补己之短，邻里有事，主动相帮。

邻居朋友、同事之间，要恭谦和让，要心胸宽广，处事大方。

爱家爱国、热心公益

主动承社会责任，凡是利于国家的事情都要积极完成，国家需要时挺身而出。

主动维护社会秩序，敢于和不良行为做斗争，要见义勇为。

主动参与所在地和单位组织的公益活动，为社会发展增光添彩。

家训

家规家训 立家之本 礼仪传承 诗书修身

积德行善 诚实守信 宽厚仁义 自强自立

规矩做事 服务社会 郝氏族人 切记遵循

第三十二编　方言

吉县境内有四种方言：吉县话，河南话，平遥话，山东话。河南、山东、平遥话属于移民方言。其中吉县话遍布所有乡镇，使用人口占全县 90% 以上，代表了吉县方言。河南话集中在窑渠和东城乡西北部；平遥话集中在屯里镇桑峨村一带，山东话集中在明珠。吉县话具有晋南方言的共同特点：

1）古全浊入声归阳平，清入、次浊入归阴平。

2）古全浊声母今读塞音和塞擦音的字，清化后与次清合流，平声都送气，仄声只有少部分不送气。

3）咸深山臻四摄鼻音韵尾消失，元音经过鼻化后又变为纯元音韵母。

4）曾梗通三摄舒声合流，曾开三帮组、泥组、见系、梗摄见系字、通合三见系读细音，其余读洪音。

5）庄组开口白读、知组二等和章组止摄字与精组字合流，读 ts、tsh、s 母。

6）每个声母和每个摄都有文白异读。如假摄开口三等白读音为 ia。宕江两摄不论舒入其白读均与果摄合流。读为 ɤ、uɤ。有“支微入鱼”现象，即止合三白读读如遇合三。围 = 余、苇 = 语、垒 = 吕、醉 = 锯；效摄开口一等唇音字、流摄开口一等唇音字白读与遇摄合流，读 u 韵。如：抱 = 铺、堡 = 补、某 – 模。遇合一模韵泥来母和精组字、遇合三鱼虞韵庄组字的韵母白读与流摄合流，读为 əu。

7）具有广泛的“圪”头词、子尾词、合音词、分音词以及重叠式，如：“圪堵”（拳头）“圪瘩”（块状物）；桌子、椅子、珠珠子、坏坏子；伢（人家）、不拉（拨）；杯杯、碟碟、袄袄等词语。

8）还保留了很多古语词，比如“恨财”和粤语里的“恨嫁”的“恨”是一样的用法；用“休”表示“不要”；生气说“嗔”等等。

第一章 语音

音标说明和体例介绍：音标采用国际语音协会2005年新修订的国际音标，用五度标调法标明调值，字音中的调值不上标；“h”送气符号不上标，和其他音标一致。文中零声母均用“∅”表示。

□表示有音无字。字下加双横线表示文读音，单横线表示白读音，字后加“新”表示新派音，加“老”表示老派音，加“旧”表示旧时读音，加“1/2”表示字义没有差别，仅字音有差别。）

第一节 声母

吉县话有27个声母（含零声母）。

表32-1-1

p帮比白巴	ph怕皮胖盘	m门米马木		
pf桌住转中	pfh除戳揣串		f飞冯放书	v微软闰如
t担打到宕	th秃他特梯	n拿捏农女		l拉来劣路
ts则租最遭	tsh擦粗才草		s洒色俗塞	z吟荣仍耳
tʂ招争张摘	tʂh超直丑吃		ʂ声蛇少扇	ɻ人染绕肉
tɕ假吉举叫	tɕh球切七敲		ɕ匣西续消	
k古怪瓜果	kh宽考快哭	ŋ鹅牛案我	x花好黑鞋	
∅袜野烟运				

说明：

1. 老派的送气塞音、塞擦音带有强烈的气流，一直持续到整个音节结束。

2. 唇齿塞擦音pf、pfh，发音时，上齿下唇接触少，咬唇不明显，摩擦很弱，另外pf、pfh有向着f过渡的趋势，部分字有出现两读，是自由变体。

3. v的摩擦程度不高，发音时上齿下唇轻轻接触。

4. n发音时在洪音前是n，在细音前是ȵ。

5. tʂ、tʂh在语流中发音时，舌尖翘起抵在齿龈桥后，摩擦比较轻弱，阻塞阶段长，摩擦阶段短，所以整个音节听起来也短。

6. tɕ、tɕh发音时舌尖靠后，没有抵上齿背，所以气流呼出后没有在舌尖形成阻碍，没有强大的气流冲破阻碍，所以较弱的气流就导致这组音发音比较短。

7. m、n、x、ɻ发音时，气流很强，摩擦很重。

8. ŋ发音时，伴随有同部位的浊音 g，其实际音值为ŋg。

第二节 韵母

吉县话有 36 个韵母，不包含儿化韵。

表 32-1-2

ɿ资滞耳塞			
ʅ直知日石	i被眉立地	u猪吹把抱	y脆足女菊
a抓蛇生袜	ia家棚茄些	ua 挖刮抓花	ya瘸横洼□抓，抓住并挤压
ɤ木歌泡没	iɤ 羊脚墙觉	uɤ躲喝脱桑	
ɛ要折则格	iɛ平爷介贴	uɛ 横儿个	yɛ 缺学靴月
æ三咸干船	iæ 念咸间眼	uæ 关宽欢酸	yæ 圆圈玄选
ɯ圪胳旮黑			
ai 胎衰奶盖		uai 块坏歪率	
ei杯吹风德	iei 新贫银皿	uei东外葱推	yei髓虽旬穷
au 包剖猫烧	iau 要调交苗		
əu走路手锄	iəu六丢油提		
ər 而二耳儿			
əŋ 帮朋生蒙	iəŋ 量拧姓名	uɤŋ 王黄通共	yəŋ 用穷凶熊

说明：

1. ɯ 发音很短，带有促音色彩，出现在白读层的个别字。如：胳、圪等。

2. u 韵母在 pf、pfh、f、v 等音后的音值为 ʋ（u 的唇齿化形式）如：猪、出、水。

3. iɤ 韵母的实际音值是 iə；uɤ 韵母的实际音值是 uo，发音时韵头 i 和 u 比韵腹 ə 和 o 发音时长要长，并且响亮，ə、o 相对来说时长要短，声音含混。

4. ɛ 的实际音值偏高，近于 E。

5. æ 韵母有轻微的鼻化，发音时老派会感觉到有轻微的气流拍打在上腭后部，鼻化程度很轻，新派则完全是口音，再者人们不认为鼻化与否具有区别特征，所以不予标注。

6. əŋ、iəŋ、uəŋ、yəŋ 的主要元音 ə 在实际发音中比较偏低偏后，和 ʌ 相近。

第三节 声调

表 32-1-3

调类	调值	举例	调类	调值	举例
阴平	423	诗梯识衣灯	阳平	13	时题石移棉
上声	55	使椅免碗引	去声	33	试替面妇到

说明：

1. 阴平字来自古清平、清入、次浊入；阳平字来自中古浊平、全浊入；上声来自中古清上、次浊上；去声来自中古去声、全浊上、清入。

2. ɯ 韵字发音短促，不在这四类之内，依照其后的字词读音发生长短高低变化。

第四节 单字音表

表 32-1-4 是吉县话的声韵配合表，表左表示声母，表端表示韵母和声调。表中用代码替代的音节在表后加注。

单字音表

表 32-1-4

韵母	ɿ				ɯ				ʅ				i				u				y			
调 / 声	阴平423	阳平13	上声55	去声33	阴平423	阳平13	上声55	去声33	阴平423	阳平13	上声55	去声33	阴平423	阳平13	上声55	去声33	阴平423	阳平13	上声55	去声33	阴平423	阳平13	上声55	去声33
p													逼	秕	秕	毕		不	补	布				
ph													批	皮	彼	屁	扑	仆	普	抱				
m													眯	眉	米	泌	摸	没	亩	幕				
pf																	朱		主	住				
pfh																	出	除	储	柱				
f																	书	熟	否	富				
v																	如	无	武	雾				
t													低	狄	抵	地	督	毒	赌	度				
th													踢	笛	体	地	秃	毒	吐	肚				
n													医	泥	椅	腻2		奴	努					女
l													立	离	里	厉				路	捋	驴	旅	泪
ʦ	支	①	纸	至													租		祖					
ʦh	眵	瓷	此	字													粗			促				
s	狮	时	屎	寺													苏	俗		肃				
z		儿	扔																					
tʂ									织	执	止	智					猪	竹	煮	住				
tʂh									吃	直	耻	治					出	除	处	处				
ʂ									识	拾	始	是					书	赎	暑	树				
ɻ									日								入		辱					
tɕ													鸡	吉	挤	记					掬	局	举	锯
tɕh													七	奇	乞	器					曲	渠	娶	脆
ɕ													西	肥	洗	细					肃	随	许	岁
k						胳											姑	③	骨	故				
kh							圪										哭		苦	库				
ŋ																								
x					黑	②											乎	胡	虎	互				
∅													衣	一	已	异	污	吴	五	误	④	余	雨	玉

注：① ʦɿ13 拟声词，表示物体摩擦发出尖锐的声音。

② xɯ13 模拟吐痰的声音。

③ ku13 模拟鸡叫的声音，也用来吆喝鸡。

④ y423 握紧向前后推拉。

韵母	a				ia				ua				ya			
声＼调	阴平423	阳平13	上声55	去声33	阴平423	阳平13	上声55	去声33	阴平423	阳平13	上声55	去声33	阴平423	阳平13	上声55	去声33
p	八	爸	把	霸	伯			⑥								
ph	趴	拔	琶	怕	拍	棚	劈									
m	抹	麻	马	骂	麦		猛									
pf	抓		爪													
pfh			①													
f	发	罚	耍													
v	袜	②														
t	搭	答	打	大	⑦	爹										
th	他	踏		榻												
n	纳	拿	哪		鸭	牙	哑	压								
l	拉	垃					冷	⑧								
ʦ	渣	咱	眨	炸												
ʦh	擦	茶	镲	栅												
s	杀		洒	③									⑪			
z																
tʂ	争	指	④	绽												
tʂh	车	择	扯													
ʂ	生	蛇	省	谢												
ɭ			惹													
tɕ					夹	胛	姐	假							卷	
tɕh					掐	茄	呛	洽						瘸		
ɕ					虾	匣		卸						横		横
k									瓜	④	寡	挂				
kh									夸	④	垮	髋				
ŋ				⑤												
x	瞎	还		下					花	划	⑩	画				
∅		啊			呀	爷	野	亚	挖	娃	瓦	瓦	洼			

注：①□ pfha55 用力撕扯的意思。

②□ va13 东西表面磨损。

③□ sa33 挑选。

④□ tʂa55，圪～：夹生的食物。

⑤□ ŋa33 模拟新生婴儿的哭泣声。

⑥□ pia33 飞快地跑开，物体因张力而四溅。

⑦□ tia423 一角倾斜下去不在同一个平面。

⑧□ lia33 要赖的时候胡乱躺下：～下下。

⑨□ lya423 小孩咿呀学语。

⑩□ xua55 形容迅速。

⑪ zya423 握住，抓紧。

韵母	ɤ				iɤ				uɤ			
调 / 声	阴平423	阳平13	上声55	去声33	阴平423	阳平13	上声55	去声33	阴平423	阳平13	上声55	去声33
p	木	驳	簸	簸								
ph	脬	脖	拼	破								
m	沫	磨	抹	䊦								
pf	桌	镯		装								
pfh	戳	床		撞								
f	双	佛	缩	放								
v		芒	网	忘								
t	多	当							多		躲	惰
th	庹			大					拖	夺	妥	
n	诺	挪			孽	仰	仰		诺	挪		
l	乐				略	俩			落	骡	裸	摞
ʦ									做		佐	左
ʦh									搓			坐
s									桑		所	
z												
tʂ	张		涨	胀					桌	卓		
tʂh	着	长	撤	丈								
ʂ	墒	尝	少	上								
ʅ	若	瓤	惹									
tɕ					脚			糨				
tɕh					②	嚼	③					
ɕ					削	学	想	像				
k	歌	哥	个	个					锅		裹	过
kh	瞌	壳	可	炕					科		④	课
ŋ	恶	蛾	我	饿								
x	喝	和	①	贺		醒		杏	喝	河	火	货
∅					药	羊	养	样	窝			卧

注：①□ xɤ55：拿。

②□ tɕhiɤ423 藏起来。

③□ tɕhiɤ55 向前趔趄，也形容人为了生计奔忙。

④□ khɤ55 正好：～～的。

韵母	ε				iε				uε				yε			
声＼调	阴平423	阳平13	上声55	去声33	阴平423	阳平13	上声55	去声33	阴平423	阳平13	上声55	去声33	阴平423	阳平13	上声55	去声33
p					鳖	别	屄	冰								
ph	拍				撇	坪		病								
m					灭	明		命								
pf																
pfh																
f	说															
v	①															
t					滴	谍		咥								
th					贴	叠	挺	③								
n					捏	④	影	硬					虐			
l					猎	零	领	另					略			劣
ʦ		则														
ʦh	测	厕														
s	色															
z																
tʂ	折	哲	整	正												
tʂh	车		扯	称												
ʂ	声	盛	舍	社												
ɻ	热															
tɕ					阶	洁	解	界					撅	决	倔	噘
tɕh					青	截	且	净					缺	瘸		
ɕ					薛	饧	写	卸					雪	穴		
k	隔															
kh	客															
ŋ	额	额														
x										横						
∅					叶	爷	耶	夜			兀		月		永	⑤

注：①□ vε423 伸进去。

②□ ε13 表嘲讽的语气词。

③□ thiε33 ~葫芦：一种面食，状如猫耳朵，用手搓卷而成。

④□ niε13 形容服服帖帖。

⑤□ yε33 形容饱满，没有脱水枯萎，一般用来形容蔬菜新鲜。

韵母	æ				iæ				uæ				yæ			
调 声	阴平423	阳平13	上声55	去声33	阴平423	阳平13	上声55	去声33	阴平423	阳平13	上声55	去声33	阴平423	阳平13	上声55	去声33
p	班		扁	半	鞭		匾	变								
ph	攀	盘	①	盼	偏	便	谝	骗								
m		瞒	满	慢		棉	免	面								
pf	专		转	转												
pfh	穿	传	喘	串												
f	帆	烦	反	范												
v		②	软	万												
t	单		胆	旦	颠		点	店	端		短	段				
th	贪	痰	毯	淡	天	甜	舔	垫	貒	团		断				
n	③	男	暖	难	蔫	年	眼	念								
l		兰	懒	烂		镰	敛	练		恋	卵	乱				
ʦ	簪		暂	站					钻			钻				
ʦh	餐	蚕	产	绽					窜							
s	三		伞	散					酸			蒜				
z																
tʂ	粘		展	占												
tʂh	搀	缠	善	蟮												
ʂ	搧	④	闪	扇												
ɻ		黏	染	染												
tɕ					兼	稭	减	鉴					捐		卷	卷
tɕh					千	前	浅	件					圈	全	犬	劝
ɕ					仙	嫌	险	线					宣	悬	选	楦
k	甘		擀	干					官		管	灌				
kh	刊		砍	看					宽		款					
ŋ	安	严	掩	暗												
x	憨	闲	喊	旱					欢	还	缓	换				
∅					烟	炎	演	艳	弯	完	碗	万	冤	园	远	怨

注：①□ phæ55 用锄头锄草的动作。

②□ væ13 物体变质，发糜。

③□ næ423 下部接触并陷入其中。手不要～到面里头。

④□ ʂæ13 倾斜，如：屋檐～下来了，该整修了。

韵母	ai				uai				ei				iei				uei				yei			
声＼调	阴平423	阳平13	上声55	去声33	阴平423	阳平13	上声55	去声33	阴平423	阳平13	上声55	去声33	阴平423	阳平13	上声55	去声33	阴平423	阳平13	上声55	去声33	阴平423	阳平13	上声55	去声33
p			摆	拜					北		本	辈	宾			鬓								
ph	拍	排		败					喷	陪		倍	拼	贫	聘	聘								
m		埋	买	迈					焖	门	每	妹		民	悯									
pf	①		拽	拽					追		准	种												
pfh	揣		揣						吹	虫	蠢													
f	衰		甩	帅					飞	唇	水	废												
v			②							文	揣	未												
t	呆	逮	歹	戴					德		等						堆	怼	盹	对				
th	袋	台		待					⑦	疼							推	铜	腿	退				
n	挨	崖	奶	耐						脓	嫩	内	阴	银	繶	饮								
l	③	来	④	赖					勒	林	⑧	赁		林		赁		聋		论				
ʦ	灾	⑤	宰	再						贼	怎						尊		嘴	最				
ʦh	猜	才	踩	在						层	碜	衬					村	存	寸	罪				
s	腮		⑥	晒					森			渗					孙	随	笋	岁				
z																								
tʂ		宅		债					珍		诊	振												
tʂh	拆								嗔	尘	⑨	趁												
ʂ	筛		色						深	神	婶	肾												
ʐ										人	忍	认												
tɕ													金	今	紧	进					均		菌	俊
tɕh													亲	禽	寝	尽						群		
ɕ													心	寻		信					熏	旬	损	讯
k	街		改	溉	乖		拐	怪	根			给					圭	滚	滚	贵				
kh	开		楷				会	快	开		肯	⑩					亏	葵	捆	跪				
ŋ	哀	癌	矮	爱					恩															
x		鞋	海	害		怀		坏	黑	痕	很	恨					灰	回	毁	会				
∅	哀	皑		爱	歪		崴	外		⑪			音	匀	引	印	危	为	委	卫	⑫	云	允	运

注：①□ pfai423 强卖，买家出于某种道义上的原因一般都会买。

②□ vai55 咬，咀嚼。

③□ lai423 形容因破裂或者失去韧性而松弛垂下来，大～怀：敞开怀。

④□ lai55 使大力拉、拽的意思。

⑤□ ʦai13 表示赖上，这一大碗饭把我～住了（吃不完）。

⑥□ sai55 表示摇晃。

⑦□ tei423 吃，一般用于贬义。

⑧□ lei33 扑克牌的 J。

⑨□ tʂhei33 心里不～尼，心里不痛快。

⑩□ khei3 形容陷于没饭吃没钱花的境地。

⑪□ ei13 口语词，表示应答，也可以在做某事时表示快速地反应。

⑫□ yei423 叠合：早上起床迟了，把秋裤～到半腿巴了。

韵母	æ				iæ				uæ				yæ			
调 声	阴平423	阳平13	上声55	去声33	阴平423	阳平13	上声55	去声33	阴平423	阳平13	上声55	去声33	阴平423	阳平13	上声55	去声33
p	包		保	豹	膘		表	摽							⑦	
ph	胞	袍		泡	飘	瓢	撇	漂	剖							
m	猫	锚	卯	貌	喵	苗	渺	妙		谋	某					谬
pf																
pfh																
f											否					
v																
t	刀	①	导	盗	叼		屌	钓	都		斗	窦	丢	丢		
th	掏	桃	讨	道	挑	条	挑	跳	偷	头		豆		提		
n		铙	恼	闹		②	咬	尿		奴	努	怒	⑧	牛	钮	拗
l	捞	捞	老	涝		疗	燎	撂	录	楼	卤	路	六	流	柳	溜
ʦ	遭		找	灶					租		祖	做				
ʦh	操	曹	草	造					粗	锄	瞅	助				
s	捎		嫂	臊					苏		数	塑				
z																
tʂ	招		找	兆					周		肘	咒				
tʂh	超	朝		赵					抽	稠	丑	臭				
ʂ	烧	勺	少	烧					收	④	手	受				
ɻ		饶	扰	绕						揉	⑤	肉				
tɕ					交		搅	窖					揪		酒	救
tɕh					敲	桥	巧	俏					秋	求		舅
ɕ					消	③	小	孝					修	囚	朽	秀
k	高		稿	告					勾			够				
kh			考	靠					抠	⑥	口	扣				
ŋ	爊	熬	袄	鳌					欧	牛	偶	沤				
x	蒿	毫	郝	浩					休	侯	吼	后				
∅	凹			傲	腰	摇	舀	要			偶		优	油	有	诱

注：①□ tau13 ～嘴：爱挑剔。

②□ niau13 因长久保持一个姿势而困乏。

③□ ɕiau13 倚靠在边上，或者做短暂的休息。中午我就在椅子上～了一会。

④□ ʂəu13 处着边上不走。

⑤□ ɻəu55 来回碾压，使其变形。

⑥□ khəu13 把开口的器皿口朝下放置，如：洗了碗就把碗～在架子上。

⑦□ piəu55 拟声词，模拟打枪的声音。

⑧ niəu423 特指人转过身子，表示不待见。

韵母	ər				əŋ				iəŋ				uəŋ				yəŋ			
声＼调	阴平423	阳平13	上声55	去声33	阴平423	阳平13	上声55	去声33	阴平423	阳平13	上声55	去声33	阴平423	阳平13	上声55	去声33	阴平423	阳平13	上声55	去声33
p					帮		绑	磅	冰		丙	并								
ph					烹	旁	碰	胖		凭										
m					蒙	忙	猛	梦		明		命								
pf					中		种	中												
pfh					充	重	闯	状												
f					风	肪	仿	放												
v					①	亡	网	忘												
t					当		党	挡	丁		顶	定	东		董	洞				
th					汤	堂	躺	烫	厅	亭	挺		通	童	桶	痛				
n					囔	能	攮		应	娘		硬				弄				
l						郎	冷	浪		良	领	亮		农	垄	弄				
ʦ					赃	②		葬					宗		总	粽				
ʦh					仓	藏	③	④					聪	从	总	粽				
s					僧		嗓	丧					松	怂	耸	宋				
z																			融	
tʂ					张		拯	仗												
tʂh					昌	长	场	唱												
ʂ					商	绳	晌	胜												
ʅ						仍	壤	让												
tɕ									将		蒋	酱								
tɕh									枪	情	抢	庆						穷	⑥	
ɕ									香	详	想	向						熊		
k					刚		港	杠					公		广	逛				
kh					康	扛	抗	抗					空	狂	矿	旷				
ŋ																				
x					亨	航	夯	巷					荒	皇	谎	晃				
∅		儿	耳						央	迎	痒	映	翁	王	往	旺			永	用

注：①□ vəŋ423 因视力模糊，眼睛眯起来看。

②□ ʦəŋ13 说话。

③□ ʦəŋ55 拟声词，形容钟表的秒针走的声音。

④□ ʦhəŋ55 拟声词，形断裂的声音。

⑤□ ʦhəŋ33 动词，顶嘴。

⑥□ tɕhyəŋ55 焖饭，也形容天气闷热。

第五节　文白异读

5.1 声母的文白异读

塞音声母：

塞音声母的文白异读体现在送气与不送气之分，一般而言白读送气，文读不送气，主要有：

帮母：波 pɤ423 波纹 /phɤ423 波浪　　布 pu33 布料 /phu13 抹布

蔽 pi33 躲避 /phi33 避开　　箅 pi33 箅子 /phi33 芥箅

蝙 piæ423 蝙蝠 /phiæ423 蝙蝠　　绊 pæ33 绊倒 /phæ33 绊住了

並母：薄 pɤ33 薄荷 /phɤ33 薄荷　　部 pu33 部分 /phu33 干部

簿 pu33 账簿 /phu33 账簿　　步 pu33 进步 /phu33 迈开步

鼻 pi13 鼻子 /phi13 鼻子　　抱 pau33 拥抱 /phu33 抱柴

例外：备 pei33 准备 /pi423 准备　　棚 phəŋ13 车棚 /phia13 棚棚

平 phiəŋ13 平原 /phiɛ13 平地　　坪 phiəŋ13 草坪 /phiɛ13 梁家坪：地名

端母：堵 tu33 堵住 /thu33 一堵墙　　肚 tu33 肚子 /thu33 肚子

帝 ti33 皇帝 /thi33 皇帝　　断 tuæ33 判断 /thuæ33 断了

定母：大 ta33 大班 /thɤ33 大小　　犊 tu13 牛犊子 /thu13 牛犊子

待 tai33 对待 /thai33 对待　　怠 tai33 怠慢 /thai33 怠慢

道 tau33 频道 /thau33 道(路)　　读 tu13 读书 /thu13 读书

淡 tæ33 颜色淡了 /thæ33 颜色淡了　　叠 tiɛ13 折叠床 /thiɛ13 叠衣裳

并不是所有有送气与否区别特征的字其文白都体现在送气与否上，帮母的“扁”“百”“柏”“伯”“迫”；並母的“凭”“棚”“平”“坪”；端母的“灯”“等”“得”“德”“钉名词”“钉动词”“冬”“东”(曾、梗、通三摄)；定母的“驼”“驮”“饨”“誊”“疼”“挺”“同”“铜”“桐”属于例外，是以韵类为区分的。

知庄章组声母

知庄章组声母的文白异读主要是合口字在唇齿塞擦音与卷舌音之间交替，知母合口字的文白异读多数是文读 tʂ 为白读为 pf。

著 tʂu33 名著 /pfu33 名著　　诛 tʂu423 诛九族 /pfu423 诛九族

蛛 tʂu423 蜘蛛 /pfu423 蛛蛛　　株 tʂu423 一株草 /pfu423 一株草

拄 tʂu55 拄拐 /pfu55 拄拐　　驻 tʂu33 驻扎 /pfu33 驻扎

注 tʂu33 注意 /pfu33 注意　　猪 tʂu423 猪八戒 /pfu423 猪八戒

缀 tʂuei33 点缀 /pfei33 点缀　　追 tʂuei423 追星 /pfei423 追肥

转 tʂuæ33 转圈 /pfæ33 转圈　　桌 tʂuɤ423 桌子 /pfa423 桌子，pfɤ423 包桌

例外：通摄的“竹”和“筑”。

知母开口字，表现在韵母的文白异读：“哲”“蜇”“张”“长”“涨”“胀”。

彻母合口字的文读为 tʂh，白读为 pfh、f。

槌 tʂhuei13 棒槌 /fu423 棒槌，pfu423 棒槌　　锤 tʂhuei423 锤子 /pfhei423 锤子

彻母开口字：

彻 tʂhɤ423 彻底 /tʂhɛ423 彻底　　撤 tʂhɤ55 撤退 /tʂhɛ55 撤退

澄母：除 tʂhu13 开除 /pfhu13 开除　　储 tʂhu55 储蓄 /pfhu55 储蓄

箸—/pfhu55 箸插，fu55 箸插　　厨 tʂhu13 厨师 /pfhu13 厨师

赚 tʂuæ33 赚钱 /pfæ33 赚钱，pfhæ33 赚钱，thuæ13 赚人

绽 tsæ33 绽放 /tshæ33 毛线绽开

撞 tʂuəŋ33 撞人 /pfhɤ33 撞到哪里算哪里 pfhəŋ33 撞人

择 tsɛ13 选择 /tʂha13 择菜

重轻重 tʂuəŋ33 重量 /pfhəŋ33 轻重　　滞 tʂʅ33 停滞 /tsɿ33 停滞

例外："沉""长长短""场""肠""虫"。

庄母开口字的文读为 tʂ 白读为 ts；合口字的文读为 tʂ 白读为 pf。

开口：斋 tʂai423 斋饭 /tsai423 斋饭　　债 tʂai33 欠债 /tsai33 欠债

眨 tʂa55 眨眼 /tsa55 眨眼　　盏 tʂæ55 灯盏 /tsæ55 灯盏

合口：抓 tʂua423 抓一把 /pfa423 抓一把　　爪 tʂua55 爪爪 /pfa55 爪爪

庄 tʂuəŋ423 村庄 /pfɤ423 杜庄：地名　　装 tʂuəŋ423 装起来 /pfɤ423 装起来

例外："侧""责"

初母字，多数开口字文读为 tʂ、tʂh 白读为 tsh；合口字的文读为 tʂh 白读为 pfh。

开口：初 tʂhu423 初三 /tshəu423 初三　　钗 tʂhai423 薛宝钗 /tshai423 薛宝钗

差 tʂhai423 出差 /tshai423 出差　　炒 tʂhau55/tshau55

合口：揣 tʂhuai55 喘气 /pfhai55 喘气　　窗 tʂhuəŋ423 橱窗 /pfhɤ423 窗口

疮 tʂhuəŋ423 痔疮 /pfhɤ423 疮疮　　闯 tʂhuəŋ55 闯进 /pfhəŋ55 闯进

例外：厕 tshɤ423 厕所 /tshɛ13 厕所　　策 tshɤ423 政策 /tshɛ423 政策

崇母字开口字文读为 tʂ、tʂh、ʂ 白读为 ts、tsh、s；合口字文读为 tʂ、tʂh 白读为 pf、pfh。

开口：寨 tʂai33 寨子 /tsai33 寨子，tshai33 寨子　　闸 tʂa55 电闸 /tsa55 电闸

栈 tʂæ33 客栈 /tsæ33 客栈　　炸 tʂa33 炸弹，tsha33 炸弹 /tsha33 炸油条

合口：撰 tʂuæ33 撰写 /pfæ33 撰写　　镯 tʂuɤ13 镯子 /pfɤ13 镯子

床 tʂhuəŋ13 起床 /pfhɤ13 床床　　崇 tʂhuəŋ13 崇拜 /pfhəŋ13 崇拜

例外：耍 fa55 耍猴 /fæ55 出去耍

生母：疏 ʂu423 稀疏 /səu423 疏花　　蔬 ʂu423 蔬菜 /səu423 蔬菜

筛 ʂai423 筛选 /sai423 筛选，筛子　　师 ʂʅ423 师傅 /sɿ423 师傅

狮 ʂʅ423 狮子 /sɿ423 狮子　　梢 ʂau423 树梢 /sau423 木梢

章母开口字文读是 tʂ 白读是 tʂ、ts，合口字文读 tʂ 是白读是 pf、f。

开口：遮 tʂɤ423 遮盖 /tʂa423 遮住　　蒸 tʂəŋ423 蒸汽 /tʂɛ423 蒸馍

正 tʂəŋ33 正确 /tʂɛ33 反正　　支 tʂʅ423 支队 /tsɿ423 支队

合口：煮 tʂu55 煮肉 /pfu55 煮肉　　朱 tʂu423 朱砂 /pfu423 朱砂

珠 tʂu423 夜明珠 /pfu423 夜明珠　　主 tʂu55 主人 /pfu55 主人

昌母开口字的文白异读表现在韵类的不同；合口字的文读是 tʂh、白读是 pfh、f。

处 tʂhu55 处理 /pfhu55 处理　　杵 tʂhu55 杵杵 /pfu55 杵杵

枢 ʂu423 枢纽 /fu423

吹 tʂhuei423 吹灭 /pfhu423 吹灭，pfhei423 吹牛皮，吹风机

例外：触 tʂhu33 触屏 /tsəu423 接触

船母开口字文读 ʂ 白读是 ʂ、s；合口字文读 ʂ，白读是 pfh、f。

开口：示 ʂʅ33 示意 /sɿ33 示意　　诗 ʂʅ33 诗人 /sɿ33 诗人

舌 ʂɤ13 舌头 /ʂɛ13 舌头　　剩 ʂəŋ33 剩下 /ʂɛ33 剩下

例外：葚 ʂei33 桑葚 /ɕiei33 桑葚

合口：暑 ʂu55 暑假 /fu55 暑假　　鼠 ʂu55 老鼠 /fu55 老鼠

黍 ʂu55 黍子 /fu55 黍子　　水 ʂuei55 水资源 /fu55 喝水，fei55 水泵

书母开口字文读 ʂ 是白读是 ʂ、s，合口字文读是 ʂ 白读是 f，例外的是束。

开口：舍 ʂɛ33 宿舍 /ʂa55 舍得　　势 ʂʅ33 势力 /sɿ33 势力

尸 ʂʅ33 尸体 /sɿ33 尸体　　矢 ʂʅ33 有的放矢 /sɿ33 有的放矢

屎 ʂʅ33 屎尿 /sɿ33 屎尿　　始 ʂʅ33 开始 /sɿ33 开始

合口：书 ʂu423 书本 /fu423 书本　　舒 ʂu423 舒服 /fu423 舒服

输运输 ʂu423/fu423 运输　　税 ʂuei33 交税 /fei33 交税

例外：束 ʂu33 束缚 /səu33 束缚

禅母合口字文读是 tʂh、ʂ，白读是 pfh、f；开口字的文白多数表现在韵母，文读是 tʂh、ʂ，白读是 tsh、tʂh、ʂ、s。

合口：薯 ʂu55 红薯 /fu55 红薯　　殊 ʂu423 特殊 /fu423 特殊

竖 ʂu33 树立 /fu33 树立　　树 ʂu33 果树 /fu33 果树

例外：瑞 ɻuei33 祥瑞 /vei33 祥瑞

开口：誓 ʂʅ33 发誓 /sɿ33 发誓　　逝 ʂʅ33 逝世 /sɿ33 逝世

是 ʂʅ33 还是 /sɿ33 还是　　氏 ʂʅ33 姓氏 /sɿ33 姓氏

例外：涉 ʂɤ33 干涉 /ʂɛ33 干涉　　折弄折了 ʂɤ13 折了 /ʂɛ13 折了

精组声母：

精组字的文白或多或少保留了腭化前后的读音差异。

精母：姐 tɕiɛ55 姐姐 /tɕia55 姐姐　　借 tɕiɛ33 借条 /tɕia33 借东西

井 tɕiəŋ55 挖井人 /tɕiɛ55 井水　　醉 tsuei33 喝醉 /tɕy33 喝醉

清母字的文白异读按照其文读声母是否颚化，分两类。一类是文读为 tsh，白读为 tsh、tɕh；另一类文读为 tɕh，白读为 ts、tsh、tɕh。

第一类：粗 tshu423 粗细 /tshəu423 粗细　　错 tshuɤ423 错误 /tsha33 错了

醋 tshu33 陈醋 /tshəu33 陈醋　　葱 tshuəŋ423 葱花 /tshuei423 葱花

第二类：取 tɕhy55/tshɿ55　　娶 tɕhy55/tshɿ55

辑 tɕhi423 编辑 /tɕhi423 辑鞋口　　溅 tɕhiæ33/tsæ33

从母字的文白异读，深、山、臻、宕、梗五摄文读为 tɕ 白读为 tɕh。果、蟹、止、咸、曾、通六摄文读为 ts，白读为 tsh。

第一类：集 tɕi13 集体 /tɕhi13 集体　　贱 tɕiæ33 贱人 /tɕhiæ33 贱骨头

截 tɕiɛ13 截断 /tɕhiɛ13 截断　　尽 tɕiei33 尽头 /tɕhiei33 月尽

第二类：坐 tsuɤ33 坐下 /tshuɤ33 坐下　　座 tsuɤ33 座位 /tshuɤ33 座位

在 tsai33 在 /tshai33 在　　罪 tsuei33 罪犯 /tshuei33 犯罪

心母字文白异读分三类，一类是文白均为 ɕ；一类是文白均为 s，；另一类是文读为 s、tɕh 白读为 ɕ。其中前两类是韵母的文白异读。

第一类：些 ɕiɛ423 一些 /ɕia33 我些　　卸 ɕiɛ33 装卸工 /ɕia33 卸货
薛 ɕyɛ423 姓薛 /ɕiɛ423 姓薛　　先 ɕiæ423 先前 /ɕiəŋ33 先后：妯娌
第二类：苏 su423 苏州 /səu423 苏州　　酥 su423 酥脆 /səu423 酥脆
桑 səŋ423 桑树 /suɤ423 桑葚　　塞 sai423 活塞 /sɿ423 塞塞子
第三类：岁 suei33 三岁 /ɕy33 大几岁　　珊 ʂæ423 珊瑚 /sæ423 珊瑚
笋 suei55 莴笋 /ɕyei55 莴笋　　肃 su423 严肃 /ɕy423 甘肃

邪母文读为 ʂ 白读为 ɕ：
随 suei13 随后 /ɕy13 随伙伙　　髓 suei55 骨髓 /ɕyei55 骨髓
穗 suei33 麦穗 /ɕy33 麦穗　　斜 ɕiɛ13 倾斜 /ɕia13 斜着放，ɕya13 斜着放
例外：像 ɕiəŋ33 塑像 /ɕiɤ33 长得像　　谢 ɕiɛ33 谢谢 /ʂa33 谢悉：地名

见组声母

见母细音字文读是 tɕ，白读是 tɕ、k，见母洪音字文读是 k，白读是 k。溪母字文白多体现在韵母上，只有假摄的“搭”例外。群母字同样也是细音颚化，洪音未颚化，群母洪音字文读为 k，白读为 kh。群母细音字文读为 tɕ，白读为 tɕh。

见母洪音：胳 kɤ423 胳膊 /kɯ423 胳膊　　光 kuəŋ423 阳光 /kuɤ423 光溜溜
耕 kəŋ423 耕地 /tɕiɛ423 耕地　　国 kuɤ13 国家 /kuei13 国家
见母细音：街 tɕiɛ423 街道 /kai423 街道　　脚 tɕiau423 手脚 /tɕiɤ423 手脚
觉 tɕyɛ13 感觉 /tɕiɤ423 感觉　　角 tɕiau55 角度 /tɕiɤ423 角度，tɕia423 墙角
溪母：搭 khɤ423 抽屉搭住了 /tɕhia423 搭起来：抱起来
群母细音：茄 tɕhiɛ13/tɕhia13　　瘸 tɕhyɛ13/tɕhya13
臼 tɕiəu33/tɕhiəu33　　舅 tɕiəu33/tɕhiəu33
群母洪音：跪 kuei33 跪下 /khuei33 跪下　　柜 kuei33 衣柜 /khuei33 衣柜

其他声母：其他的声母由于文白数量较少，也没有与其他声母形成自然类，所以就单个描述其规律。

明母字的文白异读体现在韵母上，其声母都是读 m，只有“木”例外。

明母：眉 mei13 眉粉 /mi13 眉毛不分　　毛 mu13 毛毛子 /mau13 毛毛子
某 məu55 某人 /mu55 某人　　谋 məu13 谋划 /mu13 谋划
例外：木 mu423 树木 /pɤ423 桃木

非母字的文白读都为 f，只有“脯”例外，这有可能是读字读一半的误读。敷母字的文白异读都是韵类的不同，只有“费”例外。奉母字的文白读都为 f，只有“肥”例外，这一点和“费”一致，这可能是它们合流之后的共同创新。推测这一古音的留存不会早于非敷奉三母的合流。

非母：脯 fu55 果脯 /phu55 果脯　　飞 fei423 飞机 /ɕi423 飞虫：麻雀
否 fəu55 否定 /fu55 否定　　放 fəŋ33 放学 /fɤ33 放下
敷母：费 fei33 费用 /ɕi33 费鞋　　佛仿佛 fu13 仿佛 /fɤ13 仿佛
奉母：肥 fei13 肥胖 /ɕi13 肥人　　奉 foŋ33 奉命 /phəŋ33 供奉

微母的文白异读都是文读为零声母，白读为 v。

微母：无 wu13 有无 /vu13 有无　　巫 wu423 巫婆 /vu423 巫婆
诬 wu423 诬告 /vu423 诬告　　武 wu423 武术 /vu423 武术

泥母字的文白异读只有通摄的两例农、脓；来母字不论文白都读为 l，只有咸摄的“南”例外。

泥母：农 nuəŋ13 农民 /luəŋ13 农民　　脓 nuəŋ13 化脓 /nei13 流脓

来母：雷 lei13 雷声 /luei13 打雷　　儡 lei55 傀儡 /luei55 傀儡

聋 luəŋ13 聋子 /luei13 聋子　　弄 nuəŋ33 怎么弄 /luəŋ33 怎么弄

日母字合口字文读为 ɻ，白读 v；开口字文白读都是 ɻ。止摄开口的"儿"例外。

合口：擩 ɻu55 擩进去 /vu55 擩进去　　软 ɻuæ55 软柿子 /væ55 软柿子

闰 ɻuei33 闰年 /vei33 闰年　　润 ɻuei33 湿润 /vei33 湿润

开口：热 ɻɤ423 热饭 /ɻɛ423 热饭　　瓤瓜瓤 ɻəŋ13 瓜瓤 /ɻɤ13 瓜瓤

儿∅ ɤ13 儿子 /ʐʅ13 儿

疑母洪音字文读为零声母，白读为 ŋ；疑母细音字文读为零声母，白读为 n。

洪音：蛾∅ ɤ13 蛾眉山 /ŋɤ13 峨眉山　　鹅∅ ɤ13 天鹅 /ŋɤ13 天鹅

俄∅ ɤ13 俄罗斯 /ŋɤ13 俄罗斯　　我∅ uɤ55 我们 /ŋɤ55 我们

细音：牙∅ ia13 牙齿 /nia13 牙齿　　芽∅ ia13 豆芽 /nia13 豆芽

衙∅ ia13 衙门 /nia13 衙门　　语∅ y55 语文 /ny55 言语：说话

晓母字文白异读只有两例，其文读是 ɕ 白读是 x；匣母细音字文读是 ɕ，白读是 x；匣母洪音字文读白读都是 x。

晓母：吓 ɕia33 吓人 /xa33 吓人　　瞎 ɕia423 瞎子 /xa423 瞎子

匣母细音：下 ɕia33 下来 /xa33 下来　　械 ɕiɛ33 机械 /tɕiɛ33 机械

匣母洪音：河 xɤ13 黄河 /xuɤ13 河滩　　禾 xɤ13 禾苗 /xuɤ13 禾苗

匣 ɕia13 匣子 /xa13 匣子　　还 xai13 还有 /xa13 还有

影母细音字文读为零声母，白读为 n；影母洪音字文读为零声母，白读为 ŋ 或零声母。

细音：椅∅ i55 椅子 /ni55 椅子　　医∅ i423 医生 /ni423 医生

衣∅ i423 衣服 /ni423 衣裳　　依∅ i423 倚靠 /ni55 倚靠

洪音：洼∅ ya423 水洼 / ∅ ua423 洼地　　哀∅ ai423 哀愁 /ŋai423 哀愁

蔼∅ ai55 和蔼 /ŋai55 和蔼　　庵∅ ai423 尼姑庵 /ŋæ423 尼姑庵

以母的细音字文白异读都是零声母，以母洪音字文读为 ɻ，白读为 v、z。

细音：爷∅ iɛ13 老爷 / ∅ ia13 老天爷　　也∅ iɛ55 也是 / ∅ ia55 也是

野∅ iɛ55 野外 / ∅ ia55 野娃　　饴—/ ∅ ɕiɛ13 糖饴

洪音：锐 ɻuei33 尖锐 /vei33 尖锐　　容 ɻuəŋ13 容易 /zuəŋ13 容易

熔 ɻuəŋ13/zuəŋ13

5.2 韵母的文白异读

文白以音类为替换单位，韵母的白读系统相比声母来讲一致性更高，但是多个文读和白读在字音中的叠置现象则可能携带了更多的语音来源。各个摄声母出现的例证就不再在韵类中体现。

果摄和宕江摄

果摄：拖 thuɤ423 拖鞋 /thɤ423 拖鞋　　唾 thuɤ33 唾液 /thɤ33 唾液

河 xɤ13 黄河 /xuɤ13 河滩　　驼 thuɤ13 驼背 /thɤ13 驼背

科 khɤ423 科学 /khuɤ423 科学　　课 khɤ33 课本 /khuɤ33 课本

宕摄：长 tʂhəŋ13 长廊 /tʂhɤ13 长短　　肠 tʂhəŋ13 肠胃 /tʂhɤ13 肠子

场 tʂhəŋ55 场地 /tʂhɤ13 碾麦场　　泊 phɤ423 湖泊 /phia423 大泊

放 fəŋ33 放学 /fɤ33 放心 亡 uəŋ13 死亡 /vəŋ13 死亡
芒 məŋ13 芒种 /vɤ13 麦芒 网 uəŋ55 网吧 /vɤ55 网住
汤 thəŋ423/thɤ423 托 thuɤ423 摩托 /thɤ423 摩托
量 liəŋ13 量长短 /liə13 量长短 张 tʂəŋ423 姓张 /tʂɤ423 张马：地名
长 tʂəŋ55 长大 /tʂɤ55 长大 涨 tʂəŋ55 涨价 /tʂɤ55 涨价
胀 tʂəŋ33 膨胀 /tʂɤ33 肚子胀 炕 khəŋ33 土炕 /khɤ33 炕头
糠 khəŋ423 糟糠 /khɤ423 谷糠

江摄：棒 pəŋ33 棒棒的 /phɤ33 棒槌，phəŋ33 木棒棒 戳 tʂhuɤ423/pfhɤ423
确 tɕhyɛ423 确定 /tɕhiɤ423 确定 项 ɕiəŋ33 项目 /xəŋ33 长脖细项

假摄

假摄三等的文白异读，文读主要元音为 ɛ，白读主要元音为 a。例外的是崇母的“耍”，疑母的“牙”“芽”“衙”，晓母的“吓”和匣母的“下”字例外。

洼 ya423 水洼 /ua423 洼地 爷 iɛ13 老爷 /ia13 老天爷
舍 ʂɛ33 舍弃 /ʂa55 舍得 野 iɛ55 野外 /ia55 野娃
姐 tɕiɛ55 姐姐 /tɕia55 姐姐 借 tɕiɛ33 借条 /tɕia33 借东西

遇摄、止摄

遇摄字的文白按照韵母主要分为三类，第一类文白读韵母都是 u；第二类文读韵母是 u，白读是 əu；第三类白读韵母是 y，溪母的去例外，这一类主要见于遇摄合口三等与止摄合口三等。这种现象有学者称为“支微入鱼”。

第一类：巫 wu423 巫山 /vu423 巫山 诬 wu423 诬告 /vu423 诬告
武 wu423 武术 /vu423 武术 舞 wu55 舞蹈 /vu13 舞蹈
第二类：粗 tshu423 粗细 /tshəu423 粗细 醋 tshu33 醋 /tshəu33 醋
苏 su423 苏州 /səu423 苏州 酥 su423 酥脆 /səu423 酥脆
第三类：语 y55 语文 /ny55 言语 具 tɕy33 具备 /tɕhy33 具备

止摄的文白异读第一类文读白读韵母都为 ei、i；第二类文读为 ei，白读为 y。

第一类：被 pei33 被动 /phi33 被火烧 被 pei33 被子 /phi33 被子
备 pei33 准备 /pi423 准备 眉 mei13 眉粉 /mi13 眉毛不分
第二类：垒 lei55 堡垒 /ly55 垒墙 泪 lei33 泪水 /ly33 泪颗，∅ y33 泪颗
醉 tsuei33 喝醉 /tɕy33 喝醉 穗 suei33 麦穗 /ɕy33 麦穗
蟹摄：坯 phi423 泥坯 /phei423 坯 倍 pei33 倍数 /phei33 三倍
背 pei33 背诵 /phei33 背书 雷 lei13 打雷 /luei13 打雷
效摄：少 ʂau55 多少 /ʂɤ55 多少 熬∅ au13 煎熬 /ŋau13 煎熬
袄 au55 棉袄 /ŋau55 棉袄 懊∅ au33 懊恼 /ŋau33 懊恼

咸山摄

咸摄洪音：合 xɤ13 合上 /xuɤ13 合上 盒 xɤ13 一盒烟 /xuɤ13 盒烟
严∅ iæ13 严格 /niæ13 严格 业∅ iɛ423 就业 /niɛ423 作业
咸摄细音：墒∅ iæ33/ŋæ423 墒两窝南瓜：种南瓜 鸭∅ ia423 鸭子 /nia423 鸭子
押∅ ia423 押宝 /nia423 押宝 压∅ ia423 压力 /nia423 压力
山摄细音：扁 piæ55 扁的 /pæ55 扁的 拼 phɤ33 拼命 /phiei423 拼搏

言∅ iæ13 语言 /niæ13 言语　　研 iæ13 研究 /niæ55 研药

深臻摄

深摄：音∅ iei423 音乐 /niei423 音乐　　饮∅ iei423 饮水 /niei423 饮马泉

阴∅ iei423 阴历 /niei423 天阴　　窨∅ iei423 地窨院 /niei423 地窨院

臻摄：闻∅ uei13 新闻 /vei13 新闻　　吻∅ uei55 亲吻 /vei55 亲吻

刎∅ uei55 自刎 /vei55 自刎　　问∅ uei33 问候 /vei33 问候

曾梗摄：

曾摄：默 mɤ423 沉默 /mei423 沉默　　灯 təŋ423 灯光 /tei423 点灯

等 təŋ55 等待 /tei55 等一等　　誊 thəŋ13 誊写 /thei13 誊写

梗摄：百 pei423 百年 /pia423 一百　　柏 pai55 柏树 /pia423 柏木

拍 phɛ423 拍子 /phia423 拍手　　棚 phəŋ13 车棚 /phia13 棚棚

通摄：梦 məŋ33 做梦 /mei33 做梦　　蜂 fəŋ423 蜜蜂 /fei423 蜂蜜

缝 fəŋ33 缝隙 /fei33 缝缝　　动 tuəŋ33 运动 /thuei33 动弹

空 khuəŋ423 空虚 /khuei423 空空　　红 xuəŋ13 红旗 /xuei13 红颜色

5.3 声调的文白异读

文白异读是以音类为单位进行交替，从这类字可以看出来，白读层向文读层过渡的时候可能最先发生替换的是声调，其次才生声母和声母和韵母。

布 pu33 布匹 /phu13 抹布　　箅 pi33 箅子 /phi55 芥箅

得 tɤ423 得到，tɤ13 得到 /tei423 得到　　德 tɤ13 品德 /tei423 品德

缩 suɤ423 缩小 /fɤ55 倒缩　　色 sɛ423 颜色，sɤ423 红色 /ʂa55 颜色

觉 tɕyɛ13 感觉 /tɕiɤ423 感觉　　额 ŋɤ13 额度 /ŋɛ423 名额

第六节　语音变读

两字组连读调

两字组的连读调，其中不包括含有轻声和叠字的两字组，吉县城关方言共有四个单字调，即阴平 423、阳平 13、上声 55 和去声 33，分别用代码 1、2、3、4 表示。

两字组的连读调规律体现在两字组连读调表 5-1 中，不发生变调的则删去不显示，同种类型有两种变调模式时，则显示其所有的变调模式，词例少的加括号表示。

两字组连读调表

表 32-1-5

后字 / 前字	1 阴平 423	2 阳平 13	3 上声 55	4 去声 33
1 阴平 423	13+423 （13+55）	42+13	42+55	42+33
2 阳平 13				
3 上声 55			55+55 （13+55）	
4 去声 33				

其基本规律大致是阴平作为前字时都发生变调，不论后字调值，一律变为 42，但是当阴平和阴平相连时例外，有两种变调模式，一种是 13+423，一种是 13+55，后一类词例少；阳平和去声不论作前字还是后字都不发生变调；上声作为后字时一律不发生变调，上声作为前字一般也不发生变调，只有两种上声两连时，产生了两种变调模式，一种是 55+55（不变调），一种是 13+55，并且后一类词例少。

前字阴平

11 → 13+423	脚心 tɕiɤ ɕiei	脚尖 tɕiɤ tɕiæ	家乡 tɕia ɕiəŋ	秋天 tɕhiəu thiæ
	铁塔 thiɛ tha	铁钉 thiɛ tiɛ	说书 fɛ fu	发黑 fa xɯ
	公式 kuəŋ ʂʅ	吃药 tʂhʅ ∅ iɤ	八百 pa pei	知识 tʂʅ ʂʅ
11 → 13+55	丝瓜 sɿ kua	公鸡 kuəŋ tɕi		
12 → 42+13	猪毛 pfu mu	木材 mu tshai	开门 khei mei	消毒 ɕiau thu
	出门 pfhu mei	入学 ɻu ɕiɤ	铁勺 thiɛ ʂɤ	风俗 fəŋ su
13 → 42+55	辛苦 ɕiei khu	屋顶∅ u tiəŋ	浇水 tɕiau fu	收礼 ʂəu li
	吃苦 tʂhʅ khu	喝水 xɤ fu	发冷 fa lia	筋骨 tɕiei ku
14 → 42+33	落后 luɤ xəu	绿化 ly xua	月尽∅ yɛ tɕhiei	木料 mu liau
	切菜 tɕhiɛ tshai	开店 khai tiæ	立夏 li ɕia	出嫁 pfhu tɕia

前字阳平

21 → 13+423	名额 miəŋ ŋɛ	直接 tʂhʅ tɕiɛ	独立 thu li	流血 liəu ɕiɛ
	读书 thu fu	胡说 xu fɛ	钱多 tɕhiæ tɤ	名声 miəŋ ʂɛ
22 → 13+13	农忙 luəŋ məŋ	同学 thuəŋ ɕiɤ	食堂 ʂʅ thəŋ	直达 tʂhʅ ta
	拔牙 pha nia	服毒 fu thu	前门 tɕhiæ mei	仇敌 tʂhəu ti
23 → 13+55	长短 tʂhɤ tuæ	门口 mei khəu	白纸 phia tsɿ	石板 ʂʅ pæ
	骑马 tɕhi ma	存款 ʦhuei khuæ	人好 ɻei xau	羊奶∅ iɤ nai
24 → 13+33	跑道 phau tau	群众 tɕhyei pfəŋ	杂技 tsha tɕi	读报 thu pau
	植树 tʂhʅ fu	流汗 liəu xæ	绸缎 tʂhəu thuæ	白菜 phia tshai

前字上声

31 → 55+423	火车 xuɤ tʂhɛ	粉笔 fei pi	好药 xau ∅ iɤ	满足 mæ tɕy
	养鸡∅ iəŋ tɕi	普通 phu thuəŋ	组织 ʦəu ʂʅ	五谷∅ u ku
32 → 55+13	好人 xau ɻei	卵石 luæ ʂʅ	解读 tɕiɛ tu	有钱∅ iəu tɕhiæ
	口粮 khəu liəŋ	死活 sɿ xuɤ	体弱 thi ɻɤ	奶牛 nai niəu
33 → 55+55	水果 fei kuɤ	小米 ɕiau mi	小雨 ɕiau ∅ y	冷水 lia fu
	养狗∅ iəŋ khəu	买米 mai mi	起草 tɕhi ʦhau	我有 ŋɤ ∅ iəu
33 → 13+55	水眼 fu niæ			
34 → 55+33	改造 kai tshau	远近∅ yæ tɕiei	马路 ma ləu	狗叫 kəu tɕiau

前字去声

41 → 33+423	汽车 tɕhi tʂhɛ	教室 tɕiau ʂʅ	大雪 thɤ ɕyɛ	坐车 tshuɤ tʂhɛ
	犯法 fæ fa	送药 suei ∅ iɤ	闷热 mei ɻɛ	战争 ʦæ ʦəŋ
42 → 33+13	证明 tʂəŋ miəŋ	外行∅ uai xəŋ	上学 ʂəŋ ɕiɤ	退学 thuei ɕiɤ
	拜年 pai niæ	信佛 ɕiei fɤ	造船 ʦhau pfhæ	负责 fu ʦɛ

43 → 33+55　妇女 fu ny　报纸 pau tsɿ　大雨 thɤ ∅ y　送礼 suei li
　犯法 fæ fa　放手 fəŋ ʂəu　父母 fu mu　下水 xa fu
44 → 33+33　后代 xəu tai　贩卖 fæ mai　看戏 khæ ɕi　卖票 mai phiau
　受气 ʂəu tɕhi　梦话 mei xua　棍棒 kuei phəŋ　路费 ləu fei

轻声

表 32-1-6

前字＼后字	1 阴平 423	2 阳平 13	3 上声 55	4 去声 33
1 阴平 423	33+42 13+55 42+13 42+55	42+13 42+55 13+55	42+55	42+33 42+13
2 阳平 13	13+42 13+33 13+55	13+55	13+55	13+33 13+55
3 上声 55	13+55 55+42	55+42	55+42	55+42
4 去声 33	33+42 13+42	33+13 33+42	33+55 33+42	33+42 55+21 33+55

吉县话轻声发生变调有 31 种模式，其中有 5 种不变调，其余的 26 种都发生了变调。轻声的变调大致有三种类型，一种是后字变为 42 而不管前字调值如何，这一类有 10 种；另一种是后字变为 55，总共有 12 种；第三种是后字变为 13，总共有 4 种。

当阴平作为前字时，后字的调值多数变为 55；当阳平作为前字时，后字的调值也基本都为 55；当上声为前字时，后字的调值基本都为 42；当去声作为前字时，后字的调值也基本都为 42。

11 → 33+42　医生∅ i səŋ　亲家 tɕhiei tɕia
11 → 13+55　唠叨 lau tau　东西 tuəŋ ɕi
11 → 42+13　衣裳 ni ʂɤ　他的 tha li　功夫 kuəŋ fu
11 → 42+55　新鲜 ɕiei ɕiæ
12 → 42+13　今年 tɕi niæ　中学 pfəŋ ɕiɤ　高粱 kau liəŋ
12 → 42+55　结实 tɕiɛ ʂʅ　扎实 ʦa ʂʅ
12 → 13+55　巴结 pa tɕiɛ
13 → 42+55　谷雨 ku ∅ y　尺码 tʂhʅ ma　月饼∅ y piəŋ
14 → 42+33　兄弟 ɕiəŋ thi　菠菜 pɤ tshai　霜降 fəŋ tɕiəŋ
14 → 42+13　绿豆 ly thəu　窗户 pfhɤ xu　欺负 tɕhi fu
21 → 13+42　农村 luəŋ tshuei　年轻 niæ tɕhiəŋ
21 → 13+33　来了 lai lau
21 → 13+55　菊花 tɕy xua　梅花 mei xua　裁缝 ʦhai fəŋ
22 → 13+55　门帘 mei liæ　石头 ʂʅ thəu　婆婆 phɤ phɤ

23 → 13+55　　眉眼 mi niæ　　皮袄 phi ŋau　　苹果 phiəŋ kuɤ

24 → 13+33　　棉裤 miæ khu　　实话 ʂʅ xua　　零碎 liɛ suei

24 → 13+55　　头发 thəu fa

31 → 13+55　　指甲 tshɿ tɕia

31 → 55+42　　板墩 pæ tuei　　点心 tiæ ɕi　　稳当 ∅ uei təŋ

32 → 55+42　　老实 lau ʂʅ　　里头 li thəu　　起来 tɕhi li

33 → 55+42　　碗碗∅ uæ ∅ uæ　　本本 pei pei　　耳朵∅ ər tuɤ

34 → 55+42　　首饰 ʂəu ʂʅ　　使唤 sɿ xuæ　　体面 thi miæ

41 → 33+42　　地方 thi fəŋ　　办法 pæ fa　　是非 sɿ fei

41 → 13+42　　跳的 thiau li

42 → 33+13　　事实 sɿ ʂʅ　　化学 xua ɕiɤ

42 → 33+42　　外头∅ uai thəu　　太阳 thai ∅ iəŋ

43 → 33+55　　户口 xu khəu　　四两 sɿ liəŋ　　道理 tau li

43 → 33+42　　队伍 tuei ∅ u

44 → 33+42　　芥菜 kai tshai　　豆腐 thəu fu　　放下 fɤ xa

44 → 55+21　　故事 ku sɿ

44 → 33+55　　任务 ɻei vu

6.1 两字组重叠式的连读调

重叠式的连读调规律见下表，表头注明的叠字的声调类型，词例少的变调模式加括号表示，不变调的加下划线表示。

表 32-1-7

叠字类型	11 阴平重叠	22 阳平重叠	33 上声重叠	44 去声重叠
变调类型	42+13 （13+42）	（13+55） 13+13	55+53 55+13	33+53 33+33

般而言，重叠式的后字读轻声，与表 5-5 对比可以看出，除了阴平和阳平叠字组，重叠式的连读调类型是轻声中特殊的一类，平声叠字组和两字组变调规则一致，上声和去声叠字组的后字都变为 53。

11 → 42+13　　珠珠 pfu pfu　　豁豁 xuɤ xuɤ　　宽宽 khuæ khuæ　　窄窄 tʂa tʂa

11 → 13+42　　天天 thiæ thiæ　　月月 ∅ yɛ ∅ yɛ

22 → 13+55　　糊糊 xu xu　　瓶瓶 phiəŋ phiəŋ　　床床 pfhɤ pfhɤ　　实实 ʂʅ ʂʅ

22 → 13+13　　门门 mei mei　　回回 xuei xuei　　明明 miɛ miɛ　　圆圆∅ yæ ∅ yæ

33 → 55+53　　影影 niɛ niɛ　　水水 fu fu　　拐拐 kuai kuai　　奶奶 nai nai

33 → 55+13　　整整 tʂɛ tʂɛ　　展展 tʂæ tʂæ　　款款 khuæ khuæ　　猛猛 məŋ məŋ

44 → 33+53　　盖盖 kai kai　　瓮瓮∅ uei ∅ uei　　辫辫 phiæ phiæ　　烂烂 læ læ

44 → 33+33　　慢慢 mæmæ　　细细 ɕi ɕi　　净净 tɕhiɛ tɕhiɛ　　亮亮 liəŋ liəŋ

6.2 子缀的连读调

城关方言中的子缀词已经和前面的词语合二为一了，其声母脱落，韵母变为一个 ɤ，我们仿

照“儿化”的命名，给这种现象命名为“子化”。这时其调值为 21；有人讲话语速慢而且两个音节之间有间歇，并且把这个 ɤ 读得比较重，这时就是两个音节，此时它的音值是 ɤ13；也有人出于洋气，故意把“子”念其文读音，这时它的音值是 tsɿ55。

1 子：推子剃头用具 thueiɤ　尻子屁股 kəuɤ　蝎子 ɕiɛɤ　刷子 faɤ
珠子 pfuɤ　竹子 tsəuɤ　夹子 tɕiaɤ　桩子 pfəŋɤ
2 子：钯子 phaɤ　罗子 luɤɤ　狐子狐狸 xuɤ　茅子 mau13ɤ
盘子 phæɤ　碟子 thiɛɤ　钳子 tɕhiæɤ　瓶子 phiəŋɤ
3 子：篓子 ləuɤ　苇子芦苇∅ yɤ　椅子 niɤ　靥子痣 niæɤ
板子 pæɤ　毯子 thæɤ　片子 phiæɤ　点子 tiæɤ
4 子：担子连襟 tæɤ　面子 miæɤ　柱子 pfuɤ　扣子 khəuɤ
肚子 thuɤ　盖子 kaiɤ　帽子 mauɤ　袋子 taiɤ

方言中有许多“AA 子式”的名词，这类名词有表小，表轻蔑的意味，“子”依旧作为一个单元音 ɤ 附在后字末尾，其声调为 21。其连读调模式如下：

11 子→ 42+13+21 钵钵子 pɤ pɤɤ　络络子 luɤ luɤɤ　包包子 pau pauɤ
角角子 tɕia tɕiaɤ　车车子 tʂha tʂhaɤ　瓜瓜子 kua kuaɤ
22 子→ 13+55+21 毛毛子 mu muɤ　瓶瓶子 phiəŋ phiəŋɤ　条条子 thiau thiauɤ
绳绳子 ʂəŋ ʂəŋɤ　床床子 pfhɤ pfhɤɤ　碟碟子 thiɛ thiɛɤ
33 子→ 55+53+21 碗碗子∅ uæ ∅ uæɤ　片片子 phiæ phiæɤ　水水子液体状 fu fuɤ
影影子 niɛ niɛɤ　拐拐子 kuai kuaiɤ　锁锁子 suɤ suɤɤ
44 子→ 33+53+21 罐罐子 kuæ kuæɤ　瓮瓮子∅ uei ∅ ueiɤ　把把子 pa paɤ
盖盖子 kaikaiɤ　帽帽子 maumauɤ　病病子 phiɛphiɛɤ

6.3 ABB 式重叠形容词的连读调

ABB 式重叠形容词的连读调情况如下表所示：

表 32-1-8

重叠模式	1BB	2BB	3BB	4BB
调值	42+55+13	13+55+13	33+42+13	33+42+13

从这个表可以看出，ABB 格式的后字普遍变为 13，后两字形成了 42+13 和 55+13 两种模式，在平声后是 55 是 13，在仄声后是 42+13。

1BB → 42+55+13 新崭崭 ɕiei tshæ tshæ　稀溜溜 ɕi liəu liəu
稀飒飒 ɕi sa sa　痴仰仰 tshʅ niɛ niɛ
2BB → 13+55+13 明晃晃 miɛ xuəŋ xuəŋ　明溜溜 miɛ liəu liəu
稠糊糊 tʂhəu xu xu　甜丝丝 thiæ sɿ sɿ
3BB → 33+42+13 软塌塌 væ tha tha　软溜溜 væ liəu liəu
水渗渗 fu ʂɛ ʂɛ　苦巴巴 khu pia pia
4BB → 33+42+13 硬邦邦 niɛ pəŋ pəŋ　亮堂堂 liəŋ thəŋ thəŋ
烂能能 læ nəŋ nəŋ　奓乎乎 tsa xu xu

“AA 儿式”形容词重叠式的变调

表 32-1-9

重叠形式	11 儿的	22 儿的	33 儿的	44 儿的
变调形式	42+13+31	13+13+31	55+13+31	33+33+31

从上可以看出，AA 儿形容词重叠式，其连调模式都是在前字的基础上形成“X+13+31”这种变调模式，即前字不变，后面变为“13+31”调。例外的是去声，去声的两种变调形式表示不同的含义，“33+33+31”表示的是事件整体，“33+13+31”突出对具体动作的强调。如：慢慢儿的走，如果用“33+33+31”调，表示的是：要走得慢点，如果用“33+13+31”强调的就是走这个动作要慢，透过这句话能感受到说话者的体贴入微，像这样细腻的语言差别一般多用于女性，男性少见。

11 儿式：高高儿的 kau kaur li　　热热儿的 ɻɛ ɻɛr li
松松儿的 suei sueir li　　轻轻儿的 tɕhiɛ tɕhiɛr li
22 儿式：长长儿的 tʂhɤ tʂhɤr li　　薄薄儿的 phɤ phɤr li
匀匀儿的∅ iei ∅ ieir li　　明明儿的 miɛ miɛr li
33 儿式：暖暖儿的 næ nær li　　紧紧儿的 tɕiei tɕieir li
好好儿的 xau xaur li　　水水儿的 fu fur li
44 儿式：硬硬儿的 niɛ niɛr li　　慢慢儿的 mæ mær li
厚厚儿的 xəu xəur li　　大大儿的 thɤ thɤr li

准儿化

“儿化”指的是“儿”尾词与它的前面的音节合成一个音节，自身弱化或脱落，并使前面的音节发生也变化。儿化一般和重叠连在一起，儿化和重叠并用，使语义减轻，有表小、轻快、喜爱等感情色彩。儿化通常用 [r] 表示，一个字儿化后仍然是一个单音节。吉县方言中儿化现象比较少，可能同种功能已经有“子”尾来表示，所以会互相排斥，之所以称为“准儿化”是因为有时候卷舌并不明显。儿化韵母与基本韵母对应如下：

ʅ——ʅr
i——ir　　u——ur　　y——yr
a ai æ——ɐr　　ia iæ——iɐr　　ua uæ——uɐr　　yæ——yɐr
ei——uər　　iɛ iei——iər　　uei——uər
au——aur　　iau——iaur
əu——əur

儿化词举例：

ɿr——瓜子儿　棋子儿　石子儿　木枝儿　籽儿　字儿　刺儿
ʅr——水池儿　只儿
ir——蹄蹄儿　鞋底儿　明儿个　梨儿　鸡儿
ur——面糊糊儿　酒壶壶儿
yr——女儿　嘴嘴儿　锯锯儿　曲儿　蛐蛐儿　雨儿
ɐr——把把儿　马马儿　没法法儿　疙瘩儿　沓沓儿　桌桌儿
iɐr——边边儿　辫辫儿　片片儿　面面儿　点点儿
uɐr——褂褂儿　娃娃儿　花花儿　串串儿　官官儿　碗碗儿

yɐr——卷卷儿　　圈圈儿　　院院儿

ər——本本儿　　辈儿　　盆盆儿　　腿腿儿　　墨水儿　　改锥儿

iər——节节儿　　芯芯儿　　血血儿

uər——堆堆儿　　对对儿　　空儿　　空空儿　　村儿

aur——包包儿　　泡泡儿　　帽帽儿　　刀刀儿　　桃桃儿　　枣枣儿

iaur——瓢瓢儿　　苗苗儿　　条条儿　　鸟鸟儿　　撩撩儿

əur——钩钩儿　　口口儿　　头头儿　　豆豆儿

第二章 同音字汇

说明：

1 本字表以《方言调查字表》（修订本）为调查表，删去方言不用的字，补充词汇中出现而《字表》未收的字。

2 字汇按照吉县城关方言音系排列，先按韵母分部，同韵母的字按声母排列，声韵母相同的字按声调排列。

3 用字不明的用“□”代替，后面用小字注释并举例，举例时用“～”代替该字。

4 字下加加双横线表示文读音，单横线表示白读音，字后加“新”表示新派音，加“老”表示老派音，加“旧”表示旧时读音，现在已不这样读，加“1/2”表示字义没有差别仅字音有差别。

ɿ

ʦ[423] 支枝肢紫只～有资姿兹滋之芝咨赀且冷眼看他；用称称 [55] 仔子籽止址纸姊 [33] 自至怎～么旨脂胭～指手～字

ʦh[423] 痴～怂龇～牙咧嘴眵～头：眼屎□～磨：消磨时光睚眦～话：动词，讽刺 [13] 慈磁雌祠瓷 [33] □白～～：白颜色但不亮白刺此自自己，自小伺翅次稚庄稼种得晚指六～字

s[423] 斯厮～跟上撕燍澌～气：东西变质，有味师狮诗尸施思塞～住，瓶～～匙赐天给～下的私丝试～多：试一试失 [13] 辞词时司 [55] 死屎使史驶始 1[33] 嗜嗣始 2 开始什～么：在不知对方名字的情况下，可以做“你”的面称是氏四肆示视市侍似巳

z[13] 儿 [55] 耳～朵扔

ʅ

tʂ[423] 支枝肢诗知蜘汁质虱织□淤泥堆积在表面植早种禾 [13] 只侄执职 [33] 至志痣士仕秩掷制智致稚置蛰惊～

tʂh[423] 尺吃 [13] 池驰弛迟 1 持侄直值殖繁殖植□撒：把谷子～到地下 [55] □置办嗤～笑齿 [33] 秩赤斥耻治侈迟 2

ʂ[423] 湿失识字施尸狮师 [13] 适十拾实食蚀石斥呵斥殖骨～：骨头，詈词 [33] 室嗜示视市侍式饰释势逝世誓

ɻ[423] 入性交日太阳，词头

i

p[423] 碑逼 [55] 笔碧璧鄙比秕滗沥水 [55] 彼 [33] 痹蓖毕必璧壁敝陛币弊毙闭备婢臂

ph[423] 批披被被动 [13] 皮疲脾琵枇鼻啤匹 [55] 彼劈□泥～：土山崖表面因风化而突出或者滑下的土 [33] 婢篦痹僻屁被

m[423] 密蜜眯眯幂因暴露在外沾染尘土：～脏了 [13] 眉縻 [55] 米民人民敏 [33] 泌秘觅

t[423] 低得的 [13] 嫡敌狄籴笛 [55] 底抵 [33] 地

th[423] 梯踢嚏喷～ [13] 提题蹄啼笛 [55] 体 [33] 弟弟兄第地剔替涕剃递～过来

n[423] 医～不好你衣老～，～裳依毅乙 [13] 宜宜川泥谊友～尼妮呢疑拟猗临～：地名腻老

应答～ [55] 椅倚 [33] 抑逆腻新亿忆□～子大：爱摆架子，爱计较

l[423] 立栗力历的我～ [13] □来梨离犁黎篱厘□用刀划开璃琉～ [55] 里礼狸里理鲤李 [33] 丽例厉励隶利痢吏荔□～巴：外行，不熟练离～核：果子核与果肉不粘连

tɕ[423] 今～年鸡稽饥机肌积几基讥级积击激搛～菜：夹菜箕 [13] 脊极缉吉即籍即□～磕：口吃唧哼哼～～：吞吞吐吐，遮遮掩掩 [55] 挤己纪脐□～脐窝：肚脐眼□ fa423 勺子～ tɕi55 笊篱：形容人生气摔东西 [33] 迹鲫绩祭际济计继技技妓寄冀记嫉忌既季忌痣

tɕh[423] 妻七栖凄欺期祈漆辑～鞋口 [13] 杞齐奇骑岐祁鳍其棋旗集及疾脐～带□～ tɕhia33：生育 [55] 乞戚启起 [33] 去契汽泣器弃

ɕ[423] 西恓膝溪兮牺熙希稀飞～虫：麻雀吸熄息惜昔锡析 [13] 肥习席袭徙 [55] 洗玺喜擤疾热～子：痱子 [33] 细费～鞋：鞋子消耗多系戏心点～

∅ [423] 伊揖衣依医 [13] 一以移夷姨遗仪沂 [55] 椅益亦役肄已尾～巴胰□麦～：脱粒的麦壳[1][33] 溢逸疫易意艺异翼义议意毅抑

u

p[13] 北～乐：地名不把□～拉：抚摸，拨开拨～浪鼓□中缀，一般书里写作"不"，如：傻不拉儿，憨不溜丢葡□～脐窝：肚脐眼 [55] 补捕 [33] 堡朱家～：地名布怖

ph[423] 铺动词蒲～城：地名扑 [13] 布抹～仆扑～克菩～萨 [55] 普谱浦朴殕食上生白毛 [33] 铺卜 1 萝～部簿步抱～柴，～起来

m[423] 摸 [13] 毛～乱，动物的毛，出毛：食物发霉谋模□～骚：一种扫过会使皮肤发痒的全省是毛的虫子没～有 [55] 某亩牡母拇摸估～，～不准 [33] 木～头，迟钝，～骨：反应迟钝□兀木：那么目穆放牧幕暮墓募慕

pf[423] 猪诸诛朱蛛株珠浞潮湿 [13] 烛 [55] 煮主拄 [33] 贮苎显著动词：把本本～在一起驻住注铸

pfh[423] 出吹 1 ～灯出 [13] 除厨锄 1 橱锤宏锤：大～子；秤～：秤砣；立锤：碾子捶～死你垂 1 耳朵～～ [55] 储杵蓄处箸 1 ～插：筷筒 [33] 柱处

f[423] 书夫麸麸输福殊肤叔 [13] 幅暑～假扶浮缚～扫帚服伏袱熟赎俘芙□物体外部的上空：窑～：窑洞顶部塾私～跗脚面 [55] 属符号副一～药，～主任鼠庶恕署薯肤敷府腑甫斧腐辅竖笔画付赋傅覆赴附水 1 喝～否阜术算～：小学数学述笤帚辐黍槌棒～箸 2 蜀属数同～：同岁 [33] 腹负复树果～局竖竖心旁住用作补语：抓住富父睡 1 妇富

v[423] 肤～皮，死～如物 [13] 无儒 [55] 侮鹉诬～告武乳辱褥 [33] 入汝乳戊务雾□～搼：占便宜勿杌高凳

t[423] 都笃督□胖～～ [13] 读牍毒独 [55] 赌堵妒嘟 [33] □圪～：拳头度渡镀

th[423] 突秃 [13] 徒屠途涂图独读牍毒 [55] 土吐椟 [33] 肚兔□饭粘在一起了□缝上去

n[13] 奴 [55] 努 [33] 怒

l[423] 赂辘陆鹿录禄 [13] 庐炉卢芦颅 [55] 鲁橹卤掳 [33] 陆路露鹭鹿录禄麓戮

ʦ[423] 租 [13] 族足卒 [55] 诅组阻

ʦh[423] 粗 [33] 促醋猝

s[423] 苏酥诉速 1 酥 [13] 俗 [33] 宿肃素嗉诉速 2 粟塑稣溯

tʂ[423] 猪主朱蛛筑 1 珠诛株 [13] 竹烛逐 [55] 煮嘱 [33] 住注筑 2 助祝柱著铸驻

[1] 疑似衣服的衣，麦粒的外衣，当是形象化的表达。

tʂh[423] 初出吹 3[13] 除厨锄橱 [55] 储处杵楚础 [33] 处触畜

ʂ[423] 舒书术叔梳疏蔬输殊枢抒 [13] 熟赎塾暑秫 [55] 属鼠数蜀暑薯黍 [33] 树竖束述墅戍庶

ɻ[423] 如入 [13] 擩儒 [55] 乳辱褥

k[423] 姑孤估轱车～辘锢～露锅□犊～圈：养骡子的地方 [13] 窟～窿□鸡叫声 [55] 箍骨沟古股鼓～劲：使劲 [33] 菇故固雇顾

kh[423] 哭喉～咙 [55] 苦 [33] 酷库裤

x[423] 忽乎在～呼忽 [13] 胡湖狐葫糊瑚蝴壶核浒水～传饸～饹：如筷子般粗的面条囫～囵："浑"的分音祠 [33] 会多会户沪虎互护

∅[423] 巫诬物 [13] 无沃曲～：地名 [55] 武舞鹉□兀木：那么

y

n[55] 女 [55] 语言～：说话

l[423] 捋率绿虑 [13] 驴 [55] 吕旅铝屡氯侣缕闾褛榈垒～起来□～粪：把粪块打碎 [33] 泪 1 滤律

tɕ[423] 居车拘驹足满～鞠掬□憋气，胸闷 [13] 橘菊局 [55] 举嘴～巴 [33] 句据锯具狙惧醉剧巨距拒矩规～聚

tɕh[423] 蛆趋区驱屈曲蛐～蟮：蚯蚓□短□扣子～～：盘扣的扣眼部分，活络～：给绳子打方便解开的结 [13] 渠局 [55] 取娶去 [33] 趣脆

ɕ[423] 虚嘘胡须需戌戍肃甘～宿儿～：几天俗 [13] 徐随 [55] 许 [33] 绪序叙絮穗玉稻黍～～：玉米棒子旭续蓄岁大几～

∅[423] □推拉皮肤 [13] 余愚虞于盂榆逾愉俞瑜围苇禹雨～水：降水多，存的雨水 [55] 雨羽苇～子：芦苇裕遇寓域峪芋洋～：土豆宇郁 [33] 玉监狱欲洗浴愈与给，嫁闺女御誉预娱～乐泪 2 ～颗：泪珠喂育□～苹果：挑选苹果

a

p[423] 巴芭疤八□涂抹：～洗衣服□ li33 ～：不熟悉，外行 [13] 拔把介词爸□阴茎 [55] 把靶屉拉屎笆 [33] 霸坝罢□～外：特别，尤其如：～外疼，～外多

ph[423] 趴 [13] 趴爬拔耙钯 [55] 琶杷 [33] 怕罢也罢帕

ɯ[423] 抹～布□～牌：老年人玩一种细长的牌，宽大约是扑克的一半□脱掉，如：裤子～下来么这～，兀～ [13] 麻蔴痳妈蟆圪～：青蛙 [55] 马蚂 [33] 骂拇老拇指头：拇指□大～：大概

pf[423] 抓 [55] 爪

pfh[55] □拉住猛然用力使脱离如：～木枝枝□～嫌：责骂

f[423] 刷发批～发要 1 ～赖□～勺子 tɕi33 笊篱：形容人生气摔东西 [13] 伐乏筏罚 [55] 法发头～要玩弄要 2 ～赖

v[423] 袜 [13] □来回滚动使东西变形

t[423] 搭瘩□哪～：哪里褡哒拟声词 [55] 打 [33] 大

th[423] 他它塔她塌蹋拓獭 [13] 溻溻湿踏脚～，苇苗给牛　了 [55] 蹋 [33] 榻

n[423] 纳捺哪～里 [13] 拿

l[423] 拉腊蜡辣邋旯圪旯：旮～ [13] 垃

ts[423] 渣砸咂匝扎踩：脚扎地下札 [13] 铡 1 杂咱□骑坐在双肩上 [55] 拃眨闸 [33] 扎～棉花炸奓举起来睫眼睫毛

ʦh[423] 拆叉杈差差别插擦察礤～子：做细丝的工具□没味圪～：受冷落，不被待见 [13] 茶茬查杂铡 2 楂栈～道 [55] 镲 [33] 岔差错了，如：账算～了□牙叉骨栅 1 ～住：围起篱笆堵住

s[423] 纱 1 ～布沙杀□～住：用绳子捆住勒紧 [55] 啥什么洒撒□利～：动作整洁利落 [33] 纱 2 ～布□稀疏，使稀疏，如：苗要栽得～一点，将来就长密了萨拉萨

tʂ[423] 遮争睁指 1 手指头摘窄 [13] 指 2 手指头 [55] □"这搭"的和音 [33] 炸绽裂开□圪～：夹生菜□～瓜：八成，不够数

tʂh[423] 车人力～拆蹅碎粒 [13] 择～菜；～饭；孕妇呕吐挑食察 [55] 扯撕

ʂ[423] 虱杀纱沙赊生～火；饭不熟□～日怪：特别怪 [13] 蛇 [55] 舍～得省单用，节～ [33] 厦房子谢～悉：地名

ɻ[55] 惹挑逗；感染：染上肺结核

k[13] □鸭叫 [55] □形容拉风

kh[55] 卡

ŋ[33] □新生婴儿哭

x[423] 瞎 [13] 还还有匣风～盒 1 一～烟 [33] 哈下吓

∅ [423] 啊感叹阿 [13] 啊疑问 [55] 啊疼痛时的叫唤声

ia

p[423] 百□粘贴□快速掉落：头顶～下一块泥；不一会，～起大雨了伯柏掰把果子～开 [55] □圪～ [33] 迸开裂：这锅炒豆子没有～开□快速地跑

ph[423] 拍谝闲谈泊大～：地名 [13] 白棚 [55] 劈～开腿

m[423] 麦脉□静候捕捉：小猫会～老鼠了脉抓～：把脉□～洋线：给铁丝塑形 [55] 猛～不防：突然

t[13] 爹 [55] □倾斜下去

th[423] □不～～：穿拖鞋走路的声音

n[423] 鸭押压□阴茎 [13] 牙芽衙伢"人家"的合音砑 [55] 哑

l[55] 冷

tɕ[423] 家加痂嘉枷佳夹甲角～落，辫子 [13] 胛 [55] 假稼□赶马车的吆喝声姐 [33] 假架驾嫁借

tɕh[423] 掐搭抱着□生孩子 [13] 茄□"去吧"的合音 [55] 呛 [33] □ tɕhi13 ～：生育，抚养恰夹发～洽卡

ɕ[423] 虾些我些：我们 [13] 匣霞瑕暇斜狭峡辖 [33] 夏卸

∅ [423] 鸭押压 [13] 牙芽衙伢 [55] 哑 [13] 爷涯 [55] 雅也野□～路人：陌生人□扬～：丢了 [33] 亚夜

ua

tʂ[423] 抓 [55] 爪

ʂ[423] 刷 [55] 耍

k[423] 瓜刮光打一耳蜗蜗耳～ [55] 寡单单无其他：寡天晴，～盖章不签字；老是：～是剐 [33] 挂卦褂背心

kh[423] 夸 [55] 垮 [33] 跨挎胯髋

x[423] 花棉～，～朵，～钱 [13] 划划船，一百块，一笔画滑猾哗 [55] □形容迅速 [33] 化桦画

话华划计～

∅[423]袜蛙挖鸦老～：乌鸦掠[13]娃[55]瓦～片[33]□～～：斜坡瓦～刀

ya

l[423]□小孩学说话

tɕ[13]□圪～：缩在一起[55]卷

tɕh[13]瘸

ɕ[13]横2长得～有～，顺又顺：长得又高又胖□～巴：侧边[33]横3东西乱放占地方：这车～在这里，人过不去

∅[423]□握住[33]□吱～：哭声

ɤ

p[423]木卜松～岭：地名泊□烘烤菠钵玻拨博剥□烙，烤制：炕太热了，～得人睡不着；～馍播□鞋～：鞋面[13]驳勃渤[55]跛簸动词膊[33]簸簸箕薄薄荷

ph[423]波颇～烦：烦坡泼钹勃渤泡～茶脬一脬屎，尿脬[13]薄脖婆[55]钹铙～[33]拼～命破

m[423]末沫默没～事莫□大～：粗疏不细致，也表示洒脱不拘小节[13]魔磨摩馍蘑磨[55]抹抹油膜□～圪pia：用浆糊把多层布料站在一起晾干，用来做鞋底抹[33]糖名词，荆条编制成的把地耙平的工具，也做动词

pf[423]望1，指望桌包～：承包酒席庄装～东西捉[13]琢琢涿镯[33]装作冬衣，给两层布里塞棉花，口～：不挑食

pfh[423]疮戳兼有性交义窗疮[13]床～～：板凳[33]撞瞎～

f[423]双霜缩1[13]佛氟[55]纺～线缩2倒～：越长越倒缩（越长大越不如小时候）[33]放～羊

v[13]芒麦～[55]网～线：蜘蛛织的线[33]忘望2指～

t[423]多裆合～裤：对应开裆裤[13]当～中

th[423]汤托拖庹特～别[13]驼特特殊[33]大唾

n[423]糯诺[13]挪

l[55]乐

tʂ[423]遮张张马：地名；嘴巴～开斫胡～乱砍酌斟～：把握度，小心。如：一天天没有～～，经常绊倒[55]这掌涨长变大[33]胀肚子～

tʂh[423]车着睡着□～一耳光：甩耳光[13]长肠场扬麦～着～火，～急绰丝～：讲究[55]撤□跑了一趟[33]丈～人杖擀～：擀面杖

ʂ[423]墒奢赊[13]蛇尝勺佘裳尝[55]少[33]社上上下绱～鞋：把鞋底和鞋面缝在一起尚和～

ɻ[423]若[13]瓤瓜～穰禾茎弱[55]惹

k[423]格革歌合合不来：不能友好相处割葛各搁哥鸽哥旧[13]阁隔格真～哥新[55]个捏～：将就，凑合[33]个～子：身高

kh[423]磕1～头渴糠麦糠糠：包裹麦粒的皮□～打：打，虐待刻克客搭抽屉～住了[13]壳[55]可[33]炕～干：烘干嗑2～瓜子炕土～

ŋ[423]恶～水：泔水[13]额～度蛾蝴蝶鹅俄娥讹[55]我[33]饿遏鳄鄂扼

x[423]喝[13]盒和河何荷～花[55]□拿上，带上[33]贺赫荷薄荷鹤

∅ [423] 恶 [13] 蛾蝴蝶鹅俄娥讹 [33] 饿遏鳄鄂扼

iɤ

n[423] 孽发芽约约莫 [13] 娘 [55] 仰 ~ 起来：抬头；后 ~：向后摔倒 [33] 仰 ~ 么上：仰面睡觉

l[423] □裁剪□在热水里焯一下 [13] 俩□往回买粮干粮凉量

tɕ[423] 脚角 [33] 糨 ~ 子：糨糊

tɕh[423] □躲藏雀鹊 [13] 嚼把食物先咬碎后再吐出来给幼儿吃墙 [55] □往前趔趄，也形容为生计奔走

ɕ[423] 削 [13] 学 [55] 想 [33] 像

∅ [423] 药□ ~ 眼：事情黄了约 [13] 羊阳扬蝇赢 [55] 养 [33] 样□挥舞：跳舞的时候把绸子 ~ 两圈

uɤ

t[423] 跺多 [13] 夺 [55] 舵躲剁掇朵耳 ~ [33] 惰

th[423] 托拖脱印[2] 月饼 ~：制作月饼的模具 [13] 夺 [55] 妥事情办坏了，没有翻盘机会了棰柴 ~：放柴的地方

n[423] 糯诺 [13] 挪

l[423] 啰落烙动词骆洛络乐雒姓 [13] 萝逻骡狼罗锣萝烙 ~ 铁 [55] 箩簸箩裸螺饹饸 ~：如筷子般粗的面条 [33] 摞□打人

ʦ[423] 做 [13] 作 ~ 业昨 [55] 佐 [33] 左

ʦh[423] 搓矬错苍 ~ 蝇□ ~ 乏：帮忙 [13] 锉 [33] 坐座

s[423] 缩桑 ~ 葚；桑额：地名梭□舔莎 ~ 草 [55] 锁嗦啰 ~ 索 ~ 要所

tʂ[423] 拙桌 [13] 卓

ʂ[423] 说 [33] 硕朔

ɻ[423] 若弱

k[423] 锅郭光 [13] 国 [55] 果裹 [33] 过

kh[423] 科科学括阔廓扩颗量词□砍削旁枝留下主干窠窑 ~：地名 [55] □正好 [33] 课

x[423] 喝 ~ 汤：~ 水豁形容词：有缺口，~ 牙；名词：缺口劐 [13] 禾河和活惶恓 ~ □银 ~：首饰盒 2 黄□着 ~：说别人做了坏事了不说自己。如：在孩子绊倒的时候说 [55] 火伙□闪 ~：吹牛，撒谎□拿上，带上或新 [33] 霍藿□ ~ 哎：打哈欠货祸惑获

∅ [423] 倭窝蜗握 ~ 住；铲挖幼苗的动作□ ~ ~：玉米面做的不发酵的馒头，状如小山，底有小洞沃 [13] □ ~ □□ tuɤ423tuɤ13：恰巧，果然 [55] 涡旋 ~ [33] 卧

ɛ

p[13] 白 2

ph[423] 拍拍片子

pf[423] 拙

f[423] 说

v[423] □伸进去，陷进去□ ~ nəŋ33：暗中打，虐待

ʦ[13] 则责择泽

[2]　王临惠.《方言》中所见的一些晋南方言词琐谈.[J].山西师大学报,2001(1).

ʦh[423] 测册策 [13] 侧厕

s[423] 色塞堵～

tʂ[423] 折存折～褶名蜇蝎子～人；海～蒸蒸馍 [13] 浙蔗哲 [55] 整 1 收拾：～～，打～；2 整数：～～二百块者 [33] 正

tʂh[423] 车汽～称动词 [55] 扯拉～ [33] 称名词□笨

ʂ[423] □～子：四方扁平的量器声 [13] 城车～：地名盛～东西折亏损舌偿～命 [55] 舍 [33] 社射设涉舍宿～社

ɻ[423] 热

k[423] 隔革

kh[423] 客

ŋ[423] 额名～

x[33] 杏

∅ [13] □拟声词，表嘲讽

iɛ

p[423] 鳖憋 [13] 别差～ [55] 屄女阴 [33] 冰别卡住

ph[423] 撇～一岸：放在一旁，置之不理 [13] 别用～针～的动作平凭坪 [55] 别卡住，堵住：堵车了，路都给车～住了蝙夜～蝠 [33] 病

m[423] 灭 [13] 明名铭～记鸣鸡打～ [33] 命

t[423] 跌钉滴 [13] 咥吃牒谍敌 [33] □狠狠地打一顿钉

th[423] 帖贴铁听 [13] 叠碟蝶停消～：闲着 [55] 挺躺 [33] □～葫芦：状如猫耳朵的面食

n[423] 镊业孽捏额 1 ～头：额头涅生锈腐蚀：铁锨～了□～个：将就，凑合 [13] □～～：服服帖帖 [55] 影 [33] 硬～及：老人身体硬朗聂迎～姑：迎亲的女眷

l[423] 猎烈裂□毛圪～：松鼠 [13] 灵～醒：刚睡醒；～整：利落零铃凌冬～：冰 [55] 领□毛圪～：松鼠□胡～：胡闹，调皮 [33] 另～家：新媳妇分开公婆另起炉灶单过

tɕ[423] 皆阶接揭节节气结耕惊□～狗窝：烧火做饭时候遇到烟气不上行，在烟囱下的狗窝点火，使局部气压降低以诱导烟气通过挤□～刺：二愣子□～ mia 刺：冷不防□动词：～你手机来：拿你手机过来 [13] 洁届应～生□“几个”的合音杰 [55] 解姐□～坡：塬上人下河滩走的路 [33] 介界芥戒械机～镜借□面煮好后在凉水里过的动作

tɕh[423] 切青轻清妾 [13] 捷走～斜路：抄小道截晴 [55] 且 [33] 净□浓稠状的液体凝结：熬熟的粉面冷了～住就是凉粉

ɕ[423] 薛血歇～顶：头顶脱发变成地中海蝎些楔星定盘～腥□钉钉子：～一个橛 [13] 斜谐胁泄饧糖～□～汤：煮过肉的水 [55] 写醒蟹解听到，理解 [33] 卸谢解姓

∅ [423] 业叶页噎曳～记：牵绊，挂念 [55] 耶～稣 [33] 夜液腋

uɛ

x[13] 横 1

∅ [55] 儿～人：那个人；女人称说自己丈夫

yɛ

n[423] 虐

l[423] 略 [33] 劣～质品

tɕ[423] 撅用力使断裂：把绳子～断；～片：面片䦆（镢）[13] 掘决绝爵嚼诀厥蕨～根粉 [55] 倔 [33] 噘口～起来

tɕh[423] 缺雀鹊 [13] 瘸绝掘橛爵

ɕ[423] 靴雪血兄弟～ [13] 穴踅来回踱步

∅ [423] 悦喜～阅月越曰粤跃 [55] 永～固：地名 [33] □新鲜饱满

æ

p[423] 班斑颁扳搬 [55] 板版扁 [33] 瓣办半绊扮伴名词

ph[423] 攀才 [13] 盘□测量 [55] □～用锄头锄草的动作 [33] 判伴动词，～了一个婆婆：夕阳婚姻拌叛办～法盼

m[13] 蛮瞒 [55] 满□～乎：随后 [33] 幔慢

pf[423] 专砖 [55] □灵～：机灵 [55] 转 [33] 撰转传赚篆

pfh[423] 川穿 [13] 传椽船 [55] 喘 [33] 赚1 串钱～子：蚰蜒

f[423] 帆翻番幡 [13] 凡烦篅荆条编制的特大筐子矾繁□ ɕiəŋ423 ～：蹂躏，糟蹋 [55] 反 [33] 范犯泛涮贩饭嬔下蛋

v[13] □粘连不断：～皮；面煮～了 [55] 软晚挽 [33] 万蔓

t[423] 耽丹单担承担挑：担水 [55] 胆疸 [33] 旦□身材高挑细长□～嫌：责骂担名词，一扁担担的两筐为一担诞但

th[423] 瘫滩摊贪 [13] 潭谭坛痰谈檀弹 [55] 毯坦 [33] 诞探淡没味炭叹弹蛋

n[423] □舔下部接触并陷入其中 [13] 南男楠难 [55] 暖～和□舔吃粉末状的食物 [33] 难

l[13] 蓝篮兰拦栏熑炒联妇联漤～柿子 [55] 览懒楞炕～：炕沿揽躺着搂抱 [33] 滥烂

ʦ[423] 簪□低头或弯腰□取一点 [55] 展斩攒盏暂錾～院子：把窑面的土给去掉 [33] 站赞濽溅栈□～骂：指桑骂槐，不称名道姓蘸

ʦh[423] 餐参～与掺 [13] 蚕惭馋残参～加 [55] 产惨崭～新 [33] 灿□～一顿：打一顿绽毛线钻镵～开了；一遍□一种树

s[423] 珊三山衫 [55] 伞删陕 [33] 散□～话：废话

tʂ[423] 瞻詹毡粘 [55] 展 [33] 占战颤

tʂh[423] 搀 [13] 缠 [55] 善～活：舒服，滋润 [33] 蟮蛇，曲蟮：蚯蚓

ʂ[423] 搧珊 [13] □倾斜：棚子的一个角～下来了 [55] 闪 [33] 扇善骟阉割膳

ɻ[13] 然燃黏 [55] 染 [33] 染～料

k[423] 甘柑干干湿肝杆竿 [55] 感秆麦～擀赶敢 [33] 干～部

kh[423] 堪勘刊 [55] 砍 [33] 看

ŋ[423] 庵埯坑：～南瓜安鞍 [13] 严被子盖～，不要着凉 [55] 揞 [33] 暗岸按案鹌氨谙～不着：不熟悉

x[423] 憨傻□特别：～好，～坏 [13] 含函涵寒韩闲衔酣 [55] 喊罕 [33] 憾鼾旱汉汗焊翰瀚颔～水：口水馅

∅ [33] □～～：模拟哭泣的声音 [55] 晚挽 [33] 万蔓

iæ

p[423] 鞭编边蝙 [55] 贬扁匾□挽起来：把袖子～起来 [33] 辨辫变便遍

ph[423] 偏 [13] 便 [55] 谝闲谈□炫耀胼精～脚：光着脚篇片 [33] 骗辩变变～工

m[13] 棉绵眠 [55] 免勉娩缅 [33] 面麵

t[423] 颠掂 [13] □～山：背山，形容过度劳累 [55] 点典踮 [33] 垫店电殿奠佃□凹陷，缩小指甲盖～下去了；管不好把娃给～了

th[423] 天添 [13] 甜田 [55] 舔 [33] 垫

n[423] 蔫淹腌 [13] 严～格言～语年拈把东西捡起来黏颜研 [55] 掩拈眼碾捻用手搓转，使缠绕在一起或者变碎撵堰～墙：窑洞里锅灶和炕之间的矮墙□不入～：占便宜 [33] 念雁砚燕酽味道厚重，浓靥笑～圪坨

l[13] 廉镰帘连联莲怜 [55] 敛 [33] 恋殓练炼链楝树名

tɕ[423] 兼艰间奸煎肩坚尖歼 [13] 稭麦～□～森：质量 [55] 减俭检简捡拣剪碱～面；洋～：肥皂 [33] 件践舰鉴渐剑间动词，使间隔谏箭键建毽健腱荐见～面：相亲□利润：一斤能见十块钱

tɕh[423] 迁千牵铅鸽鸡鸟啄物 [13] 谦钱乾前钳 [55] 潜浅遣 [33] 贱～死鬼：爱贪嘴；价格低件间外～：外面欠嵌

ɕ[423] 仙掀锨先□砍～：批评 [13] 衔咸嫌贤弦线阳～：晾衣绳 [55] 险鲜癣显 [33] 馅陷限线腺羡宪献～爷：烧香祭祀神仙现县先～前个：大前天

∅ [423] 烟胭 [13] 言炎阎姓沿颜研砚燕雁岩盐檐延 [55] 演蜒蚰～掩魇～子：黑色的痣衍水～出 [33] 燕厌艳晏宴谚咽□～条：用于缲边的布条腋～窝验焰靥笑～圪坨

uæ

t[423] 端 [55] 短长～；缺少 [33] 段□赶走：把鸡～走，等晒干粮食都给吃完了锻椴断缎

th[423] □一种动物，形如狐狸，多肥肉 [13] 团赚 2 骗人 [33] 断缎

l[13] 鸾恋联缝：衣裳扯了，你给我～～ [33] 乱

ʦ[423] 钻 [33] 钻

ʦh[13] □齐：人～了，咱们就开会吧 [33] 窜跑氽撺

s[423] 酸 [33] 蒜算

tʂ[423] 专砖篆 [33] 撰转赚

tʂh[423] 穿川椽 [13] 传船 [55] 喘 [33] 串钏

ʂ[423] 拴栓闩 [33] 涮

ɻ[55] 软

k[423] 官棺观道～关 [55] 管馆 [33] 贯灌罐冠惯□～牛：蜗牛□穿～风：过堂风

kh[423] 宽 [55] 款

x[423] 欢 [13] 桓还环 [55] 缓 [33] 唤换幻患

∅ [423] 豌剜弯湾 [13] 完丸玩顽 [55] 皖碗晚挽绾 [33] 万

yæ

tɕ[423] 鹃捐娟 [55] 卷捲 [33] 眷绢倦

tɕh[423] 圈名词；动词 [13] 全泉拳权颧 [55] 犬圈动词：把鸡～到窝里头，不要在院子里乱跑 [33] 圈名词劝券

ɕ[423] 宣喧轩 [13] 旋玄悬 [55] 选 [33] 旋～笔刀楦鞋～子□在一个大的上除掉一块□窑～：把窑洞隔成一截一截的半圆形器物，有全部木制，也有竹条扎好上面蒙上纸贴上窗花

∅ [423] 冤□推渊 [13] 圆员元原源袁辕园援塬垣缘 [55] 远 [33] 院愿怨

ɯ

k[423] 圪胳咳～嗽核～桃

kh[13] 圪掏～喽：打嗝；～有：再次

x[423] 黑呵呵斥 ʂʅ13[13] □～拉：呵斥

ɑi

p[13] 白 1[55] 摆□在清水里涮衣物 [33] 拜败

ph[13] 排牌 [33] 派败

m[13] 埋 [55] 买卖 [33] 迈麦脉

pf[423] □强卖，买家出于某种原因不得不买 [55] 拽 1 牛逼 [33] 拽 2 拉

pfh[423] 揣 1 怀里～着 [55] 揣 2 摸踹

f[423] 衰摔 [33] 帅率蟀

tʂh[423] 揣放置 [55] 揣摸

ʂ[423] 衰摔 [55] 甩 [33] 帅率蟀

v[13] □～不动：在嘴里嚼不动

t[13] 逮逮小偷□～住：用手抓住 [33] 戴贷带袋蛇皮～代

th[423] 胎袋布～ [13] 台抬苔薹□藏了□～调料：添加调料 [33] 大大黄：药材待怠态太泰

n[423] 挨紧～着 [13] 崖捱熬过去 [55] 奶兼用作动词乃 [33] 耐奈□那个

l[423] □没有合住：大□怀：穿衣服不扣扣子 [13] 来 [33] 赖

ʦ[423] 灾栽～树，掉落，摔倒斋～戒 [55] 宰 [33] 再债寨 1

ʦh[423] 猜钗差支～ [13] 才刚～，～才有材财裁豺柴蝉 [55] 踩彩睬采 [33] 在菜蔡寨 2 栅 2 用刺把院子～住

s[423] 腮鳃筛 [33] 赛晒

z[13] □反复咀嚼

tʂ[423] 摘斋 [13] 宅 [55] 窄 [33] 债寨

tʂh[423] 搀钗 [55] 善～活：舒服，滋润 [33] 蟮蛇，曲蟮：蚯蚓

ʂ[423] 山删珊衫煽 [55] 闪陕 [33] 善扇擅膳搧蟮

k[423] 该街 [55] 改解～开 [33] 溉概盖

h[423] 开 [55] 凯慨楷

ŋ[423] 哀 [13] 癌 [55] 矮 [33] 碍隘爱蔼艾哎豁～：打哈欠

x[13] 核审～鞋 [55] 海解～不下：不能理解，不明白 [33] 亥害解～州：地名

∅ [423] 哀 [13] 癌 [55] 矮蔼 [33] 碍隘爱艾哎

uɑi

tʂ[55] 拽 1[33] 拽 2

tʂh[423] 揣放置 [55] 踹揣摸

ʂ[423] 衰摔 [55] 甩 [33] 帅率蟀

k[423] 乖瘖疲倦 [55] 拐 [33] 怪

kh[55] 块会会计 [33] 快快慢，快乐

x[423] 怀槐淮 [33] 坏

∅ [423] 歪 [55] 崴□折断 [33] 外

ei

p[423] 北百碑悲奔杯 [55] 本 [33] 辈贝□～门：关门背臂

ph[423] 胚拍喷 [13] 培陪赔盆 [55] 佩 [33] 沛倍配背笨喷～嚏□～香：很香

m[423] 闷焖墨默 [13] 门梅枚媒煤莓霉 [55] 每美 [33] 妹梦寐□浸泡

pf[423] 追锥椎 [55] 准肿 [33] 缀坠赘种～地

pfh[423] 吹 2 炊春 [13] 垂 2 捶锤唇纯陲淳醇鹑虫□～□ tsha33 锅：锅没洗 [55] 蠢愚～

f[423] 飞非妃分风疯纷芬 [13] 肥唇焚坟汾 [55] 水 2 ～利局椿粉 [33] 废税肺睡 2 ～觉费顺愤舜粪奋份缝

v[423] 微温危 [13] 维唯惟闻文蚊纹闻 [33] 瑞锐未未味问闰润芮～城：地名

t[423] 得得罪德 [13] □～脑：头

th[423] □吃，贬义 [13] 疼誊

n[13] 脓伤口流～了 [55] 嫩 [33] □煮烂了内

l[423] 勒 [13] 林淋雷棱 [55] □～条：扑克的一种玩法儡 [33] 赁肋勒累类泪泪水□打□坡的边缘

ʦ[13] 贼 [55] 怎

ʦh[13] 层 [55] 碜饭里有沙子，吃起来～，寒碜 [33] 衬

s[423] 森糁玉米～：玉米碎粒 [33] 渗瘆感觉阴森害怕

tʂ[423] 斟倒珍真砧针贞侦 [55] 诊疹枕 [33] 镇阵振震斟～酌

tʂh[423] 嗔生气 [13] 沉尘陈辰晨臣 [33] 趁

ʂ[423] 深身申伸 [13] 谁神承 [55] 沈审婶 [33] 甚肾慎

ɻ[423] 热眼～：羡慕日白～：白天；生～：生日 [13] 人壬任姓仁 [55] 忍蕊 [33] 任刃认□～针：把线穿到针眼里

k[423] 跟根

kh[423] 开～门 [55] 肯恳垦啃 [33] □～住：没钱也没吃的了

ŋ[423] 恩□～养：养育

x[13] 痕 [55] 很 [33] 恨～财：爱钱

iei

p[423] 宾彬斌 [33] 鬓

ph[423] 拼 [13] 贫频凭 1[33] 聘

m[13] 民 [55] 闽悯皿

n[423] 阴窨地～院殷 [13] 银 [55] 隐繶缝 [33] 饮饮马：给马喝水

l[13] 林淋临邻鳞磷 [33] 蔺赁

tɕ[423] 金巾筋□扎裤袋襟今 [55] 锦仅紧谨津河～：地名 [33] 禁进晋劲近浸

tɕh[423] 钦亲 [13] 琴禽擒秦勤芹侵 [55] 揿低头寝亲亲家□埋头吣猫～ [33] 尽月～：除夕那一天妗

ɕ[423] 心芯辛新薪欣 [13] 寻 [33] 信□～候：猫头鹰葚桑～囟～门□养～：宠溺

∅ [423] 音因姻匀动词阴殷 [13] 淫寅匀形容词银 [55] 隐繶缝饮引瘾 [33] 印洇

uei

t[423] 堆敦墩冬□利用重力向下压，使其瓷实 [13] □碰撞 [55] 盹东柏东：地名 [33] 对队兑盾

顿吨冻

th[423] 推吞氽山水～下柴了 [13] 同～数：同岁铜桐屯炖囤 [55] 腿桶彤红～～饨馄饨：献给长辈的一种花样馒头 [33] □～：地窖院蜕退动～弹

l[13] 沦伦轮笼动词：加热熟食；名词：～盖聋咙窟～：喉咙窿窟～髻[3] ～头 [33] 论羸尪～：病弱衰败□～翁翁：衣着破旧且不整齐囫囵～："浑"的分音祠累

ʦ[423] 尊遵 [55] 嘴 [33] 最

ʦh[423] 吹炊村崔催□皱在一起葱 [13] 存 [33] 寸罪脆翠粹

s[423] 孙松 [13] 随遂半身不～ [55] 髓损 [33] 岁穗送碎小

ʈʂ[423] 追锥椎 [55] 准 [33] 缀坠赘

ʈʂh[423] 吹椿 [13] 垂锤唇纯陲淳醇鹑 [55] 蠢

ʂ[13] 谁 [55] 水 [33] 睡税顺

ɻ[33] 芮锐

k[423] 圭硅龟归国旧规 [13] 滚～水：蒸馒头的水 [55] 诡轨滚鬼聪明，不实在 [33] 桂柜贵棍

kh[423] 盔奎亏窥昆坤空 [13] 魁傀葵逵 [55] 捆癸啃狗～了□螺丝～了：螺母把螺丝上面的文理给拧坏了鼬老鼠～ [33] 溃跪愧柜困

x[423] 灰挥辉徽昏婚荤浑 [13] 回茴恢恢复魂红 [55] 悔毁或哄～～：抚慰 [33] 贿汇桧会绘惠慧讳混□～怂：是非不分，不讲理惑迷惑

∅ [423] 危威□生气微温瘟搵愠生气 [13] 文蚊纹闻为行为违围嵬 [55] 煨□蹭脏偎胡乱躺下睡觉伪委苇伟纬稳刎紊稳 [33] 未味畏外～爷：外公卫魏胃谓渭慰硙推～翁缸

yei

tɕ[423] 均钧军君 [55] 菌老 [33] 俊

tɕh[13] 群裙

ɕ[423] 熏勋 [13] 荀旬循巡 [55] 髓骨～损笋 [33] 讯训

∅ [13] 云 [55] 允 [33] 熨韵运晕□～肩：溜肩孕

ɑu

p[423] 胞包刨鸡刨～红薯；往嘴里扒饭褒 [13] □"不要"的合音 [55] 保宝饱 [33] 抱报豹爆

ph[423] 抛剖～腹产胞同～ [13] 袍跑 [33] 泡炮铇～花刨～花

m[13] 猫茅锚矛毛 [55] 卯铆 [33] 冒帽贸貌茂

t[423] 刀 [55] 岛倒导祷捣蹈～脚：脚来回踢 [33] 道到倒盗

th[423] 涛掏滔 [13] 桃逃淘陶 [55] 讨稻玉～黍：玉米□鸡～人：鸡啄人 [33] 萄葡萄道洞水～沟

n[13] 铙脑头 [55] 脑恼 [33] 闹 1 做：怎么～；2 热闹

l[423] □圪～：用棍子探到内里来回搅动□～～：猪了 [13] 捞劳牢痨 [55] 老 [33] 涝旱～保收

ʦ[423] 遭糟 [55] 早枣蚤澡找 [33] 灶罩笊～篱焯皂造躁燥

ʦh[423] 操抄钞□～菜：用铲子把菜从容器里铲出来。[13] 曹槽巢老巢□脏：衣裳～了，给我洗洗 [55] 澡搓～巾草炒吵騲雌性禽类：～鸡 [33] 皂造躁燥糙

s[423] 骚梢捎潲猪食潲雨点朝南～ [13] □～蚣：一种下雨天出现的虫子，状如蚱蜢□～肚：

[3]　发音人并不认识这个字，是使用实物调查而来的，不免有误。

受潮产生的黑色虫子□～一眼：瞄一眼 [55] 扫嫂稍扫动词□～一个长袄：穿了比自己身材宽大的衣服□～叫：察觉 [33] 扫臊～气臊～臊子面哨

tʂ[423] 昭招沼召 [33] 诏兆赵照□～亲：迎客待客

tʂh[423] 超翘书角～起来了 [13] 朝潮 [33] 赵

ʂ[423] 烧 [13] 绍韶 [55] 少 [33] 烧晚霞绍

ɻ[13] 饶告～：求宽恕 [55] 扰 [33] 绕耀光～眼镜，□～一眼：看一眼

k[423] 高羔糕篙膏 [55] 稿搞 [33] 告

kh[55] 考烤拷 [33] □饮食不好靠铐

ŋ[423] 肮～脏：麻烦熬～煎：发愁爊～白菜 [13] 熬 [55] 袄 [33] 傲鳌奥澳懊

x[423] 蒿 [13] □～干：风吹是水分丢失豪壕毫号大哭 [55] 好蒿郝 [33] □～衔：偷偷地拿走少量东西浩号几号□～脉：把脉

∅ [423] 凹爊～白菜 [13] 熬 [55] 袄 [33] 傲鳌奥澳懊

iɑu

p[423] 膘镖飙标剽彪 [13] □ 2“不要”的和音 [55] 表錶裱婊 [33] 摽 1 用横木卡住

ph[423] 飘 [13] 嫖瓢剽 [55] 摽 2 用横木卡住撇左～：左撇子□扔 [33] 漂鳔

m[423] 喵 [13] 苗描 [55] 渺秒藐 [33] 妙庙

t[423] 叼兼有胡乱抓取之意刁貂雕鵰 [33] 钓吊掉调跑～调 1 ～动

th[423] 挑～选，～水 [13] 条调 1 ～换笤～帚蘿灰～ [33] 跳调 2 ～动粜往出卖

n[13] 淆□一个姿势保持时间长了的感觉 [55] 咬痒鸟杳 [33] 尿

l[13] 嫽聊辽疗寥廖潦 [55] 了 1 燎烟熏火～ [33] 瞭撂扔

tɕ[423] 交郊胶骄娇姣焦蕉椒浇叫跤摔跤□掏～：一种结绳变花样的游戏 [13] 教～书；介词 [55] 绞缠绕缴搅□打～：交往狡饺 [33] 教较窖名词，动词觉睡觉酵

tɕh[423] 敲缲收边跷跨过去；量词：一步劁阉割悄 [13] 樵瞧乔桥荞 [55] 巧鞘 [33] 俏翘撬轿坐轿子窍

ɕ[423] 消消磨宵霄硝销萧箫枭晓潇嚣枵质地单薄，不结实肖生肖 [13] 淆□略微坐卧了一会儿：晌午吃完饭，在炕头～了一会儿，就赶紧走地干活了 [33] 酵孝效校笑

∅ [423] 药跃妖邀腰要要求吆吆喝 [13] 摇谣窑姚尧 [55] 舀杳 [33] 要生孩子坳山～鞦鞋～

əu

m[13] □～丢：表惊奇的感叹词

t[423] 都兜 [13] □～娃，人名 [55] 斗抖陡蚪圪蚪□圪～～：钩子 [33] 斗鬥逗撩鸡逗狗痘豆

th[423] 偷 [13] 头投 [33] 透豆

n[13] 奴□很聪明，很有能耐，多用于贬义 [55] 努 [33] 怒□停留：快走不要～下；闲暇：这两天～着哩，没有活干

l[423] 鹿禄～稳：充足陆辘轱～录□水～～：形容水分充足 [13] 卢炉庐楼耧播种机芦笼□～擞；倒腾□把东西用手拢在一起 [55] 鲁噜橹掳卤篓搂 [33] 陋路露鹭漏赂

ʦ[423] 租邹竹筑□端着触接～ [55] 祖组阻走 [33] 做奏皱□翘起来祝

ʦh[423] 粗初 [13] 锄 2 卒族逐 [55] 楚瞅 [33] 醋助凑搊从一侧扶起：把石头～起促

s[423] 苏酥梳疏蔬搜数～学，～数，～字嗽速 [33] 束素诉塑嗉瘦漱稣耶～

tʂ[423] 周舟州洲粥 [13] 轴 [55] 肘□举起来 [33] 皱纣昼咒宙

tʂh[423] 抽 [13] 绸稠筹仇酬轴惆愁 [55] 丑 [33] 臭售

ʂ[423] 收 [13] □ ~ 下不走：轴在这里不走 [55] 手守首 [33] 受授寿兽售

ɻ[13] 柔揉 [33] 肉□来回碾压使变形

k[423] 勾钩沟 [55] 狗枸 [33] 够构购

kh[423] 抠 [13] □把开口的器皿倒过来放置 [55] 口 [33] 扣寇

ŋ[423] 欧□心怀不悦地看一眼 [13] 牛□ ~ ~：虫子 [55] 藕偶□发愁 [33] 沤因雨水腐蚀使其溃败：柴 ~ 了

x[423] 休不要 [13] 侯咙猴瘊□ ~ 子：螳螂□爱倒腾，爱出风头□蹲下 [55] 吼 [33] 后後厚候

iəu

p[423] □拟声词，打枪的声音

m[33] 谬

t[423] 丢 ~ 谎：撒谎 [13] □ ~ 手：放手

th[13] 提

n[13] 牛□ ~ 过去：转过去 [55] 钮扭 [33] 拗性格执拗，不让步

l[423] 六 [13] 流刘留硫琉瘤 [55] 溜酸 ~ ~ : 面露喜色柳榴绺 ~ 娃：小偷 [33] 溜虫 ~ 了：上面有虫子爬行的痕迹；滑□一 ~ ：一细条灵机灵[4]

tɕ[423] 揪鸠纠 [55] 九酒久韭咎救 ~ 火：生火 [33] 灸疚救究臼就舅旧柩□圪 ~ ：缩在一起

tɕh[423] 秋鳅丘邱 [13] 求球裘 [33] 臼就舅旧柩

ɕ[423] 修羞休 ~ 假 [13] 休 ~ 息囚 ~ 灭灭：不机灵 [55] 朽锈名词 [33] 秀绣锈动词袖

∅ [423] 优悠幽邮忧 [13] 莜由油游尤犹鱿蚰 ~ 蜒：马陆 [55] 有酉友 [33] 诱右佑祐釉柚囿又

ər

∅ [423] 儿 [13] 而 [55] 尔耳饵 [33] 二

əŋ

p[423] 邦帮崩绷 [55] 榜膀绑 [33] 谤棒磅蹦

ph[423] 烹 [13] 旁螃庞朋鹏彭膨棚篷蓬 [55] 碰捧 [33] 胖棒棍 ~ 奉供 ~

m[423] 蒙懵不懂，糊涂 [13] 忙盲茫芒芒种萌盟蒙 [55] 莽蟒猛蠓蚊子 [33] 梦孟蒙 ~ 生：下小雨

pf[423] 中忠衷终锺钟盅庄装妆桩 [55] 种 ~ 子 [33] 中 ~ 毒种壮众状 1

pfh[423] 充冲 [13] 重 ~ 合 [55] 闯宠铳 [33] 重重要创状 2 告状

f[423] 风枫疯丰封蜂霜 1 方双 1 芳锋峰 [13] 肪妨房防冯逢 [55] 爽仿纺访讽 [33] 放风奉俸缝

v[13] 亡戎绒茸 [55] 网冗 [33] 忘望

t[423] 当 ~ 事：1 认真看待 2 承担事情登镫灯 [13] □打 ~ ：短暂停留 [55] 党等挡 [33] 荡当 ~ 铺； ~ 事：认真看待邓凳瞪

th[423] 汤淌 [13] 堂棠唐糖塘腾藤疼誊 [55] 躺 [33] 趟烫□滚动： ~ 轱辘

n[423] □不精干囔感冒时鼻子堵住不通气 [13] 能囊南 ~ 瓜难 [55] 攮

l[13] 郎廊狼 [55] 冷 [33] 朗浪品行不端正

ts[423] 赃脏曾增争争夺睁 [13] □说话，说废话 [33] 葬脏藏缯扎起来，佩戴□烂 ~ ：骂人的话憎赠甑挣筝

[4] 从意义推断，可能是"机灵"，发音人认为就是这个词语的读音。

ʦh[423] 仓苍舱□俩人之间有矛盾撑 [13] 藏曾层

s[423] 僧牲笙桑生生活□～～菜：吃了感觉像吃了芥末一样的菜 [55] 嗓搡省 [33] 丧

tʂ[423] 张章樟蒸正征（徵）[55] 长掌整拯 [33] 丈仗杖账帐障正证症政郑

tʂh[423] 撑昌□～调：帮助打理，教育 [13] 程长肠场常偿嫦澄惩橙乘承丞呈成城诚盛 [55] 场厂敞氅倡畅 [33] 丈度量单位唱郑

ʂ[423] 商伤升昇声 [13] 绳 [55] 赏晌～午 [33] 上剩胜盛圣尚

ɻ[13] 仍 [55] 壤嚷 [33] 让

k[423] 冈岗刚纲钢缸肛更羹庚耕 [55] 港梗耿哽梗 [33] 杠□～红：很红

kh[423] 康慷坑逼迫□敲竹杠 [13] 扛 [33] 抗炕

x[423] 亨 [13] 行航杭恒哼～～唧唧：吞吞吐吐 [55] □挤过去夯 [33] 巷

∅ [13] 亡 [55] 网 [33] 忘

iəŋ

p[423] 冰兵 [55] 禀丙秉炳柄饼 [33] 病并

ph[13] 凭 2 平坪评瓶屏苹乒～乓球

m[13] 鸣明名铭 [33] 命

t[423] 丁疔叮钉 [55] 顶鼎 [33] 定订钉

th[423] 厅听 [13] 亭停廷庭 [55] 挺

n[423] 应应～人：派人 [13] 娘凝宁咛拧 [33] 酿硬

l[13] 良凉粮梁陵凌灵零铃聆岭 [55] 两领 [33] 辆亮谅量晾另令

tɕ[423] 将刚才疆僵姜江豇～豆：红豆浆京荆惊鲸精～胼脚：光着脚晶睛经 [55] 桨蒋奖讲景警 [33] 静酱将降绛境敬竞竟镜颈颈椎径匠

tɕh[423] 枪羌腔卿清清楚轻青倾 [13] 强晴情 [55] 抢请顷 [33] 强姓匠犟庆静呛

ɕ[423] 相箱厢湘襄镶香乡腥兴星腥□～fæ13：蹂躏，糟蹋 [13] 详祥降行形型刑邢 [55] 想享响省反省醒 [33] 像相照相向项先～后：妯娌兴幸性姓杏

x[33] 项长脖细～

∅ [423] 央樱英婴缨鹦莺秧殃鹰 [13] 羊洋杨阳扬疡迎盈营颖赢 [55] 养痒影 [33] 硬样～子映应答～

uəŋ

t[423] 东 [55] 董湩弄脏懂 [33] 栋洞动

th[423] 通 [13] 同桐童瞳 [55] 筒桶统 [33] 痛

l[13] 农龙隆陇 [33] 弄

ʦ[423] 宗综棕猔猪～草 [33] 粽纵

ʦh[423] 聪匆葱囱烟囱 [13] 从丛

s[423] 松鬆 [33] 宋诵颂

tʂ[423] 中忠衷终锺鐘盅庄装妆桩 [55] 种 [33] 中种壮众状

tʂh[423] 充冲窗疮铳 [13] 床重 [55] 闯宠 [33] 创

ʂ[423] 霜 2 双 2[55] 爽

ɻ[13] 融容～不下

k[423] 光□硬～～□栏杆：窗～～公工功躬宫恭攻 [55] 广汞拱蚣巩 [33] 供～电所逛贡共

kh[423] 匡筐眶框空 [13] 狂 [55] 矿孔恐 [33] 控旷况

x[423] 荒慌烘臭～ ～轰 [13] 黄簧皇蝗磺凰隍烘～干弘宏红洪鸿 [55] 谎晃 [33] 哄起～

∅ [423] 翁尪尪羸 [13] 王亡 [55] 往汪姓 [33] 旺枉～然

yəŋ

z[423] 雍痈庸拥 [13] 融容荣融溶熔嵘 [55] 永泳咏勇□群体聚集造成拥堵

ɻ[13] 蓉茸戎绒榕 [55] 冗

tɕ[33] 窘囧迥炯炅

tɕh[13] 穷琼

ɕ[423] 兄胸凶 [13] 熊雄 [33] □威逼

第三章 吉县话音系和普通话语音的比较

第一节 声母比较

吉县话共有 27 个声母，具体见声母表比普通话的 22 个声母多出 5 个，具体的见下面声母对照表。

表 32-3-1

吉县话音	普通话音	例字
p	p	巴拜杯报保奔遍冰布波
	ph	骿
	m	木
ph	ph	爬派培朋批飘偏平破
	p	败倍雹办鼻步薄
	f	脯
m	m	麻埋美慢忙米麦描目莫
pf	tʂ	朱抓桌拽追专装准中
pfh	tʂh	出椿除槌戳窗吹川充创
	tʂ	住坠篆仲状撞
f	f	夫福服富法分冯废番方
	ʂ	书谁水睡刷说霜衰顺爽
	s	缩
	tʂ	帚
	tʂh	唇槌
v	ʐ	入乳瑞闰软戎绒阮
	Ø	巫物袜忘维义尾问晚万亡
	m	芒
t	t	达带刀单登低刁点堆东
th	th	他塔台讨坛题亭脱推团屯
	t	大袋稻蛋笛碟夺毒
n	n	拿挪闹南内奴能囊尿逆泥纽聂念年娘宁女
	Ø	崖宜业银仰荫牙咬眼硬鸭语
	m	谬
	ç	淆
l	l	拉来肋劳鹿郎列廉林雷略
	n	农浓
ʦ	ʦ	资紫择责灾则遭租赞
	tʂ	止之指纸炸闸摘债罩祝
	tʂh	触
ʦh	ʦh	疵测才操促惨仓脆寸聪
	tʂh	齿翅插豺抄初愁楚

续表

吉县话音	普通话音	例字
ʦh	ʦ	自杂在造坐罪族
	tʂ	炸宅寨助
	s	梭
s	s	斯撒色腮嫂苏三森速酸宋
	ʂ	师沙虱捎瘦删生
z	∅	耳儿
	ʐ	扔
tʂ	tʂ	知遮酌斋昭周展针逐
	tʂh	颤惩
tʂh	tʂh	吃叉撤长潮抽沉
	tʂ	赵丈郑
	ʂ	售娠
ʂ	ʂ	失奢设上筛烧梳数山声
	tʂh	尝
	s	所
ʐ	ʐ	日惹热若饶柔然仁攘
	n	酿
tɕ	tɕ	鸡级家节交剪精居决捐均
	tɕh	券
	ɕ	械
	ʦ	足嘴醉
	k	耕
	x	虹
tɕh	tɕh	茄切乔秋前青钦屈鹊全
	tɕ	近忌截轿旧贱疾尽匠局
	kh	客
ɕ	ɕ	西些写休先相虚雪宣旬雄
	f	飞肥痱费
	tɕh	洽鞘囚
	s	肃宿俗粟穗损笋
	∅	尧
k	k	革该概高肝跟冈姑瓜官光
	kh	窟咳
	tɕ	街解芥
	x	合十～一升
kh	kh	炕开刻考康刊枯蝌魁宽空
	k	柜跪
ŋ	∅	额哀傲欧安恩昂严我
	n	牛
x	x	喝亥厚汗痕胡痕火怀荒
	ɕ	瞎解馅巷
∅	∅	儿伊雅羊乌卧威玉月永
	n	虐疟
	l	旅泪吕垒
	ɻ	阮荣容镕溶蓉

第二节 韵母比较

吉县话共有 36 个韵母，与普通话的比较如表 32-5-2 所示。

表 32-3-2

吉县话韵母	普通话韵母	例字
ɿ	ɿ	资兹紫慈此斯四祀
	ʅ	之止至翅诗史士视支指
	ɑ i	塞
	ər	耳二
	əŋ	扔
ʅ	ʅ	知质职池吃尺世失食日
	ə	蛰
i	i	笔批密低梯衣立鸡妻西伊
	ei	碑卑被眉媚
	y	去
u	u	布铺普木猪出夫辱姑枯呼五
	ou	否某
	uən	椿
	uei	谁
	o	佛
	uo	沃
y	y	女语律居驹巨区虚玉鱼
	u	足肃粟俗
	uei	嘴岁穗苇醉
ɯ	ɤ	圪
	ei	黑
ər	ər	儿而尔耳二贰
a	a	马沙法达杀发塔杂闸
	ə	遮扯社惹车奢色
	əŋ	生甥省
	ia	瞎匣下
	ʅ	虱指
	uo	桌捉
	ua	抓
	ai	拆
ia	ia	鸭牙家夹架嫁恰霞衙雅
	iɛ	爹姐借茄些斜爷野夜
	ai	百伯柏拍白麦脉
	iau	角
	əŋ	冷
ua	ua	瓜刮挂夸花滑化活瓦
ya	ua	抓
ɤ	ə	特歌合鸽割各恶俄何贺
	o	波拨博迫末莫磨膜陌

续表

吉县话韵母	普通话韵母	例字
ɤ	uo	桌琢镯浊戳缩多托挪若我
	uaŋ	装壮窗疮霜双忘
	aŋ	芒汤掌长场墒尝上炕瓤
	au	薄着勺芍郝
u	u	朴幕
	in	拼
	ei	黑没
	iŋ	杏
	a	大
iɤ	yɛ	略掠爵觉角雀确削岳虐
	iaŋ	凉缰阳扬羊养样墙
	iau	药钥
uɤ	uo	朵掇脱落罗作坐锁锅扩火窝
	ə	乐科棵喝河荷
	aŋ	狼苍桑
	uaŋ	光黄
ɛ	ə	侧择册瑟折彻舌热格客额
	əŋ	蒸称整城
	ai	窄摘宅
iɛ	iɛ	撇灭跌贴业列节切泄写页
	iŋ	平病明命钉听影零井青醒
	i	滴嫡敌匿砌夕
	uo	说
	ə	客
	yɛ	薛
	iaŋ	想
uɛ		
yɛ	yɛ	劣决绝雪穴悦越
	iŋ	星
ai	ai	拜排埋呆台胎乃灾猜该哀
	uai	拽揣衰帅
	iɛ	街解
uai	uai	乖拐怪块会快怀坏歪外
ei	ei	杯贝胚佩梅飞肋贼黑
	ən	奔盆门分森针珍沉深
	uei	追椎吹槌水维尾未
	uən	吞准春纯唇顺文吻闰
	əŋ	梦风冯缝灯等疼能楞
	ai	百伯柏麦脉开
	ə	得德特勒则刻
	o	墨默
	uŋ	种虫
	ʅ	日
iei	in	宾贫品民荫林今侵心阴印
	uən	寻讯孕
	iŋ	凭

续表

吉县话韵母	普通话韵母	例字
uei	uei	堆推最催罪虽归亏灰危卫
	uən	敦顿屯轮尊村孙滚坤昏温
	uŋ	东冬桶动聋松送红
	ei	雷儡类泪
	uo	或惑
	əŋ	凳
	uai	外
	uəŋ	瓮
	u	促
yei	yn	均钧军君俊群熏云允运
	uən	榫
	yŋ	穷
ɑu	ɑu	包泡毛刀滔劳遭朝高熬蒿
ou	ou	剖
iɑu	iɑu	标飘苗雕条咬疗交悄妖
	ɑu	坳
	yɛ	跃
ou	ou	兜偷陋邹愁搜周抽收柔勾候
	u	奴鹿租粗苏楚梳辱
	uo	措做
	y	绿
	iou	牛
iou	iou	丢纽六流究秋休秀优由
	i	提
æ	an	班潘蛮丹颁男惨三甘安
	uan	专撰川串拴软
	iɛn	严咸馅
iæ	iɛn	边篇棉店天年艰先雁
uæ	uan	端短锻团乱钻窜算官宽欢弯
	iɛn	联恋
	uo	蜗
yæ	yɛn	捐倦圈全权宣旋选冤元院
əŋ	əŋ	崩烹枫登冷争生承声扔亨
	aŋ	邦旁忙方当脏仓昌商冈杭
	uŋ	中终钟鍾种众充重戎
	uaŋ	装窗撞霜望疮
	iaŋ	项巷
iəŋ	iŋ	冰丙平鸣丁亭宁陵京清刑应
	iaŋ	娘良亮将枪相详象央洋
	in	拼
uəŋ	uŋ	东动通桶农笼宗聪松颂空宏
	uaŋ	光广逛匡况荒黄汪王
	uəŋ	瓮
	əŋ	横
yəŋ	yŋ	迥琼穷兄凶雄永拥用
	uŋ	荣融容蓉

第三节　声调比较

吉县话和普通话都有四个声调：阴平、阳平、上声、去声。

一、同一调类的调值不同

表 32-3-3

	吉县话	普通话	例字
阴平	423	55	高开婚黑说
阳平	13	35	穷寒鹅合服
上声	55	214	古口好五有
去声	33	51	近厚盖抗汉

二、舒声字在吉县话和北京话中的归类大体一致，只是部分北京话的去声在吉县话中读上声：碍稻陋嗽诞旦汉暂撼振慎蚌妄妙校嗅歉聘吝衅布埠附副负阜坐类幻讼育颂。其他调类交叉数目比较少。

表 32-3-4

吉县话	普通话	例字
阴平	阳平	囊惩祈亭庭蜓盈丛崇
	上声	疹诊拯腼挺颈缕
	去声	咎柩臼
阳平	阴平	涛堤期膝爹悄悠钦危宣渊
	上声	惨企徙曩窘
	去声	绍浩谊廖（姓）
上声	阴平	兜飕删膻刊羹依熙片阉拼（白）倾煨攻菌拥
	阳平	惭偿昂耶榴潜虔摸儒
去声	阴平	糙殴娠憎筝压拼（文）轰
	阳平	茬燃炎
	上声	渴呕枕拟缅渑犟强（勉强）颖汞

三、在北京话中归入去声的入声字，在吉县读阳平，就是：掷秩赤室适释蹋沓拽鄂鹤猝亦恰穆

第四章 词汇篇

第一节 特征词分类表

方言特征词是一个方言区别于另一个方言的标志，是具有地方特色的词语，是反映一个地方风土人情的重要特征，现所列词语是相对普通话而言的。

天文 时令 地理

太阳地 thai33 ∅ iəŋ53thi33
月爷爷∅ yɛ423 ∅ ia13 ∅ ia55
月亮地里∅ yɛ423liəŋ33thi33li21
天狗吃月亮 thiæ42kəu55tʂʅ423 ∅ yɛ423liəŋ33
星宿（星星）ɕyɛ423ɕiəu33
老风 lau55fei423
顶风 tiəŋ33fei423
起风 tɕhi:55fei423（音调拖长表示：起风了）
风停住啦 fei423thiəŋ13fu33la21
黑云 xɯ423 ∅ yei13
烧 ʂau33
早烧 tsau55ʂau55
晚烧∅ uæ33ʂau33
早烧∅ tsau55ʂau33
吼雷（打雷）xəu55luei13
龙抓啦（被雷击了）luəŋ13pfa423la423
忽闪（闪电）xu13ʂæ55
雨下起了∅ y33xa33khei55la423
冷雨（冰雹）lia13 ∅ y33
蒙生雨 məŋ33səŋ33 ∅ y33
粗雨 tshəu423 ∅ y33
连阴雨 liæ13niei55 ∅ y33
退云雨 thuei ∅ yei13 ∅ y33
绛（彩虹）tɕiəŋ33
着雨（林雨）tʂhɤ13 ∅ y33
冻凌（冰）tuei423liɛ13
老片雪 lau55phiæ55ɕyɛ423
鹅毛大雪 ŋɤ13mau13thɤ33ɕyɛ423
雪颗颗 ɕyɛ423khuɤ55khuɤ21
米颗雪 mi55khuɤ55 ɕyɛ423
雪消了 ɕyɛ13ɕiau423la13
雪化了 ɕyɛ423xua33la423
露水颗 ləu33fu33khuɤ33
下霜 xa33fɤ423
霜杀了 fɤ13sa423la13
雾气 v33tɕhi33
雾略了 v33liɤ423la423
天晴着哩 thiæ423tɕhiɛ13ʂɤ13li33
天阴着哩 thiæ13niei423ʂɤ13li33
焨（闷热）tɕhyəŋ55
好天（晴天）xau33thiæ423
伏里天 fu13li33thiæ423
入伏 v423fu13
头伏 thəu13fu13
中伏 pfəŋ423fu13
二伏∅ ər33fu13
三伏 sæ423fu13
末伏 mɤ423fu13
天旱 thiæ423xæ33
涝地 lau33thi33
平地 phiɛ13thi33
坡地 phɤ423thi33
瓦地（坡地）∅ ua55thi33
平川 phiɛ13pfhæ423

川地 pfhæ423thi33
旱地 xæ33thi33
水地 fu33thi33
水浇地 fu33tɕiau423thi33
菜地 ʦhai33thi33
麦地 mia423thi33
玉稻黍地∅ y33thau33fu33thi33
荒地 xuəŋ423thi33
空地 khuei423thi33
沙地 sa423thi33
碱地 tɕiæ55thi55
沙土地 sa423thu55thi33
长条地 tʂhɤ13thiau13thi33
坝地 pa33thi33
虚土 ɕy423thu33
半山腰 pæ33sæ13 ∅ iau423
山根底 sæ13kei423ti33
旮旯 kɯ13la33
后掌（后头）xəu33tʂɤ33
沟掌掌（尽头）xəu33tʂɤ33tʂɤ423
圪崂 kɯ13lau423
山顶顶 sæ423tiəŋ55tiəŋ21
崖 nai13
石崖 ʂʅ13nai13
胶泥崖 tɕiau423ni13nai13
岭 liɛ33
峁 mau33
塄 lei13
岔 ʦha33
堰地（两山之间的平地）niæ33thi33
人祖山 ɻei13ʦəu55sæ423
水壕 fu55xau13
水沟沟 fu55kəu423kəu13
河沿（河边两岸）xuɤ13 ∅ iæ16
河畔 xuɤ13pæ33
河滩 xuɤ13thæ423
挨泥（脚陷在泥里）næ33ni13
浑水 xuei423fu55
雨水∅ y55fu55
山水 sæ423fu55
发山水 xa33sæ423fu55
山水头子 sæ423fu55thəu12ɤ21
泛水泉 fæ33fu55tɕhyæ13
眨眼水（刚开始沸腾）ʦa55niæ55fu55
滚水（多次烧开的水）kuei13fu55
石头圪垯 ʂʅ13thəu55kɯ13ta33
青湖石头（青色质地硬的石头）tɕhiɛ423hu13ʂʅ13thəu55
糟石头 ʦau423ʂʅ13thəu55
沙土 sa423thu55
沙颗颗 sa423kuɤ55kuɤ423
泥坯 ni1355phi55
半块块砖 pæ33khuai55khuai55pfæ423
烂砖（半块砖）læ33pfæ423
好砖（囫囵砖）xau33pfæ423
烂瓦 læ33 ∅ ua55
黄尘 xuɤtʂhei13
网线（尘土穗子）∅ uɤ13ɕiæ42
土堆堆 thu55tuei423tuei13
土圪堆 thu55kɯ13tuei423
土圪垯 thu55kɯ13ta33
洋铁∅ iəŋ13thiɛ55
白铁 phia13thiɛ423
吸铁石（磁铁）ɕi13thiɛ55ʂʅ13
玉石∅ y423ʂʅ13
臭臭蛋（樟脑丸）tʂhəu33tʂhəu33thæ33
卫生球∅ uei33səŋ13tɕhiəu423
硫磺 liəu13xuəŋ55
黑炭 xɯ423thæ33
炭面子 thæ33miæ33ɤ21
蓝炭 læ13thæ33
木炭 mu423thæ33
白灰（石灰）phia13xuei423
石灰 ʂʅ13xuei55
洋灰（水泥）∅ iəŋ13xuei423
巷巷 xəŋ423xəŋ13
赶集 kæ33tɕhi13
步打（走路）phu33ta55
官路（大路）kuæ423ləu33

截狭路（小路）tɕhiɛ13ɕia13ləu33
慢刹坡（缓坡）mæ33sa13phɤ423
秋后 tɕiəu423xəu33
冬里 tuei423li13
打春（立春）ta55pfhei423
时头八节（过节）sɿ13thəu55pa13tɕiɛ423
黄历 xuəŋ13li33
月尽∅ yɛ423tɕhiei33
熬沿（破烦）ŋau13 ∅ iæ13
串亲戚 pfhæ33tɕhiei423tɕhiɛ55
灶王爷 tsau33 ∅ uəŋ423 ∅ iɛ13
年时个（去年）niæ13sɿ33kɤ423
过年（明年）kuɤ33niæ13
年根（年底）niæ13kei423
年下（过年及年后一段时间）niæ13xa55
先前年（大前年）ɕiæ33tɕhiæ13niæ55
往年（去年）∅ uəŋ55niæ423
早已 / 老早已（很久以前）lau55tsau55 ∅ i423
外常（前段时间）∅ uɛ55tʂhəŋ13
初几呀 tshəu423tɕi55 ∅ ya423
大尽（30 天）大建 thɤ33tɕhiei33
小尽（29 天）小建 ɕiau33tɕhiei55
五黄六月∅ u55xuəŋ13liəu423 ∅ yɛ33
十冬腊月 ʂʅ13tuei423la423 ∅ yɛ33
今麻（今天）tɕi423ma13
明个 miəŋ13kɤ423
后个 xəu33kɤ423
大后个 ta33xəukɤ423
外后（大后天）∅ uɛ33xəu33
前个（前天）tɕhiæ13kɤ423
先前个（大前天）ɕiæ33tɕhiæ13kɤ423
呀个（昨天）∅ ia33kɤ423
浮上（上面）∅ fu13ʂɤ33
棱棱上∅ lei13lei55ʂɤ423
圆匝（绕一圈）∅ yæ13tsa423
可到处（处处）∅ khɤ55tau33fu21
前半（上午）∅ tɕhiæ13pæ55
后半（下午）∅ xəu33pæ423
晌午 ʂəŋ55 ∅ u423
半前半（半上午）pæ33tɕhiæ13pæ33
半后半（半下午）pæ33xəu33pæ423
合黑（傍晚）∅ xuɤ13xɯ423
擦黑（傍晚）∅ tsha13xɯ423
起开（凌晨）∅ tɕhi13khei55
清早（五六点）∅ tɕhiɛ423tsau55
早起（六七点）∅ tsau55khei55
白日 phia13ɻei33
黑间（晚上）xɯ423tɕia13
前半夜 tɕhiæ13pæ33 ∅ ia33
后半夜 xəu33pæ33 ∅ ia33
一整夜∅ i13tʂəŋ55 ∅ ia33
一黑了（一晚上）∅ i13xɯ423lau13
年头（上一年的最后几个月或几天）niæ13thəu13
月头（一个月开始得几天）∅ yɛ423thəu13
看日子（选择良辰吉日）khæ33ɻʅ423tsɿ33
查日子（选择良辰吉日）tsha13ɻʅ423tsɿ33
多会 tu13xu55
原先∅ yæ13ɕiæ423
早先个 tsau55ɕia423kɤ423
搭挂：开始 ta423kua55
才将：刚才 tshai13tɕiəŋ423
将将：刚才 tɕiəŋ423tɕiəŋ13
才才：刚才 tshai13tshai13
埯南瓜（种南瓜）ŋæ423nəŋ13kua55
收夏（割麦子）ʂəu423ɕia33
稙 tʂʅ423
点籽（播种）tiæ55tsɿ55
剜（用鑁锄）∅ uæ423
割麦 kɤ13mia423
鸧谷（收谷穗）tɕhiæ13ku423
打场 ta55tʂhɤ13
追粪 pfei423fei33
沤粪 ŋəu33fei33
打粪 ta55fei33
垒粪 ly55fei33
茅粪 mau13fei33
羊粪蛋蛋∅ iɤ13fei33thæ33thæ42
牛屎片片 ŋəu13sɿ55phiæ55phiæ42

吊水 tiau33fu55
担水 tæ423fu55
水井 fu55ʨiɛ55
旱井 xæ33ʨiɛ55
挹水（舀水）∅ iɛ423fu55
井绳 ʨiɛ55ʂəŋ13
马车车 ma55tʂha423tʂa13
推土车 thuei423thu55tʂha423
拉车车 la13tʂha423tʂha13
推车车 thuei13tʂha423tʂha13
洋车子（自行车）∅ iəŋ13tʂhɛ423ɤ13
套车子 thau33tʂha423 ɤ13
车轱辘（车轮子）tʂhɛ423ku13ləu423
车杆 tʂha13kæ423
缰绳 ʨiəŋ423ʂəŋ13
牛券子（牛鼻券）ŋəu13ʦuæ55ɤ21
牛粗（防偷吃的口罩）ŋəu13ʦhuæ43
笼头（防偷吃的口罩）luei13thəu55
马衬（马掌）ma55ʦhei33
铧 xua13
耙 pha33
耱 mɤ33
磨盘 mɤ33phæ13
罗子 luɤ13ɤ21
罗头（罗子里面筛后剩下的）luɤ13thəu55
筐箩 pu13luɤ55
钯字 pha13ɤ21
镢子 ʨyei423ɤ21
铡刀 ʦha13tau55
砍刀 khæ55tau423
木锨 mu13ɕiæ423
铁锨 thiɛ13ɕiæ423
叉子 ʦha423ɤ13
簸箕 pɤ33ʨi423
细细（提手）ɕi33ɕi21
桶列子（提手）thuei55liɛ13ɤ21
笼笼（荆条编制的筐子有提手）luei55luei21
铁簸箕 thiɛ423pɤ33ʨi423
篮篮子 læ13læ55ɤ21
水担（扁担）fu55tæ423
扫帚 sau55fu21
笤帚 thiau13fu21

农事　植物　动物

壮地（肥沃地）pfɤ33thi33
薄地（贫瘠地）phɤ13thi33
地塄（地的边沿）thi33lei13
卧牛（水渠中挡水的土塄）∅ uɤ33ŋəu13
划（玉谿黍）（给玉米脱粒）xua13
刹地：收庄稼后犁地 sa423thi33
庄稼 pfəŋ423ʨia55
粮食 liəŋ13ʂʅ55
粮食颗 liəŋ13ʂʅ55kuɤ55
麦穗子 mia423ɕy423 ∅ ɤ21
麦芒 mia423vɤ13
麦秆 mia423kæ55
麦茬 mia423ʦha13
荞面 ʨhiau13miæ33
荏（白苏，油料作物）ɻei55
黍子 fu55 ∅ ɤ21
软黍子 væ55fu55 ∅ ɤ21
硬黍子 niɛ33fu55 ∅ ɤ21
黑黍子 xɯ423fu55ɤ21
干草 kæ13ʦhau55
玉谿黍∅ y55thau423fu423
谿黍：高粱 thau13fu55
秕谷 pi55ku43
扎棉花 ʦa423miæ13xua55
老麻 lau55ma21
胡麻 xu13ma55
葵花 khuei13xua55
红薯 xuəŋ13fu55
白红薯 phia13xuəŋ13fu33
黑豆 xɯ423thəu423
白豆（黄豆）phia13thəu33 ∅ ɤ21
广豆（黄豆）kuəŋ55thəu21

豇豆 tɕiəŋ423thəu13
菜豇豆 tshai33tɕiəŋ423thəu13
绿豆 ly423thəu13
角角（豆角）tɕia423tɕia13
茄子 tɕhia13 ∅ ɤ21
黄瓜 xuɤ13kua55
菜瓜 tshai33kua21
丝瓜 sɿ13kua55
南瓜 nəŋ13kua55
葫芦 ku423ləu13
西葫芦 xi423xu13ləu55
白皮葱 phia13phi55tshuei423
红皮葱 xuei13phi55tshuei423
葱头（洋葱）tshuei423thəu13
小蒜（野生蒜）ɕiau55suæ33
韭菜花 tɕiəu55tshai33xua423
洋柿子∅ iəŋ13sɿ33 ∅ ɤ21
蔓菁 mæ13tɕiɛ55
芥菜 kai33tshai33
菜辣子（圆辣子）tshai33la423 ∅ ɤ21
辣子面面 la423 ∅ ɤ21miæ33miæ21
花椒 xua13tɕiau55
茴子白 xuei423tsɿ33pai13
笋 ɕyei55
芫荽（香菜）∅ iæ13ɕy33
萝卜 luɤ13phu55
糠（花心萝卜）khəŋ423
水萝卜 fu55luɤ42phu21
苤蓝 phia55la21
木（树）pɤ21
木梢 pɤ21sau423
果木园 kuɤ33mu33 ∅ yæ13
木根 pɤ13kei423
木叶叶 pɤ21 ∅ iɛ423 ∅ iɛ13
木皮 pɤ423phi13
木圪叉 pɤ423kɯ13tsha55
栽木 tsai13pɤ423
科（砍去旁枝）kuɤ423
打木（砍树）ta55pɤ423
木料（木材）mu423liau33
松木 suei13pɤ55
柏木 pia13pɤ55
桑木 suɤ13pɤ55
桑葚 suɤ423ɕiei33
桑叶 suɤ13 ∅ iɛ33
杨木∅ iəŋ13pɤ55
杏木 xiɤ33pɤ423
桃木 thau13pɤ33
柳木 liəu55pɤ423
榆木∅ y13pɤ55
榆钱儿∅ y13tɕhiæ13
椴木 thuæ33pɤ423
槐木 xuai13pɤ33
枣木 tsau55pɤ423
梨木 li13pɤ55
洋槐木∅ iəŋ13xuai13pɤ55
竹子 tsəu423 ∅ ɤ21
竹竿 tsəu13kæ21
竹子叶 tsəu423 ∅ ɤ21 ∅ iɛ42
瓜果 kua423kuɤ55
夏果子 ɕia33kuɤ55 ∅ ɤ21
秋果子 tɕhiəu423kuɤ55 ∅ ɤ21
酸枣 suæ423tsau55
打枣 ta55tsau55
梨 li13
粗梨 tshəu423li13
细梨 ɕi33li13
杜梨（颗粒小，野生）thu33liɛ423
梅李 mei13li55 ∅ ɤ21
石榴 ʂʅ13liəu55
橘子 tɕy423ɤ21
木瓜（文冠果）mu423kua13
喇叭花（牵牛花）la423pa55xua423
花圪堵（花骨朵）xua423kɯ13tu55
打碗碗花 ta55 ∅ uæ55 ∅ uæ42xua423
山丹丹花（野百合）sæ423tæ33tæ33xua423
沙棘 sa423tɕi13
马敷（黄刺玫）ma55v423

马莲 ma55liæ42
马奶奶 ma13nai55nai42
灰藋 xuei423thiau13
蒿 xau423
黄蒿 xuɤ13xau55
臭蒿 tʂhəu33xau423
柴胡 ʦhai13xu13
信心草 ɕiei33ɕiei33ʦhau55
猫娃眼（狗尾巴草）mau13 ∅ ua33niæ55
苇子∅ y55 ∅ ɤ21
地衣（地衣）thi33væ33
儿马（公马）zʅ13ma55
骒马（母马）luɤ13ma55
掇牛（放牛）tuɤ33ŋəu13
犍牛（公牛）tɕiæ423ŋəu13
舍牛：母牛 ʂa55ŋəu13
泼牛（种牛）pɤ423ŋəu13
拦羊（放羊）læ13 ∅ iɤ13
骚狐（种山羊）sau423 ∅ iɤ13
圪羝（种绵羊）kɯ423tiɛ13
羯子（公羊）tɕiɛ423 ∅ ɤ21
草驴 ʦhau55ly13
驴骡（马母驴父）ly13luɤ13
马骡（驴父马母）ma55luɤ13
牙狗（公狗）nia13kəu55
母狗 mu13kəu55
疯狗 fei423kəu55
女猫（母猫）mi55mau13
公猪 kuəŋ13pfu423
母猪 mu55pfu423
肉猪 pfu13ɻəu33
牙猪：公猪 nia13pfu55
羯猪：种猪 tɕiɛ13pfu55
猪娃子 pfu423 ∅ ua13 ∅ ɤ21
劁猪 tɕiau13pfu423
猪鬃 pfu423ʦuəŋ33 ∅ ɤ21
草鸡 ʦhau55tɕi423
螺丝鸡 luɤ13sʅ423tɕi423
媸鸡蛋 fæ33tɕi423thæ33
抱小鸡 phu33ɕiau33tɕi423
鸡爪子 tɕi423pfa55 ∅ ɤ21
小鸭子 ɕiau55nia423 ∅ ɤ13
貒（猪獾）thuæ423
黄鼬（黄鼠狼）xu13 ∅ iau33
白铁蛇 phia13thiɛ33ʂa13
黑乌蛇 xɯ423 ∅ u13ʂa13
水蛇 fu55ʂa13
飞虫（麻雀）ɕi423pfhei13
老鸹 lau55 ∅ ua423
喜鹊 ɕi55tɕiɤ423
野鹊∅ ia55tɕiɤ21
野鸡∅ ia55tɕi423
夜蝙蝠∅ ia33phiɛ33fu21
鸡嗉子 tɕi423səu33 ∅ ɤ21
蛾：蝴蝶 ŋɤ13
棒槌：蜻蜓 phɤ55fu21
黑驴：蟋蟀 xɯ423ly13
纺线虫：知了 fɤ55ɕiæ33pfhei13
蚕屎 ʦæ13sʅ55
土鳖 thu55piɛ423
蚯蚓 tɕhiəu423 ∅ iei55
冠牛：蜗牛 kuæ33ŋəu21
磕得脑虫 khɤ423tei13nau55pfhei13
蝎子 ɕiɛ423 ∅ ɤ13
蚰蜒∅ iəu13 ∅ iæ55
蜈蚣∅ u13kuəŋ55
蚊子 məŋ55 ∅ ɤ21
虱 sʅ423 ∅ ɤ13
墙虱：臭虫 tɕhiɤ13sa423
圪蚤（跳蚤）kɯ13ʦau55
拍拍（蟋蟀）pia33pia21
蚂蚱蚱（蝗虫）ma55ʦa423ʦa21
猴子（螳螂）xəu13 ∅ ɤ21
鸽木虫：啄木鸟 tɕhiæ13pɤ55pfhei13
细腰蜂 ɕi33 ∅ iau13fei423
地窝蜂 thi33 ∅ uɤ13fei423
蜇人 tʂɛ423ɻei13
蜂蜜 fei423mi33

送饭婆婆（七星瓢虫）suei33fæ33phɤ13phɤ55
姑姑虫（一种见于椿树上的虫子）ku55ku33pfhei13
圪蚪（蝌蚪）kɯ13təu55
圪蟆（青蛙）kɯ423ma13

房舍 器具

居舍（家）ku423fa13
居舍窑：正房 ku423fa13 ∅ iau13
窑洞∅ iau13tuəŋ33
石窑 ʂʅ13 ∅ iau13
窑浮：窑洞外部之上∅ iau13fu13
窑顶：窑洞内部之上∅ iau13tiəŋ33
窑腿子：窑洞内部两边的边帮∅ iau13thuei33 ∅ ɤ21
墙墙：室内地面 ʨhiɤ13ʨhiɤ55
前墙墙：室内前面及前面的地面 ʨhiæ13ʨhiɤ13ʨhiɤ55
后墙墙：室内的后面及后面的地面 xəu33ʨhiɤ13ʨhiɤ55
堰墙：灶台和炕隔起来的矮墙 niæ55ʨhiɤ21
窑券（窑洞上面的半圆形装饰）∅ iau13ɕyæ33
街门（大门）kai423mei13
水眼（墙脚排水的洞）fu13niæ55
棚棚 phia13phia55
大梁 thɤ33liəŋ13
柱子 pfhu33 ∅ ɤ21
顶梁柱 tiəŋ55liəŋ13pfhu33
圪台（台阶）kɯ13thai423
门槛 mei13kæ55
门关关（门闩）mei13kuæ423kuæ13
单扇门 tæ423ʂæ33mei13
双扇门 fɤ423ʂæ33mei13
锁子 suɤ55 ∅ ɤ21
高窗（窑洞上面的窗）kau13pfhɤ55
低窗（窑洞下面的窗）ti13pfhɤ55
门戗（门框下面的横木）mei13ʨhiəŋ33 ∅ ɤ21
门脑（门框上面的横木）mei13nau55
灶房 ʦau33fəŋ21
厨房 pfhu13fəŋ55
灶锅窝（做饭的地方）ʦau33kuɤ33 ∅ uɤ423
锅头 kuɤ423thəu13
碗瓜瓜：碗底的沿∅ uæ55kua423kua13
上炕（靠墙的地方）ʂɤ33khɤ33
下炕：炕上靠墙的位置 xa33khɤ33
前炕（靠窗户的地方）ʨhiæ13khɤ33
后炕（靠里的地方）xəu33khɤ33
炕沿（炕边）khɤ33 ∅ iæ13
炕栏畔（炕边）khɤ33læ33phæ33
狗窝（烟囱在炕上的通风口）kəu33 ∅ uɤ423
纯灶锅 pfhei13ʦau33kuɤ423
立柜 li423kuei33
平柜 phiəŋ13khuei33
高低柜 kau13ti423kuei33
桌子 pfa423ɤ21
圆桌∅ yæ13pfæ423 ∅ ɤ21
方桌 fəŋ13pfa423 ∅ ɤ21
长桌 tʂhɤ13pfa423 ∅ ɤ21
条儿 thiau13ʨi423
茶儿 ʦha13ʨi423
椅子 ni55 ∅ ɤ21
凳子 təŋ33 ∅ ɤ21
板凳 pæ55tuei423
高板凳 kau423pæ55tuei423
坐墩 ʦhuɤ33tuei423
杌子：高凳∅ u33 ∅ ɤ21
床床：小板凳 pfhɤ13pfhɤ55
毡 tʂæ423
被窝 phi33 ∅ uɤ21
被里 phi33li55
被面 phi33miæ33
被套 phi33thau33
褥单（床单）v13tæ423
褥子 v423 ∅ ɤ21
垫（芦苇编织的垫子）thiæ33
褡裢 ta423liæ33
尿盔 niau33khuei423
风匣 fei423xa13
干草 kæ13ʦhau55
炒瓢 ʦhau55phiau21

锅盖 kuɤ42kai33
锅圈 kuɤ13tɕyæ33
鏊 ŋau33
瓷瓷碗 tshɿ13tsɿ13 ∅ uæ55
洋瓷碗∅ iəŋ13tshɿ13 ∅ uæ55
海碗 xai55 ∅ uæ55
老碗 lau13 ∅ uæ55
门箱（放在地上的碗柜）mei13tɕhiəŋ33
桌柜（上面两个抽屉下面两扇门的碗柜）pfɤ423khuei33
橱柜（衣柜高低，上半两扇门，下半无门）pfhu13khuei33
盘子（碟子）phæ13 ∅ ɤ21
暖壶（暖水瓶）næ55xu13
酒盅 tɕiəu55pfəŋ423
酒杯杯 tɕiəu55pei423pei13
酒壶壶 tɕiəu55xu13xu55
马勺 ma55ʂɤ42
笊篱 tsau33liɛ423
瓶子 phiəŋ13 ∅ ɤ21
瓶塞塞 phiəŋ13sɿ423sɿ13
蒜钵钵 suæ33pɤ423pɤ13
磨石 mɤ33ʂʅ423
切菜刀 tɕhiɛ423tshai33tau423
案（案板）ŋæ33
笼盖 luei13kai33
秸箅 tɕiɛ33phi423
铁箅子 thiɛ423pi33 ∅ ɤ21
瓮∅ uei33
行行 xəŋ33xəŋ21
抹布 ma423phu33
仓子（树干垒存放玉米）tshəŋ423 ∅ ɤ21
斧斧子 fu55fu21 ∅ ɤ21
锯锯子 tɕy33tɕy423 ∅ ɤ21
墨斗 mei423təu55
老虎钳子 lau13xu55tɕhiæ13 ∅ ɤ21
死圪垯（死结）sɿ55kɯ13ta33
活络曲 xu13luɤ33tɕhy423
灰兜子 xuei423təu55ɤ21
推子（剃头用具）theuei423 ∅ ɤ21
烙铁（熨斗）luɤ13thiɛ55
拐子 kuai55 ∅ ɤ21
陀儿 thuɤ13 ∅ ɤ21
胰子（香皂）∅ i33 ∅ ɤ21
洋碱（肥皂）∅ iəŋ13tɕiæ55
煤油灯 mei13 ∅ iəu13tei423
马灯 ma55tei423
灯盏 tei423tsæ55
顶长（顶针）tiəŋ55tʂhəŋ423
老针 lau55tʂei423
繸 niei55

人品 称谓 亲属

汉家：丈夫 xæ33tɕia423
响家：吹鼓手 ɕiəŋ55tɕia423
抬家：轿夫的尊称 thai13tɕia33
老人家：对老人的尊称 lau55ɻei13 ∅ ia42
外头人：已婚男人∅ uai33tɕhiæ423ʐei13
婆姨：女人 phei13 ∅ iɛ33
先后：妯娌 ɕiəŋ33xəu423
姥 / 姥姥：双亲的舅舅、舅妈 lau55lau21
月娃（婴儿）∅ yɛ423 ∅ ua13
小子（男孩）ɕiau55 ∅ ɤ21
女子（女孩）ny55 ∅ ɤ21
后生 xəu55səŋ21
街上人 kai423ʂɤ13ɻei13
村人 tshuei423ɻei13
野路人∅ ia55ləu33ɻei13
本地人 pei55thi55ɻei13
各家（自己）kɤ423tɕia13
本家（同姓的血亲关系）pei55tɕia423
我些：我们 ŋɤ55ɕia55
你些：你们 ni55ɕia55
我的 ŋɤ55li21
你的 ni55li21
哪啦：谁 na13la33
咋个啦：怎么啦 tsa55kɤ13la33

这里 tʂa55li21
兀里∅ ua55li21
这搭 tʂʅ55ta423
兀搭∅ u55ta21
伢（人家的合音）nia13
人伢（人家）ɻei13nia55
同属（同岁）thuei13fu55
利巴（外行）li33pa423
败家子 phai55tɕia423tsɿ55
要饭吃（乞丐）∅ iau33fæ33tʂhʅ423
江湖手（两面三刀的人）tɕhiəŋ423xu13ʂəu55
土匪 thu55fei423
强盗 tɕhiəŋ13tau33
綹娃子（小偷）liəu55 ∅ ua21 ∅ ɤ21
铁匠 thiɛ13tɕhiəŋ13
木匠 mu13tɕhiəŋ13
泥水工 ni13fu55kuəŋ423
小工 ɕiau55kuəŋ423
大工 ta33kuəŋ423
庄稼户 pfhəŋ423tɕia13xu33
小罗匠 ɕiau55luɤ21tɕhiəŋ21
摆摊子 pai55thæ423 ∅ ɤ13
教书的 tɕiau13fu423li21
先生 ɕiæ13səŋ55
学生娃 ɕiɤ13səŋ55 ∅ ua13
鼓手（吹锁码、打鼓卖艺之人）ku13ʂəu55
开车的 khai13tʂhɛ423 li21
木匠 mu423tɕhiəŋ13
手艺人 ʂəu55 ∅ i33ɻei13
引娃的∅ iei55 ∅ ua13li21
喂猪的∅ y33pfu423li21
理发的∅ li33fa423li13
照客的：红白事请的管事的 tʂau33khiɛ423li13
死抠抠（吝啬鬼）sɿ55khəu423khəu13
半吊子（二百五）pæ33tiau33 ∅ ɤ21
软南瓜（孬种）ɻuæ55nəŋ13kua55
捱打毛（受气包）nai13ta55mau13
老辈（年长的人）lau55pei21
外爷∅ uei33 ∅ ia423
外婆∅ uei33phɤ21
爹 tia13
妈 ma13
二杆子（行事粗鲁暴力的人）∅ ər33kæ55 ∅ ɤ21
翻毛（吃软不吃硬的人）fæ423mau13
婶子 ʂei33 ∅ ɤ21
叔叔 fu423fu13
大大（大娘）ta33ta21
伯伯 pia423pia13
归（公公）kuei423
婆（婆婆）phɤ13
丈人 tʂhɤ33ɻei21
亲家 tɕhiei33tɕia423
舅舅 tɕhiəu33tɕhiəu21
妗妗 tɕhiei33tɕhiei21
姑姑 ku423ku13
姑父 ku423fu13
姨姨∅ i13 ∅ i55
姨夫∅ i13fu55
老姨（父母的姨姨）lau55 ∅ i21
老姑（父母的姑姑）lau55ku21
平辈（同辈）phiəŋ13pei33
小辈 ɕiau55pei33
媳妇 ɕi13fu55
老婆婆（老奶奶）lau55phɤ13phɤ55
婆家兄弟 phɤ13tɕia55ɕiəŋ423thi33
婆家姐姐 phɤ13tɕia55tɕia55tɕia21
婆家妹子 phɤ13tɕia55mei33 ∅ iɤ21
室哥（妻子的哥哥）ʂʅ13kɤ33
小舅子 ɕiau55tɕhiəu33 ∅ iɤ21
小姨子 ɕiau55 ∅ i33 ∅ iɤ21
弟兄 thi33ɕyɛ423
兄弟 ɕiəŋ423thi33
嫂 sau33
姐姐 tɕia55tɕia21
姐夫 tɕia55fu21
妹妹 mei33mei21
妹夫 mei33fu21
叔伯兄弟 ʂu423pai55ɕiəŋ423thi33

二娃（家里的第二个男孩）∅ ər33 ∅ ua13
娃媳妇（儿媳妇）∅ ua13ɕi13fu55
孙媳妇 suei423ɕi13fu55
孙女 suei423ny55
孙女女婿 suei423ny55ny55ɕy423
重孙 pfhei13suei55
重孙女 pfhei13suei55ny55
外甥∅ uei55ʂa423
外甥女∅ uei55ʂa423ny55
侄儿 tʂhʅ13 ∅ ər33
侄女 tʂhʅ13ny55
挑担（连襟）thiau55tæ21
走亲戚 ʦəu55tɕhiei423tɕhiɛ55
娘家 niəŋ13tɕia55
婆家 phɤ13tɕia55

身体 疾病

身子 ʂei423 ∅ ɤ13
有身上（来例假）∅ iəu55ʂei423 ∅ ɤ13
身体 ʂei423thi55
精神 tɕiəŋ423ʂei13
个头 kɤ33thəu13
胖墩墩 phəŋ55tuei423tuei13
麦秆（又瘦又高）mia423kæ55
得脑（头）tei13nau55
旋涡（头上的穴位）ɕyæ13 ∅ uɤ55
歇顶 ɕiɛ423tiəŋ55
邪闲（没事找事）ɕiɛ13ɕiæ13
囟门 ɕiei55mei423
后脑勺 xəu55nau55ʂɤ21
燕窝∅ iæ55 ∅ uɤ21
额头 niɛ423thəu13
眼窝（眼睛）niæ55 ∅ uɤ21
黑眼珠 xɯ423niæ55pfu423
眼窝仁（黑眼珠）niæ33 ∅ uɤ55ɻei13
眵头（眼屎）ʦhɿ423thəu13
脖子 phɤ13 ∅ ɤ21
后脑勺 xəu55nau55ʂɤ21
辫辫 phiæ33phiæ21
马鬃（刘海）ma55ʦuəŋ423
眉眼（脸）mi13niæ44
脸盘 liæ55phæ13
笑靥圪坨（酒窝）ɕiau55niæ55kɯ13thuɤ423
腮帮子 sai13pəŋ423 ∅ ɤ13
眼眶眶 niæ55kuəŋ423kuəŋ13
眼圈 niæ55tɕhyæ423
泪颗（泪珠）ly33khuɤ33
眼皮 niæ55phi13
花眼（双眼皮）xua423niæ55
老花眼 lau55xua423niæ55
单眼皮 tæ423niæ55phi13
鼻子（鼻子和鼻涕）phi13 ∅ ɤ21
鼻梁 phi13liəŋ13
鼻尖尖 phi13tɕiæ42tɕiæ13
鼻窟窿（鼻孔）phi13ku55luei423
嘴巴（嘴；下巴）tɕy55pa423
豁豁嘴（唇裂）xuɤ423xuɤ423tɕy55
唾沫 thɤ55mi423
唾沫星子 thɤ55mi423ɕiɛ423 ∅ ɤ21
颔水（口水）xæ423fu55
急磕（口吃）tɕi13khɤ55
嗓牙（大牙）səŋ55nia13
牙槽 nia13ʦhau13
牙媳妇：牙龈 nia13ɕi13fu55
豁牙（掉了牙齿）xuɤ423nia13
牙口 nia13khəu55
耳朵 zɿ55tuɤ423
耳屎 zɿ55sɿ423
耳刮（掴）zɿ55kua423
窟窿（喉咙）ku423luei13
嗓子 səŋ55 ∅ ɤ21
络腮胡 luɤ13sai423xu13
胳膊 kɯ13pɤ33
圪廊：胸腔 khɯ13ləŋ423
手腕 ʂəu55 ∅ uæ33

左手 ʦuɤ55ʂəu55
右手∅ iəu55ʂəu55
手指头 ʂəu55tʂa13thəu55
左撇 ʦuɤ33phiau55
骨节 ku13ʨiɛ33
指头缝缝 tʂa13thəu55fei33fei21
死肉 sɿ55v21
老拇指头 lau55ma33tʂa13thəu55
中指 pfəŋ423ʦhɿ55
无名指∅ u13miəŋ13ʦhɿ55
小指头 ɕiau55tʂa13thəu55
指甲 ʦhɿ13ʨia55
指甲盖 ʦhɿ13ʨia55kai33
圪堵（拳头）kɯ13tu55
小猪娃（小腿后的肌肉）ɕiau55pfu423 ∅ ua13
圪膝盖 kɯ13ɕi55kai33
髋骨 kua55ku423
裤裆 khu423tɤ423
勾子（屁股）kəu423 ∅ ɤ21
杏核圪垯（脚踝上的骨头）xiɛ33xu33kɯ13ta33
跗高（脚面高）fu13kau423
不脐窝（肚脐眼）pu13ʨi55 ∅ uɤ423
脊背 ʨi13pei55
簸箕（开放手纹）pɤ33ʨi423
斗（圆形手纹）təu33
记（胎记）ʨi55
号 / 抓脉（把脉）xau33/pfa13mia423
面面药（拧碎的药）miæ33miæ ∅ iɤ423

败火（下火）phai33xuɤ55
败毒（杀毒）phai33thu13
跑茅房（拉肚子）phau13mau13 ∅ ɤ21
拉稀（拉肚子）la13ɕi423
发烧 fa13ʂau423
中暑 pfəŋ55fu13
着凉 tʂhɤ13liɤ13
局（呼吸困难）ʨhy423
咳嗽 kɯ13səu55
胃烧（胃酸）∅ uei423ʂau423
醋心（胃酸）ʦhəu33ɕiei423
恶心 ŋɤ423ɕiei13
黑青（淤青）xɯ13ʨhiɛ423
发（发炎）fa423
牛皮癣 niəu13phi13ɕyæ55
瘊子 xəu13 ∅ ɤ21
泡泡眼 phau13phau13niæ55
近视眼 ʨiei33sɿ33niæ55
远视眼∅ yæ55sɿ33niæ55
青光眼 ʨhiəŋ13kuəŋ423niæ55
中风 pfəŋ55fei423
瘸子 ʨhyɛ13 ∅ ɤ21
跛子 pɤ33 ∅ ɤ21
半身不遂 pæ33ʂei423pu13suei13
背锅锅（驼背）pei33kuɤ423kuɤ21
溜肩 liəu33ʨiæ21
出水：出汗 pfu423fu55

服饰 饮食

穿戴 pfhæ423tai33
衣裳 ni423sɤ13
袄 ŋau55
装裤子：棉裤 pfɤ33khu33 ∅ ɤ21
背心 pei33ɕiei423
中式袄 pfəŋ13ʂʅ13ŋau55
装腰子：棉袄 pfɤ33 ∅ iau423 ∅ ɤ21
装袄：棉袄 pfɤ33ŋau55
衬衣 ʦhei33 ∅ i423

包包：衣服口袋 pau423pau13
罩罩（小孩的防尘罩衣）ʦau33ʦau21
底边 ti55piæ423
套袖 / 袖套 tau33ɕiəu423 ɕiəu33tau33
连脚裤（婴儿穿的裤子和袜子连在 起的）liæ13ʨiɤ423khu33
开裆裤 khai13tɤ423khu33
裤腰 khu33 ∅ iau423
裤脚口 khu33ʨiɤ423khəu55
裤腿 khu33thuei55

扣门（扣眼）khəu33mei13
扎花鞋（绣花鞋）ʦa13xua423xai13
靸鞋（踩倒脚后跟穿鞋）sa423xai13
胶鞋 ʨiau423xai13
布鞋 pu33xai13
方口鞋 fəŋ423khəu55xai13
带带鞋 tai33tai33xai13
鞋帮 xai13pəŋ423
鞋楦子 xaiɕyæ55 ∅ ɤ21
鞋溜子（鞋拔子）xai13liəu21 ∅ ɤ21
扳子（戒指）pæ423 ∅ ɤ21
别针 khəu33tʂei423
饭时∅ fæ33ʂʅ13
早起饭 ʦau55khei423fæ33
晌午饭 ʂəŋ423 ∅ u423fæ33
黑间饭 xɯ423ʨia13fæ33
大米饭 ta33mi55fæ33
杏杂饭（杏仁、小米做的饭）xiɛ33ʦha13fæ33
干饭 kæ423fæ33
汤饭 thɤ423fæ33
剩饭 ʂɛ33fæ33
卤面 ləu55miæ33
炒面 ʦhau55miæ33
汤面 thɤ423fæ33
浇面 ʨiau423fæ33
熬水：开水 ŋau13fu55
恶水：用过的脏水 ŋɤ423fu55
斯气（馊了）sɿ423ʨhi33
捂扑气（受潮发霉的味道）∅ u13phu55ʨhi33
白殕（食生白毛）phia13phu33
好面（白面）xau55miæ33
黑面 xɯ423miæ33
杂面 ʦha13miæ33
豆子面 thəu33 ∅ ɤ21miæ33
臊子面 sau33 ∅ ɤ21miæ33
旗子（面条）ʨhi13 ∅ ɤ21
拌儿（拌汤）phæ33ʨi423
饸饹面 xu13luɤ55miæ33
抿圪蚪（抿尖）mi55kɯ423təu423
馍 mɤ13
蒸馍 tʂɛ423mɤ13
黄儿（玉米面、小米面做的发糕）xuɤ13 ∅ ɤ21
窝窝（玉米面做的下有洞的馍）∅ uɤ423 ∅ uɤ13
加子（饺子）ʨia423 ∅ ɤ21
捏加子 niɛ423ʨia423 ∅ ɤ13
包子 pau423 ∅ ɤ13
包包子 pau13pau423 ∅ ɤ13
油条∅ iəu13thiau13
油饦（小油饼）∅ iəu13tuɤ33
煎饼 ʨiæ423biəŋ55
花卷 xuæ423ʨyæ55
糕 kau423
酵子 ʨiau33 ∅ ɤ21
起面（发面）ʨi55miæ33
擀面 kæ55miæ33
切面 ʨhiɛ423miæ33
捞面（拌面）lau13miæ33
碱面 ʨiæ55miæ33
腥汤（猪肉的汤）ɕiɛ13thɤ55
炖鸡蛋（蛋羹）tuei13ʨi423thæ33
调和（调料）thiau13xuɤ55
黄酒（黍子面做的酒）xuɤ13ʨiəu55
纸烟 ʦɿ55 ∅ iæ423
旱烟 xæ33 ∅ iæ423

日常生活 红白大事

说亲 fɛ13ʨhiei423
保媒 pau55mei13
媒人 mei55ɻei55
人样（相貌）ɻei13 ∅ iəŋ33
编排：要求很多 piæ423phai13
寻婆家 ɕiei13phɤ13ʨia33
寻媳妇 ɕiei13ɕi13fu55
看日子（选择良辰吉日）khæ423ɻʅ423ʦhɿ33
新女婿 ɕiei423ny55ɕy423
新媳妇 ɕiei423ɕi13fu55

正房窑（新房）tʂəŋ55fəŋ55 ∅ iau13
行钱的（值钱）ɕiəŋ13tɕhiæ13li33
后走（再嫁）xəu33ʦəu55
其洽（生育）tɕhi13tɕhia55
坐月 ʦhuɤ33 ∅ yɛ423
头将（刚才）thəu13tɕiəŋ423
将将（刚才）tɕiəŋ13tɕiəŋ423
白事（丧事）phia13sɿ33
入殓 v423liæ33
灵堂 liəŋ13thəŋ55
时灵 sɿ423ləŋ13
过七 kuɤ33tɕhi423
守孝 ʂəu55ɕiau33
戴孝 tai33ɕiau55
孝衫（孝衣）ɕiau33sæ423
孝棍（守孝的人手上拿着的有纸花装饰的棍子）ɕiaukuei33
送灵（送葬）suei33liəŋ13
看坟地（选择坟地）khæ33fei13thi33
打坟 ta55fei13
攒坟（众人埋土成坟）ʦhuæ13fei13
香纸（香和纸）ɕiəŋ423ʦɿ55
测字 ʦhɛ423ʦhɿ33
顶神（代替神的人，算命先生）tiəŋ55ʂei13
不值顾（不值得）phu13tʂhʅ13ku55
没处去（人没有地方去；动词没地方放置）mɤ423fu33tɕhi33
联衣裳 luæ13ni423ʂɤ13
贴边（缝在衣服里子的窄条）thiɛ13piæ55
敹边（缲边）thiau13piæ423
缉鞋口 tɕhi423xai13khəu55
慢（粗略地缝制）mæ13
垫鞋底 thiæ33xai13ti55
纳鞋底 na423xai13ti55
定扣子（缝扣子）tiɛ33khəu33 ∅ ɤ21
经佑（保管）tɕiəŋ423 ∅ iəu55
摆（涮洗衣服）pai55
烧（风化褪色）ʂau55
救火（生火）tɕiəu33xuɤ55
爦菜（加水炒）læ13ʦhai33
咥（吃）∅ tiɛ33

寡（口味淡，不香）kua55
点盹（打盹）tiæ55tuei55
心黑啦：瞌睡了 ɕiei13xɯ423la13
斯文：慢 sɿ423vei13
不沾弦（不好）pu13tʂæ423ɕiæ13
卖眼（眼睛向周边看）mai33niæ33
歇晌午（午休）ɕiɛ423ʂəŋ55 ∅ u423
推事（拖延，不行动）thuei423sɿ33
挺：躺下，贬义 thiɛ55
圪挺挺：架子大 kɯ13thiəŋ55thiəŋ13
砍啦：摔伤 kæ55la423
解不下：听不懂 xai55/ɕiɛ33pu13xa33
抬：藏 thai13
蓄顾：留意 ɕy13ku33
怪味：特殊要求 kuai33vei33
搓乏：帮忙 ʦhuɤ423fa13
走地（去地里干活；上坟）ʦəu55thi33
转（溜达）pfhæ33
伺应（招待）ʦɿ423 ∅ iəŋ13
稀客（常不来的客人）ɕi13khɛ423
行门户（随份子）ɕiəŋ13mei13xu55
慢怠（怠慢）mæ33thæ33
坐席（入座吃席）ʦhuɤ33ɕi13
看酒（敬酒）khæ33tɕhiəu55
尽让（谦让）tɕiei55ɻəŋ21
嗔着啦（生气）tʂhei423tʂhɤ13la55
弹驳（吹毛求疵）thæ13pɤ55
央告：恳求∅ iəŋ43kau33
出洋相（出丑）pfhu423 ∅ iəŋ13ɕiəŋ33
嗤笑（笑话）tʂhʅ55ɕiau33
冒（生气，发火）mau33
挨人：为人，结交朋友 nai423ɻei13
过事：婚嫁大事 kuɤ33sɿ33
吵场：吵架 ʦhau55tɕia33
打整：整理 ta55tʂɛ423
呀啦：丢失啦∅ ia33la423
曳记：惦记∅ iɛ423tɕi33
断出去（撵出去）tuæ33pfhu423tɕhi13
赁（租赁）lei33

倒灶（倒霉）tau55ʦau33
探不着（够不到）thæ33pu13tʂhɤ13
也罢∅ ia33pha33
事罢（尽管这样）sɿ33pha33
拿五（抓子儿）na13 ∅ u55
掏搅（翻绳）thau13ʨiau423
猜没（猜谜）ʦhai13mei423
圪蹴（蹲）kɯ13ʨiəu33
眨眼（使眼色）ʦa55niæ55
扫（快速看）sau55
瞟（斜视）phiau55
揞住 ŋæ33pfu423
蹈脚（两脚来回踢）tau55ʨiɤ423
杀割（完结）sa423kɤ55
顾不得（没空）ku423pu13tei33
黑眼（嫉妒）xɯ423niæ55
日眼（爱占便宜）ɻʅ423niæ33
应承（答应）∅ iəŋtʂhəŋ423
单（磨刀）tæ33
缯（捆绑）~头发 ʦəŋ33
务裔（管理）v33 ∅ i423
沿（虫子爬行）∅ iæ13
踏（脚踩地）ʦa423
跐（用脚或者其他工具来回碾）ʦhɿ423
叼空（抽空）tiau423khuei33
乏（累）fa13
古（勉强做）ku55
投情（主动送上门）thəu13ʨhiəŋ13
填还（暗中给好处）thiæ13xuæ55
滗（挡住固体，只倒出液体）pi55
洇（晕染开）∅ iei33
紟（系带子）~裤带 ʨiei423
掬（两手捧）ʨy423
圪瘆（打寒战）kɯ13sei55
圪搐（皱）kɯ13pfu55
不咋样 pu13ʦa55 ∅ iəŋ55
不顶事（管用）pu13tiəŋ55sɿ33
瞎好（好坏）xa423xau55
捏个（将就）niɛ423kɤ55

稀差（少见）ɕi423ʦha33
亲：貌美 ʨhiei423
咬人：痒痒 niau55ɻei423
恓惶：可怜 ɕi423xuɤ13
急得眼眼的（着急）ʨi13li21niæ55niæ55li21
灵醒：清醒；明白人 liɛ13ɕiɛ55
清头：明白人 ʨhiəŋ423thəu13
胀：自高自大 tʂɤ33
张：张狂 tʂəŋ423
心屈：狠毒 ɕiei13ʨhy423
心短：心术不正 ɕiei423tuæ33
心慌：心里有事，神情不安定 ɕiei13xuəŋ423
抠（小气）kəu423
恼（生气）nau55
可可（正好）khɤ55khɤ13
光（只有）kuəŋ423
怪气（奇怪）kuai33ʨhi33
冰锅冷灶（家里无人烟）piəŋ13kuɤ423lia55ʦau33
不揽害（不揽出力不讨好的活）pu13læ55xai33
毛头塞脚（不修边幅）mu13thəu13sai55ʨiɤ423
反过来正过去（不断理论）fæ423kuɤ33lai21tʂɛ33kuɤ33ʨhi423
歪流哆是（不端正）∅ uai13liəu13tia55ʂʅ423
乌七马灶（不正经）∅ u423ʨhi423pa55ʦau55
窝囊不叽（办事不利索；人没出息）∅ uɤ423nəŋ55pu21ʨi423
恶水不叽（脏兮兮）ŋɤ423fu55pu21ʨi423
大天白日（光天化日）thɤ33thiæ423phia13ɻei55
大摇二摆（大摇大摆）thɤ33 ∅ iau13 ∅ ər33pai55
爱答不理（不待见）ŋai33tha423pu13li55
拿命（拼命）na423miɛ33
贼豆子（煮不软的豆子）ʦei13thəu33 ∅ ɤ423
两煞旁人（无关者）liɤ55ʂa33pəŋ13ɻei13
挣四马爬（累死）ʦəŋ33sɿ55ma55pha33
呲瞎牙（说话不在点子上）ʦhɿ13xa423nia13
死心不尽（撞了南墙也不回头）sɿ33ɕiei423pu13ʨhiei33
打里照外（料理里里外外的事）ta13li33tʂau33 ∅ uai33
机鼓（人机灵）ʨi423ku55
敲明叫醒（直接言明）ʨhiau423miɛ13ʨiau33ɕiɛ55
横说顺对（各种借口狡辩）ɕya13fɛ423fei33tuei33
安门立户（安置新家）ŋæ423mei13li423xu423

黑水汗脸（热到满头大汗）xɯ423fu55xæ33liæ33
黄天没黑（天色已晚）xuəŋ13thiæ423mɤ13xɯ423
红口白牙（指两手口口不带礼物）xuei13khəu55phia13nia13
空手失全（指两手口口不带礼物）khuei423ʂəu55ʂʅ13tɕhyæ13
摆出摆里（闲逛，无所事事）pai55pfhu423pai55li33
老鸹笑猪黑（五十步笑百步）lau55 Ø ua33pu13 Ø iau33ɕiau33pfu13xɯ423

第二节 特殊的构词

“圪”头词

“圪”的读音不定，一般读 kɯ13，有时也读 khɯ13，作为一个构词前缀在方言中的使用频率是很高的，可以构成名词、动词、形容词、量词、象声词等。从构词功能看，它是一个成词语素，没有具体的词汇意义。基本形式是“圪 A”，其他三字格是在此基础上派生的。

名词：圪台（台阶） 圪台台 圪叉（枝杈） 圪叉叉
圪褶 圪褶褶 圪粱 圪粱粱
圪塄 圪塄塄 圪堵（拳头） 圪堵堵

动词：圪溜 圪拍 圪要 圪爬
圪眨 圪拐 圪蹴 圪摇

“圪 A”动词有的可以重叠，形成“圪 A 圪 A”形式，重叠后具有状态形容词的性质，一般作状语、谓语。

他老人呀圪围圪围拄着拐拐来了。（状语）

梯子圪摇圪摇的，我不敢上去。（谓语）

形容词：圪跛 圪松 圪疹 圪歪
圪弯 圪板板 圪绷绷 圪哈哈（小气）

“圪 A”形容词有的可以重叠，形成“圪 A 圪 A”形式，重叠后具有状态形容词的性质，一般作状语、谓语。

他圪跛圪跛的来了。（状语）

心圪松圪松的，不动弹。（谓语）

“A 圪 BB”式

干圪巴巴 肉圪囊囊 沉圪甸甸 黑圪楚楚 黑圪疹疹
亮圪眨眨 温圪堵堵 硬圪铮铮 方圪正正 稀圪溜溜

量词：圪节 圪垯 圪发（束） 圪撮 圪窝 圪堵

方言中“圪 A”量词比较少，多数由名词转化而来，值得说明的是“圪堵”本身表拳头，常用于形容固体，如“一圪堵蒜”“一圪堵韭菜”“一圪堵米”，有人甚至用于表液体，如“一圪堵醋”。

象声词：圪啪 圪叭 圪嘣 圪噔 圪哇
圪吱 圪噌 圪唧 圪哼 圪囔

方言中“圪 A”象声词也可以重叠，形成“圪 AA”，如“过年的时候外头鞭炮放得圪叭叭响”“瓜子受潮了，吃起来不圪嘣嘣响啦”。

“打”头词

方言中以“打”为前缀的词语主要是动词，这些词语中有的必须加上前缀才能成词，

必须加的：打发 打听 打岔 打眼（能看中） 打瓜（开始）
打当（暂停） 打火（点火） 打平伙（平均） 打露水

非必有成分：打滑　打赌　打滚　打扫　打磨　打定（主意）　打闹

"头"尾词

"头"放在动词后表示动作有进行的必要和价值，一般用在否定句中，前面有否定词"没"，当然也可以放在肯定句中。如：

吃头　喝头　说头　看头　想头　干头　做头　种头

学头　问头　要头　奔头　考头　修头　耍头　由头

重叠

吉县方言和山西其他地区的方言一样有相当数量的重叠式，可以分为名词重叠，动词重叠，形容词重叠，副词重叠、数量词重叠和象声词重叠。

名词重叠

在普通话中许多不能重叠的词语或者只是在妈妈语中才重叠的词语在吉县方言中均可以重重叠，如：

AA 式

杯杯　碗碗　筷筷　盘盘　碟碟　锅锅　勺勺　刀刀　钵钵　罐罐

瓮瓮　菜菜　果果　药药　绳绳　线线　柴柴　被被　帘帘　票票（钱）

毯毯　空空　窖窖　木木（树）　大大（大娘）　舅舅　妗妗　婶婶

ABB 式

麦穗穗　鞋刷刷　鞋垫垫　衣架架　木桩桩　木根根

面糊糊　老婆婆　老汉汉　人影影　瓜蔓蔓　石塄塄

窗桃桃　盐罐罐　面瓮瓮　药瓶瓶　桃核核　针尖尖

AAB 式

娘娘庙　对对娃（双胞胎）　花花菜（菜花）　毛毛钱

动词重叠

寻寻　歇歇　吃吃　尝尝　泡泡　淘淘　洗洗　晾晾　晒晒　做做

捂捂　喝喝　揉揉　说说　唱唱　走走　跑跑　拉拉　拽拽　伸伸

这些词语在加上宾语之后依然是可以重叠的，如：

吃吃饭　尝尝鲜　泡泡茶　淘淘米　洗洗菜　晾晾衣裳　晒晒被子

做做活　喝喝水　说说话　唱唱歌　送送人　睡睡觉　展展腰

部分动词重叠后还可以后面加上动词，形成 AAB 式：寻寻看 等等走 做做看

ABAB 式

安堵安堵　安排安排　动弹动弹　打整打整　拾掇拾掇　整装整装

打听打听　寻思寻思　商量商量　敲打敲打　拍打拍打　圪捞圪捞

AABB 式

详详点点　打打闹闹　说说笑笑

形容词重叠

AA 儿的

红红儿的　长长儿的　胖胖儿的　方方儿的　高高儿的　厚厚儿的

直直儿的　端端儿的　安安儿的

AABB 式

利利索索　干干净净　精精干干　苗苗条条　整整装装　毛毛能能

炸炸瓜瓜　亲亲热热　来来往往　锅锅灶灶　碟碟碗碗　紧紧趁趁(形容热情)

ABAB 的

瘦高瘦高的　稀撒稀撒的　喷香喷香的　乌黑乌黑的　雪白雪白的

ABAC

软腰软胯　是方是正

ABCC

胖圪墩墩　净不眼眼　尖圪溜溜　绿圪油油

A 里 AB

杂里杂发　圪里圪溜

副词重叠

副词是个封闭的类，副词的重叠式数量更是不多，并且重叠式的多数第二个音节可以儿化。例如：

你款款地，不要重手重脚地。

他猛猛一刹车，车上的人都飞前去了。

我将将/才才从街上回来，他就来了。

他从不迟到，天天准准地来上班的。

你快快吃，一会车来了咱就走。

活儿要慢慢做，连三赶四把你急出病了吧。

数量词重叠

数词重叠的数量有限，只有“三三、四四、五五、六六”几个，重叠后变成了名词，表示在家的排行。量词重叠数量众多，除了基本的量词可以重叠以外，来自名词的量词也都可以构成重叠。如：

AA 式

堆堆　篮篮　桶桶　碟碟　碗碗　桌桌　瓶瓶　轮轮

筛筛　排排　个个　点点　摞摞　篓篓　罐罐　瓮瓮

一 A 一 A 式

一堆一堆　一桶一桶　一回一回　一遍一遍　一圈一圈　一声一声

一伙一伙　一家一家　一袋一袋　一阀一阀　一摞一摞　一圪节一圪节

象声词重叠

ABB 式

圪哒哒　圪雷雷　圪吱吱　圪囔囔　圪哼哼　圪叭叭　圪噌噌　圪哇哇

ABAB 式

圪雷圪雷　圪吱圪吱　圪哼圪哼　圪啊圪啊　圪叭圪叭　圪当圪当

第五章　语法篇

第一节　特殊的句式

疑问句

疑问句式用来发问的句子，可以根据提问方式分为特指问句、正反问句、是非问句、选择问句。

（一）特指问句

1 用“圪来”“圪吗”疑问词用于句末，表示对已完成的事件的提问。

1）你走饭店吃饭圪来？

2）你去北京圪来？

3）他来圪吗？

2 询问某人用“哪一”，相当于“谁”

哪一敲门啦，你快去看看？

开店做生意哪一来了都得好好招待。

哪一啦？ 我

3 询问处所的疑问词“哪哪”，用于陈述句时表示“到处、处处”

1）你走哪哪圪来？

2）他是哪哪人啦？

3）咋哪哪都有你。

4）这种花，哪哪都能种。

4 直接在词、短语、句子后加“啦”表示疑问。

1）鞋啦？给狗叼走啦。

2）就你一个干活，他啦？

3）楼上扫干净啦，楼底啦？

4）他不同意啦？（如果他不同意，那要怎么办？）

（二）正反问

这种问句由谓语的肯定和否定形式构成，提问人事先没有倾向，回答的人选择其一作为答话。

这种洗衣机行不行？

这份工作行不行？

你看不看戏去？

如果动词或者形容词之后带了“了”，否定形式只用“没有”，动词后接宾语时，“了”在宾语后面。

你同学去了没有？

饭行了没有？

如果对事情提前有了肯定的估计，为了进一步得到证实，就可以用“是不是”放在谓语前进行提问。如：

你是不是不去了？

有时用“是不是”并不是为了得到证实，而是一种商量。如：

你是不是应该去和她道个歉？

不早了，是不是该走了？

他哭了，你是不是太过分了，毕竟不是大事。

还可以在陈述句末尾加上“行不行”来表示正反问，如：

咱一搭走，行不行？

我今天不去了，行不行？

（三）是非问句

直接在陈述句句末加“吗”“是吗”“对吗”“行吗”，也可以什么都不加，直接用疑问语气表达是非问。是非问句中的谓语可以是肯定形式，也可以是否定形式。

你是他小姑吗？

你是他姑姑，对吗？

咱一搭走，行吗？

字典借我用会，行吗？

（四）选择问句

在用“是……还是”或“是……还是……还是”连接，同时在每一个分句后加上“啦”来表示。

你是走地做活啦，还是留到家做饭啦？

你是想吃汤饭啦，还是想吃炒面啦？

他是愿意啦，还是不愿意啦？

其他特殊句式

1. 用“走＋目的地”表示“到某地”。

1）你走街呀？（你是去街上吗）

2）他走西安念书呀？

3）我十一走壶口旅游呀。

4）你走桑村去吗？

2. 在陈述句中省略地点状语前面的介词，这在普通话中是歧义句，可以表示“从某地来”亦可以表示“到某地”，但是在吉县城关方言中没有歧义，仅表示“从某地来”，比如：

1）（从）西安来了两教授。

2）（从）太原过来两个专家。

3 用“随就”表示“一就”这样的句子。如：

1）我随下班就做饭，还是迟到啦。

2）娃随放学就写作业，写到十点还没有写完哩。

3）随说就做，不要推事。

4）我随听说这事就来寻你来上商量来啦。

第二节　时和体

时态

是指说话时间和具体动作行为、状态发生、持续时间之间的相对关系。一般有过去时、现在时、将来时。

过去时

过去时就是句子陈述的动作发生在过去，在吉县方言中一般是在句末加“圪哩”“啦/俩”表示。也可以在动词后加“过”表示。如：

1）我呀个走街逛圪哩。

2）吃啦吗？——吃啦/俩。

3）作业随放学就写啦。

4）你去过他居舍吗？

现在时

现在时是说话发生在现在这个时间的动作行为。在吉县方言中一般在句末加“哩”表示。若是表示状态，在句后加“啦”。如：

1）我吃着饭哩。

2）我正做着活哩。

3）时间不早啦，该走地做活啦。

4）水热啦，洗澡吧。

5）水不热啦，冷丝丝的我不想洗澡啦。

将来时

将来时指的是动作发生在将来，吉县方言中一般在句末加“也”表示。如：

1）我走河北也。

2）看天是要下雨也。

3）明个做啥啦也？

4）你走地套袋也？

体

体是属于动词的语法范畴，表示的是动作行为在时间中的状态，一般有开始体、实现体、持续体等。

开始体

在动词、形容词后加“开”表示事件的开始和持续，句末常常加语气词“了”“啦”。如：

1）晌午下开雨啦。

2）他俩说说就打开啦

3）娃哭开啦，快管管来。

4）已经做开饭了，不要吼饿啦。

5）一到国庆就冷开啦。

实现体

实现体就是表示动作、行为或者状态已经实现的存在。方言中主要用“上”来表示，结构形

式是“动词 + 上 + 啦”，有时也兼用“开”表示。如：

1）饭做上啦，马上就能吃。

2）这会才种上啦，多会才能收啦。

3）打瓜开 / 上啦。

持续体

持续体表示动作行为、状态在时间段内的延续，主要用“着”表示。如：

1）车在这停着的。

2）我在这停着的。

3）年纪大了，坐坐就睡着啦。

4）忙着的，等一哈。

5）门开着的，你进来。

第三节 标音举例

歇后语和谚语

秃子头上的虱——明摆着的

thu^{423} ɤ^{21} tei^{13} nau^{33} ʂɤ^{423} li^{33} sɿ^{423} ɤ^{21} ——miəŋ^{13} pai^{55} ʂɤ^{423} li^{33}

鸡蛋壳壳发面——没多大发头

tɕi^{423} thæ^{33} khɤ^{423} khɤ^{423} fa^{423} miæ^{33} ——mɤ^{423} tɤ^{423} thɤ^{33} fa^{423} thəu^{13}

娶媳妇盖厦，提起来都害怕。

tshɿ^{55} ɕi^{13} fu^{33} kai^{33} ʂa^{33} thi^{13} khei^{33} lai^{33} təu^{423} xai^{33} pha^{33}

锣鼓听声，说话听音。

luɤ^{13} ku^{33} thiɛ^{423} ʂɤ^{423} fɛ^{423} xua^{33} thiɛ^{423} ∅ iei^{423}

少说闲话少管闲事。

ʂau^{33} fɛ^{423} ɕiæ^{13} xua^{33} ʂau^{55} kuæ^{55} ɕiæ^{13} sɿ^{33}

银钱是人的胆，衣裳是人的脸。

niei^{13} tɕhiæ^{13} sɿ^{33} ɻei^{13} li^{33} tæ^{55} ni^{42}ʂɤ^{13} sɿ^{33} ɻei^{13} li^{33} liæ^{33}

人穷志短马瘦毛长。

ɻei^{13} tɕhiəŋ^{13} tʂʅ^{33} tuæ^{33} ma^{55} səu^{33} mu^{13} tʂhɤ^{13}

有钱没钱剃头过年。

∅ iəu^{55} tɕhiæ^{13} mɤ^{423} tɕhiæ^{13} thi^{33} tei^{13} nau^{33} kuɤ^{33} niæ^{13}

打人不打脸骂人不揭短。

ta^{55} ɻei^{13} pu^{13} ta^{55} liæ^{55} ma^{33} ɻei^{13} pu^{423} tɕhiɛ^{13} tuæ^{55}

爸有妈有不如咱有。

pa^{13} ∅ iəu^{55} ma^{13} ∅ iəu^{33} pu^{33} vu^{13} tsa^{13} ∅ iəu^{55}

长上千只手，难遮众人口。

tʂɤ^{55} ʂɤ^{21} tɕhiæ^{13} tʂʅ^{423} tʂəu^{33} næ^{13} tʂa^{423} pfəŋ^{33} ɻei^{13} khəu^{55}

好心换好心，八两换半斤。

xau^{55} ɕiei^{423} xæ^{33} xau^{55} ɕiei^{423} pa^{423} liəŋ^{55} xæ^{33} pæ^{33} tɕiei^{423}

为人一条路惹人一堵墙。

∅ uei^{13} ɻei^{13} ∅ i^{423} thiau^{13} ləu^{33} ɻa^{55} ɻei^{13} ∅ i^{13} thu^{33} tɕhiə^{13}

多说话捱权把多管事落不是。

tɤ^{13} fɛ^{423} xua^{33} nai^{13} tsa^{423} pa^{33} tɤ^{423} kuæ^{55} sɿ^{33} luɤ^{423} pu^{13} sɿ^{33}

人勤地不懒上的粪多打的粮多。

ɻei^{13} tɕhiei^{13} thi^{33} pu^{13} læ^{33} ʂɤ^{33} li^{33} fei^{33} tɤ^{423} ta^{55} li^{33} liəŋ^{13} tɤ

夏至割麦，龙口夺食。（避雨）

ɕia^{33} tsɿ^{33} kɤ^{13} mia^{423} luəŋ^{13} khəu^{13} thuɤ^{13} ʂʅ^{13}

第三十三编　艺文

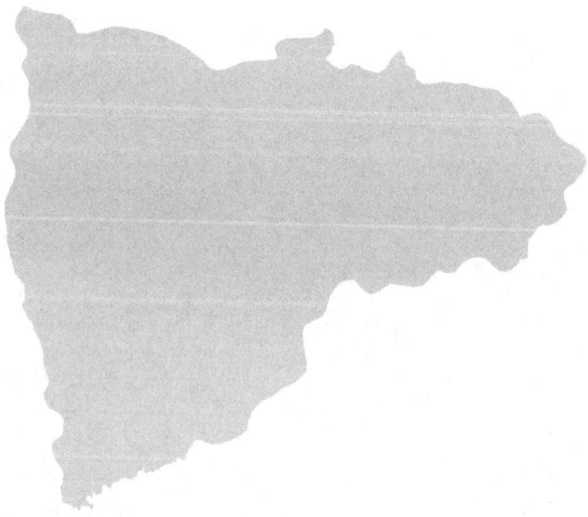

吉县历史悠久，山川形胜，人杰地灵，名士辈出。千百年来，境内居民植根本土，不断创造和发展地域文化，连外籍人士客居吉县，也被境内秀美山川和和淳朴民情折服，尽情赞美这方神奇的土地与善良的人们，留下大量的文学艺术作品，他们与当地文化融合，或伤兵乱，或咏山水，或叹物候，或赞民风，成为后辈汲取营养的精神食粮。

第一章　诗词歌赋

第一节　诗词

◎古代诗词选

鄜城道中

金·冯延登

北风惨淡扬沙尘，鄜西三日无行人，
十村九村鸡犬静，高田下田狐兔驯。
昨朝屏息过溪口，知有白额藏深榛，
赤子弄兵更可恻，路旁僵尸衣血新。
野叟伛偻行拾薪，欲语辟易如惊麕，
瘦梅疏竹未慰眼，只有清泪沾衣巾。

寄笏青柯平

金·冯延登

飞雪惊沙卷屋茅，清寒泼水透绨袍。
松风度壑江声远，萝月当轩扇影高。
敢对名山谈世事，不妨空腹贮离骚。
且将手版牢藏起，政恐山人识马曹。

宫　词

金·王予可

水曲朱门漪漾漫，一帘花雨月波寒。
金闺背衬鸳鸯冷，春困秋千立画干。

南园湖石

金·王予可

翠雀衔云堕翠芜，砥峰倒影卧平湖。
飞花不到穿帘月，高倚晴天一剑孤。

壶　口

明·惠世扬

源出昆仑衍大流，玉关九曲一壶收。
双腾虬线直冲斗，三鼓鲸鳞敢负舟？

桃浪雨飞翻海沛，松崖雷起倒蜃楼。
鳌头未可寻常钓，除是羽仙明月钩。

壶　口

明・赵撰

声若奔雷气若霓，蒙蒙如雨共沾襟。
悬开蛟窟多惊目，断辟龙关倍戒心。
高浪兼天星海阔，洪波翳日孟门阴。
当年疏凿劳神禹，庙倚东山桧柏森。

孟门夜月

明・柴海

岩岩一岫镇中流，览胜偏宜月下游。
点破龙门三级浪，接来壶口几分秋。
翻疑晓雪余前面，不见纤云翳上头。
皎皎清光留永夜，选幽端不逊瀛洲。

壶口秋风

明・张应春

飒飒金风动，凝凝玉露清。
壶山木叶下，洪水波涛惊。
冷透白蘋岸，寒侵红蓼汀。
禹功疏凿后，千载仰成平。

孟门夜月

明・张应春

苍蓋横银汉，翠峰挂玉盘。
林疏光皎皎，浪静影团团。
耿耿冰轮满，迢迢白练寒。
素娥离桂殿，玩水更游山。

观壶口

明・张应春

星宿发源自碧空，凿开壶口赖神功。
吐吞万壑百川浩，出纳千流九曲雄。
水底有龙掀巨浪，岸旁无雨挂长虹。
朝奔沧海夕回首，指顾还西瞬息东。

壶口秋风

明·陈维藩

碧空昨夜渡宾鸿，壶口波兮思禹功。
一水中分秦晋异，两山傍峙古今同。
秋风卷起千层浪，晚日迎来万丈虹。
八载勤王方奏绩，凿成天险壮河东。

石孔飞泉

明·陈维藩

发源分派自昆仑，毖彼灵湫造石根。
泉涌千流达九曲，水通一窍会三门。
味兼甘露鲜还美，冷溅明珠散后存。
溽暑可消游子渴，天光云影入无痕。

壶　口

明·刘子诚

西出昆仑东入瀛，悬流喷壁泻瑶琼。
涌来万岛排空势，卷作千雷震地声。
映日红霞浮瑞马，满天风雨起神鲸。
奔腾今古宣元气，圣主当阳正待清。

天会七年孟秋八月题锦屏山石壁

清·张元

一

山根蘸水水连天，一片芳塘古淡间。
莎径雨后青藓滑，柳池风急白云间。
然知东魏风光窄，谁谓西慈景色悭。
郡卒公余无一事，狂诗赢得恣吟删。

二

去郭都来百步间，池塘口在郭门前。
奇峰倒影绿压地，翠沼晖波青印天。
俗客漫道通车马，郡僚长列绮罗筵。
伫看吟卒迴朝旆，直把风光说到燕。

观壶口

清·南鹏

大禹开天宇，先从壶口闻。
收来一曲水，放出半天云。

浪怒山林乱，光寒肌骨分。
凭墟频眺望，秋气共氤氲。

壶口秋风

清 · 白汝骥

万籁归壶口，秋风挟怒涛。
河流千里急，风助一帆高。

地险船头转，山深浪自淘。
浮楂仙路近，天汉接梁濠。

壶　口

清 · 甘国基

壶口深山里，神功不可侔。
浪花喷五色，湍势吼千牛。

风过龙飞沫，云来蜃结楼。
遐荒留禹泽，万古向南流。

赋锦屏山二首

清 · 南鹏

一

花气未香山翠，柳丝初绿春妍。
鸟宿不离枝上，云来认定峰巅。

二

草色芊芊有致，莺声恰恰堪夸。
山绿多因杨柳，豁红半是桃花。

署中即事

清 · 南鹏

僻处深山已数年，惟与衾影对青天。
空庭叶积书常满，锦壁云开花自妍。

落拓形骸琴可托，寂寥居止鹤思迁。
此中消息凭谁语？日落长松留暮烟。

孟门夜月

清 · 刘庭辉

宝月高悬照素秋，何人乘兴孟门游。

洪涛万里金波涌，白浪千层玉垒浮。
水色空明分两岸，山形荡漾在中流。
遥知此夜风帆利，几度仙槎泛斗牛。

登高天山

清·钟声峻

绝巘钟灵迹，重阳选胜游。
踏云凭马健，防虎倩人稠。
径失翻霜叶，香消带水篑。
钟声惊断雁，野色上浸楼。
小饮东山麓，长歌大地秋。
簪萸嗤侧帽，俗吏亦风流。

游人祖山

清·陈于王

万叠奇峰一片云，舞青摇绿鬣纷纷。
千岩只在晴时出，众瀑惟从头上闻。
诗兴忽生香雾冷，鸟声初起夕阳曛。
巍巍宫殿深岚里，松腹犹存蝌蚪文。

观孟门

清·陈于王

孤峰独立是何年，想凿云根剩只拳。
南接龙门千古气，西牵壶口一丝天。
晴岚饮日当波出，怒水呼风抱浪眠。
非是无缘人不到，此中只可息飞仙。

观壶口

清·陈于王

黄河之水自天来，天使鸿蒙命禹开。
壶内鱼龙随势入，沙边鸾鹤听涛回。
山分秦晋常婚嫁，浪叠云霞任剪裁。
我欲乘槎探星宿，登临长啸几徘徊。

石孔飞泉

清·葛瑞云

寒泉倒挂出云门，破壁横飞一窍存。
玉液琼浆资地脉，岩花石乳探天根。
挹来冷到心脾沁，饮去甘从舌齿论。

共道溪山消夏好，清音终古自朝昏。

登锦屏山远眺

清 · 葛天柱

咫尺屏山惹眼明，一番登眺一番晴。
野花满地黄侵径，芳草连天碧到城。
春色正宜东望望，帝乡遑计北行行。
间云席帽无一事，定有群仙抗手迎。

过吉州

清 · 石玠

川奠山河山接城，奥区端稳此闻名。
泉奔远壑朝还暮，云近危峰晦复明。
民为供租勤垦辟，士知为学几光荣。
太和清化均遐迩，况是陶唐旧淑成。

孟门夜月

清 · 冯士彦

一石界中流，天光迥不侔。
山随波影动，月照浪花浮。
此日龙门辟，何年鸟篆留。
乘槎如得路，仙地即瀛洲。

孟门夜月

清 · 白汝骥

万古涛难尽，中流自在悬。
一轮山独立，孤照月常圆。
玉宇寒留影，银河望欲仙。
蓬瀛今咫尺，归棹问成连。

吉州署中

清 · 张铨

木落天空野径秋，萧萧寒馆暂夷犹。
半山睥睨披青霭，九月冰泉咽素流。
讼狱无多公案寂，催征有额且官忧。
夜来欹枕应难寐，肉食惊心愧壮游。

昕水练濛

佚名

脉脉流波曲绕城，二川相合石泉清。
洲连秀色藏珠媚，槛照晴光琢玉成。
村犊负薪凭浅渡，野鸥衔藻踏沙行。
徘徊啸月题诗处，一幅生绡更有情。

壶口秋风

清 · 葛临洲

万里洪流声怒号，天开一堑势雄豪。
旅船横岸秦关远，征雁排空晋岭高。
壶口山边风飒飒，孟门石下浪滔滔。
丹崖翠壁环如堵，直欲樵渔傍水涛。

壶口秋风

清 · 白汝驺

秋生壶口暮云高，万里清光入望豪。
北注洪流如驶疾，西来阊阖助鸿翱。
何人贯月探星海，有客乘风驾雪涛。
此去寻源天路远，浮槎我欲拟仙曹。

壶口秋风

清 · 白汝骥

秋风初起雁飞高，壶口乘观兴自豪。
万里洪流归锁钥，九天元气壮甄陶。
何人破浪通霄汉，过此扬帆接海涛。
独恨浮槎无羽客，年年萧鼓竞喧嘈。

壶　口

清 · 吴聘九

劈凿壶口山，神奇建禹门。
虹光惊乍吐，水国竟全吞。

风送黄龙入，天随白浪翻。
涵空能蓄势，倒泻若倾盆。

两岸分秦晋，中流听鹤猿。
星槎如可乘，我亦欲寻源。

题文公庙

清 · 吴聘九

案山亭上乱鸦栖，庙宇倾颓不可跻。
公子艰难尝未尽，霸王功烈倩谁题。
斜穿屋角蟾光漏，半塌墙边草色迷。
满目荒凉今若此，骊姬何必夜长啼！

游人祖山

清 · 吴聘九

高祖山齐人祖山，遥遥雄峙出尘寰。
非仙莫问天台路，乘兴而来碧汉关。

头上闲云飞朵朵，涧前流水听潸潸。
当年庙址今何在？怅望层峦去复还。

咏壶口

清 · 刘龙光

一

渴马奔泉近，山雷震谷声。
入中不见出，忽有云烟生。

二

黄流滚滚入壶中，九折波澜此地雄。
禹治功成留缺陷，往来舟楫一时穷。

七言律

清 · 崔光笏

禹功疏凿最先径，一线奔流若建瓴。
石堑横吞薄烟雾，天瓢倒泻吼雷霆。

昆仑水激千寻白，秦晋山分两岸青。
过此扁舟容破浪，挂帆我欲济沧溟。

赴吉州署中

清 · 纪振边

危峰层叠逼干天，寥落征东信后先。
古木栖鸦声寂寂，寒泉绕涧水涓涓。
非关吏隐寻幽径，却忆民瘼似倒悬。
回首乡山何处是？聊将岑寂澹诸缘。

吉州公署

清 · 杨国柱

五月驱车到吉城，岗峦拥护锦屏迎。
居官须是宁鸡犬，始见山高共水清。

饮吉州蒙泉偶题

清 · 任风

甘泉虽地出，发源在宫墙。
自与凡流异，应知道脉长。
一泓微澹荡，万户饮清凉。
有本者如是，不徒煮茗香。

庖山松

清 · 白汝驺

庖山松郁秀，苍翠满岩峰。
雪冻疑栖鹤，云深欲化龙。
涛声飞万派，盖影压千重。
到此惊天近，谁为作岱封。

戊寅春交卸后宿三堠镇题壁

清 · 马元骥

春来摄篆古耿州，廿日薪劳胜九秋。
为慰饥鸿空洒泪，恨除贪狼觉贻羞。
新添旧债肩宜重，仍返故巢心又违。
窃喜停装祥霙沛，川原遍听叱耕牛。

游麦城村二首

清 · 白汝骥

一

州里崎岖到麦城，几回思古动幽情。
女墙犹在深溪隔，朝市无存故垒平。
飞野有时闻雊雉，栖林何处问迁莺。
田间遗器人多得，卧地铜苔不辨铭。

二

残砖剩瓦半平芜，此地传闻旧建都。
麦秀空城飞野雉，杨垂终古怨啼乌。
荆榛几见铜驼卧，蔓草惟余石马孤。
千载故宫禾黍碧，几人凭吊倍踌躇。

竹枝词

清 · 白汝骥

吉州村居数家者，皆依崖穴窑而冬暖夏凉

三家两户自成村，小住洪崖辟洞门。
漫道穴居同上古，此中别具一乾坤。

田地半多沟岭，出门即是

隔岭隔沟一望同，田原不复辨西东。
出门即是登高处，俯视群山在眼中。

城市号为龟蛇形，人家亦皆东西散处

城小如龟市号蛇，傍山临水数人家。
东藏西住浑无定，点缀疏林是散鸦。

物产除五谷牛羊外，惟山蔬水泉为绝美

五谷丰登岁有年，家家齐听饭牛眠。
若求异味堪持赠，妙是山蔬共水泉。

风俗惟事农桑，民无他业

自幼生为田舍郎，终年日日事农桑。
桃源亦自多鸡犬，只是三春少艳阳。

节候较他处多迟

凉飙偏早暖偏迟，二月莺花总未知。
记得今朝应柳绿，看来才到半黄时。

小河春柳

清 · 白汝骥

吉州环城小河尽树以柳，春来黄绿相间，掩映于溪山篱舍间，风景之佳，不减武陵桃源，因无人赏吟，未免减色耳！因赋二律。

一

东风初破嫩黄娇，傍水偎城影自摇。
只为植依非上苑，故教丰韵减长条。
春光漏泄偷窥眼，生意婆娑暗舞腰。
看到年年仍旧绿，几人愁对不魂消！

二

杨柳初生暗拂堤，春风掩映到山溪。
含情欲诉眉长锁，照影谁怜眼共低？
红板有桥空怅望，姑苏无榭自凄迷。

何人解识文城色，赏得条条二月齐。

山中四绝

清 · 白汝骥

山中多土窑天愈寒则愈暖，天愈暖则内愈凉

严冬偏暖夏偏凉，洞里壶天岁自长。
高卧不知尘世苦，此身疑住白云乡。

山中泉水天寒时晓气如汤，其味甚为甘美，他处素无

寒流晓郁气如汤，玉碗盛来翡翠光。
最是在山泉水好，几回酌饮似琼浆。

鸡冠草生于州东兔儿沟，状类云芝，其色鲜白嫩脆，食之味绝美，土人以其形似鸡冠，呼为鸡冠草，又呼为黄精，鸡头参、小儿拳、即蕨也。

鸡冠初长草婵娟，脆似鸡头分外鲜。
下箸屡惊佳味好，问名殊胜小儿拳。

猴头出于州北人祖山，每当秋雨连绵后多生于老树内，新则鲜白，枯则与猴头绝肖，味如蘑菇，而隆远过之，生则必偶，宋之者如得其一，则随处觅之，必能双得。

秋菘春韭夏初樱，此是山中旧著名。
更有奇珍人未识，猴头过雨觅双生。

◎近现代诗词

克难坡感怀

阎锡山

一角山城万里心，朝宗九曲孟门深。
俯仰天地无终级，愿把洪炉铸古今。

游壶口瀑布

胡绳

黄河天下险，壶口最惊人。
瀑布撼天地，涛声泣鬼神。

壶　口

姚莫中

风从不周起，水自昆仑来。咆哮到壶口，山崩地裂开。
飞流三千尺，雨雾挟惊雷。泥沙与俱下，浩荡不可回！

壶口行

丁芒

一

壶口深湫千尺寒，波涛奔突势如山。

踊身一撞东南折，狂吼三声过大关。

二

夹岸青山闲不住，输肝沥胆表殷勤。

一泓巨瀑惊天下，半壁河山侧耳听。

谒人祖山十二韵

（五言排律）

徐同

崔嵬二皇庙，沧桑万年秋。听水溯壶口，寻根问吉州。

摩崖藏青史，遗火埋珍馐。残碑断今古，细石辨薰莸。

娲母补乾坤，羲父继源流。清水觅清源，龙脉见龙头。

天台观星宿，绝壁祭罗睺。钟灵多毓秀，造化两合逑。

风山留圣迹，世代传旌斿。荒墟窥鼎沸，亘古寄乡愁。

归来难成寐，梦里重寻幽。天穹显人祖，灵光耀九畴。

水调歌头 · 柯受良驾车飞越黄河壶口瀑布

胡吉祥

滚滚黄河水，壶口见奇观。激流直下飞瀑，雷震吕梁山。遍地威风锣鼓，满眼旌旗飘带，紫气绕云间。期待还巢凤，猛士闯雄关。

风声起，心潮急，雪涛寒。驱车一跃，千秋胜景续新篇。且喜飞黄壮举，更盼回归大典，华夏尽开颜。阔步中兴路，昂首艳阳天。

壶口瀑布

刘恪山

观之如万马奔腾，听之似惊雷行空。

浩浩乎中华民族之文化，荡荡乎中华民族之精神。

人祖山阻击战

燕生刚

1938年3月18日，日军侵犯吉县，在人祖山遭到晋军66师206旅的沉重打击。晋军牺牲126名官兵，立碑纪念。

日寇五千来犯境，连天炮火人祖山。

晋军壮士殒身死，敌师虎狼归西天。

碧血化成胜利日，英烈含笑慰九泉。

丰碑屹立烟云外，风雨悠悠情总关。

第二节 歌赋

◎歌词

保卫黄河

光未然

风在吼，马在叫
黄河在咆哮，黄河在咆哮
河西山冈万丈高，河东河北高粱熟了
万山丛中抗日英雄真不少
青纱帐里游击健儿逞英豪
端起了土枪洋枪
挥动着大刀长矛
保卫家乡，保卫黄河
保卫华北，保卫全中国

和着黄河吼

县委、县人大、县政府、县政协四大班子集体创作

黄河万里向东流，谱写着华夏春和秋。
咱壶口岸畔的吉州人啊，听惯了黄河吼。
和着黄河吼，心里有劲头。
和着黄河吼，心里有劲头。
胸怀宽广精神抖，建设富裕新吉州。
哎嗨呦，哎嗨哎嗨哟，
心里有劲头，心里有劲头。
黄土高原耸千秋，养育出儿女志方酬。
咱生生不息的吉州人啊，听惯了黄河吼。
和着黄河吼，创业有劲头。
和着黄河吼，创业有劲头。
甩开臂膀大步走，共创和谐新吉州。
哎嗨呦，哎嗨哎嗨哟，
创业有劲头，创业有劲头。

壶口红苹果

柏泉

圆圆的红苹果，甜甜的红苹果，
一颗颗诱人的红心，挂在枝枝柯柯。
阿妹问阿哥，谁点起团团火，
一盏盏喜庆的红灯笼，醉在心窝窝。

哎!
壶口的红苹果，哥妹的爱情果，
连绵的吕梁山，让爱波连波。
壶口的红苹果，家乡的幸福果，
迷人的黄土地，捧出金饽饽。
圆圆的红苹果，甜甜的红苹果，
一阵阵醉人的果香，飘在沟沟壑壑。
阿哥问阿妹，谁唱起阵阵歌，
一个个幸福的红脸庞，美在心窝窝。
哎!
壶口的红苹果，哥妹的爱情果，
连绵的吕梁山，让爱波连波。
壶口的红苹果，家乡的幸福果，
迷人的黄土地，捧出金饽饽。

人祖山之歌

耿世文

人祖山啊神奇的山，天造地设奇秀险，
南天门上卧云台，天圆地方从此判。
人祖山啊伏羲岩，关注沧海变桑田，
北斗星散化石猪，行云布雨泽人间。
人祖山神圣的山，神州大地的伊甸园，
滚磨合烟问天意，穿针梁下定姻缘。
人祖山啊神秘的山，仙踪圣迹遍山川，
广成子修行在空洞，黄帝问道得真传，
大禹河水入仙洞，天书三卷灭水患，
韩愈求学造化坪，妙笔生花思如泉。
观天测斗画八卦，开创文明活水源，
娲皇献身娲石上，伟大精神万代传。
啊，人祖山啊人祖山，
我们从这里走出，文明在这里起源，
您是华夏先祖的丰碑，
您是中华文明的第一山。

人祖山是咱老家

李思义

走在四方的人啊谁都有老家，
咱们的老家在哪里快快去问爸和妈，
爸爸寻根话远方，妈妈问祖说根芽，

哎咳咳，哎咳咳，
都说吉县人祖山就是咱老家。
要问老祖先他是谁？原来是伏羲和女娲。
走在四方的人啊谁都有老家，
咱们的老家什么样还得去问爸和妈，
爸爸要领我去寻根，妈妈叫我回老家，
哎咳咳，哎咳呦，
老家就在壶口边彩虹四季挂。
老祖先的故事千万年流传在华夏。
传我血脉，创我文化，
繁衍我民族，育我中华，
祖先的根血让我们壮大，
身在天涯，也要回去看看老家。

人祖山民间祭祖歌词

李更廷　整理

老古时天地间混沌一片，盘古氏用神力辟地开天，从此后才有了生命繁衍。
古先祖求生存举步维艰，谁料想这一日忽遭大难，一霎时遍地里黄水泡天。
普天下变成了汪洋一片，世上人全丧命尽遭水淹，就剩下兄妹俩度日如年。
来到了一高地名叫风山，他二人就在此烧火做饭，孤苦伶仃生活得孤孤单单。
为叫那尘世上人根不断，天作合要二人来配姻缘，他二人闻此言还不情愿。
天为媒兄妹俩无奈之间，穿针梁作成了穿针引线，滚磨沟合成了石磨两扇。
因此上他二人随了天愿，兄妹俩成夫妻就在高山，从此后人世间繁衍不断。
伏羲氏尊称为人祖爷爷（读 yá），人祖娘她名讳就叫女娲，普天下修庙宇纪念他俩。
今天是人祖爷生日寿诞，吉县的各社民前来祭奠，人祖庙拜人祖大排酒宴。

◎**赋**

壶口赋

明 · 黄光炜

维兹壶口，载在禹谟。长河自北而南，中分秦晋之区。因其形似而名之。恍罍瓮之乍收，上宽中狭，自高而下，峻若建瓴，驶若奔马，洪波急溅，惊涛怒泻。听之若雷霆之鸣，望之若虹霓之射。两岸环名山，河底维紫石，气常阴冱，寒早燠迟。每至仲冬之交，河冰先结，既坚且厚，人畜重任，往来无阻。屡岁有秦寇之抢攘，恒缘冰坚而窃渡，致动王师之戍守，烦台宪之节驻。咸棋列而星罗，更云屯而雨骤。兵集粮从，飞挽输助，宜及未雨，修之于豫。余守兹土，莒饷是司。无事而非毖饬之事，无时而非戒惧之时。维季秋之月，当冰坚而虑之，适奉檄严饬河防，至止其处，上下彷徨，相其原隰，度其夕明，孰可栖万灶之烟？孰可容千骑之场？孰可据险而设伏？孰可出奇而扼吭？器械毕具，墩堡列行，宁先机而筹划，勿当境而惆怅。爰礼河伯，克祀克歆，牲帛既具，酒醴斯馨。时秋深而风冽，仰天高而气清；惊冯夷之怒号，讶龙驭之疾奔。日光掩映而为色，石干相激而成声。喷薄兮若珠之缀舞，璀璨兮若丝缕之杂陈。念其为商旅之坦途，今反若天堑之重关；岂随刊

之明德既邈，抑气运之否剥使然？愿彼寇氛之殄灭，明复我禹甸之乂安。

壶口赋

李思义

滔滔黄河，滚滚鸿波，源出昆仑，横流大漠，越千山万壑，纳百川九泽，浩浩荡荡，一路磅礴，奔至吉县人祖山脚，遽然蹿入十里龙窝。霎时，浊浪排空，狂澜翻滚，水雾冲天，珠落如云。形似巨龙腾飞，声如万顷惊雷，势比群狮突奔，色同灿灿流金。《禹贡》曰："既载壶口，治梁及岐"。由此，壶口得名四千年，同禹功德世代传。金色大瀑，世界唯一，旅游胜景，环球称奇。

壶口之美，美在雄雄山水。万里黄河涛涌涛，百尺悬流浪赶浪，两岸高山雄对雄，四季奇景美更美。暖春桃花汛，冰河解冻，冰山争奔；盛夏黄泥滚，山飞海立，慑人魄魂；深秋彩虹炜，赤橙青蓝，群鸟伴飞；寒冬霜雪浓，悬冰如林，胜似龙宫。一壶沸腾黄河水，陶醉天下游人心；十大景观布山川，更使宾客动惊魂。孟门山、禹帽峰、古炮台、克难城。明朝码头，清代长城。千古贡道，旱地行船，几声黄河号子，唱出大河雄风。

壶口之深，深在悠悠人文。人文因山水而深厚，山水缘人文而名胜。一壶黄水万古流，千秋青史眼底收。柿子滩遗址，揭秘文明初始万年前；人祖山文化，佐证中华民族血脉源。女娲伏羲，祖山创婚，育我民族，位列三皇五帝之首；轩辕黄帝，空同问道，受得宝书，开启中华文明之门；大禹治水，起始壶口，平定九州，成华夏立国之祖；吉光方国，世居吉山，发明车船，为水陆交通之先；殷商祖乙，避难洪水，迁都斯土，封百年古耿之国；重耳、夷吾，奔命屈翟，韬晦待时，创春秋首霸之业；隋末李渊，起兵太原，发威壶口，建长安大唐之都。卢沟事变，全民抗战，国共两党，统一战线，克难坡上共克难，痛杀倭寇卫家园。黄河咆哮，壶口呐喊，一曲《黄河大合唱》，唤醒民众千百万。红旗漫卷扫残云，迎来神州艳阳天。星移斗转，风云变幻，多少兴亡事，壶口作证见。壶口是浩歌，壶口是美诗，壶口是中华大历史，壶口是民族长画卷。

壶口之壮，壮在伟伟精神。汇来千川之流，合成万钧之力，闯破重重山，奔向凯旋门，坎坎坷坷不回头，岁岁年年不歇身。感悟壶口气韵，扬我民族精神。胸怀天下，有容乃大；凝聚团结，万众一心；顽强坚韧，无坚不摧；前仆后继，临难不屈；锐意进取，自强不息；矢志不移，走向胜利。搏涛破浪往前行，任尔东西南北风。深化改革，风雷激荡，宏举新措，春潮连涌。乘天时，借地利，聚人气，创伟业。金奖苹果，香飘五湖四海；新城高楼，温馨千秋万代；风力发电，光照千村万寨；煤层气田，福送四面八方；高速交叉，迎来四通八达；古贤大坝，再添大河异彩；圣地旅游，融合海峡两岸；文化广场，咏赞盛世安泰。壶口雄风，陶铸一方气概；民族精神，播扬中国风采。煌煌乎千载一兴，焕焕然万里新颜！

嗟乎！流水相聚而势壮，民心相融而国强。愿我壶口，永世飞腾，满载吉祥，再铸辉煌！

壶口赋

冯彦山

鸿濛初辟，天地始分。爰山岳之赋形，有大河之东奔。浩浩荡荡，汹涌不羁。至禹冀忽尘变，振横亘而挺立。束宽流成巨瀑，注龙槽为洪漪。庄子所谓"悬水三十仞，流沫四十里"者，实即此壶口也。惊涛怒泻，声若雷霆贯耳；激湍冲荡，状如水里生烟，且讶迷雾，奇美洞天别有，艳阳朗照，未雨虹卧狂澜。洪流骤斩，贾客泊舟云集，歌号嘹亮，旱地走船千年；迄今梦中犹记，商埠繁华，风光无限。金风送爽，山月巡天，教凡夫羽化飞舞，令俗子仰慕桂蟾。须春至燕来，桃汛

汗漫；夏逢悭雨，清流柔纤；秋届灌河，浪击紫岸；冬临冰封，雪肌玉面。叹周年之景殊，喜四时之变幻，引无数风流人物，咏壶口竞做折腰诗仙。噫，谢天公着意斯土，独名胜惠赐吉县！

大川傍名山，名山伴闻人。名山大川史蕴，历历待钩沉。人祖山中，女娲抟土造化坪，滚磨穿针，伏羲兄妹合婚姻；柿子滩上，渔猎耕稼赖子孙，华夏震撼，万年祖宗可追寻。“人祖之根出吉州”，中华文明现直根。河出孟门，逆流肆伤厥民；大禹膺命，胼手胝足忧勤。三过其门不入，千古佳话，于今不泯；经始凿山建功，“河中漱广，夹岸崇深”。夷吾居屈，都会踪湮麦城；重耳奔狄，文城可资佐证。咎犯掬心辅教，文公大器晚成。孰知春秋首霸，此地原为舅庭。有隋一朝，炀帝昏庸，豪杰并起图代，李渊南来将兵，屯军壶口之山，渡河终取关中，长安易帜，大唐勃兴。山称“高祖”者，至今任吊凭。迨及满清，西捻嚣张，越天堑东扰吉境，驻守军高筑石墙。清长城遗迹赫然，枉作了铁壁河防。金乌玉兔，夏雨春风，时际民国运舛，东倭伺机以乘。占大好河山，杀良善百姓。亡国奴岂可做得，撄敌锋自有国共。鼙鼓壮士气，战旗猎长空，南村坡阎公长官部，古贤村槐下朱德影。克难城英才聚首，书青史千载留名。光未然，壶口岸畔诗意浓；冼星海，五线谱上抒豪情。好一曲《黄河大合唱》，唤醒了神州亿万众。千军万马奔腾急，东方既白雄鸡鸣。红耶白耶，何须劳神辩论，守土卫国，即是民族英雄。一章吟罢头飞雪，无才秃笔，只写得斑斑点点、几行陈迹；苍黄翻覆乾坤改，壶口儿女，无愧于月升日落、斗转星移！

观壶瀑，忆李白，千秋佳句畅心怀：“君不见，黄河之水天上来，奔流到海不复回。”此乃壶口神，此诚壶口韵，壶口神韵吉州魂！吸纳百川，融汇一体，集千派而协力，蓄猛势以万钧；关山飞渡，东瀛可期，慕鸿鹄青云志，宁迁移白首心；逝者如斯，昼夜不舍，弃浅尝而辄止，恒持久勿逡巡。噫吁戏！壶口景，天地壮；壶口人，意气扬；壶口精神日月光。吁嗟乎！改革风，禹甸飏；弄潮儿，正启航；十万吉人有天相。扶摇直上九万里，鲲鹏展翅图南方。且看我黄河儿女酬宏愿，史篇挥毫著华章！

人祖山赋

徐同

落日黄河远，飞水壶口收。苍茫大地三晋秋。寻觅情悖悖。

凭高远眺，白衣苍狗，难解古今忧。铁鞋踏遍青山，寒露浸透残袖，何处是丹丘？潮起汐落，移星转斗；乱云飞渡，松涛依旧。今日放眼回眸，方知人祖在吉州。

穿针梁、滚磨沟、于烟即合，花好月羞。成千年佳话，经世代传留。而今神人相倅，女娲伏羲不祧祖，盛德誉神州。

率族众，射鹰兽；避洪患，攀山头；炼五石，筑洞岫；止淫水，斩龙虬。始倡农耕，渔猎兼收，畜养有馀，予取予求。严制血缘婚，部落兴丁口；智人转新人，子民奉女酋。金神常在三千界，女娲遂成万户侯。

娲女开源水，羲父拓涓流。地老天荒归九九，又是五千春秋。

观天算历法，立竿知日周；七星辨南北，六合察物候；记事造书契，渔猎结网罾；四象生八卦，五行定三秋。农耕传，畜牧授；族外合婚，人盛丁稠。须眉风雨显身手，男儿多俊秀。氏族奔突东西，唯瞻伏羲马首。父权族系此由头。

人祖山，兀吉州。雄踞黄河中游，极目九畴尽收，万物俱容留。二皇光前裕后，阅尽华夏恩仇；过眼兴衰千古，笑谈将相王侯；舒卷江山如画，应答鱼龙乐忧。造化衣钵留身后，万载如琼璆。

人祖山，遗存厚。娲之城，羲之瓯。山河环护，得天独有。万代子孙添锦绣，岂止五帝夏商周？

于今更悠悠。

登临处，风雨骤；忽晴日，黄河吼。柿子滩前攒人头，天兵漫荒丘。人祖山上，卧云石后，芳草有情，旸谷永昼。岂让风去台空水自守？崆峒真海市，风山非蜃楼。人祖文明源与流，当有今人解扣。

娲皇羲圣，日月同俦；与天终始，幻化宇宙。神邪？人邪？自古说道杂糅，难辨兰莸良莠，后人争不休。论古今，执蟠纽，三晋自有经纶手。正本清源无旁贷，漫流参错有人收。

春秋屈地，钟灵毓秀。天赋遐裔，群贤辐辏。荫庥袭万代，龙脉出渊薮。龀岁垂髫，庞眉皓首，击节高歌：人根之祖在吉州。

吾辈不才，重任已受。岂敢数典忘祖，必当克绍箕裘。团结全球华人，弘扬人祖宿构。

须明日，听风声猎猎，看旌旗抖擞，漫山遍野尽兜鍪。海外游子归宗，华夏儿女聚首，皆为娲羲之胄。百万亲兄弟，祭祖山斧头。礼乐悠，奉觞豆，焚馨香，置牛酒。四海三跪，五洲九叩，顶礼膜拜，魂祈梦求。三呼恭祝震山吼：中华伟业万代昌盛；人祖精神千古芳流！

第二章 散文

第一节 古代散文

孟门山

北魏 · 郦道元

河水南迳北屈县故城西，西四十里有风山。上有穴如轮，风气萧瑟，习常不止。当其冲飘也，略无生草，盖常不定，众风之门故也。风山西四十里，河南孟门山。《山海经》曰：孟门之山，其上多金玉，其下多黄垩、涅石。《淮南子》曰：龙门未辟，吕梁未凿，河出孟门之上，大溢逆流，无有丘陵、高阜灭之，名曰洪水。大禹疏通，谓之孟门。故《穆天子传》曰：北登孟门，九河之磴。孟门，即龙门之上口也。实为河之巨厄，兼孟门津之名矣。此石经始禹凿，河中漱广。夹岸崇深，倾崖返捍，巨石临危，若坠复倚。古之人有言，水非石凿，而能入石，信哉！其中水流交冲，素气云浮，往来遥观者，常若雾露沾人，窥深悸魄。其水尚崩浪万寻，悬流千丈，浑洪赑怒，鼓若山腾，浚波颓垒，迄于下口，方知慎子，下龙门，流浮竹，非驷马之追也。

龙王辿

清 · 贾时遇

名山大川，历万古不变其旧；胜区名都，逾数年而或异其名，历古不变者，壶口是也；数年异名者，龙王辿也。是知古之壶口与今之龙王辿，同而异，异而同者也，斯地也，山势巍巍，重叠万仞；河水浩浩，波浪千层，水星乱激，如烟冲天，狂涛怒号，若雷震地，战战兢兢，险若天堑，舟楫到此，能不舍水而归乎？是以客船星集，如鱼贯之相连，店铺林设，似雁行之不绝。东西要路，南北通衢，春秋二季，水旱码头，盖莫善于此地，亦莫不善于此地已。人人得而就食，良莠莫辨；处处得而贪利，泾渭不分。得财犹如运掌，尽归六股之兼人；求利譬若折枝，远招四方之游民。初交即为知己，不论高低；合伙便是良友，岂云贵贱？无市官之法，豪强者得以兼并；无不平之治，诡诈者愈出奇方。群饮聚赌，争之必先；斗鸡走狗，趋之恐后，至于伴船之人，百般变态，只为利己；更有拉船之侣，一齐尽力，仅能糊口；地虽偏小，胜得泾阳三原；形成弹丸，赛过长安八水。迨夫毛草船至，银钱若流，来之者多也；而博弈人来，花景如林，去之亦广也。幸有创业之人，不数年富贵惊天，声名振地；不幸而逢败家之子，不终日而贫贱及身，衣食求人。更有甚者，奸宄邪慝，窜伏其中，树党结朋，夜聚晓散，以刀枪为生涯，视劫夺为儿戏，源源而来，滔滔而去，行至无时，防之不便。吾故曰："莫善于此地，亦莫不善于此地也。"

游麦城记

清 · 白汝骥

吉州为古耿地。昔商时祖乙都于耿。据书传：咸以耿地濒河，屡圮于水，至盘庚复迁于殷。春秋时，曰耿乡。自献公赐赵夙，其后耿复大。隋时改置耿州，以其曾为耿故也。然吉属万山之中，

城郭逼仄，山水潆洄，环城而列者，俱皆穷冈绝巘。相厥攸居，并无可以建都者。余生长于斯，读书之下，每为追维，未尝不废书三叹，慨然有黍离麦秀之感。岁己卯春三月，予以有事麦城。麦城，居州之东北，距城三十余里，路必经庖山之麓。庖山为州望山，虽不甚高大，而实东北一带诸原之祖。予登临之际，从高俯览，遥见四围远山隐现，各数百里，中皆平原旷野，一望无垠，若非限于沟壑，则车辙马迹，纵横东南百里之间，其平如砥矣！予不胜心讶，以为山川形势之胜，固有如此壮丽者。惜人烟事寥落，弃同僻壤，倘使当年设邦建都，则山河巩国，固亦无愧天府之区也。由庖山而下，始至麦城村。村仅平冈一原，左为桑村，右为彝村，相距各五里许，中皆分为大沟。村上故为古城，墙厚可三丈，高亦如之。其东至于桑村之原，而其西则在于彝村，周围约有二十余里，遗迹至今显然。南虽逼近大河，半为沟浍，而各原尽处，所余故址，隔沟望之，尚垒垒相对，若合符节。城内又有小城两三重，高厚略皆不等，今亦为沟隔断，时有时无。村中地内，俱皆残砖剩瓦，堆积不绝。予周览之际，遐思远想：律以书传濒河之语证，亦今时圮水之形，不禁慨然太息，以为昔之所谓建都，其在是矣！其在是矣！而故老无传，残编莫考，亦惟于望古遥集之下，徒增其山川凭吊而已。北到城外，旧有古大路，荡平无阻，直通于庖山。而苔积沙绣，半倾沟壑，行踪久绝矣。城之东隅，有古教场焉，其地今犹呼为箭道坪，距村五里。白子沟有汲水车道，相传建国时汲水之处，村中井坪数处，相传内有古井，今亦湮没无存。又三村地内，犹多古遗物。每于大雨过后，土人辄拾得古铜、箭镞、铜印，及不可名状之物，难以计数。而箭镞为尤甚，往往有拾至数升者。其形类皆三棱，长可寸余。余曾得一小铜印，上刻“无当司马”，其篆的为魏晋时物。土人传言：此百里为王之时所遗也，余笑而领之。夫物之识与不识，每视好古者之摩挲，而地之传与不传，尤增有心人之痞慨。按此地昔为秦晋要津，五代之际，实为干戈戎马之场。元时屯兵十万，遗锋断镞，固不足奇。但观其城郭形势之大，沟壑推陷之深，诚有非殷周以下所能遽及者，何也？考周距今，千百余年，其中沿革废置，尚皆略有考，况城郭废置，陷为沟壑，由周迄今，亦不应若是之甚也。且周制：大都不过百雉，即使分建侯封，其城亦未有若斯之大者，其为周时以上已明矣。祖乙至今，三千七百余载。意其时，必接陌连阡，坦无沟壑，北枕北山，南临大河，四山拱围，气象宏敞，相地建都，固亦确有可取也。迨播迁既久，废为邱墟，地高土疏，日就颓损。年积代谢，朝市变为深溪，时易事移，故宫鞠为茂草。诗曰：“高岸为谷，深谷为陵”，其信然矣！余末学固陋，既乏考据之资，而又此地旧志久失，无从援证。睹此故城遗址，不忍听其芜没于空山，因约记其概。至于穷源溯委，考证得失，尚俟后之博雅君子详为正之，余不敢知矣。

兰古庄寨记

清 · 葛临洲

寨在城南十里，兰古庄北里许寨子渠。环堵深山巨壑，中间孤山突立，高约二十丈，形若覆钟而微长。周围自足至顶，峭绝如削成，顶上数丈之广，荆棘蔓草，丛生无隙，旧有关圣庙一楹，倾颓弗存。山东壁之半，洞口三四，相去高下远近不等，相传为兵燹避难之所，创造莫考。洞内穿暗窟三层，连转而升，阶砌相通，可出山顶。每层内土窑三数，十孔可居住，但门径塌损，从未有入其中而觇之者。同治丁卯十一月，冰桥捻匪告急，村人恍迫无措。余遂率村中壮丁五六人，于山足之南，修一羊肠小道，横斜而陟，至洞北一洞口入。其中，土砌数十，层叠而上，砌尽，筒道如巷，两旁土窑联密，连似三层之中级，而上下两层，无路可寻。二十三日黄昏，贼前哨已至，村人近六十余家，罄宅而登。既登，即以土塞洞口。转运薪水，则长索牵引。是夜，本城及附近各村，扶老携幼而至者，又数百人，俱以索引登。次日，贼众频集，赖其险固，竟得保全。越明年戊辰，

余又捐微资，于洞口修一小门。洞外小道，断绝丈余，施以覆板，视前较完密矣。谨志之。

第二节　现代散文

游龙门记

民国 · 乔光烈

龙门天下之奇胜，自积石抱榆塞东行，抵入中国，正保德天桥峡，高若建瓴；又数百里，过宜川县，地渐下而平，势亦减缓；又百余里，迳河津韩城两县间，有峰闯然杰起，夹岸东西对踌，劈立若双阙洞状，是为龙门。《水经注》云：河水南迳屈县故城西。有孟门山，既龙门之上口。宋李昉云：禹凿龙门起于唐东受降城之东，自北而南，以至此山。又《尚书》言：既载壶口，治梁及岐。诸儒释《禹贡》，遂以为凡龙门西属韩城者，既梁之南山。而其东在河津，亦即壶口之别峰，南数说论之，则所为龙门者，当不止在是，然以河之人塞而南下也。

壶口瀑布记

梁衡

凡世间能容、能藏、能变之物惟有水。其亦硬亦软，或傲或嗔，载舟覆舟，润物毁物，全在一瞬之间。时桃花流水而阴柔，又裂岸拍天而狂放。凡河川能伸能屈，能收能藏，惟我黄河，其高峡为镜，平原飘带，奔川浸谷，挟雷裹电，即因时势而变。时滔天接地而狂呼，又拥地抱天而低言。

我曾徘徊于黄河上游的刘家峡水库，惊异于她如泊如镜的沉静；曾生活于河套平原，陶醉于她如虹如带的飘逸；也曾上溯龙门，感奋于她如狮如虎的豪壮。但当我沿河上下求索而见壶口时，便如痴如狂。

壶口在山西吉县境内，是黄河上唯一的瀑布。因状如壶口而得名。水流至此急冲沟下，人观瀑布由上俯下，只见烟水迷漫，船行至此得拖出河岸，绕过壶口。即古书上所载“河里冒烟，旱地行船”。原来黄河在这里，先因山逼而势急，后依滩泻而狂放，排山倒海，万马奔腾，喧声蔽天。却正当她得意扬眉之时，突以数里之阔跌入百尺之峡，如水入壶，腾荡急旋。于是飞沫起虹，溅珠落盘，成瀑成湫，如挂如帘。裂坚石而炸雷，飞轻雾而吐烟，虎吼震川，隆隆千里，龙腾搅谷，巍巍地颤。波起涛落，切层岩如豆腐，照徐霞客所记，三百年来竞剜石开沟上剁三百余米；激流飞湍，锉顽石如木铁，据民间所言，有黑猪落水，眨眼之间，退毫拔毛，竟成雪白之豚。黄河于斯于此，聚九天雷霆，凝江海之威，水借裂石之力，轰然辟开大道坦途；沙借波旋之势，细细磨出深沟浅穴。放眼两岸，鬼斧神工，脚下这数里之阔的磐石，经黄河涛头这么轻轻一钻一旋，就路从地下出，水从天上来。她顺势一跃，排山推岳，挟一川豪情，裹两岸清风，潇洒而去，又再现她的沉静，她的温柔，她的悲壮，她的大度。去路千里缓缓入海。

呜呼，蕴伟力而静持，遇强阻而必摧，绕山岳而顺柔，坦荡荡而存天地。美哉，壮哉，我的黄河。

壶口瀑布记

许华

壶口之为山名者，天下有四，皆在晋南。而壶口之为名山者，天下唯一，即吉县之壶口也。山延吕梁之脉，扼黄河成瀑布，恰当晋陕界。出吉县于西，有公路达壶口，瀑布景区在焉。登临之顷，轰然赫然惊人耳目者，直落千丈龙槽之飞流也。总景区孟门双月、晴天彩虹及宋、明、清

遗址诸景，合自然与人文之景观，皆赏心悦目之佳境，故中外游人络绎于途也。然壶口瀑布之名于世者，非徒景观之胜也。其史实故事，脍炙人口亦有可称可记者焉。

盖我赤县神州，得天独厚，终古无穷，钟灵毓秀。其以方千万里六合之氤氲而育成之者，或贤杰伟人，立圣德丰功于百世。或山水胜地，争奇观胜状于万国。此殆我中国之所以为夏为华也欤？予平生慕英哲而学文史，爱烟霞而游南北。尝读《禹贡》而知此壶口，又尝过吉县而观其瀑布。乃知壶口瀑布实合伟人、胜地二者所成就，以史实与景观异壮而美而名于世者也。

《尚书·禹贡》曰："既载壶口，治梁及岐。"盖昔当虞世，洪水为患。禹承舜命治河，以睿智坚毅，躬亲力行，辟山凿岩，疏壅导流，终平河患。今此之壶口瀑布，即大禹凿以导河之绩也。《吉州志》曰："河势北来，至此全倾于西崖。奔放而下，约五六百尺，悬注潆旋，有若壶然。"故以此而得壶口之名也。

传闻大禹治水，新婚别妇，三过之而不入家门，即在是山之左近。今虽已无从觅其故居遗址，然其伟绩与佳话并传千秋万世而至今后焉。孟浩然诗曰："江山留胜迹，我辈复登临。"而今之我辈所登临之此壶口瀑布，非江山自留之胜迹，乃得之于天生伟人大禹之力也。然而，使造物无山河之设，必无洪水之来、吕梁之壅，则虽伟如大禹者，将何由施其智能而成其功名哉？此所以天宠我神州而故为全之者也。亦所以到此登临之寰海嘉宾所必知识，而我炎黄子孙所必为之感奋者也。

嗟夫！予故知古今我仁人志士作壶口游者，或仰飞流，疑女娲之漏补，或俯急湍，惊白驹之易逝。俯仰之间，其必发经天纬地之思，怀继往开来之志哉。当此之时也，白首临风，想曹公而歌伏枥；红颜观瀑，思孟母而畏断机。其或庆盛世如今，祭久安之河伯；或诸怀英才到此，竞摇望乎龙门。浮想遐想，要必老当益壮，少勉争先，共效大禹而奋袖扬鞭，开拓乾坤，振兴华夏也夫。此诚可谓景能生情，物可励志也。予平昔所阅之高山大瀑未有如壶口瀑布之如此动人情志、发人省悟者也。何哉？盖黄河蓄千里之势，突险破隘至此，沸沸扬扬，不可制矣。于是涌万顷之波，如卷风云而来；下千仞之崖，更胜龙虎而去。其磅礴惊天之气势，雷霆动地之涛声，令人于荡胸决眦、动魄销魂之际，忽悟顿识我中华民族精神之伟大，文化历史源流之长久，自豪自励之情志，必油然而生矣。至若闲情逸致之来也，亦仅可寻奇探胜于游踪之所至，必觉四季尽宜乎人，而万物皆备于我焉。于是或迎仲夏晨风，或踏隆冬夜雪；看怒瀑之飞珠，驰神合浦，临惊涛之激湍，却步龙槽。人少年不负春光，倚彩虹留佳侣之影；我晚岁宜当秋色，封落照赋大河之诗。傍古迹坐日月之出没，目高禽逐天水之沉浮。在绝妙之气象风光，令人游则流连忘返，去则迢遥梦在。千载以还，壶口游人虽位别尊卑，志异取舍，而此情此感则或同之。惟壶口瀑布共天地悠悠以长流，而过游者踵迹代谢成古今。嗟乎！物不以人之贵贱而异态，人难共物之久长以永生。念兹益当有守有为，求三不朽焉。今吉县征壶口瀑布碑文，予乃作此记，颂壶口之伟成，状瀑布之殊胜；藉述往哲之德，以期来贤之功；庶此胜地播远誉于万方，垂嘉名于百世也。嘻嘻！吉县壶口胜地也，征文刻碑盛事也。予昔曾游其地，今复与其事，何幸如之。谨以《玉楼春》词一阕为记之束云尔。黄河水决云天处，大禹辟山成瀑布。尽从壶口泻如倾，长续神州今与古。登临景物生情愫，开拓乾坤追步武。飞流直落看惊涛，跃起渊龙腾峡虎。

黄河魂

张铭清

汽车西出吉县，在黄土高坡中穿行了一个多钟头。拐进夹持黄河的晋陕峡谷，已是薄暮时分。

老远，就听见上游传来隐隐的、闷雷般的隆隆声。壶口瀑布，未见其面，已是先闻其声了。

当晚暂宿，想到明天就能一睹壶口瀑布的风采，我辗转反侧，怎么也睡不安稳。朦胧中，耳边尽回荡着远处瀑布那隆隆的轰鸣声，眼前浮现着想象中的壶口瀑布一幅幅气象万千的图景。

一大早，我就起来，伫立在滔滔滚滚的黄河岸边，循着那瀑布如雷的轰鸣声，眺望着壶口方向，不禁心驰神往。

壶口大瀑布的大名，可谓如雷贯耳。在中国目前发行的大额人民币中，除 100 元之外，50 元面额的人民币上就有那气势磅礴的形象。但又常听人说，观景不如听景。那意思很明白；一些景观名声在外，其实到那里一看，不过尔尔。听个景，没去看，觉得终生遗憾；及到看过，又觉得遗憾终生。壶口呢？可是蜚声中外的国家级重点风景名胜区，也是山西唯一的“中国旅游胜地四十佳”啊！

及至来到壶口，我一下子被惊呆了。壶口瀑布那惊天动地的磅礴气势，仿佛把我给吞没了。方才还萦绕脑际的那一切疑虑，顷刻间烟消云散。

放眼北望，只见那铺天盖地滚滚而来的，分明是千万条张牙舞爪的黄鳞巨龙。它们翻滚着、缠绕着、拥挤着、撕咬着、昂首甩尾，一路挟雷裹电，咆哮而来。倏而，腾空而起，猛然，俯冲而下。如同百米冲刺一般，它们各不相让，必得要在壶口“冲线”的一刹那，争个你低我高。

来了！来了！呼啸着、拥挤着冲锋在前的惊涛，如千军万马，以排山倒海之势压向壶口。就在前面的一排巨浪刚刚冲来的一瞬间，后面的一排早已接踵而至。雷霆万钧的冲击力，已足以所向披靡，何况那紧随其后的更是势不可挡。说时迟，那时快。只听得“轰隆”一声震天动地的巨响，前呼后拥的千万条巨龙，齐刷刷地跌下深渊……

震耳欲聋的雷声在轰鸣，紧接着撼天动地的霹雳又已炸响，跌进深渊的巨龙，拼命挣扎着、蜿蜒着，企图跃出深渊。可跟踪而至的后来者，又以泰山压顶之势猛冲下来。在山呼海啸般的轰鸣声中，无数的断鳞残甲，化作腥风血雨，从深渊中升腾，如同一股强劲的龙卷风，冲天而起，扶摇直上……

目击这惊心动魄的壮烈景象，我频频举起相机，想记录下这壮观的一幕。可是，我又不得屡屡放下。因为，从镜头里看去，几乎每一瞬间，都是一幅全新的令人激动不已的画面。我想捕捉一个更壮美的瞬间。可是，我不能。因为那一幅幅神韵飞动的画面变化万千，又稍纵即逝，我难以比较这些瞬息万变的画面，究竟哪个更能代表它的风采。我怕一旦按下快门，就把那千变万化的飞动神韵给凝固在胶片上了。那是对壶口瀑布的亵渎。我觉得，像壶口瀑布这样的壮怀激烈的景观，除非用摄像机来记录，一切的影片、图画，甚至文字，都没有表述它那气势磅礴、气象万千的资格。

伫立在壶口瀑布前，不知不觉一个小时过去了，又一个小时过去了。目睹瞬息万变的奇观，耳闻震耳欲聋的轰鸣，我深深地被壶口瀑布那撼人心魄的力量震撼，为它一往无前的大无畏精神所折服，为它那前赴后继的献身壮举所感染，为它那无坚不摧所向无敌的气概所激动……我的整个身心已经融化进壶口瀑布中去了。

黄河，哺育了中华民族的母亲河！您博大的胸怀，您的精神，您的气概，是亿万中华儿女力量的源泉。而壶口瀑布正是您的灵魂精魄的集中体现！我真希望时间凝固在这里，让我在这里待上一天，甚至更长的时间，好让我从黄河母亲的魂魄中汲取更多的营养。

壶口观瀑记

艾斐

一

黄河之水，龙腾蛟踊，西出雪原，东归沧溟，躯贯华夏，魂系壶口。

泱泱飞瀑驰锦涛，隆隆巨霆鸣天昊，波迭千匝降金雨，浪拍鳞岩架虹桥。浩浩渺渺天来水，万涛尺收一壶中：三百米的河床，五十米的龙糟，六十米的断崖，挤、跌、冲、奔、涌、溅、激、鸣、呼、吟、啸、漩、漱、萦、洄、万象迭起，千奇顿生，掀天揭地，惊天动魄！伟哉！壮哉！天下奇观此乃尔——华夏古老名瀑！

二

壶口之谓，其状如壶。涡流漩湍，绝巘嵯峨，壁立千仞，砥磐如研，石倾地陷，侧陡中凹，岩阶参差，峒罅错落，漫漫河道归一谷，万斛黄浪束成缕：收而放，放而驰，驰而宕，宕而触天掊地，奔流直泻，叩石凿槽，倜傥不羁，直扑孟门、禹门。涛吼如惊雷裂帛，浪奔似骅骝驰骋，下刓砥为万丈深渊，上喷珠雾化满天云霓。

主流临崖直泻，侧流涓涓细吟，三面飞帘倒挂，四周风光旖伟哉！壮哉！天下奇观此乃尔——世界第一黄瀑！

三

壶口胜景，造化瑰奇，长城屏佑，“人祖”远围，龙沚上绕，孟门下窥，驭舟眺览，心旷神怡，尔来春夏秋冬，四时风光殊异；

桃汛蹒跚，蛰冰消铄，流凌浮跃，瘦水趱驰——浪冲冰，冰挤浪，声如吼，势如摧，若万马扬蹄破阵而来，似千军簇拥夺硖而去，槽中水漫漫，岸上草青青；冷艳中含刚烈，磅礴中见秀色。

布谷啾鸣，熏风吹掠，水流倏忽涸济互依，时而铺天盖地，呼啸而来，犹如洪蜂突趵；时而潺缓徐舒，欸乃而至，好似黄绫匹挂，红日潜波，山花镶岸，金浪濯珠，蜂蝶蹁跹，山水妙合，野趣盎然。

霜雁啼归，川硖秋染，源流泽浸，汜水漫漶，涟波绵仍，惊涛拍岸，不尽黄流滚滚来，一片浩渺盈霄汉，龙槽涨，绝山献倾，浪疾驰，瀑横卷，满山红叶映波光，合唯川烟牛叆叇，遍地果香逐锦鳞，金风送爽忒宜人。

雪搅三九，冰封河床，霜噤瀑翼，寒凝链索。水凫凌，瀑仍飞；冰汲浪，涛还沸。喧嚣复以宁谧，缤纷幻如素洁，恣肆下安详同在，狂烈与冷峻并存。白雪掩映晶莹，朔风横扫云霭，瀑布倒垂冰帘，玉霰度卷岩堤。鹰高翔，鸢远弋，雁阵扇翅击长天，丛林当空拌琼枝，冰天雪地白乾坤，怎奈狂涛冰下滚。苍茫中现皎洁，素淡中露妩媚，沉寂中跃生力，凛冽中蕴炽热！

伟哉！壮哉！天下奇观此乃尔——中国的精神，黄河的魂魄！

壶口奏鸣曲

乔忠延

千军万马犬牙厮杀着来了，狂风暴雨呼啸着来了，雷霆霹雳轰鸣着来了，火山岩浆喷吐着来了，来了，来了，凝聚着这人间，这环球，这宇宙最飓烈的力量，最震慑的声响来了！于是，如石破天惊，如山崩地裂，如倒海翻江，如日月逆转，轰轰然，隆隆然，滚滚然，烈烈然……

这就是壶口。这就是黄河壶口瀑布那惊心动魄的雄姿！那撕裂肝胆的写照！黄河在怒吼，

黄河在咆哮。的确，滔滔黄魂没有愧对这悲壮高昂的旋律，黄河像一群疯狂万般的恐龙，像一伙凶猛异常的雄狮，在壶口这灾难深重的关头，扭结为一体，又碎裂成万段；碎裂成万段，又扭结为一体。粉身碎骨的磨难，化作了惊天地、泣鬼神的咆哮、怒吼。在黄河的嘶喊声中，当顶的长空云散日坠，两岸的山峰缩身矮卧，山间的林木瑟瑟发抖，更别说那微渺的小草了，早就枯黄了枝叶，飘零于四野。

啊，黄河！难怪李白面你诗兴豪发："黄河万里触山动，盘窝旋转奏地雷。"难怪刘禹锡临你豪情喷涌："九曲黄河万里沙，浪滔风簸自天涯。"连一向以沉稳著称的陆放翁在你身边，也不仅豪爽起来，向天高颂："三万里河东入海，五千仞岳上摩天。"黄河，豪壮的河，引无数骚人抒怀落墨。古往今来，多少文人雅士为黄河走笔放歌？而今昔人不知何处去，唯留黄河天地间。黄河，永恒的脉流，永生的水魂。

大千世界芸芸众生，也不乏挑剔之辈。有人对着黄河品品评评、指指划划，既为河，何要黄？汝不观普天之下，多少江河湖泊，多少溪流渠汊，哪条不是清清亮亮，哪河不是明明净净？好个黄河！唯汝却硬要倒行逆施，硬在浑浑噩噩，污污浊浊，难怪世人把冤屈和你捆绑在一起："跳进黄河洗不清。"多么可悲的怨叹，多么可怕的咒语！好个黄河！你却依旧如故，莫改初衷。黄河自有黄河的性格。既有当初，便有现在，更有始终如一的将来。有谁知晓黄河生于何年，为何要黄颜涂面，自找几分不光彩！翻阅志书，遍查史册，终难找出这疑人的答案。忽闻：《山海经》载："炎帝之少女名曰女娃。女娃游于东海，溺而未返，灵魂化为精卫，常衔西山之木石以填东海。"曾有人赞，精卫填海，矢志不渝。而今，沧海依旧，哪里去寻觅精卫的踪影！只有黄河一黄如故，日日驮泥，天天载沙，向前，向前，向前，不填东海誓不罢休！莫非黄河之所以要黄，就为取西山之木石，塞东海之虚谷？莫非削尘世之高垒，填地表之沟壑，求天下之大同，就是黄河之志向？黄河，黄河，为此而滚滚滔滔，曲曲折折，生生死死，悲悲壮壮！

想当初，黄河一拔步启程，就遇到上苍的万般阻拦，高山要塞死它，深渊要跌死它。志向既定，勇往直前，黄河冲破层层阻碍，一路荡激而进，遇塞蛇行，不平则鸣。小小壶口，又是上苍的一计。企图将黄河收入壶底，煮沸炸干。黄河愤怒了，咆哮着，呐喊着，迎头进击，前赴后继，对着悬崖舍身跳下去。黄河冲破上苍的壶底，奔跳不息，跳过白昼，跳过暗夜；跳过春夏，跳过秋冬；跳过炎黄，又跳过尧舜；跳过夏商，又跳过列国；跳过秦汉，又跳过三国；跳过唐宋，又跳过明清；跳过民国，直跳进天地一新的共和国……回眸一看，天地间瞬息万变。多少风流人物，多少英雄豪杰，曾在黄河岸上叱咤风云，曾在中原大地指点江山。秦王来了，群臣叩拜，吾王万岁，万万岁！汉武帝来了，万民叩首，吾皇万岁，万万岁！唐太宗来了，举国高呼，万岁，万万岁！宋高祖来了，华夏三呼，万岁，万岁，万万岁！成吉思汗，逐鹿中原，征服天下，万民伏地，万岁，万万岁！太平军初震中华，始定南京，洪秀全便登上龙廷，也万岁，万岁，万万岁了……史至今日，神州大地万岁至今日。万岁之声时时鼓噪，不绝于耳。万岁之史，代代书写不绝于篇。试看今日天地，哪家万岁安在？更别说哪家万万岁了！俱往矣，万岁，万万岁！天地间久远存在的唯有黄河，唯有我那一往无前的黄河，唯有我那咆哮、呐喊的黄河！

遗憾的是，这万岁不息的脉流，这亘古常存的魂魄，却没有得到世人的承认。这千真万确的万岁，这万确千真的万岁，尘世间却没人称之：万岁！

而今，我谓黄河——

黄河万岁，万万岁！

轰轰然，隆隆然，滚滚然，烈烈然，黄河雄浑的呐喊淹没了弱小的声音。君不见，黄河之水

天上来，奔流到海不复回！

一代名山今依然

许小根

壶口山，这座因大禹治水在此落下第一斧而闻名的山，这座与壶口瀑布奇观联为一体而闻名的山，这座被古时历代学者津津乐道而闻名的山，在中国大地红红火火了数千年后，又于数百年前销声匿迹了。

壶口山，你在哪？

壶口山在哪里？我国第一部地理著作《尚书·禹贡》首次记载壶口山并把其划在冀州。山西省吉县在夏朝时为冀州之域。以后的《淮南子》《尸子》《吕氏春秋》等就很明确地指出壶口山在吉县。权威性更大的“二十四史”中凡记载壶口山的都把其列入吉县并确定了方位。如《汉书·地理志》指出：“北屈。《禹贡》壶口山在东南。”（应为西南。北屈即今吉县。）除全国性的文献外，明清以来山西、陕西两省的地方文献对壶口山的记载都有一个鲜明的观点，即：壶口山在吉县。大部分《山西通志》《平阳府志》《吉县志》都明确指出：“壶口山，在（吉）州西七十里。”《陕西通志》《延安府志》《宜川县志》在明代时对壶口山只字不提，进入清代后有些方志开始提及，但大都引《禹贡》和《汉书·地理志》所述，指出壶山在吉县。这些现象表明，壶口山就在吉县境内。那么，壶口山具体在什么地方呢？以明嘉靖《山西通志》为例：“壶口山，在（吉）州西七十里……盖河势北来，至此全倾于西崖之脚，奔放而下，约五六百尺，悬注漩涡，如一壶然。”清代官修大型类书《古今图书集成》说：“壶山在今山西平阳府吉州之西七十里，大宁县马头关之南二十里，其山西崖之脚尽受黄河之水，倾泻奔放，自上而下，势如投壶，故名壶口。昔唐尧时，大禹治水即始于此，今每逢秋涨，波涛汹涌，震动远近，洵称宇内奇观。”书中附有“壶口山图”，东边为山，西边为岸，中间是瀑。此外，如《元和郡县志》《太平环宇记》《小方壶斋舆地丛钞》《晋乘搜略》等以及大量的方志著作都是这样介绍壶口山的。由此可见，古人把壶口山和壶口瀑布看成是一体的。这也就表明，壶口山就在壶口瀑布旁边。但是，如今壶口瀑布周围每座山峰都有其名，却没有一座叫壶口山，周围的乡民也没有知道壶口山的。壶口山，你在哪？

终于找到壶口山

壶口山仍在老地方，却和壶口瀑布分离了。

为了寻找壶口山，吉县的部分学者们不辞劳苦，翻山越岭进行实地考察，并到北京、太原各大图书馆查阅了大量的历史文献。在收集旧志资料中，我们发现了一个重要的线索。如明嘉靖《山西通志》、明万历《山西通志》、清顺治《平阳府志》、清康熙《山西通志》等都记载了壶口山，而清乾隆《吉州志》、清乾隆《山西志辑要》、清雍正《山西通志》、清光绪《山西通志》等都没有记载壶口山，却记载了一座新山—高祖山。也就是说，从清乾隆以后，壶口山在吉县境内消失了，高祖山却矗立起来了。根据这一线索，吉县学者和山西省史志研究院的有关专家进行了考证，证实，今之高祖山就是历史上赫赫有名的一代名山壶口山。

今之高祖山在黄河东岸壶口瀑布下游5千米左右，海拔1820.5米，东西长5.1千米，南北宽2.7千米。顾名思义，这座山是为纪念历史上某位高祖而命名的。据考证，历史上只有唐高祖李渊来过壶口且声势很大。《资治通鉴》《新唐书》《吉县志》等书记载：隋义宁元年，唐公李渊亲率大军自太原南下，乙亥进军壶口，结连关中孙华，意图进取关中。当时隋炀帝腐败无能，各地英豪群起反隋，全国百姓积极响应。所以，李渊驻军壶口后，河滨之民献舟日以百计，乃置水军。不久，

便进入长安，建立了唐王朝。

李渊驻军壶口，在历史上是一个重要事件，对吉县乡民来说也是一件大事。在壶口，李渊和关中农民起义领油孙华秘密会面，并达成协议，采取里应外合的办法打入长安，为夺取天下奠定了基础。唐得天下后，当地乡民为纪念这一事件，便在李渊住过的壶口山上建起了高祖庙，并逐渐把壶口山改称为高祖山。

古人一致认为壶口山和壶口瀑布是联为一体的。既然高祖山就是壶口山，为什么会分离了5千米左右呢？我们认为这是壶口瀑布转移了。据北魏郦道元所著《水经注》介绍，当年壶口瀑布是和孟门石岛连在一起的。这已和大禹治水时的壶口山相距2千米之多了。到了唐代李吉甫写《元和郡县志》时，壶口瀑布距孟门石岛又有一千步了，按唐制折合今1475米。而现在的壶口瀑布距孟门石岛大约已有3千米了。这是水的冲刷力使壶口瀑布的位置向后退移。据近年来的考察测量，壶口瀑布每年向后退移平均一米左右，按照这个数字计算，大禹治水时壶口瀑布也就在今之高祖山山脚。可见，壶口山和高祖山本系一山。

重振壶口山风采

壶口山风光秀丽，景色宜人。春天百花盛开，山间云雾缭绕，如临仙境；夏天林荫蔽日，山巅早晨观日出，心旷神怡；秋季层林尽染，漫山红叶如火，生机勃勃；冬日雪涛喷涌，如银蛇舞向天际，极富情趣。不远处是汹涌澎湃的壶口大瀑布，山根下是滚滚东流的黄河，黄河风采、黄土风情尽收眼底。壶口山不仅自然风景迷人，而且文化含量很高。壶口山作为大禹治水时“行山表木”的第一个标记，包含了我们的先祖自强不息的精神，蕴藏着中华民族的丰富智慧，铭刻下古老的黄河文化印记。也可以说，壶口山是中华民族发展史中的一个重要标记。所以，开发建设壶口山，恢复壶口山原本的名义，并融合创新，赋予其新的文化意蕴，就一定会使这座一代名山重振风采，成为中国最重要的名胜之一。

走不出的大山

许鹤鸣

世界之美，无所不有，而我这个异乡人却偏偏对贫穷的吉县情有独钟，以至于到了如醉如痴难以割舍的地步。

20世纪60年代初那段晦暗年月，刚出校门的我，迫于生计，背负着那个时期特有的无形的黑色身枷，跪别了满脸泪花的母亲和车水马龙的都市，在饥肠辘辘和万般无奈中，沿着细长的铁道和蜿蜒的山路，形只影单地飘零在晋西南千山万壑之中的吉县。

巍峨的吕梁山以她宽广博大的胸怀，无私地接纳了我这个身陷困境的新移民。那之后，我终有了果腹之日，栖身之地，受伤的心灵得到了些许慰藉，瘦弱的身躯也逐日茁壮起来。

在这片土地上，我吮吸着清新自由的空气，沐浴着质朴而淳厚的民风。享受着山野的安详和宁静，感知着源流于今的农耕文明。

冬暖夏凉的土窑洞是我理想而安逸的宫殿，古旧狭窄的小街区是心目中的都城。喝着“饮马泉”水我顿觉清凉甘甜，吼起“祖师庙，垣疙瘩”我心境格外地畅快。而听到院舍旁的鸡鸣狗吠我便感受出家的融乐和温馨。大山的气韵，地域的俗尚，把我熏染成一个不折不扣的山的子民，让我成了这浑厚的黄土地里一块成色纯正的土疙瘩。

我在这里安身立命，我在这里娶妻生子，我在这里实践着自己艰难的人生。在珍贵的工作岗位上，我把自己的虔诚和自己的工作紧紧地绑在了一起。我兢兢业业，呕心沥血，或闻鸡起舞，

或秉烛破夜，我以竭尽全力而心安理得。在此其中我快乐着，痛苦着，欣慰着，沮丧着，洒泪，流汗，吵了，闹了，哭了，笑了，勃然发作又悄然敛去……我的情绪坦然而畅快地渗化在这个社会肌体中，一切来得那么自然，那么实在，那么不可自持。也正是这样的反反复复，我对吉县的爱恋在悄然升华着，以至于最终达到了永恒。吉县之于我已非一般意义上的生存之地，它已成为我生命所依赖的不可或缺的温床。

我爱吉县。吉县虽非富庶之地，吉县城也非通都大邑，但她却有着悠长的历史。全国考古十大新发现证实了一万多年前古人类即在这里的柿子滩生息繁衍，众多典籍记载了两千多年前这里已有政体建制。可见，吉县的历史可以追溯到中华历史的发端之处。而散见于吉州大地的卦甲山摩崖石刻、谢悉村坤柔古殿、大墓垣古墓葬群、龙王辿码头、桑津古渡、柿子滩洞壁崖画以及人祖山中的歇马梁店等等古迹遗址，又有力地佐证着吉县往日的繁荣和辉煌。我为能生存在这个中华历史的发祥之地，为能沉醉于如此厚重的历史文化氛围中而无比骄傲，无比欣慰，因为这不是每个中国人都可企及的。

我爱吉县。吉县虽然封闭、贫穷，但封闭和贫穷却成为一种无形的屏风而另见裨益。它相对完整地保留了纯正的黄河文化，也保存了吉州人的传统美德。吉州人把朴素的情感隐寓于节庆、祭祀、纫织、装帧、佩饰、民歌等形式中，代代传承，生生不息，也因此，带有地域色彩的民间文化自然衍生出来，成为人们的精神瑰宝。并在今天的缤纷斑斓多元共存的文化格局中光彩夺目。这里朴拙的农民画《打核桃》曾入选国展，稚巧的民间剪纸曾全省夺金，而惟妙惟肖又纯真自然的根雕艺术也已走进大众叫响平阳。脍炙人口的《揽长工》《马茹子哥》等民歌不绝于耳，《人根之祖，出自吉州》等民间故事口口相传，这些植根于民间的艺术形式，都具有鲜明的黄河文化的个性和顽强的生命力，为吉州百姓的精神生活涂上一抹浪漫和神奇的色彩。即使时世不断演进更迭到现在，勤耕勉作，节俭朴素，尊长爱幼、和睦邻里，扶弱济困、乐善好施等淳朴的民风、民俗仍主宰着吉州百姓的道德理念，仍是吉州人的行为准则，仍在吉州人的秉性中荡漾。这在优良传统道德亟待拯救的今天，实属难能可贵，也为世人所称道，为世人所崇尚。黄河文化是我们民族文化的精髓，也是吉州人引以为豪的资本和弥足珍贵的精神财富。而我就十分幸运地浸润在这种浓郁的气息之中，得以充分的陶冶。

我爱吉县。因为在吉县这块古老而贫瘠的土地上，生活着一代代质朴而勤劳的人民。他们从不抱怨上苍，从不屈从命运。他们坚韧不拔地与这极其恶劣的自然环境默然抗争着，无数次播下希望，又永不灰心地期盼着收获未来。他们就是这样以艰苦的奋斗开掘着自己的美好前景，用勤劳的双手打造着自己的翻身工程，也终以辛勤的汗水浇灌出一个个可喜的成果。金灿灿的麦穗堆满粮仓，黄澄澄的烟叶行销市场，绿油油的林木满山遍野，红艳艳的苹果过海漂洋。公路到村头，家居换新颜，学子遍村野，花香满庭院。日子红似火，一年胜一年。面对如此丰润的业绩他们并不满足，他们还充分地开发了壶口这个得天独厚的自然资源，使它获得全国风景名胜四十佳的殊荣，引得这里名噪四海，誉满天下，游人如织，众星云集。他们以大无畏的胆魄在这汹涌澎湃的壶口大瀑之上，组织演绎了前无古人的汽车、摩托飞黄河，悬空走钢丝过黄河，高空蹦极跳黄河，橡皮筏艇漂黄河的惊天动地之举。赢得了天下第一飞、天下第一走、天下第一跳、天下第一漂的美誉，这无异于奏响了一曲荡气回肠的洪钟大吕。可敬可佩的吉州人并不仅仅索取大自然，他们秉承了天人合一的理念，更注重于关爱他们赖以生存的大自然。他们看准了沿黄河一带的区位特点，把其辟为国家地质公园，并有望被联合国认定为世界自然保护资源，从而保护了这一极具代表性的地域风貌，成为古老吉州的新亮点，这是吉州人一项引以为豪的功德。而这一

切又成为吉县炫目耀眼的地域名片，让古老的吉州以崭新的容颜昂首闯入了世界，让四面八方的游人欣喜地走进吉县。我们可以骄傲地说，当今的吉县已远非昔日所能比，也远非故人所能想象了。

我爱吉县。因为吉县有我情同手足、相濡以沫的朋友们，虽则我们均是一介布衣，但彼此的心仪却清澈见底。从青春年少到垂暮之时，数十载风雨兼程，数十载同舟共济，我们的情谊已牢牢地熔铸在了一起。我们一起涉水跋山，一起灯下伏案，一起倾诉衷肠，一起推杯换盏，为事业而忙碌，为生计而奔波，因成功而喜悦，因失败而痛苦。我们在酸甜苦辣，喜怒哀乐，跌跌撞撞中一步一步艰难地走到了今天，那份在甘苦交融中酿造的真情也因此反复焙烧，反复冶炼，而那其中难以言表的滋味却是耐得我终生去咀嚼，去品尝的。而今，我们都已两鬓斑白，子孙绕膝，又得以把酒叙旧，共享天伦，安度闲适。这份难得的情谊就更显得浓烈酣畅，不可缺失。人生得一知己足矣，而我能在吉州这块土地上有如此情缘，也是今生最大的收益，最大的幸运，也就心满意足无他求了。

人生苦短，四十余载倏然逝去，此生之旅已近尾程。人之将老，独善其身，我欲走出大山告老还乡，却又顿然失去了勇气，辗转反侧，难以定夺。我知道，在吉县的土地上洒下我太多的汗水，吉县的山山水水印上了我太多的足迹，吉县的朋友中倾注着我太多的笃意真情，吉县的事业里留下了我太多的美好回忆，也淌下了我多少幸福和痛苦的眼泪。四十多年啊，那是怎样的一段艰难的历程，怎样的一种难得的情谊，那又是怎样一种刻骨铭心的灵与肉血与火的熔冶啊。面临这艰难的抉择，痛苦的割舍，及至终老，我也只能在心底由衷地感叹：吉县，我心中的圣地，永远地离不开走不出的大山。

风山大河吉州

高树德

冯彦山先生，吉县驮腰人。北师大求学八载，受业启功等名师硕儒，学成报效桑梓，归晋南栽桃育李，成一代学海名师。冯先生在现代汉语领域建树颇丰，此其一；品行端方大有古贤遗风，此又其一。数十载虽客居异乡，凡乡人父老子侄碎琐之事，公务政事麻缠之事，或是出谋划策，或是奔走呼吁。闻乡音动容，听乡声萦心，先生拳拳行状，非乡痴莫能形容。

冯先生嘱我写篇关于吉县的文章。竖子不知轻重，欣欣然应诺。吉县是我血衣之地，父老乡亲汗珠摔成八瓣哺育了我，小米玉米红薯洋芋滋润了我。离开故土多年，以文字换稻粮，用心血换嚼谷。文学评论家楼肇明先生在剖析拙著时指出：其文化精神之根在他的故土。我的作品深深烙着黄土高原的印记。写篇关于吉县的文章，应该是轻车熟路，不是写了几十年了吗？然而，提笔展纸之际，颇感犯难。

吉县人祖训：应人事小误人事大。斗胆落墨，信马由缰，硬着头皮，涂鸦我吉州山川人事，博读者诸君喷饭。

一

近年来与人随喜，探研家族民族姓氏，此等工作是国人的传统，社会平稳国家昌明，国修史，地撰志，族续谱，家寻根。

自司马氏撰写亦史亦文的《史记》，由《帝王本纪》开端，溯根寻源，三代五代，祖宗八代剖析分缕，实在找不到直根直底，编也编个玄鸟生赤龙感。传说也好杜撰也罢，为帝王为宗室找个本源，讨个说法。非贵胄显宗平民百姓，上溯着三代五代，十个指头扳不全，也会在先祖里装扮

一位，冠以始祖，那始祖之前的祖宗查根究底弄不明白，也就一味地糊涂下去了。

我是谁？我从哪里来？我到哪里去？

生而为人，区别于其他动物的我们，是一些会思想的苇草，难免兴起我的祖先在哪里的疑问。人生而有父母，父母又有父母，祖父有父母，祖母有父母，外祖父外祖母有父母。自我们以上，以父母为底数，以先祖辈乘 2 为指数，呈几何倍数增长，我们的血缘之根便会走进非洲了。现世的我们每个人，其身体内均携带着全人类的信息。

血缘对我们性格的形成和秉性的养成关联不大。对于张姓的人如此，对于李姓的人如此。但是对于本地人和伊岸人（吉县方言，外地人）而言，习性不同，秉性各异，原委到底在于什么地方？

二

从落草落到黄土高坡，睁眼看世界是黄土，吃的是黄土，住的是黄土，却并不知道这世界上还有别样的天地。读书读到“三秋桂子十里荷花”，读到“日出江花红胜火，春来江水绿如蓝”，心往神驰。有一日看绿茵如毡的江南，走进小桥流水的人家肆铺，烟雨扬州，姑苏城外。坊内铺间陈设蔬菜种种，有的平生头一次谋面，有的似曾相识。不相识者，左耳进右耳出，似曾见过面的，原来是几样家乡菜，茄子细长似指，葱若毛发纤细，白菜是生长了二三十天的菜苗子，大加诧异：锦山秀水吴侬软语者，戛然笑我北方的菜蔬长得和人一样硕大。

北方人生得五大三粗性格豪迈，南方人长得小巧秀气性情平和。同族同种的物事，长的山水不一样，结出的果也不一样。南人冰雪聪明才子车载斗量，北人孔武忠厚多的是猛将忠良。回首黄土地自己落草的那片厚土，才又想起“橘生淮南则为橘，生淮北则为枳，水土异也”的典故。

什么样的水土，长什么样的庄稼，什么样的山川，养育着什么样的人物。

三

吉县东北与晋南重镇尧都接壤的是石头山，东南与乡宁分界的是高与天齐的高天山，西北是高祖山，县城北是管头山，又北是海拔 1740 余米高的人祖山，人祖山东南是庖山。

人祖山在郦道元的《水经注》中称为风山，女娲为风氏，风后。炼石补天抟土造人的娲皇在中华民族上古文明发祥地的晋南留下了许多扑朔迷离的传说。吉州有风山，风山上有女娲伏羲庙，左近有庖山，洪洞存有娲皇陵。从旧石器晚期到仰韶龙山文化，尤其是 10000 年前柿子滩遗址的发现，遗址遗存的岩画表明很久以前先民们就繁衍生息在这片黄土地上。至于女娲当年造人采用的原料是否是吉州黄土不得而知，但是黄种人的肤色，不是东北的黑土色，也不是江南的红土色，而是地地道道的黄土色。人之根祖在吉州，此说从宋以来一直流传在民间。

县境三面环山，人祖山雄踞县中，西侧黄河贯境而过。九曲黄河从青藏高原，曲折东流，入晋陕峡谷，看似不折不弯奔腾而下，独独到了县境内郁结成壶口大瀑布，平地里陡增数十米落差，声震九霄，名扬环宇。禹劈孟门，凿龙门，在治理洪水的过程中，国家开始形成，中国由此诞生。黄河是祖河，是国人的母亲河。一个大气而又绵绵不绝的民族，一个泱泱大国从此肇始，薪火相传绵亘而往。禹扬起手中巨斧的黄河壶口，与传说中女娲的发祥地风山，不过数十华里而已，祖山祖河近在咫尺，这是天设地造，还是后人的附会？

大山是骨骼，长河是血脉。在河与山之间，纵横的沟壑，起伏的丘陵，悠长的垣梁，或壁立千仞的黄土，或似鸡爪厚不盈尺的耕地。大河滔滔无灌溉之利，小溪潺潺难解饥渴之需。支离破碎的黄土地，为文明输送了过多的给养。中国现代考古学理论的奠基者苏秉琦先生说，凡是水土流失严重乃至沙化严重的地方，都是文明最早的发祥地。我吉州正合此论。

四

吉县山河险阻，有大河高山为恃，易守难攻。东从临汾入境，仅有金刚岭一径可通，北由大宁而来有险隘可据。一夫守关，万夫莫开。境内寨堡，四面石崖壁立，自成防御体系。因而吉县历来为兵家所争之地，也是朝廷政府太平年代驻军防守关隘津渡要地。

地势险要易守难攻，当灾难骤临战乱四起，吉县便成了趋吉避难再兴霸业之所。春秋五霸之一的晋文公重耳，为避骊姬之难，在吉州古县城文城避难五六年，文城之名始于彼。从吉州积蓄力量保存实力的晋国公子，跃为春秋最强的霸主，演绎出许多故事。到了20世纪30年代日寇入侵，民族罹难，第二战区司令长官阎锡山率领长官部和山西省政府军政人员10余万驻扎吉县五年，与日军抗争。第二战区驻地，西可眺望到扬波激浪的黄河，东则距当年晋国公子重耳避难的文城十几华里。这绝非历史的巧合和偶然。王公贵族灾难来临驻吉避难，寻常百姓或遭天灾或遇战乱，挈妇将雏迁民于此屡代不绝，近世以冀鲁豫移民为最，俟灾难平息返归故里者有之，定居吉州数代之后遂成土著不乏其人。地广而薄的自然环境，虽难使子民轻裘肥马，但可供生息繁衍用度。

五

群山巍峨雄壮，连绵叠嶂，四季景色各异，晨昏风景不同。绿荫清雅，不亚于山阴道中的江南；苍茫雄浑，得了吕梁气韵，一派北国风光。村庄若重墨点缀，一条一条，梯田垣峁边缘，鸡鸣犬吠，马嘶牛哞。值秋播，耧斗里的拨子木槌叩击斗壁木板，其声轻缓徐疾，由一条垣面传播到另一个山梁；恰夏收，驮载着高若山包的“麦个子”，马车驶向垣底的村镇场院，铁木胶皮拉闸限速的声响，射向天空，也深深植根于人们的记忆。

天下太平，政治修明，风调雨顺，吉州山水胜似桃花源强似那终南山下的风光。

沏一杯茶水，无论茶质好坏，这山地涌起的泉水井里藏着河流里淌着的清水，清香甘冽；干脆喝一瓢白开水，沁脾润肺，涤肝浣肠，养颜美容。傍着春花伴着明月，山水田园真也是上苍所赐。

许是得了山水的灵气，吉县人生得俊美，男子浓眉大眼体格雄健，少有獐头鼠目之辈，女子眉眼清秀身材苗条，百里难挑无盐氏。虽无米脂婆姨绥德汉之说传扬天下，实实有过之而无不及。入殿堂进市肆，吉州汉子人才风流貌超群伦；布衣荆衩公关礼仪，吉县女子总是鹤立鸡群。因之，在二十世纪中叶至高考制度恢复，吉县女儿以自身优秀条件，北到京华，南到广州高级宾馆遴选为服务员，端上了计划经济体制下的金饭碗，几成惯例几成特权。此虽不足为外人道，但从一个侧面说明吉县水土滋养得儿女俊美。

六

吉州人为民为官，皆是这世界上最能吃苦耐劳的。

山河险阻交通不便，连绵高峰富有珍禽异兽，先民之后不以狩猎为生，以农耕为本不计货利。有地理之因，更多的是信仰使然。自北魏以来县境内佛寺道观比比皆是，日军侵华两度焚毁，庙宇房舍毁于一旦。寺观不存，但是人民信仰依旧，崇敬天地神衹，厌憎恶道丑类，热爱生命，酷爱和平。

县人百姓自称受苦人。春耕夏耘秋收冬藏，吃喝穿戴仰仗着几亩耕地。敬黄土地如父母至亲，视庄禾若子女娃娃。最困难的年月，深渊洞窟鸡屁股般大小能见天光的地方，四五十度陡峭难站人足的坡地，能点豆的点豆，可种瓜的种瓜。不惜气力，不计成本巴结着土地。

古训有“穷死不做贼，饿死不要饭”，最鄙夷那些游手好闲不自食其力者，冠之以讨吃鬼，倒灶鬼。

为民的是靠下苦力吃饭本分做人，为官的是勤政奉公以死侍事。州人兰第锡，乾隆十五年举人，由教谕做起，而知县，而知府，革积弊，废苛捐，擒盗匪，赈灾民，治河患，每到一地一境，百业兴盛，百姓安居。升河东道总督，授兵部侍郎兼督察院右副都御史，总督江南河道提督军务。职务不停升，但是治河治水修堤筑坝，身先士卒以堤为家。乾隆皇帝赋诗嘉奖，嘉庆皇帝招入“千叟宴”。仕宦 50 载，数任河官，朝廷考评历为一等。终因治河积劳成疾去世，故籍房舍仅值 140 余两银。三年清知府十万雪花银，兰第锡做了知府，又做河道，河道更是肥缺。他能“勤慎廉洁，川奠成勋”，守的是吉州人的本色。县人张铁民从民国年间一个小邮差做起，参加革命后从地方官员到中央部委担任要职，出任西安市委副书记、市长，体恤民情，为民解难。市长挤公交车，市长换锅，市长排队买菜俨然一介市民，他廉洁奉公，狠查违法，敢于碰硬，被市民誉为“铁市长”。以民为天以民为本，不畏权贵耿直不阿的张铁民，是又一个吉州汉子的代表。

七

当笔者途经金刚岭出入县境，总会想起一桩旧闻。一位乡贤在朝廷效力，位居高官，每归乡省亲，行至乡吉交界的金刚岭，脱去官服，遣散仪仗仆从，换上青衣小帽，百余里山道以毛驴代步。为的是不骚扰父老乡亲，为的是不到父老面前显摆。衣锦还乡是多少人梦寐以求的风光，帝王将相如此，平民百姓如此，而此位乡贤却能免此俗。

吉县地广而贫。家居多取黄土为窑洞，崖畔沟边为院落，虽冬暖夏凉节约能源，但也有地方狭窄采光不佳的缺点。但是居舍院落收拾的干净利落。至穷至贫之家，衣衫浆洗得不见汗渍，没有污斑。无论长幼必备一身两件见人的衣裳出门的衣裤，逢会串亲，均须穿戴齐整。

自奉尚俭，待客优厚。穷困时期更是知礼尊客。20 世纪六七十年代，家户分小麦多则人均百十斤，少则十余斤。乡人面还要分出头箩面，算是后来的顶级精粉，分出二箩面，分出底的黑面、麸皮。头箩面蒸馍馍点以红点，或用于敬天或用于客。黑面留作自家食用。干部下乡吃派饭，一家人两样饭，客吃白馍娃儿吃黑馍，家境稍宽裕的，给干部酾（方言“筛”）两烧酒，炒四样蔬菜。邻县邻省讨饭过门，施衣舍饭，从不计自家的锅也要挂到窑顶了。遇逢红白事，办席摆宴，讲究的是尖碗满，为的是装人撑门面。仓廪实而民知礼节，而我吉县人秉性更是印证了一句古语：穷而知节。

从吉州走进大千世界获得成功的人士，有若前边叙及的那乡贤，深知父母之邦人民的可敬，青衣小帽方显人格的高古，为人子弟的持重。

八

许是这大河风山的高贵，许是这贫土地的坚韧，吉州人光明磊落，尚忠义，有气节。

为人处事以忠厚为本，性情直率令伊岸人感到尴尬。鬼祟是吉县人责骂为人乖巧长袖善舞尖滑之辈的专用语，也是特有的词汇。不遮膘，不够成，乡人用来形容比喻办事张扬不守成不懂礼仪者。中规中矩守礼守节，不媚上不欺下，为民的本本分分，做官的堂堂正正。

州人冯延登，金代官至国子监祭酒、代理刑部尚书、翰林学士承旨。入翰林院，皇帝急召草诏三篇，援笔立就，文不加点。右丞相高汝砺阅后赞赏不绝：“学士才藻如此，而汝砺不尽知，惭负多矣。”丞相命他录文奉献，冯延登口头应诺，却不奉送。朋友质问：“丞相求君文甚勤，何自闭之深也？”这个士，这个吉州人，居然说：“仕宦穷达，在我而已，何至假邪？”冯延登良吏忠臣，治理地方为百姓谋利益，辅佐朝廷为王担忧愁。二度出使，一使西夏唇枪舌剑维护国威，再使元廷虽金国风雨飘摇在顷，但浩然正气威慑敌营。被敌骑所俘，逼北行，誓不投敌，跳入城旁井中，以身殉国。冯延登的好友元好问为冯氏撰写的墓碑上写道：“仁者之勇兮决以刚，身已灭兮名益

光。”

州人杨贞，金明昌人士，仕至河东南路招抚使，隰吉便宜经略使。在抗击蒙古木华黎部时，先镇守隰州，督兵力战，寡不敌众，撤军吉州，因州城被毁，沿黄河岸七十余里筑牛心寨御敌。长子克义挥师迎击，捐躯。杨贞抚儿尸：“吾将以舍身报国，死一子有何惜哉！”蒙军屡战不克，由陕调集军队，杨贞部兵将伤亡殆尽，寨内矢尽粮绝。次子、三子、女婿、女儿坠崖，夫人自缢，自己焚庐扑河殉国。

是天地的正气钟毓于这大河大山，山的骨气，水的魂灵，赋予了吉州人的忠勇骨鲠，生到骨肉里长到气血中，造就了忠勇的吉州人的秉性。

吉县坊间俚语：毬毛不能擀毡，吉县人不能当官。试想，该是有原委的吧！

数千年来祖河风山的吉州厚土造就了吉州人的忠勇耿直知礼守节坚忍不拔的秉性，州人是民族的脊梁，是国家的磐石。随着地球在变小，安土重迁不事货利的吉州人，观念在变化，行走于九州，以自身的优势赢得伊岸人的青睐，溶入伊岸人的世界。上苍回报仁山智水吉州人的，不仅仅是练就锻造州人的秉性，使其精神富有，大山厚土之下还给州人藏着一份厚实珍贵的礼物。也许十年，也许二十年，吉州人骄傲的不仅仅是我们拥有的风山大河。

“屈产之乘 垂棘之璧”解读

葛培忠

《左传·僖公二年》晋献公以“屈产之产，屈产之璧”赏赐给虞国，以借道伐虢，晋灭虢国后，返回时顺便灭虞。“唇亡齿寒”这一成语便出此典故。

“屈产之乘”比较好解释，就是春秋时屈地所产之良马。春秋时吉县为晋国之屈邑，又称北屈，乡宁县称南屈，屈地为晋献公儿夷吾、重耳之封地。献公命大臣士蔿为二公子历时 3 年筑蒲、屈、弗三城，夷吾封地在屈，重耳封地在蒲。

公元前 651 年晋献公攻克骊戎，骊戎之女骊姬被献公所夺，立为夫人，生奚齐。骊姬为献公所宠，欲立奚齐为太子，于是谮杀太子申生，并驱逐夷吾、重耳二公子，二公子逃往屈地避难。现吉县文城乡同乐村西坪尚有昔日重耳城寨及文公庙遗址。重耳在外流浪 19 年，公元前 636 年由秦护送回晋即位，为晋文公。文公执政后，整顿内政，增强军队，国力强盛，成就一代霸主地位。屈城就是今吉县城东北 10 千米麦城村。屈城占地百十余亩，北有苞山屏障，南有清水流经，垣面开阔平展。由屈城东赴平阳，北去隰州，南至河东，交通便利，在此建城，易守难攻，具有战略意义。屈城自春秋公元前 636 年起，经战国、秦、两汉、三国、两晋，共 1076 年，一直被称为屈城。

屈虽为夷吾封地，也是晋国培育良马基地。春秋时屈地草坡丰茂，适宜牧马，盛产的良马被称为北屈马，善坐骑驾车，为当时宝马。

在距屈城东 20 余千米处有一山岭，山顶垣面宽畅平展。垣上有一个 10 多户人家的村庄，从古至今一直叫放马岭村。岭下沟底有一小河叫放马岭河，是山上村庄人畜吃水之源。放马岭的村名河名新老《吉县志》都有记载，此放马岭村应该就是春秋晋国时北屈良马的放牧基地。

春秋时一国战车多少代表国之军队实力，战车以马驾车。虞国地处平原缺马，良马当然就更为珍贵。晋国以马为礼，虞王因贪宝失国。

“垂棘之璧”是什么宝贝？与“晋之垂棘”相关联的著作只有《墨子》中记载：“和氏之璧，随侯之珠，三棘六异，此诸侯之良宝也。”“垂棘之璧”《左传》中明确描述：“公(献公)曰：是吾宝也”，但“垂棘”究竟是什么宝贝？有两种说法：

一、“垂棘”二字应指宝石名称

据许慎《说文解字》中对棘的解释：“棘，小枣，丛生者，从并朿”。用现代白话，是比羊角要小的东西丛生在一起的物体。棘字就是从形体上描述出该件物体的精确形象。这种形象用宝石学中宝石矿物结晶来研究，它完全符合水晶晶族的形态。“棘”指的就是水晶晶族。据《古矿录》和现代《矿物学》中的资料：古晋地有水晶矿产。水晶绝大多数出产在水晶矿的晶洞中，优质水晶产于晶洞的顶部，最差是晶洞底部的水晶。“垂”是指方位而言，即晶洞顶部垂生的水晶晶簇。晶洞底部的称“底棘”，品质较差。“垂棘”与“底棘”相比，故古人只推崇“垂棘”为宝。

“之璧”有两种解释：一是指“垂棘”这个宝贝；二是指用“垂棘”雕琢的方形或圆形的如玉璧一样的宝贝。

由此分析“垂棘之璧”可能是水晶晶族或水晶晶族制品。春秋时晋国除水晶矿外，还有金矿、银矿、铜矿、铁矿等，而这些矿体中偶然也会伴生一些色彩鲜艳、五光十色的晶族。“垂棘之璧”是这些矿物的某一种晶族宝贝也有可能。

二、“垂棘”二字应指春秋时晋国地名

“垂棘之璧”产在哪里，众说纷纭，没有统一解释。有人说在临汾市安泽县，有人说在晋城市泽州县，也有人说在长治市潞城市，那么“垂棘之璧”到底在哪里？

安泽说可能性不大，《潞史》曾记载：杨伯峻在《春秋左传注》说：“垂棘”春秋时晋国地名，以出美玉著称。沈钦韩《地名补注》认为：“垂棘”在山西潞城县北。《潞史》还记载：“垂”就是夏桀所迁之都。而“垂”就在今泽州县境内，进而认为“垂”与春秋地名“垂棘”同为一地。泽州县高都镇有垂棘山，山上有垂棘洞，洞口题刻“夏桀迁都处”五字。洞中石璧坚实而润泽，晶莹而光洁。当地人说“垂棘之璧”就是从这里开凿的美玉雕琢而成。经查阅春秋地图（李孟存著《晋国史》山西春秋地图）“垂棘”之地就在潞城县北。《晋国史》一书第49页语：公元前658年，晋献公便开始实施他的灭虞伐虢计划，献公首先采纳其大夫荀息之谋，命他以“屈（今山西吉县、乡宁）产之乘与垂棘（今山西省潞城县北）之璧”出使虞国，“假道于虞”。这样看来“垂棘”乃潞城所产美玉的可能性极大。

灵女自传

强赫

余强姓，吕梁山南吉州人也。《劝学》之言曰“无冥冥之志者，无昭昭之明，无惛惛之事者，无赫赫之功。”家尊曾以此自勉，且今愿遂功满，乃取“赫”字做吾嘉名。愿吾存鸿鹄之志，立不世之功，他日有赫赫威名。戊寅年四月十八亥时生，五行属土，座属毕宿。北方术士乃谓吾亲曰：生辰时日大吉，他日乃成佳器也。

是时家中已有一姊。母喜男儿，复生一女，忽忽不悦。血浓于水，难弃置焉，乃留，以男儿养之。故吾总角之年，发不过寸，着衣行举，皆如男童。诸父诸母常戏问吾曰：“尔为男儿，抑为女耶？”对之：“吾不知也，尔以为欤？”及豆蔻之年，常自问曰：“吾本女娇娥，又非男儿郎，奈何以男子之着加束于身？”乃行风大变，蓄绿蛾之秀发，着璀璨之华衣，踱凌波之微步，端袅袅之体仪。同窗友人皆惊诧之：“何来婀娜款款、粉面丹唇之淑女耶？”吾乃笑答“误食瑶姬之草耳！”

家父为文官读书之士，慈母乃育幼教书之师。舍间藏书万卷。然吾性易动嗜玩，非静坐苦读之材，然双亲不以为意，逐吾本性，顺吾天然。余性爱自然。少时居于窑洞，临水壑绿林，常于家中耳闻畜铃“叮呤”，即随牧叟释其牛羊，履拔泥潭，乐且忘归。爱吾乡之风光，遂多饮水九曲，

漫走山泽，沐浴曦和。天地为师，万物启智，灵性乃通也。而后小考，得举州榜眼之佳绩。世人皆谓严亲教女有方。实则不然，天赋异禀也。

是时多赞溢蜜言加于吾。概如古人之言曰：“满招损”“智勇者多困于所溺。”此乃吾之谓也。当时年少，难自省，加之父母忙于政琐之时，无人提点，乃致志学之年，仍放浪形骸。学如逆水行舟，不进则退，故而少时之才多自弃也，师友皆叹曰：“才尽矣”。他日与友复游壶口，其水奔腾咆哮，百兽惊散，倾泻而下，一去不返也。观此魄景，举身浑然颤栗，驻思良久，叹：“壶口乃真为造物主之神工，宽广豪迈至此，人主先贤称叹无数，然仍奔流至海，不因他人之辞溢美而踌躇也。古有鬼谷子，通彻天地，智慧卓绝，人不能及，虽犹如此，然隐于洞室，继修身静练。且进者王，滞者退，乃天理也。今反观予身，区区小才，百事无成，奈何与之相较，然更踌躇满志，飘飘乎不知何所似也。小大之辩，由此现矣。”

“吾之志，岂在得他人之抬爱邪？虽志不在与他人争锋，通达天下，盍不将勤补过，抖擞精神。乃矢志重吾之灵魂，静吾之身性，不枉天赐也。”遂于丙申年九月负笈求学于魏榆，乃以新面目现之。焚膏继晷，圆木警枕，移樽就教，不矜不伐，不敢一刻自怠，费昼夜之功。

今尔观吾，眉目清秀，豁朗清飒。问及吾生之志，乃曰：“自然之子，愿随醉翁摩诘。”复问曰：“卿家何所？”“水木明瑟处，不与人世争也。”

表弟“过事”

文天德

吉县人把结婚叫过事。表弟过事快三十年了，算起来已是久远的事了；但不知为什么，他过事时的一些情景，总是让我不能忘去，总是让我常常回想起来。

表弟过事是在那年腊月的一天，那天很冷。我和母亲到了村里后，已是偏晌时分，亲戚早已来了很多。舅舅和妗子迎了出来，把我们接回窑里让到炕上。问过冷暖后，他们便和母亲说起过事的难处，母亲宽慰说：“难也罢，这又算是了了一桩事情！”舅舅摇着头，妗子抹着红了的眼睛，对母亲说：“噢—打脑子绊命的，挖东挖西，总算闹到这窝（份）上了……”

妗子还在和母亲低声说话。照客的（接待客人的总管）过来笑着对我和母亲说：“不早了，都饿了吧？先暖一暖，咱说话就吃饭哩！”

要说饿，可真是饿了，走了几十里山路，肚子早已瘪成一张皮了；口说不饿，心里却巴不得马上吃饭。

照客的一阵吆喝，院里一阵忙乱，等到了吃饭的时候！

院里摆着八九张从学校借来的桌子，六个人围一桌。一张桌上放一盘菜，菜是红白萝卜炒的，上面盖着三四片豆腐两三片肉。照客的走在端盘的前面，依次给每个客人下（放）一个豆子馍（豆馅窝头），然后再往桌上多放两个。我虽然很饿，很想放开地吃，但不知为什么总感到不自在，总好像有谁管着似的。我小心地在几片肉和豆腐底下夹菜，单怕碰了那肉和豆腐。桌上多放的两个豆子馍“消失”后，照客的便一声高喊“添饭—”于是，端盘的上来又放下两个。如此两三次后，添饭时不再放下两个，只放一个。

后来，在我手里的馍快吃完时，我问自己，还该不该再吃？我放慢了嚼咬的速度，留心着别人……我时而不经意地瞅一眼桌上孤零零的一个豆子馍，在心里继续问着自己，该不该再吃？……

正在这不能拿定主意的时候，照客的过来了，身后跟着端盘的，挨桌紧让：“再下些热的吧？

都吃好，都消停吃好！”

照客的走后，我放下了筷子。

下午天更冷了，风吹着厨房窑里冒出的热气，院里飘着阵阵香味。西边灰色残云中的太阳像被钉住一样，死不动弹！我心里想着，不知什么时候迎亲的才能回来。

迎亲的回来时，已是晚上九点多了。牲口的铃声在寒冷的夜中响着，人们提着马灯来回穿梭，不知在忙乱什么。我无心去凑热闹，只是盼着能早些坐席。

坐席是个庄严的时刻，照客的窑里院外喊着招呼客人；寒风中，他不停地抽烟，嘴里吐出的白雾分不清是烟还是气。他见我在院里和本村人坐在一起，要拉我去别桌，我说：“几张桌子都满了，我到舅家，哪里都能坐。”

开席了，还是六个人一桌，抹过的桌面冻着一层白霜。随着一声让人心动的“看油油——”的高喊，只见一人擎起弯曲的右臂，兰花指上顶着一叶装着菜碗的木盘，猫腰飞跑过来；从上席（首席）开始，依次给每桌下菜。菜一上桌，人们说话和踏脚驱寒的声音立时没了，都低头在吃。

碗很小，菜很稀，每道菜上来，筷子下去夹上两下，便成汤了。天太冷，喝汤用的小勺放下就冻住了，我想那勺底一定会粘起桌面上的脏物；可是我没顾及这些，总在合适的时机把勺伸向碗里。

那时，农村的酒席只有十二个碗；还没觉着，馍倒上来了。先是每人一个比拳头小些的白馍。白馍摆在了各自的面前，可同桌的本村人都不动手！他们见我疑惑，便用怪异的神情让着我说：“你吃，你吃！”可满桌的人都不动手，我又怎能吃呢？接下来的添饭是豆子馍，他们吃了起来，我才随着也吃起来……

不吃白馍，吃豆子馍？！莫非是他们不爱吃白馍？绝对不会。莫非是他们想给事主省些？不可能。莫非……噢！他们要把白馍放到最后享受。

我释然，我相信自己的判断，我暗喜着自己的聪明，我放下了心。

——他们到底是没吃白馍。饭快毕时，他们四下瞅瞅，先后把白馍揣到怀里。

照客的一声震天的“提壶—”席散了。

表弟过事已快三十年了，是很久远的事了，但他过事时的那些场景，我总是无法忘去。现在农村人时兴在城里过事，把亲戚朋友用轿车、巴士拉到城里的酒店；饭菜和酒席不再是萝卜条、豆子馍了。不再是一碗一碗的稀汤了，那大盘大碗好吃的菜肴不但能供人吃饱，而且还会剩下很多，让人倒掉喂猫喂狗。可是不知为什么，每逢参加这样“宝马香车、名烟好酒、大鱼大肉”的过事场面，我总会想起表弟的过事，总会在心头生出几分凄楚，总会在耳边又响起舅舅和妗子的摇头叹息：“打脑子绊命，挖东挖西，总算闹到这窝上了”。

第三章　碑记

第一节　古代碑记

冯君神道碑铭

金・元好问

岁壬辰夏四月辛丑，京城受兵，刑部君逃难仓促，遂与家人相失。明日事定，君之子原、吉辈，求访百至，幸其微服而北也。乃渡河物色之，于大名、于东平、于平阳、于太原、大兴、大定。阅三数年之久，历万余里之遥，关河险阻，饥冻困踣，濒于死者屡矣，然亦竟无所见。乙巳冬，好问过大名，始以所闻告君之季子亨。盖君既为骑兵所得，欲拥而北行。人有见之者，谓君辞情慷慨，义不受辱，竟自投城旁近井中。亨乃发丧行服，又将以故事，奉君衣冠，葬于某所。以好问尝得幸于君，涕泗百拜，以碑铭见请，谨为次第之。

君讳延登，字子俊，姓冯氏，世为吉州吉乡人。曾太父世安，以医名河东，乡里推其隐德及人，谓子孙当有起其家者。大父成，易医而农。父时，颇知读书，且好与羽人禅客游，后因君贵，赠资善大夫，始平郡侯。妣柳氏，始平郡太夫人。生二子，君其仲也。幼颖悟不凡，初入小学，辄云："吾家生我，将不复耕锄矣。"少长，从乡先生作举子，即有声场屋间。年二十三，登章宗承安二年词赋进士第。解褐临真主簿，再调德顺州军事判官。泰和元年，知怀宁寨事部使者举廉能，转宁边县令。卫绍王大安元秋七月，霜害稼，民无所于籴，官为发粟赈贫，君躬自区处，全活不胜计。刺史滏阳赵公周臣慨然以良民吏许之。三年，丁内艰。宣宗贞祐二年，起复，补尚书省令史，知管差除。五年，授河中府判官，兼行尚书省左右司员外郎。兴定五年，充国史院编修，官考试开封进士，改太常博士。未几，出为平凉路行尚书省左右司员外郎。元光初，迁巩昌军节度副使，员外郎如故。明年十月，召为吏部郎中，兼翰林修撰。俄以知登闻鼓院，兼修撰，奉使夏国，就充接送伴使。哀宗即位，正大元年，超翰林待制，同修国史，兼鼓院事。三年，考试宏词科。寻被诏审理冤滞。七月，出为京兆行尚书省左右司员外郎。五年，授睢州刺史，兼行大名府治中。寻改京兆府路司农少卿。七年，复翰林待制，充御前读卷官，仍试宏词。十二月，迁国子祭酒，借注翰林学士承旨、荣禄大夫、充国信使。以八年春，奉国书见于虢县之御营。有旨问："汝识凤翔帅否？"对曰："识之。"又问："何若人？"曰："能办事者也？"又问："汝能招之使降，即贳汝死；不则杀汝矣。"曰："臣奉书请和，招降岂使者事乎？招降亦死；还朝亦死，不若今日即死之为愈也。"明日复问："昨所问，汝曾思之否？"对如前。问至再三，君执义不回。又明日，乃谕旨云："汝罪当死，但古无杀使者理耳。看君须鬓甚伟，乃薙去，迁之丰州。"壬辰，河南破，车驾驻郑州，有旨发还。三月入京，哀宗抚慰久之，复祭酒，历礼、吏二部侍郎，权刑侍尚书。明年，遭变，得年五十有八。

积官资善大夫，勋上护军，封始平郡侯。食邑千户，食实封一百户。娶同郡樊氏，同官县令邦宪之女，封始平郡侯夫人。后君两月卒。子，男三人，皆用荫补；源，广威将军，嵩州军资库监；吉，广威将军，睢州军事判官；亨，忠显校尉，遥授灵宝县尉。二女：长嫁盱眙元帅府经历官张

慥；次嫁监湖城税兰公辅，男孙三人，曰：魏孙、众奴、千奴；女孙二人：长适进士徐升，其幼在室。

君资谨厚，寡于言笑，外若平易，而临事有执持，死生祸福不少变。初入官，遂有能名，怀宁先无庙学，君为伐县中长生柳，取以为材。庙甫成，有芝十八茎，生大成殿梁间，时人异焉。在宁边日，学诗于闲闲公，从是诗律大进，致密工巧，时辈少见其比。及入翰苑，一日直宫省殿，上急召草官诰三篇，君援笔立就，文不加点。寿国高公大加赏异，曰："学士才藻如此，面汝砺不能尽知，惭负多矣。"因命录所文业以献。君诺之，而不之奉也。或以为言："丞相求君文甚勤，何自闭之深也？"君曰："仁宦穷达，在我而已，何至假人邪？"

吉乡别业有溪水当其门，故君以"横溪翁"自号。有《横溪集》若干卷行于世。平生以《易》为业，及安置丰州，只以《易》一编自随，日夕研究，大有所得。既归，集前人章句为一书，目曰《学易记》，藏于家。窃谓君于生死之际，刚决如此，殆有得于《易》之所谓知命者，非邪？系之以铭，曰：日吉兮时良，郁佳城兮君所藏。仁者之勇兮决以刚，身已灭兮名益光。何以命之兮北方之强，天厚之报兮复且昌。世侯伯兮岁蒸尝，横溪兮洋洋，植丰碑兮墓旁。魂来归兮安故乡，滞淫盗墟兮亦何望！

重建扶风桥碑记

清 · 甘士英

《夏令》有之曰："九月除道，十月成梁。"子舆氏亦言："岁十一月徒杠成，十二月舆梁成。"盖成梁利济，民不病涉，王政之大端也。吉为古耿旧治，依山而成，以河为池，其东南隅，系往来孔道。夏秋之交，霖雨泛涨，民以徒涉为难。前刺史张君灿，创建为桥，凡五孔，颜曰"扶风"。民歌利涉，后渐倾圮。刺史杨公魁甲，复为修葺，厥功懋焉。

世宗宪皇帝之十一年，岁在癸丑，自夏徂秋，大雨时降，山水骤发，汹涌奔腾。先是建桥者，以石工维艰，上盖以木，水势浩瀚，冒在桥面，冲激漂没，悉倒塌无存。今春命守吉，历有年所。兴敝起废，苟有裨于彼都人士者，靡不倡率厚整。矧是桥，为州之门户，而听其坠坏，不为鼎新乎？爰集耆老绅士，谋重建之。又虑旧制卑狭，不足以御奔湍。踵旧址而加丰，易木植而环石。询谋佥同，涓吉规度：募匠师，征力役，计料运石，趋事踊跃，鼓咎鼓弗胜。经始于癸丑之冬，越明年四月而竣事。桥长二十有一丈，广丈有八尺，视旧制高五尺有奇。树坊于桥之南北，仍颜曰"扶风"，志旧章也：列任事者于左，嘉有绩也。既成，吉之绅士，请记而勒诸石，以垂不朽。余维吉僻处万山之中，土瘠而民寡，属当圣天子仁恩怀保，泽被寰区。历年以来，雨旸时若，百物顺成。尔吉民人歌乐利，家庆盈宁，用能急公趋事有余力，捐资佐费有余财，不窬月而功克竣也。则是桥之建也，上以沐主德，下以觇民风，垂之后世，永永无斁。虽谓是桥之名"扶风"，自今伊始也，亦无不可。是为记。

重修晋文公祠记

明 · 陈维藩

锦屏山，州治前案山也。其巅有晋文公祠三楹，创制于宣德己卯，迄今岁远，倾圮殊甚，人亦莫之致敬焉！嘉靖丁酉春，州幕李公，视其倾圮，殆不可以栖其灵而壮观瞻也，遂慨然以聿新为念。剔木之腐者，致之；除陶之败者，坚之；更榱易栋，镘壁甃塘，倏然改观。工未几而就绩，民勿知劳，官勿知费，州人韪之。秋八月丁未朔，越七日癸丑，落于祠下，请余记岁月于石。余维

春秋时，献公之子九人，遭骊姬之祸。城蒲，以处重耳。城屈，以处夷吾。是蒲乃文公之旧邑，此屈地也，则惠公之旧邑。今蒲有翠屏山，以祠文公是矣！屈亦有焉，想先民立祠之意，正以文公为姬姓霸主，王室赖之，讲信修睦于诸侯，其子孙主盟中国者，百五十余年，威灵气焰，昭耀赫奕，百世之后，人苦称仰，故祠不止于蒲，而屈亦然也。虽谲正之论，出于孔子，然合诸侯，尊周室，号令天下，使东周之后，非此艰难备尝之君，如天下何！其祠祀也，又宜也，况雍冀以北，地栖羌鄙，祠多淫谄，此祠以功及于民而祀之，可见无淫与谄矣。建于案山之上，以对州治，既可见高山仰止之情，使生斯土者仰之而不敢忘，官斯土者景行而不敢忽，皆可嘉也。自余归隐，筑室锦屏之麓，时步公祠，则天光万里，云鸟千舌，春花如锦，秋叶烘丹，亦山川之一适也，不可不记。是日俎豆既设，宾主咸集，皆义李公之举，称觞上寿，遂悉其始末云。公名鲲，字希龙，山东即墨人，有经画而能干理者也！是为记。

大荒碑

清・冯锡福

天灾流行，何代蔑有？光绪丁丑岁，乃大饥也，麦未种，秋未登，一岁已成两岁之灾；食树皮，食人肉，十分几毙七分之数。乃至戊寅夏，麦米每斗四千余文。虽楚之米贵于珠，宋之易子而食，未足方斯惨烈矣！适巡抚山右者，一等威毅伯曾公印国荃，殚精竭虑，毕尽图维，奏请蠲免丁丑下忙及戊寅两忙钱粮。又请设立赈局，按月发赈，自捐俸廉，移粟筹饷。圣上恩准，钦命前工部右侍郎阎公印敬铭，督办山西全省赈务；又命翰林院编修李公印用清、兵部员外郎王公印炳坛，星夜驰驱，明察暗访，道路风清，吏弊咸绝。自丁丑十二月起，颁发赈银四千两，麦种银三千两，由什贴籼米，变价银二千九百六十九两。小麦五百石，高粱二千一百石，大米二千石，小米四千七百石，棉衣九百件。沿途畜牲，饿毙殆尽，搬运粟粮，不能应时。延至己卯三月，尚未运完。虽由道路间隔，实天恩浩荡，有加无已所致也。由平阳以上所发脚价若干，不可计忆：自平阳以下，共领脚价钱，一万二千七百六十七串四百五十文。灾为千古未有之灾，典亦旷代希闻之典。巍巍功德，民无能名矣。上宪若是图维，理宜保全无恙。但吉州地瘠民贫，专事农桑，一遇荒年，流亡过甚。丁丑十月，抄录食赈户口，二万二千一百六十九口，续抄次贫并闻赈归里，九千五百余口。及至戊寅十一月，仅抄一万八百六十七口。诗所谓"周余黎民，靡有孑遗"者，其斯之谓与！幸我父台吴公印葵之，系怀庆人，于戊寅春，以候补知县，接署州掾，上宪并饬学正黄公印维墀，裴公印国苞，分办寒士赈务，又饬守备阎公印登庸、千总刘公印耀光、外委张公印继业，分办营务赈务。又饬吏目曹公印贻祥，协办赈务。父台下车伊始，清如秋水，惠似春风；日用饮食，出钱公买；放赈详册，雇人誊录。除放上发粟银，又放本地存积谷，六千一百五十石四斗，捐输钱九千三百五十三两。专令各路绅士，如数按口分给，未尝稍为染指。收粮放银，始终不经胥役；提斗捉秤，早晚亲自检点。尝谓局绅曰："上宪不远千里，颁发衣食等物，豁免畜赋牲税，爱民之心，无所不至矣。余今者为吉民牧，未能解囊赈济，诚有愧耳。敢以颗粒分文，假公济私乎？即稍为赔垫，乃所愿也。"

父台严于自慎，局绅谁敢自宽？使我鳏、寡、孤、独辈，咸得坐享优游。均得天子之实惠。州属父老皆聚首而相告曰："向非我父台，吾党悉为沟中瘠矣！"但历任未久，他务不遑，未能大展施为，即补武乡县掾。惟恐久而湮没，渐忘恩德之盛，咸欲乞文勒石，以志永垂不朽，使后世子孙，皆知天地有如此大劫。朝廷有如此旷典，上宪有如此经营，而又知我父台有如此廉明！后之览者，皆能有以感愧云。

龙王庙增修石墙记

龙王辿，壶口之东浒也。长河自北而南从塞外入中土，山石乍收敛如瓶，倾万仞而下之，不可以方舟与也。商旅贸迁者泛浮至此，必逮早出水滨，遵循石磴历险而降，□十里抵孟门，更筏入水而后去，所以祷祝祟祀者为龙王是敬，而龙王之所以保佑锡□者，其灵应亦甚显异焉。此辿之所以得名也。亘古有庙一楹，后人改为三间，太守杨公因公务谒庙，建东西两廊六殿，协力更建献殿三间，乐楼一座，门垣墙砌庶几足以妥备神明矣。迩年来道人杨大美募诸四方，鸠工磬石，建立石墙，周围百十余步，高一丈五尺。即□□项工程不矜六股人嘉敕之刻石立碑，以致不朽，而问序于予。予为吉州之滨大河也，其土宇版章亦云辽阔矣。城分内外，而今则裁而西矣。杨公之建立西廊也，故堂堂直隶吉州知州者，而今则隶平阳矣。而斯地也，斯庙也，乃得矣，增其二廊而保其墙垣，是果道士之力与柳亦帷神之灵，有以感人之速，入人之深，而赫赫濯濯不可亵越也。虽然天下事迹何之，有异日者更能廓而大之，壮而丽之，其祠宇彰其巍焕难瞻，悚其威赫，暮鼓晨钟，春析秋报，俾与大河流终。左不改是所望与踵而起之者，是为记。候铨复设教谕文城曹详撰。

儒学增广生员陈时泰书

乾隆三十九年岁在甲午　拾及之吉

重修马王庙碑序

尝谓神以庙尊，庙以神威。自同治六年冬月间，贼匪渡河，颓倾金神，焚毁庙宇。而使神无地以妥灵爽，人安得存诚以尽敬。而所幸者八年秋月间，阎文忠（清记名总兵）到防，睹其情形，□□蒿□□窃思龙王辿为商民所会之地，诸货所集之处，斯固要邑也，安得不复修而妥灵佑乎！于是倾其能囊资，捐其钱文，创建献殿七间，厢房八间，于九年九月十五日，厥功告竣。庶几□神有□□。群黎百姓出外商贾，得以沐神恩而享神庥也夫！

官方施银者（略）

清涧湾永安会、保德州大货社、上山河和会心、船窝镇诚心会共施银一百八十三两八钱。

龙王辿万盛义施银十二两、悦盛诚施银十两，和兴公施银十两、万兴盛施银十两、运城志成信、蔚泰厚、蔚隆和、百川通、福泉海、鹾城复聚合各施银二两。

曲沃协同庆施银一两、元丰玖施银一两。

龙王辿街三合钱局施银六两、张金魁施银六两、四盛合肉铺施银五两、吉生园施银三两、二合隆施银三两，杨广招施银三两、广兴合施银三两

运城魁盛公、新升昌、中和厚、聚太和、新泰厚、德义昌、正兴永、两益承各布施银一两。

龙王辿街郝继明施银二两四钱、春长号施银二两、集义成施银二两、一心磨房施银一两四钱四分。礼长馆、通顺药局各施很一两二钱、永元成施银一两二钱。

运城永和书、武庆隆、王恒盛、义盛福、祥恒永、聚升公、夏县王德良各布施银一两。

龙王辿街晋兴和、两心成施银一两二钱、平阳府梁华施银一两二钱、源立盐店能银一两、万盛馆施银一两。

龙王辿街翟临扬施银五钱、卫永贵施银五钱、铁匠田收儿施银五钱、永升长店施银四钱、王富贵施银四钱、二合馆施银□□。

（下略）

大清同治九年岁次庚午阳月吉日立

重建留村观音庙碑文

壶口之东，循山而北三里许，有小祠巍然，奉大士像。径广不及寻，石基高几数十仞，依山而成，山势使然也。摩挲断碣，知创始于道光癸未之冬，乃以地僻在山隅，既少居民，无论香火，历年既多，日形剥落，无过问者。同治庚午，提督合肥张公树屏奉天子命，率淮师三千人，来屯壶口上下游，扼西氛之潜渡。部将守备李君延芳，以士百人，分驻此隘。营于山之麓，祠适当其巅，朝夕炮声震撼，愈欹侧矣。公来防之明年，指挥既定，分布周详，乃于讲武之暇，本武侯屯田之法，不使兵之就于疲玩也。捐之购木石，命士卒荷畚锸，凡工作之所以利于民者无不为。阅三年，计葺庙七，营桥三，辟崎岖之路百有五十余里为康庄，可通车骑。而斧斤椎凿，犹无已时，不错惜财、不惮力也。今年春，河水既泮，以防事释严，乞三月假回籍省亲。而夏间霉雨较甚，往岁山水冲蚀，祠址岌岌乎有不可旦夕存之势。李君慨然曰：居其下者危矣，公于工程艰且巨者，经营不稍缓，此区区者某事也，曷复烦公筹度哉！时权军事，为公从兄提督树勋亟陈之。择六月日之乙亥，倾囊鸠工。度故址不可复营，遂改建于山之高原。甃石为宇，接木为檐，制仿其旧，更廓而宏之。越六十有四日，八月哉生明，厥功告成，奉神入座，而以记请于余。尝考大士之尊崇，载在祀典，如南海菩陀，西湖天竺大，遐迩所瞻依，大弥宇宙、细摄毫厘，僻壤名山无异也，一龛千亩无异也。心在佛在，是即菩提，奚必于三千大千世界别求法相哉！余夙存皈仰，且嘉李君之继善公志也，爰不揣鄙陋，为识其端末于石。赞成者，副将军王君立升。司共事者，游击武君英、宇备洪君朝义，记室陆君本谦及监生葛友芝，乡董训导葛青藻也。而队下士卒，担负之役，亦与有力焉，功皆不可泯，并记之。

同治龙飞癸酉仲秋吉日立

知州魏公去思碑

明·郑崇俭

夫自召伯南行，甘棠致咏，岘山堕泪，河武兴思，此其声皐，允足以光昭史册，而黮人听闻者矣。乃其后不数数见者，岂民恝然哉？政以感民者，不本之德意，即称有德，而沾沾焉小用其术，故其政不足以系人之思，虽思之而不能垂之悠久而勿替也。若魏公之德，施于民者异是。公于万历乙未秋来守吉，越四载癸亥，晋陕西巩昌二府，专寺理甘肃屯兵府事。屈屈行之日，士民恋恋不忍去，佥谋伐石树碑，用寄思慕。其缙绅士民，请记于余。余固炙公范而心所景慕者，乌容辞，乃辗然曰：今不见人心之思公哉！不见人心之思公，本于德感者哉！公之治吉也，廉正持己，平易近民，以寔心而行寔政，乃任怨而任劳，凡民之疾苦痛痒，视之若自己出。以修武备，则时简阅，俾之有勇而知方。以重文教，则崇学校，俾之兴行而向善。以审徭役，则洞察贫富，升擦允当，俾民无不均之叹。以饬乡约，则甄别善恶，劝惩不爽，俾民有知耻之心。以肃官常，谳讼狱，则奸宄剔而吏治舆，苞苴不行，案牍无滞，俾之弊剔而风清。身先淡泊，惩浮靡也；巡行郊野，靖境氛也；严谨城池，慎防御也。以至锄元凶而使之戢，减供亿而示之俭。裁决必亲，而奸胥袖手；请托不行，而豪右屏迹。诸凡起敝维风，振废理沓者，靡一不沦浃于民心，故民之感之者熙熙然，就之如日月，望之如云霓，畏服之如神明，而不能斯湏之或忘也，岂私公哉！他日晋公而庙堂，秉枢而执要，覆庇天下，予固知天下之人心，即郡邑也。其思慕者，宁有涯涘耶？余愧无出域之见，不足以发公之德，与民之所以思德者，惟甘咏岘思，或者其庶几乎！

张侯去思碑

清 · 刘玉书

吉守张公，讳灿，字玉山，奉天辽阳人也。世德积累，清白传家，历司民牧，政声卓越，忻忻然歌孔迩而颂神君者，在在皆是。前以贤能报最，调补我吉。吉处万山之中，粮不满万，丁仅三千，凡土之瘠，民之贫，地方之凋残，其有赖于贤父母之兴利剔弊，克复元气者，非一日矣！幸公下车以来，举凡有关于风教，有俾于地方者，无不励精以图，次第兼举。励士于庠，俾识礼义而教思广矣；劝民于农，使足衣食而容保宏矣；禁杂派之积弊，革编审之陋习，而民徭均、民财裕矣；建桥梁以便民行，严赌盗以安民生，劝积贮以备民荒，而民利兴、民害除矣。七年之内，经营区画，第见逃者返、困者苏。门无呼吏，花明鸡犬之村，人庆丰年，户介羔羊之酒，几几乎有陶唐遗风焉。至于廛居贸易之众，土著无几，外来流寓者最多，公乃如意体恤，凡布帛菽粟等物，俱照民间平贸，并无官价名色。近悦因而远来，柔远切于能迩，可谓不负朝廷，不负民生。何天不佑吉，一日以太翁之讣至，使吉人闻之，如赤子之释于襁褓，亡儿之去其故乡，始而骇，继而戚。其相聚也，则拟伏阙叩阍，而必期得请。其相谋也，则欲攀辕卧辙，恐未必我留。夫合通郡之心如一心，千万人之愿如一愿。赫赫之誉，公不肯居，悠悠之思，民何能已？然怙恃失望，虽叹息于目前，而惓恋情殷，安知无待于异日？转瞬制期告满，膺不次之擢，将入而佐理廊庙，则霖雨苍生，吉民亦在帡幪之中。倘出而抚育晋阳，则膏泽旁敷，吉民亦在河润之内，公安往而不惠我吉民哉？吉民亦何日而不叨公之福庇，戴公之恩造，而又何恨于蒲轮之不少待乎。但感之深而思之功，惟效岘山之往事，恪勒贞珉，俾之炳耀千秋，庶后之官斯土与生斯土者，览斯文而兴感焉！是为记。

祭龙王文

明 · 张应春

万历四十五年，亢旸不雨，且旱蝗大作，知州张应春，作文告于龙王神前，曰："惟龙行雨，润百穀也。惟王降龙，均雨泽也。民间水溢，则告之王。旱乾，则告之王。此虽百姓请救之情，总亦王之职掌宜尔。"不意今年大旱，麦薄收，而仰藉王慈，少零甘雨，才种秋禾，又遭蝗虫。虽蝗有八蜡之神在，与王无预，倘王之降龙有法，雨泽沾足，蝗何自生？即生亦不若此之盛！言念是灾，敢忘自省，而归责于王？第区区为百姓之心，不得不于王有望也。况王丰年受百姓之享祀，荒岁不能为百姓以御灾，似亦自溺其职也！职卜日竭诚，率领乡耆，肃告于王。惟王速显灵异，早赐时雨，勿迅风雷，令徐徐入土。万一转灾为祥，厚邀收成，职当率此一方人，为王崇新庙貌，伐石立碑，以焜耀灵异，使天下知吉州龙王之神，有祷辄应如响。三日不雨，可需六日，六日不雨，可需九日。过十日不雨，雨而不沛然下也，苗无生意，民失所依，是使王千百年之灵应，一旦付之乌有，恐非王之所以自为计。职亦不敢负百姓之意，以谄渎于王而为王讳也，何者？王为天曹之雨师，职为天子之守吏，王不能降龙行雨，职不能动王降龙行雨，均之于地土无益。职惟有祈王之灵，以对此百姓耳。王其鉴之。

张侯作此文，祭告神前。次日甘霖大降，四野沾足，蝗亦渐渐减息。父老异之，遂公举而刻之于石，以记其事。

光绪二十六年救荒碑记

清·佚名

盛朝深仁厚泽，沦肌浃髓，一岁不登，辄思赈贷，偏灾偶报，即议缓蠲，薄海内外，食德饮和，已二百余年于兹，晋省自光绪丁丑大祲以后，雨旸时若，民和年丰，共享承平之福。乃吉州值戊戌、己亥，连年薄收，至庚子，则夏秋俱歉，民艰粒食，几不聊生。湖北孝廉号禹九李铸公者，来署州篆，于庚子闰八月念八日莅任。睹疮痍之情形，慨然以拯救为念。急禀上宪，先分别蠲缓本年下忙钱粮，以苏民困。时萑苻为害，道路多阻，急拟团练章程十八条，联保甲以弭盗贼，民获安堵。旋即蒙抚宪奏，奉谕旨，凡被灾州县，各分别轻重，设法赈济。吉州先发赈银三千两，遵依上宪章程，按极、次贫分赈；续发赈银九千两，公更细查户口。以人多赈少，恐有不赡，请于上宪，先以五千两，并常年仓储，确查冒滥，次第搭放；以四千两，以工代赈。区划周详，劳瘁弗辞，凡六阅月，而灾祲渐过，城阙焕然一新。固圣天子之恩泽有加无已，而实各上宪斡旋补救之功，我李刺史宣化承流之力也。公于吉州，无利不兴，无弊不除，顿整书院，筹贡田，劝开水渠，谕垦荒地，凡上宪所劄饬，靡不实力奉行。又以州署之大堂，栋析榱崩，大门砌湮础没，至厅亦风雨难庇。谋建里长局，因与众共商，捐输之外，少筹余款，以重创而鼎新之。乃规模初就，筹画尚未凑有成数，公以署事期满，禀请瓜代，上宪遂为撤委。公之心为迹掩，时久即可共白，而圣天子之殊恩叠沛，顾可听其湮没而不彰也！爰记实而为之序。

壶口公议船货脚力价钱碑

公方义货脚力价钱开列于右：

七钱船每一支定拉登钱贰伍佰廿文。

自龙王庙□起，

至头架石坪加钱贰百文，至迴牛洞子加钱贰百文，至二架石坪加钱贰百文，至湃水加钱贰百文，至馒头之石加钱贰百文，五槐磴钱贰千伍百文，节节加头一样，大船合食钱四百文，小船合食钱九百文，甘草中捆每件脚力钱一百一拾文，小草捆每件脚力钱九拾文，鱼娄龙骨包每件脚力钱一百贰拾文，红碱定每件脚力钱一百文，白定每件脚力钱伍拾文，大毛捆毛包每件出脚力钱柒拾文，小毛捆绒包出脚力钱伍拾文，皮渣子油篓每件出脚力钱一百文，烧酒坛子每件出脚钱肆拾文，粮包子七郎窝大小船窝定脚力钱伍拾肆文，大枣包亦然，小枣包脚力钱拾伍文，饱载不交脚每一船拉完除脚力钱外加余头钱贰百文，议立定姓名开列于后，大小船窝油篓脚钱捌拾文。

重修学宫城垣碑记

兰第锡

古之膺民社者，计莫重于城郭完固，学校修明，而后民生可立，教化可行，是良有司，必以是为首务焉。吉州为古壶池，在殷曰耿，在周属晋曰屈。西跨长河，东连鄂垒，层峦叠嶂，崒嵂宛延，固形胜之域也。其间城池学舍，灿然大备，第日久年深，不无圮坏。乾隆壬子岁，州牧蔡公溢海，奉简书莅吉，下车之始，即慨然以修城垣、新学校为己任，虽古之良吏，无以过焉。考吉州城，修于晋献公子夷吾。明景泰初，因山为城，周一里计二百九十步，高二丈五尺。嘉靖初，建外城，东筑土城二百五十丈，西筑石城二百二十丈。后又复筑外城，计周四里，民赖以安。国朝以来，历经修治。乾隆三十一年，州牧惑于堪舆之说，将人烟稠密处所，割裂城外，未便于民。数请营修，以复旧制，前令胡公，详准领款，适去任未办。公至，士民复请于公，公遂自输廉俸，卜日兴工，

并谓学舍、垣墉、栋宇俱就剥蚀，亦宜一并重修。于是合州人士，皆踊跃趋公，争先乐助，不数月，而城垣、学校，焕然复新。余闻喜之，略分岁俸之所余者，以襄义举。功竣，请记于余，愧不能文，兼以宣防任重，奔走河壖，竟至无暇握管。然思蔡公之为人，事亲孝，官居廉，慷慨正直，而遇事敢言。乾隆丙申岁，公策名江右，适余为赣南观察使，深悉其政绩廉明，能以道学饬吏治，洵洵然有君子风。今来是州，观其所为，辄有裨于地方风化，诚吾乡之厚望也。知公如余，宜为公记。公粤东顺德人，名国臣，字尧卿，溢海其号也。其勷事乐助姓名，例附碑阴。

重修坤柔圣母庙碑记

建庙立神，所在多有，不特谢悉一隅也。谢悉列州东北，距城十五里，前锦屏，后人祖，左云台，右五宝，其地甚高，其原甚广，其庄科居人甚众，诚我州一钜堡也。自宋大元年建坤柔圣母祠一所，其时或维风气，或隆报享，或祈百谷而福老幼，皆未可知也。但见其制古，其功大，其巧若天成，有非凡匠石所能任者，相传出鲁运斤成风凿木飞燕之班门，亦无可考。迨元祐、嘉靖、隆庆间俱有葺治，其□□□堕珉间。延至我朝，数百余年，风霆之所震撼，流潦之所浸淫，鸟鼠之窟穴。其楹，有若攲立，若蹲伏；其榱桷，有口脱辐，若悬趾；其瓷甍，有若覆盂，若漏卮；有若披鳞，若穿吻。岁沿月袭，倾圮不堪，过者莫不心恻。其垣墉，康熙壬□，生员贾之珍、刘森、刘晢浪等，制序募缘鸠，工率庀材，筑基令实，砻础令端，建柱令直，而且易腐而坚，更旧而新，饰□已完，增所未备，恢恢乎奂然翼然，不惟有以庄观瞻，而寔有以维风气、隆报享、祈百谷而福老幼，无一不善。事□，嘱余为记。于思天下事成伪废兴，各有其时。此一祠也，向则敝，今则新，殿宇垣墙，翻然鼎革，不有毁，何□□□□之屯也，启经谕也，蛊也，需振作□，焦灼煨烬之后，杰构一新，虽天启其会，何尝不赖人力焉。古云明□□□□□□能者收功于既坏，创者继者均足并垂不朽。若天过此以往，新者复故，故者复敝，补残缺，创未建，不□□□□以后之君子焉。因记其岁月云。

时大清雍正肆年岁次丙午孟夏肆月谷旦。

郡庠廪膳生员刘佐撰文并写。

第二节　现代碑记

人祖山烈士碑

（碑阳）

我中华民国正向民族复兴国家建设的途径迈进的时候，则遭受了强盗的日本帝国主义的嫉视。他认为中国的复兴，是他大陆政策的致命伤，所以他遂决然的始以卢沟桥事件的□□，相继以武力强占了我的天津、北平，意在用武力的威赫屈服我国。但这时，我全国的人民已□清了日寇是封豕长蛇欲壑难填的同时，并觉悟了我国牺牲已到最后的关头。因之同仇敌忾的情绪，则如翻江倒海似的扩展起来，于是在上年七月七日那一天，开始了全民的抗战。本年三月间，日本为南掠潼洛，西窥长安，以期实现其威胁我大武汉的计划，遂用了巨量的精锐部队，想肃清我晋西一带的国军。本旅乃于十八日，与日寇步骑炮联合的五千余众，在人祖山一带，展开了经两昼夜的血战，则日寇攻击之猛，和枪炮火的猛烈，洵为近来所仅见，故战况的残酷，和我官兵杀敌的勇敢牺牲的悲壮，真使泣天地而动鬼神。尤以连长王纪勋、牛保国、王怀恩、路宪文等四员忠勇殉国的精神，益足以昭示万古。是役，我官兵虽有伟大的牺牲，则日寇的伤亡实较我为巨。兹以国难方殷，正需要国人伟大力量，完成这抗战建国的使命，爰将是役殉国诸先烈的芳名，勒诸贞

珉，用彰忠烈，并藉示后人知所矜式，以自奋励耳。是为志。

陆军第六十六师第二百零六旅旅长孙福麟，团长刘效曾、常存德、朱大纯，暨全旅官兵建立。

代理军法处处长靳一鹏撰书。

中华民国二十七年十月十日。

（碑阴）

烈士姓名如左：

李居阳	董福巨	卫全福	张崇义	宋殿海	汪世康	任光远	王怀恩	毛得山	尹子义
李景运	张新科	贺广德	张　义	高三星	侯位德	崔法元	陈卫福	田润月	朱玉成
张　有	彭明山	高昌林	梁兆龙	戴芳春	张复山	索金玉	常　恒	贾树枝	范奎元
苏振国	惠凤林	韩　玺	李　福	焦沛震	赵广龙	常克有	王金学	赵来治	甯　壁
于生梁	张俊义	杨庶进	牛保国	李明芳	王　钰	贾相如	姚贵忠	孙天祥	路宪文
刘光晋	郭白元	李生泽	张登都	耿立中	吴凤增	王鸿勳	张水明	单亮奎	王来运
张　厚	柴喜乾	张成山	边成德	严振江	李儒和	姬春豪	霍晋三	刘有仁	邢应川
樊泽保	王银牛	徐建荣	晶茂龙	彭兴发	吴　俊	陈自诚	崔金成	方　植	孙茂堂
曾有义	秦海以	孙聚德	杨玉林	杨文德	周凤岐	李生水	陈松山	李振江	胡大昌
张百益	卫宝善	祁镇西	武政才	杨殿爵	严守忠	樊银堂	王振江	李思颜	王俊祥
巩长福	李文龙	李梦海	刘致胜	毛庠重	王子岐	赵德禄	石文举	李玉长	薛春有
盖中华	王占标	梁　齐	周崇用	马玉珂	刘克兴	邢鹏富	刘延芝	赵海成	苏培林
范□□									

计共一百二十六员名

石匠：王有福　王□□

连长王纪勋碑

（碑阳）

陆军步兵上尉王君纪勋之墓

（碑阴）

本营第五连连长王纪勋，山西大同县贵仁村人，原名柱国，纪勋其别号也。民国十九年，毕业于太原北方军官学校三期骑科，历充排长、营附，性沉默，识见超群。本年三月十九日，在吉县人祖山之战役，敌人以优势之兵力，向该连阵地猛攻，该连长以少御众，敌未得逞，虽伤亡过半，仍拼命苦撑一夜之久，不幸黎明弹中要害，即时殉国，享年二十八岁。记之于石，以慰忠魂。

第四百三十一团第二营营长张宏立。

中华民国二十七年十月二十八日。

吉县井圪塔抗日英烈纪念碑碑文

（碑阳）

公元一九九四年八月十五日

井圪塔抗日英烈纪念碑

原吉县民族革命两级小学师生敬立

（碑阴）

七七事变，日本侵略军大举侵华，全国军民奋勇抗战。一九三八年，日军两次犯吉，城关焚为焦土，乡里遍遭践踏，吉县人民同仇敌忾，与日军展开殊死斗争。而地处城西南要冲的井圪塔英雄更谱写了光辉之一页。是年十二月三十一日，日军二次来犯，井圪塔居民七户二十七口连同城关亲友共三十人，隐身于村外寨子里。此寨位于数十丈高崖陡壁之间，一人扼守，百寇难登。翌年一月一日，汉奸乘隙领敌上寨抢劫凌辱。二日清晨，数十名日军又来侵扰，危难之际，英雄白福禄、白耀光持刀镢带领男女青年，居高临下痛击来敌。弹指间，土石炊具交加频频而下，打得日军无法登寨。强盗屡战屡败，死伤累累，迄未得逞。四日拂晓，近百名日军大举围攻井圪塔，英雄誓死抵抗，展开血战，相持至下午，日军由寨顶缒崖而下，以枪弹封锁寨口，众敌蜂拥进寨，顷刻间，白德禄中弹身亡，白福禄、白耀光、杨庚子等肉搏牺牲。手无寸铁的老弱妇幼惨遭屠戮。英勇悲壮可歌可泣，浩然气慨，永世长存。斯事计死于非命者二十七人，其中白耀光家七人，杨庚子家七人，白德禄家六人，白福禄家二人，白满仓家二人，白甫周之母刘氏，还有张庚青和严徐娃。虎口余生者仅为伏尸掩蔽的白青彦、白梅梅、小严等三孩童。惨案发生后，白生周、杨正清、白甫周等为之料理善后，建茔安葬。吉县各界在桥南关帝庙举行追悼大会，声讨日寇罪行；爱国人士李公朴先生莅临口诛笔伐，肖英撰写《井圪塔的血》悼亡斥敌。吉县民族革命两级小学以英雄事迹为教材，激励学生抗日救国。抗战胜利，全国解放，井圪塔英烈之业绩，载入千秋史册。现在，井圪塔在党和政府的领导下，正向新型农村迈进。原民族革命两级小学师生，身历其时，感受最深。我等均年过花甲，夙愿立碑纪念。壮哉！人生自古皆有死，英雄殉国重泰山，神州舜尧歌凯旋，日月换天慰忠贤。时逾五十余载，忆往事，勿忘反法西斯业绩；望未来，中日人民世代友好。谨碑铭而旌勉之。

筹建资助者：王成章、马如龙、王懿章、刘波、刘育谦、刘存善、白鸿策、陈宗藩、陈国英、杨生源、张守诚、刘志仁、国栋、袁星光、葛耀卿、葛金杰、葛香祖、于承祖。

撰文：王成章　书丹：陈宗国　镌刻：张迪谦

土建：井圪塔村民

樊耕农烈士墓志铭

先父樊耕农，一九一五年生，山西运城大渠乡寺北村人，先后就读于运城省立第二中学、第二师范高中部，一九三三年九月加入中国共产党。抗日战争前创办并编辑运城地下党秘密刊物《晨光》及公开发行的《河东日报》。一九三八年冬赴延安陕北学习。一九三九年夏被党派回山西二战区，作为党中央王若飞直接领导的中共二战区总部特别小组成员。根据党的指示潜伏阎锡山二战区总部从事地下工作，并利用同志会执行部办公室秘书的合法身份和负责决策军政大事的高干会议记录的便利条件，搜集重要政治军事核心机密情报，护送八路军驻二战区办事处处长王世英转报延安党中央。此间还利用同志会组织生活小组组长、秘书组主任干事、战地工作团石楼地区第四分团副团长公开身份，开展了各种革命活动。一九四三年春，被作为共产党嫌疑分子监禁在克难坡，遭受特务迫害和疾病折磨，于一九四三年十二月二十六日牺牲，长眠此地。新中国成立后，经山西省人民政府批准，追认为革命烈士。先母刘生岚，一九一七年生，山西应县人，一九九三年六月二十三日卒，骨灰亦撒在此地。

先父老友、八届全国政协常委、山西省人大副主任李蓼源先生为碑题名。

公元二零零三年四月五日

女：樊晨晨

婿：陈益升

率孙：陈辉暨孙女陈曦敬立

迁建皇天厚土庙碑记

吉县为古耿地，殷商之时，祖乙曾都于斯，自周以降，建制沿革变动不居。歼难一一。民国元年始改州为县迄今，志载“地非沃壤，民未富庶”，境内群峰连绵，沟壑纵横。有诗云：“隔岭隔沟一望同，田原不复辨西东，出门即是登高处，俯视群山在眼中”，亦真实写照也。然自然景观以是而所在多有，尤以壶口飞瀑驰名；人文遗存甚丰，皇天后土庙则其中恢乎大者也。

此庙原处城东北十五里之谢悉村，故俗谓谢悉庙，建于大宋天圣元年，殿宇结构之诡奇，制作之精巧，堪称巧夺天工。因历史久远，故虽曾于大明隆庆及大清雍正四年两度修葺，然风雷震撼，水潦浸淫，鼠窟鸟巢，濒临倾颓。目击瑰宝将毁于一旦，有识之士心有戚戚，爰有修复之意；又念及游人奔波之劳顿，遂决议原貌迁建于素有锦屏之美称的城南卦甲山颠，更易原名“坤柔圣母殿”为“皇天后土庙”。所据者何？考其原址，在庖山之麓，庖山北上三十里有庖羲即伏羲庙，中塑伏羲女娲，盖二人为夫妻，为人祖，其所在即名之曰“人祖山”。今观“坤柔圣母殿脊”，尚存人首蛇身之女娲陶像，故坤柔圣母即女娲氏当无疑义。且县志有记：“皇天后土庙在谢悉村。”因此，易名之举自有根由也。

迁建工作始于一九八六年初，期间，两届县委、县政府首长书记任俊发，县长黄有泉，副县长段克己、李青及书记陈保堂，县长李苏河，副县长陈续臻，宣传部长杨福禄等决策指挥不遗余力；城关镇历届书记薛天忠、朱掌印、陈敖森于选址用地鼎力相助，排解燃眉；莅事诸君文化局书记胡槐龄、文化局长刘党森、文管所长阎金铸，奔走于城乡，呼应上下，宣传说服，求款索图，鸠工庀材，招标集资，备极辛劳。艰苦施工阶段，其栉风沐雨不避寒暑，披星戴月任劳任怨之敬业精神，有目共睹，有口皆碑。于建筑一节更严格从事，贯彻始终。省地文物部门专家张一、解希恭、祁建文诸多先生莅临指导，上下勠力同心，历经十载，厥工告成。所建之皇天后土庙，整体格局一如旧制，斗拱辐辏，飞檐高啄，雕梁画栋显其富丽庄严肃穆，不失凝重。庙中所塑伏羲女娲及渔猎、制陶游戏之各先民形象，或威仪赫赫，或柔美慈祥，或孔武刚健，或稚气纯情，尽皆生动逼真。所设画形，如男女日月及位置安措，悉与易理契合，与山脚之北魏摩崖造像、金代铁佛统而观之，则浑然一体，意趣天成，妙在其中也。

窃以为迁建此庙有深义在焉。我五千年华夏古代建筑，灿若星河，然如此庙金柱减半、井架结梁、悬柱造顶之独特营造方式却凤毛麟角。保护此一珍贵历史遗产不致湮灭，乃我辈义不容辞之责任。其次广大民众春露秋霜，有以祭祀发愿之所，工余休闲有以养情怡性之处，亦诚善事也。

吾友陈保堂及县长李苏河受命署理吉县大政以来，殚精竭虑，擘画力行，以期兴吉富民速建成效，其于开发旅游资源，用心尤勤。迁建此庙即一端也。足见其文治有心，见识非凡。余感其保民之诚，欣然从命，草成此文，一则记庙竣之盛，二则借其皇天后土之神，佑我家乡风调雨顺、四境平安、民丰物阜，福祉若不尽黄河垂后而行远云尔。

山西师大体院副教授吉县驮腰村人　冯彦山　撰文

乡宁关王庙贾庄人　赵振华　书丹

吉县岳家庄村　张迪谦　镌刻

迁建冯延登墓碑记

吉县之域，吉祥之地，山川灵秀，代有贤良，冯延登乃其中之佼佼者也。

冯延登（1175—1233），字子骏，自号横溪翁，金吉州吉乡（今吉县文城乡青村）人。自幼颖悟，自章宗承安二年考中词赋进士起，在三十六年的仕途生涯中曾任：临真县主簿、德顺州判官、怀宁寨知寨，宁边县县令，尚书省令史、河中府判官、尚书省左右司员外郎、国史院编修官、太常寺博士、平凉府行尚书省左右司员外郎、巩昌军节度副使，吏部郎中、翰林修撰、知登闻鼓院、接送伴使、翰林待制、同修国史、大名府治中、京兆府路司农司少卿、御前读卷官、国子监祭酒、翰林学士承旨、国信使、礼部和吏部侍郎、权刑部尚书。爵号有：资善大夫、荣禄大夫，并受封上护军、始平郡侯。天兴二年正月，蒙古军围攻汴京，哀宗皇帝弃城逃跑，冯延登逃难出京遇阻，被蒙古军所俘，他怒发冲冠，口若利剑，昂首挺胸，誓不投降，毅然跳入城旁井中，以身殉国，终年五十九岁。冯延登遇难后，他的三个儿子冯源、冯吉、冯亨历经三年寻访，终无所果。事隔十二年后，冯延登同僚并好友、金元两代杰出文学家元好问路过大名时，才将冯延登遇难之事告知冯亨。冯亨立即发丧行服，奉父衣冠，葬于故乡城东下阳庄村。元好问涕泗百拜后，挥笔撰写了碑铭。碑表两尊分别竖于墓旁和隔河相望的路旁，经过之人必驻足行礼，受到后人推崇和敬仰。冯延登，真乃民族之英雄，吉县之骄傲。

光阴如梭，岁月似歌，冯公忠魂已在下阳庄安然度过了七百六十八年。至此，他的身旁已是高楼林立，公路纵横，后人祭奠，诸多不便。恰逢人祖山开发正浓，即将成为吉县旅游又一品牌，于是县里决定将冯公延登墓迁至人祖山。迁墓之举意义深远，为我历史遗产不致湮灭，为我中华血脉延续传承，为我民族精神发扬光大、为我伟人先贤佑乡佑民。县里领导亲莅安排，有关部门倾力施行，终为冯公在人祖山寻得一方幽雅的风水宝地。不数月，功告成。山不在高，有仙则灵，冯公周围山石竞秀，沟壑峥嵘，绿荫绵绵拂清风，溪水潺潺扬琴声，冯公与胜景融为一体，胜景因冯公到来而美轮美奂，冯公因胜景陪伴而安然安息。冯公神怡，吉民心安。谨志之。

吉县人民政府

公元二〇一三年十二月二十八日立

柯受良飞黄四铭碑

（西面）

飞越黄河

（南面）

柯受良简介

柯受良，一九五三年生于浙江宁波，三岁移居台湾，二〇〇三年十二月九日去世。十四岁起开始玩车，十六岁离开渔村故里闯天下，最初只干洗车、搬运粗活，后投身电影工作，初期担任武师，后改任武术指导；二十岁入伍，退役后重投影圈，担任替身特技演员、男主角、电影导演。一九八六年在香港创业，一九九二年十一月，驾摩托车成功飞越万里长城北京金山岭烽火台；一九九七年六月一日驾驶汽车成功飞越黄河壶口瀑布。成为世界上成功飞越万里长城和壶口的第一人。

（北面）

飞越黄河壶口瀑布简介

一九九七年六月一日十三时十九分七秒，柯受良先生驾车惊世一越，飞过黄河壶口瀑布。说

时迟，那时快，柯受良驾车凌空而起，仅仅用了一点五八秒，即从河东飞抵河西，从启动到着地，仅用了十一秒，柯受良飞越黄河壶口的跑道全长三百一十五米，提速跑道二百六十五米，宽五米。接车跑道五十米，宽十米。全部用钢管网架做桥脚，每根钢管都嵌入石中，用钢管五千余根，桥面铺木板，用松木板一百五十立方。

（东面）无文字

集资重修西关小学碑记

教育者治国之大端，非教育无以出人才，无以兴国家。故亘古迄今，凡有识之士，莫不以兴学育人为己任。公元一九八六年，吉县西关村党支部书记朱爱新、村长张贵生诸干部与村民计议，拟用集体历年积累，修建西关小学校舍，改善办学条件。此举深得民心，全村民众咸无异议，上报镇县政府亦皆表示支持，遂于是年七月破土动工。施工期间，镇县地各级有关领导，多次莅临视察，勖勉有加，指导良多，督办之村干部，夙兴夜寐，敬慎其事。工程队更是一丝不苟，善始善终。上下戮力同心，十月辛劳，终于次年五月告成，计新建教学主楼一幢，设教室十，办公室二，改建瓦房六间，总面积七百五十二平方米；另凿井一眼，砌墙一百六十七米，投资总额达十三万余元。自此而后，莘莘学子出陋室而入轩敞，远危险而享太平，学校条件骤然改善，教育质量提高有望，全村居民，男女老幼，尽皆欢欣莫名，故于剪彩之日，鼓乐喧天，鞭炮雷鸣，其状俨如度节日然。呜呼，亦一大盛事矣！

愚以为西关村民集资办学，意义非同小可。考我吉县历史，祖辈清苦度日，虽今昔相比不啻天壤之别，然欲家家殷实，户户富裕，尚需励精图治，振兴教育，无疑首当其冲。惜乎，如此明白之道理，竟有昏昏然未之晓者。于是为眼前生计，驱幼小儿童扬鞭牧牛者有之，令青少年学子辍学挥锄者亦有之。准此而行，文化不昌，知识贫乏，民以困顿，国以积弱，岂不殆哉！西关村民节衣缩食，倾囊办学，足见其胸怀之宽广，目光之远大。此等空前义举，于民有利，于国有益，足可以德今人而垂后世矣。古云："他人有心，予忖度之。"余身为教师，自以为度得西关村民之良苦用心，故乐为之记。

冯彦山　撰文

赵磐文捐资助教纪念碑记

由爱国台胞赵磐文先生一九八八年发起，并捐款一万贰仟元人民币，设立教育奖学基金，以其父"赵德五奖学基金协会"名。一九九七年又捐贰万元人民币。同年，其叔父赵思义老先生提议易名为"赵九思堂奖学基金协会"，其含义为其兄弟九人以《论语·李氏篇》"君子有九思序名"并以此冠家称"赵九思堂"，扩大奖学基金。一九九八年四月，赵老先生等十人又捐款一万元美金（八万二千陆百陆十九元人民币）奖励家寒之学优者专精学术成才。以其繁荣地方富强国家。他们踊跃竞相捐资，集腋成裘，而达回馈桑梓之目的。迄今已有一百七十九名中高考成绩优秀贫困生获本基金协会奖学贰万零肆佰八十元人民币。得以深造，完成学业。

百年大计，教育为本。赵老先生家族及亲友，多年虽客居他乡，但桑梓之情弥深，重教义举愈坚，慷慨出资兴教育人。拳拳赤子心，悠悠爱国情，其行可嘉，盛举堪颂。勒立碑石，以志铭记光大。

撰文　科教办　　书丹　赵振华　　镌刻　张宗泽

公元贰零零三年十月一日立

第四章 传考

第一节 传

冯妙真传

元 · 脱脱

冯妙真，刑部尚书延登之女也。生十有八年，适进士张慥。兴定五年，慥为洛川主簿。大元兵破葭州、绥德，遂入鄜延。鄜人震恐具守备，守臣以西路输刍粟不时至，檄慥诣平凉督之。时延登为平凉行省员外郎，慥欲偕妙真以往，妙真辞曰："舅姑老矣，虽有叔姒，妾能安乎？子行，妾留奉养。"

十一月，洛川破，妙真从舅姑匿窟室，兵索得之。妙真泣与舅姑诀曰："妇生不辰，不得终执箕帚，义不从辱。"即携三子赴井死。县人从而死者数十人。明年春，慥发井得尸，殡于县之东郭外。死时年二十四。

（录自《金史》）

王予可传

元 · 脱脱

王予可，字南云，河东吉州人。父本军校，予可亦尝隶籍。年三十许，大病后忽发狂，久之能把笔作诗文，及说世外恍惚事。南渡后，居上蔡、遂平、郾城之间，遇文士则称"大成将军"，于佛前则称"谛摩龙什"，于道则称"骀天玄俊"，于贵游则称"威锦堂主人"。

为人躯干雄伟，貌奇古，戴青葛巾，项后垂双带若牛耳，一金镂环在顶额之间，两颊以青涅之为翠靥。衣长不能掩胫。落魄嗜酒，每入城，市人争以酒食遗之。夜宿土室中，夏月或尸秽在傍，蛆虫狼藉不恤也。人与之纸，落笔数百言，或诗或文，散漫碎杂，无句读、无首尾，多六经中语及韵学家古文奇字，字画峭劲，遇宋讳亦时避之。或问以故事，其应如响，诸所引书，皆世所未见。谈说之际稍若有条贯，则又以诞幻语乱之。麻九畴、张毂与之游最狎，言其诗以百分为率，可晓者才二三耳。

壬辰兵乱，为顺天将领所得，知其名，窃议欲挈之北归，馆于州之瑞云观。予可明日见将领自言曰"我不能住君家瑞云观也"，不数日卒。后复有见于淮上者。

赞曰：金世隐逸不多见，今于简册所有，得十有二人焉。其卓尔不群者二人。褚承亮宋人，勒试进士，主司发策问宋徽、钦之罪，承亮长揖而去之。方金人重举业，杜时升居山中，首以"伊洛之学"教后进。宋可不愿仕，不执其子为质，宁弃而不就，遂以无子。虽制行过中，岂不贤于杀妻以求大将者乎。大夫士见善明、用心刚，故能为人所难为者如此。

（录自《金史》）

丐孝子传

清・白汝骥

孝子，稷山人，遗其姓氏，年约二十许，以织席为业，服贾陕西。光绪二年，山右饥。孝子父自家抵陕，依孝子为生。孝子拮据奉养，无间晨昏。无何，孝子父病，同居者不相容。孝子遂挈父东归。抵陕西某镇，夜宿土窑。孝子煨火御寒，御寒父睡熟，不谨，竟以衣置火中，行装俱成灰烬。孝子抵死救之，面目焦灼，从火中拽父以出，父始免，然衣服已无余矣。孝子虽身带伤，而经营百计，负痛操作，稍得财即复置衣衣父。及腊月始至州境。时父痛已不能行，孝子携持抱保，寸步不离。昼则沿门乞食，夜则依恋左右。所得之食，悉以食父，土人多为哀之。三年正月，孝子父遂不起。是时，路毙者，多为抛弃。孝子沿街号泣，乞借锹铣，以瘗父骨，市人为瘗于城北之义冢侧。主事者不及待，孝子以手掬土，掩葬遗骸，手指俱裂。先是父未殁时，孝子遍在各门哀恳雇工，愿不受身金，以糊父口。而时事已艰，竟无首肯者。及父殁，孝子痛其父死之酷也，伤其流落之惨也，在墓哀号，昼夜者三。泪继以血，终不去。声嘶远迩，闻着酸心。土人有好义者，哀其孝，始曳入市中。然孝子之不死者，气已一线矣。在市呼父痛哭，日惟求死，与之食，亦不食，梦寝之中，犹询父所在。市人皆以孝子呼之，论曰：自孝子之风微，而士大夫之视同陌路者比比然矣，况欲得诸愚贱之流哉？今孝子以艰难备历之余，颠沛屡尝之后，竟舍死不顾，抵死相从，致使父子同时一死，论死不无隐痛，而此心此理，即质之天地鬼神，固可稍无遗憾矣。孟子曰："无求生以害仁，有杀身以成仁"。如若人者，其殆庶几与？

陈烈女传

清・白汝骥

女姓陈氏，处士五昌公之女。幼聪慧，颇通诗书，许字同郡窦氏。同治六年，逆匪窜境，时窦氏子被杀。是时，女尚未嫁，遂矢志守节，愿以归事翁姑。窦氏家故贫，知女志坚，屡请归不许，女遂长居母家。光绪三年，岁大祲，窦氏合家俱殁。父谓女曰："汝所以不嫁者，徒以有窦氏故耳，今窦氏已无人矣，纵终守将欲安归？" 女婉言谢绝，愿以婴儿子自处。居无何，父病，复谓女曰："女能嫁，则嫁之，若不嫁，必终守！倘吾死而汝嫁，则不孝之罪直通于天矣"。女闻涕泣，誓以死期之，时年二十有九矣。先是，女生而贤孝，自以未嫁守节，故其名传于远迩，大家世族，争欲委禽焉，而女终不许。平居，长斋默坐，惟事诵经。亲戚中有劝以另字者，女必引古烈女以正之，以是族党中无复言者。及光绪四年，粟价昂贵，州人多饿死。女父故贫，有某艳其名，欲以利啖之，愿先助麦一石以求婚。女父母意稍移，而女竟以柏舟自矢，抵死不从，事遂寝。及父殁，女遂哀毁备至，痛不欲生。继念孀母在堂，故复破泪为欢，强进饮食。居常言及此事，辄流涕，语人曰："吾以之死靡他之故，不肯降志辱身救吾父于危殆者，更违命以改适，是人类之所绝也。" 言之声随泪下。女今年已三十，而依恋膝下，奉养晨昏，略无异处子。见者皆谈为人生难得云。

语曰：昔共姜以柏舟誓志，陶婴以鸿鹄寄心，而节义之流传，遂昭千古矣。然皆以既嫁守节，求其以未嫁之夫，矢不字之贞，而守从众之义，如吾州所谓烈女者，盖亦仅矣！赵威后有云："北宫之女，婴儿子无恙耶？撤其环瑱，至老不嫁，以养父母，是率民而出于孝情者也。" 烈女殆其流亚与！

孝妇传

清 · 柴海

妇姓强氏，诸生际清之女，冯氏丕绪之妻也。性淑慎，有古林下风。恪守妇道，勤习女红，中馈之间，妯娌和睦，庭无间言。其事舅姑以礼，怡色柔声，朝夕如一。姑殁后，舅患瘫疾，年已七十余矣。起坐疴痒，妇必敬以扶持，较姑在日为倍挚。礼云：“妇人不饰不敢见舅姑。”妇每晨起梳洗，即上堂问舅安，始入厨造食，必洁净，侍食毕，然后食。常盛夏与夫负舅至院之清凉处，安置坐褥，逐蝇拂蚊，服事唯谨。一指一视，即知其心之所欲，故盘匜几杖之间，无不如意。若此者八年，略无难色。予嘉其用力用劳，始终罔殆，诚有不可湮没者，因为传行实，以志不朽云。

第二节 考辩

禹凿龙门考

清 · 汪和

禹贡九州之次，以治为先后。水性下流，当从下泄，故治水皆从下始。冀州地都，故从冀起。而东南次兖，而东南次青，而南次徐，而南次扬，从扬而西次荆，从荆而北次豫，从豫而西次梁，从梁而北次雍。雍地最高，故在后也。

治水由东而西，青（青州、山东半岛地区）徐（淮海一带）扬（江苏、浙江、安徽带）三州，并为东偏。雍高于豫，豫高于青徐，雍豫之水，从青徐入海。梁高于荆（湖南、湖北一带），荆高于扬，梁荆之水，从扬入海。沇在冀州东南，冀沇二州之水，各自东北入海。冀州既载壶口，壶口山之东河，东北屈县，东南汉北屈县，隋改吉昌，唐属慈州，又改吉乡宋熙宁五年改隶隰州。元改吉州，隶平阳路。明属平阳府。山在州西南七十里，上连孟门，下控龙门。当路东流，为河之扼要处，故禹首言辟之。上口孟门，在今隰州大宁县西南八十里。吉州西六十里壶口之北，黄河中流，西直陕西延安府宜川县。下口龙门，在今河津西北三十里壶口山尽处，西与韩城之龙门相对。上口至下口，一百六十余里。《水经注》云：河水南迳北屈县故城，西十里有风山，上有穴如轮。山南四十里，河西孟门山。龙门未辟，河出孟门之上（此与太行孟门别），大禹疏通，谓之孟门。孟门即龙门之上口，实黄河之巨厄。此石始经禹凿，河中漱广，夹岸崇深。其水崩浪可寻，浑洪赑怒，迄于卜口。

梁山，汉夏阳县，故少梁，秦惠文王更名，今为陕西同州府韩城县。山在县西北九十里，绵亘百里。自郃阳县西北抵韩城县西北麻岭皆是。首枕西河，北连龙门，为禹所治。《诗 · 大雅 · 韩奕》：“奕奕梁山，维禹甸之。”郑笺云：尧时梁山晋望也（注：在夏阳县西北临河上）。禹治壶口，孟门之险渐平，遂由龙门西河以治梁山。

《尸子》《吕氏春秋》《淮南子》皆言龙门未辟，吕梁未凿，河出孟门之上。孟门在今隰州大宁县西南八十里，吉州西六十里，壶口之北，禹于壶口之西辟孟门，而始事于壶口；于梁山之北辟龙门，而终事于梁山。汉贾让奏疏云：“昔大禹治水，山陵当道者毁之，故凿龙门，辟伊关（今洛阳龙门），析砥柱（河南陕县东北黄河中），破碣石（山名，河北省昌黎县），堕断天地之性。”《水经》：“河水南出龙门口。”注云：“昔大禹导河积石，疏决梁山，谓此处也。”魏《土地记》曰：“梁山北有龙门山，大禹所凿，通孟津河口。广八十亩，严海售迹，遗功尚存。”（河直下孟津，故云孟门。）

朱子云：“龙门未经凿治时，正道不甚泻，一派滚入关陕，一派滚往河东，为患最甚。”按地势，

北高而南下，洪水自孟门大溢逆流。其一派滚入关陕者，从宜川而南；一派滚入河东者，从吉州而南也。

《寰宇记》云："龙门山北有河口，略似龙门而不能通。相传鲧治水时所凿。绩用弗成，今名错开河。"《吴越春秋》云："禹年三十始娶。鲧之初殛，禹年尚幼。"祭法曰："鲧障洪水而殛死，禹能修鲧之功。"四罪无死刑，殛者，拘囚困苦之，使郁郁无聊，不获尽其天年，非甫殛而随死也。鲧殛禹兴，中间尚隔十余年，非接踵治水。

河自积石龙门南流为西河，至华阴，东经底柱孟津，过洛汭为南河：至太丕（山名、河南浚县南），北流过降水（即漳河、河北曲周、肥乡二县）。又北播为九河，同为逆河，入海为东河。然则东河之西，西河之东，为冀州。

壶口考

阎金铸

志载，冀州之域以壶口见称者三：一在吉县西北晋陕峡谷之中，俗呼龙王澥者，巨瀑也；一在临汾西南姑射山前，即平水出口，泉渊也；一在长治东南，系古有之地名，关隘也。世伟大禹疏九河始肇之壶口，前者焉。又其位亦有三说：霍岳以西，管涔以南，环汾之山，衮之域悉以属之，此其一；上起孟门，下迄龙门，其间六十余里夹岸崇深，洪流中奔之大峡均皆为之，此其二；龙槽、孟门亦其别称，此其三。

瀑耶？泉耶？关耶？域乎？峡乎？槽乎？何以若斯？孰是谁非？

考壶口之名所由，盖取象假形而生。观滔滔河水奔至澥口、骤然收束成千尺悬瀑，疾泄地槽，犹巨壶倾水，名之；见玉液自石隙涌突沸出，状若壶咀喷吐琼浆，名之；望四山郛立一豁别通、形似壶壁有口外通、名之。以贯常习见之器状瀑、喻泉、比关，因象而名者，向为中华生存智慧文化之绝唱。而绝中之绝者，最者孰欤？关隘之比，乃内视之感，叔也；涌泉之喻，系外观之觉，仲也；唯瀑流之状者，形似神肖且势壮体宏，伯也！绝绝者也！

查壶口之宗，端自亘古，时天倾地陷吕梁隆，海退陆现出神州，山谷纵裂雨积水漫，盆湖汪布相牵联串。此际之冀州，浩瀚湖水切凿潼关，汾渭谷地由斯奠，秦晋天湖悬素练，北移南拓，壶口澥流首在禹门现奇观。尔后，星移斗转，沧海桑田，及"鸿烈"间，澥流大溢孟门山，汐流窝旋下龙门。继而，河水崩浪开孟门，浚波颓叠凿石槽。由斯观之，环粉之域、晋陕巨峡、孟门石槽，皆壶口也。其位之所更，实岁月之记。古之坟典诸家之言不谬矣！然何以十之九九皆独钟于吉县壶口？究其因，以鄙人一孔之见，当不外者有三：

河蟠中土，曲肱弓臂，东西屏维畿辅，南北拱卫王都，皆赖一壶居其中。有熊战九黎于壶前，晋公兼狄戎于壶辿，高魏南征统天下，李唐北伐定社稷，阎梁二王踏冰东进，国共壶畔阻寇西犯。其地也，衡系帝业成败，祥兆国昌民安。其东西诸域，名以吉、宁、永、昌、宜、延者称，盖盼盛世企太平之望也。地为国之要津，险水若此，帝王将相能不钟？一也。

壶蓄百川众水态，口喷三江九河形。遥观素烟谷心腾，彩练虹霓映日红。近岸霡霂湿衣面，气浪撩裙掀帽翻。金浪拥波染丹岸，沉雷震地闻声远。时而，水箭万杆冲天射，刹那间，幻作轻纱遮青山；时而，波洑足髁惊膝弯，转瞬间散为缕丝挂岸檐。欹望之，瀑貫落露噎槽，蛟腾龙飞鳣鲔跃。怒石击浪遍窟窍，悸心惊魄魂栗颤。气吞三山五岳势，景聚华夏九河形，天下奇观壮若此，旅人霞客能不钟？二也。

水循天道法自然，流衍万物功居先。瀑涵世情诸相态，浪劈峡槽永生途。水之德与性，壶口

显且全：含阴包阳，腹囊百水至阴至柔，凿崖雕石显至阳至刚；大智大勇，不争莫能与争，临崖不惧万险；情嵩德广，化青气升九重霄汉，迹足处现绿野粮山；善洁善生，纳百川之垢流之则净，入黄土之身万物皆葱；恒坚韧，小滴细流洞铁石，柔波轻浪蚀坚崖，知足不贪。身处低凹心益静，盈满有度拒滴流；敢抗敢鸣，巨石挡抛之干岸，暗礁拦高歌跨拦；扬善除恶，扶明主乘龙舟破浪前行，来昏君翻朽船入泥沉沙；永动益民，不弃昼夜奔沧海，拖沙挟土广良田；博大精深，无所不在满宇内，江河无底海无边。陶情励志无伦比，迪智启悟世无双。伯阳见而乐无穷，子舆观后曰仁人，庄周凝视颂无已，不害难分东和西，圣者仲尼若尚健，“逝者如斯夫”，遗叹壶畔。纳容尘环情若此，英哲士庶能不钟？三也。

考罢壶口叹笔拙，伫足壶畔自惭形，用尽五湖四海水，难描壶口滴水情，昔往壶口发龙门，今朝北来吉县境。何日迁上昆仑巅，金鲤不跃皆化龙。天庭神州同一堂，四海环宇共太平！

第五章 序 跋 铭

第一节 序文

吉县志序（清光绪版《吉县志》）

列国各有史，而今皆有志，所以彰往昭来，记事实，资考鉴也。顾一统志资于通志，通志资于州县志，是州志之为要也明矣。且一志之中，大可观忠孝节义之操，次可见户口风俗之概，以及山川地理之不易，宦迹制度之变更，灾妖符瑞之叠见，无不灿然备具，以为通志之资，则修志之事，诚司牧之责哉！

我朝雍正七年诏直省府州县各行修志，以为万几之余，便于流览，此亦采风问谣之意。惟是七年以后，将志置为废阁，其间代远年湮，不无遗漏，亦憾事也。幸逢我爵抚宪轸念民风，关心文献，于光绪五年夏饬令修辑州志，因以此谋诸学正，择其诸生之优者，分门别类，博采兼收。其如同治年间，既遭兵燹，又逢荒旱，卷帙散失，稽考维难，忠臣、义士、孝子、节妇之名，磨灭弗彰者何堪胜道？至于年岁之丰歉，编氓之存亡，风俗之盛衰，淹没不载者，更不知凡几矣！今惟按诸旧志，参以新闻，于前志之缺者补之，疑者阙之，讹者正之。总期上无负朝廷之深仁厚泽，下无负爵抚宪之良法美意，即后之莅斯任者，有所折衷，一展卷而知是州之士习民风，不至茫然无据者，皆我爵抚宪之赐也。至修饰润色，则惟俟后之博雅淹通者，匡其不逮焉。光绪五年，岁次己卯仲冬之月，钦加同知衔授武乡县知县署吉州知州吴葵之谨序。

吉州志序（清光绪版）

陈诗设太史之官，徇路重遒人之职，凡所以观民风、而察政治也。吉州志修于雍正七年，至于今百有余岁。按其图籍，考其山川，核其田赋，稽其人物，以及忠孝节义之攸关，灾妖符瑞之叠见，不免有就简之虞，使过此以往，贤州牧与宿儒硕彦随时编纂，参互考订，传古事于将来，发幽光于既往，安见今日之鉴，非后人之师哉！然而有美不彰者，守土之责也；有美弗继者，儒生之憾也。迨光绪四年春，怀庆吴公葵之来署州篆。甫下车民歌硕鼠，道满嗷鸿，惴惴焉以不克救民为惧，而他端俱未遑及。越明年夏，赈务竣，百废举矣。吴州牧奉爵抚院文饬修州志，而职适权篆州学，谈及此事，共称盛举。爰集学中之白生、柴生辈，开局校雠。或草创以分门别类，或采择以广见博闻，焚膏继晷，不敢少休。其于天星地纪之原，户口风俗之数，人物文章之美，务求是非不淆，取舍悉协，敢诩继往而开来，聊以发微而阐幽。其如同治年间，地遭兵燹，卷帙散失，询诸故老，无有记而存焉。文献不足无征，所以致慨也。质诸州牧，询谋佥同，亦惟本之旧志，参以新闻，按部就班，敢必无亥豕鲁鱼之误；拾遗补阙，用以订淮风别雨之讹，共仰体我爵宪之良法美意，藉以表一州之流风余韵，使后之为州牧者，得以识某年、某月、某州牧、奉文修辑，率由旧章，庶几有所遵循也，岂不懿欤！职不才，愧无班马之识，徒惭管蠡之窥，赞记论疏，此调不弹已久，今日之举，亦惟无遗葑菲，聊献刍荛，以为土壤细流之助云。光绪五年岁次己卯仲冬之月，钦加同知衔授汾阳县教谕署吉州学正阳直裴国苞谨序。

吉州志序（清康熙版《吉州志》）

南鹏

志何昉？其昉于作史者乎？周官职方掌四方之志，岁事风俗情伪，各为一书，上之天子，命内史识之，以稽微恶而得失；是今日之所为志，即当日之所为史也。然昉于史，而亦昉于诗也。自巡狩不行，爰命太史，采八方时歌，考奢俭而别正淫，则当日之所为诗，即今日之所为志也。志固非易哉！吉州旧志，自癸未年，流寇西来，山城失守，人民惨戮，房舍烬灰，而志之板籍，尽付之咸阳一劫。距今三十余年，无论远者，未由追溯，即我朝定鼎以来，其间人事沧桑，历历如星晨萤烛。戊申春二月，鹏谬膺州牧，有心修辑之举久矣！无如哀鸿未集，土满为忧，未遑如愿。壬子冬，蒙台宪檄取州志，茫无一应。旋令邑廪生曹执衡，广诹父老，博采遗编，复于断碣残碑，细加搜括。果确有据者，志其原委颠末；略有疑似者，遥且阙文，无或敢讹，手录二帙，恭呈宪鉴。兹于癸丑夏六月，复令登之枣梨，鹏即捐俸刻板，甫匝月而告竣，诚鹏向所祷祀而求者，今庶乎其少慰矣！虽然，志以言乎识也，识其地，识其人，识其事与实也。即志以言乎制也，分疆画野有其制，土田赋役有其制，山冈扼塞人物风俗有其制，志固非易哉！今州境虽小，亦河东之一股肱也。幸于半岁之中，俾一州七百里之流风逸事，复罗网无遗，而厘之一新。籍令当代大人君子，为问昔日之地僻民淳，事简易治之休，其尚有存焉者乎？今志以内之土田赋役自若也；为问昔日之襟带何山，壶口、孟门之胜，今尚有存焉者乎？今志以内分疆画野自若也；为同昔日之重义寡积，敦厚尚质之休，其尚有存焉者乎？今志以内之山川扼塞自若也；为问昔日如某也忠，某也孝，某也廉，某也节之遗徽，其尚有存焉者乎？今志以内之人物风俗自若也，孰谓一州之志，非一国之史也耶！窃鹏素餐六载，催科抚字，两无俾益，唯以诚壳自矢，即三尺之童，亦莫敢欺。故志之一书，断不肯慌忽附会，以失其真，而又何得不以曹子广诹博采之最确，为略述其终始，使后来莅兹土者，知一州之有其地，有其人，有其事与实，若是其班班也，讵非陈诗贡俗之一助也哉！

志书序（清康熙版《吉州志》）

曹执衡

环吉，皆山也。地非沃壤，民未富庶，斗大一城，夫何足志？虽然，尺土一民，皆系朝廷版图；则吉地虽小，亦一郡也。倘不悉夫物宜，何以备观风者之游览，作忧民爱国者之补救乎？则志之一书，诚不可少也。但吉阳自兵乱之后，田野荒芜，城市丘墟，案上芸编，尽作地下灰烬。志书无存，垂三十余年矣。兹康熙壬子秋，蒙台宪檄取州志，我州牧南父师命衡纂修。衡生也晚，不获亲承文献，若以臆见，操一代因革损益之权，不惟滋往牒之疑，亦恐贻后世之惑。兼之北门起咏，蓼莪兴嗟，负版长鸣，自以为风尘落寞，久困蓬蒿已耳，无心向笔墨求生活耶！重以师父之命，乃辞不获。乃延访于宿儒先达，广搜于断简残碑。越明年癸丑初秋，编成二帙。若建置，若风土，若官师，若赋役，若科贡，若孝义，以及方物艺文，条列详明，辞取其简，事取其实。虽不敢言一代信史，太约以公不以私，传信不传疑。使按此而议修守，则山川险夷，洞若观火；按此而驭民物，则性情刚柔，皎若列眉。且观斯土者，知孰为廉明，孰为仁爱，有所观感；生斯地者，知某也忠孝，某也节烈，有所劝慕。则郡乘一书，实关风化。孰谓广舆图籍，非黼黻国家，默维世道之要略乎？则志之一书，不可少也。更不可念者：吉之建置，不异于昔；吉之风俗，亦不大异于昔；独是入籍之民，昔有一万二千余丁者，今止存二千余丁矣！晨星落落，今昔人不相侔。故人少则土满，土满则财匮，财匮则民贫，民贫则凋耗困弊。日复一日。幸我南父师莅任，多方抚绥，哀鸿未集。

苟继此而休养生息，固邦本以培元气，使七里残黎，渐复全盛，不负圣天子加惠元元之至意，而作者之苦心，亦庶乎其无遗憾矣！畴曰：地非沃壤，民未富庶，而古陶唐之遗风，不可复见于今日也哉！衡系草茅，不揣谫劣，草创成编，仅见一斑，若夫润泽，以俟君子。

志书序（清乾隆版《吉州全志》）

甘士英

我国家定鼎以来，九十余年间，忠臣义士，孝子节妇，既皆彪炳天壤，而志乘未载，曷以垂之永久？雍正七年，世宗宪皇帝，垂念及此，钦命天下郡邑，俱各纂修志书，申之上司，汇为省志，进呈御览，以备统志馆采辑之需。其于显微阐幽，典至钜也。士英以高平令，奉命来牧吉州，适当其时。加之吉系近改直隶，兼辖乡、蒲二邑，向皆各自为志，不特郡邑藉以联合，而于有关人心风俗，维持名教之处，悉得以表见之，不诚厚幸欤！独是州志，因明末离乱之后，毁弃无存，至康熙十二年，始有里人曹执衡，追忆撰述。既不全备，亦少伦纪。而宁志浮夸，蒲志俭陋，更甚于此。非有博识之士，文献之征，乌能胜此。乃吉与二邑，僻处万山，士多负耒，人鲜贯通，所谓断简残编，遗碑剩碣，百不得一，距无挂漏贻讥。然当圣天子经理庶务，百度维新，不于此采摭补缀，以襄盛朝一代之典章，则尸素之责，更不可逭。爰属一二同心，博稽掌故，摭拾旧闻，信者仍之，疑者阙焉，逾年而竣。以稿本送通志馆，期俟通志告成，再谋付之梨枣，以示来兹。九年冬，朝议以蒲县改属隰州，而吉郡只辖乡宁一邑，规制既更，势不得不复为增省，以成一郡之志。且俾邑之人士，知我世宗显皇帝显微阐幽，大小不遗，于修志一节，亦寓砥砺人心风俗之至意。则今日之郅隆极治，一道同风，虽与古之圣君哲后，合德而同揆可也。因忘其固而为之弁其端，以志一时之盛。

《吉县志》序一（1992年5月版）

任俊发　李青

中华人民共和国成立后的第一部《吉县志》，历经数载，几易其稿，业已成书，这是吉县社会主义精神文明建设的一项重大成果，是值得庆贺的大喜事。

编修地方志是中华民族的优良传统，是益于当代、惠及后世的一大盛事。吉县从明永乐至清光绪470多年间，先后五次修志，为我们辑存了丰富的历史资料。但由于历史的局限，他们多站在封建主义的立场上，为封建统治者歌功颂德、树碑立传。我们则要反其道而行之，为社会主义树碑，为人民大众立传，书写人民的业绩，弘扬社会主义伟业。从辛亥革命到五四运动，从抗日战争到解放战争，近百余年来，吉县人民同全国人民一样，为推翻帝国主义、封建主义和官僚资本主义，为建立社会主义制度，进行了不屈不挠、英勇顽强的斗争，创建了许多可歌可泣、感人至深的英雄业绩。新中国成立后，在历届县委、县政府的正确领导下，全县人民艰苦奋斗、励精图治，进行了社会主义革命和社会主义建设的伟大斗争，在政治、经济、文化等方面取得了显著成就。特别是中国共产党十一届三中全会后，坚持以经济建设为中心，坚持改革开放政策，更使全县发生了巨大变化，社会安定，百业兴旺，经济建设飞跃发展，人民生活日新月异。旅游业的兴起，使驰名中外的黄河壶口瀑布吸引着成千上万的学者、游客到此考察、观光。所有这些，如不修志记载，就会上有愧于古人，下对不起子孙。所以编纂一部贯通古今、着重当代的新志书，是人民之需，是时代所求。新编《吉县志》的出版问世，成此重任，可喜可贺。它不仅为后世留下丰富而宝贵的史料，而且为当今各项事业的发展提供了可靠的依据和借鉴。

古人云："治天下者以史为鉴，治郡国者以志为鉴。"《吉县志》以马列主义、毛泽东思想为指导，运用辩证唯物主义和历史唯物主义的观点，按照科学的体例分篇立目，撷取翔实的资料编纂而成。全书客观地、实事求是地记载了吉县自然历史的变迁，政治、经济、文化的发展及民俗习尚的变化，是一部有关全县的百科全书，对我们认识吉县、治理吉县、振兴吉县将发挥重要的资治作用。

《吉县志》的成书，是全县上下通力合作的结晶，是县志办公室全体工作人员辛勤耕耘的成果，是省、地有关领导、专家、学者以及修志同仁关怀和支持的结果。值此成书之际，我们代表中共吉县县委、县人民政府和全县人民，向奋战在修志战线和为编纂《吉县志》做出贡献的同志们，致以崇高的敬意和衷心的感谢。

《吉县志》序二(1992年5月版)

陈保堂

当我奉调吉县工作之际，欣闻《吉县志》已经脱稿，准备出版。县志办邀我作序，盛情难却，即笔数语，以表对即将问世《吉县志》的祝贺，并借此祝福全县人民吉祥如意!

盛世修志，志载盛世。《吉县志》是新中国建立后吉县新编的第一部志书，纵贯千载，横纳百业，略古详今，内容丰富，是吉县县情的宝贵资料库。

吉县有许多值得骄傲之处：黄河壶口瀑布是中华一绝，被评为"全国旅游胜地四十佳"之一；林业建设是全国"造林绿化先进县"；红星苹果是省优、国优产品；烟叶质量全省评比第二，出省出口；还有许多可歌可泣劳动人民的英雄事迹。总结昨天，指导今天，展望明天。衷心祝愿《吉县志》能成为反映吉县自然、社会、历史的百科全书，成为服务当代、惠及后人的生动历史教材；成为帮助人们了解吉县、认识吉县、热爱吉县的翔实资料。与此同时，衷心希望吉县人民发扬爱国爱县精神，在脱贫致富奔小康的道路上谱写新的篇章，早日把吉县建设成为文明富裕的新吉县。

第二节 跋文

《吉县志》跋(1992年5月版)

辛未之春，山西《吉县志》稿既成，石全正主编不远千里寄来武汉，嘱余校阅。余以杂事太烦，健康欠佳，迟迟未果。石复数番来函，敦促其事。余既对其强烈之责任心钦敬不已，复对其虚心征求意见之诚意感动尤深。爰是以月余时间，连日带夜，阅毕全部书稿。

近代史学家陈垣先生谓校阅典籍之法有四：一曰对校法；二曰本校法；三曰他校法；四曰理校法(《校勘学释例》卷六《校书法四例》)。余乃参照其本校、他校与理校三法而用之。所谓本校，即"以本书前后互证而抉择其异同"。"至于字句之间，则循上下文义，近而数叶，远而数卷，属词比事，抵牾自见。"(同上)余之所谓他校，系按之以当代方志理论之新水平，以及《吉县志》对已出志书之成功与不足是否汲取或摒弃，并注意到《吉县志》创新之处，而理校则绳之以马列主义、毛泽东思想基本原理及党的路线、方针、政策，揆情度理，从而衡量《吉县志》之得失。

校竣全书，掩卷思之，甚感此书观点正确，特色鲜明，门类齐全，纵不断线，横不缺项，编排合理，次序井然，逻辑清晰，语言简畅，资料丰富，翔实可信，图表并茂，堪谓成功之作。此诚吉县人民政治生活中之大事，我国志界之一新硕果，可喜可贺。此书问世，必能发挥其资治、存史、

教化之功能，有利当代，惠及后世，功莫大焉。其不足则唯个别章节内容稍嫌单薄耳，希冀予以充实。

《吉州志》何以能成功，余以为首应归功于领导大力支持。诸如志办之组建，经费之支拨，资料之搜求，县情之探讨，篇目之拟定，书稿之撰写，修改与审定，而尤其组织全县各有关部局委办乡镇之配合……在在皆离不开县委与县政府之领导与支持。且诸多领导人亲自任职于编委会，其效尤著。故该书《编后记》深有感触曰："她的问世，首先归功于吉县县委、县人民政府重视领导。"

次应归功于修志同仁。一部县志、上下百年，纵横百里，包罗百科，字数百万，工程浩繁，实非易事。《吉县志》编纂者们不顾严寒酷暑，不辞疲劳，跋山涉水，万里奔波，蒐集资料千万字，复抽绎提炼，编纲立目，伏案修撰。夜以继日，而遇到疑难，更是冥思苦索。呕心沥血于滋已九载矣，其个中艰辛，自非局外人所能道其详也。

该县志办，始建于1981年，志书下限断于1985年，而《限外续要》则延伸到1990年，是以《吉县志》不仅记述昨日之事，亦记述今日之事。修纂者们不仅致力于探究滚滚前进历史车轮之旧迹，更须追踪历史车轮之新辙，孜孜以求，未敢稍息。

党的十一届三中全会新制定之路线、方针、政策，亦于此十年社会改革实践中逐步发展、深化并完善，志办同仁刻苦学习，心领神会，以其为准绳，融汇于笔端。故所记不论昨日之事，抑或今日之事，皆能符合最新精神，观点无误，达到志书质量之基本要求，时代特色鲜明，弥足可贵。我华夏虽自古即富舆地之记，然本届编修社会主义新方志却理论准备不足，新观点、新材料、新方法之运用亦无历史经验可资借鉴。《吉县志》编纂者们边实践，边探索，既密切注视志界新动向，广泛吸收志界理论研究之新成果，且锐意进取，突出经济部类，突出地方特色，力求创新。设《志存》专编，记叙抗战时期中共中央领导人与第十八集团军（即八路军）驻二战区办事处在吉之活动，及阎锡山迁山西省政府于吉八年等具有全国意义之重要史料堪称创新之一例。

吉县志办亦曾多次邀请省、地有关专家与志界同行上山莅县指导，聆听众议，择善而从，反复改稿，使本书渐臻成熟，此虚心求教之态度，亦深足嘉许。

余谨以《吉县志》之第一名读者向吉县人民与《吉县志》编纂者们致以最诚挚之祝贺！

是为跋。

黄德馨

辛未春月于湖北大学琴园

第三节 铭文

甗 铭文

清同治二年（1863），山西省吉州安坪村安固寺旁出土一件西周青铜甗，上铸有篆铭，其甗铭云："叔硕父作旅甗，子子孙孙永宝用。"

簋 铭文

清同治二年（1863），在山西省吉州安坪村安固寺旁出土一件西周青铜簋，上铸有篆铭，其簋铭云："周叔姞作旅簋，其万年永宝用。"

吉县铭

刘志仁

地处吕梁，郡属河东。群山环绕，丘陵波涌。西滨黄河通秦蜀，东越鄂嶂控平阳。实河东之拱卫，乃尧都之藩屏。域周岗峦逶迤，境内河川纵横。宜林宜牧，可种可耕。土地宽广，潜力无穷。故曰战守之要地，亦谓安境之关防。夷吾居此，信可避祸。敬德挂甲，稍图修整。试看秦汉时期定为县置，纵观历史安排多为州郡。一字之差，治守不同。清朝同治年间，捻军遍起，四处设防，万里河山，独在吾境黄河岸边筑长城，足见此地之重。抗日战争时期，日寇进犯，百十市里，十九沦亡，唯我军民据险浴血驱强敌，终保净土一方。

河山茫茫，源远流长，星转斗移，不可遗忘。柿子滩、火石滩有旧石器人居遗址。王家原、水洞沟有仰韶龙山文化埋藏。尧时之患，莫过水洪。大禹受命治洪水，开凿壶口建首功。洪水漫漫，生灵涂炭，开河退水，利民滋生。他处建伏羲女娲庙，各有所据，此地有人祖苞山，事出有因。孟门夜月发幽思，壶口雷音引穆王。祖乙中兴迁耿地，其时此地属耿乡。安坪村曾有西周铜器出土，岳家庄屡屡古陶见奉。挂甲山、孟门山有北魏石刻。王家河、苏家坪有隋唐造像。南村麦城有古城遗址，寺观庙宇所在平常。叹惜今日之颓败，缅怀昔日之辉煌。

依山建市，临水筑城。清水绕城廓，环城面锦屏。东西横长街，南北大桥通。城东，石泉水涌述千古；城西，瀑布垂练写丹青。绿柳依依，李白桃红。山河壮美，人因地灵，武有经略使杨贞，文有祭酒冯延登。年年育学子，代代有国殇。民风淳朴，守土恋乡，勤劳安分，重农轻商。此地求富贵难，谋温饱易。故坡田牛走，庭院鸡鸣，民安击壤之乐。读圣贤书，慕老庄行，士乐布衣而终。寥落山乡地，依稀桃源风。

光阴荏苒，岁月不居，时事变化，一日千里。古今多少事，是非因时评。昔日河山天险，今日已失效用。河山阻碍交通，天险囿人视听。土地千年不变，人口连年递增。农耕自足难以久享，务农难以致富，轻商不利流通。欣逢改革开放盛世，喜乘与时俱进东风。亟宜审时度势，转变思想，移风易俗，破旧立新。农林牧副，多种经营。切记因地制宜，莫忘避短扬长。兴学重教，育人兴邦，凡事皆在人为，有人方能创新。奋起图强，山河重光。

第六章 楹联

第一节 壶口瀑布楹联

登孟门远眺奔腾黄河 衔千山吞万水 横贯中原 浩浩乎神州发源之地
观壶口近睹磅礴瀑布 惊天地泣鬼神 雄冠天下 赫赫然华夏摇篮明珠

黄河昂首天边来 声轰动地
瀑布纵身地下跳 胆大包天

尧捏石壶 壶盛千年故事
舜夸海口 口吞万丈黄河

为啥惹黄河动怒 吼地哮天 震耳惊雷涛裂岸
因何让壶口忍饥 吞云吐雾 凌空倒海浪排山

天来之河 排山破空气吞虎 八千水路云岚稠 昆仑九曲 衍流纳川 浩浩汤汤 如万马出厩 一发不归 长风万丈金龙滚 壮哉 华夏人文源水气

斧斫之瀑 挑浪雨飞势破舟 九天星汉风雷紧 玉关一壶 碎琼乱玉 霏霏迷迷 似三军鸣金 一击可收 天际无边银凤舞 伟也 神州山河聚杰英

黄龙倒挂直飞下
巨莽翻腾竞舞来

一帘怒水壶口下
万丈豪情黄河起

受到羁牵形神皆怒
终了跌坠舒缓自如

两岸丘陵无绿色
一条水泻尽黄涛

金壶倒倾奔去千年浪
玉口咆哮听得万壑累

庖祖二峰擎浪起
穆王八骏踏虹来

壶口飞彩 龟石一方浮黄龙
孟门镇流 庖祖两岸行旱舟

摧枯拉朽黄河气魄
倒海排山华夏豪情

黄河壶口百万兵
千军万马齐奔腾

飞流直泻 激起千重浊浪
惊涛拍岸 腾飞万缕黄烟

起峻岭而达浩海 奋奋身形难束 听虎啸风中 试将这气势千钧 合成交响
凭斯怀以育龙根 盈盈风采依然 看烟生水底 可许那时光万古 映作霓虹

声如战鼓传万里
舞若黄龙越千年

动地而来 碧野激扬千尺 漫乌石嶙峋 甩青山逶施 临流我自尊始祖
惊天则去 黄尘回荡九霄 飞彩虹缥缈 看赤县妖娆 踏浪谁人祭摇篮

悬岩叠起千层浪
飞瀑激扬万里声

浪翻腾 黄龙兴起
声浩荡 壶口流音

好大壶口 黄河之水天上来 来时水夹断云 熊跑虎啸风起涛涌 涛涌惊天动地飞泻万里 气势磅礴 咏讴华夏春秋渊数 倾满壶浊酒消却几何倜傥 临渊震撼 倍感浮生若梦

了得瀑布 陕晋之山龙脉在 在此山吞残暮 物华天宝地灵人杰 人杰荡气回肠自强不息 壮怀激烈 情诉神州岁月沧桑 载一瀑狂浪淘尽千古风流 即兴舒怀 犹叹逝者如斯

千年成绝响 休夸九宇凌云力
万载酿奇观 最叹人间造化功

飞流千丈 浊浪万年 自古黄龙经此起

奇景无双 中华一脉 如今神迹问谁知

龙口长雷 作惊天阵势 气吞四海无继响
禹魂不灭 看入海情结 浪卷千山不复还

滚滚斯壶 煮就五千年梦幻
汤汤此口 吐出几万里霓虹

天下黄河第一岛
人间奇景占三分

碧嶂南驱开凿何殊秦栈置
黄河西俯奠列直绍禹功高

第二节　克难坡楹联

望河亭

裘带偶登临看黄流澎湃直下龙门走石扬波淘不尽千古英雄人物
风云莽辽阔正胡马纵横欲窥壶口抽刀断水誓收复万里破碎山河

忠烈祠

千秋庙貌光华胄
九曲涛声壮国魂

百战鼓鼙思壮士
三河袍泽仰英灵

杨经略祠

时穷节乃见
身陨道不孤

第三节　人祖山楹联

人祖庙

滚磨联姻名垂华夏无双祖
结绳布卦功绍沧桑第一人

（伏羲殿）

自古母仪天下
从来乳育神州

（娲皇宫）

娲帝补天羲皇画卦千秋翰墨歌人祖
轩辕问道孔子访贤万古风云度圣山

（庖牺氏故宫）

千秋俎豆九州赤子追先圣
一柱心香四海后昆认祖根

（伏羲皇帝正庙）

戏台庙

日月双悬光耀神州乃仁祖
山川同寿德传后裔诚圣皇

（二皇殿）

人生如戏各为角色说得失
戏似人生常蕴洂涵警晨昏

（乐楼）

炮火声中卫圣祖
硝烟散处祭忠魂

（纪念馆）

烈士陵园

青山有幸埋忠骨
黄水扬波颂国魂

成仁
养天地正气
法古今完人

取义
树国家独立基础
建民族自由精神

冯延登衣冠冢

杀身许国称忠勇
取义成仁乃圣贤

忘忧山庄

嘉卉茂林清凉幽谷畅君意
蜂飞蝶舞鸟语花香入我心

（大门）

药惠膳养益身乃泰
饮和食德裨寿而臧

（药膳坊）

八方来客店主由衷问冷暖
四海为家窑洞自古不炎凉

（窑洞宾馆窑洞两翼）

窑前松月留客饮相逢逆旅
院内竹风伴宾茶共度良宵

入深山拜中华人祖闻风而动
住窑洞享吕梁风情随遇而安

地冻天寒来贵客主人当暖窑煮酒
月朗星稀扣柴门店家必仙洞烹茶

吴刚捧杯天上桂子月中落
贵客临门窑里酒香云外飘

山中野菜农家粗粮厨下精心调众口
海内知己天涯毗邻窑前聚首会百朋

古道尚在不见西风瘦马难觅天涯断肠客
夕阳犹存惟照青山新窑尽是海角朝圣人

天南海北一见如故皆因风尘共往谒先祖
赤县神州万变归宗只缘萍水相逢溯同根

深谷旧林古刹暮钟催倦鸟
青山新舍夕阳残照唤归人

相扶入住何必非楼高厦大窑洞亦可
结伴出游只需要志同道合知音更佳

一路风尘早已汗流浃背请进清凉世界
半世荣辱此时心平静气顿悟悲喜人生

进了窑内顿感清爽让人心平气顺早忘却百般烦恼事
出得洞来立觉情理开窍海阔天空已成为一个豁达人

今夜宿仙洞中君乃贵也
游客自远方来我亦乐乎

店中无寺庙何来善男信女
窑里倚坑床觉似玉宇琼楼

萍水相逢对座煮酒说天下
关山难越知音同道祭先人

南来北往殊路同归进门都是客
你去我回小住相逢到此即一家

云淡天高去塞北不到长城非好汉
山青水绿来吉州能住窑洞是神仙

欲求客栈何处今夜窑洞洒扫庭除迎驴友
安知人祖哪方翌日凌晨打点行装问店家

春来化雨令小店蓬荜生辉非君莫属
宾至如归使贵客流连忘返舍我其谁

客舍层台通幽处君行且止看小店可否适意
仙洞屏门飘瑞香凤至而归择良枝正好安身

进窑来睡一觉梦中回味风景这边独好
出洞去行十里眼见才知秀色前面更多

莫怨高山惟辗转崎岖方能途中饱览无边风月
特备陋室恐跋涉辛苦误了明日瞻仰人祖圣容

谨拜人祖必须慎终追远一路上顶礼有作
方知壶口何以倒海惊雷万年来川流不息

俯瞰三湖琴笙瑟望头顶三星高照有福有禄有寿
当享百岁精气神住窑洞百晦尽除无祸无病无灾

窑洞虽窄嘉宾来自五湖四海
声誉在外小店曾住万户千家
上承日华云蒸霞蔚真乃休闲去处

下接地气冬暖夏凉不愧养生天堂

红砖绿瓦黄土青石幻化百孔神仙洞
阳春金秋暖冬凉夏聚合千里华夏人

黄河岸边观高山流水耳旁不绝阳春白雪
人祖山上听汉宫秋月眼前更多下里巴人

一尊人祖雄天下
万代仙居亘古今

峦峰下一盘棋争说花开花落终是人间过客
窑洞前两壶茶笑看云卷云舒堪比天上神仙

晓行夜宿下车客无不疲惫
柳暗花明跨月门别有洞天

创于女娲成于有巢祖祖辈辈青蓝继越方有这冬暖夏凉好居所
始于伏羲造于燧人世世代代薪火相传才见那色浓味香美膳馐

第四节 锦屏山楹联

佛阁寺联

丹崖悬佛阁晴晴卦山吐岚气
紫溪环锦屏叠叠清水含翠云

三千真经难脱诚心二字
八百罗汉只求善念一丝

金钟铁佛千秋永驻
摩崖古画万代长存

道在足下足行正道乃得道
佛在心中心存菩提即成佛

大殿联

画卦分象开物弘文皇天福祚荫华夏
立极止水补天兴稼后土德泽毓我人

羲皇点化出迷津寻求真善美
娲帝教诲得净土播种信义仁

翠雨红云入锦屏展四进之秀
晴岚淑气萦碑刻传千载其幽

佛阁晴岚倚日边一瓣心香引来去清风任舒缓
锦屏叠翠朗月辉千秋花雨绽收放漪滟恰开合

有才补天造苍生
无端凿秘传文明

中门联

进退中绳有绳方可规矩立
性情同源无源岂能活水来

持方圆规言矩步
识南北点迷指津

磴道曲回自得日月星辰风雨雷电聚宝刹
嵯峨壁立更著山水河川花草树木芳画屏

古道参天春夏秋冬总关情
今贤朝圣东南西北皆是缘

锦屏似画翠松翠柏千秋翠
挂甲藏灵福水福山万代福

钟楼联

尔来撞钟耶须扪心自问无愧事
谁是求福者应知错即改有诚明

晨钟破晓催醒梦中客
林鸟长歌迎来读书郎

百八声敲醒尘心何来烦恼
三千界传开梵语共渡慈航

钟韵悠悠拂山川

福音袅袅泽苍生

晨杵化开十里梦
冉阳招起万线光

鼓楼联

君欲击鼓乎必弃恶从善顺天意
孰为避凶焉当脱胎换骨做新人

鼓落虚怀千斤重
心存善念一身轻

世上戏场槌下定
掌下善恶音上来

鼓报平安催人进梦境
楼纳瑞气泽世静心灵

待目赏雪望云瞻星
诵经咏诗鼓琴焚香

第五节　桃园山庄楹联

何方仙境屋舍俨然是福地
此处桃花落英缤纷有洞天

名山留胜迹怡情养性寻仙境
古木隐桃园对景遐想有洞天

养生绝妙地
安居逍遥天

人祖立云端问村夫何事至此
幽鸟鸣山庄唤世人尘梦醒来

漫步桃园春云秋雨皆如画
安居土窑冬暖夏凉亦若仙

鸟魄花魂弦翻锦瑟霓裳天下英雄当鼓励

诗山画水梦约星妃月主眼前风物怎收心

拾起大地散落珍珠
重塑民族文明曙光

那日情怀梦千年古韵
这方胜境赏一脉风流

幸甚至哉窑洞里吟诗作画
归去来兮炕头上休闲养生

微醉中当记人生苦短
欲仙时莫为来日方长

人间此处十分景
天上王母一颗珠

喧嚣尘吾心何安
清幽境尔情乃笃

此山有祖东西南北皆华夏
其景可人春夏秋冬入画图

柴门窑洞土炕梦里忆童年
绿水青山田园原来留桃园

第六节 其他楹联

金岗岭县境山门联

万里黄龙壶口一处挺立
九天飞瀑吉州八极扬威

太度村门联

环山拥翠碧钟灵毓秀洪福地
绿水护村郭上善厚德淳朴风

第三十四编　人物

吉县，钟灵毓秀。闪耀文明的柿子滩古文化、神奇隽永的人祖山根祖文化和雄伟壮观的壶口大瀑布，养育了一代又一代勤劳勇敢的人民，造就了一个又一个国家栋梁，正所谓“人才代有，英雄辈出”。英才们饱含守大节行大义、爱国惜民的高尚品德，金代有刚正不阿的当朝重臣冯延登，英勇不屈的地方武将杨贞；清代有为官清廉的兰第锡，有学识渊博的父子翰林等。褒扬先贤，以泽后人，秉其精神，承志流芳。

第一章 人物传

第一节 传说人物

伏羲 风姓，燧人氏之子。《史记》中称伏牺，又写作宓羲、庖牺、包牺、伏戏，亦称牺皇、皇羲、太昊、青帝，是五天帝之一，是中华民族人文始祖，在“三皇五帝”的世系之中，伏羲位居“三皇之首”“百王之先”。传说其生于成纪，人首蛇身，所处时代约为旧石器时代中晚期，在吉县人祖山与女娲兄妹成婚繁衍人类，演八卦，制婚姻，创文字，并留下了众多的神话传说。历代典籍记载，伏羲的贡献主要有：创立八卦。教民作网渔猎、驯养野兽成家畜。变革血缘婚为族外婚，倡导男聘女嫁，结束了子女只知其母不知其父的原始群婚状态。始造文字，用于记事，取代了以往结绳记事的形式。发明陶埙、琴瑟等乐器，创作乐曲歌谣，将音乐带入人们的生活。将其统治地域分而治之，任命官员进行社会管理，为后代治理社会提供借鉴。

女娲 亦称娲皇、帝娲、风皇、女皇、女帝。女娲氏，风姓，相传吉县人祖山即是伏羲女娲兄妹成婚，建立始婚制度的地方，流传着许多神话故事，有多处传说遗址。

传说女娲抟土造人，创造了人类社会。她神通广大化生万物，每天至少能创造出 70 样东西。自然界发生了特大灾害，天塌地陷，猛禽恶兽都出来残害百姓，女娲熔炼五色石来修补苍天，又杀死恶兽猛禽，重立四极天柱，平整天地，照顾生灵免受天灾。女娲制造了笙簧、瑟、埙等乐器，被人们奉为音乐女神。典籍记载她替人类建立了婚姻制度，也被奉为婚姻女神。

大禹 姓姒氏，名文命。原为夏后氏部落领袖，故称夏禹，是父系氏族社会末期传说中的著名领袖。大禹在吉县的传说很多，特别是孟门山由来的神话流传最广。

早在夏禹之前，尧、舜都曾派人治过泛滥各地的洪水，但都没有成功。夏禹接受到舜分配他的治水任务后，吸取父亲鲧治水的失败教训，采取修堤堵水与疏通河道相结合的办法，用时 13 年，终使江河畅通，水流大海，把汪洋的泽国，变成了富饶的良田。他在治水过程中，“劳神焦思”克勤克俭，居外 13 年，三过家门而不入，被世代传诵。

第二节 古代人物

士蔿 祁姓，士氏，名蔿，字子舆，春秋前期晋国卿大夫，晋献公主要谋士之一。晋献公二十五年（前 655）献公命士蔿筑蒲、屈（今吉县）二城，由公子重耳、夷吾驻守。

士蔿到吉县为夷吾筑屈城时，从事敷衍，夷吾告献公。献公责问士蔿，士蔿回答说边城平安，不必守城。士蔿赋歌曰：“狐裘龙茸，一国三公，吾适谁从。”（《左传 · 僖公五年》）预见晋国权事不一，国政将乱。

士蔿是晋献公的心腹重臣，一生辅佐了哀侯、小子侯、缗侯，晋武公时仍为士师。尤其是在献公时，接受晋国六世不得安宁的教训，竭尽全力协助献公尽杀群公子，诛灭桓庄之族，使晋国从此成为一个没有公族的国家，政权大为巩固。他向献公进谏“假虞灭虢”之计，促献公作二军，

相继灭了耿、霍、魏，使晋国实力大增，为称霸诸侯奠定了基础。

里克 晋献公时大夫，太子申生的少傅。公元前652年，里克亲自率兵到壶口一带守防，以防狄人入侵。《春秋左传正义》卷十三云："传（僖公）八年（前652）春，晋里克帅师梁由靡御虢射为右，以败狄于采桑津（今壶口附近小船窝渡口）……夏，狄伐晋，报采桑津之役也。"

里克是晋献公的股肱之臣。他生性耿直，敢于见义勇为，不仅用心辅佐太子，而且为献公整饬内政，攻伐敌国不遗余力。他曾与智囊大夫荀息率军"假虞灭虢"，为献公拓疆扩域立下了盖世功勋。

重耳 晋文公（前697—前628），名重耳，晋献公之子，晋惠公之兄，大戎狐姬所生。晋献公多妻多子，嫡庶长幼之间本身就隐伏着争夺君位的斗争，加之献公晚年宠幸骊姬，于是重耳很早就被排斥在蒲（今隰县）。晋献公二十一年（前656），骊姬逼死太子申生，蒲地屡次遭到威胁，迫使重耳弃蒲走狄，即今吉县文城、王家原一带。晋文公在做国君之前，被迫流亡列国历时19年之久。公元前636—前628年在位，开创了晋国历史上最辉煌的时期，使晋国成为"春秋五霸"之一。

吉县人民为纪念重耳在吉县所筑的狄城，呼为文城，即晋文公之城。

夷吾 即晋惠公，春秋时晋国君，公元前650—前637年在位。骊姬为达到立亲生儿子奚齐为太子的目的，联合亲信谗言于晋献公。晋献公派太子申生居曲沃，公子重耳居蒲，公子夷吾居屈（今吉县麦城村）。

慎子 即慎到，战国时期赵国人，原来学习道家思想，是从道家中分出来的法家代表人物。《慎子逸文》中记载有慎子砍竹结筏，自壶口，过孟门，直下龙门的经过，因此被称为第一个漂流壶口的人。

姚襄 字景国，南安赤亭（今甘肃陇西）人，后秦景元帝姚弋仲第五子，后秦武昭帝姚苌之兄，身高八尺五寸，垂臂过膝，雄健威武多才多艺，明察善于安抚笼络人。随其父归后赵，被立为继承人。父亲死后归晋，受到殷浩排挤，率部北归，招纳流人，众志七万，自称大将军，大单于。后被桓温击破，逃到北屈（今吉县），在黄河边筑城，欲图关中。北城周五里，高二丈，西临黄河，控带龙门，实为险峻。因为城为姚襄所筑，后人呼为姚襄城。357年，被前秦邓羌诱至三原，中敌埋伏被杀，时年27岁。

李渊 （566—635），字叔德。高祖神尧大圣大光孝皇帝，唐王朝的建立者。大业十三年（617）任太原留守，时隋朝在农民大起义打击下土崩瓦解，他乘机起兵反隋，率大军进军壶口，河滨之民献舟者日以百数，乃置水军，顺河而下攻取长安，立炀帝孙侑为帝，次年逼杨侑让位，建立唐朝，在位9年，传位次子李世民，自称太上皇。唐朝前期的政治、经济、文化、军事制度，在李渊时期初具规模。李渊在吉县驻扎时，在壶口瀑布旁的壶口山练兵，由此后世将壶口山改称为高祖山。

崔天亮 唐吉州人，生卒不详，进士，元和初为户部员外郎，大和中为谏议大夫，文宗时被朝廷推为宿望。上书病退到东郡（今河南省东北部、山东省西部），被召为虢州刺史。

杨贞 （约1175—1233），字正甫，金朝吉州人。明昌进士第。仕至河东南路招抚使，隰吉便宜经略使。

金兴定元年（1217）秋，蒙古木华黎率师进攻隰、吉二州。杨贞镇守隰州，督兵力战，寡不敌众，撤军吉州。因吉州屡遭兵燹，城垣塌毁，不利固守。金元光元年（1222）在州西70余里黄河岸，择地构筑"牛心寨"以御蒙军。天兴二年（1233），木华黎率军攻寨。贞令长子克义挥师迎击，不胜捐躯。贞抚儿尸感慨悲曰："吾将以全身报国，死一子有何惜哉"。继令招抚张冲、婿任礼厚（吉

州同知）督兵再战。蒙军屡攻不克，由陕西富、延等地增调兵力加强围攻，首克与主寨犄角相倚的吉安堡，使牛心寨首尾受击，兵将伤亡殆尽，寨内矢尽粮绝。贞乃命次子克敬、三子克让、婿及女坠崖殉身，夫人自缢全节，自己焚庐扑河殉职。尸浮水面，门人张安石收葬于吉乡（今吉县）南村坡下麻库掌。后人缅怀其志节，在墓地建祠祭祀。

冯延登　（1176—1234），字子俊，号横溪翁，吉州吉乡（今吉县）人。世业医，驰名河东。延登幼年颖悟，少长择师作举子业，以词赋进士及第。金章宗承安二年（1197）出任临真主簿，补德顺军判官。泰和元年（1201），知怀宁寨事，以其廉能被举宁边令。大安元年（1209）七月，宁边冰雹成灾，民饥，延登开仓济民，全活者甚众。贞祐二年（1214）补尚书令史。兴定元年（1217）授河中府判官，兼行尚书省左右司员外郎。兴定五年，充国史编修官，后改太常博士。元光二年（1223）出任平凉路，行尚书省左右司员外郎，兼翰林修撰。奉使西夏，充接送伴使。金哀宗初，诏翰林待制，同修国史，典登闻鼓院事。正大三年（1226），主考宏词科。同年七月，调任京兆行尚书省左右司员外郎。正大五年，授睢州刺史，兼行大名府治中，寻改京亮府路、司农少卿。正大七年，复翰林待制，充御前读书官，迁国子祭酒、假翰林学士承旨，充国信使。正大八年奉金国书朝见元帝于虢州御营。元帝以杀头割须相威胁，令其招降金国风翔帅，延登以死相拒，被囚丰州。正大九年，被放归，官翰林院、复祭酒，兼礼、吏二部侍郎，权刑部尚书。

天兴二年（1233）蒙古攻陷汴京，延登被俘，辞情慷慨，义不受辱，遂投井自尽，时年58岁。

延登，生前善诗词，有《横溪集》行于世，今《中州集》存其诗20首。其中《郾城道中》一首，描述兵燹后农村荒芜，山河浴血，战祸猛于虎的惨状，反映出作者反对非正义战争的悲愤情怀。

冯妙真　冯延登之女。妙真18岁嫁进士张惜为妻。兴定五年（1221），张惜任洛阳主簿，蒙古军攻占鄜延，鄜人以粮草不继，写急信请张惜赴平凉调粮。当时冯延登任平凉行省员外郎。张惜想带妙真一同前往平凉。妙真推辞说："舅姑老矣，虽有叔姒，妾能安乎？子行，妾留奉养。"张惜离开后，洛川被蒙古军攻破，妙真与舅姑藏在洞室中，被蒙古军发现俘获。妙真泣别曰："妇生不辰，不得终执箕帚，义不从辱。"遂带三个孩子一同跳井而死，县人从死者数十人。时妙真年仅24岁，继承父志，为国赴死。《金史》有传。

王予可　（？—1232），字南云，金吉州（吉县）人，金代后期著名诗人。出身贫寒之家，父曾做过军校，本人也曾隶卒伍。年三十许，大病后忽发狂，久之能把笔作诗文，及说世外恍惚事。金都南迁后，先后居住于上蔡、遂平、郾城等地。其躯干雄伟，貌亦奇古，疯疯癫癫，奇装异服，落魄嗜酒。每入城，市人争以酒食遗之。每至夏天，夜宿土窑中，尸秽在傍、蛆虫狼藉，他都熟视无睹。时有诗人李夷有诗形容他："肮脏风仪古大夫，鹤袍铁面戟髭须。人间春色向头剩，天上明月当额头。石鼎夜联诗句健，布囊春醉酒钱粗。危楼试倚街头看，应见潜飞飞王壶。"王予可一生诗作很多，元好问说他"落笔数万言，或诗或文，散漫碎杂，无句读、无首尾，多六经中语及韵学家古文奇字。字画峭劲，遇宋讳亦时避之……"他的诗用语奇僻，可通晓者仅百分之二三。题崧山石淙云，石裂雯华渍月秋。他为张毂《训鹤图》所题诗云："寝处桩铅未卷钗，孤云花带月边来。六宫廉幕金鸾冷，露显晨烟啄翠台。"其诗如画一般。后人把他与唐代诗人李白相比。天兴元年（1232），王予可被蒙军所获，不久病卒。

《金史》将王予可作为隐士列入卷一百二十七隐逸传，其诗词被收入元好问所编《中州集》中。

兰第锡　（1736—1799），字宠章，号素亭，吉州兰村里人。请乾隆十五年（1750）中举，出任风台县教谕。乾隆二十四年，晋升直隶阜域知县，革积弊，废苛捐，力赈灾民，一时政通人和，物阜民安，深为总督方敏悫所赞赏。遂于乾隆二十七年举荐治河。调任永清县知县，时值匪患蔓延，

剽掠村落，乡鄙不宁。第锡获悉匪徒聚落，夜发吏卒，率先入穴，擒盗魁郑六，并究出同伙尹十王、大秃子等，盗风顿息。同时，牒请加赈灾民，并自设粥棚于路，救活饥民不计其数。乾隆二十八年，飞蝗入境，第锡亲率士民扑灭，田禾免遭蝗害。在此期间，劝民大兴水利，革除积弊，百业日盛。后调大兴，旋升水定河同知。在赶办修堤工程中，身先士卒，以堤为家，出色地完成六号漫口顺洪工程。乾隆三十八年，补授岳阳知府，继任江西赣南道。服阕，补永定河道，升河东道总督。

第锡治河防患，屡建功绩。在任河东道总督期间，黄河横溢，与群众一起抢险固堤。工竟乾隆皇帝，特赐黄辫荷包，并诗曰："永定分司久，素知慎且勤，河东擢开府，川奠冀成勋。初任原仅念，所为果出群……"，以奖其功。乾隆五十四年，调任南河总督，凡要工险地必亲临督率，每遇京察，名列一等。乾隆帝赐书"勤慎廉洁，川奠成勋"，以示嘉奖。嘉庆元年（1796），诏入"千叟宴"，授衔兵部侍郎兼都察院右副都御史，总督江南河道提督军务，荫一子入国子监读书。

第锡一生，为人耿直，生活俭朴。数任河官，随伺仅一二旧仆。仕宦50余载，原籍田舍总值仅140余两（银）。终因治河积劳成疾去世。生平著有《治河摘抄》《吉州志考》（一卷）《永定河志》（12卷）《河渠纪闻序》等。《清史稿》所记七名治河官吏，其中对兰第锡记有"以廉洁著"的赞语。（见中华书局出版的《清史稿·刊传一百十二》10871页）

葛正华 生卒年月不详，清吉州人，号临溪，住城内葛家沟，自幼聪明，读书不辍，16岁考取秀才第一名，乾隆庚辰科进士，翰林院庶吉士，由编修改授御史，监察湖广道，后任云南道。曾担任顺天（河北）乡试主考，后任山东督粮道，带领群众治理河患，慧政于民，积劳成疾，卒于任上。

葛天柱 生卒年月不详，清吉州人，字礼山，一字云夫，号阆鸿，葛正华之子。幼时随父读书，13岁中秀才。乡试得举人第三名，乾隆庚辰科进士，翰林院庶吉士，授广东道监察御史。初任云南澂府知府，爱护人才，体恤百姓，政绩突出。继任湖南常德知府，当时常德地区遭水灾，葛天柱捐款修筑河堤，在堤外栽植杨柳树，以固河堤，设置救生船数十号，粥厂数处。又实行堤工代赈，群众始得安居乐业。当葛天柱调动时，全城百姓夹道欢送。

第三节 现代人物

◎革命志士

肖扬 （1913—1944）又名杨步齐，山西省永济县人，曾任吉县县委书记。于1931年考入太原省立第一师范学校。"九一八"事变后，积极参加冲击国民党山西省党部的爱国学生运动，参与省学联组织的请愿团到洛阳国民政府行都所在地要求蒋介石出兵抗日。1934年考取北平大学经济系。翌年参加中共外围组织社会科学家联盟，主办《永生》周刊，并加入中国共产党，先做油印和交通工作，后任中共北平市委秘书。"七七事变"后返回太原，担任中共中央北方局组织干事兼彭真（部长）秘书。1938年2月任中共晋西省委委员，9月任中共中（中阳）离（离石）特委书记。在决死4纵队和359旅718团的协助下，组建起中（中阳）离（离石）游击二大队，任政委。1939年8月任晋西南（山西）省委统战部副部长，10月在阎锡山发动"十二月事变"前夕调任吉县县委书记，到吉县后把各级党组织和党员全部转入地下工作，做好长期隐蔽的思想准备。1940年2月，奉命和县牺盟特派员薛子谦奔赴延安。1944年6月20日于陕北神府县贺家川医院病逝。

李公朴 （1902—1946）谱名永祥，字晋祥，号仆如，原籍江苏省武进县，在淮安出生。伟大

的爱国者，坚定的民主战士，杰出的社会教育家，著名的“七君子”之一。抗日战争时期多次到吉县。为吉县县委机关报《曙光报》题写了报头。共产党员温健公在吉县牺牲后，他写了《追悼温健公同志》一文，发表在《政治周刊》上。井圪塔惨案发生后，他撰写了《井圪塔的血》一文。在吉县居住期间还写下了《革命摇篮——延安》《两渡黄河》等文章，发表在《战地通讯》上。1946年7月11日在昆明遭国民党特务开枪暗杀。

王耀辰　（1910—1946）河北省蛟河县洪家码头村人，曾任吉县县长兼抗日游击支队队长。1929年在校读书时加入中国共产党，在北平、天津从事党的地下工作。后被派往东北抗日义勇军任参谋长。1932年调回天津、北平从事党的地下工作。1937年春调山西太原牺牲救国同盟总会工作，后任临汾牺盟分会特派员；同年冬任吉县县长兼抗日游击支队队长。

王耀辰任吉县县长时，积极贯彻刘少奇关于建立抗日游击队的指示，面见阎锡山，争取到部分经费和武器。后又出面向县警察局借到一部分枪支，组建起由共产党绝对领导的吉县抗日游击支队，并兼任队长。1938年6月，因阎锡山和旧军的诬陷，王耀辰和县政府秘书被迫离开吉县。

白志煌　（？—1949）山西省吉县人。1936年参加牺盟会，1938年加入中国共产党。抗日战争时期曾任洪洞县牺盟特派员、公安队长、教育科长等职。1940年被派往太行五分区林、涉县开展群众工作，历任区长、民政科长。1948年任磁县县长。1949年6月15日病逝。1949年7月5日《新华日报》对白志煌的逝世进行了报道。

焦存刚　（1904—1966）山西省新绛县泉掌镇人，中共党员，曾任中共吉县县委书记、吉县第一届各代会副主席。1937年10月，在八路军驻晋办事处参加工作。1938年3月加入中国共产党，任新绛县牺盟会工作员、汾北区委书记；同年9月任新绛县委宣传部长。1939年1月在晋西南区党委党校学习；同年6月任新绛县委组织部长。1940年1月任新绛县委职工部长；同年7月任乡宁县特派员，做乡宁县委的恢复工作。1941年9月任新绛县委组织部长。1942年10月任新绛县委书记。1944年1月任晋西南工委机关指导员；同年11月在汾阳、离石、交城三县做难民工作。1945年7月在晋西南工委机关工作。1946年4月任新绛地委汾北县委书记。1947年3月任新绛县委副书记；同年11月到新绛地委三查整风学校学习。1948年8月任新绛地委巡视组组长。1949年9月—1952年5月任吉县县委书记。1950年7月当选为吉县第一届各代会副主席。1952年6月任临汾企业公司党委副书记；同年9月任山西省人民检察院副检察长。1955年任山西省人民检察院检察员。1957年6月—1962年5月任河津县委副书记、书记处书记。

王世英　（1905—1968）字子杰，化名王敝，山西省洪洞县杜戌村人。1925年2月加入中国共产党，曾任中共山西省委书记、省长、中共中央监委专职委员。1938年8月，王世英陪同朱德总司令从晋东南前线回延安，途经吉县，在古贤村会见阎锡山。为了加强抗日战争的互相联系，经过双方协商，决定八路军在二战区设立办事处，朱总司令当场指定由王世英任办事处处长。办事处跟着阎锡山多次转移地方：1938年夏—1939年春，办事处驻在吉县城内陈亮德家的院子里，王世英和他的爱人李果毅随同。1939年春—1940年11月底，驻在陕西宜川秋林北边的卓家庄村。1940年12月，搬到吉县小圪塔村，和阎锡山宪兵司令部驻扎在一起。1942年初，又回到卓家庄村。1943年春，搬至秋林镇。1944年，搬至宜川桑柏镇直至撤退。

胡天佑　（？—1975）原籍宁夏人，1951年落户到吉县文城乡南村。在红军长征时期，胡天佑给周恩来总理当过服务员。在长征途中，敌机轰炸，他勇敢地救护邓颖超脱险。1969年胡天佑通过信件和邓颖超联系，邓得知胡的下落和处境后，当即寄200元钱，随后每月从个人工资

中拿出15元补助胡天佑。1971年胡天佑在南村大队党支书郭国娃、吉县文化馆崔凤林二人陪同下去北京，邓颖超亲自到北京火车站迎接，留住13天返回。1973年胡天佑移居吉县水洞沟。1975年胡天佑病逝，病重期间的周恩来总理让总理办公室发来唁电："得悉胡天佑同志不幸逝世，深表哀悼，丧事从简为宜"。

李乐宾 （1921—1975）江苏省丰县人。1945年4月在冀鲁豫湖西分区参加革命工作，一直在部队工作。1958年转业到襄汾县汾城机械厂任副厂长，1961年调吉县工作，曾任财政局副局长、税务局副局长。

马平定 （1916—1980）山西省河津市人。1937年6月参加革命，同年10月加入中国共产党，11月任中共河津县委组织部长。1938年4月任中共河津县委书记。1939年10月在中共晋西南区党员代表大会上当选为中共七大代表。1940年4月任中共晋西南工委委员、组织部部长。1941年8月任中共乡（宁）吉（县）地委委员、组织部部长。1943年4月任晋绥边区乡吉地委书记。在任中共乡吉地委组织部长期间，帮助失去联系的吉县县委和地委取得联系，并帮助建立了吉县至河津的地下交通线。曾任中共晋绥第十地委委员兼社会部部长、城工部部长，中共汾城县委书记，陕西省冶金局顾问。

谭克厚 （1925—1980）小名州娃，系白玲的大弟，山西省吉县人。1937年同白玲一起加入"抗日救亡儿童流动工作团"开展救亡宣传活动。1938年先后进入民族第九中学、民族革命大学。1940年到延安学习，后到陕甘宁边区军工机械厂工作。解放战争期间到晋绥兵工厂工作，为生产军火、支援前线做出了贡献。1949年西安解放后，他在西北劳动部做调配工作。后参加西安电容厂筹建工作，先后任车间主任、总会计师、副厂长。"文化大革命"后期任汽车配件厂副厂长。

党成栓 （1960—1981）山西省吉县上东村人。1979年12月入伍，在太原市某部炮兵三连服役。1981年4月17日党成栓随领导到吉县执行任务，4月22日在化肥厂门前等待公共汽车时，遇两辆大卡车相撞的车祸，为挽救两名群众的生命而献出了自己宝贵的生命。军党委给党成栓记一等功，批准为革命烈士，并在全军指战员中开展学习党成栓活动。《山西日报》以《党成栓舍己救人光荣献身》为题报道了党成栓舍己救人的事迹。

朱月贵 （1897—1982）籍贯不详。1938年加入中国共产党，跟随只金耀、韩景春等开展地下活动，打过游击战，曾任中共吉县二区区委组织委员。解放后历任县供销社副主任、吉乡县砖瓦厂厂长等职，后在乡宁县工业局退休。

曹言行 （1909—1984）山东省招远人，1935年加入中国共产党。曾任八路军驻吉县第二战区办事处副处长、处长。早年就读于清华大学。1938年10月任八路军驻吉县第二战区司令长官部办事处副处长。1939年12月在"晋西事变"中，他把所了解的有关阎的阴谋活动情况随时电告中共中央，并设法帮助在秋林来不及回前方的牺盟会、决死队干部和数百名进步青年学生撤往延安。1942年，将阎日双方定于5月间在吉县举行"安平会谈"的准确情报速告延安，党中央立即登报披露，迫使阎的降日阴谋破产。从1942年起连续三年代表朱德总司令去给阎祝寿，以示八路军要与其坚持合作、抗战到底。1945年4月底回延安，同年7月初据朱德指示，他携带中共七大的公开文件重返办事处，利用黄河书店及各种关系很快发出，并通过阎派来监视的人员，了解到阎军正向同蒲铁路沿线调动的情况，及时电告延安。日本宣布投降后，他带领办事处全体人员奉调回延安。在阎锡山军事机关内历经七年的统战联络隐蔽斗争中，他巧妙周旋，冲破道道难关，打通层层关系，往返延安携带密件、押运物资、护送人员，从未发生差错，受到毛泽东和朱德的表扬，并因此担任八路军延安总司令部高级参议。抗战胜利后曾任晋绥边区行署第

七专署专员。中华人民共和国成立后，历任国家城市规划局局长，基本建设局局长，中国驻越南经济代表、对外经济联络部党组成员、办公室主任，全国政协城建组副组长、第五届委员等职。1984年4月28日在北京逝世，享年75岁。

张哲 （1923—1985）山西省吉县窑渠乡大回宫村人。1938年在吉县加入牺盟会，同年经山西民大中共地下组织介绍赴延安抗日军政大学学习，1940年4月毕业。1942年2月加入中国共产党。入伍后先后在八路军359旅719团特务连任文化教员、工兵排长、司令部作战参谋，八路军359旅南下第2支队司令部作战参谋，东北民主抗日联军独立第1师司令部作战参谋，东北野战军第10纵队第28师司令部作战科长，东北野战军第10纵队司令部作战科参谋（团职），第47军司令部作战科（处）长，第47军139师416团团长、415团团长、参谋长、副师长，湖南独立师师长、广西独立1师师长，第47军参谋长、副军长，陕西省军区副司令、顾问等职。

张哲在延安抗日军政大学毕业后，担负保卫党中央的重任，参加了南泥湾大生产运动。1945年6月从延安出发东渡黄河翻越吕梁对日作战，参加了文水遭遇战，同蒲、陇海铁路穿插战，解放新安等战役。解放战争时期随军挺进东北，参加攻克孟县的激战。协同首长组织部队日夜兼程赴山海关长途奔袭接管东北的伪满政权，从南满、东满一直打到北满。1946年1月随军作战到了哈尔滨，参加四平保卫战和北上牡丹江清剿国民党残部及匪患之役。1948年10月参加黑山阻击战，奉命带领纵队机关干部和科处勤务士兵组成突击队，参与101高地争夺战，因战功突出被记解放战争大功一次。1956年担任八一电影制片厂拍摄的《黑山阻击战》影片军事顾问。1951年2月，参加抗美援朝战争。完成部队从朝归国雷州半岛的创业驻防，移防湖南，换防广西、陕西等调动、训练任务。

崔文锡 （1921—1986）山西省吉县东城村人。1937年6月参加吉县自卫队，1939年11月加入中国共产党。历任吉县自卫队村队长，临县115师1支队学员，山西省青年抗敌敢死队2纵队管理员、供给部晋华货栈经理，山西新军总指挥部科员，晋绥军区第8分区股长，湖南省军区营房建委会主任，湖南省军区营管处处长，广州军区第447仓库主任，西藏军区后勤部军械部部长，成都军区后勤装备部部长，1978年按副军职干部离休。病逝后安葬在四川省成都市北郊磨盘山公墓。

袁水泉 （1919—1986）山西省吉县麻子渠人。1939年加入中国共产党，先后在三堠编村自卫队任炊事员、班长、排长、指导员等。1949年任1区政府副区长，1950年任县委组织部组织员，1952年任3区政府副区长，1954年任人委统计科副科长，1957年任下柏房乡党支部书记，1958年任柏山寺乡党委副书记，1964年任曹井公社主任。

萧军 （1907—1988）原名刘鸿霖，笔名三郎、田军等，生于辽宁省凌海市沈家台镇下碾盘沟村。中国全国文联委员、中国作家协会理事、中国作家，是现代文学史上东北作家群的领军人物，代表作有抗日长篇小说《八月的乡村》。1938年3月21日，他只身一人，身背褡裢，手持木棍，来到吉县，又从吉县步行20天到延安。其著作《从临汾到延安》中《吉县》一章便是在吉县时所写。中华人民共和国成立后到北京，专门从事写作。

卫得志 （1916—1988）山西省翼城县人。1943年在本村当治安员，1944年加入中国共产党，1950年任吉县县委组织部干事，1951年任1区副区长，1954年任3区区委书记，1956年任吉县监委副书记，1958年任屯里公社党委书记，1965年任商业局党支部书记，1968年任县委办副主任，1973年任吉县贫协主任，1980年离休。

张树桐 （1914—1988）北京市门头沟区斋塘村人。1938年加入中国共产党，同年任本村

农会主席，1940 年进入部队，曾参加抗美援朝，历任班长、助理员、副指导员、副教导员等职。1952 年转业，在临汾、曲沃、侯马等地工作，任科长、经理、党支部书记等职，1961 年任吉县水保站站长，1974 年调吉县一中。

刘冠英 （1918—1989）山西省洪洞县西董村人，1929 年高小毕业。1937—1940 年参加抗日决死队，任队员、工作员、排长。1940 年百团大战后，离队回家养病。1942 年入党，历任小学教员、中心校长、联区校长。1949—1952 年任赵城县委宣传干事，1952—1954 年任理论教员，1961 年任乡宁县委文教部部长，1962 年任吉县县委文教部副部长，1963—1972 年任吉县一中党支部书记。1981 年离休。

廉怀德 （1919—1990）曾化名刘国壁、梁子平。山西省襄汾县西贾乡德西毛村人，中共党员。曾任中共汾城县委书记、乡吉特委书记，晋绥十地委书记，临汾地委副书记兼行署专员，河南省建委主任、党的核心小组组长。1983 年离休。

离休后担任临汾地区老促会会长，地区三晋文化研究会会长，地区老年协会名誉会长，地区关工委名誉主任。

张向良 （1920—1990）山西省洪洞县圣王乡人，吉县第二届各代会主席。1938 年 11 月参加革命工作，任赵城县游击支队队员，1939 年入党。1939 年 10 月任小学教师、中心校长。1941 年 3—10 月在太岳行政干校学习。1942 年 1 月任圣王村学区联合校长。1942 年 8 月任赵城二区区委宣传部长。1945 年 11 月任赵城二高校长、支部书记。1948 年 1 月任赵城县委办公室秘书。1949 年 1 月任赵城城关区委书记，同年 3 月任赵城县委宣传部副部长，同年 8 月任吉县县委宣传部副部长。1952 年 7 月—1953 年 4 月任吉县县委宣传部部长。1952 年 12 月当选为吉县各代会主席。1953 年 4 月任吉县县委副书记。1956 年 8 月任县委第二副书记。1958 年 7—10 月任吉县县委第二副书记兼县长，同年 11 月任乡宁县委书记处书记兼县长。1961 年 6 月任吉县县委书记处书记兼县长。1964 年 3 月任吉县县委常委兼县长。1965 年 9 月任稷山县县长。1967 年 1 月任稷山县核心小组负责人、县革命委员会主任。1970 年 4 月任运城地区生产组副组长。1973 年 5 月任地区计建党委副书记。1977 年 7 月任中共运城地委国防工业政治部副主任。1980 年 1 月—1983 年 12 月任运城行署经委副主任。

王合喜 （1921—1990）山西省蒲县人。1937 年参军，1939 年加入中国共产党。先后在 115 师医院、120 师医院、第 1 野战医院、西北和平医院、第 2 野战医院，朝鲜 2 分部基地医院任护理员、护士长、检验员、军医等。1957 年转业到乡宁县医院任负责人，1959 年任吉县分院院长，1961 年任吉县人民医院院长，1972 年任吉县卫生局局长。

李德宽 （1918—1991）山西省吉县屯里镇五龙宫村人。1935 年 7 月毕业于山西国民师范学校，分配至吉县桑峨村初小任教。1936 年冬加入山西抗日救亡组织牺盟会。1937 年参加山西青年抗日决死队，同年加入中国共产党。先后任决死队第 4 纵队 12 总队政治部工作员、民运工作组组长及党内交通员等。1938 年 7 月，被组织派至牺盟会吉县工委负责编印《曙光报》。1939 年 12 月晋西事变后，秘密转入地下坚持工作，与中共吉县县委负责人只金耀单线联系。1949 年 2 月参与吉县人民政府民政工作，5 月调往稷山县人民法院工作，7 月调赴临汾晋绥分局党校七部学习，10 月随军南下四川成都。先后任成都军事管制委员会秘书科科长，川西行署、四川省人民委员会、四川省人民政府办公厅秘书科科长。1980 年离休后接受吉县县委邀请，担任《吉县志》编委，义务编写县志 11 年。

秦晏平 （1915—1991）山西省吉县朱家堡大庙沟村人。1939 年加入中国共产党，同年参加

吉县牺盟会任秘书、党支部书记，1940 年任区委书记。1945—1949 年，任太岳三地委秘书，安邑县委秘书，吉县农会常委、区委书记。1949—1950 年，任吉县县委组织部部长、宣传部部长。1950—1954 年，任蒲县县委宣传部部长、副书记。1954—1960 年，任蒲县县委书记。1960—1966 年，任霍县县委书记处书记、县长。1966—1967 年，任山西供销社晋南办事处党委副书记。1967—1970 年，任晋南企业公司党委副书记。1970—1984 年，任运城汽车运输公司党委书记。1984 年离休。

张政明　（1921—1991）山西省洪洞县人。1938 年加入中国共产党。1939 年在太岳区沁源县参加洪赵临基干支队。1950 年调吉县任第 4 区政府区长。1956—1963 年，任吉县人民政府副县长。后任文教委主任、保卫组组长、商业办公室主任、县供销社党支部书记、财贸部副部长。1980 年任吉县人大常务委员会副主任。

郅战温　（1912—1993）曾用名郅良温，山西省吉县下东村人。1936 年前在吉县公安局工作，曾任公安局柏山寺支队队长。1936 年 4 月 15 日东征红军抗日先锋军 1 师 1、3 团攻克吉县，向群众宣传抗日政策，他接受共产党宣传，奔赴延安参加游击队。1943 年在陕西省黄龙县搞党的地下工作（化名张郅忠），1941 年加入中国共产党，并担任山岔局局长。参加了陕西省黄龙县的瓦子街战役。1949 年任中国人民解放军西北军后勤部兵站站长。1951 年转业回吉县任县商会主任。1958 年退职在吉县屯里镇桑峨村落户。1969 年搬回下东村，1993 年病逝。

刘振锡　（1920—1993）山西省吉县下柏房村人。1938 年参加牺盟会，同年加入中国共产党。抗日战争时期和解放战争时期曾担任吉县牺盟会协理员，太岳区沁源县区委书记，沁源县委组织部长，中条山地区安北县县大队政委，稷山县、临汾县县委副书记、书记等职。中华人民共和国成立后曾任甘肃省兰州市委组织部长，甘肃省建筑工程局局长、党委书记，甘肃省计划委员会副主任，甘肃省基本建设委员会副主任。

狄景襄　（1908—1995）又名狄成青，山西省原平县人。大学学历，1937 年 8 月加入中国共产党，1937 年 10 月参加革命工作。抗日战争时期，历任山西汾西县县长兼游击支队队长，汾西、隰县、大宁、永和、石楼无线行政指导员。1938 年，任吉县县长兼吉县抗日游击支队支队长。1939 年后，任晋绥军政民各级干部训练委员会二处处长兼集训团行政政治部主任、西北农民银行协理兼晋绥贸易总局副局长。解放战争时期，历任晋绥行署财政处秘书主任、陕甘宁边区财经委员会副秘书长。新中国成立后，历任西北行政委员会财经委员会副主任兼秘书长，轻工业部副部长、党组副书记，食品工业部副部长、党组副书记，中匈技术合作组中方组长兼中波技术合作组中方组员。1958 年任中共中央华东局华东协作委员会副主任兼办公厅主任，中共中央华东局委员、华东局计划委员会主任。1975 年任上海铁路局党委副书记。1977 年任上海市革委会工交办公室副主任、党组副书记、代理书记。1979 年 4 月任上海市革委会副主任。1979 年 12 月任上海市第七届人大常委会副主任兼秘书长，市第八届人大常委会副主任。

伊永福　（1915—1996）山东省蒙阴县人。1939 年加入中国共产党，同年任大庙沟党支部书记，1941 年担任吉县县委党内交通员，1946 年任一区组织委员，1948 年任县公安局治安股股长，1952 年任吉县监委副主任，1955 年任晋南专署监察处群访组副组长，1957 年任吉县总工会副主席，1964 年任吉县档案局局长。

马占标　（1914—1997）山西省浮山县人。1943 年在浮山县参加革命工作，1945 年 2 月加入中国共产党。1953 年任吉县粮食局副局长，1961 年任民政局局长，1962 年任烟酒公司党支部书记，1963 年任县委农村工作队组长，1965 年任百货公司党支部书记，1970 年任县招待所所长，

1975 年任粮食局顾问。

文耿光 （1921—1998）山西省吉县人，1937 年 8 月参加革命，1941 年 3 月加入中国共产党。1940 年 1 月延安抗日军政大学学习，历任学员、政治工作员、区队长、技术员、股长、副科长、科长、副处长、处长、总参三部五局副局长等职。1955 年 9 月被授予专业技术少校军衔， 1960 年晋升为中校军衔，1964 年晋升为上校军衔。1983 年离职休养。

文耿光早年投身革命，抗日战争时参加“抗日决死队”，转战山西境内。参加了抗日战争、解放战争和抗美援朝战争，曾被军直评为甲等劳动英雄。中华人民共和国成立后，他一直在三部系统各级领导岗位上工作，做了大量卓有成效的工作。1955 年 8 月荣获三级独立自由勋章、三级解放勋章。1988 年 1 月荣获独立功勋荣誉章。

韩景春 （1920—1999）山西省吉县窑头村人，1939 年 7 月加入中国共产党，同年参加革命工作，任四区窑头村党支部书记。后任四区宣传委员、二区党委副书记，中华人民共和国成立后，曾任吉县城关公社党委副书记等职。

刘波 （1924—2000）原名刘景学，山西省吉县吉昌镇西关村人。13 岁参加革命，先后担任吉县抗日救国儿童团团长，乡宁特委和吉县县委交通员，晋西北新军抗日决死队文化教员、营指导员。解放战争时期，一直跟随领导彭德。中华人民共和国成立后，为晋南地委书记彭德秘书。1951 年任大宁县委书记，1955 年任临汾地委农工部秘书。1959 年任临汾地区体育运动委员会常务副主任，着手筹建体育运动委员会。后任临汾地区卫校校长、临汾地区体委主任，期间成立了临汾地区少年体育学校，组建起篮球队、乒乓球队。1983 年离休，享受副厅级待遇。

樊秉毅 （1920—2000）山西省静乐县人，1945 年 2 月在晋绥边区参加革命工作，1946 年加入中国共产党。1952 年任吉县县委组织部副部长，1962 年任吉县纪律监察委员会书记，1969 年任吉县农业革命委员会主任，1976 年任吉县贫协主任，1978 年任吉县县委组织部副部长，1983 年离休。

葛廷芳 （1918—2001）山西省吉县东城乡上社堤村人，初中文化。1947 年 10 月参加革命工作，1983 年 6 月离休，副县级。1938 年参加牺盟会并在抗日游击队任班长、代理分队长。同年 7 月加入中国共产党， 3 个月后转正，任东城乡社堤村支部书记、区委宣传委员。1339 年 9 月加入同志会，在吉县抗日游击队多次参加战斗，期间两次被阎锡山政府迫害入狱，后经地下党组织营救出狱。1941—1946 年吉县党组织遭到破坏，与组织暂时中断联系。1958 年 10 月重新申请加入中国共产党，1959 年 10 月转为中共正式党员。参加工作后历任吉县兵站负责人、吉县政府生产部经理、吉县供销合作社经理、乡宁县商业局副局长、吉县供销合作社副主任、吉县商业局副局长至离休。

陈捷第 （1912—2001）山西省浮山县人，中共党员。曾任贵州省军区副司令员、顾问。

1933 年 1 月参加革命工作，1937 年 4 月加入中国共产党。抗日战争时期，任牺盟会吉县村政联络员，带领 7 名队员深入吉县农村，搞抗日救亡工作。后任牺盟会闻喜县分会特派员，稷山县县长、县委宣传部部长、县抗日游击支队支队长，教导三总队政治主任，政卫第 1 支队政治主任，第 212 旅参谋主任，决死第 1 纵队参谋，决死第 1 旅司令部侦察科科长，太岳 1 分区情报处副处长，太岳 5 分区 9 支队参谋长，第 55 团团长，晋冀鲁豫军区第 47 团团长。解放战争时期，历任第 1 兵团 15 纵队 45 旅 133 团团长，第 18 兵团 62 军 186 师 556 团团长，184 师副师长。中华人民共和国成立后，任西康省西昌军分区副司令、第 55 师师长、昆明步兵学校校长、贵州省军区副司令员、贵州省军区顾问。1981 年 4 月离休，享受正部级医疗待遇。1988 年 7 月被授予

二级红星功勋荣誉章。

杨见龙　（1918—2001）山西省平陆县人，1945 年 5 月参加革命工作，1946 年加入中国共产党。在部队历任班长、排长、连长、炮兵四师司令部科长等。1963 年转业地方，任吉县水利局局长，1964 年任财贸部部长，1979 年任文教部副部长，1983 年离休。

光未然　（1913—2002）原名张光年，1938 年受周恩来、郭沫若派遣，以国防部政治部文化督察专员的身份，赴第二战区视察文化工作。他来到壶口，望着壶口瀑布排山倒海的气势，产生了创作的灵感和激情。回到延安后，用 5 天的时间创作出《黄河大合唱》歌词，音乐家冼星海看后非常激动，又用了 6 天时间完成谱曲。《黄河大合唱》被世人誉为弘扬中华民族精神和大无畏革命精神的代表作。中华人民共和国成立后光未然曾任中国作家协会党组书记、中顾委委员。

彭德　（1912—2002）原名张鹏德，曾用名王玉文，直隶（今河北）丰润人，中共党员。曾任中共吉县县委书记，晋西南工委书记，晋绥边区十地委书记，晋南中心地委书记，临汾地委书记，交通部副部长、顾问。

彭德在河北丰润轴山中学读书时受革命思想影响，1930 年 2 月加入中国共产主义青年团，同年 8 月转为中国共产党党员。同年参加薄一波等人在唐山领导的兵变，失败后被捕，1936 年出狱，后到绥远军垦局做党的地下工作。1937 年到山西从事抗日工作，曾任中共中央北方局机要秘书、中共晋西南区乡（宁）吉（县）特委巡视员。1938 年 12 月—1939 年 3 月任中共吉县县委书记。1939 年 5—12 月任中共乡宁县委书记，同年 10 月在中共晋西南区代表大会上当选为出席中共七大代表。1940 年 1—10 月任中共晋西南工委（乡吉特委）书记。1941 年 2 月—1943 年 12 月任中共太岳区第一地委组织部部长。1943 年冬到延安中共中央党校，被编入第十四支部学习，参加整风运动。1945 年 4—6 月作为晋绥代表团成员出席中共七大。解放战争时期，担任贺龙的秘书、贺龙中学副校长。1947 年 2 月任西北野战军独立第四旅政治部主任。同年 7 月—1948 年 5 月任中共晋绥边区第十地委书记。1947 年 10 月—1948 年 3 月任吕梁军区第十军分区政治委员。1948 年 5 月—1949 年 5 月任中共新绛地委书记。1948 年 7 月—1949 年 1 月兼任晋绥军区第十军分区政治委员。1949 年 1 月兼任晋南军区新绛军分区政治委员。同年 5—9 月任中共晋南中心地委书记、晋南中心军分区政治委员。1949 年 10 月任中共晋南中心地委书记兼军分区党委书记。1950 年 1 月—1952 年 7 月任中共临汾地委书记兼临汾军分区党委书记。后任太原重型机械厂党委书记，国家建委机关党委书记，交通部机关党委书记、政治部主任。1960 年 4 月—1963 年 10 月任交通部副部长。后任大连海运学院党委书记，交通部顾问等职。中共七大代表，第六、七届全国政协委员。

张秀成　（1919—2003）山西省吉县城关人。1936 年 1 月参加革命工作，曾担任稷山县牺盟村政协助员（工作团性质），后返回太原军政训练班学习。抗日战争开始后，受派回吉县工作。1937 年 9 月下旬，代表吉县牺盟会到太原参加省牺盟代表大会，听取周恩来关于抗战形势及开展抗日斗争的报告。1937 年 11 月加入中国共产党，担任中共吉县临时工作委员会组织委员。1937 年 12 月下旬，刘少奇、杨尚昆、张友清等北方局领导和山西省委负责人到吉县时，张秀成汇报了工作，并听取了刘少奇的重要指示。1938 年 6 月担任中共吉县县委书记。1938 年 12 月下旬—1939 年 2 月初，代表吉县县委参加晋西南区党委赴延安代表团，向毛主席、党中央汇报工作，受到毛泽东、刘少奇、陈云、王若飞等中央领导多次接见。1939 年 12 月晋西事变后，随山西新军 213 旅转赴太岳区，在屯留、沁县、安北、稷麓等县工作，担任县委领导，从事地方武装、群众武装工作。1947 年 4 月任晋绥稷山县县长、主持县委工作，同年 9 月任中共新绛县委书记。

1948 年 7 月赴中共马列主义学院学习三年（大学本科学历）。1951 年 8 月，分配至内蒙古自治区工作，先后担任内蒙古自治区党委宣传处、学校教育处处长，自治区政府建设委员会副主任兼秘书长，第二毛纺织厂（厅级单位）、农牧业机械厂（厅级单位）党委书记，自治区石油化工局、出版局党组副书记、副局长。1980 年任太原市城市建设委员会副主任兼市政工程局党委书记、局长。1983 年 10 月离休（正厅级待遇）。

郑方 （1917—2003）山东省德平县（现并入乐陵县）人，1935 年冬在北平燕京大学读书，参加一二． 九学运动并参加民先。1936 年 2 月入党，任燕大党支部宣传委员、党支部书记，并兼燕大“左联”支部书记。离校后参加北平市南区工委，任安邑牺盟特派员。1937 年 5 月到山西参加牺盟工作。抗战全面爆发后任吉县第 1 任牺盟特派员，发展了两名当地青年加入中国共产党，组建了中共吉县临时工委。1939 年 6 月任 212 旅政治部宣传科长。晋西事变后任 212 旅 55 团政治主任，部队转移至太岳区与决死 1 纵队汇合。1941 年后先后担任决死 1 纵队政治部宣传科副科长、太岳军区调研室研究员、太岳陆中主任教员。1944 年随太岳陆中转移至陕甘宁与抗大七分校合并，任抗大七分校政治协理员。抗日战争胜利后进中央党校学习，后随党校东进，留中共晋绥分局城工部工作，任调研科科长、解放军军官教导团主任及晋绥军区后勤部政治主任。解放大西南入川后任川北行署文教厅副厅长兼西南人民革命大学川北分校教育长、人事厅厅长。1962 年川北行署撤销，高等学校院校调整，新建四川化工学校，任副院长、总支书记。1955 年四川化工学院与成都工学院合并，任成都工学院党委书记兼副院长。“文化大革命”后任成都工学院党委书记兼院长。1978 年学校改为成都科技大学，任党委书记。1984 年退居二线任成都科技大学顾问。1978 年被选为中共四川省委委员，全国第五届、第六届人民代表大会代表。

张殿中 （1921—2005）山西省吉县社堤村人。1937 年 5 月参加革命。1938 年 5 月在决死四纵队 35 团任工作员、文化教员。1939 年 6 月加入中国共产党。1940 年参加百团大战，12 月入延安敌工干部学校学习，后任延安工农学校会计、主任、副队长。1945 年任东北民主联军总部秘书科秘书，后历任东北军区司令部地图科协理员、东北军区测绘学校政治部副主任。中华人民共和国成立后，任中央军委作战部测绘学院政治部主任。1956 年到解放军北京政治学院学习。1958 年后历任南京军事学院政治教员、合成军队指挥第 2 系副政委、政治保卫部副部长。1970 年 2 月任国防科委第 22 试验训练基地副政委。1978 年任第 23 试验训练基地政委，多次随船出征大洋，圆满完成远程运载火箭、潜射火箭和地球同步卫星等海上测控任务。1983 年 1 月当选为第六届全国人民代表大会代表。1985 年 7 月离休。

白玲 （1923—2006）女，大名谭闺秀，小名改娥，参加革命后，改名谭克强，白玲是化名，山西省吉县人。

白玲少年时随父亲在运城、太原读书，1937 年回家乡吉县读书，是吉县高校的第一个女学生。在校期间参加了吉县抗日救亡儿童流动工作团，是吉县第一个参加革命、年龄最小的女学生。1938 年 2 月，经吉县抗日救亡儿童流动工作团指导员张国华介绍加入中国共产党，是“工作团”发展的第一个少年党员。1938 年 5 月吉县妇救会成立，白玲负责组织工作。1939 年 1 月底，白玲奉命到乡宁县乔峰村省特委新党员学习班，化名谭萍。1939 年“十二月事变”后，到太行地区北方局工作，一直战斗在敌后战区。1942 年底到延安，1946 年随西北野战军战斗在晋绥前线。解放战争胜利后，随所在一军驻青海西宁。1950 年春调于北京工作，先后在中央救济总会、纺织部、胜利油田、四机部等单位工作 30 多年。

刘志仁 （1931—2006）山西省吉县人，中共党员。1951 年毕业于北京协和病理师科班，同

年留校工作。1952年取得山西医学院毕业证书，在本校从事病理教学，历任教师、讲师、副教授。1986年晋升为主任医师、教授。曾任山西职工医学院病理教研室主任、医学系主任。课余时间坚持进行临床病理检验、尸体解剖、法医病理检验、病理疑难病例会诊及实验病理学研究，积累了大量的实物标本和教学切片，发表10余篇相关论文，主编了中专病理学教材和全国成人高校病理学教材。1987年6月22日《山西日报》头版以《奇异的跋涉》为题，报道了刘志仁研究病理学的先进事迹。曾被卫生部评为先进工作者，荣获山西省卫生厅授予的模范党员、教学能手、先进工作者称号，享受国务院特殊津贴。

曾任太原市人大代表，多年连任中华医学会山西分会理事、病理学分会副主任委员、山西医药杂志编委、山西省新药评审委员会委员、山西省公安厅法医顾问等职务。

曹振芳 （1910—2007）山西省吉县三堠村人。1938年加入山西牺牲救国同盟会（牺盟会），任三堠编村牺盟特派员，参加抗日救国活动。1939年4月秘密加入中国共产党，任三堠村地下党支部书记。1941年秋任吉县南部区委书记，公开身份是开磨坊，为抗日筹措资金。1942年1月被阎锡山宪兵队抓捕，扣押吉县克难坡政治监狱40余天。1944年6月，二次被阎抓捕，在监狱因染上伤寒病，关押20多天后，保外就医，在地下组织的帮助下，带病离开吉县，从此由秘密地下工作转入公开革命活动。抗日战争胜利后，担任太岳区乡吉地委交通站长、乡吉武工队指导员。1947年10月吉县解放，任吉县文城区区委书记兼区长。1948年6月调乡吉地委巡视组工作，在河津、稷山、新绛、汾城等县搞土改、扩军等工作。1949年7月任吉县县委组织部长。1952年7月后历任洪洞县委组织部长、晋南交通局副局长、霍县矿务局党委组织部长、新绛纺织厂党委副书记。1962年9月退休，只身一人回原籍吉县农村组织农民植树造林。1979年2月转回新绛纺织厂，安度晚年。

金浩 （1925—2008）原名葛启秀，山西省吉县祖师庙村人。1940年3月参加革命，1945年6月加入中国共产党。

金浩于1940年只身前往延安抗大六队学习，一年后在陕西安塞中央军委二处先后任报务员、电台台长、机要参谋、侦察参谋。1947年后历任陕北中央军委总部二大队侦察参谋、北京军委总后财务部机要秘书、政治协理员、天津总后汽车修理学校政治协理员，被中国人民解放军总后方勤务部授予少校军衔。1957年，被组织派往解放军五十速成中学学习。1959年后历任天津市长途电信局党委副书记，天津市档案管理处副处长，天津市档案局（馆）副处长、办公室主任等职。曾荣获三级独立自由勋章和三级解放勋章。1984年离休，享受副厅级待遇。

刘存善 （1926—2008）又名刘朴、刘吉人，山西省吉县人。1941年从乡宁县省第二联中考入在隰县的进山中学，期间与进山中学校务主任赵宗复（共产党员）及军训队长刘鑫（烈士）、同学李建唐（烈士）建立了友谊关系。1944年毕业留校任进山克难坡分校教务员。1947年到太原《山西工商日报》任编辑，后进入西北实业公司工作。常通过公司收音机听记延安新华社广播，并秘密将记录稿送赵宗复和刘鑫，后经刘鑫介绍正式成为中共太原地下党909情报站成员。1950年考入山西公学担任公学校刊编辑，后山西公学改为山西省行政干部学校，继续任校刊编辑。1956年山西省委党校与行政干部学校合并后任校刊编辑及校长办公室秘书。1970年7月底，在北京、石家庄集中学习后，被下放大宁县太德公社堡村安家当社员，后到县安置办工作。1974年11月调进临汾五七干校。1978年10月调入山西省政协文史委员会任《山西文史资料》编辑及文史办公室副主任。刘存善是山西辛亥革命史及阎锡山的近代史研究权威学者，著作有《阎锡山传》《山西辛亥革命》《山西商人的生财之道》《阎锡山的经济谋略与诀窍》《辛亥革命在山

西——晋省风雷》《山西抗日战争与军事》等。

曹鸿业 （1919—2008）山西省吉县文城村人。1935年师范毕业后在太古、古县当小学教员，1937年和本县石峰、狄飞等40多名青年加入牺盟会。太原解放后，在山西省政府工作。1952年回吉县担任中苏友好协会总干事，1953年任吉县人民文化馆馆长，1958年回乡务农。1979年平反复职分配到县自来水厂工作，1980年退休后应邀参加《吉县志》编纂工作。

梁誉国 （1925—2008）又名梁月子，字玉墀，号永年，山西省吉县中垛乡安坪村人。他初学于民革学校，深造于山西民族革命大学。才思敏捷，记忆力惊人，过目不忘。为完成学业，他随民大师生穿越烽火硝烟，辗转吉县、秋林、韩城等地。学成返乡后到南柯榼中学任教，直至吉县解放。30岁开始学医，自学成材，侧重妇、骨科，尤以中医、针灸、偏方治病为长，自行研制药品解决疑难杂症，行医50余年，受到患者的普遍好评。他还将医术传授给子女，子女都掌握一定的医术。他崇尚孝道，敬老爱幼，在极端困难时期将亲友中长辈接入家中侍养。他多才多艺，识英文、日语，擅长古文、书法，懂音律、能弹奏多种古典乐器，会雕刻。他思想超前，敢于突破常规，借改革开放东风，率先经营牲畜，购置农机"小四轮"进行机械耕作，发家致富，成为中垛乡首批致富户之一。

刘良 （1915—2009）山西省吉县人。1936年参加革命，1938年参加八路军，同年加入中国共产党并到延安抗大学习。历任中央军委秘书厅干事、副科长、组长、一局科长。1955年2月任总参测绘局副局长、代局长、第一副局长，同年被授予上校军衔。1956年7月任总参测绘局局长。1959年11月任解放军测绘学院副院长。1960年晋升大校军衔。1964年3月—1969年2月任解放军测绘学院院长。1969年12月任解放军测绘学校校长。1978年10月任总参测绘局局长，1982年8月任总参测绘局顾问。副兵团职离休干部，曾荣获二级独立自由奖章、二级解放奖章和二级红星功勋荣誉章。

王希文 （1926—2010）山西省长治市沁源县人，中共党员，曾任中共吉县县委代书记、县长，县革委生产组长。

1944年参加革命工作，历任绵上县抗日政府文印员、专署文秘、科员、土改工作员。中华人民共和国成立后，历任运城专署组织部干事、人事局副局长，夏县副县长、县长，闻喜县委书记处书记。1964—1967年任吉县县委代书记、县长。1969年任吉县革委生产组长。1970年调运城地区，先后任新绛、永济县革委副主任、运城地委副秘书长、运城检察院副检察长等职。1989年离休。

王其祥 （1924—2010）山西省洪洞县万安镇曹家庄人，毕业于石家庄军事学院，1940年加入中国共产党，曾任吉县人民代表大会常务委员会副主任，行政13级待遇。

1936年6月在万安镇参加抗日儿童团。1937年参加山西新军决死二纵队任5团2营1连司号员，在晋西北革命根据地参加抗日游击战，担负护送中央领导去延安的往返任务。1947年进入贺龙为校长的晋绥干部学校学习，毕业后在120师和晋绥军区独立4旅历任班长、工作员、保卫干事、指导员、连长。解放战争时期，编入中国人民解放军第1野战军第2军。在抗日战争和解放战争中，参加过百团大战、吕梁战役、汾孝战役、陕北三战三捷战役和1947年10月27日的解放吉县战斗、运城战役、沙家店战役、延安保卫战、瓦子街战役、西府战役、澄合战役、荔北战役、冬季战役、陕中战役、扶眉战役、解放兰州战役、河西战役、解放新疆与中印自卫反击战等大小战斗180余次。1949年编为新疆军区四师第10团。1955年赴石家庄高级军事步兵校学习，毕业后历任11团营长、团副参谋长、副团长、阿克苏军分区后勤部副部长，被授予少校军

衔。1966 年转业到吉县，历任吉县中学校党委书记、校长，吉县革命委员会生产组副组长、屯里治川治河指挥部总指挥、工交部长、县人民代表大会常务委员会副主任。1990 年离休。在战争年代 6 次负伤，荣立一等功 3 次，二等功 6 次，三等功多次。荣获独立自由奖章 1 枚，解放奖章 1 枚，军功章 19 枚，抗日战争胜利 60 周年纪念章 1 枚。在屯里治川治河工作中三年任务两年完成。任工交部长期间负责参与组建了化肥厂、工艺宝石厂、汽车大修厂和钻石厂。

戎福贵 （1924—2010）河北省临城县人。1941 年参加革命工作，1945 年加入中国共产党。在部队电讯系统先后任通讯员、班长、排长、指导员。转业后任绥远省和林格尔县县委组织部干事。1956 年后历任吉县城关粮站副站长，文城粮站副站长，乡宁县面粉厂支部书记，吉县粮油加工厂支部书记、厂长，1969 年后任城关粮站副站长、站长。1983 年离休。

刘自更 （1908—2010）山西省吉县西关人，1938 年 2 月参加抗日游击队（后编入八路军），在部队曾担任文书、工作员、指导员、副政委、政委、科长、处长等职。参加过百团大战、开辟中条山根据地和解放战争。中华人民共和国成立后任冶金部钢铁研究总院政治部副主任、纪委顾问，行政 13 级待遇。

陈国英 （1924—2010）山西省吉县兰古庄人。1938 年参加牺盟会、抗日游击队，同年加入中国共产党。1939 年到民族革命大学学习。“十二月事变”后奔赴延安抗日军政大学学习。1940 年调中共中央军事情报部工作。1948 年后历任石家庄华北农业试验厂党委书记，农业部农业机械化学校副校长，黄泛区农场副厂长，河南省板桥农场场长、拖拉机中心修配厂厂长、农机管理局修配处副处长，开封地委副指挥长，许昌地委副指挥长、宣传部副部长。1985 年离休。

张怀珍 （1927—2010）山西省沁县人，中共党员。1943 年在本村担任青救会和农会副主席，1945 年到太岳及新华日报社工作，1957 年调吉县工作，历任吉县一中校长、屯里公社党委书记、县委文教部部长、县委副书记、县政协主席、县人大常委会主任。1990 年离休。

王成章 （1918—2012）山西省吉县柏村人。1934 年夏在太原省立国民师范秘密加入中国共产党。担任学生党支部书记期间，在山西省委成员武永祥的领导下，积极从事革命活动，散发党的宣传品，与敌特、警宪展开顽强的斗争。其后，在太原以及铁路沿线发动群众，进行抗日救亡工作。1935 年前后，王成章曾多次向吉县进步青年张秀成、洛洪章、洛洪源、张铁民等人寄送进步书刊，动员进步青年张秀成到思想比较活跃、设在蒲县的山西省第七贫民高校上学。对吉县青年认识社会、要求进步、接受共产主义启蒙教育，以至加入共产党的组织，都起到了积极的作用。1936 年，王成章任山西省工委干事，同年冬任永修县牺盟协助员联络员。1937 年任太原师范党支部书记，同年冬在介休县委、汾西游击队工作。1938 年春任吉县第一高中校长、工委会负责人、抗日游击队政治部副主任，同年秋任吉县两级小学党支部书记、文教系统党组织负责人，在此期间，先后以民族革命两级小学主任、县府督学、民政厅科员公开职务作掩护从事党的地下工作。1949 年任山西公学干事。1950 年任山西省行政干校教员、班主任。1957—1972 年任山西省委党校教员、教研组长。1974 年调临汾地区教育局工作。1980 年任临汾地委党校副书记、副校长。

陈金荣 （1923—2012）山西省吉县祖师庙村人。1938 年参加牺盟会吉县流动工作队，1939 年 5 月加入中国共产党，“十二月事变”后转移到晋东南武乡县，在部队宣传队任 2 分队队长。1941 年进入山东抗日根据地，1945 年任山东省胶县龙山区区长，后任洋河区区委书记。1949 年任胶南县县长，1952 年任胶南县委书记。1958 年任黑龙江省克东县县委第一书记，1961 年任克山县县委第一书记、嫩江地委委员。1963 年到中央党校学习，结业后到黑龙江省农业科学院任

党委副书记。“文化大革命”被关押10个月后到柳河五七干校改造，1972年恢复工作，1976年平反，任嫩江国营农场管理局党委副书记、副局长。1979年任哈尔滨国营农场管理局副书记、副局长。

王大有 （1923—2012）山西省吉县水洞沟人。1938年9月在山西省汾西县三云镇入伍。在部队任宣传员、宣传队长、宣传科长、团政治处主任，转业后任湖北冶金专科学校党委书记、武钢渡钢处处长、武钢兴业公司党委第一书记等职。曾参加过中原突围。

李军 （1921—2013）原名李可梯，山西省吉县东关人。副军职，行政11级。1937年9月在太原参加革命，1938年1月加入中国共产党，曾任连指导员、营政委、团政治主任、副政委、政委，铁道兵政治部组织部长等职。参加过抗日战争、解放战争、抗美援朝。

赵华青 （1919—2014）曾用名赵华清，山东省茌平县人，中共党员，开国少将。曾任山西牺牲救国同盟会吉县自卫队政治指导员、吉县抗日游击队支队第3大队政治指导员。

1937年加入中华民族解放先锋队。1938年加入中国共产党，同年参加山西新军。抗日战争时期，任山西牺牲救国同盟会吉县自卫队政治指导员。1939年任山西政治保卫第2支队指导员，后任第213旅57团连长。1941年任决死队第1纵队57团营政治教导员。1942年任八路军第129师386旅772团营政治教导员、团政治处主任。参加了百团大战，吕梁、太岳、中条地区反“扫荡”和浮翼反顽战役。解放战争时期，任晋冀鲁豫野战军第4纵队10旅28团副团长。1947年任中原野战军第4纵队10旅28团团长。1949年任第2野战军13军37师副师长、随营学校副校长。参加了上党、临浮、吕梁、汾孝、晋南、宛西、宛东、淮海、渡江等战役。新中国成立后任副师长、师长。1954年赴苏联伏龙芝军事学院、伏罗希洛夫军事学院学习。1957年毕业回国后，任军事科学院战争理论研究部研究员。1966年任昆明军区副参谋长。1970年起任福州军区副参谋长、参谋长、副司令员。2014年1月15日在福州逝世。

1955年被授予大校军衔，1964年晋升为少将军衔。获二级独立自由勋章、二级解放勋章。1988年被授予一级红星功勋荣誉章。

张海禄 （1915—2014）山西省吉县人，1936年2月参加中国工农红军第一方面军1军团，1937年1月加入中国共产党。

历任八路军115师卫生部班长，鲁南军区1所事务员、管理员、3团1营管理员，山东鲁南8师师部管理员、教导营管理员，22军教导团供管股股长、64师师部供管股股长、机帆大队供给部副主任，宁波市公安局总务科科长，宁波市公安局劳改大队大队长，宁波专署公安处直属劳改工厂厂长，杭州建筑总队3大队大队长、工务科科长、副总队长，十里坪农场场长，蒋堂农场副场长，富春江水电站工程总队副总队长，新安江沙石总队副总队长、船运队队长，长兴农场副场长，省第一监狱副监狱长，浙江建设兵团工业团17连副连长、副参谋长、副团长，钱江五金工具厂副厂长，杭州市二轻工业局顾问等职。

1983年5月离职休养。2009年9月享受副省长级医疗待遇。2011年6月按省长级标准报销医疗费。

张广钦 （1919—2014）原名张广金，曾用名徐钢民，山西省吉县城关背崖村人。1936年10月—1937年2月参加绥东抗战。1937年参加牺盟会，回吉县从事自卫队、农会、游击队等抗日救亡工作。1938年2月，经张铁民、张秀成介绍加入中国共产党，先后担任吉县牺盟会巡视员，吉县游击第2大队政治工作员，中共吉县县委宣传委员、组织委员、县委书记等职。1939年8月在延安中央党校39班学习。1940年5月任延安自然科学院干部处干事、政治教研室副主任、

支部书记兼初中部指导员。1942 年 1 月任绥察区党委组织科长、教工支部书记等。1944 年 5 月至 1946 年 12 月，任襄陵县县委书记。抗日战争及解放战争期间，先后在内蒙古大青山、雁北地区及晋南地区参加过大小战斗和绥远、大同、临汾等重大战役共计 10 次。

1949 年，任四川灌县（现都江堰市）县委书记、四川省委组织部副部长、四川省水电厅厅长（兼党委书记）、温江地委第一书记、四川省供销社主任（兼党组书记）、四川省进出口管理委员会主任（兼党组书记）并兼任四川省对外经济联合办公室主任及中国四川国际经济技术合作公司副董事长兼总经理、中共四川省委委员、四川省人民政府委员等职务。1985 年 4 月任四川省政协副主席兼经济建设组组长、提案审查委员会主任。主编了《论开发长江上游》一书，多篇论文被省及国家级刊物采用。1995 年离休。2002 年 1 月，享受省部级待遇。

曹秀清 （1918—2015）女，山西省吉县下柏房村人。1938 年参加牺盟会，同年 7 月加入中国共产党。1939 年担任三区妇联会秘书，主要任务是发展牺盟会员，壮大革命队伍，组织广大妇女做军鞋、织官布，掩护地下党员，传递秘密情报，先后发展 20 多人参加牺盟会。她经常和敌人巧妙周旋，掩护和解救自己的同志。她的家成为地下党组织的秘密联络点，也是抗日游击队经常落脚和隐藏的地方。1945 年，她随夫迁居曹井村，利用丈夫伪编村村长的身份，传递情报，保护党员。在白色恐怖下，她在外面要和敌人斗争，完成组织交给的任务，为了保守党的秘密还要和家里人周旋，实属不易，但她每次都能顺利完成任务。中华人民共和国成立后，由于丈夫的问题受到不公正的待遇。1988 年 5 月 20 日经中共吉县县委研究，报请临汾地委组织部批准，恢复曹秀清党籍，1989 年 12 月 21 日恢复公职，工龄从 1938 年 7 月 15 日算起，工资定为行政 18 级，因年龄已大，办理了离休手续。

陈嘉桢 （1941—2015）山西省吉县人，1962 年参加工作，1973 年加入中国共产党，毕业于陕西省榆林农学院。1988 年 6 月任陕西省人民政府办公厅副主任，1992 年 3 月任陕西省人民政府副秘书长，1997 年兼任陕西省人民政府经济研究中心主任，2000 年任《西部大开发》杂志社首任社长，兼任《陕西省志・政务志》主编。

武光 （1912—2015）原名张青甫，河北省深泽县人，曾任中共乡吉特委书记兼晋西南支队政委。

1930 年参加革命，任红色革命互济会北平市西城区委委员。1931 年加入共青团，同年转为共产党员，任共青团北平市西城区委委员，中共北平市委委员、团市委书记，次年任中共直中特委委员，团直中特委书记。1933 年在国民党监狱中任政治犯中的中共党支部书记。1937 年 10 月从北平第一监狱获释，11 月到达中共中央北方局驻地临汾。不久任中共曲沃特委组织部部长，受中共山西省委派遣到汾城进行党的建设。1937 年代表乡吉特委秘密宣布中共吉县县委成立。1938 年春任中共乡（宁）吉（县）特委书记兼任乡吉游击支队（后改编为 115 师晋西独立游击支队）政委。1938 年 10 月中共晋西南区委指示由他代管他所领导组建的政卫 2 支队（1939 年 6 月编入山西新军 213 旅）党的日常组织工作。1939 年入延安马列学院学习并任党支部书记。1940 年后历任陕北公学干部处处长、平北地委副书记、中共冀察区党委城工部部长、北平市委副书记、察哈尔省委组织部部长、晋中区党委副书记。1949 年任中共南下区党委书记，同年 7 月任中共湖南省委委员、长沙地委书记、长沙军分区政委。1951 年任中共中央华南分局委员、粤西区党委第一书记、粤西军区政委。1954 年任中共北京航空学院党委书记、院长。1963 年任中共新疆维吾尔自治区党委书记处书记、新疆维吾尔自治区人民政府第一副主席。“文化大革命”中被关监狱和流放。1979 年任中国社会科学院副院长、党组副书记。1982 年任北京市人民代表

大会常务委员会副主任。

张孔森 （1934—2015）山西省吉县霖雨村人。中共党员。1951 年考入临汾市百货公司，1956 年考入山西大学历史系，1960 年毕业留校任教，同年 9 月选调中共山西省委党校专业班学习 4 年，1964 年调山西日报社农村部工作，1966 年调入中共山西省委宣传部工作，1976 年任山西省委宣传部宣传处处长，1986—1995 年任山西省广播电视大学副校长、党委副书记。

陈萍剑 （1914—）原名陈嘉鼎，山西省吉县葛家沟人。1938 年到延安抗大学习，同年加入中国共产党，后在延安军委后勤部门工作。1949 年随运输部政治部进入西安，任西北解放军军官团教导员，后随军进入四川，1954 年转业到重庆铁路局，任内江线总支书记，1982 年离休。

薛子谦 （1914—）又名薛一平，山西省新绛县光村人，1937 年 5 月参加革命工作，在新绛县牺盟会工作，曾任党团书记。1938 年 5 月加入中国共产党。1939 年 1 月任吉县牺盟会县特派员、党团书记。1940 年春到延安陕北中央研究院学习，任支部书记及专职组织干事等。1941 年冬随洛甫（张闻天）至晋西北搞调查研究工作结束后，任山西省兴县县政府秘书兼司法科长、支书。1943 年任山西省宁武县县长兼大队长、党团书记。1944 年底任晋绥六专署秘书、支书。1946 年秋任吕梁分区石楼县土改工作组组长。1947 年春任山西省乡宁县、吉县、稷山中心县县长、县委委员。1949 年末南下四川，先后任成都军管会秘书处长，川西行署、四川省人民政府秘书处长、办公厅副主任、主任、副秘书长、支书、总支书记、省级机关党委书记等职。

1979 年初“右派”改正后，任四川省高教局副局长，同年 4 月任省政府副秘书长。1983 年春被选为省顾问委员会委员。

何晓光 （1915—）陕西省人，曾任吉县牺盟特派员。

1936 年夏在西安参加中华民族抗日武装自卫委员会，任执行委员。1937 年 8 月插班入抗大二期 15 队学习，又转入陕北公学第一期学习班学习。11 月底在该校参加中华民族解放先锋队。12 月初赴临汾办事处，转介到汾城特委。1938 年 1 月加入中国共产党，任汾城游击二中队政治指导员。随后调乡宁县筹建中共乡宁县委，任游击大队工作员兼党支部书记，后被任命为中共乡宁县工委书记兼游击队参谋长。同年 7 月任吉县牺盟特派员。1939 年 2 月任 213 旅 57 团指导员兼连长，同年 6 月任 57 团 2 营营长，以后一直在部队工作。1965 年转业地方工作，同年 9 月任云南省公安厅副厅长兼劳动局党委书记。“文化大革命”期间受到迫害。1979 年春任云南省委统战部常务副部长，后任云南省政协党组副书记兼秘书长，1980 年离休。

史坚 （1915—）曾用名周也行，安徽省泗县人。1935 年参加“一二．九”运动，1936 年加入中国共产党， 1938 年初到吉县担任牺盟特派员，后担任吉县抗日游击支队政治副主任。1938 年 9 月到延安中央党校学习，1939 年初任王稼祥机要秘书。中华人民共和国成立后曾任周恩来总理办公室秘书。1955 年任长春第一汽车制造厂党委第一副书记，1958 年在史坚和其他厂领导的主持下，一汽生产出国产第--辆小轿车。1978 年任北京冶金机电学院第一任党委书记，1983 离休。

贾文会 （1916—）河南省耀县人，幼年随父迁往陕西省甘泉县。刘志丹于 20 世纪 30 年代初创建陕北苏区时，他积极参加革命活动，并于 1934 年加入中国共产党。1935 年任共青团红泉（甘泉）县委书记。1936 年红军东征时，胡宗南部队一度攻占红泉，制造白色恐怖，疯狂搜捕共产党员及革命群众，贾文会无法存身，遂东渡黄河居住在吉县桃园村。1937 年牺盟会吉县分会成立后，他即加入牺盟会组织，在农救会工作。1939 年经彭德与陕甘宁边区联系后，接上党组织关系。在吉县地下党时期，曾任区委书记、县委委员、县委宣传部长。1945 年被捕失掉党的关系，

出狱后积极与党组织取得联系。1946 年党组织开展武装斗争时，成为游击队的骨干。吉县解放后曾任窑渠区长。1949 年随军西进，在甘肃省会宁县工作。1951 年经只金耀证明，省委组织部批准恢复党籍，后任会宁县副县长。1978 年平反，恢复党籍，离休后回原籍河南耀县。

李荣 （1918— ）山西省临县人，吉县第一届各代会主席。1938 年参加革命工作，1940 年加入中国共产党，1948 年任吉县人民政府秘书，1949 年 3—9 月任吉县人民政府副县长，同年 10 月任吉县人民政府代县长，1950 年 7 月—1952 年 5 月任吉县人民政府县长，同时任吉县第一届各代会主席。

黄德勋 （1919—）山西省吉县中垛乡下柏房村人。1939 年由曹振芳介绍加入中国共产党。1942 年 4 月与曹振芳在吉县三堠村以开磨坊作掩护从事党的地下工作。1945 年 7 月到新绛县汾河南解放区工作。1952 年 6 月到太原钢铁公司工作，先后任碳焦部工会主席、公司基建处支部书记、机械厂党委书记、公司工会副主席。1966 年后任包头钢铁公司第二冶金建设公司任“四清”工作队长、团长、公司工会主席，公司后勤部党委副书记、计量管理所党委会书记、直属机关党委会书记。

吕良 （1920—）山西省吉县屯里镇圪鲁村人，1938 年秋，在圪鲁村训练自卫团时，由张铁民、狄鸿文介绍加入中国共产党，次年春加入牺盟会。1939 年底十二月事变后，参加决死队，进入革命军队。参加了淮海战役。中华人民共和国成立后转入地方工作，在黑龙江省伊春市人大副主任岗位离休。

曹孝先 （1920—）曾用名曹文盛，山西省吉县文城村人。1937 年在吉县社堡村参加革命工作，1941 年加入中国共产党。1939 年在太岳区决 1 旅任排长、副连长、指导员，以后一直在部队任职。1953 年转入地方工作，历任南大公路指挥部人政科科长、工务段党委书记兼段长，指挥部政治处副主任，云南公路工程局副局长，云南省交通厅汽车修配厂副厂长、党委书记，云南省交通厅生产组副组长、航务处党委书记。

刘力民 （1921—）山西省吉县人，1937 年 5 月参加国民兵军官教 1 团，同年 9 月编入决死队 2 总队大队政卫队。晋西事变后，调入决死 1 纵队独立 1 团。1942 年 1 月加入中国共产党，历任战士、班长、文化教员，营、团宣传干事，区县武委会主任、部长，军师两级秘书、宣传科科长、《山西民兵报》主编，高等军事学院战略教研室教员，新疆军区生产建设兵团宣传部副部长兼教育部副部长等职。1978 年离休前任山西省军区晋东南军分区政治部副主任（师级）。

吕鲁人 （1922—）山西省吉县西关人。1939 年 3 月 15 日于延安蟠龙镇抗日军政大学 4 大队 7 队入伍，1941 年 1 月加入中国共产党。历任冀鲁豫军区 2 分区政治部干事，武工队政治指导员，军区政治部干事，冀鲁豫军区豫东纵队连政治委员、营政治教导员，豫皖苏军区 2 分区县大队副政治委员、政治部副科长，第 2 野战军教导团 2 大队政治委员，西南军政大学教导纵队 3 团组保股长、高级班妇大政治副主任，第 2 高级步校 1 大队 3 队政治指导员、大队训练参谋，哈尔滨军事工程学院科教部政治协理员、海军工程系专科政治委员，总字 729 部队党委办公室主任、政治部主任。四机部 10 院 17 所政治部主任，总字 820 部队天津干校领导小组副组长、党的核心领导小组副组长。1980 年因病离职休息。

抗日战争期间，曾参加过百团大战，冀鲁豫军区朝城战役、东平战役、濮阳之八公桥战役、湖西战役、郓冀战役，解放战争期间陇海线战役、睢杷战役、淮海战役、渡江战役、解放大西南战役等。前后共作战 60 余次，负伤 9 处。1957 年 6 月 18 日获中华人民共和国三级独立自由勋章 1 枚、三级解放勋章 1 枚。

王志兴 （1923—）山西省吉县上堤村人。1938年12月由王成章介绍入党，同年在吉县民族革命两级小学参加革命。曾任东城村小学教员，1939年4月在乡吉特委党员训练班学习，5月到延安由中央组织部介绍到安塞青训班，6月到华北联合大学。后任晋察冀中央局交通科任巡视员、雁北地委交通队长、丰镇县民政科长，曾在张家口市公安局情报科工作。后历任汾城县公安局代理局长，甘肃定西县委常委、宣传部长，西北局党校班主任，西安矿业学院政治部副主任、党支部书记、马列主义教研室主任等职。

南林 （1924—）原名李佩莲，山西省吉县侯家沟人。1937年在吉县抗日儿童流动工作团当团员，1938年加入中国共产党。1939年在北方局妇委训练班、抗日军政大学学习。1941年任沁源县妇救会宣传部部长。1944年在太岳区党委整风学校学习。1945年任中共沁水县二区区委书记。1947年任长治地委党校总支组织委员。1948年任冀南区党委土改工作团组长。1949年任中共湖北枣阳县委宣传部长。1950年后任中国人民解放军174师政治部组织科副科长、广西宜山军分区政治部政工科副科长。1954年任广州电业局党委副书记、广东省电业局党委副书记。1962年任中共长春市宽城区副书记。1965年任中央监委驻粮食部监察组监察员。1967年“文化大革命”期间在粮食部五七干校劳动。1975—1979年任商业部特需局、粮食部外事局办公室主任。1982年任商业部外事局办公室主任。行政13级，局级待遇，1984年离休。

郭逢恒 （1926—）山西省阳城人，中共党员。曾任中共吉县县委第一书记。

20世纪50年代在山西省平陆县工作。1960年6月任中共乡宁县委第一书记。1961年5月任中共吉县县委第一书记。1964年11月调贵州省支援三线建设，参加省委“四清”工作组，后任贵州省农业厅党组成员、公社管理处处长。1966年6月调北京市委机关工作，8月任朝阳区副区长、区委常委、副书记。1975年任北京市外贸局党组副书记、副局长。1993年离休后曾任中国老促会理事。

葛福才 （1928—）山西省吉县雷家庄村人，中共党员，厅级干部。参加工作后任中共吉县县委通讯员，1949年南下任西康省公安厅秘书科科长，1955年任四川省泸定县公安局局长，1960年任泸定县县委书记，1963年任四川省民族贸易局局长，1970年任四川省商业厅储运处处长，后任四川省安全委员会办公室副主任。

张国华 生卒年月、籍贯不详，中共党员。1937年卢沟桥事变前夕，受山西省第六专属派遣任吉县自卫总队副总队长。自卫总队属阎锡山的地方军事序列，为把这支武装掌握在共产党手中，张国华通过各种手段将自卫总队原旧军官总队长调离吉县。1937年11月，中共曲沃特委宣传部长武光到吉县，宣布成立了中国共产党吉县临时工作委员会，由张国华任工委书记。临时工委在张国华领导下，大力开展抗日救亡工作，到1938年6月县委成立，短短半年时间发展党员20余人，先后成立3个区委和8个党支部。1938年初，根据中共中央北方局书记刘少奇和副书记杨尚昆到吉县时的指示，吉县临时工委组建了由县长王耀辰、牺盟特派员郑方、工委书记张国华为领导的筹备组，迅速建立吉县抗日游击支队，张国华任副支队长。1938年10月由于形势恶化，吉县抗日游击支队撤离，张国华也随之离开吉县。

◎乡贤名人

郅河勇　清咸丰年末山西吉州人，一生以务农、木工为业，木工手艺超群，有名望，被吉人尊称为“郅博”。

杨熙　清代山西吉县中垛南光人。孩时母瘫痪，6 岁的他日以继日悉心伺候母亲，母病得以痊愈，其孝行被乡邻传为佳话，县长为其送牌匾，上书“勤政孝廉”。

白汉枌　（1880—1933）字历霄，山西省吉县城关葛家沟人，清末己酉科拔贡。幼时父母双亡，兄嫂抚养成人，勤奋好学，精通古文。16 岁考取秀才，28 岁考取拔贡。设馆授徒，许多人慕名拜师求学。其后，还在一高任课。1925 年，县长郝熙元在背崖原吉昌学堂（今耶稣教堂）旧址，设立崇文学社，研读经书，他任教于此。他治学严谨，剖析经书文章，深入浅出，十分透彻，务使学生心领神会，他的学生成绩都非常好。他能以身作则，严格要求学生不染恶习。他鸡鸣即起，与学生一同攻读经史。他擅长书法，工柳体，师承榆次常赞春。

陈观韶　（1880—1947）号萧九，山西省吉县城关人，十岁时应邀赴京在光绪皇帝御前背诵《四书五经》，深得光绪皇帝嘉许。11 岁考取秀才，人称吉州神童。1918 年由山西省学政从生员中考选，作为拔贡保送入京，经过朝考合格，充任黎城县知事（县长）。时逢军阀混战，黎城兵痞横行，匪患连连，民不聊生，观韶文取武压，使该县黎民安居乐业，夜不闭户，路不拾遗，深得上级肯定，百姓认可。因惩戒匪首三千大板，被当地民众称为“陈三千”。由于政绩突出，1921 年上调省财政厅任第一处处长，任期清白做人，踏实干事，成绩斐然。1941 年升任省税务厅厅长。1945 年观韶深感官场腐败，政风日下，毅然弃政回乡，颐养天年。

史书简　（1980—1950）出生在山西省吉县结子原一个封建地主家庭，曾在北京师范大学、陆军测量学校学习，并在北京师大任教。后加入东北军阀张作霖部，先后任 32 旅旅长、师长等职。1937 年冬—1940 年回乡探亲期间，利用自己在阎锡山部的声誉，保护隐蔽了肖扬、周兢等共产党员。1940 年到洛阳海关任职。1945 年任河南许昌冀鲁豫货运稽查处处长，后因对国民党政府的腐败、堕落不满，于 1947 年辞职。

他虽在旧军队、旧政府就职，但一生廉洁、正直，能接受共产党的先进思想，赞同共产党的领导。

杨竣发　（1893—1970）山西省吉县中垛乡南光村人，小名吉红，别名杨茂青。1917 年考入北京大学，参加了 1919 年的“五四”运动。后返回太原，参加了山西省的禁烟运动，被任命为稷山县禁烟委员兼警察局局长。后因父亲病故，辞职返回原籍吉县守孝，县长让其担任了财政科长，后又兼任营业社主任、支应局局长。作为绅士，交往朋友多，乐于助人，相邻有口皆碑。阎锡山到吉县后，因大女婿张秀成为中共地下党负责人，从此赋闲在家。为了养家糊口，除种地外，卖馍、纺线勉强度日。

李德恭　（1913—1973）山西省吉县屯里镇五龙宫人，吉县各界人民代表会议常务委员会副主席。

李德恭早年加入地下党组织，后和党组织失去联系，一直在乡务农。1952 年 7 月被选为吉县第二届各界人民代表会议副主席。1954 年任吉县建设科副科长，1955 年 3 月任吉县农业建设局副局长。1962 年到底原村劳动，二年后返回五龙宫村。1973 年去世。

赵凤琴　（1946—1974）女，河北省大城县人。1968 年北京 80 中毕业后，响应党的号召，随同学一起到吉县中垛公社柯榼生产队插队。先后任村民办小学教师、保健员、大队党支部副书记、公社党委副书记和不脱离生产的县妇联副主席，中共吉县县委委员，县革命委员会常委，省团委、

省妇联委员。她在插队期间与群众生活在一起，为困难户排忧解难，深得群众信任。病故后骨灰安葬在中垛柯楂村。

曹连科 （1891—1974）字杰三，乳名三雄，山西省吉县人，清末及第秀才。民国年间曾任本村村长，经考试赴赵城县任区长，后调翼城县任区长。因其廉洁奉公、爱民敬民，深得当地群众爱戴，百姓曾敬送"清官"牌匾。抗日战争爆发后，他辞官回乡，先后到两满池、上帖、上社堤等村任教。他知识渊博，谈举儒雅，生性耿直，结交广泛，有一定的知名度。

陈策安 （1907—1977）山西省吉县城关人。早年跟其先辈陈观光学医，民国33年（1944）定居乡宁县城关，曾任山西供应社乡宁县分社经理。

中华人民共和国成立后，任县药材公司副经理兼中药材加工厂厂长、县卫生协会副主席、工商联副主任，被选为县人民代表大会代表。在担任药材加工厂厂长期间，为采集药材，足迹遍及乡宁、吉县各乡镇。他一面采药，一面调查，对两县中草药的产地、品种、数量、质量都了如指掌。在他的指导下，县药材公司曾自制遗尿散、消风丸、土茯苓散等中成药。他擅长内科、妇科，治病师出古法，但不拘泥于古法。辩证求因、审因论治，以法统方、据方选药，剂少量轻、中病而止。反对用药超量，治此损彼。他一生勤奋好学，1950年与1951年在本县两次会试中，均以优异成绩，名列榜首。他善于总结临床经验，在行医40多年中记有效方、验方3本共5万余字。1960年任县卫校教师时，将自己的行医经验和验方，毫不保留地传授给学生。晚年，身患绝症，仍在病榻上为病人诊治，不能动笔，嘱子代笔开出药方，其精神颇受群众赞扬。

吕奇 （1916—1986）又名吕佩琦，山西省吉县西关人。无党派，曾任吉县第二届各代会副主席、吉县首届政协委员。

解放前曾任田粮处科长，省立小学教员、训育主任，长官部秘书，同蒲路主任巡官，县政府科长，军管区科员等职。1950年参加革命工作，历任西关小学教师、城关联合区联合校长。1952年任吉县各界人民代表会议常委会副主席，后任东关完小校长。1957年被错划右派，在农村劳动20余年。1979年平反复职，到南柯楂中学任教。1980年退休后受聘从事《吉县志》编纂工作，承担文化教育编的编纂。后又参与《吉县教育志》的编纂。

吕奇在任东关小学校长时，亲自代课，他为工作常夜以继日不知疲倦，被学生、教师和家长称为"好校长"。1985年出席临汾地委"各界人士为四化服务经验交流会议"并获荣誉证书。

张志高 （1919—1986）山西省吉县东城乡沟南村人。1937年高中肄业考入黄埔军校洛阳分校。毕业后在旧军队任职。1950年参加教育工作，曾任官庄、谢悉小学教师，连续三次被评为模范教师，后升任中心校长、联合校长，"文化大革命"时在吉县西关小学任教。1953—1964年，任历届吉县人大代表。

张志高聪明好学，能弃旧图新，适应新的环境。他工作认真踏实，整天埋头于钻研教材、备课、批改作业。任联合校长时，身先士卒，先给教师上示范课，再检查教师的工作，有一套让人心悦诚服的领导方法。因病退休后，常有教师上门请教，他总是热诚帮助，不遗余力，虽然病休仍在为人民教育事业尽力。

白复三 （1910—1986）又名白丰，山西省吉县白河村人。1926年在一高毕业后，因家贫不能继续升学，跟随岳父陈宝瑛在私塾补习经书。1929年辍学就业，当过小学教员、商会秘书。1952年赴临汾参加地区举办的文教班学习，结业后回县参加小学教育工作。历任兰家河、西关、鲁家河、桑峨、南坪等村小学教员，1966年退职，1984年改退休。

白复三在教育工作岗位上，一贯积极负责。在桑峨完小任教时，已年过半百，但他仍和青年

人一道跋山涉水，日行八九十里路，教学、劳动两不误，勤勤恳恳，任劳任怨，从不叫苦叫累，教学质量很高，获得群众好评。参与县志编写工作时已年逾古稀，仍积极搜集材料，撰写稿件。吉县工商业方面的内容是他一人编纂，他能逐一背出解放前吉县县城街面上各家工商字号的名称、地址、人员、行业、资金、经营等方面的详细情况。他追求光明，追求进步，垂暮之年仍积极要求入党。

赵德五 （1892—1986）山西省吉县城关镇祖师庙人，出身医商兼营世家，兄弟九人中排行第三，唯其从小学医。民国4年（1915）离师坐堂行医，日勤医务，擅长妇科与老年病治疗，深博群众赞许。加之善于经营，至民国26年其家在县城开设的铺店有隆兴合中药铺、德厚丰烧房（酿酒）、谦益隆京货铺，资金达万元以上（银圆）。民国34年，因其资金雄厚，讲究信誉，待人和气，被选为县商会理事长（俗称会长）。

1950年，被邀请为县第一届各界人民代表会议代表。1953年，被县医院聘为中医师。1954年，被选为县首届人民代表大会代表。1980年退休，在年老卧床之际，群众仍不断登门求医。享年95岁。

卫思合 （1920—1988）原籍河南省济源市，后居住吉县县城，无党派人士，政协吉县首届委员会副主席。

1953年任吉县工商业联合会主任。1956年公私合营后，任合营棉布总店经理、吉县城关镇合作总店副主任、省工商联执行委员、省人大代表、吉县百货公司副经理。1980年7月—1984年12月任吉县第七届人大常务委员会副主任。1984年12月—1987年5月任政协吉县首届委员会副主席。20世纪50年代积极宣传贯彻执行党的总路线、总政策，抗美援朝时响应政府号召积极捐赠物品，“三大改造”中带头执行政府政策，深受工商界拥护。

贺其中 （1904—1988）字时臣，山西省吉县城关水洞沟人。大专文化，无党派人士，政协首届常委、二届委员。

1932年毕业于山西省立商业专门学校，1933年任吉县一高教师。1939年任吉县城关中心小学附设的师资训练班教导主任，1945—1947年任吉县县立初级中学教师，1948年任吉县东关一完小教师。1952年任东关小学附设的初中班教师，1957年任吉县一中教师，1972年离休。1985年第一个教师节时，吉县人民政府为其门庭悬挂“名贤师表”牌匾。

贺其中学识渊博，治学严谨，擅长语文、历史，善书法，工魏碑，一生从事教育事业，兢兢业业、勤勤恳恳。他执教谨严，教导有方，循循善诱，反对读死书、死读书，要学生批判地接受，学以致用。他为人正派，操行端正，对学生一视同仁，从不嫌贫爱富，有时还资助贫困学生学习费用。他从不体罚学生，几十年如一日，坚持说服教育，实属难得。

离休后，他于1980年受聘参加《吉县志》编写工作，并为《吉县教育志》提供了大量资料。1988年11月23日病故，县城1000多人参加了追悼大会，50多个单位送了花圈，400多人送了挽幛。

杨拴保 （1944—1990）山西省吉县中垛乡义尖村人，中共党员。曾任中垛乡安平村委副主任、党支部副书记。

1984年，他承包千亩小流域治理工程，5年投工2.28万个，动土石方4300立方米，修筑沟坝、地埂7900多米，造林200多亩（其中栽植木材树1.6万株，果树1652株），成为全县第一个家庭林场，产值4.3万余元。他在劳动之余攻读科技资料，摘录笔记5万余字，写心得日记2万余字，绘出管理、嫁接、修整果树图解400多幅。无偿为村民培育果树苗1.2万多株、嫁接果树5000多

株，帮助全村 37 户农民栽培果树 13942 株、木材树 49049 株，使全村人均有果树 88 株、木材树 363 株，成为带领群众脱贫致富的牵头人，被临汾地区评为双文明建设旗帜，多次受到中央、省、地区的表彰。

曹文炜 （1903—1990）山西省吉县中垛乡三垛村人。民国 19 年（1930）高小毕业后，任小学教师。1950 年被邀为县各界人民代表会议代表。1954 年后，被选为县一、二、三届人民代表大会代表和县人民委员会委员。他为人正直，和睦乡里，热心公益。曾为《吉县志》编纂提供珍贵资料。

刘学海 （1914—1993）山西省吉县烟里村人。10 岁入吉县私学读书，后考入太原成成中学，毕业后回吉县任督学、中心小学校长。解放后任吉县东关小学、北光村小学、屯里小学教师。1958 年回村带 70% 工资劳动锻炼一年，此后一直在村劳动。1979 年平反复职在县教育局工作，1980 年 6 月退休。参与《吉县志》编纂工作。吉县一、二届政协委员。

谭克宽 （1908—1994）山西省吉县东关村人，民革成员，政协吉县一、二、三届常委。1933 年毕业于山西大学法学院，历任临汾等县经济委员，省政府科员、秘书，中阳县县长，民族革命同志会执行部办公室副主任（少将衔），第二战区军政联合办公室秘书、主任（中将衔），太原政务委员会秘书长兼山西省参议员，南京国民代表大会代表等职。太原解放后，客居西安，以卖牛奶为生。1960 年紧缩城市人口时，返乡务农。

谭克宽一生勤奋好学，有良好的文化素养。首届吉县政协成立时，当选为常委。在《祝吉县政协成立》一诗中，他满怀激情地写道："改革风云贯长虹，政协应运拔地兴。济济英才称多上，闻鸡起舞着鞭忙。借箸划策无私见，乘风破浪事当先。"

张元泰 （1928—1996）山西省吉县城关人，无党派人士，中专文化，主治中医师，政协吉县第二届副主席。1956 年参加工作，历任吉县国药商店医务股干事，乡宁县钢铁厂医院医生，吉县工业局职工诊所医生，吉县城关公社医院医生、副院长，吉县中医院院长。担任山西省第六届人大代表，全国中医学会临汾地区分会第二届理事会理事，吉县中医学会理事长，吉县第八届人大常务委员会副主任，任政协吉县第二届委员会副主席。

他一生潜心钻研中医学，所著《葱蜜引导法治疗便秘》一文发表于《中医杂志》1966 年第五期，《医案二则》发表于《新中医》1979 年第五期。

曹承先 （1925—1997）山西省吉县文城人，无党派人士，吉县各界人民代表会议常务委员会副主席，政协吉县三届委员会委员。1948 年参加工作，历任吉县东关小学教师、校长等职务，1950 年当选为吉县第一届各代会常务委员会副主席，同年被选为省人大代表。1952 年 6 月任吉县建设科副科长，1953 年 4 月任建设科科长，1962 年退职回文城村务农。由于他有文化、讲文明，喜欢用自己的一技之长帮助农民、为村里服务，深受老百姓的尊敬。1981 年受聘参与《吉县志》编纂工作。

石全正 （1930—1999）原籍河南省人，后定居吉县。中共党员，1949 年 4 月参加中国人民解放军。1950 年参加中国人民志愿军赴朝作战，参加了著名的上甘岭战役。先后任文化教员、排长等职。1955 年转业到吉县，先后任文教局干事、吉县蒲剧团指导员、吉县文化馆馆长、五交化公司经理、食品公司经理、蔬菜公司经理、卫生局副局长、二轻局副局长、文化局副局长。1985 年任吉县县志办主任，主编的第一轮《吉县志》获山西省方志成果二等奖，主编的《壶口便览》一书获山西省地情丛书二等奖。

张志艺 （1926—2001）山西省吉县文城乡中市村人，助理农艺师，无党派人士，政协吉县一、

二、三、四届委员。

进山中学毕业后，于1949年在陕西韩城参加工作，任韩桥工队会计。1958年返回中市村务农。他钻研农技，帮助和指导村民科学种田，成为农村的能人。改革开放后，他积极响应县委、县政府号召，最早在村里栽植果树、发展果园，并自学成才，学会了果树修剪、防病防虫、科学施肥等果园管理方面的知识，成为全县科技致富的典型，连续六年被地、县授予劳动模范、科技标兵、先进工作者等称号，被村民尊称为“农民科技家”。

陈笳咏 （1926—2004）原名陈嘉墉，山西省吉县人。5岁受业于父亲，始读“四书”，通背《三字经》，至10岁背完“四书”及唐诗百余首。高中阶段，背诵了大量的古文诗词，并能用文言文写作。后入山西第二联合中学读书。23岁起，陈笳咏在西安参加革命，1951年初与画家石鲁相识并成好友，此后，陈笳咏从事舞台布景及社会主义建设题材的美术创作活动，涉及的画种包括年画、连环画、国画、版画等，为“长安画派”的发展与崛起做出重要贡献。

陈笳咏是一位具有独立艺术思想、独立艺术风格、独立精神与文人情怀的艺术家。在“长安画派”的画家中，陈笳咏个性最为突出，坚实的传统文化基础和超人的才情使得他的作品有诗意、有格调、有风骨、有个性，恣意挥洒，纵横开阖，孤傲不群，呈现出“野、怪、乱”的笔墨趣味和特色。他的画还具有浓郁泥土芬芳，有生机、有情趣、有趣味，更具有文人情怀。被誉为当代最具天真童趣的画家之一。他的作品先后入选《中国美术全集（现代卷）》《中国当代美术全集》《中国现代花鸟画全集》。大量作品被海内外人士及博物馆收藏。作品《春江水暖》《松鼠》被中国美术馆收藏。出版有《笳咏书画集》《笳咏中国画集》《画余七步行——笳咏诗文集》《笳咏长安风情画选》《陈笳咏书法集》《中国近现代名家画集·陈笳咏卷》《黄土情怀·陈笳咏书画集》等专集。

第二章 人物简介

第一节 部分厅局级以上领导

袁逸田 1916年出生，山西省吉县人，大校。曾任成都军区炮兵政治委员。1936年加入中国共产党。1937年参加八路军，历任八路军组织干事、宣教股长、营副教导员、营教导员、旅政治部组织科科长，山西政卫212旅特派员、团政治处主任、团政治委员，太岳军区团政治处主任，晋冀鲁豫第四纵队23旅69团政治处主任、副政治委员兼政治处主任，陕南军区团政治委员、旅政治部副主任。1949年2月任第二野战军19军政治部组织部部长、政治部主任。后任第六军独立师政治委员兼政治部主任，62军独立师政治委员，炮兵第八训练基地政治委员，炮兵第33师政治委员。1952年参加中国人民志愿军入朝作战，任志愿军战防炮第33师政治委员，参加了1953年夏季进攻战役和金城战役。1953年回国后任炮兵第33师政治委员，西北军区炮兵政治部主任，成都军区炮兵副政治委员，第五机械工业部副局长、局长，第五机械工业部政治部主任。1955年9月被授予解放军炮兵大校军衔。获二级独立自由勋章、二级解放勋章。

李克荣 1918年出生，山西省吉县侯家沟人。1936年冬当村政协助员，到山西省临汾县宣传抗日，发展牺盟会组织。抗日战争爆发后，随山西国民兵军官教导八团班在长治县一带活动，任连政治指导员，后任团政治处民运股长。1940年加入中国共产党。1941年8月任山西省汾阳县政府财政科长（兼职）。解放战争期间，任孝义县财政科长、副县长、县长等职。1949年春南下，到湖南省中共湘潭组委会工作。后任湖南省中共原陵地工委秘书长、辰溪县委书记兼县长、黔阳专属副专员、专员，黔阳地委副书记等职。1965年任湖南省财政厅副厅长。

崔文焕 1918年出生，山西省吉县东城村人，吉县师范毕业，1936年考入太原军政训练班军事营（原名冲锋上士营）学习。1937年分配到山西青年抗敌决死纵队第二营第六连任班长、排长，后历任山西民族革命大学第二分校队长、副大队长，山西军营区编练处科长。太原解放后，被分配到晋沅县人民政府工作，参加山西矿山测绘班学习，结业后回县从事矿山测绘工作。1951年任太原市水利局水土保持助理工程师，1984年离休。

刘沧 1921年出生，山西省吉县马家河村人，1938年1月参加牺盟会干训班，在吕梁地区打游击。1939年2月到延安抗日军政大学学习，同年入党。毕业后分配到保卫中央的60兵团工作，历任文书，教育干事，连、营指导员，抗日游击队副支队长。1949年参加解放宁夏战役，任19兵团教导团宣传部部长。1956年转业后从事编辑工作，其诗词作品被武汉陈列馆收藏，个人传略收入《中华艺术家传略辞典》。1983年离休。

谭克煜 1921年10月出生，山西省吉县人。1937年上中学时参加抗日活动，同年冬加入中国共产党。1938年进延安抗日军政大学学习，毕业后参加八路军，历经抗日战争、解放战争、抗美援朝战争，曾两次负伤。历任排连营团师职，获国家三级独立勋章、三级解放勋章。1965年集体转业到航空工业部工作，1982年在航空科研613研究所党委书记岗位上离职休养。

李志勇 1921年3月出生，山西省临县城关镇贺家沟村人，中共党员。曾任中共吉县县委

副书记（主持工作）、中共吉县革委会核心小组组长、革委会主任。1939 年参加地下党组织，回村后当选为村委主任。1942 年春任临县一区后寨则村村公所抗日村长，后历任临县一区财政助理、县财政科科员、县机关合作社会计兼保管。1947 年正月奉调吕梁军区汾阳市南马庄集训，后历任隰县水头村村长（土地改革开始后兼水头土改工作组组长）、隰县三区委社会委员兼水头派出所所长、隰县公安局副局长（主持工作）。1954 年奉调中央人民公安学院学习。后历任晋南公安处党总支副书记、治安科长，石楼县县长。1966 年 5 月任中共吉县县委副书记（主持工作）。1967 年 4 月任中共吉县革委会核心小组组长、革委会主任。1969 年 9 月任中共晋南地区革委会核心小组成员、革委会副主任。1972 年 12 月—1983 年 9 月任中共吕梁地委常委、吕梁地区革委副主任、行署副专员。1983 年底经省委批准办理离职修养手续。

袁星光　1922 年出生，回族，山西省吉县城关寨子壕人。1938 年秋到山西民大学习。1939 年晋西事变后，在民大地下党组织下，从陕西宜川关亭到延安学习。1940 年加入中国共产党，1941 年初调辽东工作，先后任县委、地委统战部干事，中央社会部科员，县公安局长、师保卫科长，军队空军保卫队长、师副政委、政治部保工部长、武汉空军政治部副主任。行政 13 级。

马如龙　1923 年出生，山西省吉县葛家沟人。1938 年秋在民族革命小学上学期间加入中国共产党，同年 10 月任学生临时党支部书记。1939 年担任吉县青救会秘书，“十二月事变”后一直坚持地下工作。1945 年任汾西县四区区长。1946 年任吉县公安局局长。1949 年南下四川，先后任西康省芦山县县长、汉源县县委书记、西康省财经委秘书长、西康省粮食局副局长、四川省农工部处长、四川省农机研究所党支部书记兼所长等职。

谭克智　1925 年出生，山西省吉县人。1945 年加入中国共产党。1937 年参加吉县抗日救亡儿童流动工作团。1939 年，他瞒着家人到延安想上抗大，由于年龄小未被录取，被动员返乡。后到延安边区中学上学，毕业后在富县任教师、教导主任、校长。抗日战争胜利后奉命到游击队工作，当过战地记者。1947 年任黄龙县委宣传部部长，1948 年调黄龙地委宣传部工作。解放战争胜利后，曾任《汉中日报》总编、《陕西日报》记者、地委宣传部部长、汉中市市长、宝鸡地委常委宣传部部长。“文化大革命”后任西安电影制片厂副厂长、副书记等职。离休后，他的书画作品参加全国市长书画大展，多次获大奖。2003 年他的一幅书法作品被毛岸青、邵华收藏。

段士勇　1925 年出生，山西省晋城县（现泽州县）高会村人。1943 年秋参加民兵、游击队抗日。1944 年 10 月加入中国共产党，做党的地下工作。1945 年 4 月参加八路军。1946 年调地方做反奸反霸和土改工作。1949 年调吕梁十地委工作。1949 年 6 月任吉县建设科副科长。1950 年 6 月任吉县三区区长。1952 年任吉县政府秘书兼民政科科长，兼管财贸办、粮食统购工作。1955 年、1956 年任吉县人大代表。1956 年 6 月任吉县工商局局长。1957 年赴山西省委党校学习。1958 年 8 月到吉县县委政策研究办公室工作，同年调回政府。1958 年任吉县屯里乡党委书记，同年调回县政府。1961 年 6 月任吉县政府办公室主任、政府党组成员、政府机关党支部书记等职。1966 年被批斗、关押、劳动改造 7 年整。1973 年 6 月平反重新工作。1975 年，任吉县交通局局长、吉县油路建设第一副总指挥，负责全面工作。1981 年，任吉县工交部副部长，主持工交部、交通局工作。1992 年 9 月离休。享受副厅级政治生活待遇。

王一章　1926 年 7 月出生，山西省吉县人。1948 年在山大西大学医学院上学时加入地下党组织，1949 年到天津卫生部门工作，先后任卫生局医政科长、医药管理科长、中医学院校长、中医处长、副局长、中医学会副会长兼秘书长。著有《津门医萃》（上下册）一书。

王耀章　1928 年 11 月出生，又名王珏，山西省吉县人。1948 年在山西大学上学期间加入

地下党组织，1949年参军并参加南下工作团，一直在部队政治部门工作。1982年从广西军区政治部主任转任广西自治区委党校副校长、教研室主任、教授。享受国务院特殊津贴，著有《党政干部逻辑学》《逻辑教程》《诉论逻辑》等著作。入选《中国专家名人辞典》《中国当代创业英才》等辞书。

杨武圣 1932年出生，山西省吉县人，中共党员，高级工程师，中专文化程度。历任兰州军区空军司令部气象处参谋，气象台长、科长、副处长，陕西省气象局业务处长、办公室主任。1953—1976年在兰州空军工作时，组建气象台站30多个。1956年参加试航拉萨“空中禁区”飞行气象保障工作，获嘉奖。1972年编写了气象台主任、台长轮训系列教材。1974年组织研制的战时缺乏气象资料情况下，利用下游资料预报上游天气的预报方法和放射性物质沉降预报预案受到军委空司和总参气象局的通报表扬。1985年参与主持“现代化管理工程”的研究工作，其成果获国家气象局三等奖。1987年主持陕西省气象局法规建设，建立了全省气象法规体系。1990年“目标管理评价系统”科研课题成果获省气象局科技进步二等奖。1979—1985年担任国家气象局“北小麦干热风科研课题组”组长，其成果于1986年被国家气象局评为科技进步二等奖，1987年被国家科委评为科技进步三等奖，被国家经委授予推广奖，其中先期成果——“干热风划”1981年被国家气象局评为科技进步三等奖。著有《小麦干热风》。1990年主编《陕西省气象志》。

杨震南 1934年出生。山西省吉县人。1953年参加洪洞青年干部培训班学习后，赴内蒙古支援边疆建设。先后在内蒙古商业厅、党的教育杂志社、社会科学院等部门工作，担任社科院副院长（副厅级）。1992年协助希赫、刘云山主持编纂《内蒙古大辞典》，获中宣部首届“五个一工程”奖。

王万年 1941年出生，山西省吉县人。1960年9月加入中国共产党，曾任临汾市委常委、纪检委书记。1959年12月应征入伍，先后任陆军21军军直高炮营战士、副班长、班长，高炮72师649团1营部指挥排长、1连副指导员、政治处群工干事、6连政治指导员、政治部组织干事、政治部群工干事，解放军高炮72师648团1营政治教导员，647团政治处主任、政治委员，解放军高炮72师政治部主任、副政治委员，期间先后赴中人民解放军军政大学、解放军南昌陆军学校、中国人民解放军北京政治学院学习。1986年1月转业到地方，任临汾地区纪律检查委员会副书记。1994年2月—2001年4月任中共山西省纪律检查委员会委员、中共临汾地委委员、中共临汾地区纪律检查委员会书记、临汾地区监察委员会主任。2000年地改市后，任山西省纪律检查委员会委员、中共临汾市委常委、中共临汾市纪律检查委员会书记、临汾市监察委员会主任。2001年退休。

任俊发 1942年出生，山西省乡宁县西坡镇史家湾村人，中共党员，经济师职称。1960年7月参加工作，历任乡宁县枣岭公社完小教师、教育局干事、文化馆干事、教育局副局长、吉家垣公社党委书记。1980年10月—1982年1月在山西省委党校中青年干部培训班学习，毕业后历任乡宁县委常委、副县长，浮山县县长，中共吉县县委书记、政协吉县第三届委员会主席，临汾行署副专员。1991被评为全国林业模范。

1986年，任俊发任中共吉县县委书记后，在广泛调研的基础上，提出“123”经济发展思路，即全县农民人均1亩果园、2亩高效基本农田、3分烤烟，并制定措施，着力落实。他在任期间，全县苹果栽植面积发展到10万亩，烤烟种植面积达到1万余亩，县财政收入首次突破百万元大关。在以后的十余年时间里，三大产业不断发展壮大，成为吉县农村发展、农民致富的重要支撑。

张纪明　1942年出生，山西省吉县人，1966年毕业于哈尔滨军事工程学院，曾在六机部711厂担任技术员，后调共青团四川省委、四川省科协工作，评为高级工程师。1980年起从事人才研究，曾担任四川省人才研究会副秘书长、副会长，研究成果获四川省人民政府哲学社会科学二、三等奖和中国人才研究会“人才研究三十年贡献奖”。

陈保堂　1944年出生，山西省乡宁县昌宁镇东廒村人。1964年参加工作，1970年加入中国共产党，历任乡宁县委办公室副主任、主任，乡镇党委书记、政府副县长，临汾地委办公室副主任，大宁县副县长，蒲县县长，吉县县委书记等职。其间曾于1984年到中央农业管理干部学院北京农大分院学习二年。2011年1月当选政协临汾市第一届委员会副主席。退休后任临汾市诚信建设促进会会长。获《临汾日报》推出的1992年全区10大新闻人物。1995年获“全国绿化奖章”，1996年被评为“全国绿化先进工作者”。

段克己　1945年出生，山西省稷山县人。大学学历，1971年6月加入中国共产党，1970年8月参加工作，在吉县东城公社山头学校任教师、校长。1971年11月调吉县县委通讯组、县委宣传部工作，后任县革委办公室副主任、文教部副部长、县委办公室副主任。1984年1月任吉县人民政府副县长。1987年10月后历任中共霍县县委副书记、安泽县县长、中共襄汾县委书记、中共临汾市（尧都区）委书记，2001年1月任临汾市人大常委会副主任，2005年去世。

闫炳新　1945出生，山西省吉县背崖村人，中共党员，研究生学历。1970年北京矿业学院煤田地质系地质及勘探专业毕业后被分配到广东省煤田地质综合普查大队工作。历任技术员、助工、行政和党委秘书、党办主任。1980年任佛山煤田职工地质学院筹备小组组长，次年任该学院党委书记。1985年10月任山西煤炭管理干部学院组宣部部长。1986年任山西煤管局组干处处长、教育处处长，并先后评聘为工程师、高级经济师。1992年毕业于中国矿业大学企业管理工程型研究生班，同年9月任山西煤炭管理干部学院教学副院长、党委委员（副厅级），期间被评为副教授。1996年3月，任山西煤田地质局局长、代理党委书记（正厅级）。2003年被省专家委员会评为终身管理专家。2005年5月退休。

黄有泉　1946年4月出生，山西省稷山县人，中专学历（省委党校大专培训班）。1964年9月参加工作，1966年7月加入中国共产党。第九届全国人民代表大会代表。历任洪洞县、临猗县“四清”工作队队委委员、团支部书记，稷山县委组织部干事、果品公司干事，临汾地区水泥厂党委委员、团委书记，临汾地委工交部干事，临汾地区水泥厂党委委员、副厂长（主持工作），临汾地委工交部副部长、经委副主任（正处级）。1983年到省委党校学习。1986年任中共吉县县委副书记、政府县长。1988年任洪洞县县长、县委书记，六届省委委员。1992年任临汾地委副书记。1995年任运城地委副书记、行署专员、行署党组书记。1998年任运城地委书记。2000年任运城市委书记。2006年2月任运城市人大常委会党组书记。2006年5月14日当选为运城市人大常委会主任。2009年5月退休。

窦正森　1949年出生，山西省吉县人，大专文化程度。1970年5月参加工作，1971年7月加入中国共产党。历任乡宁县台头公社副书记，临汾地委农工部办公室副主任，中共蒲县县委副书记，中共侯马市委副书记，乡宁县人民政府副县长、县长，中共乡宁县委书记，临汾市委党校常务副校长。

张北管　1949年出生，山西省乡宁县关王庙葛庄村人。1968年12月参加工作，1984年加入中国共产党。历任教师、乡宁县委文教部干事、临汾地区行署办公室科长。1987年任吉县人民政府副县长兼经委主任，1993年任吉县县委副书记。1996年后历任汾西县委书记、翼城县委

书记、临汾市人大常委会副主任。中共山西省第七、八次党代会代表，山西省第九届人大代表，临汾市第一届人大代表。

李江 1950年12月生，山西省吉县人，中共党员，大学学历，经济学学士。曾任中共湖南省委常委、政法委书记，湖南省人大常委会副主任，党组书记。第十二届全国人大代表。中共湖南省第八、九、十届委员会委员。湖南省法学会会长，中国督察协会副主席，副总警监警衔。1968年12月参加工作，在湖南省沅江县大成公社东山大队插队，任大队党支部委员。1971年12月后，历任湖南省沅江县肖家坝、普丰、复兴公社干部，子母城公社干部、区委书记、革委会主任，黄茅洲区委委员、领导小组成员。1978年3月中南矿冶学院（现中南大学）政治经济学专业学习。1982年11月后，历任湖南省委政策研究室经济处副处长、共青团湖南省委副书记，常德地区行署副专员、常德市副市长（其间于1990年9月—1991年7月在中央党校一年制中青年干部培训班学习），常德市委常委、副市长（其间于1992年6月—1992年11月主持市政府全面工作），湖南省体改委副主任、党组副书记、主任、党组书记，益阳市委副书记、代市长、市长、市委书记（其间于2000年9月—2001年1月在中央党校地厅级干部进修班学习），湖南省委常委、宣传部长，益阳市委书记，省政法委书记，省公安厅党委书记、厅长，武警总队第一政委、党委第一书记，省人大常委会副主任、党组副书记、党组书记。

赵广荣 1951年10月生，山西省吉县祖师庙村人，1977年8月毕业于山西师大物理系，1984年1月入党。1977年9月参加工作，先后在吉县红山中学、桑峨中学、县林业局、县委办、县委宣传部工作（1984年1—12月为县委通讯组负责人）。1984年12月，调临汾地委宣传部工作（在地委整党办公室工作）。1986年1月—1989年10月，调省委宣传部支部建设杂志社工作（1987年评为编辑）。1990年10月，调省委宣传部干部处工作（1990年任主任科员，1995年2月任干部处副处长）。2000年3月，任山西博物院筹建处常务副主任（正处级，主持日常工作）。2008年11月—2012年1月，任山西省文物局副巡视员。

刘四龙 1952年生，山西省吉县人，1972年3月加入中国共产党。1975年8月毕业于山西医学院医疗系，同年9月参加工作。1981年任山西省总工会文教工委干部。1985年任山西省总工会机关党委委员、团委书记。1989年任山西省顾问委员会办公厅副处级、正处级秘书。1992年任中共山西省委办公厅正处级秘书。1993年任山西省环保厅党组成员、副厅长，同年5月退休。

文仲慧 1954年9月出生，山西省吉县人，中共党员。曾任总参谋部第58研究所副所长、研究员，上海信息安全工程技术研究中心主任，国家信息安全工程技术研究中心主任。曾担任工业和信息化部宽带无线IP标准化工作组专家，中国科学院《中国未来20年技术预见研究》信息技术领域专家组成员，北京市科学技术委员会《北京技术预见行动计划》信息技术领域专家组成员等。为国家信息安全工程技术研究中心首席专家，上海交通大学兼职研究员，南京信息工程大学兼职教授，湖南人文和科技学院兼职教授。撰写并发表研究论文50余篇，参与过多项国家级和军队级重要科研项目，曾担任国家863计划信息领域信息安全子领域两项课题研究组副组长。获军队科技进步二等奖3项、三等奖多项。组织和主笔《国家信息安全战略研究报告》《私有协议对我国信息化建设的影响及对策》《国家网络电子认证体系发展战略研究报告》。独立编写《信息安全实验实训课件体系》，编写主讲《信息安全重要意义和作用地位》《云计算和云计算信息安全》《物联网的基本概念、核心技术和信息安全》等信息安全课程。

原胜利 1954年9月出生，山西省襄汾县人，省委党校函授专科学历。1974年9月参加工作，1978年1月加入中国共产党。历任吉县桑峨中学教师，吉县县委宣传部干事，吉县县委组织部

干事、干部科长、副部长、部长。1989 年 8 月任中共吉县县委常委、组织部部长。1993 年 4 月任中共吉县县委副书记兼组织部部长。1997 年 1 月任中共吉县县委副书记、政府县长。2000 年 4 月任中共吉县县委书记。2003 年 9 月任中共浮山县委书记。2006 年 4 月任临汾市人大常委会副主任。山西省第八次党代会代表。

李永林　1955 年出生，山西省吉县人，中共党员，大学学历。曾任山西省林业厅党组书记、厅长。历任共青团临汾地委副书记、书记，中共安泽县委副书记、政府县长、县委书记，临汾地委组织部副部长（正县级）。2001 年 1 月后，先后任吕梁地委委员、纪委书记、市委副书记、纪委书记，太原市委副书记、纪委书记。2009 年 10 月任太原市委副书记（正厅级）。2010 年 12 月任山西省林业厅党组书记。2011 年 1 月任山西省林业厅厅长，兼山西省森林防火指挥部常务副总指挥。

李惠静　女，汉族，1956 年 11 月出生，山西省吉县人，大学文化程度，中共党员。1974 年 5 月，到甘肃省武威市古浪县泗水公社张庄生产队插队。1976 年 1 月后历任甘肃省武威市柴油机厂总装车间工人，甘肃兰州万里机电厂三车间工人，甘肃省公安厅政治部宣传处干部、政治部组教处直工科副科长（团委书记）。1988 年 8 月到北京公安部管理干部学院公安管理系学习。1990 年 8 月后历任甘肃省公安厅政治部副科长、政治部机关党委科长，公安厅机关党委副处级组织员、副书记（副处级，后兼纪委书记）、机关党委副书记（正处级）、党委专职副书记（正处级）、甘肃省公安厅副巡视员。

原学义　1957 年 3 月出生，山西省襄汾县人，大学学历。1975 年 1 月参加工作，1984 年 6 月加入中国共产党，参加工作后任襄汾县永固学校民办教师，1978 年 3 月到山西师范学院学习。1982 年 3 月后历任襄汾县曹家庄公社秘书，襄汾县委政研室干事、县委办科长，临汾地委组织部青干科干事、副科级组织员、办公室副主任、正科级组织员，临汾地委办督查室副主任，霍州市副市长，中共霍州市委副书记。2000 年 4 月任中共吉县县委副书记、政府县长。2003 年 9 月任中共吉县县委书记。2006 年 6 月任中共翼城县委书记。2009 年 5 月 27 日，当选为临汾市第二届人民代表人大会常务委员会副主任。中共山西省第九次党代会代表。

曹钢　1958 年出生，山西省吉县人，中共党员，大学文化。1977 年参加工作，先后在四川省汽车工业总公司、四川省交通厅等单位工作，任省交通厅团委书记，省交通厅冰川集团公司党委书记、都汶高速公路公司总经理、郎川高速公路公司总经理、四川省国资委交通投资集团公司广南高速公路公司总经理、董事长。

梁崇太　1958 年 5 月出生，山西省襄汾县人，中共党员。1983 年 7 月毕业于太原理工大学，工学学士学位，经济师。1975 年 1 月参加工作，先后在临汾尧庙公社插队、临汾铁路车站工作。1979 年 7 月到太原理工大学电机电器及其控制专业学习。1983 年 7 月后任山西省电控厂办公室主任、副厂长。1992 年 9 月任吉县政府副县长。1998 年 5 月任中共吉县县委副书记。2001 年 9 月后历任临汾市总工会党组副书记、常务副主席，临汾市总工会党组书记、主席，山西师范大学临汾学院院长、党委书记，市总工会党组书记、主席。

刘可宏　1959 年 12 月出生，山西省吉县人，在职大学学历，1991 年 6 月加入中国共产党，1976 年 8 月参加工作，曾任山西省台办副主任。

刘奎生　1959 年生，山西省洪洞县人，1982 年参加工作，1985 年加入中国共产党。历任临汾县委宣传部干事，临汾地委组织部科员、副科级组织员，调研室副主任、主任。乡宁县委常委、组织部长，县委副书记，县委常委、政府副县长。中共吉县县委副书记、政府县长，中共大宁县

委书记，山西师范大学纪委书记。

曹铁 1960出生，山西省吉县人，中共党员，大学文化，师职干部、大校军衔。为中国摄影家协会会员、四川省艺术摄影协会副主席、成都市政协书画院副院长、摄影之都网艺术总监。1976年参加工作，1978年入伍，参加过对越自卫还击作战和5．12四川汶川地震抗震救灾。先后在河南洛阳、陕西西安、青海格尔木、四川成都服役，在部队5次立三等功，多次被评为成都军区先进新闻工作者。2010年从成都军区联勤部退休。

1979年在部队开始从事摄影工作。1984年以后任职电视编导、中央电视台驻成都军区记者站兼职记者。先后多次赴青藏线摄影创作，30多次赴川藏线摄影创作，40多次到西藏。2000年创作12集电视系列纪录片《兵车西进》在中央电视台播出，2001年参与创作中央电视台大型文献纪录片《世纪——中国的现代化》。2002年在中央电视台海外中心帮助工作，担任百集系列专题片《西部城市采购》总编导。获得过中央电视台军事新闻、专题一、二、三等奖。获首届中国国际旅游摄影大赛银奖、第三届美国摄影学会PSAchina国际摄影大赛铜奖、新中国网络摄影大赛铜奖、四川省摄影艺术展金奖和银奖、“西藏60年”摄影大赛银奖、郎静山杯国际风光与风情摄影大赛优胜奖、全国群星璀璨群众书画摄影赛金奖。2006年获“四川青年摄影十杰”称号。

乔建军 1962年8月出生，山西省洪洞县人，中央党校函授本科学历。曾任中共吉县县委书记。山西省第九次党代会代表。1981年7月参加工作，1982年7月加入中国共产党。先后任隰县县委办秘书，临汾地委组织部科员、干部一科副科长，古县县委常委、组织部部长，临汾团地委书记，中共翼城县委副书记，中共襄汾县委副书记、政府县长。2006年6月任中共吉县县委书记。2008年3月任中共蒲县县委书记。2011年5月任临汾市政府副秘书长。2011年8月当选为临汾市第三届市委委员、常委。后任中共临汾市委常委、统战部部长（期间于2012年9—12月主持侯马市委全面工作）。

白振兴 1963年5月出生，山西省吉县中垛乡白鹤村人，1982年8月入党，省委党校在职研究生学历。1979年12月应征入伍，历任北京卫戍区警卫三师战士，石家庄陆军学校学员、班长，昆明军区轮战部队见习排长、通信营副指导员、教导队中队长、炮兵团五连指导员，63集团军步兵第189师炮兵团参谋、通信股股长、通信团营长、副政治委员。服役期间，曾参加过老山自卫反击战并荣立战功。2000年7月转业分配到山西省环保厅工作，先后任人事处副调研员、调研员、直属机关党委专职副书记、机关纪委书记、工会主席、副巡视员等职务。2015年8月选派至宁武县东马坊乡西沟村任第一书记。被授予山西省干部下乡模范工作队员、宁武县优秀农村第一书记、全国优秀工会工作者、十佳山西最美村干部、山西省劳动模范等荣誉称号。

陈纲 1963年出生，山西省吉县人，研究生学历。1981年12月，在临汾地区金属材料总公司参加工作。1983年6月，到山西广播电视大学物管专业学习。1986年7月，返临汾地区金属材料总公司工作。1988年后历任地区金属材料总公司副科长、科长、副总经理、总经理兼党支部书记，临汾钢材批发交易市场总经理，临汾地区物资局业务科科长、副总经理兼党委委员，临汾市资产经营公司副经理。2005年5月后历任洪洞县政府副县长，大宁县政府县长，中共霍州市委副书记、政府市长，中共霍州市委书记，临汾市委常委兼尧都区委副书记。2013年12月荣获第八届全国“人民满意的公务员”称号，受到国务院总理李克强，中共中央政治局常委、中央书记处书记刘云山等领导的接见。

杨安虎 1963年1月出生，山西省襄汾县人。1983年8月参加工作，1984年12月加入中国共产党，历任大宁县榆村公社管委会干事，榆村乡副乡长，临汾地委组织部干审科科员、副科

级组织员、干部监督科科长。2002年1月后任中共浮山县委常委、组织部长，县委副书记、组织部长，县委专职副书记。2006年6月任中共吉县县委副书记、政府县长。2008年4月后任中共乡宁县委副书记、政府代县长、政府县长、县委书记。2014年4月任临汾市政协党组成员、中共乡宁县委书记。同月当选政协第三届临汾市委员会副主席。中共山西省第十次党代会代表。

张俊龙 1963年出生，山西省吉县人，研究生学历，医学博士学位，教授、博士生导师。1986年7月参加工作，1995年12月加入中国共产党。1986年7月—1997年10月，任山西中医学院基础部教师。1986年9月—1989年7月，攻读山东中医学院中医基础理论专业硕士研究生。1994年9月，攻读山东中医药大学中医基础理论专业博士研究生。1997年10月，任山西中医学院教务处副处长。1998年12月，任山西中医学院成教部副主任（主持工作）。2000年6月，任山西中医学院成教学院（职业技术学院）院长。2001年12月，任山西中医学院副院长。2006年11月，任山西中医学院常务副院长（正院级）。2009年12月，任山西中医学院党委副书记、常务副院长。2011年12月，任山西中医学院党委书记。

毛益民 1964年12月出生，山西省襄汾县人，中共党员，中央党校在职研究生学历。1983年12月参加工作，历任冶金部第3地勘局314队副队长，中国冶金地质勘查工程总局3局局长助理（正处），中共临汾市委副秘书长、市委市政府接待处处长，市政府驻太原办事处主任，中共吉县县委书记。2013年4月任中共山西省委办公厅副厅级督查专员，2013年10月兼任省停清工作督查组第一组组长，2014年3月任中共山西省委办公厅副主任。

许小红 女，1966年4月生，山西省吉县人，研究生学历，工学博士、教授、博士生导师。1988年参加工作，2000年加入中国共产党。中共十八大代表。

1988年7月毕业于天津大学材料科学与工程系，获工学学士学位。1996年4月毕业于北京科技大学理化系，获工学硕士学位。2001年4月毕业于西安交通大学材料科学与工程学院，获工学博士学位。2001年7月—2003年7月，在华中科技大学博士后流动站工作并获华中科技大学优秀博士后称号。2004年10月—2005年10月获英国皇家学会资助在英国谢菲尔德大学物理系工作（研究员）。2006年7—10月在日本东北大学电气通讯研究所工作（高级研究员）。后任山西师范大学化学与材料科学院副院长、材料化学研究所所长。2006年1月任山西师范大学科技处处长。

为国家杰出青年科学基金获得者，国务院特殊津贴专家，山西省首批“三晋学者”特聘教授，山西先进永磁材料与技术协同创新中心主任。兼任美国IEEE磁学会北京分会副主席，中国真空学会理事，中国电子学会应用磁学分会委员，中国物理学会磁学分会委员，中国物理学会女物理工作者委员会委员， Intermag2015国际程序委员会委员，《SPIN》《ADV CONDMATTER PHYS》等期刊的编委。先后主持了国家杰出青年科学基金项目、国家自然科学基金重点项目、国家自然科学基金面上项目（也叫一般项目）、国家863计划项目等，在Phys.Rev.Lett，J.Am.Chem.Soc.，Appl.Phys.Lett，Phys.Rev.B， Carbon， ACS Appl. Mater. Interface，Sci.Rep等权威学术期刊上发表SCI收录论文100余篇，所发表论文在SC I中被他引1500余次，以第一完成人获山西省自然科学一等奖1项。

2000年当选为山西省第八届青联委员。 2003年被评为山西省优秀女教职工。2004年被评为山西省“三八红旗手”。2005年被确定为山西省高等学校青年学术带头人。2007年获山西省教科文卫体系统知识女性创新成果奖，并被评为山西省模范教师。2007年被确定为教育部新世纪优秀人才、山西省委联系的高级专家。2008年入选山西省“新世纪学术技术带头人333人才

工程”。2009年被评为山西省教科文卫体系统第二届“十大杰出知识女性”称号。2010年获国家杰出青年科学基金。

薛军正 1968年11月出生，山西省吉县人，大学本科学历，工学学士，2005年11月加入中国共产党，1993年8月参加工作。曾任山西晋城无烟煤矿业集团有限责任公司寺河矿常务副矿长、矿长。2013年3月任山西晋城无烟煤矿业集团有限责任公司副总经理。

杨波 1968年出生，山西省吉县柏山寺乡杨泉岭人，中共党员。1989年9月就读于山西中医学院，1994年7月在吉县中医院参加工作，同期借调山西中医学院工作。2000年2月调入山西中医学院，历任党委组织部副处级组织员、副部长、部长，2010年7月当选校党委委员。

第二节 部分获得省级以上劳动模范

张东山 （1920—1987），中共党员，山东省沂源县人。1926年逃荒定居吉县五龙宫村。8岁起当长工达20余年。吉县解放后，任村农会主席、村长、党支部书记和公社副书记等职。1949年，响应国家号召，带头成立吉县第一个农业生产互助组，示范、带动了吉县互助合作运动的发展。1953年，成立吉县第一个有7户农民参加的初级农业生产合作社。在他的带领下平整农田、兴修水利、植树造林，引进优良品种。当年粮食平均亩产突破百斤关，并创谷子单产千斤以上的好成绩，同年被评为省级劳动模范。1954年，带头办起高级农业生产合作社，粮食总产高于同等条件合作社的30%以上，每个劳动日分红达到一元以上。1957年，他所领导的农业社人均生产粮食475公斤，较1949年增长35.71%；大牲畜达到283头、羊群在13只的基础上发展到4800只。1964年，粮食总产达到52.62万公斤，人均产粮512公斤，向国家提供商品粮27万公斤，居境内之首。连续17年被评为县、地区、省级一等和特等劳动模范，85次受奖，3次赴京参加国庆观礼，受到毛泽东、周恩来等领导人的亲切接见。张东山一生始终保持劳动人民的本色。他所领导的农业社有900多口人，分居在十多个山庄。他不顾严重的大骨节病痛，在劳动之余跋山涉水，走村串户与群众促膝谈心，倾听群众呼声和意见。每年传统节日前，他逐户访问，将自家的细粮，分给子女较多的困难户过节。他热爱集体事业，将国家奖给他的4000元购买羊只，无偿交给农业社。他每年夏季都为牧羊工购买雨鞋、草帽，鼓励其管理好羊群。在他的关心下，羊只逐年发展，达到人均8只的水平。1970年后，他虽担任县委委员、公社副书记，但仍与群众生活劳动在一起，深得群众尊敬和爱戴。

刘稳茂 1925年出生，山西省吉县中垛乡柳沟村人，小学文化，中共党员，政协吉县首届常委、二届委员。1948年农历正月，刘稳茂加入担架队二中队，随军解放大西北，支援前线。完成任务回吉县后，参加土改工作，任农会委员。自农业互助合作化起历任互助组长，初级社、高级社社长，管理区主任。1952年担任柳构大队党支部书记。1973年任中垛公社林场场长，退下来后担任中垛乡林业顾问。

新中国成立初期，刘稳茂担任村干部，带领全村干部群众艰苦奋斗，发展生产，改变柳沟村落后面貌，成为全县农业生产先进典型。1952年被评为县级劳动模范，1953年被评为临汾地区劳动模范，1961年、1962年被评为山西省农业劳动模范，1979、1981年被省政府授予林业劳动模范，1982年被省政府授予劳动模范，1984年赴北京参加中华人民共和国成立35周年庆祝活动，登上天安门观礼台，受到党和国家领导人的接见并合影留念。

胡祖金 1927年出生，山西省吉县屯里镇太度村人，中共党员，吉县司法局退休干部。

1990 年，胡祖金退休后和老伴回到家乡太度村居住，主动担任义务宣教员。他自己掏钱办起了板报，自编自印“文明简讯”发送到村各家各户。1991 年，他被屯里联校聘请为校外辅导员。屯里镇有 9 所学校，最远的圪鲁小学离他家 10 多千米，他坚持每个学期巡回到各学校讲两次课，对师生进行爱国主义教育、传统美德教育、法规纪律教育、安全知识教育。他还主动担任老龄协会常务理事，积极开展老龄工作。确定每年九月九日为全村老年人活动日，统一给老年人过生日。同时，在全村开展评选“好媳妇、孝顺子女、老有所为、和谐家庭”活动，并自己出钱，给 6 个村民小组买了推子、围巾，确定专人给老年人理发，用坏了 5 把推子。他还办起文化大院，组织老年人看书、看报、下棋打扑克，开展学习、娱乐活动。2009 年胡祖金担任了村关工委常务副主任，主持关工委日常工作，使关工委工作开展得有声有色。他先后被评为吉县首届“十大道德楷模”、临汾市“十佳公益人物”、优秀共产党员、山西省“关心下一代先进工作者”。

原启明　1931 年出生，山西省襄汾县人，中共党员。1951 年任襄汾县联社棉花分级员。后任吉县联社棉花分级员、商业局纪检组长。在吉县联社任棉花分级员期间，全县就他一个分级员，每天工作十几个小时，顾客什么时候来就什么时候收，从不让顾客等候，坚持标准，不收人情棉。他对技术精益求精，验级合格率达 95% 以上。1952 年全县收购棉花 21.5 万余公斤，超额完成国家收购任务。1953 年，被评为山西省劳动模范。

刘月善　1931 年出生，山西省吉县人，中共党员。1982 年办起家庭养猪场，研制猪饲料配方，改变传统饲养方法，缩短了饲养周期，提高了生猪商品率。4 年共提供商品猪 261 头。他以养猪促进粮食生产，1984 年种植玉米 14 亩，亩产达 1110 公斤。1986 年被评为山西省特级劳动模范，1989 年评为山西省劳动模范。

张元文　1932 年出生，河南省济源市人。1955 年任吉县城关乡政府干事，后在城关粮站工作，1988 年退休。他担任城关粮站门市营业员期间，14 年抖面袋 89 万多条，回收面粉 4.2 万公斤。缝补面袋 1.7 万条，节支 2.37 万元。1982 年，被评为山西省劳动模范。

葛孟岐　1937 年出生，山西省吉县东城乡西赵村人 。1957 年参加教育工作，一直任西赵村小学教师，曾 13 次被评为县、乡模范教师。1980 年加入中国共产党。1983 年被评为全国优秀班主任，荣获金质奖章。1985 年被评为山西省劳动模范。1987 年被选为吉县第九届人大代表。

刘南龙　1938 年出生，山西省吉县人，中共党员。1975 年在吉县沙坪煤矿担任平车修理工，每天背 20 公斤重的工具，在坑上坑下往返 20 余千米，坚持跟班修理。1989 年大胆革新，降低成本，3 年节约修理费 11.83 万元。1992 年，被评为山西省劳动模范。

陈艮虎　1942 年出生，山西省霍州市人。中共党员，经济师。1959 年任吉县糖酒副食公司业务员。在担任门市部主任期间，以店为家，勤俭办店，带领全店职工修旧利废，节约费用累计 7800 元。1978 年 6 月 25 日晚，为了保护国家财产，赤手同撬门入室的强盗搏斗，从门店滚打到河滩，经过一个多小时的搏斗，制服了盗贼，保住了国家财产。1979 年，被评为山西省劳动模范。

周文忠　1943 年出生，山西省吉县人，中共党员，经济师。1962 年太原水利学校毕业分配到吉县水利局任技术员，后任吉县沙坪煤矿矿长。期间改进采煤技术，改善通风运输，年产由 9 万吨上升到 15 万吨。1993 年完善了环节补套，使年产又上升到 21 万吨。建起煤质化验室，实行质量监控、质量否决制，实施质量标准化管理及出口煤质管理制度，到 1994 年底，完成出口煤 43.57 万吨，创汇 1524 万美元。1995 年被评为山西省劳动模范。

刘成田　1944 年出生，山东省沂水人，中共党员，初中文化。在担任县工会主席期间，在全县范围内大力开展五好工会小组、六好基层工会、七好县工会等竞赛和建家活动，全县 97% 的

基层工会建成职工之家。筹资兴办机关果园 60 亩，筹建职工学校 10 所，全县约 5000 名职工的政治素质和技术水平明显提高。1998 年被评为山西省劳动模范。

葛友梅 女，1944 年出生，山西省吉县吉昌镇西关村丁家沟人。1964 年毕业于临汾师范，同年 7 月参加工作，历任桥南、三堠、东关完小教师。1982 年获临汾地区“三八红旗手”称号，被省工会记二等功一次。1983 年被评为全国优秀班主任，荣获金质奖章。1984 年当选为吉县第八届人大代表。1985 年加入中国共产党。1987 年当选为吉县人民代表大会常务委员会委员。1988 年被评为特级教师。1989 年被评为教育系统全国劳动模范，授予“人民教师”奖章。

杨鸿森 1945 年出生，山西省吉县人，中共党员。1971 年担任城关公社桥南大队主任，1976 年担任桥南大队党支部书记。任职期间，他同村干部大抓村办企业，发展经济“以工补农”。村办企业有醋厂、林场、综合修理厂、旅馆等。农民办起了加工厂、养殖场、建材厂等 66 个厂、店，从业劳力 228 人。1985 年企业总产值 40 万元，总收入 36 万元。其中村办企业收入 15.5 万元，户办企业收入 20.5 万元，利税 19.8 万元，上缴税 1 万余元。每年为群众免费耕地 2500 亩，修公路 5 华里，兴建、维修校舍 8 间，免费给 300 多户村民安装了有线广播，对烈军属、困难户等给予经济照顾。1982 年、1986 年，被评为山西省劳动模范。

白锁柱 1947 年出生，山西省吉县人，中共党员，经济师。1965 年任共青团吉县曹井公社委员会副书记，1988 年任吉县烤烟生产局局长。任烤烟生产局局长期间总结出种植三集中、品种四统一、管理五创新等适合吉县实际的烤烟栽培技术。组织培训烟农 3 万人次，印发技术资料 4 万余份。修建局办公楼和城关、兰家河等 5 个烟站，购置大小汽车 5 辆、设备 20 余台，价值 200 多万元。生产烟叶 394 万公斤，农民收入 915 万元，创税 324 万元。烟叶质量创全省第一，烤烟生产成为全县发展经济的一大支柱产业，吉县被列为全省基地县。1992 年，被评为山西省劳动模范。

魏玉柱 1948 年出生，山西省吉县人，1960 年参加教育工作，在吉县井沟小学担任民办教师，坚持为学生做饭、理发、看病。该校学管区 3 个自然村的适龄儿童入学率、巩固率、毕业率、普及率均达 100%，教学成绩连年名列联区之首。1992 年，被评为山西省劳动模范。

王青凡 女，1950 年出生，山西省吉县人，环卫工人。王青凡老伴患有肺气肿不能劳动，儿媳妇得了乳腺癌需要治疗，家庭十分困难，家的主要生活来源就是靠她做环卫工每月 750 元的工资。2012 年 10 月 28 日上午 10 时左右，王青凡在祖师庙清扫路段时，拣到一个装有 10 万元的无纺布袋，她赶紧让人帮忙拨打了 110 报警电话。当天下午，失主领走了丢失的钱款。当国家、省、市、县各级报刊、电视、网络等媒体采访她时，王青凡总是笑着说：“这些钱，能给家里办好多事，但这钱不是我的，我花了良心上过不去。”2014 年王青凡获第三届临汾市“十大道德楷模”提名奖，同年入选“中国好人榜”。

贺印娣 女，1953 年 12 月出生，山西省吉县中垛乡凉泉村人。她的二儿子刘建辉、丈夫刘俊德匀因癌症先后于 2003 年、2007 年去世。大儿子刘建明因一场交通事故一连 3 年不能下地行走。突如其来的几场变故，使她原本平静安宁的家骤然陷入困境，家庭也因此欠下了 30 余万元的巨额债款。她向所有人承诺：“二儿子治病欠下的所有外债由她偿还。”10 余年间，她坚守诚信，凭着经营 8 亩果园、在农田种庄稼、打酸枣、摘花椒和打零工的收入和省吃俭用，偿还欠款达 21.2 万元。2015 年，她荣获“全国道德模范提名奖”，受到习近平总书记的亲切接见。

杨小雪 1956 年出生，河北省安新县人，中共党员，初中文化。担任吉县沙坪煤炭有限责任公司坑口主任期间，潜心钻研专业技术，将短壁刀柱式采煤法改为长壁高档炮采一次放顶法，使

矿井年生产能力由21万吨提高到65万吨。建议公司申报扩充矿区相邻资源，为煤矿增加3940万吨可采储量，为企业扩大生产规模和可持续发展贡献了智慧。2004年被评为山西省劳动模范。

雷钦礼 1956年出生，山西省吉县人，中共党员，硕士文化。1999年主编教材《统计学》《经济计量学》，2000年完成国家级“九五”重点教材《经济计量学教程》的编写。在国家级期刊发表论文4篇，在省级期刊发表论文2篇。承担并完成《抽样技术在社会经济调查中的应用研究》(国家社科学基金课题)、《山西省全社会科技活动现状与效益研究》《山西人均产出与收入之谜探析》《山西农村非农产业结构研究》等国家与省级科研课题。2001年被评为山西省劳动模范。

梁荣森 1956年出生，山西省吉县中垛乡南坪村人，1970年3月参加工作，中共党员，大专文化，水利工程师，临汾市第一届人民代表大会代表，吉县第十二届、十三届人民代表大会代表，政协吉县第四届委员，第六、七届副主席兼吉县发展改革与经济局局长、县委统战部部长。

梁荣森任水利局局长、发改委主任和统战部部长期间，为吉县水利建设、城市建设、民族团结做出了突出贡献。1995年获临汾地区劳动模范称号；2002年被人事部、水利部授予全国水利先进工作者，荣立临汾地区特等功，获“山西省五一劳动奖章”；2003年被山西省人民政府评为“结构调整先进个人”；2004年获“山西省劳动竞赛一等功”；2014年，被国务院评为“全国民族团结进步模范个人”。

刘悦琴 女，1957年8月出生，山西省吉县东城乡东赵村人，中共党员。1971年参加工作，先后任东赵村、南柯榼中学、吉县二中、吉县一中教师。1999年任教育工会秘书长，1993年、1994年被评为临汾地区劳动模范、优秀中青年教师。1993年9月被评为全国优秀教师。《改革班级管理，增强教育效果》论文获地级二等奖，省级“中国园丁”论文优秀奖。

张占中 1957年出生，山西省吉县人，中共党员，大专文化。任县林业局局长期间创造了“延伸平面”整地法、“816”栽植法，推广了径流林业、保水剂等系列抗旱造林技术十余项。引进“辽核一号、三号、四号”等5个品种约20万株优种核桃。亲手规划、指导，在黄河岸边建起冯家集300亩科技示范枣园。推广“三符一核”定苗数，“三树一率”看成活，“三验一付”算奖惩的质量管理办法。应用“三表齐全一核树，三级预算一审查”的造林专业队资金管理办法，规范了工程造林“两图四表”公开内容。2001年被评为山西省劳动模范。

田福龙 1958年出生，山西省吉县人，中共党员，大专文化。任吉县水利局项目办主任期间，共引资2460万元，完成水保初治面积227万亩，封禁治理18.8万亩，新建骨干坝8座、淤地坝16座，完成饮水解困工程17处，解决了12702口人、2608头牲畜的饮水问题，发展节水灌溉面积3800亩，改善区域内生态环境，促进了农村经济快速发展。2007年被评为山西省劳动模范。

任天顺 1962年出生，山西省吉县人，中共党员，农艺师。1982年长治农业学校毕业分配到县农业局果树站工作，后任吉县果品开发服务中心主任。1987年开始在境内规划实施了“9大样板10个重点”工程和“213”工程，发展各类果园2800座、6.5万亩。多渠道培养技术人才，引进“2001”、红富士优系等13个优新品种。建立全区首家苹果无病毒母本园。技术承包果园5300亩，创直接经济效益106万元。抢救受冻果树9万株，挽回损失90万元。1994年全县苹果产量由1987年的100万公斤增到600万公斤，产值由100万元增至1113万元。帮果农销售苹果30万公斤，打入北京、广州等市场。1995年，被评为山西省劳动模范。

芦来柱 1962年出生，山西省吉县屯里镇太度村农民。芦来柱在出生五个月时父母将其送给芦国生、芦红英夫妇抚养。1997年卢来柱回山东老家探亲，几个兄长和姐姐劝他留在条件较优越的山东生活。为了回报养育之恩，他毅然回到养父母的身边，赡养老人，照顾弟弟妹妹。为

了帮弟弟妹妹们成家立业，他直到42岁才和本村的刘金枝结为夫妻。婚后他对刘金枝的孩子视如己出，宁愿自己受苦受累，也不让她们娘仨受委屈。芦来柱作为造林专业队队长，总是挑难整的地挖，领取的报酬和大家一样，从不计较。他坚守着对大家的承诺："我不会克扣大伙一分钱，咱都靠力气生活，挣钱要对得起良心"。

芦来柱2012年获"临汾市十大道德楷模"称号，2013年获"山西省道德楷模""全国道德楷模提名奖"（诚实守信类）荣誉称号，受到习近平总书记的接见。

李金玉 女，1964年出生，山西省乡宁县人，中共党员，高级经济师。1986年7月参加工作，2011年被选为吉县屯里镇庄子村党支部书记，并被选为吉县人大代表、临汾市人大代表、山西省党代表。李金玉为改变庄子村贫穷落后的面貌，从山西农大请来专家教授指导，开创了一条"由传统农业种植向现代化农业种植转变，由分散的家庭式种植向产业规模化种植转变"的新型农业发展路子，推动了当地农业发展和农民致富。2013年，被评为山西省劳动模范。

窦兴华 1967年9月出生，山西省吉县人，中共党员，高级农艺师，吉县第十四、十五届人大代表，人大常务委员会委员。担任吉县果树科技研究所所长后，他大力推广果树管理技术。先后举办各类培训500余场次，培训果农4万余人次，农民技师180余人、助理技师1000余人。率先推广"四统一"果树管理模式，创建果树大改形示范基地，试验开发功能性苹果并获成功，指导建设示范园150个，培养典型户180户，树立示范园区10个。创建了融生产、教学、科研于一体的果树科研基地，先后发表专业论文15篇，主持编制了《吉县苹果地方标准》《苹果转型"八改十配套"技术要点》及《吉县苹果精细化管理新技术》等实用教材，科技成果先后获省科技进步三等奖和一等奖，先后多次被县委、县政府、市农业局评为最佳科技工作者、先进工作者、水果生产技术专家。2011年被县委、县政府授予"吉县拔尖人才"称号。2013年在"榜样吉县"人物评选活动中被县委、县政府授予百佳文明公民荣誉称号。2014年被评为山西省劳动模范。

白晋军 1968年出生，山西省吉县人，中共党员，大专文化。任太原铁路分局临汾站车站值班员期间，严把接发列车的安全关，养成了"严、细、精"的工作作风，作业中卡死"三关"，即闭塞关、进路关、凭证关。严格"四不"，即忙不抢、闲不散、繁不简、变不乱，提高了接发列车的工作质量。2004年被评为山西省劳动模范。

贺志良 1968年12月出生，山西省吉县吉昌镇上东村人，中共党员。1987年，他响应县委、县政府号召，率先栽植苹果，成为村里第一个苹果专业户和远近闻名的富裕户。2000年8月，被推选为吉昌镇上东村党支部书记，他发挥技术专长，抓苹果生产，牵头成立全县第一个村级果业协会，实行统一测土施肥、统一病虫防治、统一整形修剪、统一品牌销售，使上东村成为全县果树高效生产专业村。他争项目、引资金，带领群众建设新农村。2009年，上东村被命名为"省级科普示范基地"和"国家级苹果标准化示范区"，被省新农村建设办公室领导组命名为全省新农村建设示范村，被确定为全县首个旅游观光苹果采摘基地。贺志良个人多次受到省、市、县表彰奖励，曾被评为吉县首届十大杰出青年、连续十年被评为吉县"科技能人"、被省文明委评为"申纪兰式农民"称号等。2010年，被评为山西省劳动模范。

强占东 1980年3月出生，山西省吉县中垛乡中垛村农民，中共党员。2009年，创办集养殖、果园、生态林为一体的吉县天丰生态养殖有限公司，探索出"畜—沼—果（林）"循环经济模式和"公司＋基地＋农户"的产业化模式之路。公司商品猪存栏保持在5000头以上，年出栏生猪8000头以上，年经济效益达180余万元，成为临汾市规模较大的生态养殖企业，带动中垛乡乃至全县的生态养殖业快步发展。强占东致富不忘家乡人，扶助农村困难户养殖良种瘦肉型猪，

带动周边的村民一齐走养猪致富道路。以中垛为中心，形成了每户几亩苹果园、几头猪、1个沼气池的“小规模、大群体”的生态养殖循环圈。2013年，他筹资1800余万元扩建养殖场，新增猪舍8000余平方米，引进杜洛克等优良品种，建立牧草基地300亩，建起设施齐全、工艺先进的现代养殖企业。2014年，被评为山西省劳动模范。

葛丽娟　女，1986年出生，山西省吉县人，吉县气象局职工，政协吉县第八届委员。她做过3次大手术，15岁就不幸坐在轮椅上。她身残志坚，乐于助人，尽自己所能资助郭华丽、冯泽霞等多名残疾小女孩。她与众多志愿者合作，为多名应届贫困大学生筹措资金，帮助他们顺利入学。她在网上成立了临汾市扶残助残交流群和“以爱相携”QQ群，组织开展各种扶残助残捐助活动，带动更多的人加入了志愿者的行列，以一颗大爱之心，践行着奉献、友爱、互助、进步的志愿者精神，被群众评选为吉县的“爱心大使”。本人先后被授予临汾市“三八红旗手”，临汾市“百名文明公民”，山西省气象局宣传工作“先进个人”，山西省“优秀共青团员”，中国气象局“优秀通讯员”等荣誉称号。2014年获“山西省自强模范”称号。

第三节　部分专家学者简介

◎医疗卫生

杨生源　1928年出生，山西省吉县人，中共党员，主任医师，曾任临汾铁路医院外科主任。临汾地区外科学会副理事长，山西省思维科学会理事。

1950年毕业于山西大学医学院，分配到太原铁塔医院工作。1951年参加抗美援朝。1954年在湖南医学院进修普通外科后调临汾工作。1958年在天津医科大学骨科进修班进修。自20世纪50年代采取中西医结合的方法，对经络、针灸的理论和应用进行了长期的探索，提出了一些新观点，并对传统针法和针疗及针麻方法进行了改革，10余篇论文分别在省级、部级和国家学术会议及第一届世界针灸学术会议上交流。1960年改进了传统外刺手法，探索发现了针刺后的针感循行过程的基本规律，提出了“连锁补泻气至病所操作法”，激发经络机能，使一些非经络敏感人转变成为经络敏感人。改革了传统针疗的取穴和操作方法，创建了疏通经络气至病所针刺疗法，提高了针疗效果。论文有《连锁补泻气至病所针刺疗法》《疏通经络定位针刺麻醉》等。

邹耿金　（1931.12—2013.1），广东省梅县人。1955年旅大医校毕业，1958年12月分配到吉县人民医院。1959年1月任乡吉县医院医疗股副股长，1975年5月任吉县医院副院长兼医疗股股长，1979年晋为外科主治医师，1984年2月任县医院党支部书记。

邹耿金在长期的临床实践中积累了丰富的临床经验，技术全面，外科专长，诊断准确，治疗效果显著，从未发生过医疗事故。1956年4月，县百货公司会计袁心平患急性化脓阑尾炎，病情危急，在不具备手术的条件下，邹耿金想方设法，因陋就简，成功完成了吉县第一例手术。此后他坚持学习，勇于实践，相继成功实施了肠梗阻疝、痔核、痔漏、肠切除等手术。1961年完成子宫全切、剖腹产、宫外孕、卵巢囊肿切除结扎术、引产术、胃肠吻合术、骨折整复及骨牵引术等手术。1974年完成脾切除、胃大部分切除、胆囊切除、胆总管探查术、乳腺癌根治术。邹耿金为吉县医疗卫生水平的提高起到奠基人的作用。

吴寅保　1954年8月出生，山西省吉县人，临汾市人民医院主任医师。1975年毕业于北京中医学院中医系，之后一直在临床工作。先后在北京中医药大学东直门医院及山西医科大学第一医院消化科进修，擅长用中医中药治疗胃肠道慢性病、疑难病。曾为山西医科大学本科生讲授

中医课。在省级以上学术刊物发表论文10余篇，代表作《董建华治疗慢性胃炎拾零》。先后被临汾市卫生和计划生育委员会评为“临汾市名老中医”，被山西省人力资源和社会保障厅、山西省卫生和计划生育委员会授予“山西省名中医”称号。

强黎明 1957年出生，山西省吉县中垛村人，中共党员，吉县人民医院副主任医师。

1979年毕业于山西医学院。他长期从事医疗工作，积累了丰富的临床经验，对一般常见病、多发病的治疗效果明显。对于外科的一般手术技术娴熟，并首次在县医院实施了开胸手术。可运用B超定位穿刺治疗肾囊肿病，避免了手术的痛苦。为多期医技学习班授课，担任两届全日制中等卫生专业班教师。在国家级刊物和省级刊物发表论文7篇，其中《6例肝脓肿误诊分析》在全国腹腔损伤感染学术会议上交流，《一例罕见的巨小肠报道》发表于《临床医药》，《纱布填塞在肝损伤中的应用》发表于《山西医药》，《股骨干骨折内固定术失败原因分析》发表于《山西临床》，《尿道损伤的急诊处理》《93例尖锐湿疣治疗》发表于《基层医学论坛》。

王三祥 1958年6月出生，山西省吉县人，中共党员，大学本科学历，主任医师（二级岗位）。1983年10月参加工作，历任山西省地方病防治研究所副所长、党支部书记。

1999年任中华医学会地方病学会第四届委员会委员。2003年起任山西省医学会第五、第六、第七届地方病防治专业委员会主任委员，中华医学会地方病学会第五、六、七届委员会常务委员。2004—2010年，任第五届卫生部地方病学专家咨询委员会氟砷病组委员。2010年起任卫生部地方病学专家咨询委员会副主任委员。2013年任中华医学会地方病学会第八届委员会副主任委员，第七届全国卫生标准技术委员会地方病标准分委会委员。

2004年，《砷氟中毒地区儿童智力水平及生长发育调查与评价》在“改善水质减轻砷中毒危害国际研讨会”上交流，并于2007年在美国《Environmental Health Perspectives》杂志上发表，获“山西省2015年度科学技术奖自然科学类三等奖”。主持修订完成《大骨节病病区判定和划分标准》（GB16395—201），发表科研论文21篇。2008年被人事部、卫生部授予“全国卫生系统先进个人”称号，同年被山西省卫生厅授予“山西省卫生系统有突出贡献人才”称号，2011年被山西省劳动竞赛委员会授予“个人一等功”。

孙茂森 1961年6月出生，山西省吉县柏山寺乡西头村人。1984年山西医科大学毕业，就职于山西省太原儿童医院儿童保健科，从事出生缺陷筛查与防治儿童营养保健以及常见的儿童营养性疾病研究与防治工作。期间多次与世界卫生组织（WHO）合作，对发展中国家5岁以下儿童的腹泻、营养性贫血、佝偻病进行流行病学及治疗干预研究。研究成果获得卫生部和国家科委的奖励。1987年考入北京协和医科大学研究生院，攻读硕士研究生学位，主攻营养保健学，研究重点在妇女儿童锌缺乏等方面。研究成果获北京儿童医院，北京市卫生局和市科委的奖励。1990年任山西医科大学公共卫生学院讲师，从事儿童青少年营养保健的研究与教学工作。1996年在日本国熊本大学医学部自费留学，攻读博士学位，主攻遗传性高酪氨酸血症（一种氨基酸代谢异常性疾病）对肝、肾的损伤，2000年获得医学博士学位。之后赴美国国立卫生研究院（NIH）的妇女儿童研究所（NCHD）作博士后研究。利用动物模型对糖原累积症la型（GSD1a），一种人类遗传代谢性疾病进行基因治疗的基础性研究。后转入国立卫生研究院（NIH）的人类基因研究所（NHGR），建立肌肉代谢病模型及研究营养不良（蛋白）聚糖的变异在遗传性封入体肌肉病中的作用。2005年就职于美国宾夕法尼亚大学医学院，从事冠心病、动脉硬化及脂肪代谢异常等心血管疾病的临床基础研究。多年来，他通过自己的努力在美国已 获得被美国国家认证委员会认证的功能医学营养师（CFN） 和生活方式指导教练（TLSC）的资格证书；与合作伙伴共同把

Dr. Robert 的《Rebuild》翻译成中文《健康重建》，被人民卫生出版社出版。

张连富 1963 年出生，山西省吉县人，中共党员，主任医师。1987 年毕业于山西医学院医疗系，一直从事医学影像（影像诊断、介入）工作。历任临汾市人民医院放射科主任、介入放射科主任。山西介入医师协会副会长、放射医师协会常务理事、介入学组常务理事，河南省呼吸与重症学会介入分会常务理事、山西医科大学教授，临汾市委联系的高级专家、临汾市医疗事故鉴定专家。1992 年首次成功开展肝癌动脉灌注栓塞，填补了临汾市介入治疗空白。1995 年在全省首先开展脑膜瘤栓塞治疗，得到省内专家好评，《山西日报》给予报道。开展多种恶性肿瘤的介入治疗，肝血管瘤、大咯血、脾功能亢进等疾病栓塞治疗，食道、十二指肠、胆道狭窄球囊成形及支架置入，神经、全身血管介入治疗（动静脉畸形、动脉溶栓、动脉瘤、脑膜瘤）及造影诊断。曾获省、市科技进步奖 1 项，先后在国家级、省级刊物发表论文 14 篇。

杨启亮 1965 年 8 月生，山西省吉县中垛乡底帖村人，吉县人民医院副院长、主任医师，九三学社社员，政协吉县委员会副主席。

1989 年山西医科大毕业后分配到吉县人民医院，历任内科医生、内科副主任、副院长兼内科主任。发表论文 15 篇，《尼莫地平治疗脑梗死临床分析》发表在《山西职工医学院学报》，《多发性脑梗死性痴呆症 51 例临床报告》发表在《山西医药杂志》，《胞二磷胆碱与脑康联合治疗急性脑梗死 40 例临床观察》发表在《东方基层医学》。

曹爱民 1968 年 12 月出生，山西省吉县人。1991 年毕业于北京大学物理学系，本科学历，医学工程专业主任技师。中华医学会影像学分会山西分会委员，中华医学会医疗装备学分会山西分会委员，中国医院协会后勤管理分会临汾分会副主任委员，临汾市人民医院后勤保障科科长兼物业管理办公室主任。

在《中医国医疗器械杂志》《医疗装备》等国家级、省级刊物上发表各类学术论文 16 篇，填补了临汾市影像技术、临床医学工程方面国家级论文的空白。参与编写《英语背景知识词典》，任自然科学编辑，由清华大学出版社出版发行。

在临汾市新医院建设中，承担医院医技楼、消毒供应中心、净化工程、辐射防护工程等特殊场所的医疗工艺设计和施工管理，荣获临汾市新医院建设五一劳动奖章。该工程荣获“建筑优秀设计奖”“鲁班奖”两项国家行业最高奖项。

崔彩霞 女，1969 年 6 月出生，山西省吉县东城乡人。吉县人民医院心肾科主任，政协吉县第七、八、九届委员。

1995 年毕业于山西医学院，医学学士学位。2014 年晋升主任医师。从事临床工作 20 余年，擅长高血压病、冠心病、心力衰竭、心律失常、周围血管病及肾脏病的诊治，对心血管危重症的诊治有丰富的临床经验。担任山西省中西医结合学会第一届脑心同治专业委员会委员，临汾市医学会心血管专业委员会第二届委员会委员，临汾市医学会胸痛专业委员会第一届委员会委员，发表学术论文 10 余篇。

王晓玲 女，1972 年生，山西省吉县屯里镇人，1996 年毕业于山西医科大学临床医学系，同年在吉县人民医院内科工作。2014 年被聘为主任医师。2010 年任吉县人民医院医务科副主任。同时任山西省医师协会内分泌医师分会委员会委员、临汾市医学会感染病专业委员会委员、临汾市医学会医学影像专业委员会委员、临汾市医学会内分泌专业委员会委员。被山西省卫生计生委评为“百千万卫生人才培养工程”骨干精英人才。

冯学锋 1973 年出生，山西省吉县人，毕业于山西口腔医学院。太原市万柏林医院牙科主

治医师，中华口腔医学会会员、山西口腔医学会会员、太原市医学会理事。曾到美国哥伦布大学深造，到意大利、韩国等地交流学习，撰写论文10余篇，为山西牙科种植创始人。

张旭辉 1976年出生，山西省吉县壶口镇中市村人。1998年参加工作，2000年加入中国共产党。2000—2003年山西医科大学硕士研究生，2010—2014年山西医科大学博士研究生。1998年—2000年在吉县卫生局工作。2003年调山西医科大学第一医院泌尿科工作，后任泌尿外科主任、主任医师。世界腔道泌尿外科学会会员，中华医学会泌尿外科分会基础研究学会委员，山西省中西医结合学会泌尿外科专业委员会委员。2012年，被山西省政府授予“山西省医学青年标兵”。

◎**文学艺术**

吕琳 （1920—1994） 山西省吉县人，曾任西南人民艺术学院美术系主任，四川省美术家协会副主席，中国美术家协会会员。

1938年进入山西民族革命大学，在中共地下组织的领导下开始作木刻画，宣传抗日。1940年到延安，先入陕北公学，9月考入鲁迅艺术文学院美术系第四期。1943年毕业后分配到八路军120师独立第一旅工作，后调战斗剧团和晋绥军区政治部从事美术工作。先后任西北艺术学校美术系主任、西南人民艺术学院美术系主任、西南美协副主席、中国美术家协会四川分会副主席等职。擅长版画、连环画、油画及水墨画。出版有《吕林版画选》《艺用人体解剖学》，作品有《熊猫》《行军路上》《要让铁路从这通过》等。代表作《江姐》石雕被轻工业部收藏。

陈嘉澍 1922出出生，字时雨，山西省吉县人，经济师，曾任职于山西省太原市交电批发公司。中国书法家协会会员，山西中山书画社理事，山西电力书画协会顾问，太原老年书画研究会顾问。书法宗颜真卿、何绍基，多次应邀参加国内大赛。获92全国著名书法家证书，由山西金石书道研究所收藏。山西师范学院收藏其作品一件。1993年书法作品参加北京中国艺术界名人作品展示会获金鼎奖。1996年在太原举办个人书法展，作品曾参加黄河流域七省市书展、晋冀鲁豫书法展、中日书展，被黄河碑林、神墨碑林收藏石刻。执教书法培育了不少书法新秀。传略辑入《中国现代书法界人名辞典》《当代中国书法艺术大成》《中国书法家协会会员名鉴》《中国美术书法界名人名作博览》《中华人物辞海・当代文化卷》《世界文化名人辞海・华人卷》《中国当代艺术界名人录》等。1995年北岳文艺出版社出版了其《颜真卿麻姑仙坛记》临帖。

石生 1927年出生，曾用名兰基高，山西省吉县人，中共党员，大学学历。1949年3月参加工作，1985年5月加入中国民主同盟。先后任太原市委干事、科长、市委宣传部干事，《太原日报》《党的生活》等报刊编辑组长，太原市农业局办公室主任、太原市市政工程管理局基建科长、山西省民盟《山西盟讯》编辑室主任。1988年10月离休。

长期从事文字工作，参与《今日太原》《山西土地志》《纪念陶行知论文选集》的撰写，著有《李公朴在山西》《陶行知在太原》《壶口天下险》《壶口风韵》（山西人民出版社出版）等书籍，在国家、省、市报刊发表近百篇论文、特写、散文、诗词。

刘哲 1929年出生，山西省吉县人，中共党员，中国作协河北分会第四届常务理事、副主席。1948年毕业于冀察热辽联合大学鲁讯艺术文学院文学系。历任热河省文工团创作员，热河省文联编辑、创作组长，中共承德地委文教部干事，河北省文联《蜜蜂》月刊评论组长，《文艺哨兵》《河北文学》编辑部副主任、副主编，花山文艺出版社社长兼总编辑，编审。1947年开始发表作品。1979年加入中国作家协会。著有评论集《无名评论》《金秋集》（合集）等，主编《编辑必读》（合作）、《编辑工作ABC》（合作）等。《无名评论》获河北省第二届文艺振兴奖，《编辑必读》获河

北省第四届社科优秀成果编著类三等奖。

葛纪熙 1931 年出生，山西省吉县人。1949 年华北大学学习结业后，参加西北干部大队到甘肃，先后在陇东报社、平凉农民报社、平凉地区群艺馆工作。曾任平凉地区书法家协会第一届主席、甘肃省书协顾问、中国书协会员。

1980 年入选西北五省（区）书法篆刻展览。1985 年撰写论文《怎样学写毛笔字》在《少年文史报》连载。1999 年获甘肃省书法篆刻展览一等奖。2002 年出版《葛纪熙书法集》。2007 年入选首届全国老年书法展特邀作品。书法作品发表于《中国书画报》《书法导报》等报刊。

霍盈洲 1932 年出生，陕西省西安市人，中共党员。1949 年考入西北军大，后分配到部队，参加解放西北战役。1950 年参加中国人民志愿军赴朝鲜。1956 年转业到吉县，先后任吉县蒲剧团编剧、吉县报社编辑、吉县文化馆馆长、县委党史研究室主任等职。主编《中国共产党吉县组织史资料》。离休后创办"九九爱乐坊"，编写节目，活跃吉县民间文化生活。编辑出版《壶口漫谈》《壶口岸边的记忆》《壶口之旅》等书。被县委、县政府授予"拔尖人才银质奖章"和道德楷模。

窦嘉绪 1934 年出生，山西省吉县学背后村人，中共党员，当代作家。太原市第八届人大代表，山西省文联第四届委员，山西省作家协会第三届理事。

1951 年乡吉师范学校毕业，任小学教师。1956 年任《山西青年报》记者。1970 年下放农村插队一年后调山西省委机关工作。1979 年调太原市文联，任《太原文艺》编辑委员。后任山西省文艺家协会理事，中国作家协会山西分会理事，太原市文联主席，太原市八届人大代表。1957 年在《山西日报》发表处女作散文《游临山寺》。1959 年由上海少年儿童出版社出版儿童小说《尹灵芝》并参加莱比锡国际图书展览。1976 年由上海人民出版社出版长篇传记文学《刘胡兰》。1988 年由中国文联出版公司出版长篇小说《烽火中的情侣》。1988 年由黄河文艺出版社出版小说《蒋阎大战》。1989 年由希望出版社出版小说《尹灵芝》。相继在各种文学刊物上发表中篇小说 3 部，短篇小说 15 篇，以及散文和报告文学多篇。主要著作《巾帼英雄尹灵芝》《红军突围》《红军东征》《红军北上》《毛泽东东征 》（纪实性长篇小说）、《蒋阎大战》《蔡锷脱险回昆明》《烈石寒泉》等。

杨吉魁 1938 年出生，山西省芮城县人。花鸟画家，美术教育家。1965 年毕业于山西大学中文系，曾在吉县一中任语文教师多年。后任山西省临汾地区展览馆美术干部，中国书画函授大学临汾分校校长，山西花鸟画学会副会长，山西齐白石艺术研究会副会长，太原晋阳书画院名誉院长。师承齐白石亲传女弟子杨秀珍教授，深得齐派水墨艺术的真谛，作品曾在许多大型美术联展中参展获奖，多次在国内外举办大型个人画展。数百幅作品发表于多家报纸杂志、被收入各种专集。传略载入《中国美术家》《世界当代名家大辞典》《世界华人艺术家成就博览大典》等十多部大型辞书。是改革开放后最早走出国门、赴日展出交流的少数画家之一，其后数度应邀赴美讲学、传艺和展出。出版有《杨吉魁画集》并发表许多诗词以及美术理论方面的文章。

李思义 1945 年出生，山西省吉县祖师庙人，国家一级编剧，高级农业经济师，中国电视艺术家协会会员，中华梨园研究会理事，山西省话剧院特邀编剧。主要作品有大型历史话剧《元朝帝师八思巴》，由山西话剧院赴京参加国庆五十周年大庆优秀剧目演出，获首届中国戏剧文学奖"创新奖"；2001 年进京参加中国第二届民族题材文艺汇演，获创作金奖，荣立山西省一等功。14 集电视连续剧《黄河情》，中央电视一台于 1991 年在晚上八点黄金时间播出，全国各省市电视台分别转播，被评为 1990 年度"飞天奖"。10 集电视连续剧《山鞋》，中央台于 1989 年元旦播出。6 集电视连续剧《财苑情》，由山西省话剧院拍摄，中央电视一台播出。电视剧《土缘》，山西

电视台拍摄播出，受到中共中央组织部表彰。6场蒲剧《金银花》，由吉县蒲剧团参加临汾地区庆祝国庆35周年展演，获得剧本一等奖。大型4集电视系列专题片《风桥之路》，由黄河电视台拍摄，先后在山西台和美国播出。大型专题片《真情铸成新生命》，由临汾电视台拍摄，受到中纪委的表彰。创作了反映水与人类生存发展关系的二十集电视连续剧《生命河》，反映反腐倡廉和组织干部作风建设的十二集电视连续剧《风雨世纪桥》。

冯彦山 1946年出生，山西省吉县柏山寺乡驼腰村人。曾任山西师范大学文学教授、吉县人祖山文化旅游开发公司文化宣传部长。

毕业于北京师范大学中文系，从教于临汾师范学校、临汾师专、山西师大体育学院、山西师大文学院。荣获国家、省、市“优秀教师”称号，享受国务院特殊津贴。曾参与临汾市四种外宣画册的编辑，担任文字主撰或统稿。担任市志办出版的《临汾方志丛书》（12册）责任主编。参编《尧文化知识100问》等书。任大型纪录片《临汾》的撰稿（之一）。担任《壶口漫谈》《吉县历代书画集》《吉县文萃》特邀编审。为吉县党政干部宣讲《吉县文化架构》。为首届壶口文化节作长诗《壶口放歌》，由央视名播任志宏朗诵。为吉县春晚撰写《吉州谣》《老家》歌词。所撰《壶口赋》被多家媒体刊载并获奖。主持编辑出版了《咏人祖山诗文集》《人祖传奇》连环画等书。担任学术著作《人祖文化解码》副主编，为宣传吉县人祖文化、人祖山景区，提高其知名度做出了贡献。

高树德 1963年出生，山西省吉县吉昌镇东关村人。大学本科学历，山西作家协会会员，山西作家协会委员，临汾市作家协会副主席。散文作品发表于《中华散文》《青年文学》，作品多次选入《中国散文年鉴》《中国优秀散文作品选》。著有《心事流亡》散文集，由陕西旅游出版社出版。散文集《远行的村庄》，由大众文艺出版社出版。合著报告文学《多彩人生》，由陕西师范大学出版。编著文化研究《中华之根祖》，由作家出版社出版。合著《临汾非遗》，由山西出版集团山西人民出版社出版。编著《尧庙》由山西经济出版社出版。

杨吉平 1964年出生，山西省吉县桥南水洞沟人。山西师范大学书法学院副院长兼书法研究所所长、教授、硕士研究生导师。中国书法家协会会员、山西书法家协会理事兼学术委员会委员、山西省教育厅联系的高级专家，山西省艺术教育委员会委员、临汾市书协副主席兼学术委员会主任。当代书法评论家、书法家、诗人。书法作品入选全国首届扇面书法展，获中国书协“诗书合璧奖”，发表400余篇理论、评论文章，被誉为当代“颇具影响力”的四位书法批评家之一。获中国文艺理论评论最高奖——首届中国文艺理论评论奖一等奖、山西省社科优秀成果奖一等奖、2010年度山西社科百部工程一等奖、2011年度山西省社科联优秀课题奖一等奖等。出版有《书法教程》及《临汾书法史略》《中国书法一百年》《书法批评学》《三笔字教程》《书法鉴赏》等著作，其中《书法批评学》被书法杂志评为“2010年度全国最具影响力的书法书籍”。

刘然 出生于20世纪60年代，山西省吉县西关人，中国品牌文化研究中心漫画研究所所长、山西省漫画学会副会长、临汾市漫画学会会长。1985年投身漫画事业，持之以恒，从业余漫画创作转为职业漫画创作。他的作品多以传承中国民族文化为主题，以幽默搞笑为特征，具有主题明确、内涵凝重、形式夸张、创意奇特的艺术个性，在全国近百家报刊发表漫画作品数千件，很多作品在全国性的漫画大赛中夺奖，作品曾入选《中国最佳漫画》《世界美术集》等艺术画册。

李建森 1970年出生，山西省吉县中垛乡白额村人，大学学历，中共党员。陕西省装帧艺术委员会副主任、陕西省晋商商会副会长，西安书画学会副会长。

1990年参加工作，先后任临汾市委办公厅材料秘书，《三秦都市报》记者、副刊编辑、文字策划、美术组组长，《西安商报》美术总监等职。从事出版策划、装帧设计和书画评论工作。主要

作品有《贾平凹语画》《陆维钊评传》《华山三友述评》等。2010年在西安创办“左右客”酒店。

刘隼　原名刘勤荣，笔名舒一，野逸斋主，1971年出生，山西省吉县人，中共党员，大学学历。中国报道网河南频道视频中心总监，河南省华豫影视制作有限公司总经理、导演，中国中青年书法家协会理事，河南省书法家协会会员，河南省精英文化书画院副院长。

朱潮勇　1971年1月出生，山西省吉县西关村人，定居广东珠海。中共党员，企业家、唱作人、孝道文化倡导者。

先后就读于山西运城美术学校、华南师大经管学院、中山大学EMBA。2012年创办集团化印刷制版工厂。业余进修于广东星海音乐学院，原创《亲爱的爸妈》《有您的地方就有家》《感恩妈妈》《梦中的格桑花》《请您到山西来做客》等多首亲情大爱歌曲。受邀担任中央电视台星光大道节目嘉宾评委，中国新歌声广东赛区评委，多次参加央视和卫视大型晚会活动的演出，如：中央电视台三套《天天把歌唱》栏目、CCTV中国乐坛春节联欢晚会、全国少年儿童春节联欢晚会、旅游卫视元宵晚会、CCTV百姓春节联欢晚会等。

葛晓辉　1973年出生，山西省吉县学背后人，本科学历。1992年在临汾市群众艺术馆参加工作，2005年任临汾市群众艺术馆副馆长。后任临汾市文化局社文科科长。民进临汾市委副主委。第三届临汾市政协委员、第四届临汾市政协常委、临汾市委联系的高级专家、临汾市青联委员、临汾市音乐家协会副主席、山西省音协会员、山西省竹笛委员会常务理事、山西省群众文化学会会员、中国群众文化学会会员、中国合唱协会会员、中国民族管弦乐协会会员。创作很多行业歌曲及笛子独奏曲，出版《月儿圆圆》专辑，举办“月儿圆圆”“中秋歌会”“大美乾坤、天下永和”专场音乐会并多次获奖。担任临汾市重大节庆文化活动总导演。成功导演了“首届中国黄河壶口国际合唱节”“天下华人共唱一首歌”和连续十二届“临汾市广场文化消夏月”等活动。

◎**社会经济**

郭文森　1922年出生，原籍山东昌邑县，迁居吉县西关。1955年毕业于山西师范学院生物专科，同年参加教育工作。先后在山阴中学、朔县师范、朔县中学任教。1958年调吉县一中任教，先后4次被评为县模范教师，1959年、1960年被评为临汾地区先进工作者、省模范、模范知青干部、省优秀教师。1984年加入中国共产党，同年调教师进修校任教。吉县一届、二届政协委员。退休后潜心研究吉县方言和地名，编著出版《吉县地名考略》一书。

阎金铸　1941年出生，山西省乡宁县人，1979年从乡宁调吉县文化馆工作，曾任吉县文管所副所长、政协吉县第五届委员会常委。1993年获文博副研究员任职资格，2007年被国家文物局、中国文物学会授予“当代中国文博专家”称号。是清长城的发现和研究者。1980年发现的“柿子滩文化遗址”被评为2001年“中国十大考古发现”，个人获国家田野考古三等奖。在《考古学报》《文物》《考古》《文物天地》《史前研究》《文物季刊》《中国文物报》《团结报》《山西日报》《山西青年报》《佛教文化》等国家和省级刊物发表多篇文章。专著有《柿子滩文化遗址》。两次被评为山西省文博系统先进人物，受到省委宣传部表彰。多次获市县先进个人和吉县突出贡献人物称号。

张纪忠　1954年出生，山西省吉县人。1970年参军，1975年复员退伍后入四川电视台工作，曾担任新闻部副主任、高级记者。

刘耀国　1961年4月出生，山西省吉县吉昌镇人，1983年山西大学历史系毕业，获历史学学士学位。同年考入山西大学法律系读研究生，1986年研究生毕业获法学硕士学位，同年获法学讲师学位。1986—1994年任法律系教师。1995年任澳大利亚悉尼科技大学公派访问学者。

1996—2000 年初在澳大利亚创业，主要是农业与国际教育。2000 年回国创业，成立大任国际教育公司，兼澳大利亚国际技术研究院董事、院长。2005 年创办山西华澳商贸职业学院（大专学历教育），担任董事长。2007 年与中北大学合作举办中北大学信商学院（本科学历教育），担任执行董事，投资兴建大任国际教育产学研基地。

郭小丁 1962 年 2 月出生，山西省吉县人。中国民主同盟成员，甘薯品种资源研究室主任，研究员。

1981 年毕业于山西农业大学，留校任助教。1987 年获中国农业科学院研究生院作物遗传育种专业硕士学位。1987 年 8 月调入徐州农科所。1994 年 10 月—1995 年 3 月赴泰国亚蔬中心学习。2004 年 10 月调入江苏省农科院粮食作物研究所甘薯室工作。中国作物学会甘薯专业委员会副秘书长。江苏省“333 工程”第二层次培养对象。徐州市优秀专家。第九、十届全国人大代表。

“七五”以来，主持国家及省市级科研项目 9 项，国际合作项目 3 项。耐寒甘薯品种在塞外高原试种成功，被 CIP 总部赞誉为“甘薯生产开辟了新纪元”。甘薯脱毒成果带来甘薯生产技术的新革命。共获科技进步奖 8 项，其中国家级奖 1 项。发表论文 33 篇，其中提供国外学术会议论文 5 篇，参编专著两部。

崔万锁 1962 年 11 月生，山西省吉县人。1982 年 7 月山西农业大学园艺系毕业，分配到吉县蚕桑果树局蚕桑果树站工作。1984 年 10 月招聘到山东省烟台市农科所蔬菜室工作。2003 年 3 月调烟台农科院农博园工作。2010 年 1 月调烟台农科院果树分院工作，九三学社烟台市委福山支社宣传委员，山东省科学技术协会会员，中国未来研究会未来研究所高级研究员，中国对联文化研究院研究员，中国管理科学研究院特约研究员，中国国际专家学者联谊会（香港）国际专家，山东省司法厅司法鉴定专家，烟台市人民政府政府采购专家库成员。2010 年 6 月被烟台市委统战部聘为民主党派专家服务团成员。2012 年 6 月被市委统战部特聘为烟台市民主党派同心专家服务团成员。参加过山东省、烟台市及国家级研究课题 10 余项，亲自主持 4 项并多项获奖。

主持选育的“早熟抗病高产优质杂种一代—烟粉 1 号”是山东省第 1 个高抗烟草花叶病的番茄品种，发表《烟粉 1 号番茄新品种选育报告》引起国内外同行专家的重视。1986 年承担美国纽曼种子公司的番茄杂交制种技术研究工作，取得最高亩产杂交种子 16.6 公斤，创汇 3320 美元的经济效益。

强为民 1963 年 10 月生，山西省吉县中垛村人。1979 年 7 月不满 16 周岁考取西北工业大学（西安）计算机专业。1983 年 7 月大学毕业后被分配到航空工业部第 603（飞机设计）研究所工作，任工程师，多次被研究所评为先进工作者。1983—1987 年，参加“歼 7”轰炸飞机的研制工作。1987 年参加大型计算机的引进工作，当年赴法国巴黎接收部分设备引进工作。1987—1993 年，参加中德飞机合作研制项目的可行性论证工作，为该项目的研制作出了贡献。

曹富祥 1966 年出生，山西省吉县三堠村人。1987 年获哈尔滨科技大学自动控制专业学士学位，1990 年获中国空间技术研究院电磁场与微波技术硕士学位，1999 年获得西北工业大学飞行器设计博士学位。1990—1995 年在航天 504 从事卫星监控与通信方面的研究工作。1999—2001 年在西安电子科技大学从事博士后研究，被评为副教授。2001—2002 年在新加坡南洋理工大学担任研究员，后任新加坡国防科技研究院高级研究人员，主要研究卫星导航、通信与测控，组合导航，基于 GPS 载波相位的飞行器姿态确定，机载合成孔径雷达运动补偿，智能交通系统车载 GPS 导航系统设计，卫星微波电路设计。

梁歆桉 1970 年 12 月出生，山西省吉县东城乡真村人，工学博士，新加坡科学研究局（

ASTAR）数据存储研究院（Data Storage Institute）先进概念与纳米技术研究部（Advanced Concept and Nanotechnology Division）三级研究科学家（Scientist III）。

1988年9月考入兰州大学材料科学系，1992年6月获理学学士学位。1992年6月—1994年8月在中国第一砂轮厂沈阳磨料磨具研究所无机材料研究组工作，任助理工程师。1994年9月—1997年7月在西安交通大学和中国空间技术研究院兰州物理研究所学习，获电子、离子与真空物理专业理学硕士学位，主要从事等离子体化学气相沉积法（CVD）合成金刚石膜以及其电学和光学性能表征的研究。金刚石光学膜工艺研究项目获得1996年中国航天工业总公司颁发的部级科技进步二等奖。1997年9月—2002年2月在中国科学院上海硅酸盐研究所学习和工作，2000年8月获材料学专业工学博士学位，期间主要从事在空间微重力条件下高温熔体晶体生长过程中的固液界面耦合以及晶体生长习性的研究。研制的高温熔体晶体实时观察装置申请中国专利一项，该装置搭载“神舟二号”飞船进行空间实验，成功实现在地面对空间微重力条件下的晶体生长过程的观察。

2004年获首届新科研博士后最佳口头报告奖，2017年获新科研和新航工程联合颁发的航空项目成就奖。获专利4项，在专业杂志和会议上发表论文60余篇。国际光学工程学会（SPIE）、美国光学学会（OSA）、国际显示学会（SID）会员，兰州大学物理科学与技术学院兼职教授，博士生导师。

师晓霞 女，山西省吉县东赵村人，1994年毕业于山西师范大学历史系，2002年毕业于中国人民大学人力资源专业，2009年毕业于北京师范大学，应用心理学博士学历。为国家二级心理咨询师、督导师，民政部中级社工师，中国农业大学、北京化工大学等高校特聘心理咨询专家，北京多家社区心理支持专家。

刘彦琴 女，1972年出生，山西省吉县吉昌镇人。1996年山西农业大学土地管理毕业，。1996年9月—2002年7月中国农业大学硕士博士连读，2002年8月毕业后在国土资源部人力资源开发中心工作，任处长。完成了“入世与农村集体土地使用制度创新”等多项研究成果，与其他专家联合编著《如何进行分销渠道管理》一书，2003年出版发行。

张淑珍 女，1974年3月出生，山西省吉县城关镇霖雨村人，中共党员。在北京大学化学与分子工程学院取得化学领域博士学位后，在中国人民解放军军事医学科学院毒物药物研究所从事新药研发、军事医学等方面的科研工作。科研成果发表于美国、荷兰等国际化学专业权威刊物 AnalyticaActa Chemisty、Talanta、Analytica Chimica Acta、SpectronChimica Acta、Journal of chromatography 以及中国核心期刊《分析化学》《高等学校化学学报》等。帮助北京大学、中国科学院、天津天士力制药等中国知名高校和优秀企业的创新成果走出国门并获得海外知识产权保护。帮助哈佛大学等国外知名高校、企业在中国获得有效的知识产权保护。

冯爱玲 女，1980年7月出生，山西省吉县人，博士（后），研究生导师。1998年进入长安大学环境科学与工程学院应用化学系学习，2002年获得工学学士学位。同年进入第四军医大学基础部药学系学习，2005年获得第四军医大学医学硕士学位。2011年获西安交通大学材料学博士学位，博士期间致力于镁基复合材料的制备及表征、纳米羟基磷灰石纤维的生长机制及其生物学效应等研究工作。2012—2015年于西安交通大学生命科学与技术学院及仿生工程与生物力学中心进行博士后研究工作，进行稀土上转换纳米材料的荧光性能及生物成像方面相关研究。2015年在宝鸡文理学院物理与光电技术学院从事稀土上转换材料的可控合成及荧光增强机理研究，新型微纳高导热高介电绝缘复合材料的设计与研究。

第三章 名录

第一节 革命烈士

◎军队系统

吉县革命烈士英名录

表 34-3-1

姓名	牺牲时部别职务	性别	出生年月	籍贯	是否党（团）员	参加革命时间	牺牲时地点及简要英烈事迹	备注
白起璋	新四军3师7旅19团干事	男	1918	吉县城关公社水洞沟村	—	1938	1941年在盐阜执行任务中牺牲	
赵志祥	10旅排长	男	—	吉县曹井公社洛义沟村	—	1947	1948年12月在阳曲县风格梁战斗中牺牲	
高宗智	独立7旅21团2营5连事务长	男	1916	吉县王家原公社高崖底村	—	1948	1948年在太原牛驼寨战斗中牺牲	
刘永福	军政大学学员	男	1924	吉县城关公社烟里村	—	1949.07	1949年12月在四川新繁县执行任务中牺牲	
刘育秀	看护长	男	—	吉县城关公社北光村	党员	1948	1951年在朝鲜战斗中牺牲	
李庚午	2091部队事务长	男	—	吉县王家原公社王家原村	—	1947.08	1954年在朝鲜失踪	
薛守智	4纵队班长	男	1926	吉县中垛公社南圪塔村	—	1947	1948年在安徽宿县沈庄战斗中牺牲	
尉福兆	班长	男	1928	吉县中垛公社凉水园村	—	1948.04	1952年7月在朝鲜战斗中牺牲	
房金有	7旅21团3连班长	男	—	吉县	—	—	1948年在太原战斗中牺牲	
郑马椿	7旅21团3营8连班长	男	—	吉县	—	—	1948年在太原战斗中牺牲	
冯占荣	某师炮兵营党支部书记	男	—	吉县文城公社关里村	—	1947	1951年在四川绵阳县温城镇执行任务中牺牲	
王平信	副班长	男	1916	吉县屯里公社屯里村	党员	1949.04	1951年10月在朝鲜战斗中牺牲	

续表

姓名	牺牲时部别职务	性别	出生年月	籍贯	是否党（团）员	参加革命时间	牺牲时地点及简要英烈事迹	备注
史福朝	铁道某营副班长	男	1956	吉县文城公社杨家窑科村	党员	1975.01	1978年9月在河北滦平县整修电话线中牺牲	
吕永清	班长	男	1919	吉县红山公社大庄村	党员	1947.04	生前曾建特等功2次。1950年9月在云南腾冲县剿匪中牺牲	
冯水来	4纵11旅31团1营战士	男	—	吉县王家原公社圪塔村	—	1945.10	1949年在淮海战役中牺牲	
王改朝	4纵队11旅31团战士	男	—	吉县王家原公社曹村	—	1945	1949年在淮海战役中牺牲	
葛抓稳	22旅65团3营9连战士	男	—	吉县城关公社尚家垣村	—	1947.04	1947年9月在陕西潼关县三岔口战斗中牺牲	
刘福才	10分区58团战士	男	1928	吉县王家原公社王家窑村	—	1947	1948年4月在临汾战斗负伤后牺牲于新绛县岳马村医院	
高毛尼	吕梁军区55团1营3连1排战士	男	—	吉县窑渠公社县底村	—	1947.07	1948年12月在太原牛驼寨战斗中牺牲	
张呆子	新绛兵站陀螺队战士	男	1921	吉县城关公社霖雨村	—	1948.03	1948年7月在襄汾县南辛店遭敌机空袭牺牲	
周立芳	22旅60团战士	男	1926	吉县中垛公社三堠村	—	—	1947年12月26日作战牺牲	
葛玉柱	8纵队24旅2营6连战士	男	1930	吉县城关公社祖师庙村	—	1948.04	1948年秋在介休县张兰镇火车站战斗中牺牲	
王武奎	4军10师29团1营3连2排4班战士	男	1919	吉县王家原公社曹村	—	1948	1949年在陕西耀县牧宁原战斗中牺牲	
许金奎	某军战士	男	—	吉县明珠公社城底村	—	1949.05	1950年在朝鲜战斗负伤后牺牲于辽东医院	
张其太	4旅10团战士	男	—	吉县川庄公社吴尖村	—	—	1948年8月在陕西澄城县壶柳山战斗中牺牲	
张玉录	60旅战士	男	1919	吉县红山公社匣院村	—	—	1947年1月在鱼元战斗中牺牲	

续表

姓名	牺牲时部别职务	性别	出生年月	籍贯	是否党（团）员	参加革命时间	牺牲时地点及简要英烈事迹	备注
任 勇	184 师 550 团战士	男	—	吉县东城公社西村	—	—	在太原战斗中牺牲	
程光谦	战士	男	—	吉县	—	—	1947 年在运城战斗中牺牲	
常乐乐	战士	男	—	吉县	—	—	1948 年 4 月在太原战斗中牺牲	
王守义	7415 部队战士	男	1937	吉县城关公社丁家圪塔村	—	1955.03	1955 年 10 月在辽东半岛执行任务中牺牲	
梁文兴	35265 部队战士	男	1957.12	吉县中垛公社南柯榼村	团员	1979.01	1979 年 3 月 1 日在对越自卫战中牺牲，经 35265 部队批准追记三等功	
徐发四	35266 部队战士	男	1960	吉县曹井公社曹井村	团员	1979.01	1979 年 3 月 1 日在对越自卫战中牺牲	
曹文全	战士	男	1958	吉县东城公社西角头村	团员	1979.01	1979 年 2 月 17 日在对越自卫还击战中，与班里失去联系，仍抱定完成任务的决心向敌阵冲去，英勇战斗，身负重伤，同年 5 月 27 日在云南屏边县医院牺牲	
刘风明	战士	男	—	吉县曹井公社山头村	—	1947.05	1948 年运城战斗中牺牲	
史振发	1 军 3 师 9 团 4 连战士	男	—	吉县文城公社田原村	—	1947.10	1949 年在青海大通县战斗中牺牲	
柴玉福	2 纵队 6 旅 17 团 2 营 6 班战士	男	—	吉县城关公社祖师庙村	—	1947	1948 年 8 月在陕西宜川县瓦子街战斗中失踪	
韩金义	决死队队员	男	—	吉县	—	—	1938 年在襄汾县刘湖战斗中牺牲	
邓德明	宜川游击队队员	男	—	吉县东城公社山头村	—	1935.02	1936 年在宜川县战斗中牺牲	
白德清	吉县游击队队员	男	—	吉县中垛公社南宜秋村	—	1946	1947 年 1 月在吉县战斗中牺牲	
伊淑孝	吉县二区区干队队员	男	—	吉县曹井公社寺沟村	—	—	1947 年 11 月在乡宁县牛王庙被敌杀害	
马西发	吉县二区区干队队员	男	—	吉县曹井公社寺沟村	—	—	1947 年 11 月在乡宁县牛王庙被敌杀害	

续表

姓名	牺牲时部别职务	性别	出生年月	籍贯	是否党（团）员	参加革命时间	牺牲时地点及简要英烈事迹	备注
葛双印	4纵队2师2旅66团2营通讯员	男	1917	吉县文城公社柏树村	—	1947	1948年在开封砖桥阻击战中牺牲	
苏水红	西北军区骑兵2团司号员	男	1934	吉县中垛公社白额村	—	1948.09	1953年5月7日在青海省同德县剿匪战斗中牺牲	
孙黄生	某团特务连电话员	男	—	吉县红山公社西头村	—	1944	1951年8月在朝鲜黄海道涟川郡三店里战斗中牺牲	
杨生辉	2纵57团政治处保卫干事	男	1915.07	吉县中垛乡底贴村	—	1942	忠义店对日战斗中牺牲	
刘汉章	19兵团战士	男	—	吉县王家原公社上坪村	—	1948	1949年9月23日在兰州战斗中牺牲	
王文学	战士	男	—	吉县城关公社侯家沟村	—	—	1950年在广东剿匪中牺牲	
任天成	24旅72团机枪连	男	—	吉县	—	—	—	
翟创平	7旅13大队	男	—	吉县	—	—	1948年在太原战斗中牺牲	
翟存玉	1分区	男	—	吉县	—	—	1948年在太原战斗中牺牲	
周国牛	56团	男	—	吉县中垛公社麻子渠村	—	—	1946年在平陆县战斗中牺牲	
王福奎	—	男	—	吉县	—	—	—	据阳曲县烈士陵园资料编入
张　炎	—	男	—	吉县城关公社大田窝村	—	1937	1938年8月失踪	
胡小庆	—	男	—	吉县川庄公社柏坡底村	—	1938.12	1939年3月失踪	
程金路	—	男	—	吉县川庄公社姚村	—	1948	1951年10月朝鲜失踪	
张志兴	—	男	—	吉县文城公社柏树村	—	1944	1951年3月在朝鲜失踪	
杨春相	—	男	—	吉县窑渠公社峪口村	—	1946	1948年失踪	

续表

姓名	牺牲时部别职务	性别	出生年月	籍贯	是否党（团）员	参加革命时间	牺牲时地点及简要英烈事迹	备注
葛友德	—	男	1928	吉县城关公社丁家沟村	—	1948	1950年在四川新繁县执行征粮任务中被土匪杀害	
王耿人		男	1907	吉县城关公社西关村	党员	1939	1939年11月任中共晋西南区党委委员兼区党校副校长，在随同党委机关转移时，于方山县境内鸭儿崖遭日军包围，突围时牺牲	
白起炜	—	男	—	吉县城关公社水洞沟	—	1938	1949年在盐阜淮海执行战斗任务中牺牲，安葬在淮阴82烈士陵园	
白德青	—	男	—	吉县中垛乡南宜秋村	—	1941	1947年1月在吉县西与敌作战中牺牲，安葬在本村	
马文录	—	男	—	吉县辛村	1928	—	—	
李庚午	2091部队事务长	男	—	吉县王家原村	—	—	1954年在抗美援朝中与家里失去联系。	
史振发	—	男	1925	吉县文城乡田原村	—	1947	1949年在太原战斗中立小功1次，于1959年在青海大同县牺牲	
王福奎	—	男	—	吉县	—		—	据阳曲县烈士陵园资料
洛 利	鲁南军区第3分区司令部侦察参谋	男	1917	吉县城关公社葛家沟村	—	1936.07	在临枣公路北执行任务时遭埋伏伪军杀害	山西民政厅晋民优烈字〔1997〕1号文件追认为革命烈士

吉县地方系统革命烈士英名录

表 34-3-2

姓名	牺牲时部别职务	性别	出生年月	籍贯	是否党（团）员	参加革命时间	牺牲时地点及简要英烈事迹	备注
洛洪章	北方局党校教育科科长	男	1914	吉县城关公社葛家沟村	党员	—	1937 年在太原牺盟会加入中国共产党，历任壶关县县长、北方局党校教育科科长。1942 年 5 月在偏城被日伪抓捕，牺牲于太原	
王 勇	西华县公安局局长	男	—	吉县川庄公社柏坡底村	—	1947	1958 年在西华县执行任务中被土匪杀害	
豆建忠	河南辉县工商局局长	男	—	吉县城关公社西关村	—	—	1945 年 3 月在河南辉县赵固被汉奸杀害	
葛天泽	支前民工	男	—	吉县文城公社南房村	—	—	1948 年 2 月在陕西宜川县瓦子街战斗中牺牲	
葛在学	支前民工	男	—	吉县文城公社留村	—	—	1948 年 2 月在陕西宜川县瓦子街战斗中牺牲	
田立义	支前民工	男	—	吉县曹井公社三皇峪村	—	—	1948 年 2 月在陕西宜川县瓦子街战斗中牺牲	
李新安	支前民工	男	—	吉县曹井公社三皇峪村	—	—	1948 年 2 月在陕西宜川县瓦子街战斗中牺牲	

吉县烈士陵园烈士名录

表 34-3-3

姓名	牺牲时部别职务	性别	出生年月	籍贯	是否党（团）员	参加革命时间	牺牲时地点及简要英烈事迹	备注
李永明	4785部队5连战士	男	1952.01	四川省安岳县云丰乡	—	1969.03	1972年2月13日在马粪滩军事工程施工中牺牲	
李光有	8675部队	男	—	—	—	—	1972年4月在马粪滩军事工程施工中牺牲	
杨忠武	4785部队	男	—	四川省乐至县新乐公社一大队	党员	1969.04	1973年7月15日在马粪滩军事工程施工中牺牲	
唐光全	4785部队	男	1951	四川省乐至县文本公社五大队	团员	1969.04	1971年7月5日在马粪滩军事工程施工中牺牲	
罗大贯	4785部队	男	—	湖南省常德县庐山公社台家甫大队	—	—	1971年7月5日在马粪滩军事工程施工中牺牲	
薛志琨	晋绥政卫第1师第1团机炮连中尉排长	男	—	山西省虞乡县关家庄	—	—	1974年6月1日在马粪滩军事工程施工中牺牲	
王茂胜	4785部队	男	1949	陕西省富平县立新公社	团员	1970.01	1971年7月20日在马粪滩军事工程施工中牺牲	
蔡德福	4785部队5连战士	男	1950.06	四川省安岳县白水乡	—	1969.04	1972年7月在马粪滩军事工程施工中牺牲	
于子昌	4785部队	男	—	四川省简阳县莲花公社	—	—	1970年12月在马粪滩军事工程施工中牺牲	
严建平	—	男	—	—	—	—	1970年4月在马粪滩军事工程施工中牺牲	
杨贵荣	4785部队	男	—	四川省荣县成佳公社团结大队	否	1969.03	1970年12月在马粪滩军事工程施工中牺牲	
孙永富	4785部队	男	—	—	—	—	1970年5月在马粪滩军事工程施工中牺牲	
张洽才	4785部队	男	—	—	—	—	1971年在马粪滩军事工程施工中牺牲	
王忠发	4785部队	男	1950.09	四川省安岳县护龙镇	—	1969.01	1972年6月在马粪滩军事工程施工中牺牲	
樊耕农	—	男	—	运城太梁乡寺北村人	—	—	1943年12月26日于克难坡病故	
李加方	8765部队	男	—	—	—	—	1972年4月在建设七郎窝大桥施工中牺牲	

第二节　部分在外处级以上领导干部名录

部分在外处级以上领导干部名录

表 34-3-4

姓名	性别	籍贯	职务
冯　智	男	吉县柏山寺	山西省卫生厅应　急办主任
冯万章	男	吉县东城乡高楼村	国家统计局　山西调查总队法规处处长
郭文敏	男	吉县祖师庙村	山西省委党校　处级干部
徐有仓	男	吉县小府村	山西省建设厅　处级干部
李　栋	男	吉县白额村	山西省政府　副处级秘书
赵霄扬	男	吉县祖师庙村	山西省委宣传部　互联网宣传研究中心副主任
韩　慧	女	吉县祖师庙村	山西省文联　音乐家协会副调研员
苏改英	女	吉县桑峨村	太原市劳动局副局长
葛来卷	男	吉县雷家庄村	太原市汽车修造厂副厂长
葛四正	男	吉县兰古庄村	太原市平板玻璃厂副厂长
丹　丁	女	吉县学背后村	太原市化工局副处级
张治德	男	吉县东城村	山西省交通厅工会主席
郝玉温	男	吉县祖师庙村	太原市公交公司副总
于引弟	女	吉县东城村	临汾市妇联副主任
卫芙蓉	女	吉县西关村	太原市动物园园长
韦　彬	男	吉县学背后	临汾市经委主任
王建国	男	吉县	太原市化肥厂　钢网厂厂长
王靖中	男	吉县柏村	山西省电力局　办公室主任
兰春虎	男	吉县兰家圪塔	宁夏银川棉纺织厂厂长
白爱民	男	吉县王家原	深圳石化集团副总经理
阮正发	男	吉县	晋安化肥厂副厂长
刘　庚	男	吉县	兰州通用机械厂　实业公司经理
刘生明	男	吉县下柏房村	临汾市委组织部　部务委员
刘孟兰	男	吉县西关村	新疆电力基建局局长
刘晓爱	女	吉县桥南村	临汾开发区纪检书记

续表

姓名	性别	籍贯	职务
刘智勇	男	吉县	临汾市委对台办副主任
刘振宗	男	吉县	太原市农委主任
李佩英	男	吉县	西安市票证管理处副处长
邱俊发	男	吉县	陕西机械化施工公司副处长
张 英	女	吉县	陕西物资公司处长
张三森	男	吉县桑村	临汾学院党委副书记
张小虎	男	吉县水洞沟	国家水利部处长
李永贵	男	吉县西关村	北京市水利局 计划处处长
张忠民	男	吉县	内蒙古经济电视台 副台长
张玉水	男	吉县霖雨村	西北航空公司副书记
张玉育	男	吉县城内	内蒙古电影制片厂 制片主任
张丙全	男	吉县沟南村	陕西地质研究所处长
张效增	男	吉县西掌村	临汾地委农工部部长
张晋阳	男	吉县	陕西省安全厅 人事处副处长
张晋湖	男	吉县	兰州军区后勤部 西安28分部副参谋长
陈光荣	男	吉县祖师庙村	南京江宁工业学校校长
陈宗舜	男	吉县	太钢房地产处处长
周天水	男	吉县西关村	长治自行车工业公司总经理
杨本刚	男	吉县	运城化工总公司总经理
宦镜清	男	吉县车城	临汾地区商业局副局长
高 玲	女	吉县	陕西省经贸委副处长
原稳山	男	吉县	太原重机厂副厂长
强志俊	男	吉县中垛村	临汾市委统战部副部长
葛万贞	女	吉县	西安市供电局副处长
葛纪杰	男	吉县	西安市一中副处级干部
葛永安	男	吉县	山西省机械厅主任
赖保成	男	吉县西关村	临汾市人大工委主任
谭 苑	女	吉县东关村	洛阳石化总公司 一公司劳资处长

续表

姓名	性别	籍贯	职务
谭　琳	女	吉县东关村	西安交大研究生院副处长
韦　阳	男	吉县学背后村	临汾市委组织部副部长兼人社局局长
梁灵恩	男	吉县桥南村	临汾市扶贫局副局长
杜旭杰	男	吉县文城	临汾开发区副书记
刘彦明	男	吉县吉昌镇	临汾开发区公安局局长
王　瑞	男	吉县桥南村	尧都区委副书记
张振荣	男	吉县真村	大宁县委组织部部长
李永升	男	吉县白额村	大宁县委副书记
郭龙臣	男	吉县文城村	临汾学院副书记
杨泽明	男	吉县南光村	临汾市委副秘书长 兼事务管理局局长
陈续臻	女	吉县柏德村	临汾市文化局局长
陈傲森	男	吉县柏东村	尧都区检察院检察长
高国稳	男	吉县	临汾市旅游局副局长
孙振忠	男	吉县西头村	临汾市电校校长
张奎慧	男	吉县沟南村	临汾市文联副主席
刘较山	男	吉县行台村	临汾市安监局副处级干部
张应钦	男	吉县霖雨村	临汾市人大工委副主任
李学良	男	吉县白额村	浮山县委宣传部部长
陈贵林	男	吉县宜秋村	临汾市交通局纪检组长
耿国荣	男	吉县窑渠村	临汾市人大工委副主任
陈伟泽	男	吉县西关村	山西省军区干休所所长
赖兴国	男	吉县西关村	翼城县委政法委书记
周建民	男	吉县三堠村	隰县政府副县长
王福成	男	吉县大郎庙	临汾职业技术学院副院长
马管旺	男	吉县文城	引沁入汾指挥部副主任
史进奎	男	吉县结子院村	临汾七中党支部书记
崔鹏飞	男	吉县	临汾市人社局副局长
强国荣	男	吉县中垛村	山西省邮电局处长

续表

姓名	性别	籍贯	职务
强创义	男	吉县柏树村	公安部南京警犬研究所　处级干部
强　勇	男	吉县柏树村	南京市政府部门　处级干部
强爱萍	女	吉县柏树村	南京金轮股份有限公司常务副总经理
强京宁	男	吉县柏树村	公安部南京警犬研究所所长
郭福德	男	吉县婆美村	青海劳改局处长
姚万印	男	吉县文城	临钢公安处政委
姚万康	男	吉县文城	新疆模具厂工会主席
曹　斌	男	吉县上东村	四川汽车工业总公司处长
郭振兴	男	吉县文城	中南大学人事处处长
李生元	男	吉县	兰州长风机械厂工会主席
张福辰	男	吉县真村	陕西机械施工公司纪委副书记、监察室主任
宋国忠	男	吉县大圪塔村	太行海运公司财务总监

第三节 高级专业技术人员名录

部分在本县的高级专业技术人员名录

表 34-3-5

姓名	性别	工作单位	职称
徐拴盛	男	吉县一中	中教高级
冯慎终	男	吉县二中	中教高级
李有平	男	吉县一中	中教高级
高崇德	男	吉县一中	中教高级
刘登科	男	吉县一中	中教高级
窦秀珍	女	吉县一中	中教高级
葛雪印	女	吉县二中	中教高级
温青温	男	吉县一中	中教高级
张德忠	男	吉县一中	中教高级
张天仓	男	吉县一中	中教高级
张天顺	男	吉县一中	中教高级
冯国发	男	吉县一中	中教高级
李雪莲	女	吉县二中	中教高级
刘峰高	男	吉县一中	中教高级
张茂发	男	吉县一中	中教高级
史赠耀	男	吉县一中	中教高级
崔拴印	女	吉县一中	中教高级
陈建国	男	城关联区	中教高级
冯敖子	男	城关联区	中教高级
葛关峰	男	教研室	中教高级
赵德鸿	男	教研室	中教高级
王学枢	男	吉县一中	中教高级
陈龙生	男	吉县一中	中教高级
刘森旺	男	吉县一中	中教高级
王殿山	男	吉县一中	中教高级

续表

姓名	性别	工作单位	职称
张浩然	男	吉县一中	中教高级
葛秀云	女	吉县一中	中教高级
贾文森	男	吉县一中	中教高级
陈志诚	男	吉县一中	中教高级
曹旭刚	男	吉县一中	中教高级
党建国	男	吉县一中	中教高级
王刘保	男	西关学校	中教高级
史书钦	男	吉县一中	中教高级
文建荣	男	进修校	中教高级
吴培林	男	吉县一中	中教高级
边照生	男	桑峨中学	中教高级
党新忠	男	吉县一中	中教高级
刘东业	男	吉县一中	中教高级
郑铁成	男	吉县一中	中教高级
王学良	男	吉县二中	中教高级
张振忠	男	吉县二中	中教高级
屈丽萍	女	吉县二中	中教高级
冯爱兰	女	吉县二中	中教高级
王世章	男	吉县一中	中教高级
刘晓剑	男	吉县一中	中教高级
刘剑军	男	吉县一中	中教高级
李洁雍	女	吉县一中	中教高级
王希花	女	吉县一中	中教高级
王平保	男	吉县一中	中教高级
冯智民	男	吉县一中	中教高级
王均云	女	吉县一中	中教高级
刘丽娟	女	吉县一中	中教高级
张小潭	女	吉县一中	中教高级

续表

姓名	性别	工作单位	职称
张建军	男	吉县一中	中教高级
牛文珍	女	吉县二中	中教高级
郭吉平	男	吉县二中	中教高级
葛永立	男	吉县二中	中教高级
姚淑英	女	吉县二中	中教高级
郭香梅	女	吉县二中	中教高级
张玉琴	女	吉县二中	中教高级
冯云安	男	吉县二中	中教高级
王喜平	男	吉县二中	中教高级
白晋明	男	吉县二中	中教高级
李建刚	男	吉县二中	中教高级
洛晓风	女	吉县二中	中教高级
张月霞	女	吉县三中	中教高级
白顶立	男	吉县三中	中教高级
卫红梅	女	吉县三中	中教高级
葛根管	男	教研室	中教高级
杨梅英	女	教研室	中教高级
葛安生	男	吉县职中	中教高级
白培文	男	吉县职中	中教高级
葛根管	男	吉县职中	中教高级
冯成森	男	吉县二中	中教高级
史云岗	男	吉县二中	中教高级
任兴社	男	吉县一中	中教高级
窦红梅	女	吉县一中	中教高级
强治凯	男	吉县二中	中教高级
岳清朝	男	吉县二中	中教高级
常惠梅	女	吉县二中	中教高级
夏遵民	男	吉县职中	中教高级

续表

姓名	性别	工作单位	职称
冯安荣	男	吉县二中	中教高级
冯德亮	男	吉县一中	中教高级
李万立	男	吉县一中	中教高级
刘俊珍	女	吉县二中	中教高级
兰天良	男	吉县二中	中教高级
苏银焕	女	吉县二中	中教高级
郭文全	男	吉县二中	中教高级
张毅忠	男	吉县一中	中教高级
葛益民	男	吉县二中	中教高级
葛秀红	女	吉县二中	中教高级
张三梅	女	吉县二中	中教高级
杨桂梅	女	吉县二中	中教高级
陈春德	男	吉县二中	中教高级
曹吉祥	男	吉县二中	中教高级
郑 云	女	吉县二中	中教高级
陈长安	男	吉县二中	中教高级
孙德忠	男	吉县一中	中教高级
郭润贤	女	吉县三中	中教高级
杜安安	男	吉县三中	中教高级
杨变花	女	吉县二中	中教高级
张建良	男	吉县二中	中教高级
邓榜森	男	吉县一中	中教高级
杨平英	男	吉县一中	中教高级
赵成英	男	吉县一中	中教高级
葛合恕	男	吉县一中	中教高级
孙巧珍	女	吉县一中	中教高级
郭印玲	女	吉县一中	中教高级
刘变珍	女	吉县一中	中教高级

续表

姓名	性别	工作单位	职称
崔根玲	女	吉县三中	中教高级
肖顺合	男	吉县三中	中教高级
葛慧芳	女	吉县三中	中教高级
步晓玲	女	吉县二中	中教高级
崔咏梅	女	吉县一中	中教高级
曹秀红	女	吉县二中	中教高级
曹保安	男	吉县一中	中教高级
段万章	男	吉县三中	中教高级
杨全德	男	吉县三中	中教高级
贺志华	男	吉县三中	中教高级
冯义平	男	吉县二中	中教高级
王档兰	女	吉县二中	中教高级
孙光明	男	吉县二中	中教高级
刘永忠	男	吉县二中	中教高级
王吉宗	男	吉县二中	中教高级
梁忠明	男	吉县二中	中教高级
刘殿文	男	吉县三中	中教高级
刘佩温	男	吉县三中	中教高级
王翠凤	女	吉县三中	中教高级
张象竹	女	吉县一中	中教高级
刘泰利	男	吉县一中	中教高级
冯吉盛	男	吉县一中	中教高级
刘俊平	男	吉县一中	中教高级
杨喜梅	女	吉县一中	中教高级
王智勇	男	文城中学	中教高级
陈建荣	男	文城中学	中教高级
姬丰收	男	吉县一中	中教高级
苏敬森	男	吉县一中	中教高级

续表

姓名	性别	工作单位	职称
贾焕梅	女	吉县二中	中教高级
陈文忠	男	吉县二中	中教高级
刘淑敏	女	吉县二中	中教高级
邓宪生	男	吉县三中	中教高级
马振翔	男	吉县二中	中教高级
李彦龙	男	吉县一中	中教高级
刘海中	男	文城中学	中教高级
成博华	男	文城中学	中教高级
李文德	男	东城中学	中教高级
刘宽柱	男	东城中学	中教高级
袁建明	男	柏山寺中学	中教高级
郭拴英	女	吉县三中	中教高级
葛成宗	男	吉县三中	中教高级
郭新红	男	王家原中学	中教高级
郭瑞拴	男	文城中学	中教高级
曹三亮	男	文城中学	中教高级
薛永立	男	中垛中学	中教高级
强桂香	女	中垛中学	中教高级
王良章	男	柏山寺中学	中教高级
刘卫科	男	吉县人民医院	副主任医师
畅永杰	男	吉县人民医院	副主任医师
张学峰	男	吉县人民医院	副主任医师
杨启亮	男	吉县人民医院	主任医师
王晓玲	女	吉县人民医院	主任医师
崔彩霞	女	吉县人民医院	主任医师
强黎明	男	吉县人民医院	主任医师
陈元华	女	吉县人民医院	副主任医师
张玉梅	女	吉县人民医院	副主任医师

续表

姓名	性别	工作单位	职称
刘江华	女	吉县人民医院	副主任医师
李和平	男	吉县人民医院	副主任医师
杨福庆	男	吉县人民医院	副主任医师
梁续英	女	吉县人民医院	副主任医师
胡安超	男	吉县人民医院	副主任医师
葛建平	男	吉县人民医院	副主任医师
谭风梅	女	吉县人民医院	副主任护师
王玉萍	女	吉县人民医院	副主任护师
常晋华	男	吉县人民医院	副主任医师
王明喜	男	吉县人民医院	副主任医师
刘焕良	男	吉县县委党校	高级讲师
强爱武	女	吉县县委党校	高级讲师
肖　丽	女	吉县县委党校	高级讲师
卫正平	男	吉县林业中心	高级工程师
冯立山	男	吉县果业中心	高级农艺师
窦兴华	男	吉县果树科技研究所	高级农艺师
郑金成	男	吉县经管局	高级农艺师
闫雅梅	女	吉县文管所	副研究馆员
王玉琴	女	吉昌镇经管所	高级农经师
刘彦玲	女	吉县人民医院	副主任护师
杨国英	女	吉县林业中心	高级工程师
刘京健	女	吉县林业中心	高级工程师
徐印贤	女	吉县农林委	高级农艺师
刘亚玲	女	东城卫生院	基层副主任医师
孙彩凤	女	吉县疾控中心	基层副主任医师
范秀珍	女	吉县人民医院	基层副主任医师
李林娟	女	吉县人民医院	基层副主任医师
逯德平	男	吉县人民医院	基层副主任医师

续表

姓名	性别	工作单位	职称
孙章娃	男	吉县人民医院	基层副主任医师
刘德拴	男	吉县人民医院	基层副主任医师
郭爱平	女	吉县中医院	基层副主任医师
张福定	男	吉县档案局	副研究员

部分在外高级专业技术人员名录

表 34-3-6

姓名	性别	籍贯	职称	工作单位
马福利	男	吉县侯家沟	总工	太原市第二造纸厂
王 雁	女	吉县	高工	邮电部第十研究所
王靖兰	女	吉县柏村	高工	山西省水利设计院
边国英	女	吉县	馆员	陕西省美术家协会
陈 玄	男	吉县	研究员	陕西省美术馆
史燕林	男	吉县结子院村	主任医师	焦作市医院
兰 涛	女	吉县两满池村	主任医师	太原妇幼医院
白增森	男	吉县	研究员	山西省农科院
刘平安	男	吉县	高工	太原玻璃瓶厂
刘志刚	男	吉县西关村	高工	机电部 33 所
刘丽萍	女	吉县	副教授	太原理工大
刘国育	男	吉县西关村	高工	西藏地质队
李万收	男	吉县	高工	太原化工建设公司
李永贵	男	吉县西关村	研究员	北京市水利科学研究所
李林芳	女	吉县	主任医师	山西惠丰机械厂医院
肖 娟	女	吉县葛家沟	副教授	山西农业大学
肖爱凤	女	吉县东关村	高级讲师	临汾卫校
张华志	女	吉县雷神沟	副教授	山西建筑工程学院
张沁生	男	吉县	主任医师	北京玄武医院
张秉增	男	吉县	主任医师	太原市人民医院
张哀生	男	吉县西掌村	高工	内蒙古科技馆
陈 莹	女	吉县	教授	西安外语学院教授
陈增录	男	吉县葛家沟	主任医师	太原市中心医院
武兴华	男	吉县桥南村	副教授	山西矿业学院
武定祖	男	吉县桥南村	高工	临汾能源开发公司
张鹍鹏	男	吉县沟南村	研究员	北京航天二院
张鹏飞	男	吉县沟南村	教授	西安电子科技大学

续表

姓名	性别	籍贯	职称	工作单位
郝 敏	女	吉县城内	副主任护师	太原西山矿务局总医院
武福祖	男	吉县桥南村	高工	河南南阳川光仪器厂
赵晓玲	女	吉县葛家沟	研究员	核工业部第七设计院
段吉平	女	吉县上阳庄村	研究员	化工部第二设计院
贺端明	男	吉县桥南村	高工	临汾市重工局
贺端麒	男	吉县桥南村	高工	河南南阳电梯厂
郭天锡	男	吉县	总工	太原磷肥厂
郭运年	女	吉县桥南村	主任医师	临汾市第二人民医院
冷文俊	男	吉县屯里	副主任医师	临汾市第一人民医院
徐进安	男	吉县	研究员	山西省生物研究所
李 平	男	吉县小府巷	主任医师	尧都区第一人民医院
徐金锁	男	吉县	研究员	太原煤矿设计院
高国榜	男	吉县上帖村	主任医师	太原儿童医院
强爱民	女	吉县中垛村	副教授	山西省工业安装公司教育中心
曹自林	男	吉县三堠村	高工	太原模具厂
曹秀琴	女	吉县西关村	副主任医师	上海市第五医院
韩虎山	男	吉县侯家沟	副教授	山西省经管学院
窦复兴	男	吉县西关村	总工	邯郸兵工厂
谭 明	男	吉县东关村	高工	山西省宝鸡秦川机床厂
谭平平	女	吉县东关村	高工	轻工业部轻工设计师

2015 年底吉县部分在外博士名录

表 34-3-7

姓名	性别	籍贯	学位	工作单位
贺建才	男	吉县尚家原	博士	美国
路吉林	男	吉昌镇东关村	博士	兰州一机部电源车辆研究所
张泽宇	男	吉县	博士	美国纽约哥伦比亚大学
张荣殿	男	东城乡雷家庄村	博士	美国
杜艳丽	女	文城乡姚家畔村	博士	北京农业大学副教授
杜海燕	女	文城乡姚家畔村	博士	太原理工大副教授
姚亚明	男	文城乡姚家畔村	博士	乌克兰柴可夫斯基音乐学院毕业，2014 年在乌克兰基辅举办个人音乐会
肖 娟	女	吉昌镇柳卜湾	博士	太原理工大副教授
孙月琴	女	柏山寺乡西头村	博士	北京林业大学副教授
陈鹏飞	男	东城乡沟南村	博士	西安电子科技大学副教授
靳 富	男	车城乡洛义沟村	博士	中国科学院应用物理山海研究所
葛 静	女	吉昌镇柳卜湾	博士	中国人民大学
陈 博	男	吉昌镇	博士	上海交大附属瑞金医院
文鹏程	男	吉昌镇兰古庄村	博士	甘肃农业大学
陈彦江	男	吉昌镇西关村	博士	浙江大学
张彦宇	女	吉昌镇兰村	博士	北京解放军医学研究所副教授
李云香	女	吉昌镇侯家沟	博士	北京林业大学党委宣传部
陈黎娜	女	吉昌镇葛家沟	博士	武汉科技大学
曹亚丽	女	吉昌镇	博士	北京中日友好医院肾内科
张荣怀	男	东城乡雷家庄村	博士	西安西京医院副主任医师
曹明霞	女	中垛乡三堠村	博士	江苏省社科院副研究员
孙 欢	女	吉昌镇祖师庙村	博士后	中国科学院微生物研究所
孙 乐	女	吉昌镇祖师庙村	博士	浙江工商大学
李林博	男	吉昌镇	博士	中国工商银行

第四节 2015 年底吉县部分市级以上立功受奖者名录

2015 年底吉县部分市级以上立功受奖者名录

表 35-3-8

姓名	工作单位	何时受何种荣誉称号	授予机关
吕云珍	农机研究所	1992 年科技推广三等奖	山西省人民政府
李玉保	吉县人民医院	1986 年优秀知识分子	临汾地委
张振武	农业局	1988 年农机推广先进个人	农牧渔业部
苏吉云	屯里镇	1994 年模范乡镇书记	临汾地委
邓永森	五星小学	山西省先进工作者	山西省人民政府
吕端珍	南村坡小学	山西省先进工作者	山西省人民政府
朱彦子	水利局	1986 年水土保持先进工作者	山西省人民政府
李建学	信用社	2009 年山西省五一劳动奖章	山西劳动竞赛委员会
张卫平	东城乡桑村	2001 年山西省五一劳动奖章	山西劳动竞赛委员会
陈智荣	体育局	2009 年全国群众体育先进个人	国家体育总局
陈续臻	县政府	全国三八红旗手	全国妇联
窦正南	车城乡赵村	1992 年全省水土保持先进户	山西省人民政府
谭茂娃	吉县	全省水土保持劳动模范	山西省人民政府
葛建国	党史研究室	2005 年先进工作者	临汾市人民政府
白新萍	党史研究室	2005 年先进工作者	临汾市人民政府
米宪荣	交警队	2006 年临汾市劳动竞赛三等奖	临汾市劳动竞赛委员会
冯彩霞	编制办	2006 年临汾市劳动竞赛三等奖	临汾市劳动竞赛委员会
兰英中	地税局	2007 年临汾市劳动模范	临汾市劳动竞赛委员会
葛翠梅	吉昌镇大田窝村	2007 年临汾市劳动模范	临汾市劳动竞赛委员会
吴吉民	吉昌镇	2008 年临汾市五一劳动奖章 2010 年临汾市劳动模范	临汾市劳动竞赛委员会
李百灵	吉昌镇	2009 年临汾市劳动竞赛二等功	临汾市劳动竞赛委员会
张增谦	劳动局	2009 年临汾市劳动竞赛二等功	临汾市劳动竞赛委员会
夏尊民	职业中学	2010 年临汾市劳动模范	临汾市劳动竞赛委员会
赵洪文	广电局	2010 年临汾市劳动模范	临汾市劳动竞赛委员会

续表

姓名	工作单位	何时受何种荣誉称号	授予机关
王建宗	农业局	2010 年临汾市劳动模范	临汾市劳动竞赛委员会
贾金发	统计局	1998 年农业普查先进个人 2002 年第二次人口普查先进个人	全国农业普查办公室 国务院人口普查领导小组
强朝晖	文化局	2013 年山西省劳动竞赛一等功	山西省劳动竞赛委员会
葛建林	地税局	2007 年山西省劳动竞赛二等功	山西省劳动竞赛委员会
阎秀莲	邮政局	个人二等功	步兵第十团
孙都亲	中垛乡安坪村	2015 年山西省五一劳动奖章	山西省劳动竞赛委员会
葛成稳	果业开发服务中心	2015 年山西省五一劳动奖章	山西省劳动竞赛委员会
李超生	水利局	1986 年优秀知识分子	临汾地委
路花枝	桥南小学	1987 年三育人先进个人	临汾地委、行署
郭文龙	文城乡	1992 年地区劳动模范	临汾地委、行署
		1994 年党员标兵	临汾地委
霍盈洲	党史研究室	1992 年先进工作者	山西省党史研究室
		1995 年组织史先进工作者	山西省组织史办公室
白占奎	体委	1989 年全国优秀裁判员	山西省体委
		1996 年先进个人	山西省体委
白铁森	谢悉村	1992、1994、1996 年农村红旗党支部书记	临汾地委
		1995 年地区劳动模范	临汾地委、行署
		1996 年科技先进工作者	山西省科委
刘吉贤	县委宣传部	1994 年宣传先进个人	山西省委宣传部
		1998 年理论工作先进个人	临汾地委
李晋荣	王家原村	1992 年劳动模范	临汾地委、行署
李隰爱	县妇联	2002 年三八红旗手	山西省妇联
		2004 年先进个人	中国妇女基金会
武振国	农场	1991 年科技优秀工作者	临汾地委、行署
		1992 年先进工作者	全国农技推广总站
		1995 年地区劳动模范	临汾地委、行署
		1995 年先进科技工作者	临汾地委、行署
		2000 年先进工作者	临汾地委、行署
葛孟岐	东城乡山头学校	1985 年山西省劳动模范	山西省人民政府

续表

姓名	工作单位	何时受何种荣誉称号	授予机关
杨泽明	中垛乡	1992年绿化模范	山西省委、省人民政府
张元泰	吉昌镇医院	1987年从事医药工作三十年	山西省卫生厅
		1989年劳动竞赛二等功	临汾地区劳动竞赛委员会
柏玉石	土产公司	1989年从事财会工作30年	财政部
		1989年先进工作者	山西省供销社
		1990年先进工作者	山西省工商联合会
		1990年劳动竞赛二等功	临汾地区劳动竞赛委员会
王培荣	交通局	1986年先进工作者	山西省交通厅
白荣章	吉县二中	1989年模范教师	临汾地区行署
石发祯	西关村	1988年三优两先个体工商户	山西省个协
		1989年文明个体劳动者标兵	山西省个协
任俊发	吉县县委	1991年绿色长城奖章	林业部
		1995年先进工作者	林业部
		1998年绿化先进个人	全国绿化委员会
陈英贤	西关村	1989年全国“三八红旗手”	全国妇联
		1990年-1995年连续6年山西省“三八红旗手”	山西省妇联
贺玉增	东关幼儿园	1987年山西省劳动竞赛三等功	山西省劳动竞赛委员会
		1993年山西省教学能手	山西省教委
		1994年巾帼建功模范个人	山西省妇联
		2001年山西省学科带头人	山西省教委
		2008年幼儿教科研优秀	山西省教育厅
阎金铸	文管所	1998年文博先进个人	山西省委宣传部 山西省文物局
常新玉	工商银行	1991年地区劳动竞赛二等功	临汾地区劳动竞赛委员会
		1991年工会积极分子	山西省工商银行
曹跃民	东关村	1991年先进会员	山西省工商联
		1991、1992年先进个体工商户	山西省工商局、个协
		1997年先进工作者	山西省工商联
牛建中	财政局	1998年先进工作者	临汾地区行署
		2001年劳动模范	临汾市委、市政府
		2001、2003优秀共产党员	临汾市委
		2004年宣传1号文件优秀个人	临汾市委、市政府

续表

姓名	工作单位	何时受何种荣誉称号	授予机关
文阳生	吉昌镇医院	1990 年残疾人先进个人	山西省残工委
		2001 年模范个人	临汾市政府
		2002 年先进个人	山西省工商联
		2003 年见义勇为先进分子	临汾市政府
许小根	党史研究室	2002 年先进工作者	山西省政府办公厅
		2003 年山西省劳动竞赛一等功	山西省劳动竞赛委员会
		2004 年修志功臣	临汾市政府
杨义珍	教育局	1988 年小语教育二等奖	临汾行署
杨福祥	工商行	1991 年人口普查先进个人	山西省人口普查办
杜印森	农资公司	1992、1993 年模范党员	临汾地委
		1993 年劳动竞赛一等功	临汾地区劳动竞赛委员会
		1994 年劳动竞赛特等功	临汾地区劳动竞赛委员会
		1995 年科技服务先进工作者	中国农资公司
张玉梅	县人民医院	1996 年先进个人	山西省卫生厅
		2000 年临汾劳动竞赛三等功	临汾地区劳动竞赛委员会
张顺旺	文城乡	2005 年青年科技奖	山西省工商局等六厅局
		2006 年优秀农村实用人才	临汾市委
张承义	气象局	1992 年十佳气象测报员	山西省气象局
		1996、2004 年优秀测报员	山西省气象局
武吉生	民政局	2003、2005 年拥军优秀先进个人	山西省双拥工作领导组
		2005、2006、2008 年先进工作者	山西省民政厅
		2006 年五一劳动奖章	临汾市劳动竞赛委员会
洛长久	农业局	1994 年丰收奖一等奖	农牧渔业部
曹学森	水利局	1991 年水土保持二等奖	山西省农业区划委员会
葛平安	交通局	1985-1989 年连续 5 年公路系统劳动模范	山西省交通厅
		1987 年劳动竞赛二等功	临汾市劳动竞赛委员会
王晓祥	科委	1985 年优秀共产党员	临汾地委
		2001 年先进工作者	临汾地委
王彩梅	林业局	2004、2005、2007 先进工作者	山西省林业厅
		2006、2008 先进工作者	国家林业局
兰丽亚	土地局	2004 年劳动竞赛二等功	临汾市劳动竞赛委员会

续表

姓名	工作单位	何时受何种荣誉称号	授予机关
冯立成	水利局	2007 年防汛抗旱先进个人	山西省政府防汛抗旱指挥部
卢来发	统计局	2004 年统计先进工作者	国家统计局
		2007 年统计先进工作者	山西省人事厅、山西省统计局
		2008 年农业普查先进个人	全国农业普查领导组
		2009 年劳动竞赛二等功	山西省劳动竞赛委员会
陈立德	县委办	2003 年五十佳新闻工作者	临汾地委
张锦中	计生委	1994 年优秀工作者	国家计划生育委员会
		1995 年劳动模范	临汾地委、行署
		1997 年劳动竞赛二等功	山西省劳动竞赛委员会
		1998 年特级劳动模范	临汾地委、行署
		1999 年劳动竞赛二等功	临汾地区劳动竞赛委员会
		2005、2007 政协优秀工作者	临汾市委
郝耀宗	教育局	2001 年十佳机关党委（支部）书记	临汾地委
陕高升	吉州宾馆	1995 年劳动模范	临汾地委、行署
强培家	统战部	1989 年先进工作者	山西省委统战部
		1996 年先进统战工作者	山西省委
程永祥	环保局	2007、2008 年先进工作者	山西省环保局
葛忠生	吉县一中	2000 年精神文明先进个人	山西省教委、山西省高校工作委员会
		2001 年教学能手	临汾市政府
葛关峰	文城中学	1998 年百佳校长	临汾地委、行署
		2009 年先进工作者	临汾市委、市政府
葛建章	东关村	2005 年劳动模范	山西省委、省政府
		2007 年先进工作者	山西省劳动厅
谭建民	东关村	2006 年临汾十大优秀残疾青年	临汾市政府
丁春刚	果树中心	2003、2004 年先进调查员	山西省农业厅
		2002-2008 年先进工作者	山西省农业厅
卫正平	林业中心	2004 年先进个人	中国林业科学院
		2006 年优秀专业技术人才	临汾市委、市政府
冯长林	发改局	2004 年优秀人才	临汾市委、市政府
		2008 年项目建设先进个人	临汾市政府

续表

姓名	工作单位	何时受何种荣誉称号	授予机关
李明	壶口管理局	2004、2007先进工作者	临汾市政府
		2007年城市建设金质奖章	临汾市政府
		2008年劳动竞赛三等功	临汾市劳动竞赛委员会
李和平	县人民医院	1997年先进个人	临汾地区行署
		2002年助残先进个人	山西省残联
		2003年抗击非典二等功	山西省政府
		2003年抗击非典先进个人	山西省委宣传部、省卫生厅
李永芳	宣传部	2005年天然林保护先进个人	山西省林业厅
		2008年项目建设模范个人	临汾市政府
		2008年城市建设金质奖章	临汾市政府
		2008年劳动竞赛一等功	山西省劳动竞赛委员会
		2009年优秀共产党员	临汾市委
李　智	民政局	1992–1996年拥军优属先进个人	临汾地委、行署
		1996年退伍军人安置先进个人	临汾行署
李春梅	体委	2005年场地普查优秀工作者	山西省体育局
		2008年农民健身工程先进个人	山西省体育局
苏玉森	县政府	2005年五一劳动奖章	临汾市劳动竞赛委员会
杨启亮	县人民医院	2004年先进工作者	山西省卫生厅
杨兵玲	县农广校	2001年先进工作者	农业部
		2006、2007年先进工作者	山西省农广校
		2003、2006年先进会计人员	山西省财政厅
		2005年人民满意公务员	临汾市政府
		2003、2006年劳动竞赛三等功	山西省劳动竞赛委员会
郑金成	农业局	1986年农技推广先进个人	临汾行署
		2002、2003年先进工作者	临汾市政府
		2002年先进个人	山西省农村工作领导组
王彩凤	吉昌镇	1987年优秀妇干	山西省妇联
		1997年百佳社区教育工作者	临汾地委、行署
		1997年科技工作先进个人	山西省科委

续表

姓名	工作单位	何时受何种荣誉称号	授予机关
王彦章	科委	1995 年模范下乡队员	山西省委
		1999、2001 年技术承包三等奖	山西省科委
		2004 年信息工作先进个人	临汾市政府
		2007 年从村科技二传手	山西省科技厅
白旭东	地税局	2008 年五一劳动奖章	临汾市劳动竞赛委员会
		2008 年先进个人	山西省财政厅山西省地税局
刘腊梅	党史研究室	2004 年先进工作者	临汾市政府
刘瑞香	中垛乡	1995 年先进工作者	临汾地委、行署
刘晋明	车城乡	2007 年文化功臣	临汾市政府
陈晓爱	县政府	1994 年劳动竞赛三等功	临汾地区劳动竞赛委员会
		2003 年抗击非典二等功	临汾市政府
杨建新	科委	1999 年体育先进工作者	山西省科委
		2003 年先进工作者	临汾市委、市政府
张建平	县一中	1994 年体育先进工作者	山西省教委、山西省体委
张建红	县二中	2000、2001 年教育宣传先进个人	山西省教育厅
		2007 年征文活动一等奖	中国关工委
郝 瑛	电业局	2008 年劳动竞赛二等功	临汾市劳动竞赛委员会
赵玉平	气象局	2003、2005、2007 年优秀测报员	山西省气象局
贺勤荣	教育局	1996 年先进工作者	山西省财政厅
		1997 年劳动竞赛一等功	临汾市劳动竞赛委员会
		2001 年三下乡先进个人	临汾市委、市政府
党桂贤	县一中	2000 年课堂教学二等功	临汾地区行署
		2000 年山西省教学能手	山西省教委

第五节 “寿星”名录

2015年底部分健在“百岁老人”名录

表34-3-9

姓名	性别	出生年月	地址
刘续巧	女	1911.11	吉昌镇祖师庙村
郭改叶	女	1915.03	壶口镇中市村
王合子	男	1913.09	吉昌镇东关村

2015年底部分健在90岁以上老人名录

表34-3-10

吉昌镇		
姓名	出生年月	住址
高 岔	1925.04	桥南村
郑稳蚕	1925.05	祖师庙村
张志刚	1925.05	霖雨村
任印子	1925.10	兰古庄村
张选子	1925.08	兰古庄村
仲风英	1924.12	西关村
赵桂彦	1924.11	西关村
王本刚	1924.09	桥南村
高 清	1924.05	桥南村
李兰巧	1924.07	祖师庙村
贺佩芬	1924.01	祖师庙村
张君彦	1924.12	兰村
豆孔周	1923.05	西关村
董春枝	1923.08	西关村
李俊青	1923.08	西关村
陈莱枝	1923.12	桥南村
贺维枝	1923.08	山阳村
赵花梅	1923.02	大田窝村
刘玉英	1922.03	桥南村
薛秀枝	1921.04	西关村
杨木兰	1921.12	祖师庙村

续表

吉昌镇		
姓名	出生年月	住址
葛丑子	1921.02	祖师庙村
葛良子	1921.04	兰古庄村
张印堂	1923	祖师庙村
何莲英	1921	桥南村
陈红太	1925	西关村

表 34-3-11

壶口镇		
姓名	出生年月	住址
葛善子	1925.03	中市村
张勤学	1925.04	中市村
葛顺贤	1925.11	留村
段志清	1924.07	南塬村
张三虚	1922.04	南塬村

表 34-3-12

屯里镇		
姓名	出生年月	住址
张东梅	1925.10	五龙宫村圪鲁组
赵文萍	1925.12	庄子村庄子组
秦荣花	1925.08	桑峨村三组
杨贵花	1923.02	窑渠村

表 34-3-13

文城乡		
姓名	出生年月	住址
张改枝	1925.12	文城村
张七女	1925.03	南村
刘巧风	1924.08	南村
杜有枝	1924.07	大圪塔村
凡令环	1924.03	古贤村
杜保银	1924.07	古贤村
张全珍	1923.09	文城村
郭仰秀	1923.06	南村
张锁银	1923.12	柏树村
王全娥	1922.05	王家原村
侯青恩	1920.10	房村

表 34-3-14

中垛乡		
姓名	出生年月	住址
王　巧	1925.11	南坪村
芦启家	1925.04	永固村
刘　燕	1925.12	中垛村
范让义	1925.11	中垛村
冯女子	1924.01	南坪村
任雪子	1924.07	白额村
哀补雪	1924.11	白额村
牛荣宗	1923.03	南光村
史海恩	1923.09	南光村
薛成委	1923.12	永固村
杨宗太	1923.12	柳沟村
高牛子	1923.09	下柏房村
李桂兰	1922.02	三堠村

表 34-3-15

车城乡		
姓名	出生年月	住址
程玉山	1925.02	兰家河
程善字	1925.06	桃村
吴青梅	1923.10	兰家河
郝 玉	1923.01	赵村
张山子	1922.12	赵村

表 34-3-16

东城乡		
姓名	出生年月	住址
张俊发	1925.05	山头村
冯当娃	1925.12	太和村
郭志更	1925.01	柏东村
陈红大	1924.04	雷家庄
张玉川	1924.02	太和村
崔印杰	1923.05	东城村
张忍让	1923.06	东城村
杨翠恩	1922.05	柏东村

表 34-3-17

柏山寺乡		
姓名	出生年月	住址
杨花叶	1925.08	马泉头村
陈岔子	1925.05	白米村
冯眼子	1925.11	白子原村
张玉川	1925.04	白子原村
吕记文	1924.04	黑秀村
冯青岔	1924.07	黑秀村
张建山	1924.09	白米村
会 林	1923.10	圪塔村
肖敬茂	1922.08	官庄村
贺委子	1920.08	东石泉村

第六节 部分离休干部名录

表 34-3-18

姓名	性别	出生年月	原任职务	参加工作时间	入党时间	级别	离休时间	籍贯	享受待遇
刘泽民	男	1931	政协主席	1949.04	1952.06	行政 18	1993.08	永济	正处
吴祥庭	男	1933.04	政协副主席	1949.08	—	行政 18	1993.11	万荣	副处
强傲森	男	1931.05	政协副主席	1949.02	1951.10	行政 18	1993.08	吉县	副处
李在功	男	1932.11	经委主任	1948.05	1951.11	行政 18	1993.08	河津市	副处
苏广生	男	1927	农机研究所所长	1947.05	1949.05	行政 18	1982.04	吉县	副处
白维荣	男	1919	一中书记	1948.07	1959.10	行政 17	1983.10	吉县	副处
苏永茂	男	1929	县社主任	1948.50	1951.10	行政 17	1983.06	吉县	副处
任纯厚	男	1929	计委主任	1949.06	1955.09	行政 18	1990.05	河津市	副处
郭金定	男	1932	科协主席	1949.04	1956.06	行政 18	1992	吉县	副处
陈俊彦	男	1931.09	物资公司书记	1949.05	1958.10	行政 19	1992.12	吉县	正科
霍盈州	男	1932.02	党史办主任	1949.07	1953.12	行政 20	1995.05	陕西省	正科
常 琳	男	1937.07	检察院检察员	1949.08	—	行政 20	1995.05	襄垣	正科
杨振西	男	1928	交通局主任科员	1948.07	1986.09	行政 20	1988.12	吉县	正科
陈洪善	男	1928	经管站副站长	1948.08	—	行政 19	1983.10	吉县	正科
杜振声	男	1932.10	经管局副局长	1949.03	—	行政 20	1995.05	万荣	正科
曹振业	男	1922	林场副场长	1947.10	1948.07	行政 23	1982.04	吉县	正科
李玉章	男	1926	粮食局主任科员	1949.02	—	—	1990.04	吉县	正科
杨全林	男	1934	教师	1949.06	—	小教	1995.05	吉县	正科
吕志仙	男	1923	粮站副站长	1947.09	—	企业 6	1982.04	吉县	正科
王俊章	男	1923	预制厂会计	1948	—	行政 21	1982.04	吉县	正科
陈保元	男	1929	房产委负责人	1948.08	1952.03	行政 21	1983.06	吉县	正科
黑志忠	男	1928.07	中垛医生	1949.04	—	—	—	吉县	正科
赵立功	男	1925.8.22	教师	1949.07	—	小教 6	1982.04	吉县	正科
廉培忠	男	1932.1.8	工商局	1948.01	1951.01	行政 18	—	万荣	副处
刘太务	男	1928	乡镇局	1949.05	1970.10	行政 19	1988.12	吉县	正科

续表

姓名	性别	出生年月	原任职务	参加工作时间	入党时间	级别	离休时间	籍贯	享受待遇
葛振芳	男	1923	教师	1949.07	—	小教6	1982.04	吉县	正科
段士勇	男	1925.11	交通局长	1945.07	1945.7	行政15	1992.09	晋城市	副厅
葛庭栋	男	1931.08	人大主任	1949.05	1955.8		1997	吉县	正处
吉明德	男	1929	县社	1949.06	1951.10	行政20	1990.04	翼城	正科
李保晋	男	1932	种子公司	1949.04	1986.7	行政22	1994.12	吉县	正科
李孔金	男	1930.11	县医院院长	1949.02	1954.7	行政18	1992	吉县	副处
白福荣	男	1931	教师	1948.12	—	小教4	1983.09	吉县	正科
王其祥	男	1923.03	人大副主任	1937.11	1940.6	行政13	1990.07	洪洞县	副厅
张怀珍	男	1927	政协主席	1945.10	1947	行政17	1990.09	沁县	正处
葛青芳	女	—	人大副主任	—	—	—	—	吉县	副处
戎富贵	男	1924.08	城关粮站站长	1941.01	1945.5	粮企2	1983.09	河北省	副处
白启峰	男	1931	组织部干事	1947.10	1956.2	行政20	1982.04	吉县	正科
王超维	男	1928.02	县社股长	1949.04	1992	行政21	1990.04	陕西省	正科
白志笃	男	1926	食品公司经理	1948.08	—	行政20	1983.09	吉县	正科
李根茂	男	1922	教师	1949.07	—	小教6	1982.04	吉县	正科
葛维新	男	1930	粮站保管	1949.01	—	行政22	1982.04	吉县	正科
赵洪章	男	—	—	1942.02	—	—	—	—	—
王云肖	男	—	—	1944.08	—	—	—	—	—
刘起腾	男	—	—	1949.04	—	—	—	—	—
张志宽	男	—	—	1949.01	—	—	—	—	—
曹秀清	女女	—	—	1938.07	—	—	—	—	—
王广龙	男	—	—	1947.08	—	—	—	—	—
相希寿	男	—	—	1949.04	—	—	—	—	—
史双锁	男	—	—	1948.08	—	—	—	—	—
王全成	男	—	—	1948.08	—	—	—	—	—
白吉生	男	—	—	1947.10	—	—	—	—	—
史占杰	男	—	—	1946.04	—	—	—	—	—

续表

姓名	性别	出生年月	原任职务	参加工作时间	入党时间	级别	离休时间	籍贯	享受待遇
郭志华	男	—	—	1948.09	—	—	—	—	—
陈志英	男	—	—	1945.07	—	—	—	—	—
杨世清	男	—	—	1948.02	—	—	—	—	—
王春昌	男	—	—	1946.04	—	—	—	—	—
陈太运	男	—	—	1948.05	—	—	—	—	—
徐乃斌	男	—	—	1948.05	—	—	—	—	—
李仁华	男	—	—	1948.09	—	—	—	—	—
冯永定	男	—	—	1949.04	—	—	—	—	—
郭有刚	男	—	—	1949.06	—	—	—	—	—
张振峰	男	—	—	1948.05	—	—	—	—	—
强国耀	男	—	—	1949.02	—	—	—	—	—
冯国学	男	—	—	1949.04	—	—	—	—	—
冯仁义	男	—	—	1949.04	—	—	—	—	—
冯雨亭	男	—	—	1945.03	—	—	—	—	—
张思杰	男	—	—	1948.07	—	—	—	—	—
梁重隆	男	—	—	1949.05	—	—	—	—	—
刘耿介	男	—	—	1948.06	—	—	—	—	—
刘成志	男	—	—	1949.04	—	—	—	—	—
白云峰	男	—	—	1947.08	—	—	—	—	—
郭毓英	女	—	—	1949.07	—	—	—	—	—

限外辑要

2016 年

中共吉县县委十二届六次全体会议召开

1月27日，中共吉县县委十二届六次全体会议召开，会议学习贯彻党的十八届五中全会、省委十届七次全会和市委三届七次全会精神，听取和讨论县委书记郝忠祥代表常委会所作的《县委常委会工作报告》，审议通过《中共吉县县委关于制定国民经济和社会发展第十三个五年（2016—2020）规划的建议》《县委十二届六次全会决议》和有关事项。

吉县第十五届人民代表大会第六次全体会议召开

2月6日上午，吉县第十五届人民代表大会第六次全体会议召开。会议表决通过了关于接受郭仓森、陈榜立辞去吉县人大常委会副主任职务请求的决定和李晓民辞去吉县人民政府副县长职务请求的决定。经与会代表投票选举，李晓民当选为吉县人民代表大会常务委员会主任；崔绍民当选为吉县人民政府县长；李吉庭、贺庚分别当选为吉县人民代表大会常务委员会副主任；白剑当选为吉县人民法院院长。

吉县小流域综合治理工程和农网升级改造工程基本完工

2月上旬，吉县小流域综合治理工程和农网升级改造工程基本完工。2015年总投资1162万元的枣庄河小流域综合治理工程、南耀沟小流域综合治理工程和张家坡小流域综合治理工程，综合治理水土流失面积2727公顷，惠及车城乡、柏山寺乡、屯里镇3个乡镇4个行政村3000余人。总投资798.57万元的农网升级改造工程，涉及屯里镇、东城乡、车城乡、柏山寺乡4个乡镇21个自然村的1000余户群众，建设内容包括新建及改造10千伏变电线路1.26千米，低压线路31.36千米，安装配电变压器19台。

电影《保卫人祖山》在央视六套电影频道播出

2月中旬，由山西省作协和吉县联合摄制，山西作家影视艺术公司出品的电影《保卫人祖山》在央视六套电影频道播出。影片以著名的人祖山阻击战为背景，展示了中国军人和山西百姓为了抗击日军侵略者、保卫中华民族宝贵文化遗产而战斗的历史史实。

县城至文城乡南村开通客车

2月25日下午，县城至文城乡南村开通客车，途经柿子河、下岭、壶口、克难坡，终点至南村。

吉县召开煤层气开发利用座谈会

3月15日，吉县召开煤层气开发利用座谈会，县委副书记、政府县长崔绍民出席会议，要求各相关部门统一思想、提高认识、积极配合、加强协调、搞好服务，使煤层气开发项目早日服务县域经济发展。

吉县“打黑除恶专项斗争深化年”动员部署会召开

3月17日，吉县“打黑除恶专项斗争深化年”动员部署会召开。围绕重点工程建设，突出打击行霸、路霸和地痞；围绕换届选举，突出打击黑恶势力保护伞；围绕打击涉众性经济犯罪，突

出打击“地下警队”“讨债公司”。

吉县苹果产业发展协会成立

3月18日，吉县苹果产业发展协会成立。

中国共产党吉县第十二届委员会第七次全体会议召开

3月29日，中国共产党吉县第十二届委员会第七次全体会议在县委四楼视频会议室召开。审议通过《中国共产党吉县第十二届委员会第七次全体会议关于召开中国共产党吉县第十三次代表大会的决议》。

吉县人民广播电台恢复播放

3月，吉县人民广播电台恢复播放，播出频率调频97.8兆赫，节目内容有新闻资讯、音乐、曲艺等。

吉县全面推广“营业费改增值税”

5月1日，凌晨0时9分，在全面推广“营业费改增值税”的第一天，县国税局工作人员在丰泽园大酒店为纳税人开具了吉县第一张增值税普通发票，标志着吉县“营改增”工作进入实施阶段。

吉县苹果品牌评估价值为15.59亿元

5月中旬，在2015中国农产品区域公用品牌价值评估中，课题组通过对吉县苹果的栽植面积、年产量、产值、市场价格、市场影响力、品牌知名度等因素综合评估，最终评估吉县苹果品牌价值为15.59亿元。

新能源产业进展顺利

5月26日，县委副书记、政府县长崔绍民到屯里镇实地查看光伏产业规划、光伏扶贫电站建设、生物质发电、燃气电厂等新能源产业项目的规划选址、建设用地以及项目进展情况，并现场办公协调解决有关问题。

吉县遭受两次大范围雷雨冰雹天气袭击

6月3日晚9时和4日下午3时左右，吉县先后遭受两次大范围雷雨冰雹天气袭击，柏山寺乡、东城乡、吉昌镇、中垛乡、壶口镇5个乡镇部分村委的苹果、花椒等农作物均受到不同程度的灾害，造成全县88597.5亩苹果受灾，重灾面积39615.3亩，直接经济损失3.45亿元。

县委召开庆祝中国共产党成立95周年大会

6月30日，县委召开庆祝中国共产党成立95周年大会，表彰了100名优秀共产党员、20名优秀党务工作者、8名优秀农村第一书记、27名优秀党支部书记、6个先进社区工作组和29个先进基层党组织。

吉县脱贫攻坚挂图作战工作启动

7月13日，县委副书记、政府县长崔绍民主持召开县政府2016年第16次常务会议，传达全省建档立卡精准扶贫太原现场推进会议精神，学习太原脱贫攻坚挂图作战经验，研究部署吉县脱贫攻坚挂图作战工作。

中国共产党吉县第十三次代表大会召开

7月28—29日，中国共产党吉县第十三次代表大会在吉州新城一号会务中心召开。县委书记郝忠祥代表中共吉县第十二届委员会所作《合力推进“六大发展”努力实现“六大突破”为圆就民富县强“吉县梦”而努力奋斗》的报告。大会执行主席、县委副书记、政府县长崔绍民主持会议。县委常委、纪委书记陈东楷受中共吉县纪律检查委员会委托作题为《聚焦主业主责支持挺

纪在前为圆就民富县强“吉县梦”提供坚强的纪律保证》的报告。选举产生了中共吉县第十三届委员会委员、候补委员，中共吉县纪律委员会和出席临汾市第四次党代会代表，表决通过了大会各项决议。

吉县“十三五规划”出台

7月，《吉县国民经济和社会发展第十三个五年（2016—2020）规划纲要》正式出台。十三五”时期，吉县经济社会发展的主要目标是：

——经济发展目标再上新台阶。以2020年实现“两个翻番”为目标，主动适应经济发展新常态，努力推动经济平稳较快增长。“十三五”期间，地区生产总值年均增长7%，达到24亿元，力争年均增长12.4%，达到30亿元。财政总收入年均增长6.5%，达到2.86亿元，力争年均增长10%，达到3.36亿元。公共预算收入年均增长6.5%，达到1.44亿元，力争年均增长10%，达到1.69亿元。规模以上工业增加值年均增长8%，达到7亿元。固定资产投资五年累计完成150亿元，力争达到200亿元。社会消费品零售总额年均增长10%，达到10亿元。城镇居民人均可支配收入年均增长4%，达到2万元。农民人均可支配收入年均增长8%，达到6400元。年均人口出生率控制在10‰以内，年均人口自然增长率控制在6‰以内。

——产业优化升级实现新突破。创新能力不断增强，投资效率和企业效益明显提升。从供给侧入手，提升传统产业竞争力，产品附加值和技术含量稳步提升。产业结构进一步优化，三次产业比例由2015年的30.9：41.7：27.5调整为2020年的25：40：35。发展循环经济，延伸产业链条，提高煤炭转化率，实现“六型转变”，打造新的经济增长极。加快苹果提质升级步伐，实施品牌发展战略，扩大市场占有率，农业现代化迈上新台阶。文化旅游深度融合，叫响“华夏根·黄河魂”文化旅游品牌，打造旅游精品循环圈，建设旅游集散中心，力争到“十三五”末，全县年接待游客量突破500万次，旅游综合收入突破45亿元。

——民生改善达到新水平。就业持续增加，教育、社保、医疗、住房等公共服务体系更加健全，基本公共服务均等化水平显著提高。教育现代化取得重要进展，劳动年龄人口受教育年限明显提高。收入差距缩小，中等收入人口比重上升，努力实现城乡居民收入与GDP同步增长、农村居民收入增速快于城镇居民收入增速。全面实施大县城建设，打造一批特色鲜明的小城镇。深入实施“五个一批”“六个精准”，2017年率先实现脱贫攻坚目标任务。安全生产向本质安全坚实迈进。

——民主法治建设取得新推进。人民民主不断扩大，法治政府基本建成，司法公信力明显提高。服务型政府建设成效显著，政府公信力和行政效率进一步提高。民主法制更加健全，社会治理能力和水平不断提高，社会更加和谐稳定。文化强县建设步伐进一步加快，社会主义核心价值观深入人心，“吉县梦”和“吉县精神”引领社会道德风尚的作用明显增强。

——生态建设开创新局面。生态建设不断加强，资源节约型、环境友好型社会建设扎实推进，循环经济快速发展，资源综合利用水平不断提高，万元地区生产总值综合能耗达到市定标准。生产方式和生活方式绿色低碳化水平显著提高。推进地质灾害易发区治理工作。生态环境持续改善，森林覆盖率达到55%，城市建成区绿化率明显提高。全年二级以上天数达到320天以上。

吉县规划委员会第一次会议召开

8月9日，县委副书记、政府县长崔绍民主持召开规划委员会第一次会议，专题研究西街农贸市场建设、保障性住房配建商业用房建设、公共体育场建设等工作。

中国人民政治协商会议第九届吉县委员会第一次会议召开

8月12—15日，中国人民政治协商会议第九届吉县委员会第一次会议在吉州宾馆三楼一号会议室召开。会议听取和讨论了县委书记郝忠祥的讲话，听取和审议了政协第八届吉县委员会常务委员会工作报告和提案工作报告。表决通过了《政协第九届吉县委员会第一次会议政治决议》《政协第九届吉县委员会第一次会议常务委员会工作报告的决议》《政协第九届吉县委员会第一次会议常务委员会提案工作报告的决议》，选举产生了政协第九届吉县委员会主席李永芳，副主席杨启亮、杨建新、秦志富、郭东舟。

吉县第十六届人民代表大会第一次全体会议召开

8月13—16日，吉县第十六届人民代表大会第一次全体会议在新城会务中心一号会议务中心召开。会议听取和审议了《吉县人民政府工作报告》《吉县人民代表大会常务委员会工作报告》《吉县人民法院工作报告》《吉县人民检察院工作报告》，审议通过了《吉县国民经济和社会发展第十三个五年规划》；审查批准了《吉县2015年国民经济和社会发展执行情况及2016年国民经济和社会发展计划的报告》《吉县2015年财政决算和2016年财政预算情况的报告》，并通过了相关决议。选举产生吉县第十六届人大常委会主任、副主任、委员，吉县人民政府县长、副县长，吉县人民法院院长，吉县人民检察院院长，出席临汾市第四届人民代表大会代表。

吉县举行不动产产权证书首发仪式

8月18日上午，吉县不动产产权证书首发仪式在吉州新城政务大厅举行。市国土资源局党组成员、副局长王青川向国网山西省电力公司吉县供电公司颁发了吉县第一本“不动产权证书”，标志着吉县结束了土地、房产、林地、草原等不动产分散登记的历史，开启了不动产统一登记的新征程。

柏东村被农业部认定为全国“一村一品”（苹果）示范村

8月24日，东城乡柏东村被农业部认定为第六批全国“一村一品”（苹果）示范村。

吉县脱贫攻坚行动总指挥部成立

8月25日，县委副书记、政府县长崔绍民主持召开全县脱贫攻坚行动总指挥部全体人员第一次工作会议，会议宣读了《关于成立吉县脱贫攻坚行动总指挥部的通知》，明确了各自的工作重点和具体任务。

“吉县唢呐”入选临汾市第二批省级非物质文化遗产项目

9月，“吉县唢呐”入选临汾市第二批省级非物质文化遗产项目。

吉河高速公路通车

9月9日上午8时，吉河高速公路正式通车。吉河高速公路总投资66.815亿元，路基宽24.5米，设计行车速度为80千米/小时，起点位于吉县马家河东侧，终点位于河津市张吴乡。全线纵跨临汾、运城两市，途经吉县、乡宁、稷山、河津四县（市），全长53.319千米。

吉县举行公务车辆拍卖会

9月26日，吉县公务用车制度改革取消车辆专卖拍卖会在新城会务中心举行，公开拍卖机关公务用车改革中取消的63辆车。

吉县对黄标车实施淘汰

9月30日，吉县环境保护局、吉县公安交警大队发出《关于对黄标车实施淘汰的通告》，将于2016年年度对境内在用黄标车全部淘汰。

吉县县城被评为省级环保模范城

10月，吉县县城被评为省级环保模范城。

葛丽娟入选山西省道德模范候选人

10月，气象局职工葛丽娟入选第六届山西省道德模范（助人为乐）候选人。

县城20辆纯电动公交车开始运营

11月5日，县城20辆纯电动公交车开始运营。

吉县应邀参加中国国际农产品交易会

11月5日—8日，县委副书记、政府县长崔绍民带队参加第十四届中国国际农产品交易会，吉县苹果以山西特色农产品“十大品牌”身份应邀参展。

益百畅果蔬汁荣获全国“十佳新品王”称号

11月上旬，在福州举办的第95届全国糖酒商品交易会上，吉县达明一派食品有限公司益百畅果蔬汁荣获全国“十佳新品王”称号，成为本届糖酒会果汁饮料行业唯一入选“十佳新品王”的企业和产品。

临汾市西山七县文化旅游发展研讨会召开

11月17日，临汾市西山七县文化旅游发展研讨会在吉县召开。市委常委、常务副市长王振宇，县领导郝忠祥、崔绍民、李灵芝等出席会议，西山七县县政府主要负责人参会。与会人员就打造西山七县文化旅游品牌、推出精品旅游线路和产品、共同做强文化旅游事业达成初步共识。

吉县入选国家旅游局公布的第二批“国家全域旅游示范区”创建单位名单

11月中旬，吉县入选国家旅游局公布的第二批“国家全域旅游示范区”创建单位名单。

市委副书记、市长刘予强在吉县调研

11月24日，临汾来到吉县，分别到山西澳坤农业科技有限公司和屯里镇调研。县委书记郝忠祥，县委副书记、政府县长崔绍民陪同调研。

吉县实施国道209线鲁家河至十里河段改线项目工程

本年度，吉县实施国道209线鲁家河至十里河段改线项目工程。工程总投资9989万元，是境内重点工程项目之一，也是山西省集中连片特困地区道路改建工程，起点位于车城乡鲁家河村与国道209线，路线向西南延伸，改由顺东侧山脚临河布线，利用东岸山坡和河道间的有利地形施工建设，途经车城、兰家河、上阳庄，终点在十里河附近与吉河高速吉县连接线相接，全线按照二级公路标准建设，路基宽度12米，全长6.73千米。建设内容包括：修建128米大桥1座，166米中桥2座，大小涵洞21道，与周边道路平面交叉5处，土石方挖方62.32方、填方56.97万方，总用地328亩，由山西平阳路桥有限公司承建。

顶吉食品开发有限公司建成果酒生产线

本年度，阳煤集团山西顶吉食品开发有限公司建成年产500吨的果酒生产线，酿造出苹果蒸馏酒。

县政府为城乡居民投意外伤害保险金

本年度，县委、县政府将城乡居民意外伤害保险列为吉县十件惠民实事之一。该项目由县政府出资，中国人寿保险股份有限公司吉县支公司承保办理，具有吉县户籍的108083名城乡居民每人一年投保10元，保险期限为一年，承保生效日期从2016年4月15日—2017年4月14日，城乡居民如遇到意外伤害身故或伤残可享受16000元的理赔金额。

县政府实施苹果园基础设施提升工程

本年度，县政府把苹果园基础设施提升工程确定为吉县“双十”项目实事之一，工程总投资652.4万元，建设内容包括修建果园1000立方米蓄水池2座，30立方米蓄水池65个，10立方米

蓄水池 70 个，并配套实施引水工程、灌溉工程及田间基础设施。新发展苹果面积 7110 亩，预整栽植坑 24 万余个，购买种苗 24 万株，购置防护套 25 万个，购置黑膜 7000 余卷，实施田间水泥硬化路 3.1 千米。建设起垄覆膜保墒集雨集成技术示范基地 200 亩，工程涉及吉昌镇、东城乡、文城乡、壶口镇和中垛乡。

县政府实施燃煤锅炉改造工程

本年度，投资 480 万元对吉县三中、生态园小区、东关社区等 38 家单位（小区）的 38 台燃煤锅炉进行改造，总改造吨位 40 吨，可增加煤气供热面积 3 万平方米，减少燃煤 5000 余吨。

2017 年

国家防汛抗旱督察专员王翔在吉县调研

1 月 5 日，国家防汛抗旱督察专员王翔带队在吉县调研黄河壶口段、文城古贤段黄河凌汛情况。副市长王兵，县委书记郝忠祥，县委副书记、政府县长崔绍民一同调研。

吉县苹果出口美国

1 月 6 日上午，吉县苹果出口美国首发仪式在山西澳坤农业科技有限公司举行。首批 44 吨苹果启程销往纽约，标志着吉县苹果正式走进美国市场。山西出入境检验检疫局局长于洋、市商务局局长张剑，县领导郝忠祥、崔绍民、李晓民、李永芳等出席首发仪式。

中国共产党吉县第十三届委员会第四次全体会议暨经济工作会议召开

1 月 23 日，中国共产党吉县第十三届委员会第四次全体会议暨经济工作会议在新城会务中心一号会议室召开。县委书记郝忠祥主持会议并代表县委常委会做工作报告；县委副书记、政府县长崔绍民回顾总结 2016 年经济工作，安排部署 2017 年经济工作；表彰了 2016 年度全县先进集体、先进个人以及诚信模范人物。

壶口瀑布景区被确定为山西首批实施体制改革景区

2 月，壶口瀑布等 149 家全国知名景区被确定为山西首批实施体制改革景区。通过体制改革，这些景区景点将引进战略合作者参股投资或参与管理，实现专业化、公司化、市场化运作。其中，事业单位管理的景区景点将实现“两权分离”，企业经营的景区景点将着力创新经营机制。改革创新工作将于 2017 年 6 月 30 日前基本完成。

首例建档立卡贫困户获得保险赔付

2 月 13 日，中国人民健康保险有限公司临汾中心支公司对吉昌镇霖雨村的建档立卡贫困户兰德平家属给予 3 万元的保险赔付。这是 2017 年参保的建档立卡贫困户获得的首例赔付。

吉县推广环保采暖炉

年初，吉县大力推广环保采暖炉，小府、祖师庙、学背后三个社区作为试点单位先行先试，全年城区将完成 700 户改造任务。符合条件的城区居住户购买环保采暖炉可享受政府补贴 80%、个人承担 20% 的优惠政策。

罗清宇秘书长在吉县调研

2 月 13—14 日，山西省委常委、省委秘书长罗清宇来到吉县东城乡太和村走访慰问困难户，并在吉县脱贫攻坚指挥平台调研全县脱贫攻坚工作进展情况，深入澳坤农业科技有限公司调研公司运营情况。县委书记郝忠祥，县委副书记、政府县长崔绍民陪同调研。

吉县新田村镇银行成立

3月10日，吉县新田村镇银行有限责任公司成立。

中国人民政治协商会议第九届吉县委员会第二次会议召开

3月12—15日，中国人民政治协商会议第九届吉县委员会第二次会议在吉州宾馆三楼一号会议室召开。会议听取和讨论了县委书记郝忠祥讲话，听取和审议了政协主席李永芳代表政协第九届吉县委员会常务委员会所作的工作报告，表决通过了《政协第九届吉县委员会第二次会议政治决议》《政协第九届吉县委员会第二次会议常务委员会工作报告的决议》《政协第九届吉县委员会第二次会议常务委员会提案工作报告的决议》。

吉县第十六届人民代表大会第二次会议召开

3月13—16日，吉县第十六届人民代表大会第二次会议召开，县委副书记、政府县长崔绍民作政府工作报告。会议听取和审议了《吉县人民政府工作报告》《吉县人民代表大会常务委员会工作报告》《吉县人民法院工作报告》《吉县人民检察院工作报告》，审查批准了《吉县2016年国民经济和社会发展执行情况及2017年国民经济和社会发展计划的报告》《吉县2016年财政决算和2017年财政预算情况的报告》，并通过了相关决议。选举产生吉县监察委员会主任。

省扶贫办副巡视员郎作仕在吉县调研

3月16—17日，省扶贫办副巡视员郎作仕带领的调研组一行在吉县进行脱贫摘帽专题调研，并召开座谈会。副市长王兵，县委书记郝忠祥，县委副书记、政府县长崔绍民等领导出席座谈会。会上，崔绍民介绍了吉县脱贫攻坚工作情况。省调研组成员对照脱贫摘帽标准，结合贫困县退出的14项指标进展情况，对吉县下一阶段脱贫攻坚工作提出了具体意见。

县党政班子扩大会议研究部署脱贫攻坚工作

4月5日，县党政班子扩大会议召开，研究部署全县脱贫攻坚工作。县扶贫、农林委、水利局等相关部门负责人结合“五个一批”“六个精准”，对标山西省贫困县退出的14条标准，分别汇报了各自负责领域脱贫任务完成情况、存在问题。县委副书记、政府县长崔绍民介绍了赴兰考县考察学习脱贫攻坚工作的经验和感受。

吉县“春华秋实”苹果文化旅游系列活动启动

4月15日上午，吉县“春华秋实”苹果文化旅游系列活动之“果花映秀·探春吉州”活动开幕盛典在柏山寺乡西岭村正式启动。

山西黄河壶口瀑布文化旅游发展有限公司成立

4月19日，山西黄河壶口瀑布文化旅游发展有限公司揭牌成立。县委书记郝忠祥参加揭牌仪式。

吉县举办苹果产业发展高峰论坛

4月19日，由中共吉县县委、县人民政府主办，以“新供给、新思路、新动能”为主题的苹果产业发展高峰论坛在吉州宾馆一号会议室举办。县委副书记、政府县长崔绍民出席论坛。

葛丽娟获山西省“道德模范”称号

4月，吉县气象局职工葛丽娟荣获第六届山西省“道德模范”荣誉称号。

吉县人民医院集团、吉县中医医院集团成立

4月28日吉县人民医院集团、吉县中医医院集团揭牌成立。

部分乡镇果园受冰灾

5月15日下午4点20分左右，中垛乡、东城乡、吉昌镇等乡镇的部分果园遭受冰雹袭击。

县政府举办首批公共租赁住房配租大会

5月16日，县政府举办首批公共租赁住房配租大会，租赁住房房源位于祖师庙下阳庄村。经过摇号分配，168个困难家庭完成租赁登记。

县政府举行小府城中村、新华城中村改造项目三方签约仪式

5月24日，县政府举行小府城中村、新华城中村改造项目三方签约仪式。省城镇建设投资有限公司、中国农业发展银行临汾分行、吉县人民政府签订了三方合作协议。小府片区从高速口到209国道，面积14万余平方米；新华片区从农行到二道河桥，面积66万余平方米。两个片区全拆全建，各类基础设施、配套功能一次到位，改造涉及721户、2524人。小府棚户区改造项目位于吉昌镇小府村、临吉高速和吉河高速引线两侧，涉及拆迁户449户，规划总用地面积60366.32平方米，共建设10栋15层住宅楼，并配建地下储藏室、地下人防、地面硬化、绿化、道路等配套基础设施，同时建设一所幼儿园、一栋社区服务用房和一个公安派出所。新华棚户区改造项目位于吉昌镇东关村、祖师庙村，涉及拆迁户272户，规划总用地面积66752平方米，共建设4栋高层、13栋多层住宅楼，并配建地下储藏室、地下人防、地面硬化、绿化、道路等配套基础设施。

县政府常务会议研究部署城市建设工作

6月13日，县委副书记、政府县长崔绍民主持召开县政府常务会议，研究部署关于棚户区改造项目、中心广场片区改造国有资产处置、老城机关事业单位搬迁等项工作。

张复明副省长在吉县调研

6月20日，山西省副省长张复明到吉县壶口风景区调研景区体制改革情况。县委书记郝忠祥，县委副书记、政府县长崔绍民陪同调研。

吉县召开全县干部大会

6月27日，县委书记郝忠祥主持召开全县干部大会，学习贯彻习近平总书记在山西考察调研期间的两个重要讲话精神，传达了6月23日习总书记在“深度贫困地区脱贫攻坚座谈会”上的重要讲话精神和习近平总书记在山西省考察工作结束时的重要讲话精神。

市委副书记、市长刘予强在吉县调研

6月28日，市委副书记、市长刘予强在吉县调研汛期地质灾害防治工作。县委书记郝忠祥，县委副书记、政府县长崔绍民陪同调研。

县政府举行重点项目集中开工仪式

6月29日，吉县重点项目集中开工仪式在新中医院门诊住院楼建设项目现场举行。主要建设项目有新城路网、新城府前广场、公共体育场、兰家河村福利性住宅、敬老院、新中医院门诊住院楼。

全县79个行政村实现垃圾清运车全覆盖

上半年，吉县为8个乡镇配发垃圾清运车48辆，至此，全县79个行政村实现垃圾清运车全覆盖。

政府县长崔绍民作客《走进吉县》直播间推介吉县

7月4日上午10：00——11：00，山西农村广播“直通嘉年华”特别节目《走进吉县》进行网络直播。县委副书记、政府县长崔绍民做客直播间，对吉县的特色和优势进行推介。

建档立卡贫困患者享受“一站式”结算服务

7月15日开始，全县建档立卡贫困患者县域内住院享受“先诊疗、后付费”“一站式”结算服务。

市委书记岳普煜在吉县调研

7月25日，临汾市委书记岳普煜一行到吉县车城乡窑科村、吉昌镇马家河村调研脱贫攻坚工作。县委书记郝忠祥，县委副书记、政府县长崔绍民陪同调研。

市委副书记、市长刘予强在吉县调研

8月1日，市委副书记、市长刘予强在吉县调研脱贫攻坚工作。在实地查看棚户区改造项目、兰家河易地扶贫搬迁地质灾害安置点项目、吉县屯里川双千亩产业扶贫园区建设项目、临汾西（吉县）500千伏输变电新建工程后，他强调，要紧紧围绕既定目标，积极创新、多措并举，坚决打赢脱贫攻坚战。县委书记郝忠祥，县委副书记、政府县长崔绍民陪同调研。

省委副书记黄晓薇在吉县调研

8月3—4日，省委副书记黄晓薇在吉县调研脱贫攻坚工作，并到吉县人祖山景区调研景区发展建设情况。县委书记郝忠祥，县委副书记、政府县长崔绍民陪同调研。

上东村被评为第四届全国文明村

9月，吉昌镇上东村被评为第四届全国文明村。

饮马泉保护修复和改造工程完工

9月，饮马泉保护修复和改造工程全部完工，投资165万元新建了150平方米公厕、80立方米化粪池、18米阶梯绿化长廊，并恢复原有泉眼1处，完成引水工程、过水桥、绿化、亮化等一系列辅助工程。规划了新的活动休闲区域，再造了假山、泉眼和拱桥。

2017山西（吉县）黄河壶口文化旅游招商系列活动在壶口景区开幕

9月18日，由市委宣传部、县委、县政府主办的主题为“扬壶口黄河 展吉县风采”2017山西（吉县）黄河壶口文化旅游招商系列活动在壶口景区开幕。活动从9月18日开始至10月17日结束，期间还将举办“魅力吉州”书画摄影邀请展、“中国根 黄河魂”——2017黄河文化研讨会、“兴业共赢”招商引资签约会、“田园怡情”乡村休闲体验活动和“人祖秋韵”红叶文化活动暨闭幕式等活动。

吉县遭遇强降雨袭击

9月21日下午，吉县遭遇强降雨大风天气，吉昌镇、柏山寺、东城乡等乡镇的部分果园受灾。

2017临汾市（吉县）招商引资推介会暨项目签约仪式在吉县举行

9月23日，由中共临汾市委、市政府主办，吉县县委、县政府承办的以“吉祥吉县、兴业共赢”为主题的2017临汾市（吉县）招商引资推介会暨项目签约仪式在吉州宾馆三楼一号会议室举行。海航通航投资股份有限公司、国投中鲁果汁股份有限公司、上海远景风电集团山西分公司等企业负责人，以及来自全国各地商界、企业界人士参加推介会。现场成功签约3个战略合作协议、8个合作项目，约43亿元。

郭迎光副省长在吉县调研

10月23日，郝、崔陪同郭迎光副省长调研黄河河长制推进情况。县委书记郝忠祥，县委副书记、政府县长崔绍民陪同调研。

吉县医疗集团第一届理事会成立

10月24日，吉县医疗集团第一届理事会成立大会召开。会议审议通过《吉县医疗集团理事会章程》，选举产生吉县医疗集团第一届理事会理事长、副理事长、秘书长。

全县果业废弃物清理回收月活动启动

11月7日，全县果业废弃物清理回收月活动启动仪式在东城乡举行，宣读了《清理果园废

弃物品，保护碧水蓝天沃土》活动倡议书。县委副书记、政府县长崔绍民出席活动并向果农发放宣传资料。

省委书记骆惠宁在吉县调研

11月21日，省委书记骆惠宁到壶口镇卫生院、壶口景区、达明一派公司，调研医药卫生一体化改革、旅游体制改革和企业运营情况。市委书记岳普煜，市委副书记、市长刘予强，县委书记郝忠祥，县委副书记、政府县长崔绍民陪同调研。

省志办志鉴“两全目标”工作督导组在吉县督导

11月29日，由省地方志办公室党组书记、主任张志仁带领的省志办志鉴“两全目标”工作督导组在吉县督导工作。县委书记郝忠祥，县委副书记、政府县长崔绍民，副县长刘晓军陪同督导。

远景能源吉县屯里风电场建设项目开工

11月29日，远景能源吉县屯里风电场建设项目开工仪式在屯里镇举行。项目总投资约15亿元，规划容量为20万千瓦，一期位于屯里镇境内，投资约5亿元，建设50兆瓦风电项目。全部建成后，预计每年可提供4.2亿千瓦时的清洁上网电量，实现销售收入2.52亿元。每年可节约标煤16万吨，减少二氧化碳排放量35万吨、粉尘排放量1600吨。

市2017年度贫困退出初审工作组在吉县开展初审验收工作

12月19日，市2017年度贫困退出初审工作组在吉县开展初审验收工作。截至2017年12月，全县贫困人口已从2011年2300元标准下的4.8万人下降至3026元标准下的286人，降幅达99.4%。全县69个贫困村已全部退出，剩余贫困户125户，贫困人口286人。

吉县市场监督管理局成立

12月29日，吉县市场监督管理局正式挂牌成立。根据改革方案，将原工商和质量监督管理局、食品药品监督管理局的职责整合，组建市场监督管理局。

2018年

山西壶口瀑布风景区签约暨推介会在太原举行

1月19日，山西壶口瀑布风景区签约暨推介会在太原举行，壶口管委会常务副主任、山西黄河壶口瀑布文化旅游发展有限公司董事长李灵芝出席推介会。省内外40余家旅行社和30余家新闻媒体参加推介会。壶口瀑布景区与山西文旅集团云游山西股份有限公司签订了门票线上独家销售协议，与各旅行社营销商签订了线下团队票务协议。

县政府举办第二批公共租赁住房配租大会

3月14日，县政府举办第二批公共租赁住房配租大会，配租对象为符合条件的中等偏下收入户和地质灾害户。

吉县召开脱贫攻坚工作周例会

3月19日晚，县委书记郝忠祥主持召开脱贫攻坚工作周例会，研究部署脱贫攻坚工作。

中国人民政治协商会议第九届吉县委员会第三次会议召开

3月26—28日，中国人民政治协商会议第九届吉县委员会第三次会议召开。会议听取和讨论了县委书记郝忠祥讲话，听取和审议了政协第九届吉县委员会常务委员会工作报告和提案工作报告。表决通过了《政协第九届吉县委员会第三次会议政治决议》《政协第九届吉县委员会常

务委员会工作报告的决议》《政协第九届吉县委员会常务委员会提案工作报告的决议》。

吉县第十六届人民代表大会第三次会议召开

3月27—29日，吉县第十六届人民代表大会第三次会议召开。会议听取和审议了《吉县人民政府工作报告》《吉县人民代表大会常务委员会工作报告》《吉县人民法院工作报告》《吉县人民检察院工作报告》，审查批准了《吉县2017年国民经济和社会发展执行情况及2018年国民经济和社会发展计划的报告》《吉县2017年财政决算和2018年财政预算情况的报告》，并通过了相关决议。会议表决通过了法制委员会组成人员和财政经济委员会组成人员。

市委书记岳普煜到吉县调研

4月9日，省人大常委会副主任、市委书记岳普煜一行到吉县部分乡镇查看产业受灾情况，并仔细查看了脱贫攻坚工作相关档案资料。县委书记郝忠祥，县委副书记、政府县长崔绍民一同调研。

黄河、长城、太行三大板块旅游公路建设项目开工复工

4月25日，全省黄河、长城、太行三大板块旅游公路2018年部分建设项目在吉县、大同县、左权县、平顺县、陵川县五地同时开工复工。

桑峨村牡丹园开园迎客

4月28日，屯里镇桑峨村生态牡丹综合产业园举办开园仪式，此活动为吉县2018“春华秋实”文化旅游系列活动项目之一。县委书记郝忠祥，县委副书记、政府县长崔绍民等县领导出席开幕式。

县政府举行2018年农民工外出务工招聘会

5月3日，吉县2018年农民工外出务工招聘会在县城中心广场举行，来自江苏、太原、天津、临汾等地的31家企业提供了机械制造、食品加工、电子加工等1000余个招聘岗位，2000余名农民工现场求职。

晋陕两省人防指挥通信系统跨区支援性演练在吉县举行

5月10日，晋陕两省人防指挥通信系统跨区支援性演练在吉县举行，县委书记郝忠祥，县委副书记、政府县长崔绍民参加演练。来自晋陕两省的190余名人员和40辆车辆参加演练。

市委副书记、市长刘予强在吉县调研

5月15日，市委副书记、市长刘予强带领市直相关部门主要负责人就精准脱贫、转型项目建设、地质灾害防治、黄河一号旅游公路建设、减灾增收等工作在吉县调研。县委书记郝忠祥，县委副书记、县长崔绍民一同调研。

贫困县退出国家第三方评估验收工作吉县反馈会召开

6月12日，召开2017年贫困县退出国家第三方评估验收工作吉县反馈会。县委书记郝忠祥，县委副书记、政府县长崔绍民出席会议。

国家税务总局吉县税务局成立

7月20日，国家税务总局吉县税务局挂牌仪式在县地税局楼前举行。

召开第22次脱贫攻坚工作周例会

7月25日，县委书记郝忠祥主持召开第22次脱贫攻坚工作周例会。县委副书记、政府县长崔绍民汇报赴浙江考察学习乡村振兴战略情况；赵松强副书记汇报赴四川、贵州考察学习乡村振兴战略和全域旅游发展战略情况，并通报县领导下乡驻村及“三支队伍”驻村帮扶情况。

吉县退出贫困县

8月8日，省政府正式批准吉县退出贫困县；8月17日，国务院扶贫办正式向社会宣布吉县退出贫困县，至此吉县如期实现了山西省首批脱贫摘帽的目标。

县领导调研项目建设工作

8月29日，县委书记郝忠祥，县委副书记、政府县长崔绍民，县委副书记赵松强、县人大常委会主任李晓民实地深入新华东街城中村改造项目、小府城中村改造项目、吉县9MW多村联建光伏扶贫项目、远景风电场项目、县道X599五龙宫至口子线公路改造项目工程等地进行调研。

首届山西非物质文化遗产博览会在壶口景区举办活动

9月16日，首届山西非物质文化遗产博览会——“黄河之魂 多彩非遗”系列活动在壶口景区启动。期间将举办丰富多彩的文化活动，展示山西省丰富的非物质文化遗产资源。

山西广播电视台在东城乡社堤村举办首届“中国农民丰收节”采摘直播活动

9月17日，山西广播电视台，吉县县委、县政府在东城乡社堤村联合举办首届“中国农民丰收节”——“吉县苹果、飘香三晋、香甜中国”大型采摘直播活动。县委副书记、政府县长崔绍民参加活动。

首届大河文明旅游论坛汇水仪式暨大河文明旅游论坛秘书处授牌仪式在壶口瀑布景区举行

9月26日，黄河之约——首届大河文明旅游论坛汇水仪式暨大河文明旅游论坛秘书处授牌仪式在壶口瀑布景区举行。省人大常委会副主任、市委书记岳普煜，世界旅游联盟秘书长刘士军出席仪式并致辞，市委副书记、市长刘予强，省旅发委副主任李贵，市委常委、宣传部部长李朝旗，县委书记郝忠祥，县委副书记、政府县长崔绍民等与来自世界著名大河流域国家大使馆官员出席仪式。

汇水仪式上，岳普煜与来自多瑙河、尼罗河、恒河、伏尔加河、额尔齐斯河流域国家的代表一同将各自国家河流的水汇入瓶中。两名少先队员将汇聚的河水注入黄河之中，寓意世界大河文明繁荣发展的脚步如黄河之水奔流不息，大河流域国家及城市间的友好往来也像大河之水般源源不断。

120急救中心及介入导管室揭牌

9月29日，吉县人民医院120急救中心及介入导管室揭牌。

中国共产党吉县第十三届委员会第六次全体会议召开

11月1日，中国共产党吉县委员会第十三届六次全体会议在吉州新城会务中心一号会议室召开。会议就进一步贯彻落实习总书记视察山西重要讲话精神进行了安排部署，审议通过了《关于进一步激励广大干部新时代新担当新作为努力建设高素质专业化干部队伍的实施办法》。

人祖山景区被评为国家AAAA级旅游景区

12月，人祖山景区被评为国家AAAA级旅游景区，于28日挂牌。

2019年

郝忠祥任市委常委

1月14日，吉县县委书记郝忠祥任临汾市委常委。

吉县荣获中国特色农产品（吉县苹果）优势区

1月，农业农村部公布第二批中国特色农产品优势区名单，“吉县苹果”榜上有名。

吉县实施苹果减密间伐工作

1月9日，中垛乡、东城乡相继召开苹果减密间伐工作现场推进会，标志着境内减密间伐全面铺开。2019年，将对全县八个乡镇的5600亩果园实施减密间伐。此次大规模、大范围的减密间伐工作，目的是改善全县果园的通风透光条件，提高果品品质，为苹果产业提质升级奠定坚实基础。

中国共产党吉县第十三届委员会第七次全体会议暨县委经济工作会议召开

1月29日，中国共产党吉县第十三届委员会第七次全体会议暨县委经济工作会议在吉州新城会务中心一号会议室召开。会议听取和讨论《县委常委会工作报告》，表决通过《关于开展"改革创新、奋发有为"大讨论的实施方案》，审议通过《中共吉县县委十三届七次全会决议（草案）》，讨论修改了《关于支持民营经济发展的实施意见》，并对2018年度先进集体、先进个人进行表彰。

吉县东关小学入选创建全国文明校园先进学校

本月，按照中央文明办、教育部《关于推荐创建全国文明校园先进学校的通知》要求，山西省拟遴选山西大学等55所学校创建全国文明校园先进学校，其中高校9所，中小学（含中职学校）46所，吉县东关小学入选。

吉县机构改革动员大会召开

2月13日下午，县委副书记、政府县长崔绍民主持召开吉县机构改革动员大会。会上宣读了市委办公室、市政府办公室《关于印发〈吉县机构改革方案〉的通知》《关于认真履行纪检监察机关职责确保全县深化机构改革顺利推进的通知》，对《吉县机构改革实施方案》作了说明。

吉县"改革创新 奋发有为"大讨论动员部署会议召开

2月20日，吉县"改革创新、奋发有为"大讨论动员部署会议召开，贯彻落实省、市大讨论动员部署会议精神，对全县"改革创新、奋发有为"大讨论进行安排部署。

吉县应急管理局、地方煤矿安全监督管理局、吉县退役军人事务局、吉县医疗保障局成立

2月22日，吉县应急管理局、地方煤矿安全监督管理局、吉县退役军人事务局、吉县医疗保障局举行揭牌仪式。

中国人民政治协商会议吉县第九届委员会第四次会议召开

2月26日—3月1日，中国人民政治协商会议第九届吉县委员会第四次会议召开，会议听取和讨论中共吉县县委书记郝忠祥的讲话，听取和审议政协吉县第九届委员会工作报告和提案工作报告，举行了议政发言，选举梁国刚为政协吉县第九届委员会主席，审议通过大会各项决议。

吉县第十六届人民代表大会第四次会议召开

2月27日—3月2日，吉县第十六届人民代表大会第四次会议在吉州新城一号会议室召开，县委副书记、政府县长崔绍民作政府工作报告。会议听取和审议《吉县人民政府工作报告》《吉县人民代表大会常务委员会工作报告》《吉县人民法院工作报告》《吉县人民检察院工作报告》，审查批准《吉县2018年国民经济和社会发展执行情况及2019年国民经济和社会发展计划的报告》《吉县2018年财政决算和2019年财政预算情况的报告》，并通过了相关决议。大会宣读了吉县人民代表大会财政经济委员会2018年工作总结和2019年工作要点。表决通过吉县人民代表大会社会建设委员会、监察和司法委员会组成人员。

吉县2019年重点项目集中开工

3月21日，县政府举行2019年重点建设项目集中开工仪式，县委副书记、政府县长崔绍民致辞，市政协副主席梁清燕，市委常委、县委书记郝忠祥出席。此次集中开工的重点建设项目，包括壶口景区旅游基础设施提升工程、远景屯里一期50兆瓦项目、屯里镇集中连片美丽乡村建

设项目、屯里川高标准农田建设项目、沿黄扶贫旅游公路建设项目、敬老院建设项目、沿黄万亩农业生态旅游创新试点项目、中心广场至小河畔棚户区改造项目、交电公司片区棚户区改造项目、新华城中村改造项目、上阳庄村棚户区改造项目、煤层气开采建设项目、大宁—吉县输气管道建设项目、壶口通用机场建设项目、县城集中供热工程等，总投资22.4亿元，涉及产业转型、农田水利、旅游交通、社会事业等多个方面。

县委书记郝忠祥应邀到中国浦东干部学院授课

根据中组部2019年干部培训计划，中国浦东干部学院于3月27日—4月2日，举办学习贯彻习近平新时代中国特色社会主义思想，坚决打好精准脱贫攻坚战专题研讨班（第8期），全国贫困县党政正职领导110人参加培训。受国务院扶贫办委托和中国浦东干部学院邀请，市委常委、县委书记郝忠祥专程到学院，做了题为《贫困县摘帽历程和巩固脱贫成果》的案例教学授课。

县政府、壶口管委会与山西宏源集团签订沿黄现代农业文化旅游带合作协议

4月12日，县政府、壶口管委会与山西宏源集团签订沿黄现代农业文化旅游带合作协议，标志着吉县与宏源集团战略合作全面开启。

《吉县志（1986—2015）》通过初审

4月24—25日，市委党史研究室（市地方志研究室）在吉县组织召开二轮《吉县志（1986—2015）》专家评审会，与会省市18位专家对二轮《吉县志》送审稿进行了双轮交叉评审。

吉县2019年“春华秋实”文化旅游系列活动开幕

4月29日，由市委宣传部和县委、县政府主办的吉县2019年“春华秋实”文化旅游系列活动在屯里镇桑峨牡丹园开幕，县委副书记、政府县长崔绍民在开幕式上致辞。市委常委、县委书记郝忠祥出席开幕式。

副省长王成在吉县调研

5月7日，副省长王成调研黄河古贤水利枢纽工程和黄河防汛工作。省政府副秘书长梁敬华，省水利厅厅长陈耳东，副市长闫建国，市委常委、县委书记郝忠祥，县委副书记、政府县长崔绍民等陪同调研。

山西通航集团低空旅游黄河壶口景区验证试飞成功

5月，山西通航集团在壶口景区进行低空载客旅游验证试飞成功。此次活动围绕“黄河、长城、太行”三大旅游板块，在黄河壶口瀑布、太行山大峡谷、雁门关等著名景区，科学选址建设直升机标准起降场，开展低空旅游运营服务，打响“空中看山西”旅游品牌。黄河壶口瀑布景区航点由河北金鹏通航公司执飞，执飞机型为H125小松鼠直升机，可售座位4 ~ 5个。

全国第二届青年运动会火炬传递仪式在壶口景区举行

5月16日，中华人民共和国第二届青年运动会“山西燃气杯”实体火炬传递吉县站传递仪式在壶口景区举行，25名火炬手参加了火炬传递。

吉县苹果入选全国名特优新农产品名录

5月，农业农村部发布2019年第一批全国名特优新农产品名录，公示对象88个，其中山西12个品牌农产品上榜，吉县苹果位列其中。

省人大常委会副主任、市委书记岳普煜在吉县调研

6月11日，省人大常委会副主任、市委书记岳普煜在吉县调研苹果产业发展、沿黄公路建设、农业综合开发项目建设和农村三基建设工作。市委常委、县委书记郝忠祥，县委副书记、政府县长崔绍民陪同调研。

临汾西(吉县)500千伏输变电工程竣工投产运营

6月23日，位于临汾以西103千米的吉县屯里镇窑渠村的临汾西(吉县)500千伏输变电工程竣工投产运营。

吉县电子商务公共服务中心揭牌启动投入运营

7月17日，吉县电子商务公共服务中心举行揭牌启动仪式，市委常委、县委书记郝忠祥与县委副书记、政府县长崔绍民共同为吉县电子商务公共服务中心揭牌，崔绍民代表县委、县政府致辞。吉县电子商务公共服务中心正式揭牌启动投入运营，将成为未来吉县农村电商发展的核心枢纽和引擎，主要发挥信息中心、资源中心、数据中心三大功能，使吉县电商产业走上生产、加工、包装、销售链条化发展之路，助推“三色品牌”发展，助力巩固提升脱贫成效。

吉县新的社会阶层人士联谊会第一届理事会选举暨成立大会召开

7月23日，吉县新的社会阶层人士联谊会第一届理事会选举暨成立大会召开。大会审议通过《吉县新的社会阶层人士联谊会章程》(草案)、《吉县新的社会阶层人士联谊会选举办法》(草案)和《吉县新的社会阶层人士联谊会会费缴纳和捐赠办法》(草案)；选举产生第一届理事会会长、副会长、秘书长、常务理事；为“吉县新的社会阶层人士联谊会”揭牌。

省人大常委会副主任、市委书记岳普煜在吉县调研

8月14日，省人大常委会副主任、市委书记岳普煜一行来吉县调研脱贫攻坚、生态治理、产业发展等工作。市委常委、县委书记郝忠祥，县委副书记、政府县长崔绍民一同调研。

岳普煜强调，要认真学习贯彻习近平总书记重要指示批示精神，坚持把提高脱贫攻坚成色质量放在首位，按照摘帽不摘责任、不摘政策、不摘帮扶、不摘监管“四个不摘”要求，聚焦突出问题，查找薄弱环节，强化整改落实，持续发力、久久为功，使脱贫攻坚成效经得起人民和历史的检验。

中国共产党吉县第十三届委员会第八次全体会议召开

9月12日上午，中国共产党吉县第十三届委员会第八次全体会议召开。会议对扎实推进“不忘初心、牢记使命”主题教育，不断开创全县党建工作新局面作出部署；审议通过《中共吉县县委关于深化“三基建设”进一步加强基层工作的实施方案》和《全会决议》。

“繁荣盛世 鼓舞山西”锣鼓艺术展演和临汾市合唱展演暨第三届吉县“歌唱黄河”合唱艺术周开幕

9月17日上午，2019年“繁荣盛世 鼓舞山西”锣鼓艺术展演和临汾市合唱展演暨第三届吉县“歌唱黄河”合唱艺术周在县城文化广场开幕。期间，来自太原、吕梁、长治、晋中、运城、临汾等地的9支锣鼓表演队和临汾市的6支合唱团参加展演。

吉县“吉祥吉县·吉地吉品”区域公共品牌正式发布

9月19日，在太原举办的吉县区域公共品牌发布会上，“吉祥吉县·吉地吉品”区域公共品牌正式发布和启用。“吉祥吉县·吉地吉品”区域公共品牌标识由绿、黄、红三色组成，对应吉县“三色品牌”，分别取材于人祖山、黄河壶口瀑布、吉县苹果。

吉县开展庆祝中华人民共和国成立70周年系列活动

2019年9—10月，吉县举办“我和我的祖国”——系统合唱大赛、奋进70年·吉县故事会，摄影书画展，“同升国旗同唱国歌”等20项活动，庆祝中华人民共和国成立70周年。

2019中国苹果年会暨吉县苹果品牌发展高峰论坛会在吉县举行

9月28日下午，县委副书记、政府县长崔绍民主持召开2019中国苹果年会暨吉县苹果品牌

发展高峰论坛会。来自全国各地的苹果生产、加工、进出口、贮藏企业，苹果专业合作社，主产区主管部门、行业协会、苹果产业技术研究单位代表，全国大型水果批发市场、超市、电商代表，新闻记者等200余人参会。

吉县苹果试验示范站揭牌

9月29日，吉县苹果试验示范站正式揭牌。

"相约壶口 共谋发展"2019山西·临汾(吉县)专题招商引资活动在壶口景区举办

10月11日上午，由市委、市政府主办，县委、县政府承办的"相约壶口、共谋发展"2019山西·临汾(吉县)专题招商引资活动在壶口景区举办。在项目签约仪式上，吉县人民政府与山西宏源沿黄文化旅游发展有限公司、荷兰道森集团豪根道(北京)农业技术有限公司签约了总投资额22亿元的吉县苹果产业基地投资建设项目；与中国联合网络通信有限公司山西分公司签约了总投资额3亿元的吉县智慧化景区建设项目；与上海恒润文化科技有限公司签约了总投资额24.1846亿元的壶口—克难坡景区升级改造项目。同时，大宁、隰县、蒲县、永和、乡宁、汾西等也和相关企业进行签约，现场共签约9个项目，签约总额64.6746亿元。

崔绍民任中共吉县县委书记

10月29日，吉县领导干部大会召开，市委组织部副部长王林波宣布任免决定：经省委决定，任命崔绍民为中共吉县县委书记，免去郝忠祥吉县县委书记职务；经市委常委会议研究决定，免去郝忠祥吉县县委常委、委员职务。

县委书记崔绍民调研县城集中供热热源厂建设

10月31日，县委书记崔绍民带领相关部门负责人深入吉昌镇林雨村调研县城集中供热热源厂建设情况。集中供热是广大群众关注、迫切需要实施的民生工程，也是县委、县政府确定的一大惠民实事。在林雨村，崔绍民深入热源厂选址区域，实地查看了解厂区计划选址范围，听取了住建、土地收储部门和镇村干部的汇报意见，现场办公协调推进县城集中供热热源厂选址建设工作。

中国共产党吉县第十三届委员会第九次全体会议召开

11月21日上午，中国共产党吉县第十三届委员会第九次全体会议在新城会务中心一号会议室召开。会议听取和讨论了崔绍民受县委常委会委托所作的工作报告，对学习贯彻党的十九届四中全会重大决策作出全面部署。

县委书记崔绍民向乡村两级干部和党员讲党课

11月15日，县委书记崔绍民在中垛乡三堠村调研基层党组织工作，并向乡村两级干部和党员宣讲党的十九届四中全会精神。

赵松强任县政府代县长

11月，县委副书记赵松强任吉县人民政府代县长

"吉祥吉县"APP正式上线

11月29日，"吉祥吉县"APP上线仪式在县融媒体中心举行。"吉祥吉县"APP客户端设置了新闻、点播、外宣、党建、专题、公告等频道，开设了视听服务、电视直播、政府网站、政务服务、图说吉县、本土栏目、新时代文明实践等板块，集宣传、服务等功能为一体。除做强主流媒体、放大传播效益外，还将参与本地智慧政务、智慧城市建设，开展网上党建、干部培训、党务政务公开、舆情监测、民意收集、数据分析、建言资政等工作，把县域范围内分散在各乡镇、部门的一些媒体资源进行整合，实现政务信息与群众的零距离。

吉县举行相对集中行政许可权改革审管衔接备忘录签署暨集中审批印章启用仪式

12月31日，举行全县相对集中行政许可权改革审管衔接备忘录签署暨集中审批印章启用仪式。吉县将首批20个部门的240项行政许可及关联事项整链条划入行政审批服务管理局集中行使，标志着省、市部署的重大改革在吉县全面落地实施，开启了“一枚印章管审批”的崭新阶段。县委书记崔绍民，县委副书记、政府代县长赵松强出席启用仪式，县委常委、组织部长庞大懿主持仪式。

东城乡社堤村荣获“2019中国最美村镇”精准扶贫典范奖

12月，由第一财经发起并联合中央人民广播电台经济之声等80家主流媒体主办的“2019乡村振兴发展论坛暨最美村镇颁奖典礼”在安徽蚌埠举行。经过评定，东城乡社堤村荣获“2019中国最美村镇”精准扶贫典范奖。

李善文 崔海强入选见义勇为“临汾好人”

12月，由市委宣传部、市文明办主办的第二季“临汾好人”发布仪式暨道德模范与身边好人现场交流活动在市广播电视台演播厅举办，吉县县委组织部李善文、人社局崔海强2人入选见义勇为“临汾好人”。

强贵家获山西省第二届“优秀职业农民”荣誉称号

12月，山西省农业厅公布全省“十佳新农民”和“优秀职业农民”名单，其中吉县农技指导员、中垛乡中垛村强贵家获得山西省第二届“优秀职业农民”荣誉称号。

2020年

壶口瀑布现“冰瀑玉壶”景观

1月1日，受强降温天气影响，壶口瀑布再现“冰瀑玉壶”景观。

吉县苹果出口签约

1月1日，吉县熙泉果业进出口有限公司与菲律宾洛丽塔果业有限公司举行吉县苹果出口签约仪式。

吉县促进文艺繁荣发展座谈会召开

1月7日，吉县促进文艺繁荣发展座谈会召开，县委书记崔绍民出席会议并讲话。国家一级作家、山西省作协副主席、临汾市作协主席张行健出席会议。

“不忘初心、牢记使命”主题教育总结大会召开

1月14日，吉县召开“不忘初心、牢记使命”主题教育总结大会。县委书记崔绍民出席会议并讲话，讲话回顾总结了全县主题教育取得的重大成果和经验启示，对巩固拓展主题教育成果、持续推动全县主题教育作出全面部署。

城乡环境整治“三大专项行动”动员部署大会召开

1月14日，全县城乡环境整治“三大专项行动”动员部署大会召开。会议对靓城提质专项行动、农村人居环境整治专项行动和干线公路及县乡主干道路路域环境整治专项行动进行安排部署。

2020年经济工作务虚会召开

1月15日，县委副书记、政府代县长赵松强主持召开2020年经济工作务虚会，分析总结2019年全县经济工作成绩、工作亮点、主要经验及问题差距，研究谋划2020年工作思路、工作

要点、目标任务。

吉县举办"吉祥吉县春潮涌"春节联欢晚会

1月19日，吉县融媒体中心承办，山西师范大学、吉县农村信用合作联社协办的2020年"吉祥吉县春潮涌"春节联欢晚会在吉州新城上演。

县委书记崔绍民主持召开重大疫情防控工作会议

1月，县委书记崔绍民分别于23日、29日、31日主持召开重大疫情防控工作会议，传达习近平总书记、李克强总理重要指示批示精神和全国、全省、全市有关疫情防控工作会议精神，分析研判疫情形势，通报全县疫情防控情况，安排部署全县应对疫情防控工作。

县委、县政府号召全县人民共同抗击疫情

1月，县委、县政府发出《致全县人民的一封信》，号召全县人民万众一心，众志成城，全力打赢这场疫情防控战。

县领导深入基层检查疫情防控工作

1月，县四大班子领导多次深入基层检查市场物资供应和疫情防控工作，看望慰问坚守一线的工作人员。

志愿者积极有序参与疫情防控志愿服务活动

1月，全县上下齐心协力加入这场没有硝烟的"疫情阻击战"。广大志愿者积极有序参与疫情防控志愿服务活动，协助排查人员收集疫情信息，普及疫情防控科学知识，引导群众提高防控意识。很多爱心人士及企业纷纷捐款捐物。太原康惠科贸有限公司为吉县捐赠1万只口罩、210瓶84消毒液、84瓶500ml医用酒精、1000副医用橡胶手套、300支体温计和500双一次性鞋套等一系列医疗物资。大宁县为吉县捐赠10万只一次性防护手套。九洲再生能源有限公司、吉县锦开泰房地产开发有限公司通过吉县红十字会分别捐款10万元。

山西省投资集团九洲再生能源有限公司实施废矿物油再生装置技术升级和扩能改造。

1月，废矿物油再生装置技术升级和扩能改造项目完成，废矿物油再生将由5万吨/年提升至20万吨/年，年产值由2.5亿元提高到8亿元，利税由2600万元增加到8000万元，可增加就业岗位100余个，每年可节约能源（原油）400万吨。产生的生产废水和生活污水经处理后回用，实现资源利用和环境保护双重效益。

县委书记崔绍民主持召开专题会议暨县疫情防控工作领导小组会议

2月，县委书记、县新型冠状病毒感染的肺炎疫情防控工作领导小组组长崔绍民分别于2日、4日、6日、9日、14日、20日、26日主持召开县委第五至十二次专题会议暨县疫情防控工作领导小组会议。听取相关部门疫情防控工作情况汇报，传达省、市防疫工作会议精神，分析研究全县疫情防控形势，讨论分析存在的问题，制定解决措施，安排部署防控工作。

县领导深入基层督导检查疫情防控和企业复工复产工作

2月，县四大班子领导多次深入高速公路出入检查点、小区、乡村、企业、旅游景点、医院等一线防控区，督导检查疫情防控工作，指导企业复工复产。

县纪委、监委发出关于严明疫情防控工作有关纪律的通知

2月，县纪律检查委员会、县监察委员会发出《关于严明疫情防控工作有关纪律确保打赢疫情防控阻击战的通知》，提出"十个坚决禁止、十个一律"纪律要求，为打赢疫情防控阻击战提供坚强纪律保障。

县委组织部实施"织网行动"

2月，县委组织部实施“织网行动”，引导各级党组织和全县广大党员在疫情防控一线发挥作用。抽调64个县直机关企事业单位党组织的1207名在职党员进社区，每人包联10户居民，涉及群众近5000户15000余人。组建入区劝返、区内巡逻、代办服务、政策宣传、卫生消杀5支队伍，成立“战时”临时党支部66个、党小组182个，确保6个社区、53个小区、182栋楼包联责任全覆盖、无死角。农村采用“设岗定责”的办法，成立“战时临时党小组”243个，2309名农村党员划分党员“责任区”、设立党员“先锋岗”、成立党员“突击队”，确保排查防控到户到人。县交通、交警、医疗等部门在县域范围内共设置卫生检疫站点7处，检疫工作人员80余人，坚持24小时在岗值守，对过往车辆和人员检查登记。累计检查车辆3931辆，检查人员9422人，发放宣传资料3000余份。

全县上下全力开展疫情防控工作

2月，县新冠肺炎疫情防控工作领导小组发出《关于进一步敦促外地来吉返吉人员主动报告登记的公告》，成立了心理咨询专家组，开展心理疏导，消除在疫情防控期间人们出现的焦虑、恐慌等情绪。县市场监督管理局对经营者发出《疫情防控相关商品价格提醒告诫函》，对辖区市场门店进行隐患查处，保障市场稳定运营。县农业农村局发出《关于疫情期间保障重要农产品运输车辆办理〈新型冠状病毒感染的肺炎疫情防控物资及人员运输车辆通行证〉的通告》确保疫情期间“菜篮子”产品有效供给。城镇社区工委牵头，组织县公安巡警、交警，市容环卫监察大队、志愿服务联合会等50余人组成4支防疫巡逻队，在城区街道巡逻。壶口景区向全国医务工作者推出年度游壶口免门票政策。吉县志愿服务联合会的志愿者们第一时间深入各社区配合工作人员对外地返乡人员摸排登记，招募了6辆宣传车，以巡回播报的方式，深入各乡镇、沿街社区、沟巷等地开展疫情防控宣传。社会各界和爱心人士纷纷捐款捐物，支持抗击疫情。

吉县一例新型冠状病毒感染的肺炎患者治愈出院

2月5日，县卫生健康和体育局发布通知：2020年1月22日下午5时10分，吉县白色面包车（晋LW2679）从临汾高铁西站回吉县，乘车人员中发现疑似新型冠状病毒感染的肺炎患者，该患者已被临汾市第三人民医院收治观察，后确诊。经治疗，该患者连续三次间隔24小时核酸检测，达到国家卫健委新冠肺炎确诊病例出院标准，于2月24日从临汾市第三人民医院出院。

吉县恢复部分客运班线、公交和出租运营

2月29日，吉县恢复部分客运班线、公交和出租运营。

吉县各界开展献爱心活动，向武汉疫区捐款捐物

2月，吉县各界纷纷开展献爱心活动，向武汉疫区捐款捐物。东城村党支部开展抗击疫情爱心捐款活动，39名党员为武汉捐款捐款4400元。吉县工商联10余家民营企业为武汉疫区捐款16万余元，所捐款项购置2000箱吉县红富士苹果送往武汉疫区部分定点医院。中垛村170名果农自发组织向湖北省仙桃市捐赠苹果3万斤。

吉县医务人员积极报名加入全市支援湖北医疗救治预备队

2月，吉县人民医院接到市卫健委关于推荐临汾市支援湖北医疗救治预备队员的通知后，从主动请缨的17名医护人员中筛选出心内科医师杨成辉、神经内科副护士长刘静、心内科护士谢丽芳、普内科护士刘丽霞、苏娜，急诊科医师乔红明6名医护人员，作为支援湖北医疗救治预备队员。

市委书记董一兵在吉县调研

3月3日，市委书记董一兵在吉县调研疫情防控和脱贫攻坚、复工复产、项目建设、春季果

树管理等工作调研疫情防控和脱贫攻坚、复工复产、项目建设、春季果树管理等工作。董一兵书记先后来到山西华晋明珠煤业有限责任公司、小府棚户区改造项目建设工地、桑峨谷泉农副产品销售有限公司、吉昌镇上东村、屯里镇太度村进行实地查看，强调要深入学习贯彻习近平总书记重要讲话精神，按照党中央、省委、市委决策部署，精准落实疫情防控措施，大力抓好经济社会发展，尽快恢复正常生活秩序，最大限度把疫情造成的损失夺回来，确保完成既定的年度目标任务。县委书记崔绍民陪同调研。

县委书记崔绍民主持专题会议暨县疫情防控工作领导小组会议

3月，县委书记、县新冠肺炎疫情防控工作领导小组组长崔绍民分别于1日、4日、17日、25日主持召开县委第十四至十七次专题会议暨县疫情防控工作领导小组会议，学习贯彻省委和市委疫情防控专题会议精神，通报本县当前疫情防控工作情况，安排部署疫情防控和经济社会发展工作。

县四大班子领导深入一线检查指导疫情防控和企业复工复产工作

3月，县四大班子领导多次深入一线检查指导疫情防控和企业复工复产工作。

全县上下齐心协力共同抗击新冠疫情

3月，县委组织部将疫情防控一线中表现突出的9名入党积极分子吸收为中共预备党员。县财政局开通"绿色通道"，为疫情防控提供资金保障，下达专项资金736万元。临汾市生态环境局吉县分局对全县医疗机构、污水处理厂和饮用水水源地开展了32次监督检查，确保疫情期间生态环境质量稳定。县工信局、县应急管理局有序组织煤炭企业复工复产，确保疫情防控和经济发展两不误。自新冠肺炎疫情发生以来，社会各界纷纷捐款捐物。截至2020年3月31日，吉县红十字会接收社会各界爱心企业和爱心人士捐款共计371329元。通过全县上下的共同努力，吉县疫情防控形势逐渐趋于稳定，按照科学防疫兼顾便民利民的原则，各个行业领域、部分企业商户、开始稳定有序复工，和群众生活息息相关的一些服务行业相继开门营业，重点工程项目陆续开工。

壶口景区开放迎客

3月5日，壶口景区开放迎客

吉县外出务工人员安全有序返岗

3月9日下午，吉县人社局组织护送11名外出务工人员赴江苏省无锡市返岗复工，拉开了吉县服务保障外出务工人员安全有序返岗就业的序幕。

王成副省长在吉县调研

3月10日，山西省政府副省长王成在吉县调研脱贫攻坚工作，先后在吉县超正果库、东城乡太和村等处实地查看。市委副书记、代市长李云峰，县委书记崔绍民，县委副书记、代县长赵松强等陪同调研。

决战完胜脱贫攻坚推进会召开

3月11日，全县决战完胜脱贫攻坚推进会召开。县委书记崔绍民出席会议并讲话，县委副书记、政府代县长赵松强主持会议。

吉县5个村入选"国家森林乡村"

3月11日，吉县屯里镇太度村、桑额村、中垛乡白额村、吉昌镇上东村、东城乡柏东村5个村入选"国家森林乡村"。

人祖山景区正式恢复开放

3月15日，经县新冠肺炎疫情防控工作领导组及县文化和旅游局现场检查验收，人祖山景区正式恢复开放。

吉县一中高三学生复课

3月25日，吉县一中高三510名学生在吉县职业中学正式复课，全体师生实行封闭式管理。

吉县首家全自动医用口罩厂试生产

3月27日，山西沃心医疗生物科技有限公司——吉县首家全自动医用口罩厂进入试生产。口罩厂建筑面积1300平方米，日可生产10万只口罩，生产设备和技术在全市处于领先地位。可为部分残疾人、退伍军人、零就业家庭人员提供就业岗位100余个。

吉县安排部署第七次全国人口普查工作

3月27日，吉县召开第七次全国人口普查工作安排部署会。

县委经济工作会议召开

3月31日，县委经济工作会议召开，县委书记崔绍民出席会议并讲话。会议回顾总结2019年经济工作，对2020年及今后一个时期经济工作进行安排部署。确定2020年全县经济社会发展的主要目标是：全县地区生产总值增长6.1%左右，规模以上工业增加值增长4%左右，全社会固定资产投资增长6%以上，社会消费品零售总额增长7%，一般公共预算收入增长2%，城乡居民人均可支配收入分别增长6.1%以上和6.5%以上。各项约束性指标力争超额完成市定任务。会议提出了2020年及今后一段时期"五个三"的工作思路和要求，即：打造"三色品牌"，打造"红色苹果、黄色瀑布、绿色生态"三大品牌；实施"三地战略"，建设"全国优质苹果生产地、全国知名旅游目的地、全省重要的新能源基地"；推进"三大攻坚"，打好"精准脱贫、污染防治、防范化解重大风险"三大攻坚战；补齐"三块短板"，补齐"工业经济、城市建设、民生改善"这三块短板；锤炼"三有队伍"，锤炼"有情怀、有担当、有作为"的干部队伍。

首台"移动式医院"公卫诊疗健康体检车投入使用。

3月，县医疗集团首台"移动式医院"公卫诊疗健康体检车投入使用。流动体检车长7米，内置智能家医移动工作站、12导心电图机、全自动生化分析仪、5分类血球仪、尿液分析仪、彩超等设备，可满足日常公卫体检所需。配有换气、杀菌、制冷、制热系统，为体检者提供了安全、科学、舒适的体检环境。

县委书记崔绍民主持专题会议暨县疫情防控工作领导小组会议

4月，县委书记、县新冠肺炎疫情防控工作领导小组组长崔绍民分别于2日、10日、27日主持召开县委第十八次至二十次专题会议暨县疫情防控工作领导小组会议，安排部署疫情防控、森林防火、经济社会发展和国资国企改革等工作。要求严把返吉人员隔离关、诊治关，做实做细外防输入工作。加大对无症状感染者的摸排力度，防止疫情出现反弹，确保学生按时有序开学、新建项目开工、续建项目复工，五一期间景区有序迎客。

吉县疫情防控领导小组办公室发出通告

4月2日，吉县疫情防控领导小组办公室发出《关于做好无症状感染者防控工作的通告》，明确无症状感染者应集中医学观察14天，且两次连续标本核酸检测阴性者可解除隔离；如果核酸检测仍为阳性者，则继续隔离医学观察，与无症状感染者密切接触者也要实施隔离医学观察。

吉县防治重大动物疫病指挥部发出告知书

4月8日，吉县防治重大动物疫病指挥部发出《致全县广大养殖场（户）的告知书》，要求全县各养殖场（户）实行封闭管理。严禁泔水喂猪，发现突发性疫病及其隐患，及时向县动物疫病

防控中心报告。对病死畜禽、污染物进行无害化处理，不随意乱扔乱抛。出售或者运输生猪，应提前向县动物疫病防控中心申报检疫并领取《动物检疫合格证明》，按规定出售或者运输生猪。实行畜禽经纪人备案制度和规模养殖场防疫档案记录制度和消毒灭源制度，确保养殖安全。

崔绍民主持召开县委常委会议

4 月 10 日，县委书记崔绍民主持召开县委常委会议，研究县委部门工作会议相关事项；审议《关于深入开展“零上访零事故零案件”村（社区）、企业、单位创建工作三年规划（2020-2022 年）》；研究 2020 年生态环境保护重点工作和成立吉县生态环境保护委员会相关事宜；讨论关于在全县应急管理系统开展“惩前毖后、创优环境”教育活动的《实施方案》及领导组成立相关事宜。

初三年级复课

4 月 25 日，全县初三年级开学复课。

中国人民政治协商会议第九届吉县委员会第五次会议召开

4 月 26—28 日，中国人民政治协商会议第九届吉县委员会第五次会议新城会务中心召开。会议听取并审议政协第九届吉县委员会常务委员会工作报告和提案工作报告；列席吉县第十六届人民代表大会第五次会议，听取并讨论《政府工作报告》和大会其他报告；审议通过大会各项决议；选举产生了中国人民政治协商会议第九届吉县委员会副主席张宇宏 1 名。

吉县第十六届人民代表大会第五次会议召开

4 月 27—29 日，吉县第十六届人民代表大会第五次会议在县城召开。大会听取和审议吉县人民政府工作报告；审查和批准吉县人民政府关于吉县 2019 年国民经济和社会发展计划执行情况与 2020 年国民经济和社会发展计划草案的报告；批准吉县 2020 年国民经济和社会发展计划；审查和批准吉县人民政府关于吉县 2019 年财政预算执行情况与 2020 年财政预算草案的报告，批准吉县 2020 年财政预算；听取和审议吉县人民代表大会常务委员会工作报告、吉县人民法院工作报告、吉县人民检察院工作报告；选举赵松强为吉县人民政府县长。

吉县产业集聚区建设有序进行

2020 年初，吉县在屯里镇建设产业集聚区，已完成 370 亩土地的征收和收储，从 2 月份起，开工建设山西吉美康食品科技有限公司、吉县君梓天然气有限公司、吉县谷泉农副产品有限公司 3 个项目，与原有的远景风力发电、天惠聚源光伏发电、垚鑫生物质发电、厚川味道体验地形成新能源发展利用园、农副产品加工利用园、厚川味道休闲体验园的“一区三园”格局。

吉县完成 10 千伏 920 新城线路升级改造

4 月，国网吉县供电公司完成 10 千伏 920 新城线路升级改造。线路从十里河桥至二道河桥，全长 2.96 公里，将 57 基的 15 米电杆更换为 18 米电杆，其中包括 36 基水泥杆和 21 基钢杆。将原来的 50 导线更换为 240 导线。为吉县县城提供双回路电源，减轻小府变电站供电压力，有效提高县城供电可靠性。

市委书记董一兵在吉县调研

4 月 29 日，市委书记董一兵到吉县壶口瀑布景区调研沿黄旅游公路建设及景区建设运营工作。县委书记崔绍民，县委副书记、代县长赵松强陪同调研。

2020 年重点项目集中签约开工仪式举行

4 月 30 日，2020 年全县重点项目集中签约开工仪式在屯里产业集聚区举行。此次集中签约的招商引资项目共 13 个，总投资 21.89 亿元，涉及产业转型、旅游交通、社会事业等多个方面。

组织开展农特产品开展网上促销活动

5月1日，吉县组织参加全市“庆五一 惠民生 悦生活 5000万元消费礼包大派送”暨网红直播＋电商服务＋助农惠农大型促销活动启动仪式。对吉县苹果、柏山寺花椒、人祖山杂粮、槐花蜂蜜、达明一派果蔬汁、石碾辣椒酱、苹果脆片、干馍片等农特产品开展网上促销。

县委书记崔绍民主持疫情防控工作领导小组会议

5月6日，县委书记、县新冠肺炎疫情防控工作领导小组组长崔绍民主持召开县疫情防控工作领导小组会议，安排部署疫情防控、城乡环境卫生整治、经济运行、项目建设和安全稳定等工作。

吉县举办苹果产业发展论坛暨网红直播助力新型网络消费大型互动活动

5月6日，吉县在东城乡社堤村苹果小镇举办苹果产业发展论坛暨网红直播助力新型网络消费大型互动活动，以此来拓宽农产品的销售渠道。县政府领导及特邀的多名国内网红通过网络直播向网民介绍吉县优质农产品。

《吉县国土空间总体规划（2020一2035年）》编制工作会召开

5月7日，县委书记崔绍民主持召开《吉县国土空间总体规划（2020一2035年）》编制及“三线”划定工作汇报会。听取吉县国土空间总体规划编制、“三线”划定工作以及自然保护地优化整合情况汇报。这次规划编制将主体功能区规划、土地利用规划、城乡规划等空间规划融合为统一的国土空间规划，实现“多规合一”，强化了国土空间规划对详细规划和各类专项规划的指导约束作用。

吉县中学生全部复课

5月11日，全县10所中学的2725名初、高中非毕业年级学生分批、错峰、有序返回校园开学复课。

市委副书记、市长李云峰带队在吉县观摩

5月15日，市委副书记、市长李云峰带领市开发区（产业集聚区）建设观摩第二组来到吉县，就产业集聚区规划编制、基础设施、项目建设等内容进行现场观摩。县委书记崔绍民一同观摩。

吉县农村商业银行开业揭牌

5月19日，吉县农村商业银行开业揭牌仪式举行。吉县农村商业银行的前身为吉县农村信用合作社。

县委全面深化改革委员会第四次会议召开

5月19日，县委书记、县委全面深化改革委员会主任崔绍民主持召开县委全面深化改革委员会第四次会议，讨论审议《中共吉县县委全面深化改革委员会2020年重点改革项目及责任分工》。

县委书记崔绍民做客直播间为吉县农产品代言

5月20日晚，由省消费扶贫工作领导小组主办、省广播电视台参与并承办的“晋品晋味·助农益农”农产品百日消费季直播活动在吉县电商公共服务中心举行。县委书记崔绍民、副县长王习梅与山西广播电视台主持人一起走进直播间，参与线上直播带货促销活动，为吉县农产品代言。

全县所有小学复课

5月18日，全县34所学校的四、五、六年级2418名学生开学复课；5月31日，全县小学一、二、三年级和幼儿园学生开学复课。至此，吉县所有学校恢复正常教学。

胡祖金荣获“关心下一代最美五老爱心奖”

6 月 1 日，吉县屯里镇太度村胡祖金获省关工委授予的“关心下一代最美五老爱心奖”。

改善农村人居环境推进会召开

6 月 5 日，全县改善农村人居环境推进会暨“治六乱、靓家园、迎小康”村庄清洁专项行动动员会召开。

吉县通过全域旅游示范区初审验收

6 月 10 日，吉县通过全域旅游示范区省专家组初审验收。

崔绍民担任县人武部党委第一书记

6 月 16 日，县人武部党委第一书记任职命令宣布大会召开。临汾军分区司令员王彬出席会议并宣读县委书记崔绍民担任县人武部党委第一书记的任职命令。

新时代文明实践点集中授牌

6 月 18 日，吉县举行新时代文明实践工作推进会暨文明实践点集中授牌仪式，为新时代文明实践中心“五大平台”和 30 家新时代文明实践点授牌，为“五大平台”志愿服务队授旗。至此，全县 8 个乡镇和 73 个村委、社区均挂牌成立新时代文明实践所、站，并开展不同形式的文明实践活动。

赵松强赴贵州考察农旅融合示范项目

6 月 18—23 日，县委副书记、政府县长赵松强带领果业等部门负责人赴贵州省贵阳华西希望新农业集团、重庆市，考察国家一二三产融合等农旅融合示范项目。

6 月份吉县抗击新冠肺炎疫情工作情况

6 月 19 日，县委书记、县新冠肺炎疫情防控工作领导小组组长崔绍民主持召开县委疫情防控专题会议暨领导小组会议，传达省、市疫情防控工作领导小组会议精神，安排部署全县疫情防控工作。

赵松强在直播带游带货活动中推介吉县苹果

6 月 25 日，县委副书记、政府县长赵松强带队赴临汾市参加由临汾市人民政府主办的品香 · 溯源 · 悦生活农旅产品网络销售常态化启动仪式暨端午直播带游带货活动。活动采用线上带游带货、线下展示品鉴和线上线下互动的方式，推介“旅游 + 文创产品 + 特色农产品”。吉县专场直播活动中，赵松强与网红主播一起向网友们推介了吉县苹果。

县领导开展“七一”走访慰问活动

6 月 29 日，吉县开展“七一”走访慰问活动。县委书记崔绍民，县委副书记、政府县长赵松强等县四大班子领导深入基层，走访慰问建国前老党员、老党员和生活困难老党员。

吉县远景屯里风电一期项目并网运营

6 月，吉县首个风电项目吉县远景屯里风电一期项目并网运营。项目分四期开发建设，总规划规模 200 兆瓦，总投资约 20 亿元。其中，一期项目占地 20 公顷，投资 4.1 亿元，装机容量 50MW，安装 20 台远景能源 2.5 兆瓦风力发电机组，新建一座 220KV 升压站，单回路接入临汾西 500 兆瓦变电站。项目投产后，每年将为国家电网提供清洁电能 13358.39 万千瓦时，与相同发电量的燃煤电厂相比，每年可节约标煤 4.17 万吨，减少二氧化碳排放量约 8.81 万吨，减少二氧化硫排放量约 702.57 吨，年可缴纳税费 1000 余万元。

全县 650 余名考生参加 2020 年高考

7 月 7 日，全县 650 余名考生参加 2020 年高考。

脱贫攻坚普查工作启动

7月10日，全市脱贫攻坚普查业务（吉县）培训班开班动员会召开。省、市、县相关领导及驻村干部和各相关部门抽调的普查员、指导员、数据审核人员、县普查办全体人员和各乡镇分管副职及扶贫专干参加动员会。吉县抽调的普查工作人员将于7月18日赴汾西县和霍州市开展脱贫攻坚普查工作，永和县的普查工作组将同时进驻吉县开展普查工作。

全县814名考生参加2020年中考

7月20日，全县814名考生参加2020年中考。

县委书记崔绍民主持召开县委中心组学习会议

7月29日，县委书记崔绍民主持召开县委中心组学习会议，专题学习了习近平总书记在中央政治局第二十一次集体学习时的重要讲话，传达学习省委《贯彻落实〈党委（党组）落实全面从严治党主体责任规定〉实施细则》和党中央国务院关于防范和惩治统计造假、弄虚作假的相关文件精神。

吉县苹果入选首批欧盟保护地理标志名单

7月，吉县苹果入选首批欧盟保护地理标志名单。

吉县迎来2020年首个跨省旅游团

8月3日，吉县迎来2020年首个跨省旅游团——山东跨省旅游团350余名游客，这是实施旅游差异化奖励办法、做好疫情常态防控后的首个外省旅游团。全市旅游差异化奖励办法，即在5月至10月，300人（含300人）以上大巴团队，奖励旅行社金额为3.5万元；500人（含500人）以上大巴团队，奖励旅行社金额为5.8万元。

吉县参加“2020年山西省功能农产品品牌建设竞演活动”

8月22日，吉县组团参加由省农业农村厅、省科学技术协会联合举办的“2020年山西省功能农产品品牌建设竞演活动”，吉县SOD功能苹果进入竞演环节。

《吉县人祖山森林康养产业发展规划》通过专家评审

8月23日，《吉县人祖山森林康养产业发展规划》通过项目专家组评审。国家林草局中国林业产业联合会森林康养分会、同济大学、山西省林学会森林康养专业委员会、山西省林业科学研究院、山西师范大学、吕梁山国有林管理局等相关领导、专家、教授参加评审。

“黄土高原苹果生产管理服务项目”获省农村创新创业创意奖

8月26日，吉县壶口有机农业有限公司“黄土高原苹果生产管理服务项目”获第四届山西省农村创新创业创意大赛初创组和成长组一等奖，随后将代表全省参加全国农村创新创业大赛。

山西吉美本草生物医药产业园项目在吉县正式启动

8月31日，县政府与山西医药集团太原制药厂（有限公司）签订《山西吉美本草生物医药产业园项目合作协议》，标志着山西吉美本草生物医药产业园项目在吉县正式启动。

东城乡获“国家卫生乡镇”称号

8月，吉县东城乡获“国家卫生乡镇”称号。

崔绍民主持召开县委中心组学习会议

9月2日，县委书记崔绍民主持召开县委中心组学习会议，集中学习《习近平谈治国理政》（第三卷）、《习近平总书记在经济社会领域专家座谈会上的讲话》《习近平总书记在中央全面深化改革委员会第十五次会议上的讲话》、习近平总书记对制止餐饮浪费行为的重要指示精神和临汾市贯彻落实《山西省党委（党组）理论中心组学习考核评价办法（试行）》实施细则，并对重点

工作进行安排部署。

吉县召开深化乡镇机构改革和重塑事业单位改革推进会

9月8日，县委书记崔绍民主持召开深化乡镇机构改革和重塑事业单位改革推进会，传达学习省市深化乡镇机构改革和重塑事业单位改革有关会议精神，安排部署全县深化乡镇机构改革和重塑事业单位改革工作。

市委书记董一兵在吉县调研

9月14日，市委书记董一兵到吉县调研壶口景区提升改造、产业集聚区建设、电子商务发展等工作。市委常委郝忠祥，县委书记崔绍民，县委副书记、政府县长赵松强等陪同调研。

吉县党建研究会成立

9月18日，吉县党建研究会成立暨第一次会员代表会议召开，会议听取《吉县党建研究会筹备工作报告》；表决通过《吉县党建研究会章程（草案）》《吉县党建研究会财务管理办法（试行）》；选举产生吉县党建研究会第一届理事会领导机构，杜大浩当选为吉县党建研究会第一届理事会会长；为特邀研究员颁发了聘书。

林武省长在吉县调研

9月20日，山西省委副书记、省长林武在壶口瀑布景区调研，并听取景区发展及规划的汇报。县委书记崔绍民陪同调研。

崔绍民主持召开县委常委会议

9月23日，县委书记崔绍民主持召开县委常委会议，研究审议吉县《关于贯彻落实习近平总书记视察山西重要讲话重要指示在转型发展上率先蹚出一条新路来的实施方案》《县委常委会及班子成员落实全面从严治党主体责任清单》《县委落实全面从严治党主体责任2020年任务安排》《2020年“春华秋实”文化旅游系列活动——吉县苹果文化艺术节活动方案》。

吉县群众文化惠民工程“文化三晋乐万家”启动

9月24日，由县委宣传部、县文化和旅游局主办的以“迎国庆、庆丰收、奔小康、悦生活”为主题的吉县群众文化惠民工程“文化三晋乐万家”启动仪式及授旗授牌活动在县城中心广场举行。仪式上，县委宣传部为吉县文化志愿服务队、吉县文化馆原生态唢呐队、壶口镇留村非遗表演队、东城乡雷家庄村舞蹈队等17支文艺小分队授旗，为全县42名文化带头人、23名乡土文化能人艺人颁发了荣誉证书。

吉县在烈士陵园举行公祭活动

9月30日，吉县在烈士陵园举行公祭活动，深切缅怀为中国人民解放事业英勇献身的先烈。县委书记崔绍民、社会各界代表共计百余人参加公祭活动。

吉县苹果荣登2020果品区域公用品牌价值榜

9月，吉县苹果在第六届中国果业品牌大会上荣登2020果品区域公用品牌价值榜。

2020年吉县苹果文化艺术节开幕

10月15日，2020年“果乡风韵·醉美吉州”苹果文化艺术节开幕式在东城乡社堤村举行。苹果文化艺术节为期三天，内容包括“果乡风韵·醉美吉州”开幕盛典、“吉祥吉县·吉地吉品”展销订货活动、“以果为媒·合作共赢”吉县苹果推介活动、“黄河魂·苹果情”文化系列活动、“观瀑布·品苹果·悦生活”精品旅游线路推介活动五大类13项主题活动，旨在进一步推动苹果产业和旅游产业融合发展，为乡村振兴战略提供强有力的产业支撑。县领导崔绍民、赵松强、李晓民、梁国刚等四大班子领导以及新华网牵头的20余家新闻媒体记者出席活动。

吉县举办“情系乡土 大河奔流”沿黄美术作品展

10月16日，吉县举办“情系乡土 大河奔流”沿黄美术作品展，共展出作品100余幅，省书画院为吉县图书馆和吉县老干部活动中心捐赠画册300本。县委书记崔绍民出席活动开幕式。

县委书记崔绍民主持召开脱贫攻坚工作周例会

10月30日，县委书记崔绍民主持召开脱贫攻坚工作周例会，通报脱贫攻坚市际交叉考核反馈问题情况，并对问题整改和当前重点工作进行了安排部署。

吉县地质灾害治理搬迁让群众住上“安心房”

从2014年开始，吉县县委、县政府结合本县实际，针对性地采取连片搬迁、集中安置、货币补偿、分散安置的方式进行地质灾害治理搬迁工作。截至2020年10月，彻底告别地质灾害隐患点21个，有2131户群众住上了“安心房”，实现了宜居宜业。

吉县乡镇行政区划调整工作启动

11月9日，县委书记崔绍民主持召开全县乡级行政区划调整工作动员部署会，宣读了《全县乡级行政区划调整工作实施方案》，安排部署吉县乡镇行政区划调整工作。

全县第三期科级干部读书班开班

11月17日，县委党校举办第三期科级干部学习贯彻习近平新时代中国特色社会主义思想读书班开班仪式。县委书记崔绍民出席开班仪式并讲话，县委常委、组织部长、县委党校校长庞大懿主持开班仪式。

2020年第一次城乡规划委员会会议召开

11月24日，县委副书记、政府县长、县城乡规划委员会主任赵松强主持召开2020年第一次城乡规划委员会会议，会议听取并研究了吉县县城规划区控制性详细规划新华东街片区相关地块调整事项。

全县“三零”单位创建工作推进会召开

11月27日，全县“三零”单位创建工作推进会召开。会议认真学习贯彻党的十九届五中全会精神，深入落实全省、全市“三零”单位创建工作推进会议精神，对前一阶段“三零”单位创建工作进行总结，对下一阶段工作进行再部署、再推进。县委书记崔绍民出席会议并讲话。

吉县“绿源凯歌”牌吉县苹果获中国第二十一届绿色食品博览会金奖

11月，吉县吉昌镇绿之源苹果专业合作社申报的“绿源凯歌”牌吉县苹果荣获中国第二十一届绿色食品博览会金奖。

吉县乐之然有机苹果获第五届中国有机大会“中国有机百强品牌”

11月，吉县壶口有机农业有限公司的乐之然有机苹果荣获第五届中国有机大会“中国有机百强品牌”。

太和村获第六届“全国文明村”荣誉称号

11月，吉县太和村获第六届“全国文明村”荣誉称号。

市委副书记、市长李云峰到吉县调研

12月7日，市委副书记、市长李云峰到吉县调研旅游景区提升改造工作。县委书记崔绍民，县委副书记、政府县长赵松强一同调研。

吉县召开干部专题警示教育大会

12月10日，吉县召开干部专题警示教育大会，传达市纪委《关于临汾市应急管理局原党组成员、二级调研员黄在新严重违纪违法案的通报》，观看专题警示教育片《镜鉴》。

吉县开展全员新冠病毒核酸采样检测应急演练

12月22日，吉县开展全员新冠病毒核酸采样检测应急演练，来自县卫体局、疾控中心、医疗集团、各乡镇卫生院等县疫情防控领导小组成员单位的100余名工作人员参加演练活动。

县委书记崔绍民带队开展精准招商引资活动

12月22—24日，县委书记崔绍民带领吉县招商引资小分队赴北京开展精准招商引资活动。先后赴北京普雅鸿运资本管理中心、中信建投证券股份有限公司、太极计算机股份有限公司，就苹果产业链、智慧冷链、品牌销售综合开发以及乡村振兴产业、计算机数据中心集成电路等项目进行对接洽谈。

吉县制定措施开展"人才回归"工作

12月31日，县委人才工作领导组办公室、机构编制委员会办公室、县人力资源和社会保障局发出《吉县开展"人才回归"工作的公告》，面向社会选调吉县籍在外公职人员回乡工作。选调范围和条件为：通过参加公务员招录及事业单位招聘考试，被吉县以外地区党政机关、人大、政协、群团组织、事业单位正式录用的在编在岗的财政供养人员，且服务期满，年度考核称职（合格）以上等次，常住户口所在地或生源地为吉县，或父母、配偶或配偶的父母常住户口所在地为吉县。

东城乡荣获"国家卫生乡镇"称号

12月，吉县东城乡荣获"国家卫生乡镇"称号。

吉县黄河壶口瀑布景区列入国家5A级旅游景区创建名单

12月，省委、省政府召开专题会议，听取壶口景区规划设计汇报。吉县黄河壶口瀑布景区以95.2分的成绩顺利通过国家5A级旅游景区景观质量评审，正式列入国家5A级旅游景区创建名单。

文献辑存

中共吉县县委
吉县人民政府
关于脱贫攻坚2016—2017年行动计划的实施意见

吉发〔2016〕1号

为深入贯彻中央、省、市关于打赢脱贫攻坚战的战略部署，确保吉县到2017年实现贫困县减贫摘帽，到2020年实现全面建成小康社会的目标，经县委、县政府研究，决定实施脱贫攻坚2016年—2017年二年行动计划，举全县之力，坚决打赢脱贫攻坚战，现提出如下实施意见。

一、总体目标

通过大力实施到村到户到人脱贫攻坚二年行动计划，贫困村基础设施和贫困人口生产生活条件显著改善，公共服务保障实现全覆盖，特色优势产业得到大幅发展。到2017年底，现有2.1万贫困人口稳定脱贫，实现“两不愁三保障”：不愁吃、不愁穿，义务教育、基本医疗和住房安全基本保障；贫困村农民人均可支配收入达到脱贫标准，贫困发生率由2015年的22%下降至2017年的5%以下，贫困人口自我发展能力得到大幅提升。

二、基本思路与基本原则

（一）基本思路

坚定不移按照精准扶贫总体思路，进一步创新机制、完善政策，扎实推进扶贫开发各项事业，增强贫困人口“造血”功能和发展后劲。坚持因人因地施策，因贫困原因施策，因贫困类型施策，区别不同情况，做到对症下药，在扶持对象精准、项目安排精准、资金使用精准、措施到户精准、因村派人（第一书记）精准、脱贫成效精准上想办法、出实招、见真效，促进贫困群众整体脱贫。

（二）基本原则

1. 政府主导，部门协作。把脱贫攻坚二年行动计划纳入全县经济社会发展战略规划。各相关部门在制定政策、编制规划、分配资金、安排项目时优先保障贫困群众，形成扶贫开发合力，推动行动计划实施。

2. 创新思路，分类指导。根据各村各贫困户现状、致贫原因等实际情况，创新工作方式方法，因村施策，因户施法，实行针对性差别化扶持。

3. 到户到人，精准帮扶。在精准扶贫建档立卡的基础上，瞄准扶贫对象，把握重点，扶贫到户，责任到人，采取“一村一品、一户一策、一人一法”措施整体推进。

4. 落实责任，强化保障。落实党政一把手负总责的脱贫攻坚责任制，严格实行目标责任考核，并将脱贫攻坚成果作为干部年度政绩考核、选拔任用和奖惩的重要依据。

三、实施范围和步骤

实施范围：覆盖全县所有的贫困村和贫困人口。

实施步骤：2016年完成吉昌镇兰村、兰古庄村、马家河村、学背后村，屯里镇太度村、五龙

宫村、安乐村，壶口镇中市村、南村坡村，车城乡兰家河村、赵村，东城乡东城村、太和村、山头村、真村，文城乡古贤村、房村、柏树村、文城村，柏山寺乡石泉村、大庄村、白米村、官庄村，中垛乡永固村、马连滩村、柳沟村等26个村整村脱贫摘帽，带动约10000口人脱贫；2017年完成屯里镇庄子村、放马岭村，壶口镇陈家岭村、存心村、南垣村，车城乡窑科村、曹井村、朱家堡村，东城乡沟南村，文城乡南村、青村、王家原村、午生村，柏山寺乡白子原村、圪塔村、黑秀村、马泉头村、南耀村、耀角村，中垛乡南光村等20个村整村脱贫摘帽，带动约6000口人脱贫；剩余5000口左右深度贫困人口，由民政、残联、扶贫等部门予以兜底扶贫。确保至2017年底，全县现有贫困人口如期脱贫，实现共同富裕。

四、主要任务

（一）产业扶贫

落实精准扶贫政策，将产业扶贫工程与贫困户自身发展条件相结合，按照“六个精准”的要求开展精准帮扶，促进贫困群众的精准脱贫、整体脱贫。

1. 苹果产业扶贫。按照规模化、标准化、品牌化、产业化“四化联动”的发展思路和“有机化”发展战略，整合使用各项涉农项目资金，配套完善果园节水灌溉、田间道路、防灾减灾设施等基础建设；加强果业生产技术人员队伍建设，强化果农实用技术培训；积极培育贫困村农民合作组织，提高贫困户在产业发展中的组织化程度；实施百企千村产业扶贫工程，发挥龙头企业带动作用，探索企业与贫困农户建立利益联结机制，促进贫困农户稳步增收；实施苹果有机化发展战略，打造3万亩有机苹果生产基地，全力推动苹果产业转型升级和提质增效，促进农民收入持续增长。（责任单位：各乡镇、农林委、果业中心、扶贫局）

2. 旅游扶贫。立足旅游资源优势，探索旅游产业与苹果产业融合发展，使苹果搭上壶口旅游这趟快车，促进吉县苹果销售，增加农民收入。同时，充分挖掘乡村生态休闲、旅游观光、乡土文化价值，结合非物质文化遗产保护、乡村文化记忆工程建设，完善贫困乡村基础设施配套，建设一批具有历史、地域、文化特色的乡村旅游村镇，打造形式多样、特色鲜明的乡村旅游产品，推动贫困地区旅游产业快速健康发展。

在壶口景区试点开展“买门票、送苹果”宣传促销活动，让游客“观壶口瀑布，品吉县苹果”，借助旅游为苹果打开销路。试点开展南村坡村、中市村、留村、雷家庄村、回宫村等一批苹果采摘、剪纸布艺、民间艺术、农家乐等乡村旅游扶贫项目，促进吉县苹果产业和旅游产业的有机融合。（责任单位：壶口管委会、宣传部、发改局、扶贫局、住建局、环保局、交通局、水利局、旅游中心、果业中心、规划中心、新闻中心、各乡镇等）

3. 光伏扶贫。全面落实国家光伏产业发展和扶贫开发政策，建设79个100～300千瓦村级小型分布式光伏发电站，利用荒山荒坡建设200兆瓦大型地面光伏电站。光伏扶贫所得收益持续用于深度贫困人口扶持和贫困村公共基础设施建设、产业扶贫等。

到2017年年底实现全县61个贫困村光伏发电全覆盖。现已覆盖贫困村19个，剩余42个贫困村光伏发电建设任务安排为：

2016年实施20个村：吉昌镇兰古庄村，屯里镇回宫村、太度村、五龙宫村，壶口镇存心村、南村坡村，车城乡赵村、兰家河村、桃村，东城乡山头村、东城村，文城乡柏树村、古贤村、午生村、王家原村，柏山寺乡东石泉村、大庄村、白米村，中垛乡永固村、柳沟村。

2017年实施22个村：吉昌镇小府村、学背后村，屯里镇放马岭村、安乐村，壶口镇陈家岭村、南垣村，车城乡曹井村、窑科村、朱家堡村，东城乡太和村、沟南村、真村、柏东村，柏山寺乡白

子原村、马泉头村、圪塔村、耀角村、南耀村、黑秀村，文城乡南村、青村，中垛乡南光村。

2016年至2020年每年建设40mw大型地面式光伏发电站，每10mw大型光伏发电项目每年捐助100万元作为财政扶贫资金用于深度贫困人口精准扶贫。（责任单位：发改局、财政局、扶贫局、国土资源局、供电公司等）

4. 金融扶贫。全面实施金融支持特色产业发展富民扶贫工程，进一步创新金融支持扶贫开发机制，找准扶贫资金撬动“支点”，放大扶贫资金效益，带动更多的金融资源支持特色产业发展。

投入800万元金融扶贫风险补偿金，撬动1.2亿元以上信贷资金用于产业扶贫；按照贷款贴息有关政策，实施贫困户贷款贴息和龙头企业、特色农产品支撑项目贷款贴息，降低贫困农户资金使用成本；实施32个村互助资金试点项目，增强贫困群众组织化程度和自我发展能力。（责任单位：扶贫局、人民银行吉县支行、吉县农村信用合作联社、农业银行吉县支行、邮政储蓄银行吉县支行、人保财险、人寿保险公司等）

（二）易地搬迁

对生存环境较差、不宜居住的地方，大力实施易地扶贫搬迁工程。结合住房安居工程和美丽乡村建设，年均实施易地扶贫搬迁、避灾移民、危房改造等3000口人。

1. 易地扶贫搬迁。按照“政府引导、群众自愿；量力而行、保障基本；因地制宜、科学规划；精确瞄准、创新机制”的原则，组织实施贫困户易地扶贫搬迁工程，切实改善贫困群众住房条件和生产生活条件。进度安排为：2016年实施30个村720户2500口人，2017年实施20个村580户2000口人。（责任单位：各乡镇、扶贫局、国土资源局）

2. 避灾移民。组织居住在地质灾害易发区的困难群众实施避灾移民工程，结合群众意愿采取还迁、改造等方式进行，确保人民群众生命财产安全。（责任单位：各乡镇、国土资源局）

3. 危房改造。按照《农村危险房屋鉴定技术导则》标准核定危房，以户为单位按照危房改造相关政策组织进行。到2020年，全面完成现有存量农村危房住户住房改造任务，解决贫困农户住房安全问题。（责任单位：各乡镇、住建局）

（三）教育扶贫

1. 巩固义务教育均衡发展的成果。保障贫困山区适龄儿童有学上、能上学，确保贫困家庭学生都能接受良好教育，阻断贫困代际相传的根源。大力发展现代职业教育，支持特色优势专业教育，培育当地产业发展需要的技术技能人才。（责任单位：教科局）

2. 大力实施贫困扶助。落实好义务教育“两免一补”，做好国家助学贷款的审核发放工作；扩大大学生资助范围，对考上大学的建档立卡贫困家庭学生按照教育扶贫政策予以资金扶持；对就读中职、高职等职业技术类院校的建档立卡贫困家庭在校生，在雨露计划政策扶持范围以内的，做到应扶尽扶。（责任单位：扶贫局、教科局、团委）

3. 培育新型职业农民。以培育生产经营型、专业技能型、社会服务型和引领带动型职业农民为主要内容，组织实施新型职业农民培训1100人次、“千村万人”就业培训700人次、农民实用技术培训3000人次，抓好教育培训关键环节，培育一批有技能、懂经营、会管理、讲诚信的新型职业农民队伍，推动吉县特色现代农业发展。（责任单位：农林委、扶贫局、果业中心、人社局等）

（四）电商扶贫

推进贫困村接通符合国家标准的互联网，努力消除“数字鸿沟”带来的差距。整合开放各类信息资源，为农民提供信息服务；顺应网络化发展趋势，大力推进农产品电子商务，帮助贫困群

众在家门口实现农产品网络销售，提高贫困群众收入水平。（责任单位：发改局、经信局、工商质监局、国税局、地税局、扶贫局、中小企业局、供销社、移动公司、联通公司、电信公司等）

（五）驻村帮扶

通过对扶贫对象建档立卡和实行信息化管理，做到准确识别扶贫对象，深入分析致贫原因，明确落实帮扶责任，逐村逐户采取针对性扶持措施，切实做到扶持对象精准、项目安排精准、资金使用精准、措施到户精准，确保在规定时间内达到稳定脱贫目标。（责任单位及责任人：各乡镇、下乡办、各级定点扶贫帮扶单位，62个贫困村第一书记、各贫困户帮扶责任人）

（六）基础设施和公共服务配套扶贫

1. 保障乡村饮水安全。按照全县水利建设规划，因地制宜推进安全饮水到户扶贫工程，解决贫困村人畜饮水困难和不安全问题，到2017年实现全面解决。对易地扶贫搬迁的贫困村，采取管网延伸方式，在新的居住地点接入自来水；对现有自来水管网覆盖范围以外的贫困村，水源有保障、村民居住相对集中的，采取管网延伸、新建饮水工程等方式接入自来水；对没有水源或水源不达标、居住分散的贫困户，采取建设旱井（旱池）、配套消毒和提水设施的方式解决。（责任单位：各乡镇、水利局）

2. 有效改善出行条件。加快通乡公路、通村公路、村组道路、联户路等道路建设，配套完善县城二级客运站项目建设，改善农村客运环境和居民交通出行条件，方便日常生产生活。（责任单位：各乡镇、交通运输局）

3. 供电通信扶贫工程

（1）农村电网改造。以保障贫困户正常用电为目标，大力推进农村电网改造，扩大农村电网覆盖面，确保到2017年末，全县79个行政村人民群众都能实现安全用电。（责任单位：各乡镇、供电公司）

（2）广播电视村村通。加快推进有线电视网络建设，到2017年，实现所有行政村电视村村通；对居住分散的偏远贫困户，加大卫星电视接收推广普及力度，实现所有贫困人口都能正常收看电视。（责任单位：各乡镇、广电中心）

（3）电讯宽带村村通。以行政村为基本单位，实施电讯宽带村村通建设工程，保障所有行政村移动信号网络和电脑宽带网络全覆盖。（责任单位：电信公司、移动公司、联通公司）

（4）基本医疗有效保障。全面推进农村卫生室建设，每个村配备一名合格的乡村医生，实现79个行政村全覆盖。加大政府扶持力度，做好农村人口新型农村合作医疗保险参保工作，确保参保率达到100%。（责任单位：各乡镇、卫计局）

（七）生活保障扶贫

落实农村最低生活保障制度，提高农村最低生活保障补助标准，整合部门资金用于特殊困难贫困户和深度贫困户精准扶贫，做到应保尽保，应扶尽扶；建立完善临时救助制度，有效解决突发性、临时性基本生活困难问题。

1. 最低生活保障到户。建立贫困村最低生活保障体系，对无劳动能力的高龄无子女贫困人口纳入五保范围，进行集中或分散供养；对劳动能力缺乏的人口，全部纳入农村低保范围，维持其基本生存；对有劳动能力的深度贫困人口，在予以最低生活保障的基础上，落实产业帮扶措施，帮助其依靠自我发展实现脱贫致富。（责任单位：各乡镇、民政局、扶贫局）

2. 特殊困难人口扶贫到户。对残疾人贫困家庭按照有关残疾人特惠政策予以补助扶助；加大对留守儿童和空巢老人的帮扶力度，保障其基本生活。（责任单位：各乡镇、残联、妇联）

3. 临时救助到户。对遭遇疾病、事故、灾害等突发情况致贫的贫困户，通过临时救助和专项救助等方式，帮助解决其生活困难。（责任单位：各乡镇、民政局）

4. 光伏扶贫到户。利用光伏扶贫工程所得收益，对以上三类贫困家庭人均可支配收入不足部分予以补助扶持，保障所有贫困人口到2017年按期脱贫。（责任单位：发改局、财政局、扶贫局）

（八）发展壮大村集体经济

1. 开展“破壳行动”，增强为民办事实力。通过产业带动、资源开发、服务创收、联合发展等方式，不断拓宽集体增收渠道。以深化农村综合改革、开展集体“三资”清理整治为契机，盘活现有集体资产，提高闲置资产利用率，并采取合作、股份、租赁经营的方式，让集体经济“零风险”保值增收。开展“空壳村破零行动”，形成壮大集体经济的有效路径，确保到2020年村集体经济收入平均达到10万元以上，为民办事的经济实力明显改观。（责任单位：组织部、各乡镇）

2. 加强农村基层组织经费保障，提高服务发展能力。建立稳定的村级党建工作经费保障制度，对无集体经济和集体经济收入达不到5万元的村级组织，在省级、市级财政拨付党建工作经费转移支付的基础上，县级财政根据每个行政村集体经济收入情况实行经费配套，确保每个村级组织运转经费不低于10万元。选好配强村级领导班子，集中整顿软弱涣散村党组织，充分发挥农村基层党组织战斗堡垒作用和工、青、妇等群团组织的作用，推进农村小康建设。（责任单位：组织部、各乡镇、财政局）

五、组织领导和保障措施

（一）强化组织领导。一是落实党政一把手负责制。各级党政主要领导为二年行动计划实施第一责任人，要切实把落实二年行动计划作为首要工作，深入调查研究，亲自研究部署，全力督促推动。二是落实领导小组组织责任。县脱贫攻坚领导小组组织召开脱贫攻坚工作会议，制定相关资金筹措和计划安排方案，并组织对二年行动计划年度工作任务的落实情况进行考核。三是落实相关部门主抓责任。县脱贫攻坚领导组为落实行动计划的牵头部门，各相关部门为落实行动计划的责任部门。要把二年行动计划明确的任务和重点项目优先安排，加快实施。要做好“十三五”规划项目安排，争取贫困村项目提前实施。

（二）加大扶贫投入。一是稳定增加资金投入。县级财政要优先确保扶贫资金的投入，加大资金投入规模，每年投入的财政扶贫资金增长速度不低于全县国民经济增长速度；将基础设施建设、公共服务项目县级配套资金列入每年财政预算，保障项目顺利实施。二是有效整合各类资金。所有投向农村的资金都要按现行投资渠道，整合投入到贫困村。全县各级各部门各单位要积极向上争取扶贫项目资金，各单位年度资金要优先安排到贫困村。三是创新财税、金融扶贫模式。探索搭建政府主导下的扶贫融资平台，发挥市场机制作用，推动形成以政府公共财政投入为引导，银行信贷资金和社会资金广泛参与的扶贫开发投融资体制。四是加大招商引资力度。积极引进外来资金投入脱贫攻坚行动计划，吸引民间资金、社会闲散资金投入脱贫攻坚行动计划。五是保障扶贫工作经费投入，确保扶贫工作经费及时足额落实到位。

（三）完善扶贫机制。一是继续落实机关单位定点扶贫和领导干部包村增收工作，充分发挥“第一书记”驻村帮扶作用，落实帮扶到户到人要求。二是建立精准扶贫机制。突出精准识别，按照建档立卡贫困人口识别办法，对贫困人口进行精准识别建档立卡，建立贫困农户信息管理系统平台，实行“动态管理”；实施精准帮扶，对失去劳动能力的贫困人口，全部纳入农村五保、低保范围，做到应保尽保，以维持其基本生存；对有劳动能力且有脱贫意愿的贫困人口，结合其自身发展资源和特色产业优势，落实产业项目帮扶措施，做到“因人施策，因户施法”；对地理位

置偏远、生存环境恶劣、自然资源匮乏、靠常规就地扶贫措施无法解决的贫困户，结合城镇化建设、劳动力转移、生态环境保护等，采取“易地搬迁 + 产业扶持”的方式，确保“搬得出、稳得住、能致富”。

（四）严格考核奖惩。实施扶贫成效精准考核。把扶贫开发作为最大的民生工程，把尽快实现脱贫致富作为首要目标任务，作为党政领导班子和领导干部经济社会发展实绩考核的主要内容，对照“六个精准”要求进行精准考核，提高扶贫开发的针对性和有效性；强化考核结果运用，把考核结果与领导干部年度考核、综合评价挂钩，作为干部任用和扶贫资源分配的重要依据。

（五）加强队伍建设。一是加强脱贫攻坚人才建设。加大扶贫干部的培训力度，有计划地组织开展扶贫干部学习培训；支持乡村教师、医疗卫生人员和农业技术人员接受再教育，努力打造一支素质高、作风正、讲奉献、能攻坚的扶贫开发人才队伍。二是加强贫困村领导班子建设。充分发挥基层党组织的战斗堡垒作用和党员干部的先锋模范作用，把经济发展、脱贫致富作为衡量党建的重要标准。加强农村基层组织领导班子建设，把率先致富、愿意带领群众致富、公道正派的农村能人选拔进领导班子。三是加强扶贫机构建设。进一步强化全县各级扶贫机构及职能，配齐配强人员队伍，改善工作条件，以保障其更加有力、有为地开展脱贫攻坚工作。

（六）强化宣传引导。充分利用各种媒介，广泛宣传扶贫新政策、新经验、新亮点、新措施和新典型。大力弘扬扶贫济困、崇尚慈善的传统美德，激发贫困地区干部群众脱贫致富的信心和活力，扩大扶贫影响力，凝聚脱贫攻坚合力，着力营造全社会关注扶贫、支持扶贫、参与扶贫的浓厚氛围，吸收更多的社会力量参与到脱贫攻坚中来。

中共吉县县委　吉县人民政府

2016年2月23日

中共吉县县委办公室
吉县人民政府办公室
关于印发《吉县发展壮大农村集体经济开展“空壳村破零行动”的实施方案》的通知

吉办发〔2016〕10号

各乡（镇）党委、政府，壶口管委会，县委各部委，县直各委、办、局、中心，各人民团体，各企事业单位：

《吉县发展壮大农村集体经济开展“空壳村破零行动”的实施方案》已经县委同意，现印发给你们，请结合实际，认真贯彻执行。

中共吉县县委办公室　吉县人民政府办公室

2016年5月26日

吉县发展壮大农村集体经济开展“空壳村破零行动”的实施方案

为了认真贯彻落实省委《关于实施“一带三创”全面加强农村基层党组织建设的意见》（晋办发〔2016〕21号）及市委办公厅、市政府办公厅关于《临汾市发展壮大村级集体经济开展“千村破零行动”的指导意见》（临办发〔2016〕14号）文件要求，切实加强和巩固党在农村的执政基础和执政地位，推进农村治理和治理能力的现代化，现就吉县发展壮大农村集体经济，开展“空壳村破零行动”制定如下实施方案。

一、总体要求

（一）指导思想

深入贯彻党的十八大和十八届三中、四中、五中全会精神，认真落实中央和省、市、县农村基层党建工作会议部署，以实施“一带三创”为抓手，探索发展壮大村级集体经济的多种途径和形式，对无集体经济收入的村实施“空壳村破零行动”，对有集体经济收入的村创新经营机制，拓展发展路径，并逐步建立农村集体经济稳定增收长效机制，切实增强农村基层党组织的政治功能和服务功能，巩固农村基层党组织的领导核心地位，为吉县脱贫攻坚、决胜全面小康提供坚强的组织保证。

（二）目标任务

2016年底全县无集体经济收入村全部实现“破零”达到1万元以上，并形成稳定的收入渠道和发展壮大的有效路径；2020年底，全县80%以上的行政村集体经济收入不低于5万元，为民办事实力明显改观，服务能力明显增强。

（三）基本原则

组织引领、党建先行。强化村党组织在发展壮大村级集体经济中的政治引领功能，自觉坚持把发展壮大村级集体经济作为基层党组织的一项重大任务。选好配强村党组织书记，真正把基层党组织建设成发展壮大集体经济、带领群众脱贫致富的战斗堡垒。

村为主体、市场主导。充分发挥村级组织主体作用，积极培育农村新型农业经营主体，积极

发展农民股份合作、赋予农民集体资产股份权能，鼓励村级组织发展各种专业合作社、专业协会、微型企业等。遵循市场经济规律，以土地使用权、资产、知识产权、劳务服务等参股分红方式，发展壮大村级合作经济。

因地制宜、精准实施。坚持从本地经济基础、区位优势、资源条件等实际情况出发，面向市场精选产业、项目和载体，实行一村一策、一村多策和一村一业、一村多业，宜农则农、宜工则工、宜商则商、宜旅则旅，找准切合各村实际的途径，探索村级集体经济多种发展模式和实现形式。

政策扶持、服务保障。县财政每年安排一定数额专项资金用于扶持发展壮大村级集体经济，并重点扶持无集体经济村实现村级集体经济收入“破零”。同时，协调相关部门在项目、规划、土地、建设、环保、财税、金融、法律、人才、技术、培训、信息、网络、市场等方面提供政策支持和服务保障。

二、“破零”路径

在对吉县已有经验进行调研论证的基础上，参照外地典型做法，通过采取六条措施，逐步壮大村级集体经济。

（一）开发集体资源实现“破零”。有集体耕地、水面、林场、滩涂，以及荒山、荒坡、荒沟、荒滩等集体资源的村，可通过项目引领自主创业、合作开发、公开发包、对外出租等方式，开发利用，产生效益，取得集体收入。

（二）盘活现有资产实现“破零”。有集体资产、资金的村，要支持村集体对闲置的办公用房、校舍、厂房、生产装备设施等资产通过依法改造、发包租赁、入股联营、合资合作等方式盘活；对征地补偿费等闲置资金，在保本基础上，通过互助合作、滚动发展等方式投资、理财取得集体收入。

（三）依托产业带动实现“破零”。对靠厂、临企、交通便利、农业产业集中具有区位优势的村，充分依托业已形成的大型企业或产业优势，创建与之相关联的配套产业，兴办交易市场、运输公司、专业合作社、贮藏库等，拉长产业链条，提供配套服务，取得集体收入。

（四）开展服务创收实现“破零”。对位于城郊等有特殊区位优势的村，可通过兴办中介服务、家政公司、物业公司、综合服务中心、电商服务、便民服务店等方式，为群众提供劳务信息、委托代理、设施维护、技能培训、法律咨询等各种微利有偿服务取得集体收入。

（五）兴办特色旅游实现“破零”。对具有民俗民间文化、山水自然条件、历史人文资源、农特产品优势的村，可充分挖掘特色，打造特色村落、开发农家乐、采摘园、度假村、红色旅游、文化旅游、生态旅游等项目，发展餐饮、住宿、停车场等全方位的配套服务。还可开发本地小吃、手工艺品、饰品、土特产等特色旅游产品，统一组织管理、营销、服务和收益分配获得集体收入。

（六）利用政策扶持实现“破零”。对集体资产、资源匮乏，地处偏远、人口较少的村，加大政策扶持力度，通过光伏发电、农业扶贫开发、产业集聚、人口集中、集约开发、移民并村、定点帮扶、异地置业等方式发展集体经济，取得集体收入。

三、政策支持

（一）部门支持。统筹整合农业、水利、林业、畜牧、扶贫等各级财政安排用于农业生产发展和农村基础设施建设等方面的资金，完善资金安排使用机制，在政策允许范围内，重点用于村级集体经济发展项目。要发挥财政资金引导作用，通过贴息、以奖代补、设立产业发展引导基金等措施，加大发展村级集体经济资金扶持力度。各级政策性资金所形成的项目资产，在没有特殊约定情况下交由村集体管护或运营。政府采购可优先考虑集体经济实体相关产品和服务。财税部

门要认真落实国家有关税费优惠政策，创优对村集体兴办或参股的各类经营性主体的办税服务。

（二）用地支持。依法征收的农村集体土地，要预留部分国有建设用地，用于发展村级集体经济。城乡建设用地增减挂钩试点形成的周转指标中的安置建新指标，要安排一定比例用于发展村级集体经济。对村集体兴办项目的工业性质用地，在符合土地利用总体规划的前提下，要优先安排用地计划。在土地利用规划编制和调整时，充分吸收村集体意见，考虑村级集体经济发展用地需求。

（三）资金支持。鼓励涉农金融机构对村集体经济组织有效开展土地承包经营权、林权、村集体资产、农业生产设施等抵押贷款，对符合条件的集体经济发展项目增加授信额度，给予利率优惠。县财政出资设立的融资担保公司，要积极创造条件，降低门槛，为符合条件的村集体经济发展提供融资担保。发展各类农业保险，鼓励村级集体经济组织以事前购买保险等市场化的方式化解经营风险。

（四）人才支持。乡镇党委要按照一村两名后备干部的要求，建立后备干部人才库，着眼于选人用人的理念，加大后备干部培养力度。要从出于公心的角度出发，选优配强村党组织带头人，注重从致富能手、复转军人、返乡创业人员、农村经纪人、专业合作社负责人、优秀大学生村官中选拔懂经济、善经营、会管理、谋发展的担任村党组织书记。鼓励优秀村党组织书记跨村任职、兼职，通过以强帮弱、以大带小，实现共同发展。组织政策、法律、技术、经营等方面的专业人才对集体经济发展提供服务指导。加强对村干部、集体经济组织经营管理人员的教育培训，全面提升发展壮大集体经济的能力。

四、推进步骤

发展壮大农村集体经济开展“空壳村破零行动”，从现在开始，12 月底基本结束，分为四个阶段。

（一）深入调查摸底

各乡镇要组织专门力量，走村入户征询意见，蹲点调研，摸清每个村经营收益、资源类型、资产状况，管理使用和分配情况，人才、区位特点，集体经济发展制约因素和存在的困难问题。乡镇要立足每个村的村情特点，帮助辖区内每个村分析集体经济发展优势，理清发展的方向、思路和路径、办法。各村要召开“两委”班子会共同商讨集体经济“破零”的项目安排、工作计划，经支部大会、村民代表大会讨论完善通过。

（二）明确破零措施

各乡镇要在充分调研摸底的基础上制定壮大农村集体经济开展“空壳村破零行动”实施方案，并帮助指导村制定“破零”工作计划，并报乡镇党委集体研究后备案实施。各乡镇要召开专门工作会议进行部署，主要领导要亲自动员安排。要建立“破零”工作台账，明确时间表、路线图、责任人。6 月 10 日前，各乡镇要将工作方案和台账装订成册报县委组织部备案。

（三）强化措施落实

1. 培训宣传促动。各乡镇要结合农村“领头雁”延伸培训，把农村集体经济发展的相关政策、实现方式、经营管理等作为重点培训内容，促进村干部树立发展理念，增强责任意识和“破零”信心。要挖掘本地发展集体经济的先进典型，进行广泛宣传，或将典型经验装订成册下发各村供学习借鉴。有条件的乡镇可组织村“两委”干部到集体经济发展好的地方进行交流学习。

2. 领导示范带动。建立包联“破零”工作机制，每名县级领导干部要包联一个乡镇，带头包联“破零”困难多、难度大的村，每月至少深入包联村进行实地指导一次，帮助解决问题，真帮

真扶，确保包联村集体经济尽快“破零”增效。乡镇领导班子成员包联一个村并牵头负责一个集体经济发展项目，包联三年不变。

3. 驻村帮扶联动。要清资清底，组织农经、司法、信访等力量，依法依规帮助村集体有效清收集体“三资”，10 月底前，农村集体资源合同要全部完善。县直帮扶单位要发挥单位资源、技术、信息、人才、管理等方面的优势，把先进的发展理念引入农村，丰富的资源流向农村，优秀的人力资源支援农村。农村第一书记要充分发挥职能优势、专业优势和工作优势，真正在带领群众开发产业、发展壮大集体经济上贡献力量。

4. 党建提升拉动。要将基层党建工作与集体经济“破零”工作紧密结合，深度融合。围绕党建工作谋划、思考集体经济“破零”工作，找准切入点和结合点。要将集体经济“破零”难度大、困难多、效果差的村组织列为软弱涣散基层党组织进行集中整顿提升；要结合“定查评”工作法，把集体经济“破零”工作作为服务发展重要事项年初“定”目标，年中“查”进度，年底“评”效果；要把集体经济“破零”作为“县、乡、村”三级书记抓基层党建“面对面”述职考评考重要内容；将集体经济“破零”列入乡镇党委书记履行基层党建第一责任项目清单。

5. 督查通报推动。县委将组织力量采取明察暗访、专项督查、实地调研督导等形式进行督促检查、分季度统计汇总，排队通报。将适时召开“空壳村破零行动”现场推进会，激励先进，鞭策后进，推动工作。

（四）组织考核验收

县委将“破零”任务纳入年度目标责任考核范围，12 月中下旬，组织农委、财政、扶贫等相关部门对集体经济“破零”工作进行考核验收。各乡镇要认真组织“回头看”，总结农村集体经济发展壮大“破零”行动取得的成效和经验，发现问题和不足，查缺补漏、完善提高，初步形成巩固壮大农村集体经济的多种途径和长效机制。

五、保障措施

（一）层层压实责任。县委将成立农村集体经济“破零”工作机构，专门负责集体经济“破零”工作的组织实施。各乡镇要高度重视，层层签订责任状，传导压力，压实工作责任。乡镇党委书记是直接责任人，要带领班子成员和包村干部逐村分析研究，全过程的现场指导，分类制定“破零”计划，建立“破零”台账，明确责任人。农村党支部书记是具体责任人，不仅要带好班子，还要利用现有“三资”情况，认真制定“破零”计划，依法依规组织实施。

（二）凝聚工作合力。县直各部门及乡镇要相互配合，紧密协作，形成合力。组织部门牵头落实，定期召开工作协调会，通报工作进展情况；宣传部门采取多种形式大力宣传发展村级集体经济中的好经验、好做法；财政部门发挥财政资金引导作用，通过贴息、以奖代补等措施，加大发展村级集体经济资金扶持力度；发改、工商等部门对申报的村级集体经济发展项目，要建立审批绿色通道，简化审批手续，缩短审批时限；农业、水利、林业、扶贫、畜牧、农业综合开发办等涉农部门的项目，在政策允许范围内，原则上全部用于发展农村集体经济；信访部门做好信访案件的化解工作；金融、土地、规划、科技、税务等各相关职能部门结合各自职责，落实相关优惠政策，支持村级集体经济发展。

（三）严格奖优罚劣。集体经济“破零”工作要树立鲜明的干事导向，实行“四个挂钩”。与年度考核挂钩。将集体经济“破零”情况作为基层党建工作年度目标责任考核的重要内容，进行排队通报，对集体经济收入 1 万元以下村占比超 10% 的乡镇，要约谈乡镇党委书记。与干部选任挂钩。乡镇换届后，乡镇党委书记要签订“破零”承诺书，报县委组织部备案；年底，对未完成“破

零”任务的乡镇书记要进行函询、诫勉，村党组织书记该调整的要调整。因工作失职、失察、失误，导致集体资产流失或负债严重的，追究相关人员责任。与创先争优挂钩。将村级集体经济发展成效作为“五个好”村党组织、“五个好”乡镇党委评选的重要内容，对集体经济“空壳村”和集体经济“空壳村”占比相对较大的乡镇，不列入评选范围。与岗位报酬挂钩。对年底集体经济未达“破零”标准的村“两委”主干，要扣发绩效工资。对集体经济发展成效明显，贡献突出的，可在集体经济收入中拿出一定比例用于奖励。

（四）全面强化监管。要在农村“三资”清理整顿的基础上，进一步强化农村经济经营管理机构队伍体系建设，加强“三资”管理，严禁借发展集体经济之机用集体资产送人情、捞好处，规范推进农村集体经济“破零”工作。要严格实行《吉县村级权力运行清单30条》，认真落实党务、村务、财务公开制度和“四议两公开”工作法，确保群众的知情权、参与权和监督权。要充分发挥村务监督委员会作用，严格实行“五方理财”，规范民主理财行为，对财务收支实行民主监督和管理。要加强村级集体经济项目资金审计，推进村级集体财务管理规范化、制度化，保障集体“三资”安全。对在审计中发现的问题，要依法依纪严肃查处。

中共吉县县委
吉县人民政府
关于印发《吉县脱贫成效巩固提升“十大工程”实施意见》的通知

吉发〔2017〕32号

各乡（镇）党委、政府，壶口管委会，县委各部委，县直各委、办、局、中心，各人民团体，各企事业单位：

《吉县脱贫成效巩固提升“十大工程”实施意见》已经县委、县政府研究同意，现予印发，请认真贯彻落实。

中共吉县县委　吉县人民政府

2017年12月19日

吉县脱贫成效巩固提升“十大工程”实施意见

为全面巩固吉县脱贫成效，持续提升农村的综合实力，不断提高群众的收入水平，确保稳定脱贫不返贫，特制订本意见。

一、指导思想

全面贯彻党的十九大精神及中央、省、市脱贫攻坚工作会议精神，认真落实习总书记“防止返贫和继续攻坚同样重要”指示要求，紧抓国家脱贫攻坚政策机遇，坚持“步伐不变、队伍不散、干劲不松、力度不减”，大力实施“巩固提升十大工程”，持续改善生产生活条件，不断提升脱贫质量成效，进一步筑牢脱贫防线、巩固脱贫成效、打造脱贫样板，确保吉县2020年与全国同步全面建成小康社会。

二、基本原则

（一）坚持“输血”与“造血”相结合的原则。

（二）坚持总结经验与巩固提升相结合的原则。

（三）坚持项目建设与长效管理相结合的原则。

（四）坚持政府主导与市场运作相结合的原则。

（五）坚持领导力量不变、包联责任不变、帮扶机制不变、到村到户扶持政策不变的原则。

三、阶段安排

2018年，全面巩固脱贫成效；2019年，全面提升脱贫成效；2020年，全面达到小康水平。

四、工作重点

（一）实施产业提升工程

1. 持续推进苹果提质升级。坚持“五化五提升”，继续推广减密间伐，加快老果园改造及优新品种培育。大力推广“畜－沼－果”生态模式，有序推进有机转换。加大苹果产业“三新”带头人培训力度，持续提升果园管理科学化水平。加强苹果防灾减灾和植保体系建设，推进果园田间路硬化、节水灌溉等基础设施配套建设，推进苹果产业可持续性发展；坚持宣传推介，构建“产地分销、窗口直销、国际畅销、网上热销、产业融合升值销”的营销服务网络，拓宽吉县苹果

的线上线下营销渠道。支持拓宽深加工，延伸产业链，增加附加值，推进苹果产业提质增效，稳步提升苹果种植收入。

2. 支持发展特色农业。立足全县不同区域特殊自然条件，因地制宜，推广以油用牡丹、玉露香梨、大棚蔬菜、食用菌为主的设施农业，发展畜牧养殖、水产养殖、花椒、核桃、小杂粮等特色农业，鼓励连片种植、规模经营，努力做到地尽其用、人尽其能、拓宽农民增收渠道。

3. 全力抓好“一村一品一主体”。创新新型职业农民培训方式，建立股份合作经济组织，创新发展农业产业化龙头企业和示范性农民专业合作社，增加财政扶贫周转金额度，增强经营主体带动能力，积极探索“企业(合作社)+产业项目+农户”帮扶模式，带动群众持续增收。

4. 规范光伏项目管理。严格按照《光伏扶贫项目管理办法》，加强100千瓦村级光伏扶贫项目的后续管理和运行维护，做好项目收益分配，为建档立卡户提供持续稳定收入。

5. 扎实推进土地整治项目。落实土地“三权分置”政策，实施高标准农田建设，增加耕地面积，提高耕地产量，进行土地开发，增加农民收入。

(牵头单位：农林委)

(责任单位：果业服务中心、扶贫开发中心)

(二)实施易地扶贫搬迁巩固工程

6. 推进后续工程。做好易地扶贫搬迁后续旧房拆除、土地复垦和生态恢复等工作，进一步完善基础设施和基本公共服务，确保搬迁群众“搬得出、稳得住”。

7. 加强后续管理。以产业培育、扩大就业、自主创业、技能培训、救济救助、山林土地流转为途经，科学配置产业布局，延伸产业生产链条，努力实现搬迁群众发展有产业、就业有岗位、增收有门路、致富有保障。

(牵头单位：扶贫开发中心)

(责任单位：各乡镇)

(三)实施就业创业帮扶工程

8. 加大劳务输出力度。有计划、有组织地开展农村闲散劳动力劳务输出工作，全力做好城乡剩余劳动力的转移就业工作。

9. 加强就业援助工作。认真落实各级就业创业优惠政策，对重点群体和就业困难人员，开展就业服务与就业援助活动。

10. 开展职业技能培训。发挥职业学校等各类教育资源作用，根据群众培训需求，增加果树管理、旅游管理等培训科目，加大对不同需求人群的培训力度。

11. 支持推动大众创业。对有创业意愿的群体，开展创业意识、创业计划、创业技能等知识的培训，以培训激发创业；建立创业孵化基地与激励奖励机制，积极为群众创业提供信息咨询服务，以创业带动就业。

(责任单位：人社局)

(四)实施生态补偿帮扶工程

12. 深化生态扶贫帮扶成效。持续实施“三北”防护林、天然林保护、退耕还林等荒山造林工程，扶持脱贫攻坚造林合作社，吸纳困难群众参与生态建设，支持困难群众转化为护林员，增加群众收入。

13. 促进林业经济增产增效。实施干果经济林提质增效工程，通过整形修剪、高枝换优等措施，改造低产低效经济林；持续发展林下经济，扶持群众发展林药、林菌、林下养殖，延伸生态

产业链条。

（责任单位：林业服务中心）

（五）实施社会保障兜底工程

14. 落实农村最低生活保障制度。逐年提高农村低保保障标准，落实重点人群低保实际补助标准，将“支出型”困难家庭患者本人纳入单独申请低保范围，确保困难群众生活得到保障。

15. 加强农村特困供养人员管理。进一步完善农村特困供养人员认定办法，加强农村老年人日间照料中心建设，落实好全县养老机构服务人员和运转经费，确保所有符合特困供养条件的人员，全部实现集中供养。

16. 改进医疗救助和临时救助工作。扩大医疗救助对象范围，提高救助比例和封顶线，确保群众不因病致贫或因病返贫；健全社会救助网络体系，做好因灾、因病返贫的统计监测，完善“一门受理、协同办理”窗口建设，设立统一的社会救助标识牌，实现社会救助机制一体化运行一站式办理。

（责任单位：民政局）

（六）实施基础设施改善工程

17. 加大道路建设力度。对接实施临汾沿黄扶贫旅游公路，带动黄河沿线周边农村快速发展。按照把农村公路“建设好、管理好、养护好、运营好”的建设发展思路，以农村道路提升工程为基础，以加强农村公路养护管理为重点，以提升人流物流效益为目标，统筹规划，系统推进，综合管理，盘活县域内人流物流，形成“闭环成网、覆盖全县”的路网格局。

（责任单位：交通运输局）

18. 加大安全饮水保障力度。加强供水设施建设，配置高标准的配水系统，完善消毒设施和水源地保护措施，改善农村供水管网的运行维护管理，使农村饮水安全得到持续、稳定、可靠的保障。合理开发利用水资源，持续扩大果园灌溉面积，从根本上解决人果争水矛盾，为促进全县农村建设和发展提供水利保障。

（责任单位：水利局）

19. 加大农村电网改造升级力度。实施农网改造项目，加快改善农村用电条件，提升农网供电能力、供电可靠性和供电质量，减少线路掉闸率，缩小城乡户均容量差、电压差距，满足农村居民生活用电需求。

（牵头单位：经信局）

（责任单位：电力支公司）

20. 加大农村宽带网络建设力度。在全县 79 个行政村互联网全覆盖的基础上，加快自然村宽带接入步伐，加强管护维修，不断优化网络结构，提高覆盖率；大力推进宽带提速、降费，扩容、增效，提高服务质量，丰富信息资源，为农民提供廉价快捷的信息获取渠道，为农村电商发展提供坚实的基础设施保障。

（牵头单位：经信局）

（责任单位：移动公司、电信公司、联通公司）

（七）实施公共服务提升工程

21. 稳步提升教育教学质量。进一步完善幼儿园布局，构建帮扶困难家庭幼儿体系，保障适龄幼儿都能就近入园。不断改善义务教育学校办学条件，加强教师队伍建设，全面落实“两免一补”、营养改善计划，推进城乡教育一体化，使每个孩子都能平等接受义务教育。严格落实普通

高中国家助学金、助学贷款政策，推进高中办学标准化及课程改革，提升高中办学水平，确保高考达线人数逐年递增。

（责任单位：教科局）

22. 全面巩固医疗服务保障。全面推行健康扶贫“双签约”，严格落实“三保险、三救助”、“先诊疗后付费”等惠民政策，扩大“136”控制机制享受范围，进一步提高门诊特殊病报销比例，增加大病病种报销种类，加大重大疾病救助力度，推进医疗补充保险全覆盖。在县人民医院建立急救应急“绿色通道”，加快推进“一站式”信息系统建设，提升医疗服务效率。全面展开村卫生室提质升级建设，加强村医队伍建设，完善服务功能，优化服务质量，基本做到小病不出村。

（责任单位：卫计局、人社局）

23. 不断完善农村客运管理。加快推进客运网络化管理平台建设，加强农村客运票价审核监督管理，保障客运行业平稳运行，良性发展。加强旅游集散中心和客运站建设，改善候车环境，为乘客提供更舒心、便捷的服务。加强农村客运物流配送建设，保障农副产品“网络化”销售环节“最后一千米”顺畅。加强客运安全管理，确保客运市场运行安全、畅通。

（责任单位：道路运输管理局）

24. 持续丰富文化惠民载体。加强文化人才队伍建设，落实文化惠民政策，开展“送戏、送电影、送书籍下乡”活动，提供“菜单式”“订单式”公共文化服务，满足群众多层次多样化文化需求。加快推进基层综合文化服务中心建设，保障物资配送，规范维护管理，提高标准化均等化服务水平，推动文化惠民落地生根。

（责任单位：文化〈版权〉局）

（八）实施社会力量帮扶工程

25. 引导社会力量参与帮扶。建立政府救助和慈善救助衔接机制，支持慈善机构、群众团体积极参与社会救助，为现有政府救助资源和救助政策无法覆盖的困难群众提供帮扶。

（责任单位：民政局）

26. 构建企业连带帮扶体系。深化开展“深度 1+1”企地联动精准帮扶行动，广泛动员工商业界民营企业包村包户，参与帮扶，实现社会帮扶资源和贫困群众精准对接。

（责任单位：工商联）

（九）实施住房安全巩固工程

27. 加快构建安全监测体系。县、乡、村三级设立住房安全员，定期开展住房安全和地质灾害隐患排查，建立台账，发现安全问题及时采取措施，逐级上报。

28. 统筹解决住房安全问题。对存在住房安全隐患群众，及时列入危房改造范围，维修加固。扩大城市公共租赁住房配租范围，鼓励农村转移人口进城购买新建商品住房，并协调享受有关优惠政策，确保群众住房安全。

（责任单位：住建局）

（十）实施新兴产业提振工程

29. 加快推进乡村旅游。整合区域旅游资源，完善旅游要素配套，提升旅游接待能力，构建全域旅游发展格局，带动第三产业发展。大力加强景区景点建设，以壶口 5A 级创建为引领，加快推进壶口景区体制机制改革。深入发掘黄河文化、人祖文化、抗战文化、苹果文化和民俗文化，全力打造全县旅游大循环圈和壶口、人祖山两个旅游小循环圈。以入选“国家全域旅游示范区”为契机，结合美丽乡村和旅游扶贫示范村建设，大力发展和推广乡村旅游，吸纳更多群众参与旅

游产业发展，稳步实现增收致富。

（责任单位：旅游服务中心）

30. 加大电子商务建设力度。按照“政府推动、市场主导、基础配套、协会引领、试点示范”的总体思路，以持续增加困难群众收入为核心，因村制宜、因户施策，分区域、分批次推进，积极引导苹果、花椒等产业加快电商应用。重点打造吉县电商扶贫孵化基地和创业空间，加快建设电商运营平台“特色中国·吉县馆”，积极申报国家级电子商务示范县，逐年建立县、乡、村三级电商服务站点，全面构建与电子商务发展水平相适应的安全、信用、认证、支付、物流和农产品安全质量追溯等电子商务支撑服务体系，为群众通过电子商务销售自产产品、购买生产生活资料提供保障。

（牵头单位：发改局）

（责任单位：经信局、招商局）

五、保障措施

（一）加强组织领导。全县脱贫成效巩固提升期间，县脱贫攻坚领导小组继续组织领导巩固提升脱贫成效各项工作，县脱贫攻坚行动总指挥部转变职能，调整充实工作人员和各工作组职责，夯实工作责任，继续负责巩固提升脱贫成效各项工作的推进和贯彻落实；领导小组定期召开会议，听取工作进展情况汇报，研究解决工作中的重大问题，为全面巩固提升脱贫成效提供坚强的组织保证。

（二）落实各级责任。各分管领导牵头，各责任单位根据工作实际，制定具体的实施细则，抓好落实；县脱贫攻坚领导小组办公室要做好上传下达、政策培训、业务指导、对外宣传、督查考核等各项工作；各牵头部门、责任单位主要负责人要认真履行第一责任人职责，不折不扣地把牵头负责的任务落实到位；各乡镇是全面巩固提升脱贫成效的工作主体，要全力配合，协调落实；脱贫攻坚督查组要采取专项督查和明察暗访相结合的方式，加强督查督导，确保任务落实到位，工作有序推进。

（三）保障资金投入。加大风险补偿金投入，撬动信贷资金用于产业帮扶，解决农户产业发展资金短缺问题。积极申报国开行贫困村基础设施建设贷款项目，努力争取上级财政加大转移支付力度，严格按照省财政厅统筹整合财政资金方案的要求，对全县各类涉农资金，加强管理，整合使用，统筹用于乡村产业发展提升和项目建设。县财政每年预算安排不少于1000万元的脱贫成效巩固提升资金，并保持逐年增加10%，为巩固提升脱贫成效提供资金保障。

（四）强化考核问责。建立巩固提升脱贫成效工作考核机制，将各项工作任务纳入各乡镇、各部门年度目标责任考核内容，严格考核奖惩，对工作成绩优异、帮扶成效显著的单位和个人予以表彰；对工作推不动、成效不明显、任务落实不力的，依据领导干部考核问责相关规定，对其领导班子、党政主要领导及分管领导进行严肃问责。

中共吉县县委
吉县人民政府
关于脱贫成效巩固提升三年行动的实施方案

吉发〔2018〕26号

2018年8月8日，山西省政府正式下文宣布吉县脱贫摘帽。实现脱贫摘帽，标志着吉县由脱贫攻坚决战期转入脱贫成效巩固提升期和全面建成小康社会决胜期。为全面巩固吉县脱贫成效，持续提升农村的综合实力，不断提高群众的收入水平，确保到2020年全面建成小康社会，根据中共中央、国务院《关于打赢脱贫攻坚战三年行动的指导意见》（中发〔2018〕16号）和中共山西省委、山西省人民政府《关于坚决打赢全省脱贫攻坚战三年行动的实施意见》（晋发〔2018〕21号）和中共临汾市委、临汾市人民政府关于《坚决打赢脱贫攻坚战三年行动的实施意见》（临发〔2018〕22号），以及《吉县脱贫成效巩固提升"十大工程"实施意见》和《吉县脱贫成效巩固提升实施细则》，制定吉县脱贫成效巩固提升三年行动实施方案。

一、指导思想

全面贯彻党的十九大精神，以习近平新时代中国特色社会主义思想为指导，认真落实习近平总书记视察山西重要讲话精神，充分发挥政治优势和制度优势，全面落实"四不摘"要求，坚持"步伐不变、队伍不散、干劲不松、力度不减"，咬定总攻目标，落细攻击点位，聚焦特殊困难群体，突出问题导向，优化政策供给，下足绣花功夫，继续抓重点、补短板、强弱项，着力激发干部群众内生动力，着力夯实建档立卡人口稳定脱贫基础，着力加强扶贫领域作风建设，着力巩固提升脱贫质量和成效，确保吉县2020年与全国同步全面建成小康社会，为实施乡村振兴战略打下坚实基础。

二、目标任务

坚持以脱贫攻坚统揽经济社会发展全局，坚持目标导向、责任导向、严实导向，大力推进脱贫成效巩固提升，确保到2020年，全县所有行政村都有完备的基础设施，完善的公共服务，稳定增收的特色产业；所有建档立卡人口全部实现农民人均可支配收入增长幅度高于全省平均水平，稳定实现"两不愁三保障"，达到全面小康水平。

三、工作要求

深入贯彻《中共中央、国务院关于打赢脱贫攻坚战三年行动的指导意见》中的"七个坚持"和《中共山西省委、山西省人民政府关于坚决打赢全省脱贫攻坚战三年行动的实施意见》中的"七条要求"，坚持脱贫巩固期内"四不摘"原则，切实做到方向不偏、标准不移，焦点不散、靶心不变，不断提升脱贫质量和成色。

（一）坚持"输血"与"造血"相结合。坚持物质扶贫与精神扶贫双轮驱动，坚持扶贫同扶志、扶智、扶德相结合，强化脱贫攻坚的精神和动力支撑，激发干部群众脱贫攻坚内生动力，更加注重培养贫困群众依靠自力更生实现脱贫致富的意识，更加注重提高贫困地区和贫困人口自我发展能力，更加注重激发帮扶干部、扶贫干部干事创业助力脱贫成效巩固提升的积极性。

（二）坚持总结经验与巩固提升相结合。坚持以脱贫攻坚"六个精准"推动脱贫成效巩固提升，坚持压实脱贫成效巩固提升各级主体责任和帮扶责任，坚持脱贫攻坚"周例会月报告季总结"制

度，进一步细化实化巩固脱贫措施，因村因户因人精准施策，切实解决好建档立卡村和建档立卡户脱贫后持续稳定增收问题，确保实现稳定脱贫不返贫。

（三）坚持项目建设与长效管理相结合。坚持以项目建设推动脱贫成效巩固提升，坚持以项目建设推动乡村振兴战略实施，坚持以项目建设推动全县经济社会全面快速发展，坚持以项目建设推动全面建成小康社会，推动形成脱贫成效巩固提升目标责任体系和工作落实体系，推动形成健康可持续的发展格局。

（四）坚持政府主导与市场运作相结合。严格执行现行扶贫标准，量力而行，既不能降低标准，也不能擅自拔高标准、提不切实际的目标；坚持开发式扶贫和保障性扶贫相统筹，不断加大政策措施、项目资金、人才帮扶支持力度；大力发展"1+X"产业扶贫支撑体系，完善"五有"机制，健全产业带贫机制、利益联结机制，构建党委领导、政府主导、市场发力、社会协同的"大扶贫"格局。

四、工作重点

（一）做大做强"三色品牌"

1. 做优"红色苹果"品牌，巩固主导产业支撑。坚持"五化五提升"，持续推动苹果产业转型升级、提质增效。（1）推进有机化生产，提升苹果品质。按照"政府引导、企业主体、基地开发、果农参与"的思路，试点先行，示范带动，稳步推进有机转换。（2）推进园区化发展，提升基础设施。整合涉农项目资金，逐步完善连片果园的水、电、路以及管护房、杀虫灯、防雹网等配套设施，增设防雹消雹设备，抓好老旧果园改造及新品种培育，建设十大苹果生产园区。（3）推进标准化管理，提升技术水平。健全县乡村三级技术服务体系，制定苹果标准化生产技术规程，大力推广减密间伐、疏花疏果、果实套袋、平衡施肥、物理防治病虫害等实用技术，推进苹果标准化生产、精细化管理。（4）推进品牌化营销，提升竞争能力。依托苹果产业发展协会和电商协会，统一打"壶口"品牌，设计适合不同消费群体的苹果包装箱，突出吉县地理标志。构建"产地分销、窗口直销、国际畅销、网上热销、产业融合升值销"的营销服务网络，线上线下一同发力，巩固原有市场，扩大国内外市场。（5）推进产业化开发，提升市场优势。扶持现有加工企业，引进先进设备，开发更多新产品；加大招商引资力度，引进更多苹果产业上下游企业，做大做强苹果深加工园区，构建起苹果生产有基地、加工有企业、营销有组织的产业化发展格局。

2. 做美"绿色生态"品牌，筑牢永续发展基石。牢固树立"绿水青山就是金山银山"的发展理念，把绿色作为吉县的底色，让"美丽吉县"山更"青"，水更"净"，天更"蓝"。坚持生态建设与脱贫攻坚相结合，大力实施造林绿化、生态管护、退耕还林、林下经济、干果经济林提质增效等工程，实现荒山增绿，群众增收。开展生态环境综合治理攻坚行动，严守资源消耗上限、环境质量底线、生态保护红线，为吉县绿色发展、清洁发展、持续发展筑牢基石。

3. 做强"黄色瀑布"品牌，促进旅游强县富民。以壶口景区创建5A、人祖山景区创建4A为契机，加强壶口瀑布、克难坡、人祖山等景区景点建设，加快推进壶口景区体制机制改革。深入发掘黄河文化、人祖文化、抗战文化、苹果文化和民俗文化，全力打造全县旅游大循环圈和壶口、人祖山两个旅游小循环圈。整合区域旅游资源，完善旅游要素配套，提升旅游接待能力，构建全域旅游发展格局，带动第三产业发展。以入选"国家全域旅游示范区"为契机，结合美丽乡村和旅游扶贫示范村建设，大力发展和推广乡村旅游，吸纳更多群众参与旅游产业发展，稳步实现增收致富。

（二）深入实施巩固提升"十大工程"

1. “1+X” 特色产业示范提升工程

依托苹果、旅游、生态“三色品牌”优势，突出产业基础，坚持“人无我有，人有我优，人优我精”，持续实施“1+X”特色产业扶贫模式。

（1）“1”就是以苹果主导产业为引领，建立健全“四大体系”，服务带动农民增收致富。

健全技术管理体系。创建“1 个专家库，8 个技术队，80 个指导组”，对全县的果业技术管理实行分片管理，层级负责，专家分片指导技术组到乡，技术组分片指导指导队到村，指导队具体服务到户，全县统一规范管理，促进农民增产增收。健全示范带动体系。创建“1 个样板园、10 个精品园、100 个示范园”，依托果树科研基地打造 200 亩样板示范园，推动建设 10 座精品园、100 座技术革新示范园，引领带动全县苹果产业提质升级。健全营销服务体系。创建“3 大国外市场，30 个国内市场，300 个电商网点”，鼓励果品龙头企业对接美国、澳大利亚等国际高端市场，开辟海外营销渠道；鼓励营销大户在国内大中城市，特别是沿海城市建立吉县苹果直销窗口，减少中间环节，提升利润空间；组织有一定电商基础的群众，外出学习考察，积极争取政策支持，拓展苹果电商销售网点，拓宽销售渠道，增加农民经营性收入。健全合作经营体系。组织 8 家企业和 20 个果业专业合作社，继续推进“经营主体”＋“贫困村＋贫困户＋工资收入＋物资供应＋技术投入＋果品包销”的“1+6”模式，推动产业扶贫到村到户，带动果农抱团发展，增收致富。

（2）“X”就是以其他特色产业为补充，因地制宜，因户施策，多元发展，有效拓展群众增收渠道。

主导推广油用牡丹、大棚蔬菜、玉露香梨、食用菌等设施农业，引导发展畜牧养殖、花椒、核桃、小杂粮等特色农业，推进蔬菜产业基地建设、玉露香梨基地建设和小杂粮基地建设，深入实施旱作节水农业和地膜减量增效技术推广项目，扎实推进有机旱作农业标准化生产“肥水一体化”示范园区建设，认真落实基层农技推广体系改革与建设补助项目，加快农业产业提质增效和转型升级。培育引进一批实力强、规模大的新型经营主体，实施“龙头企业＋合作社＋农户”产业化经营模式，巩固提升“五有”成果，通过土地流转、财政扶持资金或农村集体资产折股量化、订单帮扶、生产托管等形式，不断完善新型经营主体与建档立卡户利益联结机制，拓宽农民增收渠道。

加快推进乡村旅游。以入选“国家全域旅游示范区”为契机，结合美丽乡村和旅游扶贫示范村建设，大力发展和推广乡村旅游，吸纳更多群众参与旅游产业发展，稳步实现增收致富。

加强光伏扶贫项目运行维护。强化项目收益分配监督管理，加强运维管理队伍建设，提升运维管理人员能力素质，做好日常运维和电站故障排除，保障电站正常运行。落实电站收益分配政策，建立健全电站收益与建档立卡户利益联结机制，主要采取公益岗位、小型公益事业、奖励补助等方式，带动困难群众增收。

加大电子商务建设力度。积极引导苹果、花椒等产业加快电商应用，重点打造吉县电商扶贫孵化基地和创业空间，加快建设电商运营平台“特色中国・吉县馆”，抓好国家级电子商务示范县项目的实施，逐年建立县、乡、村三级电商服务站点，全面构建与电子商务发展水平相适应的安全、信用、认证、支付、物流和农产品安全质量追溯等电子商务支撑服务体系，为群众通过电子商务销售自产产品、购买生产生活资料提供保障。

2. 易地搬迁全面提升工程

落实国家易地扶贫搬迁政策要求和规范标准，强化跟踪监管。统筹落实产业就业、社会保障政策措施，统筹安排社区管理、文化传承等工作，确保“搬得出、稳得住、能致富”。加快推进拆

迁复垦，落实各项奖补政策，完成拆迁复垦和城乡建设用地增减挂钩结余指标交易任务。

3. 生态补偿增效提升工程

继续实施林业生态扶贫工程，深化生态扶贫帮扶成效。（1）以建档立卡人口为主要扶持对象，坚持林业生态建设与脱贫攻坚相结合，通过生态扶贫完成巩固脱贫人口 3950 人，使困难群众在参与林业生态治理、森林资源保护过程中增收。（2）每年完成荒山造林 1.0 万亩左右。对建档立卡人口占到 70% 以上的扶贫攻坚造林专业合作社，采取议标的方式，优先承包造林绿化工程，让困难群众通过参加扶贫攻坚造林专业合作社获取劳务收入和利润分红。（3）每年用天保管护资金、国家级公益林补偿资金、未成林管护资金、生态护林管护资金、市级地方公益林管护资金，聘用建档立卡贫困森林管护员 400 人左右。（4）实施干果经济林提质增效项目，每年争取省级干果经济林提质增效项目任务 5000 亩左右，年投资 100 万元。（5）每年争取林下经济项目资金 10 万元，发展林药林菌种植 500 亩左右，采取“公司 + 基地 + 农户”或“公司 + 合作社 + 养殖大户”的带动发展模式，确保林下经济产业发展向建档立卡村集中，向建档立卡人口倾斜，进一步巩固脱贫成效。

4. 基础设施改善提升工程

加大道路建设力度。积极争取项目资金，推进实施窄路基路面拓宽改造及撤并建制道路硬化工程、县道公路升级改造工程、壶口旅游循环公路工程、改建自然村通水泥路工程等，逐步建成外通内联、通村畅乡、客车到村、安全便捷的交通运输网络。

加大安全饮水保障力度。争取实施东城提黄灌溉工程，新建小型水库 2 座、小型提水工程 5 处、小型自流工程 5 处，新增灌溉果园面积 2 万亩。通过对水资源的合理开发利用，在保障农村群众饮水安全的同时，从根本上解决人果争水矛盾，为促进全县农村建设和发展提供水利保障。

加大电网改造升级力度。积极争取项目资金，规划实施 18 个工程项目，逐步改善农村用电条件，提升供电能力、供电可靠性和供电质量，满足农村居民生活用电需求。

加大农村宽带网络建设力度。在全县 77 个行政村互联网全覆盖的基础上，加快自然村宽带接入步伐，加强管护维修，不断优化网络结构，提高覆盖率；大力推进宽带提速、降费，扩容、增效，提高服务质量，丰富信息资源，为农民提供廉价快捷的信息获取渠道，为农村电商发展提供坚实的基础设施保障。

开展农村人居环境整治三年行动。以美丽宜居乡村建设为导向，重点推进农村生活垃圾、生活污水、厕所粪污治理和村容村貌提升，建立健全农村人居环境管护长效机制，着力补齐农村人居环境突出短板。到 2020 年，全县农村生活垃圾治理村庄达到 100%，农村卫生厕所普及率达到 80%，村庄风貌干净整洁有序。

5. 公共服务建设提升工程

稳步提升教育教学质量。进一步完善幼儿园布局，构建帮扶困难家庭幼儿体系，保障适龄幼儿都能就近入园。不断改善义务教育学校办学条件，加强教师队伍建设，全面落实“两免一补”、营养改善计划，推进城乡教育一体化，使每个孩子都能平等接受义务教育。严格落实普通高中国家助学金、助学贷款政策，推进高中办学标准化及课程改革，提升高中办学水平。

不断完善农村客运管理。加快推进客运网络化管理平台建设，加强农村客运票价审核监督管理，保障客运行业平稳运行，良性发展。加强旅游集散中心和客运站建设，改善候车环境，为乘客提供更舒心、便捷的服务。加强农村客运物流配送建设，保障农副产品“网络化”销售环节“最后一千米”顺畅。加强客运安全管理，确保客运市场运行安全、畅通。

持续丰富文化惠民载体。加强文化人才队伍建设，落实文化惠民政策，开展“送戏、送电影、送书籍下乡”活动，提供“菜单式”“订单式”公共文化服务，满足群众多层次多样化文化需求。加快推进基层综合文化服务中心建设，保障物资配送，规范维护管理，提高标准化均等化服务水平，推动文化惠民落地生根。

6. 健康惠民服务提升工程

（1）实施贫困人口大病和慢性病精准救治三年攻坚行动。在深入做好省确定的24种大病（含国家卫计委确定的9种大病）专项救治基础上，逐步扩大救治病种。2018年，将肝癌、尘肺病等纳入专项救治范围；到2020年，扩大到30个病种，实现贫困人口大病救治工作规范化。对农村建档立卡人口实现家庭医生签约服务应签尽签，做到签约一人、履约一人、做实一人。持续开展健康扶贫“双签约”服务，打通政策“最后一千米”，确保农村贫困群众“就医有保障，报销有人管”。

（2）实施重点传染病、地方病综合防控三年攻坚行动。全面落实艾滋病免费筛查、治疗、母婴阻断措施。加强肺结核筛查工作，对结核病患者确诊检查提供适当补助，对贫困患者免费提供一线抗结核药品。优先面向贫困结核病患者实施“集中服药”项目，将耐多药结核病纳入贫困人口大病专项救治范围。将符合建档立卡条件的地方病病人全部纳入大病集中救治范围。

（3）实施妇幼健康和健康促进三年攻坚行动。继续实施农村妇女宫颈癌、乳腺癌筛查项目和儿童营养改善、新生儿疾病筛查项目；深入开展免费孕前优生健康检查，针对贫困家庭出生缺陷患儿实施出生缺陷救助项目，倡导优生优育，利用基层计划生育服务力量，加强出生缺陷综合防治宣传教育。

（4）农村贫困人口执行城乡居民基本医疗保险缴费标准，2019年城乡居民个人缴费标准每人每年220元，个人缴费部分由财政部门给予全额救助，确保个人缴费全额救助；对患有特殊慢性病的农村贫困人口，门诊医保目录内的费用按病种支付限额100%报销，不设起付线；在县域内、市级、省级住院，个人年度自付封顶部分分别为：县级1000元、市级3000元、省级6000元，省外不享受，个人自付封顶额之上的费用全部由医保基金报销，如发生重复自付，按最高支付限额执行。

7. 社会保障兜底提升工程

扎实开展社会保障各项政策进村入户，确保兜底线、织密网、建机制、救急难、保民生。建立以社会保险、社会救助、社会福利制度为主，社会帮扶、社工助力为辅的综合保障体系。

落实农村最低生活保障制度。逐年提高农村最低生活保障标准，对低保家庭中的老年人、未成年人、重度残疾人、重病患者等重点救助对象，按照不低于吉县低保标准的5%～10%的比例提高救助水平，将“支出型”困难家庭患者本人纳入单独申请低保范围，确保困难群众生活得到保障。加强农村特困供养人员管理，进一步完善农村特困供养人员认定办法，加强农村老年人日间照料中心建设，落实好全县养老机构服务人员和运转经费，确保所有符合特困供养条件的人员，全部实现集中供养。改进医疗救助和临时救助工作，扩大医疗救助对象范围，提高救助比例和封顶线，确保群众不因病致贫或因病返贫，健全社会救助网络体系，做好因灾、因病返贫的统计监测，完善“一门受理、协同办理”窗口建设，设立统一的社会救助标识牌，实现社会救助机制一体化运行一站式办理。符合条件的贫困人口由县政府代缴最低档次养老保险费，确保贫困人口参保率达到100%。完善农村“三留守”人员关爱服务体系，探索建立农村留守儿童等信息台账、动态管理和重点对象定期探访等制度。

开展贫困残疾人脱贫行动。加快残疾人服务设施建设，力争实现残疾人康复、托养和综合服务设施三者有其一。推进贫困残疾人脱贫，将符合条件的贫困残疾人全部及时纳入农村低保和医疗救助范围。完善困难残疾人生活补贴和重度残疾人护理补贴制度，确保到2020年符合条件的残疾人“两项补贴”全覆盖。实施“福康工程”，优先为贫困家庭残疾人提供基本康复服务和基本辅助器具服务，对贫困家庭中疑似残疾人免费提供残疾评定服务。对16周岁以上有长期照料护理需求的贫困重度残疾人，符合特困人员救助供养条件的纳入特困人员救助供养；不符合救助供养条件的，鼓励地方通过政府补贴、购买服务、设立公益性岗位等措施，提供集中养护或居家托养、日间照料、邻里照护等服务。

8. 金融信贷创新提升工程

加大扶贫贷款支持力度，引导金融机构增加对带贫企业的信贷投放。创新产业扶贫信贷产品和模式，通过吸纳就业、订单收购、代种代养等方式，引导经营主体与贫困户建立稳定利益联结机制。农业政策性金融机构要对接财政涉农整合资金用途，用好扶贫过桥贷款、扶贫专项贷款，加大信贷投放力度，支持实施贫困村提升工程。坚持贫困户自愿和贫困户参与原则，规范扶贫小额信贷，对信用良好、有贷款意愿、有就业创业潜质、技能素质和一定还款能力的贫困户加大支持、应贷尽贷。巩固提升脱贫成效期内，在风险可控前提下，可无须偿还本金办理续贷业务，对确因非主观因素不能到期偿还贷款的，可协助办理贷款展期业务。持续加强基层银行网点支付服务能力，扩大农村“金融综合服务站”支付功能辐射面，推广普及网上支付、手机支付等电子化支付手段。支持保险机构在贫困地区开发和推广特色农业险种，开展扶贫小额贷款保证保险等业务，探索发展农产品价格指数保险、产值保险等新型险种。

9. 扶志扶智教育提升工程

推广“讲习所”“农民夜校”“文化大院”等模式，深入开展扶志扶智扶德教育活动，防止政策养懒汉、助长不劳而获和“等靠要”等不良风气。

加大劳务输出力度，有计划、有组织地开展农村闲散劳动力劳务输出工作，全力做好城乡剩余劳动力的转移就业工作。加强就业援助工作，认真落实各级就业创业优惠政策，对重点群体和就业困难人员，开展就业服务与就业援助活动。开展职业技能培训，发挥职业学校等各类教育资源作用，根据群众培训需求，增加果树管理、旅游管理等培训科目，加大对不同需求人群的培训力度。支持推动大众创业，对有创业意愿的群体，开展创业意识、创业计划、创业技能等知识的培训，以培训激发创业；建立创业孵化基地与激励奖励机制，积极为群众创业提供信息咨询服务，以创业带动就业。

结合“扫黑除恶”专项斗争，全面加强农村精神文明建设，大力推进移风易俗，选树一批文明村镇和星级文明户，推广“星级评比”等做法，修订完善村规民约，发挥村民议事会、道德评议会、红白理事会、禁毒禁赌会等群众组织作用，教育引导群众弘扬传统美德，树立文明新风。

落实帮扶政策和困难群众参与相挂钩，采取生产奖补、公益岗位、劳务补助、以工代赈等多种方式，引导困难群众通过诚实劳动获得收入。鼓励通过互助养老、设立孝善基金等途径，创新家庭养老方式，构建政府关心、子女孝心、社会爱心联动帮扶模式。加强高额彩礼、薄养厚葬、子女不赡养老人等问题专项治理，将不履行赡养义务、虚报冒领扶贫资金、严重违反公序良俗等行为人列入失信人员名单。

10. 社会力量帮扶提升工程

坚持完善专项扶贫、行业扶贫、社会扶贫“三位一体”的大扶贫格局，继续动员和组织社会

各界积极参与巩固提升脱贫成效。实施“百企帮百村扶百户”行动，继续深化民营企业“百企帮百村——精准到户”扶贫行动，帮助贫困村发展产业，帮助有意愿有劳动能力的建档立卡户增强就业技能。实施“圆梦助学”行动，动员社会各阶层结对帮扶贫困户子女，帮助他们提升教育水平、强化技能培训、增加就业机会。

五、保障措施

（一）加强组织领导。严格落实县乡村三级书记抓扶贫要求，坚持以脱贫攻坚统揽经济社会发展全局，把巩固提升脱贫成效作为重大政治任务，建立落实台账，加大问责问效力度，层层传导压力，层层压实责任。健全巩固提升脱贫成效工作机制，坚持周例会制度，党政正职每月至少要有 5 个工作日用于扶贫。坚持专项扶贫“双组长”制，压实分管扶贫和分管行业政府领导责任，每季度至少研究一次专项扶贫工作。压实行业部门扶贫责任，县直相关部门要制定完善配套政策举措，实化细化三年行动方案，抓好组织实施。加强督查巡察，完善考核机制，注重脱贫成效考核结果运用。

（二）夯实基础工作。加强发现问题整改问题力度。全力抓好历次督查巡查反馈问题的整改，按照整改要求，坚持解决共性问题与解决个性问题相结合，推动整改落实，确保全部整改清零。坚持问题导向，认真开展巩固提升脱贫成效“回头看”工作，全面查摆工作中的突出问题，全面梳理各村的短板弱项，有针对性的加固底板，补齐短板，确保脱贫成果经得起历史和实践检验。严格落实干部驻村帮扶制度，进一步明确包村领导、驻村工作队和第一书记的工作职责、任务，用好干部驻村帮扶信息管理系统，加强对“三支队伍”的管理、考核，严肃驻村纪律，务求驻村实效。探索建立驻村干部关心关爱机制，全力支持保障驻村干部顺利开展帮扶工作。

（三）保障资金投入。坚持增加政府扶贫投入与提高资金使用效益并重，健全与脱贫成效巩固提升任务相适应的投入保障机制。加大县级财政专项扶贫资金投入力度，加强涉农资金统筹整合，确保整合资金围绕巩固提升脱贫成效项目精准使用，提高资金使用效率和效益。加强扶贫再贷款、支农再贷款、再贴现等货币政策工具运用，引导银行业金融机构提高扶贫再贷款投放精准度和支持效果，发挥好扶贫再贷款对信贷资金的引导和撬动作用。加强扶贫资金项目绩效管理，落实资金使用者的绩效主体责任，明确绩效目标，加强执行监控，强化评价结果运用。加强扶贫资金项目常态化监管，强化主管部门监管责任，确保扶贫资金尤其是到户到人的资金落到实处。

（四）强化土地政策支持。调整完善土地利用总体规划，在科学评估规划实施情况的基础上，新增建设用地计划指标优先保障扶贫开发用地需要。鼓励土地承包经营权在公开市场向专业大户、家庭农场、农民合作社、产业扶贫企业流转。移民搬迁后空壳村宅基地、“四荒”地可用于产业扶贫开发基地建设。符合国家项目报备条件要求的产业扶贫企业自行出资开发的新增耕地，全部用于企业新增建设用地的占补平衡，并可纳入新增耕地储备库，节余部分可在全省范围内有偿使用。

（五）推进科技人才支撑。以建档立卡村为重点，组建县级涉农部门技术人员、乡镇农业技术人员等组成的“农业专家顾问团”，开展农业技术扶贫行动。根据产业发展状况，组织相关专家和科技人员进行有针对性的、形式多样的科技培训与指导，加强科普宣传。加强农村实用人才队伍建设，发展壮大一支爱农业、懂技术、善经营的实用人才队伍。依托各类人才培训基地，培养适应现代农业发展需要的“土专家”“田秀才”和“致富带头人”。实施人才强县战略，优化人才布局，引进和储备急需的专业技术人才。

（六）加大风险防范力度。坚持阳光扶贫、廉洁扶贫，开展扶贫领域不正之风专项整治，将作风建设和问题整改贯穿脱贫成效巩固提升全过程，健全扶贫领域腐败预防和作风问题治理长效机制。防范产业扶贫市场风险和扶贫小额信贷风险，建立返贫预警机制。防范社会风险，做好群众疏导工作，防止建档立卡户和其他农户因享受政策利益失衡引发矛盾。健全涉贫舆情分级管理处置机制，加强舆情监测，及时引导社会舆论，维护社会和谐稳定。

中共吉县县委　吉县人民政府

2018 年 10 月 30 日

中共吉县县委办公室
吉县人民政府办公室
关于印发《吉县招商引资优惠政策三十条（试行）》的通知

吉办发〔2018〕10号

各乡（镇）党委、政府，壶口管委会，县委各部委，县直各委、办、局、中心，各人民团体，各企事业单位：

现将《吉县招商引资优惠政策三十条（试行）》印发给你们，请认真贯彻执行。

中共吉县县委办公室　吉县人民政府办公室

2018年3月16日

吉县招商引资优惠政策三十条（试行）

为优化投资环境，经县委、县政府研究，特制定本政策。

一、土地优惠政策

第一条　对省、市、县确定的优先发展产业且用地集约的工业项目，可采取先出租后出让，在法定最高年限内实行缩短出让年限等方式出让土地。确定土地出让底价时，在不低于土地实际各项成本之和的原则下，可按不低于所在地土地等别相对应《全国工业用地出让最低价标准》的70%执行。现代服务业、互联网、大数据等新产业、新业态项目，土地出让价比照工业用地价格执行。

第二条　以农、林、牧、渔业产品初加工为主的工业项目，确定土地出让底价时，在不低于土地实际各项成本之和的原则下，按不低于所在地土地等别相对应《全国工业用地出让最低价标准》的70%执行。

对标准化规模养殖用地，可采取租赁、承包经营权流转的方式使用。苹果深加工、苹果出口创汇龙头企业用地，采取“一事一议”给予优惠扶持。

第三条　旅游开发项目除永久性设施建设用地外，可以长期租赁、先租后让、租让结合方式取得用地。属于自然景观用地及休闲观光的特色小镇建设和特色种植、养殖用地，不征收（收回）、不转用，可按现用途管理。

第四条　医疗、养老、文化、教育、体育等非营利性项目（包括县城老城区改造项目中，片区内幼儿园、养老院、学校、休闲健身广场等公益设施）用地，享受政府划拨供地政策；节水、环境保护、污染治理、通信设施以及邮政业基础设施等项目，可按公用设施用途落实用地；允许符合条件的未开发房地产用地依法变更用途，转向发展物流、旅游、养老、文化、教育、体育等产业。

第五条　工业用地出让期限内，受让人在符合城市规划和不改变用途的前提下，经批准在原用地范围内进行技术改造、建设多层厂房、实施厂房改造加层或开发利用地下空间而提高容积率和建筑容量的，不再增收土地价款。

第六条　在土地利用总体规划调整完善时，充分考虑并统筹保障物流业发展的合理用地需

求。优化物流业用地空间布局，合理确定用地规模。积极推进采取长期租赁、先出租后出让、租让结合方式供应土地。可在规定期限内按合同约定分期缴纳土地出让价款，降低土地使用成本。

经批准整治的土地和改造的废弃土地，持国土资源主管部门出具的证明，从使用之月起10年内免征城镇土地使用税。

第七条　符合《临汾市招商引资重点产业指导目录》，经营期在十年以上的，“双创”孵化新产业新业态工程或固定资产一次性投资在1亿元以上、5亿元以下的战略性新兴产业项目，当年完成土地、厂房和设备投资总额50%以上的企业，按照不超过土地出让底价50%的比例，给予基础设施建设补助。固定资产一次性投资在5亿元以上的，实行“一事一议”。

第八条　对投资1亿元以上、用地面积大的项目（包括县城老城区片区改造项目），土地受让人可在一年内最多分三期缴纳依法约定的全部土地出让金，首次缴纳比例不得低于全部土地出让金的50%。

对县城老城改造项目，片区改造建设规划容积率，可按该片区规划允许最高限度标准进行规划。代征代建公共基础设施用地，按吉县控制性详细规划的相关规定执行。

二、财税优惠政策

第九条　国家需要重点扶持的高新技术企业，减按15%的税率征收企业所得税。符合条件的小型微利企业，其所得减按50%计入应纳税所得额，按20%的税率缴纳企业所得税。

第十条　企业为开发新技术、新产品、新工艺发生的研究开发费用，未形成无形资产计入当期损益的，在按照规定据实扣除的基础上，按照研究开发费用的75%加计扣除（截至2019年12月31日前）；形成无形资产的，按照无形资产成本175%摊销（截至2019年12月31日前）。除法律另有规定外，摊销年限不得低于10年。

符合条件的技术转让所得免征、减征企业所得税，一个纳税年度内，居民企业技术转让所得不超过500万元的部分，免征企业所得税；超过500万元的部分，减半征收企业所得税。

第十一条　对持就业创业登记证或就业失业登记证人员从事个体经营的，在三年内按每户每年8000元限额依次扣减其当年实际应缴纳的增值税、城市维护建设税、教育费附加、地方教育附加和个人所得税。

第十二条　符合优惠条件的工业项目，固定资产投资额在1亿以上～5亿以下、5亿以上～10亿以下、10亿以上～20亿以下、20亿以上的，自税务登记年度起，在纳税人依法缴纳增值税后，由财政部门按年给予奖励县级留成部分，前两年分别按企业当年实际上缴增值税县级留成部分的40%、50%、60%、70%用于扶持企业发展，第3～5年分别按当年实际上缴增值税县级留成部分的30%、40%、50%、60%用于扶持企业发展。

第十三条　投资新办商贸物流、金融、科教文卫、健康养生、文化创意等产业项目，固定资产投资在5000万元人民币以上的，自税务登记年度起，在纳税人依法缴纳增值税和企业所得税后，由财政部门按年给予奖励县级留成部分，前两年分别按税收（增值税、企业所得税）总额县级留成部分的50%用于扶持企业发展，第3年至第5年按税收（增值税、企业所得税）总额县级留成部分的30%用于扶持企业发展。

第十四条　投资新办旅游产业的项目，固定资产投资在3亿元人民币以上的，自税务登记年度起，在纳税人依法缴纳增值税和企业所得税后，由财政部门按年给予奖励县级留成部分，前5年分别按税收（增值税、企业所得税）总额县级留成部分的100%用于扶持企业发展，后5年按税收（增值税、企业所得税）总额县级留成部分的50%用于扶持企业发展。

第十五条　支持企业开展电子商务、“两化融合”建设。鼓励电子商务龙头企业在吉县落户，对行业国际排名前十或国内排名前三的知名电子商务企业在吉县注册子公司或设立功能性总部的，给予50万元补助；对新认定为国家级、省级、市级“两化融合”示范企业的，分别给予50万元、20万元、10万元的奖励。

三、金融支持政策

第十六条　对符合国家政策条件的招商落地企业，提供结算优先、信贷支持、利率优惠、期限合理等绿色金融服务。

支持招商落地的达效企业直接融资、鼓励引导外来落地的达效民营企业改制上市；支持金融机构和担保机构联合开展知识产权质押、股权出质、动产抵押等新型质押贷款；设立“助保贷小微企业池”，为入池投资企业提供“助保贷”业务。引导金融机构加大对招商落地企业的信贷支持力度，创新对外来投资企业的授信和审贷模式，合理设置担保方式、贷款期限和还款方式。

第十七条　对符合优惠条件的招商落地新办企业，可享受银行贷款基准利率以上部分的贴息扶持，贴息扶持资金最高不超过基准利率的20%。按政策规定贷款贴息为一次性测算，贴息时间为两年，贷款用途仅限于固定资产投资。

第十八条　对符合国家政策条件，生产经营正常，符合银行信管条件，足额还贷暂时出现困难，银行承诺续贷的招商落地新办企业，优先使用市、县中小企业应急周转保障资金。

四、转型经济发展政策

第十九条　凡属传统产业转型升级类别的企业，当年营业收入1亿元以上，按照其当年新上转型项目营业收入的5%予以奖励，最高不超过1000万元。凡属传统产业转型升级类别的企业，当年营业收入达到10亿元以上且同比增长幅度达到8%以上、当年营业收入5亿以上～10亿元以下且同比增长幅度达到12%以上、当年营业收入1亿以上～5亿元以下且同比增长幅度达到15%以上的企业，且当年对吉县地方经济发展贡献呈正增长的，按照其当年对吉县地方经济发展贡献的7%予以奖励，最高不超过1000万元。本条上述两项奖励不能同时享受。

第二十条　凡属新兴产业类别的企业，当年营业收入达到10亿元以上且当年营业收入同比增长5%，当年营业收入达到5亿元以上且同比增长7.5%的，按照当年对吉县地方经济发展贡献的10%予以奖励，最高不超过1000万元。

第二十一条　凡属前沿产业类别的企业，销售收入不高于5000万元、研发投入占销售收入总额比例不低于5%的；销售收入高于5000万元但不高于2亿元、研发投入占销售收入总额比例不低于4%的；经科技、财政部门审核后按照研发投入总额的20%给予补贴，最高不超过100万元。销售收入高于2亿元、研发投入占销售收入总额比例不低于3%的，按照“一事一议”原则确定补贴比例。

第二十二条　鼓励发展以特色农业、畜牧业、农村新产业新业态及农业加工企业转型升级为代表的特色现代农业。凡资源型企业转产和境外资本来吉县投资农产品加工项目，投资额在3000万元以上的，享受县级龙头企业的政策待遇。

五、奖补激励政策

第二十三条　创新奖励：对招商落地企业的新建技术研发中心，运营后被认定为国家、省、市级以上的，财政分别给予10万元、5万元、2万元奖励；对招商落地企业新拥有产品技术专利、发明专利等知识产权的，财政给予5万元奖励。

凡招商落地企业，新获得中国名牌产品或国家驰名商标、国家重大专利、通过国际标准系列

认证的，县财政奖励10万元；新获得山西省名牌产品或著名商标、省级知名品牌、绿色产品认定的，县财政奖励5万元；新获得国家、省、市级免检产品的企业，县财政奖励5万元。

凡原有商标、品牌、认证，经年检后时间更新者不属此列。

第二十四条　创汇奖励：对创办领办出口创汇的加工企业、苹果营销企业，分年度核实报关单，按银行收汇单证总金额给予适当奖补。

第二十五条　上市奖励：对将注册地从外地变更至吉县并承诺10年内不迁离的上市公司，一次性给予主板上市企业1000万元，中小板、创业板上市企业500万元的奖励补助。

本地企业上市融资，其资金来源是外部资金的同样享受该政策。

第二十六条　中介人奖励：鼓励全民参与招商引资，凡成功介绍并对企业落地到吉县起到重要作用的中介人给予表彰奖励。对固定资产投资额在500万～1000万元的，给予中介人现金奖励3万元；对总投资在1000万～5000万元的，给予中介人投资额度3‰的现金奖励；总投资在5000万元以上的项目，投资每增加1000万元，奖励增加1万元，最高不超过30万元。对于吉县发展做出特殊贡献的中介人，可采取“一事一议”的办法决定奖励额度。

中介人奖励在项目落地投产并缴税之后兑现。

第二十七条　精神奖励：凡对吉县经济建设做出较大贡献的投资者，可给予一定的精神奖励。投资额在5000万元以上者，可授予荣誉市民等称号；投资额在1亿元以上者，经本人同意，可聘为县委、县政府的经济顾问；投资额在3亿元以上，对投资企业主或常驻吉县管理者，经组织考察政治合格者，可增补为县政协委员。

第二十八条　标证补助：对符合中央及省、市、县级外经贸发展专项资金支持方向的企业，参加省、市、县政府组织的境外展会发生的有关费用（人员费、展位费等），以及境外商标注册、境外专利申请、境外产品认证、境外企业认证等产生的费用按有关规定给予补助。

第二十九条　其他补助：凡在吉县境内投资的企业，对水、电、气及建设期办公用房，政府积极协调给予优先保障。

对县城老城片区改造项目，主体改造工程建成后，县政府优先安排改造片区的水、电、路、气、网等公益配套工程建设。并在条件允许情况下，按国家去库存政策，以团购方式采购小户型住房，用于地质灾害等政策性安置用房，有关部门积极为项目拆迁和施工创造良好法治环境。

六、奖励兑现方法

第三十条　投资企业资金到位后，可向县招商局提出确认申请，由招商局初步审核；创新奖励部分关于新获得品牌、商标、认证由县市场监督管理局负责初步审核；中介人奖励部分关于固定资产投资额度由县统计局负责初步审核。初审认定报告上报县招商引资工作领导组审定后，凡符合受奖和受补条件的，由招商局协同各成员单位负责办理兑现。

对于投资者的奖励审核认定工作，原则上一年一次。单个项目的物质奖励同时符合多项奖励条款的，按最优条款给予兑现；同时符合支持中小微企业奖项的，凡新引进落地的企业、技术研发中心，按招商引资奖项兑现，均不重复计奖。

对无特殊原因且经营期未满提前关闭，抽逃资金或投资额不能按期到位的外来投资企业，相关部门可取消其享受扶持的资格，并收回已扶持的各种优惠奖励资金。对本政策措施中未列入的其他优惠事项，可根据投资者投资的产业、规模和要求，采取一事一议、特事特办的方式给予特殊优惠。

本政策自发布之日起执行。

中共吉县县委办公室
吉县人民政府办公室
关于印发《吉县壮大农村集体经济 2018—2020 年发展规划》的通知

吉办发〔2018〕17 号

各乡（镇）党委、政府，县直各有关单位：

《吉县农村壮大集体经济 2018—2020 年发展规划》已经县委、县政府同意，现印发给你们，请结合实际，认真贯彻执行。

中共吉县县委办公室　吉县人民政府办公室

2018 年 5 月 10 日

吉县壮大农村集体经济 2018—2020 年发展规划

为进一步发展壮大农村集体经济，加快推进乡村振兴战略，加强和巩固党在农村的执政基础和执政地位，根据省、市加强“三基建设”有关文件精神，结合吉县实际，特制定 2018—2020 年农村集体经济发展规划。

一、总体目标要求

（一）指导思想

以习近平新时代中国特色社会主义思想为指引，全面贯彻党的十九大以及十九届二中、三中全会精神，认真落实省委、市委关于发展壮大村级集体经济、夯实基础的部署要求，抓住深化农业农村改革有利契机，本着创新、协调、绿色、开放、共享的发展理念，坚持自力更生与政策扶持相结合、盘活集体资产与创新经营方式相结合、开源增收与严格监管相结合，坚持因村制宜、分类发展、宜农则农、宜工则工、宜商则商的各种发展模式，坚持规避风险、量力而行、做到“零风险”保值增收，避免产生新生债务的原则，不断创新思路办法，补齐工作短板，巩固“破零”成果，提升发展水平，形成集体经济稳定增收长效机制，为吉县巩固脱贫成果、推进乡村振兴、决胜全面小康注入新活力。

（二）目标任务

以农村集体产权制度改革为契机，以党建引领集体经济发展，探索多元化发展模式，力争 2018 年底，全县集体经济年收益 5 万元以上的村达到 60% 以上；2019 年底，集体经济年收益 5 万元以上的村达到 80% 以上；2020 年底，集体经济年收益 5 万元以上的村达到 100%，并形成稳定的发展模式。

（三）基本原则

——组织引领、党建先行。选好配强村党组织班子，强化村党组织在各类组织中的领导核心地位，最大限度地发挥党的组织优势、组织功能和组织力量，推动村级集体经济持续发展、创新发展，真正把农村基层党组织建设成发展壮大集体经济、带领群众发展致富的战斗堡垒。

——村为主体、依靠群众。充分发挥村级组织主导作用，加强对党员群众的教育引导，把党员群众团结、组织、凝聚起来，积极培育农村新型经营主体，发展农民股份合作，将党组织的正

确主张变为群众的自觉行动，形成发展壮大村级集体经济的强大力量。

——因地制宜、稳步推进。坚持从本地经济基础、区位优势、资源条件等实际情况出发，面向市场精选产业、项目和载体，找准切合发展村级集体经济的途径，制定详细规划，明确阶段目标，量力而行，尽力而为，久久为功，扎实推进。

——改革创新、用足政策。涉农及发改、工商、环保、国土等相关部门，要抓住深化农业供给侧结构性改革和农村集体产权制度改革有利契机，用足用活上级政策，在人、财、物等方面大力支持，形成合力，共同推动村级集体经济发展壮大。

二、拓展发展路径

要结合农村集体产权制度改革，建立农村集体经济组织，依法依规经营集体资产资源，推动集体经济稳步增收。

（一）有效盘活集体资产。摸清村级资产总量结构，明晰村集体产权，分类盘活资产经营。村级组织对闲置或低效使用的校舍、厂房、工业用地、水利设施、机械设备等集体资产，通过改造、发包、入股联营等方式盘活存量，获得经营收入。对征地补偿费等闲置资金，在保本基础上，通过互助合作、滚动发展等方式投资、理财取得集体收入。

（二）合理开发集体资源。对临近旅游景区的壶口镇、屯里镇、文城乡等所辖村，充分运用资源，创新方式，参与景区建设，增加集体收入。对有集体耕地、水面、林场、滩涂，以及荒山、荒坡、荒沟、荒滩等资源的村，可通过项目引领，自主创业、合作开发、公开发包、对外出租等方式，开发利用，产生效益，取得集体收入。依法开展土地整治和宅基地整理复垦，增加的土地由村集体统一经营或对外发包，增加集体收入。以农村集体产权制度改革为契机，对不合理不规范的土地合同进行规范，对拖欠承包费的予以清收，防止集体资产流失。

（三）积极开展经营服务。对苹果、花椒、大棚蔬菜等主导产业优势明显的村，鼓励由村集体牵头兴办农产品专业合作社，为社员提供农业生产资料供应、农产品生产、加工、销售、流通等服务，村集体以提供场地、注册商标等方式入社参股，每年从经营利润中提取一定比例的资金，作为集体收入。探索建立农村劳务合作社，整合闲散劳力，实施政策项目，通过管理服务，增加集体经济收入。对有村集体经济组织，有一定经营基础和经营经验的村，鼓励继续稳步扩大经营。

（四）大力发展旅游经济。围绕全县旅游大循环圈、壶口和人祖山两个旅游小循环圈，利用当地自然生态、人文历史等资源发展现代休闲观光旅游，充分发挥民俗民间文艺、山水自然条件、历史人文资源、农特产品优势等，由乡镇牵头，村集体组织，群众参与，探索实施打造乡村徒步游、农家采摘园、特色农家乐、民俗表演等旅游项目，通过场地管理、集体经营等方式增加集体收入。

（五）不断延伸产业链条。对临近国道、省道和高速路口以及临近企业、旅游景区等具有区位优势的村，充分依托业已形成的产业优势，兴办交易市场、运输公司、旅店等与之相关联的配套产业，拉长产业链条，提供配套服务，取得集体收入。

（六）探索创办服务机构。吉昌镇、车城乡等城中城郊有特殊区位优势的村，以及各乡镇政府所在的村，鼓励村集体通过兴办中介服务、家政公司、物业公司、综合服务中心、电商服务、便民服务店等机构，为群众提供劳务信息、委托代理、设施维护、技能培训、法律咨询等各种微利有偿服务取得集体收入。

（七）依托项目做大做强。农林、水利、发改、财政、人社等部门，要把各类惠农项目与发展村集体经济紧密结合起来，优先将项目向偏远村、薄弱村、资源贫乏村倾斜，通过光伏发电、农业扶贫开发、产业集聚、人口集中、集约开发、移民并村、定点帮扶、异地置业等方式，支持集体

经济发展壮大。

三、创优发展环境

(一)部门支持。发挥财政资金引导作用,县财政拿出100万元,设立发展集体经济专项资金,采取无息的方式,对有好项目但缺少启动资金的村进行支持,三年内偿还本金。统筹整合农业、水利、林业、畜牧、扶贫等部门安排用于农业生产发展和农村基础设施建设等方面的资金,完善资金安排使用机制,在政策允许范围内,重点用于村级集体经济发展项目。各级各部门政策性资金所形成的项目资产,在没有特殊约定情况下交由村集体管理或运营。政府采购优先考虑集体经济实体相关产品和服务。财税部门要认真落实国家有关税费优惠政策,创优对村集体兴办或参股的各类经营性主体的办税服务。

(二)用地支持。依法征收的农村集体土地,要预留部分国有建设用地,用于发展村级集体经济。城乡建设用地增减挂钩试点形成的周转指标中的安置新建指标,要安排一定比例用于发展村级集体经济。对村集体兴办项目的工业性质用地,在符合土地利用总体规划的前提下,要优先安排用地计划。在土地利用规划编制和调整时,充分吸收村集体意见,考虑村级集体经济发展用地需求。

(三)金融支持。金融机构要积极对村集体经济组织有效开展土地承包经营权、林权、村集体资产、农业生产设施等抵押贷款,对符合条件的集体经济发展项目增加授信额度,降低融资门槛。加大普惠金融精准度、覆盖面,搭建好农村金融综合服务站平台,实现服务站与壮大村级集体经济的深度融合,努力创建金融生态环境示范县、示范乡(村)。推进金融知识进农村、进农户,提升农民金融素养,规避金融风险,助推脱贫攻坚、乡村振兴战略的实施。县中小企业融资担保公司对符合条件的村级集体发展的中小微企业,要积极创造条件,降低门槛,提供融资担保。发展各类农业保险,村级集体经济组织以事前购买保险等市场化的方式化解经营风险。

(四)人才支持。各乡镇党委要选优配强农村带头人,注重从致富能手、复转军人、返乡创业人员、农村经纪人、专业合作社负责人、优秀大学生村官中选拔懂经济、善经营、会管理、谋发展的优秀人才担任村干部。按照"一村两名后备干部"培养计划,建立后备干部人才库,着眼于选人用人的理念,加大后备干部培养力度。鼓励优秀村党组织书记跨村任职、兼职,通过以强帮弱、以大带小,实现共同发展。组织政策、法律、技术、经营等方面的专业人才对集体经济发展提供服务指导。采取"请进来、走出去"的办法,加强对乡村干部、集体经济组织经营管理人员的教育培训,转变思维方式,创新发展理念,提升管理水平。

四、推进程序步骤

发展壮大农村集体经济从现在开始,在巩固原有成绩的基础上,到2020年底,全县79个行政村都能形成2 ~ 3项稳定的增收渠道。

(一)深入调查摸底。各乡镇将发展壮大农村集体经济列入议事日程,结合清产核资,组织专门力量开展调研,摸清每个村经营收益、资源类型、资产状况,管理使用和分配情况,人才、区位特点,以及发展集体经济制约因素和存在的困难问题。要立足每个村的村情特点,帮助各村分析集体经济发展优势,理清发展思路,找准发展路径。各村要召开"两委"班子会,共同商讨发展集体经济的项目、计划,经村民代表大会讨论完善通过。

(二)明确工作措施。各乡镇在充分调研摸底的基础上,制定发展壮大农村集体经济三年发展规划,帮助指导村制定实施计划。研究制定发展农村集体经济激励办法,召开专门会议进行安排部署。建立农村集体经济发展工作台账,明确时间表、路线图、责任人。5月30日前,各乡镇

要将工作规划和台账装订成册报县农林委备案。

（三）抓好任务落实。1. 培训宣传促动。各乡镇要结合农村“领头雁”延伸培训，把农村集体经济发展的相关政策、实现方式、经营管理等作为重点培训内容，促进村干部树立发展理念，增强责任意识和信心。要挖掘本地发展集体经济的先进典型，进行广泛宣传，或将典型经验装订成册下发各村供学习借鉴。组织“两委”干部到集体经济发展好的地方进行交流学习，开阔视野。2. 领导示范带动。建立包联工作机制，县级领导干部根据下乡驻村包联点制度，对所包乡镇和村进行指导，每月至少深入包联村进行实地指导一次，帮助解决问题，确保包联村集体经济尽快增效。乡镇领导班子成员包联一个村并牵头负责一个集体经济发展项目，包联三年不变。3. 驻村帮扶联动。县农林委牵头，组织司法、信访等力量，开展清资清底，依法依规帮助村集体有效清收集体“三资”，11 月底前，农村集体资源合同要全部完善。县直帮扶单位要结合“联促建”活动，发挥单位资源、技术、信息、人才、管理等方面的优势，把先进的发展理念引入农村，丰富的资源流向农村，优秀的人力资源支援农村，帮助包联村不断做大做强集体经济。农村第一书记要充分发挥职能优势、专业优势和工作优势，真正在带领群众开发产业、发展壮大集体经济上贡献力量。4. 党建提升拉动。要将基层党建工作与集体经济工作紧密结合，深度融合。乡村党组织书记要履行好抓农村集体经济主体责任，作为“县、乡、村”三级书记抓基层党建“面对面”述职评议重要内容；要结合“定查评”工作法，把发展壮大集体经济工作作为全年目标任务；要将集体经济推进缓慢、效果差的村作为软弱涣散基层党组织，进行集中整顿。5. 督查通报推动。县委组织部、县农林委、县财政局等部门要组织专门力量，采取明察暗访、专项督查、实地调研督导等形式进行督促检查，分季度统计汇总，排队通报。适时召开发展壮大农村集体经济现场推进会，激励先进，鞭策后进，推动工作。

（四）组织考核验收。将发展壮大农村集体经济纳入年度目标责任考核范围，每年 12 月中下旬，县农林、组织、财政、考核等相关部门对集体经济进行考核验收。各乡镇要认真总结发展壮大农村集体经济取得的成效和经验，发现问题和不足，查缺补漏、完善提高，逐步形成发展壮大农村集体经济的多种途径和长效机制。

五、强化组织领导

（一）层层压实责任。县乡两级成立发展壮大农村集体经济领导小组，专门负责壮大农村集体经济工作的组织实施。各乡镇党委要高度重视，层层签订责任书，传导压力，压实工作责任。乡镇党委书记是直接责任人，要带领班子成员和包村干部逐村分析研究，分类制定发展壮大农村集体经济计划，建立台账，明确责任人。农村党支部书记是具体责任人，要带领“两委”班子成员和党员群众，积极参与壮大农村集体经济，依法依规组织实施。

（二）凝聚工作合力。县直各部门及各乡镇要相互配合，紧密协作，形成合力。县农林委牵头落实，定期召开工作协调会，通报工作进展情况；宣传部门要采取多种形式大力宣传发展村级集体经济中的好经验、好做法；财政部门要发挥财政资金引导作用，通过贴息、以奖代补等措施，加大发展村级集体经济资金扶持力度；发改、市场监管等部门对申报的村级集体经济发展项目，要建立审批绿色通道，简化审批手续，缩短审批时限；农业、水利、林业、扶贫、畜牧、农业综合开发办等涉农部门的项目，在政策允许范围内，原则上全部用于发展农村集体经济；信访部门要做好信访案件的化解工作；金融、土地、规划、科技、税务等各相关职能部门要结合各自职责，制定出台相关优惠政策，支持村级集体经济发展。

（三）严格奖优罚劣。发展壮大集体经济工作要树立鲜明的干事导向，实行“三个挂钩”。一

是与年度考核挂钩。将发展壮大集体经济情况作为基层党建工作年度目标责任考核的重要内容，进行排队通报，对完不成发展壮大农村集体经济目标任务的乡镇，要约谈乡镇党委书记。二是与干部选任挂钩。因工作失职、失察、失误，导致集体资产流失或负债严重的，追究相关人员责任。三是与创先争优挂钩。将村级集体经济发展成效作为先进基层党组织、优秀党组织书记评选的重要内容，对集体经济发展成效明显，贡献突出的，可在集体经济收入中拿出一定比例用于奖励。

（四）全面强化监管。要在深化农村改革的进程中进一步强化农村经济经营管理机构队伍体系建设，加强“三资”管理，严禁借发展集体经济之机用集体资产送人情、捞好处，规范推进发展壮大农村集体经济工作。要严格实行《吉县村级权力运行清单30条》，认真落实党务、村务、财务公开制度和“四议两公开”工作法，确保群众的知情权、参与权和监督权。要充分发挥村务监督委员会作用，严格实行“五方理财”，规范民主理财行为，对财务收支实行民主监督和管理。要加强村级集体经济项目资金审计，推进村级集体财务管理规范化、制度化，保障集体“三资”安全。对在审计中发现的问题，要依法依纪严肃查处。

中共吉县县委办公室
吉县人民政府办公室
关于印发《吉县农村人居环境整治三年行动实施方案》的通知

吉办发〔2018〕30号

各乡(镇)党委、政府,县直有关部门:

《吉县农村人居环境整治三年行动实施方案》已经县委、县政府同意,现印发给你们,请认真组织实施。

中共吉县县委办公室　吉县人民政府办公室

2018年7月13日

吉县农村人居环境整治三年行动实施方案

为认真贯彻落实中央《农村人居环境整治三年行动方案》、山西省《关于推进乡村振兴战略的实施意见》、山西省《城乡环境综合整治条例》和《山西省农村人居环境整治三年行动实施方案》等文件精神,以更高标准、更大力度改善农村人居环境,推进乡村振兴战略,建设美丽宜居乡村,特制定本方案。

一、总体要求

(一)指导思想

全面贯彻党的十九大精神,以习近平新时代中国特色社会主义思想为指导,牢固树立和贯彻落实新发展理念,深入落实乡村振兴战略总体部署,以美丽宜居乡村建设为导向,以乡村规划为龙头,实施农村生活垃圾、污水、厕所粪污治理和村容村貌提升等重点工作,建立健全农村人居环境管护长效机制,全面推进农村人居环境整治三年行动,为实现“绿色、宜居、开放、文明”的新吉县奠定坚实基础。

(二)基本原则

——示范引领、分类实施。根据吉县不同区域农村经济社会发展水平,选取基础较好、具有典型性的村庄作为示范村,示范引领、统筹推进;同时,确定重点整治村,集中力量解决突出问题,实事求是,量力而行,不搞一刀切。在示范村和重点整治村形成可复制、可推广的农村人居环境整治经验,引导全县其他村庄实施整治。在全县农村全面推开人居环境综合整治,实现吉县农村人居环境整体提升。

——村民主体、广泛参与。尊重村民意愿,保障村民权益,建立政府、村集体、村民、乡贤等各方共谋、共建、共管、共评、共享的参与模式,提升村民参与人居环境整治的自觉性、积极性、主动性,避免出现“政府干、农民看”的局面。

——健全机制、建管并重。坚持先建机制,后建工程,建立有制度、有标准、有队伍、有经费、有督查的长效管护机制。积极推进专业化、市场化建设和运行管护,确保各类设施建成并稳定运行。

——强化责任、形成合力。建立县委、县政府负责,乡(镇)抓落实、部门配合指导、村委具体实施的工作机制,强化主体责任,加强农村人居环境整治工作推进力度。将农村人居环境整治

工作纳入各级年度目标责任考核和环保督察范围，形成上下联动、部门协作的推进合力。

二、实施目标

在全县3个村开展农村人居环境整治示范（以下简称示范村），引领带动31个村庄开展人居环境整治（以下简称整治村）。示范村的确定要与推进乡村振兴、美丽宜居示范村、绿色生态村庄深度融合，三位一体，形成合力。

到2020年，全县农村人居环境明显改善，村民环境与健康意识普遍增强，村庄环境基本实现干净、整洁、有序。90%的村庄生活垃圾得到治理，非正规垃圾堆放点整治基本完成；农村卫生厕所普及率达到85%以上，厕所粪污得到初步处理；农村生活污水治理率增幅明显高于前三年；村内道路硬化覆盖率进一步提高，村庄特色风貌整治取得明显成效；全面完成县域乡村建设规划编制；建立完善农村人居环境建设管护长效机制。经过三年努力，把示范村建成美丽宜居乡村，引领千村农村人居环境得到有效整治，并把成功经验深化扩大至全县，为下个时期全面改善农村人居环境打好坚实基础。

三、重点任务

（一）推进农村生活垃圾治理

继续按照“户分类、村收集、乡（镇）转运、县处理”的方式，突出以城带乡，将农村生活垃圾纳入城镇垃圾处理体系，推动城乡垃圾一体化处理。到2020年，90%的村庄生活垃圾得到治理，非正规垃圾堆放点整治基本完成。

1. 推进农村生活垃圾分类试点。探索适合吉县不同区域农村特点的生活垃圾就地分类减量和资源化利用方式，推进垃圾减量化、分类化、资源化处理，总结经验，逐步推广。（牵头单位：县住建局）

2. 提高农村生活垃圾收运处置能力。加强农村生活垃圾中转站和无害化处理设施建设，提高农村生活垃圾转运和无害化处理能力。加快生活垃圾焚烧发电厂建设，以城带乡，不断提高对农村生活垃圾焚烧处理的吸纳能力。（牵头单位：县住建局；配合单位：县发改局、县国土局、县环保局）

3. 持续推进非正规垃圾堆放点整治。继续加强台账管理和验收销号制度。全面清理列入台账的农村生活垃圾、建筑垃圾、工业固体废物、农业废弃物堆放点和水库库区垃圾、河流水面漂浮垃圾，着力解决“垃圾山”、“垃圾围村”、工业污染“上山下乡”等突出问题。禁止城市向农村堆弃垃圾，严控新的非正规垃圾堆放点形成。（牵头单位：县住建局、县环保局；配合单位：县农林委、县水利局）

4. 推进农业废弃物资源化利用。推广应用国家标准农膜，建立健全废旧农膜回收利用体系。加强对农民培训，提高回收意识。探索对回收农膜和再加工环节进行补贴或以旧换新模式，开展可降解地膜应用示范。建立健全秸秆收储运体系，推进秸秆综合利用，严禁秸秆焚烧。引导规模养殖场建设粪污资源化利用设施，推进畜禽粪污综合利用。（牵头单位：县农林委、县发改局、县环保局、县果业中心、县畜牧中心）

5. 开展农村生活垃圾治理验收。按照住建部等10部门确定的农村生活垃圾治理验收标准和第三方机构调查方式，对全县农村生活垃圾治理工作进行全面验收。确保到2020年，通过国家农村生活垃圾治理验收。（牵头单位：县农居办、县住建局；配合单位：县文明办、县发改局、县财政局、县环保局、县卫计局、县妇联）

（二）开展厕所粪污治理

统筹规划农村生活污水管网建设与改厕工作，注重合理衔接。以城郊村、重点流域、水源保护地、主要景区、乡（镇）政府所在地、人口稠密村庄中的示范村为引领，推进农村卫生厕所改造，逐步提高无害化卫生厕所的比例，带动厕所粪污有效治理。探索通过畜禽粪污资源化利用设施，将畜禽养殖粪污、厕所粪污等废弃物一并处理。到2020年，农村卫生厕所普及率达到85%以上。

6. 统筹推进农村改厕与农村生活污水治理。按照县域生活污水治理专项规划，选择生活污水管网可覆盖的村庄，示范村先行，协同推进农村生活污水管网建设与改厕工作，实现两者有效衔接。（牵头单位：县卫计局、县住建局）

7. 推进农村户用卫生厕所新建改造。综合考虑全县不同地域的气候条件、供水条件、农民生活方式和习惯等因素，合理选择卫生厕所改造模式。围绕重点，示范引领，统筹推进农村改厕工作。易地扶贫搬迁和地质灾害治理搬迁安置点原则上同步配套无害化卫生厕所。其他村庄根据实际加快推进卫生厕所的新建改造。（牵头单位：县卫计局；配合单位：县文旅委、县农林委、县国土局、县水利局、县扶贫中心）

8. 推进农村公共厕所建设改造。重点开展农村中小学校、乡（镇）卫生院、社区综合服务中心、集贸市场、乡（镇）政府机关、村卫生室以及旅游景点等公共服务场所卫生公厕的建设改造。300户以上的村庄根据需要，在村民委员会、公共活动中心等场所配建公共厕所。（牵头单位：县卫计局；配合单位：县住建局、县教科局、县文旅委）

9、探索畜禽粪污和厕所粪污协同处置。探索利用畜禽粪污处理设施协同处置厕所粪污的模式，将厕所粪污、畜禽养殖废弃物一并处理，实现资源化利用。（牵头单位：县畜牧中心、县卫计局）

（三）梯次推进农村生活污水治理

按照污水治理专项规划，统筹安排，由城到乡、由大到小、由集中到分散梯次推进，全力解决农民群众最关心、最现实的突出环境问题。在城郊村、重点镇镇区村、乡（镇）政府所在地村、水源保护地周边村中，选择具备条件的示范村先行开展生活污水治理。将三年农村生活污水治理和中长期治理工作相结合，避免盲目建设。到2020年，全县的农村生活污水治理率增幅明显高于前三年。

10. 推进村庄生活污水治理。加强城镇污水管网建设，将城郊村生活污水纳入城镇污水处理体系集中处理。加强对已建成环保基础设施的运行维护管理工作，主要是农村已建成的污水处理设施、垃圾收集转运设施、水源地保护设施等的运行维护管理工作，明确责任主体和运行主体，建立长效机制，使其发挥应有的效益，逐年提高已建成的污水处理设施运转率。（牵头单位：县住建局、县环保局）

11. 统筹推进农村环境综合整治。认真解决农民群众最关心、最直接、最现实的突出环境问题，重点抓好农村饮用水水源地保护、生活垃圾和污水治理、畜禽养殖污染防治。（牵头单位：县环保局；配合单位：县水利局、县住建局、县畜牧中心、县卫计局）

12. 加强农村水环境治理。以房前屋后河流沟渠为重点，实施控源截污、清淤疏浚，通过多渠道补水等措施，改善水动力条件，修复水生态系统，逐步消除农村黑臭水体。加强农村水污染防治，严控乡（镇）污水乱排。（牵头单位：县水利局、县环保局、县住建局）

13. 加强河流水体综合整治。全面加强对河流水体的综合整治，推进河长管理机制，加强对水域岸线的整治。（牵头单位：县水利局）

（四）提升村容村貌

通过城乡环境卫生大整治，美丽乡村建设，对农村建筑色彩和建筑风格进行规划引导，体现地域特色，彰显文化传承。研究制定符合吉县农村特点的农村建筑风格及建筑外观、色彩的标准指导体系，通过规划引导、区域改造、限批限建、村规民约等措施，确保乡村建筑风格、外观、色彩按规划指导得到认真贯彻落实。到2020年，示范乡村特色风貌得到明显提升，建设成为人与自然和谐共生的美丽宜居村庄。整治村基础设施条件明显改善，建筑风貌得到有效管控，实现村庄干净、整洁、有序。

14. 突出乡村特色风貌。编制农村特色风貌指导体系规划，要充分体现地域特点和时代特征，重点对村庄出入口、公共空间节点和街道沿线风貌进行整治，打造环村风貌景观带，推进基础设施提升，加强环境卫生整治。（牵头单位：县住建局；配合单位：县发改局、县农林委、县水利局）

15. 深入推进农村环境整治专项行动。重点清理乱堆乱放、乱排乱倒，乱圈乱占、乱搭乱建，大力推动拆违还绿，消除房前屋后的粪便堆、杂物堆，不断净化道路两侧、庭院内外环境，美化公共空间，实现村庄周边无垃圾积存、街头巷尾干净通畅、房前屋后整齐清洁，打造干净整洁舒适的乡村环境。（牵头单位：县卫计局（创卫办）、县住建局；配合单位：县农林委、县环保局、县国土局）

16. 推进美丽宜居乡村建设。以吉县休闲农业全域旅游为契机，挖掘乡土文化，提升农村品位，打造城郊融合、文化旅游、休闲养生、农耕体验、绿色生态等不同类型、不同特点、不同发展模式的美丽宜居乡村，使乡村成为农民安居乐业的好家园，也成为城市居民休闲度假的好去处。（牵头单位：县农居办；配合单位：县文旅委）

17. 推进村庄绿色生态建设。按照多树种、多层次、多色彩、合理搭配、高低错落、疏密相间的绿化方式，充分利用山体、水系、通道、公园、庭院及闲置土地，组织开展植树造林、湿地恢复等活动。加快推进村庄道路绿化、环村绿化、街巷绿化、庭院绿化、校园绿化和公共绿地建设，开展绿色生态村庄创建。（牵头单位：县林业中心）

18. 推进村庄道路硬化和亮化。全面加快农村公路建设，在全县“村村通”工程实施完成的基础上，继续提高村庄道路硬化覆盖率，推进农村公路交通安全设施建设，加强农村公路建设质量监管，使农村公路通行能力全面增强。进一步完善村庄公共照明设施建设，在主要街道两侧和公共活动场所推广节能照明设施，提高村庄公共照明使用效率。（牵头单位：县交通局、县住建局、县农林委）

19. 保障农民基本住房安全。全面完成省下达的存量农村困难家庭危房改造，指导落实农村危房改造质量标准、结构设计、建筑工匠管理、质量检查、管理能力“五个基本”要求，严守质量安全底线。做好易地扶贫搬迁、地质灾害治理搬迁安置等相关工作，不断提高农村住房安全水平。（牵头单位：县住建局、县扶贫中心、县国土局）

20. 大力整治城乡环境卫生。深入开展城乡环境卫生整洁行动，提升城乡环境卫生规范化和精细化管理水平。推进卫生县城、卫生乡（镇）等创建工作，发挥典型示范作用，进一步提高农民群众健康卫生水平。积极推动街道、社区、村庄、单位等定期组织开展大清扫、义务劳动等活动，形成全社会广泛参与卫生创建活动的良好格局。（牵头单位：县卫计局；配合单位：县爱卫会成员单位）

（五）加强村庄规划管理

全面完成示范村“一图一表一说明”的实用性村庄规划编制，建立政府、村民委员会、村民、技术单位共同参与的乡村规划编制机制，做到农房建设有管理、村庄整治有安排，加大乡村违法

用地和违法建设查处力度。到2020年，全部完成县域乡村建设规划编制，逐步实现村庄规划管理基本覆盖。

21.完成县域乡村建设规划编制。全面完成县域乡村建设规划编制，到2020年实现土地利用总体规划、土地整治规划、村土地利用规划、农村社区建设规划等充分衔接，科学预测乡村人口流动趋势及空间分布，明确乡村建设用地规模和管控要求，鼓励推行“多规合一”。全面落实土地用途管制制度，对乡村建设规划进行严格土地利用规划审查，确保与县、乡级土地利用总体规划、土地整治规划及村土地利用规划充分衔接。（牵头单位：县住建局，配合单位：县国土局）

22、推进实用性村庄规划编制。2018年完成1个示范村“一图、一表、一说明”实用性村庄规划编制，到2020年，实用性村庄规划覆盖率明显提高，实现行政村规划管理基本覆盖。统筹生产、生活、生态三大空间，优化村庄布局，体现乡村特色，符合农村实际，满足农民需要，突出实用功能。在总结经验的基础上，有序推进其他村庄实用性村庄规划编制，不断提高全县实用性村庄规划覆盖率。（牵头单位：县住建局）

23、建立规划编制机制。积极引导村民参与乡村规划编制，在规划中充分体现村民意愿，将乡村规划中需要村民共同遵守的内容纳入村规民约。建立政府组织领导、村民委员会发挥主体作用、村民广泛参与、技术单位指导的乡村规划编制机制，增强农民群众对乡村规划的认知感和获得感。（牵头单位：县住建局；配合单位：县民政局）

24、加大乡村违法用地和违法建设查处力度。充分发挥卫片执法检查工作机制作用，利用卫星遥感等手段监测乡村违法用地和违法建设情况，加强巡查报告和前段管控，及时发现制止查处违法用地和违法建设行为。（牵头单位：县国土局，配合单位：县住建局）

（六）完善建设和管护机制

建立“五有”“四统一”、依效付费、农户付费、村民承接小型项目、专业化培训、项目审批等七项长效机制。到2020年，初步建立农村人居环境管护长效机制。

25.建立“五有”机制。强化党委政府的主体责任，明确部门职责，建立有制度、有标准、有队伍、有经费、有督查的村庄人居环境管护长效机制，完善和创新符合农村特点的人居环境管护方式，发挥农村人居环境整治持久效力。财政部门严格落实省级财政对农村人居环境整治和县城（镇）污水处理企业“以奖代补”等政策，及时拨付下达省级资金。（牵头单位：县农居办、县编办、县财政局等相关部门）

26.建立“四统一”机制。积极推进专业化、市场化建设和运行管护，推广政府购买服务和社会资本合作（PPP）模式，鼓励政府采用PPP模式开展农村人居环境整治项目。积极与金融机构进行融资对接，筹措项目建设资金，鼓励专业化企业参与农村人居环境整治项目，采取PPP等模式打包一批综合性环境整治项目。（牵头单位：县农居办、县财政局、县发改局、县住建局、县环保局）

27.推行环境治理依效付费制度。健全服务绩效评价考核体系，在农村生活垃圾、污水处理项目中，明确绩效目标、考核要求和支付周期，探索建立依据治理效果支付运行服务费的机制。（牵头单位：县财政局、县发改局）

28.探索建立农户付费制度。积极探索建立农村生活垃圾、污水处理农户付费制度。综合考虑农村生活垃圾、污水处理成本，农民承受能力和财政补贴等因素，合理确定农村生活垃圾、污水处理收费标准，完善财政补贴和农户付费合理分担机制。（牵头单位：县发改局、县财政局，配合单位：县住建局、县环保局）

29. 鼓励村民承接小型项目。拟定支持村级组织、当地农村"工匠"带头人和扶贫攻坚造林专业合作社等承接村内环境整治、建筑风貌整治、村内道路铺砌、植树造林等小型涉农涉林工程项目建设的管理办法。(牵头单位：县农居办、县住建局、县林业中心)

30. 加强专业培训。围绕村庄基础设施的规划、建设、管理、运营、维护等主要环节，定期组织开展专业化培训，向村民讲解操作要求，把村民培养成为村内公益性基础设施运行维护的重要力量。(牵头单位：县农居办、县住建局、县交通局、县水利局)

31. 优化项目审批程序。对备案类农村人居环境整治建设项目，积极推进"放管服"改革，按照承诺制要求，简化项目审批和招投标审批程序，实行电子化招标，减少审批环节，接高审批效率。(牵头单位：县发改局)

四、实施步骤

(一)部署启动阶段(2018年3——5月)

成立组织机构，制定吉县农村人居环境整治实施方案，按照省市下达的目标任务，建立工作机制，建立农村人居环境整治工作清单和台账，明确时间表和路线图，制定资金整合计划，确定县域内示范村的名单，完成方案编制备核工作。

(二)示范推动阶段(2018年6—12月)

先易后难，示范引领，全面推进农村人居环境整治。县改善农村人居环境领导小组办公室全面协调指导整治工作，各乡(镇)作为整体推进的责任单位，集中人力、深入基层，推动整治工作全面开展；各成员单位要高度重视密切配合、协调推进。成立工作联络组，对示范乡(镇)、示范村进行指导；成立行业专家指导组，进行技术帮扶；推动示范村的经验交流，年底对示范创建工作进行督导、考核、评估。

县改善农村人居环境工作领导小组根据实施方案，认真组织推进县域农村人居环境整治，抓好示范乡(镇)、村建设，指导示范村积极推进生活垃圾、污水治理、改厕、特色风貌整治、规划编制和管护长效机制建设6项重点任务，县乡要总结示范经验，为全面推进农村人居环境整治工作打好基础。

(三)全面推进阶段(2019年1月—2020年7月)

分类指导，总结示范经验，发挥典型引领作用，积极推广成熟经验做法，广泛开展典型宣传，促进工作交流，推动全县农村人居环境整治工作全面开展。使农村人居环境整治长效管护机制基本形成，乡村文化和特色风貌得到充分彰显，村庄环境基本实现干净、整洁、有序，全县农村人居环境整体提升。

(四)总结验收阶段(2020年7—12月)

在全面完成各项任务的基础上，全面总结经验，提炼吉县的工作方法和特色，做好迎接国家、省农村人居环境的考核验收的准备工作。

五、保障措施

(一)发挥村民主体作用

1、强化基层组织作用。发挥好农村基层党组织核心作用和党员带头作用，带领农村群众推进移风易俗、改进生活方式、提高生活质量。制定保障农民群众参与人居环境整治全过程的办法，充分运用"一事一议"民主决策机制，发挥村民自治、筹工筹劳的作用，提高群众参与度，保障村民的知情权、参与权、决策权、监督权。

2、建立完善村规民约。将农村环境卫生整治内容纳入村规民约，明确农民维护公共环境责

任，庭院内部、房前屋后环境整治由农户自己负责，村内公共空间整治以村民自治组织或村集体经济组织为主。积极推进村务监督委员会建设，鼓励成立农村环保合作性，通过群众评议和党员干部、乡贤监督等方式，褒扬乡村新风，批评督促并纠正不良风气和陋习，深化农民自我教育、自我管理。

3、提高村民文明健康意识。以社会主义核心价值观为引领，坚持教育引导、实践养成、制度保障三管齐下，提高群众文明卫生意识，使优美的生活环境、文明的生活方式成为农民内在自觉要求。发挥爱卫会等组织作用，鼓励群众讲卫生、树新风、除陋习，摒弃乱扔、乱吐、乱贴等不文明行为，营造和谐、文明的社会新风尚。广泛开展文明村镇、星级文明户、美丽庭院等创建评选活动，以先进典型为引领，弘扬传统美德，激发农民自愿参与农村人居环境整治的内在动力。

（二）强化政策支持

1. 加大政府投入和金融支持力度

建立健全农村人居环境整治财政投入保障制度，设立农村人居环境整治专项资金，列入年度预算积极创新政府支持方式，发挥财政资金的引导作用，鼓励社会资本参与农村人居环境整治。统筹整合有关资金，集中支持农村人居环境整治项目。村庄整治增加耕地获得的占补平衡指标收益，通过支出预算安排一定比例支持当地农村人居环境整治。

充分利用好各类金融机构对农村人居环境整治的支持政策，争取农业银行、邮政储蓄银行等商业银行的支持力度，借助农信社和村镇银行等金融机构服务“三农”作用，为农村人居环境整治提供金融支持保障。

2. 发动社会参与。研究制定鼓励引导社会资本参与农村人居环境整治的政策措施，落实完善融资贷款、配套设施建设补助、税费减免、用地等扶持政策。规范推广政府和社会资本合作（PPP）等模式，通过特许经营等方式吸引社会资本参与农村垃圾、污水处理等项目。引导相关部门、社会组织、个人通过捐资捐物、结对帮扶等形式，支持农村人居环境设施建设和运行管护。倡导新乡贤文化，以乡情乡愁为红带，吸引和凝聚各方人士支持农村人居环境整治。

3. 强化技术支撑。各成员单位要加强技术指导，完善农村生活垃圾、污水治理和厕所改造等各项技术标准、导则。县改善农村人居环境工作领导小组要加强对基层农村人居环境项目建设和运行管理人员技术培训，组织企业与乡、村对接农村环保实用技术和装备需求。

（三）加强组织领导

1. 建立推进机制。认真落实工作机制，县改善农村人居环境工作领导小组具体负责工作协调、组织推动、政策保障和督导考核。领导小组办公室全面统筹农村人居环境整治的相关工作；成员单位按照职责分工，组织具体实施和指导。县委和县政府加强对县域整治工作的全面领导、技术指导和督促检查，做好上下衔接工作，建立主要负责同志负总责，分管负责同志具体抓的领导责任制，制定具体实施计划，统筹推进农村人居环境整治工作。乡（镇）党委和政府做好具体组织实施。

2. 强化监督考核。建立信息报送制度，县改善农村人居环境工作领导小组办公室每月向市改善农村人居环境工作领导小组办公室报送工作推进情况。各乡（镇）每月向改善农村人居环境领导小组办公室报送工作推进情况。县委考核办将农村人居环境整治工作纳入目标责任考核范围，并作为干部政绩考核的重要内容；并制定考核标准，对乡（镇）严格考核，落实奖惩责任。

3. 营造良好氛围。组织开展农村美丽庭院评选、环境卫生光荣榜等活动，增强农民保护人居环境的荣誉感。充分利用报刊、广播、电视等新闻媒体和网络新媒体，广泛宣传推广各地好典型、

好经验、好做法，努力营造全社会关心支持农村人居环境整治的良好氛围。邀请人大代表、政协委员参与督导检查工作，切实加强社会监督。

中共吉县县委
吉县人民政府
关于支持民营经济发展的实施意见

吉发〔2019〕9号

为全面落实习近平总书记在民营企业座谈会上的重要讲话精神和全省支持民营企业发展大会精神，深入贯彻国家、省、市关于支持民营经济发展的若干意见，推进大众创业、万众创新，着力破解民营经济发展的问题，进一步促进吉县民营经济高质量发展，制定以下实施意见。

一、总体要求

全面贯彻习近平新时代中国特色社会主义思想和党的十九大精神，以习近平总书记关于大力支持民营企业发展的重要论述为指导，深刻认识民营经济是我国经济制度的内在要素，民营企业和民营企业家是我们自己人，深刻认识民营经济在吉县经济社会发展中的重要地位和作用，深刻认识促进民营经济发展对吉县转型发展的重大战略意义，坚持“两个毫不动摇”“三个没有变”，促进“两个健康”，坚持省委、省政府支持民营经济工作“六个坚持”原则，解放思想、直面问题、精准施策、加强领导，以提高发展质量和效益为中心，依托县域产业发展优势，聚焦乡村旅游、光伏发电、天然气等战略性新兴产业，不断扩大市场主体，优化营商环境，提振民营企业家信心，推动吉县民营经济在“两转”基础上全面拓展新局面进程中实现大发展，为推进“1236”发展战略，决胜全面小康，圆就民富县强“吉县梦”做出新贡献。

二、营造公平竞争环境

1. 优化政策发展环境。要在全县形成关心支持民营经济发展的舆论氛围和社会氛围，要大张旗鼓宣传贯彻落实习近平总书记在民营企业座谈会上的重要讲话精神和省、市支持民营企业发展各项决策部署，积极宣传民营企业及民营企业家对经济社会发展做出的突出贡献，形成尊重、支持、善待民营企业和民营企业家依法规范管理的良好发展环境。（牵头单位：县委宣传部、县中小企业服务中心、县新闻中心、县广电中心）

2. 保障民营企业平等地位。按照“公正、公平、公开”原则，开展隐性障碍清理专项行动，除法律规定和国家决定保留的审批事项外，严禁以任何形式对民营企业设置门槛，做到对民营企业和国有企业一视同仁，对大中小企业平等对待。全面清理和坚决废止妨碍统一市场和公平竞争的政策文件，放宽市场准入，清理前置审批，纠正滥用行政权力排除和限制公平竞争的行为，打破各类“卷帘门”“玻璃门”“旋转门”，为民营企业打造公平竞争环境。（牵头单位：县发改局、县司法局、县市场监督管理局、县政务大厅管理中心、县中小企业服务中心）

3. 进一步开放民间资本投资领域。全面落实市场准入负面清单制度，打破行业垄断和市场壁垒，法无禁止皆可为，一律依法平等向民间投资开放，不得对民间投资设置任何附加条件。鼓励民间资本投入基础设施、生态环保、脱贫攻坚、文化旅游、民生康养等社会领域。（牵头单位：县发改局、县财政局、县交通运输局、县环保局、县文旅委、县扶贫中心）

4. 支持中小微企业开拓市场。积极组织、支持中小微企业参加APEC中小企业技术展览会、中国国际中小企业博览会等有关经贸交流活动，帮助企业扩大品牌影响，开拓产品销售渠道。支持打造中小微企业产品产销洽谈平台，运用电子商务等网络平台宣传推介苹果、屯里小米、小杂粮等当地特色农产品，扩大吉县影响力和知名度，开拓国内外市场。（牵头单位：县中小企业服

务中心、县财政局、县招商局）

5. 鼓励民营资本参与国有企业混合所有制改革。推动国有企业和民营资本深度融合，对民间资本不设准入门槛、不限持股比例、不限合作领域，提高民营资本在混合所有制企业中的比重。鼓励民营企业通过资本联合、优势互补、产业协同、模式创新等方式，参与国有企业重大投资项目、成果转化项目和资产整合项目。（牵头单位：县经信局）

6. 发挥政府采购支持作用。各部门在满足自身运转和提供公共服务基本需求的前提下，预留年度政府采购项目预算总额的30%以上，专门面向中小微企业采购，其中预留给小微企业的比例不低于60%。实施政府采购融资制度，鼓励中小微企业凭借政府采购合同向合作金融机构申请融资。（牵头单位：县财政局、县政府采购中心、人行吉县支行、县中小企业服务中心）

三、减轻民营企业负担

7. 依法兑现政府承诺。政府要坚持“新官理旧账”，对过去合法合规的承诺，要认真履约。定期梳理新近在招商引资、拆迁补偿、政府工程款项结算、PPP项目等方面的承诺事项，依法依规及时兑现。（牵头单位：县人民政府、各乡镇政府、县直有关部门）

8. 减轻企业税费负担。全面落实国家税费优惠政策，推进增值税等实质性减税，对小微企业、科技型初创企业实施普惠性税收免除，确保国家出台的各项减税降费政策落地。适时降低城镇土地使用税适用税额，对确有特殊困难不能按期缴纳税款的民营企业，通过依法办理税款延期缴纳等方式，帮助企业缓解资金压力。严格防范逃避税行为，规范税收征管和检查，避免因不当征税导致正常运行的企业停摆，提高民营企业的政策获得感。（牵头单位：县税务局、县人力资源和社会保障局、县财政局）

9. 加强土地供给。推进“标准地”出让改革，对符合条件的省、市、县重点项目，土地计划指标优先予以保障。对优先发展产业且用地集约的工业项目，土地出让底价可按不低于所在地土地等别相对应《全国工业用地出让最低价标准》的70%执行。工业用地可采取长期租赁、先租后让、租让结合、弹性出让等方式供应，采取长期租赁方式供地的，可以调整为出让供地。（牵头单位：县国土资源局）

10. 着力解决企业土地房屋产权历史遗留问题。本着“特事特办、妥善从速”的原则，研究提出解决企业土地房屋产权历史遗留问题的具体指导意见，对于企业土地使用权和房屋所有权“两证”不全的历史遗留问题，可由权利人或使用者申报，提供土地、房屋相关材料，分门别类尽快予以解决。（牵头单位：县国土资源局）

11. 优化营商环境。深化“放管服效”改革，积极推进“六最”营商环境建设。统筹推进企业投资项目承诺制改革试点和工程建设项目审批制度改革，根据省、市文件要求，加快推进“5545”专项改革在县政务大厅落地，实现全县新开办民营企业5个工作日内完成营业执照办理、涉税办理、公章刻制等事项；查封、抵押、注销登记等不动产登记压缩至5个工作日内完成；一般性工业项目从备案到竣工验收的审批时限压缩至45个工作日内，其他工程建设项目审批时限压减至100个工作日以内。（牵头单位：县政务大厅管理中心、县发改局、县市场监督管理局、县公安局、县住房保障和城乡建设管理局、县规划中心、县国土资源局、县税务局等县直有关部门）

四、破解融资难融资贵问题

12. 设立中小微企业发展专项资金。县级财政每年预算安排500万元的中小微企业发展专项资金，并视财力增长逐年增加专项资金额度。专项资金重点支持中小微企业采用新技术、发展新产业、培育新业态、创新新模式；支持中小微企业公共服务平台建设；支持中小微企业融资担

保体系建设；支持中小微企业创业创新基地建设；支持中小微企业技术创新和信息化建设。（牵头单位：县财政局、县中小企业服务中心、县信用联社、县邮储银行、县村镇银行）

13. 设立县级企业资金链应急周转保障资金。设立1000万元企业资金链应急周转保障资金，专项用于符合国家产业政策、银行信贷条件、生产经营正常、贷款即将到期且银行承诺续贷、企业足额还贷暂时出现困难的民营企业临时周转服务，在防范风险的同时减免使用成本。（牵头单位：县财政局、县中小企业服务中心、县信用联社）

14. 支持民营企业直接融资。鼓励民营企业引进各类战略投资者，大力推动民营企业股份制改造。设立上市（挂牌）民营企业资源库，组建专家服务队，做好上市（挂牌）民营企业培育工作。积极争取中小微民营企业完成股份制改造，力争中小微民营企业在山西股权交易中心“晋兴板”挂牌。对在沪深交易所主板中小企业板、创业板、科创板上市的民营企业、全国股转系统（新三板）挂牌的企业，在市政府给予一次性奖励50万元、30万元的基础上，县政府再给予一定奖励。（牵头单位：县财政局、县中小企业服务中心、县金融办）

15. 建立“红黑名单”制度。完善守信激励和失信惩戒机制，对进入红名单的民营企业，进一步加大融资支持力度，对贷款利率实行优惠，并为其提供多样化、针对性的金融产品和服务。对严重失信，长期违约、恶意拖欠的企业要公开曝光，取消已有的荣誉和补贴。（牵头单位：县人民法院、县发改局、县经信局、县银监办、县税务局、县中小企业服务中心、人行吉县支行）

五、推动民营企业转型升级

16. 支持民营企业技术创新。支持民营企业建立高水平研发机构，建设研发平台和技术研发中心，产学研小组、发展产业技术创新战略联盟。支持民营企业打造一批有竞争力的质量品牌和技术服务标准。对获得中国质量奖的企业，县政府在省、市财政奖励的基础上，给予一次性奖励10万元，对获得提名奖的企业，给予一次性奖励3万元；对获得山西省质量奖的企业，县政府在省政府、市政府奖励的基础上，给予一次性奖励5万元，对获得提名奖的企业，给予一次性奖励3万元。对新认定为省级中小企业技术中心的企业，县政府在省、市财政奖励的基础上，给予一次性奖励5万元。对新认定的市级中小企业技术中心的企业，县政府给予3万元奖励。对主导制定新标准以及承担省级以上标准化试点示范项目的民营企业，予以经费补助。（牵头单位：县教科局、县财政局、县税务局、县中小企业服务中心）

17. 支持民营企业转型创新。鼓励民营企业紧扣“示范区”“排头兵”“新高地”三大目标，加快传统产业改造升级，投资文化旅游、新能源、新材料、现代服务业等战略性新兴产业。综合利用差别化用地、用能、价格、信贷、环境权益等措施，倒逼落后和过剩产能退出，促进民营企业转型升级。鼓励民营企业拓展国内外市场，加强“一带一路”产能合作，深化京津冀协作，落实企业境外所得税综合抵免政策。（牵头单位：县发改局、县经信局、县中小企业服务中心、县招商局、县税务局）

18. 加强民营企业人才培养。着力营造良好的人才引进和成长环境，深入开展“平阳工匠”“临汾技工”等评选活动，对获得相应荣誉的典型个人给予一定的精神和物质奖励。鼓励民营企业引进重点技术领域和行业高层次领军人才、青年拔尖人才；民营企业要积极对接国家“千人计划”，山西“百人计划”，积极引进的各层次人才，享受与国有企业和事业单位引进人才同等政策待遇和津贴。对吉县经济做出突出贡献的国家级实验室、省市实验室和省市博士工作站，经评估后，在市财政奖励的基础上，县政府分别给予一次性奖励20万元、10万元和5万元。县级财政每年安排10万元，用于由县政府组织、职能部门承办的中小微企业董事长、总经理的培育和

教育，造就一支高素质的民营企业家队伍，抓好管理人员和三类人才（科技型领军人才、创新型技术人才、技能型实用人才）的培养，强化民营企业的人才管理。（牵头单位：县委组织部、县财政局、县人力资源和社会保障局、县中小企业服务中心）

19. 加强市场主体培育。按照“宜大则大、宜精则精”的原则，构建“个转企、小升规、规改股、股上市”的梯次培育机制。县政府对获得省级、市级小微企业创业创新基地者，在省、市财政奖励的基础上，再给予一次性奖励10万元和5万元。推动民营企业“专精特新”发展，对获得省级、市级以上“专精特新”“管理标杆”“小巨人”“单项冠军”“独角兽”企业，在省、市奖励的基础上，县财政再一次性给予5万元奖励。经县级认定的“专精特新”和“管理标杆”企业中带动性、示范性强的行业龙头企业给予一次性2万元奖励。（牵头单位：县财政局、县中小企业服务中心、县统计局、县市场监督管理局、县金融办）

六、构建亲清新型政商关系

20. 加强沟通协调。建立领导干部与民营企业联系制度、政企沟通协调会制度和民营企业直通车制度，定期通报情况、听取意见，及时解决企业反映的问题。引深入企服务常态化，建立亲清新型政商关系。健全企业家参与涉企政策制定机制，探索党政机关干部在民营企业挂职锻炼新路子。（牵头单位：县委组织部、县委统战部、县中小企业服务中心、县工商联）

七、依法保护民营企业合法权益

21. 保护企业家财产和人身安全。依法保护民营企业物权、债权、股权、知识产权等财产权，依法保护民营企业家的生命健康、名誉等人身权，妥善处理历史形成的产权案件，保障民营企业和企业家合法财产不受侵犯、合法经营不受干扰。严厉打击针对民营企业的不正当竞争行为，对侵犯民营企业商标、专利、商业秘密等知识产权以及损害民营企业商业信誉、商品声誉的违法行为，及时予以纠正，构成犯罪的依法追究刑事责任。（牵头单位：县委政法委、县人民法院、县人民检察院、县公安局）

22. 妥善处理民营企业涉纪涉法案件。对积极配合协助案件调查的民营企业经营者，保障其正常生产经营和合法权益。对涉案民营企业经营者，纪委监委、法院、检察院、公安等要完善协作配合工作机制，统一执法尺度，既查清问题，也保障其合法的财产和人身权益。对一些民营企业历史上曾经有过的一些不规范行为，要以发展的眼光看问题，按照罪刑法定、疑罪从无的原则处理，让企业家卸下思想包袱，轻装前进。（牵头单位：县纪委监委、县委政法委、县人民法院、县人民检察院、县公安局、县司法局、县工商联）

23. 坚持公平公正文明执法。全面推行行政裁量权基准制度，细化、量化行政处罚标准。坚持“法定职责必须为、法无授权不可为”，全面公开行政执法部门权责清单。按照国家宏观调控方向，在安监、环保等领域微观执法过程中避免简单化，坚持实事求是，执行政策不搞“一刀切”，避免“一律关停”“先停再说”等简单粗暴做法。对民营企业经营中的一般违法行为，要妥善处理，坚决避免对市场活动的过度干预。全面推进“双随机、一公开”抽查检查，实现跨部门“双随机”联合抽查常态化，坚决制止和纠正各级执法机关和执法人员侵犯民营企业利益的行为。（牵头单位：县直各有关部门）

24. 创造良好社会环境。加强民营企业周边治安环境整治，依法严厉打击影响民营企业正常经营的黑恶势力，为民营企业发展创造良好治安环境。加大涉及民营企业生效判决的执行力度，严惩拒执违法犯罪，充分发挥执行联动、公布失信被执行人名单等制度的作用，确保民营企业胜诉权益及时落实兑现。（牵头单位：县委政法委、县人民法院、县人民检察院、县公安局、县司

法局）

八、推动政策落地落实

25. 加强组织领导。成立吉县促进民营经济发展工作领导小组，定期召开会议，组织协调解决民营企业发展面临的困难和问题。（牵头单位：县委办、县政府办）

26. 抓好政策落实。各部门要切实负起责任，研究出台配套措施和实施细则，加大宣传解读力度，加强政策落实情况的督导考核，对发展民营经济工作中“门难进、脸难看、事难办”“吃、拿、卡、要”，办而不决、推诿扯皮等不良作风曝光并问责。适时开展政策执行效果第三方评估。建立民营经济推进工作的考核奖励机制，把支持民营经济发展纳入年度目标责任考核指标体系。（牵头单位：县委组织部、县纪委监委、县直有关部门）

中共吉县县委　吉县人民政府

2019 年 2 月 3 日

中共吉县县委
吉县人民政府
脱贫攻坚工作情况汇报

吉发〔2019〕17号

吉县是一个典型的山区农业小县，总面积1777平方千米，辖3镇、5乡，77个行政村[1]、567个自然村，总人口11万，其中，农业人口9.5万。2002年被确定为国家扶贫开发工作重点县，2012年被列入吕梁山集中连片特困区。2014年，全县共有建档立卡贫困村61个，建档立卡贫困人口28647人，贫困发生率为31.7%。

近年来，我们坚持以脱贫攻坚统揽经济社会发展全局，认真贯彻落实习总书记视察山西重要讲话精神，按照省委、市委部署要求，大力实施“1236”战略[2]，围绕“五个一批”[3]，紧盯“六个精准”[4]，奋力决战决胜脱贫攻坚。2014—2015年，全县减贫14176人，10个贫困村实现了脱贫退出，贫困发生率降至16%；2016年，减贫6766人，22个贫困村实现脱贫退出，贫困发生率降至8.5%；2017年，减贫7415人，29个贫困村实现脱贫退出。到2017年底，全县累计实现减贫28219人，剩余建档立卡贫困人口290人，贫困发生率降至0.32%，61个贫困村全部实现脱贫退出。2018年8月，省政府和国务院扶贫办相继向社会宣布吉县退出贫困县，在全省率先实现脱贫摘帽。

一、关于党中央脱贫攻坚方针政策精准落实情况

我们始终把学习贯彻落实中央和省委、市委各项方针政策和决策部署，作为重要政治任务，及时跟进，深入学习，全面贯彻。一是深入传达学习。组织召开县委常委会议、中心组学习会议，举办各类培训班，多形式、多层次传达学习习总书记关于脱贫攻坚的重要讲话、重要论述和重要指示精神，深入学习习总书记视察山西重要讲话精神，及时跟进学习省、市主要领导的批示指示和有关讲话精神，在学懂弄通做实上下功夫。同时，结合推进“两学一做”学习教育常态化制度化，全县各级党组织采取各种形式学习领会，吃透精神实质。二是广泛宣传宣讲。组织开展巡回宣讲活动、农村“领头雁”培训班、干部大讲堂等，对全县党政“一把手”、党员干部进行专题培训；利用电视、手机报等媒体，宣讲宣传中央、省、市脱贫攻坚方针政策，在全社会营造关心脱贫、支持脱贫、参与脱贫的浓厚氛围。三是推动落地落实。在确立的“1236”战略中，突出以“全面从严治党、全面建成小康”两条主线来统揽经济社会发展全局，制定出台了《脱贫攻坚二年行动计划》《脱贫成效巩固提升“十大工程”实施意见》《脱贫成效巩固提升三年行动实施方案》，明确了工作推进的目标任务、措施要求，将中央、省、市政策部署转化为决战决胜脱贫攻坚的生动实践。

二、关于县委履行脱贫攻坚主体责任情况

我们始终把落实脱贫攻坚主体责任作为重大政治任务，强力推进脱贫攻坚各项工作。一是强领导。书记和县长共同担任脱贫攻坚领导小组组长和指挥部总指挥长，抓统筹；县委常委和政府副县长，分别担任8个乡镇第一书记、工作队长，抓协调；人大、政协成立两个督导组，抓督导；县直各部门进村入户，抓帮扶。二是强责任。建立了“县委负总责，政府抓推进，人大、政协抓督导，组织纪检抓考核，乡镇抓落实，村组抓实施”的脱贫攻坚责任体系，县乡村三级签订

《脱贫攻坚目标责任书》，层层压实责任，层层推进落实。三是强督导。出台了《脱贫攻坚督查问责实施意见》和《脱贫攻坚负面清单二十条》，坚持“周例会、月报告、季总结”制度，定期研究推进脱贫攻坚工作，组织4个脱贫攻坚督查组采取“四不两直”[5]方式，累计开展20余轮督查，督促各项脱贫攻坚政策深入贯彻落实，“三支队伍”扎实开展驻村帮扶。

三、关于相关部门履行脱贫攻坚责任情况

县脱贫攻坚领导小组各成员单位充分发挥部门职能作用，围绕“三色品牌”打造，聚焦“五个一批”，紧盯贫困县退出14项指标，深入推进“八大工程二十项行动”[6]，兴办了民生实事60余项，大力完善水、电、路、网等配套设施，进一步增强了人民群众的获得感和幸福感。在产业发展方面，由农业农村局、果业中心牵头，加快发展特色扶贫产业，确立了“1+X”产业支撑体系。“1”就是大力发展苹果主导产业。30多年来，历届县委、县政府认准苹果产业不放松，一任接着一任干，目前全县苹果面积达到了28万亩，年产22万吨，产值将近10亿元，达到了“五个80%”（苹果面积占到了耕地总面积的80%以上，苹果专业村占到了行政村的80%以上，果农占到了农民的80%以上，果农人均果品收入占到了农村居民人均纯收入的80%以上，全县农村群众依靠苹果产业脱贫的达80%以上）。以苹果产业为依托，探索实施了“1+6”产业扶贫模式[7]，使贫困户实现产业带动全覆盖，累计带动全县80%的农民、近8万余人，依靠苹果脱了贫，致了富（其中，2014年以来，累计带动脱贫2.3万人）。“X”就是因地制宜，因户施策，多元发展。针对不适宜种植苹果的地方，积极拓展特色产业，种植花椒2.7万亩、核桃5.75万亩、蔬菜1.4万亩、小杂粮2.2万亩，结合畜禽养殖、光伏和乡村旅游等多种产业，带动了剩余20%农民实现脱贫致富，全县农民人均可支配收入从2014年的3978元增长到2018年的5602元，年均增长8.9%。易地扶贫搬迁方面，由扶贫办牵头，探索推广了“5+1”安置模式[8]，“三年任务两年完”，实施易地扶贫搬迁3682户9376人，解决了住房安全问题。生态扶贫方面，由林业局牵头，组建脱贫攻坚造林专业合作社11个，吸纳建档立卡户452人为造林员，选聘建档立卡户护林员460名，参与造林绿化和天然林保护工作，带动近4000名贫困群众稳定脱贫；依托造林绿化、干果经济林提质增效、新一轮退耕还林还草等工程，带动脱贫1.6万余人。教育医疗方面，由教科局牵头，投资350多万元，实施教育扶贫雨露计划，扶持贫困家庭学生1138名，大学生290名；投资4300多万元，对义务教育阶段学生2879人实行了“两免一补”[9]；累计免除高中生学费、课本费和住宿费3680万元。由卫健局牵头，推进建档立卡人口健康扶贫实现了“三保险三救助”[10]政策全覆盖。目前，县域内住院个人单次自付费用1000元封顶覆盖了全县城乡居民基本医疗保险全体参保人员。兜底保障方面，由人社局、民政局牵头，推进城乡居民养老保险应参保63833人，实参保61381人，参保率96.16%；医保参保90609人，参保率95.45%；建档立卡户养老保险和新型合作医疗保险的个人自付费用由县财政全额承担。共认定兜底保障对象1281人，帮助特殊困难群众收入都稳定达到脱贫标准。

四、关于纪检监察机关履行脱贫攻坚监督责任情况

纪检监察机关扎实开展监督执纪问责工作，为全县打赢打好脱贫攻坚战提供了坚强的纪律保障。一是抓专项治理。聚焦重点领域、重点人员、重点问题，紧盯扶贫政策执行、项目安排、资金落实等环节，建立“扶贫领域基本情况、问题线索、大额扶贫资金跟踪监督、典型案例、问责工作”五本台账，深入开展扶贫领域不正之风和腐败问题专项治理。二是抓警示教育。依托县廉政教育中心，分领域、分层次对22批900余名党员干部进行了教育培训；组织编印了党员干部违纪违法案例评析《警钟》，举办科级干部警示教育研讨班两期，通报典型案例7批次23起30人，

营造正风反腐的浓厚氛围。三是抓案件查办。始终保持扶贫领域违纪违法案件查处工作力度不减、尺度不松、节奏不变。2016 年以来，查处扶贫领域腐败和作风问题 106 件，给予党纪政务处分 109 人，其他处理 43 人，移送司法机关 5 人。对 2016 年以来已办结线索进行了全面“回头看”，对 6 名人员分别给予纪律处分或组织处理。中央、省、市纪委督办的问题线索已全部办结。

五、关于各类监督检查发现脱贫攻坚问题整改落实情况

我们坚持问题导向，集中力量攻关，对症下药、靶向治疗，推动问题整改落实。针对中办国办通报的 5 大类 14 条共性问题，省委第三督导组反馈的 13 个方面 47 条问题，贫困县退出国家第三方评估考核反馈的 4 个问题，以及历次检查督查反馈的问题，结合自查发现的问题，制定了《脱贫攻坚存量问题整改清零行动方案》《贫困县退出国家第三方评估验收反馈问题整改方案》《关于 2018 年脱贫成效考核交叉检查反馈意见的整改方案》《吉县脱贫攻坚问题整改工作“回头看”实施方案》等，明确整改责任单位和责任人，提出针对性的整改措施和完成时限，全面对标整改落实。针对重难点问题，派出了 13 个由本地县领导和县直单位一把手组成的攻坚小分队，对群众关注的难点焦点，集中整治，重点解决；对农村的矛盾纠纷，大力推行“十心”工作法[11]，用情用理用法，发现问题及时整改。针对内生动力不足问题，推行“五子”孝老敬老[12]活动，编印了《一村一故事》，启动了“倡导移风易俗、弘扬时代新风”行动，开展了“五个一百”[13]评选表彰活动，拍摄《让低保》等微电影弘扬正能量，建造村德村史馆，用脱了贫、致了富的身边人、身边事，教育引导贫困群众激发内生动力，自立自强。

六、关于脱贫攻坚过程中干部队伍建设情况

我们高度重视干部队伍建设工作，选优配强乡村两级班子，加强“三支队伍”管理，确保各级帮扶干部沉下心，扑下身，合力推进各项工作落实。一是精准选派干部。紧抓 2016 年乡镇换届契机，选配 86 名优秀干部向脱贫攻坚一线集中；硬抽人、抽硬人，从具有基层工作经历或具有较强工作能力的干部中选派“三支队伍”。同时，根据实际工作表现，调整乡镇党委书记 2 人，调换省市县第一书记 8 人，召回不适宜继续驻村的工作队员 83 人。二是加强能力培养。将脱贫攻坚相关知识作为干部大讲堂和各类干部培训班次的主要培训内容，重点培训精准扶贫政策理论、涉农法律法规、农业技术、农村电商、乡村旅游等方面内容。特别是针对“三支队伍”应知应会内容，实行了全员轮训。组织脱贫攻坚干部赴兰考县进行学习考察，提高做好新农村建设、特色产业发展、基层社会治理的能力素质。三是明确实干导向。制定出台了《吉县驻村干部管理考核办法》等政策文件，建立了“三支队伍”人员工作档案，工作期间考核考察、奖惩等材料全部入档，作为考核考察识别干部的重要标尺和选拔任用的重要参考，先后对帮扶工作表现突出的 30 个先进单位、38 名先进个人，9 名优秀典型，进行了通报表扬。结合党政机构改革，对在脱贫攻坚工作中实绩突出、表现优异的干部予以提拔和重用。比如，脱贫摘帽后提拔的 31 名干部中，就有 15 名主要是因为脱贫攻坚表现突出而被提拔的。

七、关于抓党建促脱贫攻坚和基层党组织建设情况

坚持以“三基建设”[14]为抓手，聚焦脱贫攻坚，扎实开展“联促建”[15]活动，强力整顿软弱涣散党支部，着力建强农村基层组织，充分发挥农村基层组织的“战斗堡垒”作用和农村党员干部的先锋模范作用。一是抓队伍。实施农村本土人才回归工程，建立了 175 人的农村后备人才库，达到了每村至少 2 名，确保了农村“两委”班子“后继有人”。采取“走出去、请进来”的办法，坚持一月一集中培训，提高乡村干部综合素质，提升解决复杂问题能力。二是抓基础。研究制定了集体经济破零行动方案、三年发展规划等指导性文件，77 个行政村集体经济实现从“破零”到全

部达到5万元的突破；建立了村级活动场所运行和维护保障机制，制定了《吉县农村"两委"主干岗位报酬管理细则》，提高农村卸任干部生活补助，激活基层党组织脱贫攻坚活力。三是抓机制。深入开展"五亮一争"[16]常态化建设，让党员做给群众看，带着群众干；深入推进"三五治村"[17]模式，严格落实"四议两公开"[18]工作法和"村级权力运行清单30条"，提升农村治理水平；开展"五星村庄"[19]创建活动，树立榜样，示范带动，推动农村各项工作整体上水平、上台阶。

八、关于结对帮扶和定点扶贫工作开展情况

充分调动和发挥驻村帮扶工作队伍精准滴灌的"管道"作用，紧紧围绕"两不愁三保障"[20]要求，组织各级驻村工作队、第一书记等人员，坚持"五天四夜"工作机制，深入开展驻村帮扶；组织各级各部门党员领导干部进村入户，扎实开展"帮困解难送温暖"大走访，全力以赴查问题、析原因、找对策、做工作，开展"一对一"结对帮扶。同时，积极鼓励民营企业、社会组织、个人参与脱贫攻坚工作，引导社会帮扶资源和精准扶贫有效对接。2018年，我们对接东方电气集团、中信建投公司、山西师范大学等帮扶单位开展消费扶贫，金额达400多万元。特别是东方电气集团在下属各企业设立消费扶贫专柜，发动职工购买吉县农产品，累计消费扶贫金额达286万元。

经过几年来的不懈奋斗，我们顺利通过了"省考""国考"。"国考"评估组充分肯定了吉县的产业扶贫、易地搬迁、精准施策、干部帮扶等四项亮点工作。2017年10月19日，省扶贫办在吉县召开全省贫困退出对标提升现场推进会；2017、2018年，在全省脱贫工作成效考核中，吉县获得优秀等次；2019年1月，在省委农村工作暨全省脱贫攻坚工作会议上，吉县荣获了脱贫攻坚组织创新奖。在脱贫攻坚工作的有力带动下，全县各项事业都取得了长足的发展，2016—2018年，在全市年度目标责任考核中，吉县连续三年被市委、市政府评为优秀县。

实现脱贫摘帽，标志着吉县由脱贫攻坚决战期转入脱贫成效巩固提升期和全面建成小康社会决胜期。我们牢记习总书记"防止返贫和继续攻坚同样重要"的指示要求，坚持"摘帽不摘责任、不摘政策、不摘帮扶、不摘监管"，制定了脱贫成效巩固提升实施意见和三年行动方案，召开了全县脱贫成效巩固提升推进会，动员组织全县干部群众动力不减，标准不降，靶向不移，干劲不松，始终做到"三坚持"、"四不变"、"五提升"。"三坚持"：即坚持目标导向，积极探索脱贫成效巩固的长效机制和治本之策；坚持问题导向，强弱项、补短板，全力实施"十大工程三十项重点工作"；坚持人民导向，对照群众满意度，坚持以群众为中心，用心用情用力解决群众反映强烈的突出问题，全力抓好政策的保障落实和帮扶的继续加强。"四不变"：即领导力量不变、包联责任不变、扶贫政策不变、帮扶机制不变，持续巩固提升脱贫质量成效。"五提升"：即结合乡村振兴战略"二十字方针"[21]总体要求，进一步提升主导产业水平，实现产业兴旺；进一步提升农村生态环境，实现生态宜居；进一步提升文化文明水平，实现乡风文明；进一步提升管理水平，实现治理有效；进一步提升民生福祉，实现生活富裕。

虽然，我们的脱贫攻坚战取得了阶段性的胜利，全县贫困人口已由摘帽时的290人下降为50人，贫困发生率降为0.055%。但我们深知，工作中仍然存在许多短板和不足，仍然有不少矛盾和问题，需要我们下功夫去解决、去克服。

（一）党中央脱贫攻坚方针政策精准落实方面。一是对党中央脱贫攻坚方针政策的学习不系统、不深入。对习总书记关于扶贫工作重要论述和中央脱贫攻坚方针政策深入研究不够，领会掌握政策不透、不到位，部分村干部对扶贫政策似懂非懂，导致政策落实中出现了一些偏差。比如：由于对政策理解不透、把握不准，出现了重复享受易地扶贫搬迁和农村危房改造补助的现象。目前，我们已对这类问题加强了自查和整改。二是部分健康扶贫政策作用发挥不充分。比如：受县

域内医疗资源有限影响，对各种癌症、先心病、急重症心脑血管病等重大疾病的救治能力不足，致使一些要求在县域内执行的大病医疗救助政策无法发挥实际作用。再比如：个别慢病患者不在村里常住，签约医生难以提供面对面的随访服务。这些，都造成健康扶贫政策效果有打折扣的现象。三是推进易地扶贫搬迁工作不够到位。移民安置分散点多，乡村干部在实施中，尊重群众的意愿多，考虑科学合理安置的少，考虑方便群众生产的多，考虑合理利用土地资源的少，在实施的3682户9376人中，集中安置点有129处，平均每个行政村1.7处，分散安置807户2121人，距离习总书记提出的“移民尽量搬迁到乡镇和交通便利的行政村”的要求还有差距。入住没有达到要求。比如：有些年纪大的搬迁户，由于生活习惯、故土难舍等原因不愿搬迁；再比如：有些群众外出打工或陪读，长期外出造成新房空置，还有一部分群众个人生活无法自理或外出就医，或随子女居住，导致个别安置点未真正实现全部入住。

（二）县委履行脱贫攻坚主体责任方面。一是“喘气歇脚”的厌战情绪有所滋生。去年，省政府宣布我们退出贫困县后，部分干部对“防止返贫与继续攻坚同样重要”的理解不深，对“解决更是难中之难的剩余贫困问题”以及巩固脱贫工作的艰巨性认识不足，对建成全面小康、实施乡村振兴战略任务的繁重性预见不够。脱贫摘帽前，事多弦紧，精力集中；摘帽后，不少同志身心松懈，产生了“缓一缓”“歇一歇”的想法，厌战情绪有所滋生，出现了精力分散，工作放松的倾向，把巩固提升工作作为一般性、日常性工作来抓，脱贫攻坚以来形成的“敢于吃苦、敢于较真、敢于碰硬”的精气神，还需要一以贯之地弘扬和坚持。二是对产业发展的谋划实施还不到位。吉县目前的三次产业的结构比例为27∶40∶33。苹果作为群众致富的依仗产业，有机化生产标准不高，政府在优化品种、更新技术、科学管理、应用推广上还有许多的工作要做；在销售上，渠道不广，全县每年大约生产22万吨苹果，80%以上群众都是以户为单位直接销售给果商，合作社的“抱团取暖”带动销售作用发挥不好，抵御市场风险能力较弱；在产业链上，规模不大，延伸不够，仅有的两个苹果深加工企业，只有一家正常生产，数量不多，销量不大，市场竞争力不强，每年只能加工苹果1万吨左右，占生产总量不到5%，带动苹果销售的能力还不强。另外，吉县的全域旅游刚刚起步，点不够多，分散面大，品牌效益不强，带动群众增收效果不明显；工业基础薄弱，支撑县域经济发展能力不强，带动群众务工就业效果还不够明显。三是防范致贫返贫风险机制不够健全。部分边缘户在遭受重大疾病、意外事故、自然灾害后，致贫的可能性比较大。部分脱贫群众年老体弱，脱贫基础还不牢靠，家庭经济基础仍然薄弱，返贫风险较大。比如，2018年新增的建档立卡贫困户11户32人，全部都是因为遭受重大疾病导致贫困。对于这些潜在的风险和隐患，还没有形成长期有效的应对措施，风险防控机制不健全。一些完全依赖农业产业脱贫的群众，一旦发生自然灾害，返贫概率增大。

（三）相关部门履行脱贫攻坚责任方面。一是土地复垦进展较慢。建新拆旧进度不平衡，由于前期勘测规划、手续办理耗时较长等各种原因，目前仅基本完成了第一批东城乡、车城乡、柏山寺乡等三个乡镇15个自然村的土地复垦；第二批复垦工作预计到2019年底完成。目前，我们正在组织各乡镇和自然资源局等部门通力协作，全面加快推进。二是行业部门之间的政策衔接有断档。比如：在落实健康扶贫政策上，部分新纳入人口及时享受政策存在困难。建档立卡贫困人口按季度开展动态调整，要求对符合条件的对象及时纳入，并按照建档立卡人口政策予以帮扶。而合作医疗补助和系统信息录入每年开展一次，造成部分按季度纳入的建档立卡人口无法及时享受健康扶贫“136”政策[22]和“一站式”[23]结算。三是健康宣传引导不足，出现了“过度医疗”现象。对群众存在的贪占小便宜，长期住院，小病大治的偏差认识教育引导不够，出现

了少数患者赖床不走，过度医疗的现象，导致真正需要医疗资源的人进不去。比如：全县医院在原有200个床位的基础上又增加了60个床位，但每天要求住院的群众还是络绎不绝，甚至出现了排队预约、加床住院的现象，这和“136”政策出台前医院的冷清现象，形成了鲜明对比。

（四）纪检监察机关履行脱贫攻坚监督责任方面。一是资金监管存在漏洞，发生了违规违纪问题。在执纪力度方面，对重大决策部署、重点项目建设关注较多，但扶贫领域项目和资金点多面广，没能做到面面俱到，导致有的扶贫资金投入使用不规范，审核把关不严。比如：原农业林业委员会党组成员、总农艺师汪军龙，利用职务上的便利，在负责财务审批和农资采购过程中，通过虚开发票的方式贪污扶贫资金8.32万元据为已有。2017年11月，受到开除党籍处分，并移送司法机关依法处理。再比如：原农业广播电视学校校长胡文波，在2016年10月负责实施新型职业农民培育工程期间，利用职务便利，采取虚报套领等手段，骗取培训经费6300元，用于请客吃饭及其他开支。2018年5月30日，胡文波将骗取的培训费上交县财政局礼金红包专户。2018年6月，受到党内严重警告、撤职处分，从事业管理岗七级降为事业管理岗八级。再比如：原农业广播电视学校副校长杨兵玲，在2015年7月至12月负责实施新型职业农民培育项目期间，利用职务便利，采取虚报、虚开的方式，骗取培训经费3750元，用于个人花销及其他开支。2017年12月8日，杨兵玲将骗取的培训费上交县财政局礼金红包专户。2018年6月，受到降低岗位等级处分，从事业管理岗八级降为事业管理岗九级。二是对于扶贫工作，跟踪式、嵌入式监督不够。村级公开落实不到位，未按规定及时公告公示，或者公告公示流于形式，导致出现虚报冒领、贪占挪用的现象。比如：文城乡柏树村原村民委员会主任张刚生在任期间，用亲属名义虚报危房改造户，领取危房改造资金85500元，向虚报的9户村民支付18000元好处费，其余以修建下水道名义予以开支；在易地扶贫搬迁项目中，张刚生又虚报冒领扶贫移民资金21000元，据为已有。2018年4月22日，经县纪委常委会研究，给予张刚生开除党籍处分，并移送司法机关进行处理。三是警示教育力度不够，未形成强烈震慑效果。对一些发生在群众身边的腐败问题，曝光不及时，警示教育力度不够，震慑作用发挥不足，扶贫领域腐败和作风问题时有发生，自2016年以来，就查处扶贫领域腐败和作风问题106件，平均每年30多件。这一方面，还需我们进一步开展广泛深入的党性党风党纪教育，把纪律这条底线彻底变成高压线，营造“不敢腐”的态势。

（五）各类监督检查发现脱贫攻坚问题整改落实方面。一是在群众缺乏自我发展内生动力上，整改效果有差距。群众缺乏自我发展内生动力的问题，多次被反馈，多次整改，我们也开展了一系列活动。但目前仍有部分群众存在“等靠要”依赖思想，总想着“坐在墙根晒太阳，等着别人送小康”，靠勤劳致富、自立自强的积极性不强，主动性不高；有的群众习惯坐享其成，不愿意自己劳动挣钱，总想着吃低保、要救济，对政策和帮扶的依赖性较强；有的老人存在着所谓的“无人赡养”问题，究其原因，有的是确因子女品行不好，把赡养老人当成一种负担，将赡养老人的责任和义务推给政府；还有部分老人由于溺爱子女等方面原因，千方百计不让子女承担赡养义务，想方设法反复向政府要帮扶，要政策。这与习总书记提出的“要引导贫困群众树立主体意识”的要求，还有一定差距。二是在壮大村级集体经济上，整改方式不多。村集体经济收入薄弱，来源单一，这也是我们多次发现、多次整改的问题。虽然，我们每年都同乡镇签订责任书，压实责任，出台激励和支持政策。但是受地域条件、村干部发展理念以及缺乏有效带动企业等影响，全县村集体经济还是主要依靠光伏发电和集体土地承包收入。2018年，吉县77个村的集体经济收入共计1333万余元，其中光伏收益844万余元，占63.3%，还存在来源单一，总量有限的问题。

并且，光伏扶贫收益作为专项扶贫资金，有特定的使用范围，不能满足村级日常运转和公共服务公益事业发展需要，对集体产业发展和贫困群众扶持有限。三是村级光伏扶贫收益分配不够及时问题，整改不彻底。截至3月底，还有吉昌镇马家河村、上东村、兰村、兰古庄、大田窝村、霖雨村，壶口镇中市村、陈家岭村，车城乡桃村、赵村，文城乡大圪塔村、房村、文城村，屯里镇窑头村、五龙宫村、回宫村，中垛乡永固村，东城乡东城村、柏山寺乡西头村等19个村，或因村干部个人原因，或因村里矛盾，或因资金到位迟，或因工程质保金未付，没有及时将光伏收益分配到位，光伏扶贫的作用没有得到及时发挥。我们已组织县委巡察办和县纪委监委，开展了两轮巡查督导，督促各乡镇制定整改措施，明确管理办法，启动追责问责机制，确保光伏收益及时分配到位。

（六）脱贫攻坚过程中干部队伍建设方面。一是农村干部综合素质还不太高。2016年，农村换届后，全县158名农村"两委"主干中，年龄在45岁以上的100名，占63%；学历在高中及以下的139名，占88%，年龄偏大、文化程度偏低问题比较突出。二是部分村干部作用发挥不够。在带领群众增收致富，谋划实施乡村振兴战略的路径和方法上，方法不多、举措不新，"领头雁"的作用发挥不到位。有的村"两委"班子，特别是"两委"主干，或存在"走读"问题，或自家产业经营占用时间较多，村里的大事小事，脱贫攻坚各项工作，依赖于坚持"五天四夜"的第一书记和驻村工作队，衡量第一书记、驻村工作队的工作，就看能给村里引来多少项目，投入多少资金，对主体责任认识有偏差，落实不到位。三是农村后备干部缺乏。吉县是个山区县，许多年轻人外出务工，还有一部分年轻人把主要精力投入到生产经营上，对当村干部不热心，入党积极性不高，全县2805名农民党员中，从学历来看，大专以上学历149名，占5.3%，中专、高中、中技884名，占31.5%，初中及以下1772名，占63.2%；从年龄来看，35岁及以下342名，占12.2%，36岁至45岁496名，占17.7%，46岁至60岁1092名，占38.9%，61岁及以上875名，占31.2%；长期外出流动党员515名，占18.4%，还有大量农民党员农忙时回村务农，农闲时外出务工，无法长期培养，这些现象导致农村干部难选，特别是选择一个有头脑、有胆识，能干事、愿干事的农村党支部书记更难。

（七）抓党建促脱贫攻坚和基层党组织建设方面。一是有的基层党组织凝聚力不够。个别农村党支部，支部班子人心松散，战斗力不强，凝聚力较弱。比如：文城乡大疙瘩村党支部，在面对信访纠纷、土地征用和群众反映的热点难点问题上束手无策，找不到解决协调各方面利益冲突的有效办法，群众的满意度、认可度不高。2018年12月，乡党委重新选配了一名致富带头人作为党支部书记，一定程度上了解决了班子作用发挥不够的问题。二是基层党组织带富能力有限。部分农村党支部，观念不新，思想不活，在发展壮大村集体经济上，主要依靠乡镇党委和县委谋思路、出举措。比如：柏山寺乡黑秀村党支部，打不开发展思路，年产花椒57万斤，村集体经济收入才5.7万元。支部经整顿提升后，今年，黑秀村积极争取花椒烘干厂建设项目，我们也予以了大力支持，建成后预计村集体经济每年可增收6万元，比之前翻了一番还多。三是个别基层党组织脱贫攻坚作用发挥不够。部分农村党支部"抓党建，强三基，促脱贫"的理念还不强，办法不多，落实不力，党组织在脱贫攻坚工作中的核心领导能力发挥不够。比如：吉昌镇马家河村党支部，换了一茬又一茬的班子，都是见了矛盾就躲，见了问题就避，不敢讲真话，不敢说实话，不敢直面歪风邪气，和稀泥，抹光墙，落实工作更是难上又难，一度导致马家河村的脱贫攻坚工作处于落后地步。去年底，镇党委选派了一名机关干部任党支部书记，逐步改变了该村面貌，理顺了群众情绪，扭转了农村风气。

（八）结对帮扶和定点扶贫工作开展方面。一是帮扶举措缺乏创新。比如：驻村干部在帮扶措施上，更多的还是停留在现有政策落实上，放在对困难群众的慰问上。在发展产业和转移就业方面，在解决群众实际困难、关心关注热点难点问题和化解矛盾纠纷方面，办法还不灵活、不具体，针对性还不强，驻村干部的职责履行不到位。二是存在"接济式"帮扶现象。有的驻村干部在帮扶工作中，关注"输血"多，培养和扶持群众自身的"造血"功能少，对群众的教育引导和能力建设工作做得不够。比如：在解决矛盾，提升满意度方面，多数局限于慰问式、接济式的帮扶，甚至是自己掏钱，送油、送面，给钱、给物，以提升满意度，而没有从根本上解决问题。再比如：工作上把主要精力放在了要项目、要资金上。相对来说，在谋划产业发展、强化基层党建、加强精神文明建设方面投入精力不够。三是帮扶干部考评机制不完善。在如何评价驻村干部作用发挥上，考评还比较宏观，主要是通过到岗天数、项目引进、入户走访、扶贫资料、群众满意度等情况来衡量，与村干部、贫困户谈话，也只是掌握些基本的工作情况，发挥作用和脱贫效果好坏，掌握得不够充分。

下一步，我们将以这次专项巡视为契机，结合"改革创新、奋发有为"大讨论，紧紧围绕脱贫成效巩固提升和乡村振兴战略实施，聚焦"三坚持、四不变、五提升"工作思路，针对工作中存在的差距和不足，坚持以问题整改促进脱贫成效巩固提升，以提升群众满意度为衡量标准，全面落实中央、省、市部署要求，进一步补短板、强弱项，做细做实脱贫攻坚各项工作，确保到2020年同全国人民一道进入全面小康社会。

一是学讲话，进一步提高政治站位。结合即将开展的"不忘初心、牢记使命"主题教育，进一步学懂弄通做实，习近平新时代中国特色社会主义思想；结合正在开展的"改革创新、奋发有为"大讨论，精准解读习总书记视察山西重要讲话精神，精准把握落实党中央脱贫攻坚方针政策，确保政策落实不走样，不打折。二是优产业，进一步拓宽增收渠道。继续紧抓苹果主导产业，在生产上，坚持"四化四统一"[24]，加大财政扶持力度，不断完善果园基础设施建设，促进苹果提质升级增效；在管理上，规范苹果生产管理技术流程和标准，组织建立专家组、技术组、指导队，结对帮扶贫困果农，组织开展果树技术培训，促进果农增收；在营销上，建立直销窗口，开设网店，加大出口，在壶口景区建立苹果展馆，实现产业规模和效益稳步增长。同时，做大做强乡村旅游，发展壮大花椒、核桃、蔬菜、养殖等特色种养产业规模，进一步丰富产业结构，培育群众增收的新的增长点，推进全县产业持续、健康、稳步发展。三是强作风，进一步提升帮扶能力。持续发扬"脱贫攻坚精神"，继续加强"三支队伍"管理，强化督导检查，督促各级帮扶队伍，围绕增加群众收入、提升群众满意度等工作，拉高工作标杆，精准落实工作，解决群众困难，化解群众矛盾，确保工作效果和质量经得起检验。同时，大力整治群众身边腐败和作风问题，严肃查处扶贫领域截留挪用、与民争利等行为，以反腐攻坚、作风攻坚促进脱贫成效巩固提升，确保全面建成小康社会的目标如期实现。四是改问题，进一步补齐不足短板。我们将坚持问题导向，正视问题"改过来"，以此次巡视为契机，对工作中存在的问题，及时纠偏纠错，对巡视组反馈的问题，列出整改清单，明确整改措施，以问题整改推动工作落实；甩开膀子"赶上来"，针对基础设施建设上的差距，结合实施乡村振兴战略，进一步提质升级"水、电、路、网"等基础设施建设，在2020年之前完成"全覆盖"；撸起袖子"干起来"，坚持目标导向，对标乡村振兴战略要求，对标全面建成小康社会目标任务，精准发力，扎实做好"三农"工作，深入实施好乡村振兴战略。五是压责任，进一步形成强大合力。进一步明确"摘帽不摘责任"的要求，县委切实担负起"负总责"的政治责任，发挥好领导小组"双组长制"优势，县级领导干部继续率先垂范、身体力行，

层层传导责任、层层做出示范、层层厉行监督，坚决杜绝任何“喘口气、歇歇脚”的念头，持续压实帮扶单位、帮扶责任人的责任，凝心聚力巩固提升脱贫成效，决战决胜全面小康。

附：相关名词解释

中共吉县县委　吉县人民政府

2019年5月5日

相关名词解释

1. 关于行政村数量的说明：2014年，吉县共有行政村79个，2018年10月，根据《临汾市撤并行政村工作实施方案》要求，撤并行政村2个，其中，壶口镇南村坡村并入留村，屯里镇放马岭村并入窑渠村，四个村均为建档立卡贫困村。撤并后全县共有行政村77个。

2. “1236”战略：“1”即：坚持“一个指引”——以习近平新时代中国特色社会主义思想为指引；“2”即：突出“两条主线”——加强党的建设、全面从严治党，打赢脱贫攻坚、全面建成小康；“3”即：打造“三色品牌”——红色苹果、绿色生态、黄色瀑布；“6”即：实现“六大突破”——在项目驱动带动、文化兴县活县、工业快速崛起、城建夯实基础、民生持续改善、依法规范治理上实现新突破。

3. 五个一批：发展生产脱贫一批、易地扶贫搬迁脱贫一批、生态补偿脱贫一批、发展教育脱贫一批、社会保障兜底一批。

4. 六个精准：扶贫对象精准、项目安排精准、资金使用精准、措施到户精准、因村派人精准、脱贫成效精准。

5. “四不两直”：不发通知、不打招呼、不听汇报、不用陪同接待、直奔基层、直插现场。

6. 八大工程二十项行动：特色产业扶贫工程（农业扶贫、光伏扶贫、旅游扶贫、电商扶贫四个专项行动）、易地扶贫搬迁工程（易地扶贫搬迁和改善人居环境两个专项行动）、培训就业扶贫工程（培训就业扶贫行动）、生态补偿脱贫工程（生态建设扶贫行动）、社会保障兜底工程（农村低保扶贫和特殊群体关爱两个专项行动）、基础设施改善工程（交通扶贫、水利扶贫、以工代赈扶贫、清洁能源和电力扶贫四个专项行动）、公共服务提升工程（教育扶贫、健康扶贫、科技扶贫、文化和信息扶贫四个专项行动）、社会力量帮扶工程（企业扶贫和社会扶贫两个专项行动）。

7. “1+6”产业扶贫模式：“龙头企业（专业合作社）”+“物资供应+技术培训+果品营销+工资收入+金融服务+股份分红”。

8. 易地扶贫搬迁“5+1”安置模式：“行政村就近集中安置，建移民新村安置，依托小城镇或工业园区安置，依托乡村旅游安置，五保集中统一安置”+“分散安置”。

9. “两免一补”：指国家全面免除义务教育阶段（小学和初中）学生的学杂费，对农村义务教育阶段学生免费提供教科书，对农村家庭经济困难寄宿生补助生活费。

10. “三保险三救助”：“三保险”即通过基本医保、大病保险、补充医疗保险等措施，确保农村建档立卡贫困人口住院总费用实际报销比例达到90%以上。“三救助”：一是对农村贫困人口参加城乡居民医疗保险个人缴费部分由财政予给全额资助。二是对省定24类重特大疾病晚期患者由民政部门给予一次性每人5000元的大病关怀救助，对有需求的持证贫困残疾人免费适配辅助器具。三是对少数农村特困人口由民政部门特殊帮扶，重点救助在负担目录内个人自付“136”封顶额和目录外控制比例内15%费用部分存在特殊困难的贫困人口。

11. “十心”工作法：用爱心接访，让群众舒心；用耐心倾听，让群众宽心；用诚心释疑，让群众省心；用公心办理，让群众放心；用真心解困，让群众开心。

12.“五子”孝老敬老：提供“菜篮子”，保障“钱袋子”，管好“药瓶子”，住进“暖屋子”，抚慰“心窝子”。

13.“五个一百”：百名德高望重好老人、百名孝老爱幼好子女、百名遵纪守法好青年、百名勤劳致富带头人、百名自立自强脱贫户。

14. 三基建设：基层建设、基础工作和基本能力建设。

15. 联促建：“支部互联、多方共促、干群共建”

16. 五亮一争：亮党员身份、亮年初承诺、亮岗位职责、亮工作实绩、亮评议结果，争做优秀党员。

17.“三五”治村模式：五会管村，五方管财，五心育人。五会管村：支委会行使领导权、村代会行使决策权、村民委员会行使执行权、民调会行使调解权、文明礼仪教化会行使教化权；五方管财：集体公务开支票据须具经办人签字，村理财小组盖章，村支部书记签字，村民委员会主任签字，乡镇会计委托中心审核签字，方可入账报销；五心育人：有良心、有公心、有责任心、有敬畏心、有感恩心。

18.“四议两公开”：“四议”是指村党支部会提议、村“两委”会商议、党员大会审议、村民代表会议或村民会议决议；“两公开”是指决议公开、实施结果公开。

19. 五星村庄：生活富裕星、基层党建星、集体经济星、美丽村庄星、和谐稳定星。

20. 两不愁、三保障：吃穿不愁，义务教育、基本医疗、住房安全有保障。

21. 乡村振兴战略二十字方针：产业兴旺、生态宜居、乡风文明、治理有效、生活富裕。

22.“136 政策”：医保目录内费用，个人自付住院费用实行“136”控制机制，即县级医院住院费用个人年度负担总额不超过1000元，市级医院不超过3000元，省级以上医院不超过6000元，超过部分由人社部门医保基金兜底报销。

23.“一站式”结算：建档立卡贫困人口在住院就医时享受“一站式”结算政策，即结算时系统自动计算出基本医疗保险报销额、居民大病保险报销额、民政医疗救助额、贫困人口医疗商业补充保险赔付额和个人自付金额，个人只需负担医保统筹报销外的费用。

24. 四化四统一：规模化发展、标准化生产、品牌化经营、产业化开发；统一标准、统一品牌、统一包装、统一宣传。

后 记

在举国欢庆中国共产党百年诞辰之际，历经六个寒暑精心编纂的《吉县志》(1986—2015)终于付梓问世。回顾编纂历程，艰辛备至，亦苦亦乐。

吉县第二轮县志编纂工作在全省起步较晚，时间紧迫，任务艰巨，史志部门压力重重。对此，县委、县政府高度重视，将县志编纂工作列入议事日程，专题研究《吉县志》编纂具体事宜，从抽调人员、组建机构、组织实施编修到协调办公场所、购置设施设备、工作经费保障等方面全力支持。同时成立《吉县志》编纂委员会。2015 年 12 月 18 日，第二轮《吉县志》编纂启动大会召开，编修工作在全县紧锣密鼓开展起来。县委办、政府办发出《关于认真做好第二轮〈吉县志〉编纂工作的通知》。县党史研究室聘请 4 名离岗退休人员参加二轮修志，编印《第二轮〈吉县志〉(1986—2015)编纂工作手册》，拟定编纂工作方案和篇目大纲。全县各乡镇、各单位成立相应机构，开展资料搜集、整理、报送工作。

为加快工作进度，保障志书质量，2016 年 9 月，编委会召开培训会议，邀请市地方志办副主任靳水旺，对全县各单位分管地方志工作的负责人和资料报送员共 200 余人进行业务辅导，把工作向前推进了一大步。年底，资料收集工作基本结束，分纂工作开始。2018 年 3 月，经请示县委、县政府领导，在县直单位增聘了 6 名年富力强、文字功底好、比较熟悉各方面业务的精兵强将充实到编纂队伍之中。并成立由县人大副主任冯吉平任组长的县志编纂协调组。协调组坚持召开周例会，协调解决工作中遇到的问题和困难。政府办成立编纂工作督导组，深入各承编单位指导业务、督促进度。经过上下联动，三易其稿，2018 年 5 月底，《吉县志》(1986—2015)初稿如期完成，报送省、市地方志审阅。2019 年 4 月，评审会议召开，省、市专家对新编《吉县志》给予充分肯定，并提出宝贵意见。在此基础上，又临时聘用专业编纂人员(比如方言一编，聘用方言专业的研究生王腊娟修改)，经反复修改、精心打磨、去粗取精，于 2020 年 8 月完成终审稿报送省市终审。2020 年 11 月底，根据省、市下发的终审意见和出版社校审意见经三轮总纂润色、增缺补遗、锤炼提高。期间还将志稿反馈各乡镇、各单位征求意见、校正谬误，统稿人员又反复认真核实数字、数值，修正标点符号，直至定稿历经数月有余。

新编《吉县志》洋洋 200 余万言，时间跨度大，内容涵盖广，工程量浩大，参与者超 300 人。其圆满收官，得益于县委、县政府的正确领导和大力支持，得益于省、市地方志部门领导、专家、学者的精心指导，得益于全县各部门的通力合作，凝结了史志部门和全体编纂人员的智慧和心血。真可谓上下一环，齐心协力，精心打造，众志成书。

《吉县志》在编修进程中，经历了县委、县政府领导班子的更新交替，重视支持力度始终未减。原县委书记郝忠祥，原县委副书记、壶管委主任李灵芝，原人大常委会主任李晓民，原政协主席李永芳等县领导对此也十分关注，时常了解进度，解决编纂过程中遇到的困难。县委书记崔绍民经常听取工作汇报，主动与省市专家沟通，把握政治方向，厘词定句，亲自审读志稿。省市方志部门领导多次到吉县专题督察，省市资深专家逐编、逐章、逐节认真审阅，对志体设置、事物归类、类目排列等严格把关。各乡镇、各单位抽调业务骨干开展资料收集整理工作，财政局将修志

经费专列、并按期拨付到位，档案局、统计局为查阅档案提供便利。史志部门历经单位机构改革和两任主任的岗位接替，编纂步伐从未停歇。编纂人员不讲条件、不计得失、勇挑重担，既各负其责、又互相配合，没有星期天、没有节假日，无私奉献、笔耕不缀，保障了编纂任务的按时完成。各界知情人士无偿提供历史图片和文字资料。在此，对关心支持《吉县志》编纂的各级领导、各位专家、社会贤达，对竭尽全力、为之出力流汗的各位同仁表示衷心的感谢和最诚挚的敬意！

《吉县志》(1986—2015)记述的是改革开放大发展的 30 年，吉县和全国一样，发生了翻天覆地、惊天动地的变化。我们虽竭尽所能，但由于资料短缺、水平有限，难以全面深刻反映吉县的新变化、新发展。不足之处请广大读者海涵。

《吉县志》(1986—2015)编纂委员会